SÆCULUM IX.

HINCMARI

RHEMENSIS ARCHIEPISCOPI

OPERA OMNIA,

JUXTA EDITIONEM SIRMONDIANAM AD PRELUM REVOCATA.

VARIA ACCESSERE MONUMENTA

QUÆ SUPPEDITARUNT

SURII, PERTZII, ETC., COLLECTIONES MEMORATISSIMÆ.

ACCURANTE J.-P. MIGNE,

BIBLIOTHECÆ CLERI UNIVERSÆ,

SIVE

CURSUUM COMPLETORUM IN SINGULOS SCIENTIÆ ECCLESIASTICÆ RAMOS EDITORE.

— • —

TOMUS PRIOR.

VENEUNT DUO VOLUMINA 14 FRANCIS GALLICIS.

EXCUDEBATUR ET VENIT APUD J.-P. MIGNE EDITOREM,
IN VIA DICTA *D'AMBOISE*, PROPE PORTAM LUTETIÆ PARISIORUM VULGO *D'ENFER* NOMINATAM,
SEU PETIT-MONTROUGE.
—
1852

ELENCHUS

AUCTORUM ET OPERUM QUI IN HOC TOMO CXXV CONTINENTUR.

Ex typis MIGNE, au Petit-Montrouge.

PATROLOGIÆ

CURSUS COMPLETUS

SIVE

BIBLIOTHECA UNIVERSALIS, INTEGRA, UNIFORMIS, COMMODA, OECONOMICA,

'NIUM SS. PATRUM, DOCTORUM SCRIPTORUMQUE ECCLESIASTICORUM

QUI

AB ÆVO APOSTOLICO AD INNOCENTII III TEMPORA

FLORUERUNT;

RECUSIO CHRONOLOGICA

OMNIUM QUÆ EXSTITERE MONUMENTORUM CATHOLICÆ TRADITIONIS PER DUODECIM PRIORA
ECCLESIÆ SÆCULA,

JUXTA EDITIONES ACCURATISSIMAS, INTER SE CUMQUE NONNULLIS CODICIBUS MANUSCRIPTIS COLLATAS,
PERQUAM DILIGENTER CASTIGATA;
DISSERTATIONIBUS, COMMENTARIIS LECTIONIBUSQUE VARIANTIBUS CONTINENTER ILLUSTRATA;
OMNIBUS OPERIBUS POST AMPLISSIMAS EDITIONES QUÆ TRIBUS NOVISSIMIS SÆCULIS DEBENTUR ABSOLUTAS
DETECTIS, AUCTA;
INDICIBUS PARTICULARIBUS ANALYTICIS, SINGULOS SIVE TOMOS, SIVE AUCTORES ALICUJUS MOMENTI
SUBSEQUENTIBUS, DONATA;
CAPITULIS INTRA IPSUM TEXTUM RITE DISPOSITIS, NECNON ET TITULIS SINGULARUM PAGINARUM MARGINEM SUPERIOREM
DISTINGUENTIBUS SUBJECTAMQUE MATERIAM SIGNIFICANTIBUS, ADORNATA;
OPERIBUS CUM DUBIIS TUM APOCRYPHIS, ALIQUA VERO AUCTORITATE IN ORDINE AD TRADITIONEM
ECCLESIASTICAM POLLENTIBUS, AMPLIFICATA;
DUOBUS INDICIBUS GENERALIBUS LOCUPLETATA : ALTERO SCILICET RERUM, QUO CONSULTO, QUIDQUID
UNUSQUISQUE PATRUM IN QUODLIBET THEMA SCRIPSERIT UNO INTUITU CONSPICIATUR; ALTERO
SCRIPTURÆ SACRÆ, EX QUO LECTORI COMPERIRE SIT OBVIUM QUINAM PATRES
ET IN QUIBUS OPERUM SUORUM LOCIS SINGULOS SINGULORUM LIBRORUM
SCRIPTURÆ TEXTUS COMMENTATI SINT.
EDITIO ACCURATISSIMA, CÆTERISQUE OMNIBUS FACILE ANTEPONENDA, SI PERPENDANTUR : CHARACTERUM NITIDITAS,
CHARTÆ QUALITAS, INTEGRITAS TEXTUS, PERFECTIO CORRECTIONIS, OPERUM RECUSORUM TUM VARIETAS
TUM NUMERUS, FORMA VOLUMINUM PERQUAM COMMODA SIBIQUE IN TOTO OPERIS DECURSU CONSTANTER
SIMILIS, PRETII EXIGUITAS, PRÆSERTIMQUE ISTA COLLECTIO, UNA, METHODICA ET CHRONOLOGICA,
SEXCENTORUM FRAGMENTORUM OPUSCULORUMQUE HACTENUS HIC ILLIC SPARSORUM,
PRIMUM AUTEM IN NOSTRA BIBLIOTHECA, EX OPERIBUS AD OMNES ÆTATES,
LOCOS, LINGUAS FORMASQUE PERTINENTIBUS, COADUNATORUM.

SERIES SECUNDA,

IN QUA PRODEUNT PATRES, DOCTORES SCRIPTORESQUE ECCLESIÆ LATI
A GREGORIO MAGNO AD INNOCENTIUM III.

ACCURANTE J.-P. MIGNE,

BIBLIOTHECÆ CLERI UNIVERSÆ,

SIVE

CURSUUM COMPLETORUM IN SINGULOS SCIENTIÆ ECCLESIASTICÆ RAMOS EDITORE.

PATROLOGIA BINA EDITIONE TYPIS MANDATA EST, ALIA NEMPE LATINA, ALIA GRÆCO-LATINA. —
VENEUNT MILLE FRANCIS DUCENTA VOLUMINA EDITIONIS LATINÆ ; OCTINGENTIS ET
MILLE TRECENTA GRÆCO-LATINÆ. — MERE LATINA UNIVERSOS AUCTORES TUM OCCIDENTALES, TUM
ORIENTALES EQUIDEM AMPLECTITUR ; HI AUTEM, IN EA, SOLA VERSIONE LATINA DONANTUR.

PATROLOGIÆ TOMUS CXXV.

HINCMARI RHEMENSIS ARCHIEPISCOPI

TOMUS PRIOR.

EXCUDEBATUR ET VENIT APUD J.-P. MIGNE EDITOREM,
IN VIA DICTA *D'AMBOISE*, PROPE PORTAM LUTETIÆ PARISIORUM VULGO *D'ENFER* NOMINATAM,
SEU PETIT-MONTROUGE.

1852

HINCMARUS

RHEMENSIS ARCHIEPISCOPUS.

AD OPERA HINCMARI PROLEGOMENA.

NOTITIA HISTORICA.

(Apud Cave, Scriptorum ecclesiasticorum Historia litteraria.)

HINCMARUS, nobili apud Gallos loco natus, a pueritia in cœnobio sancti Dionysii prope Parisios sub Hilduino abbate educatus est; (a) ubi tum litteris tum pietate mire profecit; et cum felici et acuto ingenio præditus esset, non mediocrem in aula apud Ludovicum imperatorem gratiam inivit. Hilduinum anno 830 in Saxoniam relegatum, ipse, permittente episcopo, in exsilium comitatus est, eique exsulanti non ingratas suppetias tulit. Deposito anno 835 ob perduellionis crimen, Ebbone, vacaverat jam fere decennio sedes Rhemensis, cum ineunte anno 845, in synodo Belvacensi, concurrenʼibus tum cleri tum populi votis, favente etiam Carolo rege, Rhemensis archiepiscopus Hincmarus ordinatur; cujus electionem anno sequenti episcopi in conventu Parisiensi congregati suffragiis suis iterum confirmarunt, redditis tunc etiam a rege Carolo Ecclesiæ Rhemensis possessionibus, quas, vacante sede, palatini diripuerant. Anno 848 synodo Carisiacensi interfuit, et in decretis synodicis contra Gotteschalcum aut hic, aut alibi factis, primas fere ubique partes tulit. (b) Anno 853 habita est synodus Suessionensis, uti ipsius synodi Acta testantur, etsi Flodoardus anno episcopatus Hincmariani septimo habitam referat. In hac synodo Hincmarus ordinationem suam iterum confirmari, et Wulfadum, cæterosque presbyteros ab Ebbone post depositionem anno 840 ordinatos dignitate sua submoveri effecit. Anno 855 decreta in concilio Carisiacensi Hincmaro satagente septennio ante lata in synodo Valentina cassata sunt. (c) Decreta synodi Valentinæ anno 859 confirmarunt concilia Lingonense et Tullense; quorum capitula, Carolo regi oblata, a rege data sunt Hincmaro confutanda. Præstitit id ille scripto opere insigni. Anno 860 duplici synodo Aquisgranensi adfuit, (d) ubi Theutberga se cum fratre Huberto rem habuisse, seu vi, seu veritate id cogente, confessa, Patres eam Lothario regi abdicandam esse, et publicæ pœnitentiæ addicendam decreverunt. Præclaram id Hincmaro multa agendi scribendique ansam suppeditavit. Eodem anno concilio Tullensi II et sequente Aquisgranensi III subscripsit. Anno 863 aderat concilio Metensi (e), in quo ratæ sunt habitæ Lotharii regis nuptiæ cum Waldrada, post repudiatam Theutbergam initæ. Istud vero concilium mox a Nicolao papa in synodo Romana damnatum est. Eodem anno Hincmarus, impetrata privilegiorum Rhemensis Ecclesiæ confirmatione, Rothadum Suessionensem episcopum cedere renitentem habito concilio Silvanectensi deponi, alioque in ejus locum subrogato, in monasterium detrudi fecit; cumque sedem apostolicam appellaret (exstat *libellus Appellationis* apud Baron. ad an. 863 num. 81, et Concil. tom. VIII, p. 785), eum iterum damnavit. Intercedente quidem Nicolao pontifice Rothadum e carcere dimisit, Romam vero ire, quo ad judicium instaurandum eum mitti præceperat pontifex, neutiquam permisit. Nec tertio quidem a Nicolao admonitus, proposito suo abscedere voluit. Quamvis etiam quotidianæ minæ de litteris excommunicatoriis Roma mittendis ei intentarentur, omnibus tamen insuper habitis, canonum auctoritate se tuebatur, ut ex apologetica ipsius ad Nicolaum epistola abunde liquet. Anno 865 in concilio Romano Rothadus sedi suæ restitutus est, rescisso duplici Hincmari judicio (f). Anno 866 concilio Suessionensi III præfuit, in quo Wulfadus sociique presbyteri Nicolai papæ jussu dignitatem pristinam recuperarunt. Anno sequente in concilio Trecassino, cui præsedit, eamdem causam accuratius expendit. Anno 869 Hincmarum episcopum Laudunensem, nepotem suum, criminum plurimorum accusatum in synodo Vermeriensi, ipse illi præ cæteris infensus calculo suo damnavit. Hinc graves patruum inter et nepotem inimicitiæ, et larga magnarum rerum materia. Anno 882, erumpentibus in Galliam Normannis, Hincmarus desertis Rhemis, et ablato secum sancti Remigii corpore, silvestria loca trans fluvium Matronam petiit; ubi in villa Sparnaco x Kal. Januarii diem clausit extremum, in S. Remigii monasterio sepultus. Non meum est de tanto viro judicium ferre, quem *reverendissimum et desideratissimum virum; et merito rectæ fidei ac sanæ professionis ab omnibus catholicis rite venerandum* vocat, qui ipsum optime novit, Rabanus Maurus. *Nobilitatem generositatis,* inquit Lupus Ferrariensis (*epist.* 42), *ornat eruditio salutaris, altitudinem officii commendat religio professionis.* In facultatibus Theologicis, concedente id ipso Baronio (*ad an.* 882, *num.* 17), erat excultissimus, quem consuluerint plures de diversis quæstionibus; in scientia canonum, eruditissimus, licet interdum nimis iis favens, super apostolicæ sedis decreta eos extulerit. Et sane Ecclesiæ leges et jura nemo melius intellexit, nemo animosius defendit. Ejus Opera, multa quidem eruditione, doctrina, pietate referta, Ecclesiæ Gallicanæ historiam mire illustrant; de quibus recte Sirmondus, *in iis nullum esse quod utilitate sua careat, et in quo præstans auctoris judicium cum scientiæ copia non eluceat.*

(a) Flodoard. Hist. Rhemens. lib. III, per totum.
(b) Concil. tom. VIII, p. 79.
(c) *Ibid*, p. 137. *Loc. citat.* p. 673, 674.

(d) *Ibid.*, p. 696.
(e) *Ibid.*, 764.
(f) Concil. *ibid.*, p. 808. etc.

NOTITIA HISTORICA ALTERA

Gallice adornata.

(*Histoire littéraire de la France*, tom. V, pag. 544.)

HINCMAR, celui de tous les prélats de son temps qui fit le plus grand personnage dans l'Eglise de France, naquit dans les premières années du IXᵉ siècle, et, ce semble, en 806, sans qu'on ait encore pu découvrir le lieu de sa naissance (a). Il était Français de nation, issu d'une ancienne noblesse, et se trouvait parent de Bernard II, comte de Toulouse, et de Bertrand, comte de Tardenois. Il avait une sœur établie dans le Boulonnois, laquelle fut mère d'Hincmar, depuis évêque de Laon. C'est tout ce que l'on sait des parents de notre archevêque.

(b) Dès son enfance il fut mis au monastère de Saint-Denis, près de Paris, pour y être instruit dans la piété et les bonnes lettres, sous l'abbé Hilduin, qu'il honora toujours depuis comme son maître. Cette abbaye étant alors tombée dans le relâchement, le jeune Hincmar n'y prit d'abord que l'habit de chanoine. Il en fut tiré au bout de quelque temps pour la beauté de son esprit et la grandeur de sa naissance, et placé à la cour de l'empereur Louis le Débonnaire. Ce prince lui donna part à son amitié; mais Hincmar ne s'en servit que pour porter l'empereur à rétablir à Saint-Denis la discipline monastique. Le dessein en fut formé au concile de Paris, en 829, et exécuté peu de temps après.

(c) Hincmar se réforma le premier. Il quitta la cour, prit l'habit monastique, embrassa toute la rigueur de la règle, et demeura longtemps en cet état, sans espérance ni désir d'épiscopat ou d'autre prélature. Hilduin, son abbé, étant tombé dans la disgrâce de l'empereur, et ayant été en conséquence relégué en Saxe l'an 830, Hincmar le suivit en son exil, avec la permission de son évêque et la bénédiction de ses frères. Il fit encore quelque chose de plus en sa faveur. Il employa si efficacement son crédit auprès de ce prince et des seigneurs de la cour, que, dès l'année suivante, il obtint le rappel d'Hilduin et la restitution de deux de ses abbayes. Dans la suite, lorsque le pape Grégoire IV vint en France pour appuyer le parti de Lothaire contre l'empereur Louis, Hilduin tenta d'engager Hincmar dans le même parti, mais ce fut en vain. Il demeura paisible dans son monastère, jusqu'à ce que ce même prince le rappelât à sa cour, à quoi il se rendit par obéissance. Après la mort de l'empereur, comme il paraît, Hincmar retourna encore à Saint-Denis, et y fut chargé de l'office de trésorier ou garde des reliques.

(d) Charles le Chauve voulut ensuite l'avoir à son service; et pour se l'attacher davantage, il lui donna les monastères de Notre-Dame et de Saint-Germain à Compiègne, avec celui de Saint-Germer de Flaix. Il y ajouta aussi une terre qu'Hincmar céda à l'infirmerie de Saint-Denis, lorsqu'il eut été fait archevêque (e). Une de ses principales fonctions à la suite de la cour était de servir les évêques dans leurs assemblées (f). En 844, il assista à celle qui se tint à Verneuil au mois de décembre. S'il n'était pas encore revêtu du sacerdoce (g), il l'était au moins l'année suivante au mois d'avril, qu'il se trouva en cette qualité au concile de Beauvais, composé des évêques des deux provinces, Reims et Sens. Il y avait dix ans que la première était sans métropolitain, depuis la déposition d'Ebbon, en 835. Les évêques, convaincus de la nécessité de lui en donner un, prirent les précautions convenables en pareil cas; et Hincmar fut élu par le clergé et le peuple de Reims pour remplir ce siége. Son élection, faite du consentement de sa communauté et avec l'agrément du roi Charles, fut applaudie des évêques de la province, et consentie par l'archevêque de Sens, l'évêque de Paris et l'abbé de Saint-Denis, ses supérieurs. Hincmar en conséquence fut ordonné le troisième jour de mai de la même année par Rothade, évêque de Soissons.

(h) Dès le mois de juin suivant il assista au concile de Meaux, puis à celui de Paris du mois de février 847. En celui-ci fut confirmée son ordination, que l'empereur Lothaire avait voulu troubler en faisant rétablir Ebbon dans le siége de Reims. Dans la suite, il ne se tint presque aucun concile en deçà de la Loire, auquel Hincmar non-seulement ne se trouvât en personne, mais auquel il n'eût encore le plus de part, et dont il ne fût comme l'âme ou même le président. Il s'acquit par là une très-grande autorité dans toute l'Eglise de France, auprès des princes régnants et à Rome même. Cette autorité, jointe à son profond savoir, surtout dans le droit canonique, le rendait l'arbitre de la plupart des affaires délicates et importantes.

Il était comme l'évêque de la cour, et se trouvait presque toujours à sa suite. Il ne s'y faisait point de cérémonie de conséquence qu'il n'y parût avec distinction (i). Ce fut lui qui fit à Verberie, en 856, la cérémonie du mariage de Judith, fille de Charles le Chauve, avec Edilulfe, roi des Saxons occidentaux, et celle du couronnement de cette princesse (j). Il occupa aussi, en 866, la première place au couronnement de la reine Hermentrude, qui se fit au concile de Soissons (k). Au bout de trois ans, il couronna pareillement à Metz Charles le Chauve, roi des Etats de Lothaire, son neveu; et, en 877, au mois de décembre, il fit à Compiègne le sacre de Louis le Bègue (l). A Coblentz où les princes régnants s'étaient assemblés, en 860, pour faire la paix entre eux, il fut à la tête des treize prélats qu'ils choisirent, avec trente-trois seigneurs, pour dresser le serment qu'ils devaient signer mutuellement, et les articles que leurs sujets devaient observer.

(m) Charles le Chauve avait beaucoup d'estime

(a) Flod., l. III, c. 1, 25, p. 547, 586.
(b) *Ibid.*, c. 1, p. 547, 548; Conc. t. VIII, p. 1912.
(c) Mab. An., l. xxx, n. 27; Bal., Capit. t. 1, p. 676; Flod. *ib.*, p. 548; Conc. *ib.*, p. 1912, 1913; Astr., an. 830; Theg., c. 16.
(d) Flod. *ib.*, c, 1, 18, p. 548, 568; Mab. *ib.* l. xxxiii; n. 15.
(e) Conc. *ib.*, p. 1913.
(f) T. VII, p. 1805.
(g) P. 1811, 1812; Flod. *ib.*, c. 1, 5, p. 547, 550; Lab. Bib. nov. t. 1, p. 359; Hinc. t. II, pag. 272, 273, 303.
(h) Conc. *ib.*, p. 1813; t. VIII, p. 38, 39; Flod. *ib.*, c. 2, p. 548.
(i) Baluz. *ib.*, t. II, p. 510; Bert., an. 856.
(j) Conc. t. VIII, p. 832, 836.
(k) Bal. *ib.* p. 502, 506.
(l) *Ibid.*, p. 137.
(m) Flod. *ib.*, c. 17, 18, 26, p. 567, 587, 586; Baluz. *ib.*, p. 68.

pour notre prélat, et tira de grands avantages de ses services. Aussi n'entreprenait-il rien d'important soit dans les affaires ecclésiastiques, soit dans ses entreprises purement temporelles, qu'il ne le consultât ou par lettre ou de vive voix. Connaissant son zèle pour le bon ordre, il en fit un de ses envoyés ou commissaires pour tenir la main à l'exécution de ses ordonnances. Ce prince toutefois ne lui donna sa confiance que jusqu'à un certain point, c'est-à-dire lorsqu'il était assuré qu'il n'avait aucun intérêt à le tromper (a). L'affaire de Vulfade lui avait fait voir qu'Hincmar n'était pas esclave de sa parole. Charles d'ailleurs n'ignorait pas que l'empereur Lothaire, avec qui il fut presque toujours en différend, quoique son frère, comptait sur le dévouement de notre prélat. Tout cela, joint au soupçon qu'Hincmar avait favorisé l'invasion que fit en France Louis, roi de Germanie, porta Charles le Chauve à exiger de lui en particulier, au concile de Pontion, un nouveau serment de fidélité. Hincmar le prêta ; mais son amour propre en eut beaucoup à souffrir, comme il paraît par un de ses écrits à ce sujet. Charles ne laissa pas néanmoins de le nommer le premier entre ses exécuteurs testamentaires, lorsqu'en 877, il partit pour son dernier voyage d'Italie.

Cinq papes qui gouvernèrent l'Eglise de Rome pendant l'épiscopat d'Hincmar, lui donnèrent tous en différentes occasions des marques de la haute estime qu'ils avaient pour son mérite (b). Léon IV lui accorda l'usage du pallium, avec le privilége singulier de le porter tous les jours. Ce fut en considération de son savoir et de sa piété que ce pontife lui accorda cette grâce, qu'aucun autre archevêque n'avait encore jamais reçue (c). Un autre Pape en fit depuis une espèce de crime à notre prélat, qui s'en justifia en l'assurant qu'il n'en avait usé que deux fois dans l'année, à Pâques et à Noël. A sa prière Benoît III, charmé de son zèle pour le maintien de la discipline ecclésiastique, confirma les actes du second concile de Soissons, ce qui était important pour Hincmar. Il est vrai que ce pape en le faisant déclara que ce n'était qu'au cas que les faits fussent tels qu'on les lui avait annoncés; condition qui eut depuis de fâcheuses suites pour l'archevêque de Reims.

Nicolas Ier, celui de tous les papes qui eut plus de liaisons avec Hincmar, et qui le connaissait mieux, faisait à la vérité beaucoup de cas de son érudition et de ses autres grands talents, mais il ne le flattait point dans les occasions, et personne n'a relevé avec plus de force ce qu'il y avait de répréhensible dans la conduite de ce prélat. Adrien II et Jean VIII furent deux de ses plus grands admirateurs, et eurent toujours pour lui une estime et une amitié qui ne leur permettaient pas de lui rien refuser.

Quatre fameux événements arrivés dans l'Eglise de France au temps d'Hincmar, et auxquels il eut la part principale, concoururent particulièrement à faire connaître son esprit, son génie, son adresse, son habileté. Le premier est la grande affaire de Gothescalc. Notre prélat, ayant trop facilement épousé les fâcheux préjugés de Raban, archevêque de Mayence, contre ce moine infortuné, mit tout en œuvre pour le contraindre à renoncer à ses premiers sentiments. Oubliant, selon la belle remarque de S. Remi de Lyon (d), que la vérité se persuade et ne se commande pas, il le fit traiter d'une manière horrible. Après quoi il l'enferma dans les prisons d'Hautvilliers, où il le laissa mourir sans aucun secours spirituel.

On ne répétera pas ici tout ce qui se passa pendant la captivité de ce pauvre prisonnier, qui fut d'environ vingt ans. Seulement on dira qu'Hincmar ayant épuisé toute son industrie et les premières forces de sa plume, et se sentant trop faible pour soutenir seul le poids de cette dispute, mendia des secours étrangers. Raban qui l'y avait engagé, ainsi qu'on l'a dit, refusa de lui en prêter. Saint Prudence de Troyes, à qui il eut recours, bien loin d'appuyer ses sentiments, se crut au contraire obligé de le combattre, craignant qu'on n'enveloppât la doctrine de saint Augustin, dans ce qu'Hincmar et ses partisans donnaient pour des erreurs. Loup, abbé de Ferrières (ep. 129), à qui il semble que notre archevêque s'adressa aussi, lui répondit de manière à le convaincre qu'il ne pensait point autrement sur les matières en question que Gothescalc même. Pardule de Laon, le diacre Amalaire et Jean Scot Erigène furent plus complaisants, et se firent un mérite de venir à son appui. Mais leurs efforts furent bientôt renversés tant par ce qu'y opposèrent saint Prudence et Flore, diacre de Lyon, que par les écrits de Loup et de Ratramne, moine de Corbie.

Hincmar s'adressa encore à Amolon, archevêque de Lyon, qui condamna à la vérité les erreurs qu'on lui exposait, mais qui eut soin de joindre à sa réponse un écrit dont notre prélat ne pouvait être content, puisqu'il se trouvait conforme à la doctrine de Gothescalc (e). C'est apparemment ce qui l'empêcha de se prévaloir de l'autorité d'Amolon dans son grand ouvrage sur la prédestination, où il cite d'autres écrivains qui ne lui sont pas si favorables en apparence. Il ne se rebuta pas cependant, et tenta une seconde fois d'attirer cet archevêque à son parti. Mais ce fut en vain; et cette seconde démarche eut une suite encore plus fatale pour sa cause que n'avait eu la première. Elle fit effectivement naître à Remi, successeur d'Amolon, l'occasion de réfuter avec avantage l'écrit d'Hincmar, et ceux de ses associés (f). Les conciles de Valence et de Langres ne tardèrent pas à se déclarer contre la même doctrine, et à confirmer par leurs canons ce que ces grands théologiens avaient établi dans leurs doctes ouvrages, conformément à l'Ecriture et aux écrits des Pères de l'Eglise (g). Le pape Nicolas de son côté en fit autant, ou du moins il passa pour constant dans l'esprit d'Hincmar même et d'un de ses plus zélés panégyristes que ce pontife avait approuvé les sentiments de ses adversaires (h). De sorte que cette fameuse dispute fit voir à tous ceux qui voulurent ouvrir les yeux que notre prélat, quoique très-habile d'ailleurs, n'entendait point les matières théologiques. Il ne fut pas plus heureux à vouloir interdire l'usage de chanter la strophe : *Te trina Deitas.*

On était encore dans la plus grande chaleur de la dispute sur la prédestination, lorsqu'il survint à Hincmar une autre affaire qui l'intrigua beaucoup et lui attira de grands sujets de chagrin (i). Il crut devoir déposer et déposa réellement au second concile de Soissons, en 853, Vulfade et les autres clercs ordonnés par Ebbon son prédécesseur. Ceux-ci en ayant appelé au Saint-Siége, et le roi Charles le Chauve les protégeant en considération de Vulfade, leur cause fut examinée de nouveau en un autre concile de Soissons qui se tint en 866, et auquel Hincmar se trouva. Ce prélat y employa tout ce qu'il avait de sagacité pour empêcher qu'on n'infirmât sa première sentence. Néanmoins le concile renvoya la décision de la cause au pape Nicolas, qui prononça en faveur des clercs. Hincmar n'en fut pas quitte pour cette contradiction. Le Pontife romain, ayant examiné les

(a) Conc. *ib.*, p. 811, p. 31, 32; t. IX, p. 291-294; Hinc. *ib.*, p. 834-837; Bal. *ib.*, p. 264, n. 12.
(b) Flod. x., c. 10. p. 552, 2.
(c) Conc. tom VIII et IX *passim.*
(d) Rem. de tribus ep., c. 25, p. 680 · Bert., an. 849.

(e) Flod. *ib.*, p. 570, 2 ; Agob., t. II, app., p. 149-171, 179-186.
(f) Rem. ib. pr.
(g) Conc. *ib.*, pag. 134-139, 690-691.
(h) Hinc. *ib.*, p. 292; Bert. an. 859.
(i) Flod. *ib.*, c. 11, p. 553; Conc. *ibid. passim.*

pièces du procès, crut avoir découvert qu'il y avait employé toutes sortes de ruses et d'artifices. Il lui en fit des reproches sanglants, qui tendent à nous représenter Hincmar comme un caméléon ou un Prothée qui feignait toutes sortes de caractères selon ses vues et ses intérêts. Charles le Chauve ne fut guère plus content de la conduite que tint dans cette affaire l'archevêque de Reims. De même, les prélats qui composaient le concile de Soissons en 866, furent si scandalisés de ce que contenait le quatrième mémoire qu'il y présenta sur le même sujet, qu'ils n'en purent soutenir la lecture jusqu'au bout.

La manière dont Hincmar se conduisit dans l'affaire de Rothade, evêque de Soissons, son propre ordinateur, ne lui fut pas non plus fort honorable, quoiqu'en dise l'Annaliste de Saint-Bertin, son panégyriste (a). Rothade ayant puni, suivant les canons, un de ses prêtres convaincu d'un crime capital, Hincmar, indisposé depuis longtemps contre Rothade, le priva de la communion épiscopale sous prétexte de désobéissance aux règles de l'Eglise, parce qu'il refusait de rétablir ce prêtre, dont le métropolitain avait pris la défense. Ceci se passa en 861, au concile de Soissons. Le concile, à l'instigation d'Hincmar, confirma la sentence, et Rothade en appela au Saint-Siége. Mais l'archevêque de Reims, ayant trouvé moyen de l'empêcher d'aller à Rome, le fit déposer de l'épiscopat, et renfermer dans un monastère. Cependant le pape Nicolas, instruit de cette injustice, leva les obstacles qui retenaient Rothade et le fit venir à Rome; enfin, après avoir vainement pressé Hincmar de comparaître, il rétablit l'infortuné prélat dans sa première dignité.

(b) Hincmar, suivant l'opinion de quelques écrivains, abusa en cette occasion du crédit qu'il avait auprès du roi Charles le Chauve, et n'en fit pas un meilleur usage lors de la grande affaire d'Hincmar de Laon, son neveu, dans laquelle notre archevêque fut bien éloigné de faire prévaloir la miséricorde sur la rigueur. Il y fit paraître au contraire beaucoup de dureté et d'autres passions, qui ne convenaient ni à un métropolitain ni à un oncle. Les sentiments de la nature et l'honneur de l'épiscopat réclameront toujours contre la conduite qu'il garda en cette occasion. Il ne fit pas, il est vrai, crever les yeux à son neveu, comme quelques-uns l'en ont accusé; mais il n'y a pas lieu à douter que, s'il avait voulu employer le crédit qu'il avait auprès du roi pour adoucir l'esprit de ce prince, il eût épargné à cet autre infortuné prélat un châtiment aussi inhumain.

(c) Tant de chagrins, tant de traverses qu'il rencontra dans l'épiscopat, lui faisaient quelquefois regretter la paix et la tranquillité dont il jouissait autrefois dans son cloître. Il regardait comme une punition de ses péchés, pour parler d'après lui, de ce que le câble de l'ancre qui le tenait peut-être trop négligemment attaché à ce port salutaire, s'étant rompu, il s'était vu jeté au milieu des tempêtes d'une mer orageuse, sous le spécieux prétexte de sauver les autres. D'un autre côté, la multiplicité des besoins de l'Eglise et de l'Etat, et l'embarras des affaires séculières, auxquelles il ne pouvait se refuser, le faisaient gémir de se voir si souvent éloigné de son propre troupeau. Il avouait alors que, s'il avait bien connu les peines et les dangers inséparables de l'épiscopat, il se fût bien donné de garde de l'accepter.

Il faut pourtant lui rendre la justice que, malgré toutes ces grandes distractions, il ne négligea point le bien spirituel et temporel de son Eglise. On verra par l'énumération de ses écrits le soin qu'il eut de bien instruire le clergé et le peuple de son diocèse (d). Il n'eut pas moins d'attention à maintenir les droits de son siége, à conserver les terres et les domaines que lui avaient laissés ses prédécesseurs, et à revendiquer ceux qui avaient été ou pillés ou aliénés.

Il étendit ses soins bienfaisants jusque sur le monastère de Saint-Remi, dont il fut abbé, quoique archevêque de Reims (e). Apres en avoir augmenté l'église, il y fit construire, en 852, une voûte magnifique d'un ouvrage admirable, et y transféra le corps du saint patron avec une pompeuse cérémonie. Il voulut encore marquer sa dévotion et son respect pour le saint par des vers de sa façon dont il orna le lieu et les draps de soie dans lesquels fut enveloppé ce précieux trésor.

(f) Au bout de dix ans, ayant achevé le beau vaisseau de son église cathédrale qu'Ebbon son prédécesseur avait commencé, il l'embellit magnifiquement, et en fit ensuite la dédicace, à laquelle se trouva le roi Charles le Chauve avec grand nombre de prélats. Rien, ce semble, n'échappait à la sollicitude d'Hincmar. Il n'eut garde de négliger d'entretenir les études dans son clergé, lui qui faisait un exercice continuel de sa plume, et qui lui donnait par là l'exemple de la culture des lettres (g). On avait ouvert précédemment deux écoles, l'une pour les chanoines de la cathédrale, l'autre pour les autres clercs du diocèse. Hincmar eut soin de les soutenir, et veilla pareillement à ce que l'ignorance ne pénétrât point à Saint-Remi. C'est dans cette vue qu'il donna à ce monastère et à son église cathédrale plusieurs livres sur lesquels il voulut qu'on inscrivît son nom (h). Outre ceux qu'il composait tous les jours, il avait beaucoup de soin de recueillir ceux des anciens. Il portait même ce soin jusqu'à amasser les apocryphes comme les autres. Mais ce qui surprend extrêmement, c'est d'apprendre qu'un prélat occupé de tant d'affaires importantes pût encore trouver du loisir pour copier lui-même les écrits des autres (i).

Cette foule d'occupations non-seulement nous fait comprendre combien cet archevêque était laborieux, elle sert encore à nous faire connaître qu'elle était sa piété (j). Car, malgré tous les divers embarras qu'elles lui causaient, il ne laissait pas de penser sérieusement à la mort. Dès les dernières années du pontificat de Nicolas I, il la regardait comme prochaine, et se sentait dès lors des infirmités de la vieillesse. Il vécut néanmoins encore plus de quinze ans depuis.

Apres avoir présidé au concile qu'il assembla à Fismes au commencement d'avril 881, il passa assez tranquillement le reste de l'année (k). Mais dans le cours de l'année suivante, les Normands continuant leurs ravages aux environs de la Champagne, et la ville de Reims étant encore alors dénuée de murs de défense, ce sage prélat crut devoir pourvoir à la sûreté du corps de saint Remi pour le soustraire à la fureur de ces barbares. Il prit donc avec lui ce précieux dépôt, et se réfugia au delà de la Marne, dans la ville d'Epernay. L', sentant au bout de quelque temps son dernier jour approcher, il voulut avant de mourir donner encore quelques marques de son zele pour l'Eglise, en ecrivant aux évêques

(a) Bert. an 861, 863 Conc. *ib*., p. 736, 761, 775, 785, 791.
(b) Mab. An. I. xxxviii, n. 62.
(c) Conc. *ib*., p. 1913, 1917.
(d) Flod. *ib*., c. 23, p. 580, 2; Bal. *ib*., p. 1241.
(e) Flod. l. i, c. 21; l. iii, c. 9; Mab., An. l. xxxiii, n. 24; l. xxxiv, n. 42.
(f) Flod. l. iii, c. 5, p. 550, i.

(g) Mab. *ib*., l. xxxviii, n. 62.
(h) Flod. *ib*., c. 5, 21, 23, p. 550, 572, 579; Lup., ep. 76; Hinc., Inst. reg., p. 201.
(i) Flod. *ib*. c. 23, 25, p. 580. i; 583, 2; Conc. *ib*., p. 1917.
(j) Conc. t. IX, p. 337.
(k) Flod. *ib*., c. 30, p. 592. 2; Mab. *ib*.

ses collègues pour ... exhorter à fuir la simonie, à s'appliquer à l'étude des canons et à l'instruction des peuples confiés à leurs soins. Telles sont les dispositions da. 'esquelles mourut ce grand archevêque, le plus illustre et 'le plus savant des successeurs de l'apôtre des Français. Son corps fut aussitôt reporté à Reims et enterré derrière le tombeau de saint Remi, avec 'b 'taphe suivante, qu'il avait eu soin de faire graver le son vivant sur une plaque de cuivre qui se voit encore à gauche du grand autel. Le jour de sa mort est diversement marqué dans les anciens nécrolog... dans les uns au vingt-unième de décembre, dans les autres au vingt-troisième du même mois. Différence au reste qui ne vient apparemment que du jour précis qu'il mourut à Épernay, et du jour qu'il fut inhumé à Saint-Remi. Pour ce qui est de l'année, elle est marquée, avec le temps de son épiscopat, dans l'addition qui a été faite à son épitaphe.

EPITAPHE.

Nomine non merito, præsul Hincmarus, ab antro,
  Te, Lector, titub, quæso, memento mei.
Quem grege pastorem proprio Dionysius olim
  Rhemorum populis, ut petiere dedit.
Quisque humilis magnæ Rhemensis regmina plebis
  Rexi pro modulo, hic modo verme voror.
Ergo animæ requiem nunc, et cum carne resumpta,

(a) Mabill. ibid.

Gaudia plena mihi hæc quoque posce simul.
Christe, tui clemens famuli miserere fidelis :
  Sis pia cultori, sancta Maria, tuo.
Dulcis Remigii sibimet devotio prosit,
  Qua te dilexit pectore, et ore, manu.
Quare hic suppetiis supplex sua membra locari,
  Ut bene complacuit : denique sic obiit.

Anno Dominicæ Incarnationis 882, *episcopatus autem sui* 37, *mense* 7 *et die quarta.*

(a) Ceux qui se sont plus appliqués à étudier l'histoire de ce docte prélat conviennent qu'il était irréprochable en ses mœurs, et qu'il s'était fait une très-grande réputation ; mais ils avouent aussi qu'elle ne fut pas sans tache. Il n'y eut presque point en son temps de prélats d'un certain mérite en France avec lesquels il ne fût en commerce de lettres. Il était même comme l'oracle de la plupart, et consulté de toutes sortes d'endroits, par les princes, les princesses, les grands seigneurs, les abbés et autres personnes de distinction. Outre les liaisons qu'il avait avec les papes (b), il en contracta aussi avec les gens de lettres des pays étrangers, comme Anastase, bibliothécaire de l'Eglise Romaine, de sorte que, depuis les premiers siècles de l'Eglise, il a paru en France peu d'évêques plus célèbres qu'Hincmar. Il garda jusqu'à la mort l'abstinence de la chair, qu'il avait vouée en professant la règle de Saint-Benoit.

(b) Flod. *ib.*, c. 21, 33 ; Hinc. t. II, p. 824.

NOTITIA BIBLIOGRAPHICA.

(Ex eadem Hist. Litt.)

§ I. — *Scripta Hincmari quæ supersunt.*

On a vu par le détail abrégé de l'histoire d'Hincmar que ce prélat a beaucoup écrit. Mais malheureusement les siècles qui l'ont suivi n'ont point été soigneux de nous conserver toutes les productions de sa plume. Nous allons faire d'abord l'énumération de celles qui nous restent, en commençant par le recueil qu'en a publié le savant P. Sirmond. Nous y joindrons ensuite celles qui ont été découvertes depuis ; nous donnerons enfin une notice de celles qui sont perdues, et dont on nous a conservé quelque connaissance. Nous souhaiterions pouvoir suivre ici l'ordre chronologique ; mais le dernier éditeur ne l'a pas suivi lui-même, parce que la chose lui a paru impossible. Cela n'empêchera pas néanmoins, que nous ne soyons attentifs à attacher à chaque ouvrage sa véritable époque autant que nous pourrons la découvrir.

1° A la tête de l'édition que nous mettons sous les yeux est placée l'épître dédicatoire d'un ouvrage qui est perdu. Nous reviendrons à cette pièce dans la suite, et nous commençons le catalogue des écrits d'Hincmar par son grand traité sur la prédestination, par lequel commence proprement le recueil publié par le P. Sirmond. Il est intitulé : *Dernière dissertation sur la prédestination de Dieu et le libre arbitre*, et divisé en trente-huit chapitres, la plupart fort prolixes, sans y comprendre l'épître dédicatoire qui y sert de préface et l'épilogue qui contient six grands chapitres. On lui fait porter pour titre *Dernière dissertation ou dernier traité*, parce qu'il avait été précédé d'autres écrits sur le même sujet. Le P. Sirmond n'en compte qu'un autre ; mais on verra par la suite que l'auteur en composa au moins trois ou quatre sur ces matières, sans parler des simples lettres à diverses personnes.

Hincmar l'entreprit après le mois de juin de l'année 859 et l'exécuta à mesure qu'il put dérober quelques heures de son temps à ses autres occupa-

tions : *furatis horulis a diversis occupationum distensionibus.* Expression qui suppose qu'il fut un temps considérable à le finir. Il l'avait au moins achevé en 863, puisqu'il l'envoya alors à Rome au pape Nicolas, par Odon, évêque de Beauvais, qui y faisait un voyage pour d'autres affaires. A la tête est une préface presque entièrement employée à rapporter des pièces étrangères : le Sermon de Flore, diacre de Lyon ; le second canon avec les cinq suivants du concile de Valence ; quelques sentences des Pères tirées de l'écrit de Lyon, qu'Hincmar place entre le sixième et le septième canon ; le huitième du concile de Langres, et un autre tiré d'ailleurs ; les quatre fameux articles de Quiercy ; enfin la lettre de S. Prudence à l'assemblée de Sens. L'auteur dédie son ouvrage au roi Charles le Chauve, et s'y propose deux objets principaux : l'un de montrer que Gothescalc a renouvelé l'hérésie prétendue des Prédestinatiens, l'autre de soutenir les quatre fameux articles de Quiercy contre la censure qu'en avaient faite les Pères du III° concile de Valence. Il s'arrête particulièrement à ce second objet ; et l'examen des six à sept premiers canons de ce concile fait le corps de l'ouvrage. Hincmar montre par là que le premier écrit qu'il avait publié quelques années auparavant sur la prédestination, et dans lequel il avait déjà attaqué ces mêmes canons, avait été jugé faible et insuffisant pour prouver ce qu'il prétendait. Celui dont il est ici question n'a pas plus de force. L'auteur y fait paraître plus d'érudition que de jugement et de justesse d'esprit, et il n'y a proprement réussi qu'à montrer ou qu'il n'était pas théologien.

L'érudition même dont il fait parade est sans choix et sans critique. Il y prend Hilaire, qui était un laïque, et dont il cite une lettre à saint Augustin, pour saint Hilaire, évêque d'Arles. Il suppose que le concile de cette même ville, où le prêtre Lucide se rétracta, fut tenu par ordre du pape saint Célestin, mort plus de quarante ans avant ce concile. Il y soutient que l'*Hypognosticon* est un ouvrage de saint Augustin, et le traité sur l'Endurcissement de Pharaon, un écrit de saint Jérôme. Comme il soupçonnait que le septième canon de Valence contre les ordinations irrégulières des évêques, avait été malicieusement fait contre lui, il s'y étend beaucoup, et en prend occasion de rapporter l'histoire de son ordination et les Actes du concile de Soissons, où elle avait été confirmée. Flodoard faisant le dénombrement des ouvrages d'Hincmar, lui donne disertement celui-ci, qu'il a soin de distinguer des autres sur les mêmes matières, et dont il rapporte l'épître dédicatoire en entier.

2° Le même auteur marque aussi dans son catalogue l'écrit qu'Hincmar composa de passages des Pères pour montrer qu'on ne doit point se servir de cette expression, *Trina Deitas*, contre les blasphèmes de Gothescalc, pour nous servir de son expression. Cet écrit, dont le titre est conçu presque dans les mêmes termes qu'emploie ici Flodoard, est imprimé à la suite du précédent. Hincmar l'adresse aux enfants de l'Eglise catholique, et à ses collègues dans le saint ministère. Le P. Sirmond en met l'époque en 857. Ce qui y donna occasion, fut ce que Ratramne et Gothescalc avaient publié pour la défense de la strophe de l'hymne célèbre des martyrs, *Te trina Deitas*, qu'Hincmar avait changée contre, *Te sancta Deitas*, sous prétexte que le *Trina* supposait trois dieux dans le mystère de la Trinité. Piqué de se voir contredit dans ce changement, il entreprit de répondre à ses adversaires par l'ouvrage en question. Quoiqu'il y attaque Ratramne, il ne cite cependant rien de son écrit. Il s'attache particulièrement à celui de Gothescalc, et suit en y répondant la même méthode que saint Prudence avait déjà suivie en réfutant le traité de Jean Scot sur la prédestination. Entreprenant d'y répondre pied à pied, il en rapporte le texte par parties avec un obèle, puis il y joint sa réponse avec un *crisimon*, afin de la mieux distinguer du texte de son adversaire.

Il paraît dans cet ouvrage beaucoup d'érudition, et autant de subtilité. Mais il roule tout entier sur une fausse conséquence, que Gothescalc prévient dès l'entrée de son écrit, en déclarant que le *Trina* ne tombe que sur les personnes, et nullement sur l'essence où la nature divine. Quant aux accusations dont Hincmar y charge Ratramne, il se contente de les avancer, sans se mettre en devoir de les prouver, quelque graves qu'elles soient. Le style qu'emploie l'auteur est véhément, et se ressent presque partout de sa mauvaise humeur contre Gothescalc. Au reste, l'Eglise n'en a pas trouvé les raisons fort concluantes, puisqu'elle a continué de chanter le *Te Trina Deitas*. A la fin de l'ouvrage se lisent vingt-six vers de la lettre de Gothescalc à Ratramne.

3° L'écrit d'Hincmar sur le divorce du roi Lothaire et de la reine Thietberge, qui suit l'ouvrage précédent, consiste en trente questions qu'on avait proposées à l'auteur à deux différentes fois sur ce sujet, et les réponses qu'il y fit, avec une préface adressée aux princes régnants, aux évêques et à tous les fidèles, comme ayant tous intérêt en cette affaire. C'est ce qu'il prouve dans sa préface, où il tâche aussi de prévenir ses lecteurs contre le scandale que pourraient leur causer les faits rapportés dans les questions. Hincmar mit la main à cet ouvrage entre les années 860 et 863. Il y établit d'excellents principes ; mais il y dit aussi diverses choses qui ne sont ni intéressantes, ni bien appuyées. Telles sont celles qu'il débite sur l'épreuve par l'eau chaude. En répondant à la quinzième question, il fait voir qu'il croyait qu'il y avait des sorciers. Il y a aussi du bon et du mauvais en ce qu'il dit sur la vingt-neuvième question, qui est la sixième des sept dernières. Il établit à la vérité qu'un roi n'a personne au-dessus de lui que Dieu seul, mais il semble dire qu'il n'est

roi qu'autant qu'il fait son devoir, et qu'on ne devrait pas obéir à un prince criminel.

4° A la suite de cet écrit vient le recueil des capitulaires de notre prélat, qu'on a réimprimé dans la collection générale des Conciles. Le premier capitulaire, divisé en dix-sept articles, fut publié dans un synode le premier jour de novembre 852. Hincmar y recommande à chaque prêtre de son diocèse de s'instruire à fond des explications de l'Oraison dominicale et du Symbole des apôtres, afin d'être en état d'en instruire les autres ; d'apprendre par cœur la préface du Canon et le Symbole attribué à saint Athanase ; d'en bien comprendre le sens pour pouvoir l'expliquer au peuple ; de s'appliquer à lire distinctement et correctement l'Evangile, les Epîtres, les Psaumes ; de posséder les quarante homélies de saint Grégoire, de les bien entendre ; de savoir par cœur le sermon du même pape sur les soixante-douze disciples du Sauveur, sur le modèle desquels, dit-il, les prêtres ont été établis dans le ministère ecclésiastique ; enfin, de prendre une connaissance parfaite du comput, ou calcul nécessaire, et du chant. On voit par là le soin qu'avait Hincmar de bannir l'ignorance de son clergé. Entre les autres points de discipline prescrits par ce capitulaire, on trouve l'eau bénite et le pain bénit pour chaque dimanche, à peu près comme cela se pratique encore aujourd'hui dans les paroisses.

Le second capitulaire est compris en vingt-sept articles, dont le dernier est fort prolixe, et peut passer pour une espèce de petit pénitentiel, en ce qu'il roule sur les pénitences qu'on doit infliger aux prêtres et aux diacres. Les autres articles sont des instructions pour les doyens ruraux et autres qui étaient chargés de veiller sur les églises paroissiales et les chapelles du diocèse. Hincmar les engage à lui faire chaque année, au premier jour de juillet, un fidèle rapport de ce qu'ils auront observé, conformément aux instructions qu'il leur prescrit ici.

Le troisième capitulaire, divisé en trois articles, est proprement une addition faite au premier, en juin 857, la douzième année de l'épiscopat d'Hincmar. Par le premier article, qui est important, les curés sont chargés de veiller sur les pécheurs publics, pour les engager à se soumettre à la pénitence publique, et de rendre compte à l'évêque de quelle sorte ils s'y comporteront.

Le quatrième capitulaire comprend cinq articles, qu'Hincmar donna à ses curés dans un synode, qu'il tint en juillet 874. La même année, selon les PP. Cossart et Labbe, ou seulement trois ans après selon le P. Sirmond, notre prélat fit un autre capitulaire, qui est le cinquième et le dernier du recueil. Il contient, en treize articles une instruction pour les prêtres Gontaire et Odelhard, qu'il établissait archidiacres, et tend en particulier à les détourner dans leurs visites des exactions sordides, qui n'étaient peut-être que trop communes en d'autres diocèses. Tous ces capitulaires déposent en faveur de la sollicitude pastorale d'Hincmar pour l'observation de l'exacte discipline.

5° Après eux suivent dans l'édition qui nous sert de guide, les couronnements des rois et des reines, auxquels Hincmar eut le plus de part ; c'est-à-dire le recueil des discours, des bénédictions, des prières prononcées en cette sorte de cérémonies. Ces couronnements sont ceux de Charles le Chauve, en qualité de roi de Lorraine ; d'Hermentrude, sa femme ; de Louis le Bègue, leur fils aîné, et de Judith, leur fille, en qualité de reine de Saxons occidentaux.

6° Le premier tome de cette édition est terminé par l'explication en prose d'un écrit en vers qu'Hincmar avait adressé au roi Charles le Chauve sous le titre de *Ferculum Salomonis*, le service de table, ou le mets de Salomon, et que nous n'avons plus aujourd'hui. Cette explication est un tissu de mysticités, où nous apprenons toutefois que par ce *Mets de Salomon* l'auteur entend l'Eglise, qui est le corps mystique de Jésus-Christ, et qu'en établissant le dogme du libre arbitre de l'homme, il a soin d'établir aussi celui de la grâce prévenante pour vouloir le bien et le mettre en pratique. Hincmar y rapporte, sous le nom de saint Ambroise, quatorze vers hexamètres sur le nombre ternaire, et finit son explication par quatorze autres vers de sa façon, mais d'une grande platitude et de différente mesure.

7° A la tête du second volume est placé un traité qui porte pour titre : *De regis persona et regio ministerio;* de la personne du roi et de ses devoirs. Flodoard, qui marque cet écrit entre les autres de notre prélat, en donne un sommaire assez juste en disant qu'il est tiré de l'Ecriture et des Pères de l'Eglise, et que l'auteur s'y propose trois objets principaux, qu'il discute en trente-trois chapitres, savoir, les qualités et les devoirs d'un roi par rapport à l'Etat; quelle doit être sa discrétion dans les bienfaits et les grâces qu'il accorde; quelle vengeance il doit tirer de certains particuliers. Hincmar y prescrit de fort belles et très-utiles maximes pour régner heureusement. L'écrit est adressé à Charles le Chauve par une courte préface dans laquelle l'auteur explique son dessein.

8° Suit un autre traité plus prolixe que le précédent, et adressé au même prince. Il est intitulé : *Des vices qu'on doit éviter et des vertus qu'on doit mettre en pratique;* titre qui parait pris de Flodoard, qui l'a fait entrer sous ces mêmes termes dans le catalogue des OEuvres de notre archevêque, et qui en parle comme d'une instruction très-utile. Elle l'est en effet; et l'auteur, après avoir exposé dans l'écrit précédent les devoirs d'un prince en qualité de souverain, traite fort au long dans celui-ci des vertus qu'il doit pratiquer en qualité de chrétien. C'est encore un recueil de passages de l'Ecriture et des Pères, rangés sous douze très-longs chapitres, dont le second est formé de la lettre du pape saint Grégoire à Récarède, roi des Visigoths en Espagne. Charles le Chauve avait demandé cette lettre à Hincmar, et ce fut apparemment ce qui lui donna occasion de composer cet écrit, dans lequel il discute presque tous les devoirs de la piété chrétienne.

9° Le traité qui suit *Touchant la nature de l'âme,* ne porte dans les manuscrits le nom d'aucun auteur. Il y est seulement intitulé : *Recueil d'un certain sage, tiré des livres de saint Augustin sur la nature de l'âme.* Flodoard ne le compte point non plus entre les autres écrits d'Hincmar. Le P. Sirmond était néanmoins persuadé qu'il lui appartient; et ce que dit l'auteur dans la préface ne peut convenir qu'à Charles le Chauve, à qui par conséquent il l'adressait. On l'a ainsi exprimé dans l'édition qu'on en a faite. Ce traité est compris en huit chapitres, dans lesquels Hincmar agite autant de questions au sujet de l'âme, sans y comprendre la préface, par laquelle il parait que c'est Charles le Chauve qui avait proposé lui-même les huit questions. L'auteur, en y répondant, établit dans les premières que l'âme est spirituelle, qu'elle n'est point dans le lieu à la façon des corps, qu'elle ne se meut point non plus localement, quoiqu'elle change de volonté et de dispositions. La dernière question est employée à discuter si les justes après la résurrection verront Dieu des yeux du corps, ou seulement de ceux de l'esprit? Le traité entier est un enchaînement de passages de l'Ecriture et des Pères, où l'on fait peu d'usage du raisonnement. A la fin on a imprimé une liste d'autres passages tirés de saint Augustin, et quelques-uns de saint Jérôme, pour prouver que l'âme est dans le corps. Cette liste se trouve telle qu'on la

donne ici, dans un ancien manuscrit, à la suite du traité.

10° En continuant l'examen des lettres et opuscules de notre prélat, se présente la longue et belle lettre écrite à Louis, roi de Germanie, au nom des évêques de la province de Reims et de celle de Rouen, comme le porte le titre dans la collection générale des Conciles, et le recueil des capitulaires de nos rois, où cette lettre est insérée. On ne doute point cependant qu'elle ne soit une production de la plume d'Hincmar, dont on y reconnait tout le génie. Elle contient en quinze articles d'excellents avis; mais la fable de la damnation de Charles Martel en corps et en âme, qui se lit au septième siècle, ne sert qu'à faire voir la trop grande crédulité de l'auteur. Quelques savants (a) la croient même de l'invention d'Hincmar; et l'on en voit la représentation au naturel dans l'église de Saint-Remi de Reims, vis-à-vis le grand autel, du côté de l'Epitre. Hincmar envoya par son neveu, à Charles le Chauve, une copie de la lettre entière, et l'avertit ensuite en une autre occasion que les avis qu'elle contient étaient encore plus pour lui que pour le roi Louis son frère.

11° C'est dans la lettre suivante, adressée à Charles, qu'Hincmar nous apprend cette circonstance. Il écrivit celle-ci à ce prince lorsqu'en 859 il partait avec son armée pour aller venger l'invasion que le roi de Germanie avait faite en France l'année précédente. Le but principal de l'auteur est de porter Charles à empêcher ses soldats de se livrer au pillage, ce qui est exprimé dans le titre de la lettre. Hincmar y mêle aussi quelques autres avis pour le roi.

12° La lettre qui suit, et qui fait le sixième opuscule du recueil, roule sur le même sujet. Elle est écrite aux clercs de la cour, qui marchaient à la suite du roi et de la reine. Comme leurs domestiques commettaient les mêmes crimes que les gens de guerre, Hincmar représente à ces clercs qu'ils sont responsables des péchés de leurs domestiques, et qu'ils doivent non-seulement s'abstenir du mal, mais aussi en détourner les autres.

13° Le septième opuscule est un mandement pour réprimer le pillage. Il fut fait la même année 859 et adressé aux curés du diocèse de Reims, avec ordre de le publier à la messe après l'épitre. On était alors en carême; et Hincmar prend de ce saint temps occasion de presser ses diocésains de s'abstenir de cette sorte de crimes et autres qui les rendraient indignes de la communion pascale : ce qui le conduit à parler des dispositions pour ne pas communier indignement. Il envoya aussi ce mandement à Charles le Chauve, afin de le faire lire de temps en temps aux officiers et aux soldats de son armée.

14° Hincmar emploie le huitième opuscule à expliquer le dix-septième verset du cent-troisième psaume : *Herodii domus dux est eorum.* Le nid de la cigogne est comme le premier et le chef des autres. Il a recours à cet effet au texte hébreu, tel que saint Jérôme l'interprète, aux différentes versions du texte rapportées par le même Père, et aux autres Pères qui ont écrit sur les Psaumes, nommément saint Augustin, saint Prosper, Cassiodore. Cette explication est adressée à Louis, roi de Germanie, qui en faisant à Hincmar et à l'évêque Altfride d'autres questions sur d'autres difficultés de l'Ecriture, fit naitre celle dont il s'agit ici. L'auteur la finit par six vers élégiaques, qui contiennent des vœux de prospérité pour ce prince.

15° C'est au sujet du même roi qu'a été fait le neuvième opuscule, qui est une longue lettre comprise en 42 articles, et adressée aux évêques et aux seigneurs de la province de Reims. Les premiers, ayant appris que Louis devait entrer à main armée en France, pour obliger le roi Charles, son frère, à

(a) Boll. 20 Feb. n. 213 215.

quitter l'Italie, où il était allé recueillir la succession de l'empereur Louis, leur neveu, consultèrent Hincmar, leur archevêque, sur la conduite qu'ils devaient tenir en cette occasion. Hincmar leur répondit par cette lettre, presque toute remplie d'autorités des Pères, suivant sa maxime. Ce qu'il y dit se réduit à les conseiller de demeurer fidèles à Charles le Chauve, sans néanmoins se séparer de la communion du roi Louis, à qui ils se contenteront de représenter ses obligations, en conséquence de la foi des traités faits avec le roi son frère. La lettre est de l'année 875, comme on a eu soin de le marquer dans le titre.

16° Le dixième opuscule d'Hincmar est une lettre à Louis le Bègue, écrite presque aussitôt après le couronnement de ce prince, qui se fit en décembre 877. Flodoard la marque entre les autres écrits de notre prélat, qui y donne à ce jeune roi de sages avis pour le bon gouvernement de ses Etats.

17° On donne dans le titre du onzième opuscule une assez juste idée de ce qu'il contient. C'est une lettre à Charles le Gros, empereur, pour l'engager à veiller sur l'éducation des jeunes rois Louis et Carloman, et à leur procurer de bons conseillers pour régner heureusement. Elle est apparemment du commencement de leur règne, en avril ou mai suivant de l'année 879.

18° Le douzième opuscule est une lettre au roi Louis, fils de Louis le Bègue, pour le prier de laisser libre l'élection d'un évêque à Beauvais. A la mort d'Odon, au commencement de 881, le clergé et le peuple de cette Eglise élurent pour son successeur un clerc nommé Odacre, que la cour protégeait, mais que le concile de Fismes, tenu en avril de la même année, jugea indigne de l'épiscopat. Sur cela, le concile fit une députation au roi et lui écrivit les causes du refus. La cour s'en offensa, et le roi adressa une lettre à Hincmar, en insistant en faveur d'Odacre. Ce fut pour y répondre et justifier la conduite du concile qu'Hincmar écrivit la lettre en question. Elle est vraiment épiscopale, et très-importante en ce qui regarde les élections des évêques, et la part qu'y avaient les princes en ces temps-là.

19° Cette lettre attira à Hincmar de la part du roi une réponse menaçante, à laquelle notre prélat fit une réplique encore plus vigoureuse que la précécédente. C'est ce qui forme son treizième opuscule, qui contient des choses intéressantes touchant les deux puissances, la spirituelle et la temporelle. Son auteur y fait paraître une fermeté à toute épreuve, et un zèle ardent jusqu'à donner sa vie pour la défense des droits de l'Eglise. Mais ses expressions ne sont ni assez respectueuses ni assez mesurées.

20° L'opuscule suivant, le plus considérable entre tous ceux d'Hincmar, est une instruction qu'il dressa en 882, à la prière des seigneurs de la France occidentale, pour la conduite de leur jeune roi Carloman. La principale partie de cet écrit est prise du traité que saint Adalhard, abbé de Corbie, avait composé sur l'ordre du palais.

21° Hincmar emploie encore le quinzième opuscule à donner des conseils pour la conduite du même prince. Il l'adresse aux évêques, et ce qu'il y dit est presque tout tiré de l'Ecriture et des Pères. Goldast l'a fait imprimer sous le titre : *De potestate regia et pontificia.*

22° C'est dans les mêmes sources qu'Hincmar a puisé son seizième opuscule contre les ravisseurs des veuves, des filles, des vierges consacrées à Dieu. Il est au nom des évêques des Gaules et des Germanies, et adressé au roi qui paraît être Louis, frère de Carloman. Il fut, par conséquent, composé avant les deux autres opuscules qui le précèdent. L'auteur y a ajouté à la fin une liste sans ordre de passages, pris des canons de quelques édits des empereurs, et particulièrement des Décrétales des papes qui ont trait à la même matière.

23° Le dix-septième opuscule est une longue lettre au pape Nicolas Ier, en réponse à celle que ce pontife lui avait écrite sur la fin de l'an 863, par Odon, évêque de Beauvais : ainsi elle est de l'année suivante 864. Flodoard l'a jugée si importante, qu'il l'a insérée en entier dans l'Histoire de notre prélat. Hincmar s'y propose quatre objets différents. D'abord il y rend raison en peu de mots pourquoi le siége de Cambrai était vacant depuis dix mois. Il lui parle ensuite de l'affaire du comte Baudouin et de la reine Judith, veuve d'Edilulfe, sur quoi il passe assez légèrement. Ce qui l'occupe davantage, est d'une part la déposition de Rothade, évêque de Soissons, et de l'autre, la cause de Gothescalc. Rothade était parti pour Rome afin d'y poursuivre son appel au Saint-Siège. Hincmar n'oublie rien pour justifier la déposition de ce prélat et pour détourner le pape de penser à le rétablir ; en quoi il ne réussit pas. Mais pour juger sainement de cette partie de la lettre de notre archevêque, il faut la comparer à la requête que Rothade présenta au même pape. Pour ce qui est de Gothescalc, Hincmar se plaint, en premier lieu, de ce que le pontife romain n'avait pas daigné lui faire un mot de réponse touchant les écrits qu'il lui avait envoyés par Odon de Beauvais contre les erreurs dont ce moine infortuné était accusé. Ensuite, après s'être accusé de n'avoir pas assisté au concile de Metz, où l'on devait examiner sa cause, il fait à sa mode un abrégé de sa vie, et un détail des erreurs dont on le chargeait. Au travers néanmoins de tout ce que dit ici Hincmar au sujet de son prisonnier, il laisse apercevoir que le pape en avait été autrement instruit, et qu'en conséquence il conservait quelque bonne volonté pour Gothescalc. C'est pourquoi notre prélat insinue qu'il ne manquait point d'égards pour lui.

24° Le dix-huitième opuscule d'Hincmar est le premier des quatre mémoires qu'il présenta aux archevêques et évêques assemblés en concile à Soissons, l'an 866, au sujet de Vulfade et des autres clercs ordonnés par Ebbon de Reims. Il tend à montrer que ces clercs ont été déposés par les évêques de cinq provinces ; que leur déposition a été confirmée par deux Papes ; que néanmoins Nicolas Ier, l'un d'entre eux, voulant que cette affaire fût jugée de nouveau, il y acquiesce et désire le rétablissement de ces clercs, mais qu'il demande qu'on lui fasse voir en quoi le premier jugement prononcé contre eux était contraire aux canons, sans quoi il prétend que l'intention du Pape n'était pas qu'on y touchât.

25° Dans le second mémoire, qui forme le dix-neuvième opuscule, Hincmar établit les preuves de la déposition d'Ebbon, son prédécesseur, et réfute les raisons qu'on apportait pour l'infirmer. Après quoi il montre la régularité de sa propre ordination faite au concile de Beauvais, en 845.

26° Il emploie son troisième mémoire, qui est le vingtième opuscule du recueil, à exposer les raisons ou les motifs qui pouvaient permettre de recevoir les clercs dont il s'agissait, et les promouvoir à des ordres supérieurs. Les motifs qu'il indique étaient l'indulgence et l'autorité du Pape ; mais il déclare que ce qu'on fera en cette occasion sera sans conséquence pour l'avenir. Au moyen de quoi il ajoute qu'il donne son consentement pour la réhabilitation des clercs.

27° Le quatrième mémoire et vingt-unième opuscule est contre Vulfade en particulier. Hincmar y peint sa conduite sous des couleurs si noires, que les évêques ne purent en soutenir la lecture. Ces quatre mémoires de notre prélat font partie des Actes du troisième concile de Soissons, parmi lesquels ils sont imprimés. Ils le furent pour la première fois dans le recueil des Conciles de France par le P. Sirmond. Quiconque, au reste, voudrait s'instruire à fond de ce qui se passa dans la déposition d'Ebbon, et celle des clercs qu'il avait ordonnés, ne doit pas s'en tenir aux quatre mémoires d'Hincmar ; il faut y joindre la lecture de la relation de ces clercs, dressée par un d'entre eux, que Du Chesne a publiée sur un manuscrit d'Arras. Elle est écrite avec beaucoup de candeur, et aurait dû, ce semble, trouver place dans la collection des Conciles. Il faut encore lire la lettre de Charles le Chauve au Pape Nicolas Ier sur le même sujet, et y ajouter les deux que ce pontife écrivit à Hincmar, après la tenue du concile de Soissons, en 866, et qu'il ne reçut que l'année suivante.

28° Le vingt-deuxième opuscule est une lettre de notre archevêque au même Pape, à qui il l'envoya par Egilon, archevêque de Sens, député à Rome par le concile dont on vient de parler, pour y porter les Actes de l'assemblée. Dans cette lettre, qui a été réimprimée à la fin du huitième volume des Conciles, et qui est en date du 1er septembre de la même année 866, Hincmar détaille les raisons qu'il a eues pour ne pas rétablir Vulfade et ses associés de son autorité particulière. Il assure néanmoins le Pape qu'il aura autant de joie de leur rétablissement qu'il a eu de douleur de leur déposition; ce qu'on aurait bien de la peine à concilier avec la conduite qu'il tint dans toute cette affaire. Du reste, il renvoie le Pontife romain au porteur de sa lettre, qui l'instruirait de tout de vive voix.

29° Afin qu'Egilon fût en état de s'en acquitter au gré d'Hincmar, il eut soin de lui donner ses instructions, et n'oublia rien pour le mettre dans ses intérêts. C'est ce qu'il fit par une lettre qui forme le vingt-troisième opuscule du recueil de ses œuvres, et qu'on a imprimée dans la collection des Conciles, à la suite de la précédente. Hincmar y débute par dire à Egilon qu'il lui parle en confiance comme à un autre lui-même. Quelque chose, au reste, qu'il dise dans sa lettre au Pape, de la joie qu'il aurait du rétablissement des clercs déposés, il montre sur la fin de celle-ci qu'il ne le désirait pas si fort qu'il voulait le persuader. L'auteur finit sa lettre par deux traits remarquables. Il prie Egilon d'avoir soin de lire les lettres que le Pape ferait expédier sur l'affaire en question, avant qu'on les envoyât en France, de peur, dit-il, que les secrétaires n'y commettent quelque fraude, comme on les accuse de faire. Il lui recommande enfin d'apporter les Gestes des papes, depuis le pontificat de Sergius jusqu'à l'année où Hincmar écrivait sa lettre. Quant à ceux des autres papes, il l'avertit qu'il les avait. On voit ici le zèle de notre archevêque à recueillir les monuments pour l'histoire ecclésiastique. Il y a quelque apparence que ces Gestes étaient une espèce d'annales de ce qui se passait sous chaque pontificat, plutôt que les Vies des Papes.

30° L'opuscule suivant, le vingt-quatrième dans l'ordre du recueil, est encore une lettre ou instruction adressée à Egilon sur son départ pour Rome. Hincmar la lui écrivit sur la nouvelle que Gothescalc avait trouvé le moyen d'envoyer son appel au Pape, ce qui paraît l'avoir beaucoup intrigué. Il lui fait un détail abrégé des erreurs dont il continuait toujours de le charger, et prie confidemment Egilon, au cas qu'on l'interroge sur l'état de ce prisonnier, de dire qu'on a grand soin de lui fournir non-seulement tout ce qui lui est nécessaire, mais de lui offrir même des adoucissements, comme le bain. C'est dans cette lettre qu'Hincmar nous apprend que saint Prudence de Troyes avait composé des Annales dans lesquelles il marquait que le Pape Nicolas avait confirmé la vérité des deux prédestinations et les autres points de doctrine qui étaient alors controversés. Egilon était prié de tenir cette lettre secrète.

31° Hincmar lui en joignit une autre, qu'il pouvait montrer, et qui fait son vingt-cinquième opuscule. Celle-ci est toute employée à exposer au long les erreurs dont il n'avait fait qu'un court abrégé dans la précédente.

32° Le vingt-sixième opuscule est une longue lettre au Pape Nicolas, en réponse aux deux qu'Egi-

lon, à son retour de Rome, lui avait rendues, de la part de ce Pontife, le vingtième de mai 867. Dans cette lettre, qui fut écrite le mois de juillet suivant, Hincmar entreprend de se justifier sur les vifs reproches dont le Pape le chargeait dans les siennes, où il le représente comme un homme plein d'orgueil, qui n'agissait que par ruses, par finesses, par dissimulation, etc. De sorte que cette lettre est une apologie de la conduite d'Hincmar, mais différente de celle qu'il fut obligé d'adresser dans la suite au pape Jean VIII. Celle dont il est ici question a été insérée dans la collection générale des conciles.

33° On y a aussi fait entrer une autre lettre de notre prélat, qui fait le vingt-septième de ses opuscules. Elle est encore adressée au même Pape Nicolas, et roule sur le même sujet que la précédente, dont elle n'est pour la plus grande partie qu'une répétition. C'est pourquoi les éditeurs n'en ont imprimé que ce qui ne se lit pas dans l'autre, et qui se borne presque aux excuses qu'Hincmar fait au Pape de ne lui avoir pas envoyé tous les écrits de part et d'autre qui regardaient cette grande affaire, comme il l'avait demandé. L'on a peine à comprendre comment notre archevêque écrivit ainsi coup sur coup à la même personne deux lettres aussi semblables sur le même sujet. Peut-être que le désir de se justifier auprès du Pape lui ayant fait craindre que sa première lettre ne lui fût pas rendue, il lui écrivit encore la seconde par une voie qui lui paraissait plus sûre.

34° Le vingt-huitième opuscule du recueil est une courte instruction aux moines d'Hautvilliers, touchant la conduite qu'ils devaient garder envers Gothescalc, à l'article de la mort et après son décès.

35° Le vingt-neuvième est une longue lettre à Charles le Chauve, en faveur d'Hincmar, évêque de Laon. Le roi ayant reçu des plaintes au sujet de celui-ci, l'en reprit publiquement; à quoi Hincmar répondit avec tant de hauteur, que le prince ne put s'empêcher de le maltraiter de paroles. Cette brouillerie alla jusqu'à faire saisir les biens de l'évêché de Laon. C'est ce qui donna occasion à la lettre dont il s'agit. Hincmar de Reims crut devoir venir au secours de son neveu, en représentant au roi que ce qu'il avait fait contre l'évêque de Laon était contraire aux lois des empereurs, aux décrets des papes et aux décisions des conciles; sur quoi il en rapporte plusieurs textes, suivant sa coutume. L'éditeur avoue que le manuscrit d'après lequel il a donné cette lettre ne lui a pas permis de l'imprimer correctement ni en son entier. Ce qui a porté M. de la Lande, qui en avait recouvré un meilleur manuscrit dans l'abbaye de Ripouil, à la faire entrer dans son Supplément aux conciles de France. Le P. Cellot l'avait déjà donnée aussi entière à la suite des Actes du concile de Douzi, comme on le dira ci-après.

36° Viennent ensuite, dans l'édition des Œuvres de notre archevêque, deux petites lettres à Hincmar, son neveu, avec les réponses de celui-ci. Elles sont comptées pour le trentième et trente-unième opuscule. L'une est au sujet de Nivin et de Bertric, et l'autre en faveur du prêtre Hadulphe, qu'Hincmar de Laon avait excommunié; ce qui fut une des sources du différend entre l'oncle et le neveu.

37° Le trente-deuxième opuscule d'Hincmar est une lettre écrite aux évêques de la province de Lyon, au commencement de mars 871. Après que l'auteur les a instruits en peu de mots de la révolte de Carloman contre le roi son père, et des brigandages que lui et ceux de sa faction avaient exercés dans la province de Reims en particulier, sans que ses exhortations et ses remontrances réitérées, de lui Hincmar, les eussent arrêtés, il leur annonce la peine dont il croyait devoir punir ces crimes, afin que les évêques à qui il écrit s'y conformassent dans l'occasion. Le P. Sirmond n'ayant donné cette lettre qu'imparfaite, l'éditeur du Supplément aux conciles de France l'a fait réimprimer en son entier, d'après un manuscrit de M. Petau, qui appartenait alors à la reine Christine.

38° De toutes les pièces qui forment le corps des opuscules d'Hincmar, il n'en est point de plus prolixe que son traité contre Hincmar de Laon, compris en 55 capitules, sans compter la préface, avec la pièce de vers qui est en tête. Cet écrit répond à deux mémoires qu'Hincmar, neveu de notre prélat, lui avait fournis à l'appui de son appel au Saint-Siége. Autant l'auteur y est appliqué à repousser les reproches de l'évêque de Laon, autant il y a d'attention à user de représailles, ce qu'il fait le plus souvent avec aigreur. L'endroit le plus intéressant de ce long écrit est celui où Hincmar parle avec un certain détail des droits des métropolitains et des conciles (a), de l'autorité de leurs canons et des lettres des Papes. Cet ouvrage est rempli d'érudition. L'auteur y cite les écrivains profanes comme les autres. Mais il s'y trouve encore moins de critique que dans ses autres écrits. Hincmar de Laon eut soin de répliquer à celui-ci.

39° Le trente-quatrième opuscule de notre archevêque est une réponse à ce que son neveu lui avait mandé de vive voix, par Heddon, prévôt de l'église de Laon, touchant certains griefs dont on lui avait donné sujet de se plaindre depuis ce qui s'était passé à Attigni.

40° L'opuscule suivant, qui a été tiré du vingt-deuxième chapitre de l'Histoire de Flodoard, livre troisième, ne paraît pas entier; c'est un tissu de reproches vifs et amers contre Hincmar de Laon, parmi lesquels sont mêlées quelques réponses aux écrits de ce prélat qui suivirent l'ouvrage des 55 capitules.

41° On a dans le même Flodoard des extraits d'un autre écrit, dont on a formé le trente-sixième opuscule de notre archevêque, qui y continue ses reproches contre son neveu : de sorte que, si Flodoard ne le distinguait pas de l'écrit précédent, on le prendrait pour en être une suite naturelle.

42° Le trente-septième opuscule d'Hincmar fait partie du concile de Tousi. C'est une instruction adressée aux archevêques de Bourges et de Bordeaux, Rodulfe et Frotaire, au sujet du mariage qu'un seigneur de la cour avait contracté avec la fille du comte Raimond, et dont le contractant demandait la dissolution, sur la crainte de se rendre coupable d'inceste.

43° Le trente-huitième opuscule, qui se trouve réimprimé dans la Collection générale des conciles, est une réponse à Gonthier, archevêque de Cologne, qui avait consulté Hincmar au nom de son concile provincial, auquel la réponse est adressée. Ingeltrude, femme du comte Boson, de la province de Milan, qui avait quitté son mari et s'était retirée dans le diocèse de Cologne, après avoir été excommuniée par un concile tenu à Milan, fait le sujet de la consultation. Gonthier demande de quelle manière il se devait conduire dans cette affaire; à quoi Hincmar répond avec autant de sagesse que de lumière, renvoyant au reste à d'autres décisions qu'il avait déjà données sur de semblables difficultés. Il nomme en particulier la vingt-deuxième et la vingt-huitième. C'est apparemment à son grand ouvrage sur le divorce de Lothaire et de Thietberge qu'il renvoie ici.

44° On a déjà vu que notre archevêque se déclare en faveur de l'épreuve par l'eau chaude. Son trente-neuvième opuscule est pour établir celle par l'eau froide. Il l'adresse à Hildegaire, évêque de Meaux, qui

l'avait prié de lui dire ce qu'il pensait de l'écrit que Raban avait composé sur le même sujet. Presque tout ce qu'Hincmar allègue ici pour soutenir son sentiment est tiré de l'Ecriture, qu'il applique comme il lui plaît, sans justesse, et souvent contre le sens naturel du texte.

45° Le quarantième opuscule est remarquable pour sa singularité. C'est une absolution par lettre, adressée à Hildebolde, évêque de Soissons, qui, se trouvant dangereusement malade, avait envoyé sa confession à Hincmar, en lui demandant des lettres d'absolution. Mais c'est moins une absolution sacramentelle, comme l'observent les théologiens (b), qu'une espèce d'indulgence et de bénédiction. C'est ce qui paraît par les paroles mêmes d'Hincmar, qui avertit Hildebolde d'avoir soin de se confesser en détail à un prêtre.

46° Nous avons quelque chose de plus intéressant encore, dans le quarante-unième opuscule, qui est une vigoureuse lettre en réponse au Pape Adrien II. Elle est de l'année 870, et l'on y distingue deux parties. La première est employée à répondre à la lettre qu'il avait reçue d'Adrien, le 19 octobre de la même année, et dans laquelle ce Pontife se plaignait, entre autres griefs, de ce qu'Hincmar n'avait pas détourné Charles le Chauve d'usurper le royaume de Lothaire; qu'en conséquence il s'était rendu complice et même auteur de cette usurpation : qu'il lui ordonnait de se séparer de la communion de ce prince, s'il voulait demeurer dans celle du Pape, au cas cependant que le roi persistât dans sa désobéissance.

A toutes ces plaintes et menaces, Hincmar répond avec beaucoup de lumière et une fermeté digne d'un évêque français, mais en mettant dans la bouche des autres ce qui lui semblait trop dur dans la sienne. On trouve dans cette partie de sa réponse plusieurs belles choses touchant les deux puissances et les droits de l'une et de l'autre, aussi bien que sur l'excommunication. C'est dans cette réponse qu'Hincmar dit que le Pape ne peut être tout ensemble roi et évêque; d'où le cardinal Baronius, en sortant de sa modération ordinaire, a pris occasion d'invectiver d'une manière si véhémente contre notre prélat, que M. Baluze s'est cru obligé de prendre sa défense.

Dans la seconde partie de la lettre, Hincmar répond à ce que le Pape lui avait écrit l'année précédente en faveur d'Hincmar de Laon. Sur ce qu'Adrien lui demandait qu'il envoyât celui-ci à Rome, avec trois autres évêques députés au nom de tous ceux du royaume de Charles le Chauve, l'archevêque lui représente qu'il n'a aucun pouvoir d'envoyer un évêque, même de sa province, soit à Rome ou autre part, sans ordre du roi, ni de sortir lui-même du royaume sans sa permission.

47° Le quarante-deuxième opuscule de notre archevêque n'est autre que la seconde lettre du roi Charles le Chauve au pape Adrien II. Hincmar l'écrivit au nom de ce prince. Cet opuscule, dans l'édition des œuvres d'Hincmar, est compté pour le quarante-troisième, quoiqu'il ne soit réellement que le quarante-deuxième. Mais la faute n'a influé que sur l'opuscule suivant, et a été corrigée à celui qui vient immédiatement après, et qui se trouve sous le nombre qui lui convient. Le quarante-troisième, qui, pour la raison qu'on vient de dire, est marqué le quarante-quatrième, est une lettre adressée à Advence, évêque de Metz, dans laquelle Hincmar fait un détail curieux de la cérémonie de l'ordination des archevêques et des évêques.

48° On a dans le quarante-quatrième opuscule un traité touchant les droits des métropolitains, adressé à tous les évêques. Hincmar le composa à l'occasion d'Ansegise, archevêque de Sens, que le

---

(a) Turrien et quelques autres auteurs citent sous le nom d'Hincmar un traité des Conciles, qui ne paraît autre que les chapitres 20, 21 et les quatre suivants de l'ouvrage des 55 capitules.

(b) Mor., de Sacr. pœn., l. VIII, c. 25, n. 45.

pape Jean VIII avait établi, en 876, son vicaire en Gaule et en Germanie. Le but de l'écrit est de montrer que les nouvelles prétentions de ces vicaires du pape ne doivent point préjudicier aux anciens droits des métropolitains. L'auteur n'oublie pas d'y rehausser ceux de l'Eglise de Reims.

49° L'opuscule qui suit est une réponse à la consultation d'un évêque touchant la translation d'Actard, évêque de Nantes, au siége métropolitain de Tours. Quoiqu'Hincmar y eût consenti au concile de Douzi, et qu'il en eût écrit en conséquence au pape Adrien, il ne laisse pas de la combattre dans l'écrit dont il est ici question, et dans lequel il donne d'abord des raisons contre les translations en général d'un siége à un autre.

50° On peut regarder le quarante-sixième opuscule comme un des écrits les plus utiles de notre prélat, quoiqu'il soit assez succinct. C'est un traité des devoirs d'un évêque, tant par rapport au temporel qu'au spirituel, dans lequel il parle aussi des usurpations des biens ecclésiastiques. Ce qu'il dit sur la fin touchant ceux de l'église de Beauvais montre qu'elle n'avait point encore d'évêque légitime, et que ce traité fut écrit après la mort d'Odon, en 881, lors de l'intrusion d'Odacre.

51° Le quarante-septième opuscule est une longue lettre au Pape Jean VIII, sur les appellations des évêques et des prêtres au Saint-Siége, qui devenaient alors fort fréquentes dans le royaume. Cette lettre est écrite au nom de Charles le Chauve, alors empereur.

52° Dans l'opuscule qui suit, intitulé *Des Prêtres criminels*, etc., Hincmar nous donne un recueil de lois ecclésiastiques et civiles, à commencer par les capitulaires de nos rois, touchant les accusations et les jugements de ces prêtres. Il y discute ce qui regarde les personnes qui les peuvent accuser, la qualité, le nombre des témoins, le juge devant lequel on peut porter l'accusation, les sujets sur lesquels elle peut tomber, la manière dont ces prêtres doivent se purger, lorsqu'il n'y a ni preuves ni témoins contre eux. Il y montre la fausseté d'un décret tiré des Actes du pape saint Silvestre, qui tend à établir qu'un clerc ne peut être accusé par un laïque, ni un clerc supérieur par un clerc inférieur. Il emploie le quarante-neuvième opuscule à faire des maximes générales qu'il a établies dans l'opuscule précédent, une application à un sujet particulier. Il s'y agit de quelle manière on doit discuter et juger définitivement la cause d'un prêtre nommé Theutfride, qui avait volé des ornements d'église.

53° Des douze opuscules d'Hincmar dont il nous reste à rendre compte, et qui avec les précédents font le nombre de soixante-un, la plupart sont de très-courtes lettres, où il n'y a rien de fort intéressant. On a dans le cinquantième l'histoire de la vision qu'un nommé Bernold, du diocèse de Reims, eut à la suite d'une maladie mortelle, quelque temps après la mort de Charles le Chauve, et qu'il raconta à son confesseur, de qui Hincmar l'avait apprise. Il en adresse la relation à tous les fidèles, en les exhortant à être toujours en crainte pendant cette vie touchant leur état après leur mort, et à ne pas négliger les remèdes que Dieu nous a préparés. Cette vision, au reste, est de même nature à peu près que celle de Wetin de Richenou.

La lettre qui suit l'histoire de cette vision a été écrite pour engager Odon, évêque de Beauvais, à répondre aux reproches des Grecs schismatiques. On a dans l'opuscule cinquante-deuxième la sentence d'excommunication qu'Hincmar prononça contre Odacre, lorsqu'il y avait déjà plus d'un an que durait son intrusion dans le siége de Beauvais. Le cinquante-huitième opuscule roule sur des mysticités tirées des nombres, pour rendre raison de la qualification de mystique qu'Hincmar, dans un de ses écrits, avait donnée au concile de Nicée. Il est étonnant qu'un prélat aussi occupé se soit amusé à de semblables minuties; et il ne l'est pas moins qu'il eût ainsi qualifié ce concile sur les raisons qu'il allègue. L'opuscule suivant est plus sérieux. Hincmar y donne son avis sur la pénitence qu'on devait imposer à Pepin, fils de Pepin roi d'Aquitaine, et neveu de Charles le Chauve, qui, bien que moine, s'était joint aux Normands et avait embrassé leur religion. Deux des opuscules précédents, qui sont deux lettres synodales, la première fort courte, ont été réimprimés dans le recueil général des Conciles.

A la fin des opuscules d'Hincmar, son éditeur a publié une lettre que Pardule, évêque de Laon, lui a écrite, pour le congratuler sur le recouvrement de sa santé. Elle est curieuse pour le détail où entre l'auteur, des aliments qu'il lui prescrit pour l'entretenir. Il ne nous reste point que nous sachions, autre chose de Pardule, sinon des fragments d'une autre lettre à Amolon de Lyon, rapportés et réfutés par saint Remi son successeur.

Le P. Sirmond termine l'édition des Œuvres d'Hincmar par quelques fragments considérables de plusieurs de ses lettres à différentes personnes, que lui a fournis l'historien Flodoard. Après avoir donné en détail une notice de toutes les pièces que contient cette édition, il est de notre dessein de rendre compte de celles qui ne s'y trouvent pas et qui appartiennent à notre prélat.

54° Il y a de lui, dans la Collection générale des conciles, une lettre sur le Baptême, adressée aux prêtres de son diocèse, pour les instruire de ce qui regarde ce sacrement et les cérémonies qui l'accompagnent. C'est un traité à peu près semblable à ceux qu'on avait vus paraître sous le règne de Charlemagne, pour répondre aux questions proposées par ce prince sur le même sujet.

55° On ne doute point que la longue lettre synodale du concile de Tousi, en 860, ne soit l'ouvrage d'Hincmar. Elle est adressée à tous les fidèles, pour les instruire de la nature des biens consacrés à Dieu; les détourner des usurpations qui s'en faisaient alors en tant de manières, et leur inspirer de l'horreur pour toutes sortes de pillages en général.

56° On conjecture que la lettre écrite au pape Nicolas Ier au nom de Charles le Chauve, dans laquelle il lui fait l'histoire de la déposition d'Ebbon de Reims et de ses suites, est de la façon d'Hincmar. La conjecture est fondée sur ce que le P. Sirmond assure l'avoir trouvée à la suite de plusieurs ouvrages de ce prélat, dans deux manuscrits, l'un de Notre-Dame de Laon, l'autre de saint Laurent de Liége. Mais, outre qu'on n'y reconnaît point le style de notre archevêque, il est hors de doute qu'il ne se serait pas exprimé sur l'affaire d'Ebbon de la manière que fait le véritable auteur de la lettre.

57° On a déjà fait l'énumération de plusieurs écrits d'Hincmar de Reims contre Hincmar de Laon, son neveu. En voici encore d'autres qu'il publia dans le cours de cette même affaire: 1° une longue requête, dans laquelle il expose ses plaintes et ses griefs contre cet infortuné prélat, et qui fut présentée et lue au concile de Douzi, en 871. Elle est comprise en trente-cinq chapitres, sans compter la conclusion, où l'auteur montre que, malgré l'appel interjeté au Saint-Siége, on peut juger et prononcer sentence définitive; 2° la lettre synodale du même concile au Pape Adrien II, dans laquelle on aperçoit tout le génie de notre archevêque, président du concile, dont la sentence contre son neveu est encore l'ouvrage; 3° une lettre particulière au même Pape, dans laquelle il lui annonce d'abord, pour lui faire sa cour, qu'il a consenti à la translation d'Actard au siége métropolitain de Tours, et lui rend ensuite compte de la cause d'Hincmar, son neveu. Il y a beaucoup d'apparence que la plainte que Charles le Chauve rendit au même concile contre cet évêque, est aussi de la façon de notre prélat. Au moins le style en est-il fort semblable à celui de ses autres écrits. Toutes ces pièces font la principale partie des Actes du concile de Douzi.

58° Il y a encore de notre archevêque quatre opuscules ou mémoires présentés au roi Charles le Chauve, à l'occasion de la saisie des biens de l'évêché de Laon. Le premier de ces mémoires n'est autre que le vingt-unième opuscule d'Hincmar de Reims, dont nous avons donné une notice suffisante à l'article 35 du dénombrement de ses écrits. Les trois suivants sont à l'appui du premier, et tous les quatre en faveur du différend qu'avait Hincmar de Laon avec le roi. Dès 1658, le P. Cellot les fit imprimer, avec deux autres petites pièces de l'évêque de Laon sur le même sujet, à la fin des Actes du concile de Douzi. Le tout est illustré des notes de la façon de l'éditeur, et a été réimprimé de la sorte dans la Collection générale des conciles. Un an avant le P. Cellot, dom Luc d'Acheri, avait publié le quatrième mémoire sous le titre de lettre au roi Charles.

59° A la suite de ces mémoires, dans le même recueil, on a publié huit lettres, presque toutes très-prolixes, de notre archevêque, qui avaient échappé aux recherches de ses éditeurs. Elles ont été tirées d'un manuscrit du Vatican par les soins de M. Holstenius, et peuvent servir à mieux entendre ce qui se passa aux conciles de Verberie, d'Attigni et de Douzi, par rapport à la grande affaire des deux Hincmar. Les quatre premières, deux desquelles sont adressées au clergé de Laon, roulent sur l'interdit qu'y avait jeté l'évêque et sur ses suites. Les autres sont écrites à ce prélat, à qui l'oncle fait de vifs reproches dans les quatre dernières, nommément dans la huitième, qui est la plus longue de toutes, et une réponse à une autre de la part du neveu, qui paraît avoir vivement piqué l'oncle. On y lit diverses choses qui ne font honneur ni à l'oncle ni au neveu. La septième peut être de quelque utilité pour l'histoire de l'église de Laon; on y trouve la succession de ses évêques depuis Genebaud jusqu'à Hincmar. Ces huit lettres furent écrites dans le cours des années 869 et 870. On y a joint la relation de ce qui se passa entre l'oncle et le neveu, depuis l'époque de l'écrit de notre archevêque, compris en 55 capitules, dont on a parlé, jusqu'au 18 juillet 870, telle qu'elle se trouve dans le manuscrit du Vatican, à la suite de ces mêmes capitules. On ignore, au reste, qui est l'auteur de cette relation. M. Eccard, croyant que ces huit lettres n'avaient jamais été imprimées, les a publiées comme anecdotes au second volume de son Corps d'historiens, p. 375-430.

60° Le P. Sirmond, dans sa savante dissertation sur l'élection et l'ordination des évêques en ces temps-là, imprimée à la suite des écrits dont on vient de faire le dénombrement, nous a donné cinq lettres d'Hincmar sur le même sujet, déjà publiées par M. des Cordes. Celle qui concerne l'ordination d'Hedenulfe, évêque, adressée au clergé et au peuple de cette église, en date de l'année 877, et signée de sept suffragants de Reims, est considérable et mérite d'être lue. M. Baluze a fait réimprimer les quatre premières à la suite des capitulaires de nos rois.

61° Il faut aussi compter entre les écrits d'Hincmar les Actes du concile de Fismes, tenu en 881. Outre que notre archevêque présida à cette assemblée, ce qui nous en reste porte tous les caractères de son érudition et de son génie.

62° Surius nous a donné, sous le nom d'Hincmar, une très-ample Vie de saint Remi, évêque de Reims, avec l'histoire de deux de ses translations. Notre prélat est nommé avec ses titres ordinaires, à la tête de la préface, qu'il adresse aux curés de son diocèse; et Flodoard fait mention d'une de ses lettres à Louis, roi de Germanie, touchant cette Vie et les miracles

(a) Mabill., *Annal.* tom. I, p. 59-62.

qu'elle contient. Sigebert et l'anonyme de Molk reconnaissent qu'Hincmar est auteur d'une Vie du même saint; et ce que le premier nous apprend de cet écrit montre que c'est le même qu'on a dans Surius. Outre l'abrégé de l'ancienne Vie de saint Remi, par Fortunat de Poitiers, sur lequel, dit Sigebert, Hincmar travailla, il fit encore entrer dans celle de sa façon non-seulement tout ce que lui fournirent sur son sujet les histoires précédentes et les divers mémoires particuliers, mais encore ce qu'en publiait la tradition de son temps.

Tous les habiles critiques conviennent que cet ouvrage d'Hincmar ne répond aucunement à sa réputation. C'est une longue suite de paroles qui ne disent rien de fort solide. Les faits, qui sont l'essentiel de l'histoire, y sont rares et peu certains, pour ne pas dire la plupart suspects, à cause de l'éloignement où était l'auteur. Les épisodes y sont fréquents et les citations encore davantage et presque toujours hors d'œuvre. Un si riche sujet touché d'une manière aussi imparfaite, montre qu'Hincmar, avec tout son savoir, n'avait ni le génie ni le talent nécessaire pour écrire l'histoire.

63° Outre l'écrit précédent, Mosander, continuateur de Surius, a publié un éloge de saint Remi, par Hincmar, qui n'est proprement qu'un tissu de moralités et d'applications de l'Écriture, dont la justesse n'est pas la qualité dominante. Cette pièce nous paraît être la même que Surius témoigne avoir lue dans quelques manuscrits, à la suite de la Vie dont on a parlé, mais qu'il n'a pas jugé à propos de faire imprimer. Il semble même qu'elle faisait originairement partie de cette même Vie. Il est au moins vrai que le début suppose que c'est une suite de quelque ouvrage. Bollandus n'a rien publié de ces deux pièces au 13 janvier, jour de la mort de saint Remi. Le P. Sirmond n'a rien fait entrer non plus dans le recueil des Œuvres de notre archevêque.

64° (a) On produit encore sous son nom une lettre fameuse à Charles le Chauve, au sujet de la Vie de saint Denys l'Aréopagite, écrite en grec par Méthodius, comme l'on prétend, et traduite en latin par Anastase le Bibliothécaire. On a voulu faire croire que cette lettre était de l'année 876 ou 877, puisqu'elle donne à Charles le Chauve le titre d'empereur. Le but de l'auteur est d'appuyer l'opinion d'Hilduin touchant l'aréopagitisme de saint Denys, évêque de Paris, laquelle, malgré les écrits de cet abbé pour l'établir, souffrait contradiction. Les preuves qu'il apporte pour confirmer ce sentiment sont prises du nouvel écrit de Méthodius et des Actes de saint Sanctin, qui, selon cet écrivain, le favorisaient ouvertement. Et pour donner plus de force à ce qu'il avance, il dit qu'il envoyait au roi ces Actes qu'il avait autrefois transcrits et corrigés de sa main. Il nous apprend, à cette occasion, qu'ils avaient été déterrés dans la petite abbaye de Saint-Sanctin par Wandelmar qui, après avoir appris le chant sous Teugaire à Saint-Denys, l'avait enseigné dans l'église de Meaux, et à qui l'évêque Hucbert avait donné cette petite abbaye à titre de bénéfice. Mais les savants sont aujourd'hui persuadés que cette lettre est supposée, et M. l'abbé le Beuf en donne quelques preuves.

Dom Mabillon qui la regardait comme étant d'Hincmar, et qui croyait qu'elle n'avait pas été tirée de l'obscurité, l'a fait imprimer en deux endroits de ses ouvrages. Elle ne se trouve point, il est vrai, dans les recueils des écrits d'Hincmar, mais Surius l'avait publiée au 9 octobre, et, d'après lui M. de Launoy, à la suite de son jugement sur les Aréopagitiques d'Hilduin, avec des observations critiques de sa façon. Après tout, l'édition qu'en a répétée dom Mabillon, n'est point inutile. On en tire que la lettre finit à ces mots: *magis splendescit in lucem.* Le reste, qui se lit dans Surius et dans M. de Launoy, est une addition faite par quelque autre partisan de l'aréopagitisme de saint Denys. C'est principalement sur cette addition que roule la censure de M. de Launoy, et qu'on fonde la prétendue histoire de saint Sanctin. On ne saurait dire au juste d'où l'auteur a pris ce qu'il y débite; si c'est des Actes du saint qu'il envoyait à Charles le Chauve, ou de quelque autre monument. Mais on peut assurer, sur l'idée que l'imposteur nous en donne lui-même, que cette addition n'est point la même chose que ces Actes.

65° M. Baluze, ayant recouvré une lettre d'Hincmar qui avait échappé à tous ses éditeurs, l'a publiée au septième tome de ses *Miscellanea*. Elle est écrite au roi Louis, fils de Louis le Bègue, tant au nom de notre archevêque que des autres prélats alors assemblés au concile de Fismes, au sujet de l'élection d'un évêque pour remplir le siége de Beauvais. Hincmar dans la première partie de cette lettre, qui est une réponse à une de celles du roi, relève l'hérésie où le scribe de la lettre était tombé, peut-être par inadvertance, en admettant deux personnes en Jésus-Christ.

66° Pour ne rien omettre de ce qui nous reste des écrits d'Hincmar, nous ajouterons à tous ceux dont on vient de lire le catalogue, la profession de foi qu'il fit à son ordination, et qu'il envoya ensuite à Rome pour avoir le *pallium*. Quoique succincte, elle comprend tout ce qu'on peut exiger d'un métropolitain en pareil cas. Dom Marlot l'a fait entrer dans l'Histoire de notre prélat.

67° On a dit qu'Hincmar se mêlait quelquefois de versification, et l'on a déjà indiqué les poésies de sa façon qui se trouvent jointes à ses écrits en prose. Outre celles-là, il y a encore quelques autres petites pièces de vers qui lui appartiennent. 1° L'épitaphe de saint Remi, en trente-deux vers élégiaques, qui se trouve dans Flodoard et dans Surius, à la suite de la Vie du même saint par notre prélat. 2° L'épitaphe de l'archevêque Tilpin. 3° La sienne propre, telle que nous l'avons donnée après l'avoir tirée de Flodoard. 4° Quelques vers héroïques et élégiaques pour orner l'autel de la Vierge, qu'il avait fait renouveler dans sa cathédrale. 5° Quelques autres vers, gravés près du tombeau de saint Remi. Toutes ces petites poésies ne se distinguent en rien des autres pièces de ce temps-là.

68° Deux savants modernes, M. l'abbé le Beuf dans ses Dissertations et Eclaircissements sur l'Histoire de France, et Mgr. l'évêque de la Ravalière, dans un écrit imprimé dans le *Mercure* de décembre 1736, et dans deux lettres qui ont paru les années suivantes 1737 et 1738, soutiennent qu'Hincmar est auteur de la dernière partie des Annales dites *de Saint-Bertin*, c'est-à-dire de cette portion qui reprend l'histoire à l'année 861 et la conduit jusqu'à la fin de 882. Il faut avouer qu'ils ont assez bien réussi à y faire sentir le caractère et le génie de ce prélat; et nous souscririons volontiers à leur sentiment, si nous n'étions arrêtés par diverses difficultés qui méritent attention.

L'on ne peut en effet attribuer à Hincmar cette suite d'Annales sans lui supposer deux vices horribles : une haine implacable contre de pieux évêques, qu'il aurait calomniés publiquement, et un amour-propre excessif, qui l'aurait porté à se louer soi-même en décriant ses adversaires. Les preuves de ceci se tirent de l'écrit même en question. L'auteur affecte de le commencer par la mort de saint Prudence, évêque de Troyes, pour avoir occasion de le traduire comme un défenseur outré de l'hérésie dont on chargeait Gothescalc, comme un prélat plein de fiel et d'animosité contre ses collègues dans l'épiscopat, enfin comme un auteur qui n'avait composé que des ouvrages remplis de contradictions et contraires à la foi commune de l'Eglise. Calomnies d'autant plus atroces qu'elles étaient moins fondées, et d'autant

plus scandaleuses qu'elles tombaient plus directement sur un saint évêque déjà jugé par le souverain juge. De saint Prudence l'annaliste passe à Rothade, évêque de Soissons, qu'il représente comme le plus insensé des hommes, *singularis amentiæ;* comme un autre Pharaon pour son endurcissement; en un mot, comme une bête féroce plutôt qu'un homme. Il est néanmoins constant, comme on l'a vu, que Rothade fut pleinement justifié à Rome sans qu'Hincmar, son accusateur et son juge, osât s'y présenter ni y envoyer personne pour soutenir ses accusations, et qu'il fut ensuite rétabli avec honneur dans son siége. Après ce début, qui fait horreur, l'annaliste est perpétuellement attentif à faire paraître Hincmar sur la scène et à exalter ses moindres actions. Il semble qu'il n'ait entrepris son ouvrage qu'à ce dessein.

Ce n'est pas encore tout. Il est hors de contestation que ce qu'on lit sur l'année 882, et qui termine ces Annales, telles que les Duchesne les ont publiées, est de la même main que les articles précédents, sans qu'on y aperçoive le moindre indice d'addition faite après coup. Or il est constant que ce dernier article contient des événements qui n'arrivèrent qu'après la mort d'Hincmar. Telle est la protection singulière que Dieu accorda à la ville de Reims, en la préservant de la fureur des Normands, dont la crainte avait fait fuir Hincmar dans le lieu où il mourut; tel est l'avantage que le roi Carloman remporta sur ces barbares; telle est enfin leur retraite, après les conventions faites avec eux, et rapportées en détail par l'annaliste de Metz sur l'an 884.

D'ailleurs l'auteur dont il s'agit, annonçant la fuite de notre archevêque à Epernai, parle de cette ville avec la même indifférence qu'un autre continuateur des mêmes Annales parle de l'abbaye de Saint-Bertin, *in quadam villa*. Hincmar se serait-il ainsi exprimé en parlant d'un lieu où il fut quelque temps malade et où il mourut? Ajoutons une dernière réflexion qui appuie les précédentes. Est-il croyable qu'un homme qui se trouve obligé à fuir précipitamment, et déjà attaqué de la maladie dont il meurt, s'avise dans ces extrémités, où il a tant d'autres choses beaucoup plus importantes à faire, de marquer ces minuties dans des Annales, comme on les lit dans celles dont il est ici question?

Voilà les difficultés qui nous paraissent suffisantes pour refuser à Hincmar cette portion d'ouvrage. Mais elles seront levées ces difficultés, et tout s'accordera, en attribuant l'écrit à quelqu'un de ses élèves et de ses plus zélés partisans, homme habile d'ailleurs et versé comme son maître dans le droit canon, qui aura entrepris et exécuté cette suite d'Annales de la manière qu'elle l'est pour faire sa cour à ce prélat, et qui n'en ayant pas tiré de son vivant ce qu'il en espérait, aura négligé ou même dédaigné d'y marquer sa mort.

Casimir Oudin et Cave, d'après lui, ont voulu transporter à Hincmar l'honneur d'un petit poëme intitulé : *De fonte vitæ*, et publié par le premier de ces deux savants. Mais cet écrit appartient à Audrade, chorévêque de Sens, à qui ils prétendent qu'Hincmar l'adressait.

§ II. — *Scripta deperdita*.

En quelque quantité que soient les écrits qui nous restent d'Hincmar, ceux qu'on a négligé de nous conserver, ou qu'on n'a pas encore tirés de l'obscurité des bibliothèques, sont encore en plus grand nombre. C'est de quoi va convaincre l'énumération que nous allons faire de ceux de cette classe dont on a quelque connaissance.

1° De tous ceux qu'il composa contre la doctrine de Gothescalc, nous n'avons point celui qu'il lui adressa à lui-même, au sujet de plusieurs passages des Pères, nommément de saint Prosper, qu'il n'entendait pas, comme le prétendait Hincmar, et que celui-ci lui expliquait à sa manière par d'autres passages de saint Augustin et d'autres Pères (a). Outre cette discussion, l'auteur entreprenait d'y établir l'unité de prédestination à l'égard des bons seulement, et de montrer que Dieu ne fait que prévoir les méchants sans les prédestiner. Ces matières, traitées par un auteur aussi diffus que l'était Hincmar, devaient produire un grand volume.

2° Notre prélat, voyant que malgré tous ses soins plusieurs prenaient le parti de Gothescalc, écrivit un traité aux reclus de son diocèse pour les précautionner contre sa doctrine. Ce fut vers la fin de l'an 849, ou au commencement de 850 qu'il y mit la main ; et dès le mois de mars de cette dernière année, il l'envoya à Raban, archevêque de Mayence. Il y joignit les écrits qu'on avait dès lors publiés contre leurs sentiments : ceux de saint Prudence de Troyes, de Ratramne, et la plus ample profession de Gothescalc. Ce traité d'Hincmar aux reclus n'est point venu jusqu'à nous.

3° Il nous manque aussi la lettre dont il l'accompagna, et qui paraît avoir été de quelque étendue (b), puisqu'il l'employait en partie à rapporter des passages de plusieurs Pères touchant les mystères de la Trinité et de la prédestination, sur lesquels il priait Raban de lui donner des éclaircissements. Raban y répondit par une autre fort longue lettre, qui a eu un sort plus heureux que celle d'Hincmar. Notre archevêque nous apprenait dans la sienne, entre autres choses, que Raban était alors le seul des disciples d'Alcuin qui fût au monde.

4° On a aussi perdu plusieurs autres lettres au sujet de Gothescalc et de sa doctrine, qu'Hincmar avait écrites, tant au même Raban et Amolon, archevêque de Lyon, qu'à Rothade, évêque de Soissons et à saint Prudence de Troyes (c). Il ne nous en reste que la notice succincte que nous en donne Flodoard, et ce qu'on en trouve dans la réfutation que saint Remi de Lyon fit de celle à Amolon, son prédécesseur.

5° Outre les traités précédents et les lettres particulières, qui valaient des traités entiers, Hincmar composa un grand ouvrage, *volumen ingens*, divisé en trois livres et dédié à Charles le Chauve (d). De cet ouvrage, dans lequel l'auteur traitait de la prédestination et du libre arbitre contre ses adversaires, nommément encore Ratramne, moine de Corbie, il ne nous reste que l'épître dédicatoire que Flodoard nous a conservée, et que le P. Sirmond a fait réimprimer à la tête de l'édition des Œuvres d'Hincmar. Cette épître, jointe à celle par laquelle l'auteur adresse au même prince l'autre ouvrage qui nous reste sur le même sujet, nous apprend en quel temps et à quelle occasion fut composé celui dont il s'agit ici. Après le concile de Valence, en 855, Remi, archevêque de Lyon, qui y avait présidé, en porta les canons à l'empereur Lothaire, à qui la ville de Lyon obéissait. Il y joignit les dix-neuf articles de Jean Scot, condamnés dans ce concile, et les deux traités qu'il avait faits, l'un *contre les trois lettres*, l'autre *De la vérité de l'Écriture*, et pria Lothaire d'envoyer tous ces écrits à Charles le Chauve, son frère. Celui-ci, les ayant reçus à Verberie de la main d'Ebbon, évêque de Grenoble, que Lothaire en avait chargé avant de mourir, les remit à Hincmar au mois de septembre 856, lorsqu'ils étaient à Neaufle, maison de l'archevêque de Rouen. Ce fut donc pour y répondre, et pour réfuter aussi le traité de Ratramne sur la même matière, comme nous l'apprend Flodoard, que notre prélat entreprit l'ouvrage en question.

La manière dont il l'exécuta, et qu'il l'explique lui-même, a fait juger à M. l'abbé Fleuri, cet historien si sage et si judicieux, qu'Hincmar y avait apporté plus d'artifice que de bonne foi (e). Il prétend en effet n'avoir eu jusque-là aucune connaissance des dix-neuf articles de Jean Scot, et n'avoir pu même en découvrir l'auteur. On a vu cependant que ce fut lui-même, avec Pardule de Laon, qui engagea cet écrivain à prendre la plume, et que celui-ci leur dédia son ouvrage. Parlant des canons du concile de Valence, il les qualifie *décrets synodaux*, et les regarde comme l'œuvre d'une assemblée d'archevêques et d'évêques distingués par leur mérite, œuvre à laquelle Ebbon de Grenoble, contre qui il paraît irrité, et sur l'histoire duquel il s'étend un peu, avait eu la part principale. Néanmoins il se dissimule à lui-même que ces canons soient réellement du concile de Valence. C'est ce qui le porte à dire que, ne sachant à qui il a affaire, il adresse sa réponse au roi Charles, qui lui avait remis les écrits qu'il entreprend de réfuter. Il avoue toutefois que ce concile avait condamné ses quatre articles de Quiercy ; mais il se plaint qu'on ne les avait pas insérés dans le décret du concile, et qu'on l'avait condamné sans l'entendre.

6° Hincmar traitait encore de la grâce et de la prédestination dans un poëme que Flodoard nous donne pour un excellent ouvrage, *opus quoddam egregium*. Il y discutait aussi ce qui regarde le mystère de l'Eucharistie, la vision de Dieu, l'origine de l'âme et la foi de la Trinité. Le poëme était intitulé : le Mets de Salomon, *Ferculum Salomonis*, et dédié au roi Charles le Chauve. L'auteur en ayant donné la lecture à Pardule, lui écrivit ensuite pour le prier de lui en dire son sentiment, avant que de le présenter au prince. On y comptait quatre cent quarante-six vers élégiaques, sans y comprendre la préface, qui en contenait vingt-quatre. De tout cet ouvrage il ne nous reste que douze vers, rapportés par Durand, abbé de Troarn, et réimprimés parmi les fragments de notre prélat, qui y établit clairement les dogmes de la présence réelle et de la transsubstantiation. On a parlé plus haut de l'explication mystique qu'il donna de ce poëme, et qui termine le premier volume de ses Œuvres.

7° Outre le traité qui nous reste sur le *Trina Deitas*, et dont on a aussi parlé, Hincmar en composa encore un autre sur le même sujet (f). Celui-ci était dédié à Charles le Chauve ; mais on a négligé de nous le conserver.

8° Parmi ceux qu'on nous a transmis, on a fait mention d'une lettre apologétique d'Hincmar au pape Nicolas 1er, pour justifier sa conduite. Il adressa encore au même pontife un autre écrit, que nous n'avons plus, et que nous ne connaissons que par Flodoard. Notre prélat y faisait sa profession de foi et son apologie contre l'erreur qu'il imputait à Gothescalc, et s'attachait à montrer que de là dépendait la conservation de la foi orthodoxe.

9° Il ne faut pas confondre ces écrits apologétiques avec un autre qu'Hincmar composa après le concile de Troyes, pour se justifier des accusations dont on le chargeait auprès du Pape Jean VIII, sur ce qu'il rejetait l'autorité des décrétales (g). Il y montrait, comme il l'avait déjà exposé dans ce concile, qu'il les recevait avec la discrétion convenable, c'est-à-dire autant qu'elles avaient été reçues et approuvées par les conciles. Il y discutait aussi ce qui s'était passé dans la grande affaire d'Hincmar de Laon ; comment il avait été déposé et ensuite rétabli ; comment Hédenulfe avait été ordonné en sa place et confirmé par le Pape. Hincmar, dans le même ouvrage, se justifiait encore de la calomnie dont on le chargeait auprès du même pape, comme s'il avait prétendu que la dignité du Pontife romain ne fût pas au-dessus de la sienne. A tout cela il joignait certains éclaircisse-

(a) Flodoard., lib. III, cap. 28.
(b) Flodoard., *ibid.*, cap. 21.
(c) Id. *ibid.*
(d) Id. *ibid.*, cap. 15.

(e) Flodoard., *ibid.*
(f) Flodoard., *ibid.*, cap. 15.
(g) Id. *ibid.*, cap. 21.

ments au sujet de Carloman, et d'autres divers objets qui avaient servi de prétexte à l'accuser. Il finissait ce grand ouvrage par déclarer qu'il lui serait aussi facile de se laver de toutes les autres calomnies dont on le couvrait; mais qu'il refusait de le faire, pour ne pas paraître repousser des injures par d'autres injures, persuadé qu'il y avait plus de gloire à mépriser ses calomniateurs qu'à les vaincre par ses réponses.

10° Entre les six à sept lettres de notre archevêque au pape Léon IV qui sont perdues, il y avait une consultation importante (a). Elle roulait sur les chorévêques, qui s'émancipaient de conférer la confirmation, et qui, à la mort de l'évêque, faisaient toutes les autres fonctions épiscopales, ce qu'Hincmar regardait comme autant d'abus. Il parlait aussi au Pape, dans le même écrit, des clercs qu'Ebbon, son prédécesseur, avait ordonnés.

11° Il adressa à Charles le Chauve un recueil où il avait réuni grand nombre d'autorités touchant les églises et les chapelles, pour l'opposer à ce que saint Prudence de Troyes avait établi à ce sujet (b).

12° Hincmar composa encore pour l'instruction du même prince un traité qu'il intitula *Des douze abus*. C'était un tissu des passages des Pères et des constitutions que les rois, ses prédécesseurs avaient publiées. Il avait soin de rappeler au prince dans cet écrit le souvenir des promesses qu'il avait faites avant la cérémonie de son sacre, tant aux grands du royaume qu'aux évêques. Nous avons parmi les ouvrages supposés à saint Cyprien et à saint Augustin, un traité qui porte le même titre. Mais ce n'est point assurément celui d'Hincmar. Outre qu'on n'y aperçoit point sa manière diffuse d'écrire, l'auteur n'y emploie que l'autorité des livres sacrés.

13° Il nous reste, comme on l'a vu, plusieurs autres instructions que notre prélat avait faites en faveur des princes régnants. Mais on en a perdu quelques autres qui paraissent avoir été considérables, suivant l'idée qu'on nous en donne (c). Nous n'avons point celle qu'il adressa à Charles le Chauve, où, après lui avoir appris ce que l'empereur Lothaire son frère faisait à Rome, et quand il reviendrait en France, il lui prescrivait la conduite qu'il devait tenir envers Dieu et à l'égard des hommes. Il y donnait aussi à la reine des avis salutaires, afin qu'elle engageât le prince, son époux, à mener une vie irréprochable et digne d'un roi.

14° On n'a point non plus l'instruction qu'il fit pour Louis le Bègue, immédiatement après la mort de l'empereur Charles, son père, et qui est différente de celle dont nous avons parlé ailleurs (d). Il y prescrivait à ce prince de quelle manière il devait se conduire pour bien commencer son règne, lui proposant les exemples de ses prédécesseurs, et lui donnant par articles des avis sur le bon gouvernement, le respect qu'il devait avoir pour l'Eglise, et sur divers autres points intéressants pour lui et pour l'Etat.

15° Il nous manque encore une autre instruction d'Hincmar à Louis, fils et successeur de Louis le Bègue (e). Il s'y agissait de la nature et constitution du conseil qu'un roi doit se former pour qu'il lui soit avantageux; de la manière d'exercer la justice et de rendre ses jugements; des avantages que produit l'observation des règles qu'il prescrivait à cette occasion, et des dommages qu'attire la négligence de les mettre en pratique.

16° Parmi plusieurs lettres qu'Hincmar écrivit à Louis, roi de Germanie, il y en avait une qui méritait le titre de traité *sur la manière de prier, et les qualités que doit avoir la prière* (f). Elle fut écrite en réponse à celle de ce prince, par laquelle il engageait Hincmar à prier et à faire prier par le plus de personnes qu'il lui serait possible, pour le repos de l'âme de l'empereur, son père, qui, lui étant apparu en songe, l'avait conjuré de le délivrer des peines qu'il souffrait.

17° L'écrit qu'Hincmar fit sur le calcul, pour trouver le jour auquel on devait célébrer la fête de Pâques, mérite d'être remarqué (g). Dans cet écrit, il faisait quelques observations sur le traité de même nature qu'avait composé l'abbé saint Adalhard.

18° Hincmar écrivit quelques lettres à Eberard ou Evrard, comte de Frioul, entre lesquelles il y en avait une qui pouvait passer pour un traité de piété (h). L'auteur, après avoir loué la conduite toute chrétienne de ce seigneur, y établissait la nécessité d'avancer de vertu en vertu, afin de se roidir contre le penchant naturel qui conduit l'homme au vice. Il lui donnait pour principe de chercher à plaire à Dieu en toutes choses; de travailler à donner la paix à l'Eglise; de ne se pas contenter d'exhorter les princes, auprès de qui il avait du crédit, à pratiquer le bien, mais de les y pousser efficacement; de contribuer de son pouvoir à établir la tranquillité publique; de protéger les gens de bien; de résister aux méchants; de veiller avec soin sur lui-même, en pratiquant la tempérance, la justice et la piété chrétienne.

19° On peut aussi regarder comme un autre traité de piété, ou une instruction chrétienne, la grande lettre que notre prélat écrivit à Roric, l'un des chefs des Normands, après qu'il se fut converti à la foi, et qu'il eut reçu le saint baptême (i).

20° Hincmar, à la prière de ses collègues dans l'épiscopat, avait fait aussi un traité sur le culte des images, tant celles du Sauveur que des saints (j). L'épilogue de ce traité était en vers.

21° Il en avait composé un autre (k) pour répondre à la question d'une certaine personne qui lui avait demandé pourquoi les baptisés qui ne sont ni prêtres ni diacres, et qui ont le malheur de tomber dans l'apostasie, reçoivent une seconde fois l'imposition des mains de l'évêque lorsqu'ils viennent à la pénitence.

22° Outre ce qu'il disait des principaux mystères de notre rédemption, dans son poëme *Ferculum Salomonis*, il fit un écrit particulier, en prose, sur le même sujet, qu'il adressa à un archevêque de ses amis.

23° Flodoard, qui entre dans un grand détail des écrits perdus de notre archevêque, ne fait aucune mention de celui qu'il adressa à l'Eglise de Ravenne (l). Mais on sait d'ailleurs qu'il existait encore au xie siècle, et qu'il était fort connu de Sigebert de Gemblours, qui en fait une mention particulière. L'écrit était pour répondre à la lettre que le clergé de cette Eglise avait écrite à Charles le Chauve touchant les habits des clercs, et que M. des Cordes a fait imprimer parmi les opuscules d'Hincmar.

24° Pour abréger ce qui concerne les écrits perdus ou encore cachés de ce prélat, nous observerons, en général, que Flodoard, qui paraît les avoir eus tous sous les yeux, en fait une énumération où l'on en compte plus de quatre cents, parmi lesquels sont compris la plupart de ceux dont nous avons parlé dans cet article et plusieurs de l'article précédent.

<hr>

(a) Id. *ibid.*, cap. 10.
(b) Id. *ibid.*, cap. 18.
(c) Id. *ibid.*
(d) Id. *ibid.*, cap. 19.
(e) Id. *ibid.*
(f) Id. *ibid.*, cap. 20.

(g) Id. *ibid.*, cap. 23.
(h) Id. *ibid.*, cap. 26.
(i) Id. *ibid.*
(j) Id. *ibid.*, cap. 29.
(k) Id. *ibid.*
(l) Mabill., Annal. tom. I, pag. 65.

Encore cet écrivain a-t-il soin d'avertir qu'il en a omis plusieurs, comme on l'a pu remarquer dans le catalogue que nous avons donné de ceux qui nous restent. Il s'est particulièrement attaché à nous faire connaître les lettres d'Hincmar, qu'il regardait comme importantes. Elles l'étaient en effet pour la plupart, suivant l'idée qu'il nous en a laissée. Et si l'on pouvait réussir à les recouvrer, on y trouverait quantité de choses intéressantes pour l'histoire de ce temps-là, tant ecclésiastique que civile; pour la connaissance des coutumes et des usages alors observés, pour la discipline touchant la pénitence, les élections des évêques, la nomination aux cures, la présentation aux bénéfices, la forme des jugements ecclésiastiques, etc.

On a, dans quelques-unes de celles qui nous restent, divers traits sur les devoirs des évêques; mais on en aurait bien davantage dans sept à huit de celles qui sont perdues. Telle est celle qu'il écrivit à Bertulfe, archevêque de Trèves, au commencement de son épiscopat (a), pour l'instruire de la manière de gouverner son diocèse et sa métropole. Telle est celle qu'il adressa à Hincmar de Laon, son propre neveu, aussitôt après son ordination, pour lui prescrire les règles d'un sage gouvernement. Il donnait aussi de salutaires avis, dans une autre lettre, à Ercanras, évêque de Châlons-sur-Marne, au sujet duquel on lui avait fait de fâcheux rapports. Celle à Guillebert, successeur du précédent, contenait aussi d'excellentes instructions pour un successeur des apôtres. La réponse qu'il fit à Wala ou Walon, évêque de Metz, qui lui avait demandé des avis sur la conduite d'un pasteur, paraît encore avoir été un écrit considérable sur le même sujet. Dans un autre, il entrait dans le détail de la conduite qu'un évêque doit tenir à l'égard des paroisses de la campagne (b).

§ III. — *De ingenio, eruditione, doctrina Hincmari atque de ejus scribendi modo.*

Ce qu'on a déjà dit d'Hincmar dans l'histoire de sa vie et le catalogue raisonné de ses écrits pourrait suffire pour faire connaître son génie. Mais on en aura une plus juste idée en rapprochant les uns des autres les divers traits qu'on n'en a donnés que séparément. Le lecteur y a pu observer un mélange de bonnes et de mauvaises qualités. C'est ce qui a fait dire au cardinal Bona qu'on aurait de la peine à définir ce qui a prévalu en lui, ou le bien ou le mal : *dubio vitiorum ac virtutum temperamento.* L'on ne peut en effet le bien connaître qu'en l'envisageant par ces deux faces. D'abord on aperçoit en lui un esprit vif, subtil, pénétrant, étendu, capable des plus grandes choses; une supériorité de connaissances, une régularité dans les mœurs, qui, jointes à l'éminence de sa dignité, le faisaient briller entre les autres prélats de son siècle et lui attiraient le respect des papes et des rois comme des autres. Mais on y découvre en même temps un caractère altier, inflexible, impérieux, rusé, partial, enveloppé, artificieux, entreprenant; une politique qui lui faisait adroitement mettre tout en usage pour venir à bout de ses desseins et de ses entreprises. On n'a point besoin d'autres preuves, pour asseoir ce jugement, que celles qu'on a déjà lues dans le cours de son histoire. C'est cette politique qui le portait à rejeter les décrétales, lorsqu'elles étaient contraires à ses vues, suivant le reproche qu'en faisait à ses confrères le pape Nicolas Ier, et à les recevoir, lorsqu'elles lui étaient favorables.

Loup de Ferrières, grand admirateur d'Hincmar, nous le représente (*epist.* 42) comme un prélat généreux, bienfaisant envers tout le monde; en qui la noblesse des sentiments allait de pair avec une éminente sagesse. C'était véritablement le caractère de cet archevêque à l'égard des personnes qu'il affectionnait; mais par rapport à celles qu'il ne goûtait pas, ou dont il croyait avoir reçu quelque sujet de mécontentement, il ne mettait de bornes à son indignation que par politique. Outre les divers exemples qu'on en a allégués, on peut encore produire celui de saint Prudence de Troyes. Assurément cet évêque était très-éloigné des erreurs de Jean Scot; et néanmoins Hincmar, qui n'était pas content de lui, ne craignait pas de le vouloir faire passer pour complice des excès de ce sophiste (c).

Une des excellentes qualités de notre archevêque, que tous les défauts ne sauraient jamais éclipser, fut sa fermeté à soutenir les droits de l'Église en général, et ceux de l'Église gallicane en particulier. C'est dans ces occasions qu'il ne savait point faire acception des personnes, et qu'il montrait qu'il ne craignait que Dieu seul. Entre plusieurs événements où il signala cette fermeté épiscopale, celui de l'intrusion d'Odacre dans le diocèse de Beauvais suffirait seul pour la faire voir avec tout son brillant. La cour persistait à appuyer l'intrus contre le jugement que les évêques en avaient porté en plein concile. Hincmar s'opposa toujours à cette injustice avec un zèle tout de feu, qui allait jusqu'à la disposition de verser son sang pour la défense de cette cause. De même l'impératrice Richilde ayant expulsé d'Aurigni l'abbesse légitime, pour favoriser l'intrusion d'une ambitieuse, notre prélat lui écrivit avec une vigueur à l'épreuve de tout.

On a vu de quelle manière il faisait parler le roi Charles le Chauve dans les lettres qu'il écrivait aux papes, au nom de ce prince, lorsqu'il s'agissait de maintenir les droits de la royauté et les libertés de l'Église de France contre les prétentions de la cour de Rome. Hincmar ne parlait pas avec moins de vigueur dans ces mêmes rencontres, en écrivant en son propre nom. On en a des preuves non équivoques dans sa forte réponse au pape Adrien II, qui voulait l'engager à se séparer de la communion du roi Charles son souverain. Cette vigueur apostolique paraît encore dans tout son jour dans la lettre au même pape contre les fréquentes appellations au Saint-Siège, et dans le traité en faveur des droits des métropolitains contre le privilège que Rome avait accordé à Anségise, archevêque de Sens (d). Cette même vigueur, qui se trouvait soutenue dans Hincmar par l'autorité qu'il avait acquise en France, par son habileté dans le droit canonique et par son ancienneté dans l'épiscopat, lui attira la disgrâce de la cour romaine, qui s'en prenait à lui de toutes les résolutions vigoureuses que les évêques de France formaient dans leurs conciles contre les rescrits de Rome qu'ils n'approuvaient pas. C'est peut-être de la même source qu'étaient venues en partie les dispositions peu favorables du pape Nicolas pour notre archevêque, et dont quelques écrivains romains, nommément le cardinal Baronius, ont hérité en ces derniers temps.

Hincmar savait beaucoup, mais il s'en faut bien que son savoir fût universel. L'Écriture paraît lui avoir été très-familière; et il la cite fréquemment et sans gêne dans ses ouvrages. Mais il n'en avait point approfondi les mystères et ne la possédait que par mémoire. C'est ce que montre sa manière de l'appliquer : ce qu'il fait à sa fantaisie, sans justesse, et souvent contre le sens naturel du texte sacré. Il avait lu la plupart des Pères, et fait un assez fréquent

(a) Flodoard., lib. III, cap. 21.
(b) Flodoard., *ibid.*, cap. 22, 23.

(c) Vide librum de Prædest., cap. 31, pag. 251, 232.
(d) Marca., Conc. l. IV, c. 6, 12.

usage de leur autorité(*a*); mais il n'avait point étudié ou n'avait pu goûter les sentiments de saint Augustin ni ceux des autres Pères qui pensent comme ce saint docteur.

La science favorite et dominante de notre prélat était celle de la discipline de l'Eglise, qu'il avait puisée dans les canons et les autres écrits des conciles, par une étude sérieuse et journalière. Il se portait volontiers à écrire sur cette sorte de matières, qui font l'objet de la plupart de ses ouvrages, et avait peine à finir lorsqu'il en traitait : tant il était plein de belles connaissances qu'il avait acquises par cette étude. Il a effectivement réussi à faire entrer dans ses écrits une infinité d'excellentes règles et d'autorités sur le gouvernement de l'Eglise (*b*). Il n'est point d'anciens auteurs où l'on en trouve un aussi grand nombre, si bien établies, et dans lequel on puisse apprendre plus de droit ecclésiastique. Hincmar fit aussi usage de son érudition pour écrire sur des sujets de morale et de piété. Témoin les instructions multipliées qu'il fit pour plusieurs têtes couronnées, pour des archevêques, des évêques; et l'on peut dire, qu'il n'y réussit pas mal pour le temps où il écrivait.

Il est toutefois surprenant de voir qu'un prélat qui savait tant de bonnes choses, et qui était aussi occupé, se soit amusé à traiter sérieusement des questions assez inutiles. Nous entendons parler de ce qu'il a écrit sur les épreuves par l'eau froide et l'eau chaude. Il ne l'est pas moins de le voir donner dans des mysticités insipides et des visions dont quelques-unes sentent la fable la plus grossière. Tels sont, d'une part, les écrits qu'il fit pour expliquer son *Ferculum Salomonis*, et la qualification de mystique qu'il avait donnée au concile de Nicée. Telle est, de l'autre, la fable de la damnation de Charles Martel en corps et en âme.

On a par là des preuves que l'érudition d'Hincmar était sans goût. Elle avait encore tous les autres défauts de celle de son siècle. Elle était brute, sans choix, sans critique. La plupart de ses ouvrages sont des amas, des compilations d'autorités sans ordre, sans arrangement, où, à force de vouloir faire montre d'une grande mémoire, il a laissé peu de marques de jugement et de justesse d'esprit. Il fait voir son ignorance dans la critique, non-seulement en attribuant à saint Augustin le fameux *Hypognosticon*, à saint Jérôme l'écrit sur l'Endurcissement de Pharaon, et un sermon sur l'assomption de la sainte Vierge en corps et en âme, mais aussi en rejetant comme apocryphes les écrits de saint Fulgence, sur ce qu'il supposait qu'ils avaient été déclarés tels par le décret du pape Gelase, qui précéda de plusieurs années l'origine des ouvrages de ce Père. Nous taisons les autres traits de même genre que nous avons rapportés ailleurs, pour parler de ce qui regarde les fausses Décrétales. Hincmar savait qu'elles étaient d'une date fort récente, et inconnues aux siècles qui l'avaient précédé. Cependant il ne put jamais en démêler la supposition, quoiqu'il la sentît fort bien. Il aurait fallu examiner si elles étaient véritablement des anciens papes à qui l'on a prétendu en faire honneur. Mais comme il ignorait les règles de la critique, il ne put entrer dans cette discussion.

Ce défaut de critique lui ayant fait confondre les bons et les mauvais auteurs, il se fit, sur ce plan défectueux, un système de religion qui ne pouvait être exact. On a vu de quelle sorte les conciles et les théologiens de son temps relevèrent les opinions qu'il avait embrassées sur la grâce, la prédestination et le libre arbitre. Quoique cependant il ait beaucoup donné à celui-ci dans ses écrits, il ne laisse pas d'y reconnaître la nécessité d'une grâce prévenante, d'une grâce qui donne le vouloir et le faire, suivant le bon plaisir de Dieu. Mais il ne se contente pas d'enseigner que le libre arbitre a part au bon usage de cette grâce, il met de niveau ces deux agents. C'est peut-être un des motifs qui lui faisaient rejeter les écrits de saint Fulgence et qui l'empêchaient de goûter ceux de saint Augustin, qu'il cite néanmoins souvent, sans l'entendre.

Hincmar au reste paraît avoir pensé sainement sur les autres dogmes de la foi catholique. Il a peu écrit sur ces matières, dont il n'avait pas fait une étude assez sérieuse. Le peu qui nous reste de son *Ferculum Salomonis*, où il en traitait quelques-unes, montre qu'il y établissait clairement la présence réelle et la transsubstantiation de l'Eucharistie. On voit par quelques autres de ses écrits qu'il avait une juste idée de la nature de l'âme et de la royauté, au-dessus de laquelle il ne met que Dieu seul. Il est vrai qu'en cet endroit il semble avancer une opinion peu exacte, à l'égard d'un roi qui ne ferait pas son devoir.

Les principes qu'il pose pour régler les mœurs dans diverses instructions qu'on a de lui, tendent à établir une morale évangélique et une piété aussi solide qu'éclairée. Ce qu'il a écrit sur la discipline est en tout conforme aux canons, dont il avait une connaissance particulière, comme en ayant fait le principal objet de son étude. En lisant ses ouvrages sur ce sujet, on s'aperçoit sans peine qu'il n'a pas tenu à lui qu'on eût observé en son temps les règles de l'Eglise sur la pénitence, l'administration des autres sacrements, les élections, les ordinations des ministres de l'autel, la forme des jugements ecclésiastiques, etc. De même, on découvre beaucoup de lumière et de sagesse dans ses réponses aux consultations de ceux qui s'adressaient à lui. Que s'il n'a pas toujours suivi lui-même, dans sa propre cause, ce qu'il prescrit aux autres, c'est une erreur de fait, qui ne doit pas tirer à conséquence.

Il y a de la clarté et quelque netteté dans sa manière d'écrire, mais elle est diffuse à l'excès, et l'on n'y trouve ni élégance ni politesse. Aussi remarque-t-on (*c*) qu'elle est plus propre pour des mémoires et des instructions que pour des ouvrages de doctrine et d'éloquence. Elle ne convient point non plus au genre historique; et la longue légende qu'Hincmar nous a laissée de sa façon sur saint Remi annonce à tous ceux qui la lisent que son auteur n'avait ni goût, ni génie, ni talent pour écrire l'histoire, quelque habile qu'il fût d'ailleurs. Les autres caractères de sa manière d'écrire se font connaître par la diversité de ses ouvrages. Ceux qu'il a faits dans sa propre cause laissent apercevoir des traits de subtilité et une certaine adresse pour tourner à son avantage les autorités qu'il emploie. On voit d'un autre côté, dans ceux qu'il a composés contre ses adversaires, un style véhément, plein d'aigreur, d'amertume et souvent d'invectives. En d'autres termes lorsqu'il s'agit de se faire craindre, de faire valoir son crédit, de soutenir ses droits et les prérogatives de sa dignité, il parle d'un ton haut, fier, impérieux. Au contraire, y a-t-il quelque sujet de craindre pour lui-même, il rabaisse son ton, prend un air de timidité et quelquefois rampant. C'est ce qu'on peut remarquer dans la plupart de ses lettres aux Papes, et dans celles adressées à l'archevêque Egilon.

§ IV. — *De Hincmari Operum editionibus.*

Jusqu'en l'année 1602 il n'avait rien paru dans le public des ouvrages d'Hincmar que ce qu'en rapporte Flodoard au troisième livre de son Histoire de Reims (*d*). Alors Jean Busée, jésuite, en publia neuf

(*a*) Mab., *An. l.* xxxviii, n. 62.
(*b*) Dupin., *Hist. eccl.*, ixe siècle.

(*c*) Dupin., *ibid.*
(*d*) Bibl. Teller., pag. 26.

opuscu es avec d'autres anciens monuments et des notes de sa façon. Ce recueil, qui est in-4°, fut imprimé à Mayence chez Jean Albin. Les écrits d'Hincmar qu'il contient sont les mêmes que les opuscules 10, 11, 14, 15, 16, 44, 47, avec les deux suivants de la dernière édition, dont on va rendre compte.

Au bout de treize ans, Jean des Cordes, chanoine de la cathédrate de Limoges, en ayant recouvré environ vingt autres opuscules, tant parmi les manuscrits de la bibliothèque de M. de Thou que par le moyen de François Pithou, son ami, les mit au jour en un volume in-4°, qui parut à Paris chez Nivelle, en 1615. L'éditeur y avait fait entrer plusieurs autres pièces étrangères d'anciens auteurs, entre lesquelles nous nous contenterons de marquer la lettre d'Otfride à Liutbert, archevéque de Mayence, le Dialogue sur l'état de l'Eglise, le traité de Jessé d'Amiens sur le Baptême, la Constitution de Riculfe de Soissons, et plusieurs lettres du pape Nicolas I.

Les principaux écrits de notre archevêque recueillis dans ce volume sont le grand ouvrage divisé en 55 capitules contre Hincmar de Laon ; le traité sur le divorce du roi Lothaire et de la reine Thietberge ; la réponse à la consultation de Gonthier de Cologne ; plusieurs lettres aux papes Nicolas et Adrien, tant au nom d'Hincmar qu'au nom de Charles le Chauve. Il semble qu'il eût été du dessein de l'éditeur de joindre aux écrits nouvellement découverts de notre prélat ceux que Busée avait déjà donnés ; mais c'est ce qu'il n'a pas fait. Il n'a point non plus jugé à propos d'y faire des notes, de peur, dit-il dans son épître dédicatoire à M. de Thou, de prévenir le jugement de ses lecteurs. Seulement il a mis à la tête de son édition les passages d'Hincmar cités par Yve de Chartres et Gratien dans son Décret, avec un extrait de l'histoire de Trèves, qui concerne le divorce de Lothaire.

Le P. Sirmond, faisant ensuite des recherches pour son édition des Conciles des Gaules, recouvra d'autres écrits d'Hincmar, qu'il fit entrer en partie dans les Actes des conciles auxquels ils appartiennent, et qu'il a renvoyés en partie à la fin de son troisième volume. Mais en ayant encore découvert depuis un plus grand nombre, il forma le dessein de les joindre à ceux qui avaient déjà été imprimés et d'en donner une édition entière. C'est ce qu'il exécuta en deux volumes *in-fol.*, qui parurent à Paris chez Sébastien Cramoisy, l'an 1645. Cette édition nous a servi de guide dans le catalogue raisonné que nous avons fait des écrits d'Hincmar ; et l'on en a par là une juste idée. Nous ajouterons seulement que le P. Sirmond, ainsi que le précédent éditeur, a laissé sans aucunes notes le texte de son auteur, se bornant à mettre à la tête un très-court avertissement avec un abrégé chronologique qui indique à peu près le temps auquel chaque ouvrage qu'il publie a été composé. On a observé plus haut que le P. Sirmond n'a pas jugé à propos de donner place dans son édition à ce que Surius avait déjà fait imprimer d'Hincmar touchant saint Remi, evêque de Reims, et saint Denis de Paris. Il a refusé le même honneur à quelques lettres de notre prélat sur l'élection et l'ordination de divers évêques, quoiqu'il les eût insérées dans sa dissertation sur le même sujet, et que M. des Cordes les eût placées dans son édition.

Depuis celle du P. Sirmond, le P. Cellot, son confrère, découvrit de son côté quelques écrits de notre archevêque qui avaient échappé aux recherches des éditeurs précédents, et les publia en 1658 avec les Actes du concile de Douzi. Les PP. Cossart et Labbe en trouvèrent encore depuis, et les firent entrer dans le huitième volume de leur recueil général des Conciles, comme nous l'avons déjà remarqué en un autre lieu. Duchesne a aussi inséré quelques opuscules choisis d'Hincmar au second volume de ses Historiens Français.

HINCMARI

ARCHIEPISCOPI RHEMENSIS

OPERA OMNIA

IN DUOS TOMOS DIGESTA :

Cura et studio JACOBI SIRMONDI, Societatis Jesu presbyteri.

DE HINCMARO

VETERUM SCRIPTORUM TESTIMONIA.

Rabanus, archiepiscopus Moguntinus, in suæ ad Hincmarum epistolæ inscriptione:

Reverentissimo et desiderantissimo fratri, et merito rectæ fidei ac sanæ professionis ab omnibus catholicis rite venerando Hincmaro pontifici, Rabanus, servorum Dei servus, in Domino æternam optat salutem.

Lupus, abbas Ferrariensis, epistola 42, ad Hincmarum, episcopum Rhemensem.

Non sum nescius, cum tantis divinæ gratiæ muneribus abundetis, ultro vos cogitare apud principem juvandi bonos facultatem divinitus accepisse, ut quod in se non habent, in vobis possideant, et remunerandæ vestræ industriæ materiam præbeant.

Nobilitatem vestræ generositatis ornat eruditio salutaris, altitudinem officii commendat religio professionis. Hæc vestræ celsitudini non arrogantiæ vitio, sed amicitiæ studio scripsi; ut quoniam in vobis et nobilitas et sapientia convenerunt, quantum hæc societas valeat etiam nolentibus emineat, qui ipsa quoque lumina Ecclesiæ obscurare contendunt.

SIRMONDI PRÆFATIO.

Hincmari Rhemensis Opera, Lector, duobus his tomis complexi sumus; non sane omnia : hoc enim spondere sibi aut sperare quis audeat? sed ea prorsus quæ vel jam edita, vel in occulto adhuc latentia investigare et assequi licuit. Dum plura, cum Deus volet, se offerant, non ingratam hanc tibi aliisque, quos tanti viri lucubrationes delectant, tot ejus librorum accessionem futuram confido. Erunt etiam qui nobilem illam adversus Prædestinatianos dissertationem, quæ nunc primum exoritur, opportunam hoc tempore ad eosdem refellendos aptissimamque arbitrentur. Quanquam in Operibus Hincmari nullum est quod utilitate sua careat, et in quo præstans auctoris judicium cum scientiæ copia non eluceat. In his porro digerendis concinnandisque, quia seriem temporum, quam spectabamus, ut ubique teneremus res passa non est, synopsim tibi chronicam subsidio comparavimus, quæ ab Hincmari usque ordinatione ad vitæ finem deducta, de singulis fere admonet quas ad res quæve ad tempora referri præcipue debeant. Fruere, Lector, et vale.

ᵃ SYNOPSIS CHRONICA,

Ad intelligentiam utriusque tomi accommodata.

(*An.* 844) Hincmarus decennio post depositionem Ebonis Rhemorum archiepiscopus ordinatur in synodo Belvacensi, Carolo Calvo rege, Sergio pontifice. *Tom. II, epist.* 19, *pag.* 272.

(847) Sergio papa vi Kalendas Februar. defuncto, Leo IV in ejus locum eligitur.

(848) Synodus Moguntina Rabani archiepiscopi, in qua Gothescalcus monachus, de prædestinatione Dei prave sentiens, damnatus est, et ad Hincmarum metropolitanum transmissus. *Tom. I, pag.* 20; *Tom. II, pag.* 262.

Synodus apud Carisiacum palatium, in qua Gothescalcus iterum damnatus, presbyteri gradu est dejectus, atque in ergastulum retrusus in Altovillari monasterio, et Capitula quatuor Gothescalci capitulis opposita sunt constituta. *Tom. I, pag.* 20, *et cap.* 16 *ac deinceps.*

(851) Ebo, Rhemorum quondam episcopus, moritur xiii Kalend. Aprilis. *Tom. II, pag.* 513.

(852) Hincmari Capitula parochiæ Rhemens's presbyteris Kalend. Novembris data. *Tom. I, pag.* 710, 716.

(853) Concilium Suessionense quinque provinciarum, in quo actum est de Wlfado aliisque clericis ab Ebone post depositionem ordinatis, et de legitima Hincmari successoris eius electione. *Tom. II, pag.* 282 *et* 306.

Æneæ Parisiensis episcopi ordinatio, cujus occasione a Prudentio Tricassino scripta est epistola de qua Hincmarus in præfatione sua sub finem.et cap. 5 de Prædest. *Tom. I, pag.* 26.

(855) Synodus Valentina trium provinciarum, cujus primi canones Carisiacensibus Hincmari capitulis reprehendendo adversantur. *In epistola ad Carolum regem, initio tomi I.*

Leo IV papa moritur mense Augusto, eique succedit Benedictus III.

(856) Judith Caroli regis filia, Edilulfo Anglorum egi desponsata, Kalendis Octobr. ab Hincmaro coronatur apud Vermeriam. *Tom. I, pag.* 750.

Hincmarus de prædestinatione Dei et de libero arbitrio contra reprehensores suos, maximeque contra Gothescalcum et Ratramnum, tres libros scribit ad Carolum regem. Cujus operis sola restat, de qua dictum est, præfationis epistola initio tomi I.

(857) Hincmari Capitula anno episcopatus duodecimo superioribus capitulis adjecta. *Tom. I, pag.* 730.

Hincmari Collectio ex sacris Scripturis et orthodoxorum dictis. Quod una et non trina dicenda sit Deitas, contra Gothescalcum. *Tom. I, pag.* 415.

(858) Benedicto papæ defuncto substituitur Nicolaus.

Ludovico Germaniæ regi, cum Caroli fratris regnum invaderet, admonitionem scribunt episcopi duarum provinciarum. *Tom. II, pag.* 126.

(859) Proficiscente cum exercitu Carolo, ut Ludovici fratris impetum retunderet, Hincmarus de coercendis militum rapinis litteras ad eum mittit, et ad clericos palatii. *Epist.* 5, 6, 7, *Tom. II, pag.* 142, etc.

Synodus Lingonensis, in qua synodi Valentinæ decreta confirmata sunt a Remigio Lugdunensi et aliis episcopis.

Concilium Tullense duodecim provinciarum apud Saponarias, in quo relecta sunt capitula Lingonensia, regique mox oblata, et Hincmaro a rege data ad respondendum. *Tom. I, pag.* 2, 3.

Hincmarus alterum de prædestinatione insigne volumen edit contra Gothescalcum et cæteros Prædestinatianos. *Tom. I, pag.* 1, etc.

(860) Synodus Aquisgranensis duplex in causa Teutbergæ uxoris Lotharii regis, in qua publicæ illam pœnitentiæ addixerunt. Quo comperto Hincmarus librum scripsit, cui titulus : De divortio Lotharii et Teutbergæ reginæ. *Tom. I, pag.* 561.

De Ingeltrude Bosonis comitis uxore, quæ viro relicto profugerat, consultus a Gunthario Hincmarus quid sentiret ad ejus quæsita respondet. *Tom. II, epist.* 28, *pag.* 669.

Concilium Tullense ii provinciarum quatuordecim apud Tusiacum, cujus mandato Hincmarus ad Rodulfum et Frotarium episcopos scripsit de nuptiis Stephani et filiæ Regimundi. *Tom. II, pag.* 647.

(862) Synodus iii Aquisgranensis, mense Aprili exeunte, in qua permissum est Lothario, ut aliud conjugium iniret.

Balduinus comes Caroli regis filiam furatur in uxorem. *Tom. II, pag.* 244.

(863) Concilium Metense, in quo Waldradæ cum

Lothario nuptiæ approbatæ sunt, in concilio Romano mox damnatum, ejusque auctores Guntharius et Teutgaudus depositi. *Tom. II, pag.* 261, 262.

Rothadum Suessionensem episcopum, Hincmaro instigante in concilio Silvanectensi nuper depositum, Nicolaus papa Romam ad instaurandum judicium mitti jubet. *Tom. II, pag.* 246 *et* 260.

Carolus rex, Nicolao papa deprecante, filiam suam Judith Balduino legaliter conjugio sociari permittit. *Tom. II, pag.* 246.

(865) Concilium Romanum, in quo Rothadus in pristinum honorem restitutus est, et Hincmari rescissum judicium. *Tom. II, pag.* 399, 401.

(866) Concilium Suessionense III, Nicolai papæ jussu, pro causa Wlfadi sociorumque ejus, ad eos gradibus suis restituendos convocatum xv Kalend. Sept. Ad hujus synodi episcopos quatuor sunt Hincmari epist. 18, 19, 20 et 21. *Tom. II, pag.* 265, etc., eodemque etiam pertinent 22, *p.* 282, 23, *p.* 285, 24, *p.* 290 *et* 25, *p.* 298.

Hirmintrudis regina Suessione in basilica S. Medardi ab Hincmaro et aliis episcopis, Carolo rege postulante, coronatur. *Tom. I, pag.* 752.

Rodulfo episcopo mortuo Bituricensis Ecclesia Wlfado a Carolo rege committitur. *Tom. II, p.* 285.

(867) Nicolaus papa objectiones Græcorum in Galliam mittit ut refellantur. *Tom. II, pag.* 809.

Concilium Tricassinum sex provinciarum, ab episcopis qui Suessionensi adfuerant celebratum VIII Kalend. Novembris. Cujus acta per Actardum episcopum ad Nicolaum missa, sed Adriano ejus successori reddita, totam Ebonis, ordinatorumque ab eo clericorum causam accurate complexa sunt. *Tom. II, pag.* 406 *et* 824.

(868) Nicolao papæ Idibus Decembris mortuo succedit Adrianus II.

Carolus rex Hincmarum Laudunensem ad sæculare judicium vocat, eumque proscribit. *Tom. II, epist.* 29, *pag.* 316, 317.

(869) Concilium apud Vermeriam VIII Kalend. Maias, in quo primum accusatus Hincmarus Laudunensis sedem apostolicam appellavit. *Tom. II, pag.* 351, 604, 605.

Hincmarus Laudunensis duplicem pro defensione sua veterum decretalium Collectionem contexuit. Monstruosum primo librum, cui subscripsit ipse, et a suis subscribi jussit. *Tom. II, p.* 526, 599; deinde alterum versiculis prænotatum, qui Hincmaro apud Gundulfi villam per Wenilonem archiepiscopum redditus est, exstatque *Tomo II, pag.* 355 *et deinceps.* Utriusque mentio est in epistola 35, pag. 599 et 600.

Lothario rege vi Idus Augustas in Italia defuncto, Carolus rex illius regnum obtinet, Metisque ab Hincmaro coronatur v Id. Septemb. *Tom. I, p.* 741, etc.

(870) Concilium apud Attiniacum decem provinciarum mense Maio, in quo Hincmarus Laudunensis iterum accusatus, tres judices elegit, professionemque suam regi et metropolitano suo dedit, post fuga lapsus ad sedem proclamavit apostolicam. Actum etiam in eodem de rebellione Carlomanni regis filii. *Tom. II, p.* 350, 604, 644. Eodemque anno, sed ante concilium scripta epistola 30, *pag.* 334, et epist. 31, *pag.* 359.

Hincmari volumen LV capitum Hincmaro nepoti apud Attiniacum oblatum, in quo duabus ejus Collectionibus aliisque scriptis omnibus respondet. *Tom. II, epist.* 33, *p.* 377 *et pag.* 600. Ad hæc etiam tempora pertinent epistolæ 34, 35, 36 et quæ his interposita est, prolixa Hincmari nepotis epistola, *p.* 608 *et seqq.*; itemque epistola 41 et 42, *pag.* 689, etc.

(871) Carlomanni complices ab Hincmaro, nisi intra v Idus Martias se correxerint, excommunicati. *Tom. II, pag.* 353.

Synodus Duziacensis mense Augusto, in qua Hin-

cmarus Laudunensis ab officio remotus est. Acta Romam per Actardum missa.

(872) Actardus Namnetensis episcopus ad Turonensem Ecclesiam translatus. *Tom. II, pag.* 741.

Adriano papæ mortuo succedit Joannes VII xix Kalendas Januarias.

(873) Concilium Silvanectense, in quo Carlomannus Caroli regis filius clericus diaconus gradu dejectus, laicæque communioni est redditus.

Hincmari de Hunoldi presbyteri purgatione epist. *Tom. II, pag.* 819.

(874) Hincmari Capitula in synodo Rhemis edita mense Julio. *Tom. I, pag.* 732.

(875) Carolo rege Romam profecto, Ludovicus frater regnum ejus iterum invadit. *Tom. II, p.* 157 *et* 834.

Ludovico imp. mortuo, Carolus Romæ imperator a Joanne papa exeunte anno coronatur.

Hildeboldus Suessionensis episcopus morti proximus breviculum confessionis suæ ad Hincmarum mittit, ab eoque absolvitur. *Tom. II, pag.* 686.

(876) Joannes vices suas in Gallia et Germania delegat Ansegiso Senonensi iv Nonas Januar. *Tom. II, epist.* 44, *pag.* 719.

Concilium Pontigonense mense Junio, in quo lecta est Joannis papæ epistola de primatu Ansegisi, et juramentum ab Hincmaro exactum, de quo *tom. II, pag.* 834.

Frotarius Burdigalensis propter paganorum devastationem transfertur ad Ecclesiam Bituricensem v Kalend. Novemb.

Hincmarus de villa Novilliaco scribit. *Tom. II, pag.* 832.

(877) Capitula ab Hincmaro data Gunthario et Odelhardo archidiaconibus presbyteris. *Tom. I, pag.* 738.

Carolus imperator ad Joannem papam scribit de judiciis et appellationibus episcoporum et presbyterorum. *Tom. II, pag.* 768.

Ludovicus Balbus Carolo patri mortuo succedit, et ab Hincmaro apud Compendium coronatur vi Idus Decembr. *Tom. I, pag.* 747.

Hincmarus petenti Ludovico regi epistolam mittit de recta regni administratione. *Tom. II, pag.* 179.

Hoc etiam tempore scripta epistola 46 : Quid exsequi debeat episcopus. *Tom. II, pag.* 762, et epistola 50 de visione Bernoldi, *pag.* 811.

(878) Concilium Tricassinum Joannis VIII, in quo reclamavit Hincmarus Laudunensis adversus Rhemensem et alios.

(879) Ludovicus rex Compendii mortuus die Parasceves iv Idus Apriles. Succedunt filii Ludovicus et Carlomannus, quos Ansegisus apud Ferrarias coronavit.

Hincmarus ex synodo Rhemensi x Kalendas Maias binas epistolas scribit de Godbaldi presbyteri depositione, et de Fulcheri et Hardoisæ ob incestas nuptias excommunicatione. *Tom. II, pag.* 821.

(880) Ludovicus et Carlomannus regnum inter se apud Ambianos dividunt, ita ut Ludovicus Franciam et Neustriam obtineret, Carlomannus Aquitaniam et Burgundiam.

Carolus Crassus Romæ die Natalis Christi imperator ab Joanne papa coronatur.

(881) Synodus apud S. Macram iv Nonas Aprilis. Scribunt hujus synodi episcopi Ludovico regi pro libera electione in Ecclesia Belvacensi. *Tom. II, epist.* 12, *pag.* 188. Scribit et Hincmarus privatam ad eumdem regem epistolam 13, de Odacro invasore ejusdem Ecclesiæ. Quo etiam referenda est epistola 52, Odacri excommunicationem continens. *Pag.* 811.

(882) Ludovicus rex mense Augusto moritur apud S. Dionysium. Hincmarus pro institutione Carlomanni regis epistolam 14 scribit ad proceres regni. *Tom. II, p.* 204; et 15 ad episcopos regni, *p.* 216.

Decessit Hincmarus x Kalendas Januarias.

HINCMARI

DE PRÆDESTINATIONE [a]

CONTRA GOTHESCALCUM.

LECTORI.

De priore Hincmari opere contra Prædestinatianos.

Duplex fuit Hincmari adversus Prædestinatianos lucubratio. Una tres libros continens, pro defensione Carisiacensium ejus Capitulorum contra Gothescalcum, quæ Lugdunenses scriptis suis impugnarant. Altera non libris distincta, sed capitibus octo et triginta, cum Lugdunenses iterum adversus Hincmarum insurgerent. Atque hæc posterior illa est Dissertatio quam in hoc volumine integram repræsentamus ex codice sancti Remigii Rhemensis, vel Hincmari potius, a quo librum monasterio illi datum docet inscriptio. Prioris autem operis sola, quod sciam, apud Flodoardum restat epistola seu præfatio ad Carolum regem, quam ad jacturæ solatium hoc loco exhiberi visum est operæ pretium.

HINCMARI EPISTOLA AD CAROLUM REGEM

Priori ejus contra Prædestinatianos Operi præfixa.

Domino glorioso regi CAROLO HINCMARUS, nomine non merito Rhemorum episcopus ac plebis Dei famulus, una cum collegis domnis et fratribus meis venerandis episcopis, oratoribus scilicet salutis atque prosperitatis vestræ devotis.

Deo gratias agimus qui cor vestrum ad amorem suum accendit et ad cognitionem veritatis et orthodoxæ fidei scientiam et diligentiam ignivit : prudentiam quoque et intelligentiam vobis in litteris divinitus inspiratis donavit, et in earum meditatione atque exercitatione, quantum vobis pro rei publicæ negotiis licet, studium vestræ devotionis quotidiano augmento ad utilitatem sanctæ suæ Ecclesiæ provehit. Cæterum capitula synodalia venerabilium consacerdotum nostrorum, trium scilicet provinciarum, sicut ibidem continetur et inferius scriptum invenietur, vobis delata, quæ nostræ humilitati juxta Scripturam præcipientem : *Interroga sacerdotes legem meam* (*Aggæi* II, 12), quia et fidei legem esse legimus, præcedentium regum more, ob studium cognoscendæ veritatis, legenda et ventilanda dedistis, revolvimus. In quibus nos, licet nomina nostra sint tacita, designatione tamen effectus velut non catholicos reprehensos, et sine fraternitatis respectu despectos reperimus. Capitula quoque, quæ ob notam vobis et infra innotescendam necessitatem, ex catholicorum Patrum sensibus et verbis excerpsimus, velut inutilia, imo noxia repulsa et abominata inve-

nimus. Quæ capitula, sicut a nobis excerpta sunt, suis scriptis inserere noluerunt, ne ab illis legerentur in quorum manus illorum capitula devenirent; sed quædam de his quæ in capitulis a nobis excerptis habentur, alio sensu et aliis verbis tetigerunt, ut abominanda illa monstrarent : quædam autem suppresserunt, et taliter inde memoriam habuerunt, quasi nos contra sanctorum Patrum sensa in Africana et Arausica synodo senserimus. De quodam autem capitulo, id est, quod omnes homines vult Deus salvos fieri licet non omnes salventur, funditus tacuerunt, sicut postmodum signantius demonstrabimus; cum Dominus dicat : *Ecce constitui te super gentes et regna, ut evellas et destruas, et disperdas, et dissipes, et ædifices, et plantes* (*Jer.* I, 10). Prius enim, si de conscientia recta intelligentiæ fuere confisi, ponentes ea quæ destruere nitebantur, sicut illa cum integritate sua acceperant, in quibus evellenda et dissipanda erant legentibus demonstrare, et tunc illis per auctoritatem destructis atque dispersis, sua rationabiliter et ordinabiliter plantare debuerant ac in sublime ædificantes extollere.

De quodam etiam capitulo, quasi ludificatio aliqua in sacris mysteriis esse possit, ita scripserunt ut legentes hoc a nobis dictum fuisse intelligere possint, de quo nihil a nobis est memoratum : et quare nihil a nobis inde sit dictum, et in cujus scriptis a nobis, postea quam illa capitula scripsimus, sit inventum,

---

[a] Flodoardus, lib. III Historiæ Rhemensis, cap. 15, de libris ab Hincmaro compositis : *Composuit volumen ingens plures continens libros de Prædestinatione Dei et libero arbitrio, contra quosdam reprehensores suos episcopos, maximeque contra Gothescalcum atque Ratramnum monachum Corbeiensem, ad Carolum regem. Idem ibidem cap. 16 : Item aliud edidit volumen insigne ad eumdem regem, contra præfatum Gothescalcum et cæteros prædestinatianos.*

suo loco dicemus. Inseruerunt etiam in eisdem suis scriptis de quibusdam sexdecim capitulis, quasi nobis debeant imputari : de quibus nihil audivimus, vel vidimus, antequam venerabilis Ebo Gratianopolitanus episcopus vobis ea, quasi a bonæ memoriæ fratre vestro Lothario transmissa, apud Vermeriam palatium detulit. Quorum capitulorum auctorem nec ibi adnotatum invenimus, nec cum multum quæsierimus, invenire valuimus. Unde putavimus quia alicujus invidia ad cujusquam opinionem infamandam fuerint compilata, sicut sæpe legimus. Ut de multis pauca commemoremus, veluti epistola capitulorum exstitit, quam venerabilis Ibas episcopus suam esse in synodo denegavit; et sicut quidam æmuli de verbis beati Augustini adhuc in sua vita fecerunt, quæ ille argute et catholice repulit, quantum ad illius notitiam exinde pervenit. Post ejus etiam obitum, quidam invidi capitulatim de ipsius scriptis, ex his etiam unde nunc agitur, colligere curaverunt, ut illius doctrinam orthodoxam atque utillimam ob personæ illius invidiam vilifacere prævalerent, et lectores devotos ab illius dilectione ac lectione et necessaria credulitate averterent. Quæ videlicet æmulorum mendacia, ex delegatione sanctæ sedis Romanæ per Cœlestinum papam, sanctus Prosper catholico et prudenti stylo falsa esse et imprudenter objecta ostendit, et memorati ac memorandi viri doctrinam orthodoxam esse lucidissime demonstravit. Unde et fieri potest, ut ista capitula, quæ vobis ex nomine confratrum nostrorum ab aliis quam ab illis delata vel transmissa sunt, taliter in suggillatione nostra conscripta non fuerint, sed instigante diabolo, inter cætera mala quæ nunc in hoc mundo crebrescunt, ad immittendam inter Domini sacerdotes discordiam sint confecta, qui charitatem vehementer in nobis et timet et invidet, cum videt illam a nobis servari hominibus terrenis in terra, quam ille servare nolens angelicus spiritus amisit in cœlo. Quomodo enim fieri posset ut sic fratres nostri nos succensorie cum annihilationis despectu judicarent, qui regulam Dominicam, qualiter confratrem quisque admonere debeat, continue præ oculis et in usu quotidie habeant? Scriptum enim esse cognoscunt : *Priusquam interroges, ne vituperes quemquam, et cum interrogaveris, corripe juste* (Eccli. xi, 7).

Sanctus enim Augustinus hæreticorum et reprehensorum suorum scripta, si in eis quiddam bene dictum invenit, benignissime acceptavit, et plura ad rectos sensus interpretari elaboravit, nulla autem de recto sensu ad pravum inclinare tentavit. Et quomodo fratres nostri talia agerent, antequam nos secundum evangelicam regulam vel viva voce, vel scriptis suis inde interrogarent, ut vel volentes dicere docerent, vel pravum sentientes, et ad tramitem veritatis et fidei redire contemnentes, fraterne et sæpius commonerent, et auctoritatis divinæ et sanctorum Patrum scripta nobis proponerent, et ut in unum conveniremus nos cum mansuetudine et lenitate invitarent, scientes quia episcopus ideo ad synodum consacerdotum debet venire, ut aut discat aut doceat? Litteras namque quorumdam eorum quidam nostrum benignas et fraternas suscepimus, nostrasque illis remisimus, et nihil tale de eorum patre perspeximus, audivimus, intelleximus, sensimus, vel percipere prævaluimus. Si autem talia scripserunt, si forte illi scripserunt, ut suam sapientiam de nostra insipientia demonstrarent, et plus de jactantia laudis appetitum quærerent, quam bona nostra et bene a nobis dicta, si forent, per charitatem sua facerent : si etiam secus a nobis dicta invenerunt, plus illa publicare quam nos fraterne corrigere maluerunt : miramur de tantis et talibus viris, archiepiscopis et episcoporum primoribus, maxime autem de Ebone, qui religiosus est, ut audivimus; quippe sicut ab ipsis pene cunabulis sub religione et habitu regulari nutritus in Rhemensis Ecclesiæ monasterio, ubi requiescit sanctus Remigius. In quo loco religioso suam exegit ætatem, quousque a domno Ebone avunculo suo, tunc Rhemorum archiepiscopo, ibidem diaconus consecratus, et abbas monachorum ad regularem ordinem tenendum et gubernandum constitutione episcopali est ordinatus. Quemque ita humilitatis tenore nutritum, et humilitatis locum appetere et tenere velle didicimus, ut illi et omnibus scriptum est : *Si spiritus potestatem habentis ascenderit super te, locum tuum ne dimiseris* (Eccle. x, 4). Spiritus enim potestatem habentis spiritus est superbiæ, locus autem noster est humilitas, quam a se vere locus munitus et turris fortitudinis nos discere jubet : *Discite a me*, inquiens, *quia mitis sum et humilis corde* (Matth. xi, 19); quamque pro loco tuto contra elationis ac jactantiæ spiritum, præfatum religiosum virum obnixe tenere velle audivimus, et pro certo credimus, et idcirco discredimus ista capitula ab eo confecta : quia prætermissis aliorum consacerdotum nominibus, solius Ebonis nomen cum archiepiscopis est ibidem jactanter, ut quibusdam videtur, expressum; et quod quam maxime in hoc ipse collaboraverit, quasi e regione sit sensum, ut etiam cum archiepiscopis major cæteris et doctior in sententia fuerit. Hoc enim de sancto Augustino, qui in conciliis Africanis scientia et labore ac vigilantia major exstitit, nequaquam invenimus. Nam et ipse sanctus Augustinus non solum se cæteris coepiscopis privatam gloriam quærens non prætulit, nec præferri permisit, verum se aliis supposuit, cum ipse plus aliis laboraverit, sicut in epistolis ad sanctum Innocentium papam scriptis, et ad alios apostolicæ sedis præsules, qui legere voluerit invenire valebit. Nec de ullo episcoporum in ullis conciliis taliter legimus, nisi forte apostolicæ litteræ propter evidentem causam aliquem coepiscoporum ad hoc negotium cum archiepiscopo suo ex nomine designari decreverint, sicut de Augustodunensi episcopo in epistolis beati Gregorii legimus ; quanto magis iste religiosus et vir cautus in hujusmodi se efferre noluisset aut præferri, despectis ac prætermissis cæteris coepiscopis, permisisset? Huc accedit

quia fratres nostri et consacerdotes surda aure non A
debuissent transire Salomonis dictum commonito-
rium, si ex nobis aut auditu aut scripto quiddam sinistri secreto accepissent, ut præpropere illud in
publicum, quacunque mobilitate nostra moti, unde
non sumus conscii, ad contentiones et jurgia propa-
larent. Ait enim : *Quæ viderunt oculi tui, ne proferas
in jurgio cito, ne postea emendare non possis, cum
dehonestaveris amicum tuum (Prov. xxv, 8).*

Scimus tamen quia sunt nonnulli qui, dum plus
sapere quam oportet sapere student, a proximorum
pace resiliunt, dum eos velut hebetes stultosque contemnunt. Unde per se Veritas admonet dicens :
*Habete in vobis sal, et pacem habete inter vos (Marc.
ix, 49);* ut quisquis habere sal sapientiæ studet, curet necesse est quatenus a pace concordiæ nunquam
recedat. Unde terribiliter Paulus admonet dicens :
*Pacem sequimini cum omnibus, et sanctimoniam, sine
qua nemo videbit Deum (Heb. xii, 10).* Præcipue autem nos eam servare et persequi, id est perfecte
sequi debemus, qui Deo quotidie sacrificare debemus,
et veritate contestante specialiter quasi præcipimur,
ut si offeramus munus nostrum ad altare, et ibi re-
cordati fuerimus quia frater noster habet aliquid adversum nos, relinquamus ibi munus nostrum ante
altare, et eamus prius reconciliari fratri nostro, et
tunc venientes offeramus munus nostrum (Matth. xv,
23). Ecce ductor et doctor noster a discordantibus
non vult accipere sacrificium, holocaustum suscipere
recusat. Hic ergo perpendendum est, quantum sit
malum discordiæ, propter quod et illud non admitti- C
tur, per quod culpa laxatur. Non enim nos adversus
fratres nostros habemus, si talia contra nos ante
collationem scripserunt. Sed credendum est si illa
scripsissent, ad nos, contra quos illa scripserant,
transmisissent. Nunc autem illis quomodo rescribere
possumus, cum utrum illa scripserint ignoremus?

Verumtamen ne sine responso nostro vestra dominatio maneat, vobis de cujus manu illa accepimus, corde, ore, et stylo, non formidantes carpen-
tium nos derogationem, respondere curamus. Primo
scilicet mittentes ea quæ ab eisdem fratribus nostris
in synodo conscripta fuisse leguntur, licet hinc ante
alia fuisse conscripta reperiantur. Sed quia hæc in
suggillationem nostram et contra excerpta a nobis D
capitula confecta noscuntur, ea primum judicavimus ponere, quæ majoris nominis, licet non auctoritatis, quia partim non veritatis, propter tamen
synodalem prætitulationem dignum duximus magni-
pendere. Deinde illa quæ a pluribus et per aliorum
manus de pluribus ex his causis accepimus, propter
quam necessitatem ex catholicorum Patrum, ut diximus, sensibus et verbis capitula illa quatuor excerpere procuravimus, ea conditione ut de singulorum
scriptis ex singulis sententiis quæ in a nobis excerptis
capitulis continentur, quædam prout necesse viderimus ponamus. Post hæc, capitula a nobis excerpta
de Patrum sensibus et verbis, ut illa excerpsimus,
ponere procurabimus. Et si divinis et authenticis

Scripturis, et catholicæ atque apostolicæ Ecclesiæ,
sanctæque Romanæ sedis fidei, et orthodoxorum Patrum sensibus, qui eidem sanctæ matri Ecclesiæ
præsederunt, et qui ab eadem apostolica sede Romana nobis in canone recipiendi dati sunt, sensum
nostrum in eisdem capitulis expressum concordari
demonstrare potuerimus, agere veraciter, humiliter
ac devote studebimus : quia aliorum ad stipulandum
nostræ catholicæ intelligentiæ sensum sententias recipere nec proferre voluimus, cum constet illud esse
verum atque catholicum quod ipsa mater omnium
Ecclesiarum, et universalis Ecclesia duxerit ad pro-
bandum. Et si qui fuerunt appellati doctores, ad probandam fidei sinceritatem illorum sententias non recipimus, neque proferimus, nisi quorum sententias
ipsa catholica mater Ecclesia decrevit esse probabiles. Si autem et aliqui emerserunt qui doctrinalem
cathedram tenuerunt, postquam ab eadem sancta
sede canon sacrarum Scripturarum, atque doctorum
catholicorum, fidelibus cunctis est datus, qui aliter
senserunt, quam ipsi intellexerunt atque docuerunt,
quos ipsa mater catholica suo orthodoxo sinu recepit, amplectitur, atque fovet, nec debemus, nec necesse habemus, ad auctoritatem sententias illorum
proferre, aut recipere volumus, quoniam in istis et
per istos satis ad salutem habemus. Et si qui aliter
quam isti maturiore et saniore documento tenendum
docuerunt, dogmatizant aut dogmatizare præsumpserunt, totum ducimus fidei et saluti adversum quidquid ab eorum salubri doctrina constat esse diversum. Eorum etiam sententias qui divina dignatione,
postquam ipse canon a beato Gelasio conscriptus est,
sensu et doctrina catholica et sanctitate conversationis in Ecclesia floruerunt, et ab ipsorum orthodoxorum Patrum, qui in eodem canone adnotati
sunt, fideli quia catholica doctrina nihil dissonum,
nihil diversum scripserunt vel docuerunt, reverentia
pari amplectimur. Veluti venerabilis Bedæ presbyteri, a discipulis sancti papæ Gregorii catholica fide
imbuti, et a sancto Theodoro archiepiscopo, utriusque linguæ, Græcæ videlicet et Latinæ, perito, et a
sancta Romana Ecclesia ad Anglos post discipulos
beati Gregorii ad eruditionem transmisso, non mediocriter instructi, ac venerandæ memoriæ Paulini
patriarchæ Aquileiensis parochiæ, atque Alcuini
viri religiosi et docti. Quorum fidem et doctrinam
apostolica sedes Romana non solum benignissime
acceptavit, verum et multis laudibus extulit, sicut in
scriptis ipsius sanctæ sedis invenimus, quæ Ecclesiæ
nostræ ab eadem Ecclesiarum matre acceperunt
tempore divæ memoriæ Caroli imperatoris, quando
synodus pro cognita infidelitate Felicis est habita,
et ad Romanam Ecclesiam velut ad apicem Ecclesiarum transmissa. Sed et eorum scripta qui legit,
quam sint laudanda et recipienda intelligit. Denique
si talium, ut diximus, sententiis concordari capitula,
quæ excerpsimus demonstrare non potuerimus, parati sumus doctioribus et catholicis aurem accommodare, sensum subdere, et sine contentione nos

doctrinæ illorum subjicere. Et quia libellum de scrinio bonæ memoriæ fratris vestri Lotharii sine nomine auctoris suscepimus, in quo singillatim per loca singula capitula a nobis excerpta sunt posita, et assensu illius, quiscunque ille fuerit, reprehensa sunt et damnata, cum de catholicorum Patrum dictis nostra capitula si poterimus confirmare curabimus, ipsius etiam reprehensiones ponemus, et eas, quantum Dominus dederit, confutare studebimus. Tunc demum ponemus de capitulo confratrum nostrorum quinto, unde notam nobis quasi tacite et e latere impegerunt, quod in Gothescalci scriptis invenimus postquam capitula quatuor sæpe memorata excerpsimus, et quid inde sentiamus, Domino inspirante, dicemus. Et sic tandem subjiciemus illa decem et sex capitula pro quibus de Scotorum pultibus confratres nostri, sine culpa nostra, in hac duntaxat causa nos pascere decreverunt, et quid de eisdem capitulis sentiamus, ex catholicorum Patrum sensibus ostendemus.

HINCMARI

ARCHIEPISCOPI RHEMENSIS

PRÆFATIO SUBSEQUENTIS OPERIS.

Omnes in quorum manus hoc laboris nostri opusculum venerit, supplici devotione per charitatis viscera postulamus ut quoniam de ipsis schedulis notariorum ante emendationem, instante domino nostro rege Carolo, sub celeritate illud transcribi fecimus, et idcirco in locis plurimis eradi et emendari quædam necessitas compulit, si nacta occasione aliquis æmulus recta hinc eraserit, et forte prava superinduxerit, aut scriptorum imperitia secus transcripserit, alienum nobis errorem non imputent. Sed collecta hic a nobis testimonia catholicorum inspicientes, quorum doctrinam sensu, ore et manu, quantum dat Dominus, sequimur, aut superseminata ab inimico zizania in medio tritici evellant et colligant, aut si tantum adhibere dignati fuerint studium, per quemcunque illis placuerit paucis litterulis hæc innotescendo, de Ecclesiæ Rhemensis archivo unde dubitaverint, relevare procurent. Et cujus dignationi hæc quæ sequuntur transcribere complacuerit, hanc etiam postulationem conscribi quæsumus faciat. Quæ ideo dicimus et precamur quoniam et olim Nestorium Constantinopolitanum, et Macarium Antiochenum episcopum, de scripturis authenticis ac sanctorum dictis quædam interrasisse atque corrupisse prodentibus gestis comperimus. Et sicut ipsorum qui interfuerunt concilio relatione didicimus, quando divæ memoriæ domnus Carolus Felicem, infelicem Orgellitanæ civitatis episcopum, synodali decreto hæreticum comprobatum atque damnatum comperit, etiam revictum invenit quia, corrupto muneribus juniore Bibliothecario Aquensis palatii, librum beati Hilarii rasit, et ubi scriptum erat quia in Dei Filio *carnis humilitas adoratur*, immisit *carnis humilitas adoptatur*. Sed et sicut mox lector inveniet, sermonem Flori de prædestinatione nuperius editum non incerto indicio credimus depravatum.

In capite indiculorum sequentis operis sermonem Flori, quem mutuante Heriboldo, quondam Antissiodorensium venerabili episcopo, in synodali conventu apud Bonoilum transcripsimus, et post reversionem de tumultu Brionensi, quodam offerente clerico, ex scrinio Ebonis, sicut ipse dixerat, venerabilis Gratianopolitani episcopi accepimus, integrum hic ponere dignum duximus, quia et constructione et sensus veritate caute incedit, exceptis duobus locis, in quibus eum ita dixisse non credimus sicut in eo scripto invenimus quem de scrinio venerabilis Ebonis accepimus, cum in aliis sic catholice dixerit, sicut patebit legentibus : maxime quia in eodem scripto, quem per manus præfati Heriboldi, sicut ad se a prædicto Floro transmissum accepimus, aliter invenerimus quam in isto quem postea accepimus, reperiamus. Qua de re immutatum ab aliquo suspicamur. Quæ loca, antequam sermonem illum scribere adoriamur, specialiter designare curabimus. Ubi enim dicit : « Sed quos præscivit et prævidit malos atque impios futuros proprio vitio, ipse eos prædestinavit ad æternam damnationem justo judicio; » in illa rotula scriptum habetur quam de Heriboldo accepimus : « Sed quia eos præscivit et prævidit malos atque impios futuros proprio vitio, prædestinavit ad æternam damnationem, qua ipsi punirentur justo judicio. » Et in eo loco ubi scriptum est : « Non enim ille aliquem prædestinavit ut malus esset, sed vere omnem malum prædestinavit ut impunitus non esset; » invenimus in rotula quam a prædicto Heriboldo accepimus : « Sed vere prædestinavit pœnam, ut omnis malus impunitus non esset. » Quod in sequentibus ipse demonstrat dicens : « Pœnam eorum et præscisse, quia Deus est, et prædestinasse, quia justus est. » Cætera catholici lectoris judicio derelinquimus. Sed idcirco hunc sermonem ex integro ponere necessarium duximus, quia ex eo conficior in proximo subsequentium capitulorum duo capitula de præscientia et prædestinatione, confuso et præpostero ordine, ac sensu falsissimo, in secundo capitulo studuit compilare, sicut qui hunc et illa legerit aperte intelliget.

Sermo Flori de Prædestinatione, sicut est de Ebonis
scrinio sumptus.

Omnipotens Deus, quia verissime verus et solus Deus est, omnino in sua æterna et incommutabili scientia præscivit omnia antequam fierent, sicut Scriptura testatur, dicens : *Deus æterne, qui es absconditorum cognitor, qui nosti omnia antequam fiant (Dan. xiii, 42)*. Præscivit ergo sine dubio et bona quæ boni erant facturi, et mala quæ mali erant gesturi : sed in bonis ipse fecit sua gratia ut boni essent, in malis, vero non ipse fecit ut essent mali, quod absit, sed tantum præscivit eos proprio vitio tales futuros. Neque enim præscientia Dei imposuit eis necessitatem ut aliud esse non possent, sed tantum quod illi futuri erant ex propria voluntate, ille ut Deus prævidit ex sua omnipotenti majestate. Unde Scriptura incontaminabilem justitiam ejus nobis insinuans, ait de illo : *Nemini mandavit impie agere, et nemini dedit spatium peccandi.* Quod ergo impie agunt impii et iniqui, et spatium temporis vitæ hujus, quod eis Deus dedit ad bene agendum, ipsi e contrario convertunt ad malum exercendum, non Dei sed ipsorum est culpa; et ideo recte damnantur ipsius justitia. Præscivit autem idem omnipotens Deus etiam æternam illorum damnationem, sed ex merito ipsorum, quos in propria malitia perseveraturos prævidit, non ex sua, quod absit, iniquitate, qui nihil injuste constituit, et qui reddet unicuique secundum opera sua, id est et bene agentibus bona æterna, et male agentibus mala perpetua. Ergo bonos præscivit omnino, et per gratiam suam bonos futuros, et per eamdem gratiam æterna præmia accepturos, id est, et in præsenti sæculo bene victuros, et in futuro feliciter remunerandos, utrumque tamen ex dono misericordiæ Dei. Unde Apostolus *vasa misericordiæ* ejus appellat, dicens : *Ut ostenderet divitias gratiæ suæ in vasa misericordiæ, quæ præparavit in gloriam (Rom. ix, 23)*. E contrario autem, malos et præscivit per propriam malitiam malos futuros, et præscivit per suam justitiam æterna ultione damnandos. Sicut præsciebat de Juda proditore, *quod eum esset traditurus*, sicut Evangelium dicit, *cum esset unus ex duodecim (Joan. vi, 72)*; præsciebat etiam æterna ejus damnationem cum diceret : *Væ autem homini illi per quem filius hominis tradetur. Bonum erat ei si natus non fuisset homo ille (Marc. xiv, 21)*. Sic et de impiis Judæis præsciebat sine dubio eorum impietatem futuram, de qua prædixit in psalmo : *Dederunt in escam meam fel, et in siti mea potaverunt me aceto (Psal. lxviii, 22)*; præsciebat et subsequentem ipsorum damnationem, de qua in eodem psalmo subjunxit : *Deleantur de libro viventium, et cum justis non scribantur (ibid., 29)*. Sed in istis et in omnibus iniquis illud prius ex propria est pravitate, istud sequens ex divina æquitate. Hoc modo et de prædestinatione Dei omnino sentiendum est, quia in bonis prædestinavit et ipsam eorum bonitatem futuram ex dono gratiæ suæ, et pro eadem bonitate æternam ipsorum remunerationem, ut ipsius dono fierent boni, ipsius dono essent remunerati. Unde ait Apostolus : *Qui prædestinavit nos in adoptionem filiorum per Jesum Christum in ipsum (Ephes. i, 5)*; et alio loco : *Quos præscivit et prædestinavit conformes fieri imaginis Filii sui (Rom. viii, 29)*. Prædestinavit itaque electos suos, ut et nunc assumerentur in adoptionem filiorum Dei per gratiam baptismi, et in futuro efficiantur, conformes imaginis Filii Dei, per eamdem Dei gratiam secundum imaginem ejus renovati et glorificati. Prædestinavit omnino ut et hic essent boni, non ex se, sed ex illo, et illic beati, non per se, sed per illum. In utroque ergo bona sua in eis et de eis futura præscivit et prædestinavit : in malis vero et impiis non prædestinavit omnipotens Deus malitiam et impietatem, id est, ut mali et impii essent et aliud esse non possent. Sed quos præscivit et prævidit malos atque impios futuros proprio vitio, ipse

eos prædestinavit ad æternam damnationem justo judicio; non quia aliud esse non potuerunt, sed quia aliud esse noluerunt. Ipsi igitur sibimet ipsis exstiterunt causa perditionis. Deus autem judex justus et ordinator justus ipsius damnationis. Non enim prædestinavit injusta, sed justa. Prædestinavit tamen et coronas justis, et pœnas injustis, quia utrumque est justum. Quam justitiam ejus commendans nobis Apostolus ait : *Nunquid iniquus Deus, qui infert iram? Absit (Rom. iii, 5)*. Et quia modo omnibus prærogat patientiam ut convertantur ad pœnitentiam; et qui pereunt suo contemptu et duritia pereunt, quia tantam bonitatem Dei contempserunt, iterum alio loco dicit : *An divitias bonitatis et patientiæ et longanimitatis ejus contemnis, ignorans quoniam benignitas Dei ad pœnitentiam te adducit? Secundum duritiam autem tuam et cor impœnitens thesaurizas tibi iram in die iræ et revelationis justi judicii Dei, qui reddet unicuique secundum opera sua (Rom. ii, 4)*. Hinc etiam alia Scriptura testatur dicens : *Deus mortem non fecit, nec lætatur in perditione vivorum. Impii autem manibus et verbis accersierunt illam, et æstimantes amicam, defluxerunt, et sponsiones posuerunt ad illam, quoniam digni sunt qui sint ex parte illius (Sap. i, 13)*. Non ergo omnipotens Deus ulli hominum causa mortis vel perditionis existit, sed ipsam mortem et perditionem manibus et verbis ipsi impii sibi accersunt, dum nequiter operando, et nequius aliis persuadendo, et sibi et illis damnationem adducunt; dum viam iniquitatis et perditionis amantes, a recto itinere deflectuntur, et ad perpetuam damnationem, tanquam datis inter se dextris, pari consensu nequitiæ, quasi ex voto et sponsione festinant, fœderati mortis, et vitæ æternæ inimici, ipsi secundum duritiam suam et cor impœnitens, thesaurizant sibi iram in die iræ. In qua die justi judicii Dei quia unusquisque secundum opera sua recipit, nemo ex Dei præjudicio, sed ex merito propriæ iniquitatis condemnatur. Non enim ille aliquem prædestinavit ut malus esset, sed vere omnem malum prædestinavit ut impunitus non esset; quia et unaquæque lex justa crimen non habet, ne sit injusta, et tamen criminosum punit ut vere sit justa. Qui ergo dicit quod hi qui pereunt, prædestinati sunt ad perditionem, et ideo aliter evenire non potest; similiter quoque et de justis, tanquam et ipsi ideo salventur, quia prædestinati ad salutem aliud esse non potuerunt. Qui ergo hæc tam confuse et insulse dicit, et illis tollit meritum damnationis et istis meritum salutis; ac per hoc quid aliud agit, nisi ut et pereuntibus secundum illum sit imposita necessitas perditionis, et his qui salvantur sit imposita necessitas salutis? atque ideo nec illi juste damnentur, quia justi esse non potuerunt; nec isti juste remunerentur, quia aliud quam justi esse nequiverunt, ut in utraque parte et perditio et salus non sit ex judicio propriæ actionis, sed ex præjudicio divinæ præordinationis. Et ubi erit illud, *qui reddet unicuique secundum opera sua? (Rom. ii, 4.)* et iterum : *Nunquid iniquus Deus qui infert iram? Absit (Rom. iii, 5)*. Aperte namque causa perditionis illorum qui pereunt in Deum refertur, si ipse eos ita ad interitum prædestinavit, ut aliud esse non possent : quod sentire vel dicere horribilis blasphemia est. Sed Ecclesiæ catholicæ fides, cujus filii et sectatores esse debemus, ita nobis firmissime tenendum insinuat ut superius juxta Scripturæ sanctæ auctoritatem breviter designavimus; videlicet, omnipotentem Deum in malis ipsorum malitiam præscisse, quia ex ipsis est, non prædestinasse, quia ex illo non est : pœnam vero eorum et præscisse quia Deus est, et prædestinasse quia justus est, ut et in illis sit meritum suæ damnationis, et in illo potestas et judicium justæ damnantis. Non enim prædestinat Deus, nisi quæ ipse facturus est; præscit vero multa quæ ipse facturus non est, sicut omnia mala, quæ mala utique mali faciunt, non ille. Ipsos quoque malos non ideo perire quia boni esse non potuerunt, sed quia boni esse noluerunt, et suo vitio *vasa iræ apta in interitum* perseveraverunt, et in massa damnationis vel originali vel actuali merito permanserunt. In bonis autem omnipotens Deus, sicut supra satis ostensum est, utrumque præscivit et prædestinavit, ut et in præsenti vita per suam gratiam existerent boni, et in futura etiam beati. Utriusque enim boni eorum, id est et præsentis et futuri, ipse est auctor et ipse largitor, et idcirco sine dubio utriusque præcognitor et prædestinator: quia et ipsi ex seipsis non solum aliud esse potuerunt, sed etiam aliud fuerunt antequam per eum qui justificat impium ex impiis justi efficerentur. Sive autem in illis qui salvantur, sive in illis qui pereunt, voluntas propria remuneratur, voluntas propria damnatur. Sed in illis, quia per gratiam Domini Salvatoris est sanata, ut ex mala et prava fieret bona et recta, est procul dubio dignissime coronata: in istis autem, quia non acquiescit per Salvatorem recipere sanitatem, justissime per eumdem judicem sentiet perpetuam damnationem. Et hoc est breviter totum quod de libero arbitrio juxta veritatem fidei catholicæ est tenendum. Quod scilicet omnem hominem liberi arbitrii condiderit Deus. Sed quia per unum hominem peccatum intravit in mundum, et per peccatum mors, et ita in omnes homines pertransiit, in quo omnes peccaverunt, ita istud liberum arbitrium in universo humano genere illius prævaricationis merito vitiatum et corruptum, ita obcæcatum est et infirmatum, ut sufficiat homini ad male agendum, id est ad ruinam iniquitatis, et ad hoc solum possit esse liberum: ad bene vero agendum, id est ad exercitium virtutis et fructum boni operis, nullo modo assurgat et convalescat, nisi per fidem unius mediatoris Dei et hominum hominis Christi Jesu, et donum Spiritus sancti, instauretur, illuminetur atque sanetur, sicut ipse Salvator in Evangelio promittit, dicens: *Si vos Filius liberavit, tunc vere liberi eritis* (Joan. VIII, 36); et Apostolus ait: *Ubi Spiritus Domini, ibi libertas* (II Cor. III, 17); ut per hanc gratiam Christi et Spiritus Christi, humanum liberum arbitrium liberatum, illuminatum atque sanatum, dicat gratulans illud Psalmistæ: *Dominus illuminatio mea et salus mea, quem timebo?* (Psal. XXVI, 1.) Qui igitur hanc gratiam libertatis accipere desiderat, ut ad bene et pie vivendum veraciter liber fiat, non de suis viribus præsumat, sed ille se fideliter sanandum corroborandumque committat, de quo idem Psalmista dicit: *Apud Dominum gressus hominis dirigentur, et viam ejus volet* (Psal. XXXVI, 23). Illum oret atque illi supplicet, dicens: *Gressus meos dirige secundum eloquium tuum, et non dominetur mei omnis injustitia* (Psal. CXVIII, 133); et iterum: *Domine, deduc me in via tua, et ingrediar in veritate tua* (Psal. V, 9), et cætera similia. Hæc vobis breviter rescripsi ad ea quæ jussistis: nunc fideliter deprecor et exhortor ut, in simplicitate et sinceritate veræ fidei fundati, claudatis aures vestras adversus linguam nequam illius vanissimi et miserrimi hominis, qui cum sit paratus ad contentionem et contumax adversus veritatem, maluit se, infelix, diabolico inflatus spiritu, a Christi Ecclesia et sacerdotibus separare, quam sua profana et inaniloquia deserere.

Explicit Hincmari archiepiscopi Rhemensis, ad omnes pene tunc temporis episcopos, tam Galliæ quam aliarum provinciarum, suppresso nomine, contra Gothescalcum, tunc temporis ab ipso Hincmaro in Altovillari monasterio retrusum, qui in Orbacensi monasterio prius monachus fuerat.

Hæc capitula, in synodo Tullensis territorii primo relecta, et a quibusdam fratribus refutata, sequenti autem opere Catholicorum doctrina sunt plenius confutata. Capitulorum autem quarti et quinti ab *aliorum perversitate diversitas, in subsequenti opusculo consequenter est vicesimo secundo et tricesimo quinto capitulis explanata.*

I. Deum præscisse æternaliter et bona quæ boni erant facturi, et mala quæ mali sunt gesturi, quia vocem Scripturæ dicentis habemus: *Deus æterne, qui absconditorum es cognitor, qui nosti omnia antequam fiant* (Dan. XIII, 42), fideliter tenemus; et placet tenere, bonos præscisse omnino per gratiam suam bonos futuros, et per eamdem gratiam æterna præmia accepturos; malos vero præscisse per propriam malitiam malos futuros, et per suam justitiam æterna ultione damnandos, ut secundum Psalmistam, *Quia potestas Dei est, et Domini misericordia* (Psal. LXI, 12, 13), reddat unicuique secundum opera sua; et sicut apostolica doctrina se habet: *His quidem qui secundum patientiam boni operis, gloriam, et honorem, et incorruptionem quærentibus vitam æternam: his autem qui ex contentione, et qui non acquiescunt veritati, credunt autem iniquitati, ira et indignatio, tribulatio et angustia in omnem animam hominis operantis malum* (Rom. I, 7). In eodem sensu idem alibi: *In revelatione,* inquit, *Domini nostri de cælo, cum angelis virtutis ejus, in igne flammæ dantis vindictam his qui non noverunt Deum, et qui non obediunt Evangelio Dei nostri, qui pœnas dabunt in interitu æternas, cum venerit glorificari in sanctis suis, et admirabilis fieri in omnibus qui crediderunt* (II Thess. I, 7). Nec prorsus ulli malo præscientiam Dei imposuisse necessitatem, ut aliud esse non posset, sed quod ille futurus erat ex propria voluntate, ille sicuti Deus qui novit omnia antequam fiant, præscivit ex sua omnipotenti et incommutabili majestate. Nec ex præjudicio ejus aliquem, sed ex merito propriæ iniquitatis credimus condemnari, nec ipsos malos ideo perire quia boni esse non potuerunt, sed quia boni esse noluerunt, suoque vitio in massa damnationis, vel merito originali, vel etiam actuali permanserunt.

II. Sed et de prædestinatione Dei placuit et fideliter placet; juxta auctoritatem apostolicam, quæ dicit: *Annon habet potestatem figulus luti ex eadem massa facere aliud vas in honorem, aliud vero in contumeliam* (Rom. IX, 21)? ubi et statim subjungit: *Quod si volens Deus ostendere iram et notam facere potentiam suam, sustinuit in multa patientia vasa iræ aptata sive præparata in interitum, ut ostenderet divitias gratiæ suæ, in vasa misericordiæ, quæ præparavit in gloriam* (ibid., 22, 23)? fidenter fatemur prædestinationem electorum ad vitam, et prædestinationem impiorum ad mortem. In electione tamen salvandorum misericordiam Dei præcedere meritum bonum; in damnatione autem periturorum meritum malum præcedere justum Dei judicium. Prædestinatione autem Deum tantum statuisse quæ vel ipse gratuita misericordia vel justo judicio facturus erat, secundum Scripturam dicentem: *Qui fecit quæ futura sunt;* in malis vero ipsorum malitiam præscisse, quia ex ipsis est, non prædestinasse, quia ex illo non est: pœnam sane malum meritum exsequentem, uti Deum qui omnia prospicit, præscivisse et prædestinasse, quia justus est; apud quem est, ut sanctus Augustinus ait, de omnibus omnino rebus tam fixa sententia quam certa præscientia. Ad hoc siquidem facit Sapientis dictum: *Parata sunt derisoribus judicia, et mallei percutientes stultorum corporibus* (Prov. XIX, 29). De hac immobilitate præscientiæ et prædestinationis Dei, per quam apud eum futura jam facta sunt, etiam apud Ecclesiasten bene intelligitur dictum: *Cognovi quod omnia opera quæ feci Deus perseverent in perpetuum: non possumus his addere nec auferre quæ fecit Deus ut timeatur* (Eccle. III, 14). Verum aliquos ad malum prædestinatos esse divina potestate, videlicet ut quasi aliud esse non possint, non solum non credimus, sed etiam si sunt qui tantum mali credere velint, cum omni detestatione, sicut Arausica synodus, illis anathema dicimus.

III. Item de redemptione sanguinis Christi, propter nimium errorem qui de hac causa exortus est, ita ut quidam, sicut eorum scripta indicant, etiam pro illis impiis qui a mundi exordio usque ad passionem Domini in sua impietate mortui æterna damnatione puniti sunt, effusum eum diffiniant, contra illud propheticum : *Ero mors tua, o mors; ero morsus tuus, inferne (Ose.* XIII, 14), illud nobis simpliciter et fideliter tenendum ac docendum placet, juxta evangelicam et apostolicam veritatem, quod pro illis hoc datum pretium teneamus, de quibus ipse Dominus noster dicit : *Sicut Moyses exaltavit serpentem in deserto, ita exaltari oportet filium hominis, ut omnis qui credit in ipso non pereat, sed habeat vitam æternam. Sic enim Deus dilexit mundum ut Filium suum unigenitum daret, ut omnis qui credit in eum non pereat, sed habeat vitam æternam (Joan.* III, 14); et Apostolus : *Christus,* inquit, *semel oblatus est ad multorum exhaurienda peccata (Hebr.* IX, 28). Porro peccatula numero novemdecim syllogismis ineptissime et mendacissime a quodam Scoto conclusa, ubi non argumentum fidei, sed potius commentum perfidiæ, paret nulla omnino philosophiæ arte, ut arrogante a quibusdam jactatur, constructum, sed inani fallacia et deceptione imperitissime confusum, a pio auditu fidelium penitus explodimus : et ut talia et similia caveantur per omnia, auctoritate Spiritus sancti interdicimus; novarum etiam rerum introductores, ne districtius feriantur, castigandos esse censemus.

IV. Item firmissime tenendum credimus quod omnis multitudo fidelium ex aqua et Spiritu sancto regenerata, ac per hoc veraciter Ecclesiæ incorporata, et juxta doctrinam apostolicam in morte Christi baptizata, in ejus sanguine sit a peccatis suis abluta, quia nec in eis potuit esse vera regeneratio, nisi fieret et vera redemptio, cum in Ecclesiæ sacramentis nihil sit cassum, nihil ludificatorium, sed prorsus totum verum, et ipsa sui veritate ac sinceritate subnixum. Ex ipsa tamen multitudine fidelium et redemptorum alios salvari æterna salute, quia per gratiam Dei in redemptione sua fideliter permanent, ipsius Domini sui vocem in corde ferentes : *Qui perseveraverit usque in finem, hic salvus erit (Matth.* X, 22); alios qui noluerunt permanere in salute fidei, quam in initio acceperunt, redemptionisque gratiam potius irritam facere prava doctrina vel vita quam servare elegerunt, ad plenitudinem salutis, et ad perceptionem æternæ beatitudinis nullo modo pervenire. In utroque siquidem doctrinam pii doctoris habemus : *Quicunque baptizati sumus in Christo Jesu, in morte ipsius baptizati sumus (Rom.* VI, 3); et : *Omnes qui in Christo baptizati estis, Christum induistis (Gal.* III, 27); et iterum : *Accedamus cum vero corde in plenitudine fidei aspersi corda a conscientia mala, et abluti corpus aqua munda, teneamus spei nostræ confessionem indeclinabilem (Hebr.* X, 22); et iterum : *Irritam quis faciens legem Moysi, sine ulla miseratione duobus aut tribus testibus moritur, quanto magis putatis deteriora mereri supplicia qui Filium Dei conculcaverit, et sanguinem testamenti pollutum duxerit, in quo sanctificatus est, et Spiritui gratiæ contumeliam fecerit? (Ibid.,* 28.)

V. Item de gratia per quam salvantur credentes, et sine qua rationalis creatura nunquam beate vixit, et de libero arbitrio per peccatum in primo homine infirmato, sed per gratiam Domini Jesu fidelibus ejus redintegrato et sanato, id ipsum constantissime et fide plena fatemur, quod sanctissimi Patres auctoritate sacrarum Scripturarum nobis tenendum reliquerunt, quod Africana, quod Arausica synodus professa est, quod beatissimi pontifices apostolicæ sedis catholica fide tenuerunt; sed et de natura et gratia in aliam partem nullo modo declinare præsumentes. Ineptas autem quæstiunculas et aniles pene fabellas, Scotorumque pultes puritati fidei nauseam

inferentes, quæ periculosissimis et gravissimis temporibus ad cumulum laborum nostrorum usque ad scissionem charitatis miserabiliter et lacrymabiliter succreverunt, ne mentes Christianæ inde corrumpantur, et excidant a simplicitate et castitate fidei, quæ est in Christo Jesu, penitus respuimus, et ut fraterna charitas cavendo a talibus auditum castiget, Domini Christi amore monemus. Recordetur fraternitas malis mundi gravissimis se urgeri, messe nimia iniquorum, et paleis levium hominum se durissime suffocari; hæc vincere ferveat, et corrigere laboret, et superfluis cœtum pie dolentium et gementium non oneret : sed potius certa et vera fide, quod a sanctis Patribus de his et similibus sufficienter prosecutum est, amplectatur.

Sanctorum Patrum de gratia et libero arbitrio sententiæ.

1. In prævaricatione Adæ omnes homines naturalem possibilitatem et innocentiam perdidisse, et neminem de profundo illius ruinæ per liberum arbitrium posse consurgere, nisi cum gratia Dei miserantis erexerit.

2. Quod nemo nisi per Christum libero bene utatur arbitrio.

3. Quod omnia studia et omnia opera ac merita sanctorum ad Dei gloriam laudemque referenda sint, quia nemo aliunde ei placeat nisi ex eo quod ipse donaverit.

4. Quod ita Deus in cordibus hominum atque in ipso libero operetur arbitrio, ut sancta cogitatio, pium consilium omnisque motus bonæ voluntatis ex Deo sit, quia per illum aliquid boni possumus, sine quo nihil possumus.

5. Omnium studiorum, omniumque virtutum, quibus ab initio fidei ad Deum tenditur, Deum profitemur auctorem, et non dubitamus ab ipsius gratia omnia hominis merita præveniri, per quem fit ut aliquid boni et velle incipiamus et facere. Quo utique auxilio et misericordia Dei non auferetur liberum arbitrium, sed liberatur, ut de tenebroso lucidum, de pravo rectum, de languido sanum, de imprudente sit providum. Tanta enim est erga omnes homines bonitas Dei, ut nostra velit esse merita, quæ sunt ipsius dona, et pro his quæ largitus est, æterna præmia sit donaturus. Agit quippe in nobis ut quod vult et velimus et agamus.

6. Fatemur gratiam Dei et adjutorium etiam ad singulos actus dari, eamque non dari secundum merita nostra, ut vera sit gratia, id est, gratis data per ejus misericordiam qui dixit : *Miserebor cui misertus ero, et misericordiam præstabo cui misericors fuero (Rom.* IX, 15).

7. Fatemur esse liberum arbitrium, etiamsi divino indiget adjutorio.

8. Arbitrium voluntatis, in primo homine infirmatum, nisi per gratiam baptismi, non potest reparari.

9. Arbitrium voluntatis tunc est vere liberum cum vitiis peccatisque non servit. Tale datum est a Deo utique homini primo, quod amissum, nisi a quo potuit dari, non potuit reddi; unde Veritas dicit : *Si vos Filius liberavit, vere liberi eritis (Joan.* VIII, 36).

VI. Et quia indiscussi et inexaminati, scientiæque litterarum pene ignari, minusque apostolicæ præceptioni appropinquantes, peccatis nostris agentibus, per civitates episcopi ordinantur, qua occasione maxime vigor ecclesiasticus deperit, placuit ut si quando alicujus civitatis episcopus vocatione Domini decesserit, a gloriosissimis principibus supplicando postuletur ut canonicam electionem clero et populo ipsius civitatis permittere dignentur, atque ita aut in clero, aut in populo, aut diœcesi certo ipsa, si opus sit in vicinia ipsius, probata et officio digna persona quæratur, quæ inventa consensu totius cleri et populi ad honorem civitati præficiatur. Sed et si a servitio piorum principum nostrorum aliquis clericorum venerit, ut alicui civitati præponatur episcopus, timore casto sollicite examinetur primum cujus vitæ sit, deinde cujus scientiæ. Et vigore ecclesiastico sub oculis omnipotentis Dei agat metropolitanus in hac parte, cæteris episcopis sicut Dei ministris adjutorium ferentibus, ne maculatæ vitæ et pompa sæculi turgidus, et simoniaca hæresi pollutus, humilibus et mundis membris Christi Ecclesiæque superponatur episcopus, nec præsumat illitteratum et cupiditate illicita cæcatum, redditurus facti sui Deo rationem, populo præficere. Si vero necessarium isdem metropolitanus viderit, ne tantum malum cogatur agere, ut indebito honorem bonis tantum debitum tradat, instruat populum, informet Ecclesiam, potius adire clementiam regum, et ipse cum coepiscopis suis quibus valuerit modis adeat, ut Ecclesiam Dei gloriosi reges digno honorent ministro. Si autem turpiter cupiditate quacunque metropolitanus victus, aut aliquo munere deceptus, tantum opus negligenter et ægre fuerit exsecutus, judicium omnia cernentis Dei se incurrere non dubitet, sed et sententia ecclesiastica noverit se culpandum.

Ut hi qui ordinandi sunt, secundum ordinem ecclesiasticum et institutionem sanctorum Patrum ordinentur, videlicet judicio metropolitanorum et eorum episcoporum qui circumcirca sunt, provehantur ad ecclesiasticam potestatem, ex excerptis Martini : Non liceat electionem facere eorum qui ad sacerdotium provocantur, sed judicium sit episcoporum, ut ipsi eum qui ordinandus est probent si in sermone et in fide et in episcopali vita edoctus est.

Item quo judicio feriendi sint qui in ordinandis episcopis sanctorum Patrum statuta neglexerint, ex decretis papæ Leonis : Si qui episcopi talem consecraverint sacerdotem qualem esse non liceat, etiamsi aliquo modo damnum proprii honoris evaserint, ordinationis tamen jus alterius non habebunt, nec unquam ei sacramento intererunt, quod neglecto Dei judicio immerito præstiterunt.

Hæc autem quatuor capitula sequuntur, apud Carisiacum contra Prædestinatianos constituta, et post lectionem præcedentium in præfata synodo relecta, in subsequenti etiam opere Scripturarum atque orthodoxorum sunt testimoniis confirmata.

I. Deus omnipotens hominem sine peccato rectum cum libero arbitrio condidit, et in paradiso posuit, quem in sanctitate justitiæ permanere voluit. Homo, libero arbitrio male utens, peccavit et cecidit, et factus est massa perditionis totius humani generis. Deus autem bonus et justus elegit ex eadem massa perditionis, secundum præscientiam suam, quos per gratiam prædestinavit ad vitam, et vitam illis prædestinavit æternam. Cæteros autem, quos justitiæ judicio in massa perditionis reliquit, perituros præscivit, sed non ut perirent prædestinavit ; poenam autem illis, quia justus est, prædestinavit æternam. Ac per hoc unam Dei prædestinationem tantummodo dicimus, quæ aut ad donum pertinet gratiæ aut ad retributionem justitiæ.

II. Libertatem arbitrii in primo homine perdidimus, quam per Christum Dominum nostrum recepimus ; et habemus liberum arbitrium ad bonum præventum et adjutum gratia, et habemus liberum arbitrium ad malum desertum gratia. Liberum autem habemus arbitrium, quia gratia liberatum, et gratia de corrupto sanatum.

III. Deus omnipotens omnes homines sine exceptione vult salvos fieri, licet non omnes salventur. Quod autem quidam salvantur, salvantis est donum ; quod autem quidam pereunt, pereuntium est meritum.

IV. Christus Jesus Dominus noster, sicut nullus homo est, fuit vel erit, cujus natura in illo assumpta non fuerit, ita nullus est, fuit vel erit homo, pro quo passus non fuerit, licet non omnes passionis ejus mysterio redimantur. Quia vero omnes passionis ejus mysterio non redimuntur, non respicit ad magnitudinem et pretii copiositatem, sed ad infidelium, et ad non credentium ea fide quæ per dilectionem operatur, respicit partem : quia poculum humanæ salutis, quod confectum est infirmitate nostra et virtute divina, habet quidem in se ut omnibus prosit, sed si non bibitur, non medetur.

Sequitur epistola Prudentii Tricassinæ civitatis episcopi, quæ in processu operis sequentis sæpe commemoratur, et a catholicorum fide atque doctrina discordare monstratur.

Patri venerabili et cæteris patribus fratriousque sincerissime diligendis, atque coepiscopis reverendis, Prudentius æternam in Domino salutem. Quantum ad meritum peccatorum meorum spectat, justissimo Dei judicio, quantum vero ad indebitas atque indeficientes ejus misericordias pertinere dignoscitur, misericordissimo ipsius munere, infirmitatibus pene omnibus notis depressus, sancto desiderabilique vestro conventui adesse prohibeor. Quod autem possum, præsentibus litteris, atque legato nostræ Ecclesiæ presbytero Arnoldo, mei consensus præsentiam eotenus exhibeo, ut is qui ordinandus est, si apostolicæ sedis omnibus institutis, et beatorum patrum Innocentii, Zosimi, Bonifacii, Sixti, Leonis, Gelasii, Cœlestini, Gregorii, Hilarii, Ambrosii, Augustini, Isidori, Primasii, Fulgentii, Hieronymi, Cassiodori, Bedæ aliorumque adæque catholicorum atque orthodoxorum virorum scriptis et dictis, ac specialiter super quatuor capitulis, quibus omnis Ecclesia catholica adversus Pelagium ejusque hæreseos sequaces pugnavit ac vicit, atque ad posterorum memoriam litteris auctoritate et veritate plenissimis mandavit, confitendo subscribere, et subscribendo confiteri voluerit, ejus me ordinationi consentaneum esse profitear : sin alias, prorsus neque assentior, neque fidelibus Christi assentiendum suadeo. Capitulorum vero quatuor præmissorum seriem, quamvis vestram prudentiam multo vivacius quam meam extremitatem compertam esse non dubitem, necessario tamen breviter adnectendam judicavi, ut facilius quid sentiam, cui veritati consentiam, vestra beatitas recognoscat : videlicet ut liberum arbitrium, in Adam merito inobedientiæ amissum, ita nobis per Dominum nostrum Jesum Christum redditum atque liberatum confiteatur, interim in spe, postmodum autem in re, sicut dicit Apostolus : *Spe enim salvi facti sumus* (Rom. VIII, 24), ut tamen semper ad omne opus bonum Dei omnipotentis gratia indigeamus, sive cogitandum, sive inchoandum, operandum ac perseveranter consummandum, et sine ipsa nihil boni nos posse ullatenus aut cogitare, aut velle, aut operari sciamus. Secundo, ut Dei omnipotentis altissimo secretoque consilio credat atque fateatur quosdam Dei gratuita misericordia ante omnia sæcula prædestinatos ad vitam, quosdam imperscrutabili justitia prædestinatos ad poenam, ut id videlicet, sive in salvandis, sive in damnandis prædestinaverit, quod se præscierat esse judicando facturum, dicente propheta : *Qui fecit quæ futura sunt.* Tertio, ut credat et confiteatur cum omnibus catholicis, sanguinem Domini nostri Jesu Christi pro omnibus hominibus ex toto mundo in eum credentibus fusum ; non autem pro illis qui nunquam in eum crediderunt, nec hodieque credunt, nunquam nec credituri sunt, dicente ipso Domino : *Venit enim filius hominis non ministrari, sed ministrare, et dare animam suam in redemptionem pro multis* (Matth. XXI, 28). Quarto ut credat atque confiteatur, Deum omnipotentem omnes quoscunque vult salvare, et neminem posse salvari ullatenus, nisi quem ipse salvaverit ; omnes autem salvari quoscunque ipse salvare voluerit : ac per hoc quicunque non salvantur, penitus non esse voluntatis illius ut salventur, dicente Propheta : *Omnia quæcunque voluit Dominus fecit, in cœlo et in terra, in mari et in omnibus abyssis* (Psal. CXXXIV, 6). Et licet quædam sint alia, quibus in Pelagio damnatis universaliter Ecclesia consenserit, sategerit atque subscripserit, hæc tamen specialius adversus eum ejusque complices, per apostolicam sedem, instantia beatissimi Aurelii Carthaginensis episcopi, atque Augustini, cum aliis trecentis quatuordecim episcopis, ab ejus pravissimis sensibus eruta, vindicata, et multis tam epistolis quam libris toto orbe vulgatis, omnis hodieque gaudet, confitetur, prædicat, et tenet, atque tenebit Ecclesia. His per omnia consentaneam, prædicabilem paternitatem fraternitatemque vestram gratia superna invictam atque prævalidam, et suo munere gaudentem perpetim conservare, dignetur.

Cæterum multiplices ac tortuosas et venenatas sententias Gothescalci, cujus debita cum exsecra-

tione in sequenti opere sæpius facimus mentionem, sed et complicium ejus agones pestiferos hic præponere non necessarium duximus, quia licet pestilens eorum doctrina ex aliquantis se in diversa scindat itinera, de prædestinatione tamen reproborum ad interitum, et quod Deus non omnes homines vult salvos fieri, sed eos tantummodo qui salvantur, et quia non pro omnibus passus sit, unde opusculum subsequens catholicorum doctrinam sufficienter ostendit, conspirare noscuntur, et contra eos jam singillatim in aliis libellis ante hos actis, prout Dominus dedit, laborem impendimus, sicut ei cui libuerit vel licuerit patere valebit.

HINCMARI

ARCHIEPISCOPI RHEMENSIS

DE PRÆDESTINATIONE DEI ET LIBERO ARBITRIO

POSTERIOR DISSERTATIO

Adversus GOTHESCALCUM *et cæteros Prædestinatianos.*

---

1 EPISTOLA AD REGEM.

Domino CAROLO regi glorioso HINCMARUS, nomine non merito Rhemorum episcopus, ac plebis Dei famulus, una cum collegis dominis et fratribus meis venerandis episcopis, oratoribus scilicet salutis atque prosperitatis vestræ devotis.

Nuper elapso mense Junio, per Indictionem septimam, anno Incarnationis Dominicæ 859, dedistis nobis quædam capitula, sicut nostræ dixistis humilitati, a Remigio reverentissimo Lugdunensium archiepiscopo vestræ porrecta sublimitati, jubentes ut tempore congruo de his vobis redderemus responsum, si unanimes uno ore eorumdem capitulorum sensui concordaremus : an quia vobis a cana Patrum fide in quibusdam dissentire videbantur, noster sensus, quem a catholico tramite non deviare credebatis, ab eis in aliquo dissideret, sequentes et præcepti Dominici jussionem, et Christianam prædecessorum vestrorum consuetudinem. Est enim et divinis legibus cautum, et prisco anteriorum principum more suetum, ut quotiescunque in catholica fide vel divina religione quiddam novi emerserit, a principali sententia episcoporum consultui referatur, et quod eorum judicio, Scripturarum sanctarum auctoritate, et orthodoxorum 2 magistrorum doctrina, atque secundum auctoritatem canonicam, et decreta pontificum Romanorum, Christi Dei nostri vicarii et sanctæ Ecclesiæ præsules credendum, sequendum, et tenendum, atque prædicandum decreverint, id ab omnibus corde credatur ad justitiam, ore confiteatur ad salutem, sequatur ad vocationem, teneatur ad coronam, prædicetur ad lucrum. Quæ siquidem capitula in conventu episcoporum habito in territorio Tul-

lensi, in villa quæ dicitur Saponarias, ante biduum quam vobis porrecta fuerint, sunt recitata, proferente et deponente ea synodo domno Remigio Lugdunensium archiepiscopo : quæ sicut dixit, et in epigrammate eorumdem capitulorum continetur, in hoc ipso anno, in Kalendis nihilominus ibidem descriptis, et in suburbio Lingonicæ urbis, ad instructionem Dominici populi ipse et sibi comprovinciales Episcopi ediderunt. Et in crastina alia quædam capitula, de quibus post locuturi sumus, relecta fuere : super quibus, sicut quibusdam ex fratribus visum est, quorumdam sensus est motus. Nam ut vere, et nos fateamur, nostræ conscientiæ super pridem capitulis, quæ ut diximus Remigius archiepiscopus synodo præsentaverat, recitatis, catholicorum ad memoriam reducentes doctorum traditiones, non modice se concusserunt. Unde nostrorum quidam fidei Christianæ zelo succensi aliqua synodo voluere suggerere : sed motus nostri ab eodem venerabili archiepiscopo Remigio Lugdunensium sunt modeste compositi : eo venerabiliter perorante, ut si quorumcunque nostrorum sensus ab eisdem prolatis capitulis in aliquo dissentiendo se commoveret, ad proxime futuram synodum catholicorum libros doctorum quique deferre curemus, et sicut melius secundum catholicam et apostolicam doctrinam in commune invenerimus, de cætero omnes unanimiter teneamus. In cujus devotione, coepiscoporumque ipsius diœceseos, quorum etiam et ante ordinationem mentem catholicam atque doctrinam, sicut et vos non latet, cognovimus, quantum sensui pusillitatis nostræ fidem accommodare audemus, percepimus quia non ex ipsis, ut non dicamus per ipsos, synodo capitula ipsa fuere prolata. Quapropter quamvis blando sibilo eos quidam charaxare voluerunt de eo quod sanctus Cœlestinus episcopos Gallicanos redarguit, dicens (*epist.* 8): « Quid illic, inquit, spei est, ubi magistris tacentibus hi loquuntur, qui si ita est eorum discipuli non fuerunt? Timeo ne cohibere sit hoc tacere : timeo ne magis ipsi loquantur, qui permittunt illis taliter loqui. In talibus causis non caret suspicione taciturn'tas, quia occurreret veritas si falsitas displiceret. Merito namque causa nos respicit, si silentio faveamus errori. » Nos tamen plures, qui eorum et fidem, et doctrinam, et prudentiam novimus, minus in eis ista noscentibus sententiam pro dissensione baptismi de beato Cypriano, a sancto Augustino collaudatam sæpenumero, in libro secundo de baptismo (*contr. Donat. c.* 4) positam **3** proposuimus. « Quomodo enim, inquit, potuit ista res tantis altercationum nebulis involuta ad plenarii concilii luculentam illustrationem confirmationemque perduci, nisi primo diutius per orbis terrarum regiones multis hinc atque hinc disputationibus et collationibus episcoporum pertractata constaret? Hoc autem facit sanitas pacis, ut cum diutius aliqua obscuriora quæruntur, et propter inveniendi difficultatem diversas pariunt in fraterna disceptatione sententias, donec ad verum liquidum perveniatur, vinculum permaneat unitatis, ne in parte præcisa remaneat insanabile vulnus erroris. Et ideo plerumque doctioribus minus aliquid revelatur, ut eorum patiens et humilis charitas, in qua fructus major est, comprobetur, vel quomodo teneant unitatem cum in rebus obscurioribus diversa sentiunt, vel quomodo accipiant veritatem cum contra id quod sentiebant declaratum esse cognoscunt. »

Sciebant namque iidem venerabiles catholici et docti viri, quia in multis regionibus ac provinciis hæc pestifera erat recommota doctrina. Et ideo silentium in suis provinciis imponere tam facile sicut forte poterant noluerunt errori, donec ad plurimorum notitiam perventa plurimorum judicio quæstio sopiretur : quia ut dicit sanctus Cœlestinus in epistola ad Nestorium directa (*epist.* 5 *in fin.*), « Omnes debent nosse quod agitur, quoties omnium causa tractatur, » videlicet ut cum omnium in unius propositione fuerit diffinita consultatio, cunctorum valeat ad omnes emanare solutio. Hæc eadem namque capitula, sicut facile reminisci potestis, ante triennium nobis in villa Rothomagensis episcopii, quæ Nielfa dicitur, quando in excubiis contra Nortmannorum infestationem degebamus, sub titulo quasi in Valentina synodo conscripta fuerint, anno Incarnationis Dominicæ 855, sub Lothario imperatore dedistis, ut ad illa quæ nobis viderentur catholice ex orthodoxorum magisterio responderemus : cum aliis quorumcunque scriptis quæ hinc ad vestram notitiam pervenere : quorum quædam scripta recepimus, sed ea publicare noluimus, *solliciti servare unitatem spiritus in vinculo pacis* (*Eph.* iv, 3) : donec cum eis qui vobis illa transmiserant familiari

colloqueremur sermone, et eos si aliquo modo valeremus ab hac prava intentione ad catholicæ fidei unitatem cooperante Domino revocaremus. Sed quia partim occupationibus præpediti, partim autem in fraternis suasionibus minus quam necesse fuerat obauditi, eos quos monere disposuimus a sua intentione revocare nequivimus : inde quia, sicut dicit Apostolus, *Quorumdam hominum peccata manifesta sunt, præcedentia ad judicium ; quosdam autem et subsequuntur. Similiter et facta bona manifesta sunt, et quæ aliter se habent, abscondi non possunt* (*I Tim.* v, 24, 25), adeo quorumdam excrevit dissensio, ut hæc dissonantia ad vestram perveniret notitiam, et synodali decreto, pro zelo fidei et unanimitatis amore, antequam hæc nobis perscrutanda committeretis, quatuor capitula episcopali **4** diffinitione vobis de catholicorum Patrum dictis colligi, et singulorum exigeretis manibus roborari. Postea vero et quorumdam ex his qui eisdem capitulis subscripserant, et aliorum etiam intantum est accumulata vecordia, ut necesse foret et jussionis vestræ instantia, et exsecutionis nostræ obedientia, hinc eorum quos præmisimus scriptis et propositionibus litterali officio respondere. Inter quæ et his capitulis, quæ nobis nuper dedistis, pro nostri ingenioli capacitate, sub dubietate tamen respondimus : quia non credidimus ut fratres et coepiscopi nostri contra regulas ecclesiasticas adversum nos talia debuissent conscribere : præsertim cum non ignorarent Dominicis institutionibus et legibus sancto Spiritu promulgatis præfixum esse, qualiter si in sæpefatis capitis fidei obloqueremur, nos compellare, et tunc synodali judicio nos nostrasque sententias a sua debuissent communione explodere. Nunc vero, quia certi sumus, cujus compositioni debemus de sæpenominatis quæstionibus respondere, servatis relationum absolutionibus contra eos quibus a vestra dominatione pro imposito nobis ministerio jussi sumus reddere rationem, contra hæc tantum capitula, quantum ex nobis est cum omnibus pacem habentes, ex sanctarum Scripturarum auctoritate, et catholicorum Patrum sententiis, simpliciter respondere curabimus ; ut cui forte omnia illa legere non licuerit, vel non libuerit, hic compendiosas pro tempore capitulorum responsiones inveniat : quas furatis horulis a diversis occupationum distensionibus, qui cogitationum ferias non habemus, sicut de sententiis sanctorum Patrum accepimus, ne torpore vel inobedientia a vestra denotaremur Christiana devotione, committere schedulis tumultuario sermone studuimus : quoniam in præfatis relationibus provocati multiplicibus multiplicium illationibus, multipliciter multiplicibusque collationibus, non sine sicut scimus et confitemur lectoris tædio, sensu sed tamen catholico, in tribus libris lacinioso sermone respondere sategimus. Sed in hoc maxime benigno lectori nos satisfacere autumamus, quia singulorum singulas semper ponentes sententias, singulariter ad objecta et resistentia fidei respondere studuimus.

Et vel in hoc solo devotum quemque lectorem nobis conciliari confidimus, quia cum ex sua mente nostrum laborem perpenderit, nos apud se excusatos habebit. Quis vero sit istorum capitulorum compositor, cui quasi a novo cogimur respondere, ipse se prodet cum necessario urgebitur ad lucem veritatis venire : quia operator tenebrosorum operum, inter quæ ab apostolo et hæreses describuntur, odit lucem et non venit ad lucem, ut non arguantur opera ejus : omnis vero qui bona agit, inter quæ bona ab Apostolo et fides connumeratur, venit ad lucem, ut manifestentur opera ejus, quia in Deo sunt facta. Sed et ille quicunque est, si ad lucem venerit, et veritati ex corde consenserit, esse filius lucis poterit. **5** Si autem et pertinaciter contradixerit veritati, ipse infidelitate sua et contentionis suæ vecordia, hæretici sibi nomen imponet : quia non statim est hæreticum quod ignoranter a fide sentitur diversum si non fiat pertinaci contentione hæreticum.

CAPUT PRIMUM.

Quando, et ubi, et unde hæc Prædestinatiana hæresis primum exorta fuerit, et per quos ac qualiter revicta atque compressa exstiterit.

Nunc jam dicendum censuimus quando, et ubi, et qua occasione hæc hæresis orta primum exstiterit. Ante quadringentos circiter triginta et eo amplius annos hæc hæresis est exorta tempore Theodosii et Valentiniani imperatorum, sub præsulatu sancti Cælestini, per idem tempus quando et Nestoriana hæresis apud Græcos in Constantinopoli civitate auctore Nestorio ebullivit, sancti Augustini temporalis vitæ termino imminente, sicut Prosper in Chronica sua demonstrat, dicens : « Theodosio XI et Valentiniano consulibus : et ad locum, Nestorius Constantinopolitanus episcopus novum Ecclesiis molitur errorem inducere. Et item : Theodosio XIII, et Valentiniano III, Augustinus episcopus per omnia excellentissimus moritur v Kal. Septembris, libris Juliani inter impetus obsidentium Wandalorum in ipso dierum suorum fine respondens, et gloriose in defensione gratiæ Christianæ perseverans. » Et Beda in Chronica sua : « Theodosius, inquit, minor, Arcadii filius, annos viginti sex regnavit. Valentinianus junior, Constantii filius, Ravennæ imperator creatur. » Et post paululum : « Sed beatus Augustinus Hipponensis episcopus, et omnium doctor eximius Ecclesiarum, ne civitatis suæ ruinam videret, tertio obsidionis ejus mense migravit ad Dominum v Kal. Septembris, cum vixisset annos septuaginta sex, in clericatu autem annos ferme quadraginta complesset. » Qui beatus Augustinus in ipso dierum suorum fine librum de Hæresibus, inter responsiones prædictorum librorum Juliani, quorum Prosper fecerat mentionem, ad Quodvultdeum diaconum scripsit, sicut ipse in epistola ad prædictum diaconum ita commemorat : « Cum mihi, inquiens, hæc scribendi offerretur occasio per Fusalensem presbyterum, quem commendo charitati tuæ, relegi episto-

lam tuam, in qua petis ut de hæresibus, quæ oriri potuerunt ex quo Domini in carne nuntiari cœpit adventus, aliquid scriberem. Hoc autem feci, ut viderem utrum jam deberem ipsum opus aggredi, et inde tibi aliquid mittere, ubi considerares tanto esse difficilius quanto vis esse brevius. Sed ne hoc quidem potui, talibus curis supervenientibus impeditus, a quibus omnino dissimulare non possem. Nam me et ab eo quod habebam in manibus averterunt : hoc autem est, ubi respondeo libris Juliani, quos octo edidit post illos quatuor quibus ante respondi. Hos enim cum Romæ accepisset frater Alypius, nondum omnes descripserat, cum oblatam occasionem noluit præterire, per quam mihi quinque transmisit, promittens alios tres cito se esse missurum, et multum instans ne responde redifferrem. Cujus instantia coactus sum remissius semper agere quod agebam, ut opera utrique non deessem, uni diebus alteri noctibus, quantum mihi ab aliis occupationibus hinc atque hinc venire non desistentibus parceretur. Agebam vero rem plurimum necessariam nam retractabam opuscula mea, et si quid in eis me offenderet, vel alios offendere posset, partim reprehendendo, partim defendendo, quod legi posset et deberet operabat. Et duo volumina jam absolveram, retractatis omnibus libris meis, quorum numerum nesciebam, eosque ducentos triginta et duos esse cognovi. Restabant epistolæ, et tractatus populares quos Græci Homilias vocant. » Isti autem libri Juliani, sicut manifestum est, non sunt illi, quos in libris Retractationum commemorat.

Sed et de hæresibus octoginta et octo isdem doctor mirificus Augustinus conscripsit, quibus novissimam hæresim Pelagianam subjunxit. Inde Gennadius Massiliensis sacerdos valde doctus, qui et de viris illustribus scripsit, ab eo loco incipiens ubi sanctus Hieronymus memoriæ scriptorum illustrium finem imposuit, et ad sua usque tempora scriptores famosos cum debita laude commemoravit, hanc Prædestinatianam nonagesimam hæresim sectæ Pelagianæ supposuit, dicens : « Sunt, inquit, qui dicunt quod Deus non omnes homines ad hoc creet, ut omnes salventur, sed ut multitudine hominum ornetur mundus, » et reliqua quæ prosequitur, quæ in processu monstrabimus. Deinde nonagesimam primam Nestorianam ponit, sicque Eutychianam, et post hanc Timotheanam. Sed et Hyginus, catalogum describens hæreseon, octogesimam et nonam hæresim Nestorianam ponit, et nonagesimam istam Prædestinatianam, cum libello ab eisdem Prædestinatianis composito, ita dicens : « Nonagesima hæresis, inquit, quam in præfatione nostra diximus de nomine Augustini episcopi esse mentitam, Prædestinatianorum nomen accepit. » Beatus etiam Augustinus in præfatione Retractationum de opusculis suis dicit : « Illud enim quod scriptum est, *ex multiloquio non effugies peccatum (Prov. x, 19)*, terret me plurimum ; non quia multa scripsi, vel quia multa etiam quæ dictata non sunt, tamen a me dicta conscripta sunt·

absit enim ut multiloquio deputetur, quando neces-saria dicuntur, quantalibet sermonum multitudine dicantur. Sed istam sententiam Scripturæ sanctæ propterea timeo, quia de tam multis disputationibus meis sine dubio multa colligi possunt, quæ si non falsa, at certe videantur, sive etiam convincantur **7** non necessaria. » Et paulo superius : « Neque enim quisquam, nisi impudens , ideo quia mea errata re-prehendo me reprehendere audebit. Sed si dicit non ea debuisse a me dici quæ postea mihi etiam displicerent , verum dicit et mecum facit. Eorum quippe reprehensor est , quorum et ego sum. Neque enim ea reprehendere deberem , si dicere debuis-sem. »

Nam et in Africanis et in Gallicis regionibus hæc primum hæresis cœpit exordium adhuc in vita beati Augustini. Unde et ipse ad Valentinum et cum illo monachos librum scripsit de Correptione et Gratia, sicut Prosper in epistola sua ad eumdem Augustinum directa demonstrat, dicens : « Multi, inquit, servo-rum Christi, qui in Massiliensi urbe consistunt, in sanctitatis tuæ scriptis, quæ adversus Pelagianos hæreticos condidisti , contrarium putant Patrum opinioni, et ecclesiasticæ sensui, quidquid in eis de vocatione electorum secundum Dei propositum dis-putasti. Et cum aliquandiu tarditatem suam culpare maluerint, quam non intellecta reprehendere, qui-damque eorum lucidiorem super hoc atque apertio-rem beatitudinis tuæ expositionem voluerint postu-lare, evenit ex dispositione misericordiæ Dei , ut cum quidam intra Africam similia movissent, librûm de Correptione et Gratia plenum divinæ auctoritatis emitteres : quo in notitiam nostram insperata opportunitate delato, putavimus omnes querelas re-sistentium sopiendas, quia universis quæstionibus, de quibus consulenda erat sanctitas tua, tam plene illic absoluteque responsum est, quasi hoc specialiter studueris, ut quæ apud nos erant turbata compone-res. » Quem librum isdem beatus Augustinus in serie librorum Retractationum ultimum posuit. Qui in eorumdem præfatione dicit : « Quapropter quicunque ista lecturi sunt, non me imitentur errantem, sed in melius proficientem. Inveniet enim fortasse quomodo scribendo profecerim, quisquis opuscula mea ordine quo scripta sunt legerit. Quod ut possit, hoc opere quantum potero curabo ut eumdem ordinem noverit. » De quo libro et Prosper in præfata epistola præce-dentibus subnexuit, dicens : « Recensito autem hoc beatitudinis tuæ libro , sicut qui sanctam atque apo-stolicam doctrinæ tuæ auctoritatem antea sequeban-tur , intelligentiores multo instructioresque sunt facti, ita qui persuasionis suæ impediebantur ob-scuro, adversiores quam fuerant recesserunt. Quo-rum tam abrupta dissensio primum propter ipsos metuenda est, ne tam claris tamque egregiis in om-nium virtutum studio viris spiritus Pelagianæ impie-tatis illudat; ne simpliciores quique, apud quos ho-rum magna est de probitatis contemplatione reve-rentia, hoc tutissimum sibi æstiment, quod audiant

eos quorum auctoritatem sine judicio sequuntur asserere. » Et circa finem ipsius epistolæ : « Neces-sarium et utile est, inquit, etiam quæ scripta sunt scribere, ne leve existimetur quod non frequenter **8** arguitur. » Hinc et Hilarius Arelatensis episco-pus ad eumdem sanctum Augustinum misit episto-lam, in qua dicit : « Hæc sunt itaque quæ Massiliæ vel etiam aliquibus locis in Gallia ventilantur, » et reliqua. Et item circa finem suæ epistolæ dicit : « Libros, cum editi fuerint, quos de universo opere moliris, quæso habere mereamur : maxime ut per eorum auctoritatem, si qua in tuis displicent, a dignitate tui nominis jam non trepidi sequestre-mur. »

Unde et sanctus Augustinus duos libros, alterum de Prædestinatione sanctorum, alterum de Bono perseverantiæ, ad præfatos episcopos, Prosperum sci-licet et Hilarium scripsit. In quibus libris, sicut sibi visum fuerat, nomen prædestinationis, quo antea in aliis suis libris indifferenter usus fuerat, proprie posuit, sicut et in libro de Correptione et Gratia diffinitive correxit. In quibus etiam et horum novo-rum hæreticorum facit crebrius mentionem, uti qui legit agnoscit, et nos breviter lectoris præsentamus obtutibus. Ait enim in libro de Bono perseverantiæ (*cap.* 19) : « Porro si hæc ita Deum noverant dare, ut non ignorarent eum daturum se esse præscisse, et quibus daturus esset non potuisse nescire; pro-cul dubio noverant prædestinationem, quam per apostolos prædicatam contra novos hæreticos opero-sius diligentiusque defendimus. » Et item (*cap.* 20) : « Quid autem coegit loca Scripturarum, in quibus prædestinatio commendata est, copiosius et enuclea-tius isto nostro labore defendi, nisi quod Pelagiani dicunt gratiam Dei secundum merita nostra dari ? » et reliqua. Et iterum (*cap.* 23) : « De hac enim re, quam nunc adversus novos hæreticos non comme-morare tantum, sed plane tueri et defensare com-pellimur ; et item : Quæ nunc contra novos hæreticos cura diligentiore defenditur; et item : Ac per hoc prædestinationis hujus fidem, quæ contra novos hæreticos nova sollicitudine nunc defenditur, nun-quam Ecclesia Christi non habuit. » Sunt et qui dicant, quia nomen prædestinationis non aliter, nisi sicut in aliis suis libris posuerat, beatus Augustinus retractare voluerit. Unde sciant quia post omnes libros suos, quos in libris Retractationum comme-morat, istos duos libros conscripsit, quos loco retractationis composuit. In quibus nihilominus de eisdem Retractationum libris memoriam facit, sicut facile lector agnoscit. Ait enim in libro de Prædesti-natione sanctorum (*cap.* 4) : « De hoc primo duorum illorum libro in secundo Retractationum primum locutus sum. » Et item in libro de Bono perseve-rantiæ (*cap.* 11) : « Denique in primo Retractationum libro, quod opus meum nondum legistis, cum ad eosdem libros retractandos venissem, » et reliqua. Et in libro Hypomnesticon ab æmulis se calumnia-tum fuisse demonstrat, dicens (*lib.* VI) : « Credere nos quippe vel prædicare suggillatis, quia cum lege A Dei et prophetis, cum Evangelio Christi ejusque apostolis, prædestinationem dicimus, eo quod Deus quosdam hominum sic prædestinet ad vitam regni cœlorum, ut si **9** nolint orare et jejunare, aut in omni opere divino vigiles esse, eos omnino perire non posse. » Et paulo post : « Non miramur vos de nobis, id est homines de hominibus, falsa posse confingere, cum videamus vos sic a diabolo esse fascinatos, ut Scripturas sanctas et veridicas ad voluntatis vestræ intellectum mutare nitamini, » et reliqua quæ diserte prosequitur.

De quo videlicet Hypomnesticon libro, quidam contendunt quod eum sanctus Augustinus non composuerit, quoniam illorum erroribus manifestissime contradicit : dicentes quia sanctus episcopus, qui B omnium librorum illius nomina in indice conscripta Vitæ ipsius subjunxerit, illum non adnotaverit. Unde sciendum est, quia plures illius libros habemus, qui in eodem indiculo non habentur : sicut est de Disciplina Christiana, excepto etiam illo qui titulatur de Doctrina Christiana. Sed et de Prædestinatione gratiæ, et de Hæresibus ad Quodvultdeum diaconum, et de unitate Trinitatis, et librum de Pœnitentia, quem commemorat in epistola ad Consentium monachum (*epist.* 146, sub fin.), et librum qui titulatur de Verbis Domini, et alios quos commemorare superfluum ducimus : cum idem ipse sanctus Augustinus in fine Retractationum dicat : « Hæc opera nongenta et tria in libris ducentis C triginta duobus me dictasse recolui, quando hæc retractavi, utrum aliquos adhuc essem dictaturus ignorans. Atque ipsam eorum retractationem in libris duobus edidi, urgentibus fratribus, antequam epistolas atque sermones ad populum, alios dictatos, alios a me dictos, retractare cœpissem. » Et isdem sanctus episcopus, qui indicem librorum illius sive epistolarum conscripsit, in fine ipsius indiculi subjungat dicens : « Fiunt, inquit, simul quos memoratus sanctus Augustinus Spiritu divino actus in sancta Ecclesia catholica ad instructionem animarum fecit libros, tractatus, epistolas, mille et triginta, excepto qui numerari non possunt, quia nec numerum designavit ipsorum. » Ipse sanctus episcopus, qui illa descripsit, numerari non posse tractatus et epistolas illius dixit, et quidam omnium librorum sive epistolarum ejus numerum diligentissime in fine ipsius Scripturæ eumdem sanctum D episcopum subjunxisse testantur : cum possint et ipsi videre in eodem indiculo si conscripti sunt libri isti de Prædestinatione sanctorum, ac Bono perseverantiæ, quos sancti Augustini esse nemo denegare aut volet aut valet. De quibus etiam contendere quosdam audivimus, qui eosdem beati Augustini libros intelligenter non legerant, quod de illis scriptum sit in indiculo. Responsio objectis Hilarii liber I, cum sine aliqua contentione falsum esse valeat demonstrari ab his qui eosdem libros noscuntur habere, quia et ille Hilarius, cui

est in uno libro responsum, monachus fuit Syracusanus, iste autem Hilarius exstitit Arelatensis episcopus, qui simul cum Prospero istos quos nunc memoramus libros rescripsit. Si quis tamen eosdem libros non habet, videat in collectione venerabilis **10** Bedæ presbyteri de opusculis sancti Augustini super apostolum, et ibi discere poterit quod antea ignoravit. Sancti nihilominus episcopi Africæ provinciæ ita eorumdem librorum in synodica sua epistola faciunt mentionem dicentes : « Dei gratia plurimum amplectendis sanctis fratribus, Joanni presbytero et archimandritæ, et Venerio diacono, et fidelibus viris quorum in vestra epistola subscriptio continetur, Datianus, Fortunatus, Boethus, Victor, Scholasticus, Orontius, Vindicianus, Victor, Januarius, Victorianus, Pontius, Quodvultdeus, famuli Christi in Domino salutem. » Et in eadem ad locum : « Libros sancti Augustini, quos ad Prosperum et Hilarium scripsit, memoratis fratribus legendos ingerite : quorum mentionem beatæ memoriæ Hormisda, sedis apostolicæ gloriosus antistes in epistola, quam consulenti se sancto fratri consacerdotique nostro Possessori scripsit, cum magno præconio catholicæ laudis inseruit; cujus hæc verba sunt (*epist.* LXVIII) : De arbitrio tamen libero et gratia Dei quid Romana, hoc est catholica sequatur et servet Ecclesia, licet in variis libris beati Augustini, et maxime ad Hilarium et Prosperum abunde possit agnosci, tamen et in scriniis ecclesiasticis expressa capitula continentur. » Et in eadem epistola præfati sancti episcopi ipsa beati Augustini verba de supradicto Hypomnesticon libro ex responsione tertiæ quæstionis ad revincendos ponunt hæreticos. Et ipse beatus Augustinus in libro ad Dulcitium de octo quæstionibus, quas ei scripto solvit revertens a Carthagine, commemorans libros suos in quibus de eisdem quæstionibus scripserat, ita ad finem ipsius operis de eodem Hypomnesticon libro commemorat dicens : « Addere etiam hoc quam maxime huic operi oportet, ut vestra calumnia, quam nobis objicere soletis, per illuminationem gratiæ Salvatoris revincatur, imo confutetur, et nostræ fidei integritas comprobetur. Credere nos quippe vel prædicare suggillatis, quia cum lege Dei et prophetis, cum Evangelio Christi ejusque apostolis prædestinationem dicimus, » et reliqua quæ ibi lector ex integro cum sextæ quæstionis solutione de Hypomnesticon libro inveniet. Similiter et de libro qui sub nomine sancti Hieronymi intitulatur de Induratione cordis Pharaonis, quia eorum sensui contradicit, magnopere satagunt non esse ipsius. Sed nihil eis proficit si cum rejiciunt, quoniam isdem sanctus Hieronymus, et cæteri Doctores catholici, eodem sensu eos male sentire convincunt, quo et idem liber illorum exurit zizania

De reprehensione nihilominus sua, unde præmisimus, contra obtrectatores suos isdem in fine libri de Bono perseverantiæ dicit : « Qui vero me errare existimant, etiam atque etiam diligenter quæ sunt dicta considerent, ne fortassis ipsi errent. » Beatus siquidem Coelestinus hoc in epistola decretali ad Venerium et caeteros Gallicanos episcopos etiam post obitum illius demonstrat (epist. 8.) dicens : « Vitentur hujusmodi qui laborant 11 per terras aliud quam ille noster jussit agricola seminare. Nec tamen mirari possumus, si haec erga viventes hi nunc tentare audent, qui nituntur etiam quiescentium fratrum memoriam dissipare. Augustinum sanctae recordationis virum pro vita sua atque meritis in nostra communione semper habuimus, nec unquam hunc sinistrae suspicionis saltem rumor aspersit : quem tantae scientiae olim fuisse meminimus, ut inter magistros optimos etiam a meis semper decessoribus haberetur. Bene ergo de eo omnes in commune senserunt, utpote qui ubique cunctis et amori fuerit et honori. Unde resistatur talibus quos male crescere videmus. Nefas est haec pati religiosas animas, quarum afflictatione, quia membra nostra sunt, nos quoque convenit macerari : quamvis maneat hos beatitudo promissa, quicunque probantur persecutionem propter justitiam sustinere : quibus quid promittat Dominus in futurum sequens sermo declarat. Non est agentium causa solorum, quando universalis Ecclesia quacunque novitate pulsatur. Intelligamus haec ipsa vobis quae nobis non placent displicere : quod ita demum probare poterimus, si imposito improbis silentio de tali re in posterum querela cessabit. » Sanctus quoque Prosper hinc in epistola ad Rufinum ita dicit : « Has, inquiens, versutias, quibus se filii tenebrarum in similitudinem filiorum lucis transfigurare voluerunt, cum et Orientalium episcoporum judicia, et apostolicae sedis auctoritas, et Africanorum conciliorum vigilantia deprehenderit, beatissimus quoque Augustinus, praecipua utique in hoc tempore portio Domini sacerdotum, copiose et pulchre in multis voluminum disputationibus destruxit : utpote inter multa Dei dona, quibus illum abundantissime spiritus veritatis implevit, habens etiam hanc scientiae et sapientiae ex Dei charitate virtutem; ut non solum istam adhuc in suis detruncationibus palpitantem, sed etiam multas prius haereses invicto verbi gladio debellaret. Cui inter tot certaminum palmas, inter tot triumphorum coronas, ad illuminationem Ecclesiae, et ad gloriam Christi qua ipse illustratus est perfulgenti, quidam nostrorum, quod de ipsis multum dolendum est, occultis sed non incognitis susurrationibus obloquuntur : et prout sibi obnoxias aliquorum aures opportunasque repererint, scripta ejus quibus error Pelagianorum impugnatur infamant, dicentes eum liberum arbitrium penitus submovere, et sub gratiae nomine necessitatem praedicare fatalem; adjicientes etiam duas illum humani generis massas et duas credi velle naturas, ut scilicet tantae pietatis viro Paganorum et Manichaeorum ascribatur impietas. Quae si vera sunt, cur ipsi tam negligentes ne dicam impii sunt, ut tam abruptam perniciem ab Ecclesia non repellant, tam insanis praedicationibus non resistant, nec saltem

aliquibus scriptis eum a quo talis emanat doctrina conveniant? Magna enim gloria sua humano generi consuluerint, si Augustinum ab errore revocaverint. Nisi forte 12 modesti homines, novique censores, magnorum prius meritorum seni honorabiliter ac misericorditer parcunt, et securi quia libros ejus nemo usquam recipiat conquiescunt. Atqui noverint, imo noverunt, non solum Romanam, Africanamque Ecclesiam, ei per omnes mundi partes universos promissionis filios, cum doctrina hujus viri sicut in tota fide ita in gratiae confessione congruere : sed etiam in his ipsis locis, in quibus adversus eum querimonia concitatur, esse propitio Deo plurimos, qui ad perceptionem evangelicae apostolicaeque doctrinae saluberrimis ejus disputationibus imbuuntur, et quotidie in membris corporis Christi in quantum ea ipse multiplicat dilatantur. »

Et item idem Prosper in libro quem edidit contra Cassiani quondam abbatis librum, qui praenotatur de Protectione Dei, de reprehensoribus librorum sancti Augustini, scilicet de Correptione et Gratia, de Praedestinatione sanctorum, ac Bono perseverantiae, quos circa finem ediderat, ita post laudem beati Augustini a Coelestino prolatam dicit : « Contra istam clarissimae laudationis tubam, contra istam sacratissimi testimonii dignitatem, audet quisquam malignae interpretationis murmur emittere, et perspicuae sincerissimaeque sententiae nubem obliquae ambiguitatis obtendere? ut scilicet, quia in epistola papae librorum, pro quibus actum est, non expressus est titulus, hinc eos appareat non probatos, et istam in sanctum Augustinum laudationem pro anteriorum scriptorum meritis fuisse collatam. » Et post aliquanta : « Apostolica enim sedes quod a praecognitis sibi non discrepat cum praecognitis probat, et quod judicio jungit laude non dividit. Qui ergo hos proxime editos libros refutant, anterioribus acquiescant, et iis quae pro gratia Christiana prius sunt scripta consentiant. Sed non faciunt. Sciunt enim omnia Pelagianis esse contraria, et nihil sibi posse competere ad consequentium resolutionem, si confiteantur in praecedentibus consistere veritatem. Igitur hujusmodi hominum pravitati non tam disputationum studio, quam auctoritatum privilegio resistendum est : ut de prostrati dudum dogmatis corpore nullum membrum sinatur assurgere : quia notum est ita se falsitatis istius habere versutias, ut si ei liceat, praetexta correctionis imagine, aliquod sibi faventium radicis suae germen excipere, totam se possit in exigua sui parte reparare. Ubi enim non aliud habet summa quam portio, non est devotionis dedisse prope totum, sed fraudis restituisse vel minimum. Quod ne hypocritarum obtineatur insidiis, confidimus Domini protectione praestandum, ut quod operatus est in Innocentio, Zosimo, Bonifacio, Coelestino, operetur et in Xysto, et in custodia Dominici gregis haec sit pars gloriae huic reservata pastori, ut sicut illi lupos abegere manifestos, ita hic depellat occultos: illo auribus suis doctissimi senis insonante sermone, quo collaborantem secum hortatus est dicens : Sunt enim quidam qui justissime **13** damnatas impietates adhuc liberius defendendas putant, et sunt qui occultius penetrant domos, et quod in aperto clamare jam metuunt, in secreto seminare non quiescunt. Sunt autem qui omnino siluerunt magno timore compressi, sed adhuc corde retinentes quod ore jam proferre non audent. Qui tamen esse fratribus possunt ex priore ipsius dogmatis defensione notissimi. Proinde alii severius sunt coercendi, alii vigilantius vestigandi, alii tractandi quidem lenius, sed non segnius sunt docendi, ut si non timentur ne perdant, non tamen negligantur ne pereant. Sufficienter ut arbitror demonstratum est reprehensores sancti Augustini et vana objicere, et recta impugnare, et prava defendere, peremptorumque armis intestinum bellum moventes, dictis divinis atque humanis constitutionibus rebellare. Quorum tamen, dum adhuc non sunt a fraterna societate divisi, toleranda magis est intentio quam desperanda correctio : ut donec Dominus per Ecclesiæ principes, et legitimos judiciorum suorum ministros, hæc quæ per paucorum superbiam et quorumdam imperitiam sunt turbata, componat, nobis, Deo adjuvante, sit studium, quieta modestaque patientia odiis dilectionem reddere, et ineptorum vitare conflictus : veritatem non deserere, nec cum falsitate certare, semperque a Deo petere, ut in omnibus cogitationibus, in omnibus voluntatibus, in omnibus sermonibus aque actionibus nostris, ipse teneat primatum qui se dixit esse principium ; quoniam ex ipso, et per ipsum, et in ipso sunt omnia, ipsi gloria in sæcula. Amen. » Et item Prosper Camillo et Theodoro Januensium presbyteris scribens : « In libris, inquit, beatæ memoriæ Augustini episcopi, quorum titulus est de Prædestinatione sanctorum, quædam sanctitatem vestram vel insolita aut minus clara moverunt, quæ ad humilitatem meam de contextu disputationis excerpta misistis, ut quo intellectu quove judicio ea acciperem nosceretis, » et reliqua. Et item in libro qui titulatur de Ingratis contra Pelagianos, aliosque hæreticos, quorum ibidem nomina designantur :

> Contra Augustinum narratur serpere quidam
>   Scriptor, quem dudum livor adussit edax.
> Inter multa suis quæ tradidit hæresiarches,
> Quod cognoscis, ait, naturam, quæ bona facta est,
> Nullis cum vitiis in quoquam omnino creari,
> Nec cuiquam primi culpam nocuisse parentis,
> Et quoniam tales nascantur nunc quoque, qualis
> Ille fuit nostri generis pater ante reatum ;
> Posse hominem sine peccato decurrere vitam,
> Si velit, ut potuit nullo delinquere primus
> Libertate sua. Nempe hæc damnata fateris
> Conciliis, mundique manu. Connectit et illud

14
> Idem auctor, quod lex ita sanctos miserit olim
> Cœlorum in regnum, sicut nunc gratia mittit.
> Hoc quoque judicio sancto scis esse peremptum.
> Objectum est aliud ipsum dixisse magistrum,
> Quod meritis hominum tribuatur gratia Christi,
> Quantum quisque Dei donis se fecerit aptum.
> Sed nimis adversum hoc fidei nimiumque repugnans
> Esse videns, dixit se non ita credere, et illos
> Damnari dignos, quorum mens ista teneret.

Verum et in Præfatione objectionum atque respon-

sionum contra Gallos prave sentientes hoc idem demonstrat dicens : « Doctrinam, inquit, quam sanctæ memoriæ Augustinus episcopus contra Pelagianos, inimicos gratiæ Christi et liberi arbitrii decomptores, per multos annos apostolice asseruit, litterisque mandavit, quibusdam visum est aut non intelligendi, aut intelligi eam nolendo reprehendere, et hoc quasi compendium cognitionis his qui judicio eorum ducebantur afferre, ut quæ in libris prædicti viri damnabilia se reperisse jactabant, brevium capitulorum indiculis publicarent, talique commento et detestationem ejus quem impeterent obtinerent, et ab his quæ infamassent curam exterriti lectoris averterent. Ne ergo hanc persuasionem temere quis recipiat, et talem putet sensum scriptis catholici inesse doctoris, qualem eum qui frustra calumniantur ostentant, singulis capitulis, quæ damnationis titulo prænotarunt, brevi et absoluta professione respondeo : in nullo recedens a tramite earum diffinitionum, quæ in sancti viri disputationibus continentur : ut facile vel tenuis diligentiæ advertat inspector, quam injustis opprobriis catholici prædicatoris memoria carpatur, et in quod peccatum cadant qui aliena instigatione commoti scriptorem celeberrimi nominis promptius habeant culpare quam nosse. »

Hæc autem, quæ prolata sunt a sancto Cœlestino et beato Prospero in redargutione et compressione ex verbis beati Augustini hujus novæ hæreseos, acta sunt post obitum ipsius doctissimi et catholici viri, secundo anno postquam ipse obiit. Et congregata, sicut Prosper in Chronica sua demonstrat, apud Ephesum plus ducentorum synodo sacerdotum, Nestorius cum hæresi nominis sui, et cum multis Pelagianis, qui cognatum errori suo juvabant dogma, damnatur. Sed et sanctus Liberatus, archidiaconus Ecclesiæ Carthaginis regionis sextæ, in Breviario causæ Nestorianorum et Eutychianorum collecto ita ad locum dicit (*cap.* 4) : « Cyrillus vero per Posidonium diaconum suum retulit de Nestorio papæ Cœlestino, et quid Constantinopoli ageretur ei per epistolam suam allegavit. » Et post aliquanta (*cap.* 5) : « Imperator sacram et beato Augustino Hipponeregiensi episcopo per Ebagnium Magistrianum scripsit, ut ipsi concilio **15** præstaret sui præsentiam : qui Ebagnius veniens Carthaginem magnam, audivit a Capreolo ipsius urbis antistite beatum Augustinum ex hoc mundo migrasse ad Dominum, acceptisque ab eo ad imperatorem litteris loquentibus de obitu beati Augustini, Constantinopolim unde venerat rediit. Porro Capreolus archiepiscopus propter impetus Wandalorum, Africanas regiones obsidentium, universale concilium congregare non valens, Vessulam diaconum suum misit Ephesum ad concilium legatum. Cœlestinus vero papa Romanus scripsit Nestorio increpationis epistolam, » et sequentia. Sed et memorata epistola Capreoli, quæ a nobis et a multis habetur, hæc ita se habere testatur, sicut legentibus narratio ipsa confirmat. Contra quam hæresim venerandæ memoriæ Augustinus, sicut contra alias solitus erat, morte præventus speciali labore nequivit confligere. Forte etiam quia pro certo ad suam non pervenit notitiam : quam si evidenter agnovisset, credi potest de ipsius fervoris zelo erga fidei sinceritatem, quia non omitteret quin contra illam scribere procuraret : sicut et contra istam, quæ apud Gallos excitata per Prosperum et Hilarium sibi innotuit, et antea in Africanis regionibus commotam non ignoravit, cuique nomen quod postea accepit non indidit, quia in suo tempore compressa pleniter non obmutuit. Sed post obitum illius, auctoritate apostolicæ sedis, per beatum Cœlestinum, instantia sancti Prosperi, ex delegatione ipsius sanctæ universalis Ecclesiæ, verbis præfati venerabilis Augustini synodali censura est redarguta, convicta, atque sopita, veluti suprascriptus beatus Cœlestinus in memorata epistola demonstrat dicens (*epist.* 8) : « Dilectissimis fratribus Venerio, Marino, Leontio, Ausonio, Archadio, Filtanio, et cæteris Galliarum episcopis Cœlestinus. » Et ad locum : « Filii nostri præsentes Prosper et Hilarius, quorum circa Deum nostrum sollicitudo laudanda est, tantum nescio quibus presbyteris illic licere, qui dissensioni ecclesiarum studeant, sunt apud nos prosecuti, ut indisciplinatas quæstiones vocantes in medium, pertinaciter eos dicant prædicare adversantia veritati. Sed vestræ dilectioni hoc justius imputamus quando illi supra vos habent copiam disputandi. » Et item : « Habetote, fratres charissimi, pro catholicæ plebis pace tractatum : sciant se, si tamen censentur presbyterii dignitate, vobis esse subjectos; sciant omnes qui male docent, quod sibi discere magis competat quam docere. Nam quid in ecclesiis vos agitis, si illi summam teneant prædicandi ? »

Ad cujus jussionem prædicti Galliarum episcopi synodum habuerunt, et hujusmodi prave sentientes, aut resipiscentes pietate ecclesiastica regulariter receperunt, aut in sua vecordia et pravis sensibus persistentes episcopali atque catholica et apostolica auctoritate a consortio fidelium segregaverunt, sicut epistola amicalis **16** Fausti ad Lucidum presbyterum, et libellus ejusdem presbyteri Lucidi in synodo porrectus episcopis aperte demonstrat : quæ utraque, et epistolam scilicet et correctionis libellum, ad demonstrandam rei evidens documentum, quia non quærimus de mendacio astruere veritatem hic inserere necessarium duximus.

Epistola Fausti ad Lucidum presbyterum.

« Domino devinctissimo, et mihi speciali affectu venerando et suscipiendo fratri, Lucido presbytero Faustus. Grandis charitas est parum cauti fratris errorem per Dei gratiam et adjutorium magis velle curare, quam sicut summi antistites meditantur ab unitate suspendere. Quid possum de hoc sensu sicut vis cum unanimitate tua per litteras loqui, cum te præsens multa et blanda et humili collocutione nunquam potuerim ad viam veritatis attrahere ?

A Loquentes ergo de Dei gratia et obedientia hominis, id omni modo statuere debemus, ut neque proni in sinistram, neque importuni in dexteram, regia magis gradiamur via. Illud autem venerationem tuam dixisse miratus sum, quod nullus unquam sub religiosa professione contra catholicam fidem vel scripserit vel prædicaverit, cum plurimi multiplices et profanos errores suos etiam scriptorum monumentis crediderint inserendos, qui tamen Christiano nomine gloriabantur. Breviter ergo dicam, quantum cum absente loqui possum, quid sentire cum catholica Ecclesia debeas. Id est ut cum gratia Domini operationem baptizati famuli semper adjungas, ad eum qui prædestinationem excluso labore hominis asserit cum Pelagii dogmate detesteris. Anathema

B ergo illi, qui inter reliquas Pelagii impietates hominem sine peccato nasci, et per solum laborem posse salvari, damnanda præsumptione contenderit, et qui eum sine gratia Dei liberari posse crediderit. Item anathema illi, qui hominem cum fideli confessione solemniter baptizatum et asserentem catholicam fidem, et postmodum per diversa mundi hujus oblectamenta et tentamenta prolapsum, in Adam et originale peccatum periisse asseruerit. Item anathema illi, qui per Dei præscientiam hominem deprimi in mortem dixerit. Item anathema illi, qui dixerit illum qui periit non accepisse ut salvus esse posset. Item anathema illi, qui dixerit quod vas in contumeliam non possit assurgere, ut sit vas in honorem. Item anathema illi, qui dixerit quod Christus non

C pro omnibus mortuus sit, nec omnes homines salvos esse velit. Cum autem ad nos in Christi nomine veneris, aut cum a sanctis sacerdotibus evocatus fueris, tunc opportuna si Dominus jusserit locis suis testimonia prof.remus, quibus et quæ catholica sunt manifestentur, et quæ catholicis contraria destruantur. Nos autem per illuminationem Christi veraciter et confidenter asserimus, et eum qui periit per culpam, salvum esse potuisse per gratiam, si gratiæ ipsi famuli laboris obedientiam non negasset, et eum qui per gratiam ad bonæ consummationis metas servitio obsequente pervenit, cadere per desidiam et perire potuisse per culpam. Nos ergo per medium, Christo duce, gradientes, post gratiam sine qua nihil sumus

D laborem officiosæ servitutis asserimus : sed omni modo arrogantiam et præsumptionem laboris excludimus; ut totis viribus desudantes ne gratia in nobis evacuetur, quidquid de manu Domini susceperimus, **17** donum pronuntiemus esse non pretium, scientes laboris ipsius fructum officii rem esse, non meriti, cum Evagelista dicentes : *Servi inutiles sumus; quod debuimus facere, fecimus* (*Luc.* xvii, 10). Hæc quæ strictim pro epistolæ brevitate memorata sunt aut recipere se, aut respuere, unanimitas tua recurrente sermone respondeat. Cæterum qui hanc veritatis mensuram gratia præcedente et conatu assurgente non sequitur, dignus erit qui sacris liminibus arceatur. Ego tamen individuam mihi bonitatem tuam toto sinceræ benignitatis amplexu in via retinens, intra matris Ecclesiæ gremium permanere repudiato hoc errore desidero; qui si cito respuatur, ignorantia fuisse videbitur : blasphemia vero reputabitur, si pertinaciter defendatur. Gravem namque in auctorem retorquemus invidiam, si dicamus quod ei possibilitatem capessendæ salutis noluerit dare qui periit : cum minime negare possimus, quod mandati prævaricatorem in judicii sui examinatione damnabit. Qui enim non est obnoxius de suscepto, nescio quomodo possit esse de perdito : ac sic peccantes in Deum, cujus in primis incautius asseruimus gratiam, in postremis ejus videbimur impugnare justitiam. Hujus autem epistolæ exemplar mecum retineo, in conventu sanctorum Antistitum, si ita necesse fuerit, proferendum. Quam si suscipiendam putaverit fraternitas tua, aut subscriptam manu propria mox remittat, aut sequentibus scriptis omnino se improbasse respondeat. Quod si eam subscriptam, ut dixi, remittere nolueris, aperte adhuc se in errore persistere ipso silentio comprobabis, ac proinde jam necessitatem mihi facies ad personam tuam publicis conventibus exponendam. Et ideo secundum hæc quæ a me sunt directa rescribe, ut ea, remotis circuitionibus, aut agnoscas aut respuas. *Item alia manu. Faustus exemplar epistolæ meæ relegi et subscripsi.* ›

Item exemplar libelli Lucidi presbyteri.

‹ Dominis beatissimis et in Christo reverentissimis Patribus, Eufronio, Viventio, Veriano, Paulo, Eutropio, Marcello, Claudio, Leontio, Mamerto, Auxanio, Megetio, Leontio, Croco, Ursicino, Fonteio. Patienti, Fausto, Græco, Claudio, Basilio, Prætextato, Pragmatio, Viventio, Joanni episcopo, Theoplasto, Juliano, Opilioni, Leocadio, Amicali, et Licinio presbyteris, Lucidus. Correptio vestra salus publica, et sententia vestra medicina est. Unde et ego summum remedium duco, ut præteritos errores accusando excusem, et salutifera professione me diluam. Proinde juxta prædicandi recentia statuta concilii, damno vobiscum sensum illum, qui dicit laborem humanæ obedientiæ divinæ gratiæ non esse jungendum; qui dicit post primi hominis lapsum ex toto arbitrium voluntatis exstinctum; qui dicit quod Christus Dominus et Salvator noster mortem non pro omnium salute susceperit; qui dicit quod præscientia Dei hominem violenter compellat ad mortem, vel quod Dei pereant voluntate qui pereunt, qui dicit quod post acceptum legitime baptismum in Adam moriatur quicunque deliquerit; qui dicit alios deputatos ad mortem, alios ad vitam prædestinatos; qui dicit ab Adam usque ad Christum nullos ex gentibus per primam Dei gratiam, id est per legem naturæ in adventum Christi fuisse salvatos, eo quod liberum arbitrium ex omnibus in primo parente perdiderint; qui dicit patriarchas ac prophetas vel summos quosque sanctorum, etiam ante redemptionis **18** tempora, in paradisi habitatione

deguisse; qui dicit ignes et inferna non esse. Hæc omnia quasi impia et sacrilegiis repleta condemno. Ita autem assero gratiam Dei, ut adnisum hominis et conatum gratiæ semper adjungam : et libertatem voluntatis humanæ non exstinctam, sed attenuatam et infirmatam esse pronuntiem; et periclitari eum qui salvus est, et eum qui periit potuisse salvari. Christum etiam Deum ac Salvatorem nostrum, quantum pertinet ad divitias bonitatis suæ, pretium mortis pro omnibus hominibus obtulisse : et quia nullum perire velit qui est salvator omnium hominum maxime fidelium, dives in omnibus qui invocant illum. Et quia in tantis rebus conscientiæ satisfaciendum est, memini me ante dixisse quod Christus pro his tantum quos credituros præscivit advenisset, sententias Dominicas sequens, quibus ait : *Sicut Filius hominis venit non ministrari, sed ministrare, et animam suam redemptionem dare pro multis* (Matth. xx, 28). Et illud : *Hic est calix sanguinis mei Novi Testamenti, qui pro multis effundetur in remissionem peccatorum* (Matth. xxvi, 28). Vel illud Apostoli : *Sicut semel statutum est hominibus mori, ita et Christus semel oblatus est ad multorum exhaurienda peccata* (Hebr. ix, 27). Nunc vero sacrorum testimoniorum auctoritate, quæ abunde per spatia divinarum Scripturarum inveniuntur, et seniorum doctrinæ ratione patefacta, libens fateor Christum etiam pro perditis advenisse, qui eodem nolente perierunt. Neque enim fas est circa eos solum qui videntur esse salvati, immensæ divitias bonitatis ac beneficia divina concludi. Nam si Christum his tantum remedia attulisse dicimus qui redempti sunt, videbimur absolvere non redemptos, quos pro redemptione contempta constat esse puniendos. Assero etiam per rationem et ordinem sæculorum alios lege gratiæ, alios lege Moysi, alios lege naturæ, quam Deus in omnium cordibus scripsit, in spe adventus Christi fuisse salvatos : nullos tamen ex initio mundi ab originali nexu nisi intercessione sacri sanguinis absolutos. Profiteor etiam æternos ignes et infernales flammas factis capitalibus præparatas, quia perseverantes in finem humanas culpas merito sequitur divina sententia, quam juste incurrunt qui hæc non toto corde crediderint. Orate pro me, domini sancti et apostolici Patres. Lucidus presbyter hanc epistolam manu propria subscripsi, et quæ in ea astruuntur assero, et quæ sunt damnata damno. ›

Hæc autem ideo his scriptis interponere dignum duximus, ut manifestum fiat, quia quædam isti moderni Prædestinatiani dicunt, quæ et veteres hæretici ante dixerunt : quibus catholica et apostolica auctoritate et isti, longe post exorturi atque futuri, devicti et prædamnati fuerunt, sicut Prosper in præfato libro contra Cassiani abbatis librum edito ad locum dicit : ‹ Venerabilis, inquiens, memoriæ pontifex Cœlestinus, cui ad catholicæ Ecclesiæ præsidium multa Dominus gratiæ suæ dona largitus est. sciens damnatis non examen judicii, sed solum sententiæ remedium esse præstandum, Cœlestium quasi non discussi negotii audientiam postulantem A qui paululum se ad legenda hæc dignati fuerint totius Italiæ finibus jussit extrudi. Adeo et prædecessorum suorum statuta et decreta synodalia inviolabiliter servanda censebat, ut quod **19** semel meruerat abscidi nequaquam admitteret retractari. Nec vero segniore cura ab hoc eodem morbo Britannias liberavit : quando quosdam inimicos gratiæ, solum suæ originis occupantes, etiam ab illo secreto exclusi Oceani, et ordinato Scottis episcopo,. dum Romanam insulam studet servare catholicam, fecit etiam barbaram Christianam. Per hunc virum etiam Orientales Ecclesiæ gemina peste purgatæ sunt : quando Cyrillo Alexandrinæ urbis antistiti, gloriosissimo fidei catholicæ defensori, ad debellandam Nestorianam impietatem apostolico auxiliatus est gladio, quo etiam Pelagiani, dum cognatis confœderantur erroribus, iterum prosternerentur. Per hunc virum intra Gallias istis ipsis, qui sanctæ memoriæ Augustini scripta reprehendunt, maleloquentiæ est adempta libertas : quando consulentium actione suscepta, et librorum qui errantibus displicebant pietate laudata, quid oporteret de eorum auctoritate sentiri sancto manifestavit eloquio, evidenter pronuntians, quantum sibi præsumptionis istius novitas displiceret, qua auderent quidam adversus antiquos magistros insolenter insurgere, et indisciplinata calumnia prædicationi veritatis obstrepere : « Augustinum,. inquiens, sanctæ recordationis virum, pro vita sua atque pro meritis, in nostra semper communione habuimus, » et sequentia, sicut ex epistola ejusdem papæ supra posuimus. Quia nihilo- C minus ex delegatione apostolicæ sedis hæc incomposita in Galliis regionibus composuerit, sicut et in præfata epistola Cœlestinus monstravit, isdem Prosper in præfatione Vincentianarum objectionum ostendit dicens : « Quidam, inquit, Christianæ ac fraternæ charitatis obliti, in tantum existimationem nostram quoquo modo student lædere, ut suam se evertere nocendi cupiditate non videant. Contexunt enim, et qualibus possunt sententiis comprehendunt, ineptissimarum quarumdam blasphemiarum prodigiosa mendacia, eaque ostendenda et ingerenda multis publice privatimque circumferunt, asserentes talia in nostro esse sensu, qualia diabolico continentur indiculo. Quæ falso in nos ad suscitandam invidiam jactitari, facile et sufficienter subscriptione D unius probaremus anathematis, nisi malignitas eorum, qui se gravari putant si de nobis bene sentiatur, ipsam subscriptionis nostræ brevitatem suspectam esse habitura. Unde ne hujus queretæ inveniretur occasio, necessarium conveniensque credidimus, ut sive ad calumniantium animos mitigandos, sive ad eos quorum auribus tale aliquid insonuit instruendos, quantum, adjuvante Domino, fieri potuerit, plene lucideque pandamus quid de perversis definitionibus judicemus. Propositis igitur singillatim sexdecim capitulis, sub unoquoque eorum sensus nostri et fidei, quam contra Pelagianos ex apostolicæ sedis auctoritate defendimus, verba ponemus : ut

A qui paululum se ad legenda hæc dignati fuerint occupare, evidenter agnoscant, impiarum profanarumque opinionum nullum **20** cordibus nostris inhæsisse vestigium, et blasphemias, quas perspexerint nostra professione damnari, in earumdem repertoribus censeant debere puniri. » Hæc commota et compressa atque composita illis ita fuere temporibus.

CAPUT II

Per quos et qualiter hæc eadem hæresis, ut de trunco amaritudinis spuria vitulamina, in tempore isto repullulaverit.

In hoc autem tempore quidam Gothescalcus, ex metropolis Ecclesiæ Rhemorum monasterio, quod Orbacis dicitur, habitu monachus, mente ferinus, B quietis impatiens, et inter suos mobilitate noxia singularis, de omnibus quæ perverse tunc temporis sensa cognoverat, quatuor sibi elegit capitula, omnium pene perversitatum illarum fœtidas et cænulentas feces in se continentia, quibus simplicium et devotorum sensus pervertere, et magistri sibi nomen usurpando, post se discipulos trahere, illisque qui ad sua vota auribus prurientes magistros sibi coacervare decertant valeret indebite, quoniam legitime non poterat, vita religiosa et catholica doctrina præesse. Isque quos potuit sibi complices fecit duntaxat innotesci desiderantes, qui quoniam rectis non poterant dyscolis noti fierent. Quique a monasterio irregulariter exiens, peragratis regionibus plurimis, in Moguntina civitate habitæ synodo et Rabano ar- C chiepiscopo libellum sui erroris porrigens, damnatus cum litteris synodalibus ad Rhemorum metropolim est remissus : quarum litterarum exemplar hic inserere rationabile duximus, quod ita se habet. « Reverentissimo fratri et consacerdoti Hincmaro archiepiscopo Rabanus servus Christi et servorum ejus in Domino salutem. Notum sit dilectioni vestræ quod quidam gyrovagus monachus nomine Gothescalc, qui se asserit sacerdotem in vestra parochia ordinatum, de Italia venit ad nos Moguntiam, novas superstitiones et noxiam doctrinam de prædestinatione Dei introducens, et populos in errorem mittens : dicens quod prædestinatio Dei sicut in bono sit ita et in malo ; et tales sint in hoc mundo quidam, qui propter prædestinationem Dei quæ eos D cogat in mortem ire, non possint ab errore et peccato se corrigere, quasi Deus eos fecisset ab initio incorrigibiles esse, et pœnæ obnoxios in interitum ire. Hanc ergo opinionem nuper in synodo apud Moguntiam habita ab eo audientes, et incorrigibilem eum reperientes, annuente atque jubente piissimo rege nostro Ludovico, decrevimus eum cum perniciosa sua doctrina damnatum mittere ad vos ; quatenus eum recludatis in vestra parochia unde primum inordinate recessit, et non sinatis eum amplius errorem docere, et seducere populum Christianum, quia jam multos seductos, ut audivi, habet, et minus devotos erga suam salutem, qui dicunt, Quid mihi proderit laborare in servitio Dei ? quia si prædesti-

natus sum ad mortem, nunquam **21** illam eva-
dam : si autem male egero, et prædestinatus sum
ad vitam, sine ulla dubitatione ad æternam requiem
vado. Hæc ergo paucis vobis scripsimus, intimantes
qualem ejus doctrinam reperimus : vos etiam vale-
bitis de ore ejus quid sentit plenius audire, et quid
inde agendum sit juste decernere. Dominus omnipotens sanctitatem vestram bene valentem, et pro
nobis orantem, in æternum conservare dignetur. ›
Indeque a synodali conventu in Carisiaco palatio
iterum auditus ab episcopis, et cæteris quam plurimis viris ecclesiasticis atque religiosis, qui eidem
synodo interfuerunt, videlicet Wenilone Sennensium
archiepiscopo, Hincmaro Rhemorum episcopo, Fol-
coino Morinensium episcopo, Teuderico Camaracensium episcopo, Rothado Suessonicæ civitatis episcopo, Ragenario Ambianensium episcopo, Immone
Noviomagensium episcopo, Erpoino Silvanectensium episcopo , Lupo Catalaunensium episcopo ,
Yrminfrido Belvacensium episcopo, Pardulo Laudunensium episcopo , Teutboldo provinciæ Lugdunensium et Lingonicæ civitatis episcopo , Ger-
nobrio Turonensium provinciæ episcopo, Rigboldo
Rhemorum chorepiscopo , Witao Camaracensium
chorepiscopo, et aliis, qui nunc Dei gratia episcopi
ordinati, tunc autem jam dictæ synodo cum episcopis suis secundum ecclesiasticum morem fuerunt.
Wenilo scilicet, tunc cum Ragenario patre suo, nunc
autem Rothomagensium archiepiscopus, Æneas no-
tarius sacri palatii, et modo Parisiorum episcopus,
Isaac diaconus Parduli, et nunc Lingonicæ civitatis
episcopus. Sed et venerabiles abbates synodo ipsi interfuere, Ratbertus Corbeiæ, Bavo Orbacis, et Halduinus Altivillaris monasterii, aliique domini sa er-
dotes ac diaconi. Wlfadus quoque Rhemorum metropolis œconomus , et Rodoaldus archi iaconus,
cum aliis sequentibus cleri ordinibus. In quorum
præsentia idem Gothescalcus, sicut et in Moguntina
civitate, inventus hæreticus atque incorrigibilis, honore presbyterali, quem per Rigboldum Rhemorum
chorepiscopum, cum esset Suessonicæ parochiæ monachus, inscio civitatis suæ episcopo, usurpaverat
potius quam acceperat, abjectus, et pro sua irrevo-
cabili contumacia, secundum leges, et Agathenses
canones, ac regulam sancti Benedicti, ut improbus
virgis cæsus, sicut decreverant Germaniæ provinciarum episcopi, ne aliis noceret qui sibi prodesse
nolebat, ergastulo est retrusus. Sed ne ille solus periret, sibi consentientes cœperunt undecunque exsurgere, et pravam ab illo remotam doctrinam et
verbo et scripto disseminare. Quo adulterino semine
hæc quibus nobis jubetis respondere pullularunt capitula. Quapropter primo sciendum est, quoniam
quædam prisco tempore aliter dixerunt hæretici de
præfatis quatuor capitulis quæ primum Gothescalcus
sibi assumpsit, et de quinto quod postea superad-
dendo præsumpsit, et quædam aliter Gothescalcus,
novorum Prædestinatianorum primicerius, et scholæ
dyscolæ caput dicit. Verum quia sicut scriptum est,

Quasi stuppa collecta **22** *synagoga peccantium, et
consummatio illorum flamma ignis* (Eccli. XXI, 10),
et illa vetus congregatio, et ista nova complexio,
sunt errore pares, quanquam diversa fatentes. Et
idcirco capitulatim de unaquaque sententia ponendum duximus quæ illi dixerunt, et quæ isti dicunt,
qui catholicorum et apostolicæ sedis doctrinæ contradicunt, quique capitula a nobis ex orthodoxorum
verbis excerpta discerpunt : et sic catholicæ atque
apostolicæ Ecclesiæ magistrorum ponentes sententias, qualiter illi senserunt, et utrum nostro collegio, an illorum divisioni, diffinitiones eorumdem orthodoxorum faciant, Domino inspirante et cooperante, demonstrare curabimus, cum sectæ pestiferæ
catholicorum sensibus respondere, et de capitulis a
nobis excerptis rationem reddere cœperimus. ›

CAPUT III.

*De Fulgentio, ex cujus libris ad suam confirmandam
sententiam exempla Prædestinatiani ponunt.*

Unde præmonemus quemque lectorem, ne pravorum hæreat sensibus, cum in illorum scriptis testimonia invenerit posita de libris Fulgentii, quod
reprobi prædestinati sunt non ad malum, sed ad interitum : quæ in libro ad Monimum, quasi in defensione beati Augustini, sæpius replicat. Unde non est
necesse catholicis ab illo hanc beati Augustini excusationem suscipere , quia satis superque idem
beatus Augustinus se hinc excusavit, atque retra-
ctando defendit. Et legatus Romanæ Ecclesiæ fide-
lisque ejus interpres beatus Prosper, de cujus libris
recipiendis in catalogo orthodoxorum memoriam
faciens sanctus Gelasius inter alios ita dicit, *Item
opuscula beati Prosperi viri religiosissimi,* pro illo
nobis satissime satisfacit : et quoniam non dicendum
neque credendum nobis sit, Deum prædestinasse ad
interitum reprobos, sed pœnam repro: is prædestinasse, nos credere et docere evidentissime instruit.
Non tamen venerandum Fulgentium pro hoc dicto
in cunctis rejicimus, neque illum in hoc dicto, videlicet ut reprobi a Deo prædestinati ad interitum
credi vel dici debeant, sicut Augustinum, in his
duntaxat quæ inde dixerat in præfatis libris, videlicet de Correptione et Gratia, de Prædestinatione
sanctorum, et Bono perseverantiæ, et Hypomnesticon sex quæstionum contra Pelagianos et Cœlestianos, et in libro de Prædestinatione gratiæ, quos hinc
contra æmulos suos scripserat, et sicut sanctum
Prosperum, imo sanctam matrem et sedem apostolicam sequimur. Sed sic de venerando Fulgentio dicimus, sicut in Hilarii Arelatensis epistola ad sanctum Augustinum pro hoc negotio, unde nunc agitur,
de ejusdem opuscula calumniantibus dicitur : ‹ Sed
plane, inquiens, illud tacere non debeo, quod se dicant
23 tuam sanctitatem, hoc excepto, in factis et dictis
omnibus admirari. › Scimus namque sanctum Cyprianum aliter de hæreticorum baptismo sensisse
quam sanctus Stephanus Romanæ Ecclesiæ pontifex
senserit, et nunc sancta Ecclesia teneat, tamen inter

catholicos computari doctores. Sanctus Augustinus quaedam aliter sanctum Hilarium sensisse quam idem sentiri velit, in libro sexto de Trinitate capitulo decimo monstrat, et sanctus Leo ad Chalcedonense concilium confirmandum, ejusdem beati Hilarii testimonia inter catholicorum doctorum exempla etiam prima connumerat, et beatus Gelasius eum, sicut et sanctum Augustinum, ac Prosperum, et Cyprianum, atque Leonem, sive Hieronymum receptissimum in catalogo scriptorum ecclesiasticorum atque illustrium computat. Sed et de eo ut notum est a notissimo dicitur, Hilarius episcopus Romanorum lucifer, Ecclesiarum lucerna et pretiosa lampas, pulchro aureoque ore loquitur universa.› Quædam aliter sanctus Augustinus sensit quam beatus Hieronymus : et item sanctus Hieronymus quædam aliter sensit quam beatus Augustinus, et ambo inter catholicos doctores perseverant. Quædam autem aliter beatus Gregorius, de se præcedentium doctrinæ floribus quam maxime favus repletus et dulcedine propensiore profusus sensit, quam sanctus Hieronymus, et quædam aliter exposuit quam sanctus Augustinus exposuerit vel correxerit, et ambos ut orthodoxos amplectitur et ut doctores Ecclesia veneratur : quoniam ut beatus Augustinus in libro de Baptismo dicit (*lib.* ii, *c.* 5) : ‹Ideo plerumque doctioribus minus aliquid revelatur, ut eorum patiens et humilis charitas, in qua fructus major est, comprobetur, vel quomodo teneant unitatem cum in rebus obscurioribus diversa sentiunt, vel quomodo accipiant veritatem cum contra id quod sentiebant declaratum esse cognoscunt.› Scientes Scripturam divinam esse pretiosam margaritam, quæ ex omni parte forari potest,· et ideo diverso stylo, sed non diversa fide, exponunt plura pluraliter, ut pluribus non modo salubriter, verum et innotescant delectabiliter. Est etiam quia in catalogo apostolicæ sedis, ubi a beato Gelasio doctores catholici descripti et designati sunt, eumdem virum venerabilem Fulgentium probabilem non reperimus. Sed nec quoniam in reprobandorum descriptione designatum invenimus, improbabilem per omnia judicamus. Imperante siquidem Anastasio, cujus tempore beatus Gelasius seriem orthodoxorum atque illustrium virorum edidit, sicut ipsius epistolis ad eumdem directis manifestatur, principatus est in Africa Wandalorum rex Trasemundus, sicut in Chronicis aliis, et etiam in Chronica venerabilis Bedæ presbyteri reperimus. Cujus tempore Fulgentius in Africa claruit : quique contra quasdam propositiones ejusdem Trasemundi rescripsit, et contra ejus perfidiam tres libros composuit : primum videlicet de mysterio Mediatoris, secundum de **24** immensitate divinitatis Filii Dei, tertium de sacramento Dominicæ passionis. Non tamen illum sanctus Gelasius inter scriptores ecclesiasticos numeravit, sicut beatum Prosperum, qui temporibus beati Gelasii papæ supervixit. Sed et ab Adam usque ad Justini Augusti tempora, et obitum Joannis papæ,

quarti post beatum Gelasium, et finem consulatus Symmachi et Boetii, qua tempestate Wandalis præfuit Hildericus successor Trasemundi, qui post necem sanctorum et innumeras clades indignam vitam digna morte finivit, isdem beatus Prosper Chronicam mira veritate composuit ? in qua diversarum regionum viros sanctitate et sapientia præclaros, et etiam exortos hæreticos, cum fama cuique congrua designavit, et non eumdem venerabilem Fulgentium nominavit. Venerabilis siquidem Beda presbyter in Chronica sua, cum plures alios illustres viros descripserit, sæpe fatum Fulgentium nequaquam commemoravit. Verum nec a quinta synodo, quæ temporibus Vigilii undecimi papæ post Gelasium, sub Justiniano Constantinopoli contra Theodorum et alios hæreticos est aggregata, ad confirmandam fidem catholicam inter alios orthodoxos doctores invenitur descriptus. Quin nec a sexta synodo universali, Constantinopoli celebrata temporibus Agathonis tricesimi primi papæ a beato Gelasio, sub Constantino principe, inter catholicorum doctorum testimonia suorum librorum mentio habita reperitur : præsertim cum plures, qui post eumdem Fulgentium in Ecclesia claruerunt, ad confirmandam fidem catholicam in testimonium devocati reperiantur. Unde si aliter de prædestinatione Dei dixit, quam sanctus Augustinus in præfatis libris ad sibi objecta rescriptis correxit, et aliter etiam quam beatus Prosper ex delegatione sedis apostolicæ jussu sancti Cœlestini diffinivit, aliterque quam ipsa sancta sedes apostolica dicta suscepit ac dici voluit, ipse viderit. Sed et nos quid inde dixerit, quia cunctis legentibus est manifestum, ignorare non possumus.

CAPUT IV.
De apostolica sede sequenda, cujus doctrinæ inniti et autoritatem sequi debemus.

Sequimur autem quæ catholica et apostolica nos docet sancta Romana Ecclesia, quæ nos in fide genuit, catholico lacte aluit, uberibus cœlo plenis ad solidum cibum nutrivit, disciplina orthodoxa ad perfectum virum perduxit, et ad alios instruendum sua probatione instituit, atque in doctrinali cathedra fautore et adjuvante Domino sublimando constituit : sicut sanctus Innocentius ad Decentium episcopum Eugubinum scribit dicens (*epist.* 29, in princ.) : ‹Quis enim nesciat, aut non advertat id quod a principe apostolorum Petro **25** Romanæ Ecclesiæ traditum est, ac nunc usque custoditur, ab omnibus debere servari, nec superduci aut introduci aliquid, quod aut auctoritatem non habeat, aut aliunde accipere videatur exemplum : præsertim cum sit manifestum, in omnem Italiam, Gallias, Hispanias, Africam, atque Siciliam, insulasque interjacentes, nullum instituisse Ecclesias, nisi eos, quos venerabilis apostolus Petrus aut ejus successores constituerint sacerdotes ; aut legant si in his provinciis alius apostolorum invenitur aut legitur docuisse. Qui si non legunt, quia nusquam inveniunt, oportet eos hoc

sequi quod Ecclesia Romana custodit, a qua eos A
principium accepisse non dubium est : ne dum peregrinis assertionibus student, caput institutionum videantur amittere. »

CAPUT V.

*De consuetudine Gothescalci et complicium ejus, et
de libris eorum de quibus quædam hic excerpta
ponuntur.*

Præmonemus etiam Gothescalci et complicium
ejus fore consuetudinem, ut catholicorum testimonia,
prælatis doctorum atque librorum nominibus, excerpta detruncent, et ad suos sensus, sicut et Scripturarum sententias, inflectere curent, quatenus
auditorum sibi sensus, si minus cauti fuerint, con-
ciliare prævaleant. Unde quisque illorum scripta
relegens memoretur quod dicitur :

Frigidus, o pueri, fugite hinc, latet anguis in herba.
Et

Carpe botrum, cave spinam.

Qua de re secundum Apostolum omnia probantes et
quæ bona sunt retinentes (*I Thess.* v, 21), quæ ipsi
dixerint, quæque auctorum exemplis confirmare voluerint conferentes, ea quæ illi detruncata vel compilata ad suam confirmandam sententiam proferunt,
in libris auctorum, de quibus testimonium donant,
videant si meraca veritate sunt excerpta quæ proferunt; ut ne his incaute credentes quæ prolata sunt,
per vias quæ bonæ quidem videntur esse, sed earum
finis ad interitum ducit, in infidelitatis voraginem
demergantur : sed faciant sicut præceptum est : *Stat*e
super vias, et interrogate quæ sit via bona, et ambu- C
late in ea (*Jer.* vi, 16). His ita præmissis, ponamus quæ Gothescalcus, signifer et prævius atque
hujus pravæ doctrinæ modernus resuscitator, de
primo capitulo, unde versatur quæstio, in libro suæ
virosæ conscriptionis archiepiscopo Rabano porrecto
scribat dicens : « Tandem, inquit, legi librum, venerande pontifex, tuum, in quo positum reperi,
quod impii quoque sive reprobi non sint divinitus
ad damnationem prædestinati. » Et post aliquanta :
« Præscivit, inquam, illos pessimum habituros ortum, pejorem obitum : prædestinavit autem eos ad
luendum perenne tormentum et sempiternum interitum. » Et iterum post aliquanta : « Quia re vera
sicut electos omnes prædestinavit ad vitam per gratuitum solius gratiæ suæ beneficium, **26** quemadmodum Veteris et Novi Testamenti paginæ manife-
stissimum præbent solerter ac sobrie considerantibus
indicium, sic omnino et reprobos quosque ad æternæ
mortis prædestinavit supplicium, per justissimum
videlicet incommutabilis justitiæ suæ judicium.» Inde
et in chartula suæ professionis ad eumdem Rabanum
episcopum ita dicit : « Ego Gothescalcus credo et
confiteor, profiteor et testificor ex Deo Patre, per
Deum Filium, in Deo Spiritu sancto, et affirmo atque approbo coram Deo et sanctis ejus, quod gemina est prædestinatio, sive electorum ad requiem,
sive reproborum ad mortem : quia sicut Deus incommutabilis ante mundi constitutionem omnes ele-

ctos suos incommutabiliter per gratuitam gratiam
suam prædestinavit ad vitam æternam, similiter
omnino omnes reprobos, qui in die judicii damnabuntur propter ipsorum mala merita, idem ipse incommutabilis Deus per justum judicium suum incommutabiliter prædestinavit ad mortem merito sempiternam. » Et domnus Prudentius in epistola, quam
nobis veneratio vestra deferente eam vobis venerabili Ænea Parisiorum episcopo tradidit, cujus in
præfatis libris memoriam fecimus, quamque Weniloni suo archiepiscopo, et cæteris coepiscopis, ad
ordinationem ejusdem Æneæ Prudentius ipse direxit, ut si secus ordinandus sentiret, in ipsius ordinatione ipse nullatenus consentire deberet, ita
dicit : « Secundo, ut Dei omnipotentis altissimo se-
B cretoque consilio credat atque fateatur, quosdam
Dei gratuita misericordia ante omnia sæcula prædestinatos ad vitam, quosdam imperscrutabili justitia prædestinatos ad pœnam : ut id videlicet, sive
in salvandis, sive in damnandis prædestinaverit,
quod se præscierat judicando esse facturum, dicente
propheta : *Qui fecit quæ futura sunt.* » Ratramnus
nihilominus monasterii Corbeiæ monachus libellos
duos, quos nobis examinandos dedistis, ea intentione
elaboratos porrexit, ut ostendat quatenus sicut
electi a Deo prædestinantur ad vitam, ita et reprobi
a Deo prædestinentur ad mortem. Indeque prætermissis aliis, quorum nomina hic non necessarium
recitari putavimus, quoniam in unam concurrunt
sententiam, et in præfatis tribus libris jam ut po-
C tuimus ex catholicorum auctoritate respondimus, ad
capitula veniamus, quæ secundo, ut legitur in lege
veteri (*Jos.* v, 4), petrinis cultellis circumcidenda a
vestra jussione suscepimus, quorumque noxia atque
superflua acumine catholicorum amputare curabimus.

CAPUT VI.

*Exordium capitulorum de quibus agitur, unde com-
positor eorum illa compilare studuerit.*

Aiunt enim, præmissis commendationum suarum
fabulis, in secundo capitulo : « Deum præscire et
præscisse æternaliter et bona **27** quæ boni erant facturi, et mala quæ mali sunt gesturi, quia vocem Scripturæ dicentis habemus, *Deus æterne, qui absconditorum es cognitor, qui nosti omnia antequam fiant*
(*Dan.* xiii, 4), fideliter tenemus et placet tenere,
D bonos præscisse omnino per gratiam suam bonos futuros, et per eamdem gratiam æterna præmia accepturos : malos præscisse per propriam malitiam
malos futuros, et per suam justitiam æterna ultione
damnandos : ut secundum Psalmistam, *Quia potestas
Dei est et Domini misericordia* (*Psal.* lxi, 12), reddat
unicuique secundum opera sua (*Rom.* ii, 6) ; et sicut
apostolica doctrina se habet : *His quidem, qui secundum patientiam boni operis, gloriam et honorem et
incorruptionem quærunt, vitam æternam : his autem
qui sunt ex contentione, et qui non acquiescunt veritati, credunt autem iniquitati, ira et indignatio. Tribulatio et angustia in omnem animam hominis operantis malum* (*ibid.,* 8, 9). In eodem sensu idem

alibi : *In revelatione*, inquit, *Domini nostri de cœlo cum angelis virtutis ejus, in flamma ignis dantis vindictam his qui non noverunt Deum, et qui non obediunt Evangelio Dei nostri, qui pœnas dabunt in interitu æternas cum venerit glorificari in sanctis suis, et admirabilis fieri in omnibus qui crediderunt (II Thess. I, 7-10)*. Nec prorsus ulli malo præscientiam Dei imposuisse necessitatem, ut aliud esse non posset : sed quod ille futurus erat ex propria voluntate, ille sicut Deus, qui novit omnia antequam fiant, præsciit ex sua omnipotentia et incommutabili majestate : nec ex præjudicio ejus aliquem, sed ex merito propriæ iniquitatis credimus condemnari : nec ipsos malos ideo perire quia boni esse non potuerunt, sed quia boni esse noluerunt, suoque vitio in massa damnationis, vel merito originali, vel etiam actuali permanserunt. » Hoc capitulum, sicut conferentes ex scripto Flori Ecclesiæ Lugdunensis ministri, quod olim in Bonoilo a venerandæ memoriæ Heriboldo episcopo Antisiodorense accepimus, excerptum ex maxima parte invenimus : quapropter utcunque a ratione non invenitur penitus alienum. De præscientia enim Dei catholicæ fidei adversa non loquitur. Sed prætermisit insulsus excerptor, quod ibidem invenerat dare exemplum de electis dono gratiæ ad vitam æternam, volens quædam per suam sapientiam addere. Et ideo quæcunque invenit ex retributione justitiæ reddenda impiis coacervare exempla curavit. Dicens enim bonos præscisse omnino per gratiam suam bonos futuros, et per eamdem gratiam æterna præmia accepturos, tacuit æqualia merita, et doni gratiæ prætermisit exempla. Sicque subsecutus adjunxit, malos præscisse per propriam malitiam malos futuros, et per suam justitiam æterna ultione damnandos. Unde quæ alieno labore exempla collecta invenit, inordinato ordine posuit. Deinde postquam inordinate posuit quod ordinate alterius ore accepit, nec ipsos malos ideo perire quia boni esse non potuerunt, sed quia boni esse noluerunt, suoque vitio in massa damnationis vel merito originali vel etiam actuali permanserunt, sine ulla interpositione in tertio capitulo subdidit : « Sed et de prædestinatione Dei **28** placuit, et fideliter placet juxta auctoritatem apostolicam quæ dicit, *An non habet potestatem figulus luti ex eadem massa facere aliud vas in honorem, aliud vero in contumeliam (Rom. IX, 21)*; ubi et statim subjungit : *Quod si volens Deus ostendere iram, et notam facere potentiam suam, sustinuit in multa patientia vasa iræ aptata sive præparata in interitum, ut ostenderet divitias gratiæ suæ in vasa misericordiæ quæ præparavit in gloriam (ibid., 22)*, fidenter fatemur prædestinationem electorum ad vitam et prædestinationem impiorum ad mortem. » Dat, sicut longe ante nos dictum est, sine mente sonum. Paululum præmisit, quia suo vitio mali in massa damnationis vel merito originali vel etiam actuali permaneant, et statim subjunxit, quia placuit et fideliter placet fidenterque fatetur, prædestinationem electorum ad vitam et prædestina-

tionem impiorum ad mortem : et quomodo hoc possit utrumque fieri, videre non possumus, scilicet ut et in massa damnationis relicti permaneant, et item iidem prædestinati a Deo ipsius prædestinatione ad mortem vadant. Si enim ita constantem posuisset sententiam, sicut Florus eam in sermone suo posuit, unde hanc iste compilavit, bene eam quisque intelligeret, quia recte constaret. Ait enim, ut audivimus et apparet, isdem vir doctus pene in principio scripti sui : « Præscivit ergo sine dubio Deus, et bona quæ boni erant facturi, et mala quæ mali erant gesturi : sed in bonis ipse fecit sua gratia ut boni essent, in malis vero non ipse fecit ut essent mali, quod absit, sed tantum præscivit eos proprio vitio tales futuros. Neque enim præscientia Dei imposuit eis necessitatem ut aliud esse non possent : sed tantum quod illi futuri erant ex propria voluntate, ille ut Deus prævidit ex sua omnipotenti majestate. » Et post plurima : « Nemo ex Dei præjudicio, sed ex merito propriæ iniquitatis condemnatur. » Et iterum supra ante multa quam ad hæc perveniret : « In malis vero et impiis non prædestinavit omnipotens Deus malitiam et impietatem, id est ut mali et impii essent, et aliud esse non possent, sed quos præscivit et prævidit malos atque impios futuros proprio vitio, prædestinavit æternam damnationem qua ipsi punirentur justo judicio, non quia aliud esse non potuerunt, sed quia aliud esse noluerunt. » Quam sententiam sic haberi in rotula ab Heriboldo accepta relegimus : sed in illa, quam ex scrinio Ebonis episcopi Gratianopolitani per quemdam accepimus, aliter constare invenimus; quam falsatam nequaquam discredimus, cum in his duobus capitulis, ipsius religiosi et docti viri a compilatore eorum scriptum commistum atque confusum et detruncatum reperiamus. In Heriboldi namque rotula sicut præmisimus scriptum relegimus : et in rotula, quam sicut dictum est, ex scrinio Ebonis accepimus : « Ipse eos prædestinavit ad æternam damnationem justo judicio, scriptum invenimus, quod iste in fine capituli posuit, suoque vitio in massa damnationis vel merito originali vel etiam actuali permanserunt. » **29** Melius ille posuit, imo ille bene, quia iste male. Videlicet inquit Florus, omnipotentem Deum in malis ipsorum malitiam præscisse quia ex ipsis est, non prædestinasse quia ex illo non est : pœnam vero illorum et præscisse quia Deus est, et prædestinasse quia justus est. Quam sententiæ particulam iste compilator de consequentia præcedentis ad istud reservavit capitulum. Cui conjunctum est in Flori scripto, ut et illis sit meritum suæ damnationis, et in illo potestas et judicium juste damnantis. Non enim prædestinat Deus, nisi quæ ipse erat facturus : præscit vero multa quæ ipse facturus non est, sicut omnia mala, quæ utique mali faciunt, non ille : ipsosque malos non ideo perire quia boni esse non potuerunt, sed quia boni esse noluerunt, et suo vitio vasa iræ aptata in interitum perseveraverunt. Quod furatus iste compilator de medio, sciens se daturum istud apostolicum exemplum, ne mox redargueretur a cunctis legenti- **A** bus, in capitulo altero conjunxit, suo vitio in massa damnationis vel originali vel actuali merito permanserunt. Quæ perspicientes, subvenit nobis quod dixit Macarius Antiochenus episcopus redargutus in sexta synodo coram imperatore Constantino, quare detruncaverit testimonia catholicorum, quæ collata ex libello illius libris authenticis furatus ea fuerat comprobatus. Ad hoc enim inquiens egi, ut intentionem meam potuissem statuere. Sic et iste ad hoc illius viri docti composita scripta scienter male deposuit, ut suam pravam intelligentiam, quia ex veritate non poterat, mendacio confirmaret : festinans falsa ostentare, ut posset vera subripere, aut inscius, aut oblitus, quia pictores mendam cum alis sine pedibus, quoniam diu constare non potest, sunt soliti pingere, quæ a prave sentientibus et incautis et inconsideratis laqueos protendentibus inconstabilis et aranearum cassibus similis solet protendi. Sed sicut scriptum est, *Frustra jacitur rete ante oculos pennatorum* (*Prov.* 1, 17).

CAPUT VII.
De exemplo apostolico, quod capitulorum compilator
ad suam confirmandam ponit sententiam.

Exemplum denique ponit compilator capitulorum beati Pauli apostoli, quia sicut sunt electi prædestinati ad vitam, ita et impii a Deo sint prædestinati ad mortem, dicens, *An non habet potestatem figulus luti ex eadem massa facere aliud vas in honorem, aliud vero in contumeliam?* (*Rom* IX, 21.) Unde videndum est, si vasa iræ aptata vel præparata sunt a **C** Deo, scilicet ejus prædestinatione, in interitum. Ergo iniquus Deus, qui infert iram, puniens eos quos tales prædestinavit. Sed nunquid iniquitas est apud Deum? absit. Si autem Dei prædestinatione vasa iræ non sunt aptata vel præparata in interitum, quid **30** adjuvat illum istud exemplum ad suam confirmandam sententiam, qua dicit quia impii sunt a Deo prædestinati ad mortem? Hoc etiam exemplum et Prædestinatiani, sicut Hyginus in supra memorato illorum libello dicit, ad suam confirmandam sententiam protulerunt : quod beatus Augustinus in epistola ad Sixtum presbyterum alio sensu exponit dicens (*epist.* 105) : « Sed si vasa sunt iræ, quæ perfecta sunt ad perditionem quæ illis debita redditur, sibi hoc imputent, qui ex ea massa facti sunt, quam propter unius peccatum, in quo omnes peccaverunt, merito Deus justeque damnavit. Si autem vasa sunt misericordiæ, quibus ex eadem massa factis supplicium debitum reddere noluit, non se inflent, sed ipsum glorificent, qui eis misericordiam non debitam præstitit. » Et aliq tanto superius : « *Ergo cui vult miseretur, et quem vult obdurat* (*Rom.* IX, 18). Talibus itaque dicamus cum Apostolo, non enim melius illo invenire possumus quid dicamus, *O homo, tu quis es qui respondeas Deo?* (*ibid.*, 10.) Quærimus namque meritum obdurationis, et invenimus : merito namque peccati universa massa damnata est, nec obdurat Deus impertiendo malitiam, sed non

B impertiendo misericordiam ; quibus enim non impertitur, nec digni sunt, nec merentur : at potius ut non impertiatur hoc digni sunt, hoc merentur. Quærimus autem meritum misericordiæ, nec invenimus, quia nullum est, ne gratia evacuetur si non gratis donatur, sed meritis redditur. » Sed et sanctus Gregorius in libro Moralium trigesimo quarto (*cap.* 17), non inconvenienti comparatione de refuga spiritu dicit : « *Qui factus est ut nullum timeret* (*Job.* XL, 24). Sic quidem factus est per naturam, ut conditorem suum caste timere debuisset, timore videlicet sobrio, securo, non timore quem foras charitas mittit, sed timore qui in sæculum sæculi permanet : sed sua perversitate talis factus est ut nullum timeret. Relicto eo qui vere illi sufficere poterat, se sibi sufficere posse judicavit, et tanto magis infra se cecidit, quanto magis se contra gloriam sui conditoris erexit. » Sic et vasa quæ in massa humani generis, bono scilicet vase Adam, in quo fuimus omnes boni a Deo bono facti, si ipse in eo statu permaneret in quo factus fuerat rectus, pereunte illo suggestione diabolica et vitio proprio, in quo perivimus omnes, facti sumus vasa iræ,præparata vel aptata,sive perfecta in perditionem. De qua si nullus eriperetur, irreprehensibile esset Dei judicium : quia autem multi eripiuntur, ineffabilis gratiæ Dei est donum. Et item beatus Gregorius in libro vigesimo nono (*cap.* 6) Moralium dicit : « Diabolus quippe vel homo ab statu conditionis propriæ elata mente corruerunt, ut vel ille diceret, *Ascendam super altitudinem nubium, similis ero Altissimo* (*Isa*, XIV, 14); vel iste audiens crederet, *Aperientur oculi vestri, et eritis sicut dii* (*Gen.* III, 5). Idcirco ergo uterque cecidit, quia esse Deo similis, non per justitiam, sed per potentiam concupivit. Sed homo per gratiam liberatus, qui Dei similitudinem perverse appetendo ceciderat, in reatu criminis sui longe Deo imparem se esse cognoscens clamat, **31** *Domine, quis similis tibi?* (*Psal.* XXXIV, 10.) Diabolus vero, in lapsu sui criminis juste dimissus, in mensura ruinæ suæ minime permansit : sed quanto diutius ab omnipotentis Dei gratia defuit, tanto magis reatum criminis cumulavit. Nam qui ideo cecidit, quia perverso ordine Deo similis esse voluit, eousque perductus est, ut Antichristus ve- **D** niens videri Deo similis dedignetur, atque eum, quem habere non potuit superbus æqualem, damnatus putet inferiorem. » Sic et de vasis iræ in perditionem propria iniquitate perfectis, *qui se*, sicut Paulus dicit, *gratia Dei emundaverit ab his*, quibus inquinatus existit, *erit vas in honorem* (*II Tim.* II, 21) : qui autem in iniquitate permanere delegerit, vel jam adeo ad iniquitatem excreverit, ut judice Deo ex justitiæ retributione ab iniquitate redire non possit, sicut legitur de Pharaone obdurato quia gratia non emollito, et de his qui sunt in reprobum sensum traditi, quia gratia non liberati, erit vas in contumeliam, et perfectum in perditionem : de qua qui non eripitur, sicut est irreprehensibile Dei judicium, ita et inexcusabiliter atque irrefragabiliter tormentum patietur æternum. Sic enim aptata ad interitum vasa A ad peccatum : cujus dicta, quia ipse celeri præventus est obitu, Prosper vir eruditus et sanctus recta defendit fide [*al., recte defendit* fideli] et copioso sermone. Ex quibus Gallorum capitulis ut non multa nunc ponamus, ne libellum istum quem prolixum facere disputandi necessitas cogit prolixiorem voluntas facere videatur, duarum responsionum loca duximus inserenda. Decima quarta quippe Gallorum objectio sic habetur : « Quod qui evangelicæ prædicationi non credunt, ex Dei prædestinatione non credant ; et quod Deus ita definierit, ut quicunque non credunt, ex ipsius constitutione non credant. » Huic itaque pravitati, quæ beati Augustini dictis non ex veritate, sed ex livore objiciebatur, tali Prosper sermone respondit : « Infidelitas non credentium Evangelio nequaquam ex Dei prædestinatione generatur : bonorum enim Deus auctor est, non malorum. Prædestinatio igitur Dei semper in bono est, aut ad retributionem justitiæ, aut ad donationem pertinens gratiæ. *Universæ enim viæ Domini misericordia et veritas* (*Psal.* xxiv, 10). Proinde infidelitas non credentium non ad constitutionem Dei, sed ad præscientiam referenda est, quæ non ideo necessitatem non credendi intulit, quia falli de ea quæ futura erat infidelitate non potuit. » Decima quinta etiam objectio his verbis inserta est : « Quod idem sit præscientia quod prædestinatio. » Cui Prosper sic respondit : « Qui præscientiam Dei in nullo ab ipsius prædestinatione discernit, quod tribuendum est Deo de bonis, hoc ei etiam de malis conatur ascribere. Sed cum bona ad largitorem cooperatoremque eorum Deum, mala autem ad voluntariam rationalis creaturæ nequitiam referenda sint, dubium non est sine ulla **33** temporali differentia, Deum et præscisse simul et prædestinasse quæ ipso erant auctore facienda, vel quæ malis meritis justo erant judicio retribuenda : præscisse autem tantummodo, non etiam prædestinasse, quæ non ex ipso erant causam operationis habitura. » Nos itaque, charissime, hæc interim pauca de libris sancti Augustini, et de responsionibus Prosperi, ob hoc maluimus huic libello inserere, ut cuncti noverint quid debeant de prædestinatione sanctorum impiorumque sentire. Hæc sumpta] sunt de libro Fulgentii.

sunt iræ, sicut et Apostolus isdem dicit *natura filios iræ* (*Ephes.* ii, 3) ; non qua primus homo est conditus, sed qua post peccatum ipsius ex maledicto semine quisque est generatus : unde soli salvantur qui Salvatoris gratia salvi fiunt, et psalmus dicit, *Factus sum tanquam vas perditum* (*Psal.* xxx, 13), quod exponit Hieronymus, homo perditus per peccatum.

CAPUT VIII.

Unde Prædestinatiani auctoritatem, potiusque opinionem hujuscemodi expositionis apostolici capituli, non sibi profuturam quia ex mendacio sumpserint.

Cæterum non latet nos unde compilator capitulorum hunc sententiæ apostolicæ sensum cum fiducia ad suum suorumque complicium errorem astruendum assumpserit : nimirum de verbis Fulgentii, qui B sicut supra posuimus, ad Monimum de prædestinatis ad interitum (*lib.* i, *c.* 3), quasi sub defensione sancti Augustini, scripserat exponendo verba illius quæ dixerat in libro de Perfectione justitiæ hominis : « Legente me, inquis, librum de Perfectione justitiæ hominis, testimonium prophetæ in ordinem relegens, auditu cauto pedetentim paululum retractavi, et cætera, usque dum a beato Augustino ibidem dicitur, sed in eo genere hominum quod prædestinatum est ad interitum. Hic dicta sancti Augustini determinans, et ad me intentionem tuarum dirigens litterarum, dicis sentire me jam cur iterum hæc inculces, scilicet quod sæpius reluctanti mihi prædestinationem non tantum in bono dici, sed etiam in malo. » C Postea autem assumit testimonium sancti Augustini ex libro **32** secundo de Baptismo parvulorum ad Marcellinum, ut suam valeat confirmare sententiam, quia sunt damnandi prædestinati ad pœnam. In quo libro tractans hoc apostolicum testimonium ita dicit (*Ibid., c.* 26) : « Quia causam iniquitatis suæ ex propria homo habuit voluntate, propterea beatus Paulus *sustinuisse* asserit *Deum in multa patientia vasa iræ aptata in interitum* (*Rom.* ix, 22). » Et post paululum : « In hoc itaque ista vasa Deus aptavit in quod prædestinavit, hoc est in interitum : illum utique interitum, quem Paulus malis repente superventurum demonstrat dicens : *Cum enim dixerint pax et securitas, tunc repentinus eis superveniet interitus* (*I Thess.* v, 3). » Post quæ subjunxit in eodem D libro de beato Augustino dicens (*cap.* 29) : « Et ut manifestiore, inquit, dictorum ejus indicio nostra fulciatur assertio, aliquid nobis ponendum est de libro quem scripsit de Prædestinatione sanctorum, quo manifestius ostendit sine prædestinatione præscientiam Dei esse posse, prædestinationem vero sine præscientia esse non posse. » Et post pauca (*cap.* 30) : « Non autem ignoras, etiam præterito tempore illi luculentissimo sancti Augustini operi, quod scripsit de Prædestinatione sanctorum, a quibusdam Gallis objectum quod beatus Augustinus in assertione prædestinationis divinæ peccatores non ad solum prædestinatos diceret judicium, sed etiam

CAPUT IX.

Quod etiam Isidorum ad suam confirmandam sententiam in testimonium deducunt, et quædam de libris beati Augustini proferunt, unde ipse vir insignis eos revincit, et Fulgentius ipse auctoritatem quam ex illo assumunt manifeste dissolvit.

Adducunt etiam in testimonium Isidorum Hispalensem episcopum, virum doctum et legentibus in multis proficuum, qui in libro Sententiarum geminam dicit esse prædestinationem, sive electorum ad requiem, sive reproborum ad mortem. Qui hanc sententiam in secundo libro, cap. 6, quasi ex verbis sancti Gregorii de libro Moralium vigesimo nono, vel vigesimo quinto, sive de sancti Augustini dictis, ut videtur legentibus, vel undecunque sumpserit, compilavit : sed non ita, sicut in lectione ejusdem libri **A** quilibet evidentissime poterit cognoscere, secundum beati Gregorii sensum excerpsit. Unde potest opinari ut iste Isidorus, in aliis doctus, in hac sententia de reliquiis Gallorum in Hispaniis per successiones remanserit. De quibus Prosper in epistola sua ad beatum Augustinum mandavit ad locum dicens : « Postremo quemadmodum per hanc prædicationem propositi Dei, quo fideles fiunt qui præordinati sunt ad vitam æternam, nemo eorum qui cohortandi sunt impediatur, nec occasionem negligentiæ habeant si se prædestinatos esse desperent. Illud etiam qualiter diluatur quæsumus patienter insipientiam nostram ferendo demonstres, quod retractatis de hac re priorum opinionibus, pene omnium par invenitur et una sententia, qua propositum et prædestinationem Dei **B** secundum præscientiam receperunt, ut ob hoc Deus alios vasa honoris, alios contumeliæ fecerit, quia finem uniuscujusque præviderit, et sub ipso gratiæ adjutorio in qua futurus esset voluntatem et actionem præscierit. Quibus omnibus enodatis, et multis insuper quæ altiore intuitu ad causam hanc pertinentia magis potes videre discussis, credimus et speramus, non solum tenuitatem nostram disputationum tuarum præsidio roborandam : sed etiam ipsos, quos meritis atque honoribus claros caligo istius opinionis obscurat, defæcatissimum lumen gratiæ recepturos. **34** Nam unum eorum, præcipuæ auctoritatis et spiritalium studiorum virum, sanctum Hilarium Arelatensem episcopum, sciat beatitudo tua admiratorem sectatoremque in aliis omnibus tuæ esse do- **C** ctrinæ, et de hoc quod in querelam trahit, jampridem apud sanctitatem tuam sensum suum per litteras velle conferre. Sed quia utrum hoc facturus, aut quo fine sit facturus, incertum est, et omnium nostrum fatigatio, providente hoc præsenti sæculo Dei gratia, in tuæ charitatis et scientiæ vigore respirat, adde eruditionem humilibus, adde increpationem superbis. Necessarium et utile est etiam quæ scripta sunt scribere, ne leve existimetur quod non frequenter arguitur. Sanum enim putant esse quod non dolet, nec vulnus superductum cute sentiunt : sed intelligant perventurum ad sectionem quod habuerit perseverantem tumorem. » Ad quæ sanctus Augustinus eisdem viris Prospero et Hilario, ut præmis- **D** sum est, libros de Prædestinatione sanctorum, et de Bono perseverantiæ rescripsit. Verum qui contemplatur verba Isidori, quibus subsequitur in præfata sententia de gemina prædestinatione dicens : « Utraque divino aguntur judicio, ut semper electos superna et interiora sequi faciat, semperque reprobos ut infima et exteriora delectentur deserendo permittat, sic ut ignoret homo terminum lucis et tenebrarum, vel utriusque rei quis finis sit, » et reliqua quæ sequuntur, et relegit locum verborum beati Gregorii in præfato libro Moralium, ubi dicit : *Indica mihi, si nosti omnia, in qua via habitet lux, et tenebrarum quis locus sit, ut deducas unumquodque ad terminos suos, et intelligas semitas domus ejus*

(*Job.* xxxviii, 18), aperte conspicit noluisse intelligi beatum Gregorium, reprobos a Deo prædestinatos ad mortem, sicut electi ab eo sunt prædestinati ad vitam. Ait enim inter cætera quæ plenius in suis locis lector inveniet (*lib.* xxix, *cap.* 9) : « *Et intelligas*, inquiens, *semitas domus ejus*, id est consideres atque discernas, vel cui bona actio perseverans æternam mansionem præstet in regno, vel quem usque ad terminum suum actio prava constringens in æternum damnet supplicium. » Et item ad locum : « Væ miseris nobis, qui de electione nostra nullam adhuc Dei vocem cognovimus, et jam in otio quasi de securitate torpemus. Debet profecto, debet in spe esse securitas, sed etiam timor in conversatione, ut et illa certantes foveat, et iste torpentes pungat. Unde recte per Prophetam dicitur : *Qui timent Dominum, sperent in Domino* (*Psal.* cxiii, 11) : ac si aperte diceret : De spe incassum præsumit, qui timere Deum in suis operibus renuit. » Et item : « Væ etiam laudabili vitæ hominum, si remota pietate judicetur : quia districte discussa inde ante oculos judicis unde se placere-suspicatur obruitur. Unde recte Domino per Prophetam dicitur : *Ne intres in judicium cum servo tuo, quia non justificabitur in conspectu tuo omnis vivens* (*Psal.* cxlii, 2). » Et paulo post : « Hinc rursus per Salomonem dicitur : *Quis hominum intelligere poterit viam suam?* (*Prov.* xx, 24.) Et nimirum bona malave quis faciens conscientia attestante cognoscit. **35** Sed idcirco dicitur quod via sua ab hominibus nesciatur, quia etiamsi recta se quisque opera agere intelligat, sub districto tamen examine quo tendat ignorat. » Et in eodem libro (*cap.* 33) exponens sententiam : *Nunquid nosti ordinem cœli, et pones rationem ejus in terra?* (*Job* xxxviii, 33.) Alio sensu modos supernorum judiciorum in electis et reprobis demonstrat, quam Isidorus in prædicta sententia colligat, de quibus suo loco dicemus. Nam quisquis omnes beati Gregorii libros sollicita consideratione perlustrare sategerit, ita geminam prædestinationem, ut sicut electi ad vitam, ita reprobi a Deo prædestinentur ad mortem, nequaquam illum dixisse vel intellexisse reperiet. Sed velut sanctus Augustinus in libro de Prædestinatione sanctorum, et Prosper contra Gallos dicunt, prædestinationem Dei, quæ semper in bono est, quia aut ad donum pertinet gratiæ, aut ad retributionem justitiæ, in divinis operibus, quæ semper bona sunt, inter quæ computantur, cum per indebitam gratiam salvantur electi, et per debitam justitiam reprobi puniuntur, manifeste confirmat, uti in subsequentibus demonstrabimus. Proferunt nihilominus ad suam confirmandam sententiam moderni Prædestinatiani, quia sanctus Beda presbyter, qui ut in suis opusculis aperte demonstrat, aliter intellexit et tenuit ex verbis sancti Augustini quodam loco in Hexameron libro, et venerabilis Alcuinus in abbreviatione commenti evangelistæ Joannis, quod sanctus Augustinus copiosissime ad populum per sermones disseruit, sicut ibidem dictum invenerant, prædestinatos ad interitum posuerunt.

Nam si aliter quam in prædicti viri tractatibus invenerunt, in suis excerptionibus posuissent, non alienorum verborum exceptores, sed de alienis suorum potius compilatores quam compositores existerent. Unde non nostra, sed quæ nobiscum etiam ipsi legunt accipiant. Dixit Dominus ad Judæos : *Ego non accuso vos : est qui accusat vos Moyses in quem speratis* (*Joan.* v, 45). Sic quoque B. Augustinus, qui indifferenter usus est nomine prædestinationis, dicens interdum prædestinatos ad interitum in libris quos ante istos scripserat, in quibus proprie prædestinationem exposuit, eos responso redarguat, quo refragatoribus suæ posterioris sententiæ in libro de Bono perseverantiæ ex libris de libero Arbitrio respondere curavit (*cap.* 12) : « Frustra itaque mihi, inquiens, de illius libri mei vetustate præscribitur, etc. Nemo, ut opinor, esset tam injustus atque invidus, qui me proficere prohiberet. » Et item in eodem libro (*cap.* 21) : « Quamvis, inquit, neminem velim sic amplecti omnia mea ut me sequatur, nisi in his in quibus me non errasse perspexerit. Nam propterea nunc facio libros in quibus opuscula mea retractanda suscepi, ut nec meipsum in omnibus me secutum fuisse demonstrem. Sed proficienter me existimo Deo miserante scripsisse, non tamen a perfectione cœpisse : quandoquidem arrogantius loquor quam verius, si vel nunc dico me ad perfectionem sine ullo errore scribendi jam **36** in ista ætate venisse. Sed interest quantum et in quibus rebus erretur, et quam facile quisque corrigat, vel quanta pertinacia suum defendere conetur errorem. Bonæ quippe spei est homo, si eum sic proficientem dies ultimus vitæ hujus invenerit, ut adjiciantur ei quæ proficienti defuerunt, et perficiendus quam puniendus potius judicetur. Quocirca si hominibus, qui propterea me dilexerunt, quia pervenit ad eos antequam me diligerent aliqua mei laboris utilitas, nolo existere ingratus, quanto magis Deo, quem non diligeremus nisi prius dilexisset nos, et fecisset dilectores suos, quoniam *charitas ex ipso est* (*1 Joan.* iv, 7), sicut dixerunt quos fecit magnos, non solum amatores, verum etiam prædicatores suos? » Sed etsi de Fulgentio ad suam confirmandam sententiam exempla dare voluerint, objiciemus eis, in præfato libro ad Monimum libros de Prædestinatione sanctorum, et responsiones Prosperi laudibus extulisse, et quia Prosper vir eruditus recta fide et copioso sermone reprehensoribus beati Augustini obstiterit. Quapropter de præfato Apostoli testimonio audiant quid beatus Augustinus in laudato ab eis libro Augustini de Prædestinatione sanctorum dicit (*cap.* 8) : « Cur autem, inquit, non omnes doceat, aperuit Apostolus quantum aperiendum judicavit : quia *volens ostendere iram, et demonstrare potentiam suam, attulit in multa patientia vasa iræ quæ perfecta sunt in perditionem, et ut notas faceret divitias gloriæ suæ in vasa misericordiæ quæ præparavit in gloriam* (*Rom.* ix, 22). Hinc est quod *verbum crucis pereuntibus stultitia est, his autem qui salvi fiunt virtus Dei est* (*1 Cor.* i, 18). » Et post aliquanta :

« Fides igitur et inchoata et perfecta donum Dei est : et hoc donum quibusdam dari, quibusdam non dari, omnino non dubitet qui non vult manifestissimis sacris litteris repugnare. Cur autem non omnibus detur, fidelem movere non debet, qui credit in uno omnes isse in condemnationem sine dubitatione justissimam : ita ut nulla Dei esset justa reprehensio, etiamsi nullus inde liberaretur. Unde constat magnam esse gratiam, quod plurimi liberantur, et quid sibi deberetur in eis qui non liberantur agnoscunt : ut qui gloriatur non in suis meritis, quæ paria videt esse damnatis, sed in Domino glorietur. Cur autem istum potius quam illum liberet, inscrutabilia sunt judicia ejus, et investigabiles viæ ejus (*Rom.* xi, 33). Melius enim et hic audimus aut dicimus : *O homo, tu quis es qui respondeas Deo ?* (*Rom.* ix, 20) quam dicere audeamus, quasi noverimus quod occultum esse voluit, qui tamen aliquid injustum velle non potuit. » Et item in epistola ad Sixtum presbyterum (*epist.* 105) : « In vasis quæ perfecta sunt ad perditionem, quæ damnatæ debita est massæ, agnoscant vasa ex eadem massa in honorem facta, quid eis misericordia divina largita sit. » Et post paululum : « Denique ad utrumque concludit : *Ergo cujus vult miseretur, et quem vult obdurat* (*Rom.* ix, 18). Hoc facit apud quem non est iniquitas. Miseretur itaque gratuito dono, obdurat autem justissimo merito. » Et aliquanto superius : « Quærimus enim meritum **37** obdurationis et invenimus; merito namque peccati universa massa damnata est. Nec obdurat Deus impertiendo malitiam, sed non impertiendo misericordiam ; quibus enim non impertitur, nec digni sunt nec merentur, ac potius ut non impertiatur hoc digni sunt, hoc merentur. Quærimus autem meritum misericordiæ, nec invenimus, quia nullum est, ne gratia evacuetur, si non gratis donatur, sed meritis redditur. » Et item idem sanctus Augustinus in libro de Prædestinatione gratiæ (*cap.* 2) ; « Occurrit enim cur pereant ex his aliqui, cum Omnipotens omnes homines salvos fieri velit, et in agnitionem veritatis venire. Deinde cur rursus induret alios misertus aliorum, aut quomodo omnes homines velit salvos fieri, cum ipse nonnullos ne salventur induret. » Et post aliquanta (*cap.* 3) : « Si ergo, ut apparuit, de prævaricatoris semine omnes nascimur debitores, quoniam *in ipso omnes*, sicut ait Apostolus, *peccaverunt* (*Rom.* iii, 12), et ipso jam in principio unde descendimus massa damnata est, nullus de duritia sua, nullus de pœna conqueri audeat, quæ etiam non existentibus peccatis propriis, sola nascendi conditione debetur. Quod vero Deus aliis gratuita vocatione conversis misericordiam largitur indebitam, non ad dispensatoris injustitiam, sed ad donantis misericordissimam liberalitatem veritatis ratione referendum est. » Et paulo post (*cap.* 4) : « Itaque ex superiore hujus parte sententiæ qua dicit. *Cui vult miseretur* (*Rom.* ix, 18), puto quod nullus nisi indignus misericordia audeat disputare. Quod vero sequitur, *quem vult indurat* (*ibid.*), ibi paululum humanæ mentis intentio verbi novitate confunditur. Sed non ita intelligendum est, quasi Deus in homine ipsam quæ non esset duritiam cordis operetur. Quid est enim aliud duritia quam Dei obviare mandatis? » Et post pauca : « Ergo quidquid post illam prævaricationem natus supplicii homo patitur, juste reddi meritoque fateatur. Indurare enim dicitur Deus eum quem mollire noluerit, sic etiam excæcare dicendus est eum quem illuminare noluerit, sic etiam repellere eum quem vocare noluerit. *Quos enim prædestinavit, illos et vocavit; et quos vocavit, illos et justificavit* (*Rom.* viii, 29). Et post aliquanta (*cap.* 6) : Hæc quidem, quantum ad fidei regulam, Domino illuminante pie dicta sint. Sed jam video quid etiam hinc calumniosa pravitas possit opponere. Sequitur enim, ut si eos quos prædestinavit illos et vocavit, et si eos quos vocavit illos et justificavit, qui nec prædestinati nec vocati, ac per hoc nec justificati sunt, ab omni culpa debeant esse innocentes, injusteque ab eis pro vitæ pravitate transactæ in illo agnitionis die sint poscenda supplicia. Dicat istis apostolus Paulus, *Nunquid iniquitas apud Deum?* (*Rom.* ix, 14) statim ipse respondeat, *absit.* Cumque hoc fuerit in hominis mente sana pietate fundatum, quod nulla sit iniquitas apud Deum, ita intelligat, *Cui vult miseretur et quem vult indurat,* quasi diceretur : Cui vult miseretur, cui non vult non miseretur. Itemque hoc ipsum ita rursus intelligat, quasi diceretur : Cui vult donat, et a **38** quo vult debitum poscit. Quod qui dicere perseverat injustum, ab Apostolo audiat, *O homo, tu quis es, qui respondeas Deo?* (*Rom.* ix, 20.) Congrue siquidem hujusmodi impietatem apostolica retundit auctoritas, tantum de exaggeratione nominum pondus incutiens, cum dicit, *O homo, tu quis es, qui respondeas Deo?* o homo Deo, lutum figulo? Subjungit enim idem Apostolus : *Nunquid dicit figmentum ei qui se finxit, quare sic me fecisti? aut non habet potestatem figulus luti ex eadem massa facere aliud quidem vas in honorem, aliud in contumeliam?* » Et post sequentia (*cap.* 13, 14) : « Dominus noster Jesus Christus Filius Dei, Verbum Patris æquale et coæternum Patri, semetipsum exinanivit formam servi accipiens, et cum peccatum ipse non esset, factus assumpta carne peccatum, ut peccato carnis homine sanato peccatum damnaret in carne, venit quærere quod perierat, sanare quod ægrotabat, erigere quod jacebat, potestatem habens dimittere peccata, quod non debebat donare, quod ei debebatur ignoscere, deletisque omnibus veteris culpæ maculis quam fecerat reparat naturam : de his quibus pœnam severitas juste decreverat, secundum ineffabilem dispositionis occultæ misericordiam elegit vasa quæ faceret in honorem, et alios a ventura ira dono gratuitæ vocationis absolvit, alios derelinquens ad æqualitatis judicium reservavit ; nulli tamen agnoscendæ veritatis abstulit facultatem : et ita plenitudo divinæ præscientiæ, in alios manante justitia, in alios gratia profluente completa est, ut pereuntibus quos præscierat Deus esse perituros, et salvatis quos in illa secreta sua electione præscierat esse salvandos, toto orbe diffusa multiplicaretur Ecclesia. Gratulare ergo, quicunque illuminatus es, et gratiam quam non merebaris agnosce : geme, quicunque induratus es, et justitiam confitere. Dic, quicunque ab originali contagio lavacro gratiæ te gloriaris ablutum : *Misericors et miserator Dominus, patiens et multæ misericordiæ, non secundum peccata nostra fecit nobis, neque secundum iniquitates nostras retribuit nobis* (*Psal.* cii, 10). Dic, quicunque damnaris, *justus es, Domine, in omnibus quæ fecisti nobis, et omnia judicia tua vera* (*Dan.* iii, 27), quia in veritate et judicio superinduxisti omnia hæc propter peccata nostra. » Et item in eodem (*cap.* 6) : « *Ego autem indurabo cor Pharaonis* (*Exod.* iv, 21). Quid est indurabo nisi non molliam? Apparet enim in alios manante justitia, in alios gratia profluente, Scripturæ illius sententiam fuisse completam, qua dicit Deus Pharaoni, *In hoc ipsum excitavi te, ut ostendam in te virtutem meam, et ut annuntietur nomen meum in universa terra* (*Exod.* ix, 16). Utente enim Deo bene etiam malis, induratione Pharaonis, flagellis Ægypti, et tot ac tantis in illa gente miraculis pariter acervatimque perfectis, quid aliud gestum est, quam ut Dei virtus, apud se magna in se plena , ad humani generis notitiam perveniret, non Deo, sed ipsis relegentibus ut credentibus profutura? » Et post pauca (*cap.* 7) : « Hoc etiam divinæ potestatis in hominum electione judicium paulo ante commemorans beatus Apostolus robustissimis **39** monstravit exemplis, cum de Rebeccæ partu adhuc intra uterum constituto totum ad Dei gratiam referens loqueretur. Sic enim ait : *Sed et Rebecca ex uno concubitu habens Isaac patris nostri, cum nondum nati fuissent neque aliquid egissent boni aut mali, ut secundum electionem propositum Dei maneret, non ex operibus, sed ex vocante dictum est, quia major serviet minori, sicut scriptum est, Jacob dilexi, Esau autem odio habui* (*Rom.* ix, 10); statimque subjecit, Quid dicemus? *Nunquid iniquitas apud Deum?* negansque respondit, *absit.* » Et post aliquanta, quæ plenius lector in suis locis inveniet (*cap.* 8) : « Prædestinatus est ergo Jacob vas in honorem, sed non ex operibus, quia non ex operibus , sed ex vocante dictum est, major serviet minori. Et ne forte vasa in honorem prædestinata aliquid suis viribus tribuendo negarent gloriam Creatori, alio ea loco Apostolus *vasa misericordiæ* nominat, ut totum quidquid essent secundum misericordiam se esse cognoscerent. » Et post pauca : « Ecce in illis juste punitur iniquitas, in istis gratis nulla justitia muneratur. » Et item (*cap.* 10) : « Hanc itaque distributionem, qua diximus a Deo homines nullis existentibus meritis vocari, et vocatos, ut boni aliquid operentur, Dei adminiculis indigere, sumpto de veteribus litteris Apostolus monstrat exemplo. Postquam illam de duobus geminis electionem, omni repulsa laude meritorum , ad Dei gratiam judiciumque retulerat, videns quid impia posset blasphemare garrulitas, dixit, *Nunquid iniquitas apud Deum?* et sequitur, *absit ;* et quasi diceretur ei, Unde probas? parum putavit auctoritatem suæ valere doctrinæ, nisi sententiam suam etiam legis doceret exemplo. Sic enim intelligi voluit quod Moyses dixerat, *Miserebor cui miserebor, et misericordiam præstabo cui misericors fuero* (*Exod.* xxxiii, 19), ut primam a Deo misericordiam vocatione credamus hominibus prærogari, quæ sola ad recte vivendum non sufficit, si deserat qui vocavit. Ideoque additum, *et misericordiam præstabo cui misericors fuero*, ut a Deo accipi manifestum sit etiam ipsa misericordiæ opera, quæ cum videmur impendere Dei misericordiam promeremur. » Et paulo post : « Si quem vero movet, quod non omnes, etiam de his qui jam vocati sunt, ad secundam gratiam, id est ad recte vivendi donum pervenire mereantur, sicut Dominus in Evangelio dicit, *Multi vocati, pauci vero electi* (*Matth.* xxii, 14), hinc intelligat quale sit, quod contra Dei gratiam defensare molitur qui de libero sibi blanditur arbitrio. Quicunque enim, divinæ vocationis munere derelicto, ad impiam rursus defluxere perfidiam, ipsis Dei gratia deserente ad implendum quod voluerint sufficit arbitrium. » Et item post aliquanta (*cap.* 14, 15) : « Hanc ergo Pharao misericordiam non accepit, et ideo ei ad pereundum liberum suffecit arbitrium : quem quidem nullus ita ignarus divinarum Scripturarum erit qui audeat dicere illa omnia injuste esse perpessum. An forte, si pie de Deo sicut expedit sentiamus, etiam Pharaoni datam misericordiam reperimus? Patientia enim Dei valere ei debuit ad salutem : qua differens justum meritumque **40** supplicium, miraculorum verbera crebra densabat : nunquid non potuit, sicut flagellis cedens expulit populum, ita miraculis credens Deum tantæ virtutis agnoscere? Si dicitur jam Pharaonem non potuisse mutari, quia eum præscierat Deus non esse mutandum : respondetur Dei præscientiam non cogere hominem ut talis sit qualem præscivit Deus, sed præscire talem futurum qualis futurus est, quamvis eum non sic fecerit Deus; quoniam si cogeret esse, hoc utique cogeret quod non est : porro si hoc præscierat futurum esse quod non est, præscientia non est : quod de Deo quam impie dicatur, advertit quisque qui peccatis suis inde blanditur, quod Deus eum peccatorem futurum esse præscierit. Potest existere nihilominus fortasse qui dicat minus idoneam ad salutem viam, si nulla intrinsecus vocatione pulsatus tamen quispiam flagelletur. Unde Nabuchodonosor pœnitentiam meruit fructuosam? Nonne post innumeras impietates flagellatus pœnituit, et regnum quod perdiderat rursus accepit? Pharao autem ipsis est flagellis durior effectus, et periit. Hic mihi rationem reddat qui divinum consilium nimis altum sapienti corde dijudicat, cur medicamentum unius medici confectum alii ad interitum, alii valuerit ad salutem, nisi *quia Christi bonus odor, aliis* est *odor vitæ in vitam, aliis* est *odor mortis in mortem* (*II Cor.* ii, 15, 16). Quantum ad naturam, ambo

homines erant; quantum ad dignitatem, ambo reges; quantum ad causam, ambo captivum Dei populum possidentes ; quantum ad pœnam, ambo flagellis clementer admoniti. Quid ergo fines eorum fecit esse diversos, nisi quod unus manum Dei sentiens in recordatione propriæ iniquitatis ingemuit, alter libero contra Dei misericordissimam veritatem pugnavit arbitrio? Hic quicunque respondet, illi ut mutaretur adfuisse divinum, huic ut induraretur defuisse præsidium, et hoc contendit injustum, propter quod rerum ipsarum fines in Dei voluntate constituens dixit Apostolus : *Cui vult miseretur, et quem vult indurat* (*Rom.* ix, 18), dicente etiam Domino : *Sine me nihil potestis facere* (*Joan.* xv), intelligat ista omnia vel adjuvante Domino perfici, vel deserente permitti, ut noverit tamen nolente eo nihil prorsus admitti. » Et post pauca (*cap.* 16) : « Nunc autem, cum damnatis pœna justa datur, salvatis autem gratia donatur indebita, quis usque adeo humanæ conditionis oblitus divini sensus arcana discutiat, ut cum ipsam pœnam merito fuerit consecutus, queratur cur alius gratiam quæ ei non debebatur acceperit? » Et item S. Augustinus in libro de Bono perseverantiæ (*cap.* 11) : « Non enim est iniquitas apud Deum, sed inscrutabilia sunt judicia ejus, et investigabiles viæ ejus (*Rom.* xi, 33), universæ autem viæ Domini misericordia et veritas (*Psal.* xxiv, 10). Investigabilis ergo est misericordia, qua cujus vult miseretur, nullis ejus præcedentibus meritis : et investigabilis veritas qua quem vult obdurat, ejus quidem præcedentibus meritis, sed cum eo cujus miseretur plerumque communibus; sicut duorum geminorum, quorum unus assumitur, alius relinquitur, **41** dispar est exitus, merita communia. In quibus tamen sic alter magna Dei bonitate liberatur, ut alter nulla ejus iniquitate damnetur. *Nunquid enim iniquitas est apud Deum? Absit :* sed *investigabiles sunt viæ ejus.* Itaque misericordiam ejus in his qui liberantur, et veritatem in his qui puniuntur sine dubitatione credamus, neque inscrutabilia scrutari aut investigabilia vestigare conemur. Ex ore quippe infantium et lactentium suam perficit laudem (*Psal.* viii, 3) : ut quod in his videmus, quorum liberationem bona eorum merita nulla præcedunt, et in his quorum damnationem utrisque communia originalia sola præcedunt, hoc et in majoribus fieri nequaquam omnino cunctemur, id est, non putantes vel secundum sua merita gratiam cuiquam dari, vel nisi suis meritis quemquam puniri, sive pares qui liberantur atque puniuntur, sive dispares habeant causas malas; ut qui videtur stare videat ne cadat (*I Cor.* x, 12), et qui gloriatur non in seipso, sed in Domino glorietur (*I Cor* i, 31). » Item Augustinus in libro quarto contra Pelagium (*cap.* 5) : « Attulit in multa patientia vasa iræ quæ perfecta sunt in perditionem, ut notas faceret divitias gloriæ suæ in vasa misericordiæ quæ præparavit in gloriam. Ira quippe non redditur nisi debita, ne sit iniquitas apud Deum : misericordia vero etiam cum præbetur indebita,

non est iniquitas apud Deum. Et hinc intelligunt **A**
vasa misericordiæ quam gratuita illis misericordia
præbeatur, qnod iræ vasis, cum quibus eis est perditionis causa et massa communis, ira debita et
justa rependitur. » Et item Augustinus in epistola ad
Optatum dixerat (*epist.* 57) : « Tanquam figulum
luti, ex eadem massa facere, aliud vas in honorem,
aliud in contumeliam : merito autem videretur injustum, quod fiunt vasa iræ ad perditionem, si non
esset ipsa universa ex Adam massa damnata. Quod
ergo fiunt inde nascendo vasa iræ, pertinet ad debitam pœnam : quod autem fiunt renascendo vasa misericordiæ, pertinet ad indebitam gratiam. Ostendit
ergo Deus iram suam, non utique perturbationem
animi, sicut est quæ ira hominis nuncupatur; sed
justam fixamque vindictam, quod de stirpe inobe- **B**
dientiæ ducitur propago peccati atque supplicii, et
homo natus ex muliere, sicut in libro Job scriptum
est (*cap.* xiv, 1) : brevis est vita, et plenus iracundia ;
ejus enim rei vas est qua plenus est; unde iræ vasa
dicuntur. Ostendit et potentiam suam, qua bene utitur etiam malis, multa illis naturalia et temporalia
bona largiens, eorumque malitiam ad exercendos et
comparatione admonendos bonos accommodans, ut in
eis discant agere gratias Deo, quod ab eis non suis
meritis, quæ in eadem massa paria fuerunt, sed
illius miseratione discreti sunt. » De qualibus Gregorius in vigesima prima Ezechielis homilia dicit :
« Paulus cum adhuc rudis esset in fidei vocatione,
quia jam Domini verba perceperat, et cœlesti gratia
plenus erat, vas electionis appellatur, cum dicitur : **C**
Vas electionis mihi est (*Act.* ix, 15). Hinc pastores
atque doctores propheta admonet dicens : *Munda-*
mini qui fertis vasa Domini (*Isa.* lii, 11). Ipsi etenim quasi **42** mensæ Domini vasa portant, qui
vitam fidelium erudiendo tolerant, ut quandoque
hanc Domino ad holocaustum et sacrificium perducant. » Quas sequens sententias Florus, ex cujus
scripto iste quicunque sit compilator falsidicus hæc
capitula commasticans expuit, ibidem scripsit dicens. « Unde Apostolus, inquit, vasa misericordiæ
ejus appellat (*Rom.* ix, 20), ut ostenderet divitias
gratiæ suæ quæ præparavit in gloriam. E contrario
autem malos præscivit per propriam malitiam malos
futuros, et præscivit per suam justitiam æterna ul- **D**
tione damnandos. Sicut præsciebat de Juda proditore quod *eum esset traditurus,* sicut Evangelium
dicit, *cum esset unus ex duodecim* (*I Joan.* xi, 72) :
præsciebat etiam æternam ejus damnationem cum
diceret : *Væ autem homini illi per quem filius homi-*
nis tradetur : bonum erat ei si natus non fuisset
homo ille (*Matth.* xxvi, 74). Et item malos non ideo
perire quia boni esse non potuerunt, sed quia mali
esse voluerunt, et suo vitio vasa iræ aptata in interitum perseveraverunt, et in massa perditionis vel
originali vel actuali merito permanserunt. »

CAPUT X.

De testimoniis Scripturarum, quibus Gothescalcus et
sui complices alieno sensu a fide catholica et or-
thodoxorum doctrina irreverentissime abutuntur.

Sciendum est etiam, quod sub hoc sensu, quo
iste compilator usus est Apostoli testimonio, etiam
aliis testimoniis in asserendo suum errorem Gothescalcus cum suis scholasticis utitur, ut *Universa pro-*
pter semetipsum operatus est Dominus, impium quo-
que ad diem malum (*Prov.* xvi, 4); et de Ecclesiastico, *Qui transgreditur a justitia ad peccatum, para-*
vit eum Deus ad romphæam (*Eccli.* xxvi, 27). De
quibus ita catholici sentiunt : quia impium ad diem
malum operatus est Dominus, et transgredientem a
justitia ad peccatum paravit ad romphæam, quia
quem impium et transgredientem futurum præscivit,
non prædestinavit ut ad diem sibi malum, et ad romphæam, id est debitam ultionis vindictam perveniret, sed permisit, factumque proprio vitio impium, et
arbitrio suo transgressorem, justo judicio condemnavit. Qui non ideo est impius factus, neque est idcirco
transgressus, quoniam impius futurus et transgressor est a Deo præscitus : sed ideo est impius et
transgressor a Deo præscitus, quia impius et transgressor vitio suo erat futurus. Propterea quicunque
legerit hoc Apostoli testimonium in hujus tertio compilatoris capitulo positum, sanius secundum catholicorum Patrum doctrinam intelligere debet quod dictum
est ab Apostolo : *Vasa iræ perfecta vel aptata ad interi-*
tum (*Rom.* ix, 22), peccato primæ prævaricationis : et
quod dicit, Facit Deus *vas in honorem,* scilicet gratia
et prædestinatione : facit autem *vas in contumeliam,*
non operando, sed justissime deserendo, sicut plena
sunt orthodoxorum volumina tali expositione. Scilicet **43** quia cor Pharaonis justo judicio induravit,
quod per gratiam non emollivit : in reprobum sensum ex retributione justitiæ, quia est peccatum et
pœna peccati. In aliud sæpe peccatum peccatores
tradidit, quia gratia non liberavit : justitia excæcavit, quia gratia non illuminavit : vas in contumeliam
fecit, quia juste in massa perditionis atque damnationis reliquit, et non per gratiam prædestinando vas
honorabile fecit. Sic et inclusit quoniam non aperuit, destruxit quia non ædificavit, despexit quem
non respexit; et eum qui transgreditur a justitia ad
iniquitatem, ex retributione justitiæ Deus paravit ad
romphæam; et permisit gentes ingredi vias suas, et
hominem dimisit in manu consilii sui; balteum regum juste deserendo dissolvit, fune renes eorum
permittendo præcingit; ex retributione justitiæ in
tentationem inducit, quoniam juste induci permittit.
Et in Job, *Privavit Deus sapientia* (*Job* xxxix, 17),
cui juste non dedit : et de his de quibus scriptum
est, quia *non potuerunt audire quoniam voluit Deus*
eos occidere (*I Reg.* ii, 25), scilicet quod mereban-
tur : ut reddat justitia quod non indulget gratia.
Unde et Prosper, ex verbis sancti Augustini, in responsione objectionis xv Vincentianarum, ostendit
quia sicut Deus nemini correctionis adimit viam, ita

nec quemquam boni possibilitate dispoliat : quia qui se a Deo avertit, ipse et velle quod bonum est et posse sibi sustulit. Non est ergo consequens, ut Deus quibus pœnitentiam non dederit resipiscentiam abstulerit, et quos non levaverit, alliserit ; cum aliud sit insontem in crimen egisse, quod alienum est a Deo, aliud criminoso veniam non dedisse, quod de peccatoris est merito. Istæ sunt duæ sortes, et duo funiculi dimensi, unus ad occidendum, et unus ad vivificandum, commemorati de scripturis in libello domni Prudentii, ad confirmandam sententiam quia sunt reprobi a Deo prædestinati ad mortem, sicut electi ad vitam. Sed melius, quia verius, Prosper, ut diximus, ex verbis sancti Augustini, qualiter catholice intelligere debeamus hujusmodi Scripturæ sacræ locutiones aperuit. Videlicet quia aut ad donum pertinet gratiæ, aut ad retributionem justitiæ, quidquid Deus misericorditer justeque facit, qui fecit quæ futura sunt, quia ut S. Augustinus dicit in libro de Bono perseverantiæ, nihil est nisi quod aut ipse fecit, aut fieri ipse permittit, et in libro de Gratia et libero Arbitrio ad Valentinum et cum eo monachos (*cap.* 21) : « Fixum enim debet esse et immobile in corde vestro, quia non est iniquitas apud Deum ; ac per hoc quando legitis in litteris veritatis, a Deo seduci homines, aut obtundi vel obdurari corda eorum, nolite dubitare præcessisse mala merita eorum, ut juste ista paterentur, ne incurratis in illud proverbium Salomonis : *Insipientia viri violat vias ejus, Deum autem causatur in corde suo* (*Prov.* xix, 3). » Et in eodem post aliquanta (*cap.* 23) : « Quando ergo auditis dicentem Dominum : *Ego Dominus seduxi prophetam illum* (*Ezech.* xiv, 9) : et quod ait Apostolus : *Cujus vult miseretur, et quem vult obdurat* (*Rom.* ix, 18), in eo quem seduci permittit vel obdurari, mala ejus merita, in eo vero cujus miseretur, gratiam Dei non reddentis mala pro malis, sed bona pro malis, fideliter et indubitanter agnoscite. Nec ideo auferatis a Pharaone liberum arbitrium, quia multis locis dicit Deus : *Ego induravi Pharaonem*, vel *induravi* aut *indurabo cor Pharaonis*. Non enim propterea ipse Pharao non induravit cor suum ; nam et hoc de illo legitur, quando ablata est ab Ægyptiis cynomyia dicente Scriptura : *Et aggravavit Pharao cor suum et in isto tempore, et noluit dimittere populum* (*Exod.* viii) ; ac per hoc et Deus induravit per justum judicium, et ipse Pharao per liberum arbitrium. » Hujus etiam locutionis modum et Beda in secundo libro commenti Lucæ evangelistæ demonstrat, exponens sententiam dicti Dominici, animam salvam facere an perdere, hoc est hominem curare an non : « Idem est quod præmiserat bene facere an male : non quod Deus summe bonus auctor mali nobis aut perditionis esse possit ; sed quod ejus non salvare Scripturæ consuetudine perdere dicatur, sicut dicitur indurasse cor Pharaonis, non quod molle obduraverit, sed quod meritis præcedentibus obduratum misericorditer emollire noluerit. Et cum rogamus, *Ne nos inducas in tentatio-*

nem, protinus addendo, *Sed libera nos a malo* (*Matth.* vi, 13), manifeste docemur, ejus inducere in tentationem non esse aliud quam non liberare a malo ; ejus perdere animam esse a perditione salvam non facere. » Et sanctus Gregorius in libro vigesimo nono (*cap.* 15) Moralium : « Semetipsum, inquit, Dominus hoc gelu gignere perhibet; non quo pravorum mentes ipse ad culpam format, sed quo a culpa non liberat ; sicut scriptum est, *Ego obdurabo cor Pharaonis* (*Exod.* iv et vii), quod quia misericorditer mollire noluit, profecto districte se obdurare nuntiavit. » Hinc sanctus Augustinus in psalmo xxxv : « *Dedit illos Deus in concupiscentias cordis illorum, facere quæ non conveniunt* (*Rom.* i, 28). Si Deus hoc facit ut faciant quæ non conveniunt, quid ipsi fecerunt? Ergo fuit concupiscentia, quam vincere noluerunt, cui traderentur judicio Dei, si aut digni haberentur qui traderentur. » Et in psalmo xxviii : « Alii dicebant Bonus est, alii Non. Ut alios in charitatem suam trajiceret, alios in malitia eorum relinqueret. » Et in psalmo vi : « *Dedit illos Deus in reprobum sensum*. Nam ea est cæcitas mentis. In eam quisquis datus fuerit ab interiore Dei luce secluditur ; sed nondum penitus cum in hac vita est : sunt enim tenebræ exteriores, quæ magis ad diem judicii pertinere intelliguntur, ut penitus extra Deum sit quisquis dum tempus est corrigi noluerit. » Et in psalmo v : « Cum punit Deus peccatores, non malum suum eis infert, sed malis eorum eos dimittit. » Et in psalmo vii : « Esse ad lucem pertinet, non esse ad tenebras. Qui ergo deserit eum a quo factus est, et inclinat in id unde factus est, id est in nihilum, in hoc peccato tenebratur, et tamen non penitus perit, sed in infimis ordinatur. » His catholicorum documentis agnoscat capitulorum compilator, nihil se adjuvari posse a Fulgentio in expositione secundum suum sensum hujus 45 apostolici testimonii. Quapropter ad perscrutanda capituli reliqua transeamus.

CAPUT XI.
De perscrutandis capituli subsequentis reliquiis.

Denique ait noster, quia veritatis secundum suam intelligentiam infestissimus persecutor, « In electione tamen salvandorum misericordiam Dei præcedere meritum bonum : in damnatione autem periturorum malum meritum præcedere justum Dei judicium. » Noluit hæc iste compilator sic ponere, sicut illa Florus in suo scripto bene studuit ponere, et in quantocunque illa verbis convertit, in tanto a recto sensu pervertit. Dixit namque ille, « Sive autem in illis qui salvantur sive in illis qui pereunt, voluntas propria remuneratur, voluntas propria damnatur. Sed in illis, quia per gratiam Domini salvatoris est sanata, ut ex mala et prava fieret bona et recta, est proculdubio dignissime coronata. In istis autem, quia non acquiescit per Salvatorem recipere sanitatem, justissime per eumdem judicem sentiet perpetuam damnationem. » Et supra : « Ergo bonos præscivit omnino et per gratiam suam bonos futuros, et per eamdem gratiam æterna præmia accepturos : id est et in præsenti sæculo bene victuros et in futuro feliciter remunerandos : utrumque tamen ex dono misericordiæ Dei. Unde Apostolus vasa misericordiæ ejus appellat dicens : *Ut ostenderet divitias gratiæ suæ in vasa misericordiæ, quæ præparavit in gloriam (Rom. IX, 23).* Econtrario autem malos et præscivit per propriam malitiam malos futuros, et præscivit per suam justitiam æterna ultione damnandos. » Immutavit compilator incomposite verba composita, et rectum sensum transtulit in perversum. Si enim dixisset, in salvatione electorum misericordiam Dei præcedere bonum meritum, utcunque constare intelligeretur sententia. Nunc autem, quia dicere maluit, in electione salvandorum misericordiam Dei præcedere bonum meritum, a consequentia recti sensus recessit. Nam de salvandorum electione scriptum est : *Elegit Deus nos in ipso,* id est in Christo, *ante mundi constitutionem, prædestinans nos in adoptionem filiorum (Ephes. I, 4).* Unde Augustinus in libro de Prædestinatione sanctorum dicit (cap. 10) : « Si quæratur unde quisque sit dignus, non desunt qui dicant voluntate humana : nos dicimus, gratia vel prædestinatione divina. » Et prædestinatio, quæ sine præscientia esse non potest, ipsa est electio, sicut docet Apostolus : *Quos præscivit et prædestinavit conformes fieri imaginis Filii sui (Rom. VIII, 29).* Et iterum : *Quos præscivit hos et prædestinavit, vocavit, justificavit, glorificavit (Ibid. v. 30)*; quibus singulis hanc opponens sententiam sanctus Augustinus subjungit (cap. 17) « et non alios ; » et electio gratiæ ipsa est misericordia. Dicat ergo, quæ misericordia est alia quæ præcedit bonum meritum in electione salvandorum, si in electione salvandorum præcedit misericordia. Igitur misericordiam **46** præcedit misericordia, et erunt duæ misericordiæ quibus eliguntur salvandi : cum non in electione salvandorum, sed in salvatione electorum duobus modis sit intelligenda Dei misericordia, videlicet ejus gratuita gratia. Unde si vult inter primam et secundam misericordiam, gratuitam scilicet gratiam, cognoscere differentiam, legat sancti Augustini librum de gratiæ prædestinatione, in quo ad locum dicit (cap. 10) : «*Misereor cui miserebor, et misericordiam præstabo cui misericors fuero (Exod. XXXIII, 19),* ut primum a Deo misericordiam vocatione credamus hominibus prærogari : quæ sola ad recte vivendum non sufficit, si deserat qui vocavit. Ideoque additum, *et misericordiam præstabo cui misericors fuero,* ut a Deo accipi manifestum sit etiam ipsa misericordiæ opera, quæ cum videmur impendere Dei misericordiam promeremur. Sic enim in Evangelio Dominus dicit : *Beati misericordes, quoniam misericordiam consequentur (Matth. V, 7).* Quod nisi sic intellexisset Apostolus, nunquam probationis gratia disputationi suæ hoc testimonium curasset inserere. Si quem vero movet quod non omnes, etiam de his qui jam vocati sunt, ad secundam gratiam, id est ad recte vivendi donum pervenire mereantur, sicut Dominus in Evangelio dicit : *Multi sunt vocati, pauci vero electi (Matth. XXII, 14),* hinc intelligat quale sit, quod contra Dei gratiam defensare molitur qui de libero sibi blanditur arbitrio. Quicunque enim, divinæ vocationis munere derelicto, ad impiam rursus defluxere perfidiam, ipsis Dei gratiam deserentibus ad implendum quod voluerant sufficit arbitrium, » et reliqua, quæ latius et disertissime ibidem prosequitur gratiæ cœlestis orator. Hinc et Prosper in libro Sententiarum epigrammatum, quas ex sancti Augustini dictis breviter adnotavit (cap. 130) : « Sicut duo sunt, inquit, officia medicinæ, unum quo sanatur infirmitas, aliud quo custoditur sanitas : ita duo dona sunt gratiæ, unum quod aufert carnis cupiditatem, aliud quod facit animi perseverare virtutem. » His doctorum sententiis discat et intelligat se non bene dixisse, in electione salvandorum misericordiam Dei præcedere meritum bonum ; quoniam prima est quam altera non præcedit gratia in electione et vocatione salvandorum, quæ omne præcedit bonum meritum : quin et cogitare et velle bonum, et fidem totius operis boni initium, quæ per dilectionem operatur, sine qua impossibile est placere Deo, ut Scriptura testatur dicens : *Non quasi sufficientes simus cogitare aliquid a nobis, quasi ex nobis : sed sufficientia nostra ex Deo est (II Cor. III, 5) : Qui dedit nobis et velle et perficere pro bona voluntate (Philip. II, 13),* et : *Alteri datur fides in eodem spiritu (I Cor. XII, 8).* Unde Augustinus in libro de Prædestinatione sanctorum dicit (cap. 18) : « Elegit Deus in Christo ante mundi constitutionem membra ejus : et quomodo eligeret eos qui nondum erant, nisi prædestinando ? » Et post aliquanta : « Elegit ergo nos Deus in Christo ante mundi constitutionem, prædestinans nos in adoptionem filiorum : non quia per nos sancti et immaculati futuri eramus, sed elegit, prædestinavitque ut essemus, » alioquin gratia jam **47** non est gratia, si non fuerit gratis data. Secunda autem est misericordia sive gratia recte vivendi, ad quam præsciti et prædestinati, electi atque vocati gratiæ dono pervenire merentur : qua gratia justificati in futuro glorificabuntur, accipientes gratiam pro gratia, id est gratiam beatæ-retributionis pro gratia bonæ operationis, sicut sanctus Augustinus in libro de Bono perseverantiæ scripsit.

CAPUT XII.

Diffinitio sancti Augustini, quid sit sanctorum prædestinatio, a qua capitulorum istorum compilator omnimodis discordare cognoscitur, et per ambages fidem divinæ prædestinationis extenuando pervertit, et verba veritatis ad mendacia quantum potest inflectit : unde eum catholicorum doctrina aperta veritate, et si non eum pertinaciæ inhærentem ad tramitem veritatis reflectit, verum de mendacio contrarium veritati revincit.

« Hæc est, inquiens, prædestinatio sanctorum, nihil aliud, præscientia scilicet et præparatio beneficiorum Dei, quibus certissime liberantur quicunque liberantur. » Et item in eodem (cap. 7) : « Post casum autem hominis, non nisi ad gratiam suam Deus voluit pertinere ut homo accedat ad eum, neque nisi ad gratiam suam voluit pertinere, ut homo non recedat ab eo. Hanc gratiam posuit in illo in quo sortem consecuti sumus, prædestinati secundum propositum ejus qui universa operatur, ac per hoc sicut operatur ut accedamus, sic operatur ne discedamus. » Et in libro, sicut supra diximus, de Prædestinatione sanctorum (*cap.* 10) : « Si discutiatur, inquit, et quæratur unde quisque sit dignus, non desunt qui dicant voluntate humana : nos autem dicimus, gratia vel prædestinatione divina. Inter gratiam porro et prædestinationem hoc tantum interest, quod prædestinatio est gratiæ præparatio, gratia vero jam ipsa donatio. Quod itaque ait Apostolus : *Non ex operibus, ne forte quis extollatur, ipsius enim sumus figmentum, creati in Christo Jesu in operibus bonis* (*Ephes.* II, 9), gratia est : quod autem sequitur : *Quæ præparavit Deus ut in illis ambulemus*, prædestinatio est, quæ sine præscientia esse non potest. »

Sed iste commutator, immutans verba et sensus Flori qui secutus fuerat sensum Augustini, sicut dicitur :

Cattus in obscuris cepit pro sorice picam,

putamus quod quando dixit in electione salvandorum misericordiam Dei præcedere meritum bonum, in damnatione autem periturorum malum meritum præcedere justum Dei judicium, hoc dicere voluerit, quod sanctus Augustinus rectissime et apertissime in libro de Bono perseverantiæ dicit (*cap.* 11) : « Ex ore, inquiens, infantium et lactentium Deus suam perfecit laudem (*Psal.* VIII, 3), ut in his quorum liberationem, id est electionem, videmus, bona eorum merita nulla **48** præcedant, et in his quorum damnationem videmus, non cunctemur nisi suis meritis quemque puniri, sive pares qui liberantur et qui puniuntur, sive dispares habeant causas malas. » Nam ideo dicuntur electi, quia de massa perditionis sunt gratia electi nullum habentes meritum antequam eligantur, quorum electio ipsa est Dei misericordia, sicut in Arausica synodo, cui beatus Cæsarius ex delegatione sedis apostolicæ præsedit, et capitula ab apostolica sede directa, subscribenda et tenenda omnibus protulit, capite XIV dicitur : Nullus miser de quantacunque miseria liberatur, nisi qui Dei misericordia prævenitur, sicut dicit Psalmista : *Cito anticipet nos misericordia tua, Domine* (*Psal.* LXXVIII, 8) ; et illud : *Deus meus, misericordia ejus præveniet me* (*Psal.* LVIII, 11). « Et capite XVIII : Debetur merces bonis operibus si fiant, sed gratia quæ non debetur præcedit ut fiant. » Hæc est gratuita electio, quæ præcedit opera bona, hæc est misericordia, qua miseri liberantur, cum de massa perditionis eliguntur, id est gratis leguntur. Quam misericordiam, id est antesæcularem electionem, Dei scilicet æternam prædestinationem, alia misericordia non præcedit. Qua videlicet misericordia miseri eliguntur, ut boni de malis fiant : quibus per eamdem misericordiam electis datur fides, parantur opera bona, in quibus præventi, adjuti, ambulantes, et ut perseverent subsecuti, ad vitam, id est ad gratiam perveniant sempiternam.

Quod vero subjunxit, « in damnatione autem periturorum malum meritum præcedere justum Dei judicium, » si vult ipsam prædestinationem reproborum appellari judicium Dei, quod videlicet judicium Dei, id est prædestinationem, præcedat malum meritum reproborum, pro quo secundum præscientiam prædestinavit reprobos ad interitum, quia malum meritum illorum præsciens Deus ad interitum illos prædestinavit, qnam male dicat intelligat. Neminem enim Deus damnat antequam peccet, quia neminem deserit antequam deseratur, sicut catholici dicunt doctores. Et sanctus Augustinus in libro de Prædestinatione sanctorum, et de Bono perseverantiæ, latissime et frequentissime atque catholicissime hinc repugnat eis, Scripturæ sacræ exemplis, et veracissimis ratiocinationibus, quorum verba talem imperitiam resonabant, et insipientia talem stultitiam demonstrabat. Si autem intelligi vult justo Dei judicio, quod præcedit periturorum malum meritum, pœnam eis ex retributione justitiæ prædestinatam, ipse suam sententiam, qua prædestinatos ad interitum dicit, cum conatur astruere, videtur pro certo destruere : quia utrumque, et prædestinati et relicti, id est et gratia præparati, et retributione justitiæ in massa perditionis cui est pœna prædestinata relicti, esse non possunt : quoniam catholici magistri nostri sentiendo confirmant, quia Deus hominem creavit, quem consistere ad æternitatem voluit, et non ut periret prædestinavit; periturum autem illum præscivit, qui factus est massa perditionis totius humani generis, ex qua massa perditionis **49** præscivit et prædestinavit ante omnia sæcula quosdam ad vitam, et vitam illis prædestinavit æternam, ut dicit Apostolus : *Gratia autem Dei vita æterna* (*Rom.* VI, 23), quæ in Evangelio appellatur regnum paratum, id est prædestinatum, electis scilicet prædestinatis ab origine mundi.

Deinde subjungit atque dicit : « Prædestinatione autem Deum tantum statuisse quæ ipse vel gratuita misericordia vel justo judicio facturus erat, secundum Scripturam dicentem : *Qui fecit quæ futura sunt* (*Isa.* LXV, *sec. LXX*) : in malis vero ipsorum malitiam præscisse, quia ex ipsis est, non prædestinasse, quia ex illo non est; pœnam sane malum meritum eorum exsequentem, uti Deum qui omnia prospicit præscivisse, et prædestinasse quia justus est. » Ordinabilius Florus in suo scripto, unde hic commisculans ista decerpsit, legitur posuisse. Videlicet, inquiens « Omnipotentem Deum in malis ipsorum malitiam præscisse, quia ex ipsis est, non prædestinasse, quia ex illo non est : pœnam vero illorum et præscisse quia Deus est, et prædestinasse quia justus est; ut et in illis sit meritum suæ damnationis, et in illo potestas et judicium juste damnantis. Non enim prædestinat Deus nisi quæ ipse facturus est : præscit vero multa quæ ipse facturus non est, sicut omnia mala, quæ utique mali faciunt, non ille. » Unde et Prosper in responsione decima quinta contra Gallos dicit : « Qui præscientiam Dei in nullo ab ipsius prædestinatione discernit, quod tribuendum est Deo de bonis, hoc etiam de malis conatur ascribere. Sed cum bona ad largiorem cooperatoremque eorum Deum, mala autem ad voluntariam rationalis creaturæ nequitiam referenda sint, dubium non est, sine ulla temporali differentia, Deum et præscisse simul et prædestinasse quæ ipso erant auctore facienda, vel quæ malis meritis justo erant judicio retribuenda : præscisse autem tantummodo, non etiam prædestinasse, quæ non ex ipso erant causam operationis habitura. Potest itaque sine prædestinatione esse præscientia, prædestinatio autem sine præscientia esse non potest. » Tamen qualitercunque iste confusor ista posuerit, videtur nobis quia intelligere possumus quæ dicit, « Prædestinatione autem Deum tantum statuisse quæ ipse vel gratuita misericordia vel justo judicio facturus erat, secundum Scripturam dicentem, *qui fecit quæ futura sunt* : in malis vero ipsorum malitiam præscisse, quia ex ipsis est, non prædestinasse, quia ex illo non est : pœnam sane malum meritum eorum exsequentem, uti Deum qui omnia prospicit præscivisse, et prædestinasse quia justus est. » Beatus namque Augustinus dicit, et Prosper ex verbis illius clarissime manifestat, quoniam prædestinatio Dei est, quæ aut ad donum pertinet gratiæ qua liberantur electi, aut ad retributionem justitiæ qua puniuntur injusti. Et bene posuit, non intelligens quod de alterius dictis assumpsit, prædestinatione Deum statuisse quæ ipse vel gratuita misericordia vel justo judicio facturus erat : quoniam misericordia statuit liberare electos, **50** judicio pœnam prædestinavit injustis. Et hoc totum est Dei prædestinatio, [quæ aut ad donum pertinet gratiæ, aut ad retributionem justitiæ. Nunc dicat quomodo Deus perituros ad interitum prædestinavit, quoniam in secundo capitulo dixit, « quia in massa damnationis vel merito originali vel etiam actuali permanserunt : » et in tertio fidenter est fassus, «.prædestinationem electorum ad vitam, et prædestinationem impiorum ad mortem, » et postea subsecutus est dicens, « Misericordia salvantur electi, judicio injustis est pœna prædestinata. » Talem enim sensum exprimit sua contextio. Quomodo ergo nunc iterum injusti possunt intelligi ad pœnam a Deo prædestinati ? Quoniam si a Deo ad interitum prædestinantur, Dei prædestinatione sine dubio pereunt, sicut ad salutem prædestinati Dei prædestinatione salvantur. Et si reprobi Dei prædestinatione pereunt, dicant quis auctor est eorum perditionis. Unde Prosper actione decima sexta contra Vincentianos dicit : « Non perseveraturi, videlicet perituri, non ex Dei opere, inquit, sed ex sua voluntate deficiunt, casuri tamen et recessuri ab eo qui

falli non potest præsciuntur. » Ecce in his duobus capitulis incompositus iste compositor dixit reprobos in massa perditionis relictos, et ad interitum iterum prædestinatos : et post hæc eosdem prius relictos, et post ad interitum prædestinatos, in malis suis præscitos non prædestinatos, pœnam autem eis prædestinatam. Monstruosa confectio, ut de monte Lyciæ per transformationem confingitur :

Prima leo, postrema draco, media ipsa chimera.

Quid quærit latibula ? Veritas angulos non habet. Quid tergiversando ad omnia se componit ? Quæ catholici dicunt dicit, vel potius ad illa se affectando componit, et quæ hæretici dicunt pro viribus asserit. Sicut de chamæleonte refertur, qui in omnes quos viderit mox se colores convertit, et de Æsopi barba fabulose refertur, quia quidquid de ea dominus servi dolosi dixerit, dictum suum in illa invenire valebit : sic et iste suam sententiam temperat, ut et catholicis et dyscolis se accommodans, cum utrisque se partibus præstet, nulli conveniat. Cæterum postquam dixit : « Pœnam sane malum meritum eorum exsequentem, uti Deum qui omnia prospicit præscivisse, et prædestinasse quia justus est, » adjunxit, « apud quem est, ut S. Augustinus ait, de omnibus omnino rebus tam fixa sententia quam certa præscientia. » Hoc namque verum est quod S. Augustinus in libro suo convenientissime posuit, et iste compositor incompositus hic inconvenientissime usurpavit. Nihil enim Deus præscit, quod non sit omnino futurum : nec futurum quid esse potest, quod non Deus præscierit. Non tamen quicunque pereunt, ideo pereunt quia perituri a Deo præsciuntur, sed quia perituri sunt, a Deo ante sæcula præsciuntur. Sicut Prosper in decima tertia responsione contra Vincentianos dicit, « quod etsi ex æterna præscientia præcognitum habet quid uniuscujusque meritis retributurus sit, nemini tamen per hoc quod falli non **51** potest, aut necessitatem aut voluntatem intulit delinquendi. Si ergo a justitia et pietate quis deficit, suo in præceps fertur arbitrio, sua concupiscentia trahitur, sua persuasione decipitur. Nihil ibi Pater, nihil Filius, nihil agit Spiritus sanctus : nec tali negotio quidquam divinæ voluntatis intervenit, cujus opere multos scimus ne laberentur retentos, nullos autem ut laberentur impulsos. » Et item in decima quinta : « Si ergo in sanctitate vivitur, si in virtute proficitur, si in bonis studiis permanetur, manifestum munus est Dei, sine quo nullius boni operis fructus acquiritur. Si autem ab his receditur, et ad vitia ac peccata transitur, nihil ibi Deus malæ tentationis immittit, et recessurum non deserit antequam deseratur, et facit plerumque ne deserat, aut etiam si discessit ut redeat. Cur autem illum retineat, illum non retineat, nec possibile est comprehendere, nec licitum vestigare, cum scire sufficiat, et ab illo esse quod statur, et non ab illo esse quod ruitur. » Et item Prosper in libro Sententiarum (*cap.* 379) :

« Neminem Deus ad peccandum cogit; prævidet tamen eos qui propria voluntate peccabunt. Cur ergo non vindicet justus quæ fieri non cogit præscius? »

Unde verum est quod exceptor iste de Flori scripto, licet inordinato ordine, hic interposuit dicens : « In malis vero ipsorum malitiam præscisse, quia ex ipsis est, non prædestinasse, quia ex illo non est : pœnam sane malum meritum eorum exsequentem, uti Deum qui omnia prospicit præscivisse, et prædestinasse quia justus est. » De sententia autem Augustini, quam supposuit dicens : « De omnibus omnino rebus tam fixa est sententia, quam certa præscientia, » sanctus Prosper in præfato libro (*cap.* 157) dicit, ostendens quia non sub eo sensu illam Augustinus dixit, quo hic capituli compositor interposuit, ex illa probare cupiens, sic reprobos prædestinatos ad interitum, sicut electi sunt prædestinati ad vitam. Ait enim Prosper : « Ira Dei non perturbatio ejus est, sed judicium quo irrogatur pœna peccato : cogitatio vero ipsius et recogitatio mutandarum rerum est incommutabilis ratio. Neque enim sicut hominem ita Deum cujusquam facti sui pœnitet, cujus de omnibus omnino rebus tam fixa sententia, quam certa est præscientia. » Quam ultimam sententiæ hujus partem idem Prosper in eodem libro (*cap.* 291) exponit dicens : « *Magna opera Domini, exquisita in omnes voluntates ejus* (*Psal.* cx, 2). Prævidet bonos futuros et creat, prævidet malos futuros et creat, seipsum ad fruendum præbens bonis, multa munerum suorum largiens etiam malis, misericorditer ignoscens, juste ulciscens. Item, misericorditer ulciscens, juste ignoscens, nihil metuens de cujusquam malitia, nihil indigens de cujusquam justitia, nihil sibi consulens de operibus bonorum, et bonis consulens etiam de pœnis malorum. » Et iterum (*cap.* 140) : « Nullum Deus vel angelorum vel hominum crearet, quem malum futurum esse præscisset, nisi pariter nosset quibus eos bonorum usibus commendaret, atque ita **52** ordinem sæculorum quasi pulcherrimum carmen etiam ex quibusdam antithetis honestaret. » Hæc agit præscius et prædestinans omnium bonorum Deus, præscius non prædestinans omnium malorum Deus, apud quem de omnibus omnino rebus tam fixa est sententia, quam certa præscientia : quia nec aliud, nec aliter futurum est, nisi quod et sicut præscit, et quod et sicut futurum est Deus ante præscivit. Non tamen mala fieri præscientia sua coegit, sed quæ futura erant, ut Deus ante præscivit, de quo scriptum est : *Deus æterne, qui absconditorum es cognitor, qui nosti omnia antequam fiant* (*Dan.* xiii, 42).

Et quod in capitulo compilator subjunxit, ad hoc siquidem facit Sapientis dictum : *Parata sunt derisoribus judicia, et mallei percutientes stultorum corporibus* (*Prov.* xix, 29), in hoc sensu potest convenienter intelligi positum, quo posuit, pœnam sane malum meritum eorum exsequentem, uti Deum qui omnia prospicit, præscivisse, et prædestinasse quia justus est. Sed ad quid illud posuerit non ignoramus : tamen ut possit qualicunque modo constare, interpretari volumus. De hoc siquidem testimonio venerabilis Beda presbyter Patrum sequens sententias dicit (*lib.* xi *in Prov.*) : « *Parata sunt derisoribus judicia, et mallei percutientes stultorum corporibus.* Et si reprobi, inquit, sicut prædictum est, vel jussionis vel comminationis divinæ judicium derident, parata tamen eos exspectant judicia damnationis, quæ ut mallei ferrum candens, ita eos in fornace gehennæ sine fine verberent. » Hinc et sanctus Gregorius in libro decimo quinto Moralium dicit : « Quia omnipotentis, inquiens, justitia futurorum præscia ab ipsa mundi origine ignem creavit, qui in pœna reproborum esse semel inciperet, sed ardorem suum etiam sine lignis nunquam finiret. » Et S. Hieronymus in libro decimo Commenti Isaiæ prophetæ : « Ab heri quippe et præterito tempore præparata est a rege domino Thofeth, id est lata et spatiosa gehenna, quæ eos, id est impios, æternis urat ardoribus. » Quod mox subsecutus est de hac immobilitate præscientiæ et prædestinationis Dei, per quam apud eum futura jam facta sunt, etiam apud Ecclesiasten bene intelligitur dictum : *Cognovi quod omnia opera quæ fecit Deus perseverent in perpetuum : non possumus his addere nec auferre quæ fecit Deus ut timeatur* (*Eccle.* iii, 14).

Videndum est in doctorum tractatibus, qualiter hoc exemplum suæ astipuletur sententiæ, qua conatur asserere sicut electos ad vitam, ita et reprobos a Deo prædestinatos ad pœnam. Ait namque Hieronymus in expositione libri Ecclesiastes (*cap.* 31), *Cognovi,* inquiens, *quia omnia quæ fecit Deus ipsa erunt in æternum : super illa non potest addi, et ab illis non potest auferri, et fecit Deus ut timeant a facie ejus* : « Nihil est, inquit, in mundo quod novum sit. Solis cursus, et lunæ vices, et terræ arborumque siccitas vel viror, cum ipso mundo nata sunt atque concreata. Et idcirco Deus certa ratione cuncta moderatus est, et jussit humanis usibus elementa servire, ut homines hæc videntes intelligant esse providentiam, et timeant a facie Dei, dum ex rerum æqualitate, cursu, ordine, atque **53** constantia intelligunt Creatorem. *Invisibilia enim ipsius a creatura mundi per ea quæ facta sunt intellecta conspiciuntur. Sempiterna quoque ejus virtus et divinitas* (*Rom.* i, 20). Quod si voluerimus priore sensu finito quasi a capite legere, *Et Deus fecit ut timeant a facie ejus,* hic est sensus, Deus fecit hæc omnia ut timeant homines ab eo quod semel Deus disposuit in alia declinare. Pulchre autem temperavit dicens, *ut timeant a facie ejus.* Vultus quippe Domini super facientes mala. » Et Alcuinus in explanatione ejusdem libri, ad Oniam sacerdotem, et Candidum presbyterum, et Natanaelem diaconum discipulos suos : « *Didici quod omnia opera quæ fecit Deus perseverent in perpetuum. Non possumus eis addere quidquam, nec auferre quæ fecit Deus ut timeatur* (*Eccle.* iii, 14). Nihil est in mundo, inquit, quod novum sit. Solis cursus, et Lunæ vices, et

terræ arborumque siccitas vel viror, cum ipso mundo A
nata sunt atque creata. Et idcirco Deus certa ratione
cuncta moderatus est, et jussit humanis usibus elementa servire, ut homines videntes hæc intelligant
esse providentiam Dei, et timeant a facie Dei, dum
ex rerum æqualitate, cursu, ordine, atque constantia,
intelligunt Creatorem. »

Et quoniam hoc de Ecclesiaste testimonium qualiter suæ astipulationi conveniat, videlicet quia nequaquam conveniat, doctorum sententiis demonstravimus, ex hoc quod præmisit, De hac, inquiens, immobilitate præscientiæ et prædestinationis Dei, per
quam apud eum futura jam facta sunt, Prosper illi
ex libro secundo (*cap.* 33), de Vocatione gentium
respondeat : « Non est, inquiens, in Deo accidens,
motus, aut nova voluntas, aut temporale consilium, B
nec cogitatio ejus cum rerum mutabilium inæquali-
tate variatur ; sed cuncta pariter tempora et temporalia sempiterno ac stabili comprehendit intuitu, et
omnibus omnia jam retribuit qui quæ sunt futura jam
fecit. Hinc est illud beati Pauli apostoli scribentis ad
Ephesios : *Benedictus Deus et Pater Domini nostri Jesu*
Christi, qui benedixit nos in omni benedictione spiritali
in cœlestibus in Christo. Sicut elegit nos in ipso ante
mundi constitutionem, ut essemus sancti et immaculati
in conspectu ejus in charitate. Qui prædestinavit nos
in adoptionem filiorum per Jesum Christum in ipso,
secundum propositum voluntatis suæ, in laudem glo-
riæ gratiæ suæ (*Ephes.* 1, 3), et cætera (sicut ibidem
lector quisque devotus vel curiosus plenius et latius
poterit invenire), quæ sub ejusdem sensus prædicatione connectit, docens donum atque opus gratiæ in
æterno Dei semper mansisse consilio, omnesque
adoptionis filios, non solum in eo tempore quo jam
existentes vocati sunt, sed etiam priusquam mundus
constitueretur, electos. In qua electione quisque hominum in Christo præcognitus non est nulla eidem
ratione sociabitur. Omnes enim qui ad regnum Dei
de cujuslibet temporis vocatione venturi sunt, in
ista quæ sæcula cuncta præcessit adoptione signati
sunt. Et sicut nullus infidelium in hac sorte numeratus, ita nullus piorum ab hac benedictione discretus est. De plenitudine quippe membrorum corporis
54 Christi præscientia Dei, quæ falli non potest,
nihil perdit et nullo detrimento minui potest. Summa
præcognita atque in Christo ante sæcula æterna
præelecta. Sicut ad Timotheum scribens Apostolus
dicit : *Collabora Evangelio secundum virtutem Dei,*
qui nos liberavit et vocavit vocatione sua sancta, non
secundum opera nostra, sed secundum suum proposi-
tum, et gratiam quæ data est nobis ante tempora
æterna (*II Tim.* 1, 8). » Et sanctus Augustinus in libro
de Prædestinatione sanctorum (*cap.* 18) : « Hæc est immobilis veritas prædestinationis et gratiæ, velut
Apostolus ait : *Sicut elegit nos in ipso ante mundi*
constitutionem (*Ephes.* 1, 4). Elegit ergo nos Deus in
Christo ante mundi constitutionem, prædestinans
nos in adoptionem filiorum. Non quia per nos sancti
et immaculati futuri eramus, sed elegit prædestina-

vitque ut essemus. Fecit autem hoc secundum placitum voluntatis suæ, ut nemo de sua, sed de illius
erga se, voluntate glorietur. Fecit hoc secundum divitias gloriæ suæ, secundum bonam voluntatem suam,
quam proposuit in dilecto Filio suo, in quo sortem
consecuti sumus, prædestinati secundum propositum,
non nostrum, sed ejus qui universa operatur, usque
adeo ut ipse in nobis operetur et velle. Operatur autem secundum consilium voluntatis suæ, ut simus in
laudem gloriæ ejus. » Et item, *cap.* 17 : « Ex hoc
proposito ejus est illa electorum propria vocatio,
quibus omnia cooperantur in bonum, qui secundum
propositum vocati sunt ; et sine pœnitentia sunt
dona et vocatio Dei. » Et item : « Elegi ergo eos de
mundo cum hic ageret carnem, sed jam electos in
seipso ante mundi constitutionem. »

Talis est fides orthodoxorum de prædestinatione
sanctorum. Studeat et dicat capitulorum istorum
compilator, quia relictos reprobos, impios et injustos, ac perituros, ante mundi constitutionem prædestinavit Deus ad interitum, et perditionem, et
pœnam. Nos dicere non audemus quia non dixit
Apostolus, nec per eum loquens Dominus Jesus
Christus. Nec emendatiore stylo et ungue censorio
corrigens sua scripta beatus Augustinus jussit eisdem
scriptis nos taliter prædicare. Dicit idem beatus
Augustinus in eodem libro (*cap. eod.*) : « Electi sunt
itaque, quia prædestinati, ante mundi constitutionem
ea prædestinatione in qua Deus sua futura facta
præscivit : electi autem de mundo ea vocatione qua
Deus id quod prædestinavit implevit. Quos enim C
prædestinavit illos et vocavit, illa scilicet vocatione
secundum propositum. Non ergo alios, sed quos
prædestinavit ipsos et vocavit ; nec alios : sed quos
ita vocavit ipsos et justificavit ; nec alios ; sed quos
prædestinavit, vocavit, justificavit, ipsos et glorificavit : illo utique fine qui non habet finem. » Et
item (*cap.* 18) : « Elegit Deus, inquiens, in Christo ante
mundi constitutionem membra ejus. Et quomodo
eligeret eos qui nondum erant nisi prædestinando ?
Elegit ergo prædestinans nos. Nunquid eligeret impios et immundos ? Nam si quæstio proponatur, utrum
hos eligat, an potius sanctos et immaculatos ; quid horum respondeat quis requirat ? ac non statim ferat
55 pro sanctis immaculatisque sententiam ? » Et
item in libro de Prædestinatione sanctorum (*cap.* 15) : D
« Est etiam, inquiens, præclarissimum lumen prædestinationis et gratiæ ipse Salvator, ipse Mediator
Dei et hominum homo Christus Jesus. » Et item
(*ibid.*) : « Ipsa est igitur prædestinatio sanctorum,
quæ in sancto sanctorum maxime claruit, quam negare quis potest recte intelligentium eloquia veritatis ? Nam et ipsum Dominum gloriæ, in quantum
homo factus est Dei Filius, prædestinatum esse didicimus. Clamat Doctor gentium in capite Epistolarum suarum : *Paulus servus Christi Jesu vocatus*
Apostolus (*Rom.* 1, 1), et cætera usque dum dicit :
Qui prædestinatus est Filius Dei in virtute. » Et item
in eodem libro : « Sicut ergo prædestinatus est ille

unus ut caput nostrum esset, ita multi prædestinati sumus ut membra ejus essemus. » Et item (*cap.* 16) : « Vocat Deus enim prædestinatos multos filios suos, ut eos faciat membra prædestinati unici Filii sui. » Et in fine libri de Bono perseverantiæ (*cap.* 24) : « Nullum est autem, inquit, illustrius prædestinationis exemplum, quam ipse Jesus, unde et in primo libro jam disputavi, et in hujus fine commendare delegi : nullum est, inquam, illustrius prædestinationis exemplum quam ipse mediator. Quisque fidelis vult eam bene intelligere, attendat ipsum, atque in eo inveniat et seipsum. Fidelis, inquam, qui in eo veram naturam credit et confitetur humanam, id est nostram, quamvis singulariter suscipiente Deo verbo, in unicum Dei Filium sublimatam, ita ut qui suscepit et quod suscepit una esset in Trinitate persona. » Ecce caput, ecce lumen prædestinatorum, ecce prædestinationis exemplum. Quocirca qui reprobos ad interitum prædestinatos dicunt, dicant a quo sunt prædestinati, proferant prædestinationis illorum exemplum, ostendant caput talium prædestinatorum, demonstrent, quia lumen non possunt, tenebras eorum.

Contra quos videlicet, qui reprobos ad interitum prædestinatos dicunt, S. Prosper in responsione duodecim contra Vincentianos dicit : « Hi autem de quibus dicitur : *Ex nobis exierunt, sed non erant ex nobis : si enim fuissent ex nobis, mansissent utique nobiscum* (I *Joan.* II, 19), voluntate exierunt, voluntate ceciderunt, et quia præsciti sunt casuri, non sunt prædestinati : essent autem prædestinati, si essent reversuri, et in sanctitate ac veritate mansuri : ac per hoc prædestinatio Dei multis est causa standi, nemini est causa labendi. » Et sanctus Augustinus in libro de Bono perseverantiæ (*cap.* 8) : « Ex duobus, inquit, piis cur huic donetur perseverantia usque in finem, illi non donetur, inscrutabilia sunt judicia Dei, illud tamen fidelibus debet esse certissimum, hunc esse ex prædestinatis, illum non esse. Nam *si fuissent ex nobis*, ait unus prædestinatorum, qui de pectore Domini biberat hoc secretum, *mansissent utique nobiscum.* Quid est, quæso, *non erant ex nobis*, nam *si fuissent, mansissent utique nobiscum ?* Nonne utrique a Deo creati, utrique ex Adam nati, utrique de terra facti erant, et ab eo qui dixit *omnem flatum ego feci* (Isa. LVII, 18), unius ejusdemque naturæ animas acceperunt? nonne postremo **56** utrique vocati fuerant, et vocantem secuti? utrique ex impiis justificati, et per lavacrum regenerationis utrique renovati? » Secundum hæc omnia ex nobis erant. Et post paululum : « Non erant prædestinati secundum propositum ejus qui universa operatur. » Attendite quid beatus Augustinus dicit, hunc esse ex prædestinatis, illum non esse. Cur non dixit hunc esse ex prædestinatis ad vitam, illum ex prædestinatis ad interitum? » Et Prosper, in recapitulatione X objectionis Gallorum dicit : « Prædestinatus itaque vivit ex fide sibi donata, non prædestinatus perit infidelitate voluntaria, non coacta. » Et in libro Sententiarum (*cap.* 28) : « Si omnes simul consideremus,

quorum alii misericordia salvi fiunt, alii veritate damnantur, universæ viæ Domini, id est misericordia et veritas, suo fine disjunctæ sunt. »

Tandem concludit compilator capitulorum dicens : « Verum aliquos ad malum prædestinatos esse divina potestate, videlicet ut quasi aliud esse non possint, non solum non credimus, sed etiam si sunt qui tantum mali credere voluerint, cum omni detestatione, sicut Arausica synodus, illis anathema dicimus. » Faciat sicut promisit. Legat totam illam synodum, et videat si invenire potuerit ut prædestinatos ad interitum aliquo modo eadem sacra synodus dixerit, et si hoc ibi invenerit, dicat sicut illa synodus dixit : Si autem hoc ibi non invenerit, quod dixit dicat, ut non aliud quam verum dicat, quia professus est sicut illa synodus dixit se dicere. Si enim aliter dixerit, aut aliud fidei contrarium superaddiderit, manifestum est eum anathema contraria sentientibus non dicere sicut illa dixit, quæ in nullo a fide catholica discordavit.

Et quia in Scripturis dicitur malum, non solum peccatum, sed et peccantis supplicium, videat in catholicorum sententiis, utrum homo, sicut nec ad peccati malum, ita etiam nec ad pro peccato supplicium prædestinatus intelligi debeat, sed potius ex retributione justitiæ voluntarie peccanti a justo judice debitum sit prædestinatum supplicium. Malum siquidem in Scripturis afflictio nominatur, sicut scriptum est : *Sufficit diei malitia sua* (*Matth.* VI, 34), quam pro afflictione positam doctores exponunt : sicut et dies mala vocatur, non quod mala sit, sed quod mala facientibus sit mala. Ita et ignis æternus malus torquendis est peccatoribus, angelis scilicet et hominibus malis : non in natura bona operum divinorum, qua creati sunt angeli, et homines, et idem gehennæ ignis; sed operatione malorum : cujus operationis initium est infidelitas, scilicet desertio veritatis, sicut initium salutis fides esse dignoscitur donata gratia largitoris. Idem enim ignis, qui stantibus angelis et hominibus nocere non potuit, cadentium transgressionem ex retributione justitiæ punit, sicuti et flamma fornacis Babylonicæ innocentium vincula arsit, et nec capillum quidem eorum adussit, diffusa autem circa fornacem incendit quos reperit ministros regis qui eam incendebant. Et ignis tremendi judicii **57** qui judicem venturum præibit, inflammabit in circuitu inimicos ejus, et erit sanctis obviam illi euntibus pervius. Sed et sol iste visibilis mundum illuminat, et infirmis oculis nocet, non ex se, sed ex passionibus oculorum : qui non sibi ipsi diversus diversa agit, cum ceram liquat et lutum stringit. Et panis vitam fortium roborat, parvulorum necat, et lenis sibilus equos mitigat, catulos instigat, et venenum mors est homini, et vita serpenti. Sic una Dei in Ægypto signorum operatio molliebat cor credulorum, et incredulos indurabat : quia juxta duritiam suam, et impœnitens cor, thesaurizabant sibi iram in die iræ ex his mirabilibus, quæ cum videbant fieri non credebant. Et prædicatorum sermo aliis est odor vitæ in vitam, aliis odor mortis in mortem. Sic et spiritibus refugis, et hominibus reprobis, operatione sua malus fit ignis æternus, creatione divina bonus.

Ad quod etiam malum, videlicet mortem sine morte, non est homo a Deo prædestinatus, sicut nec ad animæ mortem vel corporis. Adam quippe, ut notum est, peccando animæ mortem cum omni stirpe sua incurrit, de qua scriptum est : *Deus mortem non fecit (Sap.* i, 13). Et ideo mortem a judice justo vindicante recepit, hoc est in separatione animæ et corporis, et nisi Dei gratia ante separationem liberata fuerit, in æterna cruciatione animæ ipsius et corporis, illa scilicet, qua discedente anima caro sola moritur, et anima pœnis torquetur, usque dum rediens in carnem, in eadem et cum eadem in qua peccavit, æternaliter puniatur : ut cum qua communicavit morti peccati, quod Dei bonitas interdixit homini, cum ipsa communicet morti supplicii, quod præparavit divina justitia peccatori. De hac morte Salvator noster dicit : *Eum timete, qui potest et animam et corpus perdere in gehennam (Matth.* x, 28), et de qua scriptum est: *Mors et vita a Domino Deo est (Eccli.* xi, 14); ut Augustinus exponit, vita scilicet a donante, mors a vindicante. Et ut Prosper dicit in libro Sententiarum (*cap.* 295): « Justum judicium Dei est, ut peccato suo quisque pereat, cum peccatum Deus non faciat, sicut mortem non fecit, et tamen quem morte dignum censet occidit. Unde legitur, *Deus mortem non fecit (Sap.* i, 13) ; et, *Mors et vita a Deo est (Eccli.* xi, 14). Quæ duo inter se contraria profecto non videt, quisquis ab operibus divinis judicia divina discernit : quia aliud est creando non instituisse mortalem, aliud judicando plectere peccatorem. » Et iterum (*cap.* 296): « Deus quidem mundum fecit, et corpora prorsus omnia ; sed ut corpus corruptibile aggravet animam, et caro concupiscat adversus spiritum, non est præcedens natura hominis instituti, sed pœna damnati. » Et item contra Gallos (*cap.* 14): « Prædestinatio Dei est, quæ in electis et reprobis aut ad donum pertinet gratiæ, aut ad retributionem justitiæ. » Et Paulus confirmat, *Stipendia enim peccati mors, gratia autem Dei vita æterna (Rom.* vi, 23), qua bonus et misericors Deus æternaliter in homine coronat **58** quod temporaliter bene gestum est: quia homo, qui præveniente, comitante, et subsequente se Dei gratia, ex voluntate et recta intentione a peccatis, quantum humana fragilitas patitur, se custodivit, aut ante mortem a peccatis vel incredulitate se retraxit, et in fide recta et bonis operibus usque ad finem corporalis vitæ perseveravit, semper Deo vivere vellet, si semper in corpore sine mortis intercessione vivere potuisset. Econtra vero, stipendio peccati, morte videlicet sempiterna, Deus æternus et justus ideo quod male temporaliter ab homine gestum est æternaliter vindicat, quia homo, qui in incredulitate et in peccatis volens usque ad finem corporalis vitæ perseveravit, semper peccare vellet, si semper vivere secundum suum li-

A bitum potuisset. Unde Prosper in libro Sententiarum (*cap.* 276) : « Naturale nobis est velle vivere, male autem vivere jam non est naturæ, sed perversæ voluntatis, quam juste pœna consequitur. »

Quia vero sicut nec ad peccati, ita nec ad mortis malum homo sit a Deo prædestinatus, Augustinus in libro quarto de Trinitate demonstrat dicens (*cap.* 12) : « *Per unum quippe hominem peccatum intravit in mundum, et per peccatum mors, et ita in omnes homines pertransivit, in quo omnes peccaverunt (Rom.* v, 12). Hujus viæ mediator diabolus fuit, persuasor peccati et præcipitator in mortem. Nam et ipse ad operandam duplam mortem nostram, simplam attulit suam. Per impietatem namque mortuus in spiritu, carne utique mortuus non est. Nobis autem

B et impietatem persuasit, et propter hanc ut in mortem carnis venire mereremur effecit. Unum ergo appetivimus iniqua suasione, alterum nos secutum est justa damnatione. Propterea quippe scriptum est, *Deus mortem non fecit (Sap.* i, 13), quia causa mortis ipse non fuit. Sed tamen per ejus retributionem justissima mors irrogata est peccatori, sicut supplicium judex irrogat reo, causa tamen supplicii non est justitia judicis, sed meritum criminis. Quo ergo nos mediator mortis transmisit, et ipse non venit, id est ad mortem carnis, ibi nobis Dominus Deus noster medicinam emendationis inseruit, quam ille non meruit, occulta et nimis arcana ordinatione divinæ altæque justitiæ. Ut ergo sicut per unum hominem mors, ita per unum hominem fieret resur-

C rectio mortuorum, quia magis vitabant homines quod evitare non poterant, mortem carnis, quam mortem spiritus, id est, magis pœnam quam meritum pœnæ (nam non peccare aut non curatur, aut parum curatur ; non mori autem, quamvis non obtineatur, vehementer satagitur), vitæ mediator ostendens quam non sit mors timenda, quæ per humanam conditionem jam evadi non potest, sed potius impietas, quæ per fidem caveri potest, » et reliqua, quæ ibi prosequitur. Et Prosper in libro Sententiarum (*cap.* 251): « Homo factus erat immortalis, Deus esse voluit : non perdidit quod homo erat, sed perdidit quod immortalis erat, **59** et de inobedientia superbiæ contracta est pœna naturæ. » Ecce ostendunt isti doctores catholici, quia homo nec ad

D peccati, neque ad supplicii malum sit a Deo prædestinatus, sed ex retributione justitiæ, sicut et mors corporis, ita et interitio retributa sit illi debitæ ultionis justæque punitionis.

CAPUT XIII.

De eo quod Fulgentius in libro suo ad Monimum scripsit, prædestinationem Dei, non tantum in bono, sed etiam in malo dici.

Nunc videamus de hoc quod dixit Fulgentius in suprascripto libro ad Monimum, prædestinationem Dei non tantum in bono dici, sed etiam in malo. Ad quod respondeat illi idem B. Augustinus ex libro de Prædestinatione sanctorum, quem sicut est laudandus, eum Fulgentius isdem laudaverat. Ait enim (cap. 10) : « Quocirca prædestinatio Dei, quæ in bono est, gratiæ est, ut dixi, præparatio, gratia vero est ipsius prædestinationis effectus. » Et ipse Fulgentius a seipso proposita medicina sanari procuret. Ait enim idem, ut præmisimus, in præfato libro (lib. 1 ad Mon., c. 30) : « Huic itaque pravitati, inquiens, quæ B. Augustini dictis non ex veritate, sed ex livore objiciebatur, tali Prosper sermone respondit : Infidelitas non credentium Evangelio nequaquam ex Dei prædestinatione generatur ; bonorum enim Deus auctor est, non malorum. Prædestinatio igitur Dei semper in bono est, aut ad retributionem justitiæ, aut ad donationem pertinens gratiæ ; universæ enim viæ Domini misericordia et veritas (Psal. xxiv, 10). »

Adhuc etiam, ut cum venia domni Fulgentii dicamus, aliud quod nos ex verbis illius movet demonstrare volumus. Dixit enim in præscripto libro, sicut ostendimus (cap. eod.) : « Non autem ignoras, inquiens, etiam præterito tempore illi luculentissimo sancti Augustini operi, quod scripsit de prædestinatione sanctorum, a quibusdam Gallis objectum, quod B. Augustinus in assertione prædestinationis divinæ, peccatores non ad solum prædestinatos diceret judicium, sed etiam ad peccatum. Cujus dicta, quia ipse celeri præventus est obitu, Prosper vir eruditus et sanctus recta defendit fide [al., recte defendit fideli] et copioso sermone. Ex quibus Gallorum capitulis, ut non multa nunc ponamus, ne libellum istum, quem prolixum facere disputando necessitas cogit, prolixiorem voluntas facere videatur, duarum responsionum loca duximus inserenda. » Et prætermittens illas responsiones apertius sibi contradicentes, quamvis et istæ ipsæ illi aperte resistant, quas Prosper objectionibus, de eisdem libris collectis respondit, ad alias se convertit dicens : « Quartadecima quippe Gallorum objectio sic habetur : Quod qui evangelicæ prædicationi non credunt, ex Dei prædestinatione non credant ; et quod Deus ita diffiniverit, ut quicunque **60** non credunt, ex ipsius constitutione non credant. » Huic itaque pravitati, quæ beati Augustini dictis, non ex veritate, sed ex livore objiciebatur, tali Prosper sermone respondit : « Infidelitas non credentium Evangelio nequaquam ex Dei prædestinatione generatur : bonorum enim Deus auctor est, non malorum. Prædestinatio igitur Dei semper in bono est, aut ad retributionem justitiæ, aut ad donum pertinens gratiæ ; universæ enim viæ Domini misericordia et veritas (Psal. xxiv, 10). Proinde infidelitas non credentium, non ad constitutionem Dei, sed ad præscientiam referenda est ; quæ non ideo necessitatem non credendi intulit, quia falli de ea quæ futura erat infidelitate non potuit. » Decima quinta etiam objectio his verbis inserta est : « Quod idem sit præscientia quod prædestinatio. » Cui Prosper sic respondit : « Qui præscientiam Dei in nullo ab ipsius prædestinatione discernit, quod tribuendum est Deo de bonis, hoc ei etiam de malis conatur ascribere. Sed cum bona ad

largitorem cooperatoremque eorum Deum, mala autem ad voluntariam rationalis creaturæ nequitiam referenda sint, dubium non est, sine ulla temporali differentia, Deum et præscisse simul et prædestinasse quæ ipso erant auctore facienda, vel quæ malis meritis justo erant judicio retribuenda : præscisse autem tantummodo, non etiam prædestinasse, quæ non ex ipso erant causam operationis habitura. » Post hæc autem finem libro imposuit.

Sed cur apertiores responsiones Prosperi, ad quas se reclamavit, dimiserit et istas posuerit, ipse viderit. Nos autem reclamantibus per Fulgentium, ipsas objectiones et responsiones commemoratas a Fulgentio, de præfatis B. Augustini libris proponere dignum duximus ; ut si nos forte noluerint, consilium Fulgentii, sicut ipsi dicunt eorum fautoris, quod in reliquum proferemus, obaudiant. Ait enim B. Prosper ad Camillum et Theodotum presbyteros Januensium civitatis : « In libris, inquiens, beatæ memoriæ Augustini, quorum titulus est de Prædestinatione sanctorum, quædam sanctitatem vestram, vel insolita, aut minus clara, moverunt. » Et sic per septem objectiones et responsiones progrediens ad octavam pervenit, qua dicitur : « Sequitur deinceps quod in libro invenitur secundo, An quisquam dicere audebit Deum non præscisse quibus esset daturus ut crederent, aut quos daturus esset Filio suo, ut ex eis non perderet quemquam ? Quæ utique si præscivit, beneficia sua quibus nos dignatur liberare præscivit. Hæc est prædestinatio sanctorum, nihil aliud, præscientia scilicet et præparatio beneficiorum Dei, quibus certissime liberantur quicunque liberantur? cæteri autem ubi nisi in massa perditionis justo divino judicio relinquuntur? ubi Tyrii relicti sunt et Sidonii, qui etiam credere potuerunt si mira illa Christi signa vidissent? (Matth. xi, 21.) Sed quoniam ut crederent non eis erat datum, etiam unde crederent est negatum. » Ad hæc S. Prosper respondit, quem **61** Fulgentius de fide et copioso sermone laudavit : « Qui istis resistunt, hoc sentire apertissime probantur, quod fides non sit donum Dei, et quod gratia non præveniat liberum arbitrium, sed sequatur, et quod gratia Dei secundum merita nostra detur. » Et post paululum : « Vere qui ita sentiunt fidem non acceperunt, aut quam acceperant perdiderunt. » Et item post pauca : « Agnoscamus itaque sapienter, pieque fateamur, præscisse incommutabiliter Deum quibus esset daturus ut crederent, aut quos daturus esset Filio suo, ut ex eis non perderet quemquam, et si hæc præscivit, beneficia sua illum quibus nos dignatur liberare, præscisse ; et hanc esse prædestinationem sanctorum, prædestinationem scilicet et præparationem beneficiorum Dei qua certissime liberantur quicunque liberantur. Cæteros autem, quos a generali perditione humani generis gratia non exemit, justo noverimus judicio non exemptos, et quid nobis remissum sit in eis discamus, de quorum queri damnatione non possumus. Non est enim iniquitas apud Deum (Rom. ix, 14), nec quisquam sub judicio ejus innocens perit (*Job* iv, 7), et reliqua, quæ brevitatis causa hic ponere supersedimus, quæque qui studiose vel curiose volverit, in suis locis legere prævalebit.

Nunc autem audiant, qui dictis innituntur Fulgentii, ipsius consilium. Ait enim in præfato libro, quasi eorum synagogulam alloquens in Monimo (*Lib.* i, *sub fin.*): « Nos itaque, charissime, hæc interim pauca de libris sancti Augustini, et de responsionibus Prosperi, ob hoc maluimus huic libello inserere, ut cuncti noverint quid debeant de prædestinatione sanctorum impiorumque sentire. » Quid sit autem quod cuncti inde sentire debeant secundum ejus consilium, idem in capite sequentis libri ad eumdem Monimum loquitur dicens (*lib.* ii, *c.* 1) : « Satis, ut arbitror, Monime charissime, quæstionem de diversitate prædestinationis, justorum scilicet et iniquorum, hoc est, quos gratuita misericordia Dei præveniens justificando convertit glorificatura conversos, et eorum, quos justa Dei severitas in peccatis derelinquit punitura damnandos, superior sermo, in quantum Dominus pusillitatem nostram dignatus est adjuvare, et pertractatam continet et solutam : ita ut plerique, licet in ea soleant non leviter permoveri, facile possint, et divinorum librorum testimoniis instrui, et sancti Augustini libris, et Prosperi eruditissimi viri responsionibus informari, quibus agnoscant prædestinationem Dei nihil aliud esse, nisi præparationem operum ejus, quæ in æterna sua dispositione, aut misericorditer se facturum præscivit, aut juste. Et quia in peccatis nec misericordia invenitur nec justitia, ideoque omnem iniquorum malam voluntatem qua peccant, a Deo præscitam, non tamen esse a Deo prædestinatam, cum ipsam voluntatem malam non aliter essent habituri, nisi in eo quo uissent a Domino recessuri, nec Deum prædestinasse liscessionem hominis a se, cum causa ipsa discessionis **62** sola voluntaria esset aversio peccatoris : quæ, quia Deum futura non latuit, in æterna præscientia ejus præparatam sibi pœnam justæ retributionis invenit. »

CAPUT XIV.

Hinc sequitur exhortatio ad scholam dyscolam Gothescalci.

Nunc ex Gothescalci schola, quidquid antea dixerit, Fulgentii audite consilium, et credite dictis Augustini ac Prosperi, quæ isdem Fulgentius paulo ante proposuit : Prædestinatio, inquiens, Dei semper in bono est, aut ad retributionem justitiæ, aut ad donationem pertinens gratiæ, et prædestinationem ac præparationem gratiæ Dei, qua certissime liberantur quicunque liberantur ; cæteros autem, quos a generali perditione humani generis gratia non exemit, justo noverimus judicio non exemptos, et confitemini electos, id est de generali massa perditionis, ab eo *lego* quo dicitur, *Qui legitis flores,* gratia electos et prædestinatos, id est, gratia præparatos ad vitam ; cæteros autem in massa perditionis judicio justo relictos ; quibus ex retributione justitiæ a justo

judice est pœna prædestinata, sicut electis a piissimo largitore dono gratiæ vita est æterna donata. Nam et Apostolus hoc utrumque testatur dicens : *Stipendiam enim peccati mors; gratia autem Dei vita æterna* (*Rom.* vi, 23).

CAPUT XV.

De quorum verbis atque Scripturarum sententiis quatuor capitula, a nobis olim contra reexortos Prædestinatianos excerpta, quæ istorum capitulorum compositor reprehendit, collecta fuerint et excerpta, et quæ inde veteres Prædestinatiani dixerint, quæve moderni ex his delirantes dicant hæretici.

Et quia de duobus capitulis, nescimus a quo ex Flori scripto de præscientia et prædestinatione Dei excerptis, singillatim præmissis sententiis, ex orthodoxorum verbis et sensibus, pro mediocritate ingenioli nostri respondimus, ut congruentius ostendere valeamus, de quorum verbis capitula a nobis excerpta, et a præfatorum capitulorum compositore reprehensa collegimus, necessarium duximus, alligare in quatuor fasciculis ad comburendum zizania, quæ in Dominici tritici medio prisci seminarunt Prædestinatiani, varia quidem voce, sed cognata parique impietate, de Dei præscientia et prædestinatione suum dogma perniciosissimum componentes ; quos Augustinus et Prosper suis scriptis sufficientissime revicerunt, et contra quos B. Cœlestinus decrevit. Quorum unum est, quia secundum præscientiam **63** Deus homines damnet pro meritis suæ vitæ, quæ non habuerunt morte præventi, sed habituri essent si viverent. Aliud est, quod ab eis qui non sunt prædestinati ad vitam, non auferat percepta baptismi gratia originale peccatum ; et licet pie justeque vixerint, nihil eis prosit, sed tandiu reserventur, donec ruant et pereant. Et quod liberum arbitrium in homine nihil sit, sed sive ad bonum, sive ad malum prædestinatio Dei in hominibus operetur : quoniam Deus tale in hominibus plasmet arbitrium quale est dæmonum, quod proprio motu nihil aliud possit velle nisi malum. Tertium est, quod idem sit præscientia quod prædestinatio. In quarto autem, prædestinationem electorum ad vitam non denegant, et reproborum prædestinationem ad interitum confitentur ; quos sicut dicunt a Deo prædestinatos ad interitum, ita etiam ad peccatum. De quibus moderni Prædestinatiani unum non tangunt, aliud transiliunt, tertium declinant, quartum colore mutant, sed odoris atque saporis intelligentia redolent. Dicunt enim : Prædestinavit Deus reprobos ad interitum, non ad peccatum, cum nonnisi per peccatum perven.iri valeat ad interitum.

Quæ quatuor hæretica beatus Augustinus et Prosper, et cum illis posteriore tempore, sed prior loco, sanctus Gregorius, paria judicantes æqualiter, et ipsi pariter condemnantes dissolvunt. Ait enim beatus Augustinus in libro de Prædestinatione sanctorum (*cap.* 15) : « Dici non potest quam moleste feram, quod viderunt Pelagiani esse falsissimum et absurdissimum, hoc non vidisse istos, qui nobiscum errorem illorum hæreticorum catholica auctoritate condemnant. Scripsit librum de mortalitate Cyprianus (*cap.* 14), multis ac pene omnibus qui ecclesiasticas litteras amant laudabiliter notum ; in quo propterea dicit non solum non esse fidelibus inutilem mortem, verum etiam utilem reperiri, quoniam peccandi periculis hominem subtrahit, et in non peccandi securitatem constituit. Sed quid prodest, si etiam futura quæ commissa non sunt peccata puniuntur ? Ait tamen ille copiosissime atque optime, peccandi pericula nec deesse in ista vita, nec superesse post istam. Ubi et illud testimonium ponit de libro Sapientiæ : *Raptus est, ne malitia mutaret intellectum ejus (Sap.* iv, 11). Quod a me quoque positum fratres istos ita respuisse dixistis, tanquam non de libro catholico adhibitum. Quasi excepta hujus libri attestatione, res ipsa non clara sit, quam volumus hinc doceri. Quis enim audeat negare Christianus, justum, si morte præoccupatus fuerit, in refrigerio futurum ? quilibet hoc dixerit, quis homo sanæ fidei resistendum putabit ? Item si dixerit justum, si a sua justitia recesserit, in qua diu vixit, et in ea fuerit impietate defunctus, in qua non dico unum annum, sed unum diem vixerit, in pœnas iniquis debitas hinc iturum, nihil sibi sua præterita profutura justitia, huic perspicuæ veritati quis fidelium contradicit ? Porro si quæratur a nobis utrum si tunc esset mortuus, **64** quando erat justus, pœnas esset inventurus an requiem, nunquid requiem respondere dubitabimus ? Hæc est tota causa cur dictum est a quocunque sit dictum : *Raptus est, ne malitia mutaret intellectum ejus (Sap.* iv, 11). Dictum est enim secundum pericula vitæ hujus, non secundum præscientiam Dei, qui hoc præscivit quod futurum erat, non quod futurum non erat : id est, quod ei mortem immaturam fuerat largiturus, ut tentationum subtraheretur incerto, non quod peccaturus esset qui mansurus in tentatione non esset. › Et post aliquanta : « Si enim judicarentur homines pro meritis suæ vitæ, quæ non habuerunt morte præventi, sed habituri essent si viverent ; nihil prodest ei qui raptus est ne malitia mutaret intellectum ejus, nihil prodest eis qui lapsi moriuntur, si ante morerentur, quod nullus dicere Christianus audebit. Quocirca non debent fratres nostri astruere quod non dico crediturum, sed somniatorum neminem putaremus, secundum ea scilicet judicari quemque mortuorum, quæ gesturus fuerat si tempore prolixiore vixisset. › Et sanctus Gregorius in libro Moralium vigesimo septimo (*cap.* 2): « Bene, inquit, per Salomonem dicitur: *Sicut ignoras quæ sit via spiritus, et qua ratione compingantur ossa in ventre prægnantis, sic nescis opera Dei, qui fabricator est omnium (Eccli.* xi, 5). Ut enim unum e multis loquar, duo ad hanc lucem parvuli veniunt, sed uni datur ut ad redemptionem per baptisma redeat, alter ante subtrahitur quam hunc regenerans unda perfundat ; et sæpe fidelium filius sine fide rapitur, et sæpe infidelium concesso fidei sacramento renovatur. Sed fortasse aliquis dicat quod hunc Deus acturum prave

etiam post baptisma noverat, et idcirco eum ad baptismatis gratiam non perducat. Quod si ita est, peccata quorumdam procul dubio priusquam sint perpetrata puniuntur. Et quis ita recta sciens dixerit, quia omnipotens Deus, qui alios a perpetratis facinoribus liberat, hæc in aliis etiam non perpetrata condemnat? Occulta itaque sunt ejus judicia, et quanta obscuritate nequeunt conspici, tanta debent humilitate venerari. ›

De alio Prosper contra Gallos (*cap.* 11) demonstrat, « quia in baptismo Christi cuncta remittuntur peccata ; sed qui post baptismum a Christo recedit, et alienus a gratia finit hanc vitam, non propter illa quæ ei in baptismo remissa sunt, sed propter illa quæ postea admisit crimina, condemnatur, In quæ prolapsus, et sine pœnitentia deficiens, non ex eo necessitatem pereundi habuit quia prædestinatus non fuit, sed ideo non fuit prædestinatus, quia talis futurus ex voluntaria prævaricatione fuit a Deo præscitus. Liberum arbitrium in homine esse dicit (*cap.* 6) ; sed ante illuminationem fidei in tenebris et in umbra mortis manere, priusquam a dominatione diaboli per Dei gratiam liberetur. In quo voluntas in bonis sit intelligenda de gratia, in malis autem voluntas intelligenda sit sine gratia. › De tertio idem Prosper dicit (*cap.* 15), « quia non est dubium, sine ulla temporali differentia, Deum et præscisse simul et prædestinasse, **65** quæ ipso erant auctore facienda, vel quæ malis meritis justo erant judicio retribuenda ; præscisse autem tantummodo, non etiam prædestinasse, quæ non ex ipso erant causam operationis habitura. Potest itaque sine prædestinatione esse præscientia, prædestinatio autem sine præscientia esse non potest. › De quarto nihilominus idem beatus Prosper, de verbis sancti Augustini ex libro qui titulatur de Bono perseverantiæ, in responsione octava contra Januenses dissolvit et repulit (*cap.* 9): « Agnoscamus, inquiens, sapienter, pieque fateamur, præscisse incommutabiliter Deum quibus esset daturus ut crederent, aut quos daturus esset Filio suo, ut ex eis non perderet quemquam. Et si hæc præscivit, beneficia sua illum quibus nos dignatur liberare præscisse, et hanc esse prædestinationem sanctorum, prædestinationem scilicet et præparationem gratiæ Dei, qua certissime liberantur quicunque liberantur; cæteros autem quos a generali perditione humani generis gratia non exemit, justo noverimus judicio non exemptos; › et in absolutione objectionis tertiæ Gallorum ita dicit ad locum : « Quod ergo hujusmodi in hæc prolapsi mala sine correctione pœnitentiæ defecerunt, non ex eo necessitatem pereundi habuerunt, quia prædestinati non sunt ; sed ideo prædestinati non sunt, quia tales futuri ex voluntaria prævaricatione præsciti sunt. › Et post pauca : « Non enim relicti sunt a Deo ut relinquerent Deum, sed reliquerunt et relicti sunt, et ex bono in malum propria voluntate mutati sunt; atque ob hoc licet fuerint renati, fuerint justificati, ab eo tamen qui illos tales præscivit, non sunt prædestinati. ›

Alia duo etiam adinvenerunt prisci Prædestiniani, ut obnixius suam possent confirmare sententiam, quod Deus reprobos et ad peccatum prædestinaverit, et ad interitum, scilicet quia non vult omnes homines salvos fieri, sed certum numerum prædestinatorum, etiamsi omnes salvari velint ; et quod non pro totius mundi redemptione Salvator sit crucifixus, quia certum est, si *omnes homines*, secundum Apostolum, *vult salvos fieri* (*I Tim.* II, 4), et *pro omnibus mortuus est* (*I Petr.* III, 18), ut Petrus dicit, neminem vult perire, et nullum credendus est ad perditionem prædestinasse. Contra quæ quatuor capitula, novorum Prædestinatianorum infestatione, ex catholicorum Patrum dictis et sensibus quatuor iterum capitula excerpere sumus compulsi. Quæque, sicut in capitulis a vestra dominatione nobis ante triennium datis, et in Valentina synodo habitis, scriptum reperimus, reprehensoris condemnatione, judicio sancti Spiritus, sicut illi non Deo dicere placuit, sunt explosa. Unde necesse est nobis ostendere, de quorum dictis studuimus illa excerpere, ut evidentius clareat si credendi sunt illi Spiritu sancto locuti fuisse, quorum verba lector quisque in capitulis a nobis excerptis inveniet. Quod cum fuerit comprobatum, nemo ambiget, explosorem istorum capitulorum de illorum fuisse numero, de quibus scriptum est, quia **66** prophetabant de corde suo dicentes : *Hæc dicit Dominus, cum Dominus non sit locutus* (*Ezech.* XIII, 2, 11); et quia sicut item Dominus dicit per prophetam de pariete ædificato seu lito absque temperamento, Ite, dicite parieti illi quia casurus est, cujus ædificatoribus væ pronuntiatur ab ipso. Et alibi ad prophetam iterum Dominus dicit : *Ecce constitui te super gentes et regna, ut evellas et destruas, et disperdas et dissipes, et ædifices, et plantes* (*Jer.* I, 10). Impulso pariete ædificato super arenam, et everso, quia non habuit Christum Dei virtutem, et Dei sapientiam fundamentum, et disperso, quoniam non habuit ædificatores apostolos, et apostolicos viros, convenit ædificare nos, super fundamentum verum, de lapidibus vivis, sententiis scilicet catholicis, munitionem simplicibus et fidelibus contra hæreticorum fumosos impetus; et impleto a veritate dicto veridico : *Omnis plantatio quam non plantavit Pater meus cœlestis eradicabitur* (*Matth.* XV, 13), oportet nos plantare fidelia germina, proferentia fructus, id est intellectus fideles, ad quod sumus gratia Dei plantati in domo Domini, in atriis domus Dei nostri.

CAPUT XVI.

Abhinc excerpti a nobis primi capituli textus ponitur, et unde sumptus fuerit membratim designando monstratur.

Hic enim est textus primi capituli : « Deus omnipotens hominem sine peccato rectum cum libero arbitrio condidit, et in paradiso posuit, quem in sanctitate justitiæ permanere voluit. Homo libero arbitrio male utens peccavit, et cecidit, et factus est massa perditionis totius humani generis. Deus autem bonus et justus elegit ex eadem massa perditionis secundum præscientiam suam quos per gratiam prædestinavit ad vitam, et vitam illis prædestinavit æternam; cæteros autem, quos justitiæ judicio in massa perditionis reliquit, perituros præscivit, sed non ut perirent prædestinavit; pœnam autem illis quia justus est prædestinavit æternam. Ac per hoc unam Dei prædestinationem tantummodo dicimus : quæ aut ad donum pertinet gratiæ, aut ad retributionem justitiæ. » Ecce capitulum, quod de prædestinatione electorum Dei gratuita gratia, et relictione reproborum justissimæ ipsius retributionis justitia, contra Gothescalcum et erroneam ejus scholam, necessitate compulsi, et interrogatione principalis devotionis exacti, secundum sanctarum Scripturarum tramitem, ex verbis beati Augustini ac Prosperi, cæterorumque catholicorum doctorum sensibus excerpere procuravimus. Quod quia cum aliis tribus a nobis excerptis, quasi a Patrum catholicorum doctrina et fide discordans, ab infestissimo explosore abominatur, membratim necesse est nobis per verba singula demonstrare, qualiter non modo cum sensu atque doctrina, verum et cum verbis orthodoxorum Patrum usquequaque concordat.

67 Scripsimus enim in principio capituli, *Deus omnipotens*, sicut scriptum est in Heptatycho dixisse Dominum ad Moysem, *Ego, Dominus Deus, hoc est nomen meum memoriale sempiternum in generationes et progenies* (*Exod.* III, 15). Et Hilarius in psalmo CXXIX : Humanæ, inquit, infirmitatis religiosa confessio est, de Deo hoc solum nosse, quod Deus est. Et Ambrosius in epistola ad Galatas : Deus enim naturæ nomen est et potestatis. Et in cantico Exodi, *Omnipotens nomen ejus.* Unde ex Symbolo apostolico, Nicæno et Constantinopolitano, secundum propheticas, evangelicas, et apostolicas voces, Deum omnipotentem credimus, confitemur, et prædicamus, Patrem, et Filium, et Spiritum sanctum, ex quo, per quem, et in quo sunt omnia : ipsi gloria in sæcula sæculorum.

Subsecuti sumus, « Hominem sine peccato rectum cum libero arbitrio condidit, » Et in Genesi scriptum est : *Et creavit Deus hominem ad imaginem suam, ad imaginem Dei creavit illum* (*Gen.* I, 27). Constat enim, et nemo fidelium dubitat, neque diffitetur, quia quem ad imaginem suam Deus sanctus et rectus, qui sine peccato est, condidit, rectum et sine peccato illum creavit. Et in libro Ecclesiastico : *Deus creavit hominem, et secundum imaginem suam fecit illum* (*Eccli.* XVII, 1). Et iterum : *Convertit illum in ipsum, et secundum se vestivit illum virtute* (*Ibid.*, 2). Et iterum : *Deus ab initio constituit hominem, et reliquit illum in manu consilii sui* (*Eccli.* XV, 14). Et in Ecclesiaste : *Solummodo hoc inveni, quod fecerit Deus hominem rectum, et ipse se infinitis miscuerit quæstionibus* (*Eccle.* VII, 30). Unde Alcuinus in explanatione ejusdem capituli dicit « bonos nos a Deo creatos, sed quia libero sumus derelicti arbitrio, vitio nostro ad pejora [illegible], dum majora quærimus, et ultra vires nostras varia cogitamus. » Et beatus Augustinus in libro de Correptione et Gratia ad locum ita dicit (*cap.* 12): « Primo itaque homini, qui in eo bono quo factus fuerat rectus, acceperat posse non peccare, posse non mori, posse ipsum bonum non deserere. » Et aliquanto superius in eodem libro (*cap.* 10) : « Quapropter saluberrime confitemur quod rectissime credimus, Deum Dominumque rerum omnium, qui creavit omnia bona valde, et mala ex bonis exortura esse præscivit, et scivit magis ad suam omnipotentissimam bonitatem pertinere, etiam de malis benefacere, quam mala esse non sinere, sic ordinasse angelorum et hominum vitam, ut in ea prius ostenderet quid posset eorum liberum arbitrium, deinde quid posset suæ gratiæ beneficium justitiæque judicium. » Et post pauca : « Sic et hominem fecit cum libero arbitrio. » Et item in libro de Natura et Gratia (*cap.* 67) : « Cum autem de libera voluntate recte faciendi loquimur, de illa scilicet in qua homo factus est loquimur. »

Deinde subjunximus, « Et in paradiso posuit, » quod et lectio Genesis docet, *Plantavit*, inquiens, *Deus paradisum voluptatis a principio, in quo posuit hominem quem formaverat* (*Gen.* ii, 8). Prosecuti sumus, « quem in sanctitate justitiæ permanere voluit. » Unde et beatus Gregorius in homilia Evangelii, **68** *Erant appropinquantes ad Jesum publicani et peccatores*, ad locum dicit (*hom.* 34 *in Evang.*) : « Angelorum quippe et hominum naturam ad cognoscendum se Dominus condidit : quam dum consistere ad æternitatem voluit, eam procul dubio ad suam similitudinem creavit. » In qua æternitate homo permansisset, si in sanctitate justitiæ perstitisset, sicut sanctus Augustinus in præfato libro de Correptione et Gratia (*cap.* 10) : « In quo statu, inquit, recto ac sine vitio, si per ipsum liberum arbitrium homo manere voluisset, profecto sine ullo mortis et infelicitatis experimento, acciperet illam merito hujusmodi permansionis beatitudinis plenitudinem, qua et sancti angeli sunt beati, id est ut cadere non posset ulterius, et hoc certissime sciret. Nam quomodo ipse posset etiam in paradiso beatus esse, (imo ibi non esset, ubi esse miserum non deceret), si eum sui casus præscientia et timor tanti mali miserum faceret? » Et item beatus Gregorius in libro octavo Moralium Job (*cap.* 6) : « Ad hoc namque homo conditus fuerat, ut stanti mente in arcem se contemplationis erigeret, et nulla hunc corruptio a Conditoris sui amore declinaret. » Item in eodem (*cap.* 10) : « Ad contemplandum quippe Creatorem homo conditus fuerat, ut ejus semper speciem quæreret, atque in solemnitate illius amoris habitaret ; sed extra se per inobedientiam missus, mentis suæ locum perdidit, quia tenebrosis itineribus sparsus, ab inhabitatione veri luminis elongavit. » Item in libro decimo septimo (*cap.* 18) : « Ad vitam namque homo conditus in libertate propriæ voluntatis, sponte sua factus est debitor mortis. » Item in decimo nono (*cap.* 24) : « Con-

A templatus quippe interna gaudia visionis Dei, et socialem frequentiam angelorum persistentium, reduxit oculos ad ima ; vidit quo jaceret, qui ad hoc conditus fuerat, ut in coelestibus stare potuisset. » Item in libro vigesimo (*cap.* 16) : « Humanum igitur genus recto Dei judicio in voluptatibus suis sibi dimissum, atque per easdem voluptates spontaneis tribulationibus traditum, absinthio est ebrium. » Et in homilia decima septima : « Quid autem animas hominum nisi cibum Domini dixerim, quæ ad hoc sunt conditæ, ut in ejus corpore trajiciantur, id est ut in æternæ Ecclesiæ augmentum tendant. » Et beatus Ambrosius in psalmo cxviii : « Unde Apostolus, in eos quidem qui ceciderunt severitatem, in te autem bonitatem. Si enim non cecidissent, utique B uterentur et ipsi Dei bonitate. » Et sanctus Augustinus in libro decimo tertio (*cap.* 12) de Trinitate : « Quadam justitia Dei, inquit, in potestatem diaboli traditum est genus humanum peccato primi hominis, in omnes utriusque sexus commistione nascentes originaliter transeunte, et parentum primorum debito universos posteros obligante. Hæc traditio prius in Genesi significata est ; ubi cum serpenti dictum esset *terram manducabis*, homini dictum *terra es, et in terram ibis* (*Gen.* iii, 14, 19). In eo quod dictum est, *in terram ibis*, mors corporis præpuntiata est, quia nec ipsam fuerat experturus, si permansisset ut fuerat rectus. » Et paulo inferius : « *Eramus natura filii iræ sicut et cæteri* (*Ephes.* ii, 3). Quocirca omnes **69** homines ab origine sub principe sunt potestatis aeris, qui C operatur in filiis diffidentiæ. Et quod dixi ab origine, hoc est, quod dicit Apostolus natura, et se fuisse sicut et cæteros, natura scilicet ut est depravata peccato, non ut recta creata est ab initio. » Et Hieronymus in Michea propheta in secundo libro : « Deus enim creavit hominem ne interiret, et mortem non fecit. » Et beatus Gregorius in libro quarto Moralium (*cap.* 28) : « Quia enim si parentem primum nulla peccati putredo corrumperet, nequaquam ex se filios gehennæ generaret, sed qui nunc per redemptionem salvandi sunt, soli ab illo electi nascerentur. » Et sanctus Ambrosius cum tractaret, *Intellectum da mihi et vivam* (*Isa.* cxviii, 144), ait : « Si petisset Adam sicut petivit David, nequaquam illos inextricabiles erroris laqueos incidisset, quibus omnis ejus hæreditas strangulatur. Ideoque mortuus est, D et quod gravius est morte peccati, quia ante usurpavit scire, quam intellectum quo vivificaretur acciperet. »

Deinde subjunximus, « Homo libero arbitrio male utens peccavit et cecidit, et factus est massa perditionis totius humani generis. Unde Apostolus : *Per unum, inquit, hominem in hunc mundum peccatum intravit, et per peccatum mors, et ita in omnes homines pertransiit, in quo omnes peccaverunt* (*Rom.* v, 12). » Et item : « *Judicium ex uno in condemnationem, et sicut per unius delictum in omnes homines in condemnationem* (*Ibid.*, 16). » Hinc sanctus Ambrosius in expositione Lucæ : »

« Fuit Adam, et in illo fuimus omnes : periit A Adam, et in illo omnes perierunt. » Et beatus Augustinus : « Quia vero, inquit, per liberum arbitrium homo Deum deseruit, justum judicium Dei expertus est, ut cum tota sua stirpe, quæ in illo adhuc posita tota cum illo peccaverat, damnaretur. »

Subjunximus denique : « Deus autem bonus et justus elegit ex eadem massa perditionis, secundum præscientiam suam, quos per gratiam prædestinavit ad vitam, et vitam illis prædestinavit æternam. » Hinc apostolorum princeps : *Petrus apostolus Jesu Christi, electis advenis secundum præscientiam Dei Patris* (*I Petr.* 1, 1). Et Paulus apostolus : *Nam quos præscivit et prædestinavit conformes fieri imaginis filii sui* (*Rom.* viii, 29). Et Augustinus in libro de Prædestinatione sanctorum, et Prosper ex ejusdem verbis, contra objectiones querulæ imperitiæ seu fallacis invidiæ æmulorum beati Augustini : « Prædestinatio est, inquiunt, gratiæ præparatio ; qua sine præscientia esse non potest, potest autem esse sine prædestinatione præscientia. Quæ enim ex Dei munere habemus, et quæ præscita dicuntur, non possunt non esse prædestinata, et quæ prædestinata appellantur, non possunt non esse præscita. Et Dominus in Evangelio : *Venite, benedicti Patris mei, percipite regnum quod vobis paratum*, id est prædestinatum, *est ab origine mundi* (*Matth.* xxv, 34). Et item Paulus : *Gratia autem Dei vita æterna* (*Rom.* vi, 23). » Hinc Augustinus in præfato libro de Prædestinatione sanctorum : « Gratia vero est jam ipsa vitæ donatio. » Et item : « Quo circa prædestinatio Dei quæ in bono C est, gratiæ est, ut dixi, præparatio, **70** gratia vero ipsius prædestinationis effectus. »

Deinde conjunximus : « Cæteros autem, quos justitiæ judicio in massa perditionis reliquit, perituros præscivit, sed non ut perirent prædestinavit, pœnam autem illis quia justus est prædestinavit æternam. » Et Prosper, actione tertia contra Vincentianos : « Omnium quidem hominum creator est Deus, sed nemo ab eo ideo creatus est ut periret. » Et beatus Augustinus in libro de Bono vel Dono perseverantiæ, ad locum ita dicit (*cap.* 14) : « An quisquam dicere audebit, Deum non præscisse quibus esset daturus ut crederent, aut quos daturus esset Filio suo, ut ex eis non perderet quemquam ? Quæ utique si præscivit, profecto beneficia sua quibus nos dignatur liberare præscivit. Hæc est prædestinatio sanctorum, nihil aliud : præscientia scilicet et præparatio beneficiorum Dei, quibus certissime liberantur quicunque liberantur. Cæteri autem ubi nisi in massa perditionis justo divino judicio relinquuntur ? » Unde et sanctus Prosper in absolutione objectionis octava contra Januenses : « Agnoscamus itaque sapienter, pieque fateamur præscisse incommutabiliter Deum quibus esset daturus ut crederent, aut quos daturus esset Filio suo, ut ex eis non perderet quemquam. Et si hæc præscivit, beneficia sua illum quibus nos dignatur liberare præscisse : et hanc esse prædestinationem sanctorum »

præstinationem scilicet et præparationem gratiæ Dei, qua certissime liberantur quicunque liberantur ; cæteros autem, quos a generali perditione humani generis gratia non exemit, justo noverimus judicio non exemptos, et quid nobis remissum sit in eis discamus, de quorum queri damnatione non possumus. » Et Gregorius in libro vigesimo quinto (*cap.* 7) Moralium : « Cunctis liquet quod in illa extrema requisitione examen publicum facturus est omnipotens Deus, ut alios ad tormenta deserat, alios ad participationem regni cœlestis admittat. Sed et hoc nunc secreto judicio quotidie agitur, quod tunc in publico demonstrabitur. Nam justo an misericorditer singulorum corda vel examinans vel disponens, alios in exteriora respuit, alios ad ea quæ sunt intrinsecus trahit, hos accendit interna B appetere, illos pro voluptatibus suis deserit exteriora cogitare. » Et Augustinus in supradicto libro de Correptione et gratia (*cap.* 10) : « Quotquot ex hac stirpe, quin primi hominis, gratia Dei liberantur a damnatione utique liberantur, qua jam tenentur obstricti, unde etiamsi nullus liberaretur, justum Dei judicium nemo juste reprehenderet. Quod ergo pauci in comparatione pereuntium, in suo vero numero liberantur multi, gratis fit, gratiæ sunt agendæ quia fit : ne quis velut de suis meritis extollatur, sed omne os obstruatur, et qui gloriatur in Domino glorietur. »

Et in libro de Gratia Christi, et libero arbitrio, atque originali peccato, quem Hypomnesticon appellavit, ad locum in explanatione quæstionis sextæ de prædestinatione ita dicit (*lib.* vi C *in princ.*) : « Prædestinatio quippe a prævidendo, et præveniendo, vel præordinando futurum **71** aliquid dicitur. Et ideo Deus, cui præscientia non accidens, sed essentia fuit semper et est, quidquid antequam sit præscit prædestinat ; et propterea prædestinat, quia quale futurum sit præscit. Ideo et Apostolus, *Nam quos præscivit*, inquit, *et prædestinavit* (*Rom.* viii, 29). Sed non omne quod præscit prædestinat : mala enim tantum præscit, bona vero et præscit et prædestinat. Quod ergo bonum est præscientia prædestinat, id est priusquam sit in re præordinat. Hoc cum ipso auctore esse cœperit, vocat, ordinat, et disponit. Unde et sequitur : *Nam* D *quos prædestinavit hos et vocavit, et quos vocavit illos et justificavit ; quos autem justificavit illos et glorificavit* (*ibid.*). Jam igitur apertius disseramus quod loquimur, quomodo erga humanum genus præscientia et prædestinatione sua Deus, in quo iniquitas non est, utatur. Massæ itaque humani generis, quæ in Adam et Eva prævaricatione damnabilis mortalisque facta est, non conditione divina generaliter, sed ex debito, pœna cruciatusque gehennæ debetur ; venia vero non merito, sed Dei justi judicis misericordiæ largitate confertur. Quia vero justus et misericors Deus, præsciusque futurorum, ex hac damnabili massa, non personarum acceptione, sed judicio æquitatis suæ irreprehensibili, imo incomprehensibili quos praescit, misericordia gratuita praeparat, id est, praedestinat ad aeternam vitam; caeteros autem poena, ut praedixi, debita punit; quos ideo punit, quia quid essent futuri praescivit, non tamen puniendos ipse fecit vel praedestinavit, sed tantum, ut dixi, in damnabili massa praescivit. Quod si a me quaeris scire, cur duo ista differenter Deus facit, si personarum acceptor non est, quia generaliter aut punire debet justitia, aut misericordia liberare, contende cum Paulo, imo si audes, argue Paulum, qui dixit, Christo in se loquente, *O homo, tu quis es, qui respondeas Deo* (Rom. IX, 10)? et caetera quae lector ibi sufficientissime poterit invenire. Nobis autem interim sufficit demonstrare, qualiter ex verbis et sensibus catholicorum a nobis capitula sint excerpta. Et post plurima, item beatus Augustinus in eodem libro dicit : « Oportet igitur ut ad ea quae superius disputare coepimus revertamur. » Diximus namque, de damnabili humani generis massa Deum praescisse, misericordia non meritis, quos electione gratiae praedestinavit ad vitam; caeteros autem, qui judicio justitiae ejus ab hac gratia efficiuntur expertes, praescisse tantum vitio proprio perituros, non ut perirent praedestinasse: Sed, ut dixi, quos in opere impietatis et mortis praescivit, non praeordinavit, nec impulit, in quibus Deum ad iracundiam provocantes, salutis fidem aut praedicatam sibi accipere nolunt, aut Deo judice non possunt, vel accepta male utuntur, et ob hoc traduntur in reprobum sensum, ut faciant ea quae non convenit (Rom. I, 28), his poenam praedestinatam esse rite fatemur. » Et sanctus Prosper in prima responsione primae objectionis Gallorum ad locum : « Praedestinationis autem fides multa sanctarum auctoritate Scripturarum 72 munita est; cui nullo modo fas est ea quae ab hominibus male aguntur ascribi; sed ex primi patris praevaricatione venerunt, de cujus poena nemo liberatur, nisi per gratiam Domini nostri Jesu Christi praeparatam et praedestinatam in aeterno consilio Dei ante constitutionem mundi. »

Et Augustinus in libro quarto de Trinitate (cap. 12): « *Per unum quippe hominem peccatum intravit in mundum, et per peccatum mors, et ita in omnes pertransiit, in quo omnes peccaverunt* (Rom. V, 12). Hujus viae mediator diabolus fuit, persuasor peccati, et praecipitator in mortem. Nam et ipse ad operandam duplam mortem nostram, simplam attulit suam. Per impietatem namque mortuus in spiritu, carne utique mortuus non est : nobis autem et impietatem persuasit, et per hanc ut in mortem carnis venire mereremur effecit. Unum ergo appetivimus iniqua suasione, alterum pos secutum est justa damnatione. Propterea quippe scriptum est, *Deus mortem non fecit* (Sap. I, 13), quia causa mortis ipse non fuit; sed tamen per ejus retributionem justissima mors irrogata est peccatori; sicut supplicium judex irrogat reo, causa tamen supplicii non est justitia judicis, sed meritum criminis. Quo ergo nos mediator mortis transmisit, et ipse non venit, id est ad

mortem carnis, ibi nobis Dominus Deus noster medicinam emendationis inseruit, quam ille non meruit, occulta et nimis arcana ordinatione divinae altaeque justitiae. Ut ergo sicut per unum hominem mors, ita et per unum hominem fieret resurrectio mortuorum, quia magis vitabant homines quod evitare non poterant, mortem carnis quam mortem spiritus, id est, magis poenam quam meritum poenae, (nam non peccare aut non curatur, aut parum curatur; non mori autem, quamvis non obtineatur, vehementer satagitur,) vitae mediator, ostendens quam non sit mors timenda, quae per humanam conditionem jam evadi non potest, sed potius impietas, quae per fidem caveri potest. » Item Augustinus in libro decimo tertio (cap. 11) de Trinitate : « *Pater propter nos Filio non parcit, ipse pro nobis eum tradidit ad mortem* (Rom. VIII, 32). Sed video quod et antea Pater dilexit nos, non solum antequam pro nobis Filius moreretur, sed antequam conderet mundum, ipso teste Apostolo qui dicit : *Sicut elegit nos in ipso ante constitutionem mundi* (Ephes. I, 4). »

Et S. Cyprianus in libro de Lapsis, quia poena sit constituta reprobis ita dicit : « In Evangelio, inquiens, Dominus in verbis doctor et consummator in factis, docens quid fieret, et faciens quodcunque docuisset, quidquid nunc geritur et geretur, nonne ante praemonuit? Nonne et negantibus aeterna supplicia, et salutaria confitentibus praemia ante constituit? » Et in libro de Mortalitate ita dicit, « Nemo futurorum metum cogitat, diem Domini et iram Dei, et incredulis ventura supplicia, et statuta perfidis aeterna tormenta nemo considerat. » Item in libro de Zelo et Livore : « Qui odit, inquit, fratrem suum in tenebris 73 ambulat, et nescit quo eat. Abit enim nescius in gehennam, ignarus et caecus praecipitatur in poenam, recedens scilicet a Christi lumine monentis et dicentis : *Ego sum lux mundi. Qui me secutus fuerit non ambulabit in tenebris, sed habebit lumen vitae* (Joan. VIII, 12). » Item in libro ad Demetrianum : « Merito ergo incursantibus plagis non desunt Dei flagella, nec verbera : quae cum nihil istic promoveant, nec ad Deum singulos tanto cladium terrore convertant, manet postmodum carcer aeternus, et jugia flamma, et poena perpetua. Nec audietur illic rogantium gemitus, quia nec hic Dei indulgentis terror auditus est. » Et item : « Rectum te, inquit, Deus fecit; et cum caetera animalia prona et ad terram situ vergente depressa sint, tibi sublimis status, et ad coelum atque ad Deum tuum vultus erectus est. Illuc intuere, illuc oculos tuos erige; in supernis Dominum quaere, ut carere inferis possis; sublimitatem serva qua natus es, persevera talis qualis a Domino factus es. » Et item : « Credite, inquit, illi qui incredulis aeterna supplicia de gehennae ardoribus irrogabit. » Item in epistola ad Romanos : « Deus enim, inquiens, ut est indulgens, ita est et praeceptorum suorum exactor, et quidem diligens, sicut ad convivium vocat, sic habitum nuptialem non habentem manibus et pedibus ligatum **extra sanctorum** cœlum foras jactat. Paravit A cœlum, sed paravit et Tartarum : paravit refrigeria, sed paravit etiam æterna supplicia : paravit inaccessibilem lucem, sed paravit etiam perpetuæ noctis vastam æternamque caliginem, › et sanctus Hilarius in expositione cxviii psalmi (vers. *Concupivit anima mea*) : « An cum ex omni otioso verbo rationem simus præstituri, diem judicii concupisceremus, in quo nobis est ille indefessus ignis obeundus, in quo subeunda sunt gravia illa expiandæ a peccatis animæ supplicia? › Quia nemo Dei prædestinatione periit, et neminem Deus deserit antequam deseratur, in libro de Lapsis : « Quam vim, inquit, potest obtendere qua crimen purget, cum vim magis ipse fecerit ut periret? › Et ita de libro Paralipomenon proponit (*Cypr. de exhort. Martyrii, epist. ad Fortun.*, cap. 8) : *Dominus vobiscum est quandiu estis vos cum ipso : si autem derelinqueritis eum, relinquet vos* (*II Par.* xv, 2). Præscientiam quoque non prædestinationem Dei ad pœnam docens, de libro Machabæorum ita exemplum proponit dicens (*cap.* 15) : « Quintus, inquit, præter quod carnificinam regis, et duros variosque cruciatus fidei vigore calcabat, ad præscientiam quoque et notitiam futurorum, spiritu divinitatis animatus, prophetavit regi indignationem Dei et ultionem velociter secuturam : *Potestatem*, inquit, *inter homines habes* (*II Mac.* vii, 16), et reliqua quæ prosequitur. › Et post paululum : « Nec tanti inquit esse lucrari brevia vitæ momenta, ut offenso Deo incurrere æterna supplicia. › Quo exemplo ostenditur, quia non homo præ- C destinatur a Deo ad pœnam, sed ipse per propriam iniquitatem pœnam incurrit. Et alibi (*de Bono patientiæ*) exponens Apostolum, *thesaurizas tibi iram* (*Rom.* xi), et reliqua, justum judicium Dei esse dixit, quia serum est, quia diu multumque differtur, ut homini ad vitam longa Dei patientia consulatur. Et **74** tunc repræsentatur pœna impio et peccatori, quando jam non potest pœnitentia prodesse peccanti.

Et sanctus Ambrosius, cum exponeret de Psalmo cxviii, *Fiat misericordia tua ut consoletur me*, commendans gratiam Dei, « Moysi enim, inquit, dicit Deus, *Miserebor cujus misertus ero, et misericordiam præstabo cui misericordiam præstitero* (*Exod.* xxxiii, 19). *Igitur non est volentis neque currentis, sed miserentis Dei* (*Rom.* ix, 16). Ergo non debemus velle vel currere? Atqui negligentes Deus deserere D consuevit. Non ergo hoc dicit, sed quid dicat consideremus. Non volentis neque currentis hominis perseverantia est. Non est enim in hominis potestate, sed miserentis Dei est, ut possis complere quæ cœperis. Denique iterum dicit, *Quia in hoc ipsum te suscitavi, ut ostendam in te virtutem meam* (*Exod.* ix, 16). Colligitur ergo, adhortationem divinæ misericordiæ deputandam. Unde sequitur, *Ergo cui vult miseretur, et quem vult indurat* (*Rom.* ix, 17, 18) : hunc miseratus hortatur, illum non revocat exsecratus. › Item quia non hominem Deus prædestinavit ad ignem, et diaboli fieri consortem,

sed sua iniquitate consors, imo portio diaboli efficitur, tractans versum *Feci judicium et justitiam* (*Psal.* cxviii, 121), ait : « *Qui volunt divites fieri incidunt in tentationem et laqueum diaboli* (*I Tim.* vi). › Et item : « *Mortificate ergo membra vestra quæ sunt super terram, fornicationem, immunditiam, libidinem, concupiscentiam malam, et avaritiam quæ est idololatria* (*Col.* iii, 5). In his enim diaboli voluntatem facimus, et exsequimur potestatem, qui per carnis istius desideria incentivum suæ fraudis operatur. Quemcunque ergo in vitiorum suorum possessione repererit, tanquam obnoxium suo juri vindicat. Adulterium quis facit, luxuriam exercet, aliena diripit, portio diaboli est : pudicus autem et continens, et misericors, Christi portio est. Christi ergo servum sibi non potest vindicare, nisi forte lapsum in vitia deprehenderit. Ne tum quidem vindicat, sed tanquam suum sibi tradi postulat. › Et paulo post : « Ponit thronum suum diabolus super sidera, quando electum decipit, quando justum circumvenit, cujus opera lucent sicut stellæ in cœlo. Nonne et Judas proditor inter cæteros audiebat, *Vos estis lux mundi?* (*Matth.* v, 14) nonne diabolus lumen ejus exstinxit? Quin etiam, quos non potuerit circumvenire, calumniatur invidens regni cœlestis gloriam : ut quos illecebris suis a Christo non potuit separare, eos calumniis suis debiti honoris fructu fraudare conetur. ›

Et sanctus Joannes Constantinopolitanus episcopus, cujus exemplis sedes apostolica cum aliorum mundi luminum, et beatus Augustinus contra Julianum sæpenumero, et in aliis opusculis suis, velut malleo fortissimo ad conquassanda capita hæreticorum, et verticem capilli perambulantium in delectis suis, auctoritative utuntur. In libro de Reparatione lapsi ita dicit ad locum : « Propterea enim, inquiens, creavit nos Deus, et esse fecit qui non eramus, ut æterna in nos conferat bona, et præstet regna cœlorum. Non enim nos ad **75** hoc fecit ut gehennæ nos tradat ignique perpetuo. Regnum cœlorum propter nos, gehenna propter diabolum facta est. Et hoc ita esse ex Evangeliis doceam. Ipse etenim Dominus dicit his qui a dextris sunt, *Venite, benedicti Patris mei : percipite regnum quod paratum est vobis a constitutione mundi* (*Matth.* xxv, 34). Illis autem qui a sinistris sunt dicit, *Discedite a me, maledicti, in ignem æternum, qui paratus est*, non dixit *vobis*, sed *diabolo et angelis ejus* (*ibid.*, 41). Si ergo propter diabolum gehenna ignis, propter hominem regnum cœlorum a constitutione sæculi præparatum est, tantum est ne nosmetipsos ab ingressu bonorum persistendo in malis pertinaciter excludamus. Donec enim sumus in hac vita quantacunque nobis acciderint peccata, possibile est absolvi omnia per pœnitentiam. Cum autem abducti fuerimus de hoc sæculo, ibi jam etiam pœnitebit nos : valde enim pœnitebit, sed nulla erit utilitas pœnitentiæ. Et licet sit stridor dentium, licet ululatus et fletus, › et reliqua quæ prosequitur. Quod exemplum catholicissimi viri, sicut et cujuslibet aliorum quos posuimus ac ponemus, sufficere poterat ad rectam intelligentiam et auctoritatem, si in contradicentibus majores partes potuisset habere recti consensio, quam prava contentio. Quem magnum virum in synodo, et etiam in suis scriptis, Gothescalcus reprobus reprehendit. Sed Augustinus, probus ad suas confirmandas sententias, sæpissime apprehendit : quem et nos sequentes amplectimur, qui gratia Dei divinam scientiam et fidem catholicam comprehendit.

Et ne quilibet pertinaces, fides fidibus contentionum augentes, quibus ad sui perniciem amplius constringantur, jactitent quia diximus reprobis pœnam prædestinatam, et ex hujus testimonio demonstramus, non hominibus, sed diabolo ignem præparatum æternum, attentius audiant quæ hic vir sanctus prosequitur : « Tantum est, inquiens, ne nosmetipsos ab ingressu bonorum persistendo in malis pertinaciter excludamus : desinentes scilicet esse quod facti sumus, incipiamus esse vitio nostro quod fieri prohibemur, dicente divino sermone, *Homo cum in honore esset non intellexit : comparatus est jumentis insipientibus, et similis factus est illis (Psal.* XLVIII, 13). » Unde sanctus Ambrosius cum tractaret versum Psalmi CXVIII, *Manus tuæ fecerunt me, et plasmaverunt me,* ita dicit : « Scriptura enim, inquiens, eum hominem dicit, qui est ad imaginem et similitudinem Dei : peccantem autem, non hominem, aut serpentem, aut equum adhinnientem feminis, aut vulpeculam aut jumentum vocare consuevit. *Nolite fieri sicut equus et mulus quibus non est intellectus. In freno et camo maxillas eorum constringe, qui ad te non appropinquant (Psal.* XXXI, 9, 10). Et : *dicite huic vulpi (Luc.* XIII, 32) de Herode ait. *Generatio viperarum (Luc.* III, 7) vocatur ab Joanne plebs hominum. Magnum ergo opus Dei es, homo, magnum est quod dedit tibi Deus. Vide ne quod tibi Deus tribuit amittas : amittas magnum illud munus quod es ad imaginem Dei, et hoc in te puniatur magis. Deus enim non **76** punit similitudinem suam, sed eum punit, qui ad similitudinem Dei factus, hoc quod accepit servare non potuit. Punit ergo illud quod ad similitudinem Dei esse desistit, hoc est peccatum tuum. Nam suam Deus non damnat imaginem, nec in illud incendium mittit æternum : sed magis vindicat imaginem de eo, qui imagini illi fecit injuriam, ut per malitiam quod eras esse desineres, et fieres mulus ex homine. Vindicatur ergo imago, non condemnatur : vindicatur quasi expulsa, non condemnatur quasi rea. Postquam enim peccasti, aliud esse cœpisti, illud quod eras desisti. Quomodo igitur punitur in te quod in te non invenitur? Nam si inveniatur in te imago Dei et similitudo, non supplicio incipis dignus esse, sed præmio. Ita imago illa, quæ ad imaginem et similitudinem Dei factus es, non condemnatur sed coronatur. Condemnaris autem in eo quod ipse mutatus es, ut fieres ex homine serpens, mulus, equus, vulpecula. His nos enim muneribus jam Scriptura condemnavit : qui exuti cœlestis imaginis ornamento, etiam nomen

hominis amittimus, qui gratiam hominis non tenemus. » Et sanctus Augustinus in sermone de symbolo ad Neophytos, « Mementote ita credere omnipotentem Deum, ut nulla omnino natura sit quam ipse non condidit : et ideo peccatum punit quod ipse non fecit, quia eo fœdatur natura quam fecit. »

Hinc solertissime perpendendum est, quam consona isti sancti doctores, uno repleti spiritu, sint diversis oribus variis locuti gentibus. Unde et apostolica doctrina ad imaginem Dei, ad quam creati sumus, et reformari, et renovari spiritu mentis nostræ (*Rom.* XII, 2; *Ephes.* IV, 23), et nosmetipsos salubriter admonet dijudicare, ut non judicemur, ne cum hoc mundo damnemur : Et sanctus Gregorius in libro decimo quarto Moralium Job (*cap.* 11), quia non homines a Deo sint prædestinati ad pœnam, sed diabolo cum corpore suo ex retributione justitiæ sit pœna a Deo prædestinata, ita dicit : « Et omnes inquiens qui de ejus, id est Antichristi, perversa persuasione in pravis actionibus nati sunt, illustratione adventus Domini æterno interitu cum eodem suo capite ferientur. » Item : « Hæc sunt tabernacula iniqui : videlicet indicans, quia is qui nunc ignorando extollitur, tunc ad propria tabernacula perveniet, quando eum sua iniquitas ad supplicia demerget. » Item in libro decimo quinto (*cap.* 5) : « Manus itaque illius ei dolorem reddunt, quia damnationem justam ex iniqua recipiet operatione. Bene autem non dabunt, sed reddent dicitur : quia perversæ ejus actiones æternum ei supplicium quasi quoddam debitum solvent. » Item (*cap.* 17) : « *Devorabit eum ignis qui non succenditur* (*Job* XX, 26). Miro valde modo paucis verbis expressus est ignis gehennæ. Ignis namque corporeus, ut esse ignis valeat, corporeis indiget fomentis : Qui cum necesse est ut servetur, per congesta ligna procul dubio nutritur ; nec valet nisi succensus esse, et nisi refotus subsistere. At contra gehennæ ignis, cum sit incorporeus, et in se missos reprobos corporaliter exurat, nec ex studio humano succenditur, nec lignis **77** nutritur : sed creatus semel durat inexstinguibilis, et succensione non indiget, et ardore non caret. Bene ergo de hoc iniquo dicit, *Devorabit eum ignis qui non succenditur,* quia omnipotentis justitia, futurorum præscia, ab ipsa mundi origine gehennæ ignem creavit, qui in pœna reproborum esse semel inciperet, sed ardorem suum etiam sine lignis nunquam finiret. » Et sanctus Hieronymus in libro decimo explanationis Isaiæ prophetæ : « Ab heri quippe et a præterito tempore præparata est a rege Domino Thofeth (*Isa.* XXX, 33), id est lata et spatiosa gehenna, quæ eos, id est reprobos, æternis urat ardoribus. » Item idem in libro tertio super prophetam Amos, « Pœnitentiam autem Dei in Scripturis sic debemus accipere, quomodo somnum et iram : non quo Deum pœniteat, et mutet sententiam, qui loquitur per prophetam, *Ego Deus et non mutor* (*Mal.* III, 6), et cui nos dicimus, *Tu autem idem ipse es, et anni tui non deficient* (*Psal.* CI, 28); sed quo nobis, ad meliora conversis, ipsum pœniteat sententiæ suæ : ut nec justo reddat præmia quæ promisit, si declinaverit ad iniquitatem, nec peccatori pœnas quas comminatus est, si conversus fuerit ad salutem. » Et item : « Vos autem, filii Israel, quasi in cribro agitatos atque concussos mundabo et eligam, ut qui lapillus fuerit, et per pœnitentiam roboratus, de cribro meo non excidat ; qui autem instar pulveris ceciderit in terram, percutiatur gladio et moriatur : *peccatores populi mei;* non quia ante peccaverint, sed quia usque ad mortem perseveraverint in peccatis. » Item ubi dicitur, *Ecce ego mundabo,* cum exponit testimonium Jeremiæ, *Assumam et loquar super gentem,* et reliqua, « Non ergo Deus, inquit, mutatur, qui semper est immutabilis : sed nos cum nostram conversationem mutamus, sævit, irascitur, comminatur, et dicit se illaturum esse supplicia : si agamus pœnitentiam, ipsum quoque suæ pœnitebit sententiæ. » Et sanctus Augustinus in Psalmo VII : « Nec putemus illam tranquillitatem et ineffabile lumen Dei de se proferre, unde peccata puniantur : sed ipsa peccata sic ordinare, ut quæ fuerunt delectamenta homini peccanti ; sint instrumenta Domino punienti. » Et in Psalmo XXVIII : « Cum venerit Dominus ferens in manu retributionis damnationes impiis, regnum justis , societatem cum diabolo iniquis, societatem cum Christo fidelibus. » Et in Psalmo XL : « Nam et Zabulus Christum exstinguere concupivit, et Judas Christum occidere voluit : occiso autem Christo et resurgente nos vivificati sumus. Diabolo tamen et Judæ merces malæ voluntatis redditur, non nostræ salutis. Noveritis ex animo quemquam pendendum, ad retributionem vel præmii vel pœnæ. »

  Capitulum quoque ita subjungendo conclusimus, « Ac per hoc unam Dei prædestinationem dicimus, quæ aut ad donum pertinet gratiæ, aut ad retributionem justitiæ. » Et beatus Augustinus in libro de Bono vel Dono perseverantiæ (*cap.* 14): « Quia vobis, inquit, datum est nosse mysterium regni cœlorum, illis autem non est datum, quorum alterum ad misericordiam, **78** alterum ad judicium pertinet illius, cui dicit anima nostra, *Misericordiam et judicium cantabo tibi, Domine (Psal.* C, 1). » Et longe superius (*cap.* 12) : « In eo ergo quod aliis gratiam dat, aliis non dat, cur nolunt cantare Domino misericordiam et judicium? Cur autem illis potius quam illis detur, quis cognovit sensum Domini? quis inscrutabilia scrutari valeat? quis investigabilia vestigare? Conficitur itaque, gratiam Dei non secundum merita accipientum dari, sed secundum placitum voluntatis ejus in laudem et gloriam ipsius gratiæ, ut qui gloriatur nullomodo in seipso sed in Domino glorietur, qui hominibus dat quibus vult quoniam misericors est; quod et si non det, justus est : et non dat quibus non vult, ut notas faciat divitias gloriæ suæ in vasa misericordiæ. Dando enim quibusdam quod non merentur, profecto gratuitam, et per hoc veram, suam gratiam esse voluit. Non omnibus dando, quid omnes merentur ostendit, bonus in beneficio certorum, justus in supplicio certorum ; et bonus in omnibus, quoniam bonum est cum debitum redditur : et justus in omnibus, quoniam justum est cum indebitum sine cujusquam fraude donatur. » Et in libro contra Pelagium et Cœlestium , de Gratia Christi, et Libero Arbitrio, et originali Peccato ad locum (*Hypomn. lib.* VI) : *O homo tu quis es qui respondeas Deo? Nunquid dicit figmentum ei qui se fecit, Cur me sic fecisti? An non habet potestatem figulus luti ex eadem massa facere, aliud quidem vas in honorem, aliud vero in contumeliam (Rom.* IX, 21) ? Ego autem hoc dico quod dixi, quia quidquid Deus agit, misericorditer, juste, sancteque facit, quia solus ipse præsciendo scit quod homo nesciendo nescit. « Quis enim cognovit sensum Domini, qui instruat eum? aut quis consiliarius ejus fuit? aut quis prior dedit illi et retribuetur ei? aut quis dicit ei : Quid me fecisti sic? Non potest tantum dici justus Deus, aut solum misericors, sed justus et misericors. Sic legimus, sic credimus. Propterea quando illi cum David misericordiam et judicium cantamus, metuentes non interrogamus quæ sit voluntas ejus, de judicio et misericordia conquirentes. » Et post paululum : « Quia si scrutari voluerimus secretum Dei, quod justitiæ ipsius solius notum est, comprehendere non valemus, et impletur in nobis quod scriptum est , *Defecerunt scrutantes scrutationem (Psal.* LXIII, 7). Quare? quia *accessit,* inquit, *homo ad cor altum, et exaltabitur Deus (ibid.,* 8). Sed forte, cum sitis reprehensibiles, judiciorum Dei esse vos comprehensibiles jactatis : melius scilicet Deo placentes, quam Paulus apostolus, qui esse incomprehensibilia per sanctum Spiritum prædicavit. » Et post aliquanta : « Ecce in omnibus quæ ex auctoritate divina protulimus, habes misericordiam et judicium.»

  Et sanctus Prosper in responsione objectionis Gallorum decima quarta ita dicit : Prædestinatio igitur Dei semper in bono est, quæ ad retributionem justitiæ, aut ad donationem pertinet gratiæ : *universæ enim viæ Domini misericordia et veritas (Psal.* XXIV, 10). Et sanctus Hieronymus in expositione Oseæ prophetæ : « Argentum suum et aurum quidquid habere **79** poterant naturaliter sermonis ac sensus, verterunt in idola quæ de suo corde finxerunt, et verterunt non ut interirent, sed quia verterunt ideo interierunt. Neque enim hac ratione fecerunt , ut perirent ; sed quia fecerunt, idcirco perierunt. Et nos verbis beati Hieronymi concordantes dicimus, non ideo perierunt, quia a Deo prædestinati sunt ut perirent, sed ideo a Deo non sunt prædestinati ut salvi fierent, quia præsciti sunt ab ipso proprio suo vitio perituri, quibus ex retributione justitiæ pœnam prædestinavit æternam. » Et Prosper in absolutione objectionis tertiæ Gallorum : « Quod ergo hujusmodi, inquit, in hæc prolapsi mala, sine correptione pœnitentiæ defecerunt, non ex eo necessitatem pereundi habuerunt, quia prædestinati non sunt : sed ideo prædestinati non sunt, quia tales futuri ex voluntaria prævaricatione præsciti sunt. » Et item : « Non enim

relicti sunt a Deo ut relinquerent Deum, sed reliquerunt et relicti sunt, et ex bono in malum propria
voluntate mutati sunt, atque ab eo qui illos tales
præscivit, non sunt prædestinati. » Et item in absolutione objectionis duodecimæ : « Vires itaque obedientiæ non ideo cuiquam subtraxit, quia eum non
prædestinavit ? sed ideo non prædestinavit, quia
recessurum ab ipsa obedientia esse prævidit. » Et in
absolutione objectionis decimæ tertiæ contra Vincentianos : « Quod etsi ex æterna scientia præcognitum habet, scilicet Deus, quid uniuscujusque
meritis retributurus sit, nemini tamen per hoc quod
falli non potest, aut necessitatem aut voluntatem
intulit delinquendi. » Item Hieronymus in Amos
prophetam : « Qui veniunt in diem malum, parantes
sibi vitio suo diem malum ; non quod dies ullus sit
malus, sed quod unusquisque paret sibi malum, juxta
illud quod in Ecclesiaste legimus : Ne dixeris dies
priores meliores erant mihi quam isti, quoniam non
in sapientia interrogas super hoc (*Eccle.* vii, 11).
Stultum est enim referre ad tempora, cum in nostra
sit potestate, vel bonum diem nobis facere, vel malum. Item in Nahum prophetam in capite capituli,
Ubi est habitaculum leonum (*Nahum*, ii, 11) ; Jeremias
quoque de peccatoribus loquitur, *Percussit eos leo
de silva* (*Jer.* v, 5). » Et post paululum : « *Omnes qui
egredientur ex eis*, id est civitatibus, *capientur.* In
quo animadverte quod nemo capiatur, nisi qui de
civitatibus Dei fuerit egressus. Denique Judas de
ovili Christi fuit, et raptus a leone suspendio suffocatus est. Sed et ille propheta, cui præceperat Dominus ne comederet panes e regione illa, ubi erant
vituli aurei et mentita religio, quia comedit a leone
percussus est (*III Reg.* xiii, 24). Quod totum ad retributionem divinæ justitiæ pertinet. »

Unde et sanctus Gregorius in libro decimo Moralium Job (*cap.* 8), quia non ut ad gloriam electi, ita
sint reprobi a Deo ad pœnam prædestinati, sed in
massa perditionis vel in iniquitatibus suis ex retributione justitiæ justo judicio relicti : « *Si subverterit,
inquit, omnia, quis contradicet ei ?* (*Job* xi, 10.)
Sæpe namque in elationem cor attollitur, cum lætis
80 successibus in virtute roboratur : sed dum latentes motus audaciæ in cogitatione conditor conspicit, se sibi hominem ostendendo derelinquit ; ut
ejus mens derelicta quid sit inveniat, quæ male ipsa
secura gaudebat. » Item in libro undecimo (*cap.* 2) :
« Sciendum est, quia aliud est quod omnipotens
Deus misericorditer tribuit, aliud quod iratus habere sinit. Nam quod perverse prædones faciunt,
hoc dispensator æquissimus non nisi juste permittit.»
Item (*Job* xii, 14) : « *Si destruxerit, nemo est qui
ædificet : si incluserit hominem, nemo est qui aperiat*
(*cap.* 5). Omnipotens Deus humanum cor destruit,
cum relinquit : ædificat, dum replet. Neque enim
humanam mentem debellando destruit, sed rece-
dendo : quia ad perditionem suam sufficit sibi dimissa. » Item : « *Si incluserit hominem, nullus est
qui aperiat* : quia sicut nemo obsistit largitati vo-

A cantis, ita nullus obviat justitiæ relinquentis. Inclu-
dere itaque Dei est, clausis non aperire : unde ac
Moysem dicitur de Pharaone : *Ego obdurabo cor
ejus* (*Exod.* iv, 21). Obdurare quippe per justitiam
dicitur, quando cor reprobum per gratiam non
emollit. Includit itaque hominem, quem in suorum
operum tenebris relinquit. » Item (*cap.* 7) : « Novit
decipientem, quia in manu suorum operum dimissum
hunc ut ad pejora proruat deserit, sicut scriptum
est : *Qui nocet, noceat adhuc : et qui in sordibus
est, sordescat adhuc* (*Apoc.* xxii, 11). Novit quoque
et eum qui decipitur : quia sæpe committunt homines mala quæ sciunt, et idcirco permittuntur decipi,
ut cadant etiam in mala quæ nesciunt : quod tamen
deceptis aliquando ad purgationem, aliquando vero
ad ultionis initium fieri solet. » Ecce quomodo prædestinatio Dei, aut ad donum pertinet gratiæ, aut
ad retributionem justitiæ. Item idem in eodem (*Job*
xii, 18) : « *Balteum regum dissolvit* (*cap.* 8). Cum de
ipsa continentia elatione mens tangitur, plerumque
omnipotens Deus ejus superbiam deserens hanc in
immunditiam operis cadere permittit. Regum itaque
balteum dissolvit, quando in his qui bene regere
sua membra videbantur, propter elationis culpam
castitatis cingulum destruit. » Item (*cap.* 9) : « *Et
optimates supplantat* (*Job* xii, 19). Quia cum mentem
regentium justo judicio deserit, hæc in æternum
retributionis præmium non requirit. » Item in libro
decimo tertio (*cap.* 11) : « Neque ita hoc dicitur, ac
si omnipotens et misericors Deus longe cor hominis
a disciplina faciat : sed quod sponte delapsum ibi
remanere ubi cecidit judicando permittit : sicut in
oratione quoque dicimus : *Et ne nos inducas in tentationem* (*Matth.* vi, 13), id est induci minime permittas. » Item in libro decimo quinto : « *Tradidit
illos Deus in reprobum sensum, ut faciant quæ
non conveniunt* (*Rom.* i, 28). Quia enim glorificare
noluerunt quem cognoverunt, reprobo sensui traditi ad hoc relicti sunt, ut nescirent jam pensare mala quæ faciebant. » Item in libro vigesimo
(*cap.* 16) : « Humanum igitur genus, recto Dei
judicio in voluptatibus suis sibi dimissum, atque
per easdem voluptates spontaneis tribulationibus
traditum, absinthio est ebrium. » Et sanctus Augustinus in propositionibus epistolæ ad Romanos :
« Quod autem dicit *tradidit*, intelligitur dimisit
81 in desideria cordis illorum. « Et Cassiodorus in
Psalmo lxxxii. « *Sequitur, revereantur et pereant.*
Ipse sensus est, quem superius dixit, quia ibi reve-
rendo non proficiunt, sed pereunt qui ad æternum
supplicium destinantur, scilicet in malis obstinatione sua, non prædestinatione divina, sicut mox subjunxit, *et cognoscant quia nomen tibi, Domine, tu
solus Altissimus in omni terra* (*Psal.* lxxxii, 19).
Cognoscant ad genus respicit utrumque peccantium, sive qui obstinatione sua perituri sunt,
sive qui habita satisfactione liberantur. Omnes enim
cognoscent omnipotentiam Domini, quia ipse solus
est Altissimus, cum ipsi cognoverint, et conversis

parcere, et obduratos æterna ultione damnare. » Et
in Psalmo LXXXVIII : « *Dissolvisti eum ab emunda-*
tione, et sedem ejus in terra collisisti. Frequenter
emundat divinitas quos flagellat, ut purgatum recipiat quem peccatis sordidum respuebat, quos vero
ab emundatione dissolvit, id est removit, hos jam et
damnare decrevit. Quapropter illos hic significat
Judæos, qui obstinatione mentis Christum spernere
maluerunt. Sedes quoque eorum in terra collisa est,
quando respuentes regem Dominum salvatorem, nequaquam de gente sua principem ulterius habere
meruerunt. Sedes enim pro regno posita est. » Et
item in eodem : « Ipsa est commutatio Christi, quæ
obstinatos deseruit, et fideles dono suæ pietatis ascivit. » Et in Psalmo CVIII : Sive magis una generatio
illa dicenda est, quando in peccatis nascimur : et
ideo petit ut ad secundam, id est regenerationem, non
perveniant. Qui tamen in prædestinatione repulsi
sunt, ut in prima peccatorum suorum fæce dispereant, nec secundæ nativitatis beneficio laqueum mortis evadant. Sed hæc et his similia illis dicuntur,
qui in Domini judicatione damnandi sunt.

Et quia una est prædestinatio, sanctus Augustinus
in sæpe memorato libro Hypomnesticon contra Pelagium et Cœlestium, de Gratia Christi, et Libero
Arbitrio, ac originali Peccato, ut commemoravimus,
ita dicit (*lib.* VI in princ.) : « Prædestinatio quippe a
prævidendo et præveniendo, vel præordinando futurum aliquid dicitur, et ideo Deus, cui præscientia
non accidens est, sed essentia fuit semper et est,
quidquid antequam sit præscit, prædestinat, et propterea prædestinat, quia quale futurum sit præscit.
Ideo et Apostolus : Nam *quos præscivit,* inquit, *et*
prædestinavit (*Rom.* VIII, 29). » Et in libro de Bono perseverantiæ (*cap.* 14) : « Hæc est prædestinatio sanctorum nihil aliud, præscientia scilicet et præparatio beneficiorum Dei, quibus certissime liberantur quicua-
que liberantur. » Et in libro de Prædestinatione sanctorum : « Ipsa est, inquit, prædestinatio sanctorum,
quæ in Sancto sanctorum maxime claruit, quam
negare quis potest recte intelligentium eloquia veritatis? Nam et ipsum Dominum gloriæ, in quantum
homo factus est Dei Filius, prædestinatum esse didicimus. » Et item in eodem libro (*cap.* 10) : « Inter
gratiam porro et prædestinationem hoc tantum interest, quod **82** prædestinatio est gratiæ præparatio,
gratia vero jam ipsa donatio. » Et post paululum :
« Prædestinatio est quæ sine præscientia non potest
esse : potest autem esse sine prædestinatione præscientia. Prædestinatione quippe Deus ea præscit
quæ fuerat ipse facturus, unde dictum est : *Fecit quæ*
futura sunt ; præscire autem potens est etiam quæ
ipse facit, sicut quæcunque peccata : quia etsi sunt
quædam quæ ita peccata sunt, ut pœnæ sint etiam
peccatorum (unde dictum est : *Tradidit illos Deus in*
reprobam mentem, ut faciant quæ non conveniunt),
(*Rom.* I, 28), non ibi peccatum Dei est, sed judi-
dicium. Quocirca prædestinatio Dei quæ in bono est,
gratiæ est, ut dixi, præparatio : gratia vero ipsius

prædestinationis effectus. » Et item in eodem libro
(*cap.* 8) : « Cur ergo non omnes docet ut veniant ad
Christum , nisi quia omnes quos docet misericordia
docet, quos autem non docet, judicio non docet?
quoniam cujus vult miseretur, et quem vult obdurat; sed miseretur bona tribuens , obdurat digna re-
tribuens. » Et item sanctus Augustinus in libro de Prædestinatione gratiæ (*cap.* 4, 5) : « Ergo quidquid post
illam prævaricationem natus supplicii homo patitur,
juste reddi meritoque fateatur. Indurare enim dicitur
Deus eum, quem mollire noluerit. Sic etiam excæcare
dicendus est eum quem illuminare noluerit. Sic etiam
repellere eum, quem vocare noluerit. *Quos enim*
prædestinavit, illos et vocavit, illos et justificavit.
Ipse enim dedit ut simus, ipse ut boni esse possimus.
Præscivit nos ejus divinitas, sapientia condidit, justitia damnavit, gratia liberavit. Mundus enim quamvis pro tempore ex quo factus est cœperit, in illa divinæ præscientiæ luce faciendus nullum potuit habere principium : et quanticunque vel ex Adam
usque in hodiernum homines nati sunt, vel post
ætatem nostram generationis sunt propagine nascituri, apud Deum et jam nati sunt, et decurso totius
vitæ tempore transierunt, in illo nihilominus divini
obtutus lumine permanentes. Deus enim, qui nec
loco clauditur, nec tempore prævenitur, omnium
rerum tam præteritarum memoria, quam imminentium scientia plenus est : nec reminiscens volvitur
in præteritum, nec sperans tenditur in futurum. Et
quæcunque omnino sunt, quæ temporum motibus
agitantur, ab eo principio in quo erat Verbum, et
Verbum erat apud Deum , et Deus erat Verbum,
usque in finem omnium sæculorum (de quo fine cum
diceret beatus Moyses : *Domine,* inquit, *qui regnas*
in sæculum et in sæculum, et adhuc), nec sperantur
futura, nec præterita transierunt, sed in præsentia
divinitatis præsenti semper luce cernuntur. » Et item
post aliquanta (*cap.* 13) : « De his quibus pœnam severitas juste decreverat, secundum ineffabilem dispositionis occultæ misericordiam, elegit vasa quæ
faceret in honorem, et alios a ventura ira dono
gratuitæ vocationis absolvit, alios derelinquens
ad æqualitatis judicium reservavit : nulli tamen
agnoscendæ veritatis abstulit facultatem. Et ita
plenitudo divinæ præscientiæ in alios manante
83 justitia, in alios gratia profluente completa est,
ut pereuntibus quos præscierat Deus esse perituros,
et salvatis quos in illa secreta sua electione præscierat esse salvandos, toto orbe diffusa multiplicaretur
Ecclesia. » Et post paululum (*cap.* 14, 15) : « Si pie
de Deo sicut expedit sentimus, etiam Pharaoni datam misericordiam reperimus. Patientia enim Dei
valere ei debuit ad salutem : quia differens justum
meritumque supplicium miraculorum verbera crebra
densabat. Nunquid non potuit, sicut flagellis cedens
expulit populum, ita miraculis credens Deum tantæ
virtutis agnoscere? Sed dicitur jam Pharaonem non
potuisse mutari, quia eum præscierat Deus non esse
mutandum : respondetur Dei præscientiam non e-

gere hominem ut talis sit qualem præscivit Deus : sed præscire talem futurum qualis futurus est, quamvis eum non sic fecerit Deus. Quoniam si cogeret esse, hoc utique cogeret quod non est. Porro si hoc præscierat futurum esse quod non est, præscientia non est : quod de Deo quam impie dicatur, advertit quisque, qui peccatis inde blanditur, quod Deus eum peccatorem futurum esse præscierit. »

Ecce de quorum verbis capitulum istud excerpsimus. Accedant reprehensores et oppugnatores nostri, imo impugnatores sed non expugnatores rectæ fidei, et afferant ungues acutissimos cum subtilissimis acubus, et in morem feminarum acupingentium extendant, et diversis coloribus pravorum sensuum suorum divariare atque decolorare capitulum istud attentent : et ubicunque vel in solo verbo, quanto magis in sensu, orthodoxæ fidei ac catholicorum Patrum doctrinæ adversum vel diversum invenerint, minutatim transpungant. Quod si invenire nequiverint, malitiæ suæ mucrone perfossos, et victoria veritatis confusos, atque redargutione ipsius beati Augustini atque Prosperi, quorum se dictis victores jactabant, verecundiæ rubore perfusos intelligentes, nos carpere desinant, et sano intellectui manus donent.

Quod si et adhuc agere detractant, veniat sanctus Gregorius, et percutiat eos, non clava Herculea, sed auctoritate ecclesiastica, beato Petro apostolorum primo a vivorum et mortuorum judice tradita, ut convertatur dolor eorum in caput ipsorum, et arcus eorum confringatur, et in verticem ipsorum iniquitas eorum descendat : nos autem confiteamur Domino in ejus justitia. Ait enim in Homilia Evangelii decima septima : « In quamcunque domum, inquit, intraveritis, primum dicite : Pax huic domui, et si ibi fuerit filius pacis, requiescet super illam pax vestra : sin autem, ad vos revertetur (Luc. x, 5). Pax quæ ab ore prædicatoris affertur, aut requiescit in domo, si in ea filius pacis fuerit, aut ad eumdem prædicatorem revertitur : quia aut erit quisque prædestinatus ad vitam, et cœleste verbum sequitur quod audit : aut si nullus audire voluerit, ipse prædicator sine fructu non erit, quia ad eum pax revertetur : quoniam ei a Domino pro labore sui operis merces recompensatur. » **84** Attendant et appendant reprehensores istius capituli, qui volunt sic a Deo prædestinatos credi et dici ad interitum, quomodo creduntur et dicuntur a fidelibus prædestinati sed ad vitam electi, et reprobi non prædestinati sed relicti ad interitum, quare non dixit sanctus Gregorius. Et erit quisque prædestinatus ad interitum, et non sequetur verbum quod audierit, sicut dixit, aut erit quisque prædestinatus ad vitam, et sequetur verbum cœleste quod audit. Ad prædestinatum enim ad vitam dixit, sequetur verbum : ad non prædestinatos autem, sed in massa perditionis relictos veniens, si nullus audire voluerit dixit.

Quod si hinc veritatem non possunt percipere, audiant quid in decima tertia Homilia Ezechielis prophetæ dicit : « Redemptor igitur noster, inquit,

quia verba quæ dixit etiam per doctorum studium scribi largitus est, in manu calamum tenuit. Qui calamus mensuræ dicitur, quia ipsa Doctorum studia sub quadam occulti judicii dispensatione retinentur, ut et aliis legentibus prosint, et aliis legentibus prodesse non possint. Unde et sancti apostoli, cum magistram veritatem sibi apertius loquentem requirerent cur turbis in parabolis loqueretur, audierunt. *Quia vobis datum est nosse mysterium regni cœlorum, illis autem non* (*Matth.* xiii, 11). Vel certe calamus mensuræ est, quia in ipso sacro ejus eloquio, quod nobis conscriptum est, occultas esse dispensationes ejus agnoscimus. Nam per incomprehensibile ejus judicium, alter intra mensuram electorum metitur, et alter foras relinquitur, ut nullo modo ad electorum numerum pertinere mereatur. Habet ergo funiculum, habet in manu mensuræ calamum. Qui enim funiculo locum metitur, alibi funiculum trahit, aliunde retrahit, et huc ducit quem aliunde subducit. Sic nimirum sic Redemptor noster in collectione hominum facit, dum alios a suis iniquitatibus abstrahit, et alios in sua iniquitate derelinquit. In his enim quos colligere dignatus est, occultæ mensuræ funiculum traxit, et ab his quos relinquendos esse judicavit, quid aliud nisi funiculum retraxit? ut et boni intra mensuram cœlestis fabricæ teneantur, et mali extra fabricam, in quibus bona quæ æstimantur non sunt, quasi sine mensura remaneant. Hunc funiculum et mensuræ calamum in manu sua Redemptor noster tenuit, cum Paulum apostolum per apparentem virum Macedonem admonere dignatus est : ita ut isdem Macedo vir diceret. *Transiens adjuva nos* (*Act.* xvi, 9), et tamen volentibus apostolis ad prædicandum ire in Asiam non permisit spiritus Jesu. Quid est quod sancti apostoli vocantur ire, ubi fortasse ire non cogitabant, et illuc ubi desiderabant pergere, ire perhibentur, nisi quia occulti judicii funiculus et mensuræ calamus tenetur in manu, ut et alii verba vitæ audiant, et alii nullatenus audire mereantur? Funiculus ergo mensuræ est, qui aliunde tractus est, aliunde retractus. Sancto quoque Evangelio teste didicimus, quod venit qui diceret, *Magister, sequar te quocunque ieris :* cui responsum est, **85** *Vulpes foveas habent, et volucres cœli nidos ; Filius autem hominis non habet ubi caput suum reclinet* (*Matth.* viii, 19, 20). Venit alter qui diceret, *Magister, sine me primum ire et sepelire patrem meum :* cui dicitur, *Sine mortuos, sepeliant mortuos suos : tu autem me sequere, et annuntia regnum Dei* (*Matth.* viii, 21, 22). Quid est quod ille promittit se ire et deseritur, iste domum vult redire, et tamen ut sequi debeat jubetur? ille non suscipitur, iste nec ad horæ momentum ab obsequio relaxatur? Interno ergo occulto judicio funiculus et mensuræ calamus ducitur, in quo et iste trahitur, et ille relinquitur, ut cœlestis fabrica non sine pio et justo examine construatur. »

Et item sanctus Gregorius in libro Moralium vigesimo quinto (*cap.* 8) : « *Potum meum cum fletu temperabam* (*Psal.* ci, 10). Potus quippe ab exterioribus

interius trahitur, fletus autem ab interioribus **A**
exterius emanat. Potum ergo Dominum cum fletu
temperare est, alios ab exterioribus introrsus trahere, alios ab interioribus in exteriora reprobare.
Conteret enim multos et innumerabiles, et stare faciet
alios pro eis (*Job* xxxiv, 24). » Et post pauca (*ibid*) :
« Quod autem dixit *conteret multos*, et illico adjunxit
innumerabiles, vel multitudinem exprimere studuit
reproborum, quæ humanæ rationis numerum transit : vel certe indicare voluit quod omnes qui pereunt
intra electorum numerum non habentur, ut eo sint
innumerabiles, quo extra numerum currunt. » Et
paulo post (*cap. eod.*) : « Sed quia in Ecclesia cre-
scente multitudine etiam reprobi colliguntur, apte
subditur, (dixerat siquidem paulo superius per Jeremiam prophetam esse prædictum , *Ædificabitur*
civitas Domino a turre Annanehel usque ad portam
anguli , et exibit ultra normam mensuræ (*Jer.* xxxi,
38).) *Exibit ultra normam mensuræ*, quia usque ad
eos qnoque extenditur, qui normam justitiæ transeuntes intra mensuræ cœlestis numerum non sunt.
Unde per Isaiam quoque eidem Ecclesiæ dicitur,
Ad dexteram enim et ad lævam dilataberis , et semen
tuum gentes hæreditabit (*Isa.* liv, 3). Intrante quippe
multitudine gentium ad dexteram extenditur, dum
quosdam justificandos suscipit : ad lævam quoque
dilatatur, dum ad se quosdam etiam in iniquitate
permansuros admittit. Propter hanc multitudinem ,
quæ extra electorum numerum jacet, in Evangelio
Dominus dicit, *Multi vocati, pauci autem electi*
(*Matth.* xx, 16). Sed quia hoc quod electis aliis alii **C**
conteruntur, de merito patientis est, non de iniquitate punientis. Non enim iniquus Deus qui infert
iram. » Et paulo post (*cap. 9.*) : « *Ligatis manibus*
et pedibus mittite in tenebras exteriores (*Matth.* xxii,
13). Tunc enim coactus in tenebras exteriores mittitur, quia nunc in interioribus voluntarie excæca-
tur. » Et item sanctus Gregorius in libro trigesimo
tertio Moralium Job (*cap. 29*) : « *Non quasi crudelis*
suscitabo eum (*Job* xli, 1), quin Leviathan : et velut
si mox a nobis rationis causa quæreretur, quomodo
eum non quasi crudelis suscitas, quem scimus quia
tantos invadere et devorare permittas? statim subdidit dicens, *Quis enim resistere potest vultui meo,*
et quis ante dedit mihi ut reddam ei? (*ibid.*, 1, 2.) **D**
Quibus duobus versibus, et virtutem suæ potentiæ,
et omne pondus rationis explevit. Nam propter potentiam **86** dixit, *Quis enim resistere potest vultui*
meo? et propter rationem subdidit, *Quis ante dedit*
mihi ut reddam ei? Ac si diceret : Non enim quasi
crudelis suscito , quia de ejus fortitudine et electos
meos potenter eripio , et rursum reprobos non injuste, sed rationabiliter damno; id est, et eos quos
benigne eligo, eripere mirabiliter possum, et eos quos
respuo non injuste derelinquo. » Et paulo post :
« Miro modo æquus omnibus conditor, et quosdam
prælegit, et quosdam in suis reprobis moribus juste
derelinquit. Nec tunc electis suis pietatem sine justitia exhibet, quia hic eos duris afflictionibus premit :

nec rursum reprobis justitiam sine misericordia
exercet, quia hic æquanimiter tolerat quos quandoque in perpetuum damnat. Si ergo et electi prævenientem se gratiam sequuntur, et reprobi juxta quod
merentur accipiunt , et de misericordia inveniunt
electi quod laudant, et de justitia non habent reprobi
quod accusent. Bene itaque dicitur, *Quis ante dedit*
mihi ut reddam ei? Ac si aperte diceretur : Ad parcendum reprobis nulla ratione compellor, quia eis
debitor ex sua actione non teneor. »

Dicant, dicant istius reprehensores capituli, quare
beatus Augustinus in libro de Bono vel Dono perseverantiæ, quem loco retractationis cum libro de Prædestinatione sanctorum contra hujus objectionis
calumnias scripsit, dixerit (*cap.* 14) : « Hæc est præ- **B**
destinatio sanctorum, nihil aliud, præscientia scilicet et præparatio beneficiorum Dei, quibus certissime liberantur quicunque liberantur : cæteri autem
ubi nisi in massa perditionis justo divino judicio
relinquuntur ? » De qua, sicut ex ejus verbis præmisimus, si nullus liberaretur, irreprehensibile esset
divinum ejus judicium. Quare non diffinivit prædestinationem reproborum ad interitum, sicut prædestinationem sanctorum ad liberationem per divinæ
gratiæ beneficium ? Dixit enim , « Prædestinatio
præscientia est, et præparatio beneficiorum Dei,
quibus certissime liberantur quicunque liberantur :
cæteri autem ubi nisi in massa perditionis justo divino judicio relinquuntur? » Dicant illi arguti viri
qui sunt illi cæteri, et si audent, cum Augustino in
hoc loco contendentes, dicant ad interitum, sicut
tu , Augustine , ante dixeras, prædestinati. Nos
autem cum sancti Augustini verbis correctioribus
dicimus : « Sancti beneficio gratiæ Dei sunt ad vitam
prædestinati ; qui et sancti non inventi, sed gratia
sunt effecti; cæteri autem , id est reprobi, in massa
perditionis ex retributione justitiæ sunt relicti. »

Legant etiam quæ posuimus ex libro Hypomnesticon (*lib.* vi) ejusdem beati Augustini contra Pelagium et Cœlestium, de Gratia Christi , et Libero
arbitrio, atque originali Peccato, et non errent pal-
pantes cæci in meridie, quia *hæc est*, ut propheta
dicit, *directa via, ita ut stulti non errent per eam*
(*Isa.* xxxii, 2). « Massæ itaque humani generis, quæ
in Adam et Eva prævaricatione damnabilis mortalisque facta est, non conditione divina generaliter,
sed ex debito pœna cruciatusque gehennæ debetur.
87 Venia vero non merito confertur, Sed Dei justi
judicis misericordiæ largitate. Quia vero justus et
misericors Deus præsciusque futurorum, ex hac damnabili massa, non personarum acceptione, sed judicio æquitatis suæ irreprehensibili, imo incomprehensibili, quos misericordia gratuita præscit et præparat, id est prædestinat ad vitam : cæteros autem
pœna, ut prædixi, debita punit ; quos ideo punit,
quia quod essent futuri præscivit ; non tamen puniendos ipse fecit vel prædestinavit, sed tantum , ut
dixi, in damnabili massa præscivit. » Quid manifestius, quid certius dicere potuit? Et beatus Gregorius,

ut præscripsimus : « Sic nimirum, sic Redemptor **A** noster in collectione hominum facit, dum alios a suis in iquitatibus abstrahit, et alios in sua iniquitate derelinquit. » Quid clarius, quid aperius dicere valuit ? Et item in Homilia quarta Evangelii dicit : « Prius soli Judææ voluit, postmodum cunctis gentibus Dominus prædicari : ut dum illa converti vocata renueret, prædicatores sancti ad vocationem gentium per ordinem venirent, et quod Judææ fiebat in testimonium, hoc gentibus gratiæ esset incrementum. Erant etiam tunc, qui de Judæa vocandi essent, et de gentibus vocandi non essent. Nam et in apostolorum Actibus (*Act.* II, IV, XVI), prædicante Petro, legimus et prius Hebræorum tria millia, et postea quinque millia credidisse : et cum prædicare apostoli gentibus in Asia voluissent, per Spiritum prohibiti esse memorantur : et tamen ipse Spiritus, qui prius prædicationem prohibuit, hunc Asianorum cordibus postmodum infudit. Idcirco ergo prius prohibuit quod postmodum fecit, quia tunc in illa erant, qui salvandi non erant : tunc in illa erant qui necdum ad vitam reparari mererentur, nec tamen gravius de contempta prædicatione judicari. Subtili ergo occultoque judicio a quorumdam auribus prædicatio sancta subtrahitur, quia salvari per gratiam non merentur. Unde Psalmista dicit : *Venite et videte opera Domini : quam terribilis in consiliis super filios hominum* (*Psal.* LXIII, 5). Vidit namque quod alius misericorditer vocatur, alius justitia exigente repellitur : et quia alia parcendo, alia Dominus irascendo disponit, expavit quod penetrare non potuit ; et quem non solum investigabilem in quibusdam suis sententiis, sed etiam inflexibilem vidit, terribilem in consiliis esse memoravit. »

Et item alibi in Evangelio legitur de his qui vocati ad cœnam venire noluerunt, quia *qui invitati erant non fuerunt digni* (*Matth.* XXII, 8), quoniam quidam verbo prædicationis vocantur, sed digni non sunt ut obaudientes veniant : quidam autem veniunt, sed digni non sunt ut in vocatione permaneant : quidam autem nec etiam digni sunt ut vocentur, sicut in præfata Evangelii homilia hic doctor egregius dixit. Sed et in trigesima quinta Evangelii homilia de vocatis et venire nolentibus dicit, quia « sicut illi peccatores fuerunt, qui vocati venire noluerunt : ita hi quoque peccatores sunt, qui invitantur et veniunt. **D** Sed peccatores superbi respuuntur, ut peccatores humiles eligantur. **88** De his etiam qui vocati veniunt, sed in vocatione non permanent, item scriptum est, quia ad tempus credunt, et in tempore tentationis recedunt. Quod Dominus in Evangelio de audientibus et non fructificantibus verbum manifeste demonstrat, loquens de semine quod cecidit secus viam, et super terram, et inter spinas (*Luc.* VIII). Nemo tamen eorum evadet judicium ultionis, quia nec esse poterit excusabilis. De his quippe, qui verbum prædicationis audire non fuerunt digni, Paulus dicit : *Quicunque enim sine lege peccaverunt, sine lege peribunt* (*Rom.* II, 12). *Invisibilia enim Dei a creatura mundi per ea quæ facta sunt intellecta conspiciuntur,*

sempiterna quoque ejus virtus et divinitas : ita ut sint inexcusabiles (*Rom.* I, 20). De his autem qui audierunt, et non obaudierunt, iterum scriptum est : *Vocavi et renuistis, despexistis omne consilium meum. Ego quoque in interitu vestro ridebo* (*Prov.* I, 24, 25). Sed et de his, qui audientes verbum crediderunt, et in fide recta ac bonis operibus non permanserunt, in Evangelio dicitur : *Nemo mittens manum suam in aratrum, et respiciens retro, aptus est regno Dei* (*Luc.* IX, 62). Et de audientibus, credentibus, ac perseverantibus dicit, quia *semen cecidit in terram bonam, et attulit fructum* (*Luc.* VIII, 8). Et : *Qui audit verba mea et servat ea, similis est viro qui ædificavit domum suam supra petram* (*Matth.* VII, 24). » Et item : *Qui habet verba mea et servat ea, ille est qui diligit me : qui autem* **B** *diligit me, diligetur a Patre meo, et ego diligam eum et manifestabo ei meipsum* (*Joan.* XIV, 21). Et : *Qui perseveraverit usque in finem, hic salvus erit* (*Matth.* XXIV, 13). » Et item idem beatus Gregorius de electis et reprobis breviter in homilia octava dicit : « Nascituro Domino mundus describitur, quia ille apparebat in carne, qui electos suos ascriberet in æternitate. Quo contra de reprobis per Prophetam dicitur : *Deleantur de libro viventium, et cum justis non scribantur* (*Psal.* LXVIII, 29). »

Sed si adhuc de beato Augustino quod nondum posuimus volunt audire, accipiant quid in præfato libro de Bono vel Dono perseverantiæ, loquens de Tyriis et Sidoniis ; in massa perditionis relictis dixerit (*cap.* 14) : « Ex quo, inquit, apparet habere **C** quosdam in ipso ingenio divinum naturaliter munus intelligentiæ, quo moveantur ad fidem, si congrua suis mentibus vel audiant verba, vel signa conspiciant : et tamen, si Dei altiore judicio a perditionis massa non sunt gratiæ prædestinatione discreti, nec ipsa eis adhibentur vel dicta divina vel facta, per quæ possint credere. » Et post paululum : « Sed nec illis profuit quod poterant credere, quia prædestinati non erant ab eo, cujus inscrutabilia sunt judicia et investigabiles viæ : nec istis obfuisset quod non poterant credere, (quin de quibus dictum est per Prophetam : *Excæcavit oculos eorum, et induravit cor illorum* (*Isa.* VI ; *Joan.* XII), si ita prædestinati essent, ut eos cæcos Deus illuminaret, et induratis cor lapideum vellet auferre. » Unde post paululum sequitur quod præmisimus, quorum alterum ad misericordiam, alterum ad judicium pertinet illius, cui dicit anima nostra : *Misericordiam et judicium cantabo tibi, Domine* (*Psal.* C, 1).

89 De hoc etiam quod in hoc capitulo circa finem posuimus, « Pœnam autem illis, » videlicet in massa perditionis relictis, « quia justus est, prædestinavit æternam, » audiant quid in sæpe commemorato de Bono vel Dono perseverantiæ libro dicat beatus Augustinus (*cap.* 12) : « Quoniam quod scriptum est, inquit, *Per unum hominem peccatum intravit in mundum, et per peccatum mors, et ita in omnes homines pertransiit* (*Rom.* V, 12), aliter recte intelligi non potest : nec a morte perpetua, quæ justissime est retributa peccato, liberat quemquam pusillorum atque magnorum, nisi ille qui propter remittenda et originalia et propria nostra peccata mortuus est, sine ullo suo originali proprioque peccato. Sed quare illos potius quam illos? Iterum atque iterum dicimus, nec nos piget, *O homo, tu quis es qui respondeas Deo* (*Rom.* IX, 20)? *Inscrutabilia sunt judicia ejus, et investigabiles viæ ejus* (id. XI, 33). Et hoc adjiciamus : *Altiora te ne quæsieris, et fortiora te ne scrutatus fueris* (*Eccli.* III, 22). » Sed si ista et illa non sufficiunt, quæ de libro sæpe commemorato contra Pelagium et Cœlestium posuimus, adhuc ex eodem quæ ipse vir sagacissimus ibidem prosecutus est, quæ necdum posuimus apponemus (*Hypomn. lib.* VI) : « Verum autem, inquiens, esse quod diximus, licet plene sit disputatum, id est, perituris pœnam esse prædestinatam, audi Petrum apostolum, cum futuros esse pseudoprophetas et magistros mendaces, et apostatas in Ecclesia dicit, sicut fuerunt in populo veteri (*II Petr.* II, 1): quibus judicium jam olim non cessat, et perditio eorum non dormitat. Item Judas apostolus : *Subintroierunt*, ait, *quidam homines, qui olim præscripti sunt in hoc judicium impii, gratiam Domini nostri Jesu Christi transferentes in luxuriam, et solum Deum auctorem et Dominum Jesum Christum negantes* (*Jud.* 4). Et Dominus in Evangelio peccatoribus : *Ite in ignem æternum, quem paravit Pater meus diabolo et angelis ejus;* prædestinatis autem : *Venite, benedicti Patris mei, percipite regnum paratum vobis ab origine mundi* (*Matth.* XXV, 41, 34), id est prædestinatum. Tenenda est igitur inconcussa hujus disputationis regula, qua divinis testimoniis claruit, peccatores in malis propriis, antequam essent in mundo, præscitos esse tantum non prædestinatos, pœnam autem eis esse prædestinatam secundum quod præsciti sunt. » Et Prosper in absolutione objectionis decimæ contra Vincentianos : « Hoc, inquit, prædestinavit, quin Deus, judicium suum, quo unicuique retributurus est prout gessit sive bonum, sive malum. »

Dicant obtrectatores nostri, quid discors, vel obvium, sive devium invenerint istis sanctorum Augustini, Gregorii, atque Prosperi dictis in capitulo a nobis excerpto. Et si non possunt dicere, manifestum est maluisse eos maledicere, quam verum dicere. Accipiant etiam concors et consonum præcedentibus dictis beati Augustini exemplum, de sæpe nominato libro qui titulatur de Bono vel Dono perseverantiæ. Quo exemplo quidam abutentes ad suos sensus conantur inflectere, sed non possunt : quia et manifestissima veritas **90** in hoc eodem exemplo, et in præcedentibus ac subsequentibus ejusdem libri, fortissime molitionibus eorum renititur. Nam loquens contra obloquentes veritatis sinceritati, sicut in lectione ejusdem libri qui voluerit, facile cognoscere poterit, ita ad locum dicit (*cap.* 11) : « Proinde, inquiens, sicut Apostolus ait, *Non volentis, neque currentis, sed miserentis est Dei* (*Rom.* IX, 16), qui et parvulis quibus vult etiam non volentibus, neque currentibus subvenit, quos mundi

ante constitutionem elegit in Christo, daturus eis gratiam gratis, hoc est nullis eorum vel fidei vel operum meritis præcedentibus; et majoribus etiam his, quos prævidit, si apud eos facta essent, suis miraculis credituros : quibus non vult subvenire, non subvenit : de quibus in sua prædestinatione occulte quidem, sed juste aliud judicavit; » Hoc enim exemplo suam confirmare obtrectatores nostri conantur sententiam, inflectentes hoc quod dixit, « de quibus in sua prædestinatione occulte quidem sed juste aliud judicavit, » quasi intelligi voluerit sanctus Augustinus, aliud judicavit, ad interitum prædestinavit : quod quam absurdum sit manifestissimis patet indiciis. Ait enim, « quibus non vult subvenire, non subvenit, » videlicet quia quibus subvenit, prædestinatione, id est gratiæ præparatione subvenit. De his autem quibus non subvenit, aliud in sua prædestinatione occulte quidem se juste judicavit ; et quid judicaverit in subsequentibus apertissime dicit : Non enim est, inquiens, iniquitas apud Deum : sed inscrutabilia sunt judicia ejus, et investigabiles viæ ejus (*Rom.* IX, 33) : universæ autem viæ Domini misericordia et veritas (*Psal.* XXIV, 10). « Investigabilis ergo est misericordia, quia cujus vult miseretur, nullis ejus præcedentibus meritis : et investigabilis veritas, quia quem vult obdurat, ejus quidem præcedentibus meritis, sed cum eo cujus miseretur plerumque communibus, sicut duorum geminorum, quorum unus assumitur, et unus relinquitur. » Ecce quid est illud aliud, quod in sua prædestinatione Dominus judicavit.

Hinc denique sequuntur verba ipsius Augustini in libro de Bono perseverantiæ : « Dispar est exitus, merita communia : in quibus tamen sic alter magna Dei bonitate liberatur, ut alter nulla ejus iniquitate damnetur. Nunquid enim iniquitas est apud Deum ? Absit. Sed investigabiles sunt viæ ejus. Itaque misericordiam ejus in his qui liberantur, et veritatem in his qui puniuntur, sine dubitatione credamus, neque inscrutabilia scrutari, aut investigabilia vestigare conemur. Ex ore quippe infantium et lactentium suam perficit laudem (*Psal.* VIII, 3), ut quod in his videmus, quorum liberationem bona eorum merita nulla præcedunt, et in his quorum damnationem utrisque communia originalia sola præcedunt, hoc et in majoribus fieri nequaquam omnino cunctemur, id est, non putantes vel secundum sua merita gratiam cuiquam dari, vel nisi suis meritis quemque puniri, sive pares qui liberantur atque puniuntur, sive dispares habeat causas malas : **91** ut qui videtur stare videat ne cadat (*I Cor.* X, 12), et qui gloriatur non in se ipso, sed in Domino glorietur (*I Cor.* I, 31). » Et post aliquanta in eodem libro subsequitur dicens (*cap.* 17) : « Ista igitur sua dona quibuscunque Deus donat, procul dubio se donaturum esse præscivit, et in sua præscientia præparavit. Quos ergo prædestinavit, ipsos et vocavit vocatione illa, quam me sæpe commemorare non piget, de qua dictum est, *sine pœnitentia sunt dona* *et vocatio Dei* (*Rom.* xi, 29). Namque in sua, quæ A falli mutarique non potest, præscientia opéra sua futura disponere, id omnino non aliud quidquam est quam prædestinare. » Et post aliquanta : « Cum hæc et alia multa quæ piget repetere dixerimus, atque ostenderimus et initium fidei, et usque in finem perseverantiam, Dei dona esse, nec ulla futura sua dona, et quæ danda essent, et quibus danda essent, Deum non præscire non potuisse, ac per hoc prædestinatos ab illo esse quos liberat et coronat. » Et aliquanto superius : « An forte nec ipsa dicunt, quin Dei dona, prædestinata ? Ergo nec dantur a Deo, aut ea se daturum esse nescivit : quod si et dantur, et ea se daturum esse præscivit, profecto prædestinavit. » Et sanctus Hieronymus in sententia Ecclesiaste : « *Non est omne recens sub sole dicendum* B (*Eccle.* i, 10), quod ex præscientia et prædestinatione Dei jam facta sunt, quæ futura sunt. Qui enim electi sunt in Christo ante constitutionem mundi, in prioribus sæculis jam fuerunt. » Et sanctus Augustinus in libro de Correptione et Gratia (*cap.* 9) . « De illo dicit et propheta Isaias, *Qui fecit quæ futura sunt.* Quicunque ergo in Dei providentissima dispositione præsciti, prædestinati, vocati, justificati, glorificati sunt, non dico etiam nondum renati, sed etiam nondum nati, jam filii Dei sunt, et omnino perire non possunt. » Et Prosper in absolutione objectionis Gallorum decimæ quintæ : « Dubium non est, inquit, sine ulla temporali differentia Deum et præscisse simul et prædestinasse quæ ipso erant auctore facienda, vel quæ malis meritis justo erant judicio retribuenda : præscisse C autem tantummodo, non etiam prædestinasse, quæ non ex ipso erant causam operationis habitura. Potest itaque sine prædestinatione esse præscientia, prædestinatio autem sine præscientia esse non potest. » Et item in Recapitulatione quinta decima : « Quæ enim ex Dei munere habemus, et quæ præscita dicuntur, non possunt non esse prædestinata, et quæ prædestinata appellantur, non possunt non esse præscita. » Et in absolutione objectionis decimæ quintæ contra Vincentianos : Nullam animam nequiter turpiterque victuram Deus ad hoc ut taliter viveret præparavit, sed talem futuram non ignoravit, et de tali juste se judicaturum esse præscivit. D Atque ita ad prædestinationem ejus nihil aliud referri potest, nisi quod aut ad debitam justitiæ retributionem, aut ad indebitam pertinet gratiæ largitatem. Videant et non invideant reprehensores nostri, et damnatores capituli ex his sententiis a nobis excerpti, quam concorditer consonet sensus a nobis in hoc eodem capitulo ex verbis beati **92** Augustini et Prosperi, et aliorum doctorum excerptus, his sententiis ab eodem sancto viro Augustino contra se calumniantes propositis, et aliis per eos sancto Spiritu promulgante prolatis.

Addam etiam quædam, quasi ex supererogatione, de epistola beati Augustini ad Xystum presbyterum (*epist.* 105), de qua nihil excipiendum foret, si alio-

rum testimoniorum pluralitas id agere non exposceret : « Quod, inquit, personarum acceptorem Deum se credere existimant, quin auctores et disseminatores perversi dogmatis, si credant quod sine ullis præcedentibus meritis cujus vult Deus miseretur, et quos dignatur vocat, et quem vult religiosum facit, parum attendunt quod debita reddatur pœna damnato, indebita gratia liberato. Agamus ergo gratias Salvatori, dum nobis non redditum cernimus quod in damnatione similium etiam nobis debitum fuisse cognoscimus. Si enim utrique liberarentur, lateret quid peccato per justitiam debeatur : si nemo, quid gratia largiretur. Misericordia et veritas occurrerunt sibi, ut nec misericordia impediat veritatem qua plectitur dignus, nec veritas misericordiam qua liberatur indignus. Ergo cui vult miseretur, et quem vult obdurat. Quærimus enim meritum obdurationis et invenimus : merito namque peccati universa massa damnata est, nec obdurat Deus impertiendo malitiam, sed non impertiendo misericordiam. Quibus enim non impertitur, nec digni sunt, nec merentur, ac potius ut non impertiatur hoc digni sunt, hoc merentur. Quærimus autem meritum misericordiæ, nec invenimus, quia nullum est, ne gratia evacuetur si non gratis donatur, sed meritis redditur. Quod est ergo meritum hominis ante gratiam, quo merito percipiat gratiam, cum omne bonum meritum nostrum non in nobis faciat nisi gratia : et cum Deus coronat merita nostra, nihil aliud coronet quam munera sua? *Stipendium,* inquit, *peccati mors, gratia autem Dei vita æterna in Christo Jesu Domino nostro* (*Rom.* vi, 23). Sed si vasa sunt iræ, quæ perfecta sunt ad perditionem quæ illis debita redditur, sibi hoc imputent, quia ex ea massa facta sunt, quam propter unius peccatum in quo omnes peccaverunt, merito Deus justeque damnavit. Si autem vasa sunt misericordiæ, quibus ex eadem massa factis supplicium debitum reddere noluit, non se inflent, sed ipsum glorificent qui eis misericordiam non debitam præstitit. Non itaque gratuitæ misericordiæ Dei pertinacissima adversentur insania. Sinant filium hominis in qualibet ætate quærere et salvum facere quod perierat. Nec de inscrutabilibus judiciis ejus audeant judicare, cur in una eademque D causa super alium veniat misericordia ejus, super alium autem maneat ira ejus. Qui enim sunt isti qui respondeant Deo, quandoquidem ille Rebeccæ habenti geminos ex uno concubitu Isaac patris nostri, cum illi nondum nati nihil egissent boni vel mali, ut secundum electionem propositum ejus maneret, electionem scilicet gratiæ non debiti, electionem qua eligendos facit ipse, non invenit, **93** non ex operibus sed ex vocante dicit minori serviturum esse majorem (*Gen.* xxv, *Rom.* ix). Ergo cujus vult miseretur, et quem vult obdurat. Hoc facit apud quem non est iniquitas : miseretur itaque gratuito dono, obdurat autem justissimo merito. Agnoscant igitur vasa ex eadem massa in honorem facta quid eis misericordia divina largita sit. »

Hinc etiam sanctus Augustinus in libro quinto contra Julianum ita dicit (*cap.* 3) : « Denique et hic cum dixisset : *Omnia cooperantur in bonum his qui secundum propositum vocati sunt*, continuo subdidit, quoniam *quos ante præscivit et prædestinavit conformes fieri imaginis Filii ejus, ut sit primogenitus in multis fratribus : quos autem prædestinavit illos et vocavit, et quos vocavit ipsos et justificavit; quos autem justificavit ipsos et glorificavit* (*Rom.* VIII, 28 30). Ili sunt secundum propositum vocati : ipsi ergo electi, et hoc ante mundi constitutionem, ab eo qui vocat ea quæ non sunt, tanquam sint, sed electi per electionem gratiæ. Unde dicit idem doctor et de Israel : *Reliquiæ per electionem gratiæ salvæ factæ sunt* (*Rom.* XI, 5). Et ne forte ante constitutionem mundi ex operibus præcognitis putarentur electi, secutus est et adjunxit : *Si autem gratia, jam non ex operibus, alioquin gratia jam non est gratia* (*ibid.*, 6). Ex isto numero electorum et prædestinatorum, etiam qui pessimam duxerint vitam, per Dei benignitatem adducuntur ad pœnitentiam , per cujus patientiam non sunt huic vitæ in ipsa scelerum perpetratione subtracti, ut ostendatur et ipsis, et aliis cohæredibus eorum, de quam profundo malo possit Dei gratia liberare. Ex his nemo perit quacunque ætate moriatur : absit enim, ut prædestinatus ad vitam sine sacramento mediatoris finire permittatur hanc vitam. Propter hos Dominus ait : *Hæc est autem voluntas ejus qui misit me Patris, ut omne quod dedit mihi non perdam ex eo* (*Joan.* VI, 39). Cæteri autem mortales, qui ex isto numero non sunt, et ex ea quidem massa, ex qua et isti, sed vasa iræ facti sunt, ad utilitatem nascuntur istorum. Non enim quemquam eorum Deus temere ac fortuito creat, aut quid de illis boni operetur ignorat : cum et hoc ipsum bonum operetur, quod in eis humanam creat naturam, et ex eis ordinem sæculi præsentis exornat. Istorum neminem adducit ad pœnitentiam salubrem et spiritalem, qua homo in Christo reconciliatur Deo, sive illis ampliorem patientiam, sive non imparem præbeat. Quamvis ergo omnes ex eadem massa perditionis et damnationis secundum duritiam cordis sui, et cor impœnitens, quantum ad ipsos pertinet, thesaurizant sibi iram in die iræ, quo redditur unicuique secundum opera sua, Deus tamen alios inde per misericordem bonitatem adducit ad pœnitentiam, alios secundum justum judicium non adducit, » et cætera quæ in eodem loco prosequitur. De quo capitulo contra decimam tertiam objectionem Gallorum sanctus Prosper catholice et sufficienter satis disseruit. Item sanctus Augustinus contra Julianum in libro tertio (*cap.* 17). « Quis autem Christianus ignoret, quod ille qui primam hominem fecit ex pulvere omnes fabricetur ex semine? sed ex semine **94** jam vitiato atque damnato : qui partim per veritatem remanent in supplicio, partim per misericordiam liberantur a malo. » Item in libro tertio : « Bonus est Deus, justus est Deus : potest aliquos sine bonis meritis liberare, quia bonus est : non potest quemquam sine

malis meritis damnare, quia justus est. » Et in libro quinto (*cap.* 18) : « Itaque isto malo, quin libidinis, cum bene utuntur conjugati fideles , a cujus reatu soluti sunt munere Salvatoris , profecto quicunque inde nascuntur, ejusdem munere Creatoris, non sicut nobis obicis in regnum diaboli præparantur, sed ab illo potius eruendi, et in regnum Unigeniti transferendi. » Item in eodem libro : « Nam prorsus ea non perpeti cum hic vivitur, nullo modo, nulla ratione quisquam potest : nec tamen sive maximis, sive minimis urgeatur, fas est ut dicat ei qui se finxit, quamvis omnipotenti, justo et bono : *Quare me sic fecisti?* et de jugo gravi, quod est super filios primi Adam , nemo liberat nisi secundus Adam. » Et post paululum : « Licet ipsi hoc nesciant, donec si ex illo sunt prædestinatorum . numero , accipiant Spiritum qui ex Deo est, ut sciant quæ a Deo donata sunt eis. » Et item in eodem libro : « Si hoc profundius esse perspicis, quam ut abs te valeat inveniri, utrumque utrique nostrum profundum sit, cur et in majoribus et in minoribus Deus velit alteri et nolit alteri subvenire : dum tamen certum et immobile teneamus, non esse iniquitatem apud Deum, qua quemquam sine malis meritis damnet, et esse bonitatem apud Deum, qua multos sine bonis meritis liberet, demonstrans in eis quos damnat quid omnibus debeatur, ut hinc discant quos liberat, quæ sibi pœna debita relaxetur, et quæ indebita gratia condonetur. » Et item in libro quinto : « Aut certe, quia parum erat vitam quam nascendo sortitus est, ideo addidit et misericordiam : ne remaneret naturaliter filius iræ sicut cæteri, atque inter vasa iræ, non inter vasa misericordiæ fieret. » Et in libro sexto (*cap.* 1) : « Quos quidem ab isto tanto malo potest gratia Dei per sanguinem Mediatoris eruere ; sed unde potuerunt in tantum malum ruere, si divino judicio nulla origini debetur pœna vitiatæ? » Item in eodem libro (*cap.* 4) : « In eis ergo, ut sæpe diximus, iræ vasis notas facit, secundum Apostolum, divitias gloriæ suæ in vasa misericordiæ, ne glorientur tanquam de meritis vitæ suæ, cum cognoscant hoc sibi justissime reddi potuisse, quod vident reddi paribus consortibus mortis suæ. » Et item in eodem libro (*cap.* 5) : « Certe hic, ubi fati nulla est immobilitas, nulla fortunæ temeritas, nulla personæ dignitas, quid restat nisi misericordiæ veritatisque profunditas? ut sciamus et ex hoc incomprehensibile comprehendamus, juxta duos homines, unum per quem peccatum intravit in mundum , alterum qui tollit peccatum mundi, omnes filios concupiscentiæ carnalis, undecunque nascantur, ad jugum grave filiorum Adam merito pertinere, et ex his omnes filios gratiæ spiritalis, undecunque nascantur, ad jugum suave filiorum Dei sine merito pervenire? » Et item in eodem libro (*cap.* 8) : « Cur **95** putamus ab ejus operibus abhorrere, quod ab origine vitiata damnabiles illo creante nascuntur, qui creator est omnium, et per Mediatorem regenerati a damnatione liberantur debita , sed gratuita miseratione non debita : quos elegit ante constitutionem mundi per electionem gratiæ, non ex operibus , vel præteritis , vel præsentibus , vel futuris? alioquin gratia jam non est gratia. » Hæc omnia exempla intueatur lector, si astipulentur capitulo a nobis excerpto, in quo scriptum est : *Homo libero arbitrio male utens peccavit et cecidit, et factus est massa perditionis totius humani generis. Deus autem bonus et justus elegit ex eadem massa perditionis secundum præscientiam suam, quos per gratiam prædestinavit ad vitam, et vitam illis prædestinavit æternam : cæteros autem, quos justitiæ judicio in massa perditionis reliquit, perituros præscivit, sed non ut perirent prædestinavit : pœnam autem illis, quia justus est, prædestinavit æternam.*

CAPUT XVII.

De eo quod Gothescalcus exemplum libri beati Augustini, quem sui complices ejusdem esse auctoris denegant, ad suam confirmandam sententiam posuit, et de aliis sanctorum sententiis ad statum capituli a nobis excerpti propositis.

Denique Gothescalcus de libro Hypomnesticon Augustini inter cætera ad confirmandam sententiam suam, quia sint reprobi a Deo prædestinati ad pœnam, hoc ponit exemplum dicens de Juda : « Si talis, inquit beatus Augustinus, factus esset, inculpabilis esset, et Dei opificio reputaretur, non Judæ. Injuste etiam in eo prælata damnatio esset. Item Petrus, *Quibus judicium jam olim non cessat, et perditio eorum non dormitat* (II *Petr.* II, 3). Et Judas, *Subintroierunt quidam homines, qui olim præscripti sunt in hoc judicium impii* (*Jud.* 4).» Cujus cæcitas non tantum admiranda quantum demonstranda videtur : quia derelictis manifestissimis talibus tantisque exemplis, quæ ex eodem libro posuimus, hæc tantum tria exempla decurtavit, et ad sensum suum impudenter inflexit. Nam loquens in eodem libro beatus Augustinus de prædestinatione electorum, et relictione reproborum, ita dicit (*Hypomn. lib.* VI) : « Diximus namque de damnabili humani generis massa Deum præscisse, misericordia non meritis, quos et electione gratiæ prædestinavit ad vitam ; cæteros vero, qui judicio justitiæ ejus ab hac gratia efficiuntur expertes, præscisse tantum vitio proprio perituros, non ut perirent prædestinasse. » Et post paululum : « His pœnam prædestinatam esse rite fatemur. Quod ut probare valeamus, solum reor ad exemplum sufficere Judam. Hunc enim Deus cum præscisset in vitiis propriæ voluntatis pessimum fore, id est electione discipulatus sui bene a Christo conferenda male usurum, **96** et avaritia ardentem pretio Judæis Dominum traditurum, pœnam ei prædestinavit ex merito. » Quod cum exemplis Scripturarum satissime confirmaret, ad hunc locum pervenit, quem Gothescalcus detruncatum usurpare non timuit. « Ubi ergo, inquiens beatus Augustinus, commemoratio operum ejus maiorum a sancto Spiritu in psalmis, priusquam esset præscitus est non factus, quod talis adversus Filium Dei futurus

esset. Si enim talis factus esset, inculpabilis esset, et Dei opificio reputaretur, non Judæ. Injuste etiam in eum prælata damnatio esset. Sed absit hoc a summe bono judice auctore omnium bonorum Deo, damnatore vero cunctorum malorum, qui malum Judam, ut prædixi, præscivit non fecit, et tamen in quibus præscivit, judicio justo tradens eum in reprobum sensum, ut impleret permisit ; et ideo permisit, quia per Spiritum sanctum eum periturum ante prædixit. » Et post paululum : « Talis ergo periturorum omnium causa est, licet culpa sit a culpa dissimilis. Verum autem esse quod diximus, licet plene sit disputatum, id est perituris pœnam esse prædestinatam, audi Petrum apostolum, cum futuros esse pseudoprophetas, et magistros mendaces, et apostatas in Ecclesia dicit, sicut fuerunt in populo veteri : *Quibus judicium*, innuit, *jam olim non cessat, et perditio eorum non dormitat* (II *Pet.* II, 3). Item Judas apostolus : *Subintroierunt*, ait, *quidam homines, qui olim præscripti sunt in hoc judicium impii, gratiam Domini nostri Jesu Christi transferentes in luxuriam, et solum Deum auctorem et Dominum Jesum Christum negantes* (*Jud.* 4). Et Dominus in Evangelio peccatoribus : *Ite in ignem æternum, quem paravit Pater meus diabolo et angelis ejus :* prædestinatis autem, *Venite, benedicti Patris mei, percipite regnum paratum vobis ab origine mundi* (*Matth.* xxv, 41, 34), id est prædestinatum. »

Hinc quoque nihil contra eumdem Gothescalcum loqui censuimus, cum satis apertissime sanctus Augustinus pro se contra eum loquatur. Cujus sensui et verbis de regno sanctis prædestinato, et de pœnis reprobis præparatis, sanctus Joannes Constantinopolitanus, uno spiritu, uno animo, unoque ore concordat in libro de Reparatione lapsi, sicut supra posuimus : qui ex evangelica veritate demonstrat regni cœlorum gloriam propter homines, gehennam quoque factam propter diabolum. Sed et de Juda in eodem libro idem sanctus Joannes ita dicit : « Propterea denique, inquiens, et Judam inimicus hinc rapuit, ne forte, quia sciebat quod esset reditus ad salutem, lapsum suum pœnitentia reformaret. Ego enim, etiamsi mirum videtur esse quod dico, ne illud quidem Judæ peccatum dixerim vires excedere pœnitentiæ potuisse. » Unde et sanctus Ambrosius, cum exponeret versum Psalmi cxviii : *Posuerunt peccatores laqueum mihi*, ait : « Ac ne mediocrem hunc laqueum putes, hic laqueus Judam apostolum strangulavit : cui miser cum esset illaqueatus, ut proderet Dominum, ubi advertit quantum sceleris esset admissum, laqueo **97** se ipse suspendit. Sed et ipse laqueus diaboli fuit, ut non ageret pœnitentiam, sed laqueo se suffocaret. Deus enim etiam in ipsos pius est proditores, ut ad pœnitentiam provocentur, atque a flagitioso proposito reflectantur, et resipiscant a diaboli laqueis, a quo capti tenentur ad ipsius voluntatem. Jam non ærumna est incidisse, sed crimen : qui non solum se dederunt capiendos, sed etiam ad voluntatem diaboli tenentur astricti, cum possint dicere : *Disrumpamus vincula eorum. Dedit enim tibi Scriptura divina , ut non solum caveas diaboli laqueum, sed etiam per pœnitentiam ejus vincula disrumpas. »*

Quantum namque Deus pœnitentiam omnis peccatoris acceptet et diligat, qui non vult mortem peccatoris, sed ut convertatur et vivat, et in evangelicis, et in apostolicis, et in propheticis scripturis ipse demonstrat. Videns enim civitatem peccatricem flevit super illam dicens, *Quia si cognovisses et tu* (*Luc.* XIX, 42), subauditur, pœnitentiæ lacrymis fleres; quia gaudium est super uno peccatore pœnitentiam agente (*Luc.* XV, 7), quæ multoties prædicatur, ut, *Pœnitentiam agite, appropinquavit enim regnum cœlorum* (*Matth.* III , 1). Et in Evangelio Marci, *Venit Jesus in Galilæam prædicans Evangelium regni Dei, et dicens : Quoniam impletum est tempus, et appropinquavit regnum Dei, pœnitemini et credite Evangelio.* (*Marc.* I, 14.) Et Joannes Baptista, *Facite fructus dignos pœnitentiæ* (*Luc.* III, 8). Et Petrus, *Pœnitemini et convertimini ut deleantur vestra peccata* (*Act.* III, 19). Et item Scriptura, *Misereris omnium , Domine, et nihil odisti eorum quæ fecisti , dissimulans peccata hominum propter pœnitentiam* (*Sap.* XI, 24, 25). Quam qui agere fugit, non Dei prædestinatione perit, sed ipse in perditionem se ipsum dimergit, Domino attestante in Evangelio Lucæ , *Cum ei nuntiatum esset a quibusdam de Galilæis, quorum sanguinem Pilatus miscuit cum sacrificiis eorum , quibus respondens dixit : Putatis quod hi Galilæi præ omnibus Galilæis peccatores fuerunt, quia talia passi sunt ? Non, dico vobis; sed nisi pœnitentiam habueritis, omnes similiter peribitis. Sicut et illi decem et octo supra quos cecidit turris in Siloe, et occidit eos, putatis quia et ipsi debitores fuerunt præter omnes homines habitantes in Jerusalem? Non, dico vobis; sed si non pœnitentiam egeritis, omnes similiter peribitis* (*Luc.* XIII, 4-5). Unde Beda : Et isti Hierosolymitæ quemadmodum et illi Galilæi, non soli fuerunt peccatores, sed in terrorem sunt reliquorum puniti : qui ruina turris oppressi prænuntiant omnes qui pœnitere noluerunt perituros. Quales plangit Paulus dicens, *Ut lugeam multos ex his qui ante peccaverunt, et non egerunt pœnitentiam* (II *Cor.* XII, 11); et de qualibus Dominus dicit, *Vocavi*, dicens pœnitentiam agite, *et renuistis : extendi manum meam, et non fuit qui aspiceret. Despexistis omne consilium meum, et increpationes meas neglexistis* (*Prov.* I, 24). Propterea prædestinatum tales puniet judicium de quo ibidem subsequitur, *Ego quoque in interitu vestro ridebo , et subsannabo, cum vobis quod timebatis advenerit : cum irruerit repentina calamitas, et judicium vel damnatio quasi tempestas ingruerit; cum venerit super vos tribulatio* **98** *et angustia* (*Prov.* I, 26, 27). Quales alloquitur Paulus, *An divitias bonitatis Dei et patientiæ contemnis? ignoras quoniam bonitas ejus ad pœnitentiam te adducit? tu autem secundum duritiam tuam et cor impœnitens, thesaurizas tibi iram in die iræ et revelationis justi judicii Dei, qui reddet unicuique se-*

cundum opera sua : his quidem qui secundum patientiam boni operis, gloriam et honorem et incorruptionem quærunt, vitam æternam; his vero qui sunt ex contentione, et qui non acquiescunt veritati, credunt autem iniquitati, ira et indignatio, et angustia super omnem animam hominis operantis malum (Rom. II, 4-9). De quibus Psalmista , *Statuerunt oculos suos declinare in terram, et ecce qui elongant se a te, Domine, peribunt* (*Psal.* XVI, 11). Et : *Perdidisti omnes qui fornicantur abs te* (*Psal.* LXXII, 27). Quos invitat Dominus dicens : *Audi, populus meus, et contestabor te; Israel, si audieris me. Non erit in te deus recens, neque adorabis deum alienum. Ego enim sum Dominus Deus tuus* (*Psal.* LXXX, 9-11). Et de quibus iterum conqueritur dicens : *Et non audivit populus meus vocem meam , et Israel non intendit mihi. Ideo dimisi eos secundum desideria cordis eorum : ibunt in adinventionibus suis. Si populus meus audisset me, Israel si in viis meis ambulasset, pro nihilo forsitan inimicos eorum humiliassem, et super tribulantes eos misissem manum meam. Inimici Domini mentiti sunt ei , et erit tempus eorum in sæcula* (*ibid.* , 12-16). Quos adhuc in singulari persona Evangelium Lucæ hortatur dicens : *Cum autem vadis cum adversario tuo ad principem in via, da operam liberari ab illo, ne forte tradat te apud judicem, et judex tradat te exactori, et exactor mittat in carcerem* (*Luc.* XII, 58). Adversarius noster, inquit Beda, in via est sermo Dei contrarius nostris carnalibus desideriis in præsenti vita : a quo ipse liberatur qui præceptis ejus humiliter subditur. Alioquin adversarius judici, et judex tradet exactori : quia ex sermone Domini contempto reus peccator tenebitur in examine judicis; quem judex exactori tradet, quia hunc maligno spiritui ad ultionem trahere permittet, ut compulsam animam ipse ad pœnam de corpore exigat, quæ ei ad culpam sponte consensit. Exactor mittit in carcerem, quia per malignum spiritum in inferno retruditur, quousque dies judicii veniat, ex quo jam in inferni ignibus simul et ipse crucietur. Dico tibi, Non exies inde donec etiam novissimum minutum reddas, id est donec etiam minima peccata persolvas : quæ quia semper solvere pœnas patiendo, sed nunquam persolvere veniam consequendo poteris, neque enim ibi veniæ locus erit, nunquam exies inde, ubi perpetuas operum pœnas lues, scilicet prædestinato judicio ex retributione justitiæ.

Et quia plus sensu pertinacibus quam vivacibus, et potius curiosis quam studiosis cogimur respondere, dicamus illis quod sanctus Augustinus in libro de Prædestinatione sanctorum suis respondit derogatoribus : « Multa, inquit, diximus, et fortasse jam dudum potuimus persuadere quæ volumus, et adhuc tam bonis ingeniis sic loquimur quasi obtunsis, quibus et quod nimium est, non est satis. Sed dent veniam : nova enim quæstio ad hoc nos compulit. » Unde **99** et explosor, imo quicunque fuerint de schola Gothescalci moderni Prædestinatiani, quia audierunt quæ beatus Augustinus et sanctus Prosper scripserant contra Gallos, accipiant quæ idem beatus Augustinus scripserat contra Africanos Prædestinatianos in libro de Correptione et Gratia, de quo sanctus Prosper ad beatum Augustinum dicit, in epistola pro hujusmodi negotio ad illum directa : « Evenit, inquit, ex dispositione misericordiæ Dei, ut cum quidam intra Africam similia movissent, videlicet sicut ipse præscripsit, his qui in Massiliensi urbe consistunt, librum de Correptione et Gratia plenum divinæ auctoritatis emitteres. De quo, sicut et de aliis libris quos commemoravimus, convenientius est ad revincendos errores exempla ponere, per quos voluit ipse eosdem errores revincere, quam de illis, quos in libris istis studuit sicut est certum corrigere. Nos in præscripto capitulo, sicut supra taxatum est, diximus : Deus bonus et justus elegit ex eadem massa perditionis secundum præscientiam suam quos per gratiam prædestinavit ad vitam, et vitam illis prædestinavit æternam : cæteros autem, quos justo judicio in massa perditionis reliquit, perituros præscivit, sed non ut perirent prædestinavit, pœnam autem illis quia justus est prædestinavit æternam. » Et beatus Augustinus in memorato libro de Correptione et Gratia (*cap.* 7) : « Qui vero, inquit, perseveraturi non sunt, ac sic a fide Christiana et conversatione lapsuri sunt, ut tales eos vitæ hujus finis inveniat, procul dubio nec illo tempore quo bene pieque vivunt in prædestinatorum numero computandi sunt. Non enim sunt a massa illa perditionis præscientia Dei et prædestinatione discreti. » Et item (*cap.* 9) : « Nec nos moveat, quod filiis suis quibusdam Deus non dat istam perseverantiam. Absit enim ut ita esset, si de illis prædestinatis essent, et secundum propositum vocatis, qui vere sunt filii promissionis. Nam isti cum pie vivunt dicuntur filii Dei : sed quoniam victuri sunt impie, et in eadem impietate morituri, non eos dicit filios Dei præscientia Dei. » Attende quare non dixit hic, sicut dicunt Prædestinatiani, ad interitum prædestinatio Dei : sed dixit de electis loquens prædestinationem, de reprobis autem præscientiam. Et post pauca : « Qui vero filii sunt, præsciti et prædestinati sunt conformes imaginis filii ejus, et secundum propositum vocati sunt ut electi essent. Non enim perit filius promissionis, sed filius perditionis. Fuerunt ergo isti ex multitudine vocatorum, ex electorum autem paucitate non fuerunt. Non igitur filiis suis prædestinatis Deus perseverantiam non dedit. Haberent enim eam, si in eo filiorum numero essent. Ipsi sunt prædestinati, illi prædestinati et secundum propositum vocati, quorum nullus perit. » Et item : « Et jam in illa prædestinatione filii sunt ejus. » Et post aliquanta : «Quos ante præscivit et prædestinavit conformes imaginis Filii ejus : quos autem prædestinavit, illos et vocavit : quos autem vocavit, illos et justificavit : quos autem justificavit, ipsos et glorificavit : illa **100** omnia jam facta sunt, præscivit, prædestinavit, vocavit, justificavit; quoniam et omnes jam præsciti ac prædestinati sunt, et multi jam vocati atque jus-

A tificati. Quod autem posuit in fine, *illos et glorificavit*, siquidem illa gloria est hic intelligenda, de qua idem dicit, *Cum Christus apparuerit vita vestra, tunc et vos apparebitis cum ipso in gloria* (Col. iii, 4), nondum factum est. Quamvis et illa duo, id est *vocavit et justificavit*, non in omnibus facta sint, de quibus dicta sunt : adhuc enim usque in finem sæculi multi vocandi et justificandi sunt : et tamen verba præteriti temporis posuit de rebus etiam futuris, tanquam jam fecerit Deus, quæ jam ut fierent ex æternitate disposuit. Ideo de illo dicit et propheta Isaias : *Qui fecit quæ futura sunt.* Quicunque ergo in Dei providentissima dispositione præsciti, prædestinati, justificati, et glorificati sunt, non dico etiam nondum renati, sed etiam nondum nati, jam filii Dei sunt, et omnino perire non possunt. » Et post

B aliquanta (*cap.* 10) : « Si enim secundum propositum vocatus iste, procul dubio illi etiam quod corripitur Deus cooperatur in bonum. Utrum autem ista sit vocatio, quoniam qui corripit nescit, faciat ipse cum charitate quod scit esse faciendum. Scit enim tali corripiendo facturum Deum aut misericordiam aut judicium : misericordiam quidem, si a massa perditionis ille qui corripitur gratiæ largitate discretus est, et non est inter vasa iræ, quæ perfecta sunt in perditionem, sed inter vasa misericordiæ, quæ præparavit in gloriam. »

Unde et idem beatus Augustinus in libro de Prædestinatione gratiæ dicit (*cap.* 5) : « Ab illo ergo, qui æternus et præscius, qui et justus et pius est, qui et exerit debitam severitatem, et exhibet indebitam

C pietatem, et habet in creandis atque eligendis hominibus, sicut in luto figulus, potestatem, facta sunt alia quidem vasa in honorem, alia vero in contumeliam. Antequam faceret præscivit nos, et in ipsa nos præscientia cum nondum fecisset elegit. Sed a quo hoc fieri potuit, nisi ab eo qui *vocat ea quæ non sunt, tanquam ea quæ sunt* (Rom. iv, 17) ? Apostolus enim dicit : *Qui elegit nos ante mundi constitutionem* (Eph. i, 4). Intra mundum facti sumus, et ante mundum electi sumus; atque ita uno eodemque, nec transeunte, nec futuro, sed continuo tempore, vel si quo alio modo dici potest, sed tamen potest, apud Deum est, et præscire, et facere, et eligere, et præscientia sua incommutabiliter permanente eligere faciendos, quos facturus fuerat eligendos. » Et item idem in eo-

D dem libro (*cap.* 16) : « Hanc itaque divinam electionem, non meritis reddi, sed sola voluntatis munificentia donari hominibus, Moyses cum jam tunc quamvis carnalem populum doceret ostendit. Sic enim in Deuteronomio dicit ad populum : *Ecce domini Dei tui cœlum, et cœlum cœli, terra et omnia quæ sunt in ea. Verumtamen patres vestros elegit Dominus diligere eos, qui elegit semen eorum post ipsos, vos præ omnibus gentibus* (Deut. x, 14). Et adjecit : *Circumcidimini ergo a duritia cordis vestri, et cervicem vestram ne induretis amplius* (ibid., 16). Sed hanc in **101** eis mansisse duritiam cordis, sicut supra jam dixi, beatus Stephanus cum Iudæos increpat ostendit. In Actibus enim apostolorum ipse sic dicit :

Dura cervice et incircumcisi corde et auribus, vos semper Spiritui sancto restitistis (Act. vii, 51). Unde dura cervix in eo populo, qui ex mundo electus est? » Et post aliquanta : « Cum illo, scilicet Apostolo, quando de talibus quæritur admiremur, et manente sententia quod non sit iniquitas apud Deum, si quid illud modum nostri sensus excesserit, et intellectus nostri non dignatur angustias, in illa justitiæ, misericordiæ, præscientiæque divinæ plenitudine permanere inconcussa æquitate fateamur. » Et item aliquanto superius (cap. 13) : « Elegit vasa quæ faceret in honorem, et illos a ventura ira dono gratuitæ vocationis absolvit, alios derelinquens ad æqualitatis judicium reservavit : nulli tamen agnoscendæ veritatis abstulit facultatem. Et ita plenitudo divinæ præscientiæ in alios manante justitia, in alios gratia profluente completa est. » Item beatus Augustinus in libro de Correptione et Gratia (cap. 12) : « Ipse igitur eos facit perseverare in bono, qui facit bonos : qui autem cadunt et pereunt, in prædestinatorum numero non fuerunt. »

Audiat cum schola sua Gothescalcus princeps narratorum, et hujus iniquæ fabulationis resuscitator, quid dicat sanctus Augustinus : « In prædestinatorum numero non fuerunt. Si vellet et debuisset, convenienter dicere potuisset, Qui autem cadunt et pereunt, ad interitum prædestinati fuerunt, et ideo ceciderunt et perierunt. » Et item sanctus Augustinus in præfato libro ad locum (cap. 13) : « Hæc de his loquor qui prædestinati sunt ad regnum Dei, quorum ita certus est numerus, ut nec addatur eis quisquam, nec minuatur ex eis : non de his qui, cum annuntiasset et locutus esset, multiplicati sunt super numerum. » Et item in eodem libro : « Hi vero qui non pertinent ad hunc prædestinatorum numerum, quos Dei gratia, sive nondum habentes ullum liberum suæ voluntatis arbitrium, sive cum arbitrio voluntatis, ideo vero libero quia per ipsam gratiam liberato, perducit ad regnum, hi ergo, qui non pertinent ad istum certissimum et electissimum numerum, pro meritis justissime judicantur. » Et item : « Si is qui corripitur ad prædestinatorum numerum pertinet, sit ei correptio salubre medicamentum : si autem non pertinet, sit ei correptio pœnale tormentum. » Et item (cap. 15) : « Nobis quidem tunc, id est quando evangelizamus, incipit esse quisque filius pacis cum obedierit huic Evangelio, et ex fide justificatus pacem ad Deum habere cœperit : secundum prædestinationem autem Dei, jam filius pacis erat. Neque enim dictum est, super quem requieverit pax vestra, fiet filius pacis : sed *Ubi fuerit, inquit, filius pacis, requiescet super illam domum pax vestra (Luc. x, 6).* » Et item : « Proinde quantum ad nos pertinet, qui prædestinatos a non prædestinatis discernere non valemus. » Et hic attendendum, quare non dixit sanctus Augustinus, qui prædestinatos **102** ad vitam a prædestinatis ad interitum discernere non valemus. Et quod jam posuimus ex libro de Bono perseverantiæ : « Deus donat perseve-

rantiam usque in finem. Hæc Deus facturum se esse præscivit : ipsa est prædestinatio sanctorum, quos elegit in Christo ante constitutionem mundi, ut essent sancti et immaculati in conspectu ejus in charitate, prædestinans eos in adoptionem filiorum per Jesum Christum. » Et item : « Illud tamen fidelibus debet esse certissimum, hunc esse ex prædestinatis, illum non esse. »

Et Cassiodorus in Psalmum xiv : « Revera, inquit, ipsi restituta est hæreditas, cui ante conditionem rerum fuerat in prædestinatione collata. » Et item : « Hæreditas Christi est prædestinata multitudo sanctorum. » Et in Psalmo xlix : « Memento quod per has allusiones prædestinatorum numerum significat, non de sola Synagoga Judæorum, sed de cunctis gentibus esse completum. » Et in Psalmo lxxvii : « *Parasti in dulcedine tua pauperi, Deus*, Parasti, significat prædestinatos, qui ab origine mundi ipso miserante præparati sunt. » Et in Psalmo lxxxviii : « *Exaltetur dextera tua.* Clarificetur numerus prædestinatorum, qui est ad dexteram collocandus. » Et in Psalmo xc : « Non enim possunt a latere Domini vel a dextris ejus cadere, qui jam in beatorum numero prædestinati esse noscuntur. Sed hoc de præsumptoribus bene dicitur, qui illud se consequi credunt quod minime promerentur. » Et in Psalmo xci : « Dum plantatio dicitur, prædestinatio Domini significatur, quia nisi quis in ea plantatus fuerit, crementum felicissimum non habebit : » Et in Psalmo xcv : « Domus enim ista, id est universalis Ecclesia. qua Christus inhabitat, vivis lapidibus semper exstruitur, quia quotidie de confitentibus ædificationis sumit augmentum, nec ædificari desinit, donec usque ad finem sæculi prædestinatorum numerus impleatur. » Et in Psalmo ciii : « *Et cedri Libani quas plantasti*, id est quæ tua prædestinatione sunt in religionis amœnissimo paradiso constitutæ. » Et item in eodem : « Omnis justus cum Dei Ecclesiam cupit augeri, peccatores optat sine dubitatione converti : maxime cum noverit desiderabilem adventum Domini usque ad prædestinatorum numerum posse suspendi. » Et in Psalmo cxviii : « Non incongrue Ecclesiam catholicam, quæ adhuc in isto mundo geritur, quatuor cardines mundi indicare noscuntur, quando adhuc imperfecta est, donec prædestinatorum numerum competenter acquirat. » Et in Psalmo cxliii : « Reputas eum, utique in ovibus tuis in numero prædestinatorum. » His sententiis sanctorum doctorum animadverti potest, quia non prædestinatione Dei quisquam perit, nec Judas periit, nec etiam ipse Antichristus maximus periet : sed infidelitate et perseveranti iniquitate pereunt quicunque pereunt; quia Deus neminem deserit antequam deseratur. Præscivit tamen Deus ante omnia sæcula, sicut et Judam, omnes perituros quicunque pereunt, vel perituri sunt, juxta quod scriptum est, *Sciebat enim* **103** *Jesus qui essent non credentes, et quis traditurus esset eum (Joan vi, 65).*

Et quoniam sanctus Augustinus plura locutus est

de certo prædestinatorum numero, ne quisquam male sicut diabolus Scripturas interpretans, dicat quia certus est numerus prædestinatorum, et qui pereunt in prædestinatorum numero non fuerunt : et qui prædestinati ad vitam sunt, quidquid faciant, quamlibet negligentes vivant, perire non possunt, hoc enim et veteres Prædestinatiani dixerunt, audiant eumdem B. Augustinum contra suos obtrectatores in Hypomnesticon libro dicentem (*lib.* i) : « Credere nos quippe vel prædicare suggillatis, quia cum lege Dei et prophetis, cum Evangelio Christi ejusque apostolis, prædestinationem dicimus, eo quod Deus quosdam hominum sic prædestinet ad vitam regni cœlorum, ut si nolint orare et jejunare, aut in omni opere divino vigiles esse, eos omnino perire non posse, nec prorsus debere sui esse sollicitos, quos Deus quia voluit semel jam eligendos prædestinavit ad vitam : quosdam vero sic prædestinet in pœnam gehennæ, ut etiamsi credere velint, si jejuniis et orationibus, omnique voluntati divinæ se subjecerint, in eis Deum non delectari, vitam illis æternam in toto dari non posse, sic electione prædestinatos esse ut pereant : Deum nos taliter operantem personarum esse dicere acceptorem. Non miramur vos de nobis, id est homines de hominibus falsa posse confingere : cum videamus vos sic a diabolo esse fascinatos, ut Scripturas sanctas et veridicas ad voluntatis vestræ intellectum mutare nitamini, fidem Christi apostolorum prædicatione fundatam evertere, falsum dogma vestrum anteponere veritati. Hinc est utique, ut non possitis agnoscere veritatem. Imo hinc est, ut corrupti et abominabiles facti sitis in voluntatibus vestris. »

Et item ad locum : « Velut nobis calumniam objicitis, quod operari bona, et oportere esse in Dei proposito sollicitos prohibeamus. Quin potius qui se dono gratiæ ad Dei misericordiam sentiunt pertinere, hortamur oportere incumbere orationibus, obsecrationibus, jejuniis, vigiliis, omnique operi voluntatis divinæ. Prædestinatis enim dicitur apostolis, cum tamen generale sit quod illis dicitur a Christo, prædestinato secundum carnem ex semine David, prædestinante autem secundum potentiam Dei Patris cum Patre et Spiritu sancto, *Vigilate et orate, ut non intretis in tentationem* (*Matth.* xxvi, 41). Item, *Vigilate in omni tempore orantes, ut digni habeamini fugere ista omnia quæ futura sunt, et stare ante filium hominis* (*Luc.* xxi, 36). Item, *Contendite intrare per angustam portam* (*Luc.* xiii, 24). Item, *Vos amici mei estis, si feceritis quæ præcipio vobis* (*Joan.* xv, 24). Et multa alia, quæ longum est enarrare. Sed ut superius memoravi, qui eis dixit, Sine me nihil potestis facere, per ipsum quæ jubentur facere possunt. Hujusmodi in Christo esse electos Dei ait Apostolus, *In quo prædestinati secundum propositum ejus qui omnia operatur* (*Ephes.* i, 11). Intellige dictum *qui omnia operatur*, et crede esse opus Dei opera eorum **104** qui ambulant secundum propositum Dei. Qui vero absque prædestinationis gratia

A sunt, id est alieni a proposito Dei, et perdurant in operibus malis, si sic etiam ex hac vita migraverint, non eos dicimus, ut vos putatis, ita a Deo hominum opifice ordinatos ut perirent, tanquam ipse illis mores malæ vitæ creaverit, ipse ad omne opus mortis invitos præcipitaverit. Absit hoc a divino proposito. Non enim volens iniquitatem est Deus, nec mandavit cuiquam impie agere, nec alicui dedit laxamentum peccandi. Fecit enim ut essent omnia, et sanabiles nationes orbis terrarum. Invidia autem diaboli mors intravit in orbem terrarum. Imitantur ergo illum qui sunt ex parte illius. Nec dicimus, ut fingitis, et si credere velint, vel bonis operibus Dei vacare, Deum illis hoc nolle præstare, cum ejusmodi velle Dei sit donum. Si ergo ex Deo est quod vo
B lunt, vult Deus perfectum fieri quod donavit. Si autem ex Deo non est, sed est et jactantia propriæ voluntatis, qua se meritis Deum æstimant promereri, manifeste quod volunt capere non possunt, quia *non volentis*, inquit Apostolus, *neque currentis, sed miserentis est Dei* (*Rom.* ix, 16). Et quia non potest homo a se facere quidquam, nisi datum illi fuerit desuper, non hoc agit Deus summe bonus malitia, sed justitia : nec personarum acceptione, sed causarum secretarum discretione. »

Et item idem in libro de Bono perseverantiæ (*cap.* 22) : « Vos, inquit, etiam ipsam obediendi perseverantiam a patre luminum, a quo descendit omne datum optimum, et omne donum perfectum (*Jac.* i, 17), sperare debetis, et quotidianis orationi
C bus poscere, atque hoc faciendo confidere, non vos esse a prædestinatione populi ejus alienos, quia etiam hoc ut faciatis ipse largitur. Absit autem a vobis, ideo desperare de vobis, quoniam spem vestram in ipso habere jubemini, non in vobis. Maledictus enim omnis qui spem habet in homine (*Jer.* xvii, 5), et bonum est confidere in Domino, quam confidere in homine (*Psal.* cxvii, 8), quia beati omnes qui confidunt in eum. Hanc spem tenentes, servite Domino in timore, et exsultate ei cum tremore (*Psal.* ii, 13, 11) : quoniam de vita æterna, quam filiis promissionis promisit non mendax Deus ante tempora æterna, nemo potest esse securus, nisi cum consummata fuerit ista vita, quæ tentatio est super terram. Sed faciat nos sperare in se usque in
D hujus vitæ finem, cui quotidie dicimus, *Ne nos inferas in tentationem* (*Matth.* vi, 13). » Et item post aliquanta (*cap.* 23) : « Attendant ergo quomodo fallantur qui putant esse a nobis, non dari nobis, ut petamus, quæramus, pulsemus : et hoc esse dicunt quod gratia præceditur merito nostro, ut sequatur illa, cum accipimus petentes, et invenimus quærentes, aperiturque pulsantibus. Nec volunt intelligere, etiam hoc divini esse muneris, ut oremus, hoc est, petamus, quæramus, atque pulsemus : *Accepimus enim spiritum adoptionis filiorum, in quo clamamus Abba, Pater* (*Rom.* viii, 15). Quod vidit et beatus Ambrosius. Ait enim (*Comment. sup. Isa.*) : Et orare Deum gratiæ spiritalis est; sicut scriptum

105 est : *Nemo dicit Dominus Jesus nisi in Spiritu sancto.* Hæc igitur quæ poscit a Domino, et semper ex quo esse cœpit poposcit Ecclesia, ita Deus vocatis suis daturum se esse præscivit, ut in ipsa prædestinatione jam dederit. Quod Apostolus sine ambiguitate declarat. Scribens quippe ad Timotheum, *Collabora*, inquit, *Evangelio secundum virtutem Dei salvos nos facientis, et vocantis vocatione sua sancta, non secundum opera nostra, sed secundum suum propositum et gratiam quæ data est nobis in Christo Jesu ante tempora æterna, manifestata autem sunt nunc per adventum Salvatoris nostri Jesu Christi (II Tim.* 1, 8). Et item hinc idem in libro de Correptione et Gratia.

CAPUT XVIII.

De certo numero Prædestinatorum.

‹ Certum vero esse numerum electorum, neque augendum, neque minuendum quamvis et Joannes Baptista significet, ubi dicit : *Facite ergo dignum fructum pœnitentiæ, et nolite dicere apud vosmetipsos : Patrem habemus Abraham. Potens est enim Deus de lapidibus istis suscitare filios Abrahæ (Matth.* iii, 8), ut ostendat sic esse istos amputandos si non fecerint fructum, ut non desit numerus qui promissus est Abrahæ; tamen apertius in Apocalypsi dicitur : *Tene quod habes, ne alius accipiat coronam tuam (Apoc.* iii). Si enim alius non est accepturus nisi iste perdiderit, certus est numerus electorum. Quod autem etiam perseveraturis sanctis sic ista dicuntur, quasi eos perseveraturos habeatur incertum, non aliter hæc audire debent quibus expedit non altum sapere sed timere. Quis enim ex multitudine fidelium, quandiu in hac mortalitate vivitur, in numero prædestinatorum se esse præsumat? Quia id occultari opus est in hoc loco, ubi sic cavenda est elatio, ut etiam per Satanæ angelum, ne extolleretur, colaphizaretur tantus apostolus. Hinc apostolis dicebatur : *Si manseritis in me*, dicente illo qui eos utique sciebat esse mansuros; et per prophetam : *Si volueritis et obaudieritis me*, cum sciret ipse in quibus operaretur et velle; et similia multa dicuntur. › Hæc sententia sæpius revolvenda et firmiter retinenda est, contra eos qui dicunt : Quidquid facit prædestinatus ad vitam, ad regnum perveniet sempiternum ; et quidquid etiam faciet prædestinatus ad interitum, in mortem ibit æternam. Quod dixerunt et æmuli sancti Augustini, sicut Prosper in objectionibus calumniatorum, quas orthodoxe dissolvit, manifeste demonstrat, et nos pro nostra mediocritate commemoravimus. Unde etiam in epistolis quas ad beatum Augustinum direxerant, iidem Prosper et Hilarius Arelatensis conquesti fuerant, ad quæ hæc beatus Augustinus rescripserat. Et item ad locum in eodem libro dicit : ‹ Numerus ergo sanctorum per Dei gratiam Dei regno prædestinatus, donata sibi usque in finem **106** perseverantia, illuc integer perducetur, et illic integerrimus jam sine fine beatissimus servabitur, adhærente sibi misericordia Salvatoris sui, sive cum conver-

tuntur, sive cum præliantur, sive cum coronantur. Nam et tunc esse illis Dei misericordiam necessariam sancta Scriptura testatur, ubi sanctus de Domino Deo suo dicit animæ suæ : *Qui coronat te in miseratione et misericordia (Psal.* cii). › Sed et tunc pro bonorum operum meritis justo judicio etiam misericordia tribuetur. Quod vidit beatus Gregorius, primæ et sanctæ sedis Romanæ ornatus præcipuus, dicens in libro primo Dialogorum (*cap.* 8) : ‹ Quæ perennis, inquit, regni prædestinatio ita est ab omnipotente Deo disposita, ut ad hoc electi ex labore perveniant, quatenus postulando mereantur accipere quod eis omnipotens Deus ante sæcula disposuit donare. › Unde et sicut in gestis Romanorum pontificum legitur, arcanis sacramentorum cœlestium augmentare curavit, Ut dies nostros in sua pace disponat, atque ab æterna damnatione nos eripi, et in electorum suorum jubeat grege numerari, per Christum Dominum nostrum, prædestinatorum et electorum caput, Deus et Pater ejusdem Domini nostri Jesu Christi, ad quem sacri canones preces ad altare dicendas a sacerdotibus fundi jubent, per eumdem Filium suum Dominum nostrum, cui cum eo in unitate Spiritus sancti est gloria, virtus et imperium, per omnia sæcula sæculorum. Amen. ›

CAPUT XIX.

Qualiter una Dei prædestinatio gemina fideliter possit dici, unde Gothescalcus cum sua synagoga peccantium, prave sentiendo atque interpretando, anxie ac perniciose laborat.

Laborat nihilominus Gothescalci complexio ut sic geminam prædestinationem ostendat, quatenus sicut electi a Deo prædestinantur ad vitam, ita reprobi a Deo prædestinentur ad mortem. Cui nunc hoc modo sensibus et verbis catholicorum Patrum respondere censuimus. Beatus Gregorius in libro xx Moralium (*cap.* 23). ‹ Dicitur, inquiens, Deus zelans, dicitur iratus, dicitur pœnitens, dicitur misericors, dicitur præscius, dum nec zelus, nec ira, nec pœnitentia, nec proprie misericordia, nec præscientia esse possit in Deo. Hæc namque omnia ab humanis in illum qualitatibus tracta sunt. In illo enim nec præterita, nec futura reperiri queunt, sed cuncta mutabilia immutabiliter durant, et quæ in seipsis simul existere non possunt, illi simul omnia assistunt. Nam dum circa nos quædam prospera et adversa variantur, in eo quod nos mutantur, quasi ejus circa nos mutatum animum suspicamur. Ipse vero in se incommutabilis permanens aliter atque aliter in cogitatione sentitur hominum pro qualitate meritorum. › Qua de re, quantum ad proprietatem nominum, et divinam **107** spectat essentiam, sicut beati Gregorii verbis ostendimus, præscientiam in Deo, cui non est aliud esse et aliud scire, sed hoc est sapere quod esse, cuique nihil præterit acciditque futurum, sed semper esse in illo est, apud quem non est transmutatio nec vicissitudinis obumbratio, cui veraciter dictum est : *Tu autem semper idem ipse es (Psal.* ci, 28) : illum præscire, cui iterum dictum est · *Tu autem,*

6

Domine, qui nosti omnia antequam fiant (*Dan.* xiii, 42), et de quo scriptum est : *Qui fecit quœ futura sunt*, dicere non valemus. Verumtamen Scriptura sacra, quæ excellentiam suam aliter nobis demonstrare non potest nisi condescendendo nobis talibus verbis congruat, quibus nos ad suam intelligentiam trahere et sublevare prævaleat, nobis propria usurpavit, ut sibi propria nos doceret, quatenus per impropria, quantum licet mortalibus, propria cognoscamus. Sicut item sanctus Gregorius in libro xxix Moralium (*cap.* 1) dicit: « Dominus Deus noster Jesus Christus, in eo quod virtus et sapientia Dei est, de Patre ante tempora natus est, vel potius, quia nec cœpit nasci nec desinit, dicamus verius *semper natus*. Non autem possumus dicere *semper nascitur*, ne imperfectus videatur. At vero ut æternus designari valeat et perfectus, et *semper* dicamus et *natus*, quatenus et *natus* ad perfectionem pertineat, et *semper* ad æternitatem : ut quocunque modo illa essentia sine tempore temporali valeat designari sermone. Quamvis hoc ipso quod perfectum dicimus, multum ab illius veritatis expressione deviamus, quia quod factum non est, non potest dici perfectum. Et tamen infirmitatis nostræ verbis Dominus condescendens, ait : *Estote perfecti sicut et Pater vester cœlestis perfectus est* (*Marc.* v, 5). » Hoc enim de radice traximus quod in ramis portamus, ut talibus ac taliter doceri indigeamus; quoniam *corpus quod corrumpitur aggravat animam, et deprimit terrena inhabitatio sensum multa cogitantem* (*Sap.* ix, 15), et quandiu sumus in hoc corpore, peregrinamur a Domino, et ingemiscimus gravati, superindui cupientes habitationem quæ de cœlo est. Cum autem corruptivum hoc induerit incorruptionem, et mortale hoc induerit immortalitatem, quod nunc verbis sibi impropriis divina essentia, quasi in figura et ænigmate, ex parte nos docet, qui docet hominem scientiam, et a cujus facie est scientia et intellectus, quando venerit quod perfectum est, et evacuabitur quod ex parte est, et revelata facie gloriam Domini speculabimur in civitate lucida atque perspicua, quæ est similis auro mundo, vitro mundo, et cujus lucerna est agnus, omnesque ejus filii erimus docti a Domino, in propriis propria doceri non indigebimus.

Verumtamen, salvo fidei intellectu, rectissime dicitur præscientia et prædestinatio Dei, quæ non ei ex tempore accidens, sed essentia est, cui semper esse est, et id scire quod esse est. Et sicut idem Deus sempiternus, idem semper æternus et bonus est, ita præscientia et prædestinatio ejus coæterna et bona, non accidens, sed essentia fuit illi semper et est. Unde Augustinus in sententia Evangelii **108** Joannis : *Sicut audio judico* (*Joan.* v, 30). Audit videlicet per unitatem substantiæ et proprietatem scientiæ. A quo est genitus, ab eo illi est intelligentia, ab illo utique est scientia, ab eo igitur audientia, quæ nihil est aliud quam scientia. Et sicut idem Deus unus, et non ex accidenti, sed essentialiter bonus et justus est, ita et prædestinatio

ejus, quæ sine præscientia esse non potest, una et bona et justa est, quæ aut ad donum pertinet gratiæ, aut ad retributionem justitiæ, sicut sanctus Augustinus in libro de Bono perseverantiæ dicit : « Sine pœnitentia sunt dona et vocatio Dei. Namque in sua, quæ falli mutarique non potest, præscientia opera sua futura disponere, id omnino nec aliud quidquam est prædestinare. » Et in libro de Prædestinatione sanctorum : « Prædestinatione quippe Deus ea præscivit quæ fuerat ipse facturus; unde dictum est : *Fecit quæ futura sunt.* » Quia, ut ipse in tertio libro de Trinitate dicit : « In illa summa essentia nec oritur nec moritur aliquid, nec incipit esse nec desinit. » Et in libro Hyponmesticon (*lib.* vi, *sub initium*) : « Deus, cui præscientia non accidens est, sed essentia fuit semper et est, quidquid antequam sit sic præscit, prædestinat, et propterea prædestinat, quia quale futurum sit præscit : sed non omne quod præscit prædestinat; mala enim tantum præscit, bona vero præscit et prædestinat. Quod ergo bonum est, præscientia prædestinat, id est, priusquam sit in re præordinat, hoc cum ipso auctore esse cœperit, vocat, ordinat et disponit. »

Qua præscientia et prædestinatione Deus bonus et justus quæcunque fecit in tempore, et ipsa etiam tempora, *qui fecit quæ futura sunt*, præscivit et prædestinavit sine tempore, quia ante omnia tempora hominem cum libero arbitrio se facturum. Præscivit autem, non prædestinavit, eumdem hominem per idem liberum arbitrium casurum, et massam perditionis totius humani generis futurum. Præscivit etiam et prædestinavit sine tempore, quia ante omnia tempora, ex eadem massa quosdam per gratiam se ad eamdem æternam vitam reparaturum, ad quam primum hominem consistere voluit, quem se ad imaginem et similitudinem suam ante omnia tempora præscivit et prædestinavit facturum : et eadem gratia præscivit et prædestinavit ante tempora sæcularia, præscitis et prædestinatis suis eamdem æternam vitam se donaturum. Præscivit autem, non prædestinavit, quosdam in eadem massa mortis permansuros, et ad secundam mortem, quæ æterna est, perventuros : prædestinavit vero eisdem, perseverante iniquitate ad æternam mortem perventuris, pœnam se merito redditurum. Quoniam sicut præscivit et non prædestinavit ante omnia tempora hominem peccaturum, et per peccatum mortem incursurum : ita isdem, qui non est auctor mortis, sed damnator vitæ et mortis, non est mors morientium, sed vita viventium, qui dixit : *Non est Deus mortuorum, sed viventium* (*Matth.* xxii, 32), præscivit non prædestinavit hominem ad mortem, quem ad æternitatem consistere **109** voluit; in quo omnes consisterent si ipse persisteret, sicut in eo omnes peccaverunt, ipse peccavit, sicut scriptum est : *In quo omnes peccaverunt* (*Rom.* v, 12). Non prædestinavit hominem ad pœnam, quem condidit cum honore ad gloriam : non, inquam, prædestinavit, sed præscivit hominem

ad pœnam, ad quam per pœnis digna opera perve- A
nitur; quia et infidelitas pœnale opus est, sicut et
opus salutis est fides, dicente Domino : *Hoc est autem opus ejus, ut credatis in eum quem misit ille*
(*Joan.* VI, 29) ; ut quicunque ad pœnam vadit, 'originali vel actuali peccato in infidelitate permanens,
aut non credendo, aut malis operibus, sicut Apostolus dicit, Deum negando, non prædestinatione Dei
ad illam pervenit. Alioquin opificio illius repula-
retur, ut deputatur ejus opificio quod prædestinati ad vitam perveniunt sempiternam. Sicut nec
primus homo Dei prædestinatione peccavit, vel
prædestinatione mortem incurrit, quia Deus non
prædestinat nisi ea quæ ipso auctore sunt facienda.
Sic etiam et de præscientia Dei sentiendum est :
quia sicut non præscientia Dei, sed proprio vitio B
primus homo peccavit et cecidit, ita etiam nemo
propaginis illius præscientia Dei in peccati massa
cogitur permanere, vel ad pœnam pervenire, quia
non ideo primus homo peccavit quia Deus illum peccaturum præscivit, sed quia peccaturus erat homo
primus, Deus præscivit. Similiter non reprobi permanent reprobi quia Deus hoc præscivit, sed quia illi
permansuri erant reprobi, Deus præscivit, sed non
prædestinavit : quia quod futurum est non præscire
Deus non potest, sicut et quod Deus præscit non potest non esse futurum ; veluti non aliud nec aliter est,
nisi sicut Deus præscit : nec aliter vel aliud Deus præscit, nisi sicut et quod est pro certo futurum. Præscientia igitur Dei in malis sine prædestinatione
ejus in bonis autem cum præscientia et prædestina- C
tio Dei est : et prædestinatio Dei semper in bono est,
quæ, sicut dictum est, aut ad donationem pertinet
gratiæ, aut ad retributionem justitiæ, et præsciti
ac prædestinati donatione gratiæ ad vitam perveniunt, et vita illis donatur æterna : præsciti autem
tantum et non prædestinati, ad pœnam perveniunt,
et ex retributione justitiæ pœna illis præscita et
prædestinata redditur sempiterna. Quocirca una
est Dei prædestinatio quæ semper in bono est ;
et est a Deo prædestinatio electorum ad vitam, non
autem est a Deo prædestinatio reproborum ad
mortem.

Verum, ut venerabilis Beda presbyter in Commento Evangelii Lucæ dicit : « Nulla falsa doctrina
est, quæ non aliqua vera intermisceat. » Et sanctus D
Cyrillus ad Eulogium presbyterum (*sub initium epistolæ*) : « Non omnia, inquit, quæcunque dicunt hæretici, fugere et refutare decet. Multa enim confitentur sicut et nos confitemur. Velut Ariani quando
dicunt Patrem quia Creator est omnium et Dominus,
nunquid propter hoc fugere consequens est hujusmodi confessiones? Sic et in Nestorio, **110** licet
duas naturas dicat, diversitatem significans carnis
et Verbi, altera enim Verbi natura, altera carnis
est, sed tamen nequaquam unitatem confitetur nobiscum. Nos autem hæc unientes in unum, unum
Christum, unum Filium eumdem, unum Deum confitemur. » Et item ubi supra memorabilis Beda pre-

sbyter : « In hæreticis et malis catholicis non sacramenta communia, in quibus nobiscum sunt, et adversum nos non sunt, sed divisionem paci veritatique contrariam, qua adversum nos sunt, et Dominum non sequuntur nobiscum, detestari et prohibere debemus. »

Quoniam Gothescalcus et sui complices geminam
prædestinationem dicunt, non per totum neque in
toto hoc refutare debemus, sed sensum catholicæ
fidei contrarium in hoc dicto, quo prædestinationem Dei geminam astruunt, fidei catholicæ filii abo-
minari et anathematizare debemus. Dicunt enim,
ut præmisimus, quia sicut electi a Deo prædestinantur ad vitam, ita reprobi a Deo prædestinantur ad
mortem. Qui tam vitandi sunt Ecclesiæ, ut si fieri
potest, sicut de leprosis hæreticos significantibus B
legitur, longius remoti magno clamore Christum
interpellent, et cum aliis turbis non comprimant,
de quibus legitur, *qui steterunt a longe* (*Luc.* XVII,
12). Qui vero in sinu catholicæ matris Ecclesiæ
positus, ita Dei prædestinationem voluerit dicere
geminam, ut in effectu operum Dei, *qui fecit quæ
futura sunt*, hoc recto sensu intelligat : scilicet ut ad
electos donum gratiæ pertinere, et secundum superiorem sensum ad reprobos retributionem justitiæ
fateatur, ut dono gratiæ electi sint prædestinati ad
vitam, et illis vita sit prædestinata æterna, reprobi
autem non a Deo prædestinentur ad pœnam, sed
retributione justitiæ illis pœna prædestinetur æterna,
non discordat a vero, si hanc Dei prædestinationem
sic dicit geminam, sicut catholici doctores charita- C
tem geminam dicunt, quæ una est, et in præceptis
duobus, dilectione videlicet Dei et proximi, gemina
dicitur. Sed non alia est charitas quæ diligit proximum quam illa quæ diligit Deum ; quamvis sit aliud
Deus, aliud proximus, tamen una charitate diligen-
dus est Deus et proximus. Et sicut unus est Spiritus
et duo data, ita una est Dei prædestinatio, quæ aut
ad donum pertinet gratiæ, aut ad retributionem
justitiæ. Quia sicut beatus Gregorius in homilia 17
(*sub medium*) Ezechielis prophetæ dicit : « Non alia
cogitatione Deus justos adjuvat, atque alia injustos
damnat, sed una eademque vi naturæ singularis, sibi
semper indissimilis, dissimilia disponit. Cur autem
hoc de potentia Creatoris admiremur, qui virtutis
ejus vestigia et in creatura conspicimus? Natura D
quippe luti et ceræ diversa est, solis vero radius
non est diversus : et tamen cum diversus non sit,
diversa sunt quæ in luto operatur et cera : quia uno
eodemque sui ignis calore lutum durat et ceram
liquat. Sed fortasse hoc in natura luti vel ceræ est,
non in ipsa solis substantia, quæ in naturis diversis
diversa videtur **111** operari. Omnipotens autem Deus
in semetipso habet sine immutatione mutabilia disponere, sine diversitate sui diversa agere, sine cogitationum vicissitudine dissimilia formare. Longe
ergo dissimiliter operatur dissimilia nunquam sibi
dissimilis Deus, qui et ubique est et ubique totus est. »

Et sicut Paulus dicit : *Christi bonus odor sumus*

Deo in omni loco, et in his qui salvi fiunt, et in his qui pereunt (II Cor. ii, 15), uno eodemque bono odore quidam salvi fiunt, quidam autem pereunt. Qui salvi fiunt, gratiæ dono salvantur et coronantur; qui pereunt, sua iniquitate pereunt, et ex retributione justitiæ puniuntur. Et ut beatus Gregorius in tractatu Ezechielis prophetæ, sed et in Moralibus Job dicit : « Panis vitam fortium roborat, parvulorum necat ; et lenis sibilus equos mitigat, catulos instigat. » Et beatus Augustinus in septimo psalmo (*sub finem*) exponit dicens : « Sed quia non sagittas tantum, sed etiam vasa mortis dixit in arcu Dominum parasse, quæri potest quæ sint vasa mortis. An forte hæretici? Nam et ipsi ex eodem arcu, id est ex eisdem Scripturis, in animas pro charitate inflammandas, sed veneno mortis perimendas insiliunt; quod non contingit nisi pro meritis. Propterea divinæ Providentiæ etiam ipsa dispositio tribuenda est, non quia ipsa peccatores facit, sed quia ipsa ordinat eum peccaverint. Malo enim voto per peccatum legentes, male coguntur intelligere, ut ipsa sit pœna peccati. Quorum tamen morte filii catholicæ Ecclesiæ, tanquam quibusdam spinis, a somno excitantur, ut ad intelligentiam divinarum proficiant Scripturarum. *Oportet enim et hæreses esse, ut probati,* inquit, *manifesti fiant inter vos (I Cor.* xi, 19), hoc est inter homines, cum manifesti sint Deo. An forte easdem sagittas et vasa mortis disposuit ad perniciem infidelium, et ardentes vel ardentibus operatus est ad exercitationem fidelium? Non enim falsum est quod Apostolus dicit : *Aliis sumus odor vitæ in vitam, aliis odor mortis in mortem (II Cor.* ii, 16). Et ad hæc quis idoneus? Non ergo mirum si iidem apostoli, et vasa mortis eis a quibus persecutionem passi sunt, et igneæ sagittæ sunt ad inflammanda corda credentium. Post hanc dispensationem justum veniet judicium, de quo ita dicit, ut intelligamus unicuique homini supplicium fieri, et ei iniquitatem in pœnam converti. Nec putemus illam tranquillitatem et ineffabile lumen Dei de se proferre unde peccata puniantur; sed ipsa peccata sic ordinare, ut quæ fuerunt delectamenta homini peccanti, sint instrumenta Domino punienti. » Et in psalmo xliv : « Qui sequebantur bonum odorem. Diligebat amicum sponsi sui ipsa sponsa, quæ dicit in Cantico canticorum : *Post odorem unguentorum tuorum curremus (Cant.* i, 3). Illi autem alii, quanto magis eum videbant, quin Paulum, in gloria prædicationis Evangelii, et in vita inculpabili, tanto magis invidia torquebantur et occidebantur bono odore. » Et item sanctus Augustinus in libro de Prædestinatione gratiæ (*cap.* 15) : « Potest existere nihilominus fortasse, qui dicat **112** minus idoneam ad salutem viam, si nulla intrinsecus vocatione pulsatus tantum quispiam flagelletur. Unde Nabuchodonosor pœnitentiam meruit fructuosam? nonne post innumeras impietates flagellatus pœnituit, et regnum quod perdiderat rursus accepit? Pharao autem ipsis flagellis durior est effectus, et periit. Hic mihi rationem reddat, qui divinum consilium nimium alta sapienti

A corde dijudicat, cur medicamentum unius medici confectum alii ad interitum, alii valuerit ad salutem, nisi quia *Christi bonus odor aliis est odor vitæ in vitam, aliis odor mortis in mortem (II Cor.* ii, 15). Quantum ad naturam ambo homines erant, quantum ad dignitatem ambo reges, quantum ad causam ambo captivum Dei populum possidentes, quantum ad pœnam ambo flagellis clementer admoniti. Quid ergo fines eorum fecit esse diversos, nisi quod unus manum Dei sentiens, in recordationem propriæ iniquitatis ingemuit, alter libero contra Dei misericordissimam veritatem pugnavit arbitrio? Hic quicunque respondet illi ut mutaretur adfuisse divinum, huic ut induraretur defuisse præsidium, et hoc contendit injustum, propter quod rerum ipsarum fines in Dei voluntate constituens dixit Apostolus : *Cui vult miseretur et quem vult indurat (Rom.* ix, 18), dicente autem Domino : *Sine me nihil potestis facere (Joan.* xv, 5). intelligat ista omnia vel adiuvante Deo perfici, vel deserente permitti. »

Et Prosper in libro Epigrammatum, cap. 28, de duplici opere Dei : « Si omnes homines simul consideremus, quorum alii misericordia salvi fiunt, et alii veritate damnantur, universæ viæ Domini, id est misericordia et veritas, suo fine distinctæ sunt. Si autem solos sanctos intueamur, non discernentur hæ viæ. Individua est enim ibi et a misericordia veritas et a veritate misericordia : quia beatitudo sanctorum, et de munere est gratiæ, et de retributione justitiæ.

Omnibus in rebus geminum est opus Omnipotentis,
 Totum aut justitia est quod gerit, aut pietas.
Quæ simul in terras descendunt lucis ab arce,
 Ne cuiquam parti desit utrumque bonum.
Et quoniam cuncti auxilio miserentis egemus,
 Præcedit semper gratia justitiam,
Damnantem elatos, salvantem justificatos,
 Quos Deus et donis auxerit et meritis. »

Et item idem in eodem libro cap. 16 de Justitia et Gratia : « Duæ retributiones justitiæ, cum aut bona pro bonis, aut mala redduntur pro malis. Tertia est retributio gratiæ, cum per regenerationem remittuntur mala et retribuuntur bona. Atque ita manifestatur quod *universæ viæ Domini misericordia et veritas.* Illam autem impiorum retributionem, qua pro bonis mala restituunt, Deus nescit, qui nisi retribueret bona pro malis, non esset cui retribueret bona pro bonis.

113 Justitiæ merces gemina est, cum vel bona rectis,
 Vel pravis digne cum mala restituit.
Salvatrix autem cunctorum gratia Christi,
 Non pensans meritum, diluit omne malum.
Credentesque omnes renovans, baptismate sacro,
 Dat bona quæ propter det meliora bonis. »

Et item sanctus Augustinus in libro de Bono perseverantiæ (*cap.* 6) : « At enim voluntate sua quisque deserit Deum, ut merito deseratur a Deo, quis hoc negaverit? Sed ideo petimus ne inferamur in tentationem, ut hoc non fiat. Nihil enim fit, nisi quod aut ipse facit, aut fieri ipse permittit. » Hinc sanctus Hilarius in Commento Matthæi dicit (*canone* 26) : « Secundum diluvii tempus, in ipso vitæ nostræ cursu omnia agentibus ac facientibus magnus ille dies aderit. Quin etiam in assumendis fidelibus futurum esse discrimen ostendit, cum duobus in agro positis assumitur unus, et alius relinquitur, et duabus molentibus improbetur altera, et altera eligatur, et ex duobus qui in lecto erunt, adhæreat unus et alius deseratur. Infidelium enim et fidelium discrimen in relinquendis aliis et aliis assumendis docet. Dei enim ira ingravescente, sancti, ut Propheta ait, in promptuariis recondentur, perfidi vero ad cœlestis ignis materiem relinquentur. Duos igitur in agro, id est duos populos fidelium et infidelium in sæculo, tanquam in vitæ hujus opere, dies Domini deprehendet. Separabuntur tamen, relicto alio et alio assumpto. De molentibus quoque par ratio est. Mola opus legis est. Sed quia pars Judæorum, ut per apostolos credidit, ita per Eliam est creditura, et justificanda per fidem est : ideo una per eamdem fidem boni operis apprehendetur, alia vero in infructuoso legis opere relinquetur, molens in cassum, non factura cœlestis cibi panem. Duo autem sunt in lecto, eamdem passionis Dominicæ requiem prædicantes, circa quam et hæreticorum et catholicorum eadem atque una confessio est. Sed quia unitatem Patris et Filii, et communem eorum theoteiam, quam deitatem nuncupamus, catholicorum veritas prædicavit, et eamdem rursum plurimis contumeliis hæreticorum falsitas impugnavit, idcirco ex duobus in lecto alius relinquetur, et alius assumetur : quia fidem confessionis utriusque in uno assumendo, et alio relinquendo, divini arbitrii judicium comprobabit. »

Unde præmissis exemplis apertissime demonstratur, quia hæc Dei prædestinatio ita recto sensu potest gemina dici, non quo ea ipsa prædestinatione sic prædestinentur reprobi ad interitum, sicut prædestinantur electi ad vitam : sed quia electis dat gratia quod non meretur malitia, relictis autem reddit æquitas quod meretur iniquitas. Sed et charitatem, quæ una est, quia Deus charitas est, quæ ut et omne datum optimum, et omne donum perfectum descendens a Patre luminum est, non solum geminam dicit beatus Gregorius, verum **114** et de eadem scribens : « Sicut ex una, inquit, radice multi arboris rami prodeunt, ita et ex una charitatem multæ virtutes generantur. Et de sancto Spiritu, qui unus est, et duo sunt ejusdem sancti Spiritus data, cum laus sapientiæ describitur in libro qui nomine Sapientiæ titulatur, postquam dictum est : *Spiritus Domini replevit orbem terrarum (Sap.* i, 7), adjunctum est : *Est enim in illa,* quin sapientia : *Spiritus intellectus, spiritus unicus, multiplex, subtilis, niobilis, humanus, stabilis (Sap.* vii, 22). Qui tamen unus esse non dubitatur. Et dicitur unicus quia indivisus, multiplex vero, quoniam in virtutum effectibus multiformis. Et in prophetia Isaiæ, quam Dominus in Evangelio in seipso monstravit esse completam, dicitur : *Spiritus sapientiæ et intellectus, spiritus consilii et fortitudinis, scientiæ et pietatis, et spiritus timoris Domini (Isa.* xi, 2; *Luc.* iv, 21); quæ ipsius

sancti Spiritus dona per impositionem manus episcopalis et consignationem sacri chrismatis in confirmatione fidelium cœlitus largiendo sancta celebrat et frequentat Ecclesia. » Unde beatus Ambrosius in tertio libro de Sacramentis (*cap.* 1) dicit : « Sequitur spiritale signaculum, quod audistis hodie legi, quia post fontem superest ut perfectio fiat ; quoniam ad invocationem sacerdotis Spiritus sanctus infunditur, spiritus sapientiæ et intellectus, spiritus consilii atque virtutis, spiritus cognitionis atque pietatis, Spiritus sancti timoris. Septem quasi virtutes sunt et omnes quidem virtutes ad Spiritum pertinent : sed istæ quasi cardinales, quasi principales istæ sunt septem virtutes, quas accipis quando signaris. Nam, ut ait Apostolus sanctus, quia *multiformis est sapientia Domini nostri, et multiformis sapientia Dei (Ephes.* iii, 10), ita multiformis est Spiritus sanctus, qui habeat diversas variasque virtutes. Unde Deus virtutum dicitur, quod aptari potest Patri, et Filio, et Spiritu sancto. » Et sanctus Gregorius in libro Moralium xxxv (*cap.* 7): « Joannes septem Ecclesiis in Apocalypsi scripsit (*Apoc.* i, 4), per quas universalem Ecclesiam intelligi voluit. Quæ nimirum universalis Ecclesia ut plena septiformis gratiæ spiritu signaretur, Elisæus super mortuum puerum septies oscitasse describitur. Super exstinctum quippe populum Dominus veniens quasi septies oscitat, quia ei dona Spiritus septiformis gratiæ misericorditer aspirat. Et hæretici atque hi qui æque extra Ecclesiam positi sunt, reatus sui absolutionem non accipiunt, nisi gratiæ septiformis spiritu universali paci, a qua excisi fuerant, aggregentur. » Sed et beatus Paulus dicit : *Alii datur sermo sapientiæ, alii sermo scientiæ,* et cætera usque dum dicit : *Hæc autem omnia operatur unus atque idem spiritus, dividens singulis prout vult (I Cor.* xii, 8-11). Nam sicut fides opus est Dei juxta evangelicam veritatem quæ dicit : *Hoc est autem opus Dei, ut credatis in eum quem misit ille (Joan.* vi, 29), ita et reliquæ virtutes ad donorum charismata divina sunt opera, quæ tunc ex Dei prædestinatione effectibus operum ostenduntur, cum largitate bonitatis divitiarum ejus, qui dives est in omnibus, pro sua misericordia et voluntate hominibus ad credentium utilitatem distribuuntur, sicut dicit Apostolus : *Unicuique datur* **115** *manifestatio spiritus ad utilitatem (I Cor.* xii, 7). Hi enim omnes operis divini effectus ad donum gratiæ pertinere noscuntur.

CAPUT XX.
Qualiter intelligi debeat quod beatus Gregorius plurali numero prædestinationes posuit.

Beatus etiam Gregorius effectus prædestinationis Dei in libro Moralium xxviii (*cap.* 18) plurali numero, dispositionum scilicet et prædestinationum, nominavit, dicens : « Ordinem, inquit, cœli nosse est supernarum dispositionum occultas prædestinationes videre : rationem vero ejus in terram ponere est, ante humana corda talium secretorum causas aperire. » Et paulo post multos effectus divini operis computat, qui omnes aut ad donum pertinent gratiæ, aut ad retributionem justitiæ. Dicit enim : « Quis intelligat quæ esse ratio secretorum potest, quod sæpe vir justus a judicio, non solum non vindicatus, sed etiam punitus redeat? » quod ad donum pertinet gratiæ, sicut scriptum est, *sanctus sanctificetur adhuc* (*Apoc.* xxii, 11). Veluti sancti Dei in conciliis et in synagogis flagellati, et ante reges et præsides ducti et condemnati fuerunt. Nam ut nos dono gratiæ salvaret, propter nos homines et propter nostram salutem, et Jesus stetit ante præsidem, qui alapis et contumeliis affectus exiit a judicio injuste judicatus, et veniet in majestate sua et Patris ac sanctorum angelorum vivos et mortuos juste judicaturus. Sequitur in verbis sancti Gregorii : « Et iniquus ejus adversarius non solum non punitus, sed etiam victor abscedat? » quod est ex retributione justitiæ, ut qui nocet noceat adhuc, quatenus justus justificetur adhuc. Item sequitur : « Quis intelligat cur vivit alius insidians mortibus proximorum ? » quod est ex retributione justitiæ, ut qui in sordibus est sordescat adhuc. Item, « Et moritur alius, qui profuturus esset vitæ multorum ? » quod ad donum pertinet gratiæ, sicut scriptum est : *Raptus est ne malitia mutaret intellectum ejus* (*Sap.* iv, 11). Unde Augustinus in libro de Prædestinatione sanctorum : « Dictum est hoc secundum pericula vitæ hujus, non secundum, præscientiam Dei, ut tentationum subtraheretur incerto, non quod peccaturus esset, qui mansurus in tentatione non esset. » Item : « Alius culmen potestatis assequitur, qui non nisi lædere studet. » Quod est ex justitiæ retributione, sicut scriptum est : *Transierunt in affectum cordis.* Item : « Alius tantummodo læsos defendere concupiscit, et tamen ipse oppressus jacet, » quod ad donum pertinet gratiæ, quia sæpe quidam in subjectione cautius se custodiunt, et in prælatione delinquunt, ut in David operibus discimus, quem Dominus misericorditer temperat, ne forte qui in planis titubat in præcipitio pedem ponat, sicut idem sanctus Gregorius in Regula **116** pastorali demonstrat. Et sicut scriptum est : *Sanctus sanctificetur adhuc* (*Apoc.* xxii, 11), ut Tobias et cæteri in captivitate electi. Item : « Alius vacare appetit, et innumeris negotiis implicatur : alius negotiis implicari desiderat, et coactus vacat. » Quæ sæpe ad donum pertinent gratiæ, sæpe ad retributionem justitiæ, sicut idem sanctus Gregorius et in libris Moralibus, et in Regula pastorali demonstrat. Item : « Alius male inchoans usque ad vitæ suæ terminum ad pejora progreditur; » quod pertinet ad retributionem justitiæ, sicut apertissima exinde exempla multoties in Scripturis invenimus. Et Paulus dicit in Epistola ad Romanos, de his qui cum Deum cognovissent, non sicut Deum glorificaverunt : *Propterea tradidit eos Deus in reprobum sensum* (*Rom.* i, 28), ut de Pharaone legitur. « Alius bene incipiens, per longitudinem temporum proficit ad augmentum meritorum; » quod ad donum gratiæ non dubium est per-

tinere, sicut scriptum est : *Ascensus in corde suo disposuit in convalle lacrymarum* (*Psal.* lxxxiii, 6) , qui, ut Paulus dicit, *renovatur de die in diem* (*II Cor.* iv, 16). Et item psalmus : *Adhuc multiplicabuntur in senecta uberi* (*Psal.* xci, 15); quoniam illi in senecta uberi multiplicantur, quorum vita cum differtur, semper ad melius fortitudo producitur, eisque per augmentum temporum crescunt etiam lucra meritorum. Item econtra, « alius male vivens diu reservatur ut corrigatur; » quod ad donum pertinet gratiæ, sicut Paulus dicit : *Fidelis sermo, Christus Jesus venit in hunc mundum peccatores salvos facere, quorum primus ego sum. Sed ideo misericordiam consecutus sum, qui prius fui blasphemus, et persecutor, et contumeliosus, ut in me primo ostenderet Christus Jesus omnem patientiam, ad informationem eorum qui credituri sunt illi in vitam æternam* (*I Tim.* i, 15). « Alius vero bene quidem videtur vivere : sed in hac vita eousque durat, quo ad perversa prorumpat. » Quod occulto fit, sed non injusto, Dei, in quo non est iniquitas, judicio. De qualibus scriptum est : *Ad tempus credunt, et in tempore tentationis recedunt* (*Luc.* viii, 13). Sicut Balaam post prophetiam et lacrymas, et Judas de apostolatu post signa miraculorum, quia cupiditatis ignem exstinguere noluit, ad perpetua tormenta pervenit; quod pertinet ad retributionem justitiæ. Item : « Alius in errore infidelitatis natus, in errore deficit; » quod pertinet ad retributionem justitiæ, quia quod in radice putruit, in ramo exaruit; de quibus scriptum est : *Erraverunt ab utero* (*Psal.* lvii, 4), ut Esau adhuc in vulva est reprobatus. « Alius in catholicæ fidei rectitudine genitus, in catholicæ fidei rectitudine consummatur. » Quod ad donum pertinet gratiæ, sicut Jeremias et Joannes de ventre vocati, et in utero sanctificati, et Isaac antequam conciperetur designatus, et Jacob vocatione electus. Econtra vero, « alius catholicæ matris ventre editus juxta, vitæ terminum erroris voragine devoratur, » quod pertinet ad retributionem justitiæ, quia cum Deum cognovisset, ut Paulus dicit, *non sicut Deum honorificavit* (*Rom.* i, 21); et de diabolo, talium videlicet capite, scriptum est *quia in veritate non stetit* (*Joan.* viii, 44), in qua sine dubio fuit, sed non in ea permansit, quoniam tumens de dono **117** gratiæ Dei, de sublimi excellentia ex retributione justitiæ cecidit ad miseriæ infima. « Alius autem vitam suam in catholica pietate consummat, qui ortus in perfidia cum lacte matris hauserat virus erroris; quod ad donum pertinet gratiæ, sicut scriptum est : *Gratia salvi facti estis, et hoc non ex vobis, donum enim Dei est* (*Ephes.* ii, 8). Alius celsitudinem bene vivendi appetere et volet et valet : » quod ad donum pertinet gratiæ, sicut Paulus dicit : *Datum nobis esse a Deo et velle et perficere pro bona voluntate* (*Philip.* ii, 13). « Alius nec volet nec valet, alius volet et non valet, alius valet et non volet; » quæ pertinent ad retributionem justitiæ, quoniam hoc, remoto etiam additamento iniquitatis nostræ, promeruit generalis massa perditionis; de qua, ut Augustinus dicit, si nullus liberare- **A** tur, ut incomprehensibilis ita et irreprehensibilis esset Dei justitia.

Ad cognoscendos quippe istos judiciorum secretorum sinus nullus ascendit, quia scit in suo secreto consilio artifex et peritus cementarius, quo funem perpendiculi trahere, vel quo retrahere debeat: quem lapidem in maceria Jerusalem, quæ ædificatur ut civitas, ab intus foras trahere, quem a foris intus retrahere, et ubi in opere suæ constructionis ponere, quem a compositione debeat ipsius suæ civitatis relinquere, quod fit unius ejusdemque prædestinationis aut dono gratiæ, aut retributione justitiæ. Unde sanctus Gregorius in Ezechielis prophetæ homilia 13 dicit: « Vis illa divinitatis, quæ in diversitatis motum et mutabilitatem non ducitur, ea ipsa **B** luce justitiæ afflictos ac pœnitentes vivificat, qua superbientes ac rigidos percutit. » Et homilia 17: « Omnipotens Deus, quia sibimetipsi dissimilis non est, ea virtute videt qua audit, ea virtute creat qua judicat creata. Ejus vero et videre simul omnia administrare est, et administrare conspicere : nec alia cogitatione justos adjuvat, atque alia injustos damnat, sed una eademque vi naturæ singularis sibi semperque indissimilis dissimilia disponit. » De quo terribili in consiliis super filios hominum exclamat Paulus: *O altitudo, inquit, sapientiæ et scientiæ Dei! quam incomprehensibilia sunt judicia ejus, et investigabiles viæ ejus!* (Rom. ii, 13.) Qui si mutat tempus, non mutat consilium, quoniam consilium ejus in **C** æternum manet, cogitationes cordis ejus in sæculum sæculi. Hæc est prædestinatio Dei, qui prædestinat ea quæ ab ipso sunt, vel quæ erat ipse facturus, prædestinans, id est gratia præparans electos, probos et justos ad regnum, ad vitam æternam, id est ad gratiam quæ est prædestinationis effectus : puniens relictos, reprobos, injustos, quod est justæ retributionis effectus. Sicque, ut beatus Prosper istis ipsis verbis confitetur, et alii catholici doctores concordi sensu fatentur, et sacra Scriptura, atque catholica credit et docet Ecclesia, prædestinatio Dei semper in bono est, aut ad retributionem justitiæ, aut ad donationem pertinens gratiæ. Ideo has multiplices varietates atque effectus divinæ prædestinationis a **118** beato Gregorio computatos, qualiter **D** aut ad donum gratiæ, aut ad retributionem justitiæ pertineant, ostendere procuravimus : quia quidam, sicut in præfatis libellis ostendimus, prædestinationes ex verbis sancti Gregorii plurali numero prosuerunt, ut hinc prædestinationem geminam perdocerent, qua sancti ad vitam, et sicut illi dicunt, reprobi prædestinantur ad mortem. Nunc ad reddendam rationem secundi capituli transeamus.

CAPUT XXI.

verbis sumpsimus illa quæ exinde posuimus et de præposteratione illius, quæ a quibusdam inordinate facta esse dignoscitur.

Secundum capitulum in synodo apud Carisiacum habita nos de gratia et libero arbitrio ex sanctorum Patrum dictis excerpsimus; de quo prisci dixerunt Prædestinatiani, quod liberum arbitrium in homine nihil sit, sed sive ad bonum sive ad malum, prædestinatio Dei in hominibus operetur, quoniam Deus tale in hominibus plasmet arbitrium, quale est dæmonum, quod proprio motu nihil aliud possit velle nisi malum. Inde et Gothescalcus modernus Prædestinatianus in libello ad Rabanum archiepiscopum Moguntinum dicit ad locum : « De quo videlicet libero arbitrio quid Ecclesiæ Christi tenendum sit atque credendum, cum a cæteris catholicis Patribus evidenter sit Deo gratias disputatum, tum præcipue contra Pelagianos et Cœlestianos a beato Augustino plenius et uberius diversis in opusculis, et maxime in Hypomnesticon esse cognoscitur inculcatum. Unde te potius ejusdem catholicissimi doctoris fructuosissimis assertionibus incomparabiliter inde quoque malueram niti, quam erroneis opinionibus Massiliensis Gennadii, qui plerisque præsumpsit in locis, tam fidei catholicæ, quam beatorum etiam Patrum invictissimis auctoritatibus, infelicis Cassiani perniciosum nimis dogma sequens reniti. » Contra quæ nos in præfata synodo scripsimus : « Libertatem arbitrii in primo homine perdidimus, quam per Christum Dominum nostrum recepimus, et habemus liberum arbitrium ad bonum præventum et adjutum gratia, et habemus liberum arbitrium ad malum desertum gratia. Liberum autem habemus arbitrium, quia gratia liberatum, et gratia de corrupto sanatum. » Cui capitulo, cum aliis tribus de quibus ratio agitur, in conventu episcoporum domnus subscripsit Prudentius. Postea autem in epistola ad Wenilonem suum archiepiscopum de ordinando Ænea Parisiorum episcopo directa, quatuor ponens capitula, ita de hoc primo dicit : « Liberum **119** arbitrium, in Adam merito inobedientiæ amissum, ita nobis per Dominum nostrum Jesum Christum redditum atque liberatum confiteatur, interim in spe, postmodum autem in re, sicut dicit Apostolus : *Spe enim salvi facti sumus* (Rom. viii, 24), ut tamen semper ad omne opus bonum Dei omnipotentis gratia indigeamus, sive cogitandum, sive inchoandum, operandum, ac perseveranter consummandum, et sine ipsa nihil boni nos posse ullatenus aut cogitare, aut velle, aut operari sciamus. » Unde miramur, cum in præfata synodo capitulis superius memoratis subscripserit, et canonicas sanctiones, atque decreta apostolicæ sedis pontificum, sufficienter cognita de synodali subscriptione atque professione habeat, tam inconsulte, et inconsuete, sine probabili collatione, contra regularum instituta, hujusmodi scriptum pro ordinationis consensu coepiscopi sui ad archiepiscopum et coepiscopos suos transmiserit, vel quia in capitulis sæpe memoratis secundum obtinet locum de gratia et libero arbitrio, cur in hac sua epistola illud capitulum in capite posuit. Convenientius quippe anteponitur illud capitulum, in quo de prædestinatione Dei loquitur, quæ ante omnia sæcula exstat et tempora, illi capitulo in quo dicitur de libero arbitrio, quod homo in sæculo et in tempore non penitus vel in totum perdidit, sed infirmavit. Denique in volumine nobis a vestra dominatione ad respondendum commisso invenimus in sexto capitulo quæ sequuntur : « Item de gratia per quam salvantur credentes, et sine qua rationalis creatura nunquam beate vixit, et de libero arbitrio, per peccatum in primo homine infirmato, sed per gratiam Domini Jesu fidelibus ejus redintegrato et sanato, id ipsum constantissime et fide plena fatemur, quod sanctissimi Patres auctoritate sacrarum Scripturarum nobis tenendum reliquerunt, quod Africana, quod Arausicana Synodus professa est, quod beatissimi Pontifices apostolicæ sedis catholica fide tenuerunt, sed et de natura et gratia in aliam partem nullo modo declinare præsumentes. »

De hoc etiam compilatore istorum capitulorum miramur, cur post omnia capitula de quibus rediviva quæstio ventilatur, novissime posuerit de gratia et libero arbitrio, cum tertio et quarto convenientius præponi valeat, sicut potest quilibet sanum sapiens ex consequentia rationis discernere. Sed non est mirum, quoniam captiosus quisque, dum vult improvidis et incautis laqueos ostendere, confusione multiplici eamdem studet decipulam paleis vel quibuscunque valet permiscendo quisquiliis occultare, sicut et in præscripto capitulo de Flori verbis atque sententiis studuit agere. Quapropter necesse est nobis integritatem capituli a nobis excerpti iterum ponere, et verba catholicorum de quibus illud excerpsimus demonstrare. Hic enim ejusdem est textus secundi capituli : « Libertatem arbitrii in primo homine perdidimus, quam per Christum Dominum nostrum recepimus, **120** et habemus liberum arbitrium ad bonum præventum et adjutum gratia ; et habemus liberum arbitrium ad malum desertum gratia. Liberum autem habemus arbitrium, quia gratia liberatum, et gratia de corrupto sanatum. » Unde Augustinus, in libro de Bono perseverantiæ (*cap.* 7), quia libertas arbitrii in primo homine fuerat ita dicit : « Fuerat, inquiens, in homine antequam caderet : quæ tamen libertas voluntatis in illius primæ conditionis præstantia quantum valuerit, apparuit in angelis. » Quam in illo scilicet primo homine amisimus, sicut idem doctor in libro de Correptione et Gratia (*cap.* 12) dicit : « Nunc vero, inquiens, posteaquam facta est illa magna peccati merito amissa libertas, etiam majoribus donis adjuvanda remansit infirmitas. » Et aliquanto superius (*cap.* 11) : « Hæc autem tanto major est, ut parum sit homini per illam reparare perditam libertatem. » Subsecuti sumus, *quam per Christum Dominum nostrum recepimus.* Illam arbitrii libertatem, quam per Christum recepimus, illam, inquam, et non aliam, in homine primo

A perdidimus : qui sive ad peccandum, sive ad non peccandum, arbitrium liberum habuit, et non per aliud offensam contraxit, nisi per quod ne delinqueret suadenti resistere potuit. Qui ergo per posse bonum vincere potuit velle malum, per malum velle perdidit bonum posse. Unde post casum primi parentis arbitrium hominis, priusquam a dominatione diaboli per Dei gratiam liberetur, in illo profundo jacet, in quod se sua libertate dimersit : sicque in malis omnibus arbitrii justitiæ liberi, servi autem peccati, voluntas intelligenda est sine gratia. Accedente autem gratia, idem arbitrium liberum, quod sua libertate erat pravum, spiritu Dei agente fit rectum. Sicque in bonis omnibus est libera voluntas intelligenda de gratia, quam arbitrii libertatem per

B Christum recepimus, qui cum Patre dedit nobis pignus spiritus, et ubi est spiritus Domini, ibi libertas, et ut scriptum est : *Si vos Filius liberaverit, tunc vere liberi eritis* (*Joan.* VIII, 36) ; qua libertate Christus nos liberavit. Hinc sanctus Augustinus in libro de Correptione et Gratia (*cap.* 12) dicit : « Unde autem non glorietur omnis caro (*id est* omnis homo) coram ipso, nisi de meritis suis ? quæ quidem potuit habere, sed perdidit, et per quod habere potuit, per hoc perdidit, hoc est, per liberum arbitrium, propter quod non restat liberandis nisi gratia liberantis. » Et item in libro Hypomnesticon (*lib.* III, *sub initium*) : « Vitiato libero arbitrio, totus homo est vitiatus, per quod absque adjutorio gratiæ, ut Deo placeat, nec valet incipere, nec perficere sufficit. »

C Et aliquanto superius : « Ideo liberum arbitrium dictum est, quod in sua positum sit potestate, habens agendi quod velit potestatem, quod est vitalis et rationalis animæ motus. Sed hujusmodi, ut ante jam dixi, fuit in homine protoplasto, cum ante peccatum maneret illæsus. Non enim per aliud contraxit offensam, nisi per id quo potuit ne delinqueret resistere suadenti. Per velle ergo malum, recte perdidit posse bonum, qui per posse bonum **121** potuit vincere velle malum. Quem juste Deus jam delicto captivum voluntati depravatæ dimisit, ut hæc eidem esset pœna in non faciendo quod vellet, quæ semper si Deo fuisset obediens sufficere potuisset ad omne opus bonum quod voluisset. » Et item : « Cre-

D dit enim catholica Ecclesia, quod salus hominis ex Deo sit Christus, cujus vulnere liberum nostrum curatur et reformatur arbitrium vulneratum. » Et item in eodem : « Cum autem acceperit spiritum Domini, erit in eo libertas, ad Domini capessenda præcepta, quia ubi spiritus Domini, ibi libertas. »

Deinde subjunximus : *Et habemus liberum arbitrium ad bonum præventum et adjutum gratia, et habemus liberum arbitrium ad malum desertum gratia.* Et Augustinus in libro de Prædestinatione sanctorum : « Est ergo, inquiens, in malorum potestate peccare : ut autem peccando hoc vel hoc illa malitia faciant, non est in eorum potestate, sed Dei dividentis tenebras et ordinantis eas. » Et item Augustinus in libro Hypomnesticon (*libro* III *post medium*)

« Est igitur liberum arbitrium, quod quisquis esse **A** negaverit catholicus non est ; et quisquis sic esse dixerit, quod sine Deo bonum opus, id est quod ad ejus sanctum propositum pertinet, nec incipere nec perficere possit, catholicus est. » Et item (*ibid.*, *sub initium*) : « Vitiato libero arbitrio totus homo est vitiatus : per quod absque adjutorio gratiæ Dei, ut Deo placeat, nec valet incipere, nec perficere sufficit. Prævenitur autem medicina, id est Christi gratia, ut sanetur et reparetur in eodem vitiata, atque præparetur voluntas, qua semper indigens in adjutorium, illuminante gratia Salvatoris, possit tam Deum cognoscere, quam secundum ejus vivere voluntatem. » Et item : « Non ergo homo voluntate sua, adhuc in vitio liberi arbitrii claudicante, prævenit Deum ut cognoscat et quærat eum, gratiam tanquam meritis **B** accepturus ; sed præcedit etiam, ut diximus, misericordissima gratia sua Deus homines ignorantes, et necdum se quærentes voluntate liberi arbitrii, ut eos se scire et quærere faciat, sicut dicit Joannes apostolus in Epistola sua : *Scimus quoniam Filius Dei venit, et dedit nobis sensum, ut cognoscamus verum Deum, et simus in vero Filio ejus : hic est verus et vita æterna (I Joan. v, 20).* » Audiat etiam quisque lector, sive benevolus, sive malevolus, quid de libero arbitrio prævento et adjuto gratia, et de eodem libero arbitrio deserto gratia, sentiat idem doctor catholicus. « Esse fatemur, inquiens (*libro* III, *sub initium*), liberum arbitrium omnibus hominibus, habens quidem judicium rationis, non per quod sit idoneum quæ ad Deum pertinent sine Deo aut inchoare vel certe per- **C** agere ; sed tantum in operibus vitæ præsentis, tam bonis quam etiam malis. Bonis dico, quæ de bonis naturæ oriuntur, id est, velle laborare in agro, velle manducare et bibere, velle habere amicum, » et cætera quæ ibi prosequitur, quæ omnia non sine gubernaculo divino subsistunt : imo ex ipso, et per ipsum sunt, vel esse cœperunt. Malis vero dico, ut est velle idolum **122** colere, velle homicidium perpetrare, et reliqua quæ prosequitur in eodem Hypomnesticon libro.

Quod autem in conclusione subjunximus dicentes : *Liberum autem habemus arbitrium, quia gratia liberatum, et gratia de corrupto sanatum,* sanctus Augustinus in libro de Correptione et Gratia (*cap.* 13) **D** prosequitur, dicens : « Hi vero qui non pertinent ad hunc prædestinatorum numerum, quos Dei gratia, sive nondum habentes ullum liberum suæ voluntatis arbitrium, sive cum arbitrio voluntatis, ideo vero libero, quia per ipsam gratiam liberato, perducit ad regnum ; hi ergo, qui non pertinent ad istum certissimum et fidelissimum numerum, pro meritis justissime judicantur. Aut enim jacent sub peccato quod originaliter generatione traxerunt, et cum illo hæreditario debito hinc exeunt, quod non est regeneratione dimissum, aut per liberum arbitrium alia insuper addiderunt : arbitrium, inquam, liberum, sed non liberatum, liberum justitiæ, peccati autem servum, quo volvuntur per diversas noxiasque

cupiditates, alii magis, alii minus, sed omnes mali, et pro ipsa diversitate diversis suppliciis judicandi. » De sensu autem et contextu totius Capituli, idem beatus Augustinus in libro de Perfectione justitiæ hominis ita dicit : « Verum est autem quod ait, quin obtrectator suus ; quod Deus tam bonus quam justus, talem hominem fecerit, qui peccati malo carere sufficeret, sed si voluisset. Quis enim eum nescit sanum et inculpabilem factum, et libero arbitrio atque ad juste vivendum potestate libera constitutum? Sed nunc de illo agitur, quem semivivum latrones in via reliquerunt ; qui gravibus saucius confossusque vulneribus, non ita potest ad justitiæ culmen ascendere, sicut potuit inde descendere, qui etiam si jam in stabulo est, curatur. Non igitur Deus impossibilia jubet, sed jubendo admonet, et facere quod possis, et petere quod non possis. »

Et in epistola (46) ad Valentinum : « Primo enim Dominus Jesus, sicut scriptum est in Evangelio Joannis apostoli : *Non venit ut judicaret mundum, sed ut salvetur mundus per ipsum (Joan.* III, 17). Postea vero, sicut scribit apostolus Paulus : *Judicabit Deus hunc mundum (Rom.* III, 6), et venturus est, sicut tota Ecclesia in symbolo confitetur, *judicare vivos et mortuos.* Si ergo non est Dei gratia, quomodo salvat mundum? et si non est liberum arbitrium, quomodo judicat mundum? Proinde librum vel epistolam meam, quam secum ad vos supradicti attulerunt, secundum hanc fidem intelligite, ut neque negetis Dei gratiam, neque liberum arbitrium sic defendatis, ut a Dei gratia separetis, tanquam sine illa vel cogitare aliquid, vel agere secundum Deum ulla ratione possimus, quod omnino non possumus ; » et post aliquanta : « Credite divinis eloquiis, quia et liberum est nominis arbitrium, et gratia Dei, sine cujus adjutorio liberum arbitrium nec converti potest ad Deum, nec proficere in Deum, et quod pie creditis, ut etiam sapienter intelligatis orate. Et ad hoc ipsum enim, id est, ut sapienter **123** intelligamus, est utique liberum arbitrium. Nisi enim libero arbitrio intelligeremus atque saperemus, non nobis præciperetur dicente Scriptura : *Intelligite* ergo *qui insipientes estis in populo, et stulti aliquando sapite (Psal.* xcix, 8). Eo ipso quippe, quo præceptum atque imperatum est, ut intelligamus atque sapiamus, obedientiam nostram requirit, quæ nulla potest esse sine libero arbitrio. Sed si posset hoc ipsum sine adjutorio Dei gratiæ fieri, per liberum arbitrium ut intelligeremus atque saperemus, non diceretur Deo : *Da mihi intellectum ut discam mandata tua (Psal.* cxviii, 73) ; nec in Evangelio scriptum esset : *Tunc aperuit illis sensum ut intelligerent Scripturas (Luc.* xxiv, 45) ; nec Jacobus apostolus diceret : *Si quis autem vestrum indiget sapientia, postulet a Deo, qui dat omnibus affluenter, et non improperat, et dabitur ei (Jac.* I, 5). » Et iterum in altera epistola (*epist.* 47) ad eumdem Valentinum : « Quantum potuimus, egimus cum istis et vestris et nostris fratribus, ut in fide sana catholica perseverent, quæ neque liberum arbitrium negat, sive in vitam malam, sive in bonam, neque tantum ei tribuit, ut sine Dei gratia valeat aliquid, sive ut ex malo convertatur in bonum, sive ut in bonum perseveranter proficiat, sive ut ad bonum sempiternum perveniat ubi jam non timeat ne deficiat. » Et post pauca : « In his verbis sanctæ Scripturæ considerate, fratres, quia si non esset liberum arbitrium, non diceretur : *Rectos cursus fac pedibus tuis, et vias tuas dirige, ne declines ad dexteram, neque ad sinistram* (*Prov.* iv, 27). Et tamen sine Dei gratia si posset hoc fieri, non postea diceretur : *Ipse autem rectos faciet cursus tuos, et itinera tua in pace producet.* » Et post aliquanta : « Ideo vobis dixi ne declinetis in dexteram, neque in sinistram, hoc est nec sic defendatis liberum arbitrium, ut ei bona opera sine Dei gratia tribuatis ; nec sic defendatis gratiam, ut quasi de illa securi mala opera diligatis, quod ipsa gratia Dei avertat a vobis. »

Et item ad eumdem Valentinum in libro de Gratia et libero arbitrio (*cap.* 4) : « Itaque ut hoc verbum, quod non ab omnibus capitur, ab aliquibus capiatur, et Dei donum est liberum arbitrium. » Et item (*cap.* 5) : « *Rogamus ne in vacuum gratiam Dei suscipiatis* (II *Cor.* vi, 1). Ut quid enim eos rogat, si gratiam sic susceperunt ut propriam perderent voluntatem ? Tamen ne ipsa voluntas sine gratia Dei putetur boni aliquid posse, continuo cum dixisset : *Gratia ejus in me vacua non fuit, sed plus omnibus illis laboravi,* subjunxit atque ait : *Non autem ego, sed gratia Dei mecum* (I *Cor.* xv, 10) ; id est non solus, sed gratia Dei mecum ; ac per hoc nec gratia Dei sola, nec ipse solus, sed gratia Dei cum illo. » Et item (*cap.* 6) : « His talibus testimoniis divinis probatur gratia Dei non secundum merita nostra dari, quandoquidem non solum nullis bonis, verum etiam multis meritis malis præcedentibus videmus datam, et quotidie dari videmus ; sed plane cum data fuerit, incipiunt esse etiam merita nostra bona, per illam tamen. Nam si se ipsa subtraxerit, cadit homo, non erectus sed præcipitatus libero arbitrio. » Et item in eodem **124** libro (*cap.* 14) : « Hæc dixi, ut apostolicis verbis liberum arbitrium vestrum a malo deterrerem, et exhortarer ad bonum. Nec tamen ideo debetis in homine, hoc est in vobis ipsis, sed in Domino gloriari. » Et item : « Liberum quidem hominis arbitrium pulsatur ubi dicitur : *Hodie si vocem ejus audieritis, nolite obdurare corda vestra* (*Psal.* xciv, 8). Sed nisi posset Deus etiam duritiam cordis auferre, non diceret per prophetam : *Auferam ab eis cor lapideum, et dabo eis cor carneum* (*Ezech.* ii, 19 ; xxxvi, 26). » Et item (*cap.* 15) : « Semper est autem in nobis voluntas libera, sed non semper est bona. Aut enim a justitia libera est, quando servit peccato, et tunc est mala ; aut a peccato libera est, quando servit justitiæ, et tunc est bona. Gratia vero Dei semper est bona, et per hanc fit, ut sit homo voluntatis bonæ, qui prius fuit voluntatis malæ. Tunc enim utile est velle cum possumus, et tunc utile est

posse cum volumus. Nam quid prodest, si quod non possumus volumus, aut quod possumus nolumus ? » Et item (*cap.* 17) : « Ut ergo velimus sine nobis operatur, cum autem volumus, et sic volumus ut faciamus, nobiscum cooperatur ; tamen sine illo vel operante ut velimus, vel cooperante cum volumus, ad bonæ pietatis opera nihil valemus. »

Et item in libro Hypomnesticon (*libro* iii, *versus finem*) ita dicit : « Et gratia inquiens et liberum arbitrium peragit sine dubio iter fidei. Liberum arbitrium dum Dei Christianus facit præcepta, sed non, ut supra dixi, sine gratia dirigente vel gubernante. Propter quod dicit in Psalmis : *Dirige in conspectu tuo viam meam* (*Psal.* v, 9), et, *a Domino gressus hominis diriguntur* (*Psal.* xxxvi, 23). Itaque nec gratia sine libero arbitrio facit hominem habere beatam vitam, nec liberum arbitrium sine gratia. Tamen parvulos sine usu liberi arbitrii facit gratia habere beatam vitam ; eos autem qui jam rationis capaces sunt, prævenit atque docet, ut bonum velint et possint. » Et item : « Nemo sit segnis et remissus ad serviendum Deo, nec sic de gratia confidat, tanquam de libero arbitrio ejus, quod per mortem Filii sui reparavit, et sibi præparavit, opera non requirat. » Et item : « Opera liberi arbitrii bona, quæ ut fiant præparantur per gratiæ præventum, nullis liberi arbitrii meritis, et ipsa faciente, gubernante, et perficiente, ut abundent in libero arbitrio, non damnamus ; quia ex his vel hujusmodi homines Dei justificati sunt, justificantur, justificabuntur in Christo. Damnamus vero auctoritate divina opera liberi arbitrii quæ gratiæ præponuntur, et ex his tanquam meritis in Christo justificari extolluntur. Quis enim prior dedit ei, et retribuet illi ? » Et item : « Ausculta et intellige, si tamen aures habeas audiendi, et cor non sit induratum intelligendi. Propter liberum arbitrium, quo bona et mala operantur homines, dictum est unicuique reddi secundum opera sua. Habet enim homo malum meritum, cum vitio suo jam baptizatus declinat a bono, et facit malum, id est, cum relinquit Deum et diligit sæculum, sicut fecisse Demam (II *Tim.* iv, 9) et Hermogenem (II *Tim.* i, 15), testatur Apostolus ; vel cum etiam in toto **125** spem habens in variis simulacris, Deum verum agnoscere non vult, quem cognoscendi in hoc sæculo habet potestatem ; si velit summus Deus, tam per indebitam gratiam qua justificat, impium salvare, quam etiam cum se avertit judicio justo traditum in reprobum sensum futuro gehennæ supplicio reservare, ut reddat ei secundum opera sua. Habet nihilominus et bonum meritum, cum in omnibus gratiæ Dei bona in se operanti non resistit, sed cooperator existit. » Et item : « Sed ais mihi quia oculis hæretico dolore turbatis, intendere lumen veritatis non potes, et nullum est prorsus meritum propriæ voluntatis. Si discernas inter voluntatem et gratiam est. Audi ergo breviter : Propriæ voluntatis tunc est meritum bonum, quando gratiæ donum præcedit uniuscujusque voluntatem, et operatur ut meritum faciat homo per propriam volun- A tatem. »

Et Gregorius in libro Moralium xvi, cap. 10 : « Si quis salvari, inquiens, sic munditia manuum suarum creditur, ut suis viribus innocens fiat, procul dubio erratur : quia si superna gratia nocentem non prævenit, nunquam profecto inveniet quem remuneret innocentem. Unde veridici Moysis voce dicitur : *Nullusque apud te per se innocens est (Exod.* xxxiv). Superna ergo pietas prius agit aliquid in nobis sine nobis, ut subsequente quoque nostro libero arbitrio bonum quod jam appetimus agat nobiscum ; quod tamen per impensam gratiam in extremo judicio ita remuneret in nobis, ac si solis processisset ex nobis. Quia enim divina nos bonitas ut innocentes faciat prævenit, Paulus ait : *Gratia Dei sum id quod sum (I Cor.* xv, 10). Et quia eamdem gratiam nostrum liberum arbitrium sequitur, adjungit : *Et gratia ejus in me vacua non fuit, sed abundantius illis omnibus laboravi.* Qui dum se de se nihil esse conspiceret, ait, *non autem ego*, et tamen quia se esse aliquid cum gratia invenit, adjunxit *sed gratia Dei mecum*. Munditia itaque manuum suarum innocens salvabitur, quia qui hic prævenitur dono ut innocens fiat, cum ad judicium ducitur ex merito remuneratur. » Et in libro xxxiii : « Nemo quippe, ut divina illum gratia subsequatur, prius aliquid contulit Deo. Nam si nos Deum bene operando prævenimus, ubi est quod propheta ait : *Misericordia ejus præveniet me (Psal.* lviii, 11)? Si quid nos bonæ operationis dedimus, ut ejus gratiam mereremur, ubi est quod C Paulus apostolus dicit : *Gratia salvi facti estis per fidem, et hoc non ex vobis, sed Dei donum est, non ex operibus (Ephes.* ii, 8)? Si nostra dilectio Deum prævenit, ubi est quod Joannes apostolus dicit : *Non quia nos dilexerimus Deum, sed quoniam ipse prior dilexit nos (I Joan.* iv, 10)? Ubi est quod per Osee Dominus dicit : *Diligam eos spontanee (Osee* xiv, 5)? Si sine ejus munere nostra virtute Deum sequimur, ubi est quod per Evangelium Veritas protestatur, dicens : *Sine me nihil potestis facere (Joan.* xv, 5)? Ubi est quod ait : *Nemo potest venire ad me nisi Pater, qui misit me, traxerit eum (Joan.* vi, 44)? Ubi quod iterum dicit : *Non vos me elegistis, sed ego elegi vos (Joan.* xv, 18)? Si saltem dona bonorum **126** operum virtute nostra bene cogitando prævenimus, ubi est quod rursum per Paulum tam salubriter dicitur, ut omnis de se humanæ mentis fiducia ab ipsa cordis radice succidatur, cum ait : *Non quia sufficientes simus cogitare aliquid a nobis quasi ex nobis, sed sufficientia nostra ex Deo est (II Cor.* iii, 5)? Nemo ergo Deum meritis prævenit, ut tenere eum quasi debitorem possit. » Et paulo post : « Idcirco enim nequaquam cœlestis patria præmia æterna percipiunt, quin reprobi, quia ea nunc, dum promereri poterant, ex libero arbitrio contempserunt. Quod videlicet liberum arbitrium in bono formatur electis, cum eorum mens a terrenis desideriis gratia aspirante suspenditur. Bonum quippe quod

agimus et Dei est, et nostrum : Dei per prævenientem gratiam, nostrum per obsequentem liberam voluntatem. Si enim Dei non est, unde ei gratias in æternum agimus? Rursum si nostrum non est, unde nobis retribui præmia speramus? Quia ergo non immerito gratias agimus, scimus quod ejus munere prævenimur ; et rursum quia non immerito retributionem quærimus, scimus quod subsequente libero arbitrio bona elegimus quæ ageremus. » Et in homilia Evangelii 37 : « *Non vos me elegistis, sed ego elegi vos, et posui vos ut eatis et fructum afferatis (Joan.* xv, 16). Posui, ad gratiam plantavi, ut eatis volendo, fructum afferatis operando. Eatis enim volendo dixit, quia velle aliquid facere jam mente ire est. Qualem vero fructum afferre debeant subditur, *et fructus vester maneat.* Ibi ergo, id est post mortem, illa retributio inchoat, ubi ista terminatur. » Et in homilia 9 (*in principio*) Ezechielis prophetæ : « *Et ingressus est in me Spiritus, postquam locutus est mihi, et statuit me supra pedes meos (Ezech.* ii, 2). Ecce divina vox jacenti prophetæ jussit ut surgeret : sed surgere omnino non posset, nisi in hunc omnipotentis Dei spiritus intrasset : quia ex omnipotentis Dei gratia ad bona opera conari quidem possumus, sed hæc implere non possumus si ipse non adjuvat qui jubet. Sic Paulus cum discipulos admoneret, dicens : *Cum metu et tremore vestram ipsorum salutem operamini (Philipp.* ii, 12, 13), illico quis in eis hæc ipsa bona operaretur adjunxit, dicens : *Deus est enim qui operatur in vobis et velle et perficere pro bona voluntate.* Hinc est quod ipsa Veritas discipulis dicit : *Sine me nihil potestis facere (Joan.* xv, 5). Sed in his considerandum est quia si bona nostra sic omnipotentis Dei dona sunt, ut in eis aliquid nostrum non sit, cur nos quasi pro meritis æternam retributionem quærimus? si autem ita nostra sunt, ut dona Dei omnipotentis non sint, cur ex eis omnipotenti Deo gratias agimus? Sed sciendum est quia mala nostra solummodo nostra sunt, bona autem nostra et omnipotentis Dei sunt et nostra : quia ipse aspirando nos prævenit ut velimus, qui adjuvando subsequitur ne inaniter velimus, sed possimus implere quæ volumus. Præveniente ergo gratia, et bona voluntate subsequente, hoc quod omnipotentis Dei donum est, fit meritum nostrum. Quod bene Paulus brevi sententia explicat, **127** dicens : *Plus illis omnibus laboravit (I Cor.* xv, 10). Qui ne videretur suæ virtuti tribuisse quod fecerat, adjunxit : *Non autem ego, sed gratia Dei mecum.* Quia enim cœlesti dono præventus est, quasi alienum se a bono suo opere agnovit, dicens : *Non autem ego.* Sed quia præveniens gratia liberum in eo arbitrium fecerat in bono, quo libero arbitrio eamdem gratiam est subsecutus in opere, adjunxit : *sed gratia Dei mecum*; ac si diceret : In bono opere laboravi, non ego, sed et ego. In eo enim quod solo Domini dono præventus sum, non ego ; in eo autem quod donum voluntate subsecutus, et ego. His igitur breviter contra Pelagium et Cœlestium dictis, ad exponendi ordinem redeamus. » A

Et Prosper in epistola ad Rufinum de Gratia et de libero Arbitrio : « Quis ambigat, inquit, tunc liberum arbitrium cohortationi vocantis obedire, cum in illo gratia Dei affectum credendi obediendique generaverit ? » Et item : « Qui credunt, Dei aguntur spiritu ; qui non credunt, libero avertuntur arbitrio. » Et item : « Et omne quod non est ex fide, peccatum est, ut scilicet intelligas justitiam infidelium non esse justitiam, quia sordet natura sine gratia. Amissa quippe naturali innocentia, homo exsul ac perditus, ambulans sine via, profundiores intrabat errores ; sed quæsitus, et inventus, et reportatus est, et in via quæ veritas et vita est introductus, ac dilectione in Deum, qui illum non diligentem prior dilexit, agnitus est. » Et item : « Gratia igitur Dei, quoscunque justificat, non ex bonis meliores, sed ex malis bonos facit, postea per profectum ex bonis factura meliores, non adempto libero arbitrio, sed liberato ; quod donec sine Deo solum fuit, mortuum fuit justitiæ, vixitque peccato ; ubi autem id illuminavit misericordia Christi, erutum est a regno diaboli, et factum est regnum Dei. In quo ut permanere possit, ne ea quidem facultate sufficit sibi, nisi inde accipiat perseverantiam, unde accepit industriam. »

Et item sanctus Augustinus in libro Hypomnesticon (lib. III) : « Si attendas ad peccatum primorum hominum, quo massa humani generis damnari meruit, quia secundum testimonium Pauli apostoli, *ex uno omnes in condemnationem* (*Rom.* v, 16), poteris agnoscere judicia Dei esse justissima. Inde est enim malum meritum in omnibus, tam parvulis quam majoribus, præcedens judicia Dei, ut justo ejus judicio puniantur. » Et item, « Audi tamen adhuc calcatius, ut ad propositum superioris disputationis revertamur, quia homo vulneratur libero arbitrio per Adæ peccatum, sine gratia Dei per se solum sanare se non potest, nec sponte ad paradisum reverti sanctorum numero sociandus, nec eum gratiam meritis ullis accipere, sed totum sua misericordia Deum peragere. » Et de vulnerato ac *semivivo relicto* (*Luc.* x, 30) secundum parabolam evangelicam ibidem loquens isdem sanctus Augustinus subjungit : « Recte dictus est semivivus ; habebat enim vitalem motum, **128** id est liberum arbitrium vulneratum, quod ei solum ad æternam vitam quam perdiderat redire non sufficiebat. » Et item : « Cum autem acceperit spiritum Domini, erit in eo libertas ad capessenda Domini præcepta, quia ubi spiritus Domini, ibi libertas. » Et post aliquanta : « Quia cum Dei misericordia se præveniente agit et ipse satis per liberum arbitrium, ut mundetur ; sola autem voluntate sua si præsumat, mundari non potest. » Et item : « Quibus enim dicitur in psalmis, nisi liberum arbitrium habentibus : *Venite, filii, audite me, timorem Domini docebo vos ?* (*Psal.* XXXIII, 12.) Quomodo autem unicuique secundum sua opera redderetur in die judicii, nisi liberum esset arbi-

trium ? et ideo non est personarum acceptio apud Deum. In omni itaque opere sancto prior est voluntas Dei, posterior liberi arbitrii, id est operatur Deus, cooperatur homo. » Et plura alia, quæ si quis plenius scire voluerit, eumdem librum ex ordine relegat, in quo multa mirifica et miranda aut cognoscere aut recognoscere valebit.

Et sanctus Cœlestinus in Decretalibus ex verbis Innocentii papæ (*post epist.* 8) : « Liberum enim, inquit, arbitrium primus homo perpessus, dum suis B inconsultius utitur bonis, cadens in prævaricationis profunda dimersus est, et nihil quemadmodum exinde surgere posset invenit, suaque in æternum libertate deceptus, huic ruinæ subjacuisset oppressus, nisi eum post Christi pro sua gratia relevasset adventus, qui per novæ regenerationis purificationem præteritum omne vitium sui baptismatis lavacro purgavit. » Item : « Adverte tandem, o pravarum mentium perversa doctrina, quod primum hominem ita libertas ipsa decepit, ut dum indulgentius frenis ejus utitur, in prævaricationem præsumptione incideret. Nec ex hac potuit erui, nisi ei providentia regenerationis statum pristinæ libertatis Christi Domini reformasset adventus. » Et post aliquanta : « Quotquot enim spiritu Dei aguntur, hi filii sunt Dei, ut nec nostrum deesse sentiamus C arbitrium, et in bonis quibusque voluntatis humanæ singulis motibus magis illius valere non dubitemus auxilium. » Et post aliquanta : « Quod utique auxilio et munere Dei non aufertur liberum arbitrium, sed liberatur, ut de tenebroso lucidum, de pravo rectum, de languido sanum, de imprudente sit providum. » Et item sanctus Prosper in epistola ad Rufinum : « Et ut magis probaretur, inquit, liberum arbitrium nihil posse sine gratia, cui dictum fuerat, *Confirma fratres tuos, et roga ne intretis in tentationem* (*Luc.* XXII, 32), quique responderat, utique ex libero arbitrio, *Domine, tecum paratus sum et in carcerem et in mortem ire*, eidem prædicitur quod prius quam gallus cantet, ter Dominum negaturus sit ; quod quid est aliud quam quod in fide defecturus sit ? » Et item : « Nimium vero inepte, nimiumque inconsiderate ab adversantibus dicitur, quod per hanc Dei gratiam libero nihil relinquatur arbitrio. » Et post pauca : « Proinde homo, qui libero arbitrio D **129** fuit malus, in ipso libero arbitrio factus est bonus : sed per se malus, per Deum bonus, qui eum ita in illum initialem honorem alio initio reformavit, ut ei non solum culpam malæ voluntatis et actionis remitteret, sed etiam bene velle, bene agere, atque in his permanere donaret. » Et item : « Ex una massa, quæ est caro primi hominis, unam scimus omnium hominum creatam crearique naturam, et eamdem per ipsius primi hominis liberum arbitrium, in quo omnes peccaverunt, esse prostratam, nec ullo modo ab æternæ mortis debito liberam, nisi eam ad imaginem Dei secundæ creationis Christi gratia reformaverit, liberumque ejus arbitrium agendo, spirando, auxiliando, ut usque in finem

præeundo servaverit m in eadem epistola : A igitur cujusquam peccati auctor Deus sed naturæ
« Nunc autem idem conversum est. non creator est ; quæ cum potestatem habuerit non de-
eversum, et donatum e r velle, aliter sapere, linquendi, sponte deliquit, et deceptori suo propria
aliter agere, et incolumit n suam non in se, sed voluntate se subdidit. Nec naturali sed captivo motu
in medico collocare : quia necdum tam perfecta uti- versatur in vitio, donec moriatur peccato et vivat
tur sanitate, ut ea quæ ei nocuerant, nequeant jam Deo. Quod sine gratia Dei facere non potest, quia
nocere, aut in salubribus possit jam viribus suis libertatem, quam libertate perdidit, nisi Christo
temperare. » Et in absolutione sexta contra Gallos liberante non recipit. »
(*resp. 6 ad Gallos.*) : « Liberum arbitrium nihil esse   Ecce habet lector, quia libertatem quam libertate
vel non esse perperam dicitur ; sed ante illumi- perdidimus, nisi Christo liberante nequaquam reci-
nationem fidei in tenebris, id est in umbra mortis, pimus : quamque Christi gratia liberatam ad bonum
agere non recte negatur, quoniam priusquam a do- habemus, et sine Christi gratia captivo motu ver-
minatione diaboli per Dei gratiam liberetur, in illo samur in vitio. Et sanctus Cœlestinus, ut supra
profundo jacet, in quo se sua libertate dimersit. » scripsimus : « Primum hominem ita libertas ipsa
Et paulo post (*post epist.* 8), « ut quod in illo inchoa- decepit, ut dum indulgentius frenis ejus utitur, in
tum est per gratiam Christi, etiam per industriam B prævaricationem præsumptionis incideret ; nec ex
liberi augeatur arbitrii, nunquam remoto adjutorio hac potuit erui, nisi ei providentia regenerationis
Dei, sine quo nec proficere, nec permanere in bono statum pristinæ libertatis Christi Domini reformasset
quisquam potest. » Et Cassiodorus in Psalmo cxvii : adventus. » Unde videat qui capitula illa composuit,
« Est quidem in mala parte exsecrabilis libertas ar- quæ nobis dedistis ut de eis vobis respondeamus,
bitrii, ut prævaricator Creatorem deserat, et ad si capitulum, a nostra mediocritate ex his et aliorum
vitia se nefanda convertat. In bona vero parte arbi- etiam doctorum verbis excerptum, a catholica fide
trium liberum Adam peccante perdidimus ; ad quod discordet. Quoniam in sexto capitulo, quasi nos ab
nisi per Christi gratiam redire non possumus, di- ea discordaremus, scribere voluit, dicens : « Item
cente Apostolo : *Deus est enim qui operatur in vobis* de gratia per quam salvantur credentes, et sine
et velle et perficere pro bona voluntate. Unde assidua qua rationalis creatura nunquam beate vixit, et de
oratione precandum est, ne nos voluntas perversa libero arbitrio, per peccatum in primo homine in-
rapiat, sed inspiratio divina possideat, quoniam firmato, sed per gratiam Domini Jesu fidelibus ejus
quidquid ex nobismetipsis sapimus, mortifera con- redintegrato et sanato, id ipsum constantissime et
tra nos audacia concitamus. Jure ergo vetuit in ho- fide plena fatemur, quod sanctissimi Patres aucto-
mine confidendum, qui per se nec alteri nec sibi C ritate sacrarum Scripturarum nobis tenendum re-
prævalet dare remedium. » Ecce quomodo liberta- liquerunt, quod Africana, quod Arausica Synodus
tem arbitrii in Adam perdidimus, et quomodo eam professa est, quod beatissimi Pontifices apostolicæ
per Christum recepimus ; et quia habemus liberum sedis catholica fide tenuerunt. Sed et de natura
arbitrium ad bonum præventum et adjutum gratia. et gratia in aliam partem nullomodo declinare
Unde addidit Prosper : « Cum in bonis voluntas sit præsumentes. » Verum et nos, sicut supra ostendi-
intelligenda de gratia ; et Habemus liberum arbitrium mus, quod sanctissimi Patres auctoritate sacra-
ad malum desertum gratia. » Ex quo mox idem au- rum Scripturarum nobis tenendum reliquerunt,
ctor subjungit : « In malis autem voluntas intelligenda et quod beatissimi pontifices apostolicæ sedis
est sine gratia. » Et sanctus Augustinus in libro de catholica fide tenuerunt, de gratia et libero arbi-
Correptione et Gratia : « Liberum arbitrium ad malum trio tenuimus et tenemus, scripsimus et stylo ca-
sufficit, ad bonum autem parum est, nisi adjuvetur tholico scribimus. Sed et de natura et gratia in
ab omnipotente bono. Audiat et lector quia sicut in aliam partem nullomodo declinare præsumentes,
capituli conclusione posuimus, habemus liberum quod compositor capitulolorum cum eclipsi po-
arbitrium, gratia siquidem **130** liberatum. » Unde D suit, **131** nos supplentes adjicimus, firmissime cre-
Prosper in recapitulatione absolutionis decimæ : dimus et tenemus, videlicet quod illi crediderunt et
« Arbitrium enim hominis gratia Dei non abolet, tenuerunt. Sicut etiam sanctus Augustinus in libro
sed adolet, et ab errore in viam revocat ac reducit, de Natura et Gratia scripsit, et sicut in libro de
ut quod sua libertate erat pravum, Spiritu Dei Bono perseverantiæ dicit : « Nunquid ergo hominum
agente sit rectum. » Et sanctus Cœlestinus, sicut supra naturæ duæ sunt? Absit. Si duæ naturæ essent,
diximus : « Auxilio et munere Dei non aufertur libe- gratia ulla non esset. Nulli enim daretur gratuita
rum arbitrium, sed liberatur. » Quod qualiter et per liberatio, si naturæ debita redderentur. Homi-
quem perdidimus, et a quo quod perdideramus, nibus autem videtur, omnes qui boni appa-
recipimus, ex absolutione 14 Prosperi lector rent fideles perseverantiam usque in finem ac-
accipiat : « Qui enim, inquiens, quod (vide- cipere debuisse. Deus autem melius esse judi-
licet liberum arbitrium) acceperat perdidit, non cavit misceri quosdam non perseveraturos certo
inde id recipit unde perdidit, sed ab illo recipit numero sanctorum suorum, ut quibus non ex-
quod habeat, a quo quod amisit acceperat. » Et pedit in hujus vitæ tentatione securitas, non
in absolutione quinta contra Vincentianos : « Non possint esse securi. Multos enim a perniciosa ela-

tione reprimit quod ait Apostolus : *Quapropter qui videtur stare videat ne cadat.* Voluntate autem sua cadit qui cadit, et voluntate Dei stat qui stat. Potens est enim Deus statuere illum. Non ergo ipse seipsum, sed Deus. Verumtamen bonum est non altum sapere, sed timere. In cogitatione sua vel cadit quisque, vel stat. Sicut autem Apostolus ait, quod in libro superiore memoravi : *Non sumus idonei cogitare aliquid quasi ex nobismetipsis, sed sufficientia nostra ex Deo est (II Cor, iii, 5).* » Quem secutus et beatus Ambrosius audet et dicit : « Non enim in potestate nostrâ cor nostrum et cogitationes nostræ. Quod omnis qui humiliter et veraciter pius est, esse verissimum sentit. » Quapropter hæc quæ scripsimus capitulorum compilator relegat, et videat si in eis, uti in præfato sexto capitulo scripserat, poterit invenire ineptas quæstiunculas, et aniles pene fabellas, Scottorumque pultes puritati fidei nauseam inferentes, quæ periculosissimis et gravissimis temporibus, ad cumulum laborum nostrorum, usque ad scissionem charitatis, miserabiliter et lacrymabiliter succreverunt, ne mentes Christianæ inde corrumpantur, et excidant a simplicitate et castitate fidei quæ est in Christo Jesu. Videat nihilominus, si de duobus præscriptis capitulis, et de aliis etiam duobus in processu scribendis, quæ ex catholicorum verbis excerpsimus, Christianæ mentes corrumpantur, et excidant a simplicitate et castitate fidei quæ est in Christo Jesu ; an de illis, quæ ipse cum modernis Prædestinatianis et priscorum Prædestinatianorum anathematizatis excerpsit adinventionibus, ad compressam et funditus exstinctam hæresim resuscitandam, quæ ad cumulum laborum nostrorum, periculosissimis et gravissimis temporibus, usque ad unanimis scissionem fraternitatis miserabiliter et lacrymabiliter removetur.

132 CAPUT XXII.

De eo qui ad reprehensionem istorum capitulorum tacito suo nomine, libellum composuit, et de sententiis synodalibus, quas compilator capitulorum nobis a regia sublimitate datorum collegit, volens ostendere ab illis nos discordasse.

Denique subjunxit et compositor capitulorum, a vestra sublimitate nostræ humilitati datorum, sententias sanctorum Patrum capitulatim conscriptas, evidenti significatione proclamans, ut quia capitula a nobis excerpta discordant a fide illa, fidelis quisque teneret fideliter quæ quasi de abditis Patrum scriptis isdem pietatis studio relevarat, et quasi promulgando decreverat. Quas etiam sententias quidam lingua rusticus, sensu insulsus, et secundum scire suum intelligentia pravus, libello inseruit, quem, tacito suo nomine, incompositum satis composuit. In quo quatuor a nobis excerpta capitula, quantum ex ipso fuit, discerpere et hæretica demonstrare curavit, ut de pusillo crescens major fieret de minore, et de nostris blasphemiis quia de suis non poterat laudibus, emeret modo quocunque favores. Sicut de quodam fertur adolescente rumores captante

inutiles, cum templum incendisset, compreh præsumpsisset, dicitu inquit, non potui inno notescerem. Nam et isd scripsit libellum, quantum datur intelligi, si artem sciret qua votum suum ad effectum quod desideraverat perducere valuisset, ut innotescere posset voluntarie hæreticus esset. Sed quia contractus scientia, et distractus jactantia, nec quantum voluit docere prava prævaluit, et arrogantia inflatus, atque jactantia velut quibusdam calcaribus stimulatus, et quasi quodam pressorio oppressus, intra silentii metas sine aliquo sono se cohibere non potuit. Cuj in supra memoratis libellis, quantum omnis gratiæ largitor dare dignatus est, cum aliis recens reexortis Prædestinatianis respondimus. Sed et quoniam istorum capitulorum, quæ inter manus habemus, compositor Africanæ et Arausicæ Synodorum fecit memoriam, et conscriptas sententias suis subjunxit capitulis, ne refugere videamur prætermissis responsionum illius objectionibus, et a quocunque dicatur nos illi non voluisse, sed respondere non potuisse, nullique subripiatur suspicio, quasi capitulum a nobis excerptum ab his Patrum sententiis discordet, conferamus sicut revera ad lineam rectæ fidei, capitula a nobis excerpta istis Patrum sententiis, et videat lector si his poterit convenire. Ponentes primum de synodis quarum memoriam fecit, demum de sententiis Patrum, quas suo subjunxit capitulo, sensus earumdem **133** sententiarum ex capitulis a nobis excerptis comparare curemus. Sanctus Cœlestinus (*epist.* 8) ad Venerium et ad alios Gallicanos episcopos scribens, in Decretali sua epistola ita dicit ad locum : « Quid rectores Romanæ Ecclesiæ de hæresi quæ eorum temporibus exorta fuerat, judicarint, et contra nocentissimos liberi arbitrii defensores, quid de gratia Dei sentiendum esse censuerint, ita ut etiam Africanorum conciliorum quasdam sententias jungeremus, quas utique suas facientes apostolici antistites comprobarunt. Ut ergo plenius qui in aliquo dubitant instruantur, constitutiones sanctorum Patrum compendioso manifestamus indiculo : quo, si quis non nimium est contentiosus, agnoscat omnium disputationum connexionem ex hac subditarum auctoritatum brevitate pendere, nullamque sibi contradictionis superesse rationem, si cum catholicis credat et dicat (*cap.* 1). Quod Adam omnes homines læserit, nec quemquam nisi Christi gratia posse salvari. » Et nos hæc eadem diximus in primo capitulo ponentes : « Homo libero arbitrio male utens peccavit et cecidit, et factus est massa perditionis totius humani generis. » Prosecutus est sanctus Cœlestinus dicens (*cap.* 2) : « Quod nemo sit bonus suis viribus, nisi participatione ejus qui solus est bonus. » Nos quoque illius doctrinam sequentes diximus : « Deus bonus et justus elegit ex eadem massa perditionis quos per gratiam prædestinavit ad vitam,

et vitam illis prædestinavit ternam. » Deinde addidit sanctus Cœlestinus (*cap.* 3) : « Quod nisi gratia
Dei continua juvemur, insidias diaboli superare non
possumus, et quod per Christum libero bene utamur
arbitrio, et quod omnia sanctorum merita dona sint
Dei, et quod omnis sancta cogitatio et motus piæ
voluntatis ex Deo sit, et quod gratia Dei non solum
peccata dimittit, sed etiam adjuvat ne committan-
tur. » Et nos, illius sequentes magisterium, scripsimus quia « libertatem arbitrii in primo homine perdidimus, quam per Christum Dominum nostrum
recepimus. » Non autem ipsum liberum arbitrium
funditus in homine primo perdidimus, sed libertatem arbitrii ipsius, quam per Christum recepimus.
« Et habemus liberum arbitrium ad bonum præventum et adjutum gratia. » Scilicet ut eo bene utamur
ad omnia studia, et ad omnia opera ac sancta merita, et ad omnem sanctam cogitationem et piæ voluntatis motum, ut velimus et possimus quod bonum
est, et petamus, et mereamur, et impetremus non
solum præteritorum peccatorum indulgentiam, sed
etiam futurorum ne illa committamus cautelam. Subsequitur sanctus Cœlestinus (*cap.* 4) : « Quod præter
statuta sedis apostolicæ omnes orationes Ecclesiæ
Christi gratiam resonant, qua genus humanum ab
æterna damnatione reparatur ; et quod gratiam Dei
etiam baptizandorum testetur instituta purgatio,
cum exorcismis et exsufflationibus spiritus ab eis
abigantur immundi. » Et illius nos magisterio docti
diximus : « Deus bonus et justus elegit ex massa perditionis quos per gratiam prædestinavit, id est, gratia præparavit **134** ad vitam. » Et quidquid in sanctis orationibus, et mysteriis fit ecclesiasticis, Dei
est prædestinatio : quoniam Dei est gratiæ præparatio, per quæ sacramentorum munia prædestinati ad
vitam illis perveniunt prædestinatam æternam. De
illo etiam arbitrio sensum posuimus sancti Cœlestini
in secundo a nobis excerpto capitulo (*ibid., in fine*)
dicentes : « Liberum autem habemus arbitrium,
quia gratia liberatum, et gratia de corrupto sanatum. » Nam et ipse dicit : « Utique auxilio et munere
Dei non aufertur liberum arbitrium, sed liberatur,
ut de tenebroso lucidum, de pravo rectum, de languido sanum, de imprudente sit providum. Tanta
enim est erga omnes homines bonitas Dei, ut nostra
velit esse merita quæ sunt ipsius dona. » Ecce
quomodo a sensu synodi Africanæ non dissenti-
mus, neque synodo illius sanctæ contraria scripsimus, nec etiam gloriosæ Romanæ Ecclesiæ con-
traimus.

Nunc si a sancta Arausica synodo, cui sanctus
Cæsarius ex delegatione sedis apostolicæ præsedit,
discrepemus in aliquo videamus. Primum capitulum
ejusdem synodi est : Si quis per offensam prævaricationis Adæ non totum, id est secundum corpus et
animam, in deterius dicit hominem commutatum,
sed animæ libertate illæsa durante, corpus tantummodo corruptioni credit obnoxium. Secundum. Si
quis soli Adæ prævaricationem suam, non et ejus
propagini, asserit nocuisse, aut certe morte tantum
corporis, quæ pœna peccati est, non autem et peccatum, quod mors est animæ, per unum hominem in
omne genus humanum transisse testatur. Tertium.
Si quis invocatione humana gratiam Dei dicit posse
conferri, non autem ipsam gratiam facere ut invocetur a nobis. Quartum. Si quis, ut a peccato purgemur, voluntatem nostram Deum exspectare contendit, non autem ut etiam purgari velimus, per sancti
Spiritus infusionem et operationem in nos fieri confitetur. Quintum. Si quis sicut argumentum, ita etiam
initium fidei, ipsumque credulitatis affectum, quo in
eum credimus qui justificat impium, et ad regenerationem sacri baptismatis pervenimus, non per gratiæ
donum, id est per inspirationem sancti Spiritus cor-
rigentem voluntatem nostram ab infidelitate ad
fidem, et cætera quæ ibi prosequitur. Sextum. Si
quis sine gratia Dei credentibus, volentibus, misericordiam dicit conferri divinitus, non autem ut
credamus, velimus, et reliqua. Septimum. Si quis
per naturæ vigorem bonum aliquid, quod ad salutem pertinet vitæ æternæ, cogitare ut expedit,
aut eligere, sive salutari, id est evangelicæ prædicationi consentire posse confirmat absque illuminatione et inspiratione Spiritus sancti. Octavum.
Si quis alios misericordia, alios vero per liberum arbitrium, quod in omnibus, qui de prævaricatione primi hominis nati sunt, constat esse
vitiatum, ad gratiam baptismi posse venire contendit. Nonum. *De adjutorio Dei.* Divini est muneris, cum et recte cogitamus, et pedes nostros
a falsitate et injustitia continemus. Decimum. *De adjutorio* **135** *Dei.* Adjutorium Dei etiam renatis ac
sanatis semper est implorandum. Hæc omnia capitula, si quis benigno animo et devoto studio voluerit intendere, inveniet in his duobus nostris capitulis nos prosecutos esse, quibus diximus : Quia
« homo libero arbitrio male utens peccavit et cecidit,
et factus est massa perditionis totius humani generis. Deus autem bonus et justus elegit ex eadem
massa quos per gratiam prædestinavit ad vitam ; »
et « Habemus liberum arbitrium ad bonum præventum et adjutum gratia. » Unde, si non arrogantia
denotari, et lectori tædium ingerere timeremus, ne
quilibet diceret quasi singulariter nobis hoc datum
arrogaremus, ut alii hæc legentes non possent percipere, nisi nos singula singulis sententiis singillatim demonstraremus, singulis capitulis horum duorum capitulorum sententias componentes, qualiter
convenirent ostendere studeremus. Nunc de undecimo capitulo et sequentibus aliis, quæ maxime de
libro sententiarum Prosperi, quas de dictis sancti
Augustini breviter adnotavit, sicut et aliquanta quæ
præmisimus, assumpta sunt, pressius rationem reddere studeamus. Est enim undecimum capitulum,
De obligatione votorum. Quod nemo quidquam Domino recte voverit, nisi ab ipso acceperit. Et nos
diximus : « Habemus liberum arbitrium ad bonum
præventum et adjutum gratia. » Duodecimum *Qua*

les nos diligit Deus. Tales nos amat Deus, quales futuri sumus ipsius dono, non quales sumus nostro merito. Videlicet sicut scripsimus, « Quos per gratiam prædestinavit ad vitam. » Tertium decimum. Arbitrium voluntatis, inquit synodus, in primo homine infirmatum, nisi per gratiam baptismi non potest reparari ; quod amissum, nisi a quo potuit dari, non potest reddi. Et nos diximus : « Libertatem arbitrii in primo homine perdidimus, quam per Christum Dominum nostrum recepimus. » Quartum decimum. Nullus miser de quacunque miseria liberatur, nisi qui Dei misericordia prævenitur. Et nos diximus : « Et habemus liberum arbitrium ad bonum præventum et adjutum gratia. » Quintum decimum. Ab eo quod formavit Deus mutatus Adam, sed in pejus per iniquitatem suam, ab eo quod operata est iniquitas mutatur fidelis, sed in melius per gratiam Dei. Et nos diximus : « Homo libero arbitrio male utens peccavit et cecidit, et factus est massa perditionis totius humani generis. Deus autem bonus elegit quos per gratiam prædestinavit, id est gratia præparavit ad vitam. » Sextum decimum. Nemo ex eo quod videtur habere glorietur tanquam non acceperit, et reliqua. Et nos diximus : « Habemus liberum arbitrium ad bonum præventum et adjutum gratia. » Septimum decimum. Fortitudinem gentilium mundana cupiditas, fortitudinem Christianorum Dei charitas facit, et reliqua. Et quia charitas gratia est, prævenit voluntatem nostram, et facit ac custodit fortitudinem nostram, quæ diffusa est in cordibus nostris per Spiritum sanctum, ut et Psalmista demonstrat, dicens : *Diligam te, Domine, fortitudo mea, et fortitudinem meam a te custodiam.* De qua non tacuimus, quando diximus : « Prævenit liberum arbitrium nostrum gratia Domini nostri, » scribentes : « Habemus liberum arbitrium ad bonum præventum **136** et adjutum gratia. » Octavum decimum. Debetur merces bonis operibus si fiant ; sed gratia quæ non debetur præcedit ut fiant. Et istud absolutissime nos dixisse potest intelligi, quia « habemus liberum arbitrium ad bonum præventum et adjutum gratia. » Nonum decimum. Natura humana, etiamsi in illa integritate in qua est condita permaneret, nullomodo se ipsa Creatore suo non adjuvante servaret. Unde cum sine gratia salutem non posset custodire quam accepit, quomodo sine Dei gratia poterit reparare quod perdidit ? Et ideo posuimus quia « homo libero arbitrio male utens peccavit et cecidit, et libertatem arbitrii, quam in primo homine perdidimus, per Christum Dominum nostrum recepimus, et habemus liberum arbitrium præventum et adjutum gratia. » Vigesimum. *Nihil boni hominem posse sine Deo.* Multa Deus facit in homine bona, quæ non facit homo ; nulla vero facit homo bona, quæ non præstet Deus ut faciat homo. Et ideo diximus : « Habemus liberum arbitrium ad bonum præventum et adjutum gratia ; » quia sine illa nihil possumus facere, cum qua possumus agere quæ ipse dignatur largiri qui dixit : *Sine me nihil*

potestis facere. Vigesimum primum. *De Natura et Gratia.* Sicut eis qui, volentes in lege justificari et a gratia exciderunt, verissime dicit Apostolus : *Si ex lege justitia est, ergo Christus gratis mortuus est. Et si per naturam justitia est, ergo Christus gratis mortuus est.* Non ergo apud nos Christus gratis mortuus est, quia diximus quod credimus, sicut scriptum est : *Credidi propter quod locutus sum*, et nos credimus propter quod et loquimur. « Homo libero arbitrio male utens peccavit, et cecidit, et factus est massa perditionis totius humani generis. Deus autem bonus elegit quos per gratiam prædestinavit ad vitam. » Vigesimum secundum. *De his quæ homini propria sunt.* Nemo habet de suo nisi mendacium et peccatum. Et ideo diximus : « Habemus liberum arbitrium ad malum desertum gratia. » Vigesimum tertium. *De voluntate Dei et hominis.* Suam voluntatem homines faciunt, non Dei, quando id agunt quod Deo displicet. Quod autem ita faciunt quod volunt, ut divinæ serviant voluntati, quamvis volentes agant quod agunt, illius tamen voluntas est, a quo et præparatur et jubetur quod volunt : quia sicut diximus, « Habemus liberum arbitrium ad bonum præventum et adjutum gratia, » et « Habemus liberum arbitrium ad malum desertum gratia. » Vigesimum quartum. *De palmitibus vitis.* Ita sunt in palmite vites ut viti nihil conferant, sed inde accipiant unde vivant, et reliqua. Quia, sicut dicit Apostolus, *Gratia Dei sum id quod sum.* Et ex massa perditionis, veluti scripsimus, *Deus elegit quos per gratiam ad vitam prædestinavit.* Vigesimum quintum. Dilectio qua diligimus Deum, prorsus donum Dei est, et reliqua. Et nos diximus : « Habemus liberum arbitrium ad bonum præventum et adjutum gratia. » Et quod in eodem subsequitur capitulo, hoc etiam secundum fidem catholicam credimus, quod accepta per baptismum gratia, omnes baptizati, Christo auxiliante et cooperante, quæ ad salutem animæ pertinent possint et debeant fideliter laborare, et si voluerint adimplere, quia sicut diximus : **137** *Habemus liberum arbitrium ad bonum præventum et adjutum gratia*, et quod subsequitur : Aliquos vero ad malum divina potestate prædestinatos esse, non solum non credimus ; sed etiamsi sunt, qui tantum malum credere velint, cum omni detestatione illis anathema dicimus. Unde et supra in ratione reddita de primo capitulo jam scripsimus. Et nos etiam cum sancta synodo, et Prædestinatianis, qui sicut electos ad vitam, ita et reprobos a Deo ad interitum dicunt prædestinatos, cum illis qui ad malum aliquos divina potestate prædestinatos fatentur, nisi se correxerint, et ad unitatem catholicæ fidei, atque sanctæ matris Ecclesiæ sinum per debitam satisfactionem redierint, cum præfata synodo dicere anathema debemus. Hinc quoque quilibet, columbino oculo intendens, quæ proposuerunt sancti Patres nostri, et quæ subsecuti sumus, et non accipitrinis unguibus carpere fraternam et innoxiam simplicitatem quærens, videat quæ licet brevioribus verbis, propter minus capacium minusque studiosorum inertiam, contexuimus a reverenda et veneranda atque catholica prolixitate tantorum doctorum, nec in aliquo deviavimus : cum constet quia quicunque nos venenato dente rodere sine causa maluerit, se malevolum, et non nos non catholicos comprobabit.

Nunc de sententiis memoratis, quas capitulorum compositor adnotaverat, videamus. « 1° In prævaricatione Adæ omnes homines naturalem possibilitatem et innocentiam perdidisse, et neminem de profundo illius ruinæ per liberum arbitrium posse consurgere, nisi eum gratia Dei miserantis erexerit. » Nec nos negavimus in prævaricatione Adæ omnes homines naturalem possibilitatem et innocentiam perdidisse, dicentes : « Libertatem arbitrii in primo homine perdidimus. » Sic et sanctus Augustinus dixit in libro de Correptione et Gratia (*cap.* 12) : « Nunc vero, inquiens, posteaquam est illa magna peccati merito amissa libertas, etiam majoribus donis adjuvanda remansit infirmitas. » Et item : « Parum sit homini per illius reparare perditam libertatem. » Quid appellaverit perditam libertatem ipse nobis exponat. Ait enim in libro Hypomnesticon (*libro* III, *non longe a princip.*) : « Peccato ergo liberum arbitrium hominis possibilitatis bonum perdidit, non nomen et rationem. » Et item (*post medium*) : « Quid etiam aliud ostendimus in ove illa perdita ex centum ovibus, nisi liberum arbitrium possibilitatis bono vitio primi hominis perdito, a justorum errasse consortio ? » Et item : « Per velle ergo malum recte perdidit posse bonum, qui per posse bonum potuit vincere velle malum. » Et item : « Sed eum velle et nolle prædocuit, cui ad utrumque posse liberum donarat arbitrium, quo male utens incautius dum sponte serpenti præbet suadenti consensum Domini præterire præceptum, amisso possibilitatis bono, solum velle potitus est vulneratus. » Et sanctus Cœlestinus dicit ex verbis S. Innocentii quæ ad Carthaginense concilium scripserat . « Liberum, inquiens, **138** arbitrium ille perpessus, id est primus homo, dum suis inconsultius utitur bonis, cadens in prævaricationis profunda dimersus est, et nihil quemadmodum exinde surgere posset invenit, suaque in æternum libertate deceptus. » Et ideo scripsimus : « Libertatem arbitrii in primo homine perdidimus. » 2° Subjunxit, Quod nemo nisi per Christum libero bene utatur arbitrio. Et nos ita diximus ponentes : *Quam libertatem per Christum Dominum nostrum recepimus, et habemus liberum arbitrium ad bonum præventum et adjutum gratia. Liberum autem habemus arbitrium, quia gratia liberatum, et gratia de corrupto sanatum.* Et sanctus Cœlestinus de verbis Innocentii præmisit : « Sua in æternum libertate homo primus deceptus huic ruinæ subjacuisset oppressus, nisi eum post Christi pro sua gratia relevasset adventus. » Et sanctus Prosper in epistola ad Rufinum : « Amissa quippe naturali innocentia, homo exsul ac perditus,

ambulans sine via profundiores intrabat errores. Sed quæsitus, et inventus, et reportatus est, et in via quæ veritas et vita est introductus, ac dilectione in Deum, qui illum diligentem prior dilexit, agnitus est. » Et post aliquanta : « Non adempto libero arbitrio, sed liberato : quod donec sine Deo solum fuit, mortuum fuit justitiæ, vixitque peccato. Ubi autem id illuminavit misericordia Christi, erutum est a regno diaboli, et factum est regnum Dei. In quo ut permanere possit, ne ea quidem facultate sufficit sibi, nisi inde accipiat perseverantiam, unde accepit industriam. » Et item : « Nisi Christi gratia reformaverit liberum ejus arbitrium agendo, spirando, auxiliando, et usque in finem præeundo servaverit. » Et contra Gallos : « Quoniam priusquam a dominatione diaboli per Dei gratiam liberetur, in illo profundo jacet, quin arbitrium hominis, in quod se sua libertate dimersit. » Et sanctus Augustinus : « Propter quod non restat liberandis nisi gratia liberantis. » Et hinc diximus : « Liberum autem habemus arbitrium, quia gratia liberatum, et gratia de corrupto sanatum. » 3° Deinde supposuit « Quod omnia studia, et omnia opera ac merita sanctorum ad Dei gloriam laudemque referenda sint : quia nemo aliunde ei placeat, nisi ex eo quod ipse donaverit. 4° Quod ita Deus in cordibus hominum, atque in ipso libero operetur arbitrio, ut sancta cogitatio, pium consilium, omnisque motus bonæ voluntatis ex Deo sit : quia per illum aliquid boni possumus, sine quo nihil possumus. » Quæ nos etiam non negamus, imo etiam confitemur dicentes : « Et habemus liberum arbitrium ad bonum præventum et adjutum gratia. » Ad bonum enim absolute posuimus, ut ad omne bonum quidquid bonum est intelligamus. Si bonum est studium, si bonum est sanctum opus, si bonum est sanctum meritum, si bonum est quod sancte cogitamus, si bonum est pium consilium, si bonum est moveri ad quodcunque bonum, et ad quamcunque bonam voluntatem, ad hæc omnia liberum nostrum arbitrium præventum et adjutum gratia Dei, **139** et credimus, et dicimus, et scripto firmavimus. Et hæc omnia ex Deo esse credentes diximus, quando « ad bonum præventum et adjutum Dei gratia liberum arbitrium nostrum » conscripsimus. Deum quoque in ipso libero nostro arbitrio operari sanctam cogitationem, pium consilium, omnesque motus bonæ voluntatis, professi sumus, dicentes : « Habemus liberum arbitrium præventum, » scilicet antequam bona cogitemus, « et adjutum gratia, » ut bene cogitemus, bene operemur, in bonis perseveremus. Nec in istis duobus capitulis a catholico sensu et catholicorum verbis in aliquo Deo gratias deviavimus. 5° Supposuit : « Omnium studiorum, omniumque virtutum, quibus ab initio fidei ad Deum tenditur, Deum profitemur auctorem, et non dubitamus ab ipsius gratia omnia hominis merita præveniri, per quem fit ut aliquid boni et velle incipiamus, et facere. Quo utique auxilio et misericordia Dei non aufertur liberum arbitrium, sed liberatur, ut de tene-

broso lucidum, de pravo rectum, de languido sanum, A
de imprudente sit providum. Tanta est enim erga
omnes homines bonitas Dei, ut nostra velit esse
merita quæ sunt ipsius dona, et pro his quæ largitus
est æterna præmia sit donaturus. Agit quippe in
nobis ut quod vult, et velimus et agamus. » Hic aliquantulum, responsione non omissa, sed intermissa,
liceat nobis alloqui capitulorum istorum compositorem. Vide, corrigendo te, frater, velis nolis frater
noster, quandiu dixeris vel vere vel ficte Domino
Pater noster, quia scriptum est : *Dicite his qui se
alienant, fratres nostri vos estis* (Isa. LXVI, 5), ne
a te incorrecto audiat sanctus Cœlestinus, in illo
manens cui nuda et aperta sunt omnia, et cui cogitatio hominis confitetur, unde et omnia nostra videt,
et audit, te hoc suo testimonio fuisse abusum, et B
dicat tibi : «Ex ore tuo te judico, serve nequam. »
Quando legisti et scripsisti, et credenda ac tenenda
atque prædicanda hæc in manus regias pervenire
fecisti, quod dixi, et Spiritu sancto repletus veraciter
dixi : Tanta est erga omnes homines bonitas Dei, ut
nostra velit esse merita quæ sunt ipsius dona. Quocirca constat esse certissimum quia Deus, secundum
Apostolos Paulum et Petrum, *vult omnes homines
salvos fieri* (I Tim. II, 4), et *Neminem vult perire*
(II Petr. III, 9). Quare dixisti illum in suprascripto
capitulo quosdam prædestinasse ad interitum? Ra-
tissimum est enim quia, sicut ego dixi, et tu abusus
scripsisti, tanta est erga omnes homines bonitas
Dei, ut nostra velit esse merita quæ sunt ipsius dona.
Unde est pro certo falsissimum quod dixisti : Deum C
quosdam ad interitum prædestinasse, quoniam qui
omnes homines vult salvos fieri et neminem perire,
neminem credendus est ad perditionem prædestinasse. Sicut supra apostolicam tenentes doctrinam
commilitones ac comministri nostri docuisse noscuntur. Et si cum tali sententia ad illius judicium veneris, scias pro certo quia non clava Herculea, sed quæ
amplius pensat apostolica ferula, talem in capite ictum
accipies, ut **140** vix aut nunquam ulterius jam resurgas. De hoc capitulo satis in supradictis respondimus. Et ne dicat nos complex quilibet compositoris capituli pleniter non ad omnia respondisse, quia
duo tantum ex libero arbitrio de verbis sancti Cœlestini in Capitulo a nobis excerpto posuimus, quando
diximus : « Habemus liberum arbitrium, quia gratia D
liberatum, et gratia de corrupto sanatum, » de aliis
quæ sanctus Cœlestinus posuit, superaddamus.
Dixit enim : « De tenebroso lucidum, quando tenebrosum fuit, corruptum sine dubio fuit : quando lumen recepit, sanitatem accepit. De pravo rectum,
quando pravum fuit, corruptum sine dubio fuit :
quando recreatum gratia Dei fuit, procul dubio sanitatem recepit. De languido sanum, quando fuit languidum, fuit sine dubitatione corruptum : quando
sanitatem recepit, sanatum ac per hoc sanum sine
dubio fuit. Et quia aliud sit sanum, aliud sit sanatum, sicut et aliud sanabile, et aliud sanum, et aliud
reparabile, aliud reparatum, Prosper in libro secun-
spondendi necessitatem abstulit, sed libertatem si

do de Vocatione gentium demonstrat, dicens : « Non A
itaque omnis reparabilis reparatus, neque omnis
sanabilis sanus est : quia reparabilis et sanabilis de
natura est, reparatum autem et sanatum esse de
gratia est. Quapropter colligendum atque sciendum
est, sanum quidem fuisse arbitrium liberum in primo
homine eidem primo homini datum, quo libertatem
et possibilitatem bonum velle et posse habuit, et
quo per malum velle perdidit bonum posse, qui per
posse bonum potuit vincere velle malum. Post hoc
autem non fuit in homine arbitrium liberum sanum,
sed sanabile : illi tamen cui nihil est impossibile.
Est autem in eis sanum, ab eo et per eum sanatum
cujus est gratia, de peccati servo gratia liberatum,
et gratia libertate donatum, et libertati gratia reddi- B
tum : sicque in electis suis gratia Dei de corrupto
sanatum, atque incolumitatis sanitate muneratum,
modo in spe, in futura vita re sanum, sine ullius
corruptionis interpolatione et attaminatione datum
atque donandum. » Et ideo diximus : « Habemus liberum arbitrium gratia de corrupto sanatum. » Subsequitur sanctus Cœlestinus : « De imprudente sit providum. » Nec hoc exinde exceptum est quod diximus
de corrupto sanatum, sicut sancti Innocentii verbis,
ut brevitatis studio quæ Augustinus et Prosper et
sanctus Gregorius atque Ambrosius inde dicunt præ-
termittamus, S. Cœlestinus dicit : « In prævaricationis profunda dimersus huic ruinæ subjacuisset
oppressus, nisi eum post Christi pro sua gratia relevasset adventus. In prævaricationis quippe profunda
libero arbitrio dimersus liberum corrupit arbitrium, C
et ruina jacens oppressus utile sibi providere quid
posset, nisi eum Christi gratia relevaret, sanaret,
atque illuminaret, et de imprudente providum faceret? » Nec hinc a catholico sensu et catholicorum verbis, gratias gratiæ sempiternæ, vel in aliquo deviavimus. 6° subjunxit : « Fatemur gratiam Dei et adjutorium etiam ad singulos actus
dari, **141** eamque non dari secundum merita nostra, ut vera sit gratia, id est gratis data per ejus
misericordiam qui dixit : Miserebor cui misertus
ero, et misericordiam præstabo cui misericors
fuero. » Hæc duo capitula, septimum et octavam,
in unum copulans de synodo Palæstina contra Pelagium dicta assumpsit. Forte lethargica passione oppressus, aut Silenico cantharo debriatus, memoria D
mortua ignoravit, quia in tertio et quarto Capitulo
beati Cœlestini illa jam scripserit, a quibus nos non
discordasse monstravimus. 7° « Fatemur esse liberum arbitrium, etiamsi divino indigeat adjutorio. »
Et hoc capitulum, in Synodo Palæstina decimum,
interponere procuravit, de quo nos fassi sumus,
quia « habemus liberum arbitrium ad bonum præventum et adjutum gratia, et habemus liberum arbitrium, quia gratia liberatum, et gratia de corrupto
sanatum. » Ad hæc autem, et ad illa quæ subjungit,
gratis respondemus quia jam inde respondimus : sed
adhuc respondere non detrectamus, quia scriptum
est : Quod supererogaveris, ego cùm rediero reddam tibi. Sanctus enim Cœlestinus nobis ex his re-

vellemus nullatenus interdicit. Ut ergo inquiens plenius qui in aliquo dubitant instruantur, constitutiones sanctorum Patrum compendioso monstramus indiculo : quo si quis non nimium est contensiosus agnoscat, omnium disputationum connexionem ex hac subditarum auctoritatum brevitate pendere, nullamque sibi contradictionis superesse rationem, si cum catholicis credat et dicat, videlicet quæ illius dictis supra condiximus. Sed quoniam forte istorum capitulorum compositor nimis contensiosus est, et nec cum catholicis credit et dicit quod crediderunt et dixerunt catholici, et esse mavult Aristodemus apostoli Joannis contradictor contrarius, quam apostoli Joannis et apostolici Cœlestini discipulus, accipiat tunicam nostram, Patrum scilicet labore contextam, id est vestem fidelem, qua ipse gratia Dei possit resuscitari ad fidem, ut vel sic indignationem animi ejus contra nos, qui fideles sumus, auferre possimus. Unde adhuc illi de duobus sequentibus capitulis respondebimus. 8° « Arbitrium voluntatis in primo homine infirmatum, nisi per gratiam baptismi, non potest reparari. » Et hoc ex tertio decimo capitulo Arausicæ synodi assumpsit, de quo nos diximus, quia « libertatem arbitrii, » id est possibilitatem liberæ voluntatis arbitrii, « per Christum Dominum nostrum recepimus. Et habemus liberum arbitrium quia gratia liberatum, » sicut scriptum est : *Tunc vere liberi eritis, cum vos Filius liberaverit* (*Joan.* VIII, 36), quodque tunc fit, cum eodem spiritu sumus renati, quo idem Christus redemptor et salvator noster ex immaculata Virginis carne pro nobis est natus. 9° « Arbitrium voluntatis tunc est vere liberum, cum vitiis peccatisque non servit. Tale datum est a Deo utique homini primo, quod amissum nisi a quo potuit dari non potuit reddi. Unde Veritas dicit : *Si vos Filius liberaverit, vere liberi eritis,* » **142** sicut in præcedentibus duo capitula ex synodo Palæstina conjunctim posuit, et superflue interseruit, quasi non sufficeret quod apostolica sedes ad sufficientiam edidit : ita nunc capitulum tertium decimum Arausicæ synodi in duo divisit, et aliter quam ipsa protulerit isdem secando composuit. Hoc siquidem capitulum Arausica synodus de libro Sententiarum Prosperi, capitulo 150 partim assumpsit, et dixit : « Arbitrium voluntatis in primo homine infirmatum, nisi per gratiam baptismi non potest reparari ; quod amissum, nisi a quo potuit dari, non potest reddi. Unde Veritas ipsa dicit : *Si vos Filius liberaverit, tunc vere liberi eritis.* » (*Joan.* VIII, 36.) Iste autem, sicut præmisimus, octavum capitulum erexit de medietate istius synodalis capituli scribens : « Arbitrium voluntatis in primo homine infirmatum, nisi per gratiam baptismi, non potest reparari. » Et nonum de sententia Prosperi, qua ex verbis sancti Augustini dicit : « Arbitrium voluntatis tunc est vere liberum cum vitiis non servit. Tale datum est a Deo homini primo. Quod amissum, nisi a quo potuit dari, non potest reddi. Unde Veritas dicit : *Si vos Filius liberaverit, tunc vere liberi eritis.* » Cæterum sancta

synodus et catholice et sufficientissime texens et ordinans tenendum capitulum nobis suis posteris commendavit. A cujus consensu, verum nec a sententia Prosperi, nostra conscriptio, sicut supra ostendimus, in aliquo deviavit. Sed et si quacunque necessitate capitulorum istorum compositor sensum istius capituli eliquasset, non ab re esset quod egerat. Nunc autem, manente verbis et sensu in sua incolumitate capitulo, minus necessario illud divisit ac compilavit. Bene siquidem sanctus noverat Cæsarius, qui ex delegatione apostolicæ sedis huic synodo præsedit Arausicæ, quid sanctus Augustinus de libero arbitrio homini primo dato in libro de Correptione et Gratia dixerat, quemque in libris de Prædestinatione sanctorum, et de Bono perseverantiæ, ad prædecessorem suum Hilarium scriptis commemorat, quem etiam librum compar et socius illius sanctus Prosper se habuisse non tacet in epistola ad Augustinum, dicens : « Librum de Correptione et Gratia plenum divinæ auctoritatis emitteres. Quo in notitiam nostram insperata opportunitate delato, » et reliqua. Et credendum est quia sanctus Prosper Hilario eumdem librum, quem se habere dixit, conjuncto et familiari suo non negaverit. Unde et beatus Cæsarius, quæ hinc sanctus Augustinus dixerat, succedens in ordine suo sancto Hilario non ignoravit. Ait enim sanctus Augustinus in præfato libro (*cap.* 11, *sub finem*) : « Fit quippe in nobis per hanc Dei gratiam in bono recipiendo, et perseveranter tenendo, non solum posse quod volumus, verum etiam velle quod possumus. Quod non fuit in homine primo : unum enim horum in illo fuit, alterum non fuit. Namque ut reciperet bonum gratia non egebat, quia nondum perdiderat : ut autem in eo permaneret, egebat adjutorio gratiæ, sine quo id omnino non posset. Et **143** acceperat posse si vellet, quod ut nollet de libero descendit arbitrio : quod tunc ita liberum erat, ut bene velle posset et male. Quid erit autem liberius libero arbitrio, quando non poterit servire peccato ? quæ futura erat et homini, sicut facta est et angelis sanctis, merces meriti. Nunc autem, per peccatum perdito bono merito, in his qui liberantur factum est donum gratiæ, quæ merces meriti futura erat. » Et post pauca : « Nunquid dicturi sumus, Non potuit peccare qui tale habebat liberum arbitrium ? aut non potuit mori cui dictum est, si peccaveris morte morieris ? aut non potuit bonum deserere, cum hoc peccando deseruerit, et ideo mortuus sit ? » Et item (*cap.* 11) : « Sed deseruit et desertus est. Tale quippe erat adjutorium quod desereret cum vellet, et in quo permaneret si vellet, non quo fieret ut vellet. Hæc est prima gratia, quæ data est primo Adam : sed hæc potentior est in secundo Adam. Prima est, qua fit ut habeat homo justitiam si velit : secunda ergo plus potest, qua etiam fit ut velit, et tantum velit tantoque ardore diligat, ut carnis voluntatem contraria concupiscentem voluntate spiritus vincat. » Et item sanctus Augustinus in eodem libro de Correptione et Gratia (*cap.* 11, *initio*) :

« Quid ergo Adam non habuit Dei gratiam? Imo vero habuit magnam, sed disparem. Ille in bonis erat quæ bonitate sui conditoris acceperat. Neque enim ea bona, et ille suis meritis comparaverat, in quibus prorsus nullum patiebatur malum. Sancti vero in hac vita, ad quos pertinet liberationis hæc gratia, in malis sunt, ex quibus clamant ad Dominum : *Libera nos a malo* (*Matth.* vi). Ille in illis bonis Christi morte non eguit : istos a reatu et hæreditario et proprio illius Agni sanguis absolvit. Ille non opus habebat eo adjutorio. Quod implorant isti cum dicunt : *Video aliam legem in membris meis repugnantem legi mentis meæ, et captivantem me in lege peccati quæ est in membris meis. Infelix ego homo, quis me liberabit de corpore mortis hujus? Gratia Dei per Jesum Christum Dominum nostrum* (*Rom.* vii, 23). Quoniam in eis caro concupiscit adversus spiritum, et spiritus adversus carnem, atque in tali certamine laborantes ac periclitantes dari sibi pugnandi vincendique virtutem per Christi gratiam poscunt. Ille vero, nulla tali rixa a seipso adversus seipsum tentatus atque turbatus, in illo beatitudinis loco sua secum pace fruebatur. Proinde etsi non interim lætiore, nunc vero tamen potentiore gratia indigent isti. Et quæ potentior, quam Dei unigenitus Filius, æqualis Patri et coæternus, pro eis homo factus, et si sine suo ullo vel originali vel proprio peccato, ab hominibus peccatoribus crucifixus? Qui quamvis tertia die resurrexit nunquam moriturus ulterius, pertulit tamen pro mortalibus mortem qui mortuis præstitit vitam, ut redempti ejus sanguine, tanto ac tali pignore accepto dicerent : *Si Deus pro nobis, quis contra nos? qui proprio Filio non pepercit, sed pro nobis omnibus tradidit illum, quomodo non cum illo omnia nobis donavit?* (*Rom.* viii, 31-32.) Per hunc mediatorem Deus ostendit eos quos ejus **144** sanguine redemit facere se ex malis deinceps in æternum bonos, quem sic suscepit, ut nunquam esset malus, nec ex malo factus semper esset bonus. Istam gratiam non habuit homo primus, quia nunquam vellet esse malus : sed sane habuit, in qua si permanere vellet, nunquam malus esset. « Et item beatus Augustinus : « Prima libertas voluntatis erat, posse non peccare : novissima erit multo major, non posse peccare : quæ futura erat et homini, sicut facta est et angelis sanctis, merces meriti. »

CAPUT XXIII.

Sequitur redargutio ipsius compilatoris, ex beati Augustini et cæterorum doctorum verbis.

His sancti Augustini verbis manifestissime claret, rationabilius sanctam synodum composuisse capitulum, quam istum divisisse. Quia quod synodus dixit : « Arbitrium voluntatis in primo homine infirmatum, nisi per gratiam baptismi non potest reparari, quod amissum nisi a quo potuit dari, non potest reddi, » totum continet quidquid ad sciendum atque credendum nobis exinde est necessarium.

Manifestatur enim in eo, quod arbitrium voluntatis sanum primo homini fuerat datum, et in illo infirmatum, et quod amissum non potest reparari nisi per gratiam baptismi, quo renascuntur fideles eodem spiritu, quo et conditor et reparator noster est natus, idemque voluntatis arbitrium ab ipso fidelibus redditur, quo primo homini fuerat datum. Plena vero sanitas atque perfecta libertas nunc fidelibus redditur in spe, in futuro, cum novissime inimica destructa fuerit mors, in re, sicut scriptum est, *spe salvi facti sumus.* Nam quandiu hic mortaliter vivimus, cum morte confligimus, ubi corpus quod corrumpitur aggravat animam, et deprimit terrena inhabitatio sensum multa cogitantem. Ubi caro concupiscit adversus spiritum, spiritus adversus carnem, ut non quæcunque volumus illa faciamus. Ubi interdum habemus deserentes, ideoque gratia juste deserti, liberum arbitrium justitiæ liberum peccati servum, sicut demonstrat Apostolus dicens : *Cum enim servi essetis peccati, liberi fuistis justitiæ. Quem ergo fructum habuistis tunc in his, in quibus nunc erubescitis?* (*Rom.* vi, 21.) Nam finis illorum mors est. Interdum autem habemus, gratia præventi et adjuti, liberum arbitrium, peccati liberum, justitiæ servum, sicut iterum idem demonstrat Apostolus dicens : *Nunc vero liberati a peccato, servi autem facti Deo, habetis fructum vestrum in sanctificationem, finem vero vitam æternam* (*ibid.*, 22).] Cum autem mortale hoc induerit immortalitatem, et corruptivum hoc induerit incorruptionem, et venerit quod perfectum est, et evacuabitur quod ex parte est, habebimus tunc perfecte arbitrium liberæ voluntatis, scilicet **145** nolle peccare, non posse peccare, non posse mori, non posse bonum deserere. Et in his omnibus adhærente nobis misericordia Salvatoris nostri, ut beatus Augustinus dicit, in sæpe memorato libro de Correptione et Gratia, de prædestinatis : quia sive cum convertuntur, sive cum præliantur, sive cum coronantur. Nam et tunc illis Dei misericordiam necessariam sancta Scriptura testatur, ubi sanctus de Domino Deo dicit animæ suæ, *Qui coronat te in miseratione et misericordia* (*Psal.* cii, 4). Hoc liberum arbitrium homo primus habuisset, si in eo libero arbitrio quod habuit sicut potuerat usus fuisset, sicut præmisimus de verbis sancti Augustini (*cap.* 11) : « Quid erat, inquit, liberius libero arbitrio, quando non potuerit servire peccato, quæ futura erat et homini, sicut facta est et angelis sanctis, merces meriti? » Sed cuicunque placet, benigno animo conferat capitulum sancta Arausicæ synodi cum capitulo a nobis ad sensum excerpto, quia librum præ manibus tunc non habuimus, quando hoc capitulum de sensibus orthodoxorum dictare coacti sumus, et videat si in aliquo illud dictantes a catholica fide et expositione synodi discordavimus. Synodus dicit : « Arbitrium voluntatis in primo homine infirmatum nisi per gratiam baptismi non potest reparari, quod amissum nisi a quo potuit dari non potest reddi. Unde Veritas ipsa dicit : *Si vos Filius liberaverit, tunc* rere *liberi eritis.* « Et nos diximus, Libertatem A arbitrii in primo homine perdidimus, quam per Christum Dominum nostrum recepimus. Et habemus liberum arbitrium ad bonum præventum et adjutum gratia : et habemus liberum arbitrium ad malum desertum gratia. Liberum autem habemus arbitrium, quia gratia liberatum et gratia de corrupto sanatum.

His ita redditis contra reprehensorem hujus a nobis excerpti capituli, quasi ex latere breviter memorari delegimus, quia pervenit ad nos, quoniam isti nebulones, qui in totum adhuc sicut prave sentiunt proferre in publicum non præsumunt, librum adversum nos occulte conscribunt, quem ad nostram notitiam pervenire, et ad lectionem nostram adversus quos scribunt detractant perducere. In quo, sicut nobis retulit qui eumdem nobis transcriptum perferre B satagens, in turbine tumultuoso, qui nuper huic regno accidit, cum aliis suis perdidit, æmuli nostri dicunt nos dicere, scribere et prædicare, quia liberum arbitrium funditus in homine primo peccante sit perditum. Unde breviter adnotare decrevimus, quid de libero arbitrio sentiamus : ut qui forte fatuitatem illorum attigerit, quæ sale catholicæ sapientiæ condita mens nostra sentiat hic sine difficultate reperiat. Primus namque homo cum liberio arbitrio ita immortalis est conditus, ut posset non peccare si vellet, et posset peccare si vellet : non moreretur si non peccaret, moreretur autem si peccaret : non peccaret vero si non vellet. Et si arbitrio libero ita persisteret, ut peccare non vellet, acciperet illam meriti magni permansionem, **146** ut peccare non posset nec C vellet, sicut acceperunt in munere angeli sancti, quæ merces meriti erat futura et homini. Hæc est primi hominis arbitrii liberi magna et prima libertas, quia libertate voluntate peccavit, et mortem sibi a Deo prædictam, ne illam peccando incurreret, voluntate peccando incurrit : et per malum velle perdidit bonum posse, qui per posse bonum potuit vincere velle malum. Et sicut homo ita, ut diximus, immortalis conditus fuit, quia Deus esse voluit, perdidit quod immortalis, et remansit quod homo fuit : ita post casum habuit arbitrium liberum, justitiæ liberum peccati servum, per se sufficiens sibi ad malum, languidum autem atque invalidum ad omne bonum, antequam per Christi adventum spiritu Dei agente sit rectum, et fidei gratia illuminatum, quod sua D libertate erat pravum ac tenebrosum. Quod non inde recepit unde perdidit : sed ab illo recepit quod habeat, a quo quod amisit acceperat. Quoniam post casum primi hominis noluit Deus nisi ad suam gratiam pertinere, ut homo accedat ad eum, et homo non recedat ab eo, sicut scriptum est : *Fiat manus tua super virum dexteræ tuæ, et super filium hominis quem confirmasti tibi, et non discedimus a te (Psal. LXXIX, 18).* Iste est secundus Adam, per quem accedimus ad Deum, et in quo non discedimus a Deo. In primo namque Adam discessimus a Deo, in quo perdita est libertate arbitrii maxima illa libertas, et non remansit nisi sola infirmitas. Quapropter non restat liberandis nisi gratia liberantis. Quam arbitrii libertatem recepimus, ut non solum bene velimus et bene possimus : verum ut a bono discedere non velimus, et in bono perseverare possimus, non abolente sed adolente gratia arbitrium liberum gratia liberatum, gratia de corrupto sanatum. Hæc est secunda gratia, et arbitrii liberi gratia Dei recuperata libertas. Cum autem in electis penitus novissima inimica destructa fuerit mors, et mortale hoc induerit immortalitatem, et corruptivum hoc induerit incorruptionem, profuturam scilicet ad honorem vitæ, non ad diuturnitatem supplicii : quia et peccatores induent incorruptionem ad diuturnitatem supplicii, non ad honorem vitæ. Quos ignis qui non exstinguetur cum susceperit, non exstinguet et perimet, sed pœnæ suæ semper integros conservabit. Tuen ejusdem conditoris et reparatoris, atque coronatoris nostri gratia, qui coronat nos in misericordia et miserationibus, si cum electis resurgentes immutari meruerimus, omnes quidem resurgemus, sed non omnes immutabimur, accipiemus perfectam et illam maximam libertatem, ut nec peccare, neque ab æternitate desistere possimus, neque velimus : quam acceperunt in munere angeli sancti ; quæ erat arbitrii liberi merces meriti, sine interpositione mortis, si non peccasset, et homini. Hanc arbitrii libertatem primus homo non habuit, quia ne ad hanc ut poterat perveniret, libertate arbitrii quam acceperat inconsultius utens, in iter lævum deflexit, desertus **147** Dei gratia, quem prior ipse deseruit. Sed quia non in æternum projiciet, aut obliviscetur misereri Deus, dabitur hæc gratia homini in futuro, cum fuerit sicut angeli sancti in cœlo, nunc in spe salvus factus in sæculo, tunc in re salvandus in sæcula sæculorum. Amen.

CAPUT XXIV.

Reddenda ratio incipit de capitulo tertio a nobis excerpto, quod compilator capitulorum nobis a regia sublimitate datorum acerrime reprehendit, cum his quæ Prædestinatiani exinde ad suam dicunt confirmandam sententiam, et qualiter catholici eorum prave dictis ex Scripturarum sententiis contradicunt.

Explicitis prout Dominus dedit duobus capitulis, et reddita ratione contra cribratores, sed non consumptores eorum, nunc tertium adeamus capitulum cum omni fiducia, non de nobis præsumentes, sed de illo confidentes qui dixit : *Ego dabo vobis os et sapientiam, cui non poterunt resistere et contradicere omnes adversarii vestri (Luc. XXI, 15),* credentes certissime et nihil hæsitantes in fide, quia qui cœpit ipse perficiet : ipsi gloria, virtus, et imperium in sæcula sempiterna. De hoc capitulo, sicut sanctus Prosper demonstrat, ex objectione Gallorum et Vincentianorum, et ex responsionibus quibus ex delegatione sedis apostolicæ eorum ipsorumque similium commenta dissolvit, veteres Prædestinatiani dixerunt. Ait enim objectio octava Gallorum : Quod non omnes homines velit Deus salvos fieri, sed certum.

numerum prædestinatorum. Et item objectio secunda Vincentianorum : Quia Deus nolit omnes salvare, etiamsi omnes salvari velint. Et Gothescalcus modernus Prædestinatianus in libro ad Rabanum archiepiscopum Moguntinum : « Omnes, inquit, quos vult Deus salvos fieri, sine dubitatione salvantur : nec possunt salvari, nisi quos Deus vult salvos fieri. Nec est quisquam quem Deus salvari velit et non salvetur. Quia Deus noster omnia quæcunque voluit fecit. Ipsi omnes itaque salvi fiunt quos omnes vult salvos fieri. » Et domnus Prudentius in epistola ad archiepiscopum suum Wenilonem, de ordinando Ænea Parisiorum episcopo, quarto capitulo ita dicit : « Ut credat atque confiteatur, Deum omnipotentem omnes quoscunque vult salvare, et neminem posse salvari ullatenus, nisi quem ipse salvaverit. Omnes autem salvari quoscunque ipse salvare voluerit : ac per hoc quicunque non salvantur, penitus non esse voluntatis illius ut salventur, dicente Propheta : *Omnia quæcunque voluit Dominus fecit in cœlo et in terra, in mari et in omnibus abyssis* » (*Psal.* cxxxiv, 6). Quos mendacii redarguit, et prave sanctam tradere Scripturam Leo in tomo ad Flavianum breviter demonstrat dicens (*epist. 12, ante medium*) : « Opus fuit secreti, **148** inquit, dispensatione consilii, ut incommutabilis Deus, cujus voluntas non potest sua benignitate privari, primam erga nos pietatis suæ dispositionem sacramento occultiore compleret, et homo diabolicæ iniquitatis versutia actus in culpam, contra Dei propositum non periret. Ingreditur ergo hæc mundi infima Filius Dei. » Hinc compositor istorum capitulorum, quæ nobis ut eis respondeamus dedistis, expressius nihil dixit, ut putamus, quia percepit se posuisse de verbis sancti Cœlestini, quæ in capitulo quarto scripserat, ubi dicit : Tanta enim est erga omnes homines bonitas Dei, ut nostra velit esse merita quæ sunt ipsius dona. Nos autem, et contra priscos et contra modernos Prædestinatianos, de verbis Prosperi, et ipsius aliorumque catholicorum doctorum sensibus, capitulum istud excerpsimus, dicentes : *Deus omnipotens omnes homines sine exceptione vult salvos fieri, licet non omnes salventur. Quod autem quidam salvantur, salvantis est donum ; quod autem quidam pereunt, pereuntium est meritum.*

Primo satisfaciamus lectoribus, quoniam ideo apostoli et Prosperi verbis *sine exceptione* interposuimus, quia Gothescalcus novorum Prædestinatianorum primicerius in præfato suo libello ad Rabanum scripserat : Omnes et omnes debere intelligi, id est omnes qui salvantur, de quibus dicit Apostolus : *Qui vult omnes homines salvos fieri* (*1 Tim.* ii, 4), et omnes qui non salvantur, quos non vult Deus salvari. Sicque hac interpretatione perversa et apostolica verba et Prosperi apud auditores suos pervertebat sententias. Unde necesse est nobis, ex orthodoxorum scriptis ostendere, si catholicæ fidei capitulum istud a nobis excerptum valeat convenire. Consulentes ante omnia sicut et prima est in toto orbe

A omnium Ecclesiarum mater, sanctam catholicam et apostolicam Romanam Ecclesiam : quoniam privilegium quod Hierusalem, honorabilis secundum sacros Nicænos canones, quæ olim dicta est civitas justitiæ, et mater civitatum, propter infidelitatem et negationem Filii Dei perdidit, dicens eum filium Joseph et filium fabri, et ad eum : Tu homo cum sis facis te ipsum Deum, et dæmonium habes ; et de eo : Non habemus regem nisi Cæsarem, et secundum legem debet mori, quia Filium Dei se fecit, hæc confessione beati Petri promeruit dicentis : *Tu es Christus filius Dei vivi* (*Matth.* xvi, 16), et contestatione Pauli obtinuit affirmantis, quia *Christus Jesus factus est obediens Patri usque ad mortem, mortem autem crucis : propter quod et Deus illum exaltavit, et donavit illi* B *nomen, quod est super omne nomen, ut in nomine Jesu omne genu flectatur cœlestium, terrestrium et infernorum, et omnis lingua confiteatur quia Dominus Jesus Christus in gloria est Dei Patris* (*Philipp.* ii, 8, etc.). Propterea sicut quondam de Hierusalem dictum est per Prophetam : *Gloriosa dicta sunt de te, civitas Dei mater. Sion dicet homo, et homo natus est in ea, et ipse fundavit eam Altissimus* (*Psal.* lxxxvi, 3) : ita a Prophetarum Domino ista glorificata est magni Petri principis apostolorum præsentia, cui **149** a vero Dei Filio et vere hominis filio, ex duabus et in duabus naturis atque substantiis seu operationibus, divina scilicet et humana, in unitate personæ, non in unitate substantiæ, subsistente uno Jesu Christo, toto in suis, quæ æqualiter et indivise habet cum C Patre et Spiritu sancto, cum quibus una illi est coæterna et indivisa substantia, toto in nostris, in quibus nostri est generis, id est anima rationali, et sine ullo peccati contagio carne humana, de Virginis matris carne immaculata Spiritu sancto fecundata, quæ ab initio in nobis Creator condidit, et quæ reparanda suscepit, tunc carne adhuc passibili et mortali, nunc autem devicta morte clarificata passionis victoria, atque in Dei Patris gloria permanente, et sæculum judicaturo, ac sine fine regnante, dictum est : *Tu es Petrus et super hanc petram ædificabo Ecclesiam meam* (*Matth.* xvi, 18). Et sicut illa quondam Hierusalem civitas sancti minuta est angelorum custodia, usque dum propter incredulitatem et duritiam cordis sui audivit ab eis : D Transeamus ab his sedibus, et a Salvatore suo, si voluisset : Ecce relinquetur vobis domus vestra deserta ; ita et ista illustrata permanet et protecta orationibus gentium magistri dicentis : *Testis est enim mihi Deus, cui servio in spiritu meo in Evangelio Filii ejus, quod sine intermissione memoriam vestri facio in orationibus meis* (*Rom.* i, 9). Quæ non ab homine, neque per hominem, sed per Dominum Jesum Christum, sicut Petrus et Paulus apostolatum, ita et hæc sancta sedes omnium civitatum meruit principatum. Veluti sanctus Anacletus, tertius a beato Petro Romanæ sedis episcopus, et ab ipso apostolorum principe presbyter ordinatus, in epistola sua dicit (*epist. 3 sub initium*) : « Aliæ inquit, primæ civitates, quas vobis conscriptas in quodam tomo mittimus, a sanctis apostolis, et a beato Clemente, sive a nobis, primates prædicatores acceperunt : hæc vero sancta Romana et apostolica Ecclesia, non ab apostolis, sed ab ipso Domino salvatore nostro primatum obtinuit, sicut ipse beato Petro Apostolo dixit : *Tu es Petrus, et super hanc petram ædificabo Ecclesiam meam, et portæ inferi non prævalebunt adversus eam ; et : Tibi dabo claves regni cælorum, et quæcunque ligaveris super terram, erunt ligata et in cælo, et quæcunque solveris super terram, erunt soluta et in cælo* (*Matth.* xvi, 18, 19). Adhibita est etiam societas in eadem Romana urbe beatissimi Apostoli Pauli, vasis electionis, qui uno die unoque tempore gloriosa morte cum Petro sub principe Nerone agonizans coronatus est, et ambo sanctam Romanam Ecclesiam consecraverunt, aliisque urbibus in universo mundo eam sua præsentia atque venerando triumpho prætulerunt. » Et sanctus Innocentius ad Decentium Eugubinum scribit episcopum dicens (*epist.* 29 *in princip.*) : « Quis enim nesciat, aut non advertat, id quod a principe apostolorum Petro Romanæ Ecclesiæ traditum est, ac nunc usque custoditur, ab omnibus debere servari, nec superduci aut introduci aliquid, quod aut auctoritatem non habeat, aut aliunde accipere videatur exemplum ? Præsertim cum sit manifestum, **150** in omnem Italiam, Gallias, Hispanias, Africam, atque Siciliam, insulasque interjacentes, nullum instituisse Ecclesias, nisi eos quos venerabilis Petrus, aut ejus successores, constituerint sacerdotes. Aut legant si in his provinciis alius apostolorum aut legitur aut invenitur docuisse. Qui si non legunt, quia nusquam inveniunt, oportet eos hoc sequi quod Ecclesia Romana custodit, a qua eos principium accepisse non dubium est, ne dum peregrinis assertionibus student, caput institutionum videantur amittere. » Cum hæc ita se habeant, et sanctus Cælestinus papa, cujus tempore primum hæc exorta est hæresis, dicat in Decretali epistola sua (*post epist.* 8. *Cælestini*) ad Venerium et cæteros Gallicanos episcopos (*cap.* 11), quid inde credere, tenere et prædicare catholice debeamus : « Obsecrationum, inquiens, sacerdotalium sacramenta respiciamus, quæ ab apostolis tradita, in toto mundo atque in omni catholica Ecclesia uniformiter celebrantur, ut legem credendi lex statuat supplicandi. » Quæ sit autem lex supplicandi, et ipse in eodem capitulo explicat, et Ecclesia quasi specialiter in die crucifixionis Domini nostri Jesu Christi, ostendens pro quibus sit crucifixus, quosque vult salvos fieri, supplicando, et congemiscendo demonstrat, orans pro omnibus hominibus, et singillatim atque distincte pro omnibus ordinibus, pro omnibus gradibus, pro omnibus dignitatibus, pro schismaticis et hæreticis, pro Judæis atque paganis, ut nemo credatur exceptus, agens apud divinam clementiam totius humani generis causam. Unde et ad locum dicit : Deus qui salvos omnes, et neminem vis perire, licet quidam

iniquitate et obduratione propria pereant. Veritas est enim quæ dixit : *Vivo ego, dicit Dominus Deus, Nolo mortem impii, sed ut revertatur impius a via sua et vivat. Convertimini a viis vestris pessimis, et quare moriemini, domus Israel. Nunquid volens cupio mortem iniqui? dicit Dominus Deus* (*Ezech.* xxxiii, 11). Dominus jurat, ne quis criminum mole desperet, quia non vult mortem impii, sed ut revertatur a via sua et vivat, et Prædestinatiani perjurant, quia qui non salvantur penitus non esse voluntatis Domini ut salventur. Et item Dominus in Evangelio dicit : *Dico vobis, gaudium est coram angelis Dei in cælo super uno peccatore pænitentiam agente* (*Luc.* xv, 7). Et si super uno pænitente gaudent angeli, non multo magis, si omnes pænitentiam egerint et crediderint, angeli sancti gaudebunt, qui in illo vident unde gaudeant ? De illius scilicet gaudio, a quo sempiternum gaudium acceperunt. Legem ergo credendi, ut sanctus Cælestinus jubet, lex nobis statuat supplicandi : ut quoniam ab omni Ecclesia catholica Deo supplicatur pro omnibus, credamus Deum omnes homines velle salvos fieri, licet non omnes salventur, et quod quidam salvantur, salvantis sit donum ; quod autem quidam pereunt, sit pereuntium meritum.

Piis, devotis, atque catholicis hoc potest et hoc debet sufficere, quod omnium Ecclesiarum mater sancta catholica atque Apostolica **151** docet Romana Ecclesia. Ipsa enim ut mater nos Christo genuit, nos religione nutrivit, nos doctrina instruxit : nos sicut in sancto Petro a Christo firma petra accepit, doctores instituit, et catholico lacte nutritos, et ad virum perfectum perductos, ad docendum alios informavit, per Paulum dicens, quia *Christus Jesus venit in hunc mundum peccatores salvos facere* (*I Tim.* i, 15). Dicant Prædestinatiani, quem non esse peccatorem possint excipere, illo excepto qui sine peccato et alieno et proprio venit quærere et salvare quod perierat. Dicant qui non periit, cum idem dicat Apostolus, *ex uno omnes esse in condemnationem* (*Rom.* v, 16). Si omnes perivimus, omnes quærere venit : si omnes quærere venit, omnes salvari voluit. Et item scriptum est : *Invidia diaboli mors introivit in orbem terrarum* (*Sap.* ii, 24). Et Joannes apostolus : *In hoc apparuit*, inquit, *Filius Dei, ut dissolvat opera diaboli* (*I Joan.* iii, 8). Unde Beda : « Omnes peccatores ex diabolo nati sunt in quantum peccatores. Ideo enim venit Christus homo ut solveret peccata hominum. Quocirca si ideo venit, peccatores salvos facere venit : et quia omnes secundum Apostolum peccatores erant, sicut dixit *per peccatum mors, et ita in omnes homines pertransivit in quo omnes peccaverunt* (*Rom.* v, 12), qui venit quærere quod perierat, omnes quærere venit, omnes salvos fieri voluit, dicente iterum Paulo per quem ipse locutus est Christus : *Qui vult omnes homines salvos fieri* (*I Tim.* ii, 4); et Petro : *Qui neminem vult perire, sed omnes ad pænitentiam converti* (*II Petr.* iii, 9).

Cur ergo non omnes salvantur, ipsa Veritas per Joannem evangelistam respondeat. *Hoc est autem, inquit, judicium, quia lux venit in mundum, et dilexerunt homines tenebras magis quam lucem. Erant enim eorum mala opera* (Joan. III, 19). Unde sanctus Augustinus dicit (*tract. 12 in Joan.*) : « Quomodo quidam bonum opus fecerunt, ut venirent ad lucem, id est ad Christum, et quomodo quidam dilexerunt tenebras? Si omnes peccatores invenit, et omnes a peccato sanat, et serpens ille, in quo figurata est mors Domini, eos sanat qui morsi fuerant, et propter morsus serpentis erectus est serpens, id est mors Domini propter mortales homines quos invenit injustos, quomodo intelligitur : *Hoc est judicium, quoniam lux venit in mundum, et dilexerunt homines magis tenebras quam lucem. Erant enim mala opera eorum?* Quid est hoc? Quorum enim erant mala opera? Nonne venisti ut justifices impios? Sed *dilexerunt*, inquit, *magis tenebras quam lucem.* Ibi posuit vim. Multi enim dilexerunt peccata sua. Quia qui confitetur peccata sua, et accusat peccata sua, jam cum Deo facit. Accusat Deus peccata tua, si et tu accusas, conjungeris Deo. Quasi duæ res sunt, homo et peccator : quod audis homo, Deus fecit : quod audis peccator, ipse homo fecit. Dele quod fecisti, ut Deus salvet quod fecit. Oportet ut oderis in te opus tuum, et ames in te opus Dei. Cum autem cœperit tibi displicere quod fecisti, inde incipiunt bona opera tua, quia accusas mala opera tua. Initium bonorum operum confessio est operum malorum. Facis veritatem, **152** et venis ad lucem. Quid est facis veritatem? Non te palpas, non tibi blandiris, non te adulas, non dicis Justus sum, cum sis iniquus, et incipis facere veritatem. Venis autem ad lucem, ut manifestentur opera tua, quia in Deo facta sunt : quia et hoc ipsum quod tibi displicuit peccatum tuum, non tibi displiceret, nisi Deus tibi luceret, et ejus veritas tibi ostenderetur. »

At si quis de Prædestinatianis hæc legerit, forte sub suo sensu dicet quod dixerunt quidam in illo tempore. Qui aperuit oculos cæci nati, nunquid non poterat facere ut iste non moreretur? et Prædestinatianus : Sicut isti illuxit Deus, quem salvum fieri voluit, sic et isti illuxisset ut salvaretur, si illum salvum fieri voluisset. Omnipotens est enim Deus, ut et in symbolo catholica confitetur Ecclesia, qui omnia quæcunque voluit fecit. Respondeat Evangelista Marcus : *Et non poterat ibi virtutem ullam facere, nisi paucos infirmos impositis manibus curavit. Et mirabatur propter incredulitatem illorum* (Marc. VI, 5). Hinc Beda (*cap. 4*) in Evangelio Lucæ : « Amabat itaque cives, sed ipsi se charitate patria suo livore privabant. » Et Dominus dicenti sibi : *Si quid potes, adjuva nos misertus nostri* (Marc. IX, 22), respondit : *Si potes credere, omnia possibilia credenti.* Et sanctus Gregorius homilia 31 : « Hanc videlicet incurvatam mulierem cum vidisset Jesus vocavit ad se, » et reliqua. « Vocat, inquit sanctus Gregorius, sed non erigit : quandoquidem per ejus gratiam illuminamur, sed exigentibus nostris meritis adjuvari non possumus. » Ab Omnipotente videlicet, de quo et Paulus dicit : *Si negamus, et ille negabit nos : si non credimus, ille fidelis permanet. Negare se ipsum non potest* (II Tim. II, 12). Quæ impotentia, ut Augustinus demonstrat, maxime ad omnipotentiam pertinet. Fidelis enim permanet, negare seipsum non potest. Unde idem doctor eximius in Sermone de symbolo ad Neophytos ita dicit : « Omnipotens ex nihilo primitus cuncta fecit, cum quibus fecit pariter unde fecit. Materies itaque cœli et terræ, sicut hæc in principio sunt creata, simul cum ipsis est creata. Nec fuit unde fierent quæ Deus in principio fecit, et tamen facta sunt quæ Omnipotens fecit, quæ facta composuit, implevit, ornavit. Si enim quæ in principio fecit ex nihilo utique fecit, etiam ex his quæ fecit quidquid voluerit facere potens est, quia omnipotens est. Nec ideo credant iniqui Deum non esse omnipotentem, quia multa contra ejus faciunt voluntatem, quia et cum faciunt quod non vult, hoc eis faciet quod ipse vult. Nullo modo igitur omnipotentis vel mutant vel superant voluntatem : sive homo juste damnetur, sive misericorditer liberetur, voluntas Omnipotentis impletur. Quod ergo non vult Omnipotens hoc solum non potest. Utitur ergo malis, non secundum eorum pravam, sed secundum suam rectam voluntatem. Nam sicut mali natura sua bona, hoc est bono ejus opere, male utuntur : sic ipse bonus etiam eorum malis operibus bene utitur, ne Omnipotentis voluntas aliqua ex parte vincatur. **153** Si enim non haberet quod bonus de malis juste ac bene faceret, nullo modo eos vel nasci vel vivere sineret. Quos malos ipse non fecit, quia homines fecit : quia non peccata, quæ sunt contra naturam, sed naturas ipsas creavit. Malos tamen eos futuros præscius ignorare non potuit. Sed sicut noverat quæ ipsi essent mala facturi, sic etiam noverat quæ bona de illis esset facturus. » Et post paululum : « Sed quoniam dixi hoc solum Omnipotentem non posse quod non vult, ne quis me temere dixisse arbitretur aliquid Omnipotentem non posse, hoc et beatus Apostolus dixit : *Si non credimus, ille fidelis permanet, negare seipsum non potest.* Non enim potest justitia velle facere quod injustum est, aut sapientia velle quod stultum est, aut veritas velle quod falsum est. Unde admonemur Deum omnipotentem non hoc solum quod ait Apostolus, *negare seipsum non potest,* sed multa non posse. Ecce et ego dico, et ejus veritate dicere audeo quod negare non audeo. Deus omnipotens non potest mori, non potest mutari, non potest falli, non potest miser fieri, non potest vinci. Hæc atque hujusmodi absit ut possit Omnipotens. Ac per hoc non solum ostendit Veritas omnipotentem esse quod ista non possit, sed etiam cogit Veritas omnipotentem non esse qui hæc possit. Volens est enim Deus quidquid est. Æternus ergo, et incommutabilis, et verax, et beatus, et insuperabilis volens est. Si ergo potest esse quod non

vult, omnipotens non est. Est autem omnipotens, **A**
ergo quidquid vult potest. De quo et Psalmus dicit :
In cœlo et in terra omnia quæcunque voluit fecit. »
(*Psal.* cxiii, 5), et item in libro de Natura et Gratia
(*cap.* 49) : « Absit a nobis ut Deum posse peccare
dicamus. Non enim ut stulti putant ; ideo non erit
omnipotens, quia nec mori potest, et negare seipsum
non potest. » Similiter et justus permanens, de quo
Joannes apostolus dicit : *Fidelis et justus est* (*I Joan.*
i, 9), injustus esse non potest, ut salvet ad se converti vel reverti nolentes : quoniam, ut Gregorius
dicit : Peccatores diu ut convertantur exspectat,
quos non conversos durius damnat. Qui per prophetam dicit : *Deus appropians ego sum, et non Deus de
longe* (*Jer.* xxiii, 23). Et iterum per eumdem
prophetam, *Peccata*, inquit, *separant inter me et*
vos.

Unde Joannes Constantinopolitanus in libro de
Reparatione lapsi : « Si ergo peccata sunt quæ nos
separant a Deo, auferamus e medio istud obstaculum, et nihil est quod nos prohibeat conjungi Deo. »
Et idem in eodem libro : « Cum impassibilem esse
naturam divinam diffinitio veritatis ostendit, intelligere debemus, quia etiamsi punit Deus, etiamsi
pœnas infert, non hoc cum ira passibili, sed cum
ineffabili clementia facit, medentis non perimentis
affectu. Et ideo valde libenter recipit pœnitentem.
Pœnitentiæ medicamentum si præveniens curet animam, non facit eum ad vindictam iracundiæ pervenire pro his quæ commisit in Deum. Non enim, ut
diximus, propter semetipsum vindicat Deus in pec- **C**
catorem, quasi ulciscens injuriam **154** suam. Nihil
enim tale recipit in se natura divina, sed ad utilitatem nostram facit omnia ; pro utilitate nostra et
correptiones inducit et pœnas, non ut se vindicet,
sed ut nos emendet. Quod si persistit quis in duritia,
sicut et ille qui avertit a luce oculos suos, damnum
quidem luci intulit nullum, semetipsum vero tenebris condemnavit ; ita et qui per cor impœnitens
contemnere se putat virtutem Dei, semetipsum alienum efficit a salute. » Et in Evangelio Marci scriptum est : *Qui autem blasphemaverit in Spiritum san-*
ctum, non habet remissionem in æternum, sed reus
erit æterni delicti (*Marc.* iii, 29). Unde et Beda (*in*
Lucam cap. 41) : « Qui ergo manifeste intelligens
opera Dei, cum de virtute negare non possit, eadem **D**
stimulatus invidia calumniatur et Christum Deique
Verbum, et opera Spiritus sancti dicit esse Beelzebub, isti non dimittetur, neque in hoc sæculo, neque
in futuro. Non quod negemus et ei, si pœnitentiam
agere voluerit, posse dimitti ab eo qui vult omnes
homines salvos fieri, et in agnitionem veritatis venire ; sed quod ipsi judici et largitori veniæ credentes, qui et se pœnitentiam semper accepturum, et hanc
blasphemiam nunquam dicit esse remittendam, credamus hunc blasphemum exigentibus meritis, sicut
nunquam ad remissionem, ita nec ad ipsos dignos
pœnitentiæ fructus esse perventurum. Juxta hoc
quod Joannes Evangelista de quibusdam blasphemiæ

suæ merito excæcatis veracissime scripsit : *Propter-*
ea non poterant credere (*Joan.* xii, 39), quia iterum
dixit Isaias : *Excæcavit oculos eorum, et induravit*
cor eorum, ut non videant oculis, et intelligant corde,
et convertantur et sanem eos (*Isa.* vi, 10). » Quod de
hæreticis est valde timendum, qui sanctæ Scripturæ
sententias, et apertissima catholicorum dicta de-
truncantes, ad suos sensus violenter inflectendo, ex
eis contra conscientiam suam prava dogmata quæ
disseminant conantur asserere. Unde item Beda in
Evangelio Lucæ (*in Lucam cap.* 12) : « Sola, inquit,
blasphemia in Spiritum sanctum, qua quisque in
similitudinem diaboli et angelorum ejus, contra conscientiam suam majestatem deitatis oppugnare non
trepidat, non habet remissionem in æternum, sed
reus erit æterni delicti, sicut evangelista Marcus
evidenter exponit, qui posito hoc Domini testimonio,
subjunxit atque ait, *quoniam dicebant, spiritum*
immundum habet (*Marc.* iii, 30). » Hanc prophetæ
sententiam, qua dicitur, *Excæca cor populi hujus*
(*Isa.* vi, 10), et reliqua exponit beatus Gelasius in
tomo de anathemate Acacii, sicut qui legerit invenire valebit. Et item Beda in Evangelio Lucæ (*in*
Lucam cap. xii), quia inexcusabiliter pereunt, quos
vult Deus salvos fieri : « Quid autem et a vobis ipsis
non judicatis quod justum est ? ostendens eos, utpote
rationalem creaturam, etsi litteras nesciant, naturali tamen ingenio posse dignoscere, vel eum qui
opera in se quæ nemo alius fecisset, supra hominem
intelligendum, et ideo Deum esse credendum ; vel
post tot sæculi hujus injustitias, justum Creatoris
judicium esse venturum. Nemo igitur, ex eo quod
supra dictum est, servum nescientem Domini voluntatem vapulare **155** paucis, inter peccandum de
remedio nesciendi præsumat : quia, ut alia taceam,
ex eo ipso quod homo est, nec mala quæ caveat,
nec bona potest ignorare quæ appetat. » Hinc et
Paulus in Epistola ad Romanos, *quia*, inquit, *quod*
notum est Dei, manifestum est illis (*Rom.* i, 19).
Unde Ambrosius : Notitia Dei manifestata est ex
mundi fabrica. Ut enim Deus, qui natura invisibilis
est, etiam a visibilibus possit sciri, opus factum ab
eo est quod opificem visibilitate sua manifestaret, ut
per certum incertum posset sciri, et ille esse Deus
omnium crederetur, qui hoc opus fecit quod omnibus possibile est. Deus enim illis manifestavit. Manifestavit se Deus dum opus fecit per quod posset
agnosci. *Invisibilia enim ejus a creatura mundi per*
ea quæ facta sunt intellecta conspiciuntur (*Rom.* i,
20), et sequentia, quæ ibidem mirabilis Paulus, et
expositor ejus Ambrosius prosequuntur. Sicut et Leo
in tomo ad Flavianum de Eutyche loquens (*epist.*
10, *cap.* 2) demonstrat : « Sed si de hoc, inquit,
Christianæ fidei fonte purissimo sincerum intellectum audire non poterat, quia splendorem perspicuæ veritatis obcæcatione sibi propria tenebrarat, »
et reliqua.

Hoc autem quod de specie est dictum in genere
debet intelligi, veluti et sanctus Gregorius in libro

xvi Moralium (*cap.* 24) dicit : « *Tradidit illos Deus in reprobum sensum, ut faciant quæ non conveniunt.* (*Rom.* i, 28). Quia enim glorificare noluerunt quem cognoverunt, reprobo sensui traditi ad hoc relicti sunt, ut nescirent jam pensare mala quæ faciebant. » Et item in libro viii (*cap.* 9) : « Nunc enim peccator quisque Deum non metuit et vivit, blasphemat et proficit : quia scilicet misericors Creator, quem exspectando vult corrigere, aspiciendo non vult punire, sicut scriptum est : *Dissimulans peccata hominum propter pœnitentiam* (*Sap.* ii, 24). » Et in libro xvi (*cap.* 18) : « Sic itaque anima ejus quodcunque voluit hoc fecit, ut inde quoque voluntatem suam impleat, unde voluntati illius repugnari videbatur. » Quia ut Augustinus in libro de Bono perseverantiæ dicit : « Nihil fit, nisi quod aut ipse facit, aut fieri ipse permittit. » Unde S. Gregorius in libro ii Moralium (*cap.* 14) dicit : « Quia Deus sine mutabilitate simul cuncta respicit, sine distentione comprehendit : videlicet et bona quæ adjuvat, et mala quæ judicat, et quæ adjuta remunerat, et quæ judicans damnat. In his quæ diverso disponit ordine diversus non est. » Et Hieronymus in epistola ad Philemonem, contra hoc quod dicunt Gothescalcus atque Prudentius : Qui non salvantur, non est penitus voluntas Dei ut salvi fiant, ita dicit : « Si enim Deus voluntarie et non ex necessitate bonus est, debuit hominem faciens ad suam imaginem et similitudinem facere, hoc est ut ipse voluntarie et non ex necessitate bonus est. Qui autem asserunt ita eum debuisse fieri, ut malum recipere non posset, hoc dicunt : Talis debuit fieri, qui necessitate bonus esset et non voluntate. Quod si talis fuisset effectus, qui bonum non-voluntate sed necessitate perficeret, non esset Deo similis, qui ideo bonus est quia vult, non quia cogitur. » Et S. Prosper **156** in libro Sententiarum (*cap.* 168) : « Nemo invitus bene facit, etiamsi bonum est quod facit : quia nihil prodest spiritus timoris, ubi non est spiritus charitatis. »

Et S. Joannes Chrysostomus in libro ad Demetrium de cordis compunctione : « Possumus, inquit, etiam ex his hæreticis occasiones dare, si dicamus quia apostoli et omnes sancti, non ex proposito suo et labore mirabiles facti sunt, sed ex Dei gratia sola. Dicent enim, Et quid prohibet omnes fieri tales? Gratia enim Dei si nihil requirit a nobis, sed ipsa est quæ facit unumquemque perfectum, cur non et omnibus ex æquo infunditur, et fiunt omnes repente perfecti? Non enim est personarum acceptor Deus. Sed quoniam non sola gratia Dei hoc agit, sequitur enim ut et nos quod in proposito et viribus nostris est expleamus, idcirco venit quidem in unumquemque gratia Dei ; sed apud eos qui digne explent ea quæ in ipsis sunt permanet, ab his vero qui minus digne agent cito discedit, ad eos autem qui necdum initium faciunt converti ad Deum, omnino nec venit. Rectas enim mentes diligit, et sine fuco propositum. Quod etiam in Paulo perspiciens, licet alio adhuc itinere videretur incedere, tamen, quia proposito

recto et zelo Dei hæc agebat, dicit de eo Dominus, quia *vas electionis mihi est, ut portet nomen meum coram gentibus et regibus et omni populo Israel* (*Act.* ix, 15). » Et in homilia secunda de Psalmo l : « Misericordia Dei inæstimabilis est, sine fine est, quæ comprehendi non potest, superans omnem sensum, vincens omnem cogitationem. Sed quia talis est misericordia Domini, tamen non ut homines misericordiam consecuti remissiores fierent, quærit quiddam a nobis Deus. Miseretur quidem, sed non passim miseretur. Provocat nos et dicit : Da tu et aliquid, ut puta, mille scelera perpetrasti, habes onera delictorum, volo alleviare pondus tuum, da et tu manum tuam : non quia tui ego egeo, sed quia volo et te aliquid conferre ad tuam salutem. Quomodo ergo latro salvatus est et tanta solvit peccata? Scito eum misericordia provocatum, et fide sua tanquam adminiculo usum in eo quod dicit : *Memento mei, Domine, in regnum tuum* (*Luc.* xxiii, 42). Quid contulit Deus saluti ipsius? remissionem videlicet peccatorum. Quid vero intulit latro? indicium salutis suæ, confessionis fidem. Qualem? grandem et excelsam nimis, cœlum tangentem. Quomodo? ego dicam. Judæi viderunt mortuos suscitatos, et post virtutes adnumeratas, latro, inquit, nihil horum videns, sed considerabat sputis repletum, crucifixum, aceto potatum et felle. Et cum hæc omnia videret, non est scandalizatus, sed regem cœlorum confessus est. Vides quoniam non sine causa misericordiam consecutus est, quia et ipse fidem intulit ad salutem suam? Necnon et publicanus aliena injuste auferens, quomodo salvatus est? Transiens namque Christus dicit ad eum : *Veni, sequere me. Qui statim exsurgens secutus est eum* (*Matth.* ix, 9). Et sicut latro confessionem intulit, sic publicanus **157** obedientiam suam, et meruit in apostolatus ordine collocari. Sicut enim, cum quidam gravi ægritudine vexatur, et multis modis indiget medicaminibus, et attenuatus est sumptibus, si introierit medicus, et dixerit ad eum qui ægrotat, Plures species ad confectionem medicaminis necessariæ erunt; respondeat vero ægrotans, Non habeo unde tantas species emam, paupertate detineor ; dicat ad eum medicus, Illam et illam da mihi speciem tantum, cætera de meo præstabo. Ideoque rogat David, ut multum ab iniquitate sua lavetur. Quid ergo pro hoc munus intulit? Dixit, Miserere mei, et, usquequaque lava me ab injustitia mea, et a delicto meo munda me, quoniam iniquitatem meam ego cognosco. Vicissitudo est, Deus dat, et qui salutificet reus. Dedit Dominus misericordiam suam, dedit et qui peccaverat confessionem peccatorum suorum. Parum quidem, sed quod habuit. Quid dabis, o David, ut salvari possis, uti misceatur medicamentum? *Quoniam*, inquit, *iniquitatem meam ego cognosco* (*Psal.* l, 4). »

Et item ad Demetrium de cordis compunctione : « Et ideo, inquit, perditionis nostræ causa nulla alia quam negligentia nostra est atque desidia. » Et in homilia de militia spiritali : « Scito autem

A quia te non vincet natura corporis, neque strangulabit invitum, neque te obnoxium faciet ex libero nisi voluntaria declinatio. » Et item in homilia de patre et duobus filiis : « Describitur autem in istis, et evidenter ostenditur libertas quam animæ rationali inseruit creator Deus. Vide enim, pater iste quomodo nec illum discedere volentem retineat, nec liberi arbitrii auferat potestatem. Neque alium manere cupientem cogat abscedere, ne forte sequentium malorum, quæ postea bis suo vitio accedent, ipse potius auctor esse videatur, si in illis libertatem propriæ voluntatis absciderit. Itaque et petenti dat, quia ex nobis, non ex Deo, inopiæ et offensionis nostræ causa proficiscitur. *Accipiens autem partem suam junior peregre*, inquit, *abiit longe* (*Luc.* xv, 13). Quod autem ait longe, non locorum inter-

B capedinem, sed declinationem mentis expressit. Qui enim oblivionem Dei ceperit, hic vere peregrinari a Deo dicitur ; sicut econtra, conversatio sæcularis non solum peregrinum, sed alienum Deo hominem facit. Et ut breviter dicam, sicut peregrinantes a sæculo præsentamur ad Dominum, sic et permanentes in rebus terrenis a cœlestibus exsulamur. Denique et Cain exiit a facie Domini, et longe efficitur ; non quia et locus aliquis foris esset in conspectu Dei, sed quo sua mente divisus exiisset a Domini respectu, per homicidium separatus a Deo. » Et item in libro de Eruditione disciplinæ : « Quoniam quidem minus est peccatum ei qui peccat priusquam agnoscat disciplinam Domini. Nulla autem venia est peccanti post agnitionem Domini, nisi pœnitens revertatur ; quia Deus mortem non fecit, et non vult mortem morientis, quantum ut revertatur et vivat. Ne sit spiritus vadens et non **158** revertens, quorum damnatio justa est. » Et in homilia secunda Psalmi L : « Peristi, sed poteris salvari ; fornicatus es, sed poteris continere ; mœchatus es, sed poteris liberari ; ad spectacula proruebas, sed poteris revocare pedem ; cum malis hominibus versabaris, poteris recedere et cum bonis esse. In utraque parte habes liberum arbitrium. »

Et in homilia de proditione Judæ : « Quid igitur qui meretricum mores valuit commutare, discipulum non potuit retinere? Valde, inquam, et incunctanter valuit retinere; sed necessitate nolebat bonum efficere, nec vi trahere ad se curabat. Tunc

D abiit, inquit, non invitatus a principibus sacerdotum, nulla necessitate constrictus, sponte processit, et propria malignitate consilium genuit sceleratæ mentis nullo participe convocato. » Et post paululum : « Ea enim quæ vel injuriosa demonstrantur, ipsam Domini misericordiam clementiamque declarant, qui proditorem suum latronem sceleratum tantis beneficiis ampliavit, et usque ad ipsum proditionis tempus solitis admonitionibus toleravit. Nam admonebat, suadebat, et omni studio eum sanare curabat. Sed si ille sermonem respuit, si tanti magistri verba contempsit, Christus causatio

est, et meretrix testis est, quæ de sua fuit liberatione sollicita. Non igitur videndo meretricem, de tua liberatione desperes ; sed et Judam cogitando non debes esse securus. Utrumque enim periculosum est, et confidentia, et desperatio. Nam confidentia stantem evertit, et iterum desperatio post lapsum non admittit exsurgere. Et ideo Paulus exhortatur dicens : *Qui se putat stare, videat ne cadat* (*I Cor.* x, 11). Habes exemplum utriusque personæ. Discipulus cum se stare putaret cecidit ; meretrix cum se cecidisse arbitraretur exsurrexit. » Et iterum in eadem : « Sed nec aperte eum omnibus publicabat, ne impudentiorem faceret ; nec penitus silentio præteribat, ne celare arbitratus audacter ad proditionem properaret. Et ideo frequenti admonitione clamat : *Unus ex vobis tradet me* (*Matth.* xxvi, 21). Nec tamen eum magister piissimus publicabat. Et de gehenna fuit sæpissime locutus, et de regno cœlorum tractavit assidue. Utriusque meritum frequenter edocuit, et quid peccatoribus constitutum est, et quid non peccantibus præparatur ostendit. Sed hæc omnia crudelis ille contempsit, et Deus illum non traxit invitum. Et quoniam bona atque mala in nostra Deus posuit potestate, electionis liberum donavit arbitrium, et invitos non retinet, et volentes amplectitur. Nam non sponte bonus malitiam non amittit. Et ideo Judas, nimiæ cupiditatis præcipitatus ardore, cæca quadam improvisione deceptus, suam vendidit animam, et suæ salutis mercator exstitit, et ait : *Quid vultis mihi dare,*

C *et ego vobis eum tradam?* (*Matth.* xxvi, 15). Et ut virtutem Christi etiam in hac parte cognoscas, cum ad capiendum eum advenissent, vocem ejus minime tolerare potuerunt, sed omnes territi ceciderunt. Et quoniam nihilominus in sua impudentia **159** perdurabant, ipse se ultro commisit, ipse se tradidit. Et hæc diximus, ut Christum nullus accuset, cur Judæ cogitationem non mutavit adversam. Sed si quis hoc dixerit, audiet, Judas quemadmodum corrigi potuit? sponte, an invitus? Si invitus, nulla correctio est, nam mentis malitia necessitate non tollitur. Si sponte, omnia quæ meliorare animam poterant audisse cognoscitur. Et si remedium respuit, non medici vitium est, sed languentis. Et ut scias ejus crimen esse quod prodidit, non magistri, sæpius Deus de proditione prædixit, et totius eum philosophiæ præcepto et sermone docuit, et rebus ostendit. Dederat ei dæmonum potestatem, gehennæ tormenta monstravit, cœlorum regna promisit, secreta mentis ejus et prædicebat et non publicabat, pedes ejus cum aliis lavit, mensæ fecit participem, nihil penitus prætermisit, sed in malitia sponte duravit, et, omnibus admonitionibus spretis, proditor malignus emersit. Et ut eum posse mutare, sed corrigi noluisse cognoscas, postquam eum tradidit, jactavit triginta denarios, et ait : Peccavi tradens sanguinem innocentis. Quid est? quando ab eo mirabilia gerebantur, non dixisti : Peccavi tradens sanguinem justum, sed : Quid vultis mihi dare et ego vobis tradam eum? et post factum scelus, post commissum delictum, post completam proditionem, post perfectum peccatum cognovisti peccatum. Ex hoc, dilectissimi fratres, edocemur quod negligentibus et desidiosis facile admonitio prodesse non poterit; studiosis autem, etiam admonitione cessante, multum commoditatis accedit. Nam et iste quando magister admonebat non flectebatur, et quando nullus admonuit, excitata conscientia scelus cognovit admissum, et projecit triginta denarios. » Et item in libro : *Quod nemo læditur nisi a semetipso*, post enumeratos Pauli labores : « Nonne permansit, inquit, semper idem Paulus, et idem vocatus apostolus? Econtra autem, Judas unus fuit et ipse de duodecim, et vocatus apostolus fuit. Sed neque quod unus ex duodecim fuit, neque quod vocatus apostolus dictus est, prodesse ei quidquam potuit non habenti animum virtutibus deditum. Sed Paulus quidem cum penuria et plagis cucurrit cursum qui ducit ad cœlum ; ille vero, cum et prior vocatus esset in apostolatum, et simili cum cæteris gratia donatus, cœlestemque edoctus esset philosophiam, et sacræ Christi mensæ venerandique sacramenti particeps exstitisset, habuisset etiam donum Spiritus sancti, ita ut mortuos suscitaret, et leprosos curaret, ac dæmonia effugaret, cumque de contemptu rerum sæcularium fuisset edoctus, adhærens lateribus Christi, atque indigentium sibi esset commissa dispensatio, quo scilicet avaritiæ per hoc latens in eo vitium sanaretur, erat enim fur : tamen nec sic quidem proficere in melius potuit, cum erga eum tot tantisque provisionibus uteretur. Sciebat enim Christus quod avarus esset Judas, et pro amore pecuniæ periturus ; et non solum non arguit eum pro hoc vitio, sed et **160** latentibus medicamentis curare voluit, ipsi committens dispensationem pecuniæ, ut habens in manibus quod desiderabat, perniciosa passio, expleta cupiditate, cessaret, ne decideret in illam mortis foveam, sed minoribus malis majora reprimeret. Sic in omnibus qui semetipsum non læserit, ab aliis non potest lædi ; et rursus qui semetipsum corrigere et emendare noluerit, et quod in ipso est atque in potestate ejus explere, nullus ei extrinsecus proderit. » Unde et sanctus Augustinus in libro Hypomnesticon ad locum dicit : « Quod ut probare valeamus, solum reor ad exemplum sufficere Judam. Hunc enim Deus cum præscisset in vitiis propriæ voluntatis pessimum fore, id est electione discipulatus sui bene a Christo conferenda male usurum, et avaritia ardentem pretio Judæis Dominum traditurum, pœnam ei prædestinavit ex merito, dicente per David Spiritu sancto : *Deus, laudem meam ne tacueris, quia os peccatoris et os dolosi super me apertum est (Psal.* cviii, 1), id est Judæ, vel Judæorum, in Christum Judæ, cum dicit : *Quid vultis mihi dare, et ego vobis eum tradam?* (*Matth.* xxvi, 15) et post pecuniæ sponsionem dans signum traditionis : Quemcunque, inquit, osculatus uero ipse est, tenete eum. Ideo super me, ait,

apertum est. Cum enim signum dedit, ore doloso aperuit quem tenerent. Judæi quoque, cum eum volentes dolo perdere, ut Evangelium pandit, clamaverunt dicentes : *Crucifige, crucifige!* »

Hinc et præfatus Joannes in memorato libro dicit : « Sicut et Judas, inquit, ille non solum nullo intrinsecus impellente dilapsus est, sed e contrario pluribus adjutus remediis stare non potuit. Vis ut hæc non solum per singula gesta, sed etiam per populos doceam? Quanta erga Judæorum populum cura exstitit divinæ providentiæ? Nonne omnes, ut ita dicam, creaturæ emendationis eorum ministerium præparatæ sunt? Nonne præ cæteris omnibus hominibus nova quædam et magnifica eis vitæ instituta sunt tradita? « et post omnia eis divina munera attributa dicit : « Et tamen post omnia hæc tam evidentia divinæ virtutis insignia, et post universam gloriam quæ eis supra cunctos mortales data est, infideles exstiterunt et ingrati. Caput namque vituli adoraverunt, et deos quæsierunt sibi alios fieri, cum tantæ talesque Dei virtutes aliæ adhuc in oculis haberentur, aliæ vero recentem et nuper gestam servarent in corde memoriam. At vero Ninivitarum populus, alienigena et barbarus, nullis prius divinæ providentiæ beneficiis assuetus, non legibus, non mirabilibus, non præceptis ullis aut operibus illuminatus, hominem vidit habitu naufragum, vultu peregrinum, nec unquam sibi prius cognitum, primo statim ingressu dicentem : Adhuc triduo et Ninive subvertetur. Ex istis solis sermonibus conversi sunt ad timorem Dei, abjectisque continuo prioris vitæ malis, ad virtutem se et justitiam per pœnitentiam contulerunt. Vides quoniam qui intus est et vigilat, suique meminit, non solum ab hominibus non potest lædi, sed **161** imminentem cœlitus iram repellit? qui vero semetipsum prodit et lædit, etiamsi mille intrinsecus divinis beneficiis fulciatur, non ei sufficiet ad salutem : quia neque Judæis tanta mirabilia, quæ in eos collata sunt profuerunt, neque alienigenis quod nihil horum adepti fuerant obfuit ; sed quoniam animo propositoque recto, cum et seipsos dederunt Deo, parva occasione sumpta plurimum profecerunt. » Quapropter, ut sanctus Gregorius in homilia Evangelii 13, dicit : « Deus despicitur et exspectat, contemni se videt et revocat, injuriam de contemptu suo suscipit, et tamen quandoque revertentibus etiam præmia promittit. » Qui etiam, ut Augustinus in libro de Prædestinatione sanctorum dicit : Et ipsi quia voluerunt crediderunt. Et item Gregorius : « Nemo hanc ejus longanimitatem negligat : quia tanto districtiorem justitiam in judicio exerit, quanto longiorem patientiam ante judicium prærogavit. » Hinc etenim Paulus dicit : *Ignoras quoniam benignitas Dei ad pœnitentiam te adducit. Secundum duritiam autem tuam et cor impœnitens, thesaurizas tibi iram in die iræ et revelationis justi judicii Dei (Rom.* ii, 4). Et illi, ut Augustinus in præfato libro dicit, quia noluerunt non crediderunt.

Et si forte crediderunt, de illorum numero exstiterunt, de quibus item dicit Apostolus : *Qui se confitentur nosse Deum, factis autem negant (Tit.* I, 6). Denique ponamus orthodoxorum atque in Ecclesia probatissimorum virorum testimonia, et videat lector devotus, si reddant nobis atque capitulo testimonium hinc ex illorum sensibus et dictis excerpto, quod simus catholicæ Ecclesiæ filii, et gratia Dei fideles verbi ipsius dispensatores.

CAPUT XXV.

Sequuntur orthodoxorum verba, quibus cognosci valeat qualiter exinde sanctæ Ecclesiæ catholici sensere doctores

Dionysius quoque, ut beatus Gregorius dicit Areopagita, antiquus et venerabilis Pater, sicut legitur per Paulum apostolum gratia Dei fide illuminatus et baptizatus, qui cum beato Petro et Jacobo fratre Domini, aliisque quamplurimis sanctissimis Christi discipulis, Hierosolymis apud sepulcrum vitæ principis, velut ipse in libro de Divinis nominibus narrat, in synodo agens fuit, et disputationes eorum de incarnatione Dei Filii et audivit, et coram eis regulariter protulit, in epistola ad Demophilum, quia omnes homines vult Deus salvos fieri, ita dicit : « Utique est enim, quin Christus Jesus Dei Filius, in parentis, et super scientiam benignitatis, qua existentia esse facit, et qua ipsa omnia ad esse perduxit, et omnes homines vult semper fieri similes sibi ipsi, et communiales suorum, secundum singulorum quorumcunque convenientiam. Quid autem quia et refugientibus cupide jungitur, et contendit, et non **162** dedignatur dedignari a concupitis, et se rejicientibus, et sine causa accusantes tolerat, et ipse excusat; quin magis promittit mederi, et in his ipsi abstinent. Tamen appropinquantibus præoccurrit et obviat, et totus totos complectens osculatur, et non accusat de prioribus, sed diligit præsentia, et diem festum agit, et provocat amicos, vilelicet benignos angelos, ut sit omnium delectantium habitatio. » Et paulo post : « Non oportebat, inquam, benignum in salute perditorum, et in vita mortificatorum delectari, et sine dilatione in humeris tolli vix ab errore convertentem, et benignos angelos ad epulationem excitare, qui benignus est super ingratos, et oriri facit solem suum super malos et bonos, et ipsam animam suam ponit pro refugientibus. » Et item ad locum, *Expavit cœlum in istud* : « Et horrui ego, quia Demophilus opinatur benignum in omnes homines Deum non esse et humanum, neque se indigere miserentis aut salvantis, cum sacerdotes ordinatione digni benignitati offerunt ignorantias populi, bene intelligentes quia et ipsi subjacent infirmitati. » Et paulo post : « Increpat autem et discipulos (*Luc.* IX, 55), quia impietatis immisericorditer dignum putant judicare persequentes eum Samaritas. Istud autem decies millies lectum est non temeraria epistola nostra dictum, *Non habemus namque pontificem, qui non possit compati infirmitatibus nostris (Hebr.* IV, 15). Sed et

innocens est et misericors, et non erumpet neque clamabit, et ipse mitis et propitiatio est peccatorum nostrorum. Quapropter non recipiemus tuos zelantes impetus, etiamsi decies millies reaccipies Phineem et Eliam, ipsa audientes quæ non placebant Jesu, a discipulis qui tunc erant mansueti et benigni spiritus participes, Christus in mentibus benignus sit, errantem inquirat, et refugientem advocet, et vix inventum in humeris tollat. Non deprecor, non male istud de nobis ipsis consiliemur, neque in nos ipsos impellamus gladium. Quicunque enim inique agere, aut quicunque e contrario bene agere inchoant, illos angelos, quorum voluntatem faciunt, sibi aut malitia aut benignitate consociant. Et illi quidem benignorum angelorum discipuli et comites, et hic et illic cum omni sacra datione et libertate omnium malorum ad semper existens sæculum beatissimas delegantes terminationes, cum Deo semper, quod est bonorum omnium maximum ; isti autem decident a divina simul et perpetua pace, et hic et post mortem simul cum domesticis suis erunt dæmonibus. Non ergo oportet nos multa festinatione cum Deo benigno fieri, et esse cum Domino semper, et segregare de malis in justificantibus, nos secundum dignitatem ex nobis ipsis sustinentes? » Et in libro de Ecclesiastico principatu, cap. secundo : « Hierarchas quidem unus quisque, Dei assimilatione omnes homines volens salvare, et ad agnitionem veritatis venire, prædicat omnibus vera Evangelia. *Quanti*, inquit enim, *acceperunt eum, dedit eis potestatem filios Dei fieri credentibus in nomine ejus (Joan.* I, 12). Si quis **163** ergo discedit a vero lumine, aut de intellectualibus spontaneo arbitrio malitiæ cupiditate concludens naturaliter inspersas sibi adilluminari virtutes per seipsum se destruet.

Cyprianus quoque, doctor mirificus et martyr magnificus, in libro de Oratione Dominica : « Nam cum discipuli ab eo non jam terreni appellentur, sed sal terræ (*Matth.* XV, 13), et Apostolus primum hominem vocet de terræ limo, secundum vero de cœlo (*I Cor.* XV, 47) ; et nos, qui esse debemus Patri Deo similes, qui solem suum oriri facit super bonos et malos, et pluit super justos et injustos, sic Christo monente, oramus et petimus, ut precem pro omnium salute faciamus : ut quomodo in cœlo, id est in nobis, per fidem nostram voluntas Dei facta est, ut essemus e cœlo; ita et in terra, hoc est in illis credentibus, fiat voluntas Dei, ut qui adhuc sunt prima nativitate terreni, incipiant esse cœlestes, ex aqua et spiritu nati. » Et item : « Petrus hora sexta in tectum superius ascendens (*Act.* IX, 10), signo pariter et voce Dei monente, instructus est ut omnes ad gratiam salutis admitteret, cum de mundandis gentilibus ante dubitaret. » Et in epistola ad Antonianum : « Utique, inquit, ad pœnitentiam Dominus non hortaretur, nisi quia pœnitentibus indulgentiam pollicetur. Nam cum scriptum sit : *Dominus mortem non fecit, nec lætatur in perditione vivorum (Sap.* I,

13), utique qui neminem vult perire, cupit peccatores pœnitentiam agere, et per pœnitentiam denuo ad vitam redire. » Item in epistola adversus Judæos ita dicit : « Surrexit, inquiens, Dominus tertio die, aperuit testamentum novum, atque ita dixit : Venite, exteræ gentes hæredes mei, Israel enim non obaudivit. Quapropter ite, discipuli, in ultimam usque terram, et prædicate per orbem his verbis : Venite undique patriæ gentium, ite in æternam hæreditatem, Israel enim noluit. Nec dubitet quis : nulla hic exceptio est, nec ingenuitas, nec dignitas, nec conditionis, nec positionis, nec formæ, nec ætatis. Licet dignitate magnifici, licet nobiles, licet senes, licet juvenes, pauperes, divites, boni, malique, domini atque servi, indifferenter æqualiter introite in hæreditatem. Etsi debilis captus es, et corpore deformis, etsi macula turpis, et capite defectus, etsi oculis viduatus, universis libere licet discumbere in convivio, et epulari nuptias Sponsi. Neminem pudeat, nec ætatis, nec humilitatis, nec valetudinis, nec conditionis. Consuevit enim Dominus hujusmodi homines sustinere : nam et cæcis oculos restituit, et claudos ambulare fecit, et mutis sermonem reddidit, et maculosos mundavit, et mortuos suscitavit. Nec timete qui peccatis, priores ad vitam venite ; nec qui homicidium fecerit paveat quia fecerat, nec furatus aliena desperet quia involaverat, nec publicanus timeat quia concusserat : omnibus enim remissio peccatorum statuta est. » Et post pauca : « Dominus eos placide alloquebatur his verbis : *Venite ad me, omnes qui sub onere laboratis, et ego vos reficiam. Est enim jugum meum placidum, et onus levissimum* (*Matth.* xi, 28). **164** Et responderunt : Non audiemus. Sed gentes exaudierunt et crediderunt verbo salutari. » Et post pauca : « Vivit quem interfecisti, impia Hierusalem, et tamen non totam spem denegavit Dominus. Dedit enim veniam pœnitentiæ, si quoquomodo possis pœnitere. Quis tam bonus? quis tam pius? quis tam misericors? Accipe, inquit, salutem, licet me occideris ; hæres esto cum virgine. Licet non merearis, ignosco si pœnites. »

Beatus Hilarius doctor catholicus, qui propter excellentem doctrinam Romanorum lucifer appellatur, exponens versum Psalmi cxviii, quo dicitur : *In toto corde meo exquisivi te, ne repellas me a mandatis tuis* (*in beth, psal.* cxviii, 10), ita dicit : « Competere bonitati Dei non videtur, ut a mandatis suis quemquam repellat ; sed sermonum adjectio et virtus verborum, quæ ex perfectæ cœlestisque doctrinæ ratione disposita est, nihil dubium, nihil contrarium in se habet. Qui ergo secundum prophetam mavult peccatorum pœnitentiam quam mortem, nunquid existimandus est a mandatis suis quemquam repellere? Procul sit istud existimare. Sed neque hoc nunc propheta sensit, maxime qui in toto corde Deum perquisierit. Sed absolutio difficultatum in his ipsis requirenda est, ex quibus videtur existere. Propheta enim quid senserit in promptu est noscere.

A Legimus scriptum in Jeremia : *Maledictus qui facit opera Dei negligenter* (*Jer.* xlviii, 10). Legimus et in Evangeliis scriptum : *Omni enim habenti dabitur, et abundabit : et qui non habet, etiam quod habet auferetur ab eo* (*Matth.* xxv, 29). Ergo habens abundabit. Propheta non est obnoxius maledictionis conditioni, quia non negligenter opera Dei egit, eum toto corde perquirens. Deinde confidenter petit ne a mandatis Dei repellatur, quia eum toto corde perquirat. Secundum Evangelia enim habenti dabitur, et ei qui non habet etiam id quod habet aufertur. Deus igitur non aufert nisi non habenti, secundum quod neque repellit nisi negligentem. Adeo autem bonitate plenus est, ut habentem abundantia muneretur : adeo vero non vult quemquam non habere, B ut non habenti ipsum quod habet adimat. Neminem igitur nisi obnitentem repellit, neminem nisi negligentem rejicit. Hanc enim propheta protulit causam, cur se non repelli a mandatis Dei precaretur, quia non ex parte, neque per desidiam Dominum, sed toto corde quæsisset. Per quod intelligimus eum a mandatis repelli, qui per multam incuriam fuerit indignus admitti ; et extra inhibentis invidiam est quod de culpa proficiscitur non merentis. » Et item idem in eodem psalmo (*in heth, psal.* cxviii, 64) : « *Misericordia tua, Domine, plena est terra.* Terra, inquit, misericordia Dei plena est, quæ contaminata, quæ corrupta, quæ irreligiosa, quæ infida, quæ perdita est. Et si quis forte audebit impio ore prophetam mendacii arguere, tanquam non in omnem C terram Dei misericordiam putet esse diffusam, Deum in Evangeliis recolat dixisse : *Estote boni sicut Pater vester, qui solem suum oriri facit super bonos et malos, et pluit super justos et injustos* (*Matth.* v, 45). **165** Patiens enim et misericors Deus, dum mavult pœnitentiam peccatorum quam mortem, dona sua tam justis quam injustis largitur, unicuique per patientiam longæ æquanimitatis pœnitendi tempus impertiens. » Et item idem (*in lamed, psal.* cxviii, 89) : « *In æternum, Domine, permanet verbum tuum in cœlo.* In his enim tanquam in cœlo verbum Dei permanet, in quibus hoc verbum non offenditur ira, ebrietate, odio, infidelitate, lasciviis. Nam et si aliquando manet in nobis, tamen has cohabitationis suæ contumelias non fert, ut semper inesse permaneat. Si D vero hæc commemorata vitia semper in nobis erunt, nec introire quidem polluta corporum domicilia dignabitur. Adest autem unicuique proximum, ut dictum est. Stat enim ad ostium verbum Dei, et pulsat ostium animæ nostræ, et dicit : *Ecce stans ad ostium pulso. Si quis aperiet mihi ostium, ingrediar ad eum* (*Apoc.* iii, 20). Vult ergo semper introire, sed a nobis ne introeat excluditur. Claudimus enim per hæc corporis vitia animæ nostræ aditum. Quæ si cœperit emundatis omnibus patere, introibit modo solis, qui clausis fenestræ valvis introire prohibetur, patentibus vero totus immittitur. Ipse quidem semper ut illuminet promptus est, sed lumen sibi domus ipsa obseratis aditibus excludit. Est enim verbum

Dei Sol justitiæ, assistens unicuique ut introeat, nec moratur lucem suam repertis aditibus. » Et item ipse in eodem psalmo (*in samech, psal.* cxviii, 115) : *Declinate a me, maligni.* « Nostrum est, inquit, et malos amare et bonos, et bonos ad bonitatem docere, secundum eum qui universos ad se potius invitat, dicens : *Venite ad me, omnes qui laboratis et onerati estis, et ego vos reficiam (Matth.* xi, 28). » Et item : *Sprevisti omnes discedentes a justificationibus tuis (Psal.* cxviii, 118). « Et hic, inquit, servata ea ratio est, ut non dictum sit, Sprevisti omnes peccatores, sed sprevisti omnes discedentes. Si enim peccatores Deus sperneret, omnes utique sperneret, quia sine peccato nemo sit; sed spernit discedentes a se, quos apostatas vocant. Neque interest an in justificationibus Dei quis aliquando fuerit. Spernendus enim a Deo est quisquis discesserit, quia manentis meritum conservat consummatio permanendi. Differt vero a peccatore discessio, quia peccatori venia per pœnitentiam reservatur; discessio vero cum ipsa pœnitentia discessione se damnat, quæ hinc oritur, cum voluntas eorum qui discessuri sunt est iniqua. » Et item in eodem psalmo (*in tau, psal.* cxviii, 174) : « *Concupivi salutare tuum, Domine, et lex tua meditatio mea est.* Totum se iste in adventum Jesu, id est Salvatoris, extendit, ut per salvatorem suum æternumque pastorem in cœlo angelis in æterna gaudia perhibeat se receptum. Filius enim hominis venit salvare quod perierat, missus ad oves perditas domus Israel Dominus Jesus Christus, qui est benedictus in sæcula. Amen. » Item idem in tractatu Psalmi li, dicit de populo Israel : « Moysem maledixit, Deum abominatus est, filios suos dæmonum hostiis vovit, prophetas occidit, ipsum quoque Deum ac Dominum suum, sui causa natum hominem, proditum prætori in crucem sustulit, ac sic toto vitæ suæ die iniquitate **166** glorians cum potens esset, potens tamen in malitia permansit. » Item in eodem : « Hunc propensæ malitiæ affectum Dominus in Evangelio condemnat, dicens : *Hoc est autem judicium quia lux venit in hunc mundum, et dilexerunt homines magis tenebras quam lucem* (*Joan.* iii, 19). Populus itaque, cui ad redemptionem peccatorum Verbum caro factum est, et Deus homo natus est, ut per fidei justificationem maledicto legis liber esset, dum in transgressione legis mavult servire maledicto, ipsum illum Deum suum tradidit pœnæ, sanguinem ejus, ut prætor esset innocens, in se ipse suscipiens, et hæc agens demutat naturæ consuetudinem. Malitiam enim diligit super benignitatem, et ex bonis amorem convertit in pessima. Diligere quoque injustitiam super quam loqui justitiam maluit. »

Item in eodem. « *Elevabo David tabernaculum quod cecidit* (*Amos* ix, 11). Sanctum illud scilicet, et venerabile nati ex Virgine Dei corpus et templum, in quo qui crediderit, tanquam consors Dominicæ carnis habitabit. Omnis autem infidelis a cognatione hac non crediti corporis, id est Dei tabernaculo, revelletur et emigrabitur, spiritalis hujus taberna-

culi indignus habitaculo; quod significare Dominus intelligitur cum dicit : *Ego sum vitis vera, vos estis propagines. Pater meus agricola est. Omnis propago in me non manens, neque ferens fructum, eradicabitur. Et omnem propaginem in me manentem emundabit Pater meus, ut fructum ampliorem ferat* (*Joan.* xv, 1). Si qui igitur per fidem corporati Dei manere in natura assumpti a Deo corporis merebuntur, hi emundantur in fructus æternos ex se afferendos; quia necesse est ut naturam veræ vitis propago intra vitem manens teneat. At vero qui incredulus natus in corpore Dei fuerit, vel si et credens maneat, fructibus tamen fidei suæ careat, eradicabitur, aut ob infidelitatem, aut ob inutilitatem fructuum negatorum. Natus enim ex Virgine Dei Filius, non tum primum Dei Filius cum filius hominis, sed in Filio Dei etiam filius hominis, ut et filius hominis esset Filius Dei, naturam in se universæ carnis assumpsit, per quam effectus vera vitis genus in se universæ propaginis tenet. Si qua ergo propago infidelis aut infructuosa est, eradicandam ipsa se præbet, per naturam quidem manens, sed per infidelitatem aut inutilitatem revellitur. Ex hoc ergo tabernaculo, tanquam ex vera vite, hic impius Doech et evellitur et emigratur, manens per naturam et in tabernaculo et in vite, sed per infidelitatem dignus avelli : avulsus autem de tabernaculo eradicabitur et de viventium terra. Qui enim non manebit in Christo, regni Christi incola non erit. Non erit autem, non quod sibi non patuerit incolatus. Universis enim patet ut consortes sint corporis Dei atque regni, quia Verbum caro factum est, et habitavit in nobis, naturam scilicet in se totius humani generis assumens. Sed unusquisque pro merito, et evellendum se de tabernaculo, et eradicandum de terra viventium præbet, non prohibitus unquam inesse, quia per naturæ assumptionem incola sit receptus, sed eradicabitur ob **167** infidelitatis crimen naturæ consortio indignus exsistens. Eradicatur ergo de viventium terra, quæ in beata regione sanctis Domino congregantibus præparatur; cujus ipse in Evangelio meminit dicens : *Beati mansueti, quoniam ipsi hæreditabunt terram* (*Matth.* v, 4). Et hic idem propheta : *Placebo Domino in terra viventium* (*Psal.* cxiv, 9). » Et item : « Non enim confessio peccatorum nisi hujus sæculi tempore est, dum voluntati suæ unusquisque permissus est, et per vitæ licentiam habet confessionis arbitrium. Decedentes namque de vita, simul et de jure decedimus voluntatis. Tunc enim ex merito præteritæ voluntatis lex jam constituta, aut quietis aut pœnæ excedentium ex corpore suscipit voluntatem. Cujus temporis non jam liberam sed necessariam voluntatem ostendit Propheta, cum dicit: *Non enim mihi in diebus illis voluntas,* cessant enim voluntates liberæ, etiam voluntatis si qua erit cessabit effectus. Transire namque ad Abraham volens dives chao medio non sinitur; cum tamen per libertatem voluntatis in Abrahæ sinibus esse potuisset. Interclusa est ergo libertas voluntatis, quia confessio nulla sit mortui, secundum id quod scriptum est : *In inferno autem quis confitebitur tibi ? (Psal.* vi, 6.) Item in psalmo lii : « *Populus hic labiis me honorat, cor autem eorum longe est a me (Isa.* xxix, 13), quia nolunt credere quod negare non possunt. »

Item in psalmo lvii : « *Alienati sunt peccatores ab utero (Psal.* lvii, 4). Sic Esau alienatus ab utero est, cum major minori serviturus etiam antequam exsisteret nuntiatur, Deo futuræ non nescio voluntatis, cum et sermonis falsitas et vitæ error a ventre est, ipso potius hoc sciente, quam aliquo ad necessitatem genito naturamque peccati. Ac ne vitium referri posset ad originem, præduratæ in his ad obediendum voluntatis crimen exprobrat, dicens : *Furor illis secundum similitudinem serpentis, sicut aspidis surdæ et obturantis aures suas, quæ non exaudiet vocem incantantium,* medicamentis medicata a sapiente. Non excusatur quædam necessitas naturalis in crimine. Nam serpens innocens esse potuisset, cui aures per se ut surdæ sint obstruuntur, vocemque incantantis non audit, cum medicata medicamina a sapiente non percipit. Neque hic marsorum cantus et consopita viperarum sibila memorat, quia hæc eadem majore cum energia per fidem nominis Dei virtutemque torpescunt. Sed illam contumacem atque insolentem antiqui serpentis inobedientiam docet adversum sanctorum cantus et medicata a sapiente medicamina obsurdescentis. Cum ei quotidie, ne fallat, ne subrepat, ne mordeat, etiam sub divini nominis denuntiatione mandetur, et tamen obstructo desævit auditu, ex quo non obedientes Evangelio nati viperarum sunt. »

In psalmo lxviii : « Hæc itaque doctrinæ mensa, vel hic vitalis cibi sermo, et laqueus, et captio, et retributio, et scandalum est, cum a nobis Deus Jacob esse qui ab his sit crucifixus ostenditur. Hæc est enim retributio tantæ impietatis, ut quod nobis est Dei virtus, his scandalum sit. Nam cum illaqueati captique sint scriptis, intelligentiæ tamen carent sensu. Et ideo **168** obscurati sunt oculis ne videant, id est ne lumen intelligentiæ contuerentur, quia secundum Evangelium, *omni habenti dabitur , qui autem non habet, etiam quod habet auferetur ab eo (Matth.* xxv, 29). Indigni videlicet qui intelligentiæ sensum ac lumen acciperent, et ideo evangelicæ libertatis scientiam non adepti, perpetuo adhuc legis onere deprimuntur, ut ferant quod sustinere non possunt. »

Item in psalmo cxxi : Ille Israel, a domino Pharaone vindicatus, in mari ablatus, in deserto angelorum cibo pastus, in lege eruditus, in prophetis objurgatus, in nativitate a Domino per consortium corporis susceptus, in cruce si crederet salvatus, in resurrectione si confiteretur glorificatus, nihil horum suum credidit, nihil horum manere suum voluit. »

Item in psalmo cxxviii : « Secundum principem aeris hujus spiritus, qui nunc operatur in filiis inobedientiæ. Operantur ergo hæ spiritales nequitiæ in his qui inobedientes Dei legi sunt, quos voluntatis suæ tanquam operarios eligunt, in res suas alienæ intercessionis ministerio usuri. » Et post pauca : «Ju-

das quoque in passione Domini ministerium diaboli fuit, et per eum effectum voluntatis propriæ est exsecutus, evangelista testante. » Item in eodem : « Justus Dominus, patiens scilicet in ultionem, dissimulator ad pœnitentiæ tempus. Non inter exordium humanæ iniquitatis promptus ad pœnam, sed desinendi a criminibus seram licet voluntatem peccatorum exspectans : tunc cervices concidet, cum sine aliquo desinendi modo fabricantur, cum in longum peccata tenduntur, cum jam omne patientis misericordiæ tempus exclusum est. » Item in psalmo cxxxii : « Ergo quia munera et benedictiones Dei, quibus primum omnia cum creata et facta sunt benedixit, postea vero ex peccato Adæ in anathemate constiterunt, gratum Deo est ea rursum in sanctificationis sedem redire atque descendere. Benedictus enim homo fuit, sed post benedictionem peccavit, et statim impius fuit ; sed qui mavult peccatoris pœnitentiam quam mortem, vult benedictionis suæ rorem ab Hermon in Sion descendere, id est ex impietatis sede in sanctificationis locum transire. Rore enim omnia virescunt, aluntur, augentur : ita principali illa Dei benedictione homo gignitur, spirat, et crescit. Est ergo bonum atque jocundum, ut a gentili errore, id est a profana Hermon veneratione descendens, ad Sion, id est, ad æternæ beatitudinis domum transeat, et eum qui salute omnium lætatur oblectet. » In psalmo cxxxiv : « Voluisset enim populum suum, quem in patribus eorum Abraham, Isaac, et Jacob elegerat, non judicari, ob quem post diversas plagas Ægyptum afflixerat, ob quem in columna ignis et nubis astiterat, ob quem mare diviserat, aquam e petra ejecerat, manna e cœlo miserat, legem posuerat, veniam tantis sacrilegis indulserat, tot irreligiosorum regna dejecerat, prophetas miserat, unigenitum suum nasci hominem voluerat. Sed tot tantisque beneficiis populus ingratus, et colonus vineæ primus electus, in ipsum **169** dominum vineæ parricidales manus intulit, Deum quantum in se est cruxifixum in homine mortificans. Sed electi sunt servi, quibus vinea fructum ejus reddentibus traderetur : quibus Dominus judicato populo suo pietatis suæ damnum consolaretur. » In psalmo cxxxvii, *Quoniam magnificasti super omnia nomen sanctum tuum (Psal.* cxxxvii, 2). « Non tantum unigeniti Dei nomen est cognitum, super omnia magnificatum est, et in omnes se mansuetudo sanctitatis extendit. Non barbarus, non Scytha, non servus, non liber, non mulier, non vir, non ætas ulla secernitur. Super omnia enim magnificatum Dei nomen est. »

Et item idem in libro primo de Fide (*lib.* i *de Trin. in princip.*) : « Esse autem filios Dei non necessitatem esse sed potestatem, quia proposito universis Dei munere, non natura gignentium afferatur, sed voluntas præmium consequatur. Ac ne id ipsum, quod unicuique esse Dei filium a Deo Filio sit potestas, in aliquo infirmitatem fidei trepidæ impediret, quia per sui difficultatem ægerrime speretur quod et magis optatur et minus creditur, Verbum Deus caro factum est, ut per Deum Verbum carnem factum caro proficeret in Deum Verbum. Ac ne Verbum caro factum, aut aliquid aliud esset quam Deus Verbum, aut non nostri corporis caro esset, habitavit in nobis : ut dum habitat non aliud quam Deus maneret : dum autem habitat in nobis, non aliud quam nostræ carnis. Deus caro factus esset, per dignationem assumptæ carnis non inops suorum, quia tanquam unigenitus a Patre plenus gratiæ et veritatis, et in suis perfectus sit, et verus in nostris. » Item in secundo libro (*lib.* II *de Trin., post medium*) : « Humani enim generis causa Dei Filius natus ex Virgine est et Spiritu sancto, ipso sibi in hac operatione famulante, et sua Dei videlicet inumbrante virtute, corporis sibi initia consevit, et exordia carnis instituit, ut homo factus ex Virgine naturam in se carnis acciperet, perque hujus admistionis societatem sanctificatum in eo universi generis humani corpus existeret : ut quemadmodum omnes in se per id quod corporeum se esse voluit conderentur, ita rursum in omnes ipse per id quod ejus est invisibile referretur. » Et post pauca : « Non ille eguit homo effici, per quem homo factus est, sed nos eguimus ut Deus caro fieret, et habitaret in nobis, id est, assumptione carnis unius membra universæ carnis incoleret. » Et item : « Angelus pastoribus nuntiat natum Christum Dominum salutem universorum. » Et item : « Cum Samaritana Domino erat sermo : venerat enim redemptio universorum. » Et item : « Munus autem quod in Christo est omne omnibus patet unum, et quod ubique non deest, in tantum datur in quantum quis volet sumere, in tantum residet, in quantum quis volet promereri. » Item in tertio libro (*libro* III *in princip.*) : « Curam ergo humani generis habens Dei Filius, primum ut sibi crederetur homo factus est, ut testis divinarum rerum nobis esset ex nostris, perque infirmitatem carnis Deum Patrem nobis infirmis et carnalibus prædicaret, voluntatem in eo Dei Patris efficiens ut dicit : *Non veni* **170** *voluntatem meam facere, sed voluntatem ejus qui misit me* (*Joan.* VI, 38). »

Sanctus quoque Athanasius Alexandrinus in epistola ad Epictetum episcopum sic dicit : « Vere homine facto Salvatore, totius hominis facta est salus. Nec corporis solum, sed totius humani animæ et corporis vere salus facta est in ipso Verbo. Humanum vero naturaliter ex Maria, secundum divinas Scripturas, et verum erat corpus Salvatoris. Verum autem erat, quia simile erat nostro. Soror etenim fuit nostra Maria, quoniam omnes ex Adam sumus. »

Sanctus Ambrosius, cujus sententiæ fidei et Ecclesiæ atque omnium virtutum firmissimæ sunt columnæ, qui S. Augustinum per Dei gratiam fide illuminavit, baptismate consecravit, atque doctrina pietatis instruxit, ita in libro de Paradiso dicit : « Discant igitur non superfluum, non injustum, etiam prævaricatori præscriptum esse mandatum. Nam et ipse Dominus Jesus elegit Judam, quem proditorem

sciebat. Quem si per imprudentiam electum putant, divinæ derogant potestati. Sed hoc æstimare non possunt, cum Scriptura dicat, *quia sciebat Jesus quis eum proditurus erat* (*Joan.* XIII, 11). Accipiant etiam ipsi, qua ratione Dei Filius, vel prævaricaturo mandaverat, vel elegerit proditorem. Venerat Dominus Jesus omnes salvos facere peccatores, etiam circa impios ostendere suam debuit voluntatem. Et ideo nec proditorem debuit præterire, ut adverterent omnes quod in electione etiam proditoris sui servandorum omnium insigne prætendit. Nec in eo læsus est, vel Adam quia mandatum accepit, vel Judas quia electus est. Non enim necessitatem Deus, vel illi prævaricationis, vel huic proditionis imposuit : quia uterque, si quod acceperat custodisset, a peccato potuisset abstinere. Denique nec Judæos omnes credituros sciebat, et tamen ait : *Non veni nisi ad oves perditas domus Israel* (*Matth.* XV, 24). Ergo non in mandante culpa, sed in prævaricante peccatum. Et quod in Deo fuit ostendit omnibus quod omnes voluit liberare. Nec tamen dico, quia prævaricationem nesciebat futuram, imo quia sciebat assero : sed non ideo pereuntis proditoris invidiam in se debuit derivare, ut ascriberetur de eo quod uterque sit lapsus. Nunc autem uterque redarguitur atque convincitur, quia et ille mandatum ne laberetur accepit, et hic etiam in apostolatus munus ascitus est, ut vel beneficio Dei revocaretur a proditionis affectu, simul unde mali revincuntur prodesset omnibus. » Et in psalmo CXVIII exponens versum, *Bonitatem fecisti cum servo tuo, Domine, secundum verbum tuum* (*Psal.* CXVIII, 69), ita dicit : « Quam bonus Israel Deus rectis corde! Ergo bonus omnibus, quia omnes recto vult esse corde. Qui autem cor declinaverit, ipse a se gratiam divinæ bonitatis avertit. Semper Deus bonus est, ideoque Paulus ait : *Vide ergo bonitatem et severitatem Dei* (*Rom.* XI, 22). Bonitas enim in omnes est, severitas in paucos. Denique subdidit idem apostolus : *In eos quidem qui ceciderunt severitatem, in te autem bonitatem.* Si enim non cecidissent, utique uterentur et ipsi Dei bonitate. Nam et tibi ideo bonus est, quia permanes. Quod si **171** non permanseris in bonitate, et tu excideris. Non ergo Deus propterea bonus esse desistet, quia tu lapsus es, et indiges severitate, si quidem ut severitas Dei in bonitatem recurrat, unusquisque castigatus pedem referat a peccatis, et ad virtutum tramitem bonamque conversationem recurrat. Denique docet de illis qui ceciderunt Apostolus, quia si non permanserint in incredulitate inserentur. Potens est enim Deus iterum inserere illos, ut, quemadmodum deserta virgulta, ita et homines velut caudicibus quibusdam virtutis inserti, bonorum fructus possint referre meritorum. »

Item ubi exponit: *Appropinquaverunt persequentes me iniquitati* (*Psal.* CXVIII, 150) : « Penetrat ergo, inquit, animam, et quasi candor æternæ lucis illustrat. Sed quamvis diffuse per omnes, et in omnes et supra omnes potestate sit, quia omnibus ortus ex Virgine est, et bonis et malis, sicut et solem suum oriri jubet super bonos et malos, illum tamen fovet qui appropinquat sibi. Sicut enim a se fulgorem solis excludit qui fenestras domus suæ clauserit, locumque tenebrosum in quo diversetur elegerit : ita qui se averterit a sole justitiæ, non potest splendorem ejus aspicere, quia in tenebris ambulat, et in omnium luce ipse sibi causa est cæcitatis. Aperi igitur fenestras tuas, ut tota domus tua veri fulgore solis illuceat. Aperi oculos tuos, ut videas orientem tibi solem justitiæ. Pulsat januam tuam Dei Verbum : *Si quis mihi aperuerit*, inquit, *intrabo (Apoc.* iii, 20). Si quis ergo non aperuerit, nunquid non ingredientis et non magis non aperientis est culpa ? Nihil quidem Deo est obseratum, nihil clausum æterno lumini. Sed portas malitiæ dedignatur aperire, conclavia non vult penetrare nequitiæ. An vero, cum animæ nostræ vigor putrem corporis refugiat portionem, quod ejus gratiam corrupti artus sentire non possint, Deus corruptæ animæ membra quædam dedignatur habitare ? Animæ tamen vigor per corpus omne diffunditur : sive manus, sive pes, sive digitus, particeps sensus est. Dei potest alicubi deesse sapientia ? alicubi deesse majestas ? Sane fugientes non retinet, non cogit invitos, sed neque fastidit appropinquantes. Et illius quidem virtus, illius Verbum Deus omnibus prope est. In ipso enim constant omnia, et ipse est caput corporis Ecclesiæ, in quo omnis inhabitat plenitudo. Sed plerosque ab eo peccata secernunt, de quibus dictum est : *Ecce qui elongant se a te peribunt.* Unde Psalmista ait : *Mihi autem adhærere Deo bonum est (Psal.* lxxii, 27). Et Apostolus ait : *Non longe esse Deum ab unoquoque nostrum. In ipso*, inquit, *vivimus, movemur, et sumus (Act.* xvii, 27). Vitalem etenim gratiam omnibus subministrans, omnibus præsto est bonitatis suæ munere : sed proprior est illis qui contrito sunt corde. » Item ubi exponit : *Misericordiæ tuæ multæ, Domine (Psal.* cxviii, 156). « Et si longe, inquit, a peccatoribus salus, tamen nemo desperet, quia multæ sunt misericordiæ Domini. Qui suo peccato pereunt, misericordia Domini liberantur. *Miserebor*, inquit, *cui misertus ero (Exod.* xxxiii, 19). Palam apparuit non quærentibus, vocavit fugientes, congregavit **172** ignaros. » Et item ubi exponit : *Longe est a peccatoribus salus (Psal.* cxviii, 155). « Quorum serum, inquit, est judicium, eorum salus longe est. Sed ipsi sunt sui auctores periculi, qui Domino non appropinquarunt. Ideo facti sunt longe, quia voluntate sua a salutis se gratia separaverunt. Non refugit eos salus, sed ipsi salutem, qui se elongaverunt. Venit ad Judæos, sed ipsi salutem non receperunt. Quomodo non receperunt ? audi. Jesus salus est, Jesus filius hominis nuncupatus est. Venit filius hominis quærere et salvum facere quod perierat. Sed Judæi dimitti sibi latronem postularunt, Jesum repudiaverunt. » Et item : *Ne repellas me a mandatis tuis (Psal.* cxviii, 10). « Si Deus repellit unumquemque

quem repellendum putat, videamus ne excusationem ei tribuat, qui cum sequi Deum velit repulsus sit : et primum quemadmodum bonum Deus repellit sequentem, nisi ipse mereatur repelli, sicut ipse Dominus ait : *Vulpes foveas habent (Matth.* viii, 20), et ideo quasi vulpem repellit ? » Item ubi exponit : *Revela oculos meos (Psal.* cxviii, 18). « Bene, inquit, admonuit lectio Evangelii quæ decursa est, in qua sanatus est leprosus ille qui dixit : *Si vis, potes me mundare (Matth.* viii, 2), in voluntate Domini constituens potestatis effectum. Cui respondit similiter : *Volo mundare.* Præmissa pietas voluntatis, secuta potestatis auctoritas est. Omnibus dicit Jesus : Volo, qui non vult esse peccatum. Velle Christi commune in omnes est : mundari fidei est credentis in Christum. *Et tetigit eum.* Tangit eos, quorum fide tangitur. Denique dicit : Tetigit me aliquis, sentio virtutem exisse de me. » Et item : *Aufer a me opprobrium et contemptum (Psal.* cxviii, 22). « Adversum me, inquit, detractabant. Ego eorum redemptor adveneram, ego veneram, ut omnium peccata mundarem, ut recuperarem amissos, restituerem paradiso sancti Jacob hæreditatem, et illi adversum me detractabant. » Item : *In æternum, Domine, permanet verbum tuum (Psal.* cxviii, 89). « Dilata, inquit, cor tuum, occurre Soli lucis æternæ, qui illuminat omnem hominem. Et illud quidem verum lumen omnibus lucet : sed si quis fenestras suas clauserit, æterno lumine se ipse fraudavit. Excluditur ergo et Christus, si tu mentis tuæ januam claudas. Etsi possit intrare, non vult tamen importunus irruere, non vult invitos cogere. Ortus ex Virgine processit ex alvo, universa totius orbis irradians, ut luceret omnibus hominibus. Capiunt qui desiderant fulgoris perpetui claritatem, quam nox nulla interpolat. »

Et item cum exponeret, *Anima mea in manibus tuis semper (Psal.* cxviii, 109), ait : « Et ideo Filius hominis non habebat ubi caput suum reclinaret, quia cum dives esset pauper factus est : nec gloriam istius sæculi requirebat, quia venerat non ut in portione, sed ut in universum humano generi subveniret, dicens : *Mihi irascimini, qui totum hominem salvum feci in Sabbato ? (Joan.* vii, 23.) Hoc est totum, non ut facultatum collatione ditaret, non ut honorum insignibus, non ut gloriæ sæcularis cumularet augmento, hæc enim non habent beatitudinis et gratiæ plenitudinem, sed totum, hoc est longitudinem vitæ complecteretur æternæ. » Item in **173** eodem psalmo : *Ponit thronum suum, quin diabolus, super sidera.* Quando electum decipit, quando justum circumvenit, cujus opera lucent sicut stellæ in cœlo. « Nonne et Judas proditor inter cæteros audiebat : *Vos estis lux mundi ? (Matth.* v, 14.) Nonne diabolus lumen ejus exstinxit ? quando etiam quos non potuerit circumvenire calumniatur, invidens regni cœlestis gloriam : ut quos illecebris suis a Christo non potuit separare, eos calumniis suis debiti honoris fructu fraudare conetur. Ecce manus Domini parata est, quæ te fugientem ab adversariis tueatur ac protegat. Pharao te in patribus tenebat : superbus, immitis. Fugisti ab eo, suscepit te manus Domini, et de periculis liberavit. Non dimisisset Pharao, nisi tu ad Dominum refugisses. Dicebat Pharao, *Dominum nescio, Israel non demitto* (*Exod.* v, 2). Vides quam superbus. Merito ergo susceptus in bono est qui malum fugit. Non patitur ergo Deus in malo nos esse, suscipit in bono. Nec patitur suos calumniis subjacere. Quare ergo non omnes salventur, ita in eodem psalmo exponit. Dicit Sapientia : *Quærunt me mali et non invenient.* Non quia Dominus nolebat inveniri ab hominibus, qui se etiam non quærentibus offerebat, sed quia his operibus quærebatur, ut indigni essent qui quærerent invenire. Cæterum Simon, qui eum nesciebat, invenit, invenit Andreas, Philippus ad Nathanael eum invenisse se dixit. » Et item in libro de Joseph : « Cæterum quod ad moralem pertinet locum, quia omnes vult salvos fieri Dominus Deus noster, dedit etiam per Joseph his qui sunt in servitute solatium.

Item in libro primo de Pœnitentia (*cap.* 5) : « *Non in æternum projiciet Deus, aut obliviscetur misereri Deus* (*Psal.* LXXVI, 8, 10), clamat propheta, et sunt qui divinæ miserationis quædam inducant oblivia. Sed aiunt ideo se ista asserere, ne mutabilem Deum facere videantur, si his quibus fuerit iratus ignoscat. Quid ergo? repudiabimus divina oracula, et istorum opiniones sequemur? Sed non Deus alienis assertionibus, sed suis æstimandus est vocibus. » Et post aliquanta (*cap.* 4) : « Et tu quidem, Domine, omnes cupis sanare, sed non omnes curari volunt. » Et item post aliquanta (*cap.* 12) : « Ipse te doceat, qui etiam non custodientibus mandata sua veniam non negavit, sicut habes in Psalmi corpore, *Si justitias meas profanaverint* (*Psal* LXXXVIII, 32), et reliqua. Omnibus igitur promittit misericordiam. » Item in secundo libro (*cap.* 4) : « Et ideo revertimini ad Ecclesiam, si qui vos separastis impie. Omnibus enim conversis pollicetur veniam, quia scriptum est : *Omnis quicunque invocaverit nomen Domini salvus erit* (*Rom.* x, 13). » Et item (*cap.* 5) : « Sed si isti non convertuntur, vel vos revertimini, qui lapsu vario de innocentiæ fideique præcelso fastigio decidistis. Bonum Dominum habemus, qui velit donare omnibus. » Et post aliquanta (*cap.* 6) : « Ipse Dominus Hierusalem flevit, ut quia ipsa flere nolebat, Domini lacrymis ad veniam pertineret. Ipse nos flere vult, ut evadere possimus, sicut habes scriptum in Evangelio, *Filiæ Hierusalem, nolite me flere, sed vos ipsas flete* (*Luc.* XXIII, 28). » Et item idem in sermone ex sententia Apostoli : « *Credidit* **174** *Abraham Deo, et reputatum est ei ad justitiam* (*Gal.* III, 6). Denique ait Apostolus : *Ecce ego Paulus dico vobis, quoniam si circumcidamini, Christus vobis nihil proderit* (*Gal.* v, 2). Non quia non possit, sed quia indignos beneficiis suis judicet qui vias ejus deserant. » Et item in sermone Evangelii, quod *prætendens Jesus vidit a generatione cæcum* (*Joan.* IX, 1). « Oblata erat, inquit, a Scribis et Pharisæis Domino

Jesu adulterii rea, et hac oblata fraude, ut si eam absolveret, legem solvere videretur : sin vero damnaret, propositum sui mutaret adventus, quia peccata omnium remissurus advenit. » Et item in eodem : « Vide, lector, divina mysteria et clementiam Christi : cum accusatur mulier, caput Christus inclinat : elevat autem, ubi defecit accusator. Ita nullum damnari vult, absolvit omnes. »

Nunc quia tempus et ordo ponendi est sanctum Joannem Constantinopolitanum episcopum, qui propter dulcedinem salubris ac saporivæ elocutionis a Græcis Chrysostomos, id est Os aureum, dignissime est appellatus, verbis sancti Augustini, quibus eum in testimonium suum contra Julianum invitavit, uti dignum censuimus. Ingredere, inquit, sancte Joannes, ingredere et conside cum fratribus tuis, a quibus nulla ratio, nulla tentatio te separavit, opus est et tua sententia. Qui ait in Commento Epistolæ ad Hebræos : « Ad propitiandum enim, inquit, peccatis nostris : quare non dixit mundi, sed dixit populi? Nam omnium peccata sustinuit : sed quia interim de ipsis vertebatur sermo. Nam et angelus dicebat Joseph : *Vocabis nomen ejus Jesum, ipse enim salvabit populum suum* (*Matth.* I, 12). Hoc quippe primum oportuit fieri, et propter hoc venit, ut istos salvaret, et tunc per istos illos, tametsi econtra contigit. Hæc etiam Apostoli ab ipso initio dicebant : *Vobis suscitans filium suum misit benedicentem vos* (*Act.* III, 26). Et iterum, *Vobis sermo salutis missus est; sed quia repellitis illud, et indignos vos judicatis æternæ vitæ, ecce convertimur ad gentes* (*Act.* XIII, 46). Generositatem hic ostendit Judaïcam, dicens ad propitiandum peccatis populi. » Iterum sic dixit. « Qui enim? ipse est qui peccata omnium dimittit. Manifestavit in paralytico dicens, *Dimittuntur tibi peccata* (*Marc.* v). Et in baptismate. Dixit enim ad discipulos suos : *Euntes docete omnes gentes, baptizantes eos in nomine Patris, et Filii, et Spiritus sancti* (*Matth.* XXVIII, 19). » Et item : « Nam et beatitudines quæ a Christo dicuntur, non monachis tantum dictæ sunt, alioquin universus mundus peribit, et accusabimus crudelitatem Dei. Si vero beatitudines solis monachis datæ sunt, sæcularem autem hominem impossibile est eas implere, ipse nuptias jussit, ipse ergo omnes perdidit. Si enim non possunt cum nuptiis ea quæ monachorum sunt implere, perierunt et corrupti sunt, et in angustum conclusa quæ virtutis sunt, et quomodo honorabiles sunt quæ nobis tantum impediunt? Quid ergo impossibile est? et valde possibile, etiam habentes uxores virtutem aggredi si voluerimus. Quomodo? si habentes tanquam non habentes simus. Qui non gaudemus in his quæ possidemus; si mundo utamur tanquam non utentes. Si autem aliqui impediti sunt ex nuptiis, **175** sciant quoniam non nuptiæ illis impedimentum fuerunt, sed voluntas quæ male utitur nuptiis; nam neque vinum facit ebrietatem, sed voluntas et excessus moderationis. Utere cum moderatione nuptiis, et primus eris in regno, et omnibus frueris bonis. » Et item, « *Reproba*, inquit, *et maledictioni proxima* (*Hebr.* vi, 8). O quantam habet consolationem hic sermo! Maledictioni, inquit, proxima, non maledictio. Qui autem necdum in maledictionem incidit, sed proximus est, et longe fieri poterit. Et non hoc solo consolatus est, sed etiam in eo quod sequitur. Non enim dixit : Reproba et maledictioni proxima, quæ comburetur. Sed quid? Cujus consummatio in adustionem. Si usque ad finem permaneat, inquit. Proinde si abscidamus et aduramus spinas, poterimus mille bonis perfrui, et fieri probabiles, et benedictionis participes. »

Et item : « Quid autem difficilius, dic mihi, quam contum in fronte portare, et impositum puerum multa millia schemata facientem ibidem bajulare, et delectare spectantes? Quid autem difficilius quam cum gladiis pilarum more ludere? quid difficilius quam super funem extensum ambulare veluti super æquale solum, et rursum ambulantem vestiri, spoliari, tanquam in lecto sedeat? Nonne mirabilis, nobis ista res esse videtur, et terribilis ut etiam videre nolimus, sed timeamus et tremamus ad ipsum aspectum? Quid autem gravius, dic mihi, quam profundum pelagi scrutari, et decem millia alias artes quis dicere possit? Si omnium istarum facilior est virtus, si voluerimus et in cœlum ascendere. Velle enim opus est hic tantum, et omnia sequuntur. Non potes enim dicere : Non possum, neque accusare potes Conditorem. Si enim impossibiles nos fecit, deinde imperat, accusatio ejus est. Quomodo ergo, inquit, multi non possunt? Quomodo ergo, multi nolunt, dic. Si enim voluerint, omnes poterunt. Propter hoc et Paulus dicit : *Volo omnes homines esse sicut et meipsum* (*I Cor.* vii, 7), quoniam sciebat quia omnes poterant esse sicut ipse. Nequaquam enim hoc diceret, si impossibile esset. Vis fieri? principium tantum apprehende. Dic autem mihi, in artibus cunctis, cum voluerimus in eis perfecti fieri, non sufficit nobis velle, an etiam aggredimur ipsas res? Veluti quod dico : Vult aliquis fieri gubernator : non dicit Volo, ei hoc ei sufficit, sed etiam rem ipsam aggreditur. Vult fieri negotiator : non dicit Volo tantum, sed etiam rem aggreditur : et sic omnibus non sufficit velle tantum, sed etiam opus oportet addere. In cœlum autem volens ascendere dicit tantum Volo. Quomodo ergo dicebas, inquit, quia velle sufficit? Sed velle cum opera apprehendens, etiam rem cum labore. Habemus quippe cooperatorem et adjutorem Deum. Tantum rem assumamus, tantum veluti ad opus accedamus ad rem, tantum curam geramus, tantum in mente ponamus, et cuncta sequentur. Si vero dormierimus, et stertentes speremus intrare in cœlum, quando poterimus hæreditatem cœlorum apprehendere? Desideremus **176** ergo hæc, obsecro, desideremus. Quid omnia ad præsentem vitam negotiamur, quæ crastina derelinquemus? Assumamus igitur virtutem, quæ nobis in perpetuum sufficiet, in quo erimus semper et æternis bonis fruemur. » Et

item : « Postquam enim dixit superius illa magna valdeque miseranda, dicit nunc et decora ex ejus sollicitudine quam de hominibus gerit. Et quamvis illud universale sit quod omnia continet, verumtamen hoc multo amplius est universale, ut quantum in ipso est omnes credant. Nam etiam Joannes dicit, *Vita erat.* Sed et providentiam ejus manifestans iterum dicit, quoniam lumen est. *Per ipsum,* inquit, *mundationem faciens peccatorum nostrorum,* sedet in dextera majestatis in excelsis. Duo quædam in hoc loco significat majora, quod de nobis curam gerit, vel quod peccata nostra mundaverit, et quoniam per seipsum hoc opus impleverit. Et in multis locis invenies eum in hoc maxime gloriari, non solum quoniam conversi sumus ad Deum, sed etiam in eo quod per Filium fuerit istud effectum. »

Et item : « Nullam autem imbecillitatem aliquid arbitror eo quod dixit Patrem indignaturum pro his quæ fuerit indigna perpessus. Hoc magis multæ Patris circa Filium dilectionis et honoris ostenditur. Qui enim indignatur pro eo, quomodo extraneus ab illo esse conjicitur? Quod etiam in alio dicitur psalmo : *Qui habitat in cœlis irridebit eos, et Dominus subsannabit eos. Tunc loquetur ad eos in ira sua, et in furore suo conturbabit eos* (*Psal.* ii, 4). »
Et iterum ipse dixit : « Eos autem qui me sibi regnare noluerunt, adducite in conspectu meo et interimite. Quia vere ejus sunt hæc verba, audi quid dicat et in alio loco : *Quoties volui congregare filios tuos et noluisti? Ecce relinquetur vobis domus vestra deserta* (*Luc.* xiii, 34). Et iterum : *Auferetur a vobis regnum Dei, et dabitur genti facienti fructus ejus.* »
Et item : « In hoc cernimur similes Deo, si cunctos amabimus, diligamus etiam inimicos nostros : non autem si signa vel miracula fecerimus. Nam et Deum ipsum admiramur quidem miracula facientem, sed amplius admiramur miserantem et longanimiter sustinentem. Si igitur et in ipso Deo illud amplius admirandum, quanto magis in homine? »

Et item : « Si enim patres vestri, inquit, quia non speraverunt sicut oportebat sperare, hæc passi sunt, multo amplius vos. Ad illos enim iste sermo factus est. Hodie namque, inquit, semper est donec constet mundus. Propterea consolamini vos ipsos per singulos dies usquequo vocatur hodie : hoc est, ædificate invicem, corrigite vos ipsos, ne contingant vobis similia, ne obduretur quisquam ex vobis decipiente peccato. Attendis quia infidelitas peccatum facit? Sicut enim infidelitas malignam vitam procreat, sic etiam anima quando in profundum malorum venerit contemnit, contemnens autem neque credere patitur ut se timore liberet. Dixit namque, inquit, *Non videbit Dominus, neque intelliget* (*Psal.* xciii, 7). » Et item : « Quidam enim audientes amaricaverunt, sed non omnes qui **177** exierunt ex Ægypto per Moysem. Quibus autem iratus est quadraginta annis? nonne peccatoribus, quorum membra ceciderunt in eremo? Quibus autem juravit quia non intrent in requiem ejus, nisi infidelibus? et videmus quia non poterant intrare per infidelitatem. » Et paulo post : « Quorum obduratorum mentionem facit, nonne Judæorum? » Quod autem dicit, tale est : « Audierunt et illi, inquit, sicut et nos audivimus, sed nihil profuit illis. Non ergo putetis quia ex auditu tantum prædicationis juvamini, quia et illi audierunt, sed nihil utilitatis habuere, quoniam non crediderunt. Caleph autem et Jesus, quia non consenserunt infidelibus, effugerunt pœnam quæ illis illata est. Et inspice quam mirabiliter. Non dixit non consenserunt, sed non contemperati sunt, hoc est sine seditione dissenserunt, illis omnibus unam atque eamdem sententiam habentibus. » Et item : *In die qua apprehendi manum eorum ut educerem eos de terra Ægypti, et ipsi non manserunt in testamento meo, et ego neglexi eos, dicit Dominus* (*Jer.* xxxi, 32). « Intuere a nobis primum incipere mala. Ipsi, inquit, primi non manserunt. Ex nobis est negligentia. »

Et item : Prudentia autem carnis inimica est in Deum, legi autem Dei non subjicitur, neque potest. « Quid ergo, inquit, non hoc est crimen? Et valde quidem crimen est. Malus enim usquequo est malus non subjicitur quidem, mutari autem et fieri bonus potest. Abjiciamus igitur intelligentias carnales. Quæ sunt autem carnalia? quæcunque corpus florere faciunt, et luxuriari, vitiant autem animam. » Ponunt autem quidam exemplum Apostoli dicentis de Esau : *Non enim invenit pœnitentiæ locum, quamvis eam cum lacrymis inquisisset* (*Hebr.* xii, 17), volentes ostendere quia non Deus omnes salvos vult fieri, etiamsi velint salvari. Unde iste doctor in hoc eodem libro dicit : « Quid hic dicimus? Num pœnitentiam Paulus excludit? Nequaquam. Quomodo ergo dicit, quod non invenerit pœnitentiæ locum? Si enim culpavit semetipsum, si gemitibus magnis ingemuit, cur pœnitentiæ locum invenire non meruit? Quoniam non erat pœnitentia illa. Sicut et tristitia Cain non ex patientia descendebat, quod occisio fratris aperuit : sic etiam hic non erant illa verba pœnitentiæ. Nam et hic fratris occisione depalatur, quandoquidem, quantum ad eum attinuit, etiam ipse fratri suo Jacob intulit mortem. Nam sic dixit : *Appropinquant, inquit, dies passionis Patris mei, et interficiam fratrem meum* (*Gen.* xxvii, 41). Non ergo valuerunt solæ lacrymæ pœnitentiam illi tribuere : et non dixit simpliciter quia per pœnitentiam quæsivit, sed cum lacrymis inquisivit pœnitentiæ locum et non invenit. Quid ergo dicimus, nisi quia non pœnituit ut convenit? Hoc est enim pœnitentia, ut congruenter geratur. Alioquin si pœnitentiam damnat Apostolus, quomodo iterum velut segnes admonet et hortatur ? quomodo claudos effectos et remissos atque solutos, quod est ruinæ principium, ut erigantur invitat ? Mihi quidem videtur, quia significat aliquos inter illos adulteros, **178** quos tamen publice nolebat arguere, sed fingit ignorantiam postea vero si per-

stiterint, tunc jam convenit increpare, ne si ante volueris arguere, impudendos et protervos efficias. Sicut etiam Moyses fecit circa Zambrium et Casbitidem. *Pœnitentiæ,* inquit, *locum non invenit.* Potest et aliter intelligi, quia peccatum pœnitentia majus admisit. Sunt enim peccata pœnitentiam superantia : veluti si diceret : Non cadamus in insanabilem ruinam. Dum enim claudicat quisquis, facile potest rectus vel sanus effici : si vero penitus subvertatur, quid ulterius? Proinde necdum lapsis hæc loquitur, ut eos timore deprimeret. Veluti si diceret, quia qui cecidit nullam consolationem mereri jam poterit. Et hic quidem istos ne caderent aliter admonebat : in alio vero loco ubi jam eis qui ceciderant loquitur, ne in desperationem deciderent, contraria dicit : *Filioli mei,* inquit, *quos iterum parturio donec reformetur Christus in vobis* (*Gal.* iv, 19). Quibus alibi dicebat : *Qui in lege justificamini a gratia excidistis* (*Gal.* v, 4). Ecce ipse testatur quia ceciderant. Qui ergo stat et audit, quoniam qui ceciderit veniam non valet impetrare, validius stabit et cautius. Si vero et circa eum qui cecidit simili volueris vehementia, ad id redigitur ut nunquam possit assurgere. Quali enim spe conversionem vel quales fructus suscipit ? Non solum, inquit, lacrymas fudit, sed etiam exquisivit. Et videtur quidem excludere pœnitentiam : sed cautiores eos et muneratiores reddit, ne ferantur pro omnibus ad ruinam. Quanticunque igitur non credunt esse gehennam, hæc in mentem revocent : et quotquot existimant impunita remanere peccata, hæc considerantes attendant cur Esau veniam non potuit adipisci, quia videlicet non pœnituit ut debuit. Vis videre integram pœnitentiam ? Adverte Petrum, qualiter pœnituerit postquam negaverat Christum. Narrans namque nobis evangelista ejus historiam : *Et exiens,* inquit, *ploravit amare* (*Matth.* xxvi, 75). Idcirco illi remissum est tam grande peccatum, quia sicut debuit pœnitentiam gessit. Etiam Judas pœnituit, sed male ; laqueo namque se suspendit. Pœnituit etiam, sicut jam dixi, et Esau ; magis autem iste neque pœnituit. Lacrymæ quippe illæ non erant pœnitentiæ, sed animi violenti et indignationis infernæ : quod ex ejus operibus aperitur. Pœnituit et beatus David : *Lavabo per singulas noctes lectum meum, et in lacrymis stratum meum rigabo* (*Psal.* vi, 6, 7). Et peccatum, quod ante multum tempus admiserat, post tantos annos, tantasque generationes lugebat, veluti de recenti tempore perpetratum. Pœnitentem quippe non convenit indignari, nec exasperare : quin potius continere, sicuti condemnatum et fiduciam non gerentem, et veluti quippe qui misericordia salvari desiderat. »

Et item : « Hæc quippe est causa omnium bonorum, si in nobis spiritalis gratia perseverat. Hæc quippe nos ad omnia recto itinere reducit, sicut etiam quando ab ea excedimus perimus, et deserti efficimur omni bono. Non itaque eam repellamus. In nobis quippe est etiam ut permaneat

179 In nobis, vel ut discedat a nobis. Illud enim fit quando cœlestia meditamur, hoc autem quando ad sæcularia declinamus. » Item in homilia prima Psalmi I : « Propterea scribo, ut vulnus et medicamenta universi cognoscant. Non timeo confusionem, quia meam salutem desidero. Sic et Paulus facit : concessa sibi peccata publicat dicens : *Gratias ago qui me confortavit Christo, quia fidelem me existimavit, qui prius fui blasphemus et persecutor et contumeliosus, et nunc fidelem me fecit (I Tim.* I, 12). Propterea, inquit, memetipsum publico, ut si quis est blasphemus et injuriosus, et multis obnoxius malis, non desperet salutem. Tantum est ut recedat a malis et faciat bona, et habeat spem salutis, quia nolo mortem peccatoris, dicit Dominus, tantum ut convertatur et vivat. » Item in homilia de Cananæa : « *Transiens*, inquit, *Jesus vidit Matthæum sedentem in teloneo, et dixit ei : Sequere me (Matth.* IX, 9). O virtus sermonis! quasi quidam introiit hamus, et captivum militem fecit, et ex luto aurum est operatus. Venit uncinus, et statim exsurgens secutus est eum. In profundo malignitatis erat, et usque ad verticem virtutis conscendit, ut nobis neminem desperare debere salutem doceret, quia naturalis malignitas non est. Liberi quippe arbitrii nos creavit Deus, ut voluntate nostra cum adjutorio Dei quod volumus faciamus. Si publicanus es, potes fieri evangelista. Si blasphemus es, potes fieri apostolus. Si latro es, potes paradisi colonus effici. Si magus es, poteris adorare. Non est ulla malitia, quæ pœnitentia non solvatur. Et ideo tanquam principia malignitatum elegit Christus, ut nemo usque in finem semetipsum despiciat. Noli mihi dicere : Perivi, quia jam medicum habes satis fortiorem te, et potentiorem quam infirmitas tua est. Medicum habes voluntatem tuam, si volueris emendantem, et potentem, et cupientem. »

Item in homilia de Turture : « Oritur sol et occidit sol, et ad locum suum revertitur. Ortus est enim nobis sol justitiæ, Christus, de sancta Maria secundum carnem genitus : Oriens quippe nomen illi. Occidit vero, quando post crucem ad inferna descendit. Oritur sol, et occidit sol, et ad locum suum revertitur, ipso dicente : *Cum exaltatus fuero, universos traham ad me (Joan.* XII, 32). De hoc sole justitiæ et Isaias pronuntiat dicens : *In diebus illis orietur sol justitiæ, et sanitas erit in pennis ejus (Malac.* IV, 2). Veniente enim sole justitiæ, Christo, ad tactum fimbriæ vestimenti ejus fons profluvii sanguinis exsiccatus est. Nigra sum et speciosa, filia Jerusalem. Si qua hic peccatis anima denigrata, ne timeat, tantummodo pœnitentiam agat et dicat : Nigra sum ego, et decora. Et si in novissimo spiritu est, et, ut ita dicam, si in extremo halitu positus, ne formidet, tantum cum fletu pœniteat, et compuncto confiteatur corde. Ad vesperum enim demorabitur fletus, et, ad matutinum lætitia. Imitare namque Ezechiam regem, et sequentia. » Et in libro de Reparatione lapsi : « Intuere denique vel in prin-

cipiis Jeremiæ quæ referuntur de Deo, vel apud reliquos prophetas. Quomodo etiam cum despiceretur **180** et contemneretur a populo, tamen rursus revertebatur ad eos, et amore eorum constrictus, sectabatur eos etiam aversos a se. Et hoc est, quod ipse Dominus in Evangeliis indicat cum dicit : *Jerusalem, Jerusalem, quæ occidis prophetas et lapidas missos ad te : quoties volui congregare filios tuos, sicut gallina congregat pullos suos sub alis suis, et noluisti? (Matth.* XXIII, 37.) Sed et Paulus dicit ad Corinthios scribens, quoniam *Deus erat in Christo mundum reconcilians sibi (II Cor.* V, 19), non reputans eis delicta ipsorum, et posuit in nobis verbum reconciliationis. Pro Christo enim legatione fungimur, sicut Deo deprecante per nos, rogamus pro Christo reconciliamini Deo. Hæc etiam ad nos dici putemus. Non solum enim infidelitas, sed et vitæ contaminatio, exsecrabiles istas inimicitias facit inter Deum et hominem. Sic enim Apostolus dicit, quia *sapientia carnis inimica est Deo (Rom.* VIII, 7). Age ergo, destruamus hunc inimicitiarum parietem, et viam nobis reconciliationis faciamus ad Deum, ut iterum efficiamur ei amabiles et concupiscibiles. » Et post aliquanta : « Nos autem, qui certi sumus de fine, et manifeste novimus, quia si nolumus, neque naufragia animæ, neque damna poterimus incurrere, quomodo non arripimus denuo priora exercitia, et negotia quæ negligenter amisimus reparamus, sed jacemus resupini et desides, et manus otiosas plicamus ad pectus, et utinam otiosas, et non operantes in perniciem nostri, quod est utique evidentis insaniæ? » Et item : « Nam si propterea nos fecisset Deus ut puniret, bene desperares et dubitares de salute tua. Si vero propter bonitatem suam tantummodo nos fecit, ut æternis ejus bonis et muneribus fruamur, atque quæ agit ab initio sæculi usque ad præsens tempus, propterea agit, et propterea monet, ut nos misericordia sua salvet, quæ ultra nobis desperandi, quæ ambigendi causa supererit? » Et post paululum, ostendens quam amabiliter conversionem suscipiat peccatoris dicit : « Quis dabit cor eorum ita esse in eis, ut timeant me et custodiant mandata mea omnibus diebus vitæ suæ, ut bene eis fiat et filiis eorum usque in sæculum? Sed et Moyses, docere populum volens quid Deus requirat ab omnibus, ita dicit : *Et nunc, Israel, quid Dominus Deus tuus poscit a te, nisi ut timeas Dominum Deum tuum, et incedas in omnibus viis ejus, ut diligas eum ex toto corde tuo et ex tota anima tua? (Deut.* X, 12.) Deus vero, qui cupit diligi a nobis, et omnia facit pro hoc, nec unigenito suo parcit pro salute nostra et charitate, et qui optat, ut ita dicam, ut quocunque pacto et quandocunque reconciliemur ei, quomodo pœnitentes nos et conversos ad se non libenter suscipiet et amabit ut filios? » et cætera quæ plenius et latius in præfatis suis dictis lector quilibet poterit invenire.

Sed et in Commento Evangelii Matthæi dicit : « *Jerusalem, Jerusalem, quæ occidis prophetas, et* lapidas eos qui ad te mittuntur (Matth. xxiii, 37). Omnia futura ante prospiciens Dominus prævidit etiam ruinam civitatis illius, et plagam quæ a Romanis ventura fuerat super populum illum. Ideo extollens lamentum lugebat eum **181** dicens : *Jerusalem, Jerusalem.* Recordabatur quidem sanguinem sanctorum suorum qui effusus erat ab illis, et qui adhuc postmodum fuerat effundendus Sed non tantum dolebat de injuria sanctorum suorum, sciens qualem illis gloriam præparaverat pro morte carnali : sed de illorum interitu flebat, et in illo pejora. Sicut enim benefacientes non Deo præstamus, sed nobis, Deus autem gaudet non de suo lucro, sed de nostra salute : sic peccantes non Deo nocemus, sed nobis, Deus autem tristatur non de sua injuria, sed de nostra perditione. Sicut rex benignus, audiens criminosas personas, lege quidem ipse mortis sententiam dictat adversus eos : tamen, misericordia instigante, lacrymas fundit super ipsos, et vult eos adjuvare, et non potest, contradicente sibi justitia. Quoniam misericordia tunc est vera misericordia, si sic facta fuerit ut justitia per eam non condemnetur. Si autem, contempta justitia, misericordia observetur, ipsa misericordia non est misericordia, sed fatuitas. Nam et justitia non est vera justitia, nisi habuerit in se misericordiam. Justitia sine misericordia non est justitia, sed credulitas : sic et misericordia sine justitia non est misericordia, sed fatuitas. Sic et Dominus ipse quidem mortis sententiam dictabat super Judæos dicens : *Ecce ego mitto ad vos prophetas, et ex ipsis occidetis, ut veniat super vos omnis sanguis justus (Matth. xxiii, 34),* et ipse eos miserabili lamentatione plangebat dicens : *Jerusalem, Jerusalem.* Nam Deus invitus compellitur cum magno dolore peccatores condemnare. Non enim sic dolet, quia ipse ab eis offenditur, sed quia quasi violenter cogitur perdere aliquem qui omnes cupit salvare. Nam quemadmodum in vobis contra naturam est benefacere? Sed dicet aliquis : Cum in potestate habeat Deus perdere et salvare, quis eum invitum compellit condemnare si non vult? Tu qui non desideras misericordiam Dei. Nam sicut qui desideranti misericordiam denegat crudelis est, sic qui non desideranti misericordiam præstat injustus est. Sed dicis : Quis est homo qui non desiderat misericordiam Dei? Tu, qui permanes in peccatis. Desiderare est autem misericordiam Dei, converti ad Deum. Ille enim desiderat misericordiam Dei, qui timet iram ejus. Non desiderat misericordiam Dei, sed contemnit, qui non convertitur ad Deum qui fecit eum. *Jerusalem, Jerusalem, quæ usque nunc luctata es contra misericordiam meam tuis peccatis, nunc autem jam superasti. Volo enim in te misereri, sed vires misericordiæ faciendæ non habeo, nec possum te amplius sufferre. Incessabilibus enim iniquitatibus tuis misericordia mea quasi jam lassata proposito suo defecit. Quæ occidis prophetas, et lapidas eos qui ad te mittuntur. Misi ad te Isaiam et serrasti eum : misi ad te Jeremiam, et lapidasti*

eum : misi Ezechiel, et tractum per lapidem excerebrasti eum. Quomodo saneris, qui nullum ad te medicum venire permittis? quomodo cures infirmitatem tuam, qui omnem medicinam conculcas? Sanctis meis **182** non peperci, ut tibi parcerem peccatrici. Illorum vitam neglexi ne tuam mortem viderem. Omnes medici spirituales in te defecerunt, et tu curata non es : insanabilis passio tua vicit artem divinam. Si de morte tua gavisus fuissem, nunquam ad te misissem prophetas. Si te perdere voluissem, nunquam ad te ipse venissem. Ego tibi quid faciam, si tu ipsa vivere non vis? Quoties volui congregare filios tuos, sicut gallina pullos suos, et noluisti? Cum te in Ægypto quasi sanguinarius accipiter sequebatur Pharao, misi super te Moysem et Aaron, quasi duas mollissimas pennas misericordiæ. Liberatos vos de unguibus ejus rapui in desertum, et noluistis, facientes vobis vitulum in Choreb, ut serviretis potius idolo mortuo, quam Deo viventi. Quoties volui congregare filios tuos, sicut gallina pullos suos, et noluisti? Percurrere si vis in judicium, quoties peccaverunt, et tradidit illos Deus, et iterum liberavit. »

Et sanctus Theophilus Alexandrinus episcopus : Cujus rei testis est ille qui loquitur : *Omnes declinaverunt, simul inutiles facti sunt (Psal. xiii, 3).* Et prophetæ Christi auxilium deprecantes : *Domine, inclina cœlos et descende (Psal. cxliii, 5)* : non ut mutaret loca, sed propter salutem nostram carnem humanæ fragilitatis assumeret.

Et sanctus Hieronymus, Hebraicæ, Græcæ, et Latinæ linguæ peritissimus, qui dicitur ut nucem juxta nucleum frangens, medullas et ipsa viscera Scripturæ sanctæ investigando, Domino inspirante, penetrare promeruit, in expositione Ezechielis prophetæ ita dicit : « *Nunquid voluntatis meæ est mors impii, dicit Dominus Deus, et non ut convertatur à viis suis et vivat? (Ezech. xviii, 23.)* Ergo Domini voluntatis est omnes salvos fieri, et ad notitiam veritatis venire. Ubicunque autem Dei videtur severa et truculenta sententia, non homines sed peccata condemnat. » Et item supra : « Ad eos sermo fit qui volunt agere pœnitentiam, et justitia peccata delere, ut cum fiducia convertantur, et pleno animo agant pœnitentiam. Hic autem ad eos loquitur, qui magnitudine peccatorum, imo impietatum suarum, desperant salutem. » Et post pauca : « Quibus respondet Deus, non velle se mortem impii, sed ut revertatur et vivat. Atque ut sciamus qui sint impii ad quos loquitur, sequens sermo demonstrat : *Quare moriemini, domus Israel? (Ezech. xxi, 31.)* Vita autem et mors in hoc loco non hæc significatur, qua omnes communi cum bestiis lege naturæ vel vivimus, vel morte dissolvimur : sed illa de qua scriptum est : *Placebo Domino in regione viventium (Psal. cxiv, 9).* Et, *Anima quæ peccaverit ipsa morietur (Ezech. xviii, 40),* et a speciali commonitione, qua Israel domui loquebatur, ad generalem transit disputationem, quod et justum præteritæ non salvent justitiæ, si novis sceleribus fuerit occupatus, et peccatorem vel impium antiqua peccata non perdant, si operibus justitiæ veteres emendarit errores, Deumque non præterita in utroque judicare, sed præsentia. Si dixero, inquit, justo : Vita vives, et ei præmia justitiæ **183** pollicitus fuero, confisusque ille peccaverit, omnes justitiæ ejus pristinæ oblivioni tradentur, in præsenti iniquitate morietur. Nec mea est mutata sententia, cum non possim in eodem homine peccatori reddere quod justo promiseram. Econtrario, si peccatori et impio fuero comminatus, et dixero : Adhuc tres dies et Ninive subvertetur, et ille egerit pœnitentiam, bonisque operibus emendarit errorem, in mandatis vitæ ambulet, nec faciat quidquam injustum, nonne habebit vitam, cui est Christus vivere, et nequaquam mori? Comminatio peccatoris justum punire non debeat. »

Et in Osee propheta : *Cum sanare vellem Israel* (*Osee* VII, 1) : «Ego qui malo pœnitentiam peccatoris quam mortem, et postea loquor in Evangelio : *Non indigent sani medico, sed hi qui male habent* (*Luc.* V, 51), vulnera populi mei sanare conatus sum. Et cum hæc omni arte tractarem, ut miserabilis populus curaretur, subito exstitit Jeroboam de tribu Ephraim, qui vitulos aureos faceret, et malitia Samariæ revelata est. Et est sensus : Cum vellem vetera populi mei peccata delere propter antiquam idololatriam, Ephraim et Samaria nova idola repererunt. Sed et hoc dici potest, quod Domino Salvatore, post effusionem sanguinis sui, et Ecclesiam tam de Judæis quam de gentibus congregatam, volente populi peccata sanare, et eos ad pœnitentiam reducere, subito Ephraim, qui ubertatem falsorum dogmatum repromittunt, et populus Samariæ, qui se dicit Dei præcepta servare, surrexerunt et operati sunt idolum falsorum dogmatum, et per illos ingressus est fur et latro diabolus in Ecclesiam, sive ipsa doctrina hæreticorum ingressa est quasi fur et latrunculus. De quibus et Salvator dicit in Evangelio : *Omnes qui venerunt fures fuerunt et latrones* (*Joan.* XIV, 8) » Item : «*Non sunt reversi ad Dominum Deum suum, et non quæsierunt in omnibus his* (*Osee* VII, 10). Quod si reversi fuissent ad Dominum, audissent utique per Jeremiam loquentem Dominum : *Revertimini ad me, et ego revertar ad vos.* Et cum tanta fecerint, non quæsierunt eum quem suo vitio perdiderunt. » Item : «*Circumdedit me in mendacio Ephraim* (*Osee* XI, 12). Quod et Ephraim et domus Israel et Juda circumdederint Deum in mendacio et impietate, et tantæ clementiæ sit Deus, ut non eis abscindat spem salutis, sed ignoscat illis, et paratus sit vocare populum sanctum et populum Dei, qui nunc impietate perversus est. Juxta tropologiam quoque, velle Dominum et hæreticos salvari, et ecclesiasticos peccatores, et omnes suo vocabulo nuncupari. » Et item : «*Sanabo contritiones eorum* (*Osee* XIV, 5). Hoc tam ad hæreticos et Judæos, quam ad gentes et ad omne dogma perversum re-

ferri potest, ut cum egerint pœnitentiam veniam consequantur. » Item in prophetia Amos : «*Super tribus sceleribus Gazæ* (*Amos* I, 6). Hoc est ergo quod dicit : Exspectavi multo tempore ut agerent pœnitentiam, et ideo nolui punire peccantes, ut aliquando conversi reciperent sanitatem. » Et item : «*Non faciet Dominus Deus verbum, nisi revelaverit* (*Amos* III, 7). Et nota quod clemens et benignus Deus semper futura prænuntiat, **184** ne cogatur inferre supplicia. Qui autem prædicit, non vult punire peccantes. » Et item : «*Juravit Dominus in superbiam Jacob* (*Amos* VIII, 7). Ut qui egerit pœnitentiam, *ascendat cum fluvio ascendente :* qui autem perseveraverit in delictis, *descendat sicut fluvius Ægypti,* et ingressus mare absorbeatur. Ac per hoc ostendit superbiam Jacob, contra quam jurat Deus, æternis suppliciis devorandam. » Et item : «*Si conversa fuerit gens illa a malis suis, et ego agam pœnitentiam de his quæ cogitaveram facere ei* (*Hier.* XVIII, 8). Non ergo Deus mutatur, qui semper est immutabilis : sed nos cum nostram conversationem mutamus, sævit, irascitur, comminatur, et dicit se illaturum esse supplicia. Si agamus pœnitentiam, ipsum quoque suæ pœnitebit sententiæ. » Et item in prophetia Jonæ (*Jon.* IV, 2) : «*Misericors enim et miserator Dominus, patiens et multæ miserationis.* Tamen eos qui custodiunt vanitates non relinquit, non detestatur, sed exspectat ut redeant. Illi vero tantam misericordiam, et ultro se offerentem, sponte propria derelinquunt. » Et item : «*Afflictus est Jonas* (*Jonæ* IV, 1). Pulchre autem *dolens,* quod interpretatur Jonas, affligitur dolore, et tristis est anima ejus ad mortem : quia ne periret populus Judæorum, quantum in se fuit, multa Christus perpessus est. » Et item : «Confidenter respondit et dixit : *Bene irascor ego,* vel contristor *usque ad mortem,* Non enim sic volui salvare alios ut perirent alii, non sic alienos lucrifacere, ut meos perderem. Et revera usque ad præsentem diem Christus plangit Jerusalem, et plangit usque ad mortem, non suam sed Judæorum, ut moriantur negantes, et resurgant Dei Filium confitentes. »

Et in Michæa propheta : *Ante faciem eorum diviserunt* (*Mich.* II, 13) : «Quia angeli, sive Pater, et Filius, et Spiritus sanctus, diviserunt quod videbatur obstare, et fecerunt viam volentibus ingredi. » Et item : «*Indicabo tibi, o homo, quid sit bonum* (*Mich.* VI, 8). Quia dubitas, o popule Israel, imo universum hominum genus (neque enim loquor ad populum Judæorum, sed generaliter ad omnem hominem), quomodo pro peccatis tuis possis placare Deum, si nec habes victimas, quibus tua compensetur impietas, ego respondebo tibi, quid quærat Deus. » Et item idem in Commento Epistolæ ad Ephesios : «Nos homines pleraque volumus facere consilio, sed nequaquam sequitur effectus. Illi autem, scilicet Deo, nullus resistere potest, quin omnia quæ voluerit faciat. Vult autem ea quæ sunt plena rationis atque consilii. Vult salvari omnes, et in agnitionem veritatis venire. Sed quia nullus absque propria voluntate salvatur, liberi enim arbitrii sumus, vult nos bonum velle, ut cum voluerimus, velit in nobis et ipse suum implere consilium. » Et item, « Nolite contristare Spiritum sanctum Dei (Ephes. iv, 30). Mœror sancti Spiritus sic intelligendus, quomodo ira Dei, et somnus, et cæteræ in humanam similitudinem passiones. Non quo contristetur Spiritus, et ullam perturbationem Divinitas sentiat : sed quo ex verbis nostris Dei discamus affectus, quod mœreat quotiescunque peccamus, et defleat peccatores. **185** Nam et Salvator in corpore constitutus flevit Hierusalem, et omne hominum genus in propheta deplorat, dicens : *Heu mihi anima quia periit reverens a terra, et qui corrigat inter homines non est. Omnes in sanguine judicantur (Mich.* vii, 2). Et item in homilia undecima Evangelii secundum Lucam : *Hæc fuit descriptio prima a præside Syriæ Cyrino (Luc.* ii, 2). O Evangelista, videris significare quia in totius orbis professione describi oportuerit et Christum, ut cum omnibus scriptus sanctificaret omnes, et cum orbe relatus in censum, communionem sui præberet orbi, ut post hanc descriptionem, describeret quoque ex orbe secum in libro viventium, et quicumque credidissent in eo, postea cum sanctis illius scriberentur in cœlis. » Et in duodecima : « Quamobrem angelus descendit de cœlo, et ait : *Annuntio vobis gaudium magnum (Luc.* ii, 10), et reliqua. Puto et de universis hominibus generaliter debere credi. Unicuique duo assistunt angeli, alter justitiæ, alter iniquitatis. Si bona fuerint in corde nostro, quin nobis loquatur angelus Domini. Sin vero mala fuerint in corde nostro versata, loquitur nobis angelus diaboli. Sic et in singulis provinciis. » Item in tertia decima : « Cum fecissent omnia, » quin angeli, « quæ in suis viribus erant, ut sanarentur homines, et noluissent illi recipere sanitatem, cernunt eum qui sanare potuit glorificantes. » Item in decima quinta : « Videns Simeon parvulum a se gestari, qui ad vinctos venerat resolvendos, seque ipsum nodis corporis liberandum, sciens neminem posse de claustro corporis quempiam emittere cum spe futuræ vitæ, nisi eum quem brachiis continebat. Unde et ad eum loquitur, *Nunc dimittis servum tuum in pace (Luc.* ii, 23). Hoc autem non solum de Simeone, sed de omni humano genere sentiendum est. Si quis e carcere vinctorum domo dimittitur, ut ad Christum vadat, sumat Jesum in manibus, et circumdet eum brachiis suis, totum habeat in sinu suo, et tunc exsultans poterit ire quo desiderat. » Et item in vigesima prima : « Dicendum est baptismo Jesu cœlum fuisse reseratum, et ad dispensationem remissionis peccatorum, non illius qui peccatum non fecit, neque inventus est dolus in ore ejus, sed ad totius mundi, apertos esse cœlos, et Spiritum sanctum descendisse. Et postquam Dominus ascendit, et in excelsum captivam duxit captivitatem, tribuit ita nobis Spiritum qui a se venerat. Quem quidem et dedit resurrectionis tempore dicens : *Accipite Spiritum sanctum.* » Hæc de sancto

Hieronymo testimonia data sufficiant. Quia si omnia quæ colligi possunt, et de omnibus illius libris quos habemus testimonia posuerimus, non solum sufficientiam, sed sufficientiæ modum excedent.

Et sanctus Cyrillus ad Nestorium (*epist.* 2). « Itaque is qui ante sæcula omnia est natus ex Patre, etiam ex muliere carnaliter dicitur procreatus. Non quia divina ipsius natura de Virgine sumpsit exordium, nec quod propter seipsam opus habuit secundo nasci post illam nativitatem **186** quam habebat ex Patre : est enim ineptum et stultum hoc dicere, quod is qui ante omnia sæcula est consempiternus Patri, secundæ regenerationis eguerit ut esse inciperet ; sed quia propter nos, et propter nostram salutem naturam sibi copulavit humanam, et processit ex muliere, idcirco dicitur natus esse carnaliter. »

Sanctus Augustinus, vir sagacissimus atque eruditissimus, qui contra hæreticos hæc verba Apostoli, quibus dicit omnes homines Deum velle salvari, multoties et multipliciter exposuit, et in libro Enchiridion hinc plura locutus est, sed et in libris contra Julianum, et de Correptione et Gratia, et de Prædestinatione sanctorum, ac Bono perseverantiæ, hanc sententiam sæpe revolvit. Unde et expressius atque calcatius in libro de Spiritu et Littera (*cap.* 33), ita dicit : « Rursus metuendum est ne infideles atque impii non immerito se veluti juste excusare videantur ideo non credidisse quod dare illis Deus istam noluit voluntatem. Nam illud quod dictum est, *Deus est enim qui operatur in vobis et velle et operari pro bona voluntate (Philip.* ii, 13), gratia jam est, quam fides impetrat, ut possint esse hominis opera bona, quæ operatur fides per dilectionem, quæ diffunditur in cordibus nostris per Spiritum sanctum qui datus est nobis. Sed credimus ut impetremus hanc gratiam, et utique voluntate credimus. De hac quæretur unde sit nobis. Si natura, quare non omnibus, cum sit idem Deus omnium creator : si dono Dei, etiam hoc quare non omnibus, cum omnes homines velit salvos fieri, et in agnitionem veritatis venire. Prius igitur illud dicamus, et videamus utrum huic satisfaciat quæstioni, quod liberum arbitrium, naturaliter attributum a Creatore animæ rationali, illa media vis est, quæ vel intendi ad fidem, vel inclinari ad infidelitatem potest. Et ideo nec istam voluntatem, qua credit Deo, dici potest homo habere quam non acceperit : quando quidem vocante Deo surgit de libero arbitrio, quod naturaliter cum crearetur accepit. Vult autem Deus omnes homines salvos fieri, et in agnitionem veritatis venire. Non sic tamen, ut eis adimat liberum arbitrium, quo vel bene vel male utentes justissime judicentur. Quod cum fit, infideles quidem contra Dei voluntatem faciunt cum ejus Evangelio non credunt. Nec ideo tamen eam vincunt, verum seipsos fraudant magno et summo bono, malisque pœnalibus implicant, experturi in suppliciis potestatem ejus, cujus in donis misericordiam contempserunt.

Ita voluntas Dei semper invicta est. Vinceretur autem, si non inveniret quid de contemptoribus faceret, aut ullo modo possent evadere quod de talibus ille constituit. Qui enim dicit, verbi gratia, Volo ut hi omnes servi mei operentur in vinea, et post laborem requiescentes epulentur, ita ut quisquis eorum hoc noluerit, in pistrino semper molat: videtur quidem quicunque contempserit, contra voluntatem Domini sui facere, sed tunc eam vincet, si et pistrinum contemnens effugerit, quod nullo modo fieri potest sub Dei **187** potestate. Unde scriptum est, *Semel locutus est Deus* (*Psal.* LXI, 12), hoc est incommutabiliter: quanquam et de unico verbo possit intelligi. Deinde subjungens quid incommutabiliter sit locutus, *Duo hæc, inquit, audivi, quoniam potestas Dei est, et tibi, Domine, misericordia, qui reddis unicuique secundum opera sua.* Ille igitur reus erit ad damnationem sub potestate ejus, qui contempserit ad credendum misericordiam ejus. Quisquis autem crediderit ei, qui se a peccatis omnibus absolvendum, et ab omnibus vitiis sanandum, et calore ac lumine ejus accendendum illuminandumque non contempserit, habebit ex ejus gratia opera bona, ex quibus etiam secundum corpus a mortis corruptione redimatur, coronetur, bonisque satietur, non temporalibus, sed æternis, supra quam petimus et intelligimus. Hæc disputatio, si quæstioni illi solvendæ sufficit, sufficiat. Si autem respondetur, cavendum esse ne quisquam Deo tribuendum putet peccatum quod admittitur per liberum arbitrium, si in eo quod dicitur, *Quid habes quod non accepisti?* propterea etiam voluntas qua credimus dono Dei tribuitur, quia de libero existit arbitrio, quod cum crearemur accepimus: attendat et videat non ideo tantum istam voluntatem divino muneri tribuendam, quia ex libero arbitrio est, quod nobis naturaliter concreatum est, verum etiam quod visorum suasionibus agit Deus ut velimus, et ut credamus, sive extrinsecus per evangelicas exhortationes, ubi et mandata legis aliquid agunt, si ad hoc admonent hominem infirmitatis suæ, ut ad gratiam justificantem credendo confugiat: sive intrinsecus, ubi nemo habet in potestate quid ei veniat in mentem, sed consentire vel dissentire propriæ voluntatis est. His ergo modis quando Deus agit cum anima rationali ut ei credat, neque enim credere potest quodlibet libero arbitrio, si nulla sit suasio vel vocatio cui credat, profecto et ipsum velle credere Deus operatur in homine, et in omnibus misericordia ejus prævenit nos. Consentire autem vocationi Dei, vel ab ea dissentire, sicut diximus, propriæ voluntatis est. Quæ res non solum non infirmat quod dictum est, *Quid enim habes quod non accepisti?* verum etiam confirmat. Accipere quippe et habere anima non potest dona, de quibus hoc audit, nisi consentiendo: ac per hoc quid habeat et quid accipiat Dei est: accipere autem et habere, utique accipientis et habentis est. Jam si ad illam profunditatem scrutandam quisquam nos coarctet, cur illi ita suadeatur ut persuadeatur, illi autem non it; duo sola occur-

runt interim quæ respondere mihi placeat, *O altitudo divitiarum!* et, *Nunquid iniquitas apud Deum?* Cui responsio ista displicet, quærat doctiores, sed caveat ne inveniat præsumptores. »

Et in libro v (*cap.* 3), contra Julianum: « An oblitus es quod idem ipse doctor ait: *Ne forte det illis Deus pœnitentiam ad cognoscendam veritatem, et resipiscant a diaboli laqueis?* (*II Tim.* II, 25.) Sed judicia ejus sicut multa abyssus. Nos certe, si eos in quos nobis potestas est ante oculos nostros perpetrare scelera permittamus, rei **188** cum ipsis erimus. Quam vero innumerabilia ille permittit fieri ante oculos suos (*cap.* 26), quæ utique si noluisset, nulla ratione permitteret? et tamen justus et bonus est, et quod præbendo patientiam dat locum pœnitentiæ nolens aliquem perire. » Et in libro de Catechizandis rudibus, in quo qualitercunque hanc sententiam contra hæreticos exposuerit, quomodo imbuendis ad fidem tradenda sit, et imbutis tenenda sit, evidenter ostendit, dicens: « Vere, frater, illa magna et vera beatitudo est, quæ in futuro sæculo sanctis promittitur. Omnia vero visibilia transeunt, et omnis hujus sæculi pompa, et deliciæ, et curiositas interibunt, et secum ad interitum trahunt amatores suos. A quo interitu, hoc est pœnis sempiternis, Deus misericors volens homines liberare, si sibi ipsi non sint inimici, et non resistant misericordiæ Creatoris sui, misit unigenitum Filium suum, hoc est, Verbum suum, æquale sibi, per quod condidit omnia, et manens quidem in divinitate sua, et non recedens a Patre, nec in aliquo mutatus, assumendo tamen hominem, et in carne mortali hominibus apparendo, venit ad homines, ut quemadmodum per unum hominem, qui primus factus est, id est Adam, mors intravit in genus humanum, quia consensit mulieri suæ seductæ a diabolo, ut præceptum Dei transgrederentur: sic per unum hominem, qui etiam Deus est Dei Filius, Jesum Christum, deletis omnibus peccatis præteritis, credentes in eum omnes in æternam vitam ingrederentur. » Et in libro de Bono perseverantiæ (*cap.* 23): « Atque utinam tardi corde et infirmi, qui non possunt Scripturas vel earum expositiones intelligere, sic audirent vel non audirent in hac quæstione disputationes nostras, ut magis intuerentur orationes suas, quas semper habuit et habebit Ecclesia ab exordiis suis, donec finiatur hoc sæculum. De hac enim re, quam nunc adversus novos hæreticos (*cap.* 24), non commemorare tantum, sed plane tueri et defensare compellimur, nunquam tacuit in precibus suis, etsi aliquando in sermonibus exerendam, nullo urgente adversario, non putavit. Quando enim non oratum est in Ecclesia pro infidelibus, atque inimicis ejus ut crederent? quando fidelis quisquam amicum, proximum, conjugem habuit infidelem, et non ei petivit a Domino mentem obedientem in Christiana fide? Quis autem sibi unquam non oravit, ut in Domino permaneret? aut quis sacerdotem super infideles Dominum invocantem, si quando dixit: Da illis, Domine, in te sperare usque in finem, non solum voce ausus est, sed saltem cogitatione reprehendere, ac non potius super ejus talem benedictionem, et ore credente, et corde confitente, respondit Amen ? » Ecce quomodo sanctus Augustinus consentit et confirmat quod sanctus dixerat Cœlestinus : Legem credendi lex statuat supplicandi. Cur autem non omnes salventur cum omnes Deus salvos fieri velit, ipse in libro de Prædestinatione sanctorum (*cap.* 6) dicit : « **189** Multi audiunt verbum veritatis, sed alii credunt, alii contradicunt. Volunt ergo isti credere, nolunt autem illi. Quis hoc ignoret? quis hoc neget? Sed cum in aliis præparetur, in aliis non præparetur voluntas a Domino, discernendum est utique quid veniat de misericordia ejus , quid de judicio. Quod quærebat Israel, ait Apostolus, hoc non est consecutus, electio autem consecuta est, cæteri vero excæcati sunt, sicut scriptum est : *Dedit illis Deus spiritum compunctionis : oculos ut non videant, et aures ut non audiant usque in hodiernum diem (Isa.* vi; *Rom.* xi, 8). Et David dicit : *Fiat mensa eorum in laqueum , et in retributionem , et in scandalum illis. Obscurentur oculi eorum ne videant, et dorsum eorum semper incurva (Psal.* lxviii, 23). Ecce misericordia et judicium, misericordia in electione quæ consecuta est justitiam Dei, judicium vero in cæteros qui excæcati sunt : et tamen illi quia voluerunt crediderunt, illi quia noluerunt non crediderunt. Misericordia igitur et judicium in ipsis voluntatibus facta est. » Et item : « Est ergo in malorum potestate peccare. Ut autem peccando hoc vel hoc illa mala faciant, non est in eorum potestate, sed Dei dividentis tenebras, et ordinantis eas, ut hinc etiam quod faciunt contra Dei voluntatem, non impleatur nisi voluntas Dei. » Et in libro de Bono perseverantiæ (*cap.* 6) : « Petimus ne inferamur in tentationem : et si exaudimur, utique non fit, quia Deus non permittit ut fiat. Nihil enim fit, nisi quod aut ipse facit, aut fieri ipse permittit. » Et in libro de Prædestinatione gratiæ (*cap.* 2) : Quæstionis ejus, quantum donante Domino possumus, occulta rimemur, quam beatus apostolus Paulus diversis locis, non parum etiam discrepantibus verbis, studiosis proponit scrutatoribus, eisque per ipsam loquitur veritatem. Sententiam siquidem, in Dei gratiæ præcedentis latissima et robustissima disputatione confectam, ita concludens ait : *Ergo cui vult miseretur, et quem vult obdurat ;* cum in alia epistola de divina benevolentia ipse sic dicat : *Qui vult omnes homines salvos fieri, et in agnitionem veritatis venire (I Tim.* ii, 4). Occurrit enim cur pereant ex his aliqui, cum Omnipotens omnes salvos fieri velit, et in agnitionem veritatis venire : deinde quare rursum indurat alios, misertus aliorum, aut quo modo velit omnes salvos fieri homines, cum ipse nonnullos ne salventur induret. Hoc quantum ad humanam justitiam videtur injustum. Sed quis ita desipiat, vel potius quis ita blasphemet, ut dicat de justitia Dei lege humanæ justitiæ disputandum? Quæ profecto si justitiæ Dei

adversatur, injusta est. Ab illo enim qui summe justus est, omne quod qualitercunque justum est, manare manifestum est. Quis ergo erit qui incommutabiliter manentem, et omnia quæ sunt condentem, regentem, atque servantem, Dei sapientiam humanæ sapientiæ pendat arbitrio , de qua idem Apostolus dicit, quia *Sapientia carnis inimica est Deo (Rom.* viii, 7), et alibi : *Sapientia hujus mundi stultitia est apud Deum ? (I Cor.* iii, 19.) Non est ergo de illa majestate divinæ sapientiæ humanæ vanitatis arbitrio disputandum. » Et paulo post (*cap.* 3) : « Quem ergo movet hæc in divinæ gloriæ dispensatione diversitas , et injustum putat negari alter quod alter acceperit , intelligat quemadmodum **190** divinitus dixerit Psalmista : *Universæ viæ Domini misericordia et veritas (Psal.* xxiv) ; atque cognoscat tali Deum res humanas agitare judicio, ut debitas pœnas aut juste reddat, aut misericorditer donet. » Et paulo infra : « *Per unum hominem,* inquit, *peccatum intravit in mundum, et peccatum mors, et ita in omnes homines pertransiit, in quo omnes peccaverunt (Rom.* v, 11). Mors intrare non potuit nisi intrante peccato : et quoniam mors non naturæ conditio, sed pœna peccati est, sequatur necesse est pœna peccatum. » Et post pauca : « Quoniam in ipso omnes, quin primo homine, sicut ait Apostolus, peccaverunt, et ipsa jam in principio unde descendimus massa damnata est, nullus de duritia sua, nullus de pœna conqueri audeat, quæ etiam non existentibus peccatis propriis, sola nascendi conditione debetur. Quod vero Deus aliis gratuita vocatione conversis misericordiam largitur indebitam, non ad dispensatoris injustitiam, sed ad donantis misericordissimam largitatem veritatis ratione referendum est. » Et item post pauca (*cap.* 4) : « Itaque ex superiore hujus parte sententiæ, qua dicit *cui vult miseretur (Rom.* ix, 18), puto quod nullus nisi indignus misericordia audeat disputare. Quod vero sequitur, *quem vult indurat,* ibi paululum humanæ mentis intentio verbi novitate confunditur. Sed non ita intelligendum est, quasi Deus in homine ipsam quæ non esset duritiam cordis operetur. Quid est enim aliud duritia quam Dei obviare mandatis ? Unde illud beatus Stephanus dicebat ad populum : *Dura cervice, et non circumciso corde et auribus, vos semper Spiritui sancto restitistis (Act.* vii, 51). Quam qui a Deo fieri putat, propterea quod dictum est *quem vult indurat,* ipsum prævaricationis intuatur exordium, et Deo donante mandatum, per quod transgressionis culpam in corde fuerit operatus attendat. Quamvis ne ab ipso quidem, si negaret assensum, potuit tentatore compelli. Ergo quidquid post illam prævaricationem natus supplicii homo patitur, juste reddi, meritoque fateatur. Indurare enim dicitur Deus eum quem mollire noluerit (*cap.* 6), sic etiam excæcare dicendus est eum quem illuminare noluerit, sic etiam repellere eum, quem vocare noluerit. »

Et post aliquanta : « Qui autem pie quærens aliquid desiderat invenire, illum locum ejusdem Scripturæ relegat, ubi primo Moysi in rubo ignis apparuit, atque ita cor ejus ardore divinæ charitatis ignivit, ut in conspectu regum, sicut David dicit, testimonia ejus sine confusione loqueretur : et ibi inveniet, totum hoc quod indurasse Deus Pharaonis cor præmittit, non ad operationem Dei, sed ad præscientiam pertinere. Loquens enim Dominus de rubo, sic dicit : *Ego autem scio quod non dimittet vos Pharao rex Ægypti, nisi per manum magnam* (*Exod.* III). Sed extendens manum meam, percutiam Ægyptios in omnibus mirabilibus quæ faciam, et postea dimittet vos. Hæc prima vox Dei est, qua futuram voluntatem Pharaonis sicut præviderat indicabat. Postea jam inter ipsos miraculorum imbres dixisse legitur : *Ego autem indurabo cor Pharaonis, ne dimittat populum* (*Exod.* IV, 21).Ubi jam **191** aperte intelligitur primam iterasse sententiam. Quid est enim indurabo, nisi non molliam? Apparet enim in alios manante justitia, in alios gratia profluente, Scripturæ illius sententiam fuisse completam, qua dixit Deus Pharaoni : *In hoc ipsum excitavi te, ut ostendam in te virtutem meam, et ut annuntietur nomen meum in universa terra* (*Exod.* IX, 16). Utente enim Deo bene etiam malis, induratione Pharaonis, flagellis Ægypti, et tot ac tantis in illa gente miraculis pariter acervatimque perfectis, quid aliud gestum est, quam ut Dei virtus apud se magna, in se plena, ad humani generis notitiam perveniret, non Deo, sed ipsis relegentibus et credentibus profutura? Pharaonem non esse mutandum, et illam omnem gentem, quæ post tot verbera vix sibi erutum Dei populum armis etiam insectari conabatur et bello, alta illa Deus providentiæ suæ luce præscivit. Sed perituorum interitum prædestinatis a se vasis misericordiæ salutis esse voluit argumentum, et aliorum perditione ad salutem usus est aliorum. » Et post plurima (*cap.* 13) : « Dominus noster Jesus Christus Filius Dei, Verbum Patris, æquale et coæternum Patri, semetipsum, exinanivit formam servi accipiens, et cum peccatum ipse non esset, factus assumpta carne peccatum, ut, peccato carnis homine sanato, peccatum damnaret in carne : venit quærere quod perierat, sanare quod ægrotabat, erigere quod jacebat, potestatem habens dimittere peccata, quod non debebat donare, quod ei debebatur ignoscere, deletisque omnibus veteris culpæ maculis, quam fecerat reparare naturam. De his quibus pœnam severitas justa decreverat, secundum ineffabilem dispositionis occultæ misericordiam, elegit vasa quæ faceret in honorem : et alios a ventura ira dono gratuitæ vocationis absolvit, alios derelinquens ad æqualitatis judicium reservavit, nulli tamen agnoscendæ veritatis abstulit facultatem : et ita plenitudo divinæ præscientiæ, in alios manante justitia, in alios gratia profluente completa est, ut pereuntibus quos præscierat Deus esse perituros, et servatis quos in illa secreta sua electione præscierat esse salvandos, toto orbe diffusa multiplicaretur Ecclesia. »

A Item ipse in Psalmo XXXII : Dominus dicit in Evangelio : *Non ego judico quemquam : sermo quem locutus sum eis, ipse judicabit eos in novissimo die* (*Joan.* VIII, 15). Nec se excuset qui audire non vult, quasi non sit quod ab illo exigatur. Idipsum enim exigitur, quia noluit accipere cum daretur. Aliud est enim non posse accipere, aliud nolle. Illic excusatio necessitatis, hic reatus est voluntatis. » Et in Psalmo XXXV : « *Dixit injustus ut delinquat in semetipso : non est timor Dei ante oculos ejus* (*Psal.* XXXV, 2). Non unum hominem, sed genus hominum iniquorum dicit, qui sibi adversantur, non intelligendo ut bene vivant, non quia non possunt, sed quia nolunt. »

Prosper quoque, vir eruditissimus atque religiosissimus, hinc in libro primo de Vocatione gentium **B** (*cap.* 2) ita dicit : « Credimus et piissime confitemur, quod nunquam universitati hominum divinæ providentiæ **192** cura defuerit : quæ licet exceptum sibi populum specialibus ad pietatem direxit institutis, nulli tamen nationi hominum bonitatis suæ dona subtraxit, ut propheticas voces et præcepta legalia convincerentur in elementorum obsequiis ac testimoniis accepisse. Unde et inexcusabiles facti sunt, quia deos sibi Dei dona fecerunt, et quæ creata erant ad utendum, venerati sunt ad colendum. In quam impietatem etiam illa gens, quam sibi ab omnibus gentibus Dominus segregavit, tota transisset, nisi misericordiæ suæ propositum sustentandis electorum lapsibus prætendisset. Nam plenæ sunt paginæ Veteris Testamenti de Israeliticæ defectionis **C** relatu : ut aperte appareat divinæ semper fuisse gratiæ, quod non omnis ille populus discessit a Domino. Ita humana natura in primi hominis prævaricatione vitiata, etiam inter beneficia, inter præcepta et auxilia Dei, semper in exteriorem est proclivior voluntatem, cui committi non est aliud quam dimitti. » Et post aliquanta (*cap.* 3). « Quid enim mirum, si quidam ad vitæ sacramenta non veniunt, cum plerique qui videbantur venisse discedant? de quibus dicitur : *Ex nobis exierunt, sed non erant ex nobis.* » Et post pauca : « Tales non invocant nomen Domini, quia non habent spiritum adoptionis filiorum, in quo clamamus Abba pater. Nemo autem potest dicere Dominum Jesum, nisi in Spiritu sancto : et quicunque spiritu Dei aguntur, hi filii sunt **D** Dei, qui ad Deum per Deum perveniunt, et salvari volentes omnino salvantur : quia ipsum desiderium salutis ex Dei inspiratione concipiunt, et per illuminationem vocantis, in agnitionem veniunt veritatis. » Et item post aliquanta (*cap.* 4) : « Cum hæc legerint vel audierint qui amant calumniosa certamina, dicent nos per hujusmodi disputationes Apostolo contradicere, definienti quod Deus omnipotens omnes homines velit salvos fieri, et in agnitionem veritatis venire. Quam particulam verborum Apostoli ita nos integre plenéque suscipimus, ut nihil ei de præcedentibus sive subjectis quæ ad ipsam pertinent subtrahamus : quia ut cætera divinorum eloquiorum testimonia sequestremus, hic locus sufficit ad evacuandum quod calumniose objiciunt, et ad defendendum quod impie diffitentur. Scribens itaque ad Timotheum magister gentium Paulus apostolus ait : *Obsecro igitur primo omnium, fieri obsecrationes, postulationes, gratiarum actiones, pro omnibus hominibus, pro regibus, et pro omnibus qui in sublimitate sunt, ut quietam et tranquillam vitam agamus in omni pietate et castitate (I Tim. II, 1).* Hoc enim bonum est, et acceptum coram Salvatore nostro Deo, qui omnes homines vult salvos fieri, et in agnitionem veritatis venire. Unus enim Deus, et unus mediator Dei et hominum, homo Christus Jesus, qui dedit semetipsum redemptionem pro omnibus. De hac ergo doctrinæ apostolicæ regula, qua Ecclesia universalis imbuitur, ne in diversum intellectum nostro evagemur arbitrio, quid ipsa universalis Ecclesia sentiat, requiramus : **193** quia nihil esse dubium poterit in præcepto, si obedientia concordat in studio. Præcepit itaque Apostolus, imo per Apostolum Dominus, qui loquebatur in Apostolo, fieri obsecrationes, postulationes, gratiarum actiones, pro omnibus hominibus, et pro regibus, ac pro his qui in sublimitate sunt. Quam legem supplicationis ita omnium sacerdotum et omnium fidelium devotio concorditer tenet, ut nulla pars mundi sit in qua hujusmodi orationes non celebrentur a populis Christianis. Supplicat ergo ubique Ecclesia Deo, non solum pro sanctis, et in Christo jam regeneratis, sed etiam pro omnibus infidelibus, et inimicis crucis Christi, pro omnibus idolorum cultoribus, pro omnibus qui Christum in membris suis persequuntur, pro Judæis quorum cæcitati lumen Evangelii non refulget, pro hæreticis et schismaticis, qui ab unitate fidei et charitatis alieni sunt. Quid autem pro istis petit, nisi ut, relictis erroribus suis, convertantur ad Deum, accipiant fidem, accipiant veritatem, et de ignorantiæ tenebris liberati, in agnitionem veniant veritatis? Quod quia ipsi præstare sibi nequeunt, malæ consuetudinis pondere oppressi, et diaboli vinculis alligati, neque deceptiones suas evincere valent, quibus tam pertinaciter inhæserunt, ut quantum amanda est veritas, tantum diligant falsitatem, misericors Dominus et justus pro omnibus sibi vult hominibus supplicari : ut cum videmus de tam profundis malis innumeros erui, non ambigamus Deum præstitisse quod ut præstaret oratus est, et gratias agentes pro his qui salvi facti sunt, speremus etiam eos qui necdum sunt illuminati, eodem divinæ gratiæ opere eximendos de potestate tenebrarum, et in regnum Dei priusquam de hac exeant vita transferendos. Quod si aliquos, sicut videmus accidere, salvantis gratia præterierit, et pro eis oratio Ecclesiæ recepta non fuerit, ad occulta divinæ justitiæ judicia referendum est, et agnoscendum secreti hujus profunditatem nobis in hac vita patere non posse. Ex parte enim scimus, et ex parte prophetamus, et videmus nunc per speculum in ænigmate : nec sapientiores aut scientiores beatissimo Apostolo sumus; qui cum de gratiæ potentia disputaret, magnorum mysteriorum ingressus arcanum, his quæ impossibilia erant enarrare succubuit. » Et post pauca (*cap.* 5) : « Præmissa enim docentis assertio locum dabat multimodæ quæstioni, ut variata per tot populos ac tempora gratiæ causa quæreretur, cur scilicet anterioribus sæculis dimissæ essent omnes gentes ingredi vias suas, uno tantum Israele, qui divinis eloquiis erudiretur, excepto, et ad cognitionem veritatis electo. Cujus infidelitas locum tandem salvandis gentibus fecerit, tanquam, si unus populus in fide sui generis permaneret, misericordia Dei cæteris nationibus se præstare non posset. Cur denique ipsi, quorum diminutio salus gentium est, ab obcæcatione sua non liberentur priusquam ingrediatur gentium plenitudo, quasi illuminari cum omnibus nequeant, qui omnes facta **194** omnium gentium adeptione salvandi sunt. Aut quomodo omnis Israel sublata obcæcatione salvandus sit, cujus innumerabilis multitudo in sua infidelitate deficiens ad tempora salvantis promissa non pervenit. Vel quomodo ipsarum gentium, quarum prius non est facta vocatio, dicatur nunc ingredi plenitudo, cum tanta promiscuæ ætatis et conditionis hominum millia, in omnibus nationibus quæ sunt sub cælo, sine Christi justificatione moriantur. Sed horum mysteriorum judiciorumque causas pius et doctus magister maluit ad altitudinem divitiarum sapientiæ Dei scientiæque suspendere, quam justissimæ veritatis et misericordissimæ bonitatis subtractum ab humana conditione secretum temeraria inquisitione discutere : nihil omittens de his quæ non oportet ignorari, nihil contrectans de his quæ non licet sciri. Multa enim sunt in dispensatione operum divinorum, quorum causis latentibus soli monstrantur effectus, ut cum pateat quod geritur, non pateat cur geratur, negotio in medium deducto, et in occultum ratione subducta, ut in eadem re et de inscrutabilibus præsumptio comprimatur, et de manifestis falsitas refutetur. » Et post plurima (*cap.* 7) : « Si vero quæritur cur Salvator omnium hominum non omnibus dederit hunc sensum, ut cognoscerent verum Deum, et essent, id est permanerent, in vero Filio ejus : quamvis credamus nullis hominibus opem gratiæ in totum fuisse subtractam, de quo plenius in consequentibus disseremus : tamen ita forte hoc velatum sit, sicut illud absconditum est cur, omnibus gentibus prætermissis, unum sibi populum quem ad veritatis cognitionem erudiret exceperit. De quo judicio Dei si non est conquerendum, multo minus de hoc quod cum electione omnium gentium geritur murmurandum est. Quæ enim Deus occulta esse voluit, non sunt scrutanda : quæ autem manifesta fecit, non sunt negligenda. »

Et in libro II (*cap.* 1) : « Quamvis enim ad omnium hominum vocationem Evangelium dirigeretur, omnesque Dominus vellet salvos fieri, et in agnitionem veritatis venire : non tamen sibi dispensationum suarum abstulerat potestatem, ut aliter quam occulto justoque judicio statuerat consilii sui ordo decurreret. Unde locum non habent contumacium murmura querelarum, quia quod Deus fieri voluit, constat non aliter fieri debuisse quam voluit. » Et post pauca : « Sed ne in præteritis quidem sæculis hæc eadem gratia, quæ post Domini nostri Jesu Christi resurrectionem ubique diffusa est, et de qua scriptum est, *Illuxerunt coruscationes tuæ orbi terræ* (*Psal.* LXXVI, 19), defuit mundo. » Et paulo post : « Non ita se tamen æterna Creatoris bonitas ab illis hominibus avertit, ut eos ad cognoscendum se atque metuendum nullis significationibus admoneret. » Et paulo post : « Igitur, sicut dicit Propheta, *Misericordia Domini plena est terra* (*Psal.* XXXII, 5); quæ nullis unquam sæculis, nullis generationibus defuit, eamque providentiam, qua universitatem rerum administrat et continet, regendis alendisque naturis semper **195** impendit, dispositum habens ex incommutabilis æternitate consilii, quibus quidque temporibus distribueret, et multiformis gratiæ suæ inscrutabiles investigabilesque mensuras per quæ dona ac sacramenta variaret. » Et item post aliquanta (*cap.* 3) : « Manifestaverunt enim divinorum eloquiorum multæ auctoritates, et continua omnium sæculorum experimenta docuerunt, justam Dei misericordiam, misericordemque justitiam, nec alendis unquam corporibus hominum, nec docendis juvandisque eorum mentibus defuisse. Semper etenim pluit super bonos et malos, semper solem suum oriri fecit super justos et injustos. » Et plurima divinæ misericordiæ dona commemorans prolixe prosequitur. Et post aliquanta (*cap.* 7) : « Cum tamen illud, quod de bonitate Dei piissime creditur, qua omnes homines velit salvos fieri et in agnitionem veritatis venire, non oporteat nisi perpetuum æternumque sentiri, secundum eas mensuras quibus Deus dona generalia specialibus novit cumulare muneribus, ut et qui exsortes gratiæ fuerint, de sua nequitia redarguantur, et qui in ejus lumine enituerint, non in suo merito, sed in Domino glorientur. » Et post aliquanta (*cap.* 8) : « Sive igitur novissima contemplemur sæcula, seu media, rationabiliter et pie creditur omnes homines salvos fieri Deum velle semperque voluisse. Et hoc non aliunde monstratur, quam de his beneficiis quæ providentia Dei universis generationibus communiter atque indifferenter impendit. Fuerunt enim ac sunt ejusmodi dona ista generalia, ut ipsorum testimonio ad quærendum verum Deum possent homines adjuvari : quibus donis auctorem suum per omnia sæcula protestantibus, specialis gratiæ largitas superfusa est. Quæ licet copiosus nunc quam ante præstetur, causas tamen distributionum suarum Dominus apud scientiam suam tenuit, et intra secretum potentissimæ voluntatis occuluit. Quæ si omnibus uniformiter affluerent, non laterent, et quam nulla est ambiguitas de benignitate generali, tam de speciali misericordia nihil quod stupendum esset existeret, ac proinde illa esset gratia, ista non esset. Deo autem placuit, et hanc multis tribuere, et illam a nemine submovere, ut ex utraque appareat, non negatum universitati quod collatum est portioni :

sed in aliis prævaluisse gratiam, in aliis resiluisse naturam. Hanc quippe abundantiorem gratiam ita credimus atque expetimus potentem, ut nullomodo arbitremur esse violentiam, quo quidquid in salvandis hominibus agitur, ex sola Dei voluntate peragatur, cum etiam ipsis parvulis per alienæ voluntatis subveniatur obsequium. » Et item (*cap.* 9) : « Igitur sicut qui crediderunt juvantur ut in fide maneant, sic qui nondum crediderunt juvantur ut credant. Et quemadmodum illi in sua habent potestate ne veniant. Fitque manifestum, quod diversis atque innumeris modis omnes homines vult Deus salvos fieri, et in agnitionem veritatis venire : sed qui veniunt Dei auxilio diriguntur, qui non veniunt sua **196** pertinacia reluctantur. » Et contra Gallos (*sententia* 8) : « Item qui dicit quod non omnes homines velit Deus salvos fieri, sed certum numerum prædestinatorum, durius loquitur quam loquendum est de altitudine inscrutabilis gratiæ Dei, qui et omnes homines vult salvos fieri, et in agnitionem veritatis venire; et voluntatis suæ propositum in eis implet, quos præscitos prædestinavit, prædestinatos vocavit, vocatos justificavit, justificatos glorificavit. » Et post pauca : « Quod autem promisit Deus, potens est et facere : ut et qui salvantur ideo salvi sint, quia illos voluit Deus salvos fieri, et qui pereunt ideo pereant, quia perire meruerunt. » Unde et in libro II (*cap.* 10) de Vocatione gentium : « Nullatenus murmurandum est, quoniam justus et bonus arbiter, nec voluntatis iniquæ est, nec discretionis incertæ, ut sub immensa misericordia ejus atque justitia putemus quod quisquam pereat qui perire non debeat. » Et de Vincentianorum objectione (*object.* II), quia Deus nolit omnes salvare, etiamsi omnes salvari velint : « Cum Veritas dicat, *Si vos, cum sitis mali, nostis bona data dare filiis vestris, quanto magis Pater vester cœlestis dabit bona petentibus se* (*Matth.* VII, 11)? quomodo fieri potest ut Deus, qui etiam illos salvat, de quibus dici non potest quod salvari velint, nolit aliquos salvare etiam qui salvari velint, nisi aliquæ causæ existant, de quibus, quamvis sunt nobis incognoscibiles, ille tamen bene judicat, de quo aliter dici non potest eum quidquam facere debuisse quam fecerit? Remota ergo hac discretione, quam divina scientia intra secretum justitiæ suæ continet, sincerissime credendum atque profitendum, Deum velle ut omnes homines salvi fiant. Siquidem Apostolus, cujus ista sententia est, sollicitissime præcipit, quod in omnibus Ecclesiis piissime custoditur, ut Deo pro omnibus hominibus supplicetur. Ex quibus quod multi pereunt, pereuntium est meritum, quod multi salvantur, salvantis est donum. Ut enim reus damnetur, inculpabilis Dei justitia est : ut autem reus justificetur, ineffabilis Dei gratia est. »

Et sanctus Cœlestinus sententiam promulgatam ut legem credendi lex nobis statuat supplicandi, videlicet quia pro omnibus a catholica supplicatur Ecclesia, Deum salvos fieri omnes homines velle credamus, sic in conclusione confirmat dicens (*post epi-*

stolam 8) : « Tanta enim est erga omnes homines
bonitas Dei, ut nostra velit esse merita quæ sunt
ipsius dona, et pro his quæ largitus est æterna præmia sit donaturus. »

Sanctus quoque Leo, vir religiosissimus atque
doctissimus et facundia honestissimæ eloquentiæ
valde profusus, quia recens ante ordinationis ejus
tempora hæresis ista emersit, quanta et qualia contra eam intentet, est solertissime attendendum. Ait
enim in epistola ad Leonem Augustum : « Sicut
enim negari non posset evangelista dicente quod
Verbum caro factum est, et habitavit in nobis
(*Joan.* 1, 14) : ita negari non potest, beato Paulo
apostolo prædicante, quod *Deus erat* **197** *in
Christo mundum reconcilians sibi* (*II Cor.* v, 19).
Quæ autem reconciliatio esse posset, qua humano generi propitiaretur Deus, nisi omnium causa
mediator Dei et hominum carnem susciperet ? » Et
item : « Ut autem repararet omnium vitam, recepit omnium causam, et vim veteris chirographii,
quod solus inter omnes non debuit, pro omnibus
solvendo vacuavit : ut sicut per unius reatum omnes
facti fuerant peccatores, ita per unius innocentiam
omnes fierent innocentes, inde in omnes manante
justitia, ubi est humana suscepta natura. » Et in
epistola ad Flavianum Constantinopolitanum episcopum (*epist.* 10, *cap.* 2) : « Isdem vero sempiterni
genitoris Unigenitus sempiternus, natus est de Spiritu sancto et Maria Virgine. Quæ nativitas temporalis illius nativitati divinæ et sempiternæ nihil mi-
nuit, nihil contulit : sed totum se reparando homini
qui erat deceptus impendit, ut et mortem vinceret,
et diabolum, qui mortis habebat imperium, sua virtute destrueret. Non enim superare nos possemus
peccati et mortis auctorem, nisi naturam nostram
ille suscepisset et suam faceret, quam nec peccatum contaminare, nec mors potuit detinere. » Et
item in eadem (*cap.* 3) : « Salva igitur proprietate
utriusque naturæ atque substantiæ, et in unam
coeunte personam, suscepta est a majestate humilitas, a virtute infirmitas, ab æternitate mortalitas :
et ad resolvendum conditionis nostræ debitum, natura inviolabilis naturæ est unita passibili, ut quod
nostris remediis congruebat, unus atque idem mediator Dei et hominum homo Christus Jesus, et mori
posset ex uno, et mori non posset ex altero. » Et
item in eodem : « Nam quia gloriabatur diabolus,
hominem sua fraude deceptum divinis caruisse muneribus, et immortalitatis dote nudatum, duram
mortis subisse sententiam, seque in malis suis quoddam de prævaricatoris consortio invenisse solatium,
Deum quoque, justitiæ exigente ratione, erga hominem, quem tanto honore condiderat, propriam mutasse sententiam, opus fuit secreti dispensatione
consilii, ut incommutabilis Deus, cujus voluntas non
potest sua benignitate privari, primam erga nos
pietatis suæ dispositionem in sacramento occultiore
compleret, et homo diabolicæ iniquitatis versutia
actus in culpam, contra Dei propositum non per-

ret. » Item idem homilia de Epiphania (*homil.* 1,
cap. 1) : « Ad omnium hominum spectat salutem,
quod infantia mediatoris Dei et hominum jam universo declarabatur mundo, cum adhuc exiguo de-
tineretur oppidulo. » Item in sermone de eadem
(*serm.* 3, *cap.* 1) : « Providentia misericordiæ Dei,
dispositum habens pereunti mundo in novissimis
temporibus subvenire, salvationem omnium gentium
prælinivit in Christo : ut quia et cunctas nationes a
veri Dei cultu impiorum error dudum averterat, et
ipse peculiaris Dei populus Israel ab institutis legalibus pene totus exciderat, conclusis omnibus sub
peccato, omnium misereretur. » Et item (*eod. cap.*
3) : « Adorent in tribus Magis omnes populi universitatis Auctorem, et non in Judæa tantum Deus,
sed in toto orbe sit **198** notus, ut ubique sicut in
Israel sit magnum nomen ejus : quoniam hanc electi
generis dignitatem, sicut infidelitas in suis posteris
convincit esse degenerem, ita fides omnibus facit esse
communem. » Item (*serm.* 5, *c.* 2) : « Quod illi tres
viri, universarum gentium personam gerentes, adorato Domino sunt adepti, hoc in populis suis per fidem,
quæ justificat impios, totus mundus assequitur. »

Sanctus Felix papa in epistola decretali per diversas provincias, ad locum : « Sed quia idem, inquiens, Dominus atque Salvator clementissimus est,
et neminem vult perire, usque ad exitus sui diem in
pœnitentia, si resipiscant, jacere conveniat. »

Et sanctus Gregorius in libro VIII (*cap.* 6) Moralium :
« Ad hoc namque homo conditus fuerat, ut stanti
mente in arcem se contemplationis erigeret, et nulla
hunc corruptio a conditoris sui amore declinaret. »
Et item (*cap.* 9) : « Nunc enim peccator quisque
Deum non metuit et vivit, blasphemat et proficit :
quia scilicet misericors Creator, quem exspectando
vult corrigere, aspiciendo non vult punire, sicut
scriptum est : *Dissimulas peccata hominum propter
pœnitentiam* (*Sap.* 11, 24). » Et item (*cap.* 10) : « Ad
contemplandum quippe Creatorem homo conditus
fuerat, ut ejus semper speciem quæreret, atque
in solemnitate illius amoris habitaret. Sed extra se
per inobedientiam missus, mentis suæ locum perdidit, quia, tenebrosis itineribus sparsus, ab inhabitatione veri luminis elongavit. » Et item (*cap.* 20) :
« Cur quasi contrarium tibi hominem despicis, qui
certus scio quia perire vel ipsum quem despicere
crederis non vis? » Et in libro decimo septimo (*cap.*
4) : « *Dedit ei Deus locum pœnitentiæ, et ille abutitur
eo in superbia.* Quisquis delinquit et vivit, idcirco
hunc divina dispensatio in iniquitate tolerat, ut ab
iniquitate compescat. Sed qui diutius toleratur, nec
tamen ab iniquitate compescitur, munus quidem
supernæ patientiæ percipit, sed reatus sui vinculis
ex ipso se munere arctius astringit. » Et in Regula
pastorali, cap. 37. « *Versa est mihi domus Israel in
scoriam. Omnes isti æs, et stagnum, et ferrum, et
plumbum in medio fornacis* (*Ezech.* XXII, 18). Ac si
aperte dicat : Purgare eos per ignem tribulationis
volui, et argentum illos vel aurum fieri quæsivi ;

sed in fornace mihi in æs, stagnum, ferrum, et plumbum versi sunt, quia non ad virtutem, sed ad vitia etiam in tribulatione proruperunt. » Et item in libro decimo septimo : « Quod qui pereunt, sicut et primus homo, non Dei voluntate, sed sua iniquitate pereunt. Ad vitam, inquiens, conditus homo in libertate propriæ voluntatis, sponte sua factus est debitor mortis. » Et item in octavo (cap. 20) : « Tunc sibi contrarium Deus hominem posuit, cum homo peccando Deum dereliquit. Justus vero Conditor hunc sibi contrarium posuit, quia inimicum eum ex elatione deputavit. » Et item : « Sunt plerique qui etiam post perceptum redemptionis auxilium, ad desperationis tenebras devolvuntur, et tanto nequius pereunt, quanto et oblata remedia misericordiæ contemnunt. » Et **199** item : « Nimirum Deus mirabiliter cuncta dispensat, et juste facit quod malignus spiritus injuste facere appetit, et hoc fieri nonnisi juste permittit. » Et in libro decimo octavo (cap. 10) : « Qua in re quærendum est cur dicatur quod hanc partem atque hæreditatem suam pravi ab Omnipotente percipiunt. Sed, si recte consideratur, liquet quia etsi a seipsis habuerunt injuste agere, supernæ tamen æquitati suppetit injuste acta juste judicare, ut divina sententia ordinet in pœna, quos inordinata sua actio traxit ad culpam. » Et item : « Nam bona faciens et ordinans Deus, male vero non faciens, sed ab iniquis facta, ne inordinate eveniant, ipse disponens, considerat universorum finem, et patienter tolerat omnia, atque intuetur electorum terminum quo ex malo mutentur ad bonum. Intuetur etiam reproborum finem, quo de malo opere dignum se trahantur ad supplicium. » Et item in libro decimo sexto (cap. 18) : « *Anima ejus quodcunque voluit hoc fecit.* Sic itaque ejus anima quodcunque voluit hoc fecit, ut inde quoque voluntatem suam impleat, unde voluntati illius repugnari videbatur. » Item idem in libro vigesimo quinto (cap. 13) : « Aliquando facere Dei est, id quod fieri prohibet irascendo permittere. » Item in eodem : « Nemo discutiat cur stante Judaico populo dudum in infidelitate gentilitas jacuit, et cur ad fidem gentilitate surgente Judaicum populum in infidelitatis culpa prostravit. Nemo discutiat cur alius trahatur ex dono, alius repellatur ex merito. Si enim gentilitatem miraris assumptam, ipso concedente pacem quis est qui condemnet? Si Judæam obstupescis perditam, ex quo absconderit vultum suum, quis est qui contempletur eum? Itaque consilium summæ et occultæ virtutis satisfactio sit apertæ rationis. » Item in libro xxvi (cap. 22) : « *Si audierint et observaverint, complebunt dies suos in bono, et annos suos in gloria : si autem non audierint, transibunt per gladium, et consumentur stultitia* (Job xxxvi, 11). Per bonum recta actio, per gloriam vero superna retributio designatur. Qui vero obedire præceptis cœlestibus student, dies suos in bono complent, annos in gloria : quia et cursum præsentis temporis in recto opere, et consummatio-

nem suam perficiunt felici retributione. Si vero non audierint, transibunt per gladium, et consumentur stultitia : quia et vindicta eos in tribulatione perculit, et finis in fatuitate concludit. Sunt enim nonnulli, quos a perditis moribus nec tormenta compescunt : de quibus per prophetam dicitur : *Percussisti eos, nec doluerunt : flagellasti eos, et renuerunt accipere disciplinam* (Jer. v, 3) et de quibus sub Babylonis specie dicitur : *Curavimus Babylonem, et non est sanata* (Jer. li, 9). Et de quibus rursum dicitur : *Interfeci et perdidi populum meum* (Jer. xv, 7), *et tamen a viis suis non sunt reversi.* Hi nonnunquam deteriores existunt ex verbere, quia pulsati doloribus, aut contumaci pertinacia duriores existunt, aut, quod pejus est, in blasphemiæ etiam exsperatione prosiliunt. » Item in libro vigesimo septimo : « *Sicut ignoras quæ sit via spiritus, et qua* **200** *ratione compinguntur ossa in ventre prægnantis, sic nescis opera Dei qui fabricator est omnium* (Eccle. ii, 5). Ut enim unum e multis loquar (cap. 2), duo ad hanc lucem parvuli veniunt, sed uni datur ut ad redemptionem per baptisma redeat, alter ante subtrahitur quam hunc regenerans unda perfundat. Et sæpe fidelium filius sine fide rapitur, et sæpe infidelium concesso fidei sacramento renovatur. Sed fortasse aliquis dicat quod hunc Deus acturum prave etiam post baptisma noverat, et idcirco eum ad baptismatis gratiam non perducat. Quod si ita est, peccata quorumdam procul dubio, priusquam sint perpetrata, puniuntur. Et quis ita recta sciens dixerit quia omnipotens Deus, qui alios a perpetratis facinoribus liberat, hæc in aliis etiam non perpetrata condemnat? Occulta itaque sunt ejus judicia, et quanta obscuritate nequeunt conspici, tanta debent humilitate venerari. » In libro xxix (cap. 2) : « Cum divini operis mysterium sic misericordia peragat, ut tamen et ira comitetur, quatenus occultus arbiter alios respiciens redimat, alios deserens perdat. » Item in eodem : « *Auferetur ab impiis lux sua* (Job xxxviii, 25), quia dum veritati credere renuunt, cogitationem legis in perpetuum amittunt : et dum de accepta lege superbiunt, nimirum de scientiæ suæ gloria cæcantur. Scriptum quippe est, *Obscurentur oculi eorum, ne videant;* rursumque scriptum est, *Excæca cor populi hujus et aures ejus aggrava* (Psal. lxviii, 24). Et rursum scriptum est : *In judicium ego in hunc mundum veni, ut qui non vident videant, et qui vident cæci fiant,* et quia semetipsos de legis operibus contra conditorem legis extulerunt, apte subditur, *et brachium excelsum contteretur* (Joan. ix, 39). » In libro xxxi : « Justi viri securitas recte leoni comparatur, qui contra se cum quoslibet insurgere conspicit, ad mentis suæ confidentiam redit, et scit quia cunctos adversantes superat, quia illum solum diligit, quem invitus nullo modo amittit. » In libro xxxii (cap. 7) : « Superbos enim atque impios justo judicio Dominus in pulvere abscondit, quia eorum corda ipsis, quæ despecto amore Creatoris eligunt, terrenis opprimi negotiis permisit. » Item in libro xxxiii (*cap.* 10) : « Ubique nobis occurrit superna medicina, quia et dedit homini præcepta, ne peccet : et tamen peccanti dedit remedia, ne desperet. Unde cavendum summopere est, ne quis delectatione peccati Leviathan istius ore rapiatur, et tamen si raptus fuerit non desperet, quia si peccatum perfecte lugeat, adhuc foramen in maxilla ejus invenit per quod evadat. Jam dentibus teritur : sed adhuc, si evadendi via quæritur, in maxilla ejus foramen invenitur. Habet etiam captus quo exeat, qui prævidere noluerit ne caperetur. » Et post paululum (*cap. eodem*) : « *Misericordia enim et ira ab illo.* Divina itaque clementia maxillam Vehemoth istius perforans, ubique humano generi et misericorditer et potenter occurrit; quia nec libero admonitionem præcavendi tacuit, nec capto remedium fugiendi subtraxit. » Item in libro xxxiii (*cap.* 20) : « Ad parcendum reprobis nulla ratione compellor, quia eis debitor ex sua actione non teneor. Idcirco enim tunc **201** nequaquam cœlestis patriæ præmia æterna percipiunt, quia ea nunc dum promereri poterant ex libero arbitrio contempserunt. » Et item (*cap. eodem*): « Leviathan iste beatitudinem quidem meam perdidit, sed dominium non evasit; quia et ipsæ mihi potestates inserviunt, quæ mihi pravis actionibus adversantur. » Item in eodem (*cap.* xxiv) : « Dum ergo eis Dominus vicem malorum operum redderet, dedit illis scutum cordis laborem suum : quia recto judicio inde illos contra se superbe obstinatos exhibuit, unde ipse pro nobis in infirmitate laboravit. Repulerunt quippe a se verba prædicantium, quia dedignati sunt in Domino infirma passionum. » Item in libro xxxiv (*cap.* 10) : *Non fugavit eum vir sagittarius.* Unde bene peccatis præcedentibus irascens Dominus, de his quos in manu antiqui hostis deserit, per prophetam dicit : « *Immittam vobis serpentes regulos, quibus non est incantatio* (*Jer.* viii, 17). Ac si diceret : Justo judicio talibus vos immundis spiritibus tradam, qui a vobis excuti exhortatione prædicantium, quasi incantantium sermone, non valeant. » Et post paululum (*cap. eodem*) : « Sed quid mirum si humanas vires despicit, qui ipsa etiam superni in se judicii æterna tormenta contemnit. » Item in eodem libro (*cap.* 15) : « Omnipotens Deus, quia pius est, miserorum cruciatu non pascitur; quia autem justus est, ab iniquorum ultione in perpetuum non sedatur. Sed iniqui omnes æterno supplicio, et quidem sua iniquitate puniuntur, et tamen ad aliquid concremantur, scilicet ut et justi omnes, et in Domino videant gaudia quæ percipiunt, et injusti respiciant supplicia quæ evaserunt : ut tanto in æternum magis divinæ gratiæ debitores se esse cognoscant, quanto in æternum mala punire conspiciunt, quæ ejus adjutorio vitare potuerunt. » Et in homilia Evangelii prima : « Dominus et Redemptor noster, paratos nos invenire desiderans, senescentem mundum quæ mala sequantur denuntiat. » Et item in eadem : « In potestate

et majestate visuri sunt, quem in humilitate positum audire noluerunt, ut virtutem ejus tanto tunc districtius sentiant, quanto nunc cervicem cordis ejus patientiam inclinant. »

Et venerabilis presbyter Beda in tractatu Actuum apostolorum : « Ipse Petrus sic intellexit omnes homines æqualiter ad Christi Evangelium provocari, nullumque secundum naturam esse pollutum. » Et item : « *Incrassatum est enim cor populi hujus, et auribus graviter audierunt* (*Act.* xxviii, 27). Ne putemus crassitudinem cordis, et gravitatem aurium, naturæ esse non voluntatis, subjungit culpam arbitrii et dicit : *Et oculos suos compresserunt, ne forte videant oculis.* Id est, ipsi meritis præcedentibus causa fuerunt, ut Deus eis oculos clauderet. Vel ad superiora jungendum est, dicente Domino ad prophetam : Vade ad populum istum, et peccata quibus cæcitatem meruerunt illis impropera, si forte vel sic audire et ad me converti dignentur. » Et item idem in expositione Evangelii evangelistæ Marci (*lib.* i, *c.* 3) : « Qui ergo manifeste intelligens opera Dei, cum de virtute negare non possit, eadem **202** stimulatus invidia calumniatur et Christum, Deique Verbum, et opera Spiritus sancti dicit esse Beelzebub, isti non dimittetur neque in hoc sæculo, neque in futuro. Non quod negemus et ei, si pœnitentiam agere voluerit, posse dimitti ab eo qui vult omnes homines salvos fieri, et in agnitionem veritatis venire : sed quod ipsi judici et largitori veniæ credentes, qui et se pœnitentiam semper accepturum, et hanc blasphemiam nunquam dicit esse remittendam, credamus hunc blasphemum, exigentibus meritis, sicut nunquam ad remissionem, ita nec ad ipsos dignos pœnitentiæ fructus esse perventurum. Juxta hoc quod Joannes evangelista de quibusdam blasphemiæ suæ merito excæcatis veracissime scripsit : *Propterea non potuerunt credere* (*Joan.* xii, 39, 40), quia iterum dixit Isaias : *Excæcavit oculos eorum, et induravit cor eorum, ut non videant oculis, et intelligant corde, et convertantur et sanem eos.* » Et item (*in Marcum lib.* i, *c.* 4) : « Hi autem sunt, qui circa viam ubi seminatur verbum, et cum audierint confestim venit Satanas, et aufert verbum quod seminatum est in corda eorum, et cætera. In hac Domini oppositione omnis eorum qui audire quidem verba salutis potuerunt, sed ad salutem pervenire nequeunt, distantia comprehenditur. Sunt namque, qui verbum quod audiunt, nulla fide, nullo intellectu, nulla saltem tentandæ utilitatis occasione percipere dignantur : quorum indisciplinatis ac duris cordibus mandatum verbum confestim immundi spiritus, quasi viæ tritæ volucres semen eripiunt. » Et item : « *Et non poterat ibi virtutem ullam facere, nisi paucos infirmos impositis manibus curavit. Et mirabatur propter incredulitatem illorum.* Non quo etiam illis incredulis non potuerit virtutes multas facere, sed quo ne multas faciens cives incredulos condemnaret. » Et item (*ibid., lib.* i, *cap.* 10) : « *Sedere autem ad dexteram meam, vel ad sinistram, non* *est meum dare vobis, sed quibus paratum est (Marc.* x, 40). Sic intelligendum est, regnum cœlorum non est dantis, sed accipientis. Non est enim personarum acceptio apud Deum : sed quicunque talem se præbuerit, ut regno cœlorum dignus sit, hic accipiet quod non personæ, sed vitæ paratum est. Si itaque tales estis qui consequamini regnum cœlorum, quod Pater meus triumphantibus et victoribus præparavit, vos quoque accipietis illud. » Et item : « Et tu si non vis audire in judicio a Christo : Discede a me, maledicte, in ignem æternum, quia esurivi et non dedisti mihi manducare, arbor esse sterilis in hac vita caveto : quin potius pauperi Christo et esurienti fructum pietatis quo indiget offer. » Et item : « *Scriptum est quia domus mea domus orationis vocabitur cunctis gentibus (Marc. 11, 17) :* » Omnibus, inquit, gentibus, non uni genti Judææ, nec in uno Jerosolymæ urbis loco, sed in toto orbe terrarum. Item in Commento Evangelii Lucæ : « Nam sicut in quibus venandi ars est, ubi feras, pisces, et volucres plus abundare didicerint, ibi sua maxime retia tendunt : ita et Dominus semper docuit in Synagoga, et in templo, quo omnes Judæi conveniebant, volens omnes salvos fieri, et ad agnitionem veritatis **203** venire. » Et item : « *Tulistis clavem scientiæ.* Hoc est, humilitatem fidei Christi, qua ad divinitatis ejus agnitionem pervenire poteratis, spernentes abjicere maluistis. » Et item (*ibid., lib. IV cap.* 11) : « Nam si petenti datur, et quærens invenit, et pulsanti aperietur, ergo cui non datur, et qui non invenit, et cui non aperitur, apparet quod non bene petierit, quæsierit, pulsaverit. » Et item : « Verum ille qui vult omnes homines salvos fieri, et ad agnitionem veritatis venire, nunc ad eos, nunc eis audientibus ad discipulos suos verba faciendo, consuetæ pietatis dona benignus impendere non cessat. » Et item (*lib. v, c.* 19) : « *Venit enim filius hominis quærere et salvare quod perierat.* » Hoc est quod alibi dicit : « *Non veni vocare justos, sed peccatores.* Pius sane magister, qui murmurantibus turbis sua mysteria non dedignatur exponere, adeo scilicet peccatorum pœnitentiam non esse respuendam, ut ipse Dei Filius ob hanc maxime quærendam sit destinatus ad terras. Qui ut pietatis suæ nobis dispensationem inculcet, sæpissime se filium hominis appellat, commendans sollicite nobis quod factus est benigne pro nobis. » Et item : « Impietatem Judæorum, vel omnium reproborum ad Christum converti nolentium, significat in die judicii puniendam. » Et item : « Quia visitationis suæ tempus minime cognovit, illis in extremo vitæ inimicis traditur, cum quibus in æterno judicio damnationis suæ societate colligatur. » Et item : « Semper ambigere dicitur Deus, ut libera voluntas homini reservetur. »

Et Cassiodorus in psalmo LV : « Ipsum est enim *quacunque die,* quia Dominus clementi patientia quodlibet tempus nostræ conversionis exspectat. Et ideo culpabiles sustinet, exspectat errantes, dicens : *Nolo mortem peccatoris, sed ut convertatur et vivat.*

Solum est enim, ut in hac vita peccatum omne fateamur, ubi et humana fragilitate delinquimus. » Et in psalmo LXVIII : « Additum est *in retributionem,* quia subtracta illa mensa et gentibus tradita, malorum retributio fuit. Quippe quando in ea epulari nolentes ab ea merito videntur excludi. » Et in psalmo LXXIII : « In præsenti psalmo civitatis subversio deploratur, ut durissimus animus Judæorum, vel ipsius civitatis suæ calamitatibus terreretur. Totum fecit medicus bonus, si sanitatem recipere voluisset ægrotus. » Et in psalmo LXXV : « Amiserunt ergo et istud, qui majestati ejus nequaquam credere voluerunt. » Et in psalmo LXXXI : « Et benedixit sicut oves, non tamen oves, quia non credendo facti sunt hædi. » Et in psalmo LXXVII : « Genus pravum, quia veritatem recipere noluerunt. » Et item in eodem : « Malitiam hominis in sua indignatione, et ira, et tribulatione dereliquit, ut propriis perversitatibus affligantur, qui divinis jussionibus obedire contemnunt. » Et in psalmo XCIV : « Nam cum quadraginta diebus ad mysticum numerum Dominus jejunaverit, cum alios quadraginta dies cum apostolis post resurrectionem fecerit ut totus mundus crederet, Judæi obstinati reperti sunt. Qui quadraginta annorum **204** beneficiis acquiescere noluerunt. Quibus ideo paratur major ruina, quia in eis grandescit diuturna superbia. » Et item : « Qui ergo ingressus est in requiem ejus, etiam ipse requievit ab operibus suis, sicut a suis Deus. Significat enim beatitudinis illius tempus, quando justi post agonem sæculi istius æterna requie perfruuntur : quod impiis utique non dabitur, qui sua indignitate duruerunt. » Et in psalmo XCV : « Illic vero dictum est *patriæ gentium,* ut nullus indigena, nullus hospes, nullus peregrinus redderetur exceptus. » Et in psalmo CXIII : « Nullum genus hominum ei credens probatur exceptum, quod sit ab ejus muneribus alienum. » Et in Commento Epistolæ ad Romanos plura his concinentia dicit, quæ studio brevitatis omittimus.

CAPUT XXVI.

Recapitulatio redditæ rationis post sanctorum nomina designata de capitulo tertio.

Ecce quid ex hoc capitulo senserunt divino repleti Spiritu sancti Dei homines. Cæterum capitula a nobis ex sanctorum Patrum excerpta, quæ reprehendit, dominus Prudentius venerabilis episcopus nobiscum constituit atque firmavit. Quæ postea in hac epistola, de qua loquimur, ita confudit atque præposteravit, ut verbis aliis, et sensu contrario, et ordine immutato, illa quantum ex ipso fuit disperderet. Nec plus invenit quo illa discerperet : verba mutavit, sensum contrarium intulit, ordinem adeo perturbavit, ut de secundo primum, et de tertio quartum redderet. Si adhuc quartum modum invenire potuisset, quo illa dissiparet, manifestum est quia voluntarie faceret. Tamen quidquid ille gesserit, ordo ponendi legitimus iste manebit, ut primo ponatur ab eo qui capitulatim illa cupit describere, De præscientia et prædestinatione electorum, ac

præscientia et relictione reproborum, quæ ante
omnia tempora exstitit. Deinde de arbitrio libero,
quod homo in tempore accepit, et diaboli suasione
suo vitio infirmavit : atque de Dei gratia, sine qua
in primo homine perditi non reparantur electi, et
qua non liberantur in generali perditionis massa
relicti. Et tunc, quoniam hominis arbitrium liberum,
licet merito primæ culpæ libertatem, id est boni
possibilitatem perdiderit, non tamen nomen et rationem amisit, Deus, qui hominem ad imaginem et
similitudinem suam condidit, quemque ad æternitatem
consistere voluit, a latronibus vulneratum ac semivivum relictum, verus scilicet medicus, gratia sanare
venit plagis mortalibus saucium, et pastor bonus gratis quærere et salvare perditam venit ovem. Sicque
ponendum est quod dicit Joannes apostolus : *Quod
nos vidimus et testificamur, quoniam Pater misit Filium
suum salvatorem mundi* (I Joan. I, 14); qui secundum
Paulum : *vult omnes homines salvos fieri, et in agnitionem* **205** *veritatis venire* (I Tim. II, 4); et juxta
Petrum : *Neminem vult perire, sed omnes ad pœnitentiam converti* (II Petr. III, 9). Et tunc demum,
quod iterum Joannes dicit : *Et in hoc cognoscimus
charitatem Dei, quoniam ille pro nobis animam suam
posuit* (I Joan. III, 16); qui ut Petrus dicit : *Semel
pro peccatis nostris mortuus est, justus pro injustis*
(I Petr. III, 18). Fidelis enim sermo, quoniam ut
Paulus dicit : *Christus venit in hunc mundum peccatores salvos facere, ut omnis qui credit in ipsum non
pereat* (I Tim. I, 15), Evangelio conclamante, *sed
habeat vitam æternam* (Joan. III, 15). Unde et idem
Dominus omnium, dives in omnes qui invocant
illum, discipulis suis jussit : *Prædicate,* inquiens,
*Evangelium omni creaturæ. Qui crediderit et baptizatus
fuerit, salvus erit; qui vero non crediderit, condemnabitur* (Marc. XVI, 14). Credentes autem baptizati, et
per Dei gratiam salvi facti crediderunt quia voluerunt : non credentes, non baptizati, neque salvi facti
sunt, quia credere noluerunt, et ideo perierunt. *Qui
non credit,* inquit, *jam judicatus est* (Joan. III, 18), id
est Dei præscientia jam damnatus est. Quare? *Quia
non credidit in nomine unigeniti Filii Dei. Hoc est autem judicium, quia lux venit in mundum, et dilexerunt
homines tenebras magis quam lucem.* Quæ sint tenebræ ipse consequenter exponit dicens : *Erant enim
eorum mala opera.* Ut et fides, quæ per dilectionem
operatur, lux est, sicut item scriptum est : *Luceat
lux vestra coram hominibus, ut videant opera vestra
bona* (Matth. V, 16). Quæ sine fide non possunt esse
bona, quia nec Deo sunt placita. Sine fide enim
impossibile est placere Deo. Bona nempe agens venit
ad lucem, ut manifestentur opera ejus, quæ in Deo
sunt facta, qui lux venit in mundum, dicens : *Ego
sum lux mundi; qui sequitur me non ambulabit in
tenebris* (Joan. VIII, 12). Quas edit qui nihil odit
eorum quæ fecit, et perseveranter eas dilexerunt
qui perierunt, et quod diligit justus Dominus qui
justitias dilexit, diligentes iniquitatem et odientes
animam suam oderunt, et ideo perierunt. Juxta

quod item miserator misericors miseriam perituræ
civitatis deflens dicit Jerusalem : *Quoties volui congregare filios tuos, quemadmodum gallina congregat
pullos suos sub alis suis, et noluisti?* (Luc. XIII, 34.)
Ac si aperte diceret : Quod volui noluisti, et idcirco
peristi; sicut qui omnibus *Vigilate* dicit, et ad omnes
per Salomonem dicit : *Vocavi et renuistis : extendi manum meam, et non fuit qui aspiceret. Despexistis
omne consilium meum, et increpationes meas neglexistis. Ego quoque in interitu vestro ridebo, et subsannabo cum vobis quod timebatis advenerit. Cum irruerit
repentina calamitas, et interitus quasi tempestas ingruerit, quando venerit super vos tribulatio et angustia.
Tunc invocabunt me et non exaudiam : mane consurgent, et non invenient me* (Prov. I, 24). Quoniam ibi
jam a Deo mereri non potest quod petit, qui hic
noluit audire quod jussit.

Nam si, ut dicunt isti moderni Prædestinatiani,
non est quisquam quem Deus salvari velit et non
salvetur, et quicunque non salvantur, penitus non
esse voluntatis illius ut salventur, et his qui salvantur imposita est necessitas salutis, et his qui pereunt
imposita est necessitas perditionis, atque ideo nec
illi juste damnantur qui salvari non potuerunt, **206**
nec isti juste remunerantur, quia aliud quam salvandi esse nequiverunt. Ut in utraque parte et perditio et salus non sit ex judicio propriæ actionis,
sed ex præjudicio divinæ præordinationis, quoniam
utrisque aufertur penitus arbitrium voluntatis, cum
scriptum de Deo sit : *Quia tu reddes unicuique secundum opera sua* (Psal. LXI, 13). Et iterum : *Nunquid
iniquus Deus qui infert iram? Absit* (Rom. III, 5).
Et venerabilis Beda presbyter in Homilia Evangelii
exponens sententiam ipsius ait : « *Et cum venerit,
qui Spiritus sanctus, ille arguet mundum de peccato,
et de justitia, et de judicio* (Joan. XVI, 8). Claret
namque, quod ipse Filius Dei Dominus noster Jesus
Christus, cum esset in mundo, arguebat mundum,
id est sectatores mundi, de peccato suæ incredulitatis, arguebat de justitia, quia videlicet justitiam
fidelium nollent imitari, arguebat de judicio, videlicet quare diabolum, qui jam judicatus et damnatus
erat, sequerentur. Sed non sine causa Spiritum, cum
venerit, hoc idem dicit acturum : quia profecto per
hujus inspirationem corroborandus erat animus
discipulorum, ne mundum, qui contra se fremebat,
arguere timerent. Exponens sententiam suam Dominus adjunxit : De peccato quidem, quia non crediderunt in me. Peccatum incredulitatis quasi speciale
posuit, quia sicut fides origo virtutum, ita solida-
mentum est vitiorum in incredulitate persistere, Domino terribiliter attestante, qui dicit : Qui autem non
credit, jam judicatus est, quia non credidit in nomine
unigeniti Filii Dei. At contra, justus ex fide vivit.* »
Et paulo post : « *Justitia cæterorum fidelium, qui
Dominum in carne non viderunt, hæc est, quod eum
quem corporali intuitu nunquam viderunt, Deum
et hominem verum corde credunt ac diligunt. De
qua profecto justitia fidei arguuntur infideles, cur*

ipsi videlicet, cum similiter verbum vitæ audirent, noluerint credere ad justitiam. Neque enim nequitia malorum ex sua solum fortitudine, verum etiam ex comparatione rectorum, quam sit damnanda monstratur. » Sed et sanctus Augustinus in libro de Agone Christiano (*cap.* 27) de hac Evangelii sententia dicit : « *Qui non credit jam judicatus est.* Præscientia utique Dei, qui novit quid immineat non credentibus. » Hinc etiam apparet mentiri Prædestinatianorum scholam dyscolam, quæ ex hac Evangelii sententia affirmare luctatur a Deo prædestinatos ad interitum. Et item venerabilis Beda presbyter in Commento Evangelii Lucæ, beati Augustini et aliorum Patrum orthodoxorum sequens sententias, ait : « *Dico autem vobis, quia omni habenti dabitur, ab eo autem qui non habet, et quod habet auferetur ab eo* (*Matth.* XIII, 11). Hæc ad superiora sententia respicit, docens et illum posse amittere munus Dei, qui habens non habet, id est non utitur, et in eo augeri qui habens habet, hoc est bene utitur. » Et paulo superius : « Recte amittit collatam gratiam, quam prædicando aliis communicare neglexit, ut ei augeatur qui inde laboravit, juxta quod angelo Ephesi Ecclesiæ dicitur : *Et movebo candelabrum suum de loco suo, nisi pœnitentiam egerit* (*Apoc* II, 5), et cum regium **207** chrisma, quod superbiendo Saul amisit, David obediendo promeruit : *Spiritus,* inquit, *Domini discessit a Saul, et directus est in David a die illa et deinceps.* »

Proferunt quoque Prædestinatiani ad suam confirmandam sententiam, quoniam qui non salvantur non est penitus voluntas Domini ut salventur, psalmorum testimonia : *Deus noster in cœlo, omnia quæcunque voluit fecit* (*Psal.* CXIII, 11). Et : *Omnia quæcunque voluit Dominus fecit in cœlo et in terra, in mari et in omnibus abyssis* (*Psal.* CXXXIV, 8). Sed longe sensu alio illa exponunt doctores catholici. Nos autem, antequam sanctorum hinc expositiones ponamus, illos interrogare volumus, utrum voluntate Dei angeli de cœlo, et homines in paradiso ceciderint. Si dixerint quia voluntate Domini ceciderunt, plebs universa lapidabit eos : consequens enim est ut dicant Deum casus illorum auctorem. Et omnes sciunt sanctum Gregorium veraciter in homilia 34 dicere : « Angelorum quippe et hominum naturam ad cognoscendum se Dominus condidit, quam dum consistere ad æternitatem voluit, eam procul dubio ad suam similitudinem creavit. » Si autem veritate convicti verum dixerint, non Dei voluntate, sed proprio illos vitio cecidisse, manifestum est quia non cum eis, sed contra eos prolata ab ipsis faciunt testimonia. Quoniam sicut duo primi homines, non Dei voluntate, sed suo vitio ceciderunt, qui, ut credimus beato Augustino et cæteris sanctis dicentibus, Dei gratia per pœnitentiam ad salutem in Christi sanguine redierunt : ita de omnibus in primi hominis peccato perditis, et in ejusdem perditione generatis, quicunque salvantur, gratia Dei, qui vult omnes homines salvos fieri, salvantur, quicunque

pereunt, non Dei voluntate, sed debitæ perditionis merito pereunt. Nam sicut conditor naturam hominum, id est primum hominem, quia et Eva Adam est, ad æternitatem consistere voluit, quia æternaliter bonus est. Quem ab æternitate contra suam voluntatem cadentem juste damnavit, quoniam justus est. Quemque ad salutem gratia reparavit, quia misericors est. Ita redemptor justus in omnibus viis suis, et sanctus in omnibus operibus suis, omnes ex generali massa perditionis genitos vult salvos fieri, quia bonus est : sed quosdam in eadem massa perditionis judicio deserit quoniam justus est, quosdam a perditione cunctis debita dono gratiæ liberat, quia misericors est. Et ne velint nobis illudere, dicentes æmuli rectæ fidei, quoniam quosdam in massa perditionis deserit, ideo Deus justus est, aliter enim justus esse non posset, legant Psalmum, ubi inter cætera decantatur : *Qui percussit reges magnos, et occidit reges fortes, et dedit terram eorum hæreditatem populo suo. Quia in humilitate nostra memor fuit nostri, et redemit nos ab inimicis nostris :* per singula, *quoniam in æternum misericordia ejus* (*Psal.* CXXXV, 17). Justus in omnibus, bonus in omnibus, et cum punit impios, et cum liberat peccatores, et cum coronat gratia justos.

208 Cæterum de primo quod ponunt testimonio ait sanctus Augustinus in psalmo CXII (*In enarrat. sub finem. Psal.* CXIII, 11) : *Deus autem noster in cœlo sursum :* « In cœlo, inquit, sursum, quod transgreditur omnia corpora cœlestia et terrestria, in cœlis et in terra *omnia quæcunque voluit fecit.* Nec indiget operibus suis tanquam in eis collocetur ut maneat, sed in sua æternitate persistit, in qua manens omnia quæcunque voluit fecit in cœlo et in terra. Ergo in quibus est ipse tanquam indigentia continet, non ab eis tanquam indigens continetur. Sive sic intelligitur : In cœlo et in terra omnia quæcunque voluit fecit, vel in superioribus, vel in inferioribus populi sui voluntariam gratiam suam constituit, ne quis de operum meritis glorietur. » Et sanctus Hieronymus : *Deus autem noster in cœlo, omnia quæcunque voluit fecit.* Deus in cœlo sursum, dicunt sancti ad illos infideles qui idola adorant : Vos vestros Deos de manu tangitis, et oculis carnalibus cernitis; sed noster Deus in cœlo est sursum, in cœlo et in terra omnia quæcunque voluit fecit. In his qui cœlestem vitam agunt, et adhuc terrena carne cluduntur, implebit voluntates suas. De altero vero testimonio ex psalmo CXL item sanctus Hieronymus dicit : « *Omnia quæcunque voluit fecit in cœlo et in terra, in mari et in omnibus abyssis* (*Psal.* CXXXIV, 6). Pro voluntate bonitatis placuit Deo in excelsas animas, in aridas mentes, in sæculi fluctibus, in profunditate malitiæ facere mirabilia. » Et sanctus Augustinus ita per loca exponens dicit : « *Omnia quæcunque voluit Dominus fecit in cœlo et in terra, in mari et in omnibus abyssis.* Quis autem comprehendat hæc ? Si comprehendere omnia non possumus, tamen credere omnia inconcusse et tenere debemus, quia quidquid creaturæ in cœlis et in terra et in omnibus abyssis est, a Domino factum est. Non omnia quæ fecit coactus est facere, sed causa omnium quæ fecit voluntas ejus est, necessitas coegit te facere domum, vestem, et cætera. » Et paulo post : « Invenimus aliquid quod libera voluntate facimus, cum ipsum Deum amando laudamus. Non enim ex necessitate, sed quia placet. Unde justis et sanctis Dei placuit Deus, etiam flagellans eos. » Et item : « Deus autem in cœlo et in terra omnia quæcunque voluit fecit. Ipse tibi det gratiam, ut in te ipso facias quod vis. Nisi enim ipso adjuvante nec in te facies quod vis, quia caro concupiscit adversus spiritum, et spiritus adversus carnem, ut non quæcunque vultis illa faciatis. » Et post pauca : « Quia non solum in domo sua, nec solum in agro suo, sed in carne sua et in spiritu suo, non implevit quod volebat, clamavit ad Deum qui omnia quæcunque voluit fecit in cœlo et in terra, et dixit : *Infelix homo, quis me liberabit de corpore mortis hujus ? (Rom. VII, 24.)* Et ille bonus, ille suavis, tanquam responderet ei continuo subjecit : *Gratia Dei per Jesum Christum Dominum nostrum.* Hanc ergo suavitatem amate, hanc suavitatem laudate. Intelligite Deum, qui omnia quæcunque voluit fecit in cœlo et in terra, ipse et in vobis faciet quod vultis, ipso adjuvante voluntatem **209** vestram implebitis, sed nondum potestis, confitemini cum potueritis, gratias agite, jacentes clamate, erecti superbire nolite. »

Ad quod si veterem pestem evomuerint moderni Prædestinatiani, dicentes quos non vult Deus salvos fieri, quoniam quæcunque voluit fecit in cœlo et in terra, non facit eos volentes, non facit confitentes, et non erigit jacentes, quia ad mortem eos prædestinavit æternam : et ideo postquam ceciderint sic a Deo dispensantur, ut nec possint nec velint per pœnitentiam liberari. Respondeat eis Prosper quod ex delegatione sedis apostolicæ respondit actione 15 Vincentianis : « Non veraciter, inquiens, nec sapienter hoc dicitur. Qui enim a fide et sanctitate exciderunt, sicut voluntate prolapsi sunt, ita voluntate non resurgunt, et dominatum concupiscentiarum quibus succubuerunt sponte patiuntur. Si qui autem captivitatem suam gemunt, et judicantes semetipsos ad misericordiam Dei mutato corde confugiunt, non sine spiritu divinæ visitationis hoc faciunt. Hæc enim est immutatio dexteræ Excelsi, qui innumeris lapsis dat pœnitentiam ut resipiscant a diaboli laqueis, a quo captivati tenentur ad ipsius voluntatem. Nemini autem Deus correctionis adimit viam, nec quemquam boni possibilitate dispoliat, quia qui se a Deo avertit, ipse et velle quod bonum est, et posse sibi sustulit. Non est ergo consequens, sicut putant qui talia objiciunt, ut Deus quibus pœnitentiam non dederit, resipiscentiam abstulerit, et quos non levaverit alliserit, cum aliud sit insontem in crimen egisse, quod alienum est a Deo, aliud criminoso veniam non dedisse, quod de peccatoris est merito. »

Præsumunt nihilominus Prædestinatiani sibi beati Job libri sententiam, ut verisimile suum possint ostentare mendacium, qua dicitur : *Anima ejus quodcunque voluit hoc fecit (Job XXIII, 13).* Quam exponens in Moralibus beatus Gregorius dicit (*lib.* XVI, *cap.* 18) : « Sic itaque ejus anima quodcunque voluit hoc fecit, ut inde quoque voluntatem suam impleat, unde voluntati illius repugnari videbatur. » Et item : « Aliquando facere Dei est, id quod fieri prohibet irascendo permittere. » Et sanctus Augustinus in libro de Bono perseverantiæ (*cap.* 6) dicit : « Nihil fit, nisi quod aut Deus facit, aut fieri ipse permittit. » Legant adhuc contentiosi cum istis, si non sufficiunt, testimonium quod posuimus ex libro de Spiritu et Littera sancti Augustini. Ob quorum etiam controversiam simplicibus exponenda est Evangelii Lucæ sententia qua dicitur : *Contendite intrare per angustam portam, quia multi, dico vobis, quærent intrare et non poterunt (Luc. XIII, 24).* Hinc Beda (*in Lucam cap.* 13) : « Quærunt, inquit, intrare salutis amore provocati, et non poterunt itineris asperitate deterriti. Quærunt hoc ambitione præmiorum, a quo mox laborum timore refugiunt, non quia jugum Domini asperum et onus est grave, sed quia nolunt discere ab eo quoniam mitis est et humilis corde, ut inveniant requiem animabus suis, eoque fit angusta porta qua intratur **210** ad vitam. » Et post paululum : « Nam foris stantes ostium pulsare est, a beatorum sorte secretos misericordiam quam neglexerant a Deo frustra flagitare. Et respondens dicet vobis : Nescio vos unde sitis : quia tunc velut incognitos Deus deserit, quos modo suos per vitæ meritum non agnoscit. » Et Gregorius (*hom.* 13 *in Evang.*) : « Hinc etenim Paulus dicit : *Ignoras quoniam benignitas Dei ad pœnitentiam te adducit ? secundum duritiam autem tuam et cor impœnitens, thesaurizas tibi iram in die iræ et revelationis justi judicii Dei (Rom. II, 4).* Hinc Psalmista ait : *Deus, judex justus, fortis et longanimis (Psal. VII, 12).* Dicturus quippe longanimem, præmisit justum, ut quem vides peccata delinquentium diu patienter ferre, scias hunc quandoque etiam districte judicare. Hinc per quemdam sapientem dicitur : *Altissimus est enim patiens redditor (Eccli. V, 4).* Patiens enim redditor dicitur, quia peccata hominum patitur et reddit. Nam quos diu ut convertantur tolerat, non conversos durius damnat. Vult enim placari precibus, qui scit quia portari non possit iratus : cum adhuc moram facit venire, legationem pacis sustinet. Venisset jam namque si vellet, et cunctos suos adversarios trucidasset. Sed et quam terribilis veniet indicat, et tamen ad veniendum tardat : quia non vult invenire quos puniat, qui venit quærere et salvum facere quod perierat, qui vult omnes homines salvos fieri, et neminem vult perire, qui omnes ad salutem dignatus est invitare : *Venite,* inquiens, *ad me omnes qui laboratis et onerati estis, et ego reficiam vos (Matth. II, 28).* » Hinc Beda in Evangelio Lucæ : « Moralis Dominus omnes invitat, nec volentes repudiat, nec invitos A capitulorum, quibus nos respondere jussistis, quarto alligat, nec adeuntes rejicit, nec rogantibus deest, qui prope est omnibus invocantibus se in veritate, scrutans corda et renes Deus, cui cum Patre in unitate Spiritus sancti debetur omnis honor et adoratio per omnia sæcula sæculorum. Amen. »

CAPUT XXVII.

Ratio reddenda quarti capituli incipit, quod nos contra Prædestinatianos excerpsimus, quodque capitulorum quæ nobis dedistis compositor errore nimio denotavit, devocans in medium, ad exaggerandam reprehensionis nostræ notam, Antichristum et impios in sua impietate defunctos, et ante adventum Christi igne damnatos æterno.

Rationem reddendam quarti capituli adeuntes, gratiam Christi Domini nostri deposcimus, ut sano fidei intellectu, sanctarumque Scripturarum auctoritatibus, et orthodoxorum testimoniis, ab obtrectatorum nostrorum venundationibus, qui de nostra infamatione sibi quærunt emere laudis famam, redimat nos qui redemit Israel ex omnibus iniquitatibus suis, et sit nobis semper in omnibus **211** et ubique in Deum protectorem, et in locum munitum, ut salvos faciat nos ab hæreticæ pravitatis muscipulis captiosis. De hujus capituli sensu veteres Prædestinatiani dixerunt, sicut Yginus scribit, et sanctus Prosper demonstrat objectione 9 Gallorum, quod non pro totius mundi redemptione Salvator sit crucifixus. Et item prima Vincentianorum objectione : Quia Dominus noster Jesus Christus non pro omnium hominum salute et redemptione sit passus. Et Gothescalcus novorum Prædestinatianorum signifer, in libello ad Rabanum archiepiscopum Moguntinum, ità dicit ad locum : « Illos omnes impios et peccatores, quos proprio fuso sanguine Filius Dei redimere venit, hos omnipotentis Dei bonitas ad vitam prædestinatos irretractabiliter salvari tantummodo velit : et rursum, illos omnes impios et peccatores, pro quibus idem Filius Dei nec corpus assumpsit, nec orationem ne dico sanguinem fudit, neque pro eis ullo modo crucifixus fuit, quippe quos pessimos futuros esse præscivit, quosque justissime in æterna præcipitandos tormenta præfinivit, ipsos omnino perpetim salvari penitus nolit. » Scripsit et alia sub hoc sensu multipliciter replicando, quæ hic superfluum duximus ponere, cum hinc quisque sensum illius sufficienter possit cognoscere. Scripsit et domnus Prudentius in sæpe memorata epistola ad Wenilonem archiepiscopum suum, pro ordinando Ænea Parisiorum episcopo, capitulo 3, dicens : « Ut credat et confiteatur cum omnibus catholicis, sanguinem Domini nostri Jesu Christi pro omnibus hominibus ex toto mundo in eum credentibus fusum : non autem pro illis qui nunquam in eum crediderunt, nec hodieque credunt, nunquam nec credituri sunt, dicente ipso Domino : *Venit enim filius hominis non ministrari, sed ministrare, et dare animam suam redemptionem pro multis (Matth. xx, 28).* » Et compositor istorum

capitulo dicit : « Item de redemptione sanguinis Christi, propter nimium errorem qui de hac causa exortus est, ita ut quidam, sicut eorum scripta indicant, etiam pro illis impiis, qui a mundi exordio usque ad passionem Domini in sua impietate mortui æterna damnatione puniti sunt, effusum eum diffiniant, contra illud propheticum : *Ero mors tua, o mors, ero morsus tuus, inferne (Ose. xiii, 14).* »

Miramur cur istorum compositor capitulorum omisit quod quidam, ad confutandos nos, quia non recte dixerimus Christum pro omnibus passum, licet non omnes passionis ejus mysterio sint redempti, impiis et peccatoribus, ab initio mundi pro suis sceleribus in infernum demersis et æternitaliter cruciandis, diabolum cum suis refugis angelis et Antichristum solent apponere. Quos cum aliis stultitia perditis in libro de Consolatione philosophiæ *(parte i, cap. 9)* Boetius complangit, dicens : *Eheu quam miseros tramite devios abducit ignorantia !* Et sanctus Gregorius in Regula pastorali de talibus dicit, quia quod albugo **212** in oculo, hoc arrogantia agit in mente : quæ cum candorem sibi justitiæ seu sapientiæ tribuit, a luce se supernæ cognitionis excludit, et eo claritatem veri luminis nequaquam penetrat, quo se apud se per arrogantiam exaltat, sicut de quibusdam dicitur : *Dicentes enim se esse sapientes, stulti facti sunt (Rom. i, 22).* Scripsit enim quidam delirus, quem supra memoravimus, contra nos dicens : « De secunda, inquiens, diffinitione, qua in illis capitulis diffinitum est, quod nullus homo est, fuit vel erit, pro quo Christus passus non fuerit, quid aliud respondere possumus, nisi ut primum ipsos qui hoc diffinierunt sedulo interrogemus, et admoneamus, ut vigilanter et fideliter pensare studeant, ne forte minus considerando quod dicendum erat, contra fidem et conscientiam suam talia dixerint et scripserint. Nam ut taceamus de his qui nunc sunt, vel adhuc usque ad finem sæculi futuri sunt, in quibus utique Antichristus erit, certe de illa innumerabili multitudine impiorum, qui fuerunt ab initio mundi usque ad adventum Domini, et in sua impietate mortui et æternis pœnis sunt condemnati, nec ipsos qui hoc dixerunt credere putamus, quod pro his in sua impietate mortuis, et æterno jam judicio condemnatis, Dominus passus esse credendus sit. Si enim pro his passus esse creditur, cur etiam pro diabolo et angelis ejus similiter passus esse non creditur ? » Cui convenienter ex Evangelio verbis Dominicis respondere valemus : Erras nesciens Scripturas, neque virtutem Dei. Paulus apostolus dicit : *Nusquam enim angelos apprehendit (Hebr. ii, 16),* quin Deus, *sed semen Abrahæ apprehendit.* Unde Joannes Chrysostomus : « Quia non quemquam angelorum apprehendit, id est non cujuslibet angeli naturam suscepit, sed semen Abrahæ apprehendit. Non enim angelis tanta dignitas donata est, ut in una persona Dei Filius eorum naturæ conjungeretur : sed hunc honorem et hanc dignitatem humanæ naturæ Deus Dei Filius conces-**A** sit, ut Deus et homo una esset persona. Quare dixit *apprehendit?* quia nos quasi recedentes ab eo et longe fugientes insecutus apprehendit, et in unam personam nostræ fragilitatis naturam sibi contemperavit. Hoc ergo redimere debuit quod assumpsit. Ut beatus Gregorius in libro IX (*cap.* 28) Moralium dicit : Angelorum, inquiens, spiritus idcirco irremissibiliter peccaverunt, quia tanto robustius stare poterant, quanto eos carnis admistio non tenebat. Homo vero idcirco post culpam veniam meruit, quia per carnale corpus aliquid quo semetipso minor esset accepit. Unde et apud respectum judicis argumentum pietatis est hæc eadem infirmitas carnis. ›

Est et alia causa qua perierunt irreparabiliter refugi spiritus, et homo gratia meruit reparari. Scilicet, quia diabolus propria periit iniquitate, homo vero etiam diabolica persuasione, sicut Alcuinus in libro responsionum Geneseos ad Sigulfum demonstrat. Unde et sanctus Ambrosius in psalmo CXVIII dicit : ‹ Fortasse dicas : Qua ratione **213** non dictum sit, misericordia Domini plenum est cœlum, quia sunt etiam spiritales nequitiæ in cœlestibus. Sed non illæ ad commune ejus indulgentiæ donum remissionemque pertinent peccatorum, quibus ignis servatur æternus. › Et sanctus Theophilus Alexandrinus episcopus in secunda synodali epistola dicit : ‹ Verum quid ista memoramus, cum in tantam eruperit Origenes vecordiam, imo dementiam, ut aliud Salvatori crimen impingat, dicens eum et pro **C** dæmonibus ac spiritalibus nequitiis apud superos affigendum cruci, nec intelligit in quam profundum impietatis corruat barathrum? Si enim Christus pro hominibus passus homo factus est, ut Scripturarum testantur eloquia, consequens erit ut dicat Origenes : Et pro dæmonibus passurus dæmon futurus est. Hoc enim necessitate cogetur ut inferat, ne ab eo quod cœpit discrepare videatur imitator. Et illi enim Christo similiter loquebantur : *Dæmonium habes (Matth.* XI, 18). Et : *In Beelzebub principe dæmoniorum ejicis dæmonia (Matth.* XII, 24). Sed absit ut pro dæmonibus Christus passus sit, ne et ipse dæmon fiat. Et qui hoc credunt, rursum crucifigunt et ostentui habent Filium Dei, qui nequaquam ut semen Abrahæ apprehendit, ita assumet et dæmonum, ut pro illis quoque crucifigatur. Nec **D** dæmones pro se, Deum in passione cernentes, cum propheta clamabunt : *Hic peccata nostra portavit, et pro nobis dolet* ; neque cum Isaia dicent : *Livore ejus sanati sumus (Isa.* LIII, 5); nec pro dæmonibus, sicut pro hominum genere, *quasi ovis Christus ducetur ad victimam* ; nec pro eorum salute dicetur, *proprio Filio non pepercit* ; quia nec dæmones clamabunt : *Traditus est pro peccatis nostris, et resurrexit pro justificatione nostra.* Paulus quidem perspicue scribit : *Tradidi enim vobis in primis quod accepi, quia Christus mortuus est pro peccatis nostris secundum Scripturas (I Cor.* XV). Illas in testimonium vocans,

A et volens earum auctoritate firmare quod dubium est. Origenes autem, absque ullo divinæ vocis testimonio, vim facere nititur veritati, et exstincta lucerna invenire eam. Fautor dæmonum, et non hominum, crebris calumniis lacessit Filium Dei, et denuo crucifigit, non intelligens in quam profundam et horribilem impietatis voraginem detrahatur. Consequens enim est ut qui priora susceperit, suscipiat et quæ sequentur, ut qui pro dæmonibus Christum dixerit crucifigi, ad ipsos quoque dicendum esse suscipiat : *Accipite et edite, hoc est corpus meum.* Et : *Accipite et bibite, hic est sanguis meus (Marc.* XXVI, 26). Si enim et pro dæmonibus crucifigetur, ut novorum dogmatum assertor affirmat, quod erit privilegium, aut quæ ratio, ut soli homines corpori ejus **B** sanguinique communicent, et non dæmones quoque, pro quibus in passione sanguinem fuderit? Sed nec dæmones audient : *Accipite et edite,* et : *Accipite et bibite,* nec Dominus sua præcepta dissolvet, qui discipulis ait : *Nolite dare sanctum canibus, nec mittatis margaritas vestras ante porcos, ne forte conculcent eas pedibus suis, et conversi disrumpant vos (Matth.* V, 6). Nam et Apostolus scribens : *Nolo vos participes dæmonum fieri (I Cor.* X, 2). *Non potestis* **214** *calicem Domini bibere et calicem dæmonorium,* non potestis mensæ Domini participari et mensæ dæmoniorum, impossibile esse demonstrat, dæmones de calice Domini bibere, et de mensa ejus participari. Cibus diaboli negatores Dei sunt, Habacuc loquente : *Escæ ejus electæ (Habac.* I, 16). Cibus autem impiorum omnium exsecrabilis ipse diabolus, prophetæ vaticinio concrepante : *Dedisti eum escam populis Æthiopibus (Psal.* LXXI, 14). Ex quibus omnibus approbatur, Christum pro dæmonibus non posse crucifigi, ne dæmones corporis et sanguinis ejus participes fiant. Cum ergo et Apostolus de Salvatore significet : *Hoc enim fecit semel seipsum offerens (Hebr.* VII, 27), et Origenes tam audaciter illius sententiæ contradicat, tempus est illud inferre : *Terra, terra, terra, audi verbum Domini, scribe virum istum abdicatum (Jer.* XXII). Quis enim infernus hæc mala suscipere potest? qui Tartarus de rebus istiusmodi cogitare? quæ gigantum insania tam rebellis exstitit, et turrem impietatis exstruxit? quæ libido lasciviens, et dæmonum amore deperiens, sic universo dogmati transeunti divaricaverit crura mentis suæ? Quis in tantum de Sodomitica vinea bibit, ut inebriatus vino furoris ejus toto corde conciderit? Quis Babyloniorum ita fluminum gurgitibus irrigatus vivos Israel fontes reliquit? quis egrediens de Jerusalem, et Jeroboam filii Nabath imitator existens, tot errorum fabricatus altaria est, et ararum profana thura succendit? Cur Dathan et Abiron, qui minora peccarunt, non venient ante tribunal Christi, ut sui eum comparatione condemnent, qui extra Ecclesiam Salvatoris variarum doctrinarum thuribula diabolico igne complevit? Neque enim Dominus qui loquitur per prophetam : *Ego visiones multiplicavi, et in manibus prophetarum assimilatus sum (Ose.* XI, 10), adulterinas eum docuit proferre doctrinas, nec qui a principio ipsi viderunt, et ministri fuerunt verbi Dei. Nec prophetarum chorus, qui olim vocabantur Videntes, hæc eum instituit : sed ipse suæ mentis arbitrio furori dæmonum serviens, et blando cogitationum errore deceptus, gregem, et, ut ita' dicam, examen dogmatum perversorum per totum orbem immisit mentibus indoctorum. Iste est qui Assyriis Babyloniisque fluminibus aperuit os suum, qui navem Ecclesiæ, oonarum mercium plenam salutis doctrinæ, fluctibus operire conatus est, dum imperitorum laude sustollitur, et Scripturarum sensum aliter quam se habet veritas edisserens, gloriatur in confusione. Quis enim tam innumerabiles et garrulos et verbositatis atque imperitiæ plenos conscripsit libros, et infatigabili studio dies noctesque conjunxit, ut errorum monumenta dimittens mereretur audire : *Multis itineribus tuis deceptus es.* Usus est enim duce pessimo aura populari, et plurimis falsæ scientiæ voluminibus exaratis, ac rebelli contra Deum mente pugnans, unguento cœlestium doctrinarum saniem quamdam et putorem sui fetoris immiscuit, ut rursum ad suam animam diceretur : Immunda et famosa et nimia iniquitatibus. Neque enim prophetam audire **215** voluit commonentem : *Quare diligitis vanitatem, et quæritis mendacium?* (*Psal.* iv, 3) Qui pro dæmonibus Christum affigit cruci, ut non solum Dei et hominum, sed dæmonum quoque mediator fiat. Verum absit tam immane nefas de Salvatore credere, ut templum corporis sui, quod pro nobis suscitare dignatus est, amissurus, aliud sibi templum dæmonicæ conditionis affigat, ut illorum quoque recepta similitudine pro ipsis patibulum subeat. Obsecro, fratres dilectissimi, ut ignoscatis dolori nƋo doctrinis impiis resistenti. Dum enim impudentiam sectatorum ejus repercutere nitimur, compagem loricæ ipsius et venenati pectoris fraudulentias in medium protulimus, ut illud quoque compleretur in eo : *Revelabo ignominiam tuam, et ostendam eam amatoribus tuis* (*Ezech.* xvi, 37). »

De Antichristo autem sanctus Gregorius in libro Moralium xxxi (*cap.* 2) dicit : « Quia ergo per undenarium numerum transgressio exprimitur, hujus bestiæ cornu undecimo ipse auctor transgressionis judicatur, quod videlicet parvulum oritur, quia purus homo generatur, sed immaniter crescit, qui usque ad conjunctam sibi vim angelicæ fortitudinis proficit. » Et item (*cap.* 18) : « Principium viarum Dei Vehemoth dicitur : quia nimirum cum cuncta creans ageret, hunc primum condidit, quem reliquis angelis eminentiorem fecit. » Et item (*cap.* 12) : « Quid autem cauda Vehemoth istius, nisi illa antiqui hostis extremitas dicitur, cum vas proprium illum perditum hominem ingreditur, qui specialiter Antichristus nuncupatur ? » Et item (*cap. eodem*) : « Tunc Antichristus mundi gloriam temporaliter obtinens, mensuras hominum et honoris culmine et signorum potestate transcendit. Spiritus quippe in illo est, qui in sublimibus conditus, potentiam naturæ suæ

non perdidit vel dejectus. » Et item in Edicto civibus Romanis proposito (*libro* xi, *epist.* 3) : « Pervenit, inquit, ad me quosdam presbyteros perversi spiritus homines, prava inter vos aliqua, et sanctæ fidei adversa seminasse, ita ut die Sabbati aliquid operari prohiberent. Quos quid aliud nisi Antichristi prædicatores dixerim, qui veniens diem Sabbatum atque Dominicum ab omni faciet opere custodiri ? Quia enim mori se et resurgere simulabit, haberi in veneratione vult diem Dominicum : et quia Judaizare populum compellet, ut exteriorem ritum legis revocet, et sibi Judæorum perfidiam subdat, coli vult Sabbatum. » Et Beda in Chronica sua : « Et vidi, inquit, de mari bestiam ascendentem, et dedit illi draco virtutem suam et potestatem magnam. Id est, vidi hominem sævissimi ingenii, de tumultuosa impiorum stirpe progenitum. Cui mox nato, et per magicas artes a pessimis imbuto magistris, adjungens se diabolus, totam virtutis suæ potentiam, per quam magica cæteris omnibus majora patraret, individuus comes attulit. Et data est potestas, inquit, illi facere menses 42, id est, tres annos et dimidium. Percusso autem illo perditionis filio, sive ab ipso Domino, sive a Michaele archangelo, ut quidam docent, et æterna ultione damnato, non continuo **216** dies judicii secuturus esse credendus est. Alioqui scire possent homines illius ævi tempus judicii, si post tres semis annos inchoatæ persecutionis Antichristi confestim sequeretur. » Et sanctus Hieronymus, exponens sententiam Danielis : « Beati, inquit, qui interfecto Antichristo supra mccxx dies, id est tres semis annos dies 45, præstolantur, quibus est Dominus atque salvator in sua' majestate venturus. » Et item Gregorius in xxxii Moralium libro (*cap.* 12) : « Quod per Danielem subjungitur : *Sine manu conteretur* (*Dan.* viii, 15), hoc per Paulum exprimitur : *Quem Dominus Jesus interficiet spiritu oris sui, et destruet illustratione adventus sui* (*II Thess.* i, 8). Sine manu scilicet conteretur, quia non angelorum bello, non sanctorum certamine, sed per adventum judicis solo oris spiritu æterna morte ferietur. » Et item (*cap.* 13) : « Sed quia quale sit iniquorum caput audivimus, nunc huic capiti quæ membra adhæreant agnoscamus. Quisquis namque in superbia extollitur, quisquis avaritiæ desideriis cruciatur, quisquis luxuriæ voluptatibus solvitur, quisquis injustæ ac immoderatæ iræ flagris ignitur, quid aliud quam Antichristi testis est? Et in epistola Joannis apostoli scriptum est : *Et sicut audistis quia Antichristus veniet, et nunc Antichristi multi sunt* (*I Joan.* xii, 18). »

Hinc venerabilis presbyter Beda dicit : « Antichristos dicit hæreticos, sed et illos qui, fidem catholicam quam confitentur, perversis actibus destruunt. Unde constat quia Antichristus contrarius Christo vocatur. Omnes illi maximo Antichristo in fine sæculi venturo quasi suo capiti testimonium reddunt. Sicut et Paulus dicit quia *mysterium jam operatur iniquitatis* (*II Thess.* II, 7). De cujus præconibus iterum scriptum est : *Ex nobis exierunt, sed non erant ex nobis* (*I Joan.* II, 19). Non enim exeunt foras nisi Antichristi. Unde et de Juda, præcipuo Antichristo, totius temporis usquequo ille maximus veniat Antichristus , scriptum est quia *misit diabolus in cor Judæ ut traderet eum*, et post buccellam, *introivit in eum Satanas , et exivit continuo* (*Luc.* XXII, 3). Qui appellatus est filius perditionis, sicut et maximus Antichristus. » Et item : « Judas antichristus tradidit eum qui veraciter dicitur Christus, et colitur Deus, qui est super omnia benedictus in sæcula. Ille autem in tempore suo adversabitur et extolletur super omne quod dicitur Deus, aut quod colitur, ita ut in templo Dei sedeat, ostentans seipsum quasi ipse sit Deus. » De isto autem, id est Juda, post multa in libro Hypomnesticon S. Augustinus dicit : « Talis est periturorum omnium causa, licet culpa sit a culpa dissimilis. » Et de illo ejusque corpore S. Gregorius in libro XXXIII (*cap.* 19) Moralium dicit : « *Et videntibus cunctis præcipitabitur.* Cunctis enim videntibus præcipitabitur, quia æterno tunc judice terribiliter apparente, astantibus legionibus angelorum, assistente tunc ministerio cœlestium potestatum, atque electis omnibus ad hoc spectaculum deductis, ista bellua crudelis et fortis in medium captiva deducetur, et cum suo corpore, id est cum reprobis omnibus, æternis gehennæ incendiis mancipabitur cum dicetur : *Discedite a me, maledicti, in ignem* **217** *æternum, qui paratus est diabolo et angelis ejus* (*Matth.* XXV, 45).» Unde quia homo erit reprobus et caput reproborum, eorum scilicet et aliorum omnium, qui ab initio mundi usque ad adventum Domini, quos istorum compositor capitulorum, in suggillationem nostram, æternis pœnis traditos in testimonium deduxit, sed et eorum qui post adventum Domini usque ad finem mundi in infidelitate et perseveranti iniquitate ad ejus pertinebunt consortium, cum in proximo de eisdem reprobis quid catholici doctores sentiant scribemus, quiscunque calumniator noster se ante se ponat , et utrum nos per Antichristum falsa scripsisse possit revincere videat, et si defensores atque adjutores catholicos magistros contra illum invenire non potuerimus, cum tripudio de nobis triumphet. Hominem quippe, ut præmisimus, et sanctus Paulus et sanctus Gregorius et cæteri quique doctores illum futurum dicunt et nos credimus, et quilibet reprehensor noster denegare non volet. Et si homo erit, licet diabolo comite plenus, in quantum homo quanquam reprobus morietur. Quem Dominus Jesus, sicut scriptum est, interficiet spiritu oris sui , et destruet illustratione adventus sui : quando sicut fulgur, quod exit ab oriente et paret in occidente , erit adventus ipsius Dei et hominis filii. Et quia morietur resurget, sicut item scriptum est : *Ad te omnis caro veniet* (*Psal.* LXIV, 3), et *videbit omnis caro*, quod non sine ânima in resurrectione fiet, *salutare Dei* (*Luc.* III, 6). Ad cujus adventum, secundum fidem catholicam, omnes homines resurgere habent cum corporibus

suis. Si omnes, et ille homo de quo agitur, qui, ut scriptum est, in suo nomine veniet Antichristus. Et si aliquid aliis reprobis, ipsius scilicet membris, passio Christi contulit, nec capiti denegavit, sicut catholicorum sententiis ostendemus. Primo tamen contra compositorem capitulorum, de quibus agitur, de parte istius capituli quod Deus dederit respondebimus, et tunc ex ordine ad respondendum his quæ sequuntur, ipso favente, progrediemur.

Non ita scripsimus, sicut compilator iste composuit, et quare capitula a nobis excerpta ponere sicut sunt scripta noluerit, ipse viderit. Credimus tamen quia jam vidit a pictoribus nigrum colorem albo substratum, ut quod erat lucidum ex tenebrosi comparatione clarius videretur : et ideo noluit veritatem, a nobis de veridicis auctoribus sumptam , tenebris mendacii sui componere, ne minus incautos fallere prævaleret, et facilius mendax fidelibus innotesceret. Scripsimus namque de Prosperi verbis, et ipsius ac aliorum orthodoxorum sensibus, cap. 4 : « Christus Jesus Dominus noster sicut nullus homo est, fuit, vel erit, cujus natura in illo assumpta non fuerit, ita nullus est, fuit, vel erit homo, pro quo passus non fuerit, licet non omnes passionis ejus mysterio redimantur. Quia vero omnes passionis ejus mysterio non redimuntur, non respicit ad magnitudinem et pretii copiositatem, sed ad infidelium et ad non credentium ea fide quæ per dilectionem operatur, respicit partem , quia **218** poculum humanæ salutis, quod confectum est de infirmitate nostra et virtute divina, habet quidem in se ut omnibus prosit, sed si non bibitur non medetur. » Paret quia sicut dixit non scripsimus contra illud propheticum, *Ero mors tua, o mors ; ero morsus tuus, inferne* (*Ose.* XIII, 14), dicentes, quia vero omnes passionis ejus mysterio non redimuntur, non respicit ad magnitudinem et pretii copiositatem, sed ad infidelium et ad non credentium ea fide quæ per dilectionem operatur, respicit partem. Neque enim sanctum Gregorium in homilia 22, quando hæc scripsimus , dixisse nescivimus : « Per hanc electi, qui quamvis in tranquillitatis sinu, tamen apud inferni claustra tenebantur, ad paradisi amœna reducti sunt. Quod ante passionem dixit, in resurrectione sua Christus implevit, *Si exaltatus fuero a terra, omnia traham ad me* (*Joan.* XII, 32). Omnia etenim traxit, qui de electis suis apud inferos nullum reliquit. Omnia abstulit , utique electa. Neque etenim infideles quosque, et pro suis criminibus æternis suppliciis deditos, ad veniam Dominus resurgendo reparavit : sed illos ex inferni claustro rapuit, quos suos in fide et actibus recognovit. » Et hinc diximus, *quia qui non redimuntur, non ad pretii copiositatem, sed ad infidelium respicit partem.* Subsequitur sanctus Gregorius : « Unde recte etiam per Osee dicit : *Ero mors tua, o mors.* » Ac si aperte dicat : Quia in electis meis te funditus perimo, *ero morsus tuus , inferne* , quia sublatis eis te ex parte transfigo. Et hinc diximus : *Nullus homo est pro quo Christus passus non fuerit, licet non omnes passionis* *ejus mysterio redimantur.* Sed et quando hæc scripsimus, non ignoravimus sanctum Augustinum, in Catalogo hæreseon ad Quodvultdeum diaconum scripto, octogesimo loco hæresim descripsisse de qua dicit : « Est hæresis, quæ dicit descendente ad inferos Christo credidisse incredulos, et omnes exinde liberatos. » Et venerabilem presbyterum Bedam in expositione primæ Epistolæ Petri (*cap.* 3) scripsisse legimus : « Quidam hunc locum ita interpretatus est, quod consolationem illam, de qua dicit apostolis Dominus, *Multi prophetæ et justi cupierunt videre quæ vos videtis, et non viderunt, et audire quæ auditis et non audierunt* (*Matth.* xiii, 17), de qua et Psalmista : *Defecerunt*, inquit, *oculi mei in eloquium tuum, dicentes quando consolaberis me?* (*Psal.* cxviii, 82.) Sancti quiescentes in inferno desideraverint, quod hæc, descendente in inferna Domino, etiam his qui in carcere erant, et increduli quondam fuerant in diebus Noe, consolatio vel exhortatio prædicata fuerit. Hæc ille dixerit. Sed catholica fides habet, quia descendens ad inferna Dominus, non incredulos inde, sed fideles solummodo suos educens, ad cœlestia regna secum perduxerit : neque exutis corpore animabus, et inferorum carcere scelerum inclusis, sed in hac vita vel per seipsum, vel per suorum exempla sive verba fidelium, quotidie vias vitæ demonstret. » Quapropter diximus : « Pro omnibus Christus passus fuit, licet non omnes passionis ejus mysterio redimantur, et quia non omnes redimuntur, non ad pretii magnitudinem, sed ad non credentium respicit partem. » Et quoniam in **219** processu reddendæ rationis de isto capitulo ex catholicorum dictis ostendere procurabimus, quod catholice scripsimus, *quia Christus pro omnibus passus fuit, licet non omnes passionis ejus mysterio redimantur.* Scilicet et pro his, qui ante adventum illius exstiterunt, sed et pro his quos passio illius in carne invenit.

CAPUT XXVIII.

Qualiter de impiis in sua impietate defunctis senserunt catholici, pro his etiam passum fuisse Dominum, licet non ejus passionis mysterio ad salutem perpetuam sint redempti.

Verum et pro his qui post passionem et resurrectionem ipsius, et exorti, et exorturi sunt usque in finem sæculi, ut demonstremus non timere nos calumnias istius obtrectatoris nostri, quid de reprobis, quos in suo quarto capitulo ad revincendos nos in medium devocavit, senserunt et scripserunt catholici, utrum quiddam eis passio et resurrectio Christi contulerit, etsi nihil illis, eorum exigentibus culpis, ad salutem profuerit, ostendamus. Quoniam certum est, si aliquid eis passio Domini contulit, pro eis etiam Dominus passus fuit, cujus passio quoniam ad salutem illis non profuit, ad infidelium, sicut sanctus Prosper dicit, et nos ex verbis illius scripsimus, respicit partem, non ad sacramenti virtutem. Dicat autem Paulus et exponat Ambrosius quid passio Christi cunctis generaliter fidelibus et infidelibus contulit, quæ solis ad salutem fidelibus

A profuit. *Sicut* enim, inquit Paulus, *in Adam omnes moriuntur, ita et in Christo omnes vivificabuntur* (*I Cor.* xv, 22). Hinc sanctus Ambrosius in Commento ipsius Epistolæ : « Hoc dicit, quia sicut Adam peccans mortem invenit, et tenuit, ut omnes ex ejus origine dissolvantur, ita et Christus non peccans, et per hoc vincens mortem (quia qui non peccat vincit mortem, quia mors ex peccato), omnibus qui sunt ex ejus corpore acquisivit vitam, id est resurrectionem. Quamvis ergo generalem omnibus tribuerit resurrectionem, ut sicut in Adam omnes sive justi sive injusti moriuntur, ita et in Christo omnes tam credentes quam diffidentes resurgant, licet quidam ad pœnam : increduli tamen vivificari videntur, quia corpora sua recipient, jam non morituri, sed passuri pœnam in eis sine fine, quod credere noluerunt. » Et beatus Joannes Chrysostomus in libro de Reparatione lapsi : « Scriptura, inquit, dicit quia et peccatores induent incorruptionem, scilicet non ad honorem vitæ, sed ad diuturnitatem supplicii profuturam. » Et sanctus Hilarius in expositione psalmi cxviii (*vers.* 22) : « Exprobrat enim superbis atque maledictis cur nihil in sacramento sanguinis sui atque mortis utilitatis suæ esse existimaverint, cum ille nostri causa et natus, et passus, et mortuus sit. » **220** Et item idem sanctus Hilarius concordans sancto Ambrosio in psalmo lv (*vers.* 8), dicit : « *Sicut exspectaverunt*, inquit, *animam meam, pro nihilo salvos facies illos, in ira populos deduces.* Novus hic prophetæ sermo est, ut eos qui exspectant animam suam ad nihilum Deus salvet. Et cum aliud sit ad nihilum, aliud salvari, nunc salus quæ in eos fiet in nihilum sit. Est ergo quod salvetur in nihilum, est plane, quidquid resurrectione concessa demutatione non dignum est. Nam cum omnis caro redempta in Christo sit ut resurgat, et omnem assistere ante tribunal ejus necesse sit, non tamen omnibus gloria et honor est promiscuus resurgendi. Quibus ergo tantum resurrectio, non etiam demutatio est tributa, hi salvantur in nihilum. In ira enim deducentur hi populi quibus ad pœnæ sensum salus resurrectionis est constituta. A qua ira eripiendos nos Apostolus pollicetur dicens : *Quoniam si cum adhuc peccatores essemus, Christus pro nobis mortuus est, multo magis justificati in sanguine ejus salvabimur per eum ab ira.* (*Rom.* v, 8). Pro peccatoribus igitur ad salutem resurrectionis est mortuus, sed sanctificatos in sanguine suo salvabit ab ira. » Et item sanctus Ambrosius in Epistola ad Corinthios : « Quid est autem reos esse, nisi pœnas dare mortis Domini? Occisus est enim pro his qui beneficium ejus in irritum ducunt. » Et item sanctus Hilarius in libro iii de Fide (*lib.* iii *de Trinitate*) : « Dei Filius crucifigitur, sed in cruce hominis mortem Deus vincit. Christus Dei Filius moritur, sed omnis caro vivificatur. » Et sanctus Augustinus in libro xx de Civitate Dei, capitulo 6 ad locum : « Nec fecit hic ullam differentiam bonorum et malorum. Omnibus enim bonum est audire vocem ejus, et vi-

vere, ad vitam pietatis ex impietatis morte trans-
eundo. De qua morte ait apostolus Paulus : *Ergo
omnes mortui sunt, et pro omnibus mortuus est, ut
qui vivunt jam non sibi vivant, sed ei qui pro ipsis
mortuus est, et resurrexit* (II Cor. III, 14). Omnes
itaque mortui sunt in peccatis, nemine prorsus excepto, sive originalibus, sive etiam voluntate additis, vel ignorando, vel sciendo nec faciendo quod
justum est : et pro omnibus mortuis vivus mortuus
est unus, id est, nullum habens omnino peccatorum :
ut qui per remissionem peccatorum vivunt, jam non
sibi vivant, sed ei qui pro omnibus mortuus est
propter peccata nostra, et resurrexit propter justificationem nostram : ut credentes in eum qui justificat impium, ex impietate justificati, tanquam ex
morte vivificati, ad primam resurrectionem quæ
nunc est pertinere possimus. Ad hanc enim primam
pertinent qui beati erunt in æternum : ad secundam
vero, de qua mox locutus est, et beatos pertinere
docebit et miseros. Ista est misericordia, illa judicii. Propter quod in psalmo scriptum est : *Misericordiam et judicium cantabo tibi, Domine* (Psal. c, 1). ›

De istis omnibus, qui aut ad misericordiam, aut
ad judicium pertinebunt, quicunque calumniatorum
nostrorum voluerit, excipiat si potuerit, de quo
supra scripsimus, Antichristum. Propterea et nos
221 ex verbis Prosperi scripsimus, quia ‹ Christus pro omnibus passus est, licet non omnes passionis ejus mysterio redimantur : quia vero omnes
passionis ejus mysterio non redimuntur, non ad pretii magnitudinem, sed ad non credentium respicit
partem. › Unde et sanctus Gregorius in homilia 9
Ezechielis dicit : ‹ Notandum quia postquam mala
parentum defunctorum dixerat, mittens prophetam
ad filios dicit : *Si forte vel ipsi audiant et forte quiescant* (Ezech. III, 11). Quid est dicere *vel ipsi*, nisi
quia eorum patres qui in culpa defuncti sunt, audire
noluerunt? › Et Prosper contra Gallos actione 9 dicit : ‹ Redemptor mundi dedit pro mundo sanguinem suum, et mundus redimi noluit, quia lucem tenebræ non receperunt; et tenebræ receperunt, quibus dicit Apostolus : *Fuistis aliquando tenebræ, nunc
autem lux in Domino* › (Ephes. v, 8). Et hoc est,
quod compilator iste in capitulo, licet non recto
sensu subjungens continuavit. ‹ Illud nobis simpliciter et fideliter tenendum ac docendum placet juxta
evangelicam et apostolicam veritatem, quod pro
illis datum pretium teneamus, de quibus ipse Dominus noster dicit : *Sicut Moyses exaltavit serpentem
in deserto, ita exaltari oportet filium hominis, ut omnis qui credit in ipsum non pereat, sed habeat vitam
æternam. Sic enim Deus dilexit mundum, ut Filium
suum unigenitum daret, ut omnis qui credit in eum
non pereat, sed habeat vitam æternam* (Joan. III, 14).
Quod licet expositione non indigeat, quoniam Dominus omnia quæ voluit ab omnibus observari tam
manifestissime dixit, ut ab omnibus possint intelligi, et nemo sit sanum sapiens, qui apertissime
non intelligat quia pro omnibus filius hominis in
cruce exaltatus, et unigenitus Dei Filius pro mundo
sit datus, ut in eo omnibus parata sit salus, sed
omnis qui credit in eum non pereat. ‹ Tamen et sanctus papa Leo, in epistola ad Leonem Augustum
(epist. 97, cap. 2), breviter et luculenter horum sensum testimoniorum ex sancto Evangelio exponit dicens : ‹ Effusio, inquit, justi pro injustis sanguinis
Christi tam fuit dives ad pretium, ut si universitas
captivorum in redemptorem suum crederet, nullum
diaboli vincula retinerent. › Quæ sit autem universitas captivorum, Apostolus demonstrat dicens : *Ex
uno isse omnes in condemnationem, in quo omnes
peccaverunt* (Rom. v, 16). Quæ enim major potest
esse captivitas, quam de Dei filiis diaboli filios, et
de paradisi incolis fieri æternæ perditioni obnoxios?

Testimonium autem apostolicum, quod subjunxit
capitulorum compositor ad suam confirmandam
sententiam, quod Christus non sit pro omnibus passus, licet non omnes passionis ejus mysterio redimantur, nihil eum juvat, nisi ut scriptum est : *Sicut
spina in manu temulenti, sic in ore stulti parabola*
(Prov. xxvi, 9). Primum enim ipsum assolet vulnerare.
Si veraciter veram intelligentiam proponere lectoribus voluisset, convenientius has duas sententias de
Epistola Pauli ad Hebræos, secundum suum ordinem poneret, sicut testimonia evangelica eo ordine quo ab Evangelista sunt posita, ponere studuit. Ait enim Apostolus **222** ad Hebræos : *Gratia
Dei pro omnibus gustavit mortem* (Hebr. II, 9). Et
post plura : *Semel*, inquit, *oblatus est ad multorum
exhaurienda peccata* (Hebr. IX, 28). Unde videamus
qualiter sanctus Joannes Chrysostomus, cujus testimoniis apostolica Sedes, et etiam sanctus Augustinus, in libris suis multoties utuntur, ad revincendos
hæreticos has duas sententias exposuerit. Ait enim
de prima : ‹ Et ille quidem propter Dei gratiam, quæ
nobis data est, hæc passus est. *Qui proprie*, inquit,
*Filio non pepercit, sed pro nobis omnibus tradidit
illum. Cujus rei gratia? non enim debebantur hæc
nobis, sed gratia hoc fecit. › Et post aliquanta :
‹ Et ipse quidem pro omnibus mortuus est. Quid
autem si non omnes credunt? ille quod suum erat
implevit. › Et item de alio testimonio : ‹ *Semel*,
inquit, *oblatus est ad multorum auferenda peccata.*
Quare multorum, et non omnium? Quia non omnes
crediderunt. Pro omnibus quidem mortuus, hoc
est, quantum in ipso est, ejus momenti est illa mors,
cujus momenti est omnium perditio. Non autem
omnium peccata abstulit, propter quod noluerunt. ›
Et sanctus Augustinus in psalmo xliii : ‹ Nam et
crux ipsa et pro ipsis persequentibus facta est. Inde
sunt postea sancti, qui in eum crediderunt quem
ipsi occiderunt. › Et item idem in libro vi (cap. 4)
contra Julianum : ‹ Unus, inquit, pro omnibus mortuus est : ergo omnes mortui sunt : ostendens fieri
non potuisse ut moreretur nisi pro mortuis. Ex hoc
enim probavit omnes mortuos esse, quia pro omnibus mortuus est unus. Impingo, inculco, infercio
recusanti. Accipe, salubre est, nolo moriaris. Unus

pro omnibus mortuus est, ergo omnes mortui sunt. Vide quia consequens esse voluit, ut intelligantur omnes mortui, si pro omnibus mòrtuus est. Quia ergo non in corpore, restat ut in peccato esse mortuos omnes, si pro omnibus Christus mortuus est, nemo neget, nemo dubitet, qui se non negat, aut dubitat esse Christianum. » Et sanctus Dionysius in libro de ecclesiastico principatu, cap. 3 : « Pro omnibus enim thearchica beatitudo, etsi benignitate divina procedit ad participantium ejus divinorum communionem : sed non foris secundum substantiam immobilis stationis et stabilitatis fit. » Et sanctus Cyprianus in libro de Oratione Dominicā : « Quid docuit, inquit, unitatem ? sic orare unum pro omnibus voluit, quomodo in uno omnes ipse portavit. » Et sanctus Hieronymus in libro xiv Isaiæ prophetæ : « Christus cum iniquis reputatus sit, ut iniquos redimeret a peccato, et omnibus omnia fieret, ut omnes salvos faceret. » Et item Augustinus in libro de Correptione et Gratia (*cap.* 16 *in fine*) : « Quis magis dilexit infirmos, quam ille qui pro omnibus est factus infirmus, et pro omnibus ex ipsa est infirmitate crucifixus ? » Et item Ambrosius in psalmo cxviii : « Et hic quidem sol quotidie super omnes oritur. Mysticus autem sol ille justitiæ omnibus ortus est, omnibus venit : omnibus passus est, et omnibus resurrexit. Ideo autem passus est, ut tolleret peccatum mundi. Si quis autem non credit in Christo, **223** generali beneficio ipse se fraudavit. Sed quod solis est, præerogativam suam servat : quod imprudentis est, communis a se gratiam lucis excludit. » Et sanctus Basilius Cappadocus, in sermone de psalmo quinquagesimo nono : « Moyses quidem sanguine agni Israeliticos postes obsignaverat : tu vero dedisti nobis signum, ipsum sanguinem veri agni immaculati, qui oblatus est victima pro totius mundi salute. » Et item sanctus Leo, in epistola ad Juvenalem episcoporum Hierosolymitanum (*epist.* 72) : « Veram igitur Christi generationem crux vera confirmat. » Et post pauca : « Ut autem repararet omnium vitam, recepit omnium causam, et vim veteris chirographi, quod solus inter omnes non debuit, pro omnibus solvendo vacuavit : ut sicut per unius reatum omnes facti fuerant peccatores, ita per unius innocentiam omnes fierent innocentes. Inde in omnes manante justitia, ubi est humana suscepta natura. » Et sanctus Gregorius in libro Moralium decimo quarto (*cap.* 22) : « *Stulti quoque despiciebant me.* Ac si aperte diceretur : Ipsi me etiam despexerunt, pro quibus sanandis stultitiam prædicationis assumpsi, id est, ut per carnem Verbi sanarentur : et ab ipsis despectus sum, pro quibus stultus æstimari veritus non sum. » Et in libro tricesimo quinto (*cap.* 9) : « Consolantem quippe in passione Dominus minime invenit, qui ex despectu mortis etiam ipsos hostes pertulit, pro quibus ad mortem venit. » Et sanctus Cyrillus ad Nestorium (*epist.* 3) : « Nam ut mortem, inquit, ineffabili potentia proculcaret, et sua carne primogenitus ex mortuis fieret, et primitiæ dormien-

tium viam faceret humanæ naturæ ad incorruptionis recursum, gratia Dei, sicut supra dictum est, pro omnibus gustavit mortem, et tertia die resurgens exspoliavit infernum. » Et venerabilis presbyter Beda, in exposito Evangelii Marci : « Solus orat pro omnibus, sicut et solus patitur pro universis : et quomodo pro nobis maledictum crucis factus est, et flagellatus, et crucifixus, sic pro omnium salute quasi noxius crucifigitur. » Et in Epistola prima Petri (*cap.* 1 *sub finem.*) : « Sicut ergo incorruptibile est pretium Dominicæ passionis, qua redempti sumus, ita etiam incorruptibile est sacramentum fontis sacri, quo renascimur : quæ ita sibi invicem connectuntur, ut unum nobis sine altero salutem conferre nequeat. Quia nimirum Dominus ita nos tempore incarnationis suæ, sacro sanguine simul omnes redemit, ut nos quoque nostro tempore viritim per regenerationem baptismi ad consortium ejusdem regenerationis pervenire debeamus. » Et sanctus Prosper contra Gallos, recapitulatione nona : « Qui dicit quod non pro totius mundi redemptione Salvator sit crucifixus, non ad sacramenti virtutem, sed ad infidelium respicit partem, cum sanguis Domini nostri Jesu Christi pretium totius sit mundi : a quo pretio extranei sunt, qui aut delectati captivitate redimi noluerunt, aut post redemptionem ad eamdem sunt servitutem reversi. » Et contra Vincentianos, actione prima : « Cum itaque propter **224** unam omnium naturam, et unam omnium causam a Domino nostro in veritate susceptam, recte omnes dicantur redempti, et tamen non omnes a captivitate sint eruti , redemptionis proprietas haud dubie penes illos est, de quibus princeps mundi missus est foras, et jam non vasa diaboli, sed membra sunt Christi. Cujus mors non ita impensa est humano generi, ut ad redemptionem ejus etiam qui regenerandi non erant pertinerent : sed ita, ut quod per unicum exemplum gestum est pro universis, per singulare sacramentum celebraretur in singulis. Poculum quippe immortalitatis, quod confectum est de infirmitate nostra et virtute divina, habet quidem in se ut omnibus prosit ; sed si non bibitur, non medetur. » Ex his verbis sancti Prosperi, et supradictorum catholicorum sensibus , hoc undè ratio agitur capitulum quartum excerpsimus : sicut quilibet lector, cui hæc conferre placuerit, facile invenire valebit. Quæ numero pauca, virtute prævalida, ad demonstrandam unius Evangelici et duorum ex Apostolo testimoniorum explanationem interim posuisse sufficiat, donec plura nec minus fortia orthodoxorum huic capitulo testimonia subjungamus.

CAPUT XXIX.

Ratio redditur de duobus quæ, necessitate compulsi, in hoc quarto capitulo verbis beati Prosperi inseruimus.

Duo autem sunt quæ, coacti necessitate, expressius diximus, de quibus reddere rationem volemus. Quorum unum est : *Sicut 'nullus homo est, fuit, vel erit, cujus natura in illo assumpta non fuerit, ita nullus est, fuit, vel erit homo, pro quo passus Chri- stus non fuerit, licet non omnes passionis ejus mysterio redimantur.* Cum sufficientissime dici potuerit quod Prosper dixit contra Gallos in actione 9 : « Nullus, inquiens, omnino est ex omnibus hominibus, cujus natura in Christo Domino nostro suspecta non fuerit. » Et item ad locum : « Cum itaque rectissime dicatur Salvator pro totius mundi redemptione crucifixus, propter veram humanæ naturæ susceptionem, et propter communem in primo homine omnium perditionem. » Et contra Vincentianos (*resp.* 1) : « Cum itaque propter unam omnium naturam, et unam omnium causam, a Domino nostro in veritate susceptam, recte omnes dicantur redempti, et tamen non omnes a captivitate sint eruti. » Et quæ necessitas fuerit demonstramus. Gothescalcus, ut præmisimus, in libello ad Rabanum archiepiscopum scripsit : « Rursus illos omnes impios et peccatores, pro quibus idem Filius Dei nec corpus assumpsit, nec orationem, ne dico sanguinem, fudit, neque pro eis ullo modo crucifixus fuit. » Et post hoc scriptum capitulum, quidam rusticus de illius schola libellum contra hæc capitula scripsit, **225** cui ista inseruit : Nam si diligenter consideretur, nescimus si etiam de quolibet homine dici possit, ut omnium hominum naturam nascendo assumpserit. Quæ a quibusdam de Gothescalci schola dyscola dici audivimus. Ideo licet non discordantes a verbis Prosperi, et sensu catholico orthodoxorum, expressius ista conscripsimus. Unde et de quorum doctrina illud assumpsimus, rationem devotis quibusque humiliter reddimus. Sanctus siquidem Athanasius, in epistola ad Epictetum, dicere non dubitavit : « In ipso Verbo humanum vere naturaliter ex Maria, secundum divinas Scripturas, et vere erat corpus Salvatoris. Verum autem erat, quia simile erat nostro. Soror etenim fuit nostra Maria, quoniam omnes ex Adam sumus, et hoc nunquam aliquis dubitavit. » Et sanctus Augustinus, exponens psalmum vigesimum nonum (*Præfat. in enarrat.* 2) : « *Exaltabo te, Domine, quoniam suscepisti me.* Omnis, inquit, homo in Christo unus homo est, et unitas Christianorum unus homo. » Et in psalmo xxxiv : « Maria et Adam : Adam mortuus est propter peccatum, et caro Domini ex Maria mortua est propter delenda peccata. » Et in psalmo xxxv : « Nascimur de Adam, ut moriamur; surgimus per Christum, ut semper vivamus. Quando portamus imaginem terreni hominis, homines sumus, quando portamus imaginem cœlestis hominis, filii hominis sumus, quia Christus filius hominis dictus est. Etenim Adam homo erat, sed filius hominis non erat. Ideo illi pertinent ad Adam, qui desiderant carnalia bona. Hortamur illos ut filii sint hominum, et misericordiam desiderent quæ in cœlo est. » Et in psalmo xxxvii : « Suscepit carnem nostram, vel potius a nobis, id est, a genere humano. » Et sanctus Leo in epistola (97 , *cap.* 2) ad Leonem Augustum : « Quæ autem reconciliatio esse

posset, qua humano generi propitiaretur Deus, nisi omnium causa mediator Dei et hominum carnem susciperet? » Et item : « Ut autem repararet omnium vitam, recepit omnium causam. Et sanctus Hilarius in libro secundo de Fide, Humani generis causa Dei Filius natus ex Virgine est et Spiritu sancto, ipso sibi in hac operatione famulante, et sua Dei videlicet inumbrante virtute, corporis sibi initia consevit, et exordia carnis instituit, ut homo factus ex Virgine naturam carnis in se acciperet, perque hujus admistionis societatem sanctificatum in eo universi generis humani corpus existeret. » Et sanctus Ambrosius in libro de Paradiso (*cap.* 10) : « *Salva tamen,* inquit, *erit per filiorum generationem* (*I Tim.* ii), inter quos generavit et Christum. Nec illud otiose, quod non de eadem terra, de qua plasmatus est Adam, sed de ipsius Adæ costa facta sit mulier : ut sciremus unam in viro et muliere corporis esse naturam, unum fontem generis humani. » Et in hymno ecclesiastica consuetudine frequentato dicit ad Christum : *Tu Patris sempiternus es Filius. Tu ad liberandum suscepturus hominem, non horruisti Virginis uterum. Tu, devicto mortis aculeo, aperuisti credentibus regna cœlorum.* Et quomodo intelligi debeat **226** quod sanctus dixit Ambrosius : Tu ad liberandum suscepturus hominem : quia ut a majoribus nostris audivimus, tempore baptismatis sancti Augustini hunc hymnum beatus Ambrosius fecit, et idem Augustinus cum eo confecit, in capite libri de Bono conjugii exponit dicens : « Quoniam, inquit, unusquisque homo humani generis pars est, et sociale quoddam est humana natura, magnumque habet et naturale bonum, vim quoque amicitiæ, ob hoc ex uno Deus voluit omnes homines condere, ut sua societate, non sola similitudine generis, sed etiam cognationis vinculo tenerentur. » Exponitur etiam in hoc hymno quia omnium naturam pro omnibus liberandis Christus assumpsit, sed credentibus regna cœlorum aperuit. Et sanctus Augustinus in libro de Prædestinatione sanctorum : « Cur diversa est gratia, ubi natura communis est. » Et plura alia, quæ in libellis commemoratis contra eosdem collegimus.

Hæc de prima quasi non necessaria, sed non irrationabili expressione sint dicta. Alterum autem est quod expressius superaddidimus, ubi in quarto capitulo scripsimus : « quia vero omnes passionis ejus mysterio non redimuntur, non respicit ad magnitudinem et pretii copiositatem, sed ad infidelium et ad non credentium ea fide quæ per dilectionem operatur, respicit partem. » Superaddidimus autem verbis Prosperi ad non credentium, ea fide quæ per dilectionem operatur. Quod ideo superaddidimus, quia Gothescalcus in sæpefato suo libello ad Rabanum archiepiscopum scripsit : « Proinde quod fidelissime credo, fidentissime loquor, et certissime pariter ac fructuosissime confiteor, atque veracissime profiteor, quod Deus noster omnipotens, omnium creaturarum conditor et factor, electorum tantummodo cuncto-

rum gratuitus esse reparator dignatus est et refe-
ctor : nullius autem reproborum perpetualiter esse
voluit Salvator, nullius redemptor, et nullius coro-
nator. *Item ad quemdam complicem suum : Absit
procul a me, ut vel illud solummodo velim somniare,
nedum semel susurrare, ut nullum eorum perpetualiter secum periturum antiquus rapere valeat anguis,
pro quibus redimendis tam pretiosus Deo Patri Domini Dei nostri Filii sui fusus est sanguis. Amen. *
Hæc legentes intelleximus diabolici viri sensum,
volentis evacuare copiositatem Christi sanguinis,
pretium scilicet nostræ redemptionis. Unde et ad
eumdem complicem suum scripsit : « Baptismi enim
sacramento eos emit, non autem pro eis crucem
subiit, nec mortem pertulit, neque sanguinem fudit. » Unde quod ipse mendose atque perniciose ad
copiosam redemptionem Christi sanguinis voluit
retorquere, veraciter et fideliter ad modicitatem
ac dubietatem, imo et infidelitatem infidelium et
non credentium, sacrarum Scripturarum et catholicorum auctoritate suffulti, rejecimus culpam.
Et ideo interposuimus : « ad infidelium et non credentium, ea fide quæ per dilectionem operatur,
respicit partem. » Scilicet quia hæc sola fides est,
qua salvantur credentes. **227** Cæterum et dæmones
credunt, et contremiscunt, et nec infidelis est sine
fide, sicut sanctus Gregorius in libro quarto Dialogorum dicit (*cap.* 21) : « Audenter, inquiens, dico,
quia sine fide neque infidelis vivit. » Et post pauca :
« Habeat etiam infideles fidem, sed utinam in
Deum, quam si utique haberent, infideles non essent. »

Et venerabilis presbyter Beda in Epistola Jacobi
(*cap.* 2) : « Ita et fides, si non habuerit opera, mortua est in semetipsa, si non operibus charitatis
quibus reviviscat animetur. Neque huic sententiæ
contrariam est quod Dominus ait : *Qui crediderit et
baptizatus fuerit, salvus erit* (*Matth.* XVI, 16). Subin-
telligendum namque ibi est, quod tantummodo vere
credat, qui exercet operando quod credit. » Hinc et
sanctus Gregorius in homilia Evangelii vigesima
nona dicit : « *Euntes in universum mundum, prædicate
Evangelium omni creaturæ : qui crediderit et baptizatus fuerit, salvus erit : qui vero non crediderit, condemnabitur.* Fortasse, inquit, unusquisque apud semetipsum dicat : Ego jam credidi, salvus ero. Verum
dicit, si fidem operibus teneat. » Et reliqua, quæ
ibi notissima multis prosequitur. Par quoque est et
testimonium, quod iste contradictor noster in suggillationem nostram composuit dicens : « *Sic enim dilexit
Deus mundum, ut Filium suum unigenitum daret, ut
omnis qui credit in ipsum non pereat, sed habeat vitam
æternam* (*Joan.* III, 16). Vera etenim fides est, ut
Gregorius in homilia præfata dicit, quæ in hoc quod
verbis dicit moribus non contradicit. » Hinc est
enim quod de quibusdam falsis fidelibus Paulus dicit : *Qui confitentur se nosse Deum, factis autem
negant* (*Tit.* I, 16). Et de proposito Evangelico testimonio a contradictore nostro : *Sicut Moyses exaltavit*

*serpentem in deserto, ita exaltari oportet filium homi-
nis, ut omnis qui credit in ipsum non pereat, sed
habeat vitam æternam* (*Joan.* III, 14). Venerabilis
presbyter Beda in homilia 56 dicit : « Quia sicut
illi, qui exaltatum pro signo serpentem æneum aspiciebant, sanabantur ad tempus a temporaria morte,
et plaga quam serpentium morsus intulerant, ita et
qui mysterium Dominicæ passionis credendo, confitendo, sinceriter imitando, aspiciunt, salvantur in
perpetuum ab omni morte, quam peccando in anima
pariter et carne contraxerant. Unde recte subjungitur, *ut omnis qui credit in ipsum non pereat, sed
habeat vitam æternam.* Cujus quidem verbi patet
sensus, quia qui credit in Christum, non solum perditionem evadit pœnarum, sed et vitam percipit
æternam, sicut Gregorius in præfata homilia dicit :
Tunc etenim veraciter fideles sumus, si quod verbis
promittimus, operibus implemus. Hinc Joannes ait :
*Qui dicit se nosse Deum, et mandata ejus non custodit,
mendax est* (*I Joan.* II, 4). » Et Prosper in libro
Sententiarum, cap. 324 : « Qui ergo gaudes baptismi
perceptione, vive in novi hominis sanctitate : et
tenens fidem quæ per dilectionem operatur, habe
bonum quod nondum habes, ut prosit tibi quod
habes. » Et item Beda in Epistola Jacobi : *Tu credis
quoniam unus est Deus. Bene facis, et dæmones credunt et contremiscunt.* Ne putes quia magnum aliquid
facis **228** credendo unum Deum esse, hoc enim et
dæmones faciunt : non solum Deum Patrem, sed et
Filium Dei credunt. Unde dicit Lucas : *Exiebant
etiam dæmonia a multis, clamantia et dicentia quia
tu es Filius Dei, et increpans non sinebat ea loqui, quia
sciebant ipsum esse Christum.* Et post aliquanta :
« Credere vero in Deum soli noverant qui diligunt
Deum, qui non solum nomine Christiani sunt, sed et
factis et vita : quia sine dilectione fides inanis est,
cum dilectione fides Christiani, sine dilectione fides
dæmonis. » Et sequentia quæ ibi prosequitur.

Et qualiter fideles atque infideles de baptismate
sentiant, idem venerabilis presbyter Beda in homilia
Evangelii (*homilia* 1 *de Sanctis*) : *Erat homo ex
Pharisæis Nicodemus nomine*, latius et catholice
prosequitur, et sic ad locum dicit : « Sola hæc Ecclesia mater quæ generat novit. Cæterum oculis insi-
pientium videtur talis exire de fonte qualis intravit,
totumque ludus esse quod agitur. » Beatus quoque
Petrus apostolus dicit : *Et vos nunc similis formæ
salvos facit baptisma, non carnis depositio sordium,
sed conscientiæ bonæ interrogatio in Deum* (*I Petr.* III,
21). Ex qua sententia idem Beda dicit (*in epist.* 1
Petri, cap. 3) : « Ubi est enim conscientia bona, nisi
ubi est et fides non ficta ? Docet namque apostolus
Paulus, quia *finis præcepti est charitas de corde puro,
et conscientia bona, et fide non ficta* (*I Tim.* I, 5). » Et
item in epistola Joannis (*Beda in epist.* 1 *Joan., cap.*
4) : *Omnis spiritus qui confitetur Jesum Christum in
carne venisse ex Deo est* (*I Joan.* IV, 2). « Confessionem hoc loco non solum catholicæ fidei, sed et
operationis bonæ, quæ fit per charitatem requirit.

Alioqui nonnulli hæretici confitentur, multi schismatici, multi falsi catholici, Jesum Christum in carne venisse, sed confessionem suam factis negant, non habendo charitatem. Charitas quippe Dei Filium adduxit in carnem, et ideo quisquis non habet charitatem, negat illum in carne venisse. Talisque spiritum ex Deo non habere convincitur. » Et item, « *Hæc est victoria quæ vincit mundum, fides nostra* (*I Joan.* v, 4). Illa nimirum fides, quæ per dilectionem operatur. » Et item Beda (*In epistolam Jacobi, c.* 2) : « Hoc quoque tempore, si qui nuper ad fidem veniens baptismum acceperit, et proponens toto corde Dei servare præcepta, mox de hac luce migraverit, justificatus utique per fidem sine operibus migravit, quia tempus operandi, unde fidem probaret, ipso in quem credidit Deo disponente non habuit. At qui perceptis sacramentis longo supervivunt tempore, nec bonis insistere curant operibus, his inculcandum est, quod beatus Jacobus, proposito exemplo fidei simul et operum Abrahæ, mox subdidit dicens : *Videtis quoniam ex operibus justificatur homo, et non ex fide tantum ?* (*Jac.* II, 24). Quod ait ex operibus, significat ex operibus fidei : quia perfecta opera sine fide nullus habere potest : fidem vero sine operibus multi, si illis operum tempus non adsit. De qualibus dictum est : *Raptus est ne malitia mutaret intellectum illius, aut fictio deciperet animam illius* (*Sap.* IV, 11). » Sed et in talibus ipsa fides opus est, sicut scriptum est in Evangelio, *Hoc est autem opus Dei, ut credatis in eum quem misit ille* (*Joan.* VI, 29). Quod opus operatur qui in eam credit, quia **229** etiam ipsa credulitas vera fides est, quæ per dilectionem operatur, credendo in illum qui justificat impium, et cujus omnia opera sunt in fide, sine qua quisque ad baptismatis sacramentum accedit, baptismatis sacramento renovari non valet, quia Spiritus sanctus, quo in filios adoptamur disciplinæ, effugit fictum, et aufert se a cogitationibus quæ sunt sine intellectu. Unde sanctus Ambrosius in Epistola ad Galatas dicit : « Quia sine spiritu non erat plenum nomen filiorum. » Et item idem in libro de Sacramentis : « In baptismate spiritus mentem renovat, aqua proficit ad lavacrum, sanguis spectat ad pretium. Sacri fontis unda nos abluit, sanguis Domini nos redimit, Spiritus nos per adoptionem filios Dei facit. » De qua in homilia Evangelii 30, sic sanctus dicit Gregorius : « Ipse namque Spiritus sanctus amor est. Unde et Joannes dicit : *Deus charitas est* (*1 Joan.* IV, 8). Qui ergo mente integra Deum desiderat, profecto jam habet quem amat. Neque enim quisquam posset Deum diligere, si eum quem diligit non haberet. »

Ecce quomodo etiam in baptismate tam in parvis quam in magnis agit fides quæ per dilectionem operatur, sicut sanctus Augustinus in libro quarto contra Julianum dicit : « Sed forte dicis : Ergo infantes qui non credunt, vel, sicut tu posuisti, qui non habent eam fidem quæ per dilectionem operatur, non renascuntur in Christo, neque per fidem sanguinis Christi in baptismate renovantur in Christo, atque

incorporantur Christo. Responde nobis, si placet, fide an infidelitate a parentibus ad ecclesiam deportantur ? dilectione salutis, an odio perditionis patronis a parentibus offeruntur, a patronis sacerdotibus iidem offeruntur, a sacerdotibus exsufflantur et exorcizantur, ut a potestate diaboli eruantur ? In morte Christi baptizantur, ut mortis ejus similitudini complantati peccato utique moriantur ? Velis nolis hæc omnia geri fide quæ per dilectionem operatur, arctatus arctissime respondebis, nisi impudenti fronte mentiri præsumendo decreveris. » Et item idem in sexto libro (*cap.* 4) : « Nam quomodo reportat bonum ut intret in regnum Dei, si hoc reportat quisque quod gessit, nisi quia pertinet ad parvulum, etiam quod per alterum gessit, id est credidit ? Sicut itaque quod credit pertinet ad eum ut reportet bonum, hoc est percipiat Dei regnum, sic ad eum pertinet, etiamsi non credidit, ut reportet condemnationis judicium, quia evangelica est et ipsa sententia dicendo : *Qui non crediderit condemnabitur* (*Marc.* XVI, 16). » Et post pauca : « Alienum quippe opus est cum credit per alterum, sicut alienum opus fuit cum peccavit in altero. Nec nos dubitamus quia baptismate delictum omne mundetur, sed renascendo quisque mundatur. Quod ergo non admittit nisi regeneratio, non cessat trahere generatio. » Venerabilis quoque presbyter Beda in expositione Evangelii Marci : « Intuendum sane quantum propria cujusque fides apud Deum valebit, ubi tantum valuit aliena, ut totus homo repente, **230** hoc est interius exteriusque jam salvatus exsurgeret, aliorumque merito alii laxarentur errata. Unde et plura in sæpe commemoratis libellis contra obtrectatores nostros exempla posuimus, quæ hic congerere nunc superfluum ducimus. Præsertim cum illa quicunque dignatus fuerit legere, collecta quasi in fasciculis sub celeritate et sine aliqua difficultate valebit cognoscere. »

CAPUT XXX.

Quod, exceptis his duabus quasi syllabicis sententiis, nihil in hoc capitulo posuimus, nisi quod ex beati Prosperi verbis excepimus.

Modo autem his duabus exceptis superadditionibus, de quibus rationem reddidimus, videamus si transverso ungue, ut dicitur, a sensibus beati Prosperi in descriptione quarti capituli deviavimus. Prosper actione 8 (*responsione* 9) contra Gallos dicit : « Nullus omnino est ex omnibus hominibus, cujus natura in Christo Domino nostro suscepta non fuerit. » Et item Prosper contra Gallos : « Cum itaque rectissime dicatur Salvator pro totius mundi redemptione crucifixus, propter veram humanæ naturæ susceptionem, et propter communem in primo homine omnium perditionem. » Et contra Vincentianos (*resp.* 1) : « Et tamen non omnes homines a captivitate sunt eruti. » Et nos scripsimus : *Ita nullus est homo pro quo passus non fuerit, licet non omnes passionis ejus mysterio redimantur.* Et Prosper in recapitulatione 9, contra Gallos (*sententia* 9) : « Qui dicit quod non pro totius mundi redemptione Salvator sit crucifixus, non ad sacramenti virtutem, sed ad infidelium respicit partem, cum sanguis Domini nostri Jesu Christi pretium totius sit mundi. » Et nos scripsimus : *Quia vero omnes passionis ejus mysterio non redimuntur, non respicit ad magnitudinem et pretii copiositatem, sed ad infidelium respicit partem.* Prosper actione prima contra Vincentianos (*resp.* 1) dicit : « Poculum quippe immortalitatis, quod confectum est de infirmitate nostra et virtute divina, habet quidem in se ut omnibus prosit; sed si non bibitur, non medetur. » Et nos scripsimus : *Quia poculum humanæ salutis quod confectum est de infirmitate nostra et virtute divina, habet quidem in se ut omnibus prosit, sed si non bibitur non medetur.* In quibus verbis si aliquam syllabam non autem sensum immutavimus, non per studium, neque per arrogantiam accidit, sed quia librum ejusdem beati Prosperi præ manibus non habuimus, et spatium ut afferri valuisset, instantia Christianæ devotionis vestræ cogente, sicut ipsi melius scitis, venerabilis princeps noster Karole rex gloriose, obtinere nequivimus, compellentes nos coarctatione dignissima, dantes exemplum ex libro Hieronymi de optimo genere interpretandi, quia non tantum quærebatis alienæ compositionis verba, quam sinceræ et episcopalis conscientiæ catholica documenta.

231 Post præmissa de quibus rationem reddidimus, subnexuit ex ordine capitulorum compositor : « Porro, inquit, capitula numero decem et novem, syllogismis ineptissime et mendacissime a quodam Scotto conclusa, ubi non argumentum fidei, sed potius commentum perfidiæ patet, nulla omnino philosophica arte, ut arroganter a quibusdam jactatur, constructum, sed inani fallacia et deceptione imperitissime confusum, a pio auditu fidelium penitus explodimus. Et ut talia et similia caveantur, per omnia auctoritate Spiritus sancti interdicimus. » De hoc capitulo quædam dempta invenimus ex eo quod nobis ante triennium, sicut supra memoravimus, in Nielfa villa Rhotomagensis episcopii commisistis. Ibidem enim scriptum habetur : Porro capitula quatuor, quæ consilio fratrum nostrorum minus prospecte suscepta sunt, propter inutilitatem, vel etiam noxietatem, et errorem contrarium veritati, sed et alia capitula numero decem et novem, syllogismis ineptissime et mendacissime conclusa, et reliqua sicut et hic compositor iste modo disposuit. Unde miramur, si iste in compilandis illis fuit capitulis, hoc quod tunc in eis tam studiose inseruit, quare de isto eradere maluit. Et si in illis capitulis compositor iste non fuit, quomodo tam consonanter, ut in nullo alio, excepto isto loco, et de sequenti capitulo, de quo unum elinxit apostolicum, sicut suo loco monstrabimus, deviaverit vel immutaverit, neque transverso capillo a concordi sententia exorbitaverit. Si enim nos juste et rationabiliter reprehendere se posse et debere confidit, memor quia Paulus Petro in faciem restitit (*Gal.* ii, 44), apportans scriptorum suorum plenitudinem, his quæ perpere

dixeramus auctoritative resisteret. Si autem et de errore, conscientia se remordente, corrigere voluit, et ideo de medio ista abrasit, et præcedentes suos errores, et subsequentes nostras indebitas reprehensiones, penitus absumere debuit.

CAPUT XXXI.

De decem et novem capitulis, quæ compilator capitulorum nobis a regia dominatione datorum, in suggillatione nostra commemorat, et de aliis, sive quæ nos passim scripta invenimus, sive quæ a quibusdam levibus quærendo adinventa audivimus.

De decem siquidem et novem capitulis, quæ commemorat, nunc ad alia occupationibus devocati scribere supersedimus. Et quia audivimus quoniam ipsi qui illa reprehenderant contra ea scribunt, exspectamus donec videamus si aliquis fuerit qui ipsa nitatur defendere, vel quid contra illa scribens nitatur asserere. Alia nihilominus capitula 77 quodam offerente suscepimus, quorum superscriptio talis est : « Recapitulatio totius operis, et capitulum **232** primum habetur hujusmodi : « Dicis quadruvio regularum quatuor totius philosophiæ omnem quæstionem solvi. Respondemus nec illud quadruvium, nec ullas mundanæ sapientiæ sententias, ad omnem quæstionem solvendam sufficere absque gratia Dei et fide, quæ per dilectionem operatur, ac veraci studio et sanctarum scientia Scripturarum. Novissimum vero. Dicis anathematizare te eos qui geminam prædestinationem dicunt, aut prædestinationes pluraliter efferunt. Respondemus tibi potius convenire, qui veritatem judiciorum Dei tantisper impugnas, fidem dictorum veracium negas, sensa Patrum per omnia reverendorum fidelissima depravas, et ea insuper novus falsitatum inventor enuntias, quæ nullus antehac dixisse vel scripsisse ullatenus reperitur. » Quorum auctores, vel potius sibi compugnatores, et in quibusdam veritatis impugnatores, jactitantur a multis Prudentius episcopus, et Joannes Scottigena. Sed nos nec credere nec confirmare volumus, quod documentis certioribus demonstrare non possumus. Interim tamen illorum contentionibus nos immiscere noluimus, usque dum liquidius cognoscamus ad quem finem contentionem suam quicunque sint illi perduxerint, recordantes Sapientis proverbii : *Sicut qui apprehendit auribus canem, sic et qui immiscetur rixæ alterius* (*Prov.* xxvi, 17). Sunt et alia quæ vocum novitatibus delectantes, unde sibi inanes comparent rumusculos, contra fidei catholicæ veritatem dicunt. Videlicet quod trina sit Deitas, quod Sacramenta altaris non verum corpus et verus sanguis sit Domini, sed tantum memoria veri corporis et sanguinis ejus, quod angeli natura sint corporales, quod anima hominis non sit in corpore, quod non aliæ pœnæ sint infernales, nisi tormentalis memoria conscientiæ peccatorum. Et forte qui non satagunt ut post finitum universale judicium Dominum videant, qualiter videri debeat, mordaci contentione disquirunt. Et plura alia contra

quæ orthodoxos Ecclesiæ catholicæ rectores necesse A
erit solerti studio vigilare.

Sed et in præfata synodo, capitulis quæ nobis
dedistis, in quaternunculis unius consacerdotis nostri septem subjunctas invenimus, non veritate, sed
nomine regulas : quia non fidei, sicut ibidem scriptum reperimus, regulæ, sed ad infidelitatem simplicibus protensa sunt retiacula : quæ verborum
et sensuum consonantia ejusdem auctoris, cujus
et capitula nostræ humilitati a vestra data sublimitate, fore creduntur. Quarum initium est : « Primo
loco ponendum, et vehementius, prout nunc pusillitatis nostræ memoriæ occurrit, credimus commendandum septem quasdam esse regulas fidei,
ex divinarum Scripturarum auctoritate venientes,
et a sanctis atque orthodoxis Patribus diligentissime B
commendatas : de præscientia scilicet et prædestinatione divina : quas et catholicus fidelissime tenere
debeat, et quicunque his contraria sapit, non
catholice sentire comprobetur. » Et sic per septem
illas, non veras regulas, sed fictas reculas, sicut solent **233** sortiariæ facere, ad ora vasculi mella, et
in inferioribus partibus venena supponere, orthodoxorum verba detruncata præponens, ad hanc summam intellectus sui deducit sententiam, ut sicut
electi ad vitam, ita et reprobi a Deo prædestinentur
ad mortem : et secundum præscientiam suam Deus
damnaverit, quos in iniquitate et impietate perseveraturos præsciverit, eosdemque perituros prædestinaverit. Quæ imitari volens Isidorum, de
Ticonio et aliis sapientibus septem in sacris Scriptu- C
ris regulas excerpentem, satis insulse et non verisimile nausiavit, quærendo quid diceret qui loqui
nesciens tacere non potuit. De quibus superfluum
duximus scribere, quia primam, et secundam, ac
tertiam, sive quartam, aranearum telas, quasi
specialius sanctus Augustinus in libro de Correptione
et Gratia, et in libro de Bono perseverantiæ, et
sanctus Prosper contra Januenses, nullius momenti
esse demonstrant. Quintam vero næniarum et septimam regulam beatus Augustinus, contra veteres
Prædestinatianos, in libro de Prædestinatione
sanctorum, et sanctus Gregorius in libro vigesimo
quinto Moralium Job, in totum et per totum annihi-
lant. Sextam, ut dicitur, sicut fumum pultium, D
beatus Augustinus inter cætera, in libris de Gratia
et Libero arbitrio, et de Bono perseverantiæ, de
Prædestinatione gratiæ, et ad Sixtum presbyterum, exsufflat et facit penitus non parere. Et nostra
mediocritas in tribus istum præcedentibus libellis,
et in isto, commemoratis ex sanctorum Patrum
auctoritatibus, hæc figmenta falsissima esse monstravit. Et quæ vera sunt de præscientia et prædestinatione Dei, et illic et istic ex Patrum catholicorum
sensibus sufficienter collegimus : adeo ut qui veritatem desiderat, ei collectio tanta sufficiat : quibus
vero non ista congesta sufficiunt, certum est quia
nec plura præderunt, et plus falsis quam veris se
committere gestiunt.

CAPUT XXXII.

De clausura capituli compilatoris, et de tribus quæ
huic capitulo subnectere procuravimus ; quorum
unum est quia turbæ quæ Dominicum adventum
præcesserunt, et quæ subsequuntur, una eademque
fide conclamant Osanna, quoniam per gratiam Dei
salvari credimus quemadmodum et illi.

Tandem in hac clausula adinventor istorum capitulorum præsens conclusit capitulum dicens : « Novarum etiam rerum introductores, ne districtius
feriantur, castigandos esse censemus. » Et nos ita
etiam concensemus. Veteres Prædestinatianos, novarum scilicet rerum introductores, sanctus Augustinus in libris de Correptione et Gratia, de Prædestinatione sanctorum, ac Bono perseverantiæ,
234 Hypomnesticon nihilominus libro, et libro de
Prædestinatione gratiæ, sufficientissime et fidelissime
atque paterne castigare curavit. Deinde sanctus
Cœlestinus auctoritate apostolica, instantia sancti
Prosperi, et sententia synodali, redarguit atque
compressit. Et nunc itidem harum novarum vocum
reintroductores, eadem auctoritate sanctarum Scripturarum, et catholicorum atque antiquorum Patrum
prolatis sententiis, necesse est castigare, redarguere
atque comprimere. Unde tria huic capitulo subnecte-
mus. Quorum unum est, quia turbæ, quæ Dominicum
adventum præcesserunt, et quæ subsequuntur (*hom.*
17), una eademque fide conclamant dicentes : *Osanna*,
id est, ut in tractatu Ezechielis sanctus exponit
Gregorius : *Salva nos in excelsis*. Quoniam, ut Petrus
dicit, *per gratiam Dei salvari credimus, quemadmo-*
dum et illi (*Act.* xv, 11). Deinde qualiter docent
sanctarum Scripturarum auctoritate catholici viri,
generaliter Christum fuisse passum pro omnibus.
Indeque quomodo orthodoxi et antiqui magistri ex
Scripturis authenticis demonstrant, discrete nos
debere intelligere, quia licet Christus fuerit passus
pro omnibus, non tamen omnes ad æternam salutem
mundi pretio, id est passionis ejus mysterio, sint
redempti. A quo pretio extranei sunt, qui aut delectati captivitate redimi noluerunt, aut post redemptionem ad eamdem sunt servitutem reversi.
Sicut et hic reprehensor noster, non integro intellectu, de his qui redimi noluerunt in Capitulo isto
posuit : *Sic enim dilexit Deus mundum, ut Filium*
suum unigenitum daret, ut omnis qui credit in eum non
pereat, sed habeat vitam æternam (*Joan.* iii, 16).
Quia profecto, ut venerabilis presbyter Beda exponit : « Idem Dominus et redemptor noster, Filius
Dei ante sæcula existens, filius hominis factus est
in fine sæculorum : ut qui per divinitatis suæ potentiam nos creaverat ad perfruendam vitæ beatitudinem, perennis ipse per fragilitatem humanitatis
nostræ nos restauret ad recipiendam quam perdidimus vitam. »

Beatus quoque Augustinus in psalmo tricesimo
sexto (*concione* 5) dicit : « Dominus enim ipse in
corpore suo, quod est Ecclesia, junior fuit primis
temporibus, et ecce jam senuit. Nostis, et agnoscitis,
et intelligitis, quia in hoc positi estis, et ita credi-

distis, quia caput nostrum Christus est, corpus A capitis illius nos sumus. Nunquid soli nos, et non etiam illi qui fuerunt ante nos, omnes qui ab initio sæculi fuerunt justi, caput Christum habent? Illum enim venturum esse crediderunt, quem venisse jam credimus, et in ejus fide et ipsi sanati sunt, in cujus et nos. Ut esset ipse totius caput civitatis Jerusalem, omnibus connumeratis fidelibus ab initio usque ad finem, adjunctis etiam legionibus et exercitibus angelorum, ut fiat illa una civitas sub uno rege, et una quædam provincia sub uno imperatore. felix et in perpetua pace ac salute, laudans Deum sine fine, beata sine fine. » Et venerabilis presbyter Beda in Exposito Evangelii secundum Lucam (*cap.* 2) : « Vides non solum Novi, sed et Veteris Testamenti justos, **235** spe futuræ vitæ desiderium habuisse absolvi a corpore. » Et paulo post : « Quibus absque dubio verbis aperit, quam maximum se præsentium calamitatum acturum speret in fine solatium. Quém tantisper advenire desiderat : *Quia viderunt oculi mei salutare tuum, quod parasti ante faciem omnium populorum* (*Luc.* ii, 31). Illum ipsum, » inquit, quod omnibus postmodum gentibus, populis et linguis, mente ac fide conspiciendum parare, spe ac dilectione quærendum prævidisti, ipse diu desideratum nunc et carnis et cordis oculis tuum salutare contemplor. Lumen quidem utrique populo salutare Dei, id est Christus, a Deo Patre paratur : qui tamen gloria magis Israel, cui diu speratus et ex quo pronuntiatus advenit. Gentium vero dicitur esse revelatio, quarum mentis oculos, profunda jam cæcitate C demersos, neque ulla spe adventu Dominico erectos, ipse visitare, pariter revelare atque illustrare dignatus est. » Et item : « *Dico vobis, quod multi prophetæ et reges voluerunt videre quæ vos videtis, et non viderunt : et audire quæ auditis, et non audierunt* (*Luc.* x, 24). Abraham exsultavit ut videret diem Christi, et vidit et gavisus est. Isaias quoque et Micha, et multi alii prophetæ viderunt gloriam Domini, quapropter *Videntes* sunt appellati. » Et in homilia ejusdem Evangelistæ : « Cunctis, inquit, credentibus, sive illis qui incarnationis ejus tempora nascendo præcesserunt, sive his qui eum in carne viderunt, sive nobis qui post ejus ascensionem credimus, communis est hilarissima ejus promissio, qua dicit : *Beati mundo corde, quoniam ipsi Deum videbunt* (*Matth.* i, 8). »

Et sanctus Gregorius in homilia 18 : « Ad erudiendam ergo Dominus plebem suam, quasi ad excolendam vineam suam, nullo tempore destitit operarios mittere : quia et prius per Patres, et postmodum per legis doctores et prophetas, ad extremum vero per apostolos, dum plebis suæ mores excoluit, quasi per operarios in vineæ cultura laboravit. Operator ergo mane hora tertia, sexta, et nona, antiquus ille et Hebraicus populus designatur, qui in electis suis ab ipso mundi exordio, dum recta fide Deum studuit colere, quasi non destitit in vineæ cultura laborare : quamvis in quolibet modulo vel mensura, quisquis cum fide recta bonæ actionis exstitit, hujus vineæ

operarius fuit. » Et item : « Quanti Patres ante legem, quanti sub lege fuerunt? et tamen hi qui in Domini adventu vocati sunt, ad cœlorum regnum sine aliqua tarditate pervenerunt. Eumdem ergo denarium acceperunt qui laboraverunt ad undecimam, quem exspectaverunt toto desiderio et qui laboraverunt ad primam : quia æqualem vitæ æternæ retributionem sortiti sunt, cum his qui a mundi initio vocati fuerant, hi qui in mundi fine ad Dominum venerunt. » Et item : « Sed quia antiqui Patres usque ad adventum Domini, quamlibet juste vixerint, ducti ad regnum non sunt, nisi ille descenderet, qui paradisi claustra hominibus interpositione suæ mortis aperiret, eorum hoc ipsum murmurasse est, quod et recte pro percipiendo regno **236** vixerunt, et tamen diu a percipiendo regno dilati sunt. Quos enim post peractam justitiam inferni loca quamvis tranquilla susceperunt, eis profecto, et laborasse fuit in vinea, et murmurasse. Quasi ergo post murmurationem denarium accipiunt, qui post longa inferni tempora ad gaudia regni pervenerunt. Nos autem qui ad undecimam venimus, post laborem non murmuramus, et denarium accipimus : quia post mediatoris adventum in hoc mundo venientes, ad regnum ducimur mox cum de corpore eximus, et illud sine mora percipimus, quod antiqui Patres cum magna percipere dilatione meruerunt. »

Et sanctus Petrus in Actis Apostolorum : *Sed per gratiam Domini Jesu credimus salvari, quemadmodum et illi* (*Act.* xv, 11). Hinc Beda : « Si ergo et illi, id est Patres, portare jugum legis veteris non valentes, per gratiam Domini salvos se fieri crediderunt, manifestum est quod hæc gratia est, quæ antiquos justos vivere fecit, quia justus ex fide vivit, et ideo sacramenta esse potuerunt pro temporum diversitate diversa, ad unitatem tamen ejusdem fidei concordissime recurrentia. » Et in epistola Petri prima (*cap.* 1) : *Per eos qui evangelizaverunt in vos Spiritu sancto misso de cœlo* (*I Petr.* i, 12). « Supra dixerat prophetas spiritu Christi prænuntiasse passiones ejus, et posteriores glorias, et nunc dicit eadem apostolos eis nuntiare Spiritu sancto misso de cœlo. Unde patet quia isdem Spiritus Christi erat in prophetis prius, qui postmodum in apostolis. Ideoque eamdem fidem passionis Christi et posterioris gloriæ utrique populis prædicabant, illi adhuc venturam, isti jam venisse. Ac per hoc unam esse Ecclesiam, cujus pars carnalem Domini ad ntum præcesserit, pars sit altera secuta. » Et item (*cap.* 2) : « *Vobis honor credentibus, non credentibus autem, lapis quem reprobaverunt ædificantes* (*I Petr.* ii, 7). Ut sicut reprobaverunt cum ædificarent actus suos, nolentes eum in fundamento cordis sui ponere, ita et isti reprobentur ab eo in adventu ejus, nolente illo tunc eos, qui se reprobaverunt in ædificationem accipere domus suæ, quæ est in cœlis. Et hæc distinctio honoris credentium, non credentium autem reprobatio, huc usque pertingit. » Et item (*cap.* 5) : « *In quo eis qui in carne conclusi erant*

spiritu veniens prædicavit, qui incréduli fuerant ali-
quando (*I Petr.* III, 19). Qui nostris temporibus in
carne veniens iter vitæ mundo prædicavit, ipse etiam
ante diluvium eis qui tunc increduli erant, et carnaliter vixerant, spiritu veniens prædicavit. Ipse enim
per Spiritum sanctum erat in Noe, cæterisque qui
tunc fuere sanctis, et per eorum bonam conversationem pravis illius ævi hominibus, ut ad meliora
converterent, prædicavit. Conclusos namque in carcere dicit carnalibus desideriis vehementer aggrava-
tos. Unde de illis Scriptura ait : *Quia omnis caro cor-*
ruperat viam suam. Quod autem dicit, *In quo,* significat
in eo quod præmiserat, *ut nos offerret Deo,* quia et
tunc, si qui ad prædicationem Domini, quam per vitam
fidelium prætendebat, credere voluissent, et ipsos
237 offerre Deo Patri gaudebat. › Ecce de populis
qui incarnationem Domini præcesserunt, inexcusabiles sunt qui non crediderunt, quia sine prædicatione salutis non fuerunt, sine sacramentis salutis
quibus salvarentur non exstiterunt, quibus salvati
sunt Abel Christum in agno offerens, Enoch sola
fidei invocatione credens. Noe et in fabricatione
arcæ prædicavit, et hostias obtulit. Arca Ecclesiæ
typum gessit, aqua diluvii figura baptismatis fuit.
Unde et in eadem epistola scriptum est : *Qui incre-*
duli fuerunt aliquando, quando exspectabat Dei pa-
tientia in diebus Noe, cum fabricaretur arca (*I Petr.*
III, 20). Nam et ipsa Dei patientia prædicatio ejus
erat, cum Noe centum annos arcæ operibus insistens, quid mundo futurum esset quotidiana operis
exsecutione monstrabat. Unde Paulus ait : *An igno-*
ras quoniam patientia Dei ad pœnitentiam te adducit?
In qua pauci, id est, octo animæ salvæ factæ per
aquam. Quod et vos nunc similis formæ salvos facit
baptisma (*Rom.* II, 4). Formam baptismi assimila-
tam dicit arcæ et aquis diluvii, quod, pereunte orbe
toto, pauci, id est, octo animæ salvæ factæ sunt per
aquam : quia ad comparationem pereuntium multo
brevior est numerus electorum. › Quod ergo aqua
diluvii non salvavit extra arcam positos, sed occidit,
sine dubio præfigurabat omnem hæreticum, licet
habentem baptismatis sacramentum, non aliis, sed
ipsis aquis ad inferna mergendum, quibus arca sublevatur ad cœlum. Abraham in filio Christum immolavit. Melchisedech in figura panis vitæ æternæ
et calicis salutis perpetuæ, panem et vinum obtulit.
Moyses agnum paschalem sacrificavit : etenim pascha nostrum immolatus est Christus. Aaron cum
vituli sanguine semel in Sancta in anno intravit.
Unde Paulus : *Christus,* inquit, *assistens Pontifex*
futurorum bonorum, per amplius et perfectius taber-
naculum non manu factum, per proprium sanguinem
intravit semel in Sancta, æterna redemptione inventa
(*Hebr.* IX, 11).

Unde et Ambrosius in libro de Spiritu sancto
(*libro* I *in proœmio*), exponens sententiam libri Judicum de Gedeon, quia Christus vitulo sit præsignatus
dicit : ‹ Et ipse septennem alium vitulum immolavit
Deo. Quo facto manifestissime revelavit, post ad-

ventum Domini omnia gentilitatis abolenda esse sacrificia, solumque sacrificium Deo Dominicæ passionis pro religione populi deferendum. Etenim
vitulus ille erat in typo Christi, in quo septem spiritalium plenitudo virtutum, sicut Isaias dicit, habi-
tabat. Hunc vitulum et Abraham obtulit, quando
diem Domini vidit, et gavisus est. Hic est qui nunc
in hædi typo, nunc in ovis, nunc in vituli offerebatur. Hædi, quod sacrificium pro delictis sit : ovis,
quod voluntaria hostia : vituli, quod immaculata sit
victima. › Et patres nostri omnes baptizati sunt in
nube, et in mari, et omnes eamdem spiritalem escam
manducaverunt, et omnes eumdem potum spiritalem
biberunt. Unde Augustinus in expositione Evangelii
secundum Joannem (*tractatu* 26) : ‹ *Patres,* inquit,
vestri manducaverunt manna et mortui sunt (*Joan.*
VI, 49). Manducaverunt Moyses et Aaron, et cæteri
sancti **238** qui fuerunt in populo manna, et non
sunt mortui, quia spiritaliter visibilem cibum intellexerunt, spiritaliter esurierunt. Alii vero manducaverunt et permanserunt in infidelitate. Sicut Judæi
audierunt loquentem Christum, sed non spiritaliter
verba ejus intellexerunt. Ideo dixit eis : *Patres vestri*
manducaverunt manna in deserto et mortui sunt. Qua
morte, nisi infidelitatis ? Nam communi morte mortui sunt et sancti qui fuerunt inter eos. Ideo signavit
Dominus in his verbis mortem spiritalem, non carnalem : *Patres vestri manducaverunt manna et mor-*
tui sunt : non quia malum erat manna, sed quia
male manducaverunt. *Hic est panis qui de cœlo*
descendit (*Joan.* VI, 50). Hunc panem significavit
manna, hunc panem signant altaris Dei sacramenta.›
Et ecce de populo, qui Domini præcessit adventum.
Dicamus de illo qui sequitur illius adventum. Item
in Epistola Petri prima : *Scientes quod non corru-*
ptibilibus auro vel argento redempti estis de vana
vestra conversatione paternæ traditionis, sed pretioso
sanguine quasi agni incontaminati et immaculati Jesu
Christi (*I Petr.* I, 18). Unde Beda (*cap.* 2 *in Petri*
Ep. I) : ‹ Quanto majus est pretium quo redempti estis
a corruptione vitæ carnalis, tanto amplius timere debetis, ne forte ad corruptelam vitiorum revertendo,
animos vestri redemptoris offendatis, *renati non ex*
semine corruptibili, sed incorruptibili, per verbum
Dei vivi et permanentis in æternum. Tale est in
Evangelio Joannis, *his qui credunt in nomine ejus,*
qui non ex sanguinibus, neque ex voluntate carnis,
neque ex voluntate viri, sed ex Deo nati sunt (*Joan.*
I, 13). Sicut ergo incorruptibile est pretium Dominicæ passionis, quo redempti sumus, ita etiam incorruptibile est sacramentum fontis sacri, quo renascimur. Quæ ita sibi invicem connectuntur, ut
unum nobis sine altero salutem conferre nequeat :
quia nimirum Dominus ita nos tempore incarnationis suæ sacro sanguine simul omnes redemit, ut
nos quoque nostro tempore viritim per regenerationem baptismi ad consortium ejusdem regenerationis pervenire debeamus. Ut hinc colligatur, quia
sicut ex semine corruptibili caro quæ corrumpatur

nascitur, sic per aquam verbo Dei consecratam vita nobis quæ finem nesciat tribuitur. » Et item (*cap.* 2) : « Ut bene discendo perveniatis ad refectionem panis vivi qui de cœlo descendit : hoc est per sacramenta Dominicæ incarnationis, quibus renati estis et quibus nutriti, perveniatis ad contemplationem divinæ majestatis. » Sed quoniam quidam sunt, et post adventum Domini ante nos fuerunt, atque futuri sunt, qui quod audiunt non recipiunt, item ibi scriptum est : *His qui offendunt verbo, nec credunt in quod et positi sunt.* « Offendunt verbo, qui eo ipso quod verbum Dei audire eos contigit, offendunt animo, dum nolunt credere quod audiunt. Quorum stultitiam exaggerando subjecit, *nec credunt in quod et positi sunt* : quia in hoc positi, id est, in hoc per naturam facti sunt homines, ut credant Deo, et ejus voluntati obtemperent, Salomone attestante, cum ait : *Deum time, et mandata ejus observa, hoc est enim omnis homo (Eccle.* xii, 13) : id est, in hoc naturaliter factus est omnis homo, **239** ut Deum timens ejus mandatis obsecundet. » Quidam autem donum quod accipiunt non conservant. Unde in eadem Epistola admonet eos Apostolus dicens : *Charissimi, obsecro tanquam advenas et peregrinos, abstinere vos a carnalibus desideriis, quæ militant adversus animam (I Petr.* ii, 11). (Beda ibid.) « Hucusque beatus Petrus generaliter Ecclesiam instituit, explicans vel beneficia quibus nos divina pietas ad salutem vocare, vel dona quibus aliquando Judæos, nunc autem nos honorare dignata est. Hinc diversas fidelium personas solerter hortatur, ne se tanta spiritus gratia carnaliter vivendo reddant indignos : ne qui regali ac sacerdotali vocabulo sunt insigniti, vitiorum malis subacti, a condonatæ vel promissæ sibi nobilitatis gloria degenerent. » Et item : « *Vos in libertatem vocati estis, fratres : tantum ne libertatem in occasionem carnis detis (Gal.* v, 13). Liberi enim recte vocamur, qui per baptisma a peccatorum sumus nexibus absoluti, qui a dæmonica servitute redempti, qui filii Dei effecti : non tamen dono libertatis potiorem peccandi facultatem, vel licentiam accepimus : quin imo si peccaverimus, mox libertate perdita, servi efficimur peccati. Et quisque se ad hoc libertatem accepisse a Domino putat, ut licentius peccet, talis suam libertatem in velamen malitiæ mutat. »

Et item in eadem Epistola scriptum est : *Quia in hoc vocati estis, ut benedictionem hæreditate possideatis (I Petr.* iii, 9). Et tamen de ad benedictionem vocatis, de redemptis, de justificatis quotidie pereunt. Unde et Paulus ad Corinthios dicit : *Et peribit qui infirmus est in tua conscientia frater, pro quo Christus mortuus est (I Cor.* viii, 11). Hinc sanctus Ambrosius : « Peribit infirmus, si edat contra unius Dei fidem de sacrificatis, *in tua conscientia.* Id est, tua peritia illum occidis, quando a te fieri videt quod ille aliter intelligit : et tu eris occasio mortis fratris, quem Christus ut redimeret crucifigi

se permisit. » Sed et sicut Patres quidam manducaverunt manna, et a spiritali morte salvi facti sunt, quidam autem manducaverunt et mortui sunt : ita et sicut Paulus dicit ad Corinthios, post passionem Domini factum est, et fit quotidie, futurumque est, quoniam quidam accedunt ad mensam Domini indigne, quidam autem devote : et quidam sibi judicium manducant et bibunt, quidam autem suam in salutem percipiunt. Et de priore populo venerabilis presbyter Beda in homilia octava dicit : « Quia idem salutiferæ curationis auxilium circumcisio in lege contra originalis peccati vulnus agebat, quod nunc baptismus agere revelatæ gratiæ tempore consuevit, excepto quod regni cœlestis januam necdum intrare poterant, donec adveniens benedictionem daret qui legem dedit, ut videri posset Deus deorum in Sion. Tantum in sinu Abrahæ post mortem beata requie consolati supernæ pacis ingressum spe felices exspectabant. » Utraque ergo purificatio, et circumcisionis videlicet in lege, et in Evangelio baptismatis, tollendæ prævaricationis primæ gratia posita est, et ne cui sæculi labentis ætati superni **240** respectus munera deessent, illi quoque qui a mundi exordio usque ad tempora datæ circumcisionis, vel post datam circumcisionem, de aliis nationibus Deo placuerunt, vel hostiarum oblationibus, vel certe sola fidei virtute, suos suorumque animos Creatori commendantes, a primi reatus vinculis absolvere curabant. *Sine fide enim impossibile est placere Deo (Hebr.* xi, 6); et sicut alias scriptum est : *Justus autem ex fide vivit (Rom.* i, 17). Et item in Homilia decima tertia de sequenti populo post passionem Domini usque ad finem sæculi : « *Qui dilexit nos,* inquit, *et lavit nos a peccatis nostris in sanguine suo.* Non solum autem lavit nos a peccatis nostris in sanguine suo, quando sanguinem suum dedit in cruce pro nobis, vel quando quisquam nostrum in mysterium sacrosanctæ passionis illius baptismi aquis ablutus est : verum etiam quotidie tollit peccata mundi, lavatque nos a peccatis nostris quotidianis in sanguine suo, cum ejusdem beatæ passionis ad altare memoria replicatur, cum panis et vini creatura in sacramentum carnis et sanguinis ejus ineffabili Spiritus sanctificatione transfertur : sicque corpus et sanguis illius, non infidelium manibus ad perniciem suam funditur et occiditur, sed fidelium ore suam sumitur in salutem. Cujus recte figuram agnus in lege paschalis ostendit. Qui semel populum de Ægyptia servitute liberans, in memoria ejusdem liberationis, per omnes annos immolatione sua populum eumdem sanctificare solebat, donec veniret ipse cui talis hostia testimonium dabat, oblatusque Patri pro nobis in hostiam odoremque suavitatis, mysterium suæ passionis, ablato agno, in creaturam panis vinique transferret. sacerdos factus in æternum secundum ordinem Melchisedech, cujus sanguis veteribus electis regni januas patefecit. »

Et Leo in homilia tertia de Natale Domini : « Adjicienda erat veritas redemptionis mortalibus institutis, et corruptam ab initio originem novis renasci oportebat exordiis. Offerenda erat pro reconciliandis hostia, quæ et nostri generis socia, et nostræ contaminationis esset aliena : ut hoc propositum Dei, quo peccatum mundi Jesu Christi placuit nativitate et passione delere, ad omnium generationum sæcula pertineret : nec turbarent nos, sed potius confirmarent mysteria, quæ temporum ratione variata, cum fides qua vivimus nulla fuerit ætate diversa. Cessent igitur illorum querelæ, qui impio murmure divinis dispensationibus obloquentes, de Dominicæ nativitatis tarditate causantur, tanquam præteritis temporibus non sit impensum quod in ultima mundi ætate est gestum. Verbi enim incarnatio hoc contulit facienda quod facta, et sacramentum salutis humanæ in nulla unquam antiquitate cessavit. Quod prædicaverunt apostoli, hoc annuntiaverant et prophetæ : nec sero est impletum, quod semper est creditum. Sapientia vero et benignitas Dei, ac salutiferi operis mora, capaciores nos suæ vocationis effecit, ut quod multis signis, multis vocibus, multisque mysteriis per tot **241** fuerat sæcula nuntiatum, in diebus Evangelii non esset ambiguum. Et nativitas Salvatoris, quæ omnia miracula omnemque humanæ intelligentiæ erat excessura mensuram, tanto constantiorem in nobis gigneret fidem, quanto prædicatio ejus et antiquior præcessisset et crebrior. Non itaque novo consilio Deus rebus humanis, nec sera miseratione consuluit, sed a constitutione mundi unam eamdemque omnibus causam salutis instituit. Gratia enim, qua semper universitas justificata sanctorum, aucta est Christo nascente, non cœpta. Et hoc magnæ pietatis sacramentum, quo totus jam mundus impletus est, tam potens etiam in suis significationibus fuit, ut non minus eo adepti sint qui illud credidere promissum, quam hi qui suscepere donatum. › Et sanctus Augustinus in libro de Natura et Gratia (*cap.* 43) : « Ea quippe fides justos sanavit antiquos, quæ sanat et nos, id est mediatoris Dei et hominum hominis Christi Jesu, fides sanguinis ejus, fides crucis ejus, fides mortis et resurrectionis ejus. *Habentes ergo eumdem spiritum fidei, et nos credimus propter quod et loquimur.* › Et venerabilis presbyter Beda in expositione Evangelii Lucæ (*cap.* 1) : « *Ut convertat corda patrum in filios, et incredibiles ad prudentiam justorum, parare Domino plebem perfectam.* Corda patrum in filios convertere, est spiritalem sanctorum antiquorum scientiam populis prædicando infundere. Prudentia vero justorum est, non de legis operibus justitiam præsumere, sed ex fide salutem quærere : ut quamvis in lege positi legis jussa perficiant, gratia se tamen Dei per Christum salvandos intelligant. *Justus enim ex fide vivit.* › Et Petrus de jugo legis ait: *Quod neque patres nostri neque nos portare potuimus, sed per gratiam Domini Jesu credimus salvari, quemadmodum et illi* (*Act.* xv, 10). Et in Tractatu Actuum apostolorum, ex verbis sancti Leo-

nis papæ (*cap.* 4 *in Acta*) : « *Et non est in alio aliquo salus.* Si in nullo alio, sed in Christo tantum mundi salus est, ergo et Patres Testamenti veteris ejusdem Redemptoris incarnatione et passione salvati sunt, qua nos salvari credimus et speramus. Etsi enim sacramenta pro temporum ratione discrepent, fides tamen una eademque concordat : quia quam nos per apostolos factam, eamdem illi dispensationem Christi per prophetas didicerant esse venturam. Neque enim est redemptio captivitatis humanæ, nisi in sanguine ejus, qui dedit semetipsum redemptionem pro omnibus. › Et item venerabilis presbyter Beda in Epistola prima Petri (*In cap.* 1) : « Supra dixerat prophetas spiritu Christi prænuntiasse passiones ejus et posteriores glorias : et nunc dicit eadem apostolos eis nuntiare Spiritu sancto misso de cœlo. Unde patet quia idem spiritus Christi erat in prophetis prius, qui postmodum in apostolis. Ideoque eamdem fidem passionis Christi et posterioris gloriæ utrique populis prædicabant : illi adhuc venturam, isti jam venisse : ac per hoc unam esse Ecclesiam, cujus pars carnalem Domini adventum præcesserit, pars sit altera secuta. › Sicut et S. Gregorius in homilia Ezechielis decima quinta **242** dicit : « Et quidem ab Abel sanguine passio jam cœpit Ecclesiæ, et una est Ecclesia electorum præcedentium atque sequentium. › Et in homilia decima septima : « *Et qui præibant, et qui sequebantur, clamabant Osanna.* Præcessit quippe Judaicus populus, secutus est gentilis. Et quia omnes electi, sive qui in Judæa esse potuerunt, sive qui nunc in Ecclesia existunt, in mediatorem Dei et hominum crediderunt et credunt, qui præeunt et qui sequuntur Osanna clamant. Osanna autem Latina lingua *salva nos* dicitur. Ab ipso enim salutem et priores quæsierunt, et præsentes quærunt, et benedictum qui venit in nomine Domini confitentur : quoniam una spes, una fides est præcedentium atque sequentium populorum. Nam sicut illi exspectata passione ac resurrectione sanati sunt, ita non præterita passione illius ac permanenti in sæcula resurrectione salvamur. ›

De his autem qui non salvantur, idem auctor dicit in homilia nona : « Notandum vero quod postquam mala parentum defunctorum dixerat, mittens Prophetam ad filios dicit : *Si forte vel ipsi audiant, et si forte quiescant.* Quid est dicere *vel ipsi,* nisi quia eorum patres, qui in culpa defuncti sunt, audire noluerunt? › Et paulo post : « Et nos adhuc parentes nostros ad iniquitatem sequimur, ab eorum elatione quam vidimus non mutamur; et illi quidem inter gaudia, nos vero, quod est gravius, inter flagella peccamus. Sed ecce omnipotens Deus iniquitates judicans jam priores nostros abstulit, jam ad judicium vocavit : nos adhuc ad pœnitentiam exspectat, nos ad revertendum sustinet; et qui in illis jam judicium exercuit, nobis suæ patientiæ longanimitatem prærogat, ne cum nostris nos prioribus perdat, dicens : *Si forte vel ipsi audiant, et si forte quiescant, quia domus exasperans est (Ezech.* II, 5). » Ergo et præcedentes et subsequentes quotquot salvantur, per redemptionem illius salvantur, et qui non credentes ut redimantur de subsequenti populo infidelitate pereunt, vel qui pravis moribus et iniquis operibus post redemptionem pereunt, sua infidelitate et iniquitate pereunt. Sic et de populo veteri infidelitate et iniquitate quicunque sunt perditi perierunt, sicut sacræ Testamenti Veteris paginæ, a Cain reprobo usque ad Annam et Caipham, evidenter demonstrant : et quicunque salvati sunt credentes in venturum, sicut et nos in eum qui jam venit credimus, per redemptionem quæ est in sanguine ipsius salvati sunt, sicut et nos eadem redemptione salvamur, et omnes salvandi sine dubio salvabuntur. Unde et venerabilis presbyter Beda in homilia vigesima quarta Evangelii dicit : « *Turbæ autem quæ præcedebant, et quæ sequebantur, clamabant dicentes : Osanna filio David (Matth.* XXI, 9). Una eademque confessionis et laudationis voce Dominum qui præcedunt et qui sequuntur exaltant : quia una nimirum fides est eorum, qui ante incarnationem Dominicam et qui postea fuere probati, quamvis sacramenta habuerint pro temporum ratione disparia, Petro attestante, qui ait : *Sed per gratiam Domini* **243** *Jesu credimus salvari quemadmodum et illi (Act.* XV, 11). » Et sanctus Hieronymus in Commento Epistolæ Pauli ad Galatas : « Hæres iste parvulus, qui nihil differt a servo cum sit Dominus omnium, sed sub tutoribus et actoribus est usque ad præfinitum tempus a patre, totum humanum genus usque ad adventum Christi, et, ut amplius dicam, usque ad mundi consummationem significat. Quomodo enim omnes in protoplasto Adam necdum nati moriuntur, ita omnes etiam qui ante adventum Christi nati sunt, in secundo Adam vivificantur. Atque ita fit, ut nos legi servierimus in patribus, et illi gratia salventur in filiis. Iste intellectus Ecclesiæ catholicæ convenit, quæ et Veteris et Novi Testamenti unam asserit providentiam, nec distinguit in tempore quos conditio sociavit. »

Sic et sanctus Augustinus ad Marcellinum in libro secundo de Baptismo (*cap* 34), de redemptione primorum hominum, quæ est in sanguine Christi, ita dicit : « Mirandum non est, et mortem corporis non fuisse venturam homini, nisi præcessisset peccatum, cujus etiam talis pœna consequeretur, et post remissionem peccatorum, eam fidelibus evenire, ut in ejus timore vincendo exerceatur fortitudo justitiæ. Caro enim quæ primo facta est, non erat caro peccati, in qua noluit homo inter delicias paradisi servare justitiam. Unde statuit Deus, ut post ejus peccatum propagata caro peccati, ad recipiendam justitiam laboribus et molestiis niteretur. Propter hoc etiam de paradiso dimissus Adam, contra Eden habitavit, id est contra sedem deliciarum : ut significaret quod in laboribus, qui sunt deliciis contrarii, erudienda esset caro peccati, quæ in deliciis obedientiam non servavit antequam esset caro peccati. Sicut ergo illi primi homines postea

juste vivendo, unde merito creduntur per Domini sanguinem ab extremo supplicio liberati, non tamen in illa vita meruerunt ad paradisum revocari : sic et caro peccati, etiamsi remissis peccatis homo in ea juste vixerit, non continuo meretur eam mortem non perpeti, quam traxit de propagine peccati. Tale aliquid nobis insinuatum est de patriarcha David in libro Regnorum. Ad quem propheta cum missus esset, eique propter peccatum quod admiserat, eventura mala ex iracundia Dei comminaretur, confessione peccati veniam meruit, respondente propheta quod ei flagitium facinusque remissum sit, et tamen consecuta sunt quæ Deus fuerat comminatus, ut sic humiliaretur a filio. Quare et hic non dicitur, si Deus propter peccatum illud fuerat comminatus, cur dimisso peccato quod erat comminatus implevit, nisi quia rectissime sic dictum fuerit ? Respondebitur remissionem illam peccati factam, ne homo a percipienda vita impediretur æterna. Subsecutum vero illius comminationis effectum, ut pietas hominis in illa humilitate exerceretur atque probaretur. Sic et mortem corporis, et propter peccatum Deus homini inflixit, et post peccatorum remissionem propter exercendam justitiam non ademit. »

244 Et hinc sanctus Gregorius in epistola ad Eulogium Alexandrinum, et ad Anastasium Antiochenum episcopos (*lib.* VI, *epist.* 31) : « Adæ, inquit, animam mortuam in peccato dicimus, non a substantia vivendi, sed a qualitate vivendi. Quia enim aliud est substantia atque aliud qualitas, non est anima ita mortua ut non esset, sed ita mortua ut beata non esset : qui tamen Adam postmodum per pœnitentiam ad vitam rediit. » Et sanctus Ambrosius in libro de Paradiso (*cap.* 10) : « Verum si consideres, quia Deo universitatis est cura, invenies plus placere Domino debuisse id in quo esset causa universitatis, quam condemnandum fuisse illud, in quo esset causa peccati. Et ideo quia ex viro solo non poterat humani esse generis propagatio, pronuntiavit Dominus non esse bonum solum hominem. Maluit enim Deus plures esse, quos salvos facere posset, et quibus donaret peccatum, quam unum solum Adam qui liber esset culpa. Denique quia idem utriusque auctor est operis, venit in hunc mundum ut salvos faceret peccatores. Postremo nec Cain parricidii reum, priusquam generaret filios, passus est interire. Ergo propter generationem successionis humanæ debuit mulier adjici viro. Denique hoc ipsa verba declarant dicentis Dei, non bonum solum hominem esse. Nam et si mulier prior peccator erat, tamen redemptionem sibi paritura non debuit ab usu divinæ operationis excludi. Quamvis enim Adam non est seductus, mulier autem seducta et in prævaricatione fuerit, salva tamen, inquit, erit per filiorum generationem, inter quos generavit et Christum. » Et sanctus Augustinus in præfato libro ad Marcellinum (*libro* II, *cap.* 25) : « Talis populus, ut prædixi, eruditus in regno cœlorum per duo Testamenta, Vetus et Novum, non declinans in dexteram superba præsumptione justitiæ, neque in sinistram secura dilectione peccati, in terram repromissionis intrat : ubi jam peccata ulterius nec nobis donanda optemus, nec in nobis punienda timeamus, ab illo Redemptore liberati, qui non venundatus sub peccato redemit Israel ab omnibus iniquitatibus ejus, sive propria cujusquam vita commissis, sive originaliter tractis. » Unde constat, sicut sanctus Ambrosius tractans sententiam Apostoli : *Et peribit qui infirmus est in tua scientia frater, pro quo Christus mortuus est (I Cor. VIII, 11)* exponit, id est, « tua peritia illum occidit, et tu eris occasio mortis fratris, quem Christus ut redimeret crucifigi se permisit. » Potest perire qui jam donum redemptionis suscepit, videlicet quia dono abusus periit : cur non dicatur etiam Christus pro eis passus qui redimi noluerunt, qui si credidissent, utique redimerentur, sicut et illi redempti sunt qui crediderunt? Quod et Prosper contra Vincentianos objectione prima demonstrat dicens : Contra vulnus originalis peccati, quo in Adam omnium hominum corrupta et mortificata natura est, et unde concupiscentiarum morbus inolevit, verum et potens ac singulare remedium est mors Filii Dei Domini Jesu Christi, qui liber a mortis **245** debito, et solus absque peccato, pro peccatoribus et debitoribus mortis est mortuus. Quod ergo ad magnitudinem et potentiam pretii, et quod ad unam pertinet causam generis humani, sanguis Christi redemptio est totius mundi. Sed qui hoc sæculum sine fide Christi, et sine regenerationis sacramento pertranseunt, a redemptione alieni sunt.

Et quia una eademque fide salvatæ sunt turbæ quæ præcesserunt et quæ subsequuntur, constat licet sint sacramenta disparia, quia simili infidelitate et iniquitate pereuntium turbæ quæ præcesserunt et quæ subsequuntur intereunt. Sed et Apostolus demonstrat quia uno eodemque bono odore alii salvantur, alii pereunt, dicens : Christi bonus odor sumus Deo; in his qui salvantur, et in his qui pereunt. Et Ambrosius, exponens sermonem Apostoli de cœna Dominica, in Epist. ad Corinthios prima, ita dicit de his qui ex ea salutem accipiunt. « Medicina enim spiritalis est, quæ cum reverentia degustata purificat sibi devotum. Memoria enim redemptionis nostræ est, ut Redemptoris memores majora ab eo consequi mereamur. » Item de his qui ex ea vitio suo judicium sibi accipiunt : « Futurum est, inquit, ut quemadmodum accedit unusquisque reddat causas in die Domini Jesu Christi · quia sine disciplina traditionis et conversationis qui accedunt, rei sunt corporis et sanguinis Domini. Quid est autem reos esse, nisi pœnas dare mortis Domini? Occisus est enim etiam pro his qui beneficium ejus in irritum ducunt. » Ecce pro his passus dicitur, qui non ejus passione salvantur. Quod in Evangelio secundum Lucam apertissime demonstratur, cum dicitur : *Et accepto pane, gratias egit et fregit, et dedit eis dicens : Hoc est corpus meum, quod pro vobis datur, hoc facite in meam commemo-*

rationem. Similiter calicem postquam cœnavit dicens. Hic est calix novum testamentum in sanguine meo, qui pro vobis fundetur (Luc. XXII, 19). Et ibi erat Judas inter apostolos, licet quidam de præcipuis doctoribus catholicis aliter dicat. Sed Joannes Chrysostomus in homilia de proditione Judæ, et sanctus Augustinus in expositione psalmi decimi, et Leo in homilia tertia de Passione Domini, eumdem proditorem ibi fuisse demonstrant. Et post præmissa Evangelii verba mox ibidem subsequitur : *Verumtamen ecce manus tradentis me mecum est in mensa (Joan. XIII, 11).* De quo scriptum est : *Et nemo periit, nisi filius perditionis :* quem et præsciebat se traditurum, sicut scriptum est : *Ipse enim sciebat quis esset eum traditurus: propterea dixit : Non estis mundi omnes.* Et hic veraciter scriptum est : *Hoc est corpus meum, quod pro vobis datur.* Et : *Hic est calix novum testamentum in sanguine meo, qui pro vobis fundetur.* Hinc quisque contradictor respondeat, utrum pro illis solis, qui de manu illius illa sacra acceperant, vel qui ibi aderant, an et pro aliis, nobis scilicet, qui in eum credituri eramus. Scimus quia facile respondebit, et pro omnibus in eum credentibus, quia ibi scriptum est : *Hoc facite in meam commemorationem (Luc. XXII, 19).* Ergo quia turbæ, quæ præcedebant et **246** quæ sequebantur, clamabant dicentes Osanna filio David, sicut pro subsequentibus, ita et pro præcedentibus, ut Petrus dicit, *per gratiam Dei credimus salvari, quemadmodum et illi (Act. XV. 10).*

Ad alterum modo eum respondere non pigeat, quando dixit : *Hoc est corpus meum quod pro vobis datur;* et : *Hic est calix qui pro vobis fundetur,* quia Judam non excepit, utrum illum excipere audebit? Scimus quia Dominum mentitum fuisse, licet multa præsumat, dicere non audebit. Et si Dominus a redemptione illum non excepit, sed ipse licet illam indignus susceperit, se alienum effecit, quid peccant doctores catholici dicentes : Pro omnibus Christus passus est, licet non omnes passionis ejus mysterio redimantur, qui omnium suscepit naturam, *et omnes vult salvos fieri, et neminem vult perire,* ut Paulus et Petrus dicunt, licet non omnes salventur? Et nos quid contrarium fidei catholicæ diximus, quando illorum et sensum et verba ponentes scripsimus : *Pro omnibus Christus passus est, licet non omnes passionis ejus mysterio redimantur : quia vero omnes passionis ejus mysterio non redimuntur, non respicit ad magnitudinem pretii, sed ad infidelium partem ; quia poculum humanæ salutis, quod confectum est de infirmitate nostra et virtute divina, habet quidem in se ut omnibus prosit, sed si non bibitur, non medetur?* Quod spiritaliter biberunt et sancti in Veteri Testamento ac salvati sunt, testante Apostolo, *Bibebant de spiritali (I Cor. X, 4) :* sicut et nunc bibunt devoti in Testamento Novo et salvi fiunt. Biberunt increduli in Testamento Veteri, licet impari fidei devotione cum sanctis, et damnati sunt, sicut et manducaverunt manna et mortui sunt. Quomodo manducavit et bibit Judas, et non solum temporaliter, sed et æternaliter mortuus est. Et sicut Apostolus de quibusdam A irreverenter manducantibus et bibentibus dicit : *Ideo multi in vobis invalidi, et ægroti, et dormiunt multi* (*I Cor.* XI, 30). Quia vero de manna ex verbis sancti Augustini supra ostendimus, de potu spiritali, unde Apostolus dixit : *Et omnes eumdem potum spiritalem biberunt* (*I Cor.* X, 4), verbis sancti Ambrosii ex libro vide Sacramentis dicamus (*cap.* 1) : « Cum sitiret populus Judæorum, et murmuraret quod aquam invenire non posset, jussit Deus Moysi ut tangeret petram de virga. Tetigit petram, et petra undam maximam fudit, sicut Apostolus ait : *Bibebant autem de consequenti petra, petra autem erat Christus.* Non immobilis petra, quæ populum sequebatur : et tu bibe, ut te Christus sequatur. » Et sanctus Augustinus in Exposito Evangelii Joannis, paulo ante dixit : B *Nisi manducaveritis carnem filii hominis, et biberitis ejus sanguinem, non habebitis vitam in vobis* (*Joan.* VI, 54), et modo dicit : *Caro non prodest quidquam* (*ibid.*, 63), id est, si carnaliter vultis intelligere. Quocirca in Veteri Testamento spiritales spiritaliter intelligentes spiritalem potum biberunt, et a peccatis ac pœnis salvati sunt, donec venit ille verus Agnus qui tollit peccata mundi, in cujus figura, per immolationem agni Paschæ veteris, de Ægyptia servitute redempti sunt. Cujus sanguine, sicut verbis sanctorum Augustini **247** atque Ambrosii supra ostendimus, et primi homines redempti sunt, et omnibus incarnationis ac passionis ejus mysterium credentibus cœlestis regni januam patefecit. Credere autem nolentibus, et carnaliter intelligentibus atque viventibus, C et in infidelitate atque iniquitate perseverantibus, et spiritalis ille cibus ac potus, et veri agni sanguis, in judicium damnationis est : sicut et post passionem illius, non credentibus, vel in judicium, ut Apostolus dicit, ad hoc sacrum mysterium suscipiendum convenientibus, existere noscitur. Et sicut sanctus Gregorius de Sanctorum persecutoribus, quod et æque in reproba vita finientibus debet intelligi, in homilia trigesima octava dicit : « Quia nec ad memoriam nostram vel in mortuorum numero veniunt. » Ita et illi spiritales viri in Testamento Veteri de reprobis illius temporis sensisse creduntur : quanto magis nos hoc sentire iste contradictor noster credere debuerat, qui Domini apostolorumque ejus, ac catholicorum magistrorum doctrina manifestissime revelata, cognoscimus quæ illis in figura velato mysterio, ut dicit Apostolus, contigerunt. D

CAPUT XXXIII.

Ab hinc sequitur qualiter docent sanctarum Scripturarum auctoritate catholici viri generaliter Christum fuisse passum pro omnibus.

Claret ex his supra positis testimoniis, quia redemptio captivitatis humanæ, Christus Jesus, omnibus ante incarnationem et passionem illius ventura erat, et quicunque credere voluerunt, ac fidei congruis operibus vivere studuerunt, per passionis ejus mysterium redempti atque salvati sunt : qui autem credere noluerunt, neque fide dignis operibus vivere studuerunt, ipsi se, sicut in passione sua et post passionem suam fecerunt, faciunt, et facturi sunt, a redemptione proposita alienos fecerunt. Et sicut nunc ipsius passio illis non prodest, sed in judicium erit, qui in infidelitate vel pravis operibus de isto sæculo exeunt : sic et nec illis profuit, imo in judicium illius passio exstitit, exstat, atque exstabit, qui per illam redimi poterant si voluissent, sicut redempti sunt qui in illum venturum crediderunt, et ejus passione salvari meruerunt. Sic et sanctus Augustinus, ut præmisimus, de his qui manna comederant dicit : Manducaverunt Moyses et Aaron, et cæteri sancti qui fuerunt in populo, manna et non sunt mortui, quia spiritaliter visibilem cibum intellexerunt, spiritaliter esurierunt; alii manducaverunt et permanserunt in infidelitate, ac mortui sunt, non solum morte corporali, verum etiam morte spiritali. Sic et de baptismo quo baptizati sunt constat debere intelligi, et ex testimonio beati Petri ex **248** arca et diluvio supra ostendimus. Nunc quia manifestum est, nobis mendaciter fuisse calumniatos, quia diximus quod non diximus, pro illis impiis Dominum passum fuisse, qui a mundi exordio usque ad passionem Domini in sua impietate mortui, æterna damnatione puniti sunt, quasi illi redempti sint sanguinis ipsius effusione. Sed sic diximus omnibus paratam esse salutem, qui ante incarnationem illius fuerunt, sicut et his qui post passionem illius nati sunt, et nascituri sunt : tantum ut credant ea fide quæ per dilectionem operatur, sicut crediderunt illi qui salvi facti sunt, et qui nunc salvantur, quique salvandi sunt. Et sicut salvati sunt ab originali peccato a mundi exordio usque ad tempora datæ circumcisionis, vel post datam circumcisionem, de aliis nationibus qui Deo placuerunt, vel hostiarum oblationibus, vel certe sola fidei virtute, suas suorumque animas Creatori commendantes. Sicut etiam ab originalis peccati vulnere, post tempora datæ circumcisionis, hi qui circumcidendi erant secundum legem, circumcisione purificati, et per fidem mediatoris tunc venturi, nunc jam a fidelibus suscepti, salvati sunt. Et quia istorum capitulorum conjector testimonium apostolicum posuit, quo sicut nobis videtur demonstrare voluit, quia non pro omnibus Christus passus sit, licet non omnes, sicut nos scripsimus, passionis ejus mysterio redimantur, redempti ac redimendi sint, scribens *Christus,* inquit, *semel oblatus est ad multorum exhaurienda peccata* (*Hebr.* IX, 28) ; et domnus Prudentius ex Evangelio, et aliis Scripturis sanctis, ad hanc confirmandam assertionem plura ponit exempla, diciturque in supra memorata epistola capite tertio : « Ut credat et confiteatur, scilicet ordinandus, cum omnibus catholicis, sanguinem Domini nostri Jesu Christi pro omnibus hominibus ex toto mundo in eum credentibus fusum ; non autem pro illis qui nunquam in eum crediderunt, nec hodieque credunt, nunquam nec credituri sunt, dicente ipso Domino, *Venit enim* *filius hominis non ministrari, sed ministrare, et dare animam suam redemptionem pro multis (Matth. xx, 28).* » Sed et Gothescalcus in hanc venit sententiam : relinquentes interim has nænias, potiusque blasphemias, quid Patres catholici senserint de mysterio Dominicæ passionis, utrum pro omnibus passus sit, licet passionis ejus mysterio omnes non redimantur, an tantummodo pro his solis qui effusione ipsius sanguinis redimuntur atque salvantur, designatis singulorum nominibus, ac positis singillatim singulorum sententiis, demonstrare curemus.

Sanctus Dionysius Areopagites in libro de cœlesti Hierarchia capite decimo quinto : « De sensuali enim igne est dicere, in omnes et per omnes immiste venit, et præcellit omnibus, et omnibus lucens cum sit, simul est et sicut occultus : ignotus ipse a se non in porro jacenti materie ostendens propriam operationem, innumerabilis et invisibilis neque tenibilis, et omnes in quibus fit ad **249** suam operationem mutans, tradalis sui ipsius omnibus sibi approximantibus. » Item in libro de ecclesiastico Principatu (*cap.* 3) : « Pro omnibus enim thearchica beatitudo, et si benignitate divina procedit ad participantium ejus divinorum communionem, sed non foris secundum substantiam immobilis stationis et stabilitatis fit. »

Sanctus Cyprianus in libro de Oratione Dominica ita dicit : « Hoc jam per Isaiam prophetam fuerat ante prædictum, cum plenus Spiritu sancto de Dei dignatione ac pietate loqueretur: *Verbum consummans et brevians in justitia, quoniam sermonem breviatum faciet Deus in toto orbe terræ (Isa.* x, *Rom.* ix). Nam cum Dei sermo Dominus noster Jesus Christus omnibus venerit, et colligens doctos pariter et indoctos, omni sexui atque ætati præcepta salutis ediderit, præceptorum suorum fecit grande compendium, ut in disciplina cœlesti discentium memoria non laboraret, sed quod esset simplicis fidei necessarium velociter disceret. » Et item in eodem libro : « Qui docuit unitatem, sic orare unum pro omnibus voluit, quomodo in uno omnes ipse portavit. »

Sanctus Hilarius in libro secundo de Fide dicit : « Humani generis causa Dei Filius natus ex Virgine est et Spiritu sancto, ipso sibi in hac operatione famulante, et sua videlicet Dei obumbrante virtute, corporis sibi initia consevit, et exordia carnis instituit, ut homo factus ex Virgine naturam in se carnis acciperet, perque hujus admistionis societatem sanctificatum in eo universi generis humani corpus existeret : ut quemadmodum omnes in se per id quod corporeum se esse voluit conderentur, ita rursum in omnes ipse per id quod ejus est invisibile referretur. » Et in psalmo cxviii : « *Aufer,* inquit, *a me opprobrium et contemptum.* Peccata opprobrio sunt digna, et idcirco peccatores exsurgent in opprobrium æternum. Quod autem peccata omnia opprobrio sint digna, in Evangeliis discamus, tum cum Dominus exprobrare illis civitatibus cœpit, in quibus plures virtutes ejus

effectæ essent, nec pœnituissent Corozain et Bethsaida. Quod ab illis cœptum, necesse est ut in omnes ejusdem criminis pares fiat, et tunc humano generi exprobret non pœnitenti, neque in viam evangelicam pergenti, id quod psalmo continetur: *Quæ utilitas in sanguine meo, dum descendo in corruptionem (Psal.* xxix, 10)? Exprobrat enim superbis atque maledictis, cur nihil in sacramento sanguinis sui atque mortis utilitatis esse existimarint, cum ille nostri causa et natus, et passus, et mortuus sit. » Item idem in psalmo lix : « Idcirco tituli inscriptio pro his qui immutabuntur ascribitur gloriæ mortis ejus qui pro omnibus mortuus est. » Et post aliquanta : « Ita iram misericordia consecuta est, dum damno terrenorum præsentium ingens æternorum retributio repensatur. Et hæc quidem non magis ad Israel, quam ad universitatem humani generis aptata sunt, quia ex uno in omnes sententia mortis et vitæ labor exiit, cum dictum est, *Maledicta terra in operibus tuis (Gen.* iii, 17). Nunc autem per unum in **250** omnes vitæ justificationis gratia abundavit, ut quorum terra maledicta est, horum nunc conformia Deo corpora sint, et quæ commota metu, et ignoratione turbata, et labore contristata est, et ipso illo lætificantis vini compuncta potu, nunc susceptæ significationis secura virtute, futuræ iræ defugiat potestatem. » Item in psalmo lxi : « Posteaquam Dei spiritum, Dei virtutem, Dei sapientiam, Dei Filium, et unigenitum Deum, ad remissionem peccati, condemnationemque peccati legis hominem natum esse cognoverit, qui humanarum passionum sorte perfunctus, ad condemnanda in se cœlestium nequitiarum impia tentamenta sit mortuus, ut æternitatem omnibus, qui per habitantem in carne nostra peccati legem moriebamur, inveheret, tum hoc sacramento pietatis accepto, post ignorationis noctem in scientiæ lumine collocatus, ita dicit: *Nonne Deo subdita erit anima mea?* » Item in psalmo lxiv : « Habemus etiam et cibum paratum. Et quis hic cibus est? Ille scilicet, in quo ad Dei consortium præparamur, per communionem sancti corporis, in communionem deinceps sancti corporis collocandi. Id enim præsens psalmus significat dicens : *Parasti cibum illorum, quoniam ita est præparatio tua :* quia cibo illo quamvis in præsens salvemur, tamen in posterum præparamur. » Item in lxvii : « Et primum quidem non alienum a Dei misericordia et bonitate videri potest, ut vitam omnibus in se ipso restitueret ex mortuis. » Item in psalmo lxviii : « Hæc sanctorum exspectatio fuit, ut omnis caro redimeretur in Christo, ut in eo æternæ resurrectionis primitiæ existerent. » Et item in eodem : « Hoc enim in multitudine misericordiæ beneplacitum est tempus, cum in se universorum hominum vitam Deus miserans, ut miserator Deus vitam esset largiturus ex mortuis. » Item in eodem: « *Cum ergo accepisset Jesus acetum dixit: Consummatum est (Joan.* xix, 30). Venerat ad oves perditas domus Israel, et exspectans consolantem commœrentemque non habuit : non quod consolatione eguit volens pati atque mori, sed qui secum super totius populi impietate mœreret, et qui seipsum ipsa mœrentis secum salute consolaretur, ut omnibus tanto scelere perfunctis, solatium in his saltem qui salvi fierent acciperet, secundum illud, *Et in servis suis consolabitur (II Mach. vii, 6).* » Item in psalmo cxxix : « *Quia apud te propitiatio est.* Est enim unigenitus Dei Filius Deus Verbum redemptio nostra, pax nostra, in cujus sanguine reconciliati Deo sumus. Hic est qui venit tollere peccata mundi, qui cruci chirographum legis affigens, edictum damnationis veteris delevit. » Et post aliquanta : « Quia misericors est, quia copiosa apud eum redemptio est, quia redimet ab iniquitatibus suis universos. » Item in psalmo cxxxv : « Redemit nos per sanguinem suum, per passionem suam, per resurrectionem suam : hæc magna vitæ nostræ pretia sunt. *Magno* enim, ait Apostolus, *pretio redempti estis (I Cor. vi, 20),* et redempti ab inimicis, a diabolo, ab angelis ejus, a filio perditionis, a principibus aeris, a mundi potestatibus, ab inimica morte : et redemit escam dando omni carni. Qui dat escam omni carni, id est, quæ redempta **251** est, dat escam incorruptam et æternam panis vivi, panis cœlestis. Et in his singulis, quod redempti sumus, quod omnis redemptorum caro escam accipit, ea causa est, quoniam in sæculum misericordia ejus. Quod cœlum, quod terra, quod cætera sunt, et ipsum illud quod sumus qui non fuimus, quod erimus quod non sumus, causam aliam non habet, nisi misericordiæ Dei, qui ad consortium bonorum suorum nasci nos voluit ille qui bonus est Dominus noster Jesus Christus. »

Et sanctus Athanasius ad Epictetum : « Propterea quia natura Deus manens Verbum est impassibile, et ipse quidem incorporalis erat in corpore passibili, corpus autem habebat in se Verbum impassibile, destruens infirmitates ipsius corporis. Faciebat autem hoc et fiebat, ita ut nostra ipse suscipiens et offerens in sacrificium destrueret, et suis nos jam operiens, faceret Apostolum dicere, *Oportet corruptibile hoc induere incorruptionem, et mortale hoc induere immortalitatem (I. Cor. xv, 53).* Absit autem, ut figurate ista facta sint, sicut quidam iterum arbitrantur; sed vere homine facto Salvatore, totius hominis facta est salus. » Et item : « Si propter quod est et dicitur in Scripturis ex Maria esse et humanum corpus Salvatoris, putant pro Trinitate quaternitatem dici, quod facta adjectione propter corpus, multum errant facturam coæquantes factori, et suspicantur posse deitatem aliquid adjectionis accipere, et ignorarunt, quia non propter adjectionem deitatis Verbum caro factum est, sed ut caro resurgat : neque ut melioraretur Verbum processit ex Maria, sed ut humanum genus liberaret. »

Gregorius Nazianzenus in libro Apologiæ dicit : « Propterea namque Deus corpori anima mediante comixtus est, ut conjungeret separata, atque in concordiam et pacem discordantia revocaret, in unum se et per se revocans omnia. Ab uno patre

generis nostri prius proditam animam suscepit, propter inobedientem animæ carnem, propter malam obedientiam, pro qua et simul condemnata est, ut sicut in carne et anima fuerat condemnatio, ita et in carne et anima fieret salus. Christus ergo pro Adam, pro eo qui factus est sub peccato, ille qui erat sine peccato introducitur, pro vetere novus, ut hujus passione voluntaria ille qui invitus passus fuerat curaretur : quo scilicet et pro singulis nobis hoc quod supra nos est redderetur. » Item in sermone de Natale Domini : « Hæc est ista solemnitas, hæc est diei hujus magna et gloriosa festivitas. Adventum Domini factum ad homines celebramus, ut nos ad Deum proficiscamur, imo ut revertamur ad Deum. Sic enim rectius dicitur, ut vetere homine deposito, novo induamur, et sicut in Adam omnes mortui sumus, ita in Christo cruci affigamur, et consepeliamur ei in morte, ut cum ipso etiam resurgamus ad vitam (*Rom.* vi, 4). Necesse est enim nos perpeti utilem hanc et necessariam vicissitudinem, ut sicut ex bonis **252** ad tristia devoluti sumus, ita ex tristibus ad meliora reparemur. *Ubi* enim *abundavit peccatum, superabundavit gratia (Rom.* v, 20), ut quos gustus ligni vetitus condemnavit, Christi crux gratia largiore justificet. » Et item in eodem : « Sed quid aiunt nobis in hoc loco calumniosi isti, qui nobis velut severissimi quidam discussores divinitatis procedunt, accusantes ea quæ omni veneratione digna sunt et honore ? tenebrosi etiam in luce, imperiti erga sapientiam, pro quibus Christus gratis mortuus est, creaturæ ingratæ adversus Creatorem suum, figmenta diaboli, exprobrantes Deo beneficia sua. Propterea minor est, quia propter te humilis est ? » Item in sermone de Epiphania : « Nam quoniam inimicus noster artem suam sophisticam vinci non posse præsumpserat, sicut ipse nos spe deceperat Deitatis promissæ dicens : *Eritis sicut dii (Gen.* iii, 5), ita nunc ipse carnis objectione decipitur, et velut hamo esca adoperto, natura Adam carneum cupit vorare, Deum intrinsecus invenit adopertum : et ita novus hic Adam veterem reparat, et condemnatio prioris absolvitur; dum caro pro carne restituitur, et pro morte mors redditur, imo dum per mortem ipse auctor mortis punitur. » Et item in eodem : « Nec confundit te Jesu misericordia, qui infirmitates nostras accepit, et ægritudines nostras portavit (*Isa.* liii, 4), qui non venit vocare justos sed peccatores in pœnitentiam (*Marc.* ii, 17), qui magis misericordiam vult quam sacrificium (*Matth.* ix, 13), qui septuagies septies pœnitenti vult peccata laxari (*Matth.* xviii, 22). » Item in sermone intercessionis pro quodam ad imperatorem : « Ipsum tibi adhibeo Christum, qui semetipsum exinanivit, ut nobis hominibus loqueretur : ipsius impassibilis tibi adhibeo passiones, offero tibi ad intercessionem crucem ejus et clavos, quibus sacrosanctæ confixæ sunt manus, sanguinem quem pro totius mundi salute profudit, sepulturam, resurrectionem, atque ascensionem ejus ad cœlos. Adhibeo tibi istud altare, ad quod communiter omnes accedimus, in quo typum salutis no- A strae hoc ipsomet ore, quo nunc te deprecor, celebramus. Mecum adhibeo ad mitigandum te etiam sacrosancta illa mysteria per quæ virtutibus cœlestibus sociamur. »

Et Sanctus Basilius Cappadocus in sermone de psalmo LIX : « Finis autem dicitur, quod in fine sæculi in consummatione ejus aptatur : propter quod et pro his qui immutabuntur scribi dicitur psalmus, quod est, ut omnia simul dicam, de universo genere humano intelligendum. In omnes etenim debet psalmi intelligentia pervenire. » Et post aliquanta : « Deus ergo, inquit, abjecisti nos (*Psal.* CVII, 12). Quos ? Qui longe nos fecimus ab eo. Interventu ergo peccatorum, et mediis inter nos et Deum intercedentibus iniquitatibus, abjecisse nos dicitur Deus. Ait enim B et alius propheta : *Quia inter vos et Deum peccata separant* (*Isa.* LIX, 2). » Et post pauca : « Moyses quidem Israeliticos postes sanguine agni obsignaverat (*Exod.* XII, 7) : tu vero dedisti nobis signum, ipsum sanguinem veri Agni immaculati, qui oblatus est victima pro totius mundi salute. »

253 Beatus quoque Ambrosius in psalmo CXVIII, ubi dicit, *Misericordia Domini plena est terra*, « Quomodo, inquiens, plena est terra misericordia Domini, nisi per passionem Domini nostri Jesu Christi, quam futuram prævidens, quasi promissam propheta concelebrat? Plena est ergo terra misericordia Domini, quia omnibus data est remissio peccatorum. Super omnes sol oriri jubetur, et hic quidem sol quotidie super omnes oritur (*Matth.* V, 45) : mysticus au- C tem sol ille justitiæ omnibus ortus est, omnibus venit, omnibus passus est, et omnibus resurrexit. Ideo autem passus est, ut tolleret peccatum mundi, Si quis autem non credit in Christum, generali beneficio ipse se fraudavit. Sed quod solis est, prærogativam suam servat : quod imprudentis est, communis a se gratiam lucis excludit. Super omnes pluvia est. » Item ubi dicit, *Principium verborum tuorum veritas* (*Psal.* CXVIII, 160) : « Credo unum Deum esse, non plures deos. Cum autem cœperis legere, Dominum Jesum Dei Filium in carne venisse propter totius mundi redemptionem, distingue sapienter unum Deum Patrem esse, ex quo omnia et nos in illo, et unum Dominum Jesum, per quem omnia et nos per ipsum. » Item ubi exponit *Iniquitatem* D *odio habui* (ibid., 163) : « Qui quotidie advocatus pro nobis est apud Patrem, ut pro quibus in diebus carnis suæ misericordi est compassus affectu, pro his operetur remissionem quotidie peccatorum. Quæ est enim spes alia generi humano, nisi ut omnium viventium delicta donentur ? » Item ubi exponit *Misericordiæ tuæ multæ, Domine* (ibid., 156) : « Et si *longe est*, inquit, *a peccatoribus salus* (ibid., 155), tamen nemo desperet, quia multæ sunt misericordiæ Domini, quia qui suo peccato pereunt, misericordia Domini liberantur. *Miserebor*, inquit, *cujus misertus ero* (*Exod.* XXXIII, 19). Palam apparuit non quærentibus, vocavit refugientes, congre-

gavit ignaros, pro omnibus se obtulit passioni. Non ergo multum misericors ? Misericordia enim hominis in proximum suum, misericordia Domini in omnem carnem, ut omnis caro ad Deum ascenderet illa Domini miseratione donata. Denique qui Susannam absolvit tacentem, se obtulit morti : in illa causa ut nemo desperaret, in hac ut redimendæ universitatis sacrificium non negaret. » Et item : « Quis est autem qui se longe facit a Domino, nisi qui non requirit justitias ejus ? Qui vero justitias exquirit, prope est, adhæret Deo. Et ideo justitias Dei quærentibus dicit Apostolus : *Vos qui eratis longe, facti estis prope in sanguine Christi* (*Ephes.* II, 13). Sanguis Christi justitia est. Denique ipse ait ad Joannem : *Sine nos implere omnem justitiam* (*Matth.* III, 15). » Item ubi exponit, *Retribue servo tuo* (*Psal.* CXVIII, 17) : « Responde, inquit et Christus, Ecce bona est proxima mea (*Cant.* I). Quoniam cognoverat Ecclesia mysterium, et pro totius mundi redemptione crucifixum Dominum Jesum prædicabat, meretur audire : Ecce bona es, quia Dominus Jesus mundum venit salvare, non perdere. Ideoque immemor est injuriæ, memor gratiæ. » Item ubi exponit, *Aufer a me opprobrium et contemptum* (*Psal.* CXVIII, 22). « Adversum me, inquit, **254** detractabant. Ego eorum redemptor adveneram, ego veneram ut omnium peccata mundarem; ut recuperarem amissos, restituerem paradiso sancti Jacob hæreditatem, et illi adversum me detractabant (*Psal.* CXVIII, 58). » Item ubi exponit, *Miserere mei secundum eloquium tuum :* « Justitia, inquit, quæ est crucis, nisi quod ascendens illud patibulum Dominus noster Jesus Christus peccatorum nostrorum chirographum crucifixit (*Col.* II, 14), et totius orbis peccatum suo cruore mundavit? » Et item : « Mala Evæ successio totum hominem devoravit, præclara Christi hæreditas totum hominem liberavit. Non ad unum quidem, non ad paucos, sed ad omnes testamentum suum scripsit Jesus. Omnes scripti hæredes sumus, non pro portione, sed pro universitate. Communis est enim omnium hæreditas universorum, et soliditas singulorum. Novum Testamentum singuli adeunt, et omnes possident, nec minuitur hæredi quidquid a cohæredibus vindicatur. Manet emolumentum integrum, et eo magis singulis crescit, quo pluribus fuerit acquisitum. Hæreditas Christi est resurrectio. Hanc quisquam damnum suum duxerit, quæ in uno communis gratiæ nomen invenit? Christus enim resurgens omnibus resurrexit, quoniam per hominem resurrectio mortuorum. Omnium igitur potest singulorum esse dispendium, quod est totius corporis et humani generis reformatio? » Item cum tractaret de littera Hebræa decima quinta, ait : « Verum quia passio Salvatoris omnes redemit, non absurdum est intelligere ita hos movisse capita sua, sicut prophetabat princeps ille Synagogæ, *Expedit unum hominem mori pro populo* (*Joan.* XVIII, 14). » Item cum tractaret, *Adolescentulus sum ego et contemptus* (*Psal.* CXVIII, 141), ait : « Rex ille durus indignatur, et irascitur diabolus, eo quod ca-

nerent juvenculæ, quia duritiæ filius paucos decepit; A omnibus mortuus est (*II Cor.* v, 14), quoniam
Christus totum mundum redemit. » Item cum tracta- Christus diligens genus humanum, ut eos redimeret
ret, *Tribulatio et angustiæ invenerunt me (Psal.* cxviii, morti se dedit. » Et item (*ibid.*) : « *Ergo omnes*
145) : « Noli iterum peccare, ait, post baptismum. *mertui sunt, et pro omnibus mortuus est.* Quia om-
Omnibus in commune simul mortuus est Christus, et nes necesse est mori causa Adæ, pro omnibus mor-
singulis semel moritur, non frequenter. » Item : tuus est Christus; ut eos a secunda morte liberaret.
« Calix Domini remissio peccatorum est, quo san- Ideoque qui vivunt in corpore, scientes Christum
guis effundetur qui totius redemit peccata mundi. » mortuum esse pro se, sint ei subditi profitentes
Item in tractatu epistolæ ad Romanos (*cap.* 3) : hunc Dominum. Quibus enim prodest mors ejus,
« In hoc enim Christus et vixit, et mortuus est, et testimonium perhibet resurrectionis. » Et item epi-
resurrexit, ut et vivorum dominetur, et mortuorum. stola ad Ephesios (*cap.* 4), *Veritatem autem facien-*
Per Christum Dominum facta est creatura, quæ pro *tes, in charitate augeamus in ipsum omnia qui est*
peccato alienata est, ab auctore facta captiva. Quam *caput Christus (Ephes.* iv, 15), « Hanc dicit esse
Deus Pater, ne opus ejus periret, misso Filio de cœ- veritatem, ut amorem Christi respicientes, quo di-
lis ad terras, docuit quid faciendo manus piratarum lexit nos, et tradidit se pro nobis, omnes subjicia-
effugeret. Propter quod et occidi se passus est ab B mur ei, scientes quia omnium auctor est vitæ, ut
inimicis, ut descendens ad inferos, quia innocens quasi capiti membra subdantur, ut si alii, errore
erat occisus, reum faceret peccatum, ut quos tenebat vel malivolentia, non fatentur omnium caput ha-
apud inferos amitteret. Quoniam ergo vivis ostendit beri Christum, quia ab ipso facta sunt voluntate
viam salutis, ac se obtulit pro eis, mortuos vero li- Patris : nos tamen qui catholicæ fidei adhæremus,
beravit de inferno, tam vivorum quam mortuorum hoc omni devotione et cura agere debemus, ut huic
dominatur. Ex perditis enim iterum reformavit sibi fidei nos damnum, sed lucrum afferamus, persi-
illos in servos. » Et item (*cap. eod.*): « Qui enim in hoc stentes in hac asseveratione, ut comprimantur pravæ
servit Christo, placet Deo, quoniam Christus nos re- mentis colloquia adversus veritatem armata. » Item
demit. Ideo, ait, qui in hoc servit Christo, qua- in epistola ad Timotheum (*cap.* 11), *Qui dedit se-*
re ? **255** Quia ipse misit Christum ut redimeret *metipsum redemptionem pro omnibus (I Tim.* ii, 6).
genus humanum. » Item in epistola ad Corinthios « Quoniam homo jam reconciliatus Deo obnoxius
(*epist.* 1, *c.* 1) : « *Verbum enim crucis pereuntibus* erat morti infernæ, ne ad eum cui reconciliatus
quidem stultitia est (I Cor. 1, 18). Manifestum est fuerat posset ascendere, Salvator ut arbitrium suum
quia quibus crux Christi stultitia est, in perditione ad effectum perduceret, mori se passus est contra
sunt; infernæ enim morti non sunt erepti. *His au-* C jus, ut descendens ad **256** inferos, mortem de im-
tem qui salvi fiunt virtus Dei est (*ibid.*). Non est pietate quam in eo gesserat damnaret, auferens eis
obscurum, quia his qui credunt Dei virtus est. Cre- quos tenebat : ut de cætero quisque signum ejus
dunt enim, non infirmitatem esse crucem Christi, haberet, ab ea teneri non posset. Cujus rei testi-
sed virtutem : intelligentes mortem victam in cruce, monium tempore quo resurrexit ostendit. Destructio
cujus signum qui habent salvi sunt, qui ab illa te- enim mortis resurrectio mortuorum est. » Item idem
neri non possunt. (*Cap.* 6) *Non estis vestri, empti* sanctus Augustinus in libro de Spiritu sancto (*In*
enim estis pretio (I Cor. vi, 19). Manifestum est *proœm. lib.* 1), exponens sententiam libri Judicum
quia qui emptus est, non est sui arbitrii, sed ejus de Gedeon (*Jud.* vi) : « Cum audisset Gedeon, quod
a quo emptus est, ut non suam, sed illius faciat deficientibus licet populorum millibus in uno viro
voluntatem : et quia charo empti sumus, propensius Dominus plebem suam ab hostibus liberaret, obtulit
Deo servire debemus, ne offensus a qua nos redemit hædum caprarum, cujus carnem, secundum præ-
morti nos reddat. Quam enim charissimo pretio nos cepta angeli, et azyma supra petram posuit, et ea
emit, ut sanguinem suum daret pro nobis? » Et jure perfudit. Quæ simul ut virgæ cacumine quam
item (*cap.* 9) : « *Omnis autem qui in agone conten-* gerebat angelus Dei contigit, de petra ignis erupit,
dit, ab omnibus se abstinet (I Cor. ix, 25), ab his D atque ita sacrificium quod offerebatur absumptum
omnibus, quæ vitanda eadem tradit disciplina, cum est. Quo indicio declaratum videtur quod petra illa
sciant unum coronandum : quanto magis observan- typum habuerit corporis Christi, quia scriptum est,
dum nobis est, qui omnibus promissa est ? » Et *Bibebant de consequenti eos petra, petra autem erat*
item (*cap.* 10) : « *Non potestis mensæ Domini com-* *Christus (I Cor.* x, 4). Quod utique non ad divini-
municare et mensæ dæmoniorum. Idcirco enim tatem ejus, sed ad carnem relatum est, quæ si-
Christus crucifixus est, quia dissolvit opera dia- tientia corda populorum perenni rivo sui sanguinis
boli ? Qui ergo facit opera diaboli, Christo repu- inundavit. Jam tunc igitur in mysterio declaratum
gnat. » Et item (*cap.* 11) « *Reus erit corporis et san-* est, quia Dominus Jesus in carne sua totius mundi
guinis Domini (I Cor. xi, 27) Quid est autem reos peccata crucifixus aboleret, nec solum delicta facto-
esse, nisi pœnas dare mortis Domini ? Occisus est rum, sed etiam cupiditates animorum. Caro enim
enim etiam pro his qui beneficium ejus in irritum hædi ad culpam facti refertur, jus ad illecebras cu-
ducunt. » Et iterum (*cap.* 5) : « *Charitas enim* piditatum, sicut scriptum est, *Quia concupivit po-*
Christi urget nos, hoc judicantes, quod si unus pro *pulus cupiditatem pessimam, et dixerunt : Quis nos*

cibabit carne (*Num.* xi) ? Quod igitur extendit angelus virgam, et tetigit petram de qua ignis exivit, ostendit quod caro Domini, Spiritu repleta divino, peccata omnia humanæ conditionis exureret. Unde et Dominus ait : *Ignem veni mittere in terram* (*Luc.* xii, 49). » Et item (*ibid.*) : « Sicut ipse dixisti, Domine, sequentibus te, serpentes et scorpiones possim calcare vestigio (*Luc.* x, 19). Redemisti mundum, redime unius animam peccatoris. Hæc est specialis tua prærogativa pietatis, qua totum mundum in singulis redemisti. » Et in libro Apologiæ David : « Non liquet quod etiam sanctum David, fide nobilem, præstantissimum mansuetudine, manu fortem probare voluerit, quemadmodum vitium tegeret, lapsum emendaret, ut non doceret quemadmodum possimus admissum operire peccatum. Nisi forte vilis causa alicui videtur, ut propter nostram correctionem tantus erraret propheta, cum propter omnium redemptionem infirmitates nostras Christus susceperit, qui peccatum pro nobis factus est, cum peccatum non cognoverit. Nec verisimile creditur, quod David propter posteritatis profectum unius lapsus opprobrium inciderit, cum ipse Dominus pro nobis sit factus opprobrium, sicut ipse ait, *Ego autem sum vermis et non homo, opprobrium hominum et abjectio plebis* (*Psal.* xxi, 7). Et alibi : *Opprobria exprobrantium ceciderunt super me* (*Psal.* lxviii, 10). » Et item : « In figura æreus serpens tanquam confixus est cruci, quia verus crucifigendus generi annuntiabatur humano, qui serpentis diaboli venena vacuaret, in figura maledictus, in veritate autem qui totius mundi maledicta deleret. » Et item : « Convenienter **257** etiam illud adjecit quia non pepercit. Non enim pepercit sibi Christus, ut omnibus subveniret. » Et item in libro de Joseph (*cap.* 7) : « Eme igitur tibi Christum, non eo quod pauci habent, sed eo quod omnes habent. Omnes habent per naturam, pauci offerunt per timorem. Suum est quod a te Christus reposcit. Ipse vitam omnibus dedit, ipse pro omnibus mortem suam obtulit. Solve pro auctore quod soluturus es lege. » Et in libro de Patriarchis (*cap.* 4) : « Ex germine, fili mi, ascendisti, eo quod tanquam frutex terræ in alvo Virginis germinavit, et ut flos boni odoris, ad redemptionem mundi totius maternis visceribus in splendore novæ lucis emissus ascenderit. » Et item (*cap.* 4) : « *Lavabit in vino,* inquit, *stolam suam* (*Gen.* xlix, 11). Bona stola est caro Christi, quæ omnium peccata operuit, omnium delicta suscepit, omnium errores texit. Bona stola quæ universos induit veste jucunditatis. » Et item (*cap.* 11) : « Primogenitus tauri decus ejus, habens cornua unicornui, in quibus gentes ventilabit. Et bene taurus, quasi hostia pro delictis, et totius mundi victima, ut pacificaret omnia. » Et item in libro primo de Pœnitentia (*cap.* 15) : « *Etenim Pascha nostrum immolatus est Christus* (*I Cor.* v, 7), hoc est, passio Domini omnibus præfuit, et peccatoribus donavit redemptionem, quos flagitii pœnituit admissi. » Et item in libro secundo (*cap.* 3) : « Etenim quotiescun-

A que sanguinem Domini sumimus, mortem Domini annuntiamus. Sicut ergo semel pro omnibus immolatus est, ita quotiescunque peccata donantur, corporis ejus sacramentum sumimus, ut per sanguinem ejus fiat peccatorum remissio. » Et item : « Qui lapsu alieno gaudet, diaboli gaudet victoria, et ideo dolere magis debemus, cum audimus perisse hominem, pro quo Christus mortuus est. » Et in libro primo de excessu fratris : « Propterea enim pro omnibus secundum carnem Christus mortuus est, ut nos non solis nobis vivere disceremus. » Et item : in libro secundo : « *Venit enim, ut legimus, Christus salvum facere quod perierat* (*Matth.* xviii, 11). Sed ut non solum vivorum, sed etiam mortuorum dominetur. Lapsus sum in Adam, de paradiso ejectus sum in

B Adam, mortuus sum in Adam, quem revocat, nisi me in Adam invenerit? ut sicut in illo culpæ obnoxium, morti debitum, ita in Christo justificatum. » Et item : « Unius morte mundus redemptus est. Potuit enim Christus noster non mori, si voluisset. Sed neque refugiendam mortem quasi ignavem putavit, neque melius nos quam moriendo servasset. Itaque mors ejus vita est omnium : sicut per hominem mors, ita et per hominem resurrectio mortuorum. Ergo resurrexit homo, quoniam homo mortuus est : resuscitatus homo, sed resuscitans Deus. Tunc secundum carnem homo, nunc per omnia Deus. Nunc enim secundum carnem jam non novimus Christum, sed carnis gratiam tenemus, ut ipsum primitias quiescentium, ipsum primogenitum ex mortuis noverimus.

C Primitiæ utique ejusdem sunt generis atque naturæ, cujus et reliqui fructus, quorum prolixiore proventu primitiva Deo munera deferuntur. Sacrum munus pro omnibus, et quasi **258** reparatæ quædam libamina naturæ. Primitiæ ergo quiescentium Christus, sed utrum suorum quiescentium, qui quasi mortis exsortes dulci quodam sopore teneantur, an omnium mortuorum? Sed sicut in Adam omnes meriuntur, ita in Christo omnes vivificantur. Itaque sicut primitiæ mortis in Adam, ita etiam primitiæ resurrectionis in Christo. Omnes resurgunt, sed nemo desperet, neque justus doleat commune consortium resurgendi, cum præcipuum fructum virtutis exspectet. Omnes quidem resurgunt, sed unusquisque, ut ait Apostolus, in suo ordine (*I Cor.* xv). Communis est divinæ fructus cle-

D mentiæ, sed distinctus ordo meritorum. Dies omnibus lucet, sol omnes populos fovet, et pluvia possessiones. Omnes resurgimus, sed in utroque vel vivendi vel reviviscendi gratia dispar, diversa conditio. In momento enim oculi, in novissima tuba, et mortui resurgent incorrupti, et nos immutabimur (*ibid.*). Quin etiam in ipsa morte quiescunt alii, vivunt alii. Bona quies, sed vita melior. Denique Paulus ad vitam excitat quiescentem dicens : *Surge, qui dormis, et exsurge a mortuis, et illuminabit te Christus (Ephes.* v, 14). Ergo hic excitatur ut vivat, ut similis Pauli sit, ut possit dicere : *Quia nos qui vivimus non præveniemus eos qui dormierunt (I Thess.* iv, 14). Non enim communem hunc vivendi loquitur usum, spi randique commercium, sed meritum resurgendi. Nam **A** sed mollire desiderat. Et ideo eos in Canticis canticum dixisset : *Et mortui qui in Christo sunt resurgent primi*, subjecit, *Deinde et nos qui vivimus simul cum illis rapiemur in nubibus obviam Christo in aera* (*1 Thess.* iv, 15, 16). Utique mortuus est Paulus, et passione venerabili vitam corporis cum immortali gloria commutavit. Non fefellit ergo, qui se viventem scripsit in nubibus obviam Christo esse rapiendum, » et reliqua. Item in eodem : « Advertimus quam grave sit sacrilegium resurrectionem non credere. Si enim non resurgimus, ergo Christus gratis mortuus est, ergo Christus non resurrexit. Si enim nobis non resurrexit, utique non resurrexit qui sibi cur resurgeret non habebat. Resurrexit in eo mundus, resurrexit in eo cœlum, resurrexit in eo terra : **B** erit enim cœlum novum, et terra nova. Sibi autem ubi erat necessaria resurrectio, quem mortis vincula non tenebant? Nam et si secundum hominem mortuus, in ipsis tamen erat liber infernis. Vis scire quam liber? *Factus sum sicut homo sine adjutorio inter mortuos liber* (*Psal.* lxxxvii, 5). » Et post aliquanta : « Sed non solum singulorum, verum etiam universitatis ista mysteria sunt. Adverte enim juxta typum legis ordinem gratiæ. Cum tuba prima cecinerit, Orientales congregat, quasi præcipuos et electos. Cum secunda, supparis meriti qui secundum Libanum siti dereliquerunt ludibria nationum. Cum tertia, eos qui tanquam in mari exagitati istius freto mundi, sæculi hujus fluctibus vacillaverunt. Cum quarta, illos qui dura mentium nequaquam satis potuerint eloquii spiritalis mollire præcepto. Ideo se- **C** cundum Boream vocati sunt. Boreas enim secundum Salomonem durus est ventus. Itaque licet in momento resuscitentur omnes, omnes tamen meritorum ordine **259** suscitantur. Et ideo primi resurgunt, qui maturi devotionis occursu, et quodam antelucanæ fidei exortu prodeuntes, Solis æterni radios receperunt. Quod vel de patriarchis juxta Veteris seriem Testamenti, vel de apostolis juxta Evangelium jure memoraverim. Secundi autem, qui ritum gentium relinquentes, ab errore sacrilego transierunt in Ecclesiæ disciplinam. Et ideo illi primi ex patribus, isti secundi ex gentibus. Ab illis enim lux fidei cœpit, in istis usque ad mundi occasum suscepta durabit. Tertii suscitantur, qui ab Austro et ab Aquilone **D** sunt. His quatuor terra distinguitur, his quatuor annus includitur, his quatuor mundus impletur, his quatuor Ecclesia congregatur. Omnes enim, qui sacrosanctæ Ecclesiæ copulati divini nominis appellatione censentur, prærogativam resurrectionis et delectationis æternæ gratiam consequentur, quoniam venient ab Oriente et Occidente, et ab Aquilone et Austro, et recumbent in regno Dei. Non enim exigua mundum suum Christus luce complectitur, quandoquidem *a summo cœlo egressio ejus, et occursus ejus usque ad summum ejus, nec est qui se abscondat a calore ejus* (*Psal.* xviii, 7). Omnes enim benignus illustrat, nec refutare levem, sed emendare vult : nec excludere durum Ecclesia,

corum Ecclesia, in Evangelio Christus invitat dicens : *Venite ad me, omnes qui laboratis et onerati estis, et ego vos reficiam. Tollite jugum meum super vos, et discite a me quia mitis sum et humilis corde* (*Matth.* xi, 28, 29). » Et item in sermone Apostoli : *Christus nos redemit de maledicto legis* (*Gal.* iii, 13) : « Sanguine, inquit, pretioso redempti estis, non agni utique, sed ejus qui mansuetudine et humilitate tanquam agnus advenit, et totum mundum una sui corporis hostia liberavit, sicut ipse ait : Sicut agnus ductus sum ad immolandum. Unde et Joannes ait : *Ecce agnus Dei, ecce qui tollit peccata mundi* (*Joan.* i, 29). » Et in libro de Incarnatione Domini (*cap.* 6) : Didicistis igitur, quia sacrificium Deo nostro obtulit. Nam quæ erat causa incarnationis, nisi ut caro quæ peccaverat per se redimeretur? Quod peccaverat igitur hoc redemptum est. Non est ergo immolata divinitas Verbi, quia non peccaverat divinitas Verbi. » Et item (*cap.* 7) : « Illud ergo pro nobis suscepit, quod in nobis amplius periclitabatur. Quid autem prodest mihi, si totum me non redemit? Sed totum me redemit, qui ait : *Mihi indignamini quia totum hominem sanum feci in Sabbato* (*Joan.* vii, 23)? Totum redemit, quia in virum perfectum fidelis non ex parte sed totus resurgit. » Sunt hinc et quamplura testimonia in libris istius doctoris, in libro scilicet de Abraham et de Fuga sæculi, de Isaac et Anima, de Jacob et Vita beata, de Bono mortis, et aliis ejus operibus, quæ hic, ne lectori increscerent, quoniam illa in suis locis prævalet invenire, distulimus causa compendii ponere.

Sanctus vero Joannes Chrysostomus in tractatu Epistolæ ad Hebræos ita dicit : « Deinde ostendit, inquiens, quoniam gloria **260** et honor crux est, sicut ipse eam semper vocat dicens : *Ut glorificetur filius hominis* (*Joan.* xi, 14). Si ille ea quæ pro servis passus est gloriam vocat, multo amplius tu quæ pro Domino pateris. Vides crucis fructus quantus sit. Timeo ergo hanc rem? Triste quidem tibi videtur, sed decem millia generat bona. Ostendit etiam ex hoc tentationis utilitatem, ita dicens, qualiter gratia Dei pro omnibus gustaverit mortem. Qualiter, inquit, gratia Dei? Et ille quidem propter Dei gratiam quæ nobis data est hæc passus est. *Qui proprio*, inquit, *Filio non pepercit, sed pro nobis omnibus tradidit illum* (*Rom.* viii, 32). Cujus rei gratia? non enim debebantur hæc nobis, sed gratia hoc fecit. Et iterum dixit : *Multo magis gratia Dei, et donum unius hominis Jesu Christi in multos abundavit* (*Rom.* v, 15); qualiter gratia Dei pro omnibus gustaverit mortem : non pro fidelibus tantum, sed pro mundo universo. Et ipse quidem pro omnibus mortuus est. Quid autem si non omnes credunt? ille quod suum erat implevit. Et proprie dixit : *Pro omnibus gustavit mortem*. Non dixit : Ut moriatur; revera enim sicuti qui gustat, sic breve intervallum in illa faciens confestim surrexit. » Et item : « *Quem constituit hæredem omnium* : hic carnem significat.

Sicut etiam in secundo psalmo dicitur : *Pete a me,* inquit, *dabo tibi gentes hæreditatem tuam.* Non jam portio Domini tantum Jacob, et pars ejus Israel, sed omnes protinus nationes, hoc est, Filium Dominum constituit vniversorum. Sed etiam et in Actibus Petrus loquitur, dicens : *Et Dominum eum, et Christum fecit Deus (Act.* 11, 36). » Et item : « Quoniam itaque talem habemus pontificem, imitemur eum, ejus vestigia consequamur. Non est aliud sacrificium : unum nos purgavit, post istud ignis et gehenna. » Et item : « Mediator igitur factus est noster et Patris, et persuasit illi. Et quid igitur, quomodo mediator factus est ? Sermones detulit et attulit nobis a Patre per transvectores. Addit etiam mortem. In offensione quippe eramus, mori nos oportebat ; mortuus est pro nobis, et fecit nos dignos testamenti. Hoc modo firmum factum est testamentum. Annon dignos jam factos ? In ipso quidem initio utpote Pater in filios testatus est. Sed quia indigni facti sumus, non jam testamento nobis opus erat, sed pœna. Quid igitur gloriaris, inquit, in lege? In tantum peccatum quippe nos constituit, ut salvari non possemus aliquando, nisi Dominus pro nobis moreretur ; nequaquam valeret lex, siquidem est infirma. Et non tantum ex communi consuetudine hoc confirmat, sed etiam ex his quæ in Veteri Testamento contingebant maxime eos introducit. Nullus fuit qui non mortuus est illic. Quomodo ergo firmum est testamentum? Per eumdem ipsum modum , inquit. Quomodo enim illic sanguis, sic etiam hic sanguis. Si autem non erat hic Christi sanguis, non mireris; typus enim erat. *Unde,* dixit, *neque primum sine sanguine dedicatum est.* Quid est, *dedicatum est ?* Firmum factum est, roboratum est. Quod autem dixit, *unde,* tale est, quale si diceret, **261** Propterea oportebat testamenti solemnitatem compleri etiam per mortem. *Nunc autem,* inquit, *semel in consummatione sæculorum ad destructionem peccati per sacrificium suum manifestatus est. Et quemadmodum statutum est hominibus semel mori, post hoc autem judicium.* Deinde dicit : *Et semel mortuus,* quia qua morte redemptio facta est, institutum est, inquit, mori hominibus. Hac ergo semel mortuus est pro omnibus. Quid ergo? Jam non morimur morte illa? Morimur quidem, sed non manemus in illa, quod et jam neque mori est. Mortis enim tyrannis et mors revera illa est, quod nunquam permittitur mortuos ad vitam reverti. Quando vero post mortem vivendum erit, et vita meliori, non est mors illa, sed dormitio. Quoniam ergo omnes retentura erat mors, propterea mortuus est ut nos liberaret. *Sic et Christus,* inquit, *semel oblatus est.* A quo oblatus est? Manifestum quod a semetipso. Hic neque sacerdotem eum dicit solum, sed et victimam et sacrificium per se oblatum. *Semel,* inquit, *oblatus est ad multorum auferenda peccata.* Quare multorum, et non omnium? Quia non omnes crediderunt. Pro omnibus quidem mortuus, hoc est, quantum in ipso est : ejus momenti est illa mors, cujus momenti est omnium perditio; non autem omnium peccata abs-

tulit, propter quod noluerunt. Quid autem est Peccata abstulit? Sicut enim in oblatione sursum offerimus peccata, et dicimus, Sive volentes, sive nolentes, peccavimus, indulge ; hoc est, mentionem eorum facimus primum, et tunc remissionem petimus : sic autem et hic manifestum est. Et ubi hoc fecit Christus? Audi eum dicentem : *Et pro illis sanctifico memetipsum (Joan.* xvii, 19). Ecce obtulit peccata, sumpsit ea ab hominibus, et obtulit ea sursum Patri, non ut aliquid decernat adversus eos, sed ut ea dimittat. *In secundo sine peccato videbitur,* inquit, *exspectantibus se in salutem.* Quid est Sine peccato? veluti non peccat. Non enim debitor mortis mortuus est, neque propter peccatum. Sed quomodo videbitur? Puniens, inquit. Sed non hoc dixit, sed quod festivum et gratum est, *Sine peccato videbitur exspectantibus se in salutem :* ut jam de cætero non opus habeant sacrificio, ut salventur, sed in operibus ipsis hoc faciant. » Et item : « *Ne cui,* inquit, *vestrum desit gratia Dei.* Quid dicit gratiam Dei? bona futura, evangelicam fidem, optimam conversationem. Omnia quippe Dei sunt gratiæ. Nec mihi dicas, quia unus est qui peribit. Etenim Christus propter unum mortuus est. Tu ergo negligis propter quem Christus dignatus est mori? » Item idem in homilia prima de psalmo quinquagesimo : « Quando iterum dicit, *Foderunt manus meas et pedes, dinumeraverunt omnia ossa mea (Psal.* xxi, 17), non utique passiones annuntiat suas, sed crucem Domini, sacrificium orbis terræ, salutem generi humano prædixit. » Item in homilia de proditione Judæ : « Dederunt pretium sanguinis qui pretium non habebat. Quid accepisti, Juda? triginta denarios. Christus gratis advenit sanguinem suum pro communi salute fusurus, **262** et tu de sanguine crudeli peccata componis? » Et item in eadem : « Occisus propositus Christus est, et cur occisus est videamus : ut cœlestia pacificet, ut in terra reconciliet universa, ut amicum te constituat angelorum, ut Deo societ habenti omnium potestatem. » Item in homilia de Cruce : « Ideo non sub tecto passus est, non in templo Judaico, ne Judæi subtraherent sacrificium, et sibimet vindicarent, nec putares pro illa tantum plebe oblatum : ideo foras civitatem, ideo foras muros, ut scias sacrificium esse commune, quod totius terræ oblatio, quod communis deploratio, non partis, sicut Judæis consuetudinis fuit. Judæis etenim ideo jussit Deus omnem terram dimittere, et in uno loco sacrificium atque oblationem celebrare, quia tunc omnis terra immunda fuit, fumo et nidore et aliena contaminatione polluta, quæ ex sacrificiis gentium celebrabantur. Nobis autem, quoniam Christus adveniens omnem terram emundavit, omnis locus orationis vacat. Ideo Paulus cum omni confidentia exhortatur dicens, *Volo ergo orare viros in omni loco levantes sanctas manus (I Tim.* ii, 8). Ecce totus mundus emundatus est, elementa purgata sunt, ut ubique nobis Deum liceat prædicare, et omnis terra sanctior illo loco est, qui illo in tempore prædicabatur Sancta sanctorum. Nam ibi pecus irratio- **A** nabile oblatum, hic spiritale immolatum est : et tanto majus est sacrificium, quanto et sanctitas de sacramento profertur. » Et item idem in eadem : « Et illi quidem dicebant, *Si Filius Dei es, libera te* (*Matth.* xxvii, 49); iste autem omnia sustinebat ut illos liberaret qui crucifixerunt. » Item in homilia tertia de Cruce : « Si quid igitur sustinuit Christus, non propter semetipsum, neque propter Patrem suum, sed ut salvaret per crucem genus humanum. » Et item in eadem : « Videns autem humanum genus a diaboli superari malitia, voluit creaturam suam assumere, et quasi unum hominem indui, et affigere illum cruci, ut sic per lignum crucis universo generi humano salus oriretur. » Et item in homilia de Pentecoste : « Propterea, inquit Christus, homo factus sum, propterea carnem indui, ut orbem universum salvarem. » Et item in homilia de Nativitate Domini : « In terra nascitur homo perfectus, homo totus, ut salvaret totum orbem. » Et in homilia de Nativitate Christi et Joanne Baptista : « Sed memoratus est Christum ipsum solum futurum verum sacerdotem, cui Pater dixerat, *Tu es sacerdos in æternum secundum ordinem Melchisedech* (*Psal.* cix, 4), qui hostiam placabilem pro peccatis omnium solus Deo offert. » Et item in eadem : « Veniebat enim solus sacerdos, qui agno solo proprio immaculato sacrificium Deo pro peccatis omnium offerret. Et ideo demonstravit eum Joannes Judæis, *Ecce agnus Dei, ecce qui tollit peccata mundi* (*Joan.* i, 29). » Item in homilia de Patre et duobus filiis : **C** « Addidit et vitulum saginatum jugulandum convivii exhibitioni, sine dubio Dominum nostrum Jesum Christum, quem dedit Pater in victimam pro salute nostra : quem vitulum nominat propter hostiam **263** corporis immaculati, saginatum autem vere dixit, quia pinguis et opimus est, infantum ut pro totius mundi salute sufficiens sit ad odorem suavitatis et nidorem immolationis ad Deum mittere, et pro omnibus exorare. » Et in libro ad Stelechium de cordis Compunctione : « Hic est affectus servi fidelis, ut beneficia domini sui, quæ communiter omnibus data sunt, quasi soli sibi reputet, et quasi ipse sit omnium debitor, et pro omnibus ipse solus habeatur obnoxiis. Hoc fecit et Paulus, qui mortem Domini et Salvatoris nostri, quæ pro universo expensa est **D** mundo, sibi soli præstitam dicit. Quasi enim de se solo loquens ita scribit : Quod enim nunc vivo in carne, in fide vivo Filii Dei, qui tradidit seipsum pro me. Hæc autem dicebat, non coangustare volens amplissima et per orbem terræ diffusa Christi munera : sed quasi, ut diximus, qui pro omnibus se solum judicaret obnoxium. Et revera quid interest si et aliis præstitit, cum quæ tibi præstita sunt, ita perfecta, quasi nulli alii ex his aliquid fuerit præstitum. Ideo denique et illa boni pastoris parabola non dicit quia venit multas oves requirere, sed unam. Una namque est, quia sic omnibus quasi uni divina beneficia conferuntur. »

A Et Hieronymus in Isaia libro duodecimo, *Et non est absque me Salvator* (*Isa.* xliii, 11). « Ostendit in Patre Filium cuncta salvare, de quo idem propheta testatur, *Et mittet eis Dominus salvatorem qui salvos eos faciet* (*Isa.* xix, 20). » Et item in libro decimo tertio, *Audite me et comedetis bona* (*Isa.* i, 19). « Et non solum bona, sed salutem omnibus nuntiavit, quam ipse præbuit qui dicit Sion, id est Ecclesiæ, *Regnabit Deus tuus* (*Isa.* lxii, 7). » Et item in libro decimo quarto : « Christus cum iniquis reputatus est, ut iniquos redimeret a peccato, et omnibus omnia fieret, ut omnes salvos faceret. » Et item idem in eadem prophetia : « Quia sciebat illis non credentibus credituros esse populos nationum, transit ad gentes, et dicit misisse Filium suum testem vel testimonium **B** cunctarum nationum, qui præcepta illius atque mandata populis nuntiaret, qui de se ipso loquitur, oportet prædicari Evangelium istud in omni orbe, in testimonium cunctis gentibus, de quo apostolus Paulus scribit Timotheo, *Unus mediator Dei et hominum homo Christus Jesus, qui dedit se redemptionem pro omnibus* (*I Tim.* ii, 5). » Et item in eadem prophetia : « Hæc locutus est, Non semper irascor, nec jurgatus indignabor, quia ad hoc percutio ut emendem, ideo occido ut vivificem. Misereor enim creaturæ meæ, et quos ipse condidi in æternum perire non patiar. Cum ergo a me egrediatur spiritus, et flatu atque inspiratione mea cuncta vegetentur et vivant, non est justum perire eos in æternum qui meo flatu ac spiritu sustentantur. » Item in prophetia **C** Osee in libro tertio : « Intantum dilexi eos, et tam clemens pastor fui, ut morbidam ovem humeris meis ipse portarem. Ipse vero ignoraverunt cum mea illos passione curarem, et qui amator sum omnium traherem eos in vinculis charitatis. » Item in eadem **264** prophetia : « *De manu mortis liberabo eos*. Manum mortis appellat opera quibus interficit, juxta illud quod scriptum est, *In manu linguæ mors et vita* (*Prov.* xviii, 21). Liberat autem omnes Dominus, et redemit in passione crucis et effusione sanguinis sui, quando anima ejus descendit ad infernum, et caro ejus non vidit corruptionem, et ad ipsam mortem atque infernum locutus est : *Ero mors tua, o mors* (*Ose.* xiii, 14). Idcirco enim mortuus sum, ut cum mea morte moriaris. *Ero morsus tuus, inferne, qui* **D** *omnes tuis faucibus devorabas.* » Et item : « *De manu mortis liberabo eos*, ut quod tunc figurabatur in parte, nunc sentiatur in toto, et cum omni humano genere Israel liberandus sit et redimendus. » Item ipse in prophetia Jonæ : *Afflictus est Jonas*. « Pulchre autem *dolens*, quod interpretatur *Jonas*, affligitur dolore, et tristis est anima ejus usque ad mortem, quia ne periret quantum in se fuit multa Christus perpessus est. » Item idem in Epistola Pauli ad Galatas : « Igitur et Pater tradidit Filium, et Filius ipse se tradidit, et Judas et sacerdotes cum principibus tradiderunt, et ad extremum traditum sibi tradidit ipse Pilatus. Sed Pater tradidit ut salvaret perditum mundum, Jesus ipse se tradidit, ut

Patris suamque faceret voluntatem. » Item : « Nec **A** hoc ex meo sensu dictum putetis, Scriptura testis est, quia Christus gratia Dei salus, ut in quibusdam exemplaribus legitur, absque Deo pro omnibus mortuus est. Si autem pro omnibus, et pro Moyse, et pro universis prophetis, a quibus nullus potuit delere chirographum vetus, quod adversum nos scriptum erat, et affigere illud cruci (*Col.* II, 14). *Omnes peccaverunt et indigent gloria Dei* (*Rom.* III, 23). » Et in Epistola ad Ephesios : *In quo habemus redemptionem per sanguinem ipsius remissionem peccatorum* (*Ephes.* I, 3). « Ille redimitur qui captus est, et in hostium veniens potestatem liber esse desinit. Ita et nos quidam dicunt in hoc mundo esse captivos, ut et sub principibus et potestatibus jugo servitutis teneri, nec ante vinctas catenis explicare manus, et oculos **B** sursum attollere, nisi Redemptor advenerit. Sed quis iste, aiunt, tantus et talis, qui possit pretio suo totum orbem redimere? Jesus Christus Filius Dei proprium sanguinem dedit, et nos de servitute eripiens libertate donavit. Et revera, si historiis gentilium credimus, quod Codrus, et Curtius, et Decii Mures [*al.*, mures], pestilentias urbium, et fames, et bella suis mortibus represserint, quanto magis hoc in Dei Filio possibile judicandum est, quod cruore suo non urbem unam sed totum purget orbem? » In homilia decima quarta Evangelii secundum Lucam : « Tale fuit et par turturum. Non erant illæ volucres ut istæ quæ per aerem volant, sed divinum quiddam, et humana contemplatione augustius, sub specie columbæ et turturis apparebat : **C** ut non talibus victimis, qualibus omnes homines, ille qui pro toto mundo nascebatur, et pati habebat, coram Domino mundaretur, sed ut dispensatio ejus nova omnia, ita novas quoque habebat hostias secundum voluntatem omnipotentis Dei. »

Et sanctus Augustinus in libro de Correptione et Gratia (*cap.* 16): **265** « Absit ut ista garrientes securos nos in hac negligentia esse debere credamus. Verum est enim quia nemo periit nisi filius perditionis. Sed ait Deus per Ezechielem prophetam : *Ille quidem in suo peccato morietur, sanguinem vero ejus de manu speculatoris requiram* (*Ezech.* XXXIII, 6). Proinde quantum ad nos pertinet, qui prædestinatos a non prædestinatis discernere non valemus, et ob hoc omnes salvos fieri velle debemus, omnibus ne pereant, vel ne **D** alios perdant, adhibenda est a nobis medicinaliter severa correptio. Dei est autem illis eam facere utilem, quos ille præscivit et prædestinavit conformes imaginis Filii sui. Dicit enim Apostolus : *Peccantes coram omnibus corripe, ut cæteri timorem habeant* (*I Tim.* V, 20) : quod de his peccatis accipiendum est quæ non latent, ne contra Domini sententiam putetur locutus. Ille enim dicit : *Si peccaverit in te frater tuus, corripe eum inter te et ipsum* (*Matth.* XVIII, 15). Verumtamen et ipse severitatem correptionis eousque perducit ut dicat : *Si nec Ecclesiam audierit, sit tibi sicut ethnicus et publicanus* (*Matth.* XVIII, 17). Et quis magis dilexit infirmos, quam ille qui pro omni-

bus est factus infirmus, et pro omnibus ex ipsa est infirmitate crucifixus ? Quæ cum ita sint, nec gratia prohibet correptionem, nec correptio negat gratiam : et ideo sic est præcipienda justitia, ut a Deo gratia qua id quod præcipitur fiat fideli oratione poscatur. Et hoc utrumque ita faciendum est, ut neque justa correptio negligatur, omnia vero hæc cum charitate fiant, quoniam nec charitas facit peccatum, et cooperit multitudinem peccatorum. » Et item sanctus Augustinus in vigesimo libro de Civitate Dei, titulo 6 ex sermone Apostoli (*cap.* 6) : *Pro omnibus mortuus est* (*II Cor.* V, 14) : « Omnibus, inquit, bonum est audire vocem Filii Dei et vivere. Ad vitam pietatis ex impietatis morte transeundum. De qua morte ait Apostolus : *Ergo omnes mortui sunt, et pro omnibus mortuus est, ut et qui vivunt jam non sibi vivant, sed ei qui pro ipsis mortuus est, et resurrexit* (*II Cor.* V, 15). Omnes itaque mortui sunt in peccatis, nemine prorsus excepto, sive originalibus, sive etiam voluntate additis, vel ignorando, vel sciendo, nec faciendo quod justum est : et pro omnibus mortuis vivus mortuus est unus, id est nullum habens omnino peccatum : ut qui per remissionem peccatorum vivunt, jam non sibi vivant, sed ei qui pro omnibus mortuus est propter peccata nostra, et resurrexit propter justificationem nostram. » Et item in libro quarto de Trinitate (*cap.* 13) : « Christus occisus est innocens, ut diabolum jure æquissimo superaret, et a captivitate propter peccatum justa suo justo sanguine injuste fuso mortis chirographum et justificandos redimeret peccatores. Hinc etiam diabolus adhuc suos illudit, quibus se per sua sacra veluti purgandis, et potius applicandis atque mergendis, falsus mediator opponit, quod superbis facillime persuadet, irridere atque contemnere mortem Christi, a qua ipse quantum est alienior, tanto ab eis creditur sanctior atque divinior. Qui tamen apud eum paucissimi remanserunt, agnoscentibus gentibus, et pia humilitate bibentibus pretium suum, ejusque fiducia deserentibus **266** hostem suum, et concurrentibus ad Redemptorem suum. » Et in sermone centesimo vigesimo Evangelii Joannis : « Omnes quippe facit suas oves, pro quibus est omnibus passus : quia ut ipse pro omnibus pateretur ovis est factus. » Et item sanctus Augustinus in psalmo quadragesimo tertio : « Nam et crux ipsa et pro ipsis persequentibus facta est : inde sunt postea sanati, qui in eum crediderunt quem ipsi occiderunt. » Et in psalmo quadragesimo quinto : « *Compuncti*, inquit, *corde dixerunt : Quid faciemus* (*Act.* II, 37)? Tanquam magna desperatione. Ille tantus est quem nos occidimus, nos ubi erimus? Et Petrus : *Agite pœnitentiam, et baptizetur unusquisque vestrum in nomine Jesu Christi, et dimittuntur vobis peccata vestra* (*Act.* II, 38). Nihil enim hoc peccato gravius cogitare potuerunt. Quod gravius peccatum ægri, quam medici interfectio ? Quid gravius potest æger facere, quam si medicum suum occidat? Cum hoc dimittitur, quid non dimittitur? Ab illo ergo cui dictum est : *Refugium et virtus*, acceperunt magnam securitatem; *baptizetur unusquisque ve-strum in nomine Domini Jesu Christi.* In illius no-mine quem occidistis baptizamini, et dimittuntur vobis peccata vestra. Medicum vel postea cognovi-stis : jam securi bibite sanguinem quem fudistis. » Et item in psalmo XLVI : « *Omnes gentes, plaudite manibus,* quoniam rex omnis terræ Deus. Non illi sufficit unam gentem habere sub se : ideo tantum pretium ex latere dedit, ut emeret orbem terrarum. » Item in psalmo XLIX : « Qui terram vocavit, et totam terram vocavit; qui terram vocavit, tantam vocavit quantam fabricavit. Quid mihi exsurgunt pseudo-christi et pseudoprophetæ? Quid est quod me verbis captiosis illaqueare moliuntur dicentes : Ecce hic est Christus, ecce illic? Non audio ostendentes partes. Deus Deorum totum mihi ostendit, qui vocavit ter-ram a solis ortu usque ad occasum, totum redemit, partes autem calumniantes condemnavit. » Item san-ctus Augustinus in libro de Correptione et Gratia (*cap.* 11) : « Unigenitus Dei Filius, æqualis Patri et coæternus, pro hominibus homo factus, et sine suo ullo vel originali vel proprio peccato, ab hominibus peccatoribus crucifixus : qui, quamvis die tertio re-surrexit nunquam moriturus ulterius, pertulit tamen pro mortalibus mortem, qui mortuus præstitit vitam, ut redempti ejus sanguine, tanto ac tali pignore ac-cepto dicerent : *Si Deus pro nobis, quis contra nos ? Qui proprio Filio non pepercit, sed pro nobis omnibus tradidit eum* (*Rom.* VIII, 31, 32). » Et in libro sexto contra Julianum (*cap.* 1) : « Tu dicis etiam pro pec-catoribus mortuum Christum, ego dico non nisi pro peccatoribus mortuum, ita ut respondere co-garis, si nullo peccato parvuli obstricti sunt, non esse pro parvulis mortuum. Dicit enim Apostolus ad Corinthios : *Quoniam si unus pro omnibus mortuus est, ergo omnes mortui sunt, et pro om-nibus mortuus est* (*II Cor.* v, 14). Nullo modo hic negare permitteris, non nisi pro his qui mortui sunt mortuum fuisse Jesum. Quos igitur hoc loco intelligis mortuos ? nunquid eos qui de corpore exierunt? quis ita desipiat ut hoc sapiat? Eo mo-do **267** itaque intelligimus mortuos, pro quibus omnibus unus mortuus est Christus quomodo alibi dicit : *Et vos cum essetis mortui in delictis, et præpu-tio carnis vestræ, vivificavit cum illo* (*Col.* II, 13). Ac per hoc unus, inquit, pro omnibus mortuus est, ergo omnes mortui sunt, ostendens fieri non potuisse ut moreretur nisi pro mortuis. Ex hoc enim pro-bavit omnes mortuos esse, quia pro omnibus mortuis mortuus est unus. Impingo, inculco, infarcio recusanti. Accipe, salubre est, nolo moriaris, unus pro omnibus mortuus est, ergo omnes mortui sunt. Vide quia conse-quens esse voluit, ut intelligantur omnes mortui, si pro omnibus mortuus est. Quia ergo non in corpore, restat ut in peccato esse mortuos omnes, si pro om-nibus Christus mortuus est, nemo neget, nemo du-bitet, qui se non negat aut dubitat esse Christianum. » Et item in eodem libro (*cap.* 11) : « Unus pro omni-bus mortuus est, ergo omnes mortui sunt. Quo cor-

de, quo ore, qua fronte parvulos mortuos ne pro quibus Christum mortuum non negatis? Si non est pro eis mortuus Christus, ut quid baptizantur ? Quicunque enim baptizati sumus in Christo Jesu, in morte ipsius baptizati sumus. Si autem etiam pro eis mortuus est qui unus pro omnibus mortuus est, ergo omnes mortui sunt, et isti cum omnibus, et quia in peccato mortui sunt, moriuntur et peccato, ut vivant Deo quando renascuntur ex Deo. Quod si explicare non possum quomodo vivus generet mortuum, mortuus enim peccato parens et vivens Deo, generat tamen in peccato mortuum, nisi et ipse peccato regeneratione moriatur et vivat Deo, nunquid ideo falsum est, quia explicari verbis non potest, vel difficillime potest? Tu nega, si audes, natum mortuum, pro quo Christum non negas mor-tuum. *Unus,* enim, *pro omnibus mortuus est, ergo omnes mortui sunt* (*II Cor.* v, 14). Verba sunt apo-stolica, sed arma sunt nostra. Quibus tamen si re-pugnare nolis, intelligis quod sine dubitatione cre-dendum est, etiamsi non intelligas (*cap.* 3). Audie-bamus a majoribus nostris, qui se id nosse ac vidisse dicebant, Fundanium Carthaginis rhetorem, cum ipse accidenti vitio luscus esset, luscum filium pro-creasse. Quo exemplo evertitur illa tua sententia, qua dicis naturalia per accidens non converti. Acci-dens quippe fuit in patre quod factum est in filio naturale. Illam vero alteram, qua dicitis parentes in filios ea quæ non habent ipsi non posse transfundere, alius Fundanii filius, quod maxime usitatum est, cum duobus oculis de lusco natus evertit, et innu-merabiles qui nascuntur oculati de parentibus cæcis. Transmittendo quippe in eos quos gignunt quod ipsi non habent, vos potius quam suos filios sibi similes esse demonstrant, qui tam fuistis in vestris defini-tionibus cæci. » Et item in eodem libro (*cap. eod.*) : Quæ sint enim ex parentibus, vel utrum sint etiam alia contagia peccatorum, liberum nobis est quæ-rere, sive sit facile, sive difficile, sive impossibile reperire : per unum tamen hominem in hunc mun-dum intrasse peccatum, et per peccatum mortem, **268** et ita in omnes homines pertransisse, in quo omnes peccaverunt, aliter nobis fas esse non exi-stimemus accipere, nisi ut omnes mortuos esse cre-damus in primi hominis peccato, pro quibus mor-tuus est Christus, et omnes mori peccato quicunque baptizantur in Christo. » Et item in eodem (*cap.* 4) : « Nam si vos sententiam rectam in vestrum tortum sensum torquere nolletis, audiretis Apostolum hoc breviter explicantem, qui unum dixit fuisse, in quo omnes peccaverunt. In illo uno mortui sunt omnes, ut moreretur alius unus pro omnibus. Unus enim pro omnibus mortuus est, ergo omnes mortui sunt, pro quibus Christus mortuus est. Audisne, Juliane? Hæc Apostoli verba, non mea sunt. Quid a me quæ-ris quo sit factum modo, cum videas factum esse quocunque modo? si Apostolo credis aliquomodo, qui de Christo et de his pro quibus mortuus est Christus mentiri potuit nullo modo. » Et item (*cap.*

eod.). « Merito ergo intelliguntur mortui qui non habent vitam, pro quibus Christus est mortuus. Unus enim pro omnibus mortuus est, ergo omnes mortui sunt. Ideo autem mortuus est, sicut legitur ad Hebræos, *Ut per mortem evacuaret eum qui potestatem habebat mortis,* id est diabolum. » Et item (*cap.* 5) : « Propter hoc, inquam, vinculum mortis mortui reperiuntur infantes : non ista morte notissima, quæ a corpore animam separat, sed ea morte qua tenebantur omnes, pro quibus mortuus est Christus. Scimus enim, ait Apostolus, quod a nobis sæpissime repetendum est, quoniam *Unus pro omnibus mortuus est, ergo omnes mortui sunt, et pro omnibus mortuus est Christus, ut qui vivunt jam non sibi vivant, sed ei qui pro omnibus mortuus est et resurrexit* (*II Cor.* v, 14). Illi ergo vivunt, pro quibus ut vivant mortuus est qui vivebat. Quod apertius ita dicitur, Illi sunt a mortis vinculis liberi, pro quibus mortuus est inter mortuos liber : vel sic multo apertius, Illi sunt liberati a peccato, pro quibus mortuus est qui nunquam fuerat in peccato ; et cum semel sit mortuus, tamen pro unoquoque tunc moritur, quando in ejus morte quantælibet ætatis fuerit baptizatur, id est, tunc ei proderit mors ejus qui fuit sine peccato, quando in ejus morte baptizatur, si mortuus fuerit etiam ipse peccato, qui mortuus fuerat in peccato. » Et item : « A morte quippe justissimæ damnationis per unum mediatorem Dei et hominum liberatur genus humanum, non a morte corporis tantum, sed a morte qua mortui sunt, pro quibus unus mortuus est, ergo omnes mortui sunt. » Et in libro primo (*cap.* 11) : « Postremo sanctus Joannes dicit, quem tu honorabiliter commemorasti, quem tu sicut sanctum eruditumque laudasti, quem tu testimonium et gloriam de consortio veritatis suscepisse dixisti, etiam ipse dicit, Adam sic peccasse illud grave peccatum, ut omne genus humanum in commune damnaret. » Et post pauca : « Dicit Judæum negantem virtute unius Christi mundum posse salvari. » Item in libro tertio (*cap.* 12) : « Quis autem Christianus ignoret quod ille, qui primum hominem **269** fecit ex pulvere, omnes fabricetur ex semine? Sed ex semine jam viliato atque damnato, qui partim per veritatem remaneat in supplicio, partim per misericordiam liberetur a malo. Non igitur, ut putas atque concludis, ullis laqueis tuis peccati naturalis suffocatur assertio. Depravatam quippe primi transgressoris voluntate naturam, non tua defensio verbis inanibus purgat per novitium dogma vestrum, sed gratia Dei per Jesum Christum Dominum nostrum. » Et item in libro sexto (*cap.* 14) : « *Unus enim pro omnibus mortuus est, ergo omnes mortui sunt, et pro omnibus mortuus est.* Nec aliqui poterunt vivere pro quibus non est mortuus, quia pro mortuis vivus est mortuus. Hæc negans, his repugnans, ista convellere moliens, catholicæ fidei munimenta ipsosque nervos disrumpere Christianæ religionis, veræ pietatis, audes insuper dicere quod contra impios bella sus-

ceperis, cum adversum matrem, quæ te spiritualiter peperit, armis impietatis induaris. » Et in libro quarto de Doctrina Christiana (*cap.* 21), sanctus quoque Ambrosius, cum agat rem magnam de Spiritu sancto, ut eum Patri et Filio demonstret æqualem, submisso tamen dicendi genere utitur, quoniam res suscepta, non ornamenta verborum, aut ad flectendos animos commotiones affectuum, sed rerum documenta desiderat. Ergo inter cætera in principio hujus operis, ait : « Commotus oraculo Gedeon (*Jud.* vi, 21), cum audisset quod deficientibus licet populorum millibus, in uno viro Dominus plebem suam ab hostibus liberaret, obtulit hædum caprarum, cujus carnem, secundum angeli præcepta, et azyma supra petram posuit, et ea jure perfudit : quæ simul ut virgæ cacumine, quam gerebat angelus Dei, contigit, de petra ignis erupit, atque ita sacrificium quod offerebatur absumptum est. Quo indicio declaratum videtur quod petra illa typum habuerit corporis Christi, quia scriptum est : *Bibebant de consequente eos petra, petra autem erat Christus* (*I Cor.* vii, 10). Quod utique non ad divinitatem ejus, sed ad carnem relatum est, quæ sitientium corda populorum perenni rivo sui sanguinis inundavit. Jam tunc igitur in mysterio declaratum est, quia Dominus Jesus in carne sua totius mundi peccata crucifixus aboleret : nec solum delicta factorum, sed etiam cupiditates animorum. Caro enim hædi ad culpam facti refertur, jus ad illecebras cupiditatum, sicut scriptum est, *Quia concupivit populus cupiditatem pessimam, et dixerunt, Quis nos cibabit carne* (*Num.* xi, 18)? Quod igitur extendit angelus virgam, et tetigit petram, de qua ignis exiit, ostendit quod caro Domini, spiritu repleta divino, peccata omnia humanæ conditionis exureret. Unde et Dominus ait, *Ignem veni mittere terram* (*Luc.* xii, 49), et cætera. »

Sanctus nihilominus Prosper in libro primo de Vocatione gentium dicit (*cap.* 19): « *Et tu,* inquit, *puer, propheta Altissimi vocaberis : præibis enim ante faciem Domini parare vias ejus ; ad dandam scientiam salutis populo ejus in remissionem peccatorum ipsorum : propter viscera misericordiæ Domini, in quibus visitavit nos oriens ex alto, lucere his qui in tenebris* **270** *et in umbra mortis sedent, ad dirigendos pedes nostros in viam pacis* (*Luc.* i, 76 *et seqq.*) (*cap.* 20) Hæc autem viscera misericordiæ Dominus, non ad unius tantum populi redemptionem, sed ad omnium nationum impendit salutem. Dicit Evangelista, quia *Jesus moriturus erat pro gente, non tantum pro gente, sed etiam ut filios Dei dispersos congregaret in unum* (*Joan.* xi, 51, 52). Hoc enim ait illa vox Domini, quæ per quamdam pietatis tubam toto terrarum orbe sonantem omnes homines invitat et convenit. Nam cum dixisset, *Confiteor tibi, Pater, Domine cœli et terræ, quia abscondisti hæc a sapientibus et prudentibus, et revelasti ea parvulis. Ita, Pater, quoniam sic beneplacitum est ante te,* addidit : *Omnia mihi tradita sunt a Patre meo, et nemo novit Filium, nisi Pater; neque Patrem quis novit, nisi Filius et cui voluerit Fi-*

lius revelare; ac deinde adjecit, *Venite ad me, omnes qui laboratis et onerati estis, et ego reficiam vos. Tollite jugum meum super vos, et discite a me quia mitis sum et humilis corde, et invenietis requiem animabus vestris : jugum enim meum suave est, et onus meum leve* (*Matth.* XI, 25-29). Joannes vero Baptista in Evangelio Joannis prophetico spiritu protestatur dicens : *Qui de cœlo venit super omnes est, et quod vidit et audivit hoc testatur, et testimonium ejus nemo accipit, qui accipit testimonium ejus signavit quoniam Deus verax est* (*Joan.* III, 31-33). Igitur quantum attinet ad humani generis cæcitatem, longa ignorantiæ et superbiæ nocte contractam, venit in mundum Creator mundi, *et mundus eum non cognovit* (*Joan.* I, 10). *Lux lucet in tenebris et tenebræ eam non comprehenderunt* (*ibid.*, 5). Qui super omnes est quod vidit et audivit testatur, et testimonium ejus nemo accipit. Sed quia non frustra Deus Dei Filius venit in mundum, et dedit semetipsum pro omnibus, et post mortuus est, *non tantum pro gente, sed etiam ut filios Dei dispersos congregaret in unum* et universis dicit, *Venite ad me, omnes qui laboratis et onerati estis*, et, servato sibi incognoscibilis arbitrio electionis, dat sui Patris notitiam quibus eam voluerit revelare : omnes filii lucis, filii promissionis, filii Abrahæ, filii Dei, genus electum, regale sacerdotium, viri Israelitæ præcogniti et præordinati ad regnum Dei, qui eos vocavit non solum ex Judæis, sed etiam ex gentibus (*Rom.* IX, 24), testimonium ejus qui de cœlo venit accipiunt, signantes quia Deus verax est, id est, expresse significantes in sui salvatione, quoniam Deus verax est, implens et perficiens quod promisit Abrahæ omnium gentium patri, qui pollicente Deo quod hæres futurus esset mundi , *non hæsitavit diffidentia, sed confortatus est fide, dans gloriam Deo, et plenissime sciens, quoniam quod promisit potens est et facere* (*Rom.* IV, 20). Quis autem tam alienus est a fide Abrahæ, tam degener ab universarum gentium patre, qui promissionem aut non impleri, aut ab alio præter eum qui promisit dicat impleri? Ille quidem erit mendax, Deus autem verax et omnis qui accipit testimonium ejus hoc signat, hoc indicat, quod per lucem illuminantem factus est videns, factus est obediens, factus intelligens, sicut Joannes evangelista testatur dicens : *Scimus quia mundus totus in maligno positus est, et scimus quia Filius* **271** *Dei venit, et dedit nobis sensum ut cognoscamus verum Deum, et simus in vero filio ejus* (*I Joan.* V, 19). (*Cap.* 21.) Si vero quæritur cur Salvator omnium hominum non omnibus dederit unum sensum, ut cognoscerent verum Deum, et essent, id est, permanerent in vero Filio; quamvis credamus nullis hominibus opem gratiæ in totum fuisse subtractam, tamen ita forte hoc velatum sit, sicut illud absconditum est, cur, omnibus gentibus prætermissis, unum sibi populum, quem ad veritatis cognitionem erudiret, exceperit. De quo judicio Dei si non est conquirendum, multo minus de hoc quod cum electione omnium gentium geritur murmurandum

est. Quæ enim Deus occulta esse voluit, non sunt scrutanda : quæ autem manifesta fecit, non sunt neganda. » Et item (*cap.* eod.) : « Cum utique contra hostem non expedit sine protectore confligere : cum illo enim habet certamen, a quo aliquando superatus est. Non ergo fidat viribus suis, quæ etiam cum essent integræ non steterunt, sed per illum quærat vindictam, qui solus non est victus et omnibus vicit : et si quærit, non dubitet quærendi affectum ab illo se accepisse quem quærit, nec quia Spiritu Dei agitur, ideo se putet liberum arbitrium non habere, quod ne tunc quidem perdidit quando diaboli voluntati se dedit, a quo judicium voluntatis depravatum est, non ablatum. » Et item in secundo libro (*cap.* 16) : « Nulla igitur ratio dubitandi est. Jesum Christum Dominum nostrum pro impiis et peccatoribus mortuum, a quorum numero si aliquis liber inventus est, non est pro omnibus mortuus Christus. Sed prorsus pro omnibus mortuus est. Nemo igitur omnium hominum, ante reconciliationem quæ per Christi sanguinem facta est, non aut peccator aut impius fuit, dicente Apostolo : *Si enim Christus, cum adhuc infirmi essemus, juxta tempus pro impiis mortuus est, vix enim pro justo quis moritur : nam pro bono forsitan quis audeat mori* (*Rom.* V, 6, 7), ut et qui vivunt jam non sibi vivant, sed ei qui pro ipsis mortuus est. *Commendat autem suam charitatem Deus in nobis, quoniam si cum adhuc peccatores essemus Christus pro nobis mortuus est, multo magis justificati in sanguine ipsius salvi erimus ab ira per ipsum. Si enim cum inimici essemus, reconciliati sumus Deo per mortem Filii ejus, multo magis salvi erimus in vita ipsius* (*ibid.*, 8-10). Idem autem Apostolus in secunda ad Corinthios ait : *Charitas enim Christi urget nos, judicantes hoc, quoniam si unus pro omnibus mortuus est, ergo omnes mortui sunt, et pro omnibus mortuus est, et resurrexit* (*II Cor.* V, 14). De seipso vero quid pronuntiet audiamus : *Fidelis, inquit, sermo, et omni acceptione dignus, quia Christus Jesus venit in hunc mundum peccatores salvos facere, quorum primus ego sum. Sed ideo misericordiam consecutus sum, ut in me primo ostenderet Christus Jesus omnem patientiam, ad informationem eorum qui credituri sunt illi in vitam æternam* (*I Tim.* I, 15 *et seqq.*). Sive ergo circumcisio, sive præputium, peccato universaliter concludebatur, unusque omnes reatus obstrinxerat, et inter magis minusque impios nemo erat qui posset absque Christi redemptione salvari. Quæ redemptio universo **272** sese intulit mundo, et omnibus hominibus indifferenter innotuit. » Et contra Gallos objectione nona : « Nullus omnino est ex omnibus hominibus, cujus natura in Christo Domino suscepta non fuerit , quamvis ille natus sit in similitudinem carnis peccati , omnis autem homo nascatur in carne peccati. Deus ergo Dei Filius mortalitatis humanæ particeps factus absque peccato, hoc peccatoribus et mortalibus contulit, ut qui nativitatis ejus consortes fuissent, vinculum peccati et mortis evaderent. Sicut itaque non sufficit hominum renova- A tioni natum esse hominem Jesum Christum, nisi in ipso eodem de quo ipse ortus est spiritu renascantur, sic non sufficit hominum redemptioni crucifixum esse Dominum Jesum Christum, nisi commoriantur et consepeliantur in baptismo. Alioqui nato Salvatore in carne substantiæ nostræ, et crucifixo pro omnibus nobis, non fuerat necessarium ut renasceremur, et similitudini mortis ejus complantaremur. Sed cum sine hoc sacramento nemo hominum consequatur vitam æternam, non est salvatus cruce Christi, qui non est crucifixus in Christo : non est autem crucifixus in Christo, qui non est membrum corporis Christi : nec est membrum corporis Christi, qui non per aquam et Spiritum sanctum induit Christum, qui ideo in infirmitate nostra B communionem subiit mortis, ut nos in virtute ejus haberemus consortium resurrectionis. Cum itaque rectissime dicatur Salvator pro totius mundi redemptione crucifixus, propter veram humanæ naturæ susceptionem, et propter communem in primo homine omnium perditionem, potest tamen dici pro his tantum crucifixus, quibus mors ipsius profuit. Dixit enim Evangelista quia *Jesus moriturus erat pro gente, non tantum pro gente, sed etiam ut filios Dei dispersos congregaret in unum* (Joan. XI, 51, 52). *In sua enim venit, et sui eum non receperunt : quotquot autem receperunt eum, dedit eis potestatem filios Dei fieri, qui non ex sanguinibus, neque ex voluntate carnis, neque ex voluntate viri, sed ex Deo nati sunt* (Joan. I, 11, 13). Diversa ergo ab istis sors eorum C est, qui inter illos censentur, de quibus dicitur : *Lux lucet in tenebris, et tenebræ eam non comprehenderunt* (ibid., 5), ut possit secundum hoc dici, Redemptor mundi dedit pro mundo sanguinem suum, et mundus redimi noluit, quia lucem tenebræ non receperunt, et tenebræ receperunt, quibus dicit Apostolus : *Fuistis aliquando tenebræ, nunc autem lux in Domino* (Ephes. V, 8). Ipse vero Dominus Jesus, qui dixit se venisse quærere et salvare quod perierat : *Non veni,* inquit, *nisi ad oves quæ perierant domus Israel* (Matth. X, 6). Sed quæ sint istæ oves domus Israel, apostolus Paulus exponat dicens : *Non omnes qui ex Israel, hi sunt Israelitæ : neque quia sunt semen Abrahæ omnes filii, sed, In Isaac* D *vocabitur tibi semen* (Gen. XXI, 12), id est, non qui filii carnis, hi filii Dei; sed qui filii promissionis æstimantur in semine (Rom. IX, 6, 8). In istis ergo sunt illi, de quibus dictum supra memoravimus, quia *Jesus moriturus erat pro gente, non tantum pro gente, sed etiam ut filios Dei dispersos congregaret in unum :* quia non solum ex Judæis, sed etiam ex **273** gentibus, per eum qui vocat quæ non sunt tanquam quæ sunt, et qui dispersos Israel congregat, filii Dei, filii promissionis, in unam Ecclesiam congregantur, ut impleatur quod promissum est Abrahæ, cui dictum est quod in semine ejus benedicendæ essent omnes tribus terræ (Gen. XII, 3). » Et in objectione prima contra Vincentianos : « Contra

vulnus originalis peccati, quo in Adam omnium hominum corrupta et mortificata natura est, et unde omnium concupiscentiarum morbus inolevit, verum et potens ac singulare remedium mors Filii De domini nostri Jesu Christi, qui liber a mortis debito, et solus absque peccato, pro peccatoribus et debitoribus mortis est mortuus. Quod ergo ad magnitudinem et potentiam pretii, et quod ad unam pertinet causam generis humani, sanguis Christi redemptio est totius mundi. Sed qui hoc sæculum sine fide Christi, et sine regenerationis sacramento pertranseunt, a redemptione alieni sunt. Cum itaque, propter unam omnium naturam a Domino nostro in veritate susceptam, recte omnes dicantur redempti, tamen non omnes a captivitate sint eruti, redemptionis proprietas haud dubie penes illos est, de quibus princeps mundi missus est foras, et jam non vasa diaboli, sed membra sunt Christi. Cujus mors non ita impensa est humano generi, ut ad redemptionem ejus etiam qui regenerandi non erant pertinerent : sed ita ut quod per unum exemplum gestum est pro universis, per singulare sacramentum celebraretur in singulis. Poculum quippe immortalitatis, quod confectum est de infirmitate nostra et virtute divina, habet quidem in se ut omnibus prosit, sed si non bibitur, non medetur. »

Et sanctus Cyrillus in epistola synodica ad Nestorium dicit (concil. Ephes. part. I, c. 26). « Confitemur etiam, inquiens, quod idem ipse, qui ex Deo Patre natus est, Filius unigenitus Deus, licet juxta naturam suam expers passionis exstiterit, pro nobis tamen secundum Scripturas carnem perpessus sit, et erat in crucifixo corpore propriæ carnis impassibiliter ad se referens passionem. Gratia vero Dei pro omnibus gustavit mortem, tradens et proprium corpus, quamvis naturaliter ipse vita sit et resurrectio mortuorum. Nam ut mortem ineffabili potentia proculcaret, et sua carne primogenitus ex mortuis fieret, et primitiæ dormientium viam faceret, humanæ naturæ ad incorruptionis recursum, gratia Dei, sicut supra dictum est, pro omnibus gustavit mortem, et tertia die resurgens exspoliavit infernum. » Item in epistola ad presbyteros et diaconos, Patres monachorum, et ad eos qui solitariam vitam adepti in Dei fide consistunt, ad locum (ibid., cap. 2) : « Sufficit vero, ut arbitror, ad fidem etiam sanctissimus Paulus, qui testatur dicens : *Quid ergo dicemus? Si Deus pro nobis, quis contra nos? Qui proprio Filio non pepercit, sed pro nobis omnibus tradidit eum, quomodo non etiam cum ipso omnia nobis donavit* (Rom. VIII, 31, 32)? Proinde dic mihi, quomodo intelligatur Dei proprius Filius qui ex sancta Virgine? Sicut enim proprium **274** hominis, nec non et uniuscujusque aliorum animalium, quod ex eo secundum naturam generatur, ita proprium Dei quod ex substantia ejus est intelligitur atque dicitur. Quomodo ergo proprius Dei Filius nominatus est Christus? Qui ergo traditus est a Deo et Patre causa omnium salutis et vitæ, traditus est propter peccata nostra, » et reliqua. Et item in eadem : « Sic etiam posuit pro nobis animam suam : quia enim erat mors ejus mundo salutaris, sustinuit crucem. » Et item : « Et unus omnium compensatione dignus mortuus pro omnibus, ut redimeret proprio sanguine quidquid sub cœlo est, et offerret Deo et Patri eos qui in omni terra consistunt. » Et item : « Unus ergo omnium dignior suam pro omnibus animam posuit. » Et item : « Sicut enim dicit in Adam, quin mors, ita cecidit et in Christo : ascendenti quoque propter nos et pro nobis ad Patrem et Deum qui in cœlis est, ut eis qui in terra sunt adibile demonstraret cœlum. »

Magnus autem Leo, tantæ scilicet sedis Romanœ non impar, in epistola ad Leonem Augustum dicit (*epist. cap.* 11) : « Sicut enim negari non potest, evangelista dicente, quod *Verbum caro factum est, et habitavit in nobis* (*Joan.* I, 14), ita negari non potest, beato Paulo apostolo prædicante, quod *Deus erat in Christo mundum reconcilians sibi* (*II Cor.* XV, 19). Quæ autem reconciliatio esse potest, qua humano generi propitiaretur Deus, nisi omnium causa Mediator Dei et hominum carnem susciperet? Qua vero ratione veritatem Mediatoris impleret, nisi qui in forma Dei æqualis Patri, in forma servi particeps esset et nostri, et mortis vinculum unius prævaricatione contractum, unius morte qui solus morti nihil debuit solveretur? Effusio enim justi pro injustis sanguinis Christi tam fuit dives ad pretium, ut si universitas captivorum in Redemptorem suum crederet, nullum diaboli vincula retinerent : quoniam, sicut ait Apostolus : *Ubi autem abundavit peccatum, superabundavit et gratia* (*Rom.* V, 21) : et cum sub peccati præjudicio nati potestatem acceperint ad justitiam renascendi, validius factum est donum libertatis quam debitum servitutis. » Et item : « Quod unquam sacrificium sacratius fuit, quam quod verus et æternus pontifex altari crucis per immolationem suæ carnis imposuit? Quamvis enim multorum sanctorum in conspectu Domini pretiosa mors fuerit (*Psal.* CXV, 15), nullius tamen insontis occisio redemptio fuit mundi. Acceperunt justi, non dederunt coronas, et de fortitudine fidelium exempla sunt patientiæ, non dona justitiæ. Singulares quippe in singulis mortes fuerunt, nec alterius quisquam debitum suo fine persolvit, cum inter filios hominum unus solus Dominus noster Jesus Christus qui vere erat agnus immaculatus exstiterit, in quo omnes crucifixi, omnes mortui, omnes sepulti, omnes sint etiam suscitati : de quibus ipse dicebat : *Cum exaltatus fuero a terra, omnia traham ad me* (*Joan.* XII, 32). Fides etenim vera, justificans impios et creans justos, ad humanitatis suæ **275** tracta participem, in illo acquirit salutem, in quo solo se homo invenit innocentem, liberum habens per gratiam Dei de ejus potentia gloriari, qui contra hostem humani generis in carnis nostræ humilitate congressus, his vindictam suam tribuit, in quorum corpore triumphavit. » Et item in eadem : « At si in tantæ luce veritatis tenebras suas hæretica

obduratio non relinquit, ostendant unde sibi spem vitæ polliceantur æternæ, ad quam nisi per mediatorem Dei et hominum hominem Christum Jesum non potest perveniri. Sicut enim ait beatus Petrus apostolus, *Non est aliud nomen datum hominibus sub cœlo, in quo oporteat nos salvos fieri* (*Act.* IV, 12), nec est redemptio captivitatis humanæ, nisi in sanguine ejus qui dedit semetipsum redemptionem pro omnibus, et qui, sicut prædicat beatus apostolus Paulus, *cum in forma Dei esset, non rapinam arbitratus est esse se æqualem Deo, sed semetipsum exinanivit, formam servi accipiens, in similitudinem hominum factus, et habitu inventus ut homo. Humiliavit semetipsum factus obediens usque ad mortem, mortem autem crucis. Propter quod et Deus illum exaltavit, et donavit illi nomen quod est super omne nomen, ut in nomine Jesu omne genu flectatur, cœlestium, terrestrium, et infernorum, et omnis lingua confiteatur quia Dominus Jesus Christus in gloria est Dei Patris* (*Philip.* II, 6 et seqq.). » Et in epistola ad Juvenalem episcopum Hierosolymitanum (*epist.* 72, *cap.* 3) : « Veram igitur Christi generationem crux vera confirmat, quoniam ipse in nostra carne nascitur, qui in nostra carne crucifigitur. Quæ nullo interveniente peccato, nisi fuisset nostri generis, non potuisset esse mortalis : ut autem repararet omnium vitam, recepit omnium causam, et vim veteris chirographi, quod solus inter omnes non debuit, pro omnibus solvendo vacuavit : ut sicut per unius reatum omnes facti fuerant peccatores, ita per unius innocentiam omnes fierent innocentes, inde in omnes manante justitia, ubi est humana suscepta natura. » Et in epistola ad Flavianum (*epist.* 10) : « Ab ipso autem principio generis humani, omnibus hominibus Christus est denuntiatus in carne venturus : in qua, sicut dictum est, *Et erunt duo in carne una* (*Gen.* II, 24), utique duo sunt, Deus et homo, Christus et Ecclesia, quæ de sponsi carne prodiit, quando ex latere crucifixi manante sanguine et aqua, sacramentum regenerationis et redemptionis accepit. » Et item in homilia de Natale Domini (*hom.* 1) : « Salvator noster, dilectissimi, hodie natus est, gaudeamus. Neque enim locum fas est esse tristitiæ, ubi natalis est vitæ, quæ consumpto mortalitatis timore ingerit nobis de promissa æternitate lætitiam. Nemo ab ejus alacritatis participatione secernitur, una cunctis lætitiæ communis est ratio : quia Dominus noster peccati mortisque destructor, sicut nullum a reatu liberum reperit, ita liberandis omnibus venit. » Et item in alia homilia (*hom.* 2) : « Nam superbia hostis antiqui non immerito sibi in omnes homines jus tyrannicum vindicabat, nec indebito dominatu premebat, quos, neglecto mandato Dei, spontaneos in obsequium **276** suæ voluntatis illexerat. Non itaque juste amitteret originalem humani generis servitutem, nisi de eo quod subegerat vinceretur. Cum igitur misericors omnipotensque Salvator, ita susceptionis humanæ moderaretur exordia, ut virtutem inseparabilis a suo homine deitatis per velamen nostræ infirmitatis absconderet, illusa est securi hostis astutia, qui nativitatem pueri in salutem humani generis procreati, non aliter sibi quam omnium nascentium putavit obnoxiam. » Et post pauca (*cap.* 4) : « Redit in honorem suum ab antiquis contagiis purgata natura, mors morte destruitur, nativitas nativitate reparatur, quoniam simul et redemptio aufert servitutem, et regeneratio mutat originem, et fides justificat peccatorem. » Et paulo post (*cap.* 5) : « Tibi enim quondam abjecto, extruso paradisi sedibus, tibi per exsilia longa morienti, tibi in cinerem et pulverem dissoluto, cui jam non erat spes ulla vivendi, per incarnationem Verbi potestas data est, ut de longinquo ad tuum revertaris auctorem, recognoscas parentem, liber efficiaris ex servo, de extraneo proveharis in filium : ut qui ex corruptibili carne natus es, ex Dei spiritu renascaris, et obtineas per gratiam quod non habes per naturam. » Et item in homilia quarta (*cap.* 2) : « Exsultent ergo in laudem Dei corda credentium, et mirabilia ejus confiteantur filii hominum : quoniam in hoc præcipue Dei opere humilitas nostra cognoscit quanti eam suus Conditor æstimarit : qui cum origini humanæ multum dederit, quod nos ad imaginem suam fecit, reparationi nostræ longe amplius tribuit, cum servili formæ ipse se Dominus coaptavit. Quamvis enim ex una eademque pietate sit quidquid creaturæ Creator impendit, minus tamen mirum est hominem ad divina proficere, quam Deum ad humana descendere. Hoc autem nisi facere dignaretur Omnipotens, nulla quemquam species justitiæ, nulla forma sapientiæ a captivitate diaboli, et a profundo æternæ mortis crueret. » Et in homilia de Epiphania (*hom.* 5, *c.* 2) : « Judæi qui extra regnum Christi esse voluerunt, adhuc quodammodo sub Herodis sunt principatu, et, dominante sibi Salvatoris inimico, alienigenæ serviunt potestati. Unde quod illi tres viri, universalem gentium personam gerentes, adorato Domino, hoc in populis suis per fidem quæ justificat impios totus mundus assequitur, et hæreditatem Dei ante sæcula præparatam accipiunt adoptivi, et perdunt qui videbantur esse legitimi. » Et item in eadem (*cap.* 4) : « Inter hæc autem permanet super omnes benignitas Dei, et nulli misericordiam suam denegat, cum indiscrete universis bona multa largitur : eousque quos meritos subderet pœnis, mavult invitare beneficiis. Dilatio enim vindictæ dat locum pœnitentiæ, nec dici potest nulla ibi esse ultio, ubi nulla conversio est : quia mens dura et ingrata jam sibi ipsa supplicium est, et in conscientia sua patitur quidquid Dei bonitate differtur. Non ita delinquentes peccata delectent, ut illos in suis actibus vitæ hujus finis inveniat, **277** quoniam in inferno nulla correctio est, nec datur remedium satisfactionis ubi jam non superest actio voluntatis. » Item in homilia de passione Domini (*hom.* 1, *c.* 5) : « Habent ergo divinam hæc opera virtutem. Sed quod Dominus majestatis suæ potentiam compLimit, et vim in se persecutoris ad-

mittit, ex illa est voluntate qua dilexit nos, et tradidit semetipsum pro nobis, cooperante in hoc ipsum Patre, qui Filio proprio non pepercit, sed pro nobis tradidit illum. Una est enim Patris et Filii voluntas ut est una divinitas, de cujus dispositionis effectu nihil vobis, Judæi, gratiæ, nihil tibi, Juda, debemus. Salvationi quidem nostræ vobis non hoc volentibus impietas vestra servivit, et per vos factum est quidquid manus Dei et consilium decreverunt fieri. Mors igitur Christi nos liberat, vos accusat. Merito soli non habetis quod omnibus perire voluistis, et tamen tanta est nostri bonitas Redemptoris, ut etiam vos possitis consequi veniam, si Christum Dei Filium confitendo illam parricidalem malitiam relinquatis. Non enim frustra Dominus in cruce oravit : *Pater, dimitte illis, quia nesciunt quid faciunt* (*Luc.* XXIII, 34). Quod remedium nec te, Juda, transiret, si ad eam pœnitentiam confugisses quæ te revocaret ad Christum, non quæ instigaret ad laqueum. Dicendo autem : *Peccavi tradens sanguinem justum* (*Matth.* XXVII, 4), in impietatis tuæ perfidia perstitisti, qui Jesum non Deum Dei Filium, sed nostræ tantummodo conditionis hominem, etiam inter extrema mortis tuæ pericula credidisti, cujus flexisses misericordiam, si ejus omnipotentiam non negasses. » Et in tertia homilia de passione Domini (*cap.* 2) : « Quidquid Domino illusionis et contumeliæ, quidquid vexationis et pœnæ furor intulit impiorum, non de necessitate toleratum, sed de voluntate susceptum est. *Venit enim filius hominis quærere et salvare quod perierat* (*Matth.* XVIII, 11), et sic ad omnium redemptionem utebatur malitia persequentium, ut in mortis ejus resurrectionisque sacramento interfectores sui possent salvi esse, si crederent. Unde sceleratior omnibus Juda et infelicior exstitisti, quem non pœnitentia revocavit ad Dominum, sed desperatio traxit ad laqueum. Exspectasses consummationem criminis tui, et donec sanguis Christi pro omnibus funderetur infirmis, lethi suspendium distulisses. Cumque conscientiam tuam tot Domini miracula, tot dona, totque illa saltem te a præcipitio tuæ sacramenta revocassent, quæ in Paschali cœna jam de perfidia tua signo divinæ scientiæ detectus acceperas, cur de ejus bonitate diffidis, qui te a corporis et sanguinis sui communione non repulit? qui tibi ad comprehendendum se cum turbis et armatorum cohorte venienti pacis osculum non negavit? Sed homo inconvertibilis, spiritus vadens et non revertens, cordis tui secutus est rabiem, et stante diabolo a dextris tuis iniquitatem, quam in sanctorum omnium armaveras caput, in tuum verticem retorsisti : ut quia facinus tuum omnem mensuram ultionis **278** excesserat, te haberet impietas tua judicem, te pateretur tua pœna carnificem. Cum igitur Deus esset in Christo mundum reconcilians sibi, et creaturam ad conditoris sui imaginem reformandam Creator ipse gestaret, peractis miraculis operum divinorum, quæ propheticus olim spiritus gerenda prædixerat : *Tunc aperientur oculi cæcorum, et aures surdorum audient : tunc saliet* *claudus ut cervus, et clara erit lingua mutorum* (*Isa.* xxxv, 5, 6), sciens Jesus adesse jam tempus gloriosæ passionis implendæ : *Tristis est anima mea,* inquit, *usque ad mortem* (*Matth.* xxvi, 38); et iterum : *Pater, si fieri potest, transeat a me calix iste* (*ibid.*, 39). Quibus verbis, quamdam formidinem profitentibus, nostræ infirmitatis affectus participando curabat, et pœnalis experientiæ metum subeundo pellebat. In nobis ergo Dominus nostro pavore trepidabat, et susceptione se nostræ infirmitatis induerat, ut nostram inconstantiam suæ virtutis soliditate vestiret. » Item in homilia de passione Domini (*hom.* iv, *c.* 1) : « Peractis itaque omnibus, quæ divinitas fieri carnis velamine temperata permisit, Jesus Filius Dei cruci quam etiam ipse gestarat affixus est, duobus latronibus uno ad dexteram ipsius, alio ad sinistram similiter crucifixis, ut etiam in ipsa patibuli specie monstraretur illa quæ in judicio ipsius omnium hominum est facienda discretio, cum et salvandorum figuram fides credentis latronis exprimeret, et damnandorum formam blasphemantis impietas præmonstraret. Passio igitur Christi salutis nostræ continet sacramentum, et de instrumento quod iniquitas Judæorum paravit ad pœnam, potentia Redemptoris gradum fecit ad gloriam : quam Dominus Jesus ita ad omnium hominum suscepit salutem, ut inter clavos quibus ligno tenebatur affixus, pro interfectoribus suis paternæ clementiæ supplicaret et diceret : *Pater, ignosce illis, quia nesciunt quid faciunt* (*Luc.* xxiii, 34). Principes autem sacerdotum, quibus indulgentiam Salvator petebat, supplicium crucis irrisionum aculeis asperabant, et in quem manibus amplius sævire non poterant, linguarum tela jaciebant dicentes : *Alios salvos fecit, seipsum salvum facere non potest. Si rex Israel est, descendat de cruce, et credimus ei* (*Matth.* xxvii, 42). » Item in quinta homilia de passione Domini (*cap.* 3) : « In omnibus autem, quæ illi popularis ac sacerdotalis insania contumeliose ac procaciter inferebat, nostræ diluebantur maculæ, nostræ expiabantur offensæ; quia natura, quæ in nobis rea semper fuerat atque captiva, in illo innocens patiebatur et libera : ut ad auferendum peccatum mundi ille hostiam se agnus offerret, quem et omnibus corporalis substantia jungeret, et ab omnibus spiritalis origo discerneret. » Item in sexta homilia (*cap.* 1) : Judæorum enim cæcitas nihil obtinuit, nisi ut sua impietate se perderet : Christi vero patientia hoc egit, ut omnes sua passione salvaret. » Et item in eadem (*cap.* 4) : « Seditiosis igitur clamoribus Judæorum cedente Pilato, in loco cui nomen Golgotha crucifigitur Christus : per lignum erigitur lapsus in ligno, et gustu fellis et aceti diluitur esca peccati. Merito priusquam traderetur dixerat **279** Dominus : *Cum exaltatus fuero a terra, omnia traham ad me* (*Joan.* xii, 32), id est, totam causam humani generis agam, et olim perditam in integrum revocabo naturam, in me omnis infirmitas abolebitur, in me omnis plaga sanabitur. Exaltatum autem Jesum traxisse ad se omnia, non solum nostræ sub-

stantiæ passione, sed etiam totius mundi commotione monstratum est. Pendente enim in patibulo Creatore, universa creatura congemuit, et crucis clavos omnia simul elementa senserunt. Nihil ab illo supplicio liberum fuit : hoc in communionem sui et terram traxit et cœlum : hoc petras rupit, monumenta patefecit, inferna reseravit, et densarum horrore tenebrarum radios solis abscondit. Debebat hoc testimonium suo mundus auctori, ut in occasu Conditoris sui vellent universa finiri. Sed patientia Dei servat rebus atque temporibus ordinem suum, nosque in illum potius invitat affectum, ut eorum salutem petamus, quorum crimen horremus. Tanto igitur pretio, tantoque sacramento, eruti de potestate tenebrarum, et ab antiquæ captivitatis vinculis absoluti. » Et in octava homilia (*cap.* 1) : « Sævienti diabolo per ministeria Judæorum formam servi nihil peccati habentis objecit, ut per eum ageretur omnium causa, in quo solo erat omnium natura sine culpa. Irruerunt ergo in lumen verum filii tenebrarum, et utentes faculis atque laternis, non evaserunt infidelitatis suæ noctem, quia non intellexerunt lucis auctorem. Præoccupant paratum teneri, et trahunt volentem trahi : qui si vellet obniti, nihil quidem in injuriam ejus impiæ manus possent, sed mundi redemptio tardaretur, et nullum salvaret illæsus, qui pro omnium erat salute moriturus. » Et item (*cap.* 5) : « *Pascha ergo nostrum, sicut ait Apostolus, immolatus est Christus* (*I Cor.* v, 7) : qui se novum et verum reconciliationis sacrificium offerens Patri, non in templo cujus jam erat finita reverentia, nec intra septa civitatis ob meritum sui sceleris diruendæ, sed foris extra castra crucifixus est : ut, veterum victimarum cessante mysterio, nova hostia novo imponeretur altari, et crux Christi non templi esset ara, sed mundi. » Et item in eadem : « Traxisti, Domine, omnia ad te, ut quod in uno Judææ templo obumbratis significationibus ageretur, pleno apertoque sacramento universarum ubique nationum devotio celebraret. Nunc enim, carnalium significationum varietate cessante, omnes differentias hostiarum una corporis et sanguinis tui implet oblatio : quoniam tu es verus agnus qui tollis peccatum mundi, et ita perficis in te universa mysteria, ut sicut unum est pro omni victima sacrificium : ita unum de omni gente sit regnum. Confiteamur igitur, dilectissimi, quod magister gentium Paulus gloriosa voce confessus est dicens : *Fidelis sermo et omni acceptione dignus, quia Christus Jesus venit in hunc mundum peccatores salvos facere* (*I Tim.* iv, 9). Hinc ergo mirabilior est erga nos misericordia Dei, quod non pro justis, neque pro sanctis, sed pro iniquis et impiis Christus est mortuus : et cum mortis aculeum recipere **280** non posset natura deitatis, suscepit tamen nascendo ex nobis quod possit offerre pro nobis. » In nona homilia (*cap.* 2) : « Lugeat carnalis Judæus, sed gaudeat spiritalis Christianus, et festivitas quæ illis conversa est in noctem, nobis coruscet in lucem,

quoniam crux Christi eadem est et credentium glo- A
ria, et non credentium pœna. » Et item in eadem
(*cap. eod.*): «Si autem in exitu Israel de Ægypto
agni sanguis fuit restitutio libertatis, et sacratissima
est facta festivitas, quæ per hostiam pecudis iram
averterat vastatoris, quanta populis Christianis con-
cipienda sunt gaudia, pro quibus omnipotens Pater
Filio suo unigenito non pepercit, sed pro nobis omnibus tradidit eum, ut in occisione Christi Pascha
esset verum, et in singulari sacrificio, quo non ex
dominatione Pharaonis unus populus, sed ex diaboli captivitate totus mundus eruitur? » Item in
homilia Quadragesimæ : « Prudentiam diaboli stultam fecit sapientia Dei, ut superbus hostis hominem videns quem aliquando superaverat, non metueret eum persequi quem pro omnibus oportebat B
occidi. » Item in homilia de passione Domini : « Ad
hanc indulgentiam traditor Judas pervenire non
potuit : quoniam perditionis filius, cui diabolus stabat a dextris, prius in desperationem transiit, quam
sacramentum generalis redemptionis Christus impleret. Nam, mortuo pro omnibus impiis Domino, potuisset forte etiam hic consequi remedium, si non festi-
nasset ad laqueum. » Item in alia : « Evacuatum est generale illud venditionis nostræ chirographum, et pactum captivitatis in jus transiit Redemptoris. » Item
in homilia Sabbati sancti : « Ex eo, inquit, initium
nobis factum est resurrectionis in Christo, ex quo
in eo qui pro omnibus est mortuus, totius spei nostræ forma præcessit. »

Beatus quoque Gregorius in homilia decima sexta C
dicit : « Non est ergo indignum Redemptori nostro
quod tentari voluit qui venerat occidi. Justum
quippe erat ut sic tentationes nostras suis tentationibus vinceret, sicut mortem nostram sua venerat morte superare. » Et in homilia vigesima septima : « Mori etiam pro inimicis Dominus venerat,
et tamen positurum se animam pro amicis dicebat,
ut profecto nobis ostenderet, quia cum diligendo
lucrum facere de inimicis possumus , etiam ipsi
amici sunt qui persequuntur. » Et in libro decimo
quarto Moralium (*cap.* 22) : « *Stulti quoque despiciebant me* (*Job* XIX, 18) : ac si aperte diceretur : Ipsi
etiam me despexerunt, pro quibus sanandis stultitiam prædicationis assumpsi, id est ut per carnem
Verbi sanarentur, et ab ipsis despectus sum, pro D
quibus stultus æstimari veritus non sum. » Item in
libro vigesimo primo (*cap.* 5) : « Ad hoc itaque Dominus apparuit in carne, ut humanam vitam admonendo excitaret, exempla præbendo accende-
ret , moriendo redimeret , resurgendo repararet. »
Item in vigesimo secundo (*cap.* 13) : « Unigenito
enim Filio pro homine interpellare est, apud coæternum Patrem seipsum hominem demonstrare ;
eique pro humana natura rogasse est , eamdem **281** naturam in divinitatis suæ celsitudine
suscepisse. » Item in vigesimo quarto (*cap.* 2) : « Per
hoc pro nobis Patri loquitur, per quod semetipsum
nobis similem ostendit. Loqui quippe ejus, vel in-

terpellare, est ipsum se pro omnibus hominem demonstrare. » Item in libro trigesimo (*cap.* 15) : « Idcirco namque inter nos homo factus est, ut non solum nos sanguine fuso redimeret, sed etiam ostenso
exemplo commutaret. In conversatione igitur nostra,
et veniendo alia invenit, et vivendo alia docuit. Studebant enim omnes superba Adam stirpe progeniti
prospera vitæ præsentis appetere, adversa devitare,
opprobria fugere, gloriam sequi. Venit inter eos incarnatus Dominus adversa appetens, prospera sper-
nens, opprobria amplectens, gloriam fugiens. Nam
cum Judæi illum regem sibi constituere voluissent,
fieri rex refugit : cum vero eum interficere moli-
rentur, sponte ad crucis patibulum venit. Fugit ergo
quod omnes appetunt, appetiit quod omnes fugiunt :
fecit quod omnes mirarentur, ut et mortuus ipse
resurgeret, et morte sua alios de morte suscitaret. »
Item in libro trigesimo primo (*cap.* 19) : « Qui enim
sunt alii prærupti silices, nisi illi fortissimi angelorum chori, qui quamvis non integri, sed tamen in
proprio statu fixi, cadente cum suis angelis diabolo
remanserunt? Prærupti enim sunt, quia pars eorum
cecidit, pars remansit. Qui integri quidem stant per
qualitatem meriti, sed per numeri quantitatem prærupti. Hanc præruptionem restituere Mediator venit, ut redempto humano genere, illo angelica damna sarciret, et mensuram cœlestis patriæ locuple-
tius fortasse cumularet. Propter hanc præruptionem
de Patre dicitur, proposuit in eo in dispensationem
plenitudinis temporum instaurare omnia in Christo
quæ in cœlis et quæ in terra sunt in ipso. In ipso
quippe restaurantur ea quæ in terra sunt, dum peccatores ad justitiam convertuntur : in ipso restaurantur ea quæ in cœlis sunt, dum illuc humiliati
homines redeunt, unde apostatæ angeli superbiendo
ceciderunt. » In libro trigesimo quarto (*cap.* 8) :
« Expediebat quippe ut peccatorum mortem juste
morientium solveret mors justi injuste morientis. »
Item in libro trigesimo quinto (*cap.* 9) : « *Sustinui
qui simul mecum contristaretur, et non fuit : consolantem me quæsivi, et non inveni* (*Psal.* LXVIII, 21).
Consolantem quippe in passione minime invenit, qui
ex despectu mortis etiam ipsos hostes pertulit, pro
quibus ad mortem venit. » Et in homilia trigesima
sexta : « Ad abstergendum namque mentis vestræ
fastidium, in cœna Dei ille vobis singularis agnus
occisus est. Sed quid agimus, qui hoc quod subjungitur adhuc fieri a multis videmus? *Et cœperunt simul omnes excusare* (*Luc.* XIV, 18). Offert Deus quod
rogari debuit : non rogatus dare vult, quod vix spe-
rari poterat quia largiri dignaretur postulatus. Contemptoribus vero paratas delicias refectionis æternæ
denuntiat, et tamen simul omnes excusant. » Et post
aliquanta : « Ait enim, *Dico autem vobis quod nemo
virorum illorum qui vocati sunt* **282** *gustabit cœnam
meam* (*ibid.*, 24). Ecce vocat per se, vocat per angelos, vocat per prophetas, vocat per apostolos, vocat
etiam per nos : vocat plerumque per miracula, vocat
plerumque per flagella, vocat aliquando per mundi

hujus prospera, vocat aliquando per adversa : nemo contemnat, ne dum vocatus excusat, cum voluerit introire non valeat. Audite quid Sapientia per Salomonem dicat : *Tunc invocabunt me, et non exaudiam : mane consurgent, et non invenient me* (*Prov.* I, 28). Hinc est quod fatuæ virgines tarde venientes clamant : *Domine, Domine, aperi nobis;* sed jam tunc aditum quærentibus dicitur : *Amen, dico vobis, nescio vos* (*Matth.* xxv, 11, 12). » Hinc item idem in homilia duodecima : « Ibi jam a Deo non potest mereri quod petit, qui hic noluit audire quod jussit : qui tempus congruæ pœnitentiæ perdidit, frustra ante regni januam cum precibus venit. Hinc est enim quod per Salomonem Dominus dicit : *Vocavi et renuistis; extendi manum meam, et non fuit qui aspiceret ; despexistis omne consilium meum, et increpationes meas neglexistis. Ego quoque in interitu vestro ridebo, et subsannabo cum vobis quod timebatis advenerit. Cum irruerit repentina calamitas, et interitus quasi tempestas ingruerit. Quando venerit super vos tribulatio et angustia. Tunc invocabunt me et non exaudiam : mane consurgent, et non invenient me* (*Prov.* I, 24-27). » Et aliquanto superius : « Tunc regni janua lugentibus clauditur, quæ modo quotidie pœnitentibus aperitur. »

Et venerabilis presbyter Beda in expositione Actuum apostolorum : « Demulcet autem apostolus animos Judæorum, quo ad credendum faciat promptiores, dicendo quod totius mundi Salvator eos primum visitaturus et benedicturus elegerit, *Vobis,* inquiens, *primum Deus suscitans Filium suum* (*Act.* III, 26). » Et item : « Multumque decebat illum, quin Cornelium, exaudiri, qui instantiam deprecandi tribus horis continuans a sexta pertrahebat ad nonam, quo tempore Dominus ipse quem rogabat pro totius mundi salute extensis in cruce manibus orabat. » Et item in expositione Evangelii evangelistæ Marci ad locum : « Altiore autem sensu : Facilius enim est Christum pati pro dilectoribus sæculi, quam dilectores sæculi ad Christum posse converti. » Et item : « Passurus pro omni mundo, et universas nationes suo sanguine redempturus, moratur in Bethania in domo obedientiæ. » Et item : « Amphoram aquæ bajulans occurrit, ut ostendatur hujus paschæ mysterium pro ablutione perfecta mundi totius esse celebrandum : aqua quippe lavacrum gratiæ, lagena fragilitatem designat eorum per quos eadem erat gratia mundo administranda. » Et item : « Consulte sive aquæ bajuli, seu domini domus, sunt prætermissa vocabula, ut omnibus verum pascha celebrare volentibus, hoc est Christi sacramentis imbui, eumque suæ mentis hospitio suscipere quærentibus, facultas danda signetur. » Et iterum : « Solus orat pro omnibus, sicut et solus patitur pro universis : et quomodo pro nobis maledictum crucis factus est et flagellatus, et crucifixus, sic pro omnium salute quasi noxius **283** crucifigitur. » Et in Commento Lucæ : « Pharisæi autem et legis periti consilium Dei spreve-

A runt in semetipsos, non baptizati ab eo. Quod dicit in semetipsos, vel contra semetipsos, significat quia qui gratiam Dei respuit contra semetipsum facit : vel ad semetipsos missum Dei consilium stulti et ingrati vituperantes noluisse recipere. Consilium ergo Dei est, quo per passionem et mortem Domini Jesu mundum salvare decrevit. » Item : « Et bene saginatus vitulus dicitur, quia caro ejus adeo spiritali est opima virtute, ut pro totius mundi salute sufficiat in odorem suavitatis, nidorem videlicet immolationis ad Deum mittere, et pro omnibus exorare. » Et item : « Qui enim appellatus est in terra rex Judæorum, in cœlis est dominus angelorum. Verum quia Christus in carne totius mundi propitiatio et hominum videlicet et angelorum il-

B luxit, pulchre sibi invicem in ejus laude dispensationis cœlestia simul et terrena concinunt. » Et item ex verbis Ambrosii : « *Juda, osculo Filium hominis tradis?* (*Luc.* xxii, 48.) Filium, inquit, hominis tradis, quia caro, non divinitas, comprehenditur. Illud tamen plus confutat ingratum, quod eum tradiderit, qui cum esset Dei Filius, propter nos tamen filius hominis esse voluit, et quasi dicat : Propter te suscepi, ingrate, quod tradis. Interrogative sane pronuntiandum puto, quasi amantis affectu corripiat proditorem, *Juda, osculo Filium hominis tradis?* hoc est, amoris pignore vulnus infligis, et charitatis officio sanguinem fundis, et pacis instrumento mortem irrogas, servus dominum, discipulus prodis magistrum, electus auctorem? » Et item

C ex verbis Hieronymi : « Et quomodo pro nobis maledictum crucis factus est, et flagellatus et crucifixus, sic pro omnium salute quasi noxius inter noxios crucifigitur, ut ubi abundavit peccatum, superabundet et gratia. »

Et Cassiodorus in Psalmo xx : « Ille solus est qui desiderio desideravit mori, quando se pro omnium salute offerebat occidi, ut pretiosus sanguis ejus mundum redimeret, ne diabolus eum adhuc iniqua præsumptione vastaret. » Et item in eodem : « Nam nescientes vera dixerunt : oportuit unum pro omnibus mori. » Et item in psalmo xxi : « Audiamus ergo vocem membrorum ex ore capitis, et intelligamus ex nostra persona merito fuisse locutum, qui se hostiam obtulit pro salute cunctorum. » Et

D item in eodem : « Quapropter jam non pertimescimus dicere Deum carne passum, Deum mortuum pro salute cunctorum. » Et item eodem : « Nam qui pati venerat pro salute cunctorum, quem eorum non diceret fratrem? » Et in psalmo xxx : « De passione sua multa dicturus, ut eam frequenti memoria piissimus commoneret, quam pro omnium salute suscepit. » Et in psalmo xliv : « Hæc omnia carni conveniunt, cui piissimum Verbum unitum est pro salute cunctorum. » Et in psalmo lxiii, *A timore inimici eripe animam meam :* « Non postulat ut minime pro omnium salute moriatur, unde Petrum arguit dicentem, *Propitius tibi esto, Domine, non erit tibi hoc* (*Matth.* xvi, 22) ; sed ut a timore populi persequentis anima **284** erepta sanctæ dispensationis suæ compleat passionem. » Et in psalmo LXX : « Nam cum dixero Verbum Patris fecisse cœlum et terram, et omnia quæ in eis sunt, perfecta Dominum devotione laudavi. Sed cum adjunxero incarnatum esse pro salute cunctorum, adjeci cumulum laudibus plenis. » Et in psalmo LXXIII : « Revera intelligens factus est Asaph, qui talia petit unde totus mundus potuisset absolvi. » Et in Psalmo LXXIV : « Ut liberaretur a crimine, invocare neglexit omnium Redemptorem. » Et in psalmo LXXXIV : « Ad ægrotos medicus, ad pestilentia plenos auctor salutis advenit : quod non solum ad unam gentem, sed ad beneficium totius orbis aptandum est. » Et in psalmo CXV : « Dignum est enim ut publice debeat laudari, qui pati pro omnium salute dignatus est. »

CAPUT XXXIV.

Nunc quod supra commemoravimus tertium sequitur, quomodo orthodoxi et antiqui magistri ex scripturis authenticis demonstrant, discrete non debere intelligere, quia licet fuerit Christus passus pro omnibus, non tamen omnes ad æternam salutem mundi pretio, id est passionis ejus mysterio sint redempti. A quo pretio extranei sunt, qui aut delectati captivitate redimi noluerunt, aut post redemptionem ad eamdem sunt captivitatis servitutem reversi.

Ecce quomodo sancti doctores senserunt atque scripserunt, quod Christus Jesus Dominus noster, redemptio scilicet totius mundi, pro omnibus sit passus, licet non omnes passionis ejus mysterio sint redempti. Nam si Christum his tantum remedia attulisse dicimus qui redempti sunt, videbimur absolvere non redemptos, quos pro redemptione contempta constat esse puniendos, sicut sanctus Augustinus in sermone de Symbolo ad neophytos ex Evangelio dicit : *Veniet hora, quando omnes qui sunt in monumentis audient vocem ejus, et procedent qui bene fecerunt in resurrectionem vitæ ; qui mala egerunt, in resurrectionem judicii (Joan. v, 28) ; et* illi videbunt in forma hominis in quem crediderunt, et illi quem contempserunt : formam vero Dei, qua æqualis est Patri, impii non videbunt. Tolletur enim impius, ne videat claritatem Domini, et beati mundicordes, quoniam ipsi Deum videbunt. Et Dominus dicit : *Prædicate Evangelium omni creaturæ,* id est omni homini : *Qui crediderit et baptizatus fuerit salvus erit, qui vero non crediderit condemnabitur (Marc. XVI, 15, 16). Et : Qui non credit jam judicatus est, quia non credidit in nomine unigeniti Filii Dei. Hoc est autem judicium, quia lux venit in mundum, et dilexerunt homines magis tenebras quam lucem : erant enim eorum mala opera (Joan. III, 18, 19). Et : Cum venerit ille spiritus* **285** *veritatis, ille arguet mundum,* id est habitatores et amatores mundi, *de peccato, quia non credunt in me (Joan. XVI, 8). Lux enim in tenebris lucet, et tenebræ eam non comprehenderunt (Joan. I, 5)* : non quia non potuerunt, sed quia noluerunt. Nam et tenebræ receperunt, quibus dicitur : *Fuistis aliquando tenebræ, nunc autem lux in Domino (Ephes. v, 8) ; quotquot*

A *autem receperunt eum, dedit eis potestatem filios Dei fieri, his qui credunt in nomine ejus (Joan. I, 12).*

Unde si, ut Prædestinatiani dicunt, non est passus Dominus nisi pro his tantum qui passionis ejus mysterio sunt redempti, et qui non salvantur non est voluntatis Dei, cujus voluntati nemo potest resistere, penitus ut salventur, injustus est Deus qui infert iram, contra quod dicit Apostolus : Absit. Quoniam, ut catholici fatentur magistri, est gratia Dei salvos faciendi, et est liberum arbitrium voluntarie Deo sacrificandi : et nemo invitus bene facit, etiam si bonum est quod facit, quia nihil prodest spiritus timoris ubi non est spiritus charitatis. Quapropter catholica Ecclesia cantat Domino misericordiam et judicium, qui non venit ut judicaret

B mundum, sed ut salvaretur mundus per ipsum. Veniet autem, sicut in symbolo confitetur, ad judicandos vivos et mortuos. Si ergo, ut Augustinus dicit, non est Dei gratia, quomodo salvat mundum? et si non est liberum arbitrium, quomodo judicat mundum? Passus est igitur Dominus pro omnibus, licet non omnes passionis ejus mysterio sint redempti, ut omnis qui credit in ipsum non pereat, sed habeat vitam æternam, ad quam invitat omnes, dicens : *Venite ad me omnes, et invenietis requiem animabus vestris (Matth. XI, 29),* et vult omnes homines salvos fieri, qui neminem vult perire, licet non omnes salventur. Quod autem quidam salvantur, salvantis est donum : quod vero quidam pereunt, pereuntium est meritum, quia perivit Adam et in ipso omnes per-

C ivimus. De qua massa perditionis quidam gratia eliguntur ad vitam, quidam in ea judicio deseruntur, et non a Deo prædestinantur ad mortem, qui non vult mortem peccatoris, sed ut convertatur et vivat *(Ezech. XVIII, 23). Ipse est enim resurrectio et vita, et qui credit in eum, etiamsi mortuus fuerit vivet, et qui vivit et credit in eum non morietur in æternum (Joan. XI, 25, 26),* vita vivens ex pane vivo, qui de cœlo descendit, et dat vitam mundo, quem dedit in cruce pro omnibus redimendis, sicut ipse dicit : *Et panis quem ego dedero caro mea est pro mundi vita (Joan. VI, 52).* Ad cujus esum omnes Psalmista invitat dicens : *Accedite ad eum, et illuminamini, et vultus vestri non erubescent (Psal. XXXIII, 6)* ; et : *Gustate et videte quam suavis est Dominus : beatus*

D *vir qui sperat in eo (ibid., 9).* Et de quo iterum idem dicit : *Qui se elongant a te, peribunt (Psal. LXXII, 27)* : quoniam ut ipse Dominus dicit : *Qui non crediderit,* videlicet in promissam et paratam omnibus salutem, *condemnabitur (Marc. XVI, 16)* ; et Paulus, imo per eum ipse Christus, ea tantum fide quæ per dilectionem operatur credentes salvari dicit, ejus coapostolo affirmante, non prodesse fidem, si opera quisque non habeat.

286 Noti enim sunt per universum mundum atque manifesti quorum exempla posuimus, quos singillatim ex nomine designavimus, quorumque doctrinæ innitimur, a quorum doctrina et sensu quicunque discordat inter catholicos numerari non valet. Qui sive Hebræa, sive Græca, sive Latina linguis in catholicæ veritatis prædicatione fulserunt, De quorum scriptis sanum sapientibus pie quærentibus pax et multiplex profertur instructio, quæ sicut alias hæreses destruxit, ita etiam hunc qui nunc repullulat abscidit errorem. Quorum lectionem, vel potius lectionis veram intelligentiam, multum imprudenter et nimis imperite isti moderni Prædestinatiani declinare noscuntur, ut etiam de eorum complici perversæ conspirationis consensu singulari numero dictum sit a Propheta : *Noluit intelligere ut bene ageret : iniquitatem meditatus est in cubili suo* (*Psal.* xxxv, 45). Quid autem iniquius, ut Leo scribit, quam impie sapere, et sapientioribus doctioribusque non credere? Sed in hanc insipientiam cadunt, qui cum ad cognoscendam veritatem aliquo impediuntur obscuro, non ad propheticas voces, non ad apostolicas litteras, nec ad evangelicas auctoritates, sed ad semetipsos recurrunt, et ideo magistri erroris existunt, quia veritatis discipuli non fuerunt. Præmissa enim voce Dominica quæ dicit : *Prædicabitur hoc Evangelium in toto mundo* (*Matth.* xxiv, 14), secundum prænuntiationem propheticam quæ illi dicit : *Vox tonitrui tui in rota* (*Psal.* lxxvi, 19), id est prædicatio Evangelii in toto mundo, qui illis dicit : *Prædicate Evangelium omni creaturæ* (*Marc.* xvi, 15), quorum *sonus in omnem terram exivit, et in fines orbis terræ verba eorum* (*Psal.* xviii, 5), hodieque procedunt, isti sunt quos descripsimus Patres catholici, quibus Dominus per prophetam dixit, et usque hodie eorum doctrina recta fide et operibus bonis Ecclesiam gubernantibus dicit : *Ponite corda vestra in virtute ejus,* civitatis scilicet Jerusalem, quæ est Ecclesia, *et distribuite domos ejus, ut enarretis in progenie altera, quoniam hic est Deus noster* (*Psal.* xlvii, 14), id est, ut non habeatis formam pietatis virtutem ejus abnegantes, sed in virtute ejus ponite corda vestra, quæ est charitas de corde puro et conscientia bona et fide non ficta, et ista dispensatione prædicationis vestræ distribuite domos civitatis meæ, magni scilicet regis, concordantes in angulo Evangelii vera charitate conjuncto, ut enarretis in progenie altera, quoniam ego sum Deus vobiscum permanens omnibus diebus usque ad consummationem sæculi, qui dabo vobis gubernantibus Ecclesiam meam, adversus quam portæ inferi non prævalebunt, os et sapientiam cui non poterunt resistere et contradicere omnes adversarii vestri.

Isti, inquam, orthodoxi doctores in Asia, Europa et Libya, quæ et Africa dicitur, atque in quatuor mundi partibus, Oriente, Occidente, Aquilone et Austro, illuminati ab eo qui est vere lux mundi, et illuminat omnem hominem venientem in hunc mundum (*Joan.* i. 9), quicunque illuminatur, sive naturali ingenio, seu sapientiæ doctrina, edocti etiam a perfecto ter quaterno apostolorum numero, perfectique **287** in fide Trinitatis et doctrina atque evangelica vita, per undecim regiones orbis terræ sedentis in tenebris et umbra mortis, id est Italiam,

Galliam, Africam, Hispaniam, Illyricum, Thraciam, Asiam, Orientem, Pontum, Ægyptum, Britanniam : quæ ut numero denarium quippe excedentes, ad duodenarium non pervenerant, ita et merito imperfectæ erant antequam evangelica fide et doctrina perficerentur, hæc quæ ex eorum scriptis collegimus, inter alia rectæ fidei prædicamenta, per centum decem et trium provinciarum mysticum æque numerum docuerunt : quoniam quicunque in præfatis tribus orbis dimensionibus, Europæ videlicet, Asiæ, et Africæ, et in quatuor mundi partibus, in undecim quoque regionibus, et in his centum decem et tribus provinciis, in nomine Patris et Filii et Spiritus sancti renatus ex aqua et Spiritu sancto, legis decalogum gratia evangelicæ prædicationis vita observans et moribus, cum Dei dilectione et proximi, in unitate Ecclesiæ catholicæ perseveraverit, ad æternam vitam, quæ centenario numero qui de læva transfertur in dexteram designatur, auctore et fautore Christo perveniet, cujus auctoritate Patres isti per dispositionem apostolicam, quæ illis divisit terræ, id est Ecclesiæ, agrum in funibus distributionis, domos sibi distributas ad regendum susceperunt, suisque successoribus fide et doctrina, qua cœlitus imbuti fuerunt, regendas translati ad regna cœlestia reliquerunt. Unde et Basilius in sermone de psalmo quinquagesimo nono dicit : « Nunc ergo, inquiens, hanc præcipuam et velut privatam quamdam hæreditatem in divisionem vocabo, et communem cum cæteris omnibus faciam. Cum autem divisum fuerit testamentum in omnes, et cuncta ejus utilitas universis cœperit esse communis, Deo pro nobis omnibus melius aliquid providente, tunc etiam convallia tabernaculorum dimetietur, hoc est universus orbis terrarum, qui vallis tabernaculorum pro habitaculis corporum dictus est, hic velut quadam sorte divisus atque dimensus, per singula loca Ecclesiarum Dei parochiis et incolatibus distinguetur. Tunc etiam ea quæ divisa sunt in unitatem fidei congregabit ille qui pacificat per sanguinem suum, sive quæ in terra sunt, sive quæ in cœlis, et qui medium parietem sepis solvens facit utraque unum (*Ephes.* ii, 14). »

De quibus dimensionibus sortiti sunt isti catholici doctores hujusmodi regendas parochias, id est in urbe Roma, orbis scilicet capite, indeque per totum mundum, Innocentius, Cœlestinus, Leo, atque Gregorius, non solum de hoc capitulo, quo evangelica et apostolica auctoritate docetur, quia Christus Jesus venit in hunc mundum peccatores salvos facere, qui pro impiis mortuus est justus pro injustis ; et quod si unus pro omnibus mortuus est, ergo omnes mortui sunt, et pro omnibus mortuus est : verum et de præscientia et prædestinatione Dei, atque de gratia et libero arbitrio, necnon et quod Deus omnes homines vult salvos fieri, et neminem **288** vult perire, sicut præscripsimus, docuerunt. In Italia nihilominus provincia Liguriæ, cæterisque Italicæ regionis decem et octo provinciis, sanctus Ambrosius. In septemdecim æque Galliarum provinciis sanctus Hilarius et Prosper, ita ut scripsimus, docuerunt. In sex provinciis Africæ Cyprianus Carthaginensis archiepiscopus, et sanctus Augustinus Hipponeregiensis episcopus sic catholice docuerunt. Idemque beatus Augustinus antidoti confectionem, ad hanc et alias multas infirmitates mirifice facientem, hoc morbo in Galliis laborantibus circa finem dierum suorum transmisit. Hispaniæ quoque septem provinciæ hac doctrina catholica per sanctum Hilarium et Prosperum illustratæ fuerunt. In provinciis decem et novem Illyrici, Pauli prædicatione fundatis, et sex provinciis Thraciæ, in qua est Constantinopolis, quam Gregorius Nazianzenus, vir in fide et doctrina opinatissimus, per duodecim annos episcopaliter rexit, hæreticorum capita conquassavit, eosque novacula linguæ catholicæ a provinciis eisdem erasit. Verum et Dionysius Areopagites, antiquus et venerabilis Pater, sicut scripsimus, apostolice docuit, et Joannes Chrysostomus ita ut ejus declarant testimonia prædicavit. In duodecim provinciis Asiæ, sicut ipse Joannes Chrysostomus suis scriptis demonstrat, exsul factione hæreticorum et quorumdam etiam livore, ita perdocuit. In Syria Ciliciæ, in qua est Antiochia, provinciis videlicet decem numero, isdem Joannes Chrysostomus, antequam ab Antiochia, ut Liberatus Carthaginis archidiaconus scribit, assumptus Constantinopoli ordinaretur episcopus, ita dogmatizasse probatur. Beatus quoque Hieronymus in Syria Palæstina, in qua est Jerusalem civitas et Bethleem oppidum, sicut posita a nobis ejus testimonia declarant, ita sensisse et docuisse probatur. In Ponti octo provinciis, quarum una est Cappadocia, Basilius Cappadocus, magnus et orthodoxus orator, ita catholice docuit. In Ægypto, in qua est Alexandria, Athanasius, Theophilus, et Cyrillus, sicut scripsimus, sex provincias docuerunt. In Britannia quinque provinciarum Beda presbyter, ut ostendimus, sanctarum Scripturarum auctoritate et sanctorum Patrum doctrina hæc catholica monumenta suis posteris dereliquit.

Sicque talium virorum prædicatione, a Christo illuminata, et ab apostolis fundata, catholica toto orbe diffusa Ecclesia consistente, isti moderni Prædestinatiani, qui quantum rescire possumus, diversi ordinis et habitus, diversæque professionis, nec ad decimum numerum pervenerunt, in tribus tantum provinciis, contra tantorum doctrinam sicut legitur mures egressi de cavernis suis, et velut pustulæ humore noxio coalescente de loco in loco scatent in corpore, atque velut putres et corruptæ cicatrices Ecclesiæ membra fœdare tentantes, se catholicos esse dicunt, suisque capitulis, vel potius pediculis, ecclesiarum præsules, nimio errore et sine discussione vel examinatione ordinatos, atque non appropinquantes apostolicæ **289** formæ, denotare seu infamare præsumunt. Sed non est hoc novum, sicut nec nova hæresis quam extollunt. Ut enim beatus Augustinus, et in tractatibus Psalmorum, et in opusculis de Pastoribus et Ovibus, et etiam in aliis suis libris dicit :

« Donatistæ apud se tantum in Africa catholicam remansisse gloriabantur Ecclesiam, falso inter cætera Scripturæ donantes exemplum quo dicitur : *Deus ab Africo veniet, et sanctus de monte condenso et umbroso* (*Hab.* III, 3). » Quorum falsitatem idem beatus Augustinus apertissime denudavit, et reprobavit, atque revicit. Nam si plures quam diximus numero moderni existant Prædestinatiani, necdum cognoscere possumus : quia etsi eorum corda in insaniam perversi sensus ebulliunt, prava tamen quæ sentiunt apertius eloqui non præsumunt. Ita ut aperte videamus impleri quod scriptum est : *Congregans sicut in utre aquas maris* (*Psal.* XXXII, 7). Aqua enim maris sicut in utre congregata est, quando amara hæreticorum scientia quod prave sentit in pectore comprimit, et aperte dicere non præsumit. Et recte noviter garrientes, ut diximus, quantum cognoscere possumus, in novenario numero remanent, et ad decimum non perveniunt : sicuti et novem leprosi, qui, uno ad gratias referendas reverso, ingrati Domino remanserunt : quia et isti ab unitate Ecclesiæ in fide catholica permanente, paucitatem suæ vilitatis segregantes, si salvari volunt, ad unitatem catholicæ fidei necesse est ut redire procurent. Novem itaque indigent uno, ut quadam unitatis forma coagulentur, et decem sint : unum autem non eis indiget ut custodiat unitatem. Unum si addatur ad novem, quædam effigies unitatis impletur, quo fit tanta complexio, ut ultra non progrediatur, et hac per infinitatem numeri regula custodiatur : a qua qui sui pravitate sensus reprobi effecti a consortio unitatis exclusi sunt, in novenario numero, nisi reversi fuerint, tanquam imperfecti remanentes, inter ignotos in die magni judicii damnabuntur, quibus dicit Dominus : *Nescio vos* (*Matth.* XXV; *Luc.* XIII).

Sed si isti, qui ut errorem suum astruant, quorumdam doctorum ex his quos nominatim signavimus testimonia proferunt, sententiam libri Apologiæ beati Gregorii Nazianzeni sollicite legerent, et sibi studiose aptare curarent, solertius et salubrius in lectione et doctrina, atque auditu doctrinæ eorumdem Patrum proficerent, eorumque testimonia audientibus ponderando proponerent. Nos quoque, si illam devote mentibus nostris recondimus, et vigilanter attendimus, calcatiusque in Scripturis et doctorum tractatibus legimus, dente simplici ruminare, ac palato cordis progustare, sincera etiam fide, et sobrio intellectu, ac mundo corde sumere, ori quoque nostro ostium et seras adhibere, verbisque nostris stateram apponere, et modum eis imponere procurabimus, ut auditoribus in tempore tritici mensuram, sicut scriptum est (*Luc.* XII, 42), tribuere valeamus. Ait enim Dominus ad chorum prædicantium per prophetam : *Audiens* **290** *nuntiabis eis ex me* (*Ezech.* III, 17), ex me videlicet, non ex te. Ac si aperte omnes nos moneat, ut Scripturæ et catholicorum dictis nostros sensus accommodemus, et quæ inde, Domino inspirante, libamus, ac si de puro prælo illibata audientibus propinemus, et non dicta catholica ad nostros pravos sensus inflectere præsumamus. Ait enim præfatus magnificus doctor Gregorius in libro quo diximus, id est in Apologia : « Triplici namque modo in Ecclesia dicentium periculum pendet, ex sensu, ex verbo, ex auditu, ut perfacile eveniat, in uno saltem aliquo, si non in omnibus labi. Aut enim minus illuminatus est sensus, aut ad explanandum defuit sermo sufficiens, aut bene prolata crassior non recipit auditus, et ex uno quolibet horum casu fit in omnibus periculum veritatis. Et quidem in aliis quibusque studiis et doctrinis facile vel profertur vel recipitur : in his vero nostris scholis ipsa auditorum exspectatio dicturo periculum generat. Tanquam enim de Deo audituri, et de summa omnium spe ac salute suscepturi verbum, quanto callidiores erga fidem fuerint, tanto attentiores et scrupulosiores erga audiendum fient ; ita ut sicubi aliquid secus dicentis sermo sonuerit, non titubationem linguæ putent, sed proditionem fidei pietatisque condemnent, et judicent omnia non docentis ratione, sed propriis sensibus. Non enim quos in Ecclesia audiunt, sed quos de domo secum deferunt conservantes dogmata, non quæ rationabiliter didicerunt, sed quæ ex consuetudine non probabili tenuerunt. Et hoc dico adhuc non valde malorum hominum vitium, qui licet regulam non teneant veritatis, tamen religiose hæc pati videntur, et habere zelum Dei, sed non secundum scientiam : et ideo fortassis videbantur non debere vehementius condemnari ; utpote nec multum vapulaturi tanquam ignorantes Domini voluntatem, et idcirco non facientes eam. Atqui fortassis etiam corrigi aliquando poterunt et emendari. Sed religiosa mens quam cito offenditur, tam prompte et facile curatur. Si quis forte ei sermo apte et competenter adhibitus cor pulsaverit, continuo sicut ignifer lapis pulsatus simili, ex ea quæ sibi naturaliter inest lucis scintilla lampadas confestim veritatis accendit. De illis vero quid dicamus, qui dum jactantiæ gloriam quærunt, et præesse populis delectantur, iniquitatem in excelsum loquuntur : qui velut Jamnes quidam et Mambres, non tam Mosi quam veritati resistunt, et adversum sanam doctrinam commovent arma verborum? Tertium quoque genus est ex imperitia contradicentium : quam utique imperitiam consequenter insolentia comitatur, et omni verbo, nisi quod ipsi protulerint, hostiliter et insolenter occurrunt. A quibus, secundum Domini dictum, porcorum more veritatis margaritæ pedibus conculcantur. Alii quoque sunt, qui nullam quidem ex proprio sensu opinionem deferunt, neque aliquam formam de fide Dei obtinent, vel bonam vel malam : sed **291** omnibus se tradunt magistris, atque omnem suscipiunt sermonem ; velut quod melius est et rectius ex omnibus electuri, ignorantes quia non bonos de veritate judices elegerunt, semetipsos videlicet, judicare se putant posse de se quæ se fatentur ignorare : tum deinde ex verisimilibus frequenter in hoc,

modo in illud versi atque mutati, et omni verbo nunc acquiescentes, paulo post iterum reluctantes, simul et magistros et studia permutant, et velut pulvis vento agitatus facile transferuntur. Ad ultimum vero stultitiæ suæ proferunt fructum. Nam velut fatigati audiendo diversos, et victi tædio simul omnia respuunt, et veluti vacui et inanes in omnibus quæ crediderunt facti, continuo etiam contemnere et irridere nos incipiunt, velut nihil rationabile in fide nostra habentes, et patiuntur quod accidere solet his qui oculos dolent, et solis lumen accusant, vel qui aures, et voces hominum minus esse sonoras queruntur. Propterea ergo multo utilius est animæ, simpliciter et puræ veritatis elementa suscipere, et velut ceris ea nondum charaxatis inscribere, quam super illa quæ ante male scripta sunt perducere, id est super malam doctrinam et perversa dogmata verbum fidei ac veritatis ingerere, et cum primis postrema confundere. » Et paulo post : « Animam vero illam melius excolam, quæ nullo adhuc maligni cultoris aratro temerata est, nec præventione pessimi seminis occupata. Alioquin duplicabitur nobis labor, dum necesse est prius conceptas malitiæ formas detrudere : tum deinde bonitatis imaginem virtutum ceris varianter reformare, ut quam multæ ac diversæ fuerant in anima species depravationis, tam multæ sint et restitutionis. »

Cæterum quod dicit domnus Prudentius in libello suo, quem ad quosdam fratres, antequam supra memoratam epistolam Weniloni archiepiscopo suo direxisset, composuit. « Cum enim, inquiens, quemadmodum sancti evangelistæ, verissimi videlicet dictorum ipsius factorumque stipulatores atque scriptores testantur, inter cœnandum mysteria suæ quam voluntate subiit mortis prorsus indebitæ nostræque redemptionis ediceret, pro quibus pateretur intimavit. Dicit enim Matthæus : *Et accipiens calicem, gratias egit et dedit illis dicens : Bibite ex hoc omnes. Hic est sanguis meus novi testamenti, qui pro multis effundetur in remissionem peccatorum* (*Matth.* XXVI, 27, 28). Marcus autem : *Et accepto calice gratias agens dedit eis, et biberunt ex illo omnes. Et ait illis : Hic est sanguis meus novi testamenti, qui pro multis effundetur* (*Matth.* XIV, 23, 24). Lucas vero : *Et, accepto pane, gratias egit et fregit, et dedit eis dicens : Hoc est corpus meum quod pro vobis tradetur, hoc facite in meam commemorationem. Similiter et calicem, postquam cœnavit, dicens : Hic est calix novum testamentum in sanguine meo qui pro vobis effundetur* (*Luc.* XXII, 19, 20). Si sic tantummodo nobis intelligendum tradit quod dicit evangelista Lucas, ut non aliter illud intelligamus, nisi quod pro vobis tradetur, et pro vobis fundetur, id est pro illis qui ibi aderant, in hoc quod Matthæus **292** et Marcus dixerunt, nobis spes aliqua esse potest : possumus enim esse de illis multis. Sed in hoc quod Lucas dixit, spes nobis salutis nulla erit, nec fides aliqua remanebit, quia Lucas nonnisi tantum pro vobis dixit ; et si veritas sicut verum dicit, verum dixerit, quia hoc corpus pro vobis tradetur, et hic calix pro vobis fundetur, quoniam Judas ibi interfuit, et sacramenta cum aliis discipulis illa percepit, restat nobis intelligendum, quia etiam pro eis, sicut catholi.i doctores supra nobis ostenderunt, Dominus passus fuerit, qui passionis ejus mysterio ad æternam non redimuntur salutem. »

Quia vero et Judas cœnæ Domini interfuerat, sicut et evangelica veritas monstrat, pro quo dicit Dominus fusurum sanguinem suum, qui redemptus non est ad salutem, et sanctus Joannes Chrysostomus in homilia de proditione Judæ testatur : « Vides, inquit, quod immunda sunt eorum azyma, quod illicita festivitas, quod non pascha Judaicum, sed exemptum et evacuatum est paschæ spiritalis adventu, quod Christus tradidit. Nam cum manducarent, inquit, et biberent, *accepit panem et fregit et dixit : Hoc est corpus meum quod pro vobis tradetur.* Agnoscunt quod loquor, qui sunt divinis consecrati mysteriis. Et iterum : *Accepit calicem et dixit : Hic est sanguis meus qui pro multis effundetur in remissionem peccatorum.* Et præsens Judas erat, ista Christo dicente. Iste est sanguis, die, Juda, quem triginta denariis vendidisti. Iste est sanguis, de quo cum Pharisæis pactum fecisti. O Christi misericordia! o Judæ dementia! Ille enim triginta denariis paciscebatur ut venderet, et Christus ei sanguinem quem vendidit offerebat; ut haberet remissionem peccatorum, si tamen impius existere noluisset. Nam adfuit Judas, qui illius sacrificii communicationem meruit, et pedes ejus quando aliorum discipulorum lavit, ut excusationem suæ malitiæ non haberet : sed ille detestandas mentis insidias cogitabat. » Et sanctus Leo in homilia tertia de passione Domini : « Cur, inquit, Juda, de ejus bonitate diffidis, quæ te a corporis et sanguinis sui communione non repulit? » Beatus nihilominus Augustinus in expositione psalmi x ita dicit, loquens contra hæreticos : « Christus quid vobis fecit, qui traditorem suum tanta patientia pertulit, ut ei primam eucharistiam confectam manibus suis, et ore suo commendatam, sicut cæteris apostolis traderet? quid vobis fecit Christus, qui eumdem traditorem suum, quem diabolum nominavit, qui ante traditionem Domini nec loculis Dominicis fidem potuit exhibere, cum cæteris discipulis ad prædicandum regnum cœlorum misit? ut monstraret dona Dei pervenire ad eos qui cum fide accipiunt, etiamsi talis sit per quem accipiunt, qualis fuit Judas. » Et in psalmo xxxiv : « Ille videbat traditorem suum, et elegit illum magis ad opus necessarium, illius malo magnum bonum operatus est; et tamen inter duodecim electus est, ne ipse duodenarius tam exiguus numerus esset sine malo. Hoc ad exemplum **293** nostræ patientiæ. Quoniam necesse erat ut inter malos viveremus, necesse erat ut malos sive scientes sive nescientes toleremus, exemplum patientiæ præbuit, ne deficias cum carperis inter malos vivere. Et quia illa schola Christi in duodecim non defecit, quanto magis nos firmi esse debemus, cum

implentur in Ecclesia magna quæ de malorum admistione prædicta sunt ?» Et in psalmo xlvii : « Omnes quippe sacramentum baptismi Christi accipientes Christiani vocantur, sed non omnes digne illo sacramento vivunt. Sunt enim quidam, de quibus dicit Apostolus : *Habentes formam pietatis, virtutem autem ejus abnegantes (II Tim. iii, 5).* » Et paulo post : « Sunt ergo filiæ malæ, et inter illas est lilium in medio spinarum. Itaque illi sacramenta habent, et mores bonos non habent, et Dei dicuntur et non Dei, et ejus dicuntur et alieni, ejus propter ipsius sacramentum, alieni propter vitium. »

Hanc catholice discretam intelligentiam, quod Christus Jesus Dominus noster pro omnibus passus sit, licet non omnes passionis ejus mysterio sint redempti, demonstrat etiam beatus Ambrosius in secunda Epistola ad Corinthios dicens (*cap.* 5) : « *Quod si unus pro omnibus mortuus est, ergo omnes mortui sunt.* Quoniam Christus diligens genus humanum, ut eos redimeret morti se dedit, et quia omnes necesse est mori causa Adæ, pro omnibus mortuus est Christus, ut eos a secunda morte liberaret. » Et in prima Epistola (*cap.* 11) : « Rei sunt corporis et sanguinis Domini. Occisus est enim pro his qui beneficium ejus in irritum ducunt. » Et in Epistola ad Romanos (*cap.* 5) : « *Per unum hominem peccatum in hunc mundum intravit, et per peccatum mors : et ita in omnes homines pertransiit, in quo omnes peccaverunt (Rom. v, 12).* Quia Adam unus, id est Eva, quia et mulier Adam est, peccavit in omnibus : ita unus Christus Filius Dei peccatum vicit in omnibus; et quia propositum gratiæ Dei erga genus humanum ostendit, ut ipsa primordia peccati manifestaret, ab Adam cœpit qui primum peccavit, ut providentia unius Dei, per unum reformasse doceret, quod per unum lapsum fuerat et tractum in mortem. » Et item : « Adam autem ideo forma futuri est, quia jam tum in mysterio decrevit Deus per unum Christum emendare, quod per unum Adam peccatum erat, sicut dicit in Apocalypsi Joannes apostolus : *Agnus qui occisus est a constitutione mundi (Apoc.* xiii, 8). » Hæc de generali ad omnes proposito Dei, quia pro omnibus passus est. Sed quia proprio eorum vitio non omnes passionis ejus salventur mysterio, item in eadem dicit epistola (*cap. eod.*) : « *Sicut per unius delictum in omnes homines in condemnationem, sic et per unius justitiam in omnes homines in justificationem vitæ (Rom. v, 16),* hoc est, sicut unius delicto omnes in condemnatione erant similiter peccantes, ita et justitia unius omnes justificantur credentes : sicut quilibet condemnationem hanc generalem esse putant, simili modo et justificationem generalem accipiunt ; sed non est verum, quia non omnes credunt. » Et in Epistola prima ad Corinthios (*cap.* 15) : « *Tradidi enim vobis in primis, quoniam* **294** *Christus mortuus est pro peccatis nostris (I Cor.* xv, 3) ; et Moyses de cruce ejus: *Tunc videbitis vitam vestram pendentem ante oculos vestros, et non credetis (Deut.* xxviii, 66). » Et de generali beneficio, quia pro omnibus passus est, et resurrexit, *quia resurrexit,* inquiens, *tertia die* (*I Cor.* xv, 4). « In Christo enim omnes resurrexisse, sicut in Adam mortuos esse, nemo fidelium denegat. » Et item : « *Per hominem mors, et per hominem resurrectio mortuorum* (*I Cor.* xv, 21). Ut quia peccato hominis mors inventa est, Christi justitia resurrectionem meruerit mortuorum. » Et item, quia non omnes salvantur passionis Christi mysterio, qui sunt qui salvi fiunt in eadem epistola dicit (*epist.* 2 , *c.* 6) : « *Tempore accepto exaudivi te* (*II Cor.* vi, 2). Sic enim decrevit Deus affluere misericordiam suam, ut in nomine Christi poscentibus auxilium largiretur. » Et item , de passionis ejus beneficio generaliter cunctis proposito (*ibid., c.* 5) : « Christus enim, inquiens, post crucem descendit ad inferos devicta morte ; et quia pecca-tum nesciebat, teneri a morte non potuit, quia mors peccatum inanivit et infernum, ut mors justi pecca-toribus proficeret, ut de cætero mors eos qui signum crucis habent tenere non possit. » Item (*cap.* 6) de his qui crucis salvantur mysterio, in Epistola ad Romanos : *Si enim complantati sumus similitudini mortis ejus, simul et resurrectionis erimus* (*Rom.* vi, 5). « Tunc nos feliciter dicit posse resurgere , si similitudini mortis ejus fuerimus complantati , id est, si in baptismo omnia vitia deponentes, in novam vitam translati de cætero non peccemus : per quod simul et resurrectionis illius similes erimus , quia similitudo mortis similem præstabit resurrectionem. Nec enim erit similitudo, ut nihil distet qui similis erit in corporis gloria, non in divinitatis natura. » Et item (*cap.* 15) generalis beneficii discretionem demonstrat in Epistola prima ad Corinthios : *Sicut enim in Adam omnes moriuntur , ita et in Christo omnes vivificabuntur* (*I Cor.* xv, 22). « Omnibus qui sunt ex ejus corpore acquisivit vitam, id est resur-rectionem. Quamvis ergo generalem tribuit resur-rectionem, ut sicut in Adam omnes, sive justi, sive injusti, moriuntur, ita et in Christo omnes, tam credentes quam diffidentes , resurgant : licet ad pœnam increduli, tamen vivificari videntur, quia corpora sua recipient, jam non morituri, sed passuri pœnam in eis sine fine quod credere noluerunt. » Item (*cap.* 1), quod generaliter omnibus per crucem salus proposita operatur singulis, in eadem Epistola : *Verbum enim crucis pereuntibus quidem stultitia est* (*I Cor.* i, 18). « Manifestum est, quia quibus crux Christi stultitia est, in perditione sunt : inferni enim morti non sunt erepti. *His autem qui salvi fiunt, virtus Dei est* (*ibid.*). Non est obscurum, quia his qui credunt virtus Dei est : credunt enim non infir-mitatem esse crucem Christi, sed virtutem, intelli-gentes mortem victam esse in cruce: cujus signum qui habent salvi sunt, quia ab illa teneri non pos-sunt. » Quia generaliter omnibus sit salus proposita, item (*cap.* 9) in eadem dicit epistola : *Omnis qui in agone contendit, ab omnibus se abstinet* (*I Cor.* 9, 25). « Ab his omnibus quæ vitanda eadem tradit disci-plina, cum sciant unum **295** coronandum : quanto

magis observandum nobis est, quia omnibus pro-missa est salus ?. »

Qualiter vero se quisque hoc generali defraudet beneficio, in eadem epistola ipse demonstrat dicens (*epist.* 1, *c.* 2) : *Spiritalis dijudicat omnia* (*I Cor.* ii, 15). « Cum enim constet omnes inimicos fidei falsa tenere pro veris, accusatio illorum in irritum jam deducta est, veri judicio condemnata : quia *Qui non credit,* inquit Dominus, *jam judicatus est* (*Joan.* iii, 18). Sed et credens atque redemptus, si in eo quod credidit et redemptus est non permanse-rit, et ipse beneficio generali se privat. » Item idem (*cap.* 6) in eadem epistola dicit : « *Empti enim estis pretio* (*I Cor.* vi, 20), et quia caro pretio empti su-mus, propensius Domino nostro servire debemus, ne offensus a qua nos redemit morti nos reddat. » Et quia nec tales peribunt, si in incredulitate vel in iniquitate non perseveraverint, in eadem demon-strat dicens (*cap.* 3) : *Non potui vobis loqui quasi spiri-talibus* (*I Cor.* iii, 1). « Spiritus enim sanctus tunc per-manet in eo cui se infuderit, si manet in proposito re-generationis, si quo minus, abscedit : ita tamen ut si reformaverit se homo, redeat ad illum. Semper enim paratus ad bonum est, diligens pœnitentiam. » Quod de Spiritu sancto hic catholicus doctor dicit, hoc de Patre et Filio cum eodem Spiritu sancto est sentiendum , quorum una est voluntas et ope-ratio.

Hanc catholicæ discretam intelligentiam de re-demptione humani generis per Domini passionem, tenuit sanctus Hieronymus, dicens in expositione Epistolæ ad Ephesios : « Hoc in Dei Filio possibile judicandum est, quod cruore suo non urbem unam sed totum purgat orbem. » Et in Commentario Matthæi : *Filius hominis non venit ministrari, sed ministrare, et dare animam suam redemptionem pro multis* (*Matth.* xx, 28). « Non dixit pro omnibus, sed pro multis, id est pro his qui credere volue-rint. » Sic et Beda in homilia Evangelii *decima tertia* : « In Spiritu sancto baptizans, » quin Christus, « ad tollenda peccata, non solum Israel, sed et totius mundi, si ei credere voluerit, idoneus est. » Hanc sanctus Hilarius tenuit et docuit, dicens in expo-sitione psalmi cxviii : « Tunc humano generi expro-brat non pœnitenti, neque in viam evangelicam pergenti, id quod in psalmo continetur. *Quæ utilitas in sanguine meo, dum descendo in corruptionem* (*Psal.* xxix, 20) ? Exprobrat enim superbis atque maledictis, cur nihil in sacramento sanguinis sui atque mortis utilitatis suæ esse existimaverint, cum ille nostri causa et natus, et passus, et mortuus sit. » Sic sensit et docuit sanctus Joannes Chryso-stomus, dicens in Epistola ad Hebræos, qualiter gratia Dei pro omnibus gustaverit mortem, non pro fidelibus tantum, sed pro mundo universo. Et de eo dictum est, *ad multorum exhaurienda peccata* (*Hebr.* ix, 28). Et ipse quidem pro omnibus mortuus est. Quid autem si non omnes credunt, et ille quod suum est implevit ? Sic sensit et docuit S. Augustinus, dicens in libro de Correptione et Gratia : « Quis magis dilexit infirmos quam ille qui pro omnibus est factus infirmus, et pro omnibus ex ipsa **296** infirmitate crucifixus? » Et in libro sexto contra Julianum : « Illi sunt liberati a peccato, pro quibus mortuus est qui nunquam fuerat in peccato et semel mortuus, tamen pro unoquoque tunc moritur, quando in ejus morte quantælibet ætatis fuerit baptizatur, id est, tunc ei proderit mors ejus qui fuit in peccato, quando in ejus morte baptizatus, mortuus fuerit etiam ipse peccato, qui mortuus fuerat in peccato. » Hanc tenuit et prædicavit sanctus Theophilus pontifex Alexandrinus, dicens in capite Paschalis epistolæ tertiæ : « Nunc quoque Dei viva sapientia nos ad sanctum provocat Pascha celebrandum, omnes cupiens ejus esse participes. » Et in prima synodica : « Idcirco, inquit, omnibus errore seductis vivens sermo Dei in auxilium nostrum venit ad terras, quæ ignorabant cultum Dei, et veritatis sollicitudinem sustinebant. Cujus rei testis ille qui loquitur, *Omnes deliquerunt , simul inutiles facti sunt* (Rom. III, 12). » Et item in secunda : « Præbentes nos dignos communione corporis et sanguinis Christi. Sic enim merebimur accipere regna cœlorum in Christo Jesu Domino nostro. » Et sanctus Leo in epistola ad Leonem Augustum : « Effusio enim justi pro injustis sanguinis Christi tam fuit dives ad pretium, ut si universitas captivorum in Redemptorem suum crederet, nullum diaboli vincula retinerent. » Et Ambrosius in psalmo CXVIII : « Quod mortuus est Christus, mortuus est semel. Omnibus in commune semel mortuus est, et singulis semel moritur, non frequenter. » Sic sanctus Gregorius tenuit et prædicavit in libro Moralium decimo quarto dicens (*cap.* 22) : « Stulti quoque despiciebant me : » ac si aperte diceretur : Ipsi me etiam despexerunt, pro quibus sanandis stultitiam prædicationis assumpsi, id est ut per carnem Verbi sanarentur : et ab ipsis despectus sum, pro quibus stultus æstimari veritus non sum. Et item in homilia secunda Ezechielis prophetæ : « Persecutores suos diligunt prædicatores sancti ; sed ipse auctor omnium ac Redemptor in passione positus, pro persecutoribus intercedit dicens : *Pater, ignosce illis, quia nesciunt quid faciunt* (*Luc.* XXIII, 34). Membra sua ponunt in passione pro fratribus : sed pro electorum vita usque ad mortem se tradidit auctor vitæ. « Et in homilia Evangelii vigesima : « Illum Joannes Baptista prædicare veniebat, qui quosdam ex Judæa, et multos ex gentibus prædicare veniebat. « Et in vigesimo libro Moralium : « Redemptor corpus passioni obtulit quod pro electis assumpserat. » Et item : « Interpellat pro nobis Dominus, non voce, sed miseratione; quia quod damnari in electis noluit, suscipiendo liberavit. » Et Prosper ex delegatione apostolicæ sedis hanc catholicam intelligentiam exposuit, dicens contra Gallos in recapitulatione nona : « Qui dicit quod non pro totius mundi redemptione Salvator sit crucifixus, non ad sacramenti virtutem, sed ad infidelium

respicit partem, cum sanguis Domini nostri Jesu Christi pretium totius sit mundi. » Hanc ipsa sancta sedes apostolica in arcanis cœlestium mysteriorum **297** ex apostolorum traditione retinet dicens: « Hæc hostia quæsumus, Domine, mundet nostra delicta, quæ in ara crucis immolata totius mundi tulit offensam. » Et item : « Annue nobis, Domine, ut animæ famuli tui Leonis hæc prosit oblatio, quam immolando totius mundi tribuisti relaxari delicta. » Et : « Respice, omnipotens et misericors Deus, super hanc familiam tuam, pro qua Dominus noster Jesus Christus non dubitavit manibus tradi nocentium, et crucis subire tormentum. » Unde legem credendi, ut beatus Cœlestinus scribit, lex statuat supplicandi.

Hanc orthodoxæ intelligentiæ discretionem hauserunt catholici patres nostri de fontibus Salvatoris, qui dicit : *Simile est regnum cœlorum homini qui fecit nuptias filio suo, et misit servos suos vocare invitatos ad nuptias, et nolebant venire* (*Matth.* XXII, 2, 3). Et post alia : *Dico vobis quod nemo virorum illorum qui vocati sunt gustabit cœnam meam* (*Luc.* XIV, 24). Venerunt autem multi de viis vocati et sepibus, et impletæ sunt nuptiæ discumbentium. Et quidam eorum qui venerunt, non habuit vestem nuptialem, et ligatis manibus et pedibus missus est in tenebras exteriores, ubi erit fletus et stridor dentium. Hæ nuptiæ ab ipsis mundi rudimentis paratæ sunt, hæc ad has nuptias ab exortu humani generis vocatio exstitit, sicut sanctus Hieronymus in Commentario epistolæ ad Galatas dicit : Hæres iste parvulus, qui nihil differt a servo cum sit dominus omnium, sed sub tutoribus est usque ad præfinitum tempus a patre, totum humanum genus ab exortu usque ad adventum Christi, et ut amplius dicam, usque ad mundi consummationem significat. Quomodo enim omnes in protoplasto Adam necdum nati moriuntur : ita omnes et hi qui ante adventum Christi nati sunt, in secundo Adam vivificantur : atque ita fit, ut et nos legi servierimus in patribus, et illi gratia salvantur in filiis. Et quoniam, ut beatus Augustinus in libro de Bono perseverantiæ dicit (*cap.* 8), nunquid hominum naturæ duæ sunt ? absit. Si duæ naturæ essent, gratia ulla non esset : unde constat quia natura una, sed dispar est gratia. Et cum unum in generali massa perditionis sit meritum, magna diversitas est, ab initio usque ad consummationem sæculi, in hominibus morum et actionum. Per similitudinem de uno homine, et de unius vineæ diversitate, duarum lectionum distinctione, Salvator demonstrat, dicens : *Simile est regnum cœlorum homini patrifamilias, qui exiit primo mane conducere operarios in vineam suam* (*Matth.* XX, 1). *Cum vero autem factum esset, dicit dominus vineæ procuratori suo : Voca operarios et redde illis mercedem* (*ibid.,* 8). Unde sanctus Gregorius (*hom.* 19) : « Ad erudiendam, inquit, Dominus plebem suam, quasi ad excolendam vineam suam, nullo tempore destitit operarios mittere : quia et prius per Patres, et postmodum per legis doctores et prophetas, ad extremum vero per apostolos, dum plebis suæ mores excoluit, quasi per operarios in vineæ cultura laboravit. Quamvis in quolibet modulo vel mensura, **298** quisquis cum fide recta bonæ actionis exstitit, hujus vineæ operarius fuit. » Et item : *Vineam pastinavit homo, et circumdedit sepem, et fodit lacum, et ædificavit turrim, et misit ad agricolas in tempore servum, ut ab agricolis acciperet de fructu vineæ* (*Marc.* XII, 1), et reliqua. Unde Beda : « Bene tempus fructuum posuit, non proventum. Nullus enim fructus exstitit populi contumacis, nullus hujus vineæ proventus, tametsi crebro ac sollicite quæreretur, inventus est. Et sic de primo, secundo, et tertio præmissis servis, usque ad adventum filii, de quo dicitur : *Forte verebuntur filium meum* (*Matth.* XXI, 37). Quod ambigere Deus dicitur, non de ignorantia venit, sed ut libera voluntas homini reservetur. Et venit filius, qui venit quærere et salvum facere quod perierat, dicens : *Venite ad me omnes qui laboratis et onerati estis, et ego reficiam vos* (*ibid.*, 28) : qui non venit ut judicet mundum, sed ut salvetur mundus per ipsum. Et apprehendentes coloni filium occiderunt. Quid ergo faciet dominus vineæ agricolis illis? responsum est : *Malos male perdet* (*ibid.*, 41) : quoniam qui non credit jam judicatus est, id est jam damnatus est, quia non credidit in nomine unigeniti Filii Dei : hoc est autem judicium, scilicet damnatio, quia lux venit in mundum, et dilexerunt homines tenebras magis quam lucem; erant enim eorum mala opera. Judicatis autem, id est, damnatis illis colonis pessimis, vineam suam locavit aliis agricolis, qui reddant ei fructum temporibus suis; quia sicut ille apud Matthæum exposuit : *Ideo dico vobis, auferetur a vobis regnum Dei, et dabitur genti facienti fructus ejus* (*Matth.* XXI, 43). *Sic quippe Deus dilexit mundum, ut Filium suum unigenitum daret, ut omnis qui credit in ipsum non pereat, sed habeat vitam æternam* (*Joan.* III, 16). Et beatus Petrus : *Non tardat*, inquit, *Dominus promissionem suam, sed exspectat propter vos, nolens aliquem perire, sed omnes ad pœnitentiam reverti* (*II Petr.* III, 9). Et sanctus Paulus : *Qui proprio filio suo non pepercit, sed pro nobis omnibus tradidit illum* (*Rom.* VIII, 32). *Et si unus pro omnibus mortuus est, ergo omnes mortui sunt* (*II Cor.* V, 14) : et pro omnibus mortuus est, qui dedit semetipsum pro omnibus, et gratia Dei pro omnibus gustavit mortem, quia, ut Isaias dicit : *Omnes velut oves erravimus* (*Isa.* XIII, 6). Unusquisque viam suam declinavit, et Dominus posuit in eo iniquitatem omnium nostrum. »

Quia vero non omnes passionis ejus mysterio sunt redempti, licet ipse fuerit passus pro omnibus, manifestat iterum per Isaiam dicens : *In scientia sua justificavit ipse servos suos multos* (*Isa.* LIII, 11). Et item : *Ipse peccata multorum tulit* (*ibid.*) Et item : *Iste asperget gentes multas* (*Isa.* LI, 15). Et in Evangelio : *Filius hominis non venit ministrari, sed ministrare, et dare animam suam redemptionem pro multis* (*Matth.* XX, 28). Et item Apostolus : *Per unius obedientiam justi constituuntur multi*

(*Rom.* V, 19). Et item : *Ut sit ipse primogenitus in multis fratribus* (*Rom.* VIII, 29). Et item : *Qui multos filios in gloriam adduxerat* (*Hebr.* II, 10). Et item : *Christus semel passus est ad multorum exhaurienda peccata* (*Hebr.* IX, 28). Et item : *Christus dilexit Ecclesiam, et seipsum tradidit pro ea* (*Ephes.* V, 25). Sed et Matthæus, et Marcus, et Lucas, ideo non pro omnibus, sed pro multis et pro vobis tradetur **299** corpus meum, et effundetur sanguis meus, dicunt protestatum fuisse Dominum Salvatorem, quia licet pro omnibus passus fuerit, non omnes passionis ejus mysterio sunt redempti : et quia non omnes sunt redempti, pro quibus est passus, ad infidelium respicit partem, non ad pretii potestatem, cum sanguis Domini nostri Jesu Christi pretium sit totius mundi. Manifestum est etiam, quia juxta Apostolum, *Quicunque baptizati sumus in Christo Jesu, in morte ipsius baptizati sumus* (*Rom.* VI, 3). Et ut idem dicit Apostolus : *Empti sumus pretio magno* (*I Cor.* VI, 20). Et beatus Petrus dicit : *Non corruptibilibus auro et argento redempti estis de vana vestra conversatione paternæ traditionis, sed pretioso sanguine quasi agni incontaminati et immaculati Jesu Christi* (*I Petr.* I, 18). Et tamen licet Gothescalcus pertinacissime deneget quod nemo Christi redemptus sanguine possit perire, pereunt quidam aut ad infidelitatem reversi, aut in iniquitate defuncti, sicut idem beatus Petrus demonstrat dicens : *Fuerunt vero et pseudoprophetæ in populo, sicut et in vobis erunt magistri mendaces, qui inducent sectas perditionis, et eum qui emit eos Dominum negantes, superducentes sibi celerem perditionem* (*II Petr.* II, 1). Unde Beda : « De hoc tempore, inquit, et Paulus dicit, empti estis pretio magno, glorificate et portate Dominum in corpore vestro. Merito autem sibi celerem perditionem superducunt, qui Redemptorem suum negantes, hunc recte confitendo glorificare, et benefaciendo suo in corpore ferre detractant, quod omnes faciunt hæretici. » Et sanctus Paulus in epistola ad Corinthios : *Itaque quicunque ederit panem hunc, aut biberit calicem Domini indigne, reus erit corporis et sanguinis Domini.* (*I Cor.* XI, 17.) Unde Ambrosius : « Quid est autem reos esse, nisi pœnas dare mortis Domini? Occisus est enim et pro his qui beneficium ejus in irritum ducunt. » Et item : *Peribit in tua scientia frater pro quo Christus mortuus est* (*I Cor.* VIII, 11). Hinc sanctus Ambrosius : Et tu eris occasio mortis fratris, quem Christus ut redimeret, crucifigi se permisit. Et Dominus dicit : *Non omnis qui dicit mihi : Domine, Domine, intrabit in regnum cœlorum; sed qui facit voluntatem Patris mei qui in cœlis est, ipse intrabit in regnum cœlorum* (*Matth.* VII, 21.) Et : *Multi dicent mihi in illa die : Domine, Domine, nonne in nomine tuo prophetavimus, et in nomine tuo virtutes multas fecimus? et tunc confitebor illis : Quia non novi vos, discedite a me maledicti* (*ibid.*, 22, 23). Et Paulus : *Qui confitentur se nosse Deum, factis autem negant* (*Tit.* I, 6) : quod et quamplurimis aliis testimoniis potest probari. Unde si de redimendis quidam, ad infidelitatem vel perseverantem iniquitatem reversi, vitio proprio pereant, pro quibus non negatur quod Christus fuerit passus, cur pro eis etiam non credatur atque dicatur passus fuisse, qui sua delectati captivitate, aut fidem noluerunt vel nolunt recipere, aut iniquitatem noluerunt vel nolunt deserere : præsertim cum apertissime Dominus dicat discipulis : *Prædicate Evangelium omni creaturæ. Qui crediderit et baptizatus fuerit, salvus erit : qui vero non crediderit condemnabitur (Marc. XVI, 15, 16).* Et item : *Et nisi abundaverit justitia vestra plus quam* **300** *Scribarum et Pharisæorum, non intrabitis in regnum cœlorum (Matth. v, 20).*

Et quod dicit Gothescalcus, quia hoc est evacuare crucem Christi, si dicatur quia pro omnibus sit passus Christus, et non sint omnes redempti pro quibus voluit pati, non est mirum si taliter exponit evacuari crucem Christi, qui evacuare præsumpsit sacramentum baptismi, sententiam apostoli Petri exponens, *Eum qui emit eos Dominum negantes (II Petr. II, 1).* « Baptismi, inquit, sacramento eos emit, non tamen pro eis crucem subiit, neque mortem pertulit, neque sanguinem fudit. » Qualiter vero intelligenda sit sententia Apostoli, qua dicit, *Non evacuetur crux Christi (I Cor. I, 17),* quoniam notissima est catholicorum expositio, brevitatis studio verba Augustini tantum ex libro de Natura et Gratia ponimus (*cap.* 7) : « Evacuatur, inquit, crux Christi, si aliquo modo præter illius sacramentum, ad justitiam vitamque æternam perveniri posse dicatur : » succinctissime contingentes, quia sicut non evacuatur fides Christi, si omnes non crediderint, et non evacuatur baptismatis sacramentum omnibus prædicandum, si omnes credentes baptizati non fuerint. « Non enim, inquit Prosper ex Apostolo (*Ad object. Gal. Sent.* IX), excidit verbum Dei, neque evacuata est mundi redemptio : quia et si non cognovit mundus Deum in vasis iræ, cognovit tamen mundus Deum in vasis misericordiæ. » Ita non evacuatur passio Redemptoris, si non omnes, quibus poculum humanæ salutis confectum divina virtute et infirmitate nostra oblatum est, sumere detrectaverint, vel perverse pravis moribus et iniqua conversatione vivendo, in judicium et condemnationem, et si non ut Judas peccatoribus Judæis, verum sanguinem justum Christi Dei nostri suis peccatoribus tradiderint membris. Medicina enim spiritalis est, ut dicit Ambrosius, quæ cum reverentia degustata purificat sibi devotum : memoria quippe redemptionis nostræ est. Unde devote et cum timore accedendum ad communionem ejus docet Apostolus, ut sciat mens reverentiam se debere ei, ad cujus corpus sumendum accedit. Hoc enim apud se debet judicare, quia Dominus est, cujus in mysterio sanguinem potat, qui testis est beneficii Dei, quem nos si cum disciplina accipimus, non erimus indigni corporis et sanguinis Domini. Gratia enim videbitur Redemptori. *Quicunque vere ederit panem hunc, aut biberit calicem Domini indigne, reus erit corporis et sanguinis Domini*

(I Cor. XI, 17), quia qui sine disciplina traditionis et conversationis accedunt, rei sunt corporis et sanguinis id est poenas dabunt mortis Domini ; quoniam quidem, ut sanctus Gregorius in homilia decima prophetæ Ezechielis dicit, una est spes, una fides est præcedentium atque sequentium populorum. Sicut illi exspectata passione ac resurrectione Filii Dei salvati sunt, ita nos præterita passione illius, ac permanente in sæcula resurrectione salvamur. Et sanctus Hieronymus in epistola ad Galatas, *Christus gratia Dei*, sive ut in quibusdam exemplaribus legitur, *absque Deo pro omnibus mortuus est (II Cor.* v, 15) : « Si autem pro omnibus, et **301** pro Moyse, et pro universis prophetis, e quibus nullus potuit delere chirographum vetus quod adversum nos scriptum erat, et affigere illud cruci. *Omnes enim peccaverunt, et indigent gloria Dei (Rom.* III, 23).» Et de his qui salvati non sunt sanctus Gregorius in homilia nona Ezechielis dicit : « Notandum quia postquam mala parentum defunctorum dixerat, mittens prophetam ad filios dicit, *Si forte vel ipsi audiant, et forte quiescant (Ezech.* II, 5). Quid est dicere, *vel ipsi,* nisi quia eorum patres, qui in culpa defuncti sunt, audire noluerunt ? » Et Ambrosius in epistola ad Romanos, *Nunquid sic offenderunt ut caderent ? absit (Rom.* XI, 11) : « Hoc dicit quod supra memoravi, quia non sic diffiderunt ut nunquam possent credere, id est, non ita propter incredulitatem suam cæcati sunt ut curari non possent, sicut diabolum legimus cecidisse. » Hæc diximus, ne etiam nunc errorem ejus, qui nos errasse non vere dixit, de impiis ante passionem Christi punitis indiscussum præteriremus. Non enim scripsimus, Christus Jesus Dominus noster, sicut nullus homo est, fuit vel erit, cujus natura in illo assumpta non fuerit : ita nullus est, fuit, vel erit homo, quem non Christus passus ad æternam salutem redemerit. Sed scripsimus, Christus Jesus Dominus noster sicut nullus homo est, fuit, vel erit, cujus natura in illo assumpta non fuerit : ita nullus est, fuit, vel erit homo, pro quo Christus passus non fuerit, licet non omnes passionis ejus mysterio redimantur.

Quare autem non omnes redimantur, cum fuerit passus Christus pro omnibus, capitulum a nobis excerptum non tacuit, sicut qui illud legere voluerit, invenire valebit. Sed et a tempore Dominicæ passionis, ut iterum inculcemus, constat esse certissimum, quia sicut veraciter Veritas dicit, *Nisi quis renatus fuerit ex aqua et Spiritu sancto, non intrabit in regnum cœlorum (Joan.* III, 5), ita veraciter eadem Veritas dicit : *Nisi manducaveritis carnem filii hominis, et biberitis ejus sanguinem, non habebitis vitam in vobis (Joan.* VI, 54), ita et veraciter ipsa Veritas dicit. *Qui crediderit et baptizatus fuerit, salvus erit (Marc.* XVI, 16) ; quia secundum Apostolum, *Quicunque baptizati sumus in Christo Jesu, in morte ipsius baptizati sumus (Rom.* VI, 3) ; et : *Quicunque in Christo baptizati estis, Christum induistis (Gal.* III, 27). Ita nihilominus vera est illa sententia, quam veraciter eadem depromit Veritas, *Qui manducat, in-*

quiens, *carnem meam et bibit sanguinem meum, in
me manet et ego in eo (Joan.* VI, 57). Et si Christus
veraciter pro baptizatis et sacramentorum cœlestium
participantibus, ut ex Scripturis et catholicorum
verbis ostendimus, passus creditur, qui aut ad infidelitatem, aut ad iniquam vitam perseveranter
relapsi pereunt, cur credi non debeat pro his etiam
passus, qui quoniam non credunt ex liberi arbitrii
descendit obduratione, non ex Dei operatione, *qui
omnes homines vult salvos fieri, et ad agnitionem
veritatis venire (1 Tim.* II, 4)? Deus enim noster,
Deus salvos faciendi est : pereunt autem quicunque
pereunt infidelitate voluntaria, non coacta, propria
iniquitate, non Domini voluntate, qui omnes ad
salutem **302** invitat dicens : *Venite ad me omnes qui
laboratis et onerati estis, et ego reficiam vos (Matth.*
XI, 28). Sed est in humilibus quod scriptum est in
Evangelio, *Qui non vident videant (Joan.* IX, 39),
et in præsumptoribus, *et qui vident cæci fiant (ibid.),*
non quod videant, sed quia videre se putant, vel
potius videre se simulant.

Unde tutius nobis omnibus est audire consilium,
quod beatus Hieronymus in decima nona. Homilia
Evangelii Lucæ, idem Evangelium exponendo dicit :
« Tu, inquiens, si quando Scripturas legeris, quære
in eis sensum cum dolore quodam atque tormento,
non quo Scripturas errasse aut perperam quid habere arbitreris, sed quod illæ intrinsecus habeant
veritatem sermonum atque rationum, et tu nequeas
invenire quod verum est. Hoc est, *Dolentes quæreba-
mus te (Luc.* II, 48). » Sic quæsivit et sanctus
Prosper, sanctæ apostolicæ sedis legatus, ut catholicæ
matris alumnus, in his sententiis de redemptione
Christi sanguinis veritatem, et invenit veritatis
intelligentiam, atque intelligentiæ discretionem.
Unde et contra Gallos dixit in objectione nona :
« Cum itaque rectissime dicatur Salvator pro totius
mundi redemptione crucifixus, propter veram humanæ naturæ susceptionem, et propter communem
in primo homine omnium perditionem, potest
tamen dici pro his tantum crucifixus, quibus mors
ipsius profuit, dicente evangelista : *Quia Jesus moriturus erat pro gente, non tantum pro gente, sed etiam
ut filios Dei congregaret in unum (Joan.* XI, 52). *In
sua enim venit, et sui eum non receperunt : quotquot
autem receperunt eum, dedit eis potestatem filios Dei
fieri, qui non ex sanguinibus, neque ex voluntate
carnis, neque ex voluntate viri, sed ex Deo nati sunt
(Joan.* I, 11, 13). Diversa ergo ab istis sors eorum est,
qui inter illos censentur, de quibus dicitur, *Lux
lucet in tenebris, et tenebræ eam non comprehenderunt
(ibid.,* 5) : ut possit secundum hoc dici : Redemptor mundi dedit pro mundo sanguinem suum, et
mundus redimi noluit, quia lucem tenebræ non receperunt : et tenebræ receperunt, quibus dicit
Apostolus, *Fuistis aliquando tenebræ, nunc autem
lux in Domino (Ephes.* V, 8). » Et contra Vincentianos (*resp. prim.*) : « Cum itaque propter unam
omnium naturam, et unam omnium causam, a Do-

mino nostro in veritate susceptam, recte omnes
dicantur redempti, et tamen non omnes a captivitate
sint eruti, redemptionis proprietas haud dubie penes
illos est, de quibus princeps mundi missus est foras,
et jam non vasa diaboli, sed membra sunt Christi.
Cujus mors non ita impensa est humano generi, ut
ad redemptionem ejus etiam qui regenerandi non
erant pertinerent : sed ita ut quod per unum exemplum gestum est pro universis, per singulare sacramentum celebraretur in singulis. Poculum quippe
immortalitatis, quod confectum est de infirmitate
nostra, et virtute divina, habet quidem in se ut
omnibus prosit, sed si non bibitur, non medetur. »
Et item contra Gallos in recapitulatione nona :
« Item qui dicit quod non pro totius mundi redemptione Salvator sit crucifixus, non ad sacramenti
virtutem, sed ad infidelium **303** respicit partem :
cum sanguis Domini nostri Jesu Christi pretium sit
totius mundi, a quo pretio extranei sunt, qui aut
delectati captivitate redimi noluerunt, aut post redemptionem ad eamdem sunt servitutem reversi.
Non autem excidit verbum Dei, neque evacuata est
mundi redemptio : quia et si non cognovit mundus
in vasis iræ, cognovit tamen mundus Deum in vasis
misericordiæ, quæ Deus nullis eorum bonis meritis
præcedentibus eruit de potestate tenebrarum, et
transtulit in regnum filii dilectionis suæ. » Hanc
intelligentiam qui fideliter tenere voluerit, nec a
recto sensu deviabit, nec a catholicis doctoribus
discordabit, neque sanctas Scripturas sibi diversas
vel adversas esse putabit, neque contentionibus deservire studebit

De cujus sancti viri scilicet Prosperi verbis, ut
simpliciter et veraciter omnibus legentibus fateamur,
instantia devotionis domni et christianissimi Caroli
principis coacti, qui librum illius præ manibus non
habuimus, quantum ad memoriam nobis venit, et
brevitas temporis et subitanea compulsio permisit,
hoc capitulum humilitas nostræ intelligentiæ deliba-
vit. Sed qui benigne ac simplici intentione advertere
voluerit, a sensu illius nihil, a verbis vero ipsius
pene nihil nos discordasse videbit. Relegat et capitulum quod excerpsimus, et verba sancti Prosperi quæ
in proximo proposuimus, et videat si est verum quod
dicimus. Et ne grave cuiquam legenti sit longe superius capitulum quod excerpsimus quærere, hic
illud dignum censuimus ponere. Istud est autem
capitulum a nobis excerptum : « Christus Jesus Do-
« minus noster, sicut nullus homo est, fuit vel erit,
« cujus natura in illo assumpta non fuerit : ita nullus
« est, fuit, vel erit homo, pro quo passus non fuerit,
« licet non omnes passionis ejus mysterio rediman-
« tur. Quia vero non omnes passionis ejus mysterio
« redimuntur, non rescipit ad magnitudinem et pretii
« copiositatem, sed ad infidelium et ad non creden-
« tium ea fide quæ per dilectionem operatur respicit
« partem : quia poculum humanæ salutis, quod con-
« fectum est infirmitate nostra et virtute divina, ha-
« bet quidem in se ut omnibus prosit, sed si non

« bibitur non medetur. » Eucharistia enim est Redemptoris ac Salvatoris mundi proposita omnibus, sed fidelibus dans salutem, quæ est in eodem Domino nostro Jesu Christo, qui secundum Apostolum est Salvator omnium hominum, maxime autem fidelium : quia non est aliud nomen datum sub cœlo hominibus, in quo oporteat nos salvos fieri (*Act.* iv, 12). Cui cum Deo Patre in unitate Spiritus sancti est honor et gloria, potestas et imperium, ante omnia, et per omnia, et in omnia sæcula sæculorum. Amen.

304 CAPUT XXXV

Sequitur ratio reddita de quinto capitulo, quod quasi super dolorem vulnerum nostrorum adjiciens, in suggillationem nostram reprehensor noster acerrimus conspuere voluit.

Item in quinto capitulo dicit hic noster acerrimus reprehensor : « Firmissime tenendum credimus, quod « omnis multitudo fidelium ex aqua et Spiritu sancto « regenerata, ac per hoc veraciter Ecclesiæ incor- « porata, et juxta doctrinam apostolicam in morte « Christi baptizata, in ejus sanguine sit a peccatis « abluta. » Et sequentia eodem ordine prosequens, sicut et in illo continetur capitulo, quod olim nobis dedistis, excepto quia, ut præmisimus, hoc unum apostolicum subtraxit testimonium, quod in illo habetur : *Voluntarie*, inquit, *peccantibus nobis post acceptam notitiam veritatis, jam non relinquitur pro peccatis hostia* (*Hebr.* x, 26). Quod cur egerit magnopere non curamus, cum hoc capitulum, licet indebite nobis illud impingat, nos mordere non prævalet, quia nihil exinde scripsimus, nihilque contra fidem sensimus vel sentimus. De quo etiam in prioribus libellis derogatoribus nostris respondere curavimus. In quibus quicunque illorum figmenta legerint, et apologiam nostram relegerint, scient nos hinc immerito reprehensos, et magis compilatione livoris, quam ratione veritatis, de nobis eos quicunque fuerint ejusmodi aranearum telas frivolo labore texuisse. Unde sciat quiscunque lector devotus, a nobis, aut ex nobis, vel suspicionis indicium nullo modo processisse, cur talia contra nos vel de nobis scribi debuerint. Sed a Gothescalci pitacio, quod ad quemdam monachum composuerat, hinc scriptum reperimus : quod ideo supponemus, ut quæ ille dixerit, et qualiter nos catholice sentiamus, omnibus qui legere voluerint demonstremus. Et licet his quibus sufficientia possunt sufficere, sufficientia curassemus in operis hujus capitulo quarto colligere : propter improbitatem tamen nos importune perurgentium, adhuc aliqua velut ad hoc specialius pertinentia studemus superadjicere.

Hinc veteres Prædestinatiani dixerunt quod ab eis qui non sunt prædestinati ad vitam, non auferat percepta baptismi gratia originale peccatum : et quod non prædestinati ad vitam, etiamsi fuerint in Christo per baptismum regenerati, et pie justeque vixerint, nihil eis prosit, sed tandiu reserventur donec ruant et pereant : nec ante eos ex hac vita quam hoc eis contingat auferri. Et quod Deus quibusdam filiis suis, quos regeneravit in Christo, quibus fidem, spem, dilectionem dedit, ob hoc non det perseverantiam, quia non sunt a massa perditionis præscientia Dei et prædestinatione discreti. Gothescalcus autem post præposita testimonia quæ proferuntur ex **305** Scripturis Dominum passum fuisse pro omnibus ita dicit : « Qui vero, inquiens, propter hæc testimonia, vel alia his similia, generaliter pro omnium tam scilicet electorum quam reproborum salute et redemptione Dominum passum esse dicit, ipsi Deo Patri contradicit, » et reliqua, usque dum ad ista pervenit, ut diceret : « Verumtamen quia electi et reprobi propter peccatum originale, et omne insuper actuale, tandiu detenti sunt, detinentur, detinebuntur sub diabolo captivi, donec redimerentur atque redimantur divinitus per gratiam baptismi, quandocunque quicunque fuimus in Trinitatis nomine baptizati, tunc sine dubio vel electi vel reprobi communiter exstitimus redempti, id est de dominio dœmonicæ ditionis eruti et liberati : et quotiescunque quicunque baptizantur, et deinceps in diem judicii baptizabuntur, tunc a diabolica prorsus captivitate redimuntur, atque redimentur, id est eruuntur et liberantur, eruentur et liberabuntur. Hinc est illud apostoli Petri, de magistris mendacibus, et sectas perditionis introducentibus, celeremque sibi perditionem superducentibus : *Eum*, inquit, *qui emit eos Dominum negantes* (*II Petr.* ii, 1). Baptismi enim sacramento eos emit, non tamen pro eis crucem subiit, nec mortem pertulit, neque sanguinem fudit. Quod autem baptismi perceptio redemptio nuncupetur, doctor gentium manifeste fatetur : *Nolite contristare*, inquit, *Spiritum sanctum Dei in quo signati estis in die redemptionis* (*Ephes.* iv, 30). Et in eadem superius ad Ephesios epistola : *In quo et credentes signati estis Spiritu promissionis sancto* (*Ephes.* i, 13). Hinc etiam sanctus Hieronymus asserit, redemptionem inquiens veterum peccatorum in aquis baptismi reperit, sed hujusmodi redemptio, quæ communis est et electis et reprobis, non redemit nisi a peccatis præteritis. »

Hæc ita a Gothescalco sunt dicta. Contra hæc dicit sanctus Augustinus in epistola ad Bonifacium (*epist.* 106). « Ita sibi exhibeat, inquiens, Dominus Christus in illa die gloriosam Ecclesiam, non habentem maculam aut rugam, aut aliquid ejusmodi, quam modo mundat lavacro aquæ in verbo : quia neque aliquid remanet in baptismo, quod non dimittatur, præteritorum omnium peccatorum, si tamen ipse baptismus non frustra foris habeatur, sed aut intus detur, aut si jam foris datur, non foris cum illo remaneatur : et quidquid ab eis, qui post acceptum baptismum hic vivunt, humana infirmitate contrahitur quarumcunque culparum, propter ipsum lavacrum dimittitur. » Et in libro primo de Nuptiis et Concupiscentia (*cap.* 33) : « Sic enim, inquit, accipiendum est quod ait idem Apostolus : *Christus dilexit Ecclesiam, et semetipsum tradidit pro ea, ut eam sanctificaret, mundans eam lavacro aquæ in verbo, ut exhiberet sibi ipse gloriosam Ecclesiam, non habentem maculam, aut rugam, aut aliquid hujusmodi* (*Ephes.* v, 25). Sic, inquam, hoc accipiendum est, ut eodem lavacro regenerationis, et verbo sanctificationis, omnia prorsus mala hominum regeneratorem mundentur atque sanentur, **306** non solum peccata, quæ omnia nunc remittuntur in baptismo, sed etiam quæ posterius humana ignorantia vel infirmitate contrahuntur. Non ut baptisma quoties peccatur toties repetatur, sed quia ipso quod semel datur fit ut non solum antea, verum etiam postea quorumlibet peccatorum venia fidelibus impetretur. Quid enim prodesset, vel ante baptismum pœnitentia nisi baptismus sequeretur, vel postea nisi præcederet? In ipsa quoque oratione Dominica, quæ quotidiana est nostra mundatio, quo fructu, quo effectu diceretur : *Dimitte nobis debita nostra*, nisi ab eis qui baptizati sunt diceretur? Itemque eleemosynarum largitas et beneficientia quantalibet cui tandem ad dimittenda sua peccata prodesset, si baptizatus non esset? Postremo regni cœlorum ipsa felicitas, ubi non habebit Ecclesia maculam aut rugam, aut aliquid ejusmodi, ubi nihil reprehensionis, nihil simulationis erit, ubi non solum reatus, sed nec concupiscentia erit ulla peccati, quorum erit nisi baptizatorum? Ac per hoc non solum omnia peccata, sed omnia prorsus hominum mala Christiani lavacri sanctitate tolluntur, quo mundat Ecclesiam suam Christus, ut exhibeat eam sibi, non in isto sæculo, sed in futuro, non habentem maculam, aut rugam, aut aliquid ejusmodi. Nam qui modo eam talem esse dicunt, et tamen in illa sunt, quoniam et ipsi fatentur se habere peccata, si verum dicunt, profecto quoniam mundi non sunt a peccatis, habet in eis Ecclesia maculam. Si autem falsum dicunt, quia corde duplici loquuntur, habet in eis Ecclesia rugam. Si autem se dicunt habere ista, non ipsam, non ergo se esse membra ejus, nec se ad corpus ejus pertinere fateantur, ut etiam sua confessione damnentur.» Et Beda in epistola Joannis prima (*cap.* 1) : *Et sanguis Jesu Christi Filii ejus mundat nos ab omni peccato.* « Sacramentum namque Dominicæ passionis, et præterita nobis omnia in baptismo pariter peccata laxavit et quidquid quotidiana fragilitate post baptisma commisimus, ejusdem nostri Redemptoris gratia dimittit. Maxime cum inter opera lucis quæ facimus, humiliter quotidie nostros illi confitemur errores, cum sanguinis illius sacramenta percipimus, cum dimittentes debitoribus nostris nostra nobis debita dimitti precamur, cum memores passionis illius libenter adversa quoque toleramus. »

Deinde Gothescalcus prosequitur in præfatis suis blasphemiis : « At illa quæ propria et specialis est solorum omnium electorum, quam eis tantummodo crucifixus impertivit, pius redemptor ipsorum, sicut a præteritis, ita nimirum et a præsentibus natos et nasci-

turos vivos et mortuos; videlicet omnes pariter electos redemit, eruit, abluitque peccatis, ipsi prorsus ipsi sunt mundus, pro quo passus est Dominus, ut ipse dixit : *Panis quem ego dedero caro mea est pro mundi vita* (*Joan.* vi, 51).» Et item alibi idem Gothescalcus scribit : « Absit procul a me : ut vel illud solummodo velim somniare, nedum semel susurrare, ut ullum eorum perpetualiter secum periturum antiquus rapere **307** valeat anguis, pro quibus redimendis tam pretiosus Deo Patri Domini Dei nostri Filii sui fusus est sanguis. Amen. » Et item loquens ad Deum : « Claret itaque satis aperte quoniam nullus tibi perit, quisquis redemptus est per sanguinem crucis tuæ. » Et sic multa ponens Scripturarum et doctorum exempla, quæ mendacio manifesto ad sensus suos inflectendo sententiam suam nititur roborare, hæc hæresis a Prædestinatianis inter alia fuit inventa. Unde ad Faustum (cujus opuscula inter apocrypha apostolica sedes deputare curavit, quoniam cum aliis malesanæ doctrinæ zizaniis, etiam de ultima pœnitentia prave disseminavit, sicut scripta ejus demonstrant, quæ S. Cœlestinus ad episcopos Gallicanos scribens redarguit, ut in ejus decretali scriptum invenitur epistola), quidam Paulinus ita scribit dicens : « Scire ignarus exopto, ut quæ est immortalis quomodo pro mortalibus vitiis anima torqueatur, vel utrum anima et spiritus idem sint, aut quomodo segregentur agnoscam. Nam prædictus vir Marinus ita me sub sacramenti etiam interpositione conterruit, quod qui corporalibus vitiis occubuerit, nullam possit veniam promereri, sed in hisdem servetur ipsa resurrectione suppliciis, nec possit expiari infernalibus tormentis quod corporalibus diu vitiis concreta contraxerat. Tamen ita miserrimus credo, quod si semel susceptum signum divini nominis, et infixum fronte character Domini nostri nunquam mali sibi conseius vel subdolus falsator infringet, susceptis leviter pro expiando errore tormentis, purum aerium sensum, et simplicis animæ ignem diu consumpta producat. Nam si universa hæc quæ interminatur domnus meus Marinus excipiemus peccatores, quid majus impii mereantur ignoro. » Et aliquanto superius : « Mea hæc sententia est, quod si omnia hæc Christianus excipiet, nihil suscipere valeat Arianus. »

Demonstrat et sanctus Augustinus hanc esse Prædestinatianorum adinventionem, resistens eis, cum alio errore, scilicet quia secundum præscientiam quique damnarentur, etiam antequam nascerentur, et secundum quod præsciti erant futuri, licet antea tollerentur ex sæculo quam manifestarentur injusti, secundum præscientiam tamen erant damnandi, in libro de Prædestinatione sanctorum (*cap.* 14) : « Quis enim, inquit, audeat negare Christianus justum, si morte præoccupatus fuerit, in refrigerio futurum? Quilibet hoc dixerit, quis homo sanæ fidei resistendum putavit? Item si dixerit justum, si a justitia sua recesserit, in qua diu vixit, et in ea fuerit impietate defunctus, in qua non dico unum annum.

sed unum diem vixerit, in pœnas iniquis debitas A hinc iturum, nihil sibi suam præteritam profuturam justitiam, huic perspicue veritati quis fidelium contradicit ? Porro si quæratur a nobis, utrum si tunc ésset mortuus quando erat justus, pœnas esset inventurus an requiem, nunquid requiem respondere dubitabimus ? Hæc est tota causa cur dictum est, **308** à quocunque sit dictum : *Raptus est ne malitia mutaret intellectum ejus* (*Sap.* IV, 11). Dictum est enim secundum pericula vitæ hujus, non secundum præscientiam Dei, qui hoc præscivit quod futurum erat, non quod futurum non erat. Id est, quod ei mortem immaturam fuerat largiturus, ut tentationum subtraheretur incerto, non quod peccaturus esset qui mansurus in tentatione non esset. » Contra quæ Prædestinatianorum dicta nefaria, hæc et alia plura præfatus sagacissimus doctor dixit, et nos non multa colligere studuimus : quia et ipsi his Gothescalci resistunt perversitatibus, qui cum eo consistunt adversus doctrinam catholicam in aliis, sicut supra ostendimus, quibusdam diversitatibus. Nos autem catholicæ et apostolicæ Ecclesiæ documenta sequentes, eidem Gothescalco, ipsiusque pravæ doctrinæ obsistimus, cum fremitu cunctis male sentientibus pertimescendo, beati Leonis apostolicæ sedis episcopi insonante corde et ore ac stylo clamantes (*epist.* 4 *ad episcopos Siciliæ, c.* 3):«Quamvis et illa quæ ad humilitatem, et illa quæ ad gloriam pertinent Christi, in unam concurrant eamdemque personam, totumque quod in illo et virtutis divinæ est et infirmitatis humanæ, ad nostræ reparationis tendat effectum, proprie tamen in morte crucifixi, et in resurrectione mortui, potentia baptismatis novam creaturam condit ex vetere, ut in renascentibus et mors Christi operetur et vita, dicente beato apostolo Paulo : *An ignoratis, quia quicunque baptizati sumus in Christo Jesu, in morte ipsius baptizati sumus ? Consepulti enim sumus cum illo per baptismum in morte : ut quomodo surrexit Christus a mortuis per gloriam Patris, ita et nos in novitate vitæ ambulemus. Si enim complantati facti sumus similitudini mortis ejus, simul et resurrectionis erimus* (*Rom.* VI, 3). Et cætera, quæ latius magister gentium ad commendandum sacramentum baptismatis disputavit : ut appareret ex hujus doctrinæ spiritu, regenerandis filiis hominum, et in Dei filios adoptandis, illum diem et illud tempus electum, in D quo per similitudinem formamque mysterii, ea quæ geruntur in membris, his quæ in ipso sunt capite gesta congruere : dum in baptismatis regula et mors intervenit interfectione peccati, et sepulturam triduanam imitatur trina demersio, et ab aquis elevatio resurgentis instar est de sepulcro. » Et item idem : « Baptismi autem sui in se condidit sacramentum, quia in omnibus primatum tenens, se docuit esse principium, et tunc regenerationis potentiam sanxit, quando de latere ipsius profluxerunt sanguis redemptionis et aqua baptismatis. Quod demonstrat ipse Dominus, dicens in Evangelio secundum Lucam : *Baptisma autem habeo baptizari* (*Luc.* XII, 50).» Hinc

Beda : « Sanguinis, inquit, proprii tinctione prius habeo perfundi, et sic corda credentium spiritus igne, quo terrena omnia simul et animam suam despicere, imo odire queant, inflammare. Non enim erat spiritus datus, quia Jesus nondum fuerat glorificatus : hoc est victoria passionis, de qua alibi : *Potestis*, inquit, *bibere calicem quem ego bibo, aut baptismum quem* **309** *ego baptizor baptizari ?* (*Marc.* X, 38.)» Et item Leo in epistola ad Constantinopolitanos (*epist.* 23) : « *Sacramentum*, inquit, *hoc magnum est, ego autem dico in Christo et in Ecclesia.* Ab ipso ergo principio generis humani, omnibus hominibus Christus est denuntiatus in carne venturus : in qua, sicut dictum est, erunt duo in carne una : utique duo sunt Deus et homo, Christus et Ecclesia, quæ de sponsi carne prodiit, quando ex latere crucifixi manante sanguine et aqua sacramentum redemptionis et regenerationis accepit. Ipsa est enim nova conditio creaturæ, quæ in baptismate, non indumento veræ carnis, sed contagio damnatæ vetustatis exuitur, ut efficiatur homo corpus Christi, quia et Christus corpus est hominis. »

' Hinc S. Siricius ad Himerium, cap. 3 : « Adjectum est etiam, quosdam Christianos ad apostasiam, quod dici nefas est, transeuntes, et idolorum cultu ac sacrificiorum contaminatione profanatos : quos a Christi corpore et sanguine, quo dudum redempti fuerant renascendo, jubemus abscidi. Et Athanasius in Symbolo, dicens se credere in Christum, præmissis aliis, assumptum in cœlis, sedere in dextera Patris, inde venturum judicare vivos et mortuos exspectamus, in hujus morte et sanguine remissionem peccatorum consecuturi. » Et sanctus Gregorius in libro Moralium XXXIII (*cap.* VI). « *Absorbebit fluvium et non mirabitur, et habet fiduciam quod influat Jordanis in os ejus* (*Job* XL, 18). Qui autem signantur appellatione Jordanis, nisi qui jam imbuti sunt sacramento baptismatis? Quia enim Redemptor noster in hoc flumine baptizari dignatus est, ejus nomine debent baptizati omnes exprimi, in quo ipsum contigit sacramentum baptismatis inchoari. Quia vero et post Mediatoris adventum, quosdam qui recte vivere negligunt etiam fideles rapit, quosdam qui baptismatis sacramenta signati sunt deglutire se posse confidit. Alios namque sub Christianitatis nomine positos devorat, quia in ipso eos fidei errore supplantat. Alios a rectitudine fidei nequaquam deviat, sed ad usum pravæ operationis inclinat. » Et post paululum : « Valde terribile est, quia multos aperto ore etiam post cognitionem Redemptoris suscipit, post lavacri undam polluit, post sacramenta cœlestia ad inferni profunda rapit. » Et sanctus Ambrosius in libro secundo de Sacramentis (*cap.* 2) : « Vide ubi baptizaris, unde sit baptisma, nisi de cruce Christi, de morte Christi. Ibi est omne mysterium, quia pro te passus est, in ipso redimeris, in ipso salvaris. » Item in eodem (*cap.* 7) : « Clamat ergo Apostolus sicut audistis in lectione præsenti, quoniam quicunque baptizatur, in morte Jesu baptizatur. Quid est in morte? ut quomodo Christus mortuus est, sic et tu mortem degustes : quomodo Christus mortuus est peccato, et Deo vivit, ita et tu superioribus illecebris peccatorum mortuus sis per baptismatis sacramentum, et resurgas per gratiam Christi. Mors ergo est, sed non in mortis corporalis veritate, sed in similitudine. Cum enim mergeris, mortis suscipis et sepulturæ similitudinem, **310** crucis illius accipis sacramentum, quod in cruce Christus pependit et clavis confixum est corpus. Tu ergo cum crucifigeris, Christo adhæres, clavis Domini nostri Jesu Christi adhæres, ne te diabolus possit abstrahere. » Item in libro quinto : « Tunc unus de militibus lancea latus ejus aperuit, et de latere ejus aqua fluxit et sanguis : quare aqua? quare sanguis? aqua autem ut mundaret, sanguis ut redimeret. »

Et sanctus Joannes Chrysostomus in homilia ad Neophytos : « Vis et aliam hujus sanguinis scrutari virtutem? Volo unde primum cucurrerit incipias, et de quo fonte manavit. De ipsa primum cruce processit, latus illi Dominicum initium fuit. Mortuo enim ait Jesu, et adhuc in cruce pendente, approximat miles, latus lancea percussit, et exinde aqua fluxit et sanguis. Unum baptismatis symbolum, aliud sacramenti. Non ait, exiit sanguis et aqua, sed, exiit aqua primum et sanguis : quia prius baptismate diluimur, et postea mysterio dedicamur, latus miles aperuit, et templi sancti parietem patefecit. Et ego thesaurum præclarum inveni, et fulgentes divitias me gratulor reperire. Sic et de illo agno factum est, Judæi ovem occiderunt, et ego fructum de sacramento cognovi, de latere sanguis et aqua exivit. Nolo tam facile auditor transeas tanta secreta mysterii. Præstat enim mihi mystica atque secretalis oratio. Dixi baptismatis symbolum et mysteriorum aquam illam et sanguinem demonstrari. Ex his enim sancta fundata est Ecclesia, per lavacri regenerationem et renovationem Spiritus sancti. Per baptisma, inquit, et mysteria quæ ex latere videntur esse prolata. Ex latere igitur suo Christus ædificavit Ecclesiam, sicut de latere Adam ejus conjux Eva prolata est. Nam hac de causa Paulus quoque testatur dicens : *De corpore et de ossibus ejus sumus* (*Ephes.* v, 30). Latus videlicet illud significans. Nam sicut de illo latere Deus fecit feminam procreari, sic et de suo latere Christus aquam nobis et sanguinem dedit, unde repararetur Ecclesia. Et sicut in sopore quiescentis Adæ Deus lateris membra patefecit, sic modo post mortem aquam nobis donavit et sanguinem : et sopor ille nunc mors est, ut discas mortem nulla soporis separatione discerni. Videte quemadmodum sponsam sibi Christus conjunxit, videte quo vos cibo satietatis enutrit. Ipse nobis cibi substantia est atque nutrimentum. Nam sicut mulier, affectionis natura cogente, genitum alere sui lactis fecunditate festinat, sic et Christus quos ipse regenerat suo sanguine semper nutrit. » Et in homilia prima de psalmo L : « Apud divites erubescit fieri nutrix quæ

facta est mater. Christus autem non ita : nutritor est noster. Ideo et pro cibo propria carne pascit, et pro potu suo nos sanguine propinavit. » Et item in homilia de principiis Marci : « Grandis misericordia, qui peccata non fecerat baptizatur quasi peccator. In baptismo Domini omnia peccata dimittuntur. Sed quasi præludium est baptisma Salvatoris : cæterum vera remissio **311** peccatorum in Christi sanguine est, in Trinitatis mysterio. » Et in Sermone de verbis Apostoli : « *An ignoratis, inquit, fratres, quoniam quicunque in Christo baptizati sumus, in morte ejus baptizati sumus? Consepulti ergo illi sumus per baptismum in morte* (*Rom.* vi, 3). Quid est in morte illius baptizati sumus? ut et ipsi moriamur sicut et ille. Crux enim est baptisma. Quod ergo crux Christo et sepulcrum, hoc nobis baptisma factum est : tametsi non in eisdem ipsis. Ipse namque carne et mortuus est et sepultus, nos autem peccato in utroque. Quapropter non dixit, complantati morti, sed similitudini mortis. Mors namque et hoc et illud, sed non eisdem ipsis subjacet : sed hæc quidem carnis Christi, nostra autem peccati : quemadmodum ergo illa vera, et hæc. »

Et magnus Leo papa in tomo catholicæ fidei ad Flavianum (*epist.* 10, c. 5) : « Si ergo Christianam suscepit fidem, et a prædicatione Evangelii sui non avertit auditum, videat quæ natura transfixa clavis pependerit in ligno crucis, et aperto per militis lanceam latere crucifixi, intelligat unde sanguis et aqua fluxerit, ut Ecclesia Dei et lavacro rigaretur et poculo. Audiat beatum Petrum apostolum prædicantem quod sanctificatio spiritus per aspersionem fiat sanguinis Christi : nec transitorie legat ejusdem apostoli verba dicentis : *Scientes quod non corruptibilibus argento et auro redempti estis de vana vestra conversatione paternæ traditionis, sed pretioso sanguine quasi agni incontaminati et immaculati Jesu Christi* (I *Petr.* i, 18). Beati quoque Joannis apostoli testimonio non resistat dicentis : *Et sanguis Jesu Filii Dei emundat nos ab omni peccato* (I *Joan.* i, 7). Et iterum : *Hæc est victoria quæ vincit mundum, fides nostra. Quis est qui vincit mundum, nisi qui credit quoniam Jesus est Filius Dei? Hic est qui venit per aquam et sanguinem Jesus Christus : non in aqua solum, sed in aqua et sanguine. Et spiritus est qui testificatur quoniam Christus est veritas : quia tres sunt qui testimonium dant, spiritus, aqua, et sanguis, et tres unum sunt* (I *Joan.* v, 4). Spiritus utique sanctificationis, et sanguis redemptionis, et aqua baptismatis : quæ tria unum sunt, et individua manent, nihilque eorum a sui connexione sejungitur : quia catholica Ecclesia hac fide vivit, ac proficit, ut in Christo Jesu nec sine vera divinitate humanitas, nec sine vera credatur humanitate divinitas. » Et in epistola ad Turibium Asturiensem episcopum (*cap.* 10) dicit : « Neminem posse a conditione veteris hominis liberari, nisi per sacramentum baptismatis Christi, in quo nulla discretio renascentium, dicente Apostolo : *Quicunque enim in Christo Jesu baptizati estis, Christum induistis.*

Non est Judæus, neque Græcus ; non est servus, neque A
liber ; non est masculus, neque femina. Omnes enim
unum vos estis in Christo Jesu (Gal. III, 27). »
Et sanctus Augustinus in libro sexto contra Julianum (*cap.* 8) : « Si obliviscatur homo se deliquisse,
nec ejus conscientia stimuletur, ubi erit reatus ille,
quem transeunte peccato manere concedis donec
remittatur? Non est certe in corpore, quia non est
eorum accidentium, quæ accidunt corpori. Non est
in animo, quia ejus memoriam **312** delevit oblivio.
Et tamen est. Ubi est igitur? cum jam bene vivat
homo nihil tale committens, nec dici possit eorum peccatorum ejus reatum manere quæ meminit, eorum
vero quæ oblitus est non manere. Manet quippe
eorum donec remittantur. Ubi ergo manet, nisi in
occultis legibus Dei, quæ conscriptæ sunt quodammodo in mentibus angelorum, ut nulla sit iniquitas
impunita, nisi quam sanguis Mediatoris expiaverit?
Cujus signo crucis consecratur unda baptismatis,
ut ea diluatur reatus tanquam in chirographo scriptus in notitia spiritalium potestatum, per quas pœna
exigitur peccatorum. Huic chirographo nascuntur
obnoxii omnes in carne de carne carnaliter nati,
ejus ab hoc debito sanguine liberandi, qui in carne
quidem et de carne, non tamen carnaliter, sed spiritaliter natus est. Natus est enim de Spiritu sancto
et Virgine Maria : de Spiritu scilicet sancto, ne esset
in illo caro peccati : ex Virgine autem Maria, ut
esset in illo similitudo carnis peccati. Ideo illi chirographo non venit obnoxius, et ab illo solvit obnoxios.» Et item in eodem libro : « *Quicunque bapti-* C
zati sumus in Christo Jesu, in morte ejus baptizati
sumus (Rom. VI, 3) : dicendo enim *quicunque*, non
utique parvulos fecit exceptos. Quid est autem in
morte Christi baptizari, nisi peccato mori? Unde
etiam de ipso idem alio loco dicit : *Quod enim mor-*
tuus est peccato, mortuus est semel (Rom. VI, 10).
Quod utique dictum est propter similitudinem carnis peccati, propter quod et magnum mysterium est
crucis ejus, ubi et vetus homo noster simul crucifixus est, ut evacuetur corpus peccati. Si ergo in
Christo parvuli baptizantur, in morte ejus baptizantur. Mortis ejus similitudini complantati peccato
utique moriuntur. *Quod enim mortuus est peccato,*
mortuus est semel : quod autem vivit, vivit Deo (Rom.
VI, 5). Et quid est complantari *similitudini mortis* D
ejus, nisi quod sequitur : *Sic et vos existimate vos*
mortuos esse peccato, vivere autem Deo in Christo
Jesu? Nunquid dicturi sumus peccato mortuum fuisse
Deum, quod nullum habuit unquam? absit. Et tamen quod mortuus est, peccato mortuus est semel.
Mors enim ejus peccatum nostrum significavit, quo
utique ipsa mors accidit, cui morti mortuus est. Id
est ut mortalis non esset ulterius, peccato dicitur
mortuus. Quod ergo ipse significavit in similitudine
carnis peccati, hoc per ejus gratiam nos agimus in
carne peccati, ut quomodo ille moriendo similitudini peccati, peccato mortuus prædicatur : ita
quicunque in illo fuerit baptizatus moriatur, id est

peccato. Sed in Christo similitudo, nos veraciter
eidem rei cujus illa fuerit similitudo moriamur, et
quomodo illius vera carne vera mors fuit, sic fiat in
veri peccati vera remissio. » Item in eodem libro, capite tertio : « Consepulti ergo illi sumus per baptismum in mortem, non sine parvulis : quoniam quicunque baptizati sumus in Christo Jesu, in morte
illius baptizati sumus : ut quemadmodum surrexit
Christus a mortuis per gloriam Patris, ita et nos in novitate **313** vitæ ambulemus. Si enim complantati sumus similitudini mortis ejus, sic et resurrectionis
erimus. Hic sunt et parvuli complantati similitudini
mortis ejus : hoc enim ad omnes pertinet, quicunque baptizati sumus in Christo Jesu : hoc scientes
quia vetus homo noster simul crucifixus est. Quorum vetus homo, nisi quicunque baptizati sumus in
Christo? » Item in libro tertio (*cap.* 21) : « Quod natus es, pertinet ad Dei conditionem, et parentum
fecunditatem : contra quod autem dimicas quia renatus es, pertinet ad prævaricationem quam diaboli
astutia seminavit. Unde te Christi gratia liberavit,
ut prius hoc malo bene utereris in conjuge, nunc illi
adverseris in te. Non jam reus ex illo sicut eras natus, sed ab eodem reatu non erutus, nisi quia renatus, ut possis redemptus regnare cum Christo, si
tamen ista hæresis non te faciat perire cum diabolo;
sed quod potius cupimus confitearis malum contra
quod bellum geris : ut eo non ita separato, quasi alia
nunc sit, sed te omni ex parte sanato, in perpetua
pace læteris. » Et item in eodem (*cap.* 5) : « Nec cogeris res impiissimas atque absurdissimas dicere,
aut baptizandos non esse parvulos, quod quidem
postea estis fortasse dicturi : aut tam magnum sacramentum sic in eis esse ludibrium, ut in Salvatore
baptizentur, sed non salventur : a liberatore redimantur, sed non liberentur : ab hoc lavacro regenerationis laventur, sed non abluantur : exorcizen-
tur, et exsufflentur, sed a potestate tenebrarum non
eruantur : sit eorum pretium sanguis qui in remissionem fusus est peccatorum, sed nullius peccati
remissione purgentur. » Et item (*cap.* 3) : « Cæterum
rogo te, quomodo potest intelligi ista redemptio, nisi
a malo redimente illo qui redemit Israel ab omnibus
iniquitatibus ejus? Ubi enim redemptio sonat, intelligitur et pretium : et quid est hoc, nisi pretiosus
sanguis agni immaculati Christi Jesu? De hoc autem
pretio, quare sit fusum, quid interrogamus alium?
Redemptor ipse respondeat, dicat ipse mercator : *Hic*
est sanguis meus, qui pro multis effundetur, in remis-
sionem peccatorum (Matth. XXVI, 28). Pergite, adhuc
pergite, et sicut dicitis, in sacramento Salvatoris
baptizantur sed non salvantur, redimuntur sed non
liberantur, lavantur sed non abluuntur, exorcizantur et exsufflantur, sed a potestate diaboli non
eruuntur : sic etiam dicite : Funditur pro eis sanguis in remissionem peccatorum, sed nullius peccati
remissione mundantur. Mira sunt quæ dicitis, nova
sunt quæ dicitis : mira stupemus, nova cavemus,
falsa convincimus. »

Et item Beda in epistola Joannis prima : « *Qui venit per aquam et sanguinem. Aquam* videlicet lavacri, et sanguinem suæ passionis. *Non in aqua solum, sed in aqua et sanguine.* Non solum baptizari propter nostram ablutionem dignatus est, ut nobis baptismi sacramentum consecraret ac traderet : verum et sanguinem suum dedit pro nobis, cum sua nos passione redemit, cujus sacramenti semper refectione nutriremur ad salutem. » Et item, « *Tres sunt qui testimonium perhibent* **314** *veritati, et tres*, inquit, *unum sunt* (*I Joan.* v, 7). Individua namque hæc manent, nihil eorum a sui connexione sejungitur, quia nec sine vera divinitate humanitas, nec sine vera credenda est humanitate divinitas. Sed et in nobis hæc unum sunt, non natura, sed ejusdem operatione mysterii. » Nam, sicut beatus Ambrosius ait : « Spiritus mentem renovat, aqua proficit ad lavacrum, sanguis spectat ad pretium. Spiritus enim nos per adoptionem filios Dei fecit, sacri fontis unda nos abluit, sanguis Domini nos redemit. Alterum igitur invisibile, alterum visibile testimonium sacramento consequitur spiritali. » Et in consecratione aquæ baptismatis catholica dicit Ecclesia : « Benedico te et per Jesum Christum Filium ejus unicum Dominum nostrum, qui te una cum sanguine de latere suo produxit, et discipulis suis jussit ut credentes baptizarentur in te, dicens : *Ite, docete omnes gentes, baptizantes eos in nomine Patris, et Filii, et Spiritus sancti* (*Matth.* xxviii, 19). » Et item : « Descendat in hanc plenitudinem fontis virtus Spiritus tui, totamque hujus aquæ substantiam regenerandi fecundet effectu. » Et post pauca : « Ut omnis homo hoc sacramentum regenerationis ingressus in veræ innocentiæ novam infantiam renascatur, per Dominum nostrum Jesum Christum. » Et hic individua sacramenta sanguinis redemptionis, et Spiritus sanctificationis, et aquæ baptismatis, cunctis catholicis baptizatis credit, profitetur, et prædicat catholica sancta mater Ecclesia. Legem ergo, ut sanctus Cœlestinus dicit, credendi lex statuat supplicandi. Et item Beda in tractatu Actuum apostolorum (*cap.* 1) : « Nam postquam consepulti fuerimus cum Christo per baptismum in mortem, quasi Rubri maris calle transito, necessarium in hac solitudine Domini habemus ducatum, qui nos ad cœlestia regna perducat. » Et item (*cap.* 8) : « *Et sicut agnus coram tondente se sine voce*, non solum sanguine suo redemit, sed et lanis operuit. » Hinc idem in homilia Evangelii duodecima : « Quomodo autem peccata mundi tollat, quo ordine justificet impios, apostolus Petrus ostendit, qui ait : *Non corruptibilibus argento vel auro redempti estis de vana vestra conversatione paternæ traditionis, sed pretioso sanguine quasi agni incontaminati et immaculati Jesu Christi* (*I Petr.* i, 18). Et in Apocalypsi Joannes apostolus : *Qui dilexit nos*, inquit, *et lavit nos a peccatis nostris in sanguine suo* (*Apoc.* i, 5). Non solum autem lavit nos a peccatis nostris in sanguine suo, quando sanguinem suum dedit in cruce pro nobis, vel quando quisque

nostrum in mysterium sacrosanctæ passionis illius baptismi aquis ablutus est, verum etiam quotidie tollit peccata mundi, lavatque nos a peccatis nostris in sanguine suo, cum ejusdem beatæ passionis ad altare memoria replicatur, cum panis et vini creatura in sacramentum carnis et sanguinis ejus ineffabili Spiritus sanctificatione transfertur, sicque corpus et sanguis illius non infidelium manibus ad perniciem suam funditur et occiditur, sed fidelium ore suam sumitur in salutem. » Et item ipse in tractatu Actuum apostolorum (*cap.* 10) : **315** « Præcipue congruit nos baptizari in nomine Domini Jesu Christi, quia sicut Apostolus ait : *Quicunque baptizati sumus in Christo Jesu, in morte ipsius baptizati sumus* (*Rom.* vi, 3). »

Quia vero in baptismo Christi sanguine redempti, infidelitate vel perseveranti iniquitate perire possunt, contra Gothescalcum sanctus Ambrosius in epistola ad Vercellenses ita dicit : « Paulus ad Ephesios, inquit : *Fornicatio autem, et omnis immunditia, et avaritia nec nominetur in vobis, sicut decet sanctos* (*Ephes.* v, 3). Et infra : *Hoc enim scitote, quoniam omnis impudicus, aut immundus, aut avarus, quod est idololatria, non habet hæreditatem in regno Christi et Dei.* De baptizatis utique dictum liquet : ipsi enim accipiunt hæreditatem qui baptizantur in morte Christi, et consepeliuntur cum ipso, ut cum ipso resurgant. Ideo hæredes Dei, cohæredes Christi sunt : hæredes Dei, quia transcribitur in eos Dei gratia, cohæredes Christi, quia renovantur in vitam ipsius : hæredes quoque Christi, quia datur illis per mortem ipsius tanquam testatoris hæreditas. Isti igitur magis sibi debent attendere, qui habent quod possint amittere, quam qui non habent. » Et item in eadem : « Quid igitur sibi isti volunt, qui tentant eos pervertere, quos acquisivit Apostolus, quos redemit Christus sanguine suo? Quod asserunt baptizatos intendere non debere virtutum disciplinis, » et reliqua. Item idem in Epistola ad Corinthios : « Et quia caro empti sumus, propensius Domino nostro servire debemus, ne offensus a qua nos redemit morti nos reddat. Quam enim charissimo pretio nos emit, ut sanguinem suum daret pro nobis? Et item in eadem : *Et peribit qui infirmus est in tua scientia, frater, pro quo Christus mortuus est* (*I Cor.* viii, 11). Id est, tua peritia illum occidit, quando a te fieri videt quod ille aliter intelligit, et tu eris occasio mortis fratris, quem Christus ut redimeret crucifigi se permisit. » Et sanctus Prosper contra Gallos : « Sacramentum enim baptismatis, quo omnia prorsus peccata delentur, etiam in his verum est qui non sunt in veritate mansuri. » Et item : « Sanguis Domini nostri Jesu Christi pretium est totius mundi, a quo pretio extranei sunt, qui aut delectati captivitate redimi noluerunt, aut post redemptionem ad eamdem sunt servitutem reversi. » Et Beda in epistola Judæ : « Qui angelis peccantibus non pepercit, nec hominibus parcet superbientibus : sed hos quoque, cum suum principatum non servaverunt, illum videlicet quo per gratiam adoptionis filii Dei effecti sunt, sed dereliquerunt suum domicilium, id est Ecclesiæ unitatem in qua Deo renati sunt, vel certe sedes regni cœlestis, quas accepturi erant si fidem servarent, et ante judicium graviter, et gravius in judicio universali damnabit. » Et Petrus in Epistola II : *Quapropter, fratres, magis satagite ut per bona opera certam vestram vocationem et electionem facietis (II Petr. i, 10).* Unde Beda : « *Multi sunt vocati, pauci autem electi.* Certa est autem vocatio cunctorum qui ad fidem veniunt. Qui vero fidei sacramentis quæ perceperunt bona quoque opera perseveranter **316** adjungunt, isti suam cum vocatione etiam electionem certam intuentibus faciunt. Sicut e contra, qui post vocationem ad crimina revertuntur, cum in his ex hac vita migraverint, certum jam omnibus quia reprobi sunt reddunt. » Et item in eadem : *Fuerunt vero et pseudoprophetæ in populo, sicut et in vobis erunt magistri mendaces, qui introducent sectas perditionis, et eum qui emit eos Dominum negantes, superducent sibi celerem perditionem (II Petr. ii, 1).* Hinc Beda (*cap.* 2): « De hoc emptore et Paulus ait : *Empti estis pretio magno : glorificate et portate Deum in corpore vestro (I Cor. vi, 20).* Merito autem sibi celerem perditionem superducunt, qui Redemptorem suum negantes, hunc recte confitendo glorificare et benefaciendo suo in corpore ferre detrectant, quod omnes faciunt hæretici. » Et item in prima Epistola Petrus : *Quod et vos nunc similis formæ salvos facit baptisma (I Petr. iii, 21).* Unde Beda : « Quod ergo aqua diluvii non salvavit extra arcam positos, sed occidit, sine dubio præfigurabat omnem hæreticum, licet habentem baptismatis sacramentum, non aliis sed ipsis aquis ad inferna mergendum, quibus arca sublevatur ad cœlum.

Hinc plurium et quam plurima possemus exempla ponere, sed superfluum duximus, quia et ipsi, ut diximus, qui conglobati contra unanimitatem doctrinæ ecclesiasticæ, huic perversitati resistunt, et plura plurimorum aggregant et accumulant testimonia. Et sanctus Leo Leoni Augusto (*epist.* 97, *cap.* 4), secundum promissionem suam, non tam multorum, quam nominatissimorum auctorum, nec tam multiplicia testimonia, quam valida eorumdem auctorum aggregata ad suam, quinimo orthodoxam, affirmandam sententiam misit. Neque enim numerus testimoniorum, sed auctoritas valet. Ex quibus ostenditur, Gothescalcum per modicum fermentum totam Ecclesiæ massam quantum ex ipso est corrupisse. Unde piis ista sufficiant, quæ impiis sicut et plura ad salutis satisfactionem sufficere non valebunt. Nam hujusmodi, sicut Gothescalcus et sui complices proferunt, nugatoriis adinventionibus aurem non accommodabit quisquis verba Dominica devota mentis aure perceperit, quibus orare jubet dicens : *Sic autem orabitis,* et post aliquanta : *Ne nos inducas in tentationem.* Quia cum deserentes Deum juste deserimur a Deo, in tentationem induci,

id est, a tentatione patimur superari. Contra quod iterum Dominus jubet : *Vigilate et orate, ut non intretis in tentationem (Matth.* xxvi, 42). Et : *Orate ut ne fiat fuga vestra hyeme vel Sabbato (Matth.* xxiv, 20), id est, ut dum vacat operetur quisque bona quæ valet, ne tunc quilibet incipiat velle bona agere, quando non licebit bona modo quolibet operari. Idcirco enim nobis Dominus horam exitus nostri voluit esse incertam, ut semper possit esse suspecta, semperque in adventu judicis simus parati, ante cujus faciem judicii non poterimus abscondi. Qui non vult invenire quos damnet. Et ideo omnes misericordissime admonet dicens : *Quod vobis dico omnibus dico, vigilate (Marc.* xiii, 37). Et vos , inquiens , parati estote, **317** quia nescitis qua hora Dominus vester venturus sit, et si in prima, vel secunda , sive tertia vigilia venerit, similes estote servis exspectantibus dominum suum, quando revertatur a nuptiis, ut cum venerit et pulsaverit, confestim aperiant ei. *Nescitis enim qua hora Dominus vester venturus sit (Luc.* xii, 56). Sed hoc certum est, quoniam qui perseveraverit usque in finem (in fide scilicet recta et operibus bonis, quæ est juxta Apostolum, *fides quæ per dilectionem operatur, et charitas de corde puro (Gal.* v, 6), ut nullius sit hæresis participatione polluta, *et conscientia bona,* ut non sit malorum confusione permista, *et fide non ficta (I Tim.* i, 5), ut non sit consensu juncta cum perfidis vel iniquis), hic salvus erit gratia Domini nostri Jesu Christi, quem bonorum operum et spiritalium studiorum auctorem esse non dubium est : qui quorum incitat mentes, adjuvat actiones, et perseverantiam dat perseverantibus, atque coronandos coronat in misericordia et miserationibus, cui cum Patre in unitate Spiritus sancti est honor et gloria, in sæcula sæculorum. Amen.

CAPUT XXXVI.

Apologia denotationis nostræ subsequitur, quia filius Ephrem contra nos intendens arcum, misit sagittas : sed suum forte sentiet arcum pravum. Cuique conversus ipsius gladius non præstabit auxilium in die belli.

Post sex ista capitula, de quibus responsum reddidimus, septimum nobis subjunctum dedistis in præfata villa Nielfa, quia indiscussi et inexaminati, scientiæque litterarum pene ignari, minusque apostolicæ præceptioni appropinquantes, peccatis nostris agentibus, per civitates episcopi ordinantur, qua occasione maxime vigor ecclesiasticus deperiit. Sed in volumine, quod nuper nobis dedistis, capitulorum istorum compositor quædam alia intermiscuit, adeo ut istud quod in illis fuerat septimum, inter ista decimum habeatur. Quod sicut intelligere potuimus, et illic et istic ideo capitulum istud est positum, ut facilius possit legentibus persuaderi, non esse mirum si prava docemus, qui perverse et inconsiderate , atque indebite ad ordinem docendi accessimus.: quia sicut dicit Leo, qui habuerit malum initium, difficile bonum habebit processum, et si in fide suspecti fuerimus, quæ fundamentum est bonorum omnium, bona opera sine fundamento recto non stabunt, imo nec bona erunt. Quocirca, sicut sanctus docet Gregorius, restat ut quorum vita despicitur, et prædicatio contemnatur, et cum pastor per abrupta graditur, ad. præcipitium grex sequatur. Unde necesse est nobis, cunctis scire volentibus demonstrare, quomodo vel qualiter, quantum ad humanos spectat obtutus, ad ecclesiasticum **318** ordinem accesserimus. Et primo de metropolitano Rhemorum episcopo, deinde de ipsius diœceseos suffraganeis. Et quia non nos specialiter, sed generaliter omnes capitulum istud tangit episcopos, eo solo excepto qui illud dictaverat, ne de nostra infamatione tantummodo videamur solliciti, ponamus ex ordine integritatem ipsius capituli, et videant quicunque illud legerint, si tam monstruosam criminationem generaliter cunctis episcopis, civitatibus, plebibus, archiepiscopis, principibus illatam et impactam audierint. Textus enim hujus capituli iste est : « Et quia indiscussi et inexaminati, scientiæque litterarum pene ignari, · minusque apostolicæ præceptioni appropinquantes, peccatis nostris agentibus, per civitates episcopi ordinantur, qua occasione maxime vigor ecclesiasticus deperiit, placuit ut si quando alicujus civitatis episcopus vocatione Domini decesserit, a gloriosissimis principibus supplicando postuletur, ut canonicam electionem clero et populo ipsius civitatis permittere dignentur, atque ita aut in clero, aut in populo, aut diœcesi certe ipsa, vel si opus sit in vicinia ipsius, probata et officio digna persona quæratur, quæ inventa consensu totius cleri et populi ad honorem Dei civitati præficiatur. Sed et si a servitio piorum principum nostrorum aliquis clericorum venerit, ut alicui civitati præponatur episcopus, timore casto sollicite examinetur, primum cujus vitæ sit, deinde cujus scientiæ, et vigore ecclesiastico sub oculis omnipotentis Dei agat metropolitanus, in hac parte cæteris episcopis sicut Dei ministris adjutorium ferentibus, ne maculatæ vitæ, et pompa sæculi turgidus, et Simoniaca hæresi pollutus, humilibus et mundis membris Christi Ecclesiæque supponatur episcopus. Nec præsumat illitteratum, et cupiditate illicita cæcatum, redditurus facti sui Deo rationem, populo præficere. Si vero necessarium isdem metropolitanus viderit, ne tantum malum cogatur agere, ut indebito honorem bonis tantum debitum tradat, instruat populum, informet Ecclesiam, potius adire clementiam regum, et ipse. cum coepiscopis suis quibus valuerit modis adeat, ut Ecclesiam Dei gloriosi reges digno honorent ministro. Si autem turpiter cupiditate quacunque metropolitanus victus, aut aliquo munere deceptus, tantum opus negligenter et ægre fuerit exsecutus, judicium omnia cernentis Dei se incurrere non dubitet : sed et sententia Ecclesiastica noverit se culpandum. »

Hæc est censura capitulorum compilatoris, quasi non suffecerit quod hinc decernant canones. Unde dicamus cum Boetio : *Heu quam præcipiti mersa profundo mens hebet!* videlicet istius capituli compilatoris, ut nec quod dicit, nec etiam seipsam cognoscere valeat. Scriptum est enim : *Medice, cura temetipsum (Luc.* IV, 23), et : *Ex verbis tuis te judico (Luc.* XIX, 22). Videat qualiter isdem ad ordinem sacrum pervenerit, et sic in semetipso gloriam tantum habebit, et non in altero. Veritas enim **319** dicit : *Qui non intrat per ostium in ovile ovium, sed ascendit aliunde, hic fur est et latro. Ego sum ostium, per me si quis introierit salvabitur (Joan.* x, 1, 19). Constat igitur, quoniam qui per eum in ovile ovium non intrat, id est ad regimen non est provectus Ecclesiæ, non est pastor ovium, sed fur et latro, qui non salvabitur, sed damnabitur. Qualiter autem sit per ostium, videlicet per Christum, intrandum in ovile ovium, id est ecclesiasticum regimen suscipiendum, idem Christus ostium ovium via, et veritas, et vita, demonstrat dicens de suo Spiritu : *Spiritus qui a Patre procedit, ille vos docebit omnia, et suggeret vobis omnia quæcunque dixero vobis (Joan.* XIV, 26). *Non enim vos estis qui loquimini, sed Spiritus Patris vestri qui loquitur in vobis. (Matth.* x, 20). Qui per quos idem Spiritus locutus est, ut sanctus Leo dicit, adhuc nobiscum in suis constitutionibus vivunt, quia non est Deus mortuorum, sed viventium. Ergo qui contra sacros canones, Spiritu Dei per organa sua conditos, et totius mundi reverentia consecratos, ad Ecclesiæ regimen provehitur, non intrat per ostium in ovile, sed ascendit aliunde, ac per hoc fur est et latro : de qualibus dicit Psalmista Domino : *Dejecisti eos dum allevarentur (Psal.* LXXII, 18). Cum allevatur enim dejicitur, qui honoribus proficit et moribus deficit. De quibus Dominus per prophetam queritur dicens : *Ipsi regnaverunt, et non ex me : principes exstiterunt, et non cognovi (Ose.* VIII, 4). A se namque et non ex arbitrio summi rectoris regnant, qui sua cupiditate accensi, culmen regiminis rapiunt potius quam assequuntur : quos tamen internus judex et provehit et non cognoscit, quia quos permittendo tolerat, profecto per judicium reprobationis ignorat, et in talium provectione non est, ut Leo dicit, populis consulere sed nocere, nec præstare regimen sed augere discrimen. Revertatur igitur hic derogator noster ad suam conscientiam, qui contra sacras regulas ab Ecclesia in qua fuit tonsus et ordinatus discedens, ad alias provincias convolavit, et canonica excommunicatione devinctus, quia verbum Domini non est alligatum, irregulariter usurpavit regimen, et sibi ac ordinatoribus suis, necnon et subditis adauxit discrimen, sicut Leo papa demonstrat.

Sed et notandum quia quædam de præficiendo civitati episcopo decreta omiserit, aut oblivione captus, aut conscientia stimulatus. Cautum siquidem inter alia sacri canones decreverunt, ut de alia Ecclesia petitus vel sumptus is qui fuerit ordinandus

episcopus, non sine placito vel litteris ejus episcopi
cujus fuerat clericus ordinetur, concessa specialiter
Carthaginensi Ecclesiæ nota necessitate licentia. Relegat denique sancta fraternitas concilia et decreta
a Romanis pontificibus celebrata et promulgata,
revolvat in Græcis regionibus decreta concilia, perscrutetur in Italicis, Gallicis, Germanicis, Belgicis
provinciis actas synodos, et videat si de sub isto
cœlo hujusmodi capitulum comprovincialis quanto
magis generalis synodi obtutibus unquam apostolicæ
sedis pontifex dederit vel miserit, aut **320** quilibet
imperatorum sua sanctione synodo congregatæ direxerit, vel si quælibet synodus ediderit, aut si quisquam episcoporum synodo præsentare unquam vel
usquam præsumpserit. Nos pro certo, in veritate
sciat sancta fraternitas, pro nostra speciali injuria,
ista non dicimus, quia a fratribus nostris, Remigio
scilicet venerabili archiepiscopo, et honorabilibus
consacerdotibus nostris provinciæ Lugdunensis,
illud conscriptum nequaquam fuisse certissime scimus et credimus, qui omnes illi pene nos omnes
ab ipsis annis juvenilibus cognoverunt, et scientio-
lam nostram ac conversationem sicut familiares
familiariter didicerunt, et ex quibus Ecclesiis atque
ordinibus, et qualiter ad summum sacerdotium simus gratia divina assumpti, sicut de domesticis
ignorare non potuerunt : qualiterque in regimine et
vita et conversatione et scientia atque doctrina
degamus, illis occultare nec volumus nec valemus.
In quibus sicut in spiritalibus viris maximam de
nobis habemus fiduciam, quorum et vitam religiosam, et doctrinam catholicam, et ordinationem canonicam non ignoramus.

Ait enim capituli istius compositor : « Quia indiscussi et inexaminati, scientiæque litterarum pene
ignari, minusque apostolicæ præceptioni appropinquantes, peccatis nostris agentibus, per civitates
episcopi ordinantur : qua occasione maxime vigor
ecclesiasticus deperiit. » In fronte istius capituli
docet ejus compositor, non esse episcopos, quos
episcopos appellavit dicens : « Quia indiscussi et
inexaminati ordinantur episcopi. » Nam et in capitulo primo Carthaginensis concilii scriptum est
(*conc.* iv) : *Qui episcopus ordinandus est, antea exa-*
minetur, et reliqua. Unde manifestum est eum qui
contra canones ordinatus esse videtur, non debere
censeri episcopum, sicut inter alios Innocentius,
Cœlestinus, et Leo demonstrant. Quod enim dicit
quia indiscussi, ergo dubium an sint fide catholici,
vel circa fidem sint reprobi. Quod dicit inexaminati,
igitur vita et conversatione non probi : quod dicit
scientiæ litterarum pene ignari, sicut sanctus dicit
Hieronymus : Ignoratio Scripturarum ignoratio Dei
est. Et Apostolus : *Qui ignorat ignorabitur* (*I Cor.* xiv,
58). Quomodo ergo mediatores vel interventores pro
suis ac populi peccatis apud Deum habebuntur qui
ignorantur? qui licet dicant, *Domine, in nomine tuo pro-*
phetavimus (*Matth.* vii, 22) ; et, *Manducavimus coram*
te, et bibimus, et in plateis nostris docuisti (*Luc.*

xiii, 26), audient : *Discedite a me, nescio qui sitis.*
Adhuc etiam addamus : Quomodo dicere poterunt, in nomine tuo prophetavimus et in plateis
nostris, scilicet in latitudine nobis commissi populi,
per nos docuisti, qui scientiæ lumine ignari duces
sunt cæci, præcones muti? Quod subsequitur :
« minusque apostolicæ præceptioni appropinquantes, » hoc est aperte dicere : Ideoque boni meriti
alieni, et ordinatione indigni. Quod dicit : « Per
civitates episcopi ordinantur, qua occasione maxime vigor ecclesiasticus deperiit, » non per civitates episcopi ordinantur, sed pervasores civitatum,
321 et alieni ministerii invasores, et fures ac
latrones, non dicam mercenarii exordinantur, per
quos vigor ecclesiasticus deperit, qui ad hoc debuerant præferri ut vigor ecclesiasticus in aliquo
delapsus, per ipsos potuisset restitui, et in statu
manens valenter constitui. Et si sanctus Gregorius
in homilia Evangelii decima septima, se unum faciens de his quorum præcipue peccato dixerat agi
quod populus illius temporis interiret, de generali
peccato conquestus est, non tamen sic specialia
crimina, et de merito, et de inscientia et de ordinatione illicita, generalitatem sacerdotum redarguit : et si quosdam tacitis nominibus de hæresi
Simoniaca corripuit dicens : Vobis enim sacerdotibus lugens loquor, quia nonnullos vestrum cum
præmiis facere ordinationes agnovimus. Cum esset
pontifex primæ sedis in toto terrarum orbe, non
omnes generali invectione, interponens nonnullos,
sicut iste ferula magistrali sine ulla exceptione perceptione percussit. In istius autem compositoris
capitulo videat lector, quæ plebs Dominica non sit
conculcata, quæ civitas non sit dehonorata, quis
episcopus non sit, non dicam morsus, sed annulla-
tus, quis princeps non reprehensus, quis archiepiscopus non confutatus. Ait enim : « Indiscussi et
inexaminati, scientiæque litterarum pene ignari,
minusque apostolicæ præceptioni appropinquantes,
per civitates ordinantur episcopi. Placuit ut si
quando alicujus civitatis episcopus vocatione Domini decesserit, a gloriosissimis principibus supplicando postuletur, » et reliqua quæ prosequitur. Ac
si dicat, quia hactenus talia principes non conces-
serunt. Deinde de archiepiscopis dicit : « Si aut
turpiter cupiditate quacunque metropolitanus victus,
aut aliquo munere deceptus, tantum opus negligenter et ægre fuerit exsecutus, judicium omnia cernentis Dei se incurrere non dubitet. Sed et sententia ecclesiastica noverit se culpandum. »

Ecce quales esse principes denotavit, ecce quales
archiepiscopos cupiditate scilicet victos et munere
deceptos descripsit, ecce quales episcopos per civitates ordinatos asseruit. Legimus in canonibus,
et sancto Gregorio docente didicimus, quia sacri
canones Simoniacam hæresim damnant, et eos sacerdotio privari præcipiunt, qui de largiendis ordinibus pretium quærunt, quorum cathedras Redemptor noster evertit, et sacerdotium destruit, et cui

pro manus impositione munus donat vel accipit, ipse se anathema efficit. Scimus enim quod in spiritalibus devitare debemus, munus esse a manu, munus a lingua, munus ab obsequio. Unde Dominus per prophetam dicit : *Qui excutit manus suas ab omni munere, iste in excelsis habitabit* (*Isa.* XXXIII, 15). Propterea considerandum, secundum admonitionem sancti Gregorii, qualis in regimine erit qui ad hoc promovetur ut hæreticus fiat. Si tales sunt principes, si tales archiepiscopi, si tales per civitates sunt ordinati episcopi, væ illis terris, quas tales non solum **322** infructuosæ, verum et noxiæ ficulneæ non modo occupant, certe sed opprimunt. Væ peccatricibus civitatibus, quibus pestes hujusmodi insident, væ miseris plebibus, qui erroneæ et sine pastore non solum dentibus, verum et gutturibus luporum hiantibus sine ullo patent obstaculo, sine ullo verbi Dei lumine sedentes in tenebris, sine pane verbi Dei et sine refectione spiritali, inedia tabescentes morti propinquant, et, quod est lugubrius, sempiternæ : petentes panem parvuli, et non est qui frangat eis, quo abundant etiam mercenarii in domo istius tanti Patris qui nos miseros descripsit episcopos : ita ut de sola plebe illis commissa possimus, si tamen possumus dicere, *Beatum dixerunt populum cui hæc sunt* (*Psal.* CXLIII, 15), scilicet quæ ille largitur : beatus populus cujus rector sine comparatione iste est solus. Qui sicut de Job nuntiis dicitur remansit ille solus, ut nuntiaret Ecclesiæ quales non rectores sed subversores sustineat. Sed audiat Dominum sibi respondentem quod dixit Eliæ alio affectu quam iste hæc dixerit conquerenti : Remansi ego solus. *Reliqui, Dominus inquit, mihi septem millia virorum, qui non curvaverunt genu ante Baal* (*III Reg.* XVIII. 19). Quocirca et Dominus, gratis suæ misericordiæ sempiternæ, plures et aliter et alios per civitates habet ordinatos episcopos et aliter ordinantes archiepiscopos, talesque principes, qui sua concessione a divinis regulis per contemptum deviare non satagunt. Istorum compositor capitulorum, primi Adam filius, sciens se perversa scripturum, in præfatione eorumdem capitulorum nomina episcoporum connumeravit, volens se inter ligna paradisi ne peccator agnosceretur abscondere, et quasi opertus operimento pretiosorum lapidum, et condensis frondibus palliatus, ut gloriosior cæteris appareret in isto capitulo se monstravit, sicut et in illis capitulis, quæ nomine Valentinæ synodi prænotavit, in quibus se ex nomine quam maxime collaborasse descripsit.

Si autem generalem calumniam, ne nos inde perciperemus, nobis specialiter irrogare decrevit, non pro illius redargutione, sed pro eorum qui forte nostros aditus ad ordines sacros ignorant satisfactione, quomodo se rei veritas habeat cunctis legentibus ac scire volentibus innotescere procuramus. De metropolitano siquidem metropolis Rhemorum Ecclesiæ jam quæstio fuerat, sicut in gestis synodabus qui voluerit plenius invenire valebit. Resi-

dentibus in synodo venerabilibus episcopis in nomine Domini, Hincmaro Rhemensis Ecclesiæ archiepiscopo, Wenilone Sennense archiepiscopo, Amalrico Turonense archiepiscopo, Theoderico Camaracense episcopo, Hrothade Suessonicæ urbis episcopo, Lupo Catalaunense episcopo, Immone Noviomagense episcopo, Erpuino Silvanectense episcopo, Yrminfrido Belvacense episcopo, Pardulo Laudunense episcopo, Hilmerado Ambianense episcopo, Huberto Meldense episcopo, Aio Aurelianense episcopo, Prudentio **323** Trecassinæ civitatis episcopo, Herimanno Nivernense episcopo, Jona Augustidunense episcopo, Godelsado Cavillonense episcopo, Dodone Andegavense episcopo, Guntberto Ebrocense episcopo, Hildebranno Sagense episcopo, Erloino Constantiæ urbis episcopo, Baltfrido Baiocensis Ecclesiæ episcopo, Heirardo Lexoviensis Ecclesiæ episcopo, Ansegaudo Abrincatinæ urbis episcopo, Teutboldo Lingonicæ urbis episcopo, Breidingo Matiscentium Ecclesiæ episcopo, Launo Æquolesinæ civitatis episcopo, Ricboldo Remensium chorepiscopo. Residentibus etiam presbyteris et abbatibus, Dodone abbate monasterii sancti Sabini, Lupo abbate monasterii Bethleem quod Ferrarias dicitur, Bernardo abbate monasterii sancti Benedicti quod appellatur Floriacus, Hodone abbate ex monasterio Corbeiæ, Henrico abbate ex monasterio Corbionis, Bavone abbate ex monasterio Orbacense, et quamplurimis aliis sacerdotibus et abbatibus. Et astantibus diaconibus, astante quoque et reliquorum graduum clero. Residente etiam in medio cœtu episcoporum glorioso rege Carolo, qui eidem sacræ synodo suam est dignatus exhibere præsentiam, apud Suessionis civitatem, in monasterio sancti Medardi confessoris Christi, quod situm est in suburbio ipsius civitatis, in ecclesia quæ est in honore sanctæ Trinitatis sacrata, anno Incarnationis Domini nostri Jesu Christi DCCCLIII, anno etiam jam dicti principis Karoli XIII Indictione prima, VI Kalend. Maii. Dum quædam ecclesiastica et pernecessaria negotia in eadem synodo ventilaretur et diffinirentur, habita est ratio de ordinatione ipsius Hincmari metropolitani Rhemorum episcopi qui quoniam Ebo, qui ejusdem sedis archiepiscopus fuerat, adhuc vivebat, dicebatur a quibusdam contra regulas canonicas ordinatus. Unde ordinatores ipsius tale reddidere responsum. Theodericus enim Camaracensis episcopus hæc quæ sequuntur libellum porrigens protulit. Leo, inquit, papa in decretis suis ad episcopos per Cæsariensem Mauritaniam constitutos, aut confutatum, aut certe confessum jubet subjacere sententiæ ita dicens (*epist.* 87, *cap.* 2) : « Adjectum etiam illud est, quod huic temere subordinatus esse cognoscitur, qui non debuit ordinari antequam Lupicinus in præsenti positus, aut confutatus, aut certe confessus, juste posset subjacere sententiæ, ut vacantem locum, quemadmodum disciplina ecclesiastica exigit, is qui consecrabatur acciperet. » Jam de convincendo qualiter accusari et convinci debeat, manifestum est quia per scripturam vel testibus A debeat accusari, sicut scriptum est de episcopis et clericis in lege Theodosiana, in libro quinto (*cap.* 5) sententiarum Pauli : « Convinci nemo potest in judicio sine testibus aut scriptura. » Quia etiam leges Romanas in hoc negotio canonica probet auctoritas, scriptum est in concilio Toletano capite undecimo (*conc.-Tolet.* VI, can. 11), ne sine accusatore legitimo quispiam condemnetur : « Dignum est ut vita innocentis **324** non maculetur pernicie accusantium. Ideo quisquis a quolibet criminatur, tam accusatus quam accusator præsentetur, atque legum et canonum sententiæ exquirantur. »

Ecce manifestum est quia leges divinæ et humanæ nonnisi aut aperte confessum aut aperte convictum adjudicent vel condemnent, et qualiter accusatus accusari vel convinci debeat designatum est. Nunc videndum de quo ordine adjudicatorum vel condemnatorum Ebo fuerit, quem manifestum est fuisse depositum. Qui postquam in ecclesia sancti Stephani apud Mediomatricum civitatem ambonem conscendit, et se publice denotavit coram episcopis et imperatore et clero ac populo qui adfuerunt, quoniam eumdem imperatorem Ludovicum falso criminatum, et injuste ab imperiali sede depositum publicæ pœnitentiæ subdidit. De quibus et libellum manu sua subscriptum eidem imperatori porrexit, quem qui quæsierit, in archivo ipsius Metensis Ecclesiæ invenire valebit. Unde etiam accusatus ab ipso Augusto, in generali synodo habita in palatio C Theodonis villa, inducias petiit, et secundum canonicam institutionem elegit sibi per consensum synodi episcopos judices peccatorum suorum, quos canones electos appellant, de quibus scriptum est in concilio Africano, cap. 63, ut ab electis judicibus provocari non liceat, et dedit libellum synodo manu sua firmatum hæc eadem continentem : « Ego Ebo indignus episcopus, recognoscens fragilitatem meam, et pondera peccatorum meorum, testes confessores meos Aiulfum videlicet archiepiscopum, et Badaradum episcopum, necnon et Modoinum episcopum, constitui mihi judices delictorum meorum, et puram ipsis confessionem dedi, quærens remedium pœnitendi, et salutem animæ meæ, ut recederem ab officio et ministerio pontificali, quo me recognosco D esse indignum, et alienum me reddens pro reatibus meis, in quibus peccasse secreto ipsis confessus sum, eo scilicet modo, ut ipsi sint testes alio succedendi et consecrandi subrogandique in loco meo, qui digne præesse et prodesse possit Ecclesiæ cui hactenus indignus præfui. Et ut inde ultra nullam repetitionem aut interpellationem auctoritate canonica facere valeam, manu propria mea subscribens firmavi. † Ebo, quondam episcopus subscripsi. » Hac scriptura coram synodo prolata atque confirmata, confessus est ipse viva voce, et dedit testes alios exceptis judicibus, Nothonem archiepiscopum, Theodoricum episcopum, et Achardum episcopum, et sic ab omnibus qui in eodem concilio fuerunt episcopis

accepit sententiam, dicentibus per ordinem omnibus : Secundum tuam confessionem cessa a ministerio. Et sic coram ipso, jubente ac audiente synodo, dictatum est a Jona Aurelianense episcopo Heliæ presbytero, postea Carnotensi episcopo, et præscriptæ paginæ confessionis ejusdem in ipsa synodo subscriptum atque subjunctum hoc modo : « Acta est hæc Ebonis professio, ejusque propriæ **325** manus subscriptione roborata, in conventu synodali generaliter habito apud Theodonis villam, anno Incarnationis Domini nostri Jesu Christi DCCCXXXV, anno etiam imperii gloriosi Cæsaris Ludovici XXII, indictione XIII, sub die Kalendarum IV, Nonarum Martii. » Hi sunt episcopi, qui confessionem manu sua propria firmatam audierunt, in qua continebatur quod ipse Ebo pro quibusdam criminibus, quæ confessoribus suis Aiulfo archiepiscopo, Badarado episcopo, Modoino episcopo, Achardo episcopo, Theoderico episcopo, et Nothoni archiepiscope confessus est, nullatenus officium pontificale agere deberet. Nam et ipsi testes, eodem Ebone poscente et coram astante, in conspectu omnium qui adfuerunt, tam episcoporum quam et cæterorum sacerdotum, viva voce testificati sunt, quia tale peccatum eis confessus fuerat, pro quo dignus non erat episcopale ministerium ultra jam agere. Sed et hoc ipsi testes et confessores sui intulerunt, quia si idem peccatum ante ordinationem admississet, nullo modo episcopus ordinari debuisset. Pro qua re ad eorum consilium dixit se idem Ebo coram omnibus ad ministerium episcopale indignum, et ab eo recedere debere, et sub pœnitentiæ modo Dominum sibi propitium facere velle. Nam et episcopi, secundum confessionem ipsius manu sua propria roboratam, et testimonium confessorum suorum, decreverunt ut a ministerio recederet pontificali, et aliis orationum officiis et excubiis Domino serviendo eum sibi propitium faceret. Hæc sunt nomina eorumdem episcoporum : Drogo archiepiscopus, Hetti archiepiscopus, Otgarius archiepiscopus, Ragnoardus archiepiscopus, Landrannus archiepiscopus, Aldricus archiepiscopus, Notho archiepiscopus, Aiulfus archiepiscopus, Ratoldus episcopus, Jonas episcopus, Frotarius episcopus, Erchanradus episcopus, Raganarius episcopus, Wlfinus episcopus, Theodericus episcopus, Acardus episcopus, Rothadus episcopus, Batradus episcopus, Modoinus episcopus. Item Theodericus episcopus, Walocharius episcopus, Godolricus episcopus, Godofridus episcopus, Teutmundus episcopus, Ermbertus episcopus, Hubertus episcopus, Erardus episcopus, Albericus episcopus, Freculfus episcopus, Joannes episcopus, Hildemannus episcopus, H.ldi episcopus, Christianus episcopus, Sisagutus episcopus. Item Raganarius episcopus, Crispio episcopus, Teutgaudus episcopus, Bonus episcopus, Favo episcopus, Ado episcopus, Teutbertus episcopus, Wiladus episcopus, Morbertus episcopus. Et hæc scriptura, judicante synodo post hæc omnia patrata, data est a Drogone, qui synodo præsidebat una cum Hetti episcopo Treverensi, Fulconi qui successor in sede Rhemensi Ebonis fuerat designatus.

Hoc autem ita verum esse ut dicimus, etiam qui Annalem domini Ludovici imperatoris historiam de anno DCCCXXXV Dominicæ **326** Incarnationis revolverit, manifesta lectione comperiet. Cæterum, ut præmisimus, de hujusmodi unius subscriptione pro omnibus, sicut hic Jonas episcopus rogatu omnium coram omnibus et pro omnibus manu notarii synodalis egit, qui legerit in concilio Africano, cap. 52 et cap. 60 sufficienter reperiet. Quia autem hujusmodi libellari confessione, quam sequi debet propriæ manus subscriptio, episcopus corporis sive animæ infirmitate gravatus, ut non debeat vel non possit ad ministerium sacrum consurgere, a sede episcopali et sacerdotio debeat removeri, et in loco ejus alius subrogari et ordinari, in decretalibus epistolis apostolicæ sedis pontificum frequentissime invenitur, et beatus Gregorius in suis multoties designat epistolis, sicut ad Joannem Primæ-Justinianæ archiepiscopum de Paulo, et ad Marianum episcopum Ravennatium, et ad clerum ac plebem Ariminensium, necnon et ad Anatolium diaconum, et ad Ætherium episcopum, atque ad Brunechildem reginam de infirmo episcopo, et Zosimus de Proculo. In epistolis quoque Joannis papæ de contumelioso episcopo. Sed et in Gallicanis canonibus de Potamio Braccarense archiepiscopo, et synodo Valentina evidenter agnoscitur. Et de hujusmodi confessione Leo in decretali epistola (*epist.* 1) ad universos episcopos per Campaniam, Samnium, et Picenum evidenter demonstrat, sicut qui voluerit legere prævalebit. Et post hæc omnia isdem Ebo quondam episcopus libellum pœnitentiæ edidit, in quo crimina quæ confessus antea suis judicibus ac testibus fuerat scripto exposuit, pro quibus se pœnitentiam septennem egisse conscripsit, et hunc satisfactionis libellum in Eccleisa Rhemensi publice recitavit, quem hactenus diligentia Rhemensis scrinii inter alia gesta custodit. Et hoc modo depositus apostolicam sedem et papam Sergium adiit. Apud quem, sicut in Gestis pontificalibus lector quisque prævalet invenire, ista obtinuit. Ita enim ibi ad locum scriptum est : « His igitur peractis, prædictum postulaverunt pontificem, ut omnes primates Romani fidelitatem ipsi Ludovico regi per sacramentum promitterent; quod prudentissimus præsul fieri nequaquam concessit, et sic orsus est illis : Quia si vultis domno Lothario magno imperatori hoc sacramentum ut faciant solummodo, consentio atque permitto. Nam Ludovico ejus filio ut hoc peragatur, nec ego, nec nobilitas Romanorum consentit. Tunc demum in eadem Ecclesia sedentes pariter tam beatissimus pontifex, quam magnus rex, et omnes archiepiscopi atque episcopi, stantibus reliquis sacerdotibus, et Romanorum ac Francorum optimatibus, fidelitatem Lothario magno imperatori semper Augusto promiserunt. Post hæc vero, Ebo quidam et Bartholomæus archiepiscopi, qui pro criminibus suis privati honore ab Ecclesia fuerant expulsi, sanctissimo pontifici

postulabant, ut eos reconciliare ac pallium eis tribuere dignaretur. » Quos etiam idem **327** præsul, nec communionem inter clericos dignos esse suscipere dicebat, sed inter communem populum communicandi licentiam tantummodo haberent.

Transacto autem decennii tempore post depositionem ipsius Ebonis, convenerunt episcopi Rhemorum diœceseos ad synodum Belvacensium civitatis, et obtinuerunt consensu domni Caroli regis gloriosi quemdam ex diœcesi Sennensi, et pacercia Parisiaca, apud archiepiscopum et civitatis ipsius episcopum, cæterosque provinciæ ejusdem coepiscopos, Hincmarum venerabilis monasterii sanctorum martyrum Dionysii sociorumque ejus monachum, quem cum decreto canonico cleri et plebis Rhemorum Ecclesiæ eidem metropoli ordinaverunt episcopum, sicut diœceseos Rhemorum episcopi in præfata synodo evidentissimis et regularibus studuerunt ostendere documentis : quia ut in epistola ad clerum et plebem consistentem Neapoli sanctus dicit Gregorius (*lib. Epist.*), canonicis est regulis constitutum, ut, defuncto vel sublato pastore, diu sacerdote civitas privari non debeat. Cæteri autem ipsius Rhemorum diœceseos episcopi, si de canonico habitu nutu divino ad episcopalem ordinem sumus assumpti, de notis Ecclesiis, secundum sacris regulis modum præfixum, sine interventione indebiti muneris ordinati existimus : et si de monachica institutione sumus expetiti, secundum doctrinam beatorum Siricii atque Gelasii, juxtaque regulas sancto Spiritu promulgatas, ad ordinem episcopatus cum præsentia et ordinatione archiepiscopi gratia divina pervenimus. Sicuti una cum eodem archiepiscopo nostro cui secundum quartum capitulum Nicæni concilii firmitas eorum quæ geruntur per unamquamque provinciam ut metropolitano est tributa episcopo, scriptis canonicis demonstrare valemus. Sed et princeps noster, ecclesiasticis regulis humiliter subditus, justis et rationabilibus sacerdotum petitionibus devotissime annuit, et ut regulares ac regulariter ordinentur episcopi, et ministerium suum Deo placite peragant, favendo, monendo, et adjuvando agit et ipse satis.

Quia vero scriptum est, *Ne respondeas stulto juxta stultitiam suam, ne similis ei efficiaris*, et mox subscriptum est, *Responde stulto juxta stultitiam suam, ne sibi sapiens esse videatur* (*Prov.* XVI, 4), quod utrumque observare valebit, qui tempus, locum, personam, causamque secundum rationem discreverit, quiscunque talia, sicut catholicorum doctrina redarguentes supra ostendimus, contra rectam fidem scripsit, contra episcopalem auctoritatem tanta præsumpsit, de principali dignitate indigna significavit, ponat se ante se, et ab ipsis rudimentis infantiæ vias gressuum suorum cogitet, et quo itinere ad hæc quæ tenet pervenerit solerter inspiciat, sibique ad tempus consulat dum potest, ne commode non possit cum incommode fortassis volens nolensque sategerit. Nos autem memores Scripturæ dicentis, **328**. *To-*

tum spiritum suum profert stultus, sapiens autem differt et reservat in posterum (Prov. XXIX, 11), quemquam ex nomine et manifesta reprehensione designare non volumus : scientes Dominum significationibus potius quam apertis invectionibus proditorem corripuisse, ut conscius ageret pœnitentiam. Ideoque, ut dicit Apostolus : *Ne forte et huic de quo significamus det Dominus pœnitentiam ut resipiscat* (II Tim. II, 24), et postea mordeat nos conscientia, secundum Salomonis edictum quo præcipit : *Quæ viderunt*, inquiens, *oculi tui ne proferas in jurgio cito, ne postea emendare non possis, cum dehonestaveris amicum tuum* (Prov. XXV, 8), nominatim denotare illum non volumus, quem secundum Dominicam jussionem secreto et cum adhibitis corriperemus, si non tantisper et tantis quæ depingitur foret causa notissima. De qua siquidem poteramus divinas leges sic subdendo excepta fidei causa connectere. Sed superfluum est leges colligere, cum adhuc nemo personam studet signatius demonstrare. Hæc de septimo isto capitulo coacti nolentesque respondimus, non jactando nos quasi vana gloria capti, nec velut stomachantes ut bilis amaritudinem, ita rancorem animi contra quemlibet digerentes. Nec enim est cui debeamus irasci, quia sufficit nobis in hoc negotio, non solum sinceræ conscientiæ testimonium, verum et notitia certa plurimorum fidelium. Potius est enim præsumptiosa loquenti compatiendum, quam de impactione hujusmodi innoxiis irascendum. Sed zelo ac necessitate veritatis et fidei ad ista respondimus, ne forte cum quisquis hoc capitulum legerit, ut de nobis dictum, ita illud in nobis putet esse completum, et sicut inordinate ordinatos ita nos credat in sinceritate fidei dubiosa et hæretica pravitate pollutos. Quapropter reprehensibilis reprehensor noster, cum fortassis se a nobis legerit reprehensum, non reprehensione sua contra nos irascatur, et veritatem fidei pro nostro nomine aspernetur, memorans apostolorum principem, quia sic necessitas pro veritate Evangelii exigebat, a beato Paulo etiam coram omnibus reprehensum, et a benigno Petro reprehensoris sui epistolas in quibus reprehensum se legerat collaudatas, probansque seipsum si voluerit concors, qui nunc dicitur discors noster, sic in seipso gloriabitur, et non in altero, cum causa sua se metiens.

329 CAPUT XXXVII.

Et quoniam nuper remota hœresis, olim ut ostendimus, in veteribus hœreticis est revicta, quid de hujusmodi prave sentientibus ecclesiastica decernat auctoritas, per duodecim capitula præmissis subnectere procuravimus.

De hoc autem unde certi sumus, et quæ sine periculo licet multis sint cognita tegere silentio non valemus, quæque pro ministerio nobis imposito his quæ præmisimus subjungere ex auctoritate ecclesiastica commonemur, opportune importune volentibus et nolentibus ingerere procuramus. Scilicet quia de his quatuor capitulis, sicut jam supra ostendimus, circa temporalis vitæ terminum beati Augu-

stini mota est hæresis, quæ revicta atque repulsa sive compressa est auctoritate sancti papæ Cœlestini, instantia beati Prosperi, ex dictis ejusdem beati Augustini, et cæterorum catholicorum magistrorum doctrina, quid a sede apostolica virisque apostolicis decretum sit de hæresi semel revicta ac conculcata, de his etiam qui eam resuscitare vel in ea permanere delegerint, præmissis capitulatim subnectere necessarium dignumque censuimus

I. Quod, damnata semel hæresi, contra eam non sit postea disputandum, Gelasius (*Gelasii epist.* 11 *in princip.*) in tomo reddendæ rationis Acacium a sede apostolica competenter fuisse damnatum : « Dilectissimis fratribus universis episcopis per Dardaniam constitutis Gelasius. » Et ad locum : « Stultitiam, inquit, respuentes inanium querelarum, percurrere vos oportet ab ipsis beatis apostolis, et considerare prudenter, quoniam Patres nostri, catholici videlicet doctique pontifices, in unaquaque hæresi quolibet tempore suscitata, quidquid pro fide, pro veritate, pro communione catholica atque apostolica, secundum Scripturarum tramitem prædicationemque majorum facta semel congregatione sanxerunt, inconvulsum voluerunt deinceps firmumque constare, nec in eadem causa denuo quæ præfixa fuerant retractari qualibet recenti præsumptione permiserunt. Sapientissime pervidentes quoniam, si decreta salubriter cuiquam liceret iterare, nullum contra singulos quosque prorsus errores stabile persisteret Ecclesiæ constitutum, ac semper iisdem furoribus recidivis omnis integra definitio turbaretur. Nam si limitibus jam præfixis positarum semel synodalium regularum, non cessant elisæ pestes resumptis certaminibus contra fundamentum sese veritatis attollere, et simplicia quæque corda percutere, quid fieret si subinde fas esset perfidis inire concilium ? cum quælibet illa manifesta sit veritas, nunquam desit quod perniciosa promat falsitas, etsi ratione vel auctoritate deficiens, sola tamen intentione non cedens. Quæ majores **330** nostri divina inspiratione cernentes necessario præcaverunt ut contra unamquamque hæresim quod acta semel synodus pro fide, pro communione et veritate catholica atque apostolica promulgasset, non sinerent novis posthæc retractationibus mutilari, ne pravis occasio præberetur quæ medicinaliter fuerant statuta pulsandi. » Hinc magnus Leo papa in epistola per Philoxenum agentem in rebus Leoni Augusto directa (*epist.* 84) : « Prænoscat igitur, inquiens, pietas tua, venerabilis imperator, hos quos spondeo dirigendos, non ad confligendum cum hostibus fidei, nec ad certandum contra illos, a sede apostolica profecturos, quia de rebus et apud Nicæam, et apud Chalcedonem, sicut Deo placuit, diffinitis, nullum audemus inire tractatum, tanquam dubia vel infirma sint, quæ tantâ per sanctum Spiritum fixit auctoritas. Instructioni autem parvulorum nostrorum, qui post lactis alimoniam cibo desiderant solidiore satiari, ministerii nostri præsidium non negamus, et sicut simpliciores non spernimus, ita a rebellibus hæreticis abstinemus, memores præcepti Dominici dicentis : *Nolite sanctum dare canibus, neque miseritis margaritas vestras ante porcos (Matth. vii).* Nimis quippe indignum, nimisque injustum est, eos ad libertatem disceptationis admitti, quos significat Spiritus sanctus per prophetam dicens : *Filii alieni mentiti sunt mihi.* Qui etiamsi Evangelio non resisterent, de illis tamen se esse monstrarent, de quibus scriptum est : *Deum se profitentur scire, factis autem negant.* » Item idem in epistola ad Marcianum Augustum (*tit. 1, epist. 45*) : « Per ipsum Dominum nostrum Jesum Christum, qui regni vestri est auctor et rector, obtestor et obsecro clementiam vestram, ut in præsenti synodo fidem, quam beati Patres nostri ab apostolis sibi traditam prædicarunt, non patiamini quasi dubiam retractari, et quæ olim majorum sunt auctoritate damnata, redivivis nunc non permittatis conatibus excitari. » Item in epistola ad Leonem Augustum (*epist. 84*) : « Hæc autem Dei munera ita demum nobis divinitus conferentur, si de his quæ sunt præstita non inveniamur ingrati, et tanquam nulla sint quæ adepti sumus, contraria potius expetamus. Nam quæ patefacta sunt quærere, quæ perfecta sunt retractare, et quæ sunt diffinita convellere, quid aliud est quam de adeptis gratiam non referre, et ad interdictæ arboris cibum improbos appetitus mortiferæ cupiditatis extendere ? » Item in epistola ad synodum Chalcedonensem (*ep. 49*) : « Unde, fratres charissimi, rejecta penitus audacia disputandi contra fidem divinitus inspiratam, vana errantium infidelitas conquiescat, nec liceat defendi, quod non licet credi. » Unde et pluraliter decreta inveniuntur.

II. Quod semel auctore hæreseos condemnato, omnes in eamdem hæresim recidentes habeantur damnati. Item Gelasius in tomo reddendæ rationis Acacium a sede apostolica competenter fuisse damnatum (*in epist. 11 ad Dardanos, in princip.*) : « Sed auctore cujuslibet insaniæ ac pariter errore damnato, sufficere judicarunt, ut quisque aliquando hujus erroris **331** communicator existeret, principali sententia damnationis ejus esset obstrictus, quoniam manifeste quilibet vel professione sua vel communione posset agnosci. Et ut brevitatis causa priora taceamus, quæ diligens inquisitor facile poterit vestigare, Sabellium damnavit synodus, nec fuit necesse ut ejus sectatores postea damnarentur, singulas viritim synodos celebrari : sed pro tenore constitutionis antiquæ cunctos, qui vel pravitatis illius vel communionis exstitere participes, universalis Ecclesia duxit esse refutandos. Sic propter blasphemias Arii forma fidei communionisque catholicæ, Nicæno prolata conventu, Arianos omnes, vel quisquis in hanc pestem sive consensu sive communione deciderit, sine contradictione conclusit. Sic Eunomium, Macedonium, Nestorium, synodus semel gesta condemnans, ulterius ad nova concilia venire non sivit : sed universos quocunque modo in has blasphemias recidentes tradito sibi limite synodali refutavit Ecclesia. Nec

unquam recte sensisse manifestum est, qualibet necessitate cogente, novis ausibus quæ fuerant salubriter constituta temerasse. Non autem nos latet, in tempestate persecutionis Arianæ plurimos pontifices, de exsiliis pace reddita respirantes, per certas provincias congregatis secum fratribus Ecclesias composuisse turbatas : non tamen ut illius synodi Nicænæ quidquid de fide et communione catholica diffiniverat immutarent, nec nova quemquam pro lapsu damnatione percellerent : sed illius tenore decreti nisi resipuisset judicare damnatum ; essetque consequens ut nisi corrigeret, damnationi procul dubio subjaceret. » Et in eodem post aliquanta : « Quoniam idem ipse error, qui semel est cum suo auctore damnatus, in participe quolibet pravæ communionis effecto exsecrationem sui gestat et pœnam. » Et item in epistola (*epist. 9*) ad Euphemium Constantinopolitanum episcopum : « Adhuc quæritis, inquit, quando fuerit damnatus Acacius, quasi revera etiamsi eum nullus ante damnasset, non habuerit ab orthodoxæ et apostolicæ communionis, cujus prævaricator exstitit et desertor, participatione secludi, sicut etiam quilibet, qui fuerit ante catholicus, cuicunque hæresi communicans, merito judicatur a nostra societate removendus, aut in tali sorte defunctus, inter catholicorum nomina nullatenus computari. » Item idem in Commonitorio ejusdem dato Fausto Magistro et Irenæo fungentibus legationis officio Constantinopolim, ad locum : « Euphemium vero, inquit, miror si ignorantiam suam ipse non perspicit, qui dicit Acacium ab uno non potuisse damnari. Itane non perspicit, secundum formam synodi Chalcedonensis Acacium fuisse damnatum ? Nec novit eam, aut se nosse dissimulat, in qua utique per numerosam sententiam sacerdotum erroris hujus auctores constat fuisse damnatos, sicut in unaquaque hæresi a principio Christianæ religionis, et factum fuisse, et fieri manifesta rerum ratione monstratur ? » Et Leo in epistola ad **332** Leonem Augustum (*epist. 84, in princip.*) : « Nam cum sancto et spiritali studio universam pacem Ecclesiæ muniatis, nihilque sit convenientius fidei defendendæ, quam his quæ per omnia instruente Spiritu sancto irreprehensibiliter definita sunt inhærere, ipsi videbimur bene statuta convellere, et auctoritates quas Ecclesia universalis amplexa est, ad arbitrium hæreticæ petitionis infringere, atque ita nullum collidendis Ecclesiis modum ponere, sed data licentia debellandi dilatare magis quam sopire certamina. »

III. De complicibus communicatoris hæreseos item idem, in tomo reddendæ rationis Acacium a sede apostolica competenter fuisse damnatum, ad universos episcopos per Dardaniam constitutos (*epist. 2, sub fin.*) : « Quia eorum, scilicet hæreticorum, successoribus communicare delegerant, ideo cum sede apostolica minime congruebant. Quia in sortem reciderant prævaricatoris Acacii, et illius se sine dubio pervidebant sententia consequenter astringi, ob hoc eum videri nolebant esse damnatum, quia se cognoscebant in eadem prævaricatione damnatos, in qua hodieque manentes consistunt. Sed sicut hi simili conditione constricti complicem suum non possunt judicare non jure damnatum, neque rei reum possunt competenter absolvere : sic illo juste prævaricatore damnato, isti quoque pari jacent damnatione prostrati, neque nisi resipiscentes inde poterunt prorsus absolvi, quia sicut per unum scribentem eorum omnium vulgata transgressio est qui in eamdem perfidiæ reciderant actionem, sic in uno eodemque, qui pro omnibus scripserat, vel scribendo omnium prodiderat voluntates, transgressio est punita cunctorum. » Et item idem, in epistola ad Anastasium imperatorem (*epist.* 10) : « Proinde, inquit, sicut non potest perversitatis communicatore suscepto, non pariter perversitas approbari, sic non potest refutari perversitas, complice sectatore perversitatis admisso. Legibus certe vestris criminum conscios sectatoresque latrocinantium par judiciorum pœna constringit : nec expers facinoris æstimatur qui, licet ipse non fecerit, facientes tamen in familiaritatem fœdusque receperit. Proinde sanctum Chalcedonense concilium, quod pro fidei catholicæ atque apostolicæ veritatis communione celebratum, damnavit Eutychetem detestandi furoris auctorem, non satis habuit nisi ut pariter ejus quoque consortem Dioscorum cæterosque percelleret. Hoc igitur modo, sicut in unaquaque hæresi vel factum semper, vel fieri non habetur ambiguum, successores eorum, Timotheum, Petrum, atque alterum Antiochenum Petrum, non viritim propter singulos quosque rursus facto concilio, sed synodi semel acta regula consequenter elisit. Quemadmodum ergo non evidenter apparet, etiam cunctos simili tenore constringi, qui eorum communicatores et complices exstiterunt, atque omnes omnino a catholica atque apostolica merito communione discerni ? » Item idem in tomo de anathematis vinculo a papa Felice innexo Acacio, **333** « Sicut enim, inquiens, in quantum est ipse error, nunquam error esse desistit, sic a sententia nunquam præfixa resolvetur, quia error qui agnoscitur esse damnatus, eadem quandiu manet error probatur adstrictus. Itaque qui in eo errore sunt, sententia erroris obstricti sunt, et quandiu in eo manent nullatenus absoluti sunt, sicut nec ipse in quo sunt error absolvitur. Error enim ipse nunquam veniam promeretur, sed qui eo veraciter caruerit, atque ab ejus participatione discedit. Quandiu ergo in eis est error, damnationem suam tenet, nunquamque resolvitur, quia error semper pœnam meretur. Participes vero ejus, aut semper sunt et ejus pœnæ participes, si in eodem perstare non desinant, aut si ab eodem recesserint, quam alieni facti sunt ab errore, et ab ejus participatione discreti, tam et a pœna ejus erunt consequenter alieni. Cum erranti pœna præfigitur, quandiu manet errans, eadem pœna constringitur, quia errans esse non potest sine pœna errati. Hæc eadem pœna perpetua est, nunquamque solvenda quandiu errans esse

perstiterit. Qui si errans esse desierit, pœna quæ erranti est præfixa perpetua, non erranti, id est alteri effecto quam cui præfixa est, non solum non potest esse perpetua, sed nec esse jam pœna. Non est enim ipse cui præfixa est. » Item Leo in epistola ad Pulcheriam Augustam de Eutyche (*ep.* 18) : « Qui cum, inquit, videret insipientiæ suæ sensum catholicis auribus displicere, revocare se a sua opinione debuerat, nec ita Ecclesiæ præsules commovere, ut damnationis sententiam mereretur excipere. Quam utique si in suo sensu voluerit permanere nullus poterit relaxare. » Et item in eadem : « Sedis enim apostolicæ moderatio hanc temperantiam servat, ut severius agat cum obduratis, et veniam cupiat præstare correctis. »

IV. Quod si episcopi hæresi olim damnatæ consenserint, vel hæresis communicatori communicaverint, cum eis a catholicis synodus celebrari non debeat, idem Gelasius in præfato tomo ad universos episcopos per Dardaniam constitutos (*epist.* 11) : « Ponamus tamen, inquit, etiam si nulla synodus præcessisset, cujus apostolica sedes recte fieret exsecutrix, cum quibus erat de Acacio synodus ineunda ? Nunquid cum his qui jam participes tenebantur Acacio, et per Orientem totum catholicis sacerdotibus violenter exclusis, et per exsilia diversa relegatis, socii evidenter existebant, communionis externæ, prius se ad hæc consortia transferentes, quam sedis apostolicæ scita consulerent ? Cum quibus ergo erat synodus ineunda ? Catholici pontifices erant undique jam depulsi, solique remanserant socii perfidorum, cum quibus jam nec licebat habere conventum, dicente psalmo : *Non sedi in concilio vanitatis, et cum iniqua gerentibus non introibo* (*Psal.* 1). Nec ecclesiastici moris est, cum his qui pollutam habent communionem permistanique cum perfidis miscere concilium. Recte igitur per Chalcedonensis synodi formam, hujusmodi **334** prævaricatio repulsa est, priusquam ad concilium quod nec opus erat post primam synodum, nec cum talibus haberi licebat. »

V. Et quia hæc hæresis ab apostolica sede, beati papæ Cœlestini auctoritate, instantia sancti Prosperi, sacrarum Scripturarum et orthodoxorum magistrorum documento olim devicta, et moderno tempore, levissimorum et pene nullius momenti vel scientiæ non dicam auctoritatis virorum est remota, quid de removentibus et quasi frigidos cineres in suos oculos resufflantibus agi conveniat, idem sanctus Gelasius in præfato Commonitorio legatis apostolicæ sedis Constantinopolim destinatis tradito ita dicit : « Secundum formam, inquiens, synodi Chalcedonensis Acacium constat fuisse damnatum, sicut in unaquaque hæresi, a principio Christianæ religionis, et factum fuisse, et fieri manifesta ratione monstratur, decessoremque meum exsecutorem fuisse veteris constituti, non novæ constitutionis auctorem. Quod non solum præsuli apostolico facere licet, sed et cuicunque pontifici, quo scilicet quemlibet secundum regulam hæreseos ipsius ante damnatæ a catholica communione discernat. Acacius quippe non fuit novi vel proprii inventor erroris, ut in eum nova scita prodirent, sed alieno facinori sua communione se miscuit. Itaque necesse est ut in illam recideret justa lance sententiam, quam cum suis successoribus per convenientiam synodalem susceperat auctor erroris. » Hinc et sanctus Leo universis episcopis per diversas provincias constitutis inculcat (*epist.* 2, *episcopis Italiæ*) dicens ad locum : « Aliter enim, inquit, nobis commissos regere non possumus, nisi hos qui sunt perditores et perditi zelo fidei Dominicæ persequamur, et a sanis mentibus, ne pestis hæc latius divulgetur, severitate qua possumus abscidamus. Unde hortor dilectionem vestram, obtestor et moneo, ut qua debetis et potestis sollicitudine vigiletis ad investigandos eos, nec ubi occultandi se reperiant facultatem. Ut enim habebit a Deo ingens remunerationis præmium, qui diligentius quod ad salutem commissæ sibi plebis proficiat fuerit exsecutus, ita ante tribunal Domini de reatu negligentiæ se non poterit excusare, quicunque plebem suam contra sacrilegæ persuasionis auctores noluerit custodire. » Hinc sanctus Ambrosius in tractatu epistolæ ad Galatas (*cap.* 1) : « Tam, inquit, firmum et verum Evangelium quod eis prædicaverat asserit, ut etiam seipsos, id est apostolos, si immutati forte aliter prædicarent, non audiri doceret, quorum utique fama, quod essent apostoli Christi, peragraverat omnem locum. Aut si forte diabolus, angelum Dei se fingens ut facile possit audiri, de cœlis appareret contra hæc prædicans, sciretur esse contrarium, et abominatio haberetur. Si ergo apostolos Christi, quorum tam præclara opinio in signis et prodigiis erat faciendis, et angelum de cœlo, quem possit spiritalis ratio commendare, **335** aliter docentes quam ab apostolo Paulo docti erant anathematizari præcepit, quanto magis quos nullum testimonium ad seducendum potest commendare ? » Item in epistola Cœlestini ad Nestorium (*Cœlestini epist.* 5) : « Si quasi nota contemnis, intellige te inexcusabilem fore, cum a te commissi tibi talenti quæsierit ille rationem, qui per nos de hoc sancto fœnore suum lucrum semper exspectat. Aspice quæ pœna illum maneat qui abscondit acceptum, qui integrum certe restituit quod accepit. Unde evidenter adverte, quod sit et quale periculum nec hoc quod acceperis reddidisse. An tu Domino dicturus es : Quos dedisti mihi custodivi? Cum sic scindi in partes audiamus ejus Ecclesiam, qua conscientia vivis pene ab omnibus in hac civitate desertus ? optaveram eos tunc fuisse tam cautos, quam nunc sunt cum sibi desiderant subveniri. » Et item : « Itaque quamvis etiam frater Cyrillus secundis te epistolis suis asserat esse conventum, intelligas volo, post primam et secundam illius et hanc correctionem nostram, quam constat esse jam tertiam, ab universitate collegii et conventu Christianorum te prorsus esse sejunctum, nisi mox quæ male dicta sunt corrigantur, nisi in eam viam redeas quam se Christus esse testatur. Male in hunc arma despera-

A tione movisti, qui te super familiam suam velut fidelem prudentemque servum permiserat ante constitui. Periit tibi hujus vice officii beatitudo promissa, qui non solum non das cibum in tempore, verum etiam veneno inficis quos ille suo sanguine et sua morte quæsivit. » Et item in epistola ad Constantinopolitanos (*epist.* 4, Cœlestini) : « Audiat Ezechielem, et quid sibi immineat recognoscat: *Extendam*, inquit, *manum meam super prophetas, qui vident mendacia, et loquuntur vana. Non in populi mei erunt disciplina, neque in scriptura domus Israel scribentur, et in terram Israel non intrabunt, quia populum meum seduxerunt* (*Ezech.* XIII, 9). » Et item : « Semper enim abscidendi sunt hujusmodi, qui conturbantes animum populi Christiani, et pro arbitrio suo Evangelia evertentes, Deo fructificare non possunt; et colenda est vinea quæ jus possessoris agnoscat. » Et item : « Hi omnes in nostra communione et fuerunt et hucusque perdurant, quia neminem vel dejicere vel removere poterat, qui prædicans talia titubabat. » Et item : « Est talis frequenter pietas, ex qua nascitur impietas, cum vincente carnis affectu charitati illi quæ Deus est charitas præponatur corporalis. »

Hinc et sanctus Ambrosius in psalmo CXVIII dicit : « Est ergo justa misericordia, sed est etiam injusta misericordia. Denique in lege scriptum est de quodam : *Non misereberis illius* (*Deut.* XIX). Et in libris Regnorum legitur quia Saul propterea contraxit offensam, quia miseratus est Agag hostium regem, quem prohibuerat sententia divina servari (*I Reg.* XV). Ut si quis latronis filiis deprecantibus motus, et lacrymis conjugis ejus inflexus, absolvendum putet, cui adhuc latrocinandi aspiret affectus, nonne innocentes tradet exitio, qui liberat multorum exitia **536** cogitantem? Certe si gladium reprimit, vincla dissolvit, laxat exsilium, cur latrocinandi qua potest clementiore via non eripit facultatem, qui voluntatem extorquere non potuit? Deinde inter duos, hoc est accusatorem et reum, pari periculo de capite decernentes, alterum si non probasset, alterum si esset ab accusatore convictus, non id quod justitiæ est judex sequatur, sed dum miseretur rei, damnet probantem, aut dum accusatori favet qui probare non possit, addicat innoxium. Non potest igitur hæc dici justa misericordia. In ipsa Ecclesia, ubi maxime misereri decet, teneri quam maxime debet forma justitiæ, ne quis a consortio communionis abstentus, brevi lacrymula atque ad tempus parata, vel etiam uberioribus fletibus communionem, quam plurimis debet postulare temporibus, facilitati sacerdotis extorqueat. Nonne cum uni indulget indigno, plurimos facit ad prolapsionis contagium provocari? Facilitas enim veniæ incentivum tribuit delinquendi. Hoc eo dictum est, ut sciamus, secundum verbum Dei, secundum rationem, dispensandam esse misericordiam debitoribus. Medicus ipse, si serpentis interius veniat vulneris cicatricem, cum debeat resecare ulceris vitium ne latius serpat, tamen a secandi urendique proposito lacrymis inflexus ægroti, medica-

mentis tegat quod ferro aperiendum fuit, nonne ista A
inutilis misericordia est, si propter brevem incisionis
vel exustionis dolorem corpus omne tabescat, vitæ
usus intereat? Recte igitur et sacerdos vulnus grave,
ne latius serpat, a toto corpore Ecclesiæ quasi bonus
medicus debet abscidere, et prodere virus criminis
quod latet, non fovere, ne dum unum excludendum
non putat, plures faciat dignos quos excludat ab
Ecclesia. Jure ergo Apostolus divino nos hortatur
exemplo dicens : *Vide ergo bonitatem et severitatem
Dei* (*Rom.* xi). In eos quidem qui ceciderunt severitatem, in te autem bonitatem si permanseris in
bonitate. Ostendens Judæorum populum jure esse a
corpore Ecclesiæ separatum, ne perfidiæ virus con-
taminaret Ecclesiam : populum autem gentium bonitate Domini receptum, et obedientiæ munere glo- B
riari. Jure igitur huic divina bonitas suffragatur, qui
in divina bonitate permaneat : si vero et ipse desci-
scat, pro criminis sui qualitate damnabitur. Qua
gratia Deus et lux et ignis esse describitur, ut in
tenebris ambulanti luceat quasi lumen, ne diutius
possit errare qui quærit luminis claritatem. Ei autem
qui multa fuerit operatus, quæ manere non debeant
sed ardere, ignis est Dominus, ut operis nostri fenum
stipulamque consumat, atque utili nos faciat salvos
detrimento. »

Quia etiam sacris canonibus cautum esse dignoscitur, docente Toletano concilio, ut in rebus necessariis
legum et canonum exquirantur sententiæ, ponendum
est quid in xvi libro Theodosiano sub titulo De fide catholica imperatores Gratianus, Valentinianus et Theo- C
dosius Augusti edicto ad populum urbis Constantinopo-
leos **337** decreverunt (*Cod. Theo. de fide catholica
l.* 2.) dicentes ad locum : « Hanc legem sequentes Christianorum catholicorum nomen jubemus amplecti,
reliquos vero dementes vesanosque judicantes, hæretici dogmatis infamiam sustinere, nec conciliabula
eorum Ecclesiarum nomen accipere, divina primum
vindicta, post etiam motus nostri, quem ex cœlesti
arbitrio sumpserimus, ultione plectendos. » Item in
eodem libro (*tit.* iv, *leg.* 2), sub titulo, De his qui
super religione contendunt : « Imperatores Valentinianus, Theodosius, et Arcadius Augusti Tatiano
præfecto prætorii. Nulli egressus ad publicum di-
sceptandi de religione, vel tractandi, vel consilii aliquid deferendi patescat occasio. Et si quis posthac D
ausu gravi atque damnabili contra hujusmodi legem
veniendum esse crediderit, vel insistere motu pestiferæ perseverationis audebit, competenti pœna et
digno supplicio coerceatur. » Item in eodem libro
(*tit.* v, *leg.* 6) sub titulo, De hæreticis : « Imperatores Gratianus, Valentinianus, et Theodosius Augusti Eutropio præfecto prætorii. Nullus hæreticis
mysteriorum locus, nulla ad exercendam animi ob-
stinatioris dementiam pateat occasio. Sciant omnes,
etiamsi quid speciali quolibet rescripto per fraudem
elicito ab hujusmodi hominum genere impetratum
est, non valere. Arceantur cunctorum hæreticorum
ab illicitis congregationibus turbæ. » Item in libro et

titulo quo supra (*lege* 62). « Circa hos autem maxime
exercenda commotio est, qui pravis suasionibus a
venerabilis papæ sese communione suspendunt,
quorum schismate plebs etiam reliqua vitiatur. His
conventione præmissa viginti dierum condonamus
indueias, intra quos nisi ad communionis redierint
unitatem, expulsi usque ad centesimum lapidem
solitudine quam eligunt macerentur. » Et item in
rescripto Chalcedonensis synodi dato Palladio præfecto prætorii : « Si qui, inquit, hujus de cætero sacrilegii sectatores quibuscunque locis potuerint reperiri, aut de pravitate damnata aliquem rursus
proferre sermonem, a quocunque correpti ad competentem judicem pertrahantur : quos, sive clericus
fuerit, sive laicus, deferendi habeat potestatem, et
sine præscriptione aliqua perurgendi. Hos ergo re-
pertos a quibuscunque jubemus corripi, deductosque
ad audientiam publicam promiseue ab omnibus accusari : ita ut probationem convicti criminis stylus
publicus insequatur, ipsis inexorati exsilii deportatione damnatis. » Et item in libro decimo sexto
Theodosianæ legis capite quarto (*tit.* v, *lege* 1) :
« Privilegia quæ contemplatione religionis indulta
sunt, catholicæ tantum legis observatoribus prodesse oportet. Hæreticos autem atque schismaticos,
non solum ab his privilegiis alienos esse volumus,
sed etiam diversis muneribus constringi et subjici. »
Et item de hæreticis omnibus (*tit.* v, *lege* 60), quorum
et errorem exsecramur et nomen, hoc est de Euno-
mianis, Arianis, Macedonianis, cæterisque omnibus
quorum sectas piissimæ sanctioni tædet inserere,
quibus cunctis diversa sunt nomina, sed una perfidia,
illa præcipimus debere **338** servari, quæ divi avus
et pater nostræ clementiæ constituerunt, scituris
universis quod si in eodem furore permanserint, in-
terminatæ pœnæ erunt obnoxii. » Item in imperiali
epistola ad Aurelium Carthaginensem episcopum :
« Recenti quoque sanctione decrevimus, ut si quis
eos in quacunque provinciarum parte latitare non
nesciens, aut propellere aut prodere distulisset ; præscriptæ pœnæ velut particeps subjaceret. Præcipue
tamen quorumdam episcoporum pertinaciam corri-
gendam, qui pravas eorum disputationes vel tacito
consensu astruunt, vel publica oppugnatione non destruunt. Religio itaque tua competentibus scriptis
universos faciat admoneri, scituros diffinitione san-
ctimonii tui hanc sibi diffinitionem esse scriptam, ut
quicunque damnationi supra memoratorum quo pateat mens pura subscribere impia obstinatione neglexerint, episcopatus amissione mulctati, interdicta
in perpetuum expulsi civitatibus communione pri-
ventur. » Et sancta synodus Chalcedonensis (*actione*
5) : « His igitur, inquit, a nobis undique cum omni
deliberatione ac diligentia pariter ordinatis, decrevit sancta atque universalis hæc synodus, aliam fidem nemini licere proferre sive conscribere, aut
evertere, vel sentire, vel aliter tradere : sed eos qui
audent vel componere aliam fidem, vel proferre, vel
docere, vel tradere aliud symbolum volentibus ad

cognoscendam se convertere veritatem, ex ritu pagano, sive Judaico, vel qualicunque hæretico, eos si quidem episcopi sive clerici sunt, alienos esse episcopos ab episcopatu, et clericos a clero. Quod si monachi vel laici fuerint, anathematizari. »

Videant isti, qui non solum symbola vel collationes in conventibus verbo tractant, sed etiam librorum compositiones et capitula quasi synodalia conscribunt, et pro veritate simplicibus tenenda contradunt, utrum ab hac damnatione excepti esse prævaleant. Nam symbolum et apostoli primum scripserunt, et Nicæna synodus, et Ephesina, et Constantinopolitana, et Chalcedonensis, et cæteræ quæque universales synodi conscripserunt, sed non aliud, quia non discors a veritate exstat symbolum. Unde quidquid symbolice conscribitur a veritate alienum, aliud quam catholica scripserit Ecclesia est symbolum, anathemate cum conscribentibus dignum, et legibus publicis percellendum. Unde Marcianus imperator in edicto ad Palladium dicit : « Oportet, inquit, ut sit numerosa severitas sanctionum, ubi est licentia crebra culparum. Custodiendæ præterea orthodoxæ fidei cura tanto a serenitate mea adhiberi impensior debet, quanto res humanas divina præcedunt. » Et ad locum, de hæreticis : « Non habeant potestatem faciendi testamentum, et condendæ ultimæ voluntatis, neque id capiant quod ipsis ex testamento cujusquam fuerit derelictum, nihil etiam ex donatione aliqua consequantur. Sed si quid in ipsos vel liberalitate viventis, vel morientis fuerit voluntate collatum, id fisco nostro protinus addicatur. **339** Ipsi vero in nullos aliquid ex facultatibus suis donationis titulo et jure transfundant. Episcopos quoque, vel presbyteros, aliosque clericos, illis creare et habere non liceat, » et reliqua quæ ibidem sufficienter lector poterit invenire. Et quia his Christianis Christianorum imperatorum legibus catholica faveat mater Ecclesia , et sanctus demonstrat Gelasius in decreto ad Sicilienses episcopos (*Gelasius, ep.* 7), ita ad locum dicens : « Quia et filiorum nostrorum principum ita emanavit auctoritas. » Et sanctus Gregorius multoties in Commonitoriis (*lib.* xi , *epist.* 54) ad Joannem defensorem euntem in Hispaniam , quæ commonitoria ex integro de imperialibus contexuit legibus, quas ecclesiasticas judicavit. » Et magnus Leo papa in epistola ad universos episcopos per diversas provincias constitutos : « Aliquanti, inquiens, qui ita se demerserunt, ut nullum his auxiliantis possit remedium subvenire, subditi legibus, secundum Christianorum principum constituta, ne sanctum gregem sua contagione polluerent, per publicos judices perpetuo sunt exsilio relegati. » Et item idem in epistola ad Pulcheriam Augustam (*ep.* 47) : « De Eutyche autem totius scandali et pravitatis auctore, hoc clementia vestra præcipiat, ut ab eo loco quo Constantinopolitanæ urbi nimis vicinus est, longius transferatur, ne frequentioribus solatiis eorum quos ad impietatem suam traxit utatur. Monasterio quoque ipsius , cui perni-

ciose indigneque præsedit, catholicum abbatem jubete præponi, qui illam servorum Dei congregationem, et a pravo dogmate liberare, et institutis veritatis possit imbuere. » Item idem in epistola ad Leonem Augustum (*ep.*75) : « Sacerdotalem namque et apostolicum tuæ pietatis animum etiam hoc malum ad justitiam ultionis debet accendere, quod Constantinopolitanæ Ecclesiæ puritatem pestilenter obscurat : in qua inveniuntur clerici quidam hæreticorum sensui consonantes, et intra ipsa catholicorum viscera assertionibus suis hæreticorum partem adjuvantes. In quibus deturbandis, si frater meus Anatolius Constantinopolitanus episcopus cum nimis benigne parcit segnior invenitur, dignamini pro fide vestra etiam istam Ecclesiæ præstare medicinam , ut tales non solum ab ordine clericatus, sed etiam ab urbis habitatione pellantur, ne ulterius sancti Dei populi perversorum hominum contag.o polluantur. » Et item in epistola ad Aquileiensem episcopum (*ep.* 3) : « Non autem dubitet dilectio tua nos, si quod non arbitramur neglecta fuerint quæ pro custodia canonum et pro fidei integritate decernimus, vehementius commovendos, quia inferiorum ordinum culpæ ad nullos magis referendæ sunt, quam ad desides negligentesque rectores, qui multam sæpe nutriunt pestilentiam , dum austeriorem dissimulant adhibere medicinam. » Et in epistola ad Turibium Asturicensem episcopum : « Quoniam qui alios ab errore non revocat , seipsum errare demonstrat (*ep.* 93). » Et sanctus Innocentius in epistola ad synodum Milevitanam (*ep.* 32 , *sub finem*) : « Abscidendi enim sunt **340** qui nos conturbant, et volunt convertere Evangelium Christi. Simul autem præcipimus, ut quicunque id pertinacia simili defensare nituntur, par hos vindicta constringat. Non solum autem qui faciunt, sed etiam qui consentiunt facientibus : quia non multum interesse arbitror inter committentis animum et consentientis favorem. Adde et amplius : Plerumque dediscit errare, cui nemo consentit : quia ut Leo in epistola ad Anatolium dicit : Sicut in mala suasione delinquitur, ita et in mala consensione peccatur. »

VI. Ponendum etiam dignum duximus quid de hujusmodi prave scientibus leges decernant ecclesiasticæ. Scriptum est enim in constitutione Synodi Chalcedonensis (*Actione* v, *Chalced.*) ita : « Aetius archidiaconus Constantinopolitanus novæ Romæ recitavit : Sancta et magna universalis synodus, quæ secundum gratiam et sanctiones piorum Christianorumque imperatorum Valentiniani et Marciani Augustorum, congregata est apud Chalcedonem metropolim Bithyniæ provinciæ in martyrio sanctæ martyris Euphemiæ, statuit subter adnexa. Dominus et Salvator noster Christus notitiam fidei confirmans discipulis suis ait : *Pacem meam do vobis, pacem relinquo vobis* (*Joan.* xiv, 27), ne ullus a proximo suo dissonet in doctrina pietatis, sed æqualitate prædicationis veritatem ostendat. » *Et circa finem :* « His igitur cum omni undique veritate, diligentia et sollicitudine a robis diffinitis, statuit sancta et universalis synodus, alteram fidem nulli licere proferre, aut conscribere, aut componere, aut docere aliter. Eos autem qui ausi sunt componere fidem alteram, aut proferre aut docere, aut tradere alterum symbolum volentibus vel converti, vel ex gentilibus ad cognitionem veritatis venire, vel ex Judæis, vel hæresi quacunque, si quidem episcopi fuerint aut clerici, alienos esse episcopos ab episcopatu, et clericos a clero : si vero monachi aut laici fuerint, anathematizari. Nec se putent alienos ab hac esse sententia, qui symbolo, id est collationi sanctæ catholicæ et apostolicæ Ecclesiæ, ex sanctarum Scripturarum auctoritate, et orthodoxorum magistrorum doctrina, ad credendum et tenendum atque docendum prolatæ, contradicere non verentur. » Item in præfato concilio Chalcedonensi (*canone 4 synodi*) capite tertio, scriptum est : « Qui vere et sincere singularem sectantur vitam competenter honorentur. Quoniam vero quidam utentes habitu monachi ecclesiastica negotia civiliaque conturbant. » Et post pauca : « Monachos vero per unamquamque civitatem aut regionem subjectos esse episcopo, et quietem diligere, et intentos esse tantummodo jejunio et orationi, in locis quibus renuntiaverunt sæculo permanentes. Nec ecclesiasticis vero nec sæcularibus negotiis communicent, vel in aliquo sint molesti, propria monasteria descrentes, nisi forte his præcipiatur propter opus necessarium ab episcopo civitatis. Transgredientem vero hanc diffinitionem nostram excommunicatum esse decrevimus. » Item in concilio Agathensi (*can.* 38) capite 38 : **341** « In monachis quoque præsentis sententiæ forma servetur. Quos si verborum increpatio non emendaverit, etiam verberibus statuimus coercere. »

VII. Nunc qualiter resipiscentes suscipiantur, ex ecclesiasticis regulis ponendum censuimus. Ait enim magnus Leo papa in epistola ad Anatolium per Patricium diaconum directa (*epist.* 83) : « Dilectionis tuæ inquirendum judicio delegavi, ut scilicet Atticus presbyter, quem talia audere cognoveram, nisi perfecta se satisfactione purgasset, et non solum voce hæreticos, sed etiam propriæ manus subscriptione damnasset, a communionis gratia esset alienus. » Et post pauca : « Prædictus autem ut ab omni suspicione contraria liber appareat, quid in Eutyche anathematizet ac damnet evidenter ostendat, et in damnatione erroris expressi remota omni dubitatione subscribat, ita ut Chalcedonensis synodi diffinitionem de fide, cui etiam dilectio tua subscribendo consensit, et quam apostolicæ sedis firmavit auctoritas, profiteatur se per omnia servaturum, adjecta subscriptione propriæ manus, quæ in Ecclesia Christiano populo præsente recitetur, ut pro catholica fide, neque nos negligentes, neque ipse ultra suspectus habeatur. Qui si in eadem pravitate perdurans præcepto salubri parere noluerit, sententiam synodi Chalcedonensis cujus diffinitionibus resultat excipiat. » Et in epistola

ad Pulcheriam Augustam de Eutyche hæresis auctore (*epist.* 15 *in fine*) : « Si ipse, inquit, qui in hanc tentationem incidit resipiscit, ita ut quod male senserat propria voce et subscriptione condemnet, communio illi sui ordinis reformetur. Quod etiam fratri et coepiscopo meo Flaviano me clementia vestra scripsisse cognoscat, et his quos misimus delegasse, ut venia concedatur si error aboletur. » Et in epistola ad Constantinopolitanos (*epist.* 25) : « Nec quisquam sibi audeat de sacerdotali ordine blandiri, qui potuerit in exsecrandi sensus impietate convinci. Nam si vix in laicis tolerabilis videtur inscitia, quanto magis in eis qui præsunt nec excusatione est digna, nec venia, maxime cum etiam defendere perversarum opinionum commenta præsumunt, et in consensum suum aut errore aut gratia insanabiles quosque traducunt? Separentur hujusmodi a sanis membris corporis Christi, neque sibi catholica libertas infidelium jugum patiatur imponi. » Et in epistola ad Theodosium (*epist.* 14) : « Ut quia dubitari non potest quæ sit Christianæ confessionis integritas, et totius erroris pravitas damnetur, et si resipiscens qui deviaverat pro venia supplicet, sacerdotalis ei benevolentia subveniat. » Et in epistola ad Julianum (*epist.* 19) : « Ut si condemnatus presbyter plena satisfactione corrigitur, sententia qua obstrictus est relaxetur. Si vero in eodem insipientiæ suæ luto jacere delegerit, statuta permaneant, et cum eis habeat sortem, quorum est secutus errorem. » Et in epistola ad Flavianum (*epist.* 22) : « At si deposita imperitiæ suæ vanitate resipiscunt, omnique errore damnato fidem veram singularemque suscipiunt, misericordia eisdem episcopalis **342** benevolentia non negetur, mansuro judicio quod præcessit, si impietas merito condemnata in sua pravitate perstiterit. » Etenim in epistola ad Constantinopolitanos (*epist.* 41 *ad Pulcheriam*) : « Devotionis utrumque est Christianæ, ut et pertinaces veritas justa coerceat, et conversos charitas non repellat. » Et in epistola ad Anatolium (*epist.* 42) : « Hi qui plenis satisfactionibus male gesta condemnant, et accusare se magis eligunt quam tueri, pacis et communionis nostræ unitate retentur, ita ut digno prius anathemate quæ contra fidem catholicam sunt recepta damnentur. » Et post paululum : « Neque enim potest in aliquo benignitas nostra reprehendi, cum satisfacientes recipimus, quos doluimus esse deceptos. Nec aspere igitur communionis nostræ gratia deneganda est, nec temere largienda : quia sicut plenum pietatis est oppressis charitatem Dominicam redhiberi, ita justum est omnia perturbationis auctoribus imputari. » Et post paululum : « Quos convenit, aut percelli pro perfidia, aut laborare pro venia. »

Hinc et sanctus Innocentius in epistola synodo Milevitanæ directa (*Innocent. epist.* 32, *sub finem*) : « Inventores vocum novarum, quæ, sicut dixit Apostolus, ædificationis nihil, sed magis vanissimas consuerunt parare quæstiones, ecclesiastica communione privari apostolici vigoris auctoritate censemus. » Et post aliquanta : « Jubemus sane, quoniam Christus Dominus noster propria vóce signavit nolle se mortem morientis, tantum ut revertatur et vivat, si unquam ad sanum deposito pravi dogmatis errore resipuerint, damnarintque ea quorum se ipsi prævaricatione damnarunt, eis medicinam solitam, id est, receptaculum suum ab Ecclesia non negari, ne dum eos redeuntes forsitan prohibemus, vere extra ovile remanentes exspectantis hostis rabidi faucibus glutiantur, quos in semetipsis spiculis malæ disputationis armarunt. » Et sanctus Gregorius Quirico et cæteris episcopis catholicis in Hibernia (*lib.* x, *epist.* 61) : « Quicunque a perverso errore Nestorii revertuntur, coram sancta fraternitatis vestræ congregatione fateantur, eumdem Nestorium cum omnibus suis sequacibus, ac reliquas hæreses anathematizantes : venerandas quoque synodos, quas universalis Ecclesia recipit, recipere et venerari promittant, et absque ulla dubitatione sanctitas eos vestra, servatis eis propriis ordinibus, in suo cœtu recipiat. » Et in canonibus a beato Martino collectis, capite trigesimo sexto *De purganda opinione hæresis :* « Si quis episcopus, sive alicujus episcopi presbyter, aut diaconus, in alicujus hæresis opinione offenderit, et ob hanc causam fuerit excommunicatus, nullus episcopus eum in communionem recipiat, nisi prius in communi concilio, porrecto fidei suæ libello, satisfaciat omnibus, et ita liberam teneat suam purgationem. Hoc idem et de fidelibus laicis sit decretum, si in aliquam hæresis opinionem fuerint nominati. » Ostendunt etiam hunc tenorem receptionis formæ libellorum, scilicet unius quem direxit Papa Damasus ad Paulinum Antiochenum (*epist.* 4), cui **343** subscribentes reciperentur Macedoniani, et Eunomiani, et Apollinaristæ. Alterius quem direxit Leo (*epist.* 49) ad synodum Chalcedonensem cui subscribentes reciperentur Nestoriani et Eutychiani. Tertii, cui tempore Cœlestini subscribentes reciperentur Prædestinatiani, cujusque tenorem, sicut Lucidus presbyter cum porrexit in synodo Gallicana, supra posuimus. Quarti, quem edidit sanctus Gregorius (*lib.* x, *epist.* 30), cui subscribentes reciperentur schismatici.

VIII. Qua conditione resipiscentes, et libellari satisfactione se Ecclesiæ unitati reddentes, recipi debeant, item beatus Leo in epistola ad Januarium episcopum (*epist.* 3 *ad episc. Aquileiens.*), de hæreticis et schismaticis ita decernit dicens : « Dilectionem, inquit, tuam duximus commonendam, insinuantes ad animæ periculum pertinere, si quisquam de his qui a nobis in hæreticorum atque schismaticorum sectam delapsus est, et se utcunque hæreticæ communionis contagione macularit, resipiscens in communione catholica sine professione legitimæ satisfactionis habeatur. Saluberrimum enim est, et spiritalis medicinæ utilitate plenissimum, ut sive presbyteri, sive diaconi, sive subdiaconi, vel cujuslibet ordinis clerici, qui se correctos videri volunt,

atque ad catholicam fidem, quam jam pridem amiserant, rursum reverti ambiunt, prius errorem suum et ipsos erroris auctores damnari a se sine ambiguitate fateantur, et sensibus pravis dudum peremptis, nulla aspirandi supersit occasio, ne ullum membrum talium posset societate violari, cum per omnia illis professio propria cœperit obviare. Circa quos illam canonum constitutionem præcipimus custodiri, ut in magno habeant beneficio, si, adempta sibi omni spe promotionis, in quo inveniuntur ordine perpetua stabilitate permaneant, si tamen iteratæ tinctionis sacrilegio non fuerint maculati. Non levem enim apud Dominum noxam incurrit, qui de talibus ad sacros ordines promovendum aliquem judicarit. Quod si cum grandi examinatione conceditur inculpatis, multo magis non debeat licere suspectis. Proinde dilectio tua, cujus devotione gaudemus, jungat curam suam dispositionibus nostris, et det operam ut circumspecte ac velociter impleantur quæ ad totius Ecclesiæ incolumitatem et laudabiliter suggesta sunt, et salubriter ordinata. Non autem dubitet dilectio tua nos, si quod non arbitramur neglecta fuerint quæ pro custodia canonum et pro fidei integritate decernimus, vehementius commovendos, quia inferiorum ordinum culpæ ad nullos magis referendæ sunt, quam ad desides negligentesque rectores, qui multam sæpe nutriunt pestilentiam, dum necessariam dissimulant adhibere medicinam. » Item in epistola ad Marcianum de episcopo Constantinopolitano (*epist.* 1, 11) : « Fraternam illi charitatem non aliter poterimus impendere, quam ut se inimicos catholicæ fidei approbet exsecrari, ejusque a se consortium quem merito abjecit abscidat : qui etiamsi magna fuisset satisfactione purgatus, **344** post dubium tamen errorem reversus, catholicis diaconis postponi debuit, non præponi. » Et in epistola ad Pulcheriam Augustam (*epist.* 53) : « Si ergo clementia vestra propositum meum considerare dignetur, probabit me eo consilio cuncta gessisse, ut sine cujusquam animæ detrimento, hæreseos tantum obtineretur exstinctio, et ob hoc circa auctores sævissimorum turbinum quiddam consuetudinis minuisse, ut ad indulgentiam postulandam compunctione aliqua possit eorum tarditas excitari. Qui etsi post illud judicium suum tam impium quam injustum, non sunt catholicæ fraternitati ita honorabil s ut fuerunt, suas tamen adhuc sedes obtinent, et episcopatus sui honore potiuntur, aut per veram et necessariam satisfactionem pacem potius Ecclesiæ recepturi, aut si hæresim, quod absit, tuentur, professionis suæ sint merito judicandi. » His sententiis attendendum, quia ab hæresi revertentes, et per libellarem satisfactionem cum catholica professione debeant recipi, et ab ordine quo inventi fuerint non debeant promoveri, sed et minus honorabiles quam in catholica persistentes ostenduntur haberi.

IX. Item de his qui fidei catholicæ vel libello porrecto in synodo subscripserunt, et postea ad pravos devoluti sunt sensus, vel diffinitionibus seu dogmatibus catholicæ et apostolicæ Ecclesiæ doctrinæ contrariis subscripserunt, in Carthaginensi concilio, cap. 13 scriptum est (*Conc. Carthagin.* II, *can.* 13) : « Si quis contra suam professionem vel subscriptionem venerit in aliquo, ipse se honore privabit. »

X. Et quia sicut decretis beati Cœlestini monstratur, hæc Prædestinatiana hæresis illius auctoritate devicta est atque compressa, si quis diffinitionibus illius sensui concordantibus subscripsit in synodo, et postea fuit translatus ad devia, vel etiam si sine subscriptione sanctæ catholicæ et apostolicæ Ecclesiæ contraria senserit, legat quid beatus Leo in decretali epistola (*epist.* 1) ad universos episcopos per Campaniam, Picenum, Tusciam, et per universas provincias constitutos decreverit cap. 5 : « Hoc itaque, inquiens, admonitio nostra denuntiat, quod si quis fratrum contra hæc constituta venire tentaverit, et prohibita fuerit ausus admittere, a suo se noverit officio submovendum, nec communionis nostræ futurum esse consortem, qui socius esse noluit disciplinæ. Ne quid vero sit quod prætermissum a nobis forte credatur, omnia decretalia constituta tam beatæ recordationis Innocentii, quam omnium decessorum nostrorum, quæ de ecclesiasticis ordinibus et canonum promulgata sunt disciplinis, ita a vestra dilectione custodiri debere mandamus, ut si quis in illa commiserit, veniam sibi deinceps noverit denegari. » Quando enim omnium decessorum suorum constituta posuit, Cœlestinum cui Sixtus, et Sixtum cui successit Leo, nequaquam excepit. Sed et quando de ecclesiasticis ordinibus et canonum disciplinis apposuit, fidei regulam non omisit. Sed et Chalcedonense concilium eidem (*can.* 1) favens con- **345** scripsit dicens : « Regulas sanctorum Patrum per singula nunc usque concilia constitutas proprium robur obtinere decrevimus. » Beatus nihilominus Gelasius (*epist.* 6), quæ Carthaginensis decrevit synodus cum aliis synodalibus definitionibus roborare studuit, dicens cap. 9 quod apostolica sedes paternos canones pio studio devotoque custodiat. Cumque nobis, inquiens, contra salutarium reverentiam regularum cupiamus temere nihil licere, et cum sedes apostolica super his omnibus, favente Domino, quæ paternis canonibus sunt præfixa pio devotoque studeat tenere proposito, satis indignum est quemquam, vel pontificum, vel ordinum subsequentium, hanc observantiam refutare, quam beati Petri sedem et sequi videat et docere, satisque conveniens, ut totum corpus Ecclesiæ in hac sibimet observatione concordet, quam illic vigere conspiciat, ubi Dominus Ecclesiæ totius posuit principatum. » Et Leo in epistola ad Maximum Antiochenum (*epist.* 66) : « Quoniam universæ pacis tranquillitas non aliter poterit custodiri, nisi sua canonibus reverentia intemerata servetur. Nam quod ab illorum regulis et constitutione discordat, apo-

stolicæ sedis nunquam poterit obtinere consensum. »

XI. Quia etiam hi, qui post subscriptionem rectæ fidei pravis subscripserunt erroribus, si resipuerint, et porrecto libello professionis rectæ fidei, cum subscriptione propriæ manus, ad catholicam et apostolicam sanctam matrem Ecclesiam devote redierint, pietas ecclesiastica impendat misericordiam, eosque in gradibus suis suscipiat, demonstrat sanctus Hilarius in libro de Synodis ita dicens : « Nihil autem mirum videri vobis debet, fratres charissimi, quod tam frequenter exponi fides cœptæ sunt : necessitatem hanc furor hæreticus exponit. Nam tantum Ecclesiarum orientalium periculum est, ut rarum sit hujus fidei, quæ qualis sit vos judicate, aut sacerdotes aut populum inveniri. Male enim per quosdam impietati auctoritas data est. In exsiliis episcoporum, quorum causam non ignoratis, vires auctæ sunt profanorum. Non peregrina loquor, neque ignorata scribo. Audivi ac vidi vitia præsentium, non laicorum, sed episcoporum. Namque absque episcopo Eleusio, et paucis cum eo, ex majori parte Asianæ decem provinciæ, intra quas consisto, vere Deum nesciunt, atque utinam penitus nescirent. Cum procliviore enim venia ignorarent quam obtrectarent. Sed horum episcoporum dolor se intra silentium non continens, unitatem fidei hujus quærit, quam jam pridem per alios amisit. Nam in illa prima collatæ expositionis synodo fides hanc habuit necessitatem, cum apud Sirmium per immemorem gestorum suorum dictorumve Osium, novæ et tamen jam diu suppuratæ impietatis doctrina proruperat. Sed de er nil loquor, qui idcirco est reservatus, ne judicio humano ignoraretur qualis ante vixisset. Ubique autem scandala, ubique schismata, ubique perfidia est. Hinc illud est, ut ad professionem subscribendæ fidei **346** aliqui eorum, qui antea aliud subscripserant, cogerentur. Nec queror de patientissimis viris orientalibus episcopis, quibus sufficit post blasphemiæ voluntatem coacta saltem professio. Gratulandum enim videtur in tanta blasphemantium episcoporum hæretica pertinacia aliquem ex his suscipi pœnitentem. Sed inter hæc, o beatos vos in Domino et gloriosos, qui perfectam atque apostolicam fidem conscientiæ professione retinentes, conscriptas fides hucusque nescitis. Non enim eguistis littera, qui spiritu abundabatis, neque officium manus ad scribendum desiderastis, qui quod corde a vobis credebatur ore ad salutem profitebamini. Nec necessarium habuistis episcopi legere quod regenerati neophyti tenebatis; sed necessitas consuetudinem intulit exponi fides, et expositis subscribi. Ubi enim sensus conscientiæ periclitatur, illic littera postulatur; nec sane subscribi impedit quod salutare est confiteri. » Et sanctus Cœlestinus papa ad Cyrillum episcopum Alexandrinum (*epist.* 10) : « Itaque breviter responsum tuæ reddimus sanctitati. Etenim quæris utrum sancta synodus recipere debeat hominem a se prædicata damnantem, an quia induciarum tempus emensum est, sententia dudum lata perduret. Super hoc utrique consultatione communi com- **A** munem Dominum consulamus. Nonne nobis respondet illico per prophetam, mortem se nolle morientis (*Ezech.* xxxiii); et per apostolum Paulum, ómnem hominem velle salvum fieri, et venire ad scientiam veritatis? (*I Tim.* ii.) Nunquam displicet Deo accelerata in quocunque correctio? Tuæ sit hoc sanctitati, vel venerando fratrum concilio, ut orti in Ecclesia strepitus comprimantur, et finitum Deo juvante negotium votiva correctione discamus. › Et item : « Nos et quod contra fas est, etiam sacerdotes volumus esse correctos, quibus aut præmissa conventione consulemus, aut in hos necesse est damnationis sententiam, si abutuntur nostra salubri admonitione, firmemus. Hoc tamen erit post damnationem pravi dogmatis plenum correctionis indicium, si revocent **B** omnes ad Ecclesiam, qui propter Christum caput ejus videntur exclusi : quo nisi fiat quod dicimus, ejiciendus ejicietur, quamvis in nostra communione sint isti, quos tales cognoscimus exstitisse. ›

Et Leo in epistola ad Theodosium Augustum (*epist.* 35) : « Cumque a se hoc quod eidem profuturum sit, expeti desiderarique cognoverit, catholicorum sententiis toto corde consentiat : ita ut sinceram communis fidei professionem, absolutissima subscriptione, coram omni clero et universa plebe declaret, apostolicæ sedi, et universis Domini sacerdotibus atque Ecclesiis publicandum. › Et item idem in epistola ad Pulcheriam Augustam (*epist.* 53) : « Quamvis, inquit, incommutabiliter inimicissimam Christianæ religionis hæresim detestamur, ipsos tamen, si non dubie **C** corrigantur, et digna se satisfactione purificent, ab ineffabili misericordia Dei nostri non judicemus alienos : **347** sed potius cum gementibus gemimus, cum flentibus flemus, et sic utimur justitia commotionis, ut non amittamus remedia charitatis. Quod sicut pietas vestra cognoscit, non verbis suis promittitur, sed etiam factis docetur. Siquidem pene omnes, qui in consensum præsidentium in illo Ephesino non judicio sed latrocinio, aut traducti fuerant aut coacti, rescindendo quod statuerant, et condemnando quod scripserant, perpetuam culpæ abolitionem et apostolicæ pacis gratiam sunt adepti. Si autem clementia vestra propositum meum considerare dignetur, probabit me eo consilio cuncta gessisse, ut sine cujusquam animæ detrimento hæreseos tantum obtineretur exstinctio. › Et sciendum est quoniam hæ **D** sententiæ in undecimo isto capitulo, quæ de toties et tam granditer prævaricantibus conscribuntur, ad illam canonum formam pertinent, qua secundum rationis et temporis qualitatem, aut propter Ecclesiæ utilitatem, aut propter pacis ac concordiæ unitatem, non præjudicatis majorum statutis, quædam aliquando indulgentur, non ad illam, qua pro lege irrefragabiliter tenenda constituuntur. Unde Leo ad Rusticum Narbonensem episcopum (*epist.* 95) ita dicit : « Nam cum quædam interrogationes modum diligentiæ videantur excedere, intelligo eas colloquiis aptiores esse quam scriptis : quia sicut quædam

sunt quæ nulla possint ratione convelli, ita nonnulla sunt, quæ aut pro consideratione ætatum, aut pro necessitate rerum oporteat temperari : illa semper conditione servata, ut in his quæ vel dubia fuerint aut obscura, id noverimus sequendum, quod nec præceptis evangelicis contrarium, nec decretis sanctorum Patrum inveniatur adversum. › Quas singillatim singulas formas et sanctus Paulus demonstrat ad Corinthios, dicens : *Hoc autem dico secundum indulgentiam, non secundum imperium, et reliqua. His autem qui matrimonio juncti sunt præcipio non ego, sed Dominus, uxorem a viro non discedere* (*I Cor.* vii, 6), et sequentia. Et concilium Africanum in uno capitulo de Donatistis ad locum (*can.* 55) : « Propter Ecclesiæ pacem et utilitatem, ut et ipsis Donatistis, quicunque clerici correcto consilio ad catholicam unitatem transire voluerint, secundum uniuscujusque episcopi catholici voluntatem atque consilium, qui in eodem loco gubernat Ecclesiam, si hoc paci Christianæ prodesse visum fuerit, in suis honoribus suscipiantur, sicut prioribus ejusdem divisionis temporibus factum esse manifestum est. Non ut concilium, quod in transmarinis partibus de hac re factum est dissolvatur : sed ut illud maneat circa eos, qui sic transire ad catholicam volunt, ut nulla per eos unitatis compensatio procuretur. › Et reliqua quæ ibi prosequitur. Sanctus autem Innocentius in duabus epistolis, ad Marcianum scilicet episcopum, et ad Macedones episcopos (*ep.* 28 et 29), has utrasque formas demonstrat. Scilicet ut quos Bonosus etiam in hæresi ante damnationem suam ordinaverat, si ad catholicam transire decreverint, in **348** ordinibus suis suscipiantur. Quos autem post damnationem suam etiam de catholica ordinavit, ab ordine removeantur ecclesiastico.

Sed et Leo utrasque has formas de una eademque re in uno capitulo ostendit ad Rusticum Narbonensem episcopum dicens (*cap.* 4) : « Nulla, inquit, ratio sinit ut inter episcopos habeantur, qui nec a clericis sunt electi, nec a plebibus expetiti, nec a comprovincialibus episcopis cum metropolitani judicio consecrati. Unde cum sæpe quæstio de male accepto honore nascatur, quis ambigat nequaquam istis esse tribuendum quod non docetur fuisse collatum? Si qui autem clerici ab istis pseudoepiscopis in eis Ecclesiis ordinati sunt, quæ ad proprios episcopos pertinebant, et ordinatio eorum consensu et judicio præsidentium facta est, potest rata haberi, ita ut in ipsis Ecclesiis perseverent. Aliter autem vana habenda est consecratio, quæ nec loco fundata est, nec auctoritate munita. › Et item ad eumdem in eadem epistola (*cap.* 10) : « In adolescentia constitutus, si urgente aut metu mortis, aut captivitatis periculo, pœnitentiam gessit, et postea, timens lapsum incontinentiæ juvenilis, copulam uxoris elegit ne crimen fornicationis incurreret, rem videtur fecisse venialem, si præter conjugem nullam omnino cognoverit. In quo tamen non regulam constituimus, sed quid sit tolerabilius æstimamus. Nam secundum

veram cognitionem, nihil magis ei congruit qui pœ- **A**
nitentiam gessit, quam castitas perseverans et mentis et corporis. » Sic et de his utrisque formis item
Innocentius ad Macedones episcopos scribit (*epist.*
10) : « Pervideat ergo dilectio vestra hactenus talia
transisse, et advertite quod utique ut dicitis necessitas imperavit, in pace jam constitutas Ecclesias
non præsumere. Sed ut sæpe accidit, quotiescunque
a populis aut a turba peccatur, quia in omnes propter multitudinem non potest vindicari, inultum
solet transire. Priora ergo dimittenda dico Dei judicio, et de reliquo maxima sollicitudine præcavendum. » Et aliquanto superius : « Ergo quod pro remedio ac necessitate temporis statutum est constat
primitus non fuisse, ac fuisse regulas veteres, quas
ab apostolis aut apostolicis viris traditas Ecclesia **B**
Romana custodit, custodiendasque mandat his qui
eam audire consueverunt. Sed necessitas temporis
id fieri magnopere postulabat. Ergo quod necessitas pro remedio reperit, cessante necessitate debet utique cessare pariter quod urgebat,
quia alius est ordo legitimus, alia usurpatio quam
ad præsens fieri tempus impellit. » Et sanctus Gelasius ad omnes Episcopos (*epist.* 6), de institutis ecclesiasticis moderate pro temporum qualitate dispositis ita capitulo secundo dicit : « Priscis igitur pro
sui reverentia manentibus constitutis, quæ ubi nulla
vel rerum vel temporum perurget angustia regulariter convenit custodiri. » Et reliqua. Sed et in hoc
xi capitulo utræque istæ formæ monstrantur, cum a
beato Cœlestino profertur (*epist. ad Nestorium sub* **C**
finem) : « Nos, inquit, et quod contra fas est
etiam sacerdotes volumus esse correctos, quibus
sicut præmissa correctione consulimus, ita **349**
in hos necesse est damnationis sententiam, si
abutuntur nostra salubri admonitione, firmemus. »
De canonum autem formis, quas quidam non attendentes solertius ecclesiasticas regulas inter se autumant discordare, quæ et quot sint, et quas singulæ
canonum complectantur sententias, quia sagaces et
studiosi non indigent, devotis atque simplicibus, si
Dominus spatium et otium dederit, quod gratia sua
nobis ostenderit, sicut doctrina magistrorum accepimus, scribere temporis processu disponimus, quibus nihil discors, nihil sibi dissidens in sacris canonibus lector quilibet facillime valebit dignoscere. **D**
Sed pro temporum varietate et causarum, atque medicatione morborum, per diversa organa, ut ab
unico multiplici prolata spiritu, cuncta consona,
cuncta reperiet temporis, necessitatis, atque infirmitatis causæ convenientia. Uti enim necessitatum ac
temporum inæqualitas opportunitatis postulat con-
gruentiam, ita et diversa morborum genera cogunt
invenire, sicut notum est, diversa medicamentorum
experimenta.

XII. Quod qui post pravi erroris subscriptionem
orthodoxæ fidei detrectat subscribere, etiam proprio
sit judicio condemnatus, idem sanctus Cœlestinus
in eadem epistola ad eumdem Cyrillum episcopum

(epist. 10) : « Studeo quieti catholicæ, studeo pereuntis saluti, si tamen voluerit ægritudinem confiteri. Quod ideo dicimus, ne volenti se corrigere forsitan deesse videamur. Nam et si nobis sustinentibus uvam, spinas sibi addiderit, impleatur manentibus statutis prioribus sui fructu judicii, colligatque
quod sulco diabolico seminavit, non nostro consilio,
sed se periturus auctore. Probet nos veloces pedes
ad effundendum sanguinem non habere, quando sibi
etiam remedium cognoscat oblatum. » Et Beda in
sententia Evangelii Lucæ dicit (*Luc.* III, 14) : « Ite,
inquiens, *ostendite vos sacerdotibus.* Nullum Dominus eorum, quibus hæc corporalia præstitit beneficia, invenitur misisse ad sacerdotem, nisi leprosos :
quia quisquis vel hæretica pravitate, vel supersti-
tione gentili, vel Judaica perfidia, vel etiam schismate fraterno, quasi vario colore per Domini
gratiam caruit, necesse est ad Ecclesiam veniat,
coloremque fidei verum quem acceperit ostendat. »
Et item : « Novem itaque indigent uno, ut quadam
unitatis forma coagulentur, et decem sint. Unum
autem non eis indiget ut custodiat unitatem. Quamobrem ut unus ille qui gratias egit unicæ Ecclesiæ
significatione approbatus atque laudatus est, ita illi
novem qui gratias non egerunt, reprobi effecti a
consortio unitatis exclusi sunt. Ideoque tales in
novenario numero tanquam imperfecti remanebunt ;
et merito eos Salvator quasi ingratos ubi sunt inquirit. Scire Dei eligere, nescire reprobare est. »
Et quoniam hujusmodi homini nulla opera bona
prosint, Prosper ex verbis sancti Augustini in libro
sententiarum, capite 124, dicit : « Non sunt opera
bona, nisi quæ per fidem et dilectionem fiunt, quia
alterum sine altero **350** nullius virtutis fructum
parit. » De baptismo etiam Beda in epistola Petri
dicit : « Quod ergo aqua diluvii non salvavit extra
arcam positos sed occidit, sine dubio præfigurabat
omnem hæreticum, licet habentem baptismatis sacramentum, non aliis sed ipsis aquis ad inferna
mergendum, quibus arca sublevatur ad cœlum. »
Et Prosper in libro Sententiarum, capite 524 :
« Regenerationis gratiam ita etiam hi non minuunt
qui ejus dona non servant, sicut lucis nitorem loca
immunda non polluunt. Qui ergo gaudes baptismi
perceptione, vive in novi hominis sanctitate, et
tenens fidem quæ per dilectionem operatur, habe
bonum quod nondum habes, ut prosit tibi bonum
quod habes. » Quia nec sacrificium illi est salutare.
Idem Prosper in eodem libro capite decimo quinto
dicit : « Quisquis bene cogitat quid Deo voveat, et
quæ vota persolvat, seipsum voveat et reddat : hoc
exigitur, hoc debetur. Imago Cæsaris reddatur Cæsari, imago Dei reddatur Deo. Sed sicut videndum
est quod offeras, ita etiam considerandum est ubi
offeras : quia veri sacrificii extra catholicam Ecclesiam locus non est. » Quia communicatio corporis
et sanguinis Christi hujusmodi homini non ad salutem, sed ad judicium proficit, in eodem libro isdem
Prosper capite 538 dicit : « Caro Christi fidelium

vita est, si corpus ipsius esse non negligant. Fiant ergo corpus Christi, si volunt vivere de spiritu Christi. » Et item capite 339 : « Escam vitæ accipit, et æternitatis poculum bibit, qui in Christo manet, et cujus habitatio est Christus. Nam qui discordat a Christo, nec carnem ejus manducat, nec sanguinem bibit, etiamsi tantæ rei sacramentum ad judicium suæ præsumptionis quotidie indifferenter accipiat. » Et item capite 69 : « Sacramentum summæ pietatis in judicium sibi sumit indignus. Bene enim esse non potest male accipienti quod bonum est. » Quia etiam nec martyrium hujusmodi homini proficit ad salutem, sanctus Gregorius in libro decimo octavo Moralium (cap. 14) dicit : *Auro locus est in quo conflatur.* Nam juxta hoc quod jam et ante nos dictum est, « quisquis extra Ecclesiæ unitatem patitur, pœnas pati potest, martyr fieri non potest, quia auro locus est in quo conflatur. » Et sanctus Gregorius in epistola ad Secundinum servum Dei reclausum (*lib.* VII, *epist.* 52) : « *Est locus penes me, et stabis super petram.* Quis est locus qui non sit in Deo, dum cuncta ab ipso per quem creata sunt continentur ? Sed tamen est locus apud eum, videlicet sanctæ Ecclesiæ unitas, in qua super petram statur, dum confessionis ejus soliditas utiliter tenetur. De quo loco subjungitur, *Tunc videbis posteriora mea* (*Exod.* XXXIII, 23). In petra enim, id est in sancta Ecclesia stantes Dei posteriora videmus, quando jam ea quæ in fine promissa sunt cœlestis patriæ gaudia contemplamur. » Et Ambrosius in libro primo de Excessu fratris sui, ita de illo loquens dicit : « Advocavit ad se episcopum, nec ullam veram putavit nisi veræ fidei gratiam, percunctatusque ex eo est **351** utrumnam cum episcopis catholicis, hoc est cum Romana Ecclesia conveniret. Et forte ad Luciferum in schismate regionis illius Ecclesia erat. Lucifer enim se a nostra tunc temporis communione diviserat. Et quanquam pro fide exsulasset, et fidei suæ reliquisset hæredes, non putavit tamen fidem esse in schismate. Nam etsi fidem erga Deum tenerent, tamen erga Dei Ecclesiam non tenebant, cujus patiebantur velut quosdam artus dividi, et membra lacerari. Etenim cum propter Ecclesiam Christus passus sit, et Christi corpus Ecclesia sit, non videtur ab his exhiberi Christo fides, a quibus evacuatur ejus passio, corpusque distrahitur. » Unde synodus Laodicensis capite 6, dicit : « Quod hæretici non permittendi sint ingredi in domum Dei, in hæresi permanentes. »

Sed et de istiusmodi sine vita viventibus Prosper in præfato libro cap. 364 dicit : « Ita sunt in vite palmites, ut viti nihil conferant, sed inde accipiant unde vivant ; sic quippe vitis est in palmitibus, ut vitale alimentum subministret eis, non sumat ab eis. Ac per hoc et manentem in se habere Christum, et manere in Christo, discipulis prodest utrumque, non Christo. Nam præciso palmite potest de viva radice alius pullulare ; qui autem præcisus est, sine radice non potest vivere. » Mortuus est enim divinis

A oculis, etiamsi visum fuerit hominibus virtutes facere, sicut et in Actibus apostolorum (*Act.* XIX, 14) filii Scevæ videbantur ejicere dæmones, et Judas apostolus cum animo proditoris multa signa inter cæteros apostolos fecisse narratur. Quemcunque enim, inquit item Beda in Evangelio Lucæ, post baptisma sive pravitas hæretica, seu mundana cupiditas arripuerit, mox omnium prosternet in ima vitiorum. Unde recte nequiores hunc eum spiritus dicuntur ingressi, quia non solum habebit illa septem vitia, quæ septem spiritalibus sunt contraria virtutibus, sed et per hypocrisim ipsas se virtutes habere simulabit. Et quia hujusmodi collocutio sit cavenda, Apostolus dicit : *Hæreticum hominem post primam et secundam correptionem devita, sciens quia subversus est hujusmodi, et proprio judicio condemnatus* (*Tit.* III, X). Et sanctus Hieronymus in V Psalmo : « Hic autem, inquit, quod dicit, *Perdes omnes qui loquuntur mendacium* (*Psal.* V, VII), et ex consequentibus psalmi, et ex ipso ordine intelligere possumus quia de hæreticis dicit : Qui enim operatur iniquitatem, suam tantum animam occidit ; qui autem hæreticus est, et loquitur mendacium, tot occidit quot induxerit. » Unde quanto studio patres nostri hæreticorum colloquia devitabant, demonstrat Polycarpus apostoli Joannis discipulus, qui compellatus, ut ei responderet compulsus a Marcione, dicenti sibi, « Agnoscisne me ? respondit, Agnosco primogenitum Satanæ. Et de Joanne apostolo legitur, quia illotus a balneo exiit dicens : Fugite, ne et balnea corruant, ubi Cherintus lavatur. Et Prosper in præfato libro cap. 265. Quia affluit, inquit, insipienti eloquentia, tanto magis cavendus est, quanto magis ab eo in his quæ audire inutile est, delectatur **352** auditor, et eum quoniam ordinate dicere audit, etiam vere dicere existimat. » Unde et Dominus confitentibus silentium imponebat dæmonibus, ut ne quis, dum eos audiret prædicantes, sequeretur errantes. Quapropter et in synodo, cui præsedit sanctæ memoriæ Flavianus (*Concil. Chalced. Act.* 1, *ex actione 7 Constantinopolit. Flaviani*), de damnatione Eutichetis ad locum ita scriptum habetur : « Et surgens sancta synodus acclamavit dicens : Anathema ipsi. Et post hæc Flavianus episcopus dixit : Dicat sancta synodus quid meretur præsens neque confitens rectam fidem, neque consentire volens præsenti synodo, sed perseverare suæ perversitati et sævæ suæ malevolentiæ. Seleucus episcopus dixit : Dignus quidem est iste damnatione, sed in sanctitatis vestræ humanitate positum est. Flavianus episcopus dixit : Si confitens proprium peccatum, anathematizaret dogma proprium, et consentiret nobis sequentibus traditiones sanctorum Patrum, merito dignus esset venia. Sed quia permanet in eadem malignitate, subjacebit canonum vindictis. Et item Flavianus episcopus dixit, Eutyches quondam presbyter et archimandrites. Et post aliquanta : » Unde gementes perfectam ejus perditionem decrevimus per Dominum Jesum Christum ab eo blasphematum, extraneum esse ab omni officio sa- **A** cerdotali, et a nostra communione, et primatu monasterii, scientes et his qui postea cum eo colloquentur et ad eum convenerint denuntiantes, quoniam rei erunt et ipsi pœnæ excommunicationis, si qui non declinaverint confabulationes ejus. Flavianus episcopus Constantinopolitanus judicans subscripsit, et hoc modo cæteri subscripserunt. Sed et talium nomina, id est in hæresi permanentium de sacris dypticis eradi, et in Ecclesia penitus taceri, sicut perpetuo damnatorum ab auctoritate divinitus promulgata præcipiuntur. Sicut Gelasius papa in epistola ad Euphemium Constantinopolitanum episcopum (*epist.* 9) demonstrat, dicens : « Adhuc, inquit, quæritis quando fuerit damnatus Acacius, quasi revera, etiamsi eum nullus· ante damnasset, non habuerit ab orthodoxæ et apostolicæ communionis, cujus prævaricator exstitit et desertor, participatione secludi : sicut etiam quilibet, qui fuerit ante catholicus, cuicunque hæresi communicans, merito judicatur a nostra societate removendus, aut in tali sorte defunctus inter catholicorum nomina nullatenus computari. Miramur tamen quonfodo ista profertis : hoc est, ut et synodum Chalcedonensem vos suscipere pro fide catholica profiteamini, et eos quos damnavit sectantium communicatores non pariter generaliterque putetis fuisse damnatos. Ostendite ergo, quæ synodus in unaquaque hæresi, cum erroribus successores eorum his communicantes simul non omnes damnarit et complices. » Et item in eadem aliquando superius : « Petistis igitur per litte- **C** ras, quas per Simplicium diaconum destinastis, et de his quos ordinavit Acacius, majorum traditione confectam, et vestrarum præcipue regionum sollicitudini **353** vestræ congruam præberemus sine difficultate medicinam. Quo nos vultis ultra condescendere? quid tacetis? quid verecundamini verbis exprimere quod corde gestatis? Ipsa vos saltem verecundia quam iniquum sit debuit commonere. An forsitan ut hæreticorum, damnatorumque, et his vel eorum successoribus communicantium nomina consentiamus admitti? Hoc non est condescendere ad subveniendum, sed evidenter ad inferna dimergi. Parcite, quæso, et nobis et vobis, » et sequentia.

CAPUT XXXVIII.

Sequitur tandem totius rei digestæ ex quatuor capitulis, quoniam quintus de baptismo in hoc quarto de Redemptione Christi continetur, Epilogus succincte compositus, ut non debeat fastidiri legentibus, a contradictorum veræ fidei responsione laciniosa remotus, volens sanare quem demonstrat trigesimo octavo capitulo, ac si triginta et octo annis jacentem languidum, male sentientium scilicet chorum, duo de quadraginta numero, qui legis decalogo per quatuor sancti Evangelii libros impletur, minus habentem, et a dilectione Dei ac proximi, quam legis pariter et Evangelii scriptura commendat, vacuum incedentem. In quo licet plures sint choro, si acquiescere veritati consenserint, quasi unus recuperabunt in unitate fidei sanitatem. Quia præter unitatem catholicæ fidei nullus cuilibet

patet salutis locus : *a cujus unitate quisque discrepat, salutem quæ ab uno est consequi nequaquam valet.*

Quoniam quidem longe superius quando et ubi et unde primum hæc Prædestinatiana hæresis exorta, et per quos ac qualiter sit revicta monstravimus, et capitula nuper in Synodo secus Leucorum civitatem relecta, adversus veritatem falso compilata, Scripturarum et catholicorum auctoritate ostendimus : quatuor nihilominus capitula contra Prædestinatianos noviter reexortos, quibus hoc præter opusculum quo ista excepimus tribus libellis respondimus, ex Patrum dictis collecta orthodoxæ fidei congruere eadem auctoritate docuimus : quodque omnis hæ- **B** resis semel revicta cum auctoribus ac sectatoribus suis perpetuo sit damnata, et non viritim in quæstionem suscipienda, sed mox ut in sibilum caput levaverit conculcanda, et ipsi ejus anhelitus comprimendi : qualiterve a quacunque hæresi resipiscentes suscipiantur, vel si permanserint desipientes anathematizentur, ex decretis divinitus promulgatis collegimus. **354** Quæ omnia fors et apte aliquibus ad legendum plurima, ad transcribendum autem si qui voluerint nimia videbuntur, sicut despecta quibusdam contradictoribus visa sunt quatuor memorata succincte collecta capitula. Tandem epilogi more brevius ex præcedentibus, pro legentium ac scribentium compendio, quædam colligere capitulatim curavimus, ut simplicibus ita sint cognita, quatenus sapientibus non sint onerosa, et per ea lector facile possit cognoscere quæ sit veritas de præscientia et prædestinatione Dei, de gratia et libero arbitrio, de eo quod Deus secundum Apostolum vult omnes nomines salvos fieri, licet non omnes salventur, et de eo quod Christus pro omnibus passus sit, licet non omnes passionis ejus salventur mysterio. Unde quicunque plura desiderant cuncta superiora legant. Si vero hæc sufficientia quæ sequuntur eis suffecerint, de his fidem accommodent veritati prædicatæ ab his fidei et sinceritati catholicæ. Si quis vero secus sentiens, secundum formam in proxime distinctis capitulis ex auctoritate ecclesiastica comprehensam, episcopali consensu vel synodali decreto, servato per omnia privilegio sanctæ catholicæ et apostolicæ **D** Romanæ Ecclesiæ, et ipsius in toto orbe terrarum primæ sedis pontificis, consentire, et cum sancta catholica et apostolica unitate suscipere sive subscribere detrectaverit, ipse ab ejus se compage et unitatis secernet communione, cujus esse noluerit socius disciplinæ. Nam semper sic habuit catholica omnis Ecclesia, ut qui in una communione consentiunt, uno dogmate, una charitate, uno teneantur assensu. Sicut enim communio et ex omnibus offerentibus una fit, et una redit in omnibus, non parte corporea, sed virtute divina : sic unanimitas per omnes illi communicantes excurrit : quod demonstratur tunica Salvatoris, quæ inconsutilis erat desuper contexta per totum, de qua milites, cætera vestimenta in quatuor partes juxta suum numerum dividentes, sortem miserunt. Quadripertita autem vestis Domini, quadripertitam ejus figuravit Ecclesiam, toto scilicet qui quatuor partibus constat terrarum orbe diffusam, et omnibus eisdem partibus æqualiter, id est concorditer distributam. Tunica vero illa sortita, omnium partium significat unanimitatem, quæ charitatis vinculo continetur. Si enim charitas, juxta Apostolum, et supereminentiorem habet viam, et supereminet scientiæ, et super omnia præcepta est, merito vestis qua significatur desuper contexta perhibetur. In sorte autem quid nisi Dei gratia commendata est? Sic quippe in uno ad omnes pervenit, cum sors omnibus placuit : quia et Dei gratia in unitate ad omnes pervenit, et cum sors mittitur, non personæ cujusque vel meritis, sed occulto Dei judicio ceditur. Nam si non est unius consensionis signum una communio, quid erit quod ad confitendam omnis Ecclesiæ consonantiam mystice celebratur, petendo Deum Patrem omnipotentem per Dominum nostrum Jesum Christum, **355** ut accipientur et consecrentur sancta sacrificia illibata, quæ offeruntur pro Ecclesia sancta catholica, ut pacificetur, custodiatur, adunetur, et regatur toto orbe terrarum, et pro omnibus qui illa offerunt communicantes? Nec se quisquam Christum agnoscere arbitretur, sicut nec illi cognoverunt, quorum oculi tenebantur ne eum agnoscerent usque ad fractionem panis, si ejus corporis particeps non est, id est Ecclesiæ, cujus unitatem in sacramento panis commendat Apostolus, dicens : *Unus panis unum corpus multi sumus (I Cor.* x, 17), ut cum eis benedictum panem porrigeret, aperirentur oculi eorum ut eum agnoscerent : aperirentur utique ad ejus cognitionem, remoto scilicet impedimento, quo tenebantur ne illum agnoscerent. Non autem incongruenter accipiamus hoc impedimentum in oculis eorum a Satana fuisse, ne agnosceretur Christus, sed tamen a Christo facta est promissio usque ad sacramentum panis, ut unitate corporis ejus participata removeri intelligatur impedimentum inimici, ut Christus possit agnosci. Cujus caro vere est cibus, et sanguis ejus vere est potus. Cum enim de cibo et potu id appetant homines, ut non esuriant, neque sitiant, hoc veraciter non præstat nisi iste cibus et potus, qui eos a quibus sumitur immortales et incorruptibiles facit : id est societas ipsa sanctorum, ubi pax erit et unitas plena atque perfecta. Propterea quippe, sicut etiam hoc ante nos intellexerunt homines Dei, Dominus noster Jesus Christus corpus et sanguinem suum in eis rebus commendavit, quæ ad unum aliquid rediguntur ex multis. Namque aliud in unum ex multis granis conficitur, aliud in unum ex multis acinis confluit. Denique jam exponit quomodo id fiat quod loquitur, et quid sit manducare corpus ejus et sanguinem bibere : Et qui manducat meam carnem et bibit meum sanguinem in me manet et ego in eo. Hoc est ergo manducare illam escam, et illum bibere potum, in Christo manere, et illum manentem

in se habere, ac per hoc qui non manet in Christo, et in quo non manet Christus, procul dubio non manducat spiritalem ejus carnem, licet carnaliter et visibiliter premat dentibus sacramentum corporis et sanguinis Christi, sed magis tantæ rei sacramentum ad judicium sibi manducat et bibit, quia immundus præsumit ad Christi accedere sacramenta, quæ alius non digne sumit, nisi qui mundus est, de quibus dicitur, *Beati mundo corde, quoniam ipsi Deum videbunt (Matth.* v, 8). Neque hoc sacrificio absolvuntur, aut hujus sine judicio efficiuntur participes, eorum existentes contrarii, quæ per tantorum sanctorum sacerdotum ora divina inspiratione sunt prædicata, et conscriptione subscripta : sicut nec collectio omnium potest absolvi, si contraria dicat et contraria faciat, confitens se nosse Deum factis autem negans, etsi communicet sacerdoti a cujus prædicatione et subscriptione dissentit. Sic quippe nec istis proderit male sentientibus secundum traditionem ecclesiasticam ecclesiasticos gradus **356** nisi ad condemnationem suscipere, et traditioni ecclesiasticæ fidei contraire. Quia sicut os et manus unius ejusdemque corporis membra sunt, ita unius ejusdemque Ecclesiæ membra sunt ordinatores et ordinati, sacerdotes et populus, sive cum catholicis catholici, sive cum non fidelibus infideles. Inde est enim quod a Domino in fine sæculi colligi jubentur zizania de medio tritici et alligari fasciculis ad comburendum. Hinc est quod sancto prophete Ezechiel testante, quod si sacerdos non distinxerit populo, ipse quidem populus in suo peccato morietur, animam autem ejus de manu sacerdotis inquiret. Non ait, quia extra peccatum populi est sacerdos non morietur, sed quia in suo peccato populus morietur, anima autem ejus de manu sacerdotis requiretur, et populus quidem pro seipso tantum, sacerdos vero etiam pro populo morietur. Hinc est quod si cæco cæcus ducatum præbeat, non ipse qui ducatum præbet solus, sed ambo in foveam cadunt. Hinc est quod sanctus Leo per universas provincias episcopis constitutis denuntiat : « Quod si quis fratrum contra statuta venire tentaverit, et prohibita fuerit ausus admittere, a suo se sciat officio submovendum, nec communionis ecclesiasticæ futurum esse consortem qui socius esse noluit disciplinæ, et qui ab omnium decessorum suorum decretis, quæ de ecclesiasticis ordinibus et canonum promulgata sunt disciplinis, deviare præsumpserit, veniam sibi deinceps noverit denegari. » Cæterum sicut olim sanctus Cyprianus dixerat, servatur a nobis patienter et leniter charitas animi, honor Collegii, vinculum fidei, concordia sacerdotii, et quantum ex nobis est, cum omnibus hominibus, et etiam cum his qui oderunt pacem, habere pacem desideramus : unumquemque vero sua conscientia conveniat, et ab ecclesiastica pace nemo se quod non optamus sejungat. »

———

Quid sit inter gratiam et prædestinationem, et inter præscientiam et prædestinationem.

Augustinus in libro de prædestinatione sanctorum (*cap.* 10) dicit : « Si discutiatur et quæratur unde quisque sit dignus, non desunt qui dicant voluntate humana, nos autem dicimus gratia vel prædestinatione divina. Inter gratiam porro et prædestinationem hoc tantum interest, quod prædestinatio est gratiæ præparatio, gratia vero jam ipsa donatio. Quod itaque ait Apostolus : *Non ex operibus, ne forte quis extollatur. Ipsius enim sumus figmentum, creati in Christo Jesu in operibus bonis* (*Ephes.* II, 9), gratia est. Quod autem sequitur, *Quæ præparavit Deus ut in illis ambulemus,* prædestinatio est, quæ sine præscientia non potest esse, potest autem esse sine prædestinatione præscientia. Prædestinatione quippe Deus **357** præscivit quæ fuerat ipse facturus, unde dictum est : *Fecit quæ futura sunt.* Præscire autem potens est etiam quæ ipse non facit, sicut quæcunque peccata. Quia etsi sunt quædam quæ ita peccata sunt ut pœnæ sint etiam peccatorum, unde dictum est : *Tradidit illos Deus in reprobam mentem ut faciant quæ non conveniunt* (*Rom.* I, 28), non ibi peccatum Dei est, sed judicium. Quocirca prædestinatio Dei, quæ in bono est, gratiæ est ut dixi præparatio, gratia vero est ipsius prædestinationis effectus. » Et Prosper contra Gallos actione XV : « Dubium non est, sine ulla temporali differentia Deum et præscisse simul et prædestinasse quæ ipso erant auctore facienda, vel quæ malis meritis justo erant judicio retribuenda, præscisse autem tantummodo, non etiam prædestinasse, quæ non ex ipso erant causam operationis habitura. Potest itaque sine prædestinatione esse præscientia , prædestinatio autem sine præscientia esse non potest. » Et in recapitulatione 15 contra Gallos : « Quæ enim ex Dei munere habemus, et quæ præscita dicuntur, non possunt non esse prædestinata, et quæ prædestinata appellantur, non possunt non esse præscita. In malis autem operibus nostris sola præscientia Dei intelligenda est : quia sicut præscivit et prædestinavit quæ ipse fecit, et ut faceremus dedit, ita præscivit tantum non etiam prædestinavit, quæ nec ipse fecit, nec ut faceremus exegit. » Et in libro Sententiarum cap. 379 : « Neminem Deus ad peccandum cogit, prævidet tamen eos, qui propria voluntate peccabunt. Cur ergo non vindicet justus quæ fieri non cogit præscius? Sicut enim nemo memoria sua cogit facta esse quæ præterierunt, sic Deus præscientia sua non cogit facienda quæ futura sunt. Et sicut homo quædam quæ fecit meminit, nec tamen omnia quæ meminit fecit ; ita Deus omnia quorum ipse auctor est præscit, nec tamen omnium quæ præscit ipse auctor est : quorum autem non est malus auctor, justus est ultor. » Nemo igitur præscientia Dei, sicut nec prædestinatione ipsius, perit : sed qui perseveranti infidelitate vel iniquitate periturus erat, Deus cujus essentiali scientia nil præterit, acciditque futurum,

A periturum præscivit ; qui non ideo perit quoniam Deus illum periturum præscivit, sed quia periturus erat, Deus omnia sciens etiam antequam fiant, illum periturum præscivit. Et ut non Deus præscit nisi quod est omnino futurum, ita quod præscit non potest non esse futurum.

Huic perspicuæ veritati contradicunt moderni hæretici, asserentes reprobos a Deo ut præscitos, ita et ad interitum prædestinatos. Et contraria veteres senserunt Prædestinatiani, dicentes Deum secundum præscientiam perituros damnare. Contra quos sanctus Augustinus in libro de Prædestinatione sanctorum, exponens sententiam Scripturæ dicit : « *Raptus est ne malitia mutaret intellectum ejus* (*Sap.* IV, 11). Hoc dictum est, inquit, secundum pericula vitæ hujus, non secundum præscientiam Dei,

B qui hoc præscivit quod futurum erat, non quod **358** futurum non erat, id est, quod ei mortem immaturam fuerat largiturus ut tentationum subtraheretur incerto, non quod periturus esset qui mansurus in tentatione non esset. De hac quippe vita legitur in libro Job : *Nunquid non tentatio est vita humana super terram (Job* I, 7)? » et item dicit : « Si enim judicarentur homines pro meritis suæ vitæ , quæ non habuerunt morte præventi, sed habituri essent si viverent , nihil prodesset ei qui raptus est ne malitia mutaret intellectum ejus, nihil prodesset eis qui lapsi moriuntur, si ante morerentur ; quod nullus dicere Christianus audebit. » De quo errantium pernicioso errore latius ibidem fa-

C cundissimus doctor destruendo illum eloquitur. Sanctus quoque Gregorius, posterior tempore, sed prior loco, in libro vigesimo nono Moralium, prædestinationem Dei, quæ sine præscientia esse non potest, et semper in bono est, quia aut ad donum pertinet gratiæ, aut ad retributionem justitiæ, in divinis operibus, quæ semper bona sunt, inter quæ computantur, cum per indebitam gratiam salvantur electi, et per debitam justitiam reprobi puniuntur, ita manifestissime monstrat (*cap.* 10), dicens : « Deus qui sine initio semper exstitit, præscivit de se hoc quod in utero Virginis per initium sumpsit ; et quia præscivit disposuit ; quia disposuit, nihil profecto in humana forma sine sua voluntate toleravit. Convincatur ergo cur de flagellis suis homo queritur qui ortum usum

D præscire non potuit , si ipse etiam qui ortum usum præsciendo disposuit, et se inter homines ad flagella præparavit. » Et item (*lib.* XXIX, *cap.* 7) : « *Tenebrosa ostia (Job* XXXVIII, 17) tunc Dominus vidit, cum claustra inferni penetrans , crudeles spiritus perculit, et mortis præpositos moriendo damnavit. Quod idcirco non adhuc de futuro, sed jam de præterito dicitur, quia hoc quod facturus erat in opere, nimirum jam fecerat in prædestinatione. » Et paulo post : « Dum enim angustias mortis petiit, fidem suam in gentibus dilatavit. » Cujus nobis verba evidenter ostendunt, quia quod claustra inferni penetrans crudeles spiritus perculit, et mortis præpositos moriendo damnavit, quod jam fecerat in prædestina-

tione, et post fecit in opere, ad retributionem justitiæ pertinet : quod dum angustias mortis petiit,
fidem suam in gentibus dilatavit, quod jam fecerat
in prædestinatione, et post fecit in opere, ad donum
gratiæ sine dubio pertinet. Et infra in eodem libro
(*cap.* 15) : « Hinc est, inquit, quod et Moyses, qui
et valida fortibus et terrena infirmis dicturum se noverat, dicebat : *Exspectetur sicut pluvia eloquium
meum , et descendant sicut ros verba mea* (*Deut.*
xxxii, 2). Sed ecce audivimus quo munere gentilitas
vocatur : audiamus nunc qua districtione Judæa repellitur. Audivimus quomodo deserta extollat, aren-
tia infundat : audiamus nunc quomodo ea quæ quasi
videntur interna projiciat. Neque enim sic colligit
electos ut non etiam judicet reprobos, neque sic quibusdam culpas relaxat, ut non et in quibusdam feriat. Scriptum quippe est : *Misericordia enim et ira
ab illo* (*Eccli.* v, 7.) »

359 Et quia nuper, ut vermes redivivo impiæ
famis furore commoti, rescatentes Prædestinatiani,
et acuentes linguas suas sicut serpentes, spuentesque
venenum aspidum de sub labiis suis, contendunt Dei
prædestinationem geminam esse, palliantes non per
totum rejiciendo nomine abominandum sensum perversæ intelligentiæ. Quia sicut venerabilis Beda presbyter in Commento Evangelii Lucæ dicit : « Nulla
falsa doctrina est, quæ non aliqua vera intermisceat. »
Et sanctus Cyrillus ad Eulogium presbyterum (*epist.*
37) : « Non omnia, inquit, quæcunque dicunt hæretici fugere et refutare docet. Multa enim confitentur
sicut et nos confitemur : velut Ariani quando dicunt
Patrem quia Creator est omnium et Dominus, nunquid propter hoc fugere consequens est hujusmodi
confessiones ? Sic et in Nestorio dicat, licet duas
naturas, diversitatem significans carnis et Verbi,
altera enim Verbi natura, altera carnis est, sed tamen nequaquam unionem confitetur nobiscum. Nos
autem hæc unientes in unum, unum Christum, unum
Filium , eumdem unum Deum confitemur. » Et item
ubi supra venerabilis Beda presbyter ex verbis Augustini : « In hæreticis et malis catholicis non sacramenta communia, in quibus nobiscum sunt et adversum nos non sunt, sed divisionem paci veritatique
contrariam, qua adversum nos sunt, et Deum non
sequuntur nobiscum, detestari et prohibere debemus.
Unde quoniam Gothescalcus et sui complices geminam prædestinationem dicunt, non per totum neque
in toto hoc refutare debemus, sed sensum catholicæ
fidei contrarium in hoc dicto, quo prædestinationem
Dei geminam astruunt, fidei catholicæ filii abomi-
nari et anathematizare debemus. Dicunt enim, ut
supra longe præmisimus, quia sicut electi a Deo
prædestinantur ad vitam, ita reprobi a Deo prædestinantur ad mortem. Qui tam vitandi sunt Ecclesiæ,
ut si fieri potest, sicut de leprosis hæreticos significantibus legitur, longius remoti magno clamore
Christum interpellent, et cum aliis turbis non comprimant ; de quibus legitur, *Qui steterunt a longe*
(*Luc.* xvii, 12). Qui vero in sinu catholicæ matris

Ecclesiæ positus, ita Dei prædestinationem voluerit
dicere geminam, ut in effectu operum Dei, qui fecit
quæ futura sunt, hoc recto sensu intelligat : scilicet
ut ad electos donum gratiæ pertinere, et secundum
superiorem sensum, ad reprobos retributionem justitiæ fateatur : ut dono gratiæ electi sint prædestinati ad vitam, et illis vita sit prædestinata æterna :
reprobi autem non a Deo prædestinentur ad pœnam,
sed ex retributione justitiæ illis pœna prædestinetur
æterna. Non discordat a vero si hanc Dei prædestinationem sic dicit geminam, sicut catholici doctores
charitatem geminam dicunt, quæ una est, et in præceptis duobus, dilectione videlicet Dei et proximi,
gemina dicitur. Et sicut unus est Spiritus et duo
data : ita una est Dei prædestinatio, quæ aut ad donum pertinet gratiæ, aut ad retributionem justitiæ.
Et sicut Paulus **360** dicit: *Christi bonus odor sumus
Deo in omni loco, et in his qui salvi fiunt, et in his qui
pereunt* (*II Cor.* ii, 15); uno eodemque bono odore
quidam salvi fiunt, quidam autem pereunt: qui salvi
fiunt, gratiæ dono salvantur et coronantur : qui
pereunt, sua iniquitate pereunt, et ex retributione
justitiæ puniuntur. » Et ut beatus Gregorius in Tractatu Ezechielis prophetæ, sed et in Moralibus Job
dicit : « Panis vitam fortium roborat, parvulorum
necat, et lenis sibilus equos mitigat, catulos instigat, et unus idemque sol ceram liquat, lutum stringit. » Sicut et beatus Augustinus in septimo psalmo
exponit dicens : « Sed quia non sagittas tantum, sed
etiam vasa mortis dixit in arcu Dominum parasse,
quæri potest quæ sint vasa mortis, an forte hæretici :
nam et ipsi ex eodem arcu, id est ex iisdem scripturis in animas, non charitate inflammandas, sed
veneno mortis perimendas insiliunt ; quod non contingit nisi promeritis. Propterea divinæ Providentiæ
etiam ipsa dispositio tribuenda est: non quia ipsa
peccatores facit, sed quia ipsa ordinat cum peccaverint. Malo enim voto per peccatum legentes, male
coguntur intelligere, ut ipsa sit pœna peccati. Quorum tamen morte filii catholicæ Ecclesiæ tanquam
quibusdam spinis a somno excitantur, ut ad intelligentiam divinarum proficiant Scripturarum. *Oportet
enim hæreses esse, ut probati,* inquit, *manifesti fiant
inter vos,* cum manifesti sint Deo. An forte easdem
sagittas et vasa mortis disposuit ad perniciem infidelium, et ardentes vel ardentibus operatus est ad
exercitationem fidelium? Non enim falsum est quod
Apostolus dicit: *Aliis sumus odor vitæ in vitam, aliis
odor mortis in mortem.* Et ad hæc quis idoneus?
Non ergo mirum, si idem apostoli et vasa mortis
eis, a quibus persecutionem passi sunt, et igneæ
sagittæ sunt ad inflammanda corda credentium. Post
hanc autem dispensationem justum veniet judicium,
de quo ita dicit, ut intelligamus unicuique homini
supplicium fieri de peccato suo, et ei iniquitatem in
pœnam converti. Nec putemus illam tranquillitatem
et ineffabile lumen Dei de se proferre unde peccata
puniantur: sed ipsa peccata sic ordinare, ut quæ
fuerunt delectamenta homini peccanti, sint instru-

menta Domino punienti. › Et Prosper in libro Epi- **A** grammatum capite vigesimo octavo, *De duplici opere Dei:* « Si omnes homines simul consideremus, quorum alii misericordia salvi fiunt, alii veritate damnantur, universæ viæ Domini, id est misericordia et veritas, suo fine distinctæ sunt. Si autem solos sanctos intueamur, non discernentur hæ viæ. Individua enim ibi est, et a misericordia veritas, et a veritate misericordia : quia beatitudo sanctorum et de munere est gratiæ, et de retributione justitiæ.

Epigramma.

Omnibus in rebus geminum est opus Omnipotentis,
  Totum aut justitia est quod gerit, aut pietas.
Quæ simul in terras descendunt lucis ab arce,
  Ne cuiquam parti desit utrumque bonum.
Et quoniam cuncti auxilio miserantis egemus,
  Præcedit semper gratia justitiam,
Damnantem elatos, salvantem justificatos,
  Quos Deus et donis auxerit et meritis. »

Et item idem in eodem libro capite decimo sexto, *De justitia et gratia quibus Dei constat prædestinatio:* « Duæ sunt retributiones justitiæ, cum aut bona pro bonis, aut mala redduntur pro malis. Tertia est retributio gratiæ, cum per regenerationem remittuntur mala et retribuuntur bona : atque ita manifestatur quod universæ viæ Domini misericordia et veritas. Illam autem impiorum retributionem, qua pro bonis mala restituunt, Deus nescit, qui nisi retribueret bona pro malis, non esset cui retribueret bona pro bonis.

Epigramma.

Justitiæ merces gemina est, cum vel bona rectis
  Vel pravis digne cum mala restituit.
Salvatrix autem cunctorum gratia Christi
  Non pensans meritum diluit omne malum,
Credentesque omnes renovans baptismate sacro,
  Dat bona quæ propter det meliora bonis. »

Verum sanctus Gregorius prædestinationes, id est effectus divini operis, plurali numero in libro vigesimo nono Moralium ponit. « Unde pro mediocritate nostræ intelligentiunculæ, ex doctrina ipsius et aliorum Ecclesiæ magistrorum, quo sensu hoc dixerit, qualiterve secundum veritatem intelligendum sit, in præcedentibus istius opusculi sufficienter ostendimus. »

EPILOGI CAPUT III.

Quia sit sanctorum prædestinatio, et quod a Deo electi ad vitam prædestinati sint, et vita illis sit prædestinata æterna. Reprobi autem non a Deo prædestinati, **D** *sed præsciti atque relicti ad pœnam sint, pœna autem ex retributione justitiæ illis sit prædestinata æterna.*

Sanctus Augustinus in libro de Bono perseverantiæ (*cap.* 14), dicit : « Hæc est prædestinatio sanctorum, nihil aliud, præscientia scilicet et præparatio beneficiorum Dei, quibus certissime liberantur quicunque liberantur. Cæteri autem ubi nisi in massa perditionis justo divino judicio relinquuntur? » Et Prosper in actione octava (*resp.* 9), ad Januenses Camillum et Theodotum presbyteros : « Agnoscamus itaque sapienter, pieque fateamur, præscisse incommutabiliter Deum, **362** quibus esset daturus ut crederent, aut quos daturus esset Filio suo, ut ex eis non perderet quemquam. Et si hæc præscivit, beneficia sua illum, quibus nos dignatur liberare, præscisse. Et hanc esse prædestinationem sanctorum, prædestinationem scilicet et præparationem gratiæ Dei, qua certissime liberantur quicunque liberantur. Cæteros autem, quos a generali perditione humani generis gratia non exemit, justo noverimus judicio non exemptos, ut quid nobis remissum sit in eis discamus, de quorum queri damnatione non possumus. Non est enim iniquitas apud Deum, neque quisquam sub judicio ejus innocens perit. » Et item in libro de Ingratis contra Pelagianos,

. . . . . Omnibus una est
Natura, et pariter nequeunt bona vel mala velle.
Et tamen ex istis miseratrix gratia quosdam
Eligit, et rursum genitos baptismate transfert
In regnum æternum, multis in morte relictis.

Et item :

Qui vero tenebris exempti in lumine vivunt,
Gaudent, et quantum sibi sit bonitate vocantis
Dimissum, ex illis discunt qui debita solvunt.

Et item beatus Augustinus in libro Hypomnesticon (*lib.* VI, *in princip.*) dicit : « Prius ergo ipsum nomen prædestinationis quid indicet exponamus : deinde esse apud Deum, qui sine acceptione personarum est, prædestinationem divinarum Scripturarum auctoritate probabimus. Prædestinatio quippe a prævidendo, et præveniendo, vel præordinando futurum aliquid dicitur. Et ideo Deus, cui præscientia non accidens est, sed essentia fuit semper et est, quidquid antequam sit sic præscit, prædestinat, et **C** propterea prædestinat, quia quale futurum sit præscit. Ideo et Apostolus, *Nam quos præscivit,* inquit *et prædestinavit (Rom.* VIII, 29). Sed non omne quod præscit prædestinat. Mala enim tantum præscit : bona vero et præscit et prædestinat. Quod ergo bonum est, præscientia prædestinat, id est priusquam sit in re præordinat. Hoc cum ipso auctore esse cœperit, vocat, ordinat, et disponit. Unde et sequitur : *Nam quos prædestinavit hos et vocavit : et quos vocavit illos et justificavit : quos autem justificavit, illos et glorificavit.* Jam igitur apertius disseramus quod loquimur, quomodo erga humanum genus præscientia sua et prædestinatione Deus generaliter, in quo iniquitas non est, utatur. Massæ itaque humani generis, quæ in Adam et Eva prævaricatione damnabilis mortalisque facta est, non conditione divina generaliter, sed ex debito pœna cruciatusque gehennæ debetur : venia vero non merito, sed Dei justi judicis misericordiæ largitate confertur. Quia vero justus et misericors Deus, præsciusque futurorum, ex hac damnabili massa, non personarum acceptione, sed judicio æquitatis suæ irreprehensibili, imo incomprehensibili, **363** quos misericordia gratuita præscit, præparat, id est prædestinat ad æternam vitam. Cæteros autem pœna, ut prædixi, debita punit; quos ideo punit, quia quid essent futuri præscivit, non tamen puniendos ipse fecit vel prædestinavit, sed tantum, ut dixi, in damnabili massa præscivit. » Et post aliquanta : « Oportet igitur ut ad ea quæ superius disputare cœpimus revertamur. Diximus namque de damnabili humani generis massa Deum præscisse misericordia, non meritis, quos electione gratiæ prædestinavit ad vitam : cæteros vero, qui judicio justitiæ ejus hac gratia efficiuntur expertes, præscisse tantum vitio proprio perituros, non ut perirent prædestinasse. Sed, ut dixi, quos in operibus impietatis et mortis præscivit, non præordinavit, nec impulit, in quibus Deum provocantes ad iracundiam, salutis fidem aut prædicatam sibi accipere nolunt, aut Deo judice non possunt, vel accepta male utuntur, et ob hoc traduntur in reprobum sensum, ut non faciant ea quæ conveniunt, his pœnam prædestinatam esse rite fatemur. »

Commemorandum etiam duximus quia abutuntur redivivi, quibus innisi fuerant in vetustis cineribus olim Prædestinatiani sepulti, apostolicis testimoniis ad suam confirmandam sententiam, « Attulit, » quin Deus, « in multa patientia vasa iræ perfecta sive aptata vel præparata ad perditionem, et cujus vult misereretur, et quem vult indurat. » Contra quos exposuit illa beatus Augustinus hoc modo in libro de Prædestinatione sanctorum (cap. 9) : *Attulit in multa patientia vasa iræ*, et cætera usque *præparavit in gloriam* : « Fides, inquit, et inchoata et perfecta donum Dei est, et hoc donum quibusdam dari, quibusdam non dari, omnino non dubitat qui non vult manifestissimis sacris litteris repugnare. Cur autem non omnibus detur, fidelem movere non debet, qui credit ex uno omnes isse in condemnationem sine dubitatione justissimam, ita ut nulla Dei esset justa reprehensio etiamsi nullus inde liberaretur. Unde constat magnam esse gratiam quod plurimi liberentur, et quid sibi deberetur in eis qui non liberantur agnoscant. » Et ad Sixtum presbyterum (*epist.* 105) : « In vasis quæ perfecta sunt ad perditionem quæ damnatæ debita est massæ, agnoscant vasa ex eadem massa in honorem facta quid eis misericordia divina largita sit. » Et in epistola ad Optatum (*epist.* 157) : « Dixerat, Apostolus scilicet, figulum luti ex eadem massa facere aliud vas in honorem, aliud in contumeliam. Merito autem videretur injustum quod fiant vasa iræ ad perditionem, si non esset ipsa universa ex Adam massa damnata Quod ergo fiunt nascendo vasa iræ, pertinet ad debitam pœnam : quod autem fiunt renascendo vasa misericordiæ, pertinet ad indebitam gratiam. Ostendit ergo Deus iram suam, non utique animi perturbationem, sicut est quæ ira hominis nuncupatur, sed justam fixamque vindictam, quod de stirpe inobedientiæ ducitur propago peccati atque supplicii. *Et homo natus ex muliere*, sicut in libro Job scriptum est, *brevis est vita et plenus iracundia* (*Job* xiv, 1). Ejus enim rei vas **364** est qua plenus est. Unde iræ vasa dicuntur. » Et post paululum de electis, « ut in eis, id est relictis, discant agere gratias Deo, quod ab eis non suis meritis, quæ in eadem massa parta fuerunt, sed illius miseratione discreti sunt. » Et in libro ii

de Nuptiis et Concupiscentia (*cap.* 3). « *A quo enim quis devictus est*, sicut dicit Scriptura, *huic et servus addictus est*. Nec quisquam nisi per gratiam liberatoris isto solvitur vinculo servitutis, a quo est hominum nullus immunis. Per unum quippe hominem peccatum intravit in mundum, et per peccatum mors, et ita in omnes homines pertransiit, in quo omnes peccaverunt. Sic est ergo Deus nascentium conditor, ut omnes ex uno eant in condemnationem, quorum non fuerit renascentium liberator. Ipse quippe dictus est figulus, ex eadem massa faciens aliud vas in honorem secundum misericordiam, aliud in contumeliam secundum judicium, cui cantat Ecclesia *misericordiam et judicium* (*Psal.* c). » Et in libro de Bono perseverantiæ (*cap.* 11), de eo quod scriptum est : « *Cujus vult miseretur, et quem vult indurat*. Non enim est iniquitas apud Deum, absit. Sed inscrutabilia sunt judicia ejus, et investigabiles viæ ejus. Universæ enim viæ Domini misericordia et veritas. Investigabilis ergo est misericordia ejus, quia cujus vult misereretur nullis præcedentibus meritis, et investigabilis veritas, quia quem vult obdurat, ejus quidem præcedentibus meritis, sed cum eo cujus vult misereretur plerumque communibus. Sicut duorum geminorum, quorum unus assumitur, unus relinquitur, dispar est exitus, merita communia : in quibus tamen sic alter magna Dei bonitate liberatur, ut alter nulla ejus iniquitate damnetur. » Et in epistola ad Sixtum presbyterum (*epist.* 105) : « Quærimus enim meritum obdurationis et invenimus, merito namque peccati universa massa damnata est : nec indurat Deus impertiendo malitiam, sed non impertiendo misericordiam : quibus enim non impertitur, nec digni sunt, nec merentur, ac potius ut non impertiatur hoc digni sunt, hoc merentur. Quærimus autem meritum misericordiæ, nec invenimus, quia nullum est, ne gratia evacuetur si non gratis donatur, sed meritis redditur. » Et in libro de Prædestinatione gratiæ (*c.* 2) : « Occurrit enim cur pereant ex his aliqui, cum Omnipotens omnes homines salvos fieri velit, et ad agnitionem veritatis venire. Deinde cur rursus induret alios misertus aliorum, aut quomodo omnes homines vult salvos fieri, cum ipse nonnullos ne salventur induret. » Et post aliquanta (*cap.* 3) : « Si ergo, ut apparuit, de prævaricatoris semine omnes nascimur debitores, quoniam *in ipso omnes*, sicut ait Apostolus, *peccaverunt* (*Rom.* v), et ipsa jam in principio unde descendimus massa damnata est, nullus de duritia sua, nullus de pœna conqueri audeat, quæ etiam non existentibus peccatis propriis, sola nascendi conditione debetur. Quod vero Deus aliis gratuita vocatione conversis misericordiam largitur indebitam, non ad dispensatoris injustitiam, sed ad donantis misericordissimam liberalitatem veritatis ratione referendum est. » Et **365** paulo post (*cap.* 4) : « Itaque ex superiore hujus parte sententiæ qua dicit, *cujus vult misereretur*, puto quod nullus nisi indignus misericordia audeat disputare :

quod vero sequitur, *quem vult indurat*, ibi paululum humanæ mentis intentio verbi novitate confunditur. Sed non ita intelligendum est, quasi Deus in homine ipsam quæ non esset duritiam cordis operetur. Quid est enim aliud duritia, quam Dei obviare mandatis? Ergo quidquid post illam prævaricationem natus homo supplicii patitur, juste reddi meritoque fateatur. Indurare enim dicitur Deus eum quem mollire noluerit : sic etiam excæcare dicendus est eum quem illuminare noluerit : sic etiam repellere eum quem vocare noluerit. »

Et hoc, quod verbis eximii doctoris de vasorum interitus præparatione vel obduratione ostendimus manifestum est totum fieri ex retributione justitiæ quoniam non a Deo in Adam conditi, sed ex Adæ per peccatum vitiato, et juxta Scripturam maledicto semine, in iniquitatibus concepti, et in peccatis nati filii iræ omnes natura sumus. Quos autem prædestinavit illos et vocavit, et quos vocavit illos et justificavit, quod ex dono totum sit gratiæ, quia non de Adam nati, sed ut adoptionem filiorum reciperemus, quam in Adam ex quo mortales sumus perdidimus, in Christo renati per adoptionis gratiam Dei filii facti sumus. Et hæc item, de justitia relictis et gratia electis, sententiæ Actuum apostolorum, quibus etiam abutuntur Prædestinatiani, demonstrant dicente Paulo : *Et nos mortales sumus, annuntiantes vobis ab his vanis converti ad Deum vivum qui fecit cœlum et terram, mare et omnia quæ in eis sunt, qui in præteritis generationibus dimisit omnes gentes ingredi vias suas* (*Act.* xiv, 14). Et quidem non sine testimonio, videlicet quo eum Deum esse cognoscere poterant, sicut et in Epistola ad Romanos demonstrat, permisit quidem, id est reliquit, ut alibi Scriptura dicit de Deo quia *reliquit hominem in manu consilii sui*, quod est ex retributione justitiæ, merite massam damnatam perditioni debitam. Et item de electis in eisdem apostolorum Actibus scriptum est : « *Crediderunt quotquot erant præordinati ad vitam æternam* (*Act.* iii, 48). Generaliter enim massa perditionis totius humani generis, peccante Adam ab ordine primæ conditionis dejecta est in perditionem damnationis; a qua æterna damnatione, ab exordio sæculi, peccato, ut diximus, primi hominis damnificata, a Deo autem ante omnia sæcula præscita non prædestinata, a Deo prædestinati ante omnia sæcula ad vitam æternam eripiuntur per sæcula viritim omnes, qui in electorum, id est gratia de massa perditionis lectorum, grege numerantur per Christum Dominum nostrum prædestinatorum caput et lumen. Et hæc electio, id est gratia de massa perditionis lectio (ab eo qui legitis flores lego), non illa est qua Saul et Judas in Scripturis leguntur electi. Scriptum est enim de Saul, *Electus et bonus, et non erat vir de filiis Israel melior illo*. Et de Juda electo, sed non in electione electorum collecto. **366** *Nonne ego vos auodecim elegi, et unus ex vobis diabolus est?* quem ab hac electione, id est gratiæ lectione, Dominus alibi etiam discrevit, dicens : *Non*

de omnibus vobis dico, ego scio quos elegerim. Sciebat enim quisnam esset qui traderet eum. Propterea dixit : Non estis mundi omnes. « Unde beatus Augustinus in libro de Correptione et Gratia (*cap.* 7) dicit : « Electi sunt autem, » quin undecim apostoli, « ad regnandum cum Christo, non quomodo electus est Judas ad opus cui congruebat. Ab illo quippe electus est, qui novit bene uti etiam malis, ut et per ejus opus damnabile illud, propter quod ipse venerat, opus venerabile compleretur. Cum itaque audimus : *Nonne ego vos duodecim elegi, et unus ex vobis diabolus est* (*Joan.* vi)? illos debemus intelligere electos per misericordiam, illum per judicium. Illos ergo elegit ad obtinendum regnum suum, illum ad effundendum sanguinem suum. Merito sequitur vox ad regnum electorum : *Si Deus pro nobis, quis contra nos? Qui proprio Filio non pepercit, sed pro nobis omnibus tradidit eum, quomodo non et cum illo nobis omnia donavit.* » Hinc et sanctus Ambrosius in commento Epistolæ ad Romanos (*cap.* 8) dicit : « *Quos præscivit et prædestinavit.* Istos quos præscivit futuros devotos sibi, ipsos elegit ad promissa præmia capessenda ut hi qui credere videntur et non permanent in fide cœpta, a Deo electi negentur, quia quos Deus elegit apud se permanent. Est enim qui ad tempus eligitur, sicut Saul et Judas, non de præscientia, sed præsenti justitia. *Conformes fieri imaginis Filii sui.* Hoc dicit, quia ideo prædestinantur in futurum sæculum, ut similes fiant Filio Dei. »

Quibus Scripturæ atque doctorum verbis Prædestinatianorum destruitur falsitas, qui pro eo quod Saul et Judas leguntur electi a Deo, prædestinatos et electos ad interitum reprobos conantur astruere. Cum sicut in sanctis Scripturis invenimus, si Saul lacrymas suas lacrymis Samuelis pro se effusis conjungeret, non in perpetuum abjiceretur a Domino. Et si Judas pœnitentiam apud Jesum pium judicem egisset, quam apud Judæos impios egerat, non in æternum periret. Sua ergo iniquitate Judas periit, non Dei electione, sicut Prædestinatiani susurrant, male interpretantes verba beati Augustini, sicut et veteres eorum patres fecerunt, manducantes uvam acerbam, unde istorum dentes usque hodie obstupescunt, et audientibus proponentes : Audite, inquiunt, quid Augustinus dicat : Illos elegit ad obtinendum regnum suum, et istum elegit ad effundendum sanguinem suum. Non enim aliter Judas poterat nisi et hoc ageret unde periret, quia prædestinatus ad interitum erat. Et tali dicto prædicant Deum mali auctorem. Judam vero mali immunem, qui aliter non poterat nisi ut per Domini traditionem ad interitum iret, quo prædestinatus erat. Et nolunt legere libros beati Augustini quos adversus eos egerat : in quibus, sicut sæpe diximus, electos prædestinatos, reprobos autem in massa perditionis relictos inculcat. **367** Quos libros si legunt, aut intelligere negligunt, aut quantum ex ipsis est pravo sensu pervertunt. Quorum doctrina quam sit consputabilis et refutanda, omnis sapiens sanum intelligit. Neque enim nomen *electus*, sive *electio*, in Scripturis inventum semper ad ante sæcularem Dei prædestinationem electorum, sicut nec *relictus* vel *relictio* ad reproborum damnationem pertinet. Scriptum quippe est in libro Regum, dicente Elia, *Et relictus sum ego solus* (*III Reg.* xix, 18). Et Dominus : *Reliqui mihi septem millia virorum qui non curvaverunt genu ante Baal* (*Rom.* xi, 4). De qua relictione dicit Apostolus : *Reliquiæ per electionem salvæ fient* (*Rom.* iii). Et Jeremias in Threnis : *Abstulit omnes magnificos meos Dominus de medio mei. Vocavit adversus me tempus, ut contereret electos meos* (*Thren.* i, 15). Et in Canticis canticorum : *Dilectus meus candidus et rubicundus, electus ex millibus* (*Cant.* v, 20). Qui ab Apostolo appellatur *prædestinatus filius Dei in virtute secundum spiritum sanctificationis* (*Rom.* i, 4). Sed et in hoc loco, unde ex verbis beati Augustini suam pravam sententiam conantur astruere de Juda electo, ostendendum est quam prave intelligant. Ait idem doctor mirabilis : « Electi sunt, inquiens, videlicet undecim apostoli, ad regnandum cum Christo, non quomodo electus est Judas ad opus cui congruebat. » Hoc dicit, quia talis erat ut dignus esset per quem sibi ac complicibus, et suasori ejus diabolo tam damnabile, et cunctis credentibus opus venerabile compleretur. Necesse quidem erat ut hoc opus fieret, quia aliter genus humanum peccatis venditum non poterat a morte debita redimi, nisi illius morte qui sine peccato suo venerat occidi, sicut scriptum est, quoniam sic oportebat Christum pati, et intrare in gloriam suam. Et quia sic oportet fieri, et sicut item scriptum est : *Necesse est ut veniant scandala* (*Matth.* xviii, 7). Et Lucas dicit : *Impossibile est ut non veniant scandala. Væ autem illi per quem veniunt* (*Luc.* xxxvii, 1). Et Apostolus dicit : *Oportet autem et hæreses esse, ut qui probati sunt manifesti fiant in vobis* (*I Cor.* xi, 19). Impossibile est ergo, ut exponunt doctores, in hoc mundo erroribus ærumnisque plenissimo scandala sæpissime non venire : sed væ illi qui quod impossibile est non venire, suo vitio facit ut per se veniat ; sicut hic Judas qui proditioni animum præparabat. De quo scriptum est, *Tunc abiit*, ac si diceret, spontaneus non quæsitus, *et exquisivit a principibus sacerdotum : Quid vultis mihi dare et ego eum vobis tradam* (*Matth.* xxvi, 14) ? quoniam non solum ardens avaritia, sed et eodem vitio vehementissime inflammatus, fur erat et loculos habens ea quæ mittebantur portabat. Et ideo sicut beatus Augustinus dicit : Electus est per judicium ab illo qui novit bene uti etiam malis ad opus cui congruebat : ut per ejus opus damnabile, illud propter quod ipse venerat opus venerabile compleretur. Sicut electus est rex Saul a Domino, qui facit regnare hypocritam propter peccata populi, quique dicit : *Ipsi regnaverunt et non ex me ; principes exstiterunt et non cognovi ad contemptum suum in contumaciam populi vindicandam* (*Ose* viii, 4). **368** Quod et Scriptura non tacuit dicens : *Dixit autem Dominus ad Samuel : Audi vocem populi. Non enim te abjecerunt, sed me,*

ne regnem super eos. Verumtamen prædic eis jus regis (*I Reg.* viii, 7). Et paulo post : *Samuel dicit ad populum : Et clamabitis in die illa a facie regis vestri quem elegistis vobis, et non exaudiet vos Dominus in die illa.* Sic namque Saul et Judas electi sunt ad opera quibus congruebant, sicut idem beatus Augustinus in libro de Gratia et libero Arbitrio (*cap.* 23) dicit : « Quando, inquiens, auditis dicentem Dominum, *Ego Dominus seduxi prophetam illum* (*Ezech.* xiv) : et quod ait Apostolus, *Cujus vult miseretur, et quem vult indurat :* et, *tradidit eos in reprobum sensum* (*Rom.* ix), mala eorum merita præcessisse nolite dubitare. Sic et electus est Saul ad illa exsequenda in populum duræ cervicis et indomabilis animi, quæ Dominus prædici eis a Samuele præcepit. Sicut e contrario de Moyse scriptum est in libro Ecclesiastico, *Elegit eum ex omni carne.* Et ad quid eum Deus elegerit, paulo post sequitur, *docere Jacob testamentum, et judicia sua Israel* (*Eccli.* xlv, 4, 6). Et si electus est Judas ad tradendum Dominum, qui pro redemptione omnium occidi venerat, sicut quantum de servo ad Dominum comparatio duci potest, sanctus Gregorius ad decollandum Sanctolum religiosum presbyterum pro diacono, pro quo se morti obtulerat, de quodam Langobardo in libro refert Dialogorum (*lib.* iii, *cap.* 37). Ait enim : Vir autem Domini deductus est in medium, atque ex omnibus viris fortibus electus est unus, de quo dubium non esset quod uno ictu caput ejus abscideret. Et paulo inferius : Hunc electus interfector calce pulsavit ut surgeret. Et infra : Tunc electus carnifex evaginatum gladium tenens, et de quibus iste electus sit supra dicit : Omnes qui in eodem loco inventi sunt Langobardi convenerunt, sicut sunt nimiæ crudelitatis, læti ad spectaculum mortis. » Et Judas filius perditionis de omnibus membris Antichristi filii perditionis ad tradendum Christum electus est merito suæ iniquitatis, ut per ejus opus damnabile, ut Augustinus dicit, opus venerabile propter quod Christus venerat compleretur. Videndum etiam quomodo hinc verbis beati Ambrosii verba concordant sancti Augustini. Ait enim Ambrosius : « Est qui ad tempus eligitur, sicut Saul et Judas, non de præscientia, sed de præsenti justitia. » Et sanctus Augustinus in libro de Correptione et Gratia (*cap.* 4) : « Qui vero perseveraturi non sunt, ac sic a fide Christiana et conversatione lapsuri sunt, ut tales eos hujus vitæ finis inveniat, procul dubio nec illo tempore quo bene pieque vivunt in electorum numero computandi sunt. Non enim sunt a massa illa perditionis præscientia Dei et prædestinatione discreti. Et ideo nec secundum propositum vocati, ac per hoc nec electi, sed in eis vocati de quibus dictum est, *Multi vocati*, non in eis de quibus dictum est *pauci vero electi* (*Matth.* xxi, 14). Et tamen quis eos neget electos, cum credunt et baptizantur, et secundum Deum vivunt? Plane dicuntur electi a nescientibus quid futuri sunt, non ab illo qui eos novit **369** non habere perseverantiam, quæ ad beatam vitam perducit electos, scitque illos ita stare ut præscierit esse casuros. »

Notandum etiam quia ex hac sententia, et quibusdam aliis beati Augustini, veteres Prædestinatiani hæresim condiderunt, quod ab eis qui non sunt prædestinati ad vitam percepta baptismi gratia non auferat originale peccatum : et etiamsi fuerint in Christo regenerati qui prædestinati non sunt, et pie justeque vixerint, nihil eis prosit, sed tandiu reserventur donec ruant et pereant, nec ante eos ex hac vita quam hoc eis contingat auferri. Quos confutavit Prosper (*contra Gallos*, c. 3) dicens : « Quia omnis homo qui credens in Patrem et Filium et Spiritum sanctum regeneratur in baptismo, tam a propriis peccatis quæ mala voluntate et actione contraxit, quam ab originali quod a parentibus traxit absolvitur. Sed si recedens a Christo, et alienus a gratia finit hanc vitam cadens in perditionem, non in id quod remissum est recidit, nec in originali peccato damnabitur, sed propter postrema crimina ea morte afficietur, quæ propter illa quæ remissa sunt debebatur. Et qui reliquerunt Deum et relicti sunt, et ex bono in malum propria voluntate mutati sunt, licet fuerint renati, fuerint justificati, ab eo tamen qui illos tales præscivit non sunt prædestinati, quia Dei præscientiam tales eos futuros nec latuit nec fefellit. Et ideo nunquam tales elegit, nunquam prædestinavit, et perituros nunquam ab æterna damnatione discrevit. » Et sanctus Gregorius evidenter demonstrat in libro quarto Moralium (*cap.* 28), quia homo primus ad vitam conditus, si non peccaret, nequaquam ex se gehennæ filios, sed eos qui nunc per redemptionem salvandi sunt generaret. « Quemque Deus peccaturum præscivit non prædestinavit, sed sicut scriptum est, *in manu consilii sui reliquit* (*Eccli.* xv, 14), isdem autem voluntatis propriæ libertati relictus, se et omnes ex traduce sui seminis genitos perditioni obnoxios et condemnandos effecit. Deus autem ex eadem massa perditionis totius humani generis, *secundum præscientiam suam*, ut Petrus in capite Epistolæ primæ dicit, *quosdam elegit* (*I Petr.* i, 2), id est gratia ante meritum omne præelegit et prædestinavit, id est gratia præparavit, nam electi iidem sunt et prædestinati ad vitam, et vitam illis prædestinavit æternam. *Sicut elegit nos, inquit Apostolus, in ipso ante mundi constitutionem, ut essemus sancti et immaculati in conspectu ejus in charitate, prædestinans nos in adoptionem filiorum per Jesum Christum in ipsum, secundum propositum voluntatis suæ, in laudem gloriæ gratiæ suæ. In qua gratificavit nos in dilecto Filio suo, in quo habemus redemptionem per sanguinem ipsius, remissionem peccatorum secundum divitias gratiæ suæ : quæ superabundavit in nos in omni sapientia et prudentia, ut ostenderet nobis mysterium voluntatis suæ secundum bonam voluntatem suam, quam proposuit in illo, in dispositionem plenitudinis temporum, instaurare omnia in Christo quæ in cœlis sunt, et quæ in terris in ipso. In quo etiam et sortem consecuti su-*

mus, prædestinati secundum propositum ejus qui 370 *universa operatur secundum consilium voluntatis suæ, ut simus in laudem gloriæ ejus* (*Rom.* vi, 23). Et Evangelium : *Venite, benedicti Patris mei, percipite regnum quod vobis paratum*, id est prædestinatum *est ab origine mundi.* Et item Apostolus, *Gratia autem Dei vita æterna* (*Rom.* vi, 28). Quos autem præscivit non prædestinavit, judicio justo reliquit ad pœnam, et ex retributione justitiæ pœnam illis prædestinavit, id est præparavit æternam. »

Ait enim idem, catholicæ et apostolicæ sanctæ sedis Romanæ, omnium scilicet Ecclesiarum in toto orbe terrarum matris atque magistræ pontifex, in homilia Evangelii 34 : « Angelorum quippe et hominum naturam ad cognoscendum se Dominus condidit, quam dum consistere ad æternitatem voluit, eam procul dubio ad suam similitudinem creavit. » Et in homilia Evangelii xvii : « Quid autem animas hominum nisi cibum Domini dixerim, quæ ad hoc sunt conditæ, ut in ejus corpore trajiciantur, id est ut in æternæ Ecclesiæ augmentum tendant? » Et in xvii libro Moralium : « Ad vitam namque homo conditus, in libertate propriæ voluntatis sponte sua factus est debitor mortis. » Et item in libro xx Moralium : « Humanum igitur genus, recto Dei judicio in voluptatibus suis sibi dimissum, atque per easdem voluptates spontaneis tribulationibus traditum, absinthio est ebrium. » Et item in libro xxv : « Primus homo ita conditus fuit, ut moriente illo deciderent tempora, nec cum temporibus ipse transiret. Sic enim momentis decurrentibus, quia nequaquam ad vitæ terminum per dierum incrementa tendebat, stabat tanto robustius, quanto semper stanti arctius inhærebat. At ubi vetitum contigit, mox offenso Creatore cœpit ire cum tempore, statu videlicet immortalitatis amisso, cursus eum mortalitatis absorbuit. Quia vero, ut diximus, arbitrii libertate abusus primus homo peccavit, et factus est massa perditionis totius humani generis, quidam ex eadem massa damnationis, qui per redemptionem sanguinis Christi salvati sunt, salvantur et salvabuntur, quoniam, ut princeps apostolorum dicit : *Non est aliud nomen sub cœlo datum hominibus, in quo oporteat nos salvos fieri* (*Act.* iv, 12), ante tempora sæcularia præsciti, et gratia electi vel prædestinati ad vitam, quidam vero præsciti non prædestinati, sed judicio justo in eadem massa relicti ad pœnam sunt. » Sicut idem Gregorius doctor egregius in libro xxv (*cap.* 8) Moralium dicit : « Hunc, inquiens, supernorum judiciorum metum Paulus apostolus discipulorum cordibus insinuans ait : *Qui se existimat stare videat ne cadat* (*I Cor.* x, 12). Quod autem dicit, *conteret multos, illico adjunxit, innumerabiles* (*Job* xxxiv, 24), vel multitudinem exprimere studuit reproborum, quæ humanæ rationi numerum transit, vel certe indicare voluit quod omnes qui pereunt intra electorum numerum non habentur, ut eo sint innumerabiles quo extra numerum currunt. Unde et Propheta intuens tantos in hoc Ecclesiæ tempore specietenus credere, quantos nimirum certum est electorum numerum summamque transire, ait : *Multiplicati sunt super numerum.* (*Psal.* xxxix, 6); **371** ac si diceret : Multis Ecclesiam intrantibus, etiam hi ad fidem regni specietenus veniunt, qui a numero cœlesti excluduntur, quia electorum summam sua videlicet multiplicatione transeunt. Unde per Isaiam quoque eidem Ecclesiæ dicitur : *Ad dexteram enim et ad lævam dilataberis, et semen tuum gentes hœreditabit* (*Isa.* LIV, 3). Intrante quippe multitudine gentium ad dexteram extenditur, dum quosdam justificandos suscipit : ad lævam quoque dilatatur, dum ad se quosdam etiam in iniquitate permanentes admittit, præter hanc multitudinem quæ extra electorum numerum jacet. » Et paulo superius (*cap. eodem*) : « Notandum vero est, quia dum aliis cadentibus, ad standum alii solidari perhibentur, electorum numerus certus ostenditur. Unde etiam Philadelphiæ Ecclesiæ per angelum dicitur : *Tene quod habes, ne alius accipiat coronam tuam.* Hac ergo sententia, qua narratur, aliorum erigi, aliorum autem vita bona confringi, spes nutritur humilium, elatio premitur superborum, dum et illi bona possunt amittere de quibus superbiunt, et isti ea percipere quæ quia non habeant contemnuntur. » Et item aliquando superius (*cap.* 7) : « In hoc ergo utroque genere hominum sæpe contingit, ut et qui videntur in humano judicio stare, jam in conspectu æterni judicis jaceant, et qui nunc coram hominibus jaceant, in conspectu æterni judicis stent. Quis enim hominum æstimare potuisset Judam vivendi sortem post ministerium apostolatus amittere, et latronem æterna præmia in articulo mortis invenire ? Occultus autem judex, præsidens et utrorumque corda discernens, alterum pie statuit, alterum juste confregit, illum districte exterius repulit, hunc intrinsecus misericorditer traxit. » Et item in libro vigesimo nono (*cap.* 15), *Judicia tua abyssus multa* (*Psal.* xxxv, 7).« Nemo ergo perscrutari appetat cur cum alius repellitur, alius eligatur, vel cur cum alius eligitur alius repellatur, quia superficies abyssi constringitur, et attestante Paulo, *Incrustabilia sunt judicia ejus, et investigabiles viæ ejus.* » (*Rom.* II, 33.) Item idem in libro vigesimo nono (*cap. eodem*) dicit : « Dominus, inquiens, ait : *Cœlum mihi sedes est; et, Anima justi sedes sapientiæ.* Cœlum utique anima justi, cœlum fuit Abraham. Cum enim de Abraham natus est Caiphas, quid aliud nisi gelu de cœlo processit ? Quod tamen gelu idcirco Dominus genuisse se dicit, quia Judæos quos naturaliter ipse bonos condidit, justo judicio per eorum malitiam frigidos a se exire permisit. Dominus enim conditor est naturæ, non culpæ. Genuit ergo creando naturaliter, quos iniquos permisit tolerando vivere patienter. » et item in eodem libro (*cap.* 19) : «Hinc Paulus ait : *Eo quod charitatem veritatis non receperunt ut salvi fierent, ideo mittet illis Deus operationem erroris ut credant mendacio, ut judicentur omnes qui non credunt veritati, sed consenserunt iniquitati.* Nequa-

quam ergo super eos vesper consurgeret, si cœli filii esse voluissent. » Et item in libro vigesimo quinto (*cap.* 8, 9) : « Hoc quod electis aliis alii conteruntur, de merito patientis est, non de iniquitate punientis. Non enim iniquus Deus, **372** qui infert iram : unde apte subjungitur : *Novit enim opera eorum, et idcirco inducet noctem, et conterentur* (*Job.* xxxiv, 25). »

Et quia præscientia Dei sine prædestinatione esse potest, sicut in illis omnibus quæ non ex ipso erant causam operationis habitura, non tamen eum possunt latere qui novit omnia etiam antequam fiant. Et reprobi præsciti, non autem prædestinati, a Deo ad pœnam sunt, quia non ipso auctore, sed exigente iniquitate, vel paterna vel propria, pereunt justo a Deo relicti judicio : sicut præsciti simul et prædestinati ipso auctore salvantur gratiæ dono, quoniam misericordia ejus prævenit nos, ut bene velimus, adjutor in opportunitatibus in tribulatione, cui dicimus, *Adjutor meus, tibi psallam,* et, *Adjuva nos, Deus salutaris noster.* Adjuvat nos ut bene possimus, et misericordia ejus subsequetur nos omnibus diebus vitæ nostræ, ut in bono perseveremus, et ipse coronat nos in misericordia et miserationibus, qui satiat in bonis desiderium nostrum. Satiabimur enim cum manifestabitur gloria ejus. Hic doctor magnificus in libro Moralium trigesimo quarto (*cap.* 13) demonstrat dicens : « Fortasse quempiam moveat cur misericors Deus fieri ita permittat, ut Leviathan iste, seu nunc per suggestiones callidas, sive tunc per damnatum illum quem replet hominem, vel solis sibi radios, id est doctos quosque sapientesque subjiciat, vel aurum, hoc est viros sanctitatis claritate fulgentes, quasi lutum sibi vitiis coinquinando substernat. Sed citius respondemus, quod qui pravis ejus persuasionibus quasi lutum sterni potuerit, aurum ante Dei oculos nunquam fuit. Qui enim seduci quandoque non reversuri possunt, quasi habitam sanctitatem ante oculos hominum videntur amittere, sed eam ante Dei oculos nunquam habuerunt. Sæpe namque homo multis occulte peccatis involvitur, et in una aliqua virtute magnus videtur, quæ ipsa quoque virtus inaniscens deficit, quia dum innotescit hominibus, procul dubio laudatur, ejusque laus inhianter appetitur. Unde fit ut et ipsa virtus ante Dei oculos virtus non sit, dum abscondit quo displicet, prodit quo placet. » Et post pauca : « Eat ergo Leviathan iste, et solis sibi radios subdat, atque aurum luti more subjiciat. Scit omnipotens Deus ad electorum suorum solatium bene uti malo reproborum, quando hi qui ad illum perventuri sunt, et suis ad eum meritis proficiunt, et sæpe in eo quod superbe sapiunt alienis lapsibus corriguntur. » Et quia reprobis pœna, electis autem a Deo æterna vita est præparata, paulo post sequitur : « Per semetipsam namque Veritas dicit : *Ibunt hi in supplicium æternum, justi autem in vitam æternam* (*Matth.* xxv). » Et item post pauca (*cap.* 16) subjungit : « At, inquiunt, sine fine puniri non debet culpa cum fine. Justus nimirum est omnipotens Deus, et quod non æterno peccato commissum est, æterno non debet puniri tormento. Quibus citius respondemus, quod recte dicerent, si justus judex districtusque veniens, non corda hominum, sed facta 373 pensaret. Iniqui enim ideo cum fine deliquerunt, quia cum fine vixerunt. Voluissent quippe sine fine vivere, ut sine fine potuissent in iniquitatibus permanere. Nam magis appetunt peccare quam vivere, et ideo hic semper vivere cupiunt, ut nunquam desinant peccare cum vivunt. Ad districti ergo justitiam judicis pertinet, ut nunquam careant supplicio, quorum mens in hac vita nunquam voluit carere peccato, et nullus detur iniquo terminus ultionis, qui quandiu valuit habere noluit terminum criminis. »

Quoniam quidem adinventionum de prædestinatione resufflatores, pravi sensus scalpentes auribus, lingua pruriente nos dicunt Dei mutabilem voluntatem, novumque ejus prædicare consilium, si damnet quos ante sæcula ad mortem et damnationem nequaquam prædestinavit, accipiant, legant, et audiant atque intelligant, nos catholicorum Patrum sequi doctrinam, et dicere sicut prædiximus, et adhuc iterare non piget, quia multos Deus gratia prædestinavit ad gloriam, neminem autem prædestinavit, sed deseruit juste ad damnationem et pœnam. Quos autem ante sæcula præscivit, non prædestinavit, in impietate et iniquitate perseveraturos, prædestinavit ut ex justitiæ retributione damnentur, et judicium æque prædestinavit quo justissime puniantur, sicut apertissime ostendit sanctus Augustinus in principio Evangelii Joannis : « Factam, inquit, in tempore Creaturam, sed in æterna Creatoris sapientia quando et qualis crearetur semper fuisse dispositum; et hoc est quod ait : *Quod factum est in ipso vita erat*, id est quod factum in tempore, sive vivum sive vita carens apparuit, omne hoc in spiritali factoris ratione quasi semper vixerat et vivit : non quia coæternum est Creatori quod creavit, sed quia coæterna est illi ratio voluntatis suæ, in qua ab æterno habuit et habet quid et quando crearet, qualiter creatum gubernet ut maneat, ad quem finem singula quæ creavit perducat. » Et sanctus Gregorius in libro Moralium xxv (*cap.* 7) dicit : « Cunctis liquet quod in illa extrema requisitione examen publicum facturus est omnipotens Deus, ut alios ad tormenta deserat, alios ad participationem regni cœlestis admittat. Sed et hoc nunc secreto judicio quotidie agitur, quod tunc in publico demonstrabitur. Nam juste et misericorditer singulorum corda vel examinans vel disponens, alios in exteriora respuit, alios ad ea quæ sunt intrinsecus trahit, hos accendit interna appetere, illos pro voluptatibus suis deserit exteriora cogitare. » Item sanctus Augustinus in libro de Prædestinatione gratiæ (*cap.* 5), ad locum dicit : *Quos autem prædestinavit illos et vocavit, et quos vocavit illos et justificavit* (*Rom.* viii). « Ipse enim dedit ut simus, ipse ut boni esse possimus. Præscivit nos ejus divinitas, sapien-

tia condidit, justitia damnavit, gratia liberavit. Mundus enim, quamvis pro tempore ex quo factus est cœperit, in illa divinæ præscientiæ luce faciendus nullum potuit habere principium : et quanticunque vel ex Adam usque in hodiernum homines nati sunt, vel post 374 ætatem nostram generationis sunt propagine nascituri, apud Deum et jam nati sunt, et decurso totius vitæ tempore transierunt, in illo nihilominus divini obtutus lumine permanentes. Deus enim, qui nec loco clauditur, nec tempore prævenitur, omnium rerum tam præteritarum memoria, quam imminentium scientia plenus est : nec reminiscens volvitur in præteritum, nec sperans tenditur in futurum. Et quæcunque omnino sunt, quæ temporum motibus agitantur, ab eo principio in quo erat Verbum, et Verbum erat apud Deum et Deus erat Verbum, usque in finem omnium sæculorum. De quo fine cum diceret beatus Moyses, *Domine*, inquit, *qui regnas in sæculum et sæculum.* Et adhuc nec sperantur futura, nec præterita transierunt, sed in præsentia divinitatis præsenti semper luce cernuntur. Ab illo ergo qui æternus et præscius, qui et justus et pius est, qui et exerit debitam severitatem, et exhibet indebitam pietatem, et habet in creandis atque eligendis hominibus, sicut in luto figulus, potestatem, facta sunt alia quidem vasa in honorem, alia vero in contumeliam. Antequam faceret nos præscivit nos, et in ipsa nos præscientia cum nondum fecisset elegit. Sed a quo hoc fieri potuit, nisi ab eo qui vocat ea quæ non sunt tanquam ea quæ sunt? Apostolus enim dicit : *Qui elegit nos ante mundi constitutionem* (*Rom.* iv; *Eph.* iii, 1). Intra mundum facti sumus, et ante mundum electi sumus. Atque ita uno eodemque, nec transeunte nec futuro, sed continuo tempore, vel si quo alio modo dici potest, si tamen potest, apud Deum est et præscire, et facere, et eligere. Et præscientia sua incommutabiliter permanente, elegerat faciendos quos facturus fuerat eligendos. » Et Prosper in libro Epigrammatum (*epigram.* 58), *De intemporali opere Dei :* Ordo temporum in æterna Dei sapientia sine tempore est, nec aliqua sunt apud illum nova, qui fecit quæ futura sunt.

Artifice in summo sine tempore temporis ordo est,
Isque Deo rerum non variat series.
Æterno auctori simul adsunt omnia semper,
Cum quo in factorum est ordine quidquid erit.

EPILOGI CAPUT IV.
Qualiter catholica Ecclesia de gratia et libero arbitrio teneat.

Sanctus Innocentius in epistola ad Aurelium et Carthaginense Concilium, itemque sanctus Cœlestinus ad Venerium et cæteros Gallicanos episcopos (*Innocent.* ep. 31; *Cœlest.* ep. 8) : « Liberum arbitrium olim ille, id est primus homo perpessus, dum suis inconsultius utitur bonis, cadens in prævaricationis profunda demersus est, et nihil quemadmodum exinde surgere posset invenit, suaque in æternum libertate deceptus, hujus ruinæ latuisset oppressus, nisi eum postea Christi

375 pro sua gratia relevasset adventus; qui per novæ regenerationis purificationem omne præteritum vitium sui baptismatis lavacro purgavit, et ejus firmans statum, quo rectius stabiliusque procederet, tamen suam gratiam in posterum non negavit. Nam quamvis hominem redemisset a præteritis ille peccatis, tamen sciens iterum posse peccare, ad reparationem sibi, quemadmodum posset illum et post ista corrigere, multa servavit, quotidiana præstans illi remedia, quibus nisi freti confisique nitamur, nullatenus humanos vincere poterimus errores. Necesse est enim ut quo auxiliante vincimus, eo iterum non adjuvante vincamur. Omnium igitur bonorum affectuum atque operum, et omnium studiorum, omniumque virtutum, quibus ab initio fidei ad Deum tenditur, Deum profiteamur auctorem, et non dubitemus ab ipsius gratia omnia hominis merita præveniri, per quem fit ut aliquid boni et velle incipiamus et facere. Quo utique auxilio et munere Dei non aufertur liberum arbitrium sed liberatur, ut de tenebroso lucidum, de pravo rectum, de languido sanum, de imprudente sit providum. » Et sanctus Augustinus in absolutione quæstionis tertiæ contra Pelagianos et Cœlestianos Hypomnesticon libro (*lib.* III *sub initium*) : « Igitur liberum arbitrium hominibus esse certa fide credimus, et indubitanter prædicamus : et cur liberum dicatur arbitrium est paululum disserendum. Arbitrium scilicet ab arbitrando rationali consideratione, vel discernendo quid eligat quidve recuset, puto quod nomen accepit : vel ideo liberum dictum, quod in sua sit positum potestate, habens agendi quod velit possibilitatem, quod est vitalis et rationalis animæ motus. Sed hujusmodi, ut ante jam dixi, fuit in homine protoplasto, cum ante peccatum maneret illæsus. Non enim per aliud contraxit offensam, nisi per id quod potuit ne delinqueret resistere suadenti. Per velle ergo malum recte perdidit posse bonum, qui per posse bonum potuit vincere velle malum. Quem juste Deus jam delicto captivum voluntati depravatæ dimisit, ut hæc eidem esset pœna in non faciendo quod velit, quæ semper si Deo fuisset obediens sufficere potuisset ad omne bonum quod voluisset. Malum itaque velle non ex naturæ suæ conditione bona habuit, tanquam ex congenito malo, ut Manichæus credit, sed ex accidenti desiderio pravo concepit. » Contra quem facit Scripturæ sententiæ expositio, quam isdem doctor in II libro de Nuptiis et Concupiscentia explanavit (*lib.* II, *cap.* 13) : *Quoniam nequam est natio illorum et naturalis militia ipsorum, et quoniam non poterit mutari cogitatio illorum in perpetuum. Semen enim erat maledictum ab initio (Sap.* XII, 10). « Nempe, inquiens, de quibuscunque dicat ista, de hominibus dicit. Quomodo est ergo cujuslibet hominis malitia naturalis, et semen maledictum ab initio, nisi ad illud respiciatur, quod *per unum hominem peccatum intravit in mundum, et per peccatum mors, et ita in omnes homines pertransivit in quo omnes peccaverunt? (Rom.* V, 12.) Cujus autem ho-

minis mala **376** cogitatio non potest in perpetuum mutari, nisi quia per seipsam non potest, sed si gratia divina subveniat, qua non subveniente, quid sunt homines, nisi quod ait apostolus Petrus, *velut muta animalia, procreata naturaliter in captivitatem et interitum? (II Petr.* II, 12). Unde uno loco Paulus apostolus utrumque commemorans, et iram Dei cum qua nascimur, et gratiam qua liberamur : *Et nos omnes, inquit, aliquando conversati sumus in desideriis carnis nostræ, facientes voluntatem carnis et affectionum, et eramus natura filii iræ sicut et cæteri. Deus autem, qui dives est in misericordia propter multam dilectionem qua dilexit nos, et cum essemus mortui peccatis convivificavit nos Christo, cujus gratia sumus salvati (Ephes.* II, 5). Quid est ergo malitia naturalis hominis, et semen maledictum ab initio, et procreati naturaliter in captivitatem et interitum, et natura filii iræ? Nunquid in Adam natura ista sic condita est? absit. Sed quia in illo vitiata, sic per omnes jam naturaliter cucurrit et currit, ut ab hac perditione non liberet nisi gratia Dei per Jesum Christum Dominum nostrum. » Et item in libro Hypomnesticon (*lib.* III *sub med.*) : « Est igitur liberum arbitrium, quod quisque esse negaverit catholicus non est, et quisque sic esse dixerit, quod sine Deo bonum opus, id est quod ad ejus sanctum propositum pertinet, nec incipere nec perficere possit, catholicus est. » Et item : Audi, hæretice, stulte et inimice fidei veritatis : « Opera liberi arbitrii bona, quæ ut fiant præparantur per gratiæ præventum, nullis liberi arbitrii meritis, sed ipsa faciente, gubernante, proficiente, ut abundent in libero arbitrio non damnamus, quia ex his vel hujusmodi homines Dei justificati sunt, justificantur, justificabuntur in Christo. Damnamus vero auctoritate divina opera liberi arbitrii, quæ gratiæ præponuntur, et ex his tanquam meritis in Christo justificari extolluntur. » Et item in libro de Gratia et libero Arbitrio (*cap.* 15) : « Semper est autem in nobis voluntas libera, sed non semper est bona. Aut enim a justitia libera est quando servit peccato, et tunc est mala; aut a peccato libera est quando servit justitiæ, et tunc est bona. Gratia vero Dei semper est bona, et per hanc fit ut sit homo voluntatis bonæ, qui prius fuit voluntatis malæ : per hanc etiam fit ut ipsa bona voluntas quæ jam esse cœpit augeatur, et tam magna fiat, ut possit implere divina mandata quæ voluerit, cum valde perfecteque voluerit. Ad hoc enim valet quod scriptum est, *si volueris conservabis mandata :* ut homo qui voluerit et non potuerit, nondum se plene velle cognoscat, et oret ut habeat tantam voluntatem quanta sufficit ad implenda mandata. Sic quippe adjuvatur ut faciat quod jubetur. Tunc enim utile est velle cum possumus, et tunc utile est posse cum volumus. » Et sanctus Gregorius in libro Moralium vigesimo quarto : « *Liberavit enim animam suam ne pergeret in interitum.* Quia præveniente divina gratia in operatione bona nostrum liberum arbitrium sequitur, nosmetipsi nos liberare dicimur, quia liberanti nos Domino consentimus. Unde Paulus cum diceret, *Abundantius illis omnibus laboravi,* **377** ne labores suos sibi tribuisse videretur, adjunxit : *Non autem ego, sed gratia Dei mecum (I Cor.* xv, 10). Quia enim prævenientem Dei gratiam ipse etiam libero arbitrio fuerat subsecutus, apte subjunxit *mecum :* ut et divino muneri non esset ingratus, et tamen a merito liberi arbitrii non remaneret extraneus. » Et item in libro trigesimo tertio (*cap.* 20) : «*Quis ante dedit mihi, ut reddam ei ?* Ac si aperte diceretur : Ad parcendum reprobis nulla ratione compellor, quia eis debitor ex sua actione non teneor. Idcirco enim nequaquam cœlestis patriæ præmia æterna percipiunt, quia ea nunc dum promereri poterant ex libero arbitrio contempserunt. Quod videlicet liberum arbitrium in bono operatur electis, cum eorum mens a terrenis desideriis gratia aspirante suspenditur. Bonum quippe quod agimus, et Dei est, et nostrum. Dei per prævenientem gratiam, nostrum per obsequentem liberam voluntatem. Si enim Dei non est, unde ei in æternum gratias agimus? rursum si nostrum non est, unde nobis retribui præmia speramus? Quia ergo non immerito gratias agimus, scimus quod ejus munere prævenimur : et rursum, quia non immerito retributionem quærimus, scimus quod subsequente libero arbitrio bona elegimus quæ ageremus. » Et venerandus Alcuinus in opusculo quæstionum libri Geneseos, ad *Sigulfum* presbyterum, interrogatus cur homo factus est liberi arbitrii, respondit : « Quia noluit Creator hominem cujuslibet creare servum, quem ad imaginem suam fecit, quatenus ex voluntario bono laudabilis appareret, vel appetitu malo damnabilis. Et interrogatus cur tentari Deus hominem permisit, quem consentire præsciebat, respondit : Quia magnæ laudis non esset, si ideo homo non peccasset, quia male facere non potuisset. Nam et hodie sine intermissione per universum genus humanum ex insidiis diaboli homines tentantur, ut ex eo tentati virtus probetur, et palma non consentientis gloriosior appareat. Et de quæstione, quomodo intelligendum sit, *Sub te erit appetitus ejus, et tu dominaberis illius,* respondit : Quia tu liberi es arbitrii, non habet peccatum super te dominium, sed tu super illud, et in tua potestate est, sive cum Dei gratia compescere, sive appetitu tuo concupiscere illud. Et interrogatus quæ est vera libertas, respondit : Maxima hæc libertas est, servire justitiæ, et peccato liberum esse. » Et Prosper contra Gallos (*resp.* 6) : « Liberum arbitrium nihil esse, vel non esse, perperam dicitur : sed ante illuminationem fidei in tenebris, id est in umbra mortis agere, non recte negatur : quoniam priusquam a dominatione diaboli per Dei gratiam liberetur, in illo profundo jacet, in quod se sua libertate demersit. Arbitrium enim hominis gratia Dei non abolet, sed adolet, et ab errore in viam revocat ac reducit, ut quod sua libertate erat pravum, spiritu Dei agente sit rectum. » Et item in libro de Ingratis contra Pelagianos :

Sicut enim palmes nullos valet edere fructus
378 Non in vite manens, quæ de radice ministra
Succum agat in frondes, et musto compleat uvas :
Sic infecundi virtutum et fruge carentes,
Perpetui cibus ignis erunt : qui, vite relicta,
Audent effusa de libertate comarum
Fidere, ne Christi sint ubertate feraces.
Et mage se credunt propriis excellere posse,
Quam si virtutum placitarum sit Deus auctor.

Et paulo post :

Quod non est nisi peccatum, quo discrucietur
Libertas, ad quam solam male gesta recurrunt.
Et tamen in sanctos animum cum intendimus actus,
Cum desideriis carnis mens casta repugnat,
Cum tentatori non cedimus, et per acerbas
Vexati pœnas, illæso corde manemus,
Libertate agimus, sed libertate redempta,
Cui Deus est rector.

Et item in eodem (*cap.* 15) :

Et nos ista inquit sentimus de bonitate
Ac virtute Dei, quo ni foveatque regatque
Quos vocat, et tutos peccato præstet ab omni,
Non sua servabit quemquam prudentia, nec se
Perficiet solis naturæ viribus ullus.
Sed quia jam in nobis et velle et nolle creatum est,
Arbitriique sui quo vult intendere motus
Libertas accita potest, patuitque per aurem
Judicio cordis, quo mundum proposuisset
Consilio salvare Deus, mens excita longum
Excutiat somnum, seque illi subdat et aptet,
Qui cupidam et fidam promissa in gaudia ducat.

Et in libro de Providentia divina :

. . . . . Dedit optimus auctor
Hoc homini speciale decus. Cumque omnia verbo
Conderet, hunc manibus, substantia duplex
Jungitur, inque unam coeunt contraria vitam.
Namque anima ex nullis ut cætera gignitur, expers
Interitus, nisi quod Domino cruciabilis uni est,
Et rea ferre potest pœnam sub nomine mortis,
Terrenamque illapsa domum, dat vivere secum
Consortem, et pariter divinum haurire vaporem.
Nec quia dissimilis rerum natura duarum est,
Dispar conditio est, manet exitus unus utrumque,
Seu potior juri subdatur posterioris,
379 Seu se majoris virtuti infirmior æquet.
Est etenim ambarum vinci, est et vincere posse,
Proiicere et minui, regnare et perdere regnum.
Non quia plus cuiquam, minus aut in origine causæ
Nascendi attulerint, aut ulla externa creatos
Vis premat, ignarosque agat in discrimina morum :
Sed quia liber homo et sapiens discernere rectis
Prava potest, in se intus habens discrimina rerum,
Jusque voluntatis quo temperat arbitrium mens.

EPILOGI CAPUT V.

Quod Deus omnes homines vult salvos fieri, licet non omnes salventur : quod autem quidam salvantur, salvantis sit donum, et quod quidam pereunt, sit pereuntium meritum.

Sanctus Cœlestinus ad Venerium et cæteros Gallicanos episcopos (*post epist.* 8) : « Obsecrationum sacerdotalium sacramenta respiciamus, quæ ab apostolis tradita, in toto mundo atque in omni catholica Ecclesia uniformiter celebrantur, ut legem credendi lex statuat supplicandi. Cum enim sanctarum plebium præsules mandata sibi legatione funguntur, apud divinam clementiam humani generis agunt causam, et tota secum Ecclesia congemiscente, postulant et precantur ut infidelibus donetur fides, ut idololatræ ab impietatis suæ liberentur erroribus, ut Judæis sublato cordis velamine lux veritatis appareat, ut hæretici catholicæ fidei perceptioni resipiscant, ut schismatici spiritum redivivæ charitatis accipiant, ut lapsis pœnitentiæ remedia conferantur, ut denique catechumenis ad regenerationis sacramenta perductis cœlestis misericordiæ aula reseretur. › Tanta enim est erga omnes homines bonitas Dei, ut nostra velit esse merita quæ sunt ipsius dona, et pro his quæ largitus est æterna præmia sit donaturus. Et Joannes Chrysostomus in Evangelio Matthæi homilia 25 : « Idcirco enim, inquit, altari assistens sacerdos pro universo orbe terrarum, pro absentibus atque præsentibus, pro his qui ante nos fuerunt, pro his qui postea sunt futuri, sacrificio illo proposito, Deo nos gratias jubet referre. Hoc quippe et a terra nos liberat, et transponit in cœlum, atque ex hominibus angelos facit. › Sanctus Dionysius Areopagites in libro de ecclesiastico Principatu, cap. 2 : « Hierarchas quidem unusquisque ad Dei similationem omnes homines volens salvare, et ad agnitionem veritatis venire, prædicat omnibus vera Evangelia : *Quanti, inquit, acceperunt eum, dedit eis potestatem filios Dei fieri, credentibus in nomine ejus* (*Joan.* I, 12). Si quis ergo discedit a vero lumine, aut de intellectualibus, spontaneo arbitrio, malitiæ cupiditate, concludens naturaliter inspersas sibi ad illuminari virtutes, **380** per seipsum se destruet. › Et sanctus Cyprianus in libro de Oratione Dominica dicit : « Nam cum discipuli ab eo non jam terreni appellantur, sed sal terræ, et Apostolus primum hominem vocet de terræ limo, secundum vero de cœlo, et nos qui esse debemus Patri Deo similes, qui solem suum oriri facit super bonos et malos, et pluit super justos et injustos, sic Christo monente oramus et petimus, ut precem pro omnium salute faciamus, ut quomodo in cœlo, id est in nobis, per fidem nostram voluntas Dei facta est ut essemus e cœlo, ita et in terra, hoc est ut illis credentibus fiat voluntas Dei, ut qui adhuc sunt prima nativitate terreni, incipiant esse cœlestes ex aqua et Spiritu nati. › Et sanctus Hilarius in secundo libro de Fide (lib. II *de Trin.* post medium) : « Humani enim generis causa Dei Filius natus ex virgine est, et Spiritu sancto ipso sibi in hac operatione famulante, et sua Dei videlicet inumbrante virtute, corporis sibi initia consevit, et exordia carnis instituit, ut homo factus ex virgine naturam in se acciperet, perque hujus admistionis societatem sanctificatum in eo universi generis humani corpus existeret : ut quemadmodum omnes in se per id quod corporeum esse voluit conderentur, ita rursum in omnes ipse per id quod ejus est invisibile referretur. › Et item : « Munus autem quod in Christo est omnibus patet unum; et quod ubique non deest in tantum datur in quantum quis volet sumere, in tantum residet in quantum quis volet promereri. › Sanctus quoque Ambrosius in psalmo CXVIII exponens versum : *Bonitatem fecisti cum servo tuo, Domine* , ita dicit : « *Quam bonus Israel Deus rectis corde!* (*Psal.* LXXII, 1). Ergo bonus omnibus, quia omnes recto vult esse corde : qui autem corde declinaverit, ipse a se gratiam divinæ bonitatis avertit : semper Deus bonus est. › Et S. Joannes Chrysostomus in libro de Reparatione

lapsi : « Si propterea nos fecisset Deus ut puniret, recte desperares et dubitares de salute tua : si vero propter bonitatem suam tantummodo nos fecit, ut æternis ejus bonis et muneribus fruamur, atque quæ agit ab initio sæculi usque ad præsens tempus propterea agit, et propterea monet, ut nos misericordia sua salvet, quæ ultra nobis desperandi, quæ ambigendi causa supererit? › Et sanctus Hieronymus in Commento Epistolæ ad Ephesios : *Nolite contristare Spiritum sanctum Dei* (*Ephes.* IV, 30) : « Mœror Spiritus sancti sic intelligendus est, quomodo ira Dei, et somnus, et cæteræ in humanam similitudinem passiones. Non quo contristetur Spiritus, et ullam perturbationem Divinitas sentiat : sed quo ex verbis nostris Dei discamus affectus, quod mœreat quotiescunque peccamus, et defleat peccatores. Nam et Salvator in corpore constitutus flevit Hierusalem, et omne hominum genus in propheta deplorat dicens : *Heu mihi anima! quia periit reverens a terra, et qui corrigat inter homines non est : omnes in sanguine judicantur.* › Et sanctus Augustinus in libro de Littera et Spiritu (*cap.* 33) : « Vult autem Deus omnes homines salvos fieri, et in agnitionem veritatis venire : non sic **381** tamen, ut eis adimat liberum arbitrium, quo vel bene vel male utentes justissime judicentur. Quod cum fit, infideles quidem contra voluntatem Dei faciunt, cum ejus Evangelio non credunt : nec ideo tamen eam vincunt, verum seipsos fraudant magno et summo bono, malisque pœnalibus implicant, experturi in suppliciis potestatem ejus, cujus in donis misericordiam contempserunt. Ita voluntas Dei semper invicta est : vinceretur autem, si non inveniret quid de contemptoribus faceret, aut ullo modo possent evadere quod de talibus ille constituit. › Et in libro de catechizandis Rudibus : « Vere, frater, illa magna et vera beatitudo est, quæ in futuro sæculo sanctis promittitur. Omnia vero visibilia transeunt, et omnis hujus sæculi pompa, et deliciæ, et curiositas interibunt, et secum ad interitum trahunt amatores suos. A quo interitu, hoc est pœnis sempiternis, Deus misericors volens omnes homines liberare, si sibi ipsi non sint inimici, et non resistant misericordiæ Creatoris sui, misit unigenitum Filium suum, hoc est Verbum suum æquale sibi, per quod condidit omnia : et manens quidem in divinitate sua, et non recedens a Patre, nec in aliquo mutatus, assumendo tamen hominem, et in carne mortali hominibus apparendo, venit ad homines, ut quemadmodum per unum hominem qui primus factus est, id est Adam, mors intravit in genus humanum, quia consensit mulieri suæ seductæ a diabolo ut præceptum Dei transgrederentur : sic per unum hominem, qui etiam Deus est, Dei Filius, Jesum Christum, deletis omnibus peccatis præteritis, credentes in eum omnes in æternam vitam ingrederentur. › Et Prosper contra Vincentianos (*resp.* 2) : « Sincerissime credendum atque profitendum est, Deum velle ut omnes homines salvi fiant. Siquidem Apostolus, cujus ista sententia est, sollicitissime præcipit, quod in omnibus Ecclesiis piissime custoditur, ut Deo pro omnibus hominibus supplicetur. Ex quibus quod multi pereunt, pereuntium est meritum, quod multi salvantur, salvantis est donum. Ut enim reus damnetur, inculpabilis est Dei justitia : ut autem reus justificetur, ineffabilis Dei gratia est. » Et item in libro de divina Providentia :

Verum ne longo sermone moremur in istis,
Quæ sparsim varieque suis sunt edita sæclis,
Neve quod in parte est, in toto quis neget esse,
Dum solidam Domini divisa negotia curam
Velant, et nulla accipitur quæ rara videtur.
Dicite quem populum qua mundi in parte remotum,
Quosve homines, cujus generis, vel conditionis,
Neglexit salvare Deus? vir, femina, servus,
Liber, Judæus, Græcus, Scytha, barbarus, omnes
In Christo sumus unum.

382 Hoc etenim lex, hoc veneranda volumina vatum,
Hoc patriarcharum spes non incerta tenebat:
Ultima cum mundi finem prope curreret ætas,
Venturum ad terrena Deum, qui, morte perempta,
Solveret inferni leges, longamque ruinam
Humani generis meliore attolleret ortu.

Et in libro contra Eutychem (De Providentia) :

Utque illos veterum complexa est gratia solos,
Qui Christum videre fide, sic tempore nostro
Non renovat quemquam Christus, nisi corde receptus.
En, homo, quanta tibi est gratis collata potestas,
Filius esse Dei si vis potes.

Et in libro contra Nestorium :

Jamne Dei compertus amor, diffusaque in omnes
Cura patet, notum et cunctis adstare salutem?
Et tamen, heu! rursum querulis, homo garrula, verbis
Bella moves, jaculisque tuis tua viscera figis :
Cur non sum bonus? hoc non vis. Cur sum malus? hoc
[vis.
Cur volo quæ mala sunt, et cur quæ sunt bona nolo?
Liber es, et cum recta queas discernere pravis,
Deteriora legis.

Et in libro contra Mathematicos :

Hoc operis sectare boni, hoc fuge cautus iniqui.
Vita beata isto paritur, mors editur illo.
Coram adsunt aqua servatrix, populator et ignis.
Ad quodvis extende manum, patet æqua facultas.

Et paulo post :

Non superi pariunt ignes, nec ab æthere manat,
Sed nostris oritur de cordibus, ipsaque bellum
Libertas movet, et quatimur civilibus armis.
Otia cum mollis complexa ignava voluntas
Difficili negat ire via.

Et in libro contra Epicureos :

Quos si multa inter morum delicta priorum
Plectisset propere rigor implacabilis iræ,
Intercepta forent melioris tempora vitæ,
Nec standi vires licuisset sumere lapsis.
Mortem, inquit Dominus peccantis nolo, nec ullum
De pereunte lucrum est : redeat magis, inque relictum
Mutatus referatur iter, vitaque fruatur.
Et quia virtutum similes vult esse suarum,
Quos genuit, vindictam inquit mihi cedite, reddam
Judicio quæ digna meo : detur locus iræ.
Sic dum multorum differtur pœna malorum,
Nonnulli plerumque probos revocantur in actus,

383 Ac fit quisque sibi judex, ultorque severus,
Quod fuerat prius interimens, aliusque resurgens.
At, qui persistunt errori incumbere longo,
Quamvis in multis vitiis impune senescant,
In sævum finem veniunt, ubi non erit ulla
Spes veniæ.

Et post aliquanta :

Nam ut nemo invitus somnoque quietus in alto
Fit salvus, nec vi petitur qui sponte recessit :
Sic pulsata patent redeuntibus atria vitæ,
Et recipit cœli servatos curia cives.

Et sanctus Leo in tomo ad Flavianum (*epist.* 10, c. 3) : « Opus fuit secreti dispensatione consilii, ut incommutabilis Deus, cujus voluntas non potest sua benignitate privari, primam erga nos pietatis suæ dispositionem sacramento occultiore compleret et homo, diabolicæ iniquitatis versutia actus in culpam, contra Dei propositum non periret. Ingreditur ergo hæc mundi infima Filius Dei. » Item et sanctus Leo papa in epistola ad Leonem Augustum : « Ut autem repararet omnium vitam, recepit omnium causam, et vim veteris chirographi, quod solus inter omnes non debuit, pro omnibus solvendo vacavit. » Et S. Gregorius in libro VIII Moralium (*cap.* 20) : « Cur quasi contrarium tibi hominem despicis, qui certus scio quia perire vel ipsum quem despicere crederis non vis? » Et item in libro XXXI (*cap.* 14) : « Justi viri ecuritas recte leoni comparatur, quia contra se cum quoslibet insurgere conspicit, ad mentis suæ confidentiam redit, et scit quia cunctos adversantes superat, quia illum solum diligit, quem invitus nullo modo amittat. Quisquis enim exteriora quæ et nolenti subtrahuntur appetit, sua se sponte extraneo timori substernit. » Et Joannes Chrysostomus in Evangelio Matthæi homilia vigesima quinta : « Prædicabitur hoc, inquit, Evangelium in universo mundo, in testimonium omnibus gentibus, et tunc veniet consummatio. Quibus gentibus? non obedientibus scilicet, neque Evangelio consentientibus. Ne enim aliquis diceret : Cujus rei gratia omnibus prædicatur, si omnes credituri non sunt? Ut, inquit, clareat, me ea quæ debui facere cuncta fecisse, et post hæc nemo culpare me possit. » Hinc et Prosper in libro Epigrammatum : « Potest, inquit, homo invitus amittere temporalia bona, nunquam vero nisi volens perdit æterna.

Omne bonum mundo concretum et tempore partum,
Quacunque amitti conditione potest.
Ut quamvis damnis vigilanter cura resistat,
Sæpe tamen propriis despolietur homo.
At bona quæ vere bona sunt, nec fine tenentur,
Semper habet quisquis semper habere cupit.

384 Nec vim ferre potest Christo subnixa voluntas,
In quo persistens omnia vincit amor. »

Et venerabilis Beda presbyter in tractatu Actuum apostolorum : « Ipse Petrus sic intellexit omnes homines æqualiter ad Christi Evangelium provocari, nullumque secundum naturam esse pollutum. Sic etiam Dominus per prophetam, et in Evangelio omnibus clamat dicens : *Quis est homo qui vult vitam, diligit dies videre bonos? Divertat a malo et faciat bonum ; inquirat pacem et persequatur eam* (*Psal.* XXXIII, 13) et : *Accedite ad eum et illuminamini ; qui dicit : Venite, filii, audite me* (*ibid.* 6, 12). Et : *Venite ad me, omnes qui laboratis et onerati estis, et ego reficiam vos* (*Matth.* II, 28). Certum namque est, quoniam qui omnes et in Veteri et in Novo Testamento ad salutem vocat, omnes salvos fieri velit. Non enim mendax est aut dolosus, de quo Scriptura dicit : *Deus verax* (*Rom.* III, 4); et : *Non est inventus dolus in ore ejus* (*I Petr.* II, 22), ut eos ad salutem invitet, quos salvos fieri nolit. Quapropter de vocatis omnibus, quicunque secundum suam jussionem ad eum accedit, illuminatur profecto atque reficitur : qui vero invitatus ad hanc cœnam Dominicam, id est æternæ salutis refectionem, in qua ille vitulus saginatus ad omnium hominum, sine ulla exceptione, tantum ut in eum fideliter et firmiter credant, plenissimam salutis refectionem sufficiens, et singularis ac verus iisdem agnus, qui tollit peccata mundi, cunctis epulari volentibus est occisus, aut sua voluntate non venit, velut senior filius de agro rediens patris convivium, ut cum juniore et prodigo fratre reverso epularetur, etiam rogatus a patre, ut et illi, qui invitati ad hoc idemque prandium nolebant venire, ingredi personam contemnentium exprimens recusavit, aut veniens, antequam pleno refectionis gaudio satietur, ab hac sua voluntate recedit, a qua si viriliter agendo, et Dominum sustinendo, ante perfectionem refectionis et gaudii non recederet, nequaquam ultra recedere vellet, imo nec posset : sicut non Dei, sed sua quisque voluntate non venit, et sua non Dei voluntate recedit, ita non Dei voluntate, sed suo contemptu quilibet, et sua infidelitate, vel originali vel actuali perseveranti iniquitate perit : quia nolo mortem morientis, sed ut revertatur et vivat, Veritas veraciter ipsa dicit. Alioquin injustus Deus qui infert iram, puniens eos qui idcirco salvari non poterant, quoniam eos salvos fieri noluit cujus nemo potest resistere voluntati. Sed absit : quoniam cunctis salutem propositam et paratam humilis humiliter suscepit, quam illi Deus Pater sua gratia revelavit, superbus æternæ vitæ indignum se judicans superbe repulit, quam ei divina justitia peccati merito et judicii districtione abscondit, cui gratia non ostendit, sicut in Scripturis multoties invenitur. Unde sub struthionis nomine de hypocrita scriptum est : *Privavit eum Deus sapientia, nec dedit illi intelligentiam (Job* xxxix, 17). » Hinc sanctus Gregorius in libro trigesimo secundo Moralium (*cap.* 9) dicit : « Quamvis **385** aliud sit privare, aliud non dare, hoc tamen repetiit, subdendo non dedit, quod præmisit privavit. Ac si diceret : quod dixit privavit, non injuste sapientiam abstulit, sed juste non dedit. Unde et Pharaonis cor Dominus obdurasse describitur, non quod ipse duritiam contulit, sed quo exigentibus ejus meritis nulla illud desuper infusi timoris sensibilitate mollivit. » Et sanctus Augustinus in libro de Gratia et libero Arbitrio (*cap.* 21) ad Valentinum et cum eo monachos : « Fixum enim debet esse et immobile in corde vestro, quia non est iniquitas apud Deum : ac per hoc quando legitis in litteris veritatis, a Deo seduci homines, aut obtundi, vel obdurari corda eorum, nolite dubitare præcessisse mala merita eorum, ut juste ista paterentur, ne incurratis in illud proverbium Salomonis : *Insipientia viri violat vias ejus, Deum autem causatur in corde suo.* » Et in eodem post aliquanta (*cap.* 23) : « Quando ergo auditis dicentem Dominum, *Ego Dominus seduxi prophetam illum (Ezech.* xiv), et quod ait Apostolus, cujus vult misereretur, et quem vult in-*

durat (*Rom.* ix.), in eo quem seduci permittit vel obdurari, mala ejus merita, in eo vero cujus miseretur, gratiam Dei non reddentis mala pro malis, sed bona pro malis, fideliter et indubitanter agnoscite. Nec ideo auferatis a Pharaone liberum arbitrium, quia multis locis dicit Deus, *Ego induravi Pharaonem,* vel *induravi,* aut *indurabo cor Pharaonis.* Non enim propterea ipse Pharao non induravit cor suum, nam et hoc de illo legitur, quando ablata est ab Ægyptiis cynomia, dicente Scriptura : *Et aggravavit Pharao cor suum, et in isto tempore, et noluit dimittere populum (Exod.* viii). Ac per hoc et Deus induravit per justum judicium, et ipse Pharao per liberum arbitrium. » Et in psalmo trigesimo quinto : « *Dedit illos Deus in concupiscentias cordis illorum, facere quæ non conveniunt (Rom.* i, 28). Si Deus hoc facit ut faciant quæ non conveniunt; quid ipsi fecerunt? Ergo fuit concupiscentia, quam vincere noluerunt, non cui traderentur judicio Dei, sed qua digni haberentur qui traderentur. » Et in psalmo quinto : « Cum punit Deus peccatores, non malum suum eis infert, sed malis eorum eos dimittit. »

Sic quoniam, ut idem colendus Augustinus in libro de Bono perseverantiæ dicit, nihil fit nisi quod aut Deus facit, aut fieri ipse permittit, et Cassiodorus in psalmo centesimo tertio : « Nihil enim a quoquam fieri potest, nisi quod ipse, quin Deus, secreto judicio aut ad probationem, aut ad vindictam faciendum esse permiserit. Sic et alii quidem auctores dicunt hoc modo locutionis, a Deo merito excæcari qui gratia non illuminantur, tradi qui justo judicio deseruntur, allidi qui non statuuntur; » et plura alia, quæ sancti Gregorius, Ambrosius et Hieronymus in libris illorum, et beatus Augustinus in præfato libro de Gratia et libero Arbitrio, et in libro de Prædestinatione gratiæ, et in libris de Prædestinatione sanctorum ac Bono perseverantiæ, et in epistola ad Sixtum Ecclesiæ Romanæ presbyterum, post autem ipsius sanctæ sedis episcopum, sicut **386** supra ostendimus, cum de vasis iræ perfectis ad interitum loqueremur, quæ non Dei prædestinatione, sed paterna vel propria prævaricatione, vasa iræ et aptata sunt ad interitum. Unde isdem beatus Augustinus in libro de Prædestinatione sanctorum (*cap.* 8) dicit : « Cur, inquiens, non omnes doceat, aperuit Apostolus quantum aperiendum judicavit, *Quia volens ostendere iram, et demonstrare potentiam suam, attulit in multa patientia vasa iræ quæ perfecta sunt ad perditionem, et ut notas faceret divitias gloriæ suæ in vasa misericordiæ, quæ præparavit in gloriam (Rom.* ix, 22). Hinc est quod verbum crucis pereuntibus stultitia est, his autem qui salvi fiunt virtus Dei est. » Et post aliquanta (*cap.* 9) : « Cur autem non omnibus detur, fidelem movere non debet, qui credit ex uno omnes isse in condemnationem sine dubio justissimam, ita ut nulla esset Dei justa reprehensio, etiamsi nullus inde liberaretur, unde constat magnam esse gratiam quod plurimi liberantur. » Et in epistola ad præfatum Sixtum presbyterum (*epist.* 105):

« In vasis quæ perfecta sunt ad perditionem quæ damnatæ debita·est massæ, agnoscant vasa ex eadem massa in honorem facta, quid eis misericordia divina largita sit. » Et·post paululum, denique ad utrumque concludit : « Ergo cujus vult miseretur, et quem vult obdurat. Hoc facit apud quem non est iniquitas. Miseretur itaque gratuito dono, obdurat autem justissimo merito. » Et item : « Quærimus enim meritum obdurationis, et invenimus : merito namque peccati universa massa damnata est. Non obdurat Deus impertiendo malitiam, sed non impertiendo misericordiam. Quibus enim non impertitur, nec digni sunt nec merentur, ac potius ut non impertiatur hoc digni sunt, hoc merentur. Quærimus autem meritum misericordiæ, nec invenimus, quia nullum est, ne gratia evacuetur, si non gratis donatur, sed meritis redditur. »

Et quia strident Prædestinatiani : Deus quæcunque voluit fecit. Si omnes vellet fieri salvos, omnes utique salvarentur. Et illi sunt omnes de quibus dicit Apostolus, *Omnes homines vult Deus salvos fieri* (*I Tim.* II, 4), scilicet qui salvantur : qui autem non salvantur, non est voluntatis Dei penitus ut salventur. Sanctus Hieronymus in Commento Epistolæ ad Philemonem eos redarguens dicit : « Si enim, inquiens, Deus voluntarie et non ex necessitate bonus est, debuit hominem faciens ad suam imaginem et similitudinem facere, hoc est ut voluntarie bonus sit, sicut ipse voluntarie et non ex necessitate bonus est. Quod si talis fuisset effectus, qui bonum non voluntate sed necessitate perficeret, non esset Deo similis, qui ideo bonus est quia vult, non quia cogitur. Nihil quippe bonum dici potest nisi quod ultroneum est : quod autem necessitate bonum est, non est bonum. Igitur proprio arbitrio nos relinquens, magis ad suam imaginem et similitudinem fecit. Similem autem Deo esse absolute bonum est. » Hoc idem demonstrat sanctus Gregorius (*lib.* VII, *epist.* 6, *indict.* 2) ad Januarium episcopum de Judæis, qui ut crederent violentiam sustinebant. **387** « Hac, inquiens, circa eos temperantia magis utendum est, ut trahatur habere velle non reniti, non ut adducantur inviti : quia scriptum est, *Voluntarie sacrificabo tibi* (*Psal.* LIII, 8) et, *ex voluntate mea confitebor illi* (*Psal.* XXVII, 7). » Et sanctus Augustinus ad Valentinum et fratres qui cum eo sunt : « Primo enim, inquit, Dominus Jesus, sicut scriptum est in Evangelio Joannis apostoli, *Non venit ut judicaret mundum sed ut salvaretur mundus per ipsum* (*Joan.* II, 47). Postea vero, sicut scribit Paulus apostolus, *judicabit Deus mundum*, quando venturus est (*Rom.* III, 6), sicut tota Ecclesia in Symbolo confitetur, *judicare vivos et mortuos.* Si ergo non est Dei gratia, quomodo salvat mundum ? et si non est liberum arbitrium, quomodo judicat mundum ? »

Igitur, sicuti sancti doctores ex Scripturis ostendunt, juste puniuntur qui salvari Dei gratia poterant, si libero arbitrio eamdem gratiam sequerentur ;

quoniam, sicut mirabilis Paulus dicit ad Hebræos scribens, *Gratia Dei pro omnibus gustavit mortem* (*Hebr.* II, 9), quin Dominus noster Jesus, qui, ut scriptum est, *Non ex operibus justitiæ quæ fecimus nos, sed secundum suam misericordiam* (*Tit.* III, 5), quæ et gratia est, venit gratis quærere et salvare quod perierat. Fidelis enim est sermo, quoniam Christus Jesus venit in hunc mundum peccatores salvos facere. Omnes enim peccaverunt, et egent gloria Dei. Et illi etiam, qui secundum Paulum apostolum, invisibilia Dei (*Rom.* I, 20) per ea quæ facta sunt intelligere poterant sempiternam virtutem ejus atque divinitatem, sunt inexcusabiles, ut in hac sententia exponit Ambrosius. Et hinc in Evangelio Lucæ Beda presbyter dicit : « Quid autem et a vobis, inquit, ipsis non judicatis quod justum est? ostendens eos, utpote rationalem creaturam, etsi litteras nesciant, naturali tamen ingenio posse dignoscere, vel eum, qui opera in se quæ nemo alius fecisset, supra hominem intelligendum, et ideo Deum esse credendum, vel post tot sæculi hujus injustitias justum Creatoris judicium esse venturum. Nemo igitur ex eo quod supra dictum est, servum nescientem domini voluntatem vapulare paucis, interpretandum de remedio nesciendi præsumat, qui, ut alia taceam, ex eo ipso quod homo est, nec mala quæ caveat, nec bona potest ignorare quæ appetat. » Et Augustinus in libro de Natura et Gratia (*cap.* 7) : « Hujusmodi enim exemplis ostenditur quales homines quidam tempore aliquo fuerint, non quod aliud esse non potuerint. Unde et jure inveniuntur esse culpabiles. Nam si idcirco tales fuerunt, quia aliud esse non potuerunt, culpa carent. »

Quapropter inexcusabiles quique erunt, quia salvari refugiunt libero arbitrio, justitiæ scilicet libero, peccati servo : pro quo libero arbitrio in secundo adventu terribilis et excelsus veniens judicabit Dominus mundum, id est, eos qui habitaverunt in mundo, qui in primo adventu placatus et humilis salvare venit gratia mundum. Nam quia propositam omnibus salutem, videlicet salutare Dei nostri **388** paratum ante faciem omnium populorum, quidam libero arbitrio respuerunt, unde merito damnabuntur, quidam vero libero arbitrio receperunt, unde et gratia salvabuntur, demonstrat Scriptura dicens : *Vita erat lux hominum, et lux in tenebris lucet, et tenebræ eam non comprehenderunt* (*Joan.* I, 4); et, *Hoc est autem judicium, quia lux venit in mundum, et dilexerunt homines tenebras magis quam lucem* (*Joan.* III, 19); et, *In propria venit, et sui eum non receperunt* (*Joan.* I, 11). De recipientibus siquidem dicitur : *Ecce sto ad ostium et pulso; si quis mihi aperuerit, intrabo ad illum, et cœnabo cum eo, et ille mecum* (*Apoc.* III, 20). Et, *Quotquot receperunt eum, dedit eis potestatem filios Dei fieri, his qui credunt in nomine ejus* (*Joan.* I, 12). Et, *Fuistis aliquando tenebræ, nunc autem lux in Domino* (*Ephes.* V, 8). Et iterum Paulus de contemptoribus dicit, *quia dilectionem veritatis non re-*

ceperunt ut salvi fierent, immittet illis Deus operationem erroris ut credant mendacio, ut judicentur
omnes qui non crediderunt veritati, sed consenserunt
iniquitati (II Thess. ii, 10). Et de recipientibus veritatem scribens dicit, Gratias agimus Deo sine intermissione, quod cum audissetis a nobis verbum auditus Dei, suscepistis, non ut verbum hominum, sed
sicut est vere verbum Dei, quod et operatur in vobis
qui credidistis (I Thess. ii, 13). Et Cassiodorus in
psalmo septuagesimo septimo : « Misit in eos iram
indignationis suæ, indignationem, et iram, et tribulationem, immissionem per angelos malos. Ordo
vindictæ verissima descriptione narratur. Prius enim
Dominus peccatis nostris irascitur quando nulla
compunctione convertimur, ac deinde malitiam hominis in sua indignitate, et ira, et tribulatione derelinquit, ut propriis perversitatibus affligantur qui
divinis jussionibus obedire contemnunt. » Et Augustinus in libro de Gratia et libero Arbitrio (cap. 3) :
« Qui ergo noverunt divina mandata, aufertur eis
excusatio, quam solent habere homines de ignorantia. Sed nec ipsi sine pœna erunt qui legem Dei
nesciunt. Qui enim sine lege peccaverunt, sine lege
peribunt : qui autem in lege peccaverunt, per legem
judicabuntur (Rom. ii, 12). Quod mihi non videtur
Apostolus ita dixisse, tanquam pejus aliquid signifi-
caverit esse passuros qui legem nesciunt in peccatis
suis, quam illos qui sciunt. Pejus enim videtur esse
perire, quam judicari. Sed cum hoc de gentibus et
de Judæis loqueretur, quia illi sine lege sunt, isti
autem legem acceperunt, quis audeat dicere Judæos
qui in lege peccant non esse perituros cum in Christo, non crediderunt? quandoquidem de illis dictum
est, per legem judicabuntur? Sine fide enim Christi
nemo liberari potest, ac per hoc ita judicabuntur ut
pereant. Nam si pejor est conditio nescientium quam
scientium legem Dei, quomodo verum erit quod in
Evangelio Dominus ait : Servus qui nescit voluntatem domini sui et facit digna plagis, vapulabit
pauca; servus autem qui scit voluntatem domini sui
et non facit digna, plagis vapulabit multa (Luc.
xii, 47). Ecce ubi ostendit gravius peccare hominem scientem, quam nescientem. Nec tamen
ideo confugiendum est ad ignorantiæ tenebras, ut
in eis quisque requirat excusationem. Aliud est
enim nescisse, aliud scire noluisse. Voluntas quippe
389 arguitur in eo de quo dicitur : Noluit intelligere ut bene ageret (Psal. xxxv, 4). Sed et illa ignorantia, quæ non est eorum qui scire nolunt, sed
eorum qui tanquam simpliciter nesciunt, neminem
sic excusat ut sempiterno igne non ardeat, si propterea non credidit quia non audivit omnino quid
crederet : sed fortasse ut mitius ardeat. Non enim
sine causa dictum est : Effunde iram tuam in gentes
quæ te non noverunt (Psal. lxxviii, 6). Et illud
quod ait Apostolus : Cum venerit in flamma ignis
dare vindictam in eos qui ignorant Deum (II Thess.
i, 8). Verumtamen ut habeamus et ipsam scientiam,
ne dicat unusquisque : Nescivi, non audivi, non intel-

lexi, voluntas convenitur humana, ubi dicitur : Nolite esse sicut equus et mulus, quibus non est intellectus (Psal. xxxi) : quamvis pejor appareat de quo
dictum est : Verbis non emendabitur servus durus.
Si enim et intellexerit, non obaudiet. » Et plura hujusmodi inveniuntur in litteris divinitus inspiratis.
Sicut enim secundum Scripturam, omnia quæcunque
voluit Dominus fecit (Psal. cxiii, 3), ita sicut voluit
omnia bona fecit : quia non ex accidente, et essentialiter bonus et Omnipotens, qui seipsum negare
non potest, aliter nec velle potuit nec posse voluit,
ut beatus Augustinus in sermone de Symbolo ad
neophytos dicit : « Si enim, inquiens, quæ in principio Deus fecit, ex nihilo utique fecit, etiam ex his
quæ fecit quidquid voluerit facere potens est, quia
omnipotens est, nec ideo credant iniqui Deum non
esse omnipotentem, quia multa contra ejus faciunt
voluntatem, sive homo vel juste damnetur, sive misericorditer liberetur, voluntas Omnipotentis impletur. Quod ergo non vult Omnipotens, hoc solum non
potest. Utitur ergo malis, non secundum eorum pravam, sed secundum suam rectam voluntatem. » Et
post pauca : « Ne quis me temere dixisse arbitretur
aliquid Omnipotentem non posse, hoc et beatus Apostolus dixit : Si non credidimus, ille fidelis permanet,
negare seipsum non potest (I Tim. ii, 13). Sed quia
non vult non potest, quia et velle non potest. Non
enim potest justitia velle facere quod injustum est,
aut sapientia velle quod stultum est, aut veritas
velle quod falsum est. Unde admonemur Deum omnipotentem, non hoc solum quod ait Apostolus, negare seipsum non potest, sed multa non posse. Ecce
et ego dico, et ejus veritate dicere audeo quod negare non audeo, Deus omnipotens non potest mori,
non potest mutari, non potest falli, non potest miser
fieri, non potest vinci. Hæc atque hujusmodi absit
ut possit Omnipotens : ac per hoc non solum ostendit Veritas omnipotentem esse, quod ista non possit : sed etiam cogit Veritas omnipotentem non esse
qui hæc possit. Volens enim est Deus quod est.
Æternus ergo et incommutabilis, et verax et beatus, et insuperabilis volens est. Si ergo potest esse
quod non vult, omnipotens non est. Est autem omnipotens : ergo quidquid vult potest. Et ideo quod
non vult esse non potest, qui propterea dicitur omnipotens, quoniam quidquid vult potest. De quo et
psalmus dicit : In cœlo et in terra omnia quæcunque
voluit fecit (Psal. cxiii, 3). » **390** Et in libro de
Natura et Gratia (cap. 49) : « Absit a nobis ut Deum
posse peccare dicamus. Non enim, ut stulti putant,
ideo non erit omnipotens, quia nec mori potest, et
negare seipsum non potest. »

Videant catholici quam male tradunt hæretici :
« Omnia quæcunque voluit Dominus fecit, » dicentes : Qui non salvantur non est voluntatis Dei penitus ut salventur : cum ratum sit, ut qui ad salutem
non sequuntur voluntatem Domini invitantem, quoniam justus Dominus justitias dilexit, æquitatem
vidit vultus ejus (Psal. x, 8), sentiant ex retributione

justitiæ voluntatem Domini in supplicio vindican- **A**
tem. *Et vidit Deus*, inquit Scriptura, *cuncta quæ
fecit, et erant valde bona*. Et : *Fecit Deus hominem
ad imaginem et similitudinem suam* (*Gen.* i, 31!, 26).
Ad imaginem quippe et similitudinem Dei esse procul dubio bonum est. Et iterum scriptum est : *Deus
ab initio constituit hominem, et reliquit illum in manu
consilii sui* (*Eccli.* xv, 14). Is autem quo consilio
usus potiusque abusus fuerit, quemve consiliarium
obaudierit, in sua paret propagine, conclamante
propheta : *Omnes erravimus, in iniquitatibus concepti,
et in peccatis geniti, ita ut mundus nullus sit, nec
cujus vita est unius diei super terram*, ante cum in
cujus conspectu nemo justificatur vivens, apud quem
per se nullus est innocens, quia non est homo in
terra qui faciat bonum et non peccet, et ex uno **B**
omnes isse in condemnationem idem divinus protestatur Apostolus, quia periit Adam primus de terra
terrenus, et in ipso omnes perivimus, secundus
Adam de cœlo cœlestis, non amittens quod erat,
sed assumens quod non erat, in unitate personæ
suæ, non in unitate substantiæ, propter quod item
dictum est : *Nemo ascendit in cœlum, nisi qui
descendit de cœlo, Filius hominis, qui est in cœlo*
(*Ephes.* iv, 9), venit quærere et salvare quod perierat. Omnes perivimus, omnes venit quærere et salvare. Quod autem quidam salvantur, de salvantis
est dono : quod quidam pereunt, de pereuntium merito, non de Salvatoris est voto, qui venit quærere
et salvare quod perierat. De qua generali perditione
si nullus liberaretur, irreprehensibile esset Dei judi- **C**
cium : quia vero multi liberantur, ineffabilis est
gratiæ ejus donum, qui omnes salvos fieri volens,
omnibus dixit : *Si audieritis me, bona terræ*, scilicet
terræ viventium, *comedetis* (*Isa.* i, 19, 20). In qua,
id est in regno Dei, beatus qui manducabit panem
vitæ æternæ, et biberit potum salutis perpetuæ, et
non sitiet iterum aliud, nisi quod satiatus incessanter et æternaliter biberit. *Si autem me non audieritis, et ad iracundiam me provocaveritis, gladius
devorabit vos*. Hoc gladio abscidentur a societate
justorum quicunque audierint pro sterilitate operum
bonorum et retributione peccatorum : *Discedite a me,
maledicti, in ignem æternum, qui paratus est diabolo
et angelis ejus* (*Matth.* xxv, 11). Quo gladio separatis
malis de medio justorum, perducentur justi ad so- **D**
cietatem et gaudium angelorum, ubi misericordias
Domini in æternum cantabunt : cujus gratia in illum
credere, eum sequi, et quæ jusserat perseveranter
operari meruerunt : quem credendo sequi, et in
quo **391** permanere fide recta et bonis operibus
impii contempserunt; qui secundum doctrinam apostolorum Petri et Pauli atque Joannis : *In hoc apparuit Filius Dei, ut dissolvat opera diaboli*, cujus
suggestioni consentiens primus homo perierat. Unde
ipsius hominis naturam, non culpam, idem Filius
Dei, ut diximus, pro hominum redemptione est
dignatus assumere, qui omnes homines vult salvos
fieri, et neminem vult perire.

EPILOGI CAPUT VI.

*Quod Christus pro omnibus hominibus passus sit, licet
non omnes passionis ejus mysterio ad salutem redimantur æternam : et quia non omnes passionis ejus
mysterio redimuntur, non ad sacramenti virtutem, sed
ad infidelium respicit partem : cum sanguis Domini
nostri Jesu Christi pretium sit totius mundi, a quo
pretio extranei sunt, qui aut delectati captivitate
redimi noluerunt, aut post redemptionem ad eamdem
sunt servitutem perseveranti infidelitate vel iniquitate reversi.*

Magnus Leo catholicæ et apostolicæ Ecclesiæ,
sanctæ videlicet sedis Romanæ pontifex, in epistola
ad Juvenalem (*epist.* 78) Hierosolymitanum episcopum dicit : « Veram igitur Christi generationem
crux vera confirmat; quoniam ipse in nostra carne
nascitur, qui in nostra carne crucifigitur : quæ nullo
interveniente peccato, nisi fuisset nostri generis, non
potuisset esse mortalis. Ut autem repararet omnium
vitam, recepit omnium causam, et vim veteris chirographi, quod solus inter omnes non debuit, pro
omnibus solvendo vacuavit : ut sicut per unius
reatum omnes facti fuerant peccatores, ita per unius
innocentiam omnes fierent innocentes, inde in homines manante justitia, ubi est humana suscepta
natura. » Et item in epistola ad Leonem Augustum
(*epist.* 97, *cap.* 2) : « Effusio enim justi pro injustis
sanguinis Christi, tam fuit dives ad pretium, ut si
universitas captivorum in redemptorem suum crederet, nullum diaboli vincula retinerent. Quoniam,
sicut ait Apostolus : *Ubi autem abundavit peccatum,
superabundavit et gratia* (*Rom.* v, 10). Et cum sub
peccati præjudicio nati potestatem acceperint ad
justitiam renascendi, validius factum est donum
libertatis, quam debitum servitutis. » Et sanctus
Augustinus in libro de Correptione et Gratia (cap.
16; *de Civit. Dei*, lib. xx, cap. 6). « Quis magis dilexit infirmos, quam ille qui pro omnibus est factus
infirmus, et pro omnibus mortuus est, ut et qui vivunt jam non sibi vivant, sed ei qui pro ipsis mortuus est, et resurrexit? Omnes itaque mortui sunt in
peccatis, nemine prorsus excepto, sive originalibus,
sive etiam voluntate additis, vel ignorando, vel sciendo, nec faciendo quod justum est : et **392** pro omnibus mortuis vivus mortuus est unus, id est nullum
habens omnino peccatum, ut qui per remissionem
peccatorum vivunt, jam non sibi vivant, sed ei qui
pro omnibus mortuus est propter peccata nostra,
et resurrexit propter justificationem nostram. »

Et quoniam Prædestinatiani noviter reexorti nimium profitentur errorem, si passus credatur et
dicatur Christus pro omnibus, devocantes in medium
ad suam confirmandam sententiam, impios ante
passionem Dominicam, etiam et ab ipsius mundi
exordio, pro suis sceleribus inferni pœnis æternaliter condemnatos, et post triumphum crucis vivificæ,
Antichristum ac cæteros perditionis filios, pro quibus
non debeat credi passus, quædam de superioribus
repetentes, brevius demonstrare censuimus. Quia
una fides eademque spes salutis fuerit ante passionem Domini, et post passionem illius sit omnibus

sanctis, in effusione sanguinis ipsius Dei et hominum A stos sanavit antiquos, quæ etiam sanat et nos, id
mediatoris. Deinde quid cunctis generaliter justis et est mediatoris Dei et hominum hominis Christi Jesu :
impiis, quos nobis Prædestinatiani objiciunt, in sua fides sanguinis ejus, fides crucis ejus, fides mortis et
impietate defunctis contulit passio Redemptoris. Dici- resurrectionis ejus. *Habentes ergo eumdem spiritum*
mus autem justos non viribus suis justificatos, sed *fidei et nos credimus, propter quod et loquimur (II*
gratia ejus qui justus pro injustis est mortuus : et *Cor.* IV, 13). » Et sanctus Gregorius in homilia Eze-
dicimus impios non natura conditionis malos, neque chielis 15 dicit : « Et quidem ab Abel sanguine pas-
ab illo factos impios, qui multos justificat impios, et sio jam cœpit Ecclesiæ, et una est Ecclesia electorum
ut Paulus ad Romanos scribit, *pro impiis est mortuus:* præcedentium atque sequentium. » Et S. Hierony-
sed de Adam bono, utpote a bono Deo facto, et liber- mus in commento Epistolæ Pauli ad Galatas : « Hæres
tate arbitrii perdito genitos, atque in originali aut iste parvulus, qui nihil differt a servo, cum sit Domi-
sua impietate sine fide redemptionis ejusdem mor- nus omnium, sub tutoribus et actoribus est usque ad
tuos, qui pro omnibus debitoribus mortis solus inter præfinitum tempus a Patre, totum humanum genus
mortuos liber a debito mortis est mortuus. Post vero, usque ad adventum Christi, et ut amplius dicam,
quia specialiter credentibus ad salutem mors profuit usque ad consummationem mundi significat. Quo-
Salvatoris, non credentibus autem in judicium et B modo enim omnes in protoplasto Adam necdum nati
condemnationem sit contempta ipsius gratia passio- moriuntur, ita omnes, etiam hi qui ante adventum
nis. Tum qualiter quave discretione orthodoxi ex Christi nati sunt, in secundo Adam vivificantur.
Scripturis intellexerunt et docuere doctores, quoniam Atque ita fit, ut nos legi servierimus in patribus, et
passus est Christus pro omnibus, licet non omnes ad illi gratia salventur in filiis. » In hac una Ecclesia,
æternam salutem passionis ejus mysterio redimantur. quæ constat ab initio sæculi usque ad finem. De qua
Nunc per singula replicando pergamus. Quia una sanctus Gregorius in homilia decima septima Eze-
fides eademque spes salutis fuerit ante passionem chielis dicit : « *Et qui præibant, et qui sequebantur,*
Domini, et post passionem illius sit omnibus sanctis, *clamabant Osanna (Matth.* XXI, 9). Osanna Latina lin-
in effusione sanguinis ipsius Dei et hominis mediato- gua, *salva nos* dicitur. Ab ipso enim salutem et
ris, apostolus Petrus in Actibus apostolorum dicit : priores quæsierunt, et præsentes quærunt, et bene-
Per gratiam Domini Jesu credimus salvari, quemad- dictum qui venit in nomine Domini confitentur, quo-
modum et illi (Act. XV, 12). Hinc Beda : « Si ergo et niam una spes, una fides est præcedentium atque
illi, id est Patres, portare jugum legis veteris non sequentium populorum. Nam sicut illi exspectata
valentes, per gratiam Domini salvos se fieri credide- passione ac resurrectione ejus sanati sunt, ita nos
runt, manifestum est quod hæc gratia est, quæ anti- C præterita passione illius, ac permanenti in sæcula
quos justos vivere fecit, quia justus ex fide vivit. Et resurrectione salvamur. »
ideo sacramenta esse potuerunt pro temporum va- Hujus Ecclesiæ unitas, quæ non minus per pœni-
rietate diversa, ad unitatem tamen ejusdem fidei tentiam peractæ insipientiæ, quam per sapientiæ
concordissime recurrentia. » Et Augustinus in psalmo discendæ industriam Domino conciliatur, ut venera-
trigesimo sexto : « Nunquid soli nos, et non etiam bilis Beda presbyter, ex præcedentium Patrum
illi qui fuerunt ante nos, omnes qui ab initio sæculi dictis, in Commento Evangelii Lucæ ostendit, ex
fuerunt justi, caput Christum habent? Illum enim duabus partibus congregatur, eorum videlicet qui
venturum esse crediderunt, quem venisse jam credi- peccare nesciunt, et eorum qui peccare desistunt.
mus, et in ejus fide et ipsi nati sunt, in cujus et nos, ut Pœnitentia enim delictum abolet, sapientia cavet. In
393 esset ipse totius caput civitatis Jerusalem, **394** quibus de toto pars debet ostensa lectori suf-
omnibus connumeratis fidelibus ab initio usque ad ficere illo Scripturæ usu, quatenus uni vel paucis et
finem, adjunctis etiam legionibus et exercitibus an- in tempore dictum, generalitati ac cunctis ætatum
gelorum, ut fiat illa una civitas sub uno rege, et una successionibus dictum intelligatur : ut est illud quod
quædam provincia sub uno imperatore, felix in per- Moyses tantum in rubo audivit, et Dominus in Evan-
petua pace ac salute, laudans Deum sine fine, beata D gelio recapitulat dicens, *De resurrectione autem mor-*
sine fine. » Et sanctus Ambrosius in libro de Spiritu *tuorum non legistis quod dictum est a Deo dicente*
sancto (*libro* I, *in procemio*), exponens sententiam *vobis (Matth.* XXII, 31); et, *Quod vobis dico omnibus*
libri Judicum dicit : « Solum sacrificium Deo Domi- *dico (Marc.* XIII, 37); et, *Usque hodie legitur Moyses*
nicæ passionis pro religione populi deferendum. Et- (*II Cor.* III, 15); et, *Hæc dicit Dominus in prophetis*
enim vitulus, inquit, ille in typo Christi, in quo (*Hebr.* I, 1). Et quod in illo tempore dixerat, hodie-
septem spiritalium plenitudo virtutum, sicut Isaias que et usque in sæculum dicit Jesus discipulis suis.
dixit, habitat. Hunc vitulum et Abraham vidit, Et sicut in illo tempore, cum turbæ plurimæ conve-
quando diem Domini vidit, et gavisus est. Hic est nirent, et de civitatibus properarent ad Jesum, dixit
qui in hædi typo, nunc in ove, nunc in vitulo offere- per similitudinem seminantis, laborem et varios probatur. Hædi, quod sacrificium pro delictis sit ; ovis, ventus seminis : ita et in hoc lugendo nostro tem-
quod voluntaria hostia : vitulus, quod immaculata pore, per raros seminatores, ac intervalla temporum,
sit victima. » Et item sanctus Augustinus in libro et amplum agrum, aliud cadit juxta viam, et aliud
de Natura et Gratia (*cap.* 44) : « Ea quippe fides ju- inter spinas, aliud autem super petram, et parum in

terram bonam. Quia quod non sine mœrore dicitur, multi sunt qui ad Jesum veniunt, illum verbotenus confitentes, factis autem negantes, et corde redeunt in Ægyptum, quin potius cum Cedar habitantibus conversantur : pauci vero, pereuntibus plurimis, in diluvio iniquitatum multarum intra arcam veræ fidei conservantur. Sicut Abel justus, qui sapientia sub lege naturæ a peccatis abstinuit, regni cœlestis introitum per eum sibi præstolans aperiri, quem dum in agno offerret, fidei oculis mente conspiciebat. Adam et Eva peccatum per pœnitentiam deleverunt, sicut S. Augustinus ad Marcellinum in libro II de Baptismo parvulorum (*cap.* 54) demonstrat, dicens : « Sicut ergo illi primi homines postea juste vivendo : unde merito creduntur per Domini sanguinem ab extremo supplicio liberati, non tamen in illa vita meruerunt ad paradisum revocari. » Et Cassiodorus in psalmo centesimo secundo (*Psal.* CII, 17) : « *Misericordia autem Domini a sæculo et usque in sæculum.* Unde, inquit, mihi videtur hic convenienter adverti et Adam, sicut multi Patrum dixerunt, ad Domini gratiam fuisse revocatum, quando ipse primus in sæculo fuit. Sicuti etiam Abel, Noe, Abraham, et cæteri Patres, qui tamen in sæculo sed a sæculo non fuerunt. Cain vero infidelitate et iniquitate sua ab hac Ecclesia, in qua omnibus est salus proposita, extorris et alienus, nec per sapientiam peccare abstinuit, nec per pœnitentiam peccatum delere etiam admonitus procuravit. Sub lege Zacharias et Elizabeth, de quibus scriptum est : *Erant justi ambo ante Deum incedentes in omnibus mandatis et justificationibus Domini sine querela : et Simeon justus, qui et ipse exspectabat redemptionem Israel* (*Luc.* I, 6), id est salutare Dei paratum ante faciem omnium populorum. Anna quoque non discedebat de templo, jejuniis et orationibus serviens Domino nocte ac die, per sapientiam a peccatis abstinuerunt. David per pœnitentiam peccata delevit, exspectans super nivem dealbari per aspersionem Christi sanguinis, quæ byssopo, id est humilitate incarnationis ejus significatur. Saul impœnitens nec lacrymis Samuelis **395** abluitur : qui pro magno merito suæ exauditionis cum Moyse quasi singulariter a Domino in exemplum ostenditur. Sed post multa quæ a Deo perceperat, sicut per ventriloquam audierat, quam in angustia sua Dominum negligens expetiit, indignam vitam digna morte finivit. Sub gratia Jacobus, qui appellatus est justus, primus Hierosolymorum episcopus, quanto præconio attollatur qui sapientia peccare nescivit, divinæ litteræ protestantur. Et ut magni Petri silentio lacrymas honoremus, quas exemplo utinam prædicemus, in cruce latro pœnituit, confessus est et a fonte pietatis audivit, *Hodie mecum eris in paradiso* (*Luc.* XXIII, 43) : alter vero eodem flagello correptus, eumdemque fontem pietatis conspiciens, et potare contemnens, personam referens contemptorum, nec flagello corrigitur, nec exemplo convertitur. Hæc sancta Ecclesia semper agnos habuit, quibus se miscuerunt et hædi, et

facient usque ad illud tempus, quando sedebit Filius hominis in sede majestatis suæ, et congregabuntur ante eum omnes gentes, et segregabuntur mali a bonis, sicut segregat pastor oves ab hædis, et statuet oves quidem a dextris, hædos autem a sinistris, et reddet unicuique secundum opera sua. »

Hæc quoque sancta Ecclesia habuit semper in fide salutis una, pro temporum varietate sacramenta disparia. Videlicet quia a mundi exordio usque ad tempora datæ circumcisionis, vel hostiarum oblationibus, vel certe sola fidei virtute, suas suorumque animas creatori commendantes, a primi reatus vinculis absolvere curabant. Quod et de aliis egerunt gentibus, vigente in Hebræorum populo circumcisione, videlicet fidei signo. Sine fide enim impossibile est placere Deo, et sicut alias scriptum est, *Justus ex fide vivit.* Post datam autem circumcisionem, idem salutiferæ curationis auxilium, eadem circumcisio in lege contra originalis peccati vulnus agebat, quod nunc baptismus agere revelatæ gratiæ tempore consuevit : excepto quod regni cœlestis januam necdum intrare poterant, donec adveniens benedictionem daret qui legem dedit, ut videri posset Deus deorum in Sion. Tantum in sinu Abrahæ post mortem beata requie consolati, supernæ pacis ingressum spe felices exspectabant. Sed et sicut sanctus Paulus dicit, *Patres nostri omnes baptizati sunt in nube et in mari* (*I Cor.* X, 2). In forma scilicet Christi baptismatis, quod inter ipsa mundi primordia, quando spiritus Domini ferebatur super aquas, ut jam virtutem sanctificationis aquarum natura conciperet, sed et in ipsa diluvii effusione constat esse signatum. In quo baptismate, nubis videlicet atque maris, baptizati non omnes salvati sunt, quia non omnes illud spiritaliter intellexerunt, crediderunt, ac servaverunt, sicut nec in diluvio salvati sunt, nisi quos arca sanctam demonstrans Ecclesiam continuisse dignoscitur. Ita et qui baptizantur Christi baptismate quidam salvantur, gratia in fide recta et operibus bonis perseverantes, quidam autem pereunt, quia licet verum sit in eis baptisma, quo omnia prorsus **396** peccata delentur, tamen in veritate non permanent, et ideo pereunt, sicut beatus Petrus apostolus demonstrat dicens : *In diebus Noe, cum fabricaretur arca, in qua pauci, id est octo animæ, salvæ factæ sunt per aquam, quoa et vos nunc similis formæ salvos facit baptisma* (*I Petr.* III, 20). Unde Beda : « Quod ergo aqua diluvii non salvavit extra arcam positos, sed occidit, sine dubio præfigurabat omnem hæreticum, licet habentem baptismatis sacramentum, non aliis, sed ipsis aquis ad inferna mergendum, quibus arca sublevatur ad cœlum. » Et quoniam, sicut Dominus dicit : *Nisi quis renatus fuerit ex aqua et Spiritu sancto, non intrabit in regnum cœlorum* (*Joan.* III, 5), cujus renascitionis præconia fuerunt superiora baptismata, ita nihilominus protestatur : *Nisi manducaveritis carnem filii hominis, et biberitis ejus sanguinem, non habebitis vitam in vobis* (*Joan.* VI, 54), et item, *Ego sum panis vivus qui de cœlo descendi : si quis manducaverit ex hoc pane, vivet in æternum* (*Joan.* LI, 52), cujus prædicamenta fuerunt lignum vitæ in medio paradisi plantatum, Adæ concessum esui ante peccatum, quando illi est dictum, *De omni ligno paradisi comedes, de ligno autem scientiæ boni et mali ne comedas* (*Gen.* II, 16) : post peccatum autem, dicente Domino, Videte *ne forte sumat de ligno vitæ et vivat in æternum* (*Gen.* III, 22), est omnino prohibitum, usque dum veniret qui præsignatus est, et de quo etiam dictum est, lignum vitæ est his, Christus videlicet Dei virtus et Dei sapientia, qui apprehenderint eam. Et iterum ejusdem panis vivi et calicis vitis veræ signarunt ænigmata figurarum, de quibus item Paulus dicit, *Et omnes eamdem spiritalem escam manducaverunt, et omnes eumdem potum spiritalem biberunt : sed non in omnibus beneplacitum fuit Domino* (*I Cor.* x, 3), sicut sanctus Augustinus ex verbis sancti Evangelii demonstrat, dicens, *Patres*, inquit, *vestri manducaverunt manna, et mortui sunt* (*Joan.* VI, 49). Manducaverunt Moyses et Aaron et cæteri sancti qui fuerunt in populo manna, et non sunt mortui, quia spiritaliter visibilem cibum intellexerunt, spiritaliter esurierunt. Alii vero manducaverunt, et permanserunt in infidelitate, sicut Judæi audierunt loquentem Christum, et non spiritaliter verba ejus intellexerunt. Ideo dixit eis, *Patres vestri manducaverunt manna in deserto et mortui sunt.* Qua morte nisi infidelitatis? nam communi morte mortui sunt et sancti qui fuerunt inter eos. De Novo autem Testamento, ex pane utique vitæ æternæ et calice salutis perpetuæ, ostendit Paulus, et exponit Ambrosius de Epistola ad Corinthios dicens, *Quicunque ederit panem hunc, et biberit calicem Domini indigne, reus erit corporis et sanguinis Domini* (*I Cor.* II, 27). Quoniam futurum est, inquit Ambrosius, judicium, ut quemadmodum accedit unusquisque, reddat causas in die Domini nostri Jesu Christi, quia sine disciplina traditionis et conversationis qui accedunt, rei sunt corporis et sanguinis Domini. Quid est autem reos esse, nisi poenas dare mortis Domini? Occisus est enim pro his qui beneficium ejus in irritum ducunt. *Probet autem seipsum homo, et sic de pane illo edat et de calice bibat : qui enim manducat et bibit indigne, judicium* **397** *sibi manducat et bibit, non discernens corpus Domini* (*ibid.*, 28). Hinc item Ambrosius : « Devoto animo et cum timore accedendum ad communionem docet, ut sciat mens reverentiam se debere ei ad cujus corpus sumendum accedit. Hoc enim apud se debet judicare, quia Dominus est, cujus in mysterio corpus manducat et sanguinem potat, qui testis est beneficii Dei. Quem nos si cum disciplina accipiamus, non erimus indigni corpore et sanguine Domini : gratia enim videbitur redemptori. » Et item dicit : « Medicina enim spiritalis est, quæ cum reverentia degustata purificat sibi devotum. » Et item : « *Ideo multi in vobis invalidi et ægroti, et dormiunt multi.* Ut verum probaret quia examen futu-

rum est accipiendi corpus Domini, jam hic imaginem judicii ostendit in eos qui inconsiderate corpus Domini acceperant, dum febribus et infirmitatibus corripiebantur, et multi moriebantur. » Tandem igitur Leo papa in homilia tertia de Natale Domini dicit : « Cessent igitur illorum querelæ qui, impio murmure divinis dispensationibus obloquentes, de Dominicæ nativitatis tarditate causantur, tanquam præteritis temporibus non sit impensum quod in ultima mundi ætate est gestum. Verbi enim incarnatio hoc contulit facienda quod facta ; et sacramentum salutis humanæ in nulla unquam antiquitate cessavit. Quod prædicaverunt apostoli, hoc annuntiaverunt et prophetæ : nec sero est impletum quod semper est creditum. Non itaque novo consilio Deus rebus humanis nec sera miseratione consuluit, sed a constitutione mundi unam eamdemque omnibus causam salutis instituit. »

Quid autem cunctis generaliter justis et impiis, quos nobis Prædestinatiani objiciunt, in sua impietate defunctis contulit passio Redemptoris, dicat Paulus, et exponat Ambrosius in commento ipsius epistolæ : « Hoc dicit, quia sicut Adam peccans mortem invenit, et tenuit ut omnes ex ejus origine dissolvantur (*I Cor.* XV, 22) : ita et Christus non peccans, et per hoc vincens mortem (quia qui non peccat vincit mortem, quia mors ex peccato), omnibus ex ejus corpore acquisivit vitam. Id est resurrectionem. Quamvis ergo generaliter tribuerit resurrectionem, ut sicut in Adam omnes sive justi sive injusti moriantur, ita et in Christo omnes tam credentes quam diffidentes resurgant, licet ad poenam : increduli tamen vivificari videntur, quia corpora sua recipient jam non morituri, sed passuri poenam in eis sine fine, quod credere noluerunt. » Et item in Epistola ad Corinthios ; « quia resurrexit, inquiens, tertia die (*I Cor.* XV, 4). In Christo etiam omnes resurrexisse, sicut in Adam mortuos esse, nemo fidelium denegat. » Et item : « *Per hominem mors, et per hominem resurrectio mortuorum* (*ibid.*, 21), ut quia peccato hominis mors inventa est, Christi justitia resurrectionem meruit mortuorum. » Et beatus Joannes Chrysostomus in libro de Reparatione lapsi : « Scriptura, inquit, dicit quia et peccatores induent incorruptionem, scilicet non ad honorem vitæ, sed ad diuturnitatem supplicii profuturam. » **398** Et sanctus Hilarius in expositione psalmi CXVIII : « Exprobrat enim superbis atque maledictis cur nihil in sacramento sanguinis sui atque mortis utilitatis suæ esse existimaverint, cum ille nostri causa et natus, et passus, et mortuus sit. » Et item idem sanctus Hilarius concordans sancto Ambrosio in psalmo LV, dicit : « *Sicut exspectaverunt animam meam pro nihilo salvos facies illos, in ira populos deduces* (*Psal.* LV, 8). Novus hic prophetæ sermo est, ut eos qui exspectant animam suam ad nihilum Deus salvet, et cum aliud sit ad nihilum, aliud salvari, nunc salus quæ in illos fiet ad nihilum sit. Est ergo quod salvetur in nihilum, est plane, quidquid resurrectione concessa demutatione non dignum est. Nam cum **A** omnis caro redempta in Christo sit ut resurgat, et omnem assistere ante tribunal ejus necesse sit : non tamen omnibus gloria et honor est promiscuus resurgendi. Quibus ergo tantum resurrectio, non etiam demutatio est tributa, hi salvantur in nihilum. In ira enim deducentur hi populi, quibus ad pœnæ sensum salus resurrectionis est constituta. » Et Beda in commento Lucæ ex verbis Augustini : « Altiori autem sensu, facilius est Christum pati pro dilectioribus sæculi, quam dilectores sæculi ad Christum converti. » Et sanctus Ambrosius in Epistola ad Corinthios : « Quid est autem reos esse, nisi pœnas dare mortis Domini? occisus est enim pro his qui beneficium ejus in irritum ducunt. » Et item sanctus Hilarius in libro III de Fide : « Dei Filius crucifigitur, sed in cruce hominis mortem Deus vincit : Christus Dei Filius moritur, sed omnis caro vivificatur in Christo. » Et sanctus Augustinus in libro vigesimo (*cap.* 6) de Civitate Dei : « Omnes itaque mortui sunt in peccatis, nemine prorsus excepto, sive originalibus, sive etiam voluntate additis, vel ignorando, vel sciendo, nec faciendo quod justum est, et pro omnibus mortuis vivus mortuus est unus, id est nullum habens omnino peccatum. »

De Antichristo autem, per quem cum corpore suo omnes scilicet reprobos Prædestinatiani nos putant se posse concludere, accipiant quid sanctus Gregorius in libro Moralium trigesimo secundo (*cap.* 12) dicit : « Quia ergo, inquit, per undenarium numerum transgressio exprimitur, hujus bestiæ cornu undecimo ipse auctor transgressionis indicatur. Quod videlicet parvulum oritur, quia purus homo generatur, sed immaniter crescit, qui usque ad conjunctam sibi vim angelicæ fortitudinis proficit. » Et item (*cap.* 18) : « Principium viarum Dei Behemoth dicitur, quia nimirum cum cuncta creans ageret, hunc primum condidit, quem reliquis angelis eminentiorem fecit. » Et item (*cap.* 12) : « Quid autem cauda Behemoth istius nisi illa antiqui hostis extremitas dicitur, cum vas proprium illum perditum hominem ingreditur, qui specialiter Antichristus nuncupatur. » Et item (*cap. eod.*) : « Tunc Antichristus, mundi gloriam temporaliter obtinens, mensuras hominum et honoris culmine et signorum potestate transcendit. Spiritus quippe **399** in illo est, qui in sublimibus conditus, potentiam naturæ suæ non perdidit vel defectus. » Et item in edicto civibus Romanis proposito (*lib.* XI, *epist.* 3) : « Pervenit ad me quosdam presbyteros, perversos scilicet homines, prava inter vos aliqua et sanctæ fidei adversa seminasse, ita ut die Sabbati aliquid operari prohiberent, quos quid aliud nisi Antichristi prædicatores dixerim, qui veniens diem Sabbati atque Dominicum ab omni faciet opere custodiri? Quia enim mori se simulabit et resurgere, haberi in veneratione vult Dominicum diem : et quia judaizare populum compellet, ut exteriorem ritum legis revocet, et sibi Judæorum perfidiam subdat, coli vult Sabbatum. » Sanctusque Hieronymus in Danielis

A commento Isaiæ vaticinio firmat, quia Antichristus usque ad summitatem montis Oliveti veniet, et ibi peribit. Hoc enim fiet, sicut passim doctores dicunt catholici, quoniam quantum potest assimilari falsitas veritati, ad instar Christi Dei nostri, qui, devicto principe tenebrarum, montem luminis et chrismatis ascendit, unde cœlorum alta penetrans misit sanctum Spiritum, cujus unctio docet nos de omnibus, post mentitam resurrectionem suam a mortuis, idem homo perditionis, eodem, quem Christus per triumphum crucis, et resurrectionis victoriam, tenebrarum rectore devicerat plenus, subiens montem Oliveti, spiritu oris Domini Jesu interficietur, et illustratione adventus ipsius destruetur. Sicut et Simon Magus, mentiens se resurrexisse a mortuis, et ascendere **B** se ad cœlos promittens, orationibus et imperio apostolorum Petri et Pauli a dæmonibus a quibus portabatur dimissus, super lapidem cecidit. Et concedens Aretium, ut Egesippus verax historiographus in ad modum utili historia scripsit, crurifragio periit. De quo et beatus Hieronymus in Commentario Matthæi dicit : « *Multi venient in nomine meo dicentes : Ego sum Christus, et multos seducent* (*Matth.* XXIV, 5) Quorum unus est Simon Samaritanus, quem in Actibus apostolorum legimus, *qui se magnam dicebat esse virtutem* (*Act.* VIII, 10), hæc quoque inter cætera in suis voluminibus scripta dimittens : Ego sum sermo Dei, ego sum speciosus, ego paracletus, ego omnipotens, ego omnia Dei. Sed et Joannes apostolus in epistola sua loquitur : *Audistis quia Antichristus* **C** *venturus est : nunc autem Antichristi multi sunt* (*I Joan.* II, 18). » Et Beda in Commento Lucæ : « Et dicent vobis : Ecce hic Christus, ecce illic, nolite ire, neque sectemini. Hæc sententia non solum ad tempus, sed etiam ad personam posset intelligi. Et ad tempus quidem, quia exstitere nonnulli, qui curricula computantes ætatum, certum se consummationis sæculi annum, diem, et horam dicerent invenisse, contra auctoritatem Domini dicentis : *Non est vestrum nosse tempora vel momenta* (*Act.* I, 7) ; ad personam vero, quia multi contra Ecclesiam venere, multi venturi sunt hæretici, qui christos se asseverent : quorum primus Simon Magus, extremus autem ille major cæteris est Antichristus. » Et in undecimo libro Moralium Gregorius : « Quod per **D** Danielem subjungitur, **400** *sine manu contereretur* (*Dan.* VIII, 22), hoc per Paulum exprimitur, *quem Dominus Jesus interficiet spiritu oris sui, et destruet illustratione adventus sui* (*II Thess.* II, 8). Sine manu scilicet contereretur, quia non angelorum bello, non sanctorum certamine, sed per adventum judicis solo oris sui spiritu æterna morte ferietur. » Et item : « Sed quia quale sit iniquorum caput audivimus, nunc huic capiti quæ membra adhæreant agnoscamus. Quisquis namque in superbia extollitur, quisquis avaritiæ desideriis cruciatur, quisquis luxuriæ voluptatibus solvitur, quisquis injustæ ac immoderatæ iræ flagris ignitur, quid aliud quam Antichristi testis est ? » Et in libro vigesimo nono (*cap.* 6) :

« Cain tempus Antichristi non vidit, et tamen membrum Antichristi per meritum fuit. Judas sævitiam persecutionis illius ignoravit, et tamen viribus crudelitatis ejus avaritia suadente succubuit. Simon divisus longe ab Antichristi temporibus exstitit, et tamen ejus se superbiæ miraculorum potentiam perverse appetendo conjunxit. Sic iniquum corpus suo capiti, sic membris membra junguntur, cum et cognitione se nesciunt, et tamen prava sibi actione copulantur. Neque enim Pergamus (*Apoc.* ii, 14) Balaam libros aut verba cognoverat, et tamen ejus nequitiam sequens voces supernæ increpationis audiebat. Habes illic tenentes doctrinam Balaam, qui docebat Balach mittere scandalum coram filiis Israel, edere et fornicari. Thyatiræ quoque Ecclesiam ab Jezabel notitia et tempora et loca dividebant : sed quia eam per vitæ reatus astrinxerat, inesse ei Jezabel dicitur, atque operibus perversis insistere, angelo attestante qui ait : *Habeo adversum te, quia permittis mulierem Jezabel, quæ se dicit propheten, seducere servos meos, fornicari et manducare de idolothytis* (*Apoc.* ii, 20). Ecce quia reperiri potuerunt, qui Jezabel vitam reprobam actione secuti sunt. Jezabel illic inventa memoratur, quia videlicet pravum corpus conjuncti mores unum faciunt, etiamsi hoc loca vel tempora scindunt. Unde fit ut in perversis suis imitatoribus, et iniquus quisque maneat qui jam præteriit, et in suis operatoribus ipse iniquorum auctor jam appareat, qui necdum venit. Illinc Joannes ait : *Nunc Antichristi multi sunt* (*I Joan.* ii), quia iniqui omnes jam ejus membra sunt, quæ scilicet perverse edita caput suum male vivendo prævenerunt. Hinc Paulus ait : *Ut reveletur in suo tempore. Nam mysterium jam operatur iniquitatis* (*II Thess.* ii). Ac si diceret : Tunc Antichristus manifestus videbitur : nam in cordibus iniquorum secreta sua jam nunc occultus operatur. » De cujus præconibus iterum scriptum est : *Ex nobis exierunt, sed non erant ex nobis.* Non enim exeunt foras nisi antichristi. Unde et de Juda membro Antichristi præcipuo legimus, quia misit diabolus in cor Judæ ut traderet eum : et post buccellam introivit in eum Satanas, et exivit continuo. Qui appellatus est filius perditionis, sicut et Antichristus. Et Judas Antichristus tradidit eum, qui veraciter dicitur Christus, et colitur Deus, qui est super omnia benedictus in sæcula. Ille autem in tempore suo adversabitur **401** et extolletur super omne quod dicitur Deus, aut quod colitur : ita ut in templo Dei sedeat, ostentans seipsum quasi ipse sit Deus. De isto autem, id est Juda, post multa in libro Hypomnesticon sanctus Augustinus dicit : « Talis est omnium periturorum causa, licet culpa sit a culpa dissimilis. » Et de illo ejusque corpore sanctus Gregorius in libro trigesimo tertio (*cap.* 19) Moralium dicit : *Et videntibus cunctis præcipitabitur* (*Job* xl, 18). Cunctis enim videntibus præcipitabitur quia, æterno tunc judice terribiliter apparente, astantibus legionibus angelorum, assistente tunc ministerio cœlestium potestatum, atque

A electis omnibus ad hoc spectaculum deductis, ista bellua crudelis et fortis in medium captiva deducetur, et cum suo corpore, id est cum reprobis omnibus, æternis gehennæ incendiis mancipabitur, cum dicetur : *Discedite a me, maledicti, in ignem æternum, qui paratus est diabolo et angelis ejus* (*Matth.* xxv).

Unde quia homo erit reprobus, et caput reproborum omnium, qui ab initio mundi usque in adventum Domini, sed et eorum qui post adventum Domini infidelitate et perseveranti iniquitate ad ejus pertinebunt consortium, Prædestinatiani se ante se ponant et relegant, quia sanctus Paulus et sanctus Gregorius, ac cæteri quique doctores, hominem illum futurum dicunt, et ipsi denegare non possunt. **B** Et si homo erit, licet diabolo comite plenus, in quantum homo quanquam reprobus carne morietur. *Quis est,* inquit, *homo qui vivet et non videbit mortem? quem Dominus Jesus* (*II Thess.* ii, 8), sicut scriptum est, *interficiet spiritu oris sui* (*Psal.* lxiv, 3). Et quia morietur et resurget, sicut item scriptum est, *Ad te omnis caro veniet,* et, *videbit omnis caro, quod non sine anima in resurrectione fiet, salutare Dei* (*Luc.* iii, 6). Ad cujus adventum, secundum fidem catholicam, omnes homines resurgere habent cum corporibus suis. Si omnes, etiam Antichristus. Et si carnis resurrectionem aliis reprobis, ipsius scilicet membris, ut ostendimus ex catholicorum doctrina, licet non ad honorem vitæ, sed ad diuturnitatem supplicii profuturam Redemptoris mors **C** contulit, nec eorum capiti denegavit. Et quibus sua morte resurrectionem carnis impendit, pro eis procul dubio passus fuit : non quia passionis ejus mysterio sint ad salutem æternam redempti, qui et pro contempta redemptione pœna debita eis prædestinata juxta quod præsciti sunt punientur, sed secundum modum quem diximus Christum etiam pro impiis passum fuisse cum catholicis profitemur. Et pro quibus pati voluit, ad mortem nequaquam prædestinavit. Quoniam vero ut Deus nescire nihil potuit, eos perituros non ignoravit; qui non ideo perierunt, quoniam a Deo præsciti sunt perituri, sed quia tales erant futuri, a Deo præsciti sunt perituri. Errant igitur qui etiam Antichristum cum membris suis a **D** Deo prædestinatum ad interitum dicant : quoniam nihil Deus prædestinat nisi quæ ipso erant auctore facienda, vel quæ malis meritis justo erant judicio retribuenda. **402** Præscivit autem tantummodo Deus, non etiam prædestinavit, quæ non ex ipso erant causam operationis habitura. Propterea qui dicit homines a Deo prædestinatos ad interitum, restat ut dicat quia prædestinatione, id est operatione, illius pereant, sicut qui prædestinati sunt ad vitam, prædestinatione, id est operatione illius salvantur, testante Apostolo, *Qui operatur in vobis et velle et perficere pro bona voluntate* (*Philip.* ii, 13). Et item, *qui cœpit ipse perficiet.* Et cum fides sit salutis initium, de ea scriptum est, *Alii datur fides,* et reliqua, *quæ omnia operatur unus atque* *idem Spiritus* (*I Cor.* xii, 10). Et iterum scriptum est : *Quos præscivit, hos et prædestinavit ; et quos prædestinavit, hos et vocavit ; et quos vocavit, hos et justificavit ; et quos justificavit, illos et glorificavit* (*Rom.* viii, 29). Et item, *Elegit nos ante tempora sæcularia, prædestinans nos,* id est præparans, *ut essemus sancti et immaculati* (*Ephes.* i, 4). Hinc ergo scitum est quod qui, ut hoc diffinitionis conditionali tenore ostenditur, dicit aut subintelligere susurrando contendit, quoniam Antichristus, vel quilibet reprobi ex Deo habeant causam perditionis, vel operatione ipsius pereant, non catholicus, sed insanus est, et si incorrigibilis perseverare maluerit, ab ipsa etiam collocutione fidelium propellendus. Nam Deus vindex, non auctor mali est, *nec volens iniquitatem* (*Psal.* v, 5), ut scriptum est. Et cunctis qui salvi fiunt, causa salutis est, nemini autem causa perditionis est, qui omnes vult salvos fieri, et neminem vult perire. Qui enim spreverunt voluntatem Domini invitantem, voluntatem Domini sentient vindicantem, quoniam nulli correctionis adimit viam, nec quemquam boni possibilitate dispoliat. Sed qui se ab eo avertit, ipse non Deus et velle quod bonum est et posse sibi sustulit. Non est ergo consequens ut Deus quibus pœnitentiam non dederit, resipiscentiam abstulerit, et quos non levaverit alliserit, cum aliud sit insontem in crimen egisse per quod ad supplicium pervenitur, quod alienum est a Deo : aliud criminoso veniam non dedisse, quod de peccatoris est merito, et ex retributione justitiæ justi judicis vindicatur judicio. Nam si Christum his tantum remedia attulisse dicamus qui redempti sunt, videbimur absolvere non redemptos, quos pro redemptione contempta constat esse puniendos. Si enim, ut beatus Gregorius in homilia trigesima quinta scribit, mors justorum bonis in adjutorium est, malis in testimonium, ut inde perversi sine excusatione pereant, unde electi capiunt exemplum ut vivant, multo magis mors Redemptoris nostri pro omnibus mortui, ut credentibus atque devotis salus, ita incredulis et contemptoribus esse in condemnationis testimonium credi debet. Sequendum est igitur quod Prosper rectissime dicit (*contra Gallos*) : « Quoniam sanguis Christi redemptio est totius mundi ; a quo pretio extranei sunt, qui aut delectati captivitate redimi noluerunt, aut post redemptionem ad eamdem sunt servitutem reversi. Christus ergo pro omnibus passus est, licet non omnes passionis ejus mysterio sint redempti. « Quia vero specialiter credentibus **403** ad salutem mors profuerit Salvatoris, non credentibus autem in judicium et condemnationem sit contempta ipsius gratia passionis, S. Hilarius in quinquagesimo quinto psalmo dicit : « In ira deducentur hi populi, quibus ad pœnæ sensum salus resurrectionis est constituta : a qua ira eripiendos nos Apostolus pollicetur dicens, *Quoniam si cum adhuc peccatores essemus Christus pro nobis mortuus est, multo magis justificati in sanguine ejus salvabimur per eum ab ira* (*Rom.* v, 9). Pro peccato-

ribus igitur ad salutem resurrectionis est mortuus : sed sanctificatos in sanguine suo salvabit ab ira. » Et S. Augustinus in libro vigesimo de Civitate Dei capite vigesimo sexto : « Pro omnibus mortuis vivus mortuus est unus, id est, nullum habens omnino peccatum, ut qui per remissionem peccatorum vivunt, jam non sibi vivant, sed ei qui pro omnibus mortuus est propter peccata nostra, et resurrexit propter justificationem nostram, ut credentes in eum qui justificat impium, ex impietate justificati, tanquam ex morte vivificati, ad primam resurrectionem quæ nunc est pertinere possimus. Ad hanc enim primam soli pertinent qui beati erunt in æternum : ad secundam vero, de qua mox locutus est, et beatos pertinere docebit et miseros. Ista est misericordiæ, illa judicii : propter quod in psalmo scriptum est, *Misericordiam et judicium cantabo tibi, Domine* (*Psal.* c, 1). » Et Ambrosius in Epistola ad Corinthios : *Sicut* enim *in Adam omnes moriuntur, ita in Christo omnes vivificabuntur* (*I Cor.* xv, 22) : « Omnibus ergo qui sunt ex ejus corpore acquisivit vitam, id est resurrectionem, quamvis generaliter tribuerit resurrectionem. » Et item in eadem Epistola : *Verbum enim crucis pereuntibus quidem stultitia est* (*I Cor.* i, 18) : « Manifestum est quia quibus crux Christi stultitia est in perditione sunt, infernæ enim morti non sunt erepti ; *his autem qui salvi fiunt virtus Dei est* (*ibid.*). Non est obscurum, quia his qui credunt virtus Dei est : credunt enim non infirmitatem esse crucem Christi, sed virtutem ; intelligentes victam mortem in cruce, cujus signum qui habent salvi sunt, quia ab illa teneri non possunt. » Et Beda in commento Lucæ, *Retribuetur enim in resurrectione justorum* (*Luc.* xiv, 14) : « Resurrectionem justorum dicit, qui etsi omnes resurgant, eorum tamen non immerito quasi propria cognominatur, qui in hac se beatos non dubitant esse futuros. » Et Prosper contra Gallos actione nona dicit : « Redemptor mundi dedit pro mundo sanguinem suum, et mundus redimi noluit, quia lucem tenebræ non receperunt : et tenebræ receperunt, quibus dicit Apostolus, *Fuistis aliquando tenebræ, nunc autem lux in Domino* (*Ephec.* v, 8). Et Dominus in Evangelio : *Sic enim Deus dilexit mundum, ut Filium suum unigenitum daret, ut omnis qui credit in eum non pereat, sed habeat vitam æternam* (*Joan.* iii, 16). Et : *Hoc est autem judicium, quia lux venit in mundum, et dilexerunt homines tenebras magis quam lucem :* erant enim eorum mala opera (*ibid.*, v. 19). » Unde constat quia pro omnibus passus est Christus, sed credentibus dat salutem.

Tandem qualiter quave discretione orthodoxi ex Scripturis intellexerunt **404** et docuere doctores quoniam passus est Christus pro omnibus, licet non omnes ad æternam salutem passionis ejus mysterio redimantur, Petri verba consideremus qui dicit : *Non tardat,* inquiens, *Dominus promissionem suam, sed exspectat propter vos, nolens aliquem perire, sed omnes ad pœnitentiam reverti* (*II Petr.* iii, 9). Et Paulus dicit : *Qui proprio Filio suo non pepercit, sed pro nobis omnibus tradidit illum* (*Rom.* viii, 32). Et: *Si unus pro omnibus mortuus est, ergo omnes mortui sunt, et pro omnibus mortuus est* (*II Cor.* v, 14), *qui dedit semetipsum redemptionem pro omnibus* (*I Tim.* ii, 6). Et : *Gratia Dei pro omnibus gustavit mortem* (*Hebr.* ii, 9). Quia ut Isaias dicit, *Omnes nos velut oves erravimus, unusquisque in viam suam declinavit, et Dominus posuit in eo iniquitatem omnium nostrum* (*Isa.* liii, 6). Quia vero non omnes passionis ejus mysterio sunt redempti, licet ipse fuerit passus pro omnibus, manifestat iterum per Isaiam dicens : *In scientia sua justificavit ipse servos suos multos* (*Isa.* ii, 11). Et item : *Ipse peccata multorum tulit* (*ibid.*). Et item : *Iste asperget gentes multas* (*Isa.* lii, 15). Et in Evangelio : *Filius hominis non venit ministrari, sed ministrare, et dare animam suam redemptionem pro multis* (*Matth.* xx, 28). Et Apostolus : *Per unius obedientiam justi constituentur multi* (*Rom.* v, 19). Et item : *Ut sit ipse primogenitus in multis fratribus* (*Rom.* viii, 29). Et item : *Qui multos filios in gloriam adduxerat* (*Hebr.* ii, 10). Et item : *Christus passus est ad multorum exhaurienda peccata* (*Hebr.* ix, 28). Et item : *Christus dilexit Ecclesiam, et seipsum tradidit pro ea* (*Ephes.* v, 25). In quibus singulis sententiis intelligendum est, ideo pro multis non pro omnibus dictum, quia non omnes crediderunt, sicut in subsequentibus verbis Patrum monstrabimus. Sed et Matthæus, et Marcus, et Lucas, ideo non pro omnibus, sed pro multis et pro vobis tradetur corpus meum, et effundetur sanguis meus, dicunt protestatum fuisse Dominum salvatorem, quia licet Christus pro omnibus passus fuerit, non omnes passionis ejus mysterio sunt redempti. Et quia non omnes sunt redempti pro quibus est passus, ad infidelium respicit partem, non ad pretii potestatem, cum sanguis Domini nostri Jesu Christi pretium sit totius mundi. Sicut enim post adventum in carne ejusdem Dei et hominum mediatoris, non salvati sunt, neque salvantur, nec etiam salvabuntur, qui in eum et eum, sicut catholica tenet ac docet Ecclesia, non credunt Jesum, id est salvatorem mundi, vel si verbis confitentur, factis autem negant, quia non credunt fide quæ per dilectionem operatur, nam et dæmones credunt et contremiscunt, dicente Scriptura : *Qui non credit jam judicatus est* (*Joan.* iii, 18), quia non credidit in nomine unigeniti Filii Dei. Et Jacobus : *Quid proderit, fratres mei, si fidem quis dicat se habere, opera autem non habeat, nunquid poterit fides salvare eum* (*Jac.* ii, 14)? Et Dominus : *Non omnis qui dicit mihi, Domine, Domine, sed qui facit voluntatem Patris mei, ipse intrabit in regnum cœlorum* (*Matth.* vii, 21). Ita et qui ante ipsius in carne adventum non crediderunt in ipsum, hoc est in Jesum, qui venturus erat in nomine Domini benedictus rex Israel ad salvandas gentes, vel si formam pietatis habentes virtutem ejus operibus negaverunt, perseveranti infidelitate **405** et iniquitate perierunt. Unde et præter illa quæ supra posuimus, beatus Augustinus in

A   libro secundo de Nuptiis et Concupiscentia dicit (*cap.* 11) : « *Masculus qui non circumcidetur carne præputii sui octavo die, disperiet anima ejus de genere suo, quia testamentum meum dissipavit* (*Gen.* xvii, 14). Dicat iste, si potest, quomodo puer ille testamentum dissipavit octo dierum, quantum ad ipsum proprie attinet, innocens infans : et tamen nullomodo Deus vel Scriptura sancta id mendaciter diceret. Tunc ergo dissipavit testamentum Dei, non hoc de imperata circumcisione, sed illud de ligni prohibitione, quando *per unum hominem peccatum intravit in mundum, et per peccatum mors, et ita in omnes homines pertransiit, in quo omnes peccaverunt* (*Rom.* v, 12). Et hoc in illo significabatur expiari circumcisione octavi diei, hoc est, sacramento Mediatoris in carne

B   venturi : quia per eamdem fidem venturi in carne Christi, et morituri pro nobis, et tertio die (qui post septimum Sabbati fuerat futurus octavus) resurrecturi, etiam justi salvabantur antiqui. Traditus est enim propter delicta nostra, et resurrexit propter justificationem nostram. Ex quo enim instituta est circumcisio in populo Dei, quod erat tunc signaculum justitiæ fidei (*Rom.* iv, 11), ad significationem purgationis valebat et parvulis originalis veterisque peccati, sicut et baptismus ex illo valere cœpit ad innovationem hominis ex quo est institutus. Non quod ante circumcisionem justitia fidei nulla erat. Nam cum adhuc esset in præputio, ex fide justificatus est ipse Abraham, pater gentium quæ fidem ipsius erant sectaturæ : sed superioribus temporibus omni modo

C   latuit sacramentum justificationis ex fide. Eadem tamen fides Mediatoris salvos justos faciebat antiquos, pusillos cum magnis, non Vetus Testamentum quod in servitutem generat (*Gal.* iv, 24), non lex quæ non sic est data quæ posset vivificare (*Id.* iii, 21), sed gratia Dei per Jesum Christum Dominum nostrum (*Rom.* vii, 25). Quia sicut credimus nos Christum in carne venisse, sic illi venturum : sicut nos mortuum, ita illi moriturum : sicut nos resurrexisse, ita illi resurrecturum : et nos vero et illi ad judicium mortuorum vivorumque venturum. Non ergo iste humanam male defendendo impedit a salute naturam, quia omnes sub peccato nascimur, et per unum solum, qui sine peccato natus est, liberamur,

D   videlicet fide quæ per dilectionem operatur credentes, et ante adventum et post adventum Domini, et abhinc usque ad finem sæculi credituri. Qui vero eadem fide credere noluerunt, nolunt, et nolent, ipsi sibi causa mortis exstiterunt, existunt, et existent; quia, ut Prosper dicit (*ad object. Vinc. resp.* 1), poculum immortalitatis, quod confectum est de infirmitate nostra et virtute divina, habet quidem in se ut omnibus prosit, sed si non bibitur non medetur.

Hanc catholice discretam intelligentiam, quod Christus Jesus Dominus noster pro omnibus passus sit, licet non omnes passionis ejus mysterio sint redempti, demonstrat etiam beatus Ambrosius, in Epistola secunda ad Corinthios dicens (*cap.* 5): « *Quod si unus pro omnibus* **406** *mortuus est, ergo omnes* *mortui sunt (II Cor.* v, 15). Quoniam Christus diligens genus humanum, ut eos redimeret, morti se dedit. Et quia omnes necesse est mori causa Adæ, pro omnibus mortuus est Christus, ut eos a secunda morte liberaret. » Et in prima Epistola (*cap.* 11) : « Rei sunt corporis et sanguinis Domini. Occisus est enim pro his qui beneficium ejus in irritum ducunt. » Et in Epistola ad Romanos : « *Sicut per unius delictum in omnes homines in condemnationem : sic et per unius justitiam in omnes homines in justificationem vitæ* (*Rom.* v, 16). Hoc est, sicut unius delicto omnes homines condemnationem meruerunt, similiter peccantes, ita et in justitia unius omnes justificantur credentes. Si qui autem condemnationem hanc generalem esse putant, simili modo et justificationem generalem accipient. Sed non est verum, quia non omnes credunt. » Hanc sanctus Hieronymus tenuit, dicens in Expositione Epistolæ ad Ephesios : « Hoc in Dei Filio possibile judicandum est, quod cruore suo non urbem unam, sed totum purgat orbem. » Et in commento Matthæi : « Solus orat pro omnibus, sicut et solus patitur pro universis. » Et item in eodem libro : « *Filius hominis non venit ministrari, sed ministrare, et dare animam suam redemptionem pro multis* (*Matth.* xx, 28). Non dixit pro omnibus, sed pro multis, id est pro his qui credere voluerunt. » Et Beda in homilia Evangelii decima tertia : « In Spiritu sancto baptizans, quin Christus, ad tollenda peccata non solum Israel, sed et totius mundi si ei credere voluerit, idoneus est. » Sic sensit sanctus Hilarius, dicens in Expositione psalmi cxviii : « Tunc humano generi exprobret non credenti, neque in viam evangelicam pergenti, id quod in psalmo continetur, *Quæ utilitas in sanguine meo, dum descendo in corruptionem ?* Exprobrat enim superbis atque maledictis, cur nihil in sacramento sanguinis sui atque mortis utilitatis suæ esse existimaverint, cum ille nostri causa et natus, et passus, et mortuus sit. »

Sic tenuit et docuit sanctus Joannes Chrysostomus, dicens in Epistola ad Hebræos, qualiter « gratia Dei pro omnibus gustaverit mortem, non pro fidelibus tantum, sed pro mundo universo. Et ideo dictum est ad multorum exhaurienda peccata. Et ipse quidem pro omnibus mortuus est. Quid autem si non omnes credunt ? Ille quod suum erat implevit. » Et in homilia secunda Matthæi evangelistæ : « Et hoc, inquit, tibi ante me Isaias propheta denuntiat. Siquidem ipsius prædicans passionem et plurimam pro toto terrarum orbe piissimamque curam, atque admiratus, » et reliqua. Et item in homilia quarta : « Non dixit, Pariet tibi, sed medium illud posuit atque suspensum. Non enim illi, sed universo prorsus orbi peperit Christum. » Et post pauca : « Per ipsum bona universo orbi conferenda pronuntiat. » Et item in homilia decima quinta : « *Vos estis sal terræ* (*Matth.* v, 13). Per quod ostendit quam necessarie ista præcipiat. Non enim pro vestra, inquit, salute tantummodo, sed pro universo prorsus orbe hæc vobis doctrina committitur. Non ad duas quippe

urbes , aut decem , aut viginti , neque ad unam vos mitto gentem sicut etiam prophetas, sed ad omnem terram prorsus ac mare , totumque mundum, et hunc variis criminibus oppressum. » Et quia non omnes salvantur ad quos verbum salutis missum est, nec omnes passionis ejus mysterio redimuntur, pro quibus salus parata omnibus crucis subiit passionem , item idem doctor catholicus in homilia septima ejusdem evangelistæ dicit : « Non enim, inquiens, omnes qui ex Israël hi sunt Israelitæ , sed quicunque per fidem repromissionis nati sunt. Si vero non omnes regit, vocatorum crimen est, non vocantis. » Et item : « Quod certe dicit et Paulus, *Vobis*, inquit, *oportebat primum annuntiari verbum Dei, sed quoniam indignos vos judicastis, convertimus nos ad gentes* (*Act.* xiii, 46). Et si igitur antea incredibiles permanebant, tamen postquam et ipsum a Magis audierunt, confestim ad Christum debuerunt advolare. Sed utique noluerunt, et propterea istis dormientibus illi proveniunt. » Et item in homilia sexta : « Et cur, inquiens, non hoc Magis omnibus revelavit ? quia scilicet nec omnes fuerant credituri. » Et item in homilia decima : « Et propterea subjunxit *in testimonium omnibus gentibus* (*Matth.* xxiv, 14), ostendens non se exspectaturum ut omnes prius credant, et ita ipse qui prædixerat veniat. Quod enim ait in testimonium omnibus gentibus , hoc est dicere, in accusationem ac redargutionem eorum qui Evangelio credere noluerunt. »

Sic prædicavit sanctus Augustinus in libro de Correptione et Gratia, dicens (*cap.* 16) : « Quis magis dilexit infirmos quam ille qui pro omnibus est factus infirmus, et pro omnibus ex infirmitate crucifixus? Et in libro sexto contra Julianum (*cap.* 5) : Illi sunt liberi a peccato, pro quibus mortuus est qui nunquam fuerat in peccato : et cum semel sit mortuus, tamen pro unoquoque tunc moritur, quando in ejus morte, quantælibet ætatis fuerit, baptizatur, id est, tunc ei proderit mors ejus qui fuit in peccato, quando in ejus morte baptizatus mortuus fuerit etiam ipse peccato, qui mortuus fuerat in peccato. » Sic rugitus magni Leonis, papæ scilicet Romanæ urbis, quæ caput est Ecclesiarum omnium, atque totius orbis, per totum, ut præmisimus, intonat mundum (*epist.* 97, *cap.* 2) : « Effusio, inquiens, justi pro injustis sanguinis Christi tam fuit dives ad pretium, ut si universitas captivorum in Redemptorem suum crederet, nullum diaboli vincula retinerent. » Sic sanctus Gregorius tenuit et prædicavit, in libro Moralium decimo quarto dicens (*cap.* 22) : « *Stulti quoque despiciebant me* (*Job* xix, 18). Ac si aperte diceretur : Ipsi etiam me despexerunt, pro quibus sanandis stultitiam prædicationis assumpsi, id est, ut per carnem Verbi sanarentur, et ab ipsis despectus sum, pro quibus stultus æstimari veritus non sum. » Et in homilia Ezechielis prophetæ : « Pro electorum vita usque ad mortem se tradidit auctor vitæ. » Et in homilia Evangelii vigesima : « Illum Joannes Baptista prædicare veniebat, qui quosdam ex Judæa et multos ex gentibus salvare veniebat. » Et in vigesimo libro Moralium : « Redemptor corpus passioni obtulit, quod pro electis assumpserat. » **408** Et item : « Interpellat pro nobis Dominus, non voce sed miseratione, quia quod damnari in electis noluit, suscipiendo liberavit. » Et idem in libro vigesimo quarto Moralium (*cap.* 11) : « Quia igitur Dominus vere natus, vere mortuus, vere resuscitatus, in omnibus tamen distat a nobis magnitudine potentiæ, sed sola concordat nobis veritate naturæ, bene dicitur, quia pro nobis iste angelus *unum de similibus* loquitur (*Job* XXXIII, 23). Cum enim in cunctis operationibus suis immensa nos virtute transcendat, in uno tamen a nobis, id est in formæ varietate, non discrepat. Per hoc pro nobis Patri loquitur, per quod semetipsum nobis similem ostendit. Loqui quippe ejus vel interpellare est, ipsum se pro omnibus hominem demonstrare. » Quomodo autem id quod dictum est, se pro omnibus demonstrare, manifestius intelligere valeamus, ostendit evangelica veritas dicens : *Ut omnis qui credit in ipsum non pereat, sed habeat vitam æternam* (*Joan.* III, 15) : *qui vero non crediderit condemnabitur* (*Marc.* XVI, 16), ut præfatus doctor in libro trigesimo sexto Moralium dicit : « Sed iniqui omnes æterno supplicio et quidem sua iniquitate puniuntur, et tamen ad aliquid concremantur, scilicet ut justi omnes, et in Deo videant gaudia quæ percipiunt, et in istis respiciant supplicia quæ evaserunt. »

Hanc discretam intelligentiam de redemptione quæ fit per sanguinem Christi, cum suprascriptis magistris catholicis intelligendam atque tenendam, et venerabilis Beda presbyter intellexit et tenuit, dicens in expositione Evangelii Lucæ : « *Factus est sudor ejus sicut guttæ sanguinis decurrentis in terram* (*Luc.* XXII, 44), ut universum late terrarum orbem peccatis mortuum sua morte innoxia cœlestem resuscitaret ad vitam. » Et item : « Quod veste alba induitur, immaculatæ dat indicia passionis, quoniam Agnus Dei immaculatus totius mundi sit peccata ablaturus. *Et cum tetigisset auriculam ejus sanavit eum* (*ibid.*, 51), mystice docens et ipsos, si convertantur, posse sanari, qui in sua sunt mortis consensione vulnerati. » Et item : « *Postquam venerunt ad locum qui vocatur Calvariæ, ibi crucifixerunt eum* (*Luc.* XXIII, 33). Propterea autem ibi crucifixus est Dominus, ut ubi prius erat arca damnatorum, erigerentur vexilla martyrii. Et quomodo pro nobis maledictum crucis factus est, et flagellatus et crucifixus, sic pro omnium salute quasi noxius inter noxios crucifigitur, ut ubi abundavit peccatum, superabundet et gratia. » Et item : « Velint nolint ergo Judæi, omne mundi regnum, omnis mundana sapientia, omnia divinæ legis sacramenta testantur, quia Jesus rex Judæorum est, hoc est imperator credentium et confitentium Deum. » Et item : « Pulchre autem paraturis Pascha discipulis homo amphoram aquæ portans occurrit, ut ostendatur hujus Paschæ mysterium pro absolutione perfecta totius mundi esse celebrandum. » Et paulo post : « Consulte vel aquæ bajuli vel domini domus sunt prætermissa vocabula, ut omnibus Pascha celebrare volentibus, hoc est Christi sacramentis imbui, Christum suæ mentis hospitio suscipere quærentibus, facultas danda signetur. »

Sic et Cassiodorus intellexit ac tenuit, dicens in psalmo CXLIX : « *Laudate* **409** *eum in firmamento virtutis ejus.* Firmitas virtutis ejus est, quia exitium pro omnium salute suscipiens, mortem ipsam cum auctore nequissimo potentiæ suæ virtute superavit. » Et in psalmo CXLII : « Nemo autem requisivit animam ejus, dum ei nulla consolatio præberetur, sed solus ad passionem relictus est, qui erat pro omnium salute moriturus. » Et item : « Nam si illud deitatis suæ culmen mirabile non inclinasset sumpti corporis veritate, quemadmodum pro salute omnium crucifigi potuerat? « Et in psalmo CX : « *Virtutem operum suorum annuntiavit populo suo,* scilicet Christiano, quem redemit sanguine pretioso. » Et in psalmo CXXIX : « *Et copiosa apud eum redemptio,* ut pretiosus ille sanguis tanta fuerit ubertate ditissimus, quatenus totius mundi peccata redimeret, et velut quodam diluvio salutari orbem terrarum a suis sordibus expiaret. » Et item in psalmo CXLVII : « Quis enim erit illius gaudii modus, conspicere illum dominum rerum qui hic mori creditus est pro salute cunctorum? » Et in psalmo CXVIII : « *Judica judicium meum, et redime me.* Quem redimere poterat nisi credentem, aut pro quo maxime sanguinem redemptionis effunderet, si fidelis famulus non fuisset? Addidit: *Propter eloquium tuum vivifica me :* illo scilicet, ubi promittit, *Qui credit in me non morietur, sed habeat vitam æternam.* Tale est et illud prophetæ querentis Domino de quibusdam, *Attrivisti eos,* inquiens, *et renuerunt accipere disciplinam* (*Jer.* V, 3); et : *Curavimus Babylonem et non est sanata* (*Jer.* LI, 9). Et Dominus dicit : *Interfeci et perdidi populum justum, et tamen a viis suis non sunt reversi* (*Jer.* XV, 7). Et rursus ait : *Populus non est reversus ad percutientem se* (*Isa.* IX, 13). Et : *Lux in tenebris lucet, et tenebræ eam non comprehenderunt* (*Joan.* I, 5), et redemptor mundi dedit pro mundo sanguinem suum et mundus redimi noluit. Et item scriptum est : *Noli timere paupercula tempestate convulsa, quia in camino paupertatis excoxi te* (*Isa.* LIV, 11). Et item, *Loquimini ad cor Jerusalem, et avocate eam* (*Isa.* XL, 2), usque dum dicitur, *Recepit duplicia de manu Domini pro omnibus peccatis suis* (*Ibid.*). Et item scriptum est : *Livor vulneris abstergit mala, et plagæ in secretioribus ventris* (*Prov.* XX, 30). Et Apostolus : *Fuistis aliquando tenebræ, nunc autem lux in Domino* (*Ephes.* V, 8), quia tenebræ lucem recipientes illuminatæ sunt, et credentes mundi pretio ad salutem redempti sunt. » Et Prosper ex delegatione apostolicæ sedis hanc catholicam intelligentiam demonstrat contra Gallos in recapitulatione nona : « Qui, inquiens, dicit quod non pro totius mundi redemptione Salvator sit crucifixus, non ad sacramenti virtutem, sed ad infidelium respicit partem, cum sanguis Domini nostri Jesu Christi pretium sit totius mundi. »

Hæc ipsa sancta sedes apostolica in arcanis cœlestium mysteriorum, ex apostolorum traditione, retinet dicens : Hæc hostia, quæsumus, Domine, mundet nostra delicta, quæ in ara crucis immolata totius mundi tulit offensam. Et item : Annue nobis, Domine, ut animæ famuli tui Leonis hæc prosit oblatio, quam immolando totius mundi tribuisti relaxari delicta. Et : Respice, omnipotens et misericors Deus, super hanc familiam tuam, pro qua Dominus noster Jesus Christus non dubitavit manibus tradi nocentium, et crucis subire tormentum. Unde **410** legem credendi, ut beatus Cœlestinus scribit ad Venerium et Gallicanos episcopos, lex statuat supplicandi. Et item Prosper libro primo de Vocatione gentium (*cap.* 20) : « Igitur quantum attinet ad humani generis cæcitatem, longa ignorantiæ et superbiæ nocte contractam, venit in mundum creator mundi, *et mundus eum non cognovit (Joan.* I, 10), *lux lucet in tenebris, et tenebræ eam non comprehenderunt (ibid.,* 5). *Qui super omnes est, quod vidit et audivit testatur, et testimonium ejus nemo accipit (Joan.* III, 31, 32). Sed quia non frustra Deus Dei Filius venit in mundum, et dedit semetipsum pro omnibus, et pro omnibus mortuus est, *non tantum pro gente, sed etiam ut filios Dei dispersos congregaret in unum (Joan.* XI, 52) ; et universis dicit : *Venite ad me, omnes qui laboratis et onerati estis (Matth.* XI, 28), et servato sibi incognoscibilis arbitrio electionis, dat sui Patrisque notitiam quibus eam voluerit revelare : omnes filii lucis, filii promissionis, filii Abrahæ, filii Dei, genus electum, regale sacerdotium, veri Israelitæ, præcogniti et præordinati ad regnum Dei qui eos vocavit, non solum ex Judæis, sed etiam ex gentibus (*Rom.* IX, 24), testimonium ejus qui de cœlo venit accipiunt, signantes quia Deus verax est, id est expresse significantes in sui salvatione, quoniam Deus verax est, implens et perficiens quod promisit Abrahæ omnium gentium patri, qui, pollicente Deo quod hæres futurus esset mundi, *non hæsitavit diffidentia, sed confortatus est fide dans gloriam Deo, et plenissime sciens quoniam quod promisit potens est et facere (Rom.* IX, 20). » Et item contra Vincentianos et Gallos (*resp.* 1) : « Dominus noster Jesus Christus, liber a mortis debito, et solus absque peccato, pro peccatoribus et debitoribus mortis mortuus est. Quod ergo ad magnitudinem et potentiam pretii, et quod ad unam pertinet causam generis humani, sanguis Christi redemptio est totius mundi. » (*Ad capit. Gal. sent. sup.* 9.) A quo pretio extranei sunt, qui aut delectati captivitate redimi noluerunt, aut post redemptionem ad eamdem sunt servitutem perseveranter reversi. A qua et a pœnis æternis eidem captivitati ac servituti debitis, atque a justo judice præparatis, nos eripere et tueri atque illæsos conservare dignetur, qui sanguine ipsius Mediatoris ac Redemptoris nostri eruit nos de potestate tenebrarum, et transtulit in regnum ejusdem Filii charitatis suæ. Cui cum eo in unitate Spiritus sancti est honor, et gloria, et imperium, per omnia sæcula sæculorum. Amen.

---

413 HINCMARI

ARCHIEPISCOPI RHEMENSIS,

EX SANCTIS SCRIPTURIS ET ORTHODOXORUM DICTIS,

COLLECTIO

DE UNA ET NON TRINA DEITATE,

SANCTÆ VIDELICET ET INSEPARABILIS TRINITATIS UNITATE,

Ad repellendas Gothescalci blasphemias ejusque nænias refutandas ª.

PROLOGUS.

Hincmarus, nomine non merito Rhemorum episcopus, ac plebis Dei famulus, dilectis Ecclesiæ catholicæ filiis et comministris nostris.

Diu est quod quidam, occasione accepta de finalitate hymni, cujus auctor penitus ignoratur, in qua dicitur :

Te trina Deitas, unaque poscimus,

delectabiliter vocum novitatibus ut innotescerent in *quod divinæ Trinitatis deitas trina non sit dicenda, cum sit ipsius summa Trinitatis unitas, ad repellendas Gothescalci blasphemias.*

ª Flodoardus, libro III Historiæ Rhemensis, cap. 15 : *Scripsit præterea Hincmarus librum collectum ex orthodoxorum dictis Patrum, ad filios Ecclesiæ suæ,*

cumbentes, cœperunt contendere quod sicut trinus
et unus Deus, ita trina et una Deitas et debeat et
catholice valeat dici, unde quique pro suo modulo
scriptitarunt. Inter quos et Ratramnus, Corbeiæ monasterii monachus, ex libris beatorum Hilarii et
Augustini, dicta eorumdem detruncando, et ad pravum suum sensum incongrue inflectendo, sicut et
Macarium Antiochenum episcopum de quamplurimis
catholicorum libris fecisse in sexta synodo legimus,
ex hoc volumen quantitatis non modicæ scribens ad
Hildegarium Meldensem episcopum compilavit. Cujus perversam intelligentiam ipsa ejus collectio,
scriptis authenticis collata, mendacio redarguit et
revincit, veluti qui legerit apertissime pervidebit.
Hæc autem 414 audiens Gothescalcus, Orbacensis
monasterii Rhemensis Ecclesiæ pseudomonachus, tam
invidia mei, quem in Ecclesia cantari trinam deitatem vetuisse audierat, quam more suo, qui nova et
antea inaudita, canæque orthodoxorum intelligentiæ contraria adinvenire, ac proferre ab ineunte
ætate suæ vitiosæ indolis delectabiliter studuit, et in
eodem studio permansit, inde plurima scribere, et
ad quoscunque potuit, primum latenter, deinde
quantum sibi licuit, aperte mittere procuravit. Novissime diebus istis hanc subjunctam schedulam,
quæ ad nos communiter per complices ac satellites
suos pervenit, inde conscripsit. De qua bonis vestris
desideriis placuit, ut eam in hoc opere cum integritate ponerem, et post ad singula catholicorum sententiis responderem : ut dum ipsius sententiæ fuerint
de hac causa oribus catholicorum, gladio videlicet
spirituali, peremptæ, cæterorum qui sensibus in
illius currunt sententiam, muta fiant labia dolorosa,
sicque cooperante Domino omnis iniquitas oppilet os
suum. Proponentes mihi verba beati Gregorii ex Homilia Evangelii (*hom.* 8) qua dicit : Quid est, inquiens, quod vigilantibus pastoribus angelus apparet, eosque Dei claritas circumfulget, nisi quod illi
præ cæteris videre sublimia merentur, qui fidelibus
gregibus præesse solliciti sunt, dumque ipsi pie su-

per gregem vigilant, divina super eos gratia largius
coruscat? et quod ex sententia canticorum Cantici
explanat: *Nasus tuus sicut turris Libani* (*Cant.* vii, 4),
quia videlicet præpositorum discretio, et munita debet esse ex circumspectione, et altitudine vitæ consistere, id est in valle infirmi operis non jacere, et
incursus malignorum spirituum longe prospicere, et
commissas sibi animas per suam providentiam cau-
tas reddere; ut juxta beati Petri vocem Dominum
Jesum Christum sanctificemus in cordibus nostris, et
parati semper simus ad satisfactionem omni poscenti
nos rationem de ea quæ in nobis est spe reddere (*I
Petr.* iii, 15). Quapropter ministerio dignatione divina indignitati meæ imposito, ad hanc sollicitudinis
curam ac studium non modo vestris petitionibus
sum invitatus, verum et tractus, et quantum ipsa
deitas quæ Trinitatis est unitas dederit, et occupatio
multiplex, atque contumacia inertiaque sensus mei
permiserit, exsequi ea quæ petitis procurabo; ponens cum integritate sui in hoc opusculo nostræ servitutis ejusdem Gothescalci schedulas, et per singulas sententias more veterum obelum ÷, id est jacentem virgulam eis opponemus, ut quasi sagitta
falsa illius dicta confodiat, his vero quæ opponen-
tur ex orthodoxorum dictis ejus sententiis figuram
XP, quæ *chresimon* dicitur prænotabimus, ut per
eam catholicorum testimonia, quæ resistunt vene-
nosis ejus sensibus, demonstrentur, et sana ac vere
Christiana intelligentia, ut revera a Christo contra
antichristos tradita, evidenter simplicibus et devotis
mentibus ostendatur. Cum aliis pestiferis, magis autem mortiferis venenis, quæ Gothescalcus sanam doctrinam 415 non sustinentibus, vocumque novitate
delectantibus, et prurientes aures habentibus, qui
juxta voluntatem suam magistros sibi coacervare
festinant, ut magistri demum erroris fiant, qui noluerunt fieri discipuli veritatis, bibenda proponit, cogitans et loquens iniquitatem in excelsum, et ponens
in cœlum os suum, hæc etiam dicit :

SCHEDULA GOTHESGALCI,

Quod trina Deitate dici possit.

« Quisquis est ille qui dicit quod nequaquam
« Deitas trina dici catholice possit, sed solummodo
« Deitas una sit, debet interrogari subtiliter, quo-
« modo dicat unam, vel qualiter, utrum scilicet
« naturaliter, an personaliter. Si respondet et dicit
« unam Deitatem esse credendam et confitendam
« personaliter, nisi suum concitus corrigat sensum,
« revera cum Sabellio audire meretur anathema
« sic præsentialiter, ut mereatur illud etiam pati
« jure perpetualiter. Hinc enim hæretici Sabelliani
« dicti nuncupatique sunt etiam Patripassiani, quia
« noluerunt nec omnino potuerunt negare Deum
« Patrem passum, dum Deum personaliter somnia-
« verunt unum, non sicut Ecclesia sancta catholica
« et apostolica credit et confitetur, Deum naturali-

« ter unum, et personaliter trinum. At si metuens
« anathemate rite parcelli, et illud cum Patripas-
« sianis pati, dixerit Deitatem esse naturaliter
« unam, credere consequenter debet et confiteri,
« si tamen vult veniam mereri, prorsus esse perso-
« naliter trinam, sicut scilicet Deum, naturaliter
« unum, constat esse procul dubio personaliter tri-
« num. Ac per hoc, sicut non potest in hymnis, et
« in sanctorum Patrum libris, ubi dicitur trinus et
« unus Deus, immutari et dici sanctus et unus
« Deus; ita nimirum sine mortis exitio immutari
« non potest, ubi dicitur trina et una Deitatis, ut
« ibi dicatur sancta et una Deitas, quia revera cum
« hoc nec ibi possit ullatenus fieri, ubi non est
« addita et una, sed solummodo dicitur Deitas

« trina; multo minus ibi potest fieri, ubi Deitas A
« trina dicitur et una : quia scilicet simplicibus mox
« diceretur, sicut et dicitur : Ecce nunc jam patet
« quia non poterat nec potest revera dici Deitas
« trina, sed tantum Deitas una. Sed profecto jam
« tempus est, ut qui credunt atque dicunt quod non
« possit auctoritative neque vere dici Deitas trina,
« cernant et legant in libro de sancta Synodo, qui
« scriptus est in Græco, scilicet Constantinopoli, sub
« Juniore Constantino, a centum et quinquaginta
« Patribus jure damnatos et anathematizatos Aria-
« nos colentes τριθεοτείας, id est tres deitates :
« et tamen in ipso consequenter continetur volu-
« mine, in edicto scilicet Constantini, conglorifican-
« dam trinam Deitatem, nec addi tamen illic opus
« fuit unam, quia scilicet, dum sub numero singu-
« lari dicitur Deitas trina, licet non sit dicta, sub- B
« intelligitur tamen simul et una. Sic enim dilecta
« est a Prospero trina majestas, a Prudentio trina
« pietas, ab Aratore bis trina potestas; sic et a
« Græcis τριαγιον, a Latinis autem satis proprie,
« regulariter atque catholice dicitur trina sanctitas.
« Ac per hoc sicut ab eis catholicissime dicitur
« τριθεοτεία, sic et a nobis catholicissime trina
« Deitas. Cum tamen et illi, et Latini consensu
« **416** pari, damnaverint et damnent, anathema-
« tizaverint et anathematizent Arianos, qui colunt
« tres majestates, tres pietates, tres potestates,
« tres deos, atque tres deitates. Necnon etiam
« similiter, si non multo amplius, constat et claret
« rite damnatos atque damnandos Sabellianos,   C
« eosdemque Patripassianos, qui colunt secundum
« Judaicam paupertatem singulariter solitariam et
« personaliter unam majestatem, pietatem, potesta-
« tem, sanctitatem, deitatem. Namque dum solus
« Pater sic est Deus, ut non sit ex Deo, sed genuerit
« Deum; et solus Filius sic est Deus, ut genitus sit a
« Deo; et solus Spiritus sanctus sic est Deus, ut
« procedat ex ingenito simul et ex genito Deo :
« patet prorsus, quod naturaliter unus et personali-
« ter trinus est Deus. Item dum Deus Pater Deitas
« est ingenita, innascibilis et innata : et Deus Fi-
« lius Deitas genita, nascibilis et nata : et Deus
« Spiritus sanctus Deitas est nec ingenita, innasci-
« bilis et innata, neque genita, nascibilis et nata, D
« sed procedens à Deitate ingenita, innascibili, et
« innata, et a Deitate genita, nascibili et nata;
« claret, omnino quod αγια τριας, id est sancta
« Trinitas, sicut una essentialiter atque naturaliter,
« sic procul dubio est personaliter trina Deitas :
« sicuti scilicet majestas, pietas et potestas, ob id
« prorsus est una simul et trina, quia revera una-
« quæque persona per se est potestas prima, sicut
« evidenter de Deo Dei Filio dicitur in Michæa
« propheta : *Et tu, turris gregis nebulosa filia Hie-*
« *rusalem, ad te veniet, et usque ad te veniet potestas*
« *prima* (*Mich.* IV. 8). Ergo quia non est Pater
« major Filio, neque Filius major Spiritu sancto,
« sed omnino totæ tres personæ, sibi sunt invicem

« coæquales et coæternæ, propterea profecto Deus
« trinitas potestas est prima, ac per hoc non secun-
« dum Arianos, quod absit, tres potestates, nec se-
« cundum Sabellianos, quod absit, potestas perso-
« naliter est una, sed secundum catholicos potestas
« est una naturaliter, et personaliter trina. Restat
« igitur et superest, ut illi qui sunt grammatici, si
« nolunt esse simul et hæretici, non præsumant
« fateri in Ecclesia veracis Dei, veri Dei, quod
« τριθεοτεία, id est trina Deitas, ulla ratione pluralis
« existat numeri, cum sit ut claret utique singu-
« laris, velut noverunt universi, qui vel mediocriter
« artis grammaticæ sunt periti. Sicut enim Deus
« Trinitas numeri singularis est juxta illud : *Bene-*
« *dicta sit sancta Trinitas*, sic etiam numeri sin-
« gularis est τριθεοτεία trina Deitas; cum tamen
« constet econtra numeri pluralis Arianorum esse
« τριθεοτείας, id est tres deitates, a catholicis jure
« damnatas. Igitur jure sub numero singulari trinæ
« et uni Deitati suppliciter, velut expedit, competit,
« congruit, dicimus :

> Te trina Deitas, unaque poscimus,
> Ut culpas abluas, noxia subtrahas,
> Des pacem famulis, nos quoque gloriam
> Per cuncta sibi sæcula. Amen.

« Non enim dicimus, sicut Ariani, vos, tres deita-
« tates, poscimus ut culpas abluatis, noxia subtra-
« hatis, detis pacem nobis, nos quoque gloriam
« vobis. O Deitas vigila, quæ trina vocaris et una,
« crederis, assereris, cognosceris, atque probaris,
« auxiliare tuis, ut egenis ad omnia servis. Istud
« attendat, appendat, et mente perpendat, cui
« semper adoranda, colenda, tremenda, trina
« **417** et una Deitas dat, quod hic inserendum
« pietas illius inspirat et donat. Quod videlicet, sicut
« unamquamque ex Trinitate personam quisquis est
« catholicus credit et confitetur integrum, plenum,
« perfectum penitus Deum : sic unicuique personæ
« suam propriam deitatem, integram, plenam,
« perfectam, penitus inesse credat, confiteatur et
« asserat, atque pro viribus collatis et conferendis
« deinceps divinitus contradicentes quoscunque con-
« vincat. In hoc enim liquet luce clarius, quin patet
« sole splendidius, quod inest unicuique personæ
« sua propria deitas atque divinitas. Quia revera
« nequaquam assumpsit humanitatem, quod absit,
« ullo modo tota Trinitas, sed sola tantummodo
« Filii deitas. Hæc est semper invicta victrix de
« trina et una Deitate catholicæ fidei veritas. Itaque
« sicut est ante sæcula, sic per sæcula, et in sæcula,
« benedicta sit trina et una Deitas, majestas, po-
« testas, pietas, veritas, charitas, et sic semper
« omnimoda ipsi soli laus, gloria, claritas, Amen.
« Da, Deus, vere ac vive, naturaliter une, perso-
« naliter trine, tuis evidenter electis credere, intel-
« ligere, confiteri et asserere, quod quemadmodum
« tu, Deus, qui interpretaris timor, et tu Deus
« charitas, qui interpretaris amor, cum vocaris per-
« sonaliter trinus timor, et trinus amor, non (quod
« absit) tres naturaliter timores et amores, verum

« naturaliter unus et timor et amor : sic nihilominus A
« cum vocaris τριθεοτεία trina deitas, et trina cha-
« ritas, non, quod absit, tres naturaliter deitates,
« et charitates, sed naturaliter una es Deitas, et
« una tantummodo charitas. Quod profecto per præ-
« dicatorem veritatis, et doctorem gentium in fide
« et veritate, qui dixit verissime, *Non ergo possu-*
« *mus aliquid contra veritatem, sed pro veritate (II*
« *Cor.* xiii, 8), patenter possumus probare. Siqui-
« dem quando baptizamur, id est tinguimur, ter
« procul dubio mergimur, et tamen propterea trina
« ipsa mersio, et trinum baptisma, id est trina
« tinctio, non, quod, absit tres mersiones, et tres
« tinctiones, aut tria baptismata, sed una est gene-
« raliter mersio, et una tinctio, id est unum ba-
« ptisma, dicente Apostolo : *Unus Dominus, una* B
« *fides, unum baptisma (Ephes.* iv, 5). Pari etiam
« modo, cum dicitur trina vel terna fides, ut est
« illud Sedulii fidelis poetæ tui : .

     Iste fidem ternam, ast hic non amplectitur unam :

« non tres, quod absit, fides, sed una est fides,
« dicente Apostolo, *una fides.* Itaque qui nolunt cum
« Sabellianis hæreticis in æternum habere socie-
« tatem, credant, confiteantur, colant, canant cum
« catholicis catholici τριθεοτείαν, trinam deitatem,
« τρισάγιον, trinam sanctitatem, trinam vitam, sa-
« pientiam, gloriam, trinum timorem, trinum amo-
« rem, trinam charitatem, trinam lucem, salutem,
« virtutem, pacem, claritatem, trinam majestatem, C
« potestatem, pietatem. Quippe cum debeamus etiam
« ternam seu trinam amplecti fidem, quam negant
« perversi Sabelliani per suam perfidam impietatem.
« Cuncta sic esse ceu dixi, in duobus probari potest
« patenter nominibus tantummodo singularis nu-
« meri, hoc est in luce pariter et pace. Lux enim
« et pax ingenita, et lux et pax genita, quin et lux
« atque pax procedens, non tres pluraliter luces aut
« paces dici sinuntur ab arte grammatica, neque
« tres naturaliter, ut latrat hæresis Ariana, neque
« personaliter una, sicut somniat hæresis Sabelliana :
« sed procul dubio lux et pax est naturaliter una;
« et personaliter trina, sicut amplectens trinam et
« unam fidem, **418** ac per hoc credens, confitens,
« colens, canens trinam et unam lucem et pacem, D
« majestatem, potestatem, pietatem, trinam et
« unam deitatem. Sed trinum et unum Deum credit
« et confitetur Ecclesia magna, sancta, catholica,
« cui gratis data est, datur, et dabitur Dei gratia,
« et ob id prorsus ab ea vicissim suppliciter data
« est, datur et dabitur, ipsi trinæ et uni deitati,
« tam per sæcula, quam simul et in sæcula, jure
« laus, honor, gloria. Amen. Juxta illam sententiam,
« dant mihi sapientiam, dabo gloriam. Amen. Vir-
« tutibus plenus invitus ad regimen veniat, virtuti-
« tibus vacuus nec coactus accedat. »

    XP. Hactenus hæreseos, abhinc suæ inchoationis
verba sunt Gothescalci. Quod hæreseos mortiferum
virus idololatriæ scilicet matris, qua plures dii, imo

dæmonia in simulacris coluntur, diabolus scindens
se a charitatis unitate, verba Dei dicentis : *Facia-*
mus hominem ad imaginem et similitudinem nostram
(*Gen.* i, 16), male, ut solet, interpretans adinvenit,
et sua invidia, qua mors in orbem terrarum intravit, in succo pomi ligni vetiti primis hominibus propinavit, dicens: *Eritis sicut dii (Gen.* iii, 5), cum
Deus qui est sancta Trinitas, ut Athanasius in libro
de propriis Personis, et de unito nomine Deitatis,
et Hilarius atque Ambrosius in libris de Fide, et
Augustinus in libris de Trinitate ostendunt, in
creatione primi hominis dixerit : *Faciamus homi-*
nem ad imaginem et similitudinem nostram. Singulari
quippe numero dicens *ad imaginem et similitudinem,*
ostendit non trinam sed unam esse naturam, hoc est
deitatem, ad cujus imaginem homo fieret : ad imaginem videlicet suam sancta Trinitas unus Deus fecit
illum, sicut sacra Scriptura manifeste demonstrat;
et dicens pluraliter, *Faciamus et nostram*, ostendit
Deum, ad cujus imaginem homo fiebat, non unam
esse personam, sed tres esse personas. Sic et de eo
quod Dominus in Evangelio dixerat : *Ego et Pater*
unum sumus (Joan. x, 30), idem diabolus in vasis
sibi condignis loquens, unionem in trinitate personarum per Sabellium docuit, cui in dicto *sumus*
mentis oculos clausit, et per Arium unius deitatis
substantiam divisit, cui veluti et primis hominibus
mentiens oculos ad scientiam mali aperuit, et ad
boni ac veri scientiam clausit, in eo quod dictum
est *unum*, ne fiat discretio potestatis. Cujus inspiratione Gothescalcus Arium sensu sequens, quem
verbotenus detestatur, post cognitam immanis sceleris vindictam in eodem Ario justissime satis apertam, trinam deitatem dogmatizare non timet. Contra
quos Arium videlicet, et Arii imo ipsius diaboli filium Gothescalcum, beatus Ambrosius, sancto Spiritu inspirante, in libro de Spiritu sancto (*cap.* 13)
exponens Apostolum : *Gratia Domini nostri Jesu*
Christi, et charitas Dei, et communicatio Spiritus
sancti cum omnibus vobis (II Cor. xv, 13) : « Advertimus igitur, inquit, quod Pater et Filius et Spiritus sanctus in uno eodemque templo per naturæ
ejusdem maneant unitatem. Ergo divinæ est potestatis qui habitat in templo. Sicut enim Patris et
Filii, ita et Spiritus sancti sumus templum, non
multa templa, sed unum templum, qui unius templum **419** est potestatis. Ubi enim una deitas intelligitur (*cap.* 14), unus Deus dicitur : quia unus
Deus, una divinitas, et unitas intelligitur potestatis :
et tres deos non asserimus, sed negamus, quia pluralitatem non unitas facit, sed divisio potestatis.
Quomodo enim pluralitatem recipit unitas divinitatis, cum pluralitas numeri sit, numerum autem
non recipiat divina natura. » Hinc manifestum est,
quia sicut unitas numerum non habet, ita trina vel
trinitas numerum habet. Ergo quod dicitur trinum,
vel trina, quæ habent numerum, in sancta et inseparabili trinitate deitatis non recipit unitas, sed
personarum proprietas. Prosecutus quoque per-

versus nterpres diabolus, loquens primis hominibus A addidit *scientes bonum et malum* (*Gen.* III, 55), quatenus sicut ipse ex provectu avaritiæ supra modum altitudinem appetens, quando dixit *Similis ero Altissimo* (*Isa.* XIV, 14) cecidit, ita et homo immoderato sublimitatis ambitu caderet, sicut et fecit. Nam cum indebite appetivit divinitatem, perdidit juste immortalitatem. « Hujus viæ mediator, ut Augustinus dicit, homini diabolus, ut diximus persuasor peccati et præcipitator in morte exstitit. Quam *mortem*, ut scriptum est, *Deus non fecit*, quia causa mortis ipse non fuit : sed per ejus retributionem justissimam, mors de qua scriptum est : *Mors et vita a Domino Deo est* (*Sap.* I, 13), irrogata est peccatori, sicut supplicium judex irrogat reo. Causa tamen supplicii non est injustitia judicis, sed meritum criminis. B Hominem autem, miserum et mortalem sua suasione effectum, quem per consensicnem seductum tanquam jure integro possidebat, et ipse nulla corruptione carnis et sanguinis septus, per ipsam corporis fragilitatem, nimis egenum et infirmum tanto superbior, quanto velut ditior et fortior, quasi pannoso et ærumnoso in sua etiam propagine dominatus, quia per unum hominem peccatum intravit in mundum, et per peccatum mors, et ita in omnes homines pertransivit, in quo omnes peccaverunt, se in simulacris, videlicet in diversis quasi numinibus, per mundum universum quadam justitia Dei sibi traditum, ad comparationem perditorum, paucis exceptis electis, usque ad adventum Domini coli fecit. In cujus adventu videns templa dæmonum deseri, C et in nomen liberantis mediatoris currere genus humanum, hæreticos movit, qui sub vocabulo Christiano doctrinæ Christianæ resisterent, quasi possent indifferenter sine ulla correptione haberi in civitate Dei, sicut civitas confusionis indifferenter habuit philosophos inter se diversa et adversa sentientes. Qui ergo in Ecclesia Christi morbidum aliquid pravumque sentiunt, si correpti ut sanum rectumque sapiant, resistunt contumaciter, suaque pestifera et mortifera dogmata emendare nolunt, sed defensare persistunt, hæretici fiunt. Genus hominum callidum non spiritu sapientiæ, sed impatientiæ, quo solent hæreticorum fervere primordia, et pacem perturbare sanctorum. » Quæ beati Augustini verba in Gothescalco spiritu diabolico exagitato, potiusque repleto, multoties sumus experti. Sed hoc, ut **420** isdem beatus Augustinus dicit, in usum cedunt proficientium, juxta illud Apostoli : *Oportet et hæreses esse, ut probati manifesti fiant in vobis* (*I Cor.* II, 19). Unde etiam scriptum est : *Filius eruditus sapiens erit, imprudente autem ministro utetur.* Multa quippe ad fidem catholicam pertinentia, dum hæreticorum calida inquietudine exagitantur, ut adversus eos defendi possint, et considerantur diligentius et intelliguntur clarius, et instantius prædicantur : et multi qui optime poterant Scripturas dignoscere et pertractare, latebant in populo Dei, nec asserebant solutiones quæstionum

difficilium, cum calumniator nullus instaret. Nunquid enim perfecte de Trinitate tractatum est antequam oblatrarent Ariani? Nunquid enim perfecte de pœnitentia tractatum est antequam obsisterent Novatiani? Sic non perfecte de baptismate tractatum est, antequam contradicerent foris positi rebaptizatores : nec de ipsa unitate Christi enucleate dictum est, nisi posteaquam separatio illa urgere cœpit fratres infirmos. Multos enim sensus sanctarum Scripturarum latent, et paucis intelligentioribus noti sunt, nec asseruntur commodius et acceptabilius, nisi cum respondendi hæreticis cura impellit. Tunc enim etiam qui negligunt studia doctrinæ, sopore discusso, ad audiendi excitantur diligentiam, ut adversarii repellantur. Denique quam multi Scripturarum sacrarum sensus de Christo Deo asserti sunt contra Photinum? quam multi de homine Christo contra Manichæum? quam multi de Trinitate contra Sabellium? quam multi de unitate Trinitatis adversus Arianos, Eunomianos, Macedonianos? quam multi de catholica Ecclesia toto orbe diffusa, et de malorum commistione usque in finem sæculi, quod bonis in sacramentorum ejus societate non obsint, adversus Donatistas, aliosque si qui sunt qui simili errore a veritate dissentiunt? Didicimus enim singulas quasque hæreses intulisse Ecclesiæ proprias quæstiones, contra quas diligentius non defenderetur Scriptura divina, si nulla talis necessitas cogeret. Quid autem coegit loca Scripturarum, quibus prædestinatio commendata est, copiosius et enucleatius nostro labore defendi, nisi quod Pelagiani dicunt gratiam Dei secundum merita nostra dari? Hæc ergo ut ingrata Deo sententia destruatur, gratuitis Dei beneficiis quibus liberamur inimica, et initium fidei, et in ea usque in finem perseverantiam, secundum Scripturas, unde multa jam diximus, dona Dei esse defendimus. In qua fide multi contra prædictos et contra cæteros hæreticos, quos enumerare vel commemorare nimis est et præsenti operi non necessarium, quorum tamen sensuum probati assertores aut prorsus laterent, aut non ita eminerent, ut eos eminere fecerunt superborum contradictiones, qui noverant hæc tractare atque dissolvere ne perirent infirmi, sollicitati quæstionibus impiorum D sermonibus et disputationibus suis obscura legis in publicum deduxerunt. Unde Apostolus, quod etiam præmisimus, *Oportet*, inquit, *et hæreses esse, ut probati manifesti fiant inter vos* (*I Cor.* II, 19), qui **421** corripiendi sunt a præpositis suis correptionibus de charitate venientibus, sed et quique subditi fratres, pro culparum diversitate, diversis vel minoribus vel amplioribus : quia et ipsa quæ damnatio nominatur, quam facit episcopale judicium, qua pœna in Ecclesia nulla major est, potest, si Deus voluerit, in correptionem saluberrimam cedere atque proficere. Neque enim scimus quid contingat sequenti die, aut ante finem vitæ hujus de aliquo desperandum est, aut contradici Deo potest, ne recipiat, et det pœnitentiam, et accepto sacrificio spiritus contribulati ac cordis contriti, a reatu quamvis justæ damnationis absolvat, damnatumque ipse non damnet. Pastoralis tamen necessitas habet, ne per plures serpant dira contagia, separare ab ovibus sanis morbidam, ab illo cui nihil est impossibile ipsa forsitan separatione sanandam. Nescientes enim quis pertineat ad prædestinatorum numerum, qui non pertineat, sic affici debemus charitatis affectu, ut omnes velimus salvos fieri. Hoc quippe fit, cum singulos quosque ut occurrerint, cum quibus id agere valeamus, ad hoc conamur inflectere, ut justificati ex fide pacem habeant ad Deum, quam prædicabat Apostolus etiam cum dicebat : *Pro Christo ergo legatione fungimur, tanquam Deo exhortante per nos, obsecramus pro Christo, reconciliamini Deo (II Cor.* 5, 20). Quisquis autem a catholica Ecclesia fuerit separatus, quantumlibet laudabiliter se vivere existimet, hoc solo scelere, quod a Christi unitate disjunctus est, non habebit vitam, sed ira Dei manet super eum : et quisquis in hac Ecclesia bene vixerit, nihil ei præjudicant aliena peccata, quia *unusquisque in ea proprium onus portabit (Gal.* vi, 5), sicut Apostolus dicit; et quicunque in ea corpus Christi manducaverit ac biberit sanguinem indigne, judicium sibi manducat et bibit. Cum enim dicit *judicium sibi manducat (I Cor.* ii, 19), satis ostendit quia non alteri judicium manducat, sed sibi : quia communio malorum non maculat aliquem participatione sacramentorum, sed consensione factorum. Nam si in factis malis non eis quisque consentiat, portat malus causam suam, et persona sua non præjudicat alteri, quem in confessione mali operis socium non habet criminis. Hæc in præfatione de sanctorum Patrum verbis et sensibus interim dicta sufficiant : abhinc eorumdem nihilominus, sed et quamplurium aliorum catholicorum assertionibus ad singula pestiferi Gothescalci verba, lethifera respondere singillatim, favente una et inseparabili Deitate, incipiemus.

Sicut venefici et sortiariæ mel ad os vasculi virus celantis ponere solent, sic Gothescalcus in initio suprascriptæ suæ compilationis hæreticorum errores proponit, et verbotenus respuit, ut credibilius se catholicum mentiens, simplicibus illudere et se commendabilem reddere possit; et hæreticus loquens contra hæreticos, lupus ovis pelle palliare se volens dicit :

I.

« At si metuens anathemate rite percelli, et illud « cum Patripassianis pati, dixerit deitatem esse natu- « raliter unam, hoc consequenter debet et confiteri, « **422** si tamen vult veniam mereri, prorsus esse « deitatem personaliter trinam, sicuti scilicet Deum « naturaliter unum constat esse, procul dubio perso- « naliter trinum. » Et post aliquanta : « Sicut unam- « quamque ex Trinitate personam quisquis est ca- « tholicus credit et confitetur integrum, plenum, per- « fectum penitus Deum, sic unicuique personæ suam « propriam deitatem integram, plenam, perfectam « penitus inesse credat et confiteatur et asserat. »

XL. Hæc est summa totius suæ blasphemiæ, quam hinc prolixo sermone confecit, in quo ut piscis, vel avis, aut quodlibet animal, per inquietudinem se volvens, amplius pessimis blasphemiarum maculis et nodis strictioribus irretiendo semet innexuit, volens proprii sensus assertionibus, sine Scripturæ testimoniis, sineque catholicorum sententiis, allegare quia sicut Deus naturaliter unus et personaliter dicitur trinus, ita deitas naturaliter una et personaliter trina dici debeat. Sed quod dicit Deum personaliter trinum et naturaliter unum, verum dicit : quod autem dicit confiteri debere deitatem sic personaliter trinam, sicut naturaliter unam, profecto mentitur. Quia deitas ipsa est natura pluralitate carens et numero, qua natura vel deitate, sancta et inseparabilis Trinitas, sicut scriptum est, *Audi : Israel, Dominus Deus tuus Deus unus est (Deut.* vi, 4), Pater scilicet, et Filius, et Spiritus sanctus, personaliter trinus, unus est naturaliter Deus. Unde Filius Dei dicit : *Ego et Pater unum sumus (Joan.* x, 30). Non dicit, unus sumus, sed unum sumus, quod naturæ vel deitatis unitatem demonstrat. Unde etiam dicit, *Ego in Patre et Pater in me est (Joan.* x, 38); et, *Pater in me manens ipse facit opera (Joan.* xiv, 10); et : *Qui videt me videt, videt et Patrem (Joan.* xiv, 9) : et de Spiritu sancto, *Cum,* inquit, *venerit paraclitus quem ego mittam vobis a Patre, Spiritum veritatis qui a Patre procedit, ille testimonium perhibebit de me (Joan.* xv, 26); et : *Cum venerit ille Spiritus veritatis, docebit vos omnem veritatem. Non enim loquetur a semetipso, sed quæcunque audiet loquetur, et quæ ventura sunt annuntiabit vobis : ille me clarificabit, quia de meo accipiet, et annuntiabit vobis. Omnia quæcunque habet Pater mea sunt : propterea dixi quia de meo accipiet et annuntiabit vobis (Joan.* xvi, 13). De his dixit quæ ad ipsam Patris divinitatem pertinent, in quibus illi æqualis est omnia quæ habet Pater habendo. Neque enim Spiritus sanctus de creatura quæ Patri est subjecta et Filio erat accepturus, quod ait *de meo accipiet,* sed utique de Patre, de quo procedit Spiritus, de quo natus est Filius. Natura igitur, id est deitas Patris, natura est Filii, natura est Spiritus sancti, qui de Patre et Filio æqualiter procedit, et ineffabilis quædam Patris Filiique communio est. Qui totus de Patre procedit, et totus de Filio, totus in Patre manet, et totus in Filio, qui sic manet ut procedat, sic procedit ut maneat. Unde naturaliter hanc habet cum Patre et Filio unitatis plenitudinem, et plenitudinis unitatem, ut totum Patrem habeat totumque Filium, ipseque totus habeatur a Patre, totus habeatur a Filio, qui etiam a Patre et Filio æqualiter datur, imo et a seipso datur, sicut Filius de eo dicit, *Spiritus ubi vult spirat (Joan.* iii, 8). Itaque sicut Pater **423** et Filius plenus et perfectus est Deus, imo unus est cum Patre et Filio Deus, atque una substantia, una deitas, una divinitas, una essentia, una natura, quæ, ut Athanasius et Ambrosius concorditer dicunt, non potest dividi in personis, juxta vocis

Dominicæ veritatem dicentis : *Ite, docete omnes gentes, baptizantes eos in nomine Patris, et Filii, et Spiritus sancti* (*Matth.* xxviii, 19). In nomine, inquit, non in nominibus, ut et unum Deum per indistinctum divinæ essentiæ nomen ostenderet, et personarum discretionem suis demonstratam proprietatibus edoceret. Et sanctus Athanasius in libro octavo de Fidei unitate (*lib.* x) : Qui tres, inquit, virtutes inducit, tres deos confitetur. Nos autem credimus tres personas, unam deitatem. Si tres deos inducimus, similes sumus gentibus : sed confitemur Patrem in Filio, et Filium in Patre, cum Spiritu sancto. Non separatur unitas, non dividitur Deitas. » Et sic idem ipse doctor catholicus, qui jam diaconus sacro Nicæno concilio cum archiepiscopo suo Alexandro interfuit, per octo libros hinc a se contra Arianos confectos, non solum per singulas paginas, verum et per singulos, ut ita dicamus, versus ac periodos, scripsit et definivit. Non ergo trina natura, vel trina deitas, sed una natura, et una deitas est Patris et Filii et Spiritus sancti, et hæc Trinitas unus est Deus solus, bonus, magnus, æternus, omnipotens. Ipse sibi unitas, deitas, magnitudo, bonitas, omnipotentia, et quidquid ad se substantialiter dicitur. Et non ita in relativis vocabulis intelligendum est vel dicendum : quia dici non potest Pater sibi pater, vel Filius sibi filius, vel Spiritus sanctus, sibi Spiritus sanctus, sed hæc relativa vocabula ad aliam procul dubio personam referri debent. Dicente itaque Domino : *Si separaveris pretiosum a vili, quasi os meum eris* (*Jer.* xv, 18), verbis ipsius Domini, et catholicorum sententiis, separata proculque displosa est, et adhuc, vel si non potest longius, ipso tamen annuente qui aperit os mutum, et linguas infantium facit disertas, et dicit *Aperi os tuum, et ego adimplebo illud* (*Psal.* lxxx, 11), vel latius displodetur falsitas Gothescalci, quam inordinate permiscuit veritati, tanquam leprosus in uno corpore diversos habens permistos colores. Ut enim tradunt magistri Ecclesiæ, leprosi hæreticos non absurde significant, scientiam veræ fidei non habentes, et varias erroris doctrinas proferentes. Non enim vel abscondunt imperitiam suam, sed pro summa peritia proferunt in lucem, et jactantiam sermonis ostentant. Nulla prorsus falsa doctrina est, quæ non aliqua vera intermisceat. Vera ergo falsis : inordinate permista, in una disputatione vel narratione hominis, tanquam in unius corporis colore, apparentia significant lepram, tanquam veris falsisque colorum locis, humana corpora variantem atque maculantem. Hi autem tam vitandi sunt Ecclesiæ, ut si fieri potest longius remoti magno clamore Christum interpellent, sicut de leprosis legitur, quia *steterunt a longe et levaverunt vocem* (*Luc.* xvii, 13). Sed et necesse est Ecclesiæ præpositis, et cunctis **424** fidelibus, ut non modo fortiter hostibus Christi apertis resistant, verum et prudenter lupos rapaces se ovinis pellibus contegentes attendant et vitent, ne eos fallere possint, sicut hic Gothescalcus, qui non solum religioso

habitu monachi, sed et falsi nominis scientia aliquandiu se contegens plures decepit, donec quod corde confoverat erupit aperte in regulam. Cujus pellem ovinam, quia se inde non bene contexit, doctores catholici detrahentes, nudum lupum, apertumque hostem ovilis Dominici, quod est Ecclesia, eum esse demonstrant. Hoc modo Athanasius in libro primo de Trinitate : « Hæc est, inquit, materia formulæ in collisione hæreticorum, et hæc tituli victoria in absolutione catholicorum, quam significat principale mandatum Dei : *Euntes baptizate omnes gentes in nomine Patris, et Filii, et Spiritus sancti* (*Matth.* xxviii, 19). Audi in hoc admirabile et regale decretum, in quo omne sacramentum in deitate Trinitatis uniter continetur. Qui dixit *in nomine*, evidenter unam deitatem in Trinitate consistere declaravit : et quod prosecutus est, *Patris, et Filii, et Spiritus sancti*, per singula nomina, singulas personas inesse distinxit. » Et Hilarius in libro de Synodis : « Caret igitur, fratres, similitudo naturæ contumeliæ suspicione : nec potest videri Filius idcirco in proprietate paternæ naturæ non esse, quia similis est, cum similitudo nulla sit nisi ex æqualitate naturæ. Æqualitas autem naturæ non potest esse nisi una sit, una vero non personæ unitate, sed generis. Hæc fides pia est, hæc conscientia religiosa, hic salutaris sermo est, unam substantiam Patris et Filii idcirco non negare, quia similis est, similem vero ob id prædicare, quia unum sunt. » Hoc et de Spiritu sancto sentiendum esse, idem in fine duodecimi libri de Fide (*Hilarius, lib.* xii *de Trinitate*) demonstrat orans : « Dona mihi, inquiens, hanc conscientiæ meæ vocem, ut quod in regenerationis meæ symbolo baptizatus in Patre et Filio et Spiritu sancto professus sum, semper obtineam, Patrem scilicet te nostrum, Filium tuum una tecum adorem, Spiritum sanctum tuum, qui ex te per unigenitum tuum est, promereat. » Et in hymno evangelico pulcherrime a se composito dicit « Spiritum Dei perfectum Trinitatis vinculum. » Et Gregorius Nazianzenus, cujus verba beatus Augustinus in libro de Bono perseverantiæ (*cap.* 19) ad testimonium devocat, dicit : « Unius deitatis, quæso vos, confitemini Trinitatem : si vero aliter vultis, dicite unius esse naturæ. » Et sanctus Ambrosius in hymno catholico dicit :

> Tu Trinitatis unitas,
> Orbem potenter qui regis

Quod beatus Augustinus, quasi ejus sensum exponens, in primo libro (*cap.* 8) de Trinitate explicat : « Divinitatem, inquit, vel ut certius expresserim deitatem, quæ non est creatura, sed est unitas Trinitatis incorporea et incommutabilis, et sibimet consubstantialis, et coæterna natura. » Et item sanctus Ambrosius in primo libro de Fide (*cap.* 2) : « Unum, inquit, Deum, non duos aut tres deos dicimus, ut impia Arianorum hæresis dum **425** criminatur incurrit. Tres enim deos dicit qui divinitatem separat Trinitatis, cum Dominus dicendo : *Ite, baptizate in nomine Patris et Filii et Spiritus sancti* (*Matth.* xxviii), unius esse Trinitatem potestatis ostenderit. Nos Patrem et Filium et Spiritum sanctum confitemur, ita ut in Trinitate perfecta et plenitudo, sit divinitatis, et unitas potestatis. *Omne regnum in se divisum facile destruetur* (*Matth.* xii, 25), Dominus hoc dicit. Non ergo divisum est regnum Trinitatis. Si autem divisum non est, unum est : quod enim unum non est, divisum est. Tale ergo regnum esse cupiunt Trinitatis, quod divisione sui facile destruatur, imo quia non potest destrui, constat non esse divisum. Non enim dividitur Trinitas, nec scinditur, et ideo nec corruptelæ subditur, nec ætati. » Et item (*cap. eodem*) : « Diversitas plures facit, unitas potestatis excludit numeri quantitatem , quia unitas numerus non est, sed hæc omnium ipsa principium est. » Et Augustinus in libro viii de Trinitate : « Tres, inquit, personas ejusdem essentiæ, vel tres personas unam essentiam dicimus. » Et item in libro v (*cap.* 8) : « Quidquid ad se ipsum dicitur Deus, et de singulis personis similiter dicitur, id est de Patre et Filio et Spiritu sancto, et simul de ipsa Trinitate, non pluraliter, sed singulariter dicitur. Quoniam quippe non aliud est Deo esse, aliud magnum esse, sed hoc idem illi est esse quod magnum esse, propterea sicut non dicimus tres essentias, sic non dicimus tres magnitudines, sed unam magnitudinem et unam essentiam. Essentiam dico , quæ Græce οὐσία dicitur, quem usitatius substantiam vocamus. » Tres autem personas confitemur. Et sanctus Hieronymus scribens ad Damascum papam (*epist.* 57) : « Sufficiat, inquit, nobis dicere unam substantiam, tres personas subsistentes , perfectas , æquales , coæternas. Taceantur tres hypostases si placet, et una teneatur. » Et item : « Si quis autem hypostasim usiam intelligens non tribus personis unam hypostasim dicit, alienus a Christo est. » Sciendum quoque est quoniam essentia, quam Græci usiam dicunt, et hypostasis, quæ substantia interpretatur, et natura et divinitas et deitas apud Latinos unum idemque est in sancta et inseparabili Trinitate, sicut catholici doctores ostendunt. Ait enim Theophilus Alexandrinus episcopus in epistola paschali (*epist.* 1, *in fine*) : « Cum his qui Trinitatis unam confitentur divinitatem in cœlis præmia recipiamus. » Et item in alia epistola paschali (*epist.* 9, *in fine*) : « Pietas in Deum toto cordis timore servetur, exsecrantesque deorum numerum, Patris et Filii et Spiritus sancti unam confiteamur indiscretamque substantiam, in qua et baptizati vitam æternam suscepimus, et si Dei tribuerit clementia, cum angelis merebimur Dominicum pascha celebrare. » Et item in tertia paschali epistola (*epist.* 5, *sub finem*) : « Possessiones castitatis et sanctimoniam requiramus, adorantes Patris et Filii et Spiritus sancti divinitatem. » Et sanctus Cœlestinus papa in epistola ad orientales episcopos (*epist.* 6 *ad Joan. Antioch.*) : « Optaremus, inquit, quidem, sicut est una deitatis essentia, ita inter om-

nes qui ubique sunt homines unam rectæ fidei veritatem teneri. » Et magnus Leo papa, ac 628 sancta synodus, quæ in urbe Roma convenit, in epistola ad Theodosium Augustum (*epist.* 27) : « Obsecramus, inquiunt, coram unius deitatis inseparabili Trinitate, quæ tali facto læditur. » Et ad Palæstinos (*epist.* 87) : « Natura unigeniti natura est Patris, natura Spiritus sancti, simulque impassibilis, simul est incommutabilis, sempiternæ Trinitatis indivisa unitas, et consubstantialis æqualitas. » Et ad Leonem Ravennensem episcopum (*epist.* 39) : « Apostolica reclamante doctrina, quæ nobis unam prædicat in Trinitate deitatem, unam in fide confessionem, unum in baptismate sacramentum. » Et gloriosus papa Gregorius in octava decima Evangelii homilia : « Tunc quippe Abraham diem Domini vidit, cum in figura summæ Trinitatis tres angelos hospitio recepit : quibus profecto susceptis, sic tribus quasi uni locutus est, quia et si in personis numerus Trinitatis est, in natura unitas divinitatis. » Et in vigesima quarta : « Ille in hoc spiritu operationem percipit, qui fidem Trinitatis agnoscit, ut et Patrem, et Filium, et Spiritum sanctum unius virtutis credat, unius substantiæ esse fateatur. » Et post aliquanta : « Vera nostra requies tunc est, cum ipsam jam claritatem Trinitatis agnoscimus, quam in unitate divinitatis esse certum tenemus. » Et in homilia decima sexta Ezechielis : « Ipsa, inquit, fides atque ipsum meritum tenuit corda præcedentium, quæ replevit corda sequentium sub Testamento Novo positorum, sicut et per Paulum dicitur : *Habentes autem eumdem spiritum fidei, sicut scriptum est : Credidi propter quod locutus sum, et nos credimus propter quod et loquimur* (*II Cor.* iv). Spiritales quippe illi Patres omnipotentem Deum Trinitatem ita esse crediderunt, sicut eamdem Trinitatem novi Patres aperte locuti sunt. Isaias namque audivit angelica agmina in cœlo clamantia : *Sanctus, sanctus, sanctus Dominus Deus sabaoth* (*Isa.* vi, 3). Ut enim personarum trinitas monstraretur, tertio sanctus dicitur : sed ut una esse substantia Trinitatis appareat, non Domini sabaoth, sed Dominus sabaoth esse perhibetur. Quod David quoque similiter sentiens ait : *Benedicat nos Deus, Deus noster, benedicat nos Deus* (*Psal.* lxvi, 8). Qui cum tertio dixisset Deum, ut unum hunc esse ostenderet, subdidit, *et metuant eum omnes fines terræ.* Paulus quoque loquitur dicens : *Quoniam ex ipso, et per ipsum, et in ipso sunt omnia* (*Rom.* xi, 36). Ex ipso, videlicet ex Patre, per ipsum, per Filium, in ipso autem, in Spiritu sancto. Quem ergo ipsum cum tertio dixisset, adjunxit *ipsi gloria in sæcula sæculorum. Amen.* Qui enim non dicit ipsis, sed ipsi, dicendo ter ipsum distinxit personas, et subjungendo *ipsi gloria* non divisit substantiam. » Et sanctus Prosper in libro Epigrammatum dicit :

Omnipotens Genitor Natusque et Spiritus almus,
Una in personis par tribus est deitas.

Et item :

Una trium deitas una est essentia

Et venerabilis presbyter Beda in homilia dicit : A Noverant tunc **427** apostoli Christum esse in Patre per unitatem individuæ Trinitatis. » Et post aliquanta : « Non autem dubitandum quia quibus gloria Filii revelabitur, eisdem quoque Patris et Filii et Spiritus sancti liceat adesse conspectui, quia quorum una est divinitas, una utique et inseparabilis visio est. » Et aliquanto superius : « Post dies decem assumptionis suæ, hoc est hodierna die, Spiritus illos de cœlo chrismate donavit. Ubi ipsum Christum ad eos venisse nullus ambigit, qui inseparabilem sanctæ Trinitatis naturam, virtutem, et operationem esse cognovit. » Et in homilia trigesima secunda. Quod adjunxit, *quia vos me amatis* (*Joan.* xvi, 27), eadem ratione sentiendum est, quia quicunque filium recte amat, hunc cum Patre et amborum Spiritu amat, « quia quorum inseparabilis est natura divinitatis, horum una eademque sunt dona virtutis. » His orthodoxorum testimoniis, qui suas sententias evangelica veritate, et apostolica auctoritate, et legis ac prophetarum oraculis confirmaverunt, sicut in memoratis eorum libris qui volet sine difficultate prævalet invenire, manifestissime declaratur, quia deitas quæ Trinitatis est unitas, trina personaliter intelligi, credi, et dici non debet, ut blasphemat Gothescalcus ; quia si deitas personaliter est trina, sicut tres sunt in sancta Trinitate personæ, divisa, quod absit, erit deitas in tribus illis personis, et jam non erit individua Trinitas, quæ propter unam eamdemque divisibilem deitatem, id est substantiam et naturam, B inseparabilis etiam in personis sensu est intelligenda, sicut Augustinus et cæteri orthodoxi doctores dicunt. Unde constantissime catholica fides prædicat deitatis unitatem in Trinitate personarum, et Trinitatem personarum in unitate deitatis venerari debere. Quoniam sicut singillatim unamquamque personam Deum et Dominum plenum ac perfectum, et quidquid substantialiter dici de Deo potest, propter unam eamdemque deitatem, quæ tota in singulis est personis, confiteri Christiana veritate compellimur, ita tres deos vel dominos dicere, propter unam eamdemque deitatem, sanctæ videlicet Trinitatis unitatem, quæ tota et indivisa atque inseparabilis simul est in tribus sanctæ Trinitatis personis, catholica religione prohibemur. Plura siquidem et horum et aliorum catholicorum doctorum hinc testimonia hic possemus congerere, nisi hæc tantum ad demonstrandam veritatem credidissemus sufficere. Nam et Leo sanctæ catholicæ et apostolicæ sedis pontifex istorum duntaxat, qui eum tempore et si non loco præcesserunt vel merito, pauca numero, sed magna auctoritatis et rectæ fidei genio, testimonia Leoni Augusto ad confirmandam fidem catholicam credidit mittenda sufficere (*epist.* 97). Quapropter Gothescalci sententia dicentis, et vel quid dicat non intelligentis, vel scienter errantis, seque suis verbis apertissime impugnantis, sic naturaliter unam et personaliter trinam esse deita-

tem, sicut naturaliter unus est Deus et personaliter trinus, tantorum et talium testium auctoritate **428** falsissima esse revincitur, et jam secundum sacros canones Africanos ipse ad alia falsiloquia proferenda, vel quæcunque sententia sua falsa ad audiendum non debet admitti, præsertim cum scriptum sit : *In ore duorum vel trium testium omne verbum consistere debere* (*Matth.* xviii, 16). Et sacri Nicæni canones (*conc. Nic.*, *can.* 2)., neophytum episcopum, si circa hujusmodi personam aliquod delictum animæ reperiatur, a duobus vel tribus testibus juxta Apostolum redargutum a clero præcipiunt abstinere. Multo magis autem os hæretici, quem post *primam et secundam correptionem* (*Tit.* iii, 10) vitari jubet Apostolus, debet modis omnibus oppilari. Hoc namque sacrum Nicænum concilium, non adinventione humana, sed inspiratione et auctoritate divina constituit. Hoc omnia sancta concilia post illud habita, scilicet Antiochenum, Sardicense, Ephesinum primum, Chalcedonense, et universa provinciæ Atricæ concilia confirmaverunt. Hoc omnium catholicorum sacræ Novi ac Veteris Testamenti Scripturæ tractatorum, ex eisdem Scripturis protestantur eloquia, ut quicunque vult salvus esse, tres sanctæ Trinitatis personas Patrem, et Filium, et Spiritum sanctum, ὁμοούσιον, id est ejusdem essentiæ, substantiæ, deitatis, divinitatis, naturæ, vel unam essentiam, substantiam, deitatem, divinitatem, naturam inseparabilem atque indivisibilem credat et confiteatur, ita ut singillatim unamquamque personam verum, C plenum, perfectumque Deum, et totas tres simul personas unum, verum, plenum, perfectumque Deum credat et confiteatur, quia Patris et Filii et Spiritus sancti una est deitas, quæ Trinitatis est unitas : et hac unitate, id est deitate, quæ trina esse non potest, quoniam pluralitate et numero qui in personis est caret, unus Deus, sancta Trinitas inseparabilis etiam in personis distinctis sensu est intelligenda. In hac fide secundum traditionem Domini omnes fideliter baptizantes baptizant, et homines fideles baptizantur, et fiunt Christiani per universum mundum.

Sola pseudosynodus Ariminensis hanc Trinitatis consubstantialitatem Arii secuta dementiam fraude abjecit, et ob id ex tunc et nunc, et usque in æternum, sententiam damnationis promeruit. Ergo D quia, ut sanctus Cœlestinus dicit, non est agentium causa solorum, universa Ecclesia quacunque novitate pulsatur, oportet ut et adversum eos, qui hanc vetustissimam et perniciosissimam hæresim, multorum fortissimorum bellatorum sudore devictam, et cœlesti mucrone peremptam, redivivo furore conantur resuscitare trinam deitatem dogmatizantes, non novo sed sempiternæ deitatis, quæ est unitas Trinitatis, æterno judicio proferatur primi capituli sententia sessionis octavæ quintæ synodi centum et quinquaginta trium episcoporum, sub Justiniano imperatore, et Vigilio papa, Constantinopoli contra Theodorum et omnes hæreticos habitæ : qui in principio decem et octo capitulorum a se subscriptorum posuerunt decernendo dicentes (*synodi* v *act.* 8, *cap.* 1) : « Si quis non confitetur **429** Patris et Filii et Spiritus sancti unam naturam sive substantiam, et unam virtutem et potestatem, Trinitatem consubstantialem, unam deitatem in tribus subsistentiis sive personis adorandam, talis anathema sit. Unus enim Deus est Pater ex quo omnia, et unus Dominus Jesus Christus per quem omnia, et unus Spiritus sanctus in quo omnia. » Et in epistola sancti Sophronii Hierosolymitani episcopi ad Sergium Constantinopolitanum episcopum, a sexta synodo (*synodi* vi *act.* 11) receptissima, ita scriptum est : « Trinitatem itaque in unitate credimus, et unitatem in Trinitate glorificamus. Trinitatem quidem pro tribus subsistentiis, unitatem autem propter singularitatem deitatis. Sicut igitur sancta Trinitas numerabilis personalibus est subsistentiis, sic sancta unitas extra omnem est numerum : et hæc quidem indivisibilem habet divisionem, et inconfusam gerit conjunctionem. Cum dividitur namque numerabilibus subsistentiis, et numeratur personalibus alternitatibus, identitate essentiæ atque naturæ conjungitur, et omnimodam partitionem non recipit. Unitas enim singularis et incomputabilis omnem refugit secundum essentiam numerum. Unus enim Deus a nobis enixius creditur, quoniam et deitas una flagranter prædicatur, licet in Trinitate personarum agnoscatur : et unus Dominus a nobis enuntiatur, quoniam et dominatio una firmiter agnoscitur, licet in tribus subsistentiis demonstretur. Neque secundum quod unus est Deus, et una est deitas, est divisibilis et in tres Deos partibilis, vel in tres deitates producendus : neque secundum quod unus est Dominus, distans est, et in tres dominos expandendus est, ac in tres dominationes dilatandus est. Arianorum hæc est impietas, quæ in inæquales deos unum concidit Deum, et in dissimiles deitates unam partitur deitatem, et in alterigenas tres dominationes unam distinguit dominationem. » Et item : « Quemadmodum igitur unum Deum didicimus sapere, ita unam deitatem confiteri percepimus : et sicut tres subsistentias exorare didicimus, ita et tres glorificare personas instruimur. Non alium unum Deum præter tres cognoscentes personas, neque præter tres personas consubstantiales Trinitatis, quæ sunt Pater et Filius et Spiritus sanctus, alteras præter unum Deum agnoscimus. Et idcirco unum hæc tria in quibus est deitas prædicamus, et tria unum quorum est deitas annuntiamus, sive quod est accuratius ac manifestius dicere, quæ Deus est atque cognoscitur. Hoc ipsum quippe et unum est, et tria creditur, et tria prædicatur, et unum veraciter annuntiatur : et neque unum quatenus unum est, tria recipitur, neque tria secundum quod tria sunt, unum advertitur, quod est et mirabile, et omni certe plenum stupore est. Hoc ipsum namque et numerabile est, et refugit numerum. Numerabile quidem tribus suis subsistentiis, refugit autem numerum singularitate deitatis. Unitas quippe ejus essentiæ atque naturæ numerari

penitus non admittit, uti non et differentiam **430** deitatis introducat, et ex hoc essentiæ et naturæ, et deorum multitudinem unum principium faciat. » Et item : « Deus quidem est Pater, Deus vero est Filius, similiter et Deus est et Spiritus sanctus, eo quod indivise et indiminute eædem tres personæ una impleantur deitate, et in unaquaque earum funditus tota est. Nam deitas divisionem non sustinet, et in tribus ipsis personis plenifice atque perfecte est, non partibiliter sive ex parte easdem implens personas, sed in unaquaque existens : plenissima et una permanens, licet in tribus personis monstretur, et ad deorum multitudinem non excurrens, licet in tribus sit subsistentiis, ut non corporalem quamdam sustineat sectionem, quæ certe est impassibilis, et incorporea, et pari nesciens quæ creaturæ sunt propria. »

De hac epistola sextum sanctum concilium in actione decima tertia dicit : « Pertractavimus, inquiens, et synodica venerabilis memoriæ quondam archiepiscopi sanctæ Dei Hierosolymorum civitatis, et hæc reperientes cum vera fide convenientia, apostolicisque sanctorum atque probabilium Patrum doctrinis paria, utpote quæ sunt orthodoxa, recipimus, et ut salubria sanctæ catholicæ et apostolicæ Ecclesiæ suscepimus, et nomen ejus inseri in sanctis dyptiçis sanctarum Ecclesiarum justum esse judicavimus. » Similiter et in epistola Agathonis papæ ad juniorem Constantinum imperatorem (*synodi* vi, *act.* 4) missa scriptum est : « Ut, inquit, vestræ divinitus institutæ pietati quid apostolicæ nostræ fidei vigor contineat breviter intimemus, quam percepimus per apostolicam apostolicorumque pontificum traditionem, et sacrarum quinque generalium synodorum, per quas fundamenta catholicæ Christi Ecclesiæ firmata atque stabilita sunt. Hic igitur status est evangelicæ atque apostolicæ nostræ fidei regularisque traditio, ut confidentes sanctam et inseparabilem Trinitatem, id est Patrem et Filium et Spiritum sanctum, unius esse deitatis, unius naturæ et substantiæ sive essentiæ, unius eam prædicemus et naturalis voluntatis, virtutis, operationis, dominationis, majestatis, potestatis et gloriæ. Et quidquid de eadem sancta Trinitate essentialiter dicitur, singulari numero tanquam de una natura trium consubstantialem personarum comprehendamus regulari ratione hoc instituti. » Sed et in synodica ipsius Agathonis papæ, confirmata in Romana synodo a centum viginti quinque episcopis, et per vicarios ejus ad sextam synodum (*synodi* vi *act.* 4) centum quinquaginta episcoporum Constantinopolim missa, scriptum est : « Sola est, inquit, nostra substantia fides nostra, cum qua nobis vivere summa est gloria, pro qua mori lucrum æternum est. Hæc est perfecta nostra scientia, ut terminos catholicæ atque apostolicæ fidei, quos usque hactenus apostolica sedes nobiscum et tenet et tradit, tota mentis custodia conservemus, credentes in Deum Patrem omnipotentem, factorem cœli et terræ, visibilium omnium et invisibilium, et in Filium ejus unigenitum, **431** qui ante omnia sæcula ex eo natus est, verum Deum de Deo vero, lumen de lumine, natum non factum, consubstantialem Patri, id est ejusdem cum Patre substantiæ, per quem omnia facta sunt quæ in cœlo et quæ in terra : et in Spiritum sanctum dominum et vivificatorem, ex Patre procedentem, cum Patre et Filio coadorandum et conglorificandum : trinitatem in unitate, et unitatem in trinitate, unitatem quidem essentiæ, trinitatem vero personarum, sive subsistentiarum. Deum Patrem confitentes, Deum Filium, Deum Spiritum sanctum. Non tres deos sed unum Deum, Patrem et Filium et Spiritum sanctum : non trium nominum subsistentiam, sed trium subsistentiarum unam substantiam, quorum una essentia, sive substantia, vel natura, id est una deitas, una æternitas, una potestas, unum imperium, una gloria, una adoratio, una essentialis sanctæ et inseparabilis Trinitatis voluntas et operatio, quæ omnia condidit, dispensat et continet. » Quæ ita, ut verbis utamur ipsius sextæ synodi, cum quinque ante habitis sanctis conciliis prædicabiliter receptissima, et irrefragabiliter credenda atque tenenda, in actione 18 confirmata sunt : « Excitavit igitur, inquiens sexta synodus (*synodi* vi, *act.* 18), Christus Deus noster fidelissimum imperatorem, novum David virum secundum cor suum inveniens, qui non dedit juxta quod scriptum est, *somnum oculis suis, et palpebris suis dormitationem* (*Psal.* cxxxi, 4), donec per hunc nostrum a Deo congregatum sacrumque conventum, ipsam rectæ fidei reperit perfectam prædicationem, secundum enim a Domino editam vocem : *Ubi duo vel tres fuerint congregati in nomine meo, ibi sum in medio eorum* (*Matth.* xviii, 20). Quæ præsens sancta et universalis synodus, fideliter suscipiens et expansis manibus amplectens suggestionem, quæ a sanctissimo ac beatissimo Agathone antiquæ Romæ facta est, ad Constantinum piissimum ac fidelissimum nostrum imperatorem, quæ nominatim abjecit eos qui docuerunt vel prædicaverunt, sicut superius dictum est, unam voluntatem et unam operationem in incarnationis dispensatione Domini nostri Jesu Christi veri Dei nostri adæque amplexa est et alteram synodalem suggestionem, quæ missa est a sacro concilio, quod est sub eodem sanctissimo papa centum viginti quinque Deo amabilium episcoporum, ad ejus a Deo instructam tranquillitatem, utpote consonantes sancto Chalcedonensi concilio, et tomo sacratissimi et beatissimi papæ ejusdem antiquæ Romæ Leonis, qui directus est ad sanctum Flavianum, quem et columnam rectæ fidei hujusmodi synodus appellavit. Ad hæc et synodicis epistolis, quæ scriptæ sunt a beato Cyrillo adversus impium Nestorium et ad orientales episcopos. Assecuti quoque sancta quinque universalia concilia, et sanctos atque probabiles Patres, consonanterque confiteri diffinientes Dominum nostrum Jesum Christum, verum Deum nostrum unum de sancta et consubstantiali et vitæ originem præbente Trinitate, perfectum in **432** deitate, et per-

fectum eumdem in humanitate, Deum vere et hominem vere eumdem ex anima rationali et corpore, consubstantialem Patri secundum deitatem, et consubstantialem nobis secundum humanitatem. » Et sic catholice usque ad finem percurrentem sermonem confirmaverunt et subscripserunt centum quinquaginta episcopi, dicentes : « His igitur cum omni undique cautela atque diligentia a nobis formatis, diffinimus aliam fidem nulli licere proferre aut conscribere, componereve aut sapere, vel etiam aliter docere. Qui vero præsumpserint fidem alteram vel componere, vel proferre, vel docere, vel tradere, aut symbolum volentibus converti ad agnitionem veritatis ex gentilitate, vel ex Judaismo, aut ex qualibet hærese, aut qui novitatem vocis vel sermonis adinventionem, ad subversionem eorum quæ nunc a nobis determinata sunt introducere, hos, si quidem episcopi fuerint aut clerici, alienos esse episcopos ab episcopatu, clericos vero a clero : si autem monachi fuerint vel laici, etiam anathematizari eos. » *Et subscriptiones :* Theodorus humilis presbyter sanctæ Romanæ Ecclesiæ, locum gerens Agathonis ter beatissimi universalis papæ urbis Romæ subscripsi. Et deinceps per ordinem singuli. Et per acclamationem more suo, sicut et in conciliis aliis legimus, anathematizaverunt omnes hæreticos, et omnes qui suffragantur hæreticis. Inter quos omnes anathematizati sunt et Prædestinatiani, quorum hæresis, auctoritate papæ Cœlestini ex delegatione ipsius, per sanctum Prosperum in Galliis est revicta (*sextæ synodi act.* 18). Et in edicto Constantini imperatoris, quod petentibus episcopis ad confirmationem istius sextæ synodi fecit et confirmavit, ita scriptum est : « Credimus in Patrem, et Filium, et Spiritum sanctum : Trinitatem in unitate, et unitatem in Trinitate, unam substantiam in tribus subsistentiis. Unitatem quidem propter naturalem unionem ac dominationem : Trinitatem vero propter trium subsistentiarum perfectionem, et divitias superexistentis bonitatis. Unitas quippe vere est Trinitas, quia unita est deitate, et Trinitas vere est unitas, divisa proprietatibus, et non dispertita æternitate : ipsa enim sibimet consempiterna est, et essentia æqualis honoris est. Nec enim exstitit sæculum, quando cum Patre non erat et Filius, cujus utique vocabatur pater, si non simul cum eo erat sine principio filius? Nec erat quando non erat cum utrisque Spiritus sanctus. Unus igitur hæc tria Deus, quæ invicem cum sola singillatim differentia in communitate essentiæ inseparabiliter discernente unamquamque personam intelliguntur. Solus proinde Pater Pater est, solus Filius Filius, solus Spiritus sanctus Spiritus sanctus. His etenim differentiis non convertuntur ad invicem. Sed in his quidem inseparabiliter dividuntur : communicant autem essentiæ unitate, Trinitas simplex, et impartita atque incomposita. Ex tribus perfectis, ex seipsa perfecta, et superperfecta, una natura atque deitate, et una voluntate **433** unaque operatione glorificanda. Quorum enim una natura est, horum et voluntas et operatio una est, sicut nos docuit Dei cultor Basilius) et in fine ipsius edicti : « Unus, inquit, Dominus, una fides, unum baptisma, una in Deo nunc est Ecclesia. Si quis igitur Christi amator est, et metuit Dominum, optatamque salutem desiderat, hanc fidem orthodoxam teneat. Nec enim erit per aliam fidem salvatus. Si quis vero hominum quidem personis gratiam exhibet, charitatis autem in Deum æmulatorem se non demonstrat, præsentemque piam nostram constitutionem non recipit, si quidem episcopus est, vel clericus, aut monachico circumdatus est habitu; depositionis pœnam persolvet : si vero in ordine dignitatum insertus est, supplicio proscriptionis mulctetur, eique cingulum adimatur : sin autem idioticæ sortis est, ex hac regia omnique penitus civitate exteris addicatur, et super hæc omnia terribilis atque inexpiabilis judicii non effugiet cruciatum.)

Quapropter his quæ Gothescalcus, alter videlicet pro modulo suo Simon magus, in scriptis suis frequenter posuit spiritu furioso exagitatus, exaltato corde, et elatis oculis, se mendaciter promittens in mirabilibus super se ambulaturum, petendo ut sibi tria dolia parentur, unum videlicet dolium plenum ferventi adipe, et aliud plenum ferventi oleo et tertium plenum bullienti pice, et cum vicissim in unumquodque dolium usque ad collum intrans de illis tribus doliis illæsus exierit, credatur ab omnibus assertio illius esse verissima, qua dicit, præter istam blasphemiam quod deitas sic personaliter sit trina ut est naturaliter una, quia sicut Deus electos ad regnum æternum, ita reprobos ad interitum prædestinavit æternum, et non vult omnes homines salvos fieri, nisi tantum eos qui salvantur, et non est passus nisi tantummodo pro electis, et nullus de iis periet, pro quibus fusus est sanguis Christi, nemo fidelis ac sobrius sensum debet accommodare, præsertim cum Dominus hinc verbo et exemplo in congressione contra diabolum, dixerit : *Non tentabis Dominum Deum tuum* (*Matth.* iv, 7), qui ut omnipotens agere poterat quod diabolus postulaverat, et iste implere non possit quod falso et inverecunde confingit; sed apostolico zelo succensus, contra hujusmodi mortiferas suggestiones, velut antidotum salubre debet corde et ore proferre : Si quis, inquiens, aliter evangelizaverit præter id quod evangelizatum est a sancto Spiritu per ora supradictorum doctorum et sanctorum episcoporum in sex præfatis conciliis, de unitate deitatis, quæ est unitas trinitatis, et de omnibus capitulis ad orthodoxam fidem specialiter pertinentibus, quæ catholica et apostolica prædicat et tenet Ecclesia, anathema sit. Et de his quæ secundum tramitem Scripturarum traditionemque majorum diffinita sunt, contra Gothescalcum, vel contra quemcunque alium, in quamcunque disputationem intrare nemo debet præsumere, sed damnatus, ut spuria vitulamina in ipsa radice amaritudinis, **434** vel exsilio, vel ergastulo, separatus

a consortio fidelium; ne aliis nocere valeat qui sibi prodesse non volet, sine retractatione male pertinaciter sentiens debet retrudi, et in ipsa exsilii vel retrusionis alligatione perpetua permanere, nisi forte Deo respiciente resipiscat a diaboli laqueo a quo captus tenetur, ad ipsius misericordissimi et omnipotentissimi Domini voluntatem, sicut ex auctoritate epistolæ magni papæ Leonis ad Pulcheriam Augustam (*epist.* 47) percepimus, in qua scriptum est : « De Eutyche, inquit, totius scandali et pravitatis auctore hoc clementia vestra præcipiat, ut ab eo loco qui Constantinopolitanæ urbi nimis vicinus est longius transferatur, ne frequentioribus solatiis eorum, quos ad impietatem suam traxit, utatur; monasterio quoque ipsius, cui perniciose indigneque præsedit, catholicum abbatem jubete præponi, qui illam servorum Dei congregationem, et a pravo dogmate liberare, et institutis veritatis possit imbuere. » Quia vero de hujusmodi tanquam de dubiis disputare non debeamus, idem Leo ad Martianum Augustum (*epist.* 45) : « Per ipsum, inquiens, Dominum nostrum Jesum Christum, qui regni vestri est auctor et rector, obtestor et obsecro clementiam vestram, ut in præsenti synodo fidem, quam beati Patres nostri ab apostolis sibi traditam prædicaverunt, non patiamini quasi dubiam retractari, et quæ olim majorum sunt auctoritate damnata, redivivis nunc non permittatis conatibus excitari illudque potius jubeatis, ut antiqua Nicænæ synodi constituta, remota hæreticorum interpretatione, permaneant. » Et item ad Leonem Augustum (*Leo, epist.* 84) dicit : « Prænoscat, inquiens, pietas tua venerabilis imperator, hos quos spondeo dirigendos, non ad confligendum cum hostibus fidei, nec ad certandum contra illos, a sede apostolica profecturos : qui de rebus et apud Nicæam et apud Chalcedonam, sicut Deo placuit, diffinitis, nullum inire audemus tractatum, tanquam dubia vel infirma sint, quæ tanta per Spiritum sanctum fixit auctoritas. Instructioni autem parvulorum nostrorum, qui post lactis alimoniam cibo desiderant solidiore satiari, ministerii nostri præsidium non negamus, et sicut simpliciores non spernimus, ita a rebellibus hæreticis abstinemus, memores præcepti Dominici dicentis : *Nolite sanctum dare canibus, neque miseritis margaritas vestras ante porcos* (*Matth.* vii, 6). Nimis quippe indignum, nimisque injustum est, eos ad libertatem disceptationis admitti, quos significat Spiritus sanctus per Prophetam dicens, *Filii alieni mentiti sunt mihi* (*Psal.* xvii, 46). Qui etiam si Evangelio non resisterent, de illis tamen se esse monstrarent, de quibus scriptum est : *Deum se profitentur scire, factis autem negant.* » Et item ad eumdem Augustum dicit : « Quæ patefacta sunt quærere, quæ perfecta sunt retractare, et quæ sunt diffinita convellere, quid aliud est quam de adeptis gratiam non referre, et ad interdictæ arboris cibum improbos appetitus mortiferæ cupiditatis extendere? » Beatus quoque Ambrosius in libro primo de Fide ad Gratianum, imperatorem,

435 et sanctus Augustinus in libro contra quinque hostium genera, et Agatho papa, ac Sophronius Hierosolymorum episcopus, similiter sentientes, atque Proclus Constantinopolitanus episcopus dicens : Fugiamus turbulentos et cœnosos fallaciæ rivos, sectas Deum impugnantes, Arii dico furorem, dividentem individuam Trinitatem in quinta synodo scribentes, et sanctus Athanasius in libris suis demonstrat hæc quæ Gothescalcus didicit, videlicet quia sicut Deus personaliter est trinus, sic deitas personaliter est trina, sensisse præfatum Arium et complices ejus in sacra Nicæna synodo condemnatos : quos cum omnibus qui contra symbolum Nicænum sentire præsumunt, omnia concilia catholica damnaverunt et damnant. Unde S. Gelasius ad universos episcopos per Dardaniam constitutos (*epist.* 11, *in principio*), « Patres, inquit, nostri catholici videlicet doctique pontifices in unaquaque hæresi quolibet tempore suscitata, quidquid pro fide, pro veritate, pro communione catholica atque apostolica, secundum Scripturarum tramitem, prædicationemque majorum, facta semel congregatione sanxerunt, inconvulsum voluerunt deinceps firmumque constare, nec in hac eadem causa denuo quæ præfixa fuerant retractari qualibet recenti præsumptione permiserunt, sapientissime pervidentes, quoniam si decreta salubriter cuique liceret iterare, nullum contra singulos quosque prorsus errores stabile persisteret Ecclesiæ constitutum, ac semper iisdem furoribus recidivis omnis integra diffinitio turbaretur. Nam si limitibus etiam præfixis positarum semel synodalium regularum, non cessant elisæ pestes resumptis certaminibus contra fundamentum sese veritatis attollere, et simplicia quæque corda percutere, quid fieret si subinde fas esset perfidis inire concilium? cum quamlibet illa manifesta sit veritatis, nunquam desit quod perniciosa depromat falsitas, et si ratione vel auctoritate deficiens, sola tamen intentione non cedens. Quæ majores nostri divina inspiratione cernentes, necessario præcaverunt, ut quod acta semel synodus pro fidei communione, et veritate catholica atque apostolica promulgasset, non sinerent post hæc novis retractationibus mutilari, ne pravis occasio præberetur quæ medicinaliter fuerant statuta pulsandi : sed auctore cujuslibet insaniæ ac pariter errore damnato sufficere judicarunt, ut quisquis aliquando hujusmodi erroris communicator existeret, principali sententia damnationis ejus esset obstrictus, quoniam manifeste quilibet vel professione sua vel communione posset agnosci. » Et post aliquanta : « Quoniam idem ipse error cum suo auctore damnatus in participe quolibet pravæ communionis affecto exsecrationem sui gestat et pœnam. »

His apostolicæ sedis auctoritatibus constat, de hac, sicut et de omni hæresi olim revicta, atque cum sectatoribus suis damnata, non debere iterum disputari : nec damnatum canonice Gothescalcum ad judicium revocari. Qui etiam si non solum cum certo et decreto numero episcoporum in causa **436** presbyteri vel diaconi, verum et si pro manifesta hæresi a solo suo episcopo fuisset damnatus, non deberet de eo refricari judicium, sicut Gelasius papa in Commonitorio Fausto magistro militum Constantinopolim fungenti officio legationis delegato, ostendens rationabiliter a Felice papa Acacium Constantinopolitanum episcopum fuisse damnatum dicit : « Decessorem, inquiens, meum exsecutorem fuisse veteris constituti, non novæ constitutionis auctorem, quod non solum præsuli apostolico facere licet, sed et cuicunque pontifici. » Et hujusmodi præsumptores, ut Nicænum dicit concilium, anathematizat catholica et apostolica Ecclesia. Et Constantinopolitanum concilium, fidem non violandam Patrum trecentorum decem et octo, qui apud Nicæam Bithyniæ convenerant, et manere eam firmam et stabilem, et anathematizandam omnem hæresim. Et sacrum Chalcedonense concilium (*concilium Chalced. actione* 5, *sub fine*) : « Statuit sancta et universalis synodus alteram fidem nulli licere proferre, vel conscribere, aut componere, aut sentire, aut docere aliter, eos autem qui ausi sint componere fidem alteram, aut proferre, aut docere, aut tradere alterum symbolum volenti vel converti, vel ex gentilibus ad cognitionem veritatis venire, vel ex Judæis, vel hæresi quacunque, eos, si episcopi fuerint aut clerici, alienos esse episcopos ab episcopatu et clericos a clero, si vero monachi aut laici fuerint, anathematizari. » Et hæc omnia venerunt super Gothescalci caput, et nec sic est ad se percutientem reversus. Bene facient igitur venerabiles fratres nostri monachi viri religiosi, si ita ut scriptum habetur in beati Benedicti regula, quam jurejurando se observaturos professi sunt, obedientiam dependentes eidem Patri sanctissimo, imo sancto Spiritui qui per eum locutus est, relictis non necessariis superstitiosorum compositionibus, sancti Ambrosii, sicut ipse sanctus Benedictus præcepit, vel nominatissimorum atque orthodoxorum hymnos, de quibus sufficienter habent, in diurnis ac nocturnis laudibus usi fuerint, in quibus et catholica fides redolet, et piæ sunt preces, et mirabilis est compositio, ne pro talibus, sicut ex hymni, cujus initium est, *Sanctorum meritis inclyta gaudia*, cujusque compositorem hactenus invenire nequivimus, finalitate, ubi a quibusdam cantatur, vel potius blasphematur, *te trina deitas*, aut scienter aut nescienter scandalum in Ecclesia moveant, quæ aliis multis perturbationibus concutitur et vexatur : scientes quid mereatur, qui suo vitio unum scandalizaverit de pusillis credentibus, docente Paulo : *Sic autem peccantes in fratres, et percutientes conscientiam eorum infirmam, in Christum peccatis* (*I Cor.* VIII, 12); et necesse sit eos canonica severitate percelli magnæ Chalcedonensis synodi, sexcentorum triginta et eo amplius episcoporum, quæ de hujusmodi diffinivit, qui debentes studere silentio et quieti, interdum etiam zelum Dei habentes, sed non secundum scientiam, ecclesiastica vel civilia **437** negotia commovent; præsertim quia ipsa sacra auctoritas canonum, Spiritu Dei condita, et totius mundi reverentia consecrata, in Africano concilio ducentorum octo episcoporum, capite septuagesimo primo præcepit ut non preces aliæ celebrentur, nisi illæ quæ in concilio cum prudentioribus collatæ fuerint, ne forte contra fidem, quod absit, in eisdem precibus, quibus fidelis quisque debet Deo conciliari, ab aliquo proferatur, ut audientibus scandalum fiat. Legant etiam horis sibi ad legendum regulariter deputatis orthodoxorum libros, et ab omnibus invenient contradici ut trina deitas nunquam credatur, nunquam a fideli ut videatur credibile proferatur. Invenient nihilominus in dictis catholicorum inepte imperitos quasi ad auctoritatem sumpsisse, quia sicut trinus Deus dicitur, ita et deitas trina dicatur. Pater quippe et Filius et Spiritus sanctus idcirco unus Deus dicitur, quia una est deitas, quæ Trinitatis est unitas Patris et Filii et Spiritus sancti, ut sancta catholica et apostolica Ecclesia per beatum et magnum papam Leonem (*Leo, epist. cap.* 1) ad Turibium Asturicensem episcopum breviter confirmando explanat, et explanando confirmat dicens : « Hanc catholicæ fidei esse confessionem, quæ Trinitatem deitatis sic ὁμοούσιον confitetur, ut Patrem et Filium et Spiritum sanctum sine confusione individuos, sine tempore sempiternos, sine differentia credat æquales, quia unitatem in Trinitate, non eadem persona, sed eadem implet essentia. » Qui autem non solum absurde, sed et infideliter dicunt, quia trina dicenda est deitas, eo quod singulis quisque in tribus personis, Pater videlicet sit Deus, Filius sit Deus, Spiritus sanctus sit Deus, ac per hoc in Patre pleno et perfecto Deo plena et perfecta sit deitas, in Filio pleno et perfecto Deo plena et perfecta sit deitas, in Spiritu sancto pleno et perfecto Deo plena et perfecta sit deitas : inveniant si possunt quo nomine illa trina deitas dici valeat una. Si dixerint trina deitas in personis, una in deitate, non constat : si dixerint, trina deitas in personis, una in substantia vel essentia, sive divinitate aut natura, nec hoc constare constat esse certissimum. Unum enim idemque in Deo est natura, substantia, essentia, divinitas, deitas. Fateantur ergo necesse est trinum Deum dici in personis, unum in deitate : et fateantur quod non trina sed una sit deitas, quæ Trinitatis est unitas. Unde sanctus Ambrosius, sicut in libris suis latius, ita breviter in hymno suo dicit,

> Tu Trinitatis unitas, orbem potenter qui regis.

Et item in alio hymno,

> O lux beata Trinitatis, et principalis unitas.

Quod quasi exponens Augustinus in primo libro (*cap.* 8) de sancta Trinitate dicit : « Trinitatis enim unitas est deitas incorporea et incommutabilis, et sibimet consubstantialis, et coæterna natura. » Et Athanasius hanc dixit esse fidem catholicam, ut credatur quia « alia **438** est persona Patris, alia Filii, alia Spiritus sancti, sed Patris et Filii et Spiritus sancti

una est divinitas, æqualis gloria, coæterna majestas. » Unde item sanctus Ambrosius in alio hymno evidenter ostendit, quomodo Deus trinus et quomodo unus credi et intelligi debeat, dicens · *Summe Deus clementiæ, mundique factor machinæ, unus potentialiter,* quod Augustinus exponit substantialiter, *trinusque personaliter.* Et sanctus Gregorius in homilia Ezechielis (*hom.* 16) : « Veteris et Novi Testamenti spiritales patres sanctæ Trinitatis personas unius deitatis credidisse et prædicasse, et angelica in cœlo agmina incessabiliter clamare fatetur. »

His ergo perpensis, discernant honorabiles fratres nostri monachi, utrum melius sit blasphemare cum Gothescalco et Ratramno, dicendo *Te trina deitas* in hymno cujus auctorem nesciunt, an credere et cantare cum summis cœlorum virtutibus, et cum beatorum spiritibus, et cum omnibus sanctis viris catholicis, in tribus personis unam deitatis substantiam, id est deitatem. Videant etiam utrum debeant sequi blasphemias Gothescalci, quas de corde suo, vel potius maligno spiritu inspirante, mendacissime protulit, et figmenta Ratramni, quæ falso composuit de libris beati Hilarii et sancti Augustini, impugnando veritatem, ut deitas trina dicatur, an veritatem Spiritus sancti, qui locutus est per sanctos prophetas, et apostolos apostolorumque successores, dicentes et confirmantes, quia tres sunt sanctæ Trinitatis personæ, et una deitas, quæ trinitatis est unitas. Nam sanctus Augustinus in primo libro de Trinitate, quasi ad Ratramnum specialiter confutandum, qui de ejus libris suum mendacium quod trina dicenda sit deitas compilando voluit solidare, ipsum fidei lapidem posuit, super quem Christus videlicet manu fortis suam fundavit Ecclesiam, et quo Goliam designantem diabolum, cujus insania omnes antichristi, id est hæretici, repleti loquuntur, in fronte percussit, pro se et pro omnibus catholicis, quorum libros de fide sanctæ Trinitatis legerat, contra istum protulit (*lib.* I *de Trin., cap.* 4), dicens : « Omnes, inquit, quos legere potui, qui ante me scripserunt de Trinitate quæ Deus est, divinorum librorum veterum et novorum catholici tractatores hoc intenderunt secundum Scripturas docere, quod Pater, et Filius, et Spiritus sanctus unius ejusdemque substantiæ, inseparabili æqualitate divinam insinuent unitatem, ideoque non sint tres dii, sed unus Deus. » Attendant igitur venerabiles fratres nostri monachi viri religiosi, quod idem beatus Augustinus in libro IX de Trinit. dicit (*cap.* 1): « De credendis, inquiens, nulla infidelitate dubitemus, de intelligendis nulla temeritate affirmemus : in illis est auctoritas tenenda, in his veritas exquirenda. » Exquirant ergo per catholicos doctores hanc veritatem qualiter sentire debeant de Trinitatis deitate, videlicet de sanctæ Trinitatis unitate, et catholicam teneant auctoritatem, et non sequantur male sentientium pravitatem, nec defendant pertinaciter, si quid hactenus non senserunt fideliter, sed audiant et exaudiant beatum Augustinum, quemcunque **439** nostrum monentem in tractatu psalmi centesimi trigesini : « Si forte, inquit, erras in aliouo, quare non redis ad lac matris? quia si non extollimini, quia si non exaltatis cor vestrum, quia si non ingredimini in mirabilibus super vos, sed servatis humilitatem, revelabit vobis Deus quod aliter sapitis. Si autem hoc ipsum quod aliter sapitis defendere vultis, et pertinaciter astruere, et contra pacem Ecclesiæ, et vobis maledictum hoc quod dixit *super matrem* cum estis, ut foris a lacte separemini, foris a visceribus matris fame moriamini. Si autem perseveraveritis in pace catholica, si quid forte aliter sapitis quam oportet sapere, Deus vobis revelabit humilibus. Quare? quia Deus superbis resistit, humilibus autem dat gratiam. » Et quia de cætero nescienter errare non poterunt, timeant quod item egregius doctor in quarto libro (*cap.* 5) de baptismo dicit : « Cum manifestum sit, inquit, multo gravius peccare scientem quam nescientem, vellem mihi aliquis diceret, si quis in hæresim incurrat nesciens quantum malum sit, et alius ab avaritia non recedat sciens quantum malum sit, quis eorum sit pejor. Possum etiam ita proponere, si alius nesciens in hæresim irruat, et sciens alius ab idololatria non recedat, quia et Apostolus dicit : *Avaritia, quæ est idolorum servitus* (*Ephes.* v, 5) : quæro ergo quis peccet gravius, qui nesciens in hæresim incurrit, aut qui sciens ab avaritia, id est ab idololatria non recesserit. Secundum quidem illam regulam, qua peccata scientium peccatis ignorantiæ præponuntur, avarus cum scientia vincit in scelere. Sed ne forte hoc fiat facit in hæresi sceleris ipsius magnitudo, quod facit in avaritia scientis admissio, ut hæreticus nesciens avaro scienti coæquetur, amborum peccata æqualiter appendantur, ignorantis blasphemia, et scientis idololatria, et eadem sententia judicentur, ille qui Christum quærendo in verisimilem sermonem falsitatis incurrit, et ille qui nesciens Christo resistit loquenti per Apostolum : *Quoniam omnis fornicator, aut immundus, aut avarus, quod est idolorum servitus, non habet hæreditatem in regno Christi et Dei* (*Ephes.* v, 5). » Nemo igitur catholicus contra auctoritatem, nemo pacificus contra Ecclesiæ pacem certare audeat, ne schismaticus, et non catholicus, inveniatur, et a Christi corpore separetur. Admonendi sunt ergo subditi ab Ecclesiæ sanctæ præpositis, ut sacræ legis verba recte intelligant, et si per se intelligere non potuerint, juxta præceptum divinæ auctoritatis, *interrogent patres suos et annuntiabunt illis, majores suos et docebunt illos* (*Deut.* xxxii, 7). Et qui sacræ legis verba non recte intelligunt, admonendi sunt, secundum regulam pastoralem beati Gregorii (*parte* iii, *cap.* 25), « ut perpendant quoniam saluberrimum vini potum in veneni sibi poculum vertunt, ac per medicinale ferrum vulnere se mortali feriunt, dum per hoc in se sana perimunt, per quod salubriter abscindere sauciata debuerunt. Admonendi sunt ut perpendant quod Scriptura sacra in nocte præsentis vitæ quasi quædam nobis lucerna sit posita, cujus nimirum **440** verba, dum non recte in-

A telligunt, de lumine tenebrescunt; quos videlicet ad intellectum pravum intentio perversa non raperet, nisi prius superbia inflaret. Dum enim se præ cæteris sapientes arbitrantur, sequi alios ad melius intellecta despiciunt : atque ut apud imperitum vulgus scientiæ sibi nomen extorqueant, student summopere, et ab aliis recte intellecta destruere, et sua perversa roborare. Unde bene per prophetam dicitur : *Secuerunt prægnantes Galaad ad dilatandum terminum suum* (*Amos* i, 15). Galaad namque acervus testimonii interpretatur. Et quoniam cuncta simul congregatio Ecclesiæ per confessionem servit testimonio veritatis, non incongrue per *Galaad* Ecclesia exprimitur, quæ ore cunctorum fidelium de Deo quæque sunt vera testatur. Prægnantes autem Galaad vocan-

B tur animæ, quæ intellectum verbi ex divino amore concipiunt, si ad perfectum tempus veniant, conceptam intelligentiam operis ostensione parituræ. Terminum vero suum dilatare est, opinionis suæ nomen extendere. Secuerunt ergo prægnantes Galaad ad dilatandum terminum suum : quoniam nimirum hæretici mentes fidelium, quæ jam aliquid de veritatis intellectu conceperant, perversa prædicatione perimunt, et scientiæ sibi nomen extendunt. Parvulorum corda, jam de verbi conceptione gravida, erroris gladio scindunt, et quasi doctrinæ sibi opinionem faciunt. Hos ergo cum conamur instruere, ne perversa sentiant, admoneamus prius necesse est, ne inanem quærant. Si enim radix elationis abscinditur, consequenter rami pravæ assertionis arescunt.

C Admonendi sunt etiam, ne erroris discordias generando legem Dei, quæ idcirco data est ut sacrificia Satanæ prohibeat, eamdem ipsam in sacrificium Satanæ vertant. Unde per prophetam Dominus queritur, dicens : *Dedi eis frumentum, et vinum et oleum, et argentum multiplicavi eis et aurum, quæ fecerunt Baal* (*Ose.* ii, 8). Frumentum quippe a Domino accepimus, quando in dictis obscurioribus subducto tegmine litteræ, per medullam spiritus legis interna sentimus. Vinum suum nobis Dominus præstat, cum Scripturæ suæ attenta prædicatione nos debriat. Oleum quoque suum nobis tribuit, cum præceptis apertioribus vitam nostram blanda lenitate disponit. Argentum multiplicat, cum nobis luce veritatis plenia eloquia subministrat. Auro quoque nos ditat,

D quando cor nostrum intellectu summi fulgoris irradiat. Quæ cuncta hæretici Baal offerunt, quoniam apud auditorum suorum corda corrupte omnia intelligendo pervertunt, et de frumento Dei, atque oleo, urgento pariter et auro, Satanæ sacrificium immolant, quoniam ad errorem discordiæ verba pacis inclinant. Unde admonendi sunt ut perpendant, quia dum perversa mente deceptis pacis discordiam faciunt, justo Dei examine ipsi de verbis vita moriuntur. » Docendi sunt etiam ut non ignorent neque contemnant decreta magni Leonis papæ ad Anastasium Antiochenum episcopum (*epist.* 62, *cap.* 6, *ad Maximum Antioch.*) in quibus scriptum est quod apostolica et **441** generalis synodi auctoritate constituit : « Illud-

inquiens, dilectionem tuam convenit præcavere, ut **A** cata quæ per consilium perpetrantur, non tam prava
præter eos qui sunt domini sacerdotes, nullus sibi
docendi et prædicandi jus audeat vindicare, sive ille
monachus, sive sit laicus, qui alicujus scientiæ nomine glorietur : quia et si optandum est, ut omnes
Ecclesiæ filii quæ recta et sana sunt sapiant, non
tamen permittendum est ut quisquam extra sacerdotalem ordinem constitutus gradum sibi prædicatoris assumat, cum in Ecclesia Dei omnia ordinata
esse conveniat, ut in uno Christi corpore, et excellentiora membra suum officium impleant, et inferiora
superioribus non resultent. ,

Debent ergo fratres ac filii nostri monachi, viri
religiosi, attendere professionis suæ regulam, in qua
scriptum est : Octavus humilitatis gradus est, si nihil agat monachus, nisi quod communis monasterii **B**
regula, vel majorum cohortantur exempla : et, nonus humilitatis gradus est, si linguam ad loquendum
prohibeat monachus, et taciturnitatem habens, usque
ad interrogationem non loquatur. Si autem necessitas docendi parochiam exegerit ut per sacerdotes
monachos verbum fiat ad populum, episcopus et sanitatem sensus, et catholicam fidem, atque religionis
disciplinam, et humilitatis virtutem, ac sanctæ conversationis soliditatem, in eis probare debet, et sic
ad doctrinæ officium provocare. Non provocati autem,
nullatenus hoc quod sibi non injungitur non debent
assumere, et si deprehensi fuerint aut prava docere, aut nociva monstrare, aut de doctrina in aliquo
superbire, debent ab eodem officio removeri, usque-
dum per humilitatis satisfactionem inveniantur cor- **C**
recti : quia sic et Spiritus sanctus per os beati Benedicti in regula ab eo constituta, de artificibus
monasterii cujuslibet artis præcipit agere : et si,
quod absit, quique reperti fuerint, quoniam, ut
scriptum est, et in angelis reperta est nequitia, qui
in contemptus culpa ex consilio ligari maluerint,
admonendi sunt ex regula pastorali beati Gregorii
(*parte* III, *cap.* 33), ‹ quatenus provida consideratione
perpendant, quia dum mala ex judicio faciunt, districtius contra se judicium accendunt, ut tanto eos
durior sententia feriat, quanto illos in culpa arctius
vincula deliberationis ligant. Citius fortasse delicta
pœnitendo abluerent, si in his sola præcipitatione
cecidissent. Nam tardius peccatum solvitur, quod **D**
per consilium solidatur. Nisi enim mens omnimodo
æterna despiceret, in culpa ex judicio non periret.
Hac ergo præcipitatione lapsi, per consilium per-
euntes differunt, quia cum hi ab statu justitiæ
peccando concidunt, plerumque simul et in laqueum
desperationis cadunt, et a radice spei funditus evel-
luntur. Hinc est quod per prophetam Dominus, non
tam præcipitationum prava quam delictorum studia
reprehendit, dicens : *Non forte ingrediatur ut ignis
indignatio mea et succedatur, et non sit qui exstinguat propter malitiam studiorum vestrorum* (*Jer.*
IV, 4). Hinc iterum iratus dicit : *Visitabo super vos
juxta fructum studiorum vestrorum* (*Jer.* XXI, 14).
Quoniam igitur **442** a peccatis aliis differunt pec-

facta Dominus, quam studia pravitatis insequitur.
In factis enim sæpe infirmitate, sæpe negligentia delinquitur, in studiis vero malitiosa semper intentione
peccatur. Quo contra recte beati viri expressione
per prophetam dicitur, *et in cathedra pestilentiæ non
sedit* (*Psal.* I, 1). Cathedra quippe judicis esse vel
præsidentis solet. In cathedra autem pestilentiæ sedere est ex judicio prava committere, et ex ratione
mala, discernere, et tamen ex deliberatione perpetrare. Quasi in perversi consilii cathedra sedet, qui
tanta iniquitatis elatione attollitur, ut implere malum
etiam per consilium conetur. Et sicut assistentibus
turbis præelati, sunt qui cathedræ honore fulciuntur,
ita delicta eorum qui præcipitatione corruunt, exquisita per studium peccata transcendunt. Admonendi sunt ergo, ut hinc colligant qui in culpa se
etiam per consilium ligant, quanta tunc ultione feriendi sunt, qui nunc pravorum non socii sed principes fiunt. › Denique si, quod absit, aliquis de fratribus nostris hinc pro finalitate hymni, unde absque
ulla necessitate exorta est ista cervicosa contentio,
trinam deitatem defendendo, vel de prædestinatione
sanctorum et relictione reproborum, vel quod Deus
non vult omnes homines salvos fieri, et non sit pro
omnibus Christus passus, cum dicat Paulus apostolus, *Deus omnes homines vult salvos fieri* (*I Tim.* II,
4), et Petrus, quia *neminem vult perire.* Et ipse Dominus per Prophetam, *Vivo ego, quia nolo mortem
peccatoris,* cum juxta Apostolum omnes peccaverint,
Et ad Hierusalem Dominus : *Quoties volui congregare
filios tuos, et noluisti?* (*Matth.* XXIII, 37.) Et item
Paulus : *Si Christus pro omnibus mortuus est, ergo
omnes mortui sunt, et pro omnibus mortuus est Christus, ut qui vivunt jam non sibi vivant, sed ei qui pro
omnibus mortuus est* (*II Cor.* V, 14). Et contra doctrinam apostolicam de baptismatis sacramento, in
quo nulla est discretio renatorum, pro quibus capitulis contra catholicam fidem, et doctrinam beati
Augustini in libro de Correptione et Gratia, et de
Prædestinatione sanctorum, ac Bono perseverantiæ,
atque Hypomnesticon, et contra decreta sancti Cœlestini papæ, ex cujus delegatione beatus Prosper
hinc exortam hæresim per auctoritatem Scripturarum
et doctrinam beati Augustini revicit et compressit
in Galliis, contraque cæterorum orthodoxorum traditionem sentiens condemnatus est Gothescalcus,
vel de omnibus, quæ apostolicæ sedis et sex generalium synodorum auctoritate diffinita sunt, deinceps
dogmatizare, et irreverentius in sua obstinatione
permanere præsumpserit vindictæ canonicæ subjacebit. Nemo ergo plus sibi arroget sapere quam
oportet sapere, cum scriptum sit : *Sicut qui mel
multum comedit non est ei bonum, ita qui scrutator
est majestatis opprimitur gloria* (*Prov.* XXV, 27). Et :
Nisi credideritis, non intelligetis. Et quia valde est
difficile, ut beatus exponit Gregorius, ut omne sacrum
eloquium a nobis mortalibus possit intelligi, et
443 omne ejus mysterium penetrari, restat ut quod

de mysterio divini verbi penetrare non possumus, potestati sancti Spiritus humiliter reservemus, ut non superbe quis audeat, vel contemnere, vel denuntiare quod non intelligit, sed hoc igni tradat, cum sancto Spiritui reservat. Credat tamen indubitanter, ut Augustinus explanat, quod sermo divinus dicit, ad cujus mysterium penetrare intelligendo non sufficit: quoniam, ut beatus Cœlestinus in decretis suis (*post epist.* 8, *in fin.*) dicit, « profundiores, difficilioresque partes incurrentium quæstionum, quas latius pertractarunt qui hæreticis restiterunt, sicut non audemus contemnere, ita non necesse habemus astruere. »

At si quis hanc commonitionem nostram, auctoritate Scripturarum et orthodoxorum Ecclesiæ præpositorum fultam, non obaudierit, quoniam sacri Antiocheni canones, spiritu Dei conditi, et ut Leo dicit, totius mundi reverentia consecrati, decernunt « perfectum esse concilium, ubi metropolitanus cum suis suffraganeis interfuerit. » Et item S. Leo (*epist.* 66, *sub fin.*) ad Maximum Antiochenum episcopum scribit : « Quidquid, inquiens, præter speciales causas synodalium conciliorum ad examen episcopale defertur, potest habere dijudicandi rationem, si nihil de eo est a sanctis patribus apud Nicæam diffinitum. Nam quod ab illorum regulis et constitutione discordat, apostolicæ sedis nunquam poterit obtinere consensum. » Et sacri Nicæni canones, eosque sequentes Antiocheni et Chalcedonenses, hujusmodi quæstiones, quæ per provincias oriuntur, jubent discutere, et si quæ fortassis emerserint in provincialibus synodis, singula quæque corrigere. Agathense concilium capite trigesimo octavo (*can.* 31) decrevit, dicens : « Monachos, quos verborum increpatio non emendaverit, etiam verberibus statuimus coerceri. » Quod et sancta regula eodem Spiritu sancto, quo et sacri canones in venerandis conciliis, per os beati Benedicti promulgata, secundo capitulo jubet indisciplinatos scilicet et inquietos durius arguere, et improbos, et duros ac superbos vel inobedientes verberum vel corporis castigatione in ipso initio peccati coercere, sicut scriptum est : Stultus verbis non corrigitur, et percute filium tuum virga, et liberabis animam ejus a morte. Memores igitur promissionis suæ doctrinam communis patris nostri beati Benedicti sequantur, qui in sexto regulæ capitulo ex prophetico testimonio dicit : Si, inquiens, a bonis eloquiis interdum propter taciturnitatem debet taceri, quanto magis a malis verbis propter pœnam peccati debet cessari? Quid enim pejus potest dici quam fidei symbolum a Christo traditum, et ab apostolis apostolorumque successoribus prædicatum, in magno Nicæno concilio mystico sacerdotum numero confirmatum, pestilentissime, pertinaciter, et ex studio violare atque convellere, cum Scriptura dicat : *Sine fide impossibile est placere Deo ?* Et quia in tam maxima causa, quæ illa magni Petri rectæ confessionis petra est, supra quam Dominus fundavit Ecclesiam suam, cui **444** dedit claves regni cœ-

lorum, omniumque bonorum est fundamentum, ignoranter non valent offendere, si per contemptum deinceps offenderint, quod dicimus satis inviti, quem non correxerint verba, suscipient verbera, et cum gradus privatione, atque a corporis et sanguinis Christi separatione, ut Gothescalcus pertinacissimus damnatus est, condemnabitur exsilii vel ergastuli relegatione : quatenus sicut apostolicæ sedis statuta decernunt, qui contra statuta tenere tentaverit, et prohibita fuerit ausus admittere, a suo se noverit officio submovendum, nec communionis nostræ futurum esse consortem qui socius esse noluit disciplinæ, et cum eo habeat partem cujus sequi delegit errorem. Sed et regula sanctæ professionis monachorum capitulo vigesimo sexto decernit, ut talibus se quolibet modo inconsulte conjungens sortiatur excommunicationis vindictam. Unde scire fideliter quisquis fidelis debet, quoniam licet aut præpositorum Ecclesiæ scientiam latens, aut desidiam vel negligentiam, seu eludens, aut potestatem modo quolibet subterfugiens, ab his judicialibus sententiis a Spiritu sancto, qui scrutatur etiam profunda Dei et replet orbem terrarum, decretis ante oculos humanos evaserit, in conspectu tamen Dei, cujus oculis nuda et aperta sunt omnia, et qui fecit quæ futura sunt, per eorum judicia quibus dixit : *Non vos estis qui loquimini, sed Spiritus Patris vestri, qui loquitur in vobis* (*Matth.* x, 20), et : *Accipite Spiritum sanctum, quorum remiseritis peccata remittentur eis, et quorum retinueritis retenta sunt* (*Joan.* xx, 22), quique in cœlo cum eo regnant, et in terris miraculis coruscant, et ut beatus Leo scribit, adhuc nobiscum in suis constitutionibus vivunt, permanens in pertinacia sua ligatus exibit de isto sæculo, nisi per dignos pœnitentiæ fructus ecclesiasticæ communioni episcopali auctoritate fuerit restitutus. Pontificalis vero auctoritas, et regia potestas, necnon et quique præfecti Ecclesiæ, id est presbyteri et monasteriorum rectores, pro certo sicut credimus sciunt ex sacra lectione, ubi inter alia desidiam Heli sacerdotis erga peccatores filios suos terribiliter multatam legunt, et scriptum de quodam rege inveniunt, *Quia dimisisti*, videlicet sine ultione debita, *virum morte dignum, erit anima tua pro anima illius, et populus tuus pro populo illius* (*III Reg.* xx, 42); sicut sanctus Gregorius ad Eusebium archiepiscopum (*lib.* VII, *epist.* 6) scribit : « Qui non corrigit resecanda, committit. » Et sanctus Augustinus ex sententia beati Pauli apostoli, qua dicit : *Nolite communicare operibus infructuosis tenebrarum, magis autem et redarguite* (*Ephes.* v, 11), in sermone de verbis Evangelii (*serm.* 18) eodem sensu explanat : « Non, inquiens, negligentes sitis in corrigendis vestris, ad curam scilicet vestram quoquo modo pertinentibus, monendo, docendo, hortando, terrendo. Quibuscunque modis potestis agite, ne cum invenitis in Scripturis et in exemplis sanctorum, sive qui ante, sive qui post adventum in hac vita fuerunt, quod mali bonos in unitate non maculant, efficiamini pigri ad corrigen- **A** dos **445** malos. Duobus modis non te maculat malus, si non consentias et redarguas, hoc est non communicare, non consentire : et quia parum erat non consentire, si sequeretur negligentia disciplinæ, *Magis autem*, inquit, *et redarguite.* Non ergo consentientes sitis malis, ut non approbetis : neque negligentes, ut non arguatis : neque superbientes, ut insultanter arguatis. » Et item ex sermone de verbis Evangelii, exponens Apostolum dicentem : *Propter quod exite de medio eorum, et separamini, dicit Dominus (II Cor.* vi, 17) : « Quid est, inquit, exire inde, nisi facere quod pertinet ad correptionem malorum, quantum pro uniuscujusque gradu atque persona salva pace fieri potest? Displicuit tibi quod quisque peccavit, non tetigisti immundum : redar- **B** guisti, corripuisti, monuisti, adhibuisti etiam si res exegit congruam et quæ unitatem non violet disciplinam, existi inde. » Et ex sermone de generalitate eleemosynarum (*incipit :* Sunt qui existimant), exponens sententiam, *Da misericordi, et ne suscipias peccatorem (Eccli.* xii, 4) : « Duo, inquit, ista nomina, cum dicimus homo peccator, non utique frustra dicuntur. Quia peccator est, corripe : et quia homo est miserere ; nec omnino liberabis hominem, nisi eum persecutus fueris peccatorem. Huic officio omnis invigilat disciplina, sicut cuique regenti apta et accommodata est, non solum episcopo regenti plebem suam, sed etiam pauperi regenti domum suam, marito regenti conjugem suam, patri regenti prolem suam, judici regenti provinciam suam, regi regenti **C** gentem suam. Omnes hi, cum boni sunt, eis quos regunt bene utique volunt. Et servi juxta impertitam ab universorum Domino potestatem, qui etiam regentes regit, dant operam ut iidem ipsi quos regunt, et conserventur homines, et pereant peccatores. Ita implent quod scriptum est, *Da misericordi, et ne suscipias peccatorem,* ne hoc in illo salvum quod peccator est velint. *Et impiis et peccatoribus redde vindictam.* Et hoc ipsum quod impii et peccatores sunt, deleatur in eis. *Benefac humili,* propter hoc quod humilis est, *et ne dederis impio,* propter hoc quod impius est, *quoniam et Altissimus odio habet peccatores, et impiis reddet vindictam.* Qui tamen, quia non solum peccatores et impii, verum etiam et homines sunt, facit oriri solem suum super bonos et **D** malos, et pluit super justos et injustos. Ita nulli homini claudenda est misericordia, nulli peccatori impunita peccata relaxanda sunt. » Et in tractatu psalmi centesimi vigesimi noni : « Quisquis consenserit peccatori, non alienis, sed suis gravatur. Consentis enim, et peccatum alterius tuum fit peccatum, et non est quare quereris quod te peccata aliena premant : premunt te, sed tua. » Et in libro de Correptione et Gratia : « Videte ne quis malum pro malo alicui reddat. Ubi intelligendum est, tunc potius malum pro malo reddi, si corripiendus non corripiatur, sed prava dissimulatione negligitur. Dicit enim : *Peccantes coram omnibus corripe, ut cæteri timorem*

habeant (I Tim. v, 20). Quod de his **446** peccatis accipiendum est quæ non latent, ne contra Domini sententiam putetur locutus. Ille enim dicit : *Si peccaverit in te frater tuus, corripe eum inter te et ipsum solum (Matth.* xviii, 15). Verumtamen et ipse severitatem correptionis eo usque perducit, ut dicat: *Si nec Ecclesiam audierit, sit tibi sicut ethnicus et publicanus.* » Quia pastoralis necessitas habet, ne per plures serpant dira contagia, separare ab ovibus sanis morbidam, ab illo cui nihil impossibile ipsa forsitan separatione sanandam. Unde etiam formam regiæ potestati sanctus Leo ad Leonem Augustum (*ep.* 81) scribens hoc modo demonstrat : « Cum, inquiens, clementiam tuam Dominus tanta sacramenti sui illuminatione ditaverit, debes incunctanter advertere, regiam potestatem tibi non ad solum mundi regimen, sed maxime ad Ecclesiæ præsidium esse collatam, ut ausus nefarios comprimendo, et quæ bene sunt statuta defendas, et veram pacem his, quæ sunt turbata restituas. Sacerdotalem namque et apostolicum tuæ pietatis animum etiam hoc malum ad justitiam ultionis debet accendere, quod Constantinopolitanæ Ecclesiæ puritatem pestilenter obscurat, in qua inveniuntur clerici quidam hæreticorum sensui consonantes, et intra ipsa catholicorum viscera assertionibus suis hæreticos adjuvantes. In quibus deturbandis, si frater meus Anatolius cum nimis benigne parcit segnior invenitur, dignamini pro fide vestra etiam istam Ecclesiæ præstare medicinam, ut tales non solum ab ordine clericatus, sed etiam ab urbis habitatione pellantur, ne ulterius sancti Dei populi perversorum hominum contagio polluantur. »

Nos quoque pastores et doctores nobis commissarum plebium, et episcopi ac gubernatores Ecclesiæ, atque monasteriorum rectores, qui vocantur abbates, ad nosipsos redire debemus, et diligenter attendere, quia si inebriatus est gladius Dei in cœlo, et ut magnus Petrus dicit : *Si Angelis peccantibus Dominus non pepercit, sed rudentibus inferni detractos in tartarum tradidit cruciandos, in judicium reservari (II Petr.* ii, 4), nec nobis parcet fide et actibus a se apostatantibus, sicut nec sacra concilia, ut in eis valemus relegere, pepercerunt episcopis etiam nominatissimarum sedium, videlicet Alexandrinæ, Antiochenæ, Hierosolymitanæ, Constantinopolitanæ, Nicodemiæ. Insuper et Honorium magnæ Romæ papam, quia contra fidem sensisse, et prave sentientibus consensisse detectus ac evidentissime comprobatus est, sicut in sexta synodo (*synodi* vi *act.* 13) invenitur, etiam post mortem anathematizaverunt, in hoc sæculo manifestata culpa, justo Dei concordantes judicio, quod jam egerat in occulto. Nam si idem Honorius hoc in præsenti sæculo non meruisset, et cum ipso merito de hoc sæculo non exisset, sibi potius quam illi nocerent maledictum jaculantes, non judicio justitiæ, sed livore, vel temeritate ; sicut bona facta pro defunctis suis potius eis prosunt qui illa faciunt, quam illis pro quibus fiunt : si tamen ipsi defuncti iu hac vita non meruerunt, ut eis in illa vita **447** suorum viventium benefacta prodesse prævaleant. Legite beatum Augustinum in sententiis apostoli epistolæ ad Thessalonicenses, et sanctum Gregorium hinc apostolice disserentem : « Sed et pia mater Ecclesia pro omnibus in Christo, id est in unitate catholicæ pacis ac fidei, et in communione corporis ac sanguinis Redemptoris ac Salvatoris nostri quiescentibus, verum et singulare sacrificium offert : quorum derogationem non patitur, ut sanctus Cœlestinus ad Gallicanos scribit episcopos (*epist.* 8) dicens : Nefas est hæc pati religiosas animas, quarum afflictione, quia membra nostra sunt, nos quoque convenit macerari, quamvis maneat his beatitudo promissa, quicunque probantur persecutionem propter justitiam sustinere, quibus quid promittat Dominus in futurum sequens sermo declarat; » quoniam ipsorum est, inquit, regnum cœlorum. Unde constat, ut Felix papa dicit, et ex epistola sancti Augustini ad Bonifacium discimus, « periculosum esse de eorum meritis judicare, qui nos jam ad Dominum præcesserunt, nisi quorum manifesta sunt scelera, vel a recta fide apostasia, id est a Deo discessio, et in eis usque in finem perseverantia. » Illum enim tantum, si etiam non judicetur ab homine, sequetur anathema, id est a Deo alienatio, qui perseveranter in vita ista fide vel operibus manet apostata. Quapropter attendentes sanctæ Scripturæ sententias, quibus dicunt : *Medice, cura temetipsum* (*Luc.* iv, 27), et : *Qui prædicas non furandum furaris* (*Rom.* ii, 21), qui abominaris idola sacrilegium facis, caveamus qui alios corrigere et docere debemus, ut non sacrilege sacras Scripturas interpretemur, sicut Arius, Macedonius, Nestorius, et Eutyches agere præsumpserunt, unde ultione divina et censura canonica, Arius in Nicæna, Macedonius in Constantinopolitana, Nestorius in prima Ephesina, Eutyches apud Chalcedonam, cum omnibus eorum complicibus et fautoribus sunt damnati. Caveamus ut Scripturas non detruncemus, nec quiddam in eis, ad concinnandum confirmandumque mendacium, propter nostram statuendam sententiam, contra catholicam fidem interponamus, et inveniamur contra Paulum apostolum adulterantes verbum Dei. Revereamur etiam ne veniat super nos quod dicit Joannes apostolus in Apocalypsi : *Contestor,* inquiens, *omni audienti verba prophetiæ libri hujus, si quis apposuerit ad hæc, apponet Deus super illum plagas scriptas in libro isto, et si quis diminuerit de verbis libri prophetiæ hujus, auferet Deus partem ejus de libro vitæ, et de civitate sancta de his quæ scripta sunt in libro isto* (*Apoc.* xxii, 18). Hæc propter infalsatores dixit, non propter eos qui simpliciter quod sentiunt dicunt, in nullo prophetia mutilata vel vitiata. Apocalypsim quippe Jesu Christi tradunt doctores catholici recapitulationem et clausulam esse totius sanctæ Scripturæ, et per hoc nomen omnem canonicam intelligi debere Scripturam, sicut et hoc quod ibidem scriptum est *testimonium Jesu* interpretantur spiri-

tum prophetiæ Veteris ac Novi Testamenti. Quidquid enim **448** spiritus prophetiæ dixit, testimonium est Jesu, qui, sicut scriptum est, *testimonium habet a lege et prophetis.* Et ipse dicit apostolis, ac per hoc omnibus apostolicis viris, qui vel verbo, vel scripto, vel etiam recta operatione, aut pro ejus nomine passione, illi testimonium perhibent : *Et vos,* inquiens, *mihi testimonium perhibebitis, qui ab initio mecum estis* (*Joan.* xv, 17). Sicut et promissio illius veridica de omnibus suis est rite intelligenda, qua dixit : *Ecce ego vobiscum sum omnibus diebus usque ad consummationem sæculi.* Cujus testimonium, id est sacræ Scripturæ explanationum ipsiusque explanatorum, Theodorus in quinta synodo, et Macarius in sexta synodo detractores, et falsitatum appositores inventi atque convicti, ab episcopali gradu depositi, atque cum suis complicibus condemnati, et perpetuo exsilio sunt relegati. Timeamus etiam sententiam sancti Cœlestini papæ, Nestorio Constantinopolitano episcopo scriptam (*epist.* 5), cui dixit : « Itaque, inquiens, quamvis jam frater Cyrillus te epistolis suis asserat conventum, intelligas volo, post primam et secundam illius, et hanc correptionem nostram, quam constat esse jam tertiam, ab universitate collegii et conventu Christianorum prorsus esse disjunctum, nisi mox quæ maledicta sunt corrigantur, et nisi in eam viam redeas, quam se Christus esse testatur. Male in hunc arma desperatione movisti, qui te super familiam suam velut fidelem prudentemque servum permiserat ante constitui. Periit tibi hujus officii beatitudo promissa, qui non solum non das cibum in tempore, verum etiam veneno interficis, quos ille suo sanguine et sua morte quæsivit. » Et de his quidem satis sit dictum. Restant autem adhuc plura de Gothescalci blasphemiis, contra quæ non disputatoris officio, sed simplicium providentes auxilio, sicut præcedentia, sic et hæc quæ sequuntur de Patrum catholicorum dictis collegimus, ne videremur a nescientibus in responsione ad omnes Gothescalci nænias defuisse : cum S. Petrus jubeat nos paratos esse, quolibet modo pulsemur, ad satisfactionem omni poscenti. Denique post præmissas suas in Deum blasphemias, contras quas ex catholicorum doctorum sententiis, et generalium synodorum judiciis, supra respondimus, Gothescalcus subnexuit, dicens :

II.

✠ « Qui credunt atque dicunt quod non possit « auctoritative neque vere dici deitas trina, cernant « et legant in libro de sancta synodo, qui scriptus « est in Græco, scilicet Constantinopoli sub juniore « Constantino, a centum quinquaginta Patribus jure « damnatos et anathematizatos Arianos colentes « τριθεοτείας, id est tres deitates, et tamen in ipso « consequenter continetur volumine, in edicto scili« cet Constantini, conglorificandam trinam deita« tem. »

xp. Hic et ipse se redarguit, et compilatorem

esse ostendit, quia illum ipsum librum et tres deitates respuere, et profiteri trinam deitatem conglorificandam, quasi receptibiliter dicit. Nam in epistola Agathonis papæ (*synodi* VI *act.* 4) ad præfatum Constantinum et consortes imperii **449** sui directa, et in eadem synodo recitata, ita habetur : « Hic igitur status est evangelicæ atque apostolicæ nostræ fidei, regularisque traditio, ut confitentes sanctam et inseparabilem Trinitatem, id est Patrem et Filium et Spiritum sanctum, unius esse deitatis, unius naturæ et substantiæ, sive essentiæ, unius eam prædicemus et naturalis voluntatis, virtutis, operationis, dominationis, majestatis, potestatis et gloriæ, et quidquid de eadem sancta Trinitate essentialiter dicitur, singulari numero tanquam de una natura trium consubstantialium personarum comprehendamus regulari ratione hoc instituti. » Et item in alia epistola ejusdem papæ (*synodi* VI *act.* 4), ad locum ejusdem epistolæ ita habetur : « Trinitatem in unitate et unitatem in trinitate, unitatem quidem essentiæ, trinitatem vero personarum sive subsistentiarum, Deum Patrem confitentes, Deum filium, Deum Spiritum sanctum, non tres Deos, sed unum Deum Patrem et Filium et Spiritum sanctum, non trium nominum substantias, sed trium subsistentiarum unam substantiam, quorum una essentia, sive substantia, vel natura, id est una deitas, una æternitas, una potestas, unum imperium, una gloria, una adoratio, una essentialis ejusdem sanctæ et inseparabilis Trinitatis voluntas, et operatio, quæ omnia condidit, dispensat, et continet. » Et in epistola Sophronii Hierosolymitani episcopi (*synodi* VI *act.* 11), ab apostolica sede et ab eadem synodo receptissima : « Trinitatem, inquit, in unitate credimus, et in unitate trinitatem glorificamus : trinitatem quidem pro tribus subsistentiis, unitatem autem propter singularitatem deitatis. » Et item : « Ideo bene a Deiloquis sancitum est unitatem quidem nos sapere, una et singulari deitate et identitate essentialis atque naturalis dominationis, trinitatem autem tribus inconfusis subsistentiis, et diversitatem ter numerandæ personalis alternitatis. » Et paulo post : « Hoc ipsum quippe et unum est, et tria creditur, et tria prædicatur, et unum veraciter annuntiatur : et neque unum quod erga unum est tria recipitur, neque tria secundum quod tria sunt unum advertitur. » Et hoc modo pluraliter in eadem epistola idem catholicus doctor explanavit. Et in edicto suprascripti Constantini, quod ad suam confirmandam sententiam Gothescalcus commemoravit, ita scriptum habetur (*synodi* VI *act.* 18) : « Credimus in Patrem et Filium et Spiritum sanctum, Trinitatem in unitate, et unitatem in Trinitate, unam substantiam in tribus subsistentiis, unitatem quidem propter naturalem unionem ac dominationem, Trinitatem vero propter trium subsistentiarum perfectionem et divitias superexistentis bonitatis. Unitas quippe vere est Trinitas, quia unita est deitate, et Trinitas vere est unitas divisa proprietatibus, et non dispertita

æternitate : ipsa etenim sibi consempiterna est, et essentia æqualis honoris est. Nec enim exstitit sæculum, quando cum Patre non erat et Filius : cujus utique vocabatur Pater, si non simul cum eo erat sine principio Filius? Nec erat **450** cum utrisque Spiritus sanctus. Unus igitur hæc tria Deus, quia cum in invicem intelliguntur, sola singillatim differentia in communitate essentiæ inseparabiliter discernente unamquamque personam, solus proinde Pater pater est, solus Filius filius, solus Spiritus sanctus Spiritus sanctus. His etenim differentiis non convertuntur ad invicem, sed in his quidem inseparabiliter dividuntur, communicant autem essentiæ unitate. Trinitas simplex et impartita atque incomposita ex tribus perfectis, ex scipsa perfecta et superperfecta, una natura atque deitate, et una voluntate, unaque operatione glorificanda. Quorum igitur una natura est, horum voluntas et operatio una est, sicut nos docuit Dei cultor Basilius. » Et post plura ipsius edicti, ita scriptum in novo codice habetur : « Amplectimur sanctas et universales quinque synodos, quæ in Nicæa trecentorum decem et octo Patrum, qui adversus Arianam consederunt insaniam, qui cooperante trina et conglorificanda deitate sacrum fidei symbolum terminarunt. »

Hoc nomen feminini generis adjectivum ac mobile, quod hic est impositum *Trina*, a Gothescalco quando præfatus liber in monasterio Altivillaris, ubi ipse morabatur, ex authentico, quem mihi Petrus episcopus Aretinus commodaverat, scriptus fuit, adulteratum credimus, sicut multoties ab aliis hæreticis factum legimus. Quoniam alibi ter conglorificanda deitate reperimus, quod idem est ac si Trinitatis conglorificanda deitate dicatur, sicut et in hujus libri superioribus demonstratur. Dat quoque nobis certum indicium Gothescalcum falsasse hunc librum, quia per idem tempus quando hic codex in monasterio Altivillaris scriptus fuit, Ratramnus Corbeiæ monachus, sicut jam longe superius diximus, ad Hildegarium Meldensem episcopum, ex libris sanctorum Hilarii et Augustini de Trinitate (*Augustini liber falsatus*), non modicæ quantitatis volumen compilavit, volens asserere trinam esse deitatem, cujus compilatio evidenter compilatoris sui demonstrat mendacium. Sed et liber sancti Augustini contra quinque hostium genera, sicut idem in eodem libro dicit, id est contra Paganos, Judæos, Manichæos, Sabellianos et Arianos, a quodam, qui hinc videlicet quia trina deitas catholice potest dici contendebat, tunc temporis regi datus fuit, quem comperimus falsatum hoc modo. Nam cum quadam die haberemus sermonem de unitate deitatis, Patris et Filii et Spiritus sancti, inter alia diximus beatum Augustinum multoties in libro quinto de Trinitate dicere : « Quod quidquid ad se id est substantialiter de Deo dicitur, singulari numero et de singulis et de tribus simul personis sit efferendum. » Quo contra unus ex his cum quibus inde sermonem habuimus, non contentiosa intentione, sed forte putans Augu-

stinum ita dixisse, de hoc libro testimonium protulit, A
dicens quod veritas essentiale sit nomen, dicente Domino, *Ego sum veritas.* Unde idem Augustinus scripsit,
una et trina veritas. Quod audiens, librum domino regi
451 datum ab eo accepi, et perlegens inveni, ab
eo loco ipsius libri, ubi sanctus Augustinus dicit :
Gratias tibi, Deus virtus; gratias tibi, Deus Pater,
qui et Filium tuum ostendisti , et mihi doctorem dedisti, interpositum esse ab adulterante : Gratias tibi,
Deus; gratias tibi, vera et una Trinitas, una et trina
veritas, trina et una unitas. Et post hæc quod posuit Augustinus subjunctum : Gratias tibi, Deus Pater, qui et Filium tuum ostendisti, et mihi doctorem
dedisti. Quod relegens valde miratus fui, quoniam
talia in eodem libro, nec usquam in cujusquam catholici opere, minime autem in beati Augustini in- B
veneram. Quapropter de pluribus civitatibus ac monasteriis vetustissimos codices in unum afferri feci,
per quos falsitatis sacrilegium, et sacrilegum manifestissime deprehendi. Inter quos vetustissimos libros, de quibusdam monasteriis allati sunt etiam
mihi noviter scripti quaterniones, in quibus hanc
falsitatem insertam inveni, et diligentius ac sollicitius perscrutatus comperi, omnes illos quaterniones
de eodem fonte cœnoso, de quo et domno regi datus
liber falsatus fuerat transcriptus, rivulo fraudulento
manasse. Et quia in proximo futura erat synodus
quinque provinciarum, videlicet Remorum, Rhoto-
magorum, Turonum, Senonum, et Lugdunensium,
apud Suessorum civitatem, in præsentia domni Ca- C
roli regis gloriosi et episcoporum qui ad eamdem
synodum convenerant, et librum falsatum et au-
thenticos ac veros et vetustissimos codices protuli,
et unicuique episcopo , sed et illi qui simpliciter falsatum codicem regi dederat, librum authenticum ad
inspiciendum dedi, et hoc diploma coram omnibus
in eadem synodo relegi feci, sicut hic sequitur scriptum. Augustinus in libro tertio de doctrina Christiana (*cap.* 1 et 2) dicit : « Cum verba propria faciunt ambiguam scripturam, primo videndum est ne
male distinxerimus , aut pronuntiaverimus. Cum
ergo adhibita intentio incertum esse perviderit, quomodo distinguendum, aut quomodo pronuntiandum
sit, consulat regulam fidei, quam de Scripturarum
planioribus locis et Ecclesiæ auctoritate percepit. D
Quod si ambæ, vel etiam omnes si plures fuerint,
partes ambiguitatis secundum fidem sonuerint, textus
ipse sermonis a præcedentibus et consequentibus partibus , quæ ambiguitatem illam in medio posuerunt,
restat consulendus, ut videamus cuinam sententiæ
de pluribus quæ se ostendunt ferat suffragium ,
eamque sibi contexi patiatur. » Obediamus ergo
consilio et doctrinæ beati Augustini, et primo videamus quæ hic in hoc libro interposita sunt, et
tunc demum præcedentia et subsequentia inspicia-
mus. Hic interpositum est, *Gratias tibi, vera una
Trinitas, una et trina veritas , trina et una unitas.* In
præcedentibus scriptum est : *Gloria in excelsis Deo,
ut in terra pax hominibus,* non divisoribus sanctæ

unitatis, sed hominibus bonæ voluntatis. Et item :
« Æternitas una est, atque substantia. Dico quia
Pater et Filius Deus, dico quia unum sunt, **452**
dualitas in prole, unitas in deitate : alterum facit
unius nativitas, sed unum ostendit divinitas : cum
dico Filius, alter est, cum dico Deus, unus est.
Erubescite, Ariani. Tunicam hominis jam judicati
in cruce pendentis carnifices Pilati non sunt ausi
conscindere, et vos conamini charitatem Dei in cœlo
sedentis, imo ipsam charitatem Deum dividere. Sed
conamini, quantum potestis, conamini : vos in infernum ruistis, jam non eam rumpetis. « Et in subsequentibus scriptum est : « Homo iste modo venit,
mundum subvertit, et fidei unitatem scindit, Trinitatem dividit. » Et item : « Qui Spiritum sanctum
a Patre et Filio æternitate, substantia, vel communione separat, eumque negat Spiritum esse Patris
et Filii, plenus est spiritu immundo, vacuus est Spiritu sancto. Ideo enim dicitur Deus charitas, quia
non partibus dividit unitatem, sed ineffabiliter coagulat Trinitatem. Ipsa est enim Trinitas unus Deus,
turris fortitudinis a facie inimici, qui credentes in se
custodit. »

* Hæc præcedentia et subsequentia catholica beati
Augustini verba, omnibus catholicis et rectæ fidei
concordantia, evidenter ostendunt ista verba, quæ
hic sunt interposita, ab Augustino non fuisse prolata,
sed ab adulterante verbum Dei et catholicam fidem
hic per imposturam immissa. Et iterum, secundum
ejusdem beati Augustini consilium et doctrinam, fidei regulam consulamus. Fides, inquit Athanasius,
catholica hæc est, ut unum Deum in trinitate scilicet
personarum, et trinitatem videlicet personarum in
unitate deitatis veneremur, neque confundentes personas, ut tres non sint, neque substantiam separantes, ut trina sit, quia alia est persona Patris, alia
Filii, alia Spiritus sancti, sed Patris et Filii et Spiritus sancti una est divinitas, id est deitas, quæ ut
idem Athanasius et Ambrosius et idem Augustinus
dicunt, Trinitatis est unitas. Inquiramus etiam, secundum edicta imperatorum, per anteriores et vera-
ciores testes quos tenetis in manibus, si quid ambiguitatis residuum est de hac re certissima veritatem.
Et quoniam lex dicit, quod et Dominus in Evangelio
firmat, *in ore duorum vel trium testium stare omne
verbum,* et Apostolus in accusatione presbyteri totidem testes requirit, et Nicænum concilium adversus
neophytum episcopum juxta apostolicam doctrinam
ejusdem numeri testes quærit, et lex publicæ rei
septem postulat, donec plures producamus, horum
non modo septem, verum et amplius quatuordecim
veterum et anteriorum testium astipulatione, in quibus de ista super interposita beato Augustino falsitate
nihil habetur, his quæ præmisimus beati Augustini
verbis fidem adhibeamus, et ab hoc falsitatis nævo patefacta veritate innoxium esse credamus. Et hac per-
lecta schedula, et inspectis veris libris et antiquissi-
mis, qui de hac falsitate inventi sunt nihil habere,
probatum est adulteratum fuisse hunc quem prædixi-

mus beati Augustini librum. Et post hæc idem qui falsatum librum regi dederat dixit : Vos quæ dico patienter **453** audietis ; et protulit testimonium beati
Ambrosii de deitate Trinitatis, ad confirmandam
quæ inventa est in beati Augustini libro imposturam.
Quod testimonium catholicissimum eidem impostu-
ræ manifestissime contradixit ; et omnes mirati fuimus, cur tale protulerit testimonium, quod eamdem
sententiam non solum non confirmaverit, verum ut
falsitatem veritatis infirmaverit. Deinde dixit in
præstito sibi libro beati Augustini, qui titulatur *de
Verbis Domini*, invenisse superscriptionem sermonis
ejus *de una Trinitate, trinaque unitate*. Itemque mirati fuimus superscriptionem tantummodo illum at-
tendisse, et non quæ in eodem sermone a beato
Augustino catholice dicta sequerentur intelligenter
legisse. Nam vulgo loquens contra Sabellianos et
Arianos dicit in eodem sermone (*serm. 63 de verbis
Domini, cap.* 1, 2), Habemus, inquit, distinctam
Trinitatem ; et si consideremus loca, audeo dicere,
quamvis timide id dicam, tamen audeo, quasi separa-
bilem Trinitatem. » Et paulo post (*cap.* 2) : « Tria
hæc quasi separantur locis, separantur officiis, separantur operibus. » Et hoc modo, sive hoc sensu,
tropo illo qui metonymia, id est transnominatio, dicitur, titulus hujus sermonis sonat *de una Trinitate,
trinaque unitate*. Et post præmissa, beatus Augustinus mox in eodem sermone subjunxit : « Dicat mihi
aliquis, ostende inseparabilem Trinitatem. » Et post
paululum (*cap. eodem*) : « Ipsa tamen fide rectissime
ac robustissime retinemus, Patrem et Filium et
Spiritum sanctum, inseparabilem esse Trinitatem,
unum Deum non tres deos : ita tamen unum Deum,
ut Filius non sit Pater, ut Pater non sit Filius, ut
Spiritus sanctus nec Pater sit nec Filius, sed patris et
filii Spiritus. Hanc ineffabilem divinitatem apud
seipsam manentem, omnia innovantem, creantem,
recreantem, mittentem, revocantem, judicantem,
liberantem, hanc ergo Trinitatem ineffabilem simul
novimus et inseparabilem. » Et item (*cap. eodem*) :
« Ubi est inseparabilis Trinitas ? Quando ergo istum
sensum a multis extraho, et ad unum Deum Trinitatem inseparabilem colligo, ut aliquid videam quod
dicam. » Et post multa (*cap.* 5) : « Ultra locos corporales est divinitas : nemo eam tanquam in spatio
requirat : ubique invisibilis et inseparabiliter adest,
non in parte major, non in parte minor, sed ubique
tota, nusquam divisa. Quis videt hoc ? quis capit
hoc ? Compescamus nos, meminerimus qui unde loquimur ; illud et illud, quidquid est quod Deus est,
pie credatur, sancte cogitetur, et quantum datur,
quantum potest, ineffabiliter intelligatur. » Et item
post aliquanta (*cap.* 7) : « Tria hæc sunt in te, quæ
potes numerare, et non potes separare. Hæc ergo
tria, memoriam, intellectum, voluntatem, hæc, inquam, tria animadverte separatim pronuntiari, inseparabiliter operari. » Et item post plurima (*cap.*
10) : « Credo Patrem et Filium et Spiritum sanctum, per signa quædam visibilia, per species quas-

A   dam assumptæ creaturæ, posse et separabiliter demonstrari, et inseparabiliter operari. Sufficit hoc,
non dico Pater memoria est, Filius intellectus est,
454 Spiritus voluntas, non dico quomodolibet intelligatur, non audeo. Servemus majora sapientibus,
infirmis infirmi quid possumus ? Non ista dico illi
Trinitati velut æquanda, quasi ad analogiam, id est
ad rationem quamdam comparationis dirigenda. Non
hoc dico, sed quid dico ? Ecce in te inveni tria inseparabiliter demonstrata, inseparabiliter operata,
et eorum trium unumquodque nomen a tribus factum, quod tamen non ad tria, sed ad trium horum
unum aliquid pertineret. » Ecce quo sensu beatus
Augustinus demonstrat intelligi debere superscriptionem sui sermonis, qui inscribitur *de una Trinitate, trinaque unitate*. Simili sensu et in libro *de
duabus Animabus* adhuc presbyter scripsit dicens :
« Trina unitas quam catholica Ecclesia colit, « volens
intelligi, sicut et ipse intellexit, ut unitas sit in
substantia, trinitas in personis. Quem librum in
decimo quarto loco Retractationum librorum suorum se scripsisse commemorat : et in vigesimo
quinto loco librum *de diversis Quæstionibus*, scilicet
octoginta tribus, se egisse demonstrat, indeque in
quadragesimo primo loco, librum *de Trinitate*, quem
multo tempore et multo labore, multaque examinatione composuit, se scripsisse demonstrat. Unde in
libro Quæstionum octoginta trium capitulo vigesimo
quarto, de Trinitate substantiæ ac deitatis dicit
quod sibi ad dicendum probabilius et tutius visum
fuit. Verum et de hac quæstione in præfato Retractationum libro scribit quod melius in libro de Trinitate postea inde tractaverit, in quo dicit capite
quarto libri primi : « Omnes, inquiens, catholici
tractatores hoc intenderunt secundum Scripturas
docere, quod Pater et Filius et Spiritus sanctus
unius substantiæ inseparabili æqualitate divinam
insinuent unitatem, ideoque non sint tres dii sed
unus. » Quod et per omnia et in omnibus, in cunctis suis libris apertissime et constantissime sine
ulla retractatione confirmat, et in præfatione Retractationum librorum suorum dicit : « Quapropter
quicunque ista lecturi sunt, non me imitentur errantem, sed in melius proficientem. Inveniet enim
fortasse quomodo scribendo profecerim, quisquis
opuscula mea ordine quo scripta sunt legerit : quod
ut possit, hoc opere quantum potuero curabo ut
eumdem ordinem noverit. » Et hoc sensu Pelagius
episcopus urbis Romæ postulanti Childeberto regi
per Rufinum virum magnificum, ut ei scriberet si
beatæ recordationis papæ Leonis tomum reciperet et
scandalum suspicionis, quod de eo per Gallias fuerat disseminatum, a se purgaret, in sermone de fide
eidem regi directo (*Pelagii papæ ep.* 16) trinam
unitatem et unam Trinitatem hoc modo dicit :
« Credo, inquiens, in unum Deum Patrem et Filium
et Spiritum sanctum. » Et post pauca : « Hoc est
tres personas, sive tres subsistentias unius essentiæ
sive naturæ, unius virtutis, unius operationis, unius

beatitudinis, atque unius potestatis, ut trina sit unitas, et una sit Trinitas, juxta vocis Dominicæ veritatem **455** dicentis : *Ite, docete omnes gentes, baptizantes eos in nomine Patris et Filii et Spiritus sancti* (*Matth.* xxviii, 19). In nomine, inquit, non in nominibus, ut et unum Deum per indistinctum divinæ essentiæ nomen ostenderet, et personarum discretionem suis demonstratam proprietatibus edoceret : quia dum tribus unum deitatis nomen est, æqualitas ostenditur personarum, et rursus æqualitas personarum nihil extraneum, nihil accidens in eis permittit intelligi : ita ut unusquisque eorum verus perfectusque sit Deus, et omnes tres simul unus, verus, perfectusque sit Deus : videlicet ut ex plenitudine divinitatis, nihil minus in singulis, nihil amplius intelligatur in tribus. › Et in his verbis, sicut et in suprascriptis beati Augustini sententiis, manifestissime pervidetur, quia deitas, quæ trinitatis est unitas, trina credi et dici non debet, sed propter inseparabilitatem et æqualitatem trium personarum, quæ unum sunt deitate, inseparabilis in eisdem singulis personis tota plena et perfecta credi et dici : ac præfato intellectu superscriptio sermonis sancti Augustini, sicut ipse exposuit, debet intelligi. Et quia de his verbis, quæ catholice a catholicis et intelliguntur et proferuntur, ab hæreticis, sicut et de pluribus sanctæ Scripturæ verbis, visa seri sunt scandala, orthodoxi doctores et magistri Ecclesiæ in totum taceri voluerunt trinam unitatem, sicut et trinam deitatem, et tres apud Latinos substantias, dicentes hoc modo : Trinitas appellatur quod fiat totum unum ex quibusdam tribus, quasi Trinitas, videlicet trium unitas, ut memoria, intelligentia, et voluntas, in quibus mens habet in se quamdam imaginem divinæ Trinitatis. Nam dum tria sunt, unum sunt, quia et singula in se manent, et omnia in omnibus. Pater igitur et Filius et Spiritus sanctus, Trinitas et unitas. Idem enim unum, idem et tria, unum propter majestatis communionem, tria propter personarum proprietatem. Nam alius Pater, alius Filius, alius Spiritus sanctus, sed alius quidem non aliud, quia pariter simplex pariterque incommutabile bonum et coæternum. Pater solus non est de alio, ideo solus appellatur ingenitus : Filius solus de Patre est natus, ideo solus dicitur genitus : solus Spiritus sanctus de Patre et Filio procedit, ideo solus amborum nuncupatur Spiritus. Et in hac Trinitate alia sunt nomina appellativa, alia propria sunt. Propria sunt essentialia, ut Deus, Dominus, Omnipotens, Immutabilis, Immortalis, et inde propria, quia ipsam substantiam significant, quia unum sunt. Appellativa vero, Pater et Filius et Spiritus sanctus, ingenitus et genitus et procedens : eadem et relativa, quia ad se invicem referuntur. Cum enim dicitur Deus, essentia est, quia ad seipsum dicitur : cum vero dicitur Pater, et Filius, et Spiritus sanctus, relative dicuntur, quia ad se invicem referuntur. Nam Pater non ad seipsum, sed ad Filium relative dicitur, quia est ei Filius : sic et Filius relative dicitur, quia est ei Pater : sic et Spiritus sanctus relative dicitur, quia est Patris Filiique Spiritus. His enim appellationibus hoc significatur, **456** quod ad se invicem referuntur. Nam ipsa substantia qua unum sunt, proinde Trinitas in relativis personarum nominibus est. Deitas non triplicatur, sed in singularitate est, quia si triplicatur, deorum inducimus pluralitatem. Nomen autem deorum in angelis et sanctis hominibus ideo pluraliter dicitur, propter quod non sint merito æquales, de quibus Psalmus, *Ego dixi : Dii estis* (*Psal.* lxxxi, 6) : de Patre autem et Filio et Spiritu sancto, propter unam et æqualem divinitatem, non nomen deorum, sed Dei esse ostenditur, sicut ait Apostolus : *Nobis tamen unus Deus* (*I Cor.* viii, 6); vel sicut voce divina dicitur : *Audi, Israel, Dominus Deus tuus Deus unus est* (*Deut.* vi, 4), scilicet ut et Trinitas sit, et unus Dominus Deus sit. Fides apud Græcos de Trinitate hoc modo est : Una οὐσία, ac si dicat una natura, aut una essentia, tres hypostases, quod resonat in Latinum, vel tres personas, vel tres substantias. Nam Latinitas proprie non dicit de Deo nisi essentiam : substantiam vero non proprie dicit, sed abusive, quoniam vere substantia apud Græcos persona intelligitur, non natura. Et hinc sanctus Hieronymus scribens ad Damasum papam dicit (*epist.* 57) : « Sufficiat nobis dicere unam substantiam, tres personas subsistentes, perfectas, æquales, coæternas : taceantur tres hypostases, si placet, et una teneatur : non bonæ suspicionis est, cum in eodem sensu verba dissentiunt. Sufficiat nobis memorata credulitas : aut si rectum putatis tres hypostases cum interpretationibus suis debere nos dicere, non negamus; sed mihi credite, venenum sub melle latet, transfiguravit se angelus Satanæ in angelum lucis. › Et paulo superius : « Et quomodo commune nomen essentiæ proprium sibi vindicat Deus ? Sed quia illa sola natura est perfecta, et in tribus personis deitas una subsistit, quæ est vere, et una natura est, quisquis tria esse, hoc est tres esse hypostases, id est usias, dicit, sub nomine pietatis tres naturas conatur asserere, et si ita est, cur ab Ario parietibus separamur perfidia copulati ? Jungatur cum beatitudine tua Ursicinus, cum Ambrosio societur Auxentius : absit hoc a Romana fide, sacrilegium tantum religiosa populorum corda non hauriant. › Et item aliquanto superius : « Clamamus, Si quis tres hypostases, aut tria enhypostata, id est tres subsistentes personas confitetur, anathema sit; et quia vocabula non edicimus, hæretici judicamur. Si quis autem hypostasim usiam intelligens, non in tribus personis unam hypostasim dicit, alienus a Christo est : et sub hac confessione vobiscum pariter cauterio unionis inurimur. Discernite si placet obsecro, non timebo tres hypostases dicere : si jubetis, condatur nova post Nicænam fides, et similibus verbis cum Arianis confiteamur orthodoxi. Tota sæcularium litterarum schola nihil aliud hypostasin nisi usiam novit, et quisquam, rogo, ore sacrilego tres substantias prædicabit? Una est Dei et sola natura quæ vere est, id enim quod subsistit non habet aliunde, sed suum est : cætera quæ creata sunt, etiamsi videntur esse, non sunt, quia aliquando **457** non fuerunt, et potest rursus non esse quod non fuit. Deus solus qui æternus est, hoc est qui exordium non habet, essentiæ nomen vere tenet : idcirco et ad Moysen de rubo loquitur : *Ego sum qui sum* (*Exod.* III, 14), et rursum : *Qui est misit me* (*ibid.*). » Et Hilarius in libro de Synodis : « Has, inquit, similitudines, quæ non ex unitate naturæ sunt metuo. Vereor enim, fratres, Orientis hæreses in tempora singula pullulantes. Caventes quippe Arii vesaniam, noluerunt viri catholici trinam dici a quolibet unitatem, sed unam sanctæ Trinitatis deitatem, divinitatem, naturam, essentiam, atque substantiam. » In quo etiam dicto, quo una substantia prædicatur. Sabelliani insidias posuerunt, sicut item sanctus Hilarius in præfato libro de Synodis monstrat ; « Multi, inquiens, ex nobis, fratres charissimi, ita unam substantiam Patris et Filii prædicant, ut videri possint non magis id pie quam impie prædicare. Habet enim hoc verbum in se et fidei conscientiam et fraudem paratam. Nam si secundum naturæ proprietatem ac similitudinem, ut similitudo non speciem solat afferat, sed genus teneat, religiose unam substantiam prædicamus, dummodo unam substantiam proprietatis similitudinem intelligamus, ut quod unum sunt, non singularem significet, sed æquales : æqualitatem dico, id est indifferentiam similitudinis, ut similitudo habeatur æqualitas. Æqualitas vero unum idcirco dicitur esse, quia par sit : unum autem in quo par significatur, non ad unicum vindicetur. Una igitur substantia, si non personam subsistentem perimat, nec unam substantiam partitam in duos dividat, religiose prædicabitur, quæ ex nativitatis proprietate et ex naturæ similitudine ita indifferens sit, ut una dicatur. At vero si idcirco unius substantiæ Pater et Filius dicatur, ut hic subsistens sub significatione licet duorum nominum unus ac solus sit, confessum nomine Filium conscientia non tenemus, si unam substantiam confitentes, ipsum sibi unicum ac singularem et Patrem esse dicimus et Filium. » Et post aliquanta : « Caret igitur, fratres, similitudo naturæ contumeliæ suspicione, nec potest videri Filius idcirco in proprietate paternæ naturæ non esse quia similis est, cum similitudo nulla sit nisi ex æqualitate naturæ : æqualitas autem naturæ non potest esse nisi una sit, una vero non unitate personæ, sed generis. Hæc fides pia est, hæc conscientia religiosa, hic salutaris sermo est, unam substantiam Patris et Filii idcirco non negare quia similis est, similem vero ob id prædicare quia unum sunt. Exposita, charissimi, unius substantiæ, quæ Græce ὁμοούσιον dicitur, et similis substantiæ, quæ ὁμοιούσιον appellatur, fideli ac pia intelligentia, et vitiis, quæ ex verborum vel brevitate subdola vel periculosa nuditate accedere possent, absolutissime demonstratis, reliquus mihi sermo ad sanctos viros

Orientales episcopos dirigendus est, ut quia jam de fide nostra nihil inter nos suspicionis relictum est, ea quæ adhuc in suspicionem ex verbis veniunt purgentur. » **458** Propter has ergo fraudulentias, et laqueorum scandala, quæ Ariani in sancta Trinitate deitatis unitati detrahentes, et Sabelliani personarum proprietati derogantes, rectis sensibus juxta iter ponebant, Patres et magistri nostri, viri catholici et doctores ac rectores Ecclesiæ, quia sicut scriptum est : *Pertransibunt plurimi et multiplex erit scientia* (*Dan.* XII, 4), unum Deum Patrem, et Filium, et Spiritum sanctum, videlicet Trinitatem, ὁμοούσιον, id est unius substantiæ, vel consubstantialem, et inseparabilem atque individuam, potius quam trinam unitatem et unam Trinitatem, dicere et scribere, suisque posteris dicendam et scribendam decernendo tradere maluerunt : ne dicendo trinam unitatem, eidem unitati numerum qui in trina est apponentes, eamdem unitatem numerabilem facere, et ut Ariani deitatem, id est Trinitatis unitatem dividere viderentur, ut ex præmissis verbis sancti Hieronymi, et in hoc opusculo ex epistola Gregorii papæ ad Leandrum Spalensem episcopum (*lib.* I, *ep.* 41), cujus partem in suo loco positam lector sagax inveniet, qui volet valet colligere : et unam Trinitatem dicendo, proprietatem trium personarum in eadem sancta et inseparabili Trinitate auferri, ut Sabelliani calumniarentur, sicut ex præcedentibus verbis sancti Hilarii qui advertit potest cognoscere. Unde et idem ipse sanctus Augustinus, cujus sermo de una Trinitate trinaque unitate dicitur titulatus, in libro septimo de Trinitate, ac si ungue censorio, sicut de multis aliis fecerat, scribit (*cap.* 6) : « Nec sic inquiens Trinitatem dicimus tres personas vel subsistentias, unam essentiam et unum Deum, tanquam ex una materia tria quædam subsistant, etiam si quidquid illud est in his tribus explicatum sit, non enim aliquid aliud ejus essentiæ est præter istam Trinitatem. Tamen tres personas ejusdem essentiæ, vel tres personas unam essentiam dicimus, tres autem personas ex eadem essentia non dicimus, quasi aliud ibi sit quod essentia est, aliud quod persona. » Et in libro decimo quinto (*cap.* 7) : « Nunquid possumus dicere Trinitatem esse in Deo, ut aliquid Dei sit nec ipsa sit Deus? nullatenus. Sed Trinitas illa nihil aliud est tota quam Deus, nihil aliud est tota quam Trinitas, nec aliquid ad naturam Dei pertinet, quod ad illam non pertineat Trinitatem. » Et tres illæ personæ sunt unius substantiæ, unius sunt essentiæ, viamque regiam atque tutissimam in recto hujus sanctæ Trinitatis intellectu, inter insidias horum latronum, Arianorum scilicet et Sabellianorum, tenendam atque terendam. Et beatus Athanasius, sicut supra ostendimus, et sanctus Augustinus in libro ad Laurentium papam de Symbolo aptissime monstrat, dicens : « Hæc est, inquit, Trinitas, ubique latens et ubique apparens, vocabulis personisque discreta, inseparabilis substantia deitatis. » Et in sermone de Spiritu sancto, quod ejusdem sit substantiæ atque deitatis cujus est Pater et Filius : « Ipse, inquit, Dominus noster Jesus **559** Christus, cum jam glorificatus resurrexit a mortuis, in cœlum ascensurus ad Patrem hoc sacramentum fidei discipulis, id est apostolis, dereliquit. Ait enim : *Euntes, baptizate omnes gentes in nomine Patris et Filii et Spiritus sancti, docentes eos servare omnia quæcunque mandavi vobis* (*Matth.* xxviii, 19, 20). Rerum ipsarum dictat effectus, ut etiam in una deitate personarum potentiam credamus. » Et in sermone de mysterio baptismatis : « Nemo, inquit, cum audit Patrem, aut Filium, aut Spiritum sanctum, tres Deos nos æstimet confiteri, quod sacrilegium absit longe a fide nostra, quia unum Deum esse ipso attestante cognovimus : *Ego, inquit, Deus, et non alius præter me, justus et salvator non est præter me. Convertimini ad me, et salvi eritis, quia ab extremo terræ ego sum Deus, et non est alius præter me* (*Isa.* xlv, 21, 22). Et in alio libro : *Audi, Israel, Dominus Deus tuus Deus unus est* (*Deut.* vi, 4). Et rursus : *Dominus Deus hic est in cœlo sursum, et in terra deorsum, et non est alius præter ipsum* (*Deut.* iv, 39). Tres ergo personas tenentes et credentes, id est Patrem et Filium et Spiritum sanctum, unius potentiæ, unius substantiæ, unius æternitatis, unius voluntatis, unius etiam deitatis, et totam Trinitatem unius Dei appellatione veneremur. Credere autem plures Deos gentilis impietatis est. » Et iterum : « Non credere tres personas unius substantiæ in una deitate, atque æqualitate vel cœternitate, hæretica dementia est, cum manifesta hæc sit quam diximus auctoritas Christi, *Baptizate omnes gentes in nomine Patris et Filii et Spiritus sancti.* » Et item Augustinus in libro quinto (*cap.* 8) de Trinitate dicit : « Illud vero præcipue tenendum est, quod quidquid ad se dicitur præstantissima illa ac divina sublimitas, substantialiter dicitur : quod autem ad aliquid, non substantialiter sed relative ; tantamque vim esse ejusdem substantiæ in Patre et Filio et Spiritu sancto, ut quidquid de singulis ad seipsos dicitur, non pluraliter in summa, sed singulariter accipiatur. » Et item in libro quinto (*cap.* 10) : « Deo non est aliquid majus. Ea igitur magnitudine magnus est, qua ipse est eadem magnitudo : et ideo sicut non dicimus tres essentias, sic nec tres magnitudines. Hoc et de bonitate, et de æternitate, et de omnipotentia Dei dictum sit, omnibusque omnino prædicamentis quæ de Deo possunt pronuntiari, quod ad seipsum dicitur. » Et in libro sexto (*cap.* 4) : « Deo hoc est esse quod est omnipotentem esse, aut justum esse, aut sapientem esse, et si quid de illa simplici multiplicitate, et multiplici simplicitate dixeris, quo substantia ejus significetur. » Et in libro octavo : « Pater igitur et Filius una essentia, et una magnitudo, et una veritas, et una sapientia, a quibus non separetur Spiritus sanctus, de quo dicit Filius in Evangelio : *Ego rogabo Patrem et alium paracletum dabit vobis, ut maneat vobiscum in æternum, Spiritum veritatis* (*Joan.* xiv, 16). Et

Dominus dicit in Evangelio : *Ego sum veritas* (*ibid.*, 6). In Deo igitur substantiale nomen est Veritas. Et quis magis est, ut Augustinus libro quinto (*cap.* 2) de Trinitate dicit, quam ille qui dixit famulo suo : *Ego sum qui sum, et* **560** *dices filiis Israel, Qui est misit me ad vos ?* (*Exod.* iii, 14.) « Non ergo trina veritas, ut impostor verbis B. Augustini interposuit, sed una veritas, Pater et Filius et Spiritus sanctus, quia substantia dividi non potest. Sicut in eodem libro contra quinque hostium genera idem B. Augustinus dicit : « Æternitas una est atque substantia. » Et in libro sexto de Trinitate (*cap.* 7) : « Et eadem Dei est bonitas quæ sapientia et magnitudo, et eadem veritas quæ illa omnia, et non est ibi aliud beatum esse, et aliud magnum, aut sapientem, aut verum, aut bonum esse, aut omnino ipsum esse. » Ergo ut non trina essentia, vel trina natura, ita non trina deitas, nec trina veritas est. » Et Boetius, in libro ad Joannem Romanum diaconum, postea autem episcopum, quem beatus Gregorius in libro Dialogorum, persecutione Theodorici regis Ariani martyrio glorificatum esse ostendit, ex verbis beati Augustini sicut ipse fatetur, dicit : « Una igitur substantia trium, nec separari ullo modo aut disjungi potest, nec velut partibus in unum conjuncta est, sed est una simpliciter. Quæcunque igitur de divina substantia prædicantur, ea tribus oportet esse communia. » Et paulo post : « Si igitur eorum una deitas una substantia est, licet Dei nomen de divinitate substantialiter prædicari : ita Pater, veritas est, Filius veritas est, Spiritus sanctus veritas est, Pater, Filius, Spiritus sanctus non tres veritates, sed una veritas est. Si igitur una in his substantia, una est veritas, necesse est veritatem substantialiter prædicari de bonitate, de incommutabilitate, de justitia, de omnipotentia, ac de cæteris omnibus, quæ tam de singulis, quam de omnibus singulariter prædicamus, manifestum est substantialiter dici. » Et iterum : « Nam qui Pater est, hoc vocabulum non transmittit ad Filium, neque ad Spiritum sanctum. Quo fit ut non sit substantiale nomen hoc inditum. Nam si substantiale esset, ut Deus, ut veritas, ut justitia, ut ipsa quoque substantia, de cæteris diceretur. Item Filius solus hoc recipit nomen, neque enim cum aliis jungitur, sicut in cæteris quæ superius dixi. Spiritus quoque sanctus non est idem qui Pater ac Filius. Ex his igitur intelligimus, Patrem et Filium ac Spiritum sanctum non de ipsa divinitate substantialiter dici ; sed alio quodam modo. Si enim substantialiter prædicaretur, et de singulis et de omnibus singulariter diceretur. Hæc vero ad aliquid dici manifestum est. » Et paulo post : « Trinitas quidem in personarum pluralitate consistit, unitas vero in substantiæ simplicitate. » Et item : « Trinitas igitur non pertinet ad substantiam : quo fit, ut neque Pater, neque Filius, neque Spiritus sanctus, neque Trinitas de Deo substantialiter prædicetur, sed ut dictum est ad aliquid. Deus vero, veritas, justitia, bonitas, omnipotentia, substantia, immutabilitas, virtus, sapientia, et quidquid hujusmodi excogitari potest, substantialiter de divinitate dicuntur. » Et item de Trinitate (*ad Sym.*) : « Substantia continet unitatem, relatio multiplicat trinitatem. » Et item : «Quoniam vero Pater **461** Deus, et Filius Deus, et Spiritus sanctus Deus, Deus vero nullas habet differentias quibus differat a Deo, a nullo eorum differt. Differentiæ vero ubi absunt, abest pluralitas : ubi abest pluralitas, adest unitas. » Et item : « Ubi vero nulla est differentia, nulla est omnino pluralitas, quare nec numerus, igitur unitas tantum. » Et item : « Non igitur si de Patre ac Filio et Spiritu sancto tertio prædicatur Deus, idcirco trina prædicatio numerum facit. Hoc enim illis, ut dictum est, imminet, qui inter eos distantiam faciunt meritorum : catholicis vero nihil in differentia constituentibus, ipsamque formam ut est esse ponentibus, neque aliud esse quam est ipsum quod est opinantibus, recte repetitio de eodem, quam enumeratio diversi, videtur esse cum dicitur Deus Pater, Deus Filius, Deus Spiritus sanctus, atque hæc Trinitas unus Deus. » Et Ambrosius in libro primo de Spiritu sancto (*cap.* 45) : « Veritas Christus, veritas Spiritus. Habes enim in epistola Joannis : *Quoniam Spiritus est veritas* (*I Joan.* v, 6). Non solum ergo veritatis, sed etiam veritas dicitur Spiritus, sicut et Filius veritas prædicatur, qui ait: *Ego sum via, et veritas, et vita* (*Joan.* xiv, 6). Unum sunt ergo Pater et Filius et Spiritus sanctus : unum nomen est Trinitatis, et una inseparabilisque essentia. » Et in libro primo de Fide (*lib.* i, *cap.* 7) : « Crede quia a Deo exivit Filius, ut ipse testatur dicens : *Ex Deo processi et veni* (*Joan.* viii, 42). Et alibi : *A Deo exivi* (*Joan.* xvi, 27). Qui ex Deo processit, et a Deo exivit, nihil aliud potest habere nisi quod Dei est. Unde non solum Deus, sed etiam verus Deus, verus a vero, et adeo verus, ut ipse sit veritas. Ita si nomen quærimus, veritas est, si majestatem quærimus naturalem, eo usque Filius Deus verus est, ut et proprius. Scriptum est enim : *Qui Filio proprio non pepercit, sed pro nobis omnibus tradidit eum* (*Rom.* viii, 32). Tradidit utique secundum carnem. Proprietas divinitatis est veritas proprietatis, misericordia pietatis, oblatio securitatis. » Non igitur constare potest, quod per fraudem mendaciter interpositum est in verbis beati Augustini, trina veritas, sicut et Boetius in præfato libro demonstrat dicens (*ad Joan. diac.*) : « Substantia continet unitatem, relatio multiplicat Trinitatem. » Quam Trinitatis substantiam ostendit Ambrosius cantans in hymno catholico : *Tu Trinitatis unitas.* Quamque veluti exponens Augustinus dicit in libro primo de Trinitate : « Deitas quæ Trinitatis est unitas. » Cui etiam concordat beatus Ambrosius in alio hymno dicens :

O lux beata Trinitas,
Et principalis unitas.

Sed et illud quod in eadem compilatione interpositum est, trina et una unitas constare non potest, demonstrante beato Ambrosio in libro primo de Fide

A capite secundo, ubi dicit : « Est plenitudo divinitatis in Patre, est plenitudo divinitatis in Filio, sed non discrepans sed una divinitas, nec confusum quod unum est, nec multiplex quod indifferens est. Etenim si omnium *credentium*, sicut scriptum est, *erat anima una et cor unum* (*Act.* iv, 32) ; si omnes *qui adhærent Domino*, **462** *unus spiritus est* (*I Cor.* vi, 17) ; ut Apostolus dixit, si vir et uxor in carne una sunt (*Matth.* xix, 5) ; si omnes homines, quantum ad naturam pertinet, unius substantiæ sumus ; si hoc de humanis Scriptura dicit : *Quia multi unum sunt* (*I Cor.* x, 17), quorum nulla potest esse cum divinis comparatio : quanto magis Pater et Filius divinitate unum sunt, ubi nec substantiæ nec voluntatis ulla est differentia? Namque aliter quomodo unum Deum dicimus? diversitas plures facit, unitas potestatis excludit numeri quantitatem, quia unitas numerus non est, sed hæc omnium principium est. » Et Boetius in suprascripto libro (*De Trinit,* ad Sym.) : « Ubi, inquit, nulla est differentia, nulla est omnino pluralitas, quare nec numerus, igitur unitas tantum. » Et item idem : «Etenim unum res est, unitas qua unum dicimus. » Et Arithmetici dicunt : « Unum semen numeri esse, non numerum, et simplices numeros, qui nullam partem aliam habent nisi solam unitatem, ut ternarius solam tertiam, quinarius solam quintam, septenarius solam septenam, his enim una pars sola est. » Et item Ambrosius in præfato primo libro dicit (*cap.* 2) : « Necesse est negent Ariani aut Patris aut Filii divinitatem, nisi ejusdem divinitatis crediderint unitatem. » Et item : « Operationis unitas non facit pluralem divinitatem. » Et item : « Quæ enim potest esse alia æstimatio, ubi deitatis unitas est? » Et item : « Aderat in specie angeli, qui muniebat, ut in numero Trinitatis unitas esset laudatio potestatis. » Et hinc plurima testimonia in ejusdem libris reperiuntur, quæ ostendunt non posse in Deo catholice dici trinam unitatem, trinamque deitatem, trinam naturam, trinam substantiam : quia unitas, deitas, natura, substantia, in Deo pluralitate caret, et numero qui in trina et in Trinitate est. Et quod in eadem falsa interpositione habetur una unitas, quod ibidem dicitur trina veritas, et trina unitas destruit : quia quando dicitur unum vel una, si non dicatur quid unum vel quid una, intelligatur una substantia, et substantiæ unitas non habet pluralitatem, quare nec numerum, qui in trina et in Trinitate est. Unde Augustinus in tractatu psalmi trigesimi octavi exponens sententiam Apostoli : *Unum autem, quæ quidem retro sunt obliviscens* (*Philip.* iii, 13). « Unum, inquit, hoc est illud unum : *Domine, ostende nobis Patrem, et sufficit nobis* (*Joan.* xiv, 8). Unum autem, quæ et una dicitur in alio psalmo : *Unam petii a Domino, hanc requiram, ut inhabitem in domo Domini per omnes dies vitæ meæ* (*Psal.* xxvi, 4). Propter quid? ut contempler delectationem Domini. » Et in libro contra Maximinum; legimus enim : «*Qui plantat et qui rigat unum sunt* (*I Cor.* iii, 8), sed ambo homines erant, ejusdem substantiæ fuerant, non diversæ. » Item legimus, ipso Christo dicente : *Ut sint unum, sicut et nos unum sumus (Joan.* XVII, 21). Non dixit, ut ipsi et nos unum, sed ut ipsi sint unum in natura sua et in substantia sua, concordiæ qualitate quodam modo uniti et conflati : et Pater et Filius et Spiritus sanctus unum propter individuam eamdemque naturam. Aliud est enim *unum sunt*, et aliud *unum sumus* : aliud **463** *unus est.* Quando dicitur unum sunt, etsi non dicatur quid unum, intelligitur una substantia : quando dicitur *unus est* de duabus diversis substantiis, necesse est ut quæratur quid unus. Verbi gratia, diversa substantia est anima et corpus, tamen *unus homo* : diversa substantia est spiritus hominis et spiritus Dei, tamen cum Domino adhæret, unus spiritus est. Addidit spiritus, non dixit unum sunt : ubi autem dicitur unum sunt, una substantia significatur. Sic et cum dicit Apostolus : *Scimus quia nihil est idolum* (I *Cor.* VIII, 4) : Et, *Quod nullus Deus nisi unus. Nam etsi sunt qui dicuntur dii multi, et domini multi, sive in cœlo, sive in terra, nobis tamen unus Deus Pater, ex quo omnia et nos in illum, unus Dominus Jesus Christus, per quem omnia et nos per illum* (*ibid.*, 4, 5, 6), addendo quis vel quid unus. Cum dicit *unus Deus Pater*, et *unus Dominus Jesus*, personas distinxit nominando Patrem et Filium, substantiam unam ostendit cum *Deus* dicit. Unde alibi loquens trinitatem personarum unius deitatis demonstrat cum dicit, *Ex ipso*, videlicet ex Patre, *per ipsum*, per Filium, *in ipso*, scilicet in Spiritu sancto, *sunt omnia, ipsi gloria* (*Rom.* XI, 36), et non ipsis gloria subjunxit : quia alia est persona Patris, alia Filii, alia Spiritus sancti : sed in deitate unitas creditur et prædicatur, quia Patris et Filii et Spiritus sancti una est divinitas, æqualis gloria, coæterna majestas. Impostor vero falsitatis, et verbis sancti Augustini insultator, quiscunque ille fuerit, non ausus aperte imponere trina et una deitas, ne perciperetur, immisit quod tantumdem valeret, quatenus per substantiale nomen, quod est veritas, dicendo trina et una veritas, cum Pater et Filius et Spiritus sanctus, ut Augustinus dicit, non tres veritates, nec trina veritas, sed una sint veritas, sicut una essentia, et una vita : et addendo trina et una unitas, probare posset quod dici deberet trina et una deitas. Et noluit mittere Gothescalci verba, ut diceret deitas trina est personaliter, et una naturaliter, ne recognoscerentur, et ex eo respuerentur. Immisit tamen absolute trina et una unitas, ne sua verba a Gothescalci verbis sensu discordarent. Sed, ut scriptum est : *Frustra jacitur rete ante oculos pennatorum* (*Prov.* I, 17). Videtur namque fraus sacrilega, ut patenter ostensum est et adhuc ostendetur, quia non solum ratione et auctoritate, verum et sua ipsa impugnatione interpositio ista destruitur. Ratione quippe, quia, ut Augustinus dicit, deitas Trinitatis est unitas, et unitas qua tres personæ unum sunt trina esse non potest. Natura enim, deitate, id est

essentia, tres personæ unum, id est unus Deus, sunt, et non una persona Pater et Filius et Spiritus sanctus. Auctoritate quidem, quia ut Boetius in libro De Trinitate dicit : « In numero quo numeramus repetitio unitatum facit pluralitatem : in rerum vero numero non facit pluralitatem unitatum repetitio, veluti cum Pater et Filius et Spiritus sanctus tertio prædicatur Deus. » Et item : « Unum res est, unitas quo unum dicimus. » Et Ambrosius in libro primo de Fide (*cap.* 2) : « Unitas numerus **464** non est, sed hæc omnium ipsa principium est. » Sua quoque impugnatione interpositio ista destruit quæ dicit trina et una unitas, quia unitas in eo quo una est trina esse non potest, sicut Trinitas in eo quo trina est una esse non potest. Trinitas scilicet in personis una esse non potest, sicut Sabellius voluit : et unitas Trinitatis, id est deitas, trina esse non potest, sicut Arius dixit. Fides autem catholica est, ut Athanasius sentit, et omnis catholicorum unanimitas consentit, ut unum Deum in trinitate personarum contra Sabellium, et trinitatem personarum in unitate deitatis, contra Arium veneremur : neque confundentes personas, ut Sabellius, quasi tres non sint, neque substantiam separantes, ut Arius, quasi trina sit. Unde si quod impostor inconvenienter posuit una unitas etiam sic intelligatur, quoniam aliter recte non potest intelligi, quia est super omnia in quibus unitas dici potest, in tribus sanctæ Trinitatis personis Patris et Filii et Spiritus sancti una id est singularis est unitas, quorum est una divinitas, vel si expressius dicitur deitas, destruit quod ante positum est, ut trina sit unitas, id est Patris et Filii et Spiritus sancti deitas, quæ Trinitatis est unitas. Exterminandum est igitur pravum dogma, et sequendum quod docent catholici, quia Trinitas Pater et Filius et Spiritus sanctus ad aliquid, id est relative dicuntur, unde et pluralitas est in personis; veritas vero, essentia, deitas, quæ, ut Augustinus dicit : Trinitatis est unitas, de Deo ad se id est substantialiter ac per hoc singulariter dicitur, et unus Deus Pater et Filius et Spiritus sanctus, in eo quo trinus est, unus non dicitur, et in eo quo unus est, trinus non dicitur. Sed ut beatus cantat Ambrosius : Unus est potentialiter, id est substantialiter, sicut Augustinus dicit, et trinus personaliter. Manifestum et manifestatum est ergo compilatum, et adulteratum atque falsatum esse librum beati Augustini contra quinque hostium genera, in quo hæc hæretica pravitas a quocunque falsatore interposita comprobatur : sicut in quinta synodo ex catholicorum libris quædam testimonia ab hæreticis ad suam confirmandam pravitatem detruncata, et quædam falsa catholicis catholicorum verbis interposita fuisse vigilantia catholicorum detexit. Sic enim deprehensum Macarium Antiochenum episcopum in sexta synodo legimus : sic Donatus, ut Augustinus in libro Retractationum dicit, de sententia *Qui baptizat a mortuo, et iterum tangit illum, quid proficit lavatio ejus* (*Eccli.* XXXIV, 30), ad suam confirmandam hæresim, *et iterum tangit illum* subtraxit ; et Ariani de Evangelio eraserunt quod Salvator ait : *Quia Deus Spiritus est* (Joan. iv, 24). Nolebant enim credere quod Spiritus sanctus Deus esset omnipotens. Sic et illi qui ex Deo non erant, et pravo dogmate separare volebant ab hominis dispensatione divinitatem Christi, versiculum quo dicitur, *et omnis spiritus qui solvit Jesum ex Deo non est* (I Joan. iv, 3), ex epistola Joannis eraserunt, ne per auctoritatem ejus convincerentur erroris.

465 Denique Nestorius nescire se prodidit hanc authenticis exemplaribus inditam fuisse sententiam, atque ideo solvere non timuit Jesum, ac se pro hoc reddere extraneum, dicens beatam virginem Mariam non Dei sed hominis tantum exstitisse genitricem, ut aliam personam hominis, aliam faceret deitatis, neque unum Christum in Verbo Dei et carne atque anima credens, sed separatim alterum Filium Dei alterum hominis prædicans. Et Felix Orgellitanæ quondam civitatis episcopus infelix, in libro beati Hilarii, ubi idem sanctus dixerat : « Carnis humilitas adoratur », tempore Caroli Magni imperatoris, quoscunque hinc codices arripere potuit, in omnibus adulteravit, carnis humilitas adoptatur, ut quia per veritatem non poterat, de mendacio suam astipularetur sententiam. Sic et iste adulterator verborum beati Augustini, juxta quod scriptum est, *Qui a semetipso loquitur propriam gloriam quærit* (Joan. vii, 18), de proprio mendacium, ut gloriari posset adversus veritatem, veritati inseruit : quomodo Gothescalcus veritatem quantum ex ipso est in mendacium commutavit, trina pro ter vel Trinitatis deitate, in sextæ synodi edicto immutans. Nam et si ita ut ab eo adulteratum credimus, ex Græca interpretatione in eodem haberetur edicto, vel si in aliis libris vetustis ita ab aliquibus haberi contenditur, nec sic quiddam suffragii ex hoc Gothescalci vel ejus complicum adinventio potietur, quia Græcitas idiomate suæ linguæ quædam recte potest efferre, quæ Latina lingua maxime de his quæ pertinent ad fidem non recipit. Nam in sancta Trinitate Patris et Filii et Spiritus sancti Græci unam dicunt essentiam et tres suatim substantias, pro subsistentiis, id est personis, quod Latina lingua non recipit, et interpretatio ex verbo ad verbum, sicut sæpe propriam consonantiam perdere, ita intelligentia solet carere, et sensum fidei perturbare. Unde etiam potest fieri, ut interpres ipsius edicti, verbum ex verbo interpretans, sanum sensum interpretatus non fuerit. Nos autem, ut Leo scribit ad Rusticum Narbonensem episcopum (*epist.* 95, in *proœm.*) id noverimus sequendum, quod nec præceptis evangelicis contrarium, nec decretis sanctorum inveniatur adversum, quibus unam eamdemque deitatem plenam atque perfectam in tribus sanctæ et inseparabilis Trinitatis personis crèdere et confiteri debere accepimus. Quapropter damnationem prolatam ab eadem sacra sexta synodo Gothescalcum incurrisse atque perferre nullatenus dubitamus, quam præfata sancta synodus judicio

sancti Spiritus omnibus contra illa quæ divinitus inspirata decreverat sentientibus intulit (*synodi* vi *act.* 18, in *fine*) : « His inquiens cum omni undique cautela atque diligentia a nobis formatis, diffinimus aliam fidem nulli licere proferre, aut conscribere, componereve, aut sapere, vel etiam aliter docere. Qui vero præsumpserint fidem alteram, vel componere, vel proferre, vel docere, vel tradere, aut symbolum volentibus converti ad agnitionem veritatis, ex gentilitate, vel ex Judaismo, aut **466** ex qualibet hæresi, aut qui novitatem vocis, vel sermonis adinventionem, ad subversionem eorum quæ nunc a nobis determinata sunt introducere, hos, si quidem episcopi fuerint aut clerici, alienos esse episcopos ab episcopatu, clericos vero a clero, si autem monachi fuerint aut laici, anathematizari eos. Et subscripserunt centum quinquaginta episcopi. » Deinde prosequitur Gothescalcus,

III.

+ « Sic enim dicta est a Prospero trina majestas, a « Prudentio trina pietas, ab Aratore bis trina potestas, « sic et a Græcis τρισάγιον, a Latinis autem satis « proprie, regulariter, atque catholice, trina sancti« tas : ac per hoc sicut ab eis catholicissime dicitur « τριθεοτεία, sic et a nobis catholicissime trina « deitas. »

XP. Quod ad testimonium suæ assertionis dicit, quoniam Arator trinam potestatem, et Prudentius trinam pietatem dicunt metri necessitate, quæ non præjudicat liberæ fidei simplicitati, Augustinus et Athanasius, atque Boetius, sicut in hoc opere ex dictis illorum lector inveniet, contradicunt. Sed et idem Prudentius scribit :

> Per Christum genitum, summe Pater, tuum,
> Per quem splendor, honor, laus, sapientia,
> Majestas, bonitas, et pietas tua,
> Regnum continuat numine triplici,

vel sicut in quibusdam codicibus invenitur, *nomine triplici*. Quod sanctus Ambrosius, videlicet quia nec numen, nec nomen, in Deo qui trinus est in personis et unus in deitate, trinum vel triplex dici debeat, in initio primi libri (*cap.* 1) de Fide refutat dicens : « Dominus, inquit, et Deus, vel quod dominetur omnibus, vel quod spectet omnia, et timeatur a cunctis. Si ergo unus Deus, unum nomen; una potestas, una est trinitas. Denique dicit : *Ite baptizantes in nomine Patris et Filii et Spiritus sancti* (*Matth.* xxviii, 19). In nomine utique, non in nominibus, ut unius esse Trinitatem potestatis ostenderet. » Et item (*cap.* 2) : « Nos Patrem et Filium et Spiritum sanctum confitemur, ita ut in Trinitate perfecta, et plenitudo divinitatis sit, et unitas potestatis. » Quod tantumdem valet, ac si diceret : unitas numinis. Et sanctus Augustinus in libro sexto (*cap.* 8) de Trinitate dicit : « Cum tantus sit solus Pater, vel solus Filius, vel solus Spiritus sanctus, quantus est simul Pater et Filius et Spiritus sanctus, nullo modo triplex dicendus est, quia non est quo crescat illa perfectio, perfectus autem sive Pater, sive Filius, sive Spiritus sanctus, et ideo Trinitas potius quam triplex dicenda est. » Verum et ipse Prudentius, fortasse metri lege coactus, ad demonstrandum tres personas unius substantiæ alibi scribit dicens :

Est tria summa Deus, trinum specimen, vigor unus.

Sed quoniam, ut Priscianus dicit, a specie deducitur specimen, in Deo trinum specimen catholice non potest dici, ut Augustinus in libro septimo (*cap.* 6) de Trinitate dicit « quia non sunt tres **467** species unius essentiæ, Pater et Filius et Spiritus sanctus. » Sed et Gotheschalcus testimonium beati Hieronymi, ut compilationis suæ dicta confirmaret, ex Commentario ipsius in Matthæi Evangelio hoc modo contra se protulit dicens : « Mulierem istam Ecclesiam interpretantur, quæ fidem hominis farinæ satis tribus commiscuerit, credulitatem Patris et Filii et Spiritus sancti, cumque in unum fuerit fermentata, non nos ad triplicem Deum, sed ad unius divinitatis perducit notitiam ; farinæ quoque sata tria, dum non est in singulis diversa natura, ad unitatem trahunt substantiæ. » Et item : « Baptizantur in nomine Patris et Filii et Spiritus sancti, uti quorum est una divinitas, sit una largitio et nomen, quia Trinitas unus Deus est. » In libris quoque beati Prosperi unam Trinitatis deitatem, essentiam, atque substantiam, et naturam, majestatem quoque, et potestatem, et unum lumen, unumque principium frequentissime legimus. Ait enim in libro sententiarum (*sent.* 324) : « Quod Pater cum Christo facit, Christus facit, et quod Christus cum Patre facit, Pater facit, nec seorsim aliquid agit inseparabilis charitas, majestas, potestas, sicut ipse Dominus dicit : *Ego et Pater unum sumus* (*Joan.* x, 30). » Et item (*sent.* 227) : « In Trinitate divina tanta est substantiæ unitas, ut æqualitatem teneat, pluralitatem non recipiat. » Et item : « In Patre et Filio et Spiritu sancto æterna et incommutabilis unitas manet, ubi indifferens Trinitas unus Deus est, unum lumen, unum principium. » Et in libro Epigrammatum (*epig.* 3) : « Vera æternitas et vera immortalitas non est, nisi in deitate Trinitatis, cui quod est esse perfectum est.

    Hoc pater, hoc Verbum Patris, hoc et Spiritus almus,
      Quorum natura est una eademque trium. »

Et item (*epig.* 55) : Nulla differentia est in deitate Trinitatis, quoniam quod Deo minus est, Deus non est.

    Natura omnipotens una est, quæ cuncta creavit,
      Et proprie quod sunt omnibus esse dedit
    Quodque Deo minus est, non est Deus, a Patre natum
      Verbum, et qui amborum Spiritus est, Deus et,
    Una eademque trium quoniam est essentia, quæ se
      Nunquam vel major vel minor esse potest.

Et item (*epig.* 64) :

    Omnipotens genitor, natusque, et spiritus almus,
      Una in personis par tribus est deitas.

Et item (*epig. ult.*) :

    Una trium deitas, una est essentia, ab uno
      Idem est et Verbi Spiritus atque Patris.

Quod dicit, dictum a Græcis τρισάγιον proprie et regulariter atque catholice interpretatum, trina sanctitas, ac per hoc sic trina deitas, sicut trina sanctitas catholice debeat dici, non est verum. Sanctus quippe Quintianus Asculitanus episcopus ad Petrum Antiochenum **468** loquens de sancta Trinitate, τρισάγιον non trinum sanctum, sed ter sanctum, interpretatus est : et in offerenda missæ Græcorum compositæ a beato Basilio, in qua dicitur τρισάγιον ὕμνον, non trinum sanctum, sed ter sanctum hymnum sapientes interpretes transtulerunt. Et aliquanto inferius Gothescalcus prava pravis superadjiciens, dicit :

IV.

« Claret omnino, quod ἁγία τριάς, id est sancta
« Trinitas, sicut una essentialiter atque naturaliter,
« sic procul dubio est personaliter trina deitas,
« sicut scilicet sanctitas, majestas, pietas et po-
« testas. »

XP. Hoc quod dictum est a Deo in creatione primi hominis, *Faciamus hominem ad imaginem et similitudinem nostram* (*Gen.* i, 26), diabolus male interpretans, assumpta parabola, primis parentibus dixit : *Eritis sicut dii* (*Gen.* iii, 5). Quem secutus Arius, gradus in sancta Trinitate faciens contra præceptum Domini in lege dicentis : *Non ascendatis per gradus ad altare meum* (*Exod.* xx, 26), tres deitates in sancta Trinitate dogmatizavit. Nunc Gothescalcus e diverso unam deitatem in tribus personis sanctæ Trinitatis partitur, dicens : « Sicut sancta Trinitas una est essentialiter atque naturaliter, sic procul dubio est personaliter trina deitas, quæ, ut catholici doctores dicunt, et verum est, Trinitatis est unitas, qua naturaliter unus Deus est Trinitas, quæ videlicet deitas si personaliter trina foret unitas Trinitatis, quod esse non potest, quia quod unum est in eo in quo unum est divisionem non recipit, in tribus personis divisa vel partita fuisset. Unum, inquit Boetius ex beati Augustini verbis, ut et ipse fatetur, res est unitas, quo unum dicimus, et ubi nulla est differentia, nulla est omnino pluralitas, quare nec numerus, igitur unitas tantum ; nam quod tertio repetitur Deus cum Pater et Filius et Spiritus sanctus nuncupatur, tres unitates non faciunt pluralitatem numeri in eo quod ipsæ sunt, id est in deitate, essentia, atque natura. » Et Ambrosius in libro primo (*cap.* 2) de Fide : « Diversitas plures facit, unitas potestatis excludit numeri quantitatem, quia unitas numerus non est, sed hæc omnium ipsa principium est. » Unde sunt Arius atque Gothescalcus, juxta poetam :

    Ambo errore pares, quanquam diversa loquantur.

Si enim quando hic novus ariolus, perniciosior forte quam quilibet ariolus, dixit, sicut sancta Trinitas essentialiter atque naturaliter est una, subjunxisset sic personaliter est trina, constaret sententia. Quod autem subjunxit, *deitas personaliter est trina*, non solum contra catholicam fidem est, verum et hoc quod præmisit impugnat, sicut et præmissa subsequentia destruunt. Nam quod dixit; sicut sancta Trinitas essentialiter atque naturaliter est una, si ita intelligatur sicut debet intelligi, scilicet quia Trinitas una est essentia atque natura, id est deitate, Trinitatis videlicet unitate, personaliter deitas trina esse non potest, ac per hoc illud quod præmisit sancta Trinitas essentialiter atque naturaliter est una, destruit quod subjunxit, **469** deitas personaliter est trina, quod esse non potest, quoniam deitas id ipsum est quod substantia et natura, quæ semper una est, et trina esse non potest, quia deitas ut Athanasius, Ambrosius, et Augustinus dicunt, Trinitatis est unitas. Et quod subjunxit, *deitas personaliter est trina*, impugnat quod præmiserat · Trinitas essentialiter atque naturaliter est una. Non enim in eo quo una est Trinitas, id est in essentia atque natura, trina esse potest, sicut Arius dementavit : et in eo quo unus Deus Trinitas vel trinus dicitur, id est in personarum proprietate, non unus, sicut Sabellius blasphemavit, sed unum est, sicut Christus in Evangelio dicit. Contra quos cantat Ambrosius : « Deus *unus potentialiter, trinusque personaliter.* » Et Athanasius, « Fides catholica hæc est, ut unum Deum in trinitate personarum, et trinitatem personarum in unitate deitatis veneremur, neque confundentes personas ut tres non sint, neque substantiam separantes, ut trina sit : quia alia est persona Patris, alia Filii, alia Spiritus sancti, sed Patris et Filii et Spiritus sancti una est divinitas, æqualis gloria, coæterna majestas. » Et Augustinus in libro septimo de Trinitate (*cap.* 6) : « Sicut, inquit, substantia Patris ipse Pater est, non quo pater est, sed quo est, ita et persona Patris non aliud quam ipse Pater est. Ad se quippe dicitur persona, non ad Filium, vel ad Spiritum sanctum : sicut ad se dicitur Deus et magnus, et bonus, et justus, et si quid aliud hujusmodi. Et quemadmodum hoc illi est esse quod Deum esse, quod magnum esse, quod bonum esse, ita hoc illi est esse quod personam esse. Neque cum quislibet audierit Patrem solum Deum, separet inde Filium, aut Spiritum sanctum. Cum eo quippe solus Deus est, cum quo et unus Deus est ; quia et Filium cum audivimus solum Deum, sine ulla separatione Patris et Spiritus sancti oportet accipere, sicut in Evangelio scriptum est : *Ego et Pater unum sumus* (*Joan.* x, 30). Et *unum* dixit et *sumus : unum* secundam essentiam, quod idem Deus : *sumus* secundum relativum, quod ille Pater, hic Filius. » Propter quod etiam pluralem numerum admittunt. Cur ergo non hæc tria simul unam personam dicimus, sicut unam essentiam et unum Deum, sed dicimus tres personas, cum tres deos aut tres essentias non dicamus, nisi quia volumus vel unum aliquod vocabulum servire huic significationi qua intelligitur Trinitas, ne omnino taceremus interrogati quid tres, cum tres fateremur, quia tres in sancta Trinitate personæ relative dicuntur, quæ essentialiter, id est naturaliter, unum non unus sunt : quia una et non trina est deitas, divinitas, essentia,

substantia, et natura Patris et Filii et Spiritus sancti. Fides quippe catholica hæc est, ut unum Deum in Trinitate personarum, et Trinitatem personarum in unitate deitatis veneremur, neque confundentes personas, ut tres non sint, neque substantiam separantes, ut trina sit ; quæ una substantia, id est deitas, quæ Trinitatis est unitas, etiam in personis non valens dividi ipsa separabilitate sua, **470** tres inseparabilis Trinitatis personas ostendit esse, et ab invicem separari non posse, quia cujuslibet personæ nomen semper ad alteram respicit personam. Si Patrem dicis, Filium ostendis ; si Filium nominas, Patrem prædicas ; si Spiritum sanctum appellas, alicujus esse spiritum necesse est intelligas, id est Patris et Filii, quorum una eademque substantia, id est deitas quæ Trinitatis est unitas, in singulis est tota personis, et tota in tribus simul personis : vel si rectius dicitur, ne putentur aliud esse in sancta Trinitate personæ, et aliud deitas, tota perfectaque, est deitas singulæ in sancta Trinitate personæ, et tota perfectaque, est deitas tres simul in sancta Trinitate personæ. Et idcirco inseparabilis est sancta Trinitas etiam in personis sensu intelligenda, quamvis in voce separabilia habeat nomina, quia pluralem numerum in naturæ nominibus nullatenus recipit. In personis namque Trinitas constat, in natura id est in deitate unitas, quæ dividi non potest quoniam natura, id est deitas Trinitatis est unitas. Hoc enim vere inseparabile dicitur, quod nullatenus separationem potest recipere. Nam quod non separatur, sed separari potest, inseparabile non est. Inseparabilis est ergo sancta Trinitas etiam in personis sensu intelligenda, quoniam Patris et Filii et Spiritus sancti non trina sed una est divinitas, æqualis gloria, coæterna majestas. Mentitur igitur Gothescalcus ut solet, dicens :

V.

-+ « Quia sicut sancta Trinitas una essentialiter atque « naturaliter, sic procul dubio est personaliter trina « deitas, sicut scilicet majestas, pietas, potestas. »

XP. Quod refellit catholica fides, per omnium orthodoxorum ora prædicans et confirmans quia Trinitas ad personas Patris et Filii et Spiritus sancti refertur, unitas ad naturam æternæ deitatis pertinet. Unde Augustinus in libro septimo (*cap.* 6) de Trinitate dicit : « Hoc est Deo esse quod subsistere, et ideo si una essentia Trinitas, una etiam substantia, et idcirco commodius dicuntur tres personæ, quam tres substantiæ. Non enim aliud est Deo esse, aliud personam esse, sed omnino idem : nam esse ad se dicitur, persona vero relative, videlicet Pater ad Filium, Filius ad Patrem, Spiritus sanctus ad Patrem et Filium, quorum est Spiritus, sicut idem doctor exponit. » Et in libro xv (*cap.* 22) : « Aliud est itaque Trinitas res ipsa, aliud imago Trinitatis in re alia. » Tanta est enim in ea inseparabilitas, ut illa unus Deus et dicatur et sit, nec in uno Deo sit illa Trinitas, sed unus Deus. Non igitur deitas personaliter trina est, sed trium ad quas refertur trinitas personarum substantia una est, id est deitas : quæ, ut Augustinus in primo libro de Trinitate dicit, Trinitatis est unitas, scilicet qua est inseparabilis Trinitas, quoniam una eademque est tota in singulis, tota in tribus simul personis. Dicendum ergo est, sicut Augustinus dicit, Trinitas una essentia, et una substantia tres personæ, vel Trinitas 471 substantialiter unus Deus non sicut Gothescalcus absolute dicit, Trinitas essentialiter atque naturaliter est una, ne induci putetur personarum confusio, unde paulo superius quantum causa poposcit præmisimus. Nec in hoc etiam ullo modo sequendus est Gothescalcus, ut credatur vel dicatur deitas personaliter trina. Qui enim credit et dicit trinam personaliter deitatem, nihil differt ab Ario, ad cujus pravam intelligentiam refellendam, sancti catholici Patres, non humana adinventione, sed divina inspiratione, in sacro Nicæno concilio ὁμοούσιον, id est consubstantialitatem, videlicet unam substantiam, essentiam, naturam, et deitatem trium personarum, Patris et Filii et Spiritus sancti, credi et teneri firmissime decreverunt, et ab hac regula deviantes anathematizaverunt. Gothescalcus autem mel plus comedere volens quam sufficit, id est plus sapere quam oporteat sapere, et scrutari majestatem ultra suæ infirmitatis capacitatem, hoc intelligentiæ dicto, sicut clausis oculis ad ignem, ita sciens et videre nolens in prave sentientium, Sabellii videlicet et Arii, quos cum nominat detestatur, et sensu cum disputat sequitur, sententias videtur currere cum suis complicibus, de quibus scriptum est: *Descendant in infernum viventes*, id est labantur in blasphemiæ peccatum scientes. Nam si deitas personaliter trina est, tres deitates ac per hoc tres dii erunt, aut una deitas in tribus personis erit partita, et jam Trinitas non inseparabilis, sed separata, et sicut in personis, ita et in substantia numerabilis erit, et in nulla de tribus personis deitas perfecta erit, sicque Deus, quod et stultum et nefas est dicere, imperfectus erit. Quapropter non ab re computamus, illum ipsum spiritum nos per hujus, sicut et per Arii, os audire, qui per serpentem primis parentibus sibilavit, *Eritis sicut dii*. Contra cujus impietatem sanctus Augustinus in septimo libro (*cap.* 6) de sancta Trinitate inter alia dicit : « Nec sic ergo Trinitatem dicimus tres personas, vel subsistentias, unam essentiam et unum Deum, tanquam ex una materia tria quædam subsistant, etiamsi quidquid illud est in his tribus explicatum sit. Non enim aliud ejus essentiæ est præter istam Trinitatem. Tamen tres personas ejusdem essentiæ, vel tres personas unam essentiam dicimus : tres autem personas ex eadem essentia non dicimus, quasi aliud ibi sit quod essentia est, aliud quod personæ, sicut tres statuas ex eodem auro possumus dicere. Aliud enim illis est esse aurum, aliud esse statuas. Et cum dicantur tres homines una natura, vel tres homines ejusdem naturæ, possunt etiam dici tres homines ex eadem natura, quia ex eadem natura et alii tales homines

possunt existere. In illa vero essentia Trinitatis, nullo modo alia quælibet persona ex eadem essentia potest existere. Non enim major essentia est Pater et Filius simul, quam solus Pater aut Filius : sed tres simul illæ subsistentiæ, sive personæ, si ita dicendæ sunt, æquales sunt singuli, quod animalis homo non percipit ; » et reliqua quæ 472 latius ibidem idem sagacissimus doctor exsequitur. Et in sermone trigesimo sexto Evangelii secundum Joannem : « Trinitas unus Deus, Trinitas una est æternitas, una potestas, una majestas : quid ergo tres? si enim tres ait, oportet dicas quid tres. Respondeo, Pater et Filius et Spiritus; id enim quod Pater in se est Deus est, quod ad Filium est Pater est, quod Filius ad seipsum Deus est, quod ad Patrem est Filius est. » Et post paululum : « Non est quid dicam tres nisi Patrem et Filium et Spiritum sanctum, unum Deum, unum omnipotentem, ergo unum principium. » Et in sermone trigesimo septimo : « Si enim quod pauci intelligunt, simplex est natura veritatis, hoc est filio esse, quod nosse. » Et in sermone quadragesimo quarto : « Ariani dicunt, aliud est Pater, aliud Filius, quasi non sint ejusdem substantiæ Pater et Filius. » In sermone quadragesimo quinto : « Si manum intelligamus potestatem, una est Patris et Filii potestas, quia una divinitas. » Et post pauca : « Ergo nemo rapit de manu Patris mei, hoc est, nemo rapit mihi. » In sermone septuagesimo quarto : « Cum ergo sit omnino inseparabilis Trinitas, nunquam Trinitas esse sciretur, si semper inseparabiliter doceretur. Nam cum dicimus Patrem et Filium et Spiritum sanctum, non eos utique diceremus simul, cum ipsi non possint esse non simul. » In sermone octogesimo octavo : « Christus namque cum Patre et Spiritu sancto, non sunt tres dii, sed unus Deus, de quo scriptum est: *Benedictus Dominus Deus Israel qui facit mirabilia magna solus* (*Psal.* LXXI, 18). » In sermone nonagesimo primo : « Ubi eorum quilibet unus, Pater videlicet, Filius, aut Spiritus sanctus, ibi Trinitas Deus unus. Oportebat autem ita insinuari Trinitatem, ut quamvis nulla esset diversitas substantiæ, singillatim tamen cœpit distinctio personarum, ubi eis qui recte credunt nunquam videri potest separatio naturarum. » Item in sermone nonagesimo secundo : « Sæpe autem diximus inseparabilia esse opera Trinitatis, sed singillatim commendandas fuisse personas, ut non solum sine separatione, verum etiam sine confusione, et unitas intelligatur, et Trinitas. » Et magnus Leo papa contra hæreticos loquens ad Turibium Asturicensem episcopum dicit (*cap.* 5) : « Quod enim de Deo Patre est, hoc est quod ipse est, neque id aliud est quam Filius et Spiritus sanctus. Præter hanc autem summæ Trinitatis unam consubstantialem et sempiternam atque incommutabilem deitatem, nihil omnium creaturarum est, quod non in exordio sui ex nihilo creatum sit. » Et item (*cap.* 17) : « Ab eisdem, inquit, hæreticis, contra verum veri Dei cultum, Trinitas deitatis negata personarum proprietate confunditur. »

Et item sanctus Gregorius in sexta decima homilia **A** Ezechielis : « Isaias, inquit, audivit angelica agmina in cœlo clamantia : *Sanctus, Sanctus, Sanctus Dominus Deus sabaoth (Isa.* vi). Ut enim personarum Trinitas monstraretur, tertio Sanctus dicitur ; sed ut una esse substantia Trinitatis appareat, non Domini sabaoth, sed Dominus esse perhibetur. Quod David quoque similiter sentiens **473** ait : *Benedicat nos Deus Deus noster, benedicat nos Deus (Psal.* lxvi). Qui cum tertio dixisset Deum, ut unum hunc esse ostenderet, subdidit, *et metuant eum omnes fines terræ :* Paulus quoque loquitur dicens : *Quoniam ex ipso, et per ipsum, et in ipso sunt omnia (Rom.* xii). Ex ipso videlicet ex Patre, per ipsum, per Filium, in ipso autem, in Spiritu sancto. Cum ergo ipsum tertio dixisset, adjunxit, *ipsi gloria in sæcula sæculo-* **B** *rum, Amen.* Qui enim non dicit ipsis, sed ipsi : dicendo ter ipsum, distinxit personas, et subjungendo ipsi gloria, non divisit substantiam. » Et beatus Paulinus Aquileiensis patriarcha in libro contra Felicem : « Sancta, inquit, catholica atque apostolica Ecclesia, quæ licet in toto sit orbe terrarum diffusa, una tamen est amica sponsi, proxima et columba, quæ pennis deargentatis sacri eloquii refulget pulchritudine, et in pallore auri posteriora ejus per rectæ fidei puritatem clarescit, confitetur sanctam et ineffabilem Trinitatem in unitate. Salva scilicet inconfusibiliter proprietate personarum, inseparabilem substantiam confitetur. Ita sane ut alius credatur Pater, quia Pater est, qui genuit coæternum **C** sibi sine tempore et omni initio Filium, et alius credatur Filius, quia Filius est, qui genitus est sine initio a Patre, non putative, sed vere, et alius credatur Spiritus sanctus, quia Spiritus sanctus est, et a Patre Filioque procedit : et non est aliud Pater, aliud Filius, aliud Spiritus sanctus, sed unum sunt inseparabiliter Pater et Filius et Spiritus sanctus. Non unus sed unum, quia alia est persona Patris, alia Filii, alia Spiritus sancti : sed una et æqualis, et consubstantialis, et coæterna est Patris, Filiique et Spiritus sancti inenarrabilis divinitatis majestas, quia unus est Deus. Unionem namque in essentia confitemur, trinitatem vero in personarum discretione prædicamus. »

Et sanctus Alcuinus ex verbis beati Augustini **D** in libro (*lib.* i *de Trin., cap.* 8) ad Carolum Magnum imperatorem dicit : « Quidquid, inquiens, ad seipsum dicitur Deus, et de singulis personis dicitur, Patre et Filio et Spiritu sancto, et simul de ipsa Trinitate, non pluraliter, sed singulariter dicendum est. Quoniam quippe non aliud est Deo esse, et aliud magnum esse, vel aliud esse, et aliud bonum esse, sed hoc idem illi est et esse et magnum esse, et esse et bonum esse, propterea sicut non dicimus tres deos, nec tres essentias, sic non dicimus tres magnitudines, nec tres bonitates, sed unum Deum, unam essentiam, et unam magnitudinem, et unam bonitatem. » Et quod Apostolus ait : *Christum Dei virtutem (I Cor.* i, 24), *et Dei sapientiam,* non ita in-

telligendum est, quod Pater dici non possit virtus vel sapientia, sicut dici non potest Filius vel Verbum, quia hæc relativa sunt nomina, illa vero, id est virtus et sapientia, substantialia sunt. Ideo Pater virtus et sapientia, et Filius virtus et sapientia, et Spiritus sanctus virtus et sapientia : non tamen tres virtutes, nec tres sapientiæ, sed una virtus et' sapientia, Pater et Filius et Spiritus sanctus, sicut una substantia et una omnipotentia, **474** et alia quæ de substantia divinitatis dicuntur. Et ita intelligatur Filius sapientia Patris, quomodo dicitur lumen Patris, id est, ut quemadmodum lumen de lumine, et utrumque unum lumen, sic intelligatur sapientia de sapientia, et utrumque una sapientia : quia in illa simplicitate divinæ naturæ non est aliud **B** sapere quam esse, nec aliud esse quam posse, nec aliud posse quam vivere. Eadem ibi sapientia quæ essentia, eadem vita quæ et essentia, et hæc omnia unum, et unus Deus. Sic et de majestate, et pietate, et potestate, de omnibus quæ substantialiter in Deo dicuntur, intelligendum atque fatendum est. Et item hæc prava atque perversa Gothescalcus contexuit.

VI.

+ « Sicut enim, inquiens, Deus Trinitas numeri « singularis est, juxta illud, benedicta sit sancta Tri-« nitas, sic etiam numeri singularis, et τριθεοτεία « trina deitas. »

xp. Hinc liber sextæ synodi, per quem se Go- **C** thescalcus falso redamavit, et suam falsam voluit confirmare sententiam, eum falsitatis redarguit, et falsarium comprobat in sua falsa interpretatione, qui volens vomere quod non glutivit, τριθεοτείαν trinam deitatem interpretatus est. Nam illud tri, in unitate deitatis, quæ est unitas Trinitatis, non recipit numerum, nec quamcunque adjectionem demonstrantem pluralitatem. Non ita ut interpretatur Gothescalcus, intellexit Victorinus rhetor urbis Romæ, et magister beati Hieronymi scribens ad Candidum Arianum, per conclusiones et extensiones dialecticæ ac rhetoricæ disciplinæ, quæ quodammodo sibi cognatæ sunt, suam hæresim confirmare nitentem, eodem modo cum verborum sensibus **D** Græcæ linguæ, de Patre et Filio et Spiritu sancto ipsius impietatem refellens, et destruens inter cætera : « Sic, inquit, istorum trium unum et idem existentium una divinitas, et non multifida majestas, et tria unum, et unum tria, et ter unum tria, et idem et unum et solum est. » Et veri Græcæ linguæ interpretes epistolam ab apostolica fide, et a præfata sancta sexta synodo receptissimam, ut diximus, sancti Sophronii Hierosolymitani episcopi interpretantes, non trina sed ter interpretati sunt, et anathematizant illos qui illud ter non recto sensu intelligunt, et trinam deitatem dicunt, sicut in eadem sexta synodo continetur, ubi dicitur : « Numeratur ergo beata Trinitas non essentiis, non naturis, nec diversis deitatibus, trinisve dominationibus, absit, sicut insaniunt Arii, et sicut novi τριθεοτείας, id est A ter deitatis latratores, essentias tres, et naturas tres, et tres dominationes, et tres similiter vaniloquentes deitates. » Et paulo post : « Dividitur atque indivise sancta Trinitas, et divise rursus conjungitur. In personis namque divisionem habens indivisa permanet, et inseparabilis per essentiam et naturam, similiterque et deitatem. » Et Boetius in libro de Trinitate ex beati Augustini scriptis, sicut et ipse fatetur : « In numero , inquit, **475** quo numeramus, repetitio unitatum facit pluralitatem, in rerum vero numero non facit pluralitatem unitatum repetitio. Velut si de eodem dicam : Gladius unus, mucro unus, ensis unus, potest enim unus tot vocabulis gladius agnosci, hæc unitatum repetitio iteratio potius est quam numeratio : B velut si ita dicamus : Ensis, mucro, gladius, repetitio quædam est ejusdem, non numeratio diversorum; velut si dicam, Sol, sol, sol, non tres soles effecerim, sed de uno toties prædicaverim. Non igitur si de Patre, Filio et Spiritu sancto tertio prædicatur Deus, idcirco trina numeratio numerum facit. » Videlicet quia Patris et Filii et Spiritus sancti una est deitas, quæ Trinitatis est unitas. In personarum ergo proprietate sanctæ et inseparabilis Trinitatis, cum Pater ad Filium, Filius ad Patrem, et Spiritus sanctus ad Patrem Filiumque refertur, relative et quodammodo separabiliter dicitur apud Græcos trias Trinitatis, ut si quæratur ad quid dicitur Trinitas, respondeatur personarum, vel ad personas, quin Patris et Filii et Spiritus sancti, ideoque Tri- C nitas a catholicis dicitur, quod fiat totum unum ex quibusdam tribus, quasi Triunitas, id est ter unitas, et non trina unitas, constans tribus quæ numerantur personis unius deitatis, quæ ut divisione ita pluralitate caret ac numero, quia ubi nulla est differentia, nulla est, ut Boetius dicit, omnino pluralitas. quare nec numerus, igitur unitas tantum, et unitas in se trina esse non potest. Quapropter catholici et veri interpretes semper in sancta et inseparabili Trinitate, illud τρίς ter de Græca in Latinam linguam interpretari viderunt, quia trina repetitio unius Dei, cum dicitur Pater et Filius et Spiritus sanctus, non facit in essentia pluralitatem, sed unus Deus toties personaliter prædicatur. A numero autem quo numeramus , in quo pluralitatem ostendimus, sicut D τριπλόος triplex, τρίγωνος triangulus, τριάχοντα triginta, τριαχόσια trecenta, τριτία triennium, τρίτης trimus vel trima, τριετηρικός triennalis dicitur, et plura his similia quæ rebus subjiciuntur, quærunt nominationem rerum quibus subjecta sint, et cum subjiciuntur materiis, accidentium varietas vel multitudinem significans, quæ divise in rebus numerabilibus constat ex diversitate vel pluralitate quam in se habet, ostendit etiam in eis quibus subjicitur quamdam pluralitatem et numeri differentiam ! verbi gratia , ut trimus vitulus, triennalis juvenca, triplex funiculus, triangulus lapis, triginta viri, trecenta scuta. Ex his orthodoxorum dictis et

vera Græcæ linguæ interpretatione, manifestissime claret Gothescalcum in sua interpretatione et in sua expositione mentitum fuisse. Nobis autem Latinis, et Græcæ linguæ ignaris, non est hinc necesse diutius laborare, cum satis in orthodoxorum libris, qui utriusque linguæ fuere periti, inveniamus qualiter secundum catholicam fidem credere et confiteri, tenere quoque ac prædicare, de sancta et inseparabili unius deitatis Trinitate **476** debeamus. Nec nobis aliquis inde scrupulus, ex Gothescalci et aliorum imperitorum atque male sentientium verbis, qui Græcæ linguæ penitus expertes fuerunt, inesse debet, cum in majorum nostrorum scriptis legamus, multos qui sibi interpretationem Græci sermonis usurpaverunt, et vim notarum ac punctorum, quinimo accentuum superpositorum ad tollendam ambiguitatem, quæ apud eos ex quibusdam illorum fit litteris, et ad intelligentiam sermonum, atque ad pronuntiationem distinguendam, plurimum valere dicuntur, non intellexerunt, errasse et alia pro aliis, ut pro visione montem, pro filio porcum, pro ter trina, et his similia, et interdum singularia pro pluralibus, et pluralia pro singularibus transtulisse. Post prædicta, inveteratum antiquissimi scriptoris venenum, a sanctis patribus, et in Nicæna synodo, et in aliis catholicis conciliis atque orthodoxis scripturis exsecratum ac prædamnatum Gothescalcus eructat, dicens :

VII.

« Sicut unamquamque ex trinitate personarum, « quisquis est catholicus credit et confitetur, inte- « grum, plenum, perfectum penitus Deum, sic uni- « cuique personæ suam propriam deitatem integram, « plenam, perfectamque penitus inesse credat, et « confiteatur, et asserat, ac pro viribus collatis et « conferendis deinceps divinitus contradicentes quos- « cunque convincat. In hoc enim liquet luce clarius, « quin patet sole splendidius, quod inest unicuique « personæ sua propria deitas, atque divinitas, quia « revera nequaquam assumpsit humanitatem, quod « absit, ullo modo tota Trinitas, sed sola tantummo- « do Filii deitas. »

XP Hinc quisque cordatus percipiat quantum sit arrogantiæ vitium, quod non solum veritatem, sed nec seipsum quem præoccupat permittit cognoscere hominem. Unde Dominus loquens ad Moysem (*Levit.* XXI, 20), inter cætera jussit ut albuginem habens in oculo non offerat panes Deo suo, nec accedat ad ministerium ejus. Albuginem vero habet in oculo, ut exponit Gregorius (*Pastor. part.* I, *cap.* 2), « qui veritatis lucem videre non sinitur, quia arrogantia sapientiæ seu justitiæ cæcatur. Pupilla namque oculi nigra videt, albuginem tolerans nihil videt : quia videlicet sensus humanæ cogitationis, si stultum se peccatoremque intelligit, cognitionem intimæ claritatis apprehendit. Si autem candorem sibi justitiæ seu sapientiæ tribuit, a luce se supernæ cognitionis excludit, et eo claritatem veri luminis nequaquam penetrat, quo se apud se per arrogantiam exaltat : sicut de quibusdam dicitur. et de hoc singularis amentiæ homine intelligi rite potest, *Dicentes enim se esse sapientes, stulti facti sunt (Rom.* i, 22). » Paulo namque superius unam naturaliter deitatem divisit, trinam esse illam personaliter dicens : deinde ut scriptum est sub meretricis mulieris specie (*Prov.* vii, 11), quod catholici viri interpretantur de hæresi , quia non valet consistere pedibus suis quin de pessimis ad pejora labatur, sui ipsius oblitus, unicuique **477** personæ in sancta Trinitate propriam deitatem, integram, plenam, perfectam, ac per hoc tres deitates, quod a catholicis jure damnatur, penitus inesse credi et asseri atque defendi debere dicit. De quo ait secundum Septuaginta translationem Isaias propheta : *Stultus stulta loquitur, et cor ejus vana intelligit, et consummat inimica : et loquitur ad Deum errorem, ad disperdendas animas esurientes, et animas sitientes* inanes faciat. Consilia enim malorum iniqua cogitaverunt disperdere humiles in sermonibus iniquis, et dissipare verba humilium in judicio. Nam pii sapientiam cogitaverunt , et hoc consilium manebit, videlicet quod contra eum redarguens et revincens illum ad Corinthios scripsit apostolus Paulus dicens : *Gratia Domini nostri Jesu Christi, et charitas Dei, et communicatio sancti Spiritus, cum omnibus vobis (II Cor.* xiii, 13). Hic charitas Dei, hoc est Patris, intelligenda est, de quo dicit Joannes apostolus : *Deus charitas est (I Joan.* iv, 9). *In hoc apparuit charitas Dei in nobis, quoniam unigenitum Filium suum misit Deus in mundum, ut vivamus per eum (I Joan.* iv, 16). Gratia Domini nostri Jesu Christi, de quo ad Hebræos dicit Apostolus, *Gratia Dei pro omnibus gustavit mortem (Hebr.* ii, 9). Communicatio sancti Spiritus, sicut Augustinus dicit, intelligenda est « quoniam in eadem unitate substantiæ et æqualitate cum Patre et Filio consistit. Sive enim sit unitas amborum, sive sanctitas, sive charitas, sive ideo unitas quia charitas, et ideo charitas quia sanctitas, nequaquam minor est illis in aliquo ex quibus procedit, sic manens ut procedat, sic procedens ut maneat. Proinde totus de Patre procedit, et totus de Filio : totus in Patre manet, et totus in Filio. Quamobrem naturaliter hanc habet cum Patre et Filio unitatis plenitudinem, et plenitudinis unitatem, ut totum Patrem habeat, totumque Filium, ipseque totus habeatur a Patre, totus habeatur a Filio : qui etiam a Patre et Filio æqualiter datur, imo et a seipso datur. » Et Athanasius hanc Apostoli exponens sententiam (*lib.* iv, *in princip.*) dicit : « Nonne aperte per singula nomina singulas personas inesse distinxit ? Nomina singula tantum in personis perfecte ostenduntur, deitatis usiæ judicium uniter per hæc ipsa indicatur? Sic Pater in Filio, et Filius in Patre, Spiritus autem sanctus conjunctio deitatis virtus et unitas Trinitatis. Qui tres virtutes inducit, tres deos confitetur. Nos autem credimus tres personas, unam deitatem : confitemur Patrem in Filio, et Filium in Patre cum

Spiritu sancto : non separatur unitas, non dividitur deitas, Deus ex Deo, non duo dii, virtus ex virtute, sed una virtus, lumen de lumine, veritas de veritate, sed unum lumen et una veritas. » Et item exponens sententiam Apostoli (*lib.* iv, *post medium*), *Omnia ex ipso, et per ipsum, et in ipso (Rom.* xi, 36); « Ex ipso, inquit, ex Patre est dictum, et per ipsum per Filium, et in ipso in Spiritu sancto, est uniter consummatum. Itaque quod ait ex ipso, et in ipso, quia identidem hæc ipsa est divinitas Patris, quæ et Filii et sancti Spiritus, ideo cuncta ex ipso, et per ipsum, et in ipso sunt facta : ipsi Trinitati **478** unitæ inenarrabili honor et gloria in sæcula sæculorum, Amen. » Et Ambrosius in libro tertio de Spiritu sancto : « Manet, inquit, cum Patre et Filio et Spiritu sancto. Unde et Apostolus cum gratia Jesu Christi, et charitate Dei, communicationem Spiritus sancti copulavit, dicens : *Gratia Domini nostri Jesu Christi, et charitas Dei et communicatio Spiritus sancti cum vobis omnibus (II Cor.* xiii, 13). » Advertimus igitur quod Pater et Filius et Spiritus sanctus in uno eodemque templo per naturæ ejusdem maneant unitatem. Si enim, ut Gothescalcus dicit, et fides catholica contradicit, unicuique personæ propria et specialis inest deitas, et non unius deitatis, quæ communis est simul tribus personis, est Trinitas, tres sunt deitates, sicut tres sunt personæ, quibus singulis inest specialis proprietas. Proprium enim est Patris qui a nullo est, ut Pater sit ; proprium est Filii qui de substantia Patris genitus est, ut Filius sit ; proprium est Spiritus sancti, qui ex Patre Filioque procedit, ut amborum Patris scilicet et Filii Spiritus sit ; et si tres, quod absit, sunt propriæ personarum deitates, ut unicuique personæ sit propria, id est specialis deitas, tres dii erunt, et jam non erit inseparabilis Trinitas, quoniam separabilis, imo separata est deitas, quæ Trinitatis est unitas, et qua est inseparabilis Trinitas. Et dicens :

VIII.

« Superest ut illi qui sunt grammatici, si nolunt esse simul et hæretici, non præsumant fateri in Ecclesia veracis Dei, veritatis Dei, veri Dei, quod τριθεοτεια, id est trina deitas, ulla ratione pluralis existat numeri, cum sit ut claret utique singularis, velut noverunt universi qui vel mediocriter artis grammaticæ sunt periti. »

xp. Oblitus, vel potius propter arrogantiam videre non valens rudimenta artis grammaticæ, id est Donati doctrinam, quam sicut alphabetum initia videlicet elementorum in schola discunt pueruli, ubi scriptum est, eodem Donato docente : Sunt alia nomina sono singularia, intellectu pluralia, ut gens, populus, concio, plebs, multitudo, sicut et quædam sunt nomina mobilia et adjectiva, sono numeri singularis, intellectu in se pluralitatem habentia, et adjuncta singularis numeri fixis nominibus pluralitatem monstrantia, ut tertia, trina, trima, trigama, et alia hujusmodi , de quibus quædam ponimus exempli gratia, tertia hora, trina repetitio, trima juvenca, trigama mulier, in quibus omnibus fixis nominibus, ex adjectivis in se pluralitatem habentibus, quodammodo quædam pluralitas demonstratur. Nam cum dicimus hora tertia, horarum multiplicatio designatur : cum dicimus trina repetitio, pluralitatem repetitionis ostendimus : cum dicimus trima juvenca, annorum in ea pluralitatem signamus : cum dicimus trigama mulier, plures eam habuisse viros manifestamus. Invenitur quoque dictum ab Augustino in libris de Trinitate, trinitas anulorum, trinitas personarum, trinitas in mente hominis, ubi ad imaginem Dei factus est. Unde ut putamus **479** non inconvenienter etiam dici potest trina Trinitas. Sed cum inconvenienter a Gothescalco dicitur trina deitas, pluralitas et numerus, quæ ut dicit Boetius fiunt ex differentia, illi naturæ simplici et indivisibili, quæ nec in personis habet quamcunque differentiam, quod est dicere nefas imponitur, et in hoc mobili et adjectivo nomine quod est *trina*, et in fixo nomine cui adjicitur, quod est *Trinitas*, continetur pluralitas, quam in se non recipit deitas. Qua de re *trina deitas* a nullo catholico intellecta, vel credi aut dici debere dicta est, ut Boetius in libro ad Joannem dicit : « Si igitur interrogem, an qui dicitur Pater substantia sit, respondetur esse substantia. Quod si quæram an Filius substantia sit, idem dicitur. Spiritum quoque sanctum substantiam esse nemo dubitaverit. Et cum rursus colligo Patrem, Filium, Spiritum sanctum, non plures, sed una occurrit esse substantia. Una igitur substantia trium, nec separari ullo modo aut disjungi potest, nec velut partibus in unum conjuncta est, sed est una simpliciter. Quæcunque igitur de divina substantia prædicantur, ea tribus oportet esse communia. Si dicimus Pater Deus est, Filius Deus est, Spiritus sanctus Deus est, Pater, Filius ac Spiritus sanctus unus Deus. Si igitur eorum una deitas, una substantia est. » Et in libro de Trinitate : « Quod tertio repetitur Deus cum Pater et Filius et Spiritus sanctus nuncupatur, tres unitates non faciunt pluralitatem in eo quod ipsæ sunt, id est in deitate, quæ natura et essentia est, quæ ab eo quod est esse essentia dicta est. » Non igitur, inquit idem Boetius (*lib. de Trinitate, ante med.*), « si de Patre ac Filio et Spiritu sancto tertio prædicatur Deus, idcirco trina prædicatio numerum facit. Hoc enim illis ut dictum est imminet, qui inter eos distantiam faciunt meritorum : catholicis vero ita indifferentia constituentibus, ipsamque formam ut est esse ponentibus, neque aliud esse quam est ipsum quod est opinantibus, recte repetitio de eodem quam enumeratio diversi videtur esse, cum dicitur Deus Pater, Deus Filius, Deus Spiritus sanctus : atque hæc Trinitas unus Deus, velut ensis, mucro atque gladius, unus gladius, velut sol, sol, sol, unus sol. Sed hoc interim in eam dictum sit significationem demonstrationemque, qua ostenditur non omnem unitatum repetitionem numerum pluralitatemque perficere. Non vero ita dicitur Pater ac Filius et Spiritus sanctus, quasi multivocum quiddam. Nam mucro et ensis et ipse est et idem, Pater vero ac Filius et Spiritus sanctus idem equidem est, non vero ipse. » Hinc manifestum est Gothescalcum non dicere verum : Sicut, inquit, Deus Trinitas numeri singularis est juxta illud, Benedicta sit sancta Trinitas : sic etiam numeri singularis est trina deitas. Quia trina et trinitas sono singularis sunt numeri, et intellectu pluralis. Deitas autem, qua Patrem Deum dicimus, Filium Deum dicimus, Spiritum sanctum Deum dicimus, et sono et intellectu singularis est numeri, et adjectionem pluralitatem significantem non recipit : quoniam sancta **480** et inseparabilis in personis intelligitur et dicitur Trinitas et in substantia, essentia, natura, divinitate, deitate, intelligitur et dicitur unitas, quia deitas Trinitatis est unitas, ut omnes doctores catholici, sed et Boetius in præfato libro de Trinitate ut præmisimus dicit : « Ubi, inquiens, nulla est differentia, nulla est omnino pluralitas, quare nec numerus, igitur unitas tantum. Nam quod tertio repetitur Deus, cum Pater et Filius et Spiritus sanctus nuncupatur, tres unitates non faciunt pluralitatem numeri in eo quod ipsæ sunt, » id est in essentia, videlicet deitate. Unde dixit Deus ad Moysem : *Ego sum qui sum, et, dices filiis Israel : Qui est misit me ad vos* (*Exod.* III, 14). Regula igitur fidei, secundum auctoritatem sacræ Scripturæ, in qua legitur *Sanctus, Sanctus, Sanctus Dominus Deus sabaoth* (*Isa.* VI, 3); et, *Benedicat nos Deus, Deus noster, benedicat nos Deus, et metuant eum omnes fines terræ* (*Psal.* LXVI, 8); et, *Ex ipso et per ipsum et in ipso sunt omnia, ipsi gloria* (*Rom.* XI, 36), catholice dicitur : *Benedicta sit sancta Trinitas, atque indivisa unitas : confitebimur ei, quia fecit nobiscum misericordiam suam.* Sed non sicut catholice dicitur, benedicta sit sancta Trinitas, videlicet personarum, atque indivisa unitas, quæ intelligitur deitas, quæ Trinitatis est unitas, non potest ita, ut Gothescalcus desipit, catholice dici trina deitas, quæ ut Augustinus sicut præmisimus dicit, Trinitatis est unitas, de qua dicit Ambrosius : « Tu Trinitatis unitas, orbem potenter qui regis; » et Athanasius in libro sexto de Fide : « Deus, inquit, Pater, Deus et Filius, Deus et Spiritus sanctus. Vides Trinitatis indicium in tribus esse personis, et tres has personas nominibus tantum esse discretas : unde nec unitas potest ostendi sine personis, nec hæ personæ sine unito nomine deitatis. » Hoc, ut Augustinus dicit, animalis homo non percipit, hoc Gothescalcus videre non valet, quia sicut in litteris divinitus inspiratis legimus, scilicet quatuor esse arrogantium species, id est cum quisque arrogans quod habet, aut a se habere, aut sibi pro meritis suis datum computat, aut quod non habet habere se simulat, aut id quod habet singulariter præ cæteris sibi habere arrogat, in isto manifeste videmus. Nam de duabus prioribus arrogantium speciebus ipse viderit, duas posteriores in eo fuisse et adhuc permanere, qui illum ab infantia cognoverunt, et manifeste conspiciunt, et conspexerunt. Non enim potest sustinere, ut audiat quod illius sensui non concordat, multo minus autem ut illum aliquis doceat, et omnium sensus suo sensui *A* incomparabiles computat, et neminem sibi in scientia æquiparabilem putat, et non suum sensum ad Scripturas, sed Scripturas ad suum sensum inflectere curat : quas quia malo voto legit, veritatem in eis videre non valet. *Excæcavit enim eum*, sicut scriptum est, *malitia ejus* (Sap. i, 21). *Quoniam in malivolam animam non introibit sapientia* (Sap. i, 4) : et, *Spiritus sanctus*, quo ipsæ Scripturæ sunt inspiratæ, *disciplinæ effugit fictum, et aufert se a cogitationibus quæ sunt sine intellectu* (Sap. i, 5). Requiescit enim super humilem et quietum, et ut sanctus dicit Gregorius, quam non invenit humilem **481** veritas fugit mentem. De quo et ejus similibus item beatus dicit Gregorius (*lib.* viii *Moral.*, *c.* 2) : « Hæretici in inquisitionibus suis non veritatem co- *B* nantur assequi, sed victores videri : cumque foris ostendi sapientes appetunt, intus per stultitiam elationis suæ vinculis ligantur. Unde fit ut contentionum certamina exquirant, et de Deo, qui pax nostra est, loqui pacifice nesciant, atque ex pacis negotio rixæ inventores fiant. Quibus bene per Paulum dicitur : *Si quis autem videtur contentiosus esse, nos talem consuetudinem non habemus, neque Ecclesia Dei* (*1 Cor.* ii, 16). » Propterea non est mirum si cum Pharisæo de templo Domini, id est sancta Ecclesia, juste ejectus habetur injustus, in quo plures sua prava conversatione atque doctrina injustificans diu mansit perniciose iniquus, et adhuc, sicut sanctus Hilarius de Osio dicit, idcirco est reservatus, ne judicio humano ignoraretur qualis ante vixisset.

Contra cujus mortifera venena, quibus exspuit quod unicuique personæ sua propria, integra, plena, perfectaque sit deitas, et sola tantummodo Filii deitas humanitatem assumpserit, sanctus Athanasius dicit in capite libri primi de Trinitate : « Tu unus Deus Pater, et unigenitus Dei Filius, Deus Spiritus sanctus, qui unam deitatem nobis declarasti, et sacrosanctæ solius divinitatis indivisam gloriam revelasti, et perfectam gloriam Trinitatis tuam sempiternam plenitudinem demonstrasti. Ideo optimum duxi, ut tua veritas patefacta claresceret, et hæreticorum detecta cæcitas innotesceret. » Et hoc catholice per totum libri corpus contexens ad locum dicit (*de unito nomine Trinitatis*). « Unde quamvis in hoc loco copiose sint significationes dictæ, tamen ad unitam divinitatem Trinitatis evidentius sunt approbatæ. » Et post aliquanta : « An ignoras, inquit, quia Pater unus Deus est, et Filius unus Deus est, et Spiritus sanctus unus Deus est? Nonne unus Deus est, dum unitum nomen est in natura usiæ ? Sic et unus Spiritus est, quia unita est ejusdem deitas. Nam si tu per singula nomina personarum unitum nomen spiritus ter designasti, nunquid tres spiritus dicere oportet? absit. Quod si hoc potuerat dici, tale erat ut et hoc in confessione deberet introduci, tres deos plurali numero nuncupari : ut jam non esset in his personis unita natura divinitatis, sed unusquisque in propria vel diversa natura sua consisteret, quod absit. » Et item paulo post :

A « Nos unitatem deitatis uniter, non pluraliter, in Trinitate consentire sciamus. » Et item : « Ideo unus est Deus, quia unita est deitas, sicut per singulas personas scriptum est. Et quia nullus Deus nisi unus, vel hoc, *Audi, Israel, Dominus Deus tuus Deus unus est* (*Deut.* vi, 4). » Et item : « Memento unitum nomen divinitatis esse singulis personis; » quod in eodem libro Scripturarum auctoritate confirmat, et post illa testimonia dicit : « Vidos in his personis unitum esse nomen Trinitatis in natura. » Et item post plura Scripturarum testimonia : « Vides per singulas significationes, videlicet personas, unitum nomen deitatis ter indicatum? » Et post aliquanta : « Scriptum **482** est, *Euntes baptizate omnes gentes in nomine*, et sic prosecutus est, *Patris et Filii et* *B* *Spiritus sancti* (*Matth.* xxviii, 19). Unde in his personis per omnia in deitate divinitatis unitum nomen est, et per ipsa nomina Trinitatis tantum personæ distinctæ sunt. » Et post pauca : « Ut in baptismo unitum divinitatis nomen prius confitearis, ut remissam peccatorum in his personis consequi merearis. » Et item : « Vides quia in deitate et in substantia plenitudinis per omnia unum sunt, et in nominibus personarum tres sunt. » Et in secundo libro de propriis personis, et de unito nomine divinitatis, *Rogabo Patrem meum, et alium paracletum dabit vobis* (*Joan.* xiv, 16). « Scito alium ab alio, sive alterum ab altero in persona tantum differre, et non in unita plenitudine divinitatis usiæ. Nam si secundum nomina singula personarum alter in altero sine dubio dici *C* potest, nunquid sic et in unita deitate alter Deus potest pernuntiari Pater, quasi sit in natura diversus a Filio, et alter Deus potest dici Filius a Patre, quasi sit in deitate alter, et alius Deus potest profiteri Spiritus sanctus, quasi sit in substantia discrepante a Patre et Filio? absit : dum unitum nomen sit in eis in una vera natura, ac per hoc unus verus est Deus. » Et post pauca : « Sane deitas eorum cum sit unita, alter hic Deus ab illo alio Deo verbotenus dici non potest, quia unitum nomen est, et in plenitudine divinitatis, et ideo unus est Deus. » Et item : « Præterea ubi nullus nec numerus, sed nec aliqua differentia in unita plenitudine deitatis Patris et Filii et Spiritus sancti invenitur, dum unus in alterius nomine distincte in divinitate et tamen uniter conti- *D* netur. *Interrogatio.* Pande itaque mihi quomodo tres unum sunt, aut unum tres sunt. *Responsio.* Memento quia Pater et Filius et Spiritus sanctus tres unum sunt, qui in natura Trinitatis consistunt. Ideo tres unum sunt, sive unum tres. *Interrogatio.* Nimirum divisa est hæc Trinitas, an indivisa est, dicito mihi. *Responsio.* Plane divisa est in nominibus tantum personarum, in deitate autem indivisa est. *Interrogatio.* Edicito mihi quomodo interpretatur unitas. *Responsio.* Nescis quia una est Patris et Filii et Spiritus sancti divinitas? *Interrogatio.* Quid significatur vel intelligitur in hoc loco natura? *Responsio.* Hoc quod sentitur veritas ac dealitas sive substantia, de qua Græci dicunt usia, quæ est manifeste unita plenitulo divinitatis. *Interrogatio.* Quid est una Trinitas? A *Responsio.* Utique quia una est in ipsa Trinitate . plenitudo divinitatis · ita et unitatis naturæ nomen uniter in Trinitate consistere declaratur, et in ipsa Trinitas æque per singula nomina personarum perfecte demonstratur. »

Et sanctus Hilarius in Commento Matthæi (*canone* 26) : « Duo autem sunt in lecto eamdem passionis Dominicæ requiem prædicantes, circa quam et hæreticorum et catholicorum eadem atque una confessio est. Sed quia unitatem Patris et Filii, et communem eorum theoteiam, quam deitatem nuncupamus , catholicorum veritas prædicabit, et eamdem rursum plurimis **483** contumeliis hæreticorum falsitas impugnabit; idcirco ex duobus in lecto aliis relinquitur et alius assumitur, quia fidem confessionis utriusque in uno B assumendo et alio relinquendo divini arbitrii judicium comprobabit. » Et Ambrosius in primo libro de Fide (*lib.* i, c. 1) : « Scriptum est, *Audi Israel, Dominus Deus tuus Deus unus est* (*Deut.* vi, 4). Deus enim et Dominus nomen magnificentiæ, nomen est potestatis, sicut ipse dicit : Dominus Deus nomen est mihi : et sicut alibi propheta asserit, *Dominus Deus omnipotens nomen est ei* (*Exod.* xv, 3). Dominus ergo et Deus, vel quod dominetur omnibus, vel quod spectet omnia, et timeatur a cunctis. Si ergo unus Deus, unum nomen, una potestas, una est Trinitas. Denique dicit : *Ite baptizantes in nomine Patris et Filii et Spiritus sancti* (*Matth.* xxviii, 19). In nomine utique, non in nominibus. Ipse etiam dicit, *Ego et Pater unum sumus* (*Joan.* x, 30). *Unum* dixit, ne fiat discre- C tio potestatis : *sumus* addidit, ut Patrem Filiumque cognoscas, quod perfectus Pater perfectum Filium genuisse credatur, et Pater ac Filius unum sint, non personarum confusione, sed unitate naturæ. » Et item (*cap.* 2) : « Unum ergo Deum, non duos aut tres Deos dicimus, ut impia Arianorum hæresis dum criminatur incurrit. Tres enim Deos dicit, qui divinitatem separat Trinitatis. » Et Augustinus in libro contra quinque hæreses : « Dic , doctor meus, sancte Paule, doce divini jurisperite, sponsi amice. Homo iste modo venit, mundum subvertit, et fidei unitatem scindit, Trinitatem dividit. » Et item post aliquanta : « Diximus de Patre et Filio quod potuimus, et quantum potuimus, si tamen aliquid digne potuimus, de D Spiritu sancto tacuimus, sed non cum separavimus. Quidquid enim de Patre et Filio diximus, etiam de Spiritu sancto diximus. Est enim in illis et cum illis æqualis, unus non minor aut tertius Deus. Quid adhuc dicam fatigatus? Qui Spiritum sanctum a Patre et Filio, æternitate, et substantia, vel communione separat, et qui negat spiritum esse Patris et Filii, plenus est spiritu immundo , vacuus Spiritu sancto. Ideo enim Deus dicitur charitas, quia non partibus dividit unitatem, sed ineffabiliter coagulat trinitatem. Ipsa est enim Trinitas unus Deus, turris fortitudinis a facie inimici, qui credentes in se custodit in sæcula sæculorum. » Et item idem sanctus Augustinus in sermone de fide contra hæreticos :

« Dicamus aliquid de Scripturis, non rationem sequentes, sed auctoritatem Domini salvatoris. Christus dicit ascensurus ad cœlos, ad apostolos loquens, quibus prædicat ut magister et Dominus. Nemo sic novit de natura sua dicere, quomodo ipse qui Deus est. Nobis autem sufficiat scire de Trinitate quod Dominus exponere dignatus est. Quid ergo dicit ad apostolos? *Ite, baptizate omnes gentes in nomine Patris et Filii et Spiritus sancti* (*Matth.* xxviii, 19). Tria nomina audio, et unum dicitur nomen. Non enim dixit in nominibus, sed in nomine. Tria nomina dicit, et quomodo unum ponit, in nomine Patris et Filii et Spiritus sancti? Nomen Patris et Filii et Spiritus sancti unum est, sed Trinitatis est **484** nomen. Quod dicitur in nomine Patris Dei, in nomine B Filii Dei, in nomine Spiritus sancti Dei, Pater et Filius et Spiritus sanctus unum nomen est divinitatis. Sed requiris a me quomodo uno nomine tres appellantur, nescio, et libere me nescire profiteor quod Christus noluit indicare. Hoc solum scio, quia et in hoc sum Christianus, quia unum Deum in Trinitate confiteor. Si autem dixero, unam personam esse Patris et Filii et Spiritus sancti, Sabellianus appellabor, et incipio non esse Christianus, sed Judæus. Quia Judæus unum Deum dicit, et quia Patrem nescit et Filium et Spiritum sanctum, propterea mysterium non tenet Trinitatis. Ergo si sic dicimus unum Deum, ut Patrem et Filium et Spiritum sanctum excludamus a mysterio Trinitatis, Judæi efficimur. Ego libere dico, non ex me sed sententia Salvatoris, scandalum quod in animo nascitur auditoris, quomodo tres unum sint, quomodo Pater et Filius et Spiritus sanctus non dividantur in divinitate, sed in personarum qualitate. Quandocunque personas appello, rogo vos non me reputetis personas hominum dicere. Ego personas in Patre et Filio et Spiritu sancto non dico quasi personas hominum. Patris personam dico, quia Pater est, et Filii quia Filius est, et Spiritus sancti quia Spiritus sanctus est. Non est Pater Filius, nec Filius Pater, nec Spiritus sanctus Pater aut Filius. Dividuntur enim proprietatibus, sed natura sociantur. » Item in alio sermone de Fide contra Arianos et Sabellianos : « Nec est prorsus aliquis in Trinitate gradus, nihil quod inferius specialiusve dici potest : ita tota deitas sua perfectione æqualis est, ut, ex- D ceptis vocabulis quæ proprietatem personarum indicant, quidquid de una persona dicitur, de tribus dignissime possit intelligi; atque ut confutantes Arium unam eamdemque dicimus Trinitatis esse substantiam, et unum in tribus personis fatemur Deum : ita impietatem Sabellii declinantes, tres personas expressas sui proprietate distinguimus; non ipsum sibi Patrem, ipsum Filium, ipsum Spiritum sanctum esse dicentes; sed aliam Patris, aliam Filii, aliam Spiritus sancti esse personam. Non enim nomina tantummodo, sed etiam nominum proprietatem, id est personas confitemur : nec Pater Filii aut Spiritus sancti personam aliquando, excludit, nec rursus Filius aut Spiritus sanctus Patris nomen personamque recipit, Sed Pater semper Pater, Filius semper Filius, Spiritus sanctus semper Spiritus sanctus. Itaque substantia unum sunt, personis ac nominibus distinguuntur. » Et item sanctus Augustinus in libro primo (*cap.* 4) de Trinitate : « Omnes quos legere potui, qui ante me scripserunt de Trinitate, quæ est Deus, divinorum librorum veterum et novorum catholici tractatores, hoc intenderunt secundum Scripturas docere, quod Pater et Filius et Spiritus sanctus unius ejusdemque substantiæ, inseparabili æqualitate divinam insinuent unitatem; ideoque non sint tres dii, sed unus Deus, quamvis Pater Filium genuerit, et ideo Filius non sit qui Pater est, Filius a Patre sit **485** genitus, et ideo non sit Pater qui Filius est, Spiritus sanctus nec Pater sit, nec Filius, sed tantum Patris et Filii spiritus, Patri et Filio etiam ipse coæqualis, et ad Trinitatis pertinens unitatem. »

Et sanctus Sophronius in catholica sua epistola, quam sexta synodus (*synodi* vi *act.* 11) ad catholicæ fidei confirmationem produxit : « Nos, inquiens, unum principium unius novimus deitatis, unum imperium, unam potestatem, unam virtutem, unam operationem, unum consilium, unam voluntatem, unam dominationem, unum motum, tam omnium quæ post eam sunt creatricem, quamque providam et stabilientem atque conservatricem, unam dominationem, unam sempiternitatem, et quæque sunt talia singularia et incomposita unius essentiæ atque naturæ in tribus personalibus subsistentiis; neque subsistentias confundentes, et in unam eas subsistentiam seducentes, neque eamdem unam essentiam partientes, et in tres eam essentias discerpentes, et unam ex hoc dividentes deitatem. Sed est unus Deus, una deitas, in tribus subsistentiis fulgens, et tres subsistentiæ et personæ in deitate una cognoscuntur. Propterea perfectus Deus est Pater, perfectus Deus est Filius, perfectus Deus est Spiritus sanctus, idcirco quod unam eamdemque singula quæque persona inseparabilem, indiminutam, atque perfectam habet deitatem. Et juxta quod Deus quidem est, idipsum existit unumquodque, dum seorsim consideratur, ipsa intelligentia quod non est separabile separante, ut Pater tamen et Filius et Spiritus sanctus, aliud, et aliud, et aliud dicantur. Et idcirco hæc a Dei capacibus prædicantur Deus, et Deus, et Deus, sed unus est hæc tria Deus. Non enim alius Deus Pater, nec alius Deus Filius, neque alius iterum Deus Spiritus sanctus, quia nec alia natura est Pater, nec alia natura est Filius, neque alia iterum natura est Spiritus sanctus. Hoc enim etiam multos atque diversos Deos officinatur, multasque et varias generat deitates; sed Deus quidem est Pater, Deus vero est Filius, similiter et Deus est Spiritus sanctus, eo quod indivisæ et indiminutæ eædem tres personæ una impleantur deitate, et in unaquaque earum funditus tota est. Nam deitas divisionem non sustinet, et in tribus ipsis personis plenifice atque perfecte est, non partibiliter, sive ex parte easdem

implens personas, sed in unaquaque existens plenissima, et una permanens, licet in tribus personis monstretur, et ad deorum multitudinem excurrens, licet in tribus sit subsistentiis, ut non corporalem quamdam sustineat sectionem, quæ certe est impassibilis et incorporea, et pati nesciens quæ creaturæ sunt propria. »

Hæc Spiritus sanctus per sanctos dicit Athanasium, Hilarium et Ambrosium, atque Augustinum ; et spiritus immundus exhalat per immundissimum Gothescalcum dicens : « Sicut unamquamque ex Trinitate personarum quisquis catholicus credit et confitetur, integrum, plenum, perfectum penitus Deum : sic unicuique personæ suam propriam deitatem **486** integram, plenam, perfectam penitus inesse credat et confiteatur » ; cum, ut sanctus Ambrosius scribit (*lib.* 1 de fide, *cap.* 2) : Dominus dicendo, *Ite, baptizate gentes in nomine Patris et Filii et Spiritus sancti* (*Matth.* xxviii, 19), unius esse Trinitatem potestatis ostenderit. Nos Patrem et Filium et Spiritum sanctum confitemur, ita ut in Trinitate perfecta, et plenitudo sit divinitatis, et unitas potestatis. *Omne regnum in se divisum facile destruetur,* Dominus hoc dicit. Non ergo divisum est regnum Trinitatis. Si ergo divisum non est, unum est. Quod enim unum non est, divisum est. Tale ergo regnum esse cupiunt Trinitatis, quod divisione sui facile destruatur. Imo quia non potest destrui, constat non esse divisum. Non enim dividitur unitas, nec scinditur. » Et post aliquanta (*cap. eodem*) : « Est enim plenitudo divinitatis in Patre, est plenitudo divinitatis in Filio, sed non discrepans, sed una divinitas ; nec confusum quod unum est, nec multiplex quod indifferens. » Et paulo post : « Necesse est negent Ariani aut Patris aut Filii divinitatem, nisi ejusdem divinitatis crediderint unitatem. » Et item : « Ut autem una deitas Patris et Filii, et una dominatio probaretur, ne gentilis aut Judaicæ impietatis incurreremus errorem, providens Apostolus quid sequi deberemus ostendit dicens : *Unus Deus Pater, ex quo omnia, et nos in ipso ; et unus Dominus Jesus Christus, per quem omnia, et nos per ipsum* (*1 Cor.* viii, 6). » Et post pauca (*cap. eodem*) : « Quæ enim potest esse alia æstimatio, ubi deitatis unitas est? » Et in libro primo de Spiritu sancto (*cap.* 13) : « Nunquid est alia offensa Filii, alia Spiritus sancti? Sicut enim una divinitas, sic una injuria. Si igitur una pax, una gratia, una charitas, una communicatio est Patris et Filii et Spiritus sancti, una certe operatio est, et ubi una operatio est, utrique non potest virtus esse divisa, et indiscreta substantia. Scriptum est enim : *Ite, baptizate gentes in nomine Patris et Filii et Spiritus sancti* (*Matth.* xxviii, 19). In nomine dixit, non in nominibus. Non ergo aliud nomen est Patris, aliud nomen Filii, aliud nomen Spiritus sancti. Quia unus Deus, non plura nomina, quia non duo dii, non tres dii. Et ut aperiret quia una divinitas una majestas est, quia unum nomen Patris et Filii et Spiritus sancti ; non in alio nomine venerit Filius, in alio nomine Spiritus sanctus, ait ipse Dominus : *Ego veni in nomine Patris mei (Joan.* v, 43). » Et paulo post : « Scriptum est *(cap. eodem), Paracletus autem spiritus, quem mittet Pater in nomine meo, ille vos docebit omnia (Joan.* xiv, 26). Qui autem venit in nomine Filii, utique etiam in nomine Patris venit, quia unum nomen Patris et Filii est. Sic fit ut unum Patris et Filii nomen sit, et Spiritus sancti. Nec enim est aliud nomen sub cœlo ullum, in quo oporteat nos salvos fieri. Simul docuit unitatem divini nominis esse credendam, non disparilitatem. » Et in libro tertio, capitulo decimo quarto : « Ubi enim una deitas intelligitur, unus Deus dicitur. Sed excusemus vos ab inscientia, et si non excusamus a culpa. Etenim secundum nostram sententiam, quia unus Deus, una divinitas, et unitas intelligitur potestatis, sicut unum Deum dicimus, et Patrem veræ **487** deitatis nomine confitentes, nec Filium denegantes, ita etiam Spiritum sanctum a deitatis non excludimus unitate, et tres deos non asserimus, sed negamus, quia pluralitatem non unitas facit sed divisio potestatis. Quomodo enim pluralitatem recipit unitas divinitatis, cum pluralitas numeri sit, numerum autem non recipiat divina natura? Unus ergo Deus *(cap.* 15) salva majestate trinitatis æternæ, sicut proposito declaratur exemplo. Nec eo tamen solo loco Trinitatem videmus nomine divinitatis expressam : sed cum plerisque locis, sicut et supra diximus, tam maxime in his epistolis quas ad Thessalonicenses Apostolus scripsit. » Et item *(cap.* 17) : « Ergo sicut Pater Deus et Filius Dominus, ita et Filius Deus et Pater Dominus. Alternatur pia significatio, non alternatur divina natura, sed immutabilis manet gratia. Non enim largitatis collativa, sed naturalis placita charitatis sunt, quia et unitas proprietatem habet, et proprietas unitatem. » Et item *(cap.* 19) : « Aut dicant igitur quid sit quod sine Patre et Filio deitatis esse fateantur. » Et sanctus Augustinus in libro quarto de Trinitate capitulo vigesimo primo dicit : « In sua quippe substantia qua sunt, tria unum sunt Pater et Filius et Spiritus sanctus, nullo temporali motu super omnem creaturam id ipsum sine ullis intervallis temporum vel locorum, et simul unum atque idem ab æternitate in æternitatem, tanquam ipsa æternitas, quæ sine veritate et charitate non est. In meis autem vocibus separati sunt Pater et Filius et Spiritus sanctus, nec simul dici potuerunt, et in litteris visibilibus sua separatim locorum spatia tenuerunt. » Et in libro de vera Religione *(cap.* 55). « Quare ipsum donum Dei cum Patre et Filio æque incommutabile colere et tenere nos convenit, unius substantiæ Trinitatem. » Et in libro contra Maximinum *(lib.* iii, *cap.* 10). « Tres enim personæ sunt Pater et Filius et Spiritus sanctus, et hi tres, quia unius substantiæ sunt, unum sunt et summe unum sunt, ubi nulla naturarum, nulla est diversitas voluntatum. Si autem natura unum essent, et consensione non essent, non summe unum essent. Si vero natura dispares essent, unum non essent. Hi ergo tres, quia unum sunt propter ineffabilem conjunctionem deitatis qua ineffabiliter copulantur, unus Deus est. » Et item ex libro contra Maximinum *(lib.* iii, *fine).* « Satis apparet Patris et Filii et Spiritus sancti unam esse virtutem, unam esse substantiam, unam deitatem, unam majestatem, unam gloriam, qua ipsa Trinitas est unus Dominus Deus noster, de quo dictum est, *Audi, Israel, Dominus Deus tuus Deus, unus est (Deut.* vi, 4). » Et Leo ad Turibium Asturicensem episcopum *(epist.* 4, *c.* 1). « Catholica fides est, quæ Trinitatem deitatis sic ὁμοούσιον confitetur, ut Patrem et Filium et Spiritum sanctum sine confusione indivisos, sine tempore sempiternos, sine differentia credat æquales, quia unitatem in Trinitate non eadem persona, sed eadem implet essentia. » Et sanctus Gregorius multoties ita in libris suis de Trinitate unius deitatis scribit, sicut et supra in **488** homilia sexta decima Ezechielis prophetæ eum dixisse ostendimus. Similiter quoque Prosper et cæteri catholici doctores sancto illuminati Spiritu senserunt atque dixerunt, et suis scriptis nobis legenda atque tenenda immutabiliter tradiderunt. Et hinc sanctus Athanasius in libro professionis fidei catholicæ super Gothescalcum *(exstant in libro* vi) et ejus complices dicit : « Maledictus qui Patris et Filii et Spiritus sancti unitam sempiternam substantiam divinitatis esse non confitetur. Fiat, fiat. Maledictus qui secundum tres personas tres diversas substantias in his esse confitetur. Fiat, fiat. Maledictus qui unitum nomen secundum deitatem Trinitatis esse non confitetur. Fiat, fiat. Maledictus qui indivisam deitatem Patris et Filii et Spiritus sancti non confitetur. Fiat, fiat. Maledictus qui unitam deitatem Patris et Filii et Spiritus sancti ex charitate concordiæ tantum esse profitetur, et non magis per hanc ipsam unitam divinitatem. Fiat, fiat. Maledictus qui unitam deitatem in tres has personas esse non confitetur. Fiat, fiat. Maledictus qui unitatem vel plenitudinem divinæ Trinitatis indivisam esse non confitetur. Fiat, fiat. » Hinc mille testimonia sacrarum Scripturarum et ex orthodoxorum scriptis dari possunt. Imo non aliter unquam vel usquam in sanctis Scripturis vel orthodoxorum dictis invenitur, nisi quia in sancta Trinitate tres sunt personæ et una est divinitas, deitas, natura, essentia atque substantia. Cæterum contra id quod idem dementissimus potiusque amentissimus Gothescalcus dicit :

IX.

« In hoc, *inquiens,* liquet luce clarius, quin patet
« sole splendidius, quod inest unicuique personæ
« sua propria deitas, atque divinitas, quia revera
« nequaquam assumpsit humanitatem, quod absit,
« ullo modo tota Trinitas, sed sola tantummodo
« Filii deitas. »

xp. Extollens vocem Ecclesia catholica tonitruo fortius, tuba sonorius, ostendit Gothescalci mendacium nocte opacius, tenebris tenebrosius. Quæ dicit quia hoc inest, ut unusquisque ipsam omnino, unicuique A persona sua propria, id est, specialis, deitas atque divinitas : sed est una eademque trina simul persona rumque deitas atque substantia, qua omnes tres simul persona unus verus perfectusque est Deus ex plenitudine unius ejusdemque divinitatis, qua nihil minus in singulis, nihil amplius intelligitur esse in tribus. Et una individua atque inseparabilis sancta Trinitas deitas. Sicut Leo de Urbe orbis capite non solum contiguum, sed et per totum mundum contra omnes hæreticos, dulcisono rugitu intonavit ad Turibium Asturicensem Episcopum scribens (epist. 4, c. 1) : « Quæ unitatem in Trinitate non eadem persona, sed eadem implet essentia. » Et Augustinus exponens Ambrosium dicentem, Tu Trinitatis unitas. « Divinitatem, inquit, vel si expressius dici potest deitatem, ipsa Trinitatis est unitas. » Athanasius exponens quid interpreter unitas dicit, quia una est Patris et B Filii et Spiritus sancti divinitas, ac per hoc non solum tantummodo Filii deitas, ut Gothescalcus dicit, sed sola Filii persona assumpsit humanitatem, et deitas. Augustinus in supradicto sermone de fide eadem. Sabellianos et Arianos dicit : « Quamvis, inquiunt, proprie persona Filii, id est Dei Verbum, susceperit passibilem hominem, ita tamen ejus incarnatione secundum suam substantiam deitas Verbi nihil passa est, ut tota Trinitas, quam impassibilem esse necesse est confiteri. De cujus Trinitatis, scilicet Patris et Filii et Spiritus sancti, unitate substantiæ, in libro contra Pascentium (epistola 178) idem beatus Augustinus dicit : Ecce ὁμοούσιον recte C probamus positum, et in assertionem fidei, qua Trinitas unitas a catholicis creditur, a Græcis Patribus dictum. » Et post pauca : « ὁμοούσιον ergo exponitur unius substantiæ Pater et Filius et Spiritus sanctus. » Et item in eodem libro : « Absurdum igitur non est ut in confessiis Patrum Græco verbo Patris et Filii et Spiritus sancti una substantia firmaretur, cum super apostolos primitus sancti Spiritus propria largitate linguarum varietas funderetur. » Et paulo post : « Sicut enim Græca lingua, quod est ὁμοούσιον, una dicitur vel creditur a fidelibus Trinitatis omnino substantia, sic una rogatur ut misereatur a cunctis Latinis et Barbaris unius Dei natura. » Quæ unius substantiæ tota sancta Trinitas, cujus insepa- D rabilis est operatio, sicut et deitas ac voluntas, in utero perpetuæ virginis beatæ et gloriosæ Mariæ humanitatem, quam in unitate personæ suæ assumpsit Dei Filius, una ex eadem sancta Trinitate persona, ineffabiliter et incomprehensibiliter fabricavit, sicut sanctus Athanasius in libro (libro XI, in medium), de fide docet, « Quod est, inquiens, majus in tota creatura, hoc est corpus Domini, ex Spiritu sancto esse creditur, sicut evangelista Matthæus tradidit : Christi generatio sic fuit. Cum desponsata esset Maria mater ejus ab Joseph, antequam convenirent inventa est in utero habens de Spiritu sancto. Joseph autem vir ejus cum esset homo justus et nollet eam deducere, voluit eam occulte dimittere. Hæc autem eo cogitante,

ecce angelus Domini in somnis visus est ab Joseph dicens illi : « Fili David, ne timeas recipere Mariam uxorem tuam; quod enim ex ea nascetur, de Spiritu sancto est (Matth. 1, 18). Et licet sapientia Salomonis in Proverbiis de corpore Salvatoris diceret, Sapientia ædificavit sibi domum (Prov. IX, 1), et hic profitetur unigenitum creatorem corporis sui, hic tamen angelus ex Spiritu sancto illud esse dixit, et sic omnis Christianus cum instruitur credit. Neque enim Scriptura circa Trinitatem discrepat, unam eamdemque operationem ejus factam ubique docens. Denique Deum paritura beata Virgo Maria, cum Gabrielem audisset dicentem, Ecce in utero habebis, et paries filium, et vocabis nomen ejus Jesum, et cætera, et cum interrogasset, Quomodo erit istud quia virum non novi (Luc. 1, 34)? statim docetur ab eo dicente : Spiritus sanctus superveniet in te, et virtus Altissimi obumbrabit te. Propterea quod nascetur ex te sanctum, vocabitur Filius Dei. Quod si virtus Altissimi est unigenitus secundum Paulum dicentem, Christus Dei virtus et sapientia (I Cor. 1, 24), Spiritus vero sanctus, Paracletus Spiritus veritatis, utpote obumbrantibus paritura Domina Maria creatus est. Si obumbratum recipiens, angelus autem ex Spiritu sancto creatum illum dixit, cur non operationem esse Trinitatis eruditur? » Et sanctus Ambrosius in libro secundo (cap. 5) de Spiritu sancto dicit : « Etenim, inquit, sicut legimus quia creavit Pater Dominicæ incarnationis sacramentum, creavit et Spiritus sanctus, ita et legimus quod et ipse Christus suum corpus creavit. Creavit enim Pater secundum quod scriptum est, Dominus creavit me (Gal. IV, 4). Et alibi, Misit Deus Filium suum factum ex muliere, factum sub lege (Matth. 1, 18). Creavit et Spiritus illud ipsum mysterium secundum quod legimus, quia inventa est Maria in utero habens de Spiritu sancto. Habes quia creavit Pater, creavit et Spiritus sanctus, accipe quia creavit et Filius Dei, dicente Salomone, Sapientia sibi fecit domum (Prov. IX, 1). » Beatus nihilominus Augustinus in sermone de Trinitate hæc eadem Scripturarum testimoniis confirmat.

Et memorandus vir Alcuinus, in libro ad magnum imperatorem Carolum de fide, collecto ex sancti Augustini libro primo de Trinitate, et aliorum catholicorum patrum dictis et sensibus, quorum verba qui in suis locis legerit in hoc opere recognoscere poterit, ita dicit (lib. 111 de fide S. Trin., cap. 10) : « Quanquam, inquiens, una sit natura sanctæ Trinitatis, non tamen tota Trinitas incarnata est, sed sola Filii persona humanam misericorditer suscepit naturam. Nec tamen ita Dei Filius incarnatus est, ut una esset in eo natura divinitatis et carnis. Neque enim ex Christo hoc deitas potuit esse quod caro, aut caro quod deitas, quia utraque natura, id est divinitatis et humanitatis, in sua permansit proprietate. Propterea utique humanam naturam, id est carnem rationabilemque animam, non a tota Trinitate, sed a solo Filio creditur susceptam, in unitatem quippe personæ, non in unitatem naturæ. Utique persona Filii non est eadem quæ Patris est aut Spiritus sancti. Unitas ergo personæ, manente duntaxat utriusque proprietate substantiæ, sicut in Christo personam non fecit duplicem, sic humanæ naturæ susceptionem non fecit sanctæ Trinitati communem. Ad personam quippe Dei Verbi tantummodo acceptio illa servilis formæ pertinet : sed nihil divinæ plenitudinis abstulit, nihil dominationis ademit in Christo humanitatis susceptio. Hinc est quod in uno eodemque Christo et humanæ naturæ veritas claruit, et divinæ naturæ incommutabilitas permansit æterna. Hoc tamen sciendum est, quod hanc servilem formam, quam solus Dei Filius accepit, tota Trinitas fecit; quam tamen certum est a tota sancta Trinitate factam ad solam Filii Dei pertinere personam. Non enim Pater carnem assumpsit, neque Spiritus sanctus, sed Filius tantum, ut qui erat in divinitate Dei Patris Filius, ipse fieret in homine matris Virginis filius, ne filii nomen in alteram transiret personam, qui non esset nativitate filius. Dei ergo Filius hominis factus est filius, natus secundum veritatem naturæ ex Deo Dei Filius : **491** et secundum veritatem naturæ ex homine hominis filius in utraque natura, non appellatione tantum vel adoptione, sed veritate Dei Filius. » Ideo non sunt duo Christi filii, nec duo filii; sed unus Christus, et unus filius, Deus et homo : quoniam Deus Dei Filius humanam assumpsit naturam, non personam; in æternum suscipiens personam divinitatis, temporalem humanitatis substantiam. Homo transivit in Deum, non versibilitate naturæ, sed propter divinæ unitatem personæ, ne in sancta Trinitate quaternitas esset, non trinitas. Ecce quomodo ostendunt catholici mentitum fuisse Gothescalcum hæreticum, quia non ita ut ipse dixit, inest unicuique personæ in sancta Trinitate propria deitas atque divinitas, sed unius ejusdemque substantiæ deitatis atque divinitatis, id est naturæ vel essentiæ, sunt tres in sancta Trinitate personæ; quoniam si unicuique in sancta Trinitate personæ sua propria, id est specialis inesset deitas, sicut prædiximus et semper contradicendo hæreticis contradicere debemus, non esset individua et inseparabilis sancta Trinitas, et tres dii essent; et non, sicut idem imitatione filius patris sui diaboli, qui est mendax et pater mendacii, falso dicit, sola tantummodo filii deitas carnem assumpsit. Sed sola persona filii, cui proprium est, quia de Patris substantia coæternus filius sine ullo initio natus est, et unius ejusdemque substantiæ, id est deitatis, quæ est unitas Trinitatis, cum Patre et Spiritu sancto est, carnem assumpsit, quam simul tota sancta Trinitas sibimet coessentialis et coæterna ac coomnipotentes in utero semper Virginis fabricavit. Denique subjungit.

X.

+ « Siquidem quando baptizamur, id est tinguimur, « ter procul dubio mergimur, et tamen propterea

« trina ipsa mersio, et trinum baptismum, id est « trina tinctio, non, quod absit, tres mersiones, et « tres tinctiones, aut tria sunt baptismata : sed una « est generaliter mersio, et una tinctio, id est unum « baptisma, dicente Apostolo : » *Unus Dominus, una fides, unum baptisma (Ephes. iv, 5).*

XP More suo novitates vocum, quibus semper delectatus est, et exquisivit ut sapiens videatur ad eludendam fidei simplicitatem, et in hac causa, ut suam pravam confirmare posset sententiam adinvenit. Sicut ad hoc confirmandum quod dixerat, quia Judas et Simon magus et falsi fratres de quibus dicit Apostolus, et omnes baptizati Christi baptismate qui non sunt salvandi, non fuerunt Christi sanguine redempti, cum ostensa ei fuit sententia Apostoli Petri dicentis de hæreticis : *Eum qui emit eos Dominum negantes (II Petr. ii, 1),* angustia coarctatus suam in eadem sententia expositionem adinvenit, docens duas esse redemptiones : unam qua redempti sunt, sed non in Christi sanguine baptizati illi qui non sunt salvandi, et aliam qua sunt in Christi sanguine baptizati illi qui sunt salvandi, dicens quia perire nullus poterit qui sanguine Christi redemptus fuerit, videre non valens quod dicit Petri coapostolus Paulus : *Quicunque* **492** *baptizati sumus in Christo Jesu, in morte ipsius baptizati sumus (Rom. vi, 5)*; et : *Peribit in tua scientia frater propter quem Christus mortuus est (I Cor. viii, 11).* Mira sunt quæ dicit, nova sunt quæ dicit. Quapropter sicut Augustinus contra Julianum scribens dicit. Mira stupemus, nova cavemus, falsa convincimus. Hinc in alio libro, quem ex authenticis scripturis, et orthodoxorum dictis, contra ejus et complicum ipsius dicta perversa collegimus, eum falsum dixisse convincimus, quod et cunctis sapientibus patet. De hoc vero quod dicit quia trina mersio et trinum baptismum, id est trina tinctio, non sunt, quod absit, tres mersiones et tres tinctiones, id est tria baptismata, sed una est generaliter mersio et una tinctio, id est unum baptisma, dicente Apostolo : *Unus Dominus, una fides, unum baptisma (Ephes. iv, 5),* dicat illi fides catholica : *Ex ore tuo te judico, serve nequam (Luc. xix, 22).* Si credis et confiteris tres mersiones in nomine sanctæ Trinitatis Patris et Filii et Spiritus sancti unum esse baptisma, quia unus est Deus Pater et Filius et Spiritus sanctus, unius videlicet essentiæ, unius deitatis, unius naturæ, in cujus nomine baptisma catholicum celebratur, cur sic excors existis, ut unitatem deitatis, qua Pater et Filius et Spiritus sanctus unus est Deus, dividas trinam asserens deitatem. Et quia more diaboli patris tui veris falsa permisces, et melli virus commisces, ut de veris et dulcedine mellis falsa et mortifera commendare possis, in hoc quod dixisti tres mersiones vel tinctiones unum esse baptisma, quia unus Dominus, una fides, probamus. Sed quia et dixisti non esse in baptismate tres mersiones et tres tinctiones, reprobamus et mentiri te comprobamus. Volumus tamen interrogare te, quare illæ tres mersiones et tres tinctiones non sunt tria baptismata, sed unum baptisma. Ad quæ si tacueris, dicimus ideo tres mersiones unum esse baptisma, quoniam in unito, imo in uno nomine Patris et Filii et Spiritus sancti, quorum est una divinitas, deitas, atque substantia, catholice celebratur, sicut Athanasius in libro de propriis personis et de unito nomine divinitatis (*lib.* II, *sub finem*) dicit : « Joannes, inquiens, testatur de Domino, quia *in sua venit, et sui eum non receperunt. Quotquot autem receperunt eum, dedit eis potestatem filios Dei fieri, credentibus in nomine ejus, qui non ex sanguine, neque ex voluntate carnis, neque ex voluntate viri, sed ex Deo nati sunt* (*Joan.* 1, 11). Disce ergo hoc unitum nomen esse sempiternum in deitate Patris et Filii et Spiritus sancti; » sicut et unum baptisma est fidei, quod vitam æternam credentibus tribuit : quia sicut unitum nomen est in natura Trinitatis, ita et unum donum per baptismum divinitatis. Apostolus ait, *Una fides, unum baptisma* (*Ephes.* IV, 5). Idcirco quod nomen Patris sit in divinitate, hoc nomen sit et Filii in natura deitatis, sic et Spiritus sanctus identidem hoc nomen sit in substantia claritatis; quoniam *tres sunt*, sicut dicit Joannes apostolus, *qui testimonium dant, spiritus, aqua, et sanguis, et tres unum sunt* (*I Joan.* V, 7). Spiritus, inquit Leo, sanctificationis, et sanguis redemptionis, **493** et aqua baptismatis, quæ tria unum sunt, et individua manent, nihilque eorum a sua connexione sejungitur; quia, ut Augustinus, et post eum Leo in epistolis suis dicit, nec sine vera divinitate humanitas, nec sine vera credenda est humanitate divinitas. Sed et in nobis hæc unum sunt, non natura, sed ejusdem operatione mysterii. Nam, sicut beatus Ambrosius ait, Spiritus mentem renovat, aqua proficit ad lavacrum, sanguis spectat ad pretium. Spiritus enim nos per adoptionem filios Dei fecit, sacri fontis unda nos abluit, sanguis Domini nos redemit. Quod autem subjungit, sed una est generaliter mersio et una tinctio, id est unum baptisma, ille ipse nescit quid loquitur, manifestum tamen faciunt doctores catholici quia mentitur. Illæ quippe tres mersiones singillatim tres sunt, et non generaliter una mersio est, sicut tres sunt distinctæ, suaque proprietate subsistentes, atque inseparabiles in sancta Trinitate personæ, et non generaliter una persona est. Tres quidem sunt singillatim mersiones propter personarum sanctæ Trinitatis proprietatem : unum autem est baptisma, quia unus est Deus, unius videlicet essentiæ, unius deitatis, unius naturæ, ac per hoc unius nominis, quod est Deus, sancta Trinitas, Pater et Filius et Spiritus sanctus, in cujus nomine baptizamur, et filii Dei efficimur, gratia renati, qui eramus filii diaboli per traducem maledicti seminis generati. Et sicut interior homo in fide sanctæ Trinitatis ad imaginem sui conditoris reformandus est : ita et exterior trina mersione abluendus est, ut quod invisibiliter Spiritus operatur in anima, hoc visibiliter sacerdos imitetur in aqua. Nam originale peccatum tribus modis actum est, delectione, consensu,

et opere. Itaque et omne peccatum aut cogitatione, aut locutione, aut operatione efficitur. Ideoque triplici generi peccatorum trina videtur ablutio convenire, vel propter originale peccatum, quod in infantibus valet ad perditionem, vel propter illa quæ in provectioris ætatis hominibus voluntate, verbo, vel facto adduntur. Et recte homo, qui ad imaginem sanctæ Trinitatis conditus est, per invocationem sanctæ Trinitatis ad eamdem revocatur imaginem, ut qui tertio gradu peccando cecidit in mortem, tertio elevatus de fonte per gratiam resurgat ad vitam. Et hinc sanctus Hieronymus in secundo libro tractatus Epistolæ sancti Pauli ad Ephesios in expositione sententiæ, *Unus Dominus, una fides, unum baptisma* (*Ephes.* IV), de trina mersione et uno baptismate ita dicit : « Si enim, inquiens, ut existimant Ariani, Deus Pater solus est Deus, eadem consequentia solus erit Dominus Jesus Christus, et nec pater erit Dominus, nec filius Deus. Sed absit ut non sit vel in dominatione deitas, vel in deitate dominatio. Unus est Dominus, et unus est Deus; quia Patris et Filii dominatio una divinitas est. Propterea et fides una dicitur, quia similiter et in Patrem et in Filium **494** et in Spiritum sanctum credimus, et baptisma unum. Eodem enim modo in Patrem et in Filium et in Spiritum sanctum baptizamur et ter mergimur, ut Trinitatis unum appareat sacramentum. Et non baptizamur in nominibus Patris et Filii et Spiritus sancti, sed in uno nomine, quod intelligitur Deus. Et miror qua consequentia in uno vocabulo, eodem opere, et eodem sacramento, naturæ diversitatem Arius, Macedonius, et Eunomius suspicentur, concordante in impietate discordia, et creaturæ in Filio et Spiritu sancto cœnosum fontem tenentes, diversos hæreseon rivulos duxerunt. Unum baptisma, et contra Valentinum facit, qui duo baptismata esse contendit, et contra omnes hæreticos, ut sciant se non habere baptisma, sed in una Christi Ecclesia fontem esse vitalem. Potest unum baptisma et ita dici, quod licet ter baptizemur propter mysterium sanctæ Trinitatis, tamen unum baptisma reputetur. Unum quoque baptisma est in aqua, et spiritu, et igni, et de quo Dominus loquitur : *Baptisma habeo baptizari* (*Luc.* XII, 50); et alibi : *Baptismate meo baptizabimini* (*Marc.* X, 39). »

His sanctorum Hieronymi, et Athanasii, cæterorumque doctorum verbis, præcipue vero Ambrosii, et Augustini, Leonis, atque Gregorii, de quorum dictis hæc quæ sequuntur excerpsimus, evidenter ostenditur, non vere dixisse Gothescalcum tres mersiones unam generaliter esse mersionem; sed verum esse, quoniam sicut in sancta Trinitate sunt tres sua proprietate subsistentes inseparabiles personæ, et una deitas atque natura, voluntas, potestas, et operatio, et in Domino Jesu Christo sunt e diverso duæ naturæ divinitatis et humanitatis, et una persona, qui, ut dicit Joannes Apostolus, *venit per aquam et sanguinem, non in aqua solum, sed in aqua et sanguine* (*I Joan.* V, 6), ut corpus ejus, quod est

Ecclesia, lavacro rigaretur et poculo : ita in uno A baptismate, quod in remissionem peccatorum in sola catholica sub tribus mersionibus contra fraudem Sabellianorum, sicut in quibusdam provinciis in nomine sanctæ Trinitatis sub una mersione contra fraudem Arianorum celebratur ab Ecclesia traditione fideli, quoniam in una fide nihil officit sanctæ Ecclesiæ consuetudo diversa, tres sunt qui testimonium dant, spiritus, aqua et sanguis, et tres unum sunt, non natura, sed mysterio et individuo sacramento, nihilque eorum a sui connexione sejungitur. Et sicut quidquid a singulis sanctæ Trinitatis personis legitur operatum, indubitanter credere debemus ipsam sanctam Trinitatem inseparabilis substantiæ et deitatis inseparabiliter operari, quamvis certissimum sit Patrem esse solum qui dixit: *Hic est Filius* B *meus dilectus, in quo mihi complacui (Matt.* III, 17) : et Filium esse solum, super quem illa vox solius Patris sonuit, quando in Jordane secundum hominem baptizatus est idem unigenitus Deus qui carnem solus accepit : et Spiritum sanctum Patris et Filii solum esse, qui in specie columbæ super eumdem baptizatum ascendentem de aqua descendit, **495** et quinquagesimo die post resurrectionem Christi fideles in uno loco positos in linguarum ignearum visione adveniens replevit. Illam tamen verissime vocem, qua solus locutus est Deus Pater, et illam carnem qua solus homo factus est unigenitus Deus, et illam columbam in cujus specie Spiritus sanctus super Christum descendit, illasque linguas igneas, in quarum visione fideles uno loco C constitutos replevit, opera esse totius sanctæ Trinitatis, id est unius Dei, qui fecit in cœlis et in terra visibilia et invisibilia, verissime credendum est. Ita in uno catholico baptismate, quamvis spiritus mentem hominis renovet, sanguis spectet ad pretium, aqua proficiat ad lavacrum, quæ non tantum carnemt depositione sordium mundat, sed fide et bonæ conscientiæ interrogatione in Deum sordes peccatorum omnium purgat : tamen nec redemptio sanguinis fi, sine sanctificatione Spiritus, vel ablutione vitalis fontis, nec sanctificatio spiritus sine redemptione vivifici sanguinis, et emundatione aquæ regeneratricis, nec ablutio aquæ sanctificatæ in verbo, ad quam cum accedit verbum sicut ad elementum, efficitur sacramentum, fit sine sanguinis redemptione, et D spiritus regenerantis sanctificatione. Et Leo papa ad universos episcopos per Siciliam constitutos (*epist.* 5, c. 3) de trina mersione et uno baptismate dicit, quod in suo loco plenius lector inveniet. « Baptismatis, inquit, regula et mors intervenit interfectione peccati, et sepulturam triduanam imitatur trina demersio, et ab aquis elevatio resurgentis ad instar est de sepulcro. » (*lib.* I, *ep.* 41.) Et sanctus Gregorius in epistola ad Leandrum Spalensem episcopum scribit : « De trina, inquit, mersione baptismatis nihil responderi verius potest, quam ipsi sensistis, quia in una fide nihil officit sanctæ Ecclesiæ consuetudo diversa. Nos autem quod tertio mergimus triduanæ

sepulturæ sacramenta signamus, ut dum tertio ab aquis infans educitur, resurrectio triduani temporis exprimatur. Quod si quis forte etiam pro summæ Trinitatis veneratione existimet fieri, neque ad hoc aliquid obsistit baptizandum semel in aquas mergere, quia dum in tribus subsistentiis una substantia est, reprehensibile esse nullatenus potest infantem in baptismate in aquam vel ter vel semel immergere, quando et in tribus mersionibus personarum trinitas, et in una potest divinitatis singularitas designari. Sed si nunc usque ab hæreticis infans in baptismate tertio mergebatur, fiendum apud vos esse non censeo : ne, dum mersiones numerant, divinitatem dividant, dumque quod faciebant facitis, morem vestrum se vicisse glorientur. » Quia Dominus jusserat discipulis suis : *Ite, baptizate omnes gentes in nomine Patris et* B *Filii et Spiritus sancti (Matth.* XXVIII, 19) ; hanc in baptismate fraudem tunc temporis hæreticorum sanctus Athanasius in libro septimo detexit, dicens : « Cur tu, hoc nomine deitatis sublato Patris et Filii et Spiritus sancti, baptizas dicendo : « Baptizo te in Patre et Filio et Spiritu sancto, et non in uno nomine, ut hoc modo artificiose possis unitum nomen tacite **496** in deitate non nominare vel abnegare, sed et nomina in personis tantum modo velis assignare? Quia si sic erat celebrandum baptisma, obtinuerat Arianorum assertio, qui sic sentiunt, ut ubi nomina in personis indicant, ibi simul in ipsis nominibus et singulas vel diversas substantias esse pronuntient : ut unitatem in concordia tantum charitatis esse assignent, et non potius in unita plenitudine divinitatis. Et quid amplius ad hæc? Ut unitatis Dei Patris nomen et Filii et sancti Spiritus, quasi adoptivum nuper accessisse profiteantur, ut hoc nomen videatur esse ex nihilo, aut ex altero vel tempore, quod absit. Nam verum nomen deitatis ubi nominant, ad unam tantummodo personam Patris hæc dicendo ascribunt, ut veram unitatem divinitatis dividant. Qui ubi nomina tantum in personis deberent discernere, ibi simul cum ipsis nominibus et tres naturas distinguunt; quod absit a nobis ne istam blasphemiam admittamus : cum unum nomen deitatis in Trinitate uniter dictum accipiamus, per quod et remissa peccatorum baptismo operante suscipimus, nomina vero tantummodo singula in personis perfecte distinguamus. Rogo, ubi vinculum fidei invenitur apud eos, si substantiæ unitatis nomen in Trinitate non tenetur? Rogo, quomodo tres unum sunt, si diversa in utrisque est natura divinitatis? Rogo, quemadmodum septiformem hunc spiritum sapientiæ et intellectus, spiritum consilii et virtutis, spiritum scientiæ et pietatis, spiritum timoris Domini consequi merentur, quem de unita plenitudine divinitatis consistere non confitentur? Dicente Domino : *Euntes baptizate omnes gentes in nomine Patris et Filii et Spiritus sancti (Matth.* XXVIII, 19), vere in hoc ego satis admiror, et stupore mentis diutius intentus collaudo tantam sacratissimæ Trinitatis gloriam in duodecim penitus verbis distinctionum vel syllabis breviter fuisse expositam (*lib.* VIII, *eodem in princip.*) Vero in hoc edicto unitum deitatis nomen Patris et Filii et Spiritus sancti missum est. Vere in hac sacratissima Trinitate nomina in personis tantum distincta sunt. Vere nec lex, nec prophetæ, tam absolute hoc arcanum mysterium revelaverunt. Super omnem custodiendam divinitus dispositionem hoc maxime custodiendum est. Vere super hoc non est quod addi, et ab hoc non est quod minuere. Vere in hoc donum baptismi præceptum addere vel minuere blasphemum est. Cur indicatur unitas, si in Patre et Filio et Spiritu sancto non est una atque eadem ipsa æqualis plenitudo divinitatis? » (*Lib.* ii, *post med. versus finem.*) Et in secundo libro apostolos missos fuisse, inquit, ut baptizarent omnes gentes in unito vel communi nomine deitatis. *Ite, baptizate omnes gentes in nomine*, et sic prosecutus est per singulas personas, *Patris, et Filii, et Spiritus sancti* (*Matth.* xxviii, 19). « Nunquid potest contra regulam traditionis evangelicæ censuræ, de hoc unito Trinitatis nomine sancti Spiritus sublata vel tacita persona, baptisma in Ecclesia perfectum celebrari? Absit. Disce ergo hoc unitum nomen esse sempiternum in deitate Patris **497** et Filii et Spiritus sancti. » Sicut unum et baptisma est fidei, quod vitam æternam credentibus tribuit, quia sicut unitum nomen est in natura Trinitatis, ita et unum donum per baptismum divinitatis. Apostolus ait : *Una fides, unum baptisma* (*Ephes.* iv, 5), idcirco quod nomen Patris sit in divinitate, hoc nomen sit et Filii in natura deitatis, sic et sancti Spiritus identidem hoc nomen sit in substantia claritatis; quæ hic breviter collecta lector latius in suis locis inveniet. His catholicorum doctorum verbis et sensibus comprobatur non esse ratum Gothescalci testimonium, quod de suo a semetipso loquens, et gloriam propriam quærens, et non de catholicorum scripturis ad suam confirmandam sententiam protulit, dicens : Trina mersio, et trinum baptismum, id est trina tinctio, una est generaliter mersio et una tinctio, id est unum baptisma ; quoniam catholicum baptismum, ut beatus ostendit Gregorius, una mersione, sed in nomine sanctæ Trinitatis fieri potest. Unde idem Athanasius in primo libro de Fide (*de unito nomine Trinitatis*) dicit : « Nunquid gentes, quibus introitus januæ credentibus ad vitam æternam patens est, tantummodo in personam Patris baptizantur, et non in tres, quorum nomina hæc sunt in personis distincta, Patris, et Filii, et Spiritus sancti, quibus est una natura divinitatis, sicut scriptum est : *Euntes baptizate omnes gentes in nomine*, et sic prosecutus est, *Patris, et Filii, et Spiritus sancti ?* (*Matth.* xxviii, 19.) Unde in his personis per omnia in deitate divinitatis unitum nomen est, et per ipsa nomina Trinitatis tantum personæ distinctæ sunt. » Et paulo post : « Spes fidei nostræ hæc est, ut in baptismo unitum divinitatis nomen prius confitearis, ut remissa peccatorum in his personis consequi merearis. » Quod autem in historia sacra Actuum apostolorum legimus, apostolos in nomine Jesu Christi gentiles baptizari jus-

sisse, ita idem Athanasius in libro decimo solvit « Non enim scriptum est (*lib.* xi, *post medium*), inquit, quia baptizaverunt in nomine Patris et Filii et Spiritus sancti, sed tantum in nomine Jesu, sed non sunt prævaricati , absit. Nam licet Filii nomen tantummodo dicatur, habet tamen Patrem et Spiritum sanctum pronuntiatum, sicut Scripturis sanctis probamus. Itaque et Spiritus sanctus sabaoth dicitur, et est cum Deo et cum Filio a Seraphin adoratus, propter quod hæc ter dicebant : *Sanctus , sanctus, sanctus* , ut Trinitatem pronuntiarent. » Et beatus Ambrosius in libro de Fide, quia per unitatem, inquit, nominis impletum mysterium sit. Qui sive Christum dicas, et Deum Patrem a quo unctus est Filius, et ipsum qui unctus est Filium, et Spiritum quo unctus est designasti. Scriptum est enim : *Jesum a Nazareth , quomodo unxit eum Deus Spiritu sancto* (*Act.* x, 38); sive Patrem dicas, et Filium ejus et Spiritum oris pariter indicasti, si tamen id etiam corde comprehendas : quæ latius in suis locis lector inveniet. Nunc autem Ecclesia catholica cuniculos hæreticorum oppilans, ipsa verba Domini salvatoris, de quo scriptum est : *Ipse est enim qui* **498** *baptizat*, in consecratione sacri baptismatis , corde credendo ad justitiam, et ore confitendo ad salutem pronuntiat. Tandem Gothescalcus subnectit.

XI.

+ « Pari etiam modo cum dicitur trina vel terna fides, ut est illud Sedulii fidelis poetæ tui :

Iste fidem ternam, ast hic non amplectitur unam,

« Non tres, quod absit, fides, sed una est fides, dicente Apostolo : Una fides. »

xp. Hoc quod quasi noviter, unde miremur videlicet, fidem numero plurali enuntiatam nobis proponere voluit, sanctus Hilarius antiquus et venerabilis Pater in libro de synodis nobis recto sensu monstravit, quod iste præsumptionis sensu pravissimo monstravit. « Nihil, inquit sanctus Hilarius, mirum videri vobis debet, fratres charissimi, quod frequenter exponi fides cœptæ sunt. Necessitatem hanc furor hæreticus imposuit. » Propter stylos plures a sancto Hilario dictæ sunt plurali numero fides , et propter pluralitatem scriptionum, non propter credulitatis divisionem; quia, ut Hieronymus in secundo libro Commenti Epistolæ Pauli ad Ephesios dicit : « Propterea et fides una dicitur, quia similiter in Patrem et in Filium et in Spiritum sanctum credimus. » Et Augustinus in decimo tertio libro (*cap.* 11) de Trinitate : « Non enim fides numero est una , sed genere. Propter similitudinem tamen, et nullam diversitatem, magis unam dicimus esse quam multas : et tamen qui dicit : *O mulier, magna est fides tua* (*Matth.* xv, 28); et alteri : *Modicæ fidei , quare dubitasti?* (*Matth.* xiv, 31) suam cuique esse significabat : sed ita dicitur eadem fides una, quemadmodum eadem volentium voluntas una. » Et sanctus Gregorius in quarto libro Dialogorum (*cap.* 2) dicit quia sine fide nec infidelis vivit. » Fides autem, de qua Apostolus dicit : *Unus*

Deus, una fides, unum baptisma (*Ephes.* iv, 5), catholica est, a qua una Dei columba, videlicet sancta Ecclesia, nuncupatur catholica, id est universalis. Quæ est una domus, de qua præcipit Dominus per Moysen nihil efferri de paschali agno (*Exod.* xii. 46), sed in ea illum comedi : et arca, extra quam diluvii tempore quisque repertus non potuit vivere. Hæc, inquam, una fides est, non numero, sed genere generalis generaliter omnium in unitate sanctæ Ecclesiæ consistentium. Quæ sicut in apostolico symbolo continetur, sanctis apostolis a Christo est tradita, et ab eorum successoribus, viris scilicet apostolis, in sex generalibus synodis, id est Nicæna tempore sancti Silvestri papæ ac Constantini, Constantinopolitana temporibus Damasi et Gratiani, Ephesina sub Cœlestino et Theodosio, Chalcedonensi temporibus Leonis et Martiani, item Constantinopolitana sub Vigilio et Justiniano, itemque Constantinopolitana sub Agathone et Constantino juniore, atque in cæteris catholicis synodis a sede apostolica confirmatis prolata ; quam nisi quisque integram inviolatamque servaverit, salvus esse non poterit, sed in æternum peribit. Unde sanctus Augustinus in Commento Epistolæ Joannis dicit : « Fides cum dilectione fides est Christiani, **499** fides sine dilectione fides est dæmonis. Qui autem non credunt pejores sunt quam dæmones. Nescio quis non vult credere in Christum : adhuc nec dæmones imitatur. Jam credit Christum, sed odit Christum. Habet confessionem fidei in timore pœnæ, non in amore coronæ. Adde huic fidei dilectionem, ut fiat fides de qua dicit apostolus Paulus : *Fides quæ per dilectionem operatur* (*Gal.* v, 6), invenisti Christianum, invenisti civem Hierusalem. » Et in Evangelio Joannis : « Quis salubriter est fidelis, nisi ea fide quæ per dilectionem operatur? » Et Prosper ex Augustini verbis : « Non sunt bona opera, nisi quæ per fidem et dilectionem fiunt, quia alterum sine altero nullius virtutis fructum parit. » Ea propter Gothescalcus hæreticus, qui unam fidem secundum Apostolum verbotenus prædicat, se fidem veram in præmissis suis scriptis non habere demonstrat : quia dicit Paulus apostolus : *Fides quæ per dilectionem operatur.* Dilectio autem Latine, charitas Græce dicitur : de qua dicit idem apostolus Paulus : *Si tradidero corpus meum ut ardeat, charitatem non habeam, nihil mihi prodest* (*I Cor.* xiii, 3). Unde sanctus Gregorius in libro decimo octavo (*cap.* 14) Moralium dicit : « Alii quippe prava de Deo sentiunt, alii recta de auctore tenent, sed unitatem cum fratribus non tenent. Illi errore fidei, isti vero schismatis perpetratione divisi sunt. Unde et in ipsa prima parte Decalogi utrarumque partium culpæ reprimuntur, cum divina voce dicitur : *Diliges Dominum Deum tuum ex toto corde tuo, et ex tota anima tua, et ex tota virtute tua* (*Deut.* vi, 5), atque mox subditur : *Diliges proximum tuum sicut teipsum* (*Matth.* xxii, 36 ; xxviii, 39). Qui enim de Deo perversa sentit, liquet profecto quia Deum non diligit. Qui vero de Deo recta sentiens a sanctæ Eccle-

siæ unitate divisus est, constat quia proximum non amat, quem habere socium recusat. Quisquis ergo ab hac unitate matris Ecclesiæ suæ, per hæresim de Deo perversa sentiendo, seu errore schismatis proximum non diligendo dividitur, charitatis hujus gratia privatur. » Et item præfatus Apostolus dicit : *Finis enim legis est Christus ad justitiam omni credenti* (*Rom.* x, 4). Unde Augustinus : « Et quidem finis, inquit, Christus, quia Christus Deus est finis præcepti charitatis, et Deus charitas, qua et Pater et Filius et Spiritus sanctus unum sunt. » Miramur etiam, quando misit de Sedulio ternam fidem, quare ponere omiserit de Aratore trinam fidem, qui figurate loquens in libro primo dicit,

> Trina fides vocat hunc, quo nomine fonte lavatur.

Et de nomine trino in secundo libro dicit,

> . . . . Non cogit ad undam
> Nostra fides hunc ire iterum, qui nomine trino.

Et de fide iterum in primo libro figurate loquens,

> Nona fuit tunc hora magis, qua rectius hora
> Prodiret jam trina fides et tertia simplex.

Cum ad suam confirmandam sententiam ad testimonium devocaverit dixisse illum trinam potestatem, sicut et Prudentium trinam **500** pietatem, de quo quiddam supra respondimus, ubi et hæc quæ de Sedulio, Aratore, et Prospero subjungemus congruentius poneremus, nisi hoc sollicitius attenderemus, ut ad singulas suas tergiversationes, et inordinatas repetitiones obvias illi sententias ex simplicis et catholicæ fidei doctorum dictis opponeremus. Denique ad hoc quod dixit Arator, metrica necessitate coactus,

> Trina fides vocat hunc quo nomine fonte lavatur.

Et :

> . . . . . . Non cogit ad undam
> Nostra fides hunc ire iterum, quia nomine trino
> Dogmata prava trahunt.

Sufficientissime catholici doctores et in præcedentibus et in subsequentibus referunt, non trinum, sed unum unius Dei nomen esse, in quo in unitate catholicæ fidei a Domino baptizari jubentur, et credentes uno Christi baptismate, in quo solo fit remissio omnium peccatorum, a catholicis baptizantur. Unde Ambrosius in libro i de Fide (*libro* i, c. 1) : « Si, inquit, unus Deus, unum nomen, una potestas, una est Trinitas. Denique dicit : *Ite, baptizate gentes in nomine Patris, et Filii, et Spiritus sancti* (*Matth.* xxviii, 1). In nomine utique ait, non in nominibus. Ipse etiam dicit : *Ego et Pater unum sumus* (*Joan.* x, 30). *Unum* dixit, ne fiat discretio potestatis : *sumus* addidit, ut Patrem Filiumque cognoscas, quod perfectus Pater perfectum Filium genuisse credatur, et Pater ac Filius unum sint, non confusione personæ, sed unitate. » Quod dixit Arator in secundo libro,

> Ipse (*quin Joannes*) viam memorans, cunctis baptisma fu-
>   [turum,
> Post aliud, quod jure datur, quod trina potestas
> Illustrare solet. . .

et in primo figurate loquens, similiter metri necessitate,

      . . . . . Nam trina potestas
Colligit hanc prolem, numerum partita per æquum.

Et omnes catholici apertissime de Scripturis sacris ostendunt, non partitam, sed unam et individuam esse operationem, unam et inseparabilem potestatem sanctæ et inseparabilis Trinitatis, Patris et Filii et Spiritus sancti; ut Ambrosius in libro primo capite sexto (*lib.* i, c. 6) : « Cum enim, inquiens, eadem faciat Filius opera quæ Pater facit, et quos vult vivificet Filius, sicut scriptum est, nec differens potestate, et liber est voluntate : ita et unitas servatur, quia et virtus Dei in divinitatis proprietate est, et libertas non in aliqua differentia, sed in unitate est Trinitatis. » Et item secundo libro capite quarto : « Didicimus unam Patris et Filii esse imaginem, unam similitudinem, unam sanctificationem : didicimus unam operationem, unam gloriam, unam quoque divinitatem. Unus ergo et solus Deus, quia scriptum est : *Dominum Deum tuum adorabis, et illi soli servies* (*Matth.* iv). Unus Deus, non ut ipse sit Pater et Filius, sicut impius Sabellius asserit, sed quia Patris et Filii Spiritusque sancti una divinitas sit : ubi autem una divinitas, una voluntas et una præceptio. Denique **501** ut scias et Patrem esse, et Filium esse, et unum opus Patris et Filii esse, Apostolum sequere qui dixit: *Ipse autem Deus et Pater noster, et Dominus Jesus dirigat viam nostram ad vos* (*I Thess.* iii, 11), et Patrem loquitur, et Filium loquitur : sed unitas directionis est, quia unitas potestatis est. » Verum et ille ipse Arator evidentius se non proprie, sed figurate in hoc fuisse locutum, in eodem libro capite decimo evidenter ostendit, cum dicit :

    . . . . . . Deus arbiter orbis
Personis tribus est, in quo simul una potestas.

Et capite nono :

    Ecce tot egregiis unum cor vivere turmis
    Incipit, atque animam populus nanciscitur unam.
    Quis dubitare queat mysteria dogmatis, unum
    Personas tres esse Deum, cum millia vulgi
    Conveniunt sub mente pari, numerique frequentis,
    Portatura crucem, Dominumque secuta fidelem?

Et capite tertio :

    Tertia sidereis inclaruit hora loquelis.
    Hunc numerum Deus unus habet, substantia simplex
    Personis distincta tribus. . .

Et item capite vigesimo primo :

    Ter sonuit Domini vox, quæ dictata saluti est.
    Hoc genitor natusque simul, sanctusque peregit
    Spiritus : hinc fidei pugnax cadit Arrius, unum
    Personas tres esse negans, Sabellus unum.

Prosper quoque in libro Promissionum et Prædictionum dicit : « Charitatem Dei, trinæ majestatis unitatem, supereminentem viam duce gratia sequemur. » Et quia improprie dixerit trinam majestatem, ipse in eodem libro demonstrat dicens (*de gloria Sanct. c.* 8) : « Paulus apostolus dicit : *Videmus nunc ver speculum in ænigmate, tunc autem facie ad faciem* (*I Cor.* xiii, 12), quemadmodum sancti vident Deum Trinitatem, Patrem et Filium, Filium in Patre, Spiritum sanctum in Patre et Filio. » Si ergo Filius in Patre, Spiritus sanctus in Patre et Filio, quia unus sunt Deus, horum est et una majestas, sicut idem

A Prosper in libro Sententiarum dicit (*sent.* 324) : « Quod Pater cum Christo facit Christus facit, et quod Christus cum Patre facit Pater facit, nec seorsum agit aliquid inseparabilis charitas, majestas, potestas, sicut ipse Dominus dicit : *Ego et Pater unum sumus* (*Joan.* x, 30). » Sunt etiam plures versus beati Ambrosii de ternarii numeri excellentia nobilissimi, in quibus dicit :

    Omnia trina vigent sub majestate Tonantis:
    Tres Pater, et Verbum, sanctus quoque Spiritus unum.

Qui in multis locis, imo in omnibus ubicunque hinc loquitur, unam majestatem dicit esse Patris et Filii et Spiritus sancti. Unde pauca exempli gratia hic ponere dignum duximus. Ait enim in libro tertio de Spiritu sancto capite vigesimo secundo : « Nunc unitatem majestatis **502** licet in Patre, Filioque, et Spiritu sancto cognoscere. » Et post aliquanta : « Una igitur visio, una præceptio, una majestas. » Et Athanasius : Patris et Filii et Spiritus sancti una est divinitas, æqualis gloria, coæterna majestas. » Et Augustinus frequentissime hoc idem in libris de Trinitate dicit. Nam et quod venerandus Sedulius, sicut coactus metri necessitate, trinam fidem et in eodem Paschali opere posuit, dicens :

    Quod simplex triplicet, quodque est triplicabile simplet;

Beatus Augustinus in libro sexto de Trinitate improbat dicens (*cap.* 8) : « In ipso igitur Deo, cum adhæret æquali Patri Filius æqualis, aut Spiritus sanctus Patri et Filio æqualis, non fit major Deus quam singuli eorum, quia non est quo crescat illa perfectio summæ Trinitatis. Perfectus autem sive Pater, sive Filius, sive Spiritus sanctus, et perfectus Deus Pater et Filius et Spiritus sanctus : et ideo Trinitas potius quam triplex dicenda est. » Quapropter non succurrit pravo sensui Gothescalci testimonium fidelis poetæ Sedulii, qui rectum fidei sensum lege metri constrinxit, quæ non præjudicat veræ fidei simplicitati. Quæ videlicet fides, non per oratores, sed per piscatores sibi subjugavit imperatores. Unde quia Gothescalcus non voluit, et non valuit, devotus lector intelligere debet hæc a Sedulio, Aratore, et Prospero tropice per metonymiam, id est per transnominationem cujus species multæ sunt, dicta. Qui tropus non solum in metro, et in sæculari litteratura, atque in communi locutione, sed etiam in authentica Scriptura sacra, et in catholicorum dictis sæpius reperitur ornatus aut causa necessitatis, unde hic de singulis testimonia ponere non necessarium duximus. Hoc tantum dixisse sufficiat, quia trinam pietatem Prudentius, trinam potestatem Arator, trinam majestatem Prosper, pro personis Patris et Filii et Spiritus sancti, qui relative in sancta Trinitate dicuntur, substantialia nomina, pietatem, potestatem, majestatem posuerunt, quæ non plurali, sed semper singulari numero in singulis et in tribus simul personis proprie dicuntur, quorum est una pietas, una potestas, una majestas, et quidquid ad se, id est de Deo, substantialiter dicitur, sicut et illi ipsi in iisdem opusculis suis ostendunt. De qua figurata vel trans- lativa locutione sanctus Athanasius in libro primo de Trinitate dicit (*de unit. nom. Trinit.*) : « Ergo, inquiens, postulo a te, qui legis hanc istius scripturæ meæ fidei catholicæ professionem, ne hinc superflua vel profusa verba perquiras ; sed strictim capaciter, imo spiritaliter, cum summo studio dicta ad stylum sacræ Scripturæ conferas, et secundum regulæ æquitatem justitia moderante perpendas. » Unde jam accipe non diserta, sed fortia, neque ter- rena figmenta, sed vera cœlestia documenta, neque philosophorum hæretica prava commenta, sed perfe- cta apostolica arcana sacramenta, neque grammatica quæ superflua est doctrinæ sapientiæ, sed ex evangelicis Scripturis super melle et favo dulciora et meliora divina **503** præcepta. Disce itaque quia in hoc sophistæ hujus mundi stulti vel muti facti sunt, quoniam sapientiam veram non cognoverunt, et ideo reprobi facti sunt. » Hæc manifestum de ipsius scriptis est legisse improbum et pertinacissimum Gothescalcum ; sed sicut sanctus Hilarius reprobam plebem de resurrectione Christi fecisse dicit in- quiens, Hæc vidit Judæa mendax, hæc negat cum viderit, sic et Gothescalcus de his quæ hinc legerat, aut in totum dimisit, aut prave interpretando nega- vit, aut sicut facere solent hæretici, quia malo voto legit quod legit, ex retributione justitiæ intelligere bene non valuit, idque ad pravitatem sui sensus in- flectens, sicut voluit posuit. Quod autem apertissime bene dictum invidit, etiamsi oculo corporis vidit, oculo mentis videre non voluit, et idcirco ac si non visum transiliit, juxta proverbium Gothicum, *Capra lusca hortum videt, sepem nusquam.* Et in sua con- clusione, quinimo fidei rectæ concussione, Gothes- calcus dicit :

XII.

➕ « Itaque qui nolunt cum Sabellianis hæreticis « in æternum habere societatem, credant, confitean- « tur, colant, canant cum catholicis catholici tri- « theoteiam, trinam deitatem, trisagium, trinam « sanctitatem, trinam vitam, sapientiam, gloriam, « trinum timorem, trinum amorem, trinam chari- « tatem, trinam lucem, salutem, virtutem, pacem, « claritatem, trinam majestatem, potestatem, pie- « tatem : quippe cum debeamus etiam ternam, seu « trinam amplecti fidem, quam negant perversi Sa- « belliani per suam perfidam impietatem. »

℟. Cui primo referimus, quia secundum suam sapientiam, non sibi a Deo datam, sed vel a malo spiritu sibi inspiratam, vel a se stultam inventam, debuerat cognoscere differentiam esse inter ternam et trinam, sed dicens se esse sapientem stultus factus est. Notum quippe est quoniam duplex est numerus. Unus quidem, in quo unitatum repetitio pluralitatem quare et numerum facit : alter vero, qui in rebus numerabilibus constat, in quo repetitio atque pluralitas unitatum non facit numerabilium rerum numerosam diversitatem ; et terna, non inter composites, sed inter simplices numeros, qui nul-

A lam partem aliam habent nisi solam unitatem, ab his qui de numeris disputant computatur : et non ab eo numero, quo numeramus cum tres dicimus, sed ab eo cum ter dicimus venit, habens collectivam significationem. Unde Beda in compoti lectione. « Quatuor Idus capiunt ternos. » Et Hilarius in hymno : « Et refert fragmenta cœnæ ter quaternis corbibus. » Et cum dicimus semel, bis, ter, quater, et his similia motum exprimimus : et cum dicimus unum, duo, tria, quatuor, et cætera, non motum exprimimus, sed repetitione unitatum pluralitatem ostendimus. Et a ter adverbialiter prolatum terna, et cætera in hunc modum, ut a quater quaterna dicuntur : a numero autem, quo numeramus cum dicimus tres vel tria, trinus dicitur. Unde in perso-

B nis dicitur Deus trinus, qui in deitate est unus. Sed et **504** ab eodem numero, unde trinus dicitur, etiam trina deducitur, ex unitatum repetitione, sicut et trinus, exprimens pluralitatem quam unitas deitatis non recipit. Verum et quia tres vel tria, primus scilicet impar numerus, quo trinitas ex monade et primo pari numero constat, signatur, quia quisquis hic dilectionem Dei et proximi ser- vare studuerit, ipse ad æternam vitam pertinget, et omnis nostra perfectio in illius unius veri Dei, qui est sancta Trinitas, contemplatione erit, in cujus nobis visione jam minus aliquid salutis et gaudii non erit. Et ita ex hoc numero quædam divisio in eo quod dicitur trina, veniens a numero quo numeran-

C tur tres vel tria, monstratur, et quamcunque divi- sionem vel pluralitatem unitas deitatis, tota in sin- gulis, tota in tribus simul sanctæ Trinitatis consi- stens personis, non patitur. Liquet profecto quia trina deitas catholice dici non valet. Legat qui volet quod de numero dicimus in sanctorum Augu- stini, Gregorii, Boetii, et Bedæ dictis, et quod san- ctus Augustinus in sermone trigesimo sexto Evan- gelii Joannis dicit loquens de divinitate : « Est ibi, inquit, aliquid ineffabile, quod verbis explicari non possit, ut et numerus sit, et numerus non sit. Vi- dete enim, si non quasi apparet numerus Pater et Filius et Spiritus sanctus Trinitas. Si tres, quid tres? deficit numerus. Ita Deus numerus recedit a numero, nec capitur numero, quia tres sunt tan-

D quam numerus, si quæris quid tres, non est nume- rus. Unde dictum est : *Magnus Dominus noster, et magna virtus ejus, et sapientiæ ejus non est numerus* (*Psal.* cxlvi, 5). Hoc solum numero insinuant, quod ad invicem sunt, non quod ad se sunt. » Et sanctus Gregorius in libro trigesimo Moralium Job, de sen- tentia Evangelii Joannis (*cap.* 5) : « *Palam*, inquit, *de Patre annuntiabo vobis* (*Joan.* xvi, 25). Palam quippe de Patre annuntiare se asserit, quia per patefactam tunc majestatis suæ speciem, et quomodo ipse gi- gnenti non impar oriatur, et quomodo utriusque Spiritus utrique coæternus procedat ostendit. Aperte namque tunc videbimus, quomodo hoc quod orien- dum est, ei de quo oritur subsequens non est, et quomodo is qui processione producitur a proferentibus non præitur. Aperte tunc videbimus, quomodo et unum divisibiliter tria sunt, et indivisibiliter tria unum. Lingua ergo tunc narrantis Dei est visa claritas sublevantis. » Et sanctus Sophronius Hierosolymitanus episcopus, cujus catholicissima epistola in sexta synodo acceptissima fuit, in ea ad locum dicit : (*synod.* vi, *act.* 9) : « Neque unum quatenus unum est tria recipitur, neque tria secundum quod tria sunt unum advertitur : quod est mirabile et omni certe plenum stupore. Hoc ipsum namque et numerabile est, et refugit numerum : numerabilis quidem tribus suis subsistentiis, refugit autem numerum singularitate deitatis. Unitas quippe ejus essentiæ atque naturæ numerari penitus non permittit, uti non et differentiam deitatis introducat, et ex hoc essentiæ et naturæ et deorum multitudinem unum principium **505** faciat. Omnis itaque numerus contubernalem habet differentiam, et omnis differentia atque discretio numerum superinducit ut insitum. Numeratur ergo beata Trinitas, non essentiis, non naturis, nec diversis deitatis ternisve dominationibus. Absit, sicut insaniunt Ariani, et novi tritheiæ, id est trinæ deitatis latratores. » Beatus etiam Ambrosius in secundo libro de Spiritu sancto, demonstrans quoniam trina pluralitatem habet quam non recipit deitas, inter alia dicit (*cap.* 11) : « Quia tertio repetita figura mysterii operationem Trinitatis expressit, et ideo in mysteriis interrogatio trina defertur, et confirmatio trina celebratur. » Et in libro secundo de Fide : « Quid sibi vult sub uno nomine sanctitatis trina repetitio? Si trina repetitio, cur una laudatio? si una laudatio? cur trina repetitio? Trina repetitio cur, nisi quia Pater et Filius et Spiritus sanctus sanctitate unum sunt? » Et item : « Quia divisionem quam trina demonstrat non patitur unitas deitatis, sicut multoties et in libro secundo de Spiritu sancto dicit : Abraham tres vidit et unum adoravit, quia unus Deus, unus Dominus, et unus Spiritus : et ideo unitas honoris, quia unitas potestatis. » Et item : « Quomodo enim pluralitatem recipit unitas divinitatis, cum pluralitas numeri sit, numerum autem non recipiat divina natura? » Unde putamus venerandum Sedulium, non trinam, sed ternam fidem in lege metri ponere voluisse, ut demonstraret quasi quodam inseparabili sed non locali motu, qui in terna est a ter derivata, quia Filius de Patre sit natus, et de Patre ac Filio Spiritus sanctus procedat. Singula videlicet quæque persona plenus et perfectus Deus, unusque plenus et perfectus Deus, tres simul unius Deitatis in hac sancta Trinitate personæ, quas denegabat Sabellius dicens : Idem Deus quando vult Pater est, quando vult Filius est, quando vult Spiritus sanctus est : idem vero unus est. Et noluit dicere trinam fidem, ne pluralitatem signando, numerabilem faceret unam individuæ atque inseparabilis Trinitatis deitatem, quam Arius denegabat. Contra hos quippe in Paschali carmine scripsit. Propter unam enim eamdemque deitatem, quæ tota est in singulis, tota in tribus simul personis, indivi-

dua atque inseparabilis sancta Trinitas dicitur. Hoc quippe inseparabile vere dicitur, quod nullatenus separationem potest recipere. Nam quod non separatur sed separari potest, inseparabile non est. Quod si quisquam separari posse putat tres unius deitatis personas, quæ una deitas separari non potest in tribus personis, non Trinitas inseparabilis est dicenda, sed unitas. Ne quis vero mihi forte succenseat, quod dixi voluisse demonstrare Sedulium, non locali motu Filium a Deo Patre genitum, Spiritum sanctum a Patre Filioque procedere, in eo quod ternam et non trinam fidem dixit, satisfacio meo lectori hoc me inde intellexisse, cum dixi non locali motu, quod Dominus dicit : *Qui me misit verax est* (*Joan.* viii, 26); tanquam diceret, inquit Augustinus : Ideo verum dico, quia Filius veracis veritas **506** sum, Pater verax est, Filius veritas, sicut a Patre Filius, ita a veraci veritas, et hoc est : *Qui misit me.* Scriptura etenim sacra suæ profunditatis altitudinem nobis pandere nequiret, si non ita se nobis contemperasset, ut nos ad suam intelligentiam sublevaret, et interiora sua per ea quæ circa nos sunt, nostroque more loquendo demonstrans, velut si urbanus et quidam doctiloquus, puerulo blandiens et applaudens, de industria verba molliat, et quodammodo infringendo balbutiat. Hinc ergo *misit* cum dicitur, quasi quidam motus videtur. Sed hic localis motus non est intelligendus, sicut nec in eo quod dixit : *Dedit*, quin Pater, *Filio habere vitam in semetipso* (*Joan.* v, 26), quod est, genuit Filium vitam habentem in semetipso : et missio Spiritus sancti ipsa processio est, qua ex Patre simul procedit et Filio, sicut omnes catholici doctores de sanctis Scripturis manifestissime docent. Multo minus autem quam terna, imo nullomodo proprie in Deo est trina fides intelligenda; sed sicut dicit Apostolus : *Unus Deus, una fides, unum baptisma* (*Ephes.* iv, 5), quia licet, ut beatus dicit Gregorius, nec infidelis sine fide vivat, sola tamen est catholica quæ humanum genus sanctificat, sola vivificat. Et licet sint varia baptismata et hæreticorum lavacra, quæ sicut in lege juxta Apostolum non poterant perfectum facere servientem, ita nunc proficere non valent ad perfectæ purgationis lomentum. Tamen unum est baptisma catholicum, quod solum in catholica celebratur Ecclesia, et in una fide collatum et acceptum ad perfectam purgationem credentibus proficit, sicut sanctus Ambrosius in primo libro de Spiritu sancto dicit (*cap.* 3) : « Unum inquiens, baptisma. Ubi autem non est plenum baptismatis sacramentum, nec principium, nec species aliqua baptismatis æstimatur. Plenum autem est, si Patrem et Filium Spiritumque sanctum fatearis, si unum neges, totum subrues. Et quemadmodum si unum in sermone comprehendas, aut Patrem, aut Filium, aut Spiritum sanctum, fide autem nec Patrem nec Filium nec Spiritum sanctum abneges, plenum est fidei sacramentum : ita etiam, quamvis Patrem et Filium et Spiritum sanctum dicas, et aut Patris aut Filii aut Spiritus sancti minuas potestatem, vacuum est omne mysterium : » Et post pauca : « Unum est enim opus, quia unum est mysterium : unum baptisma, quia mors una pro mundo : unitas ergo operationis, unitas prædicationis, quæ non potest separari. » Quapropter credentes unum Deum tres personas unius deitatis, tenentes unam fidem catholicam quæ sola sanctificat, sola vivificat habentes et celebrantes unum baptisma, in quo solo plenum est fidei sacramentum, non obaudiemus Gothescalcum, ne cum hæreticis partem habeamus, ut credamus et dicamus trinam deitatem, trinam sanctitatem, trinam lucem, et cætera quæ supra dixit; sed suademus ei, ut si non vult cum Arianis hæreticis in æternum habere societatem, credat, confiteatur, colat, canat cum catholicis catholicus Patrem et Filium et Spiritum **507** sanctum, sanctam scilicet et inseparabilem Trinitatem unum esse Deum, unius ejusdemque deitatis, ac per hoc unam deitatem, unam sanctitatem, unam vitam, unam sapientiam, unam gloriam, unum timorem, unum amorem, unam charitatem, unam lucem, unam salutem, unam virtutem, unam pacem, unam majestatem, unam potestatem, unam pietatem. Sicut Athanasius in capite libri octavi de Fidei unitate dicit : « Fides unius substantiæ Trinitatis hæc est, Patris et Filii et Spiritus sancti sine initio temporum, super omnem sensum et sermonem et spiritum, una virtus unus Deus, tria vero vocabula, una potestas. » Et hæc omnia ideo, quia, ut Augustinus et cæteri catholici doctores dicunt, de quorum verbis et sensibus hæc in præfato libro vir venerandus Alcuinus collegit (de Fid. S. Trinit. lib. I, c. 13) : « Una est natura, essentia, substantia, divinitas, deitas Patris et Filii et Spiritus sancti, et omnia nomina, quæ substantiam vel potentiam, vel essentiam Dei significant, vel quidquid proprie ad se dicitur Deus, omnibus personis æqualiter conveniunt, ut Deus magnus, bonus, æternus, omnipotens, sanctus, et omnia quæ naturaliter de Deo dicuntur. Non est igitur aliquod naturæ nomen, quod sic Patri convenire possit, ut Filio ut Spiritui sancto æqualiter convenire nequeat (cap. 15). Proprie quidem Deus dicitur substantia una summa et ineffabilis, quæ semper idem est quod est, cui nihil accidens vel recidens inesse poterit, quæ semper est quod est, quia semper immutabilis. Item Deus magnus dicitur, non alia magnitudine, nisi qua ipse magnus est et immensus. Ea igitur magnitudine magnus est, qua ipse est eadem magnitudo, et ea bonitate bonus est, qua ipse est [bonitas]. Nec Deo aliud est esse, aliud magnum esse, aliud bonum esse ; sed eo quo est, magnus et bonus est. Ideo nec tres substantias, nec tres magnos, nec tres bonos de Deo dicere fas est (lib. II, c. 2). Et ille est summa existentia, summa intelligentia, summa vita, a quo est omnis vita, omnis intelligentia, et omnis existentia : Dei enim idem ipsum est et potentia, et substantia, et divinitas, et hæc omnia unum, ut hoc unum simplex (cap. 13); quia unum opus est Patris et Filii et Spiritus sancti, et personarum proprieta-

tem ostendens. Inseparabilis igitur naturæ unitas non potest separabiles habere personas. Hæc vero summæ Trinitatis atque individuæ unitatis natura, quæ est sola ubique tota, sicut ubique inseparabilem habet unitatem naturæ vel operis, sic separationem non potest recipere personarum. Ipsa itaque operatio Dei, id est sanctæ Trinitatis, voluntas est Dei, et voluntas Dei simplex est, et semper in requie beatitudinis. Nec aliud est Deo operari, aliud velle, sed idem est illi velle et operari, quia voluntas Dei effectiva potentia est. Nec Deo aliud est esse aliud velle, sed unum atque idem, et hoc totum simplex, totum Unitas, totum Trinitas, totum ὁμούσιον; quia esse quod substantiale est unum est in Patre et Filio et Spiritu sancto, et horum una **508** actio est, sicut una voluntas (cap. 14). Quod ait Apostolus : Christum Dei virtutem et Dei sapientiam (I Cor. 1, 24), non ita intelligendum est, quod Pater dici non possit virtus vel sapientia, sicut dici non potest Filius vel Verbum; quia hæc relativa sunt nomina, sicut superius dictum est : illa vero, id est virtus et sapientia, substantialia sunt. Ideo Pater virtus et sapientia, Filius virtus et sapientia, Spiritus sanctus virtus et sapientia : non tamen tres virtutes, nec tres sapientiæ, sed una virtus et una sapientia, Pater et Filius et Spiritus sanctus; sicut una substantia, et una omnipotentia, et alia quæ de substantia divinitatis dicuntur. Et ita intelligatur Filius sapientia Patris, quomodo dicitur lumen Patris; id est, ut quemadmodum lumen de lumine et utrumque unum lumen, sic intelligatur sapientia de sapientia, et utrumque una sapientia : quia in illa simplicitate naturæ divinæ non est aliud sapere quam esse, nec aliud esse quam posse, nec aliud posse quam vivere. Eadem ibi sapientia quæ essentia, eadem vita quæ essentia, et hæc omnia unum, et unus Deus (cap. 15). Et sicut Pater vita, ita et Filius vita, et Spiritus sanctus vita, quia unum opus est Patris et Filii et Spiritus sancti, sicut una substantia atque essentia. Pater vita in semetipso, non ab alio; Filius vita in semetipso, sed a Patre, qui eum talem genuit ut vitam haberet in semetipso. Dictum quippe est, sicut ipse Filius ait : Sicut Pater vitam habet in semetipso, sic dedit et Filio vitam habere in semetipso (Joan. v, 26), id est genuit Filium, vitam in semetipso habentem. Hoc solum interest, quod Pater vita est non nascendo, Filius vita est nascendo; Pater de nullo patre, Filius de Deo Patre; Pater propter Filium Pater est, Filius vero et quod Filius est propter Patrem est, et quod est a Patre est, et a vita vita est. Pater, qui est vita in semetipso, genuit Filium qui esset vita in semetipso. Ideo et ipse Filius ait : Sicut vivit Pater, et ego vivo propter Patrem (Joan. vi, 58). Non ita dictum est, quasi in semetipso Filius propriam non haberet vitam, sed participatione paternæ vitæ vitam haberet, sicut oculus carnalis participatione lucis alterius lumen accipit, quod non haberet in seipso nisi aliunde mutuasset. Sed jam jamque talis a Patre genitus est Filius, qui in seipso viveret. Sicut Pater non est indigens vita, sic Filius non indiget alterius vitæ ut sit. Pater vita, sic et Filius vita, utrumque tamen una vita , non duæ , quia unus Deus, non duo dii (*cap.* 18). Similiter et de Spiritu sancto est sentiendum, quod vitam habeat in semetipso, procedens a Patre et Filio, coæternus et consubstantialis Patri et Filio. Et ubicunque in Scriptura sancta legitur solus Deus , non de una qualibet persona in sancta Trinitate intelligendum est , sed de tota sancta Trinitate, quæ æqualiter operatur omnia quæcunque operanda esse judicat. Quæ sancta Trinitas est unus, solus, beatus, potens, invisibilis , et verus Deus, quia una potentia est totius sanctæ Trinitatis. Neque enim , quia ipse Filius alibi loquens voce sapientiæ, ipse est enim sapientia Dei quæ ait : *Gyrum cœli circuivi sola* (*Eccli.* xxiv, 8) , separavit a se Patrem , quanto **509** magis ergo non est necesse ut tantummodo de Patre præter Filium vel Spiritum sanctum intelligatur quod dictum est : *Solus habet immortalitatem, et lucem habitat inaccessibilem* (*I Tim.* vi, 16, *cap.* 20)? Et Spiritus sanctus, qui in Scripturis legitur donum Dei, vel paracletus, vel charitas Dei, in eadem unitate substantiæ et æqualitate cum Patre et Filio consistit. Sive enim sit unitas amborum, sive sanctitas, sive charitas, sive ideo unitas quia charitas, et ideo charitas quia sanctitas, nequaquam minor est illis in aliquo ex quibus procedit. Et hæc est summa charitas, qua genitus a gignente diligatur, genitoremque suum diligat, et ideo non amplius quam tria sunt : unus diligens eum, qui de illo est ; et unus diligens eum, a quo est ; et ipse dilectio, de qua dicitur quia *Deus charitas est.* Et hæc summa et ineffabilis Trinitas, non unius Dei dici debet, sed unus Deus (*cap.* 21). Et ista charitas non tenetur nisi in unitate Ecclesiæ Christi, nec illam habent qui se dividunt ab unitate catholicæ pacis. » Hæc de catholicorum Patrum dictis ab Alcuino in unum collecta posuimus. Sane uti omnem scrupulum utentes verbis beati Athanasii legentibus amputemus : « Adhuc, inquit, breviter dilucidabo, multifarie approbans hoc unitatis nomen esse verissimum Trinitatis, quæ tamen referatur ad multifariam sapientiam Dei, quæ uniter in Patre et in Filio et Spiritu sancto consistit, de qua si significes sapientiæ deitatem, et deitatem sapientiæ, nonne hæc ipsa est unitas sapientiæ, quæ et divinitas Trinitatis? Ergo ut compendio hæc assignemus, sive sapientiæ gloria, seu deitas gloriæ, aut summitas, aut dominatio, aut dignitas, aut claritas, aut majestas, aut imperium, aut potestas, aut sempiternitas nominetur, nonne hæc, multifarie quamvis sint dicta, tamen ad unitam deitatem incomparabilem Patris et Filii et Spiritus sancti uniter sunt declarata? aut putas quot significationes dicuntur ad gloriam deitatis, totidemque sint et species diversitatis? Absit, dum hæc universa ad unitam substantiam dicta referantur. Nam si hæc una atque eadem ipsa est multiplex præsaga sapientia Patris et Filii et Spiritus sancti,

quæ est una virtus, sive una forma magnitudinis æqualitatis ejus, sive una majestas, sive una claritas, quæ in hanc unitam deitatem plenitudinis secundum Scripturæ regulam in hoc loco collecta reperiuntur, nunquid sic in eadem deitate Trinitatis potest adversus Scripturas referri, ut tres sapientias, aut tres virtutes, aut tres imagines, aut tres substantias, aut tres claritates, aut tres plenitudines divinitatis, vel cætera hujusmodi pluraliter Ariomanitarum more dicamus? Absit. Sicut tu, Osi, jam in ætate prolixa, quin per rudimenta in synodo Sirmiensi catholice, auctor fuisti : ubi fidem tuam, quam in Nicæa conscripseras, irritam fecisti dum regiæ potestati famularis. Præterea qui morti esses perquam vicinus, sic in laqueum voraginis baratri incidisti, ut excideres tanquam mortuus a corde, ut diceres : Quis ignoret Patrem majorem esse honore, dignitate, claritate, **510** et majestate? quasi duæ vel certe tres essent claritates, aut majestates, in singulis his personis Patris et Filii et Spiritus sancti, quod absit. Nam si hæc eorum sic se blasphemia ita, ut aiunt, haberet, quare etiam non tres deos plurali numero nuncupant, ac publica voce circa proprias vel diversas substantias suas pollicentur? quod absit, dum perfecte unitum nomen divinitatis, multifarie quamvis dictum, uniter in Trinitate consistat. » Et sanctus Ambrosius in secundo ac tertio libro de Spiritu sancto, ex Scripturarum auctoritate manifeste demonstrat, sicut devotus lector facile invenire valebit, quia Pater et Filius et Spiritus una est virtus, et unum est consilium Patris et Filii et Spiritus sancti, et una vita Pater et Filius et Spiritus sanctus, et creator omnium Pater et Filius et Spiritus sanctus, et unum regnum Patris et Filii et Spiritus sancti, et una voluntas Patris et Filii et Spiritus sancti, et una visio, una præceptio, atque una majestas, et omnipotentia, ac una sanctitas Patris et Filii et Spiritus sancti. Etenim sicut scriptum est : *Totum spiritum suum profert stultus : sapiens autem differt et reservat in posterum* (*Prov.* xxix, 11); ut plenius suam stultitiam Gothescalcus ostenderet, nihil voluit reservare, quin totum spiritum stultitiæ suæ proferret. Unde et quasi clausulam prædictis adjecit :

XIII.

+ « Cuncta, inquiens, sic esse ceu dixi, in duobus « probari potest, patenter nominibus singularis tantummodo numeri, hoc est in luce pariter et pace. « Lux enim et pax ingenita, et lux et pax genita, « quin et lux atque pax procedens, non tres pluraliter luces aut paces dici sinuntur ab arte grammatica , neque tres naturaliter, ut latrat hæresis « Ariana, neque personaliter una, sicut somniat hæresis Sabelliana : sed procul dubio lux et pax est « naturaliter una, et personaliter trina, sicut amplectens trinam et unam fidem, ac per hoc credens, confitens, colens, canens trinam et unam lucem, et pacem, majestatem, potestatem, pietatem, trinam et unam deitatem, » et reliqua quæ ibi est persecutus.

XP. Ad quem parumper conversi loqui censui- **A** mus. Stulte, impie, crudelis, et Dei tyranne, quod non solum sensus, sed et artis litteratura penitus denegat, et tu ipse prius cum arte negas, cum artis littera errorem non habeat, et apices sint sine crimine, cur prave interpretando sensum maculas pravæ intelligentiæ crimine, lucem et pacem naturaliter unam personaliter in Deo dicens trinam? Nam de luce tuæ impietati contradicit Psalmista dicens : *Apud te est, Domine, fons vitæ, et in lumine tuo videbimus lumen (Psal.* xxxv, 10). « In lumine tuo, inquit Hieronymus, videbimus lumen. Lumen Patris Christus est. In Christo Patris lumine lumen Spiritum sanctum videbimus. Et lumen tuum, Christe, Pater est, cujus voluntatem faciens venisti illuminare occulta tenebrarum, ut in te, qui es **B** lux mundi, mereremur illud lumen cernere in gratia mentis puræ. Sic enim ait ad Philippum : **511** *Qui videt me videt et Patrem meum (Joan.* xiv, 9). In lumine ejus, id est in Christo, videbimus lumen, id est Spiritum sanctum, qui super apostolos, id est in specie ignis illuminantis apparuit. *Et in lumine tuo videbimus lumen,* id est a Christo illuminabimur, ut ait in Evangelio : *Erat* lumen verum, quod *illuminat omnem hominem venientem in hunc mundum (Joan.* i, 9). » Apostolica quoque sedes superexaltata Petri confessione, et Pauli ornata prædicatione, verum et ipsius traditione Ecclesia catholica in vigilia sacra Pentecostes, quasi hujus expositionem versiculi syllabis paucis, sensu permaximo, orando melius quam tradendo sibi obtinere et aliis **C** commendare posse cognoscens, inter sacra missarum solemnia deprecari canendo instituit, dicens : « Præsta, quæsumus, omnipotens et misericors Deus, ut claritatis tuæ super nos splendor effulgeat, et lux tuæ lucis corda eorum qui per gratiam tuam sunt renati, sancti Spiritus illustratione confirmet. » Si recolis, hæretice, scriptum : *Vobis qui timetis Deum orietur Sol justitiæ (Malac.* iv, 2); et item : *Qui cum sit splendor gloriæ, et figura substantiæ ejus (Hebr.* i, 3); et item : *Ipse est enim candor lucis æternæ (Sap.* vii, 16); unde et ipse dicit : *Ego sum lux mundi (Joan.* viii, 12); et : *Qui videt me, videt et Patrem, quia ego in Patre et Pater in me est (Joan.* xiv, 9); et item scriptum : *Deus noster ignis consumens est (Hebr.* xii, 23), et purgaveris gratia Dei **D** oculum mentis a pulvere vel albugine arrogantiæ, poteris hanc orationem catholicam intellectu videre. Et quoniam scriptum est : *Invisibilia Dei a creatura mundi per ea quæ facta sunt intellecta conspiciuntur, sempiterna quoque ejus virtus et divinitas (Rom.* i, 20), intende solem, et separa ab eo aliquo modo splendorem vel calorem si potes, et cum tria inseparabilia in una creaturæ substantia videbis, intellige lucem et pacem, sicut et in arte grammatica singularis numeri esse, ita et sensu intellige unam et non trinam esse lucem ac pacem, omnium quæ sunt creatorem, Patrem et Filium et Spiritum sanctum. Quia sicut Deus Pater, Deus Filius, Deus et Spiritus sanctus,

et tamen non tres dii sed unus est Deus, ita lux Pater, lux Filius, lux Spiritus sanctus, et non tres luces vel trina lux, sed una lux est Pater et Filius et Spiritus sanctus. Et sicut dicitur Pater et Filius et Spiritus sanctus trinus in personis, et unus Deus in potentia et deitate, ut beatus dicit Ambrosius :

> Summæ Deus clementiæ,
> Mundique factor machinæ,
> Unus potentialiter,
> Trinusque personaliter,

non potest catholice dici, sicut deliras, lux et pax ac deitas naturaliter una et personaliter trina. Unde idem in alio hymno dicit Ambrosius :

> Tu Trinitatis unitas,
> Orbem potenter qui regis;

de qua non dixit, una potentialiter, trinaque personaliter, quia in Deo ad se, id est essentialiter et naturaliter, sicut Deitas et substantia, lux et pax et vita, ac virtus, et alia his similia dicuntur et non relative, ac per hoc singulariter proferuntur, et non recipiunt neque habere pluralitatem vel numerum possunt. Personæ autem, quibus constat sancta et inseparabilis unius deitatis trinitas, relative dicuntur ad invicem, et idcirco pluralitatem; id est numerum habent, quæ habere non possunt essentialia nomina **512** deitas, pax, et lux quæ illuminat omnem hominem venientem in hunc mundum Pater et Filius et Spiritus sanctus : quia sicut inseparabilis est substantia, id est deitas Patris et Filii et Spiritus sancti, ita et inseparabilia sunt opera ejusdem sanctæ et individuæ Trinitatis, inseparabiliterque operatum esse intelligendum est, quidquid a singulis personis legimus operari. Quamvis certissimum sit, esse Patrem solum in paternitatis persona qui dixit : *Hic est Filius meus, in quo mihi complacui (Matth.* iii, 17) : et Filium esse solum Filium, super quem illa vox sola Patris sonuit, quando in Jordane secundum hominem baptizatus est idem unigenitus Deus qui carnem solus accepit : et Spiritum sanctum Patris et Filii personaliter solum esse, qui in specie columbæ super eumdem baptizatum ascendentem de aqua descendit, et quinquagesimo die post resurrectionem Christi fideles in uno loco positos in linguarum ignearum visione adveniens replevit, in quo habent omnes fideles remissionem peccatorum **D** omnium, sive in baptismo, sive in pœnitentia. Illam tamen verissime vocem qua solus locutus est Deus Pater, et illam carnem qua solus homo factus est unigenitus Deus, et illam columbam in cujus specie Spiritus sanctus super Christum descendit, illasque linguas igneas in quarum visione fideles in uno loco positos replevit, et in quo datur credentibus remissio peccatorum, opera esse totius sanctæ Trinitatis, id est unius Dei qui fecit in cœlis et in terra visibilia et invisibilia, verissime credendum est. De pace siquidem, unde hæretice quasi sapienter et conclusive una cum luce prædicare te jactas, et revera perniciosissime blasphemas, dicens : Pax ingenita, et pax genita, et pax procedens, naturaliter una, per-

sonaliter trina, sicut supra dixisti de deitate. Sufficere poterant quibus sufficit quæ latius de omnibus
quæ substantialiter de Deo dicuntur ex catholicorum
verbis supra ostendimus. Sed ne dicas, quia in his
duobus nominibus nos concluseris, et in responsione
defecerimus, juxta proverbium antiquum, tibi malæ
arboris nodo fortissimum cuneum opponimus, auctoritate sancti Ambrosii, et ipsam veritatis rationem. Veritas quippe loquitur per Ambrosium, dicit
et per Apostolum : *Ipse est pax nostra* (*Ephes.* II, 14);
et : *Deus lux est* (*I Joan.* I, 5). Quid ergo aliud datur intelligi, nisi quia ipsum sit pax et lux quod
Deus est? Neque enim illa natura simplex quæ Deus
est, aliud in se habere potest nisi quod ipsa est, cui
hoc est scire, quod posse, hoc est posse, quod esse
et nosse. Unde et hoc pacis et lucis præcelsum vocabulum sanctæ Trinitati convenientissime coapta-
tur : nimirum quod ex tribus litteris constat, et plu-
ralitatis numerum sicut Deus ignorat. Cum enim
dicimus pax, lux, per tres litteras tres in Deo personæ intelliguntur, et quia pax, sicut nec lux, numerum
pluralem non recipit, per singularem numerum substantia, id est deitas ipsius unius Dei accipitur, sicut
sanctus Ambrosius in primo libro de Spiritu sancto,
513 capite duodecimo dicit : « Una pax, una gratia
Patris et Filii et Spiritus sancti. Denique scriptum
est : *Gratia vobis et pax a Deo Patre nostro et Domino Jesu Christo* (*Gal.* I, 3). Ecce habes quia
Patris et Filii una gratia est, et Patris et Filii una
pax est. Sed et gratia et pax fructus est Spiritus,
sicut ipse Apostolus docuit, dicens : *Fructus autem
Spiritus charitas gaudium, pax, patientia* (*Gal.* V,
22). Et bona pax et necessaria, ut nemo ad disputationum turbetur incertum [*al.*, incertis], neque
passionum corporalium tempestate quatiatur : sed
in simplicitate fidei et tranquillitate mentis quietus
circa Dei cultum perseveret affectus. » Et post
pauca : « Si igitur una pax, una gratia, una charitas, una communicatio est Patris et Filii et Spiritus
sancti, una certe operatio est, et ubi una operatio
est, utique non potest virtus esse divisa, discreta
substantia. Nam quomodo operationis ejusdem gratia
conveniret? » Et capite decimo tertio : « Quis igitur
unitatem separare audeat nominis, cum operationis
videat unitatem? Sed quid ego unitatem nominis argumentis astruo, cum divinæ vocis evidens testimonium sit. Unum nomen est Patris et Filii et Spiritus
sancti. Scriptum est enim : *Ite, baptizate gentes in nomine Patris et Filii et Spiritus sancti* (*Matth.* XXVIII,
19). *In nomine* dixit, non in nominibus : non ergo
aliud nomen Patris, aliud nomen Filii, aliud nomen
Spiritus sancti, quia unus Deus non plura nomina,
quia non duo dii, nec tres dii. Et ut aperiret quia
una divinitas, una majestas est, quia unum nomen
Patris et Filii et Spiritus sancti, » et reliqua. Et
capite decimo quarto : « Deus enim lux est, sicut
dixit Joannes, quia *Deus lux est, et tenebræ in eo
non sunt ullæ* (*Joan.* I, 5). Lux autem et filius, quia
vita erat lux hominum (*Joan.* I, 4). Et ut ostenderet

A se de Dei Filio evangelista dixisse, ait de Joanne
Baptista : *Non erat ille lux, sed ut testimonium per-
hiberet de lumine. Erat lux vera, quæ illuminat omnem
hominem venientem in hunc mundum* (*Joan.* I, 8, 9).
Ergo quia Deus lux est, lux autem vera est Dei Filius, sine dubio Deus verus est Dei Filius. Habes et
alibi quia Deus lux est : *Populus qui sedebat in tenebris et umbra mortis, lucem vidit magnam* (*Isa.* IX,
2). Quid autem hoc evidentius quod ait : *Quoniam
apud te est fons vitæ, et in lumine tuo videbimus lumen? (Psal.* XXXV, 10.) Hoc est, quod apud te est,
Deus omnipotens Pater, qui fons vitæ es, in lumine
tuo Filio videbimus lumen. Videbimus lumen Spiritus sancti, sicut ipse Dominus ostendit, dicens :
Accipite Spiritum sanctum (*Joan.* XX, 22), et alibi :
B *Et virtus exiebat de eo.* Ipsum autem Patrem quis
dubitet lucem esse, cum lectum sit de Filio ejus,
quia splendor sit lucis æternæ (*Hebr.* I, 3). Cujus
enim nisi Patris splendor est Filius, qui et cum
Patre semper est, nec dissimili sed eadem claritate
præfulget? Et Isaias significat non solum lucem, sed
etiam ignem esse Spiritum sanctum, dicens : *Et erit
lux Israel in ignem* (*Isa.* X, 17). Itaque prophetæ
eum ignem ardentem dixerunt ; quia in tribus
istis generibus propensius majestatem divinitatis
advertimus : quoniam et sanctificare divinitatis,
et illuminare lucis et ignis est proprium : et
in specie ignis exprimi vel videri divinæ **514**
est consuetudinis : *Deus enim est ignis consumens,* sicut Moyses dicit (*Deut.* IV, 24). » Ecce
C habes quia Pater et Filius et Spiritus sanctus non
personaliter trina, sed naturaliter et essentialiter
una pax, una lux est. Unde sicut et de deitate, ac
de omnibus quæ de Deo substantialiter dicuntur,
revictus es mendax, Gothescalce, quia non pluraliter sed singulariter de singulis sicut et de tribus
personis debent efferri (*cap.* 8). Sicut et sanctus Augustinus in libro quinto de Trinitate dicit, et tuo
mendacio contradicit : « Illud, inquiens, præcipue
tenendum est, quidquid ad se dicitur præstantissima
illa et divina sublimitas, substantialiter dici, tantamque vim esse ejusdem substantiæ in Patre et
Filio et Spiritu sancto, ut quidquid de singulis ad
seipsos dicitur, non pluraliter in summa, sed singu-
D lariter accipiatur. » Quod autem ad aliquid, non
substantialiter, sed relative ac per hoc pluraliter
dicitur. Plura denique horum, sed et aliorum orthodoxorum potuissemus ponere testimonia, quæ in
suis locis lector poterit invenire : sed scimus quoniam quantacunque posuerimus, æmulorum invidiam
et Gothescalci perfidiam, et si per rationem et
auctoritatem superare, non tamen penitus sedare
valebimus. Quapropter adhibemus etiam illi sacrum Nicænum concilium, in quo cum Ario sequi-
pes illius damnatus est, licet verbotenus illum
detestetur qui sensu sequitur. Cujus concilii inviolabilis confessio, et irrefragabilis constitutio Dominum nostrum Jesum Christum natum ex Patre
unigenitum, hoc est ex substantia Patris, Deum de

Deo, lumen de lumine, et non duo lumina, adeo A credi et confiteri cum Spiritu sancto unum lumen perdocuit, ut secus sentientes ab Ecclesia catholica anathematizandos decreverit. Et de his contra eum ista dicta sufficiant : nunc de aliis ejus dictis ad narrationis ordinem redeamus. In alia etiam compilatione sua, in qua plura testimonia ex nomine catholicorum falso ponit, et nomina librorum ex quibus illa sumpserit penitus tacet, et quædam quæ nobis nota sunt ibidem contra se perverse more suo interpretans interponit, quæ a se dicta fortiter ut sibi videtur astruunt, fortiter vero et catholice destruunt : ponit etiam ibidem testimonium de epistola Petri Nicomediensis episcopi, quam in sexta synodo ne damnaretur porrexit, in qua trinum lumen fuisse positum, et ab episcopis approbatum B in eadem synodo jactat. Nesciens sæpe idioma linguæ, in interpretatione quæ fit verbo ex verbo, dubitationem vel intelligentiæ difficultatem afferre, sicut et beatus Augustinus manifeste demonstrat, et in synodo sæpe aliqua, quæ non adeo ad rem pertinent, propter plurimas occupationes, dum multorum verba et sententiæ intercedunt, necessario minus discussa præteriri solere, maxime illa de quibus specialiter non agitur ratio, et plus statui nutantium intenditur a synodo consuli, quam dejectioni fraternæ incumbi. Unde Leo, ut de pluribus unum proferamus exemplum, ad Flavianum scribit, dicens (*epist.* 12) : « Miror tam absurdam tamque **515** perfidam ejus, quin Eutychetis, professionem nulla judicantium increpatione reprehensam, et C sermonem nimis insipientem, nimisque blasphemum ita omissum, quasi nihil quod offenderet esset auditum, cum tam impie duarum naturarum ante incarnationem unigenitus Dei Filius fuisse dicatur, quam nefarie, postquam Verbum caro factum est, natura in eo singularis asseritur, quod Eutyches ideo vel recte vel tolerabiliter æstimat dictum, quia nulla vestra est sententia confutatum. » Et cum hæc ita se habeant, necessarium tamen duximus, Gothescalcum non verum dixisse patenter ostendere. Non enim in omni libello satisfactionis Petri Nicomediensis episcopi de trino lumine quidquam habetur, sed unitas deitatis in eo manifestissime et catholice demonstratur, qui ita incipit (*synodi* VI *act.* 10, D *sub finem*) : « Credo in unum Deum Patrem omnipotentem, factorem cœli et terræ, visibilium omnium et invisibilium. Et in unum dominum Jesum Christum, Filium Dei unigenitum, qui ex Patre natus est ante omnia sæcula, lumen de lumine, Deum verum de Deo vero, natum non factum, per quem omnia facta sunt. Et in Spiritum sanctum, Dominum et vivificatorem, ex Patre procedentem, cum Patre et Filio coadorandum et conglorificandum, Trinitatem consubstantialem, unam deitatem, essentiam, virtutemque et potestatem, dominationem, Deum ûnum, quem cum singulariter contemplatur, sensu dividente quæ indivisa sunt, unitatem in trinitate, trinitatem in unitate adorandam : unitatem quidem secundum

essentiæ sive deitatis rationem, trinitatem vero secundum subsistentias sive personas. » Habetur autem quiddam de tribus luminibus, sed non eo sensu quo Gothescalcus dicit, in professione synodo porrecta Macarii hæretici et Antiocheni episcopi, qui de duabus voluntatibus et operationibus in uno domino Jesu Christo non sensit catholice, et orthodoxorum dicta falsasse convictus et degradatus est, post alia præmissa hoc modo (*synod.* VI *act.* 8) : « Trinitatem perfecta gloria, et imperio, et consilio non divisam, unam deitatem et dominationem. Nihil enim servile in Trinitatem vel subjectum et introductitium, tanquam prius quidem non exstitisset, post vero intromissum. Neque enim defuit Filius Patri, neque Filio Spiritus, sed inconvertibilis semper et consubstantialis sancta Trinitas Deus noster. Deum verum cum dico, uno lumine illustror. Et tribus quidem secundum proprietates sive substantias, et personas : uno vero secundum essentiæ rationem, id est deitatis. Dividitur quippe indivisibiliter, ut ita dicam, et conjungitur divisibiliter. Unum nempe in tribus ipsa deitas, et ipsa tria unum in quibus deitas, sive ut expressius dicatur, quæ est deitas; et neque ipsam unitatem confusionem operemur, neque ipsam divisionem alienationem. » Et hinc sanctus Augustinus in libro septimo (*cap.* 3) de Trinitate : « Lumen Pater, lumen Filius, lumen Spiritus sanctus, simul autem non tria lumina, sed unum lumen. » Et beatus Ambrosius sanctam Trinitatem unius deitatis, non **516** secundum Gothescalci perversitatem, sed secundum fidei catholicæ universalem credulitatem atque confessionem, unam lucem catholice credi et dici demonstrat in hymno vespertinali, quem Gothescalcus ab ipsis rudimentis infantiæ, in monachorum monasterio, in quo secundum regulam oblatus et tonsus exstitit, et usque ad ætatem adultam mansit, cum monachis labiis cecinit, sed sensum ejus percipere corde non potuit, quoniam in malivolam animam non introivit sapientia, nec habitavit in corpore subdito peccatis. Cujus hymni initium est :

> O lux beata Trinitas, et principalis unitas,
> Jam sol recedit igneus, infunde lumen cordibus.

Tandem hac schedula completis suis in Deum blasphemiis, Gothescalcus in vituperationem ipsius Domini sacerdotum, ut scientia et meritis illi impares nosceremur, ac per hoc indigni sacerdotio notaremur, nobis noto et sibi consuetudinario blasphemiarum sigillo, post solitum suum *Amen*, verba ponens beati Gregorii, quatenus ejus derogationes in nos jaculatæ, qui sua dogmata exsecramur, majoris haberentur virtutis, subscribendo signavit dicens :

XI.

✠ « Virtutibus plenus invitus ad regimen veniat,
« virtutibus vacuus nec coactus accedat. »

XP. Quas sententias beati Gregorii, ut a sancto Spiritu promulgatas, reverenter suscipimus, sed malo voto a Gothescalco prolatas non reveremur :

quia non Gothescalcus hæreticus, sed sicut scriptum est: *Spiritalis homo judicat omnia, ipse autem a nemine judicatur (I Cor. ii, 15)*. Id est, ut beatus Augustinus dicit, a nullo homine, sed a sola ipsa lege, secundum quam judicat omnia. Quoniam et illud verissime dictum est: *Oportet nos omnes exhiberi ante tribunal Christi (II Cor. v, 10)*. Omnia ergo judicat, quia super omnia est, quando cum Deo est. Cum illo autem est, quando purissime intelligit, et tota charitate quod intelligit diligit. Ita etiam quantum potest lex ipsa etiam ipse fit, secundum quam judicat omnia. De qua judicare nullus potest, præsertim nemo illorum, de quibus item beatus Augustinus dicit : ‹ Quia multi non solum in catholica, sed in diversis hæresibus, si aliqua ingruente persecutione, tradant ad flammas nobiscum corpus suum pro fide quam pariter confitentur, tamen quia separati hæc agunt, non sufferentes invicem in dilectione, neque studentes servare unitatem spiritus in vinculo pacis, charitatem utique non habendo, etiam cum illis omnibus quæ nihil eis prosunt, ad æternam salutem pervenire non possunt, quia præter unitatem et qui facit miracula nihil est. Præter unitatem erant magi Pharaonis, et faciebant similia Moysi. Et discipuli gloriantes dixerunt Domino : *Ecce in nomine tuo etiam nobis dæmonia subjecta sunt (Luc. x, 17)*. Bene quidem confessi sunt, detulerunt honorem nomini Christi; et tamen quod ait eis : *Nolite in hoc* **517** *gloriari quia dæmonia vobis subjecta sunt : sed gaudete quia nomina vestra scripta sunt in cœlo (Luc. x, 20)*. Petrus dæmonia excludit, nescio quæ anicula vidua, nescio quis homo qualiscunque laicus, habens charitatem, tenens integritatem fidei, non facit hoc. Petrus in corpore oculus est, ille in corpore digitus est, in eo tamen corpore est in quo Petrus, et si minus valet digitus quam oculus, non est tamen præcisus a corpore. Melius est esse digitum et esse in corpore, quam esse oculum et evelli de corpore. › Deo gratias, qualescunque sacerdotes et in Ecclesiastico regimine positi, catholicam fidem servantes in Christi corpore, de quo evulsus est Gothescalcus, non usquequaque virtutibus, vacui manemus; quia, ut idem beatus Augustinus dicit, virtus est vel recta vel perfecta ratio. Et hæc est vere perfecta virtus, ratio perveniens ad finem suum, quam beata vita consequitur. Ipsa autem visio intellectus est ille qui in anima est, aspectus animæ ratio est. Sed quia non sequitur ut omnis qui aspicit videat, aspectus rectus atque perfectus is est quem visio sequatur, et virtus vocatur. Quam et si perfecte necdum adepti sumus, quia necdum culmen perfectionis attingimus, in via tamen Dei quotidie sancti desiderii gressus ponere desudamus. Quapropter, ut beatus dicit Gregorius, consolatur nos Veritas, quæ per Psalmistam dicit : *Imperfectum meum viderunt oculi tui et in libro tuo omnes scribentur* (*Psal.* cxxxviii, 16). Non omnino erit nobis noxia nostra imperfectio, si in Dei itinere

constituti, et ad transacta non respicimus, et ad ea quæ restant transire festinamus. Nam qui imperfectorum desideria dignanter inflammat, hæc quodammodo ad perfectionem roborat per Jesum Christum Dominum nostrum, qui cum eo vivit et regnat Deus in unitate Spiritus sancti, per omnia sæcula sæculorum, Amen. Et quoniam idem Gothescalcus plures schedulas blasphemiarum suarum compilavit, ad quas omnes propter multas occupationes nobis longum respondere fuit, de his scribendum tantummodo vidimus, de quibus quosdam scandalizari didicimus. Scripsit enim inter alia, in quadam næniarum suarum schedula :

XV.

÷ ‹ Siquidem inde dicitur in Deo persona, quod per se sit una. Quapropter cum Dei natura nihil aliud sit quam generalis, communis, atque universalis omnium trium substantia; et unaquæque in Trinitate persona nihil sit aliud quam propria, specialis, et individua singulorum substantia et essentia, patefacta est, Deo gratias, luce clarius inter unam Dei naturam et tres personas differentia : eo videlicet, quod in natura demonstratur omnium trium substantialis generalitas, communitas, universalitas, unitas ; at in personis declaratur individua singulorum specialitas atque proprietas, et ita his quoque consequenter manifestetur Trinitas, et sicut superius una scilicet natura, sic et in his trina deitas. ›

XP. Quo contra beatus Augustinus, quod et supra posuimus, in libro vii de Trinitate dicit : ‹ Nec sic, inquiens, Trinitatem dicimus **518** tres personas vel subsistentias, unam essentiam et unum Deum, tanquam ex una materia tria quædam subsistant, etiamsi quidquid illud est in his tribus explicatum sit, non enim aliquid aliud ejus essentiæ est præter istam Trinitatem. Tamen tres personas ejusdem essentiæ, vel tres personas unam essentiam dicimus, tres autem personas ex eadem essentia non dicimus, quasi aliud ibi sit quod essentia est, aliud quod personæ, sicut tres statuas ex eodem auro possumus dicere : aliud enim illic est esse aurum, aliud esse statuas. Et cum dicuntur tres homines una natura, vel tres homines ejusdem naturæ, possunt etiam dici tres homines ex eadem natura, quia ex eadem natura et alii tales homines possunt existere. In illa vero essentia Trinitatis, nullo modo alia quælibet persona ex eadem essentia potest existere. Non enim major essentia Pater et Filius simul, quam solus Pater aut Filius : sed tres simul illæ subsistentiæ, sive personæ, si ita dicendæ sunt, æquales sunt singulis, quod animalis homo non percipit. › Et in sermone trigesimo sexto Evangelii Joannis : ‹ Trinitas unus Deus, Trinitas una est æternitas, una potestas, una majestas. Quid ergo tres? Si enim tres ait, oportet dicas quid tres? Respondeo, Pater et Filius et Spiritus sanctus. Id enim quod Pater in se est Deus est, quod ad Filium est

Pater est : quod Filius ad se ipsum Deus est, quod **A** ad Patrem est, Filius est. » Et post paululum : « Quia illa divinitas est, est ibi aliquid ineffabile, quod verbis explicari non possit, ut et numerus sit, et numerus non sit. Videte enim, si non quasi apparet numerus Pater et Filius et Spiritus sanctus Trinitas. Si tres, quid tres? deficit numerus. Ita Deus numerus recedit a numero, nec capitur numero : quia tres sunt tanquam numerus, si quæris quid tres? non est numerus. Unde dictum est : *Magnus Dominus Deus noster, et magna virtus ejus, et sapientiæ ejus non est numerus (Psal.* cxlvi, 5). » Et item post paululum : « Hoc solum numerum insinuat quod ad invicem sunt, non quod ad se sunt. » Ex his verbis beati Augustini demonstratur contra catholicam fidem dicere Gothescalcus, ut solet, trinam prædicans deitatem. Et in hoc etiam ex his verbis sancti Augustini male dogmatizare probatur, quod in eadem sua compilatione subsequitur, dicens :

XVI.

+ « Illud etiam patet, et absque nubilo claret, quod
« nomina personalia non sunt ullo modo relativa,
« sed potius essentialia, sive substantialia, sicut sunt
« et naturalia. Hoc tamen inter se tantummodo diffe-
« runt, quod nomina naturalia totis tribus personis
« æqualiter sunt communia, sive generalia : at per-
« sonalia singulis tantummodo personis probantur
« esse propria, sive specialia. Quemadmodum, verbi
« gratia, cum dicitur Dei natura, totius Trinitatis **C**
« dicitur communis cognoscitur essentia : cum vero
« dicitur persona, nonnisi unius ex Trinitate specialis
« dignoscitur esse substantia. Revera enim naturale
« nomen Dei, quando generaliter ponitur, totas tres
« pariter complectitur personas, personale vero so-
« lummodo singulas. »

519 XP. Repetamus singula, et distincte ac viritim respondeamus catholicorum dictis et sensibus, his exsecrandis blasphemiis : « Claret, inquit, quod nomina personalia non sunt ullo modo relativa, sed potius essentialia, sive substantialia, sicut sunt et naturalia. » Ad quæ interrogamus eum, quæ sunt in sancta Trinitate nomina personalia. Si dixerit, quia aliud non habet quid dicat, Pater et Filius et Spiritus sanctus, dicentem quod nomina personalia **D** non sunt relativa, sed naturalia, mentiri comprobat sanctus Augustinus in multis locis, tum in quinto et septimo libro de Trinitate (*lib.* v, *cap.* 8), in quibus ostendit quod nomina naturalia in Deo ad se, id est substantialiter dicuntur, nomina vero personalia ad aliquid, id est relative dicuntur, sicut Pater ad Filium, Filius ad Patrem, et Spiritus sanctus ad Patrem et Filium, quorum est Spiritus sanctus. Et illud præcipue tenendum esse confirmat, ut quidquid ad se dicitur præstantissima illa et divina sublimitas, substantialiter dici, et quidquid de singulis ad se ipsos dicitur, non pluraliter in summa, sed singulariter accipiatur. Quod autem ad aliquid, non substantiali-

ter sed relative dicitur. Unde et Boetius, ac si beatum Augustinum exponens, in libro ad Joannem Romanum diaconum, postea autem episcopum, dicit : « Intelligamus Patrem et Filium ac Spiritum sanctum non de ipsa divinitate substantialiter dici, sed alio quodam modo. Si enim substantialiter prædicaretur, et de singulis et de omnibus singulariter diceretur, hæc vero ad aliquid dici manifestum est. » Et paulo post : « Trinitas quidem in personarum pluralitate consistit, unitas vero in substantiæ simplicitate. » Et item : « Trinitas igitur non pertinet ad substantiam ; quod fit ut neque Pater, neque Filius, neque Spiritus sanctus, neque Trinitas, de Deo **B** substantialiter prædicetur, sed ut dictum est ad aliquid : Deus vero, veritas, justitia, bonitas, omnipotens, substantia, immutabilitas, virtus, sapientia, et quidquid hujusmodi excogitari potest, substantialiter de divinitate dicuntur. » Et item idem in libro de Trinitate : « Substantia continet unitatem, relatio multiplicat Trinitatem. » Quapropter si forent, ut mentitur Gothescalcus, in sancta Trinitate tria nomina naturalia ut personalia, esset in sancta Trinitate trina natura, id est trina deitas, et unicuique naturæ proprium nomen, sicut est unicuique personæ quædam proprietas sua in una eademque hac communi sanctæ Trinitati deitatis natura. Patri videlicet, quia ab alio non est, ac per hoc solus est in paternitatis persona, non solus in deitatis essentia. Unigenito vero Filio Dei proprium est, quod ex solo, id est Patre consubstantialiter et coessentialiter so-**C** lus est genitus : et in hoc personæ suæ proprietas, ut solus sit in Filii persona, et non solus in deitatis substantia. Spiritui sancto est proprium, quod ex Patre et Filio æqualiter procedit, et est amborum Spiritus, ejusdemque substantiæ et æternitatis cum Patre et Filio. Si, inquam, tria in sancta **520** Trinitate forent naturalia nomina, tres utique essent naturæ, et trina deitas esset, sicut mendaciter laborat Gothescalcus astruere ut trina sit personaliter, ac per hoc tres dii essent : cui falsitati a diabolo, qui primis hominibus dixit : Eritis sicut dii, per Gothescalcum prolatæ contradicit Dominus dicens : *Baptizate omnes gentes in nomine Patris, et Filii , et Spiritus sancti (Matth.* xxviii, 19). Unde Athanasius in libro primo de fide : « Qui, inquit, in nomine dixit, evidenter unam deitatem in Trinitate consistere **D** declaravit, et quod prosecutus est, Patris et Filii et Spiritus sancti, per singula nomina singulas personas inesse distinxit. In qua sententia, quod et unius Dei nomen sit Pater et Filius et Spiritus sanctus, et catholice ut catholicissimus per singula nomina singulas personas inesse distinxit, quoniam alia est persona Patris, alia Filii, alia Spiritus sancti, cum non sit aliud Pater, aliud Filius, aliud Spiritus sanctus, sed id ipsum sit Pater quod Filius et quod Spiritus sanctus, non autem idem ipse sit Pater, qui Filius, et qui Spiritus sanctus, sicut beatus Ambrosius in libro primo (*cap.* 1) de Fide dicit : Si ergo unus Deus, unum nomen, una potestas, una est Trinitas ;

denique Dominus dicit : *Ite, baptizate gentes in nomine Patris et Filii et Spiritus sancti (Matth.* xxviii, *19), in nomine,* inquit, *non in nominibus.* » Et hinc idem Athanasius consonanter : « In nomine, inquit, non in nominibus, ut et unum Deum per indistinctum divinæ essentiæ nomen ostenderet, et personarum discretionem suis demonstratam proprietatibus edoceret. »

Deinde subsequitur Gothescalcus : « Hoc tamen inter se tantummodo differunt, quod nomina naturalia totis tribus personis æqualiter sunt communia, sive generalia : at personalia singulis solummodo personis probantur esse propria, sive specialia. » Videndum quam contraria sibi ipsi et amenter loquitur, videlicet ut hæresis, de qua scriptum est quia non valet consistere pedibus suis. Paulo superius dixit, quod nomina personalia non sunt ullo modo relativa, sed naturalia, et mox subjungit quod nomina naturalia sunt communia Trinitati et generalia, et personalia singulis personis sunt propria. Contra quæ non latius scribendum censuimus, cum manifestum sit quam contraria catholicæ fidei, et catholicorum verbis, et sibi ipsi loquatur, et in hoc opere plurima sint catholicorum testimonia posita, quæ illius falsitatem revincunt, licet ipse iis non credat, nisi ea dixerint quæ suo pravo sensui congruunt. Non enim, ut scriptum est, recipit stultus verba prudentiæ, nisi ea dixeris quæ versantur in. corde ejus. Cæterum quicunque a dogmate illius dissentiunt, sine ulla reverentia reprehendit : sicut in hac eadem compilatione reprehendit Paulum, quia non regulariter dixit: *Fides, spes, charitas, tria hæc : major autem his est charitas (I Cor.* xiii, *13),* dicens quia major horum dicere debuerat, et Priscianum denotat, asseverans quia illum hæc regula præterierit. Sed et Hieronymum, et Augustinum, et Bedam, toto ore et buccis inflatissimis de quibus sibi visum est reprehendit. **521** Verumtamen Augustinus, quem suum multoties vocat, illum prave sentire in hac compilationis suæ·astutia comprehendit, dicens : « Sciendum est quod quædam de Deo substantialiter dicuntur, ut est Deus, magnus, omnipotens, et quidquid ad se dicitur, id est substantiam divinitatis significantia. Quædam itaque relative dicuntur, ut Pater ad Filium, et Filius ad Patrem, et Spiritus sanctus relative ad Patrem et Filium : ad se autem, sive Pater, sive Filius, sive Spiritus sanctus dicitur. » Et item : « Quidquid ergo ad se dicuntur Pater et Filius, non dicitur alter sine altero, id est quidquid dicuntur quod substantiam eorum ostendat, ambo simul dicuntur. Si hæc ita sunt, jam ergo nec Pater est Deus sine Filio, nec Filius Deus sine Patre, id est non ita dicitur Pater Deus quasi Filius non sit Deus, nec Filius ita dicitur Deus quasi Pater non sit Deus, sed ambo simul Deus et unus Deus. Quocirca quidquid secundum substantiam vel æternitatem de eis dici potest, ambo simul sunt, quamvis de Filio dicatur Deus de Deo, lumen de lumine, ambo sunt Deus, ambo simul lumen ; sed non Pater Deus de

A Deo, nec lumen de lumine, sed Filius Deus de Deo, et lumen de lumine, ambo tamen simul et semper simul unus Deus et unum lumen. Sic etiam et de aliis appellationibus quæ secundum substantiam dicuntur, id est, quod simul ambo sunt dici debet : hoc solum de eis dici non potest, illud de illo, quod simul ambo non sunt, sicut Verbum de Verbo dici non potest, quia non simul ambo Verbum, sed solus Filius, nec imago de imagine, nec Filius de Filio, nec Pater de Patre. » Et item : « Sicut enim relative Pater et Filius dicuntur, ita et Spiritus sanctus ad Patrem et Filium quodammodo relative dicitur, quia Patris et Filii Spiritus est, sed ipsa relatio Spiritus sancti non ita reciprocatione converti poterit sicut Pater et Filius. Possumus quippe dicere : Spiritum sanctum Patris et Filii spiritum : sed converso ordine non possumus dicere, Patrem Spiritus sancti, sicut dicimus Patrem Filii, ne duo Filii in sancta Trinitate æstimentur. Ita non possumus dicere Filium Spiritus sancti, sicut dicimus Filium Patris, ne duo Patres in sancta Trinitate intelligantur. Dicimus itaque Spiritum sanctum Patris et Filii sine reciprocatione conversionis nominum relativorum. »

Personæ autem etymologiam, vel definitionem Boetius, cum in libro contra Eutychem et Nestorium multipliciter sapientum utriusque linguæ, Græcæ videlicet Latinæ, sensum inde protulerit, talem non invenit sicut Gothescalcus hic adinvenit : « Inde, inquiens (*de una persona Christi*), dicitur in Deo persona, quod per se sit una. Cum tres unius deitatis in sancta Trinitate personæ Pater et Filius et Spiritus sanctus ad invicem non substantialiter, sed sicut ex verbis beati Augustini ostendimus, relative dicantur. Pater enim relative dicitur ad Filium, qui ideo dicitur Pater quod habeat Filium : Filius relative ad Patrem dicitur, quia ideo dicitur Filius quod habeat Patrem. Spiritus sanctus, tertia in sancta Trinitate persona, quodammodo relative dicitur, quia Patris et Filii spiritus **522** est, qui a catholicis doctoribus amborum videlicet Patris et Filii, charitas, sanctitas, unitas, ac Trinitatis vinculum dicitur. Trinitas itaque ad personas Patris et Filii et Spiritus sancti refertur : unitas ad naturam æternæ deitatis pertinet. Et habent singulæ in sancta Trinitate personæ aliquid proprium, non sicut Gothescalcus dicit, quod inde dicitur in Deo persona, quod per se sit una : sed sicut Augustinus dicit, quod inseparabili æqualitate aliquam in se ostendunt proprietatem. Pater vero solus pater, et Filius solus Filius, et Spiritus sanctus solus Spiritus sanctus. Et Pater hoc habet proprium, quod ex omnibus quæ sunt solus est, quia ab alio non est, ac per hoc solus est in paternitatis persona, non solus in deitatis essentia. Unigenitus vero Filius Dei hoc habet proprium, quod ex solo, id est Patre, consubstantialiter et coessentialiter solus genitus est, et in hoc personæ suæ proprietas. Spiritus sanctus hoc habet proprium, quod ex Patre Filioque æqualiter procedit, et est amborum spiritus, ejusdem substantiæ et æternitatis cum Patre et Filio. Sed hæc tria vere etiam tria sunt, ineffabiliterque tria, et essentialiter tria, habentia proprietates suas, et hæc tria unum, et vere unum, et hoc unum tres, sed non tres Patres, nec tres Filii, nec tres Spiritus sancti, sed tres personæ. Unus Pater, unus Filius, unus Spiritus sanctus, et hi tres, id est Pater et Filius et Spiritus sanctus, unum sunt in natura, omnipotentia, deitate et æternitate. Conferat igitur catholici lectoris prudentia verba Gothescalci dicentis, Inde dicitur in Deo persona quod per se sit una, verbis beati Augustini dicentis : Habent singulæ in sancta Trinitate personæ aliquid proprium, quo inseparabili æqualitate aliquam in se ostendunt proprietatem ; et dicat : Quantum distat ortus ab occidente longe faciat Dominus pravum sensum Gothescalci a catholicis sensibus nostris, qui cum Gothescalco non dicimus inde in Deo dici personam quod per se sit una, sed credimus et confitemur cum sancto Augustino et cæteris orthodoxis doctoribus, quia Pater et Filius et Spiritus sanctus naturaliter unus est Deus. Inseparabilis igitur naturæ unitas non potest separabiles habere personas. Pater quidem ex omnibus quæ sunt solus est, quod sibi proprium est : et solus est in paternitatis persona, sed non per se solus est in deitatis essentia. Unigenitus Dei Filius ex solo Patre consubstantialiter et coessentialiter solus est genitus, et hoc est proprium suæ personæ, sed non per se est solus et singulariter unus in deitatis essentia. Spiritus sanctus ex Patre et Filio æqualiter procedit, et hoc est proprium suæ personæ. Unde non per se est solus et singulariter unus in deitatis essentia ; sed amborum, videlicet Patris et Filii spiritus, ejusdem substantiæ et æternitatis cum Patre et Filio, et idcirco inseparabilis est sancta Trinitas etiam in personis sensu intelligenda, quamvis in voce separabilia habeat nomina, quia pluralem numerum in naturæ nominibus nullatenus recipit. Verum **523** et in hoc ostenditur personas non posse dividi in sancta Trinitate, quia cujuslibet personæ nomen semper ad alteram respicit personam. Si Patrem dicis, Filium ostendis ; si Filium nominas, Patrem prædicas ; si Spiritum sanctum appellas, alicujus esse spiritum necesse est intelligas. » Non igitur, ut blasphemat Gothescalcus, inde dicitur in Deo persona, quod per se sit una, more suo, videlicet hæreticorum more, profanas vocum novitates exquirens. Qui, ut beatus dicit Gregorius, dum laudari tanquam de excellenti ingenio cupiunt, quasi nova quædam proferunt, quæ in antiquorum Patrum libris veteribus non tenentur. Sicque fit ut, dum videri sapientes desiderant, miseris suis auditoribus stultitiæ semina spargant. Rectius autem Boetius quam Gothescalcus, imo recte Boetius, quia non recte Gothescalcus, personæ definitionem ex sapientum sententiis nobis protulit dicens : « Persona dicta est a *personando* ; circumflexa penultima. Quod si acuatur antepenultima, apertissime videbitur a *sono* dicta : » Et item : « Hoc interim

constet, quod inter naturam personamque differre prædiximus : quoniam natura est cujuslibet substantiæ specificata proprietas, persona vero rationabilis naturæ individua subsistentia. Non igitur, ut Gothescalcus mendaciter adinvenit, ideo dicitur in Deo persona, quod per se sit una. Exponat enim quid velit addere, cum dicit quod per se sit una. Et si dixerit iterato, licet absurdum sit, per se una persona, ut per se sit Pater, per se Filius, per se Spiritus sanctus, non stabit, quia licet Pater solus sit in paternitatis persona, Filius solus sit de Patre, id est de substantia Patris natus, Spiritus sanctus solus de Patre procedat et Filio, tamen relative Pater ad Filium, Filius ad Patrem, Spiritus sanctus, quod Patris et Filii Spiritus sit, dicitur. » Unde S. Augustinus in libro sexto (*cap.* 7) de Trinitate dicit : « Non invenitur quomodo dici possit aut Pater solus, aut Filius solus, cum semper atque inseparabiliter et ille cum Filio sit, et ille cum Patre, non ut ambo sint Pater, aut ambo Filius, sed quia semper invicem, neuter solus. » Quod et de Spiritu sancto sentiendum est. Si dixerit : Ideo dicitur in Deo persona, quod per se sit una deitas vel substantia, vel aliquid hujusmodi, hoc catholica fides non recipit, quoniam una eademque deitas, quæ Trinitatis est unitas, tota in singulis, tota est in tribus simul personis. Quapropter non debuerat dicere, exponens quare dicitur persona, per se, sed potius ad se, eo sensu sicut Augustinus in libro septimo de Trinitate dicit : Videlicet quia Pater et Filius et Spiritus sanctus in Trinitate relative dicuntur : persona vero Patris, vel Filii, vel Spiritus sancti ad se dicitur. « Non, inquit Augustinus in præfato libro (lib. vii *de Trin.*, c. 6), aliud est Deo esse, aliud personam esse, sed omnino idem. Nam esse ad se dicitur, persona vero relative, videlicet cum dicitur Pater vel Filius vel Spiritus sanctus ; et sicut substantia Patris ipse Pater est, non quo Pater est, sed quo est : ita et persona Patris non aliud quam ipse Pater est. Ad se quippe **524** dicitur persona, non ad Filium, vel ad Spiritum sanctum, sicut ad se dicitur Deus, et magnus, et bonus, et justus, et si quid aliud hujusmodi ; et quemadmodum hoc illi est esse, quod Deum esse, magnum esse, quod bonum esse, ita hoc illi est esse, quod personam esse. Cur ergo non hæc tria simul unam personam dicimus, sicut unam essentiam et unum Deum, sed tres dicimus personas, cum tres deos aut tres essentias non dicamus, nisi quia volumus vel unum aliquod vocabulum servire huic significationi qua intelligitur Trinitas, ne omnino taceremus interrogati quid tres, cum tres esse fateremur ? Neque cum quislibet audierit Patrem solum Deum, separet inde Filium, aut Spiritum sanctum. Cum eo quippe solus Deus est, cum quo et unus Deus est : quia et Filium cum audimus, solum Deum sine ulla separatione Patris aut Spiritus sancti oportet accipere ; atque ita dicat unam essentiam, ut non existimet aliud alio vel majus, vel melius, vel aliqua ex parte diversum. Non tamen ut Pater ipse sit et Filius et Spiritus sanctus, et quidquid aliud ad alterutrum singula dicuntur, sicut Verbum quod non dicitur nisi Filius, aut donum quod non dicitur nisi Spiritus sanctus : propter quod etiam pluralem numerum admittunt, sicut in Evangelio scriptum est, *Ego et Pater unum sumus* (*Joan.* x, 30). Et unum dixit, et sumus. *Unum*, secundum essentiam, quod idem Deus ; *sumus*, secundum relativum, quod ille Pater, hic Filius. » Et in libro decimo quinto (lib. xv *de Trin.*, *c.* 17) : Spiritus quoque sanctus secundum Scripturas sanctas, nec Patris est solius, nec Filii solius, sed amborum, et ideo communem, qua se invicem diligunt Pater et Filius, nobis insinuat charitatem. Et sicut sapientia et Pater et Filius et Spiritus sanctus dicitur, et simul omnes non tres sed una sapientia : ita et charitas et Pater dicitur et Filius et Spiritus sanctus, et simul omnes una charitas : sic enim Pater Deus, et Filius Deus, et Spiritus sanctus Deus, et simul omnes unus Deus. » Unde et inseparabilis est, etiam in personis, sancta Trinitas sensu intelligenda. Et qui hanc etymologiam in persona mendaciter adinvenit, forte ut solet prave interpretabitur verba Boetii, dicentis in libro de Trinitate : « In rerum, inquit, numero non facit pluralitatem unitatum repetitio. Velut si de eodem dicam, gladius unus, mucro unus, ensis unus ; velut si dicam, Sol, sol, sol, non tres soles effecerim, sed de uno toties praedicatur. Non igitur si de Patre ac Filio et Spiritu sancto tertio praedicatur Deus, idcirco trina praedicatio numerum facit. Et ut de persona compilavit quia dicit, « Sicut Deus dicitur trinus et unus, ita deitas debet et valet dici catholice trina et una. » Forte dicet : Ideo dicitur Deus trinus, quasi ter unus, et dicitur deitas trina, id est ter una. Contra quem hinc et se et nos defendat Boetius sine nulla interpositione subsequens cum dicit : « Non igitur si de Patre ac Filio et Spiritu sancto tertio praedicatur Deus, idcirco trina praedicatio numerum facit. Hoc enim illis, **525** ut dictum est, imminet, qui inter eos distantiam faciunt meritorum. » Et paulo superius : « Ubi vero nulla est differentia, nulla est omnino pluralitas, quare nec numerus, igitur unitas tantum. « Nam quod tertio repetitur Deus cum Pater et Filius et Spiritus sanctus nuncupatur, tres unitates non faciunt pluralitatem numeri in eo quod ipsae sunt, id est in deitate, sicut inferius paulo demonstrat dicens : Catholicis vero nihil in differentia constituentibus, ipsamque formam ut est esse ponentibus, neque aliud esse quam est ipsum quod est opinantibus, recte repetitio de eodem quam enumeratio diversi videtur esse cum dicitur, Deus Pater, Deus Filius, Deus Spiritus sanctus, atque haec Trinitas unus Deus, velut ensis, atque mucro, et gladius, unus gladius, velut sol, sol, sol, unus sol. Non vero ita dicitur Pater et Filius et Spiritus sanctus, quasi multivocum quiddam. Nam mucro, et ensis, et gladius, et ipse est et idem, Pater vero ac Filius et

Spiritus sanctus, idem equidem est, non ipse. Non est igitur inter eos in re omni differentia quare subintret numerus, quem ex subjectorum diversitate confici superius explanatum est. Et hoc idem Dominus demonstrat in Evangelio, quod sub hoc sensu tradunt omnes doctores catholici, cum dicitur : *Ite, docete omnes gentes, baptizantes eos in nomine Patris, et Filii, et Spiritus sancti* (*Matth.* xxviii, 19). Non dicit *in nominibus*, sed *in nomine*, quia unum nomen unius Dei est, Pater et Filius et Spiritus sanctus, de quo scriptum est : *Audi, Israel, Dominus Deus tuus, Deus unus est* (*Deut.* vi, 5). Quapropter et si potest dici in personis Deus trinus, quasi quodammodo ter unus, quia Pater Deus, Filius Deus, Spiritus sanctus Deus, unius ejusdemque essentiae deitatis, quae est unitas trinitatis, tota in singulis, tota in tribus simul personis : non tamen potest catholice dici deitas trina, quasi ter una, quia una et indiscreta natura Patris et Filii et Spiritus sancti non est terna, vel trina, sive ter una in singulis, non est terna, vel trina, seu ter una in tribus, sed una et eadem, tota plena atque perfecta semper in singulis, tota plena atque perfecta in tribus simul personis, quae in se non habet numerum, nec in personis, in quibus relative dicitur Trinitas, aliquam differentiam. Trina quippe et trinitas habent vel numerus sunt, ut superius catholicorum verbis ostendimus. Unde cum ter sanctum hymnum offerimus, terque coadorandam deitatem cum supernis et coelestibus virtutibus conglorificamus, dicentes Sanctus, Sanctus, Sanctus, subsequimur Dominus Deus sabaoth, non Domini Dei sabaoth, et : Pleni sunt coeli et terra gloria tua, non gloria vestra, corde credentes ad justitiam, ore confitentes ad salutem cantamus. Sic enim sentit et scripsit Dionysius Areopagites, et Cyprianus ; sic Basilius Cappadocus, sic Gregorius Nazianzenus, sic Gregorius Nyssensis, sic Joannes Constantinopolitanus, sic Timotheus et Cyrillus Alexandrini episcopi ; sic Epiphanius Cyprius, sic Hilarius et Augustinus, sic Hieronymus et **526** Prosper ; sic Leo et sanctus Gregorius Romani pontifices, et Beda magister egregius, quorum omnia cum quibusdam testimonia, quae ex eorum libris poteramus colligere, hic propter multiplicitatem et magnitudinem voluimus annotare, omisimus, scientes quia quibus ista non suffecerint, nec plura proderunt. Et non est mirum, si talia ut praemisimus dicit, qui ab ineunte aetate semper vocum novitates exquisivit, et adhuc semper inquirit, quatenus talia dicens quae nemo aliud dicit, innotesci et si non de bonis vel de pessimis possit. Nam et inter alia haeretica sua dicta haec dicit :

XVII.

+ « Quando, *inquiens*, singillatim loquimur ad « unamquamque ex Trinitate personam, non tunc « prorsus ad totam Trinitatem loquimur. Verbi gra- « tia, Deo Patri utique lumini dicimus : *In lumine* « *tuo videbimus lumen*, hoc est in filio tuo Spiritum

« sanctum. Item Filio : *Unxit te Deus, Deus tuus oleo*
« *lætitiæ*. Item Spiritui sancto : *Nunc sancte nobis*
« *Spiritus, unus Patris cum Filio*. Quapropter quando
« singillatim solitarie sic supplicamus, et impetrasse
« nos, vel impetrare, vel impetraturos esse cogno-
« scimus, aut sentimus, aut credimus, suppliciter
« eidem personæ, cui tunc supplicavimus atque sup-
« plicamus, dicere debemus : Tibi Deo gratias, et
« cum ipsa persona cæteris duabus pariter : Vobis
« Deo gratias. Est enim de tribus his personis in
« pronominibus et verbis rite pluralitas receptibilis ;
« quod probatur illa sententia Patris : *Faciamus ho-*
« *minem ad imaginem et similitudinem nostram*. Non
« ait *faciam*, quia non est ipse solus modo Pater,
« modo Filius, modo Spiritus sanctus, sicuti som-
« niant Sabelliani. Nec ait *ad imagines et similitu-*
« *dines nostras*, quia non tres dii, ceu latrant
« Ariani ; sed, Faciamus ad imaginem et similitudi-
« nem nostram : quia revera Dominus Deus noster
« trinus et unus est, quemadmodum credunt et con-
« fitentur catholici, veri videlicet Christiani. Quin
« etiam de duabus ex Trinitate personis a Deo Dei
« Filio numerus dicitur pluralis, *Ego et Pater unum*
« *sumus*. Et, *Ut sint unum, sicut et nos unum sumus*,
« *et ut ipsi in nobis sint*. Hinc et ego dixi crebro
« Spiritui sancto : Veni, benedicte Deus, Domine Pa-
« raclite, veni missus a benedicto Deo Domino Para-
« clito, in nomine benedicti Dei Domini pracliti, et
« ut sit semper omnis honor, laus, et gloria merito
« vobis benedicto Deo Domino paraclito, trino et
« uni, vestroque simul benedicto nomini, necnon et
« numini, Amen. »

XP. Hæc autem nunquam per ullius hæretici linguam serpentem antiquum sibilasse, nisi per os Gothescalci, audivimus ; nusquam nisi in suis scriptis
legimus, in quibus cæcitatem illius vehementissime
obstupescentes horremus, quia de scripturis et catholicorum dictis approbat Patris et Filii et sancti
Spiritus unitatem ponens : *In lumine tuo videbimus*
lumen. Et, *Unxit te Deus, Deus tuus oleo lætitiæ*,
quo sanctus Spiritus designatur, et de verbis sancti
Ambrosii dicens :

Nunc, sancte nobis Spiritus, unus Patris cum Filio,

Et mox subjungit : Quapropter quando singillatim
solitarie supplicamus uni de Trinitate personæ,
suppliciter eidem personæ, cui tunc **527** supplica-
cavimus atque supplicamus, dicere debemus : Tibi
Deo gratias, et cum ipsa persona cæteris duabus pariter : Vobis Deo gratias. Unde illi referendum est
quod de hujusmodi dicit Apostolus, *dicentes se sa-*
pientes, stulti facti sunt (*Rom.* I, 22). Quid enim stul-
tius quam talia proferre, quæ nusquam prolata invenit, nunquam a quocunque dicta audivit ? Et quod
perstultum est, ad suam confirmandam sententiam
talia Scripturarum testimonia protulit, quibus ipsa
ejus sententia manifeste destruitur, et velut phrene-
ticus funem portat quo vinciatur, et gladium porrigit
quo interficiatur. *Gladium*, Apostolus inquit, *Spiritus*,
quod est verbum Dei (*Ephes.* VI, 17). Scripturæ quippe

A sanctæ modo de Patre tantum loquuntur, ut : *Quam*
magnificata sunt opera tua, Domine (*Psal.* XCI, 6) ; modo tantum de Filio, qui est Dei virtus et Dei sapientia,
quæ dicit : *Gyrum cœli circuivi sola* (*Eccli.* XXIV, 8) ;
modo de Spiritu sancto, ut : *Spiritus Domini replevit*
orbem terrarum (*Sap.* I. 7) ; modo de Patre tantum et
Filio, ut *Omnia in sapientia fecisti* (*Psal.* CIII, 24) ;
et, *apud te est, Domine, fons vitæ* (*Psal.* XXV, 10) ; et
Nonne Deo subjecta erit anima mea? ab ipso enim
salutare meum. Nam et ipse Deus meus, et salutaris
meus (*Psal.* LXI, 2) ; qui dicit : *Ego a Patre exivi*
(*Joan.* XVI, 28) ; et : *A Deo processi* (*Joan.* VIII, 42) ;
et item psalmus : *In Deo salutare meum, et gloria mea*
(*Psal.* LXI, 8) ; sicut et ipse Filius dicit : *Ego in Patre,*
et Pater in me est (*Joan.* x, 38) ; et : *Ego et Pater*
B *unum sumus* (*Joan.* x, 30). Modo etiam Spiritus sancti faciunt mentionem, ut : *In lumine tuo videbimus*
lumen (*Psal.* XXXV, 10), id est in Filio tuo Spiritum
sanctum, qui æqualiter totus procedit a Patre, totus
procedit a Filio, totus in Patre manet, totusque manet in Filio, et est amborum Spiritus, ac quædam
Patris Filiique communio. Et item in Psalmis, totam
sanctam et inseparabilem Trinitatem singillatim et
apertissime nominans : *Verbo*, inquit, *Domini cœli*
firmati sunt, et spiritu oris ejus omnis virtus eorum
(*Psal.* XXXII, 6). Hic Trinitas manifestissime declaratur, Dominus, Verbum, Spiritus Domini Patris
et Verbi ; quæ tota Trinitas unus est Deus, quod et
Dominus in Evangelio demonstrat dicens : *Ite, bapti-*
zantes in nomine Patris, et Filii et Spiritus sancti
C (*Matth.* XXVIII, 19). In nomine, inquit, non in nominibus, ut et unum Deum per indistinctum divinæ
essentiæ nomen ostenderet, et personarum discretionem suis demonstratam proprietatibus edoceret.
Sic et beatus David plenus Spiritu sancto distinxit,
sed deitate inseparabiles personas non separavit,
cum postquam locutus ad Patrem : *Quam magnificata*
sunt opera tua, Domine (*Psal.* XCI, 6), Filium quoque commemorans dixit : *Omnia in sapientia fecisti*,
et subjungens, *impleta est terra possessione tua* (*Psal.*
CVIII, 24), nullam pluralitatem in singularitate deitatis sanctæ et inseparabilis Trinitatis more Gothescalci adjecit, nec personæ quam non nominaverat
ingratus esse pertimuit. Similiter quando dixit : *In*
lumine tuo videbimus lumen ; prætende misericordiam
D *tuam scientibus te* (*Psal.* XXXV. 10), singulari numero,
et non *prætendite* plurali subjecit. Quando etiam dixit : *Verbo Domini cœli firmati sunt, et spiritu oris*
ejus omnis virtus eorum (*Psal.* XXXII, 6), singularem
numerum, et non pluralem, de eadem Trinitate loquens, subjecit dicens : *Congregans sicut in utre aquas*
maris (*Psal.* XXXII, 7). Aquas maris quasi in utre
Dominus, sancta **528** videlicet et inseparabilis Trinitas, Pater et Filius et Spiritus sanctus, quorum
sicut una est divinitas ita et una operatio, congregat,
cum miro moderamine cuncta disponens, in suis
clausas cordibus carnalium minas frenat. Uter quippe
carnalis est cogitatio. Aquæ ergo maris in utre
congregatæ sunt, cum amaritudo perversæ menti

non erumpit exterius in vocem pravæ libertatis. Sic et beatus Ambrosius multoties in hymnis suis aliquando Patris personam, aliquando Filii, aliquando Spiritus sancti, aliquando tres sanctæ Trinitatis personas alloquens, semper unum Deum unius deitatis sanctam Trinitatem, et non Patrem sine Filio et Spiritu sancto, non Filium sine Patre et Spiritu sancto, non Spiritum sanctum sine Patre et Filio intelligi, credi, ei prædicari debere demonstrat. Ut de pluribus pauca dicamus, obsecrantes lectorem, ut si ejus vel aliorum catholicorum verba in hoc nostræ servitutis opusculo sæpius repetita invenerit, non inde mihi succenseat, quod in nominatissimorum virorum scriptis inveniet. Ait enim beatus Ambrosius :

> Somno refectis artubus, spreto cubili surgimus.
> Nobis pater canentibus, adesse te deposcimus

et sic per totum illum hymnum Patris personam exorat, sed non sine Filio et Spiritu sancto ; et item per totum alium hymnum ad Filii personam loquitur dicens :

> Christe, qui lux es et dies, noctis tenebras detegis.

et item, personam sancti Spiritus alloquitur, quem non sine Patre et Filio esse demonstrans dicit :

> Nunc, sancte nobis Spiritus, unus Patris cum Filio.

Aliquando Patris et Filii personarum tantum mentionem faciens dicit :

> Aurora cursus provehat, aurora totus prodeat.
> In Patre totus Filius, et totus in Verbo Pater.

et item :

> Consors paterni luminis, lux ipse lucis et dies.
> Noctem canendo rupimus, adesto postulantibus,

Aliquando Filii et Spiritus sancti personas demonstrat dicens :

> Christusque nobis sit cibus, potusque nostra sit fides,
> Læti bibamus sobrie ebrietate Spiritus.

et item :

> Christe, virtutum Domine, non ex virili semine,
> Divinitatis unius, consorsque sancti Spiritus.

Aliquando totas tres sanctæ Trinitatis personas singillatim efferens, unius deitatis sanctam esse Trinitatem demonstrat, dicens :

> Splendor paternæ gloriæ, de luce lucem proferens,
> Lux lucis et fons luminis, diem dies illuminans.
> Verusque sol illabere, micans nitore perpeti,
> Jubarque sancti Spiritus infunde nostris sensibus.
> Votis vocemus te Patrem, Patrem perennis gloriæ,
> **529** Patrem potentis gratiæ, culpam releget lubricam.

Et sive ad Patris personam, sive ad Filii, sive ad Spiritus sancti loquatur, singularem semper numerum subjicit, et non timet, ut Gothescalcus, cæteris personis esse ingratus, nec dicit ad alias personas, Vobis Deo gratias, sed dicit :

> Perennes laudes dicimus, Patri Deo cum Filio,
> Qui est vocatus ex Ægypto per suos famulos Deus.
> Renati sancto Spiritu, lumen videmus muneris.
> Sic te sequentes Dominum salvi erimus jugiter.

Et item,

> Christum rogemus, et Patrem Christi, Patrisque Spi-
> (ritum.
> Unum potens per omnia fove precantes, Trinitas.

A Et in primo libro (*cap.* 5) de Fide dicit : « Jungat honorificentia Patri Filium, quem divinitas junxit ; non separet impietas, quem generationis proprietas copulavit. » Et in libro I (*lib.* I, *c.* 3) de Spiritu sancto : « Si Christum dicas, et Deum Patrem, a quo unctus est Filius, et ipsum qui unctus est Filium, et Spiritum quo unctus est designasti. Scriptum est enim, *Hunc Jesum a Nazareth, quem unxit Deus Spiritu sancto* (*Act.* x, 78). Et si Patrem dicas, et Filium ejus, et spiritum oris ejus pariter indicasti, si tamen id etiam corde comprehendas. Et si Spiritum dicas, et Deum Patrem a quo procedit Spiritus, et Filium quia Filii quoque est Spiritus, nuncupasti. Et non dehonoratur Pater sine Filio, nec Filius sine Patre, nec Spiritus sanctus sine Patre et Filio. » Hinc item

B beatus Ambrosius in eodem libro (*cap.* 3 *sub finem*) : « Cur, inquiens, dixerit Dominus, *Qui blasphemaverit in filium hominis, remittetur ei : qui autem blasphemaverit in Spiritum sanctum, nec hic, nec in futurum remittetur ei* (*Marc.* III, 28), diligenter adverte. Nunquid alia offensa Filii, alia Spiritus sancti ? Sicut enim una divinitas, sic una injuria. » Et paulo post : « Non potest ibi exoratio esse veniæ, ubi sacrilegii plenitudo est : quia qui Spiritum sanctum negavit, et Deum Patrem negavit et Filium. » Et orans idem beatus Ambrosius :

> Nunc, sancte nobis Spiritus, unus Patris cum Filio,
> Dignare promptus ingeri nostro refusus pectori.

bene intellexit, unum esse Deum Spiritum sanctum cum Patre et Filio, qui non refunditur humano pe-

C ctori sive Patre et Filio, quia sicut una est divinitas, ita et una est voluntas, atque potestas, et operatio Patris et Filii et Spiritus sancti. Quod male intellexit Gosthescalcus spiritu maligno repletus, proferens testimonium de hoc hymno : « Quando, inquit, singillatim solitarie sic supplicamus, suppliciter eidem personæ, cui tunc supplicavimus, dicere debemus : Tibi Deo gratias, et cum ipsa persona cæteris duabus pariter : Vobis Deo gratias, ne simus cæteris duabus personis ingrati. » Contra quæ blasphema beatus Ambrosius in libro secundo de Fide (*cap.* 4, *ante medium*) dicit : « Didicimus unam Patris et Filii esse imaginem, unam similitudinem, unam **530** sanctificationem. Didicimus unam operationem, unam gloriam, unam quoque divinitatem. Unus

D ergo et solus Deus, quia *Scriptum est, Dominum Deum tuum adorabis, et illi soli servies* (*Matth.* IV, 10). » Testimonium quippe, quod in hac blasphemia sua Gothescalcus, ad suam confirmandam sententiam, ex Genesi prave exponens protulit : Faciamus hominem ad imaginem et similitudinem nostram, ita beatus Ambrosius in libro primo (*cap.* 7) de Fide exposuit : « Cui, inquiens, dicit Pater, *Faciamus hominem*, nisi ad eum quem verum Filium sciret ? in quo nisi in vero suam imaginem recognosceret ? Non est unum adoptivus et verus, nec Filius diceret *unum sumus*, si se cum uno qui verus non erat ipse conferret. Faciamus ergo dicit Pater, qui dixit verus est. Potestne ergo verus non esse ille qui fecit, et quod dicenti defertur facienti negatur? Quomodo **A** autem, nisi Filium verum sciret, committeret ei voluntatis suæ unitatem, et operis veritatem? Cum enim eadem faciat Filius opera quæ Pater facit, et quos vult vivificet Filius sicut scriptum est, nec indifferens potestate, et liber est voluntate. Ita unitas servatur, quia et virtus Dei in divinitatis proprietate est, et libertas non in aliqua differentia, sed in unitate est voluntatis. » Et beatus Augustinus, licet Gothescalcus de eo loquens multoties inculcare soleat dicens, Augustinus noster, peregrinus ab eo corde, ore, et opere, sensus humilitate, et fide, longe aliter hæc testimonia, unum de Evangelio, alterum de Genesi, in septimo libro (*cap.* 5) de Trinitate exposuit dicens : « Non, inquit, major essentia est Pater et Filius et Spiritus sanctus simul, quam solus **B** Pater aut solus Filius, sed tres simul illæ subsistentiæ, sive personæ, si ita dicendæ sunt, æquales sunt singulis, quod animalis homo non percipit. Non enim potest cogitare nisi moles, et spatia, vel minuta, vel grandia, volitantibus in animo ejus phantasmatis, tanquam imaginibus corporum. Ex qua immunditia donec purgetur, credat in Patrem et Filium et Spiritum sanctum, unum Deum, solum, magnum, omnipotentem, bonum, justum, misericordem, omnium visibilium et invisibilium conditorem, et quidquid pro humana facultate digne vereque dici potest. Neque cum audierit Patrem solum Deum, separet inde Filium aut Spiritum sanctum. Cum eo quippe solus Deus, cum quo et unus Deus est ; quia et Filium cum audimus solum Deum, sine ulla separatione **C** Patris aut Spiritus sancti oportet accipere. Atque ita dicat unam essentiam, ut non existimet aliud alio vel majus, vel minus, vel aliqua ex parte diversum. Non tamen ut Pater ipse sit et Filius et Spiritus sanctus, et quidquid aliud ad alterutrum singula dicuntur, sicut Verbum, quod non dicitur nisi Filius, aut donum, quod non dicitur nisi Spiritus sanctus. Propter quod etiam pluralem numerum admittunt, sicut in Evangelio scriptum est : *Ego et Pater unum sumus* (*Joan.* x, 30), et unum dixit, et sumus : *unum* secundum essentiam, quod idem Deus ; *sumus* secundum relativum, quod ille Pater, hic Filius. Aliquando et tacetur **531** unius essentiæ, et sola pluraliter relativa commemorantur. *Veniemus ad eum, ego et Pater, et* **D** *habitabimus apud eum* (*Joan.* xiv, 24.) Veniemus et habitabimus, pluralis est numerus, quia prædictum est *Ego et Pater*, id est Filius et Pater, quæ relative ad invicem dicuntur. Aliquando latenter omnino, sicut in Genesi, *Faciamus hominem ad similitudinem nostram* (*Gen.* i, 26), et *Faciamus* et *nostram* pluraliter dictum est, et nisi ex relativis accipi non potest. Non enim ut facerent *dii*, aut ad imaginem et similitudinem deorum, sed ut facerent Pater et Filius et Spiritus sanctus ad imaginem Patris et Filii et Spiritus sancti, ut subsisteret homo imago Dei, Deus autem Trinitas. Sed quia non omni modo æqualis fiebat illa imago Dei, tanquam non ab illo

nata, sed ab eo creata, hujus rei significandæ causa ita imago est, ut ad imaginem sit, id est non æquatur parilitate, sed quadam similitudine accedit. Non enim locorum intervallis, sed similitudine acceditur ad Deum, et dissimilitudine receditur ab eo. » Et in libro duodecimo (*cap.* vi) : « Dixit enim Deus, *Faciamus hominem ad imaginem et similitudinem nostram* (*Gen.* i, 26). Paulo post autem dictum est, *et fecit Deus hominem ad imaginem Dei.* Nostram certe, quia pluralis est numerus, non recte diceretur, si homo ad unius personæ imaginem fieret, sive Patris, sive Filii, sive Spiritus sancti. Sed quia fiebat ad imaginem Trinitatis, propterea dictum est ad imaginem nostram. Rursum autem, ne in Trinitate credendos arbitraremur tres deos, cum sit eadem Trinitas unus Deus, *Et fecit*, inquit, *Deus hominem ad imaginem Dei :* pro eo ac si diceret, ad imaginem suam. » Hic manifeste ostendit sanctus Augustinus mentiri et hæretice loqui Gothescalcum, qui dicit : « Quando singillatim solitarie supplicamus uni ex Trinitate personæ, suppliciter eidem personæ, cui tunc supplicavimus atque supplicamus, dicere debemus : Tibi Deo gratias, et cum ipsa persona cæteris duabus pariter, Vobis Deo gratias. » Scriptum est enim et in Lege et in Evangelio : *Dominum Deum tuum adorabis, et illi soli servies.* Unde Ambrosius in libro secundo de Fide (*cap.* 4, *ante medium*) : « Didicimus unam Patris et Filii esse imaginem, unam similitudinem, unam sanctificationem ; didicimus unam operationem, unam gloriam, unam quoque divinitatem. Unus ergo et solus Deus, quia scriptum est, *Dominum Deum tuum adorabis, et illi soli servies* (*Matth.* iv, 10). Unus Deus, non ut ipse sit Pater et Filius, sicut impius Sabellius asserit : sed quia Patris et Filii Spiritusque sancti una divinitas sit. Ubi autem una divinitas, una voluntas, et una præceptio. » Et Augustinus in epistola ad Maximum (*epist.* 66, *sub initium*) : « Si et Patri et Filio et Spiritui sancto latria debetur et exhibetur a nobis, de qua dictum est, *Dominum Deum tuum adorabis, et illi soli servies* (*Deut.* vi, 3), procul dubio Dominus Deus noster, cui soli per latriam servi r debemus, non est Pater solus, nec solus Filius, nec solus Spiritus sanctus, sed ipsa Trinitas unus Deus solus, Pater et Filius et Spiritus sanctus. Non quo ipse sit Pater qui Filius, vel Spiritus sanctus ipse sit aut Pater **532** aut Filius : cum sit in illa Trinitate Pater Filii solius, et Filius Patris solius, Spiritus autem sanctus et Patris et Filii sit Spiritus. Sed propter unam eamdemque naturam, atque inseparabilem vitam, ipsa Trinitas, quantum ab homine potest, fide præcedente intelligatur unus Dominus Deus noster, de quo dictum est, *Dominum Deum tuum adorabis, et illi soli servies.* » Et in libro de Doctrina Christiana (*lib.* i, *c.* 3) : « Trinitas hæc unus Deus, ex quo omnia, per quem omnia, in quo omnia. Ita Pater et Filius ac Spiritus sanctus, et singulus quisque horum, plena substantia, et simul omnes una substantia. Pater nec Filius est, nec Spiritus sanctus ; Filius nec Pater est, nec Spiritus sanctus ; Spiritus sanctus nec Pater est, nec Filius. Sed Pater tantum Pater, et Filius tantum Filius, et Spiritus sanctus tantum Spiritus sanctus. Eadem tribus æternitas, eadem incommutabilitas, eadem majestas, eadem potestas. In Patre unitas, in Filio æqualitas, in Spiritu sancto unitatis æqualitatisque concordia. Et tria hæc unum propter Patrem, æqualia omnia propter Filium, connexa omnia propter Spiritum sanctum. » Et in tractatu psalmi quinti : « Et hæc Trinitas nonnisi unus Deus : quia cum dixisset Apostolus, *Ex quo omnia, per quem omnia, in quo omnia,* Trinitatem ipsam insinuasse creditur, nec tamen subjecit, ipsis gloria, sed *ipsi gloria.* « Soli ergo Deo Patri et Filio et Spiritui sancto una debetur adoratio, gloria, et servitus, et gratiarum actio, et non separatim, ut Gothescalcus blasphemat : quia ut item Augustinus in libro quinto, et in libro octavo *de Trinitate* dicit : « Quidquid substantialiter in Patre et Filio et Spiritu sancto dicitur, non pluraliter, sed singulariter dici debet et accipi, ut Deus magnus, bonus, omnipotens, sicut scriptum est , *Tu es Deus solus (Psal.* LXXXV, 10) ; et, *Nemo bonus nisi unus Deus (Luc.* XVIII, 19). » Uni igitur et soli Deo et una gloria, et una gratiarum actio debetur, ut idem Augustinus alibi monstrat dicens : Una est igitur Patris et Filii et Spiritus sancti essentia, in qua non est aliud Pater, aliud Filius, aliud Spiritus sanctus, quamvis personaliter sit alius Pater, alius Filius, alius Spiritus sanctus. Quod nobis maxime in ipso sanctarum Scripturarum demonstratur initio, ubi Deus dicit : *Faciamus hominem ad imaginem et similitudinem nostram (Gen.* I, 26). Cum enim singulari numero dixit imaginem, ostendit unam naturam esse, ad cujus imaginem homo fieret. Cum vero dicit pluraliter nostram, ostendit Deum, ad cujus imaginem homo fiebat, non unam esse personam. Si enim illa una essentia Patris et Filii et Spiritus sancti una esset persona, non diceretur ad imaginem nostram, sed ad imaginem meam; nec dixisset, Faciamus , sed , Faciam. Si vero in illis tribus personis tres essent intelligendæ vel credendæ substantiæ , non diceretur ad imaginem nostram, sed ad imagines nostras. Ad unam quippe imaginem unius Dei homo factus dicitur, ut una sanctæ Trinitatis essentialiter divinitas intimetur. De exemplo autem evangelico , *Ego et Pater unum sumus (Joan.* X, 30), **533** Ambrosius scribit (lib. I *de Fide, cap.* 1) : « Unum, inquiens, dixit, ne fiat discretio potestatis et naturæ : *sumus* addidit, ut Patrem Filiumque cognoscas, quod perfectus Pater perfectum Filium genuisse credatur, et Pater ac Filius unum sint, non personarum confusione , sed unitate naturæ. » Et Augustinus in libro contra quinque hæreses : « Pereant, inquit, vaniloqui et mentis seductores, Arianus et Sabellianus. Nam *Ego et Pater unum sumus.* Non dixit, Ego et Pater unum sum, sed ego et Pater unum sumus. Quod dico *unum,* audiat Arianus; quod dico *sumus,* audiat Sabellianus. Non dividat Arianus

A unum, non deleat Sabellianus *sumus,* sed ambo veniant, et sint etiam ipsi in nobis unum , sicuti ego et Pater unum sumus. Ergo si Pater et Filius sunt , imo quia indubitanter unum sunt , non duo sed unus Deus, et reliqua quæ ibi prosequitur. » Et item de alio Evangelii quod posuit testimonio, *Ut sint unum , sicut et nos unum sumus (Joan.* XVII, 21), Augustinus dicit : « Illi in sua natura unum in charitate, nos in nostra unum sumus in unitate substantiæ et gloriæ. *Ego in eis, et tu in me.* Ego in eis sicut caput in membris, et tu in me sicut Pater in Filio ; *ut sint consummati in unum ,* id est perfecti, quod perficiet qui nos voluit unum esse in se et per se ; *ut cognoscat mundus quia tu me misisti, et dilexisti eos sicut et me dilexisti (Joan.* XVII, 25).

B Dilexisti eos, ut essent quod non erant ; dilexisti me, ut essem quod semper fui ; dilexisti me sicut unicum, illos utique sicut adoptivos. Dilexisti eos, ut per me in te essent ; dilexisti me, ut per te in te essem. » Contra hoc quod solus inter omnes hæreticos dixisse legitur : « Qui dicit unicuilibet personæ, Tibi Deo gratias, atque æque cæteris duabus personis : Vobis Deo gratias, revera catholicus est, ac verus utique Christianus, et hinc se crebro dixisse fatetur Spiritui sancto : Veni, benedicte Deus Domine paraclite, veni missus a benedicto Deo Domino paraclito, in nomine benedicti Dei et Domini paracliti ; et : Sit semper omnis honor, laus, et gloria merito vobis benedicto Deo Domino paraclito trino et uni, vestroque simul benedicto nomini,

C necnon et numini. Amen. » Sanctus Gregorius loquens in homilia decima sexta Ezechielis prophetæ, aliter quam Veteris ac Novi Testamenti electi Dei homines senserunt eum sentire convincit, dicens : « Spiritales, inquit, illi Patres omnipotentem Deum Trinitatem ita esse crediderunt, sicut eamdem Trinitatem novi Patres aperte locuti sunt. Isaias namque audivit angelica agmina in cœlo clamantia, *Sanctus, Sanctus, Sanctus, Dominus Deus sabaoth (Isa.* VI, 3). Ut enim personarum Trinitas monstraretur, tertio sanctus dicitur ; sed ut una esse substantia Trinitatis appareat, non Domini sabaoth, sed Dominus esse perhibetur. Quod David quoque similiter sentiens ait : *Benedicat nos Deus Deus noster, benedicat nos Deus (Psal.* LXVI, 8), qui

D cum tertio dixisset Deum, ut unum hunc esse ostenderet, subdidit : *Et metuant eum omnes fines terræ.* Paulus quoque loquitur dicens : *Quoniam ex ipso, et per ipsum, et in ipso sunt omnia.* Ex ipso, videlicet **534** ex Patre ; per ipsum, per Filium ; in ipso autem, in Spiritu sancto. Quem ergo ipsum cum tertio dixisset , adjunxit : *Ipsi gloria in sæcula sæculorum.* Qui enim non dicit ipsis, sed ipsi, dicendo ter ipsum, distinxit personas, et subjungendo *ipsi gloria,* non divisit substantiam. » Quo contra Gothescalcus , quasi altius se intelligere efferens sanctæ Trinitatis personarum divinitatem , quam angelicæ Seraphim in cœlo virtutes, inter quas et Deum nulli alii spiritus intersunt, et illa etiam agmina cœlestia, quæ plen.tudo scientiæ nominantur, dignitate præcellunt. Et quasi rectius interpretans quod illæ velut non intelligentes quid dicerent cantaverunt, quam Isaias, qui easdem virtutes cœlestes hymnum Deo dignum cantantes audivit ; et profundius sensu capiens canticum psalmi Davidici, quam ipse David, qui super seniores suos, et super omnes docentes se intellexit ; et altius mente percipiens quæ dans sine mente sonum Paulus dixit, qui usque ad tertium cœlum raptus fuit, et in paradiso arcana verba audivit, et per quem, ut isdem confitetur, locutus est Christus, non sic insipienter, sicut videtur sibi visum fuisse, ut agmina dixerunt cœlestia : *Plena est omnis terra gloria ejus*, vel sicut inde catholica docta cantat Ecclesia : *Pleni sunt cœli et terra gloria tua;* non intelligens dicere : pleni sunt cœli et terra gloria vestra; et : Metuant eum, et non metuant vos omnes fines terræ; et ipsi gloria, et non vobis gloria, dixit in conclusione suæ laudationis atque orationis, quin potius blasphemationis :

XVIII.

✠ « Sit semper vobis honor, laus, et gloria, merito « vobis benedicto Deo Domino paraclito trino et uni, « vestroque simul benedicto nomini et numini, « Amen. » Itemque post præfata subsequitur : « Cum « sit ex Trinitate, ceu liquet, unaquæque persona « per se Dominus Deus. » Et paulo post : « Sicut et « in Psalmo : *Nonne Deo subjecta erit anima mea?* « de Patre dicitur, ut declarat illud quod de Filio « sequitur: *Ab ipso enim salutare meum. Nam et ipse* « *Deus meus et salutaris meus*, hoc est Jesus meus. « Ubi dum non dicitur: Nam ipse Deus meus, sed po- « tius, *et ipse Deus meus*, procul dubio patefecit et pa- « tefacit Deus Spiritus sanctus, quod sicut Deus Pater « est per se Deus, sic est et Filius. Igitur ubicunque « tacito Dei vel Domini nomine nominatur Pater « et Filius et Spiritus sanctus, ut est illud : *Bapti-* « *zantes eos in nomine Patris, et Filii, et Spiritus* « *sancti*, unaquæque persona semper Dominus Deus « debet intelligi. Tale est illud : *Paraclitus autem,* « *quem mittet Pater in nomine meo.* Misit namque, « mittit, et mittet Deum Deus in nomine Dei. Ideo « dixi non longe superius : Uni ex Trinitate per- « sonæ, cui singillatim solitarie supplicamus, debere « dici : *Tibi Deo gratias*, et ne simus cæteris dua- « bus personis ingrati, oportere subjici, *Vobis Deo* « *gratias.* Quia quisquis loquens ad unam per- « sonam dicit, *Tibi Trinitati Deo gratias*, pene « sic errat ut Judæus et Sabellianus. Porro qui « dicit, *Vobis diis gratias*, aut paganus est aut « Arianus. At qui dicit unicuilibet personæ, *Tibi* « *Deo gratias*, atque æque cæterisque duabus per- « sonis, *Vobis Deo gratias*, revera catholicus **535** « est, ac verus utique Christianus. »

XP. Contra has antea inauditas blasphemias, sanctus Ambrosius in libro primo de Fide capite primo dicit : « Assertio, inquiens, nostræ fidei hæc est, ut unum Deum esse credamus ; neque, ut gentes, Fi-

lium separemus; neque, ut Judæi, natum ex Patre, ante tempora et ex Virgine postea editum denegemus; neque, ut Sabellius, Patrem confundamus et Verbum, ut eumdem Patrem asseramus et Filium ; neque, ut Photinus, initium Filii ex Virgine deputemus; neque, ut Arius, plures credendo et dissimiles potestates, plures deos gentili errore faciamus, quia scriptum est : *Audi, Israel, Dominus Deus tuus Deus unus est (Deut, vi, 4).* Deus enim et Dominus nomen magnificentiæ, nomen est potestatis, sicut ipse dicit : *Dominus Deus nomen est mihi (Exod. iii, 15),* et sicut alibi propheta asserit , *Dominus Deus omnipotens nomen est ei (Exod. xv; Isa. xlii).* Dominus ergo et Deus, vel quod dominetur omnibus, vel quod spectet omnia, et timeatur a cunctis. Si ergo unus Deus, unum nomen, una potestas, una est Trinitas. Denique ipse dicit : *Ite, baptizate gentes in nomine Patris et Filii et Spiritus sancti (Matth. xxviii, 19). In nomine* utique, non in nominibus. » Non igitur sanctus Ambrosius uni ex Trinitate personæ singillatim solitarie, sicut Gothescalcus, supplicando debere dici docuit : Tibi Deo gratias, et ne simus cæteris duabus personis ingrati, oportere subjici, Vobis Deo gratias : quia unius Dei nomen est Pater et Filius et Spiritus. Sicut Athanasius in libro primo de Fide ostendit dicens : « Hæc est, inquiens, materiæ formula in conclusione hæreticorum, et hæc tituli victoria in absolutione catholicorum, quam significat principale mandatum Dei : *Euntes baptizate omnes gentes in nomine Patris et Filii et Spiritus sancti (Matth. xxviii, 19).)* Audi in hoc admirabile ac regale decretum, in quo omne sacramentum in deitate Trinitatis uniter continetur. Qui dixit *in nomine*, evidenter unam deitatem in Trinitate consistere declaravit, et quod prosecutus est, *Patris et Filii et Spiritus sancti*, per singula nomina singulas personas inesse distinxit. » Et item in eodem libro « *Verbo Domini cœli firmati sunt, et spiritu oris ejus omnis virtus eorum (Psal. xxxii, 6).* Utique Verbum Filium indicavit, Dominum autem Patrem esse designavit, et spiritum oris ejus Spiritum sanctum dixit. Vides in his personis unitum esse nomen Trinitatis in natura, Psalmographo quoque approbante : *Propterea unxit te Deus Deus tuus (Psal. xliv, 6).* Ecce Deum et Deum, non tamen pluraliter invenies dictum in his personis deos. » Sed nec Athanasius uni singulariter personæ posse supplicari, aut debere dici : Tibi Deo gratias, et cæteris personis : Vobis Deo gratias, docuit. Et item idem in libro alio de Trinitate : « Nunquid prævaricatores mandati Salvatoris apostoli effecti sunt, et contra traditionem ejus baptizaverunt tantam multitudinem? Non enim scriptum est quia baptizaverunt in nomine Patris et Filii et Spiritus sancti, sed tantum in nomine Domini Jesu. Sed non sunt prævaricati, absit. Nam licet Filii nomen **536** tantummodo dicatur, habet tamen Patrem et Spiritum sanctum pronuntiatum , sicut in Scripturis sanctis probavimus. Itaque et Spiritus sanctus Sabaoth dicitur, et est cum Deo et cum

Filio a Seraphim adoratus; propter quod hæc ter dicunt Sanctus, Sanctus, Sanctus, ut Trinitatem pronuntiarent. » Hinc et sub hoc sensu hanc quæstionem beatus solvit Ambrosius. Et sanctus Augustinus, de quo Gothescalcus multoties dicit *Augustinus noster*, ut alienus a Gothescalco et illi contrarius, et non suus proprius vel domesticus, contra eum in libro contra quinque hæreses dicit: « Qui Spiritum sanctum a Patre et Filio æternitate et substantia vel communione separat, et qui negat Spiritum esse et Patris et Filii, plenus est spiritu immundo, vacuus Spiritu sancto. » Videtur enim separare in sancta Trinitate personas Gothescalcus, qui dicit: « Cum sit ex Trinitate, ceu liquet, una quæque persona per se Dominus Deus, et uni ex Trinitate personæ, cui singillatim solitarie supplicamus dicit debere dici: Tibi Deo gratias, et ne simus cæteris personis ingrati, oportere subjici, Vobis Deo gratias. » Quopropter sicut Augustinus, de quo non jactanter et mendaciter, ut Gothescalcus, sed lætanter et veraciter catholica Ecclesia Augustinus noster dicit, in præfato libro fatetur, plenus est Gothescalcus hæc dicens spiritu immundo, vacuus Spiritu sancto. Contra hoc quod dicit Gothescalcus vacuus Spiritu sancto: « Cum sit ex Trinitate ceu liquet unaquæque persona, cui singillatim solitarie supplicamus, » per se Dominus Deus, dicit plenus Spiritu sancto Jesus Dominus Deus: *Ego et Pater unum sumus* (*Joan.* x, 30). Et item: *Philippe, qui videt me videt et Patrem. Quomodo tu dicis: Ostende nobis Patrem ? Non credis quia ego in Patre, et Pater in me est* (*Joan.* xiv, 9, 10) ? Quod beatus Augustinus eodem Spiritu sancto afflatus exponens dicit (*tract. in Joan.*) : « Cur inseparabiles separatim desideras nosse ? » Deinde non ad solum Philippum, sed ad eos pluraliter loquitur: « *Verba quæ ego loquor vobis, a me ipso non loquor : Pater autem in me manens ipse facit opera* (*ibid.*). Quid est a me ipso non loquor, nisi a me ipso non sum qui loquor? Ei quippe tribuit quod facit, de quo est ipse qui facit. Pater enim Deus non est de aliquo, Filius autem Deus est quidem Patri æqualis, sed de Patre Deo. Ideo ille Deus, sed non de Deo, et lumen, sed non de lumine; iste vero Deus de Deo, lumen de lumine. » Denique adjungit, et ait: « *Non creditis quia ego in Patre, et Pater in me est ? alioquin propter opera ipsa credite* (*ibid.*). Antea solus Philippus arguebatur, nunc autem non ubi eum solum fuisse qui esset arguendus ostenditur: *Propter opera ipsa*, inquit, *credite quia ego in Patre et Pater in me est. Neque enim, si separati essemus, inseparabiliter operari ulla ratione possemus. » Et in sermone ad populum, ubi exposuit quæ sit irremissibilis blasphemia in Spiritum sanctum, ait ita inter cætera (*de Verb. Dom. serm.* 11, *cap.* 16): « Hæc ita dicuntur, ut tamen inseparabilis intelligatur operatio Trinitatis; ita ut cum operatio Patris dicitur, non eam sine Filio et Spiritu sancto intelligatur **537** operari; et cum operatio Filii, non sine Patre et Spiritu sancto; et cum operatio Spiritus

sine Patre et Filio. Satis notum est sanctibus, vel etiam ut possunt intelligentibus, et illud dictum esse de Patre, *Ipse facit opera*, quod ab illo sit origo etiam operum, a quo est existentia cooperantium personarum : quia et Filius de eo natus est, et Spiritus sanctus principaliter de illo procedit, de quo natus est Filius, et cum quo illi communis est idem Spiritus. » Ecce quomodo mentitur Gothescalcus, dicens Augustinum esse suum, *Augustinus* inquiens multoties *noster*. Nam claret quia Gothescalcus non est Augustini, quoniam non credit, nec dogmatizat sicut Augustinus, nec Augustinus est Gothescalci, quia dissentit a Gothescalco, et catholice sentit, quod non facit Gothescalcus, dicens quia Pater est Deus, sed non de Deo, Filius est Deus, sed Deus de Deo, et non sic dicit, sicut Gothescalcus falso dicit, quia unaquæque ex Trinitate persona per se sit Dominus Deus. Sed et testimonium, abusum a Gothescalco ad suam confirmandam sententiam, quo dicit Dominus, *Paracletus autem Spiritus sanctus, quem mittet Pater in nomine meo*, longe aliter exponit sanctus Gregorius Spiritu sancto repletus, quam Gothescalcus spiritu immundo impletus. Ait enim beatus Gregorius in homilia Evangelii trigesima : *Paracletus autem Spiritus sanctus, quem mittet Pater in nomine meo, ille vos docebit omnia, et suggeret vobis omnia quæcunque dixero vobis* (*Joan.* xiv, 26). Nostis, plurimi fratres mei, quod Græca locutione *paracletus*, Latina *advocatus* dicitur, vel *consolator* : quia idcirco advocatus dicitur, quia pro errore delinquentium apud justitiam Patris intervenit. Qui unius substantiæ cum Patre et Filio, exorare pro delinquentibus perhibetur, quia eos quos repleverit exorantes facit. De quo paracleto Spiritu item Dominus dicit: *Cum venerit Paracletus, quem ego mittam vobis a Patre, spiritum veritatis qui a Patre procedit, ille testimonium perhibebit de me, et vos testimonium perhibebitis* (*Joan.* xv, 26, 27). In qua sententia notandum in primis sanctus Beda doctor mirabilis ex catholicorum verbis et sensibus in homilia Evangelii dicit, quod Dominus Spiritum veritatis et a se mittendum esse testatur, et eumdem mox a Patre procedere subjungit : non quia idem Spiritus aliter a Patre procedit, quam cum a Filio mittitur; sed ideo Filius eum a se mitti, a Patre dicit procedere, ut aliam Patris, aliam suam esse personam designet, et in eadem distinctione personarum, unam esse operationem ac voluntatem suam cum Patris voluntate et operatione denuntiet. Cum enim ejusdem Spiritus gratia datur hominibus, mittitur profecto Spiritus a Patre, mittitur et a Filio; procedit a Patre, procedit et a Filio, quia et ejus missio ipsa processio est, qua ex Patre procedit et Filio. Venit et sua sponte, qui sicut coæqualis est Patri et Filio, ita eamdem habet voluntatem cum Patre et Filio communem : *Spiritus enim ubi vult spirat* (*Joan.* iii, 8). Et sicut Apostolus enumeratis donis cœlestibus, ait : *Hæc omnia operatur unus at-*

538 *que idem spiritus, dividens singulis prout vult* **A** (*I Cor.* xii, 11). Ut ergo singillatim Dominus Deus omnipotens, increatus, immensus, æternus, et quidquid ad se de Deo dicitur, est Pater : sed non per se solitarie sine Filio ex sua substantia genito, et Spiritu sancto qui ex ipso Filioque procedit ; ita singillatim Dominus Deus omnipotens, increatus, immensus, æternus, et quidquid ad se de Deo dicitur, est Filius ; sed non per se solitarie sine Patre ex quo est, et sine Spiritu sancto qui ex Patre et ex ipso procedit ; ita singillatim Dominus Deus omnipotens, increatus, immensus, æternus, et quidquid ad se de Deo dicitur, est Spiritus sanctus ; sed non per se solitarie sine Patre et Filio ex quibus procedit. Singillatim namque et per se solitarie dicimus Deum Patrem, et quidquid ad se de Deo dicitur : **B** quia relative in hac sancta et individua atque inseparabili Trinitate singillatim singulus videlicet unus est Pater, singillatim singulus videlicet unus est Filius, singillatim singulus videlicet unus est Spiritus sanctus, et Patris et Filii et Spiritus sancti una est divinitas, deitas, natura, essentia, substantia, æqualis gloria, coæterna majestas. Et quamvis alius sit Pater, alius Filius, alius Spiritus sanctus, non est tamen diversa substantia Patris et Filii et Spiritus sancti, quia non est aliud Pater, aliud Filius, aliud Spiritus sanctus. Et Pater et Filius et Spiritus sanctus non dicitur secundum substantiam, sed secundum relativum : quod tamen relativum non est accidens, quia non est mutabile. In Deo enim nihil secundum accidens dicitur, quia nihil est in eo **C** mutabile. Cum itaque, ut Augustinus dicit, tantus sit solus Pater, vel solus Filius, vel solus Spiritus sanctus, quantus est simul Pater et Filius et Spiritus sanctus, propter unam eamdemque individuam atque inseparabilem, plenam perfectamque substantiam, id est deitatem, quæ est tota in singulis, tota in tribus simul personis : habent tamen singulæ in sancta Trinitate personæ aliquid proprium, quo inseparabili æqualitate aliquam in se ostendant proprietatem. Pater solus Pater, Filius solus Filius, et Spiritus sanctus solus Spiritus sanctus. Et Pater hoc habet proprium, quia ab alio non est, ac per hoc solus est in paternitatis persona, non solus in deitatis essentia. Unigenitus vero Filius Dei hoc **D** habet proprium, quod ex solo Patre consubstantialiter et coessentialiter solus genitus est, et in hoc personæ suæ proprietas est. Spiritus sanctus itaque hoc habet proprium, quod ex Patre et Filio æqualiter procedit, et est amborum Spiritus ejusdemque substantiæ et æternitatis cum Patre et Filio. Sed hæc tria vere etiam tria sunt, ineffabiliterque tria, et essentialia tria, habentia proprietates suas. Et hæc tria unum et vere unum, et hoc unum tres, sed non tres patres, nec tres filii, nec tres spiritus sancti, sed tres personæ, unus Pater, unus Filius, unus Spiritus sanctus, et hi tres, id est Pater et Filius et Spiritus sanctus, unum sunt in natura, omnipotentia et æternitate. Ideo, inquit sanctus Athanasius, unus est

539 Deus quia unita est deitas, sicut per singulas personas scriptum est : et quia nullus est Deus, nisi unus, vel hoc, *Audi, Israel, Dominus Deus tuus Deus unus est*, per singulas personas dicit unitam esse deitatem : et non, ut Gothescalcus per se solitarie uni ex trinitate personæ supplicare debere dicit : Et item sanctus Athanasius dicit (lib. i *de unit. nom. Trinit.*) : « An ignoras quia Pater unus Deus est, et Filius unus Deus est, et Spiritus sanctus unus Deus est ? Nonne unus Deus est, dum unitum nomen est in natura usiæ ? sic et unus Spiritus est, quia unitas est ejusdem deitas. Nam si tu per singula nomina personarum unitum nomen Spiritus ter designasti, nunquid tres spiritus dicere oportet ? absit. Quod si hoc poterat dici, tale erat ut et hoc in confessione deberet introduci, tres deos plurali numero nuncupari, ut jam non esset in his personis una natura divinitatis, sed unusquisque in propria vel diversa natura sua consisteret, quod absit. » « Quidquid ergo, ut beatus Augustinus dicit, ad se dicitur de Patre et Filio et de Spiritu sancto, id est quidquid dicitur quod substantiam eorum ostendit, non dicitur de alio sine alio : quia nec Pater est Deus sine Filio et Spiritu sancto, nec Filius est Deus sine Patre et Spiritu sancto, nec Spiritus sanctus est Deus sine Patre et Filio, quorum est spiritus. Si ergo interrogatus fueris de Deo, cur dicatur Pater, relative responde, Quia Filium habet : ita etiam et de Filio relative responde, ideo esse Filium quia habet Patrem, et de Spiritu sancto, quia de Patre Filioque procedit, quorum est spiritus. Si etiam dictum tibi de Deo fuerit, quomodo Pater hoc est quod Filius, aut Filius hoc est quod Pater, responde, secundum substantiam hoc est Filius quod Pater, et Pater quod Filius, et Spiritus sanctus quod Pater et Filius, quia unus est Deus, et una substantia, Pater et Filius et Spiritus sanctus. Ad se enim Deus substantialiter dicitur : Ad Patrem Filius, vel ad Filium Pater, et ad Patrem et Filium Spiritus sanctus relative dicitur. Juxta personæ proprietatem, non est Pater qui Filius, nec Filius qui Pater, nec Spiritus sanctus qui Pater et Filius. Juxta substantiæ unitatem, hoc est Pater quod Filius, hoc est Spiritus sanctus quod Pater et Filius, id est unus Deus omnipotens. Quidquid ergo ad se ipsum dicitur Deus, et de singulis personis dicitur, Patre et Filio et Spiritu sancto, et simul de ipsa Trinitate, non pluraliter, sed singulariter dicitur. » Igitur Gothescalcus perverse dicit, ut revera hæreticus, « cum uni ex Trinitate personæ singillatim solitarie supplicamus, debere dici : Tibi Deo gratias ; et ne simus cæteris duabus personis ingrati, oportere subjici : Vobis Deo gratias. » Quo contra vir venerandus Alcuinus, in libro ex beati Augustini et cæterorum catholicorum dictis ad Carolum magnum imperatorem collecto dicit (lib. i *de Trin.* c. 12) : « Hoc etiam atque etiam firmiter tenendum est, nihil in sancta Trinitate ad se dictum plurali numero esse dicendum, quia simplex illa summæ divinitatis natura singulari numero designari debet, **540** non belliani, Ariani, Nestoriani, Eutychiani, Macedoniani, **541** Eudoxiani, cæteræque pestes et tineæ catholicæ fidei, qui de consubstantialitate atque cœternitate simul et æqualitate Patris et Filii et Spiritus sancti, necnon et de Incarnatione Filii Dei Domini nostri Jesu Christi, aliter quam catholica fides teneat, sentire vel dicere præsumpserunt. Dicitur etiam in fine quarumdam orationum a catholica et apostolica Ecclesia loquente ad Dominum Jesum Christum : Qui vivis et regnas cum Deo Patre in unitate Spiritus sancti Deus per omnia sæcula sæculorum : quod non discordat a præfato canonicæ constitutionis capitulo ; quia non cum Patre Filius nominatur, sed proprie in hac conclusione sanctæ Trinitatis personæ distinguuntur, et unitas ejusdem sanctæ et individuæ Trinitatis substantia catholice confitetur : licet Gothescalcus scribens ad quemdam complicem suum hoc reprehendit, « Ab imperitis, inquiens, non bene dicitur, Qui vivis et regnas cum Deo Patre in unitate Spiritus sancti Deus, ne Filius, quod absit, esse Spiritus sancti Deus putetur. » Et quia in hoc catholicam reprehendit Ecclesiam, consequens est ut etiam reprehendat caput et auctorem ipsius dicentem ad Patrem : *Hæc est autem vita æterna, ut cognoscant te verum et solum Deum, et quem misisti Jesum Christum (Joan.* xvii, 3); et dicat nos intelligere Patrem solum et verum Deum, et illum quem misit tantum esse Jesum Christum. Catholica autem Ecclesia cum Deo Patre in unitate Spiritus sancti Deum Filium vivere et regnare per omnia sæcula credit et confitetur : et idipsum esse intelligit, Qui vivis et regnas cum Deo Patre in unitate Spiritus sancti Deus, quod est cum dicitur, Qui cum Deo Patre in unitate Spiritus sancti vivis et regnas Deus. Sicut intelligit id ipsum esse quod Dominus in Evangelio dicit : *Hæc est autem vita æterna, ut cognoscant te solum et verum Deum, et quem misisti Jesum Christum;* quod est : Hæc est vita æterna, ut cognoscant te, et quem misisti Jesum Christum, solum et verum Deum esse. Subsequitur autem sibi ipsi dissimilis in eodem scripto mox dicens : « Nam cum Deo Patre vivit et regnat Deus Filius, juxta illud, *et Verbum erat apud Deum, et Deus erat Verbum (Joan.* i, 1). Ecce Deus apud Deum. Pariliter etiam credimus, novimus, et confitemur apud Deum Patrem, et apud Deum Filium, regnare Deum Spiritum sanctum : abest tamen deorum pluralitas, ubi est naturæ, essentiæ, substantiæ, majestatis, potestatis, deitatis unitas et æqualitas. » Et post hanc unitatis confessionem, statim componit hanc infidelem orationem dicens : « Dominator Domine Deus meus, misericordia mea, « Jesu Christe rex gloriæ, precor te, gratis exaudi « me secundum tuam divinitatem, et Patrem tuum « Dominum Deum nostrum roga secundum tuam « humanitatem, ut ipse noster benedictus Deus Dominus Paracletus, in nomine tuo nostri benedicti « Dei Domini Paracleti, det nobis peræque Spiritum « sanctum Deum nostrum Paracletum, et sit semper « omnis honor, laus, et gloria, merito vobis bene-

plurali. Ac ideo nec tres deos, nec tres omnipotentes, nec tres bonos, nec tres magnos, nec tres essentias in Deo dicere fas est. Cum enim personaliter alius sit Pater, alius Filius, alius Spiritus sanctus, his tamen unum est naturæ nomen, quod dicitur Deus, vel substantia, vel essentia, vel omnipotentia, vel alia multa quæ substantialiter non relative de eo dicuntur. » Fides igitur catholica, ut Athanasius dicit, hæc est, ut unum Deum in trinitate personarum et trinitatem personarum in unitate deitatis veneremur, neque confundentes personas, ut tres non sint, neque substantiam separantes, ut trina sit. Et in hac Trinitate nihil est prius, nihil posterius : nihil majus aut minus, sed totæ tres personæ cœternæ sibi sunt et coæquales, ita ut per omnia, et unitas deitatis in trinitate personarum, et trinitas personarum in unitate deitatis veneranda est. » Plura hic poni poterunt catholicorum testimonia quæ lector fidelis ac devotus in suis locis prævalet invenire, contra has ipsius blasphemias, quas etiam et sacri canones cum auctore suo redarguunt et refutant. Nam canones Carthaginensis concilii sub Aurelio constituerunt, ut nemo in precibus vel Patrem pro Filio, vel Filium pro Patre nominet, et cum altari assistitur, semper ad Patrem per Filium oratio dirigatur, et quasque sibi preces describit, non eis utatur, nisi prius eas cum instructioribus fratribus contulerit. Unde in fine orationum assistentes sacro altario sancta catholica Ecclesia postulat per Christum Dominum nostrum : et in fine canonis, Per Christum Dominum nostrum, per ipsum, et cum ipso, et in ipso, est tibi Deo Patri omnipotenti in unitate Spiritus sancti omnis honor et gloria, per omnia sæcula sæculorum : vel ita dicit, Per Dominum nostrum Jesum Christum Filium tuum, qui tecum vivit et regnat Deus in unitate Spiritus sancti per omnia sæcula sæculorum, Amen. Propter illud utique sacramentum, sicut in orthodoxorum dictis relegimus, quod Mediator Dei et hominum factus est homo, Christus Jesus sacerdos in æternum secundum ordinem Melchisedech, qui per proprium sanguinem introivit in sancta, non utique manu facta exemplaria verorum, sed in ipsum cœlum, ubi est in dextera Dei, et interpellat pro nobis. Hoc in eo pontificatus officium interpretans Apostolus ait : *Per ipsum ergo offeramus hostiam laudis semper Deo, id est fructum labiorum nostrorum confitentium nomini ejus (Hebr.* xiii, 15). Per ipsum ergo hostiam laudis atque vociferationis offerimus, quia per ejus mortem reconciliati sumus cum inimici essemus. Per ipsum enim, qui pro nobis hostia dignatus est fieri, potest in conspectu Dei nostri hostia acceptabilis inveniri. Propterea nos beatus Petrus admonet dicens : *Et vos tanquam lapides vivi cœdificamini in domum spiritalem, in sacerdotium sanctum offerentes spiritales hostias acceptabiles Deo per Jesum Christum (I Petr.* ii, 5). In qua conclusione orationum plures convincuntur hæretici, Manichæi videlicet, Sa-

« dicto Deo Domino Paracleto, trino **542** pariter A
« et uni vestro simul benedicto nomini, nechon et
« numini, amen. Porro ne te moveat illud, quod ibi
« pluraliter dicitur, semper omnis honor, laus et
« gloria, merito vobis benedicto Deo Paracleto, trino
« pariter et uni, vestroque simul benedicto nomini :
« cognosce quia sic procul dubio congruit dici. Nam
« quando loquimur ad unam ex Trinitate personam,
« non ad Trinitatem loquimur, sed ad unum quem-
« libet ex Trinitate. » Et hic plura hoc modo scribit.
Deiloquus autem Paulus non taliter oravit, nec nos
orare taliter docuit, ut Augustinus hinc in libro de
Bono perseverantiæ dicit (*cap.* 23) : « *Nam quid oremus, sicut oportet nescimus; Sed ipse Spiritus*, ait
Apostolus, *interpellat pro nobis gemitibus inenarrabilibus. Qui enim scrutatur corda, scit quid sapiat spiritus, quia secundum Deum interpellat pro sanctis*
(*Rom.* VIII, 26). Quid est *ipse spiritus interpellat,*
nisi interpellare facit gemitibus inenarrabilibus, sed
veracibus, quoniam veritas est Spiritus? Ipse est
enim, de quo in alio loco dicit, *Misit Deus Spiritum
Filii sui in corda nostra clamantem : Abba, Pater*
(*Gal.* IV, 6). Et hic quid est *clamantem*, nisi clamare
facientem? tropo illo quo dicimus lætum diem, qui
lætos facit. Quod alibi manifestat, ubi dicit, *Non
enim accepistis spiritum servitutis iterum in timore :
sed accepistis spiritum adoptionis filiorum, in quo
clamamus : Abba, Pater (Rom.* VIII, 15). Ibi dixit
clamantem, hic vero *in quo clamamus :* aperiens videlicet quomodo dixerit clamantem, id est, sicut
jam exposui, clamare facientem. » Non tamen iste C
spiritus, qui nos clamare facit Abba, Pater, ingratos
nos facit, sicut Gothescalcus superius dicit, cæteris
personis, id est personæ Filii, et suæ, cum dicimus
Abba, Pater, sine nominatione Filii et ejusdem Spiritus sancti. Et item Augustinus ex Apostolo testimonium ponit dicens, « *Accipimus spiritum adoptionis
filiorum, in quo clamamus : Abba, Pater.* » Quod vidit
et beatus Ambrosius. Ait enim : « Et orare Deum gratiæ
spiritalis est, sicut scriptum est, *Nemo dicit, Dominus
Jesus, nisi in Spiritu sancto (I Cor.* XII, 3). Hinc
Augustinus et Ambrosius ex Apostoli testimonio non
docent nos in oratione loquentes ad unam ex Trinitate personam postea debere dicere cæteris personis,
Et vobis gratias agimus, Et vobis supplicamus. Et D
alibi dicit Apostolus, *Vos estis templum Dei vivi,
sicut dicit Deus : Quoniam inhabitabo in illis, et
inambulabo : et ero illorum Deus, et ipsi erunt mihi
populus (II Cor.* VI, 16). *Has igitur promissiones
habentes, charissimi, mundemus nos ab omni inquinamento carnis et spiritus, perficientes sanctificationem in
timore Christi (II Cor.* VII, 1). Et non timuit ingratus
esse cæteris personis, Patri videlicet et Spiritui
sancto, quia tantum in timore Christi nos docuit
perficere sanctificationem. » Et sanctus Augustinus
in libro contra Judæos, et paganos, atque hæreticos : « Quid agis, inquit, Loth sancte? Angelos
vides, et non unum sed duos, et dicis, Domine ?
Ad unum verbum facis, unum precaris, non me-

tuis ne alteri injuriam facere videaris? absit. »
Sunt et multa hinc testimonia in Scripturis tam
Veteris quam Novi Testamenti. Et ut beatus Augustinus **543** in libro de Trinitate dicit : « Ubicunque in Scriptura sancta legitur solus Deus, non de
qualibet persona in sancta Trinitate intelligendum
est, sed de tota sancta Trinitate, quæ æqualiter
operatur omnia quæcunque operanda esse judicat.
Unde quod in psalmis dicitur, *Qui facit mirabilia
magna solus (Psal.* LXXVI, 13); et, *Qui facit luminaria
magna solus (Psal.* CXXXIII, 7) ; et, *Tu es Deus solus
(Psal.* LXXXV, 10) ; et, *Nemo bonus nisi solus Deus
(Luc.* XVIII, 19) ; *Audi, Israel, Dominus Deus tuus,
Deus unus est (Deut.* VI, 4) : non de solo Patre, sicut
adversarii volunt, intelligitur dictum : sed de tota
sancta Trinitate, quæ est unus solus Deus. Similiter
de Patre solo non est intelligendum quod Apostolus
ait, *Beatus et solus potens, Rex regum et Dominus
dominantium, qui solus habet immortalitatem, et lucem habitat inaccessibilem; quem nemo hominum vidit, nec videre potest (I Tim.* VI, 15). In quibus verbis,
nec Pater proprie nominatus est, nec Filius, nec
Spiritus sanctus; sed absolute beatus et solus potens, Rex regum et Dominus dominantium, quod est
unus solus, beatus, potens, invisibilis, verus Deus,
ipsa Trinitas, quæ æqualiter beata est, æqualiter
potens, imo omnipotens, etiam et unipotens, quia
una potentia est totius sanctæ Trinitatis. Neque
enim, quia ipse Filius alibi loquens voce sapientiæ,
ipse est enim sapientia Dei, ait : *Gyrum cœli circuivi
sola (Eccli.* XXIV, 8), separavit a se Patrem : quanto
magis ergo non est necesse ut de Patre tantummodo, præter Filium et Spiritum sanctum, intelligatur quod dictum est, *Solus habet immortalitatem,*
et, *lucem habitat inaccessibilem?* Sic nec tantummodo de Filio, præter Patrem vel Spiritum sanctum,
cum dicitur *Sapientia superborum et sublimium colla
propria virtute calcavit.* Sic nec de Spiritu sancto
tantummodo, præter Patrem et Filium, cum dicitur,
*Spiritus Domini replevit orbem terrarum, et hoc, quod
continet omnia, scientiam habet vocis (Sap.* I, 7). Sic
nihilominus intelligendum est quod dicitur : *Sicut
Pater vivificat, sic et Filius quos vult vivificat (Joan.*
V, 21). Non tamen alios vel aliter Pater, et alios vel
aliter Filius : sed eosdem quos Pater vivificat, vivificat et Filius. Similiter nec Spiritus sanctus ab hac
vivificatione secernendus est : quia unum opus est
Patris et Filii et Spiritus sancti, sicut una substantia atque essentia est. Ergo Pater vivens vita, Filius
vita vivens a vivente, Spiritus sanctus vita et vivi-
ficator viventium, et non tres vitæ, sed una vita est:
et Pater virtus et sapientia, et Filius, quem vocat
Apostolus *Christum Dei virtutem, et Dei sapientiam
(I Cor.* I, 24), similiter virtus et sapientia : non tamen tres virtutes, nec tres sapientiæ, sed una virtus
et una sapientia, Pater et Filius et Spiritus sanctus;
quia hæc nomina substantialia sunt et non relativa,
sicut una substantia, et una omnipotentia, et alia
quæ de substantia divinitatis dicuntur : et est Pater

verum lumen, et Filius verum lumen ex lumine, Spiritus sanctus verum lumen et vera illuminatio, et non tria lumina, sed unum lumen. Unde scriptum est, *In lumine tuo videbimus lumen (Psal.* xxxviii, 10), sicut et una virtus, et una sapientia : quia in illa simplicitate divinæ naturæ non est aliud sapere quam esse, non est **544** aliud esse quam posse, nec aliud posse quam vivere. Eadem ibi sapientia quæ essentia, eadem vita quæ et essentia, et hæc omnia unum et unus Deus. » Et item sanctus Augustinus in Tractatu psalmi octogesimi quinti : « Nullum majus donum præstare posset Deus hominibus, quam ut Verbum suum, per quod condidit omnia, faceret illis caput, et illos ei tanquam membra coaptaret, ut esset Filius Dei, et filius hominis, et unus Deus cum Patre, unus homo cum hominibus; ut et quando loquimur ad Deum deprecantes, non inde Filium separemus : et quando precatur corpus Filius, non a se separet caput suum, sitque unus ipse Salvator corporis sui Dominus noster Jesus Christus Filius Dei, qui et oret pro nobis, et oret in nobis, et oretur a nobis : orat pro nobis ut sacerdos noster, orat in nobis ut caput nostrum, oratur a nobis, ut Deus noster. » Et in sermone de Unitate Patris et Filii et Spiritus sancti contra Arianos dicit : « Quia ministrante Domino habes abundantem Dominici verbi panem, pone adhuc super mensam cordis illius panem quoque Dominicæ orationis, et commemora illum, quoniam Dominus in Evangelio dixit, *Quidquid in nomine meo a Patre petieritis, ego a Patre peto et dabitur vobis (Marc.* xi, 24). Et quomodo in demonstrata a se oratione, quasi oblitus illa quæ dixerat, se prætermisso, Patrem solum rogare jubet dicens : *Ita orabitis, Pater noster qui es in cœlis? (Matth.* vi, 9.) Et ubi est quod dixit : *In nomine meo a Patre petite, et ego a Patre peto? (Joan.* xvi, 27.) Quomodo nomen suum, per quod peti ipse jussit, in oratione a se demonstrata prætermisit? Sed quia idem ipse dixerat, *Qui me videt, videt et Patrem (Joan.* xiv, 9), voluit hoc mysterium a fidelibus in Dominica oratione impleri, ut per hanc orationem in Patre etiam Filius rogaretur : et quia in Symbolo iterum et separatus a Patre nominatur, cum dicitur : Credo in Deum Patrem, et in Jesum Christum Filium ejus; ut propter unitatem deitatis sic esset a Patre in Symbolo separatus, ut esset iterum in oratione conjunctus, quatenus hæc utraque mysteria Symboli et orationis, et Trinitatem in unitate ostenderent, et iterum unitatem in Trinitate monstrarent. Non ergo se in oratione prætermisit, sed in Patris unitate conjunxit. Sicut ergo, cum Patri offers, in oblatione Filii corpus associas, sic et in Dominica oratione, mutuata mysterii vice, cum Patrem rogas, Filii quoque nomen imploras. Et ut adhuc apertius intelligas, quia in Patre et se tunc orari jussit, diligenter sequentia perscrutare. In ipsius enim orationis principio Patrem tantum invocari præcepit, et inferius dicit, *Adveniat regnum tuum (Luc.* xi, 2), cum utique non Patris sed Filii exspectetur adven-

tus, sicut etiam de Filio tradita ab apostolis Symboli confessio tenet dicentis, Sedet ad dexteram Patris, inde venturus judicare vivos et mortuos. Vides ergo quomodo per hanc orationem se et Patrem in una substantia, et in una deitate conjungit. Ecce ille futuri judicii dies, qui venire per Filii adventum promittitur, de Patris præsentia præstolatus, sit **545** jam indubitatæ unitatis testimonium, sic ut de Filii adventu loquitur promissus, de Patris præsentia doceatur impletus. » Et aliquanto superius : « Si ergo majorem Patrem et minorem Filium dicis, gradum facis, et unitatem tollis, et cum offers in oblatione, non potes dicere, Offero tibi, Deus, sed, Offero vobis, dii; quod est absurdum et inauditum : aut certe, si vicibus et singillatim offeras, et semel offeras Patri, semel offeras Filio, cum Patri offers, Filium prætermittis, et cum Filio offers, Patrem a munere offerentis excludis. Si autem Filio sine Patre offers, jam non poteris per orationem Dominicam mysterii sacramenta complere, ut dicas ad plenitudinem perfecti holocausti orationem Dominicam, id est, Pater noster qui es in cœlis, quia Patrem, cui non offers, nec orabis. Si iterum Patri incorporeo offers, et Filium prætermittis, oblati panis mysterium non poterit in corporis sacramenta transire, neque in consecratione holocausti commemorationem Dominicæ cœnæ facere poteris, quia quod Filius corporeus suo corpori deputavit, et ad passionis suæ memoriam pertinere jussit, Patri incorporeo et a passione alieno, si a Filio separatus fuerit, non poterit deputari. Si ergo offers Patri et Filio, in unitate Deitatis offers ei. Tunc mysterium corporis etiam Patris sacramenta suscipient, vel tunc oratio Dominica recte in filii oblatione dicitur. Separatus autem Pater a Filio offerentibus sibi sacramentum corporis non poterit exhibere quod non habet : et divisus a Patre Filius in oblatione sua per orationem Dominicam, quod in ipso non est incongrue Patris nomen accipiet. Confiteamur ergo Patrem et Filium unum esse Deum, et unius esse substantiæ, et Patris paternitas cum Filii deitate se jungat, et consecrata Filii caro cum Patris semper deitate se misceat, et tunc jam qui potest sic in unum connexas mysticas formas a deitatis unitate dissolvat, cum in uno sacrificio, et Pater in se totam Filii carnem suscepit, et Filius in se totum Patris nomen assumit. » Et item ibi : « Unus quidem carnem portat, sed caro indivisæ deitatis mysterio consecratur. Et ideo caro in Patris et Filii sacramento transmigrat, et consecratio vel communicatio corporis hunc honorem Patri confert quem præstat et Filio : et sicut offertur Filio, sic offertur et Patri, et offerenti vel communicanti ad altare, in una eademque oblatione, quod præstat Filius, hoc præstat et Pater. Nam si Filium a Patre separas, ergo Patri incorporeo neque offers, neque communicas, quia omnis oblatio in corporis sacramenta transmigrat. Cum enim dicitur, *Hoc est corpus meum,* Pater qui incorporeus est si separetur a Filio, extra sacramenta

Patris omnis separatur oblatio. Nam quomodo dicis, cum Patri offers, *Hoc est corpus meum*, si Patris deitas incorporea non habet in Filii corpore societatem? Si autem Patris incorporea deitas cum Filii corporea deitate miscetur, sicut est veritas mysterii, Patrem et Filium sub indiscreta deitate unum Deum esse testaris, quia cum offers oblationem non dicis, Offero **546** vobis, sed, offero tibi, et sic omnis oblatio Patri quidem et Filio offertur, sed sub utriusque nomine uni Deo monstratur oblata. Et item in eodem Sermone : Pater Deus, Filius Deus, uterque tamen sine duorum deorum numero unus Deus. Hoc et David patriarcha confitetur dicens : *Deus Deus meus, respice in me* (*Psal.* xxi, 2); et non dicit, respicite in me : et iterum dicit : *Deus Deus meus, ad te de luce vigilo* (*Psal.* lxii, 2); et non dicit, ad vos de luce vigilo. Quæ confessio David Domini quoque responsione firmatur, cum respondit oranti et dicit, *Deus Deus tuus ego sum* (*Psal.* xlix, 7), et non dicit *sumus*. Et iterum David dicit : *Tu es Deus solus, qui facis mirabilia* (*Psal.* lxxxv, 10). Deum ergo et Deum propheta nominans Patrem et Filium confitetur, cum iterum dicit : *Tu es Deus solus*, utrosque in una deitate complectitur, sicut Deus et Deus, sine duorum deorum numero, nunc uterque in unitate conjungitur. Sicut ergo David in oratione sua utrosque nominat, et unum tamen orat, sic et tu cum Patrem et Filium nominas, in utrisque unum Deum et unum Dominum confitere. › Et item in eodem sermone. ‹ Legisti ergo Patrem Deum, Filium Deum, Spiritum sanctum Deum : in hac tamen deitatis Trinitate nusquam legisti duos vel tres deos, sed multifarie unum Deum. Quod legisti crede et confitere : illa vero noli quærere et usurpare quæ non legis. › Et item : ‹ Visus est Abrahæ Deus ad ilicem Mambre, cum sederet ante ostium tabernaculi sui in medio die, et respiciens oculis vidit, et ecce tres viri stabant super eum ; et cum vidisset eos, occurrit obviam illis, et adoravit et dixit : *Domine, si inveni gratiam in conspectu tuo, noli transire puerum tuum* (*Gen.* xviii, 1). Dicitur ergo, apparuit illi Deus, et in hoc uno respiciens, vidit tres viros, et cum occurrisset tribus, et adorasset unum Deum, rogavit dicens, *Domine, si inveni gratiam in conspectu tuo*. Nemo illum calumniatus est quod in tribus viris unum Deum et unum Dominum adorasset : et iterum, quod in uno Deo, et in uno Domino tres viros vidisse se diceret. Sed qui hoc mysterium sic non intelligit, oculos Abrahæ non habet. Quærat ergo cœleste collyrium, et superinungat oculos suos, ut remota caligine ignorantiæ, in unitate deitatis mysterium Trinitatis agnoscat, et in uno Deo, sicut Abraham, tres viros sine discretione meritorum, vel sine aliqua diminutione potestatis videat, et posteaquam tribus occurrerit, non tres, sed unum Deum et unum Dominum roget, et per hujus divisionis demonstratam formam, Trinitatem semper unius esse deitatis intelligat. › Et item ibi : ‹ Adjuro te per hæc ipsa quæ angariatus

ostendi tibi, per Patrem et Filium et Spiritum sanctum, in deitate Trinitatis unum Deum, ut sicut per designatam Evangelii formam in una via per æqualia trium millium spatia, non tria itinera, sed unum iter ostendi, sic et tu secutus hunc Evangelicum tramitem, non tres deos, sed unum semper Deum in Trinitate deitatis intelligas, ut cum oblationem mysterio Trinitatis offers, non tribus diis, sed uni Deo offeras : quia ubicumque in Scripturis divinis audis Patrem Deum, Filium Deum, **547** Spiritum sanctum Deum, et tamen nusquam tres deos, sed semper unum Deum legis, et semper tibi unus Deus annuntiatur. Retine ergo semper hæc signa, quæ tibi demonstravi, quia nec Patri possis offerre sine Filio, neque Filio sine Patre : quia si tantum Patri incorporeo oblationem offers, oblationem in corporis sacramenta non redigis, non potes dicere, *Pridie quam pateretur* formam sacrificii instituit, nec potes dicere : *Hoc est corpus meum*, quia Pater neque corpus habuit, neque passus est : et iterum, si Filio sine Patre offeras, orationem Dominicam ad complementum perfecti holocausti dicere non potes, quia in oratione Filii separati a Patre Patris nomen non potes invocare. Vide ergo quam adeo inexpugnabilia sunt, et derelinquens tam hæreticum errorem, catholicam sequere veritatem. Alioquin qui tibi aliud quam a me demonstratur iter ostendit, dicat tibi quomodo prætermissis his solemnibus inter mysteria loquaris. Sin autem in designata a me claritate luminis caligo defecit erroris, pertinacia simul deficiat, ne dum in errore vinci erubescitis, promissionem æternæ vitæ de Christi veritate perdatis. Si quis tibi ergo dixerit, Pater major Deus, Filius minor Deus, Spiritus sanctus tertius Deus, et in his tribus non est una substantia, sed separatim in trium deorum numero sine deitatis unitate consistunt : responde illis, primo illam rationem quæ tibi exposita est, quia separatæ a se Trinitati offerri non potest, quia neque Pater corporeus est, neque passus est, et oblationem in corporis sui sacramenta redigere non potest, neque testem passionis suæ, qui non est passus, illam Dominicam cœnam facere potest, neque in consecratione mysterii dicere potest, Qui formam sacrificii perennis instituit. Quod enim Pater non instituit, sed Filius, qui et corpus habuit et passus est, et formam instituit sacrificii, si de Patre a Filio separato dicatur, mendacium est, ut quod Pater non dixit Patrem dixisse confingant. Qui ergo Patri a Filio separato offerre vult, relictam jam nobis sacrificii formam, relictam etiam Ecclesiam a Christo, et ab apostolis fundatam, ad Synagogam et ad templa ad vitulos et ad arietum victimas sedeat, quia separat a Filio Patrem in Patris oblatione sacrificiorum a Filio instituta, non jungit. Si autem Patri et Filio simul offert, Patrem et Filium a deitatis unitate non separet. Si dixerit ergo duos deos, licet ad verecundiam ipsius sufficere debeat reddita sacrificii ratio : tamen commemora illum quia Apostolus dixit :

unus Deus (*Gal.* III, 30), et lex ad Moysen data dicit, *Dominus Deus tuus Deus unus est* (*Deut.* VI, 4) : et ille blasphemans dicit duos vel tres deos sine unitate deitatis. Quod si adhuc sic dividit Trinitatem, ut in unum non resociet mysterium Trinitatis, saltem ad Symboli rationem redeat ubi dicitur, Credo in Deum Patrem omnipotentem, et in Christum Jesum Filium ejus, qui natus est de Spiritu sancto. Primo Christi Patrem Deum omnipotentem esse testaris; deinde natum Christum de Spiritu sancto dicis. **548** Si ergo separas Trinitatem, Christum duorum patrum filium reddis, ut de Patre omnipotente et de Spiritu sancto natus esse dicatur. Junge ergo cum Patre Spiritum sanctum, ut recte possis Christum unius Patris Filium confiteri : et cum per hanc Symboli orationem in unum Patrem et Spiritum sanctum sociaveris, Filium quoque, quem non tertium sed medium in Trinitate facis, magis a deitatis unitate non separes. » Et in libro tertio de Trinitate : « In quibus angelis erat utique et Pater et Filius et Spiritus sanctus, et aliquando Pater, aliquando Filius, aliquando Spiritus sanctus, aliquando sine ulla distinctione personæ Deus per illos figurabatur, et cætera quæ ibi prosequitur. » Et beatus Ambrosius in Hymnis, quos catholica frequentat Ecclesia, nunc ad Patrem, nunc ad Filium, nunc ad Spiritum sanctum loquens, non solitarie eidem personæ in sancta Trinitate, ad quam loquitur, gloriam singulari numero refert, et postea plurali numero alias personas, ut blasphemat Gothescalcus, alloquitur : sed quidquid substantialiter de Deo, videlicet sancta Trinitate dicit, singulari numero effert; ut est ·

> Somno refectis artubus, spreto cubili surgimus,
> Nobis, Pater, canentibus, adesse te deposcimus.

Et :

> Splendor paternæ gloriæ, de luce lucem proferens,
> Lux lucis et fons luminis, diem dies illuminans.

Et :

> Nunc sancte nobis Spiritus, unus Patris cum Filio,
> Dignare promptus ingeri, nostro refusus pectori.

in quorum hymnorum conclusione sanctæ Trinitati semper unam et æqualem gloriam refert dicens :

> Præsta, Pater piissime, Patrique compar unice,
> Cum Spiritu paraclito, regnans per omne sæculum.

Vel :

> Deo Patri sit gloria, ejusque soli Filio,
> Cum Spiritu paraclito, et nunc et in perpetuum.

Vel :

> Laus, honor, virtus, gloria, Deo Patri et Filio,
> Una cum sancto Spiritu, in sempiterna sæcula.

Vel :

> Gloria tibi, Domine, qui surrexisti a mortuis,
> Cum Patre et sancto Spiritu, in sempiterna sæcula.

Vel :

> Christum rogemus et Patrem, Christi Patrisque Spiritum,
> Unum potens per omnia, fove precantes Trinitas.

Et simul sanctam Trinitatem alloquens, similiter singulari numero petit dicens:

> O lux beata Trinitas, et principalis unitas,
> Jam sol recedit igneus, infunde lumen cordibus.

Et sanctus Augustinus in libro primo de Trinitate (*cap.* 8) dicit, « Denique prop'er ipsam inseparabilita-

tem sufficienter aliquando nominatur, vel Pater solus, vel Filius solus, adimpleturus nos lætitia cum vultu suo, nec inde separatur utriusque Spiritus, id est Patris et Filii Spiritus. Qui Spiritus proprie dicitur Spiritus veritatis, quem hic **549** mundus accipere non potest. Hoc est enim plenum gaudium nostrum, quo amplius non est, frui scilicet Trinitate Deo, ad cujus imaginem facti sumus. Propter hoc aliquando ita loquitur de Spiritu sancto, tanquam solus ipse sufficiat ad beatitudinem nostram, et ideo sufficit, quia separari a Patre et Filio non potest : sicut Pater solus sufficit, quia separari a Filio et Spiritu sancto non potest : et Filius ideo sufficit solus, quia separari a Patre et Spiritu sancto non potest. » Et item (*cap.* 9) : « Propter insinuationem Trinitatis, personis etiam singulis nominatis, dicuntur quædam separatim, non tamen aliis separatis intelliguntur, propter ejusdem Trinitatis unitatem, unamque substantiam, atque deitatem Patris et Filii et Spiritus sancti. » « In sacrificii etiam singularis celebratione, sicut et beatus Augustinus in libris suis commemorat, gratias Domino Deo nostro agere commonemur, quia et hoc quod inter sacra mysteria cor habere sursum jubemur, ipso adjuvante id valemus quo jubente admonemur : et ideo præcipue in ipso sacrificio corporis Christi a gratiarum actione incipimus, reddentes debitas laudes Deo Patri, qui in plenitudine temporum misit Filium suum, factum ex muliere, factum sub lege, ut eos qui sub lege erant redimeret, ut adoptionem filiorum reciperemus, secundum prædicationem beati Petri dicentis : *Quia non corruptibilibus auro vel argento redempti sumus de vana nostra conversatione paternæ traditionis, sed pretioso sanguine quasi agni incontaminati et immaculati Jesu Christi* (1 Petr. I, 18), per quem et majestatem ejus laudant angeli, et nos sine speciali nomine tenus commemoratione sancti Spiritus ei gratias agimus, nostrasque voces angelorum vocibus catholica et apostolica institutione formati admitti deposcimus. Sicque ter sanctum hymnum ore confitentes offerimus, et vivificam Trinitatem fide ac mentis intelligentia unius esse divinitatis, æqualis gloriæ, coæternæ majestatis prædicantes. catholica et apostolica institutione formati, una gloria collaudamus dicentes, Sanctus, Sanctus, Sanctus Dominus Deus sabaoth, pleni sunt cœli et terra gloria tua : et cum Patrem per totam præfationem alloquamur, non tamen secundum Goteschalcum adjicimus, vel subjicimus, ne ingrati Filio et Spiritui sancto simus : Et vobis gratias agimus; et, Pleni sunt cœli et terra gloria vestra : quia nec Abraham, quando exsultavit ut videret diem Domini, et vidit et gavisus est, tres viros et in corde et in domo fide et opere fideliter fideli suscipiens hospitio, offensam incurrit, sed meritum magnæ fidei reportavit, quando tres vidit, et quasi unum alloquens, unum etiam adoravit. Et collatæ hujusmodi preces ac præfationes receptibiles et catholicæ, confirmatæ a sede apostolica atque ab universali Ecclesia cognoscuntur. Sicut et in Africano concilio decretum fuisse relegitur (*cap.* 70) : in quo est nihilominus constitutum, ut aliæ omnino preces, sive præfationes, vel commendationes, seu manus impositiones, quæ probatæ non fuerint **550** in concilio, nec aliæ omnino contra fidem proferantur, sed quæcunque cum prudentioribus fuerint collatæ dicantur. ⟩ Qua de re collatæ Goteschalci orationes cum catholicis precibus, quantum a fide distent et charitate, manifeste cognoscitur. « Scripsit quoque ad Deum loquens, et dicens ei quod ipse illi præceperit ut pro me non oraret, et quia primum Filius in eum intraverit, postea Pater, deinde Spiritus sanctus, qui in illum intrans ei circa os barbam adussit : et quia nollet vestimenta de vestiario fratrum communicantium mihi accipere, nisi pretio compararet qui pretium non habebat, sed sic vellet ire, sicut Adam ibat antequam peccaret. Mox autem ut frigus eum cœpit constringere, cum vestimentis etiam pelliciam et focum studuit quærere. ⟩ Scripsit et alia multa ridicula, quæ apud fautores suos, quibus ea servanda fraudulenter donavit, invenimus : quæ non solum nobis, verum et ipsis complicibus suis visa sunt frivola, et idcirco, ut revera deliramenta maniatici, et aniles fabulas, hic inserere superfluum duximus. Ponendam tamen adhuc unam de ejus næniis censui, ut per ea, sicut et per supra ex integro positas, aliæ valeant innotesci. Ante hos siquidem annos revelatum sibi quibusdam familiaribus suis scripsit, quod ego statim post tres semis annos suæ revelationis, sicut Antichristus usurpans sibi potestatis potentiam mori, et ipse Rhemorum episcopus fieri, et post septennium veneno interfici, et sic gloriæ martyrum adæquari deberet. Et cum prophetiam a spiritu suo inspiratam impleri non vidit, inter alia hæc cuidam sectatori suo juvenculo, quales solebat diligere, scripsit :

XIX.

« Sed jam tempus est fratrem deseri absentem,
« et quid ad eum loquar antequam scripta mea vi-
« deat penitus nescientem, et fundi preces ad Deum
« semper ubique præsentem, et sicut gratuitum do-
« natorem cuncta sempiternaliter scientem. Domine
« Deus noster et magister Jesu Christe, pro solis
« electis crucifixe, qui vides quod ecce inimici tui
« sonuerunt, et qui oderunt te extulerunt caput,
« quia non est post triennium dimidio terminato
« anno mortuus, ceu putabatur, fur et latro, breviter
« quidem sed pronus te exoro, huic vobis Domino
« Deo nostro vero ac vivo, uni simul ac trino,
« sicut placet ita facias cito. Nolo plus, nec prius,
« nec secus : quando vis evellatur hinc rite, vitæ
« sat, mœchus, et cæcus, procax, pertinax, per-
« vicax, hæreticus, veritatis inimicus, falsitatis
« amicus. ⟩

XP. Idem quippe Goteschalcus solet frequentissime dicere, ut sæpe commemoravimus, loquens de beato Augustino, *Augustinus noster.* Sed et hic non est suus Augustinus, quia non taliter docuit orare pro inimicis, sicut orat Goteschalcus, qui non est Augustini. Dicit enim beatus Augustinus in sermone de verbis Apostoli : « Si ergo Christum volumus imitari, per ipsam viam debemus currere, qua Christus et in cruce pendens dignatus est ambulare. In cruce **551** enim fixus erat, et charitatis viam currens pro suis persecutoribus supplicabat. Denique sic dixit, *Pater, ignosce illis, quia nesciunt quod faciunt* (*Luc.* xxiii, 34). Et nos ergo pro omnibus inimicis nostris hoc jugiter supplicemus, ut illis Deus emendationem morum, et indulgentiam tribuat peccatorum. Quod et ego qualiscunque et quantulusque peccator, etiam pro illo, et si non credebat, dum tempus fuit agere procuravi, certus de promissione divina, *Si quid petieritis*, inquit, *Patrem in nomine meo, dabit vobis* (*Joan.* xvi, 23). Quia et si non eis pro quibus petimus dabit, tamen nobis, cum pro aliorum erratibus misericorditer intervenimus, præmium nostræ benignitatis restituet. Quod enim scripsit sibi a Deo prohibitum, ut pro me non oraret, mentitur ut solet. Qui enim jussit discipulis suis dicens : Orate pro persequentibus et calumniantibus vos, ut sitis filii Patris vestri, qui in cœlis est (*Matth.* v, 44) ; et quod verbo docuit, in cruce pro se crucifigentibus exorans ostendit, sibi ipsi contrarius esse non potuit. « Et sanctus Cœlestinus papa (*post. epist.* 8) dicit : « Obsecrationum, inquiens, sacerdotalium sacramenta respiciamus, quæ ab apostolis tradita in toto mundo atque in omni catholica Ecclesia uniformiter celebrantur, ut legem credendi lex statuat supplicandi. Cum enim sanctarum plebium præsules mandata sibimet legatione fungantur apud divinam clementiam, humani generis agunt causam, et tota secum Ecclesia congemiscente, postulant et precantur, ut infidelibus donetur fides, ut idololatræ ab impietatis suæ liberentur erroribus, ut Judæis ablato cordis velamine lux veritatis appareat, ut hæretici catholicæ fidei perfectione resipiscant, ut schismatici spiritum redivivæ charitatis accipiant, ut lapsis pœnitentiæ remedia conferantur, ut denique catechumenis ad regenerationis sacramenta perductis cœlestis misericordiæ aula reseretur. Hæc autem non perfunctorie neque inaniter a Domino peti, rerum ipsarum monstrat effectus, quandoquidem ex omni errorum genere plurimos Deus dignatur attrahere, quos erutos de potestate tenebrarum transferat in regnum Filii claritatis suæ, et ex vasis iræ faciat vasa misericordiæ ; quod adeo totum divini operis esse sentitur, ut hæc efficienti Deo gratiarum semper actio laudisque confessio pro illuminatione talium vel correctione referantur. ⟩ Et beatus ostendit Gregorius, « quia nemo malus, sicut in malo suo mutari, ita non debet a quocunque, dum in hac vita est, desperari. ⟩ Et licet in Veteri Testamento, ubi scriptum est, *Diliges amicum tuum, et odio habebis inimicum tuum* (*Matth.* v, 43), quod Novo Testamento pro temporum ratione mutavit dicens : *Diligite inimicos vestros, benefacite his qui oderunt vos (ibid.*

XLIV), legatur Dominus dixisse ad Jeremiam prophetam, *Noli orare pro populo isto (Jer.* VII, 16), tamen, ut beatus Ambrosius in libro de pœnitentia contra Novatianos dicit *(lib.* I, c. 8) : « Oravit idem propheta pro populo eodem, et veniam promeruit. Denique intercessione prophetica, et obsecratione tanti vatis inflexus Dominus dicit ad Hierusalem, *Domine* **552** *omnipotens Deus Israel, anima in angustiis, et spiritus anxius clamat ad te, exaudi, Domine, et miserere (Baruch.* 3). Et jubet luctus vestimenta deponi, et abjici gemitus pœnitentiæ. Sic enim scriptum est in fine libri : *Exue te, Hierusalem, stola luctus et vexationis tuæ, et indue te decore ejus quæ tibi a Deo data est gloria in æternum (Baruch.* v). » Ipse vero pseudomonachus, vel alius hoc vel alio aliquo modo fidei sinceræ adulterator, et apertus hæreticus, cujus orationes non commendat charitas, nec recipit catholica fides, cui taliter postulanti cum suis complicibus respondet Dominus per Apostolum, *Petitis et non accipitis, eo quod male petitis, ut in concupiscentiis vestris consumatis (Jac.* IV, 3). Qui talia contra canones sacros præsumit, si gradum ecclesiasticum videtur habere, eo privari vel ab ecclesiastica communione separari est dignus. Secundum regulam autem sancti Benedicti, improbus, durus, et superbus, vel inobediens, verberum vel corporis castigatione, non solum in sua pertinacia permanens, sed et in ipso initio peccati, est coercendus, et a sanis Christi membris censura ecclesiastica segregandus, ne una ovis incurabili morbo languida totum gregem contaminet.

Hæc omnia, post librum de Prædestinatione, contra Gothescalcum et complices ejus, asserentes quia sicut quosdam ad vitam, ita quosdam Deus prædestinavit ad mortem, de authenticis scripturis, et catholicorum dictis collectum, statim in initio suæ de trina deitate blasphemiæ collegi et scripsi, et per me ac per fratres meos, sed et per frequentia scripta, ut resipisceret, et a suis in Deum blasphemiis sensum et os suum revocaret, sæpe commonui, sed apud eum nihil profeci. Tandem cum mihi nuntiatum fuit a fratribus nostris, quibus de eo sollicitudinem delegavi, quia morti appropinquabat, misi ei per eosdem fratres hanc quæ sequitur scedulam. Sic crede de prædestinatione a Deo electorum, et relictione reproborum, et quia Deus omnes homines vult salvos fieri, licet non omnes salventur, et qui salvantur salvantis sit donum, et qui pereunt pereuntium sit meritum, et quia Deus ac Dominus noster Jesus Christus pro omnibus passus sit, cujus sanguis totius mundi est pretium, a quo extranei sunt qui delectati captivitate redimi noluerunt, aut post redemptionem peccando, et in peccatis corde impœnitente perseverando, ad eamdem sunt servitutem reversi. Et de gratia et libero arbitrio, sicut sanctus Augustinus docet in his libris suis, id est de Correptione et Gratia, de Prædestinatione sanctorum, de Dono vel Bono perseverantiæ, et in libro de Spiritu et Littera, et in libro Hypomnesticon, et in epistola ad Sixtum Ec-

clesiæ Romanæ presbyterum, et sicut hinc sanctus Prosper ex libris beati Augustini ad objectiones Gallorum, et Vincentianorum, et Januensium rescripsit, et cæteri catholici doctores dicunt, quia sedes apostolica, et sancta catholica Ecclesia, et nos sic credimus et tenemus. De sanctæ autem et inseparabilis Trinitatis deitate, quæ est unitas Trinitatis, sic crede et confitere, sicut credit, confitetur **553** et prædicat sancta catholica et apostolica Ecclesia dicens : Fides catholica hæc est, ut unum Deum in trinitate personarum, et trinitatem personarum in unitate deitatis veneremur, neque confundentes personas, sicut Sabellius ut tres non sint, neque ut Arius substantiam separantes, ut trina sit, quia alia et non aliud est persona Patris, alia et non aliud est persona Filii, alia et non aliud est persona Spiritus sancti, sed Patris et Filii et Spiritus sancti una est divinitas, æqualis gloria, coæterna majestas, et in hac sancta et inseparabili Trinitate nihil est prius aut posterius, nihil majus vel minus, sed totæ tres personæ, Pater et Filius et Spiritus sanctus, coæternæ sibi sunt et æquales, ita ut per omnia, sicut jam supradictum est, et Trinitas personarum in unitate deitatis, et unitas deitatis in Trinitate personarum veneranda sit. Et si ita credideris in corde tuo, et ita professus fueris in ore tuo, et ita subscripseris coram testibus manu tua te credere et profiteri, et in hac credulitate et professione permanere, judicio sancti Spiritus, per episcopale ministerium, quo damnatus es, absolvi poteris, et participationi corporis et sanguinis Domini nostri Jesu Christi, et communioni catholicæ Ecclesiæ restitueris. Ipse vero hæc audiens in furorem versus, ea quæ sibi mandata sunt detestari, et amplius cœpit blasphemare. Post discessum denique a me ipsorum fratrum, recogitans duritiam illius, et cor impœnitens, misi fratribus nostris in monasterio Altivillaris, in quo degebat, hanc quæ sequitur paginam, ut si respiciente Domino a sua perversa intelligentia et prava sententia se revocaret, agerent de illo sicut eis verbis jam dixeram. Sin autem, scirent qualiter erga eum secundum regulas sacras gerere deberent. Hoc modo pro tempore, sicut mihi licuit, dixi vobis qua conditione, si se Gothescalcus antequam anima illius egrediatur de corpore recognoverit, et spiritalem et corporalem humanitatem illi exhibeatis. Sed ne quid vobis desit in ulla gratia, auctoritatem inde ecclesiasticam ex verbis orthodoxorum vobis transmitto. Ait enim de hujusmodi Leo, ut si fideliter dolet, et quam recte mota sit erga eum episcopalis auctoritas vel sero cognoscit, vel si ad satisfactionis plenitudinem omnia quæ ab eo male sunt sensa, vel viva voce, vel signo competenti damnaverit, et communionem ecclesiasticæ unitatis ac pacis voce vel signo competenti petierit, reconciliatio et communio illi non denegetur, sicut Cœlestinus, et Leo, et sacri canones decreverunt. Et si in hac confessione ac communione obierit, sicut cæteris fratribus, ita et illi communem sepulturam, ac sepeliendi officium et

orationem post obitum exhibete, quia Dominus no- A
ster, verus et bonus Pastor, qui animam suam posuit
pro ovibus suis, et qui venit animas hominum salvare, non perdere, imitatores nos suæ vult esse pietatis, ut peccantes justitia coerceat, conversos autem
in misericordia non repellat. Si autem in obstinatione sua usque ad mortem permanserit, tenendum
nobis de illo est quod sanctus Leo de **554** communione privatis et ita defunctis dicit (*epist*. 95 *ad
Rusticum Narbon*.) : « Horum, inquiens, causa Dei
judicio reservanda est, in cujus manu fuit, ut talium
obitus usque ad communionis remedium differretur.
Nos autem quibus viventibus non communicavimus,
mortuis communicare non possumus. » Et item
(*epist*. 59 *ad Theodorum Forojul*.) : « Si, inquiens,
aliquis eorum pro quibus Domino supplicamus, B
quocunque interceptus obstaculo a munere præsentis indulgentiæ exciderit, et priusquam ad constituta
remedia pervenerit, temporalem vitam humana conditione finierit, quod manens in corpore non recepit,
consequi exutus carne non poterit. Nec necesse est
nos eorum qui sic obierint merita actusque discutere, cum Dominus Deus noster, cujus judicia nequeunt comprehendi, quod sacerdotale ministerium
implere non potuit, suæ justitiæ reservavit. » Et
sanctus Joannes apostolus dicit (*I Joan*. v, 16) :
*Est peccatum ad mortem, non pro illo dico ut quis
roget*. « Peccatum, inquit Gregorius (*lib*. vi *Moral*.,
c. 28), est usque ad mortem, quia scilicet peccatum
quod in hac vita non corrigitur, ejus venia post
mortem frustra postulatur. » Peccatum quippe usque C
ad inferos dicitur, quod ante finem vitæ præsentis
per correctionem ac pœnitentiam non emendatur.
Et talium memoriam, scilicet in peccato perseveran-
tium usque ad mortem, minime licet inter sacra altaris mysteria celebrari, in quibus pro eis oratur qui
nos præcesserunt cum signo fidei, et dormiunt in
somno pacis, in Christo videlicet quiescentes. Dormiunt ergo, ut catholici doctores dicunt, in somno
pacis, qui ab unitate et societate Christi et Ecclesiæ,
nec per hæreses, nec per schismata, nec per morta-
lia crimina separati sunt, in quibus et si aliquando
fuerunt, tamen per pœnitentiam sanati, et per orationem Ecclesiæ, cui in Petro dictum est : « Quodcunque solveris super terram, erit solutum et in D
cœlis (*Matth*. xvi, 19), reconciliati et redemptionis
mysterio sociati, utique in pace obierunt, miserante
illo qui non vult mortem peccatoris, sed ut magis
convertatur et vivat. Neque enim piorum animæ
mortuorum separantur ab Ecclesia, quæ regnat
nunc cum Christo in vivis et mortuis. Propterea
enim, sicut dicit Apostolus, mortuus est Christus,

ut vivorum et mortuorum dominetur (*Rom*. xiv, 9). »
Unde et alibi ait (*I Thess*. v, 9) : « Quoniam non
posuit nos Deus in iram, sed in acquisitionem salutis, per Dominum nostrum Jesum Christum, qui
mortuus est pro nobis, ut, sive vigilemus, sive dor-
miamus, simul cum illo vivamus. » Quiescentes autem
in Christo sunt, de quibus dicit Apostolus, et mortui
qui in Christo sunt resurgent primi (*I Thess*.iv,13), et
de quibus item scriptum est : « Beatus qui habuerit
partem in resurrectione, non lædetur a morte secunda (*Apoc*. xx, 6). » Unde et Judas pontifex, sicut
in libro Machabæorum legimus (*II Mach*. xii, 45),
pro his qui cum pietate dormitionem acceperant,
misit Hierosolymis offerenda. Et si, ut præmisi, in
obstinatione sua permanens fuerit mortuus, sicut
ex auctoritate beati Gregorii et sacrorum canonum
accepimus, cum psalmis et hymnis ad sepulturam
deportari, vel in communi fratrum sepultura **555**
sepeliri non debet, privatæ autem sepulturæ humanitas, sicut vobis dixi, ei non est deneganda. Et cum
jam finis ejus appropinquaret, fratribus qui aderant,
ut a pravo suo sensu et perversa sententia se revocaret, et communionem sacram perciperet, suadentibus respondit, a suo se sensu et sententia revocare
et communionem per auctoritatem non posse accipere : sicque indignam vitam digna morte finivit, et
abiit in locum suum.

EXCERPTUM

*Ex epistola Gothescalci, quam ex Germania scripsit
ad Ratramnum monachum Corbeiensem.*

Denique sunt multi, Domino donante, magistri
Hac regione siti, ingenio locuplete periti,
Unde palatina plerique morantur in aula.
Ad hos atque alios per barbara regna locatos,
Cernua his avidus direxi scripta diebus,
Orans magnopere dignentur ut ocius inde
Respondere mihi, ceu scis vehementer egenti.
Estque Augustini his sententia missa beati,
Quam liquido exponi auctori quadrando poposci.
Nempe tribus horum studui proprium indere sensum,
Matcaudo, Jonæ atque Lupo, rutilantibus ore,
Poscens obnixe satagant ut vera referre.
Proposita est reliquis tantummodo quæstio cunctis.
Opposui sane objicitur quod parte ab utraque.
Nemo sed excepto quid adhuc mihi reddidit uno.
Qui cum sit cautus simul et catus, est moderatus.
Sic jam terna sui librans responsa libelli,
Ut dempto neutri pleno discrimine parti
Congruat. Unde tibi recitanda hæc utraque duxi,
Respondere alii properant dum mente sagaci,
Quo magis his mihi quam reputes, charissime, quid-
  [quam,
Si videas aliquid concordans quod tibi non sit.
At licet usque rogo mecum duo perpete voto
Pectore quin toto supplex orare memento,
Donetur habilis quo sermo videlicet illis,
Cumque vigore salis pia nobis pignora pacis.

HINCMARI
ARCHIEPISCOPI RHEMENSIS
DE DIVORTIO LOTHARII REGIS
ET
TETBERGÆ REGINÆ.

557 INDEX CAPITUM.

INTERROGATIO I. De occulto flagitio uxoris Lotharii, et de libello capitum octo conventus Aquensis, in quo per secretam confessionem removeri se a conjugio postulasse dicebatur. — RESPONSIO. De absconditis quæ nos latent judicare nos non posse, et quæ secreta confessione sciuntur, secreto sananda esse consilio. De altero libello capitum septem, et de tomo synodi Aquensis. Regi confessam, secundum leges a laicis judicandam fuisse. De regis, ut aiebant, dolore ac tristitia, deque decreto Tetbergæ repudio et pœnitentia publica.

INTER. II. Quod ad instar secretæ confessionis Ebouis de hac femina debeat judicari. — RESP. Sicut alius ordo, ita et alia causa et lex viri est et uxoris, et alia non solum episcopi, verum et presbyteri et diaconi : quia uxor a viro separari non potest, episcopus potest gradum amittere.

INTER. III. De eo quod Hincmarus tali facto consensisse dicebatur per Wenilonem, Hildegarium, et Adventium episcopos. — RESP. Quod per prædictos episcopos nec consensum nec dissensum exhibuerit, binisque litteris ad Adventium in generali potius synodo ventilandam rem videri testatus sit.

INTER. IV. Qualiter iniri debeat conjugium. — RESP. Qualiter iniri conjugium debeat, et vetus et nova lex edocet, Domino per Moysen præcipiente, et in Evangelio confirmante.

INTER. V. Pro quibus rebus inita conjugia separari valeant, et utrum post disjunctionem vir aut femina ad aliam copulam aspirare debeant. — RESP. Non qualibet de causa, sed secundum evangelicam veritatem ob solam fornicationem, nec sine episcopi scientia et auctoritate. Separati autem alia conjugia inire non possunt. Northildis et Agemberti conjugum judicium apud Attiniacum.

INTER. VI. Quid videatur de judicio aquæ calidæ, quod actum est in causa Tetbergæ, et de purgatione sacramenti, utrum causa sic purgata debeat in judicium legale reduci. — RESP. De judicii et juramenti purgatione, juxta divinas litteras, et canonum sanctorumque Patrum auctoritates. Quare cum hujusmodi judicio hæc femina purgata reconciliata sit et restituta, causa iterum in quæstionem revocanda non videtur, præsertim quia si vicarius ejus succubuisset, ad audientiam denuo noluisset accusator ipsius debere illam admitti.

INTER. VII. Utrum verum esse possit, quod quidam dicunt, quia pro secreta confessione, quam ipsa femina fecit, sicut et testis est qui illam suscepit, vicarius ipsius in judicium exiens incoctus evasit. — RESP. Dum veritatem impia falsitate piam prædicant, fictam calumniantur, quæ sic voluit istam feminam liberare, ut judicio ipsius credentes deciperet, cum scriptum sit, *Spiritus sanctus disciplinæ effugiet fictum* (*Sap.* 1), et simplex veritas nihil per duplicitatem faciat.

INTER. VIII. Utrum fieri possit, quod quidam dicunt, quia intentio illius feminæ fuit de alio ejusdem nominis fratre suo, quando vicarium suum in judicium misit, et idcirco se in eodem judicio non coxit. — RESP. In libro Regum scriptum est, dicente mendace spiritu : *Ego decipiam Achab*, et reliqua, usque ad id quod dicitur, *decipies et prævalebis* (*III Reg.* xxii, *et II Paral.* xviii). Et Paulus dicit de quibusdam, *qui non probaverunt Deum habere in notitiam, propterea tradidit eos Deus in reprobum sensum* (*Rom.* 1). Et item, pro eo quod dilectionem veritatis non receperunt, ut salvi fierent, idcirco immittet illis Deus spiritum erro-

A ris, ut credant mendacio, quatenus judicentur omnes qui non crediderunt veritati, sed consenserunt iniquitati.

INTER. IX. Si in judicio, vel in sacramento, fraus quæcunque reperta fuerit post datam purgationem, utrum causa judicio vel sacramento purgata in judicium debeat **558** legale reduci. — RESP. Nec mirum videri debet, si fraus in judicio fuerit operatione diaboli, qui licet perdiderit angelici spiritus gloriam, sed non amisit naturæ subtilitatem : quod fit permittente Domino, aut pro infidelitate non recte credentium, aut pro purgatione fidelium. Et si in judicio, vel purgationis sacramento, per quodcunque ingenium fraudulentia reperitur, duplicata judicii ultione, sive pro peccati admissione, sive pro infideli illusione, causa in quæstionem ratione docente reveniat.

INTER. X. Si hæc causa, unde judicium factum audivimus, et quidam etiam vidimus, in judicium fuerit revocata, qualiter idem debeat canonice ordinari judicium. — RESP. In omni judicio quatuor personas necesse est semper adesse, id est judices electos, accusatores ac defensores, et testes, ut in præsentia positus, aut confutatus, aut certe confessus, justæ possit subjacere sententiæ : sed et extorta confessio, vel coacta subscriptio, nihil vigoris obtinere debebit.

B INTER. XI. Utrum de secreta confessione, ut dicitur, commissa episcopis, vel in judicio porrecto libello, eadem femina debeat judicari. — RESP. Nec maritus a conjuge, nec uxor a marito, secreta confessione, ut præmisimus, possunt disjungi, nisi amore continentioris vitæ : nec porrecto libello secretæ confessionis publicæ pœnitentiæ quisquam debet submitti : neque per scripturam directam, vel ab alio ejus vice porrectam, quisque valeat condemnari : sed unde publice debet aliquis judicari, publice et in præsenti positus debet aut convinci aut confiteri.

INTER. XII. Utrum de tali stupro, sicut ista femina reputatur, quasi frater suus cum ea inter femora, sicut solent masculi in masculos turpitudinem operari, potuerit concipere, et post abortum virgo valuerit permanere. Et si deprehensa fuerit hæc ante conjugium crimina perpetrasse, utrum in conjugio debeat aut valeat permanere. — RESP. A sæculo non est auditum, nec de sub isto cœlo in scriptura veritatis est lectum, ut vulva feminæ sine coitu semen susceperit atque conceperit, et clauso utero, et inaperta vulva, seu integra carne, vivum vel abortivum pepererit, excepta sola singulariter beata et benedicta virgine Maria, cujus conceptio non naturæ fuit, sed gratiæ, dicente
C ad eam archangelo, *Ave, gratia plena* (*Luc.* 1), in quam Spiritus sanctus supervenit, qui ei ex virgineo semine, virgineoque sanguine, sine voluntate carnis, et sine voluntate viri, fecunditatem prolis contulit, virginitatem non abstulit : quæ sicut carne integra, et vulva non adaperta, id est clauso utero concepit, ita non aperta vulva, sed clauso utero peperit, simulque et mater exstitit, et perpetuo ac semper virgo permansit. Utrum autem tali modo, sicut de ista femina dicitur, quæcunque mulier vel virgo concipere valeat, expressius sæculi judices licentia maritali ne in judicio interprendant, a suis uxoribus discere poterunt : quia nos, homines hujus negotii inexperte, quæ legimus dicimus, et non inde amplius aut scire quærimus aut investigare volumus. Miramur tamen, si dominus noster prædictam feminam invenit virginem, cur eam devotari quasi stupratam consentit; si vero illam virginem non invenit, quare tandiu eam retinuit, vel cur de illa judicium

examinationis recepit. Quapropter, ut scribit sanctus Gregorius (*lib.* xii, *ep.* 1), ne pro quorumdam voluntatibus quis privetur, quem sua culpa vel facinus ab officio, quo fungitur, vel gradu non deficit. Et (*lib.* viii, *ind.* 3, *ep.* 30): Grave est satis, et indecens, ut in re dubia certa dicatur sententia, unde accusatum vel convictio manifesta, vel confessio subsequatur, quam subtilitas examinis ex occultis eliciat, et non afflictio vehemens extorqueat, quæ frequenter hoc agit, ut noxios se fateri etiam cogantur innoxii, videtur æquum atque rationabile, ut isdem, in cujus cura et potestate erat, qui eidem feminæ vim intulit, vel eam ad scelus pellexit, accersatur, et magis per illum causa investigetur, et ipse invehatur, atque secundum legem examinetur, et vel legali judicio liberetur, vel cum complice puniatur, ne juste judicare volentes suspicio quæcunque remordeat, vel derogantes dicant, quia femina terrore et afflictionibus territa mendacium super se dixerit, quod mendacium sua libertate potitus, a se qui auctor criminis dicitur, et ab ipsa depellere poterat, si ei lex et justitia servaretur. Legant æqui judices primi libri legis Romanæ capitulum sextum de stupratoribus, et septimum de incestis ac turpibus nuptiis,**559** et cætera quæ Christiana jura depromunt, de quorum judicio ad nos in talibus quæcunque femina venerit deprehensa, canonicum in illam judicium exercere curabimus.

INTER. XIII. Si idem rex, postquam talia de præfata uxore sua audivit, et ab ejus carnali commercio suspensus fuit, forte concubina usus adulterium perpetraverit, et si hoc ad plurimorum pervenit notitiam, quo debeat sanari medicinali judicio. — RESP. Si forte, ut fertur, rex de quo agitur, post legaliter initum conjugium, cum alia aliqua carnis commistione negotium concumbendi exercuit, negari non potest adulterium perpetrasse, etiam si femina, quam duxit uxorem, de talibus, sicut reputatur, rea fuerit fortassis inventa, quoniam post legaliter initum conjugium ante legalem diffinitionem præsumpsit illicita. Quo autem debuit sanari medicinali judicio, sacri decernunt canones, videlicet, ut pœnitentia, et secundum leges statutas, absque personæ respectu, episcopi arbitrio, et pœnitentiæ tempora decernantur.

INTER. XIV. Si fortassis acciderit ut quiscunque homo sacramento se obligaverit quod criminosum sit agere, utrum quod juravit, ne incurrat perjurium, debeat adimplere an, ne, crimen admittat, quod male juravit in irritum debet ducere. — RESP. Si aliquid forte nos incautius jurasse contigerit, quod observatum pejorem vergat in exitum, libere illud consilio salubriori mutandum noverimus, ac magis instante necessitate pejerandum nobis, quam pro vitando perjurio in aliud crimen gravius esse divertendum.

INTER. XV. Si hoc verum esse possit quod plures homines dicunt, quia sunt feminæ quæ maleficio suo inter virum et uxorem odium irreconciliabile possunt mittere, et inenarrabilem amorem iterum inter virum et feminam serere, et quod vir legitime sortitam conjugem maritali commercio non possit adire, et aliis valeat feminis commisceri, et itidem eodem maleficio, potentia concumbendi, et dilectio quondam habita, per artem maleficarum possit restitui. — RESP. Potest sæpe occulto, sed nunquam et nusquam injusto, divino judicio, sicut Scripturarum auctoritate, et majorum doctrina in opusculi corpore demonstrabimus.

INTER. XVI. Quæ sit causa cur Deus, ut dicitur, sæpe in legitimo conjugio permittat talia fieri. — RESP. Occulta justitia Dei licentia malignis spiritibus datur, ut quos volentes in peccati laqueo strangulant, in peccati pœnam ex justitiæ retributione etiam nolentes trahant.

INTER. XVII. Et si forte tales viri malefici, vel incantatrices feminæ inventæ fuerint, quid de hujusmodi fieri debeat. — RESP. Vehementius pastoralis custodia erga tales debet invigilare, atque publice in populo contra hujusmodi rei viros sermonem facere, eosque a tanti labe sacrilegii, et divini intentione judicii, et præsentis vitæ periculo, adhortatione suasoria revocare. Quos tamen, si emendare se a talibus atque corrigere nolle repererit, ferventi zelo debet comprehendere. Et si quidem servi sunt, verberibus cruciatibusque, ut ad emendationem pervenire valeant castigare : si vero liberi, inclusione digna, et districta pœnitentia eos debet coercere. Rex autem, si hujusmodi homines ecclesiastica medicina sanari non pos-

sunt, æquitatis judicio ut impios debet de terra perdere.

INTER. XVIII. Si sæpefata femina iterum in judicium venerit, et innoxia reperta fuerit, utrum ad eam vir ejus redire debeat, an alteri feminæ valeat sociari. — RESP. Hoc superfluum est iterare, quia supra ostendimus, quod si ante legaliter initum conjugium innoxia, et legaliter nupta suo viro fidem servasse reperta fuerit, secundum evangelicam et apostolicam veritatem, et leges ecclesiasticas, atque catholicorum doctrinam, legitimum conjugium non valeat separari : et si vir et uxor separati fuerint, aut innupti permaneant, aut mutuo reconcilientur.

INTER. XIX. Si ipsa femina criminibus obnoxia de quibus reputatur inventa fuerit, utrum idem rex alteri feminæ conjungi valeat. — RESP. Si secundum leges Christianas, forenses scilicet atque ecclesiasticas, inventum fuerit quod illa conjunctio legalis non fuerit, sed magis incestus, et nullo conjugii nomini deputandus, valebit.

INTER. XX. Si tales causæ reputatæ fuerint etiam ipsi regi, unde publicam pœnitentiam agere debeat, postquam illa criminosa **560** inventa fuerit, trum ipse rex post publicam pœnitentiam conjugem legitimam possit accipere. — RESP. Si postquam pœnitentiam gesserit, timens lapsum incontinentiæ juvenilis, copulam uxoris elegerit, ne crimen fornicationis incurrat, rem videbitur facere venialem, si præter conjugem nullam omnino cognoverit : in quo tamen non regulam constituimus, sed quid sit tolerabilius æstimamus.

INTER. XXI. Si legaliter rejecta illa quæ criminata est, ipse etiam rex post actam pœnitentiam, si voluerit, concubinam quam habuit, et cum qua post initum conjugium adulterasse dicitur, in conjugem possit accipere. — RESP. Quia una est lex viri et feminæ, si solutus fuerit a lege conjugis, sicut Paulus dicit de uxore, nubat cui voluerit, tantum in Domino, hoc est, ut Ambrosius dicit, sine suspicione turpitudinis, et religionis suæ feminæ nubat, hoc est in Domino nubere. Quæ solutio, et licita copulatio duobus intelligitur, et duobus fit modis : scilicet in his qui aut nunquam legale inierunt conjugium, aut morte intercedente soluti sunt a lege conjugii. Denique, mortuo viro vel femina, cum quo vel cum qua verum connubium fuit, fieri post pœnitentiam verum connubium potest cum qua prius adulterium fuit. Summopere tamen est observandum, ne concubinæ vel cujuslibet alterius feminæ copulam conjugalem rex, super quo voluerunt consulere consulentes, aliquo modo expetat, antequam legali virorum illustrium judicio, et sacerdotali decreto, conjux, quam legaliter accepit, ipso etiam conjugis nomine judicetur indigna, aut divino judicio migret a corpore : neque ante legitimam pœnitentiam in adulterio deprehensus, secundum leges Ecclesiæ, conjugi legitimæ, multo minus eidem, de qua agitur, concubinæ se copulet.

INTER. XXII. Utrum sequendum sit quod quidam dicunt quosdam docere episcopos, ut sibi confessis viris vel feminis debeant patrocinium defensionis impendere, ne quisquam hujusmodi personas ad judicium reipublicæ audeat pro criminibus, unde eis confessæ fuerant, etiam si multis nota sunt crimina, provocare. — RESP. Hoc quam absurdum sit, quilibet sensatus, licet ignoret leges Ecclesiæ, recognoscit, sicut in subsequenti opusculo ex auctoritate majorum sufficienter ostendere procurabimus.

INTER. XXIII. Si, ut quidam dicunt, se non ex consensu vir et mulier propter continentiam, sed propter dissidium aliquod separare voluerint, vel si separati se continere nequiverint, vel reconciliari noluerint, auctoritate sua episcopi possint eorum fragilitati consulere, dicentes quia secreta confessione ad ecclesiasticam confugerant pietatem, sicut Bosonis mulier, de qua in synodo apud Leucorum civitatem habita fuimus cum interpellatione commoniti, et ideo ab aliis quam ab episcopis, quibus confessæ tales personæ fuerant, non debeant judicari. — RESP. Sciant quicunque hæc dicunt, secundum quemdam modum hujusmodi capitulum quartum erroris fuisse illorum. Si quatuor enim capitulis erraverunt, qui sanctæ synodo Chalcedonensi derogare et contraire præsumpserunt, et ab apostolica sede, atque unanimitate totius mundi episcoporum, sunt ut erronei condemnati. Denique septem quæstiones, quas præter istas solvendas accepimus, in processu opusculi exponemus.

561 PRÆFATIO.

*Cur ad omnes generaliter scribat, et de interrogatio-
nibus ad se missis quæ scribendi occasionem dederunt.*

Dominis regibus gloriosis, et venerandis consacerdotibus nostris, ac cunctis in sinu catholicæ Ecclesiæ collocatis, Hincmarus, nomine, non merito,
Rhemorum episcopus, ac plebis Dei famulus, una
cum collegis dominis et fratribus meis Rhemorum
diœceseos venerandis episcopis.

De omnibus dubiis vel obscuris quæ ad rectæ fidei
tenorem vel pietatis dogmata pertinent, sancta Romana Ecclesia, ut omnium Ecclesiarum mater et
magistra, nutrix ac doctrix, est consulenda, et ejus
salubria monita sunt tenenda, maxime ab his qui
in illis regionibus habitant in quibus divina gratia
per ejus prædicationem omnes in fide genuit, et catholico lacte nutrivit quos ad vitam præordinavit
æternam. Unde quoniam, sicut beatus Innocentius
ad Decentium Eugubinum scribit episcopum (*epist.*
29, *in princip.*), « manifestum est in omnem Italiam,
Gallias, Hispanias, Africam atque Siciliam, insulasque interjacentes, nullum instituisse Ecclesias, nisi
eos quos venerabilis Petrus aut ejus successores
constituerint sacerdotes, oportet eos hoc sequi quod
Ecclesia Romana custodit, a qua eos principium accepisse non dubium est, ne dum peregrinis assertionibus student, caput institutionum videantur amittere. » Sed et quia, ut beatus Cœlestinus, ejusdem
primæ sedis epicopus, ad Venerium et cæteros Gallicanos dicit episcopos (*epist.* 8) : « Non est agentium causa solorum, quando universalis Ecclesia
quacunque 562 novitate pulsatur; » et ad Nestorium
Constantinopolitanum scribens (*epist.* 5, *in fine*) decernit « quod omnes debeant nosse quod agitur
quoties omnium causa tractatur, ad omnes vox nostræ humilitatis emittitur, » quia licet de rege et
regina, viro scilicet et uxore, qui secundum sacram
auctoritatem jam non sunt duo, sed una caro, tractetur, de causa omnium generaliter agitur, quæ sacramentum magnum a divino Apostolo in Christo
et in Ecclesia appellatur (*Ephes.* v, 32), in quibus
salus universorum consistere creditur. De Christo
enim Petrus apostolus protestatur : *Quia non est nomen sub cœlo datum hominibus, in quo oporteat nos
salvos fieri* (*Act.* iv, 12); et sicut in diluvio omnes
perierunt quos non arca continuit, ita nemo salvari
potest qui fide recta et bonis operibus in unitate
sanctæ Ecclesiæ non permanserit.

Sed et hac spiritali ratione prælata, de tam emi-
nentissimi nominis dignitate et talibus personis causa
non exigua ventilatur, ut reges terræ, et omnes populi principes, et omnes judices terræ, juvenes et
virgines, senes cum junioribus, in hac intendere
debeant, et judicii veritatem, et sacerdotalem consensum, et regiæ mansuetudinis, patientiæ et dile-

A ctionis studium erga honorem suum; unde scriptum
est : *Honor regis judicium diligit* (*Psal.* xcviii, 4);
et : *Justitia firmatur thronus ejus* (*Prov.* xxv, 5);
et item : *Justitia et judicium, præparatio sedis tuæ*
(*Psal.* lxxxviii, 13). Et licet sint aliæ virtutes sine
quibus ad regnum non pervenitur æternum, tamen
sine his tribus quas posuimus, tyrannus fieri potest,
regnum autem salubriter nemo potest obtinere terrenum, id est sine mansuetudine, *quia mansueti
hæreditabunt terram* (*Matth.* v, 4); sine patientia,
*quia melior est patiens viro forte, et qui dominatur
animo suo expugnatore urbium* (*Prov.* xvi, 32); et :
In patientia vestra possidebitis animas vestras (*Luc.* xxi,
19); sine vera dilectione, de qua dictum est : *Qui
diligitis Dominum, odite malum* (*Psal.* xcvi, 10),
quoniam qui diligit iniquitatem, odit animam suam
(*Psal.* x, 6). Et item in psalmo scriptum est : *Intende, prospere procede et regna : propter veritatem, et
mansuetudinem, et justitiam* (*Psal.* lxiv, 5), quia
veritatem exsequens, mansuetudinem cum justitia
conservabit, ut nec zelum rectitudinis in mansuetudinis pondere derelinquat, nec rursum pondus mansuetudinis rectitudinis zelo perturbet, quoniam, ut
Sapientia dicit : *Rex qui sedet in solio judicii dissipat omne malum intuitu suo* (*Prov.* xx, 8); et item :
*Rex qui judicat pauperes in veritate, thronus ejus in
æternum fundabitur* (*Prov.* xxix, 14).

Ex sacerdotalis vero consensus atque discriminis
parte Domino dicitur : *Misericordia tua ante oculos
meos est, complacui in veritate tua. Non sedi cum
concilio vanitatis, et cum iniqua gerentibus non introibo. Odivi Ecclesiam malignantium, et cum impiis
non sedebo. Lavabo inter innocentes manus meas, et
circumdabo altare tuum, Domine, ut audiam vocem
laudis tuæ, et enarrem universa mirabilia tua* (*Psal.*
xxv, 5). Sed, ut sanctus dicit Gregorius (*Moral.* xxix,
cap. 6) : « Video alios quibus per locum magisterii
exhortandi sunt officia arguendique commissa, quia
vident aliquid illicitum admitti, et tamen dum quorumdam potentum offendere gratiam metuunt, arguere non præsumunt. Quisquis iste est, quid aliud
facit, nisi videt 563 lupum venientem et fugit? Fugit, quia tacuit; tacuit, quia, despecta æterna gratia,
temporalem gloriam plus amavit. Ecce ante potentis
faciem intra sui se latebras silentii abscondit, et
sicut persecutioni publice, sic occulte locum dedit
timori. Bene de talibus dicitur : *Dilexerunt gloriam
hominum magis quam Dei.* (*Joan* xii, 43). Quisquis
igitur talis est, si hæc districte judicantur, et si
persecutio publica defuit, tamen tacendo Christum
negavit. »

Judicibus autem præcipitur : *Si vere utique justitiam loquimini, recta judicate, filii hominum* (*Psal.*
lvii, 1). Ut cum quisque mortalium judicium dederit publicum, si verum loquitur, verum et judicet,

nec ponat blanditiis sermonum muscipulam decep-
tionis, per quam occulte interimat innocentes, attendens quia homo videt in facie, Deus autem in
corde; et si oculus, id est intentio cordis, simplex
fuerit, totum corpus, id est omnis actio lucida erit:
si autem ipsa intentio tenebrosa fuerit, jam tenebræ, quæ in actione erunt, ut modum, ita et nomen
tenebrarum pene excedunt. Et sanctus Gregorius
dicit (*Moral.* xxix, *cap.* 6) : « Video namque nonnullos ita personam potentis accipere, ut, requisiti
ab eo, pro favore ejus non dubitent in causa proximi
veritatem negare. Et quis est veritas, nisi ille qui
dixit : *Ego sum via, veritas, et vita?* (*Joan.* xiv, 6.)
Neque enim Joannes Baptista de confessione Christi, sed de justitiæ veritate requisitus, occubuit :
sed quia Christus est veritas, ad mortem usque idcirco pro Christo, quia videlicet pro veritate pervenit. » Et beatus Beda (*in Lucam, cap.* 22) : « Multi
hodie Judæ scelus, quod Dominum ac magistrum
Deumque suum pecunia vendiderit, velut immane et
nefarium exhorrent, nec tamen cavent. Nam cum
pro muneribus falsum contra quemlibet testimonium
dicunt, profecto quia veritatem pro pecunia negant,
Dominum pecunia vendunt. Ipse enim dixit: *Ego sum
veritas.* Cum societatem fraternitatis aliqua discordiæ peste commaculant, Dominum produnt, quia
Deus charitas est (*I Joan.* iv, 8) ; qui, etiam si nullus pecuniam det, Dominum argenteis vendunt, quia
principis sæculi imaginem, id est exempla hostis
antiqui, neglecta Conditoris, ad quam creati sunt,
imagine, sumunt. » Ille etiam Dominum vendit, qui,
ejus amore ac timore neglecto, terrena et caduca,
imo etiam criminosa, plus amare et curare convincitur. Cum hæc ita se habeant, necesse est et ecclesiasticis et publicæ rei judicibus, ut ita sub oculis
superni judicis in quacunque causa, et de quacunque persona decernant judicium, quatenus non sit
in eodem judicio aliquid fermenti malitiæ, doli, pla-
ciditatis, simulationis sive cupiditatis, vel spes cujuslibet acquisitionis, sed totum azyma sinceritatis
et veritatis, id est judicium justitiæ, æquitas veritatis, puritas veritatis, ne, quod absit, maledictionem
judices incurramus, quæ generaliter a nobis ipsis et
a cuncta imprecatur Ecclesia in dicto prophetæ :
Muta fiant labia dolosa (*Psal.* xxx, 19); et : *In corde
et corde locuti sunt, disperdat Dominus universa labia
dolosa* (*Psal.* xi, 3, 4), quæ aliud dicunt et aliud
corde abscondunt, a quibus interdum constat **564**
quod dicitur, sed alio sensu interpretantur quod dicunt, quam teste conscientia sentiunt. » Et sanctus
Hieronymus in Commento Matthæi (*cap.* 26) dicit :
« Falsus testis est qui non eodem sensu dicta intelligit quo dicuntur. » Et de quibus iterum scriptum
est : *Labor labiorum ipsorum operiet eos* (*Psal.* cxxxix,
10), quando *operientur sicut diploide confusione sua*
(*Psal.* cxviii, 29), id est ponentur *sicut clibanus
ignis in tempore vultus Dei* (*Psal.* xx, 10) ; videlicet
ut interius et exterius ardeant in sæculo jam venturo. Qui aliter ante conspectum illius, cui cogita-

tio hominis confitetur, liberi judices esse non possumus nisi ex corde et ore vera dicamus : vere, quia
tunc juste judicemus, et hoc etiam cum timore et
tremore, ne forte ignorantia delinquamus; quoniam,
cum sit dictum : *In quo judicio judicaveritis, judicabitur de vobis* (*Matth.* vii, 2) ; et : *Si non reprehenderit nos cor nostrum, major est Deus corde nostro, et
novit omnia* (*II Joan.* iii, 20); et ideo in his etiam
quæ apud homines certa sunt, securi esse non possumus, scientes, ut Paulus dicit, quia *Dominus est
qui nos judicat* (*I Cor.* iv, 4), qui sæpe judicio humano justificamur.

Quapropter regibus scribimus, ut quos Deus ideo
in tam excellentissimo loco posuit, ut a subjectis
omnibus valeant conspici, et ad speculi vicem haberi, quatenus pravis et rectis vel terrori esse debeant vel amori, illa satagant facere de quibus nemo
subjectorum eos juste valeat reprehendere, et ea
studeant summopere devitare quæ in subjectis pro
ministerio sibi a Deo imposito necesse erit corrigere, ne audiant a redarguente se Apostolo : *Existi-
mas ergo, o homo, qui judicas de his qui talia agunt,
et facis ea, quoniam tu effugies judicium Dei?* (*Rom.*
ii, 3.) Et iterum scriptum est : *Judicium durissimum
in his qui præsunt fiet* (*Sap.* vi, 6). Et sanctus Spiritus per beatos viros Benedictum et Cyprianum confirmat quia unusquisque rex de omnibus judiciis
suis æquissimo judici Deo rationem reddet in die
judicii, et pro tantis rationem reddet, quantos sub
cura sua habuerit, sine dubio addita et animæ suæ :
et sicut in throno hominum primus constitutus est,
nisi se et sibi commissos bene rexerit, quantum cum
Dei adjutorio prævaluerit, omnes quoscunque peccatores sub se in præsenti sæculo habuit, supra se
modo plagali in illa futura pœna habebit.

Ad consacerdotes autem nostros, ac per hoc ad
nos ipsos, sermo noster dirigitur, ut ea doceamus
quæ Dominus docuit, ea prædicemus quæ ipsi obnoxius conservemus; quia sicut scriptum est : *Interroga sacerdotes legem meam* (*Agg.* ii, 12), ita nihilominus a Domino dictum est : *Tu audiens nuntiabis eis ex me* (*Ezech.* xxxiii, 7); audiens autem,
vel inspiratione superna, vel lectione divina, de
quibus scriptum est : *Audiam quid loquatur in me
Dominus Deus* (*Psal.* lxxxiv, 9); et : *Scrutamini
Scripturas* (*Joan.* v, 39); et : *Lex Domini irreprehensibilis convertens animas, testimonium Domini fidele,
sapientiam præstans parvulis* (*Psal.* i, 8). Quod vero
subsequitur, *Nuntiabis eis ex me,* ex me, inquit,
non ex te, quia non adulatorie neque mobiliter pro
voluntate humana, sed sincere atque constanter quæ
a Deo, sive sacra Scriptura, sive **565** sanctorum
magistrorum doctrina, didicit prædicator, debet auditoribus suis proponere, et sicut de nobis, utinam
non ad judicium nostrum, dicitur auditoribus : *Interroga patres tuos, et annuntiabunt tibi; majores
tuos, et dicent tibi* (*Deut.* xxxii, 7); et per nos eisdem præcipiendo suggeritur : *Venite, filii, audite
me, timorem Domini docebo vos* (*Psal.* xxxiii, 12),

ita et alibi dicendo contra nos queritur : *Ipsi pastores ignoraverunt intelligentiam (Isa.* LVI, 11)*,* quia intellectus bonus omnibus facientibus eum ; et *tenentes,* inquit, *legem nescierunt me (Jer.* II, 8)*,* quoniam qui fide et operibus, vita et moribus, verbo atque exemplo, commissis non prædicant, licet nominetenus colant, secundum veritatem Dominum nesciunt, juxta quod scriptum est : *Qui ignorat, ignorabitur (I Cor.* XIV, 38)*,* videlicet reprobabitur. Quocirca non est unde securi, nisi de misericordia Dei, esse possimus, de quorum manibus tantorum resanguis in die magni judicii exigetur, quanti sine nostra commonitione in suis iniquitatibus pereunt, dicente Domino ad unumquemque episcopum : *Quia si non annuntiaveris iniquo iniquitatem suam, et ille iniquus non fuerit conversus a via sua prava, ipse iniquus in iniquitate sua morietur, sanguinem autem ejus de manu tua requiram (Ezech.* III, 18)*.* Timendum est etiam ne dicatur ab inspectore conscientiarum, quanto magis operum, nobis : *Clavem scientiæ tulistis, ipsi non introistis (Luc.* XI, 52)*,* et alios qui introire poterant, licet verbo admonuissetis, opere destruxistis. Et sciendum est, et cum timore ac tremore maximo continue recolendum, quia sicut spiritalius, ac proinde majus, tanto est periculosius episcopale quam regium ministerium, quanto et pro ipsis regibus rationem reddituri sumus Regi regum et Pastori pastorum in die tremendi examinis.

Ad cunctos etiam in sinu catholicæ Ecclesiæ collocatos hinc loqui decrevimus, ut et ipsi talia committere caveant, et quantum ex ipsis est, agentibus non consentiant et per adulationem non faveant. De qualibus mirabilis dicit Apostolus : *Quoniam qui talia agunt, regnum Dei non consequentur (Gal.* V, 21)*;* et item : *Qui talia agunt digni sunt morte, non solum qui faciunt illa, sed etiam qui consentiunt facientibus (Rom.* I, 32)*.* Quæ idcirco in hac schedula enumerare omisimus, ne aliis dominis et consacerdotibus nostris, qui illa sufficienter sciunt, et melius ac congruentius nobis suis auditoribus exponere sapiunt, fecisse injuriam videamur, præsertim cum frequenti apostolica lectione cunctis Ecclesiam visitantibus inculcentur.

Hæc nostra eorsum præmissa tendit locutio, quia nuper ad nos quidam ex ecclesiastico, quidam vero ex laicali ordine, et pro officii sui loco ac pro religionis merito, nec non et pro devotionis atque nobilitatis suæ cultu, non contemnendæ personæ, quèmdam libellum, cujus hic textum subjunximus, cum propositis quæstionibus dixerunt, petentes humiliter per Dominum nostrum Jesum Christum, qui dixit : *Videte ne contemnatis unum ex his pusillis (Matth.* XVIII, 10)*;* et : *Omni petenti te tribue (Luc.* VI, 30)*;* et : *Volenti mutuari a te ne avertaris (Matth.* V, 42)*;* et : *Ne dicas amico* **566** *tuo : Vade et revertere, et cras dabo tibi, cum statim possis dare (Prov.* I, 28)*;* et per beatum Petrum Ecclesiæ suæ jussit rectoribus ut parati sint ad satisfactionem omni po

scenti se rationem reddere (*I Petr.* III, 15)*;* quoniam qui abscondit frumenta, id est sacri eloquii documenta, maledicitur in populis, benedictio autem Domini super caput vendentium (*Prov.* XI, 26)*;* quia docens ea quæ Domino docente didicit, majorem docendi gratiam et ipse merebitur ab auditoribus, pretium fidei et confessionis recipiens, ut illorum petitionibus nullatenus negligeremus neque dissimularemus, aut sub aliqua excusatione differremus, sed quantotius, tacitis eorum nominibus a quibus hæc proposita fuerant, quibusque de propositis rescriberemus quæ ex his secundum Scripturarum auctoritatem et catholicorum Patrum doctrinam, nobis Dominus dederit, per singula, sicut proposuerant, respondere breviter studeremus. De quibus scribere nihil vellemus, sed vel sapientium doctrinam audire, vel quæ sentimus verbo tantum enuntiare ; et si erat scribendum , forte possemus congruentius dicendi ordinem texere, si talium ac tantorum adjurationem voluissemus aut valuissemus negligere. Unde legentes hæc quæ de sanctis Scripturis et Patrum traditionibus eorum propositionibus rescribemus, non nos de responsionum ordine inordinato succenseant, et si ad talia quæ ad hanc rationem fortassis non pertinent, eorum tracti quæstionibus derivamus, non nos pro superfluitate refugiant, neque nostræ sinceritatis responsionem quisquam ad injuriam sui retorqueat, quoniam nos, dicti Dominici memores, *Non accipias personam in judicio (Deut.* I, 17)*;* et item dicentes sanctos apostolos, quorum, licet indigni, vices agimus, pro modulo nostro imitantes, *Non enim, inquiunt, possumus quæ audivimus et vidimus non loqui (Act.* IV, 20)*,* de quibus interrogati sumus, non nostra, sed vel Scripturæ divinæ, vel eorum dicta, per quos Dominus locutus est, et a quibus illa didicimus, prout permisit brevitas temporis, et occurrit memoriæ, propositis quæstionibus, imo quærentium præmittentes quæ interrogaverant, solutionibus sine adulatione respondere curavimus. Et idcirco generaliter ad omnes scripsimus, quia ad omnium ordinum personas causam pertinere cognovimus, et eos prodere , qui nobis proposita transmiserunt, prohibiti cum adjuratione præscripta sumus. Det autem Dominus in os nostrum sermonem directum bene sonantem , ut possimus ad ea de quibus interrogati sumus, convenienter collecta proferre verba eorum, quibus Dominus dicit : *Non vos estis qui loquimini , sed Spiritus Patris vestri qui loquitur in vobis (Matth.* X, 10)*.* Det etiam gratia Domini nostri Jesu Christi, *qui vult omnes homines salvos fieri (I Tim.* II, 4)*,* et neminem vult perire , ut placeant per nostræ humilitatis servitutem dicta sanctorum excerpta in conspectu audientium ea, quibus generaliter Deus dicit: *Qui est ex Deo, verba Dei audit (Joan.* VIII, 47)*.* Quique discipulis suis dixit : *Qui vos audit, me audit (Luc.* X, 10)*,* et removeat ab omnium audientium interiore cordis auditu obaudiendi **567** duritiam, qui jussit removere a sepulcro Lazari lapidem (*Joan.* XI)*,* et auferat inobediendi vecordiam,

qui olim promiserat per Prophetam : *Auferam a vo-* A
bis cor lapideum, et dabo vobis cor carneum; et Spi-
ritum meum ponam in medio vestri, et faciam ut in
præceptis meis ambuletis, et judicia mea custodiatis,
et operemini (Ezech. xxxvi, 26); ne eis, quod absit,
contemnentibus sanctorum suorum consilia, quibus
dixerat : *Qui vos spernit, me spernit (Luc.* x, 16),
quod est valde terribile dicat : *Propterea vos non*
auditis, id est non obeditis, *quia ex Deo non estis*
(*Joan.* viii, 47).

Et nemo nos exsecret impudicos de hujusmodi
impudicitiis, quas verecundæ aures erubescendo
refugiunt, sermocinantes, quia timore Christi, quem
in se locutum fuisse veraciter dixit, Paulus inter
alia de talibus disputavit, illa quæ ex interrogatis
sentire poterimus, nequaquam tacere audebimus, B
terrente nos eo atque dicente : *Qui me erubuerit et*
meos sermones, hunc Filius hominis erubescet, cum
venerit in majestate sua, et Patris, et sanctorum an-
gelorum (Luc. ix, 26).

Nemo etiam debet exacerbari audiens turpitudines
infirmitatum quas venenata diabolicæ malignitatis
calliditas humanæ infligit fragilitati, sciens se, secundum Apostolum (*Hebr.* v, 2), circumdatum esse infirmitate, et considerans seipsum, ne forte et ipse
tentetur. Neque debet metuere, beato dicente Gregorio in Regula pastorali (*Pastor.* xi, *cap.* 5), « ut
dum aliena tentamenta condescendendo cognoscit,
auditis tentationibus etiam ipse pulsetur, quia et

hæc eadem, per quam populi multitudo in lutere,
jubente Domino, per Moysem facto diluitur, aqua
procul dubio luteris inquinatur. Nam dum sordes
diluentium suscipit, quasi suæ munditiæ serenitatem
perdit. Sed hæc nequaquam pastori timenda sunt,
quia, Deo subtiliter cuncta pensante, tanto facilius
a sua eripitur, quanto misericordius ex aliena tentatione fatigatur. » Et tanto alienarum infirmitatum
impuritates et patienter audire, et infirmis medicinali consilio, prout cuique expedire viderit, debet
modis omnibus subvenire, quanto Deum, ut ipse
per prophetam dicit (*Jer.* vi), sustinendo laborare in
nostris iniquitatibus, et occulta decora nostra, et
ipsarum etiam cogitationum immunditias conspicere, et misericorditer portare, diutina exspectatione ignorare non potest. Unde sanctus Augustinus
in libro quarto contra Julianum, dicit : « Nos certe,
si eos in quos nobis potestas est, ante oculos nostros
perpetrare scelera permittamus, rei cum ipsis erimus. Quam vero innumerabilia ille permittit fieri
ante oculos suos, quæ utique si noluisset, nulla ratione permitteret? et tamen justus et bonus est, et
quod post patientiam dat locum pœnitentiæ, nolens
aliquem perire. » Quod cur fiat sanctus demonstrat
Gregorius (*hom.* 13 *in Evang.*) exponens Scripturæ
testimonium : *Altissimus est enim patiens redditor*
(*Eccli.* v), « quoniam et patitur mala nostra et reddit. Nam quos diu ut convertantur tolerat, non conversos durius damnat. »

---

568 INTERROGATIO PRIMA.

Aiunt enim primo capitulo : Uxor domini regis
Lotharii primo quidem reputata est de stupro, quasi
frater suus cum ea masculino concubitu inter femora, sicut solent masculi in masculos turpitudinem
operari, scelus fuerit operatus, et inde ipsa conceperit, quapropter ut celaretur flagitium potum hausit, et partum abortivit. Quæ ipsa denegans, probationis auctore testibusque deficientibus, judicio laicorum nobilium et consultu episcoporum, atque
ipsius regis consensu, vicarius ejusdem feminæ ad
judicium aquæ ferventis exiit, et postquam incoctus
fuerat ipse repertus, eadem femina maritali toro ac
conjugio regio, decreto quo suspensa fuerat est
etiam restituta. Sicque post spatium temporis,
nescimus utrum de eadem re an de commisso post D
initum conjugium, a quibusdam episcopis talis sicut
vobis transmittimus conscriptus habetur libellus, et
per quorumdam ora vulgatur, quia per secretam
confessionem, quam libellus iste designat, vos cæteri
omnes episcopi, assumpta parabola, eam debeatis
funditus a maritali connubio removere, et si etiam
amplius exegeritis, cogetur vobis dare libellum manu
sua firmatum, ut sicut Ebo quondam Rhemorum
episcopus per libellum secretæ confessionis a sede
et ordine est submotus, ita et ista per libellum secretæ confessionis a maritali removeatur consortio.

C Sed et de venerabili Rhemorum archiepiscopo nobis
est dictum quoniam tali facto consentiat, et per
episcopos, Wenilonem scilicet Rothomagensem archiepiscopum, et Hildegarium episcopum, verbo
vices suas impleverit, et per Adventium, qui cum eo
Rhemis pro hac causa locutus fuerat, litteras consensus sui ad placitum regis et ad conventum episcopalem direxerit, et per eumdem Adventium litteras
suas exinde ad apostolicam sedem transmiserit.
Unde quid inde ex veritate secundum auctoritatem
tenendum sit, a vobis per veritatem, quæ Deus est,
remandari nobis deposcimus.

Textus autem libelli octo capitulorum hujusmodi
esse dignoscitur :

CAP. I. « Nos episcopi, qui in Aquensi palatio
nuper vocati convenimus, quid ibi sensimus, quidve
reperimus, ad notitiam fratrum et coepiscoporum
deducere curamus, ut ipsi aurem cordis et corporis
accommodantes discernant, et unanimi consilio inveniant quem exitum et quem finem hujusmodi
causæ imponant.

CAP. II. « Gloriosus rex Lotharius, familiare et
secretum colloquium nobiscum habens, humiliter
devota puritate suas speciales ac proprias necessitates, consilium et remedium quærendo, exposuit.
Nos quoque suæ bonæ voluntati congratulantes, lacrymis ipsius et suspiriis invitati, et ad compassio-

nem flexi, Domino inspirante, petenti, quærenti et
pulsanti, consilium dedimus et medicinale remedium
adhibuimus.

569 CAP. III. « Tunc isdem rex lugubri voce,
quod nos quidem non sine mœrore et dolore prosequimur, cœpit nobis dicere de sua uxore, quam desideravit habere, quod ipsa obnixis et continuis precibus postularet ut vinculis conjugalibus absoluta,
maritali videlicet toro, ut ipsa testabatur, indigna,
sacrum velamen suscipere, et Christo Domino servire mereretur.

CAP. IV. « Interea missus ipsius reginæ nos accersivit, orans ut illam adire non tardaremus. Ad quam
nos accedentes, ipsa occurrere festinavit, et pene ad
pedes nostros devoluta, cœpit his verbis multum
imprecari, propter Deum, inquiens, et propter ministerium vestrum, obsecro vos ut mihi verum consilium detis.

CAP. V. « Cui nos e vestigio respondentes : Utinam,
aimus, Dominus nobis consilium, quod tibi veraciter
et salubriter demus, administret : tantum tu dic
nobis pura et veraci tuæ conscientiæ confessione,
quid est unde consilium tam expressa obtestatione
requiris; quia aliter tibi quod petis præstare non
possumus, nisi rei veritatem agnoscamus. Hoc tamen
præmonemus, tibique diligenter prohibemus Dei et
nostra auctoritate, ut nec alicujus suasione, imo deceptione, ad alios honores invitata, nec timore cujuslibet pœnæ vel mortis aliquod tibi crimen falso
confingas, et nos, quod absit, in errorem inducas :
sed, sicut superius monuimus, rei veritatem, sicuti
est, nec plus nec minus pandas, nosque, Domino
donante, consilium et auxilium tibi præstare decer-
tabimus, ut nequaquam a tua justitia in aliquo de-
frauderis.

CAP. VI. « Nequaquam, ait illa, teste Deo et propria conscientia, teste etiam meo confessore, aut a
dextris aut a sinistris aliter dicam, vel de me fate-
bor, nisi quemadmodum in veritate est. Recognosco,
inquit, et de me ipsa scio, quia non sum digna in
conjugali copula permanere; et inde vobis testem
adhibeo præsentem episcopum Guntharium, cui ego
confessa fui : ipse enim novit quia ego non sum
digna. Quæ etiam mox se vertens ad ipsum episcopum, implorando aiebat : Rogo, inquit, episcope, ut
istos tuos confratres, sicut melius scis, intelligere
facias quia ita est sicuti de me testimonium perhibui.
Cui memoratus episcopus : Bonum est, inquit, ut tu
ipsa istis meis confratribus quod adhuc latet aperias,
quatenus ex tuo proprio ore quod dijudicent audiant.
Et illa : Quid necesse est, ait, ut aliter dicam nisi
sicut tu nosti? propter Deum tibi sit, ut tu eis ma-
nifestes meam necessitatem, quo pariter cum seniore
meo mihi licentiam detis, ut quod desidero faciam;
quia, inquit, pro toto mundo nolo meam animam
perdere : et ideo rogo vos propter Deum, et propter
ministerium quod suscepistis, ut mihi quod postulo
ad salutem animæ meæ non denegetis.

CAP. VII. « Tunc nos episcopi tentantes requisi-

vimus an ipsa ulterius vellet inde aliquam querimoniam movere, aut aliquas insidias moliri, si suæ
petitioni satisfactum fieret. Ad quod illa libera voce :
Per eam fidem quam colo, ait, vobis coram Deo
promitto quia in æternum nec per meipsam nec per
meum ingenium ullam inde querelam movebo.

CAP. VIII. « Quid denique a sæpefato confratre
nostro, de hac re multum tristante, et angustiante,
ac lugente, atque quod unquam illius confessionis
570 conscius exstitit admodum pœnitente, didicimus, hoc fratribus et coepiscopis, juxta conditionem
datæ licentiæ, viva voce narrandum est, ut sicut in
primordio dictum est, cum argumenta hactenus
latentis causæ perceperint, uno eodemque omnes
consilio et consensu errorem expellant et verum statuant. »

RESPONSIO.

De hujus libelli serie superfluum duximus per
singula quasi respondendo disserere, cum ipse sibi
sufficiat ea quæ continet demonstrare, et nec nostræ
laudis assertione indigeat nec vituperationem refugiat. Tamen quod in quinto capitulo ipsius relegimus
dictum de qua agitur feminæ : « Hoc præmonemus,
tibique diligenter prohibemus Dei et nostra auctoritate, ut nec alicujus suasione, imo deceptione, ad
alios honores invitata, nec timore cujuslibet pœnæ
vel mortis, aliquod tibi crimen falso confingas, et
nos, quod absit, in errorem inducas, » mirum est si
ante non fuit cognitum quod ab ea erat dicendum,
cur talia eidem feminæ ante confessionem fuere præmissa : et si pluribus quæ dicenda erant ante fuerunt percognita, cur quasi sub secreta confessione
quæ dicta sunt profitentur esse recepta. Sed hoc
modo accidere potuisse putamus, quia sicut legimus
in litteris divinitus inspiratis, non semper adest
prophetis spiritus prophetiæ, dicente Eliseo de Suna-
mite ad Giezi puerum suum : *Dimitte illam, anima
enim ejus in amaritudine est, et Dominus celavit a me,
et non indicavit mihi* (*IV Reg.* IV, 27); et quando
vult iterum idem spiritus adest prophetis. Unde et
Achias, divino Spiritu inspiratus, ad uxorem Jeroboam dicit, mox ut audivit sonitum pedum ejus in-
troeuntis per ostium : *Ingredere, uxor Jeroboam,
quare te aliam esse simulas?* (*III Reg.* XIV.) Quapropter si Domini Spiritus, quoniam, testante Apostolo
(*Ephes.* IV, 11), et pastores Ecclesiæ prophetæ sunt,
revelavit auriculam alloquentium mulierem, ad se
cum simulatione fortassis advenientem, in potestate
ipsius spiritus est, qui *ubi vult spirat*, ut occulta
revelatione illis suggesserit, eidem mulieri Dei et
sua auctoritate præcipere, ne eis simulata præsumeret quoquomodo indicare. Nos autem de incertis diu
disputare non volumus, qui certa ex Scripturarum
auctoritate proferre valemus. Nam de adhortatione
ad confessionem dictum legimus : *Revela Domino
viam tuam, et spera in eum* (*Psal.* XXXVI, 5). De subsequente autem adhortationem confessione item
legimus : *Dixi : Pronuntiabo injustitiam meam Do-*

mino, et tu remisisti impietatem peccati mei (Psal. xxxi, 5). Huic quoque confessioni a Domino repensa est remissio, non punitio, quæ non est extorta per metum, sed prolata ad indulgentiæ spem per medicabile hortamentum, ut item dixit : *Et ex voluntate mea confitebor ei (Psal. xxvii, 7);* nec invitata ad præsentem honorem, sed ad futuram beatitudinem, quia scriptum est : *Vanum est vobis ante lucem surgere : surgite postquam sederitis, qui manducatis panem doloris (Psal. cxxvi, 1, 2).* Ille enim **571** ante lucem surgit, qui a Dei custodia per negligentiam mandatorum ejus se alienans cadit, et ante diem venturi sæculi in hac vita quæ nocti est similis, honoribus extolli ac proficere appetit. Sedendum ergo prius est per pœnitentiam, ut post recte surgamus per indulgentiam, quia quisquis nunc se sponte per pœnitentiam non humiliat, nequaquam hunc sequens gloria exaltat. Qualiter autem non exaltari, sed humiliari per confessionem et pœnitentiam debeamus, Dominus in Evangelio Lucæ habitum pœnitentis demonstrat, dicens : *Olim in cinere et cilicio sedentes pœnitentiam egissent (Luc. x, 13);* et in psalmo : *Humiliavi in jejunio animam meam (Psal. xxxiv, 13);* et : *Induebam me cilicio (Psal. xxix, 8);* et : *Factus sum conturbatus (Psal. xxix, 8);* et : *Cinerem tanquam panem manducabam, et potum meum cum fletu temperabam (Psal. ci. 10);* et : *Vigilavi, et factus sum sicut passer solitarius in tecto (Psal. v, 8).* Unde et sacri canones jubent *(Conc. Agat., can.* 15) ut pœnitentes tempore quo pœnitentiam petunt, impositionem manuum et cilicium super capita a sacerdote, sicut ubique constitutum est, consequantur. Et *(conc. Afr., can.* 10) : *Manus impositionem, cujus crimen vulgatum est, ante absidem accipiat;* quod unusquisque publice pœnitens ab episcopo suo, de cujus parochia est, debet suscipere. Illud autem quod generaliter lædit Ecclesiam, a synodo, id est conventu episcopali, medicabiliter debet sanari. Et miro modo hic libellus episcopalem, qui pro causa generali fieri debet, et secretam describit confessionem, quæ specialem postulat medicinam.

Sed et septimum capitulum, in quo tentando interrogatur femina jam designata, ut ibi scriptum est : « Utrum inde aliquam vellet querimoniam removere, aut aliquas insidias moliri, si suæ petitioni satisfactum fieret, » ex quo juratio demonstratur elicita, tarditatis nostræ est ingeniolo suspectum; ideo a nobis nihil est inde responsum, ne deviare aut a legali tramite aut a capituli semita videamur.

De eo etiam quod in præmissi libelli octavo capitulo scriptum est : « Quid denique a sæpe fato confratre nostro de hac re multum tristante, et angustiante, ac lugente, atque quod unquam illius confessionis conscius exstitit admodum pœnitente didicimus, hoc fratribus et coepiscopis juxta conditionem datæ licentiæ viva voce narrandum est, ut sicut in primordio dictum est, cum argumenta hactenus latentis causæ perceperint, uno eodemque omnes consilio et consensu errorem expellant et verum

statuant, » sciant et quicunque venerandi episcopi, et reges gloriosi, et omnes in sinu matris Ecclesiæ collocati, quia hanc latentem causam sub hac conditione potius ignorare quam scire volumus, pro causis quas ostendemus. Videlicet, quia nimis habemus de peccatis nostris, et nobis a secrete confitentium devotione confessis, et a nobis subditis publice et pondere gravi commissis, ad quæ deflenda oculi nostri nequaquam sufficiunt : quanto magis illa quæ latent, et per alios sanari melius quam per nos possunt et ablui, curiositate, quæ grave est, ut dicit Gregorius, vitium, illa discere et audire quæramus. Unde superadjecto cumulo **572** sic lugeamus, sicut ille pius et sanctus vir, cui illa femina confessa fuit, tristissimus et angustians atque pœnitens, quia illius confessionis conscius fuerat, sicut ibi scriptum est, luxit. Sed legimus quia luxit Samuel Saulem, quoniam abjecit eum Dominus, ita ut Dominus diceret ei : *Usquequo tu luges, Saul, quoniam ego abjeci eum? (I Reg. xvi, 7.)* Sed non legimus eum cuiquam manifestasse pro quo illum peccato luxerit, nisi ipsi Sauli, et quantum lacrymæ ipsius inde Domini auribus intimarunt.

Altera causa est quia Spiritus sancti oraculo cautum esse dignoscitur ut quique peccantes peccatorum suorum latentes causas spiritalibus senioribus patefaciant, qui sciant et sua et aliena vulnera curare, et non detegere ac publicare. Et propterea in sacris canonibus Africani concilii scriptum habetur *(can.* 99). Ut si quando episcopus dicit aliquem sibi soli proprium crimen fuisse confessum, atque ille neget, non putet ad injuriam suam episcopus pertinere quod illi soli non creditur ; et si scrupulo propriæ conscientiæ se dicit neganti nolle communicare, quandiu excommunicato non communicaverit suus episcopus, eidem episcopo ab aliis non communicetur episcopis, ut magis caveat episcopus ne dicat in quemquam quod aliis documentis non potest convincere. Quid est enim crimen confesso nolle communicare, nisi confessionem criminis publicare? Et quantiscunque episcopis femina ipsa secreta confessione delictum suum prodiderit, sic quasi uni dixerit, secretum haberi debebit. Unde Augustinus exponens sententiam Levitici : *Si peccaverit anima, et audierit vocem jurantis, testisque fuerit quod aut ipse vidit aut conscius est, nisi indicaverit, portabit iniquitatem suam (Levit. v),* ita dicit *(Quæstionum in Lev.,* lib. iii, c. 1) : « Hoc enim, inquiens, videtur dicere, peccare hominem, quo audiente jurat aliquis falsum, et scit eum falsum jurare et tacet. Tunc autem scit, si ei rei de qua juratur testis fuerit, aut vidit, aut conscius fuit, id est, aliquo modo cognovit, aut oculis suis conspexit, aut ipse qui jurat illi indicavit, ita enim potuit esse conscius. Sed inter timorem hujus peccati, et timorem proditionis hominum, non parva exstat plerumque tentatio. Possumus enim paratum ad perjurium admonendo vel prohibendo a tam gravi peccato revocare; sed si non audierit, et coram nobis de re quam nobis indica-

verat falsum juraverit, utrum prodendus sit, si pro- A
ditus etiam in periculum mortis incurrat, difficillima
quæstio est. Sed quia non expressit cui hoc indi-
candum esset, utrum illi cui adjuratur, an sacerdoti,
vel cuipiam qui non solum eum qui persequi non
potest irrogando supplicium sed etiam orare pro illo
potest, videtur mihi quod se homo solvat etiam a
peccati vinculo, si indicet talibus qui magis possunt
prodesse quam obesse perjuro, sive ad corrigendum, sive ad Deum pro illo placandum, sive ipse
confessioni adhibeat medicinam et cætera quæ ibi
prosequitur. » Quod autem de uno peccato diximus,
de aliis etiam **573** debet intelligi. Et Salomon dicit : *Qui ambulat fraudulenter, revelat arcana ; qui
autem fidelis est, animi celat commissum (Prov.* xi,
13). Et sanctus Gregorius in Pastorali regula (*part.* B
ii, *cap.* 5) dicit : « Tales, inquiens, sese qui præsunt exhibeant, quibus subjecti occulta quoque sua
prodere non erubescant ; ut cum tentationum fluctus parvuli tolerant, ad pastoris mentem, quasi ad
matris sinum, recurrant ; et hoc quod se inquinari
pulsantis culpæ sordibus prævident, exhortationis
ejus solatio ac lacrymis orationis lavent. » Et notum
de seipso unicuique constat, quia nemo est qui prælato suo peccata sua prodere non erubescat, si se
denudari vel publicari putaverit. Et in Carthaginensi concilio præcipitur (*conc. Carth.* iv, can. 23) :
« Ut episcopus nullius causam audiat, de qua ei necesse erit publice judicare, absque præsentia clericorum suorum ; alioquin irrita erit sententia episcopi,
nisi præsentia clericorum suorum confirmetur. » C
Et Dominus in Evangelio delinquentem, adhibito
uno vel duobus præcipit commoneri (*Matth.* xviii),
ne quando ad Ecclesiam fuerit deferendum, qui mo-
nuerat, non corrector, sed, deficientibus testibus,
judicetur potius criminator.

Tertia causa est quia de absconditis judicare non
possumus, nec debemus, quæ nos latent, sicut et
hæc causa, quæ latens in ante fato libello pronuntiatur, et nesciri a nobis perpetuo cupitur, si secreto
consilio sanari nequitur. Et quoniam de latentibus
judicare non possumus, beatus Innocentius ad Exuperium Tolosanum scribit episcopum (*epist.* 11,
cap. 4), requirentem cur communicantes viri cum
adulteris uxoribus non conveniant, cum contra uxo- D
res in consortio adulterorum virorum manere videantur, cum super hoc Christiana religio adulterium in utroque sexu pari ratione condemnet. [Quia
viros suos, inquiens, mulieres non facile de adulterio accusant, et non habent latentia peccata vindictam. Viri autem liberius uxores adulteras apud
sacerdotes deferre consueverunt ; et ideo mulieribus, prodito earum crimine, communio denegatur :
virorum autem latente commisso, non facile quisquam ex suspicionibus abstinetur, qui utique sub-
movebitur, si ejus flagitium detegatur. Cum ergo
par causa sit, interdum probatione cessante, vindictæ ratio conquiescit.]

Textus libelli septem capitulorum taliter continetur.

Cap. I. « Postquam domnus noster Lotharius,
serenissimus ac gloriosissimus rex, Tetbergam cum
consensu et voluntate fidelium suorum ad conjugium
more regali sibi sociavit, et discordiarum querelæ
inter eos cœperunt exoriri, dictum est eidem principi a quibusdam quomodo memorata Tetberga scelus quoddam horribile ac nefas patratum vulnus
occultum in animo sive in corpore haberet, in quo
Deum graviter offensum haberet, pro quo etiam illi
non esset digna, neque liceret vel eum deceret ad
conjugium eam amplius habere.

Cap. II. « Ex opinione vero præmissa, quæ de
illa per ora quorumdam volitabat, præfatus rex in
conspectu fidelium suorum secrete ac manifeste
574 frequenter collocutus fuit, et cum eis rationes
habuit, unde judicium postea per ipsorum consilium
exstitit factum, sed non divina pietas indulgens rei
veritatem manifestare voluit, sed cum postmodum
ad fratrem suum Ludovicum imperatorem in Italiam devenisset, illuc apertius patratum scelus est
illi manifestatum.

Cap. III. « Proinde ne suspicio ista et nequissima
fama de uxore regia diutius inexaminata aut impro-
bata maneret, quatenus idem dominus noster certior
securiorque effectus de hac causa, cum quæ illi
agenda erant more regali liberius exsequerentur,
convenerunt jussu ejusdem principis, anno videlicet
Incarnationis Dominicæ 860 et regni ejus v, indictione viii, v Idus Januarii, Aquis palatio, Guntharius summus capellanus et Teotgaudus archiepiscopi, Adventius et Franco episcopi, Hegil, et Odelin-
gus abbates, sive alii fideles ejus. Quibus omnia
superius inserta referens, jubendo monuit præ-
scriptos episcopos atque abbates, dirigens ad illam
ut de prædicta fama apud eam omnem rei veritatem perquirerent, sicuti et fecerunt. Nam ipsa confessa est eis, coram Deo et angelis ejus, omnia
quæque in illa erant, omneque secretum juxta
exortam famam penitus apparuit illis, ipsique reversi nuntiaverunt prædicto regi quod ad uxorem
non liceret illi eam habere.

Cap. IV. « Primus Guntharius dixit : Confessa
est Deo et nobis quod vulnus in se haberet interius,
non tamen sua sponte, sed violenter sibi illatum,
pro quo indignam se esse omnino judicavit ad rega-
lem sive maritalem torum jam ulterius accedere, et
nullatenus posset pro prædicto scelere, quod turpe
est dicere, conjugium famulare cum eo, vel cum
quolibet amplius habere : et ideo deprecata est licentiam sibi dari mutandi sæcularem habitum, et a
virili commistione discedendi, nulla interveniente
fraude iracundiæ, vel etiam voluntate, quam contra
eumdem regem haberet, sed ut, illa discedente, ipse
animo et corpore solaretur, et ipsa quod inique egit,
per Dei misericordiam, et eorumdem episcoporum
orationes, deflere potuisset.

Cap. V. « Adventius dixit : Hoc me facinus et

factum hactenus latuit, et nefas est illud ut deinceps more maris et feminæ simul conveniatis. Et si tamen, ut prius fuit, vobis esset amabilis et dilecta, darem vobis consilium secundum ministerium mihi commissum, et probarem omnino ne ulterius lateri vestro sociaretur sicuti conjux, sed juxta petitionem ejus velum accipere et habitum mutare hoc permitteretis.

Cap. VI. « Similiter Teotgaudus archiepiscopus dixit atque consensit.

Cap. VII. « Egil abba, vice ejusdem Tetbergæ, ita faciendum suasit et petiit ut, quia non sua sponte, sed vi oppressa rem nefandam perpetraverat, tribueretur ei facultas velandi, et locus quo patratum vulnus sanaret : quod vero simpliciter, et nullo incumbente timore, aut qualibet occasione vel voluntate, sed pro Dei amore et animæ suæ solutione petebat. »

De hoc libello rationabilius tacere quam respondere delegimus, quoniam sicuti præmisso irrationabilitate ex majori parte habetur **575** consimilis, ita veritati et rationi adeo habetur dissimilis, ut credi non debeat a præfatis confectus episcopis.

Sed et in quodam tomo, quem ex integro propter sui prolixitatem hic scribere devitavimus, cujus initium est : « Anno ab Incarnatione Domini 860, indictione VIII, mediante Februario mense, decernentibus gloriosis regibus Ludovico, Carolo atque Lothario juniore, in generali conventu optimatum ex regno almi Lotharii, actum et concilium episcoporum Aquisgrani palatio, Guntharii Agrippinensis, Theotgaudi Treverensis, Wenilonis Rothomagensis, Franconis Tungrensis, Hattonis Virdunensis, Hildegarii Meldensis, Hilduini Aviniensis. »

Cap. XV. Ad locum de femina unde agitur, ita scriptum reperimus : « Porro illa, nulla securitate hoc celandi aut superandi fulta, primo regi ordinem perpetrati reatus, ut fama fuerat, enarravit. Deinde quibusdam episcoporum simul et laicorum idipsum enucleavit. Postea quoque chartulam suæ confessionis, suo rogatu conscriptam, in nostra omnium et multorum laicorum præsentia, in manu gloriosi regis Lotharii porrexit, moxque coram omnibus palam locuta : Domine mi rex, inquit, propter Deum rogo, et propter vestram mercedem, ut mihi pœnitentiam agere liceat, quoniam et verbis et scripto confiteor me conjugalem copulam non mereri, ideoque prostrata suppliciter expostulo ut mihi jam nunc et deinceps non denegetis quod meæ saluti posthac succurrere potest. » Textus itaque illius scripturæ hæc verba et hunc sensum continebat : « Ego Thietbrihc, quam femineí sexus imprudentia, et fragilitas fefellit humana, et conscientia delicti mordet, propter spem salutis animæ meæ, et propter fidelitatem erga seniorem meum, veram confessionem coram Deo et sanctis angelis ejus, ac venerabilibus episcopis, sive nobilibus laicis, sic profiteor, quia germanus meus Hucbertus clericus me adulescentulam corrupit, et in meo corpore contra naturalem usum

fornicationem exercuit et perpetravit. Hoc testificor teste mihi conscientia mea, non aliqua malevola suggestione persuasa, neque violenti necessitate compulsa, sed simplici voluntate rei veritatem sicuti est professa. Sic me adjuvet Dominus, qui peccatores salvare venit, et peccata simpliciter ac veraciter confitentibus veram indulgentiam promisit, si nihil fingo, si vera propria voce pronuntio, et litterarum chirographo rem gestam confirmo ; quia tolerabilius est mihi imprudenti ac deceptæ feminæ, coram hominibus culpam simpliciter confiteri, quam ante tribunal Domini erubescere atque æternum væ habere. »

Cap. XVI. « Hoc itaque recitato astantium animos horror pariter ac dolor perculit, ac de tanta licentia diabolicæ fraudis sacerdotum pectora gemitus complevit. Sed quamvis ista ejus confessio credibilis appareret, tamen ne forte pro aliqua deceptione, aut pro timore alicujus, sæpe dicta mulier mentiretur, denuo memoratum regem alloquentes, magnis eum obtestationibus astrinximus ut nobis confiteretur si eam suasione aut comminatione ad seipsam fallaciter criminandum compulisset. Econtra ipse cum maximis attestationibus **576** nobis declaravit, solam rei veritatem illam confiteri se persuasisse, nec in ea causa industriose aliquid amplius egisse. Referebat etiam nobis in ipsa hora quomodo postquam primum infandam rem audivit, et veram credidit, quantum inde doluit quantumque sibi inopinatum malum et minime optata fors displicuit. Qualiter denique rem fœdam patienter ferre, et nisi jam tantum fama cucurrisset, occultare voluit, et quantum potuit fecit. Unde et falsum judicium se sciente pro verifica examinatione suscepit et toleravit, ut si fieri posset tanta turpitudo incredibilis appareret, et sic in mundo evanesceret, ipseque coram sæculo in tam ignominiosa macula et ruinosa offensione non remaneret. Postquam autem revelata pestis latere non potuit, ac ipse pondus tanti opprobrii ferre nequivit, maxime cum partibus Burgundiæ atque Italiæ discurrens nimis diffamatam ac divulgatam fœditatem exhorruit, non est passus hanc causam sine episcoporum examine diutius subsilere. Revera lacrymosis suspiriis multipliciter id sibi de memorata femina inculcatum, et in hoc etiam regno a plurimis affirmatum non sine gemitu repetebat.

Cap. XVII. « Nos igitur rursus eamdem mulierem primum secreto, deinde coram laicis adivimus, eamque cum adjuratione divina monitis pluribus exhortati sumus, ne sibi ullo modo falsum crimen inferret, æternarum quoque pœnarum minis, si hoc faceret, deterrere curavimus : iterumque de nostro consilio et auxilio, tuitione ac defensione contra omnes insidias vel violentias securam reddidimus, tantum ut nobis jam tunc fiducialiter confiteretur utrum persuasa an compulsa ad seipsam criminandum fuisset. Ad hæc illa aspero intuitu nos redarguens : Putatis, inquit, ut meipsam pro aliqua re in mundo ita perdere voluissem ? Sicut enim confessa fui, sic confiteor, et sic confitebor. Tantum obsecro propter Dei amorem ut meis precibus desideratam misericordiam jam modo concedatis. Hinc nostra sollicitudo requisivit an ipsa ulterius inde aliquam vellet querimoniam movere, aut aliquas aliquando insidias moliri, si suæ petitioni fieret satisfactum. Cujus obligationem et nostra illico unanimitas ita prosecuta est : Scias, o filia, quia si nostram in te tuamque confessionem sententiam exspectabis, ut te divinæ et canonicæ comprehendat auctoritatis censura, et indissolubilis incipiat ligare sacerdotum catèna, unde adhuc potes recuperare, si tamen potes, ulterius, ut æstimamus, non recuperabis. Sic et laici plurimum eam admonuerunt, maxime ipsius familiares et amici admodum illam, ne se deciperet, pulsando increpabant. Ipsa tamen, veluti si ejus conscientiæ secretum intuentium oculis visibiliter appareret, immobilis in sua confessione perduravit.

Cap. XVIII. « Quid longius immoremur? Jam omni dubietate remota, et rei veritate comperta, novum auditu scelus, nefandaque pollutione horrendum, præsertim cujus fetorem jam diu per innumeros longe lateque fama disperserat, ne præsentibus ac futuris pestiferam corruptionem inferat, nisi severius diligentiusque evellatur, nulla levi cura vel indulgentia tractandum visum est. Non enim dubium est quia naturalis inter fratrem et sororem concubitus veniam temporalis non meretur honoris, et nihil aliud restat **577** quam vindicta et pœnitentia. Nec habet ulterius progrediendi occasionem damnabile crimen, quod statim a prævaricatoribus multa quæ fuerant licita penitus amputat; ideoque hoc eo rarius a sæculo contigit, quo constat quia nullus inde exemplum sibi præsumpsit, quod nunquam veniale apud mundi gloriam esse potuit. Sed cum quilibet aliquoties in hanc miseriam lapsi sunt, non de exemplo alterius accidit, sed de antiqua diaboli fraude, et simili fragilitatis impulsu ac præcipitio recens et quasi nova ruina fuit. Istud autem contagionis genus, quod nunc incipit esse novum, et antea nobis erat inauditum, cavendum est ne morbosam pestem et incurabilem luem generi transmittat humano, ut ita videlicet origo perniciosa funditus exstirpetur, quo nullum exemplum nullamque fragilibus relinquat occasionem : ne forte, quod absit, talis consuetudo inolescat, qua naturalem consanguinitatis concubitum quis devitet et fornicari contra naturam in proprio genere, leve hoc æstimans malum, licentius assuescat.

Cap. XIX. « His ergo consideratis et diligenter perspectis, lugendam incesti pollutionem, in publicum exhalatam, publicæ pœnitentiæ satisfactione purgandam decrevimus. »

Hinc breviter prælibamus, in processu plenius ostensuri, quia hujusmodi confessionis libellum fieri Leo papa manifestissime prohibet (*epist.* 36, *ad episc. per Campaniam*), sed et perinde uxorem a viro discedere posse neque auctoritas sacra permittit. Quia etiam hæc femina suæ accusationis libellum non episcopis, ut ibi scriptum est, sed regi por-

rexit, et laicis sua crimina denudavit, rex legale judicium construat, et secundum legem ac justitiam laici conjugati laici regis conjugem judicent; et si de eorum judicio ad episcopale judicium venerit, secundum leges ecclesiasticas episcopi ei judicium medicinale imponant. De hoc quod ibi scriptum est, quod de tali facto rex doluit, et contristato ei actio ista displicuit, cavendum illi est ne tristitia ejus non sit ablutio, sed sceleris, quod absit, confessio. « Hæc enim est, ut doctores scribunt Ecclesiæ, et venerabilis presbyter Beda illorum sequens sententiam dicit, superni justitia judicii, ut plerumque reprobi et agnoscant se et fateantur errasse, certamque erroris sui pœnitudinem gerant, nec tamen ab errando quiescant, quatenus eadem confessione ac pœnitentia contra se ipsi testimonium dent quia non nescii delinquunt, dum a peccato quod culpant, cohibere detrectant, eoque justius pereant, quo foveam perditionis, quam prævidere valuerunt, declinare neglexerunt. Unde scriptum est de Herode (*Marc.* VI) quia contristatus est rex pro Herodiadis petitione. Talis quippe est tristitia Herodis qualis pœnitentia Pharaonis et Judæ, quorum quisque facinora sua, postquam accusante conscientia invitus prodidit, vecors augmentavit. Itaque Herodes caput Joannis petitus, tristitiam quidem prætendebat in vultu, quia se ipse damnaret, ostendendo cunctis liquido quia insontem noverat et sanctum, quem erat neci daturus. Verum si diligentius cor nefandum inspicimus, lætabatur occulte quod **578** ea petebatur quæ et antea facere, si excusabiliter posset, disponebat : qui si caput Herodiadis peteretur, nulli dubium quia nec vellet dare, et veraciter tristis abnueret. » Unde et hic domnus noster rex, superni spectatoris intendens oculos, qui corda omnium conspicit, et cui cogitatio hominis confitetur, diligentissime ponderet si æquo dolore acciperet, et æqua vultus serenitate eum respiceret, a quo tunc forte audiret : Quia a te feminam istam absolvis, nec illa talem vel talem tibi quocunque modo ulterius unquam approximare permittas. De hoc quod rex profitetur quia falsum judicium, se sciente, pro verifica examinatione suscepit, scientes de omnibus judiciis nostris æquissimo judici et regi regum rationes nos subtilissime reddituros, quæ sentimus absque respectu personæ, veritate cogente, proferimus. Scilicet quia contra legale decretum et evangelicam veritatem agere præsumpsit, dicentem : *Non tentabis Dominum Deum tuum* (*Matth.* IV, 7); qui, ut iterum scriptum est : *Illusores deludet* (*Prov.* III, 34), ut sacrilegus, quia contra sacra sacramenta per contemptum et illusorie fecit, pœnitentiam accipiat dignam et peragat, consentientes autem ei, si qui fuerunt, legalibus et ecclesiasticis judiciis supponantur. Cæterum quod ibidem subsequitur, quia eadem femina secundum suas multas postulationes publica pœnitentiæ satisfactione purganda decreta est, si in judicio legali posita, rationabiliter et juste illud evasit, comite æquitate vel indulgentiæ pietate, bene utcunque se habet, ita tamen ut contra Apostolum licentia separationis A ejus scandalum non fiat infirmis, et virum suum mœchari non faciat : sin autem, audire cum fautoribus suis apostoli verba debuerat : *Petitis et non accipitis, eo quod male petatis* (*Jac.* iv, 3) ; quoniam quæ se apud regem et nobiles laicos accusaverat per scripturam, sicuti secundum leges Romanas quisque accusat alium sub conditione eisdem legibus designata, consequens non videtur ut ab his legaliter non judicata, vel indulgentia principalis sententiæ absoluta, ab episcopis pœnitentia publica mulctari debuerit, cum in judicio legaliter disposito etiam carnifices absque prolato judicio reum ad tormenta non pertrahant, nec sine indulgentia principali vinculis colligatum absolvant. Quod denique post valida auctoritatum testimonia, sed parum aut nihil illa B quæ de præfata femina acta sunt confirmantia, imo et his quædam contraria, ibidem subsequitur : « De rege autem nostro, et ejus fragili juventute, et labili incontinentia, ne populis regnoque ipsius periculum inferat, consuli adhuc magna necessitas imminet : et ideo summopere flagitamus, collegii vestri consi io et sincera cooperatione nos in Domino a vobis velociter consolari, atque confortari, » mirabili dictu pendens nobis visa est prolata sententia, quoniam quæ requiratur exinde consolatio non profertur, nec unde consilium dari debeat demonstratur. Quapropter expressius interrogati ab aliis, si conjugium hæc copulatio inter domnum regem et sæpe dictam feminam **579** fuerat, quæ inde sacra auctoritate docente sentimus, in processu operis ostendemus. Si vero concubinalis C commistio, vel incestualis pollutio exstitit, et exinde, quæ in sacris paginis invenimus collecta, monstrabimus. Interim tamen hujus tomi scriptorum cum venia commonemus, quia tutius fuerat exspectare atque expetere collegii generalis consilium ex his quæ de prædicta femina gesta sunt, et in eodem consilio, quod nunc requiritur de domno rege consilium caperetur, quam nunc, ut ex antiquo solent proverbiales dicere, post tempestatem buccinam insonare, quia scriptum est : *Palpebræ tuæ præcedant gressus tuos* (*Prov.* iv, 26) ; et : *Omnia fac cum consilio, et post factum non pœnitebis* (*Eccli.* xxxii, 24).

INTERROGATIO II

De eo quod nobis scriptum est quosdam dicere, D quoniam ad instar secretæ confessionis quondam Ebonis episcopi, de argumentis hujus causæ latentis ex confessione præfatæ feminæ debeat judicari.

RESPONSIO.

Forte laici et hujusmodi homines dicunt, qui ecclesiasticas leges ignorant, et episcopali tunc temporis non interfuere judicio, sed quæ acta sunt auditu conjiciunt vitioso. Unde nos, qui in eodem concilio fuimus, certa notitia, et ex eisdem gestis episcopalibus, et illo ipso scripto quod Ebo manu sua firmatum concilio protulit, ostendere possumus, quia præfatus episcopus in synodo accusatus judices sibi elegit, libellum de secessione a ministerio pontificali propter pondera peccatorum suorum manu sua subscriptum synodo sacræ porrexit, ipse juxta libelli tenorem confessus testes adhibuit, et sic demum, secundum confessionem suam testibus et scriptura subnixam, ut judicum electorum judicio a ministerio episcopali recederet sententiam synodalem accepit, abiit, et recessit. Quapropter dicentes talia etiam ex nostra insinuatione cognoscant, quod de Christianæ doctrinæ usu ignorare non possunt, quoniam sicut alius ordo, ita et alia causa et lex causæ viri est et uxoris, et alia non solum episcopi, verum presbyteri, atque diaconi. Nam, docente evangelica et apostolica veritate : *Vir non habet potestatem corporis sui, sed mulier, et mulier non habet potestatem corporis sui, sed vir* (*I Cor.* vii, 4). Qua potestate corporis, sicut auctores exponunt, usus genitalium designatur, quibus abuti conjuges non debent ad alios, sed uti eis nuptialiter inter seipsos. Alioquin, sicut et Apostolus de se dicit (*I Cor.* ix), quisque Deum timens potestatem habet castigandi corpus suum, et servituti subjiciendi, et ad mortem usque pro Christo tradendi, atque secundum communem ac licitum usum cætera membra sua movendi, et corporis **580** curam agendi habet. Sub quo sensu idem Apostolus sequitur : *Et alligata est mulier lege viri quandiu vir ejus vixerit : mortuo autem viro soluta est a lege viri, nubat cui vult, tantum in Domino* (*I Cor.* vii, 27). Et vir non potest uxorem suam dimittere quacunque de causa, et nulla alia nisi sola fornicationis causa, et si dimiserit eam, vivente illa non potest aliam ducere, nec illa viro suo vivente alteri nubere, quia scriptum est : *Quod Deus conjunxit homo non separet* (*Matth.* x, 9). Deus enim conjunxit, unam faciendo carnem viri et feminæ. Hanc homo non potest separare, nisi solus forsitan Deus. Homo separat, quando propter desiderium secundæ uxoris primam dimittit : Deus separat, qui et conjunxerat, quando ex consensu propter servitutem Dei, eo quod tempus in arcto sit, sic habet uxorem quasi non habens. Separat autem Deus, non a maritali et uxorea secundum Deum inita conjunctione, sed a carnali commercio et uxorei usus commistione. Quod si sufferre non possunt, non se fraudentur ab invicem, nisi forte ad tempus, ut vacent orationi, et iterum revertantur in idipsum, ut non tententur a Satana propter incontinentiam. In cujus tentationem per incontinentiam quisquis eorum adulterando inciderit, antidoto salubris pœnitentiæ remedium pœnitendi, et per ecclesiasticam auctoritatem consequi perfectionem valebit. Episcopos autem, presbyteros, vel diaconos, qui mortali crimine dixerint se esse pollutos, secundum Valentinam Synodum (*can.* 4), a supradictis ordinationibus legimus submovendos, reos scilicet vel veri confessione, vel mendacio falsitatis. Neque enim absolvi potest qui in seipsum dixerit mortis causam, quæ dicta in alium puniretur, cum omnis qui sibi fuerit mortis causa major homicida sit. Quam mortem sanctus Augustinus in sententia Deuteronomii : *Si deprehensus fuerit homo sollicitans fratrem suum* *de filiis Israel, et vendito eo accipiens pretium, interfi- cietur, et auferes malum de medio tui (Deut. xxiv, 7),* isto modo exponit dicens : « Assidue hoc dicit Scriptura, cum jubet occidi malos. Qua locutione usus est etiam Apostolus cum diceret : *Quid enim mihi de his qui foris sunt judicare? nonne de his qui intus sunt vos judicatis? auferte malum ex vobis ipsis (I Cor. v, 12,).* Ex quo apparet eum voluisse intelligi, qui aliquid tale commisit ut excommunicatione dignus sit. Hoc enim nunc agit in Ecclesia excommunicatio, quod agebat tunc interfectio. Sic et quod leges civiles ministerio reipublicæ morte condemnant, leges ecclesiasticæ degradationis vel excommunicationis judicio puniunt. In Africanis quoque canonibus legimus : *Ut episcopus, qui se communicasse non communicandis super se mentitus fuerit, episcopatum amittat.* Uxor autem a viro tali colludio separari non potest. Huc accedit quod superius paulo posuimus, episcopus, presbyter, vel diaconus absolvi non potest, qui in se mortis causam dixerit, quæ dicta in alium puniretur. Quoniam hæc causa ab hac muliere, ut fertur, in se solam **581** non dicitur, quæ multo magis in fratrem refertur. Idcirco, pro tali dicto, antequam et per eum vel confessa vel convicta clarescat in quem relative relabitur, separari non potest. Sed et episcopus, presbyter, vel diaconus, non ita ut vir et uxor, si in laqueum et tentationem diaboli inciderint, per manus impositionem remedium possunt accipere pœnitendi : sed sicut Leo scribit (*epist. 95, cap. 2*), hujusmodi lapsis ad promerendam misericordiam Dei privata est expetenda secessio, ubi illis satisfactio, si fuerit digna, sit etiam fructuosa : nec perfectionem ad gradus redeundi ecclesiasticos pœnitendo consequi prævalebunt, sicut de viro et femina, si adulteraverint, communionis perfectionem consequi poterunt, scribente Gelasio (*epist. 6*) : Hujusmodi etiam, si forte subrepserint, tam qui ante peccaverint, detectos oportere depelli, quam sacræ professionis oblitos, prævaricatoresque sancti propositi procul dubio submovendos. » Et Siricius (*epist. 1 ad Himerium*) : « Illud quoque nos par fuit providere, ut sicut pœnitentiam agere cuiquam non conceditur clericorum, ita et post pœnitudinem ac reconciliationem nulli unquam laico liceat honorem clericatus adipisci : quia quamvis sint omnium peccatorum contagione mundati, nulla tamen debent gerendorum sacramentorum instrumenta suscipere, qui dudum fuerint vasa vitiorum. » Et sicut in aliqua corporis parte præcisus, aut publice pœnitens, ad ecclesiasticum gradum canonice non potest accedere, vel in ecclesiastico gradu manere : ita nec dicamus, qui ante baptismum vel post baptismum inventus fuerit, ecclesiastici gradus munere potest perfrui, sacra auctoritate docente : cum eadem auctoritas præcisos, vel publice in adolescentia pœnitentes, sive nuptias digamiæ in laicali ordine non refutet : quoniam sicut aliud officium capitis, et aliud membri alterius pro diversitate est corporis, ita alia causa est

sacerdotis, et alia causa est plebis, aliaque pastoris, et alia gregis. Et secundum auctoritatem canonicam, vir et mulier, etiam causa fornicationis sejuncti, possunt mutua reconciliatione post pœnitentiam in conjugio rejungi ; episcopus autem, vel presbyter, sive diaconus, juste et secundum leges ecclesiasticas degradatus, ad gradum non valet denuo aspirare. Legat qui voluerit magni Leonis epistolas, et decreta Gregorii, in quibus inveniet episcopum, vel presbyterum, sive diaconum, post depositionem canonicam ad gradus ecclesiasticos aspirantem exsilio deportari, vel in monasterio sub pœnitentia debere detrudi. Est etiam, quia mulier viro non potest dare libellum repudii, et viro mulieri dare libellum repudii, quod Moyses, et non Deus, Evangelio teste, permisit, Dominus ipse prohibuit. Et, Paulo docente, non atramento sed spiritu Dei vivi lex in cordibus justorum est scripta, sacrique canones, ut docent Damasus et Leo, eodem Spiritu sancto sunt conditi, de quo scriptum est : *Spiritus Patris vestri qui loquitur in vobis (Matth. x, 20)* ; et : *Si quis spiritum* **582** *Christi non habet, hic non est ejus (Rom. viii, 9)* ; et : *Spiritus est Deus,* et, *ubi vult spirat ; et, dividit singulis prout vult (I Cor. xii, 11).* Quorum auctoritate . canonum, sive pro infirmitate animæ, sive pro corporis ægritudine, dato libello manu sua subscripto, ab Ecclesia, cui præsederat episcopus, et a suo se potest, si voluerit, removere officio, sicut beatus Gregorius in suis multoties designat epistolis, veluti ad Marinianum episcopum Ravennatium, et ad clerum ac plebem Ariminensium, necnon et ad Anatolium diaconum, et ad Ætherium episcopum, atque ad Brunichildem reginam ; sed et in Gallicanis canonibus de Potamio Bracarensi archiepiscopo evidenter agnoscitur. Non autem legimus, ut femina, libello Synodali porrecto conventui, a suo debeat conjuge separari, aut sine publico examinationis judicio a conjugali valeat jugo disjungi. Sæpe enim cum maxima importunitate mulieres patimur reclamantes, quæ cum sacramento, quanto magis cum libello porrecto, affirmare conantur, quoniam viri qui eas legaliter susceperunt illis non possunt concubitus reddere debitum, et alias multiplices imposturas opponunt. Illi vero econtra eas mentiri asserunt, sicut in multis rei comprobat exitus. Sed et viri uxoribus plura, quæ hic inserere turpissimum vel superfluum ducimus, solent objicere ; quibus si facilem præberemus assensum, innumera separatorum turba instituti a Domino conjugii legalia fœdera violaret, quia si quocunque ut vellent modo, viri aut feminæ lascivientes a jugo conjugii separari possent, ut aut aliis connubiis jungerentur, aut furtivis mœchationibus polluerentur, libentissime se mutuo separarent, sicut in adulescentulis viduis pervidemus, quæ ideo post absolutionem virorum velamen sacrum suscipiunt, ut licentius pluribus abutantur. Sed et interdum viri a legitimo se suspendunt conjugio, ut plurimarum complexus usurpent concubinarum. Quæ Spiritu sancto prævidens, et cavere docens, inter cætera e hujusmodi loquens Apostolus dicit : *Volo juniores viduas nubere, filios procreare, matres familias esse* (*I Tim.* v, 14). Unde cautissime ac prudentissime auctoritatis ecclesiasticæ disciplinalis providit discretio, ut ab officio sacri ministerii, conscientia testimonium perhibente, viri ecclesiastici se removere et dignis pœnitentiæ fructibus possint insistere, quia in hoc negotio nullius voluptatis atque calliditatis potest intervenire occasio, sed solius humilitatis atque salutis devotio. Vir autem et mulier, quoniam auctoritate sacra dicente, *jam non sunt duo, sed una caro*, secreta confessione, vel porrecto libello, separari non possunt, sicut scriptum est : *Quod Deus conjunxit homo non separet* (*Matth.* x, 9), nec quocunque alio modo, nisi manifesta fornicationis causa. Et separati aut ita maneant, aut mutuo reconcilientur. Neque ita possunt disjungi, ut pars unius corporis in viro vel femina serviat continentiæ, et pars in pollutione remaneat. Possunt autem ex communi consensu magis conjuncti ab opere uxoreo feriari, ut perpetuo amore continentiæ Deo vacent.

583 INTERROGATIO III.

De eo autem quod scriptum est : « Sed et de venerabili Rhemorum archiepiscopo nobis est dictum, quoniam tali facto consentiat, et per episcopos, Wenilonem scilicet Rothomagensem archiepiscopum et Hildegarium episcopum, verbo vices suas impleverit, et per Adventium, qui cum eo Rhemis pro hac causa locutus fuerat, litteras consensus sui ad placitum regis, et ad conventum episcopalem direxerit, et per eumdem Adventium litteras suas exinde ad apostolicam sedem transmiserit, » ratio reddi debet. Si enim Pastor Ecclesiæ et apostolorum primus, signa et miracula singulariter faciens, non dedignatus est in causa reprehensionis, cur ad gentiles intrasset, et comedisset cum eis, cur eos in baptisma recepisset, sicut in apostolorum Actibus legimus (*Act.* xi, 4), rationem humiliter reddere, quanto magis nos peccatores, cum de re aliqua reprehendimur, reprehensores nostros ratione humili placare debemus ?

RESPONSIO.

Unde ego Rhemorum Ecclesiæ famulus omnibus credere veritati volentibus satisfacto, quia nec consensus, nec dissensus mei vices per præfatos, vel alios quoslibet venerabiles episcopos, in hac causa verbo sive scriptura implevi, quia nec cum prænominatis episcopis post proximas Kalendas Novembris, usque ad tempus illud quando hæc gesta sunt, fui locutus, nec ditionis meæ est, ut eis debeam auctoritative quiddam injungere, nisi sicut et illi mihi possunt charitose quæ voluerint imperare. Adventius autem venerabilis episcopus, et filius meus Hincmarus Laudunensis episcopus, gratia visitationis octavo Kalendas Februarias ad me Rhemis venerunt, et ex jussione dominorum, atque ex nomine confratrum nostrorum, ad conventum Aquisgrani palatio tunc proxime habiturum me, si pro infirmitate corporis possem, ire commonuerunt, sin autem ire ipse non

possem, aliquem coepiscoporum nostrorum, qui eorum tractatibus interesset, dirigerem. Unde inter alia colloquentibus nobis, et etiam de his, quæ vulgante fama per laicorum, non solum nobilium, verum et plebeiorum ora audieram uxori domni regis Lotharii reputari, ut si forte proinde me et jussio principalis et vocatio sacerdotalis ad conventum ire juberet tutius et rationabilius esset, ut ad generalem synodum ventilatio et diffinitio hujusce rei, quæ novitate sua audientium aures, aut pene tinnire, aut facit penitus continere, ex integro differretur, quia nec ego ire infirmitate corporis præpeditus, nec coepiscopum diœceseos nostræ sine consensu provincialis conventus valerem dirigere, nec causa, quæ sic generaliter ad omnes pertinet, cum pauco episcoporum numero diffiniri deberet. Instante autem domno Adventio tantum ut irem, vel coepiscopum nostrum mea vice dirigerem, et illic causa nobis aperiretur, pro qua **584** vel meæ exiguitatis persona, vel legati provinciæ nostræ præsentia rogabatur, vespertina hora terminum collationi-imposuit, et nec a me interrogatus secretam causam, quam præmissus libellus significat, nec spontaneus mihi aperiens, quia forte illam esse recognovi, quam ut præmisi audieram, et de qua plurimos episcopos, quando judicium purgationis exinde factum est, consultos didiceram, quanique, ut dicitur, etiam feminæ in textrinis suis revolvunt. Interlucano appropinquante nocturno, venerandus Adventius ad suum divertit hospitium, et Hincmarus Laudunensis episcopus se in notam mansionem recepit. Ego autem ut infirmus lecto decumbens, postquam melius habere cœpi, propter quædam tunc mihi in mentem venientia, quoniam religiosus Adventius mihi non dixerat, quare vocarer ad synodum, et ego multipliciter de quæstione impacta feminæ cum eo locutus fueram, suspicans, ut prædixi, quod hæc ipsa quæstio causa vocationis posset existere, fore melius cogitavi, ut litteras ei de pridiana collocutione nostra dirigerem, quarum exemplar quisque volet hic potest relegere.

« Hincmarus nomine non merito Rhemorum episcopus, ac plebis Dei famulus, dilecto fratri, et venerabili episcopo Adventio plurimam in Salvatore salutem.

« De mihi impræmeditata isto in tempore quæstione, de qua jam talia ac tanta audieram, ut de ea modo nihil me auditurum putaverim, plurima heri, quantum mea permisit infirmitas, mutua sermocinatione locuti, tandem sicut melius et rationabilius nobis visum fuerat, finem eidem causæ, ut synodo generali servetur, posuimus. Sed sicut jam vesperi, parum vos pro tempore tetigi, unde nunc expressius vestram fidissimam commonendo benigne salagere deprecor charitatem , quoniam secundum jussionem dominorum, et vocationem consacerdotum, ipse infirmitate detentus ad conventum vestrum ire non valeo, aut vice mea quemquam coepiscoporum, more canonico regulari collatione instructum, et prosequentibus litteris commendatum, mittere nequeo, quia instantia missionis et brevitas temporis, non permittit ut dominos et ccepiscopos meos in talibus consulam, sine quorum consultu, ut melius ipsi nostis, nihil, nisi quantum ad parochiam propriam pertinet, agere a venerandis regulis mihi permittitur, contra quas non sine ultionis periculo quiddam præsumitur, timeo ne domnus rex putet meam debitam servitutem se ab obsequio suo velle suspendere, et venerandi episcopi suspicentur, si quid secundum sacras regulas diffinierint, cupere quod mihi non convenit retractare. Unde vestra dilectio, quæ meam devotionem ore ad os colloquens didicit, sicut de vestra bonitate confido, sine scrupulo aliquo me faciat excusatum, quia sicut salubrius sensi, sapientiæ vestræ exposui, et tantillus homuncio in re tam maxima, et personis eminentissimis, de qua a tantis viris talia acta sunt, et ex **585** qua tanti ac tales consulti sunt, sine plurimorum collatione, consultu, sive consensu, et antequam de hujusmodi Scripturarum auctoritates et Patrum decreta revolvam, ita sententiam finitivam depromere vel consensum non audeo adhibere, uti quidquid a vobis definitum regulariter fuerit, vel melius ac rationabilius quam mihi visum sit, a Deoplacito conventu vestro fuerit terminatum, priusquam id audiam, laudare vel retractare non debeo. Quapropter in calce hujus nostræ exiguitatis schedulæ non mea sed magni Leonis verba ad Rusticum Narbonensem episcopum ponere dignum duco : « Ut in his, inquit (*epist.* 95), quæ vel dubia fuerint, vel obscura, « id noverimus sequendum, quod nec præceptis « evangelicis contrarium, nec decretis sanctorum « Patrum inveniatur adversum. » Peto denique vestram amabilem charitatem, ut pro excusatione mea in vestro sancto concilio verbis vestræ prudentiæ jungatis hujus diplomatis lectionem. »

Processu denique temporis isdem domnus Adventius ad me missum suum direxerat, per quem ei has iterum litteras destinavi.

« Hincmarus Rhemorum episcopus, dilecto fratri et venerabili episcopo Adventio plurimam in Salvatore salutem. »

Et post quædam præposita ex negotio, pro quo missum suum direxerat : « Cæterum licet mihi nihil inde significassetis, conjicio legationem vestram, in qua vobis, sicut Deo gratias prudentia vestra vos docet, satis caute et provide est necesse incedere, quia talis est causa, et in tam eminentissimis personis, et in hujusmodi ordine, quæ ab omnibus erit ut necesse cognosci, ita etiam ponderari : quoniam, ut Cœlestinus scribit, universalis Ecclesia quacunque novitate pulsatur. Est enim inter Regem regum, et regem terrenum, in lege prima primo homini in paradiso data, et a Deo et homine in Evangelio roborata. Est etiam de causa nobis hactenus inaudita, ex qua subtiliter necesse erit auctoritates sacras revolvere, et leges Christianas interrogare, pontifica-

lem auctoritatem in sui examinatio[ne] cauto gressu incedere, et quemque Christia[no] recto itinere non deviare. Oportebit vos siquidem apostolico talia intimare quæ ex corde et ore veraciter prolata, sicut scio quoniam facietis, divinis oculis debeant apparere, et ut nemo aliter postea valeat invenire, de nullorum consensu, sive episcoporum, vel quorumlibet laicorum, pro cujuscunque obtentus intentione apostolicæ sedi suggerere, nisi de quorum scitis tractatu causam constare ; ita nihilominus quæ injuncta sunt exsequi, ut quantum fieri poterit, seniorem vestrum non possitis offendere, et præcipue quod egeritis sacris regulis non debeat obviare, vel, quod absit, divinæ æquitati atque justitiæ contraire. Hæc, licet ex superfluo, sapientiæ vestræ scribo, quia charum vos habeo, et mihi dignati estis promittere, quod fidei vestræ me cum securitate possem committere, et a me voluistis exigere ut devotionem meam vobis studerem rependere. »

Alias autem litteras nec sedi apostolicæ, nec cuiquam episcoporum, hactenus pro hac causa transmisi.

586 INTERROGATIO IV.

Secundo capitulo nobis remandari deposcimus, si de commisso post initum conjugium reputatur, qualiter debeat iniri conjugium, qualisque lex habeatur conjugii, et qualiter vel pro quibus rebus valeat separari, et si post disjunctionem, utrum vir aut femina ad aliam debeat copulam aspirare, vel si pari judicio quiscunque eorum in conjugio peccans debeat judicari

RESPONSIO.

Quia vero in præmissi libelli, ut ostendimus, octavo capitulo scriptum habetur, ut argumenta hactenus latentis causæ percipientes errorem expellamus, et verum statuamus : et argumentum esse legimus, quod licet nondum sit, fieri tamen potest, et de conjugio agitur, ante quod sæpe ab humana fragilitate delinquitur, sæpe in ipso ineundo conjugio, sæpe autem post initum conjugium, graviori noxa peccatur ; ab ipsa radice incipientes, ponamus qualiter debeat iniri conjugium, deinde legem conjugii ostendamus, post autem si in conjugio peccatur, judicium et judicii ordinem demonstremus ; ut quoniam peccatum malum est, et malum natura non est, ac per hoc substantiale non est, sed in boni substantia coalescit, et ut accidens infirmitas medicina depellitur, cum regula, videlicet incolumitas naturalis, et medicina infirmitatis posita fuerit, deprehendetur certius fortitudo atque accidens læsio, argumento quasi hactenus latentis causæ percepto, errorem expellere, et verum facilius statuere prævalebimus.

Qualiter conjugium iniri debeat, et vetus et nova lex edocet, Domino per Moysem præcipiente, et in Evangelio demonstrante (*Matth.* I, 18) : Cum esset, inquit, desponsata mater Jesu Maria Joseph, ante-

A quam nuptiali celebratione convenirent, sicut in nuptiis celebratis idem ostendit, quas sua præsentia sanctificare, et miraculo ibidem patrato illustrare dignatus est, sed et sanctus Evaristus papa Romanus quartus a beato Petro in decretalibus ad locum ita scribit (*epist.* 1 *in principio*) : « Similiter custoditum et traditum habemus, ut uxor legitime viro jungatur. Aliter enim legitimum, ut a Patribus accepimus, et a sanctis apostolis eorumque successoribus traditum invenimus, non fit conjugium, nisi ab his qui super ipsam feminam dominationem videntur habere, et a quibus custoditur, uxor petatur, et a parentibus aut propinquioribus sponsetur, et legibus dotetur, et suo tempore sacerdotaliter, ut mos est, cum precibus et oblationibus a sacerdote benedicatur, et a paranymphis, ut consuetudo docet, custodita et consociata, a proximis tempore congruo petita, legibus dotetur, et solemniter accipiatur, et biduo vel triduo orationibus vacent, et castitatem custodiant, ut bonæ soboles generentur, et Domino in actibus suis placeant. Taliter enim et Domino placebunt, et filios non spurios, **587** sed legitimos atque hæreditabiles generabunt. Quapropter, filii charissimi et merito illustres, fide catholica suffragante, ita peracta legitima scitote esse conjugia. Aliter vero præsumpta, non conjugia, sed aut adulteria, aut contubernia, aut stupra, vel fornicationes, potius quam legitima conjugia esse non dubitate, nisi voluntas propria suffragaverit, et vota succurrerint legitima. Nam fructus divinus est præcepta divina custodire. Ea quoque deserere, præsumptionem fieri nulli dubium est. » Cur ergo indignum est unitatem Ecclesiæ custodiri? Idemque omnes pariter et sentiamus et pronuntiemus. Si enim aliter præsumpta fuerint, perdunt profecto ipsi transgressores seipsos, qui semetipsos decipiunt. Sed et de ejusmodi genere conjugii angelus ad Joseph ait (*Matth.* III, 20) : Joseph, fili David, noli timere accipere Mariam conjugem tuam, id est, desponsatam. Et beatus Siricius papa in decretis ad Himerium Tarraconensem episcopum (*epist.* 1), capitulo quarto ita dicit : « Quod non liceat alterius sponsam in matrimonii jura sortiri. De conjugali autem violatione requisistis si desponsatam alii puellam alter in matrimonium possit accipere. Hoc ne fiat modis omnibus inhibemus, quia illa benedictio, quam nupturæ sacerdos imponit, apud fideles cujusdam sacrilegii instar est, si ulla transgressione violetur. » Ex concilio Ancyrano capite decimo : *De desponsatis puellis, et ab aliis corruptis* : Desponsatas puellas, et post ab aliis raptas, placuit erui, et eis reddi, quibus ante fuerant desponsatæ, etiamsi eis a raptoribus vis illata constiterit. Unde etiam sæpenumero et pluripliciter in sanctorum diffinitionibus legimus : sed ad ostendendum istius genus conjugii, satis superque ista sufficiunt.

Quia vero secundas nuptias non damnamus, imo recipimus, aliud genus conjugii et Apostolo do-

B cente suscipimus, et sancto Leone papa in decretis ad Rusticum Narbonensem episcopum, qualiter iniri debeant, monstrante cognoscimus. Ait enim capite decimo octavo (*epist.* 93) : « Non omnis, inquiens, mulier viro conjuncta, uxor est viri, quia nec omnis filius hæres est patris. Nuptiarum autem fœdera inter ingenuos sunt legitima, et inter æquales, et multo prius hoc ipsum Domino constituente, quam initium Romani juris existeret. Itaque aliud est uxor, aliud concubina : sicut aliud ancilla, aliud libera. Propter quod etiam Apostolus ad manifestandum harum personarum discretionem (*Gal.* IV, 30), testimonium ponit ex Genesi, ubi dicitur Abrahæ : *Ejice ancillam et filium ejus ; non enim hæres erit filius ancillæ cum filio meo Isaac* (*Gen.* XXI, 10). Unde cum societas nuptiarum ita ab initio constituta sit, ut præter sexuum conjunctionem haberet in se Christi et Ecclesiæ sacramentum, dubium non est eam mulierem non pertinere ad matrimonium, in qua docetur nuptiale non fuisse mysterium. Igitur si quis filiam suam viro habenti concubinam in matrimonio dederit, non ita accipiendum est, quasi eam conjugato dederit, nisi forte illa mulier **588** et ingenua facta, et dotata legitime, et publicis nuptiis honestata videatur. Paterno arbitrio viris junctæ carent culpa, si mulieres quæ a viris habebantur in matrimonio non fuerunt, quia aliud est nupta, aliud concubina et ancillam a thoro abjicere, et uxorem certæ ingenuitatis accipere, non duplicatio conjugii, sed profectus est honestatis. » Et sanctus C Ambrosius in libro de Lapsu virginis (*cap.* 5) dicit : « Quia inter decem testes confectis sponsaliis, et nuptiis consummatis, quævis viro femina conjuncta mortali, non sine magno periculo perpetrat adulterium. » Sed et quia extra ordinarios, ordo non prætermittit Ecclesiæ, quin aut resipiscentes recipiat, aut contemnentes abjiciat, de multinubis in concilio Neocæsariensi capite tertio ita scriptum est : « De his qui in plurimas nuptias inciderunt, et tempus quidem præfinitum manifestum est, sed conversatio eorum et fides tempus abbreviat. » Evenit etiam per bellicam cladem, et gravissimos hostilitatis incursus, ut uxor viri capiti alteri conjugatur. Rapiuntur quoque contra fas et jura viduæ vel virgines, ac sanctimoniales, unde medicinæ sa-

D cris designantur canonibus, quæ hic ponere non necessarium ducimus. Ecce quibus modis sociantur conjugia, vel contubernia usurpantur.

INTERROGATIO V.

Qualiter, vel pro quibus rebus, secundum auctoritatem inita conjugia separari valeant, et sine quibus separari non debeant, et si post disjunctionem, vir aut femina uterque vivens ad aliam debeat copulam aspirare, vel si pari judicio quiscunque eorum in conjugio peccans debeat judicari.

RESPONSIO.

Primo, qui secundum evangelicam admonitionem, ut beatus Augustinus in libro : de Bono con-

jugali dicit, amore fit salutis æternæ, ubi tanto
melius quanto spiritalius servatum quam dissociatum conjugium dicitur. Et S. Augustinus in libro
quinto contra Julianum dicit : « Dixit, inquiens,
Lucas evangelista de Domino (*Luc.* III, 23), quod
putabatur filius Joseph, quia ita putabatur, ut per
ejus concubitum genitus crederetur. Hanc falsam
voluit removere opinionem, non Mariam illius viri
negare conjugem contra angelum testem ; quanquam
et tu ipse etiam ex desponsionis fide eam nomen
conjugis accepisse fatearis, quæ fides utique inviolata permansit. Neque enim, cum eam vidisset jam
virginem sacram, divina fecunditate donatam, ipse
aliam quæsivit uxorem, cum utique nec istam quæ-
siisset, si necessariam conjugem non haberet, sed
vinculum fidei conjugalis non ideo judicavit esse
solvendum, quia spes commiscendæ carnis ablata
est. »

Secundo æque secundum evangelicam veritatem,
causa fornicationis. Unde istiusmodi medicina in
canonibus (*can.* 19) Ancyrani concilii **589** adhibetur : « Si cujus, inquiens, uxor adulterata fuerit,
vel si ipse adulterium commiserit, septem annorum
pœnitentia oportet eum perfectionem consequi, secundum pristinos gradus. » Et de eorum separatione
in concilio Africano capite sexagesimo nono ita scriptum habetur : « Placuit ut secundum evangelicam
et apostolicam disciplinam, neque dimissus ab uxore,
neque dimissa a marito, alteri conjungantur, sed ita
maneant, aut sibimet reconcilientur · quod si contempserint, ad pœnitentiam redigantur. » Deinde
auctoritas sequitur : « Ut quocunque modo legitime
inita conjugia separentur, non sine sacerdotali conscientia, et absque legali judicio debeant separari. »
Item in concilio Eliberatino (*can.* 9) : « Femina fidelis, quæ adulterum maritum reliquerit fidelem, et
adulterum ducit, prohibeatur ne ducat : si duxerit,
non prius accipiat communionem, nisi is quem reliquit, prius de sæculo exierit : nisi si forte necessitas
infirmitatis dare compulerit. » Similis sententia, et
de viro tenenda est, quia ut Innocentius ad Exuperium Tolosanum episcopum, et Augustinus in libro
de decem Chordis, et Hieronymus in epistola ad
Oceanum de morte Fabiolæ scribunt : « Sub una judicii divini lege tenentur si quacunque de causa dis-
socientur. » Unde Innocentius ad Exuperium Tolosanum episcopum capitulo septimo : « De his etiam
requisivit dilectio tua, qui interveniente repudio alii
se matrimonio copularunt, quos in utraque parte
adulteros esse manifestum est. Qui vero vel uxore
vivente, quamvis dissociatum esse videatur conjugium, ad aliam copulam festinarunt, neque possunt
adulteri non videri, in tantum ut etiam hæ personæ,
quæ talibus conjunctæ sunt, etiam ipsæ adulterium
commisisse videantur, secundum illud quod legimus
in Evangelio : *Qui dimiserit uxorem suam et duxerit
aliam, mœchatur : similiter et qui dimissam duxerit,
mœchatur* (*Matth.* XIX, 9). Et ideo omnes a communione fidelium abstinendos. De parentibus autem, vel

propinquis eorum nihil tale statui potest, nisi incen-
tores illiciti consortii fuisse detegantur. » Et S.
Ambrosius in lib. De Abraham : « Vos moneo, viri,
maxime qui ad gratiam Domini tenditis, non commisceri adulterino corpori : qui enim se jungit meretrici unum corpus est : nec dare hanc occasionem
divortii mulieribus. Nemo sibi blandiatur de legibus
hominum, omne stuprum adulterium est, nec viro
licet, quod mulieri non licet. Eadem a viro, quæ ab
uxore debetur castimonia. Quidquid in eä, quæ non
sit legitima uxor, commissum fuerit, adulterii damnatur crimine. Ergo advertitis, quid debeatis cavere, ne
quis sacramentis se indignum præbeat. » Cap. 25
concilio Agathensis, de his qui sine causa uxores
suas relinquunt, ita scriptum est : « Hi vero sæculares, qui conjugale consortium nulla culpa graviore
dimittunt, vel etiam dimiserunt, et nullas causas
discidii probabiliter proponentes, propterea sua ma-
trimonia dimittunt, ut aut aliena, aut illicita præsumant : si antequam ad episcopum provincialem discidii **590-592** causam dixerint, et prius uxores,
quam judicio damnentur, abjecerint, a communione
Ecclesiæ, ac sancti populi cœtu, pro eo quod fidem conjugii maculant, excludantur. » Et item in concilio
Eliberitano : « Feminæ, quæ nulla præcedente causa
reliquerint viros suos, et aliis copulaverint, nec in
finem accipiant communionem. » Sunt et aliæ incestæ
conjunctiones, earumque separationes, atque judicia, de quibus hic loqui festinantes ad alia supersedimus. De quibus cuncti legentes agnoscant quia non
ideo sancti et apostolici viri, successores videlicet
apostolorum, ex eorum traditione leges statuerunt,
quas hic posuimus, ut nemo fidelium juxta divinam
auctoritatem initum dissolvat conjugium sine episcopi sui scientia, ut leges sæculi Christianas con-
temnamus, ac conculcare velimus, quas etiam in ecclesiasticis necessitatibus promulgari sæpe soleat ab
imperatoribus et regibus Ecclesia postulare, qua-
rumque sententiis in suis judiciis simul cum sententiis canonum episcopalis auctoritas frequentius
utatur, et in tantum acceptet, ut Damasus et Leo,
atque sanctus Gregorius, legum sententias fecerint
esse canonicas, sicut in eorum invenitur epistolis,
et commonitoria ad Joannem Defensorem euntem in
Hispanias beatus Gregorius (*lib.* XII, *epist.* 51) de sacris ordinibus per totum ex legalibus confecerit institutis. Unde et cum aliis, per curricula temporum
varia, regibus atque imperatoribus jura legalia decernentibus, nostri etiam ævi Augustus piæ memoriæ Ludovicus, in synodo ac placito generali apud
Wormatiam, apostolicæ sedis et papæ Gregorii com-
meante legato, cam aliis plurimis, de his, quæ episcopi in synodis per quatuor loca sui imperii habitis
necessario et utiliter nuper invenerant, de hac unde
agitur causa omnium, tam episcoporum, quam et
fidelium laicorum, votis convenientibus, ita decernens : « Quacunque, inquit, propria uxore derelicta,
vel sine culpa interfecta, aliam duxerit uxorem, armis depositis publicam agat pœnitentiam : et si con-

tumax fuerit, comprehendatur a comite, et ferro **A** vinciatur, et in custodiam mittatur, donec res ad nostram notitiam deducatur. » Christus quoque Dei virtus, et Dei sapientia per se ipsam dicat : *Ego Sapientia habito in consilio, et eruditis intersum cogitationibus; per me reges regnant, et conditores legum justa decernunt; per me principes imperant, et potentes decernunt justitiam* (*Prov.* viii, 12). Sed ideo has leges et illi Christi vicarii, apostolorumque successores constituerunt, et nos qualescunque ad vices illorum Dei præsidentes Ecclesiæ, hic illas posuimus, ut sicut illam benedictionem, quam Dominus primo dedit in paradiso Adam et uxori ejus, dicens : *Crescite et multiplicamini* (*Gen.* i, 28). Quæ semel data usque hodie et usque in finem, non solum fidelibus, verum et infidelibus non negatur, sacerdotum ore ad sanctificationem, quam Christus nuptiis, ubi de aqua vinum fecit, sua præsentia contulit, fidelibus et devotis viritim largitur, ita sine illorum scientia per Deum, quia per ministerium **593** illorum conjuncti, legibus sæculi, quæ Dei justitia sanctificantur qua justus quisque efficitur, non separentur, et si propter Deum separantur spiritaliter a carnali commixtione, ut adhærentes Domino unus efficiantur spiritus, velut Paulus de multis in Ecclesia constitutis, inter quos quidam publicani et meretrices, homicidæ fuerunt, et adulteri, loquitur, *Despondi vos uni viro, virginem castam exhibere Christo* (*II Cor.* ii, 2), cum sacerdotalis conscientiæ benedictione plenius Domino conjungantur. Si autem et lege civili justa et sancta ac Dominico præcepto concordante, propter fornicationis **C** peccatum, quod humanæ fragilitati solet subripere, conjuges fuerint separati, episcopalis curæ quæsierint medicinale consilium, ut sciat episcopus quomodo juxta qualitatem et quantitatem vulneris, modum ac virtutem, adhibere debeat curationis medicamentum. Sic namque Dominus semel in cœna, pridie quam pro reparatione et salute omnium qui in Adam perierant pateretur, de pane farina et aqua confecto, et calice sacrosancti altaris, qui aqua miscetur, eucharistiam suis manibus benedixit, et ore commendavit, quam quotidie in omni catholica Ecclesia longe lateque per orbem diffusa, indeficientibus eisdem suis verbis, per manus et ora sacerdotum, in redemptionem et reparationem atque **D** salutem credentium consecrat; a cujus communione vivifica peccantes publice gravibus criminibus, quæ leges condemnant publice, medicinali ferramento sacerdotes abscidunt, et post satisfactionem, ut congruere viderint, salutari refectione redintegrare procurant. Quoniam Ecclesiæ medici spiritales, videlicet Domini sacerdotes, de secrete sibi confessis peccatorum infirmitatibus medicinalia atque salubria possunt dare consilia : judicio autem ecclesiastico, id est separatione à communione Ecclesiæ, vel a gradu, sive a consortio conjugali, neminem rationabiliter possunt secernere, nisi de criminibus aut publice sponte confessum, aut aperte convictum. Et habet modum et ordinem suum confessio vel con-

victio in ecclesiasticis gradibus, quæ hic ponenda non ducitur : et habet modum ac ordinem suum publica confessio vel convictio sæcularium hominum, quo publice debeant judicari. Non quo crimina gravia non solvantur etiam secreta confessione ac pœnitentia, ne infirmi in Ecclesia scandalizentur, videntes eorum pœnas, quorum penitus ignorant causas : sed quod plurimorum constat perpetratum notitia, fiat sanatum scientia, et qui in Ecclesiæ peccavit sinceritatem, illi debitam exhibere studeat satisfactionem, et qui plures, quantum ex se fuit, suo destruxit exemplo, plures sanet suæ humilitatis antidoto, sicut de se Paulus dicit : *Qui prius fui blasphemus, et persecutor, et contumeliosus* (*I Tim.* i, 11). Et, *videbant*, inquiens, *quoniam qui prius* **B** *expugnabat hanc fidem, isdem nunc illam prædicat, et in me glorificabant Deum* (*Gal.* i, 13). Est etiam, ut qui in pluribus Deum offendit, pluribus pro eo Dominum deprecantibus citius remedium **594** consequatur, sicut sanctus Gregorius ad Felicem Siciliensem episcopum scribit (*lib.* xii, *epist.* 32) : « Sunt enim, inquiens, mali segregandi a bonis, et iniqui a justis, ut saltem rubore suo conscientias suas recognoscant, et convertantur a pravitatibus suis, et si incorrigibiles apparuerint, segregentur a fidelibus usque ad satisfactionem, juxta Salvatoris Domini sententiam, qua inter cætera de peccante fratre præcipiendo ait : *Si peccaverit in te frater tuus* (*Matth.* xviii, 15), usque ad id quod dicitur, *sit tibi sicut ethnicus et publicanus.* His ergo et aliis multis **C** sanctorum Patrum auctoritatibus, segregandi sunt mali a bonis, ne pereant justi pro injustis, sicut scriptum est : *Perit justus pro impio* (*Eccle.* vii, 16). Debet enim semper discretio fieri inter bonos et malos, sicut est inter hædos et oves. Manifesta quoque peccata non sunt occulta correptione purganda, sed palam sunt arguendi qui palam nocent, ut dum aperta objurgatione sanantur, hi qui eos imitando deliquerant corrigantur. Dum enim unus corripitur, plurimi emendantur, et melius est ut pro multorum salvatione unus condemnetur, quam per unius licentiam multi periclitentur. Nec mirum si inter homines hæc ratio custoditur, cum et inter jumenta fieri persæpe cognovimus, ut ea quæ scabiem vel impetiginem habere videntur, separentur a sanis, ne illorum morbo cætera damnentur vel pereant. Satius est enim ut mali manifeste corrigantur, quam pro illis boni pereant. »

Hæc ideo dicta sint, cur leges posuimus, ut conjugati sive amore Dei, sive admissione peccati, cum sacerdotali conscientia separentur, unde benedictionem ineundi acceperunt conjugium. Sed quia de separatione viri et uxoris nunc agitur, quæ non fit amore perpetuæ continentiæ, nec adhuc aperto ut dicitur crimine, sed quadam suspicione, necesse est ut per illius ordinis viros, videlicet per conjugatos, hæc ratio ventiletur, et secundum leges Christianas a Deo dispositas æquissimo examine judicetur ac terminetur, et ubicunque in hoc negotio locum suum invenerit vel sacerdotalis pietas, vel auctoritatis ecclesiasticæ medicinalis severitas, sine difficultate cum Ecclesiæ filiis, et justitiæ judicibus, non solum se offerat, verum et ingerat. Et quoniam scriptum est, *Ne transgrediaris terminos quos posuerunt patres tui* (*Prov.* xxii, 28), quorum imitanda exempla nobis sunt vera doctrina, ad memoriam revocare necessarium duximus, quoniam quidam nostrum, tempore sanctæ memoriæ domni Ludovici pii Augusti, in Attiniaco palatio tunc fuerunt, quando in universali synodo totius imperii, etiam cum sedis Romanæ legatis, et in generali placito, femina quædam non ignobilis genere, nomine Northildis, de quibusdam inhonestis inter se et virum suum vocabulo Agembertum, ad imperatorem publice proclamavit : quam imperator ad synodum destinavit, ut inde episcopalis auctoritas quid agendum esset decerneret. Sed episcoporum generalitas ad laicorum ac conjugatorum eam remisit judicium, ut ipsi **595** inter illam et suum conjugem judicarent, qui de talibus negotiis erant cogniti, et legibus sæculi sufficientissime præditi, eorumque legalibus judiciis eadem femina se subjiceret, et quod de quæstione sua decrevissent, sine repetitione teneret : si vero crimen aliquod esset, inde pœnitentiæ modum, post illorum judicium, ab episcopali auctoritate deposceret, secundum quod sacri canones præfixerunt, ei imponere non negarent. Nobilibus autem laicis sacerdotalis discretio placuit, quia de suis conjugibus eis non tollebatur judicium, nec a sacerdotali ordine inferebatur legibus civilibus præjudicium, et legem proclamationi feminæ protulerunt, ac legali judicio quæstioni terminum contulerunt. Sic et hanc causam, quæ de personis excellentissimis ventilatur, in medium judicii sui devocent, et secundum quod viderint æquitatis judicio convenire dijudicent : hoc solertissime cognoscentes, quia legaliter initum conjugium nulla potest ratione dissolvi, nisi, ut præmisimus, conjuncta separatione spiritali, aut manifesta confessione, vel aperta convictione, ex corporali fornicatione : « Quia, ut beatus Augustinus in libro de Bono conjugali (*cap.* 15) dicit, nec pro ipsa etiam sterilitate licet uxorem viro, vel uxori virum dimittere, nec causa filiorum, pro quibus uxor ducitur, se aliis copulare : quod si fecerint, cum quibus se copulaverint et ipsi committunt adulterium. Manet enim vinculum nuptiarum, etiamsi proles, cujus causa initum est, manifesta sterilitate non subsequatur. » Et item in eodem libro (*cap.* 16) : « Sicut ergo satius est mori fame, quam idolothytis vesci, ita satius est defungi sine liberis, quam ex illicito concubitu stirpem quærere. » Et in libris ad Pollentium de adulterinis conjugiis, multoties et frequentius inculcatum lector inveniet, « quia vir ab uxore, et uxor a viro separari non potest, nisi sola fornicationis causa, possunt autem ea separari, ita tamen, ut aut innupti permaneant, aut invicem reconcilientur. » Et sanctus Hieronymus in commento Matthæi : « Dicunt Domino, inquit, discipuli ejus :

A *Si ita est causa hominis cum uxore, non expedit nubere* (*Matth.* xix, 10). Grave pondus uxorum est, si, excepta fornicationis causa, eas dimittere non licet. Quid enim si temulenta fuerit, si iracunda, si malis moribus, si luxuriosa, si gulosa, si vaga, si jurgatrix, et maledica, tenenda erit istiusmodi? Volumus, nolumus, tenenda erit. Cum enim essemus liberi, voluntarie nos subjecimus servituti. » Et item in epistola (*epistola* 147) ad Amandum presbyterum : « Omnes igitur causationes Apostolus amputans, apertissime definivit, vivente viro adulteram esse mulierem, quæ alteri nupserit (*I Cor.* vii). Nolo mihi proferas raptoris violentiam, matris persuasionem, patris auctoritatem, propinquorum catervas, servorum insidias atque contemptum, damna rei familiaris. Quandiu vivit vir, licet adulter sit, licet sodomita, licet flagitiis omnibus coopertus, et ab uxore propter hæc scelera derelictus, maritus ejus reputatur, cui alterum virum accipere non licet. Nec hoc **596** Apostolus propria auctoritate decernit, sed Christo in se loquente, qui ait in Evangelio : *Qui dimittit uxorem suam, excepta causa fornicationis, facit eam mœchari ; et qui dimissam acceperit, adulter est* (*Matth.* xix, 9). » Huic evangelicæ veritati et apostolicæ doctrinæ hoc modo concordant Innocentius, Leo et Gregorius apostolici, Africanum quoque concilium, Ambrosius, Joannes Constantinopolitanus, Origenes in emendatis a beato Hieronymo libris, Beda presbyter venerabilis, cunctique doctores catholici. Unde si Dominicum et tam evidens præceptum non esset, ut etiam Paulus interrogatus de virginibus dans consilium, de hoc quiddam immutare nequaquam præsumpserit, dicens : *De uxore,* inquit, *præcipio non ego, sed Dominus, uxorem a viro non discedere, quod si discesserit manere innuptam, aut viro suo reconciliari* (*I Cor.* vii, 10), aut talis esset locus Scripturæ, ut auctores inde diversa licet fidei non adversa sentirent, sicut in canonibus habemus, plurimorum et majoris auctoritatis sequeremur sententiam. Nunc autem aliter sentire vel consentire non possumus, nec debemus, nisi sicut in litteris divinitus inspiratis relegimus. Sanctus si quidem Paulus fornicatores et adulteros idolis servientibus junxit, dicens, *quia regnum Dei non possidebunt* (*I Cor.* vi, 9), et cum his nec cibum sumere jussit. Et item scripsit : *Quia fornicatores et adulteros judicabit Deus* (*I Cor.* v, 11; *Heb.* xiii, 4). Sed et ipsi viri qui, ut ostendimus, pari legis judicio sicut et mulieres apud Deum tenentur, si adulteraverint, et tanto etiam graviori pœna damnentur, quanto capita et rectores sunt mulierum, fragilioris scilicet sexus et vasis infirmioris, licentia indebita non debent præsumere, ut uxores suas adulterantes damnent sine judicio, dicente in lege Domino de servo, qui pecunia domini sui est : *Qui percusserit servum suum, vel ancillam virga, et mortui fuerint in manibus ejus, criminis reus erit* (*Exod.* xxi, 20). Unde et sacri canones, si quis servum proprium sine conscientia judicis occiderit, excommunicatione biennii effusionem sanguinis præcipiunt expiare (*concil. Agath.*, *can.* 62) ; et : « Si domina ancillam flagellis verberaverit, et inde mortua fuerit, si voluntate hoc accidit, post septem annos, et si casu, post quinquennii tempora ad communionem præcipit eam admitti, servata auctoritate de viatico munere, quod nulli est etiam in ultimo spiritu denegandum (*conc. Elib. can.* 5). » Si igitur in domo uniuscujusque Christiani tanta æquitas et bonitas etiam erga servilem conditionem servanda est inter dominum et servum, quanto major et uberior ac plenior custodienda est inter maritum et uxorem, inter virum et conjugem, inter caput et corpus? quoniam, sicut Apostolus docet (*Ephes.* v, 22), vir caput est mulieris, sicut Christus caput est Ecclesiæ, ipse salvator corporis : ita et viri debent diligere uxores suas, ut corpora sua. Qui suam uxorem diligit, seipsum diligit. Nemo enim unquam carnem suam odio habuit, sed nutrit et fovet eam, sicut et Christus Ecclesiam. Attendat vir Christianus si pes vel manus, aut genitale, vel quodcunque aliud membrum putrescere, vel cancro comedi cœperit, **597** cum quanta diligentia et inspectione ac judicio medici, illud aut sustinebit ut sanari valeat, aut a se abscidet si sanari nequiverit, et ita de membro, imo de corpore, id est de uxore sua faciat. Unde rursum idem Apostolus dicit : *Viri, diligite uxores vestras, sicut et Christus dilexit Ecclesiam, et semetipsum tradidit pro ea, ut illam sanctificaret, mundans eam lavacro aquæ in verbo* (*Ephes.* v, 25). Certe enim apostolicis viris tanta inter virum et uxorem, et tam præcipua atque excellens dilectio commendatur, salva tamen in ipso conjugio prælatione viri, et subjectione feminæ, ut in illa conjunctione semel a Deo instituta, et legitime conciliata, major esse nec debeat, nec possit. Quid enim venerabilius quam ut conjugium mysterium sit Christi et Ecclesiæ? Quid sanctius quam ut sic diligant viri uxores suas, sicut Christus dilexit Ecclesiam, tradens seipsum pro ea, ut illam sanctificaret atque mundaret? Quid charius atque conjunctius, quam ut vir caput sit mulieris, sicut Christus caput est Ecclesiæ ipse salvator corporis? Qui etiam in Evangelio de hac conjugii unitione testatur dicens : *Itaque jam non sunt duo, sed una caro. Erunt enim*, inquit, *duo in carne una* (*Matth.* xix, 5). Addit adhuc Apostolus dicens : *Viri, diligite uxores vestras, et nolite amari esse ad illas* (*Col.* iii, 19). Si ergo viri erga uxores suas non debent esse amari, quanto minus sævi, crudeles, cruenti, nullam eis servantes legem, nullam rationem, nullum judicium, quod etiam erga servos Christiana religione custodiendum est, sed mox ut eis placuerit, indignatione et furore impio concitati, tanquam ad macellum illas duci faciant laniandas, et coquorum suorum gladiis more vervecum atque porcorum mactari præcipiant, vel ipsi etiam manu et mucrone proprio eas trucident, nequaquam semetipsos ad imitationem Domini nostri Jesu Christi tradentes pro eis, ut illas sanctificent et mundent; sed potius zelo libidinis suæ ipsas in æternum dis-

perdentes, et se earum sanguine impie polluentes, cum in hujusmodi causa tanto justius exspectandum esset legitimum judicium, quanto facilius maritali zelo potest perpetrari homicidium? Ex his nonnulli tam immites, et non humanæ affectionis, sed belluinæ immanitatis inveniuntur, ut prioribus uxoribus ex suspicione adulterii, nulla lege, nulla ratione, nullo judicio, sed sola sua animositate et crudelitate, vel libidine ad aliam uxorem vel concubinam tendente, occisis, adhuc sanguine recenti madentes, non solum nulla pœnitentia compuncti, aut aliqua humilitate Deo et Ecclesiæ satisfacientes, sed exsultantes in superbiis suis, incunctanter ad altare Christi accedant, et indifferenter sacra mysteria contingere præsumant. De quibus mysteria sua accipientibus semper dicit Christus quod dixit de Juda : *Ecce manus tradentis me mecum est in mensa* (*Luc.* xxii, 21), cum sine suo mortali periculo de peccantibus uxoribus poterant absolvi judicio, quod illi non exspectantes, sed divinæ legis prævenientes judicium, incurrunt in damnationis **598** judicium. Defendant se quantum volunt qui ejusmodi sunt, sive per leges, si ullæ sunt, mundanas, sive per consuetudines humanas. Tamen si Christiani sunt, sciant se in die judicii nec Romanis, nec Salicis, nec Gundobadis, sed divinis et apostolicis legibus judicandos. Quanquam in regno Christiano etiam ipsas leges publicas oporteat esse Christianas, convenientes videlicet et consonantes Christianitati. Lex namque omnipotentis Dei in tres species dividit omnia, quæ homines in mundanis rebus subdita habere vel possidere videntur, cum in Decalogi præceptis definit et dicit : *Non desiderabis uxorem proximi tui, non servum, non ancillam, non bovem, non ovem, non asinum, nec omnia quæ illius sunt* (*Exod.* xx, 7). In quibus verbis sine dubio aliter consideranda est dignitas uxoris, aliter conditio servorum et ancillarum, et aliter vilitas brutorum animalium, sive insensibilium rerum, et ideo omnia ista suis meritis tractanda, suis gradibus discernenda ac judicanda sunt. Hæc dicimus, ut considerent qui ejusmodi sunt, quia inordinato ordine viliorem apud se teneant conditionem uxorum, quam servulorum; et si de servo absque conscientia judicis occiso dominus ejus homicidii reus existit, nec effusionem sanguinis nisi per pœnitentiam potest expiare, quid de conjuge sentiendum sit. Non autem hoc dicimus, ut judicia debita conculcemus vel prohibeamus, sed illa potius expeti, et sequi hortemur, cum sciamus legem Dei, qua omnis Christianus in die judicii judicabitur, ut recipiat secundum opera sua, nullum reum, nec ipsos adulteros, vel adulteras puniri permittere, nisi sub legitimis judicibus et testibus, quos etiam publico judicio a populo lapidari præcepit. Unde et Susanna, cum falso adulterii crimine accusaretur (*Dan.* xiii), et publico judicio condemnata, et publico legitur absoluta. Et mulier in adulterio veraciter deprehensa (*Joan.* viii), primum juxta legem ad Pharisæos, qui potestatem judicii in populo exercebant, deinde etiam tentandi gratia ad Domini judicium perducta est, qui non judicium abnuit, sed fieri juste, et a justis præcepit.

Quapropter, si quæcunque mulier in adulterio deprehensa, de lege Moysi, quam Dominus in Testamento Veteri promulgavit, vel de Christianorum legibus publicis, quas amplectitur sancta Ecclesia, ad episcopale judicium venerit, medicina est manifestissima atque sufficientissima, et salubri apostolicorum traditione virorum confecta, qua sine ulla ambiguitatis errore, divina gratia et ecclesiastica pietate medicari valebit.

INTERROGATIO VI.

Tertio capitulo nobis remandari precamur, si de stupro et aborsu præfata femina denotatur, unde jam egit judicium, quid **599** vobis ex eodem judicio videatur, quoniam quidam dicunt nullius esse auctoritatis, sive credulitatis judicium, quod fieri solet per aquam calidam, sive frigidam, neque per ferrum calidum, sed adinventiones sunt humani arbitrii, in quibus sæpissime per maleficia falsitas locum obtinet veritatis, et ideo credenda esse non debent. Sed et de purgatione sacramenti quid vobis videatur, cujus auctoritatis sit, nobis rescribi deposcimus, et utrum verum esse possit, quod quidam dicunt, quia pro secreta confessione, quam ipsa femina fecit, sicut et testis est qui illam suscepit, vicarius ipsius in judicium exiens incoctus evasit. Sed et dicunt, quia intentio illius feminæ fuit de alio ejusdem nominis fratre suo, quando vicarium suum in judicium misit, et idcirco se in eodem judicio non coxit. Necnon, et si in judicio, vel in sacramento, fraus quæcunque reperta fuerit post datam purgationem, utrum causa in judicio, vel sacramento purgata, in judicium debeat legale reduci.

RESPONSIO.

At si de stupro et aborsu ante initum conjugium agitur, de quibus præfatam feminam reputari comperimus, veniendum est prius ad examinationis judicium, quo eam quasi purgatam audivimus, et sic demum ponamus ex aliis quæ sentimus, ut sic hæc fortasse rata est ducenda purgatio, sine ulteriore labore quæstio conquiescat, et si irrita et juste rationabiliter fuerit comprobata quæstionis pelagus repetamus. Nam sicut Paulus dicit : *Fides est sperandarum substantia rerum, argumentum non apparentium* (*Heb.* xi, 1). Quod exponit Joannes Constantinopolitanus : « Quoniam, inquiens, ea quæ non videntur, et sunt in spe, sine substantia esse putantur, sed fides eis tribuit substantiam. Sicut resurrectio nondum facta est, et necdum est in substantia, sed fides certæ spei facit eam subsistere in anima nostra, quæ argumentum, id est conjectio est eorum quæ non videntur. » Conjectio quippe est in rebus admodum manifestis. Fides igitur visio est non apparentium, quæ ad eamdem satisfactionem ducit, ad quam illa etiam quæ videntur : neque fides dici potest, nisi cum circa ea quæ non videntur, amplius quam circa

ea quæ videntur, satisfactionem quisquam habuerit, Qua de re ad investiganda ac comprobanda, et quasi oculato visui præsentanda quæ dubia vel obscura, quæ ex lege judiciario ordine comprobari vel convinci non possunt, duo sanxit auctoritas, judicium scilicet, et juramentum, quod usitato nomine appellatur et sacramentum, quia in eo illud oculis fidei pervidetur, quod corporis oculis non conspicitur.

De judicio siquidem in libro Numeri scriptum est (*Num.* v, 12) : *Locutus est Dominus ad Moysen, dicens : Loquere ad filios Israel, et dices ad eos : Vir cujus uxor erraverit, maritumque contemnens dormierit cum altero viro, et hoc maritus deprehendere non quiverit, sed latet adulterium, et testibus argui non potest, quia non est inventa in stupro : si spiritus zelotypiæ concitaverit virum* **600** *contra uxorem suam, quæ vel polluta est, vel falsa suspicione appetitur.* Et post computatum judicium ad quod proinde exire debeat, addit : *Quod si polluta non fuerit, erit innoxia ; et si polluta inventa fuerit, maritus absque culpa erit, et illa recipiet iniquitatem suam* (ibid., 28). De juramento autem vel sacramento, ad Hebræos Paulus dicit apostolus : *Abrahæ namque promittens Deus, quoniam neminem habuit per quem juraret majorem, juravit per semetipsum. Homines enim per majorem sui jurant, et omnis controversiæ eorum finis ad confirmationem est juramentum* (*Heb.* vi, 15). Junior quoque papa Gregorius per Denualdum presbyterum Bonifacio episcopo scripsit (*epist.* 11, *cap.* 3): « Presbyter, inquiens, vel quilibet sacerdos a populo accusatus, si certi non fuerint testes, qui criminis illati approbent veritatem, jusjurandum erit in medio, et illum testem proferat de innocentiæ suæ paritate, cui nuda et aperta sunt omnia, sicque maneat in proprio gradu. » Quæ sacramenti purgatio et in ecclesiasticis, et in exteris legibus usitatissima, et de fidei veritate etiam a primis sæculis esse constat exorta. Unde silentio venerantes quæ in Veteri et in Novo Testamento et ab ipsa dicitur Deitate, ut, *Per memetipsum juravi, dicit Dominus* (*Gen.* xxii, 16). Et, *Juravit Dominus, et non pœnitebit eum* (*Psal.* cix, 4), et plura alia. Et, *Amen, amen dico vobis.* Multum quippe commendat Dominus quod ita pronuntiat, quia quodammodo, si dici fas est, juratio ejus est, *Amen dico vobis.* Amen enim interpretatur verum, et tamen non est interpretatum. Cum potuisset dici, *verum dico vobis*, nec Græcus hoc interpres ausus est facere, nec Latinus. Sic mansit, non est interpretatum, ut honorem haberet velamento secreti, non ut esset negatum, sed ne vilesceret nudatum. Igitur verum dico vobis Veritas dicit, quæ utique etsi non diceret, mentiri omnino non posset, tamen commendat, inculcat, dormientes quodammodo excitat, intentos facit, contemni non vult. Sed et Abraham ad servum suum dixit : *Pone, inquiens, manum tuam sub femore meo, et jura mihi per Deum cæli* (*Gen.* xxiv, 2). Et rex ad Abraham, *Jura mihi per Deum, et Abraham ait : Ego jurabo* (*Gen.* xxi, 23). Et Isaac atque rex Abimelech sibi mutuo juraverunt (*Genes.* xxvi). Et in Jeremia, *Ego juravi in nomine meo magno, ait Dominus (Jer.* xliv, 26). Et David : *Juravi et statui* (*Psal.* cxviii, 106). Et in Novo Testamento legimus dixisse apostolum : *Testis est mihi Deus* (*Rom.* i, 9). Et : *Ecce coram Deo quia non mentior* (*Galat.* i, 20). Et : *Quotidie morior, per vestram gloriam, fratres* (*I Cor.* xv, 31). Et in epistolis Leonis atque Gregorii, hinc qui voluerit quærere abundanter inveniet. Quantum denique in juratione perjurium sit cavendum, Dominus demonstrat in Exodo dicens : *Non assumas nomen Domini Dei tui in vanum : nec enim insontem habebit Dominus eum qui assumpserit nomen Domini Dei sui frustra* (*Exod.* xx, 7). In vanum quippe et frustra, non ut nihil sit, sed ut ei qui nomen Domini Dei sui in vanum et frustra acceperit, nocivum ut criminis reo sit. Item in Levitico Dominus dicit : *Non perjurabis in nomine meo, nec pollues nomen Domini Dei tui. Ego Dominus* (*Levit.* xix, 12). Et sanctus David in psalmo : *Qui jurat proximo suo, et non decipit* (*Psal.* xiv, 4). Jurare est, **601** inquit Cassiodorus, hominum, sub testatione divina aliquid polliceri. Jurare enim dictum est, quasi jure orare, id est juste loqui. Tunc autem quispiam juste loquitur, quando ea quæ promittit implentur. Et sanctus Ambrosius in epistola (*epist.* 50) ad Valentinianum imperatorem : « Quid est jurare, nisi ejus quem testaris fidei tuæ præsulem divinam potentiam confiteri? » Et item dicitur in psalmo : *Nec juravit in dolo proximo suo* (*Psal.* xxiii, 4). Per dolum itaque jurat quisquis aliter facturus est quam promittit, credens perjurium non esse decepisse nequiter credentis errorem. Et hinc sanctus Hieronymus : « Multi sunt, inquit, qui dolose jurant, ut decipiant proximum, quod abominatur Pater luminum, dicente Petro : *Non es hominibus mentitus, sed Deo* (*Act.* liv). Et in libro Regum scriptum est, quia quando facta est fames in diebus David tribus annis jugiter, et consuluit David oraculum Domini, dixit Dominus : *Propter Saul, et domum ejus, et sanguinem, quia occidit Gabaonitas* (*II Reg.* xxi). Filii quippe Israel juraverant eis, et voluit Saul percutere eos zelo, quasi pro filiis Israel et Juda, dicens Josue gratis eosdem Gabaonitas vivere permisisse. Hinc patet quanta impietas est perjurium, cui Dominus tantam imposuit ultionem. » Et Jeremias propheta, *Ecce vos confiditis vobis in verbis mendacii, quæ non proderunt vobis, furari, occidere, adulterare, jurare mendaciter* (*Jer.* vii, 9). Hinc ergo pensandum est quantum crimen sit jurare mendaciter, quod adulterio, et homicidio, ac furto conjunxit propheta, quorum perpetratores Apostolus (*I Cor.* vi, 9) regnum Dei dixit non possidere. Et Hieronymus in expositione ejusdem prophetæ : « Poterat fieri ut aliqui invenirentur in populo, qui simularent cultum Dei, et jurarent per Dominum. Hoc prævenit, quod nequaquam Deus vanis sermonibus, sed veritate fidei delectetur et dicet : Non eos diligo qui jurant per me, et jurant in mendacio, sed quorum corda labia

que consentiunt. Et in Zacharia propheta : *Quia omnis fur, sicut ibi scriptum est, judicabitur, et omnis jurans ex hoc similiter judicabitur. Educam illud, dicit Dominus exercituum, et veniet ad domum furis, et ad domum jurantis in nomine meo mendaciter, et commorabitur in medio ejus, et consumet eum, et ligna ejus, et lapides ejus* (*Zach.* v, 3). Et in Ezechiele propheta : *Vivo ego, dicit Dominus, quoniam in loco regis, qui constituit eum regem, cujus fecit irritum juramentum, et solvit pactum quod habebat cum eo, in medio Babylonis morietur* (*Ezech.* xvii, 16). Spreverat enim, inquit Hieronymus, Sedechias juramentum, ut solveret fœdus, et cum omnia hæc fecerit, non effugiet. » Et item Hieronymus, « Ecce, inquit, dedit manum suam regi Ægypti, et tradidit se, et perjurii contra Deum commisit sacrilegium. » Et hinc item Hieronymus : « Ne putaremus juramentum, et fœdus, et pactum regis esse Babylonii, vel Sedechiæ qui fecerat, sequitur : in prævaricatione qua despexit me. Ergo qui contemnit juramentum, illum despicit per quem juravit, illique facit injuriam, cujus nomini credidit adversarius. Quidquid igitur contra Sedechiam **602** fecit Nabuchodonosor (*IV Reg.* xxv), non suis fecit viribus, sed ira Dei, in cujus nomine fuerat perjuratus. Legimus enim Sedechiam captum, ductum in Reblata, ibique interfectis filiis excæcatum, et instar feræ clausum cavea, translatum in Babylonem. » Et sanctus Cyprianus in nono abusionis gradu, « regis ministerium esse dicit, impios de terra perdere, parricidas et perjuros vivere non sinere. » Et sanctus Gregorius in homilia Evangelii de Martyribus : « Ad exstincta, inquit, eorum corpora viventes ægri veniunt et sanantur : perjuri veniunt, et a dæmonio vexantur : dæmoniaci veniunt et liberantur. » Hinc ergo colligendum est, quantum peccatum sit perjurare in nomine Domini et sanctorum ejus, quod et sacrilegium, ut præmisimus, dicit esse sanctus Hieronymus. Sed et quantum temeritas jurandi vitari debeat, nisi magna exegerit necessitas, aut aliorum qui non credunt veritati utilitas, ut credant, et paci ac concordiæ per sacramentum consulatur, cavenda sit. Et Dominus in Evangelio demonstrat dicens : *Nolite jurare* (*Matth.* v, 34). Et Jacobus in epistola sua : *Ante omnia,* inquit, *fratres mei, nolite jurare, neque per cœlum, neque per terram, neque aliud quodcunque juramentum : sit autem sermo vester, Est, est, Non, non, ut non sub judicio decidatis* (*Jacob.* v, 12) : illo videlicet judicio, sub quo decidit Herodes, ut vel pejerare, vel perjurium cavendo aliud necesse haberet patrare flagitium. At si aliquid forte nos incautius jurasse contigerit, quod observatum scilicet pejorem vergat in exitum, libere illud consilio salubriore mutandum noverimus, ac magis instante necessitate pejerandum nobis, quam pro vitando perjurio in aliud crimen gravius esse divertendum (*I Reg.* 25). Denique juravit David per Dominum, occidere Nabal, virum stultum et impium, atque omnia quæ ad illum pertinerent demoliri : sed ad primam intercessionem Abigail feminæ prudentis, mox remisit minas, revocavit ensem in vaginam, neque aliquid culpæ se tali perjurio contraxisse doluit. Juravit Herodes dare saltatrici quodcunque postulasset ab eo, et ne perjurus diceretur a conviviis, ipsum convivium sanguine polluit, dum prophetæ mortem saltationis fecit præmium. Non solum autem in jurando, sed in omne quod agimus, hæc est moderatio solertius observanda, ut si talem forte lapsum versuti hostis inciderimus insidiis, ex quo sine aliquo peccati contagio surgere non possimus, illum potius evadendi aditum petamus, in quo minus periculi nos perpessuros esse cernamus, et juxta exemplum eorum, qui hostilibus clausi muris, dum evadere desiderant, sed portarum omnium accessum sibi interdictum considerant, ibi necesse est desiliendi locum eligant, ubi muro existente breviore minimum periculi cadentis incurrant. Et hinc ex sanctis Scripturis, et catholicorum dictis, quidam orthodoxus et insignis poeta inter alia scripserit dicens:

> At si jurandi te causa perurget et arctat,
> Id puris verbis, id gere mente pia.
> **603** Nec verbi arte putes te fallere posse Tonantem,
> Cui nihil abstrusum est, cui tua corda patent :
> Qui, non ut juras, sed ut is jurasse putavit
> Cui juras audit, sicque es utrique reus,
> Nempe Deo, in vanum cujus vis sumere nomen,
> Seu socio, quem atra fallere fraude paras.
> Si scelus ut facias jures, vota irrita sunto :
> Hoc illo est gravius, vulnus utrumque tamen.
> Vulnera parva minus, magis et majora fatigant :
> Felix qui nullo vulnere læsus abit.

Cæterum de judicio, postquam dixit Dominus de suo adventu ad futurum judicium, quod erit per ignem, commemorans illud quod per aquam est factum, *Sicut*, inquit, *factum est in diebus Noe, ita erit et in die filii hominis* (*Luc.* XVII, 26). Et referens quod per ignem Sodomam judicaverit, *Similiter*, inquit, *sic factum est in diebus Lot*. Christianitas ex antiquo, quæ inter acta est et agenda judicia, sanxit et frequentavit judicium quod fit per aquam, quodque sub Noe factum fuerat (*Genes.* XIX), in arca fidei liberans innocentes, et condemnans noxios : in ignita autem aqua, sicut factum est sub Lot in igne, et fiendum est in adventu filii hominis, Petro attestante, qui dicit : *Quod cœli erant prius, et terra de aqua, et per aquam consistens verbo Dei, per quæ ille tunc mundus periit. Cœli autem qui nunc sunt et terra eodem verbo repositi sunt igni reservati in die judicii et perditionis hominum impiorum* (*II Petr.* III, 6). Aperte docens quia non alii cœli sunt igne perituri, quam qui aqua perditi, hoc est, inania hæc et nubilosa ventosi aeris spatia. Neque enim aqua diluvii, quæ quindecim tantum cubitis montium cacumina transiit, ultra aeris ætherisque confinia pervenisse credenda est. Quocunque autem pervenire potuit, eo nimirum juxta præfatam beati Petri sententiam, et ignis judicii perveniet. Sed quia scriptum est, *Cœlum et terra transibunt* (*Matth.* XXIV), et iterum, *Terra vero in æternum stat* (*Eccle.* I, 4), sciendum est, quia cœlum et terra, per eam quam nunc habent imaginem transeunt, attamen per es-

sentiam sine fine subsistunt. Præterit enim figura hujus mundi (*I Cor.* VII) : *Et erunt*, inquit, *cœlum novum, et terra nova* (*II Petr.* III). Quæ quidem non alia credenda sunt, sed hæc ipsa renovantur. Transeunt, et permanebunt; quoniam ab ea specie, quam nunc habent tergentur, et in sua semper natura servantur, unde scriptum est, *Mutabis ea, et mutabuntur* (*Psal.* CI, 27). Quapropter fieri aquam ignitam, ad hæc duo copulata in unum indaganda judicia, illud videlicet, quod jam per aquam factum est, et illud quod per ignem fiendum est, licet sint pro temporum varietate disparia, sed unum sunt operationis mysterio, in quibus sancti liberantur illæsi, et reprobi puniuntur addicti, Ecclesiæ, quam designavit arca diluvii, creditur tradidisse auctoritas, quæ etiam inde sanxit, ut aquæ baptismatis halitu sacerdotali sanctus insuffletur Spiritus, qui inter ipsa mundi primordia ferebatur super aquas, ut **604** jam tunc virtutem sanctificationis aquarum natura conciperet, et quo rubigo omnium excoquitur peccatorum, cerei lumine sanctificato accensi, a loco teneantur immissi, donec ejusdem fontis consecratio compleatur per eum qui nocentis mundi crimina per aquas abluens, regenerationis speciem in ipsa diluvii effusione signavit, ut unius ejusdemque elementi mysterio, et finis esset vitiis, et origo virtutibus, quique venturus est judicare vivos e mortuos, et sæculum per ignem. Quia in eodem baptismate, in quo signanter Moyses propheta lignum velut in myrrhato fonte miserat et dulcoratus est, prædicata per Domini sacerdotem sanguinis Christi cruce, tres unum sunt, non natura, sed operationis mysterio, id est sanguis redemptionis, spiritus sanctificationis, et aqua lavacri, ubi exsufflatus et exorcizatus immundus spiritus exit ab homine, fitque mundi judicium, et princeps mundi foras ejicitur ; et qui in veritate non stetit, mendax et pater mendacii a veritate naturæ secernitur, quæ ad imaginem Dei condita, et ex aqua et Spiritu sancto renata, ad suum reformatur principium, ac fide interius exteriusque purgatur, et ab omni figmento mendacii totiusque malitiæ innocens comprobatur. Sed et si quis frigida tantum aqua, vel igniti cujuscunque elementi judicio, in auctorem et gubernatorem elementorum, quem omnia fideliter invocatum sentiunt elementa, sicut 'in Moysi virga, et aquæ in sanguinem versæ, et iterum sanguis in aquas, et petra quæ dedit aquam, et sub Eliseo sal vel lignum aquæ immissum, indubitanti fide, quæ est argumentum non apparentium, credens fieri satis sibi decreverit, nihil differt. Aqua enim frigida, sicut et in baptismate sacratur, in diluvio innoxii cum arca sunt ad cœlum levati, et noxii perditi, igneque sunt Sodomitæ puniti (*Hebr.* XI, 1). Et in libro Numeri, aqua frigida, in qua Dominus imprecationes jussit elui, hausta a muliere adultera, computrescendum femur ipsius legitur ; et Joannes apostolus de olei ferventis dolio evasit illæsus. Et qui aquam ignitam delegerit, intelligat quoniam venientem ad futurum judicium terribilem judicem tempestas ignisque comitabuntur, sicut scriptum est : *Ignis in conspectu ejus ardebit, et in circuitu ejus tempestas valida* (*Psal.* XLIX, 3), ut tempestas examinet quos ignis exuret, et ignis ille futurus sanctis erit pervius, qui rapientur nubibus obviam in aera Domino, et inflammabit in circuitu inimicos ejus.

Quoniam quidem de purgationis judicio per aquam ferventem vel frigidam se ratio intulit, dicamus quod quidam sagacis ingenii percunctantes adjiciunt. Constat nimirum, ut inquiunt, quia in aqua ignita coquuntur culpabiles, et innoxii liberantur incocti, quia de igne Sodomitico Lot justus evasit inustus, et futurus ignis, qui præibit terribilem Judicem, sanctis erit innocuus, et scelestos aduret, ut olim Babylonica fornax, quæ pueros omnino non contigit, **605** neque contristavit, vel quidquam molestiæ eis intulit, sed vincula eorum comburens, incendit quos reperit de Chaldæis ministros regis, qui eam succendebant. Sed in aquæ frigidæ judicio non constare videtur, quod innoxii submerguntur, et aqua culpabiles supernatant, cum in cataclysmi judicio innocentes cum arca levantur, et noxii submersione perierint, et Ægyptii insequentes Hebræos per mare Rubrum, respiciente Domino, in vigilia matutina per columnam ignis et nubis, submersi sint quasi plumbum in aquis vehementibus, et ne unus quidem superfuit ex eis. Et filii Israel super littus stantes viderunt Ægyptios mortuos ; et infideles ac peccatores terra sustinere non potuit, quando aperta est, et deglutivit Dathan, et operuit super congregationem Abiron. Et Petrum fide fidentem aquæ instabilitas se calcantem sustinuit : in fide vero dubitantem jam pene dimersum obsorbuit, quando eum Christi dextera allevavit. Et ipsius epistolæ sententiam de figura baptismatis in arca diluvii exponentes Patres catholici dicunt, quia non aliis, sed ipsis aquis hæretici et mali Christiani ad inferna merguntur, quibus orthodoxi et justi quique ad cœlestia regna sublevantur. Sed sciendum nobis est, ut beatus dicit Gregorius (*hom. 26 in Evang.*), « quod divina operatio si ratione comprehenditur, non est admirabilis ; nec fides habet meritum, cui humana ratio præbet experimentum. » Et cum Paulus apostolus dicat : *Est enim fides sperandarum substantia rerum, argumentum non apparentium* (*Hebr.* XI, 1), profecto liquet quia fides illarum rerum argumentum est, quæ apparere non possunt : quæ enim apparent, jam fidem non habent, sed agnitionem. « Sed hæc ipsa Redemptoris nostri opera (*Greg., ibid.*), quæ ex semetipsis comprehendi nequaquam possunt, ex alia ejus operatione pensanda sunt, ut rebus mirabilibus fidem præbeant facta mirabiliora. » Et idcirco Dominus quædam de Scripturis per semetipsum dignatus est exponere, ut sciamus rerum significationes quærere in his etiam quæ per semetipsum noluit explanare. Unde in responsum accipiant, qui in divinis judiciis atque miraculorum signis experimentum

humanæ postulant rationis, quoniam et justos continens arca, qua fidelium est designata Ecclesia, fides sanctæ Trinitatis per incarnationem Jesu Christi ædificata, et omnes, de quibus dixit Dominus : *Finis venit universæ carnis : coram me repleta est terra iniquitate a facie eorum, et ego disperdam eos cum terra* (*Genes.* VI, 13), superfluente aqua operti, et non omnes submersi sunt, sed innoxii liberati, et puniti sunt noxii sicut scriptum est : *Ingressus est Noe, et filii ejus, uxor ejus, et uxores filiorum ejus cum eo in arcam, propter aquam diluvii* (*Genes.* VII, 7) ; et post paululum : *Rupti sunt omnes fontes abyssi magnæ, et cataractæ cœli apertæ sunt, et facta est pluvia super terram quadraginta diebus et quadraginta noctibus.* Et item : *Et multiplicatæ sunt aquæ, et levaverunt arcam in sublime a terra.* Et post pauca ; *Consumptaque est omnis caro, quæ movebatur super terram : remansit autem solus Noe, et qui cum eo erant in* **606** *arca.* Et item post pauca : *Et clausi sunt fontes abyssi et cataractæ cœli.* Et nubes una tenebrosa facta est Ægyptiis et luminosa Hebræis, ut iterum scriptum est : *Tollensque angelus Dei, qui præcedebat castra Israel, abiit post eos, et cum eo pariter columna nubis, priora dimittens, post tergum stetit, inter castra Ægyptiorum et castra Israel* (*Exod.* XIV, 20). Et erat nubes tenebrosa, et illuminans noctem, ita ut ad se invicem toto noctis tempore accedere non valerent. Et una eademque virga, extenta super aquas, quæ erant quasi pro muro a dextris et a sinistris, filios Israel transduxit, sicut scriptum est (*Sap.* X, 18), per aquam nimiam, et involvit Ægyptios in mediis fluctibus, ut ne unus quidem superfuerit ex eis, quos viderunt Israelitæ mortuos super littus maris, quos respexerat Dominus in vigilia matutina, ut diximus, in columna ignis et nubis, et expandit nubem in protectionem suorum, et ignem ut luceret eis per noctem (*Psal.* CIV, 39), videlicet Christum, qui est columna lucis tenebras infidelitatis depellens, et lucem veritatis ac gratiæ spiritalis affectibus humanis infundens, et per columnam nubis, qui est Spiritus sanctus ; in quo baptismate typus baptismatis jam sicut et in diluvio monstrabatur. Adhuc addamus quia invocavit Elias nomen Domini Dei sui, et descendit de cœlo ignis. Invocavit et Elisæus nomen Domini, et de aqua ferrum securis levatum est ad manubrium ligneum, et supernatavit aquis : gravior enim est ferri species quam aquarum liquor ; advertimus igitur majoris esse gratiam quam naturam. De his omnibus beati Ambrosii sufficiat explanatio, ut colligi possit assimilatio, cur in frigidæ aquæ judicio unius fiat mersio, alterius sublevatio. Ait enim in libro de Sacramentis sive mysteriis (*lib.* II, *c.* 6) : « Verumtamen, ne in hoc sæculo diaboli fraus vel insidiæ prævalerent, inventum est baptisma ; de quo baptismate audi quid dicat Scriptura, imo Filius Dei, quia Pharisæi, qui noluerunt baptizari baptismo Joannis, consilium Dei spreverunt ; ergo baptismus consilium Dei est. » Et post paululum · « Quod mergis, solvitur sententia illa : *Terra es, et in terram ibis.* Impleta A sententia, locus est beneficio remedioque cœlesti. Ergo aqua de terra. Possibilitas autem vitæ nostræ non admittebat ut terra operiremnr, et de terra resurgeremus. Deinde non terra lavat, sed aqua lavat, ideo fons quasi sepultura est. » Cæterum, ut dicit Apostolus : *Omnis scriptura divinitus inspirata utilis est ad docendum, ad arguendum, ad corripiendum, ad erudiendum in justitia, ut perfectus sit homo Dei ad omne opus bonum instructus (II Tim.* iii, 16). Et sicut in Patrum catholicorum dictis legimus, margaritum est sermo divinus, quod ex omni parte forari potest ; et qui ad instructionem fidelium scripturarum testimonia profert, etiamsi aliter illa exposuerit, quam ea intellexerint per quos fuere prolata, non est fabricator mendacii : salvo majorum intellectu, hinc dicam quod ex eorum verbis pro exiguitate ingenioli mei exsculpere conjiciendo posse suspicor. Sanctus Apostolus docet Rubrum mare, quod sub duce **607** Moyse patres nostri transierunt, baptismum Christi sanguine rubricatum, et ipse Moyses ducem Christum, qui nos per baptismum eduxit de Ægyptia servitute ad terram repromissionis, videlicet de peccati servitute, et mortis dominatione, in libertatem gloriæ filiorum Dei, et in regnum æternæ vitæ, præfiguravit, sicut et petra per desertum consequens populum, qui nos in eremo istius sæculi mysteriis suis consequitur. Unde item dicit de baptismate idem Apostolus : *Quicunque baptizati sumus in Christo Jesu, in morte ipsius baptizati sumus; consepulti enim sumus cum illo per baptismum in morte (Rom.* vi, 3). « Quid est, inquit Joannes Chrysostomus, in morte ipsius baptizati sumus? ut et ipsi moriamur, sicut et ille. Crux enim est baptisma. Quod ergo crux Christi et sepulcrum, hoc nobis baptisma factum est, tametsi non eisdem ipsis. Quapropter non dixit, complantati morti, sed similitudini mortis, ipse namque carne et mortuos est et sepultus, nos autem peccato in utroque. » Quibus dictis colligi posse videtur ut consepultus Christo per baptismum in mortem, et liberatus per eumdem baptismum a morte, et per peccatum ad eamdem servitutem et mortem reversus : *Anima,* inquit, *quæ peccaverit, ipsa morietur (Ezech.* xviii, 4 et 20). Complantetur similitudini mortis in aqua, ut aut noxius comprobatus, velit nolit, quia sæpe bona invitis præstantur, confiteatur, et per emendationis ac correctionis confessionem liberetur iterum a morte commissi peccati : aut innoxius Dei judicio demonstratus, inter peccati reos non teneatur a nobis, complantatus similitudini mortis in aqua. Mare quippe, sicut supra ostensum est, baptisma designans nihil in se mortuum retinet, quod, ut scriptum est, mortuos Ægyptios ejecit super littus. Ergo Ægyptius mortuus (*Exod.* xiv, 31), id est peccato obnoxius, quandiu negando in peccati sui morte manet, ab aqua invocatione veritatis, quæ Christus est, sanctificata non recipitur, non tenetur. Veniat autem ligatus institis iniquitatum suarum foras de latebris malæ conscien-

tiæ confitendo, et per confessionem veritatis consepelietur in aqua, quasi quodammodo complantatus similitudini mortis verissimæ veritatis, liberatus ab eadem veritate. Colligatur autem fune qui examinandus in aquam dimittitur, quia, ut scriptum est, funibus peccatorum suorum unusquisque constringitur. Qui ob duas causas colligari videtur, scilicet ne aut aliquam possit fraudem in judicio facere, aut si aqua illum velut innoxium receperit, ne in aqua periclitetur, ad tempus valeat retrahi. Nam et Lazarus quatriduanus mortuus, per quem designatur quisque criminum mole sepultus, ligatus institis sepultus, et eisdem colligatus institis a sepulcro, Domino vocante, legitur egressus, et ipsius jussu a discipulis disligatus. Et hoc examinandus judicio B colligatus in aquam dimittitur, et colligatus retrahitur, et aut purgatus statim judicio arbitrorum absolvitur, aut usque ad purgationem colligatus judicio examinatur. Et item in sacra historia legimus quia venit Elias ad Jordanem cum discipulo **608** Elisæo, et involuto pallio suo percussit aquas, quæ divisæ sunt, et transierunt ambo. Postea levavit Elisæus pallium Eliæ quod ceciderat ei, et veniens ad Jordanem percussit aquas, atque invocato Deo, Eliæ divisit ac transiit. Recte enim per Jordanem fluxus nostræ mortalitatis exprimitur, quia et Jordanis Latine dicitur descensus eorum, scilicet Christianorum. Quia, inquit Gregorius (*Moral.* xxxiii, *cap.* 6), in Jordane flumine ipse auctor redemptionis nostræ baptizari dignatus est, recte Jordanis nomine eorum multitudo exprimitur, qui inter sacramentum baptismatis te- C neutur. Unde scriptum est in Job de antiquo hoste humani generis : *Et habet fiduciam quod influat Jordanis in os ejus (Job* xl, 18). Quia postquam infideles quosque a mundi origine rapuit, adhuc se posse suscipere etiam fideles præsumit. Nam ore pestiferæ persuasionis eos quotidie devorat, in quibus a confessione fidei reproba vita discordat. Unde ac si pallio Eliæ involuto aqua percutitur, et dividitur, et per eam transitus præparatur, quando tales, ut præmisimus ex verbis sancti Gregorii, colligantur, et in aquam dimittuntur : et quasi aqua dividitur, cum aut quosdam aqua recipit, et innoxios ostendit, aut quosdam rejicit, et noxios esse demonstrat : et transitus præparatur, cum aut quidam a reputatis D criminibus ad innoxios transferendi judicantur, aut a negatione sua rei inter criminum noxios declarato judicio deputantur. Nam et quando qui putatur et qui est noxius, in aquam examinandus dimittitur, a dimittentibus secundum quemdam modum formæ baptismatis Dominus invocatur, quatenus veritas unde requiritur demonstretur, et tenebras ignorantiæ nostræ illuminare dignetur, ne aut innocens injuste a nobis damnetur, aut nocens sua negatione, aut diabolica fraude, aliquo modo impunitus evadat. Sed et ipse qui examinandus in aquam dimittitur, invocationem invocantium sua responsione et devotatione confirmat, juxta formam quodammodo ante baptisma, sicut sanctus Ambrosius in libro de Sa-

cramentis dicit (*lib.* II, *c.* 7), « Interrogatus es, Credis
in Deum Patrem omnipotentem? dixisti, Credo, et
mersisti, hoc est sepultus es. Iterum interrogatus
es, Credis in Dominum nostrum Jesum Christum, et
in crucem ejus? dixisti, Credo, et mersisti : ideo et
Christo es consepultus ; qui enim Christo consepe-
litur, Christo resurgit. Tertio interrogatus es , Credis et in Spiritum sanctum? dixisti, Credo. Tertio
mersisti , ut multiplicem lapsum superioris ætatis
absolveret trina confessio. Denique, ut vobis afferamus exemplum, sanctus apostolus Petrus , posteaquam in passione Domini lapsus videtur conditione
humana, qui antea negaverat, postea ut illum lapsum
aboleret et solveret, tertio interrogatus a Christo si
Christum amaret, tum ille dicit , Tu nosti, Domine,
quia amo te (*Joan.* XXI, 17). Tertio dixit, ut tertio
absolveretur. » Sic et inventus in judicio noxius, si
fuerit forte super plura suspectus, iterato est judicio
examinandus , quousque inveniatur emendationis
confessione probatus. **609** Et ad hoc assumamus
sancti Ambrosii verba dicentis : « Denique, ut vobis
afferamus exemplum , sanctus apostolus Petrus ,
posteaquam in passione Domini lapsus videtur infirmitate conditionis humanæ, qui ante negaverat,
postea , ut illum lapsum aboleret et solveret, tertio
interrogatur a Christo si Christum amaret. Tum
ille dicit, Tu nosti, Domine, quia amo te : tertio
dixit, ut tertio absolveretur. »

Et quoniam, sicut supra ostendimus divina auctoritate baptismum esse judicium, unde et Jordanis
baptisma designans interpretatur rivus judicii quo
princeps mundi mendax et pater ejus foras ejicitur, et baptismus Dei est consilium , divini viri ad
ignota investiganda invenerunt judicium aquæ frigidæ ; in quo aquæ frigidæ judicio, ad invocationem veritatis, quæ Deus est , qui veritatem mendacio cupit obtegere, in aquis, super quas vox
Domini Dei majestatis intonuit, non potest mergi,
quia pura natura aquæ naturam humanàm, per
aquam baptismatis ab omni mendacii figmento purgatam, iterum mendacio infectam, non recognoscit
puram, et ideo eam non recipit, sed rejicit ut
alienam. Et ut in baptismate ab homine spiritus immundus, id est princeps hujus mundi ejicitur, ita
et qui a diabolo, principe videlicet mundi hujus, per
peccatum reoccupatus, sicut scriptum est (*Matth.* XII ;
Luc. XI) : Quia cum exierit ab homine , revertitur
ad eum a bonis operibus vacantem, imo vacuum,
cum aliis septem spiritibus nequioribus se, ab aqua
invocatione divini nominis sacrata rejicitur. Quem
hominem, non naturalem, sicut ex aqua et spiritu
renatus est, et purgatum, non carnis depositione
sordium, sed interrogatione et confessione conscientiæ bonæ in Deum, verum potius talem, de quo in
Levitico (*Levit.* XXII, 3) scriptum est ; sentit : *Omnis,*
inquit, homo qui accesserit de stirpe vestra ad ea quæ
consecrata sunt, et quæ obtulerunt filii Israel Domino,
in quo est immunditia, peribit coram Domino. Non
dicit, *in quo fuit immunditia.* Immunditia quippe

ejus in ipso est, qui mendacio contegit veritatem,
et idcirco de stirpe sacerdotali : *Vos,* inquit, *genus*
electum, regale sacerdotium (*I Petr.* II, 9), et in
Apocalypsi : *Fecisti nos regnum Deo, et sacerdotes*
(*Apoc.* V, 10), ad ea quæ consecrata sunt Domino
accedens, quandiu immunditia ejus in ipso est, non
poterit aquis invocatione Dei sanctificatis immergi,
ut innoxius pareat, sed pereundus monstrabitur.
Expurgate, inquit Apostolus, *vetus fermentum, ut si-*
tis nova conspersio, sicut estis azymi (*I Cor.* V, 7).
Ac si patenter dicat : Reputatum de crimine, atque
negantem, quem idoneis testibus judiciario ordine
comprobare nequitis, aut sacramento, aut Dei judicio expurgate, ne in medio vestri manens anathema,
dicatur vobis : *Anathema in medio tui, Israel, non*
poteris stare coram inimicis tuis (*Jos.* VII, 13). Et
item dicit Apostolus : *Nolite communicare operibus*
infructuosis tenebrarum (*Ephes.* V, 11). Unde Augustinus : « Nolite communicare, hoc est nolite consentire, et quia parum erat non consentire, si sequeretur negligentia disciplinæ, magis, inquit, et redarguite. **610** Duobus modis te non maculat malus,
si non consentias, et si redarguas. Igitur arguendus
est peccator, et si negaverit, et ordine judiciario
comprobari non poterit, examinetur, ut probatus
manifestus fiat , et reprobatus latere non possit.
Deprehensus autem confiteatur et pœniteat, et non
tenebitur fune peccatorum suorum, quo est illigatus,
ut non mergatur, et lavetur aqua salutari perfusus
lacrymis, et dimergantur ut Ægyptii, et qui corrupti erant carnali corruptione coram Domino, *sicut*
plumbum in aquis vehementibus (*Exod.* XV), et secundum prophetam, *Projiciantur iniquitates ejus in*
profundum maris (*Mich.* VII, 19). Quia antea cum
mendacio suo mergi ut ablueretur non poterat, donec confessione a se illud in profundum projiceret,
et ablutus emergeret, qui ante confessionem sicut
ferrum Elisæi premebatur aqua, usque dum invocatione divini nominis ad lignum rediit, ita nihilominus negans peccati pondere premitur anxia conscientia, usque dum pronuntians impietatem peccati
sui Domino, in cujus ligno crucis omnium hominum,
ut dicit Ambrosius, levatur infirmitas. Et hoc est
diluvium quod et baptisma , quo peccata omnia
diluuntur, sola justi mens et gratia resuscitatur,
pridem quippe mortui negatione peccati. » Legat
devotus librum dialogorum beati Gregorii (*lib.* II,
cap. 23), et inveniet sanctimoniales non correctas,
et pro incorrectione sua a sancto Benedicto excom-
municatas , post mortem tempore communionis
de sepulcris ab Ecclesia, quia non communicabant,
exiisse, post reconciliationem autem se in suis sepulcris continuisse. Et pueri monachi corpus a terra
teneri non potuisse (*ibid.*, *c.* 24), quia Benedicti gratiam non habebat. Et vas vitreum (*ibid.*, *c.* 3) signo
crucis per Benedictum edito disruptum (*lib.* I,
c. 28). Et iterum vas vitreum in ingens præcipitium
saxorum molibus aspersum ejus jussione propter inobedientiam projectum, atque incolume reservatum

(*ibid.*, *c.* 7). Et discipulum ejus Maurum super undas laci deambulasse (*ibid.*, *c.* 6) : ferrum autem de profundo laci Elisæi more per ipsum in manubrium revocatum fuisse. Et sicuti scriptum divinis paginis (*II Mac.* 1, 20) continetur, sacer ignis absconsus, post multorum annorum curricula in crassam aquam versus reperitur, et eadem aqua super oblatum sacrificium versa divina potentia est igne consumpta. Sed et Gedeonis sacrificium (*Jud.* vi, 20) cum superfuso jure cujus abundantia solet ignis exstingui, per angelicum ministerium, igne etiam lambente petram, consumptum est. Et in unius ejusdemque elementi mysterio, et finis est vitiis, et origo virtutibus, operante Spiritu sancto in aqua sacri baptismatis. Hæc diligens lector legat, et non mirabitur in judicio aquæ frigidæ innocentes ab aqua recipi, nocentes autem non recipi, sicut et in aqua calida coquuntur noxii, innoxii vero reservantur incocti : quia et Christus, cœlestis medicina Patris, verus humanæ medicus salutis, invocatus a suis fidelibus, ut et medici carnis ipso inspirante solent, contraria **611** contrariis, calida frigidis, frigida calidis curat. Et in veteris synagogæ unius ejusdemque seditione quosdam terra absorbuit, quosdam vero edax flamma consumpsit. Dumque caro innoxia Salvatoris aquis frigentibus tinguitur, opposita quondam noxiis romphæa ignea paradisi restinguitur. Sed et dispositione ipsius elementorum conditoris atque rectoris, uno eodemque sole lutum stringitur, cæra liquatur. Hæc dicta sint, quia elementum instabile, in mergendo pro fide credentium quosdam recipit, quosdam autem non recipit. Sed et fervore elementi ejusdem quidam coquuntur, et quidam evadunt incocti.

Nec prætereundum quia legimus in Capitulis Augustorum fuisse vetitum frigidæ aquæ judicium : sed non in illis synodalibus, quæ de certis accepimus synodis. Quod et quidam insulse dicunt propterea fuisse vetitum, quoniam quasi rebaptizatur qui in nomine Domini aquis immergitur. Sed hoc ibidem scriptum nequaquam reperimus. Nec nos etiam ignoramus quia beatus Ambrosius plura dicit baptismata, id est plura baptismatis annotat præconia. Et sacri canones rebaptizationes omnibus, ut vitandæ sunt, prohibent. Nemo tamen est pene fidelium, qui se sine crucis signo, vel invocatione divini nominis, aquis etiam ad lavandum immittat, jubente Apostolo omnia agendum in nomine Domini, et non se illo baptizari putat baptismate, quo renatus est ex aqua et spiritu. Sermo enim, et opus Dei, cunctaque sacramenta divina, manna sunt, quod, sicut scriptum est (*Sap.* xvi, 20), habuit omne delectamentum, et omnis saporis suavitatem, quodque sicut pro desiderio suscipientium quondam factum est in saporem gustantium, ita et hæc pro devotione credentium fiunt causa ostensionum. Velut incarnatio Domini in ruinam et resurrectionem multorum est, et crux ejus pereuntibus quidem stultitia est, credentibus vero in salutem virtus Dei est, et prædicatio ip-

A sius aliis est odor mortis in mortem, aliis odor vitæ in vitam, et baptismatis sacramentum infidelibus ludificatio, fidelibus autem redemptio est. Sacramenta quoque altaris devote ad se accedentibus vita, indevotis judicium, sicut et panis vitam fortium roborat. parvulorum necat, et lenis sibilus equos mitigat, catulos instigat, et sol, qui ceram liquat, lutum stringit, sanis oculis lumen est, et lippientibus tenebræ. Utque venenum mors est homini, et vita serpenti, sic et istud judicium firmiter et rite credentibus ostensio veritatis. hæsitantibus autem et dubiis error involvens esse cognoscitur · quoniam sicut Paulus dicit : *Est enim fides sperandarum substantia rerum, argumentum non apparentium* (*Heb.* ii, 1), profecto, liquet, quia, exponente beato Gregorio, fides illarum rerum argumentum est, quæ apparere non possunt, quæ etenim apparent, jam fidem non habent, sed agnitionem. Sic in hoc divino judicio, his de quibus antea dubitabamus divina ostensione monstratis, quæ corporalibus oculis videre non possumus, oculis **612** fidei contemplantes credulitatem accommodare debemus, sicut Thomas antea dubitans, dum Dominum palpavit, aliud vidit et aliud credidit ; a mortali quippe homine divinitas videri non potuit ; hominem igitur vidit, et Deum confessus est, dicens : *Dominus meus et Deus meus* (*Joan.* xx, 26). Videndo ergo credidit, quem considerando verum hominem, hunc Deum, quem videre non poterat, exclamavit. Ita et veritatem rei, de qua dubitamus, quia corporalibus oculis videre nequibamus, divinæ ostensioni credentes, veritatem, quæ Deus est, laudare debemus. Hæc autem dicimus, non quo quemquam reprehendamus, quia nec ibi scriptum est (*Rom.* xiv, 5) cur hoc judicium non debeat fieri, sed tantummodo dictum ne fieret, aut nostra, quasi sapientius prolata, quam alii invenire ex sanctorum documentis prævaluerint. sive prævaleant, defendere satagamus. Unusquisque enim in suo sensu abundat. Tantum quilibet hoc caute provideat, ut a fide catholica et traditione apostolicæ sedis non discrepet, sed quæ sentimus humiliter proferentes, parati simus, si quis convenientius nobis ostenderit, sine contentione sano intellectui cedere et libentissime non modo consentire, quin etiam discere.

His ita se habentibus, si hujusmodi judicium, quod, ut audivimus, Carolus magni nominis imperator de suæ vitæ credulitate recepit, per consilium laicorum nobilium, consensu episcoporum, ac decreto regio (aliter enim non oportuerat) præfata femina de quibus reputabatur constat esse purgata, et maritali thoro non solum consensu nobilium laicorum, verum, ut audivimus, cum reconciliatione et benedictione episcoporum, restituta sive recepta, cur iterum causam in quæstionem reducamus, videre non possumus, dicente Domino : *Non tentabis Dominum Deum tuum* (*Matth.* iv, 7). Et audiamus quod audivit ab illo ad eum, dicens : *Magister, respice in filium meum, ecce spiritus apprehendit illum et rogavi discipulos tuos ut ejicerent illum, et non po-* tuerunt; et Dominus : *O generatio infidelis et perversa, usquequo ero apud vos, et patiar vos? (Luc.* ix, 38.) Hoc enim audivit , quia latenter isto dicto accusavit de impossibilitate apostolos, cum impossibilitas curandi interdum non ad imbecillitatem curantium, sed ad eorum qui curandi sunt fidem referatur. Sic et nos, licet non auribus corporis, sed merito infidelitatis audiemus, si talia sine causa et ratione debita removemus, quasi quiddam fraudis in hoc judicio fuerit dubia Dei ostensio, et non infidelitas nostra. Si autem hæc in judicio culpabilis apparuit femina , quare fuit recepta? Si inculpabilis, quare est causa remota? præsertim cum omnimodis sit credendum, quia si vicarius ejus, qui pro illa ad judicium exivit, fuisset perustus, culpabilis judicatâ ad audientiam denuo noluisset accusator ipsius debere illam admitti. Unde nunc quoque tenendum est, quia sicut in baptismatis judicio, mendax et pater mendacii, per fidem et ora gestantium atque pro eis profitentium qui baptizantur, foras ejicitur, **613** ita et ab hac femina criminationis falsitas, fide et professione pro se mittentis vicarium, per ejusdem vicarii sui exsecutionem divino judicio sit expulsa, et ejus innocentiæ veritas declarata. Nam si testimonium hominum accipimus, testimonium Dei majus est (*I Joan.* v, 9), qui ostensione virtutis suæ nobis testificatur quid de hoc credere debeamus, de quo dubii ante ostensionem eramus.

INTERROGATIO VII.

Qui dicunt quod pro secrete facta confessione ab eadem femina, vicarius ejus de judicio incoctus evasit.

RESPONSIO.

Sicut falsa pietate quidam, ut legimus, beatum Petrum defendere tentaverunt dicentem quia non novisset hominem, quem cognoscebat Deum, cum Veritas dixerit, *Me negabis* (*Matth.* xxvi, 34) : ita isti majori etiam iniquitate, quia impia falsitate, veritatem, dum piam prædicant, fictam calumniantur, quæ sic voluit feminam istam liberare, ut judicio illius credentes deciperet, cum scriptum sit (*Sap.* i, 5) : *Spiritus sanctus disciplinæ effugiet fictum.* Unde sanctus Petrus ad Simonem magum dixit, qui se putavit emere posse gratiam sancti Spiritus, per quem virtutes operantur et signa, quique omne effugit fictum : *Non est tibi pars, neque sors in sermone isto, in felle enim amaritudinis, et obligatione iniquitatis video te esse* (*Act.* viii, 23). Et, ut beatus dicit Gregorius, nihil simplex veritas per duplicitatem facit, scrutans corda et probans renes, et pertingens usque ad divisionem animæ et corporis, compagum quoque et medullarum, et interiora cordis, et ut veritas, prope est invocantibus se in veritate, et jubet in veritate judicium facere. Quis enim invocavit Dominum, et deceptus est? In judicio enim justo fideliter invocatus neminem decipere potuit : quoniam justus est Dominus in omnibus viis suis, et

sanctus in omnibus operibus suis. Et catholici dicunt magistri de sacramenti purgatione, quia sicut ab illo cui perinde fit satis suscipitur, ita et a Domino judicatur. Et Paulus dicit : *Corde creditur ad justitiam, ore autem confessio fit ad salutem* (*Rom.* x, 10). Et non est confessio, nisi fuerit cum corde et oris fassio, ut mens nostra concordet voci nostræ. Unde et in baptismo non mundat carnis depositio sordium, sed interrogatio ac confessio conscientiæ bonæ in Deum. Nam Petrus, quem Christum Filium Dei vivi confessus fuerat, Dominum esse sciebat, Deumque credebat, cujus discipulum se ore negabat, qui dixit : *Qui me confessus fuerit coram hominibus, confitebor et ego eum coram patre meo; et : Qui me negaverit, negabo eum* (*Matth.* x, 22). Et sicut legimus, non est aliud negare se ipsius esse discipulum, sicut Petrus dixit *Non sum*, objicienti sibi quod ex discipulis hominis illius esset, nisi negare se esse Christianum. Quapropter **614** et sacri canones, inter lapsos de illis decreverunt, qui corde Christum crediderunt, et tormentis victi ore negaverunt. Et item scriptum est : *Quomodo invocabunt in quem non crediderunt?* (*Rom.* x, 14.) Quomodo, inquam, hæc femina in judicio Dominum sibi adjutorem et liberatorem invocavit, in quem non credidit? Et si in Dominum fideliter credidit quem invocavit, verum, non fictum, et justum atque justitiam diligentem illum credidit, quem falli vel fallere non posse cognovit. Isti autem contraria dicentes, quid aliud dicunt, nisi falli vel fallere posse veritatem affirmant? obstinatiores dæmonibus, qui, ut Evangelium dicit, exiebant ab obsessis, confitentes eum, quia sciebant illum esse Christum (*Luc.* iv, 41).

Quod autem dictum est, quia ex hoc testis est etiam ipse qui confessionem feminæ illius suscepit, miramur si verum esse aliquo modo possit : et hoc credere non auderemus, si talibus viris, qui hæc nobis mandaverunt non credere auderemus ; cum non perverse interpretari debere noverit quod in libro Levitico, relegit : *Anima quæ audit vocem juramenti et testis est, vel quæ vidit aliquid et conscia est, et non indicat* (*Levit.* v, 1). Ex quo accepit etiam ipsa peccatum ejus sine dubio. ut Origenes exponit, qui inique, aut egit aliquid, aut juravit. Hoc etiam secundum historiam nos ædificat, ne unquam in peccatis alterius polluamus conscientias nostras, nec consensum male agentibus præbeamus. Consensum autem dico, non solum pariter agendo, sed etiam quæ manifeste et illicite gesta sunt reticendo. Et si scivit, et propter secretam confessionem reticuit, quare, quod absit, sicut dicitur, ut judicium inde fieret obtinuit, vel consensit, non reverens sententiam legis pariter et Evangelii : *Non tentabis Dominum Deum tuum?* (*Matth.* iv, 7.) Quia si contra auctoritatem canonicam, quæ ex legis et prophetarum atque Evangelii fonte, sancto Spiritu quo et illa sunt dicta promulgante, procedit, detrimentum honoris est agere, periculum non potest evadere, qui studet ipsi evangelicæ veritati in tam maximis repugnare.

Et item scriptum est : *Reddes autem Domino juramenta tua (Matth.* v, 33). Si fidelitatem seniori suo promisit, quomodo huic illusioni contra illum consentire præsumpsit? Et si tunc inter duo pericula positus, minus de juramento negligere elegit, ut majus ne proditor confessionis fieret devitaret, quare ipsam confessionem nunc prodidit? cum scriptum sit : *Qui ambulat fraudulenter, revelat arcana; qui autem fidelis est, animi celat commissum (Prov.* xi, 13), ac si patenter dicat : Qui animi non celat commissum infidelis est. Et Paulus dicit fidelibus : *Quæ pars fideli cum infidele? (II Cor.* vi, 13.) Plura hinc dici poterant, sed nobis non convenit. Onus enim suum unusquisque portabit. Hæc autem breviter diximus, non ut credere vel credi ab aliquo hujusmodi derogationi de quocunque sacerdote velimus, sed ut nos quatenus hinc responderemus per nomen Domini obtestantibus designemus, hoc nefas proditionis atque duplicitatis, et magnopere nobis esse vitandum, et **615** in omnibus profecto hominibus detestandum.

INTERROGATIO VIII.

Huic autem dicto quod aiunt quidam, quoniam intentio illius feminæ fuit de alio ejusdem nominis fratre suo, quando vicarium suum in judicium pro se misit, et idcirco se in judicio isdem vicarius ejus non coxit.

RESPONSIO.

Quasi judex omnium quæ geruntur, qui novit omnia etiam antequam fiant, tali errore seduci potuerit, componere possumus quod Petrus in quarto libro Dialogorum a beato requisivit Gregorio : « Quidnam est, inquiens, quæso te, quod nonnulli quasi per errorem extrahuntur e corpore? Cui beatus Gregorius referens de duobus Stephanis, quia non isdem Stephanus, qui adductus judici ad loca inferni fuerat, jussus adduci exstiterat, sed Stephanus alter ferrarius : et illo reducto, Stephanus ferrarius, qui adduci fuerat jussus, adductus est. « Hoc, inquit beatus Gregorius (*cap.* 36), quotiescunque fit, si bene perpenditur, non error sed admonitio est. Superna enim pietas ex magna misericordiæ suæ largitate, disponit, ut nonnulli etiam post exitum repente ad corpus redeant et tormenta inferi, quæ audita non crediderant, saltem visa pertimescant. » Et post narrationem de Stephano, qui adductus et reductus et postea iterum ad tormenta perductus fuerat, subdidit (*ib., in fine*) : « Qua de re colligitur, quia ipsa quoque inferni supplicia cum demonstrantur, aliis hæc ad adjutorium, aliis vero ad testimonium fiant, ut isti videant mala quæ caveant, illi vero eo amplius puniantur, quæ inferni supplicia nec visa et cognita vitare voluerunt. » Sic et Deus ex scriptura veritatis nobis demonstrat, quod ad correctionis cautelam nobis proficiat, aut ex retributione justitiæ ad gravius delinquendum in cumulum damnationis excrescat. Scriptum est enim in libro Regum, dicente Michæa propheta : *Vidi Dominum sedentem super solium suum, et omnem exercitum cœli assistentem ei a dextris et a sinistris. Et ait Dominus : Quis decipiet Achab regem Israel, ut ascendat et cadat in Ramoth Galaad? Et dixit unus verba hujuscemodi, et alius aliter. Egressus est autem spiritus coram Domino, et ait : Ego decipiam illum. Cui locutus est Dominus, In quo? Et ille ait : Egrediar, et ero spiritus mendax in ore omnium prophetarum ejus. Et dixit Dominus : Decipies, et prævalebis, egredere, et fac ita (III Reg.* xxi, 19). Quid sit astare malignum spiritum Domino, et quid sit quod interrogasse malignum spiritum Dominus dicitur, et qualiter loquatur Deus ad malignum spiritum, et malignus spiritus ad Deum, beatus exponit Gregorius (*Moral.* xi, *cap.* 4) in Moralium libris devotioni lectorum notissimis. Sequitur in historia libri Regum : *Nunc igitur ecce dedit Dominus spiritum mendacii in ore omnium prophetarum* **616** *tuorum qui hic sunt. Et Dominus locutus est contra te malum.* Et post aliquanta : *Unus autem quidam tetendit arcum, in incertum sagittam dirigens, et casu percussit regem Israel,* id est Achab, *inter pulmonem et stomachum.* Et paulo post, *et mortuus est vespere,* et completus est in eo sermo Domini per manum Michææ prophetæ, de quo antea locutus est idem Achab ad Josaphat regem Juda quærentem prophetam Domini. *Remansit,* inquit Achab, *vir unus per quem possumus interrogare Dominum, sed ego odi eum, quia non prophetat mihi bonum, sed malum.* Videlicet quoniam vera illi dicebat, et ideo odiebat eum, diligens mendaces ministros, et sibi impios ; unde scriptum est (*Prov.* xxix, 12) : *Princeps qui libenter audit verba mendacii, omnes ministros habebit impios.* Qua de re timendum est regi, et cunctis mendacio credere volentibus, quasi Deus aut falli potuerit, aut fallere quemquam in se recte credentem in judicio velit, aut indebita misericordia in crimine consistenti, atque crimen ipsum neganti, et se tentanti debeat misereri, qui etiam pauperi in judicio vel sub obtentu pietatis misereri prohibuit, ne propter alia perpetrata peccata, de quibus non satisfecerunt Domino, ex retributione justitiæ, a mendace spiritu seducantur, ut intereant, et in alium laqueum decepti cadant, sicut de quibusdam Paulus dicit : *Quoniam cum cognovissent Deum, non sicut Deum glorificaverunt, aut gratias egerunt, sed evanuerunt in cogitationibus suis, et obscuratum est insipiens cor eorum; propterea tradidit illos Deus in desideria cordis illorum, in immunditiam, ut contumeliis afficiant corpora sua, mercedem erroris sui in semetipsis recipientes : et quoniam non probaverunt Deum habere in notitiam, tradidit illos Deus in reprobum sensum, ut faciant quæ non conveniunt;* et ad Thessalonicenses (*II Thess.* ii, 10) : *Pro eo quod dilectionem veritatis non receperunt ad hoc ut salvi fierent, idcirco immittet illis Deus spiritum erroris, ut credant mendacio, quatenus judicentur omnes qui non crediderunt veritati, sed consenserunt iniquitati.* Unde sanctus Augustinus in tertio libro de Trinitate (*cap.* 7), loquens de præstigiis a magis Pharaonis Moysi resistentibus factis dicit, « Intelligi, inquit, datur, ne ipsos quidem transgressores angelos, et aerias potestates, in imam istam caliginem, tanquam in sui generis carcerem, ab illius sublimis ætheriæ puritatis habitatione detrusas, per quas magicæ artes possunt quidquid possunt, valere aliquid nisi data desuper potestate. Datur autem, vel ad fallendos fallaces, sicut in Ægyptios, et in ipsos etiam magos data est, ut in eorum spirituum seductione viderentur admirandi, a quibus fiebant Dei veritate damnandi : vel ad admonendos fideles ne tale aliquid facere pro magno desiderent, propter quod etiam nobis Scripturæ auctoritate sunt prodita : vel ad exercendam, probandam, manifestandamque justorum patientiam. Neque enim parva visibilium miraculorum potentia Job cuncta quæ habebat amisit, et filios, et ipsam corporis sanitatem. » Quidquid angeli transgressores mali faciunt, non ipsis servit ad nutum creatura corporalis, sed Deo, **617** a quo datur potestas. Nec ideo putandum est istis transgressoribus angelis ad nutum servire hanc visibilium rerum materiem, sed Deo potius a quo hæc potestas datur, quantum in sublimi et spiritali sede incommutabilis judicat. Nam et damnatis iniquis etiam in metallo servit aqua, et ignis, et terra, ut faciant inde non quod volunt, sed quantum finitur. »

INTERROGATIO IX ET RESPONSIO.

Sed concedamus ut fraus in judicio fuerit operatione diaboli, qui licet perdiderit angelici spiritus gloriam, sed non amisit naturæ subtilitatem, et permittente Domino, aut pro infidelitate non recte credentium, aut pro purgatione fidelium, ut Judam plenum iniqua voluntate Christo communicantem strangulavit, et Paulum post tertii cœli raptum colaphizavit, ad maxima exercenda occulto, sed nusquam injusto, permittitur divino judicio, sicut per magos Pharaonis multa acta sunt, quæ Moyses propheta Domini fecerat. Et ad probationem Job aera sunt commota, ignis de cœlo aerio oves puerosque consumpsit. Et Antichristus per se suosque ministros multa operaturus est, ita ut in errorem inducantur etiam si fieri potest electi. Et per Pythonissam species Samuelis ostensa est. Et in libro Dialogorum, scribente sancto Gregorio, legimus (*lib.* xi, *c.* 10) : « Quia de invento idolo, et ad horam casu in coquinam projecto, exire ignis repente visus est, atque in cunctorum monachorum oculis, quia omne ejusdem coquinæ ædificium consumeretur ostendit : cumque jactando aquam et ignem quasi exstinguendo perstreperent, pulsatus ab eodem tumultu vir Domini Benedictus advenit, qui eumdem ignem in oculis fratrum esse, in suis vero non esse considerans, caput protinus in orationem inflexit, et eos, quos phantastico reperit igne deludi, revocavit fratres ad oculos suos, ut et sanum illud coquinæ ædificium assistere cernerent, et flammas, quas antiquus hostis finxerat, non viderent. » Et in Petri Itinerario de Clementis patre legitur, quod ut a fidelibus interficere-

tur, a Simone Mago, quem deseruerat, unguento perunctus, ejusdem Simonis imaginem omnium oculis referebat, solus Petrus eum qui erat intuebatur, et orans discipulos ad eorum oculos revocavit, et deluso phantasmate intuentium obtutibus speciem propriam reddidit. Sed et in Vita Joannis monachi quondam parentes filiam suam operante dæmone equam esse cernebant. In Evangelio quoque legimus de duobus discipulis cum Christo pergentibus ac dubitantibus, quia oculi eorum tenebantur ne eum agnoscerent (*Luc.* xxiv, 16). Quod impedimentum in oculis eorum non incongruenter accipimus a Satana fuisse, ne agnosceretur Jesus : sed tamen a Christo facta est permissio usque ad sacramentum panis, ut unitate corporis ejus participata, removeri intelligatur impedimentum inimici, ut Christus possit agnosci. Sic et non mirum, si in judicio, **618** exigente incredulitate hæsitantium atque in fide dubitantium, talia permittat Dominus fieri, qui talem se exhibuit in oculis dubitantium foris, qualis habebatur apud eos intus : quod factum est in eorum oculis, non veritate fallente, sed ipsis veritatem percipere non valentibus, et aliud quam res est opinantibus. Sicut et beatus Gregorius de Maria dicit (*hom.* 25 *in Evang.*) : « Quæ Dominum quærebat, quem resurrexisse minime credebat; sed quia amabat et dubitabat, videbat et non agnoscebat, cumque illi et amor ostenderat, et dubietas abscondebat. » Et præfatis duobus discipulis ambulantibus in via, non quidem credentibus, Dominus apparuit, sed eis speciem quam recognoscerent non ostendit. Hoc ergo egit foras Dominus in oculis corporis, quod apud eos agebatur intus in oculis cordis. Nihil ergo simplex veritas per duplicitatem fecit, sed talem se eis exhibuit in corpore, qualis apud eos erat in mente. Et sanctus Augustinus in libro de Doctrina Christiana (*lib.* xi, *c.* 10) : « Superstitiosum est quidquid institutum est ab hominibus ad consultationes et pacta quædam significationum cum dæmonibus placita atque fœderata, qualia sunt molimina magicarum artium, aruspicum et augurum libri. Ad hoc genus pertinent omnes etiam ligaturæ atque remedia, quæ medicorum quoque disciplina condemnat, sive in præcantationibus, sive in quibusdam notis, quas characteres vocant, sive in quibuscunque rebus suspendendis atque illigandis (*ibid.*, c. 24). Quæ omnia tantum valent, quantum præsumptione animorum : quasi communi quadam lingua cum dæmonibus fœderata sunt; quæ tamen plena sunt omnia pestiferæ curiositatis cruciantis sollicitudinem mortiferæ servitutis. Non enim quia valebant animadversa sunt, sed animadvertendo atque signando factum est ut valerent. Et ideo diversis diversa proveniunt, secundum cogitationes et præsumptiones suas. Illi enim spiritus qui decipere volunt, talia procurant cuique, qualibus eum irretitum per suspiciones et consensiones ejus viderint. » Et venerabilis presbyter Beda in Commento libri Samuelis dicit (*lib.* iv, *c.* 8) : « Si quem vero movet, quomodo mulier arte dæmoniaca prophetam post mortem inquietare et suscitare potuerit, sciat pro certo, aut falsam tunc umbram quærentibus ostendisse diabolum, aut si vere Samuel exstitit, tantum in his agendis licere diabolo, quantum Dominus permiserit. Nec mirum pro quibusdam secretioribus causis talia maligno spiritui permitti, cum et Salvatorem constituerit in pinnam templi, et Job petierit acceperitque tentandum. Quod si phantasiam potius immundi spiritus fuisse quod apparuit credimus, neque hoc turbare debet quomodo talis vera et prophetica narrare potuerit. Novimus enim diabolum multa sæpe futura, quæ ab angelis sanctis didicerit, præscire vel prædicare posse : sed eo minus illius dictis auscultandum, quo cuncta. quæ loquitur agitve apud homines, seducendi studio facit. » Quod ne eveniat per insidias dæmonum, **619** monente Apostolo resistamus diabolo, fortes in fide, *quæ vincit mundum, et per quam sancti vicerunt regna* (*Hebr.* xi, 33), et de qua firmiter credentibus dicitur : *Fiat tibi secundum fidem tuam* (*Matth.* ix, 29). Et Apostolus : *Postulet autem in fide nihil hæsitans* (*Jac.* i, 6). Et si ad probationem fidei nostræ acciderit (utile est enim, etiam sanctis, tentationum flammis examinari, ut vel tentati quia fortes fuerint appareant, vel cognita per tentationem sua infirmitate fortiores fieri discant, et sic cumprobati fuerint, accipiant et ipsi coronam vitæ), de divinis non causemur judiciis, quæ interdum occulta sunt, sed nunquam injusta. Nec mirum videri debet, si in hujusmodi judicio calliditate diabolica fraus quæcunque Deo permittente intervenit, cum et aqua baptismatis in se fidelis, ut Ambrosius dicit, est in aliquibus et aqua mendax. Non sanat baptismus perfidorum, non mundat sed polluit : unde et secundum decreta canonum, et sancti Innocentii, atque aliorum pontificum Romanorum, in nomine sanctæ Trinitatis ab hæreticis baptizati per manus impositionem gratiam Spiritus sancti accipiunt : non autem in sanctæ Trinitatis nomine baptizati baptizari jubentur. Sed nunquid, quoniam fraus reperitur in baptismo hæreticorum, baptisma non probabitur catholicorum? et si fraus invenitur in judicio propter fidem incredulorum, lex purgationis abjicietur a consuetudine credulorum? Sicut enim privata vel fraus publica semper est punienda, ita ut scriptum legimus, consuetudo quæ publicis utilitatibus non impedit, pro lege est retinenda. Quapropter, si et in hoc judicio per quodcunque ingenium fraudulentia reperitur, duplicata judicii ultione, sive pro peccati admissione, sive pro infideli illusione, causa in quæstionem ratione docente reveniat.

« Sed et de sacramenti purgatione in sancti Gregorii epistola ad Secundinum episcopum Taurominitanum legimus (*lib.* viii, *epist.* 52), quod Leonis Chartularii femina, quæ relicto eo pro fornicationis crimine religiosam vestem induerat, ab ipso sibi præstito sacramento, quoniam post initum conjugium in adulterii culpam lapsus non fuerit, inconsulto episcopo ad virum suum redierat, et idcirco cum familia sua fuerat excommunicata. Unde idem sanctus papa decrevit, ut mox ejus absolveretur familia. Et si manifeste constaret quia conjugi suo eadem femina dicere nihil potuerit, sed insuper suspicio ipsius per sacramentum fuerit amputata, atque post hoc sua ad eum sponte reversa, ut et in ea censura temperaretur judicii, nec longo jam tempore privaretur communione. » Et item ad Candidum abbatem (*lib.* vii, *epist.* 17) : « Denique ut ad satisfactionem posset omnino sufficere, fecimus ut etiam dato corporaliter sacramento firmaret nihil se in fraude versatum, aut aliquid occultasse, sed omnia integre prodidisse. Cui rei si quis, quod non credimus, contrariam afferre quoquomodo tentaverit voluntatem, **626** ille quidem reum se ante Deum esse noverit, qui nititur ea, quæ utiliter sunt finita, rescindere : nam eidem decisioni, transactionique nihil se derogare cognoscat. » Et ad præjectam (*lib.* vii, *ind.* 11, *epist.* 60) : « Valde, inquit, ecclesiasticæ est moderationi conveniens, ut quæ ordinata fuerint vel decisa, nulla in posterum debeant refragatione turbari. » De qua sacramenti purgatione sæpe audivimus, quia plures in eo fraudem facere solent, cum ingenio jurantes, sed potius pejerantes : quia, sicut legimus, ita sacramentum a Deo dijudicatur, sicut ab eo, cui per id satisfieri solet, in fide recipitur. Sed et in eadem sacramenti purgatione fraus facta, quin potius perjurium factum detegitur, sicut et in judicio diabolica astutia et permissione divina, evenire posse a nobis non denegatur. Et de juramento doloso in Regum libris, et Machabæorum, atque in Propheta de sacramento regi facto infideli, quæ non impune cesserunt, invenimus, unde supra nos sufficienter dixisse putamus. »

INTERROGATIO X.

Quarto capitulo nobis petimus remandari, si hæc causa, unde judicium factum audivimus, et quidam etiam vidimus, in judicium fuerit revocata, qualiter idem debeat canonice ordinari judicium, et utrum de secreta confessione, ut dicitur, commissa episcopis, vel in judicio porrecto libello, eadem femina debeat judicari : vel si acciderit ut eumdem libellum coacta porrigat, aut eidem invita subscribat, si per hujusmodi commentata maritali toro legaliter valeat removeri.

RESPONSIO.

Quod et si in hoc, ut supra diximus de quo loquimur judicio evidentibus indiciis fuerit demonstratum, sicut sanctus Fabianus papa et martyr constituit, ordinetur judicium. « Quoniam, inquiens (*epist.* 11), in omni judicio quatuor personas necesse est semper adesse, id est, judices electos, et accusatores, ac defensores, et testes. » Quia sicut Leo scribit ad universos episcopos per Cæsaream et Mauritaniam constitutos (*epist.* 91) : « Neminem possumus judicare, nisi in præsentia positus, aut confutatus, aut certe confessus, justæ possit subjacere sententiæ. »

Et sanctus Augustinus in libro de *Pœnitentia* (*hom.* L) : « Plerumque autem boni Christiani propterea tacent, et sufferunt aliorum peccata quæ noverunt, quia documentis sæpe deseruntur, et ea quæ ipsi sciunt, judicibus ecclesiasticis probare non possunt. Quamvis enim vera sint quædam, non tamen judici facile credenda sunt, nisi certis indiciis demonstrentur. Nos vero a communione quemquam prohibere non possumus, quamvis hæc prohibitio nondum sit mortalis, sed medicinalis, nisi aut sponte confessum, aut in aliquo, sive sæculari, sive ecclesiastico judicio nominatum atque convictum. Quis enim sibi **621** utrumque audet assumere, ut cuiquam ipse sit et accusator et judex? Cujusmodi regulam etiam hic Paulus breviter insinuasse intelligetur, cum quibusdam talibus commemoratis criminibus, ecclesiastici judicii formam ad hæc similia ex quibusdam daret. Ait enim : *Scripsi vobis in epistola, non commisceri fornicariis* (*I Cor.* v, 9), et reliqua. « Et item : « Si quis frater nominatur aut fornicator, aut idolis serviens, aut avarus, aut maledicus, aut ebriosus, aut rapax, cum ejusmodi nec quidem cibum sumere. » Sed sciendum est, quia eam nominationem hic Apostolus intelligi voluit, quæ fit in quemquam, cum sententia ordine judiciario atque integritate profertur. Nam si nominatio sufficit, multi damnandi sunt innocentes, quia sæpe falso in quoquam crimine nominantur. Noluit enim in homine judicari ex arbitrio suspectionis, vel etiam extraordinarii usurpato judicio, sed potius ex lege Dei secundum ordinem Ecclesiæ, sive ultro confessum, sive accusatum atque convictum. Et in concilio Toletano (*conc. Tol.* vi, *can.* 11) : « Dignum est ut vita innocentis non maculetur pernicie accusantium. Ideo quisquis a quolibet criminatur, tam accusatus quam accusator præsententur, atque legum et canonum sententiæ exquirantur, ut si indigna ad accusandum persona invenitur, ad ejus accusationem quisquam non judicetur, nec condemnetur. » Et in Carthaginensi concilio (*conc. Afr. cap.* 95) : « Quærendum est in judicio cujus conversationis et fidei sit is qui accusat, et is qui accusatur. » Item in eodem (*cap.* 98) : « Testes autem ad testimonium non admittendos, qui nec ad accusationem admitti præcepti sunt, vel etiam quos ipse accusator de domo sua produxerit. » Et sanctus Cornelius papa et martyr, beatusque Felix Romanus pontifex, et omnes illius sedis pontifices decreverunt, ut caveant judices Ecclesiæ, ne absente eo cujus causa ventilatur, sententiam proferant, quia irrita erit, et etiam rationem pro actione in præsentia fratrum dabunt, exceptis designatis causis quas singillatim leges Ecclesiæ exprimunt, sicut et leges publicæ modum certum denominant, quo absentes judicio debeant condemnari, id est, ut si tam famosissimum crimen sit, et in crimine famosissima persona, ut neque testes ad convincendum necessarii habeantur, nec ipsius indigeatur præsentia, sicut Ambrosius in Epistola ad Corinthios dicit : « Judicis, inquiens, non est sine accusatore damnare, quia et

Dominus Judam, cum fur esset, quia non est accusatus, minime abjecit. *Ut tolleretur de medio vestrum qui hoc opus fecit* (*I Cor.* v, 2). Cognito opere isto, pellendum illum fuisse de cœtu fraternitatis : omnes enim crimen ejus sciebant, et non arguebant; publice enim novercam suam loco uxoris habebat. In qua re neque testibus opus erat, neque tergiversatione aliqua poterat tegi crimen. *Ego quidem sicut absens corpore, præsens autem spiritu*, id est, absens facie, præsens autem auctoritate spiritus, qui nusquam abest, *jam judicavi ut præsens eum qui hoc admisit* (*ibid.*, 3). »

622 Et quoniam alterius est loci et temporis demonstrare, quibus et quantis aliis modis secundum leges ecclesiasticas absentes possint et debeant judicari, quod nunc ad rem pertinet, quodque Valentina synodus sequens Romanam Ecclesiam demonstravit, in medium devocemus, videlicet (*can.* 4) : « Ut si quis se reum, vel veri confessione, vel mendacio falsitatis pronuntiaverit, neque enim, *inquit*, absolvi potest, qui in seipso dixerit mortis causam, quæ dicta in alium puniretur, cum omnis qui sibi fuerit mortis causa major homicida sit. » Quod in Ecclesia, nec de secreta confessione, nec per alium potest fieri : quanto minus per sacerdotes, quibus non licet sibi confessa publicare peccata, nisi per illum ipsum qui peccatum commisit, id quod male egerat fuerit propalatum? De quo etiam providere quantum potuerit debet episcopus, ad cujus hoc curam noscitur pertinere, ut non errore seductus, aut timore coactus, quisquam mendaciter in se dicat, unde vel se, vel Ecclesiam lædat, quia inde etiam est decretum, ut extorta confessio, vel coacta subscriptio, nihil vigoris obtineat, B. Alexandro martyre glorioso, et post B. Petrum quarto apostolicæ sedis pontifice judicante (*epist. ad omn. orthod.*) : « Si ab hujusmodi, *inquit*, personis, quod omni est Christiano nomini inimicum, quædam Scripturæ quoquomodo per metum, aut fraudem, aut per vim extortæ fuerint, vel ut se liberare possint, quocunque ab eis conscriptæ vel roboratæ fuerint ingenio, ad nullum eis præjudicium aut nocumentum provenire censemus, neque ullam eis infamiam vel calumniam, aut a suis sequestrationem bonis, unquam, auctore Domino, et sanctis apostolis, eorumque successoribus, sustinere permittimus. Confessio vero in talibus non compulsa, sed spontanea fieri debet, ipso attestante qui ait: *Ex corde enim procedunt homicidia, adulteria, fornicationes, blasphemiæ* (*Matth.* xv, 19), et cætera quæ sunt ad hæc pertinentia. » Et item : « Amplius autem respicit Deus ad cogitationes, et spontaneas voluntates, quam ad actus, qui per simplicitatem, aut per necessitatem fiunt. Confessio vero non extorqueri debet in talibus, sed potius sponte profiteri. Pessimum est enim de suspicione aut extorta confessione quemquam judicare, cum magis inspector cordis sit Dominus quam operis, et potius requirit cogitationes puras, et voluntates bonas, quam verba mendacia. » Talis enim in Ecclesia fieri debet ab illo qui pecca-

vit confessio, sicut scriptum est : *Dic tu prior iniquitates tuas, ut justificeris.* Prior, inquam, ut et vocem
accusatoris diaboli, et faciem Domini in confessione
prævenias, ut justificeris, non ut condemneris : quia
ipsa etiam ecclesiastica excommunicatio, non æternaliter pœnalis, sed temporalis est atque medicinalis,
tantum ut convertatur peccator ad illum, et vivat,
qui non vult mortem peccatoris, sed vitam (*Ezech.*
xviii, 23). Et iterum scriptum est : *Ex verbis tuis
justificaberis, et ex verbis tuis condemnaberis* (*Isa.*
xliii, 26). Unde Hieronymus : « Ex malis verbis dubium non est quod damnetur a Deo homo qui ea
protulit : justificari autem ex bonis verbis nullo
modo potest, nisi de intimo cordis ea recta intentione
proferat. Bona etiamsi sint, et non recto studio fuerint prolata, justificare loquentem non poterunt, sicut
nec Caiphas **621** interpretando justus inventus est,
qui dixit : *Expedit ut unus homo moriatur pro populo, et non tota gens pereat* (*Joan.* xi, 50). Illa ergo
verba justificant loquentem, qui bona quæ ore profert medullitus corde retinet, et sancta intentione
profert. In verborum enim pondere operatio consistit
vitæ humanæ : quia, ut Salomon ait : *Mors et vita in
manibus linguæ* (*Prov.* xviii, 21). » Et capitulis Augustorum decernitur : « Ut qui timore compulsus
servum se esse extra judicium dixerit, nullum præjudicium libertatis incurrat, donec judicio præsentetur, ut libertatem suam, si eam probaverit, præsente judice obtineat, aut si servus convincitur,
statim Domino reformetur.

Debent nimirum episcopi, videlicet judices animarum, magnopere providere, et sæculi hominibus
intimare, ne in accusandi, vel testificandi, aut
judicandi negotio, quasi sub prætextu futuræ confessionis ac pœnitentiæ, suggestio diabolica latenter
eis subripiat, dicens non verbo, sed hortamento,
cuicunque post concupiscentiam cordis sui ire desideranti : Intende, inquit diabolus, ut compleas quod
desideras, ne de eo vincaris quod cœperas : melius
tibi est postea pœnitentiam agere, quam victum
dehonestari. Testificantibus autem suggerit : Ingenium potestis capere, ut ita pareat quod dicitis
verum esse. Judicibus vero diabolus sæpe suadet,
ut dicant : Quomodo possum aliter? sicut audio
judico. Unde audiant, et exaudiant quæ scripta
sunt : *Væ vobis qui justificatis vos coram hominibus,
Dominus autem novit corda vestra* (*Luc.* xvi, 15). Et :
Si oculus tuus, id est intentio tua, *simplex fuerit,
totum corpus tuum lucidum erit* (*Matth.* vi, 22). Et :
In quo judicio judicaveritis, judicabitur de vobis
(*Matth.* vii, 2). Et : *Falsus testis non erit impunitus*
(*Prov.* xix, 6). Et legant quod dicit sanctus Hieronymus in commentario Matthæi : « Falsus, inquiens,
testis est, qui non eodem sensu dicta intelligit quo
dicuntur. » Quanto magis qui illa dicit quæ dicta
non sunt? Et tali cogitationi, quam diabolus, sive
prave intendentibus, sive testificantibus, sive judicantibus, de obtentu pœnitentiæ proponit, quod idem
sanctus Hieronymus in eodem libro dicit, opponant.

Ait enim de Juda : « *Tunc videns Judas, qui eum
tradidit, quod damnatus esset*, pœnitentia ductus
*retulit triginta argenteos principibus sacerdotum et
senioribus, dicens : Peccavi, tradens sanguinem justum*
(*Matth.* xxvii, 3, 4). Avaritiæ magnitudinem [*al.*,
magnitudine] impietatis pondus exclusit. Videns
Judas Dominum adjudicatum morti, pretium retulit
sacerdotibus, quasi in potestate sua esset persecu-
torum mutare sententiam. Itaque, licet mutaverit
voluntatem suam, tamen voluntatis primæ exitum
non mutavit. Si autem peccavit ille qui tradidit
sanguinem justum, quanto magis peccaverunt qui
emerant sanguinem justum, et offerendo pretium
ad proditionem discipulum provocarunt? At illi dixerunt : *Quid ad nos? Tu videris. Et projectis argenteis
in templo, recessit, et abiens laqueo se suspendit*
(*ibid.*, v. 5). Nihil profuit egisse pœnitentiam, per
quam scelus corrigere non potuit. Si quando sic
frater peccat in fratrem, ut emendare valeat quod
peccavit, potest ei dimitti : sin autem permanent
opera, frustra voce assumitur pœnitentia. Hoc est
quod in Psalmo de eodem infelicissimo Juda dicitur :
Et oratio ejus fiat in peccatum (*Psal.* cviii, 7), ut non
622 solum emendare nequiverit proditionis nefas,
sed ad prius scelus etiam proprii homicidii crimen
addiderit. » Timeamus omnes hanc veram sententiam, caveamus hanc perniciosissimam erga decep-
tionem nostram diabolicæ malignitatis astutiam,
qua fraudulenter diabolus etiam sub pœnitentiæ spe
nos deludit, et ex consilio nos in culpa ligat, quod
cum ab statu justitiæ peccando concidimus, plerumque simul et in laqueum desperationis cadimus,
et a radice spei funditus evellimur. Hinc est quod
per prophetam Dominus, non tam præcipitationum
prava quam delictorum studia reprehendit dicens :
*Ne forte egrediatur ut ignis indignatio mea, et suc-
cendatur, et non sit qui exstinguat propter malitiam
studiorum vestrorum* (*Jer.* iv, 4). Hinc iterum iratus
dicit : *Visitabo super vos juxta fructum studiorum
vestrorum* (*Jer.* xxi, 14). « Quoniam igitur a peccatis
aliis, ut dicit beatus Gregorius (*Pastor. lib.* iii,
cap. 33), differunt peccata quæ per consilium perpetrantur; non tam Dominus prava facta quam studia
pravitatis insequitur. In factis enim sæpe infirmitate,
sæpe negligentia, in studiis vero malitiosa semper
intentione peccatur. Et ipse in cathedra pestilentiæ
sedet, qui tanta iniquitatis elatione extollitur, ut
implere malum etiam per consilium conetur. Hinc
ergo colligant qui in culpa se etiam per consilium
ligant, qua quandoque ultione feriendi sunt, qui
nunc pravorum non socii sed principes fiunt. »
Cavenda est etiam callidi hostis versutia, qui mentem quam peccato supplantat, cum de ruina sua
afflictam respicit, securitatis pestiferæ blanditiis
seducit, et ei spes ac securitates vacuas ante oculos
vocat, quatenus utilitatem tristitiæ subtrahat. Modo
enim aliorum facta graviora, modo ei verecundiam
de promissione sua, quam prave adimplere promiserat, opponit : modo nihil esse quod perpetratum

est, modo misericordem Deum loquitur, modo utilitatem, vel quodcunque emolumentum aut gratiæ vel
honoris corruptæ menti objicit : modo malum aliud,
quod de malo minori excludi potest, ostendit, modo
adhuc tempus subsequens ad pœnitentiam pollicetur,
ut dum per hæc decepta mens ducitur, a malo cœpto
non revocetur, et ab intentione pœnitentiæ suspendatur : quatenus tunc bona nulla percipiat, quam
nunc mala nulla contristant, et tunc plenius obruatur suppliciis, quæ nunc etiam gaudet in delictis.
Sæpe etiam speciali malo duplicium corda ingenio
artis antiquæ pervertit, ut dum perversa et duplici
actione cæteros fallunt, quasi præstantius cæteris
prudentes se esse glorientur. Et quia districtionem
retributionis non considerant, de damnis suis miseri
exsultant, de quibus propheta dicit : *Ecce dies Do-*
mini venit magnus et horribilis super omnes civitates
munitas, et super omnes angulos excelsos (Soph. 1, 16),
quia ira extremi judicii humana corda, et defensio-
nibus contra veritatem clausa destruit, et duplici-
tatibus involuta dissolvit. Attendant et accusatores forte innocentium, et testes dolosi, et judices, quod eis dicitur : *Væ his qui condunt leges*
iniquas, scribentes injustitias (Isa. x, 1). Et
quod per Susannam dicit violenta passio illata **623** ab injustitia : habet enim vocem suam, sicut et misericordia, de qua scriptum est, *Absconde*
eleemosynam, id est misericordiam, in sinu pauperis,
*et ipsa orabit pro te (Eccli. xxix, 15). Ait enim vio-
lenta passio, illata, sicut diximus ab injustitia, *Deus*
æterne, qui absconditorum es cognitor, qui nosti om-
nia antequam fiant, tu nosti quoniam falsum testimo-
nium tulerunt adversum me, et ecce morior, cum nihil
horum fecerim quæ isti malitiose composuerunt adver-
sum me (Dan. xiii, 42, 43). Exaudivit autem Dominus vocem ejus, et reddidit presbyteris, qui erant
constituti judices populi in anno illo, et falsum tulerunt testimonium, juxta quod malum egerant erga
proximum, qui interfecti sunt. Et attendentes, quia
multi præsentaliter etiam corpore moriuntur, ut
Ananias et Saphira, et qui communicantes, ut Paulus dicit, non discernunt corpus Domini (*I Cor. xi*) :
multi autem in corpore vivunt, sed pro actu malo
sunt anima mortui, sicut illa de qua scriptum est:
Vivens mortua est (I Tim. v, 6): semper autem anima
quæ peccat moritur, et perseveranter peccantes duplici contritione conterentur, quando ponentur sicut
clibanus ignis, et induentur sicut diploide confusione sua, cum perdentur corpore et anima in gehenna. Hæc dicimus non tollentes justa judicia, sed
timentes ne judicemus scientes injusta, non prohibentes testificari vera, sed refugientes mendacia.

Sed et quia superius, et ex aliorum institutione
doctorum, sufficienter ordinem diffinitionis de causa
unde agitur ex decretis beati Gregorii demonstravimus, adhuc non piget ostendere quem modum in
inquisitione et diffinitione hujusmodi quæstionis debeamus tenere. Ait enim, si de causa post initum
conjugium agitur, ad Adrianum notarium (*lib. ix,*

A *epist. 44*) : « Agathosa, inquiens, latrix præsentium
questa est maritum suum contra voluntatem suam
in monasterio Urbici abbatis esse conversum. Quod
quia ad ejusdem abbatis culpam et invidiam non est
dubium pertinere, experientiæ tuæ præcipimus, ut
diligenti inquisitione discutiat, ne forte cum ejus
voluntate conversus sit, vel ipsa se mutare promiserit. Et si hoc repererit, et illum in monasterio permanere provideat, et hanc, sicut promisit, mutare
compellat. Si vero nihil horum est, nec quoddam
fornicationis crimen, propter quod viro licet uxorem
relinquere, prædictam mulierem commisisse cognoveris, ne illius conversio uxori relictæ in sæculo
fieri possit perditionis occasio, volumus ut maritum
suum illi, vel si jam tonsuratus est, reddere omni
B debeas excusatione cessante. Nam excepta fornicationis causa, virum uxorem relinquere divina lex
nulla ratione concedit : quia postquam copulatione
conjugii viri atque mulieris unum corpus efficitur,
non potest ex parte converti, et ex parte in sæculo
remanere. » Et quia una lex viri et uxoris hinc
constare dignoscitur, demonstrat in epistola, quam
supra posuimus, ad Secundinum episcopum Taurominitanum (*lib. viii, epist. 32*): « Præsentium, inquiens, portitor Leo Chartularius ad nos veniens
indicavit, uxorem suam, quæ relicto eo pro fornicationis crimine, quo vehementius stimulatam aiebat,
atque ob hoc religiosam vestem induerat, culpabilem nullatenus **624** exstitisse, neque post initum
conjugium in fornicationis culpam collapsum : adji-
C ciens quoque quod eidem uxori suæ districtissima
sacramenta præbuerit, insontem se ea de re, unde
illam mordebat suspicio, permansisse, et idcirco propria eam sponte ad se reversam. Sed quia communione illam cum familia sua pro hoc solo a fraterni-
tate vestra privatam asserit, quod ad eum clam
postpositis vobis redierit, volumus ut familia quidem
ipsius sacram communionem recipiat, et dominæ
eam culpa in hujus afflictionis pœna diu non teneat.
De ipsa vero, id est de uxore prædicti portitoris, hoc
vos observare necesse est, ut si manifeste constat,
quia contra conjugem suum dicere nihil potuit, sed
insuper suspicio ipsius, præstito ut edocti sumus
sacramento, amputata est, atque post hoc sua ad
eum sponte reversa est, et in ea quoque ita tempe-
D randa est censura judicii, ut longo jam tempore
communione minime privetur. »

INTERROGATIO XI.

Et quia maritus a conjuge, vel uxor a marito, per
scripturam secretæ confessionis se non possint dis-
jungere, sicut episcopus ab ecclesia sibi commissa,
vel gradu, aut quilibet in ordine ecclesiastico, ab
officio se non prævalet si voluerit removere, sicut
auctoritate ecclesiastica supra studuimus demonstrare.

RESPONSIO.

Neque libello secretæ confessionis porrecto publicæ pœnitentiæ quisquam debet submitti, nec per

scripturam directam, vel ab alio porrectam, valet condemnari, sed unde publice debet judicari, publice et in præsenti positus debet aut convinci, aut confiteri. Ad Nicetam Aquileiensem episcopum scripsit magnus Leo papa dicens : « In præsenti positus, aut confutatus, aut certe confessus, justæ potest subjacere sententiæ : quia contrarium est rationi, eorum illos cernere pœnas, quorum non valent nescire causas. » Quem etiam ordinem judicandi demonstrat Scriptura divina, dicentibus de criminata accusatoribus in judicio præparato : *Mittite*, inquiunt, *ad Susannam filiam Helchiæ uxorem Joachim, et miserunt. Et venit cum parentibus et filiis* (*Dan.* xiii, 29, 30). Et post datum testimonium, *condemnaverunt judices eam ad mortem* (*ibid.*, 41) : qua liberata, veritate eam liberante, puniti sunt falsi testes juxta quod malum in proximum egerant Sed et deprehensa in adulterio, oblata corporali præsentia, non per alienum testimonium vel scripturam, quod ecclesiasticæ et Romanæ prohibent leges, est accusata : cujus etiam confessio subinnuitur, cum ei a Domino dicitur : *Nemo te condemnavit ? et illa : Nemo, Domine* (*Joan.* viii, 10). Pilatus quoque de Domino, tanquam latrone comprehenso atque ligato, per cohortem, sicut Augustinus dicit, legitimo ordine potestatis servato, et per ministros Judæorum, et ab Anna Caiphæ, atque a Caipha in prætorium sibi transmisso dicit : *Obtulistis mihi hunc hominem* (*Luc.* xxiii, 14). Quemque audiens esse de potestate Herodis, remisit eum ad **625** illum, docens nos de sæcularibus sæcularium Christiana et justa exspectare judicia, et tunc Ecclesiastica videlicet medicinalium judiciorum malagmata debere infirmis imponere, hoc idem Apostolo demonstrante, quando adhuc inter infideles conversabantur fideles. *Jam delictum est*, inquit, *inter vos, quia judicamini apud extraneos, et non apud fratres. Sæcularia igitur judicia si habueritis inter vos, contemptibiles qui sunt in Ecclesia constituite ad judicandum* (*I Cor.* vi, 1 et 4). Unde Gregorius in Regula pastorali : « Ut saltem terrenis negotiis inserviant, quos dona spiritalia non exornant. » Et Augustinus in Enchiridio : « Cum sint talia judicia fieri necessaria, non vetari, sed apud fideles debere judicari demonstrat. » Et Ambrosius : « Quia ergo sunt, inquit, sapientes fratres, aliqui horum eligantur ad judicandum, quorum judicium veretur mundus. Magnus enim pudor est, si inter eos qui dicuntur Deum cognovisse, non invenitur qui examinare possit judicium. Quomodo enim homicida pœnitens pacem sumet Ecclesiæ, antequam cum litigantibus pacificetur? Quomodo indulgentiam accipere poterit discors, antequam charitatis glutino uniatur? Quomodo rapax dignos pœnitentiæ fructus aget, antequam juxta David judicium, et Zachæi exemplum, aut emendando, aut satisfaciendo, placationis hostiam offerat qui rapinis crudeliter insudavit? Vel quomodo solvetur conjugium, nisi decernentibus Christianis legibus, quibus fuerat auctore Domino copulatum,

vel quia non initum, sed magis usurpatum contra Christianas leges fuerat, exstiterit demonstratum? » Et hoc quomodo ordinabiliter fieri poterit, nisi legibus humanis ab eo inspiratis, per quem conditores legum justa decernunt? Unde sanctus Gelasius ad Anastasium imperatorem (*epist.* 10) : « Si, inquit, quantum ad ordinem publicæ pertinet disciplinæ, cognoscentes imperium tibi superna dispositione collatum, legibus tuis ipsi quoque parent religionis antistites, ne vel rebus mundanis exclusæ videantur obviare sententiæ, quo rogo te decet affectu eis obedire, qui prærogandis venerabilibus sunt attributi mysteriis? » Ut alibi scriptum est relegentes : *Reddite quæ sunt Cæsaris Cæsari, et quæ sunt Dei Deo* (*Matth.* xxii, 21), Cæsari quidem nummum, tributum, et pecuniam, honorem debitum, quandiu ipse Dominum fideliter honoraverit, et vectigal, Deo autem decimas, primitias, oblationes, ac victimas, atque continuam servitutem : quomodo et ipse reddidit tributa pro se et Petro, et Deo reddidit quæ Dei sunt, Patris faciens voluntatem. Et sanctus Augustinus in Sermone sexto Evangelii Joannis : « Noli, inquit, dicere quid mihi et regi? Quid tibi ergo et possessioni? per jura regum possidentur possessiones. » Sic et per legalia judicia, justa, quoniam Christiana, sæcularium negotiorum dirimendæ sunt quæstiones. Et de libello, vel secreta confessione, idem decernit Leo, inquiens (*epist.* 86), universis episcopis per Campaniam, Samnium, et Picenum, salutem : « Magna indignatione commoveor, et multo dolore contristor, quod quosdam ex vobis comperi apostolicæ traditionis oblitos, et studio sui erroris intentos. » Et post aliquanta : « De pœnitentia scilicet, quæ a fidelibus postulatur, ne de singulorum peccatorum genere libellis **626** scripta professio publicetur, cum reatus conscientiarum sufficiat solis sacerdotibus indicari confessione secreta. Quamvis enim plenitudo fidei videatur esse laudabilis, quæ propter Dei timorem apud homines erubescere non veretur, tamen quia non omnium hujusmodi sunt peccata, ut ea qui pœnitentiam poscunt non timeant publicare, removeatur improbabilis consuetudo, ne multi a pœnitentiæ remediis arceantur, dum aut erubescunt, aut metuunt inimicis suis sua facta reserari, quibus possint legum constitutione percelli. Sufficit enim illa confessio, quæ primum Deo offertur, tunc etiam sacerdoti, qui pro delictis pœnitentium precator accedat. Tunc enim plures ad pœnitentiam poterunt provocari, si populi auribus non publicetur conscientia confitentis. » Hinc colligant quique, si canones sacri jubent excommunicare episcopum, quandiu non communicaverit illi, quem sibi dicit crimen secrete fuisse confessum, utrum debeat aut audeat aliquis de secreta confessione, sive per libellum sive per verbum credita, quemcunque publicæ pœnitentiæ legibus subdere, quanto minus conjugium legaliter initum sine certa et manifesta ratione dissolvere : cum idem Leo ad omnes episcopos per universas provincias constitutos terribiliter intonet dicens (*epist.* 1) : « Hoc itaque admonitio nostra denuntiat, quod si quis fratrum contra constituta venire tentaverit, et prohibita fuerit ausus admittere, a suo se noverit officio submovendum, nec communionis nostræ futurum esse consortem, qui socius esse noluit disciplinæ. »

INTERROGATIO XII.

Quinto capitulo nobis rescribite, ex auctoritate Scripturarum, et traditione Patrum, de stupro, atque aborsu quæ scripta contineantur, cum auctorum nominibus et designatione librorum, ut scire possimus, utrum tali modo, sicut dicitur, femina possit concipere, et post aborsum virgo valeat permanere, sicut de ista dicitur accidisse : et si deprehensa fuerit hæc ante conjugium crimina perpetrasse, utrum in conjugio debeat aut valeat permanere.

RESPONSIO.

De stupro denique et aborsu, quæ sæpe dictæ objecta fuisse audivimus mulieri, ne secundum conjecturam humani arbitrii decernentes, æquissimum judicem Dominum offendamus, ad sanctarum Scripturarum paginas recurramus : ait enim liber Deuteronomii : *Si duxerit vir uxorem, et postea eam odio habuerit, quæsieritque occasiones quibus dimittat eam, objiciens ei nomen pessimum, et dixerit : Uxorem hanc accepi, et ingressus ad eam non inveni illam virginem; tollent eam pater et mater ejus, et ferent secum signa virginitatis ejus ad seniores urbis, qui in porta sunt : et dicet pater : Filiam meam dedi huic uxorem, quam quia odit, imponit ei nomen pessimum, ut dicat : Non inveni filiam tuam virginem : et ecce hæc sunt signa virginitatis filiæ meæ. Et expandent vestimentum coram* **627** *senioribus civitatis, apprehendentque seniores urbis illius virum, et verberabunt illum condemnantes insuper centum siclis argenti, quos dabit patri puellæ, quoniam diffamavit nomen pessimum super virginem Israel, habebitque eam uxorem, et non poterit dimittere eam omni tempore vitæ suæ. Quod si verum est quod objecit, et non est inventa in puella virginitas, ejicient eam extra fores domus patris sui, et lapidibus obruent viri civitatis ejus, et morietur, quoniam fecit nefas in Israel, ut fornicaretur in domo patris sui, et auferes malum de medio tui* (*Deut.* XXII, 13-21). Et de incesto in Levitico scriptum est : *Omnis homo ad proximam sanguinis sui non accedat, ut revelet turpitudinem ejus; ego Dominus. Turpitudinem sororis tuæ ex patre, sive ex matre, quæ domi vel foris genita est, non revelabis* (*Lev.* XVIII, 6 et 9). Et item : *Omnis anima quæ fecerit de abominationibus istis quippiam, peribit de populo suo* (*ibid.,* 29). Et item : *Qui acceperit sororem suam filiam patris sui, vel filiam matris suæ, et viderit turpitudinem ejus, illaque conspexerit fratris ignominiam, nefariam rem operati sunt, occidentur in conspectu populi, eo quod turpitudinem suam mutuo revelaverint, et portabunt*

iniquitatem suam (*Lev.* XX, 17). Unde sanctus Augustinus : « Quid, ait, in hoc loco viderit, nisi concumbendo cognoverit; sicut alibi in lege dicitur : *cognovit uxorem suam* (*Gen.* IV, 1), pro eo quod est, mistus est ei. Et quid ait : *peccatum suum accipient,* nisi quia ipsam pœnam peccati peccatum voluit appellari. » Et quia necessitate coacti, sicut et Apostolus, qui quodam loco de quibusdam dicit : *Quæ in occultis agunt, turpe est etiam dicere* (*Ephes.* v, 12), constrictus necessitate apertissime ad Romanos redarguit masculos in masculos turpitudinem operantes, et feminas naturalem usum in eum usum qui est contra naturam mutantes, velimus nolimus, timentes comminationem dicentis Domini, ut supra longe præmisimus : *Qui me erubuerit et meos sermones, hunc erubescet filius hominis coram angelis Dei* (*Luc.* IX, 26); adhuc ponemus in hac causa de libro Geneseos : *Introiens,* inquit, *Onan filius Judæ filii Jacob patriarchæ ad uxorem fratris sui Her primogeniti Judæ, qui fuit nequam in conspectu Domini, et ab eo occisus est, semen fundebat in terram, et idcirco percussit eum Dominus, quod rem detestabilem faceret* (*Gen.* XXXVIII, 7 et 9). Et scriptum est in libro Levitici : *Qui dormierit cum masculo coitu femineo, uterque operatus est nefas, morte moriantur* (*Lev.* XX, 13). Unde et leges Romanæ decernunt in capitulis de stupratoribus, quod legens quisque inveniet. Et si de masculo cum masculo ita decernitur, quam adinventionem leges invenient de masculo et fratre cum sorore ex concubitu masculi Sodomitano ? Sanctus nihilominus Augustinus in libro secundo ad Valerium Comitem, de Nuptiis et Concupiscentia scribit (*cap.* 20) : « Quod autem ait, inquiens, Apostolus de improbis : *Relicto naturali usu feminæ exarserunt in desideria sua in invicem masculi in masculos turpitudinem operantes* (*Rom.* I, 27), non dixit usum conjugalem, sed naturalem eum volens intelligi, qui fit membris ad hoc creatis, ut per ea possit ad generandum sexus uterque misceri : ac per hoc, cum eisdem membris etiam meretrici quisque miscetur, naturalis est usus, nec tamen laudabilis, sed culpabilis. Ab ea vero parte corporis, quæ non ad generandum est instituta, si et conjuge quisque utatur, **628** contra naturam est et flagitiosum. Denique prius idem Apostolus de feminis dixit : *Nam feminæ eorum immutaverunt naturalem usum in eum usum qui est contra naturam* (*ibid.,* 26). Deinde masculis in masculos turpitudinem operantibus relicto usu feminæ naturali, non de isto nomine, id est naturali, conjugalis est laudata commistio, sed immundiora et sceleratiora flagitia denotata sunt, quasi illicite feminis, sed tamen naturaliter uterentur. » Et item in libro de Bono conjugali (*cap.* 11) : « Cum vero, inquit, vir membro mulieris non ad hoc concesso uti voluerit, turpior est uxor si in se, quam si in alia fieri permiserit. » Et in secundo libro de adulterinis Conjugiis (*cap.* 12) : « Si autem se non continet, licite nubat, ne turpiter generet, aut turpius concumbendo non generet. Quanquam hoc, quod ultimum dixi, nonnulli faciunt etiam licite con-jugati. Illicite namque et turpiter etiam cum legitima uxore concumbitur, ubi prolis conceptio devitatur : quod faciebat Onan filius Judæ, et occidit illum propter hoc Dominus. » Sic etiam interdum et solo visu, cum turpiter vel innupta concupiscitur, adulterium perpetratur. « Quod tamen plerumque, ut sanctus Gregorius in libro Moralium vigesimo primo dicit (*cap.* 9) : ex loco vel ordine concupiscentis discernitur : quia scilicet sic hunc in sacro ordine studiosa concupiscentia, sicut illum adulterii inquinat culpa. » Et in epistola ad Sabinum subdiaconum regionarium : « Cum plerumque, inquit, quod in laicis culpa est, hoc crimen sit in sacro ordine constitutis, quanta in eis districtione puniendum sit piaculare flagitium, qui zelo rectitudinis utitur non ignorat. » Et item in præfato libro (*Moral.* xxi, *cap.* 9) : « In personis tamen non dissimilibus isdem luxuriæ distinguitur reatus, in quibus fornicationis culpa, quia ab adulterii reatu discernitur, prædica-toris egregii lingua testatur, qui inter cætera asserit dicens : *Neque fornicarii, neque idolis servientes, neque adulteri regnum Dei possidebunt* (*I Cor.* vi, 9). Quod enim disjunctæ reatui sententiæ subdidit, quoniam valde a se dissideat ostendit. » Et Augustinus in libro de Bono conjugii (*cap.* 8) : « Malum est fornicatio, pejus adulterium ; pejus est enim alienum matrimonium violare, quam meretrici adhærere. Et pejor est incestus, quia pejus est cum matre, quam cum aliena uxore concumbere : et semper de malo ad pejus, donec ad ea perveniatur, *quæ*, sicut ait Apostolus, *turpe est etiam dicere* (*Ephes.* v, 12). » Et sanctus Ambrosius in libro de Abraham (*lib.* i, *c.* 6) : « Offerebat sanctus Lot filiarum pudorem. Nam etsi illa quoque flagitiosa impuritas erat, tamen minus erat secundum naturam coire, quam adversum naturam derelinquere. » Et item in Epistola ad Corinthios (*cap.* 7) : « Si tamen apostatet vir, aut usum quærat uxoris invertere, nec alii potest nubere muliĕr, nec reverti ad illum. » Hæc ad exaggerationem criminis collecta sunt, ut hinc colligatur quantum mali sit fratris cum sorore incestus, etiam concubitu masculi Sodomitano, si forte causa ita se habet, quæ utraque per se perpetrata in Heptatico morte Domino præcipiente multantur : et eorum assertio nefandissima destruatur, qui astruunt non esse scelus Sodomitanum, nisi quando intra corpus, id est in membro obscenæ partis corporeæ, videlicet intra aqualiculum fornicatur, male et improprie testimonio abutentes Apostoli : *Omne peccatum quodcunque fecerit homo,* **629** *extra corpus est : qui autem fornicatur, in corpus suum peccat* (*I Cor.* vi, 18). Sed talis est, ut aiunt, hujusmodi pollutio, ac si de digito suo fricet quis lutum per manum suam, vel inter femora sua, et ex eodem luto manum suam abluat : similiter et hæc femina, post balneum ab hac pollutione lota penitus exstitit. Qui hæc dicunt, non catholici, sed Cynici, id est propter impudentiam canini hæretici sunt habendi, sicut sanctus Hieronymus in Epistola

ad Ephesios demonstrat, exponens sententiam Apostoli qua dicit : *Fornicatio autem, et omnis immunditia, aut avaritia, nec nominetur in vobis, sicut decet sanctos* (*Ephes.* v, 3) : « Nisi, inquiens, philosophorum quidam Cynicus exstitisset, qui doceret, omnem titillationem carnis, et fluxum seminis ex qualicunque attritu tactuque venientem in tempore non vitandum, et nonnulli sapientes sæculi in hanc turpem et erubescendam hæresim consensissent, nunquam sanctus Apostolus scribens ad Ephesios, ad fornicationem etiam omnem immunditiam copulasset, *sicut decet*, inquit, *sanctos* : ex quo sanctus non potest appellari, quicunque extra fornicationem in aliqua immunditia et avaritia voluptatum, quibus se delectaverit, invenitur. *Hoc enim scitote*, inquit Apostolus, *quia omnis fornicator, aut immundus, aut avarus, quod est idolorum servitus, non habet hæreditatem in regno Christi et Dei* (*ibid.*, 5). » Et supra in libro secundo : *Qui desperantes semetipsos tradiderunt impudicitiæ in operationem* immunditiæ (*Ephes.* iv, 19) : « Omnes in avaritia desperantes se, inquit, in ritum irrationabilium bestiarum cœno voraginique mergentes, tradiderunt impudicitiæ atque luxuriæ, operantes quidquid corpus voluerit, mens desideraverit, libido suggesserit : et cum nihil omnino prætermiserint quod immundum sit, hoc totum fecere in avaritia dum nunquam luxuriando saturantur, nec eorum terminum habet voluptas, aut certe ultra concessam viri ad feminam conjunctionem, ad majora conscendunt, masculi in masculos turpitudinem operantes. » Turpitudo enim est, ut idem doctor in tertio tomo ejusdem epistolæ exponit, abscondita cogitatio, cum inflammatur sensus ad libidinem, et carnis titillationibus anima ignita succenditur, et nihilominus Dei timore et mentis judicio refrenatur. Unde constat, quia sicut idem dicit Apostolus ad Romanos, cum masculi in masculos, vel feminæ in feminas, sive masculi in feminas, vel quilibet per se ipsos modo quolibet turpitudinem operantur, immunditia est, quæ separat operantem a regno Dei, et in inferna demergit, sicut isdem dicit Apostolus : *Omnis fornicator, aut immundus, non habet hæreditatem in regno Christi et Dei.* Unde et Isidorus in secundo libro Sententiarum dicit : « Omnis immunda pollutio fornicatio dicitur, quamvis quisque diversæ turpitudinis voluptate prostituatur. Ex delectatione enim fornicandi varia gignuntur flagitia, quibus regnum Dei clauditur, et homo a Deo separatur. » Et sanctus Prosper in libro de Virtutibus et Vitiis : « Hinc quod ille corporis fluxus, qui fit, in dormientibus sine culpa, interdum vigilantibus **630** contingat ex culpa. Ibi naturaliter plenitudino humoris expellitur, hic turpiter concupiscentia publicatur. Sed hæc concupiscentia illis vigilantibus hunc elicit fluxum, quibus per fœda colloquia sordidum commovet appetitum. » Hunc sordidum appetitum habent etiam feminæ, ut exponens Apostolum dicit Ambrosius, in feminas turpitudinem operantes (*Rom.* i). Quæ carnem ad carnem, non autem genitale carnis mem brum intra carnem alterius, factura prohibente naturæ, mittunt : sed naturalem hujusce partis corporeæ usum in eum usum qui est contra naturam commutant : quæ dicuntur quasdam machinas diabolicæ operationis nihilominus ad exæstuandam libidinem operari; et tamen fornicantes in corpus suum peccant. Similiter et masculi in masculos turpitudinem operantes, id est ardorem libidinis evaporantes, et voluptatem carnis, quæ se delectat, explentes, qui ab Apostolo masculorum concubitores appellantur, et molles (*I Cor.* vi), qui huic turpitudini voluptuose succumbunt. Sed et qui tollit membra Christi facit membra meretricis, adhærens meretrici, cum qua unum corpus efficitur. Et qui cum Deo sacrata, vel cum cognata, et cum ea quam cognatus habuit, vel cum uxore alterius, aut cum pecore, seu cum femina contra naturam flagitiose peccat, vel qui semetipsum, per se, manu vel alio quolibet modo polluit, ardorem libidinis explens, fornicatur, et tanto damnabilius, et inde in pœnis gravius, si digne non pœnituerit, tormentandus, quanto quisque contra naturam sceleratius in corpus suum peccat : quia ut sanctus Augustinus, et cæteri doctores exponunt, in expletione fornicationis ita cum corpore et mens carnalis penitus absorbetur, ut nihil aliud tunc vel cogitare prævaleat. Et peccatum hoc non tantum contingit, quantum possidet polluendo corpus et animam : de quo cum pertransiit actus, adeo manet reatus, ut et inter ipsius pœnitentiæ gemitus stimuli pristinæ delectationis miserabiliter soleant excitari, et talium omnium facinorum patratores, sicut testatur Apostolus, excluduntur a regno Dei, nisi antequam de corpore exeant, per luctuosam confessionem et profusas lacrymas, atque eleemosynarum largitionem, dignosque pœnitentiæ fructus, cum multa afflictione carnis, et contritione spiritus, tantorum abluere studuerint maculas criminum. Nemo igitur dicat, non perpetrare eum peccatum Sodomitanum, qui contra naturam in masculum vel in feminam turpitudinem operatur, et attritu, vel attactu, seu motu impudico, ex deliberatione et studio immundus efficitur : qui, ut docet Apostolus, a regno Dei excluditur, cum alia etiam peccata, contra jura naturæ usurpata, Sodomæ reputata Sodomitica appellentur, dicente ad civitatem peccatis plenam Domino per prophetam : *Hæc fuit, inquit, iniquitas sororis tuæ Sodomæ, otium, saturitas panis, et abundantia* (*Ezech.* xvi, 49). Et Judæi peccantes coram Domino, ab Isaia principes Sodomorum, et populus Gomorrhæ vocati sunt (*Isa.* i, 10) : qui inter alia iniquitatum suarum **631** nefaria posuerunt puerum in prostibulo, et epheborum pretium in marsupiis : quorum dominati sunt effeminati, qui loco epheborum, quasi ad matronarum custodiam spadones effecti, impudicitiæ et immunditiæ asciti, atque subacti libidini, quæ etiam ferreas mentes ut dicitur domare solet, servire et libidinosis dominari diabolica adinventione fuere reperti. Et hujusmodi vitia non solum sacrilegio,

A verum et idololatriæ, cujus mercedi sunt reddita, ut ostendit Apostolus, deputantur, sicut scriptum est de gulosis : *Quorum Deus venter est* (*Philip.* iii, 15), et de luxuriosis, *et gloria in confusione ipsorum qui terrena sapiunt* (*Philip.* v, 19) : Deum quippe Scriptura gloriam appellavit, quæ dicit : *Mutaverunt gloriam suam in similitudinem vituli comedentis fenum* (*Psal.* cv, 20) ; et de avaritia, *quæ est idolorum servitus* (*Ephes.* v, 5), Scriptura testatur. Sic et de aliis, atque ex aliis, studiosus lector in Scripturis inveniet. De aborsu vero in Exodo scriptum est : *Si litigabunt duo viri, et percusserit mulierem in utero habentem, et exierit infans ejus nondum formatus, detrimentum patietur quantum indixerit vir mulieris, et dabit cum postulatione. Si autem formatus fuerit,* B *dabit animam pro anima* (*Exod.* xxi, 22, 23). Et de conceptu in Evangelio scriptum est : *Quod enim in ea natum est* (*Matth.* i, 20), quod sine dubio, ut exponit Gregorius, *conceptum est* dicitur. Nam tunc primum Joseph hæsitare cœpit, quia tumentem sponsæ suæ uterum vidit. Hinc revolvamus ex lege quomodo fiat secundum naturam conceptio. *Mulier,* inquit, *quæ suscepto semine pepererit masculum sive feminam* (*Lev.* xii, 1), et de parturitione sive formati, sive, ut præmisimus, informati, quod mulier, sive masculini, sive feminini generis, parit vel abortit, scriptum est : *Omne quod aperit vulvam* (*Exod.* xxxiv, 19). Notandum quia Scriptura perhibet mulierem suscipere semen, scilicet coitu virili per genitalem venam immissum in vulvæ secretum, bajulante matrice, sicut et physica lectione comperimus, C et non, ut hæc adinventio dicit, semen sibi attrahere, vel assumere alibi, vel aliunde emissum : et in emissione, quod de immisso semine conceperat, vulvam adaperiri eadem Scriptura testatur, videlicet pro primo partu, quæ servare clausuræ integritatem non potuit, etiam in primo naturaliter coitu. Credamus igitur quod legimus, et quod non legimus astruere nefas credamus. A sæculo enim non est auditum, nec de sub isto cœlo in Scriptura veritatis est lectum, ut vulva feminæ sine coitu semen susceperit, atque conceperit, et clauso utero, et inaperta vulva, seu integra carne, vivum vel abortivum pepererit, excepta sola singulariter beata et benedicta Virgine Maria, cujus conceptio non naturæ fuit, sed D gratiæ, dicente ad eam archangelo : *Ave, gratia plena* (*Luc.* i, 28), in quam Spiritus sanctus supervenit, qui ei ex virgineo semine, virgineoque sanguine, sine voluntate carnis, et sine voluntate viri, fecunditatem prolis contulit, virginitatem non abstulit : quæ sicut carne integra, et vulva non adaperta, id est clauso utero concepit, ita non aperta vulva, sed clauso utero peperit, simulque et mater exstitit, et perpetuo ac semper Virgo **632** permansit. Virgineum quippe, ut legimus, unde virgines quæ carne integræ sunt vocitantur, id est pelliculam, quæ in eis in concubitu primo corrumpitur, in emissione cujuslibet partus integram permanere natura non patitur, et postquam virgineum illud corrumpitur, virgo femina non habetur. Sed et in Scriptura legimus veritatis, quoniam hac diabolica adinventione, quæ de ista femina et suo fratre refertur, Onan cum uxore sua quærens explere libidinem, et nolens nasci filios, concumbebat, qua de re a Domino percussus interiit (*Gen.* xxxviii). Unde non credimus tali concubitu hinc feminam potuisse concipere. Hæc ideo episcopi dicimus, non quod puellarum virginalia vel feminarum secreta, quæ experimento nescimus, scientibus revelare, aut nescientibus insinuare velimus; sed quoniam scriptum est : *Causam quam nesciebam diligentissime investigabam* (*Job* xxix, 16), idcirco quæ in Ecclesiæ magistrorum scriptis relegimus, ante oculos revocamus, ut si in hujusmodi deprehensa, ad nos de judicio justorum judicum petens pœnitentiam venerit, sine errore eam judicare possimus.

Quapropter et addimus, ut si domnus noster rex prædictam feminam invenit virginem, cur eam denotari quasi stupratam consentit? Si vero illam virginem non invenit, quare tandiu eam retinuit, vel cur de illa judicium examinationis recepit? Verum illi nobilissimi laici conjugati, et æquissimi judices, qui de hoc judicare debebunt, melius nobis et citius per se scire, et licentia maritali ab uxoribus discere prævalebunt, utrum tali modo, sicut de ista audivimus, femina quælibet poscit concipere. Et necesse est illis hoc solertius et curiosius vestigare, ne forte in hoc justitiæ et æquitatis judicio possint quocunque errore interprehendere, quod ut de talibus personis ad tantorum notitiam poterit pervenire, et quo de judicio plurimi exemplum studebunt accipere. Nos autem, ut hujus negotii expertes, quæ legimus dicimus, et non inde amplius aut scire quærimus, aut investigare volemus. Viderint autem legum judices, si verum inventum fuerit quod de hac femina dicitur, scilicet ut ante desponsationem, quandiu in sua vel ejus de quo denotatur potestate exstitit, indecens quid tale admisit, et postquam viro juncta est, illi se soli servavit, utrum eam morte condemnari decernent, sive per legem Romanam, aut per illorum leges, vel quibus illa femina est subjecta, vel per quas illi eam voluerint judicare. Sunt enim diversæ ut gentes, ita et earum leges, quas, si Christianæ sunt, in suis ordinibus, quæ juxta sunt decernentes, Ecclesia sancta non rejicit. Nos autem, sicuti Balaæ notam, et criminis pœnam nosse qui de concilio post edictum Domini dato refugimus, ita neminem mori decernimus, sed omnes salvos fieri volumus, qui neminem perire desideramus : neque legibus sanctis et justis, quas hactenus sancta Ecclesia et episcopalis religio tum acceptavit, tum sustinuit, violentiam ullam inferre molimur. Sed tenendam esse, absque respectu cujuscunque personæ, viam regiam **633** in exquirendo judicio commonemus, sicut magnificus doctor Gregorius ad Domitianum metropolitanum episcopum scribit (*lib.* viii, *epist.* 50) : « Hortamur, inquiens, fraternitatem tuam, ut

et veritatem cum omni studeat subtilitate perquirere, et ita contentionibus partium secundum justitiam citius finem imponere, ne pars quæque in judicio se pati præjudicium conqueratur. Nam sicut sine judicio quemquam nolumus condemnari, ita quæ diffinita fuerint, nulla patimur excusatione differri. » Et ad Constantium episcopum Mediolanensem scribit, unde in hac causa quisque sanus, sapiens, et recte intendens, similitudinem et exemplar non incongruum poterit sumere. Ait enim (*ibid., epist.* 31) : « Si qualis fuit in requisitione cura, talis fuisset in discussione subtilitas, nihil ex hoc, quod de fratre nostro dictum est, fuisset ambiguum, sed utrum verum, an esset compositum, patuisset, quia jam contra ipsum dudum in Sicilia, apud reverendæ memoriæ fratrem nostrum Maximianum episcopum, talis quæstio, ut cognovimus, mota est : sed quia causa ipsius subtili omnino investigatione quæsita est, omnino inventus est innocens, qui fuerat accusatus in crimine. Nunc igitur, quoniam illa quæ contra eum dicta sunt, non sub illa qua decuit districtione quæsita sunt, et gesta, quæ exinde apud fraternitatem vestram confecta sunt, neque ad condemnationem, neque ad absolutionem ejus probantur posse sufficere, non levis res agitur, quæ aut incaute, vel in transcursu debeat diffiniri. Nam grave est satis et indecens, ut in re dubia certa dicatur sententia. Et hæc quidem gesta esse poterant ad diffiniendum idonea, si accusati ea confessio sequeretur, si tamen eamdem confessionem subtilitas examinis ex occultis ejiceret, et non afflictio vehemens extorqueret, quæ frequenter hoc agit, ut noxios se fateri etiam cogantur innoxii. Nam postquam præfatus episcopus, ut dicitur, cruciari custodia, cremarique fame se asserit, scire debetis, si ita est, utrum noceat si sic fuerit extorta confessio. Nunquid quando sententiam tales causæ suscipiunt, et ad sedem apostolicam appellatur, non et persona quæ judicatur præsens est, et districtissime atque ab omni latere veritas quæritur, ut tunc si debeat necne manere sententia decernatur? Et ideo postquam et persona absens est, et gesta quæ ad nos transmisistis, nobis, sicut præfati sumus, idonee satisfacere non videntur, temere aliquid de fratris persona decernere nec debemus, nec possumus, ne quod absit reprehensibiles inveniamur in nostris, quibus aliorum jure competit retractare sententias. » Et ad Virgilium Arelatensem episcopum dicit (*lib.* iii, *epist.* 63) : « Emendatio et vindicta culpabilem feriat, et innocentem falsa opinio non affligat. » Et ad Columbum episcopum scribit (*lib.* x, *epist.* 8) : « Quia satis perversum et contra ecclesiasticam probatur esse censuram, ut frustra pro quorumdam voluntatibus quis privetur, quem sua culpa vel facinus ab officii quo fungitur gradu non dejicit. » Hinc ergo colligant judices, quia si de stupro femina **634** reputatur, isdem qui ei vim intulit, vel eam ad scelus pellexit, accersiendus est, et magis per illam causa investiganda, et ipse invehendus, atque secundum legem examinandus est, et vel legali judicio liberandus vel puniendus est : præsertim cum sicut audivimus parentum loco ipse eam legaliter marito tradiderit, quem secundum Domini per Moysen præceptum, oportet, etiam si virgo in coitu primo inventa non est, aut indicia certæ virginitatis ostendere, aut objectionibus stupri concredere, ne forte eos qui juste judicare cupiunt, quæcunque suspicio mordeat, et qui potius student et valent alienis detrahere, quam sua statuere, locum derogandi inveniant, dicentes : Femina in custodia minis et afflictionibus perterrita, nihil aliud nisi quod ei jubetur audet aut valet dicere. Veniat ille qui in sua libertate est, et legaliter, aut quod ei impingitur defendens liberetur, aut illis de quibus reputatur, quoniam non solum particeps, sed etiam auctor et exsecutor criminis est, concredens legaliter puniatur : et aut in liberatione illius, ista quæ in custodia est, et propter timorem super se mendacium dicit, legaliter liberetur, aut in punitione illius legaliter puniatur, sicut in primo libro legis Romanæ capitulo sexto de stupratoribus, et in capitulo septimo de incestis et turpibus nuptiis præcipitur, et in cæteris, quæ Christiana jura depromunt, justi judices legere possunt. Injustum est enim oppressam iterum opprimi, et opprimentem de libertate sceleris gloriari, quod valde sanctus Gregorius ad Goduinum Neapolitanum ducem et immanissime detestatur, dicens (lib. xii, epist. 5) : « Satis mirati sumus quod in milite illo, qui ancillam Dei diabolica instigatione perdidit, districtissima vindicta hactenus facta non fuerit. Nam et moribus et bonitati vestræ valde conveniens fuit, ut ante ad nos ultio, quam perpetratæ culpæ iniquitas perveniret. Hortamur ut sine excusatione aliqua, vel modo qualis vobis fervor sit erga charitatis custodiam demonstrantes, ita pro exemplo aliorum districte emendare tantum facinus festinetis, ut Deum vobis, in cujus ille hoc injuria perpetravit, timore ejus neglecto despexit, placabilem faciatis : nam tantam iniquitatem inultam remanere nullo modo patimur. » Et terræ principes non surda aure debent audire quod dicitur, *Anathema in medio tui, non poteris stare coram inimicis tuis* (*Jos.* vii, 13). Et item sanctus Gregorius ad Syagrium scribit episcopum (*lib.* vii, *epist.* 117) : « Quia satis noxium atque perniciosum est, ut imitatione prave agentis destruantur qui de punitione illius ædificari bene debuerant. In qua re non solum ille culpabilis, sed etiam qui non restiterit invenitur. Nam consentire videtur erranti, qui corrigenda ut resecari debeant non concurrerit. »

Et nemo dicat, tam perversus homo non ad judicium vocandus, sed quasi jam judicatus damnandus est. Audiat quod in Evangelio Joannis scriptum est dixisse Nicodemum ad principes Judæorum de Jesu, quem ante judicium comprehendere rogaverunt. Scriptum **635** est enim : *Nicodemus tamen unus ex Pharisæis, qui ad Dominum nocte venerat, respondit Judæis : Nunquid lex nostra judicat hominem, nisi audierit ab ipso prius, et cognoverit quid faciat ?* (*Joan.* vii, 50, 51.) Et Dominus : *Nolite secundum faciem judicare, sed justum judicium judicate* (ibid., 24). Et sanctus Gregorius ab Sabinum subdiaconum de presbytero, qui Sodomiæ nefario scelere et idololatria denotabatur, scribit (*lib.* viii, *epist.* 5) : «Quorumdam, inquiens, relatione perlatum est, quia Sisinnius Regitanæ civitatis presbyter, quod auditu ipso intolerabile nimis est, idolorum venerator ac cultor sit, adeo ut in domo sua aliquod idolum positum habere præsumeret. Sed et quod non dissimile nefas est, Sodomiæ illum scelere maculatum. Et ideo quia tanti facinoris iniquitas districta ac subtili investigatione quærenda atque plectenda est, hac tibi auctoritate præcipimus, ut vigilanti studio, et diligenti omnino cura perquiras : et si qua indicia apprehendere hujus rei potueris, eum in custodia districta, quousque nobis renunties, redigas, ut qualiter immanissimum facinus discuti debeat ac puniri, deliberare possimus. » Et si quis dixerit : Non audet isdem perversus homo ad rationem venire, audiatur consilium sancti Gregorii de Frontinianistis hæreticis, qui ad rationem deducendam aliter adduci non poterant, quod scribit ad Maximianum Salonitanum episcopum (*lib.* viii, *epist.* 36) : « De Frontinianistis, inquiens, fraternitas tua sit omnino sollicita, et sicut cœpit studeat, quatenus ad sinum sanctæ Ecclesiæ revocentur. Si qui vero ad me venire voluerint, et rationem recipere, prius jusjurandum præbeant, ac promittant, quod in eorum errore etiam ratione recepta non persistant ; et postmodum eis tua sanctitas promittat, quia a me nullam violentiam patiantur, sed rationem reddo, si veritatem cognoverint, suscipiant, si non cognoverint, illæsos dimitto. Si qui vero contra vos sine juramento ex eis ad nos venire voluerint, minime eos fraternitas tua retineat, quia venientes, aut rationem recipient, aut scito quia terram illam ulterius non videbunt. » Et in Carthaginensi concilio scriptum est (*can.* 30) : « Placuit, inquit, aut accusatus, vel accusator, in eo loco, unde ille est qui accusatur, si metuit aliquam vim temerariæ multitudinis, locum sibi eligat proximum, quo non sit difficile testes perducere, ubi causa finiatur. » Et si quis dixerit, Adduci non potest ad judicium, quia fultus aliorum patrocinio regum rebellionem tenet contra regem : qui pro hoc crimine et etiam pro aliis, eum vellet in judicium mittere si posset, istam quam habet ad judicium ducit ; ante oculos habeant domini nostri reges veridicam sententiam Regis regum, qui est veritas et judex vivorum ac mortuorum, qua dicit regi auxilium præstanti contra justitiam : *Impio,* inquiens, *præbes auxilium, et his qui oderunt me amicitia jungeris. Idcirco iram quidem Domini,* id est mortem, *merebaris, sed bona opera inventa sunt in te* (*II Par.* xix, 2, 3). Propterea timeant reges, qui talibus hominibus injuste patrocinium præbent, de quorum tuitione Deum offendere possint, et Ecclesiæ ac pauperes Christi, et humiliores homines opprimuntur **636** et devastantur, et justa judicia exerceri non possunt: ne forte si tanta et talia bona propria non habuerint, quæ tanto malo possint obsistere, sine ullo obstaculo pereant, aut bona quæ habent pro alieno malo, cujus fiunt participes, ante Dei oculos perditi fiant, licet humano judicio et corpore sani putentur. Sed et ne sententiam Scripturæ incurrant, qua dicitur : Perit justus pro impio. Et ne aliquis eis perverse interpretetur sententiam Deuteronomii : *Non tradas servum domino suo, qui ad te confugerit : habitabit tecum in loco qui ei placuerit, et in una [urbium tuarum requiescet, nec contristes eum* (*Deut.* xxiii, 15, 16), audiant quomodo illam beatus Augustinus exponat. Septuaginta, inquit, dicunt, Non trades puerum domino suo, qui appositus est tibi a domino suo : non quod eum dominus apposuerit, id est commendaverit, potius enim depositum diceret, sed appositum dixit a domino suo, id est adjunctum cum ab illo abscessisset. Non ergo suscipi sed reddi potius prohibuit fugitivos. Hoc quidem putari potest injustum, nisi intelligamus genti et populo ista dici, non uni homini : sed ex alia itaque gente refugientem ad istam gentem, cui loquebatur, hominem a domino suo, id est a rege suo reddi prohibuit. Quod etiam alienigena servavit rex Geth, quando ad eum refugit David a facie domini sui, hoc est, regis Saul (*I Reg.* xxvii). Apertissime autem hoc explanat, cum dicit de ipso refuga : *In vobis habitabit in omni loco ubi placuerit ei.* Hoc autem regnum de multorum manibus in manu parentum nostrorum regum Deo gratias fuerat adunatum, et unum regnum una est Ecclesia, quæ illorum divisione, qui sicut unus homo et unus rector in uno regimine esse debent, dividi nullatenus debent. Nec dici debet, ut inter principes nostros de una gente vel de uno regno, ad aliam gentem vel ad aliud regnum quisque refugiat, sed potius in uno regno, sicut Christianos decet, et in unitate Ecclesiæ matris consistant. Ad quam Ecclesiam confugientes quod patrocinium habere debeant, sanctus Gregorius ad Joannem episcopum Caralitanæ civitatis scribit : Si qui, inquiens, de quibus est quæstio, in Ecclesiam fortasse refugerint, ita debet causa disponi, ut nec ipsi violentiam patiantur, nec hi qui dicuntur oppressi damna sustineant. Curæ ergo vestræ sit, ut eis sacramento ab his quorum interest de servanda lege et justitia promittatur, et per omnia commoneantur exire, atque suorum actuum reddere rationem. Ad cujus instar principes nostri catholicæ filii divinis mandatis obedire debent, memores quod teste Deo manu propria firmaverunt : videlicet quia hujusmodi homines non solum non tueri, atque contra legem vel rationem defendere, verum vel recipere deberent, nisi ad hoc usque, ut ad reddendam rectam rationem venirent. Quidam autem ex eisdem regibus qui hoc firmaverunt, adhuc Deo gratias corpore vivunt, et quidam migravit ad Dominum. Sed pro patre nati sunt filii, a quibus secundum legem Romanam, **637** quam prædecessores eorum imperatores et re-

ges condiderunt, et servaverunt, et populos per eam feliciter rexerunt et correxerunt, actio quæ ab auctore inchoata est, ut ab hæredibus peragenda est : quique ita prædecessorum suorum bene statuta debent in omnibus conservare, sicuti sua constituta a suis successoribus cupiunt conservari. Et non leve regibus vel quibuscunque aliis videatur infringere quod suis student manibus roborare, quia ex divina doctrina, et apostolica traditione, tam maxima res semper ab ipsis primis sæculis manus confirmatio fuit, ut de ipsis apostolorum vicariis, illi ipsi apostolorum vicarii supercœlesti auctoritate decreverint, « Ut qui contra suam subscriptionem in aliquo venerit, ipse se privet honore. » Et non dicant reges, hoc de episcopis et non est de regibus constitutum : sed attendentes quia si sub uno rege ac sacerdote Christo, a cujus nominis derivatione christi Domini appellantur, in populi regimine sublimati et honorati esse desiderant, cujus honore, et amore atque timore, participatione magni nominis domini et reges vocantur, cum sint homines sicut et cæteri, et partem cum his in regno cœlorum habere volunt, qui sacro peruncti sunt chrismate, quod a Christi nomine nomen accepit, qui exinde unxit sacerdotes, prophetas, reges, et martyres, ille unctus oleo lætitiæ præ consortibus suis, quique fecit eos in baptismate reges et sacerdotes Deo nostro, et genus regium, ac regale sacerdotium, secundum apostolos Joannem et Petrum (*Apoc.* ii ; *I Petr.* ii) : intelligant et credant se in oculis Dei privari regii nominis et officii dignitate, quando si illud placitum Deo fuit quod manu firmaverant, faciunt contra manus suæ conscriptionem, licet illud nomen usurpent ante oculos hominum terrena et instabili potestate : quoniam sicut vivunt reges boni et justi in suis legibus bonis et justis, quando per eas premuntur et puniuntur noxii, et relevantur ac liberantur innoxii, ita vivunt apostolici viri in regulis promulgatis et suis manibus confirmatis, quibus judicati sunt contra illas agentes ex illa die qua constitutæ sunt. Et sicut Apostolus de illa dicit, quæ vivens mortua est (*Apoc.* xvi), ita et talis transgressor, licet illi qui nunc apostolorum vices retinent, eum, aut quia ignorant, aut quia dissimulant quod actum est, non adjudicent, si se non ante ultimum diem correxerit, inter damnandos in judicio de majoribus duntaxat transgressionibus positus judicabitur. *Lex enim non est posita justis,* sicut dicit Apostolus (*I Tim.* i, 9), sed transgressoribus, et sceleratis, homicidis, et parricidis, ac fornicariis, atque reliquis prævaricatoribus. Nam non sine causa scriptum legitur, quoniam verba Decalogi digito Dei sint scripta. Valituram quippe in perpetuum legem illam esse decrevit, quam digito, id est spiritu suo scripsit. Et de electis Dominus in Evangelio dicit : *Gaudete quia nomina vestra scripta sunt in cœlo* (*Luc.* xvi, 10). De reprobis autem Jeremias propheta dicit : *Recedentes a te, Domine, in terra scribentur* (*Jer.* xvii, 13). Non autem pueriliter sapiendum **638** est, quasi Deus ad remedium oblivionis bonos in cœlis, A malos scribat in terris : sed salubriter intelligendum, quod sive cœlestia, seu terrestria quis opera gesserit, per hæc quasi litteris adnotatus apud Dei memoriam sit æternaliter affixus : in hoc jure demonstrans, ut quod quisque juste et rationabiliter manu firmaverit, inviolabiliter ac perseveranti conservet justitia ; nec inaniter suum nomen qui ad baptizandum venit, si ætatem habet, aut patronus pro puero, sed et publice pœnitens ad reconciliationem accedens, scriptum nomen proprium ex traditione ecclesiastica donat, quod super sacrum altare inter sacramentorum cœlestium celebrationem ponitur, et recitandum ad locum per sacerdotem Domino commendatur. In sacris nihilominus dypticis non frivole nomina fidelium tam vivorum quam defunctorum scribuntur, et infidelium de eisdem dypticis etiam post mortem divino judicio, si conscripta fuerant, eraduntur. Sed forte quasi principali fulti licentia dicunt principes : Quid magni mali contra Deum facio, vel quis me inde judicabit, qui super omnes consisto, si præceptum, vel edictum, quod manu confirmo, aut infringo, aut non attendo ? Primum quidem attendant, quia si illi super alios sunt, super illos Deus est : et si prave egerint, et se non correxerint, tanto gravius judicabuntur, quanto in throno regni cæteris celsius præponuntur. Reges enim et sacerdotes subditorum prave acta corrigunt : sed oblivisci non debent, quia illorum mala per ipsum Dominum judicabuntur : nec surda aure debent audire quod scriptum est : *Potentes potenter tormenta patientur, exiguo autem conceditur misericordia (Sap.* vi, 7). Deinde legant historiam sancti Abrahæ *(Gen.* xxiii), qui chartam confirmationis a venditore sepulcri conjugis suæ coram filiis et populo terræ pro tam magno accepit, ut etiam adoraret in terra populum terræ, filios videlicet Heth, quatenus id obtineret audita concessione illorum, et quam magni hoc pendere debeant invenire valebunt. Sed et in lege de hac confirmatione sufficienter invenient, quæ tantum et ante adventum Christi viguit ut etiam Pilatus ex antiqua consuetudine instructus, poscentibus Judæis ut refragaretur quod in Christi titulo scripserat, dixerit, *Quod scripsi, scripsi (Joan.* xix, 22), nolens infectum vel immutatum esse quod fecerat. Quod et longe ante firmatum Dominica stipulatione fuerat, sicut psalmo superscriptum est, *Ne corrumpas tituli inscriptionem (Psal.* lxxiv). Et quam certissimæ stabilitatis ac firmitatis credi debeat chirographum, id est manu scriptum, in libro Tobiæ legitur, et in Evangelio de conscriptis cautionibus demonstratur. Sed quidam principes, quod Deus a nostris Christianis principibus longe faciat, forte non provident, quia post illos infirma firmatio illorum manet, et ipsi decedunt, et sicut sanctus Augustinus dicit : Transit actus, et manet reatus. Quod suum erat locis sanctis donant per confirmationem, et sibi usurpant per occupationem, **639** quod ut sæculi pauperiores non obtinent per deprecatam præstationem : imo et sibi

B

C

D

auferunt, et locis sanctis non tribuunt, et unde sibi debuerant operari remedium, perpetrant sacrilegium : et si sacrilegium perpetrant de suis non bene datis, considerandum est quantum sibi periculum faciunt de rebus ab aliis Deo donatis, et a se contra Deum et ipsi Deo ablatis. Unde sanctus Gregorius in epistola ad Sabinum subdiaconum scribens *(lib.* viii, *epist.* 7) : « Sacrilegum, inquit, et contra leges est, si quis quod venerabilibus locis relinquitur, pravæ voluntatis studiis suis tentaverit compendiis retinere. » Et sacri canones *(conc. Agath. c.* 4) : « Clerici, inquiunt, vel sæculares, qui oblationes parentum, aut donatas, aut testamento relictas, retinere præsumpserint, aut id quod ipsi donaverunt ecclesiis vel monasteriis crediderint auferendum, sicut synodus sancta constituit, velut necatores pauperum, quousque reddant, ab ecclesiis excludantur. » Quapropter sciant quia cum peccatis propriis, pro omnibus etiam illorum peccatis qui easdem res pro redemptione animæ suæ dederunt, in futuro judicio punientur : et non postponant qui forte confirmant inconsulte quod fidelibus vel amicis suis donant, et sine judicio auferunt, quando quæ dederant ad memoriam pœnitendo reducunt : non attendentes, quia illi vadunt de sæculo, cum exit de corpore anima, et remanet in sæculo terra, et tenetur a vacuo possessore rerum illarum confirmationis regiæ charta, et cum suspirant corda, provocantur ad maledicendum fortassis non sine peccati pondere labia ; cum utrumque providendum erat, ne videlicet inconsulte quiddam rex daret, nec sine judicio cuiquam æquitatis quiddam auferret, neve post judicium de ablatis charta indisrupta maneret. Scriptum est enim : *Memoria justi cum laudibus, nomen autem impiorum putrescet (Prov.* x, 6). Melius itaque et rationalibus esset, ut per rationem disrupta charta putresceret, et laus æquitatis eorum maneret, quam charta confirmationis maneret, et nomen laudis putresceret. Sed forte hæc legentes vel audientes principes dicent : « Bene nos castigaverunt episcopi : nihil per præcepta donabimus, ne iterum reprehendamur. » Econtra audiant quid voce castigantium propheta conqueritur dicens : *Curavimus Babylonem, et non est sanata (Jer.* li, 9). Babylon quippe curatur, nec tamen ad sanitatem reducitur, quando mens in prava actione confusa, verba correptionis audit, flagella correptionis percipit, et tamen ad recta salutis itinera redire contemnit. Et per Sapientiam : *Sicut acetum,* inquit, *in nitro, ita ei qui cantat carmina cordi pessimo (Prov.* xxv, 30). Cum acetum in nitro mittitur, effervescit protinus et ebullit : sic plerumque et corda potentium, qui de potentia tument, et non se de humanitate humiliant, veluti Abraham Domino dixit, humilians se de exaltatione collocutionis ejus : *Loquar ad Dominum meum cum sim cinis et pulvis (Gen.* xviii, 27). Quando correptionem castigantis missi Domini audiunt, ex tumore cordis in verba contradictionis erumpunt : Dare sanctis locis vel fidelibus viris non vetuerunt **640** episcopi, cantantes omnibus : *Vovete* *et reddite Domino Deo vestro* (*Psal.* LXXV, 12); et : *Omnia fac cum consilio, et post factum non pœnitebis* (*Eccli.* XXXII, 24); et : *Non facias quod iniquum est, neque injuste judicabis* (*Lev.* XIX, 15); et : *Juste judica proximo tuo* (*ibid.*). Sicut non vult princeps sibi tolli a fortiore suo quod Deus illi concessit, ita et ipse non sine æquitatis judicio auferat a quoquam vel quod dedit, vel quod non dedit, quia scriptum est : *Quod tibi non vis fieri, alteri ne facias* (*Tob.* IV, 16). Sed potius etiam atque etiam prædicaverunt episcopi : *Facite vobis amicos de mammona iniquitatis, ut cum defeceritis, recipiant vos in æterna tabernacula* (*Luc.* XVI, 9); et : *Quodcunque potest manus tua, instanter operare, quia nec locus, nec ratio est apud inferos, quo tu properas* (*Eccle.* IX, 10). Et sicut ista quæ utilia et honesta sunt prædicaverunt episcopi, ita nihilominus prædicant ut turpem notam regio nomini rex a se festinet abscondere, et quantum potest abluere, et per singulos dies, et per singulos actus, memor sententiæ Deuteronomii dicentis : *Habebis locum extra castra, ad quem egrediaris ad requisita naturæ, gerens paxillum in balteo : cumque sederis, fodies per circuitum, et egesta humo operies quo revelatus es. Dominus enim Deus tuus ambulat in medio castrorum, ut eruat te, et tradat tibi inimicos tuos : ut sint castra tua sancta, et nihil in eis appareat fœditatis, ne derelinquat te* (*Deut.* XXIII, 12-14). Naturæ quippe corruptibilis pondere prægravati, a mentis nostræ utero quædam cogitationum superflua, et ab actionis nostræ opere regimine indigna, quasi ventris gravamina erumpunt, et portare sub balteo paxillum debemus, qui rectores in populo sumus, ut videlicet ad reprehendentes nosmetipsos semper accincti, acutum circa nos stimulum compunctionis habeamus, qui incessanter terram mentis nostræ dolore pœnitentiæ confodiat, et hoc quod a nobis fœtidum erumpit abscondat. Ventris quippe egestio fossa humo per paxillum tegitur, cum mentis nostræ superfluitas, vel operationis nostræ reprehensibilis fœditas, subtili redargutione discussa, et honesta operatione correcta, ante Dei oculos per compunctionis suæ stimulum et correctionis bonum celatur. Perpendendum est etiam, quia antiqui reges et imperatores suis legibus statuerunt, ut charta confirmationis quinque, vel septem, aut decem, ut scribit Ambrosius, testibus roborata constaret. Sed et jure civili in conscriptione chartarum coaditionalis constitutio ponitur, quo dispendio, qui eamdem chartam infringere tentaverit, fisco multetur, et accusator accusationis scripturæ subscribens, se a conditione mutare non poterit. De sua autem confirmatione nihil scripserunt, quia principis manus, sicut de David in Regum libro dictum legimus, pro decem millibus computatur (*I Reg.* XVIII). Et rex a Deo vel ad gratiam, vel propter peccata populi constitutus, ab ipso Rege regum de suis vel justis actibus coronabitur, vel injustis judiciis et iniquis actionibus æquitatis judicio judicatus multabitur. Inseruerunt etiam in eisdem legibus ad legem Corneliam testamentariam, de his, qui testamentum quodve aliud instrumentum falsum sciens, dolo malo scripserit, suppresserit, **641** admoverit, designaverit, deleverit, honestiorem quidem in insulam deportari, humiliorem autem in metallum damnari, aut in crucem levari, servum vero capite puniri. Et, ut beatus Augustinus commemorat in Joannis evangelistæ Commento (*tract.* 7) : « Juris forensis est, ut qui in precibus mentitus fuerit principi, non illi prosit scriptum quod impetraverit, imo etiam careat ipso beneficio scripti, quo scriptum perduxerit. » De confirmationis autem suæ scriptura nihil dixerunt, quia quod firmaverunt, infringere nefas duxerunt : sicut in libro Esther legitur quantam valitudinem annuli regis habeat signatio (*Esth.* III), quantam cautelam signi illius vacuatio, quanto magis regiæ manus subscriptio. Et nec perfunctorie ducere debet regia dignitas quod in suis præceptis scribitur : Et ut hoc, inquit, nostræ auctoritatis præceptum pleniorem in Dei nomine obtineat firmitatis vigorem; et : Data illo, vel illo anno in Dei nomine feliciter ; ne quod in Dei nomine feliciter confirmatur, sine Dei, id est, sine veritatis judicio infeliciter effœtetur; quia scriptum est : *Non polluas nomen Domini Dei tui* (*Lev.* XVIII, 21); et : *Non accipias nomen Domini Dei tui in vanum* (*Exod.* XXX, 7). Legant quoque Paulum, et expositores ipsius Apostoli, quam pro magno sit dictum quod scripsit idem divinus Apostolus in suis Epistolis : *Videte quales litteras mea scripsi manu* (*Gal.* VI, 11). Et item : *Salutatio mea manu Pauli* (*I Cor.* XVI, 21). Unde reges, qui subscriptione manus suæ a se data, vel privilegia sanctorum cum anathematismo manibus roborata confirmant, et illa postea conservare parvipendunt, sive detractant, quasi anathematis vinculo non teneantur obstricti, sententiam beati Gregorii ex epistola ad Theoctistam patriciam audiant (*lib.* XII, *epist.* 59) : « Ipsi, inquiens, sibi testes sunt quia Christiani non sunt, qui ligamenta sanctæ Ecclesiæ vanis se æstimant conatibus solvere, ac per hoc nec absolutionem sanctæ Ecclesiæ, quam præstat fidelibus, veram putant, si ligaturas ejus veras esse ac valere non æstimant, et unde se fallere veritatem credunt, inde in peccatis suis veraciter ligantur. » Si qui sunt igitur, qui sub nomine Christiano hæc aut prædicare audent, aut taciti apud semetipsos tenere, eos et ego, et omnes catholici episcopi, atque universa Ecclesia anathematizamus. Hæc dicimus, ut secundum rationem et legis ordinem cuncta agant regni principes, et Ecclesiæ sanctæ rectores, sed et cum æquitatis judicio supra scripta causa diffiniatur. Ordinem autem constituendi judicium, si Hucbertus pro hac causa ad audientiam, et de civili injudicatus ad ecclesiasticum judicium venerit, isdem beatus Gregorius in commonitorio ad Joannem Defensorem euntem in Hispanias descripsit, dicens (*lib.* XI, *epist.* 50) : « Primum ut sic ordinabiliter fiat, quatenus alii sint accusatores, et alii testes. Deinde causæ qualitas exploretur, si digna exsilio vel con demnatione sit, et ut eo præsente sub jurejurando A contra eum testimonium proferatur, seu scriptis actuum inseratur : et ut ipse licentiam respondendi et defendendi se habeat. Sed et de personis accusantium ac testificantium subtiliter erit quærendum, **642** cujus conditionis, cujusve opinionis, aut ne inopes sint, ac ne forte aliquas contra eum inimicitias habeant : et utrum testimonium ex auditu dixerint, aut certe specialiter se scire testificati fuerint ; et ut scriptis judicatum sit, et sic partibus præsentibus sententia recitetur, et ita hæc omnia solemniter roborentur. »

Cæterum si femina ante initum conjugium de scelere cum fratre suo culpabilis invenitur, ponendum duximus instar judicii de epistola ejusdem sancti Gregorii ad Joannem episcopum Panormitanum, de quadam femina, quam aliquis homo, antequam diaconus ordinaretur, reliquit, et post mutatam vestem cuidam marito tradiderit. Ait enim (*lib.* XI, *epist.* 60) : « Quia sunt culpæ, in quibus culpa est relaxaré vindictam, quærenda semper est veritas, ut inquiri debeat, utrum accusatum noxa condemnet, an a pœna innocentia patefacta subducat. Itaque pervenit ad nos Fantinum defensorem ultionem exercere in . Petrum latorem præsentium voluisse, pro eo quod, quantum dicitur, relictam cujusdam diaconi, tempore quo conductor fuit, marito tradiderit. Sed quoniam iste conjugem diaconi asserit non fuisse, dicens nec virginem illam ad eum venisse ; denique nec religiosam mutasse vestem, postquam ille in ordine sacro promotus est, adjiciens etiam, priusquam ad diaconatum perveniret, et postea, prava illam opinione vixisse. Ideoque fraternitatem tuam his hortamur affatibus, ut cum Dei, sicut decet, timore causam hanc subtili omnino investigatione perquirat, et si in conjugio diaconi mulierem, de qua agitur, fuisse constiterit, et suprascriptus lator memorato defensori et rectori patrimonii ad vindictam modis omnibus tradatur, et cum competenti emendatione hi qui male societati sunt disjungantur. » Hæc de sancti Gregorii verbis excerpsimus.

Et sicut supra de beati Augustini verbis posuimus, quoniam quod agebat in lege veteri, vel etiam quod nunc agit in reipublicæ legibus interfectio, hoc operatur in Ecclesia excommunicatio, et ab Ecclesia D separatio ; si de legibus publicis, quæcunque femina hujusmodi sceleribus, sicut præmissum est, irretita, evadens forense judicium, ad episcopale judicium venerit, secundum sacrum Ancyranum concilium (*can.* 15 *et* 20), de his qui fornicantur irrationabiliter, id est cum masculis vel pecoribus, et de illis mulieribus quæ fornicantur et partus suos necant, vel quæ agunt secum ut utero conceptos excutiant, inter eos orare, ut videtur nobis, præcipietur. qui spiritu periclitantur immundo, et per districtam decennalem pœnitentiam castigata, usque ad vitæ finem. dignis pœnitentiæ fructibus incumbere, reservato sibi pro ecclesiastica pietate, si mortis

metus ingruerit, viatico munere judicabitur, segregata non solum a toro regio, verum etiam ab omni conjugali consortio, secundum decreta beati Gregorii papæ ad Felicem Siciliensem episcopum, quibus dicit (*lib.* XII, *epist.* 32) : « Progeniem, inquiens, suam unumquemque de his, qui fideliter edocti, **643** et jam firma radice plantati stant inconvulsi, usque ad septimam observare decernimus generationem, et quandiu se cognoscunt affinitate propinquos, ad hujusmodi copulæ non accedere societatem. Nec eam, quam aliquis ex propria consanguinitate conjugem habuit, vel aliqua illicita copulatione maculavit, in conjugium ducere ulli profecto Christianorum licet vel licebit, quia incestuosus est talis coitus, et abominabilis Deo et cunctis hominibus. Incestuosos vero nullo conjugii nomine deputandos a sanctis Patribus dudum legimus constitutum. Nec hoc quoque in hac sollicitudinis parte relinquimus, quod omnes incestuosi a limitibus sanctæ Ecclesiæ sint separandi, usquequo per satisfactionem precibus sacerdotum eidem sanctæ catholicæ reconcilientur. » Et in edicto canonico ante corpus beati Petri prolato (*Greg.* XI *in synod. Rom.*) : « Si quis de propria cognatione, vel quam cognatus habuit, duxerit uxorem, anathema sit. Et responderunt omnes tertio, anathema sit. » Et sanctus Ambrosius in prima epistola ad Corinthios dicit : « *Non est enim frater, aut soror servituti subjectus in ejusmodi* (*I Cor.* VII, 15) : hoc est non deberi reverentiam conjugii ei qui ‘horruit auctorem conjugii. Non enim ratum est matrimonium quod sine Dei devotione est. » Et sanctus Hieronymus in tertio libro commenti epistolæ Pauli ad Ephesios : « Quomodo itaque, inquit, Christo subjecta est Ecclesia, sic subjecta sit uxor viro suo. Quem enim habet principatum et subjectionem Christus et Ecclesia, huic eidem ordini maritus et uxor astringitur. Sed videndum ut quomodo in Christo et in Ecclesia sancta conjunctio est, ita et in viro et in muliere sancta sit copula. Sicut autem non omnis congregatio hæreticorum Christi Ecclesia dici potest, nec caput eorum Christus est, sic non omne matrimonium ; quod in viro suo secundum Christi præcepta non jungitur, rite conjugium appellari potest, sed magis adulterium. » Hinc intelligenter est adnotandum, quia quod iste ipse doctor in epistola ad Amandum presbyterum dicit (*epist.* 147), quod quandiu vivit vir, licet adulter sit, licet sodomita, licet flagitiis omnibus coopertus, et ab uxore propter hæc scelera derelictus, maritus ejus reputatur, cui alterum virum accipere non licet, de eo dicit, qui post legitimum initum conjugium, in ipso peccat conjugio, in quo jure pari vir et mulier tenentur sententia. In hoc autem loco de ea vel de eo agitur, qui ante initum legitimum conjugium, perpetrato incestu legitimum quod habere poterat sibi tollit conjugium. Et in concilio Agathensi (*can.* 61) : « De incestis conjunctionibus, inquiunt, nihil prorsus veniæ reservamus, nisi cum adulterium separatione sanaverint. Incestuosos vere nullo conjugii nomine deputandos , quos etiam designari funestum est. » Et sanctus Augustinus in libro de Bono conjugali : « Aliud est non concumbere nisi sola voluntate generandi, quod non habet culpam, aliud autem carnis quidem concumbendo appetere voluptatem, sed non præter conjugem, quod venialem habet culpam, quia et sine causa propagandæ prolis **644** concumbitur, non tamen hujus libidinis causa propagationi prolis obsistitur, sive voto malo, sive opere malo : nam hoc faciunt, qui quamvis vocentur, conjuges non sunt , nec ullam nuptiarum retinent veritatem, sed honestum nomen velandæ turpitudini obtendunt. Produntur autem, quando eo usque progrediuntur, ut exponant filios suos qui nascuntur invitis, oderunt autem nutrire , vel habere quos gignere metuebant. Itaque cum in suos sævit quos genuit tenebrosa iniquitas , clara iniquitate in lucem promitur, et occulta turpitudo manifesta crudelitate convincitur. Aliquándo eo usque pervenit hæc libidinosa crudelitas, vel libido crudelis, ut etiam sterilitatis venena procuret, et si nihil valuerit, conceptos fœtus aliquo modo intra viscera exstinguat ac fundat, volendo suam prolem prius interire quam vivere, aut si in utero jam vivebat, occidi antequam nasci. Prorsus si ambo tales sunt, conjuges non sunt, et si ab initio tales fuerunt, non sibi per connubium, sed per stuprum potius convenerunt. Si autem non ambo sunt tales, audeo dicere, aut illa est quodammodo mariti meretrix, aut ille adulter uxoris. »

INTERROGATIO XIII.

Sexto nobis capitulo remandate, si idem rex, postquam talia de præfata uxore sua audivit, et ab ejus carnali commercio suspensus fuit , forte concubina usus adulterium perpetraverit, et si hoc ad plurimorum pervenit notitiam, quo debeat sanari medicinali judicio. Et si fortassis acciderit , ut quiscunque homo sacramento attendere se obligaverit, quod criminosum sit agere, utrum quod juravit, ne incurrat perjurium, debeat adimplere, an , ne crimen admittat, quod male juravit in irritum debet ducere : et si hoc verum esse possit, quod plures homines dicunt, quia sunt feminæ, quæ maleficio suo inter virum et uxorem odium irreconciliabile possint mittere , et inenarrabilem amorem iterum inter virum et feminam serere, et quod vir legitime sortitam conjugem maritali commercio non possit adire, et aliis valeat feminis commisceri, et itidem eodem maleficio potentia concumbendi, et dilectione quondam habita fruendi , per artem maleficarum possit restitui. Et quæ sit causa cur Deus, ut dicitur, sæpe in legitimo conjugio permittat talia fieri. Et si forte tales viri malefici, vel incantatrices feminæ inventæ fuerint, quid de hujusmodi debeat fieri.

RESPONSIO.

Respondemus, si forte, ut fertur, rex, de quo agitur, post legaliter initum conjugium , cum alia aliqua carnis commistione negotium concumbendi exercuit, negari non potest adulterium perpetrasse, etiam si femina, quam duxit uxorem, de talibus, sicut reputatur, **645** rea fuerit fortassis inventa, quoniam post legaliter initum conjugium ante legalem diffinitionem præsumpsit illicita. Apostolus enim dicit alligatam esse uxorem sub lege viri quando tempore vir ejus vivit, mortuo autem eo solutam esse a lege viri (*I Cor.* vii). Et secundum sacram auctoritatem , legaliter desponsatam, dotatam, et publicis nuptiis honoratam, uxorem esse nemo qui dubitet. Sed et unam esse legem in hoc jure viri et uxoris eadem sacra testatur auctoritas. Et ideo, antequam a jugo gravi super filios Adæ a die egressus de ventre matris eorum , usque in diem ingressus in ventrem omnium matris , alter ab altero dissolvatur, aut lege ab eo, qui per conditores legum juxta decernit, comprobetur quod est initum non legitimum fuisse conjugium, quicunque eorum unam carnem per adulterium in duo diviserit, non commisisse adulterium dici non poterit. Magnus etenim Leo papa de forensibus legibus ecclesiasticis modum tribuit ad Nicetam Aquileiensem episcopum scribens (*epist.* 85): Ut sicut in mancipiis, vel agris, aut etiam in domibus, ac possessionibus , in captivitatem ductis postliminium reversis de captivitate servatur : ita etiam et conjugia, si aliis juncta fuerint, reformentur. Et nos de eisdem legibus ad exemplum ipsius debemus conjicere, quoniam si quilibet quod ei jure posset competere contra jus sibi præsumpserit, per legem ei quem spoliaverat cogetur legaliter emendare. Quapropter si quilibet legaliter conjugatus, ante judicium ex criminata determinatum, contra matrimonii jura, aut publice aut secrete præsumpsit, necesse erit eum legibus præfixis transgressoribus aut secrete aut publice subjacere, quibus decretum est in concilio Africano (*can.* 10) : « Ut pœnitentibus, secundum differentiam peccatorum, episcopi arbitrio pœnitentiæ tempora decernantur. » Et in concilio Carthaginensi (*conc. Carth.* iv, *can.* 74) : « Ut sacerdos pœnitentiam imploranti absque personæ acceptione pœnitentiæ leges injungat. » Et (*can.* 47) : « Si quis fidelis, secundum Eliberitanum concilium, habens uxorem non semel sed sæpe fuerit mœchatus, in fine mortis conveniendus est ; quod si se promiserit cessaturum, communio illi donanda est : si resuscitatus rursus mœchatus fuerit, ut non ulterius de communione pacis ludat, severius abscindendus est. » Et juxta Ancyranum concilium (*can.* 19) : « Uxor adulterata , vel maritus committens adulterium , post septem annorum pœnitentiam reconciliationis et communionis perfectionem consecuturi sunt. » Et item secundum Eliberitanum concilium (*can.* 69) : « Si quis uxorem habens semel lapsus fuerit, post quinquennem pœnitentiam reconciliandus est , vel si necessitas infirmitatis coegerit, ante communio ei largienda est. » Similiter et synodus Toletana constituit (*conc. Tol.* i, *can.* 17) : « Qui uxorem simul et concubinam habuerit, a communione Ecclesiæ separandus est. » In qua separatione, vel post dignam satisfactionem

reconciliatione , summopere debent pastores Ecclesiæ et apostolorum successores atque vicarii providere, ‹ qui, ut dicit beatus Gregorius (*Hom.* 26 *in
Evang.*), **646** solvendi ac ligandi auctoritatem sunt
quando gradum regiminis sortiuntur adepti, ne in
solvendis ac ligandis subditis suæ voluntatis motus, non
autem causarum merita sequantur, ut vel damnent
immeritos, vel alios ipsi ligati solvant, seque ipsos hac
ligandi et solvendi potestate privent, qui hanc pro suis
voluntatibus et non pro subjectorum moribus exer-
cent : ne erga quemlibet proximum odio vel gratia moveantur, quia digne de subditis judicare nequibunt, si
in subditorum causis sua, vel odia, vel gratiam sequi
decreverint. Unde recte per prophetam dicitur : *Mortificabant animas quæ non moriuntur, et vivificabant
animas quæ non vivunt* (*Ezech.* xiii, 19). Non morientem quippe mortificat , qui justum damnat, et
non victurum vivificare nititur, qui reum a supplicio absolvere conatur. Causæ ergo pensandæ sunt,
et tunc ligandi atque solvendi potestas exercenda.
Videndum est quæ culpa præcessit, aut quæ sit pœnitentia secuta post culpam : ut quos omnipotens
Deus per compunctionis gratiam visitat, illos pastoris sententia absolvat. Tunc enim vera est absolutio
præsidentis , cum interni arbitrium sequitur judicis. › Et illos nos debemus per pastoralem auctoritatem solvere, quos auctorem nostrum cognoscimus
per suscitantem gratiam vivificare. Quæ nimirum
vivificatio ante operationem rectitudinis in ipsa jam
cognoscitur confessione peccati, quæ non verbotenus tantum et summis vix labiis solet fieri, sed
quæ ex intimo cordis procedit affectu, sicut David
dixit : *Peccavi Domino*, et audire meruit, *Dominus
transtulit peccatum tuum, non morieris* (*II Reg.* xii,
13). Et item dicit : *Rugiebam a gemitu cordis mei*
(*Psal.* xxxvii, 9) ; et : *Iniquitatem meam annuntiabo,
et cogitabo pro peccato meo* (*ibid., v.* 19). Sicut et
in tribulatione, quam pro peccato admisso sustinuit
fugiens a facie filii sui, cogitavit dicens : *Respiciat
Dominus afflictionem meam, et reddat mihi bonum
pro maledictione hac* (*II Reg.* xvi, 12). Quibus constat, quia taliter confitentibus nec satisfactio interdicenda est, nec communio deneganda. Alioquin in
judicium sibi corporis sacri et sanguinis pretiosi
Redemptoris nostri sacramenta præsumunt , qui indiscrete non purificati vel absoluti, sed potius sedu-
cti atque decepti sunt a talibus pastoribus, de quibus
dicit propheta : *Væ his qui consuunt pulvillos sub
omni cubito manus , et faciunt cervicalia sub capite
universæ ætatis ad capiendas animas* (*Ezech.* xiii,
18), id est cadentes a sua rectitudine animas , atque
in hujus mundi delectatione reclinantes, blanda adulatione refovent, ut in errore molliter jaceant, quos
nulla asperitas contradictionis pulsat : quod rectores seipsos amantes his procul dubio exhibent, a quibus se noceri posse in studio gloriæ temporalis timent. De quibus iterum scriptum est : *Popule meus,
qui te beatificant, ipsi te decipiunt, et viam gressuum
tuorum dissipant* (*Esa.* iii, 12). Et item : *Prophetæ*

tui viderunt tibi falsa et stulta, nec aperiebant iniquitatem tuam, ut te ad pœnitentiam provocarent (*Thren.*
ii, 14). Quia dum corripere culpas metuunt, in cassum
delinquentibus promissa securitate blandiuntur et sic
vel in affectu peccandi manentes, vel ante congruam
satisfactionem **647** divina usurpantes mysteria, bonum Dei donum faciunt suum judicium. Quoniam sicut
auctores sancti, ut demonstrat venerabilis presbyter
Beda in commento Evangelii Lucæ, exponentes sententiam dicentis Domini, *Verumtamen ecce manus
tradentis me mecum est in mensa, verumtamen væ illi
homini per quem tradetur* (*Luc.* xxii, 21), dicunt hodie quoque ut usque in sempiternum. Væ illi homini,
qui ad mensam Domini malignus accedit, qui et insidiis mente conditis, præcordiis aliquo scelere pollutis, mysteriorum Christi secretis participare non
metuit. Et ille enim in exemplum Judæ filium hominis tradit, non quidem Judæis peccatoribus, sed
tamen peccatoribus, membris videlicet suis, quibus
illud inæstimabile et inviolabile Domini corpus violare præsumit. Ille Dominum vendit, qui ejus amore
ac timore neglecto, terrena et caduca, imo etiam
criminosa plus amare et curare convincitur. Væ,
inquam, illi homini, de quo Jesus, qui altaribus
sacrosanctis inter immolandum , utpote proposita
consecraturus, adesse non dubitatur, astantibus sibi
ministris cœlestibus, queri cogitur, *Ecce*, inquiens,
manus tradentis me mecum est in mensa. Et Paulus
dicit : *Si quis frater nominatur, et est fornicator, aut
avarus , aut idolis serviens , aut maledicus, aut ebriosus, aut rapax, cum hujusmodi nec cibum sumere*
(*I Cor* v, 11). Et item dicit : *Iniqui regnum Dei non
possidebunt. Nolite errare, neque fornicarii, neque
idolis servientes, neque adulteri, neque molles, neque
masculorum concubitores, neque fures, neque avari,
neque ebriosi, neque maledici, neque rapaces regnum
Dei possidebunt* (*I Cor.* vi, 9, 10). Et item : *Fornicatores et adulteros judicabit Deus* (*Hebr.* xiii, 4).
Et item : *Omne peccatum , quodcunque fecerit homo,
extra corpus est : qui autem fornicatur, in corpus
suum peccat* (*I Cor.* vi, 18). Unde Ambrosius ostendit gravissimum esse peccatum, quia ex hoc omne
deperit corpus, in cæteris autem peccatis portio perit, non totum. Totum enim corpus vir est et mulier, quia portio viri est mulier : quicunque enim
aliud peccatum admiserit, extra se peccat, forni-
carius vero in carnem suam peccat. Quanquam enim
omnia peccata carnalem hominem præstent, hoc tamen specialiter desiderium carnis est, quod sordibus
maculatam animam cum corpore tradit gehennæ :
quia victa anima a libidine carnis fit caro, sicut et
corpus recte gubernatum spiritale appellatur. Animus tamen est, qui aut victus illecebris totum hominem carneum fecit, aut in vigore naturæ suæ manens, carni præstat ut spiritalis dicatur. Quapropter
sanxerunt Spiritu sancto in se loquente canonum
conditores ut a communione tales homines usque ad
satisfactionem separentur : quoniam qui alieni a
regno Dei sunt, ab Ecclesia, quæ et regnum Dei est

et nominatur, usque ad correctionem et satisfactionem debent modis omnibus separari : et cum quibus Christi discipulos cibum sumere non oportet, eis dare sacram communionem non debent Domini sacerdotes, ipso prohibente in Evangelio : *Nolite dare sanctum canibus* (*Matth.* vII, 6). Quales designat Petrus dicens : *Sicut sus lota in volutabro luti, et* **648** *canis reversus ad vomitum suum talis est* (*II Petr.* II, 22), ut Salomon dicit, *Stultus iterans stultitiam suam* (*Prov.* xxvI, 11). Et qui in peccato manens, vel ante correctionem, et satisfactionem peccati criminalis, Dominicam coenam præsumit ad manducandum, in suam condemnationem, ut præmisimus, eamdem coenam præsumit, attestante Apostolo : *Quicunque,* inquit, *edit panem hunc, aut bibit calicem Domini indigne, reus erit corporis et sanguinis Domini*(*I Cor.* xI, 27). Unde sanctus Ambrosius dicit : Quid est autem reum esse corporis et sanguinis Domini, nisi pœnas dare mortis Domini ? Occisus est enim pro his qui beneficium ejus in irritum ducunt. *Probet autem,* dicit iterum Paulus, *homo seipsum, et sic de pane illo edat, et de calice bibat* (*ibid.,* 28). Probare enim seipsum, id est corrigere se debet homo a peccato, et ipsum reprobare peccatum, et post dignam satisfactionem accedere ad sacram communionem, ut sciat mens reverentiam se debere ei, ad cujus corpus sumendum accedit. Hoc enim apud se debet judicare, quia Dominus est cujus corpus sumit et sanguinem. Et quod subsequitur, *Ideo in vobis multi infirmi, et imbecilles, et dormiunt multi* (*I Cor.* xI, 30), ad hoc posuit, ut imaginem ostenderet judicii in eos qui inconsiderate Domini corpus accipiunt : quia sicut illi corporaliter infirmabantur et moriebantur, ita quicunque in peccato manet, vel affectum peccandi habet, et corpus et sanguinem Domini sumit, unde vitam posset accipere, si condigna satisfactione post dignam pœnitentiam sacramenta illa acciperet, inde mortem sibi indigne accipiendo assumit. Et si quærat aliquis, quare etiam nunc accipientes indigne non infirmantur vel moriuntur, sicut tunc infirmabantur, et moriebantur, accipiat quod non dixit Apostolus omnes infirmari vel mori, sed *multi,* inquit, *fiunt infirmi, et multi moriuntur.* Et in primordio Ecclesiæ necessaria erant corporalia signa, nunc autem vera fides debet sufficere. Est et aliud, quia sicut scriptum est, *In fine sæculi erit sol sicut saccus cilicinus* (*Apoc.* vI, 12), id est Ecclesia in luctus amaritudine sine miraculorum coruscatione, ut probati manifesti fiant. Et quia quidam corriguntur communicantes simpliciter, licet postea peccent ut Petrus : quidam tolerantur maligne communicantes, ut Judas qui suus homicida existens, exitiabili exitu demonstravit quid anima patiatur nunc sine corpore, et quid æternaliter patietur cum corpore, quoniam in judicium sibi divina mysteria manducavit et bibit. Et quod subjungit, *Si nosmetipsos dijudicaremus, non utique judicaremur* (*I Cor.* xI, 31), hoc dicit, quia si nosmetipsi errores nostros corrigeremus, non a Domino

A judicaremur, id est condemnaremur. Et ideo sacri canones sanxerunt, ut ad judicium sacerdotale removeantur vel resocientur peccantes sacro altario, dicente Domino ad leprosos, qui præsignabant lepra peccatorum in Ecclesia nunc perfusos, *Ite, ostendite vos sacerdotibus* (*Luc.* xvII, 14), ut secundum quod viderint magnitudinem vel multitudinem peccatorum in peccantibus, et consideraverint illorum dignam satisfactionem, ita et absque personarum acceptione tempora constituant pœnitendi **649** et reconciliandi eos, ne in judicium et condemnationem sumant quod Dominus ad redemptionem et salutem credentibus contulit. At si peccator tardus ad recognoscendum, negligens ad id quod peccavit pœnitendum, et confitendum, atque satisfaciendum exstiterit, episcopalis cura eum commonere

B dissimulandum non ducat, memor sententiæ sibi dicentis : *Si spoponderis pro amico tuo, defixisti apud extraneum manum tuam* (*Prov.* vI, 1), id est si animam fratris in periculo tuæ conversationis acceperis, jam ligasti mentem apud curam sollicitudinis, quæ ante deerat quam pastorale officium sumeres : illaqueatus es verbis oris tui, et captus propriis sermonibus, qui dum commissis tibi cogeris bona prædicando dicere, teipsum prius necesse est quæ dixeris custodire. *Fac ergo quod dico, fili mi, et temetipsum libera ; quia incidisti in manum proximi tui, discurre, festina, suscita amicum tuum* (*ibid.,* 3) : non tantum ipse benevivendo vigilare memento, sed et illum cui præes a peccati torpore pædicando disjunge. *Ne dederis som-*

C *num oculis tuis, nec dormitent palpebræ tuæ* (*ibid.,* 4). Somnum dat oculis qui subditorum curam omnino negligit : dormitat autem, qui quidem reprehensibilia eorum gesta cognoscit, sed hæc propter mentis tædium digna invectione non corrigit. *Eruere quasi damula de manu, et quasi avis de insidiis aucupis* (*ibid.,* 5). Quantum avis de laqueo, vel damula de manu captantis quærit evadere, tantum nitere ut auditore tuo salubriter instituto, ipse ab sponsione vitæ ejus liber reddaris, ne non pastor sed mercenarius denoteris, si quemlibet ad luxuriam pertrahi, aut ad avaritiam accendi, vel in superbiam erigi, aut per iracundiam dividi conspexeris, et aut accipiendo personam divitis, timens ne tibi iratus munus subtrahat, quod blandus impendebat, aut

D familiaritatis vel cujusquam temporalis emolumenti respectu tacens, pereuntibus animabus ipse de commodis terrenis læteris, non pastor, sed mercenarius in divinis oculis computeris. Magis autem prædica, et insta opportune, importune. Si autem te, commonentem secundum Evangelium, non audierit, regiam adi ut constringatur potentiam. Et si nec ita ad effectum causam perduxeris, juxta divinam præceptionem de commonito, nuntia Ecclesiæ : si autem nec Ecclesiam audierit, sit tibi sicut ethnicus et publicanus : ne dissimulans, aut negligens arguere, sicut Heli sacerdos filios suos peccantes in Deum, ne amari essent hominibus, cum eo pereas. Unde constat, quoniam nulli est contra Deum personæ parcendum, ut et nobis et illi parcamus salubriter, cui diligenter non parcimus, sequentes pro modulo nostro, quantum Dominus dederit, beatum Ambrosium, qui non parcendo Theodosio, et illi meritum in cœlis coram Domino, et sempiternum memoriale in terris coram hominibus, ut et de eo scriptum intelligi debeat, *Memoria justi cum laudibus* (*Prov.* x, 7), acquisivit. Nec perfunctorie episcopis, et regibus, et omnibus potestate humana præditis, audienda est sententia beati Gregorii ad Brunichildem reginam, qua dicit (*lib.* ix, *epist.* 64) : « Non enim, inquiens, dissimulanda sunt quæ dicimus, quoniam **650** qui emendare potest peccata, et negligit, participem se procul dubio delicti constituit. Providete ergo animæ vestræ, providete nepotibus, quos cupitis regnare feliciter, providete provinciis, et priusquam creator manum suam ad feriendum excutiat, de correctione sceleris studiosissime cogitate, ne tanto postmodum acrius feriat, quantum modo diutius exspectat. » Et si forte quæcunque persona ori divino inobediens expellitur, præmisso ordine ab Ecclesia expellenda est, quia et ipsa expulsio, miserante Domino, poterit ei fieri ad salutem, sicut beatus Augustinus in libro de Correptione et Gratia dicit (*cap.* 15) : « Corripiantur, inquiens, a præpositis suis subditi fratres correptionibus de charitate venientibus, pro culparum diversitate diversis, vel minoribus, vel amplioribus, quia et ipsa quæ damnatio nominatur, quam facit episcopale judicium, qua pœna in Ecclesia nulla major est, potest, si Deus voluerit, ad correctionem saluberrimam cedere atque proficere. Neque enim scimus quid contingat sequenti die, aut ante finem vitæ hujus de aliquo desperandum est, aut contradici Deo potest ne recipiat et det pœnitentiam, et accepto sacrificio spiritus contribulati cordisque contriti, a reatu quamvis justæ damnationis absolvat, damnatumque ipse non damnet. Pastoralis tamen necessitas habet, ne per plures serpant dira contagia, separare ab ovibus sanis morbidam, ab illo cui nihil est impossibile ipsa forsitan separatione sanandam. » Et si fortassis, quod absit, talis emerserit, qui supercilio terrenæ potestatis elatus despiciat obedire, et rupto Christianitatis freno per præcipitia in barathrum damnationis excurrat, habebit episcopus, juxta Ezechielem prophetam, ad liberationem suam sartaginem ferream (*Ezech.* iv, 3), id est zelum charitate ferventem, et beati Ambrosii memorandam sententiam. Ait enim in Epistola ad Corinthios : « Superbiam, inquiens, illorum in tantum humiliat beatus Paulus dicens : *Et vos inflati estis, et non magis luctum habuistis, ut tolleretur de medio vestrum qui hoc opus fecit* (*I Cor.* v, 2), ut non querulos jam, sed magis simplices faciat ; erant enim et ipsi participes, dum paterentur tam ingentis facinoris secum incorreptum convenire, ut omnes uno concilio abjicerent eum, si negaret emendare se. Si autem quis potestatem non habet quem scit reum abjicere, aut probare non valet, immunis est, et judicis non est sine accusatore damnare : quia et Dominus Judam,

cum fur esset, quia non est accusatus, minime abjecit. » Et sanctus Spiritus per dignum et sibi placitum organum, beatum videlicet Benedictum, dicit : Tantumdem iterum erit rector liber, ut si inquieto et inobedienti gregi pastoris fuerit omnis diligentia attributa, et morbidis ovium actibus universa fuerit cura exhibita, pastor earum in judicio Domini absolutus, dicat cum propheta Domino : *Justitiam tuam non abscondi in corde meo, veritatem tuam et salutare tuum dixi. Ipsi autem contemnentes spreverunt me* (*Psal.* xxxix, 11), et tunc demum inobedientibus curæ suæ ovibus pœna sit eis prævalens ipsa mors.

651 INTERROGATIO XIV ET RESPONSIO.

De sacramenti autem proposita quæstione, beati Gregorii verba ex libro Moralium trigesimo tertio (*cap.* 17) relegantur. Ait enim : « Ecce quidam, dum mundi hujus amicitias appetit, cuilibet alteri similem sibi vitam ducenti, quod secreta illius omni silentio contegat, se jurejurando constringit. Sed is, cui juratum est, adulterium perpetrare cognoscitur, ita ut etiam maritum adulteræ occidere conetur : is autem qui jusjurandum præbuit ad mentem revertitur, et diversis hinc inde cogitationibus impugnatur, atque hoc silere formidat, ne silendo adulterii simul et homicidii particeps fiat, et prodere trepidat, ne reatu se perjurii obstringat. Perplexis ergo testiculorum nervis ligatus est, qui in quamlibet partem declinet, metuit ne a transgressionis contagio liber non sit. » Et post pauca : « Est tamen quod ad destruendas versutias utiliter fiat, ut cum mens inter minora et maxima peccata constringitur, si omnino nullus sine peccato evadendi aditus patet, minora semper eligantur : quia et qui murorum undique ambitu ne effugiat clauditur, ibi se in fuga præcipitat, ubi brevior murus invenitur. » Et venerabilis presbyter Beda in homilia Evangelii secundum Matthæum, quod describitur Herodis incauta juratio, ita dicit : « Quantum vero, inquiens, temeritatem jurandi vitare debeamus, et ipse in Evangelio Dominus, et Jacobus in epistola sua docet, dicens : *Ante omnia autem, fratres mei, nolite jurare, neque per cœlum, neque per terram, neque aliud quodcunque juramentum : sit autem sermo vester, Est, est, Non, non, ut sub judicio decidatis* (*Jac.* v, 12); illo videlicet judicio sub quo decidit Herodes, ut vel pejerare, vel perjurium cavendo aliud necesse haberet patrare flagitium. At si aliquid forte nos incautius jurasse contigerit, quod observatum scilicet pejorem vergat in exitum, libere illud in consilio salubriore mutandum noverimus, ac magis instante necessitate pejerandum nobis, quam pro vitando perjurio in aliud crimen gravius esse divertendum. Denique juravit David per Dominum occidere Nabal virum stultum et impium, atque omnia quæ ad illum pertinerent demoliri : sed ad primam intercessionem Abigail feminæ prudentis, mox remisit minas, revocavit ensem in vaginam, neque aliquid culpæ se tali perjurio contraxisse doluit (*I Reg.* xxv). Juravit Herodes dare saltatrici quodcunque postulasset ab eo, et ne perjurus diceretur a convivis, ipsum convivium sanguine polluit, dum prophetæ mortem saltationis fecit præmium (*Marc.* vi). Non solum autem in jurando, sed in omne quod agimus, hæc est moderatio solertius observanda, ut si talem forte lapsum versuti hostis inciderimus insidiis, ex quo sine aliquo peccati contagio surgere non possimus, illum .potius evadendi aditum petamus, in quo minus periculi nos perpessuros esse cernamus : et juxta exemplum **652** eorum qui hostilibus clausi muris dum evadere desiderant, sed portarum omnium accessum sibi interdictum considerant, ibi necesse est desiliendi locum eligant, ubi muro existente breviore minimum periculi cadentes incurrant. » Et in concilio Hilerdensi (*can.* 7) decernitur : « Qui sacramento se obligaverit, ut litigans cum quolibet ad pacem nullomodo redeat, pro perjurio uno anno a communione corporis et sanguinis Domini segregatus, reatum suum eleemosynis ac fletibus, et quantis potuerit jejuniis absolvat; ad charitatem vero, quæ operit multitudinem peccatorum , celeriter redire festinet. »

Et quoniam hujusmodi de sacramento voluerunt interrogare quærentes, non abs re forte putavimus de talibus scribere, quæ solent in humana fragilitate accidere : neque ea quæ scribimus in quemquam impingimus, sed si talis exstiterit, quem hoc consilium adjuvare potuerit, memores Scripturæ dicentis : *Quod supererogaveris reddam tibi* (*Luc.* x, 35), de hoc quod non sumus interrogati, ut quilibet noverit quid anceps inter duo eligere debeat, adjungendum putavimus. Non enim facile modo quisquam reperiet , imo nec quemquam quisque reperiet , qui David sanctior, Salomone sapientior, Samsone sit fortior, et illi, amore muliebrio capti, quoniam etiam mentes ferreas libido domat, nec pannos pauperum perhorrescens, nec regum purpuram pertimescens, talia egerunt quæ non convenerant : et ad nos sæpe feminæ veniunt, reclamantes, quod juvenculi eis suam fidem promiserint, easque derisas reliquerint. Et interdum a nobis repertum est , quia viri legitimas reliquerunt uxores, et adulteris, ut servarent fidem pollicitam, adeo cohæserunt, ut cum multis laboribus ab eis quiverint separari. De quo negotio beatus Augustinus in libro de bono conjugali (*cap.* 4) dicit : « Huc, inquiens, accedit, quia in eo ipso quod sibi invicem conjuges debitum solvunt, etiam si id aliquanto intemperantius et incontinentius expetant, fidem tamen sibi invicem debent, cui fidei tantum juris tribuit Apostolus, ut eam potestatem appellaret dicens : *Mulier non habet potestatem corporis sui, sed vir ; similiter autem et vir non habet potestatem corporis sui, sed mulier* (*I Cor.* vii, 4). Hujus autem fidei violatio dicitur adulterium, cum vel propriæ libidinis instinctu, vel alienæ consensu, cum altero vel altera contra pactum conjugale concumbitur, atque ita frangitur fides, quæ in rebus etiam corporeis et abjectis magnum animi bonum est, et ideo

eam saluti quoque corporali, qua etiam vita nostra ista continetur, certum est debere præponi. Etsi enim exigua palea præ multo auro pene res nulla est, fides tamen cum in negotio paleæ sicut in auro sincera servatur, non ideo minor est quia in re minore servatur. Cum vero ad peccatum admittendum adhibetur fides, mirum si fides appellanda est. Verumtamen qualiscunque sit, si et contra ipsam fit, pejus fit , nisi cum propterea deseritur, ut ad veram **653** fidem ac legitimam redeatur, id est, ut peccatum emendetur voluntate pravitatis correcta. Tanquam si quisque, cum hominem solus exspoliare non possit, inveniat socium iniquitatis, et cum eo paciscatur, ut simul id faciant, spoliumque partiantur, quod facinore commisso totum solus auferat, dolet quidem ille, sibi et fidem servatam non esse conqueritur : verum in ipsa querela cogitare debet, potius in bona vita ipsi humanæ societati fuisse servandam, ne præda iniqua ex homine fieret, si sentit quam inique sibi in peccati societate servata non fuerit. Ille quippe utrobique perfidus, pro peccato sceleratior judicandus est reus qui si ideo cum participe facinoris prædam dividere noluisset, ut homini cui ablata fuerat redderetur, eum perfidum nec perfidus diceret. Ita mulier, si fide conjugali violata fidem servat adultero, utique mala est, sed si nec adultero, pejor est. Porro si eam flagitii pœniteat, et ad castitatem rediens conjugalem pacta ac placita adulterina rescindat, miror si eam fidei violatricem vel ipse adulter putabit. Quod æque intelligendum est de adultero, quia si pactum cum adultera factum rescindit, nec ipsa adultera eum fidei violatorem juste dicere poterit. »

INTERROGATIO XV.

De hoc quod interrogatum est, si hoc verum esse possit, quod plures homines dicunt, quia sunt feminæ quæ maleficio suo inter virum et uxorem odium irreconciliabile possint mittere, et inenarrabilem amorem iterum inter virum et feminam serere : et de cæteris quæ hinc ad quæstionem voluerunt quærentes deducere.

RESPONSIO.

Relegant historiam libri Regum post peccatum David in Bethsabee uxorem Uriæ, qualiter suggestione diaboli filius ipsius David Amnon adamavit sororem suam Thamar, et consilio Jonadab figuram tenentis diaboli per Evam consilio peccandi occidentis Adam, concubuit cum eadem sorore sua. Quam tantum ante concubitum dilexit, ut deperiret in eam valde, et ægrotaret propter amorem ejus; post concubitum autem, exosam eam habuit odio magno nimis, ut majus esset odium quo oderat eam, amore quo ante dilexerat : quæ diabolica operatio per fratricidium ad alia etiam mala , quæ ibidem lectores inveniunt, decurrit (*II Reg.* xiii). Et beatus Ambrosius, psalmi centesimi decimi octavi versum (92) exponens : *Nisi quod lex tua meditatio mea est, tunc forte periissem in humilitate mea* , loquens de Joseph perferente immissiones per angelos malos, dicit ad A phantasmatibus diabolicis, per exorcismos et antidota catholica restituit sanitati.

locum : « Fertur, inquiens, prophetæ cuidam, et plerique ferunt quod Isaiæ in carcere posito, cum mole imminentis urgeretur exitii, dixisse diabolum : **654** Dic quia non a Domino locutus es quæ dixisti, et omnium in te mentes affectusque mutabo. »

Sed et in parochia cujusdam nostrum quod narramus acciderat : quoniam quidam nobilis genere juvenis non ignobilem natione feminam adamavit, quam a parentibus puellæ legaliter expetens, apud patrem petitio ejus prævaluit, sed puellæ mater eamdem petitionem omnimodis refutavit : pater vero, quod raro solet contingere, in juvenis precibus annuendo prævaluit, qui post desponsationem, et dotis titulum, ac nuptiarum celebritatem, puellam secreta cubiculi introducens, nullo modo cum ea concumbere ex more prævaluit, et cum irremediabili odio tædiosam vitam per biennium ducerent, ad episcopum, quia aliud jam inde consilium inveniri non poterat, hinc necessitate cogente concursum est, cum verbis suasoriis, precatoriis ac minatoriis, quia nisi permitteret dissolvi conjugium, ipse porrigeret gladium, quo fieret, si aliter dissolvi non poterat, homicidium. Isdem autem episcopus, inter alia plura jam de talibus Satana faciente sæpe cribratus, B et ad memoriam reducens quod dicit Dominus per prophetam : *Fili hominis, perfode parietem, et vide abominationes quas faciunt isti hic. Et cum perfodissem parietem, apparuit foramen (Ezech. VIII),* et reliqua quæ ibi leguntur, de placito ad placitum, de quæstione ad diffinitionem per frequentes tracta talia invitavit, usque dum operationes diabolicæ Dei gratia dissolutæ sunt, et concubitus in anteriore concubina cum delectatione possibilis, et cum legaliter sortita impossibilis, post pœnitentiam et medicinam ecclesiásticam, juveni est cum uxore possibilis redditus, et, fugato odio diabolico, conjugalis amor inter conjuges integratus, nunc usque cum debito amore perseverat, atque conjugati sobole numerosa congaudent.

Turpe est fabulas nobis notas referre, et longum est sacrilegia computare, quæ ex hujusmodi de ossibus mortuorum, atque cineribus carbonibusque exstinctis, et de capillis atque pilis locorum genitalium D virorum ac feminarum, cum filulis colorum multiplicium, et herbis variis, ac cocleolis et serpentium particulis composita, cum carminibus incantata deprehendentes comperimus, quibus homines liberati, et benedictione ecclesiastica medicati, gratia conjugali et debito naturali perfuncti sunt. Quidam etiam vestibus carminatis induebantur, vel cooperiebantur, alii potu, alii autem cibo a sortiariis dementati, alii vero tantum carminibus a strigis fascinati et quasi enerves effecti reperti sunt : quidam autem a lamiis sive genicialibus feminis debilitati, quædam etiam feminæ a Dusiis in specie virorum, quorum amore ardebant, concubitum pertulisse inventæ sunt; quos et quas divina potentia, compressis et abjectis

Sunt et alia quæ nos dirimere ac judicare necessitas compulit, **655** quæ propter nefariam turpitudinem dicere nolumus : et sunt hujusmodi scelerata atque facinorosa, quæ ut ad notitiam malignorum, qui forte ea ignorant, pervenire non valeant, hic scribere supersedimus. Sunt præterea et tam immania diabolicæ operationis portenta per magicam artem facta, quæ ad nos pervenerunt, ut credendi modum excedant. Sed non est mirum si in istis temporibus ultimis talia Antichristi adventum præcurrentia veniunt, qualia Dominus et apostoli ejus ventura descripserant, de quibus et Paulus dicit : *Nam mysterium jam operatur iniquitatis secundum operationem Satanæ in omni potestate, et signis, et prodigiis mendacii (II Thess. II, 7); et item : Spiritus autem manifeste dicit, quia in novissimis temporibus recedent quidam a fide, attendentes spiritus fallaces, doctrinas dæmoniorum (I Tim. IV, 1).* Hæc autem vanitas magicarum artium ex traditione angelorum malorum in toto terrarum orbe, auctore Zoroastre rege Bactrianorum, quem Ninus rex Assyriorum prælio interfecit, et propagatore Democrito, plurimis sæculis valuit. Sed apud Assyrios exculta per multos diabolicos viros fuit, quorum in tantum prodiere maleficiorum artes, ut etiam, sicut supra diximus, Moysi simillimis signis resisterent, vertentes virgas in dracones, aquam in sanguinem C (Exod. VII). Et eorumdem maleficiorum una impietas, ut diversitate artium, ita et diversitate nominum constat, sicut et pagani doctores, et etiam Christiani referunt. Unde plura omittentes, quædam commemoramus. Magi sunt, qui vulgo malefici ob facinorum magnitudinem nuncupantur. Hi et elementa concutiunt, turbant mentes hominum, ac sine ullo veneni haustu, violentia tantum carminis interimunt. Necromantii sunt, quorum præcantationibus videntur resuscitati mortui divinare, et ad interrogata respondere. Hydromantii sunt, qui in aquæ inspectione umbras dæmonum evocant, et imagines vel ludificationes eorum ibi videre, et ab eis aliqua audire se perhibent. Incantatores, qui artem verbis peragunt. Arioli, qui circa aras idolorum nefarias preces emittunt, et funesta sacrificia offerunt, hisque celebritatibus dæmonum responsa accipiunt. Aruspices, qui horas in agendis negotiis et operibus custodiunt, qui exta pecudum et fibras atque spatulas, vel cætera quæque inspiciunt, et ex eis futura prædicunt. Augures sunt, qui volatus avium et voces attendunt, quorum unum genus ad oculos, id est volatus avium, alterum ad aures, id est vox avium pertinet. Sunt et pythonissæ, quæ et ventriloquæ; sunt et astrologi, eo quod in astris augurentur. Sunt et qui dies natalium considerant, et qui siderum cursum in nascentibus observant; qui vulgo mathematici vocantur. Sunt et horoscopi, qui horas nativitatis speculantur dissimili et diverso fato. Sunt et sortilegi, qui sub nomine fictæ religionis, per quasdam quas sanctorum sortes vocant, divinationis scientiam profitentur, aut quarumcunque scripturarum inspectione futura promittunt. **656** Sunt et qui de saltu membrorum, dum eis aut oculi aut cujuscunque membri pars salierit, aliquid sibi exinde prosperum aut triste significari prædicunt. Sunt et præstigiatores, qui alio nomine obstrigilli vocantur, quod præstringant vel obstringant humanorum aciem oculorum, sicut isti qui de denariis quasi jocari dicuntur, quod omnino diabolicum est : et sicut legimus, primum diabolus hoc per Mercurium prodidit, unde et Mercurius inventor illius dicitur, quod diabolicum opus nemo Christianus sine peccato ante se agere permittit, vel si ei potestas in illo est qui talia agit, sine vindicta dimittit. Ad hæc omnia pertinent et ligaturæ exsecrabilium remediorum, quæ ars medicorum condemnat, sive in præcantationibus, sive in characteribus, vel in quibuscunque rebus suspendendis atque ligandis, vel quibuscunque mensuris mensurandis : et quas superventas feminæ in suis lanifaciis vel textilibus operibus nominant ; in quibus omnibus ars dæmonum est, ex quadam pestifera societate hominum et angelorum malorum exorta. Unde cuncta vitanda sunt ab omni Christiano, et omni penitus exsecratione repudianda atque damnanda. Sunt etiam et qui dicant, quando in venationem pergunt, quod obvium sibi non debeant habere clericum. Sunt et qui faciunt canes ad truncum latrare sicut ad bestiam. Sunt et qui observant dies in motione itineris, et in inchoatione ædificandæ domus ; quod pro tam magno peccato Paulus duxit apostolus, ut diceret : *Dies observatis, et annos, et menses : timeo ne sine causa laboraverim in vobis* (*Gal.* iv, 10) ; et Dominus in Evangelio dicit : *Similiter sicut factum est in diebus Lot, edebant et bibebant, emebant et vendebant, plantabant et ædificabant* (*Luc.* xvii, 28). Et prætermisso illo maximo et infando Sodomorum scelere, sola ea quæ levia vel nulla putare poterant delicta commemorat, ut intelligas illicita quali pœna feriantur, si licita, et ea sine quibus hæc vita non ducitur, immoderatius acta, igne vel sulphure puniuntur.

Merito ergo beatus Augustinus, visis noxiæ consuetudinis illecebris, ac justo dolore commotus exclamat : Væ peccatis hominum, quæ sola inusitata inhorrescimus, usitata vero, pro quibus abluendis Filii Dei sanguis effusus est, quamvis tam magna sint, ut omnino claudi contra se faciunt regnum Dei, sæpe vitando omnia tolerare, sæpe tolerando nonnulla etiam facere cogimur ; atque utinam, o Domine ! non omnia, quæ non potuerimus prohibere faciamus ! Sciendum est etiam quia, sicut in doctorum verbis legimus, sunt dæmones qui quasi specialiter specialibus intendentes vitiis, cum in omnibus delectentur, ad ea quibus præsunt homines quasi specialiter provocent. Quapropter et de Maria, quæ erat in civitate peccatrix, Marcus evangelista Dominum septem dæmonia ejecisse

commemorat (*cap.* 16), ut ubi abundavit peccatum, superabundasse gratia monstraretur. Septenarius namque numerus pro universitate solet mystice poni. Ergo a septem dæmonibus curata, hoc est, ab universis liberata **657** sceleribus debet intelligi. Unde inter cæteros dæmones vitiorum magistros legimus de Mammona, de quo Dominus dicit, *Non potestis Deo servire et Mammonæ* (*Matth.* vi, 24), quia qui servit Mammonæ, id est divitiis, illi utique servit, qui rebus istis terrenis merito suæ perversitatis præpositus est, et magistratus hujus sæculi a Domino dicitur : et de eo genere dæmonum, qui in fervorem iracundiæ, vel qui in voluptatem carnis resolvit per delicias, vel certe in ignem adulterii, quo adulterantium corda succensa sunt, et in aquas, quæ solent exstinguere charitatem, invasum mittunt, quod non potest ejici nisi in oratione et jejunio. Et primum patentem nostrum, sicuti notum est, antiquus hostis gula, vana gloria, et avaritia tentavit, ac tentando superavit, quia sibi eum per consensum subdidit. Sed quibus modis primum hominem stravit, eisdem modis secundo homini tentato succubuit.

In psalmo quoque cantamus, *de sagitta volante in die* (*Psal.* xc, 6), id est de sermone hæreticorum et philosophorum, qui sunt diaboli organa, et non possunt decipere, nisi lucem promiserint ; et hoc genus dæmonum eos facile corrumpit qui suas negligunt actiones, et alienas curantes, extra habitum atque extra ordinem proprium vagantur, et se curis exterioribus immoderatius implicant. Et adeo deceptam mentem talium per vanas spes ducit, ut ab intentione pœnitentiæ suspendatur, ostendens illi plures per lata et spatiosa gradientes, quatenus tunc bona nulla percipiat, quam nunc mala nulla contristant, et tunc plenius obruatur suppliciis, quæ nunc etiam gaudet in delictis. De negotio etiam perambulante in tenebris, videlicet de præposito negationis atque mendacii, de incursu videlicet præcipitationis atque timoris, et dæmonio meridiano, accidiæ scilicet, quod facit fervorem cœptæ devotionis tepescere, vel hæreticos simulationis rectæ intentionis et operum lucis ambitionis amore ardere, de quo genere dæmonum scriptum est : *Sub umbra*, inquit, *dormit, in secreto calami, in locis humentibus* (*Job* xl, 16). In umbra, videlicet tenebrosas conscientias, in calamo, qui foris nitidus intus est vacuus, simulatrices, in locis humentibus, lascivas mollesque mentes insinuat. Quodque genus dæmonum exiens ab homine baptismatis tempore, vel post pœnitentiæ fructus et reconciliationis gratiam, *vadit, et assumit septem alios spiritus nequiores se, et veniens ad domum illam unde exierat, eam invenit vacantem, scopis mundatam, et ornatam* (*Luc.* xvi, 26), mundatam videlicet a vitiis pristinis per baptismum vel pœnitentiam, vacantem a bonis actibus per negligentiam, ornatam simulatis virtutibus per hypocrisin, ipsi et ab eo assumpti nequiores spiritus ingressi habitant ibi. Per septem enim malos spiritus universa vitia designantur. Quemcunque enim post baptisma, sive pravitas hæretica, sive mundana cupiditas arripuerit, mox omnium prosternet in ima vitiorum. Unde recte nequiores tunc eum spiritus dicuntur ingressi, quia non solum habebit illa septem vitia, quæ septem spiritalibus sunt contraria virtutibus, sed et per hypocrisin **658** ipsas se virtutes habere simulabit. Et quomodo in Isaia (*cap.* xi), super virgam de radice Jesse, et florem qui de radice conscendit, septem spiritus virtutum descendisse narrantur, ita et e contrario vitiorum numerus in diabolo est consecratus.

Sunt et alia etiam genera dæmonum, quos legimus super singulis vitiis ab eorum principe constitutos, quæ hic adnotare omittimus. Tantum de dæmonibus qui super fornicationem sunt adnotare curamus, monstraturi quoniam talia sunt etiam genera dæmonum, qui tantum in fornicationibus delectantur, ut etiam humanum concubitum expetant : de quibus aliqua nostri temporis acta dicere poteramus, nisi ea brevitatis compendio transiremus. Et ut melius quod dicimus credi possit, legant quicunque de talibus dubitant, quod sanctus Amphilochius, Iconiensis civitatis episcopus, quem beatus Hieronymus in libro de Viris illustribus debita veneratione commemorat, inter virtutes mirandi Basilii Cæsareæ Cappadociæ civitatis episcopi scribit dicens : « Elladius autem, ipsius sanctissimæ memoriæ visor et minister factus ab eo perfectorum miraculorum, et successor sedis post obitum jam dictæ memoriæ apostolicæ Basilii, vir mirabilis, et in omni virtute decoratus, enarravit mihi quia senator quidam fidelis, nomine Proterius, abiit ad sancta et venerabilia loca, et ibi filiam suam consecrare, ac in uno de bene actionalibus domibus monasteriorum mittere, atque sacrificium Deo offerre volens. Sed ab initio homicida diabolus, invidens divinæ voluntati, movit unum de servis suis, et incendit ad puellæ amorem. Is autem cum fuisset hujusmodi inchoationis indignus, et non audens appropinquare ad propositum, alloquitur unum abominandorum incantatorum, promittens se, si meruerit dominari ipsius puellæ, multam ei tribuere auri quantitatem. Maleficus vero dixit ad eum : O homo, ego in istud non prævaleo, sed si vis mitto te ad meum procuratorem diabolum, et ipse perficiet tuam voluntatem. Qui ait ad eum : Quæcunque dixeris mihi faciam. Et ait ad eum : Abrenuntias Christo in scripto? Dixit ei : Etiam. Iniquitatis autem operator dicit ei : Si in isto paratus exstiteris, cooperator fiam. Qui ait ad eum : Paratus sum, tantum consequar desiderium. Et faciens malignitatis minister epistolam ad diabolum, misit ad illum habentem sensum istum : Quoniam quidem, mi domine et procurator, oportet festinare me a Christianorum religione abstrahere, et tuæ adducere voluntati, ut multiplicetur pars tua, nisi tibi hunc qui præsentes meas defert litteras, cupiditate in puellam exarsum, et postulo eum actionem istam consequi, ut et in isto glorier, et cum multa alacritate congregem placitores tuos. Et dans

ei epistolam dixit : Vade secundum talem horam noctis, sta super monumentum gentilis, et exalta chartam in aere, et astabunt tibi qui debent ducere te diabolo. Qui alacriter hoc faciens, jactavit miseram vocem invocans diaboli auxilium. Et continuo astiterunt **659** ei principes potestatis tenebrarum spiritalia nequitiæ, et apprehendentes errantem cum gaudio magno, duxerunt eum ubi erat diabolus, et ostenderunt ei ipsum sedentem in sede alta, et in circuitu ejus malignitatis spiritus stantes, et suscipiens missas a malefico litteras dixit ad miserum : Credis in me? Qui ait : Credo. Et : Negas Christum tuum? Qui respondit : Nego. Dicit ei diabolus : Perfidi estis vos Christiani, et quando quidem opus me habetis, venitis ad me ; quandoquidem consequimini desiderium vestrum, negatis me, et acceditis ad Christum vestrum, qui est benignus ac clementissimus, et suscipit vos. Sed fac mihi manuscriptam Christi tui et baptismatis abrenuntiationem voluntariam, et quæ in me est in sæcula voluntariam professionem, et quia mecum sis in die judicii condelectans mihi in præparatis æternis tormentis, et ego statim desiderium tuum adimpleo. Qui disposuit propria manu scriptum sicut quæsitus fuit. Statim autem animarum corruptor draco tortuosus misit qui sunt super fornicationem dæmones, et inflammaverunt puellam in amorem juvenis, quæ prospiciens in terram cœpit clamare ad patrem : Miserere mihi, miserere, pater, quia dire torqueor propter talem istum nostrum puerum : miserere visceribus tuis, ostende in me unigenitam tuam paternum amorem, et conjunge me puero quem amo. Si autem hoc non vis facere, videbis me post modicum morientem amara morte, et sermonem dabis pro me in die judicii Deo. Pater autem cum lacrymis dicebat : Heu mihi peccatori, quid convenit miseræ meæ filiæ? quis meum thesaurum furatus est? quis meam iniquavit filiam? quis dulce lumen oculorum meorum exstinxit? Ego cœlesti te volebam nubere sponso Christo, et angelorum cohabitatricem constituere, et in psalmis, et hymnis, et canticis spiritalibus canere Deo festinabam, et per te salvari sperabam, tu autem in amorem lascivietatis insanisti? Sine me, sicut volo, desponsare te Deo, non ducas senectutem meam cum tribulatione ad inferos, neque nobilitatem parentum tuorum confusione operias. Illa autem, ad nihilum reputans quæ a patre dicebantur, instabat clamans : Pater mi, aut fac desiderium meum, aut post modicum morientem videbis me. Pater ergo in magna defectione factus, ac immensurabilitate tristitiæ absorptus, et amicorum consiliis credulus, hortantium ei deferre voluntatem ejus, aut seipsam exponere, concredens pater præcepit fieri desiderium puellæ, ne exitiali se traderet morti. Et adduxit quæsitum puerum ad propriam filiam, dansque eis omnem substantiam suam dixit filiæ suæ : Vale, filia vere misera ; multum enim planges pœnitens in novissimo quando nihil habes proficere. Iniquo ergo conjugio facto, et dia-

bolica facinorositate completa, ac modico transeunte A
tempore, designatus est a quibusdam puer non introire in ecclesiam, neque appropinquare immor-
talibus et vivificis mysteriis. Et dicunt miseræ **660**
conjugi ejus : Scis quia vir tuus, quem elegisti, non
est Christianus, sed peregrinus fidei et alienus?
Tenebrarum ergo et dolorosæ plagæ repleta, pro-
sternit se in humum, et cœpit discerpere seipsam
ungulis, et percutere pectus ac clamare : Nemo non
obediens parentibus salvus fuit unquam. Quis annuntiabit patri meo meam confusionem? Heu mihi miseræ, in quantam profunditatem perditionis descendi!
Cur nata sum, et nata continuo rapta non fui? Ista
ergo lamentari eam discens erratissimus vir ejus,
accucurrit ad eam contendens non haberi ita veritatem. Illa autem in consolationem veniente suadi- B
bilibus ejus sermonibus, dixit ad eum : Si vis satis
mihi facere et miseræ animæ meæ, crastina ego et
tu unanimiter eamus ad ecclesiam, et coram me
participa incontaminatorum mysteriorum, et sic
satisfacta ero. Tunc coactus dixit ei sententiam capituli. Continuo ergo deponens illa muliebrem infirmitatem, et consilium bonum consilians illi, currit ad pastorem et discipulum Christi Basilium,
adversus impietatem clamans : Miserere mihi miseræ, sancte Dei, miserere mihi, discipule Domini,
quæ cum dæmonibus causam egi; miserere mihi
miseræ proprium patrem non obaudienti. Et docet
ei rerum gestarum ordinem. Sanctus autem Dei
vocans puerum, sciscitatus est ab eo si ista in hunc
modum se habent. Qui ad sanctum cum lacrymis C
ait : Etiam, sancte Dei, si ego siluero, opera mea
clamabunt, et enarrat ei etiam ipse a principio usque ad finem consequentem diaboli malam operationem. Tunc dicit ei sanctus : Vis reverti ad Dominum Deum nostrum? Ad quem puer : Utique
volo, sed non valeo. Dicit ei : Quare? Respondit
puer : Scripto abnegavi Christum, et professus sum
diabolo. Dicit ei : Non sit tibi curæ, benignus est
Deus noster, et recipiet te pœnitentem; compatitur
enim malitiis nostris. Et jactans se puella ad pedes
sancti, evangelice deprecata est eum dicens : Discipule Christi Dei nostri, quantum potes adjuva nos.
Dicit ad puerum sanctus : Credis salvari? Qui ait :
Credo, Domine, adjuva incredulitatem meam. Et D
continuo apprehendens manum ejus, faciensque
Christi signum in ipso et orans, reclusit eum in uno
loco interioris sacri periboli. Et dans ei regulam,
collaborabat ei per tres dies. Post quos visitavit
eum, et dicit ei : Quomodo habes, fili? Dicit ad
eum : In magna sum, domine, defectione, sancte Dei, non fero clamores eorum et terrores,
ac jaculationes seu lapidationes eorum. Tenentes
manuscriptam meam, causantur me dicentes : Tu
venisti ad nos, non nos ad te. Et dicit ei sanctus : Noli timere, fili tantum crede; et dans ei
modicam escam, faciensque super eum Christi
iterum signaculum ac orans, reclusit eum. Et

post paucos dies visitavit eum, et dicit: Quomodo
habes, fili? Dicit ei : Pater sancte, a longe clamores
eorum audio et minas, sed non video eos. Et iterum dans ei escam et orans, claudensque ostium
abiit. Et quadragesimo die rediit, et dicit ei : Quo
modo **661** habes, frater? Respondens dicit ad
eum : Bene habeo, sancte Dei. Vidi enim te hodie
in visu pugnantem pro me, et vincentem diabolum.
Mox ergo sanctus secundum consuetudinem faciens
orationem, eduxit eum, et adduxit in dormitorium
suum. Mane autem facto vocavit sacrum clerum, et
monasteria, et omnem Christo amabilem populum,
et dixit eis : Filioli mei dilectissimi, omnes gratias
agatis Domino. Ecce enim ovem perditam debet
pastor bonus in humeris reportare et offerre Ecclesiæ. Quapropter debitum est et nos vigiliam facere
nocte, ac postulare ejus benignitatem, ut non vincat
corruptor animarum etiam in hoc facto. Et alacriter
populo coaggerato, per omnem noctem postulaverunt Deum cum bono pastore, cum lacrymis clamantes pro eo : Kyrie, eleison. Et mature cum omni
multitudine populi accepit sanctus puerum, et tenens dexteram manum ejus, ducebat illum in sanctam Dei ecclesiam cum psalmis et hymnis. Et ecce
diabolus omnium fascinans in tristem vitam, cum
omni perniciosa virtute advenit, et invisibiliter apprehendens puerum, conabatur rapere eum de manu
sancti. Et cœpit clamare puer : Sancte Dei, adjuva
me. Et tanta improbus instantia aggressus est, ut
etiam memorabilem virum compelleret, trahens
puerum. Conversus ergo sanctus ad diabolum, dixit:
Improbissime, et animarum corruptor, pater tenebrarum et perditionis, non sufficit tibi tua perditio,
qua te et eos qui sub te sunt affecisti, nisi etiam et
Dei mei tentes plasma? Diabolus autem dixit ad
eum : Præjudicas me, Basili. Ita ut plurimi ex nobis audirent voces dæmonum hæc dicentium, clamante populo : Kyrie, eleison. Sanctus autem Dei ait
ad eum : Increpat te Dominus, diabole. Qui respondens ait ad eum : Basili, præjudicas me, non abii
ego ad eum, sed ipse venit ad me. Abnegavit Christum, et professus est mihi. Et ecce manuscriptum
habeo, et in die judicii ad communem judicem eum
duco. Sanctus Dei dixit : Benedictus Dominus Deus
meus, non deflectet populus iste manus de altitudine
cœli, donec reddas manuscriptum. Et convertens se
dixit populo : Erigite manus vestras in cœlum, clamantes cum lacrymis : Christe Kyrie, eleison. Et
stante populo in horam multam extensas habente
manus in cœlum, ecce manuscripta pueri per aerem
delata, et ab omnibus visa venit, et imposita est manibus memorabilis nostri Patris et pastoris. Suscipiens autem eam, et gratias agens Deo, gavisus factus est valde, et coram omni populo dixit ad puerum : Cognoscis litterulas has, frater? Qui ait ad
eum : Etiam, sancte Dei, manuscripta mea est. Et
disrumpens manuscriptam sanctus Basilius, perduxit eum ad ecclesiam, et dignum fecit sancto mi-

nisterio, et communione mysteriorum et munerum **A** Christi. Et faciens susceptionem magnam, refrigeravit omnem populum, et ducens puerum ac instruens, seu dans ei regulam decentem, reddidit eum mulieri ejus intacibili ore glorificantem et laudantem Deum. Amen.

Et venerabilis presbyter Beda in tertio **662** libro Commenti Lucæ evangelistæ : *Interrogavit*, inquit, *illum Jesus dicens : Quod tibi nomen est? At ille dicit, Legio, quia intraverant dæmonia multa in eum* (*Luc.* VIII, 30). Non velut inscius nomen inquirit, sed ut confessa coram peste, quam furens tolerabat, virtus curantis gratior emicaret. Sed et nostri temporis sacerdotes, qui per exorcismi gratiam dæmones ejicere norunt, solent dicere, patientes non aliter valere curari, nisi quantum sapere possunt, **B** omne quod ab immundis spiritibus, visu, auditu, gustu, odoratu et tactu, vel alio quolibet corporis, vel animi sensu, vigilantes, dormientesve pertulerint, confitendo patenter exponant. Et maxime quando, vel viris in specie feminea, vel in virili habitu feminis apparentes, quos dæmones Galli Dusios vocant, infando miraculo spiritus incorporei corporis humani concubitum petere se ac patrare confingunt, et nomen dæmonis, quo se censeri dixerit, et dejerandi modos, quibus amoris sui fœdus alterutrum pepigerunt, prodendos esse præcipiunt. Quæ mendacio simillima res, sed adeo vera, et plurimorum attestatione notissima, ut quidam vicinus mihi presbyter retulerit se quamdam sanctimonialem feminam a dæmonio curare cœpisse, sed quandiu res **C** latebat, nihil apud eam proficere potuisse : confesso autem quo molestabatur phantasmate, mox et ipsum orationibus, cæterisque quæ oportebat purificationum generibus effugasse, et ejusdem feminæ corpus ab ulceribus, quæ dæmonis tactu contraxerat, medicinali studio, adjuncto sale benedicto, curasse. Sed dum unum de ulceribus, quod altius lateri infixum repererat, nullatenus posset quin continuo panderetur obducere, ab eadem ipsa, quam sanare volebat, consilium quo sanaretur accepisse. Si, inquit, oleum pro infirmis consecratum eidem medicamento asperseris, sicque me perunxeris, statim sanitati restituar. Nam vidi quondam per spiritum in quadam longius posita civitate, quam nunquam corporalibus **D** oculis vidi, puellam quamdam pari calamitate laborantem taliter a sacerdote curatam. Fecit ut illa suggesserat, statimque ulcus remedium, quod ante respuerat, accipere consensit. Hæc contra fraudes dæmonum paucis explicare curavi, ut quam non frustra Dominus nomen ejus, quem expulsurus erat, spiritus interrogarit, intelligas.

INTERROGATIO XVI ET RESPONSIO.

De eo autem quod interrogatum est, quæ sit causa cur Deus, ut dicitur, sæpe in legitimo conjugio permittat talia fieri, sciendum est quia ut a Deo institutum conjugium bonum est, et omne peccatum non ex propria natura subsistit; malum quippe sine substantia est, quod tamen utcunque fit, in boni natu-

A ra, ut supradiximus, coalescit, et peccatis exigentibus, in bono conjugii malum fit operatione diaboli, sicut Domini est terra, bona utique, ut a bono Deo creata, et iniquitates sunt nostræ, sed sæpe nostris **663** iniquitatibus videmus et sentimus terram Domini tabescentem, qui promisit iratus futuram nobis terram ferream, et cœlum æreum, et placatus daturum se nobis pluviam temporinam et serotinam terræ, et quia cœlum dabit pluviam, et terra dabit fructum suum : non quo creaturarum immutetur natura, sed quia meritorum distantia, irato vel placato Deo, exinde a nobis vindicta sentiatur vel gratia. Et beatus Gregorius in libro secundo Moralium (*cap.* 4) dicit : « Occulta, inquiens, justitia Dei licentia malignis spiritibus datur, ut quos volentes in peccati laqueo strangulant, in peccati pœnam etiam nolentes trahant. » Et Augustinus in libro primo de Nuptiis et Concupiscentia (*cap.* 23) : « Qui miratur quia creatura Dei subditur diabolo, non miretur. Subditur enim creatura Dei creaturæ Dei, minor majori, quia homo angelo, nec tamen propter naturam, sed propter vitium, quia immundus immundo. » Quia et ipse diabolus spiritus immundus est. Et utique bonum quod spiritus, malum quod immundus : quoniam spiritus est natura, immundus est vitio, quorum duorum illud a Deo est, hoc ab ipso. Non itaque tenet homines, sive majoris sive infantilis ætatis, propter quod homines sunt, sed propter quod immundi sunt. Et in libro de Gratia et libero Arbitrio (*cap.* 21) : « Fixum enim, inquit, debet esse et immobile in corde vestro, quia non est iniquitas apud Deum. Ac per hoc quando legitis in litteris veritatis, a Deo seduci homines, aut obtundi vel obdurari corda eorum, nolite dubitare præcessisse mala merita eorum, ut juste ista paterentur, ne incurratis illud proverbium Salomonis : Insipientia viri violat vias ejus, Deum autem causatur in corde suo. »

INTERROGATIO XVII ET RESPONSIO.

De eo siquidem quod interrogatum est, ut si forte tales viri malefici, vel incantatrices feminæ inventæ fuerint, quid de hujusmodi fieri debeat, sanctus Leo scribens ad episcopos per universas provincias demonstrat (*epist.* 11, *episcopis per Italiam*) : « Aliquanti, inquiens, malefici, qui ita se demerserant, ut nullum his auxiliantis posset remedium subvenire, subditi legibus, secundum Christianorum principum constituta, ne sanctum gregem sua contagione polluerent, per publicos judices perpetuo sunt exsilio relegati. » Et post aliquanta : « Aliter enim nobis commissos regere non possumus, nisi hos, qui sunt perditores et perditi, zelo fidei Dominicæ persequamur, et a sanis mentibus, ne pestis hæc latius divulgetur, severitate qua possumus abscidamus. Unde hortor dilectionem vestram, obtestor, et moneo, ut qua debetis et potestis sollicitudine vigiletis, ad investigandos eos, necubi occultandi se reperiant facultatem. Ut enim habebit a Deo ingens remunerationis præmium, qui diligentius quod ad salutem

commissæ sibi plebis proficiat fuerit exsecutus, ita A regula quinquennio jaceant secundum gradus pœni-
ante tribunal **664** Domini de reatu negligentiæ se tentiæ diffinitos.» Ex concilio Bracarensi (ii) capite 70.
non poterit excusare quicunque plebem suam contra «Si quis paganorum consuetudinem sequens, divinos
sacrilegæ persuasionis auctores noluerit custodire.» et sortilegos **665** in domum suam introduxerit,
Et sanctus Gregorius ad Cyprianum diaconum quasi ut malum foras mittant, aut maleficia inveniant,
(*lib.* xii, *epist.* 13) : «Vir sanctissimus Maximianus vel lustrationes paganorum faciant, quinque annis
coepiscopus noster, Ecclesiam Dei pravis hominibus pœnitentiam agat.» Et capite 71 : «Non liceat Chri-
purgare desiderans, laudabiliter erga ecclesiasticο- stianis tenere traditiones gentilium, et observare
rum vitam, sicut nosti, sollicitus fuit. Qui dum eorum vel colere elementa, aut lunæ aut stellarum cursum,
actus vigilanter cura pastorali intenderet, maleficio, aut inanem signorum fallaciam pro domo facienda,
quod vulgo canterma dicitur, quosdam didicit ma- vel propter segetes, vel arbores plantandas, vel
culatos, quos etiam, sicut et dilectionis tuæ nuntia- conjugia socianda. Scriptum est enim : *Omnia quæ-*
vit epistola, dedit in custodia retinendos. Sed quia *cunque facitis, aut in verbo, aut in opere, omnia in*
peccatis nostris facientibus morte præventus crimen *nomine Domini nostri Jesu Christi facite, gratias*
ipsum ulcisci non valuit, necesse est ut dilectio tua *agentes Deo* (*Col.* iii, 17). » Et cap. 72 : «Non liceat
cum omni hoc subtilitate indagare festinet, atque B in collectionibus herbarum, quæ medicinales sunt,
ita in eos secundum immanitatem facinoris studeat aliquas observationes, aut incantationes attendere,
vindicare, qualiter secundum leges supra scriptum nisi tantum cum symbolo divino, et Oratione Domi-
episcopum zelo correctionis ac justitiæ in hac ultione nica, ut tantum Deus creator omnium et Dominus
propter Deum novit potuisse si viveret commoveri. honoretur. » Et cap. 73 : «Non liceat mulieres Chri-
Omni ergo virtute, omnique instantia, tua dilectio tianas aliquam vanitatem in suis lanificiis obser-
in hac causa zelum suum erga omnipotentem Deum vare, sed Deum invocent adjutorem, qui eis sapien-
curet ostendere, et inimicis illius adversitatem di- tiam texendi donavit. » Et in concilio Carthagi-
gnam inflictis ultionibus exhibere, ut impleat quod nensi (iv) cap. 89 : «Auguriis vel incantationibus
scriptum erat : *Nonne qui oderunt te, Domine, ode-* servientem a conventu Ecclesiæ separandum, simi-
ram, et super inimicos tuos tabescebam ? (*Psal.* liter et Judaicis superstitionibus vel feriis inhæren-
cxxxviii, 21.) Si igitur hoc zelo dilectio tua accen- tem. » Et in libro primo de capitulis Augustorum
ditur, in eos qui Deum reliquerunt, et contra eum (*cap.* 21 : «Ut coclearii, malefici, incantatores fieri
maleficiis aliquid egerunt, pœna monstretur. Quod non sinantur, quos in Simone Mago terribiliter consi recte illic exsequi non vales, nobis qui tales sunt stat esse damnatos. » Et in concilio Eliberitano,
transmitti debent, si tamen hic monstrari potuerit, C capite sexto : «Si quis maleficio interficiat alterum,
unde illic possunt absque difficultate convinci. Sed eo quod sine idololatria perficere non potuit, nec
quia hoc impossibile esse existimo, illic per te de- in fine impertiendam esse illi communionem. »
bet districta atque fortis correctio provenire. » Et Sciendum tamen est quia hæc districtionis severitas
ad Januarium episcopum Sardiniæ (*lib.* vii, *ind.* 11, ex concilio Eliberitano erga eos qui non resipiscunt
epist. 66) : «Contra idolorum quoque cultores, vel observari debebit. Cæterum, juxta beati Cœlestini de-
aruspicum atque sortilegorum, fraternitatem vestram creta, nulli est recognoscenti ultima pœnitentia de-
vehementius pastorali hortamur invigilare custodia, neganda. Et sic Magnus Leo papa decrevit (*epist.* 59,
atque publice in populo contra hujus rei viros ser- *ad Theod. Forojul.*) : «His qui in tempore necessita-
monem facere, eosque a tanti labe sacrilegii, et di- tis, et in periculi urgentis instantia, præsidium pœ-
vini intentione judicii, et præsentis vitæ periculo, nitentiæ et mox reconciliationis implorant, nec sa-
adhortatione suasoria revocare. Quos tamen si emen- tisfactio interdicenda est, nec reconciliatio ac com-
dare se a talibus atque corrigere nolle repereris, munionis gratia deneganda, si eam etiam amissæ
ferventi comprehendere zelo te volumus : et si qui- vocis officio per indicia integri sensus quærere com-
dem servi sunt, verberibus cruciatibusque, quibus D probentur. Quod si ita aliqua vi ægritudinis fuerint
ad emendationem pervenire valeant, castigare; si aggravati, ut quod paulo ante poscebant, sub præ-
vero liberi, inclusione digna districtaque in pœni- sentia sacerdotis significare non valeant, testimonia
tentiam sunt redigendi, ut qui salubria et a mortis eis fidelium circumstantium prodesse debebunt, si-
periculo revocantia audire verba contemnunt, cru- mulque et pœnitentiæ et reconciliationis beneficium
ciatus saltem eos corporis ad desideratam mentis consequantur, servata tamen regula canonum pater-
valeat reducere sanitatem. » Et item in Edicto ca- norum circa eorum personas, qui in Deum a fide
nonico (Greg. II, *in synod. Rom.*, c. 12) : «Si quis discedendo peccarunt. Generaliter autem omni cui-
ariolos, aruspices, vel incantatores observaverit, libet in exitu posito, et poscenti sibi communionis
aut phylacteriis usus fuerit, anathema sit. Et respon- gratiam tribui, non negetur, sicut Nicæna synodus
derunt omnes tertio : Anathema sit. » Et in concilio definivit (*can.* 13). Cujus conversio mente potius est
Ancyrano, capite vicesimo tertio : «Qui divinationes æstimanda quam tempore, quoniam apud Deum nul-
expetunt, et more gentilium subsequuntur, aut in las veniæ patitur moras vera conversio, Propheta
domos suas hujusmodi homines introducunt exqui- hoc pariter attestante : *Cum conversus ingemueris,*
rendi aliquid arte malefica vel expiandi causa, sub *tunc salvus eris.* » Et in Nicæno **concilio** (*can.* 13):

« Sed in his omnibus propositum et speciem pœnitentium convenit explorare. Quotquot enim metu, et lacrymis, atque patientia, vel bonis operibus, rebus ipsis conversionem suam, non simulatione demonstrant. » Et post paululum : « Postmodum licebit episcopo de his **666** aliquid humanius cogitare. » Et in Ancyrano concilio (*can.* 4) : « Penes episcopos, inquit, erit potestas, modum conversionis eorum probantes, vel humanius erga eos agere, vel amplius tempus adjicere. » Sed et quinto capitulo. ejusdem concilii, et in aliis sufficienter inde lector inveniet. Et Innocentius papa ad Decentium Eugubinum episcopum scribit (*epist.* 29) : « De pœnitentibus qui sive ex gravioribus commissis, sive ex levioribus pœnitentiam gerunt, si nulla interveniat ægritudo, quinta feria ante Pascha eis remittendum Romanæ Ecclesiæ consuetudo demonstrat. Cæterum, de pondere æstimando delictorum, sacerdotis est judicare, ut attendat ad confessionem pœnitentis, et ad fletus atque lacrymas corrigentis, ac tum jubere dimitti, cum viderit congruam satisfactionem. Sane si quis in ægritudinem inciderit, atque usque ad desperationem devenerit, ei est ante tempus Paschæ relaxandum ne de sæculo absque communione discedat. »

INTERROGATIO XVIII.

Septimo capitulo rescribi nobis deposcimus, si sæpefata femina iterum in judicium venerit, et innoxia reperta fuerit, utrum ad eam vir ejus redire debeat, an alteri valeat sociari. Et remandate nobis, si ipsa criminibus obnoxia, de quibus reputatur, inventa fuerit, utrum idem rex alteri feminæ conjungi valeat. Remandate etiam, si tales causæ reputatæ fuerint et ipsi regi, unde publicam pœnitentiam agere debeat, postquam illa criminosa inventa fuerit, utrum ipse rex post publicam pœnitentiam conjugem legitimam possit accipere. Et remandate, si et illa legaliter rejecta, ipse etiam post actam pœnitentiam, si voluerit, concubinam, quam habuit, et cum qua post initum conjugium adulterasse dicitur, in conjugem possit accipere ?

RESPONSIO.

De eo quod interrogatum est, si sæpefata femina iterum in judicium venerit, et innoxia reperta fuerit, utrum ad eam vir ejus redire debeat, an alteri valeat sociari, superfluum est iterare, quia supra ostendimus, quod si ante legaliter initum conjugium innoxia et legaliter nupta suo viro fidem servasse reperta fuerit, secundum evangelicam et apostolicam veritatem, et leges ecclesiasticas, atque catholicorum doctrinam, legitimum conjugium non valeat separari, et si separati fuerint, aut innupti permaneant, aut mutuo reconcilientur. Sed ne iterationem quæstionis relinquamus inanem, de hoc quod reputata est si fuerit immunis inventa, Dominus per Moysen dicit in libro Deuteronomii : *Si invenerit vir puellam virginem*, et sequentia usque dum dicitur, *non poterit* **667** *dimittere eam cunctis diebus vitæ suæ.* Quam

sententiam exponens beatus Augustinus dicit : « Merito quæritur utrum ista pœna sit, ut non eam possit dimittere per omne tempus, quam inordinate atque illicite violavit. Si enim ob hoc intelligere voluerimus, eam non posse, id est, non debere dimitti per omne tempus, quia uxor effecta est, occurret illud quod permisit Moyses dare libellum repudii, et dimittere. In his autem qui illicite vitiant, noluit licere, ne ad ludibrium fecisse videatur, et potius tinxisse quod eam uxorem duxerit, quam vere placitoque duxisse. Hoc et de illa jussum est, cui fuerit vir calumniatus de virginalibus non inventis, de qua, sicut supra diximus, scriptum est : *Habebit eam uxorem, et non poterit dimittere eam omni tempore vitæ suæ.* » De qua item sententia beatus Augustinus dicit : « Satis hinc apparet quemadmodum subditas feminas viris, et pene famulas, lex esse voluerit uxores, quod dicens adversus uxorem vir testimonium, unde lapidaretur, si hoc verum esse demonstraretur, ipse tamen non vicissim lapidatur, si hoc falsum esse constiterit, sed tantummodo castigatur et damnificatur, eique perpetuo jubetur adhærere qua carere voluerat. In aliis autem causis, eum, qui testimonio falso cuiquam nocuerit, quo si probaretur jussit occidi, eadem pœna plecti jubet, qua fuerat, si verum esset, iste plectendus. »

INTERROGATIO XIX.

De eo vero quod quæsitum est remandate nobis, si ipsa criminibus obnoxia, de quibus reputatur inventa fuerit, utrum idem rex alteri feminæ conjungi valeat.

RESPONSIO.

Partim jam supra respondimus, quæ partim nunc iterare non piget. Videlicet, si secundum leges Christianas, forenses scilicet atque ecclesiasticas, inventum fuerit quod illa conjunctio legalis non fuerit, beati Gregorii ad Felicem Siciliensem episcopum teneatur sententia qua dicit : « Incestuosos nullo conjugii nomine deputandos, a sanctis Patribus dudum legimus constitutum. » Et sanctus Ambrosius in prima epistola ad Corinthios dicit : « Non est, inquiens, frater aut soror servituti subjectus in ejusmodi, hoc est, non debetur reverentia conjugii ei qui horret auctorem conjugii. Non enim ratum est matrimonium quod sine Dei devotione est, ac per hoc non est peccatum ei qui dimittitur propter Deum, si alii se junxerit. Contumelia enim Creatoris solvit jus matrimonii circa eum qui relinquitur, ne accusetur alii copulatus. Infidelis autem discedens, et in Deum et matrimonium peccare dignoscitur, quia noluit sub Dei devotione habere conjugium. Itaque non est ei fides **668** servanda conjugii, qui ideo recessit ne audiret rectorem esse Christianorum Deum conjugii. Nam si Esdras dimitti fecit uxores, aut viros infideles, ut propitius fieret Deus (*Esd.* IX *et* X), nec iratus, si alias ex genere suo acciperent (non enim ita præceptum his est, ut remissis istis alias minime ducerent), quanto magis si infidelis discesserit, liberum habebit arbitrium, si nubat si se continere non potest, et alterius consortio fruatur uxoris. Quod de utroque sexu pari modo a nobis manifestum est decrevisse, ita videlicet, ut in his omnibus sacerdotis ordinatio exspectetur, ut juxta quod ætatem aptam prospexerit, continentiæ absolutionis vel districtionis tribuat legem. »

convoluerit nubere legis suæ viro? Illud enim non debet imputari matrimonium, quod extra decretum Dei factum est, sed cum post cognoscit, et dolet deliquisse, emendat se ut veniam mereatur. Si autem ambo crediderint, per cognitionem Dei confirmatur conjugium. In pace autem vocavit nos Deus. Verum est quia non oportet litigare cum eo qui discedit, quia odio Dei discedit, ac per hoc nec dignus habendus est. » Et hinc sanctus Augustinus in libris ad Pollentium : « Merito quas duxerant, » quin uxores, « filii Israel Domino prohibente, Domino jubente dimiserunt, quia omne quod non est ex fide peccatum est. » Unde lector in eisdem libris latius invenire valebit. Et in concilio Agathensi scriptum est (can. 61) : « De incestis conjunctionibus nihil prorsus veniæ reservamus, nisi cum adulterium separatione sanaverint. Incestos vero nullo conjugii nomine deputandos, quos etiam designare funestum est. » Et post aliquanta : « Sane quibus conjunctio illicita interdicitur, habebunt ineundi melioris conjugii libertatem. »

INTERROGATIO XX.

De eo vero quod requisitum est, si et ipsi regi, unde publicam pœnitentiam agere debeat, postquam illa femina criminosa inventa fuerit, utrum ipse rex post publicam pœnitentiam conjugem legitimam possit accipere.

RESPONSIO.

Sanctus Leo papa ad Rusticum Narbonensem episcopum respondet dicens (epist. 95, cap. 25) : « In adolescentia constitutus, si urgente aut metu mortis, aut captivitatis periculo, pœnitentiam gessit, et postea, timens lapsum incontinentiæ juvenilis, copulam uxoris elegit ne crimen fornicationis incurreret, rem videtur fecisse venialem, si præter conjugem nullam omnino cognoverit : in quo tamen non regulam constituimus, sed quid sit tolerabilius æstimamus : Nam secundum veram cognitionem, nihil magis ei congruit, qui pœnitentiam gessit, quam castitas perseverans mentis et corporis. » Sed et hinc in Toletano concilio (vi), capite octavo : « Antiqui et sanctissimi est patris sententia papæ Leonis, ut is qui in ætate adolescentiæ positus dum mortis formidat casum, pervenerit ad pœnitentiæ remedium, si conjugatus forte fuerit incontinens, ne postea adulterii incurrat lapsum, redeat ad pristinum conjugium, quousque possit **669** adipisci temporis maturitate continentiæ statum. Quos nos sicut de viris, ita et de feminis æquo modo censemus, non quidem hoc generaliter et legitime præceptum, sed constat a nobis pro humana fragilitate indultum : ea duntaxat ratione, ut si is qui pœnitentiæ non est legibus deditus, ante ab hac vita discesserit, quam ex consensu ad continentiam eorum unde fuerit regressus, superstiti non liceat denuo ad uxorios transire amplexus. Si autem illius vita exstiterit superstes, qui non accepit benedictionem pœnitentis,

INTERROGATIO XXI.

De hoc etiam quod in quæstionum fine subjunctum est, remandate, si et sæpefata femina legaliter rejecta fuerit, et ipse rex, post pœnitentiam actam, si voluerit concubinam quam habuit, et cum qua post initum conjugium adulterasse dicitur, in conjugem possit accipere.

RESPONSIO.

Quia una est lex viri et feminæ, ut supra Scripturarum et catholicorum Patrum sententiis demonstravimus, si solutus fuerit a lege conjugis, sicut Paulus dicit de uxore : *Nubat cui voluerit, tantum in Domino* (I Cor. vii, 39), « hoc est, ut Ambrosius dicit, sine suspicione turpitudinis nubat et religionis suæ viro nubat, hoc est in Domino nubere. Quæ solutio et licita copulatio, duobus intelligitur, et duobus fit modis. Scilicet in his qui aut nunquam legale inierunt conjugium, aut morte intercedente soluti sunt a lege conjugii, sicut Paulus dicit : *Dico autem non nuptis et viduis, bonum est illis si sic permaneant, sicut et ego. Quod si non se continent, nubant* (I Cor. vii, 8). » Et item : *Solutus es ab uxore? ne quæsieris uxorem : si autem acceperis uxorem, non peccasti : et si nupserit virgo, non peccabit* (ibid.). Quod æque de masculo et femina intelligitur, communis et enim generis hic et hæc virgo, et hoc demonstrat subsequenter Apostolus dicens : *Tribulationes tamen carnis habebunt hujusmodi* (ibid.). Quam sententiam et in viro et in femina exponit Ambrosius : « Fit etiam quod licet illicitum, in his qui sine culpa ad conjugium venire poterant, et majus bonum subire proponunt, bonumque minus, quod licuit, illicitum faciunt. » Unde scriptum est : *Nemo ponens manum super aratrum et respiciens retro, aptus est regno cœlorum* (Luc. ix, 52). Qui igitur fortiori studio intenderat, retro conspicere convincitur, si, relictis bonis amplioribus, ad minima retorquetur. Fit et interdum, causa non contemnenda interveniente, quod erat illicitum licitum, cum legaliter initum conjugium dissolvi permittitur **670** causa infidelitatis. Unde Paulus dicit : *Si quis frater uxorem habeat infidelem, et hæc consentit habitare cum illo, non dimittat illam. Et si qua mulier habet virum infidelem, et hic consentit habitare cum illa, non relinquat virum* (I Cor. vii, 12); et post pauca : *Quod si infidelis discedit, discedat* (ibid.); vel cum causa fornicationis uxor relinquitur, de' qua item Paulus dicit : *His autem qui in matrimonio juncti sunt, præcipio non ego, sed Dominus, uxorem a viro non discedere; quod si discesserit, manere innuptam, et virum uxorem non dimittere* (I Cor. vii, 10). Quod æqua lance pensatur, ut si dimiserit, in cælibatu permaneat. Quæ disjunctio inter fideles post initum conjugium fieri non potest, nisi causa fornicationis, et amore continentiæ. Et fit quod erat illicitum indulgentia licitum, sicut idem Paulus in minoribus etiam de magnis demonstrat dicens : *Hoc autem dico secundum indulgentiam, non secundum imperium* (*ibid.*, 6),] cum vir et mulier propter fornicationem separati, si se continere non possunt, ad invicem reconcilientur. Illicitum enim erat ut ad unionem carnis, quam sociaverant fornicantes, revenirent qui in continentia permanere debuerant : præsertim cum dicat Scriptura : *Qui tenet adulteram stultus et impius est* (*Prov.* XVIII, 22). Sed, ut sanctus Augustinus in libro de Bono conjugali dicit : « Propter majus malum, toleratur quod minus est pravum. » Dominus enim dicit (*Matth.* XIX, 1) quia vir et uxor propter fornicationem ab invicem separati, si aliis se conjunxerint, adulterant : et qui junxerint se aliis, mœchantur. Hinc et in libro de Sermone Domini in monte, et in libris Retractationum apertissime dicit, quod et demonstrat Innocentius ad Exuperium Tolosanum episcopum, sicut supra posuimus : « Manifestum est enim, ut item Augustinus dicit, pejus esse adulterium quam fornicationem. Nec ideo bona erit fornicatio, quia pejus est adulterium, quoniam pejus est alienum matrimonium violare, quam meretrici adhærere. Nec bonum est adulterium, quia est pejor incestus : pejus est enim cum matre quam cum aliena uxore concumbere, et donec ad ea perveniatur, quæ sicut ait Apostolus : *Turpe est etiam dicere* (*Ephes.* V, 12). » Et beatus dicit Gregorius : « Dum duorum vitiorum languor irruit, et hoc lenius, illud fortasse gravius premit, ei nimirum vitio rectius sub celeritate subvenitur, per quod festine ad interitum tenditur, et inter duo pericula quod levius est prudenter expetitur. Fit et illicitum venia licitum, cum publicam pœnitentiam agens adolescens, ut Leo demonstrat, timens lapsum incontinentiæ juvenilis, copulam uxoris eligit, ne crimen fornicationis incurrat, rem faciens venialem ; si præter conjugem nullam omnino cognoverit : in quo regula non constituitur, sed quid sit tolerabilius æstimatur. » Transitur et quasi illicite de illicito ad licitum, cum de incestibus nefariis, quos Agathense designat concilium (*can.* 61), quando cum pœnitentiæ indulgentia ad complexus uxorios transiri permittitur. Sic et de concubinalibus modis dicendum est, qualiter non de bono ad bonum atque honestum, et non de bono ad bonum, **671** quanquam non satis honestum, et de malo ad aliquod bonum, sed non honestum transitur. Bonum est enim atque honestum ante innuptos, si in virginitate permanere nequiverint, sicut supra ostendimus ex apostolica traditione, sancto Evaristo scribente, nuptialem conjunctionem expetere. Et bonum atque honestum est, cælibes, si se continere non possunt, sicut sanctus Leo demonstrat, legale inire conjugium. Qualiter autem de non bono ad bonum atque honestum, id est de concubina ad uxorem

transitur, idem sanctus Leo ad Rusticum Narbonensem episcopum demonstrat dicens (*epist.* 95, cap. 18) : « Non omnis mulier juncta viro uxor est viri, quia nec omnis filius hæres est patris. Nuptiarum autem fœdera inter ingenuos sunt legitima, et inter æquales, multo prius hoc ipsum Domino constituente, quam initium Romani juris existeret. Itaque aliud est uxor, aliud concubina, sicut aliud ancilla, aliud libera. Propter quod etiam Apostolus ad manifestandam harum personarum discretionem, testimonium ponit ex Genesi, ubi dicitur Abrahæ : *Ejice ancillam, et filium ejus : non enim hæres erit filius ancillæ cum filio meo Isaac* (*Gal.* IV, 30 ; *Gen.* XXI, 10). Unde cum societas nuptiarum ita ab initio constituta sit, ut præter sexuum conjunctionem haberet etiam in se Christi et Ecclesiæ sacramentum, dubium non est eam mulierem non pertinere ad matrimonium, in qua non docetur nuptiale fuisse mysterium. » Et item : « Ancillam vel concubinam a toro abjicere, et uxorem certæ ingenuitatis accipere, non duplicatio conjugii, sed profectus est honestatis : quoniam paterno arbitrio viris junctæ carent culpa, si mulieres, quæ a viris habebantur, in matrimonio non fuerunt, quia aliud est nupta, aliud concubina. » De non bono autem ad bonum, quanquam non satis honestum, transitur, sicut idem Leo ubi supra demonstrat, quando concubina forte ingenua facta, si fuerat ante ancilla, et dotata legitime, et publicis nuptiis honestata videatur, sicut et omnis uxor legaliter conjugata, post desponsationem legitime dotari et publicis honestari nuptiis debet. De malo autem ad aliquod bonum, sed non honestum, tolerabiliter festinatur, sicut sanctus Augustinus in primo libro de Nuptiis et Concupiscentia (*cap.* 1) dicit : « Sane non tantum fecunditas, cujus fructus in prole est, nec tantum pudicitia, cujus vinculum est fides, verum etiam quoddam sacramentum nuptiarum commendatur fidelibus conjugatis. Unde dicit Apostolus : *Viri, diligite uxores vestras, sicut et Christus dilexit Ecclesiam* (*Ephes.* V, 25). Hujus procul dubio sacramenti res est, ut mas et femina connubio copulati quandiu vivunt inseparabiliter perseverent, nec liceat, excepta causa fornicationis, a conjuge conjugem dirimi. Hoc enim custoditur in Christo et Ecclesia, ut vivens cum vivente in æternum nullo divortio separetur. Cujus sacramenti tanta observatio est in civitate Dei nostri in monte sancto ejus, hoc est in Ecclesia Christi, quibusque fidelibus congregatis, qui sunt sine dubio membra **672** Christi, ut cum filiorum procreandorum causa vel nubant feminæ, vel ducantur uxores, nec sterilem conjugem fas sit relinquere, ut alia fecunda ducatur. Quod si quisquam fecerit, non lege hujus sæculi, ubi interveniente repudio, sine crimine conceditur cum aliis alia copulare connubia, quod etiam sanctum Moysen Dominus propter duritiam cordis illorum Israelitis permisisse testatur, sed lege Evangelii (*Matth.* XIX, 8) reus est adulterii, sicut etiam illa si alteri nupserit. Et usque adeo manent inter viventes semel inita jura nuptiarum, ut potius sint inter se conjuges qui ab alterutro separati sunt, quam cum his quibus aliis adhæserunt. Cum aliis quippe adulteri non essent, nisi ad alterutrum conjuges permanerent. Denique mortuo viro, vel femina, cum quo vel cum qua verum connubium fuit, fieri verum connubium [non] potest cum quo vel cum qua prius adulterium fuit. » Videlicet si cognatio, aut habitus religionis, vel impudicitia pessimi criminis, sive aliquid hujusmodi non obstiterit. Et item ubi supra Augustinus (*ibidem*) : « Ita manet etiam inter viventes quidam conjugale, quod nec separatio, nec cum altero copulatio possit auferre. Manet autem ad noxam criminis, non ad vinculum fœderis : sicut apostata anima velut de conjugio Christi recedens, etiam fide perdita sacramentum fidei non amittit, quod lavacro regenerationis accepit : redderetur enim procul dubio redeunti, si amisisset abscedens. Habet hoc autem qui recesserit ad cumulum supplicii, non ad meritum præmii. » Et in libro de Bono conjugali (*cap.* 24) : « Bonum igitur nuptiarum per omnes gentes atque omnes homines in causa generandi est, et in fide castitatis : quod autem ad populum Dei pertinet, etiam in sanctitate sacramenti, per quam nefas est etiam repudio discedentem alteri nubere, dum vir ejus vivit, nec saltem ipsa causa pariendi, quæ cum sola sit qua nuptiæ fiunt, nec ea re non subsequente propter quam fiunt, solvitur vinculum nuptiale, nisi conjugis morte. Quemadmodum si fiat ordinatio cleri ad plebem congregandam, etiam si plebis congregatio non subsequatur, manet tamen in illis ordinatis sacramentum ordinationis, et si aliqua culpa quisquam ab officio removeatur, sacramento Domini semel imposito non carebit, quamvis ad judicium permanente. » Et item in præfato libro de Nuptiis et Concupiscentia (*lib.* i, *c.* 11) : « Quibus vero placuerit ex consensu ab usu carnalis concupiscentiæ in perpetuum continere, absit ut vinculum inter illos conjugale rumpatur : imo firmius erit, quo magis ea pacta secum inierint, quæ charius concordantiusque servanda sunt, non voluptariis corporum nexibus, sed voluntariis affectibus animorum. » His Scripturarum testimoniis, atque sanctorum dictis manifestatur, quomodo concubinam, cum qua adulterasse dicitur, si voluerit in conjugium sibi sociare prævaleat. Videlicet, si aut uxor legaliter accepta, et innoxia erga illum inventa, mortua fuerit corpore, vel si inventa fuerit anima adeo mortua, ut ipsius cum ea copula incestus et nullo conjugii **673** nomine deputandus legaliter comprobetur. Nec tamen talis conjunctio, si hujusmodi concubinam in conjugem sumpserit, reprehensione atque offensionis macula carere videbitur, dicente beato Augustino in libro de Bono conjugali (*cap.* 13, 14, 15) : « Quod ergo, inquiens, præcipiunt conjugatis apostoli, hoc est nuptiarum : quod autem venialiter concedunt, aut quod impedit orationes, non cogunt nuptiæ, sed ferunt. Itaque si forte, quod utrum fieri possit ignoro, magisque fieri non posse existimo,

sed tamen si forte ad tempus adhibita concubina, filios solos ex eadem commistione quæsiverit, nec ista sic conjunctio vel eorum nuptiis præponenda est, quæ veniale illud operantur. Quid enim sit nuptiarum, considerandum est, non quid nubentium et immoderatius nuptiis utentium. Neque enim si agris inique ac perperam invasis ita quisque utatur, ut ex eorum fructibus largas eleemosynas faciat, ideo rapinam justificat. Neque enim, si alius ruri paterno vel juste quæsito avarus incumbat, ideo culpanda est juris civilis regula, qua possessor legitimus factus est. Nec tyrannicæ factionis perversitas laudabilis erit, si regia clementia tyrannus subditos tractet : nec vituperabilis ordo regiæ potestatis, si rex crudelitate tyrannica sæviat. Aliud est namque injusta potestate juste velle uti, et aliud est justa potestate injuste uti. Ita nec concubinæ ad tempus adhibitæ, si filiorum causa concumbant, justum faciunt concubinatum suum : nec conjugatæ, si cum maritis lasciviant, nuptiali ordini crimen imponunt. Posse sane fieri nuptias ex male conjunctis, honesto placito consequente, manifestum est. Semel autem initum connubium in civitate Dei nostri, ubi etiam ex prima duorum hominum copula quoddam sacramentum nuptiæ gerunt, nullo modo potest, nisi alicujus eorum morte dissolvi. Manet enim vinculum nuptiarum, etiamsi proles, cujus causa initum est, manifesta sterilitate non subsequatur ; ita ut jam scientibus conjugatis non se filios habituros, separare se tamen vel ipsa causa filiorum, atque aliis copulare non liceat. Quod si fecerint, cum eis, quibus se copulaverint, adulterium committunt. »

Quoniam, ut sancti Patres de bono conjugali diffiniunt, bonum habent nuptiæ, et quod bonum est, peccatum non est : ac per hoc qui contra bonum nuptiale facit, peccatum facit cum adulterium committit. Diffiniunt etiam, quod bonæ et a Deo constitutæ ac benedictæ sunt nuptiæ, quas etiam sua præsentia consecravit, in quibus est fides, proles, sacramentum. In fide attenditur, ne præter vinculum conjugale cum altera vel cum altero concumbatur. In prole, ut amanter suscipiatur, benigne nutriatur, religiose educetur : nec tantum gaudeant parentes quia sobolem genuerunt, quantum ut soboles in Christo regeneretur. In sacramento autem, ut conjugium non separetur, et dimissus aut dimissa nec causa prolis alteri conjungatur. Hæc est regula nuptiarum, qua vel naturæ decoratur fecunditas, vel incontinentiæ regitur pravitas, sicut sanctus Augustinus in libro **674** de Bono conjugali, et in libris de Nuptiis et Concupiscentia latissime et facundissime satis ostendit. Unde omnimodis observandum est ne concubinæ vel cujuslibet alterius feminæ copulam conjugalem rex, super quo voluerunt consulere consulentes, aliquo modo expetat, antequam legali virorum illustrium judicio, et sacerdotali decreto conjux, quam legaliter accepit, ipso etiam conjugis nomine judicetur indigna, aut divino judicio migret a corpore, quia sicut in libro Esther manifestissime legitur, regina Vasthi potentissimi regis Assueri, licet ferocissimus fuerit, cum ejus animos contemptu et contumacia offendisset, nequaquam sola illius indignatione et furore ex imperii honore deposita fuit, sed publico judicio et sententia principum ac judicum Medorum atque Persarum, et post depositionem illius reginæ per judicium publicum factam, quæsitæ sunt puellæ quæ placerent oculis regis, inter quas Esther pulchritudine et decore enituit, sicque regiam copulam meruit. Quod etiam antiqui Romani legitimo judicio fieri debere legibus suis antiquitus statuerunt et servaverunt, non solum jam effecti Christiani, sed etiam cum adhuc essent pagani, sicut apertissime ostendit lex Antonini pagani imperatoris, quam beatus Augustinus in libro de adulterinis Conjugiis hoc modo commemorat et commendat dicens (lib. ii, cap. 8) : « Quibus displicet, ut inter virum et uxorem par pudicitiæ forma servetur, et potius eligunt, maximeque in hac causa, mundi legibus subditi esse quam Christi, quoniam jura forensia non eisdem quibus feminas pudicitiæ nexibus viros videntur obstringere, legant quid imperator Antoninus, non utique Christianus, de hac re constituerit, ubi maritus uxorem de adulterii crimine accusare non sinitur, cui moribus suis non præbuit castitatis exemplum, ita ut ambo damnentur, si ambos pariter impudicos conflictus ipse convicerit. Nam supra dicti imperatoris hæc verba sunt, quæ apud Gregorianum leguntur : « Sane, inquit, litteræ meæ nulla « parte causæ præjudicabunt. Neque enim, si penes « te culpa fuit ut matrimonium solveretur, et se- « cundum legem Juliam Eupasia uxor tua nuberet, « propter hoc rescriptum meum adulterii damnata « erit, nisi constat esse commissum. Habebunt au- « tem ante oculos hoc inquirere, an cum tu pudice « viveres, illi quoque bonos mores colendi auctor « fuisti. Periniquum enim videtur esse, ut pudici-· « tiam vir ab uxore exigat, quam ipse non exhibet : « quæ res potest et virum damnare, non ob com- « pensationem mutui criminis rem inter utrumque « componere, vel causam facti tollere. » Si hæc observanda sunt propter decus terrenæ civitatis, quando castiores quærit cœlestis patria, et societas angelorum. » Hæc de legibus pagani imperatoris Antonini beatus Augustinus commemorat. Ita reges Medorum, ac Persarum, atque Romanorum, et judices sæculi, cum essent pagani et idolorum cultores, naturaliter quæ legis sunt facientes, etiam in causis **675** conjugum non crudelitatem et sævitiam, sed æquitatem et justitiam decernere ac diffinire et tenere debere docuerunt. Quapropter timendum est regibus, episcopis et judicibus sæculi, quod in Evangelio dicitur de Ninivitis, et regina Austri, *Quoniam surgent in judicio, et condemnabunt generationem pessimam* (*Matth.* xii, 41). Condemnabunt utique non potestate judicii, sed comparatione melioris facti. Si reges illi ac judices idololatræ sic ordinem

A judicii servaverunt, et nos sub Christo judice vivorum ac mortuorum quocunque intuitu minus debito a judicii ordine deviamus. In Numeri quoque libro præcipitur (*Num.* v), ut si qua mulier vel adulterii rea, vel falsa suspicione fuerit appetita, et vir ejus zelo adversus eam fuerit concitatus, adducat illam ad sacerdotes, et divino judicio vel damnandam offerat, vel liberandam. Unde Susanna cum falso adulterii crimine accusaretur, et publico judicio condemnata, et publico legitur absoluta (*Dan.* xiii). Et illa mulier in Evangelio, quæ veraciter in adulterio fuerat deprehensa, primum juxta legem ad Pharisæos, qui potestatem judicii in populo exercebant, deinde etiam tentandi gratia ad Domini judicium perducta est, ubi ejus admirabili pietate, et **B** a lapidationis supplicio, et a criminis reatu meruit liberari (*Joan.* viii). Sic et leges Christianæ sunt inspirante Domino conditæ, quibus legaliter initur conjugium, et sacerdotalis auctoritatis est sanctitas, qua benedictionem suam Dominus in paradiso primis parentibus per se datam conjugibus legaliter copulatis, vice sua per eos, qui illius os appellantur, dicente propheta : *Os Domini locutum est* (*Isa.* i, 20). Et ipso Domino : *Cum separaveris pretiosum a vili, quasi os meum eris* (*Jer.* xv, 19), viritim vult largiri, et infirmos pœnitentiæ medicamento sanare. Et liber dicit Ecclesiasticus de servo, quanto minus de uxore, *Verum sine judicio nihil facias grave* (*Eccli.* xxxiii, 30). Est et illi regi aliud observandum, ne ante legitimam pœnitentiam, secundum **C** leges Ecclesiæ susceptam atque peractam, et reconciliationem adeptam, conjugio, multo minus eidem, de qua agitur, concubinæ se copulet : quoniam nec David rex (*II Reg.* xii, 15), sine talis excoctionis pœnitentia, Bethsabee, cum qua adulteravit, in conjugem habuit, ut et filius, qui ex ipso adulterio natus fuerat, confestim divino judicio, licet pro eo multum jejunando et flendo petierit, sit percussus ac mortuus, et ipse postea gravissimis tribulationibus, ac regni sui amissione per filium suum Absalon ita afflictus est et vexatus, ac velut in fornace ignis excoctus atque purgatus, ut vere sola divina clementia evasisse videatur ; et jam ei acerrime contrito corde pœnitenti et confitenti misericors Dominus peccatum dimiserat : sed quia justus est, **D** et justitiam diligit, quod rex ab eo ad scelera ulciscenda constitutus egerat scelerate, digne atque justissime vindicavit.

676 INTERROGATIO XXII.

Octavo capitulo nobis rescribite, utrum sequendum sit quod quidam dicunt quosdam docere episcopos, ut sibi confessis viris vel feminis debeant patrocinium defensionis impendere, ne quisquam hujusmodi personas ad judicium reipublicæ audeat pro criminibus unde eis confessæ fuerant, etiamsi multis nota sunt crimina, provocare. Et si se, non ex consensu propter continentiam, sed propter discidium aliquod, separare voluerint, vel eorum

fragilitati, si separati se continere nequiverint, vel
reconciliari noluerint, auctoritate sua posse consulere ; dicentes quia secreta confessione ad ecclesiasticam confugerint pietatem, sicut Bosonis mulier,
de qua in synodo apud Leucorum civitatem habita
fuimus cum interpellatione commoniti, et ideo ab
aliis quam ab episcopis, quibus confessæ tales personæ fuerant, non debeant judicari.

RESPONSIO.

Hoc quam absurdum sit, quilibet sensatus licet
ignoret leges Ecclesiæ recognoscit, quia ut beatus
Gregorius ad Leontium exconsulem scribit (*lib.* viii,
epist. 51) : « Debet, inquiens, gloria vestra meminisse quia nunquam meas epistolas pro commendatione alicujus accepit, nisi ut protectionem vestram favente justitia præstaretis. Quia turpe est
defendere quod prius non constiterit justum esse.
Ego quidem homines propter justitiam diligo, non
autem justitiam propter homines postpono. » Sicut
enim, ut supra beatum docuisse Ambrosium scripsimus, non minus quam ante decem testes pactum
potest firmari conjugii, sed et ipsum nomen nuptiæ,
quod singularitate caret, plurimorum expetere monstrat debere notitiam, et quod publice conjunctum
est, in angulo separari non potest : et de secreta
confessione, quam publicari non licet, conjugium
legibus Christianis ac publicis conjugatum ab eodem
conjugii jugo dissolvi non potest, neque tale collu-
dium ad ecclesiasticam pietatem dici debet confugium. Unde si nosse quiscunque desiderat quid auctoritas ecclesiastica de ad se ut ad matris sinum
confugientibus moderate decernat, suggerimus, ut
inter alia curiosus vel quilibet studiosus beati Gregorii revolvat epistolas, in quibus multoties, imo
quoties convenientia se loci obtulerit, sive ad imperatores, vel ad quascunque personas, pro omnibus
ad se confugientibus petens, litteris suis semper
inseruit, salva æquitate, vel salva ratione, sive constante justitia, aut causa judiciali termino diffinita,
sine sacerdotali invidia : et, « Ut electorum cum
parte altera necesse est subire judicium, et ut veritas cognosci, et quod æquitatis ordo suaserit,
677 valeat diffiniri. Et, Ut mora cessante ad
electorum accedere quisque compellatur judicium :
et, Quidquid veritate cognita sacrosanctis Evangeliis
fuerit statutum, ita ad effectum exsecutionis omnimodis perducatur : et, Quidquid suadente justitia
visum fuerit, scripto decernatur : et, Ut in nullo
contra leges aut rationem quis patiatur aliquo modo
prægravari, sed ut justitiam ei, sicut Christianitati
convenit, in omnibus debeat custodire, quatenus
ipse, qui ad pietatem ecclesiasticam confugit, quod
ei ab eadem pietate promissum est, non debeat contra æquitatis ordinem prægravari : et iterum, Ubicunque confugienti necesse fuerit, salva ei ratione
concurratur : et item, Solatiis vestris, quocunque
usus exegerit, comitante justitia potiatur. » Et item
ad Fantinum defensorem (*lib.* vi, *ind.* 2, *epist.* 83) :

« Antefatæ mulieri salva æquitate tui
pende, et eam contra rationis ordinem ni
gravari permittas. » Et iterum ad Anatolium
stantinopolitanum diaconum (*lib.* vii, *ind.* 51 , *epist.*
82) . « Hoc autem dilectionem tuam volumus sollicite attendere, ne se in quacunque causa ubi grava-
men est pauperum, misceri consentiat, ne fortasse
potentia personarum aliquatenus pressus, cogatur
agere quod animæ illius non possit expedire. Cuncta
ergo cum Dei timore tractate, æternam maximo
mercedem perpendite. » Et ad Sabinum subdiaconum (*lib.* viii, *epist.* 6) : « Studii tui sit, ut nullis contra rationem dispendiis debeant subjacere.
Quod si forte aliqua nititur excusatione defendere, mediis sacrosanctis Evangeliis causam subtiliter perscrutari, et ita, ut justitia ac legis ordo suaserit, diffinire convenit, atque diffinitam effectui mancipare. » Et ad Romanum defensorem
(*lib.* vii, *ind.* 2, *epist.* 24) : « Patrocinia ecclesiastica, sive mea suscipiatis scripta, sive etiam minime fuerint directa, sub tanto moderamine debeatis
impendere, quatenus hi qui furtis publicis implicati
sunt, a nobis non videantur injuste defendi, ne opinionem male agentium ex indiscretæ defensionis
ausu in nos ullo modo transferamus : sed quantum
decet Ecclesiam admonendo, et verbum intercessionis adhibendo, quibus valetis succurrite, ut et illis
opem feratis, et opinionem sanctæ Ecclesiæ non
inquinetis. »

Sed et de his qui ad septa ecclesiæ, et etiam ad
ipsa sacraria confugerint sanctuarii, ad Januarium
episcopum Caralitanæ civitatis .scribit (*lib.* viii,
epist. 38) : « Si quis, inquiens, de quibus est quæstio, in ecclesiam fortasse refugerint, ita debet
causa disponi, ut nec ipsi violentiam patiantur, nec
hi qui dicuntur oppressi damna sustineant. Curæ
ergo vestræ sit, ut eis sacramentum, ab his quorum
interest, de servanda lege et justitia promittatur, et
per omnia commoneantur exire, atque suorum actuum reddere rationem. » Et in libro primo capitulorum domni Caroli et Ludovici Augustorum : « Si
quis ad ecclesiam confugium fecerit, in atrio ipsius
ecclesiæ pacem habeat, nec sit ei necesse ecclesiam
ingredi, et nullus eum inde per vim abstrahere præsumat, sed liceat ei confiteri quod fecit, et inde per
678 manus bonorum hominum ad discussionem
in publico producatur. » Et in concilio Aurelianensi
capite primo, de homicidis, adulteris, et furibus, si
ad ecclesiam confugerint, scriptum est, ut « sicut in
in ecclesiasticis canonibus, et Romanæ legis decretis
constitutum est, ab ecclesiæ atriis, vel domo episcopi
eos non liceat abstrahi, sed datis sacramentis de
morte, ac debilitate, ac omni pœnarum genere, ne
violentiam ante legalem satisfactionem patiantur,
ab ecclesia exeant, ita ut ei cui reus fuerit crimino-
sus de satisfactione conveniat. » Et in tertio capitulo (*can.* 5) : « Si cujusquam servus ad ecclesiam
confugerit pro qualibet culpa, accepto sacramento
de impunitate ad servitium domini sui redire coga-

tur : qui si post datum sacramentum redire noluerit, exire nolentem a domino liceat occupari : non observantes autem ea quæ promiserint, a communione ecclesiastica jubentur abscidi. » Sed et in secundo capitulo ejusdem concilii scriptum est (*can.* 4), « Ut si ad ecclesiam raptor cum rapta confugerit, et feminam ipsam violentiam pertulisse constiterit, statim liberetur de potestate raptoris, et raptor, mortis vel pœnarum impunitate concessa, aut serviendi conditioni subjectus sit, aut redimendi se liberam habeat facultatem. Si vero quæ rapitur patrem habere constiterit, et puella raptori consenserit, potestati patris excusata reddatur. » Et in concilio Africano scriptum est (*can.* 29) : « Ut si quis cujuslibet honoris clericus judicio episcoporum quocunque crimine fuerit damnatus, non liceat eum, sive ab ecclesiis quibus præfuit, sive a quolibet homine defensari, interposita pœna damni, pecuniæ, atque honoris, quo nec ætatem, nec sexum excusandum esse legum promulgatores præcipiant. » Quanto minus episcopi, æquitatis videlicet prædicatores, quemquam sub specie pietatis injuste debeant defensare? præsertim cum relegant scriptum esse, Si recte offeras, recte autem non dividas, peccasti; et : *Juste quod justum est exsequeris* (*Deut.* xvi, 20). Verum si cui quiddam sonare videtur contrarium Aurelianensis synodus decretis apostolicæ sedis, quoniam hæc de impunitate, illa de æquitate servanda postulat sacramenta, sciendum est, quia beatus Gregorius de his personis dicit, quæ se justificari in judicio credunt, sed violentiam ante judicium timent : Synodus autem Aurelianensis de illis dicit, qui suam injustitiam non abscondunt, insuper et violentiam cum æquitate judicii pertimescunt : non autem de lege connubii, quam specialiter, vel ut dicamus singulariter Dominus in paradiso primis parentibus dedit : et in Evangelio etiam apostolis conquirentibus, quod si ita lex esset viri cum uxore, non expediret nubere, non mutavit; nec Paulus ad tertium cœlum et in paradisum raptus scribere quiddam novi præsumpsit, aut aliquid de hujusmodi defensione dicere attentavit. Sed et observandum constat legentibus, ut quotiescunque concilium aliquod, pro temporis qualitate, vel periculi necessitate, quiddam consulendo, apostolicæ sedi, vel **679** veteribus regulis diversum, sed non fidei vel religioni adversum decrevisse legitur, secundum quod in Nicæno concilio capitulo sexto legitur; De eo quod communi cunctorum decreto rationabili, et secundum regulam ecclesiasticam comprobato, duo aut tres contradicunt, quatenus obtineat sententia plurimorum. Ita, sicut scribit Gelasius (*epist.* 6, 6, 2), priscis pro sua reverentia manentibus constitutis, quæ ubi nulla vel rerum vel temporum perurget angustia regulariter convenit custodiri, id potius sequendum esse dignoscitur quod apostolica sedes irrefragabiliter teneri decrevit, vel plura seu majoris auctoritatis concilia statuerunt.

Idem quoque beatus Gregorius urgendum ad justitiam

nolentem Venantio Lunensi episcopo scribit dicens (*lib.* vii, *indict.* 11, *epist.* 28) : « Quoniam æquitatis censura admonet, ut maximum conversis, salva ratione, episcopale debeat adesse solatium, idcirco his fraternitatem vestram epistolis adhortamur, ut prædictam matrem ipsius Adeodatæ ad se faciat evocari, et tranquilla ei adhortatione suadeat, ut facere sponto non desinat ad quod legali potest ratione compelli, quatenus nec illa affligi, nec hæc videatur præjudicium sustinere. Quæ si, ut non credimus, admonitionem vestram differre voluerit, prædictæ Adeodatæ religiosæ contra eam tuitionem impendite, atque vestris eam solatiis apud judicem, vel quocunque usus exegerit, instantius adjuvate, et ita in exsequenda hac vos causa impendite, ut legali ratione constricta, invita urgeatur facere quod sponte postponit. Memoratam vero latricem fraternitas vestra ita servata æquitate habeat, in omnibus commendatam, ut vobis ei tuitionem impendentibus, in eo quem assumpsit habitu sine aliqua, Deo protegente, concussione permaneat. » Et ad Januarium episcopum Sardiniæ : « Ad hoc Redemptum defensorem nostrum præsentium portitorem illuc direximus, ut et partes in judicio observare compellat, et exsecutionis suæ instantia ad effectum quæ fuerint judicata perducat. » Et plura quæ reperiuntur hujusmodi, et longum est a nobis enumerari. Contra hæc enim petere, non Ecclesiæ, neque ecclesiastici viri esse juris cognoscitur, ne forte indebita pietas impietas judicetur, sicut sanctus Cœlestinus ad Nestorium scribit : « Est enim, inquiens, talis frequenter pietas, ex qua nascatur impietas. » Et S. Augustinus in libro quarto contra Julianum (*can.* 3) : « Forte dicturus es, inquit, misericors voluntas bona est. Recte istud diceretur, si quemadmodum fides Christi, id est fides quæ per dilectionem operatur, semper est bona, ita misericordia semper esset bona. Si autem reperitur et misericordia mala, qua persona pauperis accipitur in judicio, propter quam postremo rex Saul meruit a Domino utique misericorde damnari, quia contra ejus præceptum captivo regi per humanum pepercit affectum (*I Reg.* xv), attentius cogita, ne forte misericordia bona non sit, nisi quæ hujus bonæ fidei fuerit. Imo responde, ut hoc sine dubitatione perspicias, utrum bonam misericordiam existimes **680** infidelem. Porro si vitium est male misereri, procul dubio vitium est infideliter misereri. » Nemo quippe sic misericors, quanto magis Deo misericordior poterit inveniri, quem Psalmista misericordiam voluit appellare dicens : *Deus meus misericordia mea* (*Psal.* lviii, 18), qui justis judicibus de muliere in adulterio deprehensa sibique oblata, justum judicium noluit tollere (*Joan.* viii). Unde sanctus Hieronymus versum psalmi exponens dicit : *Propter veritatem, et mansuetudinem, et justitiam* (*Psal.* xliv, 5). Veritas ipse est Christus, unde de illa muliere dixit ad Judæos : *Qui sine peccato est vestrum, prior in eam lapidem mittat* (*Joan.* viii, 7). Mansuetudo, quando dixit : *Nec ego te con-*

demnabo (Joan. viii, 11). Justitia, quando dixit: *Vade, mulier, et amplius noli peccare (ibid.).*

Nam quod in tomo supra memorato relegimus de præfata muliere Bosonis hoc modo conscriptum : « Maritum vero illius cum pacto securitatis, dum advenit, vel immoratur nobiscum, sive recedit, evocavimus, ut ejus conjugem in ipsius præsentia examinemus, inexaminatam vero morti tradere ad nos confugientem, ut iniquum et crudele devitamus : quia cum nullus specialis accusator accedat, ipsa tamen admonita pariter et interrogata nihil aliud confitetur, quam quod solius Hucberti persecutionem mori timens declinet, » prudenter debent legentes advertere, utrum auctoritati, vel rationi valeat convenire. Auctoritas quippe de æquitate atque justitia conservanda confugientibus ad ecclesiam postulat firmitatem, et non viro de uxore sua legaliter desponsata, legitime dotata, publicis nuptiis honestata, si suspicione contra eam motus fuerit, legitimam aufert penitus potestatem. Quod autem in Heptatico de zelotypia scribitur (*Num.* v), ut vir uxorem suam spiritu zelotypiæ concitatus ad sacerdotes ducat examinandam, ideo præceptum est, quia sacerdotis officium est, ut exorcismos aquis eluendos, quas mulier debet bibere, pro ministerio sibi imposito scribat : unde et sacri canones decreverunt (*con. Agath. c.* 25), ut sæculares suas conjuges, antequam ad episcopum provincialem discidii causam dixerint, non damnent, neque abjiciant. Cæterum legale judicium auctoritas divina viris de suis non tollit uxoribus, sicut ex evangelica veritate supra ostendimus. Sed et diligentius advertamus quod in supra scripto volumine continetur, « Inexaminatam vero morti tradere ad nos confugientem, ut iniquum, et crudele, devitamus, » qui neque examinatos tradere morti debemus, nisi ut peccato mortui Deo vivant. Concedamus tamen ut episcopi eamdem feminam in sua potestate, ad quos confugisse dicitur, retinentes, coram marito suo, si quiddam sinistri ei reputat, examinare procurent, et quid agendum erit, si in examinatione episcopali inventa culpabilis fuerit ? Si enim judicium legale de ea culpabili inventa episcopi sua auctoritate voluerint tollere, contra eum videbuntur agere cujus actio atque sermo perfecta auctoritas noscitur esse, sicut scriptum est : *Quæ cœpit Jesus facere et docere (Act.* i, 1), quoniam isdem de muliere in adulterio deprehensa judicium non abstulit, qui per Moysen hujusmodi lapidari præcepit, **681** sed a justis judicibus fieri judicium legale præcepit dicens : *Primus in illam lapidem mittat (Joan.* viii, 7). Si vero a se examinatam, et repertam culpabilem episcopi tradiderint puniendam, contra pietatem ecclesiasticam, et ipsum Ecclesiæ caput, fontem videlicet pietatis, agere probabuntur, qui dixit : *Nec ego te condemnabo, vade et amplius noli peccare (Joan.* viii, 11). His ita evidenter cognitis, et diligentissime ponderatis, de ad Ecclesiæ pietatem confugientibus auctoritatem majorum sequamur episcopi, et non deprehendemur reprehendendi. Quod denique ibidem scribitur, quia cum nullus specialis accusator accedat, ipsa tamen admonita pariter et interrogata, nihil aliud confitetur quam quod solius Hucberti persecutionem mori timens declinet : quid aliud restat, quoniam a nemine accusatur, si episcopi secundum tales canones, si forte habentur quos nondum legimus, et Christiani ac nobiles laici juxta leges, quas nequaquam didicimus, aliter non invenerint, nisi ut marito suo, et si forte necessitas et ratio pro aliquo ei objecto crimine postulat, cum firmitate de æquitate reddatur, et a marito suo, ne ab Hucberto occidatur, maritali defensione, ut justum est, tueatur, et sic demum maritus secundum Christianorum et ecclesiasticam legem, ut vir de uxore debet, legitima atque legali ex ea potestate utatur ?

INTERROGATIO XXIII.

De eo quod scriptum est a quibusdam dici, si se non ex consensu vir et mulier propter continentiam, sed propter discidium aliquod separare voluerint, vel eorum fragilitati, si separati se continere nequiverint, vel reconciliari noluerint, auctoritate sua episcopos posse consulere.

RESPONSIO.

Sciant quicunque hæc dicunt, secundum quemdam modum, hujusmodi capitulum quartum erroris fuisse illorum, qui sanctæ synodo Chalcedonensi derogare et contraire præsumpserunt, et ab apostolica sede, atque unanimitate totius mundi episcoporum sunt ut erronei condemnati, sicut sanctus Leo multoties, et beatus Gregorius etiam in epistola ad Theoctistam patriciam, hinc inter alia scripsit, dicens (*lib.* ix, *ep.* 39) : « Per se, inquit, Veritas dicit, *Quod Deus junxit, homo non separet (Matth.* xix, 6). Quæ etiam ait : *Non licet dimittere uxorem, excepta causa fornicationis (Matth.* v, 32). Quis ergo huic cœlesti legislatori contradicat ? Scimus quia scriptum est, *Erunt duo in carne una (Gen.* ii, 24). Si igitur vir et uxor una caro sunt, et religionis causa vir dimittit uxorem, vel mulier virum in hoc mundo remanentem, vel etiam fortasse ad illicita vota migrantem, quæ est ista conversio, in qua una eademque caro, et ex parte transit ad continentiam, et ex parte remanet in pollutione? **682** Si vero utrisque conveniat continentem vitam ducere, hoc quis audeat accusare? quando certum est quod omnipotens Deus, qui minora concessit, majora non prohibuit. Et quidem multos sanctorum novimus, cum suis conjugibus et prius continentem vitam duxisse, et postmodum ad sanctæ Ecclesiæ regimina migrasse. Duobus enim modis sancti viri etiam a licitis abstinere solent : aliquando ut meritum sibi apud omnipotentem Deum augeant, aliquando vero ut ante actæ vitæ culpas detergant. Proinde cum boni conjuges, aut meritum augere desiderant, aut ante actæ vitæ culpas delere, ut se ad continentiam astringant, et meliorem vitam appetant, licet. Si vero continentiam, quam vir appetit, uxor non sequitur, aut quam uxor appetit, vir recusat, dividi conjugium non licet, quia scriptum est: *Mulier sui corporis potestatem non habet, sed vir : similiter vir non habet potestatem sui corporis, sed mulier* (*I Cor.* VII, 4). Et in epistola ad Adrianum Panormi notarium, Urbicum abbatem culpat, quia maritum Agathosæ contra voluntatem ejus in monasterio ad conversionem susceperit, et maritum ei, etiamsi jam tonsuratus fuerit, reddi præcepit (*lib.* IX, *epist.* 44): «Nisi, inquiens, quoddam fornicationis crimen, propter quod viro uxorem licet relinquere, prædictam mulierem commisisse cognoveris, ne illius conversio uxori relictæ in sæculo fieri possit perditionis occasio, volumus ut maritum suum illi, vel si jam tonsuratus est, reddere omnino debeas, excusatione cessante : quia postquam per copulationem conjugii, viri atque mulieris unum corpus efficitur, non potest ex parte converti, et ex parte in sæculo remanere.»

Et ne nobis quisquam succenseat, quia judicia ecclesiastica etiam laicis audienda proponimus, legat Patrum solutionem propositæ quæstionis, cur Dominus, qui sancta mordacibus, et margaritas irreverentibus proponere vetuit, requisitus de resurrectione mortuorum (*Matth.* XIX *et* XXII), cum opposita turpi fabula de muliere septivira, infidelibus, invidis, ac tentatoribus secreta legis aperuerit, videlicet quoniam non eis, qui capere non poterant, sed eis qui poterant et simul aderant, quos propter aliorum immunditiam negligi non oportebat, secreta legis aperuit ; et cum eum tentatores interrogabant, respondebatque illis, ita ut quod contradicerent non haberent, quamvis venenis suis contabescerent potius quam illius cibo saturarentur, alii tamen, qui poterant capere, ex illorum occasione multa utiliter audiebant, et a nobis tantillis homullulis sufficientem satisfactionem accipiet. Sed et beatum Augustinum in libro de Bono perseverantiæ pro nobis loquentem benigne suscipiat. Ait enim (*cap.* 16) : « Alia est, inquiens, ratio verum tacendi, alia verum dicendi necessitas. Causas verum tacendi longum est omnes quærere vel inserere, quarum tamen est et hæc una, ne pejores faciamus eos qui non intelligunt, dum volumus eos qui intelligunt facere doctiores, qui nobis aliquid tale tacentibus doctiores quidem non fiunt, sed nec pejores **683** fiunt. Cum autem res vera ita se habet, ut fiat pejor nobis eam dicentibus ille qui capere non potest, nobis autem tacentibus ille qui potest, quid putamus esse faciendum ? Nonne dicendum est potius verum, ut qui potest capere capiat, quam tacendum, ut non solum id ambo non capiant, verum etiam qui est intelligentior, ipse fit pejor? qui si audiret et caperet, per illum etiam plures discerent : quo enim est capacior ut discat, eo magis est idoneus ut alios doceat.»

QUÆSTIONES SEPTEM.

Denique septem quæstiones sequuntur, quas post

A   præmissas, evolutis sex circiter mensibus, ab eisdem a quibus et priores solvendas accepimus. Quarum textum viritim, sicut et præcedentium, solutionibus præponemus, brevi prout poterimus respondentes sermone, ac si in buxea designantes, quæ hinc, unde ea plenius pingere valeat, solers quisque intelligat, quatenus et fratrum petitionibus charitatis viscera non claudamus, et sapienti, secundum Scripturam, occasionem, cum ista plenius investigans intelligere procuraverit, sapientiorem effici præbeamus, et horulis, quas a multiplicibus et diversissimis occupationibus nostris extorquemus potius quam mutuamus, qui cogitationum ferias non habemus, quoquomodo possint sufficere, et legentibus non increscant, quia de propositarum ante quæstionum responsis compendii pene modum excedit voluminis magnitudo. Harum autem quæstionum exordium habetur hujusmodi :

B

Quæsumus dilectionem vestram, ut non vos tædeat, si ad inquirenda nobis ad sciendum necessaria importuni persistimus, quæ postquam nuper vobis ad solvendum quæstiones direximus, multa comperimus, de quibus singulariter singulis nobis ex auctoritate Scripturæ, et regulis, ac doctrina ecclesiasticorum doctorum responderi deposcimus.

QUÆSTIO I.

Dicunt quidam quoniam rex Lotharius habet in suo regno episcopos, et nobiles, ac fideles laicos, quorum consultu atque consilio causam inter se et uxorem suam diffinivit, et non ad alterius regni episcopos, vel ad alios quoscunque inde aliquid pertinet retractare.

C

RESPONSIO.

Talibus respondendum est : *Erratis , nescientes Scripturas, neque virtutem Dei* (*Matth.* XXII, 29). Quando pars filiorum Israel ædificaverunt tumulum testis, pars altera zelo divino succensa pene ad arma cucurrit, ne **684** divideretur populus Domini, sicut postea divisus est in vaccis ab Jeroboam idololatriæ flagitio fabricatis (*III Reg.* XII). Et nunc isti Domini regnum et catholicam Ecclesiam, quæ una est columba atque dilecta, volentes scindere, quasi non tantum suadent, verum et cogunt dicere quod olim dixerunt quidam : *Non est tibi pars in David, nec hæreditas in filio Isai, revertere in tabernacula tua Israel*, tentantes tempori nostro pestilentissimo illud superinducere, quando neque rex, neque dux in populo illo erat, sed unusquisque faciebat quod sibi rectum videbatur. Et utinam non quod rectum, et non quod voluptuose placitum videatur, et tortum ac malum sit, sciens et prudens faciat! Non est ita ut isti malitiose componunt. *Unus Dominus, una fides, unum baptisma, unus Deus et Pater omnium, qui super omnes, et per omnia, et in omnibus nobis* (*Ephes.* IV, 5). Unum regnum, una Christi columba, videlicet sancta Ecclesia, unius Christianitatis lege, regni unius et unius Ecclesiæ, quanquam per plures regni principes et ecclesiarum præsules gubernacula moderen-

D

tur. Sed et hæc de qua agitur talis est causa, quæ **A** generaliter ad omnes Christiano nomine insignitos pertinere noscatur. De rege enim et regina, de Christiano viro et Christiana femina, de lege conjugii in Paradiso primis a Deo data parentibus, et in Ecclesia roborata, et divinis ac humanis legibus per Deum confirmatis cauta, et constituta benedictione per ministerium sacerdotale, et quorumcunque fidelium more celebrata, ratio versatur in medium, quod tam excellentissimum bonum ac donum, tantum diaboli figmentum commaculat, ut illius operatio esse non dubitetur, quem Scriptura appariturum prædicit : *Ut in templo Dei sedeat, ostendens se quasi ipse sit Deus (II Thess.* 11, 4); et : *Nam jam mysterium operatur iniquitatis (ibid.,* 7), cum licita illicite respuuntur, et illicita quasi licite usurpantur, quibus non tantum illi episcopi, in quorum parochiis vel diœceseon sollicitudinibus, vel illi fideles, in quorum oculis talia præsumuntur, ut ad se pertinentia commoveantur : verum universus ordo et omnium ordinum homines, hujusmodi portentuosa novitate moventur. Unde sanctus Cœlestinus papa Romanus, sicut supra jam diximus, ad Venetium et cæteros Gallicanos episcopos dicit (*epist.* 8) : « Universa Ecclesia quacunque novitate pulsatur. » Et ad Nestorium Constantinopolitanum episcopum (*epist.* 5) : « Ab omnibus sciri debet quod agitur, quoties omnium causa tractatur. » Hæc causa quasi est cunctis in specula. Quapropter sic eam necesse est diffiniri, vel diffinitam a cunctis agnosci, sicut debet ab omnibus observari, ut et Dominus dicit : *Quod* **C** *vobis dico, omnibus dico : Vigilate (Marc.* xiii, 37). Et Africano concilio est definitum (*can.* 95), ut causæ, quæ communes non sunt, in suis provinciis judicentur : quoties autem exegerit causa communis, generalis synodus congregetur, ut in ea generalis causa diffiniatur. Quoniam ut Innocentius papa ad Victricium Rhotomagensem scribit episcopum (*epist.* i, c. 1) : « Integrum judicium est, quod plurimorum sententiis **685** confirmatur. » Quapropter necesse est, ut hæc generalis causa ad omnes generaliter pertinens, in omnium notitiam veniat, et generali diffinitione determinetur, ne a minus eam scientibus dicatur. Omnis qui male agit odit lucem, et non venit ad lucem, ut non arguantur opera ejus : qui autem bona agit, venit ad lucem, ut manifestentur opera ejus, quia in Deo sunt facta : et quæ inde, quantum ad generalitatem spectat, in tenebris dicta sunt, in lumine dicantur, et quæ in aure locuta sunt in cubiculis, prædicentur super tecta, ut a nemine reprehendantur, qui ut omnibus verbo et opere luceant, et ab omnibus conspiciantur, ut lucerna super candelabrum et civitas super montem positæ ab omnibus contemplantur.

QUÆSTIO II.

Dicunt etiam quia non sit auctoritas neque ratio, ut causa, quæ judicio episcoporum diffinita est, ad judicium debeat revenire : quia si fecerit, nullius

auctoritatis erunt de cætero isti episcopi qui illam diffinierunt, et quidquid in postmodum diffinierint, firmum esse non poterit, ut non valeat retractari.

Hæc vox imperitorum et nescientium regulas esse dignoscitur. Legite in Sardicensi concilio, quod Zosimus papa per Faustinum episcopum Carthaginensi synodo ex superscriptione Nicæni direxit concilii, et sufficienter invenietis talia dicentes errare. Sed et Leo papa Romanus ac synodus Romæ habita ad Theodosium Augustum de retractanda synodo Ephesina, cui periculose videbatur favere (*epist.* 27) : « Ecce ego, inquit, Christiane et venerabilis impe- **B** rator, cum consacerdotibus meis, implens erga reverentiam clementiæ vestræ sinceri amoris officium, cupiensque vos placere per omnia Deo, cui pro vobis ab Ecclesia supplicatur, ne ante tribunal Domini rei de silentio judicemur, obsecramus coram unius deitatis inseparabili Trinitate, quæ tali facto læditur, cum ipsa vestri sit custos et auctrix imperii, et coram sanctis angelis Christi, ut omnia in eo statu esse jubeatis, in quo fuerunt ante judicium, donec major ex toto orbe sacerdotum numerus congregetur, nec alieno peccato patiamini vos gravari : quia, quod necesse est nos dicere, veremur ne cujus religio dissipatur, indignatio provocetur. » Quod et in hac causa, quæ non modica in fide et religione est portio, ab omnibus sacerdotibus, regibus, et principibus, atque cunctis generaliter simul fidelibus, si negligenter ducitur, non mediocriter est verendum. Sed et sacris manifestatur canonibus, curam esse totius provinciæ penes archiepiscopum vel primatem, qui coepiscoporum debet nosse judicia, de quibus necessaria fuerit reclamatio, et in quibus negotium expetierit, debet **686** electos judices designare. Quibus omnibus demonstratur, quia synodus comprovincialium episcoporum judicia, generalis autem synodus comprovincialium dijudicationes, sive dissensiones, vel probet vel corrigat, ut in Africana synodo demonstratur, quæ nihil de Hipponensi concilio statuit emendandum. Apostolica vero sedes et comprovincialium et generalium retractet, refricet, vel confirmet judicia, sicut epistolæ Leonis, atque Gelasii, cæterorumque Romanorum pontificum, et Sardicensis synodus evidenter ostendunt, et episcoporum recte judicantium confirmatur, et secus judicantium corrigitur, et interdum funditus non perit auctoritas.

QUÆSTIO III.

Et dicunt, quia non alii archiepiscopi, excepto apostolico, majoris auctoritatis sint, quam illi qui hanc causam diffinierunt : quæ si iterum ad judi- **D** cium revenerit, et inventum fuerit quia persistere ita non debeat, isti episcopi, qui eam judicaverunt, amplius in episcopatu manere non poterunt.

Econtra sanctus Cœlestinus ad Nestorium scripsit, *Nos,* inquiens, *et quod contra fas est, etiam sa-* A *cerdotes volumus esse correctos.* Relegant qui hæc dicunt Actus apostolorum, et videant, quia de quæstione circumcisionis et observatione legis, quidam descendentes ab Jerusalem in Antiochiam commoverunt seditionem adversus Paulum et Barnabam, adeo ut statuerint pro hac quæstione, missis cum eisdem etiam aliis, ascendere Hierosolymam ad apostolos et presbyteros, de qua itidem quæstio post adventum eorum mota est a quibusdam ex Pharisæis in Jerusalem : et perpendant, quod aliter ex ea diffinitum a Petro, et sit judicatum a Jacobo, quam illi judicarent, et diffinirent, et nemo sit illorum damnatus (*Act.* xv). Videant quoque in Epistola Pauli ad Galatas, Petrum de simulatione ab eodem Paulo reprehensum, correptum, atque correctum, et B non damnatum : et eamdem correptionem a primo apostolorum adeo acceptatam, ut easdem Pauli Epistolas, in quibus se reprehensum legerat, magnis laudibus honoraret (*Gal.* ii; *II Petr.* iii). Et ne quis dicat, ut secundum Scripturam minor a majore benedicitur (*Hebr.* vii, 7), ita non major a minore judicabitur, legant Pauli Epistolas ad Corinthios, et invenient archiepiscopum et doctorem egregium redarguisse inobedientes, atque correxisse, non condemnasse episcopos, quia fornicatorem sine digna invectione permitterent inter se degere. Et quoniam pro hujusmodi excessu episcopos increpaverit, evidenter ipse demonstrat dicens : *In nomine Domini nostri Jesu Christi, congregatis vobis et meo spiritu* (*I Cor.* v, 4). Et in secunda Epistola : C *Propter quod obsecro vos, ut confirmetis in illum charitatem. Ideo enim hæc scripsi vobis, ut cognoscam* **687** *experimentum vestri, an in omnibus obedientes sitis. Cui aliquid donastis, et ego. Nam ego, quod donavi, si quid donavi, propter vos in persona Christi* (*II Cor.* ii, 8, 9, 10). *Donavi* enim dixit, indulsi ; quod non aliorum est : de publico publice abjecto crimine, quam episcoporum, sicuti norunt qui regulas ecclesiasticas non ignorant. Unde et in Carthaginensi concilio scribitur (*can.* 15) : Hoc etiam, inquit, placuit, ut a quibuscunque judicibus ecclesiasticis ad judices ecclesiasticos, ubi est major auctoritas, fuerit provocatum, non eis obsit, quorum fuerit soluta sententia, si convicti non fuerint vel inimico animo judicasse, vel aliqua cupiditate aut D gratia depravati. De hoc autem, quia non alii archiepiscopi majoris auctoritatis sunt quam isti, ut ante eos hæc causa iterum ad judicium veniat, supra ostendimus, quia *quod singularitas non habet, pluralitas obtinet.* Quod et auctoritas Scripturæ demonstrat dicens : *Si duo ex vobis consenserint de omni re super terram, fiet illis;* et : *Ubi duo vel tres congregati fuerint in nomine meo, in medio eorum sum* (*Matth,* xviii, 19, 20). Et quando apostoli, cum cæteris fidelibus et Maria matre Jesu congregati, simul oraverunt, motus est locus, et super centum viginti in die Pentecostes congregatos Spiritus sanctus in igneis linguis apparuit (*Act.* ii). Et Paulus,

ut supra diximus, demonstrat dicens, *Congregati vobis et meo spiritu* (*I Cor.* v, 4). Et apostolorum princeps, multa donorum gratia repletus, maxima miraculorum potestate suffultus, quando per admonitionem Spiritus ad Cornelium gentilem fuit ingressus, contra eum a fidelibus quæstione facta, cur ad gentiles intrasset, et comedisset cum eis, cur eos in baptismate recepisset, non ex potestate, sed ex ratione querelæ respondit, causam per ordinem exposuit, humili eos ratione placavit, atque in causa reprehensionis suæ etiam testes adhibuit, dicens : *Venerunt autem mecum et sex fratres isti* (*Act.* x, et xi). Si igitur pastor Ecclesiæ, et apostolorum princeps, signa et miracula singulariter faciens, non dedignatus est in causa reprehensionis suæ rationem humiliter reddere, quanto magis nos peccatores, cum de aliqua re reprehendimur, reprehensores nostros ratione humili placare debemus, etiamsi majoris auctoritatis in aliquo judicemur ? Et hæc dicimus, non quo fratres et consacerdotes nostros in aliquo secundum regulas ecclesiasticas judicantes reprehendamus, sed ut quæ agenda nobis sunt, qui aliquid esse dicimur, cum nihil simus, ut dicit Apostolus (*Gal.* vi), non nosmetipsos seducamus, manifestius demonstremus : et si in causa, de qua disceptatio nascitur, quiddam emendatione dignum exstiterit, salva charitate mutetur in melius, sicut de non circumcidendis gentibus, et non de jugo legis eis gravandis sensit Paulus, consensit Petrus, adjudicavit Jacobus (*Act.* xv). Et sicut sacrum Nicænum decrevit concilium (*can.* v), ut communiter omnibus simul episcopis congregatis provinciæ discutiantur hujusmodi quæstiones, et facta discussione, aut ita ut acta sunt maneant, aut in melius mutetur sententia (*can.* 6). Et si communi cunctorum decreto rationabili, et secundum regulam **688** ecclesiasticam comprobato, duo aut tres, non propter fidei veritatem, vel auctoritatis sinceritatem, sed propter contentiones proprias contradicunt, obtineat sententia plurimorum (*can.* 9). Si autem ex superfluo, ut solet accidere, fraterna diffinitio retractanda visa quibusdam fuerit, sicut de suscipiendis gentibus supra meminimus, et plena fide atque auctoritate ratio reddita fuerit, Actuum apostolorum sententia in medium veniat, qua prosequente Petro de gentibus dicitur : *Si ergo eamdem gratiam dedit illis Deus, sicut et nobis, qui credidimus in Dominum Jesum Christum, ego quis eram, qui possem prohibere Deum ? His auditis, tacuerunt, et glorificaverunt Deum dicentes : Ergo et gentibus pœnitentiam dedit Deus ad vitam* (*Act.* xi, 17, 18). Si etiam minus necessaria forte emerserit quæstio, fraterni motus animi ad pacis charitatisque custodiam componantur, sicut demonstrat auctoritas evangelica, quando facta est quæstio inter discipulos quis eorum videretur esse major (*Luc.* xxii, 24). Et si aliquis contra subjectos violenter ac negligenter, sive in sacro ministerio secus quam debeat egerit, secundum regulas sancto Spiritu promul-

gatas, ab his quorum interest corrigatur et emen- A
detur, sicut et Nicænum concilium (*can.* 5) de excommunicatis, et Sardicense (*can.* 17) de iracundo
episcopo, quod esse non debet, qui presbyterum
vel diaconem suum exterminare voluerit, et Chalcedonense (*can.* 25) de neglecta ordinatione episcoporum, et cætera quæque concilia, atque epistolæ
Leonis sive Gregorii manifeste demonstrant. Si
denique fidei, quod absit, aut ecclesiastico dogmati, vel sacræ auctoritatis statutis, quilibet temerario
ausu obloqui, vel conculcare tentaverint, et hi secundum præceptum Dominicum moneantur, et si,
quod longe faciat Dominus rebelles, ac contentiosi
contemptoresque perstiterint, necesse est ut dignis
invectionibus, secundum sacros canones, et exempla atque statuta majorum, feriantur et compri- B
mantur, sicut sanctus Leo in epistola ad universas
decrevit provincias (*epist. ad episc. Ital.*) : « Omnia, inquiens, quæ de ecclesiasticis ordinibus, et
canonum promulgata sunt disciplinis, ita a vestra
dilectione custodiri debere mandamus, ut si quis
in illa commiserit, veniam sibi deinceps noverit
denegari : et qui contra constituta venire tentaverit, et prohibita fuerit ausus admittere, a suo se
noverit officio submovendum, nec communionis nostræ futurum esse consortem, qui socius esse noluit disciplinæ. » Et beatus Gelasius : « Nec ambi-
gant qui hæc exercere sunt ausi, seu etiam qui
hactenus cognita siluerunt, sub honoris proprii
jacere dispendio, si non quanta possunt celeritate
festinent ut lethalia vulnera competenti medicatione C
recurentur. » Et sanctus Cælestinus ad Nestorium
(*epist.* 5) : « Quibus præmissa conventione consulimus, in hos necesse est damnationis sententiam,
si abutantur nostra salubri admonitione, firmemus. »
Et ad Cyrillum Alexandrinum : « Hæc ideo dicimus,
ne volenti corrigere forsitan deesse videamur. Nam
et si nobis sustinentibus uvam, spinas sibi addiderit, impleatur, et manentibus statutis **689** prioribus, sui fructu judicii colligat quod sulco diabolico seminavit, non nostro consilio sed se periturus auctore. »

QUÆSTIO IV.

Dicunt nihilominus quia si isti regi non licuerit
aliam uxorem accipere, aut suam concubinam sicut
nunc habet tenere, quod velit nolit illa sua uxor judicabitur ad illum redire : et ille tale ingenium de D
illa inveniet, ut ab illa liberetur, et ulterius non debeat ad judicium inde venire.

RESPONSIO.

Non hujusmodi judicium ex evangelica veritate, et
apostolica auctoritate, vel sacrorum canonum pro-
mulgatione didicimus : sed sicut Africana synodus
diffinivit (*can.* 69) : Placuit, inquiens, ut secundum
evangelicam et apostolicam disciplinam, neque dimissus ab uxore, neque dimissa a marito, alteri conjungantur, sed ita maneant, aut sibimet reconcilientur. Reconcilientur enim dixit, non cogantur : et qui
sanum sapit, qualiter reconciliatio fiat intelligit. Et

item Paulus, commemorans de eo per quem reconciliati sumus Deo, et ministerium reconciliationis
accepimus : *Obsecramus*, inquit, *pro Christo, reconciliamini Deo* (*II Cor.* v, 18). Quæ reconciliatio fit
gratia vocantis non cogentis Dei, et libero non co-
acto arbitrio hominis. Et de justo viro scriptum est :
In tempore iracundiæ factus est reconciliatio (*Eccli.*
xliv, 17), videlicet ut non reputentur delicta. Qui
enim novit unde *concilio* et *reconcilio* componitur,
reconciliationis modum et ordinem non ignorat. Diversa siquidem morborum genera diversa medicamentorum quærunt experimenta. Et legimus in sacra
auctoritate, quosdam redigi et cogi ad pœnitentiam,
quosdam vero excommunicari donec ad pacem redeant, quosdam vero partim suæ voluntatis libertati
relinquere, sicuti supra ostendimus ex epistola sancti
Gregorii de Leonis chartularii muliere, quæ eum
pro fornicationis crimine, induta religiosa veste ad
tempus reliquerat, sed post præstitum sacramentum,
agnita mariti innocentia, ad eum sponte reversa est.
De qua, quid erga eam debeat observari, Secundino
Taurominitano scribit episcopo. In quibusdam vero
ex toto libertatis est exspectandum arbitrium, sicut
et in hac causa, quia conceditur ut causa fornicationis vir et mulier separentur, vel separati reconcilientur. Cogitur autem, ablato penitus voluntatis arbitrio, et non conceditur, ut vir et mulier, excepta
causa fornicationis, separentur, et ut separati aliis
nullo modo conjungantur. Hinc sanctus Augustinus in
secundo libro de adulterinis conjugiis dicit (*cap.* 13) :
« Non est, inquiens, ad quod exhortemur eos qui reconciliari timeat conjugibus adulteris pœnitendo sanatis, nisi ad custodiendam continentiam : quoniam
mulier alligata est, quandiu **690** sive mœchus sive
castus vir ejus vivit, mœchatur si alteri nupserit ;
et vir alligatus, quandiu sive mœcha sive casta uxor
ejus vivit, mœchatur si alteram duxerit (*I Cor.* vii,
39). Hæc namque alligatio quandoquidem non solvitur, etiamsi per repudium conjux a casta conjuge
separetur, multo minus solvitur, si non separata mœchetur : ac per hoc non eam solvit nisi mors conjugis, non in adulterium corruentis, sed de corpore
exeuntis. Quapropter si recesserit mulier ab adultero viro, et ei reconciliari non vult, maneat innupta ;
et si dimiserit vir adulteram mulierem, et eam non
vult recipere nec post pœnitentiam, custodiat continentiam, et si non ex voluntate eligendi potioris
boni, certe ex necessitate vitandi perniciosi mali.
Ac per hoc ad hoc exhortarer, etiamsi uxor esset in
languore insanabili atque diuturno, aut etiamsi alicubi esset corpore separata, quo maritus non posset
accedere : postremo ad hoc exhortarer, etiamsi mulier volens vivere continenter, quandiu contra disciplinam, quia non ex consensu, tamen pudicum pudica dimitteret. Puto enim Christianum neminem
reluctari, illum adulterum esse, qui, vel diu languente, vel diu absente, vel continenter vivere cu-
piente sua uxore, alteri commistus est feminæ. Sic ergo
et dimissa adultera, adulter est cum adultera, que-

niam non ille aut ille, sed, *omnis, qui dimittit uxo-* **A**
rem suam et ducit alteram, mœchatur (Luc. xvi, 18).»
Et item in eodem (*cap.* 18) : « Illis viris et gratiam,
videlicet baptismatis, et medicinam siquidem pœnitentiæ negabimus, quandiu cum adulteris vivunt, si,
prioribus uxoribus præter causam fornicationis re-
pudiatis, alteras duxerint. Nisi forte quis dicat neminem posse uxorem suam mœchari facere, si
pudica est : et tamen Dominus : *Omnis qui dimiserit,*
inquit, *uxorem suam præter causam fornicationis,*
facit eam mœchari (Matth. v, 53). Utique propterea,
quia cum esset pudica cum viro, tamen dimissa cogitur per incontinentiam, vivo priore viro, alteri
copulari, et hoc est mœchari. Quod si hoc ista non
fecerit, tamen ille, quantum in ipso est, facere compulit, et hoc ei Deus peccatum, etiamsi illa casta
permaneat, imputabit. » Et item (*ibid.*) : « Hæc
autem me de utroque sexu memineris dicere. » Et
item (*ibid.*) : « Tunc quippe ibi erunt, qui viventibus
conjugibus pristinis non conjugibus propriis, sed adulteris adhærebunt. Et si a regno cœlorum aberunt,
ubi erunt, nisi ubi salvi non erunt? » Unde constat,
quia sicut supra auctoritate Scripturarum, et magistrorum doctrina monstravimus, vir et uxor separari non possunt, nisi aut propter continentiam
connubii, quo amplius, quia spiritualius, conjuncti
perseverant, aut propter fornicationem, quia unum
corpus et unam carnem quisque eorum diviserit :
propter quam causam si digne pœnitentes simul permanere vel reconciliari noluerint, separari si voluerint possunt, cogi autem ut simul maneant vel ut
reconcilientur, omnino non debent, persuaderi si
possunt debent : quia reconciliatio voluntatem
quærit, amorem expetit, quæ sicuti fides et
691 pura confessio suaderi potest, extorqueri non
potest, cogi autem ut simuletur potest, ne vero aliis
propter fornicationem disjuncti conjungantur, pro-
liberi omnimodis debent : quod si contempserint,
debent ad pœnitentiam redigi. Et quoniam de simulatione quiddam tetigimus, si forte simulatio, quod
absit, in quocunque homine fuerit, qui propter fornicationem manifeste ab uxore, ne illi iterum conjungatur, potest rejici, ut eam persuasam, non autem
coactam, recipiat, quia illa vivente alteram non valebit accipere, nisi forte talis inventa fuerit ratio, **D**
cui sacra non contradicat auctoritas, meditetur eam
quoquo modo perdere, talis firmitas debet ab eo
quæri, sicut sanctus Gregorius ab his præcipit exigi,
æquitate illis servanda, qui vim injustitiæ metuentes, ad sacraria sacra confugiunt, quam firmitatem si convictus quisque fuerit temerasse, publicis
et ecclesiasticis debet subjacere judiciis. Si autem
clanculo egerit, ut legaliter convinci non possit, habebit sacerdotali suasione commonitus conscientiæ
suæ testem, quem habebit et judicem. Nam episcopalis providentia absoluta in judicio illi dicet, quod
Elias Elisæo studuit demonstrare : *Quod,* inquit,
meum fuit, feci tibi (III Reg. xix, 20). Et Domino :
Justitiam tuam non abscondi in corde meo, veritatem

tuam et salutare tuum dixi (Psal. xxxix, 11). Et in **A**
his, atque aliis omnibus, in doctrina sua sacerdotalis auctoritas apostolicam debet illam semper formam servare, in qua dicit, *Argue, obsecra, increpa*
(*II Tim.* iv, 2), id est, miscens temporibus tempora,
terroribus blandimenta, dirum magistri, pium patris ostendat affectum, id est, indisciplinatos et inquietos debet durius arguere, obedientes autem, et
mites, et patientes, ut in melius proficiant, obse-
crare, negligentes vero et contemnentes corripere et
increpare, neque debet peccata delinquentium dissimulare, sed mox ut cœperint oriri, radicitus ea ut
prævalet amputare.

QUÆSTIO V.

Sed et de Bosonis muliere, de qua idem Boso apud **B**
Confluentes reclamavit, quæ postea ad istum regem
venit, et in illius potestate fuit, quidam dicunt, quod
malum facit, quia cum possit, eam suo marito non
reddit. Et quidam dicunt, quia non decet ut suam
propinquam, quæ ad illius fidem venit, ad mortem
tradat, nec convenit ut francam feminam opprimat,
et sicut ancillam constringat, et alteri illam nolentem reddat. Et quidam dicunt, quia si eam reddere
voluerit, ad Normannos ibit : et melius est ut eam
inter Christianos habitare permittat, et inter eos vitam, quam alter illi vult tollere, liberet.

RESPONSIO.

Capitula sunt legalia imperatorum et regum prædecessorum suorum, quid sustinere debeat qui post
bannum latronem receperit, **692** et in chirographo **C**
regum nostrorum hinc expresse decernitur; cujus
ministerium est agere ut illa observentur; sicut sanctus Ambrosius ad Valentinianum scribit: *Leges enim*
imperator ferat, quas primus ipse custodiat, quas si
ipse fregerit, timendum est ne audiat ab Apostolo :
Qui prædicas non furandum, furaris; qui abominaris
idola, sacrilegium facis (Rom. ii, 11). Propterea salubriter et convenienter a Domino audiat, *Medice,*
cura temetipsum (Luc. iv, 23). Timeat etiam quod
scriptum est, dicente Domino cuidam regi : *Quia di-*
misisti virum morte dignum, erit anima tua pro anima
illius, et populus tuus pro populo illius (III Reg. xx,
42). Et item : *Impio præbes auxilium, et his qui ode-*
runt me amicitia jungeris : propterea iram quidem
Domini merebaris (II Paral. xix, 2). Et item scriptum est : *Anathema in medio tui, non poteris stare*
coram inimicis tuis (Jos. vii, 13). Et : *Qui tetigerit*
picem, inquinabitur ab ea. (Eccli. xiii, 1). Nemo enim
abscondit ignem in sinu suo, et vestimenta ejus non
exuruntur (*Prov.* vi, 27). Si de misericordia agitur,
legat et videat quam impia misericordia impie offendit Saul, quia pepercit Agag, sed illum non liberavit,
et ipse regnum etiam perdidit (*I Reg.* xv). Et sanctus Cœlestinus dicit : Est pietas, de qua nascatur
impietas. Si de propinquitate, audiat scriptum :
Qui dixerunt Patri suo et matri suæ, Non novi vos,
et fratres suos in causa Dei non cognoverunt, hi cu-
stodierunt testamentum tuum, Domine (Deut. xxxiii,

9). Et Dominus : *Qui amat patrem suum et matrem suam plus quam me, non est me dignus* (*Matth.* x, 37), et cætera quæ ibi sequuntur. Si de libertate, judicio legis et divinæ et mundanæ illius esse dignoscitur qui eam reperit, contra quem ut dicitur fornicata, de fornicatione conqueri non valet. Si pro liberatione vitæ ut dicitur eam retinet, supra ostendimus quam firmitatem de æquitate servanda exigi ab eo ecclesiastica jubet auctoritas. Si, ut dicitur, ob hoc eam retinet, ne apud Nortmannos pereat, respondeat inde Apostolus : *Infidelis si discedit, discedat* (*I Cor.* vii, 15). Et : *Auferte malum ex vobis* (*I Cor.* v, 13), ne una ovis morbida totum gregem contaminet. Et non est rex iste justior Domino, qui nec Judam, ne ad Judæos, vel sicut Petrus dicit : *In locum suum iret* (*Act.* i, 25), invitum prohibuit, nec pueros Herodem per potentiam occidere vetuit, neque Petrum, ne milites pro eo occiderentur in carcere, de quo eum, quando producturus erat, in ipsa nocte eripere destitit (*Act.* xii). Sed et Dominus, qui proximum quemque sicut seipsum diligere docuit, neminem peccare, ut alter a peccato liberaretur, rogavit. Et qui animam suam, id est vitam corporis etiam pro inimicis posuit, et ponendam pro amicis prædicavit, neminem debere æternaliter perire docuit, ne alter in æterna damnatione periret. Providere etiam debet quisque sui talibus se commiscet, et talia opponit, ne reputetur intendere ad excusandas excusationes in peccatis, quia non solum qui faciunt, sed et qui consentiunt facientibus digni sunt morte : a qua consensione liber non erit, qui cum malum possit avertere non avertit, vel cum malos possit reprimere, in sua eos libertate dimittit : *Judex enim, sicut scriptum est, qui non sine causa gladium portat, constitutus est ad vindictam* **693** *malefactorum, laudem vero bonorum* (*Rom.* xiii, 4). Cui in libro Deuteronomii dat regulam judicii et punitionis Dominus dicens : *Vir autem, aut mulier, qui faciunt mala in conspectu Domini Dei tui, et transgrediuntur pactum illius, ut vadant et serviant diis alienis, et adorent eos, solem, et lunam, et omnem militiam cœli, quæ non præcepi, et hoc tibi fuerit nuntiatum, audiensque inquisieris diligenter, et verum esse repereris, quia abominatio facta est in Israel, educes virum ac mulierem, qui rem sceleratissimam perpetrarunt, ad portas civitatis tuæ, et lapidibus obruentur. In ore duorum aut trium testium peribit qui interficietur. Nemo occidatur uno contra se dicente testimonium. Manus testium prima interficiet eum, et manus reliqui populi extrema mittetur, ut auferas malum de medio tui* (*Deut.* xvii, 2-7). Et ne quis dicat, Hæc sententia non pertinet ad mulierem Bosonis, quia de idololatris scribitur, legat Scripturam dicentem : *Quorum Deus venter est, et gloria in confusione ipsorum qui terrena sapiunt* (*Philip.* iii, 19). Sed et hæc sententia ad rem nefariam pertinet, quæ Hucberto, et regis mulieri, ut dicitur, reputatur : quoniam in libro Levitico abominationes singillatim designatæ morte multantur,

adultera lapidibus præcipitur obrui : salva legum latione, quæ eisdem profertur legibus, quas illi condiderunt, qui auctore Domino leges justa decernentes condiderant. Unde sanctus Augustinus in secundo libro de adulterinis conjugiis, post prædicamenta, quibus persuaderi viris jubet, ut a sanguine adulterarum se abstineant conjugum, dicit (*cap.* 15) : Postremo, inquiens, quæro abs te, utrum marito Christiano liceat, vel secundum veterem Dei legem, vel Romanis legibus, adulteram occidere? Si licet, melius est ut ab utroque se temperet, id est, et a licito illa peccante supplicio, et ab illicito illa vivente conjugio. Quod si alterutrum eligere perseverat, satius est ei facere quod licet ut adultera puniatur, quam id quod non licet ut ipsa viva ille mœchetur. Si autem, quod verius dicitur, non licet homini Christiano adulteram conjugem occidere, sed tantum dimittere, ea videlicet conditione, ut aut continenter vivat, aut ei reconcilietur : quia si illa vivente alteram duxerit, et ipse adulterii sine dubio reus erit. »

QUÆSTIO VI.

Dicunt quoque etiam aliqui sapientes, quia iste princeps rex est, et nullorum legibus vel judiciis subjacet, nisi solius Dei, qui eum in regno, quod suus pater illi dimisit, regem constituit, et si voluerit pro hac vel alia causa ibit ad placitum, vel ad synodum, et si noluerit, libere et licenter dimittet : et sicut a suis episcopis, quidquid egerit, non debet excommunicari, ita ab aliis episcopis non potest judicari, quoniam solius Dei principatui debet subjici, a quo solo potuit in principatu constitui : et quod facit, et qualis est in regimine, divino sit nutu, sicut scriptum est : *Cor regis in manu Dei quocunque voluerit vertet illud* (*Prov.* xxi, 1).

694 RESPONSIO.

Hæc vox non est catholici Christiani, sed nimium blasphemi, et spiritu diabolico pleni. David rex et propheta peccans, etiam a minore suo Nathan increpatus audivit quoniam vir mortis erat, et per validissimam pœnitentiam est salvatus (*II Reg.* xii). Saul a Samuele percepit quia de regno esset dejectus (*I Reg.* xiii et xv). Roboam a propheta æque suscepit, quia de manu illius regnum, quod bene pater suus tenuerat, esset scindendum (*III Reg.* xi). Quando peccaverunt reges, et filii Israel, et traditi sunt in manus gentium, sicut Manasses et Sedechias, vel timuerunt a facie Domini sicut Ezechias, per prophetas vel iram a Domino susceperunt, vel misericordiam meruerunt. Et in Deuteronomio scriptum est : *Si difficile et ambiguum apud te judicium esse perspexeris inter sanguinem et sanguinem, causam et causam, lepram et non lepram, et judicum intra portas tuas videris verba variari, surge et ascende ad locum quem elegerit Dominus Deus tuus, veniesque ad sacerdotes Levitici generis, et ad judicem qui fuerit in illo tempore, quærensque ab eis, qui indicabunt tibi judicii veritatem, et facies quodcunque dixerint qui præsunt loco, quem elegerit Dominus, et docuerint te juxta legem ejus, sequeris sententiam eorum, nec declinabis ad dexteram vel ad sinistram. Qui autem superbierit nolens obedire sacerdotis imperio qui eo tempore ministrat Domino Deo tuo, et decreto judicis, morietur homo ille, et auferes malum de Israel, cunctusque populus audiens timebit, ut nullus deinceps intumescat superbia* (Deut. xvii, 8-13). Per sacerdotes enim dicit Dominus : *Et nunc, reges, intelligite; erudimini, qui judicatis terram. Servite Domino in timore, et exsultate ei cum tremore. Apprehendite disciplinam, ne quando irascatur Dominus, et pereatis de via justa* (Psal. ii, 10, 11, 12). Et apostolica auctoritas commonet, ut et reges etiam obediant præpositis suis in Domino, qui pro animabus eorum invigilant, ut non cum tristitia hoc faciant (Heb. xiii). Et beatus Gelasius papa ad Anastasium imperatorem scribit (epist. 10) : « Quia duæ sunt personæ, quibus principaliter hic regitur mundus, scilicet pontificalis auctoritas, et regia dignitas, et tanto majus est pondus pontificum, quanto de ipsis etiam regibus reddituri sunt Domino rationem. » Ambrosius Theodosium imperatorem ab ecclesia culpis exigentibus segregavit, et per pœnitentiam revocavit. Nostra ætate pium Augustum Ludovicum a regno dejectum, post satisfactionem episcopalis unanimitas, saniore consilio, cum populi consensu, et Ecclesiæ et regno restituit. Quod dicitur, quia rex nullorum legibus vel judiciis subjacet, nisi solius Dei, verum dicitur, si rex est sicuti nominatur. Rex enim a regendo dicitur, et si seipsum secundum voluntatem Dei regit, et bonos in viam rectam dirigit, malos autem de via prava ad rectam corrigit, tunc rex est, et nullorum legibus vel judiciis nisi solius Dei subjacet : quoniam arbitria possunt dici, leges autem non sunt, nisi **695** illæ quæ Dei sunt per quem reges regnant, et conditores legum justa decernunt. Et quicunque rex veraciter rex est, legi non subjacet, quia lex non est posita justo, sed injustis, et non subditis, impiis et peccatoribus, sceleratis, contaminatis, parricidis, et matricidis, homicidis, fornicariis, masculorum concubitoribus, plagiariis, mendacibus, et si quid aliud sanæ doctrinæ adversatur, et his qui operibus carnis serviunt, de quibus dicit Apostolus : *Manifesta autem sunt opera carnis, quæ sunt fornicatio, immunditia, luxuria, idolorum servitus, veneficia, inimicitiæ, contentiones, æmulationes, iræ, rixæ, dissensiones, sectæ, invidiæ, homicidia, ebrietates, comessationes; et his similia, quæ prædico vobis, sicut prædixi, quoniam qui talia agunt regnum Dei non consequentur* (Gal. v, 19, 20, 21). Qui autem se et alios secundum fructus Spiritus regit, *qui sunt charitas, gaudium, pax, longanimitas, patientia, bonitas, benignitas, mansuetudo, fides, modestia, continentia, castitas*, legi non subjacet, quia *adversus hujusmodi non est lex* (ibid., 22-23). Sed solo judicio Christi subjacet, a quo et remunerabitur cujus est qui carnem suam crucifigit cum vitiis et concupiscentiis. Alioquin adulter, homicida, injustus, raptor, et aliorum vi-

tiorum obnoxius quilibet, vel secrete, vel publice judicabitur a sacerdotibus, qui sunt throni Dei, in quibus Deus sedet, et per quos sua decernit judicia, quibus et in apostolis suis, quorum locum in Ecclesia tenent, Dominus dixit : *Si peccaverit frater tuus, corripe eum inter te et ipsum solum. Si te non audierit, adhibe unum vel duos : quod si nec te audierit, dic Ecclesiæ. Quod si nec Ecclesiam audierit, sit tibi sicut ethnicus et publicanus* (Matth. xviii, 15, 16). Et ne quis in hoc sacerdotem parvipendat adjunxit Dominus : *Amen dico vobis, quæcunque alligaveritis super terram, erunt ligata et in cœlo, et quæcunque solveritis super terram, erunt soluta in cœlo* (ibid., 18). Et item dicit . *Qui vos audit, me audit; et qui vos spernit, me spernit* (Luc. x, 16). Quod dicitur, quia a solo Deo in regno, quod pater suus illi dimisit, constitui potuit : sciant qui hoc dicunt, quia quidam a Deo in principatu constituuntur, ut Moyses, Samuel, et Josias, de quo scriptum est antequam nasceretur, *Ecce filius nascetur domui David, Josias nomine* (III Reg. xiii, 2), et reliqua quæ ibi sequuntur. Quidam vero a Deo per hominem, ut Josue, et David. Quidam autem per hominem, non sine nutu divino, quia nihil fit, ut Augustinus dicit, nisi quod aut ipse facit, aut fieri ipse permittit, et quidquid agitur, ministerio angelorum et hominum agitur, ut Salomon jussu patris David per Sadoch sacerdotem, et Nathan prophetam (III Reg. i). Et multi civium vel militum fulti auxilio reges constituuntur vel dejiciuntur de principatu, et etiam sancti, sicuti Samuel (I Reg. viii). Successione etiam paterna quidam regnant, sicut de his omnibus in historiis et chronicis, et etiam in libro, qui inscribitur *Vita Cæsarum*, invenitur. Quidam siquidem tyrannica usurpatione obtinent principatum, propter sua complenda, vel populi ulciscenda peccata, de quibus scriptum est, *Ipsi regnaverunt, et non ex me, principes exstiterunt, et non cognovi* (Ose. viii, 4). Et **696** item : *Qui facit regnare hypocritam propter peccata populi* (Job xxxiv, 30). Quod tale est sicut et necesse est ut veniant scandala, væ autem homini per quem scandalum venit : quia væ illi est, ut quod flendum est, talem se suo vitio efficit, ut per illum quod ad væ pertinet exsequatur. Quod de regno dicitur, quia pater suus ei illud dimisit, vereri hinc potius rex iste debet divina, et verecundari humana judicia, quam de regni adeptione forte gloriari, si tamen patris bonos mores, et sanctam vitam, et æquum ac justum regimen imitatus non fuerit, vel si, quod absit, illius pravos mores, aut injustam vitam, quam illum habuisse non dicimus, sive indignum regimen sequi delegerit. Quid enim filios Samuelis necessitudo juvit parentis, cujus non fuerunt virtutis hæredes? Quid etiam Moysi liberis paterna profuit cura justitiæ, cujus eos imitatio non successit? Itaque neque ad illos patris potestas quasi ex successione defertur, qui illum vocabulo tantum signabant parentem, et ad eum migravit qui illius erat filius virtute non genere, quod et iste debet timere. E regione vero quid Timotheo nocuisse creditur quod fuerit patre gentili? Siquidem et sanctus Abraham impium habuit patrem, neque tamen hæres illius impietatis effectus est. Et Ezechias profanissimi Achaz filius fuit, sed Dei amicus esse promeruit. Quid autem e diverso Noe filius de patris virtute lucratus est, qui ex ingenuo factus est servus? Et Joseph in media quondam servivit Ægypto, sed gloriosam sibi texuit castitatis coronam. Et tres pueri et Daniel in Babylone fuerunt principibus celsiores. Videmus certe quam non sufficiat ad suffragium liberis paterna nobilitas. Vitia siquidem vicerunt naturæ privilegia, et peccantem non modo de nobilitate patris, verum de ipsa etiam libertate pepulerunt. Esau quoque nonne sancti Isaac erat filius, magno etiam patris favore munitus? Qui licet studeret atque cuperet nempe ei benedictionem donare, propter quod etiam ille omnia patris jussa faciebat, sed tamen quia pravis moribus erat, nihil ex his omnibus prorsus adjutus est, sed juxta naturæ ordinem prior, et de patris voluntate securior, quia tamen displicebat Deo, omnia quæ jam tenere videbatur amisit. Quæ omnis rex, sed et iste attendat, et non omnia quæ ei libent libenter faciat, quia non omnia quæ licent expediunt. Et juxta quod scriptum est, *Magnates humiliet caput suum in honore Regis regum, cujus est regnum, et per quem reges regnant (Eccli. iv; Prov. viii)*: qui dicit, *Honorantes me honorificabo, et hi qui contemnunt me erunt ignobiles (I Reg. ii, 30)*. Et sacerdotibus suis dicit: *Qui vos recipit me recipit, et qui vos audit me audit, et qui vos spernit me spernit (Luc. ix et x)*. Exemplum denique Scripturæ, *Cor regis in manu Dei, quocunque voluerit vertet illud (Prov. xxi, 1)* ad confirmandum quia quod facit et qualis in regimine populi, nutu divino fiat, male, sicut et diabolus abusus est ad Salvatorem, *Angelis suis mandavit de te (Matth. iv, 6)*, interpretatus est iste illius discipulus. Cæterum *cor regis in manu Dei est*, quia, sicut supra ostendimus, ille veraciter **697** rex est, qui se suasque cogitationes, verba, et actus sub divino rexerit nutu. Et cor illius in manu est Dei, ut in hac convalle lacrymarum ascensus disponat in corde suo, ambulans de virtute in virtutem, donec videatur Deus in Sion, id est in æternæ felicitatis et divinæ visionis contemplatione. Econtra autem, cor ejus, qui sessore diabolo male regitur, in illius est potestate: adeo ut si aliquid de mandatis Dei audierit, veniens ipse diabolus tollat verbum de corde ejus, ne credens, vel in his quæ crediderat operando perseverans, salvus fieri valeat: et sic traditus in reprobum sensum facit quæ non conveniunt, quia cum cognoverit Deum, non sicut Deum dignis obsequiis honoravit. De eo quod dicitur, Quia Rex, si noluerit venire ad synodum, libere etiam compellatus dimittet: sancta Scriptura, sacrique canones monstrant, in judicio personam non debere accipere, sed causæ qualitatem discernere. Et Hucbertus, postquam certo crimine in sororem suam perpetrato denotatus, et litteris synodalibus ad synodum exstitit provocatus, jam in tribus synodis per legatos et litteras ad rationem reddendam, tantum ut eum servandæ sibi æquitatis securitate venire valeret, suam præsentiam obtulit, et causidicus ac reputator criminis toties defuit, aut libertatem reddendæ rationis negavit. Unde Bonifacius papa ad Gallicanos scribit episcopos (*epist.* 11): « Probat, inquiens, vera esse illa quæ adversum se dicta sunt, qui ad ea confutanda adesse minime vult. Et nullus dubitat, quod ita judicium nocens subterfugit, quemadmodum ut absolvatur qui est innocens quærit. Confitetur enim de omnibus quisque subterfugere judicium dilationibus putat. (*ibid.*): Unde congregari decrevimus synodum, ut si adesse voluerit, præsens si confidit ad objecta respondeat, si adesse neglexerit dilationem sententiæ non lucretur. Nihil enim interest, utrum in præsenti examine omnia quæ dicta sunt comprobentur, cum ipsa quoque pro confessione procurata toties constat absentia. »

QUÆSTIO VII.

Et quoniam ita ut diximus a quibusdam sapientibus dicitur, utrum aliquod periculum inde habeant episcopi, et alii Christiani, qui illi adulteranti communicant, vel, si periculum est, quomodo erunt liberi ante Dominum de communicationis periculo?

RESPONSIO.

Scriptum est: *Qui converti fecerit peccatorem ab errore viæ suæ, salvabit animam ejus a morte, et operiet multitudinem peccatorum suorum (Jac. v, 20)*. Ita e contrario, quotquot quisque exemplo suæ pravitatis destruit, pro tantis, nisi digne pœnituerit, damnatus erit. Idcirco enim publice **698** pœnitens publicam pœnitentiam agit, non quo Dominus secreta confessione et privata pœnitentia de criminalibus etiam peccatis digne pœnitenti indulgentiam non largiatur, quia etiam David coram uno redarguente se ex Domini auctoritate pœnituit, et confessus est, et peccati indulgentiam meruit, cujus postea publice vindictam sustinuit. Sed qui plures suo pravo exemplo destruxit, plures humilitatis suæ pœnitentia ad salutem ædificet, quatenus sicut et de Paulo dicitur (*Act.* ix), qui eum pridem viderant persequentem Ecclesiam, et postea ædificantem eam, in eo Dominum glorificabant. Sed et publice peccans, et ad pœnitentiam redire nolens, idcirco publica excommunicatione ab episcopis de Ecclesiæ societate dejicitur, non quo jam excommunicatus coram eo non sit, qui leges ecclesiasticas per suum loquens spiritum promulgavit: sed ideo sacerdotes et apostolorum atque apostolicorum virorum successores suum officium exsequuntur, ne a subditis negligere ministerium suum putentur, et sicut peccantis culpa innotuit, ita et redargutio corrigentis omnibus innotescat, et qui aliter suum peccatum non vult intelligere, vel quia ab omnibus repellitur, et a nullo suscipitur, quia sæpe bona præstantur invitis, vel coactus ad pœnitentiam redeat, et necessitas in devotionem revertatur, et correctus per humilitatem, qui per superbiam peccaverat, incorporari per sacerdotalem reconciliationem Ecclesiæ mereatur. Attendendum est etiam cunctis regibus et principibus sæculi, quia princeps et rex pravus, quantis in regimine præest in sæculo, sub tantis modo plagali ad vindictam erit in flammarum damnatione. Unde necesse est, ut incessanter suos actus consideret, et cum alios suo exemplo perdit, metuat, quia non solus perit, qui plurimos exemplo suæ pravitatis occidit, pro quibus sine dubio rationem Domino reddet. Et non solum per se, sed et per eos qui eum imitati fuerint, vel ejus exemplo seu auctoritate delinquunt, multiplicius ipse delinquit : maxime cum ipse, quasi licite delinquens, aliis delinquendi fomes existit. Unde et de alia re loquens dicit Apostolus : *Videte ne forte licentia vestra offendiculum fiat infirmis* (*I Cor.* viii, 9). Et rursus : *Peribit infirmus in tua scientia frater, propter quem Christus mortuus est. Sic autem peccantes in fratres et percutientes conscientiam eorum, in Christum peccatis* (*ibid.*, 11, 12). Et Dominus dicit : *Qui scandalizaverit unum de pusillis istis, qui in me credunt, expedit ei ut suspendatur mola asinaria in collo ejus, et demergatur in profundum maris* (*Matth.* xviii, 6) : quia melius profecto tali fuerat, ut in privata vita degeret , quam in principatu positus se imitabilem in culpa cæteris demonstraret, et pro tantis pœnas lueret, quantis quasi licite peccans, suo exemplo ad vitia dux et auctor erroris existit. Cujus tanto est culpa gravior, et erit cruciatio durior, quanto excedenti est facultas liberior. Quia nemo amplius delinquit in populis , quam qui perverse agens ordinem principatus usurpat. Delinquentem namque hunc redarguere nullus præsumit, et in exemplum culpa **699** vehementer extenditur, quando pro reverentia principatus peccator honoratur. Et ut honores et beneficia adulantibus tribuat, laudatur peccator in desideriis animæ suæ, et qui iniqua agit benedicitur, et mortuus a mortuis in morte pessima sepelitur, quia scriptum est : *Videbas furem, et currebas cum ea, et cum adulteris portionem tuam ponebas* (*Psal.* xlix, 18). Currit enim cum fure, et portionem suam ponit cum eo, quando ei quis, vel in adulteris laudibus, vel in consentaneis voluptatibus illi se jungit, et portionem suam, quam cum Deo et angelis habere debuerat, in inferno cum illo ponit, cujus *os abundavit malitia, et lingua concinnabat dolum* (*Psal.* xlix, 19) : quando illo male agente nequiter ac dolose laudabat, vel suis pravis actionibus assensum præbebat, *quia non solum qui faciunt, sed et qui consentiunt facientibus, digni sunt morte* (*Rom.* i, 32). Unde sanctus Ambrosius : « Cum enim, inquit, videt honorari se (quin is qui talia agit) ab his qui non sunt tales, crescit in mala, et gloriatur forte se talem, idcirco dignum est una hos pœna multandos. Sed et is qui talia judicat, sicut idem Paulus dicit, et facit ea, non effugiet judicium Dei. Per se enim judicaturus est, apud quem adulatio cessat et personarum acceptio (*Rom.* ii). » Consilium autem hujusmodi periculum devitandi

sanctus Augustinus nobis dat dicens (*serm.* 18 *de Verb. Dom.*) : « Duobus modis non te maculat malus, si non consentias, et si redarguas ; hoc est, non communicare, non consentire. Communicatur quippe, quando facto ejus consortium voluntatis vel approbationis adjungitur. Hoc ergo nos admonens Apostolus ait : *Nolite communicare operibus infructuosis tenebrarum* (*Ephes.* v, 11). Et quia parum erat non consentire, si sequeretur negligentia disciplinæ, *Magis autem*, inquit , et *redarguite* (*ibid.*). Videte quemadmodum utrumque complexus est, Nolite communicare, magis autem et redarguite. Quid est autem, nolite communicare ? nolite consentire, nolite laudare, nolite approbare. Quid est autem, magis et redarguite ? reprehendite, corripite, coercete. Deinde in ipsa correptione vel coercitione alienorum peccatorum cavendum est, ne se extollat qui alterum corripit, et qui se putat stare, videat ne cadat. Foris terribiliter personet increpatio, intus lenitatis teneatur dilectio. Neque ergo consentientes sitis malis, ut approbetis, neque negligentes, ut non arguatis, neque superbientes, ut insul"anter arguatis. » Et sanctus Gregorius in epistola ad Felicem Siciliensem episcopum omnibus donat episcopis, dicens (*lib.* xii, *epist.* 32) : « Sunt enim mali segregandi a bonis, et iniqui a justis, ut saltem rubore suo conscientias suas recognoscant, et convertantur a pravitatibus suis, et si incorrigibiles apparuerint, segregentur a fidelibus usque ad satisfactionem, juxta Domini Salvatoris sententiam, qua inter cætera de peccante in se fratre præcipiendo ait : *Si peccaverit in te frater tuus, corripe eum inter te et ipsum solum. Si te audierit, lucratus eris fratrem tuum. Si autem te non audierit, adhibe tecum unum, aut duos, ut in ore duorum vel trium testium stet omne verbum. Quod si non audierit eos,* **700** *dic Ecclesiæ. Si autem et Ecclesiam non audierit, sit tibi sicut ethnicus et publicanus* (*Matth.* xviii, 15-17). His ergo et multis aliis sanctorum Patrum auctoritatibus segregandi sunt mali a bonis , ne pereant justi pro injustis, sicut scriptum est : *Perit justus pro impio* (*Eccle.* vii, 16). Debet enim semper discretio fieri inter bonos et malos, sicut est inter hædos et oves. Manifesta quoque peccata non sunt occulta correctione purganda, sed palam sunt arguendi qui palam nocent, ut dum aperta objurgatione sanantur, hi qui eos imitando deliquerant corrigantur. Dum enim unus corripitur, plurimi emendantur. Et melius est, ut pro multorum salvatione unus condemnetur, quam per unius licentiam multi periclitentur. Nec mirum si inter homines hæc ratio custoditur, cum et inter jumenta hæc fieri persæpe cognovimus, et ea quæ scabiem aut impetiginem habere videntur, separantur a sanis, ne illorum morbo cætera damnentur vel pereant. Satius est enim, ut mali manifeste corrigantur, quam pro illis boni pereant. Unde volumus vos omnes in unum convenire episcopos, ut de incidentibus causis fiat disceptatio, et salubris de ecclesiastica observatione collatio , quatenus, dum per hoc et præterita corriguntur, et regulam futura suscipiunt, omnipotens ubique Dominus fratrum concordia collaudetur, cujus vobis adesse præsentiam si hæc observabitis scitote, quia scriptum est : *Ubi sue int duo vel tres congregati in nomine meo, ibi sum in medio eorum (Matth.* xviii, 20). Si ergo adesse dignatur ubi duo vel tres sunt, quanto magis non deerit ubi plures conveniunt sacerdotes ? Et quidem, quia adhibendum bis in anno concilium Patrum sit regulis institutum, non latet. Sed ne forte aliqua excusatio sit, semel decernimus congregare, ut exspectatione concilii nihil pravum, nihil præsumatur illicitum. Nam plerique, et si non amore justitiæ, metu examinationis abstinentur ab hoc quod omnium notum est posse displicere judicio. » Et sanctus Ambrosius in epistola ad Theodosium imperatorem dicit : « Exercitiis semper, et jugibus fere curis sum, imperator beatissime, deditus. Sed nunquam tanto in æstu fui, quanto nunc, cum video cavendum ne quid sit quod ascribatur mihi etiam de sacrilegii periculo. Itaque peto ut patienter sermonem meum audias. Nam si indignus sum qui a te audiar, indignus sum qui pro te offeram, cui tua vota, cui tuas committas preces. Ipse ergo non audies eum, quem pro te audiri velis ? Non audies pro se agentem, quem pro aliis audisti ? Nec vereris judicium tuum, ne cum indignum putaris quem audias, indignum feceris qui pro te audiatur ? Sed neque imperiale est libertatem dicendi negare, neque sacerdotale quod sentias non dicere. Nihil enim in vobis imperatoribus tam populare et tam amabile est, quam libertatem etiam in his diligere, qui obsequio militiæ vobis subditi sunt. Siquidem hoc interest inter bonos et malos principes, quod boni libertatem amant, servitutem improbi. Nihil etiam in sacerdote tam periculosum apud Deum, tam turpe apud homines, quam quod sentiat non libere **701** denuntiare. Siquidem scriptum est : *Et loquebar in testimoniis tuis in conspectu regum, et non confundebar (Psal.* cxviii, 46). Et alibi : *Fili hominis, speculatorem te posui domui Israel, in eo, inquit, ut si avertatur justus a justitiis suis, et fecerit delictum, quia non distinxisti ei, hoc est non dixisti quid sit cavendum, non retinebitur memoria justitiæ ejus, et sanguinem ejus de manu tua exquiram. Tu autem si distinxeris justo ut non peccet, et ipse non peccaverit, justus vita vivet, quia dixisti ei, et tu animam tuam liberabis (Ezech.* iii, 17-19). Malo igitur, imperator, bonorum mihi esse tecum quam malorum consortium : et ideo clementiæ tuæ displicere debet sacerdotis silentium, libertas placere. Nam silentii mei periculo involveris, libertatis bono juvaris. Non ergo importunus indebitis me intersero, alienis ingero : sed debitis obtempero, mandatis Dei nostri obedio. Quod facio primum tui amore, tui gratia, tuæ studio conservandæ salutis : si id mihi vel non creditur, vel interdicitur, dico sane divinæ offensæ metu. Nam si meum periculum te exueret, patienter me pro te offerrem, sed non libenter. Malo enim

te sine meo acceptum Deo esse et gloriosum periculo. Sin autem, silentii mei dissimulationisque culpa et me ingravat, nec te liberat, malo importuniorem me, quam inutiliorem aut turpiorem judices. Siquidem scriptum est, dicente sancto apostolo Paulo, cujus non potes doctrinam refellere : *Insta opportune, importune, argue, obsecra, increpa in omni patientia et doctrina (II Tim.* iv, 2). Habemus ergo et nos cui displicere plus periculi sit : præsertim cum etiam imperatoribus non displiceat suo quemque fungi munere, et patienter audiatis unumquemque pro suo suggerentem officio, imo corripiatis si non utatur militiæ suæ ordine. Quod ergo in his libenter accipitis qui vobis militant, num hoc in sacerdotibus potest molestum videri, cum id loquamur, non quod volumus, sed quod jubemur ? Scis enim lectum : *Cum stabitis ante reges et præsides, nolite cogitare quid loquamini. Non enim vos estis qui loquimini, sed spiritus Patris vestri qui loquitur in vobis (Matth.* x, 19). Et tamen si in causis reipublicæ loquar, quamvis etiam illic justitia servanda sit, non tanto astringar metu, si non audiar. In causa vero Dei, quem audies, si sacerdotem non audies, cujus majore peccatur periculo ? Quis tibi verum audebit dicere, si sacerdos non audeat ? Novi te pium, clementem, mitem atque tranquillum, fidem ac timorem Domini cordi habentem, sed plerumque aliqua nos fallunt. Habent aliqui zelum Dei, sed non secundum scientiam. Ne igitur hoc etiam fidelibus animis obrepat, cavendum arbitror. Novi pietatem tuam erga Deum, lenitatem in homines : obligatus sum beneficiis tuarum indulgentiarum, et ideo plus metuo. Amplius sollicitor ne etiam ipse tuo me postea judicio condemnes, quod mea aut dissimulatione, aut adulatione, prolapsionem non evitaveris. Si in me peccari viderem, non deberem tacere. Scriptum est enim : *Si frater tuus in te peccaverit, corripe illum primo, deinde increpa coram duobus aut tribus testibus. Si te non audierit,* **702** *dic Ecclesiæ (Matth.* xviii, 16, 17). Causam ergo Dei tacebo ? » Et item ad locum : « Ego certe quod honorificentius fieri potui, feci, ut me magis audires in regia, ne si necesse esset audires in ecclesia. » Et item in altera epistola ad eumdem dicit ad locum : « Tacerem, sed quod miserrimum omnium foret, alligaretur conscientia, vox eriperetur. Et ubi est illud, Si sacerdos non dixerit erratus, qui erraverit in sua culpa morietur, et sacerdos reus erit pœnæ, quia non admonuit errantem ? » Et item ad locum : « Factum est in urbe Thessalonicensium quod nulla memoria habet, quod revocare non potui ne fieret, imo quod ante atrocissimum fore duxi cum toties rogarem, et quod ipse revocando grave factum putasti. Hoc factum extenuare non poteram, quando primum auditum est, quia propter adventum Gallorum episcoporum synodus convenerat : nemo non ingemuit, nullus mediocriter accepit. Non erat facti tui absolutio in Ambrosii communione, imo etiam amplius commissi exaggeratur invidia, si nemo diceret Dei nostri reconciliationem fore necessariam. An pudet te, imperator, hoc facere quod rex et propheta auctor Christi secundum carnem prosapiæ fecit David? Cognito quod ipse in parabola argueretur, ait : *Peccavi Domino* (*II Reg.* xii, 13). Noli ergo impatienter ferre, imperator, si dicatur tibi : *Tu fecisti istud,* quod David regi dictum est a propheta. Si enim hoc sedulo audieris et dixeris : *Peccavi Domino;* si dixeris et illud propheticum : *Venite adoremus, et procidamus ante eum, et ploremus ante Dominum qui fecit nos* (*Psal.* xciv, 6), dicetur et tibi, quoniam pœnitet te, dimittet tibi Dominus peccatum tuum et non morieris. » Et item ad locum : « Itaque pœnituit Dominum, et jussit angelo ut parceret plebi, sacrificium autem offerret David. Erant enim tunc sacrificia pro delictis, et nunc sunt sacrificia pœnitentiæ. Itaque rex ea humilitate acceptior Deo factus est. Non enim mirandum peccare hominem, sed illud reprehensibile, si non se cognoscat errasse, si non se humiliet Deo. Job sanctus et ipse potens in sæculo ait : *Peccatum meum non abscondi, sed coram plebe omni annuntiavi* (*Job* xxxi, 33). » Et item ad locum : « Hæc ideo scripsi, ut non te confundam, sed ut regum exempla provocent, ut tollas hoc peccatum de regno tuo. Tolles autem humiliando Deo animam tuam. Homo es, et tibi venit tentatio, vince eam. Peccatum non tollitur nisi lacrymis et pœnitentia, nec angelus potest, nec archangelus : Dominus ipse, qui solus potest dicere : *Ego sum qui deleo iniquitates tuas* (*Isa.* xliii, 25), si peccaverimus, nisi pœnitentiam deferentibus non relaxat. » Et item ad locum : « Vince diabolum, dum habes adhuc unde possis vincere. Noli peccatum addere, ut usurpes quod usurpasse multis obfuit. » Et post pauca : « Ego, inquam, causam in te contumaciæ nullam habeo, sed habeo timoris : offerre non audeo sacrificium, si volueris assistere. Postremo scribo manu mea quod solus legas. Ita me Dominus ab omnibus tribulationibus liberet, quia non ab homine, neque per hominem, sed aperte mihi interdictum **703** adverti. Cum enim essem sollicitus ipsa nocte, qua ad te, sicut petieras, proficisci parabam, venisse quidem visus es ad ecclesiam, sed mihi sacrificium offerre non licuit. Alia prætereo, quæ potui tacere, sed pertuli amore tuo, ut arbitror. Dominus faciat ut omnia cum tranquillitate cedant. Multifarie de his nos admonet signis cœlestibus, prophetarum præceptis, visionibus etiam pectorum. Vult nos intelligere, quo rogemus eum, ut perturbationes auferat, pacem vobis imperantibus servet, fides Ecclesiæ et tranquillitas perseveret, cui prodest Christianos et pios esse imperatores. Certe vis probari Deo. Omni rei tempus, ut scriptum est : *Tempus, inquit, faciendi, Domine* (*Eccle.* iii, 1); et : *Tempus beneplaciti, Deus* (*Psal.* cxviii, 126). Tunc offeres, cum sacrificandi acceperis facultatem, quando hostia tua accepta sit Deo. Omnino me delectaret habere gratiam imperatoris, ut secundum voluntatem tuam agerem, si causa pateretur. Et simplex oratio sacrificium est : hæc veniam refert

illa offensionem : quia hæc habet humilitatem, illa contemptum : Dei enim vox est, quod malit ut fiat mandatum ejus, quam deferatur sacrificium. Clama istud Deus ad populum, Moyses annuntiat, apostolus Paulus prædicat. Id facito quod intelligis in tempore plus placere. *Misericordiam, inquit, malo quam sacrificium* (*Matth.* ix, 13). Quasi non illi magis sint Christiani, qui peccatum condemnant suum, quam qui defendendum putant. *Justus enim in exordio sermonis accusator est sui* (*Prov.* xviii, 17). Qui se accusat cum peccaverit, justus est, non ille qui se laudaverit. Et tu præventus es, et ego non declinavi, non quod cavere debueram. Sed gratias Domino, quia vult servulos suos castigare, ne perdat. Istud mihi commune est cum prophetis, et tibi erit commune cum sanctis. »

Quomodo autem isdem beatus imperator publice pœnitens hæc obaudierit monita, isdem beatus Ambrosius inter alia in Sermone quadragesimi diei defunctionis ipsius coram Honorio Augusto filio ejus demonstrat. Qualiter etiam cæteri Christiani atque fideles Dei de communicatione hujusmodi periculum evadere valeant, et Dominus in Evangelio de eo qui pro peccato correptus emendare noluerit demonstrat (*Matth.* xviii), et Paulus in Epistola ad Corinthios dicit : *Nolite errare; neque fornicarii, neque idolis servientes, neque adulteri, neque molles, neque masculorum concubitores, neque avari, neque ebriosi, neque maledici, neque rapaces regnum Dei possidebunt* (*I Cor.* vi, 9, 10). Et item : *Nunc autem scripsi vobis, ne commisceamini. Si quis frater nominatur et est fornicator, aut avarus, aut idolis serviens, aut maledicus, aut ebriosus, aut rapax, cum hujusmodi nec cibum sumere. Auferte malum ex vobis* (*I Cor.* v, 11 et 13). Et sanctus Joannes evangelista et Apostolus : *Et nunc antichristi multi sunt* (*I Joan.* ii, 18). Et item : *Omnis qui recedit, et non permanet in doctrina Christi, Deum non habet. Qui permanet in doctrina, hic Filium et Patrem habet. Si quis venit ad vos, et hanc doctrinam non affert, nolite recipere eum in domum, nec Ave ei dixeritis : qui enim dicit illi Ave, communicat operibus illius malignis* (*II Joan.*, 9-11). Et ne quis dicat, **704** Rex est, quomodo me ab illius potero communicatione subtrahere? sciat sanctum Joannem Baptistam ideo martyrio coronatum, quia dicebat Herodi : *Non licet tibi habere eam* (*Marc.* vi, 18), quin adulteram mulierem. Et Paulus, ut præmisimus, cum hujusmodi nec cibum sumere vetuit, qui et alibi dicit : *An experimentum quæritis ejus qui in me loquitur Christus?* (*II Cor.* xiii, 3.) Et ipse Dominus in Evangelio clamat : *Qui est ex Deo, verba Dei audit : propterea vos non auditis, quia ex Deo non estis* (*Joan.* viii, 47). Et item : *Si diligitis me, mandata mea servate : qui non diligit me, mandata mea non servat* (*Joan.* xiv, 15 et 24). Et apostolus Joannes : *Qui dicit quia diligo Deum, et mandata ejus non custodit, mendax est* (*I Joan.* iv, 20). Et Psalmus de Domino : *Perdes omnes qui loquuntur mendacium* (*Psal.* v, 7). Et item apostolus

Joannes in Apocalypsi : *Nec intrabit in ea*, id est in cœlesti Jerusalem, *aliquid coinquinatum, faciens abominationem, et mendacium* (Apoc. xxi, 27). Et item : *Timidis autem, et incredulis, et exsecratis, et homicidis, et fornicatoribus, et veneficis, et idololatris, et omnibus mendacibus, pars illorum erit in stagno ardenti igne et sulphure, quod est mors secunda* (ibid., 8). Sed et eos terribilis increpatio evangelica invehit, *qui dilexerunt gloriam hominum magis quam Dei* (Joan. xii, 43), et eos increpant ac persequuntur qui se subtrahere volunt ab omni fratre ambulante inordinate. De quibus videlicet persecutoribus dicitur in Apocalypsi : *Habeo adversus te, quia permittis mulierem Jezabel, quæ se dicit prophetas docere, et seducere servos meos, fornicari et manducare de idolothytis. Et dedi illi tempus ut pœnitentiam ageret, et non vult pœnitere a fornicatione sua. Ecce ego mitto eam in lectum, et qui mœchantur cum ea in tribulationem maximam, nisi pœnitentiam egerint ab operibus suis, et filios ejus interficiam in mortem, et scient omnes Ecclesiæ, quia ego sum scrutans renes et corda, et dabo unicuique secundum opera sua* (Apoc. ii, 20-23). Eos autem qui redarguunt iniquitatem, quia hujusmodi non consentiunt, blande consolatur dicens : *Scio tribulationem tuam et paupertatem tuam, sed dives es; et blasphemaris ab his qui se dicunt Judæos esse, et non sunt, sed sunt synagoga Satanæ. Nihil horum timeas quæ passurus es. Ecce missurus est diabolus aliquos ex vobis in carcerem, ut tentemini; et habebitis tribulationem diebus decem. Esto fidelis usque ad mortem, et dabo tibi coronam vitæ : qui vicerit, non lædetur a morte secunda* (ibid., 9, 10). His vero, qui auctoritate ordinis, aut dignitate potestatis, vel fortitudine virtutis, tali facto non possunt resistere, consulit divina clementia, dicens in eadem Apocalypsi : *Vobis autem dico cæteris qui Thyatiræ estis : Quicunque non habent doctrinam hanc, qui non cognoverunt altitudinem Satanæ, quemadmodum dicunt, non mittam super vos aliud pondus : tamen id quod habetis tenete, donec veniam. Et qui vicerit, et qui custodierit usque in finem opera mea, dabo illi potestatem super gentes, et reget illas in virga ferrea; tanquam vas figuli confringentur, sicut et ego accepi a Patre meo, et dabo illi stellam matutinam* (ibid., 24-28). Et sanctus Ambrosius in Epistolam ad Corinthios dicit : « Si quis potestatem non habet quem scit reum abjicere, aut probare non valet, immunis est : et judicis non est sine accusatore **705** damnare, quia et Dominus Judam, cum fur esset, quia non est accusatus, minime abjecit. Hanc autem excusationem ante Deum sacerdotes et principes ac primores terræ habere non poterunt. » Unde et isdem beatus Ambrosius in eodem loco Epistolæ dicit : *Et vos inflati estis, et non magis luctum habuistis, ut tolleretur de medio vestrum qui hoc opus fecit* (I Cor. v, 2). « Superbiam, inquiens, illorum in tantum humiliat, ut non querulos jam sed magis supplices faciat. Erant enim et ipsi participes, dum paterentur reum tam ingentis facinoris

secum incorrectum convenire, ut omnes uno consilio abjicerent eum si negaret emendare se. Cognito enim opere isto, pellendum illum fuisse de cœtu fraternitatis dicit Apostolus; omnes enim crimen ejus sciebant, et non arguebant : publice enim novercam suam loco uxoris habebat. In qua re neque testibus opus erat, neque tergiversatione aliqua poterat tegi crimen. *Ego quidem* sicut *absens corpore, præsens autem spiritu*, id est absens facie, præsens autem auctoritate spiritus, qui nusquam abest, *jam judicavi, ut præsens, eum qui hoc admisit* (ibid., 3). » Hic advertendum est, quia quicunque criminalia admisit peccata, unde jam sunt terminata judicia ab illis Christi organis, qui cum illo in cœlo regnant, et in terris miraculis coruscant, apud quorum mortuos natura cineres, sed Deo vivos, meritorum miraculis demonstratur quia etiam in dictis et suis promulgationibus vivunt, jam judicati sunt, et nisi pœnitentiam egerint, prædamnati : quamvis inertia nostra, ea, ad quæ ordinati et constituti sumus, in nostro et nobis commissorum periculo exsequi negligamus. Unde magnus Leo papa ad Anatolium Constantinopolitanum episcopum loquens de sancto Nicæno concilio, quod et de aliis intelligendum fides tenet Catholica, scribit (epist. 56) : « Sancti, inquiens, illi et venerabiles Patres, qui in urbe Nicæna, sacrilego Ario cum sua impietate damnato, mansuras usque in finem mundi leges ecclesiasticorum canonum condiderunt, et apud nos, et in toto orbe terrarum, in suis constitutionibus vivunt, et si quid usquam aliter quam illi statuere præsumitur, sine cunctatione cassatur, ut quæ ad utilitatem perpetuam generaliter instituta sunt, nulla commutatione varientur, nec ad privatum trahantur commodum quæ ad bonum sunt commune præfixa. »

His denique perpensis, et aliis, quæ propter prolixitatem omisimus ponere, sanctarum Scripturarum, et regularum ecclesiasticarum auctoritatibus, considerato etiam periculo quisque suo, sed et is de quo agitur, ad se redeat, et aut actum suum rationi et auctoritati evidenter concordare demonstret, ne ipse peccans, sicut de Jeroboam Scriptura dicit (III Reg. xii), unde gravius Deum offendit alios peccare faciat, aut salubri consilio et auctoritati divinæ, quia aliter salvari non potest, se subdat, et considerans quoniam adolescentia et voluptas vana sunt, pro brevi et misera delectatione, quia *pretium scorti vix unius est panis* (Prov. vi, 26), non det alienis honorem suum, et annos suos crudeli, nec det carnem suam, ut peccare faciat animam suam, neque exhibeat **706** membra sua arma iniquitatis peccato (Rom. vi, 13); et gemat in novissimis, quando consumpserit carnes et corpus suum, quando emendare non poterit, cum anima quæ per corpus gessit cuncta reddere compelletur. Sicque cogitans vias suas, et convertens pedes suos in testimonia Domini, de his quæ perperam egit, per dignos pœnitentiæ fructus Domino et Ecclesiæ satisfaciat, et de cætero gressus suos dirigat secundum eloquia Domini per gratiam ejus, ut non dominetur illi omnis injustitia (*Psal.* cxviii, 133) · imitans conversum Paulum, qui de se dicit : Et in me glorificabant Deum (*Act.* ix); sicut Dominus jubet : *Luceat lux vestra coram hominibus, ut videant opera vestra bona, et glorificent Patrem vestrum qui in cœlis est (Matth. v, 16).*

Tandem de his, quæ in hac epistola pervenisse ad nos memoravimus, quantum Domino inspirante, ex sanctarum Scripturarum atque catholicorum Patrum doctrina, pro nostra mediocritate sensimus, compellente veritate et superimposito ministerio diximus, nullius sanæ præjudicantes sententiæ, nec dehonorantes auctoritatem. « Nequeenim quisquam nostrum, ut olim sanctus Cyprianus dixerat (*conc. Carthag.* i), episcopum se esse episcoporum constituit, aut tyrannico terrore ad obsequendi necessitatem collegas suos adigit, quando habeat omnis episcopus (salvo per omnia privilegio sanctæ et apostolicæ primæ in toto orbe terrarum Romanæ sedis, atque ipsius pontificis domni Nicolai papæ, et decreto sanctorum canonum sancto Spiritu conditorum), pro licentia libertatis et potestatis suæ arbitrium proprium, tam qui judicari ab alio non possit, quam nec ipse potest alterum singulariter judicare: sed sicut dicit Apostolus (*Rom.* xiv), unusquisque in suo sensu abundans, exspectemus universi judicium Domini nostri Jesu Christi, qui unus et solus habet potestatem, et præponendi nos in Ecclesiæ suæ gubernatione, et de actu nostro judicandi. »

Hoc tantum omnes dominos et consacerdotes nostros, et nos cum illis pariter admonemus, ut secundum præceptionem magni Leonis papæ ad Rusticum Narbonensem episcopum (*epist.* 95): « In his quæ dubia fuerint vel obscura, id noverimus sequendum, quod nec præceptis evangelicis contrarium, nec decretis sanctorum inveniatur adversum. »

Porro quia Redemptor noster, qui rex nobis pariter et sacerdos fieri dignatus est, sacerdos videlicet, ut nos a peccatis hostia suæ passionis emundet, rex, ut regnum nobis perenne tribuat, regnumque nos Deo et sacerdotes faciat, ac solus utrumque dignitate et nomine, rex scilicet, et sacerdos essentialiter fieri potuit, duo providentia sua constituit, ut sanctus Gelasius ad Anastasium imperatorem scripsit, quibus principaliter mundus hic regitur, id est auctoritatem sacram pontificum, et regiam potestatem, in quibus tanto gravius pondus est sacerdotum, quanto etiam pro ipsis regibus hominum in divino reddituri sunt examine rationem, de his duabus **707** excellentissimis dignitatum personis, beati Cypriani pontificis et martyris gloriosi sententias huic opusculo subnectere dignum duximus, ut attendentes ad formam sui nominis, quantum patitur humana fragilitas, in nullo exorbitent a regula sibi ab eodem pontifice pontificum, et rege regum traditæ dignitatis. Ait enim in libro de duodecim sæculi abusivis, primo de rege, et postea de episcopo, quia quanto gradus est celsior, tanto casus est gravior,

et quanto est dignitas spiritalior, tanto ascensus sublimior. « Nonus, inquit (*cap.* 9), abusionis est gradus, rex iniquus. Etenim regem non iniquum, sed correctorem iniquorum esse oportet : unde in semetipso nominis sui dignitatem custodire debet. Nomen enim regis intellectualiter hoc retinet, ut subjectis omnibus rectoris officium procuret. Sed qualiter alios corrigere poterit, qui proprios mores, ne iniqui sint, non corrigit ? quoniam justitia regis exaltatur solium, et veritate solidantur gubernacula populorum. Justitia vero regis est, neminem injuste per potentiam opprimere, sine acceptione personarum inter virum et proximum suum judicare : advenis, et pupillis, et viduis defensorem esse, furta cohibere, adulteria punire, iniquos non exaltare, impudicos et histriones non nutrire, impios de terra perdere, parricidas et perjurantes vivere non sinere, ecclesias defendere, pauperes eleemosynis alere, justos super regni negotia constituere, senes et sapientes et sobrios consiliarios habere, magorum, et hariolorum, pythonissarumque superstitionibus non intendere, iracundiam differre, patriam fortiter et juste contra adversarios defendere, per omnia in Deo vivere, prosperitatibus non elevare animum, cuncta adversa patienter ferre, fidem catholicam in Deum habere, filios suos non sinere impie agere, certis horis orationibus insistere, ante horas congruas non gustare cibum. *Væ enim terræ, cujus rex est puer, et cujus principes mane comedunt (Eccle.* x, 10). Hæc regni prosperitatem in præsenti faciunt, et regem ad cœlestia regna meliora perducunt. Qui vero secundum hanc legem non dispensat, multas nimirum adversitates imperii tolerat. Idcirco enim sæpe pax populorum rumpitur, et offendicula etiam de regno suscitantur, terrarum quoque fructus diminuuntur, et servitia populorum præpediuntur : multi etiam dolores prosperitatem regni inficiunt, charorum et liberorum mortes tristitiam conferunt, hostium incursus provincias undique vastant, bestiæ armentorum et pecorum greges dilacerant, tempestates veris et hyemis terrarum fecunditatem et maris ministeria prohibent, et aliquando fulminum ictus segetes et arborum flores et pampinos exurunt. Super omnia vero regis injustitia, non solum præsentis imperii faciem fuscat, sed etiam filios suos et nepotes, ne post se regni hæreditatem teneant, obscurat. Propter piaculum enim Salomonis regnum domus Israel Dominus de manibus filiorum ejus dispersit, et propter justitiam David regis, lucernam de semine ejus semper in Jerusalem reliquit (*III Reg.* xi, 15). Ecce quantum justitia regis sæculo valet, intuentibus perspicue patet. Pax populorum est tutamentum patriæ, immunitas plebis, munimentum gentis, cura languorum, gaudium hominum, temperies aeris, serenitas maris, terræ fecunditas, solatium pauperum, hæreditas filiorum, et sibimetipsis spes futuræ beatitudinis. **708** Attamen sciat rex quod, sicut in throno hominum primus constitutus est, sic et in pœnis, si justitiam non fecerit, locum primatus habiturus est. Omnes namque, **A** qui foris sunt, proferens doctrinarum fidelem sermonem ; ante episcopatum non plures habens uxores quam unam ; non percussor, non bilinguis, non ebriosus, non neophytus, ut per hæc ipse prius ostendat in opere, quod alios docet in sermone doctrinæ *(I Tim.* III, 2-7). Caveant ergo negligentes episcopi, quod in tempore vindictæ Dominus per prophetam conqueritur : *Pastores multi demoliti sunt populum meum (Jer.* XII), *et non pascebant pastores gregem meum, sed pascebant pastores semetipsos (Ezech.* XXXIV). Sed potius procurent hi, quos constituit Dominus supra familiam suam, dare illis cibum in tempore suo mensuram tritici (Luc. XII), puram scilicet, et probatam doctrinam, quatenus, veniente Domino, mereantur audire : *Euge, serve bone* **B** *et fidelis, quia supra pauca fuisti fidelis, supra multa te constituam ; intra in gaudium Domini tui (Matth.* XXV, 23).* » Hæc denique duo alia abusiva sequuntur, quæ ab istorum **709** negligentia, et periculo secreta esse non possunt. Plebs videlicet sine disciplina, quod ad negligentis episcopi reatum ; Populus sine lege, quod ad regis iniqui pravitatem non dubium est pertinere. Sed et octo numero, quæ hæc capitanea duo præcedunt, id est, sapiens et prædicator sine operibus, senex sine religione, adolescens sine obedientia, dives sine eleemosyna, femina sine pudicitia, dominus sine virtute, Christianus contentiosus, pauper superbus, ad ista duo capitula, quibus principaliter mundus hic regitur, sive cum laude et gloria, sive cum vituperatione et judicio, respicere dignoscuntur. Quoniam episcopalis auctoritas prædicando vita et verbo, et regia dignitas regendo et corrigendo, præesse ac prodesse omnibus debent, qui disciplinam, id est ordinatam correctionem, et majorum præcedentium regularem observationem sequi et observare cupiunt. Eos autem qui divina dicta et legum scita contemnunt, episcopus medicinali mucrone, ut membrum putridum a sanis abscidere, et rex judiciali gladio impios debet de terra perdere, quatenus a summo Pastore et Rege regum cum sibi creditis ovibus et subjectis in futuro ac tremendo judicio mereantur audire, ut boni et fideles servi in ministerio in quo fuerant constituti, ab ipso qui eos constituit Domino fideles inventi, *Venite, benedicti Patris mei, percipite regnum quod vobis paratum est ab origine mundi (Matth.* XXV, 34), quod promisit qui non mentitur Deus diligentibus se, et vivit et regnat ante omnia, et per omnia, et in omnia sæcula sæculorum. Amen.

(*Cap.* 10.) « Decimus abusionis gradus est episcopus negligens, qui gradus sui honorem inter homines requirit, sed ministerii sui dignitatem coram Deo, pro quo legatione fungitur, non custodit. Primum namque ab episcopo, quid sui nominis dignitas tenet, inquiratur. Quoniam episcopus, cum Græcum nomen sit, *speculator* interpretatur. Quare vero speculator ponitur, et quid a speculatore requiritur, Dominus ipse denudat, cum sub Ezechielis prophetæ persona episcopo officii sui rationem denuntiat, ita inquiens : *Speculatorem dedi te domui Israel. Audiens ergo ex ore meo sermonem, nuntiabis eis ex me. Si autem videris gladium venientem, et tu non annuntiaveris ut revertatur impius a via sua, ipse quidem impius in impietate sua morietur, sanguinem autem ejus de manu tua requiram. Si autem tu annuntiaveris, et ille non fuerit reversus, ipse quidem in iniquitate sua morietur, sed tu animam tuam liberasti (Ezech.* XXXIX, 17-19). Decet ergo episcopum, omnium enim speculator positus est, peccata diligenter intendere. Audiens ergo, et postquam attenderit, sermone si potuerit et actu corrigere, et si non potuerit, juxta Evangelii regulam, scelerum operarios declinare. *Si enim,* inquit in Evangelio, *peccaverit in te frater tuus, corripe illum inter te et ipsum solum. Si te audierit, lucratus es fratrem tuum. Si te non audierit, adhibe tecum adhuc unum vel duos, ut* **C** *in ore duorum vel trium testium stet omne verbum. Si illos non audierit, dic Ecclesiæ : si Ecclesiam non audierit, sit tibi sicut ethnicus et publicanus (Matth.* XVIII, 15-17). Tali ordine expellendus est, qui cuicunque doctori vel episcopo adhærere contemnit. Et qui tali ordine expulsus fuerit, ab alio aliquo doctore sive episcopo recipi non debet. Qui ergo illum excommunicatum a catholico, illo non permittente, sibi jungit, jura sacerdotii sancti, quod Christianorum genus electum est, excedit. Hac ratione episcopum ad eos, quibus in speculationem positus est, esse oportet. Cæterum vero, qualis in semetipso esse debeat, in lege de sacerdote scribitur : *Viduam aut repudiatam non accipiat uxorem. (Levit.* XXI, 7). Et **D** Paulus apostolus exponit, ut ad gradum episcopi veniens, sit sobrius, prudens, castus, sapiens, modestus, et hospitalis, filios habens subditos cum omni castitate, testimonium habens bonum ab his

HINCMARI

ARCHIEPISCOPI RHEMENSIS

CAPITULA SYNODICA.

I.

710 CAPITULA PRESBYTERIS DATA ANNO 852.

Anno 852 Kalendis Novembris conventu habito presbyterorum in metropoli civitate Rhemorum, inter cætera monita saluberrima, dum de legibus atque rebus ecclesiasticis ab Hincmaro præsule tractaretur, hæc in ultimo prolata sunt memoriæ commendanda, et summopere observanda.

Cap. I. — *Ut presbyteri discant expositionem Symboli et orationis Dominicæ, etc., cum Symbolo Athanasii.*

Ut unusquisque presbyterorum expositionem Symboli, atque orationis Dominicæ, juxta traditionem orthodoxorum Patrum plenius discat, exinde prædicando populum sibi commissum sedulo instruat. Præfationem quoque canonis, et eumdem canonem intelligat, et memoriter ac distincte proferre valeat, et orationes missarum, apostolum quoque et Evangelium bene legere possit : Psalmorum etiam verba et distinctiones regulariter, et ex corde, cum canticis consuetudinariis pronuntiare sciat. Nec non et sermonem Athanasii de fide, cujus initium est : *Quicunque vult salvus esse*, memoriæ quisque commendet, et sensum illius intelligat, et verbis communibus enuntiare queat.

711 Cap. II. — *De scrutinio et ordine baptizandi.*

Ut scrutinium, et omnem ordinem baptizandi, nulli penitus liceat ignorare.

Cap. III. — *De exorcismis catechumenorum, et de baptismo infirmorum. Item de fontibus, ac vasis ad corporalia et pallas abluendas.*

Exorcismos et orationes ad catechumenos faciendum, ad fontes quoque consecrandum, et cæteras preces super masculos et feminas, pluraliter atque singulariter, distincte et rationabiliter memoriæ commendet. Similiter et ordinem baptizandi ad succurrendum infirmis. Et qui fontes lapideos habere nequiverit, vas conveniens ad hoc solummodo baptizandi officium habeat, et similiter ad corporale lavandum, et ad pallas altaris, propria vasa habeantur, in quibus nihil aliud fiat.

Cap. IV. — *De ordine reconciliandi, et ungendi infirmos : deque exsequiis defunctorum, et de benedictione salis et aquæ.*

Ordinem reconciliandi, juxta modum sibi canonice reservatum, atque ungendi infirmos, orationes quoque eidem necessitati competentes memoriter discat.

Similiter ordinem et preces in exsequiis atque agendis defunctorum, nec minus exorcismos et benedictiones aquæ et salis.

Cap. V. — *De aqua omni die Dominico ante missam benedicenda.*

Ut omni Dominico die quisque presbyter in sua ecclesia ante missarum solemnia aquam benedictam faciat in vase nitido et tanto ministerio convenienti, de qua populus intrans ecclesiam aspergatur : et qui voluerit in vasculis suis nitidis ex illa accipiant, et per mansiones, et agros, et vineas, super pecora quoque sua, atque super pabula eorum, nec non et super cibos et potum suum conspergant.

Cap. VI. — *De thuribulo et incenso.*

Ut omnis presbyter thuribulum et incensum habeat, ut tempore quo Evangelium legitur, et finito offertorio, super oblationem incensum, ut in morte videlicet Redemptoris, ponat.

Cap. VII. — *De pane ad eulogias benedicendo.*

Ut de oblatis, quæ offeruntur a populo, et consecrationi supersunt, 712 vel de panibus, quos deferunt fideles ad ecclesiam, vel certe de suis, presbyter convenienter partes incisas habeat in vase nitido et convenienti, ut post missarum solemnia, qui communicare non fuerunt parati, eulogias omni die Dominico, et in diebus festis, exinde accipiant. Et illa, unde eulogias presbyter daturus est, ante in hæc verba benedicat, et sic accepturis distribuat, et micas ne incaute defluant custodiat : Domine sancte Pater, omnipotens æterne Deus, benedicere digneris hunc panem tua sancta et spiritali benedictione, ut sit omnibus cum fide, et reverentia, ac gratiarum tuarum actione sumentibus salus mentis et corporis, atque contra omnes morbos, et universas cunctorum inimicorum insidias tutamentum. Per Dominum nostrum Jesum Christum Filium tuum, panem vitæ, qui de cœlo descendit, et dat vitam ac salutem mundo, et tecum vivit, et regnat Deus in unitate Spiritus sancti, per omnia sæcula sæculorum. Amen.

Cap. VIII. — *De homiliis S. Gregorii, et de computo, cantuque ecclesiastico.*

Homilias quadraginta Gregorii quisque presbyter studiose legat, et intelligat; et ut cognoscat se ad formam septuaginta duorum discipulorum in ministerio ecclesiastico esse promotum, sermonem prædicti doctoris de septuaginta duobus discipulis a Domino ad prædicandum missis plenissime discat, ac memoriæ tradat. Computo etiam necessario, et cantu per anni circulum, plenissime instruatur.

Cap. IX. — *De matutinali officio, et horis explendis: et post missam quid agere presbyter debeat ante prandium.*

(Ivo, p. vi, 181, ex C. Namn., *de celebrat. Missarum*, c. 1, ex Agathensi.) Mane matutinali officio expleto, pensum servitutis suæ canendo primam, tertiam, sextam, nonamque persolvat : ita tamen, ut postea horis competentibus, juxta possibilitatem, aut a se, aut ab scholasticis publice compleatur. Deinde peractis missarum solemniis, et fessis infirmis visitatis, ad opus rurale, et quod sibi competit, exeat jejunus : ut iterum necessitatibus peregrinorum hospitum, sive diversorum commeantium, infirmorum quoque atque defunctorum, succurrere possit, usque ad statutam horam pro qualitate temporis et opportunitate.

Cap. X. — *De cura hospitum et peregrinorum.*

(Ivo, p. v, 257, ex Concil. Namnetensi.) Ut curam hospitum, maxime pauperum atque debilium, orphanorum quoque atque peregrinorum habeat, hosque ad prandium suum quotidie juxta possibilitatem convocet, eisque hospitium competenter tribuat.

713 **Cap. XI.** *De sacris ministeriis ad wadium non dandis.*

(*De pignoribus et aliis caut.*, c. 1, ex conc. Rhem.) Ut nullus presbyter præsumat calicem, vel patenam, aut pallam altaris, vel vestimentum sacerdotale, aut librum ecclesiasticum, tabernario vel negotiatori, aut cuilibet laico, vel feminæ, in vadimonium dare : quia tanta est sanctitas sacri ministerii, ut salva altioris mysterii intelligentia, etiam per prophetam Dominus prohibuerit, ne cum sanctis vestimentis sacerdos procedat ad populum, sed intra sancta illa dimittat ad eum a colloquio divino rediens (*Ezech.* xliv). Et cui in tabernas ad bibendum a sacris canonibus ingredi prohibetur, sanctificata sacro ministerio nec ad contingendum immundis, quanto minus in vadimonium, exhibere debet? sicut Stephanus sanctus papa et martyr ad sanctum Hilarium in suis decretalibus docuit (*epist.* 1).

Cap. XII. — *Ut in ecclesia sine consultu episcopi nullus sepeliatur, et ut pro sepeliendis nihil exigatur.*

Ut nemo presbyterorum quemquam in ecclesia sepeliat sine consultu episcopi, exceptis hujusmodi duntaxat personis, quas singillatim et privatim in synodo signavimus : nec pro sepeliendis quiddam exenii exigat vel extorqueat. Si quid autem altari, vel ecclesiæ, aut sibi gratis oblatum fuerit a devotis quibuslibet, cum benignitate recipere non interdicimus.

Cap. XIII. — *Ut presbyteri a publice pecca a pœnitentibus, quo eis faveant, munera n acci-piant.*

(*De simonia*, cap. 14, ex Alexandro III.) Ut presbyterorum exenium, vel quodcunque em mentum temporale, imo detrimentum spiritale, a quocunque publice peccante vel incestuoso accipiat, ut nobis vel ministris nostris peccatum illius reticeat : nec pro respectu cujusque personæ, aut consanguinitatis, vel familiaritatis, alienis peccatis communicans, hoc nobis vel ministris innotescere detractet : nec a quocunque pœnitente aut gratiam, aut favorem, aut munus suscipere præsumat, ut minus digne pœnitentem ad reconciliationem adducat, et ei testimonium reconciliationis ferat, et quocunque livore alium quemlibet dignius pœnitentem a reconciliatione removeat : quia hoc simoniacum et Deo et hominibus abominabile est.

Cap. XIV. — *Quomodo in conviviis defunctorum aliarumve collectarum gerere se debeant.*

(D. 44, *Nullus presbyterorum*, ex Namnetensi.) Ut nullus presbyterorum ad anniversariam diem, vel tricesimam tertiam, vel septimam alicujus defuncti, aut quacunque vocatione **714** ad collectam presbyteri convenerint, se inebriare præsumat, nec precari in amore sanctorum vel ipsius animæ bibere, aut alios ad bibendum cogere, vel se aliena precatione ingurgitare : nec plausus et risus inconditos, et fabulas inanes ibi referre aut cantare præsumat, nec turpia joca cum urso vel tornatricibus ante se facere permittat, nec larvas dæmonum, quas vulgo talamascas dicunt, ibi anteferre consentiat : quia hoc diabolicum est, et a sacris canonibus prohibitum. Sed cum honestate et religione prandeat, et ad tempus ad suam ecclesiam redeat. Summopere etiam quisque cavens, sicut de statu suo vult gaudere, ut non quacunque occasione, aut parem suum, aut alium quemlibet, ad iram et rixam vel contentionem, quanto magis ad pugnam vel ad cædem aliquo verbo irritet, seu provocet, nec provocatus ad hoc quisque prosiliat : quia in talibus comessationibus et potationibus, sicut irreligiosi faciunt, semper se immiscet diabolus (D. 44, *Quando presbyteri* ex Namnetensi.) Quando autem convenerint presbyteri ad aliquod convivium, decanus, aut aliquis prior illorum, versum ante mensam incipiat, et cibum benedicat : et tunc secundum suum ordinem consedeant, alter alterius honorem portantes, et per vicissitudines cibum et potum benedicant, et aliquis de illorum clericis aliquid de sancta lectione legat ; et post refectionem similiter sanctum hymnum dicant, ad exemplum Domini et Salvatoris ac discipulorum ejus, sicut illum in cœna fecisse legimus (*Matth.* xxvi). Et sic se contineant omnes presbyteri in omni loco, maxime in talibus, ne sicut dicit Apostolus, vituperetur ministerium nostrum (*II Cor.* vi).

CAP. XV. — *Quid cavendum sit presbyteris, quando per Kalendas inter se conveniunt.*

(D. 44. *Quando presbyteri, ex Namnetensi.*) Ut quando presbyteri per Kalendas simul convenerint, post peractum divinum mysterium, et necessariam collationem, non quasi ad prandium ibi ad tabulam resideant, et per tales inconvenientes pastellos se invicem gravent, quia inhonestum est et onerosum. Sæpe enim tarde ad ecclesias suas redeuntes majus damnum de reprehensione conquirunt, et de gravedine mutua contrahunt, quam lucrum ubi faciant. Nam de hujusmodi conventu, qui sub religionis obtentu agebatur, Paulus apostolus convenienter reprehendit Corinthios (*I Cor.* xi), qui inconvenienter cœnam Dominicam manducare conveniebant. Sic et qui ad cœnam Dominicam, id est ad collationem verbi sub occasione conveniunt, et ex veritate ventris causa conjunguntur, reprehensibiles et coram Deo et coram hominibus habentur. Et ideo peractis omnibus, qui voluerint, panem cum charitate et gratiarum actione in domo confratris sui simul cum fratribus suis frangant, et singulos biberes accipiant maxime autem ultra tertiam vicem poculum ibi non contingant, et ad ecclesias suas redeant.

715 CAP. XVI. — *De confratriis, earumque conventibus, quomodo celebrari debeant.*

Ut de collectis, quas geldonias vel confratrias vulgo vocant, sicut jam verbis monuimus, et nunc scriptis expresse præcipimus, tantum fiat, quantum ad auctoritatem et utilitatem atque rationem pertinet : ultra autem nemo neque sacerdos, neque fidelis quisquam, in parochia nostra progredi audeat. Id est in omni obsequio religionis conjungantur : videlicet in oblatione, in luminaribus, in oblationibus mutuis, in exsequiis defunctorum, in eleemosynis, et cæteris pietatis officiis : ita ut qui candelam offerre voluerint, sive specialiter, sive generaliter, aut ante missam, aut inter missam antequam Evangelium legatur, ad altare deferant. Oblationem autem, unam tantummodo oblatam, et offertorium pro se suisque omnibus conjunctis et familiaribus offerat. Si plus de vino voluerit in butticula vel canna, aut plures oblatas, aut ante missam aut post missam presbytero vel ministro illius tribuat, unde populus in eleemosyna et benedictione illius eulogias accipiat, vel presbyter supplementum aliquod habeat. Pastos autem et comessationes, quas divina auctoritas vetat, ubi et gravedines, et indebitæ exactiones, et turpes ac inanes lætitiæ et rixæ, sæpe etiam, sicut experti sumus, usque ad homicidia et odia et dissentiones accidere solent, adeo penitus interdicimus ut qui de cætero hoc agere præsumpserit, si presbyter fuerit, vel quilibet clericus, gradu privetur, si laicus, vel femina usque ad satisfactionem separetur. Conventus autem talium confratrum, si necesse fuerit ut simul conveniant, ut si forte aliquis contra parem suum discordiam habuerit, quem reconciliari necesse sit, et sine conventu presbyteri et cæterorum esse non possit, post peracta illa quæ Dei sunt, et Christianæ religioni conveniunt, et post debitas admonitiones, qui voluerint eulogias a presbytero accipiant, et panem tantum frangentes, singuli singulos biberes accipiant, et nihil amplius contingere præsumant, et sic unusquisque ad sua cum benedictione Domini redeat.

CAP. XVII. — *Ut, defuncto presbytero, nullus sine consultu episcopi ecclesiam illius aut capellam appetat.*

Ut si quilibet presbyterorum defunctus fuerit, vicinus presbyter apud seniorem sæcularem nulla precatione, vel aliquo exenio, ecclesiam illam obtineat, quæ titulus per se constans antea exstitit, sed neque capellam, sine consultu nostro. Quod si fecerit, diffinitam sententiam sibi prolatam suscipiat, sicuti de episcopo canonica decrevit auctoritas, ut qui per ambitionem majorem civitatem appetierit, et illam perdat quam tenuit, et illam nequaquam obtineat, quam usurpare tentavit.

II.

716 CAPITULA QUIBUS DE REBUS MAGISTRI ET DECANI PER SINGULAS ECCLESIAS INQUIRERE, ET EPISCOPO RENUNTIARE DEBEANT.

Hæc omni anno investiganda sunt a magistris et decanis presbyteris per singulas matrices ecclesias, et per capellas parochiæ nostræ, et nobis Kalendis Juliis renuntianda. Similiter etiam investigandum et renuntiandum est nobis qualiter observentur et custodiantur illa quæ capitulatim observanda presbyteris dedimus.

I. Inquirendum in qua villa, aut cujuslibet sancti honore, prætitulatus sit presbyter, vel a quo fuerit ordinatus.

II. Si habeat mansum habentem bunnuaria duodecim, præter cœmeterium, et cortem, ubi ecclesia et domus ipsius continetur, aut si habeat mancipia quatuor.

III. Quot mansos habeat in sua parochia ingenuiles et serviles, aut accolas, unde decimam accipiat.

IV. Qualia sint indumenta altaris, quot nova et quot vetusta, qualiter nitida : quo metallo sint capsæ et cruces coopertæ, aut si diligenter reconditæ sunt reliquiæ in altari : si ipsæ capsæ seris munitæ sunt.

V. Quos et quot libros habeat, aut si bene sint recitati.

VI. Qualia aut quot sacerdotalia vestimenta habeat, et qualiter sint nitida, aut in nitido loco collocentur.

VII. Si habeat locum præparatum, ubi effundi possit aqua quando abluuntur vasa altaris, aut os vel manus post perceptionem sacræ communionis. Aut si ipse presbyter propriis manibus, aut diaconus, aut subdiaconus ejus, lavet primo corporale.

VIII. Quo metallo sit calix et patena, aut qua diligentia custodiantur, aut si habeat pyxidem, ubi congrue possit recondi sacra oblatio reserunda ad viaticum infirmis.

IX. Ut chrisma et oleum consecratum sub sera recondantur.

X. Si ipse presbyter visitet infirmos, et inungat oleo sancto, et communicet per se, et non per quemlibet, et ille ipse communicet populum, nec tradat communionem cuiquam laico ad deferendum in domum suam causa cujuslibet infirmi.

XI. Si habeat clericum qui possit tenere scholam, aut legere epistolam, aut canere valeat, prout necessarium sibi videtur.

XII. Investigandum nihilominus de luminaribus ecclesiæ, aut quot cerarios habeat ipse titulus.

717 XIII. Qualiter sit cooperta ecclesia, aut si sit camerata, et ut ibi columbæ vel aliæ aves non nidificent, propter immunditiem vel importunitatis inquietudinem.

XIV. Quo metallo habeant ibidem signa.

XV. Si atrium habeat munitum, aut si cellam propriam habeat juxta ecclesiam, aut si suspiciosa in circuitu ostiola sint.

XVI. Ut ex decimis quatuor portiones fiant juxta institutionem canonicam, et ipsæ sub testimonio duorum aut trium fidelium studiose et diligenter dividantur: et ut de duabus portionibus, ecclesiæ et episcopi, ratio reddatur per singulos annos quid inde profecerit in ecclesia.

XVII. Ut matricularios habeat juxta qualitatem loci, non bubulcos aut porcarios, sed debiles et pauperes, et de eodem dominio. Nisi forte ipse presbyter habeat fratrem, aut aliquem propinquum debilem, aut pauperrimum, qui de eadem decima sustentetur: reliquos autem propinquos, si juxta se habere voluerit, de sua portione vestiat atque pascat.

XVIII. (*De peculio clericorum*, cap. 1, Ivo, part. III, cap. 94.) Investigandum similiter, si nihil patrimonii habens, quando provectus est ad ordinem ecclesiasticum, postea emerit prædia, cujus juris sint: quoniam ecclesiæ, ad quam de nihil habentibus promotus est, esse debent juxta canonicæ auctoritatis decretum.

XIX. (*De peculio clericorum*, cap. 4.) Inquirendum, si occasione hujus præcedenti capituli aliquis presbyterorum abhinc de reditibus ecclesiæ, vel oblationibus ac votis fidelium, alieno nomine res comparaverit, et ibi structuras fecerit, vel quæ ad ecclesiam pertinent ibi collocaverit, et mulierum frequentationem inibi fieri permiserit, vel, quod turpius est, tales mulieres ibi habuerit, quæ lanificium suum exerceant, et curam domus agant, et ad eadem loca presbyter incongrue recurrerit, frequentaverit, vel

manserit: quoniam contra decreta canonum hoc malum agitur a quibus perpetratur; quia sicut nec suo, ita nec alieno nomine presbyter, vel quilibet sub regula, fœnus exercere debet, multo minus autem fraudem facere de facultatibus ecclesiasticis: quoniam hoc agere sacrilegum est, et par crimen Ananiæ et Saphiræ, atque Judæ furis, qui sacras oblationes, quæ ad usus fidelium ac pauperum mittebantur, asportabat et furabatur. Nam aliud est sine dispendio ecclesiæ amicis vel parentibus pauperibus, aut quibuslibet necestuosis, ex charitate cum mensura et ratione subvenire, vel adjutorium ferre, et aliud cum destructione ecclesiæ, vel dissipatione facultatum ecclesiasticarum, quasi furtim, imo furtim, quæ ecclesiæ esse debuerant, et usibus illius ac pauperum seu hospitum impendi, carnalium carnaliter usibus sine divino respectu inservire. Et de nihil habentibus promotus presbyter non præsumat quæ de facultatibus ecclesiæ comparaverit vendere, vel quasi **718** ad casam Dei tradere, nisi ad ecclesiam cujus propriæ esse debent, sine consultu episcopi.

XX. Inquirendum, si de tabernis et de comessationibus, et de familiaritate indebita mulierum se custodiant presbyteri, sicut sæpissime interdiximus et interdicimus: quia ad contumeliam nostram laici me petunt, ut si evidenter cum testibus, quo negari non possit a quoquam, presbyterum in tabernis invenerint, caballum et cappam inde eis habere liceat. Quapropter si abhinc presbyteri se de talibus non caverint, quia divinum non timent judicium, temporalem illis inveniemus contumeliam, et sæculare illorum incorrigibilitati adinveniemus detrimentum.

De illicito clericorum accessu ad feminas, et qua ratione de illo arguendi vel purgandi sint.

XXI. (*Conc. Trosleianum*, cap. 9.) De accessu autem, et frequentatione, ac cohabitatione clericorum cum feminis, unde secundum sacros canones in omnibus synodis specialiter interdiximus, firmiter et expresse atque sollicite a nobis et a comministris nostris est inquirendum. Sicut enim his qui Domini in carne adventum præcesserunt, et his qui subsequentur, pro temporum ratione sunt sacramenta disparia, ad religionem tamen unius ejusdemque fidei et salutis recurrentia, et, ut scriptum est, *Pertransibunt plurimi, et multiplex erit scientia* (*Dan.* XII, 4), per incrementa temporum, tam per seipsum, quam et per angelos in Veteri Testamento, in Novo autem similiter per se, et per doctores catholicos et magistros Ecclesiæ, qui et attestante propheta angeli nominantur, aucta est subtilitas et multiplicatio præceptorum. Per se quidem Dominus in paradiso Adæ, et post diluvium Noe et Abrahæ de circumcisione dedit præcepta: legem autem per angelos Moysi mediatori et populum, ut ostendit Apostolus. In Novo autem inter se Testamento incarnatus per se dicens, *Audistis quia dictum est: Diliges proximum tuum, et odio habebis inimicum tuum. Ego autem dico vobis*

Diligite inimicos vestros (Matth. v, 45). Et : *Nisi* **A** *abundaverit justitia vestra plusquam Scribarum et Pharisæorum, non intrabitis in regnum cœlorum* (ibid., 20). Et : *Dictum est antiquis :. Qui occiderit, reus erit judicio. Ego autem dico vobis, quia omnis qui irascitur fratri suo, reus erit judicio* (ibid., 21, 22). Et per sanctos suos, de quibus dictum est : *Non vos estis qui loquimini, sed Spiritus Patris vestri qui loquitur in vobis (Matth.* x, 20), per incrementa temporum virtutem castitatis excrescere, maxime autem apud ministros Ecclesiæ docuit, decernens hoc modo per mysticam Nicænam synodum (*can.* 3) : « Interdixit per omnia magna synodus, non episcopo, non presbytero, non diacono, nec alicui omnino qui in clero est, subintroductam habere mulierem, nisi forte matrem, aut sororem, aut amitam, vel eas tantum personas quæ suspiciones effugiunt. » Et inde lex a Christianis **719** imperatoribus est promulgata hoc modo (*Cod. Theod., de episc. Eccl.,* etc., l. 44) : « Quicunque clericatus utuntur officio, extranearum mulierum familiaritatem habere prohibentur : matrum, sororum, vel filiarum sibi solatia intra domum suam noverint tantum esse concessa. » Sed quia sub occasione istarum personarum aliæ mulieres subintroduci cœperunt, sancti Africani canones decreverunt (*conc. Afr.,* can. 5), ut « nec ipsi episcopi, aut presbyteri, soli habeant accessum ad viduas, vel virgines, vel ad quascunque feminas : sed ubi aut clerici præsentes sint, aut graves aliqui Christiani. » Unde, sicut beatus Gregorius ad **C** ministros Ecclesiæ Romanæ scripsit (*epist.* 39. ind. II, lib. VII) , beatus Augustinus nec cum sorore habitare consenserit dicens : « Quæ cum sorore mea sunt, sorores meæ non sunt. » Et ex hoc dicit sanctus Gregorius : « Docti ergo viri cautela magna nobis esse debet instructio. Nam inhonestæ præsumptionis est, quod fortis pavet, minus validum non timere. Sapienter enim illicita superabit, qui didicerit etiam non uti concessis. » Et hinc Christiani imperatores legem decreverunt dicentes (*Novella Justiniani* 125, c. 29) : « Presbyteris, et diaconis, et subdiaconis, et aliis in clero scriptis, non habentibus uxores, secundum divinas regulas interdicimus et nos mulierem habere in sua domo, excepta matre et filia et sorore, et aliis personis, quæ omnem **D** querelam effugiunt. Si quis autem adversus istam observationem mulierem in sua domo habuerit, quæ potest suspicionem inferre turpitudinis, et ille a conclericis suis audierit, quod cum tali muliere non debeat habitare, et noluerit eam a sua domo repellere, vel accusatore emergente probatus fuerit inhoneste cum tali muliere versari, tunc episcopus secundum ecclesiasticos canones clero eum repellat, curiæ civitatis cujus clericus est tradendum. » Et ut sanctus Innocentius (*Innoc., episc. 2 ad Victricium*), et prædecessor ejus Siricius scribunt : « Si priscis temporibus de templo Dei sacerdotes anno vicis suæ non discedebant, sicut de Zacharia legimus, nec domum suam omnino tangebant, quibus utique pro-

pter sobolis successionem uxoris usus fuerat relaxatus, quia ex alia tribu, et præter ex semine Aaron, ad sacerdotium nullus fuerat præceptus accedere, quanto magis hi sacerdotes vel Levitæ pudicitiam servare debent, quibus vel sacerdotium, vel ministerium sine successione est, nec præterit dies quo vel a sacrificiis divinis, vel a baptismatis officio vacent ? Nam si Paulus etiam laicis scribit dicens : *Abstinete ad tempus, ut vacetis orationi* (*I Cor.* VII, 5), quanto magis sacerdotes, quibus et orandi et sacrificandi juge officium est, semper debebunt ab ejusmodi consortio abstineri ? Qui si contaminatus fuerit a carnali concupiscentia, quo pudore vel sacrificare forsitan usurpabit ? aut qua conscientia, quove merito exaudiri se credit, cum dictum sit : **B** *Omnia munda mundis, inquinatis autem et infidelibus nihil mundum ? (Tit.* I, 15.) Et ne quis dicat, Si habito cum mulieribus, sufficit mihi conscientia mea, dicente Apostolo : *Gloria nostra hæc est, testimonium conscientiæ nostræ (II Cor.* I, 12), attendat quod item idem dicit Apostolus, per quem, ut ipse veraciter **720** fatetur, loquitur Christus : *Providentes bona non solum coram Deo, sed etiam coram omnibus hominibus (Rom.* XII, 17). Et item præcepit, ut sine offensione omnibus simus, ne pereat in nostra conscientia frater, propter quem Christus mortuus est, sic inquiens : *Peccantes in fratres, et percutientes conscientiam eorum infirmam, in Christum peccatis (I Cor.* VIII, 12). Et ideo repleti Spiritu sancto statuerunt sancti Patres nostri, ut ministri altaris mulieribus non cohabitent, neque subintroducant secum mulieres, ne vel concupiscentia conscientiam suam urant, vel consensu pessimo polluant, et ne vel mala suspicione infirmorum conscientias maculent. Proinde de concubitu presbyterorum cum feminis per parochianos vel vicinos cujuscunque presbyteri inquirere non laborabimus. Abolita est quippe vetus hæresis, quæ cynica, id est canina, propter impudentiam fuerat appellata, dicens concubitum esse naturalem, et ob id agendum sine verecundia publice, cum legamus primos homines mox post peccatum in obedientiæ sensisse concupiscentiam in membris genitalibus, et a mutuis conspectibus contexisse. Nam licet humanæ mentis cæcitas in operatione turpitudinis divinis et angelicis, atque sanctorum qui in cœlis sunt, oculis abscondi non possit : tamen etiam quilibet rusticanus concumbens et cum propria conjuge, prout potest plurimorum devitat aspectus : quanto magis presbyter, si sensum hominis habet, malum agens curabit abscondere, propter quod patefactum scit se non solum ecclesiasticum gradum amittere, sed et sua quæ habet in sæculo perdere ? Non igitur de hoc inverecunde quæremus, quod et Apostolus non nudo, sed velato nomine loquens apud legitime conjugatos, studuit appellare dicens : *Iterum revertimini in idipsum (I Cor.* VII, 5). Et : *Ne quis circumveniat in negotio fratrem suum (I Thess.* IV, 6). Tantummodo autem de accessu et frequentatione ac cohabitatione presbyterorum contra canonicum interdictum cum **A** feminis per tales homines inquiremus, sicut sancti Africani canones jubent (*conc., Afric.* can. 96, 98), id est, quos publicæ leges ad accusationem vel testimonium recipiunt, sive in mallo, sive in audientia. Et si quiscunque presbyter, non solum in nostra parochia, sed in nostra diœcesi confessus, vel legali ac regulari judicio fuerit convictus, de cohabitatione vel frequentatione, sive accessu cum feminis contra canones, modis omnibus, secundum decreta beati Gregorii, sine gradus sui restitutione deponetur, et juxta capitulum magni Leonis papæ, quod dicit (*epist.* 1 *episcopis per Campaniam*) : Hoc itaque admonitio nostra denuntiat, quod si quis fratrum contra hæc constituta venire tentaverit, et prohibita fuerit, ausus admittere, a suo se noverit officio submovendum, nec communionis nostræ futurum esse consortem, qui sotius noluit esse disciplinæ. Ne quid vero sit quod prætermissum forte a nobis credatur, omnia decretalia constituta tam beatæ recordationis Innocentii, quam omnium decessorum nostrorum, quæ de ecclesiasticis ordinibus, et canonum promulgata sunt disciplinis, **721** ita a vestra dilectione custodiri debere mandamus, ut si quis in illa commiserit, veniam sibi deinceps noverit denegari. › Nam et beatus Augustinus suo archiepiscopo de Abundantio presbytero suæ parochiæ ita scripsit (*epist.* 236) : « Quia cum non ambularet vias servorum Dei, non bonam famam habere cœpit. Qua ego conterritus, non tamen temere aliquid credens, sed plane sollicitior factus, operam dedi, si quo modo possem ad **C** aliqua malæ conversationis ejus certa pervenire indicia. Ac primo comperi eum pecuniam cujusdam rusticani de vino apud se commendato intervertisse, ita ut nullam inde posset probabilem rationem reddere. Deinde convictus atque confessus est, cum secum nullum clericum haberet, apud quamdam malæ famæ mulierem, et prandisse, et cœnasse, et in vicina et in eadem domo mansisse. Nam quæ negavit Deo dimisi : quæ occultare permissus non est judicavi. › Propterea, sicut S. Gregorius decrevit, per idoneos, ut præmisimus, testes sacramento inquiretur de malæ famæ presbytero, et qui proinde jurabunt, hoc modo singuli jurent : « De hoc quod me interrogabis de isto presbytero, quid inde sciam, ne sciente nec mendacium tibi dicam, nec veritatem reticebo, si me Deus adjuvet, et isti sancti Dei. › **D** Post istud sacramentum, interrogari debet hoc modo : « Sancti canones præcipiunt, ut presbyter talem accessum, et frequentationem, ac cohabitationem cum feminis non habeat, unde mala suspicio, et inconveniens sacerdoti fama possit exire. Propterea dic mihi, si vidisti, aut pro certo scis talem accessum, vel frequentiam, aut cohabitationem feminas habere cum isto presbytero, unde mala suspicio esse possit, et mala fama exire possit, in illo sacramento quod modo jurasti ut veritatem inde non reticeas, et mendacium inde non dicas. › Et exceptis accusatoribus, septem sint testes idonei, qui inde verita-

tem per sacramentum dicant, ex quibus sex jurent, et septimus, si conditio vel qualitas personæ permittit, ad judicium exeat quod illi ex veritate inde per sacramentum dixerunt : quia multi jam deprehensi apud nos habentur, quoniam pretio conducti se perjuraverunt. Et si hoc modo presbyter convictus fuerit de inconvenienti cohabitatione cum feminis, deponetur, sicut Zosimus papa decrevit dicens (*epist. ad Hesychium, cap.* 2) : « Sciat quisquis postposita Patrum et apostolicæ sedis auctoritate neglexerit, a nobis districtius judicandum, ut loci sui minime dubitet sibi non constare rationem, si hoc putat post tot prohibitiones impune posse tentari. Contumeliæ enim studio fit, quidquid interdictum toties usurpatur. ›

XXII. In lege est statutum, quod et in Evangelio est confirmatum, ut in ore duorum vel trium testium stet omne verbum (*Matth.* xviii). Et Apostolus Timotheo præcipit (*I Tim.* v), in cujus persona, ut Leo dicit, omnium Christi sacerdotum numerum erudivit, ut accusatio adversus presbyterum non recipiatur, nisi sub duobus vel tribus testibus. Et **722** sacrum Nicænum concilium (*can.* 2) neophytum episcopum, a duobus vel tribus testibus redargutum, a clero abstinere præcepit. Sed quia in historia Susannæ (*Dan.* xiii) duos testes, qui idonei populis videbantur, et in historia Nabuthæ (*III Reg.* xxi), verum et in historia passionis Domini, duos testes dixisse falsum testimonium legimus (*Matth.* xxvi) : quoniam Christus Dei virtus et Dei sapientia dicit, *Per me conditores legum justa decernunt* (*Prov.* viii, 15) : et sanctus Gregorius frequenter in epistolis suis causam ministrorum ecclesiasticorum legaliter et regulariter præcipit definiri : et sanctus Augustinus exponens sententiam, Apostoli, *Si quis frater nominatur fornicator* (*I Cor.* v, 11), et cætera, dicit : « Noluit Apostolus hominem ab homine judicari ex arbitrio suspicionis, vel etiam extraordinario usurpato judicio; sed potius ex lege Dei secundum ordinem Ecclesiæ, sive ultro confessum, sive accusatum atque convictum, eam nominationem volens intelligi, quæ fit in quemquam cum sententia ordine judiciario, et quæ cum integritate profertur. Nam si nominatio sola sufficit, multi damnandi sunt innocentes, quia sæpe falso in quemquam crimen nominatur. In accusatione presbyterorum de numero testium idoneorum auctoritatem legum sequendam vidimus, ut septem testes, ut supra diximus, idonei requirantur : et si ratio vel causa coegerit, quatuordecim vel viginti et unus testes quærantur, ut veritas patefacta monstretur.

XXIII. (2, q. 5, *Si mala fama.*) Si autem mala fama ex verisimilitudine per parochiam de presbytero exierit, et accusatores atque testes legales defuerint, ne infirmorum corda de mala fama presbyteri percutiantur, et ne vituperetur ministerium nostrum, neve securiores presbyteri existentes licentius in peccatum labantur, secundum decretum Gregorii junioris sit jusjurandum in medio, et habeat malæ famæ presbyter in sacramento purgationis suæ **A** eum testem, quem habebit et judicem.

XXIV. Et quoniam legimus in epistolis beati Gregorii, sæpe infamatum sacerdotem in purgatione suæ famæ tantum jusjurandum præbuisse, et legalis atque apostolica et canonica auctoritas trium testium testimonium recipit ad condemnationem, non abs re videtur si recipiatur ad purgationem. In Historia quoque sacra, et in epistola beati Gregorii, legimus beatum Petrum apostolorum principem, cum a fidelibus reprehensus fuerit cur ad gentiles intrasset, humili eos ratione placasse, atque in causa reprehensionis suæ etiam testes adhibuisse dicens, *Venerunt autem mecum et sex fratres isti* (*Act.* xi, 12). Et Carthaginenses canones decernunt (*can.* 20), ut si presbyteri vel diaconi fuerint accusati, adjuncto sibi ex vicinis locis proprius episcopus legitimo numero collegarum, id est una secum in presbyteri nomine sex, in diaconi tres, auctoritati convenire ducimus, ut si presbyter infamatus fuerit, et accusatores vel testes idonei defuerint, secundum qualitatem ac quantitatem causæ atque personæ, et utilitatem **723** ac sanationem cordium infirmorum, aut singulis, aut cum aliis duobus testibus, aut cum aliis sex testibus, seipsum sacramento a mala opinione purget. Et non est contrarium decreto Gregorii junioris, si plures testes ad purgationem infamati presbyteri requirantur : quia scribens idem pontifex ad Bonifacium episcopum per Denualdum presbyterum dicit, ut si probari idoneis testibus presbyter infamatus nequiverit, sit jusjurandum in medio, et **C** non diffinivit utrum ipse solus, an cum aliis juret.

XXV. Et quoniam, ut scriptum est, et in angelis reperta est nequitia, et teste Malachia propheta, atque Joanne evangelista, sacerdotes angeli appellantur, et experti sumus quosdam ad invicem conspirasse, ut se mutuo in sua purgatione adjuvarent, sed revera nocerent, sicut et presbyteri pleni iniqua cogitatione adversus Susannam conspiraverunt, non incongrue videtur, ut cum credibili misso episcopi, presbyteri qui in purgatione infamati sacerdotis, et una cum eo ad jusjurandum se obtulerint, talem examinationem per advocatum infamati presbyteri recipiant, ut in sacramento se Deo non perdant, **D** sicut quosdam hinc jam revictos comperimus.

XXVI. Quia vero, ut sanctus Augustinus dicit, nova morborum genera nova quærere cogunt medicamentorum experimenta, ac præfatis auctoritatibus instructi, non præjudicantes, si quæ sunt, sanius intelligentium sententiis, hoc modo agenda vidimus, quatenus et presbyteros a luxuriæ charybdis præcipitio revocare, et toties repetitam canonum prohibitionem a prævaricantibus quoquo modo possimus evindicare, et nos de dissoluta correptione non judicemur, sicut Heli sacerdos damnatus est, quia filios suos segnius ac lenius quam debuerit corripuerat, et ipsi filii ejus perierunt (*I Reg.* iv) : quia, ut Leo dicit (*Decr* c. 14) : « Inferiorum ordinum

culpæ ad nullos magis referendæ sunt, quam ad desides negligentesque rectores, qui multam sæpe nutriunt pestilentiam, dum necessariam dissimulant adhibere medicinam. » Et sanctus Gregorius dicit : « Qui non corrigit resecanda, committit. » Et item Leo scribens ad Januarium episcopum, singulis nobis dicit (*ibid.*, *c.* 14) : « Non autem dubitet dilectio tua, nos si, quod non arbitramur, neglecta fuerint quæ pro custodia canonum et pro fidei integritate decernimus, vehementius commovendos : quia ut Hilarus papa dicit : Non minus in sanctarum traditionum delinquitur sanctiones, quam in ipsius Domini injuriam prosilitur. » Qualiter autem his agendum sit, **B** qui per contemptum in sanctarum traditionum sanctiones delinquunt, vel in ipsius Domini injuriam prosiliunt, sanctus Leo ad Rusticum episcopum decernit (*Decr. c.* 16) : « Hujusmodi, inquiens, lapsis ad promerendam misericordiam Dei privata est expetenda secessio, ubi illis satisfactio, si fuerit digna, sit etiam fructuosa. A qua districtionis regula, sancto Spiritu promulgata, non licet nobis quacunque pietate indebita declinare : quia etsi debetur **724** compassio proximis, rectitudo tamen debetur vitiis. Unde sacra Scriptura simplicitati rectitudinem semper conjungit : quia simplicitas sine rectitudine fatuitas est. Simplicitas igitur erga vitia, sicut catholici doctores dicunt, dissoluta et stulta est : et rectitudo erga proximos, sine pietatis simplicitate, austera existit et dura. »

Ab isto loco usque ad finem istius capituli non est datum presbyteris.

Quod de crimine confessi vel convicti merito sint a gradu ecclesiastico deponendi.

Et ne quidam, contra Apostolum delectantes, non solum vocum, sed et constitutionum ac factorum novitate, qui, ut audivimus, dicunt non debere presbyterum vel diaconem de crimine confessum sive convictum deponere, sed tantum suspendere, quia sic possunt confessionem et pœnitentiam, sicut et alii homines, facere, nos dicant cum Novatianis pœnitentiam quibuslibet denegare, quæ cum orthodoxis doctoribus, de pœnitentia et degradatione ecclesiasticorum ministrorum sentimus, eorum sensibus et verbis dicemus. Ipsi autem, juxta Apostolum, sanam doctrinam non sustinentes, habentes speciem quidem pietatis, virtutem autem ejus abnegantes, quia ut sanctus Ambrosius in explanatione psalmi *Beati immaculati*, et beatus Cœlestinus papa scribens ad Nestorium dicunt : « Et pietas ex qua nascitur frequenter impietas, viderint qualiter se a laqueo liberent, quo se inuectunt, ponentes in cœlum os suum, et loquentes adversus sacros canones, ut Leo dicit (*Decr. c.* 5), spiritu Dei conditos, et totius mundi reverentia consecratos, qui sequentes apostolicam doctrinam dicunt in crimine delectos non oportere ad ecclesiasticum gradum accedere, vel in clericatu manere, vel ad clericatum redire. » Unde magnus Leo maximo rugitu de urbe Roma, orbis scilicet capite, per totum mundum intonat, decernens « ut episcopi præstitutis canonibus nulla aut negligentia aut præsumptione discedant, et si quis sacerdotum contra constituta venire tentaverit, et prohibita fuerit ausus admittere, a suo se noverit officio submovendum. Et Hilarus Papa dicit (*Decr. c.* 48), quia non minus in sanctarum traditionum sanctiones delinquitur, quam in ipsius Domini injuriam prosilitur. » Et Gelasius : « Comperimus, inquit, nonnullos in ipsis ordinibus constitutos gravibus facinoribus non repelli, cum et Apostolus clamet nemini cito manus imponendas, neque communicandum peccatis alienis : et majorum veneranda constituta pronuntient hujusmodi, etiamsi forte subrepserint, tam qui ante peccaverunt detectos oportere depelli, quam sacræ professionis oblitos prævaricatoresque sancti propositi proculdubio submovendos. » Et sanctus Gregorius ad Anthemium subdiaconum (*lib.* IX, *epist.* 66) : « Quia tantæ nequitiæ malum digna non **725** debet sine ultione transire, supradictum fratrem nostrum Pascasium admonere te volumus, ut Hilarium prius subdiaconi, quo indignus fungitur, privet officio, atque verberibus publice castigatum faciat in exsilium deportari, ut unius pœna multorum possit esse correctio. » Et ad Columbum episcopum (*lib.* X, *epist.* 8) : « Pervenit ad nos, quod Donadeus diaconus pro corporali fuisset peccato depositus. Dilectio vestra subtili hoc inquisitione perquirat : et si ita est, in pœnitentia retrudendus est, ut commissi flagitii vinculum lacrymis possit absolvere. » Et ad Sabinianum episcopum (*lib.* VII, *epist.* 12) : » Presbyterum, inquit, de quo nos fraternitas tua latoris præsentium relatione consuluit, nulla ratione in sacro ordine post lapsum, aut permanere, aut revocari posse cognoscas. Circa quem tamen mitius agendum est, propter quod commissum facinus facili dicitur professione confessus. » Et ad Joannem archiepiscopum (*lib.* VII, *ind.* 1, *epist.* 62) . « Quæ adversus Lucillum Melitanæ civitatis episcopum querela commota sit, in gestorum quæ ad nos direxistis pagina declaratum est. Et ideo quia tanti facinoris ultio nulla debet dilatione differri, fraternitas vestra tres aut quatuor de fratribus ac consacerdotibus sibi nostris adhibeat, ut ipsis quoque præsentibus patefacta ac satisfacta veritate, prædictum Lucillum de episcopatus ordine, quem hujus sceleris contagio maculavit, studeat sine ambiguitate deponere. » Quia agitur in regula pastorali sanctus Gregorius, legis exponens sententiam, monstrat « non debere eum accedere ad ministerium Dei, nec offerre Deo suo panes, qui parvo, vel grandi, aut torto est naso, id est, qui ad tenendam mensuram discretionis idoneus non est, vel qui subtilitate immoderata rectitudinem suæ actionis confundit, in pœnitentia vel degradatione lapsorum ex gradibus ecclesiasticis, secundum traditionem catholicam et ecclesiæ magistrorum, nobis est tenenda discretio. » Ait enim beatus Gregorius (*Moral.* XXI, *cap.* 9) : « Nonnunquam a reatu

adulterii nequaquam discrepat culpa fornicationis, cum Veritas dicat : *Qui viderit mulierem ad concupiscendum eam, jam mœchatus est eam in corde suo* (*Matth.* V, 28). Quia enim Græco verbo mœchus adulter dicitur, cum non aliena conjux, sed mulier videri prohibetur, aperte Veritas ostendit quia et solo visu, cum turpiter vel innupta concupiscitur, adulterium perpetratur. Quod tamen plerumque ex loco vel ordine concupiscentis discernitur : quia sicut hunc in sacro ordine studiosa concupiscentia, sic illum adulterii inquinat culpa. In personis tamen non dissimilibus idem luxuriæ distinguitur reatus, in quibus fornicationis culpa, qua ab adulterii reatu discernitur, prædicatoris lingua testatur, quæ inter cætera asserit dicens, *Neque fornicarii, neque idolis servientes, neque adulteri regnum Dei possidebunt* (1 *Cor.* VI, 9). Quod enim disjunctæ reatui sententiæ subdidit, quoniam valde a se dissideat ostendit. » Et item idem dicit : « Scimus quia aliquando minus est in corporis corruptionem cadere, quam cogitatione tacita ex deliberata elatione peccare. Sed eum minus turpis superbia creditur, minus vitatur : luxuriam vero eo magis **726** erubescunt homines, quo simul omnes turpem noverunt. Unde fit plerumque, ut nonnulli per superbiam in luxuriam corruentes experto casu malum culpæ labentis erubescant : et tunc etiam majora corrigant, cum prostrati in minimis confunduntur. Reos enim se inter minora conspiciunt, qui se liberos inter graviora crediderunt. Pia ergo Domini dispensatione laxatos nonnunquam malignus spiritus de culpa ad culpam trahit, et dum plus percutit, inde eum quem ceperat amittit, atque unde vicisse cernitur, inde superatur. Ad hoc enim in Scriptura sacra virorum talium, id est David et Petri, peccata sunt indita, ut cautela minorum sit ruina majorum. Ad hoc vero utrorumque illic et pœnitentia insinuatur, et venia, ut spes pereuntium sit recuperatio perditorum. De statu ergo suo David cadente nemo superbiat : de lapsu etiam suo David surgente nemo desperet. » Et sanctus Augustinus (*epist.* 50) : « Ut enim constitueretur in ecclesia, ne quisquam post alicujus criminis pœnitentiam clericatum accipiat, vel ad clericatum redeat, vel in clericatu maneat, non desperatione indulgentiæ, sed rigore factum est disciplinæ. Alioquin contra claves datas Ecclesiæ disputabitur, de quibus dictum est : *Quæ solveritis in terra, erunt soluta et in cœlo* (*Matth.* XVI, 10). Sed ne forsitan etiam detectis criminibus spe honoris ecclesiastici animus intumescens superbe ageret pœnitentiam, severissime placuit, ut post actam de crimine damnabili pœnitentiam nemo sit clericus, ut desperatione temporalis altitudinis medicina major et verior esset humilitatis. Nam et sanctus David de criminibus mortiferis egit pœnitentiam, et tamen in honore suo perstitit : et beatum Petrum, quando amarissime lacrymas fudit, utique Dominum negasse pœnituit .

et tamen apostolus mansit. Sed non ideo super-
vacua putanda est posterior diligentia, quia ubi
saluti nihil detrahebatur, humilitati aliquid addiderunt, quo salus tutius muniretur : experti credo
aliquorum fictas pœnitentias per affectatas honorum potentias. Cogunt enim multas invenire me-
dicinas multorum experimenta morborum. » De-
tecti ergo, sive confessione sua, sive convictione
legali ac regulari, de criminibus ad gradus ecclesiasticos non accedant, et in gradibus ecclesiasticis non maneant, vel ad ecclesiasticos gradus
non redeant, sicut sacri canones et decreta sedis
Romanæ pontificum aperte atque expresse decernunt. Hoc enim nos admonens Apostolus ait : *Nolite communicare operibus infructuosis tenebrarum*
(*Ephes.* v, 11). Et quia, inquit sanctus Augustinus, parum erat non consentire, id est non communicare, si sequeretur negligentia disciplinæ,
Magis, inquit, *et redarguite* (*ibid.*). Quid est,
nolite communicare ? nolite consentire, nolite approbare. Quid est, *magis et redarguite ?* reprehendite, corripite, coercete. Sicut item idem dicit
apostolus, *Peccantes coram omnibus argue, ut
cæteri metum habeant* (*I Tim.* v, 20). Sicut arguit Petrus Ananiam et Saphiram, ut cæteri metum haberent : sicut damnavit Simonem, quem
727 tamen ad pœnitentiam invitavit : sicut fornicatorem arguit Paulus, quem tradidit Satanæ, ut
spiritus salvus fieret in die Domini. Unde sapientis
verba clavis atque stimulis comparantur, dicente
Salomone, *Verba sapientiæ quasi stimuli, et quasi
clavi in altum defixi* (*Eccle.* xii, 11), quia culpas
delinquentium nesciunt palpare, sed pungere. Sed
in ipsa correptione vel coercitione alienorum peccatorum, sicut beatus Augustinus dicit, cavendum est,
ne se extollat qui alterum corripit, et qui se putat
stare, videat ne cadat. Foris terribiliter personet
increpatio, intus benignitatis teneatur dilectio. Neque
enim consentientes simus malis, ut approbemus :
neque negligentes, ut non arguamus : neque superbientes, ut insultantes arguamus, sicut satis beatus
Gregorius in regula pastorali nobis ostendit. Lapsos
autem in ordine ecclesiastico, sed non detectos, judicio Dei committimus, cujus misericordiæ, ut Leo
dicit (*epist. ad Theodorum*), nec mensuras possumus ponere, nec tempora diffinire, apud quem nullas
patitur veniæ moras vera confessio, dicente Dei
Spiritu per prophetam : *Cum ingemueris, tunc salvus
eris*; et alibi : *Dic iniquitates tuas prior ut justificeris,
quia apud Dominum misericordia est, et copiosa apud
eum redemptio* (*Psal.* cxxix, 7); et Apostolus : *Si
nosmetipsos dijudicaremus, non utique judicaremur*
(*I Cor.* xi, 31). Unde doctores catholici : Eo tunc
Dominus salvator invenitur, quo nunc præ timore
Domini peccatum nostrum a nobismetipsis redarguitur. Unde electi quique culpis suis nunquam sciunt
parcere, ut possint culparum judicem placatum invenire : et vere eum postmodum invenire Salvatorem credunt, quem districte modo judicem metuunt.

A Nam qui sibi nunc in culpa parcit, ei postmodum in
pœna non parcitur. Culpas nunc singulorum Deus
enumerat, cum nos ipsos ad singula quæ fecimus
deflenda exponit : quas misericorditer relaxat, quia
ea dum nos punimus, ipse nequaquam in extremo
examine judicat. Neque enim pie Dominus ante dili-
gentium oculos flenda peccata opponeret, si per
semetipsum ea districte ferire voluisset. Constat
enim quia a suo judicio abscondere voluit, quos mi-
serando præveniens sibimetipsis judices fecit. Hinc
enim scriptum est : *Præveniamus faciem ejus in confessione* (*Psal.* xlix, 2) : Et : *Si nosmetipsos dijudicaremus, non utique dijudicaremur.* Qua dijudicatione
majorem in se quisque severitatem debet exercere,
quo se recognoscit gravius deliquisse, ut a seipso
B judicatus non judicetur a Domino. Quæ actio pœnitentiæ tunc erit perfecta, et Deo acceptabilis, si
ascenderit homo adversum se tribunal mentis suæ,
et constituerit se ante faciem suam, ne hoc ei postea
fiat, sicut comminatur Deus peccatori, *Arguam te,
et statuam contra faciem tuam* (*Psal.* xlix, 21), atque ita constituto in corde judicio, adsit accusatrix
cogitatio, testis conscientia, judex ratio, carnifex
timor. Dehinc dolore torquente sanguis animæ confitentis per lacrymas profluat : et quo sollicitius suam
quisque conscientiam discutiendo examinat, eo latiores ex intimo cordis fonte lacrymarum **728** fluvios fundat : et quotidiano baptismate, lacrymis suæ
compunctionis ab omnium vitiorum, non solum cri-
minalium, sed et quotidianorum subripientium
C contagione purgetur, juxta eum qui dicit : *Lavabo
per singulas noctes lectum meum, lacrymis stratum
meum rigabo* (*Psal.* vi, 7) : quia vita nostra indigna
non judicatur, quæ lacrymis lavatur. Unde quia post
baptismum inquinavimus vitam, et iterum baptismi
aquis lavari non possumus, conscientiam nostram
lacrymis baptizemus, et renovemur spiritu mentis
nostræ de die in diem. Nescit enim mens per corpus
veterescere, quæ studet per desiderium semper inchoare. Hinc namque per Paulum dicitur, *Renovamini spiritu mentis vestræ* (*Ephes.* iv, 32). Hinc Psalmista, qui ad perfectionis jam culmen pervenerat,
quasi inchoans dicebat, *Dixi : Nunc cœpi* (*Psal.*
lxxvi, 11), quia videlicet si lassescere ab inchoatis
bonis nolumus, necesse est ut inchoare nos quotidie
D credamus. A fervore etenim mentis, vel inter spiritales inimicos, vel inter carnales quosque proximos,
ipso aliquo modo vivendi usu veterescimus, et assumptæ novitatis specie fuscamur. A qua tamen vetustate
quotidie, si studia circumspectionis invigilent, orando, legendo, bene vivendo renovamur : quia vita
nostra, dum lacrymis lavatur, bonis operibus exercetur, sanctis meditationibus tenditur, ad novitatem
suam : sine cessatione reparatur ; quia peccata, sive
parva, sive magna, impunita esse non possunt :
quoniam aut homine pœnitente, aut Deo judicante
plectuntur, cessat autem vindicta divina, si conversio præcurrat humana. Amat enim Deus confitentibus parcere, et eos qui semetipsos judicant non

judicare. Et sanctus Gregorius, quod et prædecessor ejus sanctus Callistus scripserat, de lapsis in ordine Ecclesiastico, sed non detectis, interroganti se respondit (*epist.* 2) : Nos, inquiens, præcedentes nobis patres sequimur, qui auctore Deo sacra doctrina illorum non discordamus. A capite itaque incipientes, usque in quartum altaris ministerium, hanc formam servandam cognoscimus, ut quia minorem major præcedit, sicut honore ita et crimine, et quem major sequitur culpa, major importetur vindicta, et post pœnitentiam credatur esse fructuosa. Quid enim prodest triticum seminare; et fructum illius non colligere? Post dignam satisfactionem credimus posse redire ad honorem, propheta dicente : *Nunquid qui cadit non adjiciet ut resurgat, et qui aversus est non revertetur* (*Psal.* XL, 9.) Idem propheta ait : *In quacunque die conversus ingemueris, tunc salvaberis.* Unde et Psalmista ait : *Cor mundum crea in me, Deus, et spiritum rectum innova in visceribus meis. Ne projicias me a facie tua, et spiritum sanctum tuum ne auferas a me* (*Psal.* L, 12, 13). Dum enim petiit ne a Deo projiceretur prolapsus culpa, alienam rex et propheta simul rapuisse uxorem tremefactus expavit, propheta indicante flagitium suum : et pœnitentiam agens addidit : *Redde mihi lætitiam salutaris tui, et spiritu principali confirma me* (*ibid.*, 13). Si enim se dignum Deo per pœnitentiam non fecisset, nequaquam aliis prædicaret. Ait **729** enim : *Docebo iniquos vias tuas, et impii ad te convertentur* (*ibid.*, 15). Dum, inquit, peccata sua prospexit propheta mundata per pœnitentiam, non dubitavit prædicando curare aliena, et sacrificium de semetipso offerre Deo studuit cum dicebat : *Sacrificium Deo spiritus contribulatus* (*ibid.*, 19), et reliqua, quæ devotus ac studiosus lector suo loco invenire valebit. Et item alibi : Sed pœnitentiam agere digne non possumus, nisi modum quoque ejusdem pœnitentiæ cognoscamus. Pœnitentiam quippe agere est, et perpetrata mala plangere, et plangenda non perpetrare. Nam qui sic alia deplorat, ut tamen alia committat, adhuc pœnitentiam agere aut ignorat, aut dissimulat. Quid enim prodest, si peccata quis luxuriæ defleat, et tamen adhuc avaritiæ æstibus anhelat ? aut quid prodest, si iræ culpas jam lugeat, et tamen adhuc invidiæ facibus tabescat ? Unde necesse est, ut qui peccata deplorat, ploranda minime committat, et qui plangit vitia, perpetrare vitia timeat. Et si quis in fornicationis culpa, vel fortasse, quod est gravius, in adulterio, vel in incestu, vel in eo quod turpe est etiam dicere lapsus est, tanto a se licita debeat abscidere, quanto se memi-

nit et illicita perpetrasse : attendens consilium beati Joannis Baptistæ dicentis, *Facite fructus dignos pœnitentiæ* (*Luc.* III, 8). Qua sententia uniuscujusque convenitur conscientia, ut tanto majora quærat bonorum operum lucra per pœnitentiam, quanto gravius sibi intulit damna per culpam : et singula quæque admissa consideret, et dum per unumquodque erroris sui inquinationem deflet, simulque ac totum lacrymis mundet. Unde bene per prophetam Jeremiam dicitur, cum Judæ singula delicta censerentur : *Divisiones aquarum deduxit oculus meus* (*Thr.* III, 48). Divisam quippe ex oculis aquam deducimus, quando peccatis singulis dispertitas lacrymas damus. Neque enim uno eodemque tempore æque mens de omnibus dolet : sed dum nunc hujus, nunc illius culpæ memoria acrius tangitur, simul de omnibus in singulis commota purgatur. Sic nimirum erga lapsos atque detectos, cum catholicæ et apostolicæ Ecclesiæ doctrina, sacrorum canonum severitatis censuram sequimur. Sic de lapsis, sed non detectis, et peccata sua perfecte lugentibus, cum Ecclesia catholica de omnipotentissima Domini benignitate sentimus : quia nullum peccatum est, ut dicit Gelasius, pro quo aut non oret Ecclesia remittendum, aut quod data sibi divinitus potestate desistentibus ab eodem non possit absolvere, vel pœnitentibus relaxare, cui dicitur, *Quæcunque dimiseritis super terram, dimissa erunt in cœlis : et quæcunque solveritis super terram, soluta erunt et in cœlis* (*Joan.* XX, *Matth.* XVIII). In quibuscunque omnia sunt, quantacunque sint, et qualiacunque sint. Sic evangelicas sententias inter se non discordare intelligimus, quibus dicitur : *A fructibus eorum cognoscetis eos* (*Matth.* VII, 16). De quibus malæ operationis fructibus, id est de manifestis peccatis, sicuti sunt stupra, vel blasphemiæ, vel furta, vel ebrietas, et si quæ sunt alia, nobis judicare præcipitur. Cum autem dicitur : **730** *Nolite judicare et non judicabimini ; nolite condemnare et non condemnabimini* (*Matth.* VII, 1). Et : *Nolite ante tempus judicare, quoadusque veniat Dominus, et illuminet abscondita tenebrarum, et manifestet consilia cordis* (*I Cor.* IV, 5), de illis factis dictum intelligimus, quæ dubium est quo animo fiant, vel quæ facta nos latent. Et sicut evangelicæ sententiæ inter se non discordant, ita nec apostolica sedes est sibi ipsa diversa, sive adversa, quæ secundum sacros canones de manifestis peccatis confessos, sive convictos, a gradu ecclesiastico jubet deponi, et non publice confessos, vel legaliter ac regulariter convictos, damnari vel degradari nulla ratione permittit.

III.

CAPITULA ANNO XII EPISCOPATUS SUPERADDITA.

Hæc capitula anno XII episcopatus nostri, IV Idus Junias, aliis capitulis quæ jam consacerdotibus nostris dederamus, auctoritatem Patrum sequentes, superaddidimus, et fratribus ac consacerdotibus nostris observanda tradidimus.

CAP. I. — *Quod presbyteri curare debeant, ut publici peccatores pœnitentiam accipiant, et episcopo referre quomodo illam agant. De pœna eorum qui ad pœnitentiam venire contemnunt, et presbyterorum, qui peccatores non indicant; et quod ultima pœnitentia nulli neganda sit.*

Ut unusquisque sacerdos maximam providentiam habeat, quatenus, si forte in parochia sua publicum homicidium, aut adulterium, sive perjurium, vel quodcunque criminale peccatum publice perpetratum fuerit, statim, si auctorem facti vel consentientem adire potuerit, hortetur eum quatenus ad pœnitentiam veniat coram decano et compresbyteris suis, et quidquid ipsi inde invenerint vel egerint, hoc comministris nostris, magistris suis, qui in civitate consistunt, innotescat : ut infra quindecim dies ad nostram præsentiam publicus peccator, si intra parochiam nostram fuerimus, veniat, et juxta traditionem canonicam publicam pœnitentiam cum manus impositione accipiat : et si longius a parochia nostra fuerimus, annus et dies Kalendarum subtiliter describatur, quando peccatum publicum quisque admisit, et quando ad pœnitentiam **731** coram ministris venit, vel quando ad impositionem manus nostræ pervenit. Et semper de Kalendis in Kalendis mensium, quando presbyteri de decaniis simul conveniunt, collationem de pœnitentibus suis habeant, qualiter unusquisque suam pœnitentiam faciat, et nobis per comministrum nostrum renuntietur, ut in actione pœnitentiæ pensare valeamus, quando quisque pœnitens reconciliari debeat. Et si forte quis ad pœnitentiam venire noluerit infra quindecim dies post perpetrationem peccati, et exhortationem presbyteri in cujus parochia actum fuerit, et sedulitatem decani ac compresbyterorum suorum, atque instantiam comministrorum nostrorum, decernatur qualiter qui peccatum perpetravit, et ad pœnitentiam redire contemnit, a cœtu Ecclesiæ, donec ad pœnitentiam redeat, segregetur. Et sciat quisque presbyter, quia si per alium nobis cognitum fuerit quod in sua parochia admittatur, et tardius ad nostram notitiam perlatum fuerit, tantos dies a ministerio suspensus in pane et aqua excommunicatus morabitur, quantos dies nostram vel comministrorum nostrorum notitiam ipsa actio, sine illius suggestione, et debita ac jussa commonitione, supertransierit : et in cujus negligentia peccator publicus non commonitus post tantos dies sicut præfiximus obierit, sciat se quisque presbyter gradum amissurum. Hoc tamen omnimodis ab omnibus ca-

veatur, ut nemo pœnitens, et cum devotione petens, ultima pœnitentia vel ultimo viatico defraudetur : ea convenientia, ut si convaluerit, secundum ecclesiasticas regulas pœnitentiam agat, et reconciliationem, quantum Deus sibi concesserit, in ordine pœnitentium expetat et exspectet.

CAP. II. — *Ut pro loco sepulturæ nihil exigatur, et locum hæreditario jure nemo sibi arroget, sed a presbytero accipiat; et de sepulcris non violandis.*

Ut pro loco sepulturæ, sicut sacra et canonica sanxit auctoritas, nemo a quocunque quiddam exenii exigat. Si autem aliquid quisquam gratis offerre voluerit, post sepultum chari sui vel charæ suæ corpus, hoc suscipi non vetamus. Et nemo Christianorum præsumat, quasi hæreditario jure, de sepultura contendere : sed in sacerdotis providentia sit, ut parochiani sui, secundum Christianam devotionem, in locis quibus viderit sepeliantur. Ipse tamen sacerdos, memor ordinis sui, provideat et congruam cuique sepulturam, et ne scandalum, quantum vitari potest, fiat suis parochianis. Et provideat, sicut de ministerio suo et coram Deo et coram sæculo vult gaudere, ut nullius Christiani corpus de sepulcro suo ejiciatur, et nec sepulcra confringantur, vel caminatæ sicut solent inde fiant : quia sicut crudele est quemquam de domo sua expellere, et misericordiæ opus est, egenum et vagum juxta Dominicum dictum in domum recipere : **732** ita sacrilegum est, corpus indevote ac irreligiose propter cupiditatem a sepulcro ejicere, ubi quisque Dominicam vocationem, ut in adventu justi judicis resurgat, in pace quiescens debuerat exspectare.

CAP. III. — *Ut nullus missam celebret in altari non consecrato, vel sine tabula ab episcopo consecrata.*

Ut quia quidam presbyteri, præter ecclesiam in qua titulati sunt, etiam capellas habent, et quidam etiam veteres ecclesias restaurant, aut altaria nova construunt propter loci convenientiam, vel immutant ; nemo presbyterorum in altario ab episcopo non consecrato ante consecrationem cantare præsumat. Quapropter, si necessitas poposcerit, donec ecclesia vel altaria consecrentur, et in capellis etiam quæ consecrationem non merentur, tabulam quisque presbyter, cui necessarium fuerit, de marmore vel nigra petra, aut litio honestissimo, secundum suam possibilitatem, honeste affectatam habeat, et nobis ad consecrandum afferat, quam secum cum expedierit deferat, in qua sacra mysteria secundum ritum ecclesiasticum agere valeat.

IV.

CAPITULA IN SYNODO RHEMIS DATA ANNO 874.

Hæc capitula data sunt presbyteris in Synodo Rhemis, anno Incarnationis Dominicæ 874, in mense Julio.

CAP. I. — *Quod iidem parochiarum presbyteri et canonici in monasteriis simul esse non possint.*

« Quia non solum illicita, sed etiam perniciosa sibi ac commissæ plebi præsumptione, contra sacros canones, presbyteri nostræ parochiæ dicuntur ecclesias suas negligere, et præbendam in monasterio Montis Falconis obtinere, sed et canonici ipsius monasterii ecclesias rusticanarum parochiarum occupare, necesse nobis est, non solum quid inde sacri canones definiant demonstrare, sed et vigorem ac censuram eorumdem sacrorum canonum, si se non correxerint, in contemptores exerere. Ut igitur de his interim sileamus, qui certis de causis secundum sacros canones de aliis **733** parochiis in nostram parochiam veniunt, et regulariter a nobis suscipiuntur, vel qui vacantes ecclesiis vacantibus incardinantur, vel causa regulis convenientis, secundum easdem regulas de ecclesiis ad alias ecclesias transferuntur : de canonum transgressoribus iidem canones sacri decernunt, ut in illa ecclesia tantummodo quique ministrent, in qua prius ordinati fuerunt : si vero jam quis translatus est ex alia in aliam ecclesiam, prioris ecclesiæ rebus in nullo communicent : eos vero qui ausi fuerint, post diffinitionem magnæ et universalis hujus synodi, quidquam ex his quæ sunt prohibita perpetrare, decrevit sancta synodus a proprio hujusmodi gradu recedere. » Et sanctus Leo papa sedis Romanæ hinc ad Aquileiensem archiepiscopum scripsit, dicens (*epist.* 89, *ad Nicetam*) : « Illam partem ecclesiasticæ disciplinæ, qua olim a sanctis Patribus et a nobis sæpe decretum est, ut nec in presbyteratus gradu, nec in diaconatus ordine, nec in subsequenti ordine clericorum, ab ecclesia ad ecclesiam cuiquam transire sit liberum, ut in integrum revoces admonemus: ut unusquisque non ambitione illectus, non cupiditate seductus, non persuasione hominum depravatus, ubi ordinatus est perseveret. Ita ut si quis sua quærens, non quæ Jesu Christi, ad plebem suam et ecclesiam suam redire neglexerit, et ab honoris privilegio, et a communionis vinculo habeatur extraneus. » Quæ verba beati Leonis si quis intelligere attente curaverit, et omnem pravam occasionem exclusam, et omnem utilitatis ac necessitatis rationem concessam inveniet. Ait enim, ut unusquisque, non ambitione illectus, non cupiditate seductus, non persuasione hominum depravatus, ubi ordinatus est perseveret. Si enim quis non fuerit ambitione illectus, de minori ad majorem ecclesiam non quæret ascendere : si non fuerit cupiditate seductus, non quæret quæ sua sunt, sed quæ Jesu Christi, ac per

hoc non plebem suam deserere, et ad monasterii quasi tuitionem confugere, vel canonicus ordinatus in monasterio, obsequia monasterialia derelinquens, turpis lucri cupiditate ob emolumentum decimæ rusticanarum parochiarum ecclesias studebit invadere, non curans si infantes sine baptismate mortui casu fuerint, vel sine communione et reconciliatione infirmi obierint. Constat enim et certum est, quia et claustra monasterii atque obsequia debita, et quæ sunt necessaria plebi in rusticanis parochiis, insimul exsequi nemo valebit. Quomodo enim, si intempestæ noctis silentio, aut infans natus periclitatur, aut infirmus viaticum munus petierit, canonicus a claustris monasterii exiet, et ad villam infirmorum necessitatibus pergens succurrere prævalebit? Quod videns sanctus Gregorius, tractans coram populo Ezechielem prophetam dicit (*hom.* 5 *in Ezechiel.*) : *Thronus ejus*, quin Domini, *flamma ignis, rotæ ejus ignis accensus* (*Dan.* VII, 9), « Hi, inquit, qui animarum custodes sunt, et pascendi gregis onera susceperunt, mutare loca minime permittuntur : sed quia uno in loco positi, divinitatis in se præsentiam **734** portantes ardent, thronus Dei flamma ignis dicitur. Quapropter non nobis est negligendum, sed studiosius exsequendum, quod isti sancti Dei ex hac causa obnoxius tenendum decreverunt. » Unde sanctus Leo, eâ quæ præmisimus ad Aquileiensem archiepiscopum scribens, mox subdidit (*Decr.* c. 14) : Non, inquiens, dubitet dilectio tua, nos si, quod non arbitramur, neglecta fuerint quæ pro custodia canonum, et pro fidei integritate decernimus, vehementius commovendos : quia inferiorum ordinum culpæ ad nullos magis referendæ sunt, quam ad desides negligentesque rectores, qui multam sæpe nutriunt pestilentiam, dum austeriorem dissimulant adhibere disciplinam. Si ergo quisquam presbyter parochiæ nostræ, aut infirmitate corporis, aut latente animæ peccato, senserit se non posse proficere plebi sibi commissæ, vel non debere præesse, et voluerit monasterii portum ad agendam pœnitentiam secundum decreta beati Leonis expetere, professionis suæ libello, ab ordine et titulo atque regimine plebis, secundum Gregorii decreta se exuat, ut in monasterium intret. Sin autem, ecclesiam suam et plebem sibi commissam secundum sacras regulas teneat et gubernet. Si vero contra prædicta canonum interdicta quisque presbyter in parochia nostra præsumpserit, modis omnibus se ab ordine abjiciendum cognoscat.

Cap. II. — *Quod pro loco matriculæ nihil a quo-*
quam requiri vel accipi debeat.

Sæpe vos admonui de matriculariis, quales suscipere debeatis, et qualiter eis partem decimæ dispensare debeatis : sed admonitionem nostram, imo Dei per
nostram exiguitatem, quosdam parvipendere comperi.
Unde necesse mihi est iterare, quod quosdam cognosco negligere. Interdixi enim vobis Dei auctoritate, ut nemo presbyter pro loco matriculæ quodcunque xenium, vel servitium in messe, vel in quocunque suo servitio, præsumat requirere vel accipere : et matriculariis debitam partem decimæ, quam
fideles pro peccatis suis redimendis Domino offerunt,
nemo præsumat vendere. Quod et nunc iterum in-
terdico, ostendens vobis divinam auctoritatem. Ut
enim plurima de sanctis Scripturis prætermittam, **B**
et pauca vobis sed notissima in medium devocem,
sanctus Spiritus per beatum David quod cantatis
cantavit : *Deus meus, misericordia tua (Psal.* xviii,
18) : et decima a fidelibus data, misericordia est, et
misericordiæ quæ Deus est datur : quæ misericordia
dicet in judicio misericordibus : *Quandiu fecistis uni*
ex minimis istis, mihi fecistis (Matth. xxv, 40). Eleemosyna enim Græce, misericordia dicitur Latine :
et qui eleemosynam vendit, Deum, id est misericordiam nostram, vendit : et similis est Judæ, de
quo in Evangelio scriptum est, quia loculos habebat Judas (*Joan.* xiii, 29). Ea quæ mittebantur,
id est quæ fideles Domino dabant, unde ipse et
sui discipuli secundum carnem subsisterent, et
735 eleemosynas Dominus faciebat, Judas porta- **C**
bat, id est asportabat et furabatur. Et presbyter,
qui de redemptione peccatorum, id est de decima
fidelium, quodcunque exenium requirit aut accipit,
non est dignus inter presbyteros nuncupari, sed de-
jici : sicut Judas nuncupabatur inter apostolos, sed
de apostolorum numero dejectus, et in consortium
diaboli est in æternum abjectus. Et sciatis, quia quicunque presbyter ex hoc Judæ latrocinio fuerit revictus, non solum a presbyterali ordine dejicietur,
sed nec etiam partem de illa decima, quam matricularii accipiunt, accipere promerebitur : sed partem cum illo habebit, cujus fieri consors maluerit.
« In se, inquit sanctus Hilarus papa, quidquid in
alium quis non resecarit, inveniet; » et sanctus
Gregorius : « Qui non corrigit resecanda, committit.» **D**

Cap. III. — *De indebito accessu ad feminas, et a*
ministerio dejiciendis iis qui se non correxerint.

Jam vobis capitulum ex sanctis Scripturis et a
catholicorum dictis donavi de inconvenienti accessu,
et indebita familiaritate ad feminas. Sed video
quosdam vestrum illud parvipendere. Unde iterum
illud in conventu vestro volo recitari, cum sententia
Zozimi papæ dicentis (*in decret.* c. 2); Sciat quisquis hoc postposita Patrum et apostolicæ sedis auctoritate neglexerit, a nobis districtius vindicandum,
ut loci sui minime dubitet sibi non constare rationem, si hoc putat post tot prohibitiones impune
posse tentari. Contumeliæ enim studio fit, quidquid

A interdictum toties usurpatur. Et sciatis pro certo,
quia non in quocunque requiram de viso concubitu
vestro cum feminis sed de interdicto canonico in
accessu ad feminas, quia, ut Hilarus papa dicit :
(*epist. ad Veranum, Leont. et Victur.*) : Non minus in
sanctarum traditionum sanctiones delinquitur, quam
in ipsius Domini injuriam prosilitur. Et cui vestrum
amplius placuerit indebita feminarum familiaritas,
quam sacri ministerii puritas, habeat quod elegerit :
quia insimul et sacri ministerii puritatem, et immundi contubernii habere non poterit impuritatem.
Dejicietur ergo a sacro ministerio, cui non poterit
prodesse correptio. Sicut sanctus Leo papa ad Anatolium Constantinopolitanum episcopum decrevit dicens (*epist.* 82) : « Debet diligentia tua vigilanter
insistere, ita ut his, quibus prodesse non poterit
correptio, non parcat abscisio. Oportet enim nos
Evangelici meminisse mandati, quod ab ipsa veritate præcipitur, ut si nos oculus, aut pes, aut dextera scandalizaverit manus, a compage corporis au-
feratur : quia melius est his in Ecclesia carere
membris, quam cum ipsis in æterna ire supplicia.
Abjicienda prorsus pestifera hæc a sacerdotali vigore
patientia est, quæ sibimet peccatis aliorum parcendo non parcit : sicut Heli quondam sacerdos,
filiorum suorum delicta tolerando, cum ipsis divinæ
justitiæ sententiam meruit experiri, quia segni **736**
indulgentia dissimulavit plectere peccatores (*I Reg.*
iv). » — « Cum, inquit Ambrosius, uni sacerdos indulget indigno, plurimos facit prolapsionis contagium provocari ; facilitas enim veniæ incentivum
tribuit delinquendi. » Et sanctus Gregorius : « Dum
enim unus corripitur, plurimi emendantur, et melius
est, ut pro multorum salvatione unus condemnetur,
quam per unius licentiam multi periclitentur. Nec
mirum si inter homines hæc ratio custoditur, cum
inter jumenta hæc fieri persæpe cognovimus, ut ea
quæ scabiem aut impetiginem habere videntur, separentur a sanis, ne illorum morbo cætera damnentur, vel pereant. Satius est enim, ut manifeste
corrigantur, quam pro illis bonis pereant, sicut verus
agricola noster Christus Dominus in Evangelio monstrat, dicens : *Omnem palmitem non ferentem fructum,*
scilicet bonæ operationis, *tollam eum (Joan.* xv, 2).
Et hoc est quod a Domino per Moysen in Levitico
figurate præcipitur (*Levit.* xiv), ut lapis in domo leprosus a sacerdote inspiciatur, et si purificari nequiverit, jam inter immundos computetur, ac de
ordine mundorum lapidum, id est ecclesiasticorum
consortio eruatur, atque alius qui dignus est loco ejus
substituatur. Videlicet abjecto de cœlesti, id est
ecclesiastico ædificio, tanquam mortuo lapide, quolibet noxio, qui noluit servare quod dicitur : *Tene*
quod habes, ne alius accipiat coronam tuam (Apoc.
iii, 11), juxta Petrum apostolum, tanquam lapis
vivus, in domo spiritali, in ædificio scilicet sanctæ
Ecclesiæ Jerusalem cœlestis, quæ constat ex angelis
et hominibus, et ædificatur ut civitas, utilis superæ-
dificetur.

Cap. IV. — *De iis qui de facultatibus ecclesiasticis alodes comparant, et illos Ecclesiæ non derelinquunt.*

Quosdam vestrum ecclesias vestras negligere, et alodes audio comparare, et in eis mansos exstruere atque excolere, ac in eisdem mansis feminarum habitationem habere, eosque mansos non ecclesiis secundum sacros canones derelinquere, sed contra sacros canones vel propinquis vestris, vel aliis quibuscunque distrahere. Unde sciatis, quoniam a quocunque hoc fieri comperero, secundum canonicam severitatem judicare curabo. Nullum enim alodem episcopus, vel presbyter, melius vel firmius potest habere, quam qui est ecclesiæ attributus, si secundum suum ordinem vivere voluerit. Si autem ordinem pro sua culpa perdiderit, nec alodem, quem a **B** die ordinationis suæ de ecclesiasticis facultatibus acquisivit, habere valebit. Quam fraudem de facultatibus ecclesiarum contra sacros canones, et sanctarum seriem Scripturarum, prædicationemque majorum, ex magna parte possent retundere comministri nostri, si secundum capitulum ex sacris regulis a nobis collectum, et illis ac vobis datum, studerent requirere quid de decimis singuli agant presbyteri : **737** et quoniam nihil ab eis in parochiæ circuitione exigo, quæ per singulos annos pareant in ecclesiis, de his quæ a nobis sunt ecclesiis constituta, et qualiter quique presbyteri hospitales existant secundum præceptionem beati Petri apostoli jubentis : *Hospitales invicem sine murmuratione, unusquisque sicut accepit gratiam in alterutrum illam administrantes (I Petr.* iv, 9). Et sanctus Paulus **C** dicit : *Charitas fraternitatis maneat apud vos, et hospitalitatem nolite oblivisci : per hanc enim placuerunt quidam angelis hospitio receptis (Hebr.* xiii, 1).

Et Jacobus apostolus dicit : *Religio munda et immaculata apud Deum et Patrem hæc est, visitare pupillos et viduas in tribulatione eorum, et immaculatum se custodire ab hoc sæculo (Jac.* i, 17).

Cap. V. — *Quod pro ecclesiis viduatis præmia patronis dari non debeant.*

Sæpe vos admonui de exeniis superfluis contra sacras regulas pro ecclesiis viduatis non dandis. Sed sicut audivi, vos non inde castigatis, sed vos ipsos, et vestros nutritos, in maledictionem Simoniacæ hæreseos traditis : quam hæresim sanctus Petrus princeps apostolorum primam damnavit dicens ad Simonem : *Pecunia tua tecum sit in perditionem (Act.* viii, 20). Si enim hominis sensum haberetis qui hoc facitis (non enim de omnibus dico), potuissetis attendere, quia si vos bene viveretis, et vestros nutritos in bona vita et in bona conscientia nutriretis, non vobis esset necesse, et vestra perdere, et vos ipsos in damnationem mittere. Ipsi enim scitis, quia nemo fidelis in parochia nostra in sua ecclesia sine presbytero esse cupit, et sine ordinatione episcopali presbyterum ibi habere non potest. Quapropter quisque defuncto presbytero in sua ecclesia presbyterum petit, apud quem cum clericum bonum quæsiero, ut illi presbyterum ordinem, ipse clericum bonum quæret : et si eum bonum mihi adduxerit, ordinabo illum : sin autem, alium requiram : et ipse tandiu clericum bonum quæret, usque dum convenientem ordini sacro inveniat. En non necesse esset vobis petere ecclesias cum superfluo exenio : quia quique fideles, si vestra culpa non esset, plus quærerent bonos clericos, quam vestros denarios : et hoc non suffertis ; sed vos et vestros nutritos in maledictionem mittitis, cum dato patronis præmio vobis et illis peccatum emitis.

V.

738 CAPITULA ARCHIDIACONIBUS PRESBYTERIS DATA.

Anno Incarnationis Dominicæ 877, v Idus Julias, Hincmarus archiepiscopus dedit comministris suis hæc capitula, quæ sequuntur, Guntario et Odelhardo archidiaconibus presbyteris.

Beatus Petrus apostolus, cujus vice in Ecclesia **D** funguntur episcopi, et sub eorum dispositione ipsorum comministri, in epistola sua commonet illos, dicens : *Seniores qui in vobis sunt obsecro, consenior et testis Christi passionum, qui et ejus quæ in futuro revelanda est gloriæ communicator ; pascite qui est in vobis gregem Dei, providentes non coacte, sed spontanee secundum Deum : neque turpis lucri gratia, sed voluntarie : neque ut dominantes in clero, sed forma facti gregis, et ex animo (I Petr.* v, 1-3). Cujus verbum atque exemplum secutus sanctus Leo papa (*ep.* 88, *Anastasio Thessalon.*), eum, cui suas vices commisit in partem sollicitudinis, non in plenitudinem potestatis, ab indebito appetitu præsum-

ptionis per distincta capitula coercuit freno discretionis. Juxta quorum doctrinam, vos in exordio commissi ministerii paucis capitulis patenter ac diligenter commoneo : a quibus vos, quantum patitur humana fragilitas, non deviare sub testificatione Christi præcipio.

Cap. I. — *Ut non gravent presbyteros quando parochias circumeunt.*

Egregius doctor gentium discipulis suis dicit : *Imitatores mei estote, sicut et ego Christi (I Cor.* xii, 1). Et vos, quando rusticanas parochias vobis commissas, vel mecum, vel per vos circuitis, sicut et ego, non graves sitis presbyteris in paratis quærendis ; neque ducatis superflue vobiscum homines,

vel vestros proprios, vel propinquos vestros, per **A**
quos illos gravetis in cibo et potu, et fodro ad caballos. Et providete' ne homines vestri, qui vobiscum ibunt, illos dehonorent, vel hominibus illorum
graves sint. Nec diu in mansionibus ipsorum
presbyterorum immoremini : et si necessitas evenerit, ut in aliquo loco immorari debeatis, sic dis-
ponite victualia vestra per circummanentes presbyteros, ut nemini graves sitis, et non otiosi et in-
fructuosi stipendia ecclesiastica insumatis, sicut
nec ego gravis sum presbyteris, per quos parochias
circumeo.

739 Cap. II. — *Ut parochias non occasione victus,
sed instructionis causa circumeant.*

Ut non occasione victus parochias circumeatis,
quatenus de aliorum stipendiis viventes vestra stipendia conservetis : sed verbo et exemplo, non solum presbyteros, sed et laicos, de vestra bona conversatione et inquisitione secundum ministerium
vobis commissum instruatis.

Cap. III. — *Ne munera a presbyteris accipiant, ut
eorum vitia dissimulent.*

Ut a presbyteris exenia non accipiatis, quatenus
illorum mala fama cooperiatur ; sed omnibus verbo
et exemplo notum facite, quia plus valet apud vos
Dei et proximi dilectio, quam terrenum lucrum
acquirendi occasio : plus benignitas quam severitas,
plus commonitio quam commotio, plus charitas quam
potestas. Erga bonos et bene agentes estote æquales
ut fratres : erga pravos estote vitiorum correctores, **C**
et fratrum amatores. Similiter et erga alios in vestris ministeriis delinquentes.

Cap. IV. — *Ne a presbyteris quidquam petant quod
secum auferant dum redeunt.*

Quando parochias circuitis, nolite graves esse
presbyteris, petentes friskingas, vel pisces, aut
formaticos, aut annonam, aut alias quaslibet res,
ut habeatis quando ad civitatem reversi fueritis,
unde quasi fratribus refectionem faciatis, ut salvis
stipendiis vestris habeatis unde vos et vestros con-
ducatis.

Cap. V. — *Ne denarios a presbyteris vel eulogias
exigant, sed sponte oblata tantum accipiant.*

Nolite quasi pro aliquo adjutorio ad quamcunque **D**
rem denarios apud presbyteros postuletis : neque
quando ad synodum, vel pro inquisitione ministerii
sui, seu pro chrisma accipiendo venerint, eulogias
exigatis, sed si cui forte commodum fuerit pro sua
voluntate et commoditate aliquid gratis offerre,
cum gratiarum actione accipite.

Cap. VI. — *Ne pascendis suis vel amicorum caballis
presbyteros gravent.*

Nolite quasi per precationem caballos vestros, vel
amicorum vestrorum, ad pastum presbyteris commendare præsumatis, neque **740** annonam, vel
fodrum ab eis exigatis. Ideo enim vobis de facultatibus ecclesiasticis, iuxta quod Apostolus de lege

dicit : *Non obturabis os bovi trituranti* (*I Tim.* v, 8),
solatium præbeo, ut presbyteros non gravetis.

Cap. VII. — *Ut parochias rusticanas confundere vel
dividere non præsumant, et ut ecclesias omnes,
capellasque illis subjectas describant.*

Expresse vobis in nomine Christi præcipio, ut
rusticanas parochias pro alicujus amicitia vel petitione, aut pro aliquo præmio, non præsumatis confundere, nec dividere : neque ecclesias illas, quæ
ex antiquo presbyteros habere solitæ fuerunt, aliis
ecclesiis quasi loco capellarum non subjiciatis : neque capellas de illis ecclesiis, quibus antiquitus
subjectæ fuerunt, ad alias ecclesias subjicere præ- **B**
sumatis. Et per omne ministerium vestrum, unusquisque vestrum describat omnes ecclesias et ti-
tulos, quæ antiquitus presbyteros habuerunt, et
capellas antiquitus illis subjectas, et mihi scripto
renuntiate.

Cap. VIII. — *Ut nulli capellam domi habere, aut
missam in domo celebrari sine episcopi licentia
concedant : et ut capellas ejusmodi omnes describant.*

Nemo vestrum capellam alicui in domo sua habere concedat sine mea licentia, neque in domo sua
missas celebrari concedat sine mea licentia : et
unusquisque vestrum describat per suum ministerium, quicunque capellam extra ecclesiam principalem habet a tempore Ebonis usque ad tempus
meum, et a tempore meo, vel mea vel alterius licentia factam, et in cujuscunque presbyteri parochia
quæcunque vel cujuscunque capella sit facta.

Cap. IX. — *Ne pœnitentes pro munere aliquo ad
reconciliationem adducantur, vel post eam negligantur.*

Sollicite providete, ne vos, vel presbyteri, negligenter pœnitentes pro aliquo munere ad reconciliationem adducatis, vel post reconciliationem eos ne-
gligatis, quod Simoniacum est.

Cap. X. — *De relapsis post publicam pœnitentiam.*

Sollicite providete, ut si aliqui post reconciliationem publicam in publicum peccatum ceciderint,
ad notitiam meam perferatis, ut sciatis qualiter
inde et vos et presbyteri agere debeatis.

Cap. XI. — *Ne ad ordinationem pro aliquo munere
adducantur non idonei.*

Sollicite providete de vita et scientia clericorum,
quos ad **741** ordinationem adducetis : ne pro aliquo munere tales ad ordinandum introducatis, qui
introduci non debent, quoniam Simoniacum est.

Cap. XII. — *Ut videant quomodo capitula sibi data
observent presbyteri.*

Sollicite providete, secundum capitula presbyteris
a nobis data, de portione ecclesiæ, quid inde in ecclesiis pareat : sed et de matriculariis et de aliis
capitulis presbyteris a nobis datis, qualiter illa teneant et conservent.

Cap. XIII. — *Quomodo eligendus sit decanus in locum defuncti vel inutilis.*

Si decanus in ministerio vestro aut negligens, aut

inutilis et incorrigibilis fuerit, vel aliquis eorum A est interim constituite, donec ad meam notitiam obierit, non inconsiderate decanum eligite. Et si electio illa referatur, et mea constitutione aut con- ego in longinquo sum, decanum illum qui electus firmetur, aut immutetur.

HINCMARI

ARCHIEPISCOPI RHEMENSIS

CORONATIONES REGIÆ.

I.

CORONATIO CAROLI CALVI

Quando in regno Lotharii consecratus est.

Ordo qualiter CAROLUS rex fuit coronatus in Mettis civitate, anno 869, in mense Septembris, v Idus Septembres, quæ evenit die Veneris, cum istis episcopis, videlicet Hincmaro archiepiscopo, Adventio, Attone, Arnulfo, Francone, Hincmaro et Odone; quando quondam rex Lotharius, filius Lotharii imperatoris, fuit mortuus in Placentia civitate.

Annuntiatio Adventii episcopi ante initium B præsit et prosit, videtur nobis, si vobis placet, ut *missæ in ecclesia S. Stephani coram rege,* sicut post illius verba vobis manifestabimus, signo *et episcopis, et aliis quamplurimis.* certissimo demonstremus, quia illum a Deo electum et nobis datum principem credimus, et eidem largi-

CAP. I. — Vos scitis, et multis in plurimis regnis tori Deo ex suis beneficiis non simus ingrati, sed est cognitum, quantos et quales eventus tempore gratiarum actiones illi referentes, oremus quatenus senioris nostri, quem hactenus habuimus, pro causis et eum nobis ad salutem et defensionem sanctæ suæ notissimis communiter sustinuimus, et quanto do- Ecclesiæ, et ad auxilium atque profectum omnium lore, quantaque angustia de illius infausta morte nostrum, cum salute ac pace, et tranquillitate nobis nuper cordibus perculsi sumus. Unde unicum refu- conservet diutius, et nos fideli devotione illi obse- gium et singulariter salubre consilium, rege et prin- quentes, atque optata salvatione fruentes, sub illius cipe nostro destituti ac desolati, nobis **742** omni- administratione in suo gubernet servitio. bus esse consideravimus, ut jejuniis et orationibus ad eum nos converteremus qui est adjutor in oppor- CAP. III. — Et si illi placet, dignum ipsi et neces- tunitatibus, in tribulatione, et cujus est consilium, sarium nobis esse videtur, ut ex ejus ore audiamus ac cujus est regnum, et ut scriptum est cui voluerit quod a Christianissimo rege, fideli et unanimi in dabit illud, et in manu cujus corda sunt regum, et C servitio illius populo, unicuique in ordine suo con- facit unanimes habitare in domo, solvens medium venit audire, ac devota mente suscipere. parietem et faciens utraque unum : deprecantes illius *Post hæc rex Carolus hæc quæ sequuntur per se in* misericordiam, ut daret nobis regem ac principem *eadem ecclesia cunctis audientibus denuntiavit.* secundum cor suum, qui in judicio et justitia nos in omni ordine ac professione regeret, salvaret, atque Quia sicut isti venerabiles episcopi unius ex ipsis defenderet juxta voluntatem ejus, et corda omnium voce dixerunt, et certis indiciis ex vestra unanimi- nostrum unanimiter in eum inclinaret atque uniret, tate monstraverunt, et vos acclamastis, me Dei quem ipse ad salutem et profectum nostrum præsci- electione ad vestram salvationem et profectum atque tum et electum atque prædestinatum habebat secun- regimen et gubernationem huc advenisse : sciatis dum misericordiam suam. me honorem et cultum Dei atque sanctarum eccle- siarum Domino adjuvante conservare, et unum- CAP. II. — Quia denique voluntatem Dei, qui vo- quemque vestrum secundum sui ordinis dignitatem luntatem timentium se facit, et deprecationes eorum et personam juxta meum scire et posse honorare et exaudit, in concordi unanimitate nostra videmus salvare, et honoratum ac salvatum tenere velle, et hunc regni hujus hæredem esse legitimum, cui nos D unicuique in suo ordine secundum sibi competentes sponte commisimus, domnum videlicet præsentem leges tam ecclesiasticas quam mundanas, legem et regem ac principem nostrum Carolum, ut nobis justitiam conservare, in hoc ut honor regius et potestas ac debita obedientia, atque adjutorium ad regnum mihi a Deo **743** datum continendum et defensandum ab unoquoque vestrum secundum suum ordinem et dignitatem atque possibilitatem mihi exhibeatur, sicut vestri antecessores fideliter, juste, et rationabiliter meis antecessoribus exhibuerunt.

Annuntiatio Hincmari archiepiscopi in ecclesia Sancti Stephani.

Cap. I. Ne alicui forte videatur incongrue ac præsumptiose me ac provinciæ nostræ venerabiles coepiscopos facere, quoniam de altera provincia ordinationi et causis hujus provinciæ nos immiscemus, sciat nos contra canones sacros non agere, quoniam Rhemensis et Trevirensis Ecclesiæ in hac regione Belgica, cum sibi commissis Ecclesiis, sorores et comprovinciales habentur, sicut auctoritas ecclesiastica et antiquissima demonstrat consuetudo : ac per hoc unanimi consensu et synodalia judicia exercere, et quæ a sanctis Patribus constituta sunt, debent concorditer custodire, hac privilegii conditione servata, ut qui prior de Rhemensi et Trevirensi episcopis fuerit ordinatus, prior etiam habeatur.

Cap. II. Et lex divinitus inspirata præcipit dicens : *Si transieris per messem amici tui colligens spicas, manu confricabis ad manducandum*, falcem autem *non mittas, vel falce non metas* (*Deut.* xxiii, 25). Messis est populus, ut Dominus monstrat in Evangelio, dicens : *Messis quidem est multa, operarii autem pauci. Rogate dominum messis, ut mittat operarios in messem suam* (*Matth.* ix, 37, 38) : quia vos pro nobis episcopis debetis orare, ut vobis digne possimus loqui. Messis autem amici est populus in provincia alteri metropolitano commissa. Unde vos hortando, quasi manu operis confricando, ad Dei voluntatem, et vestram salutem in corpus unitatis Ecclesiæ valemus et debemus trajicere : in parochianos autem provinciarum aliis metropolitanis commissarum falcem judicii non mittimus, quia nec est unde, nec nostrum esse consideramus.

Cap. III. Est et alia causa, quia isti venerabiles domni et confratres nostri provinciæ istius episcopi, non habentes metropolitanum episcopum, exiguitatem nostram sic in suis, sicut et in specialibus causis nostris, nos fraterna charitate jubent et commonent agere. Est ita, domni fratres ? Et responderunt ipsi episcopi : Ita est.

Cap. IV. Præter ea, quæ domnus episcopus et frater noster Adventius vobis ex sua et cæterorum suorum ac nostrorum fratrum et venerabilium episcoporum voce dixit, in hoc etiam advertere potestis, voluntatem Dei esse, ut præsens domnus et rex noster, qui in parte regni, quam hactenus tenet et tenuit, et nobis ac ecclesiis nostris, et populo sibi commisso utiliter præest ac præfuit, et salubriter prodest et profuit, inde ad hunc locum Domino ducente pervenerit. **744** Quo etiam vos ejus inspiratione confluxistis, et ipsi vos sponte commendastis, cujus instinctu animantia omnia in ar-

cam Noe significantem Ecclesiæ unitatem nullo cogente convenerunt : quia sanctæ memoriæ pater suus, domnus Ludovicus Pius imperator Augustus, ex progenie Ludovici regis Francorum inclyti, per beati Remigii Francorum apostoli catholicam prædicationem cum integra gente conversi, et cum tribus Francorum millibus, exceptis parvulis et mulieribus, vigilia sancti Paschæ in Rhemensi metropoli baptizati, et cœlitus sumpto chrismate, unde adhuc habemus, peruncti et in regem sacrati, exortus per beatum Arnulfum, cujus carne idem Ludovicus pius Augustus originem duxit carnis, et a Stephano papa Romano ante sanctæ Dei genitricis et semper Virginis Mariæ altare, Rhemi in imperatorem est coronatus, et demum factione quorumdam terreno imperio destitutus, in prædictam regni partem, unanimitate episcoporum et fidelis populi, ante sepulcrum sancti Dionysii eximii martyris Ecclesiæ sanctæ est redditus, et in hac domo, ante altare protomartyris Stephani, cujus nomen interpretatum resonat *coronatus*, per Domini sacerdotes acclamatione fidelis populi, sicut vidimus qui adfuimus, corona regni est imperio restitutus. Et quia, ut in sacris historiis legimus, reges, quando regna obtinuerunt, singulorum regnorum sibi diademata imposuerunt, non incongruum videtur istis venerabilibus episcopis, si vestræ unanimitati placet, ut in obtentu regni, unde vos ad illum sponte convenistis, et vos ei commendastis, sacerdotali ministerio ante altare hoc coronetur, et sacra unctione Domino consecretur. Quod si vobis placet propriis vocibus consonate. Et in hoc conclamantibus omnibus, dixit idem episcopus : Agamus ergo unanimiter Deo gratias, decantantes : Te Deum laudamus.

<hr>

BENEDICTIONES SUPER REGEM CAROLUM ANTE MISSAM ; ET ALTARE S. STEPHANI.

Adventius episcopus Metensis. Deus qui populis tuis indulgentia consulis et amore dominaris, da huic famulo tuo spiritum sapientiæ, cui dedisti regimen disciplinæ : ut tibi toto corde devotus, et in regni regimine maneat semper idoneus, et in bonis operibus perseverans, ad æternum regnum te duce valeat pervenire. Per Dominum, etc.

Hatto Virdunensis. Gratiæ tuæ, quæsumus, Domine, huic famulo tuo tribue largitatem : ut mandata tua te operante sectando, consolationem præsentis vitæ percipiat et futuræ. Per Dominum.

Arnulfus Tullensis. Nostris quæsumus, Domine, in regimine istius famuli tui propitiare temporibus, ut tuo munere dirigatur, et nostra securitas et devotio Christiana. Per Dominum.

745 Franco Tungrensis. Da, quæsumus, Domine, huic famulo tuo salutem mentis et corporis : ut bonis operibus inhærendo, tua semper mereatur virtute defendi. Per Dominum.

Hincmarus Laudunensis. Benedictionem tuam, Domine, hic famulus tuus accipiat, qua corpore salvatus ac mente, et gratam tibi semper exhibeat servitutem, et propitiationis tuæ beneficia semper inveniat. Per Dominum.

Odo Bellovacensis. Conserva quæsumus, Domine, hunc famulum tuum, et benedictionum tuarum propitius ubertate purifica, ut eruditionibus tuis semper multiplicetur et donis. Per Dominum.

BENEDICTIO HINCMARI ARCHIEPISCOPI.

Extendat omnipotens Dominus dexteram suæ benedictionis, et effundat super te donum suæ propitiationis, et circumdet te felici muro custodiæ suæ protectionis, sanctæ Mariæ, et omnium sanctorum intercedentibus meritis. Amen. Indulgeat tioi mala omnia quæ gessisti, et tribuat tibi gratiam et misericordiam, quam humiliter ab eo deposcis : liberetque te ab adversitatibus cunctis, et ab omnibus visibilium et invisibilium inimicorum insidiis. Amen. Angelos suos bonos semper et ubique, qui te præcedant, comitentur, et subsequantur, ad custodiam tui ponat : et a peccato seu gladio, et ab omnium periculorum discrimine, te sua potentia liberet. Amen. Inimicos tuos ad pacis charitatisque benignitatem convertat, et apud odientes te gratiosum et amabilem faciat, pertinaces quoque in tui insectatione et odio confusione salutari induat, super te autem sanctificatio sempiterna effloreat. Amen.

Ad ista verba : Coronet te Dominus, *inunxit eum Hincmarus archiepiscopus de chrismate ad dexteram auriculam, et in fronte usque ad sinistram auriculam, et in capite.*

Coronet te Dominus corona gloriæ in misericordia et miserationibus suis, et ungat te in regni regimine oleo gratiæ Spiritus sancti sui, unde unxit sacerdotes, reges, prophetas, et martyres, qui per fidem vicerunt regna, et operati sunt justitiam, atque adepti sunt promissiones : eisdemque promissionibus gratia Dei dignus efficiaris, quatenus eorum consortio in cœlesti regno perfrui merearis. Amen. Victoriosum te atque triumphatorem de visibilibus atque invisibilibus hostibus semper efficiat : et sancti nominis sui timorem pariter et amorem continue cordi tuo infundat, et in fide recta ac bonis operibus perseverabilem reddat, et pace in diebus tuis concessa, cum palma victoriæ te ad perpetuum regnum perducat. Amen. Et qui te voluit super populum suum constituere regem, **746** et in præsenti sæculo felicem, et æternæ felicitatis tribuat esse consortem. Amen. Clerum ac populum, quem sua voluit opitulatione tuæ subdere ditioni, sua dis-

pensatione, et tua administratione, per diuturna tempora te faciat feliciter gubernare : quo divinis monitis parentes, adversitatibus omnibus carentes, bonis omnibus exuberantes, tuo ministerio fideli amore obsequentes, et in præsenti sæculo pacis tranquillitate fruantur, et tecum æternorum civium consortio potiri mereantur. Amen. Quod ipse præstare dignetur.

Ad ista verba : Coronet te Dominus, *miserunt illi episcopi coronam in capite.*

Coronet te Dominus corona gloriæ atque justitiæ, ut cum fide recta, et multiplici bonorum operum fructu, ad coronam pervenias regni perpetui, ipso largiente, cujus est regnum, et imperium in sæcula sæculorum.

Ad ista verba : Det tibi Dominus velle, *dederunt illi palmam et sceptrum.*

Det tibi Dominus velle et posse quæ præcipit, ut in regni regimine secundum voluntatem suam proficiens, cum palma perseverantis victoriæ ad palmam pervenias gloriæ sempiternæ. Gratia Domini nostri Jesu Christi, qui vivit.

ORATIONES IN MISSA.

Da nobis, omnipotens Deus, ut beati Gorgonii martyris tui veneranda solemnitas et devotionem nobis augeat et salutem. Per Dominum.

Oratio pro rege. Quæsumus, omnipotens, ut famulus tuus, qui tua miseratione suscepit regni gubernacula, a te virtutum etiam percipiat incrementa : quibus decenter ornatus, et vitiorum monstra vitare, et ad te qui via, veritas, et vita es, gratiosus valeat pervenire. Qui vivis et regnas cum Deo.

Super oblata. Respice, Domine, munera populi tui festivitate votiva, ut tuæ testificatio veritatis nobis proficiat ad salutem. Per Dominum.

Munera, quæsumus, Domine, oblata sanctifica : ut nobis Unigeniti tui corpus et sanguis fiant, et Carolo regi nostro ad obtinendam animæ corporisque salutem, te largiente usquequaque proficiant. Per eumdem.

Postcommmunio. Sacramentorum tuorum, Domine, communio sumpta nos salvet, et in tuæ veritatis luce confirmet. Per Dominum.

747 Hæc, Domine, communio salutaris famulum tuum ab omnibus tueatur adversis : quatenus et ecclesiasticæ pacis obtineat tranquillitatem, et post istius temporis decursum ad æternam perveniat hæreditatem. Per Dominum.

II.

CORONATIO LUDOVICI II.

Quando rex Francorum consecratus est.

Ordo qualiter Ludovicus rex anno Incarnationis Dominicæ 877, vi Idus Decembris, ab Hincmaro archiepiscopo fuit coronatus in Compendio palatio : quando et hæc quæ sequuntur ab episcopis petita sunt apud regem, et ab eo promissa episcopis

PETITIO EPISCOPORUM.

A vobis perdonari nobis petimus, ut unicuique de nobis et ecclesiis nobis commissis, secundum primum capitulum, quod novissime in Carisiaco domnus Carolus imperator pater vester, a se et a vobis servaturum, consentientibus fidelibus illius ac vestris, atque apostolicæ sedis legatis, legente Gauzleno, denuntiavit, canonicum privilegium et debitam legem atque justitiam conservetis, et defensionem exhibeatis, sicut rex in suo regno unicuique episcopo et ecclesiæ sibi commissæ per rectum exhibere debet.

PROMISSIO REGIS.

Promitto vobis et perdono quia |unicuique de vobis et ecclesiis vobis commissis, secundum primum capitulum quod novissime in Carisiaco domnus imperator pater meus, a se et a me servaturum, consentientibus fidelibus illius ac nostris, atque apostolicæ sedis legatis, legente Gauzleno, denuntiavit, canonicum privilegium et debitam legem atque justitiam conservabo, et defensionem quantum potuero, adjuvante Domino, exhibebo, sicut rex in suo regno unicuique episcopo et ecclesiæ sibi commissæ per rectum exhibere debet.

748 BENEDICTIONES SUPER LUDOVICUM REGEM FACTÆ.

Deus, qui populis tuis virtute |consulis, et amore dominaris, da huic famulo tuo spiritum sapientiæ cum regimine disciplinæ : ut tibi toto corde devotus, in regni regimine maneat semper idoneus, tuoque munere ipsius temporibus securitas Ecclesiæ dirigatur, et in tranquillitate devotio Christiana permaneat. Per Dominum.

SACRI OLEI INFUSIO.

Omnipotens sempiterne Deus, creator et gubernator cœli et terræ, conditor et dispositor angelorum et hominum, qui Abraham famulum tuum de hostibus triumphare fecisti, Moysi et Josue populo tuo prælatis multiplicem victoriam tribuisti : humilem quoque David puerum tuum regni fastigio sublimasti, eumque de ore leonis, et de manu bestiæ, atque Goliæ, sed et de gladio maligno Saul et omnium inimicorum ejus liberasti, et Salomonem sa-

A pientiæ pacisque ineffabili munere ditasti : respice, quæsumus, ad preces humilitatis nostræ, et hunc famulum tuum virtutibus, quibus præfatos fideles tuos decorasti, multiplici honoris benedictione condecora, et in regni regimine sublimiter colloca, et oleo gratiæ Spiritus sancti tui perunge, unde unxisti sacerdotes, reges, prophetas, et martyres, qui per fidem vicerunt regna, et operati sunt justitiam, atque adepti sunt promissiones. Cujus sacratissima unctio super caput ejus defluat, atque ad interiora ejus descendat, et cordis illius intima penetret, et promissionibus, quas adepti sunt victoriosissimi reges, gratia tua dignus efficiatur : quatenus et in præsenti sæculo feliciter regnet, et ad eorum consortium in cœlesti regno perveniat. Per Dominum nostrum Jesum Christum Filium tuum, qui unctus est oleo lætitiæ præ consortibus suis, et virtute crucis potestates aerias debellavit, tartara destruxit, regnumque diaboli superavit, et ad cœlos victor ascendit. In cujus manu victoria, omnis gloria et potestas consistunt, et tecum vivit et regnat Deus, in unitate ejusdem Spiritus sancti, per omnia sæcula sæculorum. Amen.

IMPOSITIO CORONÆ.

Coronet te Dominus corona gloriæ, atque justitiæ honore, et opere fortitudinis, ut per officium nostræ benedictionis, cum fide recta, et multiplici bonorum operum fructu, ad coronam pervenias regni perpetui, ipso largiente cujus regnum et imperium permanet in sæcula sæculorum. Amen.

749 SCEPTRI TRADITIO.

Accipe sceptrum, regiæ potestatis insigne, virgam scilicet rectam regni, virgam virtutis : qua te ipsum bene regas, sanctam Ecclesiam, populum videlicet Christianum tibi a Deo commissum, regia virtute ab improbis defendas, pravos corrigas, rectos ut viam rectam tenere possint tuo juvamine dirigas : quatenus de temporali regno ad æternum regnum pervenias, ipso adjuvante cujus regnum et imperium sine fine permanet in sæcula sæculorum. Amen.

BENEDICTIONES.

Dominus Deus omnipotens, qui dixit ad Moysen servum suum, *Loquere ad Aaron fratrem tuum, et ad filios ejus dicens : Sic benedicetis populo meo, et ego benedicam ei (Num.* VI, 23 *et* 27), benedicat tibi, et custodiat te. Amen.

Illuminet faciem suam super te, et misereatur tui, Amen.

Convertat vultum suum ad te, et donet tibi pacem. Amen.

Extendat dexteram suæ benedictionis, et effundat super te donum suæ propitiationis, et circumdet te felici muro custodiæ suæ protectionis, sanctæ Mariæ et omnium sanctorum intercedentibus meritis. Amen. Indulgeat tibi mala omnia quæ gessisti, et tribuat tibi gratiam et misericordiam, quam humiliter ab eo deposcis : liberetque te ab adversitatibus cunctis, et ab omnibus visibilium et invisibilium inimicorum insidiis. Amen.

Multiplicet in te copiam suæ benedictionis, et confirmet in spe regni cœlestis. Amen.

Actus tuos corrigat, vitam emendet, mores componat, et te ad cœlestis paradisi hæreditatem perducat. Amen.

Talique intentione repleri valeas, quæ ei in perpetuum placeat. Amen.

Angelos suos bonos semper et ubique, qui te præcedant, comitentur, et subsequantur, ad custodiam tui ponat : et a peccato seu gladio, et ab omnium

A periculorum discrimine te sua potentia liberet. Amen.

Inimicos tuos ad pacis, charitatisque benignitatem convertat, et odientibus te gratiosum et amabilem faciat : pertinaces quoque in tui insectatione et odio confusione salutari induat : super te autem sanctificatio sempiterna effloreat. Amen.

Victoriosum te atque triumphatorem de visibilibus atque invisibilibus hostibus Dominus semper efficiat : et sancti nominis sui timorem pariter et amorem continue cordi tuo infundat : et in fide recta ac bonis operibus perseverabilem reddat : et pace in diebus tuis concessa, cum corona victoriæ ad perpetuum te regnum perducat. Amen.

B **750** Et qui te voluit super populum suum constituere regem, et in præsenti sæculo felicem, et æternæ felicitatis tribuat esse consortem. Amen.

Clerum ac populum, quem sua voluit opitulatione tuæ subdere ditioni, sua dispensatione, et tua administratione per diuturna tempora te faciat feliciter gubernare : quo divinis monitis parentes, adversitatibus cunctis carentes, bonis omnibus exuberantes, tuo ministerio fideli amore obsequentes, et in præsenti sæculo pacis tranquillitate fruantur, et tecum æternorum civium consortio potiri mereantur. Amen. Quod ipse præstare dignetur.

III.

CORONATIO JUDITH CAROLI FILIÆ,

Cum rege Anglorum desponsata est.

BENEDICTIO SUPER REGINAM,

quam Edelulfus rex accepit in uxorem.

Nubas in Christo, obnupta nube cœlesti, et refrigerata gratia spiritali, ac protecta ab omni illicita concupiscentia, pangas fœdus cum oculis tuis, ut non videas alienum virum ad concupiscendum eum, et non mœcheris in corpore vel corde tuo, et avertas oculos tuos ne videant vanitatem : quatenus in via Domini vivificeris, ut possis dicere cum Propheta : *Ad te levavi oculos meos qui habitas in cœlis (Psal.* CXXII). Et : *Levavi oculos meos in montes, unde veniat auxilium mihi (Psal.* CXX). Per Conditorem, et Redemptorem, ac Dominum nostrum Jesum Christum, qui cum Patre et Spiritu sancto vivit et regnat in sæcula sæculorum.

Benedic, Domine, has dotes, et accipientes tua benedictione dotare digneris : ut, conjugii fidem et torum immaculatum servantes, sanctorum patriarcharum ascisci mereantur consortio. Per Dominum.

Accipe annulum, fidei et dilectionis signum, atque conjugalis conjunctionis vinculum, ut non separet homo quos conjungit Deus. Qui vivit et regnat in omnia sæcula sæculorum.

C Despondeo te uni viro virginem castam, atque pudicam futuram conjugem, ut sanctæ mulieres fuere viris suis, Sara, Rebecca, Rachel, Esther, Judith, Anna, Noemi, favente auctore et sanctificatore nuptiarum, Jesu Christo Domino nostro, qui vivit et regnat in sæcula sæculorum.

Deus, qui in mundi crescentis exordio multiplicandæ proli benedixisti, propitiare supplicationibus nostris, et huic famulo tuo, et huic famulæ tuæ, opem tuæ benedictionis infunde, ut in conjugali **751** consortio secundum beneplacitum tuum, affectu compari, mente consimili, sanctitate mutua copulentur. Dita eos fructibus sanctis et operibus benedictis. Fac illos talem sobolem generare, quæ ad tui paradisi pertineat hæreditatem. Aperi, Do-
D mine, januas cœli, et visita eos in pace. Irriga terram eorum, ut germinet fructum spiritalem : sanctifica eos, qui datus es nobis ex virgine : et præsta eis tempora salutis, quæ ante tuum adventum prædixit sanctus propheta Joannes, ut hic fideliter credant, et beate viventes vitam et regnum consequantur æternum, gratia tua, Christe salvator noster, qui cum Deo Patre, in unitate Spiritus sancti, vivis et regnas Deus, per omnia.

BENEDICTIO REGINÆ.

Te invocamus, Domine sancte, Pater omnipotens, æterne Deus, ut hanc famulam tuam, quam tuæ divinæ dispensationis providentia in præsentem diem juvenali flore lætantem crescere concessisti, tuæ pietatis dono ditatam, plenam veritatis de die in in diem coram te et hominibus ad meliora semper proficere facias : ut in regimine suo gratiæ supernæ largitatem congaudens suscipiat, et misericordiæ tuæ muro adversitate undique munita, cum pace propitiationis vivere mereatur. Per Dominum.

Sursum corda.

Domine sancte, Pater omnipotens, æterne Deus, electorum fortitudo, et humilium celsitudo, qui in primordio per effusionem diluvii crimina mundi purgari voluisti, et per columbam ramum olivæ portantem pacem terris redditam demonstrasti : iterum Aaron famulum tuum per unctionem olei sacerdotem unxisti, et postea per ejus unguenti infusionem, ad regendum populum Israeliticum, sacerdotes, reges, et prophetas perfecisti, vultumque Ecclesiæ in oleo exhilarandum prophetica famuli tui voce David esse prædixisti : qui hoc etiam unguento famulæ tuæ Judith ad liberationem servorum tuorum, et confusionem inimicorum, vultum exhilarasti, et ancillæ tuæ Esther faciem hac spiritali misericordiæ tuæ unctione adeo lucifluam reddidisti, ut efferatum cor regis ad misericordiam, et salvationem in te credentium, ipsius precibus inclinares. Te quæsumus, omnipotens Deus, ut per hujus creaturæ pinguedinem, columbæ pace, simplicitate, ac pudicitia decoram efficias. Per Dominum nostrum Jesum Christum Filium tuum, qui venturus est judicare.

CORONATIO.

Gloria et honore coronat te Dominus, et ponat super caput tuum coronam de spiritali lapide pretioso, ut quidquid in fulgore **752** auri, et in vario nitore gemmarum significatur, hoc in tuis moribus, hoc in actibus semper refulgeat : quod ipse præstare dignetur, cui est honor et gloria in sæcula sæculorum.

BENEDICTIONES.

Benedic, Domine, hanc famulam tuam, qui regna regum a sæculo moderaris. Amen.

Opera manuum illius suscipe, et benedictione tua terra ejus de pomis fructuum cœli, et rore atque abysso subjacente repleatur. Amen.

De vertice antiquorum montium et collium æternorum, de frugibus terræ et plenitudine ejus, tua benedictione lætetur. Amen.

Benedictio illius qui apparuit in rubo veniat super caput ejus. Da ei de rore cœli, et de pinguedine terræ, abundantiam frumenti et vini : ut serviant illi ac semini ejus populi, et in honore tuo tribus illam et semen ejus adorent. Amen.

Reple eam benedictionibus uberum et vulvæ : benedictiones patrum antiquorum confortatæ sint super eam, et super semen ejus, sicut promisisti servo tuo Abrahæ, et semini ejus in sæcula. Amen.

Concede, quæsumus, omnipotens et misericors Deus, ut hæc dona tua, quæ fideles tui acceperunt de manu tua, dantibus, accipientibus, et dispensantibus, ad præsentis vitæ subsidium, ac redemptionem animarum, atque ad vitam capessendam proficiant sempiternam. Per Dominum.

IV.

HERMINTRUDIS REGINÆ.

ALLOCUTIO DUORUM EPISCOPORUM in ecclesia sancti Medardi, quando Hermintrudis fuit consecrata in reginam.

Volumus vos scire, fratres, quia domnus et senior noster, Carolus rex gloriosus, nostræ humilitatis petiit devotionem, ut auctoritate ministerii nobis a Deo collati, sicut ipse in regem est unctus et consecratus episcopali auctoritate, unctione sacra et benedictione, veluti in Scripturis legimus Dominum præcepisse ut reges ungerentur et sacrarentur in regiam potestatem : ita uxorem suam dominam nostram in nomine reginæ benedicamus, sicut et a sede apostolica et a nostris decessoribus antea de aliis factum **753** comperimus. Et ut non vobis sit mirum quare hoc petat, fraternitati vestræ rationem reddere maturamus. Videlicet quia, sicut multis est cognitum, Deus omnipotens sua gratia istud regnum in manus suorum antecessorum mirabiliter adunavit : quod ipsi decessores sui nobiliter gubernaverunt, et per successiones sua progenies usque ad hæc tempora rexit. Et isti nostro seniori Deus filios, sicut vobis notum est, dedit : in quorum nobilitate ad sanctam Ecclesiam et regnum, quod Deus illi ad regendum commisit, fideles illius spem maximam se habere sunt gratulati. De quibus ipse aliquos Deo obtulit, ut etiam de fructu ventris sui oblationem Deo offerret : aliquos Deus adhuc ætate immatura sua gratia de hoc sæculo rapuit, ne, ut scriptum est, malitia mutaret corda eorum : aliquibus autem, quod vos non latet, suo judicio talem passionem permisit incurrere, sicut fideles illius agnoscuntur dolere. Propterea petit benedictionem episcopalem super uxorem suam venire, ut talem sobolem ei Dominus de illa dignetur donare, unde sancta Ecclesia solatium, et regnum necessariam defensionem, et fideles illius desiderabile adjutorium, et ista Christianitas optabilem tranquillitatem, et legem atque justitiam, cum illis quos adhuc habet, annuente et cooperante Domino, possit habere. Et de hoc in sanctis Scripturis habemus auctoritatem : quia sicut Dominus ad Abraham dixit : *In semine tuo benedicentur omnes gentes* (*Gen.* XXII, 18), cui jam centenario de nonagenaria uxore Isaac filium dedit : ita et ipsum Isaac uxorem sterilem accipere fecit, ut et in hoc, sicut in multis solet facere, misericordiæ suæ largitatem ostenderet. Et inde dicit Scriptura quia *deprecatus est Isaac Dominum pro uxore sua, eo quod esset sterilis* (*Gen.* XXV, 21), et concepit. Et non sit vobis mirum cur antea hoc non fecit : quia, sicut sacra Scriptura dicit, in primordio conjunctionis masculi et feminæ dixit Dominus ad Evam, *Ad virum tuum erit conversio tua et ipse dominabitur tui* (*Gen.* III, 16). Et cum jam essent moribus in legitima conjunctione maturi, et provectæ ætatis, Abraham et Sara, et, ut sanctus Petrus dicit : *Sara obediebat Abrahæ, dominum eum vocans* (*I Petr.* III, 6) : dixit Dominus ad Abraham, quod antea nec ipsi, nec alio homini legimus illum dixisse, *Omnia quæ dixerit tibi Sara, audi vocem ejus* (*Gen.* XXI, 12). Jam enim et Abraham presbyter merito vocabatur, et defecerant muliebria, id est omnis lascivitas, Saræ : et tunc acceperunt benedictionem seminis benedicti a Domino, in quo benedicuntur omnes gentes. Amen. His ergo fulti auctoritatibus, in dispensandis Dei donis, qui ab illo ministri ejus sumus ad hoc constituti, ut Leo dicit, non debemus esse difficiles, nec devotorum petitiones negligere : maxime si ipsas petitiones evidentibus indiciis ex Dei viderimus miseratione conceptas. Quia multiplex misericordia Dei ita saluti humanæ subvenire decrevit, ut præcipue sacerdotum supplicationibus ipsa salus debeat obtineri. Cui operi, ut in sacris litteris legimus, ipse Salvator intervenit : nec **754** unquam ab his abest, quæ ministris suis exsequenda commisit dicens : *Ecce ego vobiscum sum omnibus diebus* (*Matth.* XXVIII, 20). Et si quid per servitutem nostram bono ordine, et gratulando implemus affectu, ut Leo dicit, non ambigamus per Spiritum sanctum nobis fuisse donatum. Et ideo, fratres, quoniam ita est et nostra pro vobis ministratio, et vestra erga nos conjuncta devotio, ut una fiat apud Dominum supplicatio, sicut legimus, quia ad hoc constituti sunt sacerdotes, ut prius pro suis, deinde pro populi orent peccatis : et oratio fiebat sine intermissione ad Deum pro Petro, id est pro omni episcoporum choro : orantibus nobis pro communi nostra, imo pro totius Ecclesiæ ac populi necessitate atque salute, commune votum etiam vestra communis prosequatur oratio, apud eum qui facit unanimes habitare in domo, et vivit, et regnat in sæcula sæculorum. Amen.

ORATIO.

Domine sancte, Pater omnipotens, æterne Deus,

qui potestate virtutis tuæ de nihilo cuncta fecisti, et dispositis universitatis exordiis, homini ad imaginem tuam facto inseparabile mulieris adjutorium condidisti, ac femineo corpori de virili dedisti carne principium : docens quia quod ex uno placuit tibi institui, non liceat ab homine separari : respice propitius super hanc famulam tuam maritali junctam consortio, quæ tua se expetit protectione muniri. Sit in ea jugum dilectionis et pacis, fidelis et casta nubat in Christo, imitatrixque sanctarum permaneat feminarum. Sit amabilis ut Rachel viro, sapiens ut Rebecca, longæva et fidelis ut Sara. Nihil in ea ex actibus suis auctor prævaricationis usurpet, nexa fidei mandatis permaneat, uni toro juncta contactus illicitos fugiat : muniat infirmitatem suam robore disciplinæ. Sit verecundia gravis, pudore venerabilis, doctrinis cœlestibus erudita. Sit fecunda in tibi placita sobole, sit probata et innocens. Percipiat per hanc sacram misericordiæ, lætitiæ, et exsultationis olei unctionem, sanitatem mentis, incolumitatem corporis, tutelam salutis, securitatem spei, corroborationem fidei, plenitudinem charitatis. Corona eam, Domine, corona justitiæ : corona eam fructibus sanctis, et operibus benedictis. Sit meritis et nomine atque virtute regina, assistens in hoc sæculo fide recta et operibus bonis, et in futuro honore et gloria coronata a dextris regis, in vestitu bonorum operum, circumdata virtutum varietate. Fac illam talem sobolem generare, quæ ad paradisi tui pertineat hæreditatem. Præsta, Domine, huic famulæ tuæ tantum charitatis affectum, et misericordiæ studium, atque religionis augmentum, ut tuum jugiter promereatur auxilium. Callidi serpentis ab ea venena repelle, et lorica fidei indutam scuto salutis eam defende, actus ejus corrige, vitam emenda, mores compone, **755** et eam in senectute bona ad cœlestia regna digneris perducere. Per eumdem Dominum nostrum.

Coronet te Dominus gloria et honore, et sempiterna protectione. Qui vivit et regnat.

Deus omnipotens, qui benedixit Adam et Evam, dicens : *Crescite et multiplicamini* (*Gen.* I, 28), et patriarcharum benedixit conjugia, quique cum Tobia misit Raphael angelum suum, cujus ministerio dæmonium effugavit a Sara uxore ipsius, benedicat te, et Ill. futuram uxorem tuam, ut secundum præceptum Domini effecti duo in carne una, quod Deus jungit homo non separet; et det vobis benedictionem de rore cœli et de pinguedine terræ. Benedicimus enim vobis in nomine Domini, qui mittat angelos suos bonos, ut vos custodiant semper, et omnem phantasiam, et nequitiam, atque versutiam omnium malignorum spirituum et hominum a vobis depellant, et ab omni inquinamento omnis adulterii, omnibusque insidiis humanis et diabolicis protegant, muniant, et defendant, gratia Domini nostri Jesu Christi, qui amorem et timorem suum jugiter cordibus vestris infundat, ut consenescatis pariter in senectute bona, et videatis filios filiorum vestrorum florentes in voluntate Domini ; et pax vobiscum **A** permaneat ; atque in fide recta, ac bonis operibus, et concordia bona, et amore conjugali sincero, necnon et in confessione sanctæ Trinitatis, et Ecclesiæ catholicæ communione perseverantes, ad vitam perveniatis æternam. Quod ipse præstare dignetur, cujus regnum et imperium sine fine permanet in sæcula sæculorum. Amen.

ADMONITIO AD LECTOREM

DE OPUSCULO SEQUENTI.

Scripserat Hincmarus, teste Flodoardo, metricum Opus egregium ad Carolum regem, quod appellavit Ferculum Salomonis, versibus constans quadringentis quadraginta sex, cui et solutæ orationis partem alteram adjecerat, quæ illius explicationem continebat. Hæc est quæ nunc primum in lucem datur ex antiquo exemplari. Prioris enim partis nihil dum vidimus præter versus duodecim, quos suo loco inter auctoris fragmenta proferemus.

HINCMARI

ARCHIEPISCOPI RHEMENSIS

EXPLANATIO IN FERCULUM SALOMONIS.

756 Hoc regium ferculum, quod doctores sancti **B** designare dicunt Ecclesiam, corpus scilicet Christi, in cujus unitate eidem Christo per fidem, ut supra monstravimus, quisque incorporatur, multis in Scriptura vocatur nominibus : ut est regnum cœlorum, mulier, sponsa, uxor, columba, dilecta, vinea, ovis, ovile, civitas, turris, columna, firmamentum, domus, templum, corpus Christi, plenitudo Christi, sagena, nuptiæ, cœna, et aliis, quæ lector forte poterit invenire, fecit sibi rex Salomon, id est pacificus, Idida, hoc est dilectus Domini, Coeleth, hoc est concionator ipsius quidem Ecclesiæ. His quippe tribus nominibus vocatus est Salomon, quia tota sancta Trinitas fabricavit templum veri Salomonis, corporis scilicet Dei et hominum Mediatoris, in **C** utero beatæ et gloriosæ semperque Virginis ejusdem genitricis dominæ ac dominatricis nostræ Mariæ. Spiritus enim sanctus supervenit in eam, et virtus Altissimi patris obumbravit illi : ideoque totum quod ex duabus et in duabus substantiis atque naturis in unitate unius personæ ex ea natum est, sanctum vocatur, et est Filius Dei, per quem gloria in excelsis Deo cantatur, et in terra pax est hominibus bonæ voluntatis; qui est Filius dilectus in quo Patri bene complacuit, et a cujus facie est scientia et intellectus, et qui docet hominem scientiam, et Spiritu sancto suo docet Ecclesiam omnem veritatem. Fecit autem hoc ferculum sibi iste Rex regum et Dominus dominorum de lignis Libani, quia Ecclesiam de fortibus animo et constantia animabus construxit. Ligna quippe Libani et celsitudine et specie et sui natura imputribili multum **D** præeminent. Sic hæc ligna rationabilia atque fructifera, his et aliis virtutibus præeminent, non a se,

verum ab illo, qui hæc eadem ligna in ædificio hujus ferculi, id est Ecclesiæ, istiusmodi gratiosa prædestinationis et electionis suæ gratia, id est gratis data, composuit; qui omnes homines vult salvos fieri, et neminem vult perire. Ut enim de costa dormientis Adæ in paradiso fabricavit Evam, ita ineffabilis misericordiæ gratia in cruce dormiens, de latere suo profundens aquam et sanguinem, quibus et lavacro rigaretur et poculo, ædificavit Ecclesiam; quam mundat lavacro aquæ **757** in verbo, et redimit sanguine pretioso, ut videlicet agni immaculati et incontaminati, qui est ipse Christus Jesus, et sanctificat Spiritu sancto suo, salvum faciens in singulis, qui est passus pro omnibus, totum hominem, videlicet corpus et animam, et hoc in sabbato, id est in requie unitatis Ecclesiæ, in qua per salutarem spem fideles ad requiem tendunt perpetuam; spe enim salvi facti sumus.

Hujus ferculi columnæ sunt duæ, quia turbæ quæ præcesserunt, et quæ Dominicum subsequuntur adventum, per fidem Mediatoris ipsius, videlicet pacifici regis et ferculi ædificatoris salvatæ atque salvandæ, unius ejusdemque credulitatis confessione clamant dicentes Osanna : *Per gratiam enim,* inquit Petrus, *Domini Jesu credimus salvari quemadmodum et illi (Act.* xv, 11). Vel certe duæ columnæ sunt ferculi, quia quisquis in unitate præsentis Ecclesiæ cum fide recta et operibus bonis perseveraverit, in futura, id est in æterna Ecclesia, de incorruptione animæ simul et corporis inenarrabili exsultatione repletus atque glorificatus sine fine gaudebit. Quoniam Deus omnia in mensura in qua constat qualitas, in numero quo continetur quantitas, in pondere quo significatur ratio peraequata, qua pondus virtutis non oneris electorum accipiunt animae, illo disponente qui secundum Job *posuit ventis pondus* (*Job* xxviii, 25) : ut ab intentione Dei non jam levi motu dissiliant, sed in eum fixa constantiae gravitate consistant : per quae judicio et in saecula illius omnia constant, per quae mundum constituit gubernat et judicaturus est, qui comprehendi vel reprehendi non potest, praemia vel poenas singulis redditurus cuncta disposuit. Prima istius columna ferculi tribus et triginta constat capitulis : quia quisquis in nomine Patris et Filii et Spiritus sancti baptizatus ex aqua et Spiritu sancto renascitur, Decalogi mandata cum fide sanctae Trinitatis necesse est perseveranter custodiat, si ad vitam vult pervenire perpetuam. Et denarius numerus ternario superposito in eisdem capitulis ter ducitur : quia mulier, catholica videlicet Ecclesia, acceptum fermentum, sanctae Trinitatis scilicet fidem, per dilectionem operantem in farinae sata tria abscondit, quando Asiae, Africae et Europae illam praedicare procurat, donec fermentetur totum, id est orbi universo praedicetur Evangelium regni acceptum a Domino Jesu Christo de his quae coepit et perfecit facere et docere. Tertio die in evangelica lectione commemorato venit ad nuptias : hoc est tertio mundi tempore per incarnationis mysterium eamdem sanctam sibi Ecclesiam sociavit. Primum quidem saeculi tempus ante legem, patriarcharum exemplis, secundum sub lege, prophetarum scriptis, tertium sub gratia, evangelistarum praeconiis, quasi tertii diei luce mundo refulsit, in quo isdem Dominus et Salvator noster pro redemptione generis humani incarnatus apparuit. Sed et idem denarius numerus in trigonum ductus tricesimum implet numerum, quo anno Christus baptizatus cuncta sanctificavit suo baptismate fluenta nobis **758** aquarum, et hujus sanctificationis gratia tricesimo aetatis anno Jesus venit in baptisma : quia scilicet post baptisma istud legem erat veterem soluturus. Propterea usque ad hanc aetatem, quae omnia potest capere peccata, in legis observatione permansit : ne quis diceret ideo eum solvisse legem, quia eam non valeret implere. Neque enim omnis prorsus aetas cunctis vitiis opportuna est. Nam primos adhuc annos imprudentia et imbecillitas animi simul obsident : adolescentiae vero tempus ferventior impugnat libido : reliquam vero aetatem habendi maxime cupido sollicitat. Propterea igitur omnem hanc Christus exspectavit aetatem, per quod omne tempus justitiam legis implevit, ac tunc demum venit ad baptisma, quasi cumulum illud cunctis observationibus legis adimplens. Qui quoniam ipso, quod tricenarius inchoavit, baptismo totius sit Ecclesiae sordes expiaturus, eorumdem quoque numerorum mystica cognatio declarat : quia videlicet triginta aequalibus suis partibus computata pariunt amplius duodecimum, qui est patriarcharum et apostolorum numerus, et fiunt quadraginta duo. Habent enim partes, tricesimam, unum, quintamdecimam duo, duode-

cimam tria, sextam quinque, quintam sex, tertiam decem, dimidiam quindecim, quae simul juncta quadraginta duo consummant : ubi mystice, ut diximus, innuitur totam Ecclesiae perfectionem in Christi fide et gratia consistere, quae a patriarchis primo agnita, apostolorum est latius voce diffamata : nec esse nomen aliud sub coelo in quo oporteat nos salvos fieri, quomodo in quadraginta duobus nulla est particula, quae non aequalibus tricenarii numeri contineatur in partibus. Tricenarius ergo numerus suis partibus quadragesimum complet et secundum, quia Dominus Ecclesiam sui baptismatis sacramentis et nunc laborantem temporaliter munit, et finitis laboribus ad requiem aeternaliter perducit. Et tricennalis baptizati Salvatoris aetas etiam nostri baptimatis intimare potest mysterium : propter fidem scilicet sanctae Trinitatis, et operationem Decalogi revelata fidei gratia : quod quo sublimius intelligitur eo et doctrina publicatur. Duodenus quippe, quem partes, ut diximus, tricenarii pariunt, apostolorum numerus, praedicatorum videlicet omnium chorus, ter quaternos, sive quater ternos continere dignoscitur : quia fidem sanctae Trinitatis, et quatuor sancti Evangelii libros, ab orthodoxis doctoribus ante finem mundi oportet per quatuor partes, Orientis scilicet, Occidentis, Aquilonis et Austri, quadrato orbis termino praedicari. Quasi enim quoddam sacrosanctum triennii tempus baptizandos habere docuit, qui ait, *Ite, docete omnes gentes, baptizantes eos in nomine Patris, et Filii, et Spiritus sancti* (*Matth.* xxviii, 19) : quasi idem hoc triennium per decem multiplicari praecepit cum subjunxit, *docentes eos servare omnia quaecunque mandavi vobis* (*ibid.*, 20). Qui tribus annis ac bis ternis mensibus mundi tenebras exemplo et verbo suo de dilectione Dei et proximi sanans **759** corpora simul et animas, illustrare dignatur, pro generis humani salute in cruce occubuit. Evidenter ostendens, quia praelatis apostolis, martyribus, confessoribus, caeterisque arctioris ac perfectioris vitae viris, quorum inenarrabilem gloriam de manifestissima divinitatis visione sempiternae Trinitatis illi tantum sciunt, qui ea perfrui meruerunt, sunt plures in Ecclesia justi, fide sanctae Trinitatis, in qua et incarnatio Domini nostri Jesu Christi veraciter continetur, qua non accessit quaternitas, sed in uno Filio Deo et homine, qui est in gloria Dei Patris, cum eodem Patre et sancto Spiritu permanet Trinitas, spe, charitate et operibus bonis perfecti, qui post carnis solutionem continuo beata paradisi requie suscipiantur, exspectantes in magno gaudio, in magnis congaudentium choris, quando recepto corpore veniant et appareant ante faciem Dei. In semisse autem anno demonstrans, quia nonnulli propter bona quidem opera ad electorum quidem sortem praeordinati, sed propter mala aliqua, quibus polluti de corpore exierunt post mortem severe castigati, excipiuntur flammis ignis purgatorii, et vel usque ad diem judicii longa hujus

examinatione a vitiorum sorde mundantur, vel certe **A**
prius amicorum fidelium precibus eleemosynis, jejuniis, fletibus, et hostiæ salutaris oblationibus absoluti pœnis, et ipsi ad beatorum perveniunt requiem. Tot etiam annis, id est tribus et dimidio,
Antichristus sui ostentabit figmenta mendacii, ostendens se tanquam ipse sit Deus signis et mendacii,
prodigiis, adhibens minarum atque pœnarum terrores. Sed non prævalebit in eos, qui in fidei rectæ et
operum bonorum perfectione, gratia ipsius auxiliante persistent. Qui in carne apparens factus ex
muliere, factus sub lege ut eos qui sub lege erant
redimeret, ut adoptionem filiorum reciperemus, post
circumcisionem tricesima tertia die ad templum
delatus est, et legalia pro eo munera oblata, qui
cuncta divinitus consecrat. Trigonus etiam Decalogi, et tres dies, atque oblatio ad templum delata,
illos dies et sacrificium Ecclesiæ, quæ est corpus
Christi, designant, de quibus ipse in Evangelio dicit,
Ecce ejicio dæmonia et sanitates perficio hodie et
cras, et tertia die consummor (*Luc.* XIII, 32) : quia
expelluntur dæmonia, cum, relictis paternis superstitionibus, credunt in eum gentes : et perficiuntur
sanitates, cum secundum ejus præcepta vivitur,
posteaquam fuerit diabolo et huic sæculo renuntia-
tum, usque in finem resurrectionis, qua tanquam
tertia consummabitur, hoc est ad plenitudinem angelicam per corporis etiam immortalitatem perficietur Ecclesia. Quapropter hujus numeri ratione
devotus quilibet colligat, quia ille a corruptione cor- **C**
poris et animæ tantum salvabitur, qui in fide recta
quæ ternario numero, et in operibus bonis, quæ
decalogo, id est numero constante denario designantur, in virum perfectum, in mensuram ætatis plenitudinis Christi, in die remunerationis inventus
fuerit.

760 Ducentis etiam et decem versibus, de
dogmatibus ecclesiasticis contra prave sentientes
doctorum loquens sensibus, hæc columna constare
dignoscitur : cujus est supputationis ista intentio, ut
primum incipiamus a minori numero, id est a decem,
et ab eo progrediamur in postmodum. De denario
quippe numero catholici doctores multa dixerunt
diserta et fortia, ex quibus quædam hic compendii
studio adnotare curavi. Dicunt namque quia in **D**
decalogo sit consecratus : cujus decalogi, psalterii
videlicet decem chordarum, decem præcepta Deus
famulo suo Moysi in monte in duabus tabulis lapideis
conscripta dedit : tria in una tabula ad Deum pertinentia, quia Deus Trinitas est, et in redemptionis
nostræ mysterio tres sunt qui testimonium dant, spiritus, aqua, et sanguis, et tres unum sunt : spiritus
utique sanctificationis, et sanguis redemptionis, et
aqua baptismatis : quæ tria unum sunt et individua
manent, nihilque etiam a sui connexione sejungitur,
et ut beatus cantat Ambrosius :

Omnia trina vigent sub majestate Tonantis.
Tres Pater, et Verbum, sanctus quoque Spiritus unum.
Trina salutaris species crucis, una redemptrix.

Tertia lux Dominum remeantem a morte recepit.
Trina dies Jonam tenuit sub viscere ceti.
Tres pueri crevere Deum flagrante camino.
Ter Sabaoth sanctum referens benedictio psallit.
Ter mergendus aqua est cui gratia plena lavacri.
Testibus et stabilis constat tribus actio cuncta.
Terno mense suis redeunt sua tempora membris.
Tres sunt ætates, flos, robur, et ægra senectus.
Tres moduli in causis, judex, defensor, et actor.
Tres in sæcla gradus, ortus, transcursio, finis.
Tres spem quæ palpant, requies, lux, gloria vitæ.

Septem vero præcepta altera tabula dedit, quorum
primum est, sicut et Apostolus monstrat, *Honora*
patrem et matrem (*Ephes.* VI, 2). Habet præterea
septenarius numerus in Scriptura sacra multipliciter
ostensam perfectionem suam : videlicet quia eo
dierum numero, testante Scriptura, perfecto cœlo
et omni ornatu eorum, requievit Deus ab operibus **B**
suis (*Gen.* II), sed et per legem sabbatum in requiem datum est (*Exod.* XVI). Et in capite nostro,
Mediatore scilicet Dei et hominum homine Christo
Jesu, propheta septiformem sancti Spiritus gratiam
enumeravit (*Isa.* XI). Septem quoque oculos, et septem candelabra, et septem sigilla, et septem tonitrua, pro perfectione Scriptura sacra enumerat, et
per septem dies omne sæculum volvitur (*Apoc.* I, V,
VI, X). Et his duobus perfectis numeris, ternario videlicet et septenario denarius constat. Est etiam,
quoniam geminato quinario numero, qui perfectus
est in quinque notissimis corporis nostri sensibus, et
in quinque libris Moysi, constat. Sed et ab uno per
ordinem usque ad quatuor numeros completur
761 denarius. Unum enim et duo et tres et quatuor simul ducti, fiunt decem : quia legis Decalogus
per quatuor libros sancti Evangelii adimpletur. Et
fortasse propterea qui conducuntur ad vineam, accipiunt nomine mercedis denarium, qui per semetipsum multiplicatus in centenarium surgit, et per
centenarium numerum magna perfectio designatur.
Per geminatum autem centenarium, et perfectio spiritus qui in hac vita electis tribuitur, et perpetua
vita signatur. Unde eisdem electis suis Dominus dicit : *Omnis qui relinquit domum vel fratres, aut soro-*
res, aut patrem, aut matrem, aut uxorem, aut filios,
aut agros propter nomen meum, centuplum accipiet et
vitam æternam possidebit (*Matth.* XIX, 29). Neque
enim sanctus quisque ideo terrena deserit, ut hæc
possidere in hoc mundo multiplicius possit, quia
quisquis terreno studio terram relinquit, terram non
relinquit sed appetit : neque qui unam uxorem deserit centum accepturus est. Sed per centenarium
numerum perfectio designatur : postquam etiam
vita æterna promittitur; quia quisquis pro Dei nomine temporalia atque terrena contemnit, et hic
perfectionem mentis recipit, ut jam non appetat quæ
contemnit, et in sequenti sæculo ad vitæ æternæ
gloriam pervenit, quæ centenario numero, qui de
læva transfertur in dexteram, designatur. Unde hoc
ferculum, vel hæc mensa, scilicet sancta Ecclesia
de fabricatore suo, vero videlicet Salomone dicit,
Læva ejus sub capite meo, et dextera illius amplexa-
bitur me (*Cant.* II, 6). Per lævam quippe ejus vita

præsens, et sacramenta incarnationis ejus, et præsentiæ ipsius dona signantur : per dexteram vero vita futura, et ea quæ in futuro percipient electi præmia figurantur. In quibus non solum visio divinæ majestatis, sed et gloria est clarificatæ humanitatis, unius ejusdemque Mediatoris Dei et hominum. Unde bene lævam ejus sponsa sub capite suo poni, dexteram autem se illius amplexari desiderat, ut et nunc per temporalia ipsius subsidia a mundi perturbationibus quiescat, et tunc manifesta ipsius visione perpetuo fruatur. Æternam equidem sanctorum requiem nullus unquam turbo interpolat. Unde et recte dicitur, *Dextera illius amplexabitur me.* Quia nimirum divinæ præsentia majestatis undique suos cœlesti in regno circumteget, ne aliquam felicitatem Deo dignam, vel memoria miseriæ violet, vel metus finis angustet. Geminatus etiam centenarius innuit, quia quiscunque ad vitam desideret pervenire perpetuam, dilectione Dei flagret ac proximi, et fide catholica atque operatione recta continue ad eam festinare contendat. In fide scilicet orthodoxa, de sancta et inseparabili Trinitate, simul et de Incarnatione Domini nostri Jesu Christi, corde credens ad justitiam et ore confitens ad salutem, quia in eadem sancta Trinitate nihil est prius aut posterius, nihil majus aut minus, sed totæ tres personæ coæternæ sibi sunt et coæquales, ita ut per omnia et unitas deitatis in Trinitate sit personarum, et trinitas personarum in unitate sit deitatis : quia ex solo Patre, id est **762** ex substantia Patris, æqualis et consubstantialis genitus non factus est Filius, et ex Patre simul ac Filio, coæqualis ac consubstantialis æqualiter procedit Spiritus sanctus, qui cum Patre et Filio æqualiter adoratur, quia æqualiter est Deus, totus Patris et totus Filii Spiritus, quia unus naturaliter Spiritus est et Patris et Filii. Proinde totus de Patre procedit et totus de Filio, totus in Patre manet, et totus in Filio : quia sic manet ut procedat, sic procedit ut maneat. Et hinc naturaliter hanc habet cum Patre et Filio unitatis plenitudinem, et plenitudinis unitatem, ut totum Patrem habeat totumque Filium, ipseque totus habeatur a Patre, totus habeatur a Filio : qui etiam a Patre et Filio æqualiter datur, imo et a seipso datur : ipseque donum Dei et paraclitus, id est consolator, dicitur, quia revera, dum dona sacramentorum distribuit, consolationem animæ præbet : per quem diffunditur in cordibus nostris Dei charitas, per quam nos tota inhabitat Trinitas.

De Incarnatione quoque Domini nostri Jesu Christi, una ex eadem et in eadem sancta Trinitate persona, fideliter sentiat. Deum videlicet, et eum verum et perfectum ante omnia sæcula, et sine ullo initio credens, et verum ac perfectum hominem in fine sæculorum, in duabus et ex duabus naturis atque substantiis in una persona consistere : ut qui per divinitatis suæ potentiam nos creaverat ad perfruendam vitæ beatitudinem perennis, ipse per fragilitatem humanitatis nostræ nos restauraret ad recipien-

dam quam perdidimus vitam. Qui juxta Symboli veritatem conceptus de Spiritu sancto, natus ex Maria Virgine, ancilla ipsius hominis per divinitatem, et matre Verbi per carnem : nam utrumque illam et ancillam et matrem esse Domini veritas Evangelii, ejusdem et Elisabeth voce demonstrat : nec alterius ancillam, alterius matrem, quia non prius in utero virginis caro concepta est, et postmodum divinitas venit in carnem : sed mox Verbum ante sæcula unigenitus æqualis Patri venit in uterum, mox Verbum, servata propriæ veritate naturæ, factum est caro, et perfectus homo idem in veritate carnis et animæ rationalis, operante Spiritu sancto, investigabili miraculo natus est per uterum Virginis Filius Dei, factus filius hominis unus Christus. Qui mortuus est sola carne propter peccata nostra, et resurrexit sola carne, quia peccatum non fecit, nec dolus inventus est in ore ejus, ut a peccati morte quocunque modo contracta anima resurgeret. Ascendit quoque in cœlum, et sedet ad dexteram Patris, id est, in gloria paternæ majestatis : inde venturus judicare vivos et mortuos. Ad cujus adventum omnes homines resurgent cum corporibus suis, et reddent de factis propriis rationem. Et qui gratia Dei, et subsequente eamdem gratiam libero arbitrio, in fide recta et operibus bonis perseveraverint, præsciti et prædestinati a Deo in gloriam, ibunt in vitam æternam electis, id est de massa perditionis totius humani generis **763** facta in Adam ipso peccante, quoniam et Eva ipsa est Adam, gratia lectis, a Deo paratam, sicut ipsa Veritas dicit, *Venite, benedicti Patris mei, percipite regnum quod vobis paratum est ab origine mundi* (*Matth.* xxv, 34). Et qui non a Deo ad interitum prædestinati, sed ab eo ex retributione justitiæ in massa perditionis relicti, in infidelitate vel malis operibus perseveraverint, ibunt in ignem æternum : ad quem Deus neminem prædestinavit, sed eumdem ignem diabolo et corpori ejus ex retributione justitiæ præparavit : sicut ipse in Evangelio dicit, *Stipendia enim,* inquit Apostolus, *peccati mors : gratia autem Dei vita æterna* (*Rom.* vi, 23). Et : *Universæ viæ Domini misericordia et veritas* (*Psal.* xxiv, 10). Et : *Ira,* id est vindicta, *in indignatione ejus, et vita in voluntate ejus* (*Psal.* xxix, 6).

Altera itaque istius columna ferculi, contradicens illis qui de iis prave sentiunt quæ in altero nobis sæculo complebuntur, triginta et octo capitulis constat : ac si triginta et octo annis in Synagogæ potius Satanæ porticu, quam in Ecclesiæ catholicæ sinu jacentem languidum, male sentientium videlicet chorum, duodequadraginta numero, qui legis decalogo per quatuor sancti Evangelii libros impletur minus habentem, et absque dilectione Dei ac proximi, quem legis pariter et Evangelii Scriptura commendat, vacuum incedentem insinuans. In quo licet plures sint choro, si acquiescere veritati consenserint, quasi unus recuperabunt in unitate fidei sanitatem : quia præter unitatem catholicæ fidei nullus cuilibet patet salutis locus. A cujus unitate

quisquis discrepat, salutem quæ ab uno est consequi A
nequaquam valet. Quæ salus æterna centenario ipsius columnæ versuum numero designatur : quia
Abrahæ centenario promissionis filius Isaac, id est
risus vel gaudium, nascitur, illum innuens qui discipulis suis dixit : *Iterum autem videbo vos, et gaudebit cor vestrum, et gaudium vestrum nemo tollet a
vobis (Joan.* xvi, 22). Ad quam æterni salutem gaudii per sexagenarium, quem superadditi sexaginta
versus ostendunt, perfectum numerum pervenitur.
Qui sexagenarius numerus, quoniam sexies decem
sexaginta fiunt, in se continet senarium perfectionem operum demonstrantem : quia sicut creator
admirabilis perfectus est in natura sua, ita in se-
nario dierum numero perfecit opera sua, et sexto
die creavit hominem perfectum anima et corpore, B
propter quem creata sunt omnia, et sexta ætate
venit conditor hominem reparare quem sexto die
creaverat. Sed et denarium sexagenarius numerum
comprehendit, qui in decalogo consecratur, et, ut
supra ostendimus, perficitur; quo etiam et sexagenarius numerus esse perfectus hoc modo monstratur. Partire sexagenarium per denarium, et invenies
eumdem sexagenarium numerum per denarium esse
perfectum, sicut senarium per unitatem. Nam unum,
duo, et tres sex faciunt, qui est perfectus numerus
in partibus suis : ita et sexagenarius quamdam perfectionem habet si partitur per denarium numerum.
Semel enim decem, et bis decem, et ter decem **764**
sexaginta fiunt; necnon et quinquagenarium complectitur senarius numerus, quo Jubilæus annus, C
remissio scilicet peccatorum, et ad patriæ æternæ
hæreditatem reversio, et requies sempiterna exprimitur. Supereminet quoque conjugalem ordinem
duplicatione sui, laboriosam vidualem continentiam
impressione digiti demonstrando, quoniam quæ seminavit in lacrymis in gaudio metet. In se triginta
continens, qui numerus blando indicis et pollicis
osculo depingit et conjugem, fructum fidei per bona
opera, ut terra optima, de suscepto divini verbi
semine proferens : sicut centenarius numerus de
læva translatus in dexteram, eisdem digitis, sed
non eadem manu, quibus in læva manu nuptæ signi-
ficantur et viduæ, circulum faciens exprimit virginitatis coronam. Sed et fructum tricesimum verbum D
profert quod fidem sanctæ Trinitatis ædificat, sexa-
gesimum quod operis perfectionem docet, centesimum quod ad dexteram regni vitam prædicat sempiternam. Necesse est igitur ut qui vult vitam, et
cupit videre dies bonos, per sex hujus sæculi dies
vel ætates in quibus licet operari, ad sabbatum, id
est ad requiem septimi diei sive ætatis, quando non
licebit operari, fide recta et justis operibus, decalogi
mandata complendo, absque admistione pravi operis
festinare procuret, quatenus de corpore exiens, in
septima die vel ætate, sive in quinquagenarii quiete
numeri requiescat, donec sempiternitatem centena-
riam in octava die vel ætate cum incorruptione corporum consequatur. Unde et reclinatorium hujus

ferculi aureum octonarius versuum numerus cantat :
quoniam qui in præsenti vita, id est in istis sex
diebus vel ætatibus quibus operari licet, cultro illius
petræ quæ est Christus ad instar octavæ diei quam
designat diei octavæ circumcisio, quæ antiquis loco
dabatur baptismatis, ejus videlicet fide, spe, et charitate, non solum in baptismate, sed et in omni
prorsus actione devota, se purificare curaverit, et
in septima sabbati feliciter requiescet, et in octava
glorificatus resurget. Quæ et ipsa quotidiana nostra
circumcisio, id est continua cordis mundatio, semper octavæ diei sacramentum celebrare non desistit,
quia nos in exemplum Dominicæ resurrectionis,
quæ octava die, id est post septimam sabbati facta
est, sanctificare consuevit, ut quomodo resurrexit
Christus a mortuis per gloriam Patris, ita et nos in
novitate vitæ ambulemus. Et hæc est octava resurrectionis nostræ plenariæ dies sine ullo temporis
fine beata, quando vera omnimodæ circumcisionis
gloria coruscante, non ultra corpus quod corrumpitur aggravat animam, non ultra terrena inhabitatio
deprimit sensum multa cogitantem, sed corpus jam
incorruptibile lætificat animam, et sublevat cœlestis
inhabitatio totum hominem visioni sui conditoris
inhærentem, quando renovabitur sicut aquilæ ju-
ventus nostra. Quod, reclinatorium nobis Salomon
noster fecit, cum spem perpetuæ quietis fidelibus
promisit. *Tollite,* inquit, *jugum meum super vos,*
765 *et discite a me quia mitis sum et humilis corde,
et invenietis requiem animabus vestris (Matth.* xi,
29). Et hoc reclinatorium fecit aureum, quia requiem nobis æternam divinæ suæ visionis gloria
coruscam præparavit. Hinc etenim dicitur : *Qui autem
diligit me diligetur a Patre meo, et ego diligam eum
et manifestabo ei meipsum (Joan.* xiv, 21). Vel certe
fecit reclinatorium in ferculo fidelibus aureum, quia
omnes resurgemus, non autem omnes immutabimur,
quoniam Christus passus pro omnibus acquisivit
omnibus resurrectionem, fidelibus autem incorruptionis et animæ et corporis gloriam, de quibus dicitur, *Resurgent in resurrectione justorum (Luc.* xiv,
14), cum omnes sine ulla dubitatione resurgent.
Ascensum autem hujus ferculi Idida, hoc est dilectus
Filius Patris in quo ei bene complacuit, fecit pur-
pureum : vera enim purpura maritimorum conchy-
liorum sanguine tingitur; quia vivus et copiosæ
redemptionis sanguis agni immaculati et incontaminati Jesu Christi, de Spiritu sancto, id est operatione Spiritus sancti, ex virgineo sanguine sementivæ
naturæ, videlicet ex immaculata Virginis carne,
sine ulla carnali concupiscentia, et absque ullo virili
attactu, singulariter concepti, et clauso virginali
utero, ac virginalibus integris inconvulsis atque in-
temeratis mirabiliter nati, lavit nos a peccatis
nostris. Qui sanguis, videlicet ipsius agni tollentis
peccata mundi, de conchyliis marinis ferro elicitur,
quia per seriem stirpis hominum peccatorum, quasi
marinis fluctibus oppressorum, sicut genealogia
Evangelii monstrat, de Abrahæ et David stirpe pro-

cessit, et incisione ferri, clavorum videlicet et lanceæ, sacramenta redemptionis nostræ de ipso sacratissimo corpore, in quo erat Deus mundum reconcilians sibi, et in quo inhabitat omnis plenitudo divinitatis corporaliter, nobis emanaverunt, quibus idem rex ac Dominus noster, qui dilexit nos, et lavit nos a peccatis nostris in ipso sanguine suo, non solum quando sanguinem suum dedit in cruce pro nobis, vel quando quisque nostrum in mysterium sacrosanctæ passionis illius baptismi aquis ablutus est, verum etiam quotidie tollit peccata mundi, lavatque nos a peccatis nostris quotidianis in sanguine suo, cum ejusdem beatæ passionis ad altare memoria replicatur, cum panis et vini creatura in sacramentum carnis et sanguinis ejus ineffabili Spiritus sanctificatione transfertur, sicque corpus et sanguis illius, non infidelium manibus ad perniciem suam funditur et occiditur, sed fidelium ore suam sumitur in salutem : et nonnisi purpureus ad hoc ferculum invenitur ascensus, quia nullus Ecclesiam nisi sacramentis Dominicæ passionis imbutus ingreditur. Unde ipse ait : *Nisi quis renatus fuerit ex aqua et Spiritu, non intrabit in regnum cœlorum (Joan.* III, 5). Et : *Nisi manducaveritis carnem filii hominis et biberitis ejus sanguinem, non habebitis vitam in vobis. Qui manducat carnem meam et bibit sanguinem meum, habebit vitam æternam, et ego resuscitabo eum in novissimo die (Joan.* VI, 54-55). Ferculi vero ascensus purpureus ideo versibus triginta describitur, quia, juxta Apostolum, *Quicunque baptizati* **763** *sumus in Christo Jesu,* baptizato videlicet tricesimo ætatis suæ anno, *in morte ipsius baptizati sumus (Rom.* VI, 3). In quo tricesimo numero Decalogi denarius triplicatur, quia perfectio fidei atque bonorum operum baptismatis sanctificatione perficitur. In quo impletur omnis justitia, quia in eo est sanguinis Christi redemptio, sancti Spiritus sanctificatio, et aquæ baptismatis perfecta mundatio.

In hoc autem ferculo Salomon vere quidem pacificus, qui pacificavit per sanguinem crucis suæ ea quæ in cœlo sunt, et ea quæ in terra, et solvens medium parietem, fecit utraque unum, duos condens in seipso, media charitate constravit propter filias Jerusalem : ea ipsa videlicet charitate qua pro nobis passus est : majorem enim hac charitatem nemo habet, quam ut animam suam ponat quis pro amicis suis, et sicut Apostolus ait : *Commendat autem Deus suam charitatem in nobis, quoniam cum adhuc peccatores essemus, Christus pro impiis mortuus est (Rom.* v, 8). Siquidem hanc mediam Ecclesiæ suæ strati instar paravit, ubi fideles animæ molliter quiescerent : quia totam eam intrinsecus supernorum amore replevit : et hoc est quod addit, *Propter filias Jerusalem (Cant.* xv, 10), id est propter animas cœlestium desiderio flagrantes. Quanto enim majorem Deus charitatem suam pro nobis patiendo commendavit, tanto plures ad se redamandum ac pro se patiendum accendit. Ipsa autem charitas, quin imo misericordia nostra, cui dicit Psalmista, *Deus meus miseri-*

cordia mea (Psal. LVIII, 18), scilicet agnus qui tollit peccata mundi, et lavit nos a peccatis nostris in sanguine suo, in cruce duobus versibus eumdem agnum, atque in eodem agno in una eademque littera concinentibus pingitur : quæ etiam crux quatuor versibus unius mensuræ, et in eisdem litteris in capite vel in fine congruentibus, per quatuor mundi partes promissionis filios, et æternæ hæreditatis Christo cohæredes, id est electos et prædestinatos ad vitam in gremio redemptionis Christi, qui est passus pro omnibus, complectitur omnia gyro : prædicans scilicet mundo quæ sit ipsius crucis mensura, longitudo videlicet et latitudo, sublimitas et profundum in dilectione Dei et proximi. Qui duo et quatuor versus conjuncti senarium complent numerum : quia sexto die homo conditus, sexto item die crucis est mysterio reparatus. Qui senarius numerus apud sæculi sapientes idcirco dicitur esse perfectus, quia suo ordine numeratus perficitur, ut cum unus, duo, tres dicuntur, senarius numerus impletur : vel quia in tribus partibus dividitur, id est sexta, tertia et dimidia : videlicet in uno, duobus et tribus. Ab ecclesiasticis autem doctoribus ideo perfectus dicitur numerus, quia sexto die perfecit Deus omnia opera sua, et sex sunt hujus sæculi ætates notissimis temporum distinctæ articulis, in quibus, quasi in sex diebus quibus licet operari, pro Deo laboribus insistere, et pro adipiscenda requie sempiterna necesse est operari : et post dies sex gloriam sui regni quam spopondit discipulis Salvator ostendit : quia **767** qui Deum videre, et ad gloriam beatæ resurrectionis pertinere concupiscit, per sex dies debet agere bona quæ novit. Sex quoque sunt evangelicæ lapideæ hydriæ, fortia scilicet sanctorum præcordia, fide et dilectione Dei ac proximi, et meraca atque purissima absque aliqua mistura hæreticæ pravitatis Scripturæ sacræ scientia repleta : quia quisquis salvari cupit, non solum necesse est ut de fide sanctæ Trinitatis atque incarnationis Dominicæ fideliter sentiat, verum et in omnibus ecclesiasticis dogmatibus ab omni peste hæretica et schismatis præcisione immunem se suosque auditores summopere custodire, et a peccatorum sorde abluere, et divinæ cognitionis puro fonte potare procuret : et illi omnes præcipue, quorum perfectio vitæ et fidei ad exemplum recte credendi ac vivendi aliis proposita esse dignoscitur.

Præfatio denique ferculi, dilectissimum alloquens principem, idem ferculum exponendo viginti et quatuor versibus scribitur, quia fide recta et operibus bonis meritoque vitæ et scientiæ doctrina plenum dilectione Dei et proximi, in omnia pia devotione et actione, de gratia et arbitrio libero recte sentientem, sicut ad unumquemque fidelem dicit Dominus per prophetam : *Ex me fructus tuus inventus est (Ose.* xIV, 2); id est donum gratiæ meæ prævenientis qua bene agis ex me est, et subsequenti arbitrio tuo fructus inventus est. Sicque monstratur a Domino, quia quod bonum volumus, cogitamus, loquimur et agimus, et Dei est per prævenientem gratiam, et nostrum est per liberi arbitrii subsequentem obedientiam. Unde et remunerabimur, et misericordias Domini in æternum cantabimus, inobedientes autem merito damnabuntur. Et hinc regem scriptor in isto sæculo bene vivere, et in æternum cum Christo regnare desiderat. Ea propter et in eadem præfatione denarius geminatur, qui per quatuor sancti Evangelii libros completur : quia et sine fide impossibile est placere Deo, et fides sine operibus mortua est in semetipsa. Sed et in ea dualis numerus duplicatur : quia scientia sine charitate inflat, charitas autem cum scientia sana ædificat : et intellectus est bonus omnibus facientibus eum, et dilectione Dei prælata, cui nulla numeri mensura imponitur, de qua ex toto corde, et ex omni mente, et ex omnibus viribus nostris præcipitur, dilectio proximi in duobus præceptis subdividitur, cum dicitur (*Tob.* IV; *Matth.* VII) : Quod tibi fieri non vis, alii ne feceris, et quæ vultis ut faciant vobis homines, et vos eadem facite illis.

Completio siquidem summam versuum proferens octo versibus agitur, et sub ferculi reclinatorio, quod resurrectionis octavam diem demonstrat, ponitur : quia sicut sunt duæ mortes, corporis scilicet per egressionem ab eo animæ, et animæ per admissionem in se peccati : ita et duæ sunt resurrectiones, animæ videlicet, quando indulgentiæ vivificatio per dignos pœnitentiæ fructus gratia Dei acquiritur; **768** et corporis, quando in adventu Domini omnes homines resurgent cum corporibus suis, et reddituri sunt de factis propriis rationem : et beatus qui habuerit partem in resurrectione prima, quoniam non lædetur a morte secunda, et accipiet binas stolas, immortalitatem scilicet et incorruptionem corporis simul et animæ. Sed significantia istius resurrectionis prima ordine recte illi supponitur quæ præcellentior est dignitate : sicut et Scriptura de compunctionis genere dicit : *Dedit illi pater suus,* quin Caleb Axæ filiæ, *irriguum superius et irriguum inferius* (*Judic.* I, 15); cum electi prius plangat de inferiori irriguo anima, ut non ducatur ad supplicium, postea vero de superiori irriguo, quia differtur a regno. Summa autem ferculi versuum heroici et elegiaci carminis, quam secum completio designavit, quadringentis quadraginta et sex versibus constat, et unus decies ductus denarium perficit. De quo quia sufficienter supra jam diximus, hoc iterum replicare vitamus. Denarius etenim quater ductus in quadragenarium surgit : quia tunc decalogi mandata perficimus, cum profecto quatuor libros sancti Evangelii custodimus : quos humilius conservamus, si unde et quo et qualiter cecidimus incessanter aspicimus. A regione siquidem nostra, id est a paradiso, in hanc convallem lacrymarum superbiendo, inobediendo, visibilia sequendo, cibum vetitum gustando discessimus, sed ad eam necesse est ut flendo, obediendo, visibilia contemnendo, atque appetitum carnis refrenando redeamus. Et quia ab ipsius paradisi gaudiis per cibum cecidimus, ad hæc in quantum pos-

A sumus per abstinentiam resurgamus. Quæ abstinentia totum vitæ nostræ tempus in continentia a malis operibus, et in exercitatione virtutum esse debere designans, per quadraginta dierum numerum custoditur, quia sicut filii Israel, in quorum locum sucessimus, per quadraginta annos, transito mari Rubro, in eremi vastitate calamitose antequam ad promissionis terram venirent versati sunt, ita et nos in exsilii hujus ærumnis dignas inobedientiæ pœnas luimus, antequam ad paradisi gaudia redeamus. In qua probatione post sacrum baptisma prius longis virtutum exercendi agonibus, ac deinde perpetuis supernæ beatitudinis sumus donandi muneribus, et accepta Dei lege, id est audito verbo divino, de prisca nostra conversatione egredi, ac solitudinem vitæ spiritalis constat debere nos ingredi, ut vita novæ

B conversationis quotidie castigati, si terram repromissionis intrare volumus, quasi quotidiano Jordanis baptismate lacrymis saluberrimæ compunctionis ab omni vitiorum subripentium contagione purgemur, juxta eum qui dixit : *Lavabo per singulas noctes lectum meum, lacrymis stratum meum rigabo* (*Psal.* VI, 7). Unde recte Jordanis *rivus judicii* interpretatur, quia nimirum electi, quo sollicitius suam conscientiam dijudicando examinant, eo largiores ex intimo cordis fonte lacrymas fundunt : ut quia minus perfectos se esse deprehendunt, sordes suæ fragilitatis undis pœnitentiæ diluant. Sed **769** et significantia quadragenarii numeri, et effusione diluvii, et in Jacob planctu, in exercitatione

C quoque filiorum Israel in deserto, atque in prædicatione Jonæ, et aliis multis ostensionibus causa perfectionis in Scriptura positi, aliud etiam pernecessarium innuit : quia Moyses morem circumcisionis divinitus imperatum, et quadringentis et sex annis observatum, per quadraginta annos in eremo intermisit, quem Josue cultris petrinis perfecit, quia petra erat Christus, et lex per Moysen data est, gratia et veritas per Jesum Christum facta est. Idem quoque Moyses ut legem, quam Dei populo traderet, acciperet, secundo diebus quadraginta jejunavit; Elias in deserto quadraginta diebus abstinuit; ipse auctor hominum ad homines veniens in quadraginta diebus nullum omnino cibum sumpsit. Cur ergo in abstinentia quadragenarius numerus

D custoditur, nisi quia virtus decalogi per libros quatuor sancti Evangelii custoditur? Et qui per carnalia desideria decalogi mandata contempsimus, dignum est ut eamdem carnem quater decies affligamus : et ut per decalogi mandatorum custodiam, ac per Deo dignam abstinentiam, ad æternam vitam, quæ centenario numero designatur, quadriga Evangelica et cardinalibus quatuor virtutibus perferamur, necesse est ut quadragenarius numerus per decalogi denarium multiplicetur, et sic ad quadringentesimum numerum efferatur. Quadraginta enim decies ducti quadringentos efficiunt, quia ad æternam vitam, quæ centenario numero et hoc quater ducto figuratur, electi omnes, non solum de incorruptione animæ simul et corporis, verum et de visione divinæ **A** majestatis, cum gloria mediatoris Dei et hominum clarificatæ humanitatis, sine fine reversi ad id quod conditi fuerant, ut revera in vero Jubæilo quinquagesimo videlicet anno gaudebunt. Unde quia sancta Ecclesia in quibusdam suis membris adhue pro æterna requie laborat in terris, in quibusdam vero omni finito labore cum Christo jam regnat in cœlis, in memoriam utriusque vitæ patres nostri constituerunt gemina hæc congrua religioni solemnia, quadragesimam videlicet imminente Pascha afflictionis, et ab ipso Dominicæ resurrectionis die quinquagesimam, in qua continue psallitur Alleluia, quod evangelista Joannes ab angelis se audisse cantari perhibet (*Apoc.* xix), et venerabilis pater Tobias, ex visione angelica intelligens qualis sit supernorum civium gloria et supernæ Jerusalem claritas, **B** dixit: *Per vicos ejus Alleluia cantabitur* (*Tob.* xiii, 22), quamvis in Ecclesia nunquam a divina laude cessetur. Et quoniam hujus quinquagesimæ celebratione fidelibus perfectio quietis innuitur, et denario numero summa perfectionis exprimitur, quinquagenario decies ducto ad quingentesimum pervenitur, aperte monstratur quia nequaquam sola nos abstinentia carnis in cibo et potu ad æterna gaudia reparat, nisi adjunctis bonis aliis dignam Deo abstinentiam cum fide recta devotio mentis ostendat. Illud quippe jejunium Deus approbat, **770** quod ad ejus oculos manus eleemosynarum levat, dicente propheta, *Sanctificate jejunium* (*Joel* i et ii). Jejunium namque sanctificare, est adjunctis bonis aliis **C** dignam Deo abstinentiam, ut diximus, carnis ostendere : quia in cassum caro atteritur, si a pravis voluptatibus animus non refrenatur, et Redemptori nostro unum sine altero placere nequaquam potest, si aut is qui bona agit adhuc luxuriæ inquinamenta non deserit, aut is qui castitate præminet, necdum se per bona opera exercet : et qui bona aliqua pro mundi honestate inchoat, nequaquam in ejus intentione debet permanere, nec per bona opera præsentis mundi gloriam quærere, sed totam spem in Redemptoris sui adventu constituat. Sunt namque plerique continentes, qui corpus per abstinentiam affligunt, sed de ipsa sua abstinentia humanos favores expetunt, doctrinæ inserviunt, indigentibus **D** multa largiuntur. Sed fatuæ profecto sunt virgines, quia solam laudis transitoriæ retributionem quærunt, quia, dicente Domino, laborum suorum damnabilem mercedem recipiunt. (*Matth.* vi). Sed et bona etiam cum simplici intentione facta tunc Deo sunt placita, si fuerint sine pravi operis admistione oblata, sicut scriptum est : *Declina a malo et fac bonum* (*Psal.* xxxvi, 24). Prius est enim declinare a malo, et tunc ut proficiat agere bonum : prius de præteritis digne pœnitere peccatis, et tunc ut prosint bonis insudare operibus. Sed pœnitentiam agere digne non possumus, nisi modum quoque ejusdem pœnitentiæ cognoscamus. Pœnitentiam quippe agere est, et perpetrata mala plangere, et

plangenda non perpetrare. Nam qui sic alia deplorat, ut tamen alia committat, adhuc pœnitentiam agere aut ignorat aut dissimulat. Quid enim prodest si peccata quis luxuriæ defleat, et tamen adhuc avaritiæ æstibus anhelet? Aut quid prodest si iræ culpas jam lugeat, et tamen adhuc invidiæ facibus tabescat? Necesse est etiam, ut qui se illicita meminit commisisse, a quibusdam etiam licitis studeat abstinere : quatenus per hoc conditori suo satisfaciat, ut qui commisit prohibita, sibimetipsi abscidere debeat etiam concessa, et se reprehendat in minimis, quem meminit deliquisse in maximis : et sic vere pœnitentiam agimus, si ea quæ commisimus perfecte deploremus : et illos nimirum emendatior vita sanctificat, quos per pœnitentiam abluens afflictio fletuum mundat. Et quia de quadringentorum versuum numero diximus, restat ut rationem de commemorato quadraginta sex versuum numero compleamus. Hic etenim annorum numerus perfectionem Dominici corporis, cujus sanguine redempti sumus, cujus carne pascimur, et cruore potamur, cujus passionis sacrosanctis mysteriis, et in anima et in corpore, a peccatis etiam et ab ipsis corruptionibus, quæ ob peccata contigerunt, salvabimur, aptissime congruit. Tradunt enim naturalium rerum scriptores, formam corporis humani tot dierum spatio perfici : quia videlicet primis sex a conceptione diebus lactis habeat similitudinem, sequentibus novem convertatur in sanguinem, deinde **771** duodecim solidetur, reliquis decem et octo firmetur usque ad perfecta liniamenta omnium membrorum. Et hinc jam reliquo tempore usque ad tempus partus magnitudine augmentatur. Sex autem et novem et duodecim et decem et octo quadraginta quinque faciunt : quibus si unum adjecerimus, id est ipsum diem quo discretum per membra corpus crementum sumere incipit, tot nimirum dies in ædificatione corporis Domini, quot in fabrica templi annos invenimus. De quo templo dicenti : *Solvite templum hoc et in tribus diebus excitabo illud, responderunt Judæi : Quadraginta et sex annis ædificatum est templum hoc, et tu tribus diebus excitabis illud?* (*Joan.* ii, 19.) Et quia templum illud manu factum sacrosanctam Domini carnem, quam ex Virgine sumpsit, ut ex hoc loco discimus, figurabat, quia æque corpus ejus, quod est Ecclesia, quia uniuscujusque fidelium corpus animamque designabat, mundemus quotidie per omne tempus vitæ nostræ templa corporum cordiumque nostrorum, ut spiritus Dei habitare dignetur in nobis, et juxta quod Apostolus admonet : *Abjectis operibus tenebrarum, induamus nos arma lucis : sicut in die honeste ambulemus, non in comessationibus et ebrietatibus, non in cubilibus et impudicitiis, non in contentione et æmulatione : sed induamus nos Dominum Jesum Christum* (*Rom.* xiii, 12-14), qui cum Patre et Spiritu sancto vivit et regnat Deus per omnia sæcula sæculorum, Amen.

Hæc ut vobis nulla desit, Carle chare, gratia
Versuum mensura pandit, atque ærarum quantitas.
Regis necnon mensa dives cognomento ferculum,
Prompsit vobis sana princeps per doctorum fercula.
Quæ plano sermone dicta strinxi lege carminum,
Et prosa diserta junxi diversis ut calleas
Supra quædam nempe de his explanavi largius,
Ut transcurrens quippe quædam computavi strictius,

A Et si dignum stricta ducis explicari plenius.
Adsum votis forte nobis si donantur otia
Prendat rex quæ præsul offert, et demonstret mo-
[ribus
Sensu verbo hæc in actu cunctis regno subditis
Longa felix vivat isto Carlus vita sæculo,
Vivat clarus semper almo sanctorum in consortio.

HINCMARI

ARCHIEPISCOPI RHEMENSIS

OPUSCULA VARIA.

I.

DE REGIS PERSONA ET REGIO MINISTERIO,

AD CAROLUM CALVUM REGEM.

(Apud Sirmondum, ex codice S. Remigii Rhemensis.)

PRÆFATIO.

Domino glorioso fideliter devotus et devote fidelis.
Obaudientes præceptum Domini per prophetam
jubentis, *Interroga sacerdotes legem meam (Agg.* ii,
12), super quibusdam capitulis me consulere vobis
placuit. De quibus quoniam per se Veritas dicit,
*Qui a semetipso loquitur, gloriam propriam quærit
(Joan.* vii, 18), dignum duxi non nudo meo sermone
vobis respondere, sed quid in Scripturis sacris et
per catholicos doctores inde loquatur Spiritus sanctus, quosdam odoriferos flosculos, ut revera de agro
pleno, Scripturarum scilicet campo, cui benedixit
Dominus, breviter in unum vobis colligere. Et sciens
pollicitum, *Quod supererogaveris, ego cum rediero
reddam tibi (Luc.* x, 15), de his quæ regio ministerio
vobis a Deo commisso competere vidi, quasi scintillas
micantes lumini scientiæ vestræ superadjeci. Quia
vero, ut Comicus dicit *(Ter. in Andr.)* :

Obsequium amicos, veritas odium parit,

et non assentatio, videlicet adulatio, principi ac domino terræ placere debet, minime autem sacerdotem
sectari eam oportet, si quiddam mordacius dictum
in sententiis a me collectis de regis persona et regio
ministerio inveneritis, non contra vos, quæso, sed
pro vobis eas me collegisse putetis, quoniam aut
talem in benignitate ac bonitate, sicut ipsæ descri-
bunt sententiæ, vos esse et sic agere scio, aut talem
esse et sic agere cupio. Hujus autem libelli sententiæ
triformi sunt collectione distinctæ. Primo quidem de
persona regis et regio ministerio in generali reipublicæ causa. Deinde quæ debeat esse discretio in
misericordia, et de ultione specialium personarum,

B quæ si exitialiter agentes aliter non potuerint corrigi,
temporali morte præcipiuntur multari, quod a quibusdam dicitur contradici. Tum quia rex propter
ministerium regium, etiam nec quibuscunque propinquitatis necessitudinibus, contra Deum sanctamque Ecclesiam atque contra rempublicam agentibus
criminaliter, affectu carnali parcere debeat.

CAP. I. — *Quod bonos reges Deus facit, malos permittit.*

Quoniam, ut scriptum est, *Domini est regnum
(Psal.* xxi, 19), *et cui voluerit dabit illud (Dan.* iv,
14) : et sicut beatus Augustinus in libro de Bono
perseverantiæ dicit *(cap. 6)* : « Nihil fit nisi quod aut
Deus facit, aut fieri juste permittit, » cum boni reges
regnant, sicut Dei gratia boni sunt, ita et Deo agente
regnant, sicut ipse dicit : *Per me reges regnant (Prov.*
viii, 15) ; et cum mali reges regnant, sicut mali sunt
suo vitio, ita et regnare permittuntur divino judicio,
interdum occulto, sed nunquam injusto, sicut scriptum est : *Qui facit regnare hypocritam propter peccata populi (Job* xxxiv, 30). *Facit* dictum est, ex justitiæ retributione *permittit*, eo locutionis genere quo
dicitur, *Induravit Dominus cor Pharaonis (Exod.*
ix, 12). *Induravit* dictum est, per gratiam non mo-
livit, sed ex justitiæ retributione indurari permisit.
De quibus, qui non faciente sed Deo permittente regnant, Dominus per prophetam queritur dicens :
*Ipsi regnaverunt, et non ex me : principes exstiterunt,
et non cognovi (Ose.* viii, 4). « Ex se, inquit Gregorius *(Pastoral. cap.* 1), et non ex arbitrio summi
rectoris regnant, qui nullis fulti virtutibus, nequa-

quam divinitus vocati, sed sua cupidine accensi, culmen regiminis rapiunt potius quam assequuntur : quos tamen internus judex et provehit, et non cognoscit, quia quos permittendo tolerat, profecto per judicium reprobationis ignorat. » De quibus Domino per Psalmistam dicitur : *Dejecisti eos dum allevarentur* (*Psal.* LXXII, 18). Dum allevatur enim dejicitur, qui gonoribus proficit, et moribus deficit. Justus namque et misericors Dominus, mortalium acta disponens, alia concedit propitius, alia permittit iratus, atque ea quæ permittit sic tolerat, ut hæc in sui consilii usum vertat.

CAP. II. — *Quod populi felicitas sit rex bonus, infelicitas rex malus.*

De nomine regis, et quæ sit felicitas populis sibi subjectis, si gratia Dei bonus rex super eos regnaverit, et quæ sit infelicitas populis sibi subjectis, si malus suo vitio rex super eos regnaverit, sanctus Cyprianus in libro de gradibus Abusionum ostendit (*cap.* 9) : « Nomen, inquiens, regis intellectualiter hoc retinet, ut subjectis omnibus rectoris officium procuret. Sed qualiter alios corrigere poterit, qui proprios mores, ne iniqui sint, non corrigit? quoniam in justitia regis exaltabitur solium, et in veritate solidabitur gubernaculum populorum (*Prov.* XVI). Justitia vero regis est, neminem injuste per potentiam opprimere, sine personarum acceptione inter virum et proximum suum juste judicare, advenis et pupillis et viduis defensorem esse, furta cohibere, adulteria punire, iniquos non exaltare, impudicos et histriones non nutrire, impios de terra perdere, parricidas et perjurantes vivere non sinere, ecclesias defendere, pauperes eleemosynis alere, justos super regni negotia constituere, senes et sapientes et sobrios consiliarios habere, magorum et hariolorum, pythonissarumque superstitionibus non intendere, iracundiam differre, patriam fortiter et juste contra adversarios defendere, per omnia in Deo confidere, prosperitatibus animum non elevare, cuncta adversa patienter tolerare, fidem catholicam in Deum habere, filios suos non sinere impie agere, certis horis orationibus insistere, ante horas congruas cibum non gustare. *Væ enim terræ cujus rex puer est, et cujus principes mane comedunt* (*Eccle.* x, 16). Hæc regni prosperitatem in præsenti faciunt, et regem ad cœlestia regna meliora perducunt. Qui vero regnum non secundum hanc legem dispensat, multas nimirum adversitates imperii tolerabit. Idcirco enim pax sæpe populorum rumpitur, et offendicula etiam de regno suscitantur, terrarum quoque fructus diminuuntur, et servitia populorum præpediuntur, multi et varii dolores prosperitatem regni inficiunt, charorum et liberorum mortes tristitiam conferunt, hostium incursus provincias undique vastant, bestiæ armentorum et pecorum greges dilacerant, tempestates veris et hiemis turbantur, terrarum quoque fecunditatem et maris ministeria prohibent, et aliquando fulminum ictus segetes et arborum flores et pampinos exurunt. Super omnia vero regis injustitia,

non solum præsentis imperii faciem fuscat, sed etiam filios suos et nepotes, ne post se regni hæreditatem teneant, obscurat. Propter piaculum enim Salomonis regnum domus Israel Dominus de manu filiorum ejus dispersit, et propter justitiam David regis lucernam de semine ejus semper in Jerusalem reliquit (*III Reg.* XII, XVI). Ecce quantum justitia regis sæculo valet, intuentibus perspicue patet. Pax enim populorum est, tutamen patriæ, immunitas plebis, munimentum gentis; cura languorum, gaudium hominum, temperies aeris, serenitas maris, terræ fecunditas, solatium pauperum, hæreditas filiorum, et sibimetipsi spes futuræ beatitudinis. Attamen sciat rex quod, sicut in throno hominum primus constitutus est, sic et in pœnis, si justitiam non fecerit, primatum habiturus est. Omnes namque, quoscunque peccatores sub se in præsenti habuit, supra se modo implacabili in illa pœna futura habebit. »

CAP. III. — *Magnæ potentiæ argumentum est recta administratio.*

Quod ex bona administratione regiminis magna esse cognoscitur potentia temporalis : « Magna est, inquit beatus Gregorius in libro Moralium (*lib.* XXVI *Moral.*, *cap.* 19) potentia temporalis, quæ habet apud Deum meritum suum de bona administratione regiminis. Bona est ordine suo potentia, sed cauta regentis indiget vita. Igitur bene hanc exercet, qui et retinere illam noverit, et impugnare. Bene hanc exercet, qui scit per illam super culpas erigi, et scit cum illa cæteris æqualitate componi. Humana etenim mens plerumque extollitur, etiam cum nulla potestate fulcitur : quanto magis in altum se erigit, cum se ei etiam potestas adjungit? Et tamen corrigendis aliorum vitiis apta exsecutione præparatur. Unde et per Paulum dicitur : *Minister enim Dei est, vindex in iram ei qui male agit* (*Rom.* XIII, 4). Cum ergo potentiæ temporalis ministerium suscipitur, summa cura vigilandum est, ut sciat quisque et sumere ex illa quod adjuvat, et expugnare quod tentat (*ibid.*). Teneamus ergo exterius quod pro aliorum utilitate suscepimus, teneamus interius quod de nostra æstimatione sentimus. Sed tamen decenter quibusdam erumpentibus signis, tales nos apud nos esse ipsi etiam qui nobis commissi sunt non ignorent : ut et de auctoritate nostra quod formident videant, et de humilitate quod imitentur agnoscant. Servata autem auctoritate regiminis, ad cor nostrum sine cessatione redeamus, et consideremus assidue quod sumus æqualiter cum cæteris conditi, non quod temporaliter cæteris prælati. Potestas enim quanto exterius eminet, tanto premi interius debet, ne cogitationem vincat, ne in delectatione sui animum rapiat, ne jam sub se mens eam regere non possit, cui se libidine dominandi supponit. Bene David regni potentiam regere noverat, qui elationem ejusdem potentiæ semetipsum premendo vincebat, dicens : *Domine, non est exaltatum cor meum* (*Psal.* CXXX, 1). Quique in ejus humilitatis augmento subjunxit : *neque elati sunt oculi mei,* atque addidit : *Neque ambulavi in magnis.* Et adhuc semetipsum subtilissima inquisitione discutiens ait : *Neque in mirabilibus super me.* Omnesque etiam cogitationes suas a fundo cordis exhauriens, subjungit, dicens : *Si non humiliter sentiebam, sed exaltavi animam meam* (*ibid.*, 2). Ecce humilitatis hostiam ab intimo cordis oblatam crebro replicat, et iterum atque iterum confitendo offerre non cessat, eamque multipliciter loquens Judicis sui oculis ostentat. Quid est hoc? et quomodo istud sacrificium Deo placere cognoverat, quod in conspectu ejus tanta iteratione vocis immolabat? nisi quod vicina esse superbia potentibus solet, et pene semper rebus affluentibus elatio sociatur, quia et sæpe humoris abundantia duritiam dat tumoris. Mirum vero est, cum in cordibus sublimium regnat humilitas morum. Unde pensandum est quia potentes quique, cum humiliter sapiunt, culmen extraneæ quasi longe positæ virtutis attingunt, et recte hac virtute Dominum quantocius placant, quia illud ei sacrificium potentes offerunt, quod potentes vix invenire possunt. Subtilissima namque ars vivendi est, culmen tenere, gloriam reprimere : esse quidem in potentia, sed potentem se esse nescire : ad largienda bona potentem se agnoscere, sed ad repetenda noxia omne quod potenter valet ignorare. Recte itaque de talibus dicitur : *Deus potentes non abjicit, cum et ipse sit potens* (*Job* xxxvi, 5). Deum quippe imitari desiderat, qui fastigium potentiæ, alienis intentus utilitatibus, et non suis laudibus elatus, administrat : qui prælatus cæteris prodesse appetit, non præesse. Tumoris namque elatio, non ordo potestatis, in crimine est. Potentiam Deus tribuit, elationem vero potentiæ malitia nostræ mentis invenit. Tollamus ergo quod de nostro contulimus, et bona sunt quæ Deo largiente possidemus. ›

Cap. IV. — *Quales sibi adhibere debeat rex consiliarios.*

Quales sibi adhibere debeat rex consiliarios, Ambrosius in libris Officiorum (*Lib.* ii, c. 17) : « Talis, inquit, debet esse, qui consilium alteri dat, ut seipsum formam aliis præbeat ad exemplum bonorum operum, in doctrina, in integritate, in gravitate, ut sit ejus sermo salubris atque irreprehensiblis, consilium utile, vita honesta, sapientia decora (*ibid.*). Talis igitur debet esse consiliarius, qui nihil nebulosum habeat, nihil fallax, nihil fabulosum, nihil simulatum, quod vitam ejus ac mores refellat ; nihil improbum ac malivolum, quod avertat consulentes. Alia sunt enim quæ fugiuntur, alia quæ contemnuntur. Fugimus ea quæ possunt nocere, quæ maliose possunt in noxam serpere ; ut si is qui consulitur dubia sit fide, et pecuniæ avidus, ut possit pretio mutari ; si injuriosus, hic fugitur ac declinatur. Qui vero voluptarius, intemperans, etsi alienus a fraude, tamen avarus et cupidior lucri turpis, hic contemnitur. Quod enim specimen industriæ, quem fructum laboris edere potest, quam re-

A cipere animo curam ac sollicitudinem, qui se torpori dederit atque ignaviæ? (*Cap.* 12.) Advertimus igitur, quod in acquirendis consiliis plurimum adjungat vitæ probitas, virtutum prærogativa, benevolentiæ usus, frugalitatis [*al.*, facilitatis] gratia. Quis enim in cœno fontem requirat? Quis de turbida aqua potum petat? Itaque ubi luxuria est, ubi intemperantia, ubi vitiorum confusio, quis inde sibi aliquid hauriendum existimet? Quis non despiciat morum colluvionem? Quis utilem causæ alienæ judicet, quem inutilem suæ vitæ videt? Quis iterum improbum, malivolum, contumeliosum non fugiat, et ad nocendum paratum? Quis non eum omni studio declinet? Quis vero quamvis instructum ad consilii opem, difficilem tamen

B accessu ambiat ; in quo sit illud, tanquam si quis aquæ fontem præcludat? Quid enim prodest habere sapientiam, si consilium neges? Si consulendi intercludas copiam, clausisti fontem, ut nec aliis profluat, nec tibi prosit. Pulchre autem et de illo convenit, qui habens prudentiam, commaculat eam vitiorum sordibus, eo quod aquæ exitum contaminet. Degeneres animos vita arguit. Quomodo enim eum potes judicare consilio superiorem, quem videas inferiorem moribus? Supra me debet esse, cui me committere paro. An vero idoneum eum putabo, qui mihi det consilium quod non det sibi, et mihi eum vacare credam, qui sibi non vacet? cujus animum voluptates occupent, libido devincat, avaritia subjuget, cupiditas perturbet, quatiat metus?

C Quomodo hic consilii locus, ubi nullus quietis? Admirandus mihi et suspiciendus consiliarius, quem propitius Dominus patribus dedit, offensus abstulit. › (*Cap.* 10.) Prudentissimo cuique causam committimus nostram, et ab eo consilium promptius quam a cæteris poscimus. Præstat tamen fidele justi consilium, et sapientissimi ingenio frequenter præponderat : utiliora enim vulnera amici, quam aliorum oscula (*Prov.* xxvii). Deinde quia justi judicium est, sapientis autem argumentum, in illo censura disceptationis, in hoc calliditas inventionis. Quod si utrumque connectas, erit magna consiliorum salubritas, quæ ab universis spectatur admiratione sapientiæ, et amore justitiæ : ut omnes quærant audire sapientiam ejus viri, in quo utriusque virtutis copula sit.

D (*Cap.* 8.) Ideo prudentia et justitia in unoquoque desideratur, et ea exspectatur a pluribus ; ut in quo ea sint, illi deferatur fides, quod possit utile consilium ac fidele desideranti dare. Quis enim ei se committat, quem non putet plus sapere quam ipse sapiat qui quærit consilium? Necesse est igitur ut præstantior sit a quo consilium petatur, quam ille est qui petit. Quid enim consulas hominem, quem non arbitreris posse melius aliquid reperire quam ipse intelligis? Quod si eum inveneris, qui vivacitate ingenii, mentis vigore atque auctoritate præstet, et accedat eo, ut exemplo et usu paratior sit, præsentia solvat pericula, prospiciat futura, denuntiet imminentia, argumentum expediat, remedium ferat in tempore, paratus sit non solum ad consulendum, sed etiam ad subveniendum ; huic ita fides habetur, ut dicat qui consilium petit : *Etsi mala mihi evenerint per illum, sustineo* (*Eccli.* xxii, 31). Hujusmodi igitur viro salutem nostram et existimationem committimus, qui sit, ut supra diximus, justus et prudens. Facit enim justitia, ut nullus sit fraudis metus : facit etiam prudentia, ut nulla erroris suspicio sit. Promptius tamen nos justo viro quam prudenti committimus. (*Lib.* i, *c.* 30.) Pulchrum est igitur bene velle, et eo largiri consilio ut prosis, non ut noceas. Nam si luxurioso ad luxuriæ effusionem, adultero ad mercedem adulterii largiendum putes, non est beneficentia ista, ubi nulla est benevolentia. Officere enim istud est, non prodesse alteri. Si largiaris ei qui conspiret adversus patriam, qui congregare cupiat tuo sumptu perditos qui impugnent Ecclesiam, non est hæc probabilis liberalitas. Si adjuves eum qui adversus viduam et pupillos gravi decernit jurgio, aut vi aliqua possessiones eorum eripere conatur, non probatur largitas, si quod alteri largitur, alteri quis extorqueat, si injuste quærat, et juste dispensandum putet : nisi forte, ut ille Zachæus (*Luc.* xix), reddas prius ei quadruplum quem fraudaveris, et gentilitatis vitia fidei studio, et credentis operatione compenses. Fundamentum igitur habeat liberalitas tua. Hoc primum quæritur, ut cum fide conferas, fraudem non facias oblatis. » Similiter et in consiliis agere debet consiliarius, quia est et in consilio maxima liberalitas.

CAP. V. — *Nihil felicius quam si regnent regnandi scientiam habentes.*

Nihil felicius esse rebus humanis quam regnare, miserante Deo, scientiam regnandi habentes, ex libro Augustini de Civitate Dei (*lib.* v, *c.* 24) :

« Qui vera pietate præditi bene vivunt, si habeant scientiam regendi populos, nihil felicius rebus humanis, quam si Deo miserante habeant potestatem. Nos Christianos reges ideo felices dicimus, si juste regnant, si inter linguas sublimiter honorantium, et obsequia nimis humiliter salutantium non extolluntur, sed se homines esse meminerunt ; si suam potestatem ad Dei cultum maxime dilatandum majestati ejus famulam faciunt ; si Deum timent, diligunt, colunt, si plus amant illud regnum ubi non timent habere consortes ; si tardius vindicant, facile ignoscunt ; si eamdem vindictam pro necessitate regendæ tuendæque reipublicæ, non pro saturandis inimicitiarum odiis exerunt ; si eamdem veniam, non ad impunitatem iniquitatis, sed ad spem correctionis indulgent ; si, quod aspere coguntur plerumque decernere, misericordiæ lenitate et beneficiorum largitate compensant ; si luxuria tanto eis est castigatior, quanto posset esse liberior ; si malunt cupiditatibus pravis, quam quibuslibet gentibus imperare : et si hæc omnia faciunt, non propter ardorem inanis gloriæ, sed propter charitatem felicitatis æternæ : si pro suis peccatis, humilitatis et miserationis et orationis sacrificium Deo suo vero immolare non negli-

gunt. Tales Christianos reges dicimus esse felices, interim spe, postea re ipsa potituros, cum id quod exspectamus advenerit. »

CAP. VI. — *Quod utile sit bonos reges diu et longe lateque regnare.*

Quod utile sit his qui regnant, et quibus regnant, si boni sint, diu longe lateque regnare, idem in eodem libro beatus Augustinus demonstrat, dicens (*lib.* iv, *c.* 2) : « Si verus Deus colatur, eisque sacris, veracibus, et bonis moribus serviatur, utile est ut boni longe lateque diu regnent ; neque hoc tam ipsis quam illis utile est quibus regnant. Nam quantum ad ipsos pertinet, pietas et probitas eorum, quæ magna Dei dona sunt, sufficit eis ad veram felicitatem, qua et in ista vita bene agatur, et postea percipiatur æterna. In hac ergo terra regnum bonorum non tam illis præstatur, quam rebus humanis : malorum vero regnum magis regnantibus nocet, qui suos animos vastant scelerum majore licentia ; his autem, qui eis serviendo subduntur, non nocet nisi iniquitas propria. Nam justis quidquid malorum ab iniquis dominis irrogatur, non est pœna criminis, sed virtutis examen. Proinde bonus etiam si serviat, liber est : malus autem etiamsi regnet, servus est ; nec unius hominis, sed, quod est gravius, tot dominorum quot vitiorum. De quibus vitiis cum ageret Scriptura divina : *A quo enim quis*, inquit, *devictus est, huic servus addictus est* (*II Petr.* ii, 19). Remota itaque justitia, quid sunt regna, nisi magna latrocinia ? »

CAP. VII. — *Belligerare et regnum dilatare sola bonos reges impellit necessitas.*

Bella gerere, et dilatare regnum, bonos sola necessitate vocari, ex libro Augustini de Civitate Dei (*Lib.* iv, *c.* 15.) « Belligerare, et perdomitis gentibus dilatare regnum, malis videtur felicitas, bonis necessitas. Sed quia pejus esset ut injuriosi justioribus dominarentur, ideo non incongrue dicitur etiam ista felicitas. Sed proculdubio felicitas major est, vicinum bonum habere concordem, quam vicinum malum subjugare bellantem. Mala vota sunt optare habere quem oderis, vel quem timeas, ut possit esse quem vincas. »

CAP. VIII. — *Regis studium in procinctu belli, et exhortatio ad milites.*

« Formam regis, et exhortationem ejusdem erga milites in procinctu belli, Dominus, inquit Augustinus, per Moysen in Deuteronomio designat, dicens : *Non declinet*, inquit, *ad dexteram, nec ad sinistram* (*Deut.* xvii, 20). Qui si bene direxerit vias suas, et studia sua coram eo qui est Rex regum, necessario pacatos regni sui fines possidebit. Unde et illic mox subditur : *Ut longo regnet tempore super Israel.* Porro, si præceptum custodierit, ut non declinet ad dexteram neque ad sinistram, fœdus securitatis et pacis de victoria lætus promerebitur. *Si exieris*, inquit Dominus, *ad bellum contra hostes tuos, et videris equitatum et currus, et majorem quam tu habes adversarii exercitus multitudinem, non timebis eos, quia Dominus Deus tuus tecum est* (*Deut.* xx, 1). Bellum necessitas faciat, ut, sopita discordia, pax recuperari possit. Hoc ergo studio regi prælium gerendum est. Rex, appropinquante prælio, exercitui suo verba Judæ ad medium deducere debet, quibus ait : *Non concupiscatis spolia, quia bellum con.ra nos est* (*II Mac.* xlix, 17). ›

Cap. IX. — *Non peccasse eos qui Deo auctore bella gesserunt.*

Non peccasse eos qui Deo auctore bella gesserunt, Augustinus in præfato libro (*lib.* i, *c.* 21) : ‹ Quasdam exceptiones eadem ipsa divina fecit auctoritas, ut liceat hominem occidi. Sed his exceptis, quos occidi jubet, sive data lege, sive ad personam pro tempore expressa jussione : non autem ipse occidit qui ministerium debet jubenti, sicut adminiculum gladius utenti : et ideo nequaquam contra hoc præceptum fecerunt, quo dictum est : *Non occides* (*Exod.* xx, 15), qui Deo auctore bella gesserunt, aut personam gerentes publicæ potestatis, secundum ejus leges, hoc est justissimæ rationis imperium, sceleratos morte punierunt. Et Abraham non solum non est culpatus crudelitatis nomine, verum etiam laudatus nomine pietatis, quod voluit filium nequaquam scelerate, sed obedienter, occidere (*Gen.* xxii). Et merito quæritur utrum pro jussu Dei sit habendum, quod Jephte filiam quæ patri occurrit occidit, cum id se vovisset immolaturum Deo quod ei redeunti de prælio victori primitus occurrisset (*Judic.* xi). Nec Samson aliter excusatur, quod seipsum cum hostibus ruina domus oppressit, nisi quia Spiritus latenter hoc jusserat, qui per illum miracula faciebat (*Judic.* xvi). His igitur exceptis, quos vel lex justa generaliter, vel ipse fons justitiæ Deus specialiter occidi jubet, quisquis hominem, vel seipsum, vel quemlibet occiderit, homicidii crimine tenetur. ›

Cap. X. — *Quod qui bella tractant, et sub armis militant, Deo non displicent.*

Quod qui bella tractant, et sub armis militant, Deo non displiceant, item Augustinus ad Bonifacium (*epist.* 205) : ‹ Noli existimare neminem Deo placere posse, qui in armis bellicis militat. In his erat sanctus David, cui Dominus tam magnum perhibuit testimonium. In his etiam plurimi illius temporis justi. In his erat et ille centurio, qui Domino dixit : *Non sum dignus ut intres sub tectum meum, sed tantum dic verbo, et sanabitur puer meus. Nam et ego homo sum sub potestate constitutus, habens sub me milites, et dico huic : Vade, et vadit; et alii : Veni, et venit; et servo meo : Fac hoc, et facit.* De quo et Dominus : *Amen dico vobis, non inveni tantam fidem in Israel* (*Matth.* viii, 8-10). In his erat et ille Cornelius, ad quem missus angelus dixit : *Corneli, acceptæ sunt eleemosynæ tuæ, et exauditæ sunt orationes tuæ* (*Act.* x, 5). Ubi eum admonuit, ut ad beatum Petrum apostolum mitteret, et ab illo audiret quæ facere deberet : ad quem apostolum, ut ad

eum veniret, etiam religiosum militem misit. In his erant et illi, qui baptizandi cum venissent ad Joannem sanctum Domini præcursorem, et amicum sponsi, de quo ipse Dominus ait : *In natis mulierum non surrexit major Joanne Baptista* (*Matth.* xi, 11), et quæsissent ab eo quid facerent, ait eis : *Neminem concusseritis, nulli calumniam feceritis, sufficiat vobis stipendium vestrum* (*Luc.* iii, 14) : non eos utique sub armis militare prohibuit, quibus suum stipendium sufficere debere præcepit. Alii ergo pro vobis orando pugnant contra invisibiles inimicos : vos pro eis pugnando laboratis contra visibiles barbaros. Utinam una fides esset in omnibus, quia et minus laboraretur, et facilius diabolus cum suis angelis vinceretur. Hoc ergo primum cogita, quando armaris ad pugnam, quia virtus tua etiam ipsa corporalis donum Dei est. Sic enim cogitabis de dono Dei non facere contra Deum. Fides enim quando promittitur, etiam hosti servanda est contra quem bellum geritur, quanto magis amico pro quo pugnatur? Pacem habere debet voluntas, bellum necessitas, ut liberet Deus a necessitate, et conservet in pace. Non enim pax quæritur ut bellum excitetur, sed bellum geritur ut pax acquiratur. Esto ergo etiam bellando pacificus, ut eos quos expugnas ad pacis utilitatem vincendo perducas. *Beati enim pacifici*, ait Dominus, *quoniam filii Dei vocabuntur* (*Matth.* v, 9). Si autem pax humana tam dulcis est pro temporali salute mortalium, quanto est dulcior pax divina pro æterna salute angelorum? Itaque hostem pugnantem necessitas perimat, non voluntas. Sicut rebellanti et resistenti violentia redditur, ita victo vel capto misericordia jam debetur, maxime in quo pacis perturbatio non timetur. › Et Hieronymus : ‹ Legimus in libro Paralipomenon filios Israel ad pugnam isse mente pacifica, quia non pro vincendi libidine sed pro acquirenda pace pugnabant. ›

Cap. XI. — *Militem potestati obedientem non peccare si hominem occidat.*

Militem potestati sub qua est obedientem non peccare si hominem occidat, Augustinus in libro de Civitate Dei (*lib.* i, *c.* 26) : ‹ Miles, cum obediens potestati, sub qua legitime constitutus est, hominem occidit, nulla civitatis suæ lege reus est homicidii : imo nisi fecerit, reus est imperii deserti atque contempti. Quod si sua sponte atque auctoritate fecisset, in crimen effusi humani sanguinis incidisset. Itaque unde punitur si fecisset injussus, inde punietur nisi fecerit jussus. Quod si ita est jubente rege, quanto magis jubente Creatore ? Qui ergo audit non licere se occidere, faciat si jussit cujus non licet jussa contemnere. Tantummodo videat utrum divina jussio nullo nutet incerto. Nos per aurem conscientiam convenimus, occultorum nobis judicium non usurpamus, nemo scit quid agatur in homine, nisi spiritus hominis qui in ipso est (*I Cor.* ii). ›

Cap. XII. — *Victoriam in bello per Omnipotentem dari cui voluerit.*

Victoriam in bello ab Omnipotente per angelum

suum cui voluerit et cui jusserit dari, Augustinus in libro de Civitate Dei demonstrat, dicens (*lib.* iv, *c.* 17) : « Victoriam Omnipotens mittit, atque illa tanquam regi deorum obtemperans ad quos jusserit venit, et in eorum parte considit. Hoc vere de illo vero rege sæculorum dicitur, quod mittat non victoriam, quæ nulla substantia est, sed angelum suum, et facit vincere quem voluerit. Cujus consilium occultum esse potest, iniquum non potest. »

Cap. XIII. — *Deum quando pugnatur astare , et justæ parti victoriam præparare.*

Quando pugnatur, Deum apertis cœlis astare, et justæ parti victoriam præstare, nihilque de propriis viribus præsumendum, Augustinus in epistola ad Bonifacium demonstrat, dicens (*epist.* 205) : « Utile tibi tuisque dabo consilium. Arripe manibus arma, oratio aures pulset auctoris, quia, quando pugnatur, Deus apertis cœlis spectat, et partem quam inspicit justam, ibi dat palmam. Nihil de viribus propriis præsumas, de auctore gloriare virtutum, et nullum curabis penitus inimicum. »

Cap. XIV. — *Quod non pro paucitate diffidendum, si Dominus cum bellatoribus fuerit.*

Quod non in multitudine fidendum, nec pro paucitate diffidendum in bello sit, si Dominus cum bellatoribus fuerit, et famosissimum bellum per Gedeonem Domino disponente actum, et libri Machabæorum, et historia Orosii demonstrat, in qua scriptum est (*lib.* xi, *c.* 9). « Xerxes rex Persarum septingenta millia armatorum de regno, et trecenta de auxiliis, rostratas etiam naves mille ducentas, onerarias autem tria millia numero habuisse narratur, ut merito inopinato exercitui immensæque classi, vix ad potum flumina, vix terras ad ingressum, vix maria ad cursum suffecisse memoratum sit. Huic tam incredibili temporibus nostris agmini, cujus numerum nunc difficilius est astrui, quam tunc fuit vinci, Leonida rex Spartanorum cum quatuor millibus hominum in angustiis Thermopylarum obstitit. Xerxes autem, contemptu paucitatis objectæ, iniri pugnam, conseri manum imperat, ac per triduum continuum non duorum pugna, sed cædes unius populi fuit. Quarto autem die cum videret Leonida undique hostem circumfundi, hortatur auxiliares socios, ut subtrahentes se pugnæ in cacumen montis evadant, ac se ad meliora tempora reservent : sibi vero cum Spartanis suis aliam sortem esse subeundam, plus se patriæ debere quam vitæ. Dimissis sociis Spartanos admonet de gloria plurimum, de vita nihil sperandum : neque exspectandum vel hostem, vel diem, sed occasione noctis perrumpenda castra, commiscenda arma, conturbanda agmina fore. Nusquam victores honestius quam in castris hostium esse perituros. Persuasi igitur mori malle, in ultionem futuræ mortis armantur, tanquam ipsi Interitum suum et exigerent et vindicarent. Mirum dictu, sexcenti viri castra sexcentorum millium irrumpunt. Tumultus totis castris oritur. Persæ quoque ipsi Spartanos mutuis suis cædibus adjuvant. Spartani quærentes regem, nec invenientes, cædunt sternuntque omnia, castra pervagantur universa, et inter densas strues corporum raros homines vix sequuntur, victores sine dubio nisi mori elegissent. »

Cap. XV. — *Quod pro iis qui in bello ceciderunt oblationes offerri debeant.*

Quod pro his qui in bello fideliter bellantes ceciderunt, oblationes eleemosynarum, orationum, et sacræ hostiæ fiducialiter offerri debeant, Scriptura demonstrat dicens : *Vir fortissimus Juda, collatione facta, duodecim millia drachmas argenti misit Hierosolymam offerre ea ibi pro peccatis mortuorum , juste et religiose cogitans de resurrectione* (*II Mac.* xii, 43),ut multi dicerent vanum et superfluum esse offerre pro mortuis. *Consideravit enim quod hi, qui cum pietate dormitionem acceperant, optimam haberent repositam gratiam. Sancta ergo et salubris est cogitatio offerre sacrificium pro defunctis, ut a peccatis solvantur* (*ibid.,* 45, 46).

Cap. XVI. — *Quod reges regum Domino serviant, etiam leges dando pro ipso.*

Quod non solum in his, quæ præmisimus, reges Regi regum serviant Domino, sed et leges dando pro ipso, Augustinus in epistola ad Bonifacium demonstrat dicens (*epist.* 50) : « Serviant, inquit, reges terræ Christo, etiam leges ferendo pro Christo. Quomodo ergo reges Domino serviunt in timore, nisi ea quæ contra Domini jussa fiunt, religiosa severitate prohibendo atque plectendo? Aliter enim servit quia homo est, aliter quia etiam rex est. Quia homo est, ei servit vivendo fideliter : quia vero etiam rex est, servit leges justa præcipientes et contraria prohibentes convenienti vigore sanciendo. Sicut servivit Ezechias, lucos et templa idolorum, et illa excelsa, quæ contra Dei præcepta fuerunt constructa, destruendo (*IV Reg.* xviii). Sicut servivit Josias, talia et ipse faciendo (*IV Reg.* xxv). Sicut servivit rex Ninivitarum, universam civitatem ad placandum Dominum compellendo (*Jon.* iii). Sicut servivit Darius, idolum frangendum in potestatem Danieli dando, et inimicos ejus leonibus ingerendo (*Dan.* xiv). Sicut servivit Nabuchodonosor, omnes in regno suo positos a blasphemando Deum lege terribili prohibendo (*Dan.* iii). In hoc itaque serviunt Domino reges, inquantum sunt reges, cum ea faciunt ad serviendum illi, quæ non possunt facere nisi reges. »

Cap. XVII. — *Quod ad justitiæ observationem etiam compellendum sit.*

Quod ad justitiæ observationem etiam compellendum sit, Augustinus ad Vincentium demonstrat dicens (*epist.* 48) : « Putas, inquit, neminem debere cogi ad justitiam, cum legas patremfamilias dixisse servis : *Quoscunque inveneritis cogite intrare?* (*Luc.* xiv, 23.) cum legas etiam ipsum primo Saulum, postea Paulum, ad cognoscendam et tenendam veritatem magna violentia Christi cogentis esse compulsum? (*Act.* ix.) Et putas nullam vim adbibendam esse homini, ut ab erroris pernicie liberetur, cum ipsum Dominum, quo nemo nos utilius diligit, certissimis exemplis hoc facere videas, et Christum audias dicentem : *Nemo venit ad me, nisi quem Pater attraxerit?* (*Joan.* vi, 44.) Quod fit in cordibus omnium qui se ad Deum divinæ iracundiæ timore convertunt. Quidquid vero facit vera et legitima mater Ecclesia, etiamsi asperum amarumque sentiatur, non malum pro malo reddit, sed bonum disciplinæ expellendo malum iniquitatis apponit (*ibid.*). Vides igitur non esse considerandum quod quisque cogitur, sed quale sit illud quo cogitur, utrum bonum an malum : non quo quisque bonus esse possit invitus; sed timendo quod non vult pati, vel relinquit impedientem animositatem, vel ignoratam compellitur agnoscere veritatem, ut timens vel respuat falsum de quo contendebat, vel quærat verum quod nesciebat, et volens jam teneat quod nolebat. Non enim bonum hominis est hominem vincere, sed bonum est homini ut eum veritas vincat volentem, quia malum est homini ut eum veritas vincat invitum. Nam ipsa vincat necesse est, sive negantem, sive confitentem. » De hac salubri coactione et beatus Gregorius in homilia trigesima sexta more suo dulcissime et abundantissime dicit. Quæ quia notissima et usu lectionis trita sunt, et ne prolixior foret sententia, hic prætermittere censui.

CAP. XVIII. — *Quod Christo serviat qui improbos corripit amore justitiæ.*

Quia etiam disciplinam exercendo in improbos et perversos, non odii sui rancore, vel vindictæ suæ livore, sed amore justitiæ et divinæ vindictæ Christo serviat, idem beatus Augustinus demonstrat dicens (*epist.* 48, *ad Vinc.*) : « Quando veritas prædicatur errantibus, cordatis utilis admonitio est, insensatis inutilis afflictio. *Non est autem potestas nisi a Deo. Qui autem resistit potestati, Dei ordinationi resistit. Principes enim non sunt timori bono operi, sed malo. Vis autem non timere potestatem? bonum fac, et habebis laudem ex illa* (*Rom.* xiii, 1-3). Sive enim potestas veritati favens aliquem corrigat, laudem habet ex illa qui fuerit emendatus : sive inimica veritati in aliquem sæviat, laudem habet ex illa qui victor fuerit coronatus. (Lib. ix *de Civit. Dei*, c. 5.) In disciplina nostra non tam quæritur utrum pius animus irascatur, sed quare irascatur ; nec utrum sit tristis, sed unde sit tristis; nec utrum timeat, sed quid timeat. Irasci enim peccanti ut corrigatur, contristari pro afflicto ut liberetur, timere periclitanti ne pereat, nescio utrum quisquam sana consideratione reprehendat. Nam et misericordiam Stoicorum est solere culpare, sed quanto honestius ille Stoicus misericordia perturbaretur hominis liberandi quam timore naufragii ! » Longe melius et humanius, et piorum sensibus accommodatius Cicero in Cæsaris laude locutus est, ubi ait (*Orat. pro Q. Lig.*, c. 12) : « *De virtutibus tuis nec admirabilior, nec gratior misericor-*

dia est. Quid est autem misericordia, nisi alienæ miseriæ quædam in nostro corde compassio, qua utique si possumus subvenire compellimur? Servit autem motus iste rationi, quando ita præbetur misericordia ut justitia conservetur, sive cum indigenti tribuitur, sive cum ignoscitur pœnitenti. »

CAP. XIX. — *De discretione in habenda misericordia.*

Item de discretione in habenda misericordia, Ambrosius in expositione psalmi centesimi decimi octavi : « Est justa misericordia, et est etiam injusta misericordia. Denique, in lege scriptum est de quodam : *Non misereberis illius* (*Deut.* xix, 13); et in libris Regnorum legis quia Saul propterea contraxit offensam, quia miseratus est Agag hostium regem, quem prohibuerat sententia divina servari (*I Reg.* xiii). Ut si quis latronis filiis deprecantibus motus, et lacrymis conjugis ejus inflexus, absolvendum putet, cui adhuc latrocinandi aspiret affectus, nonne innocentes tradet exitio, qui liberat multorum exitia cogitantem? Certe si gladium reprimit, vincla dissolvit, cur laxat exsilio? cur latrocinandi qua potest clementiore via non eripit facultatem, qui voluntatem extorquere non potuit? Deinde inter duos, hoc est accusatorem et reum, pari periculo de capite decernentes, alterum si non probasset, alterum si non esset ab accusatore convictus, non id quod justitiæ est judex sequatur, sed dum miseretur rei, damnet probantem, aut dum accusatori favet qui probare non possit, addicat innoxium. Non potest igitur hæc dici justa misericordia. In ipsa Ecclesia, ubi maxime misereri decet, teneri quammaxime debet forma justitiæ, ne quis a consortio communionis abstentus, brevi lacrymula, atque ad tempus parata, vel etiam uberioribus fletibus, communionem, quam plurimis debet postulare temporibus, facilitati sacerdotis extorqueat. Nonne cum uni indulget indigno, plurimos facit ad prolapsionis contagium provocari? Facilitas enim veniæ incentivum tribuit delinquendi. Hoc eo dictum est, ut sciamus secundum verbum Dei, secundum rationem dispensandam esse misericordiam debitoribus. Medicus ipse, si serpentis interius inveniat vulneris cicatricem, cum debeat resecare ulceris vitium ne latius serpat, tamen a secandi urendique proposito lacrymis inflexus ægroti, medicamentis tegat quod ferro aperiendum fuit, nonne ista inutilis misericordia est, si propter brevem incisionis vel exustionis dolorem, corpus omne tabescat, vitæ usus intereat? Recte igitur et sacerdos vulnus, ne latius serpat, a toto corpore Ecclesiæ quasi bonus medicus debet abscidere, et prodere virus criminis quod lateat, non fovere, ne dum unum excludendum non putat, plures dignos faciat quos excludat ab Ecclesia. Jure ergo Apostolus divino nos hortatur exemplo, dicens : *Vide ergo bonitatem et severitatem Dei : in eos quidem qui ceciderunt severitatem ; in te autem bonitatem, si permanseris in bonitate* (*Rom.* xi, 22). »

Cap. XX. — *Cui licite ignoscere liceat principi vel judici.*

Cui ergo licite, ignoscere liceat principi vel judici, sub justo et misericordi judice, qui convertenti et pœnitenti ignoscit, beatus Gregorius in homilia Evangelii demonstrat (*hom.* 32) : « Ecce, inquiens, qui superbus fuit, si conversus ad Christum humilis factus est, semetipsum reliquit. Si luxuriosus quisque ad continentiam vitam mutavit, abnegavit utique quod fuit. Si avarus quisque ambire jam desiit, et largiri didicit propria qui prius aliena rapiebat, procul dubio semetipsum reliquit. Ipse quidem est per naturam, sed non est ipse per malitiam. Hinc enim scriptum : *Verte impios, et non erunt* (*Prov.* xii, 7). Conversi namque impii non erunt, non quia non erunt omnino in essentia, sed scilicet non erunt omnino in impietatis culpa. Tunc ergo nosmetipsos relinquimus, tunc nosmetipsos abnegamus, cum vitamus quod per vetustatem fuimus, et ad hoc nitimur quod per novitatem vocamur. Pensemus quomodo se Paulus abnegaverat, qui dicebat: *Vivo autem, jam non ego* (*Gal.* ii, 20). Exstinctus quippe fuerat sævus ille persecutor, et vivere cœperat prædicator pius. Si enim ipse esset, pius profecto non esset. Sed qui se vivere denegat, dicat unde est, quod sancta verba per doctrinam veritatis clamant; protinus subdit : *Vivit vero in me Christus.* Ac si aperte dicat : Ego quidem a meipso exstinctus, quia carnaliter non sum, quia in Christo spiritaliter vivo. Dicat ergo Veritas, dicat : *Si quis vult post me venire, abneget semetipsum* (*Matth.* xvi, 24); quia nisi quis a semetipso deficiat, ad eum qui super ipsum est non appropinquat: nec valet apprehendere quod ultra ipsum est, si nescierit mactare quod est. » Sed forte quis dicat : Quomodo sciam si se quis cui pepercero correxit, et in correctione permanserit? Redeat hæc inquiens ad sententiam Domini, ut si evangelice et secundo ac tertio correptus non se correxerit, qui ab illo sicut ethnicus et publicanus haberi præcipitur, legis severitatem a principe necesse est sustinere cogatur, ne qui sibi consulere noluit, in pace vivere volentibus nocere possit. At si quis huic capitulo objicere voluerit, quod Dominus peccanti in nobis non solum septies, sed et septuagies septies dimitti præceperit, sciat hoc de nostris, non de divinis præceptum esse injuriis : quia ut Prosper de verbis beati Augustini in libro Sententiarum dicit (*sent.* 210) : « Peccata, sive parva, sive magna, impunita esse non possunt, quia aut homine pœnitente, aut Deo judicante plectuntur. Cessat autem vindicta divina, si conversio præcurrat humana. Amat enim Deus confitentibus parcere, et eos qui semetipsos judicant non judicare. »

Cap. XXI. — *Timeat princeps ne scelerati cujusquam muneribus vel adulationibus decipiatur.*

Timeatque princeps quod in Regum historia legitur, ne muneribus vel blanditiis cujusquam scelerati pelliciatur, vel adulationibus decipiatur : *Benadab*, inquit, *fugiens ingressus est civitatem in cubiculo quod erat intra cubiculum. Dixeruntque ei servi sui : Ecce audivimus quod reges domus Israel clementes sint : ponamus itaque saccos in lumbis nostris, et funiculos in capitibus nostris, et egrediamur ad regem Israel; forsitan salvabit animas nostras. Accinxerunt saccis lumbos suos, et posuerunt funiculos in capitibus suis, veneruntque ad regem Israel, scilicet Achab, et dixerunt : Servus tuus Benadab dicit : Vivat, oro te, anima mea. Et ille ait : Si adhuc vivit, frater meus est. Quod acceperunt viri pro omine, et festinantes rapuerunt verbum ex ore ejus, atque dixerunt : Frater tuus Benadab. Et dixit eis : Ite, adducite eum. Egressus est ergo ad eum Benadab, et levavit eum in currum suum. Qui dixit ei : Civitates, quas tulit pater meus a patre tuo, reddam ; et plateas fac tibi in Damasco, sicut fecit pater meus in Samaria, et ego fœderatus recedam a te. Pepigit ergo fœdus, et dimisit eum. Tunc vir quidam de filiis prophetarum dixit ad socium suum in sermone Domini : Percute me. At ille noluit percutere. Cui ait : Quia noluisti audire vocem Domini, ecce recedes a me, et percutiet te leo. Cumque paululum recessisset ab eo, invenit eum leo, atque percussit. Sed et alterum inveniens virum, dixit ad eum : Percute me. Qui percussit eum, et vulneravit. Abiit ergo propheta, et occurrit regi in via, et mutavit aspersione pulveris os et oculos suos. Cumque transiret, clamavit ad regem, et ait : Servus tuus egressus est ad præliandum cominus ; cumque fugisset vir unus, adduxit eum quidam ad me, et ait : Custodi virum istum : qui si lapsus fuerit, erit anima tua pro anima ejus, aut talentum argenti appendes. Dum autem ego turbatus huc illucque me verterem, subito non comparuit. Et ait rex Israel ad eum : Hoc est judicium tuum, quod ipse decrevisti. At ille statim abstersit pulverem de facie sua, et cognovit eum rex Israel, quod esset de prophetis. Qui ait ad eum : Hæc dicit Dominus, quia dimisisti virum dignum morte de manu tua, erit anima tua pro anima ejus, et populus tuus pro populo ejus* (*III Reg.* xx, 30-42).

Cap. XXII. — *Cavendum principibus, ne sceleratorum amicitiis conjungantur.*

Sed et cavendum est principibus, ne etiam hujusmodi sceleratorum amicitiis conjungantur, vel hujusmodi in familiaritatem suscipiant. « Malorum, inquit beatus Gregorius (*Pastoral.*, part. iii, cap. 23), cum incaute amicitiis conjungimur, culpis ligamur. Unde Josaphat, qui tot de anteacta vita præconiis attollitur, de Achab regis amicitiis pene periturus increpatur. Cui a Domino per prophetam dicitur : *Impio præbes auxilium, et his qui oderunt Dominum amicitia jungeris, et idcirco iram quidem Domini merebaris, sed bona opera inventa sunt in te, eo quod abstuleris lucos de terra Juda* (*II Par.* xix, 2, 3). Ab illo enim qui summe rectus est, eo ipso jam discrepat, quo perversorum amicitiis vita nostra concordat. » Hinc David, dum totum se ad fœdera pacis internæ constringeret, testatur quod cum malis concordiam non timeret, dicens : *Nonne qui te oderunt, Deus, oderam illos, et super inimicos tuos tabescebam? Perfecto odio oderam illos, inimici facti sunt mihi (Psal. cxxxviii, 21, 22).* Inimicos etiam Dei perfecto odio odisse est, ad quod facti sunt diligere, et quod faciunt increpare, mores pravorum premere, vitæ prodesse.

Cap. XXIII. — *Quod sancti viri ad incutiendum metum reos morte jure puniverint.*

Quia enim sancti viri, non solum talium amicitias vitaverunt, sed ad incutiendum viventibus metum, etiam jure reos morte punierunt, sicut beatus Augustinus in libro de Sermone Domini in monte demonstrat, dicens *(lib. 1, cap. 20)* : « Magni et sancti viri, qui jam optime scirent mortem istam, quæ animam dissolvit a corpore, non esse formidandam, secundum eorum tamen animum qui illam timerent, nonnulla peccata morte punierunt, quo et viventibus utilis metus incuteretur, et illis qui morte puniebantur, non ipsa mors noceret, sed peccatum, quod augeri posset si viverent. Non temere illi judicabant, quibus tale judicium donaverat Deus. Inde est quod Elias multos morte affecit, et propria manu *(III Reg. xviii)*, et igne divinitus impetrato *(IV Reg. 1)*, cum et alii multi, et divini magni viri eodem spiritu tranquillandis rebus humanis non temere fecerint. De quo Elia cum exemplum dedissent discipuli Domino, commemorantes quod ab eo factum sit, ut etiam ipsis daret potestatem petendi de cœlo ignem, ad consumendos eos qui sibi hospitium non præberent, reprehendit in eis Dominus, non exemplum prophetæ sancti, sed ignorantiam vindicandi, quæ adhuc erat in rudibus, animadvertens eos non amore correptionem, sed odio desiderare vindictam *(Luc. ix).* Itaque posteaquam eos docuit quid esset diligere proximum tanquam seipsum, infuso etiam Spiritu sancto, quem decem diebus completis post ascensionem suam desuper ut promiserat misit *(Act. 11),* non defuerunt tales vindictæ, quamvis multo rarius quam in Veteri Testamento. Ibi enim ex majore parte servientes timore premebantur : hic autem maxima dilectione liberi nutriebantur. Nam et verbis apostoli Petri, Ananias et uxor ejus, sicut in Actibus apostolorum legimus, exanimes ceciderunt, nec resuscitati sunt, sed sepulti *(Act. v).* Et si huic libro hæretici, qui adversantur et Veteri Testamento, nolunt credere, Paulum apostolum quem nobiscum legunt intueantur, dicentem de quodam peccatore : *Quem tradidi Satanæ in interitum carnis, ut anima salva sit (I Cor. v, 5).* Et si nolunt hic mortem intelligere (fortasse enim incertum est), quamlibet vindictam per Satanam factam ab Apostolo fateantur : quod non eam odio sed amore fecisse, manifestat illud adjectum, *ut anima salva sit.* Aut in illis libris, quibus ipsi magnam tribuunt auctoritatem, animadvertant quod dicimus, ubi scriptum est, apostolum Thomam imprecatum cuidam, a quo palma percussus esset, atrocissimæ mortis suppli-

cium, animam ejus tamen commendavit, ut in futuro ei sæculo parceretur : cujus a leone occisi a cætero corpore discerptam manum canis intulit mensis, in quibus convivabatur apostolus. Cui scripturæ licet nobis non credere : non enim est in catholico canone : illi tamen eam et legunt, et tanquam incorruptissimam verissimamque honorant, qui adversus corporales vindictas quæ sunt in Veteri Testamento, nescio qua cæcitate acerrime sæviunt, quo animo et qua distributione temporum factæ sunt omnino nescientes. Tenebitur ergo in hoc injuriarum genere, quod per vindictam luitur, iste a Christianis modus, ut accepta injuria non surgat in odium, sed infirmitatis misericordia paratus sit animus plura perpeti, nec correptionem negligat, qua vel consilio, vel auctoritate, vel potestate uti potest. »

Cap. XXIV. — *Quod occidere hominem non semper criminosum sit.*

Quod occidere hominem non semper criminosum sit, sed malitia non legibus occidere criminosum sit, quia non factum in talibus, quoniam interdum et recte fit, sed animus male consulens damnetur, Augustinus in libro de Civitate Dei demonstrat, dicens : « Si quis bonum putaverit esse quod malum est, et fecerit hoc putando, utique peccat, et ea sunt omnia peccata ignorantiæ, quando quisque bene fieri putat quod male fit. De occidendis hominibus, ne ab eis quisquam occidatur, non mihi placet consilium, nisi forte sit miles, aut publica functione teneatur, ut non pro se hoc faciat, sed pro aliis, vel pro civitate, ubi etiam ipse est, accepta legitima potestate, si ejus congruit personæ. Qui vero repelluntur aliquo terrore ne male faciant, etiam ipsis aliquid fortasse præstatur. Hinc autem dictum est, *Non resistamus malo (Matth. v, 39),* ne nos vindicta delectet, quæ alieno malo animum pascit, non ut correptionem hominum negligamus. »

Cap. XXV. — *Regem iniquorum correctorem esse oportere.*

Hinc sanctus Cyprianus in nono Abusionis gradu dicit *(cap. 9)* : « Regem correctorem iniquorum esse oportet : debet furta cohibere, adulteria punire, impios de terra perdere, parricidas et perjurantes vivere non sinere. » Et item idem *(cap. 11)* : « Undecimus gradus abusionis est plebs sine disciplina, quæ dum disciplinæ exercitationibus non servit, Deum absque disciplinæ rigore non evadit. Sicut enim tunica totum corpus tegitur præter caput, ita disciplina omnis Ecclesia, præter Christum, quia Ecclesia et sub disciplina ejus protegitur et ornatur. Ipsa vero tunica contexta desuper fuerat per totum, quia eidem Ecclesiæ disciplina a Domino de cœlo tribuitur et integratur. Tunica enim corporis Christi disciplina Ecclesiæ est. Qui autem extra disciplinam est, alienus a corpore Christi est. Non scindamus igitur illam, sed sortiamur de illa. Non solvamus quidquam de mandatis Christi, sed unusquisque in quo vocatus est, in eo permaneat apud Deum. »

XXVI. — *Quod propter vindictam noxiorum gladius* A
principi a Deo permissus est.

Et hinc sanctus Innocentius ad Exsuperium Tolosanum episcopum in Decretis suis : « Quæsitum est,
inquit, super his qui post baptismum administrave-
runt, et aut tormenta sola exercuerunt, aut etiam
capitalem protulere sententiam. De his nihil legimus
a majoribus definitum. Meminèrant enim a Deo potestates has fuisse concessas, et propter vindictam
noxiorum gladium fuisse permissum, et Dei ministrum esse datum in hujusmodi vindicem. Quomodo
igitur reprehenderent factum quod auctore Domino
viderent esse concessum? De his ergo ita ut hactenus servatum est sic habemus, ne aut disciplinam
evertere, aut contra auctoritatem Domini venire
videamur. Ipsis autem in ratione reddenda gesta sua B
omnia servabuntur. »

Cap. XXVII. — *Quod leges a principe justo sunt in*
quolibet vindicandæ.

Item idem sanctus Innocentius in Decretis suis ad
cumdem (*epist.* 11) : « Illud, inquit, sciscitari voluisti, an preces dictantibus liberum concedatur, utique post baptismi regenerationem, a principibus
poscere mortem alicujus, vel sanguinem de reatu :
quam rem principes nunquam sine conditione concedunt, sed ad judices commissa ipsa vel crimina
semper remittunt, ut, causa cognita, vindicentur quæcunque quæsitori fuerint delegata : aut absolutio,
aut damnatio pro negotii qualitate profertur, et dum
legum in impios exercetur auctoritas, erit dictator C
immunis. » Et hinc sanctus Cyprianus (lib. *de*
Abus. sæc., c. 12) : « Duodecimus, inquit, abusionis
gradus est populus sine lege, qui dum edicta et legum scita contemnit, per diversas errorum vias
eundo perditionis laqueum incurrit. Utique multæ
perditionis viæ tunc inceduntur, cum una regalis
via, lex Dei videlicet, quæ neque ad dexteram neque
ad sinistram declinat, per negligentiam deseritur.
Igitur populus sine lege, populus sine Christo est.
Non fiamus ergo sine Christo in hoc tempore transito-
rio, ne sine nobis Christus esse incipiat in futuro. »
Et Christus Dei virtus et Dei sapientia dicit : *Per*
me reges regnant, et conditores legum justa decernunt
(*Prov.* viii, 15). Et sanctus Augustinus in libro de
vera Religione leges principum servandas ostendit D
(*cap.* 30) : « In istis, inquiens, temporalibus legibus,
quanquam de his homines judicent cum eas instituunt, tamen cum fuerint institutæ atque firmatæ,
non licebit judici de ipsis judicare, sed secundum
ipsas. » Igitur aut a populo promulgatæ justæ leges
servandæ, aut a principe juste ac rationabiliter
sunt in quolibet vindicandæ.

Cap. XXVIII. *Quod his qui pro suis criminibus pu-*
niendi sunt misericordia interdum indulgenda.

Quod etiam his qui pro suis sceleribus puniendi
sunt, si in tempore necessitatis, et periculi urgentis
instantia, vel in ultimo spiritu, præsidium pœnitentiæ, et mox reconciliationis petierint, nec satisfactio

interdicenda sit, nec reconciliatio deneganda, et sacri canones, et decreta sedis apostolicæ, auctoritate
sacra, evangelica, et apostolica, et prophetica patenter ostendunt, quia misericordiæ Dei nec modum
possumus ponere, nec tempora diffinire, apud quem
nullas patitur veniæ moras vera confessio, dicente
Dei Spiritu per prophetam : Mox ut ingemueris, salvus eris. Et item : Dic prior iniquitates tuas, ut justificeris, *quia apud Dominum* est *misericordia, et co-*
piosa apud eum redemptio (*Psal.* cxxix, 7).

Cap. XXIX. — *Quod rex propinquis suis perverse*
agentibus affectu carnali parcere non debeat.

Quod rex propter ministerium regium, etiam nec
quibuscunque propinquitatis necessitudinibus, contra Deum, sanctamque Ecclesiam, atque rempublicam
perverse agentibus, affectu carnali parcere debeat,
ex verbis Domini dicentis : *Qui non odit patrem*
suum, et matrem, et uxorem, et filios, et fratres, et
sorores, adhuc autem et animam suam, non potest
meus esse discipulus (*Luc.* xiv, 26), in homilia
Evangelii beatus Gregorius demonstrat dicens (*hom.*
36) : « Si vim præcepti perpendimus, utrumque
agere per discretionem valemus, ut eos qui nobis
carnis cognatione conjuncti sunt, et quos proximos
noverimus, et quos adversarios in via Dei patimur,
odiendo et fugiendo nesciamus. Quasi enim per
odium diligitur, qui carnaliter sapiens dum prava
nobis ingerit, non auditur. Ut autem Dominus demonstraret hoc erga proximos odium non de inaffe-
ctione procedere, sed de charitate, addidit protinus
dicens, *adhuc autem animam suam.* Odisse itaque
præcipimur proximos, odisse et animam nostram.
Constat ergo quia amando debet odisse proximum,
qui sic eum odit sicut semetipsum. Tunc etenim
bene nostram animam odimus, cum ejus carnalibus
desideriis non acquiescimus, cum ejus appetitum
frangimus, ejus voluptatibus reluctamur. Quæ ergo
contempta ad melius ducitur, quasi per odium amatur. Sic sic nimirum exhibere proximis nostris
odii discretionem debemus, ut in eis et diligamus
quod sunt, et habeamus odio quod in Dei nobis itinere obsistunt (*ibid.*). Ab hac ergo discretione odii
nostri, trahamus formam ad odium proximi. Ametur
quilibet in hoc mundo adversarius, sed in via Dei
contrarius non ametur, etiam propinquus. Quisquis
enim jam æterna concupiscit, in ea quam aggreditur
causa Dei, extra patrem, extra matrem, extra uxorem, extra filios, extra cognatos, extra semetipsum
fieri debet, ut eo verius cognoscat Deum, quo in
ejus causa neminem recognoscit. Multum namque
est, quod carnales affectus intentionem mentis di-
verberant, ejusque aciem obscurant. Quos tamen
nequaquam noxios patimur, si eos premendo teneamus. Amandi ergo sunt proximi, impendenda charitas omnibus, et propinquis, et extraneis, nec tamen pro eadem charitate a Dei amore flectendum
(*ibid.*). Sic nimirum fideles quique esse intra sanctam Ecclesiam debent, ut compatiantur proximis

per charitatem, et tamen de via Dei non exorbitent per compassionem. » Hinc sanctus Joannes Chrysostomus (*hom.* 17) de verbis Evangelii secundum Matthæum : *Si oculus tuus dexter scandalizat te, ejice eum et projice abs te* (*Matth.* v, 29) : « Quod si de membris ista loqueretur, nequaquam de uno, vel de dextro id oculo, sed indifferenter de utroque dixisset. Qui enim dextro scandalizatur oculo, haud dubium quin idipsum patiatur etiam de sinistro. Quam igitur ob causam et oculum dextræ partis ? Ut scilicet disceres, non de membris esse sermonem, sed de his potius qui nobis familiaritate junguntur. Et si igitur tantum aliquem diligas, ut eo oculi utaris vice, aut ita tibi quempiam esse utilem putes, ut illum dextræ manus ducas loco, et hi tamen animæ tuæ fortassis incommodant, etiam istos, inquit, a te abscide : et diligentius vim ipsam sermonis examina. Non enim dixit, a talium societate discede, sed maximam separationem indicans : *Erue*, inquit, *ac projice*. Deinde quia satis severa præceperat, lucrum ex utroque ipsius severitatis ostendit, translationem verbi tam in bonorum quam in malorum etiam parte servando. *Expedit enim tibi*, inquit, *ut pereat unum membrorum tuorum, quam totum corpus tuum mittatur in gehennam* (*Matth.* v, 29). Cur enim Paulus optabat anathema fieri ? (*Rom.* ix). Non utique ut nihil inde lucri caperet, sed ut alios acquireret in salutem. Hic vero, id ipsum enim, etiam de causa reprobi fratris intellige. Utrique noxius est, et idcirco non ait, erue tantummodo, sed et *projice*, inquit, *abs te*, ut eum nunquam recipias ulterius, si qualis fuerat perseverat. Hoc enim modo et illum majore crimine liberabis, et te a perditione salvabis Ut autem manifestius commodum istius legis aspicias, si placet etiam in corpore juxta causam id quod dictum est requiramus. Si enim daretur electio, unumque esset necessarium de duobus, videlicet aut cum ambobus oculis in foveam ruere atque ibidem deperire, aut absque uno oculo reliquum salvare corpus, putasne e duobus suscipere non malles secundum ? At istud omnibus absque ambiguitate perspicuum est. Non enim hoc esset odientis oculum, sed corpus reliquum diligentis. » Et sanctus Hieronymus in Commentario Matthæi, de eisdem verbis Domini dicentis : *Si oculus tuus dexter vel manus scandalizat te, erue vel abscide, et projice abs te :* « In dextro, inquit, oculo, et dextera manu, fratrum, et uxorum, et liberorum, atque affinium, et propinquorum monstratur affectus : quos si ad contemplandam veram lucem nobis impedimento cernimus, debemus truncare istiusmodi actiones, ne dum volumus lucri cæteros facere, ipsi in æternum pereamus. Unde dicitur et de sacerdote magno, cujus anima Domini cultui dedicata est : *Supra patre, et matre, et filiis non polluetur* (*Lev.* xxi, 11), id est nullum affectum sciet, nisi ejus cujus cultui dedicatus est. »

Cap. XXX. — *Quatenus filiis vel propinquis, si peccaverint, parcere debeat.*

Attendat autem princeps in propinquitatis necessitudinibus, quod et in aliis debet attendere, id quod scriptum est : *Qui abscondit scelera sua, non dirigetur ; qui autem confessus fuerit, et reliquerit ea, misericordiam consequetur* (*Prov.* xxviii, 12) ; quia scriptum est : *Declina a malo, et fac bonum, et inhabita in sæculum sæculi* (*Psal.* xxxvi, 27.) Quia confitenti et pœnitenti non sufficit sola confessio, nisi et subsequatur facti emendatio, ut pœnitens pœnitenda non faciat, sicut David sanctus, qui postquam audivit a propheta : *Dimissum est peccatum tuum* (*II Reg.* xii, 13), humilior factus est in emendatione peccati, ita ut cinerem sicut panem manducaret, et potum suum cum fletu misceret (*Psal.* ci). « Quia sæpe, ut beatus dicit Gregorius (*Moral.* lib. viii, c. 24), et reprobi peccata confitentur, sed de his cogitare contemnunt. Electi autem culpas suas, quas vocibus confessionis aperiunt, districtæ animadversionis fletibus insequuntur. Unde et propheta, postquam se iniquitatem suam pronuntiare spopondit, cogitare se etiam de eis subdidit. Ac si aperte fateretur dicens : Sic reatum lingua loquitur, ut nequaquam expers a mœroris stimulo per alia Spiritus vagetur : sed culpas loquens vulnus aperio ; culpas vero ad correctionem cogitans, salutem vulneris ex medicamine mœroris quæro. Qui enim mala quidem quæ perpetravit insinuat, sed flere quæ insinuaverit recusat, quasi subducta veste vulnus detegit, sed torpenti mente medicamentum vulneri non apponit. Confessionis igitur vocem solus necesse est ut mœror excruciet, ne vulnus productum et neglectum, quo licentius jam per humanam notitiam tangitur, deterius putrescat. Psalmista ergo plagas cordis non solum detexerat, sed detectis etiam medicamentum mœroris adhibebat, dicens : *Iniquitatem meam ego pronuntio, et cogitabo pro peccato meo* (*Psal.* xxxvii, 19). Pronuntiando enim occultum vulnus detegit ; cogitando autem quid aliud quam medicamentum vulneri apponit ? Sed afflictæ menti, et sua sollicite damna cogitanti, rixa pro semetipsa oritur contra semetipsam. Nam cum se ad lamenta pœnitentiæ instigat, occulta se increpatione dilaniat. » Hoc modo principes filiis vel propinquis, si peccaverint, recognoscentibus ac pœnitentibus parcere debet, alioquin vindictam secundum modum culpæ in peccantes exercere. Si enim Deus Pater, ut dicit Apostolus, *proprio Filio non pepercit, sed pro nobis omnibus tradidit illum* (*Rom.* viii, 32), et tamen Pater amavit Filium, quem ad passionem misit, qui, ut item dicit Apostolus, se pro Ecclesia tradidit (*Ephes.* v), necessario præponderare debet pax Ecclesiæ universalis, et soliditas generalis, dilectioni etiam dilecti, multo magis autem degeneris filii.

Cap. XXXI. — *In maximis et publicis criminibus an indulgendum.*

Qui autem de maximis et publicis criminibus ex

corde se non humiliat, sed ad excusandas excusationes in peccatis, peccata sua defendere curat, huic non impendenda est misericordia, quia præstari nullatenus prævalet indulgentia, sicut sanctus Cœlestinus in epistola ad Nestorium manifestat, dicens (*epist.* 5) : « Persequar plane boni Domini mei fidelis servus inimicos, cum Propheta asserat eos odio se odisse perfecto (*Psal.* cxxxviii). Memor rursus, altero loquente, ne parcam, quem vis hic ego respiciam? cui honoris aliquid reservem, quando agitur, ut mihi totius spei meæ causa tollatur? Ipsius in Evangelio verba sunt Domini, quibus ait, non sibi patrem, non matrem, non filios, non aliquam necessitudinem debere præponi (*Matth.* xix). Etenim talis frequenter est pietas, ex qua nascatur impietas, cum, vincente carnis affectu, charitati illi quæ Deus est, charitas præponitur corporalis. » Et sanctus Gregorius in libro Pastorali (*part.* ii, *cap.* 6) : « Quia falsa, inquit, pietate superatus ferire Heli delinquentes filios noluit, apud districtum judicem semetipsum cum filiis crudeli damnatione percussit. Hinc namque divina voce dicitur : *Honorificasti filios tuos plus quam me* (*I Reg.* ii, 29). Nam in sacra Historia legitur, quod Heli filios suos verbis quidem corripuit, sed severitate discretionis ut debuit non correxit. Unde ipsi filii sui in bello occisi sunt, et arca Dei capta est, et maxima cædes in populo facta est, et ipse Heli de sella cecidit, et fractis cervicibus cum sacerdotii principatu etiam vitam perdidit. » Et beatus Augustinus in epistola ad Macedonium (*epist.* 54) : « Non inutiliter metu legum humana coercetur audacia, ut et tuta sit inter improbos innocentia, et in ipsis improbis, dum formidato supplicio frenatur facultas, invocato Deo sanetur voluntas. » Sicuti est enim aliquando misericordia puniens, ita et crudelitas parcens. Nam si aliter non meruit habere pacem domus David, nisi Absalon filius ejus in bello, quod contra patrem gerebat, fuisset exstinctus, quamvis magna cura mandaverit suis, ut eum quantum possent vivum salvumque servarent, et esset cui pœnitenti paternus affectus ignosceret, quid ei restitit nisi perditum flere, et sui pace regni acquisita suam mœstitiam consolari? Quod si propriis visceribus in servanda pace non est indultum, quanto minus in extraneis severitate legum censemus parcendum?

Cap. XXXII. *Quod boni regis sit et virga districtionis, et manna dulcedinis.*

Cæterum Dominus, qui peccantes diu ut convertantur exspectat, et non conversos durius damnat, et pia mater Ecclesia, juxta quod scriptum est : *Virga tua et baculus tuus ipsa me consolata sunt* (*Psal.* xxii, 4), virga percutit, et baculo susten-

tat, docens ut in boni rectoris pectore sit virga districtionis, sit et manna dulcedinis : sit districtio virgæ quæ feriat, sit et consolatio baculi quæ sustentet; sit amor, sed non emolliens; sit vigor, sed non exasperans; sit zelus, sed non immoderate sæviens; sit pietas, sed non plus quam expediat parcens. Ad exemplum Moysi (*Exod.* xxxii), et amet pie, et sæviat districte. Nam cum Israeliticus populus ante Dei oculos pene inveniabilem contraxisset offensam, pro eodem populo se opposuit. Ad eumdem vero populum veniens, paucorum vitam gladio exstinxit, qui vitam omnium etiam cum sua morte petiit : dans rectoribus discretis exemplum, ut recognoscentibus et vere confitentibus ac pœnitentibus parcant, et incorrigibiles atque in peccato perseverantes damnent, sicut Petrus Ananiam et Saphiram, et Simonem Magum (*Act.* v), qui crurifragio periit, sicut in Hegesippi historia legitur, et Paulus publice peccantem tradidit Satanæ (*I Cor.* v), et Helimam cæcitate percussit (*Act.* xiii).

Cap. XXXIII. *In pluralitate peccantium vindicta propter difficultatem negligenda vel differenda.*

Et si forte quis dixerit, competenter vindicta in una persona fieri potest, in pluralitate autem peccantium, propter difficultatem, vindicta aut negligenda aut differenda esse videtur : contradicit eis sanctus Innocentius in Decretis suis, ad Macedones episcopos (*epist.* 11, *cap.* 6) : « Pervideat ergo dilectio vestra, hactenus talia transisse, et advertite quod utique, ut dicitis, necessitas imperavit, in pace jam Ecclesias constitutas non posse præsumere : sed ut sæpe accidit, quoties a populis aut a turba peccatur, quia in omnes propter multitudinem non potest vindicari, inultum soleat transire. Priora ergo dimittenda dico Dei judicio, et de reliquo maxima sollicitudine præcavendum. » Et hinc item in Decretis apostolicæ sedis : « Si, inquiunt, omnes sacerdotes et mundus assentiat damnandis, damnatio consentientes involvit, non prævaricationem consensus absolvit. Non enim crimen minuitur, sed accrescit, cum generale fit ex privato. Hoc enim Deus omnium judicavit, qui mundum peccantem generali diluvio interemit. »

Ecce de quibus exiguitatem meam sublimitas sapientiæ vestræ consuluit. Habetis sacræ Scripturæ et doctorum catholicorum sententias : haurite nunc aquas in gaudio de fontibus Salvatoris, id est doctrinam ex verbis eorum, quibus idem Salvator dicit : *Qui credit in me, sicut dicit Scriptura, flumina de ventre ejus fluent aquæ vivæ. Hoc autem,* inquit Evangelista, *dixit de spiritu quem accepturi erant credentes in eum* (*Joan.* vii, 38, 39) : qui quod eodem spiritu inspirante hauserunt, scribendo ad nostram notitiam manaverunt.

II.

DE CAVENDIS VITIIS ET VIRTUTIBUS EXERCENDIS,

AD CAROLUM CALVUM REGEM.

(Apud eumdem ex codice S. Michaelis ad Mosam.)

PRÆFATIO.

Quod fructus in lectione sacra quærendus sit : proinde ut sancti Gregorii epistolam ac si ad se scriptam suscipiat ex eaque proficiat.

Domino CAROLO regi glorioso HINCMARUS, nomine non merito Rhemorum episcopus, ac plebis Dei famulus.

Mitto vobis, sicut jussistis, epistolam beati Gregorii ad Recharedum regem Wisigothorum, ex qua vobis quædam inter cætera dixi, quando proxime apud Silvanectum de operibus misericordiæ sermo se intulit. Cui epistolæ aliquanta ex verbis ejusdem doctoris egregii superadditi, attendens promissionem qua dicitur : *Quod supererogaveris, ego cum rediero reddam tibi* (*Luc.* x, 15). Non enim pauca mihi reddetis, cum non solum erogata, verum et supererogata diligenter legetis, intelligenter servando, ac quotidie magis ac magis de virtute in virtutem proficiendo custodietis. Nam sunt quidam, qui multa de litteris divinitus inspiratis habere volunt, quæ aut non legunt, aut transeuntes recta negligunt, vel ob hoc ea scire volunt, ut favores de vani nominis scientia comparent. Sunt enim qui verba Dei libenter legunt, vel aure percipiunt, sed mente non retinent : et quisque alimenta non retinet, hujus profecto vita desperatur (S. Greg. hom. 15). « Cibus enim mentis est sermo Dei, et quasi acceptus cibus stomacho languente rejicitur, quando auditus sermo in ventre memoriæ non tenetur. » Et de talium cordibus juxta evangelicam parabolam, *tollit diabolus verbum, ne credentes salvi fiant* (*Luc.* viii, 12). Et sunt qui ita divinum verbum audiunt vel legunt, ut ex eo contra culpas compungantur, et tamen post fletum ad culpas redeunt, et obliviscuntur quod planxerant, cum exstinguere nolunt vitia quibus ardent. Et sunt nonnulli, qui audito vel lecto verbo Dei econtra se erigunt, et contra peccata ac vitia perpetrata ardentissime commoventur : sed salubres illæ commotiones sollicitudinibus et voluptatibus et divitiis suffocantur, cum importunis cogitationibus suis guttur mentis strangulant, et bonum desiderium, aut ad cor intrare non sinunt, aut de corde repellunt ea quæ bonum desiderium quasi aditum flatus vitalis necant. Quibus Dominus dicit : *Qui ex Deo est verba Dei audit : propterea vos non auditis quia ex Deo non estis* (*Joan.* viii, 47). (*Hom.* 18.) « Si enim ipse verba Dei audit qui ex Deo est,

A et audire verba ejus non potest quisquis ex illo non est, interroget se unusquisque si verba Dei in aure cordis percipit, et intelliget unde sit. Cœlestem patriam Veritas desiderare jubet, carnis desideria conteri, mundi gloriam declinare, aliena non appeti, propria largiri. Penset ergo apud se unusquisque vestrum, si hæc vox Dei in cordis ejus aure convaluit, et quia jam ex Deo sit agnoscit. Nam sunt nonnulli qui præcepta Dei nec aure corporis percipere dignantur, et sunt nonnulli qui hæc quidem corporis aure percipiunt, sed nullo ea mentis desiderio complectuntur : et sunt nonnulli, qui libenter verba Dei suscipiunt, ita ut jam in fletibus compungantur, sed post lacrymarum tempus ad iniquitatem redeunt. Hi profecto verba Dei non audiunt, B quia hæc exercere in opere contemnunt, et amorem sæculi amori Dei præponunt. » Quibus item Dominus dicit : *Væ vobis divitibus, qui habetis consolationem vestram* (*Luc.* vi, 24). (*Moral.* lib. x, c. 30.) « Qui hoc loco signantur nomine divitum, nisi immoderati amatores divitiarum, qui venturi judicis respectum non habent, dum superbis apud se cogitationibus tument? Nam sunt nonnulli, quos census per tumorem non elevat, sed misericordiæ opera exaltant. Et sunt nonnulli, qui dum terrenis se opibus abundare conspiciunt, veras Dei divitias non requirunt, atque æternam patriam non amant, quia hoc sibi sufficere, quod rebus temporalibus fulciuntur, putant. » De quibus dicit Scriptura : *Omnes qui diligunt munera sequuntur retributiones* (*Isa.* i, C 23), *et ignis devorabit tabernacula eorum, qui munera libenter accipiunt* (*Job* xv, 34). (Greg., *ibid.*) « Non est ergo census in crimine, sed affectus. Cuncta enim quæ Deus condidit bona sunt, et qui bonis male utitur profecto agit, ut quasi per edacitatis ingluviem, eo per quem vivere potuit de pane moriatur. Pauper ad requiem Lazarus venerat, superbum vero divitem tormenta cruciabant. Sed tamen dives Abraham fuerat, qui in sinu Lazarum tenebat, qui tamen auctori suo colloquens dicit : *Loquar ad Dominum meum, cum sim pulvis et cinis* (*Gen.* xviii, 27). Quid itaque iste divitias suas æstimare noverat, qui semetipsum pulverem cineremque pensabat? Aut quando hunc res possessa extolleret, qui de se D quoque, earum videlicet possessore, tam abjecta sentiret? (*lib.* x, c. 13.) Cæterum iniqui modo, cum tristia aliqua, vel adversa patiuntur, effugii latebras inveniunt, quia ad voluptatem protinus desideriorum carnalium recurrunt. Ne enim paupertas cruciet, divitiis animum demulcent : ne despectus proximorum deprimat, sese dignitatibus exaltant. Si fastidio corpus atteritur, antepositis epularum diversitatibus nutritur. Si quo animus mœstitiæ impulsu dejicitur, mox per interposita jocorum blandimenta relevatur. Tot ergo hic habent effugia, quot sibi præparant delectamenta. Sed quandoque eis effugium perit, quia eorum mens, amissis omnibus, se solummodo et judicem conspicit. Tunc voluptas subtrahitur et voluptatis culpa servatur, et repente miseri periendo discunt quia peritura tenuerunt; qui tamen quousque corporaliter vivunt quærere nocitura non desinunt. » Et tales in vano accipiunt animam suam, dum ei curam carnis anteponunt : sicut dives qui induebatur purpura et bysso, et epulabatur quotidie splendide, et recepit bona in vita sua, sine consolatione in æterna vita. Quam transitoriam consolationem, non solum pro summo, sed et pro vero bono refugiebat habere rex sanctus, qui dixit : *Renuit consolari anima mea : memor fui Dei, et delectatus sum (Psal.* LXXVI, 5). *Etenim adhærere Deo bonum est, ponere in Domino spem meam (Psal.* LXXII, 28). Et : *Unam petii a Domino, hanc requiram, ut inhabitem in domo Domini omnibus diebus vitæ meæ (Psal.* XXVI, 4); quia : *Beati qui habitant in domo tua, Domine, in sæcula sæculorum laudabunt te (Psal.* LXXXIII, 5), qui *ascensiones in corde suo* disposuerunt *in convalle lacrymarum (ibid.,* 6, 7), id est in sæculo, in terra morientium, ubi fuerunt eidem regi lacrymæ suæ panes die ac nocte, dicenti : *Credo videre bona Domini in terra viventium (Psal.* XXVI, 13). (Greg. *hom.* 18.) « Et sunt qui audito vel lecto verbo Dei, ut terra bona, fructum per patientiam reddunt, cum et bona humiliter operantur, et proximorum mala æquanimiter tolerant. Quanto enim quisque altius profecerit, tanto in hoc mundo invenit quod durius portet, quia cum a præsenti sæculo mentis nostræ delectatio deficit, ejusdem sæculi adversitas crescit.»

Vos autem, domne charissime, quem Deus talento intellectus magnifice et potenter ditavit, solerter attendite, cui inde rationem estis reddituri, in conspectu totius humani generis, et angelorum atque archangelorum, et nolite in sudario religatum in terra illud abscondere, id est in terrenis tantum actibus implicare : sed sursum cor ad illum levate, qui mire nos condidit, gratuito nutrivit, rationis substantia in conditione ditavit, gratia sua vos vocavit, donis suis vos illuminavit, paternæ pietatis sollicitudine a flagellorum doloribus ad salutis gaudia misericordiæ medicamento reduxit, peccantem non deseruit, muneribus multis et potentia glorificavit. Per singulos dies rationes vobiscum agite de his quæ accepistis de manu Domini, et quæ illi propter illa rependitis, vel rependistis 'quia 'sic unicuique bona a se collata enumerabit, dicens · *Popule meus, quid feci tibi, aut quid molestus fui tibi? responde mihi. Quoniam ego eduxi vos per desertum*

A quadraginta *annis, non sunt attrita vestimenta manna de cœlo plui vobis, et obliti estis me* XXIX, *Mich.* VI). Et item : *Quid debui ultra vineæ meæ, et non feci?* (*Isa.* V, 4.) Et : *Expectavi ut faceret uvas, fecit autem labruscas (ibid.).* Et bene facientibus, et in recta fide et bonis operibus perseverantibus dicet in judicio : *Esurivi, et dedistis mihi manducare (Matth.* XXV, 35), et cætera quæ se-

B quuntur vobis notissima, usque ad id quod dicetur; *Venite, benedicti Patris mei, percipite regnum quod vobis paratum est ab origine mundi (ibid.,* 34) : et male agentibus, et in malis operibus perseverantibus e diverso dicit : *Esurivi, et non dedistis mihi manducare (ibid.,* 42) usque ad id quod dicetur : *Ite, maledicti, in ignem æternum, qui paratus est diabolo et angelis ejus (ibid.,* 41). Et non est obliviscenda nobis illa verecundia, quando aperientur libri, id est conscientiæ, in conspectu singulorum hominum et angelorum : et non mediocriter pertimescenda est nobis pœna, quæ illam sequetur confusionem, quando reatus animam immortaliter morientem involvet, et indeficienter deficientem carnem gehenna consumet. Denique quoniam jussistis vobis præfatam epistolam mitti, sciendum vobis est, quia sic divina dicta legere et audire debetis, ac si ad vos specialiter sint dicta vel scripta, ut quæ in eis inveneritis vobis cavenda caveatis, et quæ agenda strenue faciatis, et quæ sequenda sequamini, et quæ erga alios exsequenda sunt exsequamini. Sicut enim in libro medicinali corporis passiones et earum cu-

C rationes inveniuntur, ita et in divinis eloquiis animæ passiones et earum curationes reperiuntur. Quia vero ita ut prædiximus divina eloquia quisquis fidelis intelligere debeat, et ita sint dicta, Dominus demonstrat in Evangelio qui dixit discipulis suis : *Vigilate et orate, ut non intretis in tentationem (Matth.* XXVI, 41). Et iterum : *Quod dico vobis omnibus dico, Vigilate (Marc.* XIII, 37). Vigilat enim qui ad aspectum veri luminis mentis oculos apertos tenet, vigilat qui servat operando quod credit, vigilat qui a se torporis et negligentiæ tenebras repellit, vigilat qui fraudem in bono opere non perpetrat (*Moral.* lib. IX, c. 34). « Quæ fraus tribus modis in opere bono committitur : quia per hanc, procul dubio, aut tacita cordis humani gratia, aut favoris aura, aut res

D quælibet exterior desideratur. Quo contra recte de justo per prophetam dicitur : *Qui excutit manus suas ab omni munere, hic in excelsis habitabit (Isa.* XXXIII, 15). Quia enim non solum fraus in acceptione pecuniæ est, munus procul dubio unum non est. Tres vero sunt acceptiones munerum, ad quas ex fraude festinatur. Munus namque a corde est captata gratia a cogitatione : munus ab ore est gloria per favorem : munus ex manu est præmium per dationem. Sed justus quisque ab omni munere manus excutit, quia in eo quod recte agit, nec ab humano corde inanem gloriam, nec ab ore laudem, nec a manu recipere dationem quærit. Solus ergo in Dei opere fraudem non facit, qui cum ad studia bonæ actionis vigilat, nec ad corporalis rei præmia, nec ad laudis verba, nec ad humani judicii gratiam anhelat (*cap.* 25). Quasi latrunculus est enim appetitus laudis humanæ, qui recto itinere gradientibus ex latere jungitur, ut ex occultis educto gladio gradientium vita trucidetur. Cumque propositæ utilitatis intentio ad studia privata deducitur, horrendo modo unum idemque opus culpa peragit, quod virtus inchoavit. Sæpe et ab ipsis exordiis aliud cogitatio expetit, aliud actio ostendit. Sæpe etiam fidem mentis nec ipsa cogitatio exhibet, quia aliud ante oculos mentis versat, et longe ad aliud ex intentione festinat. Nam plerumque nonnulli terrena præmia appetunt, et justitiam defendunt, seque innocentes æstimant, et esse defensores rectitudinis exsultant, quibus si spes nummi subtrahitur, a defensione protinus justitiæ cessatur. Et tamen defensores se justitiæ cogitant, sibique se rectos asserunt, qui nequaquam rectitudinem sed nummos quærunt. Contra quos bene per Moysen dicitur : *Juste quod justum est exsequeris* (*Deut.* xvi, 20). Injuste quippe quod justum est exsequitur, qui ipsam quam prætendit justitiam venundari minime veretur. Juste ergo justum exsequi est, in assertione justitiæ eamdem ipsam justitiam quærere. Sæpe recta agimus, et nequaquam præmia, nequaquam laudes ab hominibus exspectamus : sed tamen mens in sui fiduciam erecta, his a quibus nil expetit placere contemnit, eorum judicia despicit, seque male libera per abrupta elationis rapit, et inde sub vitio pejus obruitur, unde quasi devictis vitiis nullis se appetitionibus subjacere gloriatur. ‚ Unde etiam in bonis quæ agimus necesse est ut cum magna cautela timeamus, ne per hoc quod a nobis rectum agitur favor aut gratia humana requiratur, ne appetitus laudis subripiat, et quod foris ostenditur, intus a mercede vacuetur. Unde per Psalmistam quoque de sancta electorum Ecclesia dicitur : *Omnis gloria ejus filiæ regum ab intus* (*Psal* xLiv, 14). Qui enim accepta qualibet gratia vanis suis laudibus nitorem gloriæ offerunt, quasi oleum vendunt, de quo profecto oleo Psalmista dicit : *Oleum peccatoris non impinguet caput meum* (*Psal.* cxL, 5) : appellatione autem capitis ea quæ principatur corpori mens vocatur. Impinguat ergo caput oleum peccatoris, cum demulcet mentem favor adulantis. Adulatores enim blandi sunt inimici, quorum linguis quicunque in operibus bonis decipiuntur, in adventu judicis inter fatuos et stultos computabuntur, et a Deo retributionem bonorum operum non invenient, quia pro eis receperunt ab hominibus laudes quas ambiebant. Et cum ab adulatore, quia non a justo, laudatur peccator in desideriis animæ suæ et iniquus benedicitur, alius alium, id est peccans adulator peccatorem occidit, et dum invicem videlicet adulator de favore, et peccator in prava operatione, se laudant, invicem se occidunt. (*Moral.* lib. iv, c. 27.) ‚ Hinc est quod Redemptor noster puellam in domo,

juvenem extra portam, in sepulcro autem Lazarum suscitat. Adhuc quippe in domo mortuus jacet qui latet in peccato : jam quasi extra portam educitur, cujus iniquitas usque ad verecundiam publicæ perpetrationis aperitur, sepulturæ vero aggere premitur qui in perpetratione nequitiæ etiam usu consuetudinis gravantur. Sed hos ad vitam miseratus suscitat, quia plerumque divina gratia non solum in occultis, sed etiam in apertis iniquitatibus mortuos, sed et mole pravæ consuetudinis pressos, respectus sui lumine illustrat. Quartum vero mortuum Redemptor noster, nuntiante discipulo agnoscit, nec tamen suscitat : quia valde difficile est ut is quem post usum malæ consuetudinis etiam adulantium linguæ excipiunt, a mentis suæ morte revocetur ; de quo et bene dicitur : *Sine mortuos sepelire mortuos suos* (*Luc.* ix, 60). Mortui enim mortuum sepeliunt, cum peccatores peccatorem favoribus premunt. Quid enim est aliud sepelire quam occultare ? Sed qui peccantem laudibus prosequuntur, exstinctum sub verborum suorum aggere abscondunt. Erat tamen et Lazarus mortuus, sed tamen non a mortuis sepultus : fideles quippe illum mulieres obruerant, quæ et ejus mortem vivificatori nuntiabant. Unde et protinus ad lucem redit, quia cum in peccato animus moritur, citius ad vitam reducitur, si super hunc sollicitæ cogitationes vivunt. ‚ Perniciosissima siquidem pestis est adulatio, et cito subripit mentem, nisi fuerit in ipso remota initio. Discutiendum igitur nobis est quid de nobis audiamus, et probare quid dicatur ex nobis. Credamus quia stultum est plus aliis de nobis quam nobis ipsis credere. Unde Paulus dicit : *Gloria nostra hæc est, testimonium conscientiæ nostræ* (II Cor. 1, 12). Gloriam suam Paulus testimonium conscientiæ memorat, qui favores oris alieni non appetens, vitæ suæ gaudia extra semetipsum ponere ignorat. Et quia scriptum est : *Dies Domini sicut fur in nocte ita veniet* (II Petr. iii, 10), vigilandum nobis est, ne mala quæ modo faciamus, ne etiam bona nostra indiscussa dimittamus : et ita vigilantes sollicite semper exspectare debemus, quando Dominus noster ad judicandos nos revertatur, ut cum venerit et pulsaverit confestim aperiamus ei. (*Hom.* xiii.) ‹ Venit quippe cum ad judicium properat, pulsat vero cum jam per ægritudinis molestias esse mortem vicinam designat : cui confestim aperimus, si hunc cum amore suscipimus ; aperire etenim judici pulsanti non vult qui exire de corpore trepidat, et videre eum quem contempsisse se meminit judicem formidat : qui autem de sua spe et operatione securus est, pulsanti confestim aperit, quia lætus judicem sustinet, et cum tempus propinquæ mortis agnoverit, de gloria retributionis hilarescit. ‚ Quia igitur momentis suis horæ fugiunt, agendum nobis est ut in boni operis mercede teneantur. Unde Salomon dicit : *Quodcunque potest manus tua facere instanter operare, quia nec opus, nec ratio, nec scientia, nec sapientia erunt apud in-*

feros, quo tu properas (*Eccle.* ix, 10). Quia ergo et venturæ mortis tempus ignoramus, et post mortem operari non possumus, superest ut ante mortem tempora indulta rapiamus. Sic enim sic mors ipsa cum venerit vincitur, si priusquam veniat semper timeatur. Et jamjamque de verbis præfati viri magnifici, ad verba epistolæ scribenda, quam vobis mitti jussistis, nobis est transeundum.

Epistola sancti Gregorii papæ ad Recharedum regem, quam Carolus ad se mitti ab Hincmaro postularat.

Gregorius Recharedo regi Wisigothorum.

Explere verbis, excellentissime fili, non valeo quantum tuo opere tua vita delector. . . . Etc. Hanc epistolam vide inter Opera S. Gregorii Magni, Patrologiæ tom. LXXVII, col. 1052.

CAPUT PRIMUM.

Quod eleemosyna de alienis fieri non debeat. Qui sint digni fructus pœnitentiæ, et quæ vera confessio ac dolor de peccatis : quid abnegare se, et odisse animam suam.

Et de misericordiæ operibus, unde inter cætera in præcedenti epistola est locutus, qualiter et ex quibus agenda sint, ac de his quæ sequuntur, quæ brevi cingulo vobis perstricta colligere pro tempore studui, idem beatus vir alibi dicit (*lib.* vii, *epist.* 107) : « Plerumque, inquiens, adversarius animarum, dum non potest in his quæ ad faciem sunt prava subripere, callida specie quasi pietatis injecta nititur supplantare, suadetque forsitan debere ab habentibus accipi, ut sit quod possit non habentibus erogari, dummodo vel sic venena mortifera eleemosynæ celata obumbratione transfundat. Nam nec venator feram, aut avem auceps deciperet, vel piscem piscator caperet, si aut ille laqueum in aperto proponeret, aut ille hamum esca absconditum non haberet. Omnino ergo metuenda et cavenda est hostis astutia, ne quos aperta nequit tentatione subvertere, latente telo sævius valeat trucidare. Neque enim eleemosyna reputanda est, si pauperibus dispensetur quod illicite accipitur; quia qui hac intentione male accipit ut quasi bene dispenset, aggravatur potius quam juvatur. Eleemosyna Redemptoris nostri oculis illa placet, quæ non de illicitis et iniquitate congeritur, sed quæ de rebus concessis et bene acquisitis impenditur. Unde etiam illud certum est, quia etsi monasteria, aut xenodochia, vel quid aliud ex injuste acquisitis construatur, mercedi non proficit, quoniam dum perversus emptor honoris in locum sanctum mittitur, et alios ad sui similitudinem sub commodi datione constituit, plura male ordinando destruit, quam ille potest ædificare qui ab eo pecunias ordinationis accepit. Ne ergo sub obtentu eleemosynæ cum peccato aliquid studeamus accipere, aperte sacra Scriptura prohibet dicens : *Hostiæ impiorum abominabiles, quia offeruntur ex scelere* (*Prov.* xv, 8). Quidquid enim in Dei sacrificio ex scelere offertur, omnipotentis Dei non placat iracundiam sed irritat. Hinc rursum scriptum est: *Honora Dominum de tuis justis laboribus* (*Prov.* iii, 9). Quisquis ergo male tollit, ut quasi bene præbeat, constat sine dubio quia Dominum non honorat. Hinc quoque per Salomonem dicitur : *Qui offert sacrificium de substantia pauperis, ac si victimet filium in conspectu patris* (*Eccli.* xxxiv, 24). Quantus autem dolor patris sit perpendamus, si in ejus conspectu filius victimetur, et hinc facile cognoscimus quantus apud Deum dolor exasperatur, si ei sacrificium ex rapina tribuitur. Nimis enim dolendum est, dilectissimi fratres, sub obtentu eleemosynæ peccata simoniacæ hæreseos perpetrari. Nam aliud est propter peccata eleemosynas facere, aliud propter eleemosynas peccata committere. » (*Moral.* lib. iii, c. 25.) « Quoties enim post culpam eleemosynas facimus, quasi pro pravis actibus pretium damus. Sed nonnunquam divites elati inferiores opprimunt, et aliena rapiunt, et tamen quasi quædam aliis largiuntur, et cum multos deprimant, aliquando quibusdam opem defensionis ferunt, et pro iniquitatibus quas nunquam deserunt, dare pretium videntur. Sed tunc eleemosynæ pretium nos a culpis liberat, cum perpetrata plangimus et abdicamus; nam qui et semper peccare vult, et quasi semper eleemosynam largiri, frustra pretium tribuit, quia non redimit animam, quam a vitiis non compescit. » Scriptum est enim : *Facite fructus dignos pœnitentiæ* (*Matth.* iii, 8). (*Hom.* xx, *in Evang.*) « In quibus verbis notandum est, quod non solum fructus pœnitentiæ, sed dignos pœnitentiæ admonemur facere. Ut enim secundum dignos pœnitentiæ fructus loquamur, sciendum est quia quisquis illicita nulla commisit, huic jure conceditur ut licitis utatur, sicque pietatis opera faciat, ut tamen si noluerit ea quæ mundi sunt non relinquat. At si quis in fornicationis culpam, vel fortasse quod est gravius in adulterium lapsus est, tanto a se licita debet abscidere quanto se meminit et illicita perpetrasse. » Pejus est enim alienum matrimonium violare, quam meretrici adhærere. Jam vero si conjugatus vel conjugata cum alterius uxore vel cum alterius marito adulteravit, tanto gravius peccant, quanto non simplicia sed plura adulteria committunt. Et gravior incestus est quam adulterium; quamvis qui hujusmodi sequuntur fornicationes et adulteri nomine soleant appellari ; et tanto incestus est gravior, quanto propinquitas est cognationis proximior; quia pejus est cum duabus sororibus, vel duobus fratribus, vel cum patre et filio, sive cum matre et filia, quam cum aliena uxore mœchari. Sed in propria cognatione quanto propinquius tanto gravius peccatur, quoniam est pejus cum matre et filia, vel sorore, sive cum Deo sacrata, vel cum ordinato in ecclesiasticis gradibus, in quibus quanto celsior est gradus, tanto gravior est casus, tantoque est crimen gravius, quam cum aliena uxore concumbere ; et sic de malo in pejus labi solet humana fragilitas, donec ad ea perveniatur, quæ, sicut ait Apostolus, *turpe est etiam dicere* (*Ephes.* v, 12); quæ operantes, videlicet masculorum et pecorum concubitores, sacri canones inter eos orare præcipiunt, qui spiritu periclitantur immundo, et lex per Moysen data hos judicat morte multari : et sicut pari judicio astricti tenentur tam viri quam fæminæ adulterium perpetrantes, ita hujus legis judicio aut reatu pariter constringuntur tam viri cum pecoribus, vel cum masculis, seu cum feminis, contra naturam turpitudinem operantes, quam feminæ cum pecoribus, vel cum aliis feminis quacunque adinventionis machinatione eamdem turpitudinem operantes, vel cum masculis secum operari contra naturam consentientes, dicente Apostolo : *Non solum qui faciunt, sed qui consentiunt facientibus, digni sunt morte (Rom.* i, 32). Et si quis forte hæc omnia perpetravit, tot mortibus et mortis æternæ pœnis habetur obnoxius, quot criminibus est pollutus. Verum quoniam austeritatem legis temperavit misericordia Redemptoris, qui conversionem et pœnitentiam magis quam mortem vult peccatoris, tanto, ut præmisimus, a se licita quisque debet abscidere, quanto se meminit et illicita perpetrasse : et tanto se debet reprehendere in minimis, quanto se meminit deliquisse in maximis.

« Et sæpe accusat mens ipsa quod perpetrat, sed quia hoc ex desiderio minime deserit, erubescit confiteri quod facit. Cum vero toto judicio carnis delectationem premit, audaci voce in accusationis suæ confessione se erigit. Sed sunt nonnulli, qui apertis vocibus culpas fatentur, sed tamen in confessione gemere nesciunt, et lugenda gaudentes dicunt. Sed qui culpas suas detestans loquitur, restat necesse est ut has in amaritudine animæ loquatur, ut per hæc ipsa amaritudo puniat, quidquid lingua per mentis judicium accusat. (*Hom.* 31.) Et plerumque videmus quæ agenda sunt, sed hæc opere non implemus : nitimur et infirmamur : mentis judicium rectitudinem conspicit, sed ad hanc operis fortitudo succumbit : quia nimirum jam de pœna peccati est, ut ex domo quidem possit bonum conspici, sed tamen ab eo quod aspicitur contingat per meritum repelli. Usitata etenim culpa obligat mentem, ut nequaquam surgere possit ad rectitudinem : conatur et labitur, quia ubi sponte diu perstitit, ibi et cum noluerit coacta cadit. » (*Moral.* lib. viii, c. 20.) « Sed justus ori suo non parcit, quia iram judicis districti præveniens, verbis contra se propriæ confessionis sævit. Hinc Psalmista ait : *Præveniamus faciem ejus in confessione (Psal.* xciv, 2). Hinc per Salomonem dicitur : *Qui abscondit scelera sua non dirigetur; qui autem confessus fuerit et reliquerit ea, misericordiam consequetur (Prov.* xxviii, 13). Hinc rursum scriptum est : *Justus in principio accusator est sui (Prov.* xviii, 17). Sed nequaquam ad confessionem os panditur, nisi cum consideratione districti judicii per pavorem spe angustatur (*cap.* 21). Sciendum quoque est, quia sæpe et reprobi peccata confitentur, sed deflere contemnunt. Electi autem culpas suas quas vocibus confessionis aperiunt, districtæ animadversionis fletibus insequuntur. » Cum peccata nostra per lacrymas confitemur, angustæ viæ portas ingredimur; sed cum post hæc ad æternam vitam perducimur, portæ nostræ atria in con-

fessionum laudibus intramus, quia ibi jam angustia non erit, cum nos lætitia æternæ solemnitatis assumpserit : propter quam confessionis nostræ angustiam Veritas dicit : *Intrate per angustam portam (Matth.* vii, 13); et cum se Psalmista recipi in altitudine gaudii æterni præsumeret, dicebat : *Statuisti in loco spatioso pedes meos (Psal.* xxx, 9). (*Moral.* lib. viii, c. 21.) « Qui enim mala quæ perpetravit insinuat, sed flere quæ insinuavit recusat, quasi subducta veste vulnus detegit, sed torpenti mente medicamentum vulneri non apponit. Confessionis igitur vocem solus necesse est ut mœror excutiat, ne vulnus proditum sed neglectum, quo licentius jam per humanam notitiam tangitur, deterius putrescat. Quo contra Psalmista plagam cordis non solum detexerat, sed detectæ etiam medicamentum mentis adhibebat, dicens : *Iniquitatem meam ego pronuntio, et cogitabo pro peccato meo (Psal.* xxxvii, 19). Pronuntiando enim occultum vulnus detegit, cogitando autem quid aliud quam medicamentum vulneri apponit? Sed afflictæ menti et sua sollicite damna cogitanti rixa pro semetipsa oritur contra semetipsam. Nam cum se ad lamenta pœnitentiæ instigat, occulta se increpatione dilaniat. » Cui a Domino dicitur : *Remittuntur ei peccata multa, quoniam dilexit multum (Luc.* vii, 47). (*Hom.* 33.) « Ac si aperte diceretur : Incendit plene peccati rubiginem qui ardet valide per amoris ignem. Tanto namque amplius peccati rubigo consumitur, quanto peccatoris cor magnæ charitatis igne crematur. Consideremus igitur gratiam misericordis Dei, et damnemus multitudinem reatus nostri. Ecce peccatores videt et sustinet, resistentes tolerat et tamen quotidie per Evangelium clementer vocat : confessionem nostram ex puro corde desiderat, et cuncta quæ deliquimus relaxat. Qui ergo permanere noluit redeat, qui stare contempsit saltem post lapsum surgat (*ibid.*). Quanto nos amore conditor noster exspectet insinuat, cum per Prophetam dixit : *Attendi et auscultavi, nemo quod bonum est loquitur, non est qui recogitet in corde suo et dicat quid feci? (Jer.* viii, 6.) Certe nunquam cogitare mala debuimus : sed quia cogitare recta noluimus, ecce adhuc sustinet ut recogitemus, et qui peccantes nos diu ut convertamur exspectat, non conversos durius damnat. Videamus igitur tantæ pietatis signum, et severitatis judicium : consideremus apertum nobis misericordiæ gremium : quos male cogitantes perdidit, bene recogitantes quærit, quæque nos in adolescentia, quæque in juventute deliquisse meminimus defleamus, morum operumque maculas lacrymis tergamus, amemus jam Redemptoris nostri vestigia, quæ peccando contempsimus. Ecce, ut diximus, ad recipiendos nos supernæ pietatis sinus aperitur, nec maculosa in nobis vita contemnitur : per hoc quod inquinationem nostram perhorrescimus, internæ jam munditiæ concordamus : revertentes nos Dominus clementer amplectitur, quia peccatorum vita ei esse indigna jam non potest quæ fletibus lavatur. » Sed providendum est his qui peccata suorum operum deplorant, ut consummata mala perfecta diluant lamenta, ne plus astringantur in debito perpetrati operis, et minus solvant in fletibus satisfactionis. « Scriptum quippe est : *Potum dedit nobis in lacrymis in mensura* (*Psal.* LXXIX, 6), ut videlicet uniuscujusque mens tantum pœnitendo compunctionis suæ bibat lacrymas, quantum se adeo meminit aruisse per culpas (*Moral.* lib. IV, c. 17) : quia nullum peccatum Dominus inultum relaxat : aut enim nos hoc flendo insequimur, aut ipse judicando. Restat igitur, ut ad emendationem suam semper mens solerter invigilet, et in quo sibi quisque misericorditer subveniri considerat, hoc necesse est ut confitens tergat (*cap.* 14 *et* 16). Et quoniam fidelis quisque cogitationes in judicio exquiri subtiliter non ignorat, Paulo attestante, qui ait : *Inter se invicem cogitationum accusantium, aut etiam defendentium semetipsum introrsum discutiens* (*Rom.* II, 15), ante judicium vehementer examinet, ut districtus judex eo jam tranquillius veniat, quo reatum suum, quem discutere appetit, jam pro culpa punitum cernit (*cap.* 16), et ignoscendo jam in suo judicio impunita derelinquit, quæ animadversione spontanea punita videt, Paulo attestante, qui ait : *Si nosmetipsos dijudicaremus, non utique a Domino judicaremur* (*II Cor.* XI, 31). » Tanto igitur arctiore manu pœnitentiæ mens a pollutione tergenda est, quanto se conspicit sordidius inquinatam. Neque enim par fructus esse boni operis debet ejus qui minus, et ejus qui amplius deliquit, aut ejus qui in nullis et ejus qui in quibusdam facinoribus cecidit. Per hoc enim quod dicitur : *Facite ergo fructus dignos pœnitentiæ* (*Luc.* III, 8), cujusque conscientia convenitur, ut tanto majora quærat bonorum operum lucra per pœnitentiam, quanto graviora sibi intulit damna per culpam. (*Hom.* 34.) « Ecce ipsa divina misericordia pollicetur, dicens : *Gaudium erit in cælo super uno peccatore pœnitentiam agente* (*Luc.* XV, 7), et tamen per prophetam Dominus dicit, quia *Quacunque die peccaverit justus, omnes justitiæ ejus in oblivione erunt coram me* (*Ezech.* XXXIII, 13). Pensemus si possumus dispensationem supernæ pietatis. Stantibus si ceciderint minatur pœnam, lapsis vero si surgere appetant, promittit misericordiam. Illos terret ne præsumant in bonis, istos refovet ne desperent in malis. Justus es, iram pertimesce ne corruas : peccator es, de misericordia confide ut surgas. Ecce autem jam lapsi sumus, stare nequaquam valuimus, in pravis nostris desideriis jacemus : sed qui nos rectos condidit, adhuc exspectat et provocat ut surgamus, sinum suæ pietatis aperit, nosque a se recipi per pœnitentiam quærit. Sed pœnitentiam digni agere non possumus, nisi modum quoque ejusdem pœnitentiæ cognoscamus. Pœnitentiam quoque agere est, et perpetrata mala plangere, et plangenda non perpetrare. Nam qui sic alia deplorat, ut tamen alia committat, adhuc pœnitentiam agere aut ignorat aut dissimulat. Quid enim prodest si peccata quis luxuriæ defleat, et tamen adhuc avaritiæ æstibus anhelet ? aut quid prodest si iræ culpas jam lugeat, et tamen adhuc invidiæ facibus tabescat ? » Quo contra Dominus dicit : *Si quis vult post me venire abneget semetipsum* (*Matth.* XVI, 24). Idem superbus humilis, luxuriosus castus, avarus misericordiæ operibus deditus, invidus benignus, iracundus patiens fiat, et tollat crucem suam et sequatur Christum. Idem castiget corpus suum per continentiam, et compatiatur proximis per charitatem, vigilans in his virtutibus contra vitia vicina, videlicet in abstinentia contra vanam gloriam, et in animi compassione contra pietatem falsam, quia compassio homini, et rectitudo vitiis debetur, et in uno eodemque homine et diligamus bonum quod factum est, et persequamur mala quæ fecit. Unde iterum Dominus dicit : *Qui non odit proximos suos, adhuc autem et animam suam, non potest meus esse discipulus* (*Luc.* XIV, 26). (*Hom.* 37.) « Tunc etenim bene animam nostram odimus, cum ejus carnalibus desideriis non acquiescimus, cum ejus appetitum frangimus, cum ejus voluptatibus reluctamur. Quæ ergo contempta ad melius ducitur, quasi per odium amatur. Sic etiam exhibere proximis nostris odii discretionem debemus, ut in eis et diligamus quod sunt, et habeamus odio quod in Dei itinere vel sibi vel nobis obsistunt, » repleti amore mundi vacui Spiritu sancto, de quo dicit Apostolus : *Si quis spiritum Christi non habet, hic non est ejus* (*Rom.* VIII, 9). (*Hom.* 24.) « Quasi quidam titulus divinæ possessionis est ipse spiritus amoris. Nunquidnam spiritum Christi habet is, cujus mentem odia dissipant, elatio inflat, ira usque ad divisionem mentis exasperat, invidia cruciat, luxuria enervat ? » Quisque namque ille est, quem nunc spiritus iste non reparat, profecto ab illius æterni convivii refectione jejunat. Qui ergo in Christum jam credidit, sed adhuc avaritiæ lucra sectatur, in superbia honoris extollitur, invidiæ facibus inardescit, libidinis se immunditia polluit, prospera quæ in mundo sunt concupiscit, Jesum in quo credidit sequi contemnit.

CAPUT II.

De fuga avaritiæ, superbiæ, luxuriæ, gulæ, invidiæ, et iræ, deque zelo, et quod diabolus per hæc maxime vitia semper insidiatus sit.

Nam de avaritia Paulus dicit : *Radix omnium malorum est cupiditas et avaritia quæ est idolorum servitus* (*I Tim.* VI, 10). Cujus voci quisque se tradit, fastidiens propria aliena concupiscit, et plerumque concupita adipisci non valens, dies quidem in otium, noctes vero in cogitationes versat. Torpet ab utili opere, quia fatigatur illicita cogitatione. Consilia multiplicat, et sinum mentis cogitationum ventis latius expandit. Pervenire ad concupita satagit, atque ad obtinenda hæc quosdam secretissimos causarum meatus quærit. Qui mox ut causæ aliquid subtile invenisse se æstimat, jam obtinuisse quod cupierat exsultat, jam quod etiam adeptæ rei adjungat excogitat, atque ut in meliori statu debeat excoli pertractat. Quam quia jam quasi possidet, et quasi ad meliorem statum adducit, mox insidias invidentium considerat, et quid contra se jurgii moveatur pensat, exquirit quid respondeat, et cum rem nullam teneat, jam in defensionem rei quam appetit vacuus litigator elaborat. Quamvis ergo nihil de re concupita receperit, habet tamen in corde jam fructum concupiscentiæ, laborem rixæ, cui sic ut sollicite ambulans cum Deo dicit : *Meditatio cordis mei in conspectu tuo semper* (*Psal.* xviii, 15). Ita et avarus, vel cuilibet vitio subjectus, quoniam a quo vitio quis devincitur, ejus servus efficitur, qui enim facit peccatum servus est peccati, avaritiæ vel cui vitio servit, moribus et desiderio dicit : *Meditatio cordis mei in conspectu tuo semper;* quia, testante Domino : Ubi cujusquam thesaurus fuerit, ibi et cor ejus erit (*Matth.* vi, 21). (*Moral.* lib. xv, c. 18, 19.) « Gravi itaque populo premitur qui instigantis avaritiæ tumultu vastatur : quoniam avaritia non una quælibet, sed ea culpa est, de qua omnes oriuntur. Scriptum quippe est, ut prædiximus : *Radix omnium malorum est cupiditas* (*I Tim.* vi, 10). Cui ergo cupiditas dominari dicitur, subjectus procul dubio malis omnibus demonstratur. De quo scriptum est, quoniam *confringens nudavit pauperis domum, rapuit et non ædificavit eam, non est satiatus venter ejus* (*Job* xx, 19, 20). Domum pauperis confringit et nudat, qui eum quem per potentiam conterit, exspoliare quoque per avaritiam non erubescit : rapit eam et non ædificat, ac si aperte diceretur : Qui hanc ædificare debuit insuper rapit. Venturus namque in judicio Dominus dicturus est reprobis : *Esurivi et non dedistis mihi manducare;* ex qua culpa subjungit : *Discedite a me, maledicti, in ignem æternum, qui paratus est diabolo et angelis ejus* (*Matth.* xxv, 42). Si igitur tanta pœna multatur qui non dedisse convincitur, qua pœna feriendus est qui redarguitur abstulisse? Rapuit ergo et non ædificavit eam, quia non solum de suo nihil tribuit, sed etiam quod erat alienum tulit. » (*Pastoral.* lib. iii, c. 21.) « Et plerumque quidam divites quanta tribuunt pensant, quanta autem rapiunt considerare dissimulant : quasi mercedem numerant, et perpendere culpas recusant. Audiant itaque quod scriptum est : *Qui mercedes congregavit, misit eas in sacculum pertusum* (*Agg.* i, 6). In sacculo quippe pertuso videtur quando pecunia mittitur, sed quando amittitur non videtur. Qui ergo quanta largiuntur aspiciunt, sed quanta rapiunt non perpendunt, in pertuso sacculo mercedes mittunt, quia profecto has in spem suæ fiduciæ intuentes congerunt, sed non intuentes perdunt (*ibid.*). Et nonnulli divites hujus mundi, cum fame cruciantur Christi pauperes, effusis largitatibus nutriunt histriones, et tot pene quotidie perimunt, quot morientium pauperum apud se subsidia abscondunt. Sunt etiam nonnulli, qui jam sua misericorditer largiuntur, sed se custodire a peccatis negligunt, et venalem Dei justitiam æstimant, cum curant pro peccatis nummos tribuere, et arbitrantur se posse inulte peccare. Et sunt nonnulli di-

vites, qui sufficienter de suis habere possent, si modum cupiditati imponere voluissent, quibus dicitur : *Væ qui conjungitis domum ad domum, et agrum agro copulatis usque ad terminum loci, nunquid habitabitis soli vos in medio terræ?* (*Isa.* v, 8), ac si aperte diceret : Quousque vos extenditis, qui habere in communi mundo consortes minime potestis? conjunctos quidem premitis, sed contra quos vos valeatis extendere semper invenitis. Quibus iterum dicitur : *Væ ei qui multiplicat non sua, usquequo aggravat contra se densum lutum* (*Habac.* ii, 6). Avaro quippe densum lutum contra se aggravare est, terrena lucra cum pondere peccati cumulare. Unde iterum scriptum est : *Avarus non implebitur pecunia, et qui amat divitias fructus non capiet ex eis* (*Eccle.* v, 9). Fructus quippe ex eis caperet, si bene eas spargere non amando voluisset; quia vero eas diligendo retinet, hic utique eas sine fructu derelinquet. De quo scriptum est : *Qui festinat ditari non erit innocens* (*Prov.* xxviii, 20). Profecto enim qui augere opes ambit, vitare peccatum negligit, et more avium captus, cum escam terrenarum rerum avidus conspicit, quo stranguletur peccati laqueo non agnoscit : et cum quælibet præsentis mundi lucra cupidi desiderant, ea quæ de futuro damna patiuntur ignorant. Audiant igitur quod scriptum est : *Quid prodest homini, si totum quod extra est congregat, si hoc solum quod ipse est damnat?* De quo qui se damnare non timet, et non impletur pecunia, iterum scriptum est : *Non est satiatus venter ejus* (*Job* xx, 20). » (*Moral.* lib. xv, c. 19.) « Venter quippe iniqui avaritia est, quia in ipsa colligitur quidquid perverso desiderio glutitur. Liquet vero quia avaritia desideratis rebus non exstinguitur, sed augetur : nam more ignis cum ligna quæ consumat acceperit excrescit, et unde videtur ad momentum flamma comprimi, inde paulo post cernitur dilatari. Et sæpe omnipotens Deus, cum avaræ menti vehementer irascitur, prius ei permittit ad votum cuncta suppetere, et post hæc per ultionem subtrahit, ut pro his debeat supplicia tolerare (*cap.* 20). Unde et subditur : *Et cum habuerit quæ concupierat, possidere non poterit* (*ibid.*). Majoris quippe iracundiæ est, cum et hoc tribuitur quod male desideratur, atque inde repentina ultio sequitur, quia hoc obtinuit quod, Deo irascente, concupivit. Solent namque tardius apparere divina judicia cum præpediuntur, ne impleri debeant mala vota. Nam quanto citius malum votum impleri permittitur, plerumque tanto celerius punitur (*cap.* 22). Unde recte dicitur : *Cum satiatus fuerit, arctabitur* (*Job* xx, 22). Prius quippe anhelat per avaritiam concupita congregare, et cum quasi in quodam ventre avaritiæ multa congesserit, satiatus arctabitur, quia dum anxiatur qualiter acquisita custodiat, ipsa eum sua satietas angustat, quia mens avari, quæ prius ex abundantia requiem quæsierat, post ad custodiam gravius laborat (*cap.* 23), et qui prius laborem habuit in ipsa suæ concupiscentiæ fatigatione, qualiter concupita raperet, quomodo alia blandimentis, alia terroribus auferret, postquam acquisitis rebus pervenit ad desiderium, alius hunc dolor fatigat, ut cum sollicito timore custodiat quod cum gravi labore meminit acquisitum. Hinc inde insidiatores metuit, atque hoc se perpeti quod ipse fecit aliis pertimescit. Formidat potentiorem alterum, ne eum sustineat violentum : pauperum vero cum conspicit, suspicatur furem. Ipsa quoque quæ congesta sunt, curat magnopere ne ex naturæ propriæ defectu per negligentiam consumantur. In his itaque omnibus, quia timor ipse pœna est, tanta infelix patitur quanta pati timet. Post hoc quoque ad gehennam ducitur, æternis cruciatibus mancipatur. Mira autem est securitas cordis aliena non quærere, ex qua videlicet securitate etiam perennis requies nascitur, quia bona et tranquilla cogitatione ad gaudia æterna transitur (*cap.* 26). Sed qui in potestate positus aliis nocet, *fulgurans* dicitur, quia unde ipse contra bonos quasi ex luce gloriæ extollitur, inde bonorum vita cruciatur (*cap.* 29). Qui qua ultione sit feriendus dicitur : *Devorabit*, inquit, *eum ignis qui non succenditur* (*Job* xx, 25) : quibus paucis verbis miro valde modo expressus est ignis gehennæ. Ignis namque corporeus, ut esse ignis valeat, corporeis indiget fomentis. Qui cum necesse est ut servetur, per congesta ligna procul dubio nutritur, nec valet nisi succensus esse, et nisi refotus subsistere. At contra gehennæ ignis, cum sit corporeus, et in se missos reprobos corporaliter exurat, nec ex studio proprio succenditur, nec lignis nutritur, sed creatus semel durat inexstinguibilis, et succensione non indiget, et ardore non caret : quia omnipotentis justitia futurorum præscia, ab ipsa mundi origine gehennæ ignem creavit, qui in pœna reproborum esse semel inciperet, sed ardorem suum etiam sine lignis nunquam finiret. Sciendum vero est, quod omnes reprobi, quia ex anima simul et carne peccaverunt, illic in anima pariter et carne cruciantur (*cap.* 30). Quam videlicet carnem cum in resurrectione recipient, cum ea gehennæ ignibus ardebunt traditi. Et tunc ab ea abduci appetent, tunc ejus tormenta evadere si potuerint quærent, tunc incipient velle vitare quod amaverunt : sed quia eamdem carnem Deo contrariam posuerunt, judicante Deo, agetur, ut ex ea amplius igne crucientur. Hic itaque eam amplius relinquere non appetent, et tamen ab ea abstrahuntur : illic eam relinquere appetunt, et tamen in ea propter supplicia servabuntur. Ad augmentum itaque tormenti, et hic de corpore nolentes educuntur, et illic in corpore tenebuntur inviti ; » et quibus inimicus pedicam cum culpa sub terrenis commodis, et decipulam cum esca, id est lucrum cum culpa et prosperitatem cum iniquitate posuit, illic pœnam retributionis effugere non poterunt quam ministrabit : et effugium in dolore constringente, ad orationem atque sapientiam oculis aperientibus sapientia minime proderit, quia hic, ubi operari debuerunt et potuerunt, operandi tempus amiserunt, ubi a voluptate clausos cordis oculos

A habuerunt. Et talis est fructus avaritiæ, et talis sequitur remunerationis effectus. Quæ profecto avaritia bene compescitur, si ipse status ambientis sollicite consideratur. Nam cur instet ad colligendum, quando stare non potest ipse qui colligit ? Cursum ergo suum quisque consideret, et cognoscat sibi sufficere parva quæ habet : sed fortasse metuit ne in hujus vitæ itinere sumptus desit : longa nostra desideria increpat via brevis, incassum multa portantur, cum juxta est quo pergitur.

Alius se tyrannidi superbiæ subjicit, et cor miserum, dum contra homines erigit, vitio substernit. Honorum sublimium infulas appetit, exaltari successibus exquirit, totumque quod esse desiderat sibi apud semetipsum in cogitationibus depingit. Jam B quasi tribunal possidet, jam sibi parere obsequia subjectorum videt, jam cæteris eminet, jam aliis mala irrogat, aliis quia irrogaverint recompensat. Jam apud semetipsum stipatus cuneis ad publicum procedit, jam quibus obsequiis fulciatur conspicit, qui tamen hæc cogitans solus repetit. Jam alia conculcat, alia sublevat, jam de conculcatis satisfacit odiis, jam de sublevatis recipit favores. Qui igitur tot phantasmata cordi imprimit, quid iste aliud quam somnium vigilans videt ? Quia ergo tot rerum causas quas fingit tolerat, nimirum intrinsecus natas ex desideriis turbas portat. (*Moral.* lib. xxxiv, c. 23.) « Quasi enim tyrannus quidam obsessam civitatem intercipit, cum mentem superbia irrumpit ; et quo ditiorem quemque ceperit, eo in domino durior exsurgit, quia quo amplius res virtutis sine C humilitate agitur, eo latius ista dominatur. Quisquis vero ejus in se tyrannidem captiva mente susceperit, hoc primum damnum patitur, quod clauso cordis oculo judicii æquitatem perdit. Nam cuncta quæ ab aliis vel bene geruntur displicent, et sola ei quæ ipse vel prave egerit placent. Semper aliena opera despicit, semper miratur quod facit : quia et quidquid egerit, egisse se singulariter credit, atque in eo quod exhibet per gloriæ cupiditatem, sibimetipsi favet per cogitationem, et cum se in cunctis transcendere cæteros æstimat, per lata cogitationum spatia secum deambulans, laudes suas tacitus clamat. Nonnunquam vero ad tantam elationem mens D ducitur, ut in eo quod tumet etiam per ostentationem locutionis effrenetur. Sed tanto facilis ruina sequitur, quanto apud se quisque imprudentius exaltatur. Hinc enim scriptum est : *Ante ruinam exaltatur cor* (*Prov.* vi, 18). Hinc per Danielem dicitur : *In aula Babylonis deambulabat rex; responditque et ait : Nonne hæc est Babylon magna, quam ego ædificavi in domum regni, in robore fortitudinis meæ, in gloria decoris mei?* (*Dan.* iv, 26, 27.) Sed hunc tumorem quam concita vindicta represserit, illico adjungit, dicens : *Cumque adhuc sermo esset in ore regis, vox de cœlo ruit : Tibi dicitur, Nabuchodonosor rex : Regnum tuum transibit a te, et ab hominibus te ejicient, et cum bestiis et feris erit habitatio tua : fenum quasi bos comedes, et septem tempora mutabuntur super te* (*Dan.* iv, 28, 29). Ecce quia tumor mentis usque ad aperta verba te protulit, patientia judicis protinus usque ad sententiam erupit, tantoque hunc districtius perculit, quanto se ejus superbia immoderatius erexit : et quia enumeranda bona duxit, in quibus sibi placuit, enumerata mala in quibus feriretur, audivit. » Cunctis namque superba apud se cogitatione tumentibus inest clamor in locutione, amaritudo in silentio, dissolutio in hilaritate, furor in tristitia, inhonestas in actione, honestas in imagine, electio in incessu, rancor in responsione. Horum semper est vita ad irrogandas contumelias valida, ad tolerandas infirma, ad obediendum pigra, ad lacessendos vero alios importuna, ad ea quæ facere et debet et prævalet ignara, ad ea autem quæ facere nec debet nec prævalet parata. Hæc in eo quod sponte non appetit nullis exhortationibus flectitur, ad hoc autem quod latenter desiderat quærit ut cogatur, quia dum metuit, ex desiderio suo vilescere, optat vim in sua voluntate tolerare. (*Moralium* l. xxxiv, c. 18.) « Sciendum vero est, quod ipsa hæc de qua tractamus elatio alios rebus sæcularibus, alios vero ex spiritalibus possidet. Alter namque intumescit auro, alter eloquio, alter infimis et terrenis rebus, alter summis cœlestibusque virtutibus : una tamen eademque res ante oculos Dei agitur, quamvis ad humana corda veniens in eorum obtutibus diverso amictu pallietur. Nam cum is qui de terrena prius gloria superbiebat, postmodum de sanctitate extollitur, nequaquam cor ejus elatio deseruit, sed ad eum consueta veniens, ut cognosci nequeat vestem mutavit. » Quibus dicitur : *Quid superbit terra et cinis?* (*Eccli.* x, 9.) (*Moral.* l. xxxiii, cap. 3.) « Duo quippe sunt vitia quæ humano generi immaniter dominantur, unum videlicet spiritus, atque aliud carnis : elatio namque spiritum erigit, luxuria carnem corrumpit. Antiquus itaque hostis humanum genus vel per elationem præcipue, vel per luxuriam premens, in secreto calami atque in locis humentibus dormit, quia damnatum hominem sub ditionibus suæ damnationis aut per elationem spiritus aut per carnis corruptionem tenet. » Sicut scriptum est : *Sanguisugæ duæ sunt filiæ dicentes : Affer, affer* (*Prov.* xxx, 15). Sanguisuga est diabolus, qui siti peccandi ad peccata suadendo incessanter accenditur. Huic duæ sunt filiæ, quia duæ specialiter humani generis illecebræ hunc antiqui hostis imitantes ardorem, luxuria videlicet et philargyria. Nam et luxuriæ quo liberius frena laxantur, eo noxius delectatur, et sicut quidam ait poetarum (Juvenal., *sat.* 14),

> Crescit amor nummi quantum ipsa pecunia crescit.

Quosdam vero in his omnibus possidet, quia cum eos superbiæ spiritus elevat ad tumorem suæ altitudinis, inverecundæ corruptioni inclinat, atque avaritiæ insatiabilitati substernit. Perpendant igitur luxuriosi qualem inhabitatorem, scilicet diabolum, habeant, qui, sicut Scriptura dicit, in locis humen-

tibus, id est in lascivis et luxuria fetentibus cordibus, requiescit, quos secum ad æterna tormenta per luxuriam præparat. De quibus scriptum est : *Vestimentum mistum sanguine erit in combustionem et cibus ignis* (*Isa.* ix, 5) : quia corpus quo vestitur anima, pollutum carnalibus operibus, nisi lacrymis lotum et dignis pœnitentiæ fructibus fuerit expiatum, in æterni ignis combustione ardebit. Tales enim Scriptura denotat dicens : *Computruerunt jumenta in stercore suo* (*Joel.* i, 17). « Jumenta computrescere in stercore suo est, carnales quosque in fetore luxuriæ vitam finire. Quoties itaque carnalem mentem de suis peccatis prædicatores increpant, quoties ad ejus memoriam vitia ante acta redeunt, quasi infructuosæ arbori cophinum stercoris versant, ut malorum quæ egit memoriam recolat, et ad compunctionis gratiam quasi de fetore pinguescat, mittitur ergo cophinus stercoris ad radicem arboris, quando pravitatis suæ conscientia tangitur memoria cogitationis, cumque se per pœnitentiam ad lamenta mens excitat, cumque ad bonæ operationis gratiam reformat, quasi per tactum stercoris redit ad fecunditatem operis radix cordis : plangit quod fecisse se meminit, displicet sibi qualem fuisse se recolit, intentionem contra se dirigit, atque ad meliora animum accendit. Ex fetore igitur ad fructum reviviscit arbor, quia de consideratione peccati ad bona se opera resuscitat animus, exaudiens Paulum dicentem : *Fugite fornicationem* (*I Cor.* vi, 18); et Salomonem : *Ne des alienis honorem tuum, et annos tuos crudeli* (*Prov.* v, 9); id est, ne honorem, quo ad imaginem Dei creatus es, immundorum spirituum voluptatibus subdas, neque accepta vivendi spatia ad libitum adversarii minutis expendas. Cuicunque enim sceleri quisque subjicitur, in hoc profecto dominatui malignorum spirituum mancipatur. Unde et dicitur : *Ne forte impleantur extranei viribus tuis, et labores tui sint in domo aliena* (*ibid.*, 10); id est, ne dæmoniorum facta adjuves, si vel ingenium animi, vel corporis tui vires, ad patranda facinora contradas, domumque alienam, id est numerum perditorum te adjecto multiplices : et gemas in novissimis, quando consumpseris carnes et corpus tuum, id est in pœnis gemere cogaris, quando non solum carnales illecebræ transeunt, sed et ipso corpore derelicto, anima quæ corpus gessit cuncta reddere compellitur. Considerent luxuriosi, quia cum Dominus carnis sceleribus servientibus commissa punire decrevisset, in ipsa qualitate ultionis notavit maculam criminis, cum sulphur et ignem super eos pluit, sicut sacra prodit historia (*Gen.* xix, 24). Quid enim in sulphure, nisi fetor carnis, et quid per ignem nisi ardor desiderii carnalis exprimitur? Sulphur quippe fetorem habet, ignis ardorem. Qui itaque ad perversa desideria ex carnis fetore arserant, dignum fuit ut simul cum sulphure et igne perirent : quatenus ex justa pœna discerent ex injusto desiderio quid fecissent. Ex hac vindicta, quam in corpore positi luxuriosi sustinuerunt, perpendere debent luxuriantes quid in æterno igne simul cum anima et corpore sustinebunt, ubi *vermis eorum non morietur, et ignis eorum non exstinguetur* (*Isa.* LXVI, 24), nisi per dignos pœnitentiæ fructus, et per convenientia lamenta deserentes mala, et facientes bona, maculas carnis simul et corda studuerint emundare. Verum et in hac vita sæpius contingit, ut qui in adolescentia luxuriose vivendo habita dispenserant, tempore senectutis inopia deficiant, et refrigescenti calore carnis, ac flore juventutis marcescente, rebus suis quas lascive vendiderant alios uti conspiciant, gementesque sera pœnitentia dicant quæ sequuntur : *Cur detestatus sum disciplinam, et increpationibus non acquievit cor meum?* (*Prov.* v, 12.) » (*Moral.* lib. XXI, c. 9.) « Nonnulla namque peccata animam polluunt, crimina vero exstinguunt. Unde beatus Job crimen luxuriæ definiens ait : *Ignis est usque ad perditionem devorans* (*Job* XXI, 12) : quia nimirum reatus facinoris, non usque ad participationem maculat, sed usque ad perditionem devorat. Et quia quælibet alia fuerint bona opera, si luxuriæ scelus non abluitur, immensitate hujus criminis obruuntur, secutus adjunxit, *et omnia eradicans genimina.* Genimina quippe sunt operationes bonæ animæ. Cui tamen si perverso ordine caro dominatur igne luxuriæ, omnia bene prolata concremantur. Nulla quippe ante omnipotentis Dei oculos justitiæ pietatisque sunt opera, quæ corruptionis contagio monstrantur immunda. » Et quia pro ordine membrorum distribuitur sæpe ordo vitiorum. Nam venter cibo et vino distentus facile despumat in libidines, sicut et fimus complutus facile vermes generat.

Nonnulli ordinem certaminis ignorantes edomare gulam negligunt, et jamjam ad spiritalia bella consurgunt. Qui aliquando multa etiam quæ magnæ sunt fortitudinis faciunt, sed, dominante gulæ vitio, per carnis illecebram omne quod fortiter egerint perdunt : et dum venter non restringitur, per carnis concupiscentiam simul cunctæ virtutes obruuntur. (*Pastor.* CXI, cap. 20.) « Unde et Nabuchodonosor vincente scribitur (*IV Reg.* XXV, 8) : Princeps cocorum destruxit muros Jerusalem Princeps namque cocorum est venter, cui cum magna cura obsequium a cocis impenditur, ut ipse delectabiliter cibis impleatur. Muri autem Jerusalem virtutes sunt animæ ad desiderium supernæ pacis elevatæ. Cocorum igitur princeps muros Jerusalem dejicit, quia dum venter ingluvie tenditur, virtutes animæ per luxuriam destruuntur. » Quo contra Dominus dicit in Evangelio : *Attendite nobis, ne forte graventur corda vestra in crapula, et ebrietate, et curis hujus sæculi?* (*Luc.* XXI, 34). Ubi utilis quoque pavor adjungitur : *Et superveniat in vos dies illa repentina, tanquam laqueus enim superveniet in omnes qui sedent super faciem omnis terræ.* (*Pastoral.*, ibid.) « Admonendi sunt gulæ dediti, ne in eo quod escarum delectationi incumbunt, luxuriæ se mucrone transfigant : quanta sibi per esum loquacitas, quanta mentis lenitas in-

sidietur aspiciant, ne dum ventri molliter serviunt, vitiorum laqueis crudeliter astringantur. » Quia enim gulæ deditos levitas protinus operis sequitur, auctoritas sacra testatur dicens : *Sedit populus manducare et bibere, et surrexerunt ludere* (*Exod.* XXXII, 6). Quos plerumque edacitas usque ad luxuriam pertrahit : quoniam dum satietate venter extenditur, aculei libidinis excitantur. Unde et hosti callido, qui primi hominis sensum in concupiscentia pomi aperuit, sed in peccati laqueo constrinxit, divina voce dicitur : *Pectore et ventre repes* (*Gen.* III, 14); ac si ei aperte diceretur : Cogitatione et ingluvie super humana corda dominaberis. Tanto enim longius a secundo parente scilicet Christo receditur, quanto per immoderatum usum, dum manus ad cibum tenditur, parentis primi, id est Adæ terreni, lapsus iteratur. Sciendum est etiam quia quinque nos modis vitium gulæ tentat. Sed cur eosdem modos hic exponere debeam? cum non solum ex usu jam ebrietas apud multos teneatur, verum etiam quidam miseri homines, quasi pro virtute se jactent et glorientur, quia multum bibere et alios inebriare possint, non attendentes quod Dominus per prophetam comminatur dicens : *Væ his qui potentes sunt ad bibendum vinum, et viri fortes ad miscendum ebrietatem* (*Isa.* v, 22); et per Apostolum præcipit : *Nolite inebriari vino, in quo est luxuria* (*Ephes.* v, 18), quia *ebriosi regnum Dei non possidebunt* (*I Cor.* VI, 10); et Salomon : *Noli regibus,* inquit, *o Lamuel, noli regibus,* id est omnibus in omni ordine ac sexu qui se et alios regere debent, *dare vinum immoderate, quia nullum secretum est ubi regnat ebrietas, ne forte bibant et obliviscantur judiciorum justorum, et mutent causam filiorum hominum* (*Prov.* XXXI, 4). Et item sacra Scriptura dicit : *Vinum in jucunditatem creatum est, et non in ebrietatem ab initio : exsultatio animæ et cordis vinum moderate potatum : sanitas est et corporis et animi, sobrietas potus* (*Eccli.* XXXI, 35). *Vigilia est enim et cholera viro infrunito* (*ibid.*, 23), *et modestus ac temperatus cibus et carni et animæ utilis est. Vinum multum potatum irritationem, et iram, et ruinas multas facit. Amaritudo animi vinum multum potatum. Ebrietatis animositas imprudentis offensio, minorans virtutem et faciens vulnera. In convivio vini non arguas proximum, et non despicias eum in jucunditate illius : verba improperii non dicas illi, et non premas* (*ibid.,* 38). *Operarius ebriosus non locupletabitur, vinum et mulieres apostatare faciunt sapientes, et arguunt sensatos, et qui se jungit fornicariis erit nequam, putredo et vermes hæreditabunt illum* (*Eccli.* XIX, 1).

(*Moralium* lib. v, c. 31.) « Alius se invidiæ dominio subjicit : cui necesse est considerare, quia quamvis per omne vitium quod perpetratur humanis cordibus antiqui hostis virus infundatur, in hac tamen nequitia tota sua viscera serpens concutit, et imprimendæ malitiæ peste movet. De quo nimirum scriptum est : *Invidia diaboli mors intravit in orbem terrarum* (*Sap.* II, 24). Nam cum devictum cor livoris putredo corruperit, ipsa quoque exteriora indicant quam graviter animum vesania instigat. Color quippe pallore afficitur, oculi deprimuntur, mens accenditur, et membra frigescunt : fit in cogitatione rabies, in dentibus stridor. Cumque in latebris cordis crescens absconditur odium, dolore cæco terebrat conscientiam vulnus inclusum. Nil lætum de propriis libet, quia tabescentem mentem sua pœna sauciat, quam felicitas torquet aliena. Quantaque extranei operis in altum fabrica jacitur, tanto fundamentum mentis lividæ profundius suffoditur, ut quo alii ad meliora properant, eo ipsa deterius ruat. Qua ruina videlicet etiam illud destruitur, quod in aliis actibus perfecto opere surrexisse putabatur. Nam invidia cum mentem tabefecerit, cuncta quæ invenerit bene gesta consumit. Unde bene per Salomonem dicitur : *Vita carnium sanitas cordis, putredo ossium invidia* (*Prov.* xiv, 30). Quid enim per carnem, nisi infirma quædam ac tenera, et quid per ossa, nisi fortia acta signantur ? Et plerumque contingit, ut quidam cum vera cordis innocentia in nonnullis suis actibus infirmi videantur, quidam vero jam quædam ante humanos oculos robusta exerceant, sed tamen erga aliorum bona intus invidiæ pestilentia tabescant. Bene ergo dicitur : *Vita carnium sanitas cordis*, quia si mentis innocentia custoditur, etiam si qua foris infirma sint quandoque roborantur. Et recte subditur, *Putredo ossium invidia*, quia per livoris vitium ante Dei oculos pereunt etiam fortia acta virtutum. Ossa quippe per invidiam putrescere est, quædam etiam robusta deperire. Sed cur hæc de invidia dicimus, si non etiam qualiter eruatur intimemus ? Difficile namque est ut hoc alteri non invideat, quod adipisci alter exoptat : quia quidquid temporale percipitur, tanto fit minus singulis, quanto dividitur in multis : et idcirco desiderantis mentem livor excruciat, quia hoc quod appetit, aut funditus alter accipiens adimit, aut a quantitate restringit. Qui ergo livoris peste plene carere desiderat, illam hæreditatem diligat, quam cohæredum numerus non angustat : quæ et omnibus una est, et singulis tota : quæ tanto largior ostenditur, quanto ad hanc percipientium multitudo dilatatur. Imminutio ergo livoris est affectus surgens internæ dulcedinis, et plena mors ejus est perfectus amor æternitatis. Nam cum mens ab hujus rei appetitu retrahitur, quæ accipientium numero partitur, tanto magis proximum diligit, quanto minus ex profectu illius sua damna pertimescit : quæ si perfecte in amorem cœlestis patriæ rapitur, plene etiam in proximi dilectione solidatur : quia cum nulla terrena desiderat, nihil est quod ejus erga proximum charitati contradicat. Quæ nimirum charitas quid est aliud quam mentis oculus, qui si terreni amoris pulvere tangitur, ab internæ lucis mox intuitu læsus reverberatur ? »

Alius iræ se dominio stravit : ecquid in corde nisi jurgia etiam quæ desunt peragit ? Hic sæpe præsentes non videt, absentibus contradicit, inter semetipsum contumelias profert et recipit : receptis autem durius respondet, et cum qui obviet nullus adsit,

magnis clamoribus rixas in corde componit. Turbam itaque hic intus sustinet, quem pondus vehemens inflammatæ cogitationis premit. Quanta sit ergo iracundiæ culpa pensemus, per quam mansuetudo amittitur, supernæ imaginis similitudo vitiatur. Per iram sapientia perditur, ut quid quove ordine agendum sit omnino nesciatur, sicut scriptum est, *Ira in sinu stulti requiescit* (*Eccle.* vii, 10), quia nimirum intelligentiæ lucem subtrahit, cum mentem promovendo confundit. Per iram vita amittitur, etsi sapientia teneri videatur, sicut scriptum est : *Ira perdit etiam prudentes*, quia scilicet confusus animus nequaquam explet, etiam si quid intelligere prudenter valet. Per iram justitia relinquitur, sicut scriptum est : *Ira viri justitiam Dei non operatur* (*Jac.* i, 20), quia dum turbata mens judicium suæ rationis exasperat, omne quod fortiter suggerit, rectum putat. Per iram gratia vitæ socialis amittitur, sicut scriptum est : *Noli esse assiduus cum homine iracundo, ne discas semitas ejus, et sumas scandalum animæ tuæ* (*Prov.* xxii, 24) : quia qui se ex humana ratione non temperat, necesse est ut bestialiter solus vivat. Per iram concordia rumpitur, sicut scriptum est : *Vir animosus parit rixas, et vir iracundus effundit peccata* (*Prov.* xvi, 21). Iracundus quippe peccata effundit, quia etiam malos quos incaute ad discordiam provocat pejores facit. Per iram lux veritatis amittitur, sicut scriptum est : *Sol non occidat super iracundiam vestram* (*Ephes.* iv, 26) : quia cum iracundia menti confusionis tenebras incutit, huic Deus radium suæ cognitionis abscondit. Per iram sancti Spiritus splendor excluditur : quo contra, juxta vetustam translationem, scriptum est : *Super quem requiescet spiritus meus, nisi super humilem, et quietum, et trementem sermones suos?* Cum enim humilem diceret, quietum protinus adjunxit. Si ergo ira quietem mentis subtrahit, suam sancto Spiritui habitationem claudit : cujus recessione animus vacuus ad apertam mox insaniam ducitur, et usque ad superficiem ab intimo cogitationum fundamento dissipatur. Nam iræ suæ stimulis accensum cor palpitat, corpus tremit, lingua se præpedit, facies ignescit, exasperantur oculi, et nequaquam recognoscuntur noti. Ore quidem clamorem format, sed sensus quid loquitur ignorat. In quo itaque iste ab arreptitiis longe est, qui actionis suæ conscius non est ? Unde fit plerumque, ut usque ad manus ira prosiliat, et quo ratio longius recedit, audacior exsurgat ; seque ipsum retinere animus non valet, quia factus est potestatis alienæ, et eo furor membra foras in ictibus exerit, quo intus ipsam membrorum dominam mentem captivam tenet. Aliquando autem manus non exerit, sed in maledictionis jaculum linguam vertit. Fratris namque interitum precibus exposcit, et hoc Deum perpetrare expetit, quod ipse perversus homo facere vel metuit, vel erubescit. Fitque ut voto et voce homicidium peragat, etiam cum a læsione proximi manibus cessat. Aliquando ira perturbato animo quasi ex judicio silentium indicit, et quo se foras per linguam non exprimit, intus deterior ignescit, ut iratus quisque collocutionem suam proximo subtrahat, et nihil dicendo quam sit aversus dicat. Et nonnunquam hæc silentii severitas disciplinæ dispensationem gerit, si tamen sollicite in intimis discretionibus forma teneatur. Nonnunquam vero, dum accensus animus a consueta locutione restringitur, per accessum temporis penitus a proximi dilectione separatur, et acriores stimuli ad mentem veniunt, causæ quoque quæ gravius exasperant oriuntur, atque in irati oculo festuca in trabem vertitur, dum ira in odium permutatur. Plerumque ira per silentium clausa intra mentem vehementius æstuat, et clamosas tacita voces format. Verba sibi quibus exasperatur objicit, et quasi in causæ examine posita, durius exasperata respondet, quod Salomon breviter insinuat dicens : *Præstolatio impiorum furor* (*Prov.* xi, 23). Sicque fit ut perturbatus animus majorem strepitum in suo silentio sentiat, cum eum gravius clausa flamma consumit. Unde bene ante nos quidam sapiens dixit : Cogitationes iracundi vipereæ sunt generationes, mentem comedunt matrem suam. Sciendum vero est quod nonnullos ira citius accendit, facilius deserit : nonnullos vero tarde quidem commovet, sed durius tenet. Alii namque, accensis calamis similes, dum vocibus perstrepunt, quasi quosdam accensionis suæ sonitus reddunt : citius quidem flammam faciunt, sed protinus in favillam frigescunt. Alii autem, lignis gravioribus durioribusque non dispares, accensionem tardi suscipiunt, sed accensi semel difficilius exstinguuntur, et quia se tardius in asperitatem concitant, furoris sui durius ignem servant. Alii autem, quod est nequius, et citius iracundiæ flammas accipiunt, et tardius deponunt. Nonnulli vero has et tarde suscipiunt, et citius amittunt. In quibus nimirum quatuor modis liquido lector agnoscit, quia et ad tranquillitatis bonum ultimus plus quam primus appropinquat, et in malo quidem secundum tertius superat. Sed quid prodest quod iracundia quomodo mentem teneat dicimus, si non etiam qualiter compesci debeat exprimamus? Duobus etenim modis fracta possidere animum ira desuescit. Primus quippe est, ut mens sollicita, antequam agere quidlibet incipiat, omnes sibi quas pati potest contumelias proponat, quatenus Redemptoris sui probra cogitans, ad adversa toleranda se præparet. Quæ nimirum venientia tanto fortius excipit, quanto se cautius ex præscientia armavit. Qui enim improvidus ab adversitate deprehenditur, quasi ab hoste dormiens invenitur, eumque citius inimicus necat, quia non repugnantem perforat. Nam qui mala imminentia per sollicitudinem prænotat, hostiles incursus quasi in insidiis vigilans exspectat, et inde ad victoriam valenter accingitur, unde nesciens deprehendi putabatur. Solerter ergo animus ante actionis suæ primordia cuncta debet adversa meditari, ut semper hæc cogitans, semper contra hæc thorace patientiæ munitus, et quidquid accesserit providus superet,

et quidquid non accesserit lucrum putet. Secundus autem servandæ mansuetudinis modus est, ut cum alienos excessus aspicimus, nostra quibus in aliis excessimus delicta cogitemus. Considerata quippe infirmitas propria mala nobis excusat aliena. Patienter namque illatam injuriam tolerat, qui meminit quod fortasse adhuc habeat in quo debeat ipse tolerari. Et quasi aqua ignis exstinguitur, cum surgente furore animi sua cuique ad mentem culpa revocatur, quia erubescit peccato non parcere, qui vel Deo vel proximo sæpe recolit parcenda peccasse.

Sed inter hæc solerter sciendum est, quod alia est ira quam impatientia excitat, alia quam zelus format. Illa ex vitio, hæc ex virtute generatur. Si enim nulla ira ex virtute surgeret, divinæ animadversionis impetum Phinees per gladium non placasset. Hanc iram quia Heli non habuit, motum contra se implacabiliter supernæ ultionis excitavit. Nam quo contra subditorum vitia tepuit, eo contra illum districtio æterni rectoris exarsit. De hac ira per Psalmistam dicitur : *Irascimini et nolite peccare* (*Psal.* vi, 3). Quod nimirum non recte intelligunt, qui irasci nos nobis tantummodo, non etiam proximis delinquentibus volunt. Si enim sic proximos ut nos amare præcipimur, restat ut sic eorum errantibus sicut nostris vitiis irascamur. De hac per Salomonem dicitur : *Melior est ira risu* (*Eccle.* vii, 4), quia per tristitiam vultus corrigitur animus delinquentis. De hac iterum Psalmista ait : *Turbatus est præ ira oculus meus* (*Psal.* vi, 8). Ira quippe per vitium oculum mentis excæcat, ira autem per zelum turbat : quia quo saltem recti æmulatione concutitur, ea quæ nisi tranquillo corde percipi non potest contemplatio dissipatur. Ipse namque zelus rectitudinis, quia inquietudine mentem agitat, ejus mox aciem obscurat, ut altiora in commotione non videat, quæ bene prius tranquilla cernebat. Sed inde subtilius ad alta reducitur, unde ad tempus ne videat reverberatur. Nam ipsa recti æmulatio æterna post paululum in tranquillitatem largius aperit, quæ hic interim per commotionem claudit, et unde mens turbatur ne videat, inde proficit ut ad videndum verius clarescat, sicut infirmanti oculo cum collyrium immittitur, lux penitus necatur, sed inde eam post paululum veraciter recipit, unde hanc ad tempus salubriter amittit. Nunquam vero commotioni contemplatio jungitur, nec prævalet mens perturbata conspicere ad quod vix tranquilla valet inhiare, quia nec solis radius cernitur, cum commotæ nubes cœli faciem obducunt; nec turbatus fons respicientis imaginem reddit, quam tranquillus proprie ostendit, quia quo ejus unda palpitat, eo in se speciem similitudinis obscurat. Sed cum per zelum animus movetur, curandum summopere est, ne hæc eadem, quæ instrumento virtutis assumitur, menti ira dominetur, ne quasi domina præeat, sed velut ancilla ad obsequium parata, a rationis tergo nunquam recedat. Tunc enim robustius contra vitia exigitur, cum subditæ rationi famulatur. Nam quantumlibet ira ex zelo rectitudinis surgat, si immoderate mentem **A** vicerit, rationi protinus servire contemnit, et tanto se impudentius dilatat, quanto impatientiæ virus virtutem putat. Unde necesse est ut hoc ante omnia qui zelo rectitudinis movetur attendat, ne ira extra mentis dominium transeat; sed in ultione peccati tempus modumque considerans, surgentem animi perturbationem subtilius pertractando restringat, animositatem reprimat, et motus fervidos sub æquitate disponat, ut eo fiat justior ultor alienus quo prius exstitit victor suus : quatenus sic culpas delinquentium corrigat, ut ante ipse qui corrigit per patientiam crescat, ut fervorem suum transcendendo dijudicet, ne intemperanter excitatus, ipso zelo rectitudinis longe a rectitudine aberret. Quoniam qui semetipsum prius non judi- **B** cat, quid malum recte judicet ignorat, et si novit fortasse per auditum quod recte judicare debeat, tamen judicare aliena merita non valet, cui conscientia innocentiæ propriæ nullam judicii regulam præbet. Prius enim ipsi purgandi sunt, per quos aliorum culpæ feriuntur, ut ipsi jam mundi per ultionem veniant, qui aliorum vitia corrigere festinant, et cum contra nos ultio divini examinis cessat, nostra se conscientia ipsa reprehendat, atque ad lamenta pœnitentiæ ipsa se contra semetipsam erigat, nec contra bonos elata, et sibi humilis, sed contra se rigida sit; bonis vero omnibus submissa. Summopere igitur hæc vitia unicuique tendenti ad æternam vitam cavenda sunt, per quæ diabolus genus humanum ad æterna supplicia trahere festinat, et **C** hoc ab initio generis humani incœpit, et per omne tempus sæculi hujus in hoc suum studium exercet. Superbiæ quidem faciem menti Evæ supposuit, cum hanc ad contemnenda verba Dominicæ jussionis instigavit. Invidiæ quoque flamma Cain animum succendit, cum de accepto fratris sacrificio doluit, et per hoc usque ad fratricidii facinus pervenit. Luxuriæ faecibus cor Salomonis exussit, quem tanto mulieribus amore subdidit, ut usque ad idolorum venerationem deductus, dum carnis delectationem sequitur, Conditoris reverentiæ oblivisceretur. Avaritia quoque Achab animum concremavit, cum eum ad appetendam vineam alienam impatientibus desideriis impulit, et per hoc usque ad reatum homicidii pertraxit. Hæc est enim amphora os apertum habens, **D** quam vidit Zacharias propheta (*cap.* v) ferri a duabus mulieribus, quæ habebant alas milvi ad rapacitatem volantes : in cujus amphoræ medio sedebat mulier, quæ projecta est in medio amphoræ, et missa est in os ejus massa plumbea. Duæ enim mulieres habentes alas quasi alas milvi, duo sunt principalia vitia, superbia videlicet et vana gloria ferentes amphoram os apertum habentem, id est avaritiam lucris inhiantem. In cujus medio sedit mulier, id est impietas, in cujus scilicet impietatis os massa plumbea mittitur : quæ impietas avaritiæ suæ pondere gravatur, quia cujus mentem avaritia infecerit, ita gravem reddit, ut ad appetenda cœlestia sublimia attolli nequaquam pos-

A sit. Unde præcipit Dominus ut gibbum tolerans, id est terrenis inhians, non offerat panes Domino suo. Et superbia et vana gloria habent spiritum in alis milvinis : quoniam actiones illarum diabolo sunt proculdubio similes, qui insidiatur semper vitæ parvulorum. Et levant ipsam amphoram, scilicet cupiditatem, inter terram et cœlum, quia superbia et vana gloria hoc proprium habent, ut eum quem infecerint in cogitatione sua super cæteros homines extollant, et modo per ambitum rerum, modo per desiderium dignitatum, quem semel captum tenuerunt quasi in honore altitudinis elevant, et mentem per avaritiam ita elevant, ut quoslibet proximos despicientes quasi deserant, et alta gloriantes expetant. Sed tales quique, dum superbiunt, et eos **B** mente transeunt cum quibus sunt, et superioribus civibus minime junguntur. Et ipsa amphora dicitur portari in terram Sennaar, quæ interpretatur *fetor eorum* : quia radix est omnium malorum cupiditas, et quia quodlibet malum per avaritiam gignitur, dignum est ut domus avaritiæ in fetore construatur, quæ nonnullos cogit timoris vel amoris Dei oblivisci, et boni nominis opinionem relinquere, et sanctæ religionis ac fidei odorem, unde scriptum est : *Christi bonus odor sumus Deo* (*II Cor.* ii, 15).

CAPUT III.

De juramentis et perjuriis; quod sine dolo jurandum, et fides etiam hosti servanda sit; et de curiositate, detractione, peccatisque cogitationum.

De juramentis vitandis negligere, et sæpe quosdam **C** ad fallaciam, et ut ipsa fallacia abscondi possit, solent non solum ad jurationem, sed et interdum ad perjurium impellere, præter illam jurationem quæ ex mala consuetudine hominum usibus inolevit, cum Scriptura dicat : *Vir multum jurans non justificabitur* (*Eccli.* xxiii, 11). Consuetudo enim ejus non est bona. Quantum vero temeritatem jurandi vitare debeamus, et ipse Evangelio Dominus, et Jacobus in epistola sua docet dicens : *Ante omnia autem, fratres mei, nolite jurare, neque per cœlum, neque per terram, neque per aliud quodcunque juramentum; sit autem sermo vester, Est, est, Non, non, ut non sub judicio decidatis* (*Matth.* v, 34; *Jac.* v, 12) : illo videlicet judicio, sub quo decidit Herodes, ut vel pejerare, vel perjurium cavendo aliud necesse haberet **D** patrare flagitium. At si aliquid forte nos incautius jurasse contigerit, quod observatum scilicet pejorem vergat in exitum, consilio salubriori mutandum noverimus. Non solum autem in jurando, sed in omni quod agimus, hæc est moderatio solertius observanda, ut si talem forte lapsum versuti hostis inciderimus insidiis, ex quo sine aliquo peccati surgere contagio non possimus, illum potius evadendi aditum petamus, in quo minus periculi nos perpessuros esse cernamus : et juxta exemplum illorum, qui hostilibus clausi muris, dum evadere desiderant, sed portarum omnium accessum sibi interdictum considerant, ibi necesse est desiliendi locum eligant, ubi muro existente breviore minimum periculi cadentes incurrant. Non tamen negligendum est cuiquam, quod aut necessitate cogente, aut ira impellente, aut cupiditate provocante, in nomine Domini pejeravit : sed secundum modum culpæ necesse est ut subsequatur abstergens culpam pœnitentia, Domino per Ezechielem prophetam de Sedechia rege terribiliter intonante : *Vivo ego, dicit Dominus Deus, quoniam cujus fecit irritum juramentum, et solvit pactum quod habebat cum rege Babylonis, in medio Babylonis morietur. Spreverat enim juramentum ut solveret fœdus, et cum omnia hæc fecerit, non effugiet (Ezech.* xvii, 16). Ex quo discimus etiam inter hostes servandam fidem, et non considerandum cui, sed per quem juraveris. Multo enim fidelior inventus est ille qui propter nomen Dei tibi credidit et deceptus est, quam ille qui per occasionem divinæ majestatis hosti tuo, imo jam amico, est molitus insidias. *Ecce,* inquit, *dedit manum suam regi Ægypti, et tradidit se in manus ejus,* et perjurio contra Dominum commisit sacrilegium. Sententia enim sæcularis est (*Virgil. Æneid.* ii) :

> Dolus an virtus quis in hoste requirat ?

Quam solent nobis opponere qui dicunt hostes fraude decipiendos. Cui ut acquiescamus, multo pejus fecit Sedechias. Non enim hostem decepit, sed amicum cui fœdere Domini fuerat copulatus. Ergo quandiu non jures, et pactum non ineas sub nomine Domini, prudentiæ est et fortitudinis, vel decipere vel superare adversarium utcunque potueris. Cum autem te constrinxeris juramento, nequaquam adversarius sed amicus est qui tibi credidit, et sub occasione jurisjurandi, id est Dei nuncupatione deceptus est. *Propterea,* Scriptura nunc dicit, *juramentum quod sprevit, et fœdus quod prævaricatus est, ponam in caput ejus (Ezech.* xvii, 19). Ac ne putaremus juramentum et fœdus et pactum regis esse Babylonii vel Sedechiæ qui fecerat, sequitur in propheta : *In prævaricatione qua despexit me* (ibid. 20).

Ergo qui contemnit juramentum, illum despicit per quem juravit, illique facit injuriam, cujus nomini credit adversarius. Propter quam causam, *Expandam,* inquit Dominus, *super eum rete meum, et comprehendetur in sagena mea, et adducam eum in Babylonem, et dijudicabo eum illic* (ibid.). Quidquid vero contra Sedechiam fecit Nabuchodonosor, non suis viribus fecit, sed ira Dei, in cujus nomine fuerat perjuratus. Legimus enim (*Jer.* lii, 5) Sedechiam captum esse et ductum in Reblata, ibique interfectis filiis in oculis ejus excæcatum, et instar feræ clausum cavea translatum in Babylonem. Et sunt nonnulli qui arte per dolum jurantes ut decipiant eum erga quem jurant, non se putant reos esse perjurii, contradicente Dei spiritu per Prophetam : *Quis ascendet in montem Domini, et stabit in loco sancto ejus? Qui non juravit in dolo proximo suo (Psal.* xxiii 3). Per dolum itaque jurat, quisquis aliter facturus est quam promittit, credens perjurium non esse decepisse nequiter credentis errorem. Jurare

enim dictum est quasi jure orare, id est juste loqui. Tunc enim quispiam juste loquitur, quando ea quæ promittit implentur. Multi enim sunt qui dolose jurant ut decipiant proximum : quod abominatur Pater luminum Dominus, dicente Petro : *Non es mentitus hominibus, sed Deo (Act.* v, 4). Qua in re hoc quoque oportet intendi quod mendaces fabricatores mendacii dicuntur. Sicut enim ædificium lapidibus, ita mendacium sermonibus fabricatur : ubi enim non dolosa locutio, sed sensus est veritatis, quasi munita moles non ex fabrica, sed ex natura consurgit. Unde scriptum est : *Qui loquitur veritatem in corde suo, et non egit dolum in lingua sua (Psal.* xxiii, 4). Cavendum est igitur juramentum, multo magis autem perjurium. At si jurandi necessitas perurget et arctat, id puris verbis et mente pia gerendum est. Nec jurans verbi arte se putet fallere Dominum posse, cui nihil absconsum est, cui corda cuncta patent, qui non accipit sicut quis jurat, sed ut is cui juratur jurasse putat. Per dolum ergo jurans utrique reus habetur, nempe Deo cujus nomen in vanum assumpsit, et fratri quem atra fraude paravit fallere atque decipere : et de utroque necesse est ut digna pœnitentia subsequatur, videlicet quia nomen Dei assumpsit in vanum, et quia contra Dei præceptum dolo fefellit fratrem. Falsa enim agens, falsa loquens, quamvis animo trepidet ut pateat jaculis veritatis, et si deprehensus fuerit gloriam perdat favoris, et quamvis eum conscientia accuset quia scienter peccat, cupiditate tamen vincitur, et suppresso favore audaciam de iniquitatibus sumit : et sæpe etiam ultione menti proposita se contra Deum erigit, et quælibet ab eo adversa perpeti deliberat, dummodo hic dum valet omne quod placet agat. Unde velut Scriptura dicit : *Sicut virum sanguinum, ita et dolosum abominabitur Dominus (Psal.* v, 8) ; et omnis Ecclesia imprecatur de his qui *in corde et corde locuti sunt, ut disperdat Dominus universa labia dolosa (Psal.* xi, 3, 4) ; et item Scriptura dicit : *Maledictus vir dolosus (Malac.* i, 14), *et muta fiant labia dolosa (Psal.* xxx, 19).

Pertimescere igitur debent jurantes, imo perjurantes dolosi in nomine Christi et sanctorum ejus, quia abominabuntur a Domino ut viri sanguinum, id est qui humano cruore polluuntur : quoniam sicut illi occidunt, ita et isti decipiunt viventes. Quam immane autem atque mortale peccatum sit homicidium, in quo et discretio solet esse, sicut et in peccatis cæteris, et ipsa natura, et sancta Scriptura, et divina atque humana judicia patenter ostendunt. Unde et in Levitico dicitur : *Qui percusserit et occiderit hominem morte moriatur (Levit.* xxiv, 17) ; et Apostolus : *Qui odit,* inquit, *fratrem suum homicida est, et scimus quia omnis homicida non habet vitam æternam in semetipso manentem (I Joan.* iii, 15). Et talibus peccatoribus dolosi junguntur. Multa enim perjuria fiunt, quæ propria voluntate non agimus : dolosi autem scientes malum operantur alienum exitium ; propterea merito ut sanguinarii a Domino abominantur, et sanctos qui pro veritate usque ad mortem decertaverunt, in quorum perjurant nomine, non adjutores, sed judices et condemnatores in districto examine invenient, quos socios in veritatis atque justitiæ assertione habere contempserunt, et testificationi suæ falsitatis testes veritatis adhibuerunt, qui cum Domino ut viros sanguinum, ita et dolosos abominantur, quia quorum animæ intus omnipotentis Dei claritatem vident, nullo modo credendum est quia sit foris aliquid quod ignorent; et nihil in creatura agitur quod videre non possint, et quæ abominanda illustrante veritate cognoscunt, eidem veritati inhærentes abominantur. Nec tamen earum beatitudinis claritatem fuscat aspecta iniquitas vel pœna reproborum : sed potius hinc earum gaudium crescit, cum mala iniquorum conspiciunt, quod Dei misericordia evaserunt; et tanto majores ereptori suo gratias referunt, quanto vident in aliis quod ipsi perpeti si essent relicti potuerunt, et prædicante veritate : *Testis falsus non erit impunitus* (*Prov.* XIX, 5, 9); videlicet qui aut scienter contra veritatem falsa testificatur, aut vera ut veritatem pervertat, et studio impunitionis recitet juxta, tales testes velut veritati concordantes exsultant. Et sunt quidam, qui non se lædi aut levius lædi putant, si non ipsi per se falso vel dolose jurant, sed alios pro se sua vice jurare faciunt : et non attendunt quia in eo jure aut fallente diabolo decipiuntur, aut seipsos scienter ipsi ad deprecandum demergunt : de qualibus dicit Scriptura, *Descendunt in infernum viventes* (*Psal.* LIV, 16), id est labuntur in peccatum scientes. Hi nimirum tanto gravius peccant, quanto non soli in peccato moriuntur, sed se et eos quos ad perjurandum mittunt, nisi per pœnitentiam corrigantur, in infernum dimergunt. Et licet illi in hujusmodi perjurio peccent qui juraverunt, illi tamen qui irrita faciunt juramenta sua vice jurato, sicut Dominus ad Pilatum dixit, *Majus peccatum habent* (*Joan.* XIX, 11), id est, qui alios peccare fecerunt, et pro tantis rei in conspectu Dei habentur, addita et animæ suæ culpa, quantos in perjurium mittunt, et dicente Domino per prophetam (*Ezech.* XXXIV), quia *sicut oves de manu pastoris*, ita et illos qui subjectioni suæ obedientes eorum se factione perjurant, vel alio quolibet scelere polluuntur, de manu illorum requiret, qui sibi commissos peccare fecerunt. Non enim soli pastores, episcopi, presbyteri, et diaconi, monasteriorum rectores sunt intelligendi, sed et omnes fideles qui vel parvulæ suæ domus custodiam gerunt pastores recte vocantur, in quantum suæ domui sollicita vigilantia præsunt. Et quicunque saltem uni vel duobus fratribus quotidiano regimine præest, pastoris eisdem debet officium, quia in quantum sufficit, pascere eos dapibus, et hortando, increpando, arguendo, corrigendo debet. Imo unusquisque, qui etiam privatus vivere creditur, pastoris officium tenet, et spiritalem pascit gregem, vigiliasque noctis custodit super illum, sicut in Evangelio legimus de

pastoribus quibus in nativitate Salvatoris angelus apparuit si bonorum actum cogitationumque mundarum sibi aggregat multitudinem et justorum moderamine gubernare, cœlestibus Scripturarum paginis et bonorum operum exemplis nutrire, et vigili solertia contra immundorum spirituum insidias servare contendit.

Et sunt quidam qui etiam curiositatis vitium inter graviora peccata non computant, sed falluntur. Grave namque est curiositatis vitium, quæ dum cujuslibet mentem ad investigandam vitam proximi exterius ducit, semper ei sua intima abscondit, ut aliena sciens se nesciat, et curiosi animus, quanto peritus fuerit alieni meriti, tanto fiet ignarus sui : et sæpe dum curiosus quisque quæ sunt aliena investigat, suam molestiam excitat, sicut canis apri vel cervi sagaciter vestigia insequens, consecuti dente vel cornu perit. Unde bene quoque per Salomonem dicitur : *Cunctis sermonibus quæ dicuntur ne accommodes cor tuum, ne forte audias servum tuum maledicentem tibi. Scit enim conscientia tua quia et tu crebro maledixisti aliis* (*Eccli.* VII, 22, 23). Dum enim pensamus quales erga alios fuimus, esse circa nos tales alios minus dolemus, quia aliena injustitia in nobis vindicat quod in se nostra conscientia accusat. Probet autem seipsum curiosus homo, et sic in se tantum gloriam habebit, et non in altero, cujus vitam exquirit et merita. Nam sunt qui se præpotentes putant esse in sæculo, et non intelligunt quam sint vilia mancipia vitio curiositatis servientia. De quorum impotenti potentia quidam catholicus et sapientiæ ac scientiæ multæ philosophus, in quodam suo libro, unicuique fallaciter potenti et veraciter impotenti dicit (Boet., *de Consolatione Philos.,* lib. III) :

Etenim licet Indica longe
Tellus tua jura tremiscat,
Et serviat ultima Thule,
Tamen atras pellere curas,
Miserasque fugare querelas
Non posse, potentia non est.

(*Pastoral.* lib. III, cap. 24) : « Et sunt nonnulli qui non attendunt quam multipliciter peccent, qui seminando discordiam inter fratres, charitatem, quæ nimirum virtutum est omnium mater, exstinguunt. Quoniam autem nihil est pretiosius Deo virtute dilectionis, nihil desiderabilius est diabolo exstinctione charitatis, quisquis igitur seminando jurgia dilectionem proximorum perimit, hosti Dei familiarius servit, quoniam qua ille amissa cecidit, hanc iste vulneratis cordibus subtrahens, eis iter ascensionis abscidit. » Et sunt nonnulli qui male dulcoratis detractionibus sunt assueti, non attendentes quod Dominus dicit, *Detrahentem secreto proximo suo hunc persequebar* (*Psal.* CVI, 5). (*Moral.* lib. XIV, c. 24.) Unde et Salomon dicit : *Noli esse in conviviis potatorum, neque in commessationibus eorum qui carnes ad vescendum conferunt* (*Prov.* XXIII, 28). Carnes ad vescendum conferre est, in collocutione derogationis vicissim proximorum vitia dicere. De quorum pœna mox subditur : *Quia vacantes potibus et dantes symbola consumentur, et vestietur pannis dormitatio (ibid.,* 21). Symbolum Græcum nomen est, et interpretatur *collatio.* Est autem collatio sermonum, sicut in conviviis solet esse pecuniarum, sive aliarum rerum, ut et præsens locus docet. Potibus ergo vacant, qui de opprobrio alienæ vitæ inebriant. Symbolum vero dare est, sicut unusquisque solet pro parte cibos ad vescendum, ita in confabulatione detractionis verba conferre. Sed vacantes potibus et dantes symbolum consumentur, quia scriptum est : *Omnis detractor eradicabitur (Prov.* xv). Vestietur autem pannis dormitatio, quia despectum et inopem a cunctis bonis operibus mors sua inveniet, quem hic ad alienæ vitæ exquirenda crimina detractionis suæ languor occupavit. » Alius eleemosynis vacat, propria distribuit : sed dum multis injustitiis servit, vel fortasse linguam in detractionibus exerit, fit plerumque ut is, qui misericors fuerat, juxta vitæ suæ terminum rapacitatis et et crudelitatis stimulis inardescat. Quod valde judicio justo agitur, ut perdat et antè homines unde hominibus placuit, qui hoc unde Deo displicuit corrigere nunquam curavit. Duæ autem sunt causæ in quibus licet alicui dicere et retractare allena mala. Si quando necesse est consilium haberi cum cæteris, qui in hoc ipso videntur assumi, quomodo corrigatur is qui peccavit vel male aliquid egit. Et rursum, si quando necesse est præveniri aliquem, et commoneri, ne forte incurrat in consortium alicujus mali, dum eum putat esse bonum, quia dicit Apostolus : *Nolite commisceri cum hujuscemodi (I Cor.* v, 11). Et Salomon : *Noli manere cum homine iracundo, ne forte sumas laqueum animæ tuæ (Prov.* xxii, 24). Quod et ipsum Apostolum fecisse invenimus per hoc quod scribit ad Timotheum dicens : *Alexander ærarius multa mala mihi ostendit, quem et tu devita, valde enim restitit verbis nostris (II Tim.* iv, 14). Præter hujusmodi autem necessitates, qui dicit adversus alium, ut vel deroget ei vel obtrectet, istud est detrahere, etiamsi vera videantur esse quæ dicit. Et sunt qui quamvis in minimis, sed tamen frequenter excedunt ut nequaquam considerent qualia sed quanta committunt. Si enim facta sua despiciunt, timere cum pensant debent, formidare cum numerant, quia minuta sunt quæ erumpunt membris, per scabiem vulnera, sed cum multitudo eorum innumerabiliter occupat, sic vitam corporis sicut unum grave inflictum pectori vulnus necat. Hinc videlicet scriptum est : *Qui modica spernit paulatim decidet (Eccli.* xix, 1). Qui enim peccata minuta flere ac devitare negligit, ab statu justitiæ non quidem repente, sed partibus totus cadit.

Et dicente Domino, Ego opera et cogitationes eorum venio ut congregem, necesse est ut quisque non solum peccata operum, sed etiam peccata defleat cogitationum. Et non solum mensura peccati consideranda est quod perpetratur in opere, verum etiam et in eo quod perpetratur cogitatione, quatenus juxta

ruinæ modum, quam in semetipso quisque introrsus sentit, etiam mensura lamentationis erigatur, ne si cogitata mala minus cruciant, usque ad perpetranda opera perducant. Quapropter contra omnia vitia et peccata quisque solerter invigilet, et qui peccata deplorat, ploranda minime committat, et qui plangit vitia, perpetrare vitia pertimescat. Nam cogitandum summopere est, ut qui se illicita meminit commisisse, a quibusdam etiam licitis studeat abstinere : quatenus per hoc Conditori suo satisfaciat, ut qui commisit prohibita, sibimetipsi abscindere debeat etiam concessa, et se reprehendat in minimis, quem meminit in maximis deliquisse. Nimia sunt quæ loquor, si hæc ex sacri eloquii testimonio non affirmo. Lex certe Veteris Testamenti alienam uxorem concupisci prohibet, a rege vero fortia juberi militibus, vel desiderari aquam, non pœnaliter vetat. Et cuncti novimus quod David, concupiscentiæ mucrone transfixus, alienam conjugem et appetivit et abstulit : cujus culpam digna verbera sunt secuta, et malum quod perpetravit per pœnitentiæ lamenta correxit. Qui cum longe post contra hostium cuneos sederet, aquam bibere ex eorum cisterna ex desiderio voluit : cujus electi milites, inter catervas adversantium medias irrumpentes, aquam quam rex desideravit illæsi detulerunt. Sed vir flagellis eruditus, semetipsum protinus cum periculo militum aquam desiderasse reprehendit, eamque Domino fundens libavit, sicut illic scriptum est : *Libavit eam Domino (II Reg.* xxiii 16). In sacrificium quippe Domini effusa aqua conversa est, quia culpam concupiscentiæ mactavit per pœnitentiam remissionis suæ. Qui ergo quondam concupiscere alienam conjugem nequaquam timuit, post etiam quia aquam concupivit expavit. Quia enim se illicita perpetrasse meminerat, contra semetipsum jam rigidus et a licitis abstinebat. Sic sic agimus pœnitentiam, si ea quæ commisimus perfecte deploremus.

CAPUT IV.

De operibus misericordiæ, et de pœnitentia qualis esse debeat, quodque dum licet minime negligenda sit ; de judicio item ultimo, et de pœnis inferni.

Inter hæc autem sciendum est quantum opera misericordiæ valeant, cum ad fructus dignos pœnitentiæ ipsa præ cæteris præcipiuntur. Hinc enim per semetipsam Veritas dicit : *Date eleemosynam, et ecce omnia munda sunt vobis (Luc.* xi, 41). Hinc rursus ait : *Date et dabitur vobis (Luc.* xi, 38). Hinc etiam scriptum est : *Ignem ardentem exstinguit aqua, et eleemosyna resistit peccatis (Eccli.* iii, 33). Hinc iterum dicit : *Conclude eleemosynam in corde pauperis, et hæc pro te exorabit. (Eccli.* xxix, 15). Hinc bonus pater innocentem filium admonet dicens : *Si multum fuerit tibi, abundanter tribue : si exiguum fuerit, tamen exiguum libenter impertiri stude (Tob.* iv, 9). Ut autem quanta esset virtus in continentia et susceptione indigentium Redemptor noster ostenderet, dixit : *Qui recipit prophetam in nomine pro-*

phetæ, mercedem prophetæ accipiet, et qui recipit justum in nomine justi, mercedem justi accipiet (Matth. **A**
x, 41). In quibus verbis notandum est, quia non ait mercedem de propheta, vel mercedem de justo, sed mercedem prophetæ, vel mercedem justi accipiet. Aliud est enim merces de propheta, aliud merces prophetæ, atque aliud merces de justo, aliud merces justi. Quid est enim dicere : mercedem prophetæ accipiet, nisi quia is qui prophetam sua largitate sustentat, quamvis ipse prophetiam non habeat, apud omnipotentem tamen Dominum prophetiæ præmia habebit. Iste enim fortasse justus est, et quanto in hoc mundo nihil possidet, tanto loquendi pro justitia fiduciam majorem habet. Hunc dum ille sustentat qui in hoc mundo aliquid possidet, et fortasse adhuc pro justitia loqui libere non præsumit, justitiæ illius **B** libertatem sibi participem facit, et cum eo pariter justitiæ præmia recipiet, quem sustentando adjuvit, quatenus eamdem justitiam libere loqui potuisset. Ille prophetiæ spiritu plenus est, sed tamen corporeo eget alimento,et si corpus non reficitur,certum est quod vox subtrahatur. Qui igitur alimentum prophetæ propter hoc quod propheta est tribuit, prophetiæ illius vires ad loquendum dedit. Cum propheta ergo mercedem prophetæ accipiet, quia etsi spiritu prophetiæ plenus non fuit, hoc tamen ante oculos Dei exhibuit quod adjuvit. Hinc est quod de quibusdam peregrinantibus Gaio per Joannem dicitur : *Pro nomine enim Christi profecti sunt, nihil accipientes a gentilibus. Nos ergo debemus suscipere ejusmodi, ut cooperatores simus veritatis (Joan.* iii, 7, 8). Qui enim spi- **C** ritualia bona habentibus temporalia subsidia tribuit, in ipsis bonis spiritualibus cooperator existit. Nam cum pauci sint qui spiritualia dona percipiunt, et multi qui rebus corporalibus abundant, per hoc se divites virtutibus pauperum inserunt, quod eisdem sanctis pauperibus de suis divitiis solatiantur. Unde scriptum est : *Qui habet duas tunicas det non habenti, et qui habet escas similiter faciat (Luc.* iii, 11). Per hoc quod tunica plus est necessaria usui nostro quam pallium, ad fructum pœnitentiæ pertinet, ut non solum exteriora quæque et minus necessaria, sed ipsa valde nobis necessaria dividere cum proximis debeamus, scilicet vel escam qua carnaliter vivimus, vel tunicam qua vestimur. Quia enim in lege scriptum est : *Diliges proximum tuum sicut teipsum* **D** *(Matth.* xix, 19), minus amare proximum convincitur, qui non cum eo in necessitate illius etiam ea quæ sibi sunt necessaria partitur. Idcirco de dividendis cum proximo duabus tunicis datur præceptum, quia hoc de una dici non potuit : quoniam si una dividitur, nemo vestitur. In dimidia quippe tunica et nudus remanet qui accepit, et nudus qui dedit.

Qui enim vestem innocentiæ, quam in baptismo accepimus, peccando perdidimus, necesse est ut per misericordiæ opera, et per sacrificium spiritus contribulati lacrymis loti reindui laboremus. *Sacrificium,* inquit, *Deo est spiritus contribulatus (Psal.* l, 19). Peccata enim nostra præterita in bapti-

smatis perceptione nobis donata sunt, et tamen post baptisma multa commisimus, sed lavari iterum baptismatis aqua non possumus. Quia ergo et post baptisma nos inquinavimus, baptizemus lacrymis conscientiam. Fortasse enim in fide lapsus est aliquis, aspiciat Petrum qui amare flevit quod timide negaverat. Alius contra proximum suum in malitia crudelitatis exarsit, aspiciat latronem, qui et in ipso mortis articulo ad vitæ præmia pœnitendo pervenit. Alius avaritiæ æstibus anhelans aliena diripuit, aspiciat Zachæum, qui si quid alicui abstulit quadruplum reddidit. Alius libidinis igne succensus carnis munditiam perdidit, aspiciat Mariam, quæ in se amorem carnis igne divini amoris excoxit. Ecce omnipotens Deus ubique oculis nostris quod imitari debeamus objicit, ubique exempla suæ misericordiæ opponit. Mala ergo jam displiceant vel experta. Libenter obliviscitur omnipotens Deus quod nôcentes fuimus : paratus est pœnitentiam nostram nobis ad innocentiam deputare. Inquinati post aquas salutis renascamur ex lacrymis. A fervore etenim mentis, vel inter spiritales inimicos, vel inter carnales quoque proximos, aliquo modo vivendi usu veterescimus, et assumptæ novitatis speciem fuscamus. Unde Psalmista dicit : *Inveteravi inter omnes inimicos meos (Psal.* vi, 8). (*Moral.* lib. xix, c. 16.) « A qua tamen vetustate quotidie, si studia circumspectionis invigilent, orando, legendo, bene vivendo renovamur, quia vita nostra, cum lacrymis lavatur, bonis operibus exercetur, sanctis meditationibus tenditur, ad novitatem suam sine cessatione reparatur. » Nescit quippe mens per corpus veterescere, quæ studet per desiderium semper inchoare. Hinc namque per Paulum dicitur : *Renovamini spiritu mentis vestræ (Ephes.* iv, 23). Et item : *Et exterior noster homo corrumpitur, sed interior renovatur de die in diem (II Cor.* iv, 16). Hinc Psalmista, qui ad perfectionis jam culmen pervenerat, quasi inchoans dicebat : *Dixi : Nunc cœpi (Psal.* lxxvi, 11). Quia videlicet si lassescere ab inchoatis bonis nolumus, necesse est ut inchoare nos quotidie credamus. (*Pastoral.* part. iii, c. 31) : « Sed sunt qui admissa plangunt, nec tamen deserunt. Admonendi sunt enim qui admissa plangunt nec tamen deserunt, ut considerare sollicite sciant, quia flendo inaniter se mundant, qui vivendo se nequiter inquinant, cum idcirco se lacrymis lavant, ut mundi ad sordes redeant. Hinc enim scriptum est : *Canis reversus ad vomitum suum, et sus lota in volutabro luti (II Petr.* ii, 22). Canis quippe cum vomit, profecto cibum qui pectus deprimebat projicit ; sed cum ad vomitum revertitur, unde levigatus fuerat rursus oneratur : qui admissa plangunt, profecto nequitiam, de qua male satiati fuerant, et quæ mentis intima deprimebat, confitendo projiciunt, quam post confessionem dum repetunt resumunt. Sus vero in volutabro luti cum lavatur sordidior redditur. Et qui admissum plangit, nec tamen deserit, tanto gravior culpæ se subjicit, quanto et ipsam quam flendo impetrare potuit veniam contemnit, et quasi in lutosa aqua semetipsum volvit, quoniam dum fletibus suis vitæ munditiam subtrahit, ante Dei oculos sordidas etiam ipsas lacrymas facit. Hinc rursus scriptum est : *Ne iteres verbum in oratione tua* (*Eccle.* vii, 15). Verbum namque in oratione iterare est, post fletum committere quod rursus necesse est flere. Hinc per Isaiam dicitur : *Lavamini, mundi estote* (*Isa.* i, 16). Post lavacrum enim mundus esse negligit quisquis post lacrymas vitæ innocentiam non custodit. Et lavantur ergo et nequaquam mundi sunt, qui commissa flere non desinunt, sed rursus flenda committunt. Hinc per quemdam sapientem dicitur : *Qui baptizatur a mortuo, et iterum tangit eum, quid proficit lavatio ejus* (*Eccli.* xxxiv, 30) ? Baptizatur quippe a mortuo, qui mundatur fletibus a peccato : sed post baptisma mortuum tangit, qui culpam post lacrymas repetit. (*Pastoral.* p. iii, c. 13.) At contra admonendi sunt qui admissa deserunt, nec tamen plangunt, ne jam relaxatas æstiment culpas, quas etsi agendo non multiplicant, nullis tamen fletibus emundant. Neque enim scriptor, si ab scriptione, quoniam alia non addidit, etiam illa quæ scripserat delevit, neque qui contumelias irrogat si solummodo tacuerit, satisfecit, cum profecto necesse est ut verba præmissæ superbiæ verbis subjunctæ humilitatis impugnet : nec debitor absolutus est, quoniam alia non multiplicat, nisi et illa quæ ligaverat solvat. Ita et cum Domino delinquimus, nequaquam satisfacimus si ab iniquitate cessamus, nisi voluptates quoque quas dileximus e contrario appositis lamentis insequamur, et qui voluptatibus delectati discessimus, fletibus amaricati redeamus, et qui per illicita defluendo cecidimus, etiam a licitis nosmetipsos restringendo surgamus, et cor, quod insana lætitia infuderat, salubris tristitia exurat, et quod vulneraverat elatio superbiæ, curet abjectio humilis vitæ. Hinc enim scriptum est : *Dixi iniquis : Nolite inique agere ; et delinquentibus : Nolite exsultare cornu* (*Psal.* xxxiv, 5). Cornu quippe delinquentes exaltant, qui nequaquam se ad pœnitentiam ex cognitione suæ iniquitatis humiliant. Hinc rursus dicitur : *Cor contritum, et humiliatum Deus non spernit* (*Psal.* l, 19). Quisquis enim peccata plangit, nec tamen deserit, cor quidem conterit, sed humiliare contemnit : quisquis vero peccata sua jam deserit, nec tamen plangit, jam quidem humiliat, sed tamen conterere cor recusat. Hinc Paulus ait : *Et hæc quidem fuistis, sed abluti estis, sed sanctificati estis* (*I Cor.* vi, 11). Quia nimirum illos emendatior vita sanctificat, quos per pœnitentiam abluens afflictio fletuum mundat. Hinc Petrus, cum quosdam territos malorum suorum consideratione conspiceret, admonuit dicens : *Pœnitentiam agite, et baptizetur unusquisque vestrum* (*Act.* ii, 38). Dicturus baptisma præmisit pœnitentiæ lamenta, ut prius se aqua suæ afflictionis infunderent, et postmodum sacramento baptismatis lavarent. Qui igitur transactas culpas flere negligunt, non vivunt securi de venia, quando ipse summus pastor Ecclesiæ, huic etiam sacramento addendam pœnitentiam

credidit, quod peccata principaliter exstinguit. » Quomodo enim unusquisque nostrum securus esse poterit de venia, qui culpas suas flere negligit, cum prius Redemptor etiam civitatem peccatricem fleverit, sicut scriptum est : *Videns Jesus civitatem, flevit super illam dicens : Quia si cognovisses et tu* (*Luc.* xix, 21)? Hoc semel egit, cum perituram civitatem esse nuntiavit : hoc quotidie Redemptor noster per electos suos agere nullatenus cessat, cum quosdam ex bona vita ad mores reprobos pervenisse considerat. Plangit enim eos qui nesciunt cur plangantur, qui, juxta Salomonis verba, *Lætantur cum male fecerint, et exsultant in rebus pessimis* (*Prov.* ii, 14). Qui si damnationem suam, quæ eis imminet, agnovissent, semetipsos cum lacrymis delictorum plangerent. » (*Hom.* 11.) « Perversa quippe anima, rebus præsentibus dedita, in terrena voluptatibus resoluta, abscondit sibi mala sequentia, quia prævidere futura refugit, quæ præsentem lætitiam perturbent, dumque in præsentis vitæ oblectatione se deserit, quid aliud quam clausis oculis ad ignem vadit? Cui dicitur : *Quia venient dies in te, et circumdabunt te inimici tui vallo* (*Luc.* xix, 43). Qui, inquam, sunt humanæ animæ majores inimici quam maligni spiritus, qui hanc a corpore exeuntem obsident, quam in carnis amore positam deceptoriis delectationibus fovent ? Quam vallo circumdant, quia ante mentis oculos reductis iniquitatibus quas perpetravit, hanc ad societatem suæ damnationis contrahentes arctant, ut in ipsa jam extremitate vitæ deprehensa, et a quibus hostibus circumclausa sit videat, et tamen evadendi aditum invenire non possit, quia operari bona jam non licet, quæ cum licuit agere contempsit. (*Hom.* 11.) Pravam quippe animam omnipotens Dominus modis multis visitare consuevit. Nam assidue hanc visitat præcepto, aliquando autem flagello, aliquando vero miraculo, ut et vera quæ nesciebat audiat, et tamen adhuc superbiens atque contemnens, aut dolore compuncta redeat, aut beneficiis devicta malum quod fecit erubescat. Sed quia visitationis suæ tempus minime cognovit, illis in extremo vitæ inimicis tradetur, cum quibus in æterno judicio damnationis perpetuæ societate colligatur. Quæ per malignos spiritus in inferno retruditur, quousque judicii dies veniat, ex quo jam in inferni ignibus simul et ipsa crucietur. »

Ad quod diei judicium veniet ille, qui adventu suo elementa concutit, in cujus conspectu cœlum cum terra contremiscit : unde et per prophetam dicitur : *Adhuc semel, et ego movebo non solum terram, sed etiam cœlum* (*Agg.* ii, 22). Ad cujus examen omne humanum genus deducitur. Cui ad vindictam malorum, remunerationemque bonorum, angeli, archangeli, throni, principatus et dominationes obsequuntur. Pensate, fratres charissimi, ante conspectum tanti judicis qui in illo die terror erit, quando jam in pœna remedium non erit. Quæ illa confusio, cui reatu suo exigente contingit in conventu omnium hominum angelorumque erubescere : qui pavor eum, quem et tranquillum mens humana capere non valet, etiam **A** iratum videre. Quem diem bene intuens propheta ait : *Dies illa, dies iræ, dies tribulationis et angustiæ, dies calamitatis et miseriæ, dies tenebrarum et caliginis, dies nebulæ et turbinis, dies tubæ et clangoris* (*Soph.* I, 15). Pensate, fratres charissimi, extremi diem judicii super corda reproborum qua asperitate propheta vidit amarescere, quem tot appellationibus non valet explicare. Quanta vero tunc erit electorum lætitia, qui de ejus visione merentur gaudere, de cujus conspectu vident et elementa contremiscere : cum eo simul ad nuptias intrare, qui in sponsi nuptiis gaudent, et tamen ipsi sunt sponsa, quia in illo æterni regni thalamo, visioni nostræ Deus conjungitur : quæ scilicet visio nunquam jam in perpetuum ab amoris sui amplexibus evellatur. Tunc regni **B** janua lugentibus clauditur, quæ modo quotidie pœnitentibus aperitur. Erit namque tunc pœnitentia, sed fructuosa jam non erit, quia nequaquam tunc veniam invenit, qui modo aptum veniæ tempus perdit. Hinc enim Paulus dicit : *Ecce nunc tempus acceptabile, ecce nunc dies salutis* (*II Cor.* VI, 2). Hinc propheta ait : *Quærite Dominum dum inveniri potest, invocate eum dum prope est* (*Isa.* LV, 6). Cautum igitur ac sollicitum se vere ostendit, qui præsentis considerans, non ejus usum sed terminum conspicit, ut ex fine colligat nihil esse quod transiens delectat. Hinc namque per Salomonem dicitur : *Si annis multis vixerit homo, et his omnibus lætatus fuerit, meminisse debet tenebrosi temporis et dierum multorum ; qui, cum venerint, vanitatis arguentur præterita* (*Eccle.* XI, 8). Hinc rursus scriptum est : *In* **C** *omnibus operibus tuis memorare novissima tua, et in æternum non peccabis* (*Eccli.* VII, 40).

(*Moral.* lib. IX, c. 62.) « Hinc vir sanctus petiit Dominum dicens : *Dimitte me ut plangam paululum dolorem meum* (*Job* X, 20). Quia nisi a reatu culpæ quo nos ligavimus misericorditer dimittamur, perfecte flere non possumus hoc quod in nobis ipsis contra nosmetipsos dolemus. Sed tunc veraciter reatus nostri dolor plangitur, cum tenebrosa illa inferni retributio intento timore prævidetur (*cap.* 63). Unde apte subjungitur : *Antequam vadam et non revertar ad terram tenebrosam et opertam mortis caligine.* Quid enim terræ nomine tenebrosæ, nisi tenebrosa tartari claustra signantur ? Quæ æternæ mortis caligo **D** operit, quia damnatos quosque in perpetuum a vita lucis disjungit. Nec immerito infernus terra dicitur, quia quicunque ab ea capti fuerint, stabiliter tenentur. Scriptum quippe est : *Generatio præterit et generatio advenit, terra vero in æternum stat* (*Eccle.* I, 4). Recte igitur inferni claustra tenebrosa terra nominantur, quia quos puniendos accipiunt, nequaquam pœnæ transitoriæ vel phantasmatica imaginatione cruciant, sed ultione solida perpetuæ damnationis servant. Quæ aliquando tamen loci appellatione signatur, propheta attestante, qui ait : *Portaverunt ignominiam suam cum his qui descendunt in lacum* (*Ezech.* XXXII, 24). Infernus ergo et terra

nominatur, quia susceptos stabiliter tenet, et lacus dicitur, quia hos quos semel ceperit semper fluctuantes et trepidos tormentis circumfluentibus absorbet. Sanctus autem vir, sive sua, seu humani generis voce dimitti se postulat antequam vadat, non quia ad terram tenebrosam qui culpam deflet iturus est, sed quia ad hanc procul dubio qui plangere negligit vadat. Sicut debitori suo creditor dicit : Solve debitum priusquam pro debito constringaris : qui tamen constringitur, qui quod debeat solvere non moratur. Ubi et recte subditur : *Non revertar,* quia nequaquam ultra misericordia parcentis liberat quos semel in locis pœnalibus justitia judicantis damnat. Quæ adhuc subtilius loca describuntur cum dicitur, *terram miseriæ et tenebrarum* (*cap.* 64). Miseria ad dolorem pertinet, tenebræ ad cæcitatem. Ea quæ a conspectu districti judicis expulsos tenet, miseriæ et tenebrarum terra perhibetur, quia foris dolor cruciat quos divisos a vero lumine intus cæcitas obscurat. » In cujus adhuc descriptione subjungitur, *ubi umbra mortis et nullus ordo* (*cap.* 65). Sicut mors exterior ab anima dividit carnem, ita mors interior a Deo separat animam. Umbra ergo mortis est obscuritas divisionis, quia damnatus quisque, cum æterno igne succenditur, ab interno lumine tenebratur. Natura vero ignis est, ut ex seipso et lucem exhibeat, et concremationem ; sed transactorum illa ultrix flamma vitiorum concremationem habet, et lumen non habet. Hinc est enim quod reprobis Veritas dicit : *Discedite a me, maledicti, in ignem æternum, qui paratus est diabolo et angelis ejus* (*Matth.* XXV, 41). Quorum rursus omnium corpus in unius persona significans ait : *Ligate ei manus et pedes, et mittite eum in tenebras exteriores* (*Matth.* XXII, 13). Quia quos illa gehennæ flamma devorat, a visione veri luminis cæcat, ut et foris eos dolor combustionis cruciet, et intus pœna cæcitatis obscuret : quatenus qui auctori suo corpore et corde deliquerunt, simul corpore et corde puniantur, et utrobique pœnam sentiant, qui dum hic viverent, pravis suis delectationibus ex utroque serviebant, et damnatum quemque juxta modum criminis retributio sequatur ultionis. (*cap* 65.) Hinc in Babylonis damnatione dicitur : *Quantum exaltavit se et in deliciis fuit, tantum date ei tormenta et luctum* (*Apoc.* XVIII, 7). Et judex veniens dicturum se messoribus esse perhibet : *Colligite zizania, et ligate ea fasciculis ad comburendum* (*Matth.* XIII, 30). Fasciculos nimirum ad comburendum ligare est, hos qui æterno igni tradendi sunt pares paribus sociare, ut quos similis culpa inquinat, par etiam pœna constringat, et qui nequaquam dispari iniquitate polluti sunt, nequaquam dispari tormento crucientur : quatenus simul damnatio conterat quos simul elatio sublevabat : quosque non dissimiliter dilatavit ambitio, non dissimilis afflictio angustet, et par cruciet flamma supplicii, quos in igne luxuriæ par succendit flamma peccati. Sicut enim in domo Patris mansiones multæ sunt pro diversitate virtutis (*Joan.* xiv), sic damnatos diverso supplicio gehennæ ignibus subjicit disparilitas criminis. Quæ scilicet gehenna, quamvis cunctis una sit, non tamen cunctos una eademque qualitate succendit. Nam sicut uno sole omnes tangimur, nec tamen sub eo uno ordine omnes æstuamus, quia juxta qualitatem corporis sentitur etiam pondus caloris : sic damnatis et una est gehenna quæ afficit, et tamen non omnes una qualitate comburit, quia quod hic agit dispar valitudo corporum, hoc illic exhibet dispar causa meritorum (*cap.* 66) : et æternis ignibus traditi, et in suppliciis dolorem sentiunt, et in dolore angustiæ pulsantis se semper pavore feriunt : ut et quod timent tolerent, et rursus quod tolerant sine cessatione pertimescant. De his etenim scriptum est : *Vermis eorum non morietur, et ignis eorum non exstinguetur* (*Marc.* ix, 43). Quæ etiam supplicia in se dimersos et ultra vires cruciant, et in eis vitæ subsidium exstinguentes servant, ut sic vitam terminus puniat, quatenus semper sine termino cruciatus vivat; quia et ad finem per tormenta properat, et sine fine deficiens durat. Erit ergo miseris mors sine morte, finis sine fine, defectus sine defectu : quia et mors vivit, et finis semper incipit, et deficere defectus nescit. Mors perimit et non exstinguit, dolor cruciat sed nullatenus pavorem fugat; flamma comburit, sed nequaquam tenebras discutit, et ille ignis ad consolationem non lucet, et tamen ut magis torqueat aliquid lucet. Nam sequaces quosque suos secum in tormento reprobi flamma illustrante visuri sunt, quorum amore deliquerunt : quatenus qui eorum vitam carnaliter contra præcepta Conditoris amaverant, ipsorumque quoque interitus in augmento suæ damnationis affligat. Quod profecto Evangelio teste colligitur (*Luc.* xvi), in quo veritate nuntiante dives ille, quem contigit ad æterni incendii tormenta descendere, quinque fratrum describitur meminisse : qui Abraham petiit, ut Lazarum ad eorum eruditionem mitteret, ne illuc eos quandoque venientes pœna cruciaret. Qui igitur ad doloris sui cumulum propinquorum absentum meminit, constat procul dubio quia eos ad augmentum supplicii paulo post potuit etiam præsentes videre. Quid autem mirum si secum quoque reprobos aspicit cremari, qui ad doloris sui cumulum eum quem despexerat in sinu Abrahæ Lazarum videt? Qua ex re colligitur, quod eos quos inordinate nunc reprobi diligunt, miro judicii ordine secum tunc in tormentis videbunt, ut pœnam propriæ punitionis exaggeret illa auctori præposita carnalis cognatio pari ante oculos ultione damnata. Ignis itaque, qui in obscuritate cruciat, credendum. est quia lumen ad tormentum servat, sicut tædarum flamma lucet obscura. Tunc edax flamma comburet quos nunc carnalis delectatio polluit : tunc infinite patens inferni barathrum devorat quos nunc inanis elatio exaltat, atque quolibet ex vitio hic voluntatem callidi pervasoris exercuerunt, tunc cum duce suo reprobi ad tormenta per-

veniunt. Et quamvis angelorum atque hominum longe sit natura dissimilis, una tamen pœna implicat quos unus in crimine ligat reatus. Quod bene ac breviter insinuat propheta qui ait : *Ibi Assur et omnis multitudo ejus, et in circuitu ejus sepulcra illius* (*Ezech.* xxxii, 26). Quis namque Assur superbi regis nomine nisi ille per elationem cadens antiquus hostis exprimitur, qui pro eo quod multos ad culpam pertrahit, cum cuncta sua multitudine ad inferni claustra descendit? Sepulcra autem mortuos tegunt. Et quis alius acrius mortem pertulit, quam is qui Conditorem suum despiciens vitam reliquit? et quem videlicet mortuum cum humana corda suscipiunt, ejus procul dubio sepulcra fiunt. Sed in circuitu illius sepulcra ejus sunt, quia in quorum se mentibus nunc per desideria sepelit, hos sibi postmodum per tormenta conjungit : et quoniam nunc in semetipsis reprobi malignos spiritus illicita perpetrando suscipiunt, tunc sepulcra cum mortuis ardebunt. Sicut de reproborum corporibus scriptum est : *Devorabit eum ignis qui non succenditur* (*Job* xx, 26), quia Omnipotentis justitia, futurorum præscia, ab ipsa mundi origine gehennæ ignem creavit, qui in pœna reproborum esse semel inciperet, sed ardorem etiam sine lignis nunquam finiret. Sciendum vero est quod omnes reprobi, quia ex anima simul et carne peccaverunt, illic in anima partim et carne cruciabuntur. » Ecce quæ maneat damnatis pœna cognovimus, et instruente nos sacro eloquio, quantus in damnatione ignis, quanta in igne obscuritas, quantusque in obscuritate pavor sit, nullatenus ambigimus. Sed quid prodest ista prænosse, si non contingat evadere? Tota ergo intentione curandum est, ut cum vacationis tempus accipimus, bene vivendi studio malorum ultima tormenta fugiamus. Hinc quippe per Salomonem dicitur : *Quodcunque potest manus tua facere instanter operare, quia nec opus, nec ratio, nec scientia, nec sapientia erit apud inferos, quo tu properas* (*Eccle.* ix, 10). Hinc Isaias ait : *Quærite Dominum dum inveniri potest, invocate eum dum prope est* (*Isa.* lv, 6). Hinc Paulus dicit : *Ecce nunc tempus acceptabile, ecce nunc dies salutis* (*II Cor.* vi, 2). Hinc rursus ait : *Dum tempus habemus, operemur bonum ad omnes* (*Gal.* vi, 10). Et item scriptum est : *Beati quorum tecta sunt peccata* (*Psal.* xxxi, 1). Peccantes itaque mala facta bonis actibus superponimus. Quando ergo abdicamus mala quæ fecimus, et eligimus bona quæ faciamus, quasi tegmen rei superducimus quam videri erubescimus. Qui ergo priora mala deserit, et bona posterius facit, per hoc quod addit transactam nequitiam tegit, cui boni operis merita superducit. Quandiu enim sancti viri in hac adhuc vita sunt, habent tamen quod ante Dei oculos operire debeant, quia omnino est impossibile, ut aut in opere, aut in locutione aut in cogitatione nunquam delinquant. »

———

CAPUT V.

Quod peccata multis modis perpetrentur, et humili pœnitentia curentur, et de offensis proximo dimittendis.

Sed sciendum est quia tribus modis omnis culpæ nequitiam perpetramus, suggestione scilicet, delectatione, consensu. Primum itaque per hostem, secundum vero per carnem, tertium per spiritum perpetratur. Insidiator enim prava suggerit, caro se delectationi subjicit, atque ad extremum spiritus victus delectationi consentit. Suggestione itaque peccatum agnoscimus, delectatione vincimur, consensu etiam ligamur. Et quatuor modis peccatum perpetratur in corde, quatuor consummatur in opere. In corde namque suggestione, delectatione, consensu, et defensionis audacia perpetratur, et quod omni culpa fit gravius, etiam de commisso vitio superbitur. Nam quamvis de virtute nasci elatio soleat, nonnunquam tamen stulta mens de perpetrata se nequitia exaltat: unde dicit propheta: *Occurrent dæmonia onocentauris (Isa.* xx, xiv, 14). (*Moralium.* lib. vii, c. 12.) « Quid vero onocentaurorum nomine nisi et lubrici figurantur et elati? Græco quippe eloquio ὄνος asinus dicitur, et appellatione asini luxuria per prophetam designatur, qui ait : *Ut carnes asinorum carnes eorum (Ezech.* xxiii, 20). Tauri autem vocabulo cervix superbiæ demonstratur, sicut voce Dominica de Judæis superbientibus per Psalmistam dicitur : *Tauri pingues obsederunt me (Psal.* xxi, 13). Onocentauri ergo sunt, qui subjecti luxuriæ vitiis, inde cervicem erigunt, unde humiliari debuerunt : qui carnis suæ voluptatibus servientes, expulsa longe verecundia, non solum se amittere rectitudinem non dolent, sed adhuc etiam de opere confusionis gaudent. Onocentauris autem dæmonia occurrunt, quia maligni spiritus valde eis ad votum deserviunt, quos de his gaudere conspiciunt, de quibus deflere debuerunt. » (*Moralium* lib. iv, c. 25.) « Et iisdem quatuor modis peccatum consummatur in opere. Prius namque latens culpa agitur, postmodum vero etiam ante oculos hominum sine confusione reatus aperitur, dehinc et in consuetudinem ducitur, ad extremum quoque vel falsæ spei seductionibus, vel obstinatione miseræ desperationis enutritur, ac per hoc et nulla culpa devincitur, cum alia per aliam perpetratur. Nam sæpe furto negotiationis fallacia jungitur, et sæpe fallaciæ perjurii reatus cumulatur. Unde scriptum est : *Vadent, et venient super eum horribiles (Job* xx, 15), id est super talem peccantem vadent, et venient maligni spiritus, certis quibusque vitiis obsequentes, quia perversi mentem et si alia descrunt, alia vitia occupant. » (*Moralium* lib. xv, c. 16.) « Sæpe namque videas iniquum in terrena potestate constitutum gravi furore commoveri, quidquid ira suggesserit exsequi, et cum furor abscesserit, mox ejus mentem luxuria devastat, cum luxuria ad tempus intermittitur, elatio protinus quasi de continentia in ejus cogitatione subrogatur, atque ut a cæteris timeatur appetit videri terribilis,

A sed cum res exigit ut loqui quid dupliciter debeat, quasi posposito terrore superbiæ, remissa locutione blanditur, et cum superbus videri desierit, duplex effici non pertimescit : qui quot vitiis decedentibus et succedentibus premitur, tot malignis spiritibus ejus animus quasi euntibus ac redeuntibus devastatur. » Et qui cuncta simul in effectu explet, cuncta quæ nocent in mente tacitus tenet. Tanto igitur arctiori manu pœnitentiæ mens tergenda est, quanto se per consensum conspicit sordidius inquinatam. Quoniam omnis culpa, quæ hic per disciplinam pœnitentiæ non reprimitur, gehennæ ignibus ferietur. Unde per Salomonem dicitur : *Si ascenderit super te spiritus potestatem habentis, locum tuum ne dimiseris (Eccle.* x, 4). Ac si aperte dicat : Si tentatorem spiritum contra te prævalere consideras, humilitatem pœnitentiæ non relinquas, et verbis sequentibus ostendit dicens : *Quia curatio cessare faciet peccata maxima (ibid.). (Moralium* lib. ix, cap. 19.) « Quid est enim aliud humilitas lamenti, nisi medicina peccati? De qua humilitate lamenti scriptum est : *Si lotus fuero quasi aquis nivis (Job* ix, 30). Aquæ enim nivis sunt lamenta humilitatis : quæ profecto humilitas, quia ante districti judicis oculos cæteris virtutibus præeminet, quasi per magni meriti colorem candet. Sunt namque nonnulli qui lamenta habent, sed humilitatem non habent, qui afflicti plangunt, sed tamen in ipsis fletibus, vel contra proximorum vitam superbiunt, vel contra ordinationem Conditoris eriguntur. Hi nimirum aquas habent, sed nivis aquas non habent, et mundi esse nequeunt, quia humilitatis fletibus minime lavantur. Aquis autem nivis a culpa se laverat qui confidenter dicebat : *Cor contritum et humiliatum Deus non spernit (Psal.* l, 19). Qui enim lamentis affliguntur, sed murmurando rebelles sunt, mentem quidem conterunt, sed humiliari contemnunt. » (*Pastor.* iii, cap. 25.) « Unde per prophetam Jeremiam dicitur, cum Judæorum singula delicta pensarentur : *Divisiones aquarum deduxit oculus meus (Thren.* iii, 48). Divisas quippe ex oculis aquas deducimus, quando peccatis singulis dispartitas lacrymas damus. Neque enim uno eodemque tempore æque mens de omnibus dolet : sed dum nunc hujus, nunc illius culpæ memoria acrius tangitur, simul de omnibus in singulis commota purgatur. » (*Moralium* lib. ii, c. 26.) « Rixatur secum de his quæ male egisse se recolit; et sibimetipsi displicet, cum ei ille placere jam cœperit qui omnia creavit. Reprehendit se de cogitationibus, insequitur de verbis, et punit flendo de factis. Hinc enim in Apocalypsi voce angelica dicitur : *Beatus qui vigilat, et custodit vestimenta sua, ne nudus ambulet et videant turpitudinem ejus (Apoc.* xvi, 15). Turpitudo enim nostra nunc cernitur, cum vita reprehensibilis, ante justorum oculos in judicio, nequaquam subsequentis boni operis tegmine velatur. »

Sed qui ad tegenda sua peccata per bona opera solerter invigilat, necesse est ut ea quæ in eum peccantur proximis e corde dimittat, quia vitam animæ quælibet culpa polluit, servatus vero contra proximum dolor occidit. Menti namque ut gladius figitur, et mucrone illius ipsa viscerum occulta perforantur. Qui scilicet a transfixo corde si prius non educitur, nihil in precibus divinæ opis obtinetur, quia et vulnerata membris imponi salutis medicamina nequeunt, nisi ferrum vulneri ante subtrahatur. Hinc est enim quod per semetipsam Veritas dicit : *Nisi remiseritis peccata hominibus, nec Pater vester qui in cœlis est remittet vobis peccata vestra* (*Matth.* VI, 14). Hinc admonet dicens : Cum statitis ad orandum, dimittite si quid habetis adversus alterum. Hinc rursus ait : *Date et dabitur vobis, dimittite et dimittetur vobis* (*Luc.* VI, 37). Huic constitutioni postulationis conditionem posuit dicens : *Dimitte nobis debita nostra, sicut et nos dimittimus debitoribus nostris* (*Luc.* XI, 4). Ut profecto bonum, quod a Deo compuncti petimus, hoc primum cum proximo conversi faciamus. Dimittamus ergo quod debetur nobis, ut dimittatur quod debetur a nobis. Nam si pro Christo corpus non ponimus, salutem animæ non impetramus. Placatur Deus isto sacrificio, approbat in judicio pietatis suæ victoriam pacis nostræ. Certamen cordis nostri aspicit, et qui post vincentes remunerat, nunc decertantes juvat. Et plerumque reluctantem animum vincimus, cum etiam pro inimicis oramus. Fundimus pro adversariis precem, sed utinam cor teneat amorem ! Nam sæpe et orationem inimicis nostris impendimus, sed hanc ex præceptione potius fundimus quam ex charitate. Nam et vitam inimicorum petimus, et tamen ne exaudiamur intus optamus, et timemus. Sed quia internus judex mentem potius considerat quam verba, pro inimico nihil postulat, qui pro eo ex charitate non orat. Sed ecce nobis inimicus graviter deliquit, damna intulit, juvantes læsit, amantes persecutus est. Retinenda hæc essent, si remittenda nobis delicta non essent. Advocatus etenim noster pacem nobis in causa nostra composuit, et ipse ejusdem causæ judex est qui advocatus : preci autem quam composuit conditionem inseruit dicens : *Dimitte nobis debita nostra, sicut et nos dimittimus debitoribus nostris* (*Luc.* XI, 4). Quia ergo judex ipse venit qui advocatus existit, ipse precem exaudit qui fecit. Aut ergo non facientes dicimus ; *Dimitte nobis debita nostra, sicut et nos dimittimus debitoribus nostris*, et nosmetipsos hoc dicendo amplius ligamus : aut fortasse hanc conditionem in oratione intermittimus, et advocatus noster precem quam composuit non recognoscit, atque apud se protinus dicit : Scio quid monui, non est ipsa oratio quam feci. Quid ergo nobis agendum est, fratres, nisi ut veræ charitatis affectum impendamus fratribus, nulla in corde malitia remanente ? Considerat omnipotens Deus erga proximum charitatem, ut nostris intendat iniquitatibus pietatem suam. Sed et peccantem in nos fratrem negligere, et sine correptione, ut ad satisfactionem redeat modo quolibet potuerimus provocare, ut se recognoscat, et peccati quod in nos peccavit indulgentiam petendo accipiat, non debemus dimittere, qui proximum sicut nos jubemur diligere. Ait enim Dominus : *Si peccaverit in te frater tuus, increpa illum inter te* (*Matth.* XVIII, 15); et reliqua. Et item : *Si peccaverit in te frater tuus, increpa illum; si pœnitentiam egerit, dimitte illi* (*Luc.* XVII, 3). Et in lege : *Cum*, inquit, *debet tibi quidpiam frater tuus, et abstuleris pignus ab eo, ante solis occasum pignus restitue* (*Deut.* XXIV, 13). (*Moralium*, lib. XVI, c. 2.) « Quid hoc loco pignoris nomine, nisi peccati confessio datur intelligi ? Frater etenim noster debitor nobis efficitur, cum quilibet proximus in nos aliquid deliquisse monstratur. Peccata quippe debita vocamus, unde peccatori servo dicitur : *Omne debitum dimisi tibi* (*Matth.* XVIII), et in Dominica quotidie precatione precamur : *Dimitte nobis debita nostra, sicut et nos* (*Luc.* XI, 4), etc. A debitore autem nostro pignus accipimus, quando ab eo, qui in nos peccasse cognoscitur, peccati ejus jam confessionem tenemus, per quam relaxare peccatum quod in nobis perpetratum est postulamur. Qui enim peccatum quod commisit fatetur et veniam petit, jam quasi pro debito pignus dedit. Quod nimirum pignus ante solis occasum reddere jubemur, quia priusquam in nobis per dolorem cordis sol justitiæ occidat, debemus ei confessionem veniæ reddere, a quo confessionem accipimus culpæ, ut qui se deliquisse meminit in nos, a nobis mox se relaxatum sentiat quod deliquit. »

CAPUT VI.

De intercessione sanctorum, precumque et sacrarum oblationum necessitate : deque domus Dei et divinorum mysteriorum reverentia, et quod attente, ac pro cœlestibus præcipue orandum sit.

Quærendum est etiam summopere sanctorum adjutorium, qui jam in cœlo cum Deo regnant, et in terris miraculis coruscant, ad quorum exstincta corpora viventes ægri veniunt et sanantur, perjuri veniunt et dæmonio vexantur, dæmoniaci veniunt et liberantur. Quomodo ergo illi vivunt illic ubi vivunt, si in tot miraculis vivunt hic ubi mortui sunt ? Hos ergo in causa nostri examinis, quam cum districto judice habebimus, patronos nobis facere debemus, hos in die tanti terroris illius defensores nobis adhibere satagere debemus. Certe si apud magnum judicem causa quælibet nostra esset die crastina ventilanda, totus hodiernus dies in cogitatione duceretur : patronum quæreremus, magnisque precibus ageremus, ut apud tantum judicem nobis defensor veniret. Ecce districtus judex Jesus venturus est, tanti illius angelorum archangelorumque concilii terror adhibetur, in illo conventu causa nostra discutitur, et tamen nobis patronos modo non quærimus, quos tunc defensores habeamus. Qui igitur de nullo nostro opere confidimus, ad sanctorum protectionem currere, atque ad sacra eorum corpora fletibus insistere, et ut veniam promereamur eis intercedentibus necesse est nobis deprecari. Adsunt defensores nostri sancti apostoli, beati martyres, gloriosi Confessores, sanctæ feminæ et virgines, ro-

gari volunt, atque ut ita dixerim quærunt ut quæ- A natæ castitatis etiam vitæ æternæ pascua largiatur,
rantur. Hos ergo adjutores nostræ orationis quæra- id est peccatorem conversum a via sua mala justum
mus, hos protectores nostri reatus inveniamus : facere dignetur, quem merito bonæ actionis ad
quia ne punire peccatores debeat, rogari vult et regnum cœleste perducat. Vidensque Dominus tan-
ipse qui judicat, unde et tam longo tempore com- tum fidei nostræ ardorem, tam pertinacem orandi
minatur iram, et tamen misericorditer exspectat. perseverantiam, tandem miserebitur, et nobis quo-
Sic autem nos misericordia ejus refoveat, ut nullo que sicut volumus fieri concedet, ut videlicet ex-
modo negligentes reddat : sic peccata nostra pertur- pulsis vitiosarum tumultibus cogitationum, dimissis
bent, ut mens in desperationem non proruat : quia peccatorum nexibus, et pura nobis serenitas mentis,
et si præsumentes metuimus, et metuentes spera- et perfectio boni redintegretur operis. Hi itaque,
mus, æternum regnum citius adepturi sumus, ubi qui de nullo suo opere confidunt, ad sanctorum prosunt hymnidici angelorum chori, societas superno- tectionem currunt, atque ad sacra eorum corpora
rum civium, dulcis solemnitas a peregrinationis hu- fletibus insistunt, promereri se veniam eis interce-
jus tristi labore redeuntium. Ibi providi propheta- dentibus deprecantur, Quid ergo isti in hac humili-
rum chori, ibi judex apostolorum numerus, ibi tate faciunt, nisi quia bonæ actionis velamen non
innumerabilium martyrum victor exercitus, tanto B habentes lapides amplexantur?
illic lætior, quanto hic durius afflictus. Ibi confesso-
rum constantia præmii sui perceptione consolata. (*Hom.* 37 *in Evang.*) « Sed nos peccatores, multis
Ibi fideles viri, quos a virilitatis suæ robore voluptas et maximis involuti peccatis, quibus lacrymis spe-
sæculi emollire non potuit. Ibi sanctæ mulieres, quæ rare veniam debemus, qui in illo tremendo examine,
cum sæculo et sexum vicerunt. Ibi pueri, qui hic cum rege nostro ex æquo ad judicium non venimus,
annos suos moribus transcenderunt ; ibi senes, quos quos nimirum conditio infirmitatis et causa inferio-
hic ætas debiles reddidit, et virtus operis non reliquit. res exhibet? Sed fortasse jam mali operis culpas
Quæramus ergo hæc pascua, in quibus cum tantorum abscidimus, jam prava quæque exterius declinamus :
civium solemnitate gaudeamus. Ipsa nos lætantium nunquid ad reddendam rationem cogitationis nostræ
festivitas invitet, et si quis nostrum conscientiam sufficimus? Nam cum viginti millibus venire ad
habet avaritiæ, elationis, vanæ gloriæ, indignationis, bellum rex in Evangelio dicitur (*Luc.* xiv, 31),
iracundiæ, vel invidiæ, cæterorumve vitiorum sorde contra quem minime sufficit ille qui cum decem
pollutam, sicut mulier Cananæa filiam habet pro- millibus venit, decem millia quippe ad viginti millia
fecto male a dæmonio vexatam, pro cujus sana- simplum ad duplum sunt, nos autem si multum
tione supplex ad Dominum currat : quia nimirum C proficimus; vix exteriora nostra opera in rectitudine
cogitationem suo corde progenitam diabolica tolerat servamus. Nam et si jam luxuria carnis abscissa
arte dementatam, cujus emendationem a pio Con- est, tamen adhuc a corde funditus abscissa non est.
ditore crebris, imo continuis, debeat flagitare lamentis Ille autem qui judicaturus venit exteriora, simul et
ac precibus. Si quis bona quæ gessit forte perjurii, interiora judicat, facta pariter et cogitationes pensat :
furti, blasphemiæ, detractionis, rixæ, vel etiam corpo- cum duplo ergo exercitu contra simplum venit, qui
poralis immunditiæ, cæterorumve hujusmodi peste nos, vix in solo opere præparatos, simul de opere et
fœdavit, filiam habet immundi spiritus furiis agita- cogitatione discutit. Quid ergo agendum est, fratres,
tam, quia videlicet actionem, quam bene laborando nisi ut dum cum simplo exercitu contra duplum
ediderat, jam diaboli fraudibus stulte serviendo illius sufficere non posse conspicimus, dum adhuc
disperdidit : ideoque necesse est, talis ut reatum longe est legationem mittamus, et rogemus ea quæ
suum cognoverit, mox ad preces lacrymasque con- pacis sunt? Longe enim dicitur, qui adhuc per judi-
fugiat, sanctorum creber intercessiones et auxilia cium præsens non videtur. Mittamus ad hunc lega-
quærat, qui pro animæ ejus salute rogantes Do- tionem lacrymas nostras, mittamus misericordiæ
mino dicant : Precamur, Domine miserator et mi- D opera, mactemus in ara ejus hostias placationis,
sericors, patiens, et multæ miserationis, dimitte eam cognoscamus nos cum eo in judicio non posse con-
quia clamat post nos, dimitte reatum et dona gra- tendere, pensemus virtutem ejus fortitudinis, roge-
tiam, qui nostrum intimo affectu quærit pronus mus ea quæ pacis sunt. Hæc est nostra legatio, quæ
suffragium. Necesse est submissus humilitate non regem venientem placat. Pensate, fratres, quam
se jam ovium Israelitarum, id est mundarum con- benignum sit, quod is qui suo adventu valet oppri-
sortio dignum judicet animarum, sed potius Cain mere tardat venire. Mittamus ad hunc, ut diximus,
comparandum, et cœlestibus indignum arbitretur legationem nostram flendo, tribuendo, sacras hostias
esse muneribus, nec tamen desperando a precandi offerendo. Singulariter namque ad absolutionem
quiescat instantia. Sed in dubia mente de largitoris nostram oblatio cum lacrymis et benignitate mentis,
summi bonitate confidat, quia qui de latrone con- sacri altaris hostia suffragatur : quia is qui in se
fessorem, de persecutore Apostolum, de publicano resurgens a mortuis jam non moritur, adhuc per
Evangelistam, de lapidibus potuit facere filios hanc in suo mysterio pro nobis iterum patitur. Nam
Abrahæ, ipse etiam canem impudentissimum con- quoties ei hostiam suæ passionis offerimus, toties
vertere Israelitam possit in ovem, cui merito do- nobis ad absolutionem nostram passionem illius
                                                    reparamus. Multos, ut arbitror, vestrum, fratres

charissimi, contigit nosse hoc quod volo ad memoriam vestram narrando revocare. Non longe a nostris temporibus factum fertur, quod quidam ab hostibus captus longe traductus est. Cumque diu teneretur in vinculis, eum uxor sua, cum ex eadem captivitate non reciperet, exstinctum putavit. Pro quo jam velut mortuo hostias hebdomadibus singulis curabat offerre. Cujus toties vincula solvebantur in captivitate, quoties ab ejus conjuge oblatae fuissent hostiae pro animae ejus absolutione. Nam longo post tempore reversus, admirans valde suae indicavit uxori, quod diebus certis hebdomadibus singulis ejus vincula solvebantur. Quos dies ejus uxor atque horas discutiens, tunc eam recognovit absolutum, cum pro eo sacrificium meminerat oblatum. Hinc ergo, fratres charissimi, hinc certa consideratione colligite, oblata a nobis hostia sacra quantum in nobis solvere valeat ligaturam cordis, si oblata ab altero potuit in altero solvere vincula corporis. » (*In eadem homilia, sub finem*) : « Relinquat ergo omnia qui potest : qui autem relinquere non potest, cum adhuc rex longe est, legationem mittat, lacrymarum, eleemosynarum, hostiarum munera offerat. Vult enim placari precibus, qui scit quia portari non possit iratus. Quod adhuc moram facit venire, legationem pacis sustinet. Venisset jam jamque si vellet, cunctos suos adversarios trucidasset. Sed et quam terribilis veniet indicat, et tamen ad veniendum tardat, quia non vult invenire quos puniat, et qui per iram non potest ferri, per postulatae pacis vult legationem placari. Lavate ergo, fratres charissimi, lacrymis maculas peccatorum, eleemosynis tergite, sacris hostiis expiate. » (*Dialogor.* lib. iv, c. 58.) « Haec namque singulariter victima ab aeterno interitu animam salvat, quae illam mortem nobis Unigeniti per mysterium reparat. Qui licet surgens a mortuis jam non moritur, et mors ei ultra non dominabitur, tamen in se ipso immortaliter vivens, pro nobis iterum in hoc mysterio sacrae oblationis immolatur. Ejus quippe ibi corpus sumitur, ejus caro in populi salutem partitur, ejus sanguis non in manus infidelium, sed in ora fidelium funditur. Hinc ergo pensemus quale sit sacrificium, quod pro absolutione nostra passionem unigeniti Filii semper imitatur. Quis enim fidelium habere dubium possit, in ipsa immolationis hora ad sacerdotis vocem coelos aperiri, in illo Jesu Christi mysterio angelorum choros adesse, summis ima sociari, terrena coelestibus jungi, unum quoddam ex visibilibus atque invisibilibus fieri? »

Unde magnopere nobis est attendendum cum quanta reverentia, et cum quanto timore ac tremore, divinis mysteriis debemus assistere, ac sollicite observare, ne quid ineptum ibidem geramus, ne cum Corinthiis ab Apostolo audiamus : *Nunquid domos non habetis ad* agenda vel loquenda temporalia, *aut Ecclesiam Dei contemnitis?* (*I Cor.* xi, 22) et adeo cum Judaeis : *Dilectus meus in domo mea fecit scelera multa* (*Jer.* xi, 15). Et sollicite considerare debemus, quid Dominus faceret, si rixis dissidentes, si fabulis vacantes, si risu dissolutos, vel alio quolibet sectore reperiret irretitos, qui hostias quae sibi immolarentur ementes in templo vidit et eliminare festinavit. Sed et nos recolentes scriptum : *Zelus domus tuae comedit me* (*Joan.* ii, 17), zelare debemus domum Dei, et, quantum possumus, ne quid in ea pravum geratur insistamus. Si viderimus fratrem qui ad domum Dei pertinet superbia tumidum, si detractionibus assuetum, si ebrietati servientem, si luxuria enervatum, si iracundia turbidum, si alio cuiquam vitio substratum, studeamus in quantum facultas suppetit castigare, polluta ac perversa corrigere : et si quem de talibus emendare nequimus, non sine acerbo mentis sustinere dolore, et maxime in ipsa domo orationis, ubi Domini consecratur corpus, ubi angelorum praesentia semper adesse non dubitatur, ne quid ineptum fiat, ne quid quod nostram fraternamve orationem impediat, totis viribus agamus. Haec propter illos diximus qui, ecclesiam ingressi, non solum intentionem orandi negligunt, verum etiam ea pro quibus orare debuerant augent, insuper et arguentes se pro hujusmodi stultitia conviciis odiisque insequuntur, addentes videlicet peccatis, peccata et quasi sibi funem longissimum incauta eorum augmentatione texentes, nec timentes ex eo districti judicis examinatione damnari. Nec latet crebro angelos electis invisibili adesse praesentia, ut eos vel ab hostis callidi defendant insidiis, vel majoris coelestis desiderii gratia sustollant, Apostolo attestante, qui ait : *Nonne omnes sunt administratorii spiritus, in ministerium missi propter eos qui haereditatem capiunt salutis?* (*Hebr.* i, 14.) Maxime tamen angelici nobis spiritus adesse credendi sunt, cum divinis specialiter mancipamur obsequiis, id est, cum ecclesiam ingressi, vel lectionibus sacris aurem accommodamus, vel psalmodiae operam damus, vel orationi incumbimus, maxime autem cum missarum solemnia celebramus : unde et admonet Apostolus : *Mulier in ecclesia velamen super caput habere propter angelos* (*I Cor.* xi, 10), et propheta ait : *In conspectu angelorum psallam tibi* (*Psal.* cxxxvii, 1). Nec dubitari licet, ubi corporis et sanguinis Dominici mysteria geruntur, supernorum civium adesse conventus, qui monumentum quo corpus ipsum venerabile positum fuerat, et unde resurgendo abscesserat, tam sedulis servant excubiis. Unde solerter studendum est, ut cum ecclesiam vel ad divinae laudis debita solvenda, vel agenda missarum solemnia intramus, semper angelicae praesentiae memores, cum timore et veneratione competenti coeleste compleamus officium, in exemplum feminarum Deo devotarum, quae apparentibus ad monumentum angelis *timuisse ac vultum declinasse narrantur in terram* (*Luc.* xxiv, 5). Sed et nobis typicum praebent exemplum, ut si Dominum invenire, si angelorum desideramus praesentia confortari, abjiciamus opera tenebrarum, et induamur arma lucis, sicut in die honeste ambule-

mus. Decet autem nos, sicut operum bonorum A
luce fulgidos, ita etiam spiritalium operationum
refertos gratia, Dominum quærere. Unde bene mulieres, quæ diluculo ad monumentum venerant,
aromata quæ paraverant secum portasse referuntur
(*Luc.* xxiv, 1). Aromata etenim nostra voces sunt
orationis, quibus desideria cordis nostri Domino
commendamus, attestante apostolo Joanne, qui
mundissima sanctorum præcordia mystice describens : *Habebant*, inquit, *phialas aureas plenas odo-
ramentorum , quæ sunt orationes sanctorum* (*Apoc.*
v, 8). Quæ enim Græce aromata, Latine odora-
menta vocantur. Diluculo igitur aromata ad monumentum Domini huc usque ferimus, cum memores
passionis ac mortis, quam pro nobis suscepit, et
actionum bonarum proximis foris lucem monstra- B
mus, et suavitate puræ compunctionis intus in
corde fervemus. Quod et omnibus horis, et tempore
maxime fieri oportet cum ecclesiam oraturi
ingredimur, cum appropiamus altari Dominici corporis et sanguinis mysteria sumpturi. Si enim mulieres tanta cura corpus Domini mortui quærebant,
quanto magis convenit nos, qui eum resurrexisse a
morte, qui ad cœlos ascendisse, qui potentia divinæ majestatis ubique præsentem esse cognovimus,
cum omni reverentia ejus astare conspectibus, ejus
mystica celebrare? Bene autem dicitur : *Portantes
quæ paraverant aromata.* Aromata namque, quæ ad
obsequium Domini portamus, prius parasse est, cor
ante tempus orationis a supervacuis expurgare cogitationibus, ut in ipso tempore orandi nil sordidum C
mente recipere, nil rerum labentium cogitare, nulla
præter ea quæ precamur, et ipsum cui supplicamus,
meminisse noverimus, juxta ejus exemplum qui ait :
*Paratum cor meum Deus , paratum cor meum : can-
tabo, psalmum dicam Domino* (*Luc.* xxiv, 1). Nam
qui ad adorandum ecclesiam ingressus, inter verba
orationis consuetudinem superfluæ cogitationis ab
animo repellere negligit, quasi Dominum quæsitu-
rus minus parata secum aromata tulit.

Ministri quippe sancti altaris debemus attendere,
quod divina voce præcipitur, ut in Aaron pectore
rationale judicii vittis ligantibus imprimatur : quatenus sacerdotale cor nequaquam cogitationes fluxæ
possideant, sed ratio sola constringat, ne indiscre-
tum quid vel inutile sacris mysteriis assistentes
cogitemus : quia ad exemplum aliis constituti, ex
gravitate vitæ semper debemus ostendere quantam
rationem portemus in pectore. In quo etiam rationali vigilanter adjungitur, ut duodecim patriarcharum nomina describantur. Adscriptos etenim patres
semper in pectore ferre, est antiquorum vitam sine
intermissione cogitare. Nam tunc sacerdos irreprehensibiliter graditur, cum exempla patrum præcedentium indesinenter intuetur, cum sanctorum vestigia sine cessatione considerat, et cogitationes illi-
citas deprimit, ne extra ordinis limitem operis pedem
tendat. Sed et in hoc quia mortuorum nomina ascripta portamus, intendere debemus quia mortis opera

peccatores gerimus, et ipsi circumdati infirmitate
propterea debemus, sicut pro populi, ita et pro nostris exorare peccatis. Assistentes autem considerare
debent, qualiter oporteat eos in conspectu divinitatis
et angelorum ejus assistere : quia Dominus, qui humilia respicit et alta a longe cognoscit, non attendit
ad pretiosas vestes et ad sæculares pompas, quibus
quilibet tam viri quam feminæ se exornare solent,
sed ad cor contritum et humiliatum. Quantislibet
enim auri et argenti molibus circumdetur, quibuslibet pretiosis vestibus induatur caro, quid est aliud
nisi caro? Non ergo debemus attendere quid habemus, sed quid simus. Propheta enim dicit : *Vere
fenum est populus, et omnis caro fenum, et gloria
ejus sicut flos feni* (*Isa.* xl, 6). Multitudo enim generis humani, quæ per nativitatem virescit in carne,
per mortem arescit in pulvere, fenum dicitur recte.
Feminas enim sanctus Petrus admonet *ut in timore
castam conversationem suam considerantibus mon-
strent. Quarum non sit extrinsecus capillorum impli-
catio, aut circumdatio auri, aut indumenti vestimen-
torum cultus. Sed qui absconditus est cordis homo in
incorruptibilitate quieti et modesti spiritus, qui est in
conspectu Dei locuples. Sic enim aliquando et sanctæ
mulieres sperantes in Domino ornabant se subjectæ
propriis viris, sicut Sara obediebat Abrahæ, dominum
eum vocans, cujus sunt filiæ benefacientes et non timentes ullam perturbationem* (*I Petr.* iii, 2).

Sunt etiam, qui intrantes ecclesiam non de ornatu
vestium, nec in qualibet pompa gloriantur; sed quasi
humiliter multis psalmodiam vel orationem sermonibus compositis prolongant : cum sicut beatus dicit
Gregorius, veraciter est orare amaros in oratione
gemitus, et non verba composita resonare. At contra
hi qui sunt ore quidem orantes, sed mente foris
vagantes, omni orationis fructu privantur, putantes
a Deo prece exaudiri, quia nec ipsi qui fundunt audiunt. Quod antiqui hostis instinctu fieri quis animadvertere nequeat? Sciens enim utilitatem orandi,
et invidens hominibus gratiam impetrandi, immittit
orationibus multimoda cogitationum levium et aliquando etiam turpium nocentiumque phantasmata,
quibus orationem impediat, adeo ut nonnunquam
tales tantosque discurrentium cogitationum fluctus
prostrati in oratione toleremus, quales nec in lecto
resupini jacentes tolerare novimus. Unde necesse
est, ut agnitum animum ab hujusmodi nebulis, quas
hostis aspergere gaudet, in quantum possumus sere-
nando, et pii defensoris perpetuum flagitando præsidium, qui potens est quamlibet indignis peccatoribus,
et pure orandi et perfecte impetrandi concedere gratiam, si a precando non cessamus, imitantes cæcum
illum, de quo in Evangelio dicitur : *Quia multo magis clamabat : Fili David, miserere mei* (*Marc.* x, 48).
Quia quanto graviore tumultu cogitationum carnalium premimur, tanto orationi insistere ardentius
debemus. Quia nimirum necesse est, ut vox cordis
nostri, quo durius repellitur, valentius insistat, quatenus illicitæ cogitationis tumultum superet, atque

ad pias aures Domini nimietate suæ importunitatis erumpat. Nam sæpe in ipso orationis nostræ sacrificio importunæ se cogitationes ingerunt, quæ hoc rapere vel maculare valeant, quod in nobis Deo flentes immolamus. Sed si Deus in oratione non quæritur, citius animus in oratione lassatur : quia cum illa quisque postulat, quæ fortasse juxta occultum judicium Deus tribuere recusat, ipsi quoque venit in fastidio qui non vult dare quod amatur. Sed se magis Dominus quam ea quæ condidit vult amari, et æterna potius quam terrena postulari, sicut scriptum est : *Quærite regnum Dei, et hæc omnia adjicientur vobis* (*Matth.* vi, 33). Qui enim non ait dabuntur, sed adjicientur vobis, profecto indicat aliud esse quod principaliter datur, aliud quod superadditur : quia nobis in intentione æternitas, in usu vero temporalitas esse debet, et illud datur a Deo, et hoc nimirum ex abundantia additur super, et tamen homines sæpe, dum bona temporalia postulant, æterna vero præmia non requirunt, petunt quod adjicitur, et illud non desiderant ubi adjiciatur : nec lucrum suæ petitionis esse deputant, si hic sunt temporaliter pauperes, et illic beatitudine divites in æternum vivant; sed solis ut dictum est visibilibus intenti, labore postulationis renuunt invisibilia mercari. Qui si superna quærerent, jam cum fructu laborem acciperent : quia cum mens in precibus ad auctoris sui speciem anhelat, divinis desideriis inflammata supernis conjungitur, ab inferioribus separatur, amorem fervoris sui aperit ut capiat, et capiens in flamma amoris jam sursum ire est : dumque magno desiderio ad cœlestia inhiat, miro modo hoc ipsum quod accipere quærit degustat (*Moralium, lib.* xvi, *cap.* 19). Unde Abraham (*Gen.* xv, 11), cum ad occasum solis sacrificium offerret, insistentes aves pertulit, quas studiose ne oblatum sacrificium raperent abegit. Sic nos, dum in ara cordis holocaustum Deo offerimus, ab immundis hoc volucribus custodiamus, ne maligni spiritus et perversæ cogitationes rapiant quod mens nostra offerre Domino utiliter sperat. » Et sicut apud Isaac Allophyli effossos puteos replere nituntur (*Gen.* xxvi), ita nimirum immundi spiritus, cum nos studiose cor fodere conspiciunt, per congestas nobis tentationum cogitationes rapiunt quod mens nostra offerre se Domino sperat utiliter. Unde mens evacuanda est, incessanterque fodienda, ne si indiscussa relinquitur, usque ad timorem perversorum operum cogitationumque super nos terra cumuletur. (*Hom.* 14 *in Ezech.*) «Et Jacob, qui cum angelo contendit (*Gen.* xxxii), uniuscujusque perfecti viri et in contemplatione positi animam exprimit : quia videlicet anima, cum contemplari Dominum nititur, velut in quodam certamine posita, modo quasi exsuperat, quia intelligendo et sentiendo de incircumscripto lumine aliquid degustat : modo vero succumbit, quia et degustando iterum deficit : quasi vero vincitur angelus, quando intellectu intimo apprehenditur Deus.» Sed tamen ad semetipsam protinus reverberatur, atque ab ea luce quam

superavit recedit. Sic et qui certat, in luctamine aliquando superat, aliquando vero eo cum quo contendit se inferiorem invenit. (*Moral. lib.* xxiii, *cap.* 10) : « Unde et in psalmo dicitur : *Exaudivi te in abscondito tempestatis* (*Ps.* lxxx, 8). Abscondita tempestas est, cum in corde contrito cogitationum temporalium fluctus intumescunt, cum contra amoris sancti studia curarum sæcularium se tumultus illidunt. In abscondito ergo tempestatis exauditur, quia clamor deprecantis est hæc ipsa tribulationis fluctuatio.

CAPUT VII.

De pravis cogitationibus, cordisque munditia, et de castitate conjugali, et reconciliatione cum proximo. Quod iis post mortem aliorum vota prosint qui hoc in vita meruerunt : deque diverso morientium exitu atque statu.

Et sciendum nobis est, quia triplex est cogitationum nequam modus. Unus earum, quæ deliberatione et proposito peccandi mentem contaminant : quas cogitatationes si justa animadversio districti judicis respicit, non sunt jam cogitationes culpæ, sed operum : quia etsi rerum tarditates foris peccata differunt, intus hoc confessionis opere voluntatis effectus impleverunt. De qualibus scriptum est, *Manus in manu non erit innocens malus* (*Prov.* xi, 21) : quia si malum quod vult ex deliberatione confessionis non explet in operatione, complet tamen illud in voluntatis deliberatione. Alius earum, quæ delectatione quidem peccati mentem perturbant, nec tamen ad peccandi consensum pertrahunt. Tertius earum, quæ naturali motu mentem percurrentes, non tam hanc ad patranda vitia illiciunt, quam a bonis quæ cogitare debuit impediunt : veluti est cum phantasmata rerum, quæ aliquando supervacue gesta vel dicta novimus, ad memoriam reducimus; quarum crebra retractatio, quasi importuna muscarum improbitas, oculos cordis circumvolare ac spiritalem ejus aciem inquietare magis quam excitare consuevit. Nihil quippe nobis est corde fugacius, quod a nobis toties recedit, quoties per pravas cogitationes defluit. Hinc etenim Psalmista ait : *Cor meum dereliquit me* (*Psal.* xxxix, 13); hinc ad semetipsum rediens dicit : *Invenit servus tuus cor suum ut oret te.* Cum ergo cogitatio per custodiam restringitur, cor quod fugere consuevit invenitur. A cunctis autem his cogitationum nequam generibus castigari monuit Salomon cum dicit : *Omni custodia serva cor tuum, quoniam ex ipso vita procedit* (*Prov.* iv, 23). Cujus monita sequentes, agamus solliciti, ut si quid consensu perpetrandi facinoris in animo deliquimus, cita hoc confessione et dignis pœnitentiæ fructibus abstergamus. Si delectatione peccandi nos tentari senserimus, mox eam delectationem crebris precibus ac lacrymis, crebræ amaritudinis perpetua recordatione pellamus. Et si nos solos ad hanc propulsandum sufficere non posse viderimus, fratrum quæramus auxilia, ut quod nostris viribus nequimus, illorum consilio et intercessione sumamus. *Multum*

enim valet deprecatio justi assidua (Jac. v, 16) ; et **A**
sicut idem præmisit : *Oratio fidei salvabit infirmum,*
et allevabit eum Dominus, et si in peccatis sit dimit-
tentur ei (ibid., 15). Et quia supervacuis cogitationibus ad integrum carere non valemus, has in
quantum possumus immissione bonarum cogitationum, et maxime frequenti Scripturarum meditatione fugemus, juxta exemplum Psalmistæ qui dicit :
Quomodo dilexi legem tuam, Domine! tota die medi-
tatio mea est (Psal. cxviii, 97). Petamus supernam
clementiam, quod est vere in nomine Salvatoris
petere, ut cor nostrum rigore odiorum constringi
non permittat, sed gratiam nobis puræ dilectionis
infundat : ut infidelitatis nos interire venenis non
sinat, sed fortitudinem fidei contra hostis antiqui
tentamenta concedat ; ut nos desperatione futurorum retro respicere non permittat, sed spem cœlestium bonorum, per quam præsentia adversa simul
et prospera contemnere possimus, misericorditer
tribuat. Cordis quoque nobis munditiam et boni
operis efficaciam præstet. Multum autem juvat orationis puritas, si in omni loco vel tempore nos ab
actibus temperemus illicitis, si semper ab otiosis
sermocinationibus auditum pariter castigemus et
linguam, si in lege Domini ambulare et testimonia
ejus assuescamus toto corde servare. Quæcunque
enim sæpius agere, vel loqui, aut audire solemus,
eadem necesse est sæpius, ad animum quasi solitam propriamque recurrant ad sedem. Sicut ad
volutabra porci, columbæ autem pura et limpida
solent frequentare fluenta, ita cogitationes im-
mundæ impuram mentem perturbant, et spiritales
cogitationes castam mentem sanctificant. Et custodito corde, juxta quod Scriptura dicit : *Omni*
custodia serva cor tuum , quoniam ex ipso vita pro-
cedit, necesse est nos etiam corpora in sanctificatione
et munditia custodire. Custodito namque et mun-
dato a fluxu luxuriæ corpore, necesse est ut bona
opera subsequantur, sicut Dominus præcepit dicens :
Sint lumbi vestri præcincti et lucernæ ardentes in
manibus vestris (Luc. xii, 35). [*Hom.* 13.] « Duo
autem sunt quæ jubentur, et lumbos restringere, et
lucernas tenere, ut et munditia sit castitatis in corpore, et lumen veritatis in operatione. Redemptori
etenim nostro unum sine altero placere nequaquam
potest, si aut is qui bona agit, adhuc luxuriæ inquinamenta non deserit, aut is qui castitate præeminet,
necdum se per bona opera exercet. Nec castitas
ergo magna est sine bono opere, nec opus bonum
est aliquid sine castitate. » Quid enim illi prodest
qui se diabolo et sua donat Deo, cum Scriptura dicat : *Miserere animæ tuæ placens Deo? (Eccli.* xxx,
24.) Misericordiæ enim opera quisque a se incipere
debet, ut prius se Deo et postea sua Domino tribuat, juxta quod Scriptura præcipit : *Declina a*
malo et fac bonum, et tunc inhabitabis in sæculum
sæculi in domo Domini, in longitudinem dierum
(*Psal.* xxxvi, 27).

Et sciendum nobis est, quia non solum est castitas

in virginibus, et viduis, et continentibus , sed etiam
castitas est conjugalis in legitime conjugatis et legitima jura conjugii conservantibus. (*Pastoral.*
part. iii, cap. 28.) « Quibus tamen scire necesse
est, quia suscipiendæ prolis causa habentur conjuncti, et cum immoderatæ commistioni servientes
propagationis articulum in usum transferunt voluptatis, perpendant quod libidini servientes nimiæ,
in ipso conjugio conjugii jura transcendunt. Unde
necesse est, ut crebris orationibus, et quotidianis
eleemosynis, deleant quod pulchram copulæ speciem admistis voluptatibus fœdant. Hinc est quod
peritus medicinæ cœlestis Apostolus, non tam sana
instituit, quam infirmis medicamenta monstravit
dicens : *De quibus scripsistis mihi, bonum est homini*
B *mulierem non tangere : propter fornicationem autem*
unusquisque suam uxorem habeat, et unaquæque suum
virum habeat (I Cor. vii, 1). Qui enim fornicationis
metum præmisit, profecto non stantibus præcepta
contulit ; sed ne fortasse in terram ruerent, lectum
cadentibus extendit. Unde adhuc infirmantibus subdit : *Uxori vir debitum reddat, similiter autem et*
uxor viro (ibid., 6). Quibus dum in magna honestate conjugii aliquid de voluptate largiretur, adjunxit : *Hoc autem dico secundum indulgentiam, non*
secundum imperium. Culpa quippe esse innuitur
quod indulgeri perhibetur ; sed quæ tanto citius
relaxatur, quanto non per hanc illicitum quid agatur, si hoc quod est licitum sub moderamine non
tenetur. (*Ibid.*) Unde cum Deo deprecatio funditur,
C nequaquam talis conjugum vita damnatur. De qua
deprecatione quoque Paulus admonet dicens : *Nolite*
fraudare invicem, nisi forte ex consensu ad tempus,
ut vacetis orationi (I Cor. vii, 5). » Quatenus mundio-
res et corde et corpore, abluti etiam carne et vestibus aqua, ad communionem corporis et sanguinis
Domini veniant, ne ipsa inæstimabilis mysterii magnitudine graventur. Nam et Dominus in Sina monte
locuturus ad populum, prius eumdem populum abstinere a mulieribus præcepit (*Exod.* xix), et ad David
de pueris suis a sacerdote dicitur, ut si a mulieribus mundi essent, panes propositionis acciperent
(*I Reg.* xxi, 4) : quos omnino non acciperent, nisi
prius mundos esse David a mulieribus fateretur. Omnes autem in communione, mundo corde et corpore
D purificato sacris mysteriis assistentes, necesse est ut
nosmetipsos Deo in cordis contritione mactemus,
quia qui passionis Dominicæ mysteria celebramus,
debemus imitari quod agimus. Tunc ergo vere pro
nobis hostia erit, cum nos ipsos hostiam fecerit. »

(*Dial.* lib. iv, c. 59.) « Sed inter hæc sciendum
est, quia ille recte sui delicti veniam postulat, qui
prius hoc quod in ipso delinquitur relaxat. Munus
enim non accipitur , nisi ante discordia ab animo
pellatur, dicente Veritate : *Si offers munus tuum ad*
altare, et ibi recordatus fueris quia frater tuus habet
aliquid adversum te, relinque ibi munus tuum ante
altare, et vade prius reconciliari fratri tuo et tunc
veniens offeres munus tuum (Matth. v, 23). Qua in re

pensandum est, cum omnis culpa munere solvatur, quam gravis est culpa discordiæ, pro qua nec munus accipitur. Debemus itaque ad proximum, quamvis longe positum, longeque disjunctum, mente ire, eique animum subdere, humilitate illum ac benevolentia placare, ut scilicet Conditor noster, dum tale placitum nostræ mentis aspexerit, a peccato nos solvat qui munus pro culpa sumit. Veritatis autem voce attestante, didicimus quia servus qui decem millia talenta debebat, cum pœnitentiam ageret, absolutionem debiti a domino accepit, sed quia conservo suo centum sibi denarios debenti debitum non dimisit, et hoc est jussus exigi quod ei fuerat jam dimissum (*Matth.* xviii). Ex quibus videlicet dictis constat quia, si hoc quod in nos delinquitur ex corde non dimittimus, et illud rursus exigimur quod nobis jam per pœnitentiam dimissum fuisse gaudebamus. Igitur dum per indultum temporis spatium licet, dum judex sustinet, dum conversionem nostram is qui culpas examinat exspectat, conflemus in lacrymis duritiem mentis, formemus in proximis gratiam benignitatis, et fidenter dico, quia salutari hostia per mortem non indigebimus, si ante mortem Deo ipsi hostia fuerimus. »

Et sciendum nobis est, qua illis sacra victima mortuis prodest, qui hic vivendo obtinuerunt ut eos etiam post mortem bona adjuvent quæ hic pro ipsis ab aliis fiunt. Ad hæc etiam veraciter credi debet, quia illum post mortem Deus non liberat, quem ante mortem gratia suam ad veniam non reformat. Hinc etenim Paulus dicit : *Ecce nunc tempus acceptabile, ecce nunc dies salutis* (*II Cor.* vi, 2). Hinc Psalmista ait : *Quoniam in sæculum misericordia ejus* (*Psal.* cxvii, 1). Quia nimirum, quem nequaquam modo misericordia ejus eripit, sola post præsens sæculum justitia addicit. Hinc Salomon ait : *Quia lignum in quocunque loco ceciderit, sive ad austrum, sive ad aquilonem, ibi erit* (*Eccle.* xi, 3). Quia cum humani casus tempore, sive sanctus, sive malignus spiritus egredientem animam claustris carnis acceperit, in æternum secum sine ulla permutatione retinebit, ut nec exaltata ad supplicium proruat, nec mersa æternis suppliciis ultra ad remedium ereptionis ascendat, relictis æternaliter condemnatis. Scire debemus, quia est differentia in electis de corpore egressis, ut egredientibus seu egressuris : quoniam sunt qui mox ut a carnis corruptione soluti sunt aut solvuntur, ad Dei contemplationem angelis sociandi perveniunt, sicut sancti apostoli, martyres, et confessores, et virgines, cæterique arctioris et perfectioris vitæ viri ac feminæ, quorum unus certaminum suorum conscius non dubitavit de ipso testari dicens : *Cupio dissolvi et cum Christo esse* (*Philip.* i, 23). Cæterum sunt plures in Ecclesia justi, qui post carnis solutionem continuo beata paradisi requie suscipientur, exspectantes in magno gaudio, in magnis congaudentium choris, quando recepto corpore veniant et appareant ante faciem Dei. At vero nonnulli, propter bona quidem opera ad electorum societatem

præordinati, sed propter mala aliqua, quibus polluti de corpore exeunt, per mortem severius castigandi excipiuntur flammis ignis purgatorii, et vel usque ad diem judicii longa examinatione de vitiorum sorde mundantur, vel certe piis amicorum fidelium precibus, eleemosynis, jejuniis, fletibus, et hostiæ salutaris oblationibus absoluti pœnis, et ipsi ad beatorum perveniunt requiem. Sed inter hæc pensandum est, quod tutior via sit, ut bonum quod quisque post mortem suam sperat agi per alios, agat ipse dum vivit pro se. Beatius quippe est liberum exire, quam post vincula libertatem quærere. Debemus itaque præsens sæculum, vel quia jam conspicimus defluxisse, tota mente contemnere; quotidiana Deo lacrymarum sacrificia, quotidianas carnis ejus et sanguinis hostias immolare, in assiduis etiam fletibus, in quotidiana nostra pœnitentia.

CAPUT VIII.

Quod advocatus noster in cœlo sit Christus, qui Incarnationis et passionis suæ mysterio nos redemit, et corpus ac sanguinem suum nobis in sacramento reliquit.

Habemus sacerdotem in cœlis qui interpellat pro nobis, de quo etiam per Joannem dicitur : *Si peccaverimus, advocatum habemus apud Patrem Jesum Christum justum, et ipse est propitiatio pro peccatis nostris* (*I Joan.* ii, 1). Ecce exsultat animus, cum advocati nostri potentiam audivimus; sed exsultationem nostram iterum remordet timor, quia ipse qui nobis advocatus est dicitur justus. Nos enim causas injustitiæ habemus, justus vero advocatus injustas causas nullo modo suscipit, nec verba dare pro injustitia consentit. Quid ergo agimus, charissimi fratres mei? Sed ecce occurrit animo quid agamus : mala quæ fecimus et accusemus et deploremus. Scriptum est enim : *Justus in principio accusator est sui* (*Prov.* xviii, 17). Quilibet etenim peccator conversus in fletibus jam justus esse inchoat, cum cœperit accusare quod fecit. Cur enim justus non sit, qui contra suam injustitiam jam per lacrymas sævit? Justus igitur advocatus noster justos nos defendet in judicio, quia nosmetipsos et cognoscimus et accusamus injustos. Non ergo in fletibus, non in actibus nostris, sed in advocati nostri allegatione confidamus, qui sine intermissione pro nobis holocaustum Redemptor piissimus immolat, quia sine cessatione Patri suam pro nobis incarnationem demonstrat. Ipsa quippe ejus incarnatio nostræ est emundationis oblatio. Cumque se hominem ostendit, delicta hominis interveniens diluit, et humanitatis suæ mysterio perenne sacrificium immolat, quia et hæc sunt æterna quæ mundat, sacerdos pro nobis factus, et sacrificium, et altare. Unde ad Israel dicitur : *Altare de terra facietis mihi* (*Exod.* xxxiii, 24). Altare enim de terra Deo facere, est incarnationem Mediatoris adorare. Tunc quippe a Deo nostro munus accipitur, quando in hoc altari, id est super Dominicæ incarnationis humanitatem, nostræ humilitatis fidem soli-

damus. Homo namque in libertate propriæ volunta- A
tis ad vitam conditus, sponte sua diabolo consentiens, factus est debitor mortis. Delenda ergo erat
talis culpa, sed nisi per sacrificium deleri non poterat, et pro homine videlicet peccatore et rationali,
nisi rationalis hostia, id est homo, et sine peccato,
qui de homine assumpsit naturam non culpam, ad
emundationem offerri non potuit. Fecit ergo pro nobis sacrificium corpus suum, exhibuit pro peccatoribus victimam sine peccato, quæ et humanitate
mori, et injustitiam mundare potuisset. Finis scilicet, non qui consumit, sed qui perfecit eum, in
carne apparuit, et factus sacerdos in æternum secundum ordinem Melchisedech, tunc novum testamentum, quod nobis de pane et vino aqua misto,
ipso sacrificante et vivificante atque benedicente, in B
vero corpore et sanguine suo mysterium fidei, donec
specietenus veniat tradidit, manifeste perficiet, cum
aperte diligentibus se, qui secundum propositum
vocati sunt sancti, per patefactam majestatis suæ
speciem ostendet, quomodo ipsi gignenti non impar
oriatur, et quomodo utriusque Spiritus, utrique
coæternus ac consubstantialis, simul ab utroque
procedat : quomodo is qui oriendo a Patre est, ei
de quo oritur subsequens non est : quomodo is qui
processione producitur, a proferentibus non præitur.
Quomodo et unum divisibiliter tria sint, et indivisibiliter tria unum : sed humanitatem veræ carnis
animatæ rationali anima, una secum de Spiritu sancto et beata Maria semper Virgine, in visceribus
ejus de carne ipsius conceptam, et mox sanctam in C
civitatem assumptam, suæ personæ, qui sine ullo
initio perfectus Deus, Unigenitus æqualis Patri, perfectus homo in fine sæculorum natus est, unus
Christus, verus Filius Dei, per uterum ejusdem
Virginis, quæ ancilla est ipsius hominis per divinitatem, et mater Verbi per carnem (*Moral.* lib. XVIII,
c. 27) : « Cui ut scriptum est : *Non adæquabitur
topazium de Æthiopia (Job* XXVIII, 19). Quoniam
aliud est natos homines gratiam adoptionis accipere,
aliud unum singulariter per divinitatis potentiam
Deum ex ipso conceptu prodiisse : nec æquari potest gloriæ Unigeniti habitæ per naturam ab aliis
accepta per gratiam. Mediator quippe Dei atque hominum homo Christus Jesus, non est alter in humanitate, alter in deitate : quia non purus homo con- D
ceptus atque editus, post per meritum ut Deus
esset accepit; sed nuntiante angelo, et adveniente
Spiritu, mox Verbum in utero, mox intra uterum
Verbum caro, et manente incommutabili essentia,
quæ ei cum Patre et cum sancto Spiritu coæterna
est, assumpsit intra Virginis viscera, unde et impassibilis pati, et immortalis mori, et æternus ante
sæcula temporalis posset esse in fine sæculorum :
ut per ineffabile sacramentum, conceptu sancto, et
partu inviolabili, secundum veritatem utriusque naturæ eadem Virgo, ut diximus, et ancilla Domini
esset et mater. Sic quippe ei ab Elisabeth dicitur :
Unde hoc mihi, ut veniat mater Domini mei ad me?

(*Luc.* I, 43.) Et ipsa Virgo concipiens dixit : *Ecce
ancilla Domini, fiat mihi secundum verbum tuum*
(*ibid.*, 38). Et quamvis ipse aliud ex Patre, aliud
ex Virgine, sed ipse est æternus ex Patre, ipse temporalis ex matre, ipse qui fecit, ipse qui factus est,
ipse speciosus præ filiis hominum per divinitatem,
et ipse de quo dictum est : *Vidimus eum, et non erat
aspectus, et non est ei species, neque decor (Isa.* LIII,
2), per humanitatem. Ipse ante sæcula de Patre sine
matre, ipse in fine sæculorum de matre sine patre :
ipse conditoris templum, ipse conditor templi : ipse
auctor operis, ipse opus auctoris : manens unus ex
utraque et in utraque natura, nec naturarum copulatione confusus, nec naturarum distinctione geminatus. » In natura divinitatis æqualis et coæternus ac
consubstantialis Patri et Spiritui sancto; in natura humanitatis minoratus paulo minus ab angelis : in qua
resurgendo a mortuis gloria et honore coronatus
est, et constitutus super omnia opera manuum Patris, et data est ei omnis potestas in cœlo et in terra,
et clarificatus est claritate illa, quam in divinitate
habuit apud Patrem priusquam mundus fieret, ut
iisdem dilectoribus suis palam ostenderet, cum absorpta esset mors in victoria, mortale hoc nostrum
induere immortalitatem ad suam felicitatis sempiternæ beatitudinem. Ejus beatitudinis perpetuæ felicitatem anxie suspirantes et anhelantes, ingemiscimus gravati in hoc tabernaculo, habentes hunc
fidei et spei ac dilectionis thesaurum in vasis fictilibus. Unde nobis per Prophetam dicitur : *Constituite diem solemnem in confrequentationibus usque ad
cornu altaris (Psal.* CXVII, 27). Dies solemnis est Domino compunctio cordis nostri. Sed tunc in confrequentationibus dies solemnis constituitur, cum in
lacrymas amoris ejus assidue mens solvitur. At ne
morientes, si non diceretur quandiu ista acturi sumus, tribulatione afficeremur, illico terminum quousque fieri debeat subjungit dicens, *usque ad cornu
altaris.* Cornu quippe altaris est exaltatio sacrificii
interioris, ubi cum venerimus, jam nulla necessitas
erit ut solemnem diem Domino de nostra lamentatione faciamus. Ad quod altare interioris sacrificii non
accedit nisi justus, ad quod ille pervenit qui ad
istud præsens et visibile accedit gratia Dei justificatus, et illic inveniet vitam suam, qui ad istud accedens discreverit causam suam, unde dispensatur victima salutaris, qua deletum est debitæ damnationis
ac maledictionis nostræ chirographum quod erat
contrarium nobis, et triumphatus est hostis compu-
tans nostra peccata, et quærens quid objiciat, et
nihil inveniens in illo in quo vincimus, credentes in
eum qui pro nobis debitoribus mortis, mortis debitum quod non debebat exsolvit, solvens inimicitias
quas peccando contraximus in carne sua, bonus pastor animam suam ponens pro ovibus suis, ut in
sacramento nostro corpus et sanguinem suum ver-
teret, et oves quas redemerat carnis suæ alimento
satiaret.

CAPUT IX.

*Quod Christus pro nobis in altari quotidie immolatur,
ad cujus participationem cum fide et bonis operibus
accedendum est.*

Qui quando hæc sacrosancta mysteria celebranda
discipulis suis tradidit, inter cætera dixit : *Filius
hominis secundum quod definitum est vadit. Verumtamen væ illi homini per quem tradetur !* (*Luc.* xxii,
22.) Sed et hodie et in sempiternum væ illi homini,
qui ad mensam Domini malignus accedit ; qui insidiis mente conditis, qui præcordiis aliquo scelere
pollutus, mysteriorum Christi secretis participare
non metuit. Etenim ille in exemplum Judæ filium
hominis tradit, non quidem Judæis peccatoribus,
sed tamen peccatoribus, membris scilicet suis, quibus illud inæstimabile et inviolabile Domini corpus
violare præsumit. Ille Dominum vendit, qui ejus
amore ac timore neglecto, terrena et caduca, imo
etiam criminosa, plus amare et curare convincitur.
Væ, inquam, illi homini, de quo Jesus, qui altaribus sacrosanctis inter immolandum, utpote proposita consecraturus, adesse non dubitatur, astantibus
sibi ministris cœlestibus, queri cogitur : *Ecce, inquiens, manus tradentis me mecum est in mensa*
(*ibid.*, 21). De quibus dicit Apostolus : *Quicunque
manducaverit panem vel biberit calicem Domini indigne, reus erit corporis et sanguinis Domini. Qui enim
manducat et bibit indigne, judicium sibi manducat et
bibit, non dijudicans*, id est, non discernens debita
veneratione a cibis cæteris, *corpus Domini. Probet
autem seipsum homo, et sic de pane illo edat, et de
calice bibat. Quoties enim cumque manducabitis panem hunc et calicem bibetis, mortem Domini annuntiabitis donec veniat* (*I Cor.* xi, 26, 27, 28) : quia ut
Joannes dicit apostolus : *Dilexit nos, et lavit nos a
peccatis nostris in sanguine suo* (*Apoc.* i, 15). Non
solum autem a peccatis in sanguine suo, quando
sanguinem suum dedit in cruce pro nobis, sed et
quando quisque nostrum in mysterio sacrosanctæ
passionis illius baptismi aquis ablutus est, quia pretium Christi sepultura nostra est. Unde ager de pretio sanguinis ejus emptus vocatur *acheldemach*, id est
ager sanguinis : videlicet ager Judæorum, sed sepultura nostra est. Nos enim peregrini fuimus et advenæ ;
non habuimus ubi requiesceremus : ille crucifixus est et
mortuus, et nos consepulti sumus cum illo per baptismum in mortem. Quia *quicunque baptizati sumus in
Christo Domino, in morte ipsius baptizati sumus* (*Rom.*
vi, 3), qui non solum quando in cruce sanguinem
suum dedit pro nobis, vel quando in baptismate
lavit nos a peccatis nostris in sanguine suo, verum
etiam quotidie tollit peccata mundi, lavatque nos a
peccatis nostris quotidianis in sanguine suo, cum
ejusdem beatæ passionis ad altare memoria replicatur, cum panis et vini creatura in sacramentum
carnis et sanguinis ejus ineffabili spiritus sanctificatione transfertur, sicque corpus et sanguis illius,
non infidelium manibus ad perniciem suam funditur

A et occiditur, sed fidelium ore suam sumitur in salutem.

Cujus recte figuram agnus in lege paschalis ostendit, qui semel populum de Ægyptia servitute liberans, in memoriam ejusdem liberationis per omnes
annos immolatione sua eumdem populum sanctificare solebat, donec ipse veniret, cui talis hostia
testimonium dabat, oblatusque Patri pro nobis in
hostiam odoremque suavitatis, mysterium suæ passionis oblato agno in creaturam panis vinique transferret, sacerdos factus in æternum secundum ordinem Melchisedech. Et sicut illi, qui etiam postquam
educti sunt in sanguine agni de terra Ægypti, et
baptizati sunt in nube et in mari, exigentibus culpis,
serpentium morsibus sternebantur, ut ex ordine fla-
B gelli exterioris agnoscerent quantam intus perniciem peccando paterentur, exaltatum pro signo serpentem æneum aspiciebant, sicut sacra Numerorum
narrat historia (*Num.* xx), sanabantur ad tempus a
temporali morte et plaga, quam serpentium morsus
intulerant : ita et qui mysterium Dominicæ passionis
credendo et confitendo sinceriter imitando aspiciunt,
salvantur in perpetuum ab omni morte quam peccando in anima pariter et carne contraxerant, *ut
omnis qui credit in Christum non pereat, sed habeat
vitam æternam* (*Joan.* iii, 16). Et hoc inter illam
figuram et istam veritatem distat, quia per illam
figuram vita protelabatur temporalis, per hanc vita
donatur sine fine mansura. Sed curandum solerter
est, ut quod intellectus bene sentit operatio condigna
C perficiat, quatenus cum confessione rectæ nostræ
fidei pie et sobrie conversando ad perfectionem promissæ vitæ nobis mereamur attingere. *Sic enim Deus
dilexit mundum, ut Filium suum unigenitum daret,
ut omnis qui credit in eum non pereat, sed habeat
vitam æternam* (*ibid.*). Ad quam ille perveniet, quisquis in recta fide et bonis operibus perseveravit usque in finem, quia et fides sine operibus mortua est,
illa videlicet fides, quæ per dilectionem non operatur, et sine fide impossibile est placere Deo. In
quibus unanimiter gratia Dei consistentibus perseverantia necessaria est usque in finem, quia nemo mittens manum in aratrum et aspiciens retro, aptus est
regno Dei, in quo æternaliter vivunt angeli et sanctorum spiritus de ligno vitæ, sicut ipse dixit : *Sicut
D in me vivit Pater, et ego vivo in eo propter Patrem ;
et qui manducat me, et ipse vivit propter me. Ego sum
panis vitæ, et ego sum panis de cœlo descendens, ut
si quis ex ipso manducaverit non moriatur. Ego sum
panis vivus qui de cœlo descendi ; si quis manducaverit ex hoc pane vivet in æternum, et panis quem ego
dabo caro mea est pro mundi vita. Amen amen dico
vobis : Nisi manducaveritis carnem filii hominis, et
biberitis ejus sanguinem, non habebitis vitam in vobis.
Qui manducat carnem meam et bibit sanguinem
meum, habet vitam æternam, et ego resuscitabo eum in
novissimo die. Caro enim mea vere est cibus, et sanguis
meus vere est potus. Qui manducat meam carnem et
bibit meum sanguinem, manet in me et ego in eo. Hic*

est panis qui de cœlo descendit : qui manducat hunc **A** panem vivet in æternum (*Joan.* vi). Et pridie quam pateretur, cœnante eo cum discipulis suis, in nocte qua tradebatur, quando vetus in novum et æternum pascha nostrum convertit, in quo ipse immolatus est Christus, accepit panem, benedixit ac fregit, deditque discipulis suis et ait : *Accipite et comedite , hoc est corpus meum , quod pro vobis tradetur, hoc facite in meam commemorationem; et : Accipiens calicem gratias egit et dedit illis dicens : Bibite ex hoc omnes, hic est sanguis meus novi testamenti , qui pro vobis et pro multis effundetur in remissionem peccatorum* (*Luc.* xxii). Hæc ille dixit et dicit, et perficit qui dixit et facta sunt, mandavit et creata sunt, et eo verbo quod est, et per quod facta sunt omnia, et per prophetas suos hydriam farinæ et lecythum olei , et per vasa **B** non pauca diffusum oleum multiplicavit, et Verbum caro factum est, et habitavit in nobis, cum in utero virginali sanctificavit tabernaculum suum Altissimus, potest manum ponere in ambobus , et patrem scilicet divinitatis æqualitate placare, et nostræ fragilitatem substantiæ assumendo , eam sine ullius culpæ contagio in unitate suæ personæ compati et misereri , et panes ac pisces juxta veritatem evangelicam sua benedictione multiplicavit, et aquam in vinum tacito nutu vertit, et naturas rerum mutat ut ipse volet : cujus veridicis verbis indubitanter credens Apostolus dicit : *Calicem benedictionis cui benediximus, nonne communicatio sanguinis Christi est? Ego enim accepi a Domino quod et tradidi vobis, quoniam Dominus noster Jesus Christus in qua nocte tra-* **C** *debatur accepit panem, et gratias agens fregit ac dixit : Accipite et manducate : hoc est corpus meum quod pro vobis tradetur, hoc facite in meam commemorationem. Similiter et calicem postquam cœnavit dicens : Hic calix novum testamentum est in meo sanguine, hoc facite quotiescunque biberitis in meam commemorationem. Quotiescunque enim manducabitis panem hunc et calicem bibetis, mortem Domini annuntiabitis donec veniat* (*I Cor.* x, xi).

Quæ communicatio et participatio corporis et sanguinis Domini sicut ex omnibus recta fide offerentibus una fit, ita et una redit in omnes , non parte corporea, sed virtute divina. Qui enim unus semper et idem intelligi participaliter non potest , tamen a **D** suis fidelibus participari dicitur, cum in ejus substantiam pars nulla admittatur. Sed quia hunc exprimere perfecte sermone non possumus , humanitatis nostræ modulo quasi infantiæ imbecillitate præpediti , eum aliquatenus balbutiendo resonamus. Cujus corpus Judæi persequentes moliti sunt quasi consumendo exstinguere, et gentiles esurientem mentem suam desiderant per quotidianum immolationis sacrificium de ejus carnibus satiare, et ipsius Redemptoris sanguinem, quem persecutores sævientes fuderunt, postmodum credentes biberunt, eumque esse Dei Filium prædicaverunt (*Moral.* lib: xiii, c. 8). « De quo videlicet sanguine scriptum est : *Terra, ne operias sanguinem meum , neque inveniat*

locum in te latendi clamor meus (*Job* xvi, 19). Peccanti enim homini dictum est : *Terra es et in terram ibis* (*Gen.* iii, 19). Quæ scilicet terra Redemptoris nostri sanguinem non abscondit, quia unusquisque peccator redemptionis suæ pretium sumens confitetur ac laudat, et quibus valet proximis innotescit. Terra etiam sanguinem ejus non operuit, quia sancta Ecclesia redemptionis suæ mysterium in cunctis jam mundi partibus prædicat. Neque invenit in terra latendi locum clamor ejus. Ipse enim sanguis redemptionis qui sumitur, clamor nostri Redemptoris est. Unde etiam Paulus dicit : *Et sanguinem aspersionis melius loquentem quam Abel* (*Hebr.* xii, 24). De Abel sanguine dictum fuerat : *Vox sanguinis fratris tui Abel clamat ad me de terra* (*Gen.* iv, 10). Sed sanguis Jesu melius loquitur quam Abel, quia sanguis Abel fratricidæ fratris mortem petiit, sanguis autem Domini vitam persecutoribus impetravit. Ut ergo in nobis sacramentum Dominicæ passionis non sit otiosum, imitari debemus quod sumimus, et prædicare cæteris quod veneramur. Locum enim latendi clamor ejus in nobis inveniet, si hoc quod mens credidit lingua tacet. Sed ne in nobis clamor ejus lateat, restat ut unusquisque juxta modulum suum vivificationis suæ mysterium proximis innotescat : » credens et confitens et annuntians, quia sanguis Christi ideo novum est testamentum, quia nova dilectio, qua usque ad mortem in novissimis sæculorum temporibus nos dilexit. Dilectio ista nos innovat, ut simus homines novi, hæredes testamenti novi, sicut et Apostolus dicit : *Quanto magis sanguis Christi, qui per Spiritum sanctum semetipsum obtulit immaculatum Deo, emundabit conscientiam nostram ab operibus mortuis, ad serviendum Deo viventi? et ideo novi testamenti mediator est* (*Hebr.* ix, 14, 15). Per hunc ergo sanguinem novi testamenti, qui effusus est in remissionem peccatorum, emundabit, id est innovabit conscientiam fidelium , et fiunt iidem fideles, juxta cumdem Apostolum, hæredes secundum spem vitæ æternæ, *et repromissionem accipiunt qui vocati sunt æternæ hæreditatis* (*ibid.,* 15). Et ideo sanguis ille vere novi testamenti et æterni est, quia quos a vetustate innovat, ad æternam felicitatem perducit. Hinc Zacharias propheta velut ad ipsum Dominum loquens ait : *Tu quoque in sanguine testamenti tui emisisti vinctos tuos de lacu, in quo non erat aqua* (*Zach.* ix, 11). Quia videlicet per hujus sanguinis effusionem, et antiqui justi spe futuræ redemptionis devincti ab inferni claustris educti sunt, et per eumdem etiam omnes credentes a peccatorum vinculis, et de lacu miseriæ, et de luto fæcis eripiuntur. Item quod hic dicitur *mysterium fidei,* et in illis verbis Domini quibus mysterium corporis et sanguinis sui tradidit non legitur, videtur de alio loco Evangelii sumptum esse, ubi secundum Joannem de hoc eodem sacramento quibusdam discipulis non credentibus loquens ait : *Verba quæ locutus sum vobis spiritus et vita sunt, sed sunt quidam ex vobis qui non crediderunt* (*Joan.* vi. 14). Ostendit enim se magnum dixisse mysterium cum ait : *Verba quæ ego loculus sum vobis spiritus et vita sunt (Joan.* vi, 65) : cum autem adjungit, *sed sunt quidam ex vobis qui non crediderunt,* ostendit magnum istud mysterium non esse nisi fidei et fidelium,qui verba audiunt, et ideo eis spiritus et vita sunt, quia eos spiritaliter intellecta vivificant. Totum ergo quod in hac oblatione Dominici corporis et sanguinis agitur, mysterium est. Aliud enim videtur, aliud intelligitur : quod videtur speciem habet corporalem, quod intelligitur fructum habet spiritualem. Sciendum vero est, quod eumdem calicem Dominici sanguinis, juxta observantiam Ecclesiæ catholicæ apostolis traditam, nisi mistum aqua offerri non licet, quia unum fiunt in redemptionis nostræ mysterio cum ait : *Non bibam amodo ex hoc genimine vitis (Matth.* xxvi, 29), et de latere ejus, quod lancea transfixum est, aqua cum sanguine egressa, vinum de vera carnis ejus vite cum aqua expressum ostendit. Hæc enim sunt sacramenta Ecclesiæ, sine quibus ad vitam quæ vera vita est non intratur. Ille sanguis in remissionem fusus est peccatorum, aqua illa salutare temperat poculum, hæc et lavacrum præstat et potum. Hoc totum Dominicæ oblationis mysterium quanta pietate et amore agendum sit, commendat ipse Dominus dicendo : *Hæc quotiescunque feceritis in mei memoriam facietis (I Cor.* xi, 25). Quod exponens Apostolus ad Corinthios ait : *Quotiescunque enim manducabitis panem hunc et calicem bibetis, mortem Domini annuntiabitis donec veniat (ibid.* 26). Illius ergo panis et calicis oblatio mortis Christi est commemoratio et annuntiatio, quæ non tam verbis quam ipsis mysteriis agitur, per quæ nostris mentibus mors illa pretiosa altius et fortius commendatur. Quid est enim mortis Christi commemoratio, nisi charitatis ejus commendatio? quam nobis beatus evangelista commendans ait · *Sciens Jesus quia venit hora ejus ut transeat ex hoc mundo ad Patrem, cum dilexisset suos qui erant in mundo, in finem dilexit eos (Joan.* xiii, 1). Id est usque ad mortem eum illa dilectio perduxit. Quia tantum dilexit eos ut moreretur propter eos. Hoc enim testatus est dicens : *Majorem hac dilectionem nemo habet, ut animam suam ponat quis pro amicis suis (Joan.* xv, 13). Propterea et iturus ad passionem, et per resurrectionis et ascensionis gloriam discessurus e mundo, hoc sacramentum ultimum discipulis tradidit, ut memoriam tantæ charitatis, per quam solam salvamur, altius eorum mentibus infigeret. Quatenus semper memores simus, et quales, et quantum ab eo dilecti simus, ne de nobis gloriemur, quantum ut de illo speremus. Quod utrumque diligenter amplius exponit et inculcat dicens : *Ut quid enim Christus, cum adhuc infirmi essemus, secundum tempus pro impiis mortuus est (Rom.* v, 6)? Et post paululum dicitur : *Commendat autem, inquit, suam charitatem Deus in nobis, quoniam si cum adhuc peccatores essemus, Christus pro nobis mortuus est, multo igitur magis justificati nunc in sanguine ipsius salvi erimus ab ira per ipsum (ibid.* 89). Hoc ergo agendum,

A hoc frequentandum commendavit Ecclesiæ, quousque ipse veniat in fine sæculi, quando erit sanctorum requies, non adhuc in sacramento spei, quo in hoc tempore consociatur Ecclesia, quandiu bibitur quod de Christi latere manavit, sed jam in ipsa perfectione salutis æternæ, cum tradetur regnum Deo et Patri ut in illa perspicua contemplatione incommutabilis veritatis nullis mysteriis corporalibus egeamus.

CAPUT X.

Quod per Christi humilitatem panis angelorum panis noster factus sit : quodque a Christo ipso fiat consecratio, et in imagine panis vera sit caro Christi, a nobis cum pænitentia et mundo corde manducanda.

Erat enim antea secundum ordinem Judæorum Aaron sacrificium in victimis pecorum, et hoc in mysterio. Nondum namque erat sacrificium corporis et sanguinis Domini, quod fideles norunt qui Evangelium legerunt. Quod sacrificium nunc diffusum est toto orbe terrarum per eum de quo scriptum est : *Juravit Dominus et non pœnitebit eum, tu es sacerdos in æternum secundum ordinem Melchisedech (Psal.* cix, 4). Hoc de Domino nostro Jesu Christo dictum est, quia voluit esse salutem nostram in corpore et sanguine suo, quæ commendavit nobis de humilitate sua. Nisi enim esset humilis, non manducaretur nec biberetur. Respice altitudinem ipsius : *In principio erat verbum, et verbum erat apud eum (Joan.* i). Ecce cibus sempiternus. Sed manducant angeli, manducant supernæ virtutes, manducant cœlestes spiritus, et manducant et saginantur, et integrum manet quod eos satiat et lætificat. Quis autem homo pervenire posset ad illum cibum? unde cor idoneum illi cibo ? Oportebat ergo ut mensa illa lactesceret, ut parvulis proveniret. Unde autem fit cibus lac? unde cibus in lac convertitur, nisi per carnem trajiciatur? Nam mater hoc facit. Quod manducat mater, hoc manducat infans ; sed quia minus est idoneus infans qui pane vescatur, ipsum mater incarnat, et per humiditatem mamillæ in lactis succum de ipso pane pascit infantem. Quomodo ergo de ipso pane pascit nos sapientia Dei? quia *Verbum caro factum est et habitavit in nobis (ibid.,* 14). Videte ergo humilitatem, quia panem angelorum manducavit homo, ut scriptum est : *Panem cœli dedit eis, panem angelorum manducavit homo (Psal.* lxxvii, 15). Id est : Verbum illud quo pascuntur angeli sempiternum, quod est æquale Patri, manducavit homo, quia *cum in forma Dei esset, non rapinam arbitratus est esse æqualem se Deo.* Saginantur illo angeli, sed *semetipsum exinanivit,* ut manducaret panem angelorum homo. *Formam servi accipiens in similitudinem hominum factus, et habitu inventus ut homo, humiliavit se factus obediens usque ad mortem, mortem autem crucis (Philip.* ii, 6, 8), ut jam de cruce commendaretur caro et sanguis Domini novum sacrificium. Quando loquebatur Dominus noster Jesus Christus de corpore suo : *Nisi, inquit, manducaverit quis carnem meam et biberit sanguinem meum, non habebit vitam in se. Caro enim mea vere est esca, et sanguis meus vere est potus (Joan.* vi, 54 et 56). Intellectus spiritualis credentem alium facit, quia *littera occidit, spiritus* est qui *vivificat* (*II Cor.* III, 6). Discipuli enim ejus qui eum sequebantur expaverunt et exhorruerunt, sermonem non intelligentês, et putantes nescio quid durum dicere Dominum nostrum Jesum Christum, quod carnem ejus quem videbant manducaturi erant, et sanguinem bibituri, et non potuerunt tolerare. Sed ipse, cum commendaret ipsum corpus suum et sanguinem suum, accepit in manus suas quod norunt fideles, et ipse se portabat quodammodo cum diceret : *Hoc est corpus meum.* Quia cum commendat corpus et sanguinem suum, humilitatem suam commendat. Ipsam enim humilitatem suam docuit Dominus noster in corpore et sanguine suo. Sapientia Dei, quam videbimus facie ad faciem, et omnes videbimus, et nemo zelabit, omnibus se exhibet et integra est et casta est omnibus. Illi mutantur in eum, et ipse in eos non mutatur. Ipse est veritas, ipse est Deus. Veritas Verbum Dei est, sapientia Dei est, per quem facta sunt omnia, qui dixit : *Potestatem habeo ponendi animam meam* (*Joan.* X, 18). Ipsa est humilitas Domini nostri Jesu Christi, ipsa multum commendatur hominibus, ad ipsam nos hortatur ut vivamus, sicut dicitur in Canticis canticorum : Venies et pertransies. Ab initio fidei venturi sumus facie ad faciem, sicut scriptum est : *Dilectissimi, filii Dei sumus, et nondum apparuit quid erimus. Scimus quoniam cum apparuerit, similes ei erimus, quoniam videbimus eum sicuti est. Videmus nunc per speculum in ænigmate, tunc autem facie ad faciem* (*I Joan.* III, 2). Antequam ergo videamus facie ad faciem quod vident angeli, opus est nobis accedere ad hanc humilitatem, et adhærere huic humilitati, quam commendat Dominus noster Jesus Christus, cum commendat corpus et sanguinem suum celebrari, quam humilitatem pro nobis suscipere dignatus est cum Verbum caro factum est. Accedite ergo ad eum et illuminamini. Accesserunt Judæi ut tenebrarentur ; accesserunt enim ad illum ut crucifigerent. Nos ad eum accedamus ut corpus et sanguinem ejus accipiamus. Illi de crucifixo tenebrati sunt, nos manducando crucifixum et bibendo illuminamur. Ecce gentibus datur crucifixus Christus. Unde accedunt gentes? Fide sectando, corde inhiando, charitate currendo. Pedes tui charitas est. Duos pedes, id est dilectionem Dei et proximi habe, ut non sis claudus, et istis duobus pedibus curre ad Deum. Sed dicit aliquis : Quomodo ad eum accedo? Tantis malis, tantis peccatis oneratus sum, tanta scelera clamant de conscientia mea, quomodo audeo accedere ad eum? Quomodo? Si humiliaveris te per pœnitentiam, et mundaveris cor tuum. *Beati enim mundo corde, quoniam ipsi Deum videbunt* (*Matth.* V, 8). Aufer inde cupiditatum sordes, aufer labem avaritiæ, aufer tabem superstitionum, aufer sacrilegia et malas cogitationes, aufer odia, non dico solum adversus amicum, sed etiam adversus inimicum. Aufer illa quæ dicit Dominus in Evangelio de corde procedere. *De corde*, inquit, *exeunt cogitationes malæ, adulteria, fornicationes, immun-*

ditiæ, perjuria, falsa testimonia, et reliqua quæ coinquinant hominem (*Matth.* XV, 19). Et : *Age pœnitentiam* (*Act.* VIII, 22). Pœnitentia autem et munditia cordis facit te accedere ad Deum, et recipere stolam priorem, quam perdidit prodigus filius, substantia, quam a patre suo acceperat, dissipata cum meretricibus vivendo luxuriose. Hæc enim substantia nobis est a Deo donata, omne quod vivimus, sapimus, cogitamus, in verba prorumpimus ; et in dissipatione hujus substantiæ stolam perdidimus, id est vestem Spiritus sancti, vestem nuptialem, vestem innocentiæ, quam qui non habuerit, non potest regis interesse convivio. Quam bene conditus accepit homo, male a serpente persuasus perdidit, quamque in baptismate recepimus. Sed et post baptisma, per dignos pœnitentiæ fructus gratiam Dei recipimus, et occiditur nobis vitulus saginatus, qui pro pœnitentis immolatur salute, id est ipse Salvator, cujus quotidie carne pascimur, cruore potamur ; quotidie pater filium recipit, semper Christus credentibus immolatur. De quo dicitur : *Ite, adducite vitulum saginatum* (*Luc.* XV, 23) ; id est prædicate occisum, et offerte in suo mysterio immolandum, et quotidie pro vobis, id est pro peccatoribus mortuum credite ; et quotiescunque ei hostiam suæ passionis offertis, toties ad absolutionem vestram passionem illius reparari confidite. Epulemur itaque, id est in remissionem peccatorum nostrorum carnem et sanguinem ejus fideliter credentes sumamus. Igitur sicut scriptum est : *Gustate et videte quam suavis est Dominus* (*Psal.* XXXIII, 9), qui dixit : *Nisi quis manducaverit carnem meam, et biberit sanguinem meum, non habebit in se vitam.* Si autem non intellexeris, quomodo non intellexerunt qui dixerunt : *Quomodo ipse poterit nobis dare carnem suam manducare* (*Joan.* VI, 53), sicut legitur in titulo Psalmi trigesimi tertii, immutabit faciem suam David, id est Christus, et recedet a te, et dimittet te, et abiet. Beatus autem vir qui sperat in eum. Quisquis non sperat in Domino, miser est ; qui sperat in se, aut in aliquo alio homine, et ille miser est. Vere magnus Dominus et misericordia ejus ; vere qui nobis manducare dedit corpus suum, in quo tanta perpessus est, et sanguinem bibere, qui est propitiatio peccatorum nostrorum, quia in peccatis suis moriuntur qui per eum non reconciliantur, et non delinquent omnes qui sperant in eum. Iste est modus justitiæ humanæ, ut vita mortalis quantumlibet proficiat, quia sine delicto esse non potest, in hoc non delinquat, dum sperat in eum in quo est remissio delictorum, quæ non fit nisi per sanguinem Christi. Grandis enim majestas et grandis potentia est sanguinis Christi, quo solvit manum diaboli, et redemit nos de manu ipsius inimici. Sicut enim sunt aliqua animalia, et stringunt aliquid intra se inclusum, hoc dicunt et medici et physici, ut nisi fractum fuerit, a se non dividetur, nec dimittit illud quod intrinsecus clausum tenet ; si autem missum fuerit oleum, statim dissolvitur, et quod strictum fuerat dissipatur et dividitur in partes ; sic et manum durissimam diaboli solvit **A** sanguis Christi. Nolebat nos dimittere diabolus, sanguinem fudit Dominus quasi oleum misericordiæ, et per ipsum nos liberavit. De hoc oleo misericordiæ Christi per prophetam dicitur : *Computrescit jugum a facie olei* (*Isa.* x, 27). Sub jugo quippe tenebamur diabolicæ dominationis, sed uncti sumus oleo Spiritus sancti, quo de immaculata Virgine conceptus et natus est Christus, per cujus sanguinem et a jugo dominationis diabolicæ sumus redempti, et a peccatis omnibus emundati, ut dicit nobis Joannes apostolus : *Sanguis Jesu Christi Filii Dei emundat nos ab omni peccato* (*I Joan.* i, 7). Sacramentum namque Dominicæ passionis, et prætcrita nobis omnia in baptismo pariter peccata relaxavit, et quidquid quotidiana fragilitate post baptisma commisimus, ejusdem nostri Redemptoris nobis gratia dimittit, maxime cum inter opera lucis quæ facimus humiliter quotidie nostros illi confitemur errores, cum sanguinis illius sacramenta percipimus, cum dimittentes debitoribus nostris nostra, nobis debita dimitti precamur, cum memores passionis illius libenter adversa quæque toleramus. Fidelis enim est Deus, qui non permittet nos tentari supra id quod possumus sufferre (*I Cor.* x). Quidquid enim homo passus fuerit pro nomine Christi, et pro spe vitæ æternæ, et permanens toleraverit, major ei merces dabitur ; qui si cesserit diabolo, cum illo condemnabitur. Sed opera misericordiæ cum pia humilitate impetrant a Domino, ut non permittat servos suos tentari plusquam possunt sustinere. Gustate et videte **C** quam suavis est Dominus, quam beatus vir qui sperat in eo. (Aug. *serm.* 2 *de verb. apost.*): «Et audiamus veracem Magistrum divinum Redemptorem commendantem nobis pretium nostrum sanguinem suum. Locutus est enim nobis de corpore et sanguine suo, commendans talem escam et talem potum : *Nisi manducaveritis carnem meam et biberitis sanguinem meum, non habebitis vitam in vobis* (*Joan.* vi, 51). Et hoc dixit de vita quis alius quam ipsa vita ? erit autem illi homini mors non vita, qui mendacem putaverit vitam. Ergo et de corpore ac sanguine suo dedit nobis salubrem refectionem. Manducent ergo qui manducant, et bibant qui bibunt, esuriant et sitiant, vitam manducent, vitam bibant. Qui illud manducas reficeris, sed sic reficeris ut non deficiat **D** unde reficeris. Illud bibere ʃquid est nisi vivere ? Manduca vitam, bibe vitam ; habebis vitam, et integra est vita. Tunc autem hoc erit, id est, vita unicuique erit corpus et sanguis Christi, si quod in sacramento visibiliter sumitur, in ipsa veritate spiritaliter manducetur, spiritaliter bibatur. » Ad istam mensam quis nos invitavit et quid præparavit ? Invitavit Dominus servos, et præparavit eis cibum seipsum. Quis audeat et manducare Dominum suum ? et tamen ait : *Qui manducat me, et ipse vivit propter me* (*Joan.* vi, 58). Quando Christus manducatur vita manducatur, nec occiditur ut manducetur, sed mortuos vivificat. Quando manducatur reficit, sed non deficit. Non ergo timeamus, fratres, ipsum panem manducare, ne forte finiamus illum, et postea quid manducemus non inveniamus : manducetur Christus, vivit manducatus, quia resurrexit occisus. Nec quando manducamus de illo partes facimus. Et quidem in sacramento sic fit, et norunt fideles quemadmodum manducent carnem Christi. Unusquisque accipit partem suam. Per partes manducatur, et manet integer totus : per partes manducatur in sacramento, et manet integer totus in cœlo, manet integer in corde tuo. Totus enim erat apud Patrem quando venit in Virginem implere illam, nec recessit ab illo. Veniebat in carnem ut eum homines manducarent, et manebat integer apud patrem ut angelos pasceret. Et quando Christus factus est homo, panem angelorum manducavit homo. Mysterium nostrum in mensa Domini positum est, mysterium nostrum accipitis, et ad id quod estis Amen respondetis, et respondendo subscribitis. Audis ergo corpus Christi, et respondes Amen. Utinam teneat cor quod dicit os, utinam habeat fides quod verbo respondes : esto membrum corporis Christi, ut verum sit Amen.

Mysterium pacis unitatis nostræ Christus in sua mensa consecravit : et quis alius nisi ipse quotidie in sua mensa consecratur ? Deus enim adest verbis suis evangelicis, sine quibus sacramentum non consecratur, et ipse sanctificat sacramentum suum, et facit seipsum, sicut ipse dicit : *Hoc est corpus meum, quod pro vobis tradetur.* Sicut enim ad verbum illius, ut primum jusserat, germinat terra herbam virentem, et facientem semen, et lignum pomiferum faciens fructum juxta genus suum, et impletur quotidie quod primum dixit : *Crescite et multiplicamini* (*Gen.* i, 22), quæ benedictio etiam nec post peccatum hominis est abolita : ita et verba illius, qui totus ubique est, et semper est, etiam per peccatores prolata in sanctificatione corporis et sanguinis illius, per omnes mensas in catholica Ecclesia toto terrarum orbe diffusa, perfectam vim obtinent consecrandi corpus et sanguinem ejus qui dixit : *Accipite et manducate, hoc est corpus meum quod pro vobis tradetur ; Et : Accipite et bibite : Hic est sanguis meus, qui pro vobis et pro multis effundetur in remissionem peccatorum. Hæc quotiescunque feceritis, in mei memoriam facietis.* Et sicut sive hæreticus, sive schismaticus, sive facinorosus, quisque in confessione sanctæ Trinitatis baptizet, non valet ille qui ita baptizatus est a bonis catholicis rebaptizari, ne confessio et invocatio tanti nominis videatur annullari, quia ipse est, ut scriptum est, qui baptizat, qui discipulis suis jussit dicens : *Ite, docete omnes gentes, baptizantes eos in nomine Patris et Filii et Spiritus sancti* (*Matth.* xxviii, 19). Ita et cujuscunque vel qualiscunque meriti sacerdos officium consecrationis sacramentorum corporis et sanguinis Christi secundum traditionem exerceat, ipse est qui eædem sacramenta consecrat per verba sua, qui dixit: *Accipite et comedite : Hoc est corpus meum, quod pro vobis tradetur : Et , Accipite et bi-*

bite : Hic est sanguis meus, qui pro vobis et pro A *multis effundetur in remissionem peccatorum : Hæc quotiescunque feceritis, in mei memoriam facietis.* Qui autem accipit mysterium unitatis, et non tenet vinculum pacis, non mysterium accipit pro se, sed testimonium contra se. Nulli est aliquatenus ambigendum, tunc unumquemque fidelium corporis sanguinisque Dominici participem fieri, quando in baptismate membrum corporis Christi efficitur, nec alienari ab illius panis calicisque consortio, etiamsi antequam panem illum comedat et calicem bibat, de hoc sæculo in unitate corporis Christi constitutus abscedat. Sacramenti quippe illius participatione ac beneficio non privatur, quando ipse hoc quod illud sacramentum vivificat invenitur. Et panis ac calix Christi non qualibet sed certa consecratione mysticus fit nobis, non nascitur (*Lib.* xx *contra Faustum.*) Proinde quod non ita fit, quamvis sit panis et calix, alimentum est refectionis, non sacramentum religionis : nisi quod benedicimus, gratiasque agimus Domino in omni munere ejus, non solum spiritali, verum etiam corporali. Nam et nos hodie accipimus visibilem cibum : sed aliud est sacramentum, quod præcessit in manna. Hunc panem significavit manna, hunc panem tribuit altare Dei. Et : *Bibebant*, inquit, *de potu spirituali sequente eos petra : petra autem erat Christus* (*I Cor.* x, 4). Inde panis, inde potus. Petra Christus in signo, verus Christus in verbo et carne. Et quomodo biberunt? Percussa est petra de virga bis. Gemina percussio duo ligna crucis significat. Hic est ergo panis de cœlo descendens, ut si quis C ex ipso manducaverit non moriatur. Unde dicit Apostolus : *Calix benedictionis, cui benedicimus, nonne communicatio sanguinis Christi est ? et panis quem frangimus, nonne participatio corporis Domini est ?* (*I Cor.* x, 16). *Si quis manducaverit*, inquit Dominus, *ex hoc pane vivet in æternum, et panis quem ego dabo, caro mea est pro mundi vita* (*Joan.* vi, 52). Quæ caro quibusdam est ad vitam, quibusdam ad exitium, sicut exstitit Judæ : non quia malum erat quod Judas accepit, sed quia malus Judas bonum male accepit. Sacramentum quippe pietatis in judicium sibi sumit indignus. Bene enim esse non potest male accipienti quod bonum est. *Caro enim mea*, inquit, *vere est cibus, et sanguis meus vere est potus.* Cum enim in cibo et potu id ap- D petant homines, ut non esuriant, neque sitiant, hoc veraciter non præstat nisi iste cibus et potus qui eos a quibus sumitur immortales et incorruptibles facit. In hac enim mystica distributione spiritalis alimoniæ hoc impertitur, hoc sumitur, ut accipientes virtutem cœlestis cibi, in carnem illius qui caro nostra factus est transeamus, quatenus unum effecti cum illo, a mundi principe, a quo per peccatum rapti fuimus, non teneamur, facti unum cum illo qui dixit : *Venit enim princeps hujus mundi, et in me non habet quidquam* (*Joan.* xiv, 30). Qui rursum dicit : *Qui manducat carnem meam, et bibit sanguinem meum, in me manet et ego in eo.* Sicut enim verus est Dei Filius Dominus noster Jesus Christus, non quemadmodum homines

per gratiam, sed quasi Filius ex substantia Patris, ita vera caro sicut ipse dixit quam accipimus, et verus est ejus potus. »

Sed forte dicas, quod dixerunt tunc temporis etiam discipuli Christi, audientes dicentem : *Nisi quis manducaverit carnem meam, et biberit sanguinem meum, non manebit in me, nec habet vitam æternam* (*Joan.* vi, 54), forte dicas, quomodo? qui similitudinem video, non video sanguinis veritatem. Primo omnium dixi tibi de sermone Christi qui operatur ut possit mutare et convertere genera instituta naturæ, sicut de virga Moysi quæ mutata est in serpentem, et rursus in virgam, et flumina Ægypti mutata sunt in sanguinem, et rursus in aquam, et alia multa signa quæ in Scripturis leguntur. Deinde ubi non tulerunt sermonem Christi discipuli ejus, sed audientes quod carnem suam daret manducare, et sanguinem suum daret bibendum recedebant, solus tamen Petrus dixit : *Verba vitæ æternæ habes* (*Joan.* vi, 70), et ego a te quomodo recedam ? Ne igitur plures hoc dicerent, veluti quidam esset horror cruoris, sed maneret gratia redemptionis, ideo in similitudinem quidem accipis sacramentum, sed veræ naturæ gratiam virtutemque consequeris. *Ego sum*, inquit, *panis vivus qui de cœlo descendi* (*Joan.* xxxv, 41). Sed caro non descendit e cœlo, quo ergo descendit panis e cœlo, et panis vivus? quia idem Dominus noster Jesus Christus consors est et divinitatis et corporis, et tu qui accipis carnem divinæ ejus substantiæ, in illo participaris alimento. Qui manducaverit hoc corpus, fiet ei remissio peccatorum, et non morietur in æternum. (*Ambrosius de mysteriis et de sacramentis.*) « Ergo non otiose dicis tu Amen, jam in spiritu confidens quod accipias corpus Christi. Cum tu petieris, dicit tibi sacerdos, corpus Christi, et tu dicis Amen, hoc est verum : quod confitetur lingua, teneat affectus. Consecratio igitur quibus verbis est, et cujus sermonibus? nempe Domini Jesu : panis est ante verba sacramentorum, ubi accesserit consecratio, de pane fit caro Christi. Qui pridie quam pateretur, in sanctis manibus suis accepit panem, respexit ad cœlum, ad te, sancte Pater omnipotens, æterne Deus, gratias agens, benedixit, fregit, fractumque discipulis et apostolis suis tradidit dicens : *Accipite et edite ex hoc omnes, hoc est corpus meum quod pro multis confringetur.* Similiter et calicem, postquam cœnatum est, respexit ad cœlum, ad te, sancte Pater omnipotens, æterne Deus, gratias agens, benedixit, apostolis et discipulis suis tradidit dicens : *Accipite et bibite ex hoc omnes. Hic est enim sanguis meus* (*Matth.* vi, 28). Vide illa omnia verba evanglistæ sunt usque ad accipite, sive corpus sive sanguinem, inde verba sunt Christi. Antequam consecretur, panis et vinum aqua mixtum est, ubi autem verba Christi accesserunt, corpus et sanguis est Christi, advertimus igitur majoris esse gratiam quam naturam. Quod si tantum valuit sermo Eliæ ut ignem de cœlo deponeret (*III Reg.* xviii, 38), non valebit Christi sermo, ut species mutet elementorum? De totius mundi operibus legisti, quia *ipse dixit et facta sunt (Psal.* cxviii, 5). Sermo ergo Christi, qui potuit ex nihilo facere quod non erat, non potuit quæ sunt, in id mutare quod non erant? Non enim minus est novas dare res, quam mutare naturas. Sed quid argumentis utimur? Suis utamur exemplis, incarnationisque astruamus mysterii veritatem. Nunquid naturæ usu processit, cum Jesus Dominus ex Maria nasceretur? Si ordinem quærimus, viro mista femina generare consuevit. Liquet igitur quod præter naturæ ordinem Virgo generavit. Et hoc quod conficimus corpus Christi ex Virgine est : quid hic quæris naturæ ordinem in Christi corpore, cum præter naturam ipse Dominus Jesus ex virgine Maria carnem sumpserit, quæ crucifixa est, quæ sepulta est? Vere ergo carnis illius sacramentum est. Ipse clamat Dominus Jesus : *Hoc est corpus meum (Matth.* xxvi, 26). Ergo didicisti quod ex pane fiat corpus Christi, et quod vinum aqua mistum in calice fiat sanguis consecratione Verbi cœlestis. » Deinde ipse Dominus Jesus testificatur nobis quod corpus suum accipiamus et sanguinem, nunquid debemus de ejus fide et testificatione dubitare? Corpus enim Dei corpus spirituale, corpus Christi corpus est divini spiritus, qui spiritus Christi, ut legimus, spiritus ante faciem vestram Christus Dominus. Et in Petri epistola habemus, *Christus pro nobis mortus est (I Petr.* iii, 18).

Et Paulus dicit : *Ego enim accepi a Domino quod et tradidi vobis, quoniam Dominus Jesus in qua nocte tradebatur, Accepit panem et gratias agens benedixit, fregit ac dixit : Accipite et manducate, hoc est corpus meum quod pro vobis tradetur, hoc facite in meam commemorationem. Similiter, et calicem postquam cœnavit dicens : Hic calix Novum Testamentum est in sanguine meo, hoc facite in meam commemorationem. Quotiescunque enim manducabitis panem hunc et calicem bibetis, mortem Domini annunciabitis donec veniat (I Cor.* xi). Denique: *Cor nostrum esca ipsa confirmat, et potus ipse lætificat cor hominis (Psal.* ciii, 15), ut Propheta memoravit. Cujus spiritalis escæ figura præcessit in manna, de quo qui plus collegit quam jussum est, amplius non habuit, quia totus Christus in singulis, totus in omnibus est. Et hujus spiritalis potus figura præcessit, cum jussit Deus Moysi ut tangeret petram de virga (*Num.* xx, 11). Tetigit petram, et petra undam maximam fudit, sicut Apostolus dicit : *Bibebant autem de spirituali consequenti eos petra, petra autem erat Christus (I Cor.* x, 4). Non immobilis petra, quæ populum sequebatur, et tu bibe, ut te Christus sequatur. Vide mysterium Dei : Moyses, hoc est petra, sacerdos verbo Dei tangit petram et fluit aqua, et bibit populus Dei. Tangit ergo sacerdos, redundat aqua in calice, saliet in vitam æternam : et bibit populus Dei, qui Dei gratiam consecutus est ; et unus de militibus post mortem Christi lancea tetigit latus ejus, et de latere ejus aqua fluxit : aqua autem ut mundaret, sanguis ut redimeret. Hic est qui venit per aquam et sanguinem Jesus Christus. De cujus sponsi carne Ecclesia prodiit, quando ex latere crucifixi, manante

sanguine et aqua, sacramentum redemptionis et regenerationis accepit. Et quotidie lavacro rigatur ac populo, baptismatis scilicet abluta mysterio, corpus crucifixi in ara crucis torridum sumens, una cum ejus cruore roseo de latere crucifixi profuso. Aliter enim in sancta Ecclesia, quæ corpus est Christi, nec rata sunt sacerdotia, nec vera sacrificia, nisi in nostræ proprietate ac veritate naturæ nos verus pontifex reconciliet, et verus immaculati Agni sanguis emundet, qui licet sit in Patris dextera constitutus, eadem tamen carne, quam assumpsit ex Virgine, sacramentum propitiationis exsequitur, dicente Apostolo : *Christus Jesus, qui mortuus est, imo qui et resurrexit, qui est in dextera Dei, qui etiam interpellat pro nobis (Rom.* viii, 34). Et item Joannes apostolus : *Si quis peccaverit, advocatum habemus apud Patrem Jesum Christum justum, et ipse est propitiatio pro peccatis nostris* (1 *Joan.* ii, 1); et item : *Si confiteamur peccata nostra, fidelis est et justus, ut remittat nobis peccata nostra, et emundet nos ab omni iniquitate* (1 *Joan.* i, 9). *Habentes ergo, ut dicit prædicator egregius, pontificem magnum ; qui penetravit cœlos Jesum Filium Dei, teneamus confessionem. Non enim habemus pontificem, qui non possit compati infirmitatibus nostris, tentatum autem per omnia pro similitudine absque peccato. Adeamus ergo cum fiducia ad thronum gratiæ, ut misericordiam ejus consequamur, et gratiam inveniamus, in auxilio opportuno (Hebr.* iv, 14). Unde nihil dubitantes, sed corde credentes ad justitiam, et ore confitentes ad salutem, quando corpus et sanguinem illius sumimus, quod et Petrus quando hinc alii dubitaverunt Domino dixit : Domino cum Petro dicamus : *Domine, verba vitæ æternæ habes, et nos credidimus quia tu es Christus Filius Dei vivi (Joan.* vi, 70). Cujus caro fidelium vita est, si corpus ipsius esse non negligant. Fiant ergo corpus Christi, si volunt vivere de spiritu Christi, de quo non vivit nisi corpus Christi. Nam escam vitæ accipit, et poculum æternitatis bibit, qui in Christo manet, et cujus Christus inhabitator est. Qui autem a Christo discordat, nec carnem Christi manducat, nec sanguinem bibit ad vitam, etiam si tantæ rei sacramentum ad judicium suæ præsumptionis quotidie indifferenter accipiat.

In cujus acceptione sequenda est nobis discretio, quam sanctum Domini Aaron secutum fuisse didicimus, qui mente lugubri se non debere sumere sacrificium pro peccato oblatum nobis ostendit. Dicamusque debitæ humilitatis confessione : *Domine, non sum dignus ut intres sub tectum meum (Matth.* viii, 8). (Ex August. hom. 50.) « Quod Apostolus commonet dicens, ut non judicium sibi manducet et bibat : quatenus a seipso judicatus per pœnitentiam non judicetur a Domino. Quæ actio pœnitentiæ tunc erit perfecta et Deo acceptabilis, si ascenderit homo adversum se tribunal mentis suæ, et constituerit se ante faciem suam, ne hoc ei postea fiat sicut comminatur Dominus peccatori : atque ita constituto in corde judicio, adsit accusatrix cogitatio, testis con-

scientia, carnifex timor, deinde sanguis animæ per
lacrymas profluat, postremo ab ipsa mente talis sententia proferatur, ut se indignum homo judicet participatione corporis et sanguinis Domini, versetur
ante oculos imago futuri judicii, ut cum alii accedunt ad altare Dei, quo ipse non accedit, cogitet
quam sit contremiscenda illa pœna, qua percipienti-
bus aliis vitam æternam, alii judicium sibi manducant et bibunt. In qua actione pœnitentiæ magnopere
cavenda est antiqui hostis astutia, qui sæpe cum
mens a culpa resipiscit, atque admissum flere conatur, spes ac securitates vacuas ante oculos vocat,
quatenus utilitatem pœnitentiæ subtrahat. Modo enim
aliorum facta graviora, modo nihil esse quod perpetratum est, modo misericordem Deum loquitur,
modo adhuc tempus subsequens ad pœnitentiam
pollicetur, ut dum per hæc decepta mens ducitur,
ab intentione pœnitentiæ suspendatur, quatenus
tunc bona nulla percipiat, quam nunc mala nulla
contristant, et tunc plenius obruatur suppliciis, quæ
nunc etiam gaudet in delictis. Et memores vindictæ,
quam sunt passi qui ignem alienum in conspectu
Domini obtulerunt, sicut in Heptateucho legitur,
providendum nobis est, ne cum affectu peccandi, vel
cum delectatione peccati, ad altare Domini accedamus, nec hoc quod ostendit Apostolus in Epistola ad
Corinthios incurramus. *Ideo*, inquit, *multi inter vos
infirmi et imbecilles sunt, et dormiunt multi* (*I Cor.*
xi, 39). Et postquam flamma cujusque peccati et cordis delectatio a corde deferbuerit, atque post pœnitentiæ satisfactionem, sequamur quod de Zacchæo publicano in Evangelio legimus, quia *excepit gaudens Dominum in domum suam* (*Luc.* xix, 6), et fecit ei
magnum convivium. Cujus domus sumus nos, et cui
cogitatio hominis confitetur, et reliquiæ cogitationis
diem festum agunt illi. Dies enim festus est Domino
compunctio cordis nostri, cum in lacrymas pro
amore ejus assidue movetur. Cum igitur Redemptoris nostri corpus et sanguinem accipimus, debemus
nos pro peccatis nostris in fletibus affligere, quatenus
ipsa amaritudo pœnitentiæ abstergat a mentis nostræ
stomacho perversæ humorem vitæ. Et post orationis
et communionis tempora, quantum juvante Deo
possumus, in ipso animum suo pondere et vigore
servemus, ne post cogitatio fluxa dissolvat, ne vana
menti lætitia subrepat, et lucra compunctionis anima per incuriam fluxæ cogitationis perdat. Sic
quippe quod poposcerat Anna obtinere meruit, quia
se post lacrymas in eodem mentis vigore servavit.

De qua nimirum scriptum est : *Vultusque ejus non
sunt amplius in diversa mutati* (*I Reg.* i, 18). Quia
igitur non est oblita quæ petiit, non est privata munere quod poposcit. »

Hæc, rex clarissime atque charissime, accepta opportunitate de epistola, quam vobis mitti jussistis, ex
sensu ac verbis catholicorum dulcioribus super mel
et favum, sagittis quoque Potentis acutis cum carbo-
nibus desolatoriis, et fulgurantibus hastis iræ Dei,
et maxime de dictis favi, ut ita eum appellemus, divini eloquii, scilicet beati Gregorii, qui veraciter
dicere potuit : *Quam dulcia faucibus meis eloquia tua,
Domine, super mel et favum ori meo* (*Psal.* cxviii, 35),
qui quod Domino ori ejus infundente suscepit nobis
dulcissime ministravit, quasi in uno fasciculo et vobis et nobis, sed et omnibus legere et intelligere et
servare volentibus, colligere studui pro modulo meo,
ad instar illorum, qui ad complanandum Domini
Salvatoris iter ramos cædebant de arboribus. Insuper etiam scripsi per quæ vitia præcipue, non solum
generis humani fluvium absorbet, verum et vineam
Domini Sabaoth, id est fideles quosque, aper de
silva et singularis ille ferus diabolus exterminare
quantum potest non cessat, et de quibus cætera vitia
oriuntur, sicut quilibet scire volens in libro Moralium tricesimo primo potest legere. Quatenus et sapientia vestra, diaboli insidiis cognitis, iter ad regnum
æternum facilius carpere, et ne simplicium fidelium
Christi devotio in via veritatis erret ædificari, et
indignitas mea, pro imposito sibi ministerio, sermonis sonitum exhibens iram Domini quoquo modo
possit effugere. Hinc enim Moysi præcipitur, ut tabernaculum sacerdos ingrediens tintinnabulis ambiatur : ut videlicet voces prædicationis habeat, ne
superni inspectoris judicium ex silentio offendat.
Scriptum quippe est : *Ut audiatur sonitus quando
ingreditur et egreditur sanctuarium in conspectu Domini, et non moriatur* (*Exod.* xxviii, 35). Sacerdos
namque ingrediens vel egrediens moritur, si de eo
sonitus non auditur : quia iram contra se occulti judicis exigit, si sine prædicationis sonitu incedit. Sed
quia, nisi sit intus qui doceat, doctoris lingua exterius in vacuum laborat, obsecranda est nobis divina
clementia, ut quod per nos loquitur in auribus
vestris, per sancti Spiritus organum infundat cordibus vestris, qui cum coæterno Patre suo, in
unitate ejusdem Spiritus sancti, vivit et regnat
Deus, per omnia sæcula sæculorum. Amen.

III.

DE DIVERSA ET MULTIPLICI ANIMÆ RATIONE[a]

AD CAROLUM CALVUM REGEM.

(Apud eumdem, ex codice S. Remigii Rhemensis.)

PRÆFATIO.

Priscorum sententia est virorum, utilia semper
quærentium, et posteritati inventa commendantium,
felices fore respublicas, si eas aut sapientes regerent,

men exprimit inscriptio, quæ sic habet : *Collectio
cujusdam sapientis ex libris sancti Augustini, de di-*

[a] Hujus libri Flodoardus inter Hincmari opera
non meminit, nec in vetusto exemplari auctoris no-

aut eas regentes sapientiæ studerent. Quam sententiam præcessores nostri favorabiliter susceperunt,
utiliter dictam approbaverunt, et quia salubris visa
est, etiam et litteris posteritati cognoscendam mandaverunt. Cui et nos favemus, et Deo gratias referimus, utpote qui te, o bone rex, et nostræ reipu-
publicæ præfecit, et menti ut veram sapientiam per-
quireres radios sui amoris infundit. Et quia tam
nostra quam et illorum sententia est, Sapientis animum in inquisitione summi boni semper debere versari, dicente Propheta : *Quærite Dominum, et confir-
mamini, quærite faciem ejus semper (Psal.* civ, 4),
merito gratulamur te illas philosophiæ partes et
colere, quæ noscuntur ad arcem veræ soliusque sapientiæ tendere. Meminisse enim semper oportet
mentem principis, quid Spiritus sanctus eum admoneat per clarissimos eosdemque principes et vere
sapientes : *Et nunc reges intelligite : erudimini, qui
judicatis terram. Servite Domino in timore, et exsultate ei cum tremore. Apprehendite disciplinam, nequando irascatur Dominus, et pereatis de via justa
(Ps.* ii, 10, 12). Itemque : *Diligite justitiam qui judicatis
terram. Sentite de Domino in bonitate, et in simplicitate cordis quærite illum (Sap.* i, 1). Probamus quoque acrimoniam ac vivacitatem ingenii, ut quia summum bonum quærere niteris, viam inquirendi purgare conaris, per quam ad cupita pervenire possis.
Neque enim vel gressibus corporis Deo propinquatur, vel oculis ejus divina natura corporis majestas-
que perspicitur, sed illis passibus atque luminibus vel
aggreditur, vel cernitur, de quibus Propheta : *Accedite
ad eum,* inquit, *et illuminamini (Psal.* xxiii, 6). Animo
ergo Deus quæritur, animo Deo propinquatur, animo
Deus cernitur, in cujus visione tota inquisitio summi
boni adimpletur in cujus cognitione tuum nobilissimum
ingenium occupari a nobis probatur, et recte omnino.
Neque enim plene potest nosse superiorem se qui
non curat scire se. Et quia mens humana vicina est
Deo, non autem quod Deus est hoc ipsa est, agit
congruenter, ut quæ vult scire summa, curet
ante scire summis vicina. Et indignum valde est ut
perscrutetur divina, qui non curat nosse quæ sint
ipsius humana. Reddis ergo te generi avito hæc
agens, qui corda mortalium ab scientia divina et
humana torpentia excitarunt. Avum et homonymum
tuum dicimus, Ecclesiæ sanctæ doctrinæ et fidei
propugnatorem, sed et genitorem, totius bonitatis
atque pietatis decus insigne. Et honeste atque utiliter
tibi prospicis. Inhonestum namque est, eum qui præest in scientia deturpari. Porro utile atque honestum
est, principem et sensus venustate excellere, et per
sapientiam atque morum probitatem tam sibi quam et
subditis prospicere. Schedulam ergo capitulorum nobis
allatam studiose perspeximus, enucleatimque consideravimus, et ad singula pro captu ingenioli nostri, fau-
trice divinitate, adjunctis etiam sanctorum exemplis
doctorum, respondere disponimus, non nostra intel-
versa et multiplici ratione animæ. Hincmari tamen
esse multa persuadent, et Carolo Calvo regi ea soli

ligentia nitentes, sed in Deo confidentes, qui
se quærenti non negabit, et ut confidimus pro tuo desiderio satisfaciendo vias nostræ tarditatis reserabit.

CAPUT PRIMUM.

Utrum anima corporea sit.

Prima ergo propositio eorumdem capitulorum est :
Utrum anima corporea sit. Porro nobis anima tanto
minus corporea videtur, quanto minus ex illis, quibus cuncta corpora constant, elementis compacta
dignoscitur. Neque enim eam ex aere, aut igni, vel
aqua, terraque consistere credimus; sed a Deo conditam dicimus, quantum quidem ad corpus spectat
quod his elementis subsistit simplicem, si autem
Creatori conferatur, multiplicem. Simplex enim est
quantum ad corporis qualitatem spectat, quia creatio ejus, ut dictum est, ex nullis subsistit elementis :
collata tamen Deo multiplex, quia variis obnoxia
passionibus, modo cupiens, modo concupita fastidiens, modo læta, modo tristis, modo sapit, modo
desipit. Quod in Deum nullomodo cadere sobrius
capit intellectus, qui Spiritum sanctum intendit a
creatura discernentem Creatorem, qui per Psalmistam dicit Deo, *Mutabis ea, et mutabuntur : tu autem idem ipse es (Psal.* ci, 27). Et iterum ipsum loquentem : *Ego Dominus, et non mutor (Malac.* iii,
6). Interea et si creatio hominis intenditur, non eam
esse corpus facile deprehenditur. Ficto namque ex
luto corpore a Deo, dicit Scriptura, *Insufflavit Deus
in faciem ejus spiraculum vitæ, et factus est homo in
animam viventem (Gen.* ii, 7). Si enim corpus corpori
necteret, quid duorum corporum alterum vivificaret ?
Nunc autem dum dicitur quia insufflaverit Deus in
faciem hominis plasmati spiraculum vitæ, qualiscunque insufflatio illa fuerit, spiraculum tamen illud
vitæ non corpus, sed spiritus fuit, qui potentior et
melior terra est, et qualicunque corpore. Cujus conjunctione, et infra torpentia membra commixtione,
factus est homo in animam viventem. Non ergo eam
corpus dicimus, sed spiraculum, imo spiritum vitæ,
atque animam auctoritate Scripturarum freti pro-
nuntiamus. Propheta namque dicit : *Ego Dominus
extendens cælos, et fundans terram, et fingens spiritum hominis in eo (Zach.* xii, 1). Hinc est quod Psalmista, cum conspiceret omnes homines subtracta
anima morte dissolvi, receptisque animabus in fine
sæculi denuo reviviscere, ait : *Aufer spiritum eorum,
et deficient, et in pulverem suum revertentur. Emitte
spiritum tuum et creabuntur, et renovabis faciem terræ (Psal.* ciii, 2, 9, 30). Hinc iterum idem Propheta
de quibusdam principibus in hac vita supervenientibus ait : *Exibit spiritus ejus, et revertetur in terram
suam (Psal.* cxlv, 4). Nec tamen dicimus animam
proprie spiritum nominari, cum Deus dicatur spiritus, sicut in Evangelio habes : *Deus spiritus est
(Joan.* iv, 24), et sancti angeli spiritus vocentur, ut
est : *Qui facit angelos suos spiritus (Psal.* ciii, 4).
Quod nomen etiam malignis aptari solet spiritibus.

conveniunt, quæ in Præfatione continentur. Sirm.

Vocatur etiam anima spiritus hominis : unde dicitur per Salomonem : *Donec revertatur pulvis in terram suam unde sumptus est, et spiritus redeat ad Deum qui dedit illum (Eccle.* xii, 7). Sed et aer commotus vento spiritus nuncupatur, sicut scriptum est : *Spiritus procellarum, quæ faciunt verbum ejus (Psal.* cxlviii, 8). Sed eadem substantia corpori vivificando atque regendo Creatoris munere attributa, anima proprie dicitur vocari, quasi anæma, id est a sanguine longe discreta. Videlicet quia non sicut in cæteris animantibus deficiente sanguine etiam et anima deficit, sicut Scriptura dicit : *Anima omnis carnis in sanguine est (Lev.* xvii, 11) ; sed potius quod deficiente corpore, magnum cujus sustentaculum est sanguis, anima nequaquam intereat. Dicitur etiam a quibusdam anima ab eo nominata, quod animet, id est vivificet substantiam corporis. Ut autem quid de ea sentiamus plenius aperiamus, non nostris, verum Creatoris credatur dictis, qui animam spiritus vocabulo a corpore sejungens, naturam et dignitatem potestatemque ejus a corpore distinxit, cum ait : *Spiritus est qui vivificat, caro autem non prodest quidquam (Joan.* vi, 64). Itemque : *Quod natum est de carne, caro est : et quod natum ex spiritu, spiritus est (Joan,* iii, 6). Quanquam etsi non cum corpore, tamen cum similitudine corporis cernit vel cernitur, vel cum se abducit et removet a sensibus corporis, quod fit in somnis cum multiplicibus visis occupatur, vel cum per ectasin, id est mentis excessum, in diversa abducitur, seu cum tota separatur a corpore, quod fit in morte, et vel ad pœnas perpetuas, vel ad gloriam transfertur æternam. In his namque, etsi non corpus quod non est ipsa cernitur, tamen similitudinem corpoream habere creditur.

CAPUT II.

Utrum anima localiter teneatur in corpore.

Secundum capitulum est : Utrum localiter teneatur in corpore. Dicimus quidem, et firmiter retinemus, ut superiori capitulo respondimus, animam non esse corpus sed spiritum, et spiritum non localiter, ut moris est corporibus, determinari, ut alibi major, alibi sit minor. At vero animam, cum sit spiritus, corpore contineri mirabili atque ineffabili modo, Scripturarum novimus auctoritate sacrarum. Ut est in Job : *Ecce qui serviunt ei non sunt stabiles, et in angelis suis reperit pravitatem. Quanto magis hi qui habitant domos luteas, qui terrenum habent fundamentum, consumentur velut a tinea? (Job* iv, 18.) Itemque in oratione Eliæ : *Domine Deus, revertatur oro anima pueri hujus in viscera ejus (III Reg.* xvii, 21) ; et post paululum : *Et reversa est anima pueri intra eum, et revixit.* Paulus quoque de se et similibus sibi loquitur : *Sed licet is qui foris est noster homo corrumpitur, tamen is qui intus est renovatur de die in diem (II Cor.* iv, 16). Et item : *Scimus enim quoniam si terrestris domus nostra hujus habitationis dissolvatur, quod ædificationem ex Deo habemus, domum non manufactam, æternam in cœlis (II Cor.* v, 1). Itemque : *Nam et qui sumus in hoc ta-*

bernaculo, *ingemiscimus gravati, eo quod nolumus exspoliari, sed supervestiri, ut absorbeatur quod mortale est a vita (ibid.,* 4). Et post non multa : *Audemus autem, et bonam voluntatem habemus, magis peregrinari a corpore, et præsentes esse ad Deum (ibid.,* v. 8). Item ipse : *Habemus thesaurum istum in vasis fictilibus (II Cor.* iv, 7). Demonstrat etiam evangelista mortis tempore animam a corpore prodire, cum de Domino dicit : *Et inclinato capite tradidit spiritum (Joan.* xix, 30). Quem locum exponens pater Augustinus dicit : « Quo significata est mors corporis anima exeunte. » De qua re melius Patrum auctoritati, quam nostræ credatur assertioni. Beatus enim Ambrosius in libro Hexameron quarto ita dicit *(cap.* 6) : « Quid enim est caro sine animæ gubernaculo, mentis vigore? Caro hodie sumitur, cras deponitur : caro temporalis, anima diuturna : caro amictus est animæ, quæ se induit quodam corporis vestimento. Non igitur tu vestimentum es, sed qui vestimento uteris. » Item ipse in Epistola ad Orontianum *(epist.* 31) : « Unaquæque anima, videns se corporeo isto clausam gurgustio, quæ tamen terrenæ hujus halitationis consortio non degenerarit, ingemiscit gravata corporis hujus conjunctione, quia corruptibile corpus gravat animam, et inclinat terrenum habitaculum mentem multarum cogitationum. » Ecce qualis et quantus vir amictum animæ corpus nominat, et intra corpus quasi quoddam gurgustium clausam asseverat. Beatus porro Augustinus, vir cautissimus atque disertissimus, in libro de Quantitate animæ definitionem ejus mirabili brevitate et veritate expressit, dicens *(cap.* 13) : « Nam mihi videtur esse, subauditur anima, substantia quædam rationis particeps, regendo corpori accommodata. » Et post non multa *(cap.* 14) : « Quid mirum, si anima neque corporea sit, neque ulla aut longitudine porrecta, aut latitudine diffusa, aut altitudine solidata, et tamen tantum valeat in corpore, ut penes eam regimen sit omnium membrorum, et quasi cardo quidam in agendo cunctarum corporalium motionum? » Superius porro, cum sciret Deum omnia in mensura et numero et pondere disposuisse, spatium ejus, quod Deus penes se notum habet, a corporali distinxit, cum ait *(ibid.)* : « Nam profecto quoniam corpus non est (neque enim aliter in corpore ulla cernere valeret, ut superior ratio demonstrabat), procul dubio caret spatio quo corpora metiuntur, et hoc recte credi, aut cogitari, aut intelligi talis ejus quantitas non potest. » Quem sensum plenius in libro sexto de Trinitate isdem doctissimus vir multo manifestius excolit, dicendo *(cap.* 6) : « Ideo simplicior est corpore, subauditur anima, quia non mole diffunditur per spatium loci, sed in unoquoque corpore et in toto tota est, et in qualibet ejus parte tota est. Et ideo cum fit aliquid in quavis exigua particula corporis, quod sentiat anima, quamvis non fiat in toto corpore, illa tamen tota sentit, quia totam non latet. » Item ipse in libro de Civitate Dei vigesimo primo *(cap.* 5) : « Prima mors

animam nolentem pellit de corpore, secunda mors A
animam nolentem tenet in corpore. Ab utraque
morte communiter id habetur, ut quod non vult
anima, de suo corpore patiatur. » Idem ipse in eodem. « Iste alius modus, quo corporibus adhærent
spiritus et animalia fiunt, omnino mirus est, nec
comprehendi ab homine potest, et hoc ipse homo
est. » Ipse in libro vigesimo secundo (cap. 6) : « Si
enim animæ tantummodo essemus, id est sine ullo
corpore spiritus, et in cœlo habitantes terrena animalia nesciremus, nobisque futurum esse diceretur,
ut terrenis corporibus animandis quodam vinculo
mirabili necteremur, nonne multo fortius argumen-
taremur id credere renuentes, et diceremus naturam non pati, ut res incorporea ligamento corporeo
vinciretur? Et tamen plena est terra vegetantibus B
animis hæc membra terrena miro sibi quodam modo
connexa et implicita. » Idem ipse in eodem libro
(cap. 11) : « In terreno ergo quid facit corpore?
subauditur anima, in hac mole quid agit subtilior
omnibus? in hoc pondere quid agit levior omnibus?
in hac tarditate quid agit celerior omnibus? Itane
per hujus tam excellentis naturæ meritum non poterit effici ut corpus ejus levetur in cœlum? et cum
valeat nunc natura corporum terrenorum deprimere
animas deorsum, aliquando et animæ levare sursum
terrena corpora non valebunt? » Idem in libro septimo de Genesi ad litteram (cap. 24) : « Credatur ergo, si
nulla Scripturarum auctoritas, seu veritatis ratio contradicit, hominem ita factum sexto die, ut corporis
quidem humani ratio causalis in elementis mundi, C
anima vero jam ipsa crearetur sicut primius conditus est dies, et creata lateret in operibus Dei,
donec eam suo tempore sufflando ; hoc est inspi-
rando, formato ex limo corpori insereret. Sed et
vir maximæ auctoritatis Hieronymus in epistola ad
Paulam consolatoria ita ponit (epist. 25 de obitu
Blæsillæ): « Postquam autem sarcina carnis abjecta
ad suum anima revolavit auctorem, et in antiquam
possessionem diu peregrinata conscendit, ex more
parantur exsequiæ. » Idem ipse in Epitaphio Ne-
potiani (epist. 3 ad Heliod.): « Ubi nunc decora illa
facies? ubi totius corporis dignitas, quo veluti pulchro indumento pulchritudo animæ vestiebatur ?
Marcebat, proh dolor ! flante austro lilium, et
purpura violæ in pallorem sensim migrabat. » Beatus D
quoque Gregorius in libro quinto Mœralium ita
dicit (cap. 25) : « Cum enim corporeas imagines
deserit, in semetipsam mens veniens non modicum
ascendit. Sed quamvis incorporea sit anima, quia
tamen corpori inhæret, ex ipsa sui qualitate localis
agnoscitur, quæ carnalibus locis detinetur. Quæ dum
obliviscitur scita, cognoscit incognita, meminit
oblivioni mandata, hilarescit post tristitiam, ad-
dicitur post lætitiam, ipsa sui diversitate indicat
quantum a substantia æternæ et incommutabilis
naturæ distat, quæ semper ut est idem est, ubique
præsens, ubique invisibilis, ubique tota, ubique
incomprehensibilis. » Idem ipse in consequentibus

(cap. 28) : « Luteas quippe domos habitamus, quia
in corporibus terrenis subsistimus. Quæ bene Paulus
considerans, ait : Habemus thesaurum istum in vasis
fictilibus (II Cor. IV, 7). » Et post non multa (ibid.) :
« Tinea autem de veste nascitur, et eamdem vestem
de qua oritur, oriendo corrumpit. Quasi vero quædam vestis animæ caro est. Sed hæc nimirum vestis
habet tineam suam, quia ab ipsa carnalis tentatio
oritur, ex qua laceratur. » Cassiodorus quoque, vir
acerrimi ingenii et insignis eruditionis , in libro
quem de Anima conscripsit, magistros sanctæ Ecclesiæ in hac re, sicut et in aliis, se sequi ostendit, cum dicit post alia (cap. 6) : « Mirum præterea
videtur, rem incorpoream , membris solidissimis
colligatam, et sic distantes naturas in unam convenientiam fuisse adductas, ut nec anima se possit
segregare cum velit , nec retinere cum jussionem
Creatoris agnoverit. Clausa illi sunt universa cum
præcipitur insidere, aperta quoque redduntur cum
jubetur exire. Nam si acerbus dolor vulneris in-
fligatur, sine auctoris imperio non amittitur, sicut
nec sine ipsius munere custoditur. Hinc est quod
frequenter graviter vulneratos videmus evadere, et
rursus levibus occasionibus interire. » Ecce quot
et qualibus non argumentis, sed documentis ostenditur nobis animas corporibus vel indutas, vel col-
ligatas, vel vinctas. Quorum auctoritati periculosum
videtur nobis refragari. Restat ergo, si his non
creditur, multa de divinis libris abradi, et cum ipsis
mulcatis tantorum virorum doctrinam labefactari,
aut quod est ratius, contradictorem horum ab Ecclesiæ societate secerni.

CAPUT III.

Utrum anima cum corpore moveatur per loca.

Tertium capitulum est : Utrum anima cum corpore moveatur per loca. Hoc capitulum videtur
esse subobscurum, quoniam non aperte ostendit,
utrum perquirat, si anima cum aliquo corpore exeat
ex hoc quod gestat corpore, an cum isto, quod ei
divinitus adjudicatum est, moveatur per loca. Sed
si requiritur utrum anima cum aliquo corpore exeat
e corpore, beatus Augustinus ad hoc respondet in
epistola ad Evodium (epist. 100) : « Si autem, inquit,
breviter vis audire, quid mihi videatur, nullo modo
arbitror animam e corpore exire cum corpore, et
cætera quæ in eadem epistola continentur. » Si autem quæritur si cum corpore moveatur per loca, id
est cum isto corpore quod gestat, mirum quomodo
dicatur moveri, cum non moveatur a corpore, sed
ipsa moveat corpus. Nam sine ejus præsentia vel
nutu nullatenus corpora moveri, qui superiora intendit, manifeste cognoscit. Quam si abscedere contigerit, fiet quod scriptum est: *Ut revertatur pulvis
in terram suam, et spiritus redeat ad Deum qui dedit
illum (Eccle. XII, 7).* Attamen sicut ejus cum corpore
copulam incomprehensibilem dicimus, ita etiam
potestatem et nutum illius, quo corpus vivificatur,
vegetatur, et regitur, spiritalem et ob id nobis incomprehensibilem dicimus. Viderit tamen aliquis,

cum alicunde digreditur, et alio perventum fuerit, **A** utrum animam se vegetantem et vivificantem aliquo reliquerit, sine cujus, ut dictum est, præsentia moveri corpus nequiverit. Quam circumscriptam esse auctoritate Patrum constat, sicut et angelicos spiritus. Qui utique majoris nunc sunt dignitatis, et crebro ad ministeria mittuntur humana, dicente Paulo : *Nonne omnes sunt administratorii spiritus in ministerium missi propter eos qui hæreditatem capiunt salutis?* (*Hebr.* I, 14.) Unde et beatus papa Gregorius in libro secundo Moralium ita dicit (*cap.* 2) : « In hoc itaque est nunc natura angelica a naturæ nostræ conditione distincta, quod nos et loco circumscribimur, et cæcitatis ignorantia coarctamur; angelorum vero spiritus loco quidem circumscripti sunt, sed tamen eorum scientia longe super nos incomparabiliter dilatatur. » Nec ignoramus beatum Augustinum quibusdam argumentationibus ad hoc pene pervenisse, ut diceret animas moveri tempore, et non loco. At vero, ut nobis videtur, considerans multa sibi objici posse, quæ isti viderentur sententiæ contraire, more suo quod asserere visus est, moderate studuit temperare, dicendo in libro de Genesi octavo (*cap.* 22) : « Ut dicere, inquit, cœperam, si de anima quisque hoc non vult credere, non nimis urgendus est. » Porro autem quid anima in sensibus operetur corporis, et quia inter cætera etiam motu delectetur, idem beatus Augustinus attestatur in libro de Quantitate animæ (*cap.* 35) : « Nunc quod institueram intende, quæ sit vis animæ in sensibus, atque in ipso motu manifestioris animantis, quorum nobis cum his quæ radicibus fixa sunt nulla potest esse communio. Intendit se anima in tactum, et eo calida, frigida, aspera, lenia, dura, mollia, levia, gravia sentit atque discernit. Deinde innumerabiles differentias saporum, odorum, sonorum, formarum, gustando, olfaciendo, audiendo, videndoque dijudicat. Atque in his omnibus ea quæ secundum naturam sui corporis sunt asciscit atque appetit, rejicit fugitque contraria. Removet se ab his sensibus certo intervallo temporum, et eorum motus quasi per quasdam ferias reparans, imagines rerum, quas per eos hausit, secum catervatim et multipliciter versat. Et hoc totum est somnus et somnia. Sæpe etiam gestiendo ac vagando facilitate motus delectatur, et **D** sine labore ordinat membrorum concordiam. Pro copulatione sexus agit quod potest, atque in duplici natura societate atque amore molitur unum. In fetibus non jam gignendis tantummodo, sed etiam fovendis, alendisque conspirat. Rebus inter quas corpus agit, et quibus corpus sustentat, consuetudine sese innectit, et ab eis quasi membris ægre separatur. »

CAPUT IV.

Utrum omnis creatura corporea sit, et solus Deus incorporeus.

Quartum locum tenet percontatio, utrum omnis creatura corporea sit, et solus Deus incorporeus.

Jam quidem in superioribus satis superque, ut putabamus, ostensum est, nec Deum esse corporeum, neque angelicam dignitatem, sed nec humanarum substantiam animarum : maxime cum Filius Dei ipse Deus dicat de Deo et Patre ac Spiritu sancto : *Spiritus est Deus, et eos qui adorant eum, in spiritu et veritate oportet adorare* (*Joan.* IV, 24), id est non in templo, neque in monte, quæ sunt corpora, sed in spiritu et veritate, id est in mente, et non in aliqua imaginatione, quam sibi humanus animus de Deo solet confingere. Quod autem sancti angeli spiritus sint, et non corpora. Spiritus sanctus per Psalmistam loquitur, de Deo dicens : *Qui facit angelos suos spiritus* (*Psal.* CIII, 4). Videlicet ostendens quia eos, quos Deus in ministerio suo semper spiritus habet, **B** mittendo angelos id est nuntios facit. Nomen enim angelorum officium est, non natura. Sed et humanarum animarum substantiam non esse corpus, sed spiritum, testatur Paulus qui dicit : *Quis enim hominum scit quæ sunt hominis, nisi spiritus hominis qui in ipso est?* (*I Cor.* II, 11.) Itaque et Deum, et angelorum animarumque humanarum substantiam, non corpus dicimus, sed spiritum. Sed Spiritum Deum tanquam Creatorem : angelos autem et animas spiritus quidem, sed tanquam a Deo creatos. Sed merito movet quomodo beatus Paulus apostolus Deum laudans, immortalem et invisibilem solum Deum dicit cum ait : *Regi autem sæculorum immortali, invisibili, soli Deo honor et gloria in sæcula sæculorum, Amen* (*I Tim.* I, 17), cum constet et angelos immortales, **C** animasque humanas, atque invisibiles, quantum ad naturam spectat, conditas. Itemque in eadem epistola ad Timotheum (*I Tim.* VI, 15) : *Quem suis temporibus ostendet beatus et solus potens, Rex regum, et Dominus dominantium, qui solus habet immortalitatem, lucem habitans inaccessibilem.* Quomodo enim solus beatus ille, cum dicatur et *Beatus vir qui non abiit in concilio impiorum* (*Psal.* I, 1), etc. Et : *Beatus est vir qui timet Dominum* (*Psal.* III, 1). Et : *Beatus ille servus, quem cum venerit dominus ejus invenerit vigilantem ?* (*Matth.* XXIV, 46.) Quomodo solus potens, si *Beati viri semen potens erit in terra* (*Psal.* III, 2), quam intelligimus viventium ? Quomodo solus habet immortalitatem, cum nec angeli mori possint, et animæ humanæ immortales sint creatæ ? Sed intelligimus, quantum quidem ad naturam substantiamque earum attinet, inferiorumque creaturarum quæ sunt utique corporales, eas et invisibiles atque sapientes, necnon et beatas et potentes et immortales munere Creatoris : collatas tamen Creatori, propter excellentem magnitudinem nihil horum habere. Ipse enim hæc tanquam solus habet, qui a nullo accepit ut haberet. Porro autem, sive angelici spiritus, sive humanæ animæ, ex ejus fonte tanquam rivuli acceperunt, ut in eos hæc vena dignitatis emanaret. Porro in epistola ad Hebræos ita etiam dicit : *Vivus est enim Dei sermo et efficax, et penetrabilior omni gladio ancipiti, et pertingens usque ad divisionem animæ ac spiritus, compagum* *quoque et medullarum, et discretor cogitationum et intentionum cordis, et non est ulla creatura invisibilis in conspectu ejus, omnia autem nuda sunt et aperta oculis ejus* (*Hebr.* IV, 12). Quæ testimonia collata nodum quæstionis propositæ perfecte absolvunt, quia qui solus est invisibilis, et solus lucem inhabitat inaccessibilem, et quem vidit hominum nemo, sed nec videre potest (*I Joan.* IV), et qui exsuperat omnem sensum (*Philip.* IV), de eodem item dicitur, quod non sit ulla creatura invisibilis in conspectu ejus, et omnia nuda sunt et aperta oculis ejus. Cum ergo, ut jam dictum est, ipse dicatur invisibilis, et invisibilia omnia nuda et aperta sint oculis ejus, id est quia ipse quidem omnia tanquam nuda aspiciat, a nulla autem creatura, nisi quantum ipse gratuito munere permittit, videatur, certum est quod ea quæ natura sunt incorporea, comparatione illius habeantur quasi corporea. Unde beatus papa Gregorius in libro Moralium secundo, dum de his loqueretur ait (*cap.* 2) : « Angelorum itaque scientia comparatione nostræ scientiæ valde dilatata est, sed tamen comparatione divinæ scientiæ angusta. Sicut et ipsi illorum spiritus comparatione quidem nostrorum corporum spiritus sunt, sed comparatione summi et incircumscripti spiritus corpus. Et mittuntur igitur, et assistunt : quia et per hoc quod circumscripti sunt exeunt, et per hoc quod intus quoque præsentes sunt, nunquam recedunt. » Poteramus quidem et plura exempla ponere, in quibus sancti Patres solent angelorum spiritus corpora nominare : sed brevitati studentes de his studuimus rejicere, dum hæc sola putamus sufficere.

CAPUT V.

Utrum natura animæ terminos corporales excedat.

Deinde ordine suo ponitur capitulum : Utrum natura animæ terminos corporales excedat. In qua re anceps noster fluctuat intellectus, quos terminos dicere velit corporales : utrumve istos quibus circumdata est, membris scilicet carnalibus, an omnia corpora, ut sunt cœlum, et terra, et quæ his continentur. Sed ad utrumque respondemus pro captu nostro. Anima namque terminos corporis sui excedit, dum longius per oculos corporis videt, quam ipsum corpus spatiatur, longius audit, longius odoratur, et extra se tactum porrigit. Dum ergo hos sensus ultra corpus extendit, et his aliquando aut delectatur placitis, aut asperatur ingratis, manifestum est eam hos terminos corporales excedere. Si autem de omni corpore quæritur, utrum scilicet omnia corporalia excedat, manifestum est hæc non per sensus corporis sibi subjectos, sed per suos agere proprios, cogitatione scilicet, memoria et conjectura. Hinc beatus Ambrosius ait (lib. VI *Hexamer.* c. 8) : « Non ergo caro potest esse ad imaginem Dei, sed anima nostra quæ libera est, et diffusis cogitationibus atque consiliis huc atque illuc vagatur, quæ considerando spectat omnia. Ecce nunc sumus in Italia, et cogitamus quæ ad Orientales aut Occidentales partes spectare videntur, et cum illis versari videmur, qui in Perside sunt constituti, et illos videmus quid agant in Africa. Si quos cognitos nobis ea terra susceperit, sequimur proficiscentes, inhæremus peregrinantibus, copulamur absentibus, alloquimur separatos. Defunctos quoque ad colloquium suscitamus, eosque ut viventes complectimur et tenemus, et vitæ officia his usumque deferimus. Ea igitur est ad imaginem Dei, quæ non corporea æstimatur, sed mentis vigore quæ absentes videt, transmarina visu obit, percurrit aspectu, scrutatur abdita, huc atque illud uno momento sensus suos per totius orbis fines et mundi secreta circumfert. Quæ Deo jungitur, Christo adhæret. Descendit in infernum, atque ascendit, libera versatur in cœlo. Denique audi dicentem : *Nostra autem conversatio in cœlis est* (*Philip.* III, 20). » Augustinus in epistola ad Evodium (*epist.* 100) : « Visiones autem illæ, futurorumque prædictiones quomodo fiant, ille jam explicare conetur, qui novit qua vi efficiantur in unoquoque animo tanta cum cogitat. Videmus enim, planeque cernimus, in eo fieri multarum rerum visibilium, et ad cæteros corporis sensus pertinentium, innumerabiles imagines : quæ non interest quam ordinate vel turbide fiant, sed tantum quia fiunt, quod manifestum est, qua vi et quomodo fiant, quisquis potuerit explicare, quæ omnia certe quotidiana sunt atque continua, audeat præsumere aliquid ac definire, etiam de illis rarissimis visis. Ego autem tanto minus hoc audeo, quanto minus id quoque in nobis, quod vita continua vigilantes dormientesque experimur, quo pacto fiat explicare sufficio. Nam cum ad te dictarem hanc epistolam, te ipsum animo contuebar, te utique absente atque nesciente, et quomodo possis his verbis moveri, secundum notitiam quæ mihi de te inest imaginabar : atque id quonam modo in animo meo fieret, capere ac investigare non poteram, certus tamen non fieri corporeis molibus, nec corporeis qualitatibus, cum corpori simillimum fiat. » Ex libro de Civitate Dei decimo quinto : « Fieri ista in animo, vel ab animo nostro novimus, et certissimi sumus. Quomodo autem fiant, quanto attentius valuerimus advertere, tanto magis noster et sermo succumbit, et ipsa non perdurat intentio, ut ad liquidum aliquid nostra intelligentia etsi non lingua perveniat : et putamus nos, utrum Dei providentia eadem sit quæ memoria, et intelligentia, qui non singula cogitando aspicit, sed una et æterna, et immutabili atque ineffabili visione complectitur cuncta quæ novit, tanta mentis infirmitate posse comprehendere ? In hac igitur difficultate et angustiis libet exclamare ad Deum vivum : *Mirificata est scientia tua ex me, invaluit et non potero ad illam* (*Psal.* CXXXVIII, 6). Ex me, inquit, intelligo quam sit mirabilis et incomprehensibilis scientia tua qua me fecisti, quando nec meipsum comprehendere valeo quem fecisti : et tamen in meditatione mea exardescit ignis, ut quæram faciem tuam semper. »

CAPUT VI.

Utrum Deus per tempora et loca moveatur.

Sextum capitulum succedit : Utrum Deus per tempora et loca moveatur. Mirum et valde mirabile est, si aliquis tam stolidus reperiatur, qui putet Deum per tempora moveri conditorem temporum. Quomodo enim moveri potest per tempora qui condidit tempora, quæ sunt mutabilitati obnoxia ? Nam propheta David, considerans eum nec initium habere, nec termino angustari, ait : *Initio tu terram fundasti, Domine, et opera manuum tuarum sunt cœli. Ipsi peribunt, tu autem permanes, et omnia ut vestimentum veterascent. Et sicut amictum mutabis eos, et mutabuntur. Tu autem idem ipse es, et anni tui non deficient* (*Psal.* ci, 26-28). Quisquis ergo considerat in his dictis, quod initio, id est temporibus incipientibus, terram et cœlum Dominus fundaverit, et quod his mutatis idem ipse sit, facile videt, non eum vel initium cepisse cum tempore, vel finem sortiri cum temporibus, quibus incipientibus ipse fuerit, et quibus occidentibus idem ipse incommutabilis permaneat. Et quidem creaturam per tempora moveri jussit, dum et quædam sidera in motu constituit, temporaque ipsa sibi succedere jussit, aeris qualitatem variari voluit, terræ faciem diverso modo vicissim atque alternatim succedere statuit, hominemque per ætates varias usque ad ultimum vitæ tempus volvere judicavit, seipsum tamen nulla mutabilitatis lege constrinxit. Unde ad Moysen ait : *Ego sum qui sum, et dices filiis Israel : Qui est misit me ad vos* (*Exod.* iii, 14). Moventur per tempora quæ sunt creata cum tempore. Solus porro ille cum tempore non potest moveri, quem constat nulla mutabilitatis lege vinciri. Porro per loca quis moveri Deum putet, cum ipse de semetipso dicat : *Cœlum et terram ego impleo ?* (*Jer.* xxiii, 24.) Et item : *Quam domum ædificabitis mihi, dicit Dominus, aut quis locus requietionis meæ ? nonne manus mea fecit hæc omnia ?* (*Isa.* lxvi, 1.) Itemque Salomon sapientissimus ait loquens ad Deum : *Si enim cœlum et cœli cœlorum te capere non possunt, quanto magis hæc domus quam ædificavi ?* (*III Reg.* viii. 27.) Et iterum de Sapientia, quæ Deus est, scribitur : *Attingit autem a fine usque ad finem fortiter, et disponit omnia suaviter* (*Sap.* viii, 1). Si ergo ejus vis omnia penetrat, et angusta est Creatoris magnitudini creatura per eum condita, Psalmista dicente : *Magnitudinis ejus non est finis* (*Psal.* cxliv, 3), quis credere possit eum per locum moveri, cui non patet locus alibi secedendi ? Si enim omnia implet, nullus vacuus locus remanet. Unde patet implere omnia qui condidit universa. Augustinus in libro de Genesi ad litteram octavo (*cap.* 19) : « Dicimus itaque ipsum summum, verum, unum ac solum Deum, Patrem et Filium et Spiritum sanctum, id est Deum, Verbumque ejus, et utriusque Spiritum, Trinitatem ipsam, neque confusam, neque separatam, Deum qui solus habet immortalitatem, et lucem habitat inaccessibilem, quem nemo hominum vidit, nec videre potest, nec locorum vel finito

vel infinito spatio contineri, nec temporum vel finito vel infinito volumine variari. Neque enim est in ejus substantia qua Deus est, quod brevius sit in parte quam in toto, sicut necesse est esse in iis quæ in locis sunt : aut fuit in ejus substantia quod jam non est, vel erit quod nondum est, sicut in naturis quæ possunt temporis mutabilitatem pati (*cap.* 10). Hic ergo incommutabili æternitate vivens creavit omnia simul, ex quibus currerent tempora, et implerentur loca, temporalibusque et localibus rerum motibus sæcula volverentur. In quibus rebus quædam spiritalia, quædam corporalia condidit : formans materiam, quam nec alius, nec nullus, sed omnino ipse informem ac formabilem instituit, ut formationem suam non tempore, sed origine præveniret. » Isidorus in libro Sententiarum, quod Deo nulla temporum successio ascribatur ita dicit (*lib.* i, *c.* 8) : « Omnia tempora præcedit divina æternitas. Nec in Deo præteritum, præsens, futurumve aliquid creditur, sed omnia præsentia in eo dicuntur, quia æternitate sua cuncta complectitur. Alioquin mutabilis est Deus credendus, si ei successiones temporum ascribuntur. Si semper aliqua essent cum Deo tempora, non esset tempus, sed esset æternitas, nec mutarentur tempora, sed starent. »

CAPUT VII.

Utrum anima sola tempore moveatur.

Septimum in ordine capitulorum, locum tenet, Utrum anima sola tempore moveatur. De qua in superiori capitulo dictum continetur. Stupemus autem, cur quæsitum sit, utrum anima sola tempore moveatur, cum omnia quæ vivunt quidem succo et viriditate, sed et ea quæ vivunt quidem anima et carent ratione, subjecta sint motui per tempus. Frustra igitur de anima sola utrum tempore moveatur requiritur, quod ei cum pluribus creaturis commune esse probatur. In hoc tantum distans, quod ea mutabilitas temporis, quæ aliis accidit plurimis increscendo, imminuendo, corporalibus utique modis, huic accidit spiritaliter, sicut est sapere et desipere. In his namque solis crescere et decrescere dicitur anima. Nam temporaliter movetur, sicut jam præfatum est, cum de aliis ad alia transfertur, non cremento aut diminutione, sicut se habent plurimæ creaturæ, quæ moventur corporali conversione. Sed motio ejus maxime consistit in morum voluntatisque permutatione. Ipsa tamen locum cardinis tenens, cum sit spiritus, vivificat ac movet localiter suis nutibus corpus. Motionem namque ejus propriam pater Augustinus more suo excellenter insinuat, in expositione psalmi centesimi quadragesimi quinti dicens : « Ecce homo stat, cantat Deo aliquanto prolixius, et sæpe labia moventur ad cantum, cogitatio autem per nescio quæ desideria volat. Stabat ergo mens nostra quodam modo ad laudem Dei, et anima nostra per diversas cupiditates vel curas negotiorum hac atque illac fluitabat. Quasi desuper attendit ipsa mens ad fluitantem hac atque illac, et

ejus inquietudine molestiarum quasi conversa alloquitur : *Lauda, anima mea, Dominum*, quid est
quod de aliis rebus satagis? quid est quod te occupat
cura rerum terrenarum atque mortalium? Sta mecum, lauda Dominum. Et quasi ipsa anima prægra-
vata, et non valens ita consistere ut dignum est,
respondet menti : *Laudo Dominum in vita mea*. Quid
est in vita mea? quia modo in morte mea sum.
Ergo prius exhortare te, et dic : *Lauda, anima mea,
Dominum*. Respondet tibi anima tua : Laudo quantum possum, tenuiter, exiliter, infirmiter. Quare?
quia quandiu sumus in corpore, peregrinamur a
Domino. Quare sic laudas Dominum, non perfecte,
non stabiliter? Interroga Scripturam, qui *corpus
quod corrumpitur aggravat animam, et deprimit terrena inhabitatio sensum multa cogitantem* (*Sap.*
ix, 15). Tolle mihi corpus quod aggravat animam,
et laudo Dominum. Tolle mihi terrenam habitationem deprimentem sensum multa cogitantem, et a
multis in unum confluam ut laudem Dominum.
Quandiu autem ita sum, non possum, prægravor.
Quid ergo? silebis, et non laudabis perfecte Dominum? *Laudabo Dominum in vita mea.* »

CAPUT VIII.

*Utrum substantia divinitatis corporalibus oculis post
resurrectionem corporum videatur.*

Octavum capitulum, quod et ultimum est, requirit, utrum substantia divinitatis corporalibus oculis
post resurrectionem corporum videatur. Scimus quidem sanctorum desideria in hac vita positorum ad
hoc potissimum anhelare, ut Deum mereantur videre.
Et hoc totum est, propter quod hic carnem ma-
cerant jejuniis et vigiliis, aliisque afflictionum generibus, sicut Paulus apostolus dicit; propter quod et
emolumenta cuncta contemnant temporalia, quantum fieri potest : et si necessitas exegerit, etiam et
corpus suum multimodæ tradunt passioni. Et quia
hic positi, id est carnis onere prægravati, eum videre nequeunt, sicut Dominus Moysi ait : *Non enim
videbit me homo, et vivet (Exod. xxxiii, 30),* satagunt
hic corda mundare et quantum posse est ad hoc purificare, ut ad ipsius visionem mereantur pertingere,
hic interim per speculum in ænigmate, et post facie
ad faciem, dicentes Deo intimis suspiriis : *Domine,
dilexi decorem domus tuæ, locum habitationis gloriæ
tuæ (Psal.* xxv, 8). Itemque : *Tibi dixit cor meum,
exquisivit te facies mea, faciem tuam, Domine, requiram. Ne avertas faciem tuam a me, ne declines in
ira a servo tuo (Psal.* xxvi, 8). Sed et illud : *Sitivit
anima mea ad Deum vivum, quando veniam et apparebo ante faciem Dei mei? (Psal.* xli, 3.) Certissime
enim sciunt, quia remuneratio laborum eorum est
visio Conditoris sui. Quod ostendit Psalmista cum
dicit Domino : *Satiabor dum manifestabitur gloria
tua (Psal.* xvi, 15). Quod etiam ipse Dominus, qui
summam beatitudinis constare demonstrat, in aspectu Dominicæ visionis, dicendo : *Beati mundo corde,
quoniam ipsi Deum videbunt (Matth.* v, 8). Itemque

A promittendo illis : *Qui diligit me diligetur a Patre
meo, et ego diligam eum, et manifestabo meipsum illi
(Joan.* xiv, 21). Et non solum se, sed etiam Patrem
et Spiritum sanctum, inseparabilem scilicet trinum
Deum, dilectoribus suis promittit adfuturum, cum
dicit : *Qui diligit me, sermonem meum servabit, et
Pater meus diliget eum, et ad eum veniemus, et mansionem apud eum faciemus (ibid.,* 23). Sed et de
Spiritu sancto promittit quod apud eos maneat, et
in eis sit. Sed hæc visio utrum per oculos corporeos fiat, an incorporeos, multo quæsitu investiga-
tum est, et a sanctis Patribus res tanta, eo quod sit
obscurissima, maxima disputatione pulsata. Dicentibus aliis, quod Deus invisibilis non posset videri
per creaturam visibilem atque corpoream : sed

B quod Apostolus dicit : *Nunc per speculum in ænigmate, tunc autem facie ad faciem (I Cor.* xiii, 12),
hoc sit quod ait : *Nunc cognosco ex parte, tunc autem cognoscam sicut et cognitus sum (ibid.).* Alii vero
asserunt congrue, ut corpori spiritali id attribuatur
muneris, ut quamvis corpus sit, quia spiritali tamen
præditum est dignitate, ipsam Redemptoris sui
mereatur gloriam contueri, pro cujus amore non dubitavit in hoc sæculo diversis cruciatibus atque laboribus affici. De qua re unius hoc est beati Augustini
dicta ponimus, qui præcessorum suorum sensus relegens quid de hoc senserit videamus. « Quapropter
cum ex me, inquit (*lib.* xxii *de Civit. Dei, cap.* 9), quæritur quid acturi sint sancti in illo corpore spiritali,
non dico quod jam video, sed dico quod credo, se-

C cundum illud quod in Psalmo lego : *Credidi propter
quod locutus sum (Psal.* cxv, 1). Dico itaque quod
visuri sunt Deum in ipso corpore. Sed utrum per
ipsum, sicut per corpus nunc videmus solem, lunam, stellas, mare, ac terram, et quæ sunt in ea,
non parva quæstio est. Durum est enim dicere, quod
sancti talia corpora tunc habebunt, ut non possint
oculos claudere atque aperire cum volunt : durius
autem, quod ibi Deum quisquis oculos clauserit non
videbit. Si enim propheta Elisæus puerum suum Giezi
absens corpore vidit accipientem munera, quæ dedit ei
Naaman Syrus, quem propheta memoratus a lepræ deformitate mundaverat, quod servus nequam domino suo
non vidente latenter se fecisse putaverat(*IV Reg.* v),
quanto magis in illo corpore spiritali videbunt san-

D cti omnia, non solum si oculos claudant, verum etiam
unde sunt corpore absentes? Tunc enim erit perfectum illud, de quo loquens Apostolus : *Ex parte
enim cognoscimus, inquit, et ex parte prophetamus.
Cum autem venerit quod perfectum est, quod ex parte
est evacuabitur (I Cor.* xiii, 9). Deinde ut quomodo
posset aliqua similitudine ostenderet, quantum ab
illa quæ futura est distet hæc vita, non qualium-
cunque hominum, verum etiam qui præcipua hic
sanctitate sunt præditi : *Cum essem, inquit, parvulus, quasi parvulus sapiebam, quasi parvulus lo-
quebar, quasi parvulus cogitabam. Cum autem factus sum vir, evacuavi quæ parvuli erant. Videmus
nunc per speculum in ænigmate, tunc autem facie ad fa-

ciem. Nunc cognosco ex parte , tunc autem cognoscam A *sicut et cognitus sum (I Cor.* xiii, 11). Si ergo in hac vita, ubi hominum mirabilium prophetia ita comparanda est illi vitæ quasi parvuli ad juvenem, vidit tamen Elisæus accipientem sibi munera servum suum ubi ipse non erat, itane cum venerit quod perfectum est, nec jam corpus corruptibile aggravabit animam, sed incorruptibile nihil impediet, illi sancti ad ea quæ videnda sunt oculis corporeis, quibus Elisæus absens ad servum suum videndum non indiguit, indigebunt? Nam secundum interpretes septuaginta, ista sunt ad Giezi verba prophetæ : *Nonne cor meum iit tecum, quando conversus est vir de curru in obviam tibi, et accepisti pecuniam?* etc. ; sicut autem ex Hebræo interpretatus est presbyter Hieronymus : *Nonne cor meum, inquit, in præsenti erat, quando* B *reversus est homo de cursu suo in occursum tui* (*IV Reg.* v, 26). Corde suo ergo se dixit hoc vidisse propheta, adjuto quidem mirabiliter nullo dubitante divinitus. Sed quando amplius tunc omnes munere isto abundabunt, cum Deus erit omnia in omnibus? Habebunt tamen etiam illi oculi corporei officium suum, et in loco suo erunt, uteturque illis spiritus per spiritale corpus. Neque enim et ille propheta, quia non eis indiguit ut videret absentem, non eis usus est ad videnda præsentia, quæ tamen spiritus videre posset , etiamsi illos clauderet, sicut vidit absentia ubi cum eis ipse non erat. Absit ergo ut dicamus illos sanctos in illa vita Deum clausis oculis non visuros, quem spiritu semper videbunt. Sed utrum C videbunt etiam per oculos corporis, cum eos apertos habebunt, inde quæstio est. Si enim tantum poterunt in corpore spiritali, eo modo utique etiam ipsi oculi spiritales , quantum possunt isti quales nunc habemus, procul dubio per eos Deus videri non poterit. Longe itaque alterius erunt potentiæ, si per eos videbitur incorporea illa natura, quæ non continetur loco, sed ubique tota est. Non enim quia dicimus Deum et in cœlo esse et in terra, ipse quippe ait per prophetam : *Cœlum et terram ego impleo* (*Jer.* xxiii, 24), aliam partem dicturi sumus eum in cœlo habere , et in terra aliam : sed totus in cœlo est , totus in terra, non alternis temporibus , sed utrumque simul , quod nulla natura corporalis potest. Vis itaque præpollentior oculorum erit illorum, D non ut acrius videant, quam quædam perhibentur videre serpentes et aquilæ (quantalibet enim acrimonia cernéndi eadem quoque animalia, nihil aliud possunt videre quam corpora), sed ut videant et incorporalia. Et fortasse ista virtus magna cernendi data fuerit ad horam, etiam in isto mortali corpore, oculis sancti viri Job, quando ait ad Deum : *In obauditu auris audiebam te prius , nunc autem oculus meus videt te. Propterea despexi memetipsum , et distabui , et existimavi me terram et cinerem (Job* xlii, 5). Quamvis nihil hic prohibeat oculum cordis intelligi, de quibus oculis ait Apostolus : *Illuminatos oculos habere cordis vestri (Ephes.* i, 18). Ipsis autem

videri Deum cum videbitur, Christianus ambigit nemo, qui fideliter accipit quod ait Deus ille magister : *Beati mundi corde, quoniam ipsi Deum videbunt (Matth.* v, 8). Sed utrum etiam corporalibus ibi oculis videatur, hoc in ista quæstione versamus. Illud enim quod scriptum est : *Et videbit omnis caro salutare Dei (Luc.* iii, 6), sine ullius nodo difficultatis sic intelligi potest, ac si dictum fuerit, et videbit omnis homo Christum Dei , qui utique in corpore visus est, et in corpore videbitur quando vivos et mortuos judicabit. Quod autem ipse sit salutare Dei, multa sunt et alia testimonia Scripturarum, sed evidentius venerandi illius senis Simeonis verba declarant , qui cum infantem Christum accepisset in manus suas : *Nunc,* inquit, *dimittis servum tuum, Domine , secundum verbum tuum in pace. Quoniam viderunt oculi mei salutare tuum (Luc.* iii, 29). Illud etiam quod ait supra memoratus Job, sicut in exemplaribus quæ in Hebræo sunt invenitur, *et in carne mea videbo Deum (Job* xix, 26), resurrectionem quidem carnis sine dubio prophetavit, non tamen dixit, Per carnem meam. Quod quidem si dixisset, posset Deus Christus intelligi, qui per carnem in carne videbitur. Nunc vero potest et sic accipi, *in carne mea videbo Deum,* ac si dixisset, In carne mea ero cum videbo Deum. Et illud quod ait Apostolus, *facie ad faciem (I Cor.* xiii, 11), non cogit ut Deum per faciem hanc corporalem, ubi sunt oculi corporales, nos visuros esse credamus, quem spiritu sine intermissione videbimus. Nisi enim esset etiam interioris hominis facies, non diceret idem Apostolus : *Nos autem revelata facie gloriam Domini speculantes, in eamdem imaginem transformamur de gloria ad gloriam, tanquam a Domini spiritu (II Cor.* iii, 18). Nec aliter intelligimus et quod in psalmo canitur : *Accedite ad eum, et illuminamini, et facies vestræ non erubescent (Psal.* xxxiii, 6). Fide quippe acceditur ad Deum , quam cordis constat esse, non corporis. Sed quia spiritale corpus nescimus quantos habebit accessus, de re quippe inexperta loquimur, ubi aliqua, quæ aliter intelligi nequeant, divinarum Scripturarum non occurrit et succurrit auctoritas, necesse est ut contingat in nobis quod legitur in libro Sapientiæ : *Cogitationes mortalium timidæ, et incertæ providentiæ nostræ (Sap.* ix, 14). Ratiocinatio quippe illa philosophorum , qua disputant mentis aspectu intelligibilia videri, et sensu corporis sensibilia, id est corporalia , ut nec intelligibilia per corpus, nec corporalia per seipsa mens valeat intueri, si posset nobis esse certissima, profecto certum esset per oculos corporis, etiam spiritales, nullo modo posse videri Deum. Sed istam ratiocinationem et vera ratio, et prophetica irridet auctoritas. Quis enim ita sit aversus a vero, ut dicere audeat Deum corporalia ista nescire? Nunquid ergo corpus habet, per cujus oculos ea possit addiscere? Deinde quod de propheta Elisæo paulo ante diximus, nonne satis indicat etiam spiritu, non per corpus, corporalia posse cerni? Quando enim servus ille munera accepit, utique corporaliter gestum est, quod tamen propheta non per corpus, sed per spiritum vidit. Sicut ergo constat videri corpora spiritu, quid si tanta erit potentia spiritalis corporis, ut corpore videatur et spiritus? Spiritus enim est Deus. Deinde vitam quidem suam, qua nunc vivit in corpore, et hæc terrena membra vegetat, facitque viventia, interiore sensu quisque non per corporeos oculos novit. Aliorum vero vitas, cum sint invisibiles, per corpus videt. Nam unde viventia discernimus a non viventibus corpora, nisi corpora simul vitasque videamus, quas nisi per corpus videre non possumus? Vitas autem sine corporibus corporeis oculis non videmus. Quamobrem fieri potest, valdeque credibile est, sic nos esse visuros mundana tunc corpora cœli novi et terræ novæ, ut Deum ubique præsentem, et universa etiam corporalia gubernantem, per corpora quæ gestabimus, et quæ conspiciemus quaquaversum oculos duxerimus, clarissima perspicuitate videamus. Non sicut nunc invisibilia Dei per ea quæ facta sunt intellecta conspiciuntur per speculum in ænigmate, et ex parte, ubi plus in nobis valet fides qua credimus, quam rerum corporalium species, quam per oculos cernimus corporales: sed sicut homines, inter quos viventes motusque vitales exercentes vivimus; mox ut aspicimus, non credimus vivere, sed videmus: cum eorum vitam sine corporibus videre nequeamus, quam tamen in eis per corpora remota omni ambiguitate conspicimus. Ita quacunque spiritalia illa lumina corporum nostrorum circumferemus, incorporeum Deum omnia regentem etiam per corpora contuebimur. Aut ergo per illos oculos sic videbitur Deus, ut aliquid habeant in tanta excellentia menti simile, quo et incorporea natura cernatur : quod ullis exemplis, sine Scripturarum testimoniis divinarum, vel difficile est vel impossibile ostendere. Aut quod est ad intelligendum facilius, ita Deus nobis erit notus atque conspicuus, ut videatur spiritu a singulis nobis in singulis nobis, videatur ab altero in altero, videatur in seipso, videatur in cœlo novo et terra nova, atque in omni quæ tunc fuerit creatura, videatur et per corpora in omni corpore, quocunque fuerint spiritalis corporis oculi acie perveniente directi. Patebunt etiam cogitationes nostræ invicem nobis. Tunc enim implebitur quod Apostolus cum dixisset : *Nolite ante tempus quidquam judicare,* mox addidit : *quoad usque veniat Dominus, et illuminet abscondita tenebrarum, et manifestabit cogitationes cordis, et tunc laus erit unicuique a Deo (I Cor. IV, 5).* Huic capitulo sufficere credidimus tanti ac talis viri auctoritatem, caventes epistolaris schedulæ prolixitatem. Nam metuentes vestrum animum circa multa occupatum, et materiam responsionum, sic inter utrumque medium incessum librare conati sumus, ut et veritas ad interrogata pateret, et occupatum animum longitudo non tæderet. Nam nec istius viri alia opera tangere modo libuit, et causa prælibata aliorum doctorum opuscula ponere inter-

A dixit. Maluimus namque appetenti cibos spiritales aviditatem concitare, quam nimietate nostra tædium excitare. Adsunt ergo plurima in sanctis libris de his documenta, quæ et quærentem exerceant, et invenientèm dapsili convivio reficiant. Hæc itaque delibavimus parva, ut dictum est, ut animum discendi avidum provocemus ad majora.

Quæ sequuntur, in veteri codice post superiora subjiciebantur.

QUOD ANIMA SIT IN CORPORE.

Augustinus in sermone 8 Evangelii Joannis : « Nunquid hæc corpus, et non anima, id est habitatrix corporis agit? nec tamen videt oculis, et ex his quæ agit admirationem movet. Quanta agit per corpus B attendite : cum subtrahitur corpori, cadaver jacet. »

Item in sermone 18 : « Ibi est imago Dei, in interiore homine habitat Christus, in interiore homine renovaris ad imaginem Dei, in imagine sua cognosce auctorem ejus. Vide quemadmodum omnes corporis sensus cordi intronuntiunt quid senserint foris. Vide quam multos ministros habeat unus interior imperator. Renuntiant oculi cordi alba et nigra, et cætera quæ ibi sequuntur. »

In sermone 19 : « Est ergo ipsa, etiam si sit insipiens, injusta, impia, vita corporis. Quia vero vita ejus est Deus, quomodo cum ipsa est in corpore, præstat illi vigorem, » et reliqua.

In sermone 29 : « Est homo interior, est et exterior. Et ille quidem interior invisibilis, exterior autem visibilis : sed melior interior, quam exterior. »

In sermone 43 : « Quid est ista mors? relictio corporis, depositio sarcinæ gravis : sed si alia sarcina C non portetur, qua homo in gehennam præcipitetur. » Item ibi : « Inest corpus, sed nullus est sensus : habitatio jacet, habitator abscessit. » Item ibi : « Nam cum illi lapides tollerent ut mitterent in eum, quid magnum erat, ut eos continuo dehiscens terra sorberet, et pro lapidibus inferos invenirent? »

In sermone 44 : « In illa nocte dives ardebat, et stillam aquæ de digito pauperis requirebat : dolebat, angebatur, fatebatur, nec ei subveniebatur, et conatus est bene facere dicens : *Et dicat illis, ne et ipsi veniant in locum tormentorum (Luc. XVI, 28).* »

In sermone 47 : « Mori carni tuæ est amittere vitam tuam : mori animæ tuæ est amittere vitam suam. Vita carnis tuæ anima tua, vita animæ tuæ Deus tuus. Quomodo moritur caro amissa anima, quæ vita est ejus : sic moritur anima amisso Deo, qui vita est ejus. Certe ergo immortalis est anima? plane immortalis, quia vivit et mortua est. Quod enim de vidua deliciosa dixit Apostolus, etiam de D anima si Deum suum amiserit dici potest : *Vivens mortua est (I Tim. V, 6).* » Item post alia : « Mortuus est enim pro nobis in cruce, sine dubio caro ipsius exspiravit animam : ad tempus exiguum anima deseruit carnem redeunte anima resurrecturam. » Et post aliquanta : « Omnes enim homines quando moriuntur ponunt animam, sed non omnes in Christo ponunt, et nemo habet potestatem sumere quod posuerit. Christus autem et pro nobis posuit, et quando voluit posuit, et quando voluit sumpsit. Ponere ergo animam mori est. Caro ergo ponit animam suam exspirando. » Et post paululum : « Quid est, caro illum tradidit? caro illum emisit, caro illum exspiravit. Ideo dicitur enim exspirare extra spiritum fieri. Quomodo est exsultare extra solum fieri, exorbitare extra orbitam fieri, sic exspirare extra spiritum fieri, qui spiritus anima est. Cum ergo exit anima a carne, et remanet caro sine anima, tunc homo ponere animam dicitur. » Et

post aliquanta : « Quære ubi est Apostolus modo. Si quis respondeat in requie cum Christo, verum dicit. Iterum si quis respondeat, Romæ in sepulcro, et ipse verum dicit. Illud mihi de anima, hoc de ejus carne respondit. Nec tamen ideo duos dicimus apostolos Paulos, unum qui requiescit in Christo, alterum qui est positus in sepulcro. » Et post paululum : « Sed ex quo consortium carnis et animæ hominis nomen accepit, jam et singulum atque separatum utrumlibet eorum nomen hominis tenuit. »

In sermone 48 : « Ingressi sumus credendo, egrediemur moriendo. Sed quomodo per ostium fidei ingressi sumus, sic fideles de corpore exeamus. »

In sermone 49 : « Dormit ergo omnis mortuus, et bonus et malus. Sed quomodo interest in ipsis qui quotidie dormiunt et exsurgunt, quid quisque videat in somnis : alii sentiunt læta omnia, alii torquentia, ita ut evigilans dormire timeat, ne ad ipsa iterum redeat. Sic unusquisque hominum cum causa sua dormit, cum causa sua surgit : et interest quali custodia quisque recipiatur, ad judicem postea producendus. Nam et receptiones in custodiam pro meritis causarum adhibentur. Alios jubentur custodire lictores, humanum et mite officium atque civile : alii traduntur optionibus, alii mittuntur in carcerem, et ipso carcere non omnes, sed pro meritis graviorum causarum, in ima carceris contruduntur. Sicut ergo diversæ custodiæ agentium in officio, sic diversæ custodiæ mortuorum, et diversa merita resurgentium. Receptus est pauper, receptus est dives, sed ille in sinu Abrahæ, ille ubi sitiret, et guttam non inveniret (Luc. xvi). Habent ergo omnes animæ, ut ex hac occasione instruam charitatem vestram, habent omnes animæ, cum de sæculo exierint, diversas receptiones suas. Habent gaudium bonæ, malæ tormenta : sed ut facta fuerit resurrectio, et bonorum gaudium amplius, erit, et malorum tormenta graviora, quando cum corpore torquebuntur. Recepti sunt in pacem sancti patriarchæ, prophetæ, apostoli, martyres, boni fideles : omnes tamen in finem accepturi sunt quod promisit Deus. Promissa est enim resurrectio etiam carnis, mortis consumptio, vita æterna cum angelis. Hoc omnes simul accepturi sumus. Nam requiem quæ continuo post mortem datur, si ea dignus est, tunc accipit quisque cum moritur. Priores acceperunt patriarchæ : videte ex quo requiescunt, posteriores prophetæ, recentius apostoli, multo recentiores sancti martyres, quotidie boni fideles. Et alii in ista requie jam diu sunt, alii non tam diu, alii paucioribus annis, alii recenti tempore. Cum vero de hoc somno evigilabunt, simul omnes quod promissum est accepturi sunt. »

In sermone 57 : « Sed in eis qui jam de corpore exierunt, et carnis indumento exspoliati sunt, neque enim ab ea separati sunt, respondet Ecclesia : *Exui me tunicam meam, quomodo induar eam ? (Cant. v, 3.)* Recipietur quidem illa tunica, et in eis qui jam exuti sunt rursus carne vestietur Ecclesia. »

In sermone 65 : « Si enim mors est, quando de corpore anima exit, quomodo non est mors quando de mundo amor noster exit ? Valida est ergo sicut mors dilectio (Cant. viii, 6). »

In sermone 119 : « *Inclinato capite tradidit spiritum (Joan. xix, 17).* Quis itaque vestem ponit quando voluerit, sicut se carne exuit quando voluit ? »

Augustinus in quarto libro de Trinitate capite decimo tertio : « Nescit diabolus quomodo illo et insidiante et furente utatur ad salutem fidelium suorum excelsissima sapientia Dei, a fine superiore, quod est initium spiritalis creaturæ, usque ad finem inferiorem, quod est mors corporis, pertendens fortiter et disponens omnia suaviter. Attingit enim ubique propter suam munditiam, et nihil inquinatum in eam incurrit. A morte autem carnis alieno diabolo, unde nimium superbus incedit, mors alterius generis præparatur in æterno igne tartari, quo

non solum cum terrenis, sed etiam cum aereis corporibus excruciari spiritus possint. »

Idem in libro de vera Religione (cap. 28) : « Quid igitur restat, unde non possit anima recordari primam pulchritudinem quam reliquit, quando de ipsis suis vitiis potest ? Ita enim sapientia Dei *pertendit a fine usque ad finem fortiter (Sap. viii, 1).* Ita per hanc summus ille artifex opera sua in unum finem decoris ordinata contexuit : ita illa bonitas a summo ad extremum nulli pulchritudini quæ ab ipso solo esse posset invidit, ut nemo ab ipsa veritate dejiciatur, qui non excipiatur ab aliqua effigie veritatis. Quare in corporis voluptate quid teneat nihil aliud invenies quam convenientiam. Nam si resistentia pariunt dolorem, convenientia pariunt voluptatem. Recognosce igitur quæ sit summa convenientia : noli ire foras, in te ipsum redi : in interiore homine habitat veritas. » Idem in eodem (cap. 51) : « Si nos miracula spectaculorum et pulchritudo delectat, illam desideremus videre sapientiam, quæ *pertendit a fine usque ad finem fortiter, et disponit omnia suaviter (Sap. viii, 1).* Quid enim mirabilius vi incorporea mundum corporeum fabricante et administrante, aut quid pulchrius ordinante et ornante ? »

Idem in libro de Quantitate animæ (cap. 30) : « Illud quod pati non potest oculus nisi adsit anima, id est quod videndo patitur : hoc solum ibi patitur ubi non est : ex quo cui non videatur nullo loco animam contineri ? » Idem in eodem (cap. 31) : « Cur ergo non, cum tam multis argumentis superius editis, atque abs te firmissime comprobatis, planum tibi factum sit, non loco animam contineri, atque ob hoc nullius esse talis quantitatis, qualem in corporibus cernimus ? » Idem in eodem (cap. 34) : « Animæ natura, nec terra, nec maria, nec sidera, nec luna, nec sol, nec quidquam omnino quod tangi aut oculis videri possit. »

Augustinus in libro decimo tertio de Trinitate (cap. 12) : « Modus autem iste, quo traditus est homo in diaboli potestatem, non ita debet intelligi, tanquam hoc Deus fecerit, aut fieri jusserit, sed quod tantum permiserit, juste tamen. Illo enim deserente peccantem, peccati auctor illico invasit. Nec ita sane Deus deseruit creaturam suam, ut non se illi exhiberet Deum creantem et vivificantem, et inter pœnalia mala etiam bona malis multa præstantem. Non enim continuit in ira sua miserationes suas, nec hominem a lege suæ potestatis amisit, quando in diaboli potestate esse permisit. »

Idem in libro primo (cap. 3) : « Arbitror sane nonnullos tardiores in quibusdam locis librorum meorum opinaturos me sensisse quod non sensi, aut non sensisse quod sensi. Quorum errorem mihi tribui non debere quis nesciat, si velut me sequentes, neque apprehendentes, deviaverint in aliquam falsitatem, dum cogor per quædam densa et opaca viam carpere : quandoquidem nec ipsis sanctis divinorum librorum auctoritatibus ullomodo quisquam recte tribuerit tam multos et varios errores hæreticorum, cum omnes ex eisdem scripturis falsas atque fallaces opiniones suas conentur defendere ? » Idem in eodem (cap. 10) : « Ut inquantum Deus est cum illo nos subjectos habeat, inquantum sacerdos nobiscum illi subjectus sit. Quapropter cum Filius sit et Deus et homo, alia substantia Deus, alia homo, homo potius in Filio, quam Filius in Patre : sicut caro animæ meæ, alia substantia est ad animam meam, quamvis in uno homine, quam anima alterius hominis ad animam meam. » Item idem in eodem (cap. 12) : « Plerumque dicit Filius : *Dedit mihi Pater.* In quo vult intelligi quod eum genuerit Pater : non ut tanquam existenti et non habenti dederit aliquid, sed ipsum dedisse ut haberet, genuisse est ut esset. Non enim sicut creatura, ita Dei Filius, ante incarnationem et ante assumptam creaturam unigenitus per quem facta sunt omnia, aliud est et aliud habet, sed hoc ipsum est quod est, id quod habet. » Idem in tertio (*de Trin.* c. 4) : « Illud nunc videndum est, utrum Angeli tunc agebant, et illas corporum species apparentes oculis hominum, et illas voces insonantes auribus, cum ipsa sensibilis creatura ad nutum serviens conditoris, in id quod opus erat pro tempore vertebatur : sicut in libro Sapientiæ dictum est : *Creatura enim tibi factori deserviens extenditur in tormentum adversus injustos ; et lenior fit ad benefaciendum his qui in te confidunt. Propter hoc et tunc in omnia se transfigurans, omnium nutrici gratiæ tuæ deserviebat ad voluntatem hominum, qui ad te desiderabant* (Sap. xvi, 24, 25). Pervenit enim potentia voluntatis Dei per creaturam spiritualem, usque ad effectus visibiles atque sensibiles creaturæ corporalis. Ubi enim non operatur quod vult Dei omnipotentis sapientia, quæ pertendit a fine usque ad finem fortiter? » et reliqua.

In Levitico tertio : *Anima quæ juraverit et protulerit labiis suis, ut vel male quid faceret, vel bene, et idipsum juramento et sermone firmaverit, oblitaque postea intellexerit delictum suum, agat pœnitentiam pro peccato, et offerat agnam de gregibus sive capram, orabitque pro ea sacerdos, et pro peccato ejus* (*Lev.* v, 4-6). In eodem quarto : *Anima quæ peccaverit, et contempto Domino negaverit depositum proximo suo, quod fidei ejus creditum fuerat, vel vi aliquid extorserit, aut calumniam fecerit; sive rem perditam invenerit, et inficiens insuper perjurarit, et quodlibet aliud ex pluribus fecerit, in quibus peccare solent homines, convicta delicti, reddet omnia quæ per fraudem voluit obtinere integra, et quintam insuper partem domino, cui damnum intulerat. Pro peccato autem suo offeret arietem immaculatum de grege, et dabit eum sacerdoti juxta æstimationem mensuramque delicti. Qui rogabit pro eo coram Domino, et dimittetur illi pro singulis quæ faciendo peccavit* (*Lev.* vi, | 2-7). In eodem trigesimo' sexto : *Non facietis furtum. Non mentiemini, nec decipiet unusquisque proximum suum. Non perjurabis in nomine meo, nec pollues nomen Dei tui : ego Dominus* (*Lev.* xix, 11, 12). In Deuteronomio tertio : *Non usurpabis nomen Domini tui frustra, quia non erit impunitus qui super re vana nomen ejus adsumpserit* (*Deut.* v, 11). In libro Regum secundo, capite 92 : *Facta est quoque fames in diebus David tribus annis jugiter; consuluitque David oraculum Domini, dixitque Dominus : Propter Saul, et domum ejus, et sanguinem, quia occidit Gabaonitas. Vocatis ergo Gabaonitis, rex dixit ad eos* (porro *Gabaonitæ non erant de filiis Israel, sed reliquiæ Amorrhæorum : filii quippe Israel juraverant eis, et voluit Saul percutere eos zelo, quasi pro filiis Israel et Juda*). *Dixit ergo David ad Gabaonitas : Quid faciam vobis, et quod erit vestri piaculum, ut benedicatis hæreditati Domini? Dixeruntque ei Gabaonitæ : Non est nobis super argento et auro quæstio, sed contra Saul, et contra domum ejus, neque volumus ut interficiatur homo de Israel. Ad quos ait rex? Quid ergo vultis ut faciam vobis? Qui dixerunt regi : Virum qui attrivit nos et oppressit inique, ita delere debemus, ut ne unus quidem residuus sit de stirpe ejus in cunctis finibus Israel. Dentur nobis septem viri de filiis ejus, ut crucifigamus eos in Gabaath Saul quondam electi Domini. Et ait rex : Ego dabo. Pepercitque rex Miphiboseth filio Jonathan*

filii Saul, propter jusjurandum Domini quod fuerat inter David et inter Jonathan filium Saul (II *Reg.* xxi, 1-7). In fine hujus sententiæ dicitur : *Et repropitiatus est Dominus terræ post hæc* (II *Reg.* xxi, 14). Salomon in Proverbiis : *Egestate compulsus furer, et perjurem nomen Dei mei* (*Prov.* xxx, 9). In Jeremia propheta Hieronymus libro primo : « *Et jurabis : Vivit Dominus in veritate et judicio et justitia, et benedicent eum gentes, ipsumque laudabunt* (*Jer.* iv, 2) : et quomodo Evangelium jurare nos prohibet? Sed hic jurabis pro confessione dicitur, et ad condemnationem idolorum, per quæ jurabat Israel. Denique auferuntur offendicula, et jurat per Dominum. Quodque dicitur, *vivit Dominus*, in Testamento Veteri, jusjurandum est ad condemnationem mortuorum, per quos jurat omnis idololatria. Simulque animadvertendum, quod jusjurandum hos habeat comites, veritatem, judicium, atque justitiam. Si ista defuerint, nequaquam erit juramentum, sed perjurium. » Libro secundo : « *Ecce vos confiditis vobis in sermonibus mendacii, qui non proderunt vobis, furari, occidere, adulterari, jurare mendaciter* (*Jer.* vii, 8). Frustra eos in templo habere fiduciam sequentia peccata demonstrant. Quid enim prodest audacter ingredi limen domus Dei, erecta stare cervice, non solum cor, sed et manus habere pollutas, furto, homicidio, adulterio, perjurio, sacrilegio? » Hieronymus in Ezechielem, volumine primo, libro quinto : *Nunquid prosperabitur vel consequetur salutem qui fecit hæc? et qui dissolvit pactum, nunquid effugiet? Vivo, dicit Dominus Deus, quoniam in loco regis, qui constituit eum regem, cujus fecit irritum juramentum, et solvit pactum quod habebat cum eo, in medio Babylonis morietur* (*Ezech.* xvii, 16). Qui dissolvit, ait, pactum, nunquid effugiet? Ex quo discimus etiam inter hostes servandam fidem, et non considerandum cui, sed per quem juraveris. Multo enim fidelior inventus est ille, qui propter nomen Dei tibi credidit, et deceptus est, te qui per occasionem divinæ majestatis hosti tuo, imo jam amico, es molitus insidias. *Ecce*, inquit, *dedit manum suam regi Ægypti, et tradidit se, et perjurii contra Deum commisit sacrilegium. Nunquid*, ait, *proderit ei?* et cum omnia hæc fecerit non effugiet. Sententia sæcularis est :

... Dolus, an virtus, quis in hoste requirat?

quam solent nobis opponere qui dicunt hostes fraude decipiendos. Cui ut acquiescamus, multo pejus fecit Sedechias. Non enim hostem decepit, sed amicum, cui fœdere Domini fuerat copulatus. Ergo quandiu non jures, et pactum ineas sub nomine Dei, prudentiæ est et fortitudinis, vel decipere vel superare adversarium utcunque potueris. Cum te constrinxeris juramento, nequaquam adversarius, sed amicus est qui tibi credidit, et sub occasione jurisjurandi, id est Dei nuncupatione deceptus est. Propterea Scriptura nunc dicit : *Juramentum quod sprevit, et fœdus quod prævaricatus est, ponam in capite ejus* (*Ezech.* xvii, 19). Ac ne putaremus juramentum et fœdus et pactum regis esse Babylonii, vel Sedechiæ qui fecerat, sequitur : *In prævaricatione qua dexpexit me* (*ibid.*, 20). Ergo qui contemnit juramentum, illum despicit.

IV.

DE COERCENDIS MILITUM RAPINIS, AD CAROLUM
CALVUM REGEM,

Cum in procinctu belli esset, ut Ludovici fratris impetum retunderet, anno 859.

(Apud eumdem, ex codice S. Remigii Rhemensis.)

Domino glorioso salus et vita.

Scio vos dolere de istis malis, quæ non solum a paganis, sed quod magis timendum et dolendum est, a Christianis in regno vestro fiunt, et quod sine comparatione plus horrendum et detestandum atque reprehendendum est, in palatio vestro, quod sacrum appellari et esse debet, et in locis ubi vos estis, et per quæ ambulatis. Non enim sine pavore cor vestrum transire potest quod Dominus per Isaiam dicit : *Rapina pauperis in domo vestra (Isa.* III, 14). Et : *Causa viduæ non ingreditur ad eos (Isa.* I, 23). Et : *A planta pedis usque ad verticem non est in eo,* id est in regno isto, *sanitas (Isa.* I, 6). Et item : *Adulterium et homicidium et rapinæ inundaverunt, et sanguis sanguinem tetigit (Ose.* IV, 2), id est crimen crimini se adjunxit. Et manifestum est quia ubi talia sunt, Deus nisi ad judicium esse non potest. Qui item per prophetam dicit ad eos qui in medio talium erant : *Propter quod,* inquiens, *exite de medio eorum, et immundum ne tetigeritis, et ego recipiam vos, et inhabitabo inter vos, et ero vobis in Deum, et vos eritis mihi in filios et filias (II Cor.* VI, 16, 17, 18). Nihil enim est aliud quod isti faciunt, nisi præcursio exercitus Antichristi, cujus voce dictum est : *Non movebor a generatione in generationem sine malo (Psal.* X, 6), id est, tanta mala faciam in uno loco, ut antequam ad alium locum veniam, adventum meum ibi habitantes timeant, sicut et postea sentient. Unde timere vos scio, quod omnis propter hoc deprecatur Ecclesia : *Exsurge, Domine Deus, exaltetur manus tua (ibid.,* 12), id est, ad vindictam ne obliviscaris pauperem populum. Et Dominus qui non mentitur repromittit dicens : *Propter misericordiam inopum et gemitum pauperum nunc exsurgam, dicit Dominus (Psal.* XI, 6), id est, jam jamque in proximo vindictam exercebo. Et pro talibus et his similibus, vos contristantem sciens, simul cum peccatis meis, et cum afflictionibus populi mihi indigno commissi, gemitibus vestris compatior et gemisco. Sed invenire non possum qualiter me, nimis anxium pro vestro et meo periculo, et totius populi perditione atque afflictione, aliter valeam consolari, nisi quia viva voce non possum, vos litteris inde commoneam, territus a pastore pastorum, qui dicit : *Mercenarius et qui non est pastor, videt lupum venientem, et dimittit oves et fugit (Joan.* X, 12). Fugit autem, quia vidit iniquitatem et tacuit : vidit raptores et rapinas, et cæteras miserias in

plebe sibi commissa crassari, et ab admonitione reticuit. Propterea, Domine, quod solum ex hoc valeo facio, id est Dei misericordiam inde peto, et vos exinde commoneo, et per villas, in quibus non solum homines caballarii, sed etiam ipsi cocciones rapinas faciunt, admonitiones presbyteris ut eas raptoribus relegant dirigo : quarum exemplar dominationi vestræ transmitto, ut secrete eum teneatis, et ad aliquem diem jubeatis venire fideles vestros, dicentes quia eis adcognitare vultis undecunque vobis placet dicere, et antequam de paramento vestro ad mansiones redeant, commonete eos secundum sapientiam vobis a Deo datam. Et habeatis avunculum vestrum Rodulfum, qui Deum timet et malum odit, et vos ac regnum vestrum charum habet, de hoc commonitum, ut vos adjuvet, et alios tales fideles vestros, sicut scitis. Et cum mansuetudine intermiscendo, sicut nunc tempus se habet, raro et non nimis duriter, comminationes si vobis videtur, non alias minas intentando, nisi quia in hoc videbitis qui Deo fidelis est, et vos charum habet, et de vobis ex regno vestro bene habere cupit, et illi mereri hoc studebitis, si vobis adjutor exstiterit ad communem salvationem, ut ista mala de isto regno recedant. Et qui in talibus Dei adjutor, et vester amicus ac suus non fuerit, non poteritis habere delectamentum, ut illud bonum ei faciatis, quod faceretis si veraciter eum amicum cognovissetis. Vel isto, aut alio modo, quod melius scitis quam ego vobis possim dicere, et melius cognoscitis fidelium vestrorum qualitates quam ego, et ideo secundum quod scitis unicuique convenire, temperate sermonem. Scimus enim, quia lenis sibilus, qui equorum ferocitatem mitigat, canum sagacitatem instigat. Et ad tales homines, quos modo non est vobis necesse tenere vobiscum, et qui ideo cum omni prope familia sua de suis mansionibus movent, ut de alienis laboribus vivant, commendate quæ vobis sunt placita et necessaria, et redeant ad domos suas, vel cum paucis vobiscum stent, ut cum justitia vivere possint, quia in solidiore regni vestri loco degitis, usque dum plenitudo fidelium ubi condixeritis ad vos veniat, quando in aliquam necessitatem ire volueritis. Sed multum timeo, quia talis populus, qui sic Deum offendit et non se corrigit, nec vos nec seipsum, quando necesse fuerit, adjuvare valebit. Et mittite homines secundum consuetudinem prædecessorum vestrorum, qui in longius pergant propter fodrarios , et curam de pace accipiant. Et tales mittite, qui non sint de his de quibus dicit Apostolus : *Qui prædicas non furandum, furaris (Rom.* II, 21). Transmitto vobis, sicut dixi, exemplar admonitionis nostræ, quam per villas direxi, ut si vobis placet, post admonitionem vestram, in conspectu vestro eam fidelibus vestris jubeatis relegere, et prædicetis illis, quia ista verba Dei sunt, et missi Dei sunt, et non ea debent in se vel in suis negligere. Et sic custodite ea quæ suggero et transmitto, ut ante nihil sciant nisi per vos : quia si scierint, potest fieri ut non eos pleniter habeatis. Vos tamen inde debetis consilium prendere , ut jubeatis alicui qui vestra vice quotidie eos admoneat , ut si tales sunt qui antea hanc admonitionem non audierint, eis quotidie quando ad paramentum vestrum venerint relegat : quatenus et ipsi inexcusabiles sint, et vos aliquam excusationem coram Deo habere possitis, si tantum facitis quantum per rationem potestis. Et nolite negligere illa capitula , quæ synodus de Carisiaco per Wenilonem et Erchanraum transmisit ad hunc Attiniacum præterito anno Ludovico fratri vestro, et me transmittente Hincmarus filius meus vobis dedit, quando vobiscum in Burgundia fuit. Sed relegite ea diligenter, quia, mihi credite, plus pro vobis quam pro illo facta fuerunt. Credebam enim quod Dei misericordia vos revocare debuisset, et illa admonitio vobis necessaria et utilis esse valeret. Cæterum, Domine, tria ad me pervenerunt, quæ reticere vobis disposui , ne inter alia inde plus vester animus moveretur. Sed recogitavi melius esse ut vobis illa significem : quoniam quæ ad vestram notitiam non perveniunt, non potestis corrigere : et quantumcunque divinum judicium, quia etiam in non levibus causis de ignorantia vapulavimus, si illa ignoretis ad quem pertinet quod a subditis vestris in generali causa committitur, non potestis effugere : et sciens quæ vobis utile est ad sciendum , si ad vestram notitiam non pertulero, periculum sine dubitatione incurro. De his tribus quæ audivi duo credere nolui, tertium satis invitus credidi. Quorum primum est , quia per plurimorum ora vulgatur vos dicere, quoniam de istis rapinis atque deprædationibus nihil vos debeatis misculare , unusquisque sua defendat ut potest. Quod licet mendacium esse cognoverim, nolui vobis abscondere, ut demonstretis opere quod falsum est quod aut mali-

voli aut dolentes diffamant rumore : quia cum regis ministerium sit, se et suos qui *bene agunt in melius* semper dirigere, et pravos a malis corrigere, impium est de regno sibi subjecto dona et servitia a subjectis. exigere , et eis ut quæ debentur et exiguntur habeant unde reddere possint non providere, et ea quæ illi placent jubere atque disponere , et quæ Deo displicent non prohibere et amovere. Quod ideo suggerere vestræ dominationi præsumo, quia regno patris et avi vestri in multis diviso, capitalia loca de regno vestro multa perdunt, et vobis pro regio honore qui vos condecet, necesse est ut nihil imminuatur de his quæ prædecessores vestri ex eisdem locis solebant habere, et pagani ac falsi Christiani maximam partem de parte regni vestri absumptam usurpant. Et si portiuncula, in qua vestri fideles vobiscum degere debent, ita annihilata perfuerit, nec vos nec illi ibidem poteritis conducere. Alterum est quia dictum est mihi, quoniam clamatores qui ad palatium vestrum veniunt, nullam consolationem nec etiam bonum responsum ibi accipiant ; quod similiter credere nolui, sciens vos corde retinere quod Dominus dicit : *Qui obturat aurem suam ad clamorem pauperis, et ipse clamabit et non exaudietur (Prov.* XXI, 13). Et quando hujusmodi clamantes non exaudientur demonstrat Evangelium dicens : *Venient dicentes : Domine, Domine, aperi nobis; et ille respondens dicet : Amen dico vobis, Nescio vos (Matth.* xxv, 11). Nescire enim Dei quem nihil latet reprobare est, quia ibi jam a Deo non potest mereri quod petit, qui hic noluit audire quod jussit, et qui tempus congruæ pœnitentiæ perdidit, frustra ante regni januam cum precibus venit. Tertium est , quod satis invitus credidi, quia post percepta omnia , quæ ad victum et potum necessaria sunt, de ecclesiis raptores aut redemptionem exigunt, aut eas infringunt. Unde cum gemitu gravi dico quid de talibus poterit esse Christianis. Paulus enim ad testimonium deducit quæ inter gravissima peccata graviora putavit dicens : *Qui abominaris idola, sacrilegium facis (Rom.* II, 22), et isti cum omnibus aliis accumulant sacrilegium, et non abominantur idola, quia et idem sanctus Paulus dicit : *Et avaritia, quæ est idolorum servitus (Ephes.* v, 5). Deus omnipotens secundum eumdem Apostolum det vobis et velle et perficere pro bona voluntate quod vobis et nobis ac regno vobis commisso est opus.

V.

DE VERBIS PSALMI :

HERODII DOMUS DUX EST EORUM,

AD LUDOVICUM GERMANIÆ REGEM.

(Apud eumdem, ex codice S. Remigii Rhemensis.)

Domino LUDOVICO regi glorioso HINCMARUS, nomine non merito Rhemorum episcopus, plebis Dei famulus.

Nuper quando in Tusiaco cum domino meo rege Carolo unico fratre vestro locuti estis, sicut bene reminisci valetis, quadam die, accersito Altfrido venerando episcopo, apud exiguitatem meam, secundum sapientiam vobis a Deo datam, de quibusdam sacræ Scripturæ abditis et difficilioribus sententiis quærere et subtiliter investigare cœpistis, de quibus, prout Dominus dedit, et opportunitas temporis ac loci permisit, respondere curavi. Sed inquisitio vestra eo usque processit, ut et quæsitum atque dissertum foret, cum juxta veritatem Scripturæ Genesis omnia opera Dei bona sint valde (*Gen.* I); quod et confirmat Apostolus dicens : *Omnia sunt munda mundis* (*Tit.* I, 15); et : *Nihil rejiciendum quod cum gratiarum actione percipitur* (*I Tim.* IV, 4); cur in lege (*Levit.* XI) quædam immunda et non percipienda Dei populo describantur. Et cum quæstio traditione catholicorum exstitit absoluta, interrogastis quid sibi vellet quod in Psalmo canitur : *Herodii domus dux est eorum* (*Psal.* CIII, 18). Ad quæ præoccupant vocem meam, ut Saxo genere ac per hoc naturalis prudentiæ suatim me paratior in sermone, Altfridus Venerandus episcopus dixit, quod Interpretum septuaginta translatio diceret : *Fulicæ domus est eorum.* Post quem cum respondere inciperem, quia duo sunt genera herodiorum, sicut et duo sunt genera pelicanorum, unde in centesimo primo psalmo ad discretionem cum additamento canitur : *Similis factus sum pelicano solitudinis* (*Psal.* CI, 7), quia est et alterius generis, fluvialis scilicet pelicanus, supervenit dominus meus rex Carolus unicus frater vester, et commonente illo perrexistis ad annuntiandum vestris fidelibus, quapropter conventus vester exstiterit : et in eundo servituti meæ vestris bonis desideriis injungere placuit, et promisisse me memini, ut quod tunc inde respondere debueram, scripto alligare, et dominationi vestræ studerem transmittere. Quod quia antea exsequendi opportunitatem non habui, nunc breviter quæ ex magnorum inde traditione didici, vestræ sapientiæ auribus intimare, et promissionis meæ debitum exsolvere procuravi. De hoc unde agitur, interpretante beato Hieronymo, Hebraica veritas ita habet : *Saturabuntur ligna campi, cedri Libani quas plantasti, ibi aves nidificabunt, milvi abies domus ejus* (*Psal.* CIII, 16). Septuaginta autem Interpretum translatio, quam tertio, plurimis eam falsantibus, beatus emendavit Hieronymus, primo

quidem Romæ, secundo Bethleem ad Paulam et Eustochium ipsis petentibus, deinde ad Sunniam et Fretelam scribens, sicut in ejus invenitur epistolis, et quam ipse exposuit, quave Hierosolymitæ et Orientis Ecclesiæ, sed et nunc Galli utuntur, ita dicit : *Saturabuntur ligna campi, et cedri Libani quas plantavit, illic passeres nidificabunt, herodii domus dux est eorum.* Translatio vero communis, quæ et vulgata, sic habet : *Saturabuntur omnia ligna campi, et cedri Libani quas plantasti, illic passeres nidificabunt, fulicæ domus dux est eorum.* De qua translatione beatus Hieronymus in præfata epistola ad Sunniam et Fretelam ita dicit (*epist.* CXXXV) : « Breviter admoneo, ut sciatis aliam esse editionem, quam Origenes et Cæsariensis Eusebius, omnesque Græciæ tractatores κοινήν, id est communem appellant atque vulgatam, et a plerisque nunc Λουκιανός dicitur, aliam septuaginta Interpretum, quæ in hexaplis codicibus reperitur, et a nobis in Latinum sermonem fideliter versa est, et Hierosolymæ atque in Orientis Ecclesiis decantatur. » Et item idem in eadem epistola : « Κοινή autem ista, hoc est communis editio, ipsa est quæ et in Septuaginta. Sed hoc interest inter utramque, quod κοινή, pro locis et temporibus, et pro voluntate scriptorum, vetus corrupta editio est : ea autem quæ habetur in hexaplis, et quam nos vertimus, ipsa est quæ in eruditorum libris incorrupta et immaculata septuaginta Interpretum translatio reservatur. Quidquid ergo ab hac discrepat, nulli dubium est quin ita et ab Hebræorum auctoritate discordat. » Hanc autem communem editionem, quæ dicit *Fulicæ domus dux est eorum,* qua tunc temporis omnes pene utebantur Latini, exposuit B. Augustinus, et post eum Prosper, deinde Cassiodorus. De qua voluere dicit B. Augustinus : « Fulica, sicut omnes novimus, marina avis est ; vel in stagnis est, vel in mari est. Habet quamdam domum, non facile in littore terræ, aut nunquam ; sed in iis quæ in media aqua sunt : plerumque ergo in petris quas aqua circumdat. » S. quoque Prosper : « Domus, inquit, fulicæ quæ marina est avis, non est in terræ foraminibus, neque in ramis arborum, sed in petra quæ aqua sit circumdata : petra vero intelligitur Christus. » Et Cassiodorus ex B. Augustini et Prosperi in expositione de Sensibus : « Fulica mansueta avis et nigra est, anate quidem parvior, sed corporis positione consimilis, quæ in stagnis delectabiliter commoratur. Hæc ad baptizandos bene refertur, qui in sacratissimi fontis gratia perseverant. Horum itaque mansiones, id est baptismatis perseveratio, dux est passerum qui in cedris nidificant : scilicet quia **A** omnium Christianorum sacer fons dux est, dum eos ad cœlorum regna perducit. » In libris denique Physicorum, qui de naturis volucrum, animalium, et serpentium, et arborum, atque herbarum scripserunt, de eadem ave ita relegi : « Fulica, inquiunt, dicta est quod caro ejus leporinam sapiat. Lagoos enim lepus dicitur : unde et apud Græcos λαγωός vocatur. Est enim avis stagnensis, habens nidum in medio aquæ, vel in petris quas aquæ circumdant, maritimoque semper delectatur profundo, quæ dum tempestatem persenserit, fugiens in vado ludit. » Sed et in eisdem libris legi quæ subjungere procurabo, unde puto, sicut et vos poteritis conjicere, quia Symmachus fulicam pro herodio transtulit. Scribunt enim iidem physici, dicentes diomedias **B** aves a sociis Diomedis appellatas, quos ferunt fabulæ in easdem volucres fuisse conversos, forma fulicæ similes, magnitudine agnorum, colore candido, duris et grandibus rostris. Sunt autem circa Apuliam, in insula Diomedia inter scopulos littorum et saxa volitantes. Judicant inter suos et advenas. Nam si Græcus est, propius accedunt et blandiuntur : si alienigena, morsu impugnant et vulnerant, lacrymosis quasi vocibus dolentes vel suam mutationem, vel regis interitum. Nam Diomedes ab Illyriis interemptus est. Hæ autem aves Latine diomediæ vocantur, Græci eas herodios dicunt. Hinc beatus Hieronymus in præfata epistola ad Sunniam et Fretelam dicit : « Pro herodio, quod in Hebræo dicitur asida, Symmachus ἰκτῖνον, id est milvum, interpretatus est. **C** Denique et nos ita vertimus in Latinum : *Ibi aves nidificabunt, milvi abies domus est :* quod scilicet semper in excelsis et arduis arboribus nidos facere consueverit. Unde et sexta editio manifestius interpretata est : *Milvo cupressus ad nidificandum.* Pro abietibus autem et cupressis in Hebræo ponitur barusim, quod magis abietes quam cupressos significat. » Et quia duo sunt, sicut vobis tunc dixi, herodiorum genera, demonstrant beatus Hieronymus atque sanctus Gregorius. Unum videlicet majus, quod nunc ex verbis physicorum ostendi, de quo et B. Hieronymus in expositione hujus versus dicit : « Illic, inquiens, passeres nidificabunt, sapientes ædificabunt herodii, hoc est herodii domus dux est eorum. Major est **D** enim omnium volatilium, qui aquilam vincit et comedit. Alterum minus, de quo est in libro Job scriptum : *Penna struthionis similis est pennis herodii et accipitris (Job* xix, 13). » Unde beatus dicit Gregorius (*Moral.*, lib. xxxi, cap. 5) : « Quis herodium et accipitrem nesciat aves reliquas quanta volatus sui velocitate transcendant? Struthio vero pennæ eorum similitudinem habet, sed volatus eorum celeritatem non habet. A terra quippe elevari non valet, et alas quasi ad volatum specie tenus erigit, sed tamen nunquam se a terra volando suspendit. » Et item : « Accipitris quippe et herodii parva sunt corpora, sed pennis densioribus fulta, et idcirco cum celeritate transvolant, quia eis parum inest quod ag-

gravat, multum quod levat. At contra struthio raris pennis induitur, et immani corpore gravatur, ut etsi volare appetat, ipsa pennarum paucitas molem tanti corporis in aere non suspendat. Hæc quoque ipsa struthionis penna ad pennas herodii et accipitris similitudinem coloris habet, virtutis vero similitudinem non habet. Illorum namque conclusæ et firmiores sunt, et volatu aerem premere virtute suæ soliditatis possunt : at contra struthionis pennæ dissolutæ, et volatum sumere nequeunt, quo ab ipso quem premere debuerant aere transcenduntur. »

Hinc juxta litteram de fulica et herodiorum generibus ex magnorum scriptis vestræ dominationi secundum jussionem vestram scribere studui. Cæterum quia nec vos jussistis, nec indigetis, quem Dominus docet qui docet hominem scientiam, et a cujus facie est sapientia et intellectus, juxta typicam vel moralem intelligentiam quæ hinc catholici doctores tractaverunt, vobis latius scribere non præsumpsi, ne referretur mihi illud poeticum :

> **Tu ne forte feras in silvam ligna viator.**

Sed ne in totum præterisse mysticum sensum viderer, quædam potius significare quam exponere censui. *Saturabuntur*, inquit Psalmus, *ligna campi*, id est plebes populorum, gratia spirituali, *et cedri libani*, id est nobiles atque sublimes mundi, *quas Dominus plantavit* (*Psal.* ciii, 17), qui etiam de divitibus et illustribus multos justificavit, qui dicunt : Ipse fecit nos et non ipsi nos, quia sicut nos homines et illustres, ita nihilominus et justos fecit. *Illic passeres nidificabunt*, scilicet in istis cedris Libani, quas gratia Dei plantat et satiat, nidificabunt passeres, hi videlicet qui elegerunt humilitatem, et relictis quæ habebant aut venditis, nihil sibi in hoc sæculo reservarunt, sed divitum Christianorum domibus agrisque susceptis necessariis solatiis adjuvantur. Qui tamen licet in cedrorum altitudine requiescant, non ipsis cedris ducibus utuntur, sed domus herodii dux est eorum. Herodius enim majoris generis, ut verbis Hieronymi diximus, major est omnium volatilium, qui aquilam, quæ rex volatilium sicut leo est bestiarum, vincit et comedit. Sæpe enim in Scripturis per aquilam significatur diabolus, et juxta evangelicam veritatem, fortem armatum custodientem atrium suum, et in pace sua possidentem, id est fortem diabolum, mundum qui in maligno positus est, usque ad adventum Salvatoris male pacato potientem imperio, fortior superveniens Christus vicit, et universa ejus arma in quibus confidebat abstulit, et spolia ejus, quod est insigne triumphantis, distribuit, quoniam astutias ejus dextruxit, et hominibus deceptis ab eo salvatis, captivam ducens captivitatem dona distribuit (*Luc.* xi), id est Spiritus sancti dona, quæ Apostolus enumerat, pro uniuscujusque captu donavit. Cujus herodii domus, id est rectores Ecclesiæ, dicente Paulo quæ domus sumus nos, duces passerum, mundi videlicet contemptorum, super egenum et pauperem intelligentium, sumptibus sustentatorum esse noscuntur. Et nec in minore herodii genere hæc intelligentia abhorret a vero, cum dicitur : *Herodii domus dux eorum.* Quia juxta Apostolum, Christus, cum dives esset propter nos pauper factus est, ut nos ipsius inopia ditaremur (*II Cor.* v111, 9). Et propheta de illo dicit : *Vidimus eum et non erat aspectus*, et cætera, usque dum, *nec reputavimus eum* (*Isa.* LIII, 3). Qui nobis reliquit exemplum ut sequamur vestigia ejus. Cujus herodii domus dux est passerum, id est mundi contemptorum : quia sæpe etiam in sæcularibus, in quorum cordibus per fidem habitat Christus, et in quorum opere ipsius lucent exempla, non solum ecclesiastici vel mona-chi, in subditis prælati, in privatis regia potestate præcelsi, videre valent quod imitentur : verum et unde se reprehendant et erubescant, quia sunt in-terdum minores merito, qui sunt majores nomine, et laudabiliores sanctitatis infructuoso honore. Unde propheta dicit : *Erubesce, Sidon. Ait enim mare, fortitudo maris dicens* (*Isa.* xxIII, 4). Per Sidon quippe, religionis nomine quasi quadam fortitudine muniti et decorati, per mare autem sæculares in-telliguntur, qui ut verus herodius velocitate volatus et magnanimitate virtutis, quasi capiens volucres semen juxta viam comendetes, id est dæmones verbum de corde audientium tollentes ne credentes salvi fiant, coercet et comprimit, ne tantum possint tentare homines, velut docet : *Discite*, inquiens, *a me, quia mitis sum et humilis corde* (*Matth.* xI, 29), parvi sunt apud se in corde, et apud homines laude. Qui etsi cura rei familiaris ac terrena fragilitate ag-gravati, quandiu in hac vita sunt sine culpæ con-tagio esse non possunt, tamen cum eis inest quod

deprimat, multa virtus bonæ actionis suppetit quæ illos in superna sustollat. Unde cum maximo timore ac tremore, cumque maxima sollicitudine continue considerare atque timere debemus, ne nos qui plus cæteris in hoc mundo accepisse aliquid cernimur, ab auctore mundi gravius inde judicemur. Cum enim augentur dona, rationes etiam crescunt dono-rum. Tanto ergo esse humilior atque ad servien-dum promptior quisque debet ex munere, quanto se obligatiorem esse conspicit in reddenda ratione. Sciens quia cui plus committitur, plus ab eo exigi-tur, et juxta Scripturæ sententiam : *Potentes potenter tormenta patientur, exiguo concedetur misericordia* (*Sap.* vI, 7).

Accipite ista succinctius dicta. Si autem jusse-ritis, et de hoc et de aliis Scripturæ sacræ sen-tentiis, et pro imposito ministerio, et pro debita vobis obedientia, quoniam apostolica auctoritas obedire in Christo et subjectos regi nos esse debere commendat, sciens scriptum vobis : *Interroga sa-cerdotes legem meam* (*Agg.* 11, 12) ; et nobis : *Au-diens ex ore meo sermonem, nuntiabis eis ex me* (*Ezech.* xxxIII, 7), quæ ad salutem et instructio-nem eruditionis vestræ proficere poterunt, libentis-sime quantum ipse dederit, qui fideli servo promit-tit : *Aperi os tuum, et ego adimplebo illud* (*Psal.* LXXX, 11), et verbis et litteris disserere et vobis explanare curabo.

> Tempora concedat Christus felicia regni
> Hujus et æterni rex, tibi chare mihi.
> Floreat æternis tecum sapientia donis,
> Ut tibi permaneat laus, honor, atque salus.
> Dextera te Christi semper defendat ubique.
> Vive Deo felix, et sine fine vale.

VI.

AD EPISCOPOS ET PROCERES PROVINCIÆ RHEMENSIS

DE FIDE CAROLO REGI SERVANDA

Cum Ludovicus iterum Caroli fratris sui regnum, illo absente, impeteret anno 875.

(Apud eumdem, ex edit. Mogunt. J. Busæi.)

HINCMARUS episcopus ac plebis Dei famulus dilectis fratribus et venerabilibus episcopis Rhemorum diœ-ceseos.

CAP. I. De communi anxietate nostra, de qua exi-guitatem meam dilectio vestra consuluit, proponens mihi verba sancti Bonifacii papæ, quibus dicit ad Hilarium Narbonensem archiepiscopum, exponens capitulum Nicæni concilii de privilegiis singularum provinciarum : « Advertat, inquiens, charitas tua, adeo nos canonum præcepta servare, ut ita consti-tutio quoque nostra diffiniat, quatenus metropolitani sui unaquæque provincia in omnibus rebus ordina-tionem semper exspectet, » quæ donante Domino ex doctrina Patrum nostrorum sentio scriptis vestræ charitati respondeo. Sanctus Ambrosius in epistola

ad Theodosium Augustum inter cætera dicit (*epist.* 29) : « Non est imperiale, libertatem dicendi negare, neque sacerdotale, quid sentias non dicere. Nihil enim in vobis imperatoribus tam populare et tam amabile est, quam libertatem etiam in his diligere, qui obsequio militiæ vobis subditi sunt. Siqui-dem hoc interest inter bonos et malos principes, quod boni libertatem amant, servitutem improbi. Nihil etiam in sacerdote tam periculosum apud Deum, tam turpe apud homines quam quod sentiat non libere pronuntiare. Siquidem scriptum est : *Et lo-quebar de testimoniis tuis in conspectu regum, et non confundebar* (*Psal.* cxvIII, 46). Et alibi : *Fili hominis, speculatorem te posui domus Israel* (*Ezech.* III, 17). In eo, inquit, ut si avertatur justus a justitiis suis, et fecerit delictum quia non distinxisti ei, id est non dixisti quid sit cavendum, non retinebitur memoria justitiæ ejus, et sanguinem ejus de manu tua exquiram. Tu autem si dixeris justo ut non peccet, et ipse non peccaverit, justus vita vivet quia dixisti ei, et tu animam tuam liberabis. » Et Dominus in Evangelio : *Qui*, inquit, *me erubuerit et meos sermones, hunc Filius hominis erubescet, cum venerit in majestate sua, et Patris, et sanctorum angelorum* (*Luc.* IX, 26).

CAP. II. Igitur dicamus libere, Domini sacerdotes, quæ dicuntur notabilia et reprehensibilia de rege nostro, et quæ dicuntur laudabilia promissa de fratre ejus domno rege Ludovico, qui venturus asseveratur in hoc regnum fratris sui, ut quæ frater ejus in eo perperam egit ipse corrigat, et quod per negligentiam frater ejus admisit, ipse per diligentiam emendare procuret. Quatenus si rex noster ea legerit quæ de illo dicuntur, si vera sunt illa corrigat, si autem vera non sunt, de cætero admittere caveat. Si autem et frater ejus domnus Ludovicus ea legerit, quæ de fratre illius dicuntur notabilia caveat, et quæ de illo laudabilia promittuntur exsequi studeat. Nos autem episcopi et regni primores, secundum ordines nostros, in majorum doctrina seu exemplis, quid nobis sequendum, quidve cavendum sit, conspiciamus.

CAP. III. Et prætermissis aliis vicissitudinibus altercationum de regno, inter principes nostros temporibus nostris habitis ante hos sexdecim annos, quando rex noster domnus Carolus et domnus Ludovicus cominus, præparatis utrinque armatorum cuneis et erectis vexillis, secus locum qui Breona dicitur convenerunt, populus qui cum domno Carolo erat ex parte maxima illum reliquit, sicque eumdem regem Carolum pridie Idus Novembris inde abire coegit. Tertio autem mense Carolo revertente, qui cum domno Ludovico erant, ab eo separati, et solitario pene relicto, insequente illum Carolo, de pago Laudunensi ad propria redire destitutione sua fecerunt. Nunc autem, quia domnus Carolus nos et regnum istud sponte reliquit et in Italiam perrexit, domnus noster Ludovicus multorum oribus accipere regnum istud hostiliter venturus asseveratur, et domnus Carolus bellatorum acies, quas vulgari sermone scaras vocamus, dispositas, et eisdem aciebus primores deputatos ad resistendum fratri suo, ne regnum illius occupare valeat, habere dicitur, qui jussione uxoris suæ, cum filio suo Ludovico, regnum suum ab omnibus tam Christianis quam paganis hostibus, cum consilio et auxilio episcoporum ac cæterorum consiliariorum suorum defendant, donec ipse adepto regno ad quod accipiendum ivit, auxiliante Domino revertatur in pace.

CAP. IV. Qua de re nobis episcopis satis agendum est, ne in consilio, quod a nobis reipublicæ ministri secundum domni regis mandatum petierint, a nostro ministerio excidamus, et ne de auxilio, quantum Deus unicuique nostrum posse dederit, abscedamus, sequentes sententiam Domini dicentis : *Reddite quæ sunt Cæsaris Cæsari, et quæ sunt Dei Deo*

(*Matth.* XXII, 21). In auxilio igitur præbeamus a divina, jejunia, orationes, lacrymas, implorationes ad sanctorum suffragia, et auxilia divina per nos nostrasque parochias, ut non effundatur sanguis Christianus seditionali certamine inter fratres et cognatos atque propinquos, sicut jam fuisse factum in Fontanido dolemus, et de omnibus hostibus tam Christianis quam paganis, per sanctorum merita et intercessiones, det Dominus propitius pacem in diebus nostris, ut ope misericordiæ suæ adjuti, et a peccato simus semper liberi, et ab omni perturbatione securi.

CAP. V. Si enim contra paganos bellum immineret, consilium daremus bellatoribus nostris, et hortaremur eos adhortationibus, quas in litteris ecclesiasticis legimus. Nunc autem, quia civile, et plusquam civile bellum inter Christianos instare opinamur, Patrum innitentes vestigiis, videamus quid ad hæc sit nobis agendum. Sanctus Ambrosius in epistola ad sororem, suam historiam persecutionum suarum narrans, inter cætera dicit (*epist.* 33) : « Dominica, post lectiones atque tractatum, dimissis catechumenis, symbolum aliquibus competentibus in baptisteriis tradebam basilicæ. Illic nuntiatum est mihi, comperto quod ad Portianam basilicam de palatio decanos misissent ut vela suspenderent, populi partem eo pergere. Ego tamen mansi in munere, missam facere cœpi. Dum offero, raptum cognovi a populo Castulum quemdam, quem presbyterum dicerent Ariani. Hunc autem in platea offenderant transeuntes. Amarissime flere, et orare in ipsa oblatione Deum cœpi ut subveniret, ne cujus sanguis in causa Ecclesiæ fieret, certe ut meus sanguis pro salute non solum populi, sed etiam pro ipsis impiis effunderetur. Quid multa? Missis presbyteris et diaconibus eripui injuriæ virum. »

CAP. VI. Paria et beatum Augustinum de Donatistis fidelium persecutoribus sensisse legimus. Et sanctus Gregorius in homilia Evangelii (*hom.* 27 *in Evang.*) : « Una, inquit, et summa est probatio charitatis, si et ipse diligitur, qui adversatur. Hinc est, quod ipsa Veritas et crucis patibulum sustinet, et tamen ipse suis persecutoribus affectum dilectionis impendit dicens : *Pater, ignosce illis, quia nesciunt quid faciunt* (*Luc.* XXIII, 34). Quid ergo mirum si inimicos diligant dum vivunt, quando et tunc diligit magister inimicos cum occiditur? » Sic et Stephanum Romanæ sedis pontificem egisse in gestis ejus legimus, quando ad Pippinum in Franciam venit pro S. Petri justitiis super Haistulphum regem nefandissimum obtinendis. Nam cum inclytus rex Pippinus nec precibus, nec munerum oblationibus posset obtinere apud præfatum regem quiddam de sancti Petri justitiis, exercitum adversus eum movit. Sed papa sanctus, ne sanguis effunderetur Christianorum, admonitiones et obsecrationes apostolicas exhibuit, et apud domnum Pippinum obtinuit. Sed Haistulfus superbia elatus super Francos, qui ad custodiam propriarum secundum jussionem Pippini

clusarum venerant, fidens in sua ferocitate subito A
aperiens clusas, super eos diluculo cum plurimis
irruit exercitibus. Sed justus Judex Dominus Deus
et Salvator noster Jesus Christus victoriam paucis-
simis illis tribuit Francis, et multitudinem illam
Longobardorum superantes trucidaverunt, et Haistulfus fugam arripuit, et a Pippino superatus Deo
auspice fuit.

Cap. VII. Exhibeamus etiam unusquisque nostrum
pro viribus contra omnes hostes sanctæ Ecclesiæ et
principis nostri milites de ecclesiis nostris, qui cum
primoribus ad hoc deputatis dimicent, prout Dominus auxilium dederit, et cooperari dignatus fuerit,
unde sicut fuerit voluntas in cœlo sic fiat. Consilium
autem in hujusmodi congressione, si a nobis requi-
sierint primores acierum, quia scriptum est : *Domi-*
nus dissipat consilia gentium, reprobat autem cogita- B
tiones populorum, et reprobat consilia principum,
consilium autem Domini in æternum manet (Psal.
xxxii, 10), quod salubrius illis consilium dare possimus, quam quod Dominus in Evangelio monstrat,
invenire nequimus. *Quis,* inquit, *rex iturus commit-*
tere bellum adversus alium regem, nonne sedens prius
computat, si possit cum decem millibus occurrere ei,
qui cum viginti millibus venit ad se? alioquin adhuc
illo longe agente legationem mittens rogat ea quæ
pacis sunt (Luc. xiv, 31).

Cap. VIII. Quia longe ante nos de his qui anxietatibus et ingentibus malis premuntur, etiam apud
nationes tritum vulgi sermone proverbium : *Inter*
malleum sunt et incudem, legimus, et nos de frequen- C
tibus paganorum infestationibus et cæteris anxietatibus, quibus diutius premimur, verbis taceamus, et
gemitibus ac suspiriis exclamemus. Inter duos reges
carne fratres, de hoc regno in quo degimus satagentibus, velut inter malleum et incudem, episcopi
sumus. Si enim, quia secessit longius in regnum
aliud rex noster, in adventu superventuri regis,
ecclesias nostras quaquaversum nemine persequente,
vel præjudicium, ut dicitur, inferre moliente, fugientes discesserimus, et nos ad superventuri tutelam
regis non contulerimus, præsertim, cum superven-
turus rex, ut fertur, dicat se non venire ad regnum
invadendum, sed ad destitutum restituendum et
defendendum, et pacem ac justitiam in eo procuran- D
dam, et sanctæ Ecclesiæ ac ejus sacerdotibus debitum honorem ac defensionem exhibendam, et nos et
oves nobis commissæ periclitari videbimur. Nos
quidem, quia non pastores sed mercenarii, et apud
Deum et apud homines judicabimur : oves autem nobis
commissæ, quia sine pastore errabunt vel disper-
gentur, et facultates ecclesiasticæ, quibus sustentari
debent, velut relictæ sine custodibus, diripientur ac
vastabuntur, si defuerit virtus principis, cujus potestate defendantur, vel custodes, qui pro ovibus et
earum alimoniis principi et defensori ac tutori
Ecclesiæ suggerant.

Cap. IX. Si autem rex noster reversus fuerit, infidelitatis nos arguet, sicut quosdam fecit, quando a

Breona pergens, et non desolatos relinquens, post
aliquod tempus reversus fuit : licet causa nostra a
causa illorum, quos tunc redarguit, satis habeatur
dissimilis. Nam nos quacunque ducti cupiditate, vel
turpi lucro illecti, regem alium in regnum istud, sicut illi fecerunt, non invitavimus, neque regem nostrum reliquimus, et alteri nos absque necessitate
contulimus, sed a rege nostro relicti, et alterius potestati expositi, nos judicio regis regum exspectantes commisimus. Sed inter hæc et undique nos
circumstant angustiæ. Si enim relicti a rege nostro
supervenientis regis potestati nos contulerimus,
mors nobis est; si autem non egerimus, Ecclesiarum
nostrarum et ovium nobis commissarum custodiæ
invigilare nequibimus, et aut nunc in manum superventuri regis, aut si rex noster reversus fuerit, in
manus illius incidemus.

Cap. X. Et quid ad apostoli Joannis verba respondebimus dicentis : *Qui dicit se in Christo manere,*
debet sicut ille ambulavit et ipse ambulare (I Joan. II,
6); qui dicit : *Sicut novit me Pater, et ego agnosco*
Patrem, et animam meam pono pro ovibus meis? (Joan.
x, 15.)* Ac si aperte, inquit Gregorius (hom. 14 in
Evang.), dicat : In hoc constat quia et cognosco Patrem et cognoscor a Patre, quia animam meam pono
pro ovibus meis, id est, ea charitate, qua pro ovibus
morior, quantum Patrem diligam ostendo. Et idem
præfatus apostolus Joannes dicit (*I Joan.* II): *Qui dicit*
se nosse Deum, et mandata ejus non custodit, mendax
est. Melius est igitur nos incidere in manus hominum, si Deus ita permiserit, quam derelinquere legem,
id est mandatum Dei, ut non deseramus oves nobis
a Deo commissas, qui animam suam posuit pro ovibus suis. In quo ostensa est nobis via, qua sequamur, apposita forma cui imprimamur. Debemus
ergo et nos, si necesse fuerit, pro fratribus nostris
animas nostras ponere et non oves nostras deserere.

Cap. XI. Nunc autem qualiter regnum istud undique a Paganis et falsis Christianis, scilicet Britonibus,
sit circumscriptum, et ut ita dicamus, viscerali commotione de his qui aliquandiu in eo fideles ac utiles
visi fuerant exstitisse, sit perturbatum : et quæ conditio de regnis nepotum suorum inter illum et fratrem ejus sit sacramento firmata, utinam aut ignoraretur, aut inter eos ipsa conditio servaretur, et
neque discordia Ecclesiarum præsules, et servi ac
ancillæ Domini inquietarentur, et Christianus populus affligeretur, ac inter regni primores viscerale
bellum insurgeret, et rapinæ ac deprædationes rerum
ecclesiasticarum, atque divitum seu pauperum con-
flagrarent. At si pro his dictis (quæ non pro infidelitate principum nostrorum ad suggillationem eorum,
sed pro periculo eorum cum dolore ac gemitu dicimus) nobis sacerdotibus vis aliqua a quocunque
fuerit illata, sicut quidam Sapiens dixit, feramus
æquo animo, et utamur foro, donec invicta felicitas
finem malis imponat.

Cap. XII. Scimus enim dicente Apostolo, quoniam

Omnes qui pie volunt vivere persecutionem patiuntur (*II Tim.* iii, 12). Sed (*Rom.* viii, 18) *non sunt condignæ passiones hujus temporis ad superventuram gloriam, quæ revelabitur in nobis.* Et Dominus *beatos* eos dicit *qui persecutionem patiuntur propter justitiam* (*Matth.* v, 10). Neque enim dubitandum est quia beatus Joannes Baptista, ut pro Redemptoris nostri quem præcurrebat testimonio, carcerem et vincula sustinuit, pro ipso et animam posuit, cui non est dictum a persecutore ut Christum negaret, sed veritatem reticeret, et tamen pro Christo occubuit. Quia enim Christus ipse ait : *Ego sum veritas* (*Joan.* xiv, 6), ideo utique pro Christo, quia pro veritate sanguinem fudit, constanter dicens regi : *Non licet tibi habere uxorem viventis fratris tui* (*Marc.* vi, 18). Et nos, si quia dicimus, quod et a plebeiis conqueri audimus, quoniam non oportuerat regem nostrum regnum istud, a paganis undique circumdatum, et intra commotum et non solidum, inconsulte dimittere, ac quos regendos et defendendos judicio Dei suscepit, et qui ad hoc illi se commendaverunt, relinquere ac deserere, et quia dicimus, non debere fratrem suum regnum ejus, post præstita inter eos sacramenta, quæ rex noster, quantum ex ipso est, servare se velle dicit, invadere, aliquod incommodum passi fuerimus, patienter illata portemus pro Christo, quia pro veritate illa sustinebimus, imitatores pro modulo nostro eorum qui *ibant gaudentes, quoniam digni habiti sunt pro nomine Jesu contumeliam pati* (*Act.* v, 41).

Cap. XIII. Verum, quia, ut prædiximus, inter malleum et incudem positi sumus, et quod inter malleum et incudem ponitur, aut frangitur vel conquassatur, vel producitur et formatur, sicut in Numerorum libro legimus præcepisse Dominum Moysi (*Num.* x, 1), ut faceret tubas argenteas inter malleum et incudem productiles, quæ clangore suo ad solemnitates Dei populum exercitarent, atque audientium animos ad bellum accenderent. Et sanctus David dicit : *Psallite Domino in tubis ductilibus* (*Psal.* xcvii, 6). Et Apostolus dicit : *Quæcunque scripta sunt, ad nostram doctrinam scripta sunt, ut per patientiam et consolationem Scripturarum spem habeamus* (*Rom.* xv, 4). Et : *Mementote præpositorum vestrorum, qui vobis locuti sunt verbum Dei, quorum intuentes exitum conversationis imitamini fidem* (*Heb.* xiii, 7). Quæramus tubas argenteas inter malleum et incudem productas, id est eloquia Domini, quod est *argentum igne examinatum, purgatum septuplum* (*Psal.* xi, 7), relucentes et virtute vigentes, quorum doctrina ad bellum necessarium et imminens discamus in perturbationis nostræ angore quid nobis agendum sit, ne inter malleum et incudem frangamur vel conquassemur, sed producamur atque formemur, ut per eorum vestigia inoffenso pede gradientes non aberremus.

Cap. XIV. Sanctus Ambrosius in libello quem obtulit Valentiniano imperatori contra Auxentium, inter cætera ita dicit ad locum (*ep.* 32) : « Utinam impera-tor non denuntiasses ut quo vellem pergerem. Quotidie prodibam, nemo me asservabat. Debuisti me quo volueras destinare, quem ipse omnibus offerebam. Nunc mihi a sacerdotibus dicitur, non multum interesse, utrum volens relinquas an tradas altare Christi : cum enim reliqueris, trades. » Et hinc in sermone ad populum in Ecclesia (*Orat. in Auxentium,* lib. v *Epist.*) « : Video vos præter solitum subito esse turbatos atque observantes mei. Miror quid hoc sit, nisi forte quia per tribunos me vidistis aut audistis imperiali mandato esse conventum, ut quo vellem abirem hinc, et si qui vellent sequendi potestatem haberent. Metuistis ergo ne Ecclesiam desererem, et dum saluti meæ timeo, vos relinquerem? Sed quid et ipse mandaverim potuistis advertere, deserendæ Ecclesiæ mihi voluntatem subesse non posse, quia plus Dominum mundi, quam sæculi hujus imperatorem timerem. Sane si me vis aliqua abduceret ab Ecclesia, carnem meam exturbari posse, non mentem : paratum me esse, ut si ille faceret quod solet esse regiæ potestatis, ego subirem quod sacerdotis esse consuevit. Quid ergo turbamini? Volens nunquam vos deseram, coactus repugnare non novi; dolere potero, potero flere, potero gemere : adversus arma, milites, Gothos quoque, lacrymæ meæ arma sunt : talia enim munimenta sunt sacerdotis. Aliter nec debeo, nec possum resistere; fugere autem et relinquere Ecclesiam non soleo, ne quis gravioris pœnæ metu factum interpretetur. Scitis et vos ipsi, quod soleam imperatoribus deferre, non cedere : suppliciis me libenter offerre. » Et post aliquanta : « Petrus quoque apostolus (*Actor.* xii) utriusque rei vobis dedit exemplum. Nam ubi eum Herodes quæsivit et cœpit, recepit in carcerem. Non enim recesserat Dei servulus, sed steterat timoris ignarus. Orabat pro eo Ecclesia, sed Apostolus in carcere quiescebat, quod est indicium non timentis. Missus est angelus qui dormientem excitaret, per quem Petrus productus e carcere mortem ad tempus evasit. Idem Petrus postea victo Simone, cum præcepta Dei populo seminaret, doceret castimoniam, excitavit animos gentilium, quibus eum quærentibus Christianæ animæ deprecatæ sunt ut paulisper cederet : et quamvis esset cupidus passionis, tamen contemplatione populi precantis inflexus est. Rogabatur enim ut ad instituendum et confirmandum populum se reservaret. Quid multa? Nocte muro egredi cœpit, et videns sibi in porta Christum occurrere, urbemque ingredi, ait : Domine, quo vadis? Respondit Christus : Venio Romam iterum crucifigi. Intellexit Petrus ad suam crucem divinum pertinere responsum. Christus enim non poterat iterum crucifigi, qui carnem passione susceptæ mortis exuerat. *Quod enim mortuus est, peccato mortuus est semel : quod autem vivit, vivit Deo* (*Rom.* vi, 10). Intellexit ergo Petrus quod iterum Christus crucifigendus esset in servulo. Itaque sponte remeavit, interrogantibus Christianis responsum reddidit, statimque correptus per crucem suam honorificavit Dominum Jesum. Videtis igitur, quod in servulis suis

pati velit Christus. » Et paulo post : « Ego ipse non A
quotidie vel visitandi gratia prodibam, vel pergebam
ad martyres? non regiam palatii prætexebam eundo
atque redeundo? et tamen nemo me tenuit, cum ex-
turbandi me haberent ut prodiderunt postea voluntatem , dicentes : Exi de civitate, et vade quo vis.
Exspectabam, fateor, magnum aliquid : aut gladium
pro Christi nomine, aut incendium. At illi delicias
mihi pro passionibus obtulerunt : sed athleta Christi
non delicias, sed passiones suas exigit. Nemo ergo vos
turbet, quod aut carrum præparaverant aut dura, ut
videbatur sibi, Auxentii ipsius qui se dicit episcopum
ore jactata. Plerique narrabant percussores præmis-
sos, pœnam mortis esse decretam. Nec illa timeo,
et ista non desero. Quo enim abibo, ubi omnia plena
gemitus sint atque lacrymarum? » In historia Theo- B
doriti (lib. ix, c. 20) legitur quia, dum de Ecclesia
Ambrosius juberetur exire ait : Ego sponte hoc non
ago, ne lupis ovium septa contradere, aut blasphe-
mantibus Deum videar. Hic si placet occide. Hoc
loco mortem prona suscipio voluntate.

Cap. XV. Igitur nobis non solum sequendum, sed
et amplectendum est pro fide ac veritate, si contigerit, quod de se beatus dicit Ambrosius loquens ad
Ecclesiam suam (orat. in Auxent.) : « Volens nunquam vos deseram , coactus repugnare non novi.
Dolere potero, potero flere, potero gemere; aliter
nec debeo, nec possum resistere. Fugere autem et
relinquere Ecclesiam non soleo. » Sic enim egerunt
sancti prædecessores nostri , ut in ecclesiasticis
historiis legimus, beatus Hilarius Pictavensis, Pau- C
linus Treverensis, Dionysius Mediolanensis, Eusebius Vercellensis, Joannes Constantinopolitanus, et
multi alii, quorum dicta et exempla usque hodie in
sancta florent Ecclesia, quorum, juxta Pauli vocem,
*Intuentes exitum conversationis imitari debemus fidem
atque exempla (Heb. xiii, 7).* Et de ita expulsis a
sedibus suis episcopis pro fide et veritate , sicut
præfati sancti episcopi expulsi imperiali crudelitate
fuerunt, sacri canones Sardicenses dicunt (can. 21) :
« Ut si aliquis episcopus vim perpessus est, et inique expulsus pro disciplina et catholica confessione,
vel pro defensione veritatis, effugiens pericula innocens et devotus ad aliam venerit civitatem, non
prohibeatur immorari, quandiu aut redire possit,
aut injuria ejus remedium acceperit, etiam et larga D
benignitate humanitas ei est exhibenda. »

Cap. XVI. Et hinc sanctus Gregorius (lib. i,
epist. 43) ad universos episcopos per Illyricum :
« Fratres, inquit, coepiscoposque nostros , quos et
captivitatis diversarumque necessitatum angustiæ
comprimunt , debetis consolandos convicturosque
vobiscum in ecclesiasticis sustentationibus libenter
suscipere : non quidem ut per communionem episcopalis throni dignitas dividatur, sed ut ab Ecclesia juxta possibilitatem sufficientiæ debeant alimenta
percipere. Sic enim et proximum in Deo, et Deum in
proximo diligere comprobamur. Nullam quippe eis
nos in vestris Ecclesiis auctoritatem tribuimus,

sed tamen eos vestris contineri summopere hortamur. » Qualiter etiam , vel pro quibus causis episcopi Ecclesias suas sine detrimento ordinis
ac animæ suæ ad tempus deserere valeant, sanctus
Augustinus in epistola ad Honoratum episcopum
(ep. 180 in princip.) inter cætera ostendit, dicens :
« Restat ut nos, quorum ministerium quantulæcun-
que plebi Dei ubi sumus manenti ita necessarium
est, ut sine hoc eam non oporteat remanere, dicamus Domino : *Esto nobis in Deum protectorem, et in
locum munitum (Psal. xxx, 3).* Sed hoc consilium
propterea tibi non sufficit ut scribis, ne contra Domini præceptum vel exemplum facere nitamur, ubi
fugiendum esse de civitate in civitatem monet. Recolimus enim verba dicentis : *Cum autem persequen-
tur vos in civitate ista, fugite in aliam (Matth. x, 23).*
Quis autem credat ita hoc Dominum fieri voluisse,
ut necessario ministerio, sine quo vivere nequeunt,
deserantur greges quos suo sanguine comparavit?
Nunquid hoc fecit ipse, quando portantibus parentibus in Ægyptum parvulus fugit (*Matth.* ii), qui nondum Ecclesias congregaverat, quas ab eo desertas
fuisse dicamus? Nunquid quando apostolus Paulus,
ne illum comprehenderet inimicus, per fenestram in
sporta submissus est (*Act.* ix), et effugit manus
ejus, deserta est quæ ibi erat Ecclesia necessario
ministerio, et non ab aliis fratribus ibidem constitutis quod oportebat impletum est (*II Cor.* xi)? Eis
quippe volentibus hoc Apostolus fecerat, ut seipsum
servaret Ecclesiæ, quem proprie persecutor ille
quærebat. Fugiant omnino de civitate in civitatem,
quando eorum quisquam specialiter a persecutoribus quæritur, ut ab aliis, qui ita non requiruntur,
non deseratur Ecclesia, sed præbeant cibaria conservis suis, quos aliter vivere non posse noverunt.
Cum autem omnium, id est, episcoporum et clericorum est commune periculum, ii qui aliis indigent
non deserantur ab his quibus indigent. Aut igitur ad
loca munita omnes transeant, aut qui habent rema-
nendi necessitatem, non relinquantur ab eis, per
quos illorum est ecclesiastica supplenda necessitas,
ut aut pariter vivant, aut pariter sufferant, quod eos
paterfamilias volet perpeti. Quod si contigerit, ut
sive alii majus, alii minus, sive omnes æqualiter
patiantur, qui eorum sint qui pro aliis patiuntur
apparet, illi scilicet, qui cum se possent talibus
malis eripere fugiendo, ne aliorum necessitatem de-
sererent manere maluerunt. Hinc maxime probatur
illa charitas, quam Joannes apostolus commendat
dicens (*I Joan.* iii, 15) : Sicut Christus animam
suam pro nobis posuit, sic et nos debemus animas
pro fratribus ponere. Nam qui fugiunt, vel suis devincti necessitatibus fugere non possunt, si compre-
hensi patiuntur, pro seipsis non pro fratribus utique patiuntur. Qui vero propterea patiuntur quia
fratres, qui eis ad Christianam salutem indigebant,
deserere noluerunt, sine dubio suas animas pro
fratribus ponunt. »

Cap. XVII. Sic enim fecit sanctus Nicasius Rhemorum episcopus, qui tempore Vandalorum in persecutione generali suam non deseruit civitatem, et intra parietes ecclesiæ martyrio meruit coronari. Sic eodem tempore sanctus Anianus, sicut in sacris historiis legitur. Sic beatus Lupus, ut in ejus hymno canitur : Dum bella cuncta perderent, orando Trecas muniit. Sic sanctus Remigius Rhemorum episcopus, supervenientibus Francis paganis in Belgicam diœceseos suæ provinciam, Ecclesiam suam non deseruit, sed orationibus, et sanctis exemplis ferocitatem gentis perdomuit, et in verbis suis monstra placavit : et non solum provinciam suam a gladio gentili eripuit, verum et gentem paganam ad fidem Christi, cooperante gratia, convertit, et tria millia paganorum una cum rege in vigilia sancti Paschæ ad gratiam baptismi perduxit, rite observans quod sanctus Gregorius in homilia Ezechielis prophetæ Danielis exponens sententiam (*hom. 5 in Ezech.*) : *Thronus ejus flamma ignis, rotæ ejus ignis accensus.* « Ili enim, inquit, qui animarum custodes sunt, et pascendi gregis onera susceperunt, mutare loca minime permittuntur : sed quia uno in loco positi divinitatis in se præsentiam portant et ardent, thronus Dei flamma ignis dicitur. » Et hinc sanctus Augustinus in præfata epistola ad Honoratum episcopum (*epist.* 180) ad locum dicit : « Cur enim sibi putant indifferenter obediendum præcepto, ubi legunt de civitate in civitatem esse fugiendum, et mercenarium non exhorrent, qui videt lupum venientem et fugit, quoniam non est ei cura de ovibus? » Et paulo post : « Fugit Apostolus, cum a persecutore proprie ipse quæreretur, aliis utique necessitatem similem non habentibus, a quibus illic ministerium absit ut desereretur Ecclesiæ. Sic fugit sanctus Athanasius Alexandriæ episcopus, cum eum specialiter apprehendere Constantius cuperet imperator. »

Cap. XVIII. Legimus etiam in epistolis magni Leonis papæ, quod cum Eutychiana hæresis in Orientalibus partibus conflagraret, ab imperatore idem apostolicus pontifex, sed et Hesperiarum partium pontifices ad universalem synodum fuerint evocati. Unde idem sanctus Leo, ut proprie ipsius verba ponamus, inter cætera rescripsit ad Theodosium Augustum (*epist.* 17) : « Quamvis ad diem concilii episcopalis, quem pietas vestra constituit, occurrere me ratio nulla permittat, cum nec aliqua ex hoc exempla præcesserint, et temporalis necessitas me non patiatur deserere civitatem. » Et ad Pulcheriam Augustam (*epist.* 13) : « Nam, inquit, illud quod pietas imperatoris etiam me credidit debere interesse concilio, etiamsi secundum aliquod præcedens exigeretur exemplum, nunc tamen nequaquam posset impleri, quia rerum præsentium nimis incerta conditio a tantæ urbis populis me abesse non sineret, et in desperationem quamdam animi tumultuantium mitterentur, si per occasionem causæ ecclesiasticæ viderer patriam et apostolicam sedem velle deserere. Quia igitur ad publicam

utilitatem pertinuisse cognoscitis, ut salva clementiæ vestræ venia, charitati me et precibus civium non negarem, etc. » Et in epistola ad Martianum Augustum (*epist.* 44) : « Sacerdotes provinciarum omnium congregari præsentis temporis necessitas nulla ratione permittit, quoniam illæ provinciæ, de quibus maxime sunt evocandi, inquietante bello, ab Ecclesiis suis eos non patiuntur abscedere. Et in Canonibus Africæ provinciæ (*cap.* 57, *de episcopis Numid.*) legimus episcopos de Numidia provincia juste et rationaliter excusatos, quia legatos ad universale concilium etiam pro communibus et ecclesiasticis negotiis non miserunt, quoniam tumultu tironum propriis necessitatibus in civitatibus suis, aut impediti, aut excusati remanserunt. »

Cap. XIX. Hinc ergo est colligendum, si causæ fidei et generali ecclesiasticarum definitionum negotio civium charitas, quæ attestante Apostolo major est fide (*I Cor.* xiii), præponi debet, sicut verbis sancti Leonis et sacrorum canonum demonstratur, utrum pro quacunque alia causa Ecclesias et oves nobis commissas sine periculo valeamus dimittere, et in alias quascunque partes secedere. Denique cum partem Imperii contra Theodosium et Valentinianum Maximus usurpavit et cogeret episcopos vel contra fidem agere, vel Ecclesias suas deserere, aut alio quolibet modo persequi, sanctus Martinus ejusdem Maximi præsentiam et colloquium non declinavit, minime autem Ecclesiam suam desuerit. Sed cum plures ex diversis partibus episcopi ad Maximum ferocis ingenii virum et bellorum civilium victoria elatum convenissent, et fœda circa principem omnium adulatio notaretur, in solo Martino apostolica auctoritas permanebat. Nam etsi pro aliquibus supplicandum regi fuit, imperavit potius quam rogavit, et a convivio ejus frequenter rogatus abstinuit, dicens se mensæ ejus participem esse non posse, qui imperatores, unum regno, alterum vita expulisset. Postremo, cum Maximus se non sponte sumpsisse imperium affirmaret, sed impositam sibi a militibus divino nutu regni necessitatem armis defendisse, et non alienam ab eo Dei voluntatem videri, penes quem tam incredibili eventu victoria fuisset, nullumque ex adversariis nisi in acie occubuisse, tandem victus vel ratione vel precibus ad convivium venit.

Cap. XX. Et item in vita illius scriptum est ita (*Severus, dial.* ii, *cap.* 6) : « Quo tempore primum episcopus datus est, fuit ei necessitas adire comitatum. Valentinianus tum major rerum potiebatur. Is cum Martinum ea petere cognovisset quæ præstare nolebat, jussit eum palatii foribus arceri. Etenim ad animum illius immitem ac superbum uxor accesserat Ariana, quæ totum illum a sancto viro, ne ei debitam reverentiam præstaret, averteret. Itaque Martinus, ubi semel atque iterum superbum principem frustra adire tentavit, recurrit ad nota præsidia. Cilicio obvolvitur, cinere conspergitur, cibo potuque abstinet, orationes diebus noctibusque perpetuat. »

Et post aliquanta : « Nec exspectatis Martini precibus, prius omnia præstitit quam rogaretur. Colloquio illum atque convivio frequenter adscivit. » Et paulo post (*cap.* 8) : « Maximus imperator rempublicam gubernabat, vir omni vitæ merito prædicandus, si ei vel diadema non legitime tumultuante milite impositum repudiare, vel armis civilibus abstinere licuisset. Sed magnum imperium nec sine periculo renui, nec sine armis potuit teneri. Hic Martinum sæpius evocatum receptumque intra palatium venerabiliter honorabat. Totus illi cum eo sermo, de præsentibus, de futuris, de fidelium gloria, de æternitate sanctorum, cum interim diebus ac noctibus de ore Martini regina pendebat, evangelico illo non inferior exemplo, pedes sancti fletu rigabat, crine tergebat. Martinus, quem nulla unquam femina contigisset, istius assiduitatem, imo potius servitutem, non poterat evadere. Non illa opes regni, non imperii dignitatem, non diadema, non purpuram cogitabat : divelli a Martini pedibus solo strata non poterat; postremo a viro suo poposcit, deinde Martinum uterque compellunt, ut ei, remotis omnibus ministris, præberet sola convivium; nec potuit vir beatus obstinatius reluctari. Componitur castus reginæ manibus apparatus : sellulam ipsa consternit, mensam admovet, aquam manibus subministrat, cibum quem ipsa coxerat apponit. » Et reliqua, quæ lector in suis locis plenius invenire valebit.

Cap. XXI. Sanctus Ambrosius cum imperatoribus suis Theodosio et Valentiniano agebat, et legationem ad Maximum ab imperatore suo Valentiniano suscepit (*ep.* 27). Quam qui voluerit scire quomodo strenue peregerit, et qualiter Maximum redarguerit, nec tamen ejus colloquium declinaverit, legat librum ipsius, quem de legatione sua exsecuta ad eumdem Valentinianum conscripsit. Verum, sicut in vita beati Ambrosii a sancto Paulino postea Nolano episcopo scripta legitur, egresso Theodosio de Italia, et Constantinopoli constituto, Valentiniano Augusto intra Gallias posito, Eugenius tyrannice imperium usurpavit, et aram Victoriæ, et sumptus cæremoniarum, quod Valentinianus augustæ memoriæ adhuc in minoribus annis constitutus petentibus denegaverat, oblitus fidei suæ, concessit. Hoc ubi Ambrosius cognovit, relicta civitate Mediolanensi, ad quam Eugenius festinato veniebat, ad Tusciam usque descendit, declinans magis aspectum sacrilegi viri, quam formidans imperantis injuriam. Nam et epistolam ad eumdem dedit, in qua convenit conscientiam illius de sacrilegio : cujus aspectum atque colloquium non declinavit pro usurpato imperio, sed pro admisso sacrilegio.

Cap. XXII. Sic secuti sunt beatus Martinus, atque S. Ambrosius sententiam apostoli Pauli dicentis : *Nolite communicare operibus infructuosis tenebrarum, magis autem et redarguite* (*Ephes.* v, 11). Hinc beatus Augustinus (*de verbis Domini serm.* 18) : « Duobus, inquiens, modis non te maculat malus : si ei non consentias, et si redarguas. Hoc est non communi-

care, non consentire. Communicatur quippe, quando facto ejus consortium voluntatis vel approbationis adjungitur. Videte quemadmodum Apostolus utrumque complexus est : Nolite communicare, magis autem et redarguite (*I Cor.* x). Quid est, nolite communicare? nolite consentire, nolite laudare, nolite approbare. Quid est, magis autem et redarguite ? reprehendite, corripite, coercete. Deinde in ipsa correptione, vel coercitione alienorum peccatorum cavendum est, ne se extollat, qui alterum corripit, et apostolica illa cogitanda sententia : Quapropter qui se putat stare, videat ne cadat. Foris terribiliter personet increpatio, intus lenitatis teneatur dilectio. Neque ergo consentientes simus malis ut approbemus, neque superbientes ut insultanter arguamus. » Hæc sunt quæ sancti prædecessores ac patroni nostri secundum tramitem sanctarum Scripturarum juxta episcopale ministerium egerunt, et nobis in hujusmodi anxietatibus positis agenda atque sequenda suis posteris reliquerunt.

Cap. XXIII. Cæterum qualiter et per quos agendum sit erga eos, qui regnum regis invadunt, veridicæ monstrant historiæ (*tripart.* lib. ix, cap. 21). Ait enim Theodoretus : « Cumque audisset Maximus quæ rursus contra Ambrosium magniloquum prædicatorem veritatis agerentur, scripsit Valentiniano ut bellum quod agebatur contra Ecclesias solveretur, monens ut paternam non amitteret pietatem, adjecitque etiam minas belli, et nisi quiesceret, verba operibus adimpleret. Quamobrem sumens exercitum venit Mediolanum, ubi tunc ille degebat. Porro Valentinianus agnoscens ejus invasionem fugit in Illyricum, experimento cognoscens quæ mala matris consilio sustineret. Porro Theodosius audiens quæ a Justina fuerant gesta, et a tyranno scripta, fugienti Valentiniano rescripsit non esse mirandum, si imperatori quidem terror, tyranno vero potestas accresceret, cum imperator impietati rebellis exstitisset, tyrannus autem ei auxilia commodaret, et propterea ille quidem fugeret nudus, iste vero armaretur adversus nudum. » Et Socrates (*ibid.*, cap. 23) : « Verum imperator Theodosius dum tyrannum aggrederetur, cognoscentes Maximi milites præsentiam instructionis imperialis, et signorum ejus adventum, ne famæ quidem ipsius impetum sustinere valuerunt, sed apprehendentes tyrannum vinctum ei protinus obtulerunt, qui eorum consulatu peremptus est septimo et vicesimo die Augusti mensis. »

Cap. XXIV. Et in historia vitæ beati Ambrosii a sancto Paulino conscripta legitur : « Profectus itaque sacerdos de Thusciæ partibus Mediolanum revertitur, jam inde egresso Eugenio contra Theodosium imperatorem, ibique Christiani imperatoris præstolabatur adventum, securus de Dei potentia, quod non traderet credentem in se hominibus injustis, nec relinqueret virgam peccatorum super sortem justorum, ne extenderent justi ad iniquitatem manus suas. Promiserat enim Argobastes tunc comes, et Fabianus præfectus, Mediolano egredientes, cum victores reverterentur, stabulum se esse facturos in ecclesia Mediolanensi, atque clericos sub armis probaturos. Sed miserandi homines, cum dæmonibus male creduli sunt, et aperiunt os suum in blasphemiam contra Deum, spem sibi victoriæ ademerunt. Causa autem commotionis hæc fuit, quia munera imperatoris, qui se sacrilegio commiscuerat, ab Ecclesia respuebantur, nec orandi illi cum Ecclesia societas tribuebatur. Sed Dominus, qui Ecclesiam suam tueri consuevit, de cœlo jaculatus est judicium, atque omnem victoriam ad religiosum imperatorem transtulit Theodosium. »

Cap. XXV. Si quærit denique aliquis cur sanctus Martinus ac beatus Ambrosius Maximum, qui duos imperatores, alterum vita, alterum regno expulit, a corpore et sanguine Domini non excommunicaverint, sed tantum redarguerint, et beatus Ambrosius Eugenium tyrannum et sacrilegum non excommunicarit, sicut religiosum et christianum imperatorem Theodosium pro excessu notissimo, accipiat de catholicorum et notissimorum virorum doctrina sibi redditam rationem. Ait enim beatus Ambrosius de obitu Theodosii inter cætera : « Dilexi, inquiens, virum, qui magis arguentem quam adulantem probaret. Stravit omne, quo utebatur, insigne regium, deflevit in Ecclesia publice peccatum suum, quod ei aliorum fraude obrepserat, gemitu et lacrymis oravit veniam. Quod privati erubescunt, non erubuit imperator, publice agere pœnitentiam : neque ullus postea dies fuit, quo non illum doleret errorem. Quid quod præclaram adeptus victoriam, tamen quia hostes in acie strati sunt, abstinuit a consortio sacramentorum, donec Domini circa se gratiam filiorum experiretur adventu. »

Cap. XXVI. Ex hoc manifesta ratio satisfacit quærenti, videlicet, quia pœnitentia non coacta sed voluntaria proficit pœnitenti, sicut scriptum est : *Voluntarie sacrificabo tibi* (Psal. LIII, 8); et : *ex voluptate mea confitebor illi* (Psal. XXVII, 7). Et in Exodo legimus (Exod. XXV), quia viri cum mulieribus, quidquid in cultu, in ornamento tabernaculi necessarium erat, voluntarie obtulerunt : interque donaria et pili caprarum dinumerantur. Per pilos enim caprarum, quibus cilicium conficitur, pœnitentia designatur, sicut in Evangelio Dominus demonstrat, dicens civitati reprobæ : *Si in Tyro et Sidone factæ fuissent virtutes quæ factæ sunt in vobis, olim in cilicio et cinere pœnitentiam egissent* (Matth. XII, 21). In cilicio quippe asperitas et punctio peccatorum, in cinere autem pulvis ostenditur mortuorum. Et idcirco utrumque hoc ad pœnitentiam adhiberi solet, ut in punctione cilicii cognoscamus quod per culpam fecimus, in favilla cineris perpendamus quid per judicium facti sumus. Considerentur ergo in cilicio pungentia vitia, consideretur in cinere per mortis sententiam subsequens justa pœna vitiorum. Quia enim post peccatum carnis contumeliæ surrexerunt, videat homo in asperitate cilicii superbiendo quid fecit, videat in cinere quousque peccando pervenit.

Cap. XXVII. Cur autem sanctus Martinus ctus Ambrosius prædictos invasores imperii non excommunicaverint a corpore et sanguine Domini, et communem cibum cum eis sumpserint, sanctus Augustinus respondeat in libro de Pœnitentia (homil. 50) : « Nos, inquit, a communione quemquam prohibere non possumus, quamvis hæc prohibitio nondum sit mortalis, sed medicinalis, nisi aut sponte confessum, aut in aliquo sive sæculari, sive ecclesiastico judicio nominatum atque convictum. Quis enim sibi utrumque audeat assumere, ut cuiquam ipse sit accusator et judex ? Cujusmodi regulam etiam Paulus apostolus in Epistola ad Corinthios breviter insinuasse intelligitur, cum quibusdam talibus commemoratis criminibus ecclesiastici judicii formam ad omnia similia ex quibusdam daret. Ait enim : *Scripsi vobis in epistola, non commisceri fornicariis : non utique fornicariis hujus mundi, aut avaris, aut raptoribus, aut idolis servientibus : alioquin debueratis de hoc mundo exisse* (I Cor. V, 9). Non possunt enim homines in hoc mundo viventes nisi cum talibus vivere : nec eos possunt lucrifacere Christo, si eorum colloquium, convictúmque vitaverint. Unde et Dominus cum publicanis et peccatoribus comedens : *Non est opus*, inquit, *sanis medicus, sed male habentibus. Non enim veni vocare justos, sed peccatores* (Matth. IX, 12). Et ideo sequitur Apostolus, et adjungit : Nunc scripsi vobis non commisceri, si quis frater nominatur in vobis aut fornicator, aut idolis serviens, aut avarus, aut maledicus, aut ebriosus, aut rapax, cum hujusmodi nec quidem cibum simul sumere. Quid enim mihi de his qui foris sunt judicare ? nonne de his qui intus sunt vos judicatis ? de his autem qui foris sunt Deus judicabit. Auferte malum a vobis ipsis. Quibus verbis satis ostendit non temere et quomodolibet, sed per judicium auferendos esse malos ab Ecclesiæ communione : ut si per judicium auferri non possunt, tolerentur potius, ne perverse malos quisque evitando, ab Ecclesia ipse discedens, eos quos fugere videtur vinciat ad gehennam. Quia et ad hoc nobis sunt in Scripturis sanctis exempla proposita, vel in messe, ut paleæ sufferantur usque ad ultimum ventilabrum, vel intra illa retia, ubi pisces boni cum malis usque ad segregationem, quæ futura est in littore, hoc est in fine sæculi, æquo animo tolerentur. »

Cap. XXVIII. Et in libro de Baptismo (lib. VII, cap. 45) : « Joannes dicit alienæ doctrinæ hominibus Ave non esse dicendum (II Joan. I, 10) : Paulus autem apostolus vehementius dicit : *Si quis frater nominatur inter vos, aut avarus, aut ebriosus*, etc., *cum hujusmodi nec quidem cibum simul sumere* (I Cor. V, 11). Et tamen cum collegis feneratoribus, insidiosis, fraudatoribus, raptoribus, non privatam mensam, sed Dei altare habebat commune Cyprianus. » Et in Tractatu psalmi (in psal. LIV) : « Diligamus inimicos, corripiamus, castigemus, et excommunicemus cum dilectione, a nobis etiam separemus. Videte enim quid dicat Apostolus : *Si quis autem non obedit verbo* nostro per epistolam, hunc notate, et nolite commisceri cum eo (*II Thess.* v). Sed ne subriperet tibi ex hoc iracundia, et turbaret oculum tuum, Non, inquit, ut inimicum eum existimetis, sed corripite ut fratrem ut erubescat : a quo indixit separationem, non præcidit dilectionem.» Et alibi (*psal.* c, 5, *August. in psal.* c) : « Superbo, inquit, oculo et insatiabili corde, huic non convescebar : id est, non cum illo manducabam. Quomodo nobis proponit hæc quando ipse non fecit ? Ad imitationem suam nos hortatur : videmus eum convivatum esse cum superbis, quomodo nos prohibet ne convivemur cum eis ? Nos quidem, fratres, propter correptionem aliquam tenemus nos etiam a fratribus nostris, et non cum eis convivamur, ut corrigantur. Cum extraneis potius convivamur, et cum paganis, quam cum his qui nobiscum erant, et nobis adhærent, si viderimus eos male vivere, ut erubescant et corrigantur, sicut dicit Apostolus: Si quis non obaudit verbo nostro per epistolam, hunc notate, et nolite commisceri cum eo, et non ut inimicum eum existimetis, sed corripite ut fratrem (*I Cor.* v). Facimus hoc plerumque propter medicinam, et tamen cum extraneis multis et cum impiis sæpe vescimur. »

Cap. XXIX. Et item in Tractatu psalmi (*in psal.* c, *conc.* 2) : « Respice ad munera ipsius Ecclesiæ, munus sacramentorum in baptismo, in eucharistia, in cæteris sanctis sacramentis, quale munus est ? hoc munus adeptus est et Simon magus. Prophetia quale munus est? prophetavit et Saul malus rex, et tunc prophetavit cum David sanctum persequeretur. » Et item in serm. Evang. Joannis (*serm.* 50, *in Joan.*) : « Talis erat Judas, et tamen cum sanctis discipulis undecim intrabat et exibat. Ad ipsam cœnam Dominicam pariter accessit, conversari cum eis potuit, eos inquinare non potuit. De uno pane et Petrus accepit et Judas, et tamen quæ pars fideli cum infideli? Petrus enim accepit ad vitam, Judas ad mortem. Quomodo enim ille odor bonus, sic ille cibus bonus. Sicut ergo odor bonus, ita et cibus bonus, bonos vivificat, malos mortificat. Qui enim manducaverit indigne, judicium sibi manducat et bibit : judicium sibi, non tibi. Si judicium sibi, non tibi, tolera malum bonus, ut venias ad præmium bonorum, ne mittaris in pœnam malorum. »

Cap. XXX. Et in Tratactu psalmi (August. *in psal.* xlvii) : « Quam multos Judas implet Satanas, indigne accipientes buccellas ad judicium suum? qui enim manducat et bibit indigne, judicium sibi manducat et bibit (*I Cor.* ii). Non malum est quod datur, sed bonum male in judicium datur. Bene esse non potest male accipienti quod bonum est. » Et in sermone de verbis Apostoli (*serm. de spiritu blasphemiæ*) : « Illud etiam quod ait : *Qui manducat meam carnem, et bibit sanguinem meum, in me manet, et ego in illo* (*Joan.* vi, 57), quomodo intellecturi sumus? Nunquid etiam illos hic poterimus accipere, de quibus dicit Apostolus quod judicium sibi manducent et bibant, ut ipsam carnem manducent, et

ipsum sanguinem bibant? Nunquid et Judas magistri venditor, et traditor ipsius, quamvis ipsum primum manibus ejus confectum sacramentum carnis et sanguinis ejus cum cæteris discipulis, sicut apertius Lucas evangelista declarat, manducaret et biberet, manet in Christo, et Christus in eo? Multi denique, qui vel corde ficto carnem illam manducant, et sanguinem bibunt, vel cum manducaverint et biberint apostatæ fiunt, nunquid manent in Christo, aut Christus in eis? Sed profecto est quidam modus manducandi illam carnem, et bibendi illum sanguinem, quo modo qui manducaverit et biberit, in Christo manet, et Christus in eo. Non ergo quocunque modo quisque manducaverit carnem Christi, et biberit sanguinem Christi, manet in Christo, et in illo Christus, sed certo quodam modo, quemadmodum utique ipse videbat, quando ista dicebat. »

Cap. XXXI. Et in epistola concilii ad Donatistas (*tom.* VII, *S. August. epist.* 152) : « Quisquis in hac Ecclesia bene vixerit, nihil ei præjudicant aliena peccata, quia unusquisque in ea proprium onus portabit, sicut Apostolus dicit : Et quicunque in ea corpus Christi manducaverit indigne, judicium sibi manducat et bibit. Nam etiam hoc ipse Apostolus scripsit. Cum autem dicit, Judicium sibi manducat, satis ostendit quia non alteri judicium manducat, sed sibi, quia communio malorum non maculat aliquem participatione sacramentorum, sed consensione factorum. Nam si in factis malis non eis quisque consentiat, portat malus causam suam, et personam suam, nec præjudicat alteri, quem in consensione mali operis socium non habet criminis. »

Cap. XXXII. Verumtamen legimus in vita beati Ambrosii a beato Paulino scripta, eum a communionis consortio Maximum segregasse, et admonuisse illum, ut effusi sanguinis domini sui, et quod est gravius, innocentis, ageret pœnitentiam, si sibi apud Deum vellet esse consultum. Sed ille cum pœnitentiam declinat superbo spiritu, non solum futuram, sed etiam præsentem salutem amisit, regnumque, quod male arripuerat, femineo quodam timore deposuit, ut procuratorem se reipublicæ nomine præfuisse confiteretur. Et in epistola ad Eugenium scripsisse beatum Ambrosium (*in eadem Vita*) : « Quomodo, inquiens, meis vocibus, et apud Deum, et apud omnes homines teneor ? Aliud mihi non licere intellexi, aliud non oportere, nisi consulerem mihi, quia non potui tibi. » Cujus verba decretissima atque saluberrima sequentes nos episcopi domni nostri Karoli, si acciderit ut consulere ei non possimus, sicuti cupimus, in temporali sui regni defensione atque tuitione, et consulamus illi in debitæ fidei observatione, consulamus et nobis, Dei cooperatione, in debitæ fidei erga illum observatione, et continua mentis devotione, atque pro eo apud Deum et sanctos ejus obsecratione : consulamus et nobis, ne pro quacunque cupiditate, vel temporali emolumento, ab illius debita fide exorbitantes, quemquam in illius regnum, missis vel episcopis vel quibuscunque internuntiis, invitemus, nec pro abbatiis vel honoribus temporalibus, atque rebus vel facultatibus nos venundemus, Judæ similes effecti, qui abiens ad Judæos dixit : *Quid vultis mihi dare, et ego vobis eum tradam?* (*Matth.* xxvi, 15.)

Cap. XXXIII. Est etiam, quoniam ab alio quocunque juste et rationabiliter credi non poterimus neque debemus, si quocunque terreno lucro vel illata injuria, salva in Deum fide, seniori nostro fidem non servaverimus. In veteri namque populo Samuel propheta, cujus locum in Ecclesia nunc tenent episcopi, adeo, ut sacra prodit historia, Saul regem pro peccatis suis a Domino reprobatum luxit, ut dixerit ei Deus : *Usquequo tu luges Saul, cum ego abjecerim eum* (*I Reg.* xvi, 1)? Et David vir bellicosus, et unus de primoribus Saul, et etiam gener ejus, qui in multis non solum regi, sed et regno profuit, et non tantum bellis contra adversarios Saul et regni ejus egit, sed et ipsum regem vexatum a maligno spiritu blandis obsequiis delinibat, quæsitus frequentissime a rege ut occideretur, servans fideliter quod de proposito rege et domino dixerat : *Imposuisti homines super capita nostra* (*Psal.* lxv, 12), dominum et regem ipsum persecutorem suum vocabat, et cum sæpe habuerit opportunitatem ut illum posset occidere, non solum non occidit, sed et socios ab ejus occisione compescuit, dicens : *Absit ut mittam manum in christum Domini, quia unctus Domini est* (*I Reg.* xxiv, 11). Et quia, ut signum posset ostendere, quem locum habuerit ut valeret illum occidere, abscidit oram chlamydis ejus, et in se reversus percussit cor suum, eo quod fœdaverat vestem domini sui.

Cap. XXXIV. Unde beatus Gregorius in regula Pastorali dicit (*Past.* iii, c. 5) : « Admonendi sunt subditi, ne cum culpas præpositorum considerant, contra eos audaciores fiant, sed sic, si qua valde sunt eorum prava, apud semetipsos dijudicent, ut tamen divino timore constricti, ferre sub eis jugum reverentiæ non recusent. Quod melius ostendimus, si factum David ad medium deducamus. Saul quippe persecutor cum ad purgandum ventrem speluncam fuisset ingressus, illic cum viris suis David inerat, qui jam tam longo tempore persecutionis ejus mala tolerabat. Cumque eum viri sui ad feriendum Saul accenderent, fregit eos responsionibus, quia manum mittere in christum Domini non deberet. Qui tamen occulte surrexit, et oram chlamydis ejus abscidit. Quid enim per Saul nisi mali rectores, quid per David nisi boni subditi designantur? Saul igitur ventrem purgare, est pravos præpositos conceptam in corde malitiam usque ad opera miseri odoris extendere, et cogitata apud se noxia factis exterioribus exsequendo monstrare; et quasi oram chlamydis præsaliti silenter incidunt, quia videlicet, dum præfatæ dignitati saltem innoxie et latenter derogant, quasi regis superpositi vestem secant. Nam cum in

præpositis delinquimus, ejus ordinationi qui eos nobis prætulit obviamus. »

Cap. XXXV. Consulamus etiam, quantum, adjuvante Domino, poterimus, sociis et commilitonibus nostris, exhortantes eos, ut fidem debitam erga eum observent, et si qui fuerint, ut audimus, qui dicant quod omne regnum in manu sua et suorum specialium tenet, de quibus nemo per servitium, vel per defensionem et utilitatem regni nisi per pretium obtinebit, et nisi per pretium obtenta tenebit : et nemo, sicut nec de honoribus, ita nec de familiaritate, in eum potest habere fiduciam, cum omnes quos deliciosos et familiares habuerit, exosos dehonoraverit atque abjecerit : et qui improperant ecclesiasticis viris, quod nemo sic Ecclesias per diversa ingenia oppresserit, atque despoliaverit, licet quædam de rebus pretio suscepto contulerit, et regnum sic omne vendiderit, de Domini sisi misericordia pro talia quærentibus proponamus, quia, si illum Deus reverti cum prosperitate fecerit, quod bene cœpit et egit perficiet. Et, *quia non est homo in terra, qui facit bonum, et non peccet* (*Eccle.* vii, 21), mutabitur in virum alium, et hæc erit mutatio dexteræ Excelsi. Scriptum est enim : *Verte impios, et non erunt* (*Prov.* xii, 7): non quia non erunt in essentia, sed quia non erunt in impietatis culpa, sicut Paulus apostolus de seipso dicit : *Vivo autem, jam non ego, vivit vero in me Christus* (*Gal.* ii, 20). Exstinctus quippe fuerat sævus ille persecutor, et vivere cœperat pius prædicator.

Cap. XXXVI. Consulamus etiam ei, si forte quis fuerit, qui in absentia ejus regnum ipsius moliatur subripere, ut moneamus eum de sacramentis inter se et seniorem nostrum factis, quæ rex noster se servare velle fatetur, et proponamus ei sententiam Domini prolatam per Jeremiam prophetam contra Sedechiam, qui juravit Nabuchodonosor gentili regi in nomine Domini : *Propterea*, inquit Scriptura, *juramentum quod sprevit, et fœdus quod prævaricatus est, ponam in caput ejus* (*Ezech.* xvii, 19). Unde Hieronymus : « Ne putaremus, inquit, juramentum, et fœdus, et pactum, regis esse Babylonii, vel Sedechiæ qui fecerat, sequitur : *In prævaricatione qua despexit me.* Ergo qui contemnit juramentum, illum despicit, per quem juravit : illique facit injuriam, cujus nomini credidit adversarius. Propter quam causam : *Expandam*, inquit, *super eum rete meum, et comprehendetur sagena mea, et adducam eum in Babylonem, et judicabo eum illic.* Quidquid igitur contra Sedechiam fecit Nabuchodonosor, non suis fecit viribus, sed ira Dei, in cujus nomine fuerat pejuratum. » Legimus enim Sedechiam captum ductum esse in Reblatha (*IV Reg.* xxv), ibique interfectis filiis excæcatum, et instar feræ clausum cavea translatum in Babylonem : et de gravissima perjurii vindicta manifestum est gravissimum peccatum esse perjurium, sicut et sanctus Augustinus in libro ad consulta Hilarii monstrat (*ep.* 99, in fine).

Cap. XXXVII. Si autem et contra præpositum

suum agentibus consulere non potuerimus, secundum verba beati Ambrosii consulamus nobis, ne faciamus quacunque cupiditate, vel adulatione, vel deceptione, vel communicatione, unde vituperetur ministerium nostrum, et perdamus nomen bonum, quod Apostolica regula habere jubet episcopum, etiam ab his qui foris sunt (*I Tim.* iii, 7). Videlicet, si supervenerit rex alius in regnum senioris nostri, et non fuerit militaris manus quæ ei resistat, sequamur nos episcopi, et in ordinatione ordinis nostri, et in conservatione fidei erga seniorem nostrum, patrum vestigia, et in receptione, et in cæteris, munus placationis erga superventurum regem, videlicet in receptione. Legimus enim sanctum Basilium cum clero suo supervenientem etiam Julianum apostatam honorabiliter recepisse, et non ob id ab orthodoxæ fidei regula deviasse, sed quæ sunt Cæsaris Cæsari, et Deo quæ Dei sunt reddidisse. Sed et de Missarum solemniis ac sacra altaris communione, verum et de communis mensæ, atque altaris sacramentorumque participatione satis sufficienter supra de Patrum dictis ostendimus.

CAP. XXXVIII. De militia quoque ac vectigalibus, quæ juxta morem antiquum et solitum, secundum quantitatem ac qualitatem Ecclesiarum nobis commissarum, solet exigere, beati Ambrosii verbis uti, et acta sequi debere putamus, quibus dicit in sermone, quem de persecutione sua ad populum orsus est (*Orat. in Auxentium de Basilicis*), dicens : « Videte quanto pejores Ariani sunt quam Judæi. Illi quærebant, utrum solvendum putaret Cæsari jus tributi, isti Imperatori volunt dare jus Ecclesiæ. Sed ut perfidi suum sequuntur auctorem, ita et nos quæ nos Dominus et auctor noster docuit respondeamus. Considerans enim Jesus dolum Judæorum dixit ad eos : Quid me tentatis? ostendite mihi denarium. Et cum dedissent, dixit : Cujus imaginem habet et inscriptionem? Respondentes dixerunt : Cæsaris. Et ait illis Jesus : *Reddite quæ sunt Cæsaris Cæsari, et quæ sunt Dei Deo* (*Matth.* xxii, 21). Ergo et ego dico illis, qui mihi objiciunt : Ostendite mihi denarium. Jesus Cæsaris denarium vidit, et ait : Reddite Cæsari quæ Cæsaris sunt, et quæ Dei sunt Deo. Nunquid de Ecclesiæ basilicis occupandis possunt denarium offerre Cæsaris? Sed in Ecclesia unam imaginem novi, hoc est : imaginem Dei invisibilis, de qua dixit Deus : *Faciamus hominem ad imaginem et similitudinem nostram* (*Gen.* i, 26), illam imaginem, de qua scriptum est : Quia Christus splendor gloriæ, et imago substantiæ ejus (*Hebr.* i, 3). In ista imagine Patrem cerno, sicut dixit ipse Dominus Jesus : *Qui me vidit, vidit et Patrem* (*Joan.* xiv, 9). Non enim hæc imago a Patre est separata, quæ unitatem me docuit Trinitatis, dicens : *Ego et Pater unum sumus*. Et infra : *Omnia quæcunque habet Pater, mea sunt* (*Joan.* x, 30). Et de Spiritu sancto dicens, quia Spiritus Christi sit, et de Christo accepit, sicut scriptum est : *Ille de meo accipiet, et annuntiabit vobis* (*Joan.* xvi, 14). Quid igitur? non hu-

militer responsum a nobis est? Si tributum petit, non negamus : agri Ecclesiæ solvunt tributum. » Et sanctus Augustinus in libro de Catechizandis rudibus (*cap.* 21) : « Dicit et apostolica, inquit, doctrina (*Rom.* xiii, 1), ut omnis anima sublimioribus potestatibus subdita sit, et ut reddantur omnibus omnia, cui vectigal vectigal, et cætera, quæ salvo Dei nostri cultu constitutionis humanæ principibus reddimus, quando et ipse Dominus, ut nobis hujus sanæ doctrinæ præberet exemplum, pro capite hominis quo erat indutus, tributum solvere non dedignatus est (*Matth.* xvii, 26). Jubentur autem etiam servi Christiani, et boni fideles, dominis suis temporalibus æquanimiter fideliterque servire (*Ephes.* vi, 5) : quos judicaturi sunt, si usque in finem inimicos invenerint, aut cum quibus æqualiter regnaturi sunt, si et illi ad verum Dominum conversi fuerint. Omnibus tamen præcipitur servire humanis potestatibus atque terrenis, quousque post tempus præfinitum, quod significant septuaginta anni, ab istius sæculi confusione, tanquam de captivitate Babyloniæ, sicut Hierusalem liberetur Ecclesia. » Et sanctus Ambrosius in sermone ad populum (*ep.* 13 *ad Marcellin.*) : « Allegatur, inquit, imperatori licere omnia, ipsius esse universa. Respondeo, noli te gravare, imperator, ut putes te in ea quæ divina sunt imperiale aliquod jus habere. Noli te extollere, sed si vis diutius imperare, esto Deo subditus. Scriptum est : *Quæ Dei Deo, quæ Cæsaris Cæsari* (*Matth.* xxii, 21). Ad imperatorem palatia pertinent, ad Sacerdotem ecclesia. Publicorum tibi mœnium jus commissum est, non sacrorum. »

CAP. XXXIX. Et sanctus Gelasius in epistola (*epist.* 10) ad Anastasium imperatorem : « Duo sunt, inquit, imperator auguste, quibus principaliter mundus hic regitur, auctoritas sacra pontificum, et regalis potestas : in quibus tanto gravius pondus est sacerdotum, quanto etiam pro ipsis regibus hominum in divino reddituri sunt examine rationem. Nosti enim, fili clementissime, quod licet præsideas humano generi dignitate, rerum tamen præsulibus divinarum devotus colla submittis, atque ab eis causas tuæ salutis expetis : inque sumendis cœlestibus sacramentis, eisque ut competit disponendis, subdi te debere cognoscis religionis ordine potius quam præesse. Nosti itaque inter hæc ex illorum te pendere judicio, non illos ad tuam velle redigi voluntatem. » Et sanctus Ambrosius in sermone ad populum de persecutione sua (*epist.* 13) : « Convenior ipse a comitibus et tribunis, ut basilicæ fieret matura traditio, dicentibus imperatorem jure suo uti, eo quod in potestate ejus essent omnia. Respondi, si me peteret quod meum esset, id est fundum meum, argentum meum, jus hujusmodi meum non refragaturum, quanquam omnia quæ mea sunt essent pauperum : verum ea quæ divina, imperatoriæ potestati non esse subjecta. » Et in alio sermone (*orat. in Auxent.*) : « Me, si de meis aliquid posceretur, aut fundus, aut domus, aut aurum, aut argentum, id quod mei juris esset libenter offerre : templo Dei nihil posse decerpere, nec tradere illud quod custodiendum non tradendum acceperim. Deinde consulere me etiam imperatoris saluti, quia nec mihi expediret tradere, nec illi accipere. Accipiat enim vocem liberi sacerdotis, si vult sibi esse consultum, recedat a Christi injuria. Hæc plena humilitatis sunt, et, ut arbitror, plena affectus ejus quem imperatori debet sacerdos. »

CAP. XL. In his beati Ambrosii sententiis attendenda est discretio canonica de facultatibus, tam episcopi, quam Ecclesiæ. Aiunt enim sacri canones, ut quæ sunt Ecclesiæ, sub omni sollicitudine, et conscientia bona, et fide quæ in Deum est, qui cuncta considerat judicatque, serventur : quæ etiam dispensanda sunt judicio et potestate pontificis cui commissus est populus, et animæ quæ intra Ecclesiam congregantur. Manifesta vero sunt quæ pertinere videntur Ecclesiæ, cum notitia presbyterorum et diaconorum, qui circa ipsum episcopum sunt, ita ut cognoscant, nec ignorent, quæ sint Ecclesiæ propria, nec eos aliquid lateat : ut si contigerit episcopum migrare de sæculo, certis existentibus rebus quæ sunt Ecclesiæ, nec ipsæ collapsæ depereant, nec quæ propria probantur episcopi sub occasione rerum pervadantur Ecclesiæ. Justum namque et acceptum est coram Deo et hominibus, ut sua episcopus quibus voluerit derelinquat, et quæ Ecclesiæ sunt eidem conserventur Ecclesiæ, ut nec Ecclesia aliquod patiatur incommodum, nec episcopus sub occasione proscribatur Ecclesiæ

CAP. XLI. Et sicut episcopus et suas et ecclesiasticas facultates sub debita discretione in vita sua dispensandi habet potestatem, ita facultates Ecclesiæ viduatæ post mortem episcopi penes œconomum integræ conservari jubentur-futuro successori ejus episcopo, quoniam res et facultates ecclesiasticæ, non in imperatorum atque regum potestate sunt ad dispensandum, vel invadendum, sive diripiendum, sed ad defensandum atque tuendum. Sunt enim sanctuaria, et hæreditas Domini, sicut et in Veteris et Novi Testamenti sanctarum Scripturarum paginis legimus. Sunt vota fidelium, pretia peccatorum, patrimonia pauperum. Et non solum in vectigalibus stipendiariis militiæ et Ecclesiis debitis regibus de-

servire jubemur, verum et in orationibus, sicut sanctus Augustinus in libro de Civitate Dei ostendit (*lib.* XIX, *c.* 26 *et* 27). « Quandiu, inquiens, permistæ sunt ambæ civitates (scilicet Hierusalem, hoc est Ecclesia, et Babylon, quæ est mundana potestas), utimur et nos pace Babylonis : ex qua ita per fidem Dei populus liberatur, ut apud hanc interim peregrinetur. Propter quod et Apostolus admonuit Ecclesiam, ut oraret pro regibus ejus atque sublimibus, addens et dicens, ut quietam et tranquillam vitam agamus cum omni pietate et castitate. Et propheta Hieremias cum populo veteri Dei venturam prænuntiaret captivitatem, et divinitus imperaret, ut obedienter in Babyloniam irent Deo suo etiam ista patientia servientes, monuit et ipse ut oraretur pro illa, dicens quia *in pace ejus erit pax vestra* (*Jerem.* XXIX, 7), utique interim temporalis, quæ bonis malisque communis est. Pax autem nostra propria et hic est cum Deo per fidem, et in æternum erit cum illo per speciem. » Pro quibus apostolus Paulus jubet orari, etiam cum persequerentur Ecclesiam. Sic enim dicit : « Obsecro igitur primum omnium fieri obsecrationes, pro omnibus hominibus, pro regibus, et omnibus qui in sublimitate sunt, ut quietam et tranquillam vitam agamus in omni pietate et castitate. » Itaque per ipsos data pax est Ecclesiæ, quamvis ista non esse facienda æstimaret humanæ cogitationis infirmitas pro his a quibus persecutionem patiebatur Ecclesia, cum membra Christi ex omni essent hominum genere colligenda. Unde adjungit, et dicit : *Hoc enim bonum est, et acceptum coram Salvatore nostro Deo, qui omnes homines vult salvos fieri, et ad agnitionem veritatis venire* (*I Tim.* 1, 2).

CAP. XLII. Si denique rex noster fuerit, annuente Deo, reversus, recipiamus eum cum gaudio, et de sibi ac Ecclesiæ atque regno necessariis in postmodum procurare episcopaliter illum commoneamus, et prosperitati suæ congaudeamus. Si vero, quod non optamus, aliter judicio Dei contigerit, devotionem ac fidem debitam erga illum sinceriter custodientes, sicut scriptum est, dicamus corde, dicamus et ore Domino : *Exsultaverunt filiæ Judæ*, id est confessionis humillimæ, *in omnibus judiciis tuis, Domine* (*Psal.* XCVI, 8).

VII.

AD LUDOVICUM BALBUM REGEM.

Novi regis instructio ad rectam regni administrationem.

(Apud eumdem, ex edit. Mogunt. J. Busæi.)

Domino Ludovico regi glorioso sit semper salus et vita.

CAP. I. Dominatio vestra mihi mandavit, ut, ad vos festinarem venire, quia mecum de vestris, et sanctæ Ecclesiæ, ac regni utilitatibus tractare velle-

tis : unde vobis humili ac certa responsione satisfactionem exhibeo. Sanctus Apostolus dicit (*Rom.* XV, 4) : Quæcunque scripta sunt, ad nostram doctrinam scripta sunt. Legimus in antiquis historiis, quia sæpe, quando reges constituti sunt, inter regni primores discordia orta est, quoniam aliqui sine aliorum consilio ejus constitutionem vindicare sibi voluerunt. Quæ discordia non sine impedimento fuit pacificata. Legimus quia boni reges constituti bonos sibi consiliarios adhibuerunt, et per bonos reges et bonos consiliarios regnorum populi multa bona habuerunt, et per malos reges et malos consiliarios regnorum populi multa mala sustinuerunt.

Cap. II. Ut de recentioribus historiis vobis proponam exempla : Quando Pippinus abavus vester ægrotavit in infirmitate de qua et mortuus est, apud monasterium sancti Dionysii regni sui primores convocavit, et eorum consilio disposuit, qualiter post eum filii sui Carlomannus et Carolus, qui cum eo erant, regnum ejus pacifice gubernarent. Mortuo autem illo, et cum magna devotione sepulto, Carlomannus ad Suessiones, et Carolus ad Noviomum venerunt, et decimo quinto die post illius obitum consilio et auxilio regni primorum in reges levati sunt, et unusquisque de regni primoribus sine ulla contentione ad regem suum convenit. Post tres circiter annos mortuo Carlomanno in Salmontiaco, venit Carolus ad Corbennacum, et regni primores, qui cum Carlomanno fuerunt, illuc ad eum convenerunt, exceptis paucis, de quibus non est modo necessarium dicere.

Cap. III. Mortuo autem Carolo imperatore, et sepulto in Aquis palatio, regni primores, qui cum eo erant, miserunt ad Ludovicum avum vestrum, qui erat in Teutuado : qui trigesimo die post mortem patris sui venit Aquis, et cum regni primorum consilio pacifice regnum disposuit, donec, causa emergente quam non oportet nunc dicere, inter illum et filios ejus est orta discordia, pro qua magna pars de regni primoribus cum Lothario perrexit in Langobardiam.

Cap. IV. Mortuo Ludovico imperatore, avo vestro, quidam de istius regni primoribus evocaverunt Lotharium, et primores qui cum illo erant, de Langobardia in istud regnum. Et quidam de regni primoribus fuerunt cum Carolo patre vestro, et quidam cum Ludovico patruo vestro. Interea cœperunt regni primores, qui cum tribus fratribus erant, singillatim certare de honoribus, quique illorum, unde majores et plures possent obtinere : et parvi pendentes sacramenta de divisione regni facta, et plus certantes de illorum cupiditate, quam de seniorum suorum et de sua salute, et de sanctæ Ecclesiæ ac populi pace, qui cum Lothario erant, immiserunt illum in hoc, ut fratres suos exhæredaret, et regni primores qui cum illis erant annullaret, quoniam ipse primogenitus et in nomine imperatoris erat. Illi autem qui erant cum Carolo et Ludovico, dicebant, quia seniores illorum Lotharii fratres erant, et per sacramenta regnum inter eos divisum fuerat, et illi nec genere, nec potestate inferiores erant, quam illi qui cum Lothario erant, et ideo non se contra illos concrederent. Unde mala multa et maxima increverunt in terra, usque dum inter

carne propinquos et Christianos tantum malum et tam grande periculum in Fontanido devenit, quantum inter Christianos non accidit ex eo tempore, quo primum Carolus cum Raganfredo in Vinciaco pugnavit. Sed non pro illa occisione, quæ facta fuit in Fontanido, pax in regno provenit, sed tandiu illa miseria inter Christianum populum et carne propinquos mansit, donec, vellent nollent, et seniores et regni primores in tres partes regnum diviserunt, et per sacramenta ipsam divisionem stabilem esse debere confirmaverunt.

Cap. V. Mortuo Lothario, filii ejus regnum illius inter se diviserunt. Unde adhuc illis viventibus facta est firmitas per sacramentum inter patrem vestrum et patruum vestrum Ludovicum. Mortuo autem Lothario filio Lotharii, post multas controversias facta est divisio inter patrem vestrum, et patruum vestrum Ludovicum, de parte regni Lotharii. Mortuo autem Ludovico fratre Lotharii in Langobardia, requisita est patri vestro a fratre suo et a filiis ejus pars de regno illius : unde adhuc vivente Ludovico, sed et anno præterito, tales devenerunt miseriæ, sicut vobis sunt notæ, et hoc anno talis provenit lugenda infelicitas, quæ per universum pene mundum, et per futura tempora merito erit in opprobrium.

Cap. VI. Propterea videtur exiguitati meæ, vestrum esse consilium, ut de antiquis historiis quantum potestis attendatis, ne in exordio regni vestri inter primores regni de vestro regimine oriatur discordia, quæ non sine impedimento possit esse sedata : et regni primores, qui vobiscum sunt, sic seipsos et suas voluntates contemperent, ne alios istius regni primores ad scandalum per suam cupiditatem aut negligentiam provocent. Præsertim cum non habeatis fratrem, ad quem populus debeat se dividere, sicut nec divisus est Carolo imperatore mortuo, sed se univit cum Ludovico illius unico filio. Nam si illi boni barones post mortem Pippini, cum duobus fratribus sic sano consilio egerunt, ut pax inter fratres reges et inter regni primores ac populum esset, multo facilius, nisi se invidia et cupiditas intermiserint, vobiscum Deo adjuvante se ad Dei voluntatem, et suam salutem venire valebunt, attendentes quanta miseria accidit de discordia, quæ facta est inter tres fratres post mortem Ludovici imperatoris.

Cap. VII. Vos scitis, quia pater vester prius Rhemis de constitutione vestra post illum in regimine regni cum primoribus regni sui disposuit : ubi, quantum recordor, maxime omnes regni primores fuerunt, excepto venerabili abbate Hugone, et Bernardo comite Arvernense : et omnes secundum dispositionem patris vestri in vestra regia constitutione consenserunt. Et quando proxime in Carisiaco inde disposuit, et nomina vobis descripta dedit, quorum consilio et auxilio regni negotia disponere deberetis (inter quos et Boso adscriptus est), omnes præsentes adfuerunt, excepto ipso Bosone, et Hugone abbate, et Bernardo comite Arvernico : et omnes qui adfuerunt in regia vestra constitutione consenserunt, sed et illi qui cum patre vestro perrexerunt. Propterea sub celeritate mittite ad Hugonem et Gozlenum abbates, et ad Bosonem, et Conradum, et Bernardum, itemque Bernardum, comites : et petite, ut talem locum, sicut eis commodius visum fuerit, vobis et eis qui in istis partibus sunt, sed et ipsis qui in illis partibus sunt, convenire provideant, et vobis mandent 'ut illuc veniatis cum primoribus qui in istis partibus sunt. Et taliter quique conveniant ut regnum non depraedetur, nec devastetur, ut communi consilio de communi necessitate et utilitate tractetis, qualiter illa capitula, quæ pater vester proxime in Carisiaco annuntiavit, ad effectum pervenire possint, quæ interim relegite et vos et illi qui vobiscum sunt, et mente recondite.

Cap. VIII. Credo etiam quia pater vester, postquam scivit se de sua infirmitate non posse convalescere, non dimisit ut vobis de regni dispositione, quæ ad Dei voluntatem et sanctæ Ecclesiæ statum et vestrum honorem ac primorum regni, et populi necessitatem et utilitatem scivit, quædam specialiter non mandaverit. Propterea necesse est, et bonum videtur, ut illi etiam intersint qui cum illo fuerunt, et omnes communiter de communi necessitate et utilitate tractent. Ego etiam, licet minimus illorum, et debilis ac infirmus, in Dei et vestrum servitium, et illorum obsequium, Domino annuente, libenter conveniam, et, si aliquid utilitatis valuero conferre, voluntarie faciam, quia necesse est ut cum Dei et vestris fidelibus tractetis et disponatis.

Primo, qualiter vos in regimine regni cum honore et salvamento, ac supplemento de his quæ necessaria sunt, cum regno ac domo vestra possitis consistere. Secundo, ut præfatum capitulum a patre vestro nuper in Carisiaco denuntiatum, de honore sanctæ Ecclesiæ, et sacerdotum ac servorum Dei debito privilegio, ad effectum perduci possit : et ut Ecclesiæ in isto regno per occasionabiles circadas et per indebitas consuetudinarias exactiones, quæ tempore Pippini, Caroli et Ludovici non fuerunt, ante annos viginti impositas non affligantur. Tertio, qualiter regni primores cum debita securitate ac honore erga vos consistere possint, et cæteri nobiles homines in regno securitatem habeant, ne per diversa ingenia a suis opibus quas habere potuerint despolientur : quia postquam radix omnium malorum cupiditas in regno isto exarsit, ut nullus aut pene nullus honorem aut aliquod bonum sine pretio posset acquirere, aut tenere, aut securitatem habere, pax et consilium, et justitia, atque judicium, sicut necesse fuerat, locum in isto regno non habuerunt. Quarto, ut inveniatis cum Dei et vestris fidelibus, qualiter istæ rapinæ et deprædationes in isto regno cessent, et miser iste populus, qui jam per plures annos deprædationes diversas et continuas, et per exactiones ad Nortmannos repellendos affligitur, aliquod remedium habeat, et justitia et judicium, quæ quasi emortua apud nos sunt, reviviscant, ut virtutem

A nobis Deus reddat contra paganos : quia usque modo jam ante plures annos locum in isto regno defensio non habuit, sed redemptio et tributum, et non solum pauperes homines, sed et Ecclesias quondam divites jam evacuatas habent. Quinto, ut concordiam, quæ secundum Deum est, de qua nuper in Carisiaco pater vester mentionem habuit, inter fideles Dei et vestros haberi et vigere quantum potueritis satagatis, et vos talem erga eos præparetis, ut verum consilium vobis dare possint et audeant. Quia, sicut per multos audivi, multum deperiit de utilitate in isto regno, pro eo quia consiliarii quod sciebant bonum et utile, dicere non audebant, nec ut dicerent locum habebant. Nullus enim homo est sic sapiens ut alterius non indigeat consilio, sicut scriptum est : *Audiens sa-*

B *piens sapientior erit, et intelligens gubernacula possidebit, et, qui confidit cogitationibus suis impie aget* (*Prov.* 1, 5; xii, 2). Sexto, ut inveniatis cum Dei et vestris fidelibus, qualiter pacem et amicitiam secundum Deum cum vestris sobrinis patrui vestri filiis habeatis, et mutuum adjutorium vobis ad Dei voluntatem, et sanctæ Ecclesiæ ac vestrum honorem, atque communem fidelium vestrorum salvationem exhibeatis.

Cap. IX. Cæterum, qualiter hæc ad effectum perveniant, et cætera necessaria inveniantur et assequantur, Deus est exorandus, qui unicuique devoto promittit : *Si quis indiget sapientia, postulet a Deo, et dabitur illi* (*Jac.* 1, 5). Et item dicit : *Indicabo tibi, homo, quid sit bonum, et quid Deus requi-*

C *rat a te : id est facere judicium et justitiam, et sollicitum ambulare cum Deo tuo* (*Mich.* vi, 8). Facienda est justitia, non pro ullo terreno lucro, sed pro eo ipso quia justitia est, sicut scriptum est : *Juste quod justum est exsequeris* (*Deut.* xvi, 20). Faciendum est judicium pro iniquorum correctione, et pro injuriam sustinentium directione, non pro malevolentiæ ultione, nec pro justam causam habentium oppressione. Nam qui injuste judicant, non judicant judicium, id est jure ac legaliter dictum, sed præjudicium. Unde, sicut Dominus dicit, *qui injuste judicant, juste judicati condemnabuntur.* Sollicite unicuique ambulandum est cum Deo suo, et regi præcipue, qui sub tantis erit pœnis in futuro sæculo,

D si malus fuerit, super quantos fuit in isto sæculo, in quo se a malitia non correxit, et non fecit judicium et justitiam, et non ambulavit sollicite cum Deo suo. Sicut enim homo subjectus vadit sollicite cum seniore suo, ut ea faciat quæ illi placeant secundum Deum ad salutem, et secundum sæculum ad honorem et profectum, et si in aliquo fecerit, quod seniori suo displiceat, hoc statim emendare festinat, ut ad gratiam illius reveniat : sic vobis necesse est ut sollicite ambuletis cum seniore vestro rege regum, ut de præteritis, quæ contra illius voluntatem fecistis, illi per confessionem et cordis contritionem, et per opera bona satisfaciatis, et ab illius mandatis de cætero non declinetis : et si per fragilitatem in aliquo lapsi fueritis sicut ille qui lubricat de uno pede, de altero pede vel manu sibi subvenit ut restituatur : sic iterum per devotionem et bonam operationem certate, ut ad gratiam senioris vestri Domini Dei reveniatis ; quia peccantes et non pœnitentes Dominus diu ut convertantur tolerat, sed non conversos durius damnat. Sicut etiam in vestra ætate audire et videre potestis, et de vobis, ne similia vobis eveniant, timere et cavere debetis. Et talem vos erga cultum divinum, et sanctam Ecclesiam, ac sacerdotes et servos Dei, cæterosque fideles vestros in omni statu manentes, et erga populum vobis a Deo commissum exhibete, ut vos diligant, et eos delectet tam in spiritali servitio, quam in temporali adjutorio, ubicunque vobis necesse fuerit, debitum obsequium exhibere ; et plus vos delectet Christiana religio, et cordis humilitas, quam vanæ pompæ et voluptates carnis : quoniam quantislibet molibus argenti et auri circumdetur, quibuslibet pretiosis vestibus induatur caro, quid est aliud quam caro ? id est, putredo, et filius hominis vermis, et pulvis, ac cinis ? Non vos tantum delectet per venationes insequi bestias silvestres, quantum pugnare contra carnis voluptates, et Dei ac sanctæ ipsius Ecclesiæ inimicos, tam corporales, quam spirituales : quia sicut dicit Dominus per Apostolum : *Caro concupiscit adversus spiritum, et spiritus adversus carnem* (*Gal.* v, 17). Et : *Non est nobis colluctatio adversus*

carnem *et sanguinem, sed adversus spiritales nequitias* (*Ephes.* vi, 12). Non vos delectent tantum divitiæ possessionum auri et argenti atque gemmarum, ut inter eos computemini qui idola adorant, quoniam, sicut dicit Apostolus, *Avaritia idolorum servitus est* (*Coloss.* iii, 5), quantum fides, spes, et charitas, justitia, veritas, et justum judicium, quæ perducunt hominem in eis perseverantem ad æternum regnum, et angelorum consortium.

Cap. X. Quæ nunc verbis dominationi vestræ dicerem, si corpore præsens adessem, hæc litteris suggero : quia de generalibus Ecclesiæ ac de regni negotiis, sine generali primorum regni consilio et consensu, speciale dare consilium nescio, et consensum deliberare non valeo, nec præsumo. Propterea mihi jam et ætate et infirmitate ac debilitate attrito, non necesse est a dominatione vestra imponi, ut sine causa laborem, antequam ad placitum vestrum Dei et vestri fideles conveniant, et ego, qualitercunque potuero, favente Domino, sicut prædixi, in Dei et vestrum servitium, et illorum obsequium veniam. Si autem, quod Deus avertat, interim alicujus perturbationis causa evenerit, et mihi notum facere dominationi vestræ placuerit, pro scire et posse, et consilio et auxilio in vestro obsequio fideliter laborabo.

VIII.

AD CAROLUM III IMPERATOREM,

Ut Ludovici Balbi sobrini sui filiis regibus idoneos educatores et consiliarios constituat.

(Apud eumdem ex eodem.)

Domino Carolo imperatori glorioso Hincmarus episcopus ac plebis Dei famulus præsentem et futuram optat prosperitatem et gloriam.

Audiens laudabilis fidei vestræ benignitatem erga filios sobrini vestri Ludovici, quondam senioris nostri, gratias Deo retuli, petens ut qui dedit vobis velle, donet quæ cœpistis perficere pro bona voluntate : et hoc tam per me, quam per familiares et subjectos mihi Domini misericordiam oro, ut vestra potestas atque prosperitas in sua voluntate corroboretur, et ut in fide recta et operibus bonis perseverantem de temporali regno quandoque ad æternum perducat.

Cap. I. Precamur, Domine charissime, ut respectu Dei adjutoris et protectoris vestri regiminis, regni hujus Ecclesiam, quam Christus acquisivit sanguine suo, sicut et per universum orbem diffusam, apud nos in multis collapsam, vestro sapienti consilio et potestatis auxilio relevetis, et regni divisionem consolidetis, ac primores ipsius compaginetis, et quæ in hoc regno propter dissensiones perperam aguntur, evelli faciatis, et istos juvenes, reges

nostros, propinquos vestros, et pupillos sine patre loco filiorum teneatis, et eis regnum ab antecessoribus illorum successione dimissum per suggestionem primorum regni hujus disponatis, et qui de primoribus cuique illorum convenient ordinetis. Et si forte fuerint ex nostratibus, qui potius quæ suæ voluntatis sunt, quam quæ ad honorem et defensionem sanctæ Ecclesiæ, ac ministrorum ejus, et ad regum ac regni pacem et tranquillitatem pertineant, facere velint, sapientia et potestate vestra eos revocate, vel si fuerit necesse comprimite, atque exteros adversantes istis vestris filiis, et nobis omnibus vestræ dominationi fidelibus defensionem solatii exhibete, quatenus et apud Deum debitam inde remunerationem, et apud sæculum nomen celebre habeatis.

Cap. II. Et quia legimus de Alexandro Magno, cujus pædagogus Leonides nomine fuit, quod citatos mores et inhonestum incessum habens in pueritia idem Alexander, ex præfato pædagogo suo eadem accepit vitia, quæ adultus in seipso corrigere voluit, et cum omnia regna vicerit, seipsum *in hoc vincere non potuit, quoniam,* ut quidam sapiens scripsit :

    Quo semel est imbuta recens servabit odorem
      Testa diu.   (Horat. l. I, epist. 2.)

et de filio Salomonis regis legimus (*III Reg.* XII), quia relicto senum, et juvenum usus consilio, magnam partem regni perdidit, et non suo, sed avi sui David merito, parvam partem regni ei Dominus reservavit : istis juvenibus fidelibus filiis vestris, regibus nostris, maturos ac prudentes atque sobrios bajulos singulis constituite, qui oderint avaritiam, et eos verbo et exemplo justitiam diligere doceant, secundum Scripturam dicentem : *Diligite justitiam qui judicatis terram* (*Sap.* I, 1), quoniam, *qui diligit iniquitatem, odit animam suam* (*Psal.* x, 6).

Cap. III. Doceant eos verbo et exemplo, sanctam Ecclesiam et ministros ejus honorare, dicente Scriptura : *Presbyteris humilia animam tuam, et magnatis inclina caput tuum* (*Eccli.* IV, 7). Quibus Dominus dicit : *Qui vos audit, me audit, et qui vos spernit, me spernit* (*Luc.* x, 16). Et : *Honorantes me honorificabo, et qui contemnunt me erunt ignobiles* (*I Reg.* II, 30). Doceant eos verbo et exemplo, Ecclesiæ sanctæ rectoribus atque ministris debita privilegia, spiritu Dei condita, et totius mundi reverentia consecrata servare, Scriptura docente : *Lex Domini irreprehensibilis, convertens animas, testimonium Domini fidele, sapientiam præstans parvulis* (*Psal.* XVIII, 8). Et in Evangelio Dominus : *Qui diligit me, mandata mea custodit* (*Joan.* xiv, 15). Et : *Si diligitis me, mandata mea servate* (*I Joan.* IV). Et apostolus : *Qui dicit quia diligo Deum, et mandata ejus non custodit, mendax est* (*Joan.* VIII, 47). Et item Dominus in Evangelio contemptoribus mandatorum suorum : *Qui est,* inquit, *ex Deo, verba Dei audit : propterea vos non auditis, quia ex Deo non estis.*

Cap. IV. Doceant eos verbo et exemplo, regni primoribus et cæteris regni fidelibus, atque sanctæ Ecclesiæ defensoribus, unicuique in suo ordine competentem legem et justitiam conservare, dicente Scriptura : *Justitia Regis exaltabit solium ejus, et veritate solidantur gubernacula populorum* (*Prov.* I, 16). Custodiant, et doceant eos caste ac sobrie et pie vivere, quia, sicut dicit Scriptura, *Spiritus sanctus disciplinæ effugiet fictum, et auferet se a cogitationibus quæ sunt sine intellectu, et non habitabit in corpore subdito peccatis* (*Sap.* I, 5).

Cap. V. Proponant eis frequenter verba sancti Cypriani, qui regis ministerium in nono gradu abusionum aperte ostendit, « Regem, inquiens, non iniquum, sed correctorem iniquorum esse oportet. Unde in semetipso nominis sui dignitatem custodire debet. Nomen enim regis intellectualiter hoc retinet, ut subjectis omnibus rectoris officium procuret. Sed qualiter alios corrigere poterit, qui proprios mores, ne inlqui sint, non corrigit ? Justitia vero regis est, neminem injuste per potentiam opprimere, sine acceptione personarum inter virum et proximum suum judicare, advenis

et pupillis et viduis defensorem esse, furta cohibere, adulteria punire, iniquos non exaltare, impudicos et histriones non nutrire, impios de terra perdere, parricidas et perjurantes vivere non sinere, Ecclesias defendere, pauperes eleemosynis alere, justos super regni negotia constituere, senes et sapientes et sobrios consiliarios habere, magorum et ariolorum, pythonissarumque superstitionibus non intendere, iracundiam differre, patriam fortiter et juste contra adversarios defendere, per omnia in Deo vivere, prosperitatibus animum non elevare, cuncta adversa patienter ferre, fidem catholicam in Deum habere, filios suos non sinere impie agere, certis horis orationibus insistere, ante horas congruas cibum non gustare. *Væ enim terræ cujus rex puer est, et cujus principes mane comedunt* (*Eccle.* x). Hæc regni prosperitatem in præsenti faciunt, et regem ad regna cœlestia meliora perducunt. Qui vero secundum hanc legem regnum non dispensat, multas nimirum adversitates imperii tolerabit. Et si rex his quæ præscripta sunt contraria senserit vel egerit, et in his contrariis perseveraverit, sicut in throno hominum primus contitutus est, sic omnes quoscunque peccatores sub se in præsenti habuit supra se modo implacabili in illa futura pœna habebit. Et non solum regi, sed et omni qui in dominationis est potestate, tria necessario habere oportet, terrorem scilicet, ordinationem, et amorem. Nisi enim ametur Dominus, et metuatur, ordinatio illius constare minime poterit. Per beneficia ergo et affabilitatem procuret ut diligatur, et per justam vindictam, non propriæ injuriæ sed legis Dei, studeat ut metuatur. Et in his et aliis omnibus princeps semper Deum cogitet, et illi adhæreat : quia, nisi conditori suo pertinaciter adhæserit, et ipse, et omnes qui ei consentiunt, cito deperient. Omnis igitur qui præest hoc primitus tota animi intentione procuret, ut per omnia de Dei adjutorio omnino non dubitet. Si namque cœperit in actibus suis auxiliatorem habere Dominum, nullus hominum contemptui habere poterit ejus dominatum. Non est enim potestas nisi a Deo. Ipse elevat de stercore egenum, et sedere facit cum principibus populi sui. Deponit potentes de sede, et exaltat humiles.

Cap. VI. Ipsi autem bajuli magnopere providere debent, ne super socios suos se extollant, sed juxta Scripturam dicentem : *Quanto magnus es, humilia te in omnibus, et coram Deo invenies gratiam* (*Eccli.* III, xx). Et, sicut de Joiada legimus, quia Joas Regem puerum elevavit, et unxit in regem (*IV Reg.* xII, 2), imponens ei diadema, et dans legem in manu ejus, ut secundum illam viveret, et populum regeret, et docuit ipsum juvenem regem usque ad ætatem adultam ; de quo scriptum est, quia bene regnavit ipse Joas, *quandiu docuit eum Joiadas.* Et sanctus Gregorius (*lib.* VI, *ep.* 23) admonet nutritores filiorum imperatoris Græcorum, ut ea illis loquantur, quæ eorum mentes in charitate circa se invicem, et erga subjectos in mansuetudine conjungant, ne si quid odii inter se pueri conceperint, in aperto postea erumpat. Verba, inquiens, nutrientium, aut lac erunt si bona sunt, aut venenum si mala. Talia ergo in pueritia eis suggerant, quæ postmodum ostendant quam bona fuerint, quæ a nutritorum suorum ore suxerunt.

Cap. VII. Debent etiam providere ne tales illis in familiaritate jungantur, per quorum suggestiones ad iniqua opera, vel ad discordias inter se et illorum subjectos corda illorum pertrahantur, quia scriptum est: *Corrumpunt mores bonos colloquia mala (I Cor.* xv, 33). Debent autem illis bajuli eorum persuadere, ut non sint invicem invidentes, invicem provocantes, sed mutua dilectione conjuncti, et ad invicem se adjuvare parati, quia, ut scriptum est, *Frater fratrem adjuvet, et ambo consolantur (Prov.* xviii, 19). Si enim, domine mi rex, hujus regni Ecclesia, et ministri ejus ac populus, hæc per vos obtinuerint, quantam mercedem et remunerationem inde apud Deum, et bonum nomen apud sæculum habebitis, ex verbis apostoli pensare potestis, qui dicit : *Qui converti fecerit peccatorem ab errore viæ suæ, salvabit animam ejus a morte, et operiet multitudinem peccatorum suorum (Jacob.* v, 20). Si ergo apostolus spiritu Dei plenus de uno peccatore converso tantam remunerationem promittit, colligat sapientia vestra, quantam de tantorum salute ac profectu remunerationem apud Deum habebitis.

IX.

AD PROCERES REGNI, PRO INSTITUTIONE CAROLOMANNI REGIS,

ET DE ORDINE PALATII (*ex Adalardo*).

(Apud eumdem ex eodem.)

Hincmarus episcopus ac plebis Dei famulus.

Cap. I. Pro ætatis et sacri ordinis antiquitate, posteriores tempore, boni et sapientes viri, rogatis exiguitatem meam, ut qui negotiis ecclesiasticis et palatinis, quando in amplitudine et unitate regni prospere agebantur interfui, et consilia doctrinamque illorum qui sanctam Ecclesiam in sanctitate et justitia rexerunt, sed et eorum qui soliditatem regni tempore superiore prosperius disposuerunt audivi, quorum magisterio traditionem majorum suorum didici, post obitum etiam domni Ludovici imperatoris, in eorum obsequio, qui pro filiorum ejus tunc temporis regum nostrorum concordia sategerunt, pro modulo meo frequentibus itineribus, verbis et scriptis laboravi, ad institutionem istius juvenis et moderni regis nostri, et ad reerectionem honoris et pacis Ecclesiæ ac regni, ordinem ecclesiasticum, et dispositionem domus regiæ in sacro palatio, sicut audivi et vidi demonstrem, quatenus in novitate sua ea doctrina imbuatur, ut in regimine regni Deo placere, et in hoc sæculo feliciter regnare, et de præsenti regno ad æternum valeat pervenire. Experimento quippe cognoscimus, quia vas novum, quo prius sapore et odore imbutum fuerit, illud in posterum diu retinebit, sicut et quidam sapiens dicit.

    Quo semel est imbuta recens servabit odorem
    Testa diu.   (Horat. *l.* 1, *epist.* **2.**)

Et legimus (Quintil. *l.* I. *c.* 1) quomodo Alexander in pueritia sua habuit bajulum nomine Leonidem, citatis moribus et incomposito incessu notabilem, quæ puer quasi lac adulterinum sugens ab eo sumpsit. Unde in adulta ætate sapiens et rex fortis seipsum reprehendebat, et vitare volebat, sed ut legitur, cum omnia regna vicerit, in hoc seipsum vincere non potuit.

Cap. II. Intelligat igitur dominus rex, ad quod officium est provectus, et obaudiat commonitionem atque comminationemRegis regum dicentis ei cum aliis regibus: *Et nunc reges,* inquit, *intelligite, erudimini qui judicatis terram. Servite Domino in timore, et exsultate ei cum tremore. Apprehendite disciplinam, ne quando irascatur Dominus, et pereatis de via justa.* Sicut multos hanc commonitionem et comminationem negligentes perisse legimus, audivimus, et etiam nostro tempore scimus. Obaudiat etiam sanctam Scripturam sibi præcipientem : *Diligite justitiam qui judicatis terram. Sentite de Domino in bonitate, et in simplicitate cordis quærite illum ; quia in malivolam animam non introibit sapientia, nec habitabit in corpore subdito peccatis (Sap.* I, 1).

Cap. III. Ego autem, et pro imposito ministerio, et pro bona et rationabili vestra jussione, aggrediar exsequi quod rogatis, non meo sensu, neque verbis meis, sed ut præmisi majorum traditione, attendens dicentem Dominum ad prophetam : *Tu autem audiens nuntiabis eis ex me (Ezech.* iii, 17). *Ex me,* inquit, et non ex te : quia sicut ipse dicit : *Qui a semetipso loquitur, gloriam propriam quærit (Joan.* vii, 18). Sancta Scriptura in omni ordine et professione unicuique administratori præcipit, ut intelligat cuncta quæ ait : *Quoniam si intelligit administratio quam gerit unde exordium cepit, sollicitius satagit, ut de administrationis talento sibi credito rationem redditurus, Omnes enim astabimus ante tribunal Christi, ut referat unusquisque quæ per corpus gessit, sive bonum, sive malum (Rom.* xiv, 10). Non audiat a justo judice, quod Dominus in Evangelio servo malo et pigro responsurum se fatetur, sed audire mereatur : *Euge, serve bone et fidelis, quia super pauca fuisti fidelis, supra multa te constituam, intra in gaudium Domini tui (Matth.* xxv, 21).

Cap. IV. Legimus in sancta scriptura Veteris Testamenti, quia David rex simul et propheta, præfigurans Dominum nostrum Jesum Christum, qui solus rex simul et sacerdos fieri potuit, duos in sacerdotibus ordines constituit, in summis videlicet pontificibus, et in minoris ordinis sacerdotibus, qui nunc presbyteratus funguntur officio ; ea videlicet provisione, ut dum quilibet Pontificum vita decederet, quicunque sacerdotum optimus putaretur, ei in pontificatum succederet. Et in Novo Testamento, Dominus noster Jesus Christus de multitudine discipulorum suorum, sicut in Evangelio legimus, duodecim elegit, quos et Apostolos nominavit. Horum in Ecclesia locum tenent episcopi, sicut sacra Scriptura et catholici doctores ostendunt. Designavit etiam alios septuaginta duos (*Luc.* vi, 13), qui sub duodecim apostolis figuram presbyterorum, id est secundi ordinis sacerdotum præmonstraverunt : ut decedentibus episcopis, de his secundi et inferioris ordinis sacerdotibus, secundum sacros canones spiritu Dei conditos, et totius mundi reverentia coonsecratos, ad summi sacerdotii apicem loco decessorum episcoporum provehantur, sicut sacra Scriptura Actuum apostolorum patenter ostendit, dicente Petro ad confratres suos, quando Judas, qui connumeratus fuerat in ordine apostolorum, et sortitus sortem ministerii apostolatus, abiit in locum suum : *Oportet, inquiens, ex his viris, qui nobiscum congregati sunt in omni tempore, quo intravit et exivit inter nos Dominus Jesus, testem resurrectionis ejus nobiscum fieri unum ex istis* (*Act.* i, 21). Et venit electio divina super Mathiam, qui annumeratus est cum undecim apostolis.

Cap. V. Et in sacra Regum historia legimus, quia principes sacerdotum, quando sacra unctione reges in regnum sacrabant, coronam significantem victoriam ponentes super capita eorum, legem in manum ejus dabant, ut scirent qualiter seipsos regere, et pravos corrigere, et bonos in viam rectam deberent dirigere. Unde sicut beatus papa Gelasius ad Anastasium imperatorem (*epist.* 10) ex sacris Scripturis demonstrat, et in his quæ nuper apud martyrium sanctæ Macræ in synodo gesta sunt continetur, duo sunt quibus principaliter una cum specialiter cujusque curæ subjectis mundus hic regitur, auctoritas sacra pontificum, et regalis potestas : in quibus personis sicut ordinum sunt divisa vocabula, ita sunt et divisa in unoquoque ordine ac professione ordinationum officia. Diligenter igitur quisque debet in ordine et professione sua quo nomine censetur attendere, et magnopere providere ne a nomine discordet officio. « Primum namque, » ut beatus Cyprianus dicit (*de Abus.*, cap. 10), « ab episcopo quid sui nominis dignitas teneat inquiratur, quoniam episcopus, cum Græcum nomen sit, *speculator* interpretatur. Quare vero speculator ponitur, et quid a speculatore requiratur, Dominus ipse denudat, cum sub Ezechielis prophetæ persona, episcopo officii sui rationem denuntiat, ita inquiens : *Speculatorem dedi te*

domui Israel (*Ezech.* iii, 17). » Speculatoris officium est, ut commisso sibi populo, exemplo et verbo qualiter vivere debeat incessanter annuntiet : sicut de Christo, qui sequi se, id est imitari, præcipit, scriptum est, *quæ cœpit Jesus facere et docere* (*Act.* i, 1). Et sic vitam ac mores sibi commissorum speculetur attendere, et postquam attenderit, sermone si poterit et actu corrigere, et si non poterit, juxta evangelicam regulam scelerum operario s debet declinare

Cap. VI. Et rex in semetipso nominis sui dignitatem custodire debet. Nomen enim regis intellectualiter hoc retinet, ut subjectis omnibus rectoris officium procuret. Sed qualiter alios corrigere poterit, qui proprios mores ne iniqui sint non corrigit ? quoniam justitia regis exaltatur solium, et veritate solidantur gubernacula populorum. Quæ vero sit justitia regis, idem beatus Cyprianus in nono abusionis gradu sufficientissime monstrat.

Cap. VII. Habet quippe ordo sacerdotalis leges divinitus promulgatas, qualiter quisque ad culmen regiminis, videlicet episcopatus, venire debeat, atque ad hoc recte perveniens, qualiter vivat, et bene vivens, qualiter doceat, et recte docens, infirmitatem suam quotidie quanta consideratione cognoscat : qualiter etiam ministros sibi suppositos regere debeat : quam pura etiam intentione sacros ecclesiasticos ordines dispensare : et qua discretione ligare vel solvere subditos debeat. De quibus legibus in eisdem scriptum est ita (*Cœlest.*, *ep.* 3) : « Nulli sacerdoti suos liceat canones ignorare, nec quidquam facere quod Patrum possit regulis obviare. Quia non minus in sanctarum traditionum delinquitur sanctiones quam in ipsius Domini injuriam prosilitur. » Quod tale est, quia, ut sacra monstrat auctoritas, cognata sunt schisma et hæresis ; ac si aliis verbis dicatur : Non minus schismaticus delinquit, cum prævaricatione sanctarum regularum per contemptum se ab unitate sanctæ Ecclesiæ, quæ corpus Christi est, dividit, quam hæreticus, qui de Deo, capite videlicet ipsius Ecclesiæ, male sentit.

Cap. VIII. Et sicut dictum est de legibus ecclesiasticis, quod nulli sacerdoti suos liceat canones ignorare, nec quidquam facere quod Patrum possit regulis obviare : ita legibus sacris decretum est, ut leges nescire nulli liceat, aut quæ sunt statuta contemnere. Cum enim dicitur, nulli liceat leges nescire, vel quæ sunt statuta contemnere, nulla persona in quocunque ordine mundano excipitur quæ hac sententia non constringatur. Habent enim reges et reipublicæ ministri leges quibus in quacunque provincia degentes regere debent : habent Capitula Christianorum regum ac progenitorum suorum, quæ generali consensu fidelium suorum tenere legaliter promulgaverunt. De quibus beatus Augustinus dicit (*lib. de vera Relig.*, c. 31), quia licet homines de his judicent, cum eas instituunt, tamen cum fuerint institutæ atque firmatæ, non licebit judicibus de ipsis judicare, sed secundum ipsas.

Cap. IX. Multo minus autem regi vel cuilibet in

quocunque ordine contra leges divinas licet agere per contemptum. Unde principi terræ magnopere providendum atque cavendum est, ne in his Deus offendatur, per quos religio Christiana consistere debet, et cæteri ab offensione salvari. Et ideo, quia res ecclesiasticas divino judicio tuendas et defensandas suscepit, consensu ejus, electione cleri ac plebis, et approbatione episcoporum provinciæ, quisque ad ecclesiasticum regimen absque ulla venalitate provehi debet : quia, sicut Dominus in Evangelio dicit : *Qui non intrat per ostium in ovile ovium, sed ascendit aliunde, ille fur est et latro* (*Joan.* x, 1). Ecclesiasticis regulis sine difficultate omnimodis debet favere, si non vult Regem regum offendere. Et sicut episcopi ac rex providere debent, ut nullius rei intuitu eligatur episcopus, nisi Dei solius, id est non pro aliquo munere dationis, nec pro aliquo obsequio humano, vel propinquitate consanguinitatis, seu amicitia, vel servitio temporali, aut aliqua occasione, quæ contraria esse possit veritati, aut divinæ auctoritati : ita rex custodire debet, sicut sanctus Augustinus demonstrat (*de Civit. Dei* lib. v, *c.* 24), ne muneribus, vel blanditiis cujusquam scelerati pelliciatur, et adulationibus decipiatur : nec quibuscunque propinquitatis necessitudinibus conjunctis, contra Deum sanctamque Ecclesiam atque rempublicam perverse agentibus, affectu carnali parcat, dicente Dei spiritu per David prophetam : *Nonne eos qui oderunt te, Deus, oderam, et super inimicos tuos tabescebam? Perfecto odio oderam illos, inimici facti sunt mihi* (*Psal.* cxxxviii, 21, 22). Inimicos enim Dei perfecto odio odisse est, ad quod facti sunt diligere, et quod faciunt increpare, mores pravorum premere, vitæ prodesse.

Cap. X. Tales etiam comites et sub se judices constituere debet, qui avaritiam oderint, et justitiam diligant, et sub hac conditione suam administrationem peragant, et sub se hujusmodi ministeriales substituant. « Et quicunque in omni ordine et professione in dominatione constituuntur, et domini appellantur, sicut sanctus Cyprianus in sexto Abusionis gradu demonstrat (*cap.* 6), dominationis virtutem auctore et cooperatore Domino teneant : quia nihil proficit dominandi habere potestatem, si dominus ipse non habeat et virtutis rigorem. Sed hic virtutis rigor non tam exteriori fortitudine, quæ et ipsa sæcularibus dominis necessaria est, indiget, quam animi interiori fortitudine, bonis moribus exerceri debet : sæpe enim dominandi per animi negligentiam perditur fortitudo. Tria ergo necessaria hos qui dominantur habere oportet, terrorem scilicet, et ordinationem, et amorem. Nisi enim ametur dominus pariter et metuatur, ordinatio minime constare illius potest. Per beneficia ergo et affabilitatem procuret ut diligatur, et per justas vindictas, non propriæ injuriæ sed legis Dei, studeat ut metuatur. Propterea quoque, dum multi pendent in eo, ipse Deo adhærere debet, qui illum in ducatum constituit, qui ad portanda multorum onera ipsum veluti fortiorem solidavit. Paxillus enim nisi bene forte firmetur, et alicui fortiori adhæreat, omne quod in eo pendet cito labitur, et ipse solutus a rigore suæ firmitatis, cum oneribus ad terram delabitur. Sic et princeps nisi suo conditori pertinaciter adhæserit, et ipse, et omne quod continet, cito deperit. » Et sciat, quod sicut in principatu hominum primus constitutus est, ita quoscunque peccatores sub se in præsenti habuit, nisi se et illos correxerit, supra se modo implacabili in illa futura pœna habebit.

Cap. XI. In memoratis namque gestis apud martyrium sanctæ Macræ, et de his quæ ad sanctæ Ecclesiæ ac rectorum ipsius honorem et vigorem, et de his quæ ad regis et regni soliditatem atque curam pertinent, necnon et de domus regiæ dispositione, ex catholicorum secundum sanctarum Scripturarum tramitem promulgationibus, atque ex Christianorum regum constitutionibus, per capitula breviter ac salubriter, si teneantur et exsequantur, collecta continentur. Verumtamen quia Samaritanus, verus videlicet custos humani generis, stabulario, id est pontificali ordini, cujus curæ vulneratum quemque commiserat ad sanandum, dans duos denarios, Vetus scilicet ac Novum Testamentum, dixit : *Quod supererogaveris, ego cum rediero reddam tibi* (*Luc.* x, 35), eisdem gestis, velut ex supererogatione, quæ præmissa sunt in hoc opusculo, et quæ sequentur, adjicere studeo.

Cap. XII. Adalhardum senem et sapientem domni Caroli magni imperatoris propinquum, et monasterii Corbeiæ abbatem, inter primos consiliarios primum in adolescentia mea vidi. Cujus libellum de ordine palatii legi et scripsi, in quo inter cætera continetur duabus principaliter divisionibus totius regni statum constare, anteposito semper et ubique omnipotentis Dei judicio. Primam videlicet divisionem esse dicens, qua assidue et indeficienter regis palatium regebatur et ordinabatur ; alteram vero, qua totius regni status secundum suam qualitatem studiosissime providendo servabatur.

Cap. XIII. In prima igitur dispositione, regis palatium in ornamento totius palatii ita ordinatum erat. Anteposito ergo rege et regina, cum nobilissima prole sua, tam in spiritalibus, quam et in sæcularibus, atque corporalibus rebus, per hos ministros omni tempore gubernabatur. Videlicet per apocrisiarium, id est responsalem negotiorum ecclesiasticorum : cujus ministerium ex eo tempore sumpsit exordium, quando Constantinus magnus imperator Christianus effectus, propter amorem et honorem sanctorum apostolorum Petri et Pauli, quorum doctrina ac ministerio ad Christi gratiam baptismatis sacramenti pervenit, locum et sedem suam, urbem scilicet Romanam, papæ Silvestro edicto privilegii tradidit, et sedem suam in civitate sua, quæ antea Byzantium vocabatur, nominis sui civitatem ampliando ædificavit : et sic responsales tam Romanæ sedis, quam et aliarum præcipuarum sedium, in palatio pro ecclesiasticis negotiis excubabant.

CAP. XIV. Aliquando per episcopos, aliquando vero per diaconos apostolica sedes hoc officio fungebatur. Quo officio beatus Gregorius in diaconi ordine functus fuit, et ex aliis præcipuis sedibus per diaconos id officium exsequebatur, sicut sacri canones jubent. Et in his Cisalpinis regionibus, postquam Ludovicus prædicatione beati Remigii ad Christum conversus, et ab ipso cum tribus millibus Francorum in vigilia sancti Paschæ baptizatus exstitit, per successiones regum sancti episcopi ex suis sedibus, et tempore competenti palatium visitantes, vicissim hanc administrationem disposuerunt. A tempore vero Pippini et Caroli interdum per presbyteros interdum per episcopos regia voluntate, atque episcopali consensu, per diaconos vel presbyteros magis quam per episcopos hoc officium exsecutum exstitit : quia episcopi continuas vigilias supra gregem suum debent assidue exemplo et verbo vigilare, et non diutius secundum sacros canones a suis abesse parochiis.

CAP. XV. Neque juxta decreta ex sacris canonibus promulgata beati Gregorii, prætoria, quæ nunc regia, et usitatius palatia nominantur, debent inutiliter observare, ne incurrant judicium, ut contra placita canonum sibi in ordinatione sua tradita facientes, ipsi se honore privent ecclesiastico. Et ut de licitis exempla ponamus, et de illicite usurpatis non taceamus, tempore Pippini et Caroli hoc ministerium consensu episcoporum per Fulradum presbyterum, tempore etiam Caroli per Engelramnum et Hildiboldum episcopos, tempore denique Ludovici per Hilduinum presbyterum, et post eum per Fulconem item presbyterum, deinde per Drogonem episcopum, exstitit hoc ministerium exsecutum.

CAP. XVI. Apocrisiarius autem, quem nostrates capellanum, vel palatii custodem appellant, omnem clerum palatii sub cura et dispositione sua regebat. Cui sociabatur summus cancellarius, qui a secretis olim appellabatur, erantque illi subjecti prudentes et intelligentes ac fideles viri, qui præcepta regia absque immoderata cupiditatis venalitate scriberent, et secreta illis fideliter custodirent. Post eos vero, sacrum palatium per hos ministros disponebatur, per camerarium videlicet, et comitem palatii, senescalcum, buticularium, comitem stabuli, mansionarium, venatores principales quatuor, falconarium unum.

CAP. XVII. Et quamvis sub ipsis, et ex latere eorum, alii ministeriales fuissent, ut ostiarius, sacellarius, dispensator, scapoardus, vel quorumcunque ex eis juniores, aut decani fuissent, vel etiam alii ex latere, sicut bersarii, veltrarii, beverarii, vel si qui adhuc supererant : verumtamen, quamvis et ipsi singuli juxta suam qualitatem ad hoc intenti essent, non tamen ad eos, sicut ad cæteros principaliter, ut subter insertum est, totius regni confœderatio in majoribus vel minoribus, singulis quibusque quotidianis necessitatibus occurrentibus, cum palatio conglutinabantur. Sed nec ipsi superiores

omnes æqualiter, propter ministeriorum diversitatem, qualitatem, vel convenientiam, prodesse poterant : cum tamen nullus se, propter fidei servandam veritatem regis et regni, ut prædictum est, subtrahere potuisset, vel etiam voluisset. De quorum personis vel ministeriis, quanquam plura sint quæ dicantur, hæc tamen præcipue habebantur.

CAP. XVIII. Imprimis, ut juxta cujuscunque ministerii qualitatem vel quantitatem, minister nobili corde et corpore constans, rationabilis, discretus et sobrius eligeretur. Sed nec illa sollicitudo deerat, ut si fieri potuisset, sicut hoc regnum, Deo auctore, ex pluribus regionibus constat, ex diversis etiam eisdem regionibus, aut in primo, aut in secundo, aut etiam in quolibet loco, iidem ministri eligerentur, qualiter familiarius quæque regiones palatium adire possent, dum suæ genealogiæ vel regionis consortes in palatio locum tenere cognoscerent.

CAP. XIX. His ita breviter de eligendis et constituendis ministris prædictis, nunc ad eorumdem ministrorum et ministrationum ordinem qualiter currebant veniendum est. Nam quamvis præfati ministri, unusquisque de suo ministerio, non sub alio, vel per alium, nisi per seipsum, solum regem, vel quantum ad reginam vel gloriosam prolem regis respiciebant, caput ponerent : non tamen omnes æqualiter de cæteris rebus, vel cæterorum necessitatibus regem adibant, sed mensura sua quisque contentus erat, et ubi vel ubi ratio poscebat, solatium alterius requirebat. E quibus præcipue duo, id est apocrisiarius, qui vocatur apud nos capellanus, vel palatii custos, de omnibus negotiis ecclesiasticis vel ministris ecclesiæ, et comes palatii de omnibus sæcularibus causis, vel judiciis suscipiendi curam instanter habebant : ut nec ecclesiastici, nec sæculares, prius domnum regem, absque eorum consultu inquietare necesse haberent, quousque illi præviderent, si necessitas esset ut causa ante regem merito venire deberet. Si vero secreta esset causa, quam prius congrueret regi quam cuiquam alteri dicere, eumdem dicendi locum eidem ipsi præpararent, introducto prius rege, ut hoc juxta modum personæ, vel honorabiliter, vel patienter, vel etiam misericorditer susciperet.

CAP. XX. Apocrisiarius quidem de omni ecclesiastica religione vel ordine, necnon etiam de canonicæ vel monasticæ altercatione, seu quæcunque palatium adibant pro ecclesiasticis necessitatibus sollicitudinem haberet, et ea tantummodo de externis regem adirent, quæ sine illo plenius definiri non potuissent. Cæterum, ut non solum de his quæ ad eos specialiter de omni ornamento vel officio ecclesiastico infra palatium agenda pertinebant, verum quoque et omnem consolationem spiritalem, sive consilium totius palatii quicunque quæreret, apud eum ut necesse erat fideliter inveniret : et qui non quæreret et tamen ipse apud aliquem necessarium esse sentiret, juxta personæ qualitatem, et a perverso sensu vel opere retrahere, et ad viam salutis convertere studeret. Et cætera spiritualia, quæcunque A palatio, tam ab assidue conversantibus, quamque et a supervenientibus, sive secundum Deum, sive secundum sæculum, ut providerentur et præviderentur erant necessaria, quæ enumerare longum est, ad ejus specialiter curam pertinebant. Non ita, ut aliter ullus, sive palatinus, sive externus superveniens, sapientia et vera devotione per Dei gratiam illuminatus, tale aliquid minime ageret ; sed maxime consuetudo erat, ut aut cum eodem apocrisiario pariter, aut certe per ejus consilium quod erat agendum ageret, ne forte quid minus utile aut indignum regi subriperet.

Cap. XXI. Comitis autem palatii, inter cætera pene innumerabilia, in hoc maxime sollicitudo erat, ut omnes contentiones regales, quæ alibi ortæ propter æquitatis judicium palatium aggrediebantur, juste ac rationabiliter determinaret, seu perverse judicata ad æquitatis tramitem reduceret, ut et coram Deo propter justitiam, et coram hominibus propter legum observationem, cunctis placeret. Si quid vero tale esset, quod leges mundanæ hoc in suis diffinitionibus statutum non haberent, aut secundum gentilium consuetudinem crudelius sancitum esset, quam Christianitatis rectitudo, vel sancta auctoritas merito non consentiret, hoc ad regis moderationem perduceretur, ut ipse cum his qui utramque legem nossent, et Dei magis quam humanarum legum statuta metuerent, ita decerneret, ita statueret, ut ubi utrumque servari posset, utrumque servaretur : sin autem, lex sæculi merito comprimeretur, justitia Dei conservaretur.

Cap. XXII. De honestate vero palatii, seu specialiter ornamento regali, necnon et de donis annuis militum, absque cibo et potu, vel equis, ad reginam præcipue, et sub ipsa ad camerarium pertinebat : et secundum cujusque rei qualitatem, ipsorum sollicitudo erat, ut tempore congruo semper futura prospicerent, ne quid dum opus esset ullatenus opportuno tempore defuisset. De donis vero diversarum legationum, ad camerarium aspiciebat : nisi forte jubente rege tale aliquid esset, quod reginæ ad tractandum cum ipso congrueret. Hæc autem omnia et his similia eo intendebant, ut ab omni sollicitudine domestica vel palatina, in quantum rationabiliter et honeste esse poterat, domnus rex omnipotenti Deo spem suam indesinenter committens, ad totius regni statum ordinandum vel conservandum animum semper suum promptum haberet.

Cap. XXIII. Ad tres autem ministeriales, senescalcum, buticularium, et comitem stabuli, secundum uniuscujusque ministerii qualitatem vel quantitatem pertinebat, ut cum communi consensu de suo quisque ministerio admonendi non essent segnes, ut quantocius esse potuisset, omnes actores regis præscirent, ubi vel ubi rex illo vel illo tempore, tanto vel tanto spatio manere debuisset, propter adductionem, vel præparationem : ne forte tarde scientes, dum inopportuno tempore, vel cum nimia festinatione exigeretur, familia regalis per negligentiam sine necessitate opprimeretur. Quæ videlicet cura quanquam ad buticularium vel ad comitem stabuli pertineret, maxima tamen cura ad senescalcum respiciebat, eo quod omnia cætera, præter potus vel victus caballorum, ad eumdem senescalcum respiceret. Inter quos etiam et mansionarius intererat, super cujus ministerium incumbebat, sicut et nomen ejus indicat, ut in hoc maxime sollicitudo ejus intenta esset, ut tam supradicti actores, quamque et susceptores, quo tempore ad eos illo vel illo in loco rex venturus esset, propter mansionum præparationem, ut opportuno tempore præscire potuissent : ne aut inde tarde scientes, propter afflictionem familiæ importuno tempore peccatum, aut hi propter non condignam susceptionem, ac si bene noluissent, cum certe non volendo, sed non valendo offensionem incurrerent.

Cap. XXIV. Similiter quoque quatuor venatores, et quintus falconarius, cum eadem unanimitate secundum temporis qualitatem admonere studebant, qualiter ea, quæ ad singulorum ministeriorum curam pertinebant, ut opportuno tempore, et non tarde considerarentur, quando tanti vel quando tanti, quando toti et quando nulli, aut in palatio retinerentur, aut more solito foris nutriendi usque ad tempus mitterentur, aut tempore congruo per denominata loca venandi causa pariter et nutriendi disponerentur. Sed et hoc et illud, id est et intra et extra palatium, ita semper cum mensura et ratione ordinaretur, ut quantum prodesset esset, et quantum non prodesset non esset : quia in ipsis ministeriis non sic facile certus numerus, aut hominum, aut canum, aut avium diffiniri potest : ideo in ipsorum arbitrio manebat, quanti et quales essent. Sensus autem in his omnibus talis erat, ut nunquam palatio tales vel tanti deessent ministri, propter has præcipue inter cæteras necessitates vel honestates.

Cap. XXV. Primo, ut sive generaliter majoribus, sive specialiter vel singulariter quibusque minoribus recedentibus, omni tempore et multitudine congrua, sine qua rationabiliter et honeste esse non posset, semper esset ornatum palatium, et consiliariis condignis nunquam destitutum fuisset. Et ut qualiscunque legatio, sive speculandi, sive etiam subdendi gratia veniret, qualiter omnes quidem honeste suscipi potuissent. Deinde primus consilii rectitudinem, secundus misericordiæ et benignitatis consolationem, tertius vero versutiæ seu temeritatis sermo referret medicinam. Et ut ex quacunque parte totius regni, quicunque desolatus, orbatus, alieno ære oppressus, injuste calumnia cujusque suffocatus, seu cætera his similia, quæ nunc enumerare perlongum est, maxime tamen de viduis et orphanis, tam seniorum quamque et mediocrium, uniuscujusque secundum suam indigentiam, vel qualitatem, dominorum vero misericordiam et pietatem, semper ad manum haberet, per quem singuli ad pias aures principis perferre potuissent.

Cap. XXVI. Similiter, qui propter diutinum servitium digni erant, ut remunerari debuissent, et locus talis occurrebat, ubi ex praedictis indigentibus nemo sine mensura destitueretur, similiter secundum eorum qualitatem ad memoriam principum revocarentur, non tam ipsis urgentibus, quam eorum, de quibus supra dictum est, fidem et debitum exigentibus, ut in eis id fieret primo propter quod cum justitia et misericordia Deo placeret. Deinde in militia remanentibus certissimam fideliter serviendi fidem et constantiam ministrarent. Deinde ut etiam longe positis per totius regni ambitum laetitiam et gaudium demonstrarent. Et si aliquis ex ministerialibus vel consiliariis decedebat, loco ejus congruus et utilis restituebatur.

CAP. XXVII. Et ut illa multitudo, quae in palatio semper esse debet, indeficienter persistere posset, his tribus ordinibus fovebatur. Uno videlicet, ut absque ministeriis expediti milites, anteposita dominorum benignitate, et sollicitudine, qua nunc victu, nunc vestitu, nunc auro, nunc argento, modo equis, vel caeteris ornamentis, interdum specialiter, aliquando prout tempus, ratio, et ordo condignam potestatem administrabat, saepius porrectis, in eo tamen indeficientem consolationem, necnon ad regale obsequium inflammatum animum ardentius semper habebant, quod illos praefati capitanei ministeriales certatim de die in diem, nunc istos, nunc illos, ad mansiones suas vocabant, et non tam gulae voracitate, quam verae familiaritatis seu dilectionis amore, prout cuique possibile erat, impendere studebant : sicque fiebat, ut rarus quisque infra hebdomadam remaneret, qui non ab aliquo pro hujusmodi studio convocaretur.

CAP. XXVIII. Alter ordo per singula ministeria discipulis congruebat, qui magistro suo singuli adhaerentes, et honorificabant et honorificabantur, locisque singuli suis, prout opportunitas occurrebat, ut a Domino videndo vel alloquendo consolarentur. Tertius ordo item erat, tam majorum, quam minorum, in pueris, vel vassallis, quos unusquisque, prout gubernare et sustentare absque peccato, rapina videlicet vel furto poterat, studiose habere procurabant. In quibus scilicet denominatis ordinibus, absque his qui semper eundo et redeundo palatium frequentabant, erat delectabile, quod interdum et necessitati, si repente ingrueret, semper sufficerent : et tamen semper, ut dictum est, major pars illius propter superius commemoratas benignitates, cum jucunditate et hilaritate prompta et alacri mente persisterent.

CAP. XXIX. Secunda divisio est, qua totius regni status, anteposito sicuti semper et ubicunque omnipotentis Dei judicio, quantum ad humanam rationem pertinebat, conservari videbatur, haec est. Consuetudo autem tunc temporis talis erat, ut non saepius, sed bis in anno, placita duo tenerentur. Unum, quando ordinabatur status totius regni ad anni vertentis spatium, quod ordinatum nullus eventus rerum, nisi summa necessitas, quae similiter toto re-

gno incumbebat, mutabatur. In quo placito generalitas universorum majorum tam clericorum quam laicorum conveniebat : seniores, propter concilium ordinandum ; minores, propter idem consilium suscipiendum, et interdum pariter tractandum, et non ex potestate, sed ex proprio mentis intellectu vel sententia confirmandum.

CAP. XXX. Caeterum autem propter dona generaliter danda, aliud placitum cum senioribus tantum et praecipuis consiliariis habebatur : in quo jam futuri anni status tractari incipiebatur, si forte talia aliqua se praemonstrabant, pro quibus necesse erat praemeditando ordinare, si quid mox transacto anno priore incumberet, pro quo anticipando aliquid statuere aut providere necessitas esset : verbi gratia, si inter marchisos in qualibet regni parte ad aliud tempus dextrae datae fuissent, quid mox post dextras exactas agendum esset, utrum renovandae, an finiendae essent : juxta caeterarum partium immentibus rixa et pace, ut secundum id quod tunc temporis ratio poscebat, si ex una parte hinc aut inde vel facienda vel toleranda inquietudo necessario incumbebat, ex aliis partibus tranquillitas ordinaretur. Et cum ita per eorumdem seniorum consilium quid futuri temporis actio vel ordo agendi posceret, a longe considerarent : et cum inventum esset, sub silentio idem inventum consilium, ita funditus ab omnibus alienis incognitum usque ad aliud iterum secundum generale placitum, ac si inventum vel a nullo tractatum esset, maneret ; ut si forte tale aliquid aut infra aut extra regnum ordinandum esset, quod praescientia quorumdam, aut destruere, aut certe inutile reddere, aut per aliquam diversam astutiam laboriosius faciendum convertere voluisset, hoc nullatenus facere potuisset. In ipso autem placito, si quid ita exigeret, vel propter satisfactionem caeterorum seniorum, vel propter non solum mitigandum, verum etiam accendendum animum populorum, ac si ita prius exinde praecogitatum nihil fuisset, ita nunc a novo consilio, et consensu illorum et inveniretur, et cum magnanimis ordo Domino duce perficeretur. Ita autem anno priore terminato, praefato modo ordinaretur et de secundo.

CAP. XXXI. Consiliarii autem, quantum possibile erat, tam clerici quam laici, tales eligebantur, qui primo secundum suam quisque qualitatem vel ministerium Deum timerent, deinde talem fidem haberent, ut excepta vita aeterna nihil regi et regno praeponerent, non amicos, non inimicos, non parentes, non munera dantes, non blandientes, non exasperantes, non sophistice vel versute, aut secundum sapientiam solummodo hujus saeculi quae inimica est Deo sapientes, sed illam sapientiam et intelligentiam scientes, qua illos qui in supradicta humana astutia fiduciam suam habuissent, pleniter per justam et rectam sapientiam non solum reprimere, sed funditus opprimere potuissent. Electi autem consiliarii una cum rege hoc inter se principaliter constitutum habebant, ut quidquid inter se familiariter locuti fuissent, tam de statu regni, quamque et de speciali cujuslibet persona, nullus sine consensu ipsorum cuilibet domestico suo, vel cuicunque alteri prodere debuisset, secundum hoc quod res eadem sive die, sive duobus, sive amplius, seu annum, vel etiam in perpetuo celari, vel sub silentio manere necesse fuisset : quia sæpe in tali tractatu de qualibet persona, talis interdum propter communem utilitatem agendam vel cavendam sermo procedit, qui ab eo cognitus, aut valde turbat, aut quod magis est in desperationem trahit, vel quod gravissimum est, in infidelitatem convertit, et ab omni profectu, quem fortasse multipliciter exercere potuit, inutilem reddit, cum tamen nihil ei obesset si eumdem sermonem minime sciret. Quale de homine uno, tale de duobus, tale de centum, tale de majori numero, vel etiam de progenie una, vel tota qualibet simul provincia, si magna cautela non fuerit, fieri poterit.

Cap. XXXII. Apocrisiarius autem, id est capellanus, vel palatii custos, et camerarius semper intererant : et idcirco cum summo studio tales eligebantur, aut electi instruebantur, qui merito interesse potuissent. Sed et de cæteris ministerialibus, qui talem se ostendebat, ut ad hoc vel præsens, vel futurus, nunc discendo, postmodum vero consiliando, loco eorumdem honorifice substitui potuisset, cum summa intentione mentis intendendo singulis quæ agebantur interesse jubebatur, salvans credita, discens incognita, retinens ordinata et constituta : ut si forte tale aliquid extra aut infra regnum oriretur, aut insperatum et ideo non præmeditatum nuntiaretur (rarius tamen necesse esset ut consilium altius tractaretur, et tamen tempus aptum non esset, in quo præfati consiliarii convocarentur), ipsi palatini per misericordiam Dei, ex eorum assidua familiaritate, tam in publicis consiliis, quamque ex domestica in hac parte allocutione, responsione, et consultatione, studium haberent, prout tunc rei vel temporis qualitas exigebat, aut consilium pleniter dare quid fieret, aut certe quomodo ad præfinita tempora cum consilio, et absque ullo detrimento res eadem exspectari vel sustentari potuisset. Hæc de majoribus.

Cap. XXXIII. De minoribus vero, vel proprie palatinis, ita ut diximus non generaliter ad regnum pertinentibus, sed specialiter ad personas quasque respicientibus, quæ specialiter palatio imminebant, cum eis dominus rerum ita inconfuse ordinare potuisset, ut exinde non solum detrimentum ullum oriretur, verum etiam ortum aut imminens utiliter aut mitigari, aut funditus exstingui, aut etiam evelli potuisset. Si vero talis esset causa, ut velocitati immineret, et tamen aliquatenus usque ad generale placitum quoque pacto sustentari, vel sine peccato, aut sine contumelia potuisset, ipsi modum ejusdem sustentationis ex prædicto majori usu consilium dandi scirent, et sapientiam priorum imitari placite Deo, et utiliter regno interim dare potuissent. Præfatorum autem consiliariorum intentio, quando ad

palatium convocabantur, in hoc præcipue vigebat, ut non speciales vel singulares quascunque vel quorumcunque causas, sed nec etiam illorum, qui pro contentionibus rerum aut legum veniebant ordinarent, quousque illa quæ generaliter ad salutem vel statum regis et regni pertinebant, Domino miserante, ordinata habuissent. Et tunc demum, si forte tale aliquid domno rege præcipiente reservandum erat, quod sine eorum certa consideratione determinari a comite palatii, vel cæteris, quibus congruebant, non potuisset.

Cap. XXXIV. Proceres vero prædicti, sive in hoc, sive in illo præfato placito, quin et primi senatores regni, ne quasi sine causa convocari viderentur, mox auctoritate regia per denominata et ordinata capitula, quæ vel ab ipso per inspirationem Dei inventa, vel undique sibi nuntiata post eorum abscessum precipuæ fuerant, eis ad conferendum vel ad considerandum patefacta sunt. Quibus susceptis, interdum die uno, interdum biduo, interdum etiam triduo, vel amplius prout rerum pondus expetebat accepto, ex prædictis domesticis palatii missis intercurrentibus, quæque sibi videbantur interrogantes responsumque recipientes, tandiu ita nullo extraneo appropinquante, donec res singulæ ad effectum perductæ gloriosi principis auditui in sacris ejus obtutibus exponerentur, et quidquid data a Deo sapientia ejus eligeret, omnes sequerentur, ecce sicut de uno, ita de duobus, vel quotquot essent capitulis agebatur, quousque omnia Deo miserante illius temporis necessaria expolirentur.

Cap. XXXV. Interim vero, quo hæc in regis absentia agebantur, ipse princeps reliquæ multitudini, in suscipiendis muneribus, salutandis proceribus, confabulando rarius visis, compatiendo senioribus, congaudendo junioribus, et cætera his similia tam in spiritalibus, quamque et in sæcularibus, occupatus erat : ita tamen, ut quotiescunque segregatorum voluntas esset, ad eos veniret, similiter quoque quanto spatio voluissent cum eis consisteret, et cum omni familiaritate, qualiter singula reperta habuissent referebant, quantaque mutua hinc et inde altercatione vel disputatione, seu amica contentione decertassent, apertius recitabant. Sed nec illud prætermittendum, quomodo si tempus serenum erat, extra, sin autem, intra diversa loca distincta erant, ubi et hi abundanter segregati semotim, et cætera multitudo separatim residere potuissent, prius tamen cæteræ inferiores personæ interesse minime potuissent. Quæ utraque tamen seniorum susceptacula sic in duobus divisa erant, ut primo omnes episcopi, abbates, vel hujusmodi honorificentiores clerici, absque ulla laicorum commistione congregarentur. Similiter comites, vel hujusmodi principes sibimet honorificabiliter a cætera multitudine primo mane segregarentur, quousque tempus sive præsente sive absente rege occurrerent : et tunc prædicti seniores more solito, clerici ad suam, laici vero ad suam constitutam curiam, subselliis similiter honorificabiliter præparatis, convocarentur. Qui cum separati a cæteris essent, in eorum manebat potestate, quando simul vel quando separati resident, prout eos tractandæ causæ qualitas docebat, sive de spiritalibus, sive de sæcularibus, seu etiam commistis. Similiter, si propter quamlibet vescendi vel investigandi causam quemcunque convocare voluissent, et re comperta discederet, in eorum voluntate manebat. Hæc interim de his, quæ eis a rege ad tractandum proponebantur.

Cap. XXXVI. Secunda autem ratio regis erat interrogatio quid unusquisque ex illa parte regni, qua veniebat, dignum relatu, vel retractatu secum afferret, quia et hoc eis non solum permissum, verum etiam arctius commissum erat, ut hoc unusquisque studiosissime, usque dum reverteretur, tam infra, quam extra regnum perquireret, si quid tale non solum a propriis vel extraneis, verum etiam sicut ab amicis, ita et ab inimicis investigaret, intermissa interim, nec magnopere unde sciret investigata persona. Si populus in qualibet regni parte, regione, seu angulo turbatus, quæ causa turbationis esset, si murmur populi obstreperet, vel tale aliquid inæquale resonaret, unde generale consilium tractare aliquid necessarium esset, et cætera his similia. Extra vero, si aliqua gens subdita rebellare, vel rebellata subdere, si necdum tacta insidias regni moliri, vel tale aliquid oriri voluisset. In his vero omnibus, quæcunque cuilibet periculo imminerent, illud præcipue quærebatur, cujus rei occasione talia vel talia orirentur

Cap. XXXVII. Post illa, quæ in synodo apud martyrium sanctæ Macræ de majorum constitutionibus collecta, et regi Ludovico nuper defuncto fuere directa, hæc de ordine palatii et dispositione regni, vobis ad institutionem istius regis nostri ac ministrorum ejus regnique provisorum, sicut scriptis et verbis seniorum didici, et ipse adhuc in adolescentia mea vidi, devote jussioni vestræ obediens obtuli. Personas autem hominum, et mores ac qualitates illorum, per quos si aliqua sunt collapsa restituantur, vestra solertia providebit, quoniam de his, quos tempore domni Ludovici imperatoris vidi palatii procuratores et regni præfectos, neminem scio esse superstitem : scio tamen de illorum nobilitate natos pro patribus filios, licet illorum mores ac qualitates ignorem. Ipsi vero procurent, ut non sint moribus ac virtute, atque pro ætatis quantitate, vel temporis qualitate, sapientia et studiis bonis degeneres : quatenus merito patrum loca et officia suppleant, et se in ipsa suppletione caute custodiant, ne, ut sanctus Gregorius dicit, in culmine honoris positi usu gloriæ permutentur, sicut Saul, qui prius in electione honoris exstitit humilis, postea reprobari meruit propter elationem tumoris.

X.

AD EPISCOPOS REGNI

ADMONITIO ALTERA

Pro Carolomanno rege apud Sparnacum facta.

(Apud eumdem ex eodem.)

Hincmarus, episcopus ac plebis Dei famulus.

Cap. I. Doctrina est Christiana, secundum sanctarum Scripturarum tramitem, prædicationemque majorum, qua Deo ac Domino nostro Jesu Christo conditore et redemptore nostro, qui simul solus rex et sacerdos fieri potuit, in cujus nomine omne genuflectitur, cœlestium, terrestrium, et infernorum, disponente, sicut beatus Gelasius papa ad Anastasium imperatorem dicit (*epist.* 10), et in gestis quæ nuper apud martyrium sanctæ Macræ in synodo gesta sunt partim continetur, duo sunt, quibus principaliter, una cum specialiter cujuscunque curæ subjectis, mundus hic regitur, auctoritas sacra pontificum, et regalis potestas : in quibus personis, sicut ordine sunt divisa vocabula, ita sunt et divisa in unoquoque ordine ac professione ordinationum officia. Quamvis enim membra veri regis atque pontificis secundum participationem naturæ, magnifice utrumque in sacra generositate sumpsisse dicantur, ut simul regale genus et sacerdotale subsistant, memor tamen Christus fragilitatis humanæ, quod suorum saluti congrueret, dispensatione magnifica temperans, sic actionibus propriis, dignitatibusque distinctis officia potestatis utriusque discrevit, suos volens medicinali humilitate salvari, non humana superbia rursus (ut ante adventum ejus in carnem pagani imperatores, qui iidem et maximi pontifices dicebantur), intercipi, ut et Christiani reges pro æterna vita pontificibus indigerent, et pontifices pro temporalium cursu rerum imperialibus dispositionibus uterentur : quatenus spiritalis actio a carnalibus distaret incursibus, et ideo militans Deo minime se negotiis sæcularibus implicaret (*II Tim.* II), ac vicissim non ille rebus divinis præsidere videretur qui esset negotiis sæcularibus implicatus, ut et modestia utriusque ordinis curaretur, ne extolleretur utroque suffultus, et competens qualitatibus actionum specialiter professio aptaretur.

Cap. II. Sed tanto gravius pondus est sacerdotum A
quanto etiam pro ipsis regibus hominum in divino
reddituri sunt examine rationem : et tanto est dignitas pontificum major quam regum, quia reges in
culmen regium sacrantur a pontificibus, pontifices
autem a regibus consecrari non possunt : et tanto
in humanis rebus regum cura est propensior quam
sacerdotum, quanto pro honore et defensione et
quiete sanctæ Ecclesiæ, ac rectorum et ministrorum
ipsius, et leges promulgando, ac militando, a Rege
regum est eis curæ onus impositum.

Cap. III. Diligenter igitur quisque debet in ordine
et professione sua quo nomine censetur attendere,
et majorem in modum providere, ne a nomine discordet officio. Quia, sicut legimus in sacra historia, Ozias rex præsumens incensum ponere, quod B
non regii, sed sacerdotalis erat ministerii, lepra est
a Deo percussus, et de templo a sacerdotibus ejectus, et in domo sua est usque ad mortem reclusus
(IV Reg. xv; II Par. xxvi). Et sanctus Cyprianus in
decimo gradu Abusionum, per quem sæculi rota, si
in illo fuerit, decipitur, et ad tartari tenebras nullo
impediente justitiæ suffragio, per justum Dei judicium rotatur, de negligente episcopo dicit (cap. 10) :
« Si fuerit episcopus negligens, qui gradus sui honorem inter homines requirit, sed ministerii sui
dignitatem coram Deo, pro quo legatione fungitur,
non custodit. Primum namque ab episcopo, quid sui
nominis dignitas teneat, inquiratur : quoniam cum
episcopus Græcum nomen sit, speculator interpreta- C
tur. Quare vero speculator ponitur, et quid a speculatore requiratur, Dominus ipse denudat, cum sub
Ezechielis prophetæ persona episcopo officii sui rationem denuntiat, ita inquiens : Speculatorem dedi
te domui Israel (Ezech. iii), » et reliqua, quæ non
perfunctorie neque raro legere et meditari debemus
qui vocamur hoc nomine.

Cap. IV. In Veteri Testamento (I Par. xxiv) David rex simul et propheta, præfigurans Dominum
nostrum Jesum Christum, qui, ut præmisimus, [solus
rex simul et sacerdos fieri potuit, duos in sacerdotibus ordines constituit, in summis videlicet pontificibus, et in minoris ordinis sacerdotibus, qui nunc
presbyteratus funguntur officio : ea videlicet provisione, ut dum quilibet pontificum vita decederet, D
quicunque sacerdotum optimus putaretur, ei [in
pontificatum succederet. Et in Novo Testamento
(Luc. vi et x) Dominus noster Jesus Christus de
multitudine discipulorum suorum, sicut in Evangelio legimus, duodecim elegit, quos et apostolos nominavit. Horum in Ecclesia locum tenent episcopi,
sicut sanctus Gregorius, et cæteri catholici doctores
ostendunt. Designavit etiam et alios septuaginta duos,
quia ut duodecim apostolos formam episcoporum
exhibere simul et præmonstrare nemo est qui dubitet, sic et hos septuaginta duos figuram presbyterorum, id est, secundi ordinis sacerdotum gessisse
sciendum est : tametsi primis Ecclesiæ temporibus,
ut apostolica Scriptura testis est (Philip. i; Tit. i;

I Tim. iii ; Act. xx), utrique presbyteri, utrique vocabantur episcopi, quorum uni sapientiæ maturitatem,
alteri industriam curæ pastoralis significant, quorum
licet in quibusdam sint discreta officia dignitatum, uno
nomine sacræ regulæ comprehendunt. « Nulli, inquiunt
(Cœlest. ep. 2 ad episc. per Apul. et Cal.), sacerdoti
suos liceat canones ignorare, nec quidquam facere
quod Patrum possit regulis obviare, » quia non minus in sanctarum traditionum delinquitur sanctiones,
quam in ipsius Domini injuriam prosilitur, id est,
non minus schismatici in sanctarum traditionum
sanctiones delinquentes, quam hæretici a recta
fide discedentes, donec convertantur, et unitati
sanctæ Ecclesiæ incorporentur, ab eadem Ecclesia
sunt separandi. In episcopis enim, ut beatus dicit
Ambrosius, omnes ordines sunt, quia primus sacerdos est, hoc est princeps sacerdotum, et propheta, et evangelista, et cæterorum ministrorum in
se officia continens ad implenda ea in ministerio
fidelium.

Cap. V. Qualiter autem consensu principis terræ,
qui res ecclesiasticas divino judicio ad tuendas et
defensandas suscepit, electione cleri ac plebis quisque ad ecclesiasticum regimen absque ulla venalitate
provehi debeat, et Dominus in Evangelio, et sacri
canones aperte demonstrant dicente Domino : Qui
non intrat per ostium in ovile ovium, sed ascendit
aliunde, ille fur est et latro (Joan. x). Quales autem
ad episcopatum debeant promoveri, apostolica et
canonica decernit auctoritas (II Tim. iii). Unde
principi terræ magnopere providendum atque cavendum est ne in his Deus offendatur, per quos religio
Christiana consistere debet, et cæteri ab offensione
salvari. Nullius enim rei intuitu eligendus est episcopus, nisi Dei solius, id est, non pro aliquo munere præsentis vel futuræ sub spe retributionis, nec
pro aliquo obsequio humano, vel propinquitate
consanguinitatis, seu amicitia, vel servitio temporali, aut aliqua occasione, quæ contraria esse
possit veritati, aut divinæ auctoritati : sicut et de
presbyteris, sicut sacra demonstrat auctoritas
(Joan. ii ; Act. viii)

Cap. VI. Qualiter autem ordinati ministros sibi suppositos regere debeant, sacri canones et decreta sedis
Romanæ pontificum, sed et sextus decimus liber Legum, quibus una cum sacris canonibus sancta moderatur Ecclesia, patenter ostendunt. Quam pura
etiam intentione sacros ecclesiasticos ordines debeant dispensare, beatus Gregorius in homilia
Evangelii, Misit Jesus duodecim discipulos suos,
præcipiens eis et dicens : In viam gentium ne abieritis, et in homilia Evangelii, Designavit Dominus et
alios septuaginta duos ; et in homilia Evangelii, Vidit
Jesus civitatem, et flevit super illam, aperte ostendit.
Qua vero discretione ligare vel solvere debeant subditos, in homilia Evangelii, Cum sero factum esset
una Sabbatorum, luculenter demonstrat (hom. 4, 17,
39, 26). Qualiter autem quisque ad culmen regiminis
videlicet episcopatus veniat, atque ad hoc recte

perveniens qualiter vivat, et bene vivens qualiter A languorum, gaudium hominum, temperies aeris, doceat, et recte docens infirmitatem suam quotidie serenitas maris, terræ fecunditas; solatium paupequanta consideratione cognoscat, beatus Gregorius rum, hæreditas filiorum, et sibimetipsi spes futuræ in Pastorali regula sufficienter et eloquentissime beatitudinis. Attamen sciat rex, quod sicut in throno docet. hominum primus constitutus est, sic et in pœnis, si

CAP. VII. Qualis denique rex debeat esse, beatus justitiam non fecerit, primatum habiturus est. OmCyprianus in nono Abusionis gradu demonstrat dones namque quoscunque peccatores sub se in præcens (*cap.* 9) : «Etenim regem non iniquum, sed corsenti habuit, supra se modo implacabili in illa pœna rectorem iniquorum esse oportet. Inde in semetfutura habebit.
ipso nominis sui dignitatem custodire debet. Nomen enim regis intellectualiter hoc retinet, ut CAP. VIII. «Et sextus Abusionis gradus est,» qui subjectis omnibus rectoris officium procuret. Sed non solum regi, sed et omnibus, qui dominorum qualiter alios corrigere poterit, qui proprios mores, censentur nomine, convenit, «dominus sine virne iniqui sint, non corrigit? Quoniam in justitia tute : quia nihil proficit dominandi habere potestaregis exaltatur solium, et in veritate regis solidantem, si dominus ipse non habeat virtutis rigorem. tur gubernacula populorum. Justitia vero regis est, B Sed hic virtutis rigor, non tam exteriori fortitudine, neminem injuste per potentiam opprimere, sine quæ et ipsa sæcularibus dominis necessaria est; inpersonarum acceptione inter virum et proximum diget, quam animi interiori fortitudine bonis morisuum juste judicare : advenis, et pupillis, et viduis bus exerceri debet. Sæpe enim dominandi per animi defensorem esse, furta cohibere, adulteria punire, negligentiam perditur fortitudo, sicut in Heli sainiquos non exaltare, impudicos et histriones non cerdote factum fuisse comprobatur (*I Reg.* II) : qui nutrire, impios de terra perdere, parricidas et perdum severitate judicii peccantes filios non coercuit, jurantes vivere non sinere, Ecclesias defendere, pauin eorum vindictam Dominus, velut consentienti, peres eleemosynis alere, justos super regni negotia ferociter non pepercit. Tria ergo necessaria hos qui constituere, senes et sapientes et sobrios consiliadominantur habere oportet, terrorem scilicet, et rios habere, magorum et hariolorum pythonissaordinationem, et amorem. Nisi enim ametur domirumque superstitionibus non intendere, iracundiam nus pariter et metuatur, ordinatio minime constare differre, patriam fortiter et juste contra adversarios illius potest. Per beneficia ergo et affabilitatem prodefendere, per omnia in Deo confidere, prosperitaticuret ut diligatur, et per justas vindictas, non probus animum non elevare, cuncta adversa patienter priæ injuriæ, sed legis Dei, studeat ut metuatur. tolerare, fidem catholicam in Deum habere, filios C Propterea quoque dum multi pendent in eo, ipse suos non sinere impie agere, certis horis orationiDeo adhærere debet, qui illum in ducatum constibus insistere, ante horas congruas cibum non gutuit, qui ad portanda multorum onera, ipsum velut stare. *Væ enim terræ, cujus rex puer est, et cujus* fortiorem solidavit. Paxillus enim, nisi bene forte *principes mane comedunt* (*Eccle.* x, 16). Hæc regni firmetur, et alicui fortiori adhæreat, omne quod in prosperitatem in præsenti faciunt, et regem ad cœeo pendet cito labitur, et ipse solutus a rigore suæ lestia regna meliora perducunt. Qui vero regnum firmitatis cum oneribus ad terram delabitur. Sic et non secundum hanc legem dispensat, multas nimiprinceps, nisi suo conditori pertinaciter adhæserit, rum adversitates imperii tolerabit. Idcirco enim pax et ipse, et omne quod continet, cito deperit. Quisæpe populorum rumpitur, et offendicula etiam de dam namque per dominandi officium plus Deo apregno suscitantur, terrarum quoque fructus dimipropinquant : quidam imposito sibi dignitatis honuuntur, et servitia populorum præpediuntur, multi nore deteriores fiunt. Moyses namque accepto poet varii dolores prosperitatem regni inficiunt, chapuli ducatu familiarius Dei locutionibus utebatur rorum et liberorum mortes tristitiam conferunt, (*Exod.* xxxiii) : Saul vero filius Cis, postquam scephostium incursus provincias undique vastant, bestiæ D tra regni suscepit, per inobedientiæ superbiam armentorum et pecorum greges dilacerant, tempeDeum offendit (*I Reg.* xv). Rex Salomon postquam pastas aeris et hyemis turbata rerum fecunditate matris sui David sedem obtinuit, Deus illum ultra omnes ris ministeria prohibent, et aliquando fulminum mortales velut ad numerosi populi gubernationem ictus segetes et arborum flores et pampinos quosque sapientiæ munere ditavit (*III Reg.* III). Econtra vero exurunt. Super omnia vero regis injustitia non sovero Jeroboam servus Salomonis, postquam regni lum præsentis imperii faciem offuscat, sed etiam domus David occupavit partem, ad idolorum cultufilios suos et nepotes, ne post se regni hæreditatem ram decem tribus Israel, quæ erant in parte Sateneant, obscurat. Propter piaculum enim Salomonis mariæ attraxit (*III Reg.* xII). Per quæ exempla eviregnum domus Israel Dominus de manibus filiorum denter ostenditur, quosdam in sublimiori statu ad ejus dispersit, et propter justitiam David regis lumajorem perfectionem crescere, quosdam vero per cernam de semine ejus semper in Jerusalem reliquit. superbiam dominationis ad deteriora devenire. Per Ecce quantum justitia regis sæculo valet, intuentibus quod utrumque intelligitur, eos qui ad meliora conperspicue patet. Est enim pax populorum, tutamen descendunt, per virtutem animi, et Dei auxilium patriæ, immunitas plebis, munimentum gentis, cura posse id facere, et eos qui ad deteriora deveniunt, per mentis imbecillitatem pariter et negligentiam

errare. Unde et dominium absque virtute fieri non decet, qui virtutem sine Dei auxilio nullatenus habet. Qui etenim multa tuetur, si non habet fortitudinem animi, non valet id agere, quoniam magna magnis infestationibus, vel adversitatibus solent laborare. Omnis ergo qui præest hoc primitus animi tota intentione procuret, ut per omnia de Dei adjutorio omnino non dubitet. Si namque cœperit in actibus suis auxiliatorem habere Dominum dominorum, nullus hominum contemptui poterit habere ejus dominatum : *Non enim est potestas nisi a Deo* (*Rom.* xiii, 1). Ipse enim elevat de stercore egenum, et sedere facit cum principibus populi sui : et deponit potentes de sede, et exaltat humiles (*Psal.* cxii ; *Luc.* i), ut subditus fiat omnis mundus Deo, et egeat omnis gloria Dei (*I Cor.* ii). »

Cap. IX. Quales sibi adhibere debeat rex consiliarios, sed et illi, qui in principatu positi domini appellantur, Ambrosius in libro Officiorum ostendit (*Lib.* ii, *cap.* 17) : « Talis, inquiens, debet esse qui consilium alteri dat, ut seipsum formam aliis præbeat ad exemplum bonorum operum, in doctrina, in integritate, in gravitate : ut sit ejus sermo salubris atque irreprehensibilis, consilium utile, vita honesta, sententia decora. Talis igitur debet esse consiliarius, qui nihil nebulosum habeat, nihil fallax, nihil fabulosum, nihil simulatum, quod vitam ejus ac mores refellat, nihil improbum ac malevolum, quod avertat consulentes. Alia sunt enim quæ fugiuntur, alia quæ contemnuntur. Fugimus ea quæ possunt nocere, quæ malitiose possunt in noxam serpere, ut si is qui consulitur, dubia sit fide, et pecuniæ avidus, ut possit pretio mutari, si injuriosus, hic fugitur ac declinatur. Qui vero voluptarius, intemperans, et si alienus a fraude, tamen avarus et cupidior lucri turpis, hic contemnitur. (*Cap.* 11) Quis enim in cœno fontem requirat ? quis e turbida aqua potum petat ? Itaque ubi luxuria est, ubi intemperantia, ubi vitiorum confusio, quis inde sibi aliquid hauriendum existimet ? Quis non despiciat morum colluvionem, quis utilem causæ alienæ judicet, quem videt inutilem vitæ suæ ? Quis iterum improbum, malevolum, contumeliosum non fugiat, et ad nocendum paratum ? quis non eum omni studio declinet ? Quis vero quamvis instructum ad consilii opem, difficilem tamen accessu ambiat, in quo sit illud, tanquam si quis aquæ fontem præcludat ? Quid enim prodest habere sapientiam, si consilium neges ? Si consulendi intercludas copiam, clausisti fontem, ut nec aliis influat, nec tibi prosit. Admirandus mihi et suspiciendus consiliarius, quem propitius Dominus patribus dedit, offensus abstulit. Promptius tamen nos justo viro, quam prudenti committimus. Pulchrum est igitur bene velle, et eo largiri consilio ut prosis, non ut noceas. »

Cap. X. A quibus una cum cæteris pravitatibus se rex debeat custodire, et quales comites ac judices debeat constituere, sanctus Augustinus demonstrat, dicens : Caveat princeps, ne muneribus vel blanditiis cujusquam scelerati pelliciatur, vel adulationibus decipiatur, quia est munus a dato, munus a favore, munus ab obsequio. Et ideo debet omnis judex cavere ne justum judicium vendat, aut testis verum testimonium, aut advocatus justum patrocinium, et jurisperitus verum consilium vendat, ne Judæ, qui Christum qui est veritas et justitia vendidit, socius fiat. Et ne quisquam in principatu quocunque positus adulationibus decipiatur, diligenter attendat quod in Regum historia legitur : *Benadab fugiens ingressus est civitatem in cubiculum, quod erat intra cubiculum, dixeruntque et servi sui : Ecce audivimus, quod reges domus Israel clementes sint. Ponamus itaque saccos in lumbis nostris, et funiculos in capitibus nostris, ut egrediamur ad regem Israel, forsitan salvabit animas nostras* (*III Reg.* xx, 30, 31). Quo facto dixerunt ad regem Israel : *Servus tuus Benadab dicit : Vivat, oro te, anima mea. Et ille ait : Si adhuc vivit, frater meus est. Quod acceperunt viri pro omine, et festinantes rapuerunt verbum ex ore ejus atque dixerunt : Frater tuus Benadab. Et dixit eis rex Israel : Ite et adducite eum ad me* (*ibid.*, 52, 33). Quo veniente, pepigit cum eo fœdus, et dimisit eum. Unde audivit a propheta : *Quia dimisisti virum dignum morte de manu tua, erit anima tua pro anima ejus, et populus tuus pro populo ejus* (*ibid.*, 42).

Cap. XI. Sed et cavendum est principibus, ne sceleratorum amicitiis conjungantur, vel hujusmodi in familiaritate suscipiant. « Malorum, inquit beatus Gregorius (*Pastor.* lib iii, cap. 23), cum incaute amicitiis jungimur, culpis ligamur. Unde Josaphat, qui tot de anteacta vita præconiis attollitur, de Achab regis amicitia pene periturus increpatur. Cui a Domino per prophetam dicitur : *Impio præbes auxilium, et his qui oderunt Dominum amicitia jungeris : et idcirco iram quidem Domini merebaris, sed bona opera inventa sunt in te, eo quod abstuleris lucos de terra Juda* (*II Par.* xix). Ab illo enim qui summe rectus est, eo ipso jam discrepat, quo perversorum amicitiis vita nostra concordat. Hinc David, dum totum se ad fœdera pacis internæ constringeret, testatur quod cum malis concordiam non teneret, dicens : *Nonne qui oderunt te, Deus, oderam illos, et super inimicos tuos tabescebam ? perfecto odio oderam illos, inimici facti sunt mihi* (*Psal.* cxxxviii, 21, 22). Inimicos autem Dei perfecto odio odisse est, ad quod facti sunt diligere, et quod faciunt increpare, mores pravorum premere, vitæ prodesse. »

Cap. XII. Quod rex propter ministerium regium, nec quilibet princeps, etiam quibuscunque propinquitatis necessitudinibus conjunctus, contra Deum, sanctamque Ecclesiam atque rempublicam perverse agentibus affectu carnali parcere debeat, ex verbis Domini dicentis : *Qui non odit patrem suum, et matrem, et uxorem, et filios, et fratres, et sorores, adhuc autem et animam suam, non potest meus esse discipulus* (*Luc.* xiv, 26), in homilia Evangelii beatus

Gregorius demonstrat dicens (*hom.* 37) : « Si vim præcepti perpendimus, utrumque per discretionem agere valemus, ut eos qui nobis carnis cognatione conjuncti sunt, et quos proximos novimus, diligamus, et quos adversarios in via Dei patimur, odiendo et fugiendo nesciamus. Quasi enim per odium diligitur, qui carnaliter sapiens, dum prava nobis ingerit, non auditur. Ametur quilibet in hoc mundo etiam adversarius : sed in via Dei contrarius non ametur etiam propinquus, ut eo verius cognoscat Deum, quo in ejus causa neminem recognoscit. »

Cap. XIII. Sicut supra est positum, quod nulli sacerdoti suos liceat canones ignorare, nec quidquam facere, quod Patrum possit regulis obviare : ita in legibus sacris decretum est, ut leges nescire nulli liceat, aut quæ sunt statuta contemnere. Cum enim dicitur, nulli liceat leges nescire, vel quæ sunt statuta contemnere, nulla persona in quocunque ordine excipitur, quæ hac sententia non constringatur. Oportet enim, ut qui judex est judicum pauperes ad se ingredi permittat, et diligenter inquirat, ne forte illi, qui ab eo constituti sunt, et vicem ejus agere debent in populo, injuste aut negligenter pauperes pati oppressiones permittant, terrorque ejus iniquos comprimat, et benevolos atque indigentes sua auctoritate sublevet. Periculum quippe est cuilibet, officium suum per alios in tantum peragere, ut se ab eo diutius subtrahat. Legimus antiquitus judices in porta ad judicandum sedisse, ut nullus accedendi difficultatem haberet. Unde beatus Hieronymus in Zachariam prophetam (*cap.* 8) : « Veritatem, inquit, et judicium pacis judicate in portis vestris. In judicio prima sit veritas atque justitia, deinde sequatur misericordia. Quod sequitur, in portis vestris, illi prophetico congruit : Oderunt in portis corripientem, et verbum sanctum abominati sunt (*Amos,* v). Et in alio loco : Non confundentur, cum loquentur inimicis suis in porta (*Psal.* cxxix). David quoque judicabat in portis, quando Abessalon veritatem judicii repromittens patri tendebat insidias (*II Reg.* xix). Et quæritur, quare apud Judæos in portis locus fuerit judicandi. Ne cogerentur agricolæ intrare urbes, et aliquod subire dispendium, judices in portis residebant, ut tam urbanos quam rusticos, et in exitu et introitu urbis audirent, et finito negotio unusquisque confestim ad sedes proprias reverteretur. »

Cap. XIV. Qui autem post regem populum regere debent, id est duces et comites, necesse est ut tales instituantur, qui sine periculo ejus qui eos constituit, quos sub se habent cum justitia et æquitate gubernare intelligant, atque cum bona voluntate quod intelligunt adimplere procurent, scientes se ad hoc positos esse, ut plebem salvent et regant, non ut dominentur et affligant : neque ut populum Dei suum æstiment, aut ad suam gloriam sibi illum subjici, quod pertinet ad tyrannidem et iniquam potestatem. Valde enim exigit necessitas, quia rex æquissimo judici de commisso sibi ministerio ratio-

nem redditurus est, ut [illegible] qui sub eo sunt ministri diligentissime [illegible] inquirantur, et tales constituantur, ne ipse pro ei[illegible] incurrat divinum. De oppressione pauperum providendum est, quia in eorum afflictione Deus offenditur, sicut Psalmista dixit : *Propter miseriam inopum et gemitum pauperum nunc exsurgam, dicit Dominus* (*Psal.* xi, 6). Providendum est ne affligantur in ædificiis superfluis, in exactione hostili, si Deus pacem pro sua misericordia tribuerit, ne contra capitulum domni imperatoris Caroli, ut nemo ad mallum, vel ad placitum cogeretur venire, nisi scabini, et qui causam suam quærit, et cui quæratur.

Cap. XV. Comites et vicarii, vel etiam decani, plurima placita constituant, et si ibi non venerint, compositionem ejus exsolvere faciant. Et quia prius per manninas veniebant, excogitaverunt quidam, ut per bannos venirent ad placita, quasi propterea melius esset, ne ipsas manninas alterutrum solverent. Hæc ideo facientes, ut ipsi bannum acciperent, et in tantum exinde affligerentur pauperes, ut unde prius in exercitu plures ire poterant, vix aliqui modo ire prævaleant. Et in his omnibus non solum non solvunt fasciculos secundum Isaiam deprimentes (*Isa.* l), sed etiam superaddunt super miseros et agentes. Quando enim sperant aliquid lucrari, ad legem se convertunt : quando vero per legem non æstimant acquirere, ad capitula confugiunt : sicque interdum fit, ut nec capitula pleniter conserventur, sed pro nihilo habeantur, nec lex. Omnia enim mala lex Veteris Testamenti damnat. Sed Dominus dixit discipulis suis de omnibus Christianis : *Amen dico vobis, nisi abundaverit justitia vestra plus quam Scribarum et Pharisæorum, non intrabitis in regnum cœlorum* (*Matth.* v).

Cap. XVI. De legibus a quibusdam imperatoribus male constitutis, a quibusdam vero bene constitutis, sanctus Augustinus ab Bonifacium dicit (*epist.* 50) : « Imperatores quando pro falsitate contra veritatem constituunt malas leges, probantur bene credentes, et coronantur perseverantes. Quando autem pro veritate contra falsitatem constituunt bonas leges, terrentur sævientes, et corriguntur intelligentes. » Et ad Marcellinum de moribus bonis principum, et de republica augenda dicit (*epist.* 5) : « Ex parva, inquiens, republica et inopi magnam opulentamque fecerunt qui accepta injuria ignoscere quam persequi malebant. Quomodo Cæsari utique administratori reipublicæ, mores ejus extollens Cicero dicebat (*Orat. pro Lig.*), quod nihil oblivisci soleret nisi injurias. Dicebat enim hoc tam magnus laudator, aut tam magnus adulator : sed si laudator, talem Cæsarem noverat; si autem adulator, talem esse debere ostendebat principem civitatis, qualem illum fallaciter prædicabat. » Apud veteres namque tale proverbium erat : *Rex eris, si recte facias : si non facias, rex non eris.*

Cap. XVII. Regiæ virtutes præcipue duæ sunt,

justitia videlicet et pietas. Verumtamen in regibus A plus laudatur pietas, nam justitia per se sine pietate severa est. De rapinis compescendis, et pace restituenda, et sacris Scripturis, ecclesiasticarum legum definitionibus, ac legum sacrarum constitu-

tionibus, sufficienter ex synodali conventu apud martyrium beatæ Macræ nuper habito collecta fratri hujus regis nostri nuper defuncto per episcopos misimus, quæ hic replicare non necessarium, imo superfluum duximus.

XI.

COMMUNI EPISCOPORUM NOMINE

AD REGEM,

De coercendo et exstirpando raptu viduarum, puellarum ac sanctimonialium.

(Apud eumdem, ex Paralipomenis Joannis Busæi.)

Domino Christianissimo, glorioso et piissimo principi, humiles servi Christi Galliarum et Germaniarum episcopi, pro cultu et sanctimonia domus Domini, quæ est Ecclesia Dei veri, columna et firmamentum veritatis.

Cap. I. Maxima et gravissima necessitate compellimur omnes nos, qui his novissimis et periculosissimis temporibus episcopale ministerium et gubernationem Ecclesiarum Dei, licet indigni et minimi sortiti sumus, ut periclitanti gregi Dominico, et novis insidiis atque infestationibus hostis antiqui de die in diem miserabilius laboranti, communi intentione et studio, in quantum Deus facultatem tribuit, vigilanter et strenue prospiciamus. Quamvis enim potestas regni temporalis divino judicio in hoc Christianorum regno ad præsens videatur divisa, una C est tamen in omnibus et ex omnibus Christo Domino protegente Ecclesia, unus Dominus, una fides, unum genus electum, regale sacerdotium, una gens sancta, unus populus acquisitionis, quem ipse Dominus et Salvator de tenebris vocavit in admirabile lumen suum, pro cujus acquisitione et perpetua unitione etiam mortem gustare dignatus est, dicente Evangelio : *Quia Jesus moriturus erat pro gente, et non tantum pro gente, sed ut filios Dei qui erant dispersi congregaret in unum* (Joan. xi, 51, 52). Unde et ipse admirabili dignatione loquitur, dicens : *Sicut novit me Pater, et ego agnosco Patrem, et animam meam pono pro ovibus meis. Habeo quæ non sunt ex hoc ovili, et illas oportet me adducere, et vocem meam audient, et fiet unum ovile et unus pastor* D (Joan. x, 15, 16). Cum ergo omnis populus Dei, tanto pretio redemptus et adunatus, unus grex sit sub uno pastore, et omnes hujus gregis pastores per unitatem fidei, et unanimitatem sollicitudinis, tanquam unus pastor existere debeant sub uno et in uno principe pastorum, tanta necesse est sint charitate uniti, tanta spiritus societate copulati, ut invicem onera sua libentissime compartiantur et portent, et sit eis instantia quotidiana sollicitudo omnium Ecclesiarum, ut si quid patitur unum membrum, compatiantur omnia membra, sive gratulatur unum membrum, congaudeant omnia membra. Hæc

B enim semper sollicitudo in beatis apostolis, hæc in beatorum apostolorum successoribus, id est Ecclesiarum Dei rectoribus, fecit unum gregem Domini cum, unam religionis custodiam, unam matrem Ecclesiam una mente diligere, atque unanimi devotione servare.

Cap. II. Quapropter obsecramus Christianissimam pietatem, et gloriosam sublimitatem vestram, ut religiose regni Dei constitutos ministros, et populi Christiani rectores, et divinæ religionis atque ecclesiasticæ sanctitatis conservatores ac defensores, ut ea quæ pro salute animarum fidelium, et Christiani regni conservatione ac tranquillitate emendanda suggeruntur, cum divini timoris honore et metu futuri judicii audiatis, audita justo judicio examinetis, examinata competenti severitate resecetis. Nihil enim ita omnipotentis Dei iracundiam exasperat, et regni pacem perturbat, ut contemptus divinæ legis, et conculcatio paternæ auctoritatis, et profanatio ecclesiasticæ munditiei et sanctitatis. Unde adversus impios legis suæ contemptores ipse Deus loquitur, dicens : *Et oblita es legis Dei tui, obliviscar filiorum tuorum et ego* (Ose. iv, 6). De quibus et alibi scriptum est : *At illi subsannabant nuntios Dei, et parvipendebant sermones ejus, donec ascenderet furor Domini in populum suum, et esset nulla curatio* (II Par. xxxvi, 16). Redeat ergo semper in memoriam lex Dei, nec spernantur ac subsannentur nuntii Dei, sancti videlicet patres antiqui, de quibus ipse Dominus in Evangelio dicit : *Qui vos audit me audit, et qui vos spernit me spernit* (Luc. x, 16). Habeat vos sancta mater Ecclesia pios pudicitiæ et castimoniæ custodes ac defensores. Quæ in tantum ab illa omnipotens Deus exigit, ut terribiliter Apostolus testetur et dicat : *Pacem sequimini cum omnibus, et sanctimoniam, sine qua nemo videbit Dominum* (Hebr. xii, 14). Et iterum : *Nescitis quia templum Dei estis, et Spiritus sanctus habitat in vobis? Si quis autem templum Dei violaverit, disperdet illum Deus. Templum enim Dei sanctum est, quod estis vos* (I Cor. iii, 16). Et iterum : *Nescitis quia corpora vestra membra Christi sunt? Tollens ergo membra Christi faciam membra meretricis? Absit* (I Cor. vi,

15). Et iterum : *Et non estis vestri : empti enim estis pretio magno, glorificate et portate Dominum in corpore vestro* (*I Cor.* vi, 20). Istud est templum Dei, et domus Dei vivi, de qua scriptum est : *Domum tuam decet sanctitudo, Domine, in longitudinem dierum* (*Psal.* xcii, 5). De qua et beatus patriarcha Jacob, qui cognominatus est Israel, in mystica laude ait : *Non est hic aliud, nisi domus Dei et porta cœli* (*Gen.* xviii, 27). Quia videlicet et nunc habet habitatorem Dominum, et post præsentem vitam de mundo mittit ad cœlum.

Cap. III. Propter hanc sanctimoniam et munditiem a contagiis diabolicis, Ecclesia a Christo dilecta, et ejus passione comparata, et lavacro baptismi purgata est et expiata, testante Apostolo ac dicente: *Christus dilexit Ecclesiam, et seipsum tradidit pro ea, mundans eam lavacro aquæ in verbo vitæ, ut exhiberet ipse sibi gloriosam Ecclesiam, non habentem maculam aut rugam, aut aliquid ejusmodi : sed ut sit sancta et immaculata* (*Ephes.* v, 25). Quicunque igitur hujus matris filius, hujus corporis membrum, hujus templi portio veraciter esse desiderat, audiat et obaudiat fideliter eidem Apostolo admonenti atque dicenti : *Vos enim estis templum Dei vivi, sicut dicit Dominus, et inhabitabo et inambulabo in illis, et ero eis Deus, et ipsi erunt mihi populus* (*II Cor.* vi, 16). Et post paululum : *Has igitur habentes promissiones, charissimi, mundemus nos ab omni inquinamento carnis et spiritus, perficientes sanctificationem in timore Dei* (*II Cor.* vii, 1). De talibus enim membris et lapidibus vivis constituitur illa civitas regis magni, nova nupta et sponsa agni, de qua in Apocalypsi legitur : *Beati qui lavant stolas suas, ut sit potestas eorum in ligno vitæ, et portis intrent in civitatem : foris canes, et impudici, et venefici, et omnis qui amat et facit mendacium* (*Apoc.* xxii, 14, 15). Hujus gloriosæ domus Dei decorem, et locum habitationis gloriæ ejus, fidelissime diligere et zelari debent non solum episcopi et sacerdotes in sedibus, sed etiam reges in regnis et palatiis suis, et regum comites in civitatibus suis, et comitum vicarii in plebibus suis, et quicunque patresfamilias in domibus suis, in unum dives ac pauper, in mente et actibus suis. Hunc zelum præcipue Apostolus exercuit, et nobis suo exemplo exercendum commendavit dicens : *Æmulor enim vos Dei æmulatione : despondi enim vos uni viro virginem castam exhibere Christo* (*II Cor.* xi, 2). De hoc et ipse Dominus loquitur in Psalmo : *Zelus domus tuæ comedit me* (*Psal.* lxviii, 10). Quem zelum tam terribiliter exercuit, ut non verbo, quo etiam dæmones fugabat, sed manu et flagello profanatores domus Dei simul cum suis oblationibus et sacrificiis, quæ præparare videbantur, extruserit (*Joan.* ii).

Cap. IV. Obsecramus igitur, ut et pietas vestra ex hac sancta matre generata, ipsius Salvatoris imitatrix effecta, cujus misericordia et tuta et exaltata consistit, arripiat zelum pro domo Dei, et æmuletur æm Dei æmulatione, coercens et exstirpans, et flagello justæ severitatis exterminans quorumdam ho

minum impudentissimam audaciam, qui calcatis Dei legibus, et sanctissimorum Patrum auctoritate contempta, absque ulla divini sive humani pudoris reverentia, tanquam bruta et irrationabilia jumenta, templum Dei, quod est sanctimonia fidelium, violare non metuunt, et ipsum altare Domini, quod est sacerdotale ministerium, illi dicatum, et ejus cultui sequestratum, suis calcibus, quantum in se est, destruere et evertere moliuntur : dum in nonnullis regni hujus partibus, propter eorum publicam infestationem, nec viduarum miseranda desolatio legitimam habere libertatem permittitur, nec filiæ in ætate puellari et parentum domibus constitutæ, juxta leges divinas et humanas, eorumdem parentum suorum votis atque auctoritate, matronalibus nuptiis honestari ullatenus sinuntur : et ipsarum quoque sanctimonialium Deo dicata devotio, contra professionem sanctitatis, et reverentiam divinæ consecrationis, dissolvitur et profanatur. Ita ille antiquus humani generis hostis quondam per Balthasar impium et sacrilegum regem vasa domus Dei aurea atque argentea polluit (*Dan.* v) : nunc per istorum profanam insolentiam atque impietatem multo pretiosiora et Deo chariora commaculare et ludibrio atque insultationi dæmonum subjicere non cessat. Hi sunt publici raptores et prædones, cum satellitibus et sociis impietatis suæ, non alicujus hominis exteriores res vel substantiam devastantes, sed ipsius omnipotentis Dei familiam depopulantes. Cum quibus utique nec cibum sumere oportet, sicut de omnibus rapacibus apostolica auctoritas præscribit (*I Cor.* v). In quibus isti primum obtinent locum, raptores videlicet viduarum et puellarum, et sanctimonialium, contemptores sacerdotum, violatores templi Dei, non timentes illud apostolicum : *Si quis autem templum Dei violaverit, disperdet illum Deus* (*I Cor.* iii, 17). Et recte, si aliquod templum Dei ex lignis et lapidibus manu factum incenderent, sive destruerent, ab omnibus sacrilegi et puniendi judicarentur : quanto magis qui Dei vivi templum subvertere et dissipare non metuunt, dum ex raptu arbitrantur fieri posse conjugium, et ex iniquo contubernio legitimum matrimonium, quod nulla unquam lex, nulla humanitatis consuetudo permisit? Nam et in exordio mundi ad propagationem generis humani masculum et feminam Deus fecit, eosque sua benedictione conjunxit dicens : *Crescite et multiplicamini* (*Gen.* i, 28).

Cap. V. Cujus rei imitatione etiam sancta Ecclesia antiquitus solemniter et venerabiliter custodivit, eos qui in illa velut in paradiso Dei conjugio copulandi essent, divina benedictione et missarum celebratione conjungens. Quæ videlicet honesta et religiosa conjunctio, Deo auctore cœpta, et ejus benedictione firmata, etiam inter gentes, quæ nullam legem acceperunt, nullam Dei habuerunt notitiam, legitimo ordine et naturali lege servata est. Nec unquam rem pacis, charitatis atque concordiæ, per discordiam, et violentiam, et impietatem fieri licitum fuit. Testantur hoc publice Romanorum leges, quibus orbem universum vivere sub sua dominatione constituerant : in quibus manifeste præcipitur, et viros raptores et feminas raptas, si eis, sive ante raptum, sive post raptum, consensum præbuerint, pœnis ultimis esse puniendos : adjutores quoque et ministros raptorum ignibus concremandos, et conciliatorum ac mediatorum tanti facinoris plumbo liquenti atque ferventi ora damnanda. Nec ullo modo illam, quæ se raptam esse conqueritur, excusari posse, quæ se nec dormituram custodire studuit, nec vocibus vicinorum solatia atque auxilia flagitavit. Quod mirabiliter divinæ legi consonat, ubi puella desponsata, si ab aliquo in civitate oppressa fuerit, lapidibus obrui jubetur, quia non clamavit cum esset in civitate, ubi vel concursu civium, vel subsidio domesticorum poterat liberari (*Deut.* xxii, 14). Unde et beata illa Susanna laudatur, quam parentes ejus cum essent justi erudierant secundum legem Moysis : quia cum lavaretur sola in pomario viri sui, non solum iniquis senibus non præbuit assensum adulterii, sed etiam voce magna exclamavit, ut famuli domus audirent, et succurrerent, atque ita ab impiorum impietate protegeretur, sicut et factum est (*Dan.* xiii, 24).

Cap. VI. Sed et tam sanctum atque inviolabile voluit esse lex Dei fœdus et vinculum nuptiarum, parentali auctoritate et legitima postulatione initiatum, ut puellam desponsatam, etiam ante copulam nuptiarum, uxorem ejus cui desponsata est esse confirmet, dicens : *Si puellam virginem desponderit vir, et invenerit eam aliquis in civitate, et cubuerit cum illa, educes utrumque usque ad portam civitatis illius, et lapidibus obruentur; puella quia non clamavit cum esset in civitate, vir quia humiliavit uxorem proximi sui* (*Deut.* xxii, 23). Inde est quod etiam in Evangelio de beata et gloriosa Dei genitrice Maria, cum esset desponsata Joseph, dicitur illi per angelum : *Joseph fili David, noli timere accipere Mariam conjugem tuam* (*Matth.* 1, 20). Et in Osea propheta, si puellæ desponsatæ ab aliis violatæ fuerint, adulteræ nuncupantur, dicente Domino : *Non visitabo super filias vestras, cum fuerint fornicatæ, neque super sponsas vestras cum adulteraverint* (*Ose.* iv, 14). Hos autem raptores, et oppressores, ac violatores, lex Dei latronibus et homicidis comparat, et interfici jubet, ubi de puella, quæ in agro violenter oppressa fuerit, loquitur, dicens : *Sin autem in agro vir repererit puellam quæ desponsata est, et apprehendens concubuerit cum illa, ipse morietur solus, puella nihil patietur, nec est rea mortis. Quoniam sicut latro consurgit contra fratrem suum, ut occidat animam ejus; ita et puella perpessa est : sola erat in agro, clamavit, et nullus adfuit qui liberaret eam* (*Deut.* xxii, 25, 26).

Cap. VII. Agnoscant se ergo qui ejusmodi sunt et latrones et homicidas, et animarum interfectores, et dignos morte. Nec distat aliquid inter illos qui in agro tantam violentiam perpetrant, et istos qui sive in civitatibus, sive in villis vel domibus, etiam cum turba et armis similia committunt : nisi quod illi similes sunt latronibus, qui in silvis et desertis locis occulte insidiantur, isti vero similes atrocissimis et apertissimis prædonibus, qui vel nocturno silentio, vel clara luce civibus infesti et perniciosi existunt. Qui cum nec divinæ legis ordine, nec parentalis voluntatis auctoritate, nec ecclesiasticæ sanctitatis pietate, conjugalem copulam sortiti sunt, sed insuper pro benedictione sacerdotali excommunicationem publicam ex auctoritate canonum metuerunt, qua fronte sacrilegium videri volunt esse conjugium, et latrocinium matrimonium, et violentiam pietatem? Cum nec sine fundamento possit consistere ædificium, et exstirpata arboris radice, nequaquam rami virides pullulent : et de hujusmodi nequaquam legitimo connubio, sed adulterino contubernio, nullatenus dici possit quod Dominus in Evangelio ait : *Quod ergo Deus conjunxit, homo non separet* (*Matth.* xix, 6), sed potius : Quod homo impie et improbe conjunxit, Deus sua æquitate dissociet. Isti sunt qui per violentiam et potentatum suum, post contemptum omnipotentis Dei, contemnunt etiam Ecclesiam Dei, contemnunt sacerdotes Dei, nullam excommunicationis Christi reverentiam habentes, qui ministris et rectoribus Ecclesiæ suæ hanc potestatem contulit, dicens : *Quod si Ecclesiam non audierit, videlicet quilibet præsumptor et contumax, sit tibi sicut ethnicus et publicanus* (*Matth.* xviii, 17). Et statim subjunxit : *Amen dico vobis, quia quæcunque alligaveritis super terram, erunt ligata et in cœlis* (*ibid.*, 18). Isti autem e contrario, Ecclesiæ inobedientes, ac per hæc velut ethnici et publicani habendi, et temporali judicio excommunicati, violenter Ecclesias ingrediuntur, et divinis mysteriis injuriam facere non timent, et ad christianitatis cultum non humilitate, et pietate, atque obedientia, sed contumacia et improbitate seipsos aggregare conantur : non recogitantes scriptum etiam ipso Domino Christo dicente : *Non habitabit in medio domus meæ qui facit superbiam, et facientes prævaricationes odi* (*Psal.* c, 7). Et iterum : *Deus superbis resistit, humilibus autem dat gratiam* (*Jac.* iv, 6). Et : *Quoniam excelsus Dominus, et humilia respicit, et alta a longe cognoscit* (*Psal.* cxxxvii, 6). Si enim hæc cogitare dignarentur, deponerent superbiam suam, et illud per piam humilitatem promereri studerent, quod Scriptura alibi promittit, dicens : *Juxta est Dominus his qui tribulato sunt corde, et humiles spiritu salvabit* (*Psal.* xxxiii, 19). Et Jacobus apostolus qualiter unusquisque, et a diabolo longe fieri, et Deo appropinquare valeat, ita admonet : *Subditi igitur estote Deo, resistite autem diabolo, et fugiet a vobis. Appropinquate Domino, et appropinquabit vobis. Emundate manus peccatrices, et purificate corda duplices animo. Miseri estote, et lugete, et plorate. Risus vester in luctum convertatur, et gaudium in mœrorem. Humiliamini in conspectu Domini, et exaltabit vos* (*Jac.* iv, 7-9)

Cap. VIII. Nunc autem cum violenter in ecclesias irruunt, cum se turbæ fidelium indisciplinate et improbe permiscent, cum ipsis sacerdotibus, nisi illis præsentibus divina mysteria celebraverint, exitia comminantur, quid aliud faciunt, nisi quod bis se suo gladio confodiunt, ecclesiasticum contemnendo judicium, et sacri altaris mysteria temerando? Quæ sicut fidelibus et humilibus ac piis ad remedium, ita contemptoribus et impudentibus proficiunt ad judicium et tormentum. Quibus etiam illi stulti et improbi sunt sociandi, qui ab aliis Ecclesiis et sacerdotibus excommunicati, in aliis atque apud alios fraudulenter communicare posse credunt. Cum omnibus fidelibus certissime manifestum esse debeat, in universo mundo, et civitatibus, et populis, non esse nisi unam Christi Ecclesiam, et unum Christi altare, et unum sacrificium, quod ubique uni Deo et una religione constituitur et offertur. Et ideo nullus omnino potest in parte esse excommunicatus, et in parte communicans : sed unde in una Ecclesia meruit separari, in nulla prorsus, nisi per legitimam satisfactionem, poterit sociari : sicut membrum de loco suo præcisum, in nulla ulterius corporis parte valet aptari, nisi forte divinæ virtutis miraculo, unde divulsum fuerat potuerit reformari. Ex his nonnulli tam immites, et non humanæ affectionis, sed belluinæ immanitatis inveniuntur, ut prioribus uxoribus ex suspicione adulteri nulla lege, nulla ratione, nullo judicio, sola sua animositate et crudelitate occisis, adhuc cruenti et sanguine madentes, non solum nulla pœnitentia compungantur, aut aliqua humilitate Deo et Ecclesiæ satisfaciant, sed exsultantes in superbiis suis, incunctanter ad altare Domini accedant, et indifferenter sacra mysteria contingere præsumant. Cum etiamsi illæ miserrimæ mulierculæ veraciter adulterium perpetraverint, et ob hoc juste punitæ esse videantur, tamen lex Dei, ex qua omnis Christianus in die judicii judicabitur ut recipiat secundum opera sua, nullum reum, nec ipsos adulteros vel adulteras puniri permittit, nisi sub legitimis judicibus et testibus, quos etiam publico judicio a populo lapidari præcipit. Unde et admirabilis illa Susanna, cum falso adulterii crimine accusaretur, et publico judicio condemnata, et publico legitur absoluta (*Dan.* 13). Et illa mulier in Evangelio, quæ veraciter in adulterio fuerat deprehensa, primum juxta legem ad Pharisæos, qui potestatem judicii in populo exercebant, deinde etiam tentandi gratia ad Domini judicium perducta est, ubi ejus admirabili pietate, et a lapidationis supplicio, et a criminis reatu meruit liberari (*Joan.* VIII). Et in libro Numeri præcipitur, ut si qua mulier vel adulterii rea, vel falsa suspicione fuerit appetita, et vir ejus zelo adversus eam concitetur, adducat illam ad sacerdotem, et divino judicio vel damnandam offerat, vel liberandam (*Num.* V).

Cap. IX. Quod etiam antiqui Romani legitimo conjugio fieri debere, legibus suis antiquitus statue-

runt, et servaverunt, non solum jam effecti Christiani, sed etiam cum adhuc essent pagani, sicut apertissime ostendit lex Antonini pagani imperatoris, quam beatus Augustinus quodam loco hoc modo commemorat et commendat, dicens (*ad Pollent.* lib. II, c. 8) : « Quibus displicet ut inter virum et uxorem par pudicitiæ forma servetur, et potius eligunt, maximeque in hac causa, mundi legibus subditi esse quam Christi, quoniam jura forensia non eisdem quibus feminas pudicitiæ nexibus viros videntur distringere, legant quid imperator Antoninus, non utique Christianus, de hac re constituerit, ubi maritus uxorem de adulterii crimine accusare non sinitur, qui moribus suis non præbuit castitatis exemplum, ita ut ambo damnentur, si ambos pariter impudicos conflictus ipse convicerit. Nam supradicti imperatoris hæc verba sunt, quæ apud Gregorianum leguntur : Sane, inquit, litteræ meæ nulla ex parte causæ præjudicabunt. Neque enim si penes te culpa fuit ut matrimonium solveretur, et secundum legem Juliam Euphrasia uxor tua nuberet, propter hoc rescriptum meum adulterii damnata erit, nisi constet esse commissum. Habebunt autem ante oculos hoc inquirere, an cum tu pudice viveres, illi quoque bonos mores colendi auctor fuisti. Periniquum enim mihi videtur esse, ut pudicitiam vir ab uxore exigat, quam ipse non exhibet : quæ res potest et virum damnare, non ob compensationem mutui criminis rem inter utrumque componere, vel causam facti tollere. Si hæc observanda sunt propter decus terrenæ civitatis, quanto castiores quærit cœlestis patria et societas angelorum ? » Hæc de legibus pagani imperatoris Antonini beatus Augustinus scribit. In libro Esther manifeste legitur (*cap.* 1), Vaste uxore potentissimi et ferocissimi regis Assueri, cum ejus animos contemptu et contumacia offendisset, nequaquam sola illius indignatione et furore ex imperii honore depositam fuisse, sed publico judicio, et sententia principum, ac judicum Medorum atque Persarum. Ita cum essent pagani et idolorum cultores, naturaliter quæ legis sunt facientes, etiam in causis conjugum, non crudelitatem et sævitiam, sed justitiam et æquitatem decernere ac definire debere docuerunt.

Cap. X. Certe divina lex etiam inter dominum et servum sive ancillam, justitiam et judicium conservari præcepit : et cum præcipiat publico judicio talioni suæ oculum pro oculo, et dentem pro dente restitui : tamen si quis dominus servo vel ancillæ suæ privata indignatione et furore vel oculum erueret, vel dentem excuteret, statim eum ejusdem servi vel ancillæ amissione damnabat. Ita namque scriptum est : *Si percusserit quispiam oculum servi sui, aut ancillæ, et luscos eos fecerit, dimittet liberos pro oculo quem eruit : dentem quoque si excusserit servo vel ancillæ suæ, similer dimittet eos liberos* (*Exod.* XXI, 26). Noluit itaque et æquissima et misericordissima lex Dei, neque ipsis servis et ancillis a dominis suis absque judicio aliquas debilitates vel deformitates infligi : ita ut si quis hoc præsumeret, ejusdem servi justa amissione plecteretur, cujus subjectione injuste abusus fuisset. Multo minus occidi eum permisit privata domini sui indignatione et furore : quod si fecerit, reatu homicidii condemnatur, dicente eadem lege : *Qui percusserit servum suum vel ancillam virga, et mortui fuerint in manibus ejus, criminis reus erit* (*Exod.* XXI, 20).

CAP. XI. Hanc judicii et justitiæ æquitatem beatus Job erga familiam suam, etiam antequam lex illa per Moysen daretur, divina inspiratione et naturali consideratione servabat, sicut ipse testatur dicens : *Si contempsi subire judicium cum servo meo, et ancilla mea, cum disceptarent adversum me. Quid enim faciam, cum surrexerit ad judicandum Deus, et cum quæsierit, quid respondebo illi? Nunquid non in utero fecit me qui et illum operatus est, ac formavit me in vulva unus?* (*Job* XXXI, 13-15.) Inde et sancti Patres nostri, pro istiusmodi reatu, ita in sacris canonibus statuerunt (*concil. Agath. can.* 62) : « Si quis servum proprium sine conscientia judicis occiderit, excommunicatione biennii effusionem sanguinis expiabit. » Nam et liber Ecclesiasticus loquens de disciplina domini et servi hoc ipsum præscribit, dicens : *Verumtamen sine judicio nihil facias grave* (*Eccli.* XXXIII, 30). Et præcipue Apostolus ita admonet, dicens : *Domini, quod justum et æquum servis præstate, remittentes minas, scientes quod et vos dominum habetis in cœlo* (*Col.* IV, 1). Si igitur in domo uniuscujusque Christiani, tanta æquitas et bonitas etiam erga servilem conditionem servanda est inter dominum et servum, quanto major et uberior ac plenior custodienda est inter maritum et uxorem, inter virum et conjugem, inter caput et corpus? Quoniam sicut Apostolus docet : *Vir caput est mulieris, sicut Christus caput est Ecclesiæ, ipse salvator corporis ejus. Ita et viri debent diligere uxores suas ut corpora sua* (*Ephes.* V, 23 *et* 28). Qui suam uxorem diligit, seipsum diligit. Nemo enim unquam carnem suam odio habuit : sed nutrit et fovet eam sicut et Christus Ecclesiam. Unde rursum idem Apostolus dicit : *Viri, diligite uxores vestras, sicut et Christus dilexit Ecclesiam, et seipsum tradidit pro ea, ut illam sanctificaret, mundans eam lavacro aquæ in verbo* (*ibid.*, 25). Certe in his apostolicis verbis tanta inter virum et uxorem, et tam præcipua atque excellens dilectio commendatur, salva tamen in ipso conjugio prælatione viri et subjectione feminæ, ut illa conjunctione semel a Deo instituta et legitime conciliata major esse nec debeat, nec possit. Quid enim venerabilius, quam ut conjugium mysterium sit Christi et Ecclesiæ? quid sanctius, quam ut sic diligant viri uxores suas, sicut Christus dilexit Ecclesiam, tradens seipsum pro ea, ut illam sanctificaret atque mundaret? Quid charius atque conjunctius, quam ut vir caput sit mulieris, sicut Christus caput est Ecclesiæ, ipse salvator corporis? Qui etiam in Evangelio de hac conjugii unione testatur, dicens : *Itaque jam non sunt duo, sed una caro.*

Erunt enim, inquit, *duo in carne una* (*Matth.* XIX, 6), addit adhuc Apostolus, dicens : *Viri, diligite uxores, et nolite amari esse ad illas* (*Col.* III, 19). Si ergo viri erga uxores suas non debent esse amari, quanto minus sævi, crudeles, cruenti, nullam eis servantes legem, nullam rationem, nullum judicium, quod etiam erga servos Christiana religione custodiendum est : sed mox ut eis placuerit, indignatione et furore impio concitati, tanquam ad macellum illas deduci faciant laniandas, et cocorum suorum gladiis, more vervecum atque porcorum emactari præcipiant, vel ipsi etiam manu et mucrone proprio eas trucidaverint, nequaquam semetipsos ad imitationem Domini Jesu Christi tradentes pro eis, ut illas sanctificent et mundent, sed potius zelo libidinis suæ ipsas in æternum disperdentes, et se earum sanguine impie polluentes : cum in ejusmodi causa tanto justius exspectandum esset legitimum judicium, quanto facilius maritali zelo potest perpetrari homicidium.

CAP. XII. Defendant se quantum volunt qui hujusmodi sunt, sive per leges, si ullæ sunt, mundanas, sive per consuetudines humanas, tamen si Christiani sunt, sciant se in die judicii nec Romanis, nec Salicis, nec Gundobadis, sed divinis et apostolicis legibus judicandos. Quanquam in regno Christiano etiam ipsas leges publicas oporteat esse Christianas, convenientes videlicet et consonantes Christianitati. Lex namque omnipotentis Dei in tres species dividit omnia quæ homines in mundanis rebus subdita habere vel possidere videntur, cum in Decalogi præceptis definit et dicit : *Non desiderabis uxorem proximi tui, non servum, non ancillam, non bovem, non ovem, non asinum, non omnia quæ illius sunt* (*Exod.* XX, 17). In quibus verbis sine dubio aliter consideranda est dignitas uxoris, aliter conditio servorum et ancillarum, et aliter vilitas brutorum animalium, sive insensibilium rerum, et ideo omnia ista suis metis tractanda, suis gradibus discernenda ac dividenda sunt. Hæc dicimus ut considerent qui ejusmodi sunt, viliorem apud se esse conditionem uxorum quam servulorum. Et de servo absque conscientia judicis occiso dominus ejus homicidii reus existit, nec effusionem sanguinis nisi per pœnitentiam potest expiare, quid de conjuge statuendum sit. Qui etiam usque ad tantam stultitiam et cæcitatem prorumpunt, ut eas quas in primis contra omnes et divinas et humanas leges, et contra ipsius jura humanitatis per violentiam et raptum sibi conjungunt, vel etiam ex professione et habitu sanctimoniali sacrilega impietate commaculare non metuunt, postea blanditiis delinitas, et parentibus earum artificiosa, imo ignominiosa adulatione placatis, putant se et divinum et humanum evasisse judicium, et tam illicitum atque iniquum contubernium volunt videri velut legitimum et honestum conjugium, cum sicut jam supra ostensum est, et feminas quæ raptoribus suis consensum præbuerint, et parentes earum, nisi reclamaverint, etiam antiquæ Romano-

rum leges pari severitate judicent puniendos, et per A
ecclesiasticum judicium, quicunque ejusmodi sint,
vel usque ad separationem excommunicandos sive
anathematizandos, vel etiam post separationem ab
omni aspectu publico arcendos, et usque ad diem
mortis sub arctissima pœnitentia in ergastula jubeat
contradendos. In tantum ut etiamsi timore publicarum rerum ad Ecclesiam raptor cum rapta confugerit, ipsa quidem quæ violentiam perpessa est,
intercessu Ecclesiæ excusata parentibus restitui
jubeatur, raptor vero, quia manifeste vim intulit,
similiter ob reverentiam sanctuarii, legum impunitate concessa, in servitutem parentum ejus
quam rapuit redigatur, nisi forte illi ut se redimat
concedatur.

CAP. XIII. Nunc autem, his omnibus et divinis et
humanis legibus contemptis atque calcatis, publicam
per eos Ecclesia impugnationem, publicam injuriam
et contumaciam patitur : in tantum ut etiam sacerdotibus suis, tam iniqua et funesta prohibentibus,
insidias moliri, et seditiones concitare non metuant.
Quod si quis tam insanus est, ut istud profanum et
violentum contubernium idcirco putet legitimum fieri
posse conjugium, quia David regem justum et sanctum, sed in quibusdam ut hominem delinquentem, Scriptura refert uxorem Uriæ Hethæi adulterasse, et postea ipso Uria crudeliter interfecto,
etiam in conjugium sumpsisse (II Reg. xi), attendat
quam graviter et terribiliter omnipotens Deus hoc
totum per prophetam suum increpaverit, improbave-
rit, atque damnaverit, dicens : Uriam Hethæum C
occidisti, et uxorem illius accepisti uxorem, et interfecisti eum gladio filiorum Ammon. Quamobrem non recedet gladius de domo tua usque in sempiternum, eo
quod despexeris me, et tuleris uxorem Uriæ Hethæi,
ut esset uxor tua (II Reg. xii, 9, 10). Et quidem statim illi alto dolore compuncto, et pœnitenti atque
humiliter confitenti, tantæ iniquitatis reatus dimissus est. Ait namque brevi sermone, magno et profundo cordis gemitu : Peccavi Domino, et statim audire meruit per prophetam : Dominus quoque transtulit peccatum tuum, non morieris (ibid., 13).
Verumtamen sic ei dimissum est peccatum, ut non
evaderet temporale flagellum quod ei fuerat denuntiatum. Nam et filius, qui exinde natus fuerat, confestim divino judicio percussus est et mortuus, et ipse D
postea gravissimis tribulationibus, et regni sui
amissione per filium suum Absalon ita afflictus est
et vexatus, ac velut in fornace ignis excoctus
atque purgatus, ut vere sola divina clementia evasisse videatur. Quod autem conjugium illud, tam graviter increpatum et improbatum, atque flagellatum,
ita manere permissum est, manifeste non est cuiquam ad imitandum propositum, ut quilibet in injusto ordine credat se habere justum conjugium : sed
potius divinum exstitit miraculum vel sacramentum,
ita illum virum vera et admirabili pœnitentia fuisse
purgatum, atque ab omni adulterina surreptione sanatum, ut posset et ex tali conjunctione castum et

legitimum esse conjugium, sicut et in extremo vitæ
suæ tempore, mira et speciali virtute, Abisag Su-
namitidem speciosissimam virginem, et ex cunctis
finibus regni Israel electam, habuit sibi assidue
ministrantem, et secum assidue cubantem atque
dormientem, quam tamen nunquam cognovit (III
Reg. i).

CAP. XIV. Hæc ergo vel ita admiranda sunt, ut
penitus non possint esse imitanda, vel ita illi tempori Mosaicæ legis concessa, ut adveniente Domini
et Salvatoris nostri evangelica gratia, sint penitus
removenda, vel quoniam, sicut Apostolus dicit, omnia hæc in figura contingebant illis (I Cor. x), divinis sint mysteriis applicanda. Quanquam si non
præcessisset in illa muliere adulterium, nec viri ejus
interfectio fuisset adjuncta, quis non videat potuisse
eam, mortuo viro proprio, et debita jam curatione
deplorato, cui vellet honesto et legitimo matrimonio
copulari? Sed et regem, qui pro conditione temporis
illius non prohibebatur plures habere uxores, potuisse legitime accipere cujuslibet defuncti uxorem?
Illud vero in gestis ejus magnificum et valde imitandum claret, quod uxores sive concubinas, quas
fugiens reliquerat ad custodiendam domum, a filio
impio incestatas atque pollutas (II Reg. xvi) nunquam ulterius agnovit, sed tanquam vim perpessas
aluit eas tantummodo clementer, et fecit eas habitare clausas usque ad diem mortis suæ in viduitate
viventes. Sed et illud nequaquam abhorret ab ordine
et observantia religionis, cum adhuc regnaret in
Hebron super tribum Juda tantummodo, et Isboseth
filius Saul obtineret regnum Israel, misit ad Abner
principem militum et gubernatorem domus regiæ,
ut restitueret ei Michol filiam Saul, quæ fuerat uxor
ejus, et quam sibi desponsaverat centum præputiis
Philistinorum, quamque Saul, pater ipsius, illo hostiliter etiam extra terminos regni sui effugato,
alteri viro tradiderat conjugem (II Reg. iii). Justum
namque erat, ut illa persecutione et effugatione finita, regressus in patriam, quod sibi jure compete-
bat reciperet etiam in qualibet possessione terrena,
quanto magis in conjugii societate, sicut etiam sacri
canones simili æquitatis deliberatione observandum
esse decernunt?

CAP. XV. Possunt etiam istiusmodi pravi atque
distorti homines, sive fautores ac deceptores eorum,
illud quasi juste et licenter assumere in exemplum,
quod de viris tribus Benjamin refertur in libro Judicum (Jud. xx et xxi) : qui cum pro culpa superbiæ
et pravitatis suæ, qua civium suorum detestandum
atque immanissimum scelus, adversus Deum et totius populi judicium, improbe et impie defendere
ausi sunt, et contra omne regnum rebelli obstinatione
pugnare, divino judicio in bello corruissent, et usque
ad internecionem pene fuissent deleti, cum universis
uxoribus et filiis suis remanserint ex tota illa tribu
sexcenti viri tantummodo. Unde universus populus
Israel, qui in illo certamine adversus eos processe-
rat, eosque prostraverat gladio, juxta divinam jussio-

nem in ultionem nefandi sceleris vehementi et religioso dolore permotus est, quod ex duodecim tribubus ejusdem populi, sicut ab initio fuerant institutæ, et de Ægypto liberatæ, et in terram repromissionis inductæ, et sortis distributione hæreditatem adeptæ, una tribus tam nobilis atque præclara videretur etiam sublata. Quapropter nimium dolentes et flentes, atque ululantes, quod videlicet illud sacrosanctum mysterium duodecim tribuum, quod in humeris summi sacerdotis intrantis in Sancta sanctorum gestabatur in duobus pretiosis lapidibus in pectore, et etiam in aliis duodecim lapidibus pretiosis, sed et in mensa in duodecim panibus incessanter offerebatur, et futuro gloriosissimo apostolorum choro hæc omnia præparabantur, tam subita clade ac lugubri casu videretur esse decurtatum atque truncatum, altare exstruxerunt, victimis atque oblationibus et sibi et illis Dominum placaverunt, et divina gratia miserante et cooperante, omni cura ingentique studio egerunt, ut et plenitudo populi Dei, vel tanti mysterii insigne apud eos nullatenus deperiret : sicut mirabiliter postmodum etiam in Novo Testamento, per beatos apostolos sancto Spiritu agente, procuratum est, ut ejusdem duodenarii numeri sacramentum, quod pereunte Juda videbatur esse mutilatum, electione et subrogatione Mathiæ (*Act.* i) maneret instauratum atque perfectum. Et quoniam, ut jam dictum est, ex tota illa tribu sexcenti viri tantummodo superfuerant, quadringentis ex eis quadringentas virgines providerunt, atque in conjugium tradiderunt : ducentis vero qui remanserant, quia nec filias suas tradere poterant, constricti juramento et maledictione qua juraverant nequaquam se eis daturos de filiabus suis uxores, nec alias invenire poterant quas eis libere traderent, sicut fecerant ex habitatoribus Jabes Galaad, qui nec in illo juramento interfuerant, et postea in tam publico et religioso bello adesse neglexerant, ac per hoc legitime interfici jussi sunt, et ex eis quadringentæ tantum virgines resignatæ, quæ ad reparationem tribus Benjamiticæ adducerentur. Erant itaque residui habitatores Silo, ubi tunc constitutum erat tabernaculum Dei, qui nec in illo juramento, nec in illa pugna, forsitan immunitate sanctuarii, cui pro vicinitate familiarius vel etiam assidue famulabantur, fuisse credendi sunt : et idcirco licenter dare potuisse istas filias suas in conjugium, sed quadam duritia et exsecratione illius facinoris, quod a tribu Benjamin fuerat perpetratum, facere noluisse.

Cap. XVI. Restabat igitur, ut quia nec parentes legitime compelli poterant ut nolentes darent filias suas, et rem voluntatis ex necessitate facerent, nec ipsæ filiæ hostiliter sibi essent auferendæ, ipsis virginibus procedentibus solemnissimo die ad sanctuarium Domini, chorosque ducentibus, ducenti illi viri absque conjugibus, ex consultu et consilio atque auctoritate populi et seniorum, pro redintegratione ejusdem populi, et conversatione divini mysterii, repente eis occurrerent, et ex his singuli singulas sibi uxores acciperent. In qua re jam nulla metuenda esset divina indignatio, cum pro amore et honore divino, et pro Dei causa totum ageretur. Qui illi tribui pene usque ad internecionem deletæ, et in transacto bello jam restituerat quod merebatur, et in præsenti consultu occulta eis inspiratione et providentia miserebatur. Servata ergo ubique justitia, cum neque illæ puellæ aliqua lascivia vel contumacia, sed necessitate sola parentum suorum regimine abductæ essent, nec illi qui eas ceperant, aliquid suo libitu vel temeritate, sed populi et seniorum jussione atque auctoritate fecissent : restabat sola parentum querimonia rationabili satisfactione sopienda, de qua eis majores natu ita dixerunt : *Cumque venerint parentes eorum, et adversum vos queri cœperint atque jurgari, respondebimus eis : Miseremini eorum. Non enim ceperunt eas jure bellantium atque victorum, sed rogantibus ut daretis, et non dedistis, et a vestra parte peccatum est* (*Jud.* xxi, 22). Totum igitur istud rationabiliter provisum, rationabiliter factum, rationabiliter finitum, pro publica utilitate, publica auctoritate, atque intercessione, ita singulare est et minime imitandum, vel potius mysticum, ut semel legatur gestum, et nunquam ulterius iteratum.

Cap. XVII. Quapropter quod Scriptura Dei narrat ad memoriam pietatis, vel ad commendationem mysterii spiritualis, absit ut stulti et impudenti petulantia dissoluti usurpare permittantur ad exemplum vel defensionem suæ procacitatis, ut putent se isto exemplo, cum non facile impetrant a parentibus, licere sibi rapere quas voluerint, et postea complacatis parentibus, quasi legitimo eas matrimonio detinere : cum hoc, sicut jam dictum est, non sit scriptum ad exemplum, unde nec unquam postea est usurpatum, sed sit in his admirandæ devotionis commemoratio, et profundi mysterii commendatio. Et ibi quidem propitiato et placato omnipotenti Deo, cujus cultu et honore totum gerebatur, sola parentum misericordia implorata est, ut parcerent illis ducentis viris, ne vel in hac parte inveniret in eis divinæ legis æquitas quod damnaret. Quanquam et a parentum parte vere peccatum esse videatur, quia in consulendo tantæ et tam publicæ necessitati duriores exstiterunt, in tantum ut nec rogantibus primo dare voluissent. Hic vero Deo exasperato et ad iracundiam provocato, cujus lex contemnitur, cujus Ecclesia et sacerdotes conculcantur, cujus sanctum templum sacrilega et nefaria præsumptione violatur, qua stultitia atque dementia putant placatis et pacificatis parentibus, pacatam se habere posse Ecclesiam Dei, et eorum auctoritate stare posse confidunt quod divinæ legis et sanctorum Patrum auctoritate destruitur, cum tantæ prævaricationis et impietatis malum, adversus Deum et Ecclesiam ejus commissum, nulla ratione, nullis argumentis emendari possit, nisi omnipotentis Dei et Ecclesiæ judicio ac satisfactione ? Ibi igitur ostendenda est tanti facinoris emendatio, ibi suppliciter venia postulanda, ibi sollicite satisfactio exhibenda, id est in Ecclesia Dei, apud sacerdotes Dei, ubi solummodo veraciter obtineri potest et remissio peccati, et propitiatio ejus cui offensus est omnipotentis Dei.

Cap. XVIII. Adjiciunt istiusmodi homines malis suis etiam illam nimis! audacem et puniendam præsumptionem, ut adulterinis et exsecrandis non conjugiis, sed colluvionibus suis, postulando ac supplicando auctoritatem vel mediationem religiosorum principum acquirant : quod absit a fidelibus et ministris regni Christi principibus, ut cujusquam improbitas eorum interdictis vel interventionibus adjuvetur : cum leges Romanæ, et Christianissimi illorum temporum imperatores manifestissime et justissime censuerint, eos qui injustis et fraudulentis petitionibus, et maxime in tali causa, principales aures inquietaverint, et indulto beneficio carere, et insuper exsilio deportari, et filios qui ex hujusmodi ignominiosis et adulterinis conjunctionibus fuerint procreati, nequaquam legitimos deputandos, nec hæreditatis successione honestandos. Obsecramus igitur mansuetissimam tranquillitatem vestram, Christianissime et gloriosissime princeps, ut preces et supplicationes nostras, quas pro Ecclesia Dei et sanctificatione atque honore corporis Jesu Christi Domini et Salvatoris nostri deferimus, clementer audiatis, prompta devotione suscipiatis, et insitæ religionis affectu ac zelo strenue atque sollicite effectui mancipetis. Nec reprehendendam judicetis curam et solertiam pusillitatis nostræ, quod hæc Deo protegente non ubique, sed in plerisque regni hujus partibus contagia funesta grassantur. Quia nobis licet indignis et minimis, et exemplo apostolico cura debet incumbere omnium Ecclesiarum, et omnino vigilanter admonenda et prædicanda sunt ista etiam ubi non fiunt. Quoniam et ante venenum est adhibendum antidotum, et vulnus, dum adhuc crescendo male proficit, vel resecandum est vel curandum. Oramus itaque et imploramus a vobis auxilium, quod illi sine dubio debetis, cujus munere floretis atque polletis, ut tres Ecclesiæ ordines, imo triplex agri divini fructus, videlicet, tricesimus, sexagesimus, atque centesimus, etiam vestro terrore atque præsidio, velut quadam sepe atque munimento, integer et sincerus custodiatur, crescat, atque proficiat : tricesimus in copulatione conjugii, sexagesimus in continentia viduali, centesimus in pudore atque integritate sanctimoniali : ut quicunque his fructibus tanquam brutæ et perniciosæ bestiæ insidiantur, vestra custodia repellantur, vestra etiam severitate corrigantur.

Cap. XIX. Audiatur et teneatur quod sancti Patres definiunt de bono conjugali, ita dicentes (*Aug. lib.* ix, *de Genes. ad lit. c.* 7) : « Quod bonum habent nuptiæ, peccatum esse nunquam potest. Hoc autem tripartitum est, fides, proles, sacramentum. In fide attenditur, ne præter vinculum conjugale cum altera vel altero concumbatur. In prole, ut amanter suscipiatur, benigne nutriatur, religiose educetur. In sa-

cramento, ut conjugium non separetur, et dimissus aut dimissa nec causa prolis alteri conjungatur. Hæc est tanquam regula nuptiarum, quia vel natura decoratur fecunditas, vel innocentia regitur pravitas. » Audiatur et illud quod de reliquis duobus ordinibus, in quanta sanctitate et reverentia haberi debeant, his verbis iterum dicunt, David cum magno sui pudore furtim ad militis sui intrasse fertur uxorem, nec tamen evadere potuit ultionem. Tu ad sponsam regis Christi temerandam, cubiculum Domini dominorum impudenter ingressus, quomodo esse poteris impunitus ? Ac si forte vidua, aut quæcunque fuerit illa, nondum professa continentiam castitatis, quælibet illa sit, uxor dici non potest prostituta, uterque vestrum nota semper inuretur infamiæ, nec aliter tanti criminis macula poterit aboleri, nisi aut publica legum sæcularium sæviente censura adulterium mortibus expietur, aut certe profundis afflicti cordis gemitibus et veræ pœnitentiæ jugibus dum vivitur lacrymarum fontibus abluatur. Exeat ergo qui dicat crimen hoc nuptiis emendandum, et de scelere statim nomine conjugium censeat esse vocandum. A me invitus veraciter audiet, adulterium nullatenus dici conjugium : conjugium enim religiosi nominis vocabulum est.

Cap. XX. His sanctorum Patrum verbis atque sententiis subjungemus adhuc paucas ex sacris canonibus sententias, quas in contemplationem Domini nostri Jesu Christi, et honorem ac pietatem sanctæ matris Ecclesiæ, cujus visceribus Deo nati, cujus honoribus illustrati estis, et æternaliter illustrandos vos esse confiditis, religiosa quæsumus devotione audiatis, et instructissima cura atque industria, in commisso vobis Christiano populo agnosci, revereri, atque observari, Domino in omnibus protegente et cooperante, faciatis. Tanta namque res ista est pro qua satagimus et supplicamus, id est castimoniæ et sanctitatis custodia, ut pro ea commendanda atque tuenda etiam nos ipsos offerre libenter debeamus, exemplo beati et gloriosi Baptistæ Joannis, qui inter cætera prædicationis suæ præconia, etiam regem ipsum Herodem propter istiusmodi adulterinum conjugium tanta constantia increpavit, atque corripuit, instanter annuntians et dicens illi de uxore fratris sui Herodiade (quam plusquam raptor, etiam virtute et potentia regiæ potestatis obtinuerat et detinebat) : *Non licet tibi habere eam* (*Matth.* xiv, 4) ; ut pro hujusmodi causa et vincula et carcerem æquanimiter sustinens, novissime gladio maluerit obtruncari quam a veritatis et justitiæ prædicatione cessare. Et ideo vere martyr Christi, quia ipsius veritatis et justitiæ martyr.

<hr>

EXCERPTA

Ex sacris canonibus et sanctorum Patrum gestis de cultu sanctimoniæ et constantia annuntiandæ veritatis.

Ex decretis papæ Siricii cap. 4 : Quod non liceat alterius sponsam ad matrimonii jura sortiri.

De conjugali autem violatione requisiti, si desponsatam alii puellam alter in matrimonium possit accipere, hoc ne fiat modis omnibus inhibemus : quia benedictio, quam nupturæ sacerdos imponit, apud fideles cujusquam sacrilegii instar est, si ulla transgressione violetur.

In Ancyrano concilio, cap. 10. De desponsatis puellis, et ab aliis corruptis.

Desponsatas puellas, et post ab aliis raptas, placuit erui, et eis reddi quibus ante fuerunt desponsatæ, etiamsi eis a raptoribus vis illata constiterit.

Ex decretis Innocentii papæ, c. 20. De virginibus non velatis, si deviaverint.

Hæ vero, quæ necdum sacro velamine tectæ, tamen in proposito virginali semper se simulaverunt permanere, licet velatæ non fuerint, si forte nupserint, his agenda aliquanto tempore pœnitentia est, quia sponsio earum a Domino tenebatur. Si enim inter homines solet bonæ fidei contractus nulla ratione dissolvi, quanto magis ista pollicitatio, quam cum Deo pepigerunt, solvi sine vindicta non debet ? Nam si apostolus Paulus, quæ ex proposito viduitatis discesserant, dixit eas habere damnationem, quia primam fidem irritam fecerunt, quanto potius virgines, quæ prioris promissionis fidem frangere sunt conatæ ?

Ex decretis papæ Leonis, c. 27. Quod illæ quæ non coactæ, sed voluntate propria virginitatis propositum susceperunt, delinquant si nupserint, et si nondum fuerant consecratæ.

Puellæ quæ non parentum coactæ imperio, sed spontaneo judicio virginitatis propositum atque habitum susceperunt, si postea nuptias eligant, prævaricantur, etiamsi nondum eis gratia consecrationis accesserit : cujus utique non fraudarentur munere si in proposito permanerent.

Item ejusdem papæ Leonis ad Rusticum. De puellis quæ jam consecratæ sunt, si postea nupserint, et propositi et consecrationis duplex crimen admittunt.

De his quæ jam consecratæ sunt, si postea nupserint, ambigi non potest magnum crimen admitti, ubi et propositum deseritur et consecratio violatur. Nam si humana pacta non possunt impune violari, quid eos manebit, qui ruperint divini fidem sacramenti ?

Ex decretis papæ Gelasii, cap. 20. Quod hi qui se sacris virginibus sociant, et fœdera incesta commiscent, communicare non possint, nisi publicam pœnitentiam egerint.

Virginibus autem sacris temere se quosdam sociare cognovimus, et post dicatum Deo propositum incesta fœdera sacrilegaque miscere : quos protinus æquum est a sacra communione detrudi, et nisi per publicam probatamque pœnitentiam omnino non recipi : aut his certe viaticum de sæculo transeuntibus, si tamen pœnituerint non negari.

Ex decretis papæ Siricii, cap. 6. De monachis et virginibus propositum non servantibus.

Præterea monachorum quosdam atque monacharum, abjecto proposito sanctitatis, in tantam protestaris demersos esse lasciviam, ut prius clanculo, velut sub monasteriorum prætextu illicita ac sacrilega se contagione miscuerint, postea vero in abruptum conscientiæ desperatione perducti, de illicitis amplexibus libere filios procrearint : quod et publicæ leges et ecclesiastica jura condemnant. Has igitur impudicas detestabilesque personas a monasteriorum cœtu Ecclesiarumque conventibus eliminandas esse mandamus : quatenus retrusæ in suis ergastulis, tantum facinus continua lamentatione deflentes, purificatorio possint pœnitudinis igne decoquere, ut eis vel ad mortem saltem solius miseri-

cordiæ intuitu per communionis gratiam possit indulgentia subvenire.

Item ex concilio B. papæ Gregorii.

Gregorius apostolicus papa, ante corpus venerabile Christi apostolorum principis, in ferendo sententiam dixit : Si quis monacham, quam Dei ancillam appellant, in conjugium duxerit, anathema sit. Et responderunt omnes tertio, Anathema sit. Si quis commatrem spiritualem duxerit in conjugio, anathema sit. Et responderunt omnes tertio, Anathema sit. Si quis fratris uxorem duxerit in conjugio, anathema sit. Et responderunt omnes tertio, Anathema sit. Si quis consobrinam duxerit in conjugium, anathema sit. Et responderunt omnes, Anathema sit. Si quis de propria cognatione, vel quam cognatus habuit, duxerit uxorem, anathema sit. Et responderunt omnes tertio, Anathema sit. Si quis viduam furatus fuerit in uxorem, vel consentiens ei, anathema sit. Et responderunt omnes tertio, Anathema sit. Si quis virginem, quam sibi non desponsaverit, furatus fuerit in uxorem, vel consentiens ei, anathema sit. Et responderunt omnes tertio, Anathema sit. Gregorius episcopus sanctæ catholicæ atque apostolicæ Romanæ Ecclesiæ huic constituto a nobis promulgato subscripsi. Et subscripserunt alii episcopi viginti duo, presbyteri quatuordecim, diaconi quinque.

De concilio Aureliano I, cap. 2.

De raptoribus autem id constituendum esse censuimus, ut si ad ecclesiam raptor cum rapta confugerit, et feminam ipsam violentiam pertulisse constiterit, statim liberetur de potestate raptoris, et raptor, mortis vel pœnarum immunitate concessa, ad serviendi conditionem subjectus sit, aut redimendi se liberam habeat facultatem. Si vero quæ rapitur patrem habere constiterit, et puella raptori consenserit, potestati patris excusata reddatur, et raptor a patre superioris conditionis satisfactione teneatur obnoxius.

Ex concilio Valentino, cap. 2. De puellis Deo devotis, si ad terrenas nuptias transierint, ut pœnitentiæ deputentur.

De puellis vero quæ se Deo voverint, si ad terrenas nuptias sponte transierint, id custodiendum esse decrevimus, ut pœnitentia his nec statim detur, et cum data fuerit, nisi plene satisfecerint Deo, inquantum ratio poposcerit. earumdem communio differatur.

Ex concilio Eliberitano, cap. 13. De virginibus Deo sacratis, si adulteraverint.

Virgines quæ se Deo dicarunt, si pactum perdiderint virginitatis, atque eidem libidini servierint, non intelligentes quid amiserint, placuit nec in fine eis dandam communionem. Quod si semel persuasæ, aut infirmi corporis lapsu vitiatæ, omni tempore vitæ suæ hujusmodi feminæ egerint pœnitentiam, ut abstineant se a coitu, eo quod lapsæ potius videantur, placuit eas in fine communionem accipere debere.

Ex concilio Toletano I, cap. 16. Devota si adulteraverit, decem annis pœniteat. Si maritum duxerit, non permittenda ad pœnitentiam, nisi maritus decesserit.

Devotam peccantem non recipiendam in ecclesiam, nisi peccare desierit, et si desinens egerit pœnitentiam aptam decem annis, sic accipiat communionem. Prius autem quam in ecclesiam admittatur ad orationem, ad nullius convivium Christianæ mulieris accedat : quod si admissa fuerit, etiam hæc quæ eam recepit habeatur absenta. Corruptorem etiam par pœna constringat. Quæ autem maritum acceperit, non admittatur ad pœnitentiam, nisi ad huc vivente ipso marito caste vivere cœperit, aut postquam ipse decesserit.

Ex concilio Toletano IV, *cap.* 56. *De discretione viduarum sæcularium et sanctimonialium.*

Duo sunt genera viduarum, sæculares et sanctimoniales. Sæculares viduæ sunt, quæ adhuc disponentes nubere laicalem habitum non deposuerunt. Sanctimoniales sunt, quæ jam mutato habitu sæculari, sub religioso cultu in conspectu sacerdotis vel ecclesiæ apparuerunt. Hæ si ad nuptias transierint, juxta Apostolum, non sine damnatione erunt: quia se primum Deo voventes, postea castitatis propositum abjecerunt.

Ex concilio Toletano 10, cap. 5.

Omnes feminæ quæ jam in præteritum religionis veste fuisse probantur indutæ, nihil ad excusationem valeat oppositionum quælibet objectio, quamvis diversis aut callidis adumbrare se velint fallaciæ argumentis: sed ad sacratissimas sanctiones disciplina sanctior eas teneat religatas atque subjugat. Commoveantur sane sacerdotis auctoritate ut sponte redeant. Quæ si redire noluerint, impulsu sacerdotis ad religionis habitum reducantur, et in monasteriis redactæ excommunicationis condignæ sententia feriantur.

In edictis piorum imperatorum.

Si quis divinis mysteriis vel aliis sanctis mysteriis celebrandis in sancta intraverit ecclesia, et episcopo vel clericis, vel aliis ministris Ecclesiæ injuriam fecerit, jubemus eum tormentis subjectum in exsilio mori. Sed et si quis sancta oratoria vel divina mysteria in aliquo conturbaverit, capitali supplicio puniatur. Hoc eodem observando et in Litaniis, in quibus episcopi vel clerici inveniuntur. Ut si quidem contumeliam fecerit, tormentis et exsilio tractatur: sin autem litaniam turbaverit, capitali periculo subjaceat. Non enim tantum volumus omnia loca Deo dicata ab omni incursione libera, sed multo magis omnes episcopos et clericos eorum ab omni periculo esse tutissimos: ut quicunque præses vel judex, aut militaris, si contra eos manus aut contumelias inferre ausus fuerit, nullo pacto illud aliter expiare possit, nisi aut æterno exsilio, aut sanguine.

In Taurinensi vel Aquileiensi concilio, cap. 9 et 15.

Si peccatis agentibus contigerit post obitum alicujus sancti episcopi, ut annus transeat, antequam substituatur in civitate ipsa unde decessit episcopus alter, quia hoc munus prævidere debent metropolitani, ne ultra mensem, vel multo plus tres menses, sine pastore vacua remaneat civitas, placuit nobis, ut abs modo culpetur metropolitanus pro tanta negligentia, et clerus ac populus, pro eo quod salutis memor non fuit, ut ad metropolitanum petiturus episcopum accurreret: et deinde ordinetur episcopus eis. Si autem ipsi de se talem non habuerint, aut providere sibi et eligere jubente metropolitano suo neglexerint, tunc judicio et potestate sua, electa apta persona, metropolitanus cum aliis episcopis ordinet et faciat episcopum, ne plebs Dei sine pastore sit vacua, et facultates ecclesiæ dispereant. Si tunc presbyteri aut majores civitatis non acquieverint, ut rebelles anathematizentur.

In edictis piissimorum imperatorum.

Jurent majores civitatis ad Evangelia de persona electa ad episcopatum, quod neque uxorem habuerit pro certam neque concubinam, neque sit curialis vel taxeota, sed sanctus et litteratus, et canonicas leges intelligens, et in clero vel monasterio nutritus, et tunc ordinetur. Sin autem hi qui debent episcopum eligere, talia secreta intra sex menses non fecerint, tunc metropolitanus propter periculum animæ suæ, omnibus his exquisitis quæ diximus, ordinet et consecret sua potestate clero et populis episcopum.

XII.

EXPOSITIONES HINCMARI RHEMENSIS

AD CAROLUM REGEM

Pro Ecclesiæ libertatum defensione.

(Ex Actis prov. eccl. Rhem.)

EXPOSITIO PRIMA

CUI TITULUS : *QUATERNIONES.*

Licet antea quam nunc proxime Rhemis venerim, unde mox litteras dominationi vestræ direxi, quædam ex his de quibus scripturus sum, auditu compererim; plenius tamen non incerta relatione eorum postea historiam didici. Et ut in Ariulfi et Amalberti causa, quæ initio rationabili, scilicet sacris legibus non contrario, et aliquanto progressu, quia cum audientia episcopali, et non in loco publico, sed in privato et familiari examine cœpta est discuti, si eodem fine terminata fuisset, sermonem non occupem inde. Dicam unde plus doleo.

Audivi namque quia residentibus vobis cum fidelibus vestris, coram fratre et coepiscopo nostro Hincmaro, filius Liudonis ad vestram dominationem se reclamavit, quia isdem frater noster ab eo exc- nium acceperit, et patris sui beneficium ei donaverit, et deinde ab eo irrationabiliter tulerit; et ex hac ratione, forte minus necessaria gravitatis cautela, quæ in episcopo non modicum est ornamentum, adeo animus vestræ serenitatis fuerit motus, ut eumdem episcopatum coram omnibus, et voce publica, quam plurimis contumeliis affeceritis, quæ sacerdotali ordini a nullo homine, minime autem a rege, in quem sicut et in episcopum, omnium oculi sunt intendentes, impeti competit; missa ante oculos et servata reverentia Dei, qui dicit, quod sanctus Paulus de sacerdote est interpretatus: *Principem populi tui non maledices (Act.* xxiii). Et: *Diis non detrahes (Exod.* xxii), id est, sacerdotibus. Detrahit enim et ille sacerdotibus, qui contumelias irrogat.

De quibus item Dominus dicit: *Nolite tangere christos meos, et in prophetis meis nolite malignari (Psal.* civ). Et: *Qui vos tangit, tangit pupillam oculi mei (Zach.* II). Et : *Qui vos audit me audit; et qui vos spernit, me spernit; qui autem me spernit, spernit eum qui me misit (Luc.* x). Et : *Honorificantes me honorabo; et qui contemnunt me, erunt ignobiles (I Reg.* II).

Deinde jussistis præfatum episcopum, ut die et loco denominato veniret ad causas vestras, id est, ad sæcularia judicia, et suum advocatum de suo capite, videlicet de suo quod ipse egit actu, id est, non conscio quocunque coepiscopo suo, donaret. Qui mittens ad dominationem vestram, excusationem impossibilitatis suæ illuc veniendi mandavit. Requisita est quam patriotica lingua nominamus exonia, quia venire nequiverit : quod hactenus est inauditum.

Et requisito et non invento advocato illius, qui de ejus capite ex prædicta causa redderet rationem, excepta ecclesia et episcopii domo, ac clericorum claustro, quidquid de rebus et facultatibus ecclesiasticis sibi in episcopali ordinatione munere Spiritus sancti ad gubernandum et dispensandum commissis acceperat, jussione vestra, per vicecomitem ipsius pagi, in bannum, quod jus lingua latina proscriptio confiscando vocatur, est missum

Et postea, sicut audivi, per cancellarium palatii vestri, mandastis vicedomino, et præposito ipsius ecclesiæ, cum non modica interminatione, ut providerent quatenus nullum obsequium ab ecclesiæ ipsius hominibus, nullumque subsidium de facultatibus ecclesiasticis per clericum vel laicum ipse episcopus posset habere : et vicedominus laicos cum carris et operariis, et præpositus clericos habentes beneficia huc secum adduceret. Et impletum est quod olim prædictum est : *Et erit sicut populus, sic sacerdos (Isa.* XIV). Nulla discretionis lege distans a vulgo. Et illud nihilominus quod more Scripturæ ponens præteritum pro futuro, prædixit beatus Joannes apostolus, cui cum aliis apostolis dictum est : *Beati oculi qui vident quæ videtis (Luc.* x), infelicibus oculis nostris videmus. *Et sol,* inquit, *factus est niger, tanquam saccus cilicinus (Apoc.* VI). In extremo quippe hoc tempore, sol quasi cilicinus saccus ostenditur, quia fulgens vita prædicantium, nos præcedentium episcoporum, in nobis miseris ante sæcularium oculos aspera et despecta monstratur.

Et licet credendum sit de vestræ christianitatis religione, quoniam ad ipsius correctionem episcopi hoc egeritis ; tamen miranda est vestra sapientia, quæ sic medicamentum illius vulneri temperavit, ut de medicamento ipsa vulneraretur : cum Dominus mensuram in proximi dilectione talem ponat, ut proximum sicut nos ipsos, et non plus nos ipsos diligamus. Fama enim, quin potius infamia hæc, Burgundiam et Provinciam, atque Italiam penetrans, Romam perveniet ; et per regnum nepotis vestri, non solum usque ad citeriorem, verum et usque Germaniam ulteriorem perveniet, Aquitaniam et Septimaniam per Neustriam volitans occupabit. Et quis oculum simplicem, id est, rectam intentionem, quam in vobis nescit, putabit : ubi factum

Domino contrarium, et inimicum sacris canonibus, sicut beatus Leo scribit, Spiritu Dei conditis et totius mundi reverentia consecratis, quorum conditores in cœlo cum Domino regnantes, et in terris miraculis coruscantes, adhuc nobiscum in constitutionibus vivunt ; sed et legibus, quibus una cum eisdem sacris canonibus moderatur Ecclesia, constat adversum ? Quid enim dicent de vobis qui audierunt quod detestabamini, et eos reprehendebatis qui Dei ecclesias non venerabantur, et sacerdotibus honorem debitum non exhibebant, et præcipue Romano pontifici, et sanctæ Romanæ Ecclesiæ omnium Ecclesiarum matri, cum audient quod illius filiam, ac per hoc illam ipsam, quinimo universalem Ecclesiam præjudicio potius, quam judicio laicorum proscripsistis ; quod nec in legibus, nec in libris ecclesiasticis quemquam christianorum principium fecisse legimus ?

Et talium etiam, ut fertur, quarumdam personarum præjudicio istud commissum admissum est, quæ et in legibus, et in sacris canonibus infames personæ notantur. Et si vigor ecclesiasticus sic vigeret, sicut tempore antecessorum vestrorum, et nostrorum prædecessorum viguit, inter criminosos, quia videlicet, ut a multis dicitur, criminosi, a liminibus Ecclesiæ forent extorres : nunc autem nostra dissolutione, ut quidam dicunt, in Ecclesiam ipsi insiliunt, qui ab Ecclesia separari debuerant. Et hoc nostris peccatis, *in quos fines sæculorum devenerunt (I Cor.* x), merito reputamus : qui ad nostram contumeliam, non ad Ecclesiæ gloriam sacerdotes dicimur, qui a talibus conculcamur ; et ipsi de sacerdotum capitibus judicant, quorum judicium vel compellationem, liberi et sani capitis laici, in judicio publico legaliter non reciperent, si rejicere vellent. In quo facto, ut sanctus Cœlestinus scribit, « non est agentium causa solorum ; universalis Ecclesia quacunque novitate pulsatur. »

Novum est enim quod nunc factum est, quia non est sub isto cœlo auditum, ut episcopus cum Ecclesia sua proscriptionis titulo ab ullo religioso principe, laicorum judicio, usque modo fuerit confiscatus, postquam Constantinus magnus imperator legem universis clericis dedit, dicens : « Constantinus clericis salutem dicit. Juxta sanctionem quam dudum meruisse perhibemini, fundos et mancipia vestra nullus novis collationibus obligabit, sed vacatione gaudebitis. » Cum enim dicit « nullus », nemo excipitur ; verum in hac comprehensione etiam principalis potestas concluditur.

Constantius quoque, licet arianus fuerit, et Constans, hanc immunitatem dederunt Ecclesiæ dicentes : « In qualibet civitate, in quolibet oppido, vico, castello, municipio, quicunque votum christianæ legis meritum eximiæ singularisque virtutis omnibus intimaverit, securitate perpetua potiatur. Gaudere enim et gloriari ex fide semper volumus : scientes magis religionibus, quam officiis et labore corporis vel sudore, nostram rempublicam contineri. »

Valentinianus quoque et Valens decreverunt dicen-

tes : « Universos quos constiterit custodes ecclesiarum esse, vel sanctorum locorum, ac religiosis obsequiis deservire, nullius attemperationis molestiam
sustinere decernimus. »

Arcadius nihilominus et Honorius : « Quæcunque,
inquiunt, a parentibus nostris diversis sunt statuta
temporibus, manere inviolata atque incorrupta
circa sanctas Ecclesias præcipimus. Nihil igitur a
privilegiis immutetur, omnibusque qui ecclesiis serviunt, tuitio deferatur. Quia temporibus nostris addi
potius reverentia cupimus, quam ex his quæ olim
præstita sunt immutari. » Et item iidem : « Non tam
novum aliquid præsenti sanctione præcepimus, quam
illa quæ olim videntur indulta firmamus. Privilegia
igitur, quæ olim reverentia religionis obtinuit, mutilari sub pœnæ etiam interminatione prohibemus;
ita ut hi quoque qui Ecclesiæ obtemperant, ipsius
beneficiis perfruantur. » Et item iidem Augusti :
« Si quis in hoc genus sacrilegii proruperit, ut in
ecclesias catholicas irruens, sacerdotibus et ministris, vel ipso cultui locoque aliquid importet injuriæ ; quod geritur, litteris ordinum, magistratuum
et curatorum, et notariis apparitorum, quos statio-
narios appellant, deferatur in notitiam potestatum :
ita ut vocabula eorum qui agnosci potuerint, decla-
rentur. Et si per multitudinem commissum dicetur,
si non omnes, possunt tamen aliquanti cognosci,
quorum confessione sociorum nomina publicentur.
Atque ita provinciæ moderator, sacerdotum et Ecclesiæ catholicæ ministrorum, loci quoque ipsius
et divini cultus injuriam, capitali in convictos sive
confessos reos sententia noverit vindicandum : nec
exspectet ut episcopus injuriæ propriæ ultionem deposcat, cui sanctitas ignoscendi solam gloriam dereliquit. Sitque cunctis non solum liberum, sed et
laudabile, factas atroces sacerdotibus aut ministris
injurias, veluti crimen publicum persequi; ac de
talibus reis ultionem mereri. Quod si multitudo violenta civilis apparitionis exsecutione, et adminiculo
ordinum possessorumve non potuerit præsentari,
quod se armis aut locorum difficultate tueatur : judices armatæ apparitionis præsidium, datis ad virum
spectabilem comitem Africæ litteris, prælato legis
istius tenore, deposcant : ut rei talium criminum
non evadant. » Item iidem Augusti : « Si ecclesiæ
venerabilis privilegia cujusquam fuerint vel temeritate violata, vel dissimulatione neglecta : commissum quinque librarum auri, sicut etiam prius constitutum est, condemnatione plectatur. »

Multa etiam hic poni poterant, quæ ab omnibus
salubriter regnantibus, et juste judicantibus longo
tempore conservata sunt; sed scio sapientiam vestram ex his quæ de decimo sexto libro Theodosianæ legis sunt posita, debere comprehendere plura.

Et horum imperatorum imitantes religionem antiqui etiam et moderni reges Francorum, immunitates
ecclesiis et servis Dei facere consueverunt, quas qui

non servant, de illorum eleemosyna peccata sua accumulant. Itaque cum de aliis memorabilibus imperatoribus ac regibus loquimur, avi vestri, magni imperatoris Caroli non est prætereunda memoria. Cui
cum, sicut assolet, adulantium linguis subreptam
fuerit, ut ecclesiis de rebus suis præjudicium quoddam inferret; obsistentibus episcopis, et specialiter
Paulino patriarcha, sicut vobis bene notum esse cognosco, adeo se recognovit, et ecclesiæ ac episcopis
satisfecit; ut præsens oris sui confessio ei non suffecerit, sed ad posteros suos, qui ex illius progenie
exorturi erant, confessionis et correctionis suæ scriptum manu sua firmatum transmiserit. De quo edicto partem in libro vestro, qui appellatur liber Capitulorum imperialium, scriptum habetur, cap. 67
ubi scriptum est : « Quia juxta sanctorum Patrum
traditionem novimus res Ecclesiæ vota esse fidelium,
pretia peccatorum, et patrimonia pauperum : cuique non solum habita conservare, verum etiam multa
Deo opitulante conferre optamus : tamen ut ab ecclesiasticis de non dividendis rebus illius suspicionem dudum conceptam penitus amoveremus, statuimus, ut neque nostris, neque filiorum, et Deo dispensante, successorum nostrorum temporibus, qui nostram vel progenitorum voluntatem, vel exemplum
imitari voluerint, ullam penitus divisionem aut jacturam patiatur. »

Sicut enim Symmachus papa ad Æonium scripsit : « Non licet cuiquam decessorum suorum ordinationem sub necessitate qualibet transgredi : sed
roborando quæ a decessoribus suis bene gesta sunt,
facere debet rata esse quæ gesserit. » Unde non solum ea quæ a decessoribus et prædecessoribus vestris
bene statuta sunt servando, vos firmitatem eis dare
oportet, verum et illa quæ ipsi gessistis, et manu
propria subscripsistis, et cum maxima obtestatione
vos servaturos perpetuo promittentes, in manibus
sacerdotum ad vicem Dei tradidistis, ante oculos et
mentis et corporis revocare debetis. Et non modica
necessitas vobis incumbit, ut si contra ea in aliquo
egistis, hoc quantocius emendare, et de cætero ne
contra illa faciatis, cavere summopere procuretis.
Quia enim post illam unctionem qua cum cæteris fidelibus meruistis hoc consequi, quod beatus Petrus
apostolus dicit : *Vos genus electum, regale sacerdotium* (*I Petr.* II) episcopali et spirituali unctione, ac
benedictione regiam dignitatem potius quam terrena
potestate consecuti estis : attendere subtili intellectu debetis, quoniam ad diffinitionem sancti Spiritus, quam synodali auctoritate protulit, excepti non
estis : « Si quis, inquit, contra suam professionem
vel subscriptionem venerit, ipse se honore privabit ᵃ. »

Quod licet non fiat, sicut sæpe solet accidere, in
oculis hominum, fit tamen semper in oculis Domini.
Sed sicut superbiendo David : *Quia initium omnis
peccati superbia* (*Eccli.* X) faciens contra professio-

ᵃ Conc. Afric., can. 13.

nem suam, quam professus est, dicens : *Vivit Do-* A
minus, quia ludam ante Dominum, et ero humilis in
oculis meis (*II Reg.* VI) prophetiæ gratiam et dignitatem regiam, quam peccando perdidit, confessus
coram Nathan pœnitendo recuperavit. Et sicut Petrus faciens contra suam professionem, quam professus est, dicens : *Etiamsi oportuerit me mori te-*
cum, non te negabo (*Matth.* XXV), quia tertio Dominum negaverat, tertio confessus, ut beatus ostendit
Gregorius, coram omnibus apostolis; quia flevit
amare, quod negaverat lacrymis lavit, et apostolatum, quem negando perdiderat, confitendo et flendo
recepit : ita etiam quisque confitendo, et pœnitendo,
ac corrigendo quæ perpere contra professionem et
subscriptionem fecit, ad honorem redire, et in honore prævalet Domino miserante manere. Alioquin B
contra claves datas Ecclesiæ disputabitur, de quibus dictum est : *Quæcunque solveritis super terram,*
erunt soluta et in cœlo (*Matth.* XVIII). Christus Jesus
ut catholice tenet et docet Ecclesia, hanc præpositis ejusdem Ecclesiæ tradidit potestatem, ut et confitentibus actionem pœnitentiæ darent, et eosdem salubri satisfactione purgatos, quæ satisfactio pœnitentiæ in ipsa jam cognoscitur confessione peccati,
per reconciliationis gratiam restituerent. Et hæc restitutio reconciliationis quomodo non sit contraria
sacris regulis, hic ponere non permiserunt brevitas operis, et angustia temporis.

Hæc namque cum aliis quæ ibidem continentur,
anno Incarnationis Dominicæ octingentesimo quadragesimo quinto mense Aprili, anno sexto regni C
vestri, in Belgivaco [*Beauvais*] civitate cum maxima
contestatione cunctis diebus vitæ vestræ vos servaturos promisistis, eisdem episcopis, qui præsentes
aderant, et cæteris regni vestri episcopis, qui corpore præsentes non aderant, et omnibus eorum successoribus, et omnibus episcopis in regno vestro
consistentibus, et in manibus eorumdem episcoporum ad eorum petitionem dedistis :

I. « Ut jus ecclesiasticum et legem canonicam nobis
ita conservetis, sicut antecessores vestri qui hoc
bene et rationaliter observaverunt, juxta quod scire
poteritis, et Dominus vobis posse dederit, prædecessoribus nostris conservaverunt. »

II. « Quod in mea persona, nec in meo ordine, D
nisi forte quod absit, in antea contra Dominum et
contra vos manifeste fecero, ut damnari canonice
debeam, adversum me et meum ordinem ita damnabiliter non faciatis pro quacunque præterita
causa, ut mihi damnatio, aut dehonoratio veniat. »

III. « Quod res ad ecclesiam mihi commissam
pertinentes, et tempore vestri principatus ablatas ita
præsentaliter restituatis et conservetis, sicut tempore avi et patris vestri fuerunt, et excepto superposito, quod in usus possidentium, vel ex ædificiis
absumptum est, quomodo tunc erat, quantum ad hoc
quod res usitato nomine appellamus constat, quod
vos inde illas tulistis. »

IV. « Ut præcepta illicita de rebus ecclesiæ mihi
commissæ a vobis facta, rescindantur; et ut de cætero ne fiant caveatis. »

V. « Ut ab ecclesia mihi commissa indebitas consuetudines, et injustas exactiones de cætero non
exactetis; sed sic eas conservetis, sicut tempore avi
et patris vestri conservatæ fuerunt. »

VI. « Ut contra deprædatores et oppressores
ecclesiarum nostrarum, et rerum ad easdem pertinentium defensionem secundum ministerium vestrum, quantum posse vobis Deus dederit, exhibeatis.

VII. « Ut præcepta quæ avus et pater vester ecclesiis nobis commissis fecerunt, et firmaverunt, et
stabilia conservaverunt, quæ etiam vos conserva-
stis, de cætero rata conservetis. »

VIII. « Quod si vos contra hæc capitula, aut nos,
quod absit, non malitia nec perverso studio, sed
aut per humanam fragilitatem, aut per ignorantiam,
vel subreptionem non damnabiliter egerimus, mutuo
hoc consilio corrigamus, et firmata deinceps convenientia maneat. »

Et hæc sequentia apud Carisiacum palatium anno
Incarnationis Dominicæ octingentesimo quinquagesimo octavo, regni autem vestri decimo octavo
XII Kal. April. vos servaturos episcopis et cæteris
fidelibus vestris manu propria vestra firmastis :
« Quantum sciero, et rationabiliter potuero, Domino
adjuvante, unumquemque vestrum secundum suum
ordinem honorabo et salvabo, et honoratum et salvatum absque ullo dolo ac damnatione vel deceptione, conservabo. Et unicuique competentem legem et justitiam conservabo. Et qui illam necesse
habuerit, et rationabiliter petierit, rationabilem
misericordiam exhibebo; sicut fidelis rex suos fideles per rectum honorare et salvare, et unicuique
competentem legem et justitiam in unoquoque
ordine conservare, et indigentibus et rationabiliter
petentibus rationabilem misericordiam debet impendere; et pro nullo homine ab hoc, quantum
dimittit humana fragilitas, per studium aut malivolentiam vel alicujus indebitum hortamentum deviabo,
quantum mihi Deus intellectum et possibilitatem
donaverit. Et si per fragilitatem contra hoc mihi
subreptum fuerit, cum hoc recognovero voluntarie
illud emendare curabo. » Sed et alia ex hoc firmastis, quæ hic non posui.

Et post hæc omnia, et alia, quæ sæpe fidelibus
vestris, et etiam in Carisiaco, quando veniam petentes, ab episcopis qui adfuerunt manus impositionem accepistis, quin et in villa Breona, promisistis : nunc tantam Laudunensis Ecclesia, imo in
ea omnis Ecclesia jacturam patitur, ut quod antea
inauditum est, titulum proscriptionis sustineat,
contra decreta omnium sanctorum episcoporum qui
sedi apostolicæ præsederunt; quorum omnium decreta hic nimis est longum inserere. Unde quædam
causa compendii studui ponere.

Ait enim sanctus Urbanus papa et martyr, hinc

inter cætera loquens : « Innitendum est omnibus et fideliter custodiendum, et ullius usurpationis contumelia depellenda, ne prædia usibus secretorum cœlestium dicata, a quibusdam irruentibus vexentur : quod si quis fecerit, post debitæ ultionis acrimoniam, quæ erga sacrilegos jure ponenda est, perpetua damnetur infamia, et carceri tradatur, aut exsilio perpetuæ damnationis deportetur : quoniam juxta Apostolum tradere oportet hujusmodi hominem Satanæ, ut spiritus salvus sit in die Domini. »

Sanctus quoque Lucius omnibus episcopis in partibus Occidentalibus, tam in Galliis, quam et in Hispaniis consistentibus scripsit dicens : « Res ecclesiarum vestrarum, et oblationes fidelium, quas significastis a quibusdam irruentibus vexari, vobisque ac ecclesiis vestris auferri, indubitanter maximum est peccatum. » Et post pauca : « Qui rapit pecuniam proximi sui, iniquitatem facit : qui autem pecunias vel res ecclesiasticas tulerit, sacrilegium facit. Unde et Judas, qui pecuniam fraudavit quæ usibus Ecclesiæ, id est pauperibus, quos Ecclesia pascere debet, distribuebat jussu Salvatoris, cujus vicem episcopi tenent, non solum fur, sed et fur sacrilegus est effectus. » Et item post aliquanta : « Hæc fieri prophetæ, hæc apostoli, hæc successores eorum, et omnium catholicorum Patrum vetant decreta, et tales præsumptiones sacrilegia esse judicant. Quorum nos sequentes exempla, omnes tales præsumptores, et Ecclesiæ raptores, atque suarum facultatum alienatores, una vobiscum a liminibus sanctæ matris Ecclesiæ anathematizatos apostolica auctoritate pellimus, et damnamus, atque sacrilegos esse judicamus. Et non solum eos, sed et omnes consentientes eis, quia non solum qui faciunt, rei judicantur, sed etiam qui facientibus consentiunt. Par enim pœna et agentes et consentientes comprehendit. »

Et sanctus Stephanus papa et martyr : « Quidquid in sacratis Deo rebus, et episcopis injuste agitur, pro sacrilegio reputabitur. »

Et quia scriptum est : *In ore duorum vel trium testium stabit omne verbum (Matth. XVIII)*, pro omnium hoc similiter decernentium sedis apostolicæ pontificum decretis ista tria luminaria ad illuminanda corda eorum qui in Deum credunt et jussa atque mandata illius custodire desiderant, sufficere posse putamus. Episcopis autem res ac facultates ecclesiasticas, Domini et apostolorum ejus traditione, ipsius sanctæ et primæ sedis omnes pontifices commiserunt. De quibus propter prolixitatem operis, et brevitatem temporis, et festinantiam, hac ad vos transmissionis collectione, hic omisi connectere, et in suis locis, si vobis placet, potestis ex integro legere.

Sed et Antiocheni canones, ita inde præcipiunt : « Quæ sunt ecclesiæ, sub omni sollicitudine et conscientia bona, et fide quæ in Deum est, qui cuncta consideat judicatque, serventur : quæ etiam dispensanda sunt judicio et potestate pontificis, cui commissus est populus, et animæ quæ intra ecclesiam congregantur. » Et item : « Episcopus ecclesiasticarum rerum habeat potestatem ad dispensandum erga omnes qui indigent, cum summa reverentia et timore Dei. Participet autem et ipse quibus indiget, si tamen indiget, tam suis, quam fratrum qui ab eo suscipiuntur, necessariis usibus profuturis [a]. » Et reliqua.

Et Gangrenses canones dicunt : « Si quis oblationes ecclesiæ extra ecclesiam accipere vel dare voluerit, præter conscientiam episcopi, vel ejus cui hujuscemodi officia commissa sunt, nec cum ejus voluerit agere consilio, anathema sit. » Et item : « Si quis dederit vel acceperit oblata præter episcopum, vel eum qui constitutus est ab eo ad dispensandam misericordiam pauperibus ; et qui dat, et qui accipit, anathema sit [b]. »

Et adeo res et facultates ecclesiæ potestati episcopi, sancto Spiritu decernente committuntur : ut a magna synodo Chalcedonensi, etiam post mortem episcopi, redditus ecclesiæ viduatæ futuro episcopo penes œconomum ejusdem ecclesiæ integre conservari jubeantur [c]. De quibus sive vivente, sive defuncto episcopo, quicunque quocunque ingenio, unde gravetur ecclesia, per angarias vel indebitas pensiones exigunt, sine timore ne sacrilegium admittant esse non possunt : etiamsi violenter non rapiant, sed quasi prudenti ingenio injuste accipiant ; cum eos conscientia quacunque sinistra intentione in conspectu Domini cor intuentis accuset. Præsertim cum Joannes dicat : « *Si cor nostrum non reprehenderit nos major est Deus corde nostro, et novit omnia (I Joan. III).* Et Paulus : *Nihil mihi conscius sum, sed non in hoc justificatus sum. Qui autem judicat me, Dominus est (I Cor. IV).* Si quidem dicente Paulo : *Sustinetis, si quis accipit (II Cor. XI),* accipere, ut exponit Gregorius, interdum intelligitur rapere, unde et aves illæ quæ rapiendis sunt avibus avidæ, accipitres vocantur. »

Claret namque ex legibus quas probat Ecclesia, ejus inspiratione prolatis, per quem conditores legum justa decernunt, et ex sacris canonibus, quia contra divina jussa est, episcopum cum rebus et facultatibus ecclesiæ suæ titulo proscriptionis damnari, qui hanc potestatem divinitus per sacros canones habet, in quibus decretum est : « Si quis de potentibus clericum, aut quemlibet pauperiorem, aut religiosum exspoliaverit, et mandaverit ad ipsum episcopus ut eum audiat, et nic contempsit ; invicem mox scripta percurrant per omnes provinciæ episcopos, et quoscunque adire potuerit, ut excommunicatus habeatur, donec audiat et reddat aliena [d]. »

Qui vero episcopus quilibet ex ordine ecclesiastico cleri, relicto ecclesiastico judicio ad publica judicia

[a] Conc. Antioch. an. 344, can. 24 et 25.
[b] Conc. Gangrens., an. 325, can. 7 et 8.
[c] Conc. Chalcedon., can. 25.
[d] Conc. Tolet., an. 400, can. 11.

ire non debeat, Paulus apostolus Spiritum Domini habens Christo in se loquente fortiter perhibet; qua nimirum auctoritate canones Carthaginienses præcipiunt dicentes : « Quisquis episcoporum, presbyterorum, et diaconorum, seu clericorum, cum in ecclesia ei fuerit crimen institutum, vel civilis causa fuerit commota, si relicto ecclesiastico judicio, publicis judiciis purgare voluerit, etiamsi pro ipso fuerit prolata sententia, locum suum amittat, et hoc in criminali; in civili vero perdat, quod evicit, si locum suum obtinere maluerit[a]. » Et Africanum concilium : « Quicunque (scilicet clericorum), ab imperatore cognitionem judiciorum publicorum petierit, honore proprio privetur; si autem episcopale judicium ab imperatore postulaverit, nihil ei obsit[b]. »

Quod et leges, quibus cum sacris canonibus sancta moderatur Ecclesia, ita in decimo sexto libro Theodosianæ legis confirmant, sanciente Constantino, dicentes : « Mansuetudinis, inquit, nostræ lege prohibemus, in judiciis episcopos accusari; ne, dum ad futura ipsorum beneficio impunitas æstimatur, libera sit ad arguendos eos animis furialibus copia. Si quid est igitur querelarum, quod quispiam defert; apud alios potissimum episcopos convenit explorari : ut opportuna atque commoda cunctorum quæstionibus audientia commodetur. » Et interpretatio ejusdem legis : « Specialiter prohibetur, ne quis audeat apud judices publicos episcopum accusare, sed in episcoporum audientiam perferre non differat quidquid sibi pro qualitate negotii putat posse competere, ut in episcoporum aliorum judicio, quæ asserit contra episcopum, debeant diffiniri. »

Et item Valens, Gratianus et Valentinianus : « Qui mos est causarum civilium idem in negotiis ecclesiasticis obtinendus est, ut si qua sunt ex quibusdam dissensionibus levibusque delictis, ad religionis observantiam pertinentia, locis suis et a suæ diœceseos synodis audiantur. » Et reliqua. Et interpretatio ejusdem legis : « Quoties ex qualibet re ad religionem pertinente inter clericos fuerit nata contentio; id specialiter observetur, ut convocatis ab episcopo diœcesanis presbyteris, quæ in contentionem venerint judicio terminentur. » Et reliqua.

Et Theodosius christianissimus imperator, et beati Ambrosii, imo per eum Dei humillimus auditor ad Optatum Augustalem in lata lege, ad locum : « Continua lege sancimus, nomina episcoporum, vel eorum qui Ecclesiæ necessitatibus serviunt, ne ad judicia sive ordinariorum sive extraordinariorum judicum pertrahantur. Habent illi judices suos, nec quidquam his publicis commune cum legibus. » Et reliqua. Et item idem : « Clericos non nisi apud episcopos accusari convenit. Igitur si episcopus aut presbyter, diaconus et quicunque inferioris loci christianæ legis minister, apud episcopos, siquidem alibi non oportet, a qualibet persona fuerint accusati, sive ille sublimis vir honoris, sive ullius alterius dignitatis, qui hoc genus illaudabilis intentionis arripiet, noverit docenda probationibus, monstranda documentis se debere inferre. Si quis ergo contra hujusmodi personas non probanda detulerit, auctoritate hujus sanctionis intelligat se jacturæ famæ propriæ subjacere : ut damno pudoris existimationisque dispendio discat sibi alienæ verecundiæ impune insidiari, saltem de cætero, non licere. » Quæ sit autem jactura infamiæ propriæ, quæ sint personæ infames, leges romanæ, ac canones, sed et decreta sedis romanæ, pontificum multoties inde loquentes exponunt.

Inter quos beatus Stephanus sancto Hilario scribens, ita dicit : « Quod vero consuluisti sedem apostolicam, qui sint infames, aut qui ad gradus ecclesiasticos non sint admittendi, et nosse te credimus, et pro auctoritate sedis apostolica te informare non denegamus. Infames autem eas esse personas dicimus, quæ pro aliqua culpa notantur infamia, id est, omnes qui christianæ legis normam abjiciunt et statuta ecclesiastica contemnunt. Similiter fures, sacrilegos, et omnes capitalibus criminibus irretitos, sepulcrorumque violatores, et apostolorum atque successorum eorum, et reliquorum sanctorum Patrum statuta libenter violantes; et omnes qui adversus patres armantur, qui in omni mundo infamia notantur. Similiter et incestuosos, homicidas, perjuros, raptores, maleficos, veneficos, adulteros, de bello fugientes, et qui indigna sibi petunt loca tenere, aut facultates Ecclesiæ abstrahunt injuste; et qui fratres calumniantur aut accusant et non probant; vel qui contra innocentes principum animos ad iracundiam provocant; et omnes anathematizatos, vel pro suis sceleribus ab Ecclesia pulsos; et omnes quos ecclesiasticæ vel sæculi leges infames pronuntiant. Hos vero non ad sacros ordines licet promovere, nec servos ante legitimam libertatem, nec pœnitentes, nec digamos, nec eos qui curiæ deserviunt, vel qui non sunt integri corpore, aut sanam non habent mentem vel intellectum, aut inobedientes sanctorum decretis existunt, aut furiosi manifestantur. Hi omnes nec ad sacros gradus debent provehi; nec isti, nec liberti, neque suspecti, nec rectam fidem, vel dignam conversationem non habentes, summos sacerdotes possunt accusare. » Et secundum Africæ canones, criminosi, quos dicit Dominus ex his quæ de corde procedunt coinquinatos; quosque docet Apostolus a regno Dei exclusos : excommunicati etiam, et omnes infamiæ maculis aspersi, omnesque quos ad accusanda publice crimina leges publicæ non admittunt, ecclesiasticos clericos nisi in propriis causis, accusare non possunt, nec ad testimonium adversus eos recipiuntur.

Quià vero Christiani ac religiosi principes sicut et supra ostendimus, Ecclesiæ clericos ad judicia publica trahi vel invitari noluerunt, vel permiserunt,

---

[a] Conc. Afric., can. 15.

[b] *Ibid.* can. 104. Vid. conc. Rhem. an. 630, can. 18.

in edicto Honorii et Theodosii luce clarius manifestatur, et qualiter eum habuerint, qui hoc agere
contra Dominum præsumpsit, in eodem edicto demonstrant dicentès : « Privilegia ecclesiarum omnium quæ sæculo nostro tyrannus inviderat, prona
devotione revocamus : scilicet ut quæcunque a divis
principibus constituta sunt, vel quæ singuli quique
antistites pro causis ecclesiasticis impetrarunt, sub
pœna sacrilegii jugi solidata æternitate serventur.
Clericos etiam quos indiscretim ad sæculares judices
debere deduci infaustus præsumptor edixerat, episcopali audientiæ reservamus. Fas enim non est uti
divini muneris ministri temporalium potestatum
subdantur arbitrio. » Unde sanctus Leo, cum synodo
Romæ habita Sermationi et cæteris episcopis scripsit,
dicens : « Tantam sæculi potestates circa sacerdotalem ordinem reverentiam prævalere voluerunt,
etiam hi quos sub imperiali nomine terris divina
potentia præesse præcepit, ut jus distringendorum
negotiorum episcopis sanctis, juxta divalia constituta
permiserint. Quod cum et juris antiqui edictis, et
illatis frequentius sit legibus confirmatum, præsenti
tempore a plerisque invenimus fuisse calcatum.
Nam prætermisso sacerdotali judicio passim ad examen sæcularium transierunt. Quocirca nobis visum
est ut hanc et sacrarum legum, et nostri ordinis
contumeliam et ad præsens ulcisceretur plena districtio, et observandam formulam constitueret in
futurum. Censemus itaque ut quicunque prætermisso sacerdote ecclesiæ suæ ad disceptationem
venerit sæcularium, sacris liminibus expulsus a cœlesti arceatur altario. » Et reliqua quæ ibi inde
prosequitur. Episcopi siquidem et ecclesiastici clerici, secundum apostolicam doctrinam et sacros
canones ac leges, ex quarum sensu magna pars in
eisdem, sed et in decretis sedis Romanæ pontificum
ad regularia exsequenda judicia habetur inserta,
velut de singulis subter commemoratis ibidem potestis relegere. « Si accusantur, in eis locis unde
sunt ipsi accusati causa finietur. » Et : « Nemo
eorum rebus vel suis facultatibus spoliatus a quoquam de quacunque causa interpellatus reddet canonice ac legaliter rationem, donec inde revestitus,
et eis legitime usus, et sic demum ad judicium regulariter sit evocatus. » Et : « Non de crimine
neque de civili causa apud sæculares judicari neque
ad sæcularia judicia debent invitari vel trahi, sicut tunc temporis fiebat quando Christi nomen ab
infidelibus non reverebatur. » Unde Jacobus apostolus scripsit fidelibus : *Nonne divites per potentiam
opprimunt vos et ipsi trahunt vos ad judicia (Jac.
ii).* Nec clericus, minime autem episcopus, publicis
judiciis se potest purgare, quia non potest ullius alterius nisi episcoporum et suorum regularium judicum subdi vel teneri judicio. Neque cuiquam licet
episcopum, vel alicujus ordinis clericum quolibet
modo damnare, nisi canonico episcoporum judicatum judicio, vel si causa exegerit, regulari eorum
petitione. Quod autem et quibus modis excedens

episcopus, ab aliis episcopis debeat corripi, vel judicari, canones sacri demonstrant ; quos qui diligenter advertit, in eisdem regulis comprehendit : quos
et ego hic ponerem si necesse fore putarem.

De sibi autem commissæ ecclesiæ rebus ac mancipiis, quæ licet legaliter, nam aliter non debent, in
bannum mittantur : tamen sicut ipsi melius scitis,
sicut res hominum liberorum non possunt in fiscum
redigi, quæ sunt Deo dicata, episcopus secundum
leges quas Ecclesia recipit, et venerabiliter comprobat, et secundum sacros canones, ac decreta sedis
Romanæ pontificum, advocatum publicis judiciis
dare debet. Ex capite autem suo tam pro crimine,
quam pro civili causa, aut apud electos judices, de
quibus, et sicut sacræ leges diffiniunt, aut ipse in
synodo coram episcopis debet reddere rationem :
sicut Arcadius, Honorius et Theodosius edicto suo
decreverunt dicentes : « Privilegia quæ ecclesiis
et clericis legum decernit auctoritas, hac quoque
præceptione sancta et inviolata permanere decernimus, atque hoc ipsi præcipuum et singulare deferimus, ut quæcunque de nobis ad ecclesiam tantum
pertinentium specialiter fuerint impetrata, non per
coronatos, sed per advocatos, eorum arbitratu et
judicibus innotescat, et sortiatur effectum. Sacerdotes vero provinciæ erunt solliciti ne sub hac scilicet
privilegii excusatione, etiam contra eorum utilitatem
aliquid his inferatur incommodum. » In hoc namque
capitulo evidenter ostenditur, quia de his quæ sunt
Ecclesiæ, et quæ ab imperatoribus, id est, eorum liberalitate, ac per eorum leges collata ad ecclesiam
pertinent, ecclesiastici clerici advocatos judicibus,
et non de se dare debent. Cum enim dicit : « Quæcunque de nobis ad ecclesiam tantum pertinentium
specialiter fuerint impetrata, » non ecclesiastici
clerici, minime autem caput episcopi, comprehendit,
cui tuendi clericos curam committit. Et in primo
libro capitulorum nostrorum imperatorum, vestrorum autem progenitorum, præcipitur : « Ut episcopi
suffraganei ad metropolitanum respiciant. » Et, clerici ecclesiastici si culpam incurrerint, vel inter se
negotium aliquod habuerint, apud ecclesiasticos judicentur, non apud sæculares. Et S. papa Gelasius
in decretis suis ad episcopos parvipendentes fratrum
vexationes, cum digna increpatione scribit dicens :
« Cur non compassi estis tantis fratribus vestris?
Cur non adistis imperatorem? Cur non Ecclesiæ
causam, et sacerdotum miserabilem decolorationem
continuatis vocibus deflevistis, allegantes nunquam
de pontificibus nisi Ecclesiam judicasse? Non est humanarum legum de talibus ferre sententiam absque
Ecclesiæ principaliter constitutis pontificibus. Obse-
qui solere principes christianos decretis Ecclesiæ,
non suam præponere potestatem ; episcopis caput
subdere principem solitum, non de eorum capitibus
judicare. Unde constat quia si non licet principi,
nec cuiquam alteri licet, nisi episcopis de episcoporum capitibus judicare. Quin etiam ipsæ leges publicæ ecclesiasticis regulis obsequentes tales perso-

nas non nisi ab episcopis sanxerunt judicari. » Et item Gelasius ad Anastasium imperatorem : « Duo sunt, inquit, imperator Auguste, quibus principaliter mundus hic regitur, auctoritas sacra pontificum, et regalis potestas; in quibus tanto gravius pondus est sacerdotum, quanto etiam pro regibus hominum, in divino reddituri sunt examine rationem. Nosti etenim, fili clementissime, quoniam licet præsideas humano generi dignitate rerum, tamen præsulibus divinitatis intuitu devotus colla submittis, atque ab eis causas tuæ salutis expetis : inque sumendis cœlestibus sacramentis, eisque ut competit, disponendis, subdi te debere cognoscis religionis ordine potius quam præesse. Itaque inter hæc illorum te pendere judicio, non illos ad tuam velle redigi voluntatem. Si enim quantum ad ordinem publicæ pertinet disciplinæ, cognoscentes imperium tibi superna dispositione collatum, legibus tuis ipsi quoque parent religionis antistites, ne vel in rebus mundanis exclusæ videantur obviare sententiæ; quo, oro te, decet affectu et convenit eis obedire, qui prærogandis venerabilibus sunt attributi mysteriis? Proinde sicut non leve discrimen incumbit pontificibus siluisse pro divinitatis cultu quod congruit, ita his, quod absit, non mediocre periculum est, qui cum debent parere, despiciunt. »

Unde, charissimum et venerabilissimum mihi caput, verbis B. Gregorii ex homilia Evangelii devotissimam Christianitatem vestram alloquar, dicens : « Si nos indignos et qualescunque sacerdotes forsitan digne despicitis, in mente tamen vestra vocantis vos per indignitatem nostram ad cœlestia regna Domini reverentiam servate. Sæpe enim solet evenire quod dico, ut persona potens famulum habeat despectum : cumque per eum suis forte, vel extraneis, aliquod responsum mandat, non dispicitur persona loquentis servi, quia servatur in corde reverentia mittentis Domini : nec pensant qui audiunt per quem, sed quid, vel a quo audiunt. » Et si in nobis discernitis mores, et conversationem ac dignitatem meritorum, attendere tamen, et in Dei honore non solum venerari, sed et revereri debetis unum, per omnes episcopos sanctissimum sacerdotium. Quia, ut S. Symmachus papa scribit : « Ad Trinitatis instar, cujus una est atque individua potestas, unum est per diversos antistites sacerdotium, » nec sanctius in justo, nec minus in peccatore. Sic et sol iste visibilis quando splendet in aurum, non ipse est pulchrior, sed aurum splendidius reddit. Quando autem radios suos emittit in fimum, clarius fimus quod est apparet. Sol autem cum radios suos inde retrahit, nullam inde immunditiam contrahit. Et sive sanctus, sive peccator sacramenta cœlestia vobis tribuat, ipsa sacramenta in se sunt inviolabilia, et perfecta. Quia quisquis in nomine sanctæ Trinitatis baptizet, ut evangelica veritas monstrat, super quem Baptista Joannes Spiritum descendisse, et in eo mansisse vidit, ipse est qui baptizat. Quisquis autem sacramenta cœlestia catholice conse-

cret, qui dixit; hæc quotiescunque feceritis, in mei memoriam facietis, ipse est qui consecrat. Non igitur vilipendatis, si in nobis reprehensibilia videtis : quia quid in secreto suæ divinitatis de nobis, vel de vobis disponat terribilis in consiliis super filios hominum, ignoratis. Recordari denique potestis vos mihi dixisse, quia sicut vobis dixeram, ordinem discussionis, quando quis de beneficio ab episcopo tulto ad vos se reclamaverit, qualiter ipsam rationem discuti jubere deberetis : ita et postea legisse vos contigit, et hoc antecessores, et progenitores vestros tenuisse, et vos velle tenere. Quem ordinem si tenueritis, et Dominum in vestra jussione non offendetis, et ecclesiasticam auctoritatem servabitis, et dignitatem vestram honorabitis, et æquitatem atque justitiam erga eum de quo reclamatur, et erga eum qui se reclamaverit, exsequemini. Et hoc sancti, et clarissimi progenitores vestri viderunt, et servaverunt. Et vos adulantium, et forte aliter quam severitas habeat vobis suggerentium linguis facile assensum contra vestram, quod absit, salutem, et ministerii dignitatem accommodare nequaquam debetis.

Porro episcopus dispositis quæ sunt ecclesiæ ac suis, ecclesiasticorum nihilominus, et pauperum hospitumque subsidiis, cum de rebus ecclesiæ propter militiam beneficium donat, aut filiis patrum qui eidem ecclesiæ profuerunt, et patribus utiliter succedere potuerunt; quoniam, ut quidam scripsit, nisi vitulus nutriatur, bos aratro non jungitur : aut talibus dare debet qui idonei sint reddere Cæsari quæ sunt Cæsaris, et quæ sunt Dei Deo : exceptis hujusmodi beneficiis quæ ministris ecclesiæ, et sibi necessariis, sine quibus esse nec debemus, nec possumus, tribuenda sunt, jubente Domino : *Non obturabis os bovi trituranti (I Cor. IX)*. Qui homines militares studere debent ut secundum quantitatem beneficii illud erga episcopum, ac per hoc erga ecclesiam fideliter et utiliter deserviant, et regio obsequio ad defensionem generaliter sanctæ Dei Ecclesiæ proficere valeant.

A quibus, vel ab eo qui diu et ecclesiæ utilitatibus, sed et specialiter ipsius ecclesiæ ac necessitatibus profuit, et reipublicæ ac militiæ utilis fuit, et infirmitate vel ætate confectus jam per seipsum exsequi non valet, præcipue autem sibi servientem filium habenti, qui pro eo hæc valeat exsequi; si episcopus beneficium quacunque occasione abstulerit, et a vicini episcopi monitis et precibus, vel cujus alterius, justitiam obtinere nequiverit, non abhorret a ratione si non accuset episcopum ad publicos judices, quod non licet, sed ad vos se reclamet. De beneficio militiæ quasi de stipendiis et roga, quæ antea, sicut hodieque fit alibi, dabantur militibus de publico, et aucta fidelium devotione apud nostrates, beneficia de rebus ecclesiasticis, quæ sunt vota fidelium, pretia peccatorum, patrimonia pauperum, alimoniæ Domini servorum et ancillarum, cum aliis exeniis obsecutoribus principis dispensandis, causa suæ defensionis, regi ac reipublicæ vectigalia quæ nobis annua dona vocantur, præstat Ecclesia, servans quod jubet Apostolus : *Cui honorem, honorem; cui vectigal, vectigal* (*Rom.* xiii) : subauditur, præstate regi ac defensoribus vestris. Qui ergo stipendia Ecclesiæ, cujuscunque sint ordinis, loci, vel dignitatis accipiunt, si pro illius salute, ac quietis honore atque defensione, sollicite et pro viribus non laborant, indigne, quin et judicium illa sibi usurpant. Quia sicut res et facultates ecclesiæ sunt episcopo ad disponendum ac dispensandum commissæ, ita regiæ potestati commissæ sunt ad defendendum atque tuendum.

Et per jura regum Ecclesia possidet possessiones; sicut S. Augustinus in sermone Joannis Evangelii dicit : « Leguntur, inquiens, leges manifestæ, ubi præceperunt imperatores, eos qui præter Ecclesiæ catholicæ communionem usurpant sibi nomen Christianum, nec volunt in pace colere pacis auctorem, nihil nomine Ecclesiæ audeant possidere. Sed quid nobis, inquiunt, et imperatori? Sed jam dixi, de jure humano agitur, et tamen Apostolus voluit honorari reges, et dixit, regem veneremini. Noli dicere : quid mihi et regi? quid tibi ergo et possessioni? Per jura regum possidentur possessiones. Dixisti : quid mihi et regi? Noli dicere possessiones tuas, qui in ipsa jura humana renuntiasti, quibus possidentur possessiones. »

Et in lege data Ecclesiæ ab Honorio et Theodosio imperatoribus præcipitur, ut cum presbyteri vel diaconi, cæterique clerici apud episcopum fuerint accusati, episcopus hujusmodi causas, sub testificatione multorum actis audiat : quatenus si probati fuerint innocentes, plurimis innotescat. Et Apostolus dicit : *Oportet episcopum habere testimonium bonum ab his etiam qui foris sunt* (*I Tim.* iii). Quoniam in palatio a reclamante divulgatum est, quod injuste fecerit episcopus : bonum est ut ejus innocentia, si juste egit, etiam sæcularibus innotescat. Et quoniam Sardicenses canones pro his qui iniqua vi opprimuntur, comitatum adire jubent episcopum, et reipublicæ militans apud vos se ab episcopo queritur spoliatum. Et sacræ leges ad judicium electorum judicum utramque partem, scilicet et querentem, et contra quem queritur (ut et decrevit Gregorius, de causis in legibus constitutis), mora cessante non tantum provocari, verum et cogi jubent; si laica persona episcopale abnuerit eligere judicium, quod episcopo non licet refugere ; ratio est, et non obstitit auctoritati, ut cum coepiscopis episcopi, contra quem ad vos pro beneficio sibi injuste oblato quis reclamat ; quia indignum est vos ipsum inde laborare, missos vestros ab eo petitos, vel a vobis deputatos mittatis, qui utriusque partis rationem audiant, et secundum divinas et humanas leges discernant, et ecclesia jacturam in clamatore injustitiæ et homine inutili sustineat : et ne homo utilis et clamator justitiæ injustitiam, et detrimentum vestra militia patiatur. Et hoc non in publico, sed in privato loco fiat. Ne sicut sacri canones dicunt, magnatis si

forte excesserat : *Non est enim homo justus in terra, ut Salomon dicit, qui faciat bonum et non peccet* (*Eccli.* vii) : et apostolus : *In multis offendimus omnes* (*Jac.* iii) verecundiam patiatur : et episcopus, fratribus, et suis judicibus, secundum sacros canones dicentes : per episcopos judices causa finiatur, obediat. Et hoc modo militiæ vestræ legibus juste conditis, quia scriptum per sapientiam quæ Deus est, *Conditores legum justa decernunt,* (*Prov.* viii), si justam querimoniam habet justitiam suam obtineat ; si etiam injusta questus fuerit, os ejus legaliter, missis vestris decernentibus, obstruatur. Sicut enim sanctus Augustinus in sermone Joannis Evangelii dicit : « Juris forensis est, ut qui in precibus mentitus fuerit, non illi prosit quod impetravit. Sed hoc inter homines. Quia potest falli homo, potuit falli imperator, quando preces misisti : dixisti enim quod voluisti : et cui dixisti, nescit an verum sit : dimisit te adversario tuo convincendum : et si ante judicem convictus fueris de mendacio, quia non potuit ille non præstare, nesciens an fueris mentitus, ibi careas ipso beneficio quod impetrasti. » Ipsam autem legem a tanto viro expositam, hic non vidi ponendam. Unde constat, quia si carere debet eo quod per mendacium impetravit, cautius est ut investigetur veritas, antequam per mendacium quiddam, nisi inquisitionem, impetret : dicente sancto et cauto rege : *Causam quam nesciebam diligentissime investigabam* (*Job* xxix). Et si episcopus a se electorum, vel a primate suo deputatorum episcoporum judicium, aut synodi canonicis judiciis, ut quod secus quam debuerit, egit, emendet, obedire noluerit, habemus inde sacris canonibus decretum judicium quod debeat sustinere. Et si homo vestræ militiæ vestris missis et legibus sæculi, ut ab injusto clamore quiescat, parere contempserit, habetur judicium in capitulis, de his qui vel injuste per calumniam super alios queruntur, vel qui judicatam repetunt causam.

Propterea, domine Christianissime ac sapientissime, providete vestræ saluti, providete honori, providete bonæ famæ quam longe lateque habetis, et de ecclesiarum ditatione, et de sacerdotum ac servorum Dei veneratione ; et nolite maculare illam gloriosam famam vestram, propter cujuscunque socordiam : etiam nec pro cujuscunque ejectione, simulantes crudelitatem in actione, quam non habetis in mente, et facientes aut præcipientes quod dignitati nominis vestri non convenit. Legentes in libro Machabæorum, quid Eleazarus, cum a suis familiaribus quod famam suam non decebat, suaderetur, respondit : *Non, inquiens, ætatem nostram dignum est fingere, ut multi adolescentium arbitrantes Eleazarum nonaginta annorum transisse ad vitam alienigenarum, et ipsi propter meam simulationem, et propter modicum corruptibilis vitæ tempus decipiantur, et per hoc maculam atque exsecrationem meæ senectuti conquiram* (*II Mach.* iv). Quod enim ille de corporis senectute dicit, vos in ministerii et nominis ac sapientiæ dignitate necesse est intelligere, dicente Domino ad Moysen : *Congrega mihi septuaginta viros de senioribus Israel, quos tu nosti quod senes populi sint* (*Num.* xi). Unde S. Gregorius : « Sicut plerumque juvenes dici solent, qui nulla consilii gravitate deprimuntur, ita senes Scriptura sacra vocare consuevit, qui non sola quantitate temporum sed morum grandævitate maturi sunt.» Unde per quemdam sapientem dicitur : Senectus venerabilis est, non diuturna, neque numero annorum computata. Cani sunt autem sensus hominis et ætas senectutis vita immaculata. Hinc est ergo quod ad Moysen Dominus dicit : « congrega mihi septuaginta viros de senioribus Israel quos tu nosti quod senes populi sint. In quibus quid aliud quam senectus cordis requiritur, cum tales jubentur eligi, qui senes sciuntur. Si enim senectus in eis corporis quæreretur, a tantis sciri poterant a quantis videri. Dum vero dicitur, quos tu nosti quod senes populi sint, profecto liquet, quia senectus mentis, non corporis eligenda nuntiatur.

Quia, Domine, charissima et venerabilis dominatio vestra, imo divina jussio mihi præcepit, et ego inde sum voluntarius debitor, ut quæ ad salutem, et vestri nominis ac ministerii dignitatem pertinere scio, non taceam, humiliter postulans moneo, quatenus sapientia vestra recogitet, et quod exordinatum est, ordinet, ne diutius hæc irreverentia erga Dei Ecclesiam maneat et quantocius scandalum in episcopos excitatum competenti satisfactione sedetur. Et ideo hinc tam inculcanter scribo, quia propter Regem regum tacere quæ saluti et utilitati vestræ necessaria esse cognosco, non audeo : ad cujus judicium vos et ego in conspectu totius humani generis, omniumque angelorum atque archangelorum veniemus ; ubi reddemus rationes, non solum de propriarum personarum actionibus, locutionibus atque cogitationibus : verum et de ministeriorum susceptorum officiis, qualiter in eis ea quæ ad ministeria pertinent, sincero corde et justis actibus egerimus ; dicente ipso : *Juste quod justum est exsequaris* (*Deut.* xvi). Juste ergo justum exsequi est in assertione justitiæ solam eamdem justitiam quærere. Nam si quod mihi est dicendum et vobis est audiendum tacuero, illud væ incurrere timeo quod Dominus per prophetam nobis miseris sacerdotibus comminatur, dicens : *Væ his qui consuunt pulvillos sub omni cubito manus et faciunt cervicalia sub capite universæ ætatis ad capiendas animas* (*Ezech.* xiii). Pulvillos quippe sub omni cubito manus ponere est cadentes a sua rectitudine animas, atque in hujus mundi se dilectione reclinantes blanda adulatione refovere. Quasi enim pulvillo cubitus, vel cervicalibus caput jacentis excipitur, cum correptionis duritia peccanti subtrahitur, eique mollities favoris adhibetur, ut in errore molliter jaceat, quem nulla asperitas contradictionis pulsat. Sed hæc rectores qui semetipsos diligunt, his procul dubio exhibent, a quibus se noceri posse in studio gloriæ temporalis, timent.

Et idem Dominus per Moysen præcipit ut tabernaculum sacerdos ingrediens tintinnabulis ambiatur, quatenus voces prædicationis habeat, ne superni inspectoris judicium ex silentio offendat. Scriptum quippe est : *Ut audiatur sonitus quando ingreditur et egreditur sanctuarium in conspectu Domini* (*Exod.* xxviii). Sacerdos namque ingrediens vel egrediens moritur, si de eo sonitus non auditur : quia iram contra se occulti judicis exigit, si sine prædicationis sonitu incedit. De qualibus sacerdotibus Dominus dicit, *Canes muti non valentes latrare* (*Isa.* xiv). Et quibus in uno comminatur per Ezechielem prophetam dicens : Si sacerdos non distinxerit populo, ipse quidem populus in suo peccato morietur, animam tamen ejus de manu sacerdotis requiram. Non ait, quia extra peccatum populus est, non morietur, sed quia in suo peccato morietur ; sed populus quidem pro seipso tantum, sacerdos vero etiam pro populo. Et quia nos si tacemus, quæ ut dixi nobis dicenda, et vobis audienda sunt, peccatum incurrimus : et vos si audita, quod absit, non exauditis, a morte peccati liberi esse nequitis. Propterea intenta cordis aure devotio vestra percipiat, quod tonitruum divinæ comminationis terribiliter insonat. *Qui scandalizaverit,* inquit, *unum de pusillis istis qui in me credunt, expedit ei ut suspendatur mola asinaria in collo ejus et demergatur in profundum maris* (*Matth.* xviii). Hæc enim pœna tunc temporis gravior inter alias putabatur.

Quanti, domine charissime, in unius ecclesiæ, et unius episcopi contra ecclesiasticas regulas præjudicio putatis scandalizati sunt, scandalizantur, et quicunque audierint, scandalizabuntur ? Quia, sicut dicit S. Paulus apostolus : *Cum patitur unum membrum, compatiuntur omnia membra* (*I Cor.* xii). Quod enim quis videt in fratre, et in commissa sibi ecclesia, aut audit ex fratre, et ex commissa sibi ecclesia, quid putatis illum de se et de sibi commissa ecclesia posse conjicere, si eum et sibi commissam ecclesiam nutu divino in potestatem vestram contigerit devenire ? Non enim levi auditu eorum corda percelluntur, qui audiunt. Quia non de crimine per legitimos accusatores, sicut præcipiunt canones, apud primatem provinciæ accusatus : non ad synodum regulariter evocatus : non in judicio præsens, non judicium regulare refugiens, non in judicio regulari contra eum aliis accusatoribus et aliis testibus productis, nec vel testium testimonio facta inquisitione, utrum ex auditu, an ex scientia fuerint testificati : non legaliter ac canonice de personis accusantium ac testificantium facta requisitione, cujus qualitatis et dignitatis, ac quantitatis fuerint : non causis actuum scriptis insertis, non licentia respondendi et defendendi illi concessa ; non de crimine vel exsilii causa confessus nec regulariter convictus, non partibus præsentibus, id quod a suis judicibus judicatum fuit scriptis sententia recitata, non canonico et episcopali judicio, ab ordine episcopali dejectus episcopus, suis rebus spoliatus, et cum ecclesia sua. cujus res et facultates vel officio defuncto, vel morte perfuncto episcopo per œconomum futuro episcopo servari debent, contra omnes leges, et contra omnia jura, divina scilicet et humana, sæcularium præjudicio proscriptione est condemnatus ; cum non tantum aut prave sentientes episcopi, aut majestatis rei, aut criminibus accusati, verum Arius et Eutyches presbyteri non nisi conciliorum judicio gradibus spoliati, et eorum decreto ab imperatoribus legantur proscripti, et in exsilium deportati. Ego vero verbis non possum exprimere quanta constringar in mente angustia, quoniam per ora multorum audio volitare, quia homines omnium gentium, etiam et Judæi Christianæ legis inimici, passim legum suarum judicantur judicio : bubulcus quoque et subulcus, atque opilio habent legem : et contra omnem consuetudinem Christianorum principum, et contra præcepta Domini dominorum dicentis, et in propheta, atque in Evangelio, et in Apostolo, *Non facies quod iniquum est, nec injuste judicabis. Juste judica proximo tuo* (*Levit.* xv) ; et : *Si vere utique justitiam loquimini, juste judicate, filii hominum* (*Psal.* xvii). Quia : *In quo judicio judicaveritis, judicabitur de vobis* (*Matth.* xvii). Videlicet aut justo judicio damnabimini, pro eo quod fratrem injusto judicio condemnastis : aut juste judicantibus vobis justitia respondebit. Ergo sic loquimini et sic facite, sicut per legem libertatis incipientes judicari ; hoc est, per legem libertatis, scilicet Evangelii, judicandi. Episcopus qualiscunque cum sua Ecclesia, legem ecclesiasticam laicorum ac quarumdam infamium personarum, non judicio sed colludio atque ludibrio, a vobis ignominiose proscriptus, habere non potuit. Unde legalis sententia, quam ut prædecessores illius, B. Gregorius in commonitorio Joanni dato decrevit esse canonicam, dicit : « Necesse est ut quod contra leges est actum firmitatem non habeat. » Et S. Augustinus in libro de vera Religione, dicit : « In istis temporalibus legibus quanquam de his homines judicent, cum eas instituunt ; tamen cum fuerint institutæ atque firmatæ non licebit judici de ipsis judicare, sed secundum ipsas. Conditor tamen legum temporalium si vir bonus et sapiens est, illam ipsam consulit æternam, de qua nulli animæ judicare datum est, ut secundum ejus incommutabiles regulas quid sit pro tempore jubendum vetandumque discernat. Æternam igitur legem mundis animis fas est cognoscere, nefas est judicare. » De qua B. Prosper dicit :

> Lex æterna, Dei stabili regit omnia nutu,
> Nec mutat vario tempore consilium.

Nam si imperatores Romanorum suam legem æternam, vel perpetuam appellaverunt, multo magis lex illa æterna est, quæ est sancto Spiritu promulgata. De qua S. Leo post discretionem quæ in ea est ostensam dicit : « In his quæ vel dubia fuerint, vel obscura, id novimus sequendum, quod nec præceptis evangelicis contrarium, nec decretis sanctorum inveniatur adversum. » Quæ, inquit S. Cœlestinus,

A « a nobis res digna servabitur, si decretalium norma constitutorum pro aliquorum libitu, licentia populis permissa frangatur ? » Et sacrum Carthaginense concilium sub Grato episcopo dicit : « De quibus apertissime divina Scriptura sanxit, non differenda sententia est, sed potius exsequenda. Nemo contra prophetas, nemo contra Evangelia, nemo contra apostolos facit sine periculo : et quæ facta vel dicta superius comprehensa sunt, vel aliis conciliis conscripta, quæ secundum legem inveniuntur, custodire nos oportet. Si quis vero statuta supergressus corruperit, vel pro nihilo habenda putaverit, si laicus est communione, si clericus est honore privetur. » Quia ut S. papa Hilarius decernens dicit : « Non minus in sanctarum traditionum delinquitur sanctiones,

B quam in injuriam ipsius Domini prosilitur. »

Qua de re flens dico, et corde mœrenti gemens pronuntio, quia nunc lex Domini irreprehensibilis nostris infelicibus et periculosissimis temporibus tantum vigorem non habet reverentia divinitatis, sicut antequam nomen Christi in honore per universum orbem fieret, leges Romanæ habebant timore imperatoris. Legimus quippe in Actibus apostolorum quoniam cum Paulus et Silas cæsi, in carcerem missi sunt, quia miserunt magistratus ut dimitterentur. Paulus autem dixit eis : *Cæsos nos publice indemnatos homines Romanos miserunt in carcerem, et nunc occulte nos ejiciunt. Non ita, sed veniant, et ipsi nos ejiciant. Nuntiaverunt autem magistratibus lictores verba hæc ; timueruntque audientes quod*

C *Romani essent, et venientes deprecati sunt eos , et ejicientes rogabant ut egrederentur de urbe* (*Act.* xvi). Et item in eadem sacra historia : *Quia non est consuetudo Romanis damnare aliquem hominem, priusquam is qui accusatur præsentes habeat accusatores, locumque defendendi accipiat ad abluenda crimina* (*Act.* xxv). Et item cum torquendus esset, dicens se esse Romanum, dimissus est. Unde non perfunctorie audire debetis quod cœlestis tuba Paulus apostolus dicit : *Sic autem peccantes in fratres , et percutientes conscientiam eorum infirmam, in Christum peccatis* (*I Cor.* viii). Et in sacra Regum historia scriptum est : *Si peccaverit vir in virum, placari ei potest Dominus : si autem in Domino peccaverit vir, quis orabit pro eo ?* (*I Reg.* ii.) Mementote facti memorandi

D Theodosii, et memorabilis viri Ambrosii, et quia excessit ut homo Theodosius, corripuit eum ut verus sacerdos Ambrosius, et recepit patienter atque humiliter per illum divinam correctionem Theodosius. Et ideo exaltatus est, et merito et nomine, et sanctitatis insigne super omnes post Constantinum Romanos imperatores. Felix ille imperator qui suo tempore talem habuit sacerdotem, qui post dignam pro excessu satisfactionem fecit illi ponere, et confirmare legem, ut si moto animo severius vindicare in aliquos princeps quisque decerneret, ministri reipublicæ usque ad triginta dies eamdem legem exsequi non auderent, donec refrigerato animo, et in se reverso, quid verum esset, videret, et exsequi quod justum esset, decerneret. Nam impedit ira virum ne possit cernere verum, quia, ut quidam sapiens dixit, cogitationes iracundi vipereæ sunt generationis; prius enim mentem comedunt, matrem suam. Et Apostolus : *Ira, inquit, viri justitiam Dei non operatur (Jac.* I).Et felix sacerdos Dei Ambrosius, qui in tempore talis fuit imperatoris. Scriptum est enim : *Beatus qui enarrat justitiam auri audienti (Eccli.* XXIV). Felices quoque ambo, et sacerdos et imperator. Quia ne ira Dei pro excessu descenderet super imperatorem, habuit suo tempore sacerdotem, de quo non questus est Dominus, quòd de nobis modo queritur dicens : *Quæsivi unum qui interponeret sepem et staret oppositus contra me, ne dissiparem eum, et non inveni (Ezech.* XXII). Hinc est quod Isaias nostræ miseriæ et calamitatis in se sumens personam graviter coram Deo deplorat, dicens : *Omnes nos cecidimus quasi folium, et iniquitates nostræ quasi ventus abstulerunt nos, nec est qui invocet nomen tuum qui consurgat et teneat te* (*Isa.* LXIV). Quomodo enim nos illum irascentem tenere et placare possumus, qui, ut sanctus Gregorius conqueritur : « Ad exteriora negotia delapsi sumus, et aliud ex honore suscepimus, atque aliud officio actionis exhibemus; ministerium prædicationis relinquimus, et ad pœnam nostram, ut video, episcopi vocamur, qui honoris nomen, non virtutem tenemus. » Et : « Relinquunt namque Dominum hi qui nobis commissi sunt, et tacemus; in pravis actibus jacent, et correptionis manum non tendimus; quotidie per multas nequitias pereunt, et eos ad infernum tendere negligenter videmus. Sed quomodo nos vitam corrigere valeamus alienam, qui negligimus nostram? Curis enim sæcularibus intenti, tanto insensibiliores intus efficimur, quanto ad ea quæ foris sunt studiosiores videmur. Usu quippe curæ terrenæ, a cœlesti desiderio obdurescit animus, et dum ipso suo usu durus efficitur per actionem sæculi, ad ea molliri non valet, quæ pertinent ad charitatem Dei; » et reliqua quæ ibidem idem sanctus de negligentibus sacerdotibus prosequitur. Unde quanto minoris meriti sumus, ut Dominum contra vos, si iratus fuerit, tenere possimus, tanto magis non solum actus vestros corrigere, verum ne in præceptionibus vestris, quas vel verbo, vel scripto decernitis, vel decrevistis, sive decreveritis, quod absit, aliqua injustitia vel præsumptio sive indiscretio sit, sollicite providere debetis, timentes comminationem æterni judicis qui dicit : *Væ his qui condunt leges iniquas, et scribentes injustitiam scripserunt, ut opprimerent in judicio pauperes, et vim facerent causæ humilium populi mei ; ut essent viduæ præda eorum, et pupillos deciperent. Quid facietis in die visitationis et calamitatis de longe venientis? Ad cujus auxilium confugietis, et ubi derelinquetis gloriam vestram, ne incurvemini sub vinculo, et cum interfectis cadatis ? Super omnibus his non est aversus furor ejus, sed adhuc manus ejus extenta* (*Isa.* X).

Et quia supra ostendi ex verbis beati Gelasii, duo sunt quibus principaliter mundus hic regitur : au-

ctoritas sacra pontificum et regalis potestas, in quibus tanto gravius est pondus sacerdotum, quantum etiam pro ipsis regibus hominum, in divino reddituri sunt examine rationem ; solerter providere debetis, ne extra ministerium vestrum, sicut, Deo gratias, hactenus providistis, malum in sacerdotalem ordinem, et in his quæ eidem ordini Spiritus sancti dono commissa sunt, contra præceptum Domini extendatis, lectione frequentantes, et mente condentes quod scriptum est in secundo libro Paralipomenon : *Fecit,* inquit, *Ozias rex quod erat rectum in oculis Domini, et exquisivit Dominum. Cumque requireret Dominum, direxit eum in omnibus, et adjuvit eum contra Philistiim, et contra Arabas qui habitabant in Gorbaal, et contra Ammonitas, et divulgatum est nomen ejus usque in introitum Ægypti propter crebras victorias : et habuit multa pecora, tam in campestribus quam in eremi vastitate. Vineas quoque habuit et vinitores in montibus et in Carmelo. Eratque homo agriculturæ deditus. Et fuit numerus totius exercitus ejus trecentorum decem millium et centum. Sed cum roboratus esset, elevatum est cor ejus in interitum suum, et neglexit Dominum suum. Ingressusque templum Domini, adolere voluit incensum super altare thymiamatis. Statimque ingressus post eum Azarias sacerdos, et cum eo sacerdotes Domini octoginta, viri fortissimi, restiterunt regi atque dixerunt : Non est tui officii, Ozia, ut adoleas incensum Domino. Sacerdotum, hoc est, filiorum Aaron qui consecrati sunt ad hujuscemodi ministerium, est istud officium. Egredere de sanctuario, nec contempseris, quia non reputabitur tibi in gloriam hoc a Domino Deo. Iratus est Ozias, et tenens in manu thuribulum ut adoleret incensum, minabatur sacerdotibus ; statimque orta est lepra in fronte ejus coram sacerdotibus in domo Domini super altare thymiamatis. Cumque respexisset eum Azarias pontifex et omnes reliqui sacerdotes, viderunt lepram in fronte ejus, et festinato expulerunt eum. Sed et ipse perterritus acceleravit egredi, eo quod sensisset illico plagam Domini. Fuit igitur Ozias rex leprosus usque ad diem mortis suæ, et habitavit in domo separata plenus lepra ob quam et ejectus fuerat de domo Domini* (*II Par.* XXVI).

In quo facto, quia sicut Scriptura dicit : *Hæc autem in figura contingebant illis, scripta sunt autem propter nos* (*I Cor.* X), diligenter attendendum est quandiu Ozias Dominum coluit, pacifice regnum tenuit, et contra vicinas et alienigenas gentes crebras victorias habuit. Postquam autem officium non suum præsumpsit, sed in sacerdotale ministerium contra fas manum præsumptionis extendit, usque ad diem mortis suæ lepra plenus in domo separata permansit, et victoriam nullam fecit : nec cum aliis qui bellabant bella Domini pro inimicis Israel, qui Ecclesiæ typum tenuerat, perfusus lepra, id est, gravi peccato percussus atque perculsus habitare prævaluit. Sic et eorum judicio quibus dicit Dominus : *Non vos estis qui loquimini, sed Spiritus Patris vestri qui loquitur in vobis (Matth.* X), et per quos eodem Spiritu sacri promulgati sunt canones; voluntarie atque ex deliberatione quiscunque violans et convellens constituta divina, quia docente Petro, *Non est personarum acceptor Deus* (*Act.* x), ab Ecclesiæ corpore separatus, nisi per pœnitentiam et sacerdotalis indulgentiæ reconciliationem eidem Ecclesiæ fuerit reincorporatus, erit ab æterna Ecclesia separatus. Unde et Apostolus præcipit, *Cum hujusmodi nec cibum sumere* (*I Cor.* v). Et item omnibus, Christo in se loquente, denuntiat dicens : *Nolite communicare operibus infructuosis tenebrarum* (*Ephes.* v). Quam sententiam exponens beatus Augustinus, dicit : « Duobus modis non te maculat malus : si non consentias, et si redarguas; hoc est non communicare, non consentire. Communicatur quippe, quando facto ejus consortium voluntatis vel approbationis adjungitur. Hoc ergo nos admonens Apostolus, ait : Nolite communicare operibus infructuosis tenebrarum. Et quia parum non erat consentire, si sequeretur negligentia disciplinæ, magis autem, inquit, et redarguite. Videte quemadmodum utrumque complexus est : nolite communicare : nolite consentire, nolite laudare, nolite approbare. Quid est autem, magis et redarguite? Reprehendite, corripite, coercete. Deinde in ipsa reprehensione vel coercitione aliorum peccatorum, cavendum est ne se extollat qui alterum corripit; et qui se putat stare, videat ne cadat; foris terribiliter personet increpatio, intus lenitatis teneatur dilectio. Neque ergo consentientes sitis malis, ut approbetis; neque negligentes, ut non arguatis; neque superbientes, ut insultanter arguatis. »

Et nolite putare, domine charissime ac benignissime, quia quocunque carnalis propinquitatis affectu, vel quia tantum in episcopo Rhemensis provinciæ indignitati meæ commissæ ista sunt acta, commotus hæc scripserim; sed zelo, de quo et in psalmo et in Evangelio scriptum est : *Zelus domus tuæ comedit me* (*Psal.* lxviii), videlicet zelo universalis Ecclesiæ, quæ domus Dei est, et sacri ordinis sacerdotalis, quod unum in omnibus episcopis est, et officii meæ exiguitatis, legens electos Dei propter leges paternas, etiam mortem corporis appetisse, et in laudibus divinis Ecclesiam catholicam cantare sanctum : *Qui pro lege Dei sui certavit usque ad mortem* (*II Mach.* vi *et* vii). Vestræ nihilominus zelo salutis et optandæ nobis prosperitatis hæc scripsi. Tandem peto ut in hoc servitutis meæ obsequio diligentius discernatis, quoniam si quædam ibidem mordacius resonant, non mihi verba sunt sensus : quæ etsi forent, mansuetudo vestra debet modeste perpendere, quoniam adulator blandus est inimicus. Quod Scriptura dicit : *Quia meliora sunt vulnera amici, quam odientis inimici oscula* (*Prov.* xxvii). Non enim occupatam tenet vestram, sicut quorumdam captivatam mentem possidet vobis bene noti sententia, quæ dicit : *obsequium*, id est, assentatio, videlicet adulatio, *amicos, veritas odium parit :* quia, ut veritatis amicus veritatem diligitis, scientes a Veritate dictum : *Cognoscetis veri-*

latem, *et veritas liberabit vos* (*Joan.* viii). Inhæreat itaque menti vestræ quod beatus Augustinus dicit, quia dolosi vel imperiti medici est, sic vulneri emplastrum imponere, ut aut noceat, aut non prosit. Et supra posita quæ sine adulatione ad vestram salutem veritas per ora veridicorum protulit, vobis non displicebunt.

EXPOSITIO SECUNDA
CUI TITULUS : *ROTULA.*

Sacrum Carthaginense concilium dicit : « Quisquis episcoporum accusatur, ad primatem ecclesiae ipsius causam deferat accusator [a]. »

Et item : « Quisquis episcoporum, presbyterorum, et diaconorum, seu clericorum, cum in Ecclesia fuerit crimen institutum, vel civilis causa fuerit commota, si relicto ecclesiastico judicio publicis judiciis purgari voluerit, etiamsi pro ipso fuerit prolata sententia, locum suum amittat, et hoc in criminali. In civili vero, perdat quod evicit, si locum suum obtinere maluerit [b]. »

Et Africanum concilium : « Quicunque, scilicet clericorum, ab imperatore cognitionem judiciorum publicorum petierit, honore proprio privetur; si autem episcopale judicium postulaverit, nihil ei obsit [c]. »

Et ut de legibus Romanis, et multis hic pauca ponamus, Gratianus, Valentinianus et Theodoricus constituerunt : « Ne quis audeat apud judices publicos episcopum accusare, sed in episcoporum audientiam perferre non differat, quidquid sibi pro qualitate negotii putat posse competere, ut in episcoporum aliorum judicio quæ asserit contra episcopum valeant diffiniri. » Et item imperatores constituerunt, ut in privatis causis hujusmodi causa servetur, ne quemquam litigatorum sententia non a suo judice dicta constringat.

Et S. Leo sanctæ Romanæ Ecclesiæ pontifex in synodo Romæ habita, statuit dicens : « Tantam sæculi potestates circa sacerdotalem ordinem reverentiam prævalere voluerunt, etiam hi quos sub imperiali nomine terris divina potentia præesse præcepit, ut jus distringendorum negotiorum episcopis sanctis juxta divalia constituta permiserint. Quod cum et juris antiqui edictis, et illatis frequentibus sit legibus constitutum, præsenti tempore a plerisque invenimus fuisse calcatum. Nam prætermisso sacerdotali judicio, passim ad examen sæcularium transierunt. Quocirca nobis visum est, ut hanc et sacrarum legum et nostri ordinis contumeliam, et ad præsens ulcisceretur plena districtio, et observandam formulam constitueret in futurum. Censemus itaque, ut quicunque, prætermisso sacerdote ecclesiæ suæ, ad disceptationem venerit sæcularium, sacris liminibus expulsus a cœlesti arceatur altario. »

Et in primo libro Capitulorum imperialium domni Caroli et domni Ludovici scriptum est, cap. 8 : « Ut ad metropolitanum episcopum suffraganei episcopi

---

[a] Conc. Afric., can. 19
[b] Ibid., can. 15.

[c] Ibid., can. 104.

respiciant, et nihil novi audeant facere in suis paro- A
chiis sine conscientia et consilio sui metropolitani;
nec metropolitanus sine eorum consilio. »

Et item in eodem libro, cap. 28 : « Ut si clerici
vel monachi inter se negotium aliquod habuerint, a
suo episcopo dijudicentur; non apud sæculares. »

Et item in eodem libro, cap. 38 : « Ut clerici
ecclesiastici ordinis si culpam incurrerint, apud
ecclesiasticos judicentur, non apud sæculares. »

Et hæc constituta sunt de his quæ ab episcopo,
vel presbytero, seu diacono committuntur, sive in
criminalibus, sive de civilibus, id est de pecuniariis
causis. Cæterum de rebus et mancipiis, et mancipio-
rum commissis, episcopi ex Ecclesiis nobis commissis, vel de proprietatibus clericorum, advocatos dare
secundum consuetudinem non abnuimus.

Ubi autem ea emendari debeant, quæ episcopi vel
clerici in criminalibus vel civilibus committunt, leges
manifeste demonstrant, dicentes multis decernentibus
imperatoribus. Ex quibus omnibus hic legem Valentiniani et Valentis ponemus, qui decreverant : « Ut ultra
provinciæ terminos accusandi licentia prohibeatur. »

Et hinc sacrum Carthaginense concilium statuit :
« Ut accusatus et accusator in eo loco unde est ille
qui accusatur, locum sibi eligat proximum, quo non
sit difficile testes perducere, ubi causa finiatur a. »

Et item leges dicunt : « Si quis adversarium aut
repetitione aut criminis objectione pulsaverit, in provincia in qua consistit ille qui pulsatur, suas exerat,
actiones, nec æstimet adversarium suum alibi, aut
longius ad judicium pertrahendum. Ille vero qui pul- C
satus fuerit, si judicem suspectum habuerit, liceat
appellare. »

Et S. Innocentius ad Victricium episcopum : « Si
quæ, inquit, causæ vel contentiones inter clericos,
tam superioris ordinis, quam etiam inferioris fuerint
exortæ, ut secundum synodum Nicænam congregatis ejusdem provinciæ episcopis, jurgium terminetur;
nec alicui liceat, (sine præjudicio tamen Romanæ
Ecclesiæ, cui in omnibus causis debet reverentia
custodiri), relictis his sacerdotibus qui in eadem provincia Dei Ecclesiam nutu divino gubernant, ad alias
convolare provincias. Quod si quis forte præsumpserit, et ab officio cleri submotus, et injuriarum reus
ab omnibus judicetur. Si autem majores causæ in D
medio fuerint devolutæ, ad sedem apostolicam, sicut
synodus statuit, et vetus consuetudo exigit, post judicium episcopale referatur. » Unde Carthaginense
dicit concilium : « Ut a quibuscunque judicibus ecclesiasticis ad alios judices ecclesiasticos, ubi major
est auctoritas, fuerit provocatum, non eis obsit,
quorum fuerit soluta sententia, si convinci non potuerint vel inimico animo judicasse, vel aliqua cupiditate aut gratia depravari. Sane si ex consensu partium electi fuerint judices, etiam a pauciori numero
quod constitutum est, non liceat provocari b. » Qualiter autem sententia finiri debeat, leges et sacri ca-

A nones monstrant dicentes, ut vel in synodo, vel per
judices, sive quos conquirentibus primates dederint,
sive quos ipsi vicinos ex consensu delegerint.

Deputatos autem judices episcopos, ut Africanum
dicit concilium. « Ab illo primate sunt dandi, in cujus
provincia causa versatur. Si autem ex communi placito conquirentes vicinos judices elegerint, aut unus
eligatur, aut tres; et si tres elegerint, aut omnium
sententiam sequantur, aut duorum. »

Et Chalcedonense concilium dicit : « Si quis clericus adversus clericum habet negotium, non deserat episcopum proprium, et ad sæcularia percurrat
judicia ; sed prius actio ventiletur apud episcopum
proprium, vel certe consilio ejusdem episcopi, apud
quos utræque partes voluerint, judicium contine-
B bunt. Si quis autem præter hæc fecerit, canonis cor-
rectionibus subjacebit c. »

Et S. Gregorius ex legibus et sacris canonibus constituit scribens ad Bonifacium, defensorem Corsicæ,
et vices agentem apostolicæ sedis, quas in istis regionibus primates provinciarum tenent : « Si quis,
inquit, contra clericum causam habuerit, episcopum
ipsius adeat. Qui si forte suspectus fuerit, exsecutor
vel ab ipso, vel, si et hoc actor refugerit, a tua est
experientia deputandus, qui partes sibi mutuo consensu judices compellat eligere, a quibus quidquid
fuerit definitum, ita vel tua, vel episcopi sollicitudine, servata lege, modis omnibus compleatur, ut
non sit unde possint litigiis fatigari. » Et si laicus
contra episcopum civilem, id est pecuniariam causam habuerit, episcopus admoneri vel compelli ab
his quorum interest debet; similiter et laicus admoneri vel compelli debet a reipublicæ potestate, ut ad
arbitrium, id est ad judicium ex utraque parte electorum judicum veniant, et eorum judicio causa
finiatur.

Sicut ad Malchum episcopum idem S. Gregorius
ex legibus et sacris regulis scribens demonstrat :
« Præterea, inquit, fraternitatem tuam præsenti
præceptione curavimus admonendam, ut Stephanum
episcopum ad eligendum compellas venire judicium :
et quidquid inter prædictum Joannem virum magnificum, et supradictum episcopum, electorum fuerit sententia diffinitum, ad effectum perducere non
omittat.

Et hinc leges quas servat Ecclesia dicunt, observare autem specialiter judices debent : « Ut in omnibus causis sententia quæ deliberata fuerit constitutis pariter partibus recitetur ; ut ab his a quibus
causa dicta est, ad integrum quæ dicta fuerit sententia cognoscatur, et quidquid præsentibus partibus
in causis fuerit ordinatum, habebit plenissimam firmitatem, nec poterit immutari. »

Et quia imperatores, qui suo tempore fuerit de
pecuniariis causis ecclesiasticum ministrum, et reipublicæ administrantem, judices ad causam de accusato episcopo, sicut leges et canones jubent, depu-

<hr>

a Conc. Afric., can. 30.
b Conc. Carthag., an. 397, can. 10

c Conc. Chalcedon., can. 9.

taverunt, B. Gregorius in epistola decretali ad Joannem episcopum Larissæum demonstrat dicens :
« Cumque porrecta appellatio per homines Hadriani
episcopi, cæteraque quæ penes te gesta sunt, piissi-
mis fuissent deportata principibus, deputatis, ut
diximus, Honorato apostolicæ sedis diacono, et
Sebastiano glorioso antigrapheo, cunctisque subtiliter examinatis, a serenissimis principibus sunt ab
omnibus jussionibus absoluti. »

Unde leges quas probat Ecclesia : « Res, inquiunt,
judicatæ videntur ab his qui imperium potestatemque habent, vel qui ex auctoritate eorum inter partes dantur. »

Et notandum, ut præmisimus, quoniam imperatores leges sæculi et Ecclesiæ conservantes, ad causam pecuniariam, id est civilem, inter episcopum
et sæculares investigandam ac diffiniendam, cum
ministro ecclesiastico administrantem reipublicæ
deputarunt. Si vero episcopus aut veraciter, aut
simulata infirmitate, aut alia qualibet occasione se
dixerit non posse venire ad synodum, aut ad electorum judicium contra adversum se conquirentem,
eligat sibi judices, aut deputatos suscipiat, sicut ex
legibus et regulis sacris præmisimus; et mittat pro
se personam instructam ad locum, et diem destinatum, quæ exsecutionem et diffinitionem legaliter
et regulariter ad voces illius in electorum judicio
prosequatur; et quod fuerit exsecutum ac diffinitum,
suscipiat observandum, sicut regulæ ac decreta
sanctæ sedis Romanæ pontificum, sed et S. Gregorius sæpissime in epistolis suis ex legibus et regulis
sacris agendum demonstrat.

Ex quibus unum de pluribus hic beati Gregorii
decretum ponere censui, quod ad Fortunatum episcopum scribens : « Fraternitatem, inquit, tuam
his hortamur affatibus, ut cessante omni excusatione, personam huc instructam sub festinatione
transmittas, quæ aut in electorum, aut certe in deputatorum a nobis judicio, si qua pro tuis partibus
sunt, agere, et adversariorum intentionibus ac objectis valeat per omnia respondere, ut veritate cognita,
salubrem hic finem suscipiat. »

Et in epistola ad Sergium defensorem Siponti :
« Experientiæ tuæ præsenti auctoritate præcipimus,
ut Fruniscendum admonere studeat, quatenus si
quid de obstrictu redhibere Ecclesiæ cognoscit, satisfacere dilatione postposita non desistat. Alioquin
mora cessante ad electorum accedat te compellente
judicium, et quidquid veritate cognita sacrosanctis
evangeliis fuerit statutum, ita ad effectum exsecutionis tua instantia perducatur, ut hujus rei denuo ad
nos querela non redeat. »

Et hic leges Romanæ, in re pecuniaria, tormenta,
nisi cum de rebus hereditariis quæritur, non adhi-
bent. Alias autem jurejurando aut testibus expli-
cantur. Et si episcopus noluerit suis coepiscopis ac
judicibus a se electis, vel a primatibus deputatis

obedire, Africani concilii judicium sustinebit, quo
dicitur : « A judicibus aut quos communis consensus elegerit, non liceat provocari; et quisquis probatus fuerit, eo contumacia nolle obtemperare judicibus, cum hoc primæ sedis episcopo fuerit probatum, det litteras ut nullus ei communicet episcoporum, donec obtemperet [a]. » Et si laicus quærens
contra episcopum noluerit obedire judicibus, a principe reipublicæ, et Ecclesiæ tutore ac defensore, et
regia benignitate protectore.........

In capitulis imperialibus scriptum est, libro secundo : « De his qui injuste super alios querelas
faciunt : ut si inde convicti fuerint, propter illam
calumniam secundum legem et æquitatem justitiam
reddant. »

Et hinc libro tertio scriptum habetur : « De his
qui causam judicatam repetere præsumunt, sed et
de his qui legem observare contempserint, ut per
fidejussores ad præsentiam regis deducantur. »

De his vero qui Romanis legibus judicantur, decretum est : « Ut qui per calumniam injuriæ actionem instituit, extra ordinem puniatur; omnes enim
calumniatores exsilii vel insulæ relegatione aut ordinis amissione puniri placuit. »

Regia igitur sollicitudo, a Rege regum et æquissimo judice Deo, ut in directione cordis judicium
judicetur, constituta, provide solliciteque providere
debet, ut tales judices cum episcopis ad causam inter
ecclesiasticos et sæculares dirimendam eligat et
constituat, qui religiosi sint, et Dominum timeant,
et non muneris præmio, non favoris, vel propinquitatis, aut amicitiæ gratia, non indebitæ subjectionis
obsequio, non alterius partis odio, personam accipiant in judicio; sed absque contentione et livore,
sicut ipsa Veritas dicit : *Non secundum faciem, sed
justum judicium judicent* (*Joan.* VII). Et hoc non in
publico judicii loco, sed in privato : quia episcopi
non in consistorio regum, non in prætorio judicum,
nec nisi ab episcopis, in synodo, aut in privato loco
a primatibus deputatorum, aut a se electorum judicum judicio debent aut possunt regulariter judicari.

Et prætexato modo supradictas leges tam publicas quam ecclesiasticas in suis temporibus servari
decrevisse didicimus antiquos imperatores, et prædecessores ac progenitores vestros, episcopis et
viris ecclesiasticis : et nobis vestra dilectissima
et benignissima dominatio servaturam se verbo et
subscriptione promisit in Carisiaco : ubi hoc capitulum in consultu ac consilio fidelium vestrorum tam
episcoporum quam et laicorum condidistis, et ei
subscripsistis, dicentes : Quantum sciero, et rationabiliter potuero, Domino adjuvante, unumquemque
vestrum, secundum suum ordinem et personam honorabo et salvabo, ei honoratum et salvatum absque
ullo dolo et damnatione vel deceptione conservabo.
Et unicuique competentem legem et justitiam con-

[a] Conc. Afric., can. 122.

servabo. Et qui illam necesse habuerit et rationabiliter petierit, rationabilem misericordiam exhibebo, sicut fidelis rex suos fideles per rectum honorare, et salvare, et unicuique competentem legem et justitiam in unoquoque ordine conservare, et indigentibus, et rationabiliter petentibus rationabilem misericordiam debet impendere; et pro nullo homine ab hoc, quantum dimittit humana fragilitas, per studium, aut malivolentiam, vel alicujus indebitum hortamentum deviabo, quantum mihi Deus intellectum et possibilitatem donaverit. Et si per fragilitatem contra hoc mihi subreptum fuerit, cum hoc recognovero, illud emendare curabo. » Nos autem fideles vestri, episcopi, et cæteri laicalis ordinis qui adfuerunt, hoc capitulum et vobiscum condidimus et ei subscripsimus, unusquisque profitendo : « Quantum sciero et potuero, Domino adjuvante, absque ulla dolositate aut seductione et consilio et auxilio, secundum meum ministerium, et secundum meam personam, fidelis vobis adjutor ero, ut illam potestatem, quam in regio nomine et regno vobis Deus concessit, ad ipsius voluntatem, et ad vestram et fidelium vestrorum salvationem, cum debito honore et vigore tenere et gubernare possitis.

EXPOSITIO TERTIA
CUI TITULUS : *ADMONITIO.*

Hanc legem decessores et prædecessores vestri reges Ecclesiæ servaverunt : quæ si aut per excessum principum, aut per negligentiam episcoporum aliquo modo violata fuit, tamen correcta, sicut in eorum capitulis legitur, existit. Vos etiam, decessores vestros sequentes, hanc legem ecclesiasticam servaturos Deo et nobis promisistis, sicut hic continetur.

In libro primo capitulorum imperialium, domni Caroli avi, et domni Ludovici patris vestri, in lege ab ipsis confirmata, Ecclesiæ et universis episcopis scriptum est, cap. 8. « Ut ad metropolitanum episcopum suffraganei respiciant, et nihil novi audeant facere in suis parochiis, sine conscientia et consilio sui metropolitani, nec metropolitanus sine eorum consilio. » Item in eodem libro, cap. 28. « Ut si clerici, vel monachi inter se negotium aliquod habuerint, a suo episcopo dijudicentur, non a sæcularibus. » Item in eodem libro, cap. 38. « Ut clerici ecclesiastici ordinis si culpam incurrerint, apud ecclesiasticos judicentur, non apud sæculares. » Item in eodem libro, cap. 77. « Quia juxta sanctorum Patrum traditionem novimus res Ecclesiæ esse vota fidelium, pretia peccatorum, et patrimonia pauperum, cuique non solum habita conservare, verum etiam multa, Deo opitulante, conferre optamus. Tamen ut ab ecclesiasticis, de non dividendis rebus illius suspicionem dudum conceptam amoveremus, statuimus ut neque nostris, neque filiorum, et Deo dispensante, successorum nostrorum temporibus, qui nostram, vel progenitorum nostrorum voluntatem vel exem-

A plum imitari voluerint, ullam penitus divisionem aut jacturam patiantur. »

Et hoc cum aliis capitulum quod sequitur, vos ipse manu propria in villa quæ dicitur Colonia, consensu episcoporum, et Warini, ac aliorum optimatum vestrorum, anno IV regni vestri confirmastis, et per Ricuinum Ludovico fratri vestro misistis : « De honore videlicet, et cultu Dei, atque sanctarum ecclesiarum, quæ, auctore Deo, sub ditione et tuitione regiminis nostri consistunt, communiter, Domino mediante, decernimus, ut sicut tempore beatæ recordationis domni ac genitoris nostri excultæ ac honoratæ, atque rebus ampliatæ fuerunt, salva æquitatis ratione ita permaneant. Et quæ a nostra liberalitate honorantur atque ditantur, de cætero sub in-
B tegritate sui serventur. Et sacerdos ac servi Dei vigorem ecclesiasticum et debita privilegia juxta reverendam auctoritatem obtineant. Eisdem vero regalis potestas, et illustrium virorum strenuitas seu reipublicæ administratores, ut competenter suum ministerium exsequi valeant, in omnibus rationabiliter ac juste concurrant. »

Et hoc cum aliis capitulum quod subsequitur, in Belgivaco civitate, anno VI regni vestri coram Deo et angelis ejus, in fide et dextera vestra, per spatam a vestram jurantes, sicut præsentes episcopi qui adfuerunt petierant, illis et cæteris episcopis regni vestri, ac successoribus suis, et eorum ecclesiis cunctis diebus vitæ vestræ vos servaturos promisistis, petentibus : « Ut jus ecclesiasticum, et
C legem canonicam nobis ita conservetis, sicut antecessores vestri, qui hoc bene et rationabiliter observaverunt, juxta quod sciri poterit, et Deus vobis posse dederit, nostris prædecessoribus conservaverunt. »

Et hoc cum aliis capitulum quod subsequitur, anno Incarnationis Dominicæ DCCCLI in loco qui dicitur Marsana cum fratribus vestris Waltario [Lothario] et Ludovico manu propria per consilium et consensum fidelium vestrorum communium communiter confirmastis : « Ut nostri fideles unusquisque in suo ordine et statu veraciter sint de nobis securi, quia nullum abhinc in ante, contra legem et justitiam, vel auctoritatem ac justam rationem, aut damnabimus, aut dehonorabimus, aut opprimemus vel indebitis machinationibus affligemus; et
D illorum, scilicet veraciter nobis fidelium, communi consilio, secundum Dei voluntatem, et commune salvamentum, ad restitutionem sanctæ Dei Ecclesiæ, et statum regni, et ad honorem regium, atque pacem populi commissi nobis pertinentia assensum præbemus, in hoc ut nulli non solum non sint nobis contradicentes et resistentes, ad ista exsequenda, verum etiam sic sint nobis fideles et obedientes, ac veri adjutores, atque cooperatores vero consilio, et sincero auxilio ad ista peragenda quæ præmisimus, sicut per rectum unusquisque in suo ordine et statu, suo principi, et suo seniori esse debet. »

---

a *Spatam,* épée.

Et hoc cum aliis capitulum quod subsequitur, in synodo apud Suessionis civitatem, in monasterio sancti Medardi, anno Incarnationis Dominicæ octingentesimo quinquagesimo tertio vos servaturos professi estis : « Denuntiandum est omnibus, et a missis nostris ordinandum, ut omnes Ecclesiæ presbyteri sub immunitate, ac privilegio, et ordinatione atque dispositione episcoporum singularum ecclesiarum in quibus consistunt, secundum canonicam auctoritatem et capitularia domni Caroli imperatoris avi nostri, et pii augusti Ludovici domni et genitoris nostri permaneant. »

Et hoc quod subsequitur, anno Incarnationis Dominicæ octingentesimo quinquagesimo octavo, regni autem vestri decimo septimo, in Carisiaco palatio, consensu episcoporum ac cæterorum fidelium vestrorum sponte manu propria confirmastis : « Quantum sciero, et rationabiliter potuero, Domino adjuvante, unumquemque vestrum secundum suum ordinem honorabo et salvabo, et honoratum et salvatum absque ullo dolo ac damnatione vel deceptione, conservabo. Et unicuique competentem legem et justitiam conservabo. Et qui illam necesse habuerit, et rationabiliter petierit, rationabilem misericordiam exhibeo; sicut fidelis rex suos fideles per rectum honorare et salvare, et unicuique competentem legem et justitiam in unoquoque ordine conservare, et indigentibus et rationabiliter petentibus rationabilem misericordiam debet impendere; et pro nullo homine ab hoc, quantum dimittit humana fragilitas, per studium aut malivolentiam vel alicujus indebitum hortamentum deviabo, quantum mihi Deus intellectum et possibilitatem donaverit. Et si per fragilitatem contra hoc mihi subreptum fuerit, cum hoc recognovero voluntarie illud emendare curabo. »

Postea etiam in villa Breona, anno Incarnationis Dominicæ octingentesimo quinquagesimo octavo, quando nos transmisistis ad excommunicandum fratrem vestrum, et populum qui cum eo super vos venerat, ut ab evasione regni vestri, et effusione sanguinis vestri, et fidelium vestrorum se cohiberent, hæc talia plura vos servaturos, cunctis diebus vitæ vestræ nobis et omnibus episcopis regni vestri, et ecclesiis nobis commissis, et universis fidelibus vestris legem et justitiam vos servaturos, coram Deo et angelis ejus cum lacrymis publice professi fuistis.

Cæterum apud Confluentes, anno Incarnationis Dominicæ octingentesimo sexagesimo, firmitas quæ subsequitur inter vos et fratrem vestrum, ac nepotes vestros facta est, quam idcirco hic posui, quia Dei voluntas, et sanctæ ipsius Ecclesiæ status, et honor atque defensio, et populi Christiani nobis commissi, ubi non sexus, non dignitas, non ordo excipitur, salus, pax, et legis ac justitiæ, atque rectæ rationis conservatio, et vestra communis salus et honor est, ne per oblivionem de his quæ ad eos pertinent, vobis ab aliquo

subripi possit, nec a quocunque vobis de ad vos pertinentibus contra firmitatem subripiatur. Firmitas autem ita se habet : « Amodo, et quandiu vixero, istum fratrem meum natura, et nepotes meos natura, ad Dei voluntatem et sanctæ ejus Ecclesiæ statum et honorem atque defensionem, et ad nostram communem salutem et honorem, et ad populi Christiani nobis commissi salvamentum et pacem, et ad legis ac justitiæ atque rectæ rationis conservationem, quantum mihi Deus scire et posse donaverit, et ipsi me obaudierint, et a me ipsi quæsierint, vero consilio, et secundum ut mihi rationabiliter et salubriter possibile fuerit, sincero auxilio adjutor ero. » Et reliqua [a].

Juris autem ecclesiastici leges Spiritu Dei conditæ, et ipsius sapientia qua conditores legum justa decernunt, decretæ, quibus sancta moderatur Ecclesia, et, ut sanctus Leo dicit, totius sunt mundi reverentia consecratæ, quos episcopis regni vestri et sibi commissis ecclesiis vos servaturos vovistis et promisistis, manifestæ sunt. Quas qui non observat sine dubio contra Dei voluntatem, et sanctæ ipsius Ecclesiæ statum et honorem atque defensionem, contraque suam salutem, et justitiam atque directam rationem facit. De quibus legibus hic pauca, et causæ unde agitur convenientia, ad memoriam vestram studui revocare.

« Quisquis, inquit sacrum Carthaginense concilium, episcoporum, presbyterorum, diaconorum, seu reliquorum clericorum, cum in ecclesia ei fuerit crimen constitutum, vel civilis causa fuerit commota, si, relicto ecclesiastico judicio, publicis judiciis purgari voluerit, etiamsi pro ipso fuerit prolata sententia, locum suum amittat, et hoc in criminali; in civili vero, perdat quod devicit, si locum suum obtinere maluerit [b]. »

Et in beati Gregorii decretis ex Romanis legibus factis canonicis ad Joannem defensorem, constitutum est pro qualicunque civili vel criminali causa, quemcunque judicem non licere invitum episcopum ad judicium publicum provocare, producere vel exhibere. Sed si a clerico vel aliquocunque altercatio contra episcopum propter quamlibet causam fiat, apud metropolitanum vel primatem provinciæ secundum sanctas regulas causam judicari debere. Et si quid judicatis episcopus contradixerit, ad beatissimum sedis Romanæ pontificem causa referatur. Et ille secundum canones et leges huic causæ præbeat finem. Et sacrum Carthaginense concilium decrevit, ut « Quisquis episcoporum accusatur, ad primatem provinciæ ipsius causam deferat accusator [c]. » Et sanctione legis Gratiani, Valentiniani et Theodosii specialiter prohibetur : « Ne quis audeat apud judices publicos episcopum accusare; sed in episcoporum audientiam proferre non differat quidquid sibi pro qualitate negotii putat posse competere, ut in episcoporum aliorum judicio quæ asserit contra episco-

---

[a] Conc. ap. Confluent., an. 860.
[b] Conc. Afric., can. 15.

[c] Ibid., can. 19.

pum debeant definiri. » Et in decretis beati Gregorii ad Joannem, ex lege Gratiani, Valentiniani ac Theodosii : « Et in privatis, inquit, causis hujusmodi forma servetur, ne quemquam litigatorum sententia non a suo judice dicta constringat. » Et item ibi : « Necesse est ut quod contra leges factum est, firmitatem non habeat. »

Et Carthaginense concilium statuit : « Ut accusatus vel accusator in eo loco unde est ille qui accusatur, locum sibi eligat proximum, quo non sit difficile testes producere, ubi causa finiatur [a]. » Et lege Valentiniani atque Valentis decernitur, ut ultra provinciæ terminos accusandi licentia prohibeatur.

Et Africanum concilium : « Per episcopos, inquit, judices causa finiatur, sive quos eis (conquirentibus) primates dederint, sive quos ipsi vicinos ex consensu delegerint [b]. » Sicut in sequenti articulo dicitur, quod servari de causis in legibus constitutis, sicut sua loca demonstrant, et sanctus Gregorius decrevit. Et item sacri canones et decreta sedis Romanæ pontificum, annis singulis per unamquamque provinciam bis in anno concilia celebrare præcipiunt; ut communiter simul cum omnibus episcopis congregatis, provinciæ discutiantur quæstiones, et omnes controversiæ dissolvantur.

Et item sacri canones Antiocaeni et Gangrenses, atque decreta sedis Romanæ pontificum jubent, ut « Quæ sunt Ecclesiæ, sub omni sollicitudine et conscientia bona, et fide quæ in Deum est, qui cuncta considerat judicatque, serventur. Quæ etiam dispensanda sunt judicio et potestate pontificis, cui commissus est populus, et animæ quæ intra ecclesiam congregantur. » Et : « Episcopus ecclesiasticarum rerum habeat potestatem ad dispensandum erga omnes qui indigent, cum summa reverentia et timore Dei. Participet autem et ipse quibus indiget, si tamen indiget, tam suis quam fratrum qui ab eo suscipiuntur necessariis usibus profuturis [c]. » — « Si quis autem oblationes Ecclesiæ extra Ecclesiam accipere vel dare voluerit, præter conscientiam episcopi, vel ejus cui hujuscemodi officia commissa sunt, nec cum ejus voluerit agere consilio, anathema sit. » Et : « Si quis dederit vel acceperit oblata, præter episcopum, vel eum qui constitutus est ab eo ad dispensandam misericordiam pauperibus : et qui dat, et qui accipit, anathema sit [d]. »

Et concilium Chalcedonense decrevit : « Res ecclesiasticas secundum sententiam episcopi dispensari, et redditus ecclesiæ viduatæ penes œconomum ejusdem ecclesiæ integros observari [e]. »

Et sanctus Stephanus papa et martyr : « Quidquid in sacratis, loquitur, Deo rebus et episcopis injuste agitur, pro sacrilegio reputabitur. »

Et Carthaginense concilium sub Grato episcopo, judicavit ut « Si quis statuta supergressus corruperit, vel pro nihilo habenda putaverit, si laicus est, communione, si clericus est, honore privetur [f]. » Quia, ut sanctus papa Hilarius decernens dicit : « Non minus in sanctarum traditionum delinquitur sanctiones, quam in injuriam Domini prosilitur. » Unde necesse est ut quæ juste et rationabiliter vovistis et promisistis Domino conservetis, jubente Dei Spiritu per prophetam : *Vovete, et vota vestra reddite Domino Deo vestro (Psal. LXXV).* »

[a] Conc. Afric., can. 30.
[b] Ibid., can. 120.
[c] Conc. Antioch., can. 24 et 25.
[d] Conc. Gangrens., can. 7 et 8.
[e] Conc. Chalcedon., can. 25.
[f] Conc. Carthag., an. 348, can. 14.

XIII.

CAPITULA IN SYNODO APUD S. MACRAM AB HINCMARO

PROMULGATA.

(Apud Labbeum, Conc. tom. VIII.)

Synodus quæ fuit acta apud sanctam Macram, in loco qui dicitur Finibus Rhemensis parochiæ [a]; tempore Ludovici regis, filii Ludovici Caroli filii, die IV Nonas Apriles, anno Christi 881, Joannis papæ VIII, anno IX, Ludovici ejusdem regis anno XI [*Imo II duntaxat, ut bene Sirmondus*].

PRÆFATIO.

Diversarum provinciarum episcopi, quorum nomina tenentur subter ascripta, qui ante nequivimus, diversis occupationibus, tam paganorum infestationibusquam pravorum Christianorum insectationibus, præpediti, nunc anno incarnationis Dominicæ 881, indictione 14, IV Nonas Apriles, maxima necessitate compulsi, apud martyrium sanctæ Macræ, in loco qui dicitur Finibus Rhemensis parochiæ, in nomine Christi convenimus. Ab omnibus qui juste et pie in communione catholicæ Ecclesiæ, quæ Christi est corpus, vivere volunt, ea quæ sequuntur, Domino

[a] Hodie *Fimes* vocitant, celebre oppidum martyrio et cultu sanctæ Macræ virginis. Olim *Fines* dicebant quia in finibus pagi Rhemensis et Suessio-

niei. Itinerarium vetus : *Augusta Suessorum. Fines. Durocortum Rhemorum.* SIRM.

mediante, observari decernimus, non nova conden- A valeant displicere (quia medicus sæpe, quos leni
tes, sed quæ a majoribus nostris secundum tramitem   unguento medicare non potest, per amarum poculum
sanctarum Scripturarum statuta, et a Christianis   confectionis reducit ad hilaritatem sanitatis), ne
imperatoribus ac regibus promulgata, et usque ad   dicant de nobis quod dictum legimus de sedentibus
hæc periculosa nostræ infelicitatis tempora fuere   in cathedra Moysis : *Imponunt onera gravia et im-*
servata, quasi lumina in malignorum operum tene-   *portabilia in humeros hominum, digito autem suo*
bras, quæ excæcant diffidentiæ filios, devocamus;   *nolunt ea movere (Matth. XIII)*, nos prius verbis
ut falce sancti Spiritus, per divinum ministerium   sancti Gregorii, ex homilia quam de Evangelio tracta-
nostri officii perque regiæ sollicitudinis potestatem   vit tempore synodi episcoporum, accusamus : quo-
ac ministros reipublicæ, male pullulantia recidantur,   niam ad exteriora negotia, partim necessitate bar-
et fructuosa Christianis mentibus inserantur.   barici timoris, partim negligentia nostri temporis,
   dilapsi sumus, et aliud ex honore suscepimus, atque
   aliud officio actionis exhibemus. Ministerium præ-
CAPITULA.
   dicationis relinquimus, et ad pœnam nostram, ut
   video, episcopi vocamur, qui honoris nomen non
I. *Quod distinctæ sint potestas regia et auctoritas*   virtutem tenemus. Relinquunt namque Deum hi qui
pontificum.   B nobis commissi sunt, et tacemus : in pravis actibus
   jacent, et correctionis manum non tendimus : quo-
   Hæc namque sunt sacerdotalis officii, et regii mi-   tidie per multas nequitias pereunt, et eos ad infer-
nisterii : quia sicut in sacris legimus litteris, duo   num tendere negligenter videmus. Sed quando nos
sunt, quibus principaliter mundus hic regitur, aucto-   vitam corrigere valeamus alienam, qui negligimus
ritas sacra pontificum, et regia potestas. Solus enim   nostram? Curis enim sæcularibus intenti, tanto in-
Dominus noster Jesus Christus vere fieri potuit rex   sensibiliores intus efficimur, quanto ad ea quæ foris
et sacerdos. Post incarnationem vero, et resurre-   sunt studiosiores videmur. Usu quippe curæ terre-
ctionem, et ascensionem ejus in cœlum, nec rex   næ a cœlesti desiderio obdurescit animus, et dum
pontificis dignitatem, nec pontifex regiam potesta-   ipso suo usu durus efficitur per actionem sæculi, ad
tem sibi usurpare præsumpsit : sic actionibus propriis   ea emolliri non valet, quæ pertinent ad charitatem
dignitatibusque ab eo distinctis, ut et Christiani re-   Dei : quia dum extraneis actionibus implicamur,
ges pro æterna vita pontificibus indigerent, et pon-   ministerium actionis nostræ negligimus. Dei causam
tifices pro temporalium rerum cursu regum disposi-   relinquimus, ad terrena negotia vacamus : locum
tionibus uterentur : quatenus spiritalis actio a car-   C sanctitatis accipimus, et terrenis actibus implica-
nalibus distaret incursibus, et ideo militans Deo   mur. Impletum est in nobis profecto quod scriptum
minime se negotiis sæcularibus implicaret, ac vi-   est : *Et erit sicut populus, sic sacerdos (Isa. XXIV,*
cissim non ille rebus divinis præsidere videretur,   *Ose. IV)*. Sacerdos enim non distat a populo, quando
qui esset negotiis sæcularibus implicatus. Et tanto   nullo vitæ suæ merito vulgi transcendit actionem.
est dignitas pontificum major quam regum, quia   Ecce jam pene nulla est sæculi actio, quam non sa-
reges in culmen regium sacrantur a pontificibus,   cerdotes administrent. Quanto autem mundus gla-
pontifices autem a regibus consecrari non possunt :   dio feriatur aspicimus, quibus quotidie percussio-
et tanto gravius pondus est sacerdotum, quam re-   nibus intereat populus, videmus. Cujus hoc nisi
gum, quanto etiam pro ipsis regibus hominum in   nostro præcipue peccato agitur? ecce depopulatæ
divino reddituri sunt examine rationem : et tanto in   urbes, eversa castra, ecclesiæ ac monasteria de-
humanis rebus regum cura est propensior, quam   structa, in solitudinem agri redacti sunt : sed nos
sacerdotum, quanto pro honore et defensione ac   pereunti populo auctores mortis existimus, qui esse
quiete sanctæ Ecclesiæ, ac rectorum et ministrorum   debuimus duces ad vitam. Ex nostro etenim peccato
ipsius, et leges promulgando, ac militando, a Rege   D populi turba prostrata est, quia, faciente nostra
regum est eis curæ onus impositum. Et legimus in   negligentia, ad vitam erudita non est. Pensemus ergo,
sacris historiis *(Deut. XVII)*, quia cum sacerdotes in   qui unquam per linguam nostram conversi de per-
regimine regni reges ungebant, et diademata capi-   verso suo opere, nostra increpatione correpti pœni-
tibus illorum imponebant, legem in manibus eis da-   tentiam egerunt, quis luxuriam ex nostra eruditione
bant, ut discerent et scirent qualiter se et subjectos   deseruit, quis avaritiam, quis superbiam declinavit.
sibi regere, et sacerdotes Domini honorare debeant.   Hic pastores vocati sumus, et cum ante æterni pa-
Legimus etiam in sacra historia quia Ozias rex præ-   storis oculos venerimus, ibi gregem nostra prædi-
sumpsit incensum ponere quod non regii, sed sa-   catione conversum non ducemus. Sed utinam, si ad
cerdotalis erat ministerii : lepra est a Deo percus-   prædicationis virtutem non sufficimus loci nostri
sus, et de templo a sacerdotibus ejectus, et in domo   officium in innocentia vitæ teneamus
sua est usque ad mortem reclusus *(II Par. XXVI)*.

II. *Increpatio torporis et negligentiæ sacerdotum; ex*   **III.** *De honore cultuque Dei et ecclesiarum.*
sancto Gregorio.

   Denique si pro salute regis ac reipublicæ ministro-   De honore et cultu Dei, atque sanctarum eccle-
rum, et pro ministerio indignitati nostræ commisso,   siarum, quæ auctore Deo sub ditione regiminis regis
in processu aliqua dixerimus, quæ carnalibus animis

nostri consistunt, communiter verbis ejus qui dixit discipulis et apostolis suis, quorum, licet indigni, vicibus in Ecclesia sanguine Christi redempta fungimur : *Qui vos audit me audit, et qui vos spernit me spernit : non enim vos estis qui loquimini, sed Spiritus Patris vestri qui loquitur in vobis (Luc.* x), dominum nostrum regem monemus, ut sicut tempore antecessorum suorum imperatorum ac regum excultæ et honoratæ, atque rebus ampliatæ fuerunt, salva æquitatis ratione ita permaneant; et quæ sua liberalitate honoratæ atque ditatæ fuerunt, de cætero sub integritate sui serventur. Et sacerdotes, ac servi et ancillæ Dei, vigorem ecclesiasticum, et debita privilegia, juxta reverendam auctoritatem obtineant : eisque regalis potestas, et illustrium virorum strenuitas, seu reipublicæ administratores, ut suum ministerium competenter exsequi valeant, in omnibus rationabiliter et juste concurrant.

IV. *De suscipienda cura monasteriorum.*

Ut missi regii per civitates, et singula monasteria tam canonicorum, quam monachorum, sive sanctimonialium, una cum episcopo parochiæ uniuscujuscunque in qua consistunt, cum consilio etiam et consensu ipsius qui monasterium retinet, vitam ibi degentium et conversationem inquirant, et ubi necesse est corrigant, et ubi desunt, congruas officinas construere jubeant, et ubi factæ et per negligentiam sunt destructæ, instaurari præcipiant, et victum ac potum, et vestitum, atque cætera necessaria, pro qualitate et possibilitate loci, et inhabitantium necessitate ordinent, et hospitalitatem supervenientium hospitum, et receptionem pauperum ibidem disponant et ordinent : et thesaurum, ac vestimenta, seu libros diligenter imbrevient, et breves regi reportent. Imbrevient quid unusquisque ecclesiarum prælatus, quando prælationem ecclesiæ suscepit, ibi invenerit, et quid modo exinde minus sit, vel quid et quantum sit superadditum. Numerum etiam canonicorum, et monachorum, sive sanctimonialium, uniuscujusque loci describant, et regi referant : secundum qualitatem loci, cum consilio episcoporum et fidelium suorum, ubi minor numerus fuerit, regia auctoritate addatur : ubi vero indiscretione prælatorum superfuerit, ad mensuram redigatur. Et qualiter abbatiarum prælati, et in locis sacris inhabitantes, de his quæ missi regii præceperint, obedierint, regi diligentissime et capitulatim referre procurent.

V. *De rapinis compescendis et pace restituenda.*

Raptores autem, non nostris verbis, sed Christi et sanctorum ejus, qui cum illo in cœlo regnant, et in terris miraculis coruscant, auctoritate ipsius qui nobis, licet indignis, in apostolis suis dixit : *Quæcunque alligaveritis super terram, erunt ligata et in cœlis : et quæ solveritis super terram, erunt soluta et in cœlis (Matth.* xviii), monemus, et eis verba ipsius Domini inculcamus, quæ, nisi se correxerint, in extremo judicio audient : *Esurivi, et non dedistis mihi*

manducare, et cætera, quibus dicit : *Discedite a me, maledicti, in ignem æternum, qui paratus est diabolo, et angelis ejus (Matth.* xxix). Hinc ergo colligendum est, quanta damnatione plectendi sunt qui aliena rapiunt, si tanta animadversione feriuntur qui sua indiscrete tenuerunt. Perpendant quo eos obliget reatu res rapta, si tali subjicit pœnæ non tradita : perpendant quid meretur injustitia illata, si tanta percussione digna est pietas non impensa. Audiant raptores : *Væ ei qui multiplicat non sua usquequo, et aggravat contra se densum lutum (Habac.* ii). Densum lutum contra se aggravare, est terrena lucra cum pondere peccati cumulare. Audiant quid Christus dicat : *Quid prodest homini si totum mundum lucretur, animæ vero suæ detrimentum fiat ? (Matth.* xvi.) Id est, quid prodest homini, si totum quod extra se est congregat, si hoc solum quod ipse est damnat ? Audiant quod illa quæ rapiunt in hoc sæculo deficient, aut in sæculo dimittent, sed secum ad judicium causas rapinæ, id est damnationem secum ferent. Audiant quid propheta Isaias dicit : *Rapina pauperis in domo vestra (Isa.* iii). Et : *Causa viduæ non ingreditur ad eos (Isa.* i). Et : *Non despiciet Dominus preces pupilli, nec viduam, si effundat loquelam gemitus. Nonne lacrymæ viduæ ad maxillam descendunt, et exclamatio ejus super deducentem eas ? A maxilla enim ascendunt usque ad cœlum, et Dominus exauditor non delectabitur in illis (Eccli.* xxxv). Audiant quia in cujus domo rapina est, sive in domo corporis, sive in domo mansionis, non habitat in illa domo Spiritus sanctus, sed spiritus malignus : et si accedit ad communionem corporis et sanguinis Christi ante dignam satisfactionem, non mundatur per illam communionem a peccato, sed plenius, sicut Judas, quando in cœna plenus rapina et iniquitate communicare præsumpsit de manu Christi, possessus est a diabolo. Unde et suspensus crepuit medius, et abiit in locum suum, id est suis meritis acquisitum, videlicet in ignem æternum : quia cum intravit sanctus panis in plenum de iniquitate ventrem, intravit hostis antiquus, qui dicitur diabolus et Satanas, in crudelem et impiam mentem. Et ille enim, sicut Judas tradidit Christum peccatoribus Judæis, ita plenus rapinis et iniquitate tradit Christum peccatoribus membris suis, qui illud inæstimabile Domini corpus violare præsumit. Et væ illi homini, qui ad mensam Domini malignus accedit, qui insidiis mente conditis, qui præcordiis rapina aut aliquo scelere pollutis mysteriorum Christi secretis participare non metuit. Væ illi homini, de quo Jesus, qui altaribus sacrosanctis inter immolandum, utpote proposita consecraturus munera, adesse non dubitatur, astantibus sibi ministris cœlestibus queri cogitur, quod in cœna discipulis de Juda dixit : *Ecce,* inquiens, *manus tradentis me mecum est in mensa (Luc.* xxii). Et væ illi de quo dicit Paulus apostolus quod quasi speciali privilegio in cœna Domini quando hæc sunt tradita legimus : *Quicunque manducat panem hunc, aut calicem Do-*

mini bibit indigne, judicium sibi manducat et bibit, non dijudicans, id est non discernens a cibis cæteris, corpus Domini (*I Cor.* xi) : sed sic ad mensam Domini accedit sine reverentia et timore de peccatis suis, sicut lætus accedit, quando socius suus illum plena mensa pascit de rapinis suis. Et quod idem dicit Apostolus : *Ideo inter vos multi infirmi, et imbecilles, et dormiunt,* id est moriuntur, *multi* (ibid.). Hoc monstratur in exemplo de infirmitatibus et mortibus corporalibus aliquorum, quod fit in anima in spiritalibus infirmitatibus atque mortibus omnium irreverendorum. Hoc enim pascha, quod tunc Dominus in novo mysterio egit, quotidie celebramus quotiescunque missam agimus : sicut ipse tunc omnibus episcopis et presbyteris, ac cæteris fidelibus, celebrantibus atque astantibus ad hoc terribile sacramentum, in apostolis suis dixit : *Hæc quotiescunque feceritis, in meam memoriam facietis* (ibid.). Et potest fieri ut quidam audientes tale periculum esse communicare corpori et sanguini Domini, qui non volunt a malis recedere et de præteritis pœnitentiam agere, dicant : Abstinebimus nos ab illa communione, quia non retrahimus nos a mala operatione. Unde audiant quibuscunque diabolus ista susurrat, quoniam sicut Dominus dicit de baptismo, quod nullus potest fieri salvus, nisi qui renatus fuerit ex aqua et Spiritu sancto : ita de hac sancta communione dixit : *Nisi manducaveritis carnem Filii hominis, et biberitis ejus sanguinem, non habebitis vitam in vobis* (*Joan.* vi). Et sicut dixit : *Qui crediderit et baptizatus fuerit, salvus erit* (*Marc.* xvi), id est, sicut promisit in baptismate, diabolo et ejus operibus abrenuntiando, et in Deum fide quæ per dilectionem operatur credendo, hoc est ut in fide et bonis operibus permaneat, et si post baptismum peccaverit, confessionem et dignam pœnitentiam, illis qui in eum peccaverunt dimittendo, et bonis operibus insistendo, hoc quod male fecit emendet : ita etiam de hac sancta communione dixit (*Joan.* vi) : *Qui manducat carnem meam, et bibit sanguinem meum, in me manet, et ego in eo.* Et : *Si quis manducaverit ex hoc pane, vivet in æternum, et ego resuscitabo eum in novissimo die.* Et : *Sicut misit me vivens Pater, et ego vivo propter Patrem.* Et : *Qui manducat me, et ipse vivet propter me.* Audiant rapaces et prædatores, quid iterum Dominus per prophetam dicat : *Qui prædaris, nonne et ipse prædaberis?* (*Isa.* xxxiii.) Videlicet quia illius qui prædatur res pauperum et ecclesiarum ac servorum Dei, prædatur a diabolo, et præda illius fit. Audiant quid sanctus Paulus apostolus dicat, per quem locutus est Christus, et qui raptus fuit usque ad tertium cœlum, et qui raptus fuit in paradisum, et audivit talia secreta verba, quæ non licebat homini loqui. Ait namque quia *neque rapaces, neque homicidæ, neque adulteri regnum Dei possidebunt* (*I Cor.* vi). Unde intendant quale quantumque peccatum est rapina, quam cum adulterio et homicidio sanctus comparavit Apostolus. Item ipse dicit : *Si quis fornicator,*

aut *adulter, aut rapax, aut homicida est, cum hujusmodi nec cibum sumere* (*I Cor.* v) Christi discipulo, id est Christiano, licet ante satisfactionem, id est correctionem, ac emendationem et dignam pœnitentiam. Audiant quod sanctus Joannes apostolus, electus et dilectus Christi, qui in cœna super pectus ejus recubuit, talem hominem salutare vetat, dicens : *Nec Ave ei dixeritis, neque in domum receperitis* (*II Joan.* x). Audiant quid per prophetam Dominus dicit ad eos qui in medio talium immorantur : *Exite,* inquiens, *de medio eorum, et immundum ne tetigeritis, et ego recipiam vos, et habitabo inter vos, et ero vobis in Deum, et vos eritis mihi in filios et filias* (*II Cor.* vi, *Jer.* xxxi). Nihil enim est aliud quod isti raptores faciunt, nisi præcursio exercitus Antichristi, cujus voce dictum est : *Non movebor a generatione in generationem sine malo* (*Psal.* x), id est tanta mala faciam in uno loco, ut antequam ad alium locum veniam, adventum meum ibi habitantes timeant : sed et postea sentient. Et Joannes apostolus : *Nunc,* inquit, *antichristi multi sunt* (*I Joan.* ii). Unde timendum nobis est quod omnis propter hoc deprecatur Ecclesia : *Exsurge, Domine Deus, exaltetur manus tua,* id est ad vindictam; *non obliviscaris pauperem populum* (*Psal.* x). Et Dominus, qui non mentitur, repromittit, dicens : *Propter miseriam inopum, et gemitum pauperum, nunc exsurgam, dicit Dominus* (*Psal.* xi), id est jam jamque in proximo vindictam exercebo. Audiant raptores, quid de talibus sacri canones decernunt (*conc. Tolet.* i, can. 11) : Si quis, inquiunt, de potentibus clericum, aut quemlibet pauperem, aut religiosum exspoliaverit, et mandaverit ad ipsum episcopus ut eum audiat, et is contempserit : invicem mox scripta percurrant per omnes provinciæ episcopos, et quoscunque adire potuerit, ut excommunicatus habeatur, donec audiat et reddat aliena. Ecce de pauperum raptoribus. Audiant raptores et prædones rerum ecclesiasticarum, quid sanctus Anacletus papa, ab ipso beato Petro apostolo presbyter ordinatus, cum totius mundi sacerdotibus judicavit. Dicit namque (*epist.* 1) : Qui abstulerit aliquid patri vel matri, homicidæ particeps est. Pater noster sine dubio Deus est, qui nos creavit, mater vero nostra Ecclesia, quæ nos in baptismo spiritaliter regeneravit. Ergo qui Christi pecunias et Ecclesiæ rapit, aut aufert, vel fraudatur, homicida est, atque homicida ante conspectum justi judicis deputabitur. Qui rapit pecuniam proximi sui, iniquitatem operatur : qui autem pecuniam vel res Ecclesiæ abstulerit, sacrilegium facit, et ut sacrilegus judicandus est. Et sanctus Urbanus papa et martyr : Res, inquit, et facultates ecclesiasticæ oblationes appellantur, quia Domino offeruntur, et vota sunt fidelium, ac pretia peccatorum, atque patrimonia pauperum : si quis illa rapuerit, reus est damnationis Ananiæ et Saphiræ, et oportet hujusmodi tradere Satanæ, ut spiritus salvus sit in die Domini. Et sanctus Lucius papa : Rerum, inquit, ecclesiasticarum et facultatum raptores a liminibus sanctæ

Ecclesiæ anathematizatos apostolica auctoritate pellimus et damnamus, atque sacrilegos esse judicamus: et non solum eos, sed et omnes consentientes eis: quia non solum qui faciunt rei judicantur, sed etiam qui facientibus consentiunt. Par enim pœna et agentes et consentientes comprehendit. Et sanctus Augustinus in sermone Evangelii sancti Joannis ita dicit (*tract.* 50 *in Joan.*) : Fur sacrilegus loculorum sacrorum et Dominicorum est Judas, et qui aliquid de Ecclesia furatur et rapit, Judæ perdito comparatur. Item in sacris canonibus a Spiritu sancto dictatis, et Christi sanguine confirmatis, scriptum est (*conc. Gangr. can.* 7) : Si quis oblationes Ecclesiæ extra Ecclesiam accipere vel dare voluerit, præter conscientiam episcopi vel ejus cui hujusmodi officia commissa sunt, nec cum ejus voluerit agere consilio, anathema sit. Episcopus autem omnibus se audientibus dicere debet quid sit anathema : id est alienatio a Christo et ejus corpore, quæ est sancta Ecclesia. Et ne desperent tales homines, et in peccato permaneant, ostendere debet episcopus quandiu duret anathema, id est quandiu quisque errorem non corrigit, et digna satisfactione non emendat, ut reconciliationem et indulgentiam valeat promereri. Si quis vero ante satisfactionem, et reconciliationis indulgentiam, in peccatis suis perseverans mortuus fuerit, jam anathema perpetuum illi erit, et peccatum ad mortem, pro quo non dicit apostolus ut oretur (*I Joan.* 7).

VI. *Admonitio ad regem et ministros reipublicæ.*

Regiam vero dignitatem, et ministros reipublicæ, ac cooperatores regii ministerii, episcopali auctoritate et Domini voce monemus, ut semetipsos coram Deo et coram hominibus tales exhibeant, ut adjutores Dei fieri, et ab ipso et in præsenti sæculo et in futuro adjuvari mereantur : et nulla quælibet causa, aut munerum acceptio, aut amicitia cujuslibet, vel odium, aut timor, aut gratia, ab statu rectitudinis eos deviare compellat, quin inter proximum et proximum juste judicent : pupillorum vero, et viduarum, et cæterorum pauperum adjutores ac defensores, et sanctæ Ecclesiæ vel servorum illius honoratores juxta suam possibilitatem fiant : illos quoque qui temeritate et violentia in furtis et latrociniis, sive rapinis, communem pacem populi perturbare moliuntur, suo studio et correctione sicut decet compescant. Unde quædam capitula, a præcedentibus imperatoribus et regibus statuta, in unum collecta subjungere dignum duximus, quæ ita se habent

Ex capitulis imperatorum et regum.

(*Lib.* II, *c.* 14, 15.) De pace in exercitali itinere servanda usque ad marcham, hoc omnibus notum fieri volumus, quod quicunque auctorem damni sibi præterito anno illati nominatim cognoscit, ut justitiam de illo quærat, et accipiat. Deinceps tamen omnibus denuntiare volumus, ut unusquisque cognoscat omnes, qui in suo obsequio in tali itinere pergunt, sive sui sint, sive alieni, ut ille de eorum factis rationem se sciat redditurum : et quidquid in pace violanda deliquerint, ad ipsius debet periculum pertinere : ea scilicet conditione, ut pacis violator primum

juxta facinoris qualitatem, sive coram nobis, sive coram misso nostro, dignas pœnas persolvat : et senior, qui secum talem duxerit, quem aut constringere noluit, aut non potuit, ut nostram jussionem servaret, et insuper in regno nostro prædas facere non timeret, pro illius negligentia, si ante eum de his non admonuerit, et postquam negligentia contemptoris ad ejus notitiam pervenerit, eum corrigere sicut decet neglexerit, honore suo privetur, ut scilicet neuter illorum sine justa vindicta remaneat.

(*Lib.* v, *c.* 189.) Si quis in exercitu infra regnum, sine jussione Dominica, per vim hostilem aliquid prædare voluerit, aut fenum tollere, aut granum ; sive pecora majora vel minora, domosque infringere, vel incendere, hæc ne fiant omnino prohibemus. Quod si ab aliquo præsumptioso factum fuerit, sexaginta solidos, si liber est, sit culpabilis; et omnia cimelia restituat, aut cum duodecim testibus se purget. Si vero servus hoc fecerit, capitali crimini subjaceat, et dominus omnia cimelia restituat, quia servum suum non correxit, nec custodivit, ut talia non perpetraret. Quoniam si nosipsos comedimus, cito deficiemus. Unusquisque tamen custodiat exercitum suum, ne aliqua deprædatio infra regnum fiat.

(*Lib.* III, *c.* 65.) Si quis domum alienam cujuslibet infregerit, quidquid exinde per vim abstulerit, aut rapuerit, vel furaverit, secundum legem illi, cujus domus fuerit infracta et spoliata, in triplum componat, et insuper bannum dominicum solvat. Si servus hoc fecerit, sententiam superiorem accipiat, et insuper secundum suam legem compositionem faciat. Si quis liber homo aliquod tale damnum alicui fecerit, pro quo plenam compositionem facere non valeat, semetipsum in vadio pro servo dare studeat, usque dum plenam compositionem adimpleat.

(*Lib.* III, *c.* 1.) De pace admonemus, ut omnes qui per aliqua scelera rebelles sunt constringantur.

(*Ibid.*, *c.* 66.) Si quis messes aut annonas in hoste super bannum dominicum rapuerit, vel paverit, aut furaverit, aut cum caballis vastaverit, æstimato damno secundum legem in triplum componat : et si liber homo hoc fecerit, bannum dominicum pro hac re componere cogatur. Servus vero secundum legem tripla compositione damnum in loco restituat, et pro damno disciplinæ corporali subjaceat.

(*Lib.* VI, *c.* 96.) Si quis infra regnum rapinam fecerit, aut cuiquam nostro fideli, ejusque homini, aliquid vi abstulerit, in triplo cui aliquid abstulit legibus componat, et insuper bannum nostrum, id est sexaginta solidos, nobis persolvat. Postmodum vero a comite ante nos adducatur, ut in bastonico retrusus usque dum nobis placuerit pœnas luat. Nam si publice actum fuerit, publicam inde agat pœnitentiam juxta sacrorum canonum sanctionem. Si vero occulte, sacerdotum consilio ex hoc agat pœnitentiam : quoniam *raptores*, ut ait Apostolus, nisi veram egerint pœnitentiam, *regnum Dei non possidebunt* (*I Cor.* VI). Qui vero de rebus ecclesiarum aliquid abstulerint, gravius inde judicentur : quia sacrarum rerum ablatio sacrilegium est, et sacrilegus vocatur, qui ex eis aliquid abstulerit aut rapuerit. Extorres namque a liminibus sanctæ matris Ecclesiæ tales personæ usque ad satisfactionem ecclesiæ quam læserint, sunt habendæ, atque firmiter denotandæ.

(*Caroli Calvi tit.* XII, *c.* 12.) Unusquisque missus in suo missatico provisionem habeat, ut si aliquis de nostris fidelibus per missaticum suum transierit, aut ibi consistens, vel commanens, rapinas, vel deprædationes, aut talia illicita fecerit de quibus Deus offendi solet, et populus pro oppressione gemere, quatenus hoc subtiliter et veraciter investiget, et nobis renuntiet, qualiter inde nos sic ordinemus, ut nec ipsum, nec alium hoc agere delectet.

(*Caroli Calvi tit.* xii, *c.* 13.) Ut missi in illorum missaticis curam habeant, ne homines nostri, aut aliiquilibet, vicinos suos majores vel minores tempore æstatis, quando ad herbam suos caballos mittunt, vel tempore hiemis, quando marescalcos illorum ad fodrum dirigunt, vicinos majores vel minores deprædentur : et si egerint, hoc etiam, ut prædiximus, veraciter missi nostri investigent, et nobis renuntient, ut in seniore hoc sic emendemus quatenus homines suos in potestate habeat, et contenti sint debitis, et indebita injuste non appetant.

(*Ludovici Balbi tit.* iii, *cap.* 7 *et* 8.) Volumus ut res ecclesiarum, in cujuscunque regno caput fuerit, tam de episcopatibus quam de abbatiis, sine ulla contradictione rectores ipsarum ecclesiarum, sicut tempore domni ac genitoris nostri fecerunt, illas possideant. Et quia per vagos, et tyrannica consuetudine irreverentes homines pax et quies perturbari solet, volumus ut ad quemcunque nostrum talis venerit, ut de his quæ egit rationem et justitiam subterfugere possit, nemo ex nobis illum ad aliud recipiat, vel retineat, nisi ut ad rectam rationem et debitam emendationem perducatur. Et si rationem rectam subterfugerit, omnes in commune, in cujus regnum venerit, illum persequantur, donec aut ad rationem perducatur, aut de regno deleatur.

(*Caroli Calvi tit.* xxvi, *c.* 5.) Similiter et de eo agendum est, qui pro aliquo capitali et publico crimine a quolibet episcopo corripitur vel excommunicatur, aut ante excommunicationem crimen faciens, regnum et regis regimen mutat, ne debitam pœnitentiam suscipiat, aut susceptam legitime peragat.

(*Caroli Calvi tit.* ix, *cap.* 4.) Denuntiandum est omnibus, et a missis nostris ordinandum, ut omnes ecclesiæ et presbyteri sub immunitate ac privilegio, et ordinatione atque dispositione episcoporum singularum parochiarum, in quibus consistunt, secundum auctoritatem canonicam, et capitularia domni Caroli imperatoris et pii Augusti Ludovici permaneant.

(*Ibid.*, c. 5.) Ut missi nostri diligenter investigent cum episcopo, et prælatis monasteriorum, et per fideles et strenuos viros in unaquaque parochia, de rebus ecclesiasticis in alodem datis : et sicut evidentibus et veris indiciis ac auctoritatibus compererint, diligenter a quo et quibus datæ sint, et quantum exinde sit describant, et nobis renuntient, ut cum consilio fidelium nostrorum hoc sacrilegium emendare curemus.

(*Ibid.*, c. 6.) Ut missi nostri expresse, et cum omni diligentia, cum episcopo et prælatis monasteriorum, per singulas parochias requirant de rebus ecclesiasticis, unde nonæ et decimæ solvi debent, et non solvuntur, ut persolvi ab easdem res retinentibus faciant. Et si aliqua contradictio, quæ rationabilis videatur, oborta fuerit, describatur : et prælatus ipsius casæ Dei, unde res esse noscuntur, et ille qui eas detinet, et nonam ac decimam solvere detrectat, simul cum missis nostris ad nostram jubeatur venire præsentiam, ut tunc veritate comperta, et diffinitione decreta, quod rationabiliter invenerimus inde præcipiamus.

(*Ibid.*) Volumus etiam, ut investigent missi nostri, qualiter illi, qui easdem res ecclesiasticas, unde decimæ dantur, sive non dantur, illas salvas habeant, et in casticiis et in silvis custoditis, vel si terræ ac mancipia inde perdita sint, vel aliquid hujusmodi, aut si familia oppressa sit contra legem, et omnia per breves renuntient missi nostri.

(*Ibid.*, c. 7.) Ut missi nostri per singulas parochias comitibus et reipublicæ ministris ex banno nostro præcipiant, ne malla vel placita in exitibus et

A atriis ecclesiarum, et presbyterorum mansionibus, neque in Dominico, vel festivis diebus, tenere præsumant : sed comes convenientem locum consideret et inveniat ubi stationem ad mallum tenendum constituat : quia nefas est ibi reos puniri, ubi respectu divinæ reverentiæ misericordiam consensu fidelium et decreto prædecessorum nostrorum consequuntur.

(*Ibid.*, c. 8.) Ut missi nostri comitibus, et omnibus reipublicæ ministris, firmiter ex verbo nostro denuntient, atque præcipiant, ut a quarta feria ante initium quadragesimæ, nec in ipsa quarta feria, usque post octavas Paschæ, mallum vel placitum publicum, nisi de concordia et pacificatione discordantium, tenere præsumant. Similiter etiam a quarta feria ante nativitatem Domini, usque post consecratos dies observent : necnon in jejuniis quatuor temporum, et in rogationibus, simili observatione eosdem feriatos dies venerari omnimodis studeant.

(*Ibid.*, c. 9.) Ut missi nostri omnibus per singulas parochias denuntient, quia si episcopus, aut ministri episcoporum, pro criminibus colonos flagellaverint cum virgis, propter metum aliorum, et ut ipsi criminosi corrigantur, cum tali discretione sine ulla occasione indebita, sicut in synodo collocutum est, et vel inviti pœnitentiam temporaliter et corporaliter agant, ne æternaliter pereant : si seniores ipsorum colonorum indigne tulerint, et aliquam vindictam inde exercere voluerint, aut eosdem colonos ne distringantur continere præsumpserint, sciant quia et bannum nostrum component, et simul cum excommunicatione ecclesiastica nostram harmiscaram sustinebunt.

(*Ibid.*, c. 10.) Ut missi nostri omnibus reipublicæ ministris denuntient, ut comes, vel reipublicæ ministri, simul cum episcopo uniuscujusque parochiæ sint in ministeriis illorum, quando idem episcopus suam parochiam circumierit, cum episcopus eis notum fecerit : et quos per excommunicationem episcopus adducere non potuerit, ipsi regia auctoritate et potestate ad pœnitentiam vel rationem atque satisfactionem adducant.

(*Ibid.*, c. 11.) Sciant etiam fideles nostri, quia concessimus in synodo venerabilibus episcopis, ne super beneficia ecclesiastica, vel præstarias, etiamsi quilibet monasteriorum prælatus irrationabiliter petierit, præcepta confirmationis nostræ ullo modo faciamus. Et ideo ab irrationabili petitione se unusquisque compescat.

(*Caroli Calvi tit.* xxxii, *cap.* 2.) De uno manso secundum capitulare Augustorum et prædecessorum nostrorum ad ecclesiam dato, nullus census, neque caballi pastus, a senioribus de presbyteris requiratur, sicut in præfato capitulari continetur. Sed neque de terrulis ac vineolis pro loco sepulturæ ad easdem ecclesias datis, neque de decimis, sicut in canonibus, et in præfatis capitularibus continetur. Et ubi inventum fuerit a missis nostris, quod seniores sine conscientia episcoporum presbyteros de ecclesiis ejiciunt, vel in ecclesiis statuunt, missi nostri, sicut in præfatis capitularibus continetur, inde faciant, et episcopi de clericis hominum nostrorum ita faciant, sicut in eisdem capitularibus continetur.

Hoc missi nostri notum faciant comitibus et populo, quod nos in omni hebdomada unum diem ad causas audiendas et judicandas sedere volumus. Comites autem et missi nostri magnum studium habeant, ne forte propter eorum negligentiam pauperes crucientur, et nos tædium propter eorum clamores patiamur, si nostram gratiam habere volunt. Populo autem dicatur, ut caveat de aliis causis se ad nos reclamare, nisi de quibus aut missi nostri, aut comites, eis justitias noluerint facere.

(*Caroli Calvi tit.* xxxiv, *c.* 2, *tit.* xliii, *sub finem cap.* 2.) Ut nostri fideles, unusquisque in suo ordine et statu, veraciter sint de nobis securi, quia nullum abhinc inante contra legem et justitiam, vel auctoritatem ac justam rationem, aut damnabimus, aut dehonorabimus, aut opprimemus, vel indebitis machinationibus affligemus : et illorum, scilicet veraciter nobis fidelium, communi consilio secundum Dei voluntatem, et commune salvamentum ad restitutionem sanctæ Dei Ecclesiæ, et statum regni, et ad honorem regium, atque pacem populi commissi nobis pertinentem assensum præbebimus : in hoc ut illi non solum ad sint nobis contradicentes et resistentes ad ista exsequenda; verum etiam sic sint nobis fideles, et obedientes, ac veri adjutores atque cooperatores vero consilio et sincero auxilio ad nostrum debitum honorem, et ad ista peragenda quæ præmisimus, sicut per rectum unusquisque in suo ordine et statu suo, principi et suo seniori esse debet.

VII. *De præstanda per pœnitentiam emendatione.*

Ecce quæ de rapinis et de raptoribus sanctus Spiritus per sibi organa digna comminatus est et decrevit. Ecce quæ antecessores vestri imperatores ac reges, in diversis synodis ac placitis, consilio episcoporum ac cæterorum fidelium suorum inde constituerunt. Quæ quomodo de emendationibus quæ male acta sunt legi per Moysen datæ congruant, qui eam legit intelligit. Et in Evangelio legimus dixisse Zacchæum ad Dominum : *Dimidium bonorum meorum, Domine, do pauperibus : et si quem defraudavi, reddo quadruplum (Luc. xix).* Ad hoc enim aliam medietatem bonorum suorum servavit. Et hinc sanctus Augustinus in epistola ad Macedonium dicit (*epist.* 54) : Quod dicis inquiens, Sceleris culpam cupiunt sibi homines relaxari, et id propter quod scelus admissum est possidere; pessimum hominum genus commemoras, cui pœnitendi medicina omnino non prodest. Si enim res necessaria, propter quam peccatum est, cum reddi possit non redditur, non agitur pœnitentia, sed fingitur. Si autem veraciter agitur, non remittetur peccatum, nisi restituatur ablatum : sed cum restitui potest. Plerumque enim qui aufert amittit, sive alios patiendo malos, sive ipse male vivendo, nec aliud habet unde restituat. Huic certe non possumus dicere : Redde quod abstulisti, nisi cum habere credimus et negare. Ubi quidem si aliquos sustinet repente cruciatus, dum existimatur habere quod reddat, nulla est iniquitas : quia etsi non est unde reddat ablatam pecuniam, merito tamen, dum eam per molestias corporales redhibere compellitur, peccati quo male ablata est pœnas luit. Sed inhumanum non est etiam pro talibus intercedere, tanquam pro reis criminum : non ad hoc ut minime restituantur aliena, sed ne frustra homo in hominem sæviat. Illud vero fidentissime dixerim, eum qui pro homine ad hoc intervenit, ne male ablata restituat, et qui ad se confugientem, quantum honeste potest, ad restituendum non compellit, socium esse fraudis et criminis. Nam misericordius opem nostram talibus subtrahimus quam impendimus. Non enim opem fert qui ad peccandum adjuvat, ac non potius subvertit atque opprimit. Nolentes autem reddere, quos novimus et male abstulisse, et unde reddant habere, arguimus, increpamus et detestamur, quosdam clam, quosdam palam, sicut diversitas personarum diver-

sam videtur posse recipere medicinam, nec in aliorum perniciem ad majorem insaniam concitari. Aliquando etiam, si res magis curanda non impeditur, sancti altaris communione privamus. Nec interveniendum esse pro aliquo ausim dicere, ut quod scelere abstulit, sceleris impunitate possideat : sed ut remissa injuria quod injuriose abstulit reddat, si tamen habet quod abstulit, vel aliud unde illud restituat. Qui vero contra jus societatis humanæ, furtis, rapinis, calumniis, oppressionibus, invasionibus abstulerit, reddenda potius quam donanda censemus, Zacchæi publicani evangelico exemplo, qui cum hospitio Dominum suscepisset, in vitam sanctam repente mutatus, *Dimidium,* inquit, *rerum mearum do pauperibus, et si cui aliquid abstuli, quadruplum reddo (Luc. xix).* Quid dicam de usuris, quas etiam ipsæ leges et judices reddi jubent? An crudelior est qui subtrahit aliquid vel eripit diviti, quam qui trucidat pauperem fenore? Omnes igitur nos, et vos, et totius regni populus, recurramus ad conscientias nostras, et quidquid contra voluntatem et mandatum Dei cogitavimus, parabolavimus, et fecimus, per puram confessionem, ad dignos pœnitentiæ fructus, atque sacerdotalem reconciliationem, expurgemus nos a fermento malitiæ et nequitiæ : et sicut hortatur nos Spiritus sanctus per Psalmistam : *Præoccupemus faciem ejus in confessione : procidamus et ploremus ante Dominum qui fecit nos, quia ipse est Dominus Deus noster, nos autem populus ejus, et oves pascuæ ejus (Psal. xciv).* Legimus enim in historia Machabæorum (*II Mach.* xii), quia vir fortissimus Judas pugnavit contra inimicos Ecclesiæ quæ tunc temporis erat, et plures ex suis in illo bello ceciderunt. Postquam autem, fugatis adversariis, ipse Judas cum exercitu suo ad sepelienda corpora suorum qui in bello ceciderant reversus est, inventa sunt sub tunicis occisorum donaria de idololatriis, et manifestum factum est Dei judicium quia proinde ceciderunt in bello. Ergo si sub tunicis nostris, id est intra corpora nostra, habemus conscientiam malam de rapinis, de avaritia, quæ est idolorum servitus, de luxuriis, de invidia, de fraternis odiis, et de homicidiis, de sacrilegiis, et de incestibus, et de cæteris criminibus ac peccatis, expurgemus illa mala per puram confessionem, et per bonam devotionem, et per lacrymas, et per eleemosynas et dignas satisfactiones, et quantocius tempus fuerit, faciamus omnes in commune de præteritis peccatis, sive manifestis, sive secretis, publicam pœnitentiam, et triduanum jejunium, et mundemus nos ab omni inquinamento carnis et spiritus, perficientes sanctificationem in timore Dei. Quia, sicut sanctus Augustinus dicit exponens sententiam Apostoli, peccata sive parva sive magna impunita esse non possunt : quia aut ab homine pœnitente, aut a Deo judicante plectuntur : cessat autem vindicta divina, si conversio præcurrat humana. Amat Deus pœnitentibus, et confitentibus parcere, et se judicantes non judicare. Et post jejunium, et dignos pœnitentiæ fructus, et

professionem quod ab istis malis, in quibus hactenus versati sumus, nos de cætero abstinere debeamus, quia pœnitentiam vere agere est commissa
plangere, et iterum plangenda declinare, mutata in
monte malignitate in benignitatem, accipiamus corpus et sanguinem Christi in remissionem peccatorum nostrorum, ut Deus in nobis habitet, et nos in
Deo : quatenus nec invisibiles, nec visibiles inimici
contra nos potestatem habeant. Nam aliter, nec super pravos Christianos virtutem, nec contra paganos
habere poterimus victoriam. Nullus autem de iniquitatum suarum immanitate desperet : tantum ex
toto corde convertatur ad Dominum. Veternosas
namque Ninivitarum culpas triduana pœnitentia abstersit (*Joan.* iv) : et conversus latro vitæ præmia
etiam in ipsa sententia suæ mortis emeruit (*Luc.*
xxiii). Mutemus igitur corda , et præsumamus nos
jam percepisse quod petimus. Citius ad precem
judex flectitur, si a pravitate sua petitor corrigatur.
Ea namque quæ ingrata esse hominibus importuni-
tas solet, judicio veritatis placet : quia pius ac misericors Deus vult a se veniam exigi, qui quantum
meremur non vult irasci. Hinc etenim per Prophetam
dicit : *Invoca me in die tribulationis tuæ, et eripiam
te, et magnificabis me* (*Psal.* xlvi). Ipse ergo sibi
testis est qui invocantibus misereri desiderat, qui
admonet ut invocetur. Et sicut per alium prophetam
admonet : *Levemus corda nostra cum manibus ad
Deum* (*Thren.* iii). Ad Deum quippe corda cum manibus levare est orationis studium cum merito bonæ
operationis erigere. Dat profecto, dat timori nostro
fiduciam, qui per prophetam clamat : *Nolo mortem
peccatoris, sed ut convertatur et vivat* (*Ezech.* xxxiii).
Et certa sententia est, quia quos Deus diu ut convertantur exspectat, non conversos durius damnat.
Et postquam taliter, sicut prædiximus, a peccatis
nostris nos et vos mundabimus, de cætero ab eisdem
et ab aliis peccatis nos contineamus, ne contingat
nobis illud proverbium, quod beatus Petrus apostolus de redeuntibus post pœnitentiam ad peccata
dicit : *Canis reversus ad suum vomitum, et sus lota
in volutabro luti* (II *Petr.* ii). Magna est enim contra
peccatum pœnitentiæ virtus; sed si quis in eadem
pœnitentia perseveret. Nam scriptum est : *Qui perseveraverit usque in finem, hic salvus erit* (*Matth.* x).
Hinc scriptum est : *Qui baptizatur a mortuo, et iterum tangit eum, quid proficit lavatio illius ?* (*Eccli.*
xxxiv.) Mortuum quippe est omne opus perversum,
quod pertrahit ad mortem, quod vita justitiæ non
vivit. Baptizatur ergo a mortuo, et iterum tangit
eum, qui prava opera, quæ se egisse meminit, deplorat; sed eisdem se iterum post lacrymas implicat.
Animæ itaque cuilibet ejusdem mortui lavatio non
proficit, qui hoc iterum faciendo quod planxerat,
nec per lamenta pœnitentiæ ac rectitudinem justitiæ exsurgit. Et quicunque tempore pœnitentiæ profitetur ad pristina peccata se non rediturum, id est
præterita peccata anathematizat (quoniam aliter nec
a Deo solvitur, nec sacerdotali ministerio reconciliari

potest), sollicite attendat quæ S. Gregorius in quadam
epistola sua dicit (*lib.* xi, *epist.* 45 *Theoct.*) : « Si qui vero sunt, inquiens, qui dicunt quia compulsus quispiam
necessitate, si anathematizaverit, anathematis vinculo
non tenetur, ipsi sibi testes sunt quia Christiani non
sunt, quia ligamenta sanctæ Ecclesiæ vanis se æstimant conatibus solvere. Ac per hoc nec absolutionem
sanctæ Ecclesiæ, quam præstat fidelibus, veram putant, si ligaturas ejus valere non æstimant. Contra
quos diu disputandum non est, quia per omnia despiciendi et anathematizandi sunt : et unde se fallere
veritatem credunt, inde in peccatis suis veraciter
ligantur. Si qui sunt igitur, qui sub nomine Christiano hæc, quæ prædiximus, aut prædicare audent,
aut taciti apud seipsos tenere, procul dubio eos et
ego, et omnes catholici episcopi, atque universa Ecclesia anathematizamus, quia veritati contraria sentiunt, et contraria loquuntur. » Interest tamen plurimum inter eos, qui post pœnitentiam et professionem ad criminalia et publica peccata redeunt per
contemptum, et in eis perseverare diligunt, et inter
eos, qui per fragilitatem in præterita peccata criminalia vel publica recidunt, et iterum pœnitentiam poscunt : quia sicut sanctus Augustinus dicit (*epist.* 54),
in tantum hominum iniquitas aliquando progreditur,
ut etiam post actam pœnitentiam, post altaris reconciliationem, vel similia vel graviora committant : et
tamen Deus facit etiam super tales oriri solem suum,
nec minus tribuit quam ante tribuebat, largissima
munera vitæ ac salutis. Et quamvis in Ecclesia locus
humillimæ pœnitentiæ non concedatur, Deus tamen
super eos suæ pœnitentiæ non obliviscitur. Quamvis
ergo caute salubriterque provisum sit, ut locus illius
humillimæ pœnitentiæ semel in ecclesia concedatur,
ne medicina vilis minus utilis esset ægrotis, quæ
tanto magis salubris est, quanto minus contemptibi-
lis fuerit : quis tamen audeat Deo dicere : Quare
huic homini, qui post primam pœnitentiam rursus
se laqueis iniquitatis constringit, adhuc iterum par-
cis ? Quis audeat dicere erga istos non agi quod
Apostolus ait : *Ignoras quia patientia Dei ad pœnitentiam te adducit* (*Rom.* ii)? aut istis exceptis esse
diffinitum quod scriptum est : *Beati omnes qui confidunt in eum* (*Psal.* ii)? aut ad istos non pertinere
quod dicitur : *Viriliter agite, et confortetur cor vestrum, omnes qui speratis in Domino* (*Psal.* xxvi)?

VIII. *Ad regem, ut bonos diligat consiliarios.*

Tandem ad vos, domine rex dilectissime nobis,
sermonem convertimus, quia et in isto temporali
regno vos prosperari cupimus, et post istud regnum
ad æternum pervenire desideramus. Sicut quidam
nostrum ab illis audivit qui interfuerunt, Carolus
Magnus imperator, qui regnum Francorum nobiliter
ampliavit, et per annos quadraginta sex feliciter
rexit, et sapientia tam in sanctis Scripturis, quam
et in legibus ecclesiasticis et humanis, reges Francorum præcessit, nullo unquam tempore sine tribus
de sapientioribus et eminentioribus consiliariis suis

esse patiebatur : sed vicissim per successiones, ut
eis possibile foret, secum habebat, et ad capitium
lecti sui tabulas cum graphio habebat, et quæ sive
in die, sive in nocte, de utilitate sanctæ Ecclesiæ,
et de profectu ac soliditate regni meditabatur, in
eisdem tabulis adnotabat, et cum eisdem consiliariis, quos secum habebat, inde tractabat : et quando
ad placitum suum veniebat, omnia subtiliter tractata
plenitudini consiliariorum suorum monstrabat, et
communi consilio illa ad effectum perducere procu-
rabat. Et si ille, qui sic sapiens et fortis, et amplitudine regni locuples, et multorum regnorum pacificus dominator, agere studebat (sequens sententias
Scripturæ dicentis : *Omnia fac per consilium, et post
factum non pœnitebis* |*Eccli.* xxxii] ; et : *Audiens sa-
piens sapientior erit, et intelligens gubernacula possi-
debit* |*Prov.* i] ; et : *Ubi non est gubernator, populus
corruet : salus autem, ubi multa consilia* [*Prov.* xi]) :
quid vobis sit agendum attendite, qui adhuc in ætate
immatura estis, et tantos comparticipes atque æmulos in ista particula regni habetis, ut nomine potius
quam virtute regnetis. Quæsumus cum consilio et
auxilio fidelium vestrorum, eligite qui vobiscum
per singulos menses de utroque ordine consiliarii
maneant, quibus aurem et cordis et corporis libenter accommodetis, quique vos et Deum timere, et
sanctam Ecclesiam ac rectores ejus secundum sacras leges doceant honorare, et regnum ac fideles
vestros secundum voluntatem Domini gubernare, et
vestram domum, sicut tempore antecessorum vestrorum fuit, quando bene fuit, illam vobis insinuent
ordinare, ne vos illuc trahat necessitas, quo ducere
non debet voluntas. Quatenus Ecclesiæ in isto regno
per occasionabiles circadas, et per indebitas consuetudinarias exactiones, quæ tempore Pippini, Caroli,
et Ludovici non fuerunt, sed moderno tempore im-
positæ fuerunt, non affligantur : et regni primores
cum debita securitate ac honore erga vos consistere
possint, et cæteri nobiles homines in regno securitatem habeant, ne per diversa ingenia a suis opibus
quas habere potuerint dispolientur. Quia postquam
radix omnium malorum cupiditas in regno exarsit,
ut nullus, aut pene nullus, honorem aut aliquod bonum sine pretio posset acquirere aut tenere, aut
securitatem habere, pax et consilium et justitia,
atque judicium, sicut necesse fuerat, locum in isto
regno non habuerunt. Et satagite ut istæ rapinæ ac
deprædationes in isto regno cessent, et miser iste
populus, qui jam per plures annos per deprædationes
diversas et continuas, et per exactiones ad North-
mannos affligitur, aliquod remedium habeat, et ju-

stitia et judicium, quæ quasi emortua apud nos
sunt, reviviscant, et virtutem nobis Deus reddat
contra paganos, quia usque modo jam ante plures
annos locum in isto regno defensio non habuit, sed
redemptio et tributum non solum pauperes homines,
sed et ecclesias quondam divites jam evacuatas habent. Et ideo regium nomen ad tantam contumeliam et ad tantam brevitatem devenit, sicut multis
est notum : et istud regnum, quondam nobile atque
amplum, in seipsum divisum est ; at sicut Dominus
dicit : *Regnum in seipsum divisum desolabitur*
(*Matth.* xi), id est, de solo, videlicet de terra, labitur, id est, ac si de glacie lubricatur ; ita ut non sit
quod in proximo est, nisi, ut in psalmo dicitur,
conversi fuerimus ; jam Dominus gladium suum vi-
bravit, tetendit et paravit illum, et in eo vasa mortis effecit (*Psal.* vii). Timete sententiam quam Scriptura dicit quæ non mentitur : *Væ terræ cujus rex
juvenis est, et cujus principes mane comedunt* (*Eccle.* x).
Et attendite, quia non detestatur Scriptura ætate
juvenem, sed moribus, et vita, atque stultitia, quæ
nulla consilii gravitate deprimuntur. Quod alibi
sanctæ Scripturæ sententiæ monstrant dicendo :
*Senectus venerabilis est, non diuturna, neque numero
annorum computata. Cani sunt autem sensus hominis,
et ætas senectutis vita immaculata* (*Sap.* iv). Hinc est
ergo, quod ad Moysen Dominus dicit : *Congrega mihi
septuaginta viros de senioribus Israel, quos tu nosti
quod senes populi sint* (*Num.* xi). In quibus non
aliud quam senectus mentis requiritur, cum tales
jubentur eligi qui senes sciuntur. Si enim senectus
in eis corporis quæreretur, a tantis sciri poterant,
a quantis videri. Dum vero dicitur, *quos tu nosti
quod senes populi sint*, profecto liquet quia senectus
mentis, non corporis eligenda denuntiatur. Talium
quippe senum, sicut Scriptura demonstrat (*III
Reg.* xii), consilium Roboam filius Salomonis respuit, et hujusmodi juvenum consilium secutus,
maximam partem regni paterni sua negligentia perdidit. Cui Dominus propter merita David avi sui
parvam regni particulam reservavit. De eo quod
scriptum est : *Væ terræ, cujus principes mane comedunt* (*Eccle.* x), non de necessaria, sed de voluptuosa
comestione dicit Scriptura, sicut demonstrat
Apostolus dicens : *Carnis curam ne feceritis in desideriis vel concupiscentiis* (*Rom.* xiii). Quos enim a
cura carnis in concupiscentiis refrenat, in necessariis quoque concedit. Deus omnipotens, qui per nos
hæc loquitur in auribus vestris, per se loquatur in
cordibus vestris.

XIV.

QUÆ EXSEQUI DEBEAT EPISCOPUS, ET QUA CURA TUERI RES ET FACULTATES ECCLESIASTICAS.

(Apud Sirmond., ex codice Virdunensi.)

Hæc specialiter exsequi debet episcopus juxta sacras regulas. Missas publicas celebrare, sacrum chrisma regulariter consecrare, sanctum baptisma juxta traditionem ecclesiasticam agere, et ut a presbyteris agatur providere. Presbyteros et diaconos, et reliquos ecclesiasticos ministros, statutis temporibus, quales præcipiunt regulæ, sine ullius muneris acceptione ordinare. Synodos presbyterorum secundum sacros canones sine venalitate habere. Ad provincialem episcoporum synodum, et ad ordinationem episcopi, vocatus convenire, vel pro se presbyterum aut diaconem, cum tractoria causas suæ impossibilitatis exponente, vel cum regulari suo consensu dirigere. Clerum regulariter gubernare, et sicut sanctus Gregorius in pastorali Regula dicit, eidem clero, tam in interioribus, quam et in corporalibus rebus, necessaria providere. Ecclesiæ, tam in luminaribus et ornamentis, quam et in ædificiis, et in sartatectis, curam habere. Hospites et pauperes in constitutis singillatim hospitalibus recipere, et dicente Apostolo : *Qui suorum, et maxime domesticorum, curam non habet, fidem negavit, et est infideli deterior (I Tim.* v, 8), suorum domesticorum in ministrando necessaria curam habere. Monasteriorum in sua parochia, et ecclesiarum rusticanarum parochiarum, atque matriculariorum, secundum sacras regulas sollicitudinem gerere. Populo suæ parochiæ verbum Domini nuntiare, et verbo atque exemplo subjectos sibi docere, et oratione consulere. In consignatione eorum, qui necdum in frontibus ministerio episcopali sunt consignati, regulariter satagere, et in hujus negotii circuitione, parochiæ, ultra debitum et necessarium modum, sicut sanctus decrevit Gregorius, presbyteros non gravare. Bonum testimonium etiam ab his qui foris sunt habere. Peccantibus et pœnitentibus secundum modum culparum regulariter pœnitentiam indicere, et post satisfactionem regulariter eos reconciliare. Omnis possessionis, quæ sub ejus est potestate, providentiam gerere. Militiam ad defensionem sanctæ Ecclesiæ, secundum possibilitatis quantitatem, juxta antiquam consuetudinem regiæ dispositioni exhibere, et secundum Domini jussionem, quæ Cæsaris sunt Cæsari, et Deo quæ Dei sunt reddere (*Matth.* xxii, 21). Quia sicut sanctus Gelasius facundissimus papa in decretis suis scribens ad Anastasium imperatorem dicit (*epist.* 10) : « Duo sunt quibus principaliter mundus hic regitur, auctoritas sacra pontificum, et regalis potestas. Sed anto gravius est pondus sacerdotum quam regum,

quanto etiam pro ipsis regibus hominum in divino reddituri sunt examine rationem. » Et tanto in humanis rebus regum cura est propensior quam sacerdotum, quanto pro honore et defensione ac quiete sanctæ Ecclesiæ, et rectorum ac ministrorum ipsius, et leges promulgando, ac militando, a Rege regum est eis curæ onus impositum : sic actionibus propriis dignitatibusque distinctis, ut et Christiani reges pro æterna vita pontificibus indigerent, et pontifices pro temporalium rerum cursu regum dispositione uterentur; quatenus spiritalis actio carnalibus distaret incursibus, et militans Deo minime negotiis sæcularibus se implicaret, ac vicissim non ille rebus divinis præsidere videretur, qui esset negotiis sæcularibus implicatus. Sanctus namque Spiritus per eos qui cum Christo in cœlo regnant, et in terris miraculis coruscant, dixit, et usque ad nos scriptis pervenire fecit dicens (*Urban. epist.* 1) : « Res et facultates ecclesiasticæ oblationes appellantur, quia Domino offeruntur, et vota sunt fidelium, ac pretia peccatorum, atque patrimonia pauperum. Si quis illa rapuerit, reus est damnationis Ananiæ et Saphiræ, et oportet hujusmodi tradere Satanæ, ut spiritus salvus sit in die Domini. Quod nostri gloriosi imperatores Carolus et Ludovicus in primo libro Capitulorum suorum ita inseruerunt (*cap.* 83) : Quia, inquiunt, juxta sanctorum Patrum traditionem novimus res Ecclesiæ vota esse fidelium, pretia peccatorum, et patrimonia pauperum, cuique non solum habita conservare, verum etiam multa, Deo opitulante, conferre optamus. Tamen ut ab ecclesiasticis de non dividendis rebus Ecclesiæ suspicionem dudum conceptam penitus amoveremus, statuimus ut neque nostris, neque filiorum et Deo dispensante successorum nostrorum temporibus, qui nostram vel progenitorum nostrorum voluntatem, vel exemplum imitari voluerint, ullam penitus divisionem aut jacturam patiatur. » Sanctus quoque Anacletus papa, ab ipso beato Petro apostolo presbyter ordinatus, postea in sede Romana successor illius factus episcopus, cum totius mundi sacerdotibus judicavit (*epist.* 1) : « Qui abstulerit, inquiens, aliquid patri vel matri, homicidæ particeps est. Pater noster sine dubio Deus est, qui nos creavit ; mater vero nostra Ecclesia, quæ nos in baptismo spiritaliter regeneravit. Ergo qui Christi pecunias et Ecclesiæ rapit, aufert vel prædatur, homicida est, atque homicida ante conspectum justi judicis deputabitur. Qui rapit pecuniam proximi sui, iniquitatem operatur : qui autem pecuniam vel res Ecclesiæ abstulerit, sacrilegium A salvus fieri, et ab æterna morte liberari, et ad æternam vitam pervenire, attentissime cordis aure exaudiat quid sanctus Spiritus per eos locutus est, quibus dixit Dominus.: *Ecce ego vobiscum sum omnibus diebus usque ad consummationem sæculi* (*Matth.* xxviii, 20) ; et : *Non vos estis qui loquimini, sed Spiritus Patris vestri qui loquitur in vobis* (*Matth.* x, 20); et : *Quæcunque alligaveritis super terram, erunt ligata et in cœlo, et quæcunque solveritis super terram, erunt soluta et in cœlo* (*Matth.* xviii, 18); et : *Accipite Spiritum sanctum : quorum remiseritis peccata, remittuntur eis, et quorum retinueritis retenta sunt* (*Joan.* xx, 22); et : *Qui vos audit me audit, et qui vos spernit me spernit* (*Luc.* x, 16). Dicunt enim illi, qui in cœlo regnant, et in terra miraculis coruscant, qui et usque hodie nobiscum vivunt, et cum successoribus nostris usque in perpetuum vivent, quoniam apud Deum est merces eorum : « Si quis oblationes Ecclesiæ extra Ecclesiam accipere vel dare voluerit, præter conscientiam episcopi, vel ejus cui hujusmodi officia commissa sunt, nec cum ejus voluerit agere consilio, anathema sit (*conc. Ancyr.* can. 7). » Anathema autem interpretatur in Romana lingua *alienatio*, quia omnis talia faciens, quandiu in illis peccatis manet, licet nos episcopi, qui in apostolis et cum apostolis non nostro merito sed gratia divina ligandi et solvendi potestatem accepimus, interdum tardi, interdum divini sensus ignari, interdum quæ committuntur nescientes, aliquando etiam commissa ut expedit corrigere non valentes, quæ statuta sunt exsequi dissimulemus, vel etiam negligamus, ut talem hominem ab Ecclesia et fidelium societate excommunicantes non segregemus, jam tamen a sacris canonibus excommunicatus et prædamnatus est, donec peccatum illud deserat, et per satisfactionem ecclesiasticam, et sacerdotalem reconciliationem, Domini gratiam et fidelium societatem recipiat. Et quicunque in peccatis suis et talibus sceleribus implicatus ante satisfactionem necessariam vitam istam finierit, communionem et societatem cum electis in regno Dei habere nullatenus poterit, nec de inferni pœnis et dæmonum societate unquam liberari valebit. Denique duo capitula quæ sequuntur, ex edicto assumpta sunt ab Ansegiso abbate, capitulorum imperialium ex diversis synodis et placitis collectore, causa brevitatis in primo libro capitulorum, septuagesimo septimo et septuagesimo octavo, de non dividendis rebus ecclesiasticis, et episcoporum electione, ex suprascriptis excerpta, in præfato libro inveniuntur. Quod edictum ex integro domnus Carolus Magnus imperator, cum interrogatione de chorepiscopis, per Arnonem archiepiscopum ad Leonem papam direxit, et ad ejus consultum aliud edictum de non dividendis rebus ecclesiasticis, et de episcoporum causis edidit, et apostolicæ sedis atque auctoritate sua confirmavit, et per omnes metropolitanas ecclesias imperii sui perpetuo servanda direxit. Memorata itaque capitula

facit, et ut sacrilegus judicandus est. » Item sanctus Urbanus papa et martyr (*epist.* 1) : « Res et facultates ecclesiasticæ oblationes appellantur, quia Domino offeruntur, et vota sunt fidelium, ac pretia peccatorum, atque patrimonia pauperum. Si quis illa rapuerit, reus est damnationis Ananiæ et Saphiræ, et oportet hujusmodi tradere Satanæ, ut spiritus salvus sit in die Domini. » Et sanctus Lucius papa (*epist.* 11) : « Rerum ecclesiasticarum et facultatum raptores a liminibus sanctæ Ecclesiæ anathematizatos apostolica auctoritate pellimus et damnamus, atque sacrilegos esse judicamus : et non solum eos, sed et omnes consentientes eis, quia non solum qui faciunt rei judicantur, sed etiam qui facientibus consentiunt. Par enim pœna et agen- B tes et consentientes comprehendit. A qua pœna consensus liberi esse non possunt illi, quorum ministerium est, et qui talia possunt prohibere, comprimere et emendare, et ea non student corrigere. » Et sanctus Gregorius in epistola ad Sabinum subdiaconum (*lib.* viii, *epist.* 7) : « Sacrilegum, inquit, et contra leges est, si quis quod venerabilibus locis relinquitur, pravæ voluntatis studiis, suis tentaverit compendiis retinere. » Et S. Augustinus in sermone Evangelii sancti Joannis dicit : « Fur sacrilegus loculorum sacrorum et Dominicorum est Judas, et qui aliquid de Ecclesia furatur et rapit, Judæ perdito comparatur. » Et item in sacris canonibus, sancto Spiritu dictatis, et Christi sanguine confirmatis, scriptum est (*conc. Tol.* i, can. 11) : « Si quis de C potentibus clericum, aut quemlibet pauperiorem, aut religiosum exspoliaverit, et mandaverit ad ipsum episcopus ut eum audiat, si contempserit, invicem mox scripta percurrant per omnes provinciæ episcopos, et quoscunque adire potuerit, excommunicatus habeatur, donec audiat et reddat aliena. » Et item scriptum est (*conc. Agath.*, can. 4) : « Clerici etiam, vel sæculares, qui oblationes parentum, aut donatas, aut testamento relictas, retinere præsumpserint, aut id quod ipsi donaverunt ecclesiis vel monasteriis crediderint auferendum, sicut synodus sancta constituit, velut necatores pauperum, quousque reddant, ab ecclesiis excludantur. » Unde summopere caveant potentiores quique, unusquisque in ordine et dignitate sua, ne præsumant, in damnationem suam res D sibi ecclesiasticas, neque fatigent vel affligant inconsuetis consuetudinibus Dei ecclesias et loca sanctorum, scientes quia ut præmisimus res ecclesiasticæ vota sunt fidelium, patrimonia pauperum, pretia peccatorum, et in tuitione atque defensione Christi consistunt, qui eas terræ principibus, atque primoribus ad defendendum et conservandum, non affligendum vel usurpandum sive præsumendum commisit. Nam quæcunque prætendatur a quocunque utilitatis sive necessitatis occasio, ille corda omnium conspicit, qui novit cogitationes hominum, et remunerat actiones, et etiam cogitationes irremuneratas nullatenus derelinquet. Quocirca omnis qui vult ita se habent (*lib.* i, *c.* 83) : « Quia juxta sanctorum Patrum traditionem novimus res Ecclesiæ vota esse fidelium, pretia peccatorum, et patrimonia pauperum, cuique non solum habita conservare, verum etiam multa, Deo opitulante, conferre optamus. Tamen ut ab ecclesiasticis de non dividendis rebus illius suspicionem dudum conceptam penitus amoveremus, statuimus ut neque nostris, neque filiorum et Deo dispensante successorum nostrorum temporibus, qui nostram vel progenitorum nostrorum voluntatem, vel exemplum imitari voluerint, ullam penitus divisionem aut jacturam patiatur. (*cap.* 84.) Sacrorum quoque canonum non ignari, ut in Dei nomine sancta Ecclesia suo liberius potiatur honore, assensum ordini ecclesiastico præbemus, ut scilicet episcopi per electionem cleri et populi secundum statuta canonum de propria diœcesi, remota personarum et munerum acceptione, ob vitæ meritum et sapientiæ donum eligantur, ut exemplo et verbo sibi subjectis usquequaque prodesse valeant. » Et in eodem edicto unde hæc fuerunt assumpta subsequitur : « Præcipimus etiam omnibus ditioni nostræ subjectis, ut nullus privilegia ecclesiarum, monasteriorum, aut ecclesias diripere pertentet, quia sicut a sanctis Patribus instructi sumus, gravissimum peccatum hoc esse dignoscitur, » et cætera quæ sequuntur. Et in privilegio Belvacensis Ecclesiæ, ab episcopis quatuor provinciarum consensu domni Caroli nuper defuncti confirmato, hæc continetur ad locum : « Potestas autem sæcularis, sive sit sublimitate donata aliqua, sive in humili constituta loco, nullam in eis, nec in præsenti nec in futuro, suscipiat contra sacras regulas dominationem, nec violenter invadens, nec oblata suscipiens. Si quis vero regum, sacerdotum, et judicum, atque sæcularium personarum, hanc constitutionis paginam cognoscens, contra eam venire tentaverit, potestatis honorisque sui dignitate careat, reumque se divino judicio existere de perpetrata iniquitate cognoscat. Et nisi vel ea quæ ab illo sunt male ablata restituerit, vel digna pœnitentia illicita acta defleverit, a sacratissimo corpore ac sanguine Dei Domini Redemptoris nostri Jesu Christi alienus fiat, atque in æterno examine districtæ ultioni subjaceat. Cunctis autem eidem loco justa servantibus sit pax Domini nostri Jesu Christi, quatenus hic fructum bonæ actionis recipiant, et apud districtum judicem præmia æternæ pacis inveniant. » Et in privilegio ejusdem Ecclesiæ a domno Nicolao papa confirmato hæc continentur ad locum (Nicolaus *Odon. episc.*) : « Nullus itaque regum, nullus judicum, nullus cujuscunque sæcularis potentiæ dignitate fultus, in rebus præfatorum cœnobiorum, vel villis, vel agris, vel mancipiis, vel quidquid ad eadem monasteria collatum fuerit, potestatem habeat vel dominandi, vel accipiendi, vel auferendi, præter episcopum Belvacensis Ecclesiæ, qui per tempus fuerit eidem prælatus Ecclesiæ. Sed quidquid vel in auro, vel in argento, vel in quacunque supellectili, vel in omni facultatis substantia,

ipsis est monasteriis hodie delegatum, vel futuris temporibus fuerit collatum, episcopi Belvacensis distributioni et ordinationi fiat subjectum, nec alterius potestatis jus vel dominatio super ea potestatem aliquam, nisi quantum divina auctoritas et lex et justitia permittet, obtineat. Si quis autem temerario ausu, magna parvave persona, contra hoc nostrum apostolicum decretum agere præsumpserit, sciat se anathematis vinculo esse innodatum, et a regno Dei alienum, et cum omnibus impiis æterni incendii supplicio condemnatum. At vero qui observator exstiterit præcepti hujus, gratiam atque misericordiam vitamque æternam a misericordissimo Domino Deo nostro consequi mereatur. » Et sanctus Gregorius in decretali epistola, in partes Græciæ pro quibusdam commotionibus directa, ita dicit ad locum : « Si qui vero sunt, qui dicunt, quia compulsus quispiam necessitate, si anathematizaverit, anathematis vinculo non tenetur, ipsi sibi testes sunt quia Christiani non sunt, quia ligamenta sanctæ Ecclesiæ vanis se æstimant conatibus solvere, ac per hoc nec absolutionem sanctæ Ecclesiæ, quam præstat fidelibus, veram putant, si ligaturas ejus valere non æstimant. Contra quos diutius disputandum non est, quia per omnia despiciendi et anathematizandi sunt, et unde se fallere veritatem credunt, inde in peccatis suis veraciter ligantur. Eosque et ego, et omnes catholici episcopi, atque universa Ecclesia anathematizamus, quia veritati contraria sentiunt, et contraria loquuntur. » Unde magnopere dilectissimo domno nostro regi curandum est, ne suggestione vel postulatione quorumcunque hominum contra hæc sancti Spiritus decreta faciat, vel fieri de ecclesiasticis rebus consentiat : maxime post hanc visitationem Dei, qua per confessionem, et pœnitentiam, et reconciliationem sacerdotalem illum credimus emendatum : quia magna est contra peccatum virtus pœnitentiæ, sed ei qui in eadem pœnitentia perseverat, quia scriptum est : *Qui perseveraverit usque in finem hic salvus erit* (*Matth.* xviii, 22) ; et item scriptum est : *Qui baptizatur a mortuo, et iterum tangit eum, quid proficit lavatio illius* (*Eccli.* xxxiv, 30) ? Mortuum quippe est omne opus perversum quod pertrahit ad mortem, quodque justitiæ non vivit. Baptizatur ergo a mortuo et iterum tangit eum, qui prava opera, quæ se egisse meminit, deplorat, sed in eisdem se iterum post lacrymas implicat. Anima itaque quælibet ejusdem mortui lavatione non proficit, quæ hoc iterum faciendo quod planxit, nec per lamenta pœnitentiæ ad rectitudinem justitiæ exsurgit. Pœnitentiam enim vere agere est commissa plangere, et iterum plangenda declinare. Providendum est igitur charissimo domno nostro regi, quod Dominus dominorum et Rex regum etiam ipsi et unicuique nostrum, quia et omni homini sine exceptione alicujus personæ, quia ut Scriptura dicit : *Non est personarum acceptor Deus* (*Act.* x, 34), dicit, quod longe ante cuidam in Evangelio dixerat : *Ecce sanus factus es : jam noli peccare, ne deterius tibi aliquid contingat* (*Joan.* v, 14). Sed et prava sibi suggerentes non obaudiat, dicente Apostolo : *Non solum qui faciunt, sed qui consentiunt facientibus, digni sunt morte* (*Rom.* i, 32). Episcopo etiam nuper ordinato agere talia vel talibus consentire non præcipiat, unde se ipsum perdat, et coram Deo ecclesiasticam gratiam amittat. Cum coram omnibus et electoribus et ordinatoribus suis districtissime professus ante ordinationem suam fuerit, et propria manu subscripserit sacras regulas sanctorum conciliorum, quantum scierit et potuerit, servaturum. Qui sacri canones spiritu Dei conditi, et totius mundi

reverentia consecrati ita decernunt : Si quis contra suam professionem vel suam scripturam venerit in aliquo, ipse se honore privabit. Qui autem res et facultates ecclesiasticas Belvacensis Ecclesiæ ipsius consensu vel favore pessumdare præsumpserint, qui auctoritatem eas illis dare vel consentire non habuit, sollicitissime caveant, ne suprascriptas sacrorum canonum sententias, ab omnibus nobis episcopis, ad quorum notitiam ipsorum sacrilegia pervenerint intentatas, suscipiant, et ab omni Christianorum societate modis omnibus separentur.

XV.

DE PRESBYTERIS CRIMINOSIS,

de quibus approbatio non est.

(Apud eumdem, ex editione Moguntina Joannis Bussæi.)

Cap. I. Quid de presbyteris criminosis, de quibus approbatio non est, agendum sit, in libro primo Capitulorum domni Caroli imperatoris augusti capite trigesimo quarto scriptum est (lib. v *Capitul.* c. 33) : Hoc nobis magno cum studio retractandum est, quid de illis presbyteris criminosis, unde approbatio non est, et semper negant, faciendum sit. Nam hoc sæpissime a nobis ac prædecessoribus nostris ventilatum est, sed non ad liquidum hactenus diffinitum. Unde ad consulendum Patrem nostrum Leonem papam sacerdotes nostros misimus, et quidquid ab eo vel a suis perceperimus, vobis una cum illis quos misimus renuntiare non tardabimus. Vos interim vicissim tractate attentius, quid ex his vobiscum constituamus, una cum prædicti sancti Patris institutionibus, ut murmur cesset populi, et nos his faventes illæsi, Domino auxiliante, ab utrisque maneamus. Sequitur confirmatio memorata de sacerdotum purgatione, capite in eodem libro trigesimo quinto.

Cap. II. (*Capitul.* lib. v, c. 34.) Omnibus vobis visu aut auditu notum esse non dubitamus, quod sæpissime suadente antiquo hoste sacerdotibus crimina diversa objiciuntur. Sed quoniam qualiter ex eis ab his rationabilis examinatio et satisfactio fiat, licet de rationabili examinatione et satisfactione presbyterorum, tempore bonæ memoriæ domni genitoris mei Pippini, sive priscis temporibus a sanctis Patribus et a reliquis bonæ devotionis hominibus sæpissime ventilatum fuerit, nos tamen pleniter et ad liquidum diffinitum reperire minime quivimus. Nostris quippe temporibus idipsum a sanctis episcopis, et reliquis sacerdotibus, et cæteris ecclesiasticæ dignitatis ministris, nostris in regnis, seu in aliis degentibus, nobisque una cum eis agentibus sæpissime, propter multas et nimias reclamationes, quæ ex hoc ad nos ex diversis partibus venerunt, ventilatum est. Sed qualiter consultu domni et Patris

nostri Leonis apostolici, cæterorumque Romanæ Ecclesiæ episcoporum, et reliquorum sacerdotum, sive Orientalium et Græcorum patriarcharum, et multorum sanctorum episcoporum, et sacerdotum, necnon et nostrorum episcoporum omnium, cæterorumque sacerdotum ac Levitarum auctoritate et consensu, atque reliquorum fidelium et cunctorum consiliariorum nostrorum consultu diffinitum est, vobis omnibus ordinis utriusque ministris scire volumus. Statutum est namque, ratione et necessitate ac auctoritate prædicta, consultu omnium, ut quotiescunque cuiquam sacerdoti crimen imponitur, si ipse accusator talis fuerit, ut recipi debeat (quia quales ad accusationem sacerdotum admitti debeant in canonibus pleniter expressum est), si autem, ut dictum est, ille accusator, qui canonice recipiendus est, eum cum legitimo numero verorum et bonorum testium approbare in conspectu episcoporum poterit, tunc canonice dijudicetur, et si culpabilis inventus fuerit, canonice damnetur. Si vero cum supra scripto prætextu approbare ipse accusator minime potuerit, et hoc canonice diffiniatur.

Cap. III. (*Ibid.*) Ipse ergo sacerdos, si suspiciosus aut incredibilis suo episcopo, ac reliquis suis consacerdotibus, sive bonis et justis de suo populo vel sua plebe hominibus fuerit, ne in crimine, aut in prædicta suspicione remaneat, cum tribus aut quinque vel septem bonis ac vicinis sacerdotibus, exemplo Leonis papæ, qui duodecim episcopos in sua purgatione habuit, vel eo amplius, si suo episcopo visum fuerit, aut necesse propter tumultum populi id esse perspexerit, cum aliis bonis et justis hominibus, se sacramento coram populo super quatuor Evangelia dato, purgatum ecclesiæ suus reddat episcopus.

Cap. IV. (*Ibid.*) Si quis autem scire desiderat, quales accusatores ac testes ad accusationem sacerdotum recipi debeant, et quid de accusatore faciendum sit, pleniter in canonibus et legibus, quibus una cum sacris canonibus sancta moderatur Ecclesia, reperire poterit. Videlicet, quos publicæ leges ad accusationem vel ad testificationem admittunt, tales admittantur, et quales publicæ leges non admittunt, non recipiantur, id est, infamiæ maculis aspersi non admittuntur ad accusationem; sed tamen omnibus, quibus accusatio denegatur, in causis propriis accusandi licentia non est deneganda : et suspecti gratiæ testes, et illi vel maxime, quos accusator de sua domo produxerit, vel vitæ humilitas infamaverit, vel infra annos quatuordecim ætatis suæ, non admittantur.

Cap. V. Qui testes, ut lex Theodosii præcipit, priusquam de causa interrogentur, sacramento debent constringi, ut jurent se nihil falsi esse dicturos, et honestioribus magis quam vilioribus testibus fides debet admitti. Unius autem testimonium, quamlibet splendida et idonea videatur esse persona, nullatenus audiendum. Et lex Valentiniani et Theodosii præcipit (l. 15 *Cod. Theod.*, *de Accusat.*) ut in criminalibus causis, vel objectionibus, per mandatum nullus accuset, nec si per rescriptum principis hoc potuerit impetrare : sed ipse, qui crimen intendit, præsens per se accuset in scriptione præmissa. Judices autem puniendi sunt, et damnandum officium, si forte tacuerint, si innocentem, nisi præmissa inscriptione, subdendum crediderint quæstioni. Si autem clerici in ecclesiasticis causis testimonium apud ecclesiasticos dixerint, per compromissi vinculum episcopale judicium non adeundum, lege Majoriani abrogatum est.

Cap. VI. Et quia secundum sacras leges sententia sine scripto dicta, nec nomen sententiæ habere merebitur ; et juxta legem Valentiniani et Valentis (*Cod. eod.* l. 11, *Inter.*), « nisi inscriptione celebrata, reum quemquam non fieri, nec ad judicium exhiberi, quia sicut convictum pœna constringit, ita et accusatorem, si non probaverit quod objecit; » et legibus constitutum est, ut scriptura prolator affirmet, cujus si non astruxerit veritatem, ut falsitatis reum esse retinendum; et criminis, quod probare nequiverunt, delatores ut perjuri ac falsitatis rei damnandi sunt, sicut lex Honorii et Theodosii decrevit (l. 41 *cod. Theod.*, *de Episc.*, etc.) : Clericos, inquiens, non nisi apud episcopos accusari convenit. Igitur si episcopus, presbyter, diaconus, et quicunque inferioris loci Christianæ legis minister apud episcopos, siquidem alibi non oportet, a qualibet persona fuerint accusati, sive ille sublimis vir honoris, sive ullius alterius dignitatis, qui hoc genus illaudabilis intentionis arripiet, noverit docenda probationibus, monstranda documentis, se debere inferre.

Cap. VII. Si quis ergo contra hujusmodi personas non probanda detulerit, auctoritate hujus sanctionis intelligat se jacturæ famæ propriæ subjacere, ut damno pudoris, existimationisque dispendio, discat sibi alienæ verecundiæ impune insidiari, saltem de cætero non licere. Nam sicut episcopos, presbyteros, diaconos, cæterosque, si his objecta comprobari

potuerint, maculatos ab Ecclesia æquum est removeri, ut contempti posthac, et miseræ humilitatis inclinati despectu, injuriarum non habeant actionem ; ita similis videri debet justitiæ, quod appetitæ innocentiæ moderatam deferri jussimus ultionem. Ideoque hujusmodi duntaxat causas episcopi sub testificatione multorum acta audire debebunt. Et sacri Carthaginenses canones inter accusatores clericorum, et accusatos clericos ordinem, qualiter excommunicationis damnatio, vel examinationis purgatio agi debeat, manifeste diffiniunt, scilicet « ut presbyter, vel inferioris gradus clericus accusatus apud proprium episcopum, et accusator in eo loco, videlicet in eadem parochia, unde est ille qui accusatur, locum sibi eligat proximum, quo non sit difficile testes producere, ubi causa finiatur. Et hinc leges dicunt (*cod. eod.*, l. 10) : Criminum discussio ibi agitanda est, ubi crimen admissum est. Nam alibi criminum reus prohibetur audiri. » Illi vero qui pulsatus fuerit, si judicem, id est episcopum suum, suspectum habuerit, licet appellare, scilicet ad finitimos episcopos ipsius provinciæ, ut Sardicenses et Carthaginenses canones decreverunt, vel ad metropolitanum episcopum juxta Antiochenum concilium, sive ad provincialia concilia, sicut sacri Nicæni et Antiocheni canones constituerunt, et sicut Africanum concilium in epistola ad Cœlestinum papam ostendit, vel a decreto episcoporum numero secundum Carthaginense concilium, vel a judicibus, sive quos juxta Africanos canones primas ille dederit, sive quos ipse cum episcopi sui consensu delegerit, a quibus provocari non licet, regulariter judicetur.

Cap. VIII. Constat igitur, si juxta concilium Antiochenum, ab universali magna synodo Chalcedonensi favorabiliter in actione duodecima receptum et collaudatum, perfectum concilium illud est, ubi interfuerit metropolitanus antistes, multo magis perfectum et tenendum atque sequendum est præcedens capitulum de presbyterorum comprobatione vel purgatione, consultu sedis apostolicæ, et tantorum episcoporum, ac cæterorum ecclesiasticorum ministrorum, Deique fidelium consensu firmatum, sicuti voce magni et orthodoxi imperatoris legimus attestatum, et per tanta tempora sequentium episcoporum usu et consuetudine roboratum. Hanc auctoritatem in depositione criminosorum presbyterorum, vel purgatione criminatorum, more consuetudinario secuta est generaliter Cisalpina Ecclesia catholica jam per septuaginta et eo amplius annos.

Cap. IX. Et de consuetudine sanctus Augustinus, a sede apostolica, sancto Cœlestino scribente, inter optimos Ecclesiæ computatus magistros, in libro quarto de Baptismo dicit (*cap.* 5) : « Plane verum est, quia ratio et veritas consuetudini præponenda est, sed cum consuetudini veritas suffragatur, nihil oportet firmius retineri. » Ostendendum est igitur, si ratio et veritas atque auctoritas huic consuetudini suffragatur. Scriptum est in mystica Nicæna synodo (*can.* 5) : « Interdixit per omnia magna synodus, non episcopo, non presbytero, non diacono, nec alicui omnino, qûi in clero est, licere subintroductam habere mulierem, nisi forte matrem, aut sororem, aut amitam, vel eas tantummodo personas, quæ suspiciones effugiunt.) Hinc Valens, Gratianus, et Valentinianus Augusti et Christiani imperatores decreverunt legem (l. 44, *Cod. Theod. de episc.*, etc.), cujus interpretatio talis est : Quicunque clericatus utuntur officio, extranearum mulierum familiaritatem habere prohibentur : matrum, sororum, vel filiarum sibi solatia intra domum suam noverint tantum esse concessa.

Cap. X. Sed quia sub occasione istarum personarum, aliæ mulieres subintroduci cœperunt, sancti Africani canones decreverunt (*can.* 5), ut nec ipsi episcopi, aut presbyteri, soli habeant accessum ad viduas, vel virgines, vel ad quascunque feminas, sed ubi aut clerici præsentes sunt, aut graves aliqui Christiani. Unde sicut beatus Gregorius ad ministros Ecclesiæ Romanæ scripsit (*lib.* vii, *epist.* 39), beatus Augustinus nec cum sorore habitare consensit dicens : «Quæ cum sorore mea sunt, sorores meæ non sunt. » Et ex hoc dicit sanctus Gregorius : Docti ergo viri cautela magna nobis debet esse instructio. Nam incautæ præsumptionis est, quod fortis pavet, minus validum non timere. Sapienter enim illicita superat, qui didicerit etiam non uti concessis. Et ex hoc in lege Justiniani decretum est, cap. 475, ut si quis mulierem in sua domo habuerit, quæ potest suspicionem inferre turpitudinis, et ille a conclericis suis audierit, quod cum tali muliere non debeat habitare, si noluerit eam sua domo repellere, vel accusatore immergente probatus fuerit inhoneste cum tali muliere versari, tunc episcopus secundum ecclesiasticos canones a clero eum repellat.

Cap. XI. Et in synodis Romanis Eugenii et Leonis quarti decretum est : « Si quispiam sacerdotum, id est episcopus, presbyter, vel etiam subdiaconus, de quacunque femina crimine fornicationis suspectus, post primam, secundamque et tertiam admonitionem metropolitani, vel alterius episcopi, aut ejus cui subjacere videtur, inveniatur famulari cum ea, vel aliquo modo conversari, canonice judicetur. Quapropter unusquisque episcopus in tali re studiose ac diligenter curam habere debet, ne Ecclesia Christi a propriis possit sordidari ministris, quia cum propriam uxorem habere non permittitur, maxime ab omni femina sit abstinendus. » Proinde de concubitu presbyterorum cum feminis, per parochianos vel vicinos cujuscunque presbyteri inquirere non nobis est laborandum. Abolita enim est vetus hæresis, quæ cynica, id est canina, propter impudentiam fuerat appellata, dicens concubitum esse naturalem, et ob id agendum sine verecundia publice : cum legamus primos homines mox post peccatum inobedientiæ sensisse concupiscentiam in membris genitalibus, et a mutuis conspectibus ea contexisse. Nam licet humanæ mentis cæcitas, in operatione turpitudinis,

divinis et angelicis, atque sanctorum qui in cœlis sunt, oculis abscondi non possit, tamen etiam quilibet, rusticanus, concumbens etiam cum propria conjuge, prout potest, plurimorum devitat aspectus. Quanto magis presbyter, si sensum hominis habet, malum agens curabit abscondere, propter quod patefactum, scit se non solum ecclesiasticum gradum amittere, sed et sua quæ habet ex facultatibus Ecclesiæ perdere. Non igitur de hoc verecunde quæremus, quod et Apostolus non nudo sed velato nomine loquens apud legitime conjugatos, studuit appellare dicens : *Et ne quis circumveniat in negotio fratrem suum* (*I Thess.* iv, 6). Tantummodo autem de accessu et frequentatione ac cohabitatione presbyterorum contra canonicum interdictum cum feminis, si inde fuerint accusati, est inquirendum. Quia, ut sanctus Ambrosius dicit (*epist.* 11) : « Judicis non est sine accusatore damnare, quia et Dominus Judam cum fur esset, quoniam non est accusatus, minime abjecit. »

Cap. XII. Qualis ergo debeat esse ordo in accusatione et dijudicatione, sanctus Augustinus exponens sententiam Apostoli : *Si quis frater nominatur fornicator*, etc., ostendit (*de Pœnit. medic.* cap. 5) : « Noluit, inquit Apostolus, hominem ab homine judicari ex arbitrio suspicionis, vel etiam extraordinario usurpato judicio, sed potius ex lege Dei, sive secundum ordinem Ecclesiæ, sive ultro confessum, sive accusatum atque convictum, eam nominationem volens intelligi, quæ fit in quemquam, cum sententia ordine judiciario, et cum integritate profertur. Nam si nominatio sola sufficit, multi damnandi sunt innocentes, quia sæpe falso in quemquam crimen nominatur. » Qualiter autem sententia ordine judiciario et cum integritate proferenda sit, sacri canones, ut supra dictum est, et sanctus Gregorius, qui frequenter in epistolis suis causas ministrorum ecclesiasticorum legaliter et regulariter præcipit diffiniri, in commonitorio Joanni Defensori eunti in Hispanias dato demonstrat dicens (*lib.* xi, *epist.* 50) : « Diligenter quærendum est, primum, si judicium ordinabiliter est habitum, aut si alii accusatores, alii testes fuerunt. Deinde causarum qualitas, si digna exsilio vel depositione fuit, aut si eo præsente sub jurejurando contra eum testimonium dictum est, si scriptis actum est, vel ipse accusatus licent am respondendi et defendendi se habuit. Sed et de personis accusantium ac testificantium subtiliter quærendum est, cujus vitæ, cujus conditionis cujusque opinionis, aut ne inopes sint, aut ne forte aliquas contra prædictum episcopum inimicitias habuissent, et utrum testimonium ex auditu dixerunt, aut certe se scire specialiter testati sunt, si scriptis judicatum est, et partibus præsentibus sententia recitata est. » Sic et leges diffiniunt, ut nemo per alium quemquam accusare, vel quis accusari possit, nisi forte ingratum libertum patronus accuset : et ut in causa capitali absens nemo damnetur, nisi delegata secundum canones cognitione adesse provocatus ne-

glexerit, ut dilationem sententiæ de absentia non A
lueretur.

Cap. XIII. A quibus accusatio vel testimonium debeat recipi, sancti Africani canones patenter ostendunt, id est, quos publicæ leges ad accusationem, vel ad testimonium recipiunt, sicut plenius ac latius ex eodem concilio, et ex legibus, non longe supra ostendimus de sæcularibus hominibus. De sacris autem ordinibus sanctus Gelasius in decretis suis dicit : « Ne clericorum quisquam se hujus offensæ futurum confidat immunem, si in his quæ salubriter sequenda deprompsimus, sive episcopum, sive presbyterum, sive diaconum viderit excedentem, non protinus ad aures nostras deferre curaverit, probationibus duntaxat competenter exhibitis, ut transgressoris ultio fiat, et cæteris interdictio delinquendi. » Et B sacri Africæ provinciæ canones, et lex Justiniana decernunt : Clerici de judicii sui cognitione non cogantur in publico dicere testimonium, non autem in ecclesiastico judicio dicere testimonium prohibentur. Sicut etiam de episcopis in Chalcedonensi concilio legimus. Unde in synodis Romanis ab Eugenio et Leone quarto celebratis decretum est : Quanquam sacerdotum testimonium credibile habeatur, tamen ipsi in sæcularibus negotiis pro testimonio, aut conficiendis instrumentis, non rogentur, quia eos in talibus rebus esse non convenit. Si autem eventu aliquo causæ interfuerint, et aliquid viderint aut audierint, ubi nullæ ad illud idoneæ sæcularium inveniantur personæ, ne veritas occultetur, et malus ut bonus existimetur, in providentia proprii sit C episcopi, ut aut coram se et competentibus judicibus, aut aliter veritatem honorifice testificentur. Et huic sententiæ Justiniana lex consonat.

Cap. XIV. De numero testium in lege statutum est, quod et in Evangelio est confirmatum, ut in ore duorum vel trium testium stet omne verbum. Et Apostolus Timotheo præcipit, in cujus persona, ut beatus Leo dicit, omnium Christi sacerdotum numerus eruditur, ut accusatio adversus presbyterum non recipiatur, nisi sub duobus vel tribus testibus (I Tim. v, 19). Et sacrum Nicænum concilium (can. 11), neophytum episcopum, a duobus vel tribus testibus redargutum, a clero abstinere præcipit. Sed quia in historia Susannæ duos testes, qui idonei populis videbantur, et in historia Nabuthæ, sed D et in historia passionis Domini, duos testes dixisse falsum testimonium legimus, majores nostri, præter accusatores in accusatione presbyterorum, de numero testium idoneorum auctoritatem legum sequendam voluerunt, ut septem testes idonei requirantur, et si ratio vel causa coegerit, quatuordecim vel viginti et unus testes quærantur, ut veritas patefacta monstretur. Qui testes ad exemplum Danielis, sicut et leges præcipiunt, examinandi sunt, quoniam ipsa prophetæ examinatio jam quibusdam nota est, et sæpe inventi sunt pretio conducti et conspirati ad dicendum mendacium, et sæpe quidam invidia vel odio ad presbyterum accusandum emergunt, et

testes mendaces producunt, quia, ut sanctus Augustinus dicit, nova morborum genera nova quærere cogunt medicatorum experimenta.

Cap. XV. A majoribus nostris accepimus ut exceptis accusatoribus, septem sint testes idonei, qui testimonium suum per sacramentum verum esse confirment, ex quibus sex jurent, et septimus, si ratio vel qualitas personæ permittit, ad judicium exeat quod illi sex inde veritatem per sacramentum dixerint. Et sic de comprobato presbytero Apostoli sequatur sententia : *Si quis non obedit verbo nostro, sive per epistolam, sive per verbum, hunc notate, et nolite commisceri cum eo* (II Thess. iii, 14), et reliqua. Et sanctus Leo papa in decretis suis ad universos episcopos per universas provincias constitutos dicit (*epist.* 1) : « Hoc admonitio nostra denuntiat, quod si quis fratrum contra hæc constituta venerit, vel venire tentaverit, et prohibita fuerit ausus admittere, a suo se noverit officio submovendum, nec eum communionis nostræ futurum esse consortem, qui socius esse noluit disciplinæ, » et reliqua. Sed et beatus Augustinus suo archiepiscopo Xantippo de Abundantio presbytero suæ parochiæ ita scripsit ad locum (*epist.* 236, *Xant.*) : « Qui cum non ambularet vias servorum Dei, non bonam famam habere cœperat : qua ego conterritus, non tamen temere aliquid credens, sed plane sollicitior factus, operam dedi, si quo modo possem ad aliqua malæ conversationis ejus certa indicia pervenire. Ac primo comperi eum pecuniam cujusdam rusticani divino apud se commendato intervertisse, ita ut nullam inde posset probabilem reddere rationem. Deinde convictus atque confessus est, cum secum nullum clericum haberet, se apud quamdam malæ famæ mulierem, et prandisse, et cœnasse, et in una et eadem domo mansisse : nam quæ negavit, Deo dimisi ; quæ occultare permissus non est, judicavi. » Hoc modo veritate comperta, de cohabitatione interdicta cum mulieribus convictus presbyter, legaliter et regulariter sacerdotali in istis Gallicis regionibus privatur officio, sicut Zosimus papa decrevit dicens (*epist.* 1, *ad Hezich.*) : « Sciat quisquis hoc, postposita Patrum et apostolicæ sedis auctoritate, neglexerit, a nobis districtius vindicandum, ut loci sui minime dubitet sibi non constare rationem, si hoc putat post tot prohibitiones impune posse tentari. Contumeliæ enim studio fit, quidquid interdictum toties usurpatur. »

Cap. XVI. Si autem mala fama ex veri similitudine per parochias nostras de presbytero exit, et accusatores atque testes legales non esse deprehenduntur, vel rei falsitatis convincuntur, legaliter ac regulariter eis multatis, ne infirmorum corda de mala fama presbyteri percutiantur, et ne vituperetur ministerium nostrum, neque securiores presbyteri existentes licentius in peccatum labantur, secundum decretum Gregorii junioris (*epist.* 11, *ad Bonifac.*), est jusjurandum in medio, ut habeat malæ famæ presbyter in sacramento purgationis suæ eum testem, quem habebit et judicem. Et quoniam frequenti experimento probatum est, presbyterum a diabolo in fornicationem vel adulterium persuasum, proclivem ad perjurium, et legalis atque evangelica seu apostolica atque canonica auctoritas trium testium testimonium recipit ad condemnationem (*Matth.* xviii), non ab re visum est patribus nostris, si recipiatur ad purgationem. In historia quoque sacra, et in epistola beati Gregorii ad Theoctistam patriciam legimus (*lib.* ix, *epist.* 59), beatum Petrum apostolorum primum, cum a fidelibus reprehensus fuit cur ad gentiles intrasset, humili eos ratione placasse, atque in causa reprehensionis suæ etiam testes adhibuisse dicens : *Venerunt autem mecum et sex fratres isti* (*Act.* xi, 12). Et Carthaginenses canones decernunt (*can.* 10), ut si presbyteri, vel diaconi fuerint accusati, adjuncto sibi ex vicinis locis proprius episcopus legitimo numero collegarum, id est una secum in presbyteri nomine sex, in diaconi tres, auctoritati convenire majores nostri duxerunt, sicut supra ostendimus, in capitulo, tempore domni Caroli imperatoris Augusti, apostolicæ sedis et episcoporum auctoritate decreto, ut si presbyter infamatus fuerit, et accusatores vel testes idonei defuerint, secundum qualitatem vel quantitatem causæ atque personæ, et utilitatem ac sanationem cordium infirmorum, aut cum aliis duobus testibus, ac cum aliis sex testibus, seipsum sacramento a mala opinione purget.

Cap. XVII. Et non est contrarium decreto Gregorii junioris, si plures testes ad purgationem infamati presbyteri requiruntur, quia scribens idem pontifex ad Bonifacium Moguntinum episcopum per Denualdum presbyterum dicit (*epist.* ix, *cap.* 3) : « Ut si probari idoneis testibus presbyter infamatus nequiverit, sit jusjurandum in medio, et non diffinivit, utrum ipse solus, an cum aliis juret. Si enim beatissimus Petrus apostolorum primus famam suam, quasi contra præceptum fecerit Domini dicentis : *In viam gentium ne abieritis, et in civitates Samaritanorum ne intraveritis* (*Matth.* x), quoniam nondum a Deo per multos propalata erat præceptio Christi jubentis : *Ite, docete omnes gentes, baptizantes eos* (*Matth.* xxviii), cum sex testibus expurgavit (*Act.* xi), non videtur esse contra auctoritatem, si presbyter cum tot testibus collegis suis suam opinionem studet purgare, ad quod judicibus episcopis jubetur per sacros canones judicari, præcipiente Apostolo, *ut sine offensione omnibus simus, et ne pereat in nostra conscientia frater, propter quem Christus mortuus est* (*I Cor.* x). Et item : *Sic enim peccantes in fratres, et percutientes conscientiam ipsorum infirmam, in Christum peccatis* (*I Cor.* viii). Et ideo repleti Spiritu sancto statuerunt sancti patres nostri, ut ministri altaris mulieribus non cohabitent, neque subintroducant secum mulieres, ne vel concupiscentia conscientiam suam urant, vel consensu pessimo polluant, et ne vel mala suspicione infirmorum conscientias maculent. Quoniam Augustino docente sanctorum,

quibus Dominus dicit : *Sancti estote* (*Lev.* xi), conversatio non solum sancta debet esse, sed et cauta : ne forte cum mala non sit per lasciviam, sit mala per negligentiam. »

Cap. XVIII. De interdicto canonico adversus presbyterum, et interrogandi sunt testes, et convictus vel confessus, judicandus est presbyter. Et quoniam experti sumus, quosdam presbyteros ad invicem conspirasse, ut se mutuo in sua purgatione adjuvent, revera quidem noceant, non incongrue visum est decessoribus ac prædecessoribus nostris, ut cum in credibili misso episcopi, presbyteri, qui in purgatione infamati sacerdotis una cum eo ad jusjurandum se obtulerunt, talem examinationem per vicarium infamati presbyteri recipiant, ut in sacramento se Deo non perdant, sicut quosdam hinc jam de perjurio revictos et degradatos comperimus, vel ut decernunt canones. Episcopus, inquiunt, aut presbyter, aut diaconus, qui in fornicatione, aut perjurio, aut furto captus est, deponatur, non tamen communione privetur. Dicit enim Scriptura : *Non vindicabit Dominus bis in idipsum* (*Nahum.* i). Hæc de testibus, vel ad probationem vel ad purgationem presbyteri majores nostri secundum tramitem Scripturarum prædicationemque majorum tenenda viderunt, et sequenda nobis suis posteris reliquerunt, secundum verba beati Gelasii (*epist.* 11, *ad episc. Dardan.*) : « Quidquid, inquit, pro fide, pro veritate, pro communione catholica atque apostolica secundum Scripturarum tramitem prædicationemque majorum patres nostri, catholici videlicet doctique pontifices, facta semel congregatione sanxerunt, inconvulsum voluerunt deinceps firmumque constare, nec in eadem hac causa denuo quæ præfixa fuerant retractari qualibet recenti præsumptione permiserunt : sapientissime providentes, quoniam si decreta salubriter cuiquam liceret iterare, nullum contra singulos quosque prorsus errores stabile persisteret Ecclesiæ constitutum, ac semper iisdem furoribus recidivis omnis integra diffinitio turbaretur. »

Cap. XIX. Quod quidam dicunt, quia parochiani et subjecti presbytero vel episcopo, eum non valeant regulariter accusare, ut scriptum est : *Umbra aliorum umbram suam protegunt* (*Job* xl), ne ad eos valeat pervenire, quod in alios conantur defendere. Quorum defensio cassatur auctoritate et ratione. Auctoritate quidem, qua dicitur voce sancti viri : *Si adversum me terra mea clamat, et cum ipsa sulci ejus deflent. Si fructus ejus comedi absque pecunia, et animam agricolarum ejus afflixi, pro frumento oriatur mihi tribulus, et pro hordeo spina* (*Job* xxxi). « Terra, inquit, sanctus Gregorius (lib. xxii *Moral.*, c. 53), contra possessorem suum clamat, si contra eum qui sibi præest, aliquid injustum, vel privata domus, vel sancta Ecclesia murmurat. Clamare quippe terram est, contra regentis injustitiam rationabiliter subjectos dolere. » Omnis ergo qui præest, si perversa in subditis exercet, contra hunc terra clamat, et sulci deflent, quia contra ejus injustitiam rudes quidem populi in murmurationis vocibus erumpunt, sed perfecti quique pro pravo ejus opere se in fletibus affligunt. Cum clamante ergo terra sulcos plangere est, per hoc unde multitudo fidelium juste contra rectorem queritur, uberioris vitæ homines ad lamenta pervenire, et reliqua, quæ lector in suo loco plenius prævalet invenire. Et longe ante, sanctus Bonifacius ad episcopos per Gallias et septem provincias constitutos (*epist.* 11 *ad episc. Gall.*, etc.), de Maximo a suis comprovincialibus et subditis accusato, et sanctus Gregorius de Bonifacio Regitanæ Ecclesiæ a suis clericis et subditis æque accusato, ad Sabinum et plures episcopos, pro causa diligenter inquirenda epistolas misit, et de Lucilli episcopi accusatione inquisitionem regulariter facere præcepit, velut in ejus Regesto lector inveniet (*lib.* VII, *ind.* 2, *epist.* 46 *et* 62). Et si de episcopis ita admissa sunt, de presbyteris, videlicet secundi ordinis viris non dimittenda sunt.

CAP. XX. Verum quia non solum in doctorum sæcularium litterarum dogmatibus, sed et in sanctis Scripturis a contrario quædam diffinienda invenimus, sicut ex luce obscuriores tenebræ judicantur, ex sententia divina conferenda est causa ecclesiastica. Ait enim Dominus discipulis : *Vos mihi testimonium perhibebitis, qui ab initio mecum estis* (*Joan.* xv), quoniam absque ulla ambiguitate prædicare valebant, quæ apud illum viderunt et audierunt. Unde bene Petrus alium pro Juda ordinare volens apostolum, talem voluit eligere, qui cum eis fuerit, ex quo intravit et exivit inter eos Dominus Jesus, et non alium (*Act.* I). Sic econtra tales debent audiri accusatores ac testes de vita et conversatione presbyteri, qui ejus vitam et conversationem noverunt in omni tempore, ex quo intravit et exivit cum eis presbyter illis et præpositus ordinatus. Sufficiant ergo, ad refellendam vanam opinionem eorum, qui dicunt quoniam a suis ovibus vel subjectis prælatus regulariter accusari non valeat, hæc tanta et talia testimonia.

CAP. XXI. Cæterum quoniam quidam quasi in auctoritate proferunt sanctum Silvestrum papam decrevisse talia, quæ catholica Ecclesia inter synodalia decreta non computat, quæ majores nostri inde nobis tenenda suis posteris reliquerunt, hic necessarium ponere duximus. Scriptum namque est in quodam sermone, sine exceptoris nomine de gestis sancti Silvestri excepto, quem Isidorus episcopus Hispalensis collegit cum epistolis Romanæ sedis pontificum a sancto Clemente usque ad beatum Gregorium, eumdem sanctum Silvestrum decrevisse, ‹ ut nullus laicus crimen clerico audeat inferre, et ut presbyter non adversus episcopum, non diaconus adversus presbyterum, non subdiaconus adversus diaconum, non acolytus adversus subdiaconum, non exorcista adversus acolytum, nec lector adversus exorcistam, non ostiarius adversus lectorem det accusationem aliquam, et non damnetur præsul nisi in septuaginta duobus. Neque præsul summus a

A quoquam judicetur, quomodo scriptum : *Non est discipulus super magistrum* (*Matth.* x). Presbyter autem cardinalis nisi in quadraginta quatuor testibus non damnabitur. Diaconus cardinarius constitutus urbis Romæ nisi in viginti sex non condemnabitur. Subdiaconus, acolytus, exorcista, lector, ostiarius, nisi, sicut scriptum est, in septem testibus non condemnabitur. Testes autem et accusatores sine aliqua sint infamia, uxores ac filios habentes et omnino Christum prædicantes. Testimonium clerici adversus laicum nemo recipiat. ›

CAP. XXII. Quæ dicta quam adversa sibi, et quam diversa a sanctis canonibus et sacris legibus sint, nemo est qui dubitet, qui et hæc dicta cum ratione attenderit, et sacras regulas ac leges diligentius legit. Et primum quidem scriptum est, ut nullus laicus crimen clerico audeat inferre, deinde ut nullus clericus contra clericum testimonium acccusationis ferat, et mox subsequitur, in quantis testibus presbyter, vel diaconus, seu subdiaconus, acolythus quoque et exorcista, lector et ostiarius valeant condemnari, et testes, et accusatores sine infamia, et uxores et filios habentes, et Christum prædicantes fiant. Quod quam absurdum sit, ut uxores et filios habentes potius ad testimonium recipi debeant, quam continentes et religiosi, ratio aperta demonstrat : et contra id quod subsequitur, et illud quod dicit, ut uxores et filios habentes, et Christum prædicantes fiant testes, sanctus Leo papa in epistola ad Maximum Antiochenum episcopum decrevit (*epist.* 66) : ‹ Illud, inquiens, convenit dilectionem tuam præcavere, ut præter eos qui sunt Domini sacerdotes, nullus sibi jus docendi et prædicandi audeat vindicare, sive sit ille monachus, sive sit laicus, qui alicujus scientiæ nomine glorietur. Quia etsi optandum est, ut omnes Ecclesiæ filii quæ recta et sana sunt sapiant, non tamen permittendum est, ut quisquam extra sacerdotalem ordinem constitutus gradum sibi prædicatoris assumat, cum in Ecclesia Dei omnia ordinata esse conveniat, ut in uno Christi corpore et excellentiora membra suum officium impleant, et inferiora superioribus non resultent. › Dicit etiam, et testimonium clerici adversus laicum nemo recipiat : quod, sicuti supra ostendimus, regulæ sacræ, et sedis apostolicæ definitio, et leges Christianorum principum imperii Romani evacuant.

CAP. XXIII. Sciendum quoque est, quia quidam præfatam constitutionem ex nomine sancti Silvestri papæ, in auctoritatem non judicandi quemquam clericorum, ad confirmandam suam sententiam assumunt, ex eo quod beatus Gelasius inter ea quæ recipienda sunt, Actus beati Silvestri in canone recipiendorum posuit, non advertentes, quid inde in eodem catalogo sanctus Gelasius scripserit. Ait enim inter alia : ‹ Actus beati Silvestri apostolicæ sedis præsulis, licet ejus qui conscripsit nomen ignoretur, a multis in urbe Roma catholicis legi cognovimus, et pro antiquo usu multæ imitantur

Ecclesiæ. Item scripturam de inventione crucis Dominicæ, et aliam scripturam de inventione capitis Joannis Baptistæ, novellæ quædam relationes sunt, et nonnulli eas catholici legunt. Sed cum hæc ad catholicorum manus pervenerint, beati Pauli apostoli præcedat sententia : *Omnia probate, quod bonum est tenete (I Thess.* v). » Quæ Acta legi beatus Gelasius permisit, sed ad auctoritatem, sicut sanctas Scripturas et sanctorum opuscula, teneri non jussit. In quibus Actibus Silvestri, de talibus constitutionibus nihil legimus. In libro vero qui titulatur Gestorum pontificum, legimus constituisse beatum Silvestrum, ut nullus laicus clerico crimen audeat inferre. Cætera autem, quæ subsequuntur, ut supra posuimus, in regesto ipsius constituisse eum non legimus. Quapropter credendum non est eumdem sanctum virum talia constituisse, quæ in memorato sermone continentur scripta. Et licet propter hæreticos et gentiles, qui tunc persequebantur catholicos, forte talia direxit, tamen posteriorum sententia tenenda est, sicut sanctus Augustinus, a sede apostolica merito inter optimos magistros Ecclesiæ computatus, in libro secundo de Baptismo demonstrat *(cap.* 3) : « Quis, inquiens, nesciat sanctam Scripturam canonicam, tam Veteris quam Novi Testamenti, certis suis terminis contineri, eamque omnibus posterioribus episcoporum litteris ita præponi, ut de illa omnino dubitari et disceptari non possit, utrum verum, vel utrum rectum sit, quidquid in ea scriptum esse constiterit : episcoporum autem litteras, quæ post confirmatum canonem vel scriptæ sunt vel scribuntur, et per sermonem forte sapientiorem cujuslibet in ea re peritioris, et per aliorum episcoporum graviorem auctoritatem, doctiorumque prudentiam, et per concilia licere reprehendi, si quid in eis forte a veritate deviatum est : et ipsa concilia quæ per singulas regiones vel provincias fiunt, plenariorum conciliorum auctoritati, quæ fiunt ex universo orbe Christiano, sine ullis ambagibus cedere, ipsaque plenaria sæpe priora posterioribus emendari, cum aliquo experimento rerum aperitur quod clausum erat, et cognoscitur quod latebat, sine ullo typho sacrilegæ superbiæ, sine ulla inflata cervice arrogantiæ, sine ulla contentione lividæ invidiæ, cum sancta humilitate, cum pace catholica, cum charitate Christiana? »

Cap. XXIV. Alioquin, si nullus laicus adversus clericum, nullus clericus adversus laicum accusationem proferre valebit, secundum illa quæ in memorato sermone ex verbis sancti Silvestri sunt dicta, quomodo quis judicabitur ab Ecclesiæ sanctæ, vel a legum publicarum judicibus, cum nemo vel ecclesiastico vel civili judicio regulariter atque legaliter, nisi cum sententia ordine judiciario, et quæ cum integritate profertur, debeat judicari? Nam si presbyter approbari non poterit, nisi cum tot idoneis testibus, sicut ibidem scriptum est, nunquam probabitur. Sunt enim apud nos presbyteri, qui tot parochianos non habent, qui mansa teneant, et uxores ac filios

habeant, quot testes idoneos ad comprobandum presbyterum sermo ille requirit. Frustra igitur sacri canones, et decreta sedis Romanæ pontificum, expressa judicia de singulis gradibus pro evidentibus culpis promulgaverunt, et leges inaniter ad pravos coercendos vel puniendos decretæ sunt, si exsequendæ non sunt, præsertim cum sanctus Leo de sacris canonibus dicat *(epist.* 88 *Anast.)* : « Igitur secundum sanctorum Patrum canones spiritu Dei conditos, et totius mundi reverentia consecratos, metropolitanos singularum provinciarum episcopos jus traditæ sibi antiquitus dignitatis intemeratum habere decernimus, ita ut a regulis præstitutis nulla aut negligentia aut præsumptione discedant. » In eo enim quod dicit, ut nulla negligentia a regulis præstitutis discedant, tradiderunt nobis magistri nostri intelligendum, ut segnes non sint episcopi ad exsequenda statuta. In eo quod dicit, ut nulla præsumptione a præstitutis regulis discedant, intelligendum dixerunt, ut statuta supergrediéndo nequaquam excedant. Unde idem beatus Leo aliis verbis Scripturæ sententiam protulit, quæ dicit : *Non declines ad dextram, neque ad sinistram (Prov.* iv).

Cap. XXV. De legibus autem, Valentinianus, et Theodosius, et Arcadius, decreverunt, dicentes (l. ii, *cod. Theod., de Constitut.*) : « Perpensas serenitatis nostræ longa deliberatione constitutiones nec ignorare quemquam, nec dissimulare permittimus. Interpretatio. Leges nescire nulli liceat, aut quæ sunt statuta contemnere. » Et S. Cœlestinus paria de sacris canonibus dicit *(epist.* 3) : « Nulli, inquiens, sacerdoti suos liceat canones ignorare, nec quidquam facere, quod Patrum possit regulis obviare. Quæ enim a nobis res digna servabitur, si decretalium norma constitutorum pro aliquorum libitu licentia populis permissa frangatur? » Non igitur frustra ecclesiasticæ regulæ, vel sacræ leges inaniter sunt promulgatæ, sed regulari ac legali ordine sunt exsequendæ. Quoniam sicut sanctus Augustinus et cæteri doctores catholici ex Evangelica auctoritate ostendunt, de apertis commissorum nobis erratibus, non solum potestatem, sed et præceptum judicandi ut corrigantur, habemus, sicut sunt stupra, blasphemiæ, furta, adulteria, homicidia, ebrietates, rapinæ, et his similia, de quibus Dominus dicit : *A fructibus eorum cognoscetis eos (Matth.* vii); et Apostolus : *Manifesta autem sunt opera carnis (Gal.* v). De occultis vero fraternæ conscientiæ, et in dubiis maxime rebus et qua intentione vel necessitate geruntur, cum inspicere nequimus, temeritatem judicandi cavere debemus. Sed et ambigua eorum gesta, et quæ in quamlibet partem interpretari possunt, divino potius examini reservare jubemur : sicut de genere ciborum, qui possunt bono animo, et simplici corde, sine vitio concupiscentiæ, quicunque humani cibi indifferenter sumi, ad quorum alimenta, sicut ad medicamenta est accedendum. Quapropter sequentes apostoli doctrinam Salvatoris nostri, de manifestis judicaverunt peccantes, sicut Petrus Simonem, Ananiam et Saphiram, Paulus Elymam et fornicatorem apud Corinthios (*Act.* v; *I Cor.* v).

Cap. XXVI. Quorum sequentes vestigia successores apostolorum, et judicia de manifestis peccatis promulgaverunt, et peccantes coram omnibus redarguerunt, atque judicarunt. Et qualiter, ac quo ordine pro patribus apostolis Ecclesiæ nati filii, episcopi videlicet, debeant in peccantes proferre judicia, sancti pontifices Leo et Gregorius, exponentes sententiam Domini dicentis ad apostolos, et per eos ad successores eorum (*Matth.* xiii): *Quæ ligaveritis super terram, erunt ligata in cœlis;* et : *Quæ solveritis super terram, erunt soluta in cœlis*, patenter ostendunt. ‹ Beatissimo Petro, inquit Leo (*serm.* 3 *in Anniv. Assumpt.*), a Christo dicitur : *Tibi dabo claves regni cœlorum et quæcunque ligaveris super terram, erunt ligata et in cœlis, et quæcunque solveris super terram erunt seluta et in cœlis.* Transivit quidem etiam in alios apostolos vis istius potestatis, et ad omnes Ecclesiæ principes decreti hujus constitutio commeavit, sed non frustra uni commendatur, quod omnibus intimetur. Petro enim ideo hoc singulariter creditur, quia cunctis Ecclesiæ rectoribus Petri forma proponitur. Manet ergo Petri privilegium, ubicunque ex ipsius fertur æquitate judicium. Nec nimia est vel severitas, vel remissio, ubi nihil ligatum, nihil est solutum, nisi quod beatus Petrus, aut ligarit, aut solverit. › Et S. Gregorius (*hom.* 26 *in Evang.*) : ‹ Sæpe agitur, ut qui nescit tenere moderamina vitæ suæ, judex vitæ fiat alienæ, ut vel damnet immeritos, vel alios ipse ligatus solvat, cum suæ voluntatis motus, non autem causarum merita sequitur. Unde fit ut ipse hac ligandi ac solvendi potestate se privet, qui hanc pro suis voluntatibus, et non pro subjectorum moribus exercet. Judicare enim digne de subditis nequeunt, qui in subjectorum causis sua vel odia, vel gratiam sequuntur. Unde recte per prophetam dicitur : Mortificabant animas quæ non moriuntur, et vivificabant animas, quæ non vivunt (*Ezech.* xiii). Non morientem quippe mortificat, qui justum damnat, et non victurum vivificare nititur, qui reum supplicio absolvere conatur. Causæ ergo pensandæ sunt, et tunc ligandi atque solvendi potestas exercenda. ›

Cap. XXVII. Et in synodis Romanis apostolicorum Eugenii atque Leonis quarti ubi sacerdotem post condemnationem esse oporteat constitutum est, ut sacerdos, aut quivis alius in ordinem ecclesiasticum provectus, si in eo scelere inveniatur, quo abjiciendus existat, depositus providentia episcopi bene proviso loco constituatur, ubi peccata lugeat, et ulterius non committat. Et magnus Leo papa longe ante auctoritate Scripturæ sacræ ad Hilarium episcopum Narbonensem decrevit (*epist.* 92 *ad Rustic.*), ‹ ut presbyteri vel diaconi lapsi ad promerendam misericordiam Dei privatam expetant secessionem, ubi illis satisfactio, si fuerit digna, sit etiam fructuosa. › Hæc a majoribus nostris de infamati presbyteri depositione, vel qualitatis purgatione ratione

et auctoritate ac consuetudine in istis Cisalpinis regionibus exsequenda et tradita nobis accepimus.

Cap. XXVIII. Si autem presbyter vel diaconus de certis causis accusatus, et legaliter atque canonice ad judicium provocatus, regulare judicium subterfugerit, decretum est sacris legibus, quas ex Evangelica auctoritate trina conventione probant prima Ephesina synodus, et magnum Chalcedonense concilium, et sanctus Cœlestinus in epistola ad Nestorium, et sanctus Gregorius in epistolis suis (*epist.* 54), ut trinis litteris, vel edictis quique conventus, si ad judicem suum, a quo de certis causis regulariter accusatus conventus est venire noluerit, sententiam contumacis suscipiat. Hinc et sanctus Bonifacius papa ad Gallicanos episcopos decrevit (*epist.* 1 *ad Gallic. episc.*) : ‹ Ut conventus quisque si adesse voluerit præsens, si confidit, ad objecta respondeat, si adesse neglexerit, dilationem sententiæ de absentia non lucretur. Nam manifestum est confiteri eum de crimine, qui indulto et toties delegato judicio, purgandi se occasione non utitur. Nihil enim interest, utrum in præsenti examine omnia, quæ dicta sunt, de eo comprobentur, cum ipsa quoque pro confessione procurata toties constet absentia. › Quia, ut sanctus Gelasius dicit, ideo vocatur ad judicium certa quæcunque persona, ut aut fateatur objecta, aut convincatur objectis. Et ab ea sententia, quæ adversus contumaces data est, neque appellari, neque in duplum revocari potest, sicut leges diffiniunt, et sanctus Gregorius in epistolis suis ex eisdem legibus promulgavit.

Cap. XXIX. De cætero, si presbyteri vel diaconi pro causa pecuniaria, quæ alio nomine in regulis sacris civilis causa vocatur, pro pervasione rei alicujus, seu pro quibuscunque gravibus injuriis, ad judicium fuerint provocati, licet in criminalibus causis per alium nulli liceat respondere, episcopis tamen et presbyteris sacris legibus præstatur, ut in talibus causis misso procuratore, id est dato pro se advocato respondeant, sine dubio, ut ad eos redeat sententia judicati. In reliquis vero criminalibus causis, ubi de scelere persona convincenda est, suam in judicio præsentiam exhibere procurent. Quod si tertio conventi per exsecutorem ad judicium venire noluerint, ut præmissum est, sententiam accipiant contumacis.

Cap. XXX. De pervasione autem, quisquis ecclesiasticorum, relictis vel contemptis legibus, res alienas pervaserit, secundum beati Gregorii papæ decretum, ante corpus beati Petri prolatum, anathematis vinculo ligari præcipitur, sicut in eodem decreto, sed et in aliis suis epistolis, non tantum semel et secundo, sed et tertio patenter ostendit, ut nemo ecclesiasticorum, si putat Ecclesiæ suæ res quaslibet debere competere, illegaliter eas pervadat, sed legaliter illas acquirat. Et in synodis Romanis apostolicorum Eugenii atque Leonis quarti, de pervasione quasi pro parte Ecclesiæ facta decretum est, ut si quispiam invasor comprobatus dicat pro parte Ecclesiæ se egisse, de privata sibi re pertinente ab ipso suoque hærede solvatur invasio. Sacerdos denique in tali culpa pauper inventus a proprio canonice judicetur episcopo, ut non Ecclesia sibi commissa damnum sustineat, sed illæsa hujus persuasionis temeritate permanere sancimus. Et in eadem synodo decretum est, ut episcopi, universique sacerdotes habeant advocatos, quia episcopi, universique sacerdotes ad solam laudem Dei, bonorumque operum actionem constituuntur. Debet ergo unusquisque eorum, tam pro ecclesiasticis, quam etiam propriis suis actionibus, excepto publico videlicet crimine, habere advocatum, non male suspectum, sed bonæ opinionis et laudabilis artis inventum, ne dum humana lucra attendunt, æterna præmia perdant. Et item ibi, de his qui advocatos invenire nequeunt. Si enim fuerit quispiam sacerdotum inventus, qui advocatum in judicium proferre non valeat, coram plebe propria suum episcopum eumdem oportet discutere sacerdotem, si bonæ aut malæ conversationis existat, aut cujus rei causa debitæ advocatum habere non possit : male vero inventus pro qualitate culpæ secundum canonum normam emendari curetur.

Cap. XXXI. Si quis vero presbyterorum, vel reliquorum clericorum, de objecto crimine, vel commota civili causa, se relicto Ecclesiastico judicio publicis judiciis purgari voluerit, Carthaginenses canones capite nono decernunt, et ex eisdem canonibus Leo, et Romana synodus uniformiter decreverunt, ut de criminali causa, etiamsi pro ipso fuerit prolata sententia, locum suum amittat, in civili vero perdat quod evicit, si locum suum obtinere maluerit.

Cap. XXXII. De proprietatibus autem, quas aut ante ordinationem presbyteri habuerunt, vel post ordinationem quolibet modo acquisierunt, Carthaginenses canones capite trigesimo secundo constituunt, ut episcopi, presbyteri, et diaconi, vel quicunque clerici, qui nihil habentes ordinantur, et tempore episcopatus vel clericatus sui agros, vel quæcunque prædia nomine suo comparant, tanquam rerum Dominicarum invasionis crimine teneantur, nisi admoniti ecclesiæ eadem ipsa contulerint. Si autem ipsis proprie aliquid liberalitate alicujus, vel successione cognationis obvenerit, faciant inde quod eorum proposito congruit. Quod si a suo proposito retrorsus exorbitaverint, honore ecclesiastico indigni tanquam reprobi judicentur. Sic et lege Justiniani, constitutione 427, capite 453 et capite 522 constitutum est. Et sanctus Gregorius in epistolis suis ex eisdem sacris canonibus et legibus promulgavit, atque constituit.

Cap. XXXIII. Sed quia negligentia, vel indebito favore ministrorum episcopalium necessaria minus curante, et presbyterorum cupiditate, et lascivia in-

olescente, per parochias vitium solet excrescere, quod necesse est sollicitius resecare, videlicet, quidam presbyteri, de reditibus ecclesiæ, vel oblationibus ac votis fidelium, res post ordinationem suam comparant, et in illis structuras faciunt, et quæ ad ecclesiam pertinent ibidem collocant, et in eisdem mansis mulieres recipiunt, quæ lanificium suum exerceant, et domus curam gerant. Et hac occasione suas ecclesias negligunt, et ad eosdem mansos recurrunt, et ibi commanent contra decreta canonum, fraudem facientes de facultatibus ecclesiasticis : quoniam hoc agere sacrilegum est, et par crimen Ananiæ et Saphyræ, atque Judæ furis, qui sacras oblationes, quæ ad usus fidelium ac pauperum mittebantur, asportabat et furabatur. Eosdem etiam mansos, non ecclesiis secundum sacros canones derelinquere, sed contra canones, vel propinquis suis, vel aliis quibuscunque solent distrahere, cum nullam proprietatem episcopus vel presbyter melius vel firmius possit habere, quam quæ est ecclesiæ attributa, si secundum ordinem suum vivere voluerit. Si autem ordinem pro sua culpa perdiderit, nec alode, quem a die ordinationis suæ de ecclesiasticis facultatibus acquisivit, habere valebit, cui juxta decreta sancti Leonis ad pœnitentiam agendam secreta est expetenda secessio.

Cap. XXXIV. Unde necesse est ut per singulos annos ministri episcoporum inquirant, quid pareat in singulis ecclesiis de parte decimæ, quæ juxta sacros canones ecclesiæ competit. Sed et de matriculariis per singulas Ecclesias, juxta facultatem et possibilitatem loci, curam adhibeant, ne presbyteri pro locis matriculæ xenia accipiant, ne suos parentes sanos et robustos in eadem matricula collocent, nec opera ab ipsis matriculariis exigant : non de matriculariis bubulcos aut porcarios faciant, sed pauperes ac debiles, et de eadem villa, de qua decimam accipiunt, matricularios faciant. Si autem ipse presbyter habeat fratrem, aut aliquem propinquum debilem, aut pauperrimum, qui de eadem decima alendus sit, apostolica est sequenda sententia, qua dicit : *Qui suorum, et maxime domesticorum curam non habet, fidem negavit, et est infideli deterior* (*I Tim.* v). Reliquos propinquos si juxta se habere voluerit, de sua portione sine dispendio ecclesiæ vestiat atque pascat. Nam aliud est sine dispendio ecclesiæ amicis vel parentibus pauperibus, aut quibuslibet incestuosis ex charitate cum mensura et ratione subvenire, vel adjutorium ferre, et aliud cum destructione ecclesiæ, vel dissipatione facultatum ecclesiasticarum, quæ sunt ecclesiæ male dispendere. Providendum est etiam, ut de nihil habentibus promoti presbyteri, non præsumant quæ de facultatibus ecclesiæ comparaverunt vendere, vel quasi ad casam Dei tradere, nisi ad ecclesiam, cujus propriæ esse debent.

XVI.

DE CAUSA TEUTFRIDI PRESBYTERI,

Qualiter sit agitanda vel diffinienda.

(Apud eumdem, ex editione Moguntina Joannis Busæi.)

Cap. I. Sanctus Gregorius papa, in Regesto decretorum suorum, multoties negotia ecclesiastica et causas ecclesiasticorum legaliter ac regulariter debere diffiniri decernit. Ubi vel a quibus causa de Teutfrido presbytero agitanda vel diffinienda sit (*Cod. Theod. l. 10, de Accusation.*) : « Leges decernunt ut ultra provinciæ terminos accusandi licentia non progrediatur. Oportet enim illic criminum judicia agitari, ubi facinus dicatur admissum. Peregrina autem judicia præsentibus legibus coercemus. » Et Carthaginenses canones capite trigesimo : « Placuit, inquiunt, ut accusatus vel accusator in eo loco, unde est ille qui accusatur, si metuit aliquam vim temerariæ multitudinis, locum sibi eligat proximum, quo non sit difficile testes producere, ubi causa finiatur. » Et synodus Africæ provinciæ in epistola ad Cœlestinum papam : « Prudentissime, inquit, justissimeque providerunt patres, quæcunque negotia in suis locis ubi orta sunt finienda. »

Cap. II. Presbyter confessus vel convictus, a proprio episcopo, si contentiosus fuerit ab episcopis suæ provinciæ judicari debet, sicut Nicæni, Antiocheni, Sardicenses, et Chalcedonenses, et Carthaginenses Africani canones decernunt. Unde Antiocheni canones capitulo decimo sexto dicunt : « Perfectum concilium illud est, ubi interfuerit metropolitanus antistes. » Et capitulo vigesimo de conciliis episcopalibus : « In ipsis conciliis adsint presbyteri, et diaconi, et omnes qui se læsos existimant, et synodi experiantur examen. » Et capitulo nono, « ut episcopus nihil agere tentet præter antistitem metropolitanum, nisi quod ad propriam parochiam pertinet, nec metropolitanus sine cæterorum gerat consilio sacerdotum. »

Cap. III. Quia de facultatibus ecclesiasticis furtim vel sacrilege distractis Teutfridus confessus vel convictus dicitur, scilicet de planetis tribus, de tunica Immæ reginæ, de balteo aureo cum gemmis, de bursa eburnea, de libra una de auro, et de cæteris aliis rebus, leges dicunt : « Confessi debitores pro judicatis habentur : ideoque ex die confessionis tempora solutionis constituta computentur. » Et canones apostolorum capitulo vigesimo quinto dicunt : « Episcopus, presbyter aut diaconus, qui in fornicatione, aut perjurio, aut furto captus est, deponatur, non tamen communione privetur. Dicit enim Scriptura : *Non vindicabit Dominus bis in id-*

ipsum (*Nahum.* 1). » Si enim fidelitatem ipsi casæ Dei juravit, in perjurio captus est : quia vero sacratas Deo facultates distraxit, sacrilegium admisit, sicut sanctus Anacletus papa, ab ipso beato Petro apostolo presbyter ordinatus, postea in sede Romana successor illius factus episcopus, cum quamplurimis sacerdotibus judicabat : « Qui, inquiens, Christi pecunias et Ecclesiæ rapit, aufert, vel fraudatur, homicida est, atque homicida ante conspectum justi judicis deputabitur. Qui rapit pecuniam proximi sui, iniquitatem operatur : qui autem pecuniam vel res Ecclesiæ abstulerit, sacrilegium facit et ut sacrilegus judicandus est. » Et sanctus Urbanus papa et martyr : « Res et facultates ecclesiasticæ oblationes appellantur, quia Domino offeruntur, et vota sunt fidelium, ac pretia peccatorum : si quis illa rapuerit, reus est damnationis Ananiæ et Saphiræ ; et oportet hujusmodi tradere Satanæ, ut spiritus salvus fiat in die Domini. » Et sanctus Lucius papa : « Rerum ecclesiasticarum et facultatum raptores a liminibus sanctæ Ecclesiæ anathematizatos apostolica auctoritate pellimus, et damnamus, atque sacrilegos esse judicamus. Par enim pœna et agentes et consentientes comprehendit. » Et sanctus Gregorius papa : « Sacrilegum, inquit, et contra leges est, si quis quod venerabilibus locis relinquitur, pravæ voluntatis studiis suis tentaverit compendiis retinere. » Et sanctus Augustinus, a sede apostolica per beatum Cœlestinum inter optimos Ecclesiæ magistros merito computatus, in sermone Evangelii beati Joannis dicit : « Ecce inter sanctos est Judas, ecce fur est Judas, et ne contemnas, fur sacrilegus, non qualiscunque fur, sed loculorum Dominicorum, loculorum, sed sacrorum. Si crimina discernuntur in foro, non qualiscunque fur, sed peculator. Peculatus enim dicitur furtum de republica. Et non sic judicatur furtum rei privatæ, quomodo publicæ. Quanto vehementius judicandus est sacrilegus fur, qui ausus fuit non undecunque tollere, sed de Ecclesia tollere ? Qui aliquid de Ecclesia furatur et rapit, Judæ perdito comparatur. » Et hinc sacri canones dicunt (*conc. Agath. c. 4*) : « Clerici, vel etiam sæculares, qui oblationes parentum, aut donatas, aut testamento relictas retinere præsumpserint, aut id quod ipsi donaverint ecclesiis vel monasteriis crediderint auferendum, sicut Synodus sancta constituit velut necatores pauperum, quousque reddant, ab ecclesiis excludantur, et qui ab ecclesiis excluduntur, in gradu ecclesiastico manere non permittantur. »

CAP. IV. Si Teutfridus confessus vel convictus fuerit, relicto ecclesiastico judicio, ob defensionem vel purgationem suam palatium expetisse, inferendum illi capitulum undecimum Antiocheni concilii : « Si quis episcopus, aut presbyter, ant quilibet regulæ subjectus, ecclesiasticæ, præter consilium vel litteras episcoporum provinciæ et præcipue metropolitani, adierit imperatorem vel regem, hunc reprobari et abjici oportere, non solum a communione, sed et ab honore, cujus particeps videtur existere, quia venerandi principis auribus molestiam tentavit inferre circa leges Ecclesiæ. Si igitur adire principem necessaria causa deposcit, hoc agatur cum tractatu et consilio metropolitani, et cæterorum episcoporum qui in eadem provincia commorantur, qui etiam proficiscentem suis prosequantur epistolis. » Et Carthaginenses canones capitulo nono (conc. Carthag. III, c. 9) : « Quisquis, inquiunt, episcoporum, presbyterorum, et diaconorum seu clericorum, cum in ecclesia crimen ei fuerit intentatum, vel civilis causa fuerit commota, si relicto ecclesiastico judicio publicis judiciis purgari voluerit, etiamsi pro ipso fuerit prolata sententia, locum suum amittat, et hoc in criminalibus. In civili vero perdat quod evicit, si locum suum obtinere voluerit. » Et sanctus Leo papa (epist. 96), et synodus Romana : « Censemus ut quicunque, prætermisso sacerdote ecclesiæ suæ, ad disceptationem venerit sæcularium, sacris liminibus expulsus, a cœlesti arceatur altario. »

CAP. V. Si Teutfridus convictus vel confessus fuerit, quod manifeste vel ingeniose proximos suos in perjurium induxit, sciendum est, quia tot perjuriorum reus est, quot homines malitiose in perjurium induxit, et majus peccatum inde ille ipse habet quam illi qui pro eo ipso rogante juraverunt, sicut Dominus loquens ad Pilatum manifestat, dicens : *Qui tradidit me tibi, majus peccatum habet* (Joan. XIX). Et sanctus Gregorius de hujusmodi in Pastorali regula (part. III, c. 5) dicit : « Scire enim prælati debent, quia si perversa unquam perpetrant, tot mortibus digni sunt, quot ad subditos suos perditionis exempla transmittunt. Unde necesse est, ut tanto se cautius a culpa custodiant, quanto per prava quæ faciunt non soli moriuntur, sed aliorum animarum, quas pravis exemplis destruxerunt, rei sunt. » Et presbyter, quanto gradu quolibet Christiano laico est celsior, tanto culpa illius est gravior, et qui illorum perjurio est colligatus, in illorum est perjurio captus, ac per hoc secundum capitulum vigesimum quintum apostolicorum canonum de perjurio judicandus. Unde sanctus Hieronymus, exponens sententiam Ezechielis prophetæ de prævaricato juramento a Sedechia rege dicit : Multo enim fidelior inventus est ille qui propter nomen Dei tibi credidit et deceptus est, te qui per occasionem divinæ majestatis hosti tuo, imo jam amico, molitus es insidias.

Propterea Scriptura dicit : *Juramentum quoa sprevit, et fœdus quod prævaricatus est, ponam in caput ejus* (Ezech. XVII). Legimus enim Sedechiam captum ductum esse in Reblatha, ibique interfectis filiis excæcatum, et instar feræ clausum cavea, translatum in Babylonem (IV Reg. XXV). Rex quippe Babylonius, ut beatus Gregorius exponit (Moral. lib. VII, cap. 15), est antiquus hostis, possessor intimæ confusionis, qui prius filios ante intuentis oculos trucidat, quia sæpe sic bona opera interficit ut hæc se amittere ipse qui captus est dolens cernat. Nam bona gignit plerumque animus, et tamen carnis suæ delectationibus victus bona quæ genuit amans perdit, et quæ patitur damna considerat, nec tamen virtutis brachium contra regem Babylonium levat. Sed dum videns nequitiæ perpetratione percutitur, ad hoc quandoque peccati usu perducitur, ut ipse quoque rationis lumine privetur. Unde Babylonius rex, exstinctis prius filiis, Sedechiæ oculos eruit, quia malignus spiritus, subductis prius bonis operibus, post et intelligentiæ lumen tollit. Quod recte Sedechias in Reblatha patitur. Reblatha quippe *multa hæc* interpretatur. Ei enim quandoque et lumen rationis clauditur, qui pravo usu ex iniquitatis suæ multitudine gravatur. Hæc omnia justo Dei judicio patitur, qui juramentum in nomine Domini prævaricatur, quoniam qui contemnit juramentum, ut beatus dicit Hieronymus, ipsum despicit per quem juravit, illique facit injuriam, cujus nomini credidit adversarius, hoc est, ille cui juratum est in nomine ejus qui dicit : *Non accipias nomen Domini Dei tui in vanum, neque polluas illud* (Exod. XX). Et : *Reddes Domino juramenta tua* (Matth. V). Et psalmus dicit, illum futurum in loco sancto, *qui jurat proximo et non decipit* (Psal. XIV).

CAP. VI. Si autem dicere voluerit, quia necessitate coactus illud juramentum facere jussit, quod tamen servare potuit et debuit, et ideo reus perjurii non teneatur, audiat quid sanctus Gregorius dicat de illo qui jurat, vel anathematizat : « Qui jurare vel anathematizare debet, et blanditur tibi, quod non teneatur reus, si prævaricatus fuerit quod juravit, vel anathematizavit, quia invitus hoc egit, si qui sunt qui dicant, quod compulsus quispiam necessitate si anathematizaverit anathematis vinculo non teneri, ipsi sibi testes sunt qui hoc dicunt, quia Christiani non sunt, qui ligamenta sanctæ Ecclesiæ vanis se æstimant conatibus solvere, ac per hoc nec absolutionem sanctæ Ecclesiæ, quam præstat fidelibus veram putant, si ligaturas ejus valere non æstimant. Contra quos diutius disputandum non est, quia per omnia despiciendi et anathematizandi sunt, et unde se fallere veritatem credunt, inde in peccatis suis veraciter ligantur, eosque et ego et omnes catholici episcopi, atque universalis Ecclesia anathematizamus, quia veritati contraria sentiunt, et contraria loquuntur. »

CAP. VII. Si autem dixerit, quod plures solent dicere, quia per ingenium jurare jussit, non putet verbi arte se posse fallere Dominum, cui nihil occultum est, et qui non ut jurat quis attendit, sed ut is putavit cui juratum est, et proximi juramento credidit. Qui autem per dolum jurat, ut catholici doctores dicunt, primum Deo reus est, cujus nomen contra praeceptum legis assumit in vanum, deinde A proximo, quem atra fraude fallere putat, dicente Psalmista, quia *Innocens manibus et mundo corde, qui non jurat in dolo proximo, accipiet benedictionem a Domino* (*Psal.* xxiii). Sed et sibi ipsi reus est, *Qui accipit in vano animam suam*, contradicente Psalmista (*ibid.*).

XVII.

DE VISIONE BERNOLDI PRESBYTERI.

(Apud eumdem, ex codice monasterii Herivallensis.)

Hincmarus episcopus ac plebis Dei famulus, dilectis fratribus et religiosis viris, ad quorum notitiam haec quae sequuntur pervenerint.

(Flodoard, *lib.* iii, *c.* 3 *et* 18.) Nuper in parochia nostra quidam mihi notus homo, nomine Bernoldus, infirmatus, et post confessionem, et reconciliationem, atque sancti olei unctionem, et corporis Christi ac sanguinis communionem, ingravescente valetudine pene usque ad mortem pervenit : ita ut per quatuor dies nec cibum vel potum capere, nec loqui posset, nisi raro signum facere, ut ei aqua daretur. Quarta autem die hora nona velut exanimis jacuit, adeo ut non posset in eo sentiri halitus, nisi per vices, qui manum suam mittebat ad os illius, vel super pectus ejus, vix sentiebat in eo adhuc spiritum esse : rubor tamen in facie magnus erat, et sic jacuit usque ad mediam noctem. Circa vero mediam noctem apertis oculis, viriliter uxori suae ac circumstantibus dixit, ut quantocius currerent, et confessorem suum velociter ad se venire rogarent, quia nisi cito veniret, ille vivere non posset. Accito autem presbytero, antequam in mansionem ubi ille jacebat presbyter veniret, cum in exteriorem domum intravit, dixit ille qui jacebat infirmus : Ponite hic sellam, quia presbyter jam domum istam intrabit. Isdem autem presbyter, mox ut ostium est ingressus ubi ille jacebat, incipiens pro eo orationes dixit : Dominus vobiscum, et ille clara voce respondit : Et cum spiritu tuo. Dictis autem orationibus, dixit presbytero ut sederet secus eum; et ait illi : Attende intellige quae tibi dicturus sum, ut si ego in corpore manens illa nuntiare non potero quae mihi jussa sunt, tu illa annunties. Et coepit vehementissime flere, et cum singultibus dixit : Ductus de isto saeculo ad aliud saeculum, veni in quemdam locum, et inveni episcopos quadraginta et unum : inter quos novi Ebonem, Leopardellum, et Æneam, pannosos et denigratos, velut si ustulati fuissent, et squalentes, sicut et alios, et per vices nimio frigore horribiliter cum fletu et stridore dentium tremulantes, et per vices calore nimio aestuantes. Et Ebo episcopus me vocavit ex nomine dicens : Quia tibi dabitur licentia redeundi ad corpus, precamur te ego et isti B confratres nostri, ut adjuves nos. Et ego respondi : Quomodo vos possum adjuvare? Qui respondit : Vade ad homines nostros clericos et laicos, quibus benefecimus, et dic illis ut pro nobis faciant eleemosynas et orationes, et impetrent pro nobis offerri sacras oblationes. Et ego respondi, quia nescio ubi illorum homines essent. Et ille respondit : Nos dabimus tibi ductorem qui te ad illos ducat. Et dederunt mihi unum hominem, qui me praecessit, et duxit me ad maximum palatium, ubi multitudo hominum eorumdem episcoporum erat, et de illis episcopis loquebantur, et ambasciavi ex illorum parte quod mihi jussum fuerat. Inde cum ductore meo rediens, ad locum ubi ipsi erant episcopi reveni, et quasi ea jam quae postulaverant pro ipsis facta fuissent, erant C jocunda facie, quasi a novo rasi et balneati, et habebant albas vestitas, et stolas, et sandalia in pedibus, planetas autem non habebant. Et dixit mihi praefatus Ebo : Vides quantum nos adjuvavit tuus missaticus? Usque modo nimis durum custodem et custodiam gravem sicut vidisti habuimus, modo habemus domnum Ambrosium custodem, et levem custodiam. Inde veni in quemdam locum tenebrosum, ad quem ex alia parte lux resplendebat de vicino loco satis lucidissimo, et pulcherrime florido, et odorifero, ad eumdem locum tenebrosum. Et vidi ibi jacere domnum nostrum Carolum regem in luto ex sanie ipsius putredinis, et manducabant eum vermes, et jam carnem illius manducatam habebant, et non erat in corpore ipsius aliud nisi nervi et ossa. D Qui vocans me ex nomine meo dixit : Quare me non adjuvas? Cui respondi : Domine, quomodo vos possum adjuvare? Et ait : Prende illam petram, quae juxta te est, et elevato capite, pone illam sub capite meo : sicut et feci. Et dixit mihi : Vade ad Hincmarum episcopum, et dic ei, quia illius et aliorum fidelium meorum bona consilia non obaudivi, ideo ista quae vides, pro culpis meis sustineo. Et dic illi, quia semper in illo fiduciam habui, ut me adjuvet, quatenus de ista poena sim liberatus, et per omnes qui mihi fuerunt fideles ex mea parte postulet ut me adjuvent, quia si inde certamen habuerint, cito de ista poena ero liberatus. Et interrogavi illum, quis locus esset, unde illa lux resplendebat, et tantus odor respirabat. Qui dixit : Sanctorum est requies. Ego autem volens propius ad illum locum accedere, vidi tantam claritatem, et tantam suavitatem, tantumque decorem, quantum humana lingua dicere non potest. Et vidi ibi multitudinem hominum diversi ordinis in albis vestibus collætantium, et quædam sedilia lucida, in quibus homines adhuc non sedebant, quibus præparata erant. Et in illo itinere vidi quamdam Ecclesiam, quam cum intravi, inveni Hincmarum episcopum præparatum cum clericis revestitis ut missam cantaret, et dixi illi hoc quod domnus noster Carolus mandavit. Et statim reveni ad locum ubi domnus Carolus jacuerat, et inveni illum in loco lucido, et sanum corpore, et indutum regiis vestibus, et dixit mihi : Vides quomodo me adjuvavit tuus missaticus? Inde veni ad quamdam petram grandem et altam, et inveni ibi hominem unum implantatum in eadem petra usque ad ascellas. Qui vocans me dixit : Ego sum Jesse : vade ad amicos meos, et dic illis ut me adjuvent, quatenus de ista petra sim liberatus. Et ego respondi me nescire ubi illi homines essent. Et ille dixit : Cum hinc perrexeris, invenies eos in via. Et vidi juxta illam petram magnam et altam, profundam vallem, et puteum teterrimum, et aquam nigram quasi pix esset, et interrogavi illum hominem qui se Jesse nominavit, quid esset ille puteus. Qui respondit : Exspecta hic parum, et tu ipse videbis quid sit. Nam me tantum non gravat ista pœna mea, quam sustineo, quantum timor de hoc quod videbis. Et subito flamma et fumus processit de ipso puteo quasi usque ad cœlum. Et residente flamma in puteum, et evanescente fumo, erant quatuor dæmones, qui multitudinem animarum, per quatuor partes divisas, per ipsum puteum minabant usque ad quamdam aquam nimis frigidissimam, sicut animalia minari solent ut adaquentur. Et dixit ipse Jesse : Hoc quotidie faciunt isti dæmones, et sustinent istæ miseræ animæ una vice in die, pro quibus nulli amicorum illorum laborant. Nam si aliqui laborassent pro illis, istam pœnam non sustinerent. Inde procedens, obviam habui homines colloquentes de præfato Jesse, et dixi illis quæ ipse Jesse eis mandavit. Inde redii ad præfatam petram, et inveni ipsum hominem indutum albis vestibus, et sedentem in sede honesta. Qui mihi multas gratias retulit de missatico quem injunxerat. Inde veni ad quemdam locum, et inveni Otharium comitem, capillos et barbam habentem, sed et totum corpus miseria et squalore infectum et nigrum. Qui se abscondere voluit ne illum viderem. Cui dixi : Donne comes, quid hic facis ? Qui respondit : Propter mea peccata hic sum, et sustineo quæ vides. Et iste meus custos, qui me hortatus est in vita mea illa mala facere quæ feci, adhuc hortabatur ut me absconderem ne tu me videres. Sed precor te in amore Dei, vade ad uxorem meam, et ad homines et amicos meos, et dic illis ut pro me eleemosynas faciant, et orationes fieri obtineant, ut de

ista pœna liberer : et uni homini meo commendavi aurum et argentum meum, quod nemo alius sapuit nisi ego et ille, et adhuc ne unum quidem denarium pro me inde donavit. Et visum est mihi ut statim fuissem apud Vongum in mallo, et dixi suis hominibus, et aliis qui ibi erant, quæ mihi injunxit. Et statim fui in spiritu ad illum locum ubi erat Otharius, et erat quasi a novo rasus et balneatus, et sanus corpore, et albis vestibus indutus, et ille suus custos durus ibi non erat. Qui dixit mihi : Vides quantum me adjuvavit tuus missaticus? Et ille meus custos jam de me potestatem non habet. Et erat ibi unus homo valde honestus, qui dixit mihi : Tu ibis de isto sæculo ad corpus, et stude per eleemosynas et alia bona opera, et per bonam vitam, ut quando huc reveneris, bonam mansionem habeas. Et dixit mihi qualiter pauperes pascerem et vestirem secundum meam possibilitatem. Et alius homo rustica facie et torvo vultu erat ibi, qui dixit : Non hinc ibit. Cui ille homo honestus respondit : Sic faciet, et per quatuordecim annos adhuc in corpore erit, et inde huc veniet. Cui ille rusticus respondit : Quos tu quatuordecim annos dicis, ego quatuordecim dies faciam, et non vivet amplius usque dum huc reveniat. Et ille homo honestus : Sic erit sicut ego dico, non sicut tu, quia ecce hic est suus advocatus et fidejussor, et tu eris ibi mecum. Sicque petiit sacram communionem. Qua accepta, bibit quasi dimidium staupum de vino, et dixit : Modo manducare possem, si haberem. Et datus est illi cibus, et manducavit, et ab inde convaluit. Ego per quosdam divulgari hæc audiens, quia ille redivivus ad me venire non potuit, præfatum presbyterum bonæ intelligentiæ ac bonæ vitæ, cui hæc retulit, ad me accersitum quæ scripta sunt mihi ex ordine feci narrare, vera illa esse credens, quia hujusmodi, et in libro Dialogorum sancti Gregorii, et in historia Anglorum, et in scriptis sancti Bonifacii episcopi et martyris, sed et tempore domni Ludovici imperatoris ætate nostra cuidam Witino viro religioso revelata relegi. Unde, fratres charissimi, hæc relegentes semper pavidi semperque suspecti, dum in hoc corpore sumus, de mansionibus quas exuti corporibus habituri sumus, cogitantes, remedia nobis a Deo insinuata atque collata non negligamus, et commissos nobis, ac quoscunque adire poterimus, non negligere commoneamus, quia sic mors cum venerit vincitur, si antequam veniat semper timeatur. Pro domno quoque nostro quondam rege Carolo, ut ei Dominus bona æterna conferat, studiosissime imploremus, per cujus potestatem nobis bona temporalia contulit. In quo ex hac visione duo judicia Domini perpendere possumus : videlicet ut cum pœnis quas sustinebat, etiam ex objecta sanctorum requie ut luce resplendente a longe, qui promereri in corpore positus poterat et necdum promeruit, conscientia torqueretur : quemque futura spes aliquantulum refovebat, sicut et nos hortantur Scripturæ, ut sic peccata nostra perturbent, quatenus mens in desperationem non proruat, sic Dei misericordia nos refoveat, ut nullo modo negligentes reddat. Sed et pro fratribus nostris, qui nos cum signo fidei in unitate sanctæ Ecclesiæ præcesserunt, dilectionis visceribus Domini misericordiam deprecemur, ut pro solatio illis impenso fraterna nos ad invicem charitate consolemur, sicut scriptum est, *frater fratrem adjuvat* (*Prov.* xviii), et ambo consolentur. Illi quidem qui nos præcesserunt, de charitatis solatio sibi a nobis impenso, et nos de fraternæ dilectionis merito a Deo nobis reddendo consolemur. Cæterum quod redivivus ille dixit, quosdam se prius in pœnis, et subsequenter quasi liberatos vidisse, intelligendum æstimo, quia si ea pro illis gesta fuerint quæ petierunt, liberatio subsequetur, quæ specietenus ostenditur. Nam et in Scripturis sæpe futura, quasi jam facta tempore præ-

terito, causa certitudinis dicta legimus, et visiones prophetarum et aliorum sanctorum, per species diversas ostensas fuisse cognoscimus. Quia nondum ad hoc pervenimus quod scriptum est, *facie ad faciem Domini gloriam speculantes* (*I Cor.* xiii). Nondum enim apparet quid erimus : et licet nondum appareat quid erimus, spe tamen salvi facti sumus. Verum quia mors certa et exitus nostri hora nobis est incerta, debemus sedula mente ruminare sententiam beati Prosperi de verbis sancti Augustini ex Scripturæ tramite adnotatam, quæ ita se habet (*cap.* 20) : « Peccata sive parva, sive magna, impunita esse non possunt, quia aut homine pœnitente, aut Deo judicante plectuntur. Cessat autem vindicta divina, si conversio præcurrat humana. Amat enim Deus confitentibus parcere, et eos qui semetipsos judicant, non judicare. »

XVIII.

HINCMARI CONSILIUM DE POENITENTIA PIPPINI REGIS.

(Apud eumdem, ex codice S. Laurentii Leodiensis.)

Sanctus papa Gregorius in decretis ad Felicem Siciliensem episcopum diffinivit dicens (*lib.* xii, *epist.* 52) : « Progeniem suam unumquemque de his qui fideliter edocti, et jam firmata radice plantati stant inconvulsi, usque ad septimam observare decernimus generationem, et quandiu se cognoscunt affinitate propinquos, ad hujus copulæ non accedere societatem : nec eam, quam aliquis ex propria consanguinitate conjugem habuit, vel aliqua illicita pollutione maculavit, in conjugium ducere ulli profecto licet Christianorum, vel licebit, quia incestuosus est talis coitus, et abominabilis Deo, et cunctis hominibus. Incestuosos vero nullo conjugii nomine deputandos a sanctis Patribus dudum statutum esse legimus. » Et item papa Gregorius hinc inter alia in decreto synodali ante beati Petri corpus diffinivit hoc modo (Greg. II, *can.* 9) : « Si quis de propria cognatione, et quam cognatus habuit, duxerit in uxorem, anathema sit. Et responderunt omnes tertio, Anathema sit. » Et hinc sacri canones dicunt (*conc.* *Epau.* *can.* 30) : « De incestis conjunctionibus nihil prorsus veniæ reservamus, nisi cum adulterium separatione sanaverint. Incestuosos vero nullo conjugii nomine deputandos, quos etiam designare funestum est. Sane quibus conjunctio illicita interdicitur, habebunt ineundi melioris conjugii libertatem. »

Sanctus Siricius in decretis suis, de apostatis monachis (*cap.* 6) : « Has, inquit, impudicas detestabilesque personas a monasteriorum cœtu ecclesiarumque conventibus eliminandas esse mandamus: quatenus retrusæ in suis ergastulis, tantum facinus continua lamentatione deflentes, purificatorio possint pœnitudinis igne decoquere, ut eis vel ad

mortem saltem, solius misericordiæ intuitu, per communionis gratiam possit indulgentia subveniri. » In hoc capitulo stat modo Pippinus, et in alio capitulo quod de apostatis idem Siricius decrevit (*cap.* 3) : « Quia vero nunc dicit se pœnitere de præteritis malis, quia habitum et professionem suam deseruit, et sacramentum quo se constrinxit graviter violavit, et quia cum paganis se junxit, et profitetur se ad suam professionem et habitum velle redire : quoniam illius causa synodali diffinitione atque judicio decreta fuit, si tempus et locus permitteret, synodali judicio immutari debuerat. Nunc autem, quia huic judicium, et hinc nos circumstat misericordia, pro judicio synodali sequenda nobis sunt quæ a sede apostolica et per synodalia judicia sunt diffinita, dicente beato Leone (*epist.* 59 *ad* *Theod.*), quia in dispensandis Dei donis non debemus esse difficiles, nec accusantium se gemitus lacrymasque negligere, cum ipsam pœnitendi affectionem ex Dei credamus inspiratione conceptam, dicente Apostolo : *Ne forte det illis Deus pœnitentiam, ut resipiscant a diaboli laqueis, a quo capti tenentur ad ipsius voluntatem* (*II* *Tim.* i). » Et item idem in decretis suis dicit (*epist.* 95, cap. 13) : « Propositum monachi, proprio arbitrio aut voluntate susceptum, deseri non potest absque peccato. Quod enim quis vovit Deo, debet ei reddere. Unde qui relicta singularitatis professione, ad militiam vel nuptias devolutus est, publicæ pœnitentiæ satisfactione purgandus est : quia etsi innocens militia, et honestum potest esse conjugium, electionem meliorum deseruisse transgressio est. » Et quia Pippinus se paganis sociavit, qua societate multa mala in Christianitate profecta sunt, sequendum est de eo Leonis capitulum quo dicit (*epist.* 95, *c.* 16) : « Si convivio solo gentilium, et escis immolatitiis usi sunt, possunt jejuniis et manus impositione purgari, ut deinceps ab idolothitis abstinentes, sacramentorum Christi possint esse participes. Si autem idola adoraverunt, aut homicidiis vel fornicationibus contaminati sunt, ad communionem eos nisi per pœnitentiam publicam non oportet admitti. » Et Nicæni canones (*can.* 11) de his qui præter necessitatem prævaricati sunt, qualiter pœniteant dicunt (*epist.* 59, *Theod.*) Quia vero, ut audivi, paralysi solet Pippinus percuti, sequenda est de illo sententia magni Leonis, qua dicit de his qui in tempore necessitatis, et in periculi urgentis instantia, præsidium pœnitentiæ et mox reconciliationis implorant, nec satisfactio interdicenda est, nec reconciliatio deneganda, quia misericordiæ Dei nec mensuras possumus ponere, nec tempora diffinire, apud quem nullas patitur veniæ moras vera confessio, dicente Dei spiritu per prophetam : *Cum ingemueris, tunc salvus eris* (*Isa.* XLIII). Et iterum : *Quia apud Dominum misericordia est, et copiosa apud eum redemptio* (*Psal.* CXXIII). » Et Innocentius dixit (*epist.* 29 *Decent.*) : « De pœnitentibus, qui sive ex gravioribus commissis, sive ex levioribus pœnitentiam gerunt, si nulla interveniat ægritudo, quinta feria ante Pascha eis remittendum Romanæ Ecclesiæ consuetudo demonstrat. Cæterum de pondere æstimando delictorum, sacerdotis est judicare, ut attendat ad confessionem pœnitentis; et ad fletus atque lacrymas corrigentis, ac tum jubere dimitti, cum viderit congruam satisfactionem. Sane si quis in ægritudinem inciderit, atque usque ad desperationem devenerit, ei est ante tempus Paschæ relaxandum, ne de sæculo absque communione discedat. » Plura sunt alia quæ hinc possemus colligere, nisi ista crederemus posse sufficere. Unde quantum mihi videtur, non præjudicans synodali sententiæ de Pippino decretæ, sed confisus de Dei misericordia, qui per apostolum suum dicit : *Ut superexaltet misericordia judicium* (*Joan.* II), et de charitate confratrum nostrorum, et de auctoritate sacrorum canonum et pontificum Romanorum, exhortandus est Pippinus, ut puram confessionem de omnibus peccatis suis, quæ ab ineunte ætate perpetravit, secrete faciat, quia forte talia peccata fecit, quæ turpe est etiam in publicum dicere, et de hoc quod suum habitum dimisit et se perjuravit, et quia cum paganis se junxit, de qua sua conjunctione multa mala sunt perpetrata, coram Ecclesia inter publice pœnitentes se lacrymabiliter accuset, et pœnitentiam et reconciliationem humiliter petat, et de omnibus quæ vel secrete confessus fuerit, vel publice accusaverit, per manus impositionem episcopalis auctoritatis publice reconcilietur, et reconciliatus tonsuram clericalem accipiat, et habitum monasticum recipiat, et profiteatur se de cætero servare quæ expetit et expedit, et sic communionem sacri altaris recipiat. Reconciliatus autem benigne tractetur, et tali loco sub libera custodia misericorditer custodiatur, ut custodes monachos ac bonos canonicos habeat, qui eum exhortentur, et quorum doctrina et exemplo bene de cætero vivere et præterita peccata plangere discat. Et quorum providentia, et loci convenientia ita custodiatur, ut ad pristinum vomitum redire nequeat, etiamsi diabolo suadente voluerit, et recidivum scandalum per eum in sancta Ecclesia et in ista Christianitate oriri non possit. Accipe, frater et fili, istam rotulam, sed et illam de cognatione non conjungenda, et porta illas domno regi, et relege coram illo, et de ista fac secundum illius consilium et commendationem, et de illa quæ de cognatione non conjungenda tibi mittitur, per ejus consilium et auxilium sequere sacras auctoritates tibi directas. Providentia de Pippino non est negligenda, et ut certi ac fideles custodes adhibeantur satis est procurandum : nec obliviscendum quid de eo in monasterio sancti Medardi accidit, et quid de Carlomanno in Corbeia evenit. Nam quod factum est, adhuc fieri potest.

XIX.

DE VILLA NOVILIACO.

Sequuntur gesta quomodo domnus Hincmarus villam Noviliacum apud domnum Carolum imperatorem filium Ludovici imperatoris impetravit.

(Apud eumdem, ex Appendice ad Flodoardum.)

Defuncto Pippino rege VIII Kalendas Octob. in monasterio sancti Dionysii, filii ejus Carlomannus et Carolus, secundum dispositionem patris sui, et consilium regni primorum, diviserunt inter se regnum paternum, et elevati sunt in reges VII Idus Octob. Carlomannus in Suessionis, et Carolus in Noviomo, sicut in Annali regum scriptum habemus.

Anno quarto regni sui infirmatus est Carlomannus infirmitate qua et mortuus est in Salmuntiaco, et ante obitum suum per præceptum regiæ suæ auctoritatis, quod habemus, tempore Tilpini archiepiscopi, tradidit villam Noviliacum cum omnibus ad se pertinentibus, pro animæ suæ remedio et loco sepulturæ, ad Ecclesiam Rhemensem sanctæ Mariæ, et basilicam sancti Remigii, in qua et sepultus est Post cujus obitum, Carolus frater ejus præcepto, quod

habemus, suæ auctoritatis ipsam traditionem confir- A
mavit.

Defuncto Tilpino archiepiscopo anno vigesimo tertio postquam Carlomannus Rhemensi Ecclesiæ villam Noviliacum tradidit, tenuit domnus rex Carolus Rhemense episcopium in suo dominicatu, et dedit villam Noviliacum in beneficio Anschero Saxoni, qui nonas et decimas ad partem Rhemensis Ecclesiæ de ipsa villa usque ad mortem suam persolvit, et defuncto domno Carolo, sed et ipso Anschero, postquam Carlomannus præfatam villam cum omni integritate Rhemensi Ecclesiæ tradidit, semper ipsa Ecclesia inde vestituram, sicut prædictum est, per annos triginta septem habuit.

Post obitum domni Caroli, et defuncto ipso Anschero, domnus Ludovicus imperator donavit ipsam villam Noviliacum Donato in beneficio. Qui Donatus, interveniente Bigone, per subreptionem quasi de fisco regis quasdam colonias de ipsa villa obtinuit in proprietatem per præceptum domni Ludovici imperatoris : et quando Lotharius filius domni Ludovici imperatoris Cabillonem veniens eam expugnavit, Donatus a villa supra Matronam, quæ Pomarius vocatur, ab imperatore defecit, et illi mentitus ad Lotharium confugit, et veniente hostiliter imperatore Ludovico ad villam quæ Calciacus dicitur, Lotharius ad eum cum suis constrictus venit, et sacramentum ipse et sui ab imperatore quæsitum illi juraverunt. Inter quos et Donatus, de infidelitate ejus comprobatus, ipsi imperatori quæsitum C sacramentum juravit, et comitatum Miridunensem et villam Noviliacum cum suis appendiciis imperator ab eo abstulit, et Athoni, qui fuerat ostiarius Caroli imperatoris, in beneficium dedit. Donatus autem in vita imperatoris Ludovici nec comitatum recepit, nec de proprietate sua ullam firmitatem promeruit. Post obitum domni Ludovici imperatoris, diviso regno inter fratres, et pace facta inter eos, et mortuo Athone, dedit Carolus Donato in beneficium Noviliacum. Processu denique temporis commendavit Donatus filium suum Gotselinum Carolo regi : cui in beneficium dedit Carolus villam Noviliacum cum appendiciis suis. Deinde Landrada uxor Donati, sed et filii eorum, pergente Carolo rege ad obsidendos Normannos, qui in Insula quæ D Oscellus dicitur residebant, cum aliis defecerunt. Quorum honores et proprietates a Francis auferri, et in fiscum redigi judicatæ sunt. Unde Landranda et filii ejus eatenus auctoritatem Caroli regis non obtinuerunt. De quibus rebus anno vigesimo regni sui Carolus villam fiscalem præcepto suo, quod habemus, Orbacensi monasterio dedit.

Anno trigesimo secundo regni sui venit domnus Carolus rex gloriosus in Basilicam sancti Remigii, ubi ostendi ei locum sepulcri Carlomanni regis, et præcepta ipsius Carlomanni et Caroli avi de villa Noviliaco, et auctores sacrorum canonum, qualiter damnent Spiritus sancti judicio eos, qui eleemosy-

nas defunctorum retinent, et Ecclesiis tradere demorantur, qui ut infideles ab Ecclesia abjiciendi, et quasi egentum necatores, nec credentes judicium Dei habendi judicantur. Et reddidit præcepto suæ auctoritatis, quod habemus, Rhemensi Ecclesiæ ipsam villam cum omnibus ad se pertinentibus, quam tunc Bernaus post fratrem suum Rothaum in beneficio habebat.

Postea pervenit ad ejus notitiam, quod quidam homines de ipsa villa Noviliaco, per subreptionem, tam apud patrem suum quam et apud eum, res et mancipia in proprietatem obtenta tenerent, Landrada scilicet uxor quondam Donati, Guntharius, Hugo, et Waltrudis, et Elampodus filius ejus, Rotbertus, et Boso; et misit suos missos ad hoc inqui-
B rendum : et inquisitione facta, et veritate, sicut ei dictum fuerat, inventa, quoniam prædicti ad rationem non venerunt sicut banniti fuerunt, jussit ut præcepta Carlomanni et Caroli, sed et suum præceptum, coram suis fidelibus in generali placito suo apud Duziacum in causis palatinis legerentur. Unde fideles ejus, tam comites quam et Vassi dominici, quorum nomina scripta habemus, sed et cæteri omnes qui adfuerunt, relectis eisdem præceptis, judicaverunt ut quicunque de rebus et mancipiis ipsius villæ Noviliaci, per cujuscunque præceptum, vel quocunque modo, post donationem Carlomanni, qua cum omnibus appendiciis suis, vel cum omni integritate, ipsam villam Noviliacum, sicut tunc in fisco erat, ad Ecclesiam Rhemensem tradidit, et post confirmationem fratris ejus Caroli in proprietatem obtinuit, si commutationem ostendere non posset, qualiter res et mancipia de ipsa casa Dei juste et rationabiliter commutata fuissent, quia non de fisco regio, sed de ecclesiasticis rebus et mancipiis per donationem obtinuit, ipsæ res et mancipia, quæ de villa Noviliaco obtenta fuerunt, ad ipsam casam Dei restituerentur, sicut in præcepto restitutionis ipsius domni Caroli, quod habemus, plenius continetur.

Sed quando domnus Carolus Romam perrexit, et domnus Ludovicus frater ejus ad Attiniacum venit, per quosdam ex nostris apud domnam Richildem reginam, et apud domnum Ludovicum filium domni D Caroli regis, obtinuerunt Donati et Landradæ filii, ut villa Noviliacum cum suis appendiciis eis consignaretur, non attendentes quia, sicut in capitulis Augustorum scriptum habetur, tales de regis proprietate ut infideles judicandi sunt, et secundum leges ecclesiasticas de rebus ecclesiasticis sacrilegi judicantur.

Reversus autem domnus Carolus imperator Rhemos veniens, cum tale factum audivit, satis graviter tulit, et misit suos missos, qui scilicet dictam villam Rhemensi Ecclesiæ et advocato nostro restituerunt, sicut plenius scriptum habemus.

———

XX.

JURAMENTUM QUOD HINCMARUS ARCHIEPISCOPUS EDERE JUSSUS EST APUD PONTIGONEM.

(Apud Sirmond. ex codice Belvacensi et Leodiensi.)

Sic promitto ego, quia de isto die in antea isti seniori meo quandiu vixero fidelis, et obediens, et adjutor, quantocunque plus et melius sciero et potuero, et consilio et auxilio, secundum meum ministerium in omnibus ero, absque fraude et malo ingenio, et absque ulla dolositate seu deceptione, et absque respectu alicujus personæ, et neque per me, neque per missum, neque per litteras, sed neque per emissam vel intromissam personam, vel quocunque modo ac significatione, contra suam honorem, et suam ac Ecclesiæ atque regni illi commissi quietem et tranquillitatem atque soliditatem, machinabo, vel machinanti consentiam; neque unquam aliquod scandalum movebo, quod illius præsenti vel futuræ saluti contraria vel nociva esse possit. Sic me Deus adjuvet, et ista sancta patrocinia.

Hincmari in idem juramentum animadversiones.

Quod in isto juramento absolute positum est : *Sic promitto ego*, Jacobus apostolus contradicit : *Qui ignoratis*, inquiens, *quid sit in crastinum : pro eo ut dicatis : Si Dominus voluerit, faciemus hoc aut illud* (*Jac.* IV, 14). Cæterum rationabilius dicitur, isti imperatori, quam *isti seniori meo*, qui est junior ætate, licet sit excellentior personæ nobilitate, et mundana imperii potestate, non autem sacri ordinis dignitate, sicut demonstrat sanctus Gelasius papa scribens ad Anastasium imperatorem (*epist.* 11) : « Duo sunt, imperator Auguste, quibus principaliter mundus hic regitur, auctoritas sacra pontificum, et regalis potestas. In quibus tanto gravius pondus est sacerdotum, quanto etiam pro ipsis regibus hominum in divino redituri sunt examine rationem. » Ad id quod subsequitur in hoc juramento : *Quandiu vixero, fidelis et obediens, et adjutor in omnibus ero*, sanctus Gelasius scribens ad Anastasium imperatorem dicit (*epist.* 11) : « Nosti, fili clementissime, quoniam licet præsideas humano generi dignitate, rerum tamen præsulibus divinarum devotus colla submittis, atque ab eis causas tuæ salutis expetis : hincque sumendis cœlestibus sacramentis, eisque ut competit disponendis, subdi te debere cognoscis religionis ordine potius quam præesse ; itaque inter hæc illorum te pendere judicio, non illos ad tuam redigi voluntatem. » Et paulo post : « Quo oro te affectu eis convenit obedire, qui prorogandis venerabilibus sunt attributi mysteriis ? Proinde sicut non leve discrimen incumbit pontificibus siluisse pro divinitatis cultu quod congruit : ita his, quod absit, non mediocre periculum est, qui cum debeant parere despiciunt. » Quod hic scriptum est, *quantocunque plus et melius sciero et potuero*,

non convenit Apostolo dicenti : *Non plus sapere, quam oportet sapere, sed sapere ad sobrietatem* (*Rom.* XII, 13), id est ad temperantiam. Et sanctus Petrus interroganti se Domino, *Diligis me plus his ?* (*Joan.* XXI, 16) quia meminit imminente ejus passione plus sibi constantiæ tribuisse quam haberet, cautius sua infirmitate eruditus non respondit, plus his amo te, sed quia amo te. Rectius igitur dictum est, *Secundum meum scire et posse*, quam : *Quantocunque plus et melius sciero et potuero*. Quod autem positum est, *consilio et auxilio* superflue additum est. In eo enim quod dixi, *secundum meum scire*, consilium, et in eo quod dixi, *secundum meum posse*, auxilium continetur. Quod scripsit scriba doctus, *Secundum meum ministerium, in omnibus scilicet fidelis, et obediens, et adjutor ero*, contra consuetudinem juramenti, quod principes et domini suis subjectis et etiam servis jurare jubent ascripsit. Sicut enim Scriptura dicit : *Non est homo in terra qui faciat bonum, et non peccet* (*Psal.* XIII, 1, 3) ; et Jacobus dicit : *In multis enim offendimus omnes* (*Jac.* III, 2), cum Christi hoc dicat Apostolus : *Et si quis in verbo non offendit, hic perfectus est vir.* (*Ibid.*) Si forte domnus noster, quod absit, subreptione aliquid jusserit vel egerit, quod episcopali ministerio non conveniat, videre debuerat hic scriptor sagacissimus, si obediens et adjutor in hoc illi episcopus esse debeat. Et non puto ut ullus homo sit, qui alteri homini in omnibus fidelis et obediens et adjutor insimul esse possit. Nisi forte illo genere locutionis hanc illius viri docti sententiam intelligamus, quo dicit Apostolus : *Sine intermissione orate* (*I Thes.* III, 17) ; et : *In omnibus exhibeamus nosmetipsos sicut Dei ministros* (*II Cor.* VI, 4). Ut videlicet cupiamus eum ea semper jubere et semper agere, quibus debeamus et valeamus obedire, et ad quæ illi debeamus et valeamus obedire, et ad quæ illi debeamus et valeamus adjutores esse. Sed et quod dicit, *Ut sim illi fidelis, et obediens, et adjutor in omnibus*, aliter intellexit Apostolus de humana possibilitate, quia non omnia possumus omnes, dicens post enumerata gratiarum dona : *Sicut unicuique Deus divisit mensuram fidei* (*Rom.* XII, 3). Et quod addidit : *Absque fraude, et malo ingenio, et absque ulla dolositate, vel seductione seu deceptione, et absque respectu alicujus personæ* (*ibid.*), quod ex abundantia lividi cordis ore superfluo protulit, sinceritas cordis mei comprehendit dicens : *Isti Imperatori secundum meum scire et posse, juxta ministerium meum fidelis ero.* Inter hoc enim nomen quod dicitur adjutor, et quod dicitur nocitor, nihil est medium. Qui enim est fidelis, ei cui fidelis est, quantum ex ipso est, utique est A *vobis : Non jurare omnino, sit autem sermo vester, est,* adjutor : et qui est infidelis, ei cui est infidelis, quan- *est, non, non ; quod autem his abundantius est, a malo* tum ex ipo est, utique est nocitor. Et fidelis quisque *est (Matth.* v, 37), id est vel a malo male et incaute erga eum cui fidelis est, fraudem et malum ingenium, jurantis, vel a malo male et sine causa jurare co- et ullam dolositatem, vel seductionem, seu deceptio- gentis, sicut catholici doctores dicunt. Et Jacobus nem, nec consilio, nec auxilio pro respectu alicujus apostolus dicit : *Ante omnia, fratres mei, nolite ju-* personæ aget vel agi consentiet : quod si fecerit, non *rare quodcunque juramentum (Jac.* v, 14). Et sancti fidelis, sed infidelis erit. Quod autem, quasi oblitus Patres Nicæni concilii episcopos qui perfidiæ Arianæ illa quæ præmiserat, superadjecit : *Neque per me,* consenserunt, et sanctus Leo papa ac synodus Chal- *neque per missum, neque per litteras, sed neque per* cedonensis episcopos qui Eutychianæ perversitati *emissam vel intromissam personam, vel quocunque* faverant, et S. Gregorius Nestorianos a synodo Con- *modo ac significatione, contra suum honorem, et* stantinopolitana abjectos professione ac subscri- *suam ac Ecclesiæ atque regni illi commissi quietem* ptione, vel sola professione, sine juramento alio *et tranquillitatem atque soliditatem machinabo, vel* recipere in suis ordinibus decreverunt. Præsertim *machinanti consentiam,* ridiculose, imo misere, quia cum canones sacri decernant, ut si quis contra suam amaritudinis felle locutus est. Quid est enim mis- B professionem vel subscriptionem venerit in aliquo, sus, nisi emissa vel intromissa persona ? et quid ipse se honore privabit. Et piæ memoriæ pater ve- est quæcunque significatio, nisi aut per verba, aut ster ab episcopis, qui vel voluntarii vel inviti in sua per litteras, vel alio quolibet modo ? Et quid est dejectione consenserunt, sed nec ab ipso Ebone, contra suum honorem, ac Ecclesiæ atque regni illi qui auctor et incentor ipsius dejectionis duntaxat commissi quietem agere, nisi infideliter agere ? Et inter episcopos fuit, non aliud sacramentum, nisi quid est quies, nisi tranquillitas ? et quid est solidi- libellos professionis a se subscriptos, quos ego ha- tas, nisi sinceritas ? Et quod dixit, contra hæc, sci- beo requisivit, et a me, qui ante professionem et licet ab illo præmissa, non machinabo, vel machi- subscriptionem, et post professionem ac subscriptio- nanti consentiam, nimis stolidum putavit episcopum, nem, professa et subscripta per tantos annos a ju- qui ab ipsis cunabulis usque ad senectutem suam ventute usque ad hanc senectutem servavi, nunc sacras litteras didicit ac sæpius legit, ut non sciret juramentum aliud non debuisset requiri. Sed non Apostolum dicere : *Non solum qui faciunt, sed qui* mirum est, si per bajulos invidiæ, quia sicut scri- *consentiunt facientibus digni sunt morte (Rom.* i, 32), ptum est, *Mors introivit in orbem terrarum (Sap.* et sanctum Leonem papam, quia sicut in mala sua- ii, 24), sine causa animus benignitatis vestræ com- sione delinquitur, ita et in mala consensione peccatur. C motus nunc a me requirit, quod nec pater vester in Et sanctus Gelasius ad Anastasium imperatorem scri- vita sua, qui mihi per octo circiter annos secreta psit (*epist.* 10) : Legibus certe vestris criminum sua indubitanter credidit, requisivit, nec vos per conscios susceptoresque latrocinantium par judi- triginta et sex annos hactenus requisistis : cum ciorum pœna constringit, nec expers facinoris æsti- Dominus ad auctorem invidiæ de fideli servo suo matur, qui licet ipse non fecerit, facientes tamen Job dixerit : *Commovisti me adversus eum frustra* in familiaritatem fœdusque receperit. Unde omnes *(Job* ii, 3). Et in paradiso ad eum dixit : *Tu insi-* nos reverteutes ad conscientias nostras obaudiamus *diaberis calcaneo ejus (Gen.* iii, 15), id est hominis. Dominum dicentem : *Medice, cura teipsum (Luc.* Videt enim meum calcaneum, id est finem proxi- iv, 23). Tandem quod in fine posuit, quia amplius mum, et certat illud insidiari, ut quod hactenus quod adderet invenire non potuit : *Neque unquam* voluntarie ac sincere erga vos servavi, si non po- *aliquod scandalum movebo, quod illius præsenti vel* terit infidelitate, polleat illud rancore tristitiæ. Quod *futuræ saluti contraria vel nociva esse possit,* sicut Apostolus bene operantes in opere suo sollicite ca- dictatio est arti contraria, ita sententia a ratione est vere commonet, dicens : *Ut non ex tristitia vel neces-* aliena. Nam sicut Apostolus dicit, *Dilectio proximi* *sitate agant, quia hilarem datorem diligit Deus (II* *malum non operatur;* et, *Plenitudo legis est dilectio* D *Cor.* ix, 7). Et item dicit : *Ut non circumveniamur a* (*Rom.* xiii, 10); et, *Qui diligit, legem implevit;* et, *Satana. Non enim ignoramus astutias ejus (II Cor.* *Si quod est aliud mandatum, in hoc verbo instauratur* ii, 11). Hoc enim quod modo sentio, mihi jam ante (*Rom.* viii, 9) : ita omnia quæ mente insana, quo- audivi promissum ab eis causa vindictæ, contra niam charitate experte, scriptor iste conscripsit, in quos vobiscum egi certa ratione et sacra auctoritate. eo continentur quod dictum est : *Secundum meum* Sed scio cui credidi, et certus sum quia potens est *scire ac posse, juxta ministerium meum fidelis ero,* depositum meum servare in illum diem justus *sicut archiepiscopus per rectum imperatori fidelis esse* judex. *debet.* Dominus dicit in Evangelio : *Ego autem dico*

XXI.

VITA SANCTI REMIGII

RHEMORUM ARCHIEPISCOPI,

Scripta ab HINCMARO, *æque Rhemensi archiepiscopo.*

(Apud Surium, Acta Sanctorum, 13 Januarii.)

Hincmarus, nomine non merito episcopus, ac plebis Dei famulus, dilectis fratribus ac comministris nostris, hujus sanctæ Rhemensis Ecclesiæ filiis.

Sicut a senibus, et jam ætatis provectæ viris religiosis, qui de tempore Tilpini urbis hujus præsulis adhuc vivebant, quando in servitium istius sanctæ Ecclesiæ, auctore Deo, fui electus atque provectus, et postea per aliquot annos vixerunt, fideli relatione didici, a suis majoribus audierunt narrari, eos vidisse librum maximæ quantitatis, manu antiquaria scriptum, de ortu et vita ac virtutibus atque obitu beati Remigii, sanctissimi patroni nostri. Qui hac occasione deperiit : quoniam Ægidius, post beatum Remigium quartus istius civitatis episcopus, quemdam virum religiosum, Fortunatum nomine, metricis versibus insignem, qui a multis potentibus et honorabilibus viris, in his Gallicis et Belgicis regionibus per diversa loca tunc vitæ ac scientiæ suæ merito invitabatur, petiit de eodem libro, cothurno Gallicano dictato, aperto sermone aliqua miracula, quæ in populo recitarentur, excipere : quatenus ea sine tædio audire et mente recondere atque per ea ad amorem et honorem atque devotionem Dei et ipsius protectoris, sui idem populus excitari valeret. Quod et in eadem excerptione lector potest advertere, ubi scriptum est : Studeamus pauca disserere, plurima præterire. Et cum ipsa excerptio cœpit lectione in populo frequentari, et a multis propter brevitatis suæ facilitatem transcribi, ipse magnus codex a negligentibus negligentius cœpit haberi : usque dum Caroli [a] principis tempore, quando propter discordiam et contentionem de principatu inter eum et Raganfridum, et frequentia ac civilia, imo plusquam civilia, quia intestina et parricidalia, bella in Germanicis et Belgicis ac Gallicis provinciis religio Christianitatis pene fuit abolita : ita ut episcopis in paucis locis residuis, episcopia laicis donata, et per eos rebus divisa exstiterint : adeo ut Milo quidam, tonsura clericus, moribus, habitu et actu irreligiosus laicus, episcopia Rhemorum ac Trevirorum usurpans insimul, per quadraginta circiter annos pessumdederit. Cujus infelici tempore, de ista Rhemensi ecclesia non solum pretiosa quæque ablata fuerunt, sed et ecclesiæ atque domus religiosorum destructæ et res ab episcopio

fuere divisæ. Illi quoque pauci, qui erant residui, clerici negotio victum quærebant, et denarios, quos mercimonio conquirebant, in chartis et librorum foliis interdum ligabant. Sicque præfatus liber cum aliis partim stillicidio putrefactus, partim a soricibus corrosus, partim foliorum abscissione divisus, in tantum deperiit, ut pauca et dispersa inde folia reperta fuerint. Cum vero tempore Pippini regis, prædicti Caroli principis filii, revelatione ostensa Euchario, Aurelianensis civitatis episcopo, de damnatione æterna ejusdem Caroli, qui res ecclesiarum diviserat, fuit : idem Pippinus, sicut et aliarum ecclesiarum episcopiis, huic Rhemensi episcopio partem de rebus ecclesiasticis reddidit, et Tilpinum in hac urbe Rhemorum episcopum ordinari consensit. Hoc enim in hac ecclesia Rhemensi novissimo sæculi tempore de libro memorato, sed et de aliis accidit, quod antiquo tempore de authenticis Scripturis evenisse sanctus Joannes Chrysostomus in Homilia 9 Evangelii secundum Matthæum memorat, dicens : *Multa enim ex propheticis periere monumentis,* quod de historia Paralipomenon probare possibile est. Desides enim cum essent Judæi, nec desides modo, sed et impii, alia quidem perdiderunt negligenter, alia vero tum incenderunt, tum conciderunt profane. Et de profanitate quidem tali Jeremias refert (*Jer.* xxxvi). De negligentia vero in quarto Regum libro legimus (*IV Reg.* xxii), quomodo post multum temporis vix Deuteronomii sit volumen repertum, defossum quodam in loco ac pene deletum. Sed et plura de Scripturis in his, quæ habemus, memorata legimus, quæ non habemus : sicut et liber Justorum, qui commemoratur in libris Regum (*II Reg.* i) ; et sicut est liber Bellorum Domini, cujus in libro Numerorum mentio est (*Num.* xxi). Neque carmina Salomonis, neque disputationes ejus sapientissimas de lignorum natura herbarumque omnium, itemque jumentorum et volucrum, reptilium et piscium (*III Reg.* iv) : vel quod in libro Verba dierum dicitur : *Reliqua vero operum Salomonis priorum et novissimorum, scripta sunt in verbis Nathan prophetæ, et in libris Ahiæ Silonitis, in visione quoque Addo videntis, contra Jeroboam filium Nabath* (*II Par.* ix), et multa hujusmodi volumina, quæ scripta quidem fuisse probatur, sed hodie constat

---

[a] Carolum Martellum dicit.

non esse. Vastata namque a Chaldæis Judæa, ut in Patrum litteris legimus, etiam bibliotheca, antiquitus congregata, inter alias provinciæ opes hostili est igne consumpta : ex qua pauci, qui nunc in sacra Scriptura continentur, libri postmodum Esdræ pontificis et prophetæ sunt industria restaurati. Unde scriptum est de eo : *Ascendit Esdras de Babylone, et ipse scriba velox in lege Moysi* (*I Esd.* vii). Velox videlicet, quia promptiores litterarum figuras, quam eatenus Hebræi habebant, repererit. Et in epistola regis Persarum : *Artaxerxes rex regum Esdræ sacerdoti, scribæ legis Dei cœli doctissimo, salutem* (*ibid.*).

Quo contra et nos, multis aliis perditis, plura in quibusdam historiis et diversis pitaciolis, ac usitata relatione a præcedentibus relicta posteris, de ortu et vita, seu virtutibus et obitu domini et sanctissimi patris ac protectoris nostri Remigii habemus, quæ in memorata excerptione non continentur. Unde bonis vestris desideriis placuit, ut illa mea servitus ad ignorantium et subsequentium notitiam in unum colligeret. Quod et jam diu fecissem, nisi me spes vana deluderet, quibusdam dicentibus, quia in illo, et in illo loco magnum librum de virtutibus, et vita ipsius domini et patroni nostri reperire valerem. Ad quæ mittens, quæ mihi promissa fuerunt, penitus falsa inveni. Nunc autem, opitulante Domino, qui in se confidenti, et opera sua, qui *mirabilis* est et *gloriosus in sanctis suis* (*Psal.* lxvii), volenti loqui promittit : *Aperi*, inquiens, *os tuum, et ego adimplebo illud* (*Psal.* lxxx) ; meritis ipsius Francorum apostoli et patroni, vestrisque adjutus orationibus, aggrediar quæ diu distuli, a primogenitoribus et ortu ejus incipiens, et sic tam ea, quæ in historiis a majoribus editis, de illo inveni, quam et illa, quæ in diversis schedulis dispersa reperi : verum et illa in serie digerens, quæ vulgata relatione percepi : quia haud longe ante nos dictum est, et etiam in sanctis Scripturis, sed et in evangelica veritate comperitur : vera est lex historiæ, simpliciter ea, quæ, fama vulgante, colliguntur, ad instructionem posteritatis litteris commendare. In quibus omnibus lectorem diversitas styli non perturbet, quoniam ea, quæ de historiis majorum assumam, et ea, quæ in antiquis schedulis reperiam, ita ut inventa fuerint, ponam.

Illa vero, quæ ex antiquis vulgata relatione percepi, et quæ ad instructionem legentium vel audientium addam, vel eorum verba, de quorum dictis mutuabor, ponere procurabo, vel meo sermone dictabo : volens quiddam debiti mei obsequii in laude, qua non indiget, offerendo, ipsi benefactori meo retribuere pro omnibus quæ indigno mihi gratis potius tribuit, quam meritis ullis retribuit. Denique in descriptionibus virtutum ejus ordinem, quo per illum eas Dominus dignatus est operari, servare non potero : sed sicut eas vel scripto vel auditu accepi, describam. Sic enim, salvo altiore propheticæ inspirationis munere divino allatæ mysterio, et psalmos

A sanctus Hieronymus dicit in ordine digestos, non sicut fuerunt editi, sed sicut ab Esdra diversis temporibus fuerunt inventi. Verumtamen prout notitiam temporum invenero, vel ordini gesta congruere videro, ea digerere procurabo. In his autem quæ descriptis virtutum miraculis a Domino per beatissimum patronum nostrum operata sunt, ad exhortationem legentium sive audientium, pro modulo intellectus mei, de catholicorum dictis subjungere studebo : vestigia beati Gregorii, licet non valeam, prosequi moliar. Qui describens sanctorum actus, pravorumque casus, exhortatione inde assumpta, secundum sapientiam sibi a Deo datam, multa necessaria et utilia legentibus ac audientibus interposuit. Verum et non ab re agere a quoquam videri puto, si ea, quæ

B de ortu et actu atque obitu domini et patroni ac protectoris nostri in schedulis vetustate prope deletis inventa sunt reparo, et de abditis ad lucem reduco : et ea, quæ veterum certe relatione cognovi, litteris commendare procuro : cum sicut præmisi, sancti Esdræ pontificis studio, sacras Scripturas, desidia et profanitate impiorum Judæorum abolitas, noscamus fuisse restauratas, et non solum evangelicam et apostolicam historiam ab evangelistis sacratissime conditam, sed et plurimorum sanctorum gesta plurimos Ecclesiæ magistros, ad instructionem multorum, et etiam historiographos agones sæcularium, ad posterorum memoriam descripsisse ; gentiles quoque poetas sua fragmenta grandisonis pompare modis studuisse legamus.

C I. Post vindictam scelerum, quæ facta est a Domino cæde Galliarum, prosequente Wandalorum crudelitate, misericordiam cœli distillarunt : cum ad mitigandam, gentis Francorum barbarica ferocitate superventuram, divinæ animadversionis propter iniquitates perseverantes ultionem, mundo præsulem a Deo prædestinatum, Remigium pontificem hoc ordine protulerunt.

II. Erat quidam venerabilis, ac dignus professione et nomine, Montanus monachus, in reclusione solitariam vitam ducens, jejuniis, vigiliis, atque orationibus continue vacans, necnon cæterarum virtutum insignibus adeo divinitati se commendabilem reddens, ut angelicis sæpe frueretur alloquiis, et frequenter cœlestibus visionibus ac revelationibus in-

D teresset. Is [a] ergo cum pervigil in oratione pro pace sanctæ Ecclesiæ, quæ multis ac diversis afflictionibus apud Galliarum et Belgicarum provincias vexabatur, Dei omnipotentis clementiam indefessis precibus exoraret, nocte quadam plus solito orationem protelans, usque lucis crepusculum in contemplatione permansit. Qui cum, lassitudine ac fragilitate carnis compellente, paululum membra sopori dedisset, subito per divinam gratiam angelorum choris et animarum cœtibus, beatissimorum hominum jam cum Deo regnantium, et immortalitatem adhuc corporum exspectantium, spiritibus interfuit, et fami-

---

[a] Vide Flodoard. cap. 10, lib. i, histor. Rhemens.

liarissimum cœpit audire colloquium. Inter cætera igitur, quæ in conventu illo cœlico audivit, etiam illi sancti spiritus, humanæ salutis avidi, quæritari cœperunt de Gallicanæ dejectione Ecclesiæ, et quid facto ad talia opus esset, crebro versare sermone, dicentes, quia tempus esset miserendi ejus. Duplicia enim receperat pro omnibus peccatis suis, quanquam fæx ejus non sit exinanita. His ita inter se conferentibus subito vox adfuit, a superioribus atque secretioribus aditis saluberrime atque suavissime intonans, quæ et præsentium solaretur spirituum mœstitiam, et quod futurum erat, gratulabunda promulgaret sententia, ita dicendo : *Dominus prospexit de excelso sancto suo : Dominus de cœlo in terram aspexit; ut audiret gemitus compeditorum, ut solveret filios interemptorum, ut annuntietur nomen ejus in gentibus, in conveniendo populos in unum, et reges ut serviant ei (Psal.* ci). Cilinia in utero concipiens, filium pariet nomine Remigium, cui a me salvandus populus committetur. Beata siquidem Cilinia, intenta piis operibus, licet corpore teneretur in mundo, mente conversabatur in cœlo. Quæ in flore juventutis pepererat de unico viro suo Æmilio Principium, Suessionum civitatis postea sanctum episcopum, et fratrem ejus, patrem beati Lupi episcopi ejusdem Principii successoris, qui usque ad ultima gloriosi Remigii tempora sacerdotio est functus, sicque defunctus.

III. Vir [a] autem ille venerabilis, inter illius temporis innumera pericula tanta consolatione accepta, Ciliniæ divinum oraculum, gratia Dei perceptum, innotuit. At illa dixit ad Montanum : Quomodo fieri potest, ut anus lactem filium, cum mihi a temporibus diu transactis muliebria defecerint, et vir meus Æmilius vetulus sit, ac in ævoso ejus corpore frigidus exstet circum præcordia sanguis, et voluptatis opera in eo penitus emarcuerint? erant enim ambo genere nobiles, et gratia inter suos nominatissimi. Et quia liberorum parentes processerant in diebus multis, effeti, et carne jam infecundi, conjugale commercium non quærebant, nec eis spes ultra vel appetitus generandi sobolem inerat. Cui beatus Montanus respondit : Scias, quia cum ablactaveris puerum Remigium, de lacte tuo perunges oculos meos, et recipiam lumen. Nam ut merita illi accrescerent, sicut et sancto Tobiæ (*Tob.* ii), juxta divinum sermonem, Ut justus justificeretur adhuc (*Apoc.* xxii), idem beatus Montanus lumen corporalium oculorum amiserat. Tandem credentibus parentibus verbis viri Dei, fit gaudium, quod talem suscepturi essent prolem, in cujus conceptione non foret ardor explendi libidinis, sed amor generandæ juxta divinum præsagium sobolis. Concipitur ergo futurus Christi pontifex, et Christi adminiculante misericordia, mater beatissima quem, auspice Deo, concepit, feliciter filium genuit, cui Remigii, secundum Domini dictum, in baptismate nomen imponi fecit. Et ablacta-

tus, sicut suus prænuntiator prædixerat, lacte matris oculos sui vatis, matre obstetricante, perungens, lumen illi gratia divina restituit. Nec incredibile videri debet, si puer iste, antequam per ætatem corporis sciret vocare patrem et matrem suam, virtutes munere divino operatus est ; qui etsi ut homo in iniquitatibus conceptus est, contra morem tamen humanæ conditionis, non in delictis eum prævaricationis, sed in gratia remissionis, mater sua peperit. Neque enim dubitandum est, quia Spiritus sanctus, qui eum talem futurum prædixit, et cujus munere conceptus fuit, etiam a peccatis absolvit. Constat quippe veridica Patrum sententia, quia lege non constringitur Spiritus sancti donum. Et propterea qui Cornelium ac domum ejus ante perceptionem baptismi sua gratia consecravit (*Act.* x), ipse utique beatum Remigium, non solum ante baptismum, sed etiam ante nativitatem ejusdem gratiæ munere perfudit. Ortus est autem ex anu et vetulo diu sterilibus per repromissionem, ut Isaac (*Gen.* xvii) et Joannes (*Luc.* i), vir iste sanctus, antequam natus, nomine designatus, antequam mundo cognitus, in pago Laudunensi, alto parentum sanguine, ut monstraretur in ortu, qualis futurus erat in actu.

IV. Singularis autem meriti indicium datur, quoties hominibus a Deo vel imponitur nomen, vel mutatur. Sic Abram, quia pater multarum gentium erat futurus, Abraham est vocatus (*Gen.* xvii). Sic Jacob, quia Deum vidit, Israel appellari meruit (*Gen.* xxxii). Sic Josias rex, ob eximiæ virtutis culmen, nominatus a Deo est multo antequam natus (*III Reg.* xiii). Sic Joannes, eo quod divina sibi gratia adminiculante, plus esse meruit quam propheta, et quod nemo inter natos mulierum major illo surrexit (*Luc.* i, *Matth.* v) : et Petrus a firmitate et stabilitate petræ sumpsit cognomen (*Matth.* xvi). Et qui ante Saulus, postea nominatus est Paulus (*Act.* xiii), quoniam legis zelo contra Christum erectus, ab eo, quem in membris suis persequebatur, de cœlo in terram prostratus, apud se factus est Paulus, id est parvus, modicus et humilis : demum gratiæ Dei magnus defensor, et vas electionis effectus, atque totius est Ecclesiæ magister et prædicator egregius (*Act.* ix). Et filii Zebedæi, eo quod verbum Dei terribiliter mundo peccanti intonuerunt, filiorum tonitrui assumpserunt cognomen (*Marc.* iii). Et Dominus ac Redemptor noster Jesus, id est Salvator, est cognominatus antequam carne natus, eo quod salvum facturus esset populum suum a peccatis eorum (*Matth.* i). Ita ergo et beatus Remigius ab eo quod Ecclesiam sibi credendam inter fluctivagos mundi recturus esset anfractus, Remigii cognomen a Deo assecutus est. Servorum namque Dei proprium est, a Deo nominatim sciri. Unde uni eorum dicitur : *Novi te ex nomine (Exod.* xxxiii); et beato Jeremiæ, ad verbi divini predicationem ituro, dicitur : *Priusquam te formarem in utero, novi te, et in ventre ma-*

---

[a] Vide Flodoard, ibid.

tris tuæ sanctificavi te (Jer. 1). Jeremias enim ab idolorum cultu populum revocaturus, in ventre sanctificatur : Joannes populum suo illuminaturus alloquio, in utero materno propheticam suscepit gratiam *(Luc.* 1) ; et beatus Remigius gentem Francorum a tenebris ignorantiæ ad lucem perducturus Evangelii, itidem divina donatus est gratia, ut quod perfecturus erat ministerio, cum participibus suis pari claresceret munere, et qui, ut dictum est, Ecclesiam Dei, speciali autem cura Rhemorum civitatem atque provinciam, remigio alarum sanctarum, scilicet verbo et exemplo, meritis et orationibus, erat Dei prædestinatione recturus, et perfecto certamine spiritu cœlestia regna petiturus, angelorum utique subvectus auxilio, Remigius est jure Dei præceptione vocatus.

V. Nec illud silendum est, quia in chartis recenti tempore post illius obitum, sed et post plura annorum curricula factis, de rebus Rhemensi Ecclesiæ traditis, Remedium fuisse nominatum legimus. Quod qui merita et acta illius attendit, congrue hoc eum nomine appellatum fuisse intelligit. Qui mitigator furoris Domini, in tempore iracundiæ factus est reconciliatio, et magnificatus a Domino in conspectu regum, in verbis suis, sicut in sequentibus ostendemus, monstra, videlicet paganos feroces, placavit. Merito igitur eum Remedium fuisse nominatum in baptismate crederemus, nisi in emendatioribus gestis illum oraculo divino per sanctum Montanum Remigium vocari debere cognosceremus. Sed et in versibus metricis ab ipso compositis, et jussione illius in quodam vase ab eo consecrato sculptis, ita legimus :

> Hauriat hinc populus vitam de sanguine sacro,
> Injecto æternus quem fudit vulnere Christus.
> Remigius reddit Domino sua vota sacerdos.

Quod vas usque ad nostra tempora perduravit, donec fusum, in redemptionem datum est Christianorum, ut a ministris diaboli Nortmannis redimeret pretium argentei calicis, quos de potestate tenebrarum redemerat effusus sanguis calicis, Christi videlicet passionis.

VI. Traditus autem a parentibus scholæ litteris imbuendus, in brevi coævis, et etiam natu majoribus suis doctrina excellentior est effectus. Studebat quoque teneros annos morum maturitate vincere, et benevolentiam cordis charitatis melle condire, turbas frequentiorum populorum vitare, et ut præconem suum fecisse didicerat, vita solitaria in reclusione Domino servire : qui locus in castro Lauduno hactenus designatur, et venerabiliter colitur. In qua reclusione secundis successibus certatim sanctæ conversationis studiis justus adolescens Domino militavit. Et cum ad viginti et duos ætatis suæ annos pervenit, defuncto Bennadio [*al.*, Benagio. *Bar.*

ᵃ Quod ad ætatem pertinet S. Remigii accidisse interdûm cognoscitur, ut ob eminentissimam virtutem atque scientiam alicujus (quemadmodum in S. Joanne Chrysostomo accidisse videmus, qui nisi

A Gennadio *legit*] archiepiscopo in hac urbe Rhemensi, omnium generaliter votis ad pontificii culmen raptus fuisse dignoscitur potius quam electus. Fit ergo concursus populi, diversi quidem sexus, conditionis ac dignitatis, necnon et ætatis ; sed unius atque ejusdem sententiæ cuncti hunc vere Deo dignum, et qui populis præfici deberet, acclamabant. Vir autem ᵃ beatissimus his angustiis depressus, nimiis afficiebatur angoribus : quia nec fugæ locus usque patebat, nec populo, ut ab intentione cœpta resipisceret, ullomodo satisfacere poterat. Divinæ namque erat voluntatis, ut qui omnium saluti prospecturus erat, omnium acclamationibus eligeretur ; et qui unitati fidei cum jam fidelibus, et futuris fidelibus erat provisurus, unione cuncti populi ad sedem eveheretur

B sacerdotalis honoris. Sanctissimus quidem vir, cum his acclamationibus se urgeri conspiceret, de infirmitatis et ætatis suæ tempore conqueri cœpit, et quia ecclesiasticus ordo infirmam ætatem ad hanc non reciperet dignitatem voce publica fatebatur. Timebat enim, ne immatura ætas inimici versutiis impugnata, aliquid contraheret sinistri. Sed divina gratia, et vocem populorum constantissime in ipsius perdurare fecit electione, et sanctum virum ab antiqui hostis protexit malignitate. Et cum populi acclamaret frequentia, et sanctissimus vir magna reniteretur constantia, placuit omnipotenti Deo ei manifestissimis monstrare indiciis, quod ipse de eo haberet judicium.

C VII. Etenim cum modo prædicto reniti conaretur, videntibus cunctis qui aderant, descendit subito radius novi luminis super ipsius viri sancti verticem, ac si ipse sol de cœlo motus super eum ceciderit : et quia illuminandarum lux parabatur animarum, ipse quoque, cum ad hoc opus ascisceretur, lumine debuit declarari visibili. Ipse namque erat lucerna, quæ non sub modio curæ corporeæ, sed super candelabrum purissimæ ac Dei dilectæ conversationis erat ponenda, quatenus his, qui in domo sanctæ Ecclesiæ futuri erant, lumen optimæ institutionis præberet.

VIII. Placuit etiam omnipotentiæ divinæ huic miraculo aliud addere, ad ostensionem meritorum beatissimi viri. Etenim radio supradicto se illustrante, sensit

D capiti suo unguinis sacri infusum liquorem ; quo totum ejus delibutum est caput. Et merito : ut qui oleum spirituale populis, quo eorum quidem capita visibili, mentes autem prædicatione, sancto Spiritu in se loquente, uncturus erat chrismate invisibili, id est gratia ejusdem Spiritus sancti, ipse quoque prius tali unctione insigniretur. Acceptis autem talibus ac tantis auspiciis, divinis timuit contraire statutis. Neque enim tutum illi videri poterat, tot signis præcurrentibus, divinæ contradicere jussioni, præsertim

---

fuga sibi consulere potuit, ne ejusdem ætatis episcopus ordinaretur) de minori ætate minime ullo haberetur.

cum luce et unctione sancti Spiritus, quæ oleo visibili designatur, interius illustratus atque perunctus, ut et S. Isaias, admittendum se in divinum ministerium, debere se potius offerre quam excusare, didicerit.

IX. Posthabita ergo omni dubitatione, atque ancipiti submota sententia, unanimitate episcoporum Rhemensis provinciæ, infulis induitur sacerdotalibus, benedictione consecratur episcopali ; atque in sede præsulatus collocatur hujus civitatis Rhemorum. Ubi statim sic apparuit aptus et devotus, tanquam si officio, ad quod noviter ascenderat, jugiter præfuisset. Fuit itaque in eleemosynis largus, in vigiliis sedulus, in oratione devotus, in humanitate profusus, in doctrina præcipuus, in charitate perfectus, in sermone paratus, in conversatione sanctissimus. Sinceritatem mentis vultus sui serenitate monstrabat : et pietatem clementissimi cordis ostendebat in lenitate sermonis. Quidquid ad salutem posset pertinere æternam, non minus implebat beatissimus opere, quam sermonis prædicatione docebat. O virum per omnia Deo dignum ! Eminebat in ipso habitu animi pulchritudo : in specie exterioris hominis, ipsam putares expressam imaginem sanctitatis. Erat irreverentibus terribilis aspectu, reverendus incessu, metuendus severitate, venerandus benignitate. Censuram auctoritatis temperabat mansuetudo humilitatis. Delinquentibus quidem minabatur frontis austeritas, sed blandiebatur cordis serenitas. Erga bene agentes, Petrus apparebat in vultu : erga delinquentes, Paulus in spiritu : ac si conveniente in uno diversitate gratiarum, illius pietatis, hujus erat æmulator districtionis : ita ut cum præsentiam ejus quisquam vix sustineret, absentiam ferre non posset. Internorum autem bonorum suorum formas ac species, sicut nemo ad plenum potuit inspicere, ita nemo sufficit explicare. Quas sicut ille studuit excolere, ita et laboravit occulere ; et cum hæc vellet augeri, nolebat agnosci. Sed quia hoc est natura justitiæ, ut quanto studiosius abscondi optat, tanto clarius innotescat, et occultatio ipsa prædicatio sit : per populos tantorum bonorum fama volitabat. Eminebat in admiratione omnium, veluti civitas super verticem montis exposita, nec jam lucerna poterat latere sub modio. Gloriosa illa anima aperuit latentes in se divitias cœlestium munerum, et de armario suave olentium virtutum, aromata sanctificationis, et gratiarum suarum supra omnem hanc Ecclesiam effudit. Neglector quietis, refuga voluptatis, appetitor laboris, patiens abjectionis, impatiens honoris, pauper in pecunia, dives in conscientia, humilis ad merita, superbus ad vitia. Sic in se excoluit diversas gratiarum virtutes, ut vix pauci tenerent singulas, quomodo ille implevit universas. Semper in operis exercitio, semper in compunctionis affectu, nulla illi ex omnibus propensior cura, nisi ut aut de Deo in lectione atque sermone, aut cum Deo in oratione loqueretur. Qui contrita continuis jejuniis ossa studebat de persecutore inimico, longo

triumphare martyrio ; pro cibo ac potu hoc secum incessanter ruminans : *Fuerunt mihi lacrymæ meæ panes die ac nocte (Psal. XLI). Concupiscit et deficit anima mea in atria Domini. Cor meum et caro mea exsultaverunt in Deum vivum (Psal. LXXXIII). Defecit in salutare tuum anima mea (Psal. CXVIII). Sitivit in te anima mea, quam multipliciter tibi caro mea (Psal. LXII). Sitivit anima mea ad Deum fontem vivum : quando veniam et apparebo ante faciem Dei ? (Psal. XLI.) Et consolando se dicebat : Quare tristis es, anima mea, et quare conturbas me ? Spera in Deo quoniam adhuc confitebor illi : Salutare vultus mei, et Deus meus (ibid.). Satiabor, dum manifestabitur gloria ejus (Psal. XVI).*

X. Nam quia specie sui Conditoris, ad quam anhelabat, necdum satiabatur, continuis suspiriis atque gemitibus, diurnis atque nocturnis lacrymis illum desiderans, pio luctu ad superna gaudia sublevata, flendose anima sancta pascebat : et intus quidem doloris sui gemitum tolerabat, sed eo refectionis pabulum percipiebat, quo hic vis amoris per lacrymas emanabat. Præter vitam avide nihil esuriebat, præter justitiam nihil delectabiliter sitiebat. Præsentia tanquam inania atque transacta absente spiritu non videbat, et in futuro reposita quasi oculis subdita concupiscebat. Et fere vix terra, quæ talem genuit, ac de alumno nobis patronum, de homine angelum ac doctorem nobis emisit. Bene igitur et congrue, secundum Prophetam de illo dicamus : *In memoria æterna erit justus (Psal. III).* Digne enim in memoria versatur hominum, qui ad gaudia transit angelorum. Qui ideo gratiam Dei glorificatus invenit, quia mundi gloriam, adjutus Dei gratia, non quæsivit. Qui gubernaculum fidei viriliter tenens, anchoram spei tranquilla jam in statione composuit. Qui contra impetum diaboli, scutum Dei ita infatigabiliter tenuit, ut ad victoriam perveniret. Habemus in eo medicum e cœlo, cum quo sanctitas, imo ipse sanctitatis auctor, civitatem nostram intravit. Quantis cæcis, a via veritatis errantibus, visum quo Christus videtur, aperuit ? In quantorum auribus, sermonibus cœlestium mandatorum, pretiosum infudit auditum ? Quantos intrinsecus vulneratos, angelici oris arte et orationis virtute curavit ? Quantorum animas, peccatis jam in corpore defunctas, ad emendationem tanquam ad lucem vocando resuscitavit ? Docebat quotidie filios suos, ne res alienas concupiscerent, ne eis conjuges extraneæ pulchræ essent, ne peccati venenum per aspectum animam penetraret. De quantorum cordibus ille, quos iniquitas et impietas possidebat, fugavit luxuriam, removit iram, restrinxit invidiam, revocando illuc fidem et castitatem, atque misericordiam ? Quantos vir ille apostolicus pœnitentiæ medicamentis a peccatorum morte resuscitavit, custos animarum, cupiditates resecans, iram comprimens, malitias exstirpans ? His magis vir ille temporibus necessarius fuerat, quibus tanta iniquitas sumptis quotidie, deficiente justitia, viribus convalescit. Et quidem ille in hac peregrinatione sæculi solo corpore constitutus, cogitatione tamen in illa æterna patria conversatus est. Qui huic mundo crucifixus ac mortuus, quidquid laboravit, de hac vita, ad illam transtulit, et de sinistra semper transmisit ad dexteram, atque in cœlo suos reposuit sudores. Et inter hæc omnia intendebat vir beatus jactantiam virtutum fugere in quo non poterat gratia excelsa latere: adeo ut non solum corda hominum, belluina feritate crudelia, ad mansuetudinem Christi domaret fidelis servus ejus, et prudens, sciens conservis ejus dare in tempore tritici mensuram, id est, pro captu audientium mensurate et opportune divini verbi pabula ministrare; verum etiam aves, ut innocentia et potestas primi Adæ, antequam peccaret, cui omnia irrationalia subjecta [fuerunt, ut Scriptura demonstrat (*Gen.* i, *psal.* viii), in isto sancto viro, per secundum Adam Dominum nostrum Jesum Christum, reformata intelligerentur.

XI. Cum enim inter domesticos suos contingebat illum secretius habere convivium, et delectaretur in hilaritate charorum, descendebant ad eum intrepidi passeres, et in manu ejus mensæ reliquias colligebant. Discedebant alii saturi, accedebant alii saturandi. Sic mansuescebat feritas avium, in operatione virtutum. Delectatio namque illius talis erat in hilaritate charorum, sicut de beato Job legimus, quoniam non cadebat lux vultus ejus in terram (*Job* xxix) : quia nimirum in tanta gravitate vultum tenere consueverat, ut nunquam contemptibili lætitia resolveretur : sed quotiescunque hilariorem se præsentibus exhibebat, certa semper hoc causa utilitatis eorum faceret. Ita et hic sanctus, religiosa gravitate discretus in omnibus, non vanitatis jactantia hæc vel dissolutione agebat : sed ut Dei ostenderetur collata sibi gratia, et ad ejus amorem et fidem, qui mirabilis in sanctis suis, servos suos multis modis consolari, ac mirificare dignatur, suorum corda excitarentur, et illius servituti se propensius manciparent. Sed et non sine consideratione videtur prætereundum, cur iste sanctus in jucunditate charorum, amplius in mansuetudine, ac pastione passerum, quam aliarum avium delectabatur. Et ut primo dicamus simpliciter, solent homines alias aves domesticas habere in domibus suis, passeres autem, licet in tectis, sicut legimus, et videntes scimus, soleant habitare, humana gaudentes vicinitate, intra domos tamen suas domesticos habere non solent. Unde constat, quia si aves, quæ in domibus domesticæ haberi solent, in manu pasceret, pro nullo haberetur miraculo, nec esset unde convivantibus jucundatio proveniret. In domum quoque secretiorem aliis avibus, quæ intra cubicula domesticæ haberi non solent, nisi passeribus, qui in tectis, humana vicinitate gaudentes, habitare solent, ad hanc servo Dei divinam collatam gratiam demonstrandam, facultas non erat conveniendi.

XII. Sed si altius aliquid in hoc sancti Dei facto perscrutari volumus, intelligere possumus, quia nullæ aves tam sæpe in Scripturis commendantur, sicut passer, columba et turtur. Columba quippe et turtur, quæ gemitus pro cantu edere solent, quia luctus sanctorum in præsenti sæculo, et superna desideria per secretas orationum lacrymas et [a] cantus Ecclesiæ publicos designet. Passer vero avis corpore parva, sed maxima sagacitate sollicita, quæ nec facile laqueis irretitur, nec per ingluviem ventris escarum ambitione decipitur. Hæc propter infirmitatem suam, ne aut ipsa a suo insidiatore capiatur, aut fœtus ejus serpentinis devorentur insidiis, ad domorum fastigia celsa concurrit. Huic merito prudens et humilis quisque comparatur qui diabolicæ calliditatis fraudes fugiens, vigiliis et orationibus, ac pœnitentiæ lacrymis intra sanctæ Ecclesiæ septa se munire festinat. Redemptor etiam et Salvator noster se passere dignatus est designari, Psalmista teste qui dicit, *Etenim passer invenit sibi domum* (*Psal.* lxxxiii). Jam quippe passer domum sibi invenit, quia æterni cœli habitaculum noster Redemptor intravit : ubi factus est *sicut passer solitarius in tecto* (*Psal.* ci); quia solus inter mortuos liber, *sedet ad dexteram majestatis in excelsis; tanto melior angelis effectus, quanto differentius pro illis nomen hæreditavit* (*Hebr.* i), ut sit et vocetur Filius Dei. Hic est verus Deus, et vita æterna (*Joan.* v). Ad quem in hac peregrinatione positi anima cujusque fidelis suspirans, sic jucundatur dum per fidem rectam, et sancta desideria ac per bona opera in cœlorum regno mansionem suam sentit esse præparatam : sicut passer in foramine parietis exsultat, id est, etiam veraciter fidelis in foramine materiæ, scilicet in unitate Ecclesiæ, quæ de perforato in cruce Christi latere, lavacro rigatur et poculo, a maligni spiritus et membrorum ejus malignitate protectus, exsultat : et qui ex sanguinibus, et voluntate carnis, et voluntate viri natus, sed sanguine Jesu Filii Dei de potestate tenebrarum redemptus, et ex aqua et spiritu, quo idem Dominus Deus noster ex gloriosa semper Virgine Maria domina nostra est natus, et ipse a virgine matre Ecclesia immaculato divini fontis utero est renatus, ac Christo incorporatus, gaudio inenarrabili et exsultatione exsultat.

XIII. Sunt et alia, quæ de hoc beati Francorum apostoli facto (signa enim apostolatus ejus, Franci sunt, sicut in processu monstrabimus) ad nostræ utilitatis augmentum considerantes trahere possumus, comparantes illud actioni Joannis apostoli. Fertur enim relatione majorum quia cum B. Joanni apostolo avis, quæ perdix vocatur, viva et sana a quodam oblata fuisset, cœpit eam leni manu demulcendo tractare. Quod videns quidam adolescentium ad coævos suos ridendo dixit : Videte quomodo ille senex cum avicula, sicut et puer ludit. Beatus

---

[a] Ita legendum videtur : nam dictio erat obliterata.

apostolus ista per spiritum cognoscens, vocavit ad se juvenem; interrogans quid manu tenoret. Cui juvenis : Arcum, inquit. Et beatus Joannes : Quod habet officium illud quod in manu tenes? Et juvenis : Sagittamus, inquit, inde bestias, sive aves, vel alia quæque. Et beatus Joannes : Quomodo, inquit, vel quali ordine? Et juvenis curvato arcu tetendit illum, et tensum in manu tenuit. Sed cum B. Joannes nihil ei subsecutus loquendo fuit, post aliquod spatium juvenis arcum distendit. Cui B. Joannes : Cur, inquit, arcum distendisti? Ad quem juvenis : Quia si diutius tensus teneretur, infirmius tela jactaret. Et ad hæc sanctus apostolus : Sic et humana fragilitas, si semper in rigore contemplationis persistat, et sibi non condescendat, minus necessario valida contemplationis penna sublevatur. Quod pia provisione Conditoris et Salvatoris nostri agitur, ut per collatam gratiam crescamus in profectu virtutum, et per infirmitatis nostræ cognitionem, discamus humilitatis custodire virtutem. Quo facto et sermone audientibus magnam instructionis ædificationem et præsentibus contulit, et futuris seque sequentibus dereliquit. Sic et de hoc beato Remigii facto maximam instructionis ædificationem, et in charorum chara dilectione, et in fragilitatis nostræ discreta condescensione, nobis valemus assumere ut ille passeribus subministrans, qui non serunt neque congregant in horrea : sed Deus pascit illos, aliis saturatis, alios saturandos suscepit; nos qui res et facultates, vel cognationis successione, vel fidelium collatione suscepimus, fratribus qui non præparaverunt sibi (quia *hilarem datorem diligit Deus [II Cor. ix]*) cum gaudio bona quæ possumus ministrantes, alios quibus bona ministremus, asciscimus : plus gaudentes de bono opere quam de bona possessione, ut et Deus collætetur bono opere nostro, qui operariis pietatis se in judicio dicturum prædixit : *Quod uni ex minimis meis fecistis, mihi fecistis (Matth. xxv).*

XIV. Accidit autem quodam tempore, cum pastorali solertia ex more parochias circuiret, ut si negligenter aliquid in divinis cultibus ageretur, fidelis Christi servus agnosceret, et ut bonus agricola, quæ inculta erant, ad bonæ operationis fructus proferendos excoleret, ut ad vicum, cui vocabulum est Calmacianus [Calmicianus], perveniret. Ubi dum quidam cæcus per intervalla temporum occultantis se dæmonii invasione possessus, ab eo opem misericordiæ postulasset, quoniam ante ipsius sancti viri præsentiam occultari non potuit (erat enim illius generis, de quo Dominus in Evangelio dicit, quod non ejicitur, nisi in oratione et jejunio (*Marc.* ix), cœpit, qua dudum captus fuerat, dæmonis infestatione idem cæcus corporis vexatione torqueri. Tunc beatus Remigius in oratione, qua semper animo ad Dominum intendebat, corpore, quod jejuniis et bonorum operum exercitio incessanter alliciebat, se humiliter ad terram prostravit, statimque lumen pristinum cæci oculis reddidit, et ab eo pestem immundi spiritus effugavit, et ne ultra eum vexare

præsumeret, in nomine Christi præcepit, opemque victus petitam pauperi tribuit. O ineffabilis gratia pietatis, quo dum sola substantia petitur, triplex remedium obtinetur! Victu pavit egenum, muneravit visu cæcatum, reddidit libertati captivum. Atque ita contigit per hoc insigne miraculum sanctæ Trinitatis mysterium, ut cum apparuit unus in paupere, Trinitas se ostenderet in salute.

XV. Qui ergo tentationibus, sive occultis in mente, sive apertis in corpore, antiqui hostis sentit se infestatione urgeri, opem intercessionis ejus enixe deposcat; et si fideliter petierit, ab infestatione immundi spiritus se ipsius meritis et orationibus a Dei gratia liberari non dubitet. Qui supernæ lumen contemplationis ignorat, qui præsentis vitæ tenebris pressus, dum venturam vitam nequaquam diligendo conspicit, et quo gressum operis porrigat, nescit : lumen intelligentiæ ac contemplationis, atque necessariam cordis compunctionem, per intercessionem ejus apud Domini pietatem expostulet, nihil hæsitans, quia pro certo accipiet. Qui paupertate spiritualis victus atque vestitus, fidei videlicet, spei et charitatis, ac cæterarum virtutum se arctari cognoscit : vel etiam temporalibus necessitatibus ac tribulationibus sentit affligi, ejus intercessionum solatia gemitibus et lacrymis expetat, et quod pauper, cæcus atque dæmoniosus per illum obtinuit, se solatio consolationum obtinere confidat. Verum si ad primas rogantis lacrymas Dominus precibus hujus intercessoris nostri respondere, id est, erranti sospitatem mentis dare, vel opem ferre necessitatem patienti distulerit : nec sic quidem a petendo, quærendo, pulsando desistendum est, neque impetrandi subeunda desperatio ; sed tanta potius perseverandum instantia, tam obstinato frequentandus est, cum intercessionibus hujus protectoris et adjutoris nostri, clamore Salvator, donec et ipse de cœlis Domino pro supplicatore suo supplicet : sicque fiet, ut si mentem ab intentione proposita non mutaverit precator, nequaquam fructu piæ petitionis fraudetur. Sed et si pro sua fragilitate quis, seu pro aliis intervenerit, desiderati potietur effectu : nisi forte petentem cor in petitione reprehenderit, cum resistere se præceptis ejus meminit : quia dignum profecto est, ut ab ejus beneficiis sit quisque extraneus, cujus nimirum jussionibus non vult esse subjectus. Qua in re hoc est salubre remedium, ut cum se mens ex memoria culpæ reprehendit, hoc prius in oratione defleat, quod erravit; quatenus erroris macula cum fletibus tegitur, in petitione sua cordis facies ab auctore munda videatur. Curandum est etiam, ne ad hoc rursus proruat, quod se mundasse fletibus exsultat ; ne, dum plorata iterum culpa committitur, in conspectu justi judicis ipsa etiam lamenta levientur, et cor iterum præterita in petitione reprehendant. Graviter namque unusquisque confunditur, quando mandata Dei vel legendo vel audiendo respicit, quæ vivendo contempsit : et inde dubitatione confusus, se ad orandum Deum convertit. Unde Joannis voce dicitur : *Si cor nostrum non reprehendit nos, fiduciam habemus apud Deum ; et quidquid petierimus ab eo, accipiemus* (*I Joan.* III). Ac si diceret : Si id quod præcipit facimus, id quod petimus obtinemus. Valde namque apud Deum utraque hæc sibi necessario congruit, ut et oratione operatio, et operatione oratio fulciatur. Hinc etenim Jeremias ait : *Scrutemur vias nostras, et quæramus, et revertamur ad Dominum. Levemus corda nostra cum manibus ad Deum in cœlos* (*Thren.* III). Vias etenim nostras scrutari, est, cogitationum interna discutere. Cor vero cum manibus levat, qui orationem suam operibus roborat. Nam quisquis orat, sed operari dissimulat, cor levat, sed manus non levat. Quisquis vero operatur, et non orat, manus levat et cor non levat. Juxta laborantis vocem, tunc cor fiduciam in oratione accipit, cum sibi vitæ pravitas nulla contradicit.

XVI. Erat enim hic præsul beatissimus, internorum curam in exteriorum occupatione non minuens, exteriorum providentiam in interiorum sollicitudine non relinquens. Cum ergo circumiens parochiam sollicitudine pastorali, transiret per Condumum episcopii villæ, cujus vocabulum est Tudiniacus, aspexit messores messem secantes : accedensque ad eos, cum verbo prædicationis exhortatus est eos, dando cibum et potum in consolationem laboris. Et dum hæc agerentur, accidit, sobrinam illius, nomine Celsam, Deo sacratam, proinde transire, et villam suæ proprietatis nomine Celtum adire. Quæ cum cognovit sanctum Remigium juxta transitus sui viam esse, venit ad eum, et benigne, ut par erat, ab illo suscepta, petiit eumdem virum sanctum, ut una cum illa domum suam, quo ibat, dignaretur adire. Idem vir sanctus, ut erat præstabilis super justis petitionibus, ipsius sobrinæ suæ postulationi præbuit assensum. Et cum pariter ad domum pervenissent, et inter se familiaria et spiritalia haberent colloquia, venit minister ipsius Celsæ ad auriculam ejus dicens, quod villicus ejus vinum, quod in eadem villa fuerat, venditum jam habebat, excepta parvula quantitate quam pro salvando vasculo reservavit. Cujus vultum sanctus Remigius videns robore perfusum, interrogavit quid ei suus minister in auriculam dixerit. Quæ illi prompte respondit, quoniam non tantum pro eo de ipso nuntio verecundabatur, quantum pro eis qui cum eo advenerant. Cognita vero causa, beatus Remigius hilari vultu consolatus est eam, dicens : Pro hac re, filia, noli contristari; dabit enim inde Dominus largitate pietatis suæ solitam consolationem, qui per Prophetam suum se timentibus nihil deesse promisit (*Psal.* XXXVIII). Et dixit eidem sobrinæ suæ, audientibus illis qui aderant, ut alia illa curaret : ipse autem vellet interim hortum et viridarium, atque domos illius circumire, et videre qualiter illa maneret. Et sic de industria prius alia circumiens, pervenit usque ad cellarii ostium. Et interroganti, quid in illo tecto haberetur, respondit minister, cellarium esse. Idem autem vir sanctus dixit se illuc introire velle. Gui cum nemo auderet contradicere,

A interrogavit cellarium, si haberet in aliquo de ipsis vasculis vel aliquid vini. Et designato vasculo, in quo aliquid vini remanserat, dixit : Claude ostium, et sta de ista parte, usque dum ego ad te revertar. Et pergens ad alteram frontem vasculi, quæ erat juxta parietem, fecit crucem super idem vasculum quod erat non modicæ quantitatis, et genua flectens ad orationem, oravit diutius : et cepit vinum per foramen superius, per quod eidem vasculo infusum fuerat, adeo redundare, ut super pavimentum ipsius domus largiter inundaret. Et viro sancto adhuc decumbente in oratione, cellarius timore perculsus exclamavit, dicens : In nomine Christi, quis unquam tale vidit ? Quod cum audivit sanctus Remigius, surrexit ab oratione, et præcepit illi ut nemini hoc indicaret, sed diceret dominæ suæ ministris, impetratum vinum se habere unde ministrare valerent. Sanctus vero Domini rediens ad præfatam sobrinam suam, consolatus est eam, dicens : Filia, noli contristari, sed *spera in Domino, et fac bonitatem, et pasceris in divitiis ejus* (*Psal.* XXXVI). Habes nunc vinum : lætemur et exsultemus in Domino. Quod factum cum ipsa et homines ejus per cellarium cognovissent, quia scriptum est, *Opera Domini narrare honorificum est* (*Tob.* XII), dixit ad eum sobrina sua : Nunc cognovi, sancte Pater, quia divina inspiratione ad hanc domum hodie te vocavi; propterea de hac villa te et ecclesiam tuam perpetuo hæredem esse faciam. Et præsentialiter ipsam illam ad Rhemensem ecclesiam tradidit, et eidem sancto præsuli inde chartam et vestituram secundum morem legalem fecit.

XVII. Miramur quia, juxta verbum Elisei (*IV Reg.* IV), parvo olei liquore magna vasa infusa, oleo fuere repleta. Miremur quia benedictione et oratione Domini, et Patris ac patroni nostri Remigii, vas non modicæ quantitatis, de parvo liquore, quod in eo erat, vinum superfusum etiam in pavimentum cellarii redundavit. Et nos qui carnis voluntatibus [*forte voluptatibus*] debriati, alios etiam peccare facientes, peccatis inebriavimus, et ad peccandum nostro vel exemplo, vel verbo illeximus, evacuati a Christo, vasa donis spiritualibus vacua, si ad memoriam hujus beati pontificis a fundo cordium nostrorum, venenum iniquitatum nostrarum, quod delectabiliter, ut vinum, nos ingurgitando bibimus per puram confessionem, cum contritione et cordis rugitu evomuerimus, evacuantes nos felle peccatorum, quo repleti sumus ; et lacrymis nos eluerimus, levantes corda nostra cum puris manibus sine ira et disceptatione ad Deum, meritis ejus et precibus obtinere nos posse credamus, ut repleamur abundante gratia Dei, et fiat in nobis fons vitæ, ac in ejus lumine videamus lumen.

XVIII. Tunc ad justitiam credentes corde, et ad salutem confitentes ore, quia in Patre totus est Filius, et in Verbo totus Pater : in Patre simul et Filio totus est sanctus Spiritus : a Patre simul et Filio totus idem procedit Spiritus sanctus ; quod in futuro specie videbimus, quando secundum promissionem suam Dominus noster Jesus Christus nobis palam de Patre annuntiabit : quia per patefactam tunc majestatis suæ speciem, et quomodo ipse gignenti non impar oriatur, et quomodo utriusque Spiritus utrique coæternis procedat, ostendet. Aperte namque tunc videbimus quomodo hoc, quod oriendo est, ei de quo oritur, subsequens non est : quomodo is, qui processione producitur, a proferentibus non præitur. Aperte tunc videbimus quomodo unum indivisibiliter tria sunt, et indivisibiliter tria unum. Credamus igitur et confiteamur sanctam et inseparabilem Trinitatem, Patrem·, et Filium et Spiritum sanctum, coæternam et consubstantialem ac coæqualem sibimet esse, unius divinitatis, essentiæ, omnipotentiæ, gloriæ, magnitudinis, majestatis et quidquid ad se, id est, substantialiter dicitur : relative autem tres personas Patrem et Filium et Spiritum sanctum, et quod inseparabilis naturæ unitas, non possit separabiles habere personas. Quod et in hoc ostenditur, personas non posse dividi in Trinitate, quia cujuslibet personæ nomen, semper ad alteram respicit personam. Si Patrem dicis, Filium ostendis. Si Filium nominas, Patrem prædicas. Si Spiritum sanctum appellas, Patris et Filii esse Spiritum necesse est intelligas. Et hoc regulariter sit tenendum, quod omnia naturæ nomina, vel essentiæ, sicut in una persona singulariter, sic etiam in tribus semper singulari numero sit dicendum, et in Deo nihil secundum accidens sit dicendum, quia nihil in eo mutabile est. Et qualis ac quantus sit Pater, talis ac tantus sit Filius, talis ac tantus sit Spiritus sanctus : nec aliquod majus sit, tres simul dictæ personæ, quam singulæ quoque personæ : quia eadem magnitudo est in unaquaque persona semel dicta, quæ est in tribus personis simul nominatis.

XIX. Una vero tantum ex eadem sancta Trinitate persona Filii, per quem omnia facta sunt, operatione Spiritus sancti ex immaculata carne perpetuæ Virginis Mariæ nostræ carnis substantiam, animatam nostræ naturæ anima rationali et intellectuali, de incomprehensibili, nobis virtutis suæ opere, totum scilicet hominem, ut totum salvaret hominem, assumpsit in unitate personæ divinitatis suæ. Nativitas enim Domini secundum carnem, quamvis habeat quædam propria, quibus humanæ conditionis initia transcendit, sive quod solus ab inviolata Virgine sine concupiscentia est conceptus et natus, sive quod ita visceribus matris est editus, ut fecunditas pareret et virginitas permaneret : non alterius tamen naturæ erat ejus caro, quam nostra est, nec alia illi, quam cæteris hominibus, anima est inspirata principio, quæ excelleret, non diversitate generis, sed sublimitate virtutis. Nihil enim carnis suæ habebat adversum, nec discordia desideriorum gignebat compugnantiam voluntatum. Sensus corporei vigebant sine lege peccati, et veritas affectionum sub moderamine Deitatis et mentis, nec tentabatur illecebris, nec cedebat injuriis. Verus homo vero unitus est Deo, sed secundum existentem prius animam deductus

e cœlo, nec secundum carnem creatus ex nihilo. Eamdem generis in Verbi divinitate personam, et tenens communem nobis in corpore animaque naturam. Non enim esset Dei hominumque mediator, nisi idem Deus, idemque homo in utroque et unus esset et verus. Quam servilem formam, a solo Filio Dei susceptam, tota sancta Trinitas, cujus una est voluntas et operatio, in utero gloriosæ ac semper Virginis Mariæ fecit, sicut evangelizavit ei archangelus : *Spiritus sanctus*, inquiens, *superveniet in te, et virtus Altissimi obumbrabit tibi. Ideoque quod nascetur ex te Sanctum, vocabitur Filius Dei* (*Luc.* 1). Quæ tota sancta Trinitas, scilicet Deus Pater, nuncupatione Altissimi designatus ; et ejus virtus et sapientia, quæ ædificavit sibi domum (*Prov.* IX), unigenitus videlicet. Filius ipse auctor operis, ipse opus auctoris, cooperante Spiritu sancto, ejusdem Salvatoris nostri humanitatem, corpus nimirum et animam, condidit in visceribus Virginis, quæ facta est ancilla hominis per divinitatem·, et mater Verbi per carnem. Non autem prius in utero Virginis caro concepta est, et postmodum divinitas venit in carnem, sed mox Verbum venit in uterum, mox Verbum servata propriæ veritate naturæ factum est caro. Et perfectus homo, id est in veritate carnis et animæ rationalis, natus est per uterum. Virginis Filius Dei, unctus oleo lætitiæ, id est dono Spiritus sancti, præ consortibus suis (*Psal.* XLIV), scilicet præ cæteris hominibus. Nos prius homines peccatores efficimur, et postmodum per unctionem sancti Spiritus sanctificamur : ipse autem existens Deus ante sæcula, per Spiritum sanctum, in utero Virginis homo conceptus est in fine sæculorum. Ibi ab eodem Spiritu unctus est, ubi conceptus, nec ante conceptus et postmodum unctus est : sed hoc ipsum de Spiritu sancto et carne Virginis concipi, a Spiritu sancto ungi fecit. In quo complacuit inhabitare, omnem plenitudinem divinitatis corporaliter (*Col.* II), id est substantialiter : quia Verbum per omnipotentiam suam, voluit hunc perfectum hominem quem assumpsit, hoc fieri ex tempore, quod ipse semper fuit sine tempore, id est, proprium Filium Dei ? ut non possint dici duo Filii Dei, alius ante tempora genitus, et alius factus ex tempore, ne quaternitas (quod absit), pro incarnatione ipsius in sancta Trinitate dicatur : quoniam Deus, Dei Filius humanam assumpsit naturam, non personam in æternam suscipiens personam divinitatis, temporalem humanitatis substantiam. Homo transivit in Deum, non vertibilitate naturæ, sed propter divinæ unitatem personæ. Nam sicut in sancta Trinitate alia est persona Patris, alia Filii, alia Spiritus sancti, sed non aliud est Pater, aliud Filius, aliud Spiritus sanctus : ita in Dei Filio Domino nostro Jesu Christo, aliud est divinitas, aliud anima, aliud corpus ; sed non alia est persona divinitatis, et alia humanitatis, sed una, eademque persona. Ideo non sunt duo Christi, nec duo Filii, sed unus Christus, et unus Filius, Deus et homo, juxta evangelistam, *plenus gratia (Joan.* 1) : quia plenitudo humanitatis, anima et corpus, assumpta est in Verbo in unitate personæ suæ divinitatis. *Plenus veritate,* quia in plenitudine humanitatis inhabitat plenitudo divinitatis : quem beata Virgo Maria, salva integritate sui corporis, Deum et hominem, unicum filium edidit, quemadmodum salva virginitate concepit, creatorem corporum et animarum humanarum, quæ ab eodem opifice suo Deo incorporantur, et priusquam suis inspirentur corporibus, non fuerunt. Sed quia per primi hominis prævaricationem, tota humani generis propago est vitiata nemo potest a conditione veteris hominis liberari nisi per sacramentum baptismatis Christi, in quo nulla est discretio renatorum : quia quos aut sexus in corpore, aut ætas discernit in tempore, omnes in unam parit gratia mater infantiam, dicente Apostolo : *Quicunque enim in Christo baptizati estis, Christum induistis. Non est Judæus et Græcus; non est servus neque liber: non est masculus neque femina : omnes enim vos unum estis in Christo Jesu (Gal.* III). Cujus humanitatem in nulla proprietate operum, quæ naturas in eo distinguunt, divinitas disseruit, postquam eam assumpsit, nec in ipsa etiam passione, quamvis ipsa divinitas impassibilis semper in sua permanet natura.

XX. Et quoniam Joannes Baptista eidem Domino nostro Jesu Christo singulariter ac sine mensura datam Spiritus largitatem dixit, in quo omnis plenitudo divinitatis habitat *(Joan.* III), cujus anima et caro, cum Verbo unus est Christus, et unicus filius, anima ejus plenam in se divinitatis habuit semper, et habet notitiam, cum qua naturaliter una creditur habere personam. Ipse est enim qui dat sanctis Spiritum, ipse est qui accipit : æqualis Patri secundum divinitatem, minor Patre secundum humanitatem. Et quia potens est ad mensuram dare, ideo non debuit ad mensuram accipere. In forma enim Dei manens, Spiritum dat : formam servi accipiens, Spiritum accepit. Ipsum enim, quem ad mensuram dat, totum accepit. Idem sacerdos et sacrificium, veniens ad nos offerre pro nobis, quod assumpsit ex nobis, ut auferret a nobis quod invenit in nobis, id est peccatum, mediator Dei et hominum, habens cum Patre eamdem divinitatis naturam, et humanitatis eamdem cum matre substantiam. Habens ex nobis usque ad mortem, nostræ iniquitatis pœnam, habens incommutabilem de Deo Patre justitiam. Propter nostram iniquitatem temporaliter mortuus, propter justitiam suam, et ipse semper vivus. Qui Dominus et rex gloriæ *(Psal.* XXIII) crucifixus est, ex infirmitate nostra, sed vivit ex virtute sua. Idem Deus qui in cruce homo factus pependit, et in sepulcro idem Deus homo factus jacuit : sed in sepulcro secundum solam carnem idem Deus jacuit, et in infernum secundum solam animam descendit, et resurrexit tertia die carne : quia peccatum non fecit, a quo resurgeret anima *(I Cor.* XV). Ipse Deus et homo ascendit in cœlum, et sedet ad dextram Patris venturus judicare vivos et mortuos. Quidquid enim in Christo factum esse legitur, ab uno Christo, et ab uno Dei Filio gestum est. Hoc vero personaliter totus Christus dignatus est agere. Ipse quippe suas passiones invenitur operatus, qui nihil habuit, quod pateretur invitus. Cujus anima tantæ sanctitatis et justificationis est, ut omnes in se credentium animæ, per eam sanctificari et justificari queant. Et caro tantæ munditiæ et libertatis est a peccato, ut omnes in se confidentium carnes, divina in eo operante gratia, purgari et liberari possint : quia sanguis qui de eadem carne lancea militis vulnerata fluxerat *(Joan.* XIX), pretium est salutis humanæ. Per cujus effusionem exstincta est flamma illa paradisi custodia, et via fidelibus aperta est ad lignum vitæ, quod plantatum est secus decursus aquarum viventium *(Psal.* I). Cujus ligni sapientissimus Salomon, cum de laude sapientiæ multa dixisset, recordatus est, ita dicens : *Beatus homo, qui invenit sapientiam et qui affluit prudentia (Prov.* III). Et paulo post : *Viæ ejus viæ pulchræ, et omnes semitæ ejus pacificæ (Prov.* III). Lignum vitæ est his qui apprehenderint eam, et qui tenerit eam, beatus. Quem scilicet Christum Dei virtutem et Dei sapientiam videns Joannes Baptista et præcursor suus venientem ad se, populis, quibus diu illum prædicaverat, digito demonstravit, dicens : *Ecce agnus Dei, ecce qui tollit peccata mundi (Joan.* I). Ecce agnus Dei, ecce innocens, et ab omni peccato immunis utpote qui os quidem de ossibus Adam, et carnem de carne Adam, sed nullam peccatrice de carne traxit maculam culpæ. Ecce qui tollit peccatum mundi, ecce qui justus inter peccatores, mitis inter impios, hoc est, quasi agnus inter lupos apparens etiam peccatores et impios justificandi habet potestatem.

XXI. Quomodo autem peccatum mundi tollat, quo ordine justificet impios, apostolus Petrus ostendit, qui ait : *Non corruptibilibus argento vel auro redempti estis de vana vestra conversatione paternæ traditionis,* sed pretioso sanguine, quasi agni incontaminati et immaculati Jesu Christi *(I Petr.* I). Et in Apocalypsi Joannes apostolus : *Qui dilexit nos,* inquit, *et lavit nos a peccatis nostris in sanguine suo (Apoc.* I). Non solum autem lavit nos a peccatis nostris in sanguine suo, quando sanguinem suum dedit in cruce pro nobis, vel quando quisque nostrum in mysterium sacrosanctæ passionis illius baptismi aquis ablutus est : verum etiam quotidie tollit peccata mundi, lavatque nos a peccatis nostris quotidianis in sanguine suo, cum ejusdem beatæ passionis ad altare memoria replicatur, cum panis et vini creatura, in sacramentum carnis et sanguinis eis, ineffabili spiritus sanctificatione transfertur; sicque corpus et sanguis illius, non infidelium manibus ad perniciem suam funditur et occiditur, sed fidelium ore sumitur in salutem. Cujus recte figuram agnus in lege paschalis ostendit, qui semel populum de Ægyptiaca servitute liberans, in memoriam ejusdem liberationis per omnes annos immolatione sua populum eumdem sanctificare solebat (*Exod.* xii), donec veniret ipse A cui talis hostia testimonium dabat. Oblatusque Patri pro nobis in hostiam odoremque suavitatis, mysterium suæ passionis, oblato agno, in creaturam panis vinique transferret, sacerdos factus in æternum, secundum ordinem Melchisedech, qui per proprium sanguinem semel introivit in sancta, æterna redemptione inventa (*Hebr.* v *et* vi). Quia Verbum quod erat in principio Deus apud Deum, cibus sempiternus sanctorum angelorum, unde vivunt supernæ virtutes, caro factum est, id est idem Deus Verbum, quod erat apud Deum, homo factus est, sicut dictum est, et semper credendum atque dicendum est. Quo auctore et redemptore, nunc in cœlo vivunt cibo sempiterno beatorum spiritus, ac perpetuo omnis vivet Ecclesia sanctorum. Et nos vera ejus carne de cruce pascimur, et sanguine vero ac vivo, qui de latere ejus in cruce manavit, potamur : qui manducatus et potatus, integer perseverat et vivus, quia surrexit occisus. Et in hac mystica distributione spiritualis alimoniæ, hoc impartitur, hoc sumitur; ut accipientes virtutem cœlestis cibi, in carnem ejus, qui caro nostra factus est, transeamus, et in quo crucifixi, cui commortui, et consepulti, et conresuscitati, ipsum per omnia carne et spiritu gestemus. Nam aliter in sancta Ecclesia, quæ corpus ejus est, nec rata sacerdotia, nec vera sunt sacrificia, nisi in nostræ proprietate naturæ, verus nos pontifex reconciliet, et verus immaculati agni sanguis emundet. Qui licet in Patris dextera sit constitutus, in eadem tamen carne, quam assumpsit ex Virgine, sacramentum propitiationis exsequitur dicente Apostolo : *Christus Jesus, qui mortuus est, imo qui et resurrexit, qui est in dextera Dei, qui etiam interpellat pro nobis (Rom.* viii).

XXII. Hujus si quidem gratia repletos, et in ea usque ad excessum vitæ perseverantes, poscamus nos istius Patris nostri meritis ac precibus multiplicari, a fructu frumenti, et vini et olei Dei, id est doctrina sancta, sapientia superna, divinæ gratiæ misericordia, ut inebriati ab ubertate domus ejus, ac pinguedine, videlicet gratia sancti Spiritus, qua repletur catholica Ecclesia, quæ est domus et corpus ejus flumina de ventre nostro fluant aquæ vivæ, de mentibus scilicet nostris spirituales doctrinæ, quæ sunt animæ vita : et quos per baptismum ab omnibus mundavit sordibus peccatorum, per lacrymas pœnitentiæ a cunctis ablutos facinoribus, in vitæ conservet munditia, et ad vitam mundos perducat æternam.

XXIII. Qui humani generis adversarius non desistit ostendere nocendo malignitatis suæ potentiam, immissione sua surgentibus subito flammarum globis, hanc civitatem Rhemorum succendit. Et nimia vastatione oborta, jam partem fere tertiam favillis exstantibus, concrematio peracta consumpserat, et quod residuum erat, victrix flamma lambebat. Cujus rei nuntius cum ad beatissimi Remigii antistitis pervenisset auditum, illico ad orationem in basilica beati Nicasii urbis hujus pontificis et martyris (nam ibi tunc morabatur) se prostravit : et surgens ab oratione, suspiciens in cœlum, ingemuit et dixit : Deus, Deus meus, adesto voci meæ. Et concito cursu per gradus, ante ipsam ecclesiam petris compositos egressus, civitatem petiit. In quibus petris, ac si super molle lutum impressa ejus fuerunt vestigia, quæ hodieque ibi ad memoriam divini miraculi demonstrantur. Et sic celeri velocitate cucurrit, atque se igni opposuit : statimque ut extensa dextra contra ignem, cum invocatione Christi nominis signum sanctæ crucis fecit, totum illud incendium, velut quodam reatu cognito, fracta et concisa, atque in sese relisa virtute, cœpit ante viri Dei præsentiam fugere. Quod vir Dei semper insequebatur, et inter ignem, et ea, quæ adhuc erant residua, cum signo sanctæ crucis et invocatione Christi se opponebat. Sicque totum flammarum globum, ante se fugientem, per patentem portam (sic enim tunc temporis vocabatur, quia portis aliis clausis ob civitatis custodiam, pro exeuntium et introeuntium commoditate in die patebat) divina potentia expulit, et alia porta ad hoc officium deputata, præfatam portam clausit, et ut nunquam ab aliquo aperiretur, cum interminatione vindictæ, qui illam præsumeret aperire, prohibuit : sicut et Josue imprecatus est ultionem de eo qui muros Jericho, Dei virtute dejectos, denuo restauraret (*Jos.* vi). Post quosdam vero annos, civis quidam nomine Fercintus, secus illam portam manens, pertusum in maceria, qua eadem porta obstructa fuerat, fecit, per quem fimum suæ cortis ejiceret. Quem mox tanta est vindicta secuta, ut non homo, non pecus clade superveniente in eadem domo remanserit. In quo miraculo omnibus gratia Dei declaravit, quod vir Dei plenus fide, plus igne divini amoris coluit, qui sævitiam tantæ indignationis meritis sanctis suis evicit, expulit et exstinxit. In eo enim, quia in silicibus ejus fuerunt impressa vestigia, et beati Petri in elemento instabili soliti gressus jussione Domini exstiterunt, licet diverso modo, non tamen diversa fide ac gratia, operationem Christi conspicimus. Nam et in veris historiis legimus, quia in sancta civitate Jerusalem servatur lapis durissimus, in quo monstrantur pia Redemptoris vestigia, quando ante Pilatum judicem stetit, cujus cordi saxo duriori, exigentibus culpis, ejus verba imprimi nequiverunt.

XXIV. Et silicibus impressis vestigiis servi sui Remigii, contra malitiam diaboli, cujus membrum Pilatus exstitit, pugnaturi, dignatus est demonstrare, quia dedit ei, sicut discipulis suis in carnis præsentia dixerat, potestatem calcandi super omnem virtutem inimici (*Luc.* x). Verum et in hoc facto gratia suæ potentiæ voluit demonstrare, quam pretiosi sint pedes evangelizantium pacem, evangelizantium bona (*Isa.* lii), per quem auferebat a duris corde, et ablaturus erat ab infidelibus Francis corda lapidea, et dabat pertinacibus atque daturus erat infidelibus corda mollia, ad recipienda divini verbi semina, ut

per patientiam referrent fructum in tempore suo.
Sed et per se Dominus, qui perforato in cruce latere
suo ædificavit Ecclesiam, profundens aquam et sanguinem, quibus eadem Ecclesia lavacro rigatur et
poculo : et per hunc servum suum, cui regendam
suam commisit Ecclesiam, impressis in petra vestigiis, quando robustiora saxis vestigia, et molliora
vestigiis saxa ostensa sunt, demonstrare singulariter
voluit, quod de eadem Ecclesia per Moysen figurata
locutione prædixit : *Ferrum et æs calceamentum ejus*
(*Deut.* xxxiii). Calceamentum quippe in Scriptura
sancta, munimen prædicationis accipitur, sicut scriptum est : *Calceati pedes in prædicatione Evangelii
pacis* (*Ephes.* vi). Quia ergo per ferrum virtus, per
æs autem perseverantia exprimitur, ferrum et æs
calceamentum ejus dicitur, dum prædicatio illius
acumine simul constantia munitur. Per ferrum
enim, mala adversantia penetrat; per æs autem,
bona quæ proposuit, longanimiter servat. In eo quod
inter ignem, et ab incendio necdum tactus stans,
cum signo crucis et invocatione Christi nominis iste
vir sanctus, qui cum suis collegiis dicere poterat,
Christi bonus odor sumus Deo (*II Cor.* ii) in omni
loco, se transgredi flammas prohibuit, Dei miraculum fuit repræsentatum, quando Aaron pontifex, ut
iram Domini placaret, thuribulum cum incenso odorifero sumpsit, atque inter mortuos et viventes stetit (*Num.* xvi). Cujus meritis et precibus postulemus
in nobis exstingui flammas vitiorum, nosque liberari
ab igne perpetuo intolerabilium tormentorum. De
eo, quod præfatus civis, contra vetitum beati Remigii,
quod ille clauserat, aperire præsumpsit, et ultione
non caruit : nos quoque pertimescamus sanctorum
verba et præceptiones parvipendere : quia Deo in se
loquente, sine mutabilitate manentes sententias exprimit eorum sermo, qui transit.

XXV. Quædam puella ab urbe Tolosa præclaris
orta natalibus, ab infantia maligni spiritus tenebatur
obsidione captiva. Quam cum tenero amore diligerent piissimi genitores, ad sancti Petri sepulcrum in
Romanam urbem cum plurima multitudine et multa
devotione duxerunt. In iisdem namque partibus erat
tunc vir vitæ memorabilis, gratia et nomine Benedictus [a], plurimis effulgens virtutibus. Cujus famam
audientes ipsius puellæ parentes, ad eumdem Dei
servum illam perduxerunt. Qui multis jejuniis et
orationibus pro ipsius emendatione ab infestissimo
dæmone laborans Domini potentiam studuit exorare.
Quam cum nulla potuisset intercessione curare,
nec ab ipsa callidi dæmonis virus valuisset expellere, multis ac validissimis exorcismis adjuratus,
hoc responsum antiquus hostis reddidit, divini nominis obtestatione constrictus, quod nunquam alterius de eodem habitaculo, nisi hujus beatissimi
Remigii antistitis orationibus posset expelli. Tunc
parentes ejus cum ipsius viri Dei Benedicti litteris

hanc Rhemorum civitatem adire cœperunt. Et
quoniam apud Alaricum regem Gothorum qui in
Tolosana civitate sedem suam constituit, et una
cum regno Gothico magnam partem Galliarum sibi
obtinuit, præditæ puellæ parentes valde honorati,
ac familiares, et, ut ferebatur, carne propinqui
ejus erant, cum litteris ac legatis ipsius ad beatum Remigium pro emundatione sæpedictæ puellæ
ab antiquo hoste, in hanc urbem, illam secum vinctam adducentes, venerunt, ut Christi
per eum virtutem agnoscerent in purgatione sobolis,
quam præscierant confessione latronis. Beatus autem
Remigius cum diuturna reluctatione se non esse
ad tantum opus dignum assereret, et consueta patientia repugnaret, precibus est populi supplicantis
evictus, ut orationem pro ea funderet, et parentum
lacrymis condoleret. Tunc meritis sanctitatis armatus, verbi præcepit imperio, ut iniquus prædo,
per quod ingressus fuerat, discederet, et Christi famulam relaxaret. Itaque cum nimio vomitu et ob-
scœno fœtore per os, quo intravit, egressus est. Sed
paulo post discedente pontifice, sub ipsius tamen
horæ spatio, dum nimio labore fessa nutaret, vitæ
calore decepta, spiritum salutis amisit. Iteratis ergo
precibus supplicantium turba recurrit ad medicum.
Vir autem sanctus se accusat potius perpetrasse,
quam sanitatis præmium indulsisse; et exstitisse
homicidii reum, non contulisse remedium. Ad basilicam igitur sancti Joannis Baptistæ, ubi corpus
jacebat exanime, populi obtentus deprecatione, regreditur, ibique sanctus Remigius cum lacrymis
ad pavimenta sanctorum in oratione prosternitur,
et reliquos, ut ita facerent, adhortatur. Et effuso
lacrymarum imbre, consurgens suscitavit mortuam,
quam prius sanavit ægrotam. Apprehendens namque
manum ejus, dixit : Puella, in nomine Domini nostri
Jesu Christi, surge. Quæ mox cum integra incolumitate, sicut ipsa postea fatebatur, ab ipsis inferni
claustris surrexit, et ad propria feliciter remeavit.

XXVI. Potest enim fragilitate carnis exutus, et
choris angelicis sociatus, plebem suam et quemlibet
cum fide petentem, de casu cujuslibet periculi imminentis, meritis et precibus suis eripere, et quemcunque a malis ad bona conversum, de cujuscunque
peccati morte resuscitare, sed et de futura perpetua
morte liberare, qui adhuc in ergastulo corruptibilis
carnis positus, vitam mortuæ valuit restaurare.
Propterea quoniam duæ mortes sunt in unoquoque
nostrum, una videlicet animæ per peccatum, et altera
corporis propter peccatum ad pœnam peccati : quia
mors est animæ, quando Deus eam deserit ob magnitudinem peccatorum; et mors est corporis, quando
ab anima deseritur; et duæ sunt resurrectiones,
nunc animæ in Ecclesia per Filium Verbum Dei,
quando per gratiam ejus resurgit a morte iniquitatis : et hæc est prima resurrectio, quam qui ha-

---

[a] Erroris hic Hincmarus a Baron. tom. VI Annal. arguitur, quod pro Benedicto puellæ patre homine prædivite in provincia, hanc de S. Bened. hi-

storia contexuerit, probatque id ex testam. S. Re-
mig. quod apud Briss. habetur, et apud Flod. in
hist. Rhem. lib. v, c. 18 : vide Bar. an. 507.

bet, et in secunda, quæ est corporis, feliciter resurget in vitam æternam per Verbum Dei carne factum Filium hominis, qui potestatem accepit judicium facere : quod judicium in fine erit sæculi : et ibi non erit resurrectio animarum, sed corporum. Petamus igitur corde contrito, cum lacrymis, bonis operibus suffragantibus, per hujus patroni nostri intercessionem nos resuscitari a morte animæ in præsenti vita, ut vivamus in Christo : et ut resurgentes corpore in fine sæculi, æternaliter vivamus cum Christo : credentes firmiter nos per ejus intercessionem hoc apud Domini misericordiam obtineri posse, si fideliter petierimus : qui in curatione prius a dæmone, et post in resurrectione corporis a morte præfatæ puellæ, certissimum pignus de meritis ejus accepimus.

XXVII. Habeamus seduli ante mentis oculos horam exitus nostri de corpore; præveniamus faciem Domini in confessione peccatorum nostrorum et lacrymis ac bonis operibus : indulgentes his qui in nos peccaverunt, ut indulgentiam peccatorum nostrorum obtinere possimus apud Domini misericordiam : et non negligamus bona quæ nunc agere poterimus. Sed pro his quæ in isto sæculo egimus, condignam remunerationem in illo sæculo accipiemus ab eo qui, ut scriptum est, *reddet unicuique secundum opera sua* (*Rom.* xii). Nam ut taceamus de apostolis, martyribus, confessoribus, et cæteris arctioris et perfectioris vitæ viris, qui mox corruptione carnis soluti, cœlos penetrant, et quem in sua cognovere carne mortalem, jam in natura divinitatis Patri et Spiritui sancto videre possunt æqualem; quorum unus certaminum suorum conscius non dubitavit de seipso testari : *Cupio dissolvi, et esse cum Christo* (*Philip.* viii) : sunt plures in Ecclesia justi, qui post carnis solutionem, continuo in beata paradisi requie suscipiuntur, exspectantes in magno gaudio, in magnis congaudentium choris, quando recepto corpore veniant et appareant ante faciem Dei. At vero nonnulli propter bona quidem opera, ad electorum sortem præordinati, sed propter aliqua mala, quibus polluti de corpore exierunt, post mortem, severe castigandi, excipiuntur flammis ignis purgatorii ; et vel usque ad diem judicii, longa hujus examinatione, a vitiorum sorde mundantur : vel certe prius amicorum fidelium precibus, eleemosynis, jejuniis, fletibus et hostiæ salutaris oblationibus absoluti pœnis, et ipsi ad beatorum perveniunt requiem. Unde pensandum est, quod tutior via sit, ut bonum quod quisque post mortem suam sperat agi per alios, agat, dum vivit, ipse per se. Beatius quippe est liberum exire, quam post vincula libertatem quærere.

XXVIII. Denique, cum quidam ægrotus familiæ non ignobilis, necdum baptizatus, se a sancto postularet Remigio visitari, et jam velut in ultimo spiritu potitus, credere se fateretur, et baptizari deposceret, ægroto abrenuntiante, et benedicto fonte, sanctus Remigius a presbytero loci illius exorciza

a Vide lib. i Pauli Æmilii de Gestis Francorum.

tum oleum et chrisma quæsivit. Qui, simplex oleum se habere, sed oleum exorcizatum et chrisma in ampullis, in quibus fuerat, jam penitus defecisse respondit : Sanctus autem Remigius ipsas ampullas sibi afferri præcepit : quas vacuas super altare misit, et se in orationem prostravit. Surgens autem ab oratione ampullam, in qua brevis habebatur olei exorcizati, et alteram ampullam, in qua brevis continebatur sacri chrismatis, plenas invenit. Sicque infirmum, qui ante abrenuntiaverat, post abrenuntiationem oleo exorcizato perunxit : demumque baptizatum, secundum traditionem ecclesiasticam, chrismate sacro linivit. Qui mox animæ sanitate recepta, etiam corporis incolumitatem promeruit. Quem, fratres charissimi, quem imitatum atque secutum in hoc miraculo beatum Remigium debemus advertere, nisi eum, qui in nuptiis, ad quas venire, et eas sua præsentia dignatus est significare, hydrias vacuas aqua impleri præcepit, et eamdem aquam nutu suo in vinum convertit? (*Joan.* ii.) Et quidem Dominus potuit implere vacuas hydrias vino, qui in exordio mundanæ creationis cuncta creavit ex nihilo : sed maluit de aqua hydrias impleri, et de ipsa aqua facere vinum : ut ministrorum obsequio hydriæ aqua replerentur, et benedictionis suæ nutu aqua verteretur in vinum : ut patenter ostenderet, quia sicut omnia fecit ex nihilo, ita et naturas rerum sanctificatione sua mutat, ut ipse volet. Et beatus Remigius servus et amicus sponsi Ecclesiæ, credentem per divina mysteria, socians eidem corpori ejus verbis solemnibus poterat simplex oleum exorcizare, et sanctum Chrisma, sicut et fontem sacrare : sed maluit, ut Dominus singulatim de sacramentis sanctificatis ampullas, in quibus fuerant, benedictionis suæ potentiam repleret, et se fidelem in verbis suis, quibus dixerat : *Si quid petieritis Patrem in nomine meo, dabit vobis* (*Joan.* xvi), ad confirmandam fidem neophyti credentis obsequio famuli sui, ostenderet. Certum est, quoniam qui in exordio creationis, creaturis singulis benedixit, et eas semper ipsa benedictione in usus hominum crescere, et multiplicari fecit; et de creaturis panis et vini aqua misti, sed et olei, secundum suam traditionem, ad invocationem sacerdotis semper bona creat : non faciendo, quod jam erant; sed sacrosancta mysteria faciendo existere, quod nondum erant, corpus videlicet et sanguinem suum et chrisma salutis æternæ : idem ampullas singulas oleo replevit, et ad invocationem sacerdotis sui, sanctificationis benedictionem singulatim infudit.

XXIX. Cum gentis Francorum, ut historiæ produnt a, de Troia civitate, impugnantibus et expugnantibus Græcis, pars cum Ænea in Italiam perrexit ; pars eorum videlicet, duodecim millia in finitimas Pannoniæ partes secus Mæotides paludes pervenerunt, ibique civitatem advenientes ædificaverunt, quam ob suam memoriam Sicambriam vocaverunt : in qua multis annis habitaverunt, et in gentem magnam usque ad tempora Valentiniani imperatoris creverunt. Et ita sub principibus crinitis, juxta morem gentis subinde succedentibus, per Thuringiam regionem Germaniæ a castello Dispargo, in quo diu habitaverunt, ad Belgicæ provinciæ Tornacum atque Cameracum civitates aggressi sunt. Ideoque ad summum fluvium partem Belgicæ provinciæ occupaverunt, ubi plurimis temporibus degerunt, sub Clodoveo et Meroveo rege utili, a cujus nomine celeberrimo, Franci vocati sunt Merovingi : sicut a Valentiniano imperatore Attica lingua vocati sunt Franci, hoc est feroces. Cui Meroveo in principatum successit Childericus, qui de Basina [*al.,* Bissina] regina Thuringorum habuit filium Clodoveum, qui fuit rex magnus super omnes ante se reges Francorum, pugnator bellicosissimus atque egregius. In illis diebus vel temporibus ceperunt Franci Agrippinam civitatem super Rhenum, quam Coloniam vocaverunt, et Trevirorum civitatem super Mosellam, quæ ab Hunnis antea diruta et afflicta fuerat, succedentes ceperunt. In illo tempore in his partibus circa Rhenum usque Ligerim fluvium habitabant Romani, quorum princeps erat Ægidius. Ultra Ligerim autem dominabantur Gothi, quorum princeps erat Alaricus. Burgundiones quoque Ariani, ut et Gothi habitabant juxta Rhodanum fluvium usque ad civitatem Lugdunum, et ei confines urbes, quorum princeps erat Gundebaldus. Eo tempore mortuus est Ægidius, et successit in principatum Romanorum, qui habitabant in Galliis, filius ejus Syagrius. Mortuo autem Childerico, qui Aurelianum et Andegavos civitates cum suo exercitu Francico occupavit atque vastavit, Clodoveus filius ejus sagaciter Francorum regnum suscepit. Anno quinto Clodoveo regnante, Syagrius filius Ægidii dux Romanorum qui in Galliis habitabant, in Suessionis civitate, quam pater ejus tenuerat, residebat : super quem Clodoveus cum hoste advenit atque devicit : quemque ab Alarico, apud quem in Tolosa, fugiens Clodoveum, aliquandiu habitavit, sibi transmissum recepit, et occidi præcepit, et omnia quæ illius erant, suæ potestati subegit.

XXX. Eo tempore multæ ecclesiæ a Clodovei exercitu depredatæ sunt. Erant autem, sicut et rex illorum, fanatici et pagani. Attamen audientes [a] miracula quæ fiebant per B. Remigium, reverebant eum : et licet pagani diligebant illum, in quo lux cœlestis gratiæ omnibus resplendebat, et rex illorum libenter illum audiebat, et audito eo, multa faciebat, et a multis nequitiis se cohibebat. Erat enim sanctus Remigius vir sapiens, atque sanctissimus, egregius rhetoricus, præclarus in virtutibus, cæcis visum restituens, mortuis vitam reparans, dæmonia ejiciens, omniumque infirmitatum languoribus medelam præbens.

XXXI. Transitum autem rex faciens secus civitatem Rhemorum per viam, quæ usque hodie, propter Barbarorum per eam iter, Barbarica nuncupatur : noluit eamdem civitatem introire, ne ab exercitu suo aliquod malum ibi fieret. Sine voluntate autem et conscientia ipsius, pars quædam indisciplinatorum, quoniam non erat potestas temporalis inhabitantium, quæ eis resisteret, eamdem civitatem intravit, et quædam ornamenta atque vasa sacra inde rapientes, ut prædones solent, asportaverunt. Inter quæ urceum miræ magnitudinis atque pulchritudinis rapientes tulerunt. Sanctus autem Remigius missos suos ad regem Clodoveum direxit, deprecans, ut si aliud de sacris vasis Ecclesiæ recipere non mereretur, vel illum urceum missis suis reddere juberet. Hæc audiens rex ait ad missos ecclesiasticos : Sequimini nos usque ad Suessionum civitatem, quia ibi cuncta, quæ acquisita sunt, dividenda erunt. Cumque urceus ille mihi in partem obvenerit, quæ episcopus postulat, adimplebo. Veniens autem Suessionum civitatem, cunctam prædam, quæ asportata vel acquisita fuit, rogat afferri in medium. Cumque omnia fuissent in præsentiam regis allata, dixit : Rogo vos, o fortissimi pugnatores, ut mihi dare urceum istum non negetis. Hoc rege dicente, Franci illi, qui bono animo fuerunt, aiunt : Omnia, gloriose rex, quæ cernis, tua sunt, et nos tuo dominio sumus subjecti. Quod tibi bonum videtur, hoc fac : nullus enim tuæ potestati resistere audet. Cumque hæc illi benigne dixissent, unus Francus levis, cum vociferatione elevata bipenni, quæ alio nomine vocatur francisca, percussit urceum istum dicens : Tu nihil hinc accipies, rex, nisi quod tibi sors vera donaverit. Obstupefactis omnibus, rex injuriam suam patienter sufferens, acceptum urceum nuntio ecclesiastico reddidit, servans iram in corde absconsam. Transacto anno Clodoveus rex, ut omnium armorum nitorem videret, omnem exercitum jussit cum armorum apparatu venire secundum morem in campum Martium. Sic enim conventum illum vocabant a Marte, quem Pagani deum belli credebant, a quo et Martium mensem et tertiam feriam, diem Martis appellaverunt. Quem conventum posteriores Franci Maii campum, quando reges ad bella solent procedere, vocari instituerunt. Verum ubi rex cunctum exercitum circumivit, venit ad hominem illum, qui urceum præterito anno cum bipenne percusserat, et ait ad eum : Nullus hic tam inculta et sordida habet arma, sicut tu : quia neque clypeus, neque lancea, neque bipennis est utilis. Accepit autem rex Franciscam ejus, quæ vocatur bipennis, et projecit in terram. Cum autem ille se inclinasset eam recolligere, rex statim elevata manu franciscam suam in caput ejus defixit, et ait : Sicut tu in Suessionum civitate superiori anno in urceo isto fecisti, sic et facio tibi. Mortuoque illo, exercitum rex de ipso campo jussit

<hr>

[a] Flod. lib. I, c. 13, hist. Rhemens.

ad propria in pace discedere. Grandis pavor et timor pro hac re in Francorum populo surrexit.

XXXII. Clodoveus decimo anno regni sui, commoto exercitu, sibi Thuringiam provinciam subjugavit. Inde Gundebaldi regis Burgundionum neptim, filiam videlicet fratris sui Chilperici, quem gladio interfecerat, nomine Clotildem, pulchram satis puellam, et vere Christianissimam interveniente Aureliano consilio, ac legatario suo, nutu divino, in conjugem sumpsit, sicut lector in suo loco plenius legere potest. In diebus illis dilatavit rex [a] Clodoveus regnum suum usque Sequanam : sequenti tempore usque fluvium Ligerim occupavit, accepitque Aurelianus castrum Milidunense, quod et in ducatum obtinuit.

XXXIII. Concepit denique ac peperit filium Clotildis. Quem cum sacro Baptismate consecrari vellet, rex non acquiescebat ei. Necdum enim credebat in Dominum Deum cœli. Regina autem quotidie illi prædicabat eum : at ille nolebat eam audire. Interea regina parat filium ad baptismum, ornat ecclesiam velis atque cortinis, ut regis cor ad credendum compungeret. Baptizatus est puer, quem Ingomirum vocavit, quique in Albis decessit. Unde rex nimis contristatus, reputabat reginæ, increpando dicens ad eam : Quia si in nomine deorum meorum puer dedicatus fuisset, utique incolumis diu vixisset. Quia vero in nomine Dei vestri baptizatus est, vivere non potuit. Regina vero dicebat : Deo gratias ago, qui me non duxit indignam, ut de utero meo primogenitum in regno suo recipere dignatus sit. Ego autem nullum dolorem in corde meo pro hac causa retineo. Postea vero genuit filium alium, quem in baptismo Clodomirum vocavit. Et hic cum ægrotare cœpit, dixit rex : Non potest aliud, nisi de isto sic fiat, quomodo fuit de fratre ejus, ut baptizatus in nomine Christi vestri, cito moriatur. Sed orante regina, et Domini misericordia præcurrente recepit sanitatem. Regina quoque non cessabat regi prædicare, ut Deum verum coleret, et idola, quæ colebat, vana relinqueret : sed nullo modo animum ejus ad credendum poterat commovere, donec tandem aliquando bellum contra Alemannos Suevosque moveret, in quo compulsus est Deum confiteri, quem antea negaverat.

XXXIV. Factum est autem [b] bellantibus inter se Francis videlicet et Alemannis atque Suevis ut Clodovei exercitus nimis corrueret. Aurelianus consiliarius ejus intuens regem, ait : Domine mi rex, crede modo Deum cœli, quem domina mea regina prædicat, et dabit tibi ipse rex regum et Deus cœli atque terræ victoriam. Ille vero elevatis in cœlum oculis commotus in lacrymas, ait : Jesu Christe, quem Clotildis regina mea prædicat esse Filium Dei vivi, qui subvenis in tribulatione, qui das auxilium in te sperantibus, tuum adjutorium devotus postulo : ut si mihi victoriam super hos hostes dederis, et expertus

fuero virtutem illam quam de te populi prædicant, credam tibi, et in nomine tuo baptizabor. Invocavi enim deos meos, et, ut experior, elongati sunt ab auxilio meo. Unde credo eos nulla potestate esse præditos, qui sibi credentibus non succurrunt. Te Deum verum invoco, et in te credere desidero : tantum ut liberer ab adversariis meis. Cumque hoc orans clamaret, Alemanni in fugam versi, terga dederunt : et videntes regem suum interfectum, Clodovei potestati se subdunt, dicentes : Parce, precamur, domine rex, ne pereat plus populus ; jam tui sumus. Tunc jussit rex imminentem plagam cessare, et Alemannos cepit ; ipsosque ad terram eorum sub jugo tributario constituit. Sicque facta victoria, reversus est in Franciam ad reginam suam, et narravit ei, qualiter per invocationem nominis Jesu Christi victoriam meruit obtinere. Acta sunt hæc anno quinto decimo Clodoveo regnante.

XXXV. Tunc regina, ut impleretur dictum Apostoli : Salvatur vir infidelis per mulierem fidelem (I Cor. VII), vocavit sanctum Remigium urbis hujus Rhemensis antistitem, deprecans eum ut regi salutis viam prædicaret. Quem sanctus sacerdos per multam salutaris vitæ doctrinam ad baptismum venire prædicabat. Et ille ait : Libenter te audiam, beatissime Pater ; sed unum restat, quia populus qui me sequitur, non vult deos suos relinquere. Vadam autem adhortari eos juxta verbum tuum. Et veniens rex ad populum, cœpit hortari eos, ut Deum, qui eis victoriam dederat, crederent, quoniam dii eorum in tribulatione sua nihil eis prodesse potuerunt. Acclamaverunt autem omnes, præcurrente misericordia et potentia Dei : Mortales deos relinquimus, gloriose rex, et verum Deum immortalem, quem Remigius prædicat credere parati sumus. Nuntiantur hoc sancto Remigio. Ille quoque gaudio magno repletus, regem et populum, qualiter diabolo, et operibus ac pompis ejus abrenuntiare et in Deum credere deberent, apertis et brevibus verbis instruxit. Et quia dies sancti Paschæ imminebat, jejunium secundum Christianorum consuetudinem eis indixit.

XXXVI. Die vero passionis Dominicæ, quem Parasceven usus ecclesiasticus vocat, pridie scilicet antequam baptismi gratiam rex et populus ejus percepturi erant, cum sanctus Remigius et venerabilis conjux regis Clotildis, pro regis et populi ejus salute in oratione pernoctaret, episcopus ante altare sanctæ Mariæ multas effundens lacrymas, et regina in oratorio sancti Petri, juxta domum regiam : expleta oratione, pontifex ad ostium regii cubiculi pulsaturus accessit : ut videlicet per alta silentia noctis aliis curis regi absoluto, liberius posset committere sacra mysteria verbi. Quem ostiis apertis cubicularii regis reverenter suscipiunt, et cum honore debito usque ad penetralia regis introducunt. Sed et rex alacriter ei obviam prosiluit, eumque amplexus, cum ipso et venerabili conjuge in oratorium beatissimi

[a] Vide Aimon. de Reb. gest. Franc. lib. I, c. 15; Gregor. Turon. de Gest. Franc. lib. II, c. 28, 29.

[b] Anno 499. Vid. Greg. Tur. de Gest. Franc. lib. II. c. 30. Flodoard. ibid.

Petri principis apostolorum, quod ut diximus, cubiculo regis contiguum erat, processit. Cumque illi tres, pontifex scilicet, et rex, atque regina, dispositis sedilibus consedissent, circumstantibus quibusdam clericis, qui cum pontifice venerant, et familiaribus regis atque reginæ, et sanctus præsul regem monitis instrueret salutaribus, ac evangelicis disciplinis imbueret : ad confirmandam veræ fidei prædicationem, per sanctum depromptam pontificem, etiam visibiliter ostendere Dominus voluit quod cunctis fidelibus promisit : *Ubi sunt duo vel tres congregati in nomine meo, ibi sum in medio eorum (Matth.* xviii) : repente na mque lux tam copiosa, totam replevit ecclesiam, ut claritatem solis evinceret, et cum luce vox pariter audita : Pax vobis ; ego sum. Nolite timere ; manete in dilectione mea. Et post hæc verba lux, quæ advenerat, recessit, et incredibilis suavitatis odor in eadem domo remansit : ut patenter ostenderetur, illuc auctorem lucis et pacis atque suavitatis venisse. Quem nemo eorum, qui aderant, præter episcopum, propter fulgorem luminis timore perculsi, intueri valuerint, tantaque claritatis gloria pontificem sanctum perfudit, ut splendor ex eo procedens, plus conspicuam domum, in qua sedebant, reddiderit, quam lucernorum lumina ibidem lucentia.

XXXVII. Rex itaque et regina pedibus sancti se prosternunt sacerdotis, et cum magno pavore ac gemitu consolationem ejus requirunt, et quid sibi ad utilitatem atque salutem pertinent esset agendum, cum magna expetunt devotione, parati audire, et opere complere quæ a sancto pontifice discerent. Nam lumen, quod eos exterius perfudit, etiam interius illuminavit, et ad quærendum salubre consilium incitavit. Delectabantur namque in verbis illis quæ audierant, licet exterriti essent de luminis claritate. At vero vir sanctus, sancta repletus sapientia, cœpit eos instruere, hanc esse visionis divinæ atque angelicæ consuetudinem, ut in adventu suo terreant corda mortalium, sed subsequenti consolatione demulceant præcedentem timorem : instruens eos ex auctoritate sanctarum Scripturarum, quomodo singulis, quibus apparuerant, et in primordio apparitionis incusserint videntibus se timorem, sed post per gratiam consolationis, gratissimam eorum cordibus præbuere lætitiæ hilaritatem. Cumque vir sanctus de talibus eos sufficienter instruxisset, prophetico repletus spiritu, cuncta quæ eis vel semini eorum eventura erant, prædixit : qualiter scilicet, successura eorum posteritas regnum esset nobilissime propagatura atque gubernatura, et sanctam Ecclesiam sublimatura, omnique Romana dignitate regnoque potitura, et victorias contra aliarum gentium incursus adeptura, nisi forte a bono degenerantes, viam veritatis reliquerint, et diversos vitiorum fuerint secuti anfractus : quibus negligi ecclesiastica solet disciplina, et quibus Deus offenditur : ac per hoc regna solent subverti, atque de gente in gentem transferri. Quod de Moyse scriptum legimus, quia splendida facta est

facies ejus, dum respiceret in eum Dominus (*Exod.* xxxiv) : hoc et in beatum Remigium luce splendida illustratum, factum fuisse audivimus : quoniam sicut Moyses legislator populi veteris erat a Domino constitutus, ita et B. Remigius evangelicæ gratiæ lator populo, in proximo per fontem baptismatis innovando exstitit munere Christi electus.

XXXVIII. Interea eundi via ad baptisterium a domo regia præparatur, velis ac cortinis depictis ex utraque parte protenditur, et desuper adumbratur, plateæ sternuntur, ecclesiæ componitur baptisterium balsamo et cæteris odoramentis conspergitur : talemque gratiam Dominus subministrabat in populo, ut existimarent se paradisi odoribus refoveri. Sicque præcedentibus sacrosanctis Evangeliis, et omnibus cum hymnis, et canticis spiritualibus atque litaniis, sanctorumque nominibus acclamatis, sanctus pontifex manum tenens regis, a domo regia pergit ad baptisterium, subsequente regina et populo. Dum autem simul pergerent, rex interrogavit episcopum dicens : Patrone, est hoc regnum Dei, quod mihi promittis? Cui episcopus : Non est hoc, inquit, illud regnum, sed initium viæ, per quam venitur ad illud. Cum vero pervenissent ad baptisterium, clericus qui chrisma ferebat, a populo est interceptus, ut ad fontem venire nequiverit. Sanctificato autem fonte, nutu divino chrisma defuit. Et quia propter populi pressuram ulli non patebat egressus ecclesiæ, vel ingressus, sanctus pontifex oculis ac manibus protensis in cœlum, cœpit tacite orare cum lacrymis. Et ecce subito columba nive candidior attulit in rostro ampullulam, chrismate sancto plenam, cujus odore mirifico super omnes odores, quos ante in baptisterio senserant, omnes qui aderant, inæstimabili suavitate repleti sunt. Accipiente autem sancto pontifice illam ampullulam, species columbæ disparuit. De quo chrismate fudit venerandus episcopus in frontem sacratum.

XXXIX. Viso autem rex tanto miraculo, abnegatis diaboli pompis et operibus ejus, petiit se a sancto pontifice baptizari. Procedit novus Constantinus ad lavacrum salutiferum, in quo delendi erant lepræ veteris morbi sordentesque antiquæ peccatorum maculæ diluendæ, divini muneri obsequente beato Remigio, in quo apostolica doctrina, et virtutum gratia alter repræsentari videbatur Silvester. Ingresso autem in fontem vitalem Clodoveo, sanctus episcopus dixit ore facundo : Mitis, depone colla, Sicamber : adora quod incendisti, incende quod adorasti : præceptis salutaribus illum instituens humili devotione venerari ecclesias ad cultum religionis ædificatas, ut Deum adoraret in eis quas rigida profanitate incenderes consueverat, et idola, quæ in asylis suis pro Deo adorare solebat, fidei ardore succensus, dejiciendo incendere. Cujus sapientia miranda est in brevitate sermonum, quibus discretionem ostendit inter illam adorationem et servitutem quam cultu divinitati debito, Deo soli, juxta præceptum ipsius (*Deut.* vi), non autem ulli creaturæ exhibendam sanctæ Scripturæ lectione cognoscimus. Et sic post confessionem orthodoxæ fidei, ad interrogationem sancti pontificis secundum ecclesiasticum morem baptizatus est trina mersione in nomine sanctæ et individuæ Trinitatis, Patris, et Filii et Spiritus sancti. Et susceptus ab ipso pontifice de sancto fonte perunctus est sacro chrismate, cum signo sanctæ crucis Domini nostri Jesu Christi. Baptizantur autem de exercitu ejus tria millia virorum, exceptis parvulis et mulieribus. Baptizantur sorores ejus Albofledis et Landehildis, et factum est gaudium magnum in illa die angelis sanctis in cœlo, et hominibus devotis in terra. Multi denique Francorum exercitus, necdum ad fidem conversi, cum Raganario ultra Sommam fluvium aliquandiu degerunt, donec Christi gratia cooperante, gloriosis politus victoriis, eumdem Raganarium, flagitiis turpitudinem inservientem, vinctum a Francis, sibi traditum rex Ludovicus occidit, et omnem Francorum populum per B. Remigium ad fidem converti et baptizari obtinuit.

XL. De miraculo siquidem, quod Dominus dignatus est ostendere per columbæ speciem, in allatione chrismatis, sicut et de aliis, rata est catholicorum Patrum sequenda sententia, qua dicitur : Divina operatio, si ratione comprehenditur, non est admirabilis; nec fides habet meritum, cui humana ratio præbet experimentum.

XLI. Baptizatus autem rex cum gente integra, plurimas possessiones per diversas provincias sancto Remigio, tam ipse quam Franci potentes dederunt : quos ipse per diversas ecclesias tradidit, ne Franci eum rerum temporalium cupidum esse, et ob id ad Christianitatem eos vocasse putarent, et fidem Christi ac sanctum sacerdotium vilipenderent.

XLII. De quibus rebus in orientalibus Franciæ partibus, petentibus traditoribus, portionem quamdam episcopio Rhemensi adjunxit; et de his quæ in Rhemensi provincia illi fuerunt traditæ, non modicam partem ecclesiæ sanctæ Mariæ in castro Lauduni clavati Rhemensis parochiæ, ubi nutritus fuerat tradidit : ibique Genebaldum [Genebaudum] virum carne nobilem, et tam in Scripturis sanctis, quam et in sæcularibus litteris eruditum, qui relicta conjuge, nepte scilicet ipsius B. Remigii, vitam religiosam expetierat, episcopum ordinavit, et parochiam ipsius comitatus Laudunensis præfato castro subjecit. Qui Genebaldus plusquam necesse fuerat, de anteacta vita et gradus sublimitate confidens, cum debuerit cogitare, quia nec David sanctior, nec Salomone sapientior esset, qui mulierum delinimentis periclitati sunt; incaute suam uxorem, quam relinquens mutaverat in sororem, quasi pro instructione salutari, frequentius se visitare permisit, oblitus Scripturæ dicentis : *Lapides excavant aquæ, et alluvione terra consumitur, et rupes transfertur de loco suo* (*Job* xiv). Unde contigit, ut crebræ visitationes, et blanda ac frequentia mulieris colloquia,

durum contra luxuriæ mollitiem cor episcopi emollirent, et quasi rupem saxeam de loco suæ sanctitatis ad luxuriæ inquinamenta transtulerint, et item contra Scripturam dicentem : *Quis alligabit ignem in sinu suo, et vestimenta ejus non comburentur?* (*Prov.* vi.) Admota igni palea, id est muliebris carnis materia, libidinis ignem suasione diabolica, quasi vento vehementi exagitante, ardor luxuriæ in flammas erupit. Et concumbente eo cum eadem, quondam uxore sua, mulier concepit : et post partum mandavit episcopo filium se peperisse. Genebaldus vero confusus et dolens, nuntio dixit : Quia latrocinio, ut lateret homines, quod Deum latere non potuit, in cubiculi absconso generatus est, recte vocabitur Latro. Sic ei nomen imponat. Et quia culpa hominibus non innotuit, ne suspicio inde procederet, si se a solita visitatione femina illa subtraheret, cœpit ut antea domum frequentare episcopi. Sicque factum est, ut recta hominibus culpa, et in cordibus tam episcopi quam feminæ tectus luxuriæ ardor; quoniam, ut notum est, quo magis tegitur, tectus magis æstuat ignis : contra culpam compunctus episcopus, post fletum ad culpam rediit, et oblitus est quod planxerat, cum exstinguere noluit quod per desiderium ardebat. Iteravit peccatum quod egerat. Concepitque iterum mulier; et misso nuntio, mandavit episcopo se feminam peperisse : quam jussit nominari Vulpeculam. Quod, cur ita eam nominari voluerit, qui fraudes et significationes in Scripturis ipsius animalis cognoscit, quas ad dolos et versutias deceptoris diaboli, et ad carnis petulantis illecebras et anfractus retulit facile satis advertit. Tandem Domino qui beatum Petrum respexit, et negationem amarissime flevit (*Matth.* xxvi), illum respiciente Genebaldus in se reversus ad sanctum Remigium misit petens ut Laudunum veniret; quia tales causæ ibi emerserant, quas per se diffinire non posset. Beatus autem Remigius, sicut Genebaldus petiit, Laudunum pervenit. Et susceptus cum debita reverentia, ac secreta cubiculi petens, Genebaldum interrogavit pro qua causa illum vocaverit. Genebaldus vero cum maximo fletu et ejulatu volens tollere stolam de collo suo, et procedere ad pedes sancti Remigii, cum magna virtute a beato Remigio est detentus, ne stolam de collo suo tolleret. Et postquam diutius ambo fleverunt (intellexerat enim B. Remigius Genebaldum admisisse crimen, pro quo stolam vellet deponere), vix singultibus et lacrymis Genebaldus per ordinem omnia retulit, quæ commiserat. Quem sanctus Remigius videns contritum et pene desperatum blande consolatus est dicens : Non tantum doleo de admisso a te crimine, quantum quod sic male sentis de Domini bonitate, cui secundum Evangelicam veritatem, non est impossibile omne verbum (*Luc.* i). Ipse de nihilo cuncta fecit, primumque parentem, in quo omnes peccaverunt, gratia salvum fecit; nullumque peccantem ad se reversum despicit, qui peccatores sanguine suo redimere venit. Quatriduanum etiam

fœtentem Lazarum, lacrymis sororum, quæ significant sollicitas ac flebiles pœnitentium cogitationes,
compatiendo, flevit et a mortuis suscitavit, suscita-
tum convivio suo admisit (*Joan.* XI). Mulieris etiam
ipsius, quæ fuerat in civitate peccatrix, manibus
iniquitate pollutis, sanctissimos pedes suos is, qui
super angelorum omnium verticem ad Patris dexteram considet, attrectari non renuit (*Joan.* XII).
Nunquam ulli quantiscunque vel qualibuscunque
peccatis mortuo, seu mole ac scelerum enormitate
sepulto, gratiam resuscitationis a peccatis denegat.
Digne pœnitentem, atque sua peccata deflentem,
per januam reconciliationis communioni altaris sacro sancti restituit.

XLIII. Et ut erat doctissimus et orator eloquen-
tissimus, testimonia de latitudine sanctæ Scripturæ
et exempla. Pœnitentium in unum colligens, ad
animandum eum illi proposuit, et exhortato pœnitentiam indixit. Factaque mansiuncula cum lecto
in modum sepulcri, et parvissimis fenestellis, ac
oratorio, quæ hodieque manent secus ecclesiam
sancti Juliani, Genebaldum in ea reclusit, et cleum
ac parochiæ ipsius populum per septem annos, ut et
propriam parochiam gubernavit, et unam diem Dominicam Rhemis, alteram apud Laudunum celebravit. In qua reclusione pœnitentiæ, quantæ contritio-
nis, et continentiæ idem Genebaldus fuerit, divina
misericordia demonstravit.

XLIV. Septimo siquidem anno in vigilia cœnæ
Domini, cum idem Genebaldus in oratione pernoctaret, et seipsum defleret, quoniam is, qui ad hoc
ordinatus fuerat, ut in illa die pœnitentes Deo reconciliaret, ipse suis criminibus exigentibus, nec
inter pœnitentes in ecclesia merebatur consistere :
circa mediam noctem angelus Domini cum magna
venit luce ad eum, in oratorium ubi pronus jacebat, et ait ad eum : Genebalde, exauditæ sunt pro
te orationes patris tui Remigii : suscepit quoque
Dominus pœnitentiam tuam, et dimissum est peccatum tuum. Surge, et hinc egredere, facque ministerii episcopalis officium, et reconcilia Domino pœnitentes de criminibus suis. Genebaldus autem nimio
terrore perculsus, respondere nil potuit. Tunc angelus Domini confortans eum, et ne timeret hortatus est, sed gauderet in misericordia Domini sibi
collata. Qui animatus dixit ad angelum : Non possum hinc egredi, quia dominus et pater meus Remigius clavem hujus ostii secum habet, quod et sigillo
suo signavit. Et angelus ad eum : Ut non dubites,
inquit, me a Domino missum, sicut patet tibi cœlum,
sic et ostium istud patebit. Et statim salvo sigillo
ac sera, ostium illud apertum est. Tunc Genebaldus
in modum crucis se jactans in limine, dixit : Etiamsi
ipse Dominus Jesus Christus dignatus fuerit ad me
venire peccatorem, hinc non egrediar, donec ille
venerit, qui me in ejus nomine in ista reclusione
constituit. Et statim angelus Domini discessit ab eo.

V. Beatus quoque Remigius in crypta quæ
retro sedem erat ecclesiæ sanctæ Mariæ Rhemis,

A pernoctabat in oratione, et quasi dormiens, in excessum est raptus. Et vidit angelum assistentem
sibi, qui ei omnia sicut dicta et gesta fuerant, enarravit, et jussit quantocius Laudunum peteret, et
Genebaldum sedi episcopali restitueret, et coram se
ministerium episcopale agere persuaderet. Mox
sanctus Remigius, nihil dubitans, cum summa celeritate Laudunum petiit, et in limine ostii, salvo
sigillo et sera reserati, Genebaldum jacentem reperit : quem extensis brachiis cum gaudio et lacrymis
laudans Domini misericordiam elevavit, eumque
sedi et officio episcopali, veluti angelus Domini præceperat, restituere maturavit, et Rhemos cum gaudio repedavit. Genebaldus itaque in sanctitate et
justitia postea omnes dies vitæ suæ gratia Dei per-
egit, prædicans cunctis, quanta illi fecerat Dominus.

XLVI. Ludovicus rex sedem suam in Suessionum
civitate, unde Syagrium expulerat constituens, delectabatur præsentia et colloquio beati Remigii.
Sed quia villas, quas sibi rex et Franci in pagis,
Suessonico videlicet et Laudunensi, dederunt, ut
supra dictum est, episcopio Laudunensi, et aliis
casis Dei donaverat, non habebat in vicinitate ipsius civitatis Suessionum, nisi unam villulam, quæ
sancto Nicasio data fuerat. Unde suadente religio-
sissima regina, et petentibus locorum incolis, qui
multiplicibus xeniis erant gravati, ut quod regi de-
bebant ecclesiæ Rhemensis persolverent, rex sancto
Remigio concessit, ut quantum circumiret, dum
ipse meridie quiesceret, totum illi donaret. Sanctus
autem Remigius per fines, quæ manifestissime patent, pergens, signa sui itineris misit. In quo fine
quidam homo habens molendinum repulit sanctum
Remigium, ne intra illos fines ipsum molendinum
concluderet. Quem beatus Remigius blande alloquens, dixit : Amice, non sit tibi molestum, ut simul habeamus hoc molendinum ; ille autem rejecit
eum. Et statim rota molendini verti in inversum
cœpit. Idem autem homo clamavit post beatum Remigium, dicens : Serve Dei, veni, et habeamus simul hoc molendinum. Cui sanctus Remigius : Nec
mihi, nec tibi. Et sic talis fossa in eodem loco devenit, ut ex tunc, et nunc usque in perpetuum molendinum ibi esse non potuerit. Et quia repulsus est
a quibusdam hominibus, ne sylvulam quamdam intra terminos suos concluderet, dixit ut nec folium
unquam de ipsa sylva intra terminos suos, cum
esset contigua, evolaret, nec fustis versus illos
terminos inde caderet. Quod et observatum est,
quandiu illa sylva mansit. Abinde quoque procedens,
venit ad villam, nomine Caviniacum. Quam concludere intra fines illos volens, ab hominibus ejusdem
villæ rejectus est. Tunc ille hilari vultu modo rejectus, modo repropinquans, signa per suum iter
misit, sicut loca demonstrant, per quæ rejectus, et
per quæ propinquans perrexit. Tandem rejectus
dixit illis : Semper laborate, et egestatem sustinete :
sicut hodieque manentis sententiæ verborum illius

virtus ostendit. Surgente interea rege a somno meridiano, reversus est ad eum sanctus Remigius, et omnia quæ ambitus circumitionis illius continuit, ei præcepto suæ auctoritatis rex donavit : quæ usque hodie Rhemensis ecclesiæ, quarum rerum capita sunt Judiacus et Ociliacus [Codiciacus], jure quieto possidet.

XLVII. Legimus in sacra et antiqua historia, sanctum David montes Gelboe maledixisse, ut ne ros nec pluvia veniret super eos, neque essent agri primitiarum (*II Reg.* 1). Habemus sanctum Remigium ore prophetico maledixisse insensibilibus creaturis, ut possessores earum, sterilitatis damno in vindicta retributionis ferirentur.

XLVIII. Eulogius quidam vir præpotens, convictus apud regem Ludovicum de crimine regiæ majestatis, cum se purgare non posset, ad ecclesiam Sanctæ Mariæ, et ad intercessionem beati Remigii confugium fecit. Cui sanctus Remigius, et vitam et rerum suarum apud regem obtinuit possessionem. Idem autem recompensationis gratia sancto Remigio, Sparnacum villam suam in proprietatem dare voluit. Sanctus autem Remigius retributionem temporalem pro intercessionis suæ beneficio recipere noluit. Sed quoniam idem Eulogius verecundiæ confessione addictus, quia contra natales suos vita donari per alterius indulgentiam meruit, in sæculari habitu stare non voluit, sanctus Remigius ei dixit, ut si perfectus esse vellet, venderet omnia sua, et daret pauperibus et sequeretur Christum. Et sic de thesauro ecclesiastico taxatum pretium, quinque scilicet millia argenti libras, Eulogio dedit, et eamdem villam in possessionem ecclesiæ comparavit : bonum exemplum omnibus episcopis tam suo tempore in carne viventibus, quam post eum in ordine succedentibus derelinquens; ut pauperibus ac viduis, aut pupillis, vel pro his, qui ad misericordiam Ecclesiæ confugiunt qui injuriam patiuntur, aut qui peccantes, in exsilio aut in insulis damnantur, aut certe quamcunque sententiam suscipiunt, juxta sacros canones subvenientes, vel quæcunque agentes bona, pro temporali retributione non faciant ; sed juxta Dominicam vocem : *Gratis accepistis, gratis date;* quod Dei gratia, id est, gratis data acceperunt, gratis etiam, id est, sine retributione temporali (*Matth.* xx), proximis largiantur. Unde bene, cum virum justum describeret, propheta ait : *Qui excutit manus suas ab omni munere (Isa.* xxxiii). Neque enim dixit munere tantum : sed adjunxit, ab omni; quia aliud est munus ab obsequio, aliud munus a manu, aliud munus a lingua. Munus quippe ab obsequio, est subjectio indebite impensa : munus a manu pecunia : munus a lingua, favor. Qui ergo sacros ordines tribuit, vel quodcunque bonum, unde retributionem a Deo sibi in futuro sæculo reddi cupit, tunc ab omni munere manum excutit, quando in divinis rebus non solum ullam pecuniam, sed etiam gratiam non requirit.

XLIX. Partem etiam maximam silvæ in Vosago

pretio comparavit, et mansioniles ibidem constituit, qui ab aquis, super quibus constituti sunt, Cossa et Gleni vocantur: hominesque in eisdem mansionilibus de vicina episcopi villa, quæ Berna dicitur, a Francis sibi data, manere disposuit, ut picem annuatim religiosis locis ecclesiæ Rhemensis administrarent : quibus et pensam dedit, quæ usque hodie ab incolis ipsorum locorum habetur, cum qua debitum suum exsolvunt. Ipsius quoque comparationis suæ fines per gyrum adeo exterminavit, ut et omnibus videntibus pateat ipsa exterminatio, et a progenie in progenies hactenus ipsæ exterminationes, ab eo factæ, nomine tenus vocitentur ac designentur. In quibus exterminationibus quodam loco in fuste cavo manu sua petram misit, quam omnes qui volunt manum in caverna, in qua petra posita est, ponere, possunt et ipsam petram volvere, et eam a caverna nullo ingenio valent extrahere. Post quædam vero tempora quidam invidens, quod multi ad laudem sancti Remigii hoc pro religione tenebant, manu ipsam petram de caverna extrahere voluit. Quod non valens, securi ipsum pertusum ampliare tentavit; et elevante eo securim, ut fustem percuteret, dextera manus illius exaruit, et oculorum lumen amisit : et qui formam sancti Remigii exstinguere voluit, laudis venerationem adauxit. In hac sollicitudine, quam sanctus Remigius de pice locis religiosis Rhemensis ecclesiæ, suo vel successorum suorum tempore consulturus sategit, rectoribus ecclesiæ patenter ostendit, quia internorum sollicitudinem non relinquentes, externorum providentiam non debent minuere, ne aut exterioribus dediti, ab intimis corruant, aut solis interioribus occupati, quæ foris debent, proximis non impendant. Sed sic sibimet ad spiritualia vacent, ut exteriorum administrationem non relinquant; ne cum curare corporalia jam funditus negligunt, subditorum necessitatibus minime concurrant: et si eis necessaria præsentis vitæ non tribuunt, neque eos libenter audiant. Egentis etenim mentem doctrinæ sermo non penetrat, si hunc apud ejus animum manus misericordiæ non commendat. Tunc autem verbi semen facile germinat, quando in audientis pectore pietas prædicantis rigat. Unde rectorem necesse est, ut interiora possit infundere cogitatione innoxia etiam exteriora providere. Hanc pastorum sollicitudinem Paulus excitat dicens : *Qui suorum, et maxime domesticorum curam non habet, fidem negavit, et est infideli deterior (I Tim.* v). Quæ beati Remigii sollicitudo quantum Domino placuerit, miraculo ostenso in eo qui ejus bonis operibus invidebat, evidenter ostendit.

L. Ludovicus rex cum Dei benedictione per sanctum Remigium accepta, de victoria sibi ab eo prædicta securus, et in mandatis accipiens, ut tandiu ad dimicandum pergeret, quandiu illi benedictum vinum, sibi ab eo datum, in quotidiano usu potatum sufficeret: iter arripuit contra Gundebaldum et Godeglissum fratrem ejus, commoto exercitu maximo; et Burgundiones cum ingenti multitudine venerunt contra eum super Oscharam fluvium secus castrum, quod Divion dicitur: ibique inter se atrociter configentes. Gundebaldus ac Godeglissus cum Burgundionibus terga verterunt, et vix fuga lapsi evaserunt. Ludovico, ut solebat, existente victore, Gundebaldus se in Avenione reclusit, et per Aredium consiliarium suum pacem a Ludovico expetiit. Ludovicus vero, ablatis thesauris, cum præda maxima et Francorum exercitu ad propria est reversus. Et mittens legatum nomine Paternum, virum industrium, ad Alaricum regem Gothorum de amicitia inter eos conditione mandavit. Alaricus vero cum per Paternum vellet Ludovicum decipere, a Paterno exploratis quæ circa eum erant, et thesauris ejus ingenio subarratis, illusus est.

LI. In diebus illis, rex Ludovicus cum venisset Parisios, ubi sedem suam constituit, ait ad reginam et ad populum suum: Satis mihi molestum est quod Gothi Ariani partem optimam Galliarum tenent. Eamus cum Dei auxilio, et ejiciamus eos de terra ipsa nostrisque ditionibus, quia valde bona est, eam subjiciamus, habentes justitiam adversum Alaricum, ad quem pro amicitiæ conditione legatum direximus, per quem nos decipere voluit. Placuit hoc consilium proceribus Francorum. Tunc per consilium regiæ suæ fecit ecclesiam, in honore apostolorum Petri et Pauli in Parisiorum civitate, et per consilium beati Remigii in Aureliana civitate episcoporum synodum convocavit: in quo conventu multa utilia constituta fuere. Rex quoque devotissimus, pergens contra Alaricum Arianum, benedictionem petiit a sancto Remigio. Cui et benedictionem dedit, et victoriam in verbo Christi spopondit: deditque illi plenum vas, quod vulgaris consuetudo flasconem appellat, de vino quod benedixit, sicut et fecerat, quando post baptismum, contra Gundebaldum perrexerat, præcipiens illi, ut tam longe ad bellum procederet, quandiu illi et suis, quibus inde dare vellet, illud vinum de prædicto flascone non deficeret. Bibit ergo inde rex, ac regalis familia et numerosa turba populi, et exinde uberrime satiantur: et vas vini detrimentum non patitur, sed benedictione Dei, per sanctum Remigium indita, more fontis inundatione repletur. Movit autem rex cunctum exercitum suum de populo Francorum, versus Pictavos civitatem: ibi enim tunc Alaricus rex Gothorum commorabatur, et sic per pagum Turonicum pergens, et reverentiam sancto Martino atque beato Hilario exhibens, sicut locis suis lector inveniet, cum Alarico rege Gothorum in campo Moglotinse [Æmil. habet in campis Vogladensibus] super fluvium Glinno, milliario decimo ab urbe Pictavorum, bellum conseruit. Illisque inter se compugnantibus, Gothi cum rege suo nimis colliti, terga verterunt. Ludovicus, sicut solebat, victor exstitit.

LII. Cumque Alaricus interficeret, duo Gothicum contis eum ex adverso in latere feriunt: sed propter loricam qua indutus erat, lædere nequiverunt. Magis autem lorica fidei indutum Dominus per oratio-

nem S. Remigii, patris et patroni sui, adjuvit eum. Patrata siquidem victoria, et multis civitatibus suæ ditioni subjugatis, usque Tolosam perrexit: et thesauros Alarici accipiens, per Engolismam civitatem, cujus muriante conspectum ejus corruerunt, interfectis Gothis Arianis, qui ibi erant, cum gloriosa victoria de multis civitatibus ad propria rediit.

LIII. Per idem tempus ab Anastasio imperatore codicillos Ludovicus rex pro consulatu accepit. Cum quibus codicillis etiam illi Anastasius coronam auream cum gemmis et tunicam blatteam misit: et ab ea die consul et augustus est appellatus. Sed et Hormisda Romanæ sedis pontifex sancto Remigio, antiquæ metropolis episcopo, quæ tunc temporis habebat sub se duodecim civitates, et totidem episcopos eisdem præsidentes, vices suas in regno Ludovici regis, nuper cum integra gente ad fidem conversi per sanctam ejus prædicationem, Domino cooperante, et sermonem confirmante, sequentibus signis, commisit hoc modo:

LIV. Dilectissimo fratri Remigio Hormisda. Suscipientes plena fraternitatis tuæ congratulatione colloquia, quibus nos Germanæ salutis tuæ lætificavit indicio corporali cum spiritualibus officiis incolumitas subnixa: congruum esse perspeximus, hanc ipsam, quam mente gerimus, verbis aperire lætitiam. Agis enim summi documenta pontificis, dum et prædicanda facis, et ea insinuare non differs. Prærogativam igitur de nostri sumpsimus electione indicii, quando id operatum te esse didicimus, quod cæteris agendum obnoxius imperamus, ut in provinciis tanta longinquitate disjunctis, et apostolicæ sedis vigorem, et Patrum regulis studeas adhibere custodiam. Vices itaque nostras per omne regnum dilecti et spiritualis filii nostri Ludovici, quem nuper, adminiculante superna gratia, plurimis et apostolorum temporibus æquiparandis signorum miraculis, prædicationem salutiferam comitantibus, cum gente integra convertisti, et sacri dono baptismatis consecrasti, salvis prævilegiis, quæ metropolitanis decrevit antiquitas, præsenti auctoritate committimus: augentes studii hujus participatione ministerii dignitatem, relevantes nostros ejusdem remedio dispensationis excubias. Et licet de singulis non egeas edoceri, a quo jam probavimus acutius universa servari: gratius tamen esse solet, si ituris trames ostenditur, et laboraturis injuncti operis forma monstratur. Paternas igitur regulas et decreta sanctissimis definita conciliis, ab omnibus servanda mandamus. In his vigilantiam tuam, in his curam et fraternæ monita exhortationis ostendimus. His ea, quanta dignum est, reverentia custodiis, nullum relinquit culpæ locum sanctæ observationis obstaculum. Ibi fas, nefasque præscriptum est: ibi prohibitum ad quod nullus audeat aspirare: Ibi concessum quod debeat mens Deo placitura præsumere. Quoties universale poscit religionis causa concilium, te cuncti fratres evocante conveniant: et si quos eorum specialis negotio pulsat intentio, jurgia inter eos oborta compesce: discussa sacra lege determinando certamina. Quidquid autem illic pro fide et veritate constitutum, ut provida dispensatione præceptum, vel personæ nostræ auctoritate fuerit confirmatum, totum ad scientiam nostram instructa relationis attestatione perveniat. Eo fit, ut et noster animus officii charitate dati et tuus securitate perfruatur accepti. Deus te incolumem custodiat, frater charissime.

LV. Hujus sancti Hormisdæ pontificatus tempore, sæpe fatus Ludovicus rex gloriosus coronam auream cum gemmis, quæ regnum appellari solet, B. Petro, sancto Remigio suggerente, direxit. Hic beatus Hormisda papa misit Constantinopolim ad Justinum imperatorem in legatione Germanum Capuanum episcopum, cujus animam vidit ab angelis in cœlum deferri sanctus Benedictus, qui pro curatione puellæ dæmoniacæ ad beatum Remigium litteras suas direxit.

LVI. Post hæc omnia mortuus est Ludovicus rex in pace, et sepultus est in basilica Sancti Petri apostoli quam ipse et regina sua ædificaverunt. Mortuus est autem anno quinto, postquam cum Alarico rege Gothorum pugnavit. Regnavit quoque simul annis triginta. Et eodem momento quo mortuus est Ludovicus Parisiis revelante Spiritu sancto, beatus Remigius cum esset Rhemis, defunctum fuisse cognovit, et sibi assistentibus indicavit. His ita gestis filius Clodomiri, filii Lodovici regis nomine Clodoaldus, interfectis fratribus suis, quos una cum eo post patris obitum Clotildis regina nutriebat, in clericum se totondit, et processu temporis, vitæ ac religionis suæ merito patrem hæreditatis a patruis regibus obtinuit: de qua Duziacum villam in pago Mosomagensi cum appendiciis suis sancto Remigio, et Rhemensi ecclesiæ tradidit, et villam Riviliacum in pago Biturico sancto Dionysio delegavit. Villam quoque Noviantum in pago Parisiaco, cum omnibus ad se pertinentibus, matri ecclesiæ Parisiensis civitatis, ubi presbyter exstitit ordinatus, donavit. In qua villa, plenus virtutibus, migrans ad Dominum, in ecclesia, quam ipse ædificaverat, corpore fuit in pace sepultus.

LVII. Cum episcopi demum Galliæ ac Belgicæ provinciarum, causa fidei ad synodum convenerunt, beatum Remigium undecunque doctissimum, et in Scripturis sanctis eruditissimum, ac in ecclesiasticis dogmatibus exercitatum, ad idem concilium venire petierunt. Cui synodo Arianus quidem hæreticus, acerrimus disputator et dialecticis propositionibus ac conclusionibus confisus, et inde nimis elatus, intererat. Ingrediente autem sancto Remigio episcoporum concilium, a multitudine fratrum exspectantium, assurgentibus omnibus, reverenter sicut angelus Dei suscipitur. Superbus autem hæreticus, et male de viro Dei sentiens dedignatus est ei assurgere. Qui protinus cum sanctus ante eum transiit ita obmutuit, ut nec verbum quidem ullum effari potuerit. Exspectantibus autem omnibus, ut post allocutionem sancti Remigii hæreticus ille aliquid diceret, nihil potuit loqui. Sed ad vestigia sancti Remigii pronus cadens, nutibus veniam petiit. Cui sanctus Remigius dixit: In nomine Domini nostri Jesu Christi, veri Filii Dei vivi, si ita de eo recte sentis, loquere, et de illo, sicut catholica credit Ecclesia, crede et confitere. Ad cujus vocem ante superbus hæreticus, humilis jam et catholicus, catholicam fidem de sancta et inseparabili Trinitate, ei de Christi incarnatione catholice confessus est, et in eadem confessionis suæ fide se permansurum professus est. Sicque anima per infidelitatem perdito, et corporali voce propter superbiam condemnato, virtute divina sanctus Remigius et animæ et corporis reddidit sanitatem : cunctis, qui aderant, seu hoc audituri erant, sacerdotibus patenter ostendens, de male sentiendo peccante in Christum, qui per humanitatem proximus, et frater nobis fieri dignatus est, quomodo ergo peccantes in se, vel in Ecclesiam, atque rebelles, et erga post recognoscentes et pœnitentes debeant agere.

LVIII. Senescente autem sancto Remigio, et Dei spiritu sibi revelante, quoniam abundantiam ipsius anni secutura esset fames : secuti sancti Joseph providentiam, de annona, quæ in villis episcopii nata fuerat, vel quam ab aliis comparaverat, acervos, quos metas dicimus, fecit, ut populo fame postmodum laboraturo, inde subvenire valeret. Unde et in villa, quæ Celtus dicitur, plures metas fieri jussit. Ipsi autem homines Celtenses semper rebelles et seditiosi fuerunt. Qui quadam die Dominica inebriati, cœperunt inter se dicere : Quid ille Jubilæus (sic enim appellabatur propter ætatis prolixitatem sanctus Remigius) facere vellet de illis metis quas congregaverat? an civitatem inde facere vellet? quia sicut turres per muros civitatis, ita per circuitum cortis, metæ habebantur. Et suadente diabolo, se mutuo adhortati sunt ut focum in eas mitterent. Quod cum sancto Remigio in propinqua villa, quæ Basilicæ cortis dicitur, consistenti, celeri nuntio est delatum, ascendit equum, ut ad tantam præsumptionem compescendum ad Celtum veniret. Quo cum pervenit, jam ipsæ metæ ardebant. Beatus autem Remigius et ætate et vespertino frigore, sicut in autumno solet fieri, frigidus, de equo descendit, et a longe se calefacere cœpit, tranquillo corde et ore dicens : Semper bonus est focus si non super potest. Verumtamen omnes, qui hoc egerunt, et qui de eorum germine nati fuerint, viri ponderosi fiant, et feminæ gutturosæ sint. Quod ita completum est. Nam usque ad tempora Caroli Magni imperatoris, qui eosdem homines de Celto, quoniam Vicedominum in eadem villa morte crudelissima occiderunt, exterminavit, et auctoribus interfectis, consentientes per diversas provincias dispergi atque perpetuo exsilio condemnari fecit, et de cæteris villis episcopii Rhemensis eamdem villam restaurari præcepit : ita viri et feminæ multati permanserunt, sicut sancti viri sententia promulgavit. Quosdam etiam de eorum progenie, qui tunc fuga lapsi, cum alii dispergebantur, remanserunt, et ad eamdem villam redierunt, nos hanc vindictæ sustinentes sententiam vidimus, sicut et Giezi, cum domo sua, maledictione Elisei, lepra multatus est (*IV Reg.* 1).

LIX. Apte quidem sententia viri Dei, spiritu ejus repleti, quo sicut præsentes vidit, ita posteros eorum rebelles ac seditiosos prævidit : vindictam hujusmodi præsumptores non solum in se, verum et in genere contraxerunt : ut sicut peccato primi parentis, per traducem seminis, cuncti ex eo geniti peccatum ejus, et mortem corporis pro peccato illatam traxerunt, ita et genitalibus eorum præsumptorum generati, vindictam illatam generantibus sustinerent. Et quia in femineo sexu non erat, ubi vindicta similis in membris similibus monstraretur: sicut per guttur primæ matris gustus illicitus transiens, ad prævaricatricis sobolem derivavit culpam, sic et ad genitas de hac stirpe propagaretur, ignominiosa hæreditas : veluti per Moysen Domino dicitur : *Qui reddis iniquitatem patrum filiis ac nepotibus* (*Exod.* XXXIV).

LX. Post præmissas autem et alias multas virtutes, quas Dominus per hunc sanctum suum operari dignatus est, gemitus et suspiria illius exaudiens, quibus dicebat : *Quando veniam et apparebo ante faciem Dei* (*Psal.* XLI); et: *Satiabor, dum manifestabitur gloria tua* (*Psal.* XVI); revelavit ei Dominus, consolans eum, imminere diem obitus sui : Qua de re, secundum sacros canones testamentum rerum suarum condidit, ad hæreditatem illam festinans, de qua Propheta dicit : *Cum dederit dilectis suis somnum, hæc est hæreditas Domini* (*Psal.* CXXVI). Omnis qui dormit in morte, perdit hæreditatem. Sed cum dederit dilectis suis somnum, hæc est hæreditas Domini, quia electi Dei postquam pervenerint ad mortem, tunc inveniunt hæreditatem. Sic sanctus Remigius terrenam derelinquens hæreditatem, accepit æternam, quia oliva fructifera per lucida misericordiæ opera exstitit in domo, videlicet Ecclesia Dei. Unde speravit jure in misericordia Dei sui, veraciter dicens : *Fuerunt mihi lacrymæ meæ panes die ac nocte* (*Psal.* XLI); quia sicut corpus satiatur pane, ita de lacrymis reficitur anima, quoniam exinde sperat remissionem peccatorum habere. Dies vero et nox, pro sæculi diversitate ponuntur : quia sive in prosperis rebus, sive in adversis, desiderii sui lacrymas Deum desiderans anima fundit, sciens scriptum : *Vanum est vobis ante lucem surgere : surgite postquam sederitis, qui manducatis panem doloris* (*Psal.* CXVI). Ante lucem quippe surgere est, priusquam claritas æternæ lucis et retributionis appareat, in præsentis vitæ nocte gaudere. Sedendum prius est, ut post recte surgamus; quia quisquis nunc se sponte humiliat, hunc sequens gloria exaltat. Manducat autem panem doloris, qui gemit in hac peregrinatione, et cœlesti

desiderio ad æternam anhelat patriam. Condito siquidem testamento, et dispositis omnibus, quia ut scriptum est, verus agricola, omnem vitis veræ palmitem fructum ferentem purgat, ut fructum plus afferat (*Joan.* XV) : oculorum corporalium lumine aliquandiu est privatus, quatenus mentis oculis intentius quæ superna sunt, ad quæ toto desiderio anhelabat, contemplari valeret. Studebat autem in suæ probationis tentatione semper gratias agere, hymnis Dei et laudibus diebus ac noctibus vacans, ac fideli mente intelligens, quoniam qui humiliter flagella suscipiunt, post flagella sublimiter ad requiem suscipiuntur. Quod et in eo Dominus in præsenti volens ostendere, quasi pignus æternæ lucis antequam decederet, visum ei restituit : unde, sicut et de amissione luminis, nomen Domini benedixit. Et non post longum spatium sciens adesse diem sui transitus, per missarum celebrationem, ac sacræ communionis largitionem, valefaciens et dans pacem filiis suis, postquam per viginti et duos annos in clericali ordine, in episcopatu vero [74] septuaginta et quatuor continentissime ac religiosissime fidelis servus et prudens Domino ministravit, nonagesimo sexto [a] ætatis suæ anno, Idibus Januarii, sancti certaminis cursu consummato, fide servata, cum multiplici bonorum operum fructu et animarum lucro, ut diu desideravit, anima cœlos penetrans, terræ corpus reddidit; accipiens stolam albam, animæ scilicet beatitudinem sempiternam, donec in resurrectione alteram accipiat stolam, beatam, videlicet una cum anima resumpta glorificandi corporis immortalitatem.

LXI. Beatus igitur athleta Dei, confessor officio, martyr quoque studio, invictus certamine palmam, quærens sanguine. Quem quia diu contigit in corpore vivere, necesse fuit etiam longiora carnis et diaboli, et pravorum hominum tormenta tolerare. Quia enim adjuvante se Domino, virtutem patientiæ fortiter servare contendit, et in pace Ecclesiæ vixit, et tamen martyrii palmam tenuit. Consummato ergo feliciter cursu, ad sanctorum apostolorum ac martyrum consortium confessor Domini pretiosus Remigius post mortem corporis gloriose pervenit, sicut attestatur apostolica illi gratia collata, gens videlicet Francica, ad fidem Christi per eum conversa, et baptismi gratia consecrata : martyrii palma, longanimitas patientiæ in longævitate ipsius vitæ : confessoris gloriæ, orthodoxæ fidei prædicatio, et virtutum tam in vita ipsius corporis, quam et post obitum præclara ostensio.

LXII. Cæterum cum funus sanctissimum deferretur ad sepulturam versus ecclesiam sanctorum martyrum Timothei et Appollinaris, secus ecclesiam sancti Christophori martyris, in loco ubi ex tunc et nunc crux est posita, et ubi multa miracula Deus

[a] Moritur quo autem anno et quanto tempore sederit, vide Baron. an. 514 ubi erroris arguit Hincmarum, quod septuaginta quatuor annos episcopatus S. Remigii constituat, eumque convincit

ex Actis concilii Arvernensis, quod celebratum est anno 541, ubi nono loco subscriptus recensetur Flavius Rhemensis episcopus, quem adhuc antecessit Romanus primus sancti Remigii successor.

postea pro sancto Remigio ostendit : ita feretrum est A pervadit, despiciens hominem, qui eum sancto loco contulerat. Qui cum ab episcopo ac loci præposito crebro conventus fuisset, ut quæ injuste pervaserat, redderet ; parvipendens verba, quæ audiebat, pertinaci directa defensabat intentione. Denique causa exstitit, et non devotio, ut properaret ad sancti basilicam. Arguitur iterum a loci proposito pro pervasione campi, sed nihil dignum ratione respondit. Explicitisque negotiis, ascenso equo, ad domum redire disponit : sed obstat nisui ejus sacerdotis injuria. Nam sauciatus a sanguine, diruit in terram. Obligatur lingua, quæ locuta fuerat campum tollere : clauduntur oculi, qui concupierant : manus contrahuntur, quæ rapuerant.

aggravatum, ut nullo modo quocunque ingenio, vel a quantiscunque hominibus posset moveri. Et stupentibus omnibus, et petentibus Dei omnipotentiam, vel dignaretur ostendere, in quo loco ejusdem sancti sui corpus vellet reponi, designaverunt ad basilicam præfatorum martyrum, et feretrum moveri non potuit. Proposuerunt ut ferretur ad ecclesiam sancti Nicasii, et moveri non potuit. Proposuerunt, ut ferretur ad ecclesiam sanctorum Sixti et Sinicii, et nec sic moveri potuit : tandem coacti, quoniam parva ecclesiola erat, in honore beati martyris Christophori, sed nullum corpus nominati sancti in ea jacebat, et in qua eique circumjacentibus atriis ex antiquo erat cœmeterium Rhemensis ecclesiæ : petierunt ut Dominus declararet si in eadem ecclesia vellet B illud corpus sanctissimum poni. Et sic tanta facilitate motum est feretrum, ut nullum onus portantes sentirent : sepultum est autem illud venerabile corpus in eadem ecclesiola, ubi altare est in honore sanctæ Genovefæ, quæ familiarissima exstitit beato Remigio. Quod manifestum est actum fuisse divina dispositione, atque ipsius voluntate, ut sicut res, suo nomine acquisitæ, juxta sacras leges episcopio ecclesiæ Rhemensis erant unitæ : ita et quæ ipsius meritis erant de cætero acquirendæ Rhemensi Ecclesiæ, in cujus jaceret territorio unirentur.

LXV. Tunc balbutiens, et vix sermonem explicare valens, ait : Deferte me ad basilicam sancti, et quantumcunque super me auri est, ad sepulcrum ejus projicite : peccavi enim, auferendo res ejus. Aspiciens autem dator campi hunc cum muneribus deferri, ait : Ne accipias, quæso, sancte Dei, munera ejus, quæ nunquam cupide accipere consuevisti. Ne sis, deprecor, adjutor ejus, qui inflammante concupiscentia, rerum tuarum nequam possessor exstitit. Nec distulit sanctus audire vocem pauperis sui. Nam homo ille licet jussisset dari munera, ostendit sanctus Domini se illa non acceptasse. Unde rediens pervasor domum, amisit spiritum, recepitque Ecclesia res suas.

LXIII. Post cujus obitum cum lues inguinaria populum primæ Germaniæ devastaret, et omnes Rhemensis provinciæ incolæ hujus cladis terrerentur auditu, concurrit Rhemensium populus ad sancti C sepulcrum, congruum hujus causæ flagitare remedium [a]. Accensis quoque cereis, lychnisque non paucis, hymnis psalmisque cœlestibus per totam excubat noctem. Mane autem facto, quid adhuc precatui desit, in tractatu rimatur. Repererunt etenim, revelante Deo, qui sanctum suum mirificari voluit apud homines, quem apud se mirificum habebat, qualiter oratione præmissa, adhuc majori propugnaculo urbis propugnacula munirentur. Assumpta igitur palla de beati sepulcro, componunt eam in modum feretri ; accensisque super cruces cereis atque super ceroferariis, dant voces in canticis, circumeunt urbem cum vicis, nec prætereunt ullum hospitium, quod non hac circumitione concludant. Quid plura ? Non post multos dies, fines hujus civitatis Rhemensis lues aggreditur memorata. Verumtamen usque ad eum locum accedens, quo beati pignus accessit, ac si constitutum cerneret terminum, intro ingredi ullo modo non est ausa : sed etiam quæ in principio pervaserat, hujus virtutis repulsu reliquit. Qui beatissimus pontifex, et in vita corporis, et post obitum, sicut infirmis sanitatum gratiam reddidit, sic et in pervasores sæpissime ultor exstitit.

LXVI. Sepulto siquidem, ut prædiximus, corpore beati Remigii in ecclesia sancti Christophori, cum multa et stupenda miracula in eadem ecclesia per merita ejus, Domini gratia fierent, ampliata et exaltata est ipsa ecclesia. Et facta crypta retro altare, in quam transferretur corpus sanctissimum, effossum est de loco in quo erat, ut in fossam factam in memorata crypta deponeretur, sed nullo modo moveri potuit. Superveniente autem nocte, et pernoctantibus fratribus in hymnis et canticis, multis accensis luminaribus, circa mediam noctem sopor in omnes irruit. Et evigilantibus eis, Calendis Octobris cum sanctissimo corpore sepulcrum inventum est, angelicis manibus positum, in fossa cryptæ, retro altare factæ. Tantaque evigilantes odoris suavitate repleti sunt omnes qui adfuerant, ut humana lingua hoc effari non valeat : et sic per totam diem et in crastinum ipse odor in eadem ecclesia perseveraverit. Ipsaque die translationis ejus, cum divinis laudibus sumpta sunt reliquia a corpore illius, de capillis videlicet ejus, et casula, ac tunica ipsius ; et involutum est corpus illius integrum, sed exsiccatum de brandeo rubeo.

LXIV. Erat enim haud procul a basilica campus tellure fecundus (tales enim incolæ oleas vocant), et hic datus sancti basilicæ fuerat. Quem unus e civibus

LXVII. Processu denique temporis Pippinus rex, Caroli Magni pater, volens episcopii Laudunensis villam, quæ Anisiacus dicitur, accipere quasi sub censu, sicut et alias quasdam fecerat, venit in ea manere. Ubi cum dormiret, venit ad eum sanctus Remigius, dicens : Tu quid hic facis ? Quare intrasti

---

[a] Vide Greg. Turon. de Glor. confess., c. 79 ; Bar., an. 565.

in hanc villam quam mihi te devotior homo dedit, quamque ego ecclesiæ dominæ meæ sanctæ Dei Genitricis donavi? Et flagellavit eum satis duriter, ita ut livores postea in corpore ejus parerent. Et cum disparuit beatus Remigius, Pippinus surrexit, ac valida correptus febre, quantocius ab ipsa villa recessit. De qua febre non parvo tempore laboravit. Et deinceps princeps regni, usque ad moderna tempora, ibi non mansit, sicut nec in Codiciaco vel Juliaco, nisi Ludovicus rex Germaniæ, quando super fratrem suum Carolum regnum ejus invasit, in Juliaco mansit, et in die crastina, turpiter ante ipsum fratrem fugiens vix evasit.

LXVIII. Nostra ætate colonus quidam villæ Rhemensis episcopii, quæ plumbea Fontana dicitur, manebat juxta fiscum regium, qui Rosetus vocatur, et nec peculium, nec messem, vel pratum propter fiscalinorum infestationem quiete habere valebat. Unde sæpe justitiam apud regios ministeriales petiit, quam obtinere non potuit. Tandem invenit sibi salubre consilium. Nam coxit panes et carnes, et accepit cervisiam in vasculis, prout potuit. Quæ omnia in vase, quod vulgo benna dicitur, collocavit, et carro superposuit : sicque junctis bobus, candelam in manu habens, ad basilicam sancti Remigii properavit. Quo perveniens, de pane et carne ac cervisia matricularios pavit, candelam ad sepulcrum sancti posuit, et ejus auxilium contra opprimentes se fiscalinos expetiit. Pulverem quoque de pavimento ecclesiæ, quantum valuit, collegit, et in panno ligavit, et in prædictam bennam misit, et desuper linteum, sicut supra corpus mortui affectari solet, composuit, et cum carro suo ad propria remeavit. Quicunque autem de obviantibus eum interrogabant, quid in illo carro duceret, respondit se sanctum Remigium ducere. Et admirabantur omnes in dicto et facto illius, putantes illum esse amentem. Perveniens autem cum eodem carro in pratum suum, in eo pastores pascentes diversi generis animalia de fisco Roseto invenit : et invocato sancto Remigio, ut eum contra oppressores suos adjuvaret, cœperunt boves et vaccæ cum maximis mugitibus invicem se cornibus impetere ; hirci hircos, capræ capras cornibus impugnare ; porci cum porcis confligere ; verveces cum vervecibus se collidere, pastores se fustibus et pugnis mutuo percutere. Et levato maximo turbine pastores, ejulantes animalia secundum genus suum cum maximo sonitu et strepitu ita cœperunt versus Rosetum fugere, ac si maxima multitudo insequentium eos cum flagellis persequeretur. Quod videntes et audientes fiscalini, nimio terrore perculsi, non putaverunt se vel una hora vivere posse. Unde correcti a præsumptione sua, ab afflictione pauperis sancti Remigii adeo cessaverunt ut postmodum idem pauper homo pacifice et sine inquietudine possideret sua. Et quoniam juxta fluvium Saram in loco lutoso manebat, maximam molestiam in suis habitaculis a serpentibus sustinebat. Qui accipiens pulverem quem de pavimento ecclesiæ sancti Remigii

colligens secum detulit, per sua habitacula sparsit, et postea serpens eis in locis, in quibus pulvis sparsus fuerat, non apparuit. Quibus ostensis miraculis, certo indicio colligere possumus, quia si non hæsitantes in fide, in tribulationibus nostris auxilium sancti Remigii ex corde petierimus, et ab angelorum Satanæ, qui in serpente matrem humani generis allocutus deceperat (*Gen.* iii), infestinationibus, et a pravorum hominum improbitatibus, ejus meritis et intercessionibus liberabimur.

LXIX. Tempore Ludovici imperatoris, duo fratres Franci forestarii ejus, invaserunt partem de silva, quam in saltu Vosagi, ut supra ostendimus, sanctus Remigius in vita sua pretio comparaverat, intra fines, dicentes quod plus pertineret silva illa ad fiscum imperatoris, quam ad partem sancti Remigii. Contradicentibus autem hominibus de potestate Rhemensis ecclesiæ unus eorum altercando venit ad porcos suos, quos in eamdem silvam ad pastionem miserat, inter quos lupum invenit. Quem ascendens equum, velociter est insecutus. Et volens eum percutere, equo expavescente collisit caput ad unum fustem de ipsa silva, ita ut cerebrum illius in terram defluxerit : et mortuus est. Frater vero ejus concite pergens in partem alteram, pervenit ad quamdam petram, et dixit : Omnibus notum sit, quia usque ad hanc petram est ista silva imperatoris. Et cum percuteret eamdem petram dolatoria quam in manu portabat, exsilierunt ab illa particulæ in oculis ejus, et excæcatus est. Sicque ambo receperunt mercedem præsumptionis et mendacii sui.

LXX. Quidam vir nobilis de territorio Nivernensi, obtentis reliquiis B. Remigii, oratorium in ejus honore in proprietate sua ædificavit : ubi Dominus multas virtutes per merita ipsius sancti sui ostendit. Cum autem defuncto Ludovico imperatore, Aquitani gentilitia mobilitate absque jugo principis, prout quisque poterat, se efferre, et ad invicem pugnare, ac per contiguos pagos debacchari cœperunt, pauperes homines substantiolas suas in ecclesiis reponere studuerunt. Unde confusi opinione virtutum, quæ ibi fiebant, ad salvandum sua in eodem oratorio quique poterant, certatim reposuerant. Audientes autem prædones idem oratorium multis plurimorum opibus refertum aggressi sunt eas deripere. Quorum unus obseratum ostium pede percussit, ut seram effringeret, et mox eidem ostio pes ejus adhæsit, et resupinus præsumptor in terram cecidit. Quod videntes alii, aufugerunt. Ipse autem miser cruciatu cogente, cum maximo ejulatu cœpit culpam suam fateri, et cum lacrymis amarissimis profiteri quod si Deus per merita S. Remigii pedem illius ab ipso compede solveret, nunquam ulterius de ipsa vel de alia ecclesia quidquam tolleret, vel tolli, quantum in ipso esset, ullo modo consentiret. Caballum quoque suum cum sella et alia quæ potuit, ad eamdem ecclesiam donavit : sicque post confessionem et lacrymas atque professionem et votum, pes ejus ab ostio, cui inhæserat, est solutus. Verumtamen postea de ipso

arido pede claudus remansit, usque dum compu-
trescente crure ac femore post diuturnum laborem
mortuus fuit.

LXXI. Quandó tres fratres reges, Clotarius, Ludovicus et Carolus, regnum post patris sui obitum
inter se diviserunt, episcopium Rhemense, quod
tenebat Folco presbyter, Carolus inter homines suos
divisit, villam Juliacam Richuvino in beneficium dedit. Cum autem uxor illius, nomine Berta, in cubiculo villæ ipsius jaceret, venit ad eam sanctus
Remigius, dicens : Non est iste locus tuus ad jacen-
dum. Alterius meriti et officii debet esse, qui hanc
villam habere et in hoc cubiculo jacere debet. Surge
quantocius, et hinc abscede. Quod illa parvipendit,
putans se visum inane videre. Altera vice venit ad eam
sanctus Remigius, et dixit ei : Cur hinc non abscessisti,
sicut tibi præcepi? Vide ne amplius te hic inveniam.
Quod illa, ut prius, pro nihilo duxit. Tertio ut venit ad
eam sanctus Remigius, dixit : Nonne jam semel et secundo tibi præcepi, ut hinc abscenderes. Sed quia con-
tempsisti hinc pergere, aliorum deportatione abs-
cedes. Et percussit illam virga, quam tenebat in
manu. Quæ, toto corpore in maximum tumorem
converso, quod vidit, viro suo Richuvino et aliis
quamplurimis dixit , et per aliquantos dies sever-
rime cruciata, vitam finivit. Cujus corpus vir ejus in
ecclesiam sancti Remigii deportari, eamque ibidem
sepeliri fecit. Mirantur quidam, quod cum vindicta
mortali illam de prædicta villa expulit, et corpus
ejus in ecclesia sua sepeliendum recepit : quod nemo
mirabitur, si perpenderit qua intentione sancti vindictas in delinquentes exerunt ; videlicet ut si se recognoverint, hic recipiant quod merentur, ne post
mortem æternis suppliciis crucientur, sicut in libro
Regum legimus de propheta illo, qui inobediens ori
Domini exstitit, et a leone percussus interiit ; et post
ultionem perceptam, a leone corpus illius intactum
permansit (*III Reg. xiii*) : si autem hi se non correxerint, in quos vindictæ procedunt, ut alii de flagellis eorum emendentur, et metuentes corrigantur,
sicut scriptum est : *Mulctato pestilente, sapientior erit
parvulus* (*Prov. xxi*). Causantur etiam aliqui, quoniam sanctus Remigius nunc in rerum suarum invasores, et familiæ suæ oppressores non vindicat,
sicut præcedentibus temporibus egerat, usurpantes
psalmi versum : *Signa, inquiunt, non videmus, jam
non est propheta, et nos non cognoscet amplius*
(*Psal. lxxiii*). Sed non hinc causandum, verum dolendum atque timendum est, quia impletur nostris,
quod prædictum est antiquis temporibus. Scriptum
est enim in Apocalypsi : *Factus est sol ut saccus
cilicinus* (*Apoc. vi*). In extremo quippe nostro tempore sol quasi cilicinus saccus ostenditur : quia
fulgens vita prædicantium, ante reproborum oculos
aspera et despecta probatur, et sanctorum miracula
per contemptum peccantibus, justo judicio subtrahuntur, sicut scriptum est : *Nequando convertantur,*

et sanem eos (*Isa. xli*) ; quatenus plenius obruantur
suppliciis, qui nunc gaudent etiam in delictis. Verumtamen hic sanctus imitator Domini sui, qui non omnia vindicat, ut ejus ostendatur patientia : nec
omnia inulta dimittit, ut ejus probetur providentia :
licet non tam frequenter exerat in perniciosos vindictam, non usquequaque inulta nostris temporibus
deserit præsumptorum piacula.

LXXII. Nam Blithgarius quidam [a] nuper mansum
de thesauro ecclesiæ in villa Tenoilo pretio apud
Bernardum custodem obtinuit, unde famulos sancti
Remigii cum flagellis ejecit. Conclamantibus autem
eis sanctum Remigium, ut eos adjuvaret, idem
Blithgarius cum irrisione illis respondit : Modo pare-
bit qualiter vos sanctus Remigius adjuvabit. Videte
quomodo in adjutorium vestrum venit. Et inter hæc
verba cum maximo clamore ingemuit, et incredibi-
liter inflando intumuit, sicque medius crepuit, et
mortuus est. Quibus auditis, divinam in nobis vindictam pertimescentes, blasphemiam in Deum et
sanctos ejus magnopere caveamus, studentes ne ecclesiasticam familiam crudeliter tractemus, et ne
contra mala proximi, pertrahamur ad retributionem
mali vel ad livorem odii : ne per tentamenta diabo-
boli, ad delectationem vel consensum peccandi : ne
contra flagella summi opificis, proruamus in excessum murmurationis. Licet enim non fiant nobis tam
frequentia ac reverenda per hunc servum suum miracula, tamen certi esse debemus, quia non subtrahit civitati suæ ac nobis civibus suis continua
intercessionis suæ auxilia, sicut de Jeremia legimus :
Hic est, inquit, *fratrum amator, et populi Israel : hic
est, qui multum orat pro populo et universa sancta
civitate Jerusalem* (*II Mach. xv*)

LXXIII. Anno Incarnationis Dominicæ octingentesimo quinquagesimo secundo, nuper adhuc ampliata
ipsa ecclesia, cum de loco cryptæ prioris sepulcrum
una cum beati Remigii corpore translatum est in
cryptam, majori et pulchriori opere factam, ipsum
corpus sanctissimum, sicut et in anteriori translatione, ab episcopis Rhemorum diœceseos integrum
inventum est, et brandeo rubeo involutum. Et cum
de ipso sepulcro in locello argenteo est transposi-
tum, pars de ipso brandeo cum sudario quod fuerat
super caput ejus, assumpta in scriniolo eburneo,
secus altare sanctæ Mariæ in civitate honore debito
veneratur. Locellus autem argenteus, cum corpore
ipsius sancti, sepulcro marmoreo, in quo ante jacuerat, superpositus fuit, et reliquiæ, quæ ad caput
illius extra sepulcrum repertæ fuerant, in sepulcro,
in quo jacuerat, a præfatis episcopis fuerunt positæ
Kal. Octob, quo Kalendarum die et altera ejus
translatio ante plures annos fuerat celebrata. Cum
autem sanctissimum corpus ejus de sepulcro in prædictum locellum argenteum translatum fuit, Rado
tunc subdiaconus Ecclesiæ Suessionicæ, qui cum
episcopo suo Rothado illuc convenerat, jam per

---

[a] Contigisse hoc tempore Hincmari præsulis Vitæ hujus scriptoris refert. Flod. loc. cit.

annum integrum, dolore dentium, adeo die noctu-
que vexabatur, ut sensum præ nimio dolore metueret
perdere. Qui dum episcopi in compositione sancti
corporis intenderent, maxillam in qua, dolore vexabatur, loco in quo corpus sanctum jacuerat, apposuit ; et mox ab ipso dolore liberatus, deinceps dentium dolorem non sensit, sicut post viginti quinque
annos idem referre curavit. Et ipso die in quodam
oratorio, ubi memoria beati Remigii colitur, in pago
Ribuario, duo contracti sanati fuerunt. Ex tempore
quidem primæ ac secundæ translationis, sicuti et
ante, multæ et insignes virtutes in eodem loco per
ipsius sancti merita ex diversis infirmitatibus sunt
operatæ. Quas quidem habemus descriptas, sed hic
propter pluralitatem, et quia sæpius ibidem ostenduntur, omisimus ponere.

LXXIV. Quia ex digestis virtutibus abundantissime
claret, quam insigni illum Dominus gloria et honore
dignatus sit coronare, et ut erat in conspectu. ejus,
mirabilem hominibus demonstrare : de quibus,
fratres charissimi, brevi epilogo quædam commemoremus : ut contemplemur, qualiter hic beatissimus patronus ac protector noster, sanctorum tam
Veteris quam Novi Testamenti, Patrum spiritu,
scilicet diversitate operationum, unius ejusdemque
spiritus a diversis accepta, vivens in corpore plenus
fuerit, et post obitum consors miraculis claruit. In
eo namque quod cœlitus prænuntiatus, et ex nomine
designatus exstitit, repræsentatos nobis Isaac pa-
triarcham et Joannem Baptistam videmus (*Gen.*
XVII ; *Luc.* I) : in eo, quod sanctificatus necdum natus, et ab adolescentia in reclusione populi devita-
vit præsentiam, item Jeremiam et Joannem Baptistam (*Jer.* I ; *Luc.* I) : in eo, quod ab episcopis provinciæ Rhemensis et clero ac populo electus, et signis
super eum divinitus ostensis, est ordinatus episcopus, Matthiam, qui ab apostolis, et cæteris fidelibus
electus et oblatus Domino, divina est sorte ordinatus apostolus (*Act.* I) : in eo, quod inter amarissi-
mos hujus sæculi fluctus, meritorum atque virtutum,
orationum ac prædicationum remigio sanctam Ecclesiam ad portum æternæ lucis gubernavit, Noe,
qui arcam præsignantem Ecclesiam, in diluvio erexit
Gen. VII) : in eo, quod splendida facta est ejus facies
de præsentia Christi, Moysen (*Exod.* XXXIV) : in eo,
quod inter flammas et residua, quæ necdum ignis
voraverat, stetit, et incendium se transire prohibuit,
Aaron (*Num.* XVI) : in eo, quod rebus insensibilibus
maledicens, cultores earum damnavit sterilitate,
David (*II Reg.* I) : in eo, quod tria millia virorum,
prædicatione sua conversorum, vigilia sancti Paschæ
baptizavit, et puellam a morte resuscitavit, beatum
Petrum qui in sancta Pentecoste totidem millia Judæorum ad fidem convertit, et baptizari fecit, et
Dorcam a morte resuscitavit ((*Act.* II *et* IX) : in eo,
quod ferocissimos barbaros a feritate sua mitigavit
et Rhemis ad baptizandum conclusit, quibus post
sacrum baptisma panem cœli et spiritualem potum
dedit, Eliseum, qui hostes venientes in Samaria

conclusit, quibus cibum et potum dari præcepit (*IV
Reg.* VI) : in eo, quod parvissimos liquores super-
abundare fecit, Eliam et item Eliseum (*III Reg.* XVII ;
IV Reg. IV) : in eo, quod regi Ludovico prædixit prophetico spiritu quæ sibi suisque posteris erant ventura, Isaiam, qui regi Ezechiæ quæ illi suisque erant
futura prædixit (*IV Reg.* XX) : in eo, quod longe positus corpore, præsens spiritu, obitum regis cognovit, itidem Eliseum, cujus cor præsens erat, quando
Naaman in occursum Giezi de curru suo descendit
(*IV Reg.* V) : in eo, quod revelante sibi Spiritu sancto famem futuram prænoscens, providentiam quomodo laboraturo fame populo subveniret adhibuit,
Joseph (*Gen.* XLI) : in eo, quod ut justus justificare-
tur adhuc, corporalium lumen oculorum aliquandiu
amisit, et postea visum recepit, Tobiam (*Tob.* II *et*
XII). Sed et quia vitis veræ palmes fructum ferens,
purgatus est, quo fructum plus afferret, cum oculorum mentis lumine, quod non amiserat, lumen corporalium oculorum, quod aliquandiu amiserat, in
tentatione patiens, et laudes referens, post tentationem autem probatus, lumine corporalium oculorum recepto, ut in amissione Dominum benedixit,
Job consideramus : qui patiens in tentatione, nomen
Domini benedixit, et post tentationem probatus,
duplicia sua possedit (*Job* II *et* XLII) : in eo, quod
die sui recessus cognito, per missarum celebrationem suis valefecit et obiit, beatum Joannem apostolum et evangelistam : in eo, quod palla
sepulcri cladem inguinariam restrinxit ac repulit,
egregium Paulum, cujus sudario ac semicinctiis sanabantur ægroti (*Act.* XIX) : in eo, quod zelo justitiæ
et vivens in corpore, et post obitum in delinquentes
vindictas exercuit, item Moysen, Phineen, Josue et
Eliam, Petrum Simonis Magi, Ananiæ et Sapphiræ
percussorem, et Paulum Elimæ magi excæcatorem :
in eo, quod sanctissimum corpus ejus prius in designata nutu divino ecclesia sepultum, et postea angelico ministerio de loco ad locum est deportatum,
Habacuc prophetam, qui manu angeli de Judæa
super lacum Babylonis est deportatus, indeque in
Judæam revectus (*Dan.* XIV) : et Moysen qui a Domino, angelico utique ministerio, fuit sepultus :
cujus sepulcrum sicut nemo usque in præsens novit,
ita cujusmodi ordine sepulcrum istius sancti translatum fuerit, nemo cognoscit (*Deut.* XXXIV).

Versus inscripti sepulcro S. Remigii.

Hic famulus Hincmar Domini, sacra membra locavit
    Dulcis Remigii, ductus amore pio.
Qui prius est sanctus, mundo quam matre creatus
    Et magnus dictus cœlitus ore Dei,
Bis denos binosque gerens feliciter annos,
    Sorte Dei sumpsit pontificale decus.
Sexaginta simul bis septem manserat annis
    Istius urbis honor, præsul et orbis amor.
Vitam defunctis reddens, quoque lumina cæcis
    Egerat et vivens plurima mira satis.

Nam domuit fera corda, animo pius, ore profusus.
    Sicambræ gentis regia sceptra sacrans.
Nonaginta quidem sex cum compleverat annos,
    Splendida lux nostras deseruit tenebras.
Idus jam plenas cum Janus mensis haberet,
    Emeritus miles prœmia digna capit.
Isdem Hincmarus prius hac in sede sacerdos
    Post triginta loco constitit et numero :
Cui sextus decimus sub hac radiante lucerna
    Remigio Rhemis munia cara dedit.
Annis septenis, quinis ac mensibus egit
    ' Pastoris curam, hæc recolenda patrans.
Octingenteno quinquagenoque secundo,
    Quo Deus est anno Virgine natus homo :
Tertius et Carolus regni componeret actus,
    October primam cum daret atque diem,
Ac tercentenus octavus tangeret annus.
    Hic justus Domini quo petit astra poli,
    ' Tercentum fuerant tres et deni quater anni,
    Quo vitæ Francos gurgite lavit ovans.
Ipsius is precibus cœlesti in sede locetur,
    Quem terris coluit verus amator. Amen.

LXXV. Accidit autem postea, peccatorum meritis exigentibus, ut Dominicæ Incarnationis anno 882, Carlomanno regnante, prædicto domino Hincmaro archiepiscopo satagente, transferretur vene_rabile pignus corporis hujus sacratissimi Patris et domini nostri Remigii, propter infestationem paganorum, ad villam ipsius jam supra taxatam, nomine Sparnacum, quia civitas Rhemorum tunc temporis non habebat in ambitu sui murum. Cujus obtentu totius tunc pagi, ad quem delatum munus hoc habetur amantissimum, provisa probatur salus a pervasione barbarorum, vel incursu prædonum. Post Hincmari denique pontificis obitum, desiderabilis hic sacrorum thesaurus membrorum ad Orbacense perducitur monasterium. Ilic quoque beatissimi hujus patroni nostri suffragiis omnis commoditas aeris circumquaque degentibus attribuitur incolis, cum insolita fertilitate telluris.

LXXVI. Post decessum vero sæpe dicti præsulis Hincmari, cum pontificatus subiisset honorem Fulco, sui primo præsulatus anno referre decrevit alma beatissimi Patris nostri ossa. Quod ubi aggreditur, perveniente jam eo cum coepiscopis et cleri plurimis ad locum ubi pignus servabatur pretiosum, cum esset magna cœli serenitas, sed fervens admodum siccitas, subito se tantus effudit imber, ut totius hujus superficiem terræ videretur ubertim irrigasse. In crastinum vero, dum sacra referre promovent munera, cuncta clara, cuncta jucunda, cuncta mundanæ speciei redduntur amœna. Prosperoque progressu, confluentibus undique populis, ad vicum deveniunt Calminiacum, in quo nonnulla Pater hic eximius, adhuc carne septus, virtutum dignoscitur exhibuisse magnalia. Hic membra veneranda in ecclesia deponentes ejus nomine dedicata, noctis quiete fessa levant corpora.

LXXVII. Post requiei subsidium, jam terras solis illustrante jubare, voces undique Deum benedicentium concrepant, atque laudantium, quod eis pastorem, patronum, ac protectorem redderet corporaliter proprium, quem semper apud divinam clementiam intercessorem, et assiduum se habere confidant advocatum. Præfatus interea præsul, cœlestium sacramentis mysteriorum rite celebratis, imminentis juga cum laudibus scandit montis, comitantibus undique secus populorum stipatus catervis. Hic ubi pro populi delictis, et ira mitigationis cœlestis ad Dominum fudisset orationem, paululumque processissent, adhuc clarificare Christus, mirificare, atque glorificare disponens hunc beatissimum Patrem nostrum in terris, quem magnificare cum angelis elegerat in cœlis, quanti sit apud se meriti concurrenti propalare decernit multitudini.

LXXVIII. Accedit itaque mulier cæca, nomine Doda, manu sibi gressus regentis innixa : quæ mox ut cominus approperaret, visum sibi restitui coram omnibus impetrat. Quod præsul audiens, hymnum laudis Dei cum populo, magno repletus gaudio, concelebrat. Necdum finierant odas exsultatione cœlum replentes, et ecce frustratus quidam multis gressu diebus cum integra procedit incolumitate lætabundus.

LXXIX. Transiere cum laudibus inde paulisper : et mulier quædam manuum potita sanitate succedit. Duplicant ergo, triplicantque comitantia gratiarum actiones agmina. Tremefacti proximi quique mirabilium magnitudine, tantisper a tanta deliberant secedere sanctitatis sublimitate. Nec vox reciproca laudantium defecerat ab ore, dum puer quidam, Grimoldus nomine, diu lumine privatus, os quoque miserabiliter a rectitudinis loco distortus, invisaque deformitate turbatus, a parentibus obviam delatus, pristinum quem dudum amiserat visum est consecutus, et in propriam sanctissimi Patris hujus opitulatione mirabiliter est effigiem restitutus. Interjecto velut unius horæ spatio, puer alius a contractione corporis ejusdem patroni suffragiis feliciter est erectus. Cohors igitur devota melodiis Davidica nequaquam sufficiens reboare carmina, maximo cordis affectu permota, inter laudum voces, eliciente gaudio lacrymis ora rigare profusis, et suspiria, singultusque formare pro canticis. Concurrentium quoque nimia stipatio plebium, sacri muneris gerulum deosculari gestientium loculum, importunitate valida vehentium cœpit figere gressum. Mirorum siquidem, quæ gerebantur, percrebrescebat opinio : certatimque tam sani, quam diversis calamitatibus attriti, properare studebant, cupientes intueri magnalia quæ Dominus omnipotens in sancti sui clarificatione multiplicare proposuerat. Pro magno namque sibi damno sibi quisque reputabat, imo delictum deputabat, non modo si non procederet, verum si postremus accederet. Approperantes autem cives obviam, dum grata deferri cernunt munera, terræ se prosternentes soli deosculantur terga. Suspicientesque, ubi contemplantur loculum pretiosæ divini diadematis gemmæ bajulum, multas inter eximia gaudia lacrymas fundunt : obsecrantes ne amplius ejusdem Patris affici censeantur absentia ; quin perpetua mereantur gratulari præsentia. Pater interea beatissimus filiorum devotioni præclaris favens nutibus, addit adhuc divinis plebem suam multipliciter exhilarare mirabilibus. Etenim dum clerus cum sacerdotibus, psalmis, hymnis, et canticis intonant spiritualibus, populus etiam jubilationis immensæ reboat vocibus, ut mirabilem Deum in sanctis suis jucundioribus adhuc præconarentur animis, pristinam multitudo languentium sospitatem manifeste conspicitur recuperare, levatis pluribus varia peste corporibus. Adeoque per singula pene momenta, cœlestia pandebantur miracula, ut ad hæc locorum vel temporum vix enumeranda censeri valerent interstitia.

LXXX. Tunc igitur Osanna quædam mulier, cum admiratione gaudentium, celeri meruit prosperitate recipere visum : et post pusillum claudus quidam felici munere consequitur gressum. Deodata quædam patefactis aurium januis adipiscitur auditum. Quidam nomine Teuto desiderabili potitur illuminationis dono. Item quædam mulier eodem gavisa lætatur beneficio. Similiter Ansoldus quoque lumine, quod nimio flagrabat assequi desiderio, fido ceu credidit animo, Patris hujus piissimo perfruitur suffragio. Quidam Gerbertus paralysis est a dissolutione sanatus. Quidam quoque alius ejusdem muneris exsultat hic largitate perfunctus.

LXXXI. Cumque certatim quique studio piæ devotionis obviam studerent occurrere, ac non modo benigni cordis intentionem ; quin etiam rerum temporalium exhibitionem, prout cuique facultas suppetebat afferrent, mulier quædam paupercula de civitate properans in occursum, manu cereum ferebat, qui accensus nunquam fuerat. Mirabile dictu, subito cœlitus nutu divino cereus in manu gerentis est illuminatus. Ipsum quoque dum per totam defert illa viam, Dei confitendo miraculum, nequaquam superni luminis amittit ille beneficium, donec mirifici pignora patris in stationis propriæ perferrentur domum, sicque a pontifice solemnia celebrarentur missarum. Tunc femina cereum lumine flagrantem mirabili basilicæ tradit custodi, qui ob supernæ gratiæ quod contigerat gaudium, luminaria quæcunque per ecclesiam videbantur ardere mandat exstingui, lumineque divinitus hoc dato rursus accendi : hujus vero partem cerei cœlo dati miraculi decernit in testimonium reservari.

LXXXII. Rotgardis quædam femina de pago castricio gradiendi carens officio pristinæ gaudet cum incolumitatis dono : ut quæ plaustro devehente fuerat adducta, propriis postmodum pedibus remeare valeret ad sua. Præterea mulier quædam secum parvulam sex annorum fere defert filiam, nomine Wulfidem : quæ dum quadam die cum coævis luderet, ab aliqua transeunte forte muliere percussa fuerat in capite. Quo ictu læsa, ita ut ejus retro reflexum inhærere cervici videretur occipitium, nec in aliam caput re-

A　clinare partem valeret : cibi vero nullam nisi liquidam sumere sustentationem posset : quæ integrum sub tali ferme labore duxerat anni curriculum. Quam mater affectu diligens tenero, deque salutis ipsius sollicita recuperatione, studuit obviam deducere, dumque cominus ob densitatem multitudinis non valet accedere, procurat aliquantulum vulgus antecedere. Mox in via, per quam iter erat agendum, sese prosternens simul cum sobole, fulta valida fide, preces ad Deum devota dirigit mente. Necdum ab oratione cessarat, et ecce ipsius cœpit vociferari filia, quam genitrix, ut maternis consoletur blanditiis, surgens intuita, caput ejus ab inflexione videt ad propriam rectitudinis lineam remeasse. Tunc nimia hilaritate repleta, sed et de prolis sanitate confisa,

B　perlustrans vulneris locum, cernit sanguine madidum, nervosque diu contractos ac si funes extendi productos. Sic accepta misericordiæ quam quæsierat benedictione, domum læta cum gratiarum revertitur actione.

LXXXIII. Hac igitur dignitate clarificationis, et rerum gestarum admiratione cohors stipata, votoque gratulationis, arreptum toto fervoris iter annisu cum canticis hymnisque percurrere satagebat. Præcesserat equidem præsul, sed reversus cleri comitantibus choris pretiosissimum propriis thesaurum sumit humeris : et sic ad ipsius propriam beatissimi domum Patris cum magna perfert gloria jubilationis. Ast ubi pervenitur in ecclesiam, quæ competere visa sunt rite dispositis, inchoata jam victimæ spiritalis immolatione, mulier quædam de pago Trecassino membro-

C　rum omnium agitatione mulctata, veniens coram altari ruit in pavimento : ibique miserabiliter diu vexata, hujus piissimi consolatoris miseratione surgit incolumis effecta. Quæ super eventu tantæ consulta calamitatis, necem se propriæ confitetur perpetrasse matris. Missarum denique solemnibus ex more peractis, sua quique repetunt reversuri mature in crastinum, ad hoc tutelæ suæ præsidium in civitatem perferendum. Mane jam facto, dum ad condictum studiose contenditur, Erluidis quædam mulier haud procul ab urbe degens, ad tantæ processionis spectaculum disponebat exire, quatenus optatæ sospitatis uti mereretur munere, quæ quia jam per quinquennium languore pressa partem corporis dextram præmortuam, peneque gestabat inuti-

D　lem, nisu quo poterat accedere, et ad visendum sacri muneris hujus loculum sese molitur promovere. Cumque tali conamine jam fere medium peragrasset itineris hujus spatium, non valens ultra procedere, gravi corruit confecta labore. Meditatur domum redire ; sed nequit hoc ullatenus adimplere : quæ postquam hac aliquandiu nutans jacuit hæsitatione, denum resumpto moliminis ausu tentat an valeat adhuc aliquantulum propinquare. Moxque divina miserante clementia vigor ægris additur nisibus : viribusque cum salubritate receptis, libera festinans celeritate, nimiaque tripudians hilaritate, quo decreverat ægrota se trahere, agili cœpit incessu gaudens approperare. Infirmitatis etiam suæ solamen manuferens baculum, iter peragit destinatum : non ut ejus amplius egeret auxilio, sed ut id in hujus datæ sibi sanitatis responderet testimonio. Perveniensque quo desideraverat, laudabunda devotas interventori suo rependit gratias. Hicque prolatum dimittens bacillum, priscæ calamitatis suæ solatium, alacris jam, nec opis hujus indiga, repetit iter emensum, referens læta quæsitum divinæ consolationis suffragium.

LXXXIV. Adveniens itaque pontifex cleri magnatumque stipatus agmine, victima salutis oblata, vestibus albis indutus, cum choris psallentium, gratissimum deducit ad mœnia civitatis thesaurum. Illis autem feliciter eo progredientibus, et gratanter ad destinatum locum tendentibus, omnipotens Deus in hujus charissimi sui glorificatione fontem suæ benignitatis ac largitatis abunde dignatus est effundere : ut vix lingua quælibet effari valeat, quæ hoc tunc itinere per ipsa pene momentanea gesta probantur horarum interstitia. Nam tantam Dominus hic operatus est hac die miraculorum magnitudinem : ut viri quatuor, feminæ vero novem visum, viri quoque duo gressum recipere mererentur. Cum hujus itaque præclaræ gratulationis admiratione in civitatem ad ecclesiam Dei Genitricis prosperrima pervenitur exsultatione. Sicque lucerna hæc lucens et ardens æternaliter in altaris sistitur crepidine. Dum præsul igitur ad sacrandum vivifici munus accedit mysterii, quis tam ferreum pectus, tam lapideum cor gessit, qui non gemitus ederet, pectus tunderet, lacrymas funderet, dum tam stupenda divinorum dona charismatum conspiceret? Quis etenim queat enumerare mirorum copiam cœlitus hic ea die profusam? Nemo revera qui valeat expedire sermone, quot ægrotantes sanati, quot titubantes erecti, quot ipsa die diversis hic sunt cladibus absoluti.

LXXXV. Post expleta mysticorum discedentes sacra maturabant quique repetere sua. Sed inter abscedendum minax oriri territatio : nubes teterrimæ, terribilesque consurgere, truculenta polum caligine claudere, micare fulgura, concrepare tonitrua, grandoque solum verberare cœpit non minima, quo terrore percussi rediere plurimi, clementiam deprecantes Altissimi, quatenus hujus intercessione Patris beatissimi mererentur ab his imminentibus periculis erui. Mirum in modum perturbatio, quæ terrorem incusserat, immutari, nubium clarescere tenebrositas, cessare fulgura, mitigari tonitrua, cunctaque sedari cœpit ac dissipari tempestas, et ex truci conversa in exoptabilem pluviam grandine, telluris ubertim superficies, quæ nimio solis exusta fervebat ardore, perfusa fecundo salubriter refoveretur humore. Sicque manifeste dignosci datur indignationis ad horam concitata permotio salutis immutata subsidio. Denique benignissimi Patris hujus solatio totius diræ pestis nostris videtur finibus eliminata corruptio : salubris aer, pluvia data congruens : timor etiam, qui regnum pervaserat,

hostilis in spem paulatim securitatis tranquillitate vertitur pacis.

LXXXVI. Hac eadem præfata scilicet illationis sacri corporis in urbem die, tingui fervida jam solis oceano rota petente, quidam Nivolus nomine de villa quæ vocatur Dominica, Rhemorum montis in latere sita, surdus et mutus, manibus quoque per annos novem debilis, ac pedibus, qualicunque per totam diem valuit conamine, ab ipsius surgentis auroræ lumine, per quinque ferme passuum repens millia, vix ad ipsius ædis sepulcri limina quasi decima tandem pervenit hora, qui dum veniens sacrum corpus ibidem non adesse comperisset, templique fores seris diligenter obfirmatis clausas perspiceret, cadens in faciem super terram, quadam præsumptionis importunitate, sanctitatis aures clandestino cœpit clamore pulsare, tam magno se conquerens labore fatigatum, nec sibi fore permissum videre saltem loculum sacri pignoris bajulum, qui tamen ejus sibi posse subvenire celsum nequaquam diffideret præsidium. Talia denique dum tacita secum volutat mente, salutis vigor ipsius per membra quoque sensim cœpit irrepere, priscasque stupet simul omnium se vires sensuum recuperare. Cumque rumor operationis hujusce quibusdam nuntiantibus aures percelleret plurimorum, certatim quique procurrunt, admiranda Dei magnalia lætantes aspiciunt, ovanter hominem ad locum venerandi sepulcri perducunt, campanas pulsant, lætabundis Deo laudes vocibus intonant. Hujus miraculi permoti fama quamplurimi, domum petunt ecclesiæ, videre cupientes magnalia Dei, videntes ut audierant divinarum signa virtutum, manibus gratanter in cœlum porrectis benedicunt Dominum. Quod divæ benignitatis miraculum valde tunc profuisse dignoscitur ad eorum solatium, qui se corporaliter deseri tanto querebantur patrono ; quibus tamen specialiter se non deesse, tali pietatis patratæ declaravit indicio.

LXXXVII. In ecclesia quoque beatæ Dei Genitricis, ubi venerabile Patris hujus servabatur pignus, nonnulli diversi ægroti sunt interim curati languoribus. Nam quidam nomine Natalis de Burdenaco, mulier etiam dicta Teutberga, item mulier altera nomine Guntildis, hujus patrocinio Patris visum recipere meruerunt, alia quædam quoque mulier unius oculi visum in eadem domo recuperavit amissum. Quædam præterea puella cognomine Florgildis, ex villa quæ vocatur Caucella secus Libram rivulum sita, quatuor circiter ætatis annos gerens, lubricando prolapsa utrumque sibi genu debilitaverat : ita clauda facta, ut omnino nec gressum figere, nec pedibus valeret insistere ; quam parentes ejus, quamvis pauperes, de sospitate tamen ipsius solliciti, per diversas deferre sanctorum curaverunt ecclesias. Ast ubi jam per duodecim fere annorum spatium tali vexaretur languoris acerbitate, nec remedium doloris posset invenire ; comperiens de relatione sacri corporis, operumque miraculis, quo valuit nisu repere cœpit; nec se carpento permittit imponi, sed tractu prout valet illud agere gestit iter. Ad templum vero perveniens, quo pretiosum salutis audierat munus inesse, fusis Domini clementiam votis pro sui flagitat liberatione, sed et propriis fertur pavimenta lacrymis humectasse. Quæ postquam per tres ita dies egisset, dum denuo precibus incumberet, divina sibi gratia superveniente, vim medicinæ vix valens ferre, magnis cœpit vocibus strepere, et ejulatus acerbos edere; sicque nodis nervorum resolutis, omniumque poplitum contractione relaxata, unius horæ ferme spatio, viribus exhausta jacuit quasi mortua. Sed qui contulit absolutionis opem, roboris addidit quoque vigorem. Moxque ceu de gravi evigilans somno ubi supernum sibi sentit obvenisse beneficium, pignoris almi petit loculum, cujus gratia sibi contigisse non hæsitabat remedium. Dehinc gratias, hic agens, ibidemque degere gratificata decernens, et precibus crebris insistens, debitas medicatori suo celebrat excubias, ac salutaris quotidie libaminis offert oblationes.

LXXXVIII. Fuit autem Rhemis in præfata Dei Genitricis ecclesia corpus illud sacratissimum beatissimi patroni nostri Remigii, dum præmemoratus antistes dominus Fulco præsulatus fungitur officio, scilicet

A usque ad episcopatum venerabilis Herivei archiepiscopi, qui cessante Normannorum persecutione, per solam Dei clementiam pace recuperata, munus idem supernum propria sepulturæ ipsius referre decrevit intra mœnia : quod dum convocatis quibusdam regni proceribus agere maturaret, accumulare dominus ejus non distulit clarificationem suorum repetentis ossium sedem. Contigit enim, dum magna populi confluentis stiparetur caterva postquam sunt urbe egressi, quidam claudus et ariditate nervorum poplitumque contractus, Abraham nomine, qui scabellulis hærens per terram se tantummodo trahebat, ut poterat, ubi secus urbem veniens iter ad sancti basilicam inchoasset intendere, divina tactus potentia, compagum duritia resoluta, cœpit B ad salutis extendi remedia. Quem sospitate recepta pluribus vidimus annis incolumem erectum, gradientem, collataque sibi prosperitate gaudentem. In eo vero loco, ubi hoc salutis accidit donum, posita deinceps exstat columna, cruce præfixa glorificationis hujus continens monimenta. Sed et tam prius creberrime, quam postea, clarissimis sæpe multiplicibusque miraculis ejus sepulcri decoratur ecclesia, quæ nequaquam litteris habentur comprehensa : sunt namque multimoda.

XXII.

ENCOMIUM EJUSDEM SANCTI REMIGII,

ER HINCMARUM ARCHIEPISCOPUM RHEMENSEM.

(Apud Surium, ibid.)

I. Videamus etiam quomodo hic beatus Pater et pastor noster benedictionibus sibi a legislatore Deo datis, ipsius auxilio in sæculi hujus convalle lacrymarum ascensiones in corde suo disposuit, et de virtute in virtutem gratia Dei provectus excrevit, usquequo eum, quem semper desideravit spiritu, facie ad faciem videre promeruit. Idem namque Dominus in Evangelio dicit : *In domo Patris mei mansiones multæ sunt* (*Joan.* XIV). Quod quasi exponens Apostolus dicit : *Alia claritas solis, alia claritas lunæ, alia claritas stellarum. Stella enim a stella differt in claritate; sic et resurrectio mortuorum* (*I Cor.* III). Quia in illa æternæ beatitudinis vita non dispari, unusquisque juxta dispar meritum locum disparem percipit. Sed ejusdem disparilitatis damna non sentit, quia tantum sibi, quantum perceperit, sufficit. Et catholica D doctrina didicimus, quia distinctæ conversationes hominum singulorum, agminum cœlestium ordinibus congruunt, et in eorum sortem per conversationis similitudinem deputantur.

II. Nam sunt plerique, qui parva capiunt, sed tamen hæc eadem parva pie annuntiare fratribus non

C desistunt. Isti itaque in angelorum numerum currunt. Et beatus Remigius, licet multiplex scientia Dei dono in eo esset, ut fidelis servus et prudens, conservis suis in tempore mensuram tritici, id est pro captu audientium, ministravit (*Luc.* XII) : et secutus Apostolum, prius barbaris lac potum dedit, non escam (*I Cor.* III). Et teste Malachia, quia sacerdos angelus Domini est (*Mal.* II) : unde et sanctus Remigius sacerdos magnus angelorum consortium meruit.

III. Et sunt nonnulli, qui divinæ largitatis munere referti sacramentorum cœlestium summa et capere prævalent, et nuntiare. Quo ergo isti, nisi inter archangelorum numerum deputantur? Et beatus Remigius sapientiam loquens inter perfectos, quando male sentientem hæreticum de vero Dei Filio in synodo catholicorum episcoporum convertit, in archangelorum numero meruit deputari.

IV. Et sunt nonnulli qui mira faciunt, signa valenter operantur. Quo igitur isti, nisi ad supernarum virtutum et numerum et sortem congruunt? Et beatus Remigius, et in corpore positus, et post obitum, ut supra ostendimus, mira fecit, signa valenter operatus est : ad supernarum igitur virtutum sortem et numerum congruit.

V. Et sunt nonnulli, qui etiam de obsessis corporibus malignos spiritus fugant, eosque virtute orationis et vi acceptæ potestatis ejiciunt. Quo itaque isti meritum suum, nisi inter potestatum cœlestium numerum sortiuntur? Et sanctus Remigius virtute orationis, et vi acceptæ potestatis, ut supra ostendimus, de obsessis corporibus malignos spiritus effugavit. Ergo inter potestatum cœlestium numerum sortem accepit.

VI. Et sunt nonnulli qui acceptis virtutibus etiam electorum hominum merita transcendunt. Cumque et bonis meliores sunt, electis quoque fratribus principantur. Quo ergo isti sortem suam, nisi inter principatuum numeros acceperunt? Et beatus Remigius, hujus Rhemorum civitatis archiepiscopus, sanctis fratribus Vedasto scilicet a se ordinato in Attrebato, Medardo in Viromandis, Lupo Suessonis, Genebaldo in Lauduno et reliquis in subjectis sibi civitatibus electis fratribus principatus, sortem suam inter principatuum numeros accepit.

VII. Et sunt nonnulli, qui sic in sibimetipsis cunctis vitiis, omnibusque desideriis dominantur, ut ipso jure munditiæ dei inter homines vocentur. Unde et ad Moysen dicitur : *Ecce constitui te deum Pharaonis* (*Exod.* vii). Quo ergo isti, quorum comparatione cæteri homines, ut ita dixerim, servi sunt, nisi inter numeros dominationum currunt? Et beatus Remigius cunctis vitiis, omnibusque desideriis in semetipso dominatus, jure munditiæ solus faciem Christi videre potuit, quando ad eum, et ad regem Ludovicum ac reginam, cæterosque astantes in oratorio sancti Petri, ut supra est demonstratum, advenit, et ut servo sibi subjecto baptizando regi potestative præcepit, dicens : Depone colla, Sicamber : et Pippinum regem, villam Anisianum de Ecclesia Laudunensi auferre molientem flagellavit. Inter principatuum ergo numeros sortem suam accepit.

VIII. Et sunt nonnulli, qui dum sibimetipsis vigilanti cura dominantur, dum se sollicita intentione discutiunt, divino timori semper inhærentes, hoc in munere virtutis accipiunt, ut judicare recte et alios possint. Quorum profecto mentibus dum divina contemplatio præsto est, in his velut in throno suo Dominus præsidens aliorum facta examinat, et cuncta mirabiliter de sede sua dispensat. Quid ergo isti nisi throni sui conditores sunt, vel quo, nisi ad supernarum sedium numeros ascribuntur? Per quos dum sancta Ecclesia regitur, plerumque de quibusdam suis infirmis actibus etiam electi judicantur. Quod et per sanctum Remigium actum fuisse legimus, quando electum Dei Genebaldum episcopum de suis infirmis actibus judicavit, et post judicium cordi suo Domino præsidente, ipsius jussione in ordine episcopatus illum restituit. Constat igitur beatum Remigium ad supernarum sedium numerum esse ascriptum.

IX. Et sunt nonnulli, qui tanta Dei ac proximi dilectione pleni sunt, ut Cherubim jure nominentur. Quia enim Cherubim plenitudo scientiæ dicitur, et Paulo docente didicimus, quia plenitudo legis charitas (*Rom.* xiii) : omnes qui Dei et proximi charitate cæteris amplius pleni sunt, meritorum suorum sortem inter Cherubim numeros perceperunt. Et qui ea, quæ superius de eo lecta sunt, sollicita mente intendit, quam plenus charitate fuerit, patenter intelligit : quantaque scientia repletus exstiterit, dictis et factis suis, et testimonio sancti papæ Hormisdæ, ex præmissis advertit. Igitur sanctus Remigius meritorum suorum sortem inter Cherubim numeros percipere studuit.

X. Et sunt nonnulli, qui supernæ contemplationis amoris facibus accensi Conditoris sui desiderio anhelant, nil jam in hunc mundo cupiunt, solo æternitatis amore pascuntur. Terrena quæque abjiciunt, cuncta temporalia mente transcendunt. Amant et ardent, atque in ipso suo ardore requiescunt. Amando ardent, loquendo et alios accendunt. Et quos verbo tangunt, ardere protinus in Dei amore faciunt. Quid ergo istos nisi Seraphim dixerim? Quorum cor in ignem conversum, lucet et urit : quia et mentium oculos ad superna illuminant, et compungendo in fletibus, vitiorum rubiginem purgant. Quia ergo ad amorem sui Conditoris inflammati sunt, quo nisi inter Seraphim numerum sortem suæ vocationis acceperunt? Qualiter autem beatus Remigius in amorem sui Conditoris arserit, loquendo et alios accenderit, gens integra Francorum, cum rege ad fidem catholicam prædicatione illius converso, testatur. Qualiter vero terrena quæque abjecerit, cuncta temporalia mente transcenderit, solo æternitatis amore pastus ad amorem sui Conditoris inflammatus exstiterit, fidem faciunt verba, quibus Conditoris desiderio succensus, pene continue ore, semper autem corde dicebat : *Fuerunt mihi lacrymæ meæ panes die ac nocte. Sitivit anima mea ad Deum vivum, quando veniam et apparebo ante faciem Dei, satiabor dum manifestabitur gloria ejus* (*Psal.* xli *et* xvi). Inter Seraphim ergo numerum sortem suæ vocationis accepit. Cum quibus sancta ejusdem viri apostolici anima una cum suis consortibus in cœlesti lætatur gloria.

XI. Sed tunc nimirum multo perfectius idem et sui comparticipes lætabuntur, cum recepta carne immortali, receptis in eadem beatitudine conservis suis et fratribus cunctis, quos adhuc in terris certare conspiciunt, non habebunt ultra quo intuitum cogitationis suæ foras vel ad modicum mittant, habentes secum intus Deum, de cujus visione superna gaudeant. Ubi illud primum et maximum Domini mandatum integrum perficietur, ad cujus perfectionem in hac vita justi pro suis quique viribus accinguntur : *Diliges Dominum Deum tuum ex toto corde tuo, et ex tota anima tua, et in tota mente tua, et diliges proximum tuum sicut teipsum* (*Matth.* xxii ; *Marc.* xii). Quia quo vicinius præsentem Domini vultum cernunt, eo se ardentius ejus dilectioni totos impendunt, quo proximos suos omnes esse electos, ac Deo dilectos agnoscunt. Quo corda illorum non minus quam sua, sincero amore referta respiciunt, eo illos ipsi non minus quam seipsos amare delectantur. Nam pro fideliter laborantibus in hujus vitæ agone sancti Deum orant, eisque compatiuntur. Sed et pro eis, ut supra dictum est, qui propter bona quidem opera ad electorum sortem sunt præordinati, sed propter mala aliqua, quibus polluti de corpore exeunt, post mortem castigandi pro qualitate operum pœnis excipiuntur, et purgati ad beatorum perveniunt requiem. Pro his vero, qui jam corporibus exuti sunt, æternis suppliciis traditi, quamvis in suæ naturæ bonitate misericordiam habeant, jam auctoris suæ justitiæ conjuncti, tanta rectitudine constringuntur : ipsi quippe judici concordant, cui inhærent : et eis quos eripere non possunt, nec ex misericordia condescendunt, quia tanto illos a se vident extraneos, quanto et ab eo, quem diligunt, auctore suo conspiciunt repulsos : et erecti jam per justitiam judicii, eis nullo modo ex aliqua compassione miserentur. Verum et ante retributionem extremi judicii, injusti in requie quosdam justos aspiciunt, ut eos videntes in gaudio, non solum de suo supplicio, sed etiam de illorum bono crucientur. Justi vero in tormentis semper intuentur injustos, ut hinc eorum gaudium crescat, quia mala conspiciunt, quæ misericorditer evaserunt. Tantoque majores ereptori suo gratias referunt, quanto vident in aliis quid ipsi perpeti, si essent relicti, potuérint. Nec illam tantæ beatitudinis claritatem apud justorum animum fuscabit aspecta pœna reproborum : quia ubi jam compassio miseriæ non erit, minuere procul dubio beatorum lætitiam non valebit. Et quamvis eis sua gaudia ad perfruendum plene sufficiant, mala tamen reproborum absque dubio semper aspiciunt. Quia qui creatoris sui claritatem vident, nihil in creatura agitur, quo videre non possint.

XII. Sicut igitur audita sanctorum gloria, audita reproborum miseria, auditis hujus sanctissimi patroni nostri meritis, auditis beneficiis, quæ in miraculorum patratione ac sanitatum largitione, credentes et devoti homines ipsius patrociniis per donum gratiæ meruerunt, ut nobis talia ejus intercessione impertiri desideramus, ita et auditis ultionum vindictis, quæ peccantes ac rebelles, ipsius meritis per retributionem justitiæ sustinuerunt, in peccatis, et quod adhuc est gravius, in peccatorum pertinacia rebelles persistere timeamus, ne similibus aut gravioribus suppliciis obruamur, si tantis ac talibus exemplis cognitis, nec beneficiis ad bene agendum provocamur, nec territi vindictis a malis nos cohibemus. Flagellorum enim vindictæ nobis illatæ, si nos a peccando revocant, et ad pœnitentiam provocant, et post pœnitentiam nos crimina non remaculant, finis sunt nostrorum præcedentium peccatorum. Sin aliter, sunt initium sequentium tormentorum. Cognoscentes ergo hunc patronum ac protectorem nostrum esse unum de illis de quibus scriptum est :

Hi sequuntur Agnum quocunque ierit (Apocal. xiv), timeamus in conspectu Dei et in oculis ejus peccare: peccantes autem non erubescamus peccata nostra, quæ novit, Deo, et illi corde contrito et humiliato per lacrymas confiteri, et indulgentiam cum dignis pœnitentiæ fructibus postulare. Nemo aliqua suorum numerositate vel enormitate scelerum confusus, de salute impetranda diffidat, et barathrum desperationis incidat, juxta illud Salomonis : *Impius cum venerit in profundum malorum, contemnit (Prov.* xviii). Habemus enim confitentes peccata nostra, et petentes veniam', de impetranda indulgentia anchoram fidei ac spei, per Joannem apostolum nobis depromptam : *Si confiteamur, inquit, peccata nostra, fidelis et justus est Deus ut remittat nobis peccata nostra (I Joan.* ii). Et quia sine peccato in hac vita esse non possumus, prima salutis spes est confessio, ne quisquam se justum putet, et ante oculos Dei, erigat cervicem : deinde dilectio, quia *charitas operit multitudinem peccatorum (I Petr.* iv). Pulchre autem utrumque Apostolus simul nobis insinuat, quod et rogare pro peccatis debeamus et impetremus de Deo indulgentiam cum rogamus. Ideo et fidelem dixit Dominum ad remittenda peccata, fidem pollicitationis suæ servantem : quia qui orare nos pro debitis et peccatis docuit, paterna misericordia promisit et veniam secuturam. Justum quoque eum asseverat, quia veræ confessioni juste dimittit. Peccata nostra præterita in baptismatis perceptione nobis donata sunt, attamen post baptisma multa commisimus, sed lavari iterum baptismatis aqua non possumus. Quia ergo et post baptisma inquinavimus vitam, baptizemus lacrymis conscientiam, et quasi quotidiano Jordanis baptismate lacrymis conscientiam nostræ compunctionis ab omni vitiorum subripientium contagione purgemus, juxta eum qui dicit: *Lavabo per singulas noctes lectum meum, lacrymis meis stratum meum rigabo (Psal.* vi). Unde recte Jordanis *rivus judicii* interpretatur. Quia nimirum electi quique quo sollicitius suam conscientiam discutiendo examinant, eo latiores ex intimo cordis fonte lacrymarum fluvios fundunt. Et quia minus perfectos se esse deprehendunt, sordes suæ fragilitatis undis pœnitentiæ diluunt, et parvulos cogitatus suos ad petram, videlicet Christum, allidunt, omnesque sensus mentis ac corporis petra spiritalis exercitus circumcidere student. *Petra, inquit, erat Christus (I Cor.* x). Cujus fide, spe et charitate non solum in baptismate, sed et in omni prorsus actione, devota purificantur corda bonorum. In quo pietatis exercitio si nos viderit hic dominus et patronus noster fideliter laborare, data intercessionis manu cursum nostrum juvabit, qualiter ad portum æternæ salutis pervenire possimus. Legit enim in lumine incircumscripto cum beatissimis spiritibus gloriæ Conditoris sui assistens, quia libenter obliviscitur omnipotens Deus quod nocentes fuimus, paratus est pœnitentiam nostram nobis ad innocentiam deputare. In die quippe baptismatis omnibus nos antiqui hostis operibus, atque omnibus pompis abrenuntiare promisimus, sed quod promisimus minime servamus. Ad exercenda prava opera, ad concupiscendas mundi pompas dilapsi sumus. Inquinati ergo post aquam salutis, renascamur ex lacrymis. Apud misericordem namque judicem, nec ille fallax habebitur, qui ad veritatem revertitur etiam postquam mentitur. Quia omnipotens Deus dum libenter nostram pœnitentiam suscipit, ipse suo judicio hoc quod erravimus abscondit...

XIII. Cæterum nemo fidelium de hujus patroni nostri meritorum in cœlis virtute dubitet, cui adhuc mortali carne in terra degenti Dominus potestatem dedit ligandi et absolvendi, mortuos suscitandi, omnem languorem et omnem infirmitatem curandi (*Matth.* xviii). Ad cujus corporis sepulcrum, sicut multis indiciis frequenter est demonstratum, viventes ægri veniunt et sanantur. Perjuri veniunt, et a dæmonio vexantur. Dæmoniaci veniunt, et liberantur. Quomodo ergo vivit illic, ubi vivit, si in tot miraculis vivit hic, ubi corpus ejus mortuum jacet? *Hunc ergo in causa nostri examinis quam cum districto judice habemus, patronum faciamus. Hunc in die tanti terroris illius, defensorem adhibeamus.* Certe si apud quemquam magnum judicem causa quælibet nostra esset die crastina ventilanda, totus hodiernus dies in cogitatione duceretur, aliquem patronum quæreremus, magnisque precibus ageremus, ut apud tantum judicem nobis defensor veniret. Ecce districtus judex Christus venturus est, tanti illius angelorum archangelorumque concilii terror adhibetur. In illo conventu causa nostra discutitur, et tamen nos patronum modo quem præsto habemus, non quærimus, quem tunc defensorem habeamus. Adest defensor noster beatus Remigius, rogari vult atque, ut ita dixerim, quærit ut quæratur. Hunc ergo adjutorem nostræ orationis quæramus, ut tunc protectorem nostri reatus inveniamus. Quia ne punire peccatores debeat, rogari vult, et ipse qui judicat. Unde et tam longo tempore comminatur iram, et tamen misericorditer exspectat. Sic autem nos et misericordia ejus refoveat, ut nullo modo negligenter reddat. Sic peccata nostra perturbent, ut mens in desperationem non proruat. Quia etsi præsumentes metuimus, et metuentes speramus, æternum regnum citius adepturi sumus, istius patris et patroni nostri meritis et Deo dignis orationibus. Curramus ergo velocissimis fide pedibus, extensis mentium manibus, ad protectionem illius, atque ad sacratissimum corpus cum fletibus insistamus. Promereri nos veniam ejus intercedentibus meritis deprecemur, ut quia nostris non possumus, ejus meritis apud Dominum veniam impetremus. Et qui velamen bonorum operum, quo peccata nostra tegamus, non habemus, ejus meritis, et intercessionibus, puris confessionibus et profusis lacrymis, ante ejus sanctam memoriam procidentes nostra crimina diluamus, et bonis operibus abstergamus. Sed et ubicunque in adjutorium nostræ salutis

A fideliter eum invocaverimus, non deerit ab exauditione, inhærens Christo, sicut et alia eminentiora membra ipsius qui ubique præsens est majestate, quique dum districtus judex sustinet, et adhuc manum non exerit in percussione, dum a retributione ultionis intimæ; esse quædam temporis securitas indicetur, debemus malum quod sequitur, flammarum scilicet pœnas æternas, intolerabiles atque continuas pensare, pensantes gemere, gementes vitare ea quæ commisimus peccata indesinenter aspicere, aspicientes flere, flentes abstergere. Crimina in quibus delectabiliter diu jacuimus, non perfunctorie, sed quotidie atque si fieri potest, continue amarissimis lacrymis studeamus abluere, eleemosynis abstergere, sacris hostiis expiare. Hæc est pacis petendæ nostræ legatio, quæ regem ad discutiendum et judicandum nos venientem placat. Nulla prosperitatis transitorie lætitia dissolvat, nec mentis nostræ oculos ea quæ sunt transitoria obstruant, ne cæcos ad ignem ducant.

B

XIV. Curandum quoque magnopere nobis est, et cum magnis quotidie fletibus cogitandum, quam sævus, quam terribilis sua in nos opera requirens in die exitus nostri princeps hujus mundi veniet, si etiam ad Deum carne morientem venit, et in illo aliquid quæsivit, in quo invenire nil potuit? Quid ita nos miseri dicturi, quid acturi sumus, qui innumera mala commisimus? Quid requirenti adversario et multa sæ in nobis invenienti dicemus, nisi solum quod nobis est certum refugium, solida spes : quoniam a peccatis quæ post baptismum commisimus, lacrymis abluti per confessionem et dignos pœnitentiæ fructus expiati et meritis ac orationibus sanctorum Christo reconciliati atque per acceptionem corporis et sanguinis ejus, in fide recte permanentes, unum cum illo facti sumus ipsi incorporati, in quo princeps hujus mundi et suam aliquid requisivit et invenire minime potuit? Quoniam solus est inter mortuos liber (*Psal.* lxxxvii), a quo nos et a peccati jam servitio veraci libertate solvimur, quia ei qui vere liber est, per corporis et sanguinis cujus acceptionem unimur. Sicut enim vere carnem corporis nostri Christus assumpsit, et vere homo ille qui ex Maria Virgine natus est Jesus, Dei Filius est, non quemadmodum alii homines per gratiam, sed natura Filius ex substantia Patris : ita vera est caro, et verus est sanguis ejus, quæ ad manducandum et potandum in mysterio sumimus, sicut ipse testatur. Et nos qui vere sub mysterio carnem et sanguinem corporis sui sumimus, per ea naturaliter unum cum illo efficimur. In quibus manet post consecrationem similitudo panis et vini, ne quidam sit horror cruoris, sed manet in eis gratia redemptionis. De naturali enim in nobis Christi veritate, ipse ait : *Caro mea vere est esca, et sanguis meus vere est potus. Qui edit carnem meam, et bibit meum sanguinem in me manet et ego in eo* (*Joan.* vi). De veritate carnis et sanguinis ejus non relictus est ambigendi locus. Nunc enim et ipsius Domini professione et fide no-

C

D

stra vere caro est, et vere sanguis est. Et hæc accepta atque hausta, id efficiunt, ut et nos in Christo, et Christus in nobis sit. Est ergo in nobis ipse per carnem, et sumus in eo dum secum hoc quod nos sumus in Deum est. Quoniam autem in eo per sacramentum communicatæ carnis et sanguinis ejus simus, ipse testatur dicens : *Et hic mundus me jam non videt; vos autem me videbitis, quoniam ego vivo, et vos vivetis, quoniam ego in Patre meo, et vos in me, et ego in vobis (Joan.* xiv) : ut cum ille in Patre per naturam divinitatis est, nos contra in eo per corporale ejus nativitatem, et ille rursum in nobis per sacramentorum inesse mysterium creditur. Quam autem naturalis in nobis hoc unitas sit, ipse ita testatus est : *Qui edit carnem meam, et bibit sanguinem meum, in me manet et ego in eo.* Non enim qui in eo erit, nisi in quo ipse fuerit ejus tantum in se assumptam habens carnem, qui suam sumpserit. Perfectæ autem hujus unitatis sacramentum, ipse docet dicens : *Sicut misit me vivens Pater, et ego vivo per Patrem, et qui manducaverit me,* id est carnem meam, *et ipse vivet per me (Joan.* vi). Vivit ergo per Patrem, et quomodo vivit per Patrem, eodem modo nos per carnem ejus vivimus. Omnis enim comparatio ad intelligentiæ formam præsumitur, ut, id de quo agitur, secundum propositum exemplum assequatur.

XV. Hæc ergo vitæ nostræ causa est, quod in nobis carnalibus, manentem per carnem Christum habemus, victuris nobis per eum, ea conditione, quia vivit ille per Patrem. Si ergo nos naturaliter secundum carnem per eum vivimus, id est naturam carnis suæ adepti, quomodo non naturaliter secundum spiritum in se Patrem, habeat eum vivat ipse per Patrem? Per Patrem autem vivit, dum nativitas non alienam intulit diversamque naturam, dum quod est et ab eo est, nec tamen ab eo per aliquam incidentem naturæ dissimilitudinem separatur, dum in se per nativitatem habet Patrem in virtute naturæ, cui veraciter unimur per incarnationis suæ mysterium. Quod quotidie in catholica celebratur Ecclesia, sicut præfiguratum legitur in sacra historia : Venit Elias ad Jordanem, et exutus pallio suo percussit aquas ac divisit (*IV Reg.* ii) : venit Dominus ad fluvium mortis, quo genus humanum mergi consueverat, et exuens se ad tempus habitu carnis quem sumpserat, mortem moriendo percussit ac vitæ nobis iter resurgendo patefecit. Recte enim per Jordanem fluxus nostræ mortalitatis ac defectus exprimitur, quia et Jordanis Latine *descensus eorum* dicitur, et ipse fluvius in mare Mortuum influens, laudabiles suas ibi perdit aquas. Transit autem Elias diviso Jordane per siccum, transit et Eliseus : quia resurgens a mortuis Salvator, fidelibus quoque suis spem resurgendi tribuit. Transito Jordane Elias dedit optionem Eliseo postulandi quæ vellet. Et Dominus impleta resurrectione gloria, plenius discipulorum sensibus, inseruit, quod et antea promisit : *Quia quodcunque petieritis in nomine meo hoc faciam (Joan.* xiii *et* xv). Petiit Eliseus ut fieret spiritus Eliæ duplex in se, et

edocti a Domino discipuli promissam spiritus gratiam accipere desiderabant qua non uni tantum genti Judææ, quam ipse præsens in carne docuit, sed et cunctis per orbem nationibus prædicare sufficerent. An non duplicem spiritus sui gratiam pollicebatur, cum ait : *Qui credit in me, opera quæ ego facio et ipse faciet, et majora horum faciet (Joan.* xiv).

XVI. Sermocinantibus Elia et Eliseo, subito currus et equi ignei rapuerunt Eliam quasi usque in cœlum. Qui profecto currus et equi, angelicæ sunt intelligendæ virtutes. De quibus scriptum est : *Currus Dei decem millibus, multiplex, millia lætantium Dominus in illis (Psal.* lxvii); et iterum : *Qui facit angelos suos spiritus, et ministros suos ignem urentem (Psal.* ciii). Horum namque Elias subsidio, utpote homo purus, quo a terra tolli posset agebat. Et Dominus cum apostolis loquens, subito videntibus illis elevatus est, et si non angelico fultus auxilio, angelico tamen comitatus obsequio. Vereque est assumptus in cœlum, angelis quoque idipsum attestantibus, qui illis dixerunt : *Hic Jesus qui assumptus est a vobis in cœlum, sic veniet (Act.* i). Sublevatus ad cœlum Elias, dimisit Eliseo pallium quo erat indutus. Ascendens in cœlum Dominus, sacramenta humanitatis assumptæ discipulis, imo Ecclesiæ, quibus sanctificaretur in virtute dilectionis, ac calefieret, reliquit. Assumens Eliseus pallium Eliæ percussit eo aquas Jordanis, et ubi invocavit Deum Eliæ, divisæ sunt et transiit. Assumpserunt apostoli, assumpsit instituta per eos omnis Ecclesia sacramenta sui Redemptoris. Quibus spiritaliter erudita, abluta et consecrata, ipsa quoque invocato nomine Dei Patris, impetum mortis superare, ejusque obstaculo contempto, ad vitam transire didicit sempiternam, juxta quod Dominus in Evangelio dicit, inquiens : *Sicut Moyses exaltavit serpentem in deserto, ita exaltari oportet Filium hominis, ut omnis qui credit in ipsum non pereat, sed habeat vitam æternam (Joan.* iii). Quoniam qui credens in Christo, passionis suæ sacramenta credendo, confitendo, sinceriter imitando, fideliter sumit, salvatur in perpetuum ab omni morte quam peccando in anima pariter et carne contraxit, et non solum perditionem evadet pœnarum, sed et vitam percipiet sempiternam.

XVII. Ad quam beatæ et gloriosæ semper virginis et genitricis suæ Mariæ dominæ nostræ ac istius patroni nostri beati Remigii meritis et intercessionibus, in fide recta et bonis operibus nos perseverantes, et per acceptionem corporis et sanguinis sui unum secum effectos perducere dignetur, et per eamdem humilitatis ejus sacramenta usque ad contemplandam divinitatis ejusdem gloriam, quam ipse fidelibus servis suis fideli pietate pollicetur, dicens : *Qui diligit me, diligetur a Patre meo, et ego diligam eum, et manifestabo ei meipsum (Joan.* xiv). Meipsum manifestabo, inquit, id est non qualem me omnes conspicere, qualem etiam invidi crucifigere, sed qualem in decore suo regem sæculorum soli videre possunt oculi mundi sanctorum : talem me ad rependendam vicem dilectionis, his qui me diligunt, ostendam. Pertingere faciat Christus Jesus Deus, et Dominus, conditor et Redemptor atque ab omni morte ac corruptione Salvator noster in qua cum Deo Patre, A Spiritu sancto coæternus et consubstantialis ac coæqualis, vivit et regnat per omnia sæcula sæculorum. Amen.

XXIII.

RESPONSIO DOMINI HINCMARI

AD QUORUMDAM QUÆSTIONES,

Cur in quodam suæ humilitatis scripto posuerit mysticam Nicænam synodum.

(Apud Sirmond., ex codice S. Laurentii Leodiensis.)

Quæsitum est, ut a quibusdam mihi dictum est, cur in quodam meæ humilitatis scripto posuerim mysticam Nicænam synodum. Unde sicut doctrina catholicorum nobis est traditum, reddimus rationem : videlicet quia et veteri historia præfigurata, et per numerum signi passionis ac nominis Domini nostri Jesu Christi est designata, et præscientia consecrata. Nomen enim mediatoris Dei ac hominum hominis Jesu Christi, qui divinitate nos condidit, et humanitate in unitate personæ suæ divinitatis assumpta redemit, cum sit Hebræum, apud Græcos, qui ut Hebræi in nominum interpretatione, ita in numero litterarum gloriari dicuntur, litteris Græcis ita scribitur IHΣOYΣ, quod Græce dicitur ΣΩTHP, Latine interpretatur SALVATOR, sive *salutaris*. Et hujus Hebræi nominis litterarum numerus apud Græcos iste est : I, 10, H, 8; Σ, 200 ; O, 70; Σ, 200. Collecto autem in unum hoc numero, fiunt quadringenti octoginta octo. Unus namque, qui dividi non potest, decies ductus denarium perficit, et denarius quater ductus in quadragenarium surgit, et quadraginta decies ducti quadringentos efficiunt; quia juxta Pauli vocem : *Unus est Deus, unus mediator Dei et hominum homo Christus Jesus, qui dedit redemptionem semetipsum pro omnibus (I Tim. II, 5). Cujus gratia ad æternam vitam, quæ centenario numero et hoc quater ducto figuratur, electi omnes, non solum de incorruptione animæ simul et corporis, verum et de visione divinæ majestatis, cum gloria ejusdem mediatoris Dei et hominum clarificatæ humanitatis gaudebunt. Octavo autem et octogenario numero qui octo decadis constat, patenter innuitur quia quomodo Christus octava die resurrexit a mortuis per gloriam Patris, ita et nos in novitate vitæ ambulemus, et ipsa quotidiana nostra circumcisio, quæ in Veteri Testamento octavo die fieri solebat, id est, quotidiana cordis nostri mundatio, semper octavæ diei sacramentum celebrare non desinat, donec accipiamus binas stolas, immortalitatem scilicet et incorruptionem corporis simul et animæ, quod octavo et octogenario, ut diximus, numero designatur. Sed sicut maiorum traditione didici-

B mus, in libris Græcorum, verum et in Latinorum, uti comperimus, per notas scribuntur nomina, quæ interdum prima et novissima et virgula superposita in dexteram æque veniente a sinistra, ut D̄S̄. N̄R̄. V̄R̄. Interdum autem prima et media et novissima notantur littera, et virgula superposita in dexteram æque veniente a sinistra, ut XP̄S̄. D̄N̄S̄. Et sicuti in hoc nomine, cum scribitur IHΣ casu nominativo, quarum litterarum numerus iste est : I, 10; H, 8 ; Σ, 200, in unum autem collectus hic numerus complet ducentos decem et octo. Centenarius namque numerus, qui decem decadis constat, et de læva transit in dexteram, perfectus est numerus. Σ simma, littera ultima in nota nominis Jesu in nominativo casu ducentos exprimit, quia perfectus Deus ante sæcula, perfectus homo factus est in fine sæculorum. Denarius vero in decalogo perfectus est numerus, continens in se mysterium quadrigæ evangelicæ. Computa enim ab uno per ordinem usque ad quatuor, et invenies decem. Octonarius quoque numerus docetur esse perfectus in Jesu octavæ diei resurrectione : qui etsi mortuus est ex infirmitate nostra, sed vivit ex virtute Dei, qui per signum suæ passionis, quod T tau littera signat, continens numerum tricentenum, elisit diabolum, occidit mortem, triumphavit infernum ; cui si super transversa linea id quod in cruce est adderetur, non jam crucis species, sed ipsa crux esset. Collige autem in unum signi Dominicæ passionis et nominis numerum, invenies quadringentos decem et octo. Quingenti denique quinquagenario numero decies ducto complentur, quia gratia Domini Jesu crucifixi, et a mortuis suscitati, et in dextera Dei sedentis, non solum legis decalogum, sed et quatuor sancti Evangelii libros implemus, et octava resurrectionis die resuscitati, ad requiem sempiternam, quæ jubileo, id est quinquagenario numero, designatur, in æternam vitam, quæ centenario numero monstratur, fide recta et operibus bonis perveniemus. Et recte sacra Nicæna synodus mystica dicitur, quia non humana industria, non compositione aliqua, trecenti decem et octo episcopi ad idem concilium pervenerunt, primogenitum Satanæ, Arium videlicet, alterum Judam, et proditionis infidelitate, et traditionis iniquitate, et ultionis supplicio, devicturi. De quibus etsi quidam ad tempus titubasse leguntur, non tamen, sicut nec duodenarius apostolorum numerus in Judæ proditione, ita nec in titubantium hæsitatione hic a Christo electus episcoporum numerus periit. Hic enim numerus trecentorum decem et octo sanctus est, in quo Abraham victor regum impiorum ab eo qui æterni sacerdotis est forma benedicitur. Huic autem mystice synodo isdem, cui singulariter ac specialiter dicitur : *Ex utero ante luciferum genui te* (Psal. cix, 3); et : *Tu es sacerdos in æternum secundum ordinem Melchisedech* (ibid., 4), per signum suæ passionis et nominis, ut præmisimus, in litterarum numero Dominus Jesus suo se probavit adesse concilio. Crux enim in trecentis. Unde Gedeon cum trecentis perrexit ad prælium, de quo dicit prævidens per crucem triumphaturum potestates aerias Dominum Jesum propheta : *Superasti sicut in die Madian* (Isa. ix, 4). ᛁᛁᛁ. nomen in decem et octo est sacerdotibus. Et nota quia hic nomen Jesu genitivo casu et non nominativo effertur ; et ideo hic littera Ϛ simma non additur, sed cum ᛁᛁ superposita linea scribitur, quibus numerus decem et octo completur. Utrum autem in hoc genitivo hujus sacratissimi nominis casu, alia aliqua littera his duabus præpositis litteris apud Græcos superaddatur, nec ne, an (sicut in crucis specie, quam littera T tau prætendit, insuper transversa linea id quod in cruce est non superadditur, ut figura crucis non solum ipsa crux effigietur), eis- A dem duabus tantum litteris, cum linea superposita nomen Domini Jesu, ad designandum decem et octo episcoporum numerum Græcorum consuetudine imaginetur, non est nobis necesse conjicere, cum ad scientiam et auctoritatem nobis sufficere debeat beatus Ambrosius, utriusque linguæ Græce videlicet et Latinæ peritissimus, dicens : « Crux in trecentis, Jesu nomen in decem et octo est sacerdotibus. » Et mihi quidem, Hilarius inquit in libro de Synodis, loquens de trecentis decem et octo sacerdotibus, « ipse ille hic numerus sanctus est, in quo Abraham victor regum impiorum ab eo qui æterni sacerdotii est forma benedicitur. » Et Ambrosius in libro primo de Fide, ubi et ea quæ de illius verbis posuimus dicit (*in prolog.*) : « Abraham, inquiens, trecentos decem et octo duxit ad bellum, et ex innumeris tropæa hostibus reportavit, signoque Dominicæ crucis et nominis, quinque regum victriciumque turmarum subacto robore, et ultus est proximum, et filium meruit et triumphum. » Et (*lib.* i, *c*, 9) : « Non humana industria, non compositione aliqua, trecenti decem et octo ad concilium, quin Nicænum, convenerunt ; sed ut in numero eorum, per signum suæ passionis et nominis, Dominus Jesus suo se probaret adesse concilio, crux in trecentis Jesu nomen in decem et octo est sacerdotibus. » Hæc tantorum doctorum verba ex integro, cum his quæ traditione magistrorum didici, hic ponere dignum duxi, quia Dominus dicit : *Quia a semetipse loquitur, gloriam propriam quærit* (Joan. vii, 18), ne viderer fraudem in Dei dono facere, si aliena quasi propria vellem efferre.

XXIV.

HINCMARI PROFESSIO FIDEI

Ad pontificem Romanum missa.

(Apud Marlot., Hist. metropol. Rhemens., p. 388.)

Ego Hincmarus hujus sedis ordinandus archiepiscopus, et sacro ministerio vestro, sancti Patres, prædicationis officium suscepturus :

Confiteor sanctam atque ineffabilem Trinitatem Patrem, et Filium, et Spiritum sanctum, unum Deum naturaliter esse, unius substantiæ, unius naturæ, unius majestatis, atque virtutis. Dominum quoque nostrum Jesum Christum de Deo Patre ante tempora genitum, eumdemque sub tempore de Spiritu sancto conceptum, et de Maria Virgine natum credo. Qui passus pro redemptione humani generis, ad inferna descendit, indeque victor resurgens, et in cœlos ascendens, venturus est in fine sæculi, ut reddat singulis prout gesserunt in corpore positi, sive bonum, sive malum. Præterea constitutiones quatuor principalium conciliorum, Nicæni, Constantinopolitani, Ephesini et Chalcedonensis : canones quoque synodorum, et decreta quæ orthodoxa fides suscipit et complectitur, me suscipere, tenere et prædicare velle confiteor. Hæreses vero et schismata, quæ catholica Ecclesia anathematizat, et quidquid sanæ fidei adversatur, condemno, respuo et anathematizo. Beato vero Petro et vicario ejus debitam subjectionem et obedientiam, suffraganeis vero nostris adjutorium me exhibiturum profiteor ; et huic professioni meæ coram Deo et angelis ejus, sub testimonio quoque præsentis Ecclesiæ subscribo.

XXV.

HINCMARI CARMINA ALIQUOT.

I.

Epitaphium in honorem Tilpini Præsulis.

[Apud Flodoard., Hist. Eccl. Rhem., lib. iii.]

Hac requiescit humo Tilpinus præsul honoris
  Vivere cui Christus Vita et obire fuit.
Hunc Rhemi populo martyr Dionysius almus
  Pastorem vigilem misit, et esse patrem.
Quem pascens quadragenis ast amplius annis,
  Veste senectutis despoliatus abit.
Quartas cum Nonas mensis September haberet,
  Mortua quando fuit mors sibi vita manet.
Et quoniam locus atque gradus hoc junxerat, Hincmar
  Huic fecit tumulum, composuit titulum.

II.

Epitaphium sancti Remigii.

(Require supra in Vita ejusdem.)

III.

In sepulcrum sancti Remigii.

[Apud Flodoard. ibid.]

Hoc tibi, Remigi, fabricavit magne sepulcrum,
  Hincmarus præsul, ductus amore tuo,
Ut requiem Dominus tribuat mihi, sancte, precatu,
  Et dignis meritis, mi venerande, tuis.

IV.

In altari beatæ Virginis restaurato.

[Apud Marlot., Metrop. Rhem. Hist. lib. iii.]

Hanc oram Domini genetricis honore dicatam,
Cultor ubique suus decoravit episcopus Hincmar
Muneribus sacris, functus hac sede sacerdos

A Jam bene completis centenis octies annis,
Quadraginta simul quinto volvente sub ipsis,
Cum juvenis Carolus regeret diademata regni,
Hunc sibi pastorem poscentibus urbis alumnis.

V.

Ad imaginem Dei genitricis in ipso altari positam.

Virgo Maria tenet hominem, regemque, Deumque,
Visceribus propriis natum de Flamine sancto.

VI.

Carmen inscriptum in libro Evangelii quem Hincmarus donavit ad usum altaris beatæ Mariæ.

Sancta Dei genitrix, et semper virgo Maria,
  Hincmarus præsul defero dona tibi,
Hæc pia quæ gessit, docuit nos Christus Iesus
  Editus ex utero, casta puella, tuo.

VII.

Ex Ferculo [a]*, Salomonis.*

[Apud Sirmund.]

Agnus, lux mundi, proprio nos corpore pascens,
  In nobis maneat, mansio nostra fiat,
Agnus, fons vitæ, proprio nos sanguine potans,
  Semper more suo debriet atque regat
Hic Deus omnipotens, per quem Pater omnia fecit,
  Naturas rerum mutat ut ipse volet,
Hic cruce nostra creat proprlis et munera Verbis
  Fitque caro et sanguis pane liquore suus.
In cruce nam corpus fixum est, sanguis quoque fusus
B   Chrysti, quem in cœna jam dedit ante suis,
Cum nos indigni hæc memoramus jussa, Redemptor
  Emptorum pretium munera nostra facit.

---

[a] Flodoardus lib. iii, cap. 15, libros enumerans quos Hincmarus composuit : « Scripsit, inquit, et ad regem Carolum opus quoddam egregium metrice de Gratia et Prædestinatione Dei, de Sacramentis quoque Corporis et sanguinis Christi, et de videndo Deo, atque origine animæ, simul ac de fide sanctæ Trinitatis ; quod opus appellavit Ferculum Salomonis. Quo ex opere Duodenos versus profert Durandus abbas in libro de Corpore et Sanguine Domini contra Berengarium. »

AD OPERA HINCMARI RHEMENSIS APPENDIX.

HINCMARI ANNALES,

SIVE

ANNALIUM BERTINIANORUM PARS TERTIA

Ab anno 861 usque ad annum 882.

(Apud Pertzium , Monum. Germ. hist. , tom. I.)

DCCCLXI.

Gallindo cognomento Prudentius, Tricassinæ civitatis episcopus, natione Hispanus, adprime litteris eruditus, qui ante aliquot annos Getescalco prædestinatiano restiterat, post felle commotus contra quosdam episcopos secum heretico resistentes, ipsius hæresis defensor acerrimus, indeque non modica inter se diversa et fidei adversa scriptitans moritur; sicque, licet diutino languore fatigaretur, ut vivendi ita et scribendi finem fecit.

Carolomannus, Hludowici Germaniæ regis filius, cum Resticio Winidorum regulo fœderatur, a patre deficit, et Resticii auxilio magnam sibi partem usque ad Hin [1] fluvium paterni regni præsumit. Hludowicus socerum Karlomanni filii sui, Arnustum, honoribus privat, et nepotes ipsius a regno suo expellit; qui cum Adalardo, Irmintrudis reginæ avunculo, suo autem propinquo, quem Lotharius patrui sui Hludowici factione insequebatur, Karolum adeunt; a quo benigne suscipiuntur et honoribus consolantur. Sed et pene omnes qui nuper a Karolo ad Hludowicum defecerant, ad Karolum revertuntur, et ab eo familiaritate et honoribus redonantur.

Dani [b] qui pridem Morinum [c] civitatem incenderant, de Anglis revertentes, duce Welando cum ducentis et eo amplius navibus per Sequanam ascendunt, et castellum in insula quæ Oscellus dicitur a Nortmannis constructum, et eosdem Nortmannos obsident. Ad quorum obsidentium videlicet locarium [d] quinque millia libras argenti cum animalium atque annonæ summa non modica de regno suo, ne deprædaretur, exigi Karolus præcepit, et Sequanam transiens, Meidunum [e] super Ligerim adit, Rodbertum [f] cum placitis honoribus recipit. Qua occasione Guntfridus et Gozfridus, quorum consilio Karolus præfatum Rodbertum receperat, cum suis complicibus gentilitia mobilitate et inolita consuetudine a Karolo ad Salomonem, Britonum [1] ducem, deficiunt. Interea Danorum pars altera cum sexaginta navibus per Sequanam in fluvium Tellas [g] ascendunt, indeque ad obsidentes castellum perveniunt, et eorum societate junguntur. Obsessi autem famis inedia et miseriæ omnis [2] squallore compulsi, sex millia libras inter aurum et argentum obsidentibus donant eisque sociantur, et sic per Sequanam usque ad mare descendunt. Quos imminens hiems ingredi mare prohibuit, unde se per singulos portus ab ipso loco Parisius usque secundum suas sodalitates dividunt. Welandus autem per Sequanam usque ad castrum Milidunum cum sociis suis ascendit. Castellani vero cum Welandi [3] filio Fossatis [h] monasterium occupant. Hincmarus [i], Durocortori Remorum archiepiscopus, synodo comprovinciali apud monasterium [4] sanctorum Crispini et Crispiniani secus civitatem

VARIANTES LECTIONES.

[1] Brittonum *Ch. ita sæpius.* [2] miseria omni *Ch. et B.* [3] welando *Ch. et B.* [4] *ita correxi; Ch. et B.* martyrium ; *in codice scriptum fuerit* mrium.

NOTÆ.

[a] Vide hujus editoris monitum parti secundæ Annalium Bertinianorum præfixum Patrologiæ tomo CXV inter Opera Prudentii, in quo Hincmaro Rhemensi asseritur pars tertia eorumdem Annalium. Nonnulli tamen, inter quos auctores Galliæ Litterariæ, hujus libri paternitatem Hincmaro abjudicant. EDIT. PATROL.

[b] Cf. Chron. de gestis Norm.

[c] Hunfridus, Morinensis seu Tarvannensis episcopus, e sua urbe a Nortmannis fugatus, abdicandi in perpetuum episcopatus consilium suscepit, eamque in rem consuluit Nicolaum papam, qui ei sic respondit : *Scias, charissime frater, quod si perniciosum est proretam in tranquillitate navem deserere, quanto magis in fluctibus.* BOUQUET.

[d] Pretium locationis.

[e] *Meun*, infra Aurelianos.

[f] Robertus ille est, cognomento Fortis, a quo reges Francorum tertiæ stirpis originem trahunt. BOUQUET.

[g] *Iere* in Normannia in pago *Tellau.* Vales. Notit. p. 547, 548.

[h] *Saint-Maur des Fossés.*

[i] Hincmarus per octo annos occasione quæsita Rothadum ab episcopatu dejiciendi, hanc tandem captavit. Rothadus presbyterum quemdam suæ diœceseos in stupro deprehensum canonice deposuerat : et ille ad metropolitanum confugit, quem episcopo infensum noverat. Hincmarus presbyterum sacerdotio fungi jussit post triennium, injuste depositum

Suessionis Rothadum [1], ipsius urbis episcopum, regulis ecclesiasticis obedire nolentem episcopali privat communione secundum decreta canonum, donec obediat.

Karolus, dimisso filio suo Hludowico sub Adalardi, Irmintrudis reginæ avunculi, bajulatione ad custodiam regni contra Nortmannos, a quibusdam invitatus quasi regnum Provinciæ adepturus, quoniam Karolus, Lotharii quondam imperatoris filius, inutilis atque inconveniens regio honori et nomini ferebatur, cum uxore Burgundiam usque ad civitatem Matescensium[a] peragrat. Ubi rebus parum prospere gestis, et deprædationibus plurimis populo terræ ingestis, Pontigonem palatium redit, ibique missaticum ex parte Hludowici fratris sui, et Lotharii nepotis sui, ab Adventio, Mettensium civitatis episcopo, et Leutardo comite delatum audit, eosque absolvit, et diem natalis dominicæ festive, ut moris est, celebrat.

DCCCLXII.

Karolus per Remis [2] civitatem Suessionis venit, ubi non incerto nuncio comperit, quia filia ejus Judith, relicta scilicet Edelboldi regis Anglorum, quæ possessionibus venditis quas in Anglorum regno obtinuerat, ad patrem rediit, et in Silvanectis [b] civitatem debito reginæ honore sub tuitione paterna et regia atque episcopali custodia servabatur, donec, si se continere non posset, secundum apostolum, scilicet competenter ac legaliter, nuberet, Balduinum comitem [c] ipso lenocinante, et fratre suo [d] Hludowico consentiente, mutato habitu est secuta; sed et quia Hludowicus, filius ejus, a præfatis Gunfrido et Gozfrido sollicitatus, relictis fidelibus patris, cum paucis noctu aufugit, et transfuga ad se sollicitantes pervenit. Unde rex Karolus episcopos et cæteros regni sui primores consulens, post mundanæ legis judicium canonicam [3] in jamdictum Balduinum et Judith, quæ cum fure cucurrit et adulteri portionem se fecit, secundum edicta beati Gregorii « ut si quis viduam in uxorem furatus fuerit, et consentientes ei, anathema sint, » depromi sententiam ab episcopis petiit. Abbatiam quoque sancti Martini, quam inconsulte præscripto filio suo Hludowico donaverat, non satis consulte Hucberto, clerico conjugato, donavit. Indeque Silvanectum perrexit, ubi dum moraretur, exspectans ut ad eum populus conveniret, quatenus aciebus dispositis ex utrisque suis ripis

singulæ aquæ, Isara [e] scilicet, Matrona et Sequana custodirentur, ne Nortmanni in prædam ire valerent, nuncium accepit, quia Danorum electi de his qui in Fossatis resederant, cum parvis navibus Meldensium [f] civitatem adirent. Ipse autem cum eis quos secum habuit illo pergere maturavit; et quoniam, pontibus a Nortmannis destructis et navibus occupatis, eos adire non poterat, necessario usus consilio, pontem ad insulam secus Trejectum [g] reficit, et Nortmannis descendendi aditum intercludit; scaras nihilominus ex utraque ripa Matronæ ad custodiam deputat. Qua de re Nortmanni valde constricti, obsides electos et Carolo missos ea conditione donant, ut omnes captivos quos ceperant postquam Matronam intraverant, sine mora aliqua redderent, et aut cum aliis Nortmannis constituto die placiti a Sequana recedentes mare peterent, aut si alii cum eis redire non vellent, una cum exercitu Caroli retractantes ire bello appeterent; sicque, datis decem obsidibus, sunt ad suos redire permissi. Et post viginti circiter dies ipse Welandus ad Carolum veniens, illi se commendavit, et sacramenta cum eis quos secum habuit statim præbuit. Indeque ad naves regressus, cum omni Danorum navigio usque ad Gemeticum [h], ubi illorum naves statuerunt reficere et vernale æquinoctium exspectare, descendit. Refectis navibus, Dani mare petentes per plures classes se dividunt, et prout cuique visum est, in diversa velificant, major autem pars Britannos, qui Salomone duce habitant in Niustria, petit; quibus et illi junguntur, qui in Hispania fuerant. De quibus Rodbertus duodecim naves, quas Salomon in contrarietatem ejus locario jure conduxerat, in fluvio Ligeri capit, omnesque qui in illo fuere navigio interfecit, præter paucos, qui fuga lapsi delituerunt. Rodbertus autem Salomonem sustinere non valens, cum præfatis Nortmannis qui de Sequana exierunt, antequam illos Salomon sibi adversus eum adscisceret, datis utrimque obsidibus, in sex millibus argenti contra eumdem Salomonem convenit. Welandus cum uxore et filiis ad Carolum venit, et Christianus cum suis efficitur.

Carlomannus, Hludowici regis Germaniæ filius, concessa sibi a patre regni portione quam pridem invaserat, et dato sacramento, ne amplius inde sine patris voluntate invaderet [4], cum patre pacificatur. Hludowicus denique, filius Caroli regis, consilio

NOTÆ.

causatus, licet triginta duorum episcoporum judicio ejus exauctoratio decreta fuisset. Ad hæc presbyterum alterum, quem Rothadus depositio substituerat, Hincmarus communione privavit; illum vero, qui ob stuprum depositus fuerat, ecclesiæ, cui fuerat antea præpositus, restituit. Tam irregulari judicio Rothadus refragatus est; et Hincmarus, hoc anno 861 congregata synodo in suburbio Suessionensi, eum ut contumaciæ reum episcopali communione privavit. Bouq.

[a] *Macon.*
[b] *Senlis.*
[c] *Flandriæ.*
[d] Id est, *Judithæ.*
[e] *Oise.*
[f] *Meaux.*
[g] Trejectum Baldulfi vocatur, vulgo *Tribaldou.* Rem aliter exponit vetus auctor, qui librum de Vita sancti Faronis composuit. Bouq.
[h] *Jumiéges.*

Guntfridi atque Gozfridi Salomonem adit, validam Brittonum manum obtinet, et cum eis Rotbertum patris fidelem impetit, Andegavum et alios quos adire potuit pagos cæde, igni, deprædatione devastat. Rotbertus siquidem Britones redeuntes cum maxima deprædatione aggreditur, et plusquam ducentos Britonum primores occidit, et prædam excutit. Quem iterum Hludowicus bello querit, in fugam ab eo vertitur, et dispersis sociis vix evasit. Carolus rex Aquitanorum, Caroli regis filius, needum quindecim annos complens, persuasione Stephani [a] relictam Humberti comitis sine voluntate et conscientia patris in conjugem ducit. Sed et sæpefatus Hludowicus, frater ipsius Caroli, e vestigio in ipso quadragesimæ sanctæ initio filiam Harduini quondam comitis, sororem scilicet Odonis sui multum complaciti sibi conjugem copulat. Carolus, horum pater, omnes primores regni sui ad locum qui Pistis [b] dicitur, ubi ex una parte Andella et ex altera Audura Sequanam influunt, circa Junii Kalendas cum multis operariis et carris convenire facit, et in [1] Sequana munitiones construens, ascendendi vel descendendi navibus propter Normannos aditum intercludit. Ipse cum uxore super Ligerim, in loco qui Maidunus [c] dicitur, datis per suos sacramentis, cum Carolo filio loquitur, et eo quasi subito sed voce submissa, et animo contumaci erecto, in Aquitaniam remeante, ipse ad Pistis, quo placitum simul et synodum [d] ante condixerat, redit, et inter operandum de sanctæ ecclesiæ ac regni negotiis cum fidelibus suis tractat. Ubi Rothadus, Suessorum episcopus, homo singularis amentiæ [e], in synodo provinciali regulariter episcoporum communione privatus, cum sua se contumacia quatuor provinciarum concilio præsentavit; quem fraternus conventus, ne deponeretur, penitus sub appellatione sedis apostolicæ servare disposuit. Sed

isdem post ejusdem concilii judicium unde [2] appellaverat expetens, constitutis 12 ab eadem synodo judicii exequendi judicibus, novus Pharao propter sui cordis duritiam, et vetera sæcula repræsentans homo mutatus in belluam [3], propter designatos excessus qui in [4] gestorum serie [5] continentur, quoniam corrigi noluit, in suburbio Suessorum civitatis deponitur [f].

Interea contigit miraculum in civitate Mormensi [g]. Nam cujusdam civis ipsius urbis mancipium mane in die assumptionis sanctæ Mariæ vestitum lineum, quod camisium vulgo vocatur, levigare incipiens, ut illud dominus suus ad missam procedens paratum portare quivisset, ad primum initium quo levigam imprimens traxit, vestimentum sanguineum est effectum; sicque quotiens idem mancipium levigam traxit, sanguis est subsecutus, usque quo vestimentum illud totum rejacenti sanguine est infectum. Quod vestimentum Hunfridus, ipsius civitatis episcopus, ad se fecit deferri, et in eadem ecclesia ad testimonium reservari. Et quoniam eadem festivitas ab incolis parochiæ illius non feriabatur, et celebrari et feriari debito honore ab omnibus eamdem solemnitatem præcepit.

Hludowicus, qui a patre dudum defecerat, ad eum redit, et veniam ab eo sed et ab episcopis pro suis excessibus postulans, patri de cetero fore fidelem districtissimis sacramentis se obligat; cui pater comitatum Meldensem et abbatiam sancti Crispini donans, cum uxore de Niustria ad se venire præcepit. Hunfrido, super quem Warengaudus infidelitatem miserat [h], petentibus suis fidelibus, ne confligat bello, concessit, ipsumque et Warengaudum pacificat.

Hludowicus, rex Germaniæ, Lotharium nepotem suum apud Moguntiam accersiens, petit ut cum eo

VARIANTES LECTIONES.

[1] in *deest Ch.*   [2] inde *Ch.*   [3] beluam *Ch.*   [4] qui in *deest Ch.*   [5] siriæ *Ch.*

NOTÆ.

[a] Comitis Arvernorum. BOUQUET.

[b] Pistæ vulgo *Pistres*, locus in diœcesi Rhotomagensi ad Indellæ et Sequanæ confluentem proximus Ponti Arcus (*Pont de l'Arche*). Andella seu Indella, vulgo *Andelle*, oritur in Veliocassum finibus, Audura seu Autura in Carnutibus, vulgo *Eure*. BOUQ.

[c] Maidunus, seu Magdunum et Maudunum, in territorio Aurelianensi, vulgo *Mehun-sur-Loire*. BOUQ.

[d] Cf. Baluzii Capitularia edit. Chiniac. t. II, p. 153.

[e] Noster hic auctor iniquior est Rothado, qui contra omnes regulas anno præcedenti in concilio Suessionensi episcopali communione privatus fuerat, et hoc anno 862 a sede sua pulsus est in alio concilio ibidem habito. Hujus ultimi concilii acta rescidit Nicolaus I papa in sua epistola ad episcopos qui Silvanectis congregati fuerant, ubi corrigendum Suessionis. BOUQ.

[f] Hincmarus tres episcopos misit ad Rothadum, qui cum ad synodum juridice vocarent; quibus ille respondit, integrum sibi non esse judicium subire synodi, pendente appellatione ad Romanam sedem. Secundo et tertio citatus Rothadus idem respondit: tum qui stabant a partibus Hincmari, data ipsi fide, persuasere ut ad locum synodo proximum regi occurreret, cum ejus majestate collocuturus: quod etiam innuerunt Suessionenses clerici. Progresso itaque Rothado rex benigne occurrit, ipsumque audivit supplicantem ut antea concessam Romam eundi facultatem non tolleret. Respondit rex id negotii spectare synodum, et archiepiscopum Remensem ejus metropolitam; se vero episcoporum decreta executioni mandaturum. Rege ad synodum regresso, tres episcopi rursus Rothadum convenere, urgentes ut se synodo sisteret. Quem ubi in appellatione sua constantem compererunt, in cella recludi jussere, donec synodi judicium excepisset. Hincmarus Rothadum velut contumacem deposuit. Denuntiata fuit Rothado a tribus episcopis exauctorationis sententia, moxque in carcerem conjectus est, spe ipsi facta abbatiæ ab Hincmaro, si ab appellatione desisteret: ordinatusque est episcopus in ejus locum. Hæc discimus ex libello proclamationis ipsius Rothadi ad Nicolaum papam. BOUQUET.

[g] Tervanna.

[h] Id est, quem infidelitatis accusaverat.

contra Winidos [1] qui appellantur . . . . [a], adversus eorum [2] regulum . . . . [b] cum apparatu hostili pergat; qui se primum iturum promisit, post vero a promissione sua defecit. Hludowicus autem, relicto in patria filio Carolo, quoniam nuper uxorem Ercangarii comitis filiam duxerat, Hludowicum filium suum secum ducens, aggreditur Winidos [3]; unde amissis quibusdam primoribus et nihil prospere gestis, sub obtentu obsidum ad Francofurd palatium super Mœnum fluvium revertitur [4]. Dani magnam regni ejus partem cæde et igni vastantes prædantur; sed et hostes antea illis populis inexperti, qui Ungri [c] vocantur, regnum ejusdem populantur.

Lotharius Waldradam concubinam, maleficis, ut ferebatur, artibus dementatus, et ipsius pellicis, pro qua uxorem suam Theotbergam abjecerat, cæco amore illectus, faventibus sibi Liutfrido, avunculo suo, et Vultario, qui vel ob hoc maxime illi erant familiares, quod nefas est dictu, quibusdam etiam regni sui episcopis consentientibus [d], coronat, et quasi in conjugem et reginam sibi, amicis dolentibus atque contradicentibus, copulat.

Hincmarus, Remorum episcopus, veniente Carolo rege in eamdem civitatem, accitis comprovincialibus suis episcopis, matrem ecclesiam ipsius provinciæ in honore sanctæ Mariæ, sicut et antiqua fuerat sacrata, venerabiliter dedicat.

Hludowicus, rex Germaniæ, directis missis blandiloquis ad fratrem suum Carolum, obviam sibi in territorium Tullense [5] venire petit; et quia Carolus cum Lothario ante colloqui [6] noluit, quam fratri suo causas diceret quæ ei in Lothario displicebant, non mediocri querela inde sermonibus est conflictum. Tandem Carolus cum episcopis qui secum erant, Hludowico et episcopis qui erant cum eo, scripto capitulatim ostendit, pro quibus Lothario communicare nolebat, nisi profiteretur, quod inde aut certam redderet rationem, aut secundum auctoritatem dignam ostenderet emendationem. Post quam professionem sub hac convenientia Carolus et episcopi qui cum eo erant, in communionem Lotharium receperunt, et scriptas ac consiliariis recitatas adnun-

ciationes, quas de illorum conventu debuerunt populo nunciare, usi consilio præcipue Hludowicus et Lotharius Chuonradi, sui consiliarii, Caroli autem avunculi, qui superciliosa, sed frivola et nec sibi adeo nec pluribus proficua, more sueto [7], scientia nitebatur, ne innotescerentur populo causæ, quas Carolus Lothario reputabat, penitus rejecerunt. Verum Carolus contra eorum vota omnibus pleniter notum fecit, quia pro uxore, contra evangelicam et apostolicam auctoritatem relicta, altera ducta est, et quia uxori Bosonis [e] et Balduino qui filiam ejus furatus fuerat in uxorem, excommunicatis communicaverunt, Lothario ante prædictam professionem communicare nolebat; sicque condicentes placitum sui conventus in futuro mense Octobrio in confinio Mosomagensis [f] et Vonzensis [g] comitatus, ab invicem secesserunt. Hludowicus ad reconciliandum vel ad resistendum filio suo Carlomanno, qui auxiliante Resticio [8], Winidorum regulo, contra patrem rebellaverat, Bajoariam petiit. Carolus de Tullensi territorio per Pontigonem, inde secus littora Matronæ fluminis Carisiacum revertitur, ibique Dominici natalis diem reverentissime celebrat.

<h3 style="text-align:center">DCCCLXIII.</h3>

Dani [h] mense Januario per Rhenum versus Coloniam navigio ascendunt, et depopulato emporio quod Dorestatus dicitur, sed et villam non modicam [9] ad quam Frisii confugerant, occisis multis Frisiorum negotiatoribus [10] et capta non modica populi multitudine, usque ad quamdam insulam secus castellum Novesium [i] perveniunt. Quibus Lotharius ex una parte Rheni cum suis et Saxones ex alia parte aggrediuntur, et usque circa Kalendas Aprilis consident; unde iidem Dani consilio Rorici, sicut accesserant, et recedunt.

Carolus, Lotharii imperatoris filius et rex Provinciæ, diu epelevtica infirmitate vexatus moritur. Hludovicus, frater ejus, Italiæ vocatus imperator, Provinciam venit, et quos potuit ipsius regni primores sibi conciliavit. Hoc audito, Lotharius illuc pergit, et mediantibus inter eos domesticis et amicis illorum

VARIANTES LECTIONES.

[1] winedos *Ch.* [2] *deest Ch.* [3] winedos *Ch.* [4] *apud Ch. deest.; B.* pergit. [5] tullensem *Ch.* [6] alloqui *Ch. B.* [7] sueta *Ch.* [8] refeccio *Ch.* [9] villam Nonmodocam *Ch. et B., quod certe corrigendum erat.* [10] negociatoribus *Ch.*

NOTÆ.

[a] Abodriti.

[b] Tabomiuzlem; cf. Ann. Fuldenses.

[c] Memoratu dignum, hoc jam anno 862 Ungros Germaniam invasisse.

[d] Triplex de Lotharii et Theutbergæ conjugio synodus Aquisgrani habita. Priores duæ anno 860, in quarum altera regi renuntiarunt episcopi adulteram ipsum uxorem retinere non posse; in altera publicam Theutbergæ pœnitentiam decreverunt. In tertia hoc anno 862 congregata Lothario, ut aliud iniret conjugium, permiserunt. Hujus tertiæ synodi initium erat: *Anno 862, indict.* x, *die* iii, *Kalendarum Maiarum, ex vocatione domni Illotharii gloriosissimi regis, archiepiscopi eorumque coepiscopi Aquis convenerunt, videlicet Guntharius Agrippinensis archiepiscopus et sacri palatii archicapellanus, nec non*

[D] *et Theutgaudus Trevirensis archiepiscopus, Adventius Mediomatricorum episcopus, Atto Virdunensis episcopus, Franco Tungrensis episcopus, Hungarius Trajectensis episcopus, Ratoldus Argentoratensis episcopus, ut divina auxiliante clementia, pro utilitate ac necessitate matris ecclesiæ, apud memoratum serenissimum principem fideliter ac salubriter pastorali provisione intervenirent.* BouQ.

[e] Ingeldradi.

[f] Circa Mosomagum, *Mouzon* ad Mosam.

[g] In diœcesi Rhemensi circa *Vouzy* seu *Vouziers,* inter pagos Rhemensem et Stadmensem. Cf. Vales. Not., p. 621.

[h] Cf. Chron. de gestis Norm. an. 864.

[i] *Neus* ad Rhenum.

placitum, quo simul redeant et de ipso regno apud A Lotharium et uxorem suam Theotbergam acciderat,
se tractent, Hludowicus Italiam, Illotharius in re-
gnum suum revertitur.

Carolus rex Cenomannis [1] civitatem adit, indeque usque ad monasterium quod Interamnis [a] dicitur procedit; ubi Salomon, dux Britonum, cum
primoribus suæ gentis illi obviam venit, seque illi
commendat et fidelitatem jurat, omnesque primores Britanniæ jurare facit, et censum illius terræ
secundum antiquam consuetudinem illi exsolvit. Cui
Carolus ob fidelitatis suæ meritum partem terræ
quæ Inter-duas-aquas dicitur, et abbatiam sancti
Albini [b] in beneficium donat. Gozfridum et Roricum
atque Heriveum, cæterosque qui ab eo nuper sicut
et sæpe defecerant, recipit, et cum indulgentia honoribus donat: indeque Cenomannis revertitur, et B
pascha Domini celebrat.

Hunfridus [c], Gothiæ marchio, sine conscientia
Caroli regis, factione solito more Tolosanorum, qui
comitibus suis eamdem civitatem supplantare sunt
soliti, Tolosam Reimundo subripit, et sibi usurpat.
Carolus rex de partibus trans-Sequanis regrediens,
Lutardum, Papiæ episcopum, de parte Illudowici
imperatoris Italiæ, et Gebahardum, Spirensem episcopum, de parte Hludowici fratris sui, regis Germaniæ, et Nantharium comitem de parte Lotharii,
nepotis sui, accipit pro pace petentes; quam idem
Carolus semper servare voluit, quantum infestatio
contrariorum sibi permisit. Sed et alium missum
fratris sui Hludowici, nomine Blitgarium, accipit,
petentem ut Carlomannum, filium ejus, a Restitio C
Winido desertum et a se fugatum, si ad illum venerit, non recipiat: quem non longo post tempore deceptum atque desertum a suis, sub conditione sacramenti pater suus Illudowicus recepit, et secum
in libera custodia tenuit.

Carolus missos domni apostolici Nicolai, Rodoaldum [2] scilicet, Portuensem episcopum, et Johannem,
Ficodensem [3] [d] episcopum, satis honorifice Suessionis in monasterio sancti Medardi recipit. Quos
aliquandiu secum retinuit, et concessa Balduino [e],
qui ad limina apostolorum confugium fecerat, indulgentia, pro cujus obtentu venerant, cum epistolis ad apostolicam sedem redire muneratos absolvit. Iidem autem apostolicæ sedis legati Mettis adeunt, D
synodum habituri ex delegatione apostolica circa
medium mensem Junium pro divortio, quod inter

et pro superinductione concubinæ Waldradæ, quam
contra leges ecclesiasticas et mundanas in uxorem
sibi asciverat. In qua synodo præfati missi corrupti
muneribus, epistolas domni apostolici occultantes,
nihil de his quæ sibi commendata fuerant, secundum sacram auctoritatem egerunt. Ut autem aliquid
viderentur egisse, Guntharium, Coloniensem archiepiscopum, et Theutgaudum, Treverensem æque archiepiscopum, cum veniis [4] quas in eadem synodo
subscripserunt episcopi regni Illotharii, factione Ha-
ganonis, versuti et cupidissimi Italicæ regionis episcopi [5], Romam ire jusserunt, ut judicio domni apostolici ipsa causa diffiniretur. Domnus apostolicus
quæ acta fuerant plene cognoscens, et Rodoaldum
similiter [6] cupiditate in Constantinopoli cum Zacharia, socio suo, episcopo nuper corruptum damnare
volens, synodum convocavit; quod sentiens Rodoaldus, noctu fuga lapsus disparuit. Guntharius vero et
Theutgaudus Romam pervenientes, primum in synodo et postea in ecclesia sancti Petri, sicut habetur
in subditis [f], ab apostolico sunt damnati .

« Nicolaus episcopus, servus servorum Dei, reverentissimis et sanctissimis confratribus nostris, Hincmaro Rhemensi, et Waniloni Rothomagensi, seu omnibus confratribus nostris, archiepiscopis et episcopis in regno Caroli, gloriosi regis, consistentibus.

« Scelus quod Lotharius rex, si tamen rex veraciter dici possit, qui nullo salubri regimine corporis
appetitus refrenat, sed lubrica enervatione magis
ipsius illicitis motibus cedit, in duabus feminis,
Theotberga scilicet et Waldrada, commisit, omnibus manifestum est. Sed et dudum episcopos Theotgaudum et Guntharium in tali facto eum habuisse
auctores atque factores, pene totus nobis orbis undique ad limina seu sedem confluens apostolicam referebat, absentibus quoque id ipsum nostro scribenti-
bus apostolatui. Quod nos tanto credere renuimus,
quanto de episcopis tale quid audire nullatenus spe-
rabamus; donec ipsi Romam tempore concilii venientes, coram nobis et sancta synodo tales inventi
sunt, quales fuerant a multis sæpissime prædicati ;
ita ut scriptura, quam suis stipulaverant manibus,
quamque volebant ut nostro roboraremus chirographo, caperentur, et dum muscipulam innocentibus
opponere satagerent, insidiis suis illaqueati sint.
Sicque completum est Deo auctore, quod in Pro-

VARIANTES LECTIONES.

[1] cinomannis *Ch.* [2] raduoldum *Ch.* [3] ficoclensem *Ch. et B.*, ĉl *et* d *in sæculi ejus codicibus ægre nonnunquam distinguuntur.* [4] *legendum videtur* cum gestis quas. [5] regni... episcopi *desunt Ch.* [6] simili?

NOTÆ

[a] Vulgo *Entrames*; virginum monasterium erat in
decanatu Saboliensi (*de Sablé*) nunc cella seu prio-
ratus abbatiæ Aurionensis (d'*Evron*) Bouq.

[b] Andegavis, *Saint-Aubin*, Bouq.

[c] Mabillonius lib. xxxv. Annal. Bened., num.
105, putat Hunfridum istum non alium esse ab Ana-
fredo, comite pagi Narbonensis, cujus missi Imber-
tus et Adaulfus an. 862 placitum Narbone habuerunt pro monasterio Montis-Olivi, sito in pago Car-
cassonensi ad fluvium Duranum. *Dato et confirmato
judicio* xiv *Kalendas Decembris, anno* 23 *regnante
Karolo rege.* Bouq.

[d] Id est Cerviensem. Cervia Ravennatis ecclesiæ
est suffraganea.

[e] Hæc præ oculis habuisse videtur auctor genealogiæ comitum Flandriæ sæculo xii scriptæ, apud
Martenium tomo III. Thes. Anecd.

[f] Cf. Ann. Fuldenses.

verbiis legitur : *Frustra jacitur rete ante oculos pennatorum* (Prov. i, 17). Siquidem ipsi obligati sunt et ceciderunt; nos vero qui in hoc flagitium falso cecidisse dicebamur, faciente Domino cum justitiæ propugnatoribus resurreximus et erecti sumus. Igitur decernente nobiscum sancta synodo, in præsentia depositi et ab officio sacerdotali excommunicati atque a regimine episcopatus alienati indubitanter existunt. Unde vestra fraternitas canonum normam custodiens et decretorum sanctiones observans, caveat ne hos quos nos [1] abjecimus, recipere in sacerdotum catalogo præsumat. Depositionis autem sententia, quam in prædictos Theotgaudum et Guntharium protulimus, cum cæteris capitulis quæ sancto concilio nobiscum sanciente promulgavimus, inferius annexa monstrabitur

« Cap. I. *De synodo in Mettensium urbe a Theotgaudo et Gunthario archiepiscopis congregata, penitus abolenda.*

« Synodum quæ nuper, id est sub piissimo imperatore Hludowico, per indictionem undecimam mense Junio in Mettensium urbe ab episcopis qui nostrum prævenerant judicium collecta est, quique apostolicæ sedis instituta temere violarunt, ex tunc et nunc e' in æternum judicamus esse cassatam, et cum Ephesino latrocinio reputatam, apostolica auctoritate in perpetuum sancimus esse damnandam, nec vocari synodum, sed tanquam adulteris faventem, prostibulum appellari decernimus.

« Cap. II. *Depositio* [2] *Theotgaudi et Guntharii archiepiscoporum.*

« Theotgaudum Trevirensem, primatem Belgicæ provinciæ, et Guntharium, Agripinæ [3] Coloniæ episcopos, nunc coram nobis et sancta synodo sub gestorum insinuatione, qualiter causam Lotharii regis et duarum mulierum ejus, Theotbergæ scilicet et Waldradæ, recognoverint et judicaverint, scriptum super hoc propriis roboratum manibus offerentes, nihilque se plus vel minus aut aliter egisse, ore proprio multis coram positis affirmantes, et sententiam, quam a sede apostolica in Ingildrudem, uxorem Bozonis, sanctissimus frater noster, Mediolanensis archiepiscopus, Tado et cæteri coepiscopi. nostri petiverant emittendam, et nos divino succensi zelo sub anathematis obtestatione canonice protuleramus, publice viva voce se violasse confitentes; in quibus omnibus invenimus eos apostolicas atque canonicas sanctiones in pluribus excessisse, et æquitatis normam nequiter temerasse; omni judicamus sacerdotii officio manere penitus alienos, Spiritus sancti judicio et beati Petri per nos auctoritate omni episcopatus exutos regimine consistere diffinientes. Quod si juxta præcedentem consnetudinem tanquam episcopi ausi

fuerint aliquid de sacro ministerio contingere, nullo modo liceat eis, nec in alia synodo restitutionis spem aut locum habere satisfactionis, sed et communicantes eis omnes abici [4] de ecclesia, et maxime, si postea quam didicerint [5] adversus memoratos prolatam fuisse sententiam, eisdem communicare tentaverint [6].

« Cap. III. *De cæteris episcopis* [7].

« Cæteri autem episcopi, qui complices horum, Theotgaudi scilicet et Guntharii, vel sectatores esse feruntur, si cum his conjuncti seditiones, conjurationes, vel conspirationes fecerint, vel si a capite, id est a sede beati [8] Petri, illis hærendo dissenserint, pari cum eis damnatione teneantur obstricti. Quod si cum sede apostolica, unde eos principium episcopatus sumpsisse manifestum est, sapere de cætero per semetipsos, vel missis ad nos legatis cum scriptis suis, se profe si extiterint, noverint sibi a nobis veniam non negandam, nec [9] amissionem honorum suorum pro retroactis præsumptionibus aut subscriptionibus, quas in profanis fecerunt gestis, per nos ullo modo formidandam.

« Cap. IV. *De Ingiltrude.*

« Ingildrudem, filiam quondam Mactifredi comitis, quæ, Bozone proprio viro relicto, ecce jam per septem circiter annos hac atque illac vagabunda discurrit, nuper cum fautoribus [10] suis regulariter anathematizavimus, sed propter contumaciam [11] iterato anathematis duximus vinculis innodandam. Sit igitur a Patre et Filio et Spiritu sancto, uno et vero Deo, et ab omnibus sanctis Patribus, et ab universa sancta Dei catholica et apostolica Ecclesia, et a nobis penitus anathema, cum omnibus complicibus, communicatoribus atque auxiliatoribus suis, ita ut, sicut jam decrevimus [12], si quis ei communicare vel favere in aliquo præsumpserit, siquidem clericus fuerit, eodem vinculo constrictus officium clericatus amittat, monachi vero et laici, si inobedientes decreto præsenti fuerint, similiter anathematizentur. Sane si eadem mulier ad virum suum reversa fuerit, vel apostolicam beati Petri sedem Romam properans accesserit, veniam ei post dignam satisfactionem procul dubio non denegabimus, verum tamen sub priori vinculo anathematis, quo illam prius et nunc obligavimus, interim constricta permaneat. Si quis autem eidem Ingildrudi [13] ad apostolicam beati Petri sedem Romam specialiter properanti vel occurrenti nescius communicaverit, aut sciens opem in veniendo præstiterit, nullo pro hoc vinculo teneatur annexus.

« Cap. V. *De sententiis atque interdictis sedis apostolicæ.*

« Si quis dogmata, mandata, interdicta, sanctiones

<hr>

VARIANTES LECTIONES.

[1] *nos deest Ch.*   [2] *deposito Ch.*   [3] *agrippinæ Ch.*   [4] *abjici B.* abici *Ch.; nec diffiteor, mihi ita in codice legi persuasum esse; nam rarissime in medii ævi libris* abjicere, rejicere, trajicere *et alia ejusmodi repereris.* [5] *didicerant Ch.*   [6] *tentaverunt Ch.*   [7] *superscriptiones desunt apud Ch.*   [8] *beati deest Ch.*   [9] *ne Ch.*   [10] *factoribus Ch.*   [11] *proper contumaces eam iterato Ch.*   [12] *decernimus Ch.*   [13] *ingeldrudi Ch.*

vel decreta pro catholica fide, pro ecclesiastica disci- A
plina, pro correctione fidelium, pro emendatione
sceleratorum vel interdictione imminentium vel futurorum malorum a sedis apostolicæ præsule salubriter promulgata contempserit, anathema sit.

« Optamus sanctitatem vestram in Christo bene
valere. »

Carolus 8. Kalend. Novembris synodum in Ver-
meria palatio habuit, ibique abbatiam sancti Cari-
lephi [a] super Rotbertum, episcopum Cinnomannicæ
urbis, qui eam per apostolicam commendationem
juri sui episcopatus mancipatam tenere volebat, legaliter evindicavit, et Rothadum nuper depositum,
sicut domnus papa ei mandaverat, cum suis et episcoporum litteris atque vicariis Romam misit. Judith,
filiam suam, per deprecationem domni apostolici B
ad pacem, et legatum Mahomet, regis Sarracenorum,
cum magnis et multis muneribus ac litteris [1] de
pace et fœdere amicali loquentibus solemni more
suscepit; quem cum honore et debito salvamento
ac subsidio necessario in Silvanectis civitate oppor-
tunum tempus, quo remitti honorifice ad regem suum
posset, opperiri [2] disposuit. Indeque cum valida
manu ad recipiendum virtute filium suum Carolum,
si aliter nollet venire, hostiliter versus Aquitaniam
pergit, et ad Autisiodorum civitatem usque pervenit;
ibique filiam suam Judith, sicut domnus apostolicus
cum petierat, consilio fidelium suorum Balduino,
quem secuta fuerat, legaliter conjugio sociari permisit. Inde Nivernum civitatem perrexit, ubi filium
suum Carolum ad se venientem recepit, et sibi fide- C
litatem et debitam subjectionem promitti sacramento
præcepit, et omnes primores Aquitaniæ iterum sibi
jurare fecit. Duo quoque Nortmanni, qui nuper cum
Welando christianitatem dolo, ut tunc dicebatur et
post claruit, postulantes de navibus exierunt, super
eum [b] infidelitatem miserunt; quorum unus secundum gentis suæ morem cum eo negante armis coram
rege contendens, illum in certamine interfecit. Interea
tristi nuntio comperit, quod Nortmanni Pictavis venerant, et sub redemptione civitate servata, ecclesiam sancti Hilarii, magni confessoris, incenderant [3]. Natale autem Domini in eodem loco
secus Nivernum civitatem, ubi filium suum receperat, celebravit.

DCCCLXIV.

Carolus Aquitanos hostiliter contra Nortmannos,
qui ecclesiam sancti Hilarii incenderant [4], disposito
exercitu ire præcipiens, filium et æquivocum suum
Carolum secum ducens, Compendium rediit, missos
suos ad recipiendas civitates et castella in Gothiam
misit. Nortmanni Arvernum civitatem petunt, ubi
Stephanum, Hugonis filium, cum paucis suorum interfectum, impune ad suas naves redeunt. Pippinus,
Pippini filius, ex monacho laicus et apostata factus,
se Nortmannis conjungit, et ritum eorum servat.
Carolus juvenis, quem pater nuper ab Aquitania
receptum Compendium secum duxerat, noctu rediens
de venatione in silva Cotia jocari cum aliis juvenibus
et coævis suis putans, operante diabolo ab Albuino
juvene in capite spatha percutitur pene usque ad
cerebrum; quæ plaga a tempore sinistro usque ad
malam [5] dextræ maxillæ pervenit.

Lotharius, Lotharii filius, de omni regno suo quatuor denarios ex omni manso colligens, summam
denariorum cum multa pensione farinæ atque pecorum necnon vini ac siceræ Rodulfo Nortmanno, He-
rioldi filio, ac suis locarii nomine tribuit.

Hludowicus, imperator Italiæ nominatus, in-
centore Gunthario ad suam injuriam referens,
quoniam legatos sui fratris Lotharii per ipsius
fiduciam et interventionem Romam directos apostolicus, ut supra monstravimus, degradavit, seque
ipsum furore non capiens, comitantibus secum
eisdem legatis Theutgaudo atque Gunthario, cum
conjuge Romam ea intentione pergit, quatenus aut
papa Romanus [c] eosdem restitueret episcopos, aut
hoc facere non volenti noxie quodammodo manum
mitteret. Quod audiens apostolicus, cum litaniis generale jejunium sibi et Romanis indixit, ut Deus
apostolorum suffragiis præfato imperatori mentem
bonam et reverentiam erga divinum cultum et apostolicæ sedis auctoritatem donaret. Imperatore autem
perveniente Romam et secus basilicam beati Petri
degente, clerus et populus Romanus cum crucibus et
litaniis, jejunium celebrantes, beati Petri memoriam
adeunt, et ab hominibus imperatoris, cum gradus
ante basilicam beati Petri cœperunt ascendere, in
terram prostrati, et variis ictibus flagellati, et crucibus ac vexillis confractis, qui evadere potuerunt
fugati sunt; in quo tumultu et crux mirabilis et veneranda a sanctæ memoriæ Helena decentissime
fabricata, in qua lignum mirificæ crucis posuit et
sancto Petro munere maximo contulit, confracta et
in lutum projecta est, unde a quibusdam, ut fertur
Anglorum gentis hominibus, collecta et custodibus
reddita est. Quæ flagitia ut apostolicus in Lateranensi palatio degens comperit, et paulo post illum D
capiendum non incerto nuntio didicit, latenter navem intravit, et per Tiberim ad ecclesiam sancti
Petri se contulit, ubi duobus diebus ac noctibus sine
cibo ac potu mansit. Interea homo cujus præsumptione præfata crux veneranda confracta fuerat,
moritur, et imperator febre corripitur. Quapropter
conjugem ad apostolicum mittit, cujus fidei jussione
apostolicus ad imperatorem venit; et habita mutua

VARIANTES LECTIONES.

[1] litteris *Ch.*   [2] operiri *Ch.*   [3] incenderint *Ch.*   [4] incenderunt *Ch.*   [5] malum *Ch.*

NOTÆ.

[a] *Saint-Calais.* Bouq.
[b] Id est Welandum.
[c] Orationem anonymi cujusdam episcopi hac occasione in synodo Romana habitam videsis apud Mu-
ratorium SS. Ital. T. II, p. ii, p. 135. Exstat in codice
ms. bibliothecæ Ambrosianæ.

sermocinatione, sicut inter eos convenit, apostolicus Romam ad Lateranense palatium rediit. Tunc imperator Guntharium et Theutgaudum degradatos, ut secum venerant, Franciam redire præcepit. Tunc Guntharius hæc diabolica capitula et hactenus inaudita, quæ cum hac præfatione, quando Romam ut præmisimus, in Hludowici obsequio rediit, episcopis regni Lotharii misit, per Hilduinum fratrem suum clericum, adjunctis ei suis hominibus, apostolico misit, dans illi in mandatis ut si apostolicus illa nollet recipere, super corpus beati Petri ea jactaret.

(De quibus hic agitur, Capitula Guntharii jam dedimus inter scripta ejus, Patrologiæ tom. CXXI, quem adeat lector.)

Apostolicus autem præcognitus hæc recipere noluit. Suprascriptus autem Hilduinus armatus cum hominibus Guntharii ecclesiam beati Petri apostoli sine ulla reverentia intrans, diabolicum scriptum, sicut suus frater Guntharius ei præceperat, si apostolicus illud nollet recipere, super corpus beati Petri jactare voluit, et a custodibus prohibitus, eosdem custodes cum fustibus tam ipse quam et sui complices verberare cœperunt, adeo ut unus ibidem occisus fuerit. Tunc ipsum scriptum super corpus beati Petri jactavit, seque isdem et qui cum eo venerunt evaginatis gladiis protegentes, de ecclesia exierunt, et ad Guntharium peracto lugendo negotio redierunt. Imperator post paucos dies, patratis a comitatu suo multis deprædationibus et mansionum destructionibus ac sanctimonialium cæterarumque feminarum constuprationibus atque hominum cædibus necnon et ecclesiarum infractionibus, Roma exiens, Ravennam venit, ibique pascha Dominicum cum tali sicut meruit Dei et apostolorum gratia celebravit. Guntharius autem in ipsa cœna Domini Coloniam veniens, missas celebrare et sacrum chrisma conficere, ut homo sine Deo, præsumpsit; Theutgaudus vero a ministerio, sicut ei fuerat præceptum, se reverenter abstinuit. Cæteris denique episcopis apud Lotharium id satagentibus, episcopatum a Gunthario Lotharius tulit, et suo tantum consilio Hugoni, Conradi, Caroli regis avunculi, et materteræ suæ filio, tonsura clerico et ordinatione tantummodo subdiacono, moribus autem et vita a fideli laico discrepanti donavit; unde motus Guntharius, quidquid de thesauro ecclesiastico in eadem civitate fuit residuum auferens, Romam iterum, ut omnia Lotharii et sua figmenta de Theutberga et Waldrada apostolico ex ordine pandat, regreditur. Sed et episcopi regni Lotharii legatos suos cum libel-

A lis pœnitentiæ et professionibus canonicis, quoniam ab evangelica veritate et apostolica auctoritate sacrisque regulis in causa Theutbergæ ac Waldradæ non mediocriter deviaverant, ad apostolicum dirigunt. Lotharius vero, Ratoldo, Argentoratensis urbis episcopo, cum scriptis falsa more suo de sua excusatione et voluntaria correctione loquentibus præmisso, ad apostolicum ipse per Gundulphi villam [a] et Romerici montem [b] obviam fratri suo ad locum qui Urba [c] dicitur vadit. Carolus cum epistolis per Rodbertum, Cinnomannicæ urbis episcopum, Romam, sicut apostolicus jusserat, Rothadum [1] dirigit; sed te episcopi regni ejus vicarios suos cum synodicis litteris de causa ipsius Rothadi ad apostolicam sedem mittunt; quibus Hludowicus transitum denegat. Ipsi autem legati tam

B regis quam episcoporum impossibilitatis suæ causas Romam veniendi clanculo papæ cognitas faciunt. Rothadus simulata infirmitate Vesontio [2], cæteris patriam repedantibus, remanet, et post aliorum regressum, per Curiam, suffragantibus sibi Lotharii et Hludowici, Germaniæ regis, fautoribus, Hludowicum [d] imperatorem Italiæ adiit, quatenus ipsius solatio Romam valeat pervenire. Missi regis Caroli parum pro quibus missi fuerant utilitatis agentes, a negotio [3] revertuntur, et Huntfrido, dimissa [4] Tolosa ac Gotia, per Provinciam in partes Italiæ transeunte, iterum alios missos ad recipiendas civitates et castella Carolus ad Tolosam et in Gotiam mittit.

Hludowicus, rex Germaniæ, hostiliter obviam Bulgarum Cagano...[5] nomine, qui christianum se fieri velle promiserat, pergit; inde ad componendam

C Winidorum marcam, si se prosperari viderit, perrecturus. Nortmanni qui cum plurimo navigio in Flandris appulerunt, resistentibus sibi pagensibus per Rhenum ascendunt, et vicina regnorum Lotharii ac Hludowici ex utraque ripa ipsius fluminis vastant. Carolus [e] Kalendas Junii in loco qui Pistis dicitur generale placitum habet, in quo annua dona sed et censum de Britannia a Salomone, Britannorum duce, sibi directum more prædecessorum suorum, quinquaginta scilicet libras argenti, recipit, et firmitates in Sequana, ne Nortmanni per eumdem fluvium possint ascendere, ibidem fieri jubet. Capitula etiam ad triginta et septem consilio fidelium suorum more prædecessorum ac progenitorum suo-

D rum regum constituit, et ut legalia per omne regnum suum observari præcepit.

Pippinus[f] apostata a Nortmannorum collegio ab Aquitanis ingenio capitur, et in eodem placito præsentatur, et a regni primoribus, ut patriæ et chri-

VARIANTES LECTIONES.

[1] rothardum *Ch., qui infra* rothadi *scribit.*   [2] vesoncio *Ch.*   [3] negocio *Ch.*   [4] dimisso *Ch. et B.*   [5] *aut hic nomen cagani aut post* Bulgarorum *vocem regi excidisse patet.*

NOTÆ.

[a] *Gondreville* prope *Toul.*
[b] *Remiremont.*
[c] *Orbe.*
[d] Rothadus a Ludovico imperatore liberum transitum impetravit, et mense Junio hujus anni 864 solus Romam pervenit. Bouq.

[e] Edictum Pistense VII Kal. Julii editum est. Baluzii Capit. T. II.
[f] Hincmarus Rhemorum archiepiscopus in consilio de Pippini pœnitentia sic habet : « Unde, quantum mihi videtur, non præjudicans synodali sententiæ de Pippino decretæ, sed confisus de Dei

stianitatis proditor, et demum generaliter ab omnibus ad mortem dijudicatur, et in Silvanectis arctissima custodia religatur. Bernardus, Bernardi quondam tyranni carne et moribus filius, licentia regis accepta de eodem placito quasi ad honores suos perrecturus, super noctem armata manu regreditur, et in silva[1] se occulens, ut quidem dicebant, regem qui patrem suum Francorum judicio occidi jusserat, et ut quidam dicebant, Rodbertum et Ramnulfum, regis fideles, maliliis[2] occidere locum et horam exspectat. Quod regi innotuit, et mittens qui eum caperent et ad præsentiam illius adducerent, fuga sibi consuluit; unde judicio suorum fidelium honores quos ei dederat rex recepit, et Rodberto, fideli suo, donavit.

Egfridus[a] qui transactis temporibus cum Stephano filium et æquivocum regis ab obedientia paterna subtraxerat, a Rodberto capitur, et regi in eodem placito præsentatur; cui rex deprecatione ipsius, Rodberti cæterorumque suorum fidelium quod in eum commiserat perdonavit[b], et sacramento firmatum ac sua gratia muneratum illæsum abire permisit. Carolus a loco qui Pistis dicitur revertens, intrat Compendium circa Kalendas Julii, missum Mahometh, regis Sarracenorum, qui ante hyemen ad se venerat, muneratum cum plurimis et maximis donis per suos missos ad eumdem regem satis honorifice remittit. Carolomannus, filius Hludowici regis Germaniæ, qui in libera custodia cum patre suo morabatur, simulans se venatum ire, a patre fuga labitur, et marcas sibi a genitore ablatas cum consensu marchionum qui eum tradiderant reoccupat. Quem pater e vestigio insequens, sub firmitatum conditione[3] ad se venire facit, et ei honores donat. Indeque revertens versus palatium Franconoford, in quodam broilo[c] cervum venans de caballo

A cadit, et costis læsus in vicino monasterio jacet, filiumque suum Hludowicum ad prædictum palatium, ubi uxor ejus erat, præmittit, ipseque in brevi convalescens subsequitur.

Nicolaus papa denuo epistolas per omnes archiepiscopos et episcopos Galliarum, Germaniarum et Belgicæ provinciæ mittit pro confirmatione depositionis Theutgaudi Treverorum, et Guntharii Coloniensis archiepiscoporum. Sed et aliis episcopis, qui ex regno Lotharii in divortio[4] Theutbergæ et superinductione concubinæ Waldradæ consenserunt, et ad eum cum professione sua miserunt epistolas suas, indulgentiam largiendo, sicut in scripto superius continente promiserat, dedit. Synodum Romæ convocat circa Kalendas Novembris, indicans se in ea eorumdem olim archiepiscoporum depositionem denuo confirmaturum, et tractaturum de causa Lotharii et Ignatii, Constantinopolitani episcopi præcedenti[d] anno deposili, in cujus loco quidam laicus attonsus et mox episcopus est ordinatus. Ad quam synodum prædicti Theutgaudus et Guntharius sponte perrexerunt, putantes Hludowici imperatoris interventu ab apostolico posse restitui.

Hludowicus, Italiæ imperator nominatus, a cervo quem in rugitu[e] positum sagittare voluit, gravissime vulneratur. A Nicolao, Romanæ sedis pontifice, per Arsenium apocrisiarium petitur, ut eidem papæ legatos suos liceat pro quibusdam causis ecclesiasticis ad Carolum mittere; sed credens, quia non sincera intentione adversus eum velit in Franciam C missos suos dirigere, contradicit.

Hugbertus, clericus conjugatus et abbas monasterii sancti Martini, qui sancti Mauricii abbatiam et alios honores Hludowici, imperatoris Italiæ, contra voluntatem ipsius tenebat, ab hominibus ejus occiditur, et Theotberga soror ejus, abjecta Lotharii, ad

VARIANTES LECTIONES.

[1] sylva *Ch.* [2] maliciis *Ch.* [3] conditionem *Ch. et B.* [4] divorcio *Ch.*

NOTÆ.

misericordia, qui per apostolum suum dicit, ut superexaltet misericordia judicium, et de charitate confratrum nostrorum, exhortandus est Pippinus, ut puram confessionem de omnibus peccatis suis, quæ ab ineunte ætate perpetravit, secrete faciat: quia forte talia fecit, quæ turpe est etiam in publicum dicere: et de hoc, quod suum habitum dimisit, et se perjuravit, et quia cum paganis se junxit (de qua sua conjunctione multa mala sunt perpetrata), coram ecclesia inter publice pœnitentes se lacrymabiliter accuset, et pœnitentiam et reconciliationem humiliter petat: et de omnibus, quæ vel secrete confessus fuerit, vel publice se accusaverit, per manus impositionem episcopalis auctoritatis publice D reconcilietur, et reconciliatus tonsuram clericalem accipiat, et habitum monasticum recipiat, et profiteatur de cætero servare quæ expetit et expedit: et sic communionem sacri altaris recipiat. Reconciliatus autem bene tractetur, ut tali loco sub libera custodia misericorditer custodiatur, et custodes monachos ac bonos canonicos, qui eum exhortentur, et quorum doctrina et exemplo bene de cætero vivere, et præterita peccata plangere discat: et quorum providentia et loci convenientia ita custodiatur, ut ad pristinum vomitum redire nequeat, etiamsi dia-

bolo suadente voluerit: et redivivum scandalum per eum in sancta Ecclesia et in ista Christianitate oriri non possit. Accipe, pater et fili, istam rotulam, sed et illam de cognatione non conjungenda, et porta illas domno regi, et relege coram illo: et de ista fac secundum ejus consilium et commendationem; et de illa de cognatione non conjugenda, per ejus consilium et auxilium sequere sacras auctoritates tibi directas. Providentia de Pippino non est negligenda; et ut certi ac fideles custodes illi adhibeantur, satis est procurandum: nec obliviscendum quod de eo in monasterio sancti Medardi accidit, et quod de Karlomanno in Corbeia evenit. Nam quod factum est, adhuc fieri potest. » Bouq.

[a] Ecfridus idem videtur esse ac Acfridus, cui jam abbatiam sancti Hilarii habenti dedit Carolus Calvus comitatum Bituricensem a. 867. Bouq.

[b] Perdonare, *perdonner.*

[c] Nostrum *Brühl*, nemus.

[d] Ignatius anno 861 exauctoratus fuit in pseudosynodo Constantinopolitana. Photius episcopus ordinatus 25 die Decembris an. 857, anno 858 in Ignatii locum jam intrusus fuerat. Bouq.

[e] Gallice *rut.*

fidem Caroli venit, cui Carolus Avenniacum [a] monasterium donat, et abbatiam sancti Martini Ingelwino, diacono palatii sui, committit. Rodbertus, comes Andegavensis, aggrediens [1] duos cuneos de Nortmannis qui in Ligeri fluvio residebant, unum quidem exceptis paucis evadentibus interfecit, et altero majore retro superveniente vulneratur ; unde paucis suorum amissis, sibi secessu consuluit, et post paucos dies convaluit.

DCCCLXV.

Carolus rex nativitatem Domini in Carisiaco palatio celebrat. Vernum villam veniens circa medium Februarium mensem, fratrem suum Hludowicum in villa Tusiaco [b] cum filiis venientem satis honorifice suscepit, ibique omnibus cum [2] illorum fidelibus consideratis, missaticum per episcopos, Alifridum [c] videlicet et Erchanratum [d], Lothario nepoti suo transmittunt, mandantes ut quia sæpe dicebat se Romam iturum, prius secundum domni apostolici et eorum hortamentum emendaret, quod contra leges divinas et humanas commiserat in Ecclesia, quam sua temeritate scandalizaverat, et tunc ordinato regno suo, si vellet, pro indulgentia petenda et obtinenda ad apostolorum limina properaret. Lotharius vero putans, quod sibi regnum subripere et inter se vellent dividere, Liutfridum, avunculum suum, ad fratrem et Italiæ imperatorem transmittit, petens illum apud apostolicum obtinere, quatenus pro eo patruis suis [3] epistolas mitteret, ut pacem servantes de regno suo nullum ei inpedimentum facerent; quod et Illudowicus imperator obtinuit.

Interea [e] Nortmanni residentes in Ligeri, cum maximo impetu, faciente divino judicio, secundo vento per eumdem fluvium usque ad monasterium sancti Benedicti quod Floriacus dicitur navigant, et idem monasterium incendunt, et in redeundo Aurelianis civitatem et monasteria ibidem et circumcirca consistentia igne cremant, præter ecclesiam sanctæ Crucis, quam flamma, cum inde multum laboratum a Nortmannis fuerit, vorare non potuit. Sicque per amnis alveum descendentes et vicina quæque depopulantes, ad stationem suam reversi sunt. De Tusiaco Hludowicus Bajoariam pergens, Carolomanno filio sibi familiariter reconciliato, marcas quas ab eo tulerat reddidit, et ad Franconoford palatium rediit. Carolus autem per Attiniacum ad Silviacum [f] veniens, ibidem sacram quadragesimam [4] et pascha Domini celebrat, et Bernardum ex quodam Bernardo [g] et filia Rorigonis comitis natum, in Gothiam mittens, partem ipsius marchiæ [h] illi committit; et sic demum Vernum villam veniens, episcopos ac ceteros Aquitaniæ primores ibidem obvius suscepit. Ad quorum multam petitionem filium suum Carolum necdum bene spassatum [i] in Aquitaniam cum regio nomine ac potestate redire permittit.

Nicolaus papa Arsenium, Ortensem episcopum et consiliarium suum, cum epistolis ad Hludowicum et Carolum fratres, sed et ad episcopos ac primores regnorum illorum, ea quæ Lotharius per fratrem petierat, continentibus [5], non cum apostolica mansuetudine et solita honorabilitate, sicut episcopi Romani reges consueverant in suis epistolis honorare, sed cum malitiosa interminatione transmittit. Isdem autem Arsenius per Curiam et Alamanniam ad Hludowicum, Germaniæ regem, in Franconofurd palatium veniens, epistolas apostolici ei tradidit, et inde in Gundulfi villam ad Illotharium venit. Cui et episcopis ac primoribus regni sui epistolas papæ dedit, continentes, quia, nisi uxorem suam Theotbergam reciperet et Waldradam abjiceret, renuntiante sibi Arsenio illum ab omni christianorum societate debuisset reicere, quem in pluribus epistolis has præcedentibus excommunicatum et a consortio christianorum ejectum multoties prædicaverat. Et sic de Lothario ad Carolum circa medium Julium mensem in Attiniacum palatium Arsenius veniens, uniformes sicuti Hludowico et Lothario regibus epistolas suas satis honorifice tradidit, et Rothadum, canonice a quinque provinciarum episcopis dejectum et a Nicolao papa non regulariter sed potentialiter restitutum, secum reducens, Carolo præsentavit. Et

<hr>

VARIANTES LECTIONES.

[1] rediens *Ch.*   [2] cum omnibus *Ch.*   [3] patruus suus *Ch.*   [4] sacrum quadragesima *Ch.*   [5] continentes *Ch.*

NOTÆ.

[a] *Avenai* in diœcesi Rhemensi. Bouq.

[b] Villa in pago Tullensi, Labbeo *Tousy*, Michaeli Germano lib. IV, de Re diplomatica *Tullei-aux-groseilles*. Bouq.

[c] Hildesheimensem.

[d] Videtur esse Catalaunensis, qui infra Erkanraus audit.

[e] Cf. Chron. de gestis Norm.

[f] Vicus Servais, dimidia leuca a Fara oppido, quod ad Isaram situm est. Vide lib. IV, de Re diplom., pag. 325. Bouq.

[g] Bernardus iste, pater Bernardi Gothiæ marchionis, non alius est a Bernardo, qui, teste Ademaro Chabannensi, cum fratre suo Emenone comite Pictavensi anno 839 in Ludovici Pii offensionem incurrit, et qui anno 844 contra Lambertum Namnetensem comitem dimicans occisus est. Uxor ejus Blichildis nomine, filia erat Roriconis Cenomanensis comitis, qui anno 824 monasterium Fossatense instauravit. Exstat apud Bessium in Historia episcoporum Pictav. charta Roriconis comitis, in qua memorat suum patrem Gauzlinum, matrem Aldetrudem, fratrem Gauzbertum monachum Fossatensem, et filium Gauzlinum monachum Glannafoliensem. Gauzbertus fuit abbas Fossatensis, et mortuus est circa a. 845. Gauzlinus fuit abbas Glannafoliensis. Bernardus Gothiæ marchio honoribus privatus est an. 878 in concilio Trecensi. Bouq.

[h] Tunc Gothiæ marchia, quæ integra possessa fuerat ab Hunfrido, in duas divisa est. Carolus enim Septimaniam proprie dictam cum Narbonensi prima a marchia Hispanica separavit. Bouq.

[i] Id est castigatum; cfd. Italum *spazzare*, et Gallicum *espousseter*, *épousseter*.

cum sacri canones dicant, ut si episcopus a gradu
dejectus ab episcopis provinciæ, ad episcopum Romanum confugerit, scribat Romanus episcopus fini-
timæ et propinquæ provinciæ episcopis, ut ipsi omnino diligenter causam inquirant, et juxta fidem
veritatis diffiniant, et [1] si is qui dejectus est iterum
ab eis, moverit Romanum episcopum, aut mittat a
latere suo, qui auctoritatem ejus a quo destinati sunt
habentes, cum episcopis judicent, aut credat episcopos sufficere, ut negotio terminum imponant : nihil
horum idem apostolicus agere voluit, sed posthabito
episcoporum judicio, qui juxta sacras regulas post
judicium sub gestorum specie omnia judicata ad
sedem apostolicam retulerunt, ipse sua potestate
illum restituit. Restitutum ergo Karolo misit cum
epistolis, in quibus continebatur, ut sine ulla exceptione, si quis eidem Rothado quiddam aut de gradu
aut de rebus episcopii contradiceret, anathema foret.
Sicque sine interrogatione vel consensu episcoporum qui eum deposuerunt, per missum Arsenium
Rothadus est in sede sua remissus.

Post hæc Arsenius ad Duclacum obviam Hlothario
pergit, ducens Theotbergam quæ aliquandiu honorabiliter in regno Karoli deguit, et accepto sacramento a duodecim hominibus ex parte Hlotharii,
eamdem Theotbergam, nulla ecclesiastica satisfactione pro adulterio publico ab eo secundum canones
sacros patrata, illi in matrimonium reddidit. Sacramentum autem pro Theotberga præstitum ex parte
Hlotharii ita se habet, veluti dictatum et Roma delatum ab ipso Arsenio : « Jurans promitto ego talis
per hæc quatuor sancta Christi Evangelia, quæ manibus meis tango, atque istas sanctorum reliquias,
quia senior meus Hlotharius rex, filius quondam
piæ recordationis Hlotharii serenissimi imperatoris,
amodo et deinceps accipiet Theotbergam uxorem
suam pro legitima matrona, et eam sic habebit in
omnibus, sicut decet regem habere reginam uxorem. Et propter jam fatas dissensiones neque in vita,
neque in membris, neque a prædicto seniore meo
Hlothario, neque a nullo hominum ipso instigante
aut auxiliante vel etiam consentiente aliquod malum
habebit ; sed eam sic habebit, sicut regem decet
habere uxorem legitimam : ea tamen ratione, ut sic
se amodo custodiat, sicut decet uxorem suo seniori
in omnibus observare honorem. Hæc sunt nomina
eorum qui hoc juraverunt : De comitibus Milo, Ra-

tharius, Erlandus, Theutmarus, Weremboldus, Ro-
colfus comes. De vassallis Erleboldus, Vulfridus,
Eidulfus, Bertmundus, Nithardus, Arnostus. Hoc
juratum est super quatuor Dei Evangelia atque pretiosissimum lignum sanctæ Dominicæ crucis et alias
sanctorum reliquias in loco qui dicitur Vindonissa [a],
die tertia mensis Augusti, indictione 13. Hoc factum
est temporibus domni ter beatissimi et coangelici
Nicolai apostolici, mediante et constituente Arsenio
venerabili episcopo, misso et apocrisiario summæ sanctæ catholicæ atque apostolicæ sedis, apostolicam habente auctoritatem et legato ejusdem domni Nicolai
apostolici. Nomina episcoporum in quorum præsentia
et qui interfuerunt, hæc sunt : Harduicus archiepiscopus Besintionensis [b], Remedius archiepiscopus Laudunensis [c], Ado archiepiscopus Biennensis [d], Rodlan-
dus archiepiscopus Arelatensis , Adventius episcopus Mettensis, Atto episcopus Bardunensis [e], Franco
episcopus sancti Landberti [f], Rotaldus episcopus
Stratiburgensis, Fulcricus capellanus et missus imperialis. De regno autem Karoli Isaac episcopus
Linguinensis [g], Erkanraus episcopus Catalaunensis,
de quorum manibus ex parte Karoli regis suscepta
est Theodberga regina ab Arsenio, venerabili episcopo et legato apostolicæ sedis, una cum prænominatis archiepiscopis et episcopi ; adstantibus vero
in eodem loco de diversis regnis nobilibus viris cum
multitudine populi publice hæc videntibus et audientibus, quorum nomina per omnia non valuimus huic
inferre [2] paginæ. »

Eodem die ipsam Theotbergam reginam Arsenius,
episcopus et legatus apostolicæ sedis, cum prænominatis omnibus archiepiscopis [3] in manibus Lotharii
regis reddiderunt atque dederunt, non solum sub
eadem obtestatione ut supra, verum etiam sub adjuratione et excommunicatione, ut si in omnibus ut
superius legitur non observaverit atque impleverit,
non solum in præsenti vita, sed etiam in æterno Dei
terribili judicio cum beato Petro principe apostolorum redditurum rationem, et ab ipso æternaliter in
eodem judicio damnandum, et igne perpetuo con-
cremandum.

Interea Lotharius missos suos ad Carolum dirigit,
volens et petens, ut mutua firmitate inter eos amicitia fœderarentur. Quod et Irmentrude regina interveniente obtinuit, et veniens in Attiniacum, amica-
biliter et honorifice a Carolo est susceptus et in fœ-

dere postulato receptus. Quo et Arsenius rediens, epistolam Nicolai papæ plenam terribilibus et a modestia sedis apostolicæ antea inauditis maledictionibus detulit super eos, qui ante hos annos eidem Arsenio multam thesauri summam prædantes abstulerant, nisi satisfaciendo quæ tulerant ei reddere procurarent. Et relecta [1] eadem epistola, sed et altera de Ingiltrudis excommunicatione, quæ virum suum Bozonem reliquerat et cum quodam adultero in Lotharii regnum aufugerat, ac recepta sub defensione Caroli villa quæ Vendopera [a] dicebatur, quam piæ memoriæ Hludowicus imperator sancto Petro tradiderat, et Wido quidam comes per plures annos tenuerat, Arsenius episcopus, impetratis apud Carolum pro quibus ad eum venerat, ad Gundulfi villam cum Lothario, quo Theotberga eum præcesserat, pergit. Ibi quoque per aliquot dies morans propter Waldradam, quæ illuc ad eum adduci [2] et ab eo in Italiam deduci debebat, Lothario et Theotberga regio cultu paratis et coronatis, in die assumptionis sanctæ Mariæ missas celebrat, et inde cum præfata Waldrada versus Urbam, quo dicebatur Hludowicus, Italiæ imperator, obviam Lothario venturus, pergit; inde per Alamanniam et Bajoariam pro recipiendis patrimoniis ecclesiæ sancti Petri in eisdem regionibus conjacentibus Romam redit.

Carolus ab Attiniaco contra Nortmannos, qui cum navibus quinquaginta in Sequanam venerant, hostiliter pergit; in quo itinere custodum negligentia tres coronas optimas et armillas nobilissimas, et quæque alia pretiosa [3] perdidit; et post non paucos dies omnia reinvenit, exceptis paucis gemmis, quæ tumultuaria direptione amissæ fuerunt. Nortmanni [b] vero residentes in Ligeri, libere Pictavum civitatem pedestri ordine pergunt, eamdemque civitatem incendunt, et impune ad naves suas reveniunt. Rodbertus autem de eisdem Nortmannis qui sedebant in Ligeri, amplius quam quingentos sine damno suorum occidens, vexilla et arma Nortmannica Carolo mittit. Carolus autem perveniens usque ad locum qui dicitur Pistis, ubi immorabantur Nortmanni, fidelium suorum consilio pontes super Isaram et Matronam refici curat, in locis quæ dicuntur Alvernis [c] et Carenton [d], quoniam ab incolis qui ex antiquo ipsos pontes fecerant, propter infestationem Nortmannorum refici non valebant. Ab eis ergo, qui ex longinquioribus partibus ad operandum deputati erant, ut perficerent firmitates in Sequana, ea conditione re-

fici jubet propter imminentem necessitatem ipsos pontes, ne unquam per ventura tempora inde qui nunc eosdem pontes refecerint, in operando ad hoc opus dispendium patiantur : et deputatis custodibus qui utrasque ripas custodirent, ad Odriacam villam [e] medio mense Septembrio venandi gratia pergit. Ipsi autem Nortmanni, quoniam adhuc citra Sequanam custodes non venerant, ex se circiter ducentos Parisius mittunt, ubi quod quæsierant vinum non invenientes, ad suos qui eos miserant sine indemnitate sui reveniunt; indeque amplius quam quingenti ultra Sequanam usque ad Carnotum prædatum ire disponentes, a custodibus ripæ ipsius fluminis impetuntur, et quibusdam suorum amissis, quibusdam etiam vulneratis, ad naves regrediuntur.

Carolus Hludowicum, filium suum, in Neustriam dirigit, nec reddito nec interdicto sibi nomine regio, sed tantum comitatum Andegavensem et abbatiam Majoris-monasterii [f] et quasdam villas illi donavit. Rodberto, qui marchio in Andegavo fuerat, cum aliis honoribus quos habebat comitatum Autissiodorensem et comitatum Nivernensem donavit. Hludowicus, Germanorum rex, hostem suam contra Winidos [4] directam et prospere agentem recepit; cujus filius et æquivocus contra patris voluntatem filiam Adalardi despondit, unde satis animum patris offendit. Carolus obviam fratri suo Hludowico, ejus conloquio fruiturus, Coloniam pergit, et inter alia [5] conlocutionum suarum verba patrem et filium de jam dicta præsumptione pacificat, ea conditione, ut jam ultra Adalardi filiæ non copuletur. Hludowicus ad Wormatiam et Carolus ad Carisiacum revertitur; cui nuntiatur in via, quia Nortmanni 13 Kalendas Novembris monasterium sancti Dionysii intraverunt, ubi viginti circiter diebus immorantes, et quotidie prædam exinde ad suas naves ducentes, post multam deprædationem sine contradictione cujusquam ad castra sua non longe ab eodem monasterio sunt reversi. Interea Nortmanni residentes in Ligeri, commixti cum Britonibus Cinomannis civitatem petunt, et impune deprædantes eam, ad suas naves revertuntur. Aquitani confligentes cum Nortmannis qui in Carento [g] Sigefrido duce resident, quadringentos circiter ex eis occiderunt; cæteri autem fugientes, ad naves suas redierunt.

Carolus missos suos, quos præcedenti anno Cordubam ad Mahomet direxerat, cum multis donis, camelis videlicet, lecta [h] et papiliones gestantibus,

[1] relicta *B. typographi vitio?* [2] deduci *Ch.* [3] preciosa *Ch.* [4] winedos *Ch.* [5] et in talia *Ch. B., scrip-*tum puto intalia i. e. inter alia.

NOTÆ.

[a] *Vendeuvre*, villa in Lingonibus. Bouquet.
[b] Cf. Chron. de gestis Norm.
[c] Auvers.
[d] *Charenton*, ad confluentes Sequanæ et Matronæ.
[e] Infra ad an. 867, 871 et 873 Audriaca villa vocatur, *Orreville* cum adjacente silva cognomine etiamnum nuncupatur : posita est ad dexteram Alteiæ ripam : æquali duorum millium spatio media inter Donincum seu Dulengium ad occidentem, et Alteiam vicum a quo fluvius Alteia nomen sumpsit, versus orientem. vide lib. IV de Re diplom., pag. 306. Bouq.
[f] Prope Turones, *Marmoutier*. Bouq.
[g] Legendum Carentono, *la Charente*. Bouq.
[h] Lectum videtur esse idem ac lectus, stragulum.

cum diversi generis pannis et multis odoramentis in Compendio recipit ; inde ad Rosiacum [a] villam veniens, Adalardo, cui custodiam contra Nortmannos commiserat, sed et suis propinquis Hugoni et Berengario, quia nihil utilitatis contra Nortmannos egerant, collatos honores tollit, et per diversos eosdem honores disponit. Nortmanni qui præfatum monasterium deprædati sunt, vario modo infirmantur, et quidam in rabiem versi, quidam autem scabie correpti, quidam intestina cum aqualiculo [b] per anum emittentes, moriuntur. Carolus, dimissis custodibus contra eosdem Nortmannos, Silvanectis revertitur Nativitatis dominicæ solemnia celebraturus ; ubi ei Lotharius, filius suus et abbas monasterii sancti Germani, mortuus nuntiatur.

DCCCLXVI

Quarto Kalendas Januarias de Nortmannis in Ligeri residentibus quædam pars prædatum exiens in Neustriam, Gauzfridum, et Heriveum atque Rorigum [c] comites congredientes offendit ; in qua congressione Rorigus, frater Gauzfridi, occubuit, et quamplurimis Nortmanni suorum amissis, fugiendo ad naves reveniunt. Rodulfus, Caroli regis avunculus, passione colica moritur. Nortmanni per alveum Sequanæ ascendentes usque ad castrum Milidunum, et scaræ Karoli ex utraque parte ipsius fluminis pergunt, et egressis eisdem Nortmannis a navibus super scaram quæ major et fortior videbatur, cujus præfecti erant Rodbertus et Odo, sine conflictu eam in fugam mittunt, et onustis præda navibus ad suos redeunt. Karolus [d] cum eisdem Nortmannis in quatuor millium libris argenti ad pensam eorum paciscitur, et indicta per regnum suum conlatione ad idem exsolvendum tributum, de unoquoque manso ingenuili exiguntur sex denarii, et de servili tres, et de accola unus, et de duobus hospitiis [1] [e] unus denarius, et decima de omnibus quæ negotiatores [2] videbantur habere, sed et a presbyteris secundum quod unusquisque habuit vectigal exigitur, et heribanni de omnibus Francis accipiuntur. Inde de unoquoque manso, tam ingenuili quam et servili, unus denarius sumitur, et demum per duas vices, juxta quod unusquisque regni primorum de honoribus

habuit, conjectum, tam in argento quam et in vino, ad pensum quod ipsis Nortmannis pactum fuerat persolvendum contulit. Præterea quoque et mancipia a Nortmannis prædata, quæ post pactum ab eis fugerant, aut reddita aut secundum eorum placitum redempta fuerunt ; et si aliquis de Nortmannis occisus fuit, quæsitum pretium [3] pro eo est exsolutum. Hludowicus, Italiæ imperator, una cum uxore sua Ingelberga in Beneventum contra Sarracenos movit. Hlotarius — interventu, ut quidam autumant, Hludowici imperatoris et fratris sui — episcopium Coloniense ab Hugone receptum Hilduino, fratri Guntharii, sub provisionis obtentu committit ; sed revera dispositio illius excepto episcopali ministerio penes Guntharium manet, ipsaque metropolis, sed et ecclesia Treverensis, diutino tempore contra sacras regulas cum magno et multorum periculo pastore vacant. Carolus Rodberto comiti abbatiam sancti Martini ab Engilwino ablatam donat, et ejus consilio honores qui ultra Sequanam erant, per illius complices dividit ; comitatum quoque Augustidunensem, a Bernardo filio Bernardi super Rodbertum occupatum, Hludowico, filio suo, ipsius Rodberti consilio ad eum ditandum committit.

Nortmanni mense Julio ab insula secus monasterium sancti Dionysii movent, et descendentes per Sequanam usque ad locum sibi aptum ad reficiendas suas et novas faciendas naves perveniunt, ibique [4] quod eis persolvendum erat exspectant. Carolus hostiliter ad locum qui dicitur Pistis cum operariis et carris ad perficienda opera, ne iterum Nortmanni sursum ascendere valeant, pergit. Hludowicus, Germaniæ rex, contra quosdam suorum in marca adversus Winidos rebellionem molientes hostem movit, quam præcedens, in brevi rebellantes sine conflictu domat, et hostem nondum pene promotum domi residere mandavit.

Nortmanni [f] mense Julio mare intrant, et pars quædam ex ipsis aliquandiu in pago Italiæ [5] [g] resedit, et libitibus suis, excepta publica Lotharii conjunctione, perfruitur. Carolus ad villam abbatiæ sancti Quintini, quæ Orti-vineas dicitur, cum uxore obviam Lothario pergit, et pro quibusdam conve-

VARIANTES LECTIONES.

[1] hospitibus *Chron. de gestis Norm.*   [2] negociatores *Ch.*   [3] precium *Ch.*   [4] *excidit fortasse* tributum. [5] *aut* Isaliæ *aut* Isalcæ (*i. e* Isal-gæ) *emendandum credo ; Ch. et B. legunt* in pago Italiæ. *Chronicon de Normannorum gestis, quod annalium sententiam sæpe contrahit et depravat, hic quoque legit :* et pars quædam ex ipsis ad Italiam rediit.

NOTÆ.

[a] Plures sunt villæ hujus nominis ; hanc oportuit esse in Neustria. Bouq.

[b] I. e. ventriculo.

[c] Rorigus seu Rorico patrem habuit Roriconem comitem Cenomannensem, fratrem Gozfridum comitem Cenomannensem, Gozlinum abbatem, sororem Blichildem, quæ fuit mater Bernardi Gothiæ comitis. Gozlini abbatis ejusque fratris Gozfridi, in quorum tutela Cenomannica civitas posita erat, mentionem faciunt veteres membranæ cœnobii Juviniacensis, ut testatur Mabillonius lib. xxxvii. Annal. Bened., num 55. Bouq.

[d] Cf. Chron. de gestis Norm. a. 869.

[e] Hospitium, domus a mansionariis sub annuo censu inhabitata. Tributum igitur impositum erat a) Alodibus b) Mercatorum bonis c) Clero d) Francis, id est leudibus regis, tam minoribus quam proceribus.

[f] Cf. Chron. de gestis Norm. a. 869.

[g] Pagi Isalæ, sive Islegau, maxima pars sæculo xiii a maris fluctibus absorpta est ; reliqua una cum capite Stavanger hodie Westfrisiæ adnumeratur.

nientiis, ut dicebatur, firmitatibus inter se factis, abbatiam sancti Vedasti donante sibi Lothario suscipit. Carolus mense Augusto Suessionis [a] civitatem adit, et synodo a papa Nicolao couvocatæ considet; ubi secundum prædicti apostolici commendationem quæstione dirempta de Vulfado et collegis ejus, ab Ebone, quondam Remorum archiepiscopo, post depositionem suam ordinatis, quoniam regulæ sacræ non poterant aperte convelli pro sui reverentia et quorumdam respectu, et rege ac quibusdam pro Vulfado nimium satagentibus schisma [1] et scandalum aliter vitari non potuit, inventum est, ut quia synodi episcoporum quinque provinciarum regularis definitio de [2] præfatorum dejectione Benedicti papæ et Nicolai subscriptionibus fuerat confirmata, secundum indulgentiam Nicenæ synodi de his quos damnatus ordinavit Meletius, et juxta traditionem Africani concilii de Donatistis, in gradibus reciperentur, si tamen Nicolao papæ placeret suam immutare, quam confirmavit, sententiam. Indeque synodus congregata per Egilonem, Senensem archiepiscopum, cum aliis pro quibus perrexerat præscripta conditione Nicolao papæ litteras mittens [b], sine sacerdotum discordia est soluta, et licet juxta Innocentii decreta quod de hujusmodi necessitas temporis quondam reperit, cessante necessitate debuisset utique cessare pariter quod urgebat, quia alius est ordo legitimus, alia usurpatio quam ad præsens fieri tempus impellit; quoniam nil aliud sed [3] hoc summopere quærebatur, ut quocumque modo Vulfadus fieri posset episcopus, tolerabilius quibusdam est visum, propter vitandam seditionem hanc necessitatem, quæ nunc sicut et tunc urgebat, iterum in medium devocare, ac consilio [4] Jacobi et seniorum Hierusalem, etiam post legis abolitionem circumciso Timotheo, cum Paulo legis cerimonias exercere, quam tumultus in ecclesia et in potestate regia concitare. His ita dispositis, Carolus jam dicto Vulfado Bituricensem metropolim, nuper defuncto Rodulpho archiepiscopo, ante causæ diffinitionem arbitratu suo committit; sed antequam iidem episcopi ab ipsa recederent urbe, Carolus eos petit, ut uxorem suam

Hirmintrudem in reginam sacrarent; quod et ipso attestante in basilica sancti Medardi fecerunt, et una cum eo illi coronam imposuerunt. De quo loco idem rex cum regina Attiniacum palatium obviam Lothario adit. Quo Teutbergam, nomine tantum reginam Lotharii, quæ Romam pergendi licentiam habuit, revocant, et missaticum communiter ordinantes, Carolus per Egilonem, Senensem archiepiscopum, et Hlotharius per Adonem, Viennensem archiepiscopum, ac per Waltarium, suum a secretis domesticum, papæ Nicolao quæ sibi visa sunt secretius mandant.

Post hæc Carolus ad consignandam Bituricensem metropolim Vulfado filium suum Carolomannum, abbatem sancti Medardi, transmittit. Quo pervenientes post solutam, ut præmissum est, synodum, atque post litteras ex eadem synodo per Egilonem archiepiscopum Nicolao papæ directas, statim in mense Septembrio a quibusdam episcopis legibus ecclesiasticis minus necessario peritis, factione prædicti Vulfadi emendicatis et minis a Carolomanno ex auctoritate patris sui flexis, contra omnes leges ecclesiasticas sæpe fatus Vulfadus [c] pro ordinatione episcopali maledictione indutus est sicut vestimento; cujus exordinator potius quam ordinator Aldo, Lemovicensis episcopus, in ipsa ordinatione febre correptus, in brevi moritur.

Caroli filius nomine Carolus et Aquitanorum rex, plaga quam in capite ante aliquot annos acceperat cerebro commoto, diutius epelemtica [d] passione vexatus, 3 Kalendas Octobris in quadam villa secus Bosentiacas [e] moritur, et a Carolomanno, fratre suo, atque a Vulfado in ecclesia sancti Sulpitii apud Biturigum sepelitur.

Carolus Wilhelmum sobrinum suum, Odonis quondam comitis Aurelianensis filium, a quibusdam suorum in Burgundia captum, quasi contra rem publicam agentem secus Silvanectum civitatem decollari fecit.

Nortmanni [f] commixti Britonibus, circiter quadringenti de Ligeri cum caballis egressi, Cinomannis civitatem adeunt. Qua deprædata, in regressu

VARIANTES LECTIONES.

[1] scisma *Ch.*   [2] ex *Ch.* et *B.*   [3] sed quia *B.*   [4] devocaret ac si consilio *Ch.*

NOTÆ.

[a] Nicolaus papa synodum Suessione celebrandam indixit xv Kal. Septembris hujus anni, ut patet ex ejusdem epistola ad Hincmarum a Labbeo vulgata tomo VIII Concil., pag. 808. Bouq.

[b] Synodicam concilii Suessionis epistolam ad Nicolaum papam edidit idem Labbeus loco citato, pag. 833. Bouq.

[c] Vulfadus ab Ebbone, archiepiscopo Remensi, ordinatus, in synodo Suessionensi ii, anno 853, de gradu dejectus fuerat. Nicolaus papa, rogatus a Carolo Calvo, qui Vulfadi restitutionem exoptabat, quique illum Bituricensem episcopum designarat, jussit ut Vulfadus restitueretur; et ob hanc causam indixit synodum in urbe Suessionensi. Vulfadi restitutioni pro viribus obstitit Hincmarus, quatuor schedulis seu libellis synodo per vices oblatis. Septem provinciarum episcopi in Suessionensi synodo congregati, scribunt Nicolao papæ, Hincmarum non ausum esse sua et comprovincialium auctoritate Vulfadum et socios restituere, qui in synodo quinque provinciarum fuerant depositi : sibi, tametsi de illorum restitutione assentirentur, consentaneum visum esse rem totam pontifici, a quo inchoata erat, consummandam reservari. Anno sequenti mortuo Nicolao papa, Vulfadus in concilio Tricassino restitutus est, cujus restitutionem confirmavit Adrianus papa. Bouq.

[d] *Epelevtica,* epileptica.

[e] *Buzançais,* in pago Bituricensi. Bouquet.

[f] Cf. Chron. de gestis Norm. an. 869.

suo usque ad locum qui dicitur Brieserta [a] veniunt, ubi Rotbertum et Ramnulfum, Godtfridum quoque et Heriveum [1] comites, cum valida manu armatorum, si Deus cum eis esset, offendunt. Et conserto prælio, Rotbertus occiditur, Ramnulfus plagatus, cujus vulnere postea mortuus est, fugatur; et Heriveo vulnerato et aliis quibusdam occisis, cæteri ad sua quique discedunt. Et quoniam Ramnulfus et Rodbertus de præcedentium sese vindicta, qui contra suum ordinem alter abbatiam sancti Hilarii, alter abbatiam sancti Martini præsumpserat, castigari noluerunt, in se ultionem experiri meruerunt.

Hludowicus, Hludowici Germaniæ regis filius, consilio Warnarii ac cæterorum, a quibus pater ejus propter infidelitatem suam honores tulit, rixam contra patrem suum movit, concitato Resticio [2] Winido, ut usque ad Bajowariam prædatum veniat, quatenus in illis partibus occupato patre vel ejus fidelibus, ipse liberius quod cœpit prosequi posset. Sed Karolomanno, cui pater ipsam marcham dederat, satagente, Resticius intra sua se cohibet. Hludowicus autem senior in talibus experientia prudens, concite ad palatium quod Franconofurd dicitur properat, et datis mutuo dextris, eumdem filium suum ad se venire facit, ipsæque dexteræ usque 5 Kalendas Novembris manere invicem promittunt; sicque Hludowicus ad confirmandam marcham suam contra Resticium velociter repedat, reversurus octavo die ante missam sancti Martini obviam fratri suo Karolo et nepoti suo Lothario secus civitatem Metensium. Quo Carolus hostiliter, cum tali hoste — confecta maxime de episcopis — sicut tunc conjectare potuit, se perrecturum suis denuncians, Hugoni clerico, avunculi sui Chonradi filio, comitatum Turonicum et comitatum [3] Andegavensem cum abbatia sancti Martini et cum aliis etiam abbatiis donat, eumque in Neustriam loco Rotberti dirigit; de abbatia sancti Vedasti, sicut et pridem de abbatia sancti Quintini fecerat, caput cum electioribus villis sibi retinens, cætera quæque per quoscumque suos non cum tanto illorum profectu, quam cum animæ suæ detrimento dividit; sicque hostiliter quod denuntiaverat conficiens, per Remorum civitatem Metensium partes cum sua uxore aggreditur, et usque ad Viridunum pervenit. Ibique obvios fratris sui Hludowici missos habuit, nuntiantes quia non erat ei necesse ad fratrem [4] suum pro quacumque necessitate cum hoste ire, quoniam suum filium,

sicut ipse disposuit, receptum habebat, et seditionem quæ contra eum commota fuit usquequaque sedatam: et illi tunc non erat commodum obviam illi usque ad Mettis venire, quoniam pro quibusdam regni sui necessitatibus in Bajowariam festinabat. Carolus autem residens in Viriduno per viginti circiter dies, eamdem civitatem atque illius vicina hostili more deprædans, præstolatus est adventum Lotharii, qui apud Treverim cum sui regni episcopis satagebat, ut iterum Theotberga se falso crimine insimularet, et velamentum reciperet; quod obtinere non potuit. Tandem Carolus per viam qua perrexerat, depredantibus suis loca per quæ redierunt, iterum Romanam [5][b] civitatem adit, indeque Compendium venit, ubi Nativitatem Domini celebravit.

Rex Bulgarorum [c], qui præcedente anno, Deo inspirante et signis atque afflictionibus in populo regni sui monente, Christianus fieri meditatus fuerat, sacrum baptisma suscepit; quod proceres sui moleste ferentes, concitaverunt populum adversus eum, ut illum interficerent. Quotquot igitur fuerunt intra decem comitatus, adunaverunt se circa palatium ejus; ille vero, invocato Christi nomine, cum quadraginta tantum octo hominibus, qui erga Christianam devotionem ferventes sibi remanserant, profectus est contra omnem illam multitudinem; et mox ut portas civitatis exiit, apparuerunt eis et his qui cum eo erant septem clerici, et unusquisque eorum tenebat cereum ardentem in manu sua, sicque præcedebant regem et illos qui cum eo erant. Eis vero qui contra eum surrexerant, visum erat, quod magna villa ardens super eos caderet, et equi eorum qui cum rege erant, sicut contrariis videbatur, erecti incedebant, et cum anterioribus pedibus eos percutiebant; tantusque timor eos apprehendit, ut nec ad fugiendum nec ad defendendum se præpararent, sed prostrati solo se movere nequibant. Rex autem ex proceribus, qui populum maxime adversus eum incitaverunt, interfecit numero quinquaginta duos, reliquum autem populum inlæsum abire permisit; et mittens ad Hludowicum, regem Germaniæ, qui ei fœdere pacis conjunctus erat, episcopum et presbyteros postulavit, et ab eo missos cum debita veneratione suscepit. Hludowicus autem ad Carolum fratrem suum mittens, in ministerium clericorum apud fratrem suum vasa sacrata sacrasque vestes ac libros petiit, unde Carolus ab episcopis regni sui non parvam summam accipiens, ei ad dirigendum regi. [6]

VARIANTES LECTIONES.

[1] henricum... henrico *chron. Norm.* [2] restitio *Ch. ita pluries.* [3] turonicum et comitatum *deest Ch.* [4] *deest Ch. et B.* [5] romanam *Ch.* [6] *ita Chesnius, apud Bouquetum inter* accipiens ei *et* Bulgarorum *lacuna indicatur.*

NOTÆ.

[a] Bria aut Briva Sartæ, hoc est Pons Sartæ, vulgo *Brisserte.* Bouq.

[b] Id est Rhemensem.

[c] Pagius ad an. 866, num. 1 et sqq. pluribus probat, Bogoris Bulgarorum regis baptisma et Bulgarorum adversus eum rebellionem contigisse an. 861, erroremque annalistæ Bertiniani processisse ex eo, quod accepisset, Bulgarorum regem anno 866 legatos suos Romam misisse. At illi ab eodem rege Romam directi quinquennio post suam conversionem, ut peteret a pontifice Romano, quid se facere salubrius oporteret, et quid erga reliquum Bulgarorum adhuc baptismo carentem populum, ut fidei sacramenta perciperet, agi deberet; uti narrat Baronius ex Anastasio tum Romæ versante. Bouq.

Bulgarorum rex filium suum et plures ex proceribus A regni sui Romam direxit, et arma quibus indutus fuerat, quando in Christi nomine de suis adversariis triumphavit, cum aliis donis sancto Petro transmisit, et plures quæstiones de sacramentis fidei consulendo Nicolao papæ direxit, et episcopos atque presbyteros mitti ab eo sibi poposcit, quod et obtinuit. Hludowicus vero, Italiæ imperator, hoc audiens, ad Nicolaum papam misit, jubens ut arma et alia quæ rex Bulgarorum sancto Petro miserat, ei dirigeret; de quibus quædam Nicolaus papa per Arsenium ei consistenti in partibus Beneventanis transmisit, et de quibusdam excusationem mandavit.

DCCCLXVII.

Anno Domini 867, Hludowicus, abbas monasterii B sancti Dionysii et nepos Caroli imperatoris ex filia majore natu Rotrude, 5 Idus Januarii obiit, et Carolus rex abbatiam ipsius monasterii sibi retinuit, causas monasterii et conlaborationem [a] per præpositum et decanum atque thesaurarium, militiæ quoque curam per majorem domus sua commendatione geri disponens. Et circa mediam quadragesimam super Ligerim fluvium ad villam quæ Bellus-Pauliacus dicitur perrexit, ubi primores Aquitanorum sibi obviam accersivit, et filium suum Hludowicum [b], ordinatis illi ministerialibus de palatio suo, eisdem Aquitanis regem præfecit. Inde reversus, Pascha Domini in monasterio sancti Dionysii celebravit; deinde pergens Mettis ad conloquium fratris sui, Hludowici regis Germaniæ, 13 Kalendas Junii obvium habuit in palatio Salmuntiaco Egilonem, Sen- C nensem archiepiscopum, cum epistolis Nicolai papæ de restitutione clericorum Remensis ecclesiæ, Vulfadi scilicet et collegarum ejus. Pro quibus valde satagens, ut in suis habeantur gradibus restituti, multa Hincmaro, Remorum archiepiscopo, imposuit in eisdem epistolis, quæ non esse vera manifesta ratione constabant. Attulit etiam præfatus archiepiscopus eidem domno Carolo epistolas prædicti papæ ad Lotharium et episcopos regni ejus de causa uxorum illius, Theotbergæ videlicet atque Waldradæ, eamdem Waldradam mitti Romam præcipiens; quas Carolus Lothario obviam sibi ad Attiniacum palatium venienti ex parte ipsius apostolici dedit. Indeque ad conloquium fratris sui perrexit, et ab eo D revertens, per Lotharium in saltu Arduennæ consistentem rediit. Et generaliter per omne regnum suum hoste denuntiata . placitum suum Kalendis

Augusti in Carnutum civitate condixit, in Britanniam super Salomonem, ducem Britonum, perrecturus. Interea missis intercurrentibus, eo usque paciscendæ pacis est perducta conditio, ut a Carolo datis obsidibus, Paswithen gener Salomonis, cujus consilio plurimum utitur, ad Carolum in Compendium circa præfatas Kalendas Augusti veniat, et quod tunc ibi inventum et confirmatum utrimque fuerit, teneatur; populus autem in hostem denuntiatam [1] interim paratus domi resideat, usque quo, si necesse fuerit et rex demandaverit, 8 Kalendas Septembris Carnutum hostiliter veniat. Hludowicus, rex Germaniæ, Hludowicum filium suum cum Saxonibus et Toringis adversus Abodritos hostiliter dirigit, et reliquum populum regni sui paratum esse præcipit, quatenus mox, ut ipse jusserit, præparati movere hostiliter possint.

Lotharius suspectum habens Carolum a Hludowico [2] revertentem, a Mettis civitate versus Franconofurd pergit, et cum eo pridem sibi satis adverso se pacificat, filioque suo de Waldrada Hugoni ducatum Elizatium donat, cumque Hludowico commendat, ac cæterum regnum suum quasi Romam perrecturus et Waldradam præmissurus committit. Inde revertens, hostem ad patriæ defensionem per regnum suum indicit quasi contra Nortmannos, putans Rorigum, quem incolæ qui Conkingi novo nomine dicuntur, a Fresia expulerant, cum auxiliatoribus Danis reverti. Carolus, datis obsidibus, Paswithen, Salomonis legatum, Kalendis Augusti in Compendio suscipit, et ei, vicario scilicet Salomonis, comitatum Constantinum [3] [c] cum omnibus fiscis et villis regiis et abbatiis in eodem comitatu consistentibus ac rebus ubicumque ad se pertinentibus excepto episcopatu donat, et sacramento primorum suorum confirmat, et ex parte Salomonis a præfato ipsius vicario fidelitatis et pacis atque præstandi adjutorium contra inimicos suos sacramentum ea conditione suscipit, ut Salomon et filius ejus cum his quæ antea habebat, hoc donum etiam habeant, et Carolo ac filio ejus fideles existant. Quo patrato negotio [4], Carolus synodum apud Trecas 8 Kalend. Novembris auctoritate Nicolai papæ indicit, et causa venandi ac expendendi autumnale tempus in abbatia sancti Vedasti et in Audriaca villa ac circumcirca morari [5] disponit.

Synodus [6] provinciarum Remensis, Rothomagensis, Turonensis, Senonum [7], Burdegalensium atque Bituricensium apud Trecas 8 Kalend. Novembris

VARIANTES LECTIONES.

[1] denunciatus *Ch.* [2] ad Ludoicum *Ch.* [3] Constantini *Ch.* [4] negocio *Ch.* [5] morandi *Ch.* [6] *Quæ sequuntur, ad verbum a Flodoardo in hist. Remensi lib.* III *c.* 17. *exscripta sunt, cujus lectiones ex editione Colvenerii notavi.* [7] Sennonum *Ch.*

NOTÆ.

[a] Conlaboratio est œconomia, administratio.

[b] Ludovicum Caroli filium, qui postea Balbus cognominatus est, an. 866 Carolo fratri in Aquitaniæ regno successisse, probat charta Bellilocensis, in qua Godofredus comes quasdam res proprietatis suæ confert monasterio Bellilocensi. Facta hæc cessio mense Octobri, anno 27 Caroli regis, et anno 1 Ludovici filii ejus, Aquitaniæ regionis regis. Bouq.

[c] Circa urbem *Contances* in Normannia.

convenit. Ubi quidam episcopi, ut assolet, gratia regis Caroli Wulfado faventes, quædam contra veritatem ac [1] canonum sacram auctoritatem adversus Hincmarum moliri cœperunt; sed isdem Hincmarus eorum molitionibus ratione et auctoritate obvians, plurimorum sententia prævalente, rerum gestarum ordinem de quibus agebatur, communi consensu epistola scriptum per Actardum, venerabilem Nannetensem episcopum, papæ Nicolao episcopi qui convenerant transmiserunt; cujus epistolæ tenor idem extitit, qui fuit in epistola Hincmari, Remorum episcopi, quam per clericos suos sub peregrinorum habitu propter contrariorum vitandas insidias præcedente Julio mense Romam miserat. Epistolam autem in præscripta synodo factam et archiepiscoporum qui convenerant sigillis signatam Actardus perferendam suscipiens, cum quibusdam episcopis ad Carolum, sicut ipse præceperat, rediit. Carolus autem immemor fidelitatis atque laborum, quos pro ejus honore et regni obtentu sæpe fatus Hincmarus per plures annos subierat, eamdem epistolam sibi ab Actardo [2] dari exegit, et archiepiscoporum sigilla confringens, gesta synodi relegit. Et quia, sicut voluerat, in eadem synodo Hincmarus non extitit confutatus, epistolam suo nomine ad Nicolaum papam dictari in contrarietatem Hincmari fecit, quam et bulla sui nominis sigillavit, et cum epistola synodali per ipsum Actardum Romam direxit. Præfati autem Hincmari clerici in mense Augusto Romam venientes, Nicolaum papam jam valde infirmatum et in contentione quam contra Græcorum imperatores [3] Michaelem et Basilium, sed et contra orientales episcopos habebat, magnopere laborantem invenerunt; quapropter usque ad mensem Octobrium ibidem sunt immorati. Nicolaus vero papa gratanter suscipiens quæ Hincmarus scripserat, ei [4] de omnibus sibi satisfactum esse rescripsit; sed et alteram epistolam eidem et cæteris archiepiscopis in regno Caroli constitutis transmisit, innotescens præfatos Græcorum imperatores, sed et orientales episcopos, calumniari sanctam Romanam ecclesiam, immo omnem ecclesiam quæ latina utitur lingua, quia jejunamus in sabbatis, quod Spiritum sanctum ex Patre Filioque procedere dicimus, quia presbyteros sortiri conjuges prohibemus, et [5] quoniam eosdem presbyteros chrismate linire baptizatorum frontes inhibemus; dicentes ipsi Græci, quod chrisma ex aqua fluminis Latini conficiamus, reprehendentes nos Latinos, quod octo hebdomadibus ante Pascha a carnium et septem hebdomadibus a casei et ovorum esu more

suo non cessamus; dicentes etiam, quod in Pascha more Judæorum super altare pariter cum dominico corpore agnum benedicamus et offeramus, succensentes etiam nos, quia clerici apud nos barbas suas radunt, dicentes [6] quia diaconus, non suscepto presbyteratus officio, apud nos episcopus ordinatur. De quibus omnibus per singulas provincias a metropolitanis cum eorum coepiscopis sibi rescribi præcepit, alloquens eumdem Hincmarum in epistolæ [a] fine hoc modo : « Tua, inquit, frater [7] Hincmare, charitas cum hanc epistolam legerit, mox ut etiam ad [8] archiepiscopos, qui in regno filii nostri Caroli, gloriosi regis, consistunt, deferatur, summopere agere studeat, et ut de his singuli in diocesibus propriis una cum suffraganeis suis, in cujuscumque regno sint constituti, convenienter tractare et nobis quæ repererint suggerere curent, eos incitare non negligant; ita ut eorum omnium, quæ præsentis epistolæ nostri circumstantiæ continent [9], tu et strenuus executor illic existas, et apud nos verax et prudens scriptorum tuorum serie relator inveniaris. Data [10] 10 Calend. Novembris, indictione 1. » Quam epistolam Hincmarus Idus [11] Decembrias primæ indictionis suscipiens, in Corbonaco [b] palatio consistenti regi Carolo cum pluribus episcopis relegit, et per alios archiepiscopos, sicut in mandato acceperat, dirigere studuit. Nicolaus papa Idus proxime præcedentis mensis Decembris obiit, cui [12] successit Adrianus papa electione clericorum et consensu Hludowici imperatoris in pontificatu. Quem Actardus Romam veniens cum supra scriptis epistolis, in apostolica sede jam ordinatum invenit [13].

Arsenius autem, magnæ calliditatis et nimiæ cupiditatis homo, spe falsa seducens Theutgaudum et Guntharium de restitutione ipsorum, ut ab eis exenia acciperet, Romam venire fecit; qui diutius ibi manentes, pene omnes suos amiserunt, tandem autem Theutgaudus ibidem mortuus est, et Guntharius vix corporis mortem evasit.

Lotharius Theutbergam uxorem suam Romam misit, ut seipsam criminaretur, quatenus ab ejus conjugio separari valeret. Sed Adrianus papa atque Romani talibus næniis non credentes, jussa est ad virum suum reverti.

Carolus consensu fratris sui Hludowici quosdam episcopos ad Autissiodorum in futuris Kalendis Februarii convenire præcepit, ut de causa Lotharii quædam tractarent. Carolus denique, quoniam ab Acfrido abbatiam sancti Hilarii cum aliis plurimis honorabilibus beneficiis habente, sicut quidam di-

VARIANTES LECTIONES.

[1] et *Flod.*   [2] ab Actardo sibi *Flod.*   [3] i. g. *Flod.*   [4] ei scripserat *Flod.*   [5] et quoniam *usque* inhibemus, *omissa a Ch. et B. ex Flodoardo inserui.*   [6] et dicentes *Flod.*   [7] *deest Flod.*   [8] ad alios a. *Flod.* [9] circumstantia continet *Flod.*   [10] data *usque* indictione *deest Flod.*   [11] idus d. p. i. *deest Flod.* [12] cui Adrianus... pontificatu successit *Flod.*   [13] *hucusque Flodoardus.*

NOTÆ.

[a] Hæc epistola integra recitatur apud Baronium ad a. 867. num. 46. sqq. Bouq.

[b] Villa erat regia pagi Laudunensis, una leuca ab Axonæ porta disparata, vulgo *Corbeny*, vel *Saint-Marcou*, ob S. Marculphi reliquias eo allatas. Bouq.

xerunt, exenia non modica suscipiens, comitatum Bituricum sine præsentia illius vel culpæ alicujus reputatione a Gerardo comite abstulit, et præfato Acfrido dedit. Sed isdem Acfridus super Gerardum eumdem comitatum evindicare non valuit; quapropter Carolus per civitatem Remorum transiens Trecas venit, indeque Autissiodorum adiit, ubi Nativitatem Domini celebravit.

DCCCLXVIII

Anno 868 Carolus ab Autissiodoro super Ligerim fluvium ad villam quæ Bellus-Pauliacus dicitur pervenit. Interea homines Gerardi comitis Acfridum in quadam villa bello conveniunt, et quia de casa firmissima Acfridus exire noluit, in qua se recluserat, igne ipsi casæ admoto, Acfridum ex ipsa expellunt, et truncato illi capite, corpus in ignem rejiciunt. Tunc Carolus quasi ad hoc vindicandum flagitium pagum Bituricum adiit, in quo tanta mala et in ecclesiarum confractione, et in pauperum oppressione, atque in omnium flagitiorum commissione, atque terræ devastatione commissa sunt, ut dici ore non possint, sicut multorum millium hominum fame mortuorum pro ipsa depopulatione attestatio demonstravit. Vindicta autem in Gerardum et ejus comites non solum ulla non extitit, verum nec ipsi de pago Biturico a quoquam expulsi sunt. Ablatis. denique a Rotberti filio his, quæ post mortem patris de honoribus ipsius ei concesserat, et per alios divisis, sed et a filiis Ramnulfi tultis [a] paternis honoribus, et data sancti Hilarii abbatia, quam isdem habuit, Frotario Burdegalensium archiepiscopo, caput jejunii ante [1] sanctum quadregesima ad monasterium sancti Dionysii rediit, et inde Silvanectis pervenit [2]. Nortmanni vero per Ligerim ascendentes Aurelianis perveniunt, et accepta præda, impune ad suum diversorium redeunt. Carolus vero sabbato ante palmas ad monasterium sancti Dionysii rediit, ibique pascha celebravit. Et inde ante quam Silvacum adiret, secunda die rogationum Adventio, Metensium episcopo, et Grimlando [b], Lotharii cancellario, deferentibus epistolas Adriani papæ, accepit unam [c] sibi directam, in qua isdem apostolicus præcepit, ut regno Hludowici imperatoris ac regno Lotharii nullam molestiam ingerat ; alteram autem epistolam de absolutione Waldradæ ad episcopos re-

gni ipsius Caroli detulerunt, similes dicentes missas episcopis regni Hludowici atque Hlotharii. Absolutio autem ipsius Waldradæ ea conditione est facta, ut Hlothario nullo pacto cohæreat. Silvacum autem Carolus perveniens, Actardum, Namnetensem episcopum, Roma venientem suscepit sibi deferentem epistolas, quarum una responsum reddidit de his, quæ Nicolao in contrarietate Hincmari mandavit, inter cætera ei inculcans, ut de cætero ac perpetuo talis inutilis quæstio sopita maneret; alteram [d] autem epistolam Hincmaro detulit laudibus et fidelitatis dilectionibus [3] repletam, et ut ejus vice in istis partibus de Lothario fungeretur : tertiam [e] autem archiepiscopis aliisque episcopis cisalpinis detulit, ut quia isdem [f] Actardus pro paganorum infestatione et Brittonum oppressione in sua civitate manere non poterat, si locus eveniret, etiam de metropoli, isdem Actardus in vacante civitate pastore auctoritate apostolica ab episcopis provinciæ ipsius incardinetur.

Quarta autem feria post initium quadragesimæ, factione Arsenii filius ejus, Eleutherius, filiam Adriani papæ ab alio desponsatam dolo decepit et rapuit, sibique conjunxit; unde idem papa nimium est contristatus. Arsenius ad Hludowicum imperatorem pergens in Beneventum, infirmitate corripitur, et thesaurum suum in manus Ingelbergæ imperatricis committens, et ut dicebatur cum dæmonibus confabulans, sine communione abiit in locum suum [g]. Quo mortuo, Adrianus papa apud imperatorem missos obtinuit, qui præfatum Eleutherium secundum leges Romanas judicarent. Isdem vero Eleutherius, consilio ut fertur fratris sui Anastasii, quem bibliothecarium [h] Romanæ ecclesiæ in exordio ordinationis suæ Adrianus constituerat, Stephaniam, uxorem ipsius pontificis, et ejus filiam quam sibi rapuit interfecit, et isdem Eleutherius a missis imperatoris occisus est. Adrianus vero papa congregans synodum, supradictum Anastasium hoc modo, sicut subsequitur, post damnationes, in eum latas iterum condemnavit :

Hæc in imagine in dextra parte scripta sunt.

« Imperantibus dominis nostris, Lothario et Ludovico Augustis, mensis Decembris die decima sexta, indictione 14. »

VARIANTES LECTIONES.

[1] *Forte legendum* ante caput jejunii sanctæ quadragesimæ. Bouq.   [2] perrexit *Ch.*   [3] directionibus *Ch.*

NOTÆ.

[a] Id est latis, ablatis.

[b] Grimlandus sive Grimblandus in Lotharii diplomate pro Theotberga anno 866 vel 867 occurrit in Murat. Antiqq. Ital.

[c] Hæc epistola non exstat inter editas ; Adriani epistola ad Ludovicum Germaniæ regem de eodem argumento vulgata est a Labbeo tomo VIII. Concil., pag. 907. Bouq.

[d] Hæc epistola dicitur data viii Idus Martii, indict. i ; edita est a Labbeo tomo VIII Concil., pag. 905. Bouquet.

[e] Edita est hæc epistola a Labbeo tomo VIII Concil., pag. 901. Exstat ibidem, pag. 906. Adriani ad ipsum Actardum epistola, qua ei consolationis causa pallium concedit. Bouq.

[f] De Actardo cf. Hincmari Rhemensis archiep. epistolam 45.

[g] Id. est in infernum.

[h] Anastasius iste alius est ab Anastasio Bibliothecario, cui Vitæ pontificum Romanorum attribuuntur. Bouq.

Excommunicatio quam fecit Leo episcopus de Anastasio presbytero, et postea Adrianus.

« Leo episcopus, servus servorum Dei. Anastasius, presbyter cardinis nostri, quem in titulo beati Marcelli ordinavimus, quique secedens ab eo ad alienas parochias absque nostra pontificali scientia demigratus est, quem per missos et litteras nostras vocavimus, et pro quo dominos imperatores supplicati per missos nostros, ut eum ad suam parochiam redire juberent, qui nunc huc [1] nunc illuc latitando in ipsa demigratione per biennium moratus est, et ad duo vocatus concilia nostra minime venit, sed neque inventus est; quia, ut prædiximus, veluti ovis errans extraneis regionibus suadente diabolo occulte inhabitabat, secundum canonica instituta ex Dei omnipotentis et beati Petri apostoli nostraque simul apostolica auctoritate ab hodie sit communione privatus, donec ipse meæ speciali præsentiæ in canonico judicio fuerit præsentatus, et si non venerit, nunquam communicet. »

Post Romanum pontificem in hac excommunicatione consenserunt archiepiscopus Ravennatis et Mediolanensis, aliique numero septuaginta quinque.

Hæc in imagine in sinistra parte scripta sunt.

« Leo episcopus, servus servorum Dei, omnibus episcopis, presbyteris, diaconibus, subdiaconibus, et universis clericis cunctoque populo Christiano. Quod bene ac pleniter vobiscum simus, charissimi fratres, scitis. Nunc iterum pro cautela et memoria temporum futurorum dilectioni vestræ cognitum esse volumus quomodo, instigante ac suadente diabolo, Anastasius, presbyter cardinis nostri, quem nos in titulo beati Marcelli ordinavimus, contra statuta Patrum provinciam ecclesiamque deserens, ecce jam per quinquennii [2] tempus in alienas parochias velut ovis errans discurrit, quem etiam, auctoritate suffulti canonica, apostolicis litteris per tertiam quartamque vicem vocavimus. At ubi redire distulit, duo pro eo episcoporum concilia congregavimus, quorum conventu cum ejus non potuissemus videre vel habere specialem præsentiam, communi eum decreto sancta communione privavimus, volentes siquidem suam per hujus excommunicationis censuram ad gremium sanctæ, a qua discesserat, matris Ecclesiæ personam reducere. Sed apostolica monita sanctique concilii pro nihilo ducens, erroris irretitus caligine, redire nullatenus voluit. Proinde, sicut Ravennæ [3] nobis degentibus de eo in ecclesia beati Vitalis martyris mense Maio, die 29, indictione prima, ore proprio promulgavimus [4], nunc iterum in ecclesia beati Petri apostoli mense Junio, die 19, indictione superius adnotata, similiter promulgavimus : sit ille a sanctis Patribus et a nobis anathema, et omnes qui ei sive in electione, quod absit, aut pontificatus honore adjutorium præstare vel solatium quodcumque voluerint, simili anathemati [5] subjaceant. »

Post Romanum pontificem in hoc anathemate consenserunt Joannes, archiepiscopus Ravennatis, Nottingus [a] et Sigilfredus [b], episcopi domni imperatoris, et sex episcopi ad prædictum archiepiscopum pertinentes, quorum notitiam non recolimus, et alii tam ex Romana urbe quam ex aliis numero quinquaginta sex, absque presbyteris et diaconibus sanctæ Romanæ Ecclesiæ.

Super valvas argenteas hæc scripta sunt :

« In nomine Patris, et Filii, et Spiritus sancti. Incipit sancta ac veneranda synodus, quæ per Domini gratiam et ejus divinum consilium congregata est in ecclesia beati Petri apostoli, anno scilicet pontificatus sanctissimi ac coangelici et universalis quarti papæ Leonis septimo, atque invictissimorum Lotharii ac Ludovici imperatorum anno imperii quadragesimo secundo [c], mense Decembri die octavo, indictione 2. In hac siquidem sancta ac venerabili synodo, Domini solatiante gratia nobiliter celebrata, post diversas episcoporum sacerdotumque vel clericorum atque omnium Christianorum pias ac salutiferas admonitiones et exhortationes depositus est juste atque canonice Anastasius, presbyter tituli sancti Marcelli, eo quod contra auctoritatem canonicam propriam parochiam [6] deseruisset per annos scilicet quinque, et in aliena ad usque hodie demoratur, et neque vocatus neque excommunicatus et ad ultimum anathematizatus, sicut de eo in hac synodo veridica pictura demonstrat, ad congregata duo pro eo episcoporum concilia venire noluit; ideo tam a summo pontifice quamque ab universis episcopis tunc synodo præsidentibus, videlicet numero sexaginta septem, ob suam stultam audaciam merito, ut prædiximus, est depositus et sacerdotali honore privatus, anno denique, mense ac die atque indictione ut supra. »

Huc usque Leo pontifex scribi jussit. Post mortem vero jam dicti Leonis, dignæ memoriæ præsulis, ipse anathematizatus atque depositus Anastasius, sæculari potentia rediens ab abditis, quibus sicut fur latitaverat, locis, diabolica fraude inretitusque caligine, latronum more hanc, quam non debuerat

VARIANTES LECTIONES.

[1] nunc huc *deest apud Ch. et B., qui tamen jure supplendum censet.* [2] quinquennium tempus *Ch.* [3] Ravenna *Ch.* [4] *deest. Ch.* [5] anathemate *Ch.* [6] parœchiam *Ch.*

NOTÆ.

[a] Episcopus Brixiensis.
[b] Videtur esse Sigisfredus, Regiensis episcopus.
[c] Hic anni imperii Lotharii ac Ludovici simul conjunguntur. Annus enim Lotharii 37 cum anno Ludovici 5 conjunctus, reddit annum 42 imperii eorum. Porro istud concilium Romanum in præfatione habitum dicitur : « Hlotharii ac Hludovici imperatorum anno imperii eorum 5 et 57, mense Decembri, die 3, indict. 2. » BouQ.

introire, ecclesiam invasit, velut ethnicus atque barbarus, ad perditionem suæ animæ atque periculum hujus venerandæ synodi cum suis nequissimis consentaneis atque sequacibus picturam destruxit imaginemque [1] dejecit, quam beatissimus papa Benedictus atque egregius restauravit et lucifluis coloribus decoravit.

‹ Adrianus episcopus, servus servorum Dei. Omni Dei ecclesiæ notum est, quid Anastasius tempore prædecessorum nostrorum pontificum gesserit, sed et qualiter ob id [2] de illo sanctæ recordationis Leo et Benedictus, eximii præsules, instituerint, palam est cunctis. Quorum unus eum deposuit, excommunicavit et anathematizavit, alter vero sacerdotalibus exspolians vestimentis, inter laicos in communione recepit. Decessor itaque noster sanctissimus papa Nicolaus, eum postea, si fideliter erga sanctam Romanam ecclesiam incederet, in gremio pari modo recepisset Ecclesiæ; sed infidelitas ejus nunc in tantum apparuit, ut post deprædationem patriarchii nostri ablationemque synodalium scripturarum, quas tam super se quam super hujusmodi a sanctissimis præsulibus diversis temporibus decretas repererat [3], institutionem quoque venerandæ synodi ab ipsis sanctis pontificibus factam atque sub interpositione anathematis retactam violari nobis subripiendo fecerit, et homines ad seminandum inter piissimos principes et Ecclesiam Dei discordias per muros hujus civitatis more furis exire coegerit, quemdamque Adalgrimum ad ecclesiam confugium facientem oculis et lingua privari suggesserit. Modo vero, sicut multi vestrum mecum a quodam presbytero consanguineo ejus, nomine Adone, audistis, et aliis modis nobis revelatum est, beneficiorum quoque nostrorum immemor, hominem ad Eleutherium misit, exhortans homicidia perpetrari, quæ, sicut scitis, proh dolor facta sunt. Et ideo pro his omnibus et pro aliis multis, quibus ecclesiam Domini perculit atque læsit, quam etiam subdolis machinationibus hactenus tundere non desistit, auctoritate Dei omnipotentis omniumque sanctorum Patrum ac venerandorum conciliorum prædictorumque pontificum simul et judicii nostri sententia sancimus, illum eumdem Anastasium esse tenendum, quemadmodum de eo iidem domni pontifices Leo et Benedictus solemniter et synodice statuerunt, nihil in ejus anathemate vel causa penitus adjungentes vel minuentes, nisi ut omni communione ecclesiastica privatus existat, donec de omnibus quibus impetitur nobis coram synodo rationem ponat; et qui cum eo in locutione, cibo vel potu communicaverit, pari excommunicatione cum eo teneatur annexus, quia pro eo, quod altiora se petens — quod sibi totiens interdictum fuerat — temere usurpavit, ac vetitum locum conscendit, satis nostra ecclesia murmuravit et murmurat. Sane si vel ab urbe Roma quantisper discesserit, vel sacerdotium vel clericalem aliquem ordinem sive ministerium quodlibet repetere aut recipere præsumpserit, quia [4] contra statuta præfatorum præsulum contraque jusjurandum quod pollicitus est, numquam se ab urbe plus 40 millibus abscessurum, nec [5] sacerdotium vel gradum clericalis esse ministerii petiturum, facere videbitur, cum omnibus factoribus consentaneis et sequacibus suis anathemati perenni [6] subjaceat. Prolata in conspectu totius sanctæ Romanæ Ecclesiæ ante hunc eumdem Anastasium apud sanctam Praxedem positum, anno pontificatus domni Adriani, summi pontificis et universalis papæ, primo per 4 Idus Octobris, indictione 2. ›

Lotharius suspectum habens Carolum, ad Hludowicum se iterum contulit, et obtinuit ut sacramentum illi fieri ex sua parte faceret, quatenus in nullo nocumento illi foret, si in conjugem Waldradam acciperet; sicque ad palatium Attiniacum ad colloquium Caroli venit, ibique placitum accepit, ut post futuras Kalendas Octobris simul iterum loquerentur. Carolus autem per curtes regias in pago Laudunensi consistentes pergens, Hincmarum, Laudunensem episcopum, nullo episcopo suæ provinciæ conscio, jussit, ut ad causas suas, id est ad seculare judicium, advocatum suum daret, pro eo quod beneficia quibusdam suis hominibus abstulit. Isdem autem episcopus se reclamans, quod relicto ecclesiastico judicio non auderet seculare adire judicium, sicut ei jussum fuerat, ad locum nominatum secularis judicii non venit, sed causas suæ impossibilitatis regi mandavit. Rex autem Carolus jubens inde quasdam judicare etiam infames personas, quia personam præfatus episcopus non misit qui juraret, quod illuc venire non posset, et quoniam advocatum suum de se in judicio seculari non dedit, prædictarum personarum judicio quidquid isdem episcopus de rebus et facultatibus ecclesiasticis in usibus episcopii specialiter habebat, proscriptum est; sicque idem rex ad Pistas medio mense Augusto veniens, annua dona sua ibidem accepit, et castellum mensurans, pedituras [a] singulis ex suo regno dedit.

Hincmarus autem, Remorum archiepiscopus, Hincmarum episcopum Laudunensem secum ducens, apud Pistas cum aliis episcopis scriptis [b] et verbis regem adiit, ostendens quantum præjudicium et episcopalis auctoritas et universalis Ecclesia in tali facto patiebatur, et obtinuit, ut revestito episcopo quibus fuerat spoliatus, sicut sacræ leges præcipiunt, in provincia ubi hæc

NOTÆ.

[a] Peditura seu pedatura, quodlibet spatium certo pedum numero definitum.

[b] Vide Hincmari Rhemensis epistolam ad Carolum Calvum anno 868 scriptam, et Labbei Concil. tom. VIII, pag. 1735.

causa judicanda erat, electorum judicio, et si necesse foret, post hoc synodali terminaretur examine. Sed et eodem placito rex markiones [a], Bernardum scilicet Tholosæ, et iterum Bernardum Gothiæ, itemque Bernardum alium suscepit. Missum etiam Salomonis, Britonum ducis, ibi obviam habuit, per quem Salomon illi mandavit, ut haud ipse pergeret ad expugnandos Nortmannos qui residebant in Ligeri, quia isdem Salomon cum valida manu Britonum paratus erat illos aggredi, tantum ut adjutorium ex parte Caroli haberet. Ad quem idem rex præmittens Engelramnum, camerarium et hostiariorum magistrum atque a secretis consiliarium suum, cum corona auro et gemmis ornata, sed et cum omni paramento regio cultu exculto, Carolomannum filium suum, diaconum et abbatem, cum scara e vestigio, sicut Salomon ei mandaverat, misit, et inde Audriacam villam gratia venandi perrexit. Scara quæ cum Carolomanno a Carolo rege trans Sequanam missa, terram quidem vastavit, sed nullius utilitatis effectum ex Nortmannis, ad quos resistendum missa fuerat, faciens, jubente rege Carolo rediit; et sic unusquisque ad sua perrexit. Pictavenses autem vota facientes Deo et sancto Hilario, tertio eosdem Nortmannos fuere aggressi, quorum plures occiderunt, ceteros vero in fugam miserunt, et de omni præda, excepta voluntaria oblatione, decimam sancto Hilario contulerunt. Carolus rex Kalendas Decembris Carisiacum veniens, quosdam primores, tam ex episcopis quam ex aliis regni sui, obviam sibi accersivit, et commotus contra Hincmarum, Laudunensem episcopum, quia Romam sine illius conscientia miserat [b], et epistolas pro quibus non convenerat obtinuerat, eidem vero episcopo contumaciter sibi resistenti valde infensus erat. Unde isdem episcopus sine illius licentia, cum sæpe ab eo evocatus fuerat et ad illum venire distulisset, ad sedem suam perrexit, et amplius quam episcopalis gravitas postulat, eumdem regem contra se excitavit. Carolus autem Compendium veniens, ibidem nativitatem Domini celebravit.

DCCCLXIX.

Et quoniam isdem episcopus, etiam per alios episcopos evocatus ut ad illum veniret, jussionem illius implere detrectavit, scaram ex quamplurimis comitibus regni sui confectam Laudunum misit, ut ipsum episcopum ad eum violenter perducerent. Isdem autem episcopus cum clericis suis juxta al-

tare resedit, et quibusdam episcopis satagentibus, actum est ut ipsi qui missi fuerant, de ecclesia eum non extraherent; sed sine illo ad Carolum redierunt, omnesque homines ipsius episcopii liberos sibi sacramenta fieri fecit. Carolus autem valde commotus, synodum [c] omnium episcoporum regni sui viii Kalend. Maii secundæ indictionis apud Vermeriam condixit, quo eumdem Hincmarum [d] episcopum vocari præcepit. Ipse autem ad Conadam [e] vicum nimis incongruenter et pro qualitate temporis et pro nimietate famis perrexit, ubi quosdam Aquitanos obvios habuit; sed markiones, tres videlicet Bernardos, quos sibi occurrere putavit, non habens obvios, non sine sollicitudine et sine utilitatis effectu ad Silvanectum rediit: indeque quarta feria ante initium quadragesimæ ad monasterium sancti Dionysii perrexit, ibique sanctum quadragesimæ jejunium exegit et pascha Domini celebravit, et castellum in gyro ipsius monasterii ex ligno et lapide conficere cœpit. Et antequam ad Conadam pergeret, per omne regnum suum litteras misit, ut episcopi, abbates et abbatissæ breves de honoribus suis, quanta mansa quisque haberet, ad [1] futuras Kalendas Maii deferre curarent, vasalli autem dominici comitum beneficia, et comites vasallorum beneficia inbreviarent, et prædicto placito ædium breves inde deferrent, et de centum mansis unum haistaldum [f] et de mille mansis unum carrum cum duobus bobus prædicto placito [g] cum aliis exeniis quæ regnum illius admodum gravant, ad Pistas mitti præcepit, quatenus ipsi haistaldi castellum, quod ibidem ex ligno et lapide fieri præcepit, excolerent et custodirent. Lotharius, mittens ad eum sed et ad Hludowicum, petiit, ut in suo regno nullum impedimentum ei facerent, donec ipse Roma rediret. A Carolo autem nullam firmitatem accepit, sed a Hludowico sicut dicitur firmitatem inde suscipiens, Romam perrexit, locuturus prius cum Hludowico fratre suo imperatore, ut tunc, si posset, per eum apud Adrianum papam obtineret, quatenus Theutbergam rejiceret et Waldradam resumeret, ipsamque Theutbergam post se Romam ire præcepit; sed ut dicebatur, Hludowicus imperator ab obsessione Sarracenorum pro fratris sui petitione non debuisset discedere, cui amplius quam ducentas naves rex Græcorum in auxilium contra eosdem Sarracenos festinato mittebat. Lotharius iter, quod tempore inconvenienti, scilicet mense Junio, causa uxorum suarum in parte Romæ cœperat, contendens perficere, usque Raven.

VARIANTES LECTIONES.

[1] ad *deest Ch.*   [g] prædicto placito *deest Ch.*

NOTÆ.

[a] Bernardus dux Tolosanus, Raimundi I filius erat; Bernardus dux Gothiæ, alterius Bernardi Cenomannensis comitis filius; tertius Bernardus, qui honoribus privatus fuerat anno 864 in conventu Pistensi, filius erat Bernardi Septimaniæ ducis, qui anno 844 a Carolo Calvo occisus est. Bouq.

[b] Cf. synodum Duziacensem, et Hincmarum Rhemensem in opusculo Capp. LV. Bouq.

[c] In hac synodo confirmata sunt præcepta concessa monasterio Carrofensi. Confirmationem hanc recitat Labbeus T. I Concil., p. 1527.

[d] Cf. Hincmari ep. 35.

[e] *Cosne.* Bouq.

[f] *Haistaldus*, agricola liber, qui non tenet hæreditatem a curia. Cf. Hontheim, Hist. Trevir., t. I, p. 664.

nam venit, ubi missos fratris sui obvios habuit, per A quos ei contradixit, ut nec in antea procederet, nec diutius in eodem regno immoraretur, sed ad suum regnum rediret, et tempore commodo et opportuno loco simul convenirent, et de quibus vellet cum eo satageret. Lotharius autem Romam rediens, a latere ad suum fratrem in Beneventum usque pervenit, et apud eum per Engelbergam multis petitionibus et muneribus atque inconvenientiis obtinuit, ut ipsa Engelberga cum eo usque ad monasterium sancti Benedicti, quod in monte Cassino situm est, rediret. Quo etiam Adrianum papam eidem Engelbergæ et sibi ex jussione imperatoris venire fecit, et apud eum, datis illi multis muneribus, per ipsam Engelbergam obtinuit, ut idem papa illi missam cantaverit, et sacram communionem hac convenientia ei donaverit, si, postquam Nicolaus papa Waldradam excommunicavit, nullum cum ea contubernium vel carnalis copulæ mercimonium quin nec conloquium quoddam B habuerit. Ipse autem infelix, more Judæ, simulata bona conscientia et impudenti fronte, eamdem sacram communionem sub hac conventione accipere non pertimuit nec recusavit; sed et sui fautores cum eo ab ipso papa percepere communionem, inter quos et Guntharius, auctor et incentor hujus publici adulterii, communionem inter laicos ab eodem Adriano papa accepit, data illi prius coram omnibus professione, quæ ita habetur :

‹ Profiteor ego Guntharius coram Deo et sanctis ejus vobis, domino meo Adriano, summo pontifici et C universali papæ, ac venerandis tibi subditis episcopis reliquoque conventu, quoniam judicium depositionis in me a domno Nicolao canonice latum non reprehendo, sed humiliter porto. Unde nec ulterius sacrum ministerium contingere præsumo, nisi per misericordiam mihi subvenire volueritis, nec aliquando contra sanctam Romanam Ecclesiam aut ejus pontificem aliquod scandalum vel quidquam adversi movere volo, sed devotum me eidem sanctæ matri Ecclesiæ ejusque præsuli exhibere atque obedientem permanere protestor. Ego Guntharius huic professioni a me factæ manu propria subscripsi. Data Kalendas Julii, indictione 2; in ecclesia sancti Salvatoris [a], quæ est in monasterio sancti Benedicti in Cassino. › ,

Accipiens autem isdem papa a Gunthario consistente inter laicos hanc professionem , relectam inter laicos ab ipso publice coram omnibus, dixit illi :

Et ego tibi concedo laicam communionem, ea conditione, ut ita, quandiu vixeris, observes, sicut modo professus fuisti.

Engelberga denique redeunte ad suum [1] imperatorem, Adrianus papa Romam reversus est, quem e vestigio Lotharius est prosecutus. Et Adriano papa Romam ingrediente, Lotharius ad ecclesiam beati Petri venit, ubi nullum clericum obvium habuit, sed tantum ipse usque ad sepulcrum sancti Petri cum suis pervenit, indeque solarium secus ecclesiam beati Petri mansionem habiturus intravit; quem nec etiam scopa mundatum invenit. Putavitque in crastina, subsequente videlicet dominica — nam sabbato ad basilicam sancti Petri pervenit — sibi cantari debere missam; sed a præfato pontifice hoc obtinere non potuit. Inde secunda feria Romam ingrediens, in palatio Lateranensi cum ipso apostolico prandidit, et datis ei muneribus in vasis aureis et argenteis, obtinuit, ut ei ipse pontifex lænam [2] [b] et palmam ac ferulam daret, sicut et fecit. Quæ munera ita ipse et sui interpretati sunt, videlicet ut per lænam de Waldrada revestiretur, per palmam victorem se in his quæ cœperat demonstraret, per ferulam episcopos suæ voluntati resistentes obsistendo distringeret. Sed aliter ab eodem papa et Romanis fuere disposita; nam idem pontifex Formosum episcopum et alium etiam cum eo episcopum in has Galliarum partes mittendos disposuit, ut cum pluralitate episcoporum de his quæ Lotharius petebat tractarent, et illi Kalendis Martii, quæ inventa forent, in synodo renuntiarent, quam Romæ in ipsis Kalendis Martii denuntiavit, quo etiam quatuor episcopos ex regno Hludowici, regis Germaniæ, cum ipsius legatis, et quatuor episcopos ex regno Karoli cum ejus legatis [3], et quosdam episcopos ex regno Lotharii epistolis [4] suis hac conditione venire præcepit, ut quæ in synodo vel examinanda vel gerenda forent, in personis aliorum confirmarent, tam ex occidentalibus partibus quam ex orientalibus. Unde missos suos, quos nuper Constantinopolim pro contentione quam orientales cum Nicolao papa habebant, miserat, tunc venturos separabat.

Lotharius [5] vero Roma lætus promovens, usque Lucam civitatem venit, ubi febre corripitur, et grassante clade in suos, quos in oculos suos [6] coacervatim mori conspiciebat, sed judicium Dei intelligere nolens, usque Placentiam 8 Idus Augusti pervenit; ibique dominica die superdiurnans, circa horam

<hr>

VARIANTES LECTIONES.

[1] *deesse videtur* maritum, Hludowicum.   [2] *Ch.* leenam, *Bq.* lexnam; *facile emendatu.*   [3] et quatuor episcopos ex regno Karoli cum ejus legatis *deest Ch.*   [4] Lotharii cum epistolis *Ch.*   [5] *Quæ sequuntur contulimus cum codice regio 8394 (1) qui ea tantum habet quæ exstant apud Aimoini continuatorem.* Bouq. *Ego ea cum Aimoini continuatione lib.* v, *cap.* 21 - 40. *(apud Freherum in Corpore hist. Francicæ t.* II, *p.* 477—506.) *contuli, et majoris momenti lectiones littera A adposita notavi, multis in textum receptis.* [6] sub oculis suis *A.*

NOTÆ.

[a] In vico San-Germano; in eadem ecclesia an. 1230, Fridericus II imperator Gregorio IX papæ reconciliatus est.

[b] *Læna* λαῖνα, χλαῖνά, sagum densum.

nonam inopinate exanimis pene effectus est et ob- A
mutuit [1], atque in crastina [2], hora diei secunda,
moritur, et a paucis suorum qui a clade remanserant,
in quodam monasteriolo secus ipsam civitatem terræ
mandatur. Quod Carolus apud Silvanectis [3] civitatem degens — ubi tam ipse quam et uxor sua [4]
thesauros, quos in quibuscunque rebus habuerant,
per loca sancta in suam eleemosynam dispensantes,
a Pistis reversi, Domino de cujus manu illos acceperant, reddiderunt — non incerto comperiens nuntio,
ab ipsa civitate movens, Attiniacum venit; ubi a
quibusdam episcopis, sed et [5] ab aliquibus primoribus regni quondam Lotharii missos [6] directos
suscepit, ut ibi resideret, et in regnum quod Lotharii
fuerat non intraret, donec frater suus Hludowicus,
rex Germaniæ, ab expeditione hostili de Winidis [7], B
cum quibus præsenti et præterito anno sæpe cominus
sui congredientes, aut nihil aut parum utilitatis
egerunt, sed [8] damnum maximum retulerunt, reverteretur. [9] Petierunt ergo, ut in palatio Ingiliheim
residens, ad eum missos suos dirigeret, et ei man-
daret, ubi [10] et quando simul convenirent et de
regni ipsius divisione tractarent; plures autem
saniori consilio illi mandaverunt, ut, quantocius commode [•] posset, usque Mettis [11] prosperare satageret,
et ipsi tam in itinere quam ad ipsam civitatem ei occurrere maturarent. Quorum consilium Carolus acceptabilius et [*Aim.* sibi] salubrius esse intelligens, juxta
eorum suggestionem agere festinavit. Veniens ergo [13]
usque Viridunum, plurimos de eodem regno, sed et
Hattonem [14], ipsius civitatis episcopum, et [15] Arnul- C
phum, Tullensis urbis episcopum, sibi se commendantes suscepit; indeque Mettis Nonas Septembris
veniens, Adventium, ipsius civitatis præsulem, et
Franconem, Tungrensem episcopum, cum multis
aliis in sua commendatione suscepit ; sicque 5
Idus ipsius mensis ab episcopis qui adfuerunt ,
coeuntibus omnibus in basilica beati Stephani ,
hæc quæ sequuntur, denuntiata et gesta fuere hoc
modo :

« Anno incarnationis Dominicæ 869 [16], indictione [a]
secunda, [b] Idus Septembris, Mettis civitate in eccle- D
sia sancti Stephani martyris , hæc quæ sequuntur
capitula Adventius, episcopus ipsius civitatis, coram
rege et episcopis qui adfuerunt, publice populo [*Ai-*

A *mon. add.* et] scripto et verbis denuntiavit :

« Vos scitis [*id. add.* fratres], et multis in plurimis regnis est cognitum, quantos et quales eventus
tempore senioris nostri quem hactenus habuimus,
pro causis notissimis communiter sustinuimus, et
quanto dolore quantaque angustia de illius infausta
morte nuper cordibus perculsi sumus. Unde unicum
refugium et singulare [17] ac salubre consilium, rege
et principe nostro destituti ac desolati, nobis omnibus esse consideravimus, ut jejuniis et orationibus
ad eum nos converteremus, qui est adjutor in opportunitatibus, in tribulatione , et cujus est consilium,
cujusque est [18] regnum, et ut scriptum est, « cui voluerit
dabit illud » et in cujus manu sunt corda regum, et
facit unanimes habitare in domo, solvens medium
parietem et faciens utraque unum ; deprecantes
ipsius misericordiam, ut daret nobis regem ac principem secundum cor suum , qui in judicio et in
justitia nos in omni ordine et protectione [19] regeret,
salvaret atque defenderet [20] juxta voluntatem ejus, et
corda omnium nostrum unanimiter ad eum declinaret atque uniret, quem ipse ad salutem [21] et profectum
nostrum præscitum et electum atque prædestinatum
habebat [22] secundum misericordiam suam. Quia denique voluntatem Dei, qui [23] voluntatem timentium se
facit, et deprecationes eorum exaudit, in concordi
unanimitate [24] nostra videmus hunc regni hujus here-
dem esse legitimum, cui nos sponte commisimus, dominum videlicet et [25] præsentem regem ac principem
nostrum Carolum, ut nobis præsit et prosit, videtur
nobis, si placet vobis, ut, sicut post illius verba [26]
vobis manifestabimus, signo certissimo demonstremus, quia [27] illum a Deo electum et nobis datum
principem credimus [28], et [29] ut eidem largitori Deo
ex suis beneficiis non simus ingrati, sed gratiarum
actiones illi referentes, oremus [30], quatenus et eum
nobis [*id. add.* datum principem] ad salutem et
defensionem sanctæ suæ Ecclesiæ, et ad auxilium
atque profectum omnium nostrum, cum salute et [31]
pace atque tranquillitate nobis conservet diutius, et
nos fideli devotione illi obsequentes atque optata
salvatione [32] fruentes, sub illius administratione in
suo gubernet servitio. Et [33] si illi placet, dignum
ipsi et necessarium nobis fore [34] videtur, ut ex ejus
ore audiamus, quod a Christianissimo rege fideli et

VARIANTES LECTIONES.

[1] obmutescens in *A*. [2] crastinum *A*. [3] silvanectensum *A*. [4] quam uxor ejus *A*. [5] *deest. A*. [6] *A. voces* legatos *et* nuncius *sæpe adhibet, ubi Ch. et B.* missus. [7] Winedis *Ch.* [8] et *A*. [9] r. et in palatio Engi-linheim *A*. [10] quo *A*. [11] quoquomodo *A*. [12] mettos *A*. [13] f. et veniens usque *A*. [14] Hatonem *Ch.* Haidonem *A*. [15] et a. t. u. e. *deest A*. [16] DCCCLXVIII *al.* DCCCLIX *A*. [17] singulariter salubre *A*. [18] consilium ac regnum *A*. [19] o. ac professione *A*. [20] defenderet, pariter voluntatem et corda om-nium *A*. [21] salutem totius Ecclesiæ et populi prædestinatum *A*. [22] *alii* habeat. Bouq. [23] quia deni-que ille qui *A*. [24] unanimitate prælegit hunc regni hujus hæredem esse *A*. [25] videlicet præsentem hunc principem *A*. [26] post hæc v. *A*. [27] *deest A*. [28] *deest A*. [29] *deest A*. [30] *deest A*. [31] salute et *deest* . [32] atque observatione *A*. [33] At si i. p. et necessarium vobis esse videtur hortamur *A*. [34] esse *Ch.*

NOTÆ.

Hæc indictio secunda Constantiniana est, quæ initium sumpsit a die 24 mensis Septembris anni 868. Bouq.

1249

unanimi [1] in servitio illius populo, unicuique in ordine suo, convenit audire ac [2] devota mente suscipere. [3]

Post hæc Carolus rex hæc quæ sequuntur per se in eadem ecclesia cunctis qui adfuerunt denuntiavit dicens [3] : « Quia, sicut isti venerabiles episcopi unius ex ipsis voce dixerunt, et certis indiciis ex vestra [4] unanimitate monstraverunt, et vos acclamastis, me Dei electione ad vestram salvationem et protectionem [5] ac regimen atque gubernationem huc advenisse, sciatis, me honorem et cultum Dei atque sanctarum ecclesiarum Domino adjuvante conservare, et unumquemque vestrum secundum sui ordinis dignitatem et personam juxta meum scire et posse honorare et salvare, et honoratum et [6] salvatum tenere velle, et unicuique in suo ordine secundum sibi competentes leges [7], tam ecclesiasticas quam mundanas, legem et justitiam conservare, in hoc ut honor regius et potestas ac debita obedientia, atque adjutorium ad regnum mihi a Deo datum continendum et defensandum [8], ab uno quoque vestrum secundum suum ordinem et dignitatem atque possibilitatem mihi exhibeatur, sicut vestri antecessores fideliter, juste et rationabiliter meis antecessoribus exhibuerunt. »

At [9] post hæc [10] Hincmarus, Rhemorum episcopus [11], hæc quæ sequuntur [12] capitula, jubente ac postulante Adventio, ipsius episcopo civitatis, et cæteris episcopis Treverorum provinciæ, Hattone [13] scilicet, ecclesiæ Viridunensis episcopo, et Arnulfo, Tullensis [14] civitatis episcopo, cohærentibus [15] provinciæ Rhemorum episcopis, coram reliquis [16] episcopis et rege, cunctisque qui adfuerunt in eadem ecclesia, publice denuntiavit :

« Ne alicui forte videatur incongrue ac præsumptuose, me ac provinciæ nostræ venerabiles coepiscopos [17] facere, quoniam de altera provincia ordinationi et causis hujus provinciæ nos immiscemus, sciat nos contra canones sacros non agere, quoniam Rhemensis et Treverensis ecclesiæ in hac regione Belgica cum sibi commissis ecclesiis sorores et comprovinciales habentur, sicut auctoritas ecclesiastica et antiquissima demonstrat consuetudo, ac per hoc unanimi consensu et synodalia judicia exercere, et quæ a sanctis Patribus constituta sunt, debent concorditer custodire, hac privilegii conditione servata, ut qui prior de Remensi et Treverensi episcopo fuerit ordinatus, prior etiam habeatur. Et lex divinitus inspirata [18] præcipit, dicens : *Si transieris per messem amici tui, colligens spicas manu, confricabis ad manducandum. Falcem* [19] *autem non mittas, vel falce non metas* [a]. Messis est populus, ut Dominus demonstrat in Evangelio [b], dicens : *Messis quidem multa est, operarii autem pauci; rogate ergo dominum messis, ut mittat operarios in messem suam.* Quia vos pro vestris [20] episcopis debetis orare, ut [21] vobis digna possimus loqui. Messis autem [22] amici est populus in provincia alteri metropolitano commissa; unde vos hortando, quasi manum operis confricando, ad Dei voluntatem et vestram [*Aimon. add.* salutem] in corpus unitatis Ecclesiæ valemus et debemus trajicere, in parochianos autem provinciarum aliis metropolitanis commissarum falcem judicii non mittimus, quia nec est unde, nec nostrum esse consideremus [23]. Est et alia causa, quia isti et [24] venerabiles domni et fratres nostri, provinciæ istius episcopi, non habentes metropolitanum episcopum, exiguitatem nostram sic in suis, sicut et in specialibus nostris causis, nos fraterna charitate jubent et commonent agere. Est [25] ita domni fratres? » Et responderunt ipsi episcopi : Ita est.

« Præter ea, quæ domnus episcopus et frater noster Adventius vobis ex sua et cæterorum suorum ac nostrorum fratrum et venerabilium episcoporum voce dixit, in hoc etiam animadvertere potestis, voluntatem Dei esse, ut præsens domnus et rex noster, qui in parte [*id. add.* regni] quam hactenus tenet et tenuit, et nobis ecclesiisque nostris et populo sibi commisso utiliter præest ac præfuit, et salubriter prodest et profuit, inde ad hunc locum Domino ducente pervenerit, quo [26] etiam [27] vos ejus inspiratione confluxistis, et ipsi vos sponte commendastis, cujus instructione [28] animata omnia in arca Noe significantia [29] Ecclesiæ unitatem nullo cogente convenerunt. Quia sanctæ memoriæ pater suus, domnus Hludowicus, pius imperator Augustus [30], ex progenie Ludoici [31], regis Francorum inclyti, per beati Remigii apostolicam et [32] catholicam prædicationem cum integra gente conversi, et cum tribus Francorum millibus, exceptis parvulis et mulieribus, [*id. add.* in] vigilia sancti Paschæ [33] in Remensi metropoli baptizati et cœlitus sumpto chrismate, unde adhuc habemus, peruncti et in regem sacrati, exortus per beatum Arnulphum, e cujus carne [34] idem Hludowicus pius Augustus originem duxit carnis, et a Stephano, papa Romano, ante sanctæ Dei genitricis et semper virginis [35] Mariæ altare Remis [36] in imperatorem est coronatus, et demum factione quorumdam terreno imperio destitutus, in prædictam regni partem [37] unanimitate episcoporum et fidelis populi ante sepulcrum sancti Dionysii, eximii martyris [38],

VARIANTES LECTIONES.

[1] *cod. reg.* unanimo hujus populo Bouq. unanimo hujus populo *A.* — [2] ad *Ch.* — [3] *deest A.* — [4] et nostra *A.* — [5] profectum *A.* — [6] honorabiliter s. *A.* — [7] *deest A.* — [8] defendendum *A.* — [9] Et post *Ch.* — [10] *deest A.* — [11] archiepiscopus *A.* — [12] sequuntur *A.* — [13] haitone *A.* — [14] tullensium antistite *A.* — [15] conniventibus *A.* — [16] *deest A.* — [17] episcopos *Ch.* — [18] instituta præcepit *A.* — [19] m. falce autem non metas *A.* — [20] pro nobis e. *A.* — [21] *deest Ch.* — [22] *deest A.* — [23] consideramus *A.* — [24] et *deest Ch.* — [25] Estne *A.* — [26] quod *Ch. A.* — [27] etiam et vos *A.* — [28] instinctu animalia *A.* — [29] arcam Noe significantem *A.* — [30] *deest A.* — [31] Clodovei *A.* — [32] ap. et *deest A.* — [33] in r. m. *deest A.* — [34] a. cujus idem *A.* — [35] et s. v. *deest A.* — [36] Remi *Ch.* — [37] in p. r. p. *deest A.* — [38] e. m. *deest A.*

NOTÆ.

[a] Deut. XXIII, 25.   [b] Matth. IX, 37.

A Ecclesiæ sanctæ est redditus, et in hac domo ante hoc altare protomartyris Stephani, cujus [1] nomen interpretatum resonat « coronatus, » per Dei sacerdotes acclamatione fidelis populi, sicut vidimus qui adfuimus, coronæ [2] regni est imperioque [3] restitutus. Et quia, ut in historiis sacris legimus, reges, quando regna obtinuerunt, singulorum regnorum sibi diademata imposuerunt, non incongruum videtur venerabilibus episcopis [4], si vestræ unanimitati placet, ut in obtentum [5] regni, unde vos [6] ad illum [id. add. sponte] convenistis et vos ei commendastis [7], sacerdotali ministerio ante hoc altare coronetur, et sacra unctione Deo consecretur. Quod si vobis placet, propriis vocibus consonate. » Et in hoc conclamantibus omnibus, dixit idem episcopus: «Agamus ergo unanimiter Domino gratias, decantantes : *Te Deum laudamus.*

Et post hæc ab episcopis [8] cum benedictione sacerdotali est idem rex coronatus, indeque Florinkengas [9] [a] veniens, quæ ordinanda sibi visa sunt ordinavit; indeque in saltum Arduennæ [10] autumnali venatione exercitandum se contulit. Hludowicus autem, frater ejus, pacem sub quadam conditione apud Winidos obtinere procuravit, ad quam confirmandam filios suos cum marchionibus terræ ipsius direxerat, ipseque [11] infirmus in Ragenisburg civitate remansit. Et mittens missos suos ad Carolum, mandavit illi de firmitatibus quæ inter eos factæ fuerunt, sed et de portione regni quodam Lotharii; unde Carolus illi congruam responsionem mandavit.

Interea Basilius, quem Michael, Græcorum imperator, sibi in consortem [12] imperii asciverat, eumdem Michaelem dolo interfecit, et imperium sibi ascivit. Qui patricium suum ad Bairam [13] cum 400 [14] navibus miserat, ut et Hludowico contra Sarracenos ferret suffragium, et filiam ipsius Hludowici a se desponsatam de eodem Illudowico susciperet et illi [15] in conjugio sibi [16] copulandam duceret. Sed quadam occasione interveniente, displicuit [17] Illudowico dare filiam suam patricio; unde idem patricius molestus, Corinthum rediit, et revertente Hludowico ab obsidione Sarracenorum de partibus Beneventanis, iidem Sarraceni de Baira [18] egredientes, et hostem Hludowici post tergum sequentes, plus quam duo millia caballorum ipsius hostis prædati sunt, et cum eisdem caballis duos ex se ipsis

B ordinantes cuneos, ad ecclesiam sancti Michaelis in monte Gargano perrexerunt, et clericos [19] ejusdem ecclesiæ multosque alios qui ad orationem illuc convenerant deprædantes, cum multa spolia [20] ad sua redierunt. Quod factum [21] valde imperatorem atque apostolicum, sed et Romanos, turbavit.

Hludowicus, Hludowici regis Germaniæ filius, cum Saxonibus contra Winidos qui in regionibus [22] Saxonum sunt, bellum committens, cum multa strage hominum ex utraque parte quoquomodo victoriam est adeptus [b] indeque reversus [*Id.*, a. I. prospere est r.]. Rotlandus [c], Arelatensis archiepiscopus, abbatiam sancti Cæsarii [d] apud Hludowicum imperatorem et Engelbergam non vacua manu adeptus, in insula Camaria nimis undecumque ditissima [23], in qua res ipsius abbatiæ plurimæ conjacent, et in qua portum Sarraceni habere solebant, castellum opere tumultuario de sola terra ædificans, audito Sarracenorum adventu, in illud satis inconsulte intravit; et appellentibus [24] ad ipsum castellum Sarracenis, amplius quam 300 suorum interfectis, ab eisdem Sarracenis est captus, et in eorum nave [25] deductus est ac religatus. Unde 150 libris argenti et 150 mantellis et 150 spatis et 150 mancipiis, præter illa [26] quæ in placito data sunt, ad redemptionem ejus concessis [27], interea idem episcopus in navibus moritur 13 Kalend. Octobris. Sarraceni autem ingeniose accelerantes de redemptione illius, quasi non possent ibi amplius immorari, si illum vellent recipere, redemptores illius redemptionem pro eo C dare accelerarent edicunt; quod et factum est. Et Sarraceni, suscepta omni redemptione, miserunt eumdem episcopum sedere [28] in cathedra, indutum vestimentis sacerdotalibus cum quibus captus fuerat, et velut pro honore deportaverunt eum in terra a navibus. Redemptores autem illius volentes cum eo colloqui [29] et congratulari ei, invenerunt eum mortuum; quem cum maximo luctu exportantes, sepelierunt eum [30] 10 Kalendas Octobris in sepulchro quod sibi ipse paraverat.

Salomon, dux Britonum, pacem cum Nortmannis in Ligeri residentibus fecit, et vinum partis suæ de pago Andegavensi cum Britonibus suis collegit. Hugo [e] abba et Gauzfridus cum Transsequanis, con-D fligentes cum Nortmannis in Ligeri residentibus, 60 circiter inde interfecerunt; et capientes quemdam apostatam monachum, qui relicta Christianitate se

VARIANTES LECTIONES.

[1] c. n. i. r. *deest A.* [2] corona *Ch. A.* [3] imperio *A.* [4] V. e. *deest A.* [5] obtentu *A.* [6] vos sponte *A.* [7] et v. ei. c.*deest A.* [8] ab e. *deest A.* [9] Florikingas *A.* [10] Ardennæ animalium venationi se *A.* [11] *deest A.* [12] sortem *Ch. B.* consortium *A.* [13] *legendum* Barim; *A.* suum Abbaram. [14] cum ccc navibus *A. et Chron. de St.-Denys.* [15] et sibi *A.* [16] *deest A.* [17] disconvenit I. cum eodem patricio de filio ipsius *A.* [18] *lege* Bari; *Ch.* barra. [19] clericos sed et multos qui *A.* [20] præda *A.* [21] Q. valde et i. *A.* [22] qui e regione *A. melius.* [23] inclitissima *A.* [24] appulentibus *Ch.* applicantibus *A.* [25] naves *A.* [26] ea *A.* [27] concessa sunt. Interea *Ch. B.* [28] sedentem *A.* [29] V. eum. alloqui *A.* [30] *deest A.*

NOTÆ.

[a] *Florenges*, semihora a Theodonis villa distans.

[b] Aut hic aliqua desunt, aut narratio de Ludovici expeditione, sequentibus jam scriptis, inserta est.

[c] Litteræ a Nicolao papa ad Rotlandum istum datæ in Labbei Conc. t. VIII, p. 492, leguntur.

[d] Arelatensem.

[e] Cf. Chron. de gestis Norm. a. 870.

Nortmannis [1] contulerat, et nimis Christianis infestus erat, decollari fecerunt [2]. Carolus vero civitates Transsequanas [3] ab incolis firmari rogavit, Cinomannis scilicet ac Turonis, ut præsidio contra Nortmannos populis esse possent. Nortmanni [a] autem hoc audientes, multam summam argenti, frumenti quoque et vini ac animalium ab incolis terræ ipsius quæsierunt, ut cum eis pacem facerent.

Carolus in villa Duciaco 6 Idus Octobris certo comperiens, obisse Hirmentrudem uxorem suam 2 Non. Octobris in monasterio sancti Dionysii, ubi et sepulta est, exequente Bosone, filio Buvini quondam comitis, hoc missaticum apud matrem et materteram suam Theutbergam, Lotharii regis relictam, sororem ipsius Bosonis nomine Richildem mox sibi adduci fecit et in concubinam accepit; qua de re eidem Bosoni abbatiam sancti Mauritii cum aliis honoribus dedit, et ipse Aquis palatium eamdem concubinam secum ducens, festinare acceleravit, quatenus ibi residuos illius partis homines qui Lotharii fuerant, sicut ei mandaverant, in sua ditione susciperet, denuntians se abinde [*Aimon.*, abinde in] palatium quod Gundulfi-villa dicitur, in missa [4] sancti Martini venturum, ut de Provincia et de superioribus partibus Burgundiæ ad se venturos suscipiat. Veniens autem Aquis, nullum obtinuit quem ante non habuit, et inde, ut denuntiaverat, ad Gundulfi villam pervenit, ubi missos Adriani papæ, Paulum et Leonem episcopos, suscepit cum epistolis [b] missis sibi et præsulibus ac regni primoribus in his Galliarum partium regionibus consistentibus. In quibus continebatur, ut regnum quondam regis Lotharii, quod Hludowico imperatori, spiritali filio ejus, hereditario jure debetur [5], et quod ad eum post mortem ipsius Lotharii rediit, vel homines in eo degentes, mortalium nullus invaderet, nullus commoveret, nullus ad se conaretur inflectere; quod si quis præsumeret, non solum per suæ auctoritatis ministerium infirmaretur, verum etiam vinculis anathematis obligatus, nomine Christianitatis privatus, cum diabolo [*Id. add.* omnino] locaretur. Et si quis de episcopis tam nefariæ temeritatis auctorem vel tacendo fugeret [6], vel non resistendo consentiret, non jam pastoris sed mercenarii nomine se nosset fore censendum; et quia jam non pertineret ad eum [7] de ovibus, non pertineret [8] consequenter de pastorali-

bus dignitatibus. Cum quibus episcopis et missus Hludowici imperatoris venit, nomine Boderadus, de his nihilominus satagens. Carolus autem, absolutis apostolici et imperatoris missis, deceptus vanis suasionibus falsorum missorum, qui ei suggerebant, quod frater suus Hludowicus vicinus [9] morti foret, iter in Elisacias [10] partes arripuit, ut Hugonem Liutfridi filium, et Bernardum [11] Bernardi filium obtineret, sicut et fecit. Indeque Aquis veniens [12], ibidem nativitatem Domini celebravit.

DCCCLXX.

Inde ad Rorici Nortmanni colloquium apud Noviomagum palatium perrexit, quem sibi fœdere copulavit. Et in die festivitatis Septuagesimæ prædictam concubinam suam Richildem desponsatam atque dotatam in conjugem sumpsit, et insperate [13] a fratre suo Hludowico, Germaniæ rege, sibi nuntiantes missos accepit, ut si quantocius [14] Aquis non egrederetur et regnum quondam Lotharii penitus non desereret, idemque regnum, sicut Lotharii homine tempore obitus ejus habebant, eis teneri pacifice non concederet, sine ulla retractione illum bello appeteret. Unde inter eos missis discurrentibus, eo usque causa perducta est, ut inter utrumque [15] hujusmodi sacramenta fierent:

« Sic promitto ex parte senioris mei illius [16][c], quod senior meus ille [17] fratri suo illi [18] regi talem portionem de regno Lotharii regis consentit habere, qualem aut ipsi justiorem et æquiorem [19] aut communiter [20] fideles eorum inter se invenerint, nec eum in ipsa portione, vel in regno quod antea tenuit, per aliquam fraudem vel subreptionem decipiet aut forsconsiliabit [21], si frater suus ille [22] eamdem firmitatem et fidelitatem, quam ex parte senioris mei illius [23] habeo promissam, frater suus ille [24] seniori meo ex sua parte quamdiu vixerit inviolabiliter servet [25]. »

Et hac in firma firmitate patrata, Carolus Aquis egrediens, uno itinere Compendium venit, [26] ibique Pascha Domini celebravit; indeque mense Maio ad Attiniacum palatium venit, ubi et duodecim missos fratris sui Hludowici pro divisione regni accepit, qui superciliose tam de sanitate corporis Hludowici quam de prosperitate — quia Restitium Winidum, sibi diutino tempore infestissimum, tam dolo quam bello

[1] ad Nortmannos *A.* [2] *Codex regius hæc addit :* Ea tempestate secunda irruptione Nortmanni Parisius venerunt, et beati Germani monasterium depopulati sunt, cellarioque fratrum igne immisso, cum multa præda undecunque adquisita redierunt. *Eadem habet Aimoini continuator.* Bouquet. [3] trans Sequanam *Ch.* [4] ad festum *A.* [5] debebatur *A.* [6] *hæc eodem modo apud Baronium exprimuntur.* [7] eum quicquam de *A.* [8] P. ad eum c. *A.* [9] vicinissimus *A.* [10] Elisiacas *Ch.* [11] et b. et b. *A.* [12] remeans *A.* [13] præter spem *A.* [14] quam ocyssime *A.* [15] ut utrimque *A.* [16] Croli *A* [17] *deest A.* [18] Ludovico *A.* [19] *al.* æqualiorem Bouq. [20] commune *A.* [21] forsconciliabit *Ch. B.* [22] Ludovicus *A.* [23] Caroli *A.* [24] *al.* Ludovicus Bouq.; frater suus ille *deest A* [25] servaverit *A.* [26] venit *usque* venit *ex Aim. inserui; desunt in Ch. et B.*

[a] Cf. idem a. 870.
[b] Utrasque litteras Adriani papæ, tam ad primores regni Caroli quam ad episcopos in ejus regno constitutos, recitat Baronius an. 869. Bouq.
[c] *Ille, illius,* etc., vice nostri *NN.* usurpatur.

captum vicerat — elati[1], minus debito sacramenta A inter eos facta duxere servanda. Quæ divisio multifarie multisque modis hinc et illinc agitata, et per diversos missos alterutrum directa, ad hunc finem ex Caroli mandato pervenit, ut in illud regnum quod inter eos secundum sacramenta præstita dividendum erat, pacifice convenirent, et sicut illi cum consensu et unanimitate communium fidelium ipsorum invenirent, secundum sacramenta inter eos præstita illud regnum dividerent. Interea postquam[2] de multis causis[3] impetitus, præcipue autem de subjectione[4] regiæ potestatis[5] et inobedientia erga suum archiepiscopum, Hincmarus Laudunensis episcopus, ut se ab impetitis expediret, in synodo[a] episcoporum decem provinciarum libellum propria manu subscriptum porrexit, B hæc continentem :

« Ego Hincmarus, ecclesiæ Laudunensis episcopus, amodo et deinceps domno seniori meo, Carolo regi [*Aimon. add.* sic.], fidelis et obediens ero secundum ministerium meum, sicut homo suo seniori, et episcopus[6] quilibet suo regi esse debet, ac privilegio Hincmari, metropolitani provinciæ Remorum ecclesiæ, secundum sacros canones et decreta sedis apostolicæ promulgata [*id., a.* ex sacris canonibus p.] pro scire et posse me obedire velle[7] profiteor. »

Carolomannus etiam, Caroli regis filius et plurimorum monasteriorum pater, reputatus, quoniam insidias infideliter erga patrem suum moliebatur, abbatiis privatus, in Silvanectensi civitate est custodiæ mancipatus.

Carolus [*id. add.* rex] missos suos, Odonem scilicet, Belvagorum[8] episcopum, et Odonem atque Harduinum comites, ad fratrem suum Hludowicum ad Franconofurt dirigens, petiit ut ad regnum Lotharii dividendum simul convenirent; ipseque Pontigonem petens, ibi[9] missos fratris sui accepit, nuntiantes illi, ut ad Heristallium pergeret, et frater suus Hludowicus ad Marsnam venturus foret, et in meditullio eorumdem locorum Kalendas Augusti colloquerentur, et unusquisque eorum quatuor episcopos et decem consiliarios et inter ministeriales et vassallos triginta tantummodo ad idem colloquium ducerent. Quo Hludowicus dum pergeret, ad Flameresbem in pago Ribuario venit, et de quodam solario vetustate confecto sub lignis fractis cum B quibusdam suorum[10] cecidit, et aliquantulum naufragatus[11][b], in brevi convaluit; indeque Aquisgrani pervenit. Et discurrentibus inter utrosque fratres et reges missis, tandem v Kalendas[12] Augusti ad locum colloquii convenerunt, et hoc modo regnum[13] Lotharii inter se diviserunt. Et hæc est divisio quam sibi Hludowicus accepit :

Coloniam[c], Treviris, Uttrecht, Strastburg[14], Basulam; abbatiam Suestre[15][d], Berch, Niu-Monasterium[e], Castellum[f], Indam[g], sancti Maximini[h], Ephterniacum[i], Horream[j], sancti Gangulfi[k], Faverniacum[l], Pollemniacum[m], Luxoium[n], Luteram[16][o], Balniam[p], Offonis villam[q], Meieni monasterium[r], sancti Deodati[s], Bodonis monasterium[t], Stivagium[u], Romerici montem[v], Morbach[x], sancti C Gregorii, Mauri monasterium[y], Eboresheim[z][17]. Hoi-

VARIANTES LECTIONES.

[1] *al.* elevati *Bq.*   [2] *post A.*   [3] *deest A.*   [4] insubjectione *A.*   [5] potestati *A.*   [6] *Codex regius* episcopus per rectum suo regi, *Aimoini continuator* episcopus per directum suo regi.   [7] obediturum p. Et subscripsit *A.* [8] belgivagorum *Ch.*   [9] ibidem eos legatos accepit *A.*   [10] fractis c. q. s. *inserui ex A.; desunt in Ch. et B.* [11] periclitatus *A.*   [12] *corrig.* 6. idus augusti *ut legitur in capitularibus lit.* 43 *ubi hæc divisio integra recitatur.* Bouq.   [13] r. quondam l. *A.*   [14] stratburg *Ch.* strasburg, basileam *A.*   [15] sivestre *Ch.*   [16] literam *A.* [17] eboreshem *Ch.*

NOTÆ.

[a] Habita est hæc synodus apud Attiniacum. Ibi Hincmarus Rhemensis librum lv Capitum tradidit Hincmaro Laudunensi, quo ejus collectionem ad se missam per Wenilonem archiepiscopum Rothomagensem prolixe ac luculenter refellebat. In ea synodo rex de rebellione, Hincmarus Rhemensis de contumacia, Nortmannus comes de vi manifesta, clerici Laudunenses de injusta excommunicatione adversus Hincmarum Laudunensem conquesti sunt. Nova fidelitatis professione regi et metropolitano suo facta, ortam adversus se tempestatem nonnihil sedavit Laudunensis episcopus. Verum ante definitionem synodi fuga lapsus, pitaciolum misit, quo Romam D eundi licentiam postulabat : quid deinde fecerit, narrat Hincmarus Rhemensis epistola inter editas 35. Abrupta synodo Attiniacensi, Hincmarus Laudunensis faventem habuit Hadrianum papam, qui pro ipso graves et acerbas litteras scripsit Carolo Calvo et Hincmaro Rhemensi. Ad litteras pontificis alias rescripsit Carolus stylo acerbiori, quas composuit Hincmarus Rhemensis regis mandato. Bouquet.

[b] Id est læsus.

[c] Id est diœceses Coloniensem, Treverensem, etc.

[d] Monasteria Mabillonius Annal. Bened. T. III, append., p. 678, designat. Suestre vulgo *Susteren* ad Mosam, *Berch* prope Ruræmondam.

[e] Forsan Nussa ad Rhenum supra Coloniam.

[f] *Kessel* ad Mosam.

[g] *Cornelismunster* prope Aquisgranum.

[h] Prope Treveros.

[i] *Epternach* in ducatu Luxemburgensi.

[j] Olim extra, jam intra muros Treverenses.

[k] Mabillonio ignotum; Calmeto *Hist. de Lorraine,* p. 738, est abbatia *Saint-Gengoul* in oppido, *Varenne* diœcesis Lingonensis, de quo dubito.

[l] *Faverney* in comitatu Burgundiæ.

[m] *Poligny* ibidem.

[n] *Luxeuil* in eodem.

[o] *Lure* in diœcesi Vesontiensi.

[p] *Baume* in eodem pago.

[q] *Vellefaux* ibidem, aut *Offonville*, in diœcesi Tullensi (Calmet, p. 738).

[r] *Moyen-Moutier* in Vosago.

[s] Superiori vicinum *Saint-Dié.*

[t] *Bon-Moutier* in Vosago olim, prope *Saint-Sauveur.*

[u] *Estival*, ibidem.

[v] *Remiremont.*

[x,y,z] In Alsatia, de quibus Schoepflini Alsat. illustrata conferenda est.

nowa [1][a], Masonis monasterium [b], Hoinborch [2][c], sancti Stephani-[3] Strastburch [d], Erenstein [4][e] sancti Ursi in Salodoro [f], Grandivallem [g], Altam petram [h], Lustenam [8][i], Vallem Clusæ [j], Castellum Carnonis [k][6], Heribodesheim [l][7], abbatiam de Aquis [m], Hœnchirche [n], Augstchirche [n]; comitatus Testrabant [s], Batua [s], Hattuarias [o] Masau [10][p] subterior de ista parte, item Masau [11] superior quod de illa parte est, Liugas [q] quod de ista parte est, districtum Aquense, districtum Trectis [r], in Ripuarias comitatus quinque [s] Megenensium [t], Bedagowa [u], Nitachowa [v], Sarachowa subterior [x], Blesitchowa [y], Selme [z], Albechowa [aa], Suentisium [bb], Calmontis [cc], Sarachowa superior [dd], Odornensé [ee] quod Bernardus habuit, Solocense [ff], Basiniacum [gg], Elischowe [12][hh], Warasch [13][ii], Scudingum [jj], Emaus [kk], Basalchowa [14][ll], in Elisatio comitatus duos [mm], de Frisia

A duas partes [nn] de regno quod Lotharius habuit. Super istam divisionem propter pacis et charitatis custodiam superaddimus istam adjectionem : civitatem Mettis cum abbatia sancti Petri et sancti Martini et comitatu Moslensi [oo], cum omnibus villis in eo consistentibus, tam dominicatis quam et vassallorum; de Arduenna sicut flumen Urta [15][pp] surgit inter Bislanc [qq] et Tumbas, ac decurrit in Mosam, et sicut recta via [rr] pergit in Bedensi, secundum quod communes nostri missi rectius invenerint — excepto quod de Condrusto [ss] est ad partem orientis trans Urtam — et abbatias Prumiam et Stabolau, et omnibus villis dominicatis et vassalorum.

Et hæc est divisio quam Carolus de eodem regno sibi accepit : Lugdunum, Vesontium, Vienna, Tungris, Tullum, Viridunum, Cameracum, Vivarias [tt], Ucetiam [16][uu], Montem-falconis [vv], sancti Michaelis [xx],

VARIANTES LECTIONES.

[1] homowa *Ch. B. A.* [2] hombroch *Ch. Bq.* [3] sancti stapni *Ch. B.* s. stamphim *A.* [4] erenstem *Ch.* erostein *A.* [5] *Sirmondo* justina, *Baluzio* justena, *A.* justiniani. [6] carnones *Ch.* vallem. clusi castellum. carnones *A.* [7] heribodeshem *Ch.* [8] testebrant *A.* a. commentestabant Ch. *B.* [9] baviam. harmarias *A.* [10] masiau *Ch.* mosam... mosam *A.* [11] albethowa *Ch.* [12] esischowe *Ch.* eliscowe *A.* [13] warachstudingum *A.* [14] basalclowa *Ch.* [15] urca... bislave *A.* [16] uceriam *Ch.* uzotias *A.*

NOTÆ.

[a] Olim in insula Rheni infra Argentoratum.
[b] *Maesmunster.*
[c] *Odilienberg.*
[d] *Argentorati.*
[e] In *Alsatia.*
[f] *Solothurn.*
[g] *Granfelt,* diœcesis Basileensis.
[h] In Vosago prope Medianum-monasterium.
[i] Mabillonio et Bouqueto ignota; Justina vel Gusten prope Juliacum non esse videtur; *curtis* Lustenau in dextra Rheni atque in ditione Hohenembs sita est.
[j] *Vaucluse,* diœcesis Bisuntinae.
[k] *Chatel-Chalon* in Burgundia.
[l] Mabillonio et Bouqueto incognitum, fortasse *Herbitzheim* in occidentali Vosagi parte, olim in comitatu Saarwerd.
[m] Basilica regia Aquisgranensis.
[n] Incognita.
[o] Ad fluvium Nersam inter Mosam et Rhenum, in quo Geldria.
[p] Id est Maasgau.
[q] Pagus Leodicus.
[r] *Maastricht.*
[s] Scilicet pagos Juliacensem, Coloniensem, Tulbiacensem, Bonnensem sive *Aregow,* et *Eifelgowe.* Cf. Kremeri peculiarem hoc de loco dissertationem in Commentatt. acad. Theodor. Palatinæ, t. IV historico pag. 178 sqq.
[t] *Mejengau,* in quo Antirnacha.
[u] Ad Mosellam, in quo *Bidburg* et *Epternach.*
[v] Ad Nitam, quæ infra *Saarlovis* Saram influit.
[x] Ad Saram. Cf. Schopflini Alsat. illustr., t. I, p. 672.
[y] Ad fluvium *Blies,* ad quem *Bliescastel.*
[z] Valesio comitatus *Salm;* Schopflin. Alsat. ill. t. I, p. 671, 672. Ad Saram potius circa Selming prope Vinstingam collocandum esse censet: est tamen *le Saunois* ad fluvium *Seille,* qui prope Mettas Mosellam influit.
[aa] Valesius ad flumen Albam ponit, quæ prope *Saargemund* Saram influit, Schopflinus econtra ad fluvium Vesouze, quod Bodonis monasterium in eo situm sit. Alsat. ill. I, p. 671.

[bb] [cc] De his vide supra ad an. 839. pag. 435.
[dd] Ad Saram Cf. Schopflini Alsat. ill. t. I, p. 672.
[ee] In Austrasia, ad fluvium Ornam, quæ inter Theodonis villam et Mettas Mosellam influit. Vales. Notit., pag. 389, 390.
[ff] *Le Soulossois* e septentrione pagi Portisiorum inde a fontibus Mosæ et fluvii Mouzon.
[gg] *Le Bassigny* ad Matronæ fontes, in quo *Chaumont;* est pagi Lingonici pars. Cf. Vales. Notit., p. 76.
[hh] Valesio, p. 13. 14, ad Eltziam Mosellam supra Treveros influentem; equidem pro Alsegaudia ad meridiem Sundgoviæ Alsaticæ habeo. Schopfl., l. c., p. 336.
[ii] Circa *Salins.*
[jj] Ad utramque Dubis amnis ripam, circa Vesontium.
[kk] Valesius, Notit. Gall., pag. 481, corrigendum C censet *Amans;* pagi Amansensis meminit Hericus monachus in libro de Miraculis S. Germani, ex cujus verbis patet eum non longe ab Arari, Oscara, Vincenna et Tila fluviis abesse.
[ll] Pagus Baslensis, Schopfl., l. c., p. 640.
[mm] Id est *Nordgau* et *Sundgau.*
[nn] Frisiam tribus partibus inter Wiseram et *Laubach, Laubach* et *Flie, Flie* et *Sinkfall* constitisse, ex legibus Frisionum intelligitur, ultima igitur Carolo relicta est.
[oo] Ad utramque Mosellæ ripam inde a Mettis usque ad Augustam Trevirorum.
[pp] *Ourt* fluvius, contra Leodium Mosam influens.
[qq] Calmet. *Bastogne* interpretatur; diversum tamen esse videtur; an. 770, in dipl. Carlomanni *centena Belslango infra vasta Ardennæ* memoratur.
[rr] Scilicet a fonte Urtæ; Miræus viam *Heer*-aut *Heiden-Strasse* (id est viam militarem aut paganorum) ibi adhuc esse refert.
[ss] Intra Mosam et Urtam, circa *Hay.*
[tt] *Viviers,* Vales., p. 244, 245.
[uu] *Uzès.*
[vv] Abbatia *Montfaucon,* quatuor leucis a Mosa et ab urbe Viriduno distans. Valesii Not., p. 348.
[xx] *Saint-Mihel* in agro Viridunensi ad Mosam.

40

Gislini [1] monasterium [a], sanctæ Mariæ in Bisantione, sancti Martini in eodem loco, sancti Augenti [b], sancti Marcelli [c], sancti Laurentii Leudensi [2 d], Sennonem [e], abbatiam Niellam [f], Molbarium [3 g], Laubias [h], sancti Gaugerici [i], sancti Salvii [j], Crispinno [k], Fossas [l], Mariliam [m] Hunulficurt [4 n], sancti Servatii [o], Maalinas [p], Ledi [q], Sunniacum [r], Antonium [s], Condatum [t], Mesrebecchi [5 u], Tidivinni [6 v], Lutosa [x], Calmontis [y], sanctæ Mariæ in Deomant [z], Echa [aa], Andana [bb], Wasloi [cc], Altum-montem [dd]; comitatus Texandrum [ee], in Bracbanto comitatus qualuor [ff], Cameracencem [7 gg], Hainoum [hh], Lomensem [ii], in Hasbanio comitatus quatuor [jj], Masau superior de ista parte Mosæ, Masau subterior de ista [8] parte, Liugas quod de ista parte est Mosæ et pertinet ad Veosatum [kk], Scarponinsc [ll], Viridunense [mm], Dulmense [nn], Arlon [oo], Wavrense [pp] comitatus duos, Mosmense [qq], Castricium [rr], Condrust, de Arduenna sicut flumen Urta surgit inter Bislanc et Tumbas ac decurrit ex hac parte in Mosam, et sicut recta via ex hac parte occidentis pergit in Bedensi, secundum quod missi nostri rectius invenerint; Tullense, aliud Odornense [ss] quod Tetmarus [9 tt] habuit, Barrense, Portense [uu], Salmoringum [vv], Lugdunense, Viennense, Vivarias, Uccericium [xx], de Frisia tertiam partem.

Et in crastina, scilicet iv Idus ejusdem mensis, simul convenerunt, et valefacientes se, mutuo ab invicem discesserunt, Hludowicus videlicet Aquis rediens, et Carolus Liptinis uxorem suam obviam sibi venire jubens, partem ipsius regni quam accepit, sicut placuit sibi, divisit, indeque per monasterium sancti Quintini ad Silvacum, et inde per Carisiacum Compendium veniens, autumnalem venationem in Cotiæ saltu exercuit.

Hludowicus læsionem contusionis, quam ex supradicto casu de solario perpessus fuerat, minus necessario curari a medicis sustinens, computrescentem carnem [10] ab eisdem medicis secari fecit; unde et longiori quam speraverat tempore in Aquis decubuit, ubi et pene desperatus, vix mortem evasit. Ibique apostolici Adriani missos, Joannem et Petrum cardinalem [11] episcopos, itemque Joannem ecclesiæ Romanæ presbyterum, sed et missos Hludowici imperatoris, Wibodum [12] scilicet episcopum et Bernardum comitem suscepit, sibi denunciantes, ut de regno Lotharii nepotis sui, quod fratri suo Hludowico imperatori debebatur, non præsumeret [Aimon. se intro mittere p.]. Et in brevi absolutos ad fratrem suum Carolum eos direxit, et ipse mox, ut aliquantulum convaluit, ad Reginisburg pergens, Restitium, Winidorum regulum, a Carolomanno per dolum nepotis ipsius Restitii captum et aliquandiu in custodia

VARIANTES LECTIONES.

[1] suldum A. [2] lendensi A. [3] molbarium *Baluze.* melbarium *Sirmond.* [4] hunulfcurt *Ch.* [5] faerrelecchi A. [6] ticlivinni *Baluze.* ticlivium A. tichvinni *Mabill.* [7] camatensem *Ch.* [8] illa *Ch. B.* [9] *Al.* tremarus *Bq.* [10] *Deest* A. [11] cardinales *Ch.* joannem et petrum itemque joannem episcopos, et Petrum cardinalem ecclesiæ romanæ presbyterum A. [12] winebodum A.

NOTÆ.

[a] An S. Ghisleni monasterium in Hannonia? In capitularibus Culdini monasterium est, *Colmoustier.*

[b] Vulgo Eugendi, jam *Saint-Claude (département du Jura).*

[c] Prope Cabillonum.

[d] S. Laurentii monasterium Leodii?

[e] Senone in Vosago secundum Mabillonium, sed in Belgica potius quærenda esse videtur.

[f] *Nivelle,*

[g] *Maubeuge.*

[h] *Lobbes* ad Sabim.

[i] Prope Cameracum.

[j] [k] Prope Valentianas ad Scaldim.

[l] In Hannonia.

[m] *Maroilles* in pago Cameracensi.

[n] *Honcourt* prope Cameracum.

[o] Ecclesia Trajecti ad Mosam.

[p] *Mecheln.*

[q] *Lier* in Brabantia.

[r] *Soigny.*

[s] *Antoin* ad Scaldim prope Tornacum.

[t] *Condé.*

[u] *Merbech* non longe a Ninovia, Flandriæ oppido.

[v] *Dickelvenne,* prope Gerardi montem in Hannonia.

[x] *Leuse* in Hannonia.

[y] *Calmont* in diœcesi Leodiensi. Cf. Gallia Christiana, t. III, p. 935.

[z] *Dinant.*

[aa] *Eich* ad Mosam prope Maselum, quod contra Suestram jacet.

[bb] *Andenne* ad Mosam.

[cc] *Wasler* in Fania sylva (*la Faigne*) prope Melbodium.

[dd] *Haumont* in Hannonia.

[ee] Inter ostia Scaldis et Mosæ atque Demeram, in quo, exempli gratia, *Bergenopzoom* et *Herzogenbusch.*

[ff] Gandensis, fortasse Tornacensis, et alii duo mihi ignoti, inter quos fortasse Mansuariensis.

[gg] *Le Cambresis.*

[hh] *Hennegau.*

[ii] Ad confluentes Sabis et Mosæ.

[jj] Sunt *Haspingow,* Lossensis et duo incogniti, e quibus fortasse Tungrensis.

[kk] *Viset* inter Trajectum et Leodium.

[ll] Ad fluvium Chiers, nomen a castro Scarponna, hodie *Sanponne* vel *Charpeigne* inter Metas et Tullum, sortitus.

[mm] Circa Viridunum.

[nn] *Le Dormois* in diœcesi Rhemensi, ubi vicus celebris Sindunum ad Axonam, Senuc dictus.

[oo] Ab occidente urbis *Luxemburg.*

[pp] Ad ripas Alisontiæ, Ornæ et Cari fluminum (*Elz, Orne, Chiers*).

[qq] Circa Mosomagum, *Mouzon* ad Mosam.

[rr] Ad fluvios Mosam et Barrum, in quo *Donchery.*

[ss] Ad Odornam, quæ Matronam influit.

[tt] In quo Barrum ad Albam.

[uu] *Le Portois.*

[vv] Nec Valesio nec Bouqueto notum. Calmetus ad fluvium *Seille* situm autumat; cum vero comitatus *Seline* vel *Selme* Ludovico datus sit, hic fortasse de terra ad fontes fluvii *Saulx,* qui cum Odorna Matronam influit, sermo esse possit; melius quid modo non occurrit.

[xx] Id est pagus Uceciensis.

[yy] Wibotus non erat legatus Ludovici imperatoris sed Adriani papæ, ut constat ex litteris ejusdem papæ ad Carolum regem, ad episcopos ejus regni, et ad Ludovicum Germaniæ regem, v. Kal. Jul., indict. III, datis. Bouq.

detentum, post judicium mortis [1] excæcari et in monasterium mitti præcepit, suosque filios Hludowicum et Carolum ad se venire præcepit. Qui sentientes, satagente matre inclinatiorem esse voluntatem patris erga Carolomannum quam erga se, ad illum venire detrectaverunt. Hludowicus ad placitum suum quod in Franconofurd condixerat, ante quadragesimæ initium venit, et satagentibus legatis, inter eum et filios suos utrinque factæ sunt firmitates, ut usque [*id. add.* ad] futurum Maium mensem et ipsi ex parte patris securi manere possent, et illi vastationem regni quam incœperant dimitterent; et pacifice usque ad idem placitum degerent; et hoc ita patrato negotio, Hludowicus ad Reginisburg rediit.

Carolus, peracta autumnali venatione, ad monasterium sancti Dionysii, festivitatem ipsius sancti celebraturus, perrexit; ubi ipsa die inter missarum solemnia præfatos apostolici missos cum epistolis ad se et ad episcopos regni sui directos terribiliter sibi regnum quondam Lotharii, quod fratri suo imperatori debebatur, interdicentibus, moleste suscepit. Et deprecantibus eisdem missis cum aliquantis fidelibus suis, Carolomannum filium a custodia ex Silvanectis civitate absolvit, et secum manere præcepit; ipsos autem missos domni apostolici et imperatoris usque Remis deduci fecit. Et undique plurimos fidelium suorum illic convenire faciens et per octo dies ibidem immorans, eosdem missos absolvit; postea legatos suos, Ansegisilum [a] videlicet presbyterum, monasterii sancti Michaelis abbatem, et Lotharium [2] laicum [3], cum epistolis ad domnum apostolicum, sed et pannum ad altare sancti Petri de vestimentis suis aureis compositum cum duabus coronis aureis et gemmis ornatis misit, et ipse usque ad Lugdunum pervenit. Unde Carolomannus [4] noctu a patre aufugiens, in Belgicam provinciam venit, et congregatis secum pluribus satellitibus ac filiis Belial, tantam crudelitatem et devastationem secundum operationem Sathanæ exercuit, ut credi non possit nisi ab ipsis, qui eamdem depopulationem viderunt atque sustinuerunt. Quod Carolus nimium ægre tulit, non tamen iter suum deseruit, sed Viennam, in qua Berta uxor Gerardi erat, obsessurus quantocius adiit; nam Gerardus in altero morabatur castello; in qua obsidione circumjacentes regiones nimis fuere vastatæ.

Carolus autem ingeniose [5] cogitans, magnam partem eorum qui in Vienna erant sibi conciliavit; quod sentiens Berta, post Gerardum direxit, qui veniens Carolo civitatem dedit [6], in qua idem rex vigilia nativitatis Domini intrans, nativitatem Domini celebravit.

DCCCLXXI.

Carolus, Vienna in potestate sua suscepta, a Gerardo sibi obsides dari pro aliis castellis suis missis tradendis coegit, et tribus navibus Gerardo datis, per Rhodanum cum sua uxore Berta et mobilibus suis a Vienna permisit abscedere, et ipsam Viennam Bosoni, fratri uxoris suæ, commisit, ipseque per Autissiodorum et Senones ad monasterium sancti Dionysii quantocius prout potuit venire maturavit. Quod audiens Carolomannus, cum suis complicibus ad Mosomum perrexit, et ipsum castellum cum villis circumjacentibus devastavit; unde quatuor missos suos ficte ad patrem suum direxit, mandans quod sine honoribus ad illum, fidei suæ credens, veniret, et Deo et illi de quibus commiserat, satisfacere vellet, tantum ut de his qui cum eo erant, misericorditer tractaret, qualiter salvi esse valerent; non tamen a male cœpto vel aliquantulum destitit. Carolus autem rex ad eumdem filium suum Carolomannum cum duobus illius missis — nam alios duos secum retinuit — Gauzlinum abbatem [7] et Balduinum comitem, ipsius Carolomanni sororium, misit, mandans illi convenientiam, qua ad eum secure posset venire, si vellet. Ipse autem Carolomannus dolo se simulans ad patrem suum venturum, alios missos impossibilia quærentes ad eum direxit, et ipse in partes Tullenses perrexit. Carolus autem judicium quærens de talibus, qui filium suum, scilicet diaconum et Ecclesiæ sanctæ ministrum a se Domino traditum, furati fuerunt, et tanta ac talia flagitia atque facinora et depopulationes in regno suo fecerunt; post judicium vero [8] mortis, omnia quæ illorum erant infiscari præcepit, et ordinatis scaris quæ eumdem Carolomannum cum suis complicibus de regno propellerent, judicium episcopale de illis expetiit. Et quoniam apostolus præcepit cum hujusmodi nec cibum sumere, eosdem episcopi in quorum parochiis tanta mala commiserant, secundum sacros canones communione [b] privarunt, sicut in epistolis continetur, quas inde juxta sacras regu-

VARIANTES LECTIONES.

[1] *Deest A.*   [2] etharium *A.* lietharz *Chron. de St. Denys.*   [3] l. romam cum *A.*   [4] carolus *Ch.* [5] ingeniose inter eos, qui in Vienna erant illam custodientes, dissensionem mittens, magnam partem eorum sibi conciliavit *A.*   [6] reddidit *A.*   [7] Gauzlium a. monasterii sancti Germani *A.*   [8] *deest A.*

NOTÆ.

[a] Haud alius est ab Ansegiso abbate, qui anno sequente subrogatus est Egili seu Egiloni archiepiscopo Senonensi, cujus obitus hoc anno 871 contigit. Quodnam fuerit illud sancti Michaelis monasterium, cujus abbas erat Ansegisus, non levis est controversia, ut notat Mabillonius lib. XXXVII. Annal. Bened., num. 11. Sunt qui existimant, hanc esse sancti Michaelis apud Bellovacos ecclesiam, quæ ex monasterio collegiata evaserit. At contra opponunt alii, nullum ejus ecclesiæ monumentum reperiri ante sæculum duodecimum. Hincmarus apud Frodoardum lib. III, cap. 25, Ansegisum vocat *Rhemensis diœceseos*, id est provinciæ, *monachum.* In decreto cleri et populi Senonensis ad provinciales episcopos, dicitur Ansegisus presbyter Rhemorum diœceseos, ecclesiæ autem Belvacensium, atque abbas monasterii sancti Michaelis. Bouq.

[b] Eos excommunicavit Hincmarus, Rhemensis archiepiscopus, et censuræ formulam ad archiepiscopos aliarum provinciarum atque ad nepotem suum Hincmarum, Laudunensem episcopum, mittit subscribendam. Hincmarus ter quaterque admonitus subscribere renuit, sive regis et archiepiscopi odio, sive similis causæ societate, sive ad Adriani

las ad alios episcopos transmiserunt. De Carolo-manno autem, quia diocesios Senonensis [1] erat diaconus, et post præstita per duas vices sacramenta de quibus [2] perjurus erat, sicut pater ejus publica denuntiatione omnibus qui adfuerant intimare curavit, et tantam rebellionem et infidelitatem contra illum tantaque flagitia in regno suo commiserat, judicium episcoporum ipsius provinciæ expetendum decrevit. Deinde Carolus ad monasterium sancti Dionysii, imminente quadragesimali tempore, usque ad sanctum pascha ibidem immoraturus, regreditur [3], ubi et pascha Domini celebravit.

Carolomannus, insequente se a patre post eum scara directa, Jurum [4] transiit, et sicut in Belgicis et Gallicis regionibus egerat, mala cœpta exsequi non omisit. [5] Hincmarus Laudunensis, nomine tantum episcopus, homo insolentiæ singularis, contra evangelicam veritatem et apostolicam atque ecclesiasticam auctoritatem, contra regem rebellans, et in vicinos ac sibi commissos tam clericos quam laicos sine ulla reverentia sæviens, et metropolitano suo se inde regulariter commonenti obedire contemnens, adeo et regem suum et archiepiscopum suum atque episcopos totius regni erga se commovit, ut rex synodum in mense Augusto apud Duciacum condiceret, quatenus de illius pravitatibus regulare ibi agitaretur judicium. Ipse autem rex Carolus petentibus nepotibus suis, Hludowici fratris sui filiis Hludowico et Carolo, per Viridunum obviam eis, locuturus cum illis, perrexit, et inde ad synodum in Duciaco [5] rediit.

Interea Hugo, abba monasterii sancti Martini, et Gozfridus cum cæteris Trans-Sequanis incaute adeuntes insulam Ligeris, in qua Nortmanni firmitatem suam habebant, cum maximo damno et multorum occisione vix evaserunt. Hincmarus vero tandem cum multa superbia in synodum venit, in qua a rege Carolo secundum regulas ecclesiasticas porrecta petitione, de causis certissimis regulariter accusatus atque convictus, depositionis judicium regulare suscepit, sicut in gestis continetur ipsius synodi, quos eadem synodus per Actardum venerabilem episcopum [b], qui eidem synodo interfuit, ad apostolicam sedem direxit.

Prædicti quoque nepotes regis in Duciacum venerunt ad eum, petentes ut eos cum patre suo pacificaret; sed et missi Hludowici fratris sui ad eum venerunt, postulantes ut obviam illi secus Trejectum municipium ad colloquium illius veniret, sicut et fecit, ducens secum missos nepotum suorum, qui ea quæ petierunt, apud patrem suum ex illorum voce narrarent. Ubi etiam missos Carolomanni filii sui, interveniente Hludowico fratre suo, Carolus rex audivit, et sicut antea sub conditione suæ correctionis eum redire ad se invitavit; quæ invitatio nihil profecit. In quo aliquandiu colloquio Hludowicus et Carolus immorantes, aut parum aut nihil profecerunt; sicque ab invicem in capite mensis Septembris separati, quisque ad sua repedare curavit; Hludowicus scilicet ad Reginisburg [6] perrexit, quia maximum damnum a nepote Resticii, qui principatum Winidorum post eum susceperat, habuit, in tantum ut markiones cum plurima turba suorum perdiderit, et terram quam in præteritis annis obtinuerat, perniciose amiserit. Carolus autem per Liptinas versus Audriacam villam venandi gratia repedavit; in quo itinere missos ab Italia plurimorum suscepit, qui eum invitabant Italiam ire, quoniam nepos suus Hludowicus in Benevento civitate cum uxore et filia a Beneventanis occisus foret. Qui per Remum [7] civitatem pergens, usque Vesontionem urbem pervenit. Carolomannus vero audiens patrem suum post se ire, suadentibus suis, ad illum conficta humilitate pervenit; quem pater quidem recepit et secum manere præcepit, usque dum ad suos fideles in Belgicam veniret, et eorum consilio inveniret, qualiter eum honorare debuisset. Sed et Hludowicus, rex Germaniæ, audiens præfatum nepotem suum Hludowicum imperatorem mortuum, filium suum Carolum in terram quam ultra Jurum habebat direxit, ut quos posset sacramento ad ejus fidelitatem constringeret, sicut et fecit.

Dum autem Carolus in Vesontio moraretur, missi sui quos in Italiam præmiserat, nuntiaverunt ei, quod ipse imperator Hludowicus viveret et sanus corpore esset; nam Adalgisus cum aliis Beneventanis adversus ipsum imperatorem conspiravit, quoniam idem imperator factione uxoris suæ eum in perpe-

VARIANTES LECTIONES.

[1] sennensis *Ch.* [2] de q. *deest A.* [3] *hic in Aimoini continuatione totus annus excidit, ita ut nonnisi anni* 872 *verbis et sabbato ante palmas iterum incipiat.* [4] *juram Bq.* jurum *Ch. pluries, et vereor, ne hanc lectionem, et Reginoni acceptam, Bouquetus suo tantum arbitrio ejecerit.* [5] emisit *Ch.* [6] rainisburg *Ch.* [7] rheitium *Ch.*

NOTÆ.

papæ gratiam magis ac magis emerendam. Nam Carolomannus, Hincmari Laudunensis exemplo, et forsan consilio, legatis Romam missis, et appellatione ad pontificis judicium, excommunicationem conatur effugere. Adrianus ad eam appellationis vocem excitatus, et principis impii legatione deceptus, et aliunde ob regnum Austrasiæ occupatum Carolo infensus, ejus patrocinium ardenter suscipit, patremque de cogitata adversus filium vindicta graviter reprehendit in epistola ad eum data III Idus Julii indictione IV, anno scilicet 871. Scripsit et ad episcopos litteras eadem suscriptione notatas, vetat-

que excommunicationem in Carolomannum jaculari. Eodem die ad regni proceres litteras dedit, ne a patre vocati ad arma contra filium progrediantur. Bouq.

[a] Duciacum seu Dusiacum villa erat sita in pago Mosomagensi ad fluvium Charem (*le Chier*), cujus mentionem facit Flodoardus in Chronico et in Historia Rhemensi, diciturque hodie *Douzy-le-Prez*. Ea in villa hoc anno 871 celebratum concilium Duziacense, cujus acta publicata sunt a Labbeo, tomo VIII Concil., p. 1547. Bouq.

[b] Namnetensem, jam et Turonensem. Cf. Adriani II epistolas ad hunc annum.

tuum exilium deducere disponebat. Et cum idem A
Adalgisus noctu super ipsum imperatorem irruere disposuisset, isdem cum uxore sua et cum eis quos secum habebat, quamdam turrem valde altam munitis-
simam ascendit, et ibi per tres dies cum suis se defendit; tandem episcopus ipsius civitatis obtinuit apud
Beneventanos, ut, acceptis ab eodem imperatore sacramentis, illum vivum et sanum abscedere permitterent;
juravit autem ipse et uxor ejus et filia ejus ac omnes
sui quos secum habebat, quia numquam vel nusquam
pro eadem causa ullam vindictam aut per se aut per
quemcunque de ipsa causa erga se perpetrata requireret, et numquam cum hoste in Beneventanam terram intraret. Sicque egressus, per Spoletium versus Ravennam iter arripuit, mandans apostolico
Adriano, ut obviam illi in transitu itineris sui veniret, B
quatenus de ipso sacramento illum et suos absolveret. Interea Landbertus cum alio Landberto, sentientes sibi reputari ab imperatore de his quæ in
eum facta fuerant, ab eo discesserunt, et in partes
Beneventi, quia præfatus Adalgisus eis conjunctus
erat, perrexerunt; quos idem imperator insequens,
uxorem suam Ravennam, ubi placitum suum tenere
disposuerat, direxit, et primores regni Italici ad eam
venire mandavit, ut de his quæ præceperat tractarent, donec ipse ab expeditione illa rediret. Sed quia
Landbertos quos insecutus fuerat consequi non poterat, reverti imperator quo disposuerat studuit. Carolus autem, audiens occasionem qua putabatur Hludowicus imperator occisus, et quia vivus erat, a
Vesontio recto itinere per Pontigonem et inde per C
Attiniacum usque ad Silvacum venit, quo placitum
cum suis consiliariis habuit, et eorum consilio Carolomannum iterum Silvanectis custodiæ mancipavit,
et ejus complices sacramento suæ fidelitatis per singulos comitatus constringi præcepit; sicque accipientibus senioratum quemcumque vellent de suis
fidelibus, et in pace vivere volentibus, in regno suo
habitare permisit. Deinde a Silvaco Compendium
venit, ibique nativitatem Domini celebravit anno
Domini 872.

DCCCLXXII.

Compendio denique movens, 13 Kalendas Februarii iter arripuit ad Monasterium [a], locuturus cum
Rorico et Rodulpho Nortmannis, rediturus in initio
quadragesimæ iterum ad Compendium; et sabbato [1] D

ante palmas ad monasterium sancti Dionysii veniens,
ibi pascha Domini celebravit. Post pascha obviam
Ingelbergæ imperatrici, sicut ei [2] per suos missos
mandaverat, ad sanctum Mauritium perrexit; sed
non [3] incerto comperiens nuncio, eamdem Ingelbergam apud Trientum cum Hludowico, rege Germaniæ,
in [4] mense Maio locuturam, a condicto deflexit itinere, et ad Silvacum venit. Ibique Adalardus ex
parte Hludowici fratris sui veniens, petiit ut cum
eodem fratre suo Hludowico locuturus, secus Trejectum veniret, cum idem Hludowicus ad Reginisburg
post emissam hostem cum Carolomanno, filio suo,
adversus Winidos, Aquis rediret. Carolus autem filio
suo Hludowico Bosonem, fratrem uxoris ejus, camerarium et hostiariorum magistrum constituens, cui
et honores Gerardi, comitis Bituricensis [b], dedit,
eum cum Bernardo [c], itemque cum alio Bernardo
markione, in Aquitaniam misit, et dispositionem
ipsius regni ei commisit. Bernardo [d] autem, Tholosæ
comiti, post præstita sacramenta Carcasonem et
Rhedas [e] concedens, ad Tholosam remisit.

Prædictus autem Hludowicus, rex Germaniæ, filios
suos Hludowicum et Carolum ad se vocans, ut eos
cum Carolomanno pacificaret, dolose illis minari [5]
fecit; sed et iidem filii sui et homines eorum dolose
nihilominus Hludowico sacramenta præbuerunt. Et
volens idem Hludowicus pater, ut ipsi filii sui cum
fratre illorum Carolomanno adversus Winidos pergerent, obtinere non potuit; unde hostem quam magnam [6] potuit, cum Carolomanno direxit, et ipse, ut
prædictum est, apud Trientum cum Ingelberga loquens, partem regni Lotharii quam contra Carolum
accepit, neglectis sacramentis inter eos pactis, sine
consensu ac conscientia hominum quondam Lotharii
qui se illi commendaverant [7], clam reddidit: unde
utrimque sacramenta, prioribus sacramentis quæ
cum fratre suo pepigerat diversa et adversa, inter
eos sunt facta. Quibus patratis, Ingelberga missum
suum ad Carolum direxit, mandans illi sicut prius,
ut ad sanctum Mauritium illi occurreret. Carolus
vero, compertis his quæ inter eam [8] et fratrem
suum acta fuerunt, noluit illuc ire, sed nuncios [9]
suos ad eam direxit, qui nihil certi ab ea ei renun-
ciaverunt.

Adrianus papa, secundum quod Nicolaus decessor [10]
ejus disposuerat, missos suos, Donatum scilicet,

VARIANTES LECTIONES.

[1] sabato *Ch.*   [2] et *Ch. B.*   [3] non *deest Ch.* sed certo *A.*   [4] in *deest A.; ita et* ad *infra ante* Silvacum, Reginisburg *etc.*   [5] jurare *Ch. B.*   [6] magnum *Ch.* maximam *A.*   [7] commendaverunt *Ch. et B.*   [8] eum *Ch.*   [9] missos *alii Bq.*   [10] prædecessor *A.*

NOTÆ.

[a] Monasterium Leodicense sancti Landberti intelligit Mabillonius libro xxxvii Annalium Benedictino-
rum, num. 32. Bouq.

[b] Hic Gerardus non alius videtur a Gerardo Provinciæ duce. Bouq. Cf. supra an. 874; sed Gerardum, postquam a Provinciæ ducatu exciderit, Bituricensem comitatum nactum esse, neminem testem
habemus.

[c] Bernardus iste, filius Bernardi Septimaniæ ducis, comes erat Arvernensis; fuit etiam Gothiæ marchio, anno 879. Bouq.

[d] Bernardus, Tolosanus comes, non fuit a Carolo
Calvo constitutus comes Carcassonensis et Raden-
sis; sed in istos comitatus, qui pendebant a Tolosano marchionatu, supremam auctoritatem obtinuit.
Bouq.

[e] *Le Rasez*, inter Carcassonam et Narbonam.
Vales., p. 467.

Ostiensem episcopum, et Stephanum, Nepesinum episcopum, et Marinum [1], diaconum sanctæ Romanæ ecclesiæ, ad Basilium imperatorem et ad filios ejus, Constantinum et Leonem Augustos, Constantinopolim direxit, cum quibus et Anastasius, bibliothecarius Romanæ sedis, utriusque linguæ, Græcæ [*Aimon. add.* scilicet] et Latinæ, peritus, perrexit. Et synodo congregata, quam octavam universalem synodum illuc convenientes appellaverunt, exortum schisma [2] de Ignatii depositione et Fotii [3] ordinatione sedaverunt, Fotium [3] anathematizantes et Ignatium restituentes. In qua synodo de imaginibus adorandis aliter quam orthodoxi doctores antea diffinierant, et pro [*id.*, d. statuerunt, et quædam p.] favore Romani pontificis, qui eorum votis de imaginibus adorandis annuit, et quædam contra antiquos canones, sed et contra suam ipsam synodum constituerunt, sicut qui eamdem synodum legerit, patenter inveniet.

Hludowicus autem imperator [*id. add.* in] vigilia pentecostes Romam [*id. add.* apud S. Petrum] venit, et in crastinum [4] coronatus [a] ab Adriano papa, post celebrata missarum solemnia una cum eo ad Lateranense palatium cum pompa equitando coronatus perrexit; et hoste collecta, Roma iterum in partes Beneventanas perrexit. Et quia primores Italiæ Ingelbergam propter suam insolentiam habentes [5] exosam, in loco illius filiam Winigisi imperatori substituentes, obtinuerunt apud eumdem imperatorem, ut missum suum ad Ingelbergam mitteret, quatenus in Italia degeret, et post illum non pergeret, sed eum in Italia reversurum exspectaret. Ipsa autem non obaudiens illius [6] mandatum [7], post eum ire maturavit, et Wibodum episcopum [b] ad Carolum quasi amicitiæ gratia misit, putans nescire Carolum, quæ inter illam et Hludowicum, regem Germaniæ, pacta [8] fuere. Wibodus autem ad pontem Liudi [9] ad Carolum venit; nam illuc pro quibusdam in Burgundia causis componendis perrexerat. Ubi ei nunciatur ab hominibus Bernardi [c], filii Bernardi, Bernardus qui Vitellus cognominabatur occisus, et ejus honores prædicto Bernardo sunt dati. Carolus autem a Burgundia ad Gondulphi villam, placitum ibi antea condictum habiturus, Kalendas Septembris revertitur; ubi aliquantisper immoratus, et [10] quæ sibi visa fuere dispositis, venandi gratia Arduennam petiit. Et Octobrio mense navigio per Mosam usque Treje-

etum veniens, cum Borico et Rodulpho Nortmannis, qui obviam ei navigio venerant, locuturus, [11] Boricum sibi fidelem benigne suscepit, et Rodulfum infidelia machinantem et superflua expetentem inanem remisit, et contra ipsius insidias fideles suos ad munitionem paravit. Indeque per Attiniacum itinere equestri revertens, nativitatem Domini in monasterio sancti Medardi celebravit.

Adrianus papa moritur, et Johannes [12], archidiaconus Romanæ ecclesiæ, 19 Kalendas Januarii in locum ejus substituitur.

DCCCLXXIII. [13]

Quia ergo multi erant in regno Caroli [*id. add.* et in aliis regnis], qui exspectabant ut per Carolomannum [*id. add.* filium ejus] adhuc rediviva mala agerentur [14] in sancta Dei ecclesia [*id. add.* in regno ejus] et in aliis regnis, de quibus regio ministerio cum consilio fidelium suorum, secundum morem prædecessorum ac progenitorum suorum [*id. add.* regum], leges paci [15] ecclesiæ et regni soliditati congruas promulgavit, et ab omnibus observari decrevit; jubet [16] ergo convocari episcopos regni sui apud Silvanectis [d] civitatem, in qua idem Carolomannus morabatur, quatenus secundum [17] sacros canones, a quibus nulla, ut Leo dicit, aut negligentia aut præsumptione licet eis discedere, episcopale ministerium de illo exsequerentur, sicuti [18] et fecerunt, deponentes illum secundum sacras regulas ab omni gradu ecclesiastico, laicali sibi communione servata. Quod [19] cum factum fuisset, antiquus et callidus adversarius illum et suos complices ad argumentum aliud excitavit, videlicet quia liberius ad nomen et potentiam [20] regiam conscendere posset, et quia ordinem ecclesiasticum non haberet, et quia episcoporum judicio ecclesiasticum gradum amiserit [21], etiam tonsuram ecclesiasticam licentius amittere posset; unde post depositionem ejus complices illius ardentius cœperunt se ei iterum reconjungere et alios quos valebant in societatem suam abducere, quatenus [22] mox [Aimon. a. in s. s. etiam de aliis regnis q. v.], ut locum invenire possent, illum a custodia in qua servabatur [*id.*, donec videretur si se a malis suis convertere vellet] educerent, et sibi regem constituerent. Quapropter necesse fuit, etiam illa de quibus ab episcopis judicatus non fuerat, in medium revocare, et secundum sacrarum legum decreta pro admissis suis judicio mortis addictum, mitiori

VARIANTES LECTIONES.

[1] martinum *A.* [2] soisma *Ch.* [3] focii . . . focium *Ch.* [4] crastina *al. Bq.* [5] habebant *A.* [6] illud *Ch.* [7] mandato *A.* [8] facta *Ch. B.* [9] liadi *A.* pont-liart *Chron. S. Dionysii.* [10] i. cum quæ . . . disposuisset *A.* [11] locutus *Ch.* [12] Joannes *Ch.* [13] 874. *A.* [14] remergerent *A.* [15] pacis *Ch. B.* [16] Decrevit, episcopos . . morabatur convocavit *A.* [17] *Deest Ch.* [18] Quod sane ipsi fecerunt *A.* [19] Post quod factum *A.* [20] potentatum *A.* [21] Amisit *Ch. B.* [22] ea q. ubi primum locum *A.*

NOTÆ.

[a] Ob partem scilicet regni Lotharii sibi a Ludovico Germaniæ rege redditam. BOUQUET.

[b] Parmensem.

[c] Bernardus iste non alius videtur a Bernardo comite Arvernico filio Bernardi Septimaniæ ducis: sed quibusnam honoribus donatus fuerit, incertum. BOUQ.

[d] Silvanectensis synodi acta periere; Tomo tamen *IX* Concil., p. 258, referuntur singularum synodi partium tituli, quinque capitibus distincti, BOUQ.

sententia, ut locum et spatium pœnitendi haberet, et graviora admittendi facultatem [1], sicut meditabatur, non haberet, luminibus acclamatione cunctorum qui adfuerunt orbari, quatenus perniciosa [2] spes pacem odientium de illo frustrata foret, et ecclesia Dei ac christianitas in regno ejus cum infestatione paganorum seditione exitiabili perturbari non posset.

Hludowicus, Germaniæ rex, ante nativitatem Domini ad Franeonofurd palatium venit, ibique nativitatem Domini celebravit, et placitum suum ibidem circa Kalendas Februarii condixit, quo filios suos Hludowicum et Carolum cum aliis fidelibus, homines quoque qui de regno quondam Lotharii illi se commendaverunt, convenire præcepit. Et dum ibi degeret, venit ad Carolum, filium ejus, diabolus transfigurans se in angelum lucis, et dixit illi, quod pater ejus qui illum causa Carolomanni, fratris sui, perdere moliebatur, Deum offensum haberet, et regnum in brevi amitteret, et eidem Carolo Deus illud regnum habendum dispositum [3] haberet, et quod illud in proximo obtineret. Ipse autem Carolus timore perterritus [4], quia domui in qua latebat adhærebat, ecclesiam est ingressus, quo eum diabolus est insecutus, cui iterum dixit : *Cur times et fugis, nam nisi ex Deo venissem, tibi adnuntians quæ in proximo sunt futura, in hanc domum Domini te sequens non intrarem.* His et aliis blanditiis ei persuasit, ut communionem a Deo sibi missam [5] de manu illius acciperet, sicut et fecit; et post buccellam ipse Sathanas intravit in eum. Veniens autem ad patrem suum, et residens in consilio ejus cum fratre et aliis fidelibus — tam episcopis quam [6] laicis [*id. add.* patris sui], — subito invasus surrexit, et dixit, quia seculum vellet dimittere, et quia uxorem suam carnali commercio non contingeret [7], et discingens [8] se spata, cadere in terram [9] illam permisit, et cum se vellet baltheo discingere et vestimento exuere, cœpit vexari. Comprehensos autem ab episcopis et ab aliis viris, turbato patre et omnibus qui adfuerunt, vehementique stupore perculsis, ductus est in ecclesiam. Et Lintbertus archiepiscopus induens se sacerdotalibus vestibus, missam cantare cœpit; cumque ventum fuisset ad locum evangelii, cœpit magnis vocibus patria lingua væ [10] [a] clamare; et sic continuis vocibus væ illud clamavit, usque dum missa celebrata fuit. Quem pater ejus episcopis et aliis fidelibus [*id. add.* suis] committens, per sacra loca sanctorum martyrum deduci præcepit, quatenus illorum meritis et orationibus a dæmone liberatus, ad sanam mentem, Domino mise-

rante, redire prævaleret ; deinde disposuit illum Romam dirigere, sed, quibusdam intervenientibus causis, iter illud dimisit

Hludowicus, imperator Italiæ, in Capua residens, mortuo jam Landberto calvo, et pervento [11] patricio imperatoris Græcorum cum hoste in civitate quæ Hydrontus [12] dicitur in auxilium Beneventanorum, qui censum quod imperatoribus Franciæ eatenus dabant illi persoluturos se promittebant, quoniam aliter Adalgisum obtinere non poterat, mandavit apostolico Johanni [13], compatri Adalgisi, ut ad eum ad Campaniam [14] veniret, et sibi Adalgisum reconciliaret, volens ostentare, quod quasi intercedente beati Petri vicario ipsum Adalgisum reciperet, de quo juraverat, quod nunquam de illis partibus rediturus esset antequam illum caperet; quem revera virtute sua obtinere non posset.

Carolus hostem denunciat [15] versus Britanniam, ut Nortmanni qui Andegavis civitatem occupaverant, non autumarent se adversus eos illuc iturum, ne ad alia loca in quibus ita constringi non possent, aufugerent. Dum autem illuc pergeret, in ipso itinere nunciatum est ei, quod factione fratris sui Hludowici, Germaniæ regis, Carolomannus cæcus per homines quondam suos, consentientibus duobus pseudo-monachis, de Coroeia [16] monasterio sublatus, et ad Hludowicum fuerit, cohærente [17] ac interveniente Adalardo, in suam contrarietatem perductus. Unde non magnopere est Carolus conturbatus, sed iter cœptum peragens, cum hoste collecta civitatem Andegavis — in qua Nortmanni depopulati quibusdam urbibus, eversis castellis, manasteriis et ecclesiis incensis, et agris in solitudinem redactis, jam diuturno tempore residebant — obsedit, et sepe fortissima circumdedit, Salomone, duce Britonum, ultra Meduanam [b] fluvium cum hoste Britonum in ejus auxilio residente. Et dum Carolus rex in hoc negotio occupatus esset, Salomon filium suum, nomine Wigon, ad eum cum primoribus Britonum misit, qui filius ejus se Carolo commendavit, et fidelitatem coram fidelibus suis illi juravit. Interea Rodulfus Nortmannus, qui multa mala in regno Caroli exercuerat, in regno Hludowici cum quingentis et eo amplius complicibus suis occisus est, Carolo vero residenti [18] secus Andegavis civitatem, non incerta relatione hoc nunciatur : Multitudo siquidem locustarum per Germaniam in Gallias, maxime autem in Hispaniam, adeo se effudit [19], ut Ægyptiacæ plagæ potuerit comparari. Hludowicus, rex Germaniæ ; apud Mettis civitatem placitum suum tenere disponens, nuncium accepit, quod

NOTÆ.

[a] Germanice; scribitur jam *weh !*   [b] *Mayenne.*

nisi citissime filio suo Carolomanno in marchia [1] **A**
contra Winidos subveniret, illum ulterius non videret. Qui statim reversus [2], Reginisburch [3] pergens, Carolomannum cæcum Liutberto archiepiscopo
pascendum in monasterio sancti Albani apud Moguntiam commendavit, evidenti demonstrans iudicio,
qualiter illi displicuerint mala, quæ isdem Carolomannus in sanctam Dei ecclesiam [4], in populum
christianum et contra patrem suum egit, quando-
cumque vel ubicumque prævaluit. Ad Reginisburg [5]
autem perveniens, per missos suos Winidos sub
diversis principibus constitutos modo quo potuit sibi
reconciliavit; legatos autem ab illis qui Behin [a] dicuntur cum dolo missos suscipiens, in carcerem
misit.

Carolus viriliter ac strenue obsidionem Nortman- **B**
norum in gyro Andegavis [6] civitatis exequens, adeo
Nortmannos perdomuit, ut primores eorum ad illum
venerint, seseque illi commendaverint, et sacramenta qualia jussit egerint, et obsides quot [7] et
quantos quæsivit illi dederint, ut de civitate Andegavis constituta die exirent, et in regno suo quamdiu viverent [8] nec prædam facerent nec fieri con-
sentirent. Petierunt [9] autem, ut eis in quadam insula Ligeris fluvii usque in mense Februario residere et mercatum habere liceret, atque in mense
Februario quicumque jam baptizati essent ex eis,
et christianitatem de cetero veraciter tenere vellent,
ad eum venirent; et qui adhuc ex paganis christiani
fieri vellent, ipsius dispositione baptizarentur; ce- **C**
teri vero ab illius regno discederent, ulterius, sicut
dictum est, ad illud in malum non reversuri.

Post hæc una cum episcopis et populo cum
maxima religionis devotione corpora sanctorum
Albini et Licini [10], quæ effossa timore Nortmannorum de tumulis suis fuerant, suis in locis cum muneribus magnis restituit; sicque ejectis ab Andegavis civitate Nortmannis acceptisque obsidibus,
Carolus mense Octobrio per Cinomannis civitatem
et Ebroicense [b] oppidum, ac secus castellum novum
apud Pistas [11], Ambianis Kalendas Novembris pervenit. Indeque apud Audriacam villam ac circum-

circa venationem exercens, ad monasterium sancti **A**
Vedasti pervenit, ibique nativitatem Domini celebravit anno Domini 874.

DCCCLXXIV

Hiems prolixa et fortis, et nix [12] tanta fuit nimietate perfusa quantam nemo se vidisse meminerit.

Carolus in purificatione sanctæ Mariæ cum suis
consiliariis placitum in monasterio sancti Quintini
tenuit, et jejunium quadragesimale in monasterio
sancti [13] Dionysii peragens, ibidem pascha dominicum
celebravit. Generale quoque placitum [c] Idus Junii
in villa Duciaco tenuit, ubi et annua dona sua accepit; indeque per Attiniacum et consuetos mansiona-
ticos [14] [d] Compendium adiit. Æstas longæ siccitatem
fœni et messium inopiam reddidit.

Salomon, dux Britonum, qui nuntiabatur interea **B**
dubiis nunciis [15] quandoquidem infirmus quandoquidem mortuus, certa relatione Carolo apud Compendium nunciatus est hoc ordine mortuus: Videlicet
insecutus a primoribus Britonum, Pascuitan, Vurnahat [16], atque [17] Wigon filio Rivilin [18], nec non et
Francis hominibus quos valde afflixerat, et capto ac
custodiæ mancipato filio ejus Wigon, fuga lapsus in
Paucherum secessit, et quoddam monasteriolum [e]
ingressus, ut se liberare valeret, circumventus a suis,
quod a nemine Britonum quidquam mali sustinere
deberet, traditus est Francis hominibus, Fulcoaldo
et aliis. Sicque ab eis excæcatus, in crastinum
mortuus est repertus, dignam vicem recipiens, qui
seniorem suum Herispogium, in ecclesia ejus perse- **C**
cutionem fugientem et invocantem Dominum, super
altare occidit.

Hludowicus, rex Germaniæ, ad fratrem suum
Carolum filium suum Carolum cum aliis missis suis
direxit, petens ut simul loquerentur secus Mosellam;
ad quod placitum cum Carolus pergeret, ventris solutione detentus, ad illud placitum, sicut fuerat condictum, pervenire non potuit. Unde coïlocutio eorum, Hludowici scillicet et Caroli, secus Mosam
apud Heristallium circa Kalendas Decembris fuit.
De qua conlocutione [19] Carolus per monasterium
sancti Quintini rediens, nativitatem Domini Compen-

VARIANTES LECTIONES.

Monarchia *Ch.* Monachia *Bouq.; qui in margine* Munich *scripsit,* Monachium *vero aliquot sæculis post construi cœptum ; quod ego restitui , omnibus arridebit.* A. marcha *legit* [2] Versus r. *A.*
[3] Renisburch *Ch.* [4] Sancta Dei ecclesia *Ch.* [5] Renisburg *Ch.* [6] Andegavensis *A.* [7] Quot
A. sic *Ch. B. A. ;* [8] *legendumne* viveret? [9] Petentes ut eis *A.* [10] Lizinii *A.* [11] *al pictas
Bq.* [12] nivis *A.* [13] Quintini *usque* monasterio sancti *deest Ch.* , [14] mansaticos *Ch. B.* [15] nuntiis *Ch.* [16] et vurnahat *Ch.; alii* vurfan *Bq ; quod* Vurfando *Reginonis propius accedit* pascuitano et
urbano *A.* [17] *deest Ch.* [18] ruulni *A.* [19] conlatione *Ch. B.*

NOTÆ.

[a] Pronuntiandum *Rechin;* Behemi, fortasse a **D** tione vii, Idibus Juniis convocata, dilectis fratribus
duce suo Bech anno 805 occiso, nomen sortiti.
  [b] *Evreux.*
  [c] Celebratum est hoc placitum seu concilium
adversus incesta conjugia et rerum ecclesiasticarum
pervasiones, ut testatur epistola ejus synodica ad
episcopos Aquitaniæ, quæ sic incipit : Sancta synodus plurimarum provinciarum, nutu divino et
sanctione domni Caroli regis gloriosi apud Duziacum
secus municipium Mosomum Rhemensis parochiæ in
Dei nomine anno incarnationis Dominicæ 874, indicet venerabilibus consacerdotibus nostris, in provinciis Aquitaniæ regionis sanctas Dei ecclesias gubernantibus, plurimam in Salvatore salutem. Exstat
integra apud Labbeum. Tom. IX Concil., p. 258.
Bouq.
  [d] Id est diversoria, villas regias in quibus manere consueverat.
  [e] Forte Plebelanum, quod ipse condiderat,
quodque ab auctore vocatum est monasterium Salomonis, *Moutier-Salaun*

dii celebravit; et Hludowicus eamdem solemnitatem Aquis agens, inde ad palatium Franconofurd ultra Rhenum rediit.

DCCCLXXV.

Carolus circa initium quadragesimæ monasterium sancti Dionysii adiit, ubi et pascha Domini celebravit. Et Richildis, uxor ejus, noctu ante quartam feriam paschæ abortu [1] filium peperit, qui baptisatus mox obiit : illaque dies purificationis [*Aimon add.* suæ] post parturitionem in eodem monasterio exspectante, Carolus ad Basivum [2] [3] perrexit, indeque ad letanias celebrandas ante ascensionem Domini ad monasterium sancti Dionysii rediit, et in vigilia pentecostes ad Compendium venit.

Hludowicus, rex [3] Germaniæ, mense Maio in Triburas placitum suum tenuit, et quia ibi quæ meditatus fuerat perficere non potuit, iterum placitum suum in mense Augusto ad eumdem locum denunciavit.

Carolus mense Augusto ad Duciacum secus Arduennam pervenit, ubi certo nuncio, Hludowicum nepotem suum, Italiæ imperatorem, obiisse comperit. Quapropter mox [4] inde movens, ad Pontigonem [5] pervenit, et quoscumque potuit de vicinis consiliariis [6] obviam sibi venire præcepit, et a quibuscumque valuit, suppetias in itinere suo accepit. Et inde Lingonas pervenit, et eos quos secum in Italia ducere prædestinavit, operuit [7]; sicque Richildem, uxorem suam, per civitatem Remensem [8] ad Silvacum remittens, et filium suum Illudowicum in partem regni, quam post obitum Lotarii, nepotis sui, contra fratrem suum accepit, dirigens, Kalendis Septembribus iter suum incœpit, et per sancti Mauritii monasterium pergens, montem Jovis transiit, et Italiam ingressus fuit.

Hludowicus, rex Germaniæ, frater ejus, filium suum Carolum in Italiam, ut fratri suo adversaretur, transmisit; quem Carolus rex fugam arripere [9] et inde abscedere coegit. Hludowicus autem, rex Germaniæ, alium [10] filium suum Carolomanum cum quibus potuit in adversitatem fratris sui in Italiam direxit. Quod prænoscens Carolus rex, obviam ei cum validiori manu perrexit; et quia Carolomanus prænovit se patruo suo non posse resistere, pacem petens cum eo locutus fuit, et sacramentis utrimque confirmatis, ad propria rediit. Hludowicus vero [11], persuadente Engelranno [12], quondam Caroli regis camerario et domestico [13], suasione Richildis reginæ ab honoribus dejecto et a sua familiaritate ab-

jecto, cum hoste et filio [14] æquivoco suo Hludowico usque ad Attiniacum venit; ad quem obsistendum primores regni Caroli jubente Richilde regina sacramento se confirmaverunt; quod non attenderunt, sed ex sua parte regnum Caroli pessumdantes, hostili more devastaverunt. Similiter et Hludowicus cum suo exercitu idem regnum pessumdedit, sicque nativitatem Domini in Attiniaco agens, per placitamenta primorum, regni Caroli deprædatione facta, cum quibusdam comitibus ex Caroli regno qui ad eum se contulerant rediit, et per Treverorum civitatem transiens, ad palatium ultra Rhenum Franconofurt pervenit, ibique dies quadragesimæ et pascha Domini celebravit [15]. Ubi et certo nuncio, Emmam, uxorem suam apud Reginisburg palatium obiisse nuper post nativitatem Domini, comperit. Carolus autem, quibusdam de primoribus ex Italia ad se non venientibus, pluribus autem receptis, Romam invitante Papa Johanne [16] perrexit, et 16. Kal. Januarii ab eo cum gloria magna in ecclesia sancti Petri susceptus est.

DCCCLXXVI.

Anno Domini 876, in die nativitatis Domini [17] beato Petro multa et pretiosa munera offerens, in imperatorem unctus et coronatus, atque Romanorum imperator appellatus est; et Nonas Januarii Roma exiens, Papiam rediit, ubi et placitum suum habuit, et Bosone, uxoris suæ fratre, duce ipsius terræ constituto et corona ducali ordinato [18], et collegis ejus quos idem dux expetiit, in eodem regno relictis, per montem Jovis et per monasterium sancti Mauricii rediens [19], ut pascha Domini apud monasterium sancti Dionysii celebrare valeret, iter acceleravit. Quod audiens Richildis degens apud Sylvacum, pridie Nonas Martii mox illi obviam movit, et cum summa festinatione per Remis, Catalaunis et Lingonas ultra Vesontium, in loco qui dicitur Warnarii-Fontana, pridie Idus Martii venit; cum qua imperator per Vesontium ac Lingonas, Catalaunis et Remis civitates, et per Compendium palatium transiens, ad monasterium sancti Dionysii pervenit, ibique pascha Domini celebravit. Quo accersiens legatos apostolici, Johannem Tuscanensem, et Johannem Aretinum, atque Ansegisum [20] Senonensem [21], synodum auctoritate apostolica et illorum consilio atque sanctione sua indixit medio futuro mense Junio [22] apud Pontigonem, quo per Remis et Catalaunis civitates pervenit.

VARIANTES LECTIONES.

[1] aborsus *Ch.* aborsu *A.*   [2] barivum *A.*   [3] hl. ex Germania *A.*   [4] *deest A.*   [5] *al.* pontionem *A.* [6] v. suis *c. A.*   [7] operuit sicque calendis februarii iter suum incœpit *media desunt in codice S. Bertini.* [8] remis *alii Bq.*   [9] accipere *Ch. B.*   [10] iterum alium *A.*   [11] hl. ergo rex germaniæ *B.*   [12] *al.* engilramno *Bq.* [13] domesticissimo *A.*   [14] et filio ac æquivoco *A.*   [15] celebravit. Karolus quibusdam *codex S. Bertini.*   [16] joanne *Ch; ita sæpius.*   [17] d. idem carolus beato *A.*   [18] o. cum *c. A.*   [19] rediens *usque* cum qua imperator *hic inseritur ex A.; deest Ch. B.*   [20] ansigisum *Ch.*   [21] senensem *Ch. A.*   [22] julio *Ch. A.*

NOTÆ.

[a] *Baisieu*, duabus a Corbeia et vico *Buissi* leucis distans, versus occidentalem plagam. Bou-QUET.

Boso, postquam imperator ab Italia in Franciam rediit, Berengarii Everardi filii factione, filiam Hludowici imperatoris, Hirmengardem, quæ apud eum morabatur, iniquo conludio in matrimonium sumpsit.

Undecimo Kalendas Julii indictione 9, episcopis ceterisque [1] clericis vestibus ecclesiasticis indutis, et domo ac sedilibus palliis protensis, atque in gremio synodi et prospectu imperialis sedis lectorio superpositis sacrosanctis [2] evangeliis, apud Ponticonem [3] venit domnus imperator Carolus in vestitu deaurato, habitu Francico, cum legatis apostolicæ sedis in synodum. Et cantoribus antiphonam *Exaudi nos Domine* cum versibus et *Gloria* cantantibus, post *Kyrie eleyson*, data [4] oratione a Johanne, Tuscanense episcopo, resedit domnus imperator in synodo. Et legit Johannes, Tuscanensis episcopus, epistolas a domno apostolico missas, cum quibus et legit epistolam de primatu Ansegisi, episcopi Senonensis [5], ut quoties utilitas ecclesiastica dictaverit, sive in evocanda synodo, sive in aliis negotiis exercendis, per Gallias et per Germanias apostolica vice fruatur, et decreta sedis apostolicæ per ipsum episcopis manifesta efficiantur, et rursus quæ gesta fuerint, ejus relatione, si necesse fuerit, apostolicæ sedi pandantur, et majora negotia ac difficiliora quæque suggestione ipsius a sede apostolica disponenda et enucleanda quærantur. Petentibus autem episcopis, ut eis permitteretur ipsam legi [6] epistolam [7] quibus erat directa, non acquievit imperator, sed responsum quæsivit ab eis, quid de his misso [8] apostolici responderent. Quorum responsio talis fuit, ut servato singulis metropolitanis jure privilegii secundum sacros canones et juxta decreta sedis Romanæ pontificum ex eisdem sacris canonibus promulgata, domni Johannis papæ apostolici jussionibus obedirent. Et cum imperator et legati apostolici satis egerint, ut absolute archiepiscopi responderent se obedituros de primatu [a] Ansigisi sicut apostolicus scripsit, aliud, nisi ut prædictum est, responsum ab eis extorquere non potuerunt [9], excepto quod Frotarius, Burdegalensis episcopus, quoniam a Burdegala ad Pictavis, indeque ad Bituricum favore principis contra regulas se contulit, per adulationem [10] respondit, quod imperatori placere cognovit. Tunc motus imperator dixit, quod domnus [11] papa ei suas vices commisit in synodo, et quod isdem præcepit, ille exequi studeret. Et accepit ipsam epistolam involutam una cum Johanne Tuscanensi et Johanne Aretino, et dedit illam Ansegiso; et jussit sellam plectilem poni [12] ante omnes episcopos cisalpini regni sui juxta Johannem Tusca-

nensem, qui ad dextram illius sedebat, et præcepit Ansegiso, ut supergrederetur omnes ante se ordinatos, et sederet in eadem sella, reclamante Remorum archiepiscopo, audientibus omnibus, hoc factum sacris regulis obviare. Imperator tamen in sua sententia permansit; et petentibus episcopis, ut liceret eis vel exemplar de epistola sibi directa sumere, nec hoc valuerunt ullo modo impetrare; et sic soluta est synodus in illa die.

Decimo Kalendas præfati mensis iterum convenerunt episcopi; in quo conventu lectæ sunt epistolæ a domno apostolico laicis missæ, et lecta est electio domni imperatoris ab episcopis et ceteris Italici regni firmata, sed et capitula quæ in palatio Ticinensi constituit et ab omnibus confirmari præcepit, quæ et ab episcopis cisalpinis præcepit confirmari. Et sic soluta est synodus in die illa.

Quinto Nonas Julii convenerunt [*Aimon. add.* iterum] episcopi sine imperatore, et habitæ sunt contentiones de presbyteris ex diversis parochiis reclamantibus ad missos apostolici; et sic soluta est synodus in die illa.

Quarto Nonas ejusdem mensis iterum convenerunt episcopi, et imperator in synodo residens, audivit missos fratris sui Hludowici regis, Willebertum archiepiscopum Coloniæ, et Adalardum ac Meingaudum [13] comites, per quos petiit partem de regno Hludowici imperatoris, filii Lotharii fratris eorum, sicut ei competere dicebat ex hereditate, et illi firmatum fuerat sacramento. Et legit Joannes Tuscanensis epistolam [b] a Johanne papa episcopis regni Hludowici directam, et dedit exemplar Willeberto [14] archiepiscopo, ut deferret illud præfatis episcopis; et sic soluta est [*id. add.* præfata] synodus in illa die.

6 Idus Julii convenerunt episcopi, et circa horam nonam venerunt missi domni apostolici, Leo, episcopus et apocrisiarius ac nepos apostolici, atque Petrus, Foro-Simpronii episcopus, deferentes epistolas imperatori et imperatrici et salutationes apostolici ad episcopos; et sic soluta est synodus in die illa.

5 Idus Julii convenientibus episcopis, lecta est epistola apostolici de damnatione Formosi episcopi, Gregorii nomenclatoris, et consentientium eis, et præsentata sunt imperatori ab apostolico transmissa dona, inter quæ fuerunt præcipua sceptrum et baculus aureus; sed et imperatrici dona sunt ab eo missa, pallia et armillæ cum gemmis : et sic soluta est synodus in illa die.

Pridie Idus Julii convenerunt episcopi, et misit

VARIANTES LECTIONES.

[1] et ceteris quibusque clericis *A*. [2] sacrosanctis evangeliis apud Ponticonem *habetur in fragmento historico relato in duobus Codd. regiis, et uno Sangermanense. Bouq. deest in Ch. et B*. [3] apud ponticonem *deest in A*. [4] et data *Ch. A*. [5] sennensis *Ch. A*. [6] legere *A*. [7] ipsa legeri epistola *Ch*. [8] his jussis *Ch*. his jussis apostolicis *A*. [9] potuit *Ch*. [10] adolationem *Ch*. [11] dominus *Ch. B*. [12] ponere *Ch*. [13] menigardum *A*. [14] wiliberto *Ch*.

NOTÆ.

[a] In aliis tamen ejusdem synodi actis ab Odoranno in Chronico recitatis Ansegisi primatus unanimiter agnitus et susceptus dicitur. Bouq.

[b] Epistolæ quæ hic memorantur, vulgatæ sunt a Labbeo tom. IX Concil. Bouq.

imperator vicarios apostolici increpare durius archiepiscopos reliquosque episcopos, qui pridie non convenerant, sicut præcepit, Illi [1] autem canonice rationabili reddita ratione, sopita est increpatio ; et lecta est a Johanne Tuscanensi iterum epistola, jubente imperatore, pro primatu Ansegisi, et quæsita est ab episcopis denuo inde responsio. Et respondentibus singulis archiepiscopis, quoniam veluti sui antecessores illius antecessoribus regulariter obedierunt, ita ejus decretis vellent obedire. Et facilius est illorum admissa responsio, quam fuerat in imperatoris præsentia ; et sic iterum post multas contentiones de presbyteris diversarum parochiarum reclamantibus ad missos apostolici, lecta est proclamatio Frotarii, Burdegalensis archiepiscopi, quia non poterat consistere propter infestationem paganorum in civitate sua, ut liceret ei Bituricensem metropolim occupare. Cujus petitionibus unanimitas episcoporum non [2] acquievit, et jubentibus legatis apostolici, ut 17 Kalendas Augusti convenirent episcopi, mane circa horam nonam venit imperator Græcisco more paratus et coronatus, deducentibus eum apostolici legatis more Romano vestitis [3] ac episcopis ecclesiasticis vestimentis indutis, et ceteris secundum modum primæ [*id. add.* horæ] diei, quando inchoata est synodus, præparatis. Et ut prius, cantata antiphona *Exaudi nos Domine* cum versibus et *Gloria* post *Kyrie eleyson*, data oratione a Leone episcopo, resederunt omnes. Et legit Joannes Aretinus quandam schedulam [4] ratione et auctoritate carentem ; post quam legit Odo, Belgivagorum episcopus, quædam capitula a missis apostolici et ab Ansegiso [5] et [6] ab eodem Odone sine conscientia synodi dictata, inter se dissonantia [7] et nullam utilitatem habentia, verum et ratione ac auctoritate carentia ; et idcirco hic non habentur subjuncta. Iterum autem [8] mota est interrogatio de primatu Ansegisi, et post multas ab imperatore et legatis apostolici contra episcopos querimonias habitas, tantum in novissima quantum et in prima die synodi exinde Ansegisus obtinuit.

Post hæc perrexit Petrus, episcopus Foro-Simpronii, et Johannes Tuscanensis ad cubiculum imperatoris, et adduxerunt Richildem imperatricem coronatam in synodum ; et stante illa juxta imperatorem, surrexerunt omnes, stantes quique in gradu suo. Tunc incœperunt laudes Leo episcopus et Johannes,

A Tuscanensis episcopus, et post laudes peractas in domnum apostolicum et domnum imperatorem ac imperatricem et ceteros juxta morem, data oratione a Leone, Gavinense [9] [a] episcopo, soluta est synodus.

Postea imperator, muneratis missis apostolici Leone et Petro, remisit eos Romam, et cum eis Ansegisum [*id. add.* Senensem] et episcopum Adalgarium [10] Augustodunensem episcopum. Interea baptizati sunt quidam Nortmanni ab Hugone, abbate et marchione, propter hoc ad imperatorem adducti, et munerati ad suos redierunt. Et ut ante, ita et postmodum, ut Nortmanni more pagano peregerunt. Et imperator 5 Kalend. Augusti movit a Pontigone, et tertio Kalendas venit ad Catalaunis ; ibique propter quandam molestiam corporalem moratus est usque

B ad Idus Augusti. Et 19 Kalendas Septembris [*Aimon. add.* imperator] venit Remis, indeque recto itinere venit ad Silvacum. Et 5 Kalendas Septembris misit legatos apostolici, Johannem, itemque Johannem, et Odonem episcopum, cum aliis missis suis ad fratrem suum Hludowicum et filios ejus ac episcopos atque primores regni sui ; quibus missis in via, imperatori in Carisiaco nunciatum est, præfatum Hludowicum regem in Franconofurt palatio 5 Kalendas Septembris obiisse, et 4 Kalendas ejusdem mensis in monasterio sancti Nazarii sepultum fuisse. Imperator vero, directis missis suis ad primores regni quondam fratris sui, a Carisiaco movit, atque ad Satanacum [b] villam venit, dispositum habens Metensem civitatem adire, et episcopos ac primores

C regni quondam fratris sui ad se venientes recipere. Sed repente mutato consilio, porrexit Aquis, indeque Coloniam venit, et legati apostolici cum eo. Prædantibus [11] autem omnibus sine ullo divino respectu qui cum illo ibant, Nortmanni cum 100 circiter navibus magnis, quas nostrates bargas [12] [c] vocant, 16 Kalendas Octobris Sequanam introierunt. Quod cum apud Coloniam imperatori nunciatum fuisset, nihil propter hoc a negotio quod cœperat immutavit. Hludowicus autem, nepos illius, cum Saxonibus et Toringis ex altera parte Rheni fluminis contra eum venit, et missis ad patruum suum imperatorem directis, benignitatem ejus expetiit, quam non impetravit. Tunc ipse ac comites ejus jejuniis et litaniis misericordiam Domini petierunt, inridentibus eos illis qui erant cum imperatore. Hludowi-

VARIANTES LECTIONES.

[1] illis... reddentibus rationem A. [2] nullatenus A. [3] *deest Ch.* [4] schedulam *Ch. A.* [5] ansigisi *Ch.*; ita sæpius. [6] ab *deest Ch. A.* [7] dissona A. [8] *deest A.* [9] gaumensi A. [10] adalardum *Ch.* [11] eo prædantibus... ibant. Nortmanni vero A. [12] harcas A.

NOTÆ.

[a] Id est Sayinense vel Sabinense. Eadem scribendi ratio etiam in actis synodi Duciacensis et apud Anastasium initio Vitæ Adriani II, cap. 9, observatur. Mirum certe, et evidens, vel doctissimos viros in apertissima re falli posse, testimonium est. Baronium ipsum R. E. cardinalem, et Vignolium, Anastasii editorem, qui res Romanas probe nosse debuerat, locum illum in Vita Adriani non de episcopo Sabinensi, sed de episcopo Cavensi (in regno Neapolitano) [D] interpretatos esse, cum tamen de consecratione summi pontificis, quæ proprie ad episcopos cardinales pertinet, ageretur. Nec Muratorius (in indice geographico tom. XXV) de episcopo isto certus fuit. Quod ideo monui, ut mihi quoque, quæ in tanto opere minus congrua vel docta attulero, facilius condonentur.

[b] *Stenay.*

[c] Germanice *barken.*

cus [*id. add.* autem], Hludowici regis filius, decem homines aqua calida, et decem ferro calido, et decem aqua frigida, ad judicium misit coram eis qui cum illo erant, petentibus omnibus, ut Deus in illo judicio declararet, si per jus et drictum [1] ille habere deberet portionem de regno quam pater suus illi dimisit ex ea parte, quam cum fratre suo Carolo per consensum illius et per sacramentum accepit. Qui omnes inlæsi reperti sunt. Tunc ipse Hludowicus cum suis ad Andrnacum [a] castrum Rhenum, transivit. Quod cum imperatori nunciatum fuisset, Richildem imperatricem prægnantem [2] cum Hilduwino abbate et Francone episcopo [b] ad Haristallium misit; ipse autem secus Rhenum hostiliter contra nepotem suum perrexit, præmittens ad eum missos, ut quosdam de consiliariis suis obviam illius consiliariis mitteret, et tractarent de pace inter eos habenda; quod Hludowicus humiliter et obedienter suscipiens, securus mansit, quod bello aggredi non deberet, donec ipsa cautio [3] finiretur.

Imperator Nonas Octobris, dispositis scaris suis, nocte surrexit, et levatis vexillis per strictas et arduas vias, quin potius invias, super nepotem suum ac super eos qui cum illo erant subito irruere moliens, secus Andrnacum pervenit, fatigatis hominibus et equis de gravi et stricto itinere et pluvia, quæ super eos nocte tota effluxit. Et ecce subito nunciatum est Hludowico et suis, imperatorem cum valida manu hostiliter super eum venire. Ipse autem cum eis quos secum habuit e regione stetit, et irruentibus imperatoris cuneis super eos et illis fortiter resistentibus, hostis imperatoris terga vertit, et fugiendo [4] super imperatorem venit; sed et imperator cum paucis vix fuga lapsus evasit. Multi autem qui effugere poterant, impediti sunt, quoniam omnes sagmæ [5] imperatoris et aliorum qui cum eo erant, sed et mercatores, et [6] qui scuta vendentes imperatorem et hostem sequebantur, in [7] angusto itinere fugientibus viam clauserunt. Fuerunt autem in ipsa congressione occisi Ragenarius et Hieronymus comites, et multi alii, capti autem in eodem campo et silva vicina fuerunt Ottulfus episcopus [c], Gauzlenus abbas, Aledramnus et Adalardus, Bernardus et Everwinus [8] comites, et plures alii; omnes autem sagmas et ea quæ mercatores portabant, hostis Hludowici accepit. Et impletum est dictum propheticum, ubi ait: *Qui prædaris, nonne et ipse præ-*

daberis? [d] Omnia quæ prædatores, qui erant cum imperatore, habuerunt, sed et ipsi etiam, Hludowici exercitus [9] præda fuerunt, adeo ut qui adminiculo equorum effugere poterant, animas suas haberent pro spolio. Ceteri autem ita sunt a villanis despoliati, ut fœno et stramine involuti verenda [10] celarent, et nudi profugerent, quos insequentes occidere noluerunt. Et facta est plaga magna in populo prædatore. Richildis autem, audiens, 7 Idus Octobris de fuga hostis imperialis et ipsius imperatoris, ab Heristallio movit [11], et fugiens, subsequenti nocte galli cantu in via peperit filium, quem post partum famulus suus ante se portans, fugiendo usque ad Antennacum [e] detulit. Imperator [*id add.* autem] 7 Idus Octobris vesperi ad monasterium sancti Landberti pervenit; ad quem Franco et Hilduwinus abba a Richilde, 6 Idus redierunt, et cum eo fuerunt, usque dum post Richildem ad Antennacum pervenit. Inde Duciacum adiit, unde ad Antennacum rediit, et placitum suum in Salmontiaco 15 die post missam sancti Martini condixit. Hludowicus, Hludowici quondam regis filius, de Andrnaco per Sinciacum Aquis rediit, ibique tribus diebus stetit, indeque obviam fratri suo Carolo apud Confluentes venit. Ubi simul locuti, Carolus versus Mettis indeque in Alamanniam infirmus rediit, et Hludowicus ultra Rhenum perrexit. Carolomannus, frater eorum, nec ad eos nec ad patruum suum, Carolum imperatorem, sicut ei mandaverat, venit, occupatus in belligeratione contra Winidos.

Carolus imperator Chuonradum et alios primores at Nortmannos qui in Sequanam venerant misit, ut, quocumque modo possent, fœdus cum eis paciscerentur [12], et ad condictum placitum ei renuntiarent. Domnus imperator Carolus ad placitum suum in Salmonciaco [13], sicut condixerat, venit, ibique homines de parte regni quondam Hlotharii, quam frater suus Hludowicus contra eum acceperat, ad se post fugam de Andrnaco convenientes [14] suscepit, et quasdam [15] abbatias sicut erant integras dedit, quibusdam de abbatia Martianas [f] quam diviserat beneficia [16] donavit, et sic a se abire [17] permisit. Scaras quoque, quæ contra Nortmannos secus Sequanam in procinctu essent, disposuit. Ipse autem Virzinniacum [18] [g] villam veniens, graviter passione pleurisis est infirmatus, adeo ut vivere desperaret.

VARIANTES LECTIONES.

[1] si plus per rectum *Ch. B.* si plus perdrictum *et si per jus et æquum Aimoini codices.* [2] *deest A.* [3] conventio *A.* [4] fugando *Ch. B.* [5] sauginæ *A.* [6] mercatores ac scuta *Ch. B.* [7] et in *Ch. B.* [8] ebroinus *A.* [9] etiam h. e. *deest Ch. B.* [10] verecunda *Ch. B.* [11] movet *Ch. B.* [12] ferirent *A.* [13] salmontiaco *Ch.* [14] veniens *Ch.* venientes *A.* [15] quibusdam *A.* [16] beneficiola *A.* [17] ad se venire *A.* [18] vinzinniacum *Ch.*

NOTÆ.

[a] *Andernach.*
[b] Leodiensi.
[c] Trecensis Bouq.
[d] *Isa.* XXXIII, 1.
[e] Antennacum est abbati Lebeuf vicus dictus *Antenai* prope Altivillarense monasterium in diœcesi Rhemensi. De Antennaco mentionem facit Hincmarus archiepiscopus Rhemensis in epistola edita ab Eccardo de Scriptoribus medii ævi, tomo II, pag. 408. Bouq.
[f] *Marchiennes* in Belgica. Bouq.
[g] Abbas Lebeuf Virziniacum villam interpretatur.

Ibique natalem Domini celebravit anno dominicæ incarnationis 877.

DCCCLXXVII.

Convalescens autem per Carisiacum ad Compendium venit; ubi dum moraretur, filius ejus qui, antequam Richildis ad Antennacum veniret, in via natus fuerat, infirmatur; et a Bosone, avunculo suo, de fonte susceptus, Carolus nominatus moritur, et ad monasterium sancti Dionysii sepeliendus defertur. [1] Carolus autem imperator in Compendio quadragesimam peragens, pascha Domini celebravit, et missos apostolici Johannis, Petrum episcopum Foro-Simpronii, itemque Petrum episcopum Senogalliæ, suscepit; per quos tam verbis quam litteris eum Johannes apostolicus Romam vocavit, quatenus, sicut promiserat, sanctam Romanam ecclesiam a paganis quibus infestabatur, eriperet atque defenderet. Kalendis Maii episcopos Remensis provinciæ sed et aliarum provinciarum Compendio convocavit, et ecclesiam quam in eodem oratorio construxerat, cum multo apparatu in sua et nunciorum [2] apostolicæ sedis præsentia ab eisdem episcopis consecrari fecit, inde placitum suum generale Kalendas [3] Julii [3] habuit, ubi per capitula [b], qualiter regnum Franciæ filius suus Hludowicus cum fidelibus ejus et regni primoribus regeret, usque dum ipse Roma rediret, ordinavit, et quomodo tributum [c] de parte regni Franciæ quam ante mortem Lotharii habuit, sed et de Burgundia, exigeretur, disposuit, scilicet ut de mansis indominicatis [d] solidus unus, de unoquoque manso ingenuili [4] quatuor denarii de censu dominico, et quatuor de facultate mansuarii, de manso vero servili duo denarii de censu dominico et duo de facultate mansuarii, et unusquisque episcopus de presbyteris suæ parochiæ secundum quod unicuique possibile erat, a quo plurimum quinque solidos, a quo minimum quatuor denarios episcopi de singulis presbyteris acciperent, et missis dominicis redderent. Sed et de thesauris ecclesiarum,

prout quantitas loci extitit, ad idem tributum exsolvendum acceptum fuit. Summa vero tributi fuerunt quinque milia libræ argenti ad pensam. Illi vero, tam episcopi quam et alii, qui trans Sequanam sunt de Neustria, tributum illis Nortmannis qui in Ligeri erant, secundum quod sibi ab eis fuit impositum, undecumque valuerunt, reddere procuraverunt.

Domnus autem imperator Carolus de Carisiaco Compendium, indeque per Suessionem ad Remum civitatem, et sic iter suum per Catalaunos et Pontigonem atque Lingones peragens [*Annal. Vedast. add.* contra voluntatem suorum], cum uxore et maxima auri et argenti caballorumque ac facultatum aliarum copia de Francia Italiam petiit. Et veniens ultra Jurum [5] usque ad Urbam, obviam habuit Adalgarium episcopum, quem mense Februario Romam direxit pro agenda synodo a papa Johanne, cujus exemplar isdem Adalgarius pro munere magno imperatori detulit. Summa vero ejusdem synodi post multas et multiplices laudes imperatoris hæc est, ut electio et promotio ad imperialia sceptra anno præterito Romæ celebrata, ex tunc et nunc et in perpetuum firma et stabilis manebit; quam si quis perturbare aut violare tentaverit, cujuscumque sit ordinis aut dignitatis vel professionis, anathemate [6] usque ad satisfactionem teneatur omni tempore adnexus; patratores et incitatores hujus consilii, siquidem clerici fuerint, deponantur, laici vero et monachi perpetuo anathemate feriantur, ut quia synodus anno præterito apud Pontigonem hinc habita secus Andrnacum [7] nil profuit, usquequaque ista debeat prævalere. Nunciavit etiam inter alia isdem Adalgarius imperatori, quoniam Johannes papa obviam illi Papiam veniret. Quapropter præmisit Odacrum, secundi scrinii notarium [e], Goiramnum comitem, et Pippinum atque Heribertum [f], ad procuranda ipsius papæ servitia. Ipse autem festinato perrexit [*Aimon. add.* ire] ad eum, quem obviam habuit apud Vercellis civitatem; et eo recepto cum honore maximo, perrexerunt si-

VARIANTES LECTIONES.

[1] *Hinc ab Aimoini continuatore plura de monasterio S. Germani Parisiensi addita sunt, quæ in annalibus non habentur.* Chesn. — [2] *al.* missorum *Bq.* — [3] junii *A.* — [4] ingenuo *A.* — [5] lirim *et* jurim *Aimoini codices.* — [6] anathema... adnoxius *A.* — [7] andranacum *A.* antennacum *corrigendum.*

NOTÆ.

[a] ocum Verzenai dictum, prope monasterium sancti Basoli, in diœcesi Rhemensi. Mabillonius lib. xxxvii Ann. Bened., num. 79, existimat locum esse *Visignicurt* vocatum, prope Præmonstratum. Est quoque Virciniacum villa, vulgo *Versigny*, tribus circiter leucis distans a Crespy-en-Valois. Bouq.

[a] Bouquetus corrigendum censet xviii Kal. Julii, cui assentiri nequeo. Observavi enim, in Kalendariis manuscriptis, dum voces Kalendæ, Nonæ et Idus litteris majusculis scribendæ essent, id non Kalendis Nonis et Idibus cujusque mensis, sed ea die fieri solitum, quæ prima ad dies istas referretur. Ita KALEND. IVL non diei Kalendarum Juliarum, sed diei 14 mensis Junii ascribitur; et totum spatium inde a die 14 Junii usque ad 1 Julii Kalendarum Juliarum nomine venit. Hincmarum igitur hic initium Kalendarum Jul., id est ipsum 14 d. Junii

[D] (quo synodus habita est) innuere voluisse videtur.

[b] Exstant in capitularibus Caroli Calvi, tit. 53, ubi dicuntur constituta Carisiaci xviii Kalendas Julias, indictione x. Bouq.

[c] Hæc ad conventum Compendiensem Nonis Maii habitum referenda, quem cum placito Carisiacensi confundit noster annalista. Hoc tributum laicis et ecclesiasticis fuit impositum ob Rollonem, Normannorum ducem, qui Rothomagi anno superiori sedem fixerat. Compendiensis conventus recitatur in Capitularibus Caroli Calvi, tit. 51. Bouquet.

[d] A domino ipso excultis.

[e] Id est secundiscrinium, secundum inter cancelarios.

[f] Pippinus et Heribertus, filii Pippini supra ad a. 834 memorati, nepotes Bernhardi, regis Italiæ.

mil usque Papiam. Ubi eis nunciatum est non incerta relatione, Carolomannum, Hludowici fratris sui filium, cum maxima multitudine bellatorum super eos venire; quapropter relinquentes Papiam, venerunt ad Tardunam [a], et consecrata Richildis a papa Johanne in imperatricem, mox retrorsum fugam arripuit cum thesauro versus Moriennam. Imperator autem aliquandiu una cum Johanne papa in eisdem locis immorans, exspectavit primores regni sui, Hugonem abbatem, Bosonem, Bernardum Arvernicum comitem, itemque Bernardum Gotiae markionem, quos secum ire jusserat : qui una cum aliis regni primoribus, exceptis paucis, et episcopis adversus eum conspirantes conjuraverant. Et comperiens eos non venturos, ut audierunt ipse et papa Johannes appropinquare Carolomannum, imperator post Richildem fugam arripuit, et papa Johannes versus Romam concite festinavit. Per quem Carolus imperator imaginem Salvatoris in cruce fixi, ex auro multi ponderis fabrefactam et gemmis preciosis ornatam, sancto direxit Petro apostolo.

Carolomannus vero mendaci nuncio audiens, quod imperator et papa Johannes super eum cum multitudine maxima bellatorum venirent, et ipse fugam arripuit per viam quam [1] venerat, sicque Deus more misericordiae suae conventum illum dissolvit. Carolus vero febre correptus [2], pulverem bibit quem sibi nimium dilectus ac credulus [3] medicus suus, Judaeus nomine Sedechias, transmisit, ut ea potione a febre liberaretur, insanabili veneno hausto, inter manus portantium transito monte Cinisio, perveniens ad locum qui Brios [b] dicitur, misit pro Richilde quae erat apud Moriennam, ut ad eum veniret, sicut et fecit. Et undecimo die post venenum haustum in vilissimo tugurio [4] mortuus est 2 Nonas Octobris. Quem aperientes qui cum eo erant, ablatis interaneis, et infusum vino ac aromatibus quibus poterant, et impositum locello, coeperunt ferre versus monasterium sancti Dionysii, ubi sepeliri se postulaverat. Quem pro foetore non valentes portare, miserunt eum in tonna [5] interius exteriusque picata quam coriis involverunt, quod nihil ad tollendum foetorem profecit. Unde ad cellam quamdam monachorum Lugdunensis episcopii, quae Nantoadis [c] dicitur, vix pervenientes, illud corpus cum ipsa tonna terrae mandaverunt.

Carolomannus pene usque ad mortem infirmatus et lectica delatus ad propria, per annum ita jacuit, ut a multis fuerit desperatus.

Ludovicus, accepto nuncio in Audriaca villa de morte patris sui Caroli, quos potuit conciliavit sibi, dans eis abbatias et comitatus ac villas secundum uniuscujusque postulationem. Et iter agens per Carisiacum et Compendium usque ad Vernum [6], quatenus ad sepulturam patris sui [ut putabat] apud monasterium sancti Dionysii [7] perveniret; ubi audiens [8] patrem suum [9] sepultum, et regni primores tam abbates quam comites indignatos, quia quibusdam honores dederat sine illorum consensu, et ob id adversus se conspiratos esse [10], reversus est Compendium. Ipsi autem primores cum Richilde, diripientes omnia quae in via illorum erant [11], usque ad Avennacum [d] monasterium pervenerunt, et conventum suum ad montem Witmari [12] condixerunt, indeque missos suos ad Ludovicum direxerunt, sed et Ludovicus legatos suos ad eos direxit. Et discurrentibus inter eos missis, ad hoc perventum est, ut Richildis et ipsi primores ad eum Compendium venirent, et suum conventum ad Casnum [13] e in Cotia condixerunt. Richildis Compendium ad Ludovicum veniens, in missa sancti Andreae attulit ei praeceptum, per quod pater suus illi regnum ante mortem suam tradiderat, et spatam quae vocatur sancti Petri, per quam eum de regno revestiret [14], sed et regium vestimentum et coronam ac fustem ex auro et gemmis. Et discurrentibus legatis inter Ludovicum et regni primores, et pactis honoribus singulis quos petierunt, 6 Idus Decembris consensu omnium, tam episcoporum et abbatum, quam regni primorum ceterorumque qui adfuerunt, consecratus et coronatus est in regem Ludovicus ab Hincmaro, Remorum episcopo, et episcopi se suasque ecclesias illi ad debitam defensionem et canonica [15] privilegia sibi servanda commendaverunt, profitentes secundum suum scire et posse juxta suum ministerium consilio et auxilio illi fideles fore; abbates autem ot regni primores ac vassali [16] regii se illi commendaverunt, et sacramentis secundum morem fidelitatem promiserunt.

Quando [f] Ludovicus rex, filius Caroli imperatoris, fuit coronatus in Compendio, hoc petierunt episcopi apud ipsum, sicut hic subsequitur : « A vobis perdonari nobis petimus, ut unicuique de nobis et ecclesiis nobis commissis secundum primum capitulum quod novissime in Carisiaco domnus imperator,

VARIANTES LECTIONES.

[1] qua *A.* [2] correptum *Ch.* [3] *ita Ch. B. et Hist. regum Francorum apud Bouq. VII. p.* 259. *ex cod. S. Victor. Paris. N.* 419; *Aimoinus* creditus. [4] *in v. t. deest A.* [5] *codex regius et Aimoini continuator :* Sepelierunt eum in basilica beati Eusebii martyris in civitate Vercellis, ubi requievit annis septem. Post haec autem per visionem delatum est corpus ejus in Franciam, et honorifice sepultum in basilica beati Dionysii martyris Parisius. Carlomannus vero pene, etc. *Bouq.* [6] usque arvernum *A.* [7] s. d. martyris *A.* [8] ubi audivit *Ch. A.* [9] suum vercellis s. *A.* [10] conspirasse *A.* [11] omnia quae illorum erat *Bq.* [12] witmarium *A.* [13] casinum *A.* [14] investiret *A.* [15] debita *A.* [16] vassi *A.*

NOTÆ.

[a] Dertonam vel Tortonam.

[b] Vicus editoribus incognitus, fortasse *Briançon,* non oppidum illud satis notum, sed viculus ad ripam Isaræ paulo infra *Moustiers en Tarentaise.*

[c] *Nantua.*

[d] *Avenai* in diœcesi Rhemensi. Bouquet.

[e] *Chesne-Herbelot,* modo positum extra silvam Cotiam. Bouquet.

[f] Sequentia usque ad a. 878 omisit Aimoini continuator. Omittuntur etiam in codice regio. Bouquet.

pater vester, a se et a vobis servaturum [1] « consentientibus fidelibus suis ac vestris atque apostolicæ sedis legatis, legente Gozleno denunciavit, canonicum privilegium ac debitam legem atque justitiam conservetis et defensionem exhibeatis, sicut rex in suo regno unicuique episcopo et ecclesiæ sibi commissæ juste exhibere debet. »

Ipse autem Ludowicus talem promissionem fecit illis episcopis :

« Promitto et perdono vobis, quia unicuique de vobis et ecclesiis vobis commissis secundum primum capitulum, quod novissime in Carisiaco domnus imperator, pater meus, se servaturum, consentientibus fidelibus illius ac nostris atque apostolicæ sedis legatis, legente Gozleno denunciavit, canonicum privilegium et debitam legem atque justitiam conservabo, et defensionem quantum potuero exhibebo, adjuvante Domino, sicut rex in suo regno unicuique episcopo et ecclesiæ sibi commissæ debitor est exhibere. »

Hoc est capitulum quod hic commemoratur : « De honore quoque et cultu Dei atque sanctarum ecclesiarum quæ auctore Deo sub ditione et tuitione regiminis nostri consistunt, Domino mediante decernimus, ut sicut tempore beatæ recordationis domini genitoris nostri excultæ et honoratæ atque rebus ampliatæ fuerunt, quæ a nostra liberalitate honoratæ atque ditatæ sunt, de cetero sub integritate sui serventur, et sacerdotes atque servi Dei vigorem ecclesiasticum et debita privilegia juxta reverendam auctoritatem obtineant, et eisdem principalis potestas et illustrium virorum strenuitas seu reipublicæ administratores, ut suum ministerium competenter exsequi valeant, in omnibus rationabiliter et juste concurrant, et filius noster hæc supradicta similiter Deo adjuvante conservet. »

Commendatio Ansegisi episcopi et aliorum episcoporum qui adfuerunt apud Compendium, quando benedixerunt Ludovicum, filium Caroli imperatoris.

« Me ac ecclesiam mihi commissam vobis commendo ad debitam legem et justitiam conservandam et defensionem exhibendam, sicut rex episcopis [2] ecclesiæ suæ justo judicio conservare et exhibere debet. »

Professio ipsorum.

« Ego ille ipse sic profiteor : De ista die et dein-

ceps isti seniori et regi meo Ludovico, Caroli et Hermentrudis filio, secundum meum scire et posse et meum ministerium auxilio et consilio fidelis et adjutor ero, sicut episcopus recte seniori suo debitor est, in mea fide et meo sacerdotio. »

Ad suprascriptam vero episcoporum petitionem hæc quæ sequuntur rex Ludovicus professus est episcopis, et istam ipsam donationis scripturam manu sua eis dedit in Compendio, anno Incarnationis dominicæ 877, pridie Kalendas Decembris.

Professio istius Ludovici, filii Caroli.

« Ego Ludovicus, misericordia domini Dei nostri et electione populi rex constitutus, promitto teste ecclesia Dei omnibus ordinibus, episcoporum videlicet, sacerdotum, monachorum, canonicorum atque sanctimonialium, regulas a patribus conscriptas et apostolicis attestationibus roboratas ex hoc in futurum tempus me illis ex integro servaturum. Polliceor etiam, me servaturum leges et statuta populo, qui mihi ad regendum misericordia Dei committitur, pro communi consilio fidelium nostrorum, secundum quod prædecessores mei, imperatores et reges, gestis inseruerunt, et omnino inviolabiliter tenenda et observanda decreverunt. Ego igitur Ludovicus rectitudinis et justitiæ amore hanc spontaneam promissionem meam relegens manu propria firmavi [3]. »

DCCCLXXVIII.

Anno 878 [4]. Ludovicus rex secus Suessionis in monasterio sancti Medardi nativitatem Domini celebravit, indeque ad Audriacam villam perrexit, et pascha Domini in monasterio sancti Dionysii celebravit. Ac suadente Hugone [c] abbate et marklone, perrexit ultra Sequanam, tam pro auxilio Hugonis contra Nortmannos, quam et pro eo, quod filii Gozfridi castellum et honores filii Odonis, quondam comitis, invaserunt, et Imino [5][d], frater Bernardi markionis, Ebrocensem civitatem usurpans, multas deprædationes circumcirca in illis regionibus exercebat, insuper et Eiricum [6][e] more Nortmannico deprædari præsumpsit. Et veniens Ludovicus usque Turonis, infirmatus est usque ad desperationem vitæ; sed miserante Domino aliquantulum convalescens, satagentibus quibusdam consiliariis suis et amicis Gozfridi, venit ad eum isdem Gozfridus, adducens secum filios suos ea conditione, ut castellum et honores quos invaserant, Ludovico regi redde-

VARIANTES LECTIONES.

[1] *apud Sirmondum et Baluzium in capitularibus* pater meus a se et a me servaturum.   [2] episcopos *Ch.*
[3] Anno 878 *deest B.*   [4] immo *A.* invaserunt ac ideo quia frater *Ch.*   [5] *legendumne* insuper et rotomicum?

NOTÆ.

[a] Id est servandum.
[b] Ad finem hujus anni 877 spectare videtur epistola Hincmari ad Gozlinum, abbatem sancti Germani a Pratis, quam memorat Flodoardus lib. iii, cap. 24. Gozlinus patrem habuit Roriconem comitem Cenomannensem, fratrem Gozfridum, sororem Blichildem, quæ mater fuit Bernardi Gothiæ marchionis. Bouq.

[c] Hugo, abbas et marchio, filius erat Conradi Autissiod. comitis, frater Conradi Paris. comitis, et, ut nonnulli volunt, Roberti Fortis. Bouq.
[d] Emeno, Pictaviensis comes, frater erat Bernardi, patris Bernardi rebellis. Bouquet.
[e] Ignoratur.

rent et postea per concessionem illius haberent. Tunc Gozfridus partem de Brittonibus ad regis fidelitatem convertit; sed ipsi demum fecerunt ut Brittones.

Joannes papa irascens contra Landbertum et Adalbertum comites, quia villas et civitatem ejus deprædati [1] sunt, eis horribiliter excommunicatis Roma exiit, et navigio Arelatum in die sancto pentecostes appulit, suosque nuncios [2] ad Bosonem comitem [*Aimon.*, exiit ferens secum preciosissimas reliquias, et cum Formoso episcopo Portuensi n.] misit, et per ejus auxilium usque Lugdunum venit, et inde missos [3] suos ad regem Ludovicum Turonis misit, mandans ut ei obviam veniret, quo sibi commodum foret. Ludovicus autem mittens ei obviam quosdam episcopos, petiit ut usque Trecas veniret, ipsique [3] ab episcopis istius regni stipendia dari fecit. Et quia propter suam infirmitatem ante non potuit, Kalendas Septembris [a] apud Trecas ad eum venit. Interea [b] papa Joannes [c] generalem synodum cum episcopis Galliarum et Belgicarum provinciarum agens, qualiter Landbertum et Adalbertum, Formosum quoque et Gregorium nomenculatorem, ac complices illorum Romæ excommunicaverit, relegi fecit in synodo, et consensum episcoporum in eadem excommunicatione quæsivit. Unde qui adfuerunt episcopi, petierunt, ut sicut ipse excommunicationem quam fecerat, per scripturæ lectionem recitari fecit in synodo, ita et eis concederet, ut per scripturam illi suam consensionem proferrent; et concedente ita fieri papa Joanne, in crastina episcopi hoc quod sequitur [4] diploma papæ in synodo porrexerunt :

« Domne sanctissime ac reverendissime pater patrum Joannes, catholicæ atque apostolicæ ecclesiæ, sanctæ videlicet Romanæ primæ sedis, papa. Nos filii [5], famuli tui [6], ac discipuli vestræ auctoritatis, Galliarum et Belgicarum episcopi, his quæ super vulnera dolorum vestrorum maligni homines ac ministri diaboli addentes, in sanctam matrem nostram ac magistram omnium ecclesiarum commiserunt, compatimur, et dolori vestro conflentes condolemus, atque judicium vestræ auctoritatis, quod privilegio beati Petri et sedis apostolicæ in eos et complices illorum juxta sacros canones spiritu Dei conditos et totius mundi reverentia consecratos ac secundum ejusdem sanctæ Romanæ sedis pontificum, decessorum vestrorum, decreta protulistis, voto, voce et unanimitate nostra, atque auctoritate sancti Spiritus, cujus gratia in episcopali ordine sumus consecrati, gladio Spiritus sancti [7], quod est verbum Dei, eos interimentes persequimur [8]. Scilicet quos, sicut supra diximus excommunicatis [9], excommunicatos tenemus, quos ab ecclesia abjecistis, abjicimus, quos anathematizastis, anathematizatos esse indicamus, et quos regulariter satisfacientes vestra auctoritas [*Aimon, add.* et] apostolica sedes receperit, recipiemus; sed et, ut in sacra historia de plagay Æptiaca digne a Deo inlata legimus, quia non erat domus in qua non jaceret mortuus, et non erat qui alium consolaretur, quoniam in domo sua unusquisque quod lugeret habebat, nos in nostris quoque ecclesiis lugenda lugemus; et ideo vestra auctoritate nobis subveniri cum omni mentis humilitate deposcimus, petentes ut promulgetis capitulum] vestræ auctoritatis, qualiter nos erga ecclesiarum nostrarum pervasores agere debeamus, ut censura apostolicæ sedis muniti, robutiores ac promptiores deinceps, Domino opem ferentes, contra perversos ecclesiasticarum rerum ac facultatum raptores ac vastatores sacrique ministerii episcopalis contemptores nos successoresque nostri persistere concordi sententia valeamus, ut juxta egregii prædicatoris vocem et vestræ auctoritatis promulgationem traditi Sathanæ, spiritu salvi fiant in die Domini nostri Iesu Christi [10]. »

Excommunicatio Johannis apostolici et ceterorum episcoporum qui convenerunt apud Trecas, de pervasoribus rerum ecclesiasticarum.

« De pervasoribus quippe rerum ecclesiasticarum, quos sacri canones, spiritu Dei conditi, totius mundi reverentia consecrati, et decreta pontificum sedis apostolicæ sub anathemate usque ad regularem satisfactionem esse debere constituerunt, sed et de raptoribus quos apostolus, Christo in se loquente, regnum Dei non possidere testatur, quandiu in ipso

VARIANTES LECTIONES.

[1] prædati *Ch. B.*   [2] *Al.* missos *Bq.*   [3] ibique ab e. i. r. st. sibi d. f. *A.*   [4] sequetur *A.*   [5] *deest Ch. B.*   [6] *deest A.*   [7] *deest Ch. B.*   [8] prosequimur *Ch. B.* .   [9] excommunicatis *Ch.*   [10] *Sequentia usque.* Quod diploma Iohannes *desunt in cod. regio et in Aimoini contin.*

NOTÆ.

[a] Ex epistola Joannis VIII papæ patet, Ludovicum jam Trecas advenisse (*Trecis fuisse P.*) die 18 Augusti. Bouq. — Fortasse, ut supra an. 877, initium Kalendarum, id est dies 14 Augusti, intelligendus est.

[b] In fragmento historico relato in duobus codicibus regiis et uno Sangermanensi : « Johannes papa in Gallias venit, et apud civitatem Trecas diu moratus est; habuitque synodum episcoporum, in qua Hymarus (Hincmarus) Lauduni Clavati episcopus, post avulsionem oculorum suo episcopatu est donatus. » Bouq.

[c] Ipse Joannes papa in privilegio monasterii Tornutiensis sic loquitur : « Anno Dominicæ incarnationis 878, indictione II, regnante piissimo atque gloriosissimo rege Hludovico, Caroli filio serenissimi Augusti,... ego Joannes episcopus, servus servorum Dei, atque prædictus filius noster gloriosus rex Hludovicus, constituimus conventum venerabilium archiepiscorum, necnon et præsulum totius regni Trecas civitate; quo interfuit memoratus rex piissimus. Eoque pacto precatus est nos cum filiis et fratribus nostris episcopis jam dictus gloriosus imperator, ut Tornutium monasterium,... in comitatu Cabilonensi supra Sagonnam fluvium,... privilegio nostræ auctoritatis corroboraremus. » Ubi observandum est Hludovicum imperatorem dici, licet ter antea rex vocatus fuerit. Labbei Conc. t. IX, p. 277. Bouq.

crimine permanent, per virtutem Christi et judicio A
Spiritus sancti decernimus, ut si ante proximas Kalendas Novembris easdem res quas quique usurpatores injuste pervaserunt, ecclesiis suis regulariter satisfacientes non restituerint, a communione corporis et sanguinis Christi usque ad restitutionem rerum ecclesiasticarum et satisfactionem alieni habeantur. Et sacri episcopalis ministerii ac excommunicationis ecclesiasticæ contemptores secundum evangelicam et apostolicam auctoritatem ab episcopis quorum interest commoniti [1], si regulariter satisfacientes non resipuerint, anathematis vinculo innodati usque ad satisfactionem permaneant. Et si in ipsa pertinacia permanentes obierint, nemo corpora illorum cum hymnis et psalmis sepeliat, nec memoria illorum ad sacrum altare inter fideles mortuos habeatur, dicente Apostolo et evangelista Johanne « Est peccatum ad mortem? pro illo non dico, ut quis oret. » [a] Peccatum enim ad mortem est perseverantia in peccato usque ad mortem. Et si sacri antiquorum patrum canones de his qui sibi mortem voluntarie inferunt, et qui pro suis sceleribus puniuntur, sancto inspirante Spiritu decreverunt, ut cum hymnis et psalmis eorum corpora non deferantur ad sepulturam, quorum decreta sequentes, ea quæ præmisimus de pervasoribus et raptoribus rerum et facultatum ecclesiasticarum, si non resipuerint, judicio sancti Spiritus decernimus, sicut beatus decrevit Gregorius dicens « quia tales Christiani non sunt, quosque ego « et omnes catholici episcopi, imo universalis eccle- « sia, anathematizat. »

Quod diploma Iohannes papa suæ excommunicationi adscribi fecit, et manu sua confirmans, ab omnibus episcopis in synodo subscribi fecit; deinde, ipso jubente, lecti sunt in synodo canones Sardicensis concilii et decretum papæ Leonis de episcopis sedes suas mutantibus, sed et Africani canones, et ut non fiant episcoporum translationes, sicut nec rebaptizationes vel reordinationes, pro Frotario Burdegalensi episcopo qui de Burdegalis Pictavis, indeque ad Biturigensem, civitatem exsiliisse [2] dicebatur.

Et coronatus [b] Ludovicus a Iohanne papa VII Idus Septembris, invitavit eundem papam ad domum suam, et opipare [3] pascens, honoravit eum multis donis ipse et uxor sua, et remisit eum ad Trecas civitatem; postea vero per missos suos petiit eun-

dem papam, ut uxorem illius in reginam coronaret, B
sed obtinere non potuit [c]. Frotarius autem et Adalgarius episcopi attulerunt in conventum episcoporum papæ Iohanni præceptum, per quod pater suus Ludovico regnum tradiderat, petentes ex ipsius parte, ut privilegio suo ipsum præceptum confirmaret. Tunc papa Ioannes protulit exemplar quasi facti præcepti a Carolo imperatore de [Aimon. ad. donanda] abbatia sancti Dionysii Romanæ ecclesiæ, quod compilatum consilio præfatorum episcoporum et aliorum consiliariorum Ludovici regis a plurimis credebatur, ut a Gozleno ipsam abbatiam velut ex ratione tolleret [4], et sibi habere posset; et dicente papa Iohanne, ut si vellet Ludovicus rex, ut super illius præceptum privilegium faceret, suo præcepto illud patris sui præceptum firmaret. Quod argumentum, sicut factio et non ratio, imperfectum remansit.

Denique IV Idus præfati mensis Ludovicus rex, quorumdam primorum compulsus petitionibus, venit ad apostolici mansionem, et cum eo familiariter locutus, una cum illo reversus est ad conventum episcoporum in exedram iuxta mansionem apostolici. Et post excommunicationem Hugonis, Lotharii filii, et Iminonis [5] ac complicum eorum, vim facientibus quibusdam episcopis et consentiente rege, dixit papa Iohannes, ut Hedenulfus, sua auctoritate ordinatus episcopus [d], sedem suam teneret et episcopale ministerium ageret, et Hincmarus cæcus [e], si vellet, missam cantaret, et partem de rebus episcopii Laudunensis haberet. Et cum Hedenulfus apud eundem papam peteret, ut eum ab illa sede absolveret, dicens se esse infirmum et velle intrare in [6] monasterium, hoc obtinere non potuit; sed præceptum est illi ab eo, consentiente rege atque episcopis Hincmari fautoribus, ut sedem suam teneret, et episcopale ministerium ageret. Qui fautores Hincmari audientes, quod papa Iohannes dixerit, ut si vellet Hincmarus cæcus, missam cantaret, et rex consenserit [7], ut partem de episcopio Laudunensi haberet, insperate aliarum provinciarum episcopi, sed et aliarum regionum metropolitani, sine præceptione papæ Hincmarum, vestimentis sacerdotalibus indutum, in præsentiam ipsius papæ adduxerunt; indeque sublatum cantantes in ecclesiam illum duxerunt, et signum benedictionis [f] super populum dare fecerunt: sicoue synodus illa soluta est.

VARIANTES LECTIONES.

[1] communione *Ch.*   [2] exilisse *Ch. B.*   [3] oppirare *Ch.*   [4] tollere *A.*   [5] immonis *Ch.*   limnonis *A.*   [6] *deest Ch.*   [7] consentiret *Ch. B.*

NOTÆ.

[a] I Joan. v, 16, 13.

[b] Hæc Ludovici Balbi coronatio regia tantum fuit, non imperialis, ut multi cum Baronio existimarunt; licet Joannes papa in eum imperium transferre studuerit, ob idque a Romanis vexatus, Urbe hoc anno excedere coactus sit, ut refert Sigebertus in Chronico. Bouq.

[c] Ludovicus, ut uxorem ipsius reginam Joannes coronaret, impetrare non potuit, quod illa, priori rejecta conjuge, superducta esset. Mabillonius lib. xxxviii, annal. Benedict., num. 4. Cf. Regionis Chron. a. 878.

[d] Laudunensis.

[e] Hincmarus Laudunensis libellum seu proclamationem Joanni papæ in synodo Trecensi obtulit contra Hincmarum, Rhemorum archiepiscopum, et omnium animos ad commiserationem commovit: « Transmissus sum, inquit, in exsilium, in quo per duos annos sumus, sed aliquanto tempore ferro vinctus custoditus sum, duobus annis ferme peractis insuper cæcatus sum, et usque modo retentus, ad vos et ad vestræ piissimæ serenitatis præsentiam, mox ut venire dimissus potui, accessi, » etc. Vide tom. IX. Concil. pag. 315. Bouq.

[f] Hincmarus inglorius in sua illa sacerdotali parte

In crastina [1] Ludovicus rex, invitatus a Bosone, ad domum illius perrexit cum quibusdam primoribus consiliariis suis; et pastus et honoratus ab illo, sed et ab uxore ipsius, desponsavit filiam Bosonis Carolomanno filio suo, et cum consilio ipsorum consiliariorum suorum dispartitus est honores Bernardi, Gothiæ markionis, per Theodericum [2] camerarium, et Bernardum comitem Arvernicum, et per alios secreto [3] dispositos.

Papa Johannes Trecas [4] movens, Cabillonem [5] petiit, indeque per Moriennam iter agens, per clusas [6] montis Cinisii Italiam a Bosone et uxore illius deductus introivit.

Ludovicus rex Trecas [7] Compendium reversus, audita renunciatione legatorum suorum, quos ad consobrinum [8] suum Ludovicum pro pace inter se obtinenda direxerat, cum quibusdam consiliariis suis venit usque ad Heristallium; et Kalendas Novembris simul convenientes apud Marsnam, utrimque pax firmata est inter eos, et condixerunt placitum in purificatione sanctæ Mariæ, ut simul iterum convenirent, Ludovicus Caroli filius ad Gundulfi villam, et Ludovicus Ludovici filius circa eundem locum in commoditate sua. In ipso quidem placito hæc quæ sequuntur inter eos consensu fidelium illorum [9] servanda convenerunt :

Conventio quæ inter gloriosos reges, Ludovicum filium Caroli imperatoris, itemque Ludovicum filium regis Ludovici, in loco qui vocatur Furonis [10] a, Kalendas Novembris, ipsis et communibus fidelibus ipsorum faventibus et consentientibus, facta est, anno incarnationis Dominicæ 878 [11] inditione 11, dicente [12] rege Ludovico filio Caroli :

« Sicut inter patrem meum Carolum et patrem vestrum Ludovicum regnum Lotharii divisum fuit, volumus ut ita consistat. Et si aliquis nostrorum fidelium de regno paris [13] sui ex hoc aliquid purprisum [14] habet, jussu nostro illud dimittat. De regno vero quod Ludovicus imperator Italiæ [15] habuit, quia nec dum ex illo aliqua divisio facta est, quicumque modo illud tenet, ita teneat, donec Domino volente iterum simul venientes, cum communibus fidelibus nostris inveniamus et diffiniamus, quid [16] ex hoc melius et justius nobis visum fuerit. De regno autem Italiæ, quia modo nulla ratio esse potest, omnes sciant, quia partem nostram de illo regno et requisivimus et requirimus, et Domino auxiliante requiremus. »

Ista sequenti die statuta sunt :

CAP. I. « Ut quia firmitas amicitiæ et conjunctionis nostræ modo, quibusdam præpedientibus causis, esse non potuit, usque ad illud placitum, quo simul ut [17] conveniamus statutum habemus, talis [18] enim amicitia inter nos manebit Domino auxiliante de corde puro et conscientia bona et fide non ficta, ut nemo suo pari vitam, regnum aut fideles suos, vel aliquid quod ad salutem sive prosperitatem ac honorem regni pertinet, discupiat aut forsconsiliet. [19] »

CAP. II. « Ut si in [20] cujuscumque [21] nostrum regno pagani sive pseudochristiani insurrexerint, unusquisque [22] veraciter suum parem, ubicumque necesse [23] fuerit et ipse rationabiliter potuerit, aut per semetipsum aut per suos fideles et consilio et auxilio prout melius [24] potuerit adjuvet. »

CAP. III. « Ut si ego vobis superstes fuero, filium vestrum Ludovicum adhuc parvulum, et alios filios vestros quos vobis Dominus donaverit, ut regnum paternum hereditario jure quiete tenere possint, et consilio et auxilio, prout melius potuero, adjuvabo. Si autem vos mihi superstes fueritis, filios meos Ludovicum et Carolomannum, et alios quos divina pietas mihi donare voluerit, ut regnum paternum quiete tenere possint, similiter et consilio et auxilio, prout melius [25] potueritis, ut adjuvetis rogo. [26] »

CAP. IV. « Ut si aliqui susurrones et detractores, et qui paci nostræ invident et quietum regnum esse non patiuntur, inter nos lites et contentiones atque discordias seminare voluerint, nullus [27] nostrum hoc recipiat aut libenter accepiet, nisi forte hoc ad rationem coram nobis utrisque et communibus fidelibus nostris perducere voluerit. Si vero hoc noluerit, cum nullo [28] nostrum aliquam societatem habeat, sed omnes [29] illum, sicut mendacem falsatorem [30] et inter fratres volentem seminare discordias, communiter a nobis abjiciamus, ne de cetero quisque talia mendacia auribus nostris inserere [31] audeat. »

CAP. V. « Ut communiter, prout citius potuerimus, missos nostros ad Carolomannum et Caro-

[1] crastino *A.*   [2] theodoroticum *Ch.*   [3] secrete *A.*; *legendum videtur* decreto dispositos.   [4] trecis *A.* [5] cavillonem *Ch.*   [6] claustra *A.*   [7] rex a trecis *A.*   [8] sobrinum *Ch. B.*   [9] suorum *A.*   [10] furoni *A.* [11] DCCCLXXIX. ind. duodecima *A. Sirm. Baluz.*   [12] d. r. l. f. c. *deest. A.*   [13] patris *Ch. Bq.*   [14] purprisum *apud Sirmondum, Baluzium, Aimoini continuatorem et in codice regio;* usurpatum *Ch. B.* [15] in italia *A.*   [16] *Al.* quod *Bq.*   [17] *deest Ch.*   [18] talis amicitia inter nos maneat *Sirm., Baluz., Aimoini Cont. cod. regius.*   [19] pertinet, non velit aut forte consiliet *Ch. B.*   [20] in *deest Ch.*   [21] alterutrius *A.* [22] uterque *A.*   [23] necessitas illi fuerit *A.*   [24] quam optime *A.*   [25] quam optime *A.*   [26] Adjuvabitis *A.* [27] neuter *A.*   [28] neutro *A.*   [29] uterque *A.*   [30] *Al.* falsarium *Bq.*   [31] inferre *Ch. B.*

non multo post obiit; tunc etiam commendatus ab Hincmaro avunculo, qui Hugoni abbati scripsisse legitur apud Flodoardum lib. III, c. 24. « Notificat etiam illi obitum Hincmari nepotis sui, Laudunensis episcopi, rogans ut pro ejus animæ remedio per subjectos ac familiares suos Domini misericordiam deprecari satagat. » Idem autem Rhemensis Hincmarus illo in concilio plurimis a Joanne papa honoribus affectus, apologetico generali omnibus suis ad-versariis satisfecit : de quo ibidem Flodoardus capp. 21 et 29. Bouq.

a Foron a Trajecto et Aquisgrano æque distans. Feruntur ibi superesse etiamnum fossæ et aggeres et rudera fundamentorum veteris castri in proximo colle, *Opdesœle* dicto, ut Miræus ait, quas esse reliquias existimo veteris palatii Furonensis. Vales., Notit. Gall., p. 212.

lum, gloriosos reges, dirigamus, qui eos [1] ad placitum quod octavo Idus Februarii statutum habemus invitent, et ut nullatenus venire differant, obsecrent; [2] et si secundum quod optamus venire voluerint [3], communiter nos ad Dei voluntatem et sanctæ Ecclesiæ salvationem, ac communem honorem nostrum ac profectum, atque salvamentum totius populi Christiani nobis commissi, Domino cooperante, ita conjungamus, ut de cetero in eo qui unus est, unum simus et unum velimus, et [4] idipsum dicamus, secundum Apostolum, et faciamus omnes, et [5] non sint in nobis ulla schismata. [6] »

Cap. VI. « Si autem illi, obsecratione nostra vocati et invitati, aut missi eorum, ad præfatum placitum venire distulerint, nos, secundum quod statutum habemus, illuc omnino venire, et nos secundum Dei voluntatem conjungere omnimodis non omittamus, nisi forte talis inevitabilis necessitas evenerit, pro qua id fieri nullatenus possit. Et si hoc acciderit, ad tempus quisque [7] pari suo hoc rescire faciat; et propterea amicitia nostra nec minuatur nec immutetur, donec Domino jubente congruo tempore perfecte confirmetur. »

Cap. VII. « Ut res ecclesiarum in cujuscumque regno caput fuerit, tam de episcopatibus quam de abbatiis, sine ulla contradictione rectores ipsarum ecclesiarum illas possideant; et si aliquid ibi mali factum [8] a quoquam est, in cujuscumque regno illæ res consistunt, legaliter [9] exinde justitiam reddere faciat. »

Cap. VIII. « Et quia per vagos et in tyrannica consuetudine inreverentes homines pax et quies regui perturbari solet, volumus ut ad quemcumque nostrum talis venerit, ut de his quæ egit rationem et justitiam subterfugere possit, nemo ex nobis [10] illum ad aliud recipiat vel retineat, nisi ut ad rectam rationem et debitam emendationem perducatur. Et si rationem rectam subterfugerit, omnes [11] in commune, in cujus regnum venerit, illum persequamur, donec aut ad rationem perducatur, aut de regno expellatur vel deleatur. »

Cap. IX. « Volumus ut hi qui merito proprietatem illorum in regno nostro perdiderunt [12], ita judicentur, sicut temporibus nostrorum antecessorum inventum fuit; qui vero dicunt injuste se proprietatem illorum [13] perdidisse, veniant in nostram præsentiam, et sicut justum est, ita illis [14] judicetur, et sua recipiant. »

Hoc dicto, Ludovicus Ludovici filius ad sua rediit, et Ludovicus Caroli filius per Arduennam veniens,

DCCCLXXIX.

anno incarnationis Dominicæ, in Longlario nativitatem Domini celebravit. Et aliquandiu in Arduenna demorans indeque iter agens, circa purificationem sanctæ Mariæ ad Pontigonem venit, unde volens ire in partes Augustoduni ad comprimendam rebellionem Bernardi [a] markionis, usque ad Trecas perrexit. Sed quia ingravescente infirmitate sua — dicebatur enim veneno infectus — longius ire non potuit, filium et æquivocum suum Ludovicum bajulationi Bernardi [b], comitis Arvernici, specialiter committens, Hugonem [c] abbatem et Bosonem, et præfatum Bernardum cum filio suo, sed et Theodericum cum sociis suis, Augustudunum misit, quatenus ipsum comitatum ad opus Theoderici, cui antea illum [15] dederat, evindicarent. Ipse autem cum magna difficultate per Jodrum [16] [d] monasterium Compendium venit, et sentiens se mortem [17] evadere non posse, per Odonem, Belvacensem [18] episcopum, et Albuinum comitem coronam et spatam ac reliquum regium apparatum filio suo Ludovico misit, mandans illis qui cum eo erant, ut eum in regem sacrari ac coronari facerent. Ipse autem, iv Idus Aprilis in die parasceves jam vespere obiit; et in crastina, scilicet in vigilia sancti Paschae, in ecclesia sanctæ Mariæ sepultus fuit.

Audientes autem Odo et Albuinus illum esse defunctum, quæ portaverant Theoderico camerario dederunt, et cum festinatione reversi sunt. Illi autem qui cum Hludowico [19] filio regis erant, audita morte patris ipsius infantis, mandaverunt primoribus qui in istis [20] partibus erant, ut apud Meldis convenirent obviam eis, et [21] ibi tractarent, quid de cetero agere deberent. Inter Bosonem autem et Theodericum mediante Hugone abbate conventum est, ut Boso comitatum Augustodunum haberet, et Theodericus abbatias quas Boso in istis partibus habuerat, in commutatione acciperet. Gozlenus [e] denique abbas,

VARIANTES LECTIONES.

[1] qni ad... invitentur, ut nullatenus... obsecrentur *Ch. B.* [2] qui eos ad placitum... invitent, et ut nullatenus venire differant obsecrent *Sirm. et Baluz.* [3] valuerint *Ch. B.* [4] *Deest Ch.* [5] omnes ut non *Ch.* [6] scismata *Ch. A.* [7] uterque *A.* [8] misfactum *Sirm. et Baluz.* ibi injustum factum *A.* [9] regulariter *Ch. B.* [10] P. neuter nostrum *A.* [11] uterque *A.* [12] perdiderint *Ch. A.* [13] Suam *Ch.* [14] ita de illis *Ch.* [15] illud *Ch. A.* [16] per adiodrum *A.* [17] se ab infirmitate liberari non posse *A.* [18] belgivacensem *Ch. A.* [19] *deest Ch. B.* [20] illis *Ch. B.* [21] ut *A.*

NOTÆ.

[a] Bernardus iste, alterius Bernardi et Blichildis, Roriconis Cenomannensis comitis filiæ, filius, Gothiæ marchionatu donatus fuerat anno 865 post Humfridum. Anno 878 in Trecensi synodo anathemate percussus est et honoribus privatus. *Bouq.*

[b] Bernardus, Arvernicus comes, filius erat Bernardi, Septimaniæ ducis, et Dodanæ. Pater fuit Guillelmi pii. Anno 878 Gothiæ marchionatu donatus est; obiit anno 886. *Bouq.*

[c] Hugo abbas, Couradi comitis filius, mortuus est anno 886. Boso dux erat Provinciæ, Theodericus, Ludovici Balbi camerarius, Augustodunensis comes. *Bouq.*

[d] Vulgo *Jouarre*, in pago Meldensi. *Bouq.*

[e] Goslinus, qui sancti Germani a Pratis et sancti Dionysii abbas fuit, et postea Parisiensis episcopus, erat filius Roriconis, Cenomannensis comitis, frater Blichildis, matris Bernardi Gothiæ marchionis, de quo supra. *Bouq.*

memor injuriarum ac insidiarum suarum, quas a **A** core Gozlenum et Chuonradum ac complices illorum rejecerunt, et accepta regni parte sibi oblata, Ludovicus ad palatium suum Franconofurd rediit.

suis æmulis tempore præcedenti sustinuerat, fisus de familiaritate quam cum Ludovico, Germaniæ rege, et cum uxore illius atque cum primoribus illius terræ, quando captus in bello apud Andruacum et trans Rhenum ductus fuerat, obtinuit, cœpit cogitare qualiter talionem suis contrariis redderet, et Chuonradum [1][a], Parisiaci comitem, spe falsa de præcellenti potestate deludens, et quædam ingenia [2] qualiter id exsequi posset enarrans, sibi conjunxit; et ante quam illi qui cum regis filio erant, ad condictum placitum apud Meldis venirent, acceleraverunt [*Aimon. add.* dicti Goslinus et Conradus] quoscumque potuerunt episcopos et abbates atque potentes homines ad conventum vocare, ubi Thara [b] Isaram [3] influit, eo sub obtentu, ut quia rex defunctus **B** erat, unanimiter tractarent de regni pace atque utilitate. His autem qui convenêrant, persuaserunt, ut Ludovicum, Germaniæ regem, in hoc regno convocarent, et ejus largitione honores quos hactenus obtinere non potuerunt, sine ulla dubitatione haberent. Et miserunt nuncios [4] suos ad prædictum Ludovicum et uxorem ejus, mandantes ut usque Mettis venire accelerarent, et illuc omnes episcopos et abbates ac primores istius regni [5] ad illum perducere possent; sicque per Silvacum [c] et secus Axonam multas deprædationes ac rapinas facientes, usque ad Viridunum venerunt. Veniente autem Ludovico Mettis, iterum ad illum nuncios miserunt, postulantes ut usque ad Viridunum veniret, quatenus commodius populum istius regni ad illum perducere **C** possent. Veniens autem Ludovicus usque ad Viridunum, tanta mala exercitus ejus in omnibus nequitiis egit, ut paganorum [6] mala facta illorum vincere viderentur.

Audientes autem Hugo et Boso ac Theodericus et illorum socii quæ Gozlenus et Chuonradus cum illorum complicibus machinabantur, miserunt Vultarium [7], episcopum Aurelianensem, et Goiramnum ac Anscherum comites ad Ludovicum apud Viridunum, ut ei offerrent partem de regno Lotharii junioris, quam Carolus contra fratrem suum Ludovicum, ipsius Ludovici patrem, acceperat, ut accepta illa portione regni, in regnum suum rediret, et quod reliquum de regno patris sui Caroli Ludovicus habuit, filiis suis [8] consentiret. Ludovicus vero et **D** sui acceptam habentes talem oblationem, cum dede-

Audiens autem hoc uxor illius, satis moleste tulit, dicens, quia si illa cum eo venisset, totum istud regnum haberet. Angustiantes autem Gozlenus et Chuonradus, ad ipsam reginam fecerunt confugium, querimoniam agentes qualiter essent decepti; et acceptis missis [*id. add.* ad socios suos], qui eos de parte Ludovici confortarent, sed et alios quasi obsides, reversi sunt, rapinas et deprædationes facientes quocumque pervenire potuerunt, renunciantes sociis suis, Ludovicum quantocius cum magno exercitu venturum, quoniam ad præsens venire non poterat, quia nunciatum est ei non incerta relatione, fratrem suum Carolomannum, paralysi percussum et jam morti vicinum, cum abiret decessisse [9], suumque filium de concubina, nomine Arnulfum, partem regni illius occupasse, et ideo in illa parte [10] festinus pergeret, sicut et fecit. Sopita vero, sicut potuit, in illis partibus commotione, reversus est ad uxorem suam. Audientes autem Hugo abbas et ceteri primores, qui cum filiis quondam senioris sui Ludovici, Ludovico [11] scilicet et Carolomanno, agebant, Ludovicum cum uxore sua in istas partes venturum, quosdam episcopos, Ansegisum [12][d] et alios, miserunt ad Ferrarias monasterium, et ibi eos consecrari et coronari in reges fecerunt.

Interea Boso, persuadente uxore sua, quæ nolle vivere se dicebat, si, filia imperatoris Italiæ et desponsata imperatori Græciæ [e], maritum suum regem non faceret, partim comminatione constrictis, partim cupiditate illectis pro abbatiis et villis eis promissis et postea datis, episcopis illarum partium persuasit, ut eum in regem ungerent [f] et coronarent. Hugo etiam, filius junioris Lotharii ex Waldrada, collecta prædonum multitudine, regnum patris sui est molitus invadere.

Carolus, Ludovici quondam Germaniæ regis filius, in Langobardiam [13] perrexit, et ipsum regnum obtinuit; cum quo apud Urbam, antequam montem Iovis transiret, Ludovicus et Carolomannus loqui perrexerunt. Et illo eunte in Langobardiam, ipsisque reversis ab eodem itinere, nuntiatum est eis, quod Nortmanni qui erant in Ligeri, terreno itinere terras illas deprædabantur [14]; et statim moti in illas partes, in die missæ sancti Andreæ eos invenientes, multos

[1] chuonrardum *Ch. B.*   [2] q. subtilia media *A.*   [3] naram *A.*   [4] *al.* missos *Bq.*   [5] obviam ei adducerent *A.*   [6] sarracenorum *A.*   [7] gualterum *A.*   [8] ejus filios posidere consentiret *A.*   [9] C. a. d. *deest Ch. B.*   [10] illas partes *A.*   [11] l. sc. et c. *deest A.*   [12] A. et a. *deest. A.*   [13] longobardia *Ch.*   [14] deprædabant *Ch. B.*

NOTÆ.

[a] Conradus, Paris. comes, filius erat Conradi, Antissiod. comitis, frater Hugonis abbatis. *Bouq.*

[b] *Le Tairin*, influit in Isaram apud *Creil. Bouq.*

[c] *Servais* prope *la Fère. Bouq.*

[d] Id tamen nullo præsente metropolitano factum ait Ivo episc. Carnot. epist. 189, ubi solius Ludovici et uxoris ejus meminit. Verum Carlomannus ipse post tres annos, cum, mortuo fratre, denuo coronatus est Carisiaci, meminit scripti quod in Ferrariarum monasterio coram altare sancti Petri tunc perdonavit, se scilicet unicuique episcoporum et ecclesiis eis commissis canonicum privilegium et debitam legem atque justitiam conservaturum, et defensionem exhibiturum. Mabillonius lib. xxxviii annal. Bened., num. 21. *Bouq.*

[e] Constantino, Basilii imperatoris filio. *Bouq.*

[f] Illud reipsa præstitere in concilio Mantalensi. *Bouq.*

ex eis occiderunt, et plures in Vencenna [a] fluvio immerserunt [1], et exercitus Francorum Deo volente cum victoria incolomis remeavit.

DCCCLXXX.

Anno incarnati Verbi 880, Ludovicus, rex Germaniæ, una cum uxore sua ab Aquis in istas partes iter arripuit, et usque ad Duziacum [2] [b] venit, ubi Gozlenus et Chuonradus obviam illi venerunt, quamplurimis jam de illorum complicibus ab illorum societate retractis. Indeque Ludovicus et uxor sua ad Attiniacum, indeque ad Ercuriacum [3] [c], et sic usque Ribodimontem pervenerunt; et videntes quia Gozlenus et Chuonradus quod ei polliciti fuerant attendere nequiverunt, et ipse ac uxor sua quæ speraverant obtinere non possent, pactis [4] amicitiis cum filiis Ludovici [5] et condicto placito futuro mense Gunio ad Gundulfi villam, reversi sunt in patriam suam. Et inveniens Ludovicus Nortmannos in itinere, Domino opem ferente magnam ex illis partem occidit exercitus suus, sed in Saxonia magnum damnum de fidelibus suis per Nortmannos sustinuit. Filii autem Ludovici quondam regis [id. add. Francorum] reversi sunt Ambianis civitatem, et sicut fideles illorum invenerunt, regnum paternum inter se diviserunt, id est ut Ludovicus quod de [6] Francia residuum erat ex paterno regno, sed et Niustriam cum marchiis [7] suis [d] haberet [8], et Carolomannus Burgundiam et Aquitaniam cum marchiis suis haberet, et quique de proceribus secundum convenientiam, in cujus divisione honores haberent, illi se commendarent. Inde Compendium redeuntes [9], ibi pascha Domini celebraverunt, et post hæc per Remum et Catalaunis civitates ad placitum condictum mediante Iunio apud Gundulfi-Villam obviam suis consobrinis [10] [e] venerunt. Ad quod placitum Ludovicus, infirmitate detentus, venire non potuit, sed pro se missos suos direxit. Karolus autem a Langobardia rediens, illuc venit. In quo placito communi consensu inventum est, ut ipsi reges [f], Ludovici quondam filii, ad Attiniacum redirent cum scara Ludovici, Germaniæ regis, et Hugonem, Lotharii junioris filium, impeterent. Quo venientes, quia Hugonem non invenerunt, sororium illius Teutbaldum [11] bello aggressi sunt, et multis interfectis, illum in fugam verterunt; indeque cum hoste ex regnis suis una cum prædicta scara Ludovici, regis Germaniæ, prædicti reges,

ordinatis qui regnum suum contra Nortmannos in Ganto [g] residentes custodirent, in Burgundiam versus Bosonem per mensem Julium a Trecas civitate perrexerunt, Carolo rege illuc cum exercitu suo [12] in Bosonem venturo. In quo itinere ejectis [13] de castro Matiscano [h] Bosonis hominibus, ipsum castellum ceperunt, et eum comitatum Bernardo [i] cognomento Planta-pilosa dederunt; et perrexerunt simul Carolus, Ludovicus et Carolomannus ad obsidendam [14] Viennam, in qua Boso uxorem suam cum filia et magnam partem de suis hominibus relinquens, fugam ad montana quædam arripuit. Karolus autem, qui se una cum consobrinis [15] suis Viennam obsessurum promiserat, mox ut quædam sacramenta utrinque inter eos facta fuerunt [Aimon. add. illis valedicens], ab ipsa obsidione recessit, et in Italiam perrexit; indeque [id. add. citato itinere] Romam veniens, a Iohanne papa se in die nativitatis Domini in imperatorem consecrari [16] obtinuit.

DCCCLXXXI.

Anno incarnationis Dominicæ 881 [17], remanente Carolomanno cum suis contra Bosonis seditionem, Ludovicus frater ejus reversus est in partem regni sui contra Nortmannos. Qui i vastantes omnia in suo itinere, Corbeiæ monasterium et Ambianis civitatem aliaque sancta loca occupaverunt, de quibus non modicam partem occisis ceterisque fugatis, et ipse Ludovicus una cum suis retrorsum, nemine [id. add. hostium] persequente, fugam arripuit, divino manifestante judicio, quia quod a Nortmannis fuerat actum, non humana sed divina virtute patratum extiterit. Iterum namque Nortmannis regredientibus in partem regni sui, isdem Ludovicus cum quibus potuit [id. add. copiis] obviam eis [id. add. ire] perrexit, et castellum materia lignea quorumdam consiliariorum suorum hortatu in loco qui dicitur Stromus [18] clausit, quod magis ad munimen paganorum quam ad auxilium Christianorum factum fuit, quoniam ipse rex Ludovicus invenire non potuit, cui illud castellum ad custodiendum committere posset. Indeque reversus, anno Dominicæ incarnationis 882 apud Compendium nativitatem Domini, sed et sanctum Pascha celebravit.

DCCCLXXXII.

Ubi nunciatum [19] est ei, quia consobrinus [20] suus Ludovicus, Ludovici Germaniæ regis filius, inutili-

[1] absorpti perierunt A. [2] cluziacum A. [3] hercuriacum A. [4] peractis Ch. B. [5] l. regis francorum A [6] deest Ch. B. [7] al. markis Bq. [8] obtineret A. [9] redientes Ch. remeantes. A. [10] Sobrinis Ch. B. [11] al. theutboldum Ch. [12] cum hoste sua venturo cod reg. [13] electis Ch. [14] obsidendum Ch. B. [15] sobrinis Ch. B. [16] ungi A. [17] verba ista desunt Ba. [18] stromus Codex Berlin. stroms Ch. B. [19] nuntiatum Ch. [20] sobrinus Ch. B.

NOTÆ.

[a] La Vienne, quæ infra Chinon Ligeri conjungitur.

[b] Douzi-les-Prés in Mosomagensi pago ad fluvium Chier. Bouq.

[c] Ecri ad Axonam... Ribemont ad Isaram. Bouq.

[d] Id est comitatu Tolosano, Septimania, marca Hispanica, tota parte regni Lotharii, quam Boso dux invaserat. Bouq.

[e] Carolo, Ludovico et Carlomanno, Ludovici Germaniæ regis filiis. Bouq.

[f] Ludovicus et Carlomannus, filii Ludovici Balbi. Bouquet.

[g] Gent.

[h] Macon.

[i] Male Bernardus iste a Baluzio confunditur cum Bernardo Gothiæ marchione et comite Arvernensi, patre Guillelmi pii. Bouq.

i Quæ sequuntur, deflorata sunt a chronista de gestis Nortm. an. 879.

ter, sibi et ecclesiæ ac regno vivens, morti succubuit. Venientes autem primores partis illius regni quæ ipsi Ludovico in locarium [1] data fuerat, quatenus quæ pater et avus illorum habuerunt, eis consentiret [2], voluerunt se illi commendare; sed consilio primorum propter sacramenta quæ inter eum et Carolum facta fuerunt, non eos in commendationem suscepit, sed [3] scaram hostilem, cui præfecit Theodericum comitem, quasi in adjutorium illorum contra Nortmannos disposuit. Et ipse ultra Sequanam, ac si recepturus Britonum principes et bellaturus contra Nortmannos, usque Turones perrexit [4]. Ubi infirmatus est corpore, et lectica deportatus usque ad monasterium sancti Dionysii; mense Augusto ibi mortuus est et sepultus.

Primores autem regni expeditum nuntium miserunt ad Carolomannum, mandantes ut, relictis qui Viennam obsiderent et seditioni Bosonis resisterent, ipse quantocius [5] ad eos venire festinaret, quoniam hostiliter ipsi præparati erant in occursum Nortmannorum, qui civitates Coloniam et Treviris cum monasteriis sibi contiguis jam incensas haberent, et monasterium sancti Landberti in Leudico, et Promiæ [6], et Indæ [7], Aquis etiam palatium, omniaque monasteria a parrochiarum Tungrensis videlicet, Attrebatensis [8], Cameracensis, et partem Remensis parochiæ suæ ditioni addicta, et partim cum castello Mosomagensi [9], incensa, et Wallam, Mettensem episcopum, contra sacram auctoritatem et episcopale ministerium armatum et bellantem, occisum et socios ejus fugatos habebant. Ipsi autem parati erant illum recipere, et se illi commendare, sicut et fecerunt. Dum autem in eodem procinctu degeret, mense Septembrio nunciatum est illi certo nuntio, quia capta Vienna, uxorem Bosonis et filiam ejus Richardus, frater ipsius Bosonis, ad comitatum suum Augustudunensem [10] adductam habebat. Sed et Hastingus [11] et complices illius Nortmanni, ex Ligeri egressi, maritimas partes petierunt. Carolus autem, nomine imperator, contra Nortmannos venit cum multo exercitu usque ad illorum firmitatem; quo veniens concidit cor ejus, et placitamento [12]

Gotafridum cum suis, ut baptisma susciperet, et Frisiam aliosque honores quos Roricus habuerat reciperet, interventione quorumdam obtinuit [13]. Sigefrido etiam et Vurmoni illorumque complicibus plura milia argenti et auri, quæ de thesauro sancti Stephani Mettensis aliorumque sanctorum locis arripuit, eis dedit, et ad devastandam regni sui atque consobrini sui partem, sicut antea fecerant, residere permisit [*]. Hugoni autem, junioris Lotharii filio, facultates ecclesiasticas Mettensis episcopii, quas sacri canones futuro episcopo reservari præcipiunt, ad consumendum remisit [14]. Engilbergam vero, Ludovici Italiæ regis uxorem, quam imperator in Alamanniam transduxerat, per Leudoardum, Vercellensem episcopum, Iohanni papæ sicut petierat Romam remisit; et sic versus [15] Warmatiam, placitum suum Kalendas Novembris habiturus, a Nortmannis recessit. Ad quod placitum Hugo abbas, quibusdam sociis secum assumptis [16], profectus, Carolum adiit pro petitione partis regni, quam frater suus Ludovicus in locarium acceperat, ut sicut ipse Carolus olim promiserat, Carolomanno restitueret. Unde nil certi obtinuit, sed absentia illius in isto regno maximum detrimentum fecit, quia Ca-

[*] [permisit. Idem namque Sigefridus cum 40 milibus Nortmannorum Parisius [17] urbem obsederat. Sed resistente Gozlino prædicto, præsule ipsius urbis et abbate cœnobii sancti Germani, necnon Odone [18] tunc comite, postea Francorum rege, meritis sanctæ Dei genitricis Mariæ almique Germani suffragiis, prædictis principibus opem ferentibus, urbem jam dictam non valentes capere [19], abscesserunt. Tunc etiam corpus beatissimi Germani in arcisterium (asceterium) ejusdem sancti pontificis, in civitate prædicta situm, a monachis delatum fuit. Ecclesiam vero ejus in suburbio positam pagani omnibus complentes spurcitiis, devastaverunt; et plurimis ipsorum virtute sancti præsulis extinctis, confusi abscesserunt. Unde prædictus Odo gavisus miraculis, quæ in prædicta obsidione a sancto præsule Germano patrata viderat, adeptus culmen regium, vasculum, in quo nunc sanctissima pontificis membra Deo disponente requiescunt, auro et gemmis honorifice componi fecit. *Ita et Aimoini continuator; sed hæc huc male inserta, et ad annum 886 pertinent.* BOUQUET.]

VARIANTES LECTIONES.

[1] in lotharingia *A.*   [2] concederet *A.*   [3] sed et *A.*   [4] perrexit. Vir plenus omnibus immunditiis et vanittibus, infirmatus est *A.* [5] quam ocissime *A.*   [6] et proxime, et inde Aquigramense *A.*   [7] et inde Aquis *Ch. et B. Quod jure correxisse mihi videor.* [8] ambianensis *A.*   [9] *al.* mosomensi *Bq.* mosoviensi *A.*   [10] augustudinensem *Ch.* [11] astingas *Ch.*   [12] et placida mente *Ch. B.*   [13] cor ejus, ut placitamento godefridum cum suis ad baptismum susciperet, et frisiam . . . exciperet, interveniente quorumdam obtentu. *Codex reg. et A.* [14] commisit *A.*   [15] reversus *A.*   [16] assumptis perrexit pro petitione *codex Bertin.*   [17] parisianam *A.* [18] hugone *A.*   [19] accipere *A.*

NOTÆ.

a Huc referre juvat quod de Nortmannis narrat Folcuinus, abbas Laubiensis, in libro de Gestis abbatum Laubiensium tomo VI Spicilegii recitato, cap. 16. « Gens quædam aquilonaris, de qua forte dictum est : *Ab aquilone pandetur omne malum* (*Jer.* 1, 14), quam plerique Nortalbincos, alii usitatius Nortmannos vocant, piraticam agens, novo et inaudito retro ante temporibus modo Franciam est aggressa; quæ maria primum occupans, demum ostia fluminum quæ Franciam alluunt, est ingressa, subinde restans, subinde progrediens : ubi resistentem vidit neminem, quaquaversum sibi libitum visum est, ferebatur. Qui videlicet Normanni per quatuor nobilissima flumina, Rhenum et Scalt ab oriente, Sequanam et Ligerim ab occidente, Franciam ingressi, incendiis et rapinis omnia depopulantur, nulli sexui vel ætati parcentes, captivos abducunt; ipsa etiam altaria paganis manibus profanantes : quorum metu plura sanctorum corpora, et optima quæque ad tutiora loca deportantur : sed nostrorum patronorum non necesse fuit longius asportari; quoniam adjacens Tudinii castrum, idque nobis proprium et munitissimum, fecerat influentes indemnes haberi; villarum vero longe positarum erat multi exterminii desolatio. » Folcuinus mortuus est anno 990. BOUQ.

rotomannus non habuit, unde Nortmannis posset A resistere, quibusdam regni primoribus ab ipsius auxilio se retrahentibus; quapropter usque circa Laudunum castellum venerunt, et quæ in gyro ipsius castelli erant deprædati sunt et incenderunt, et disposuerunt Remis venire, indeque per Suessiones et Noviomagum pergentes, ad præfatum castellum expugnandum redire, et regnum sibi subjicere. Quod pro certo audiens Hincmarus episcopus, cujus homines de potestate Remensis episcopii cum Carolomanno erant, vix noctu cum corpore sancti Remigii et ornamentis Rhemensis ecclesiæ, sicut infirmitas corporis ejus poscebat, sella gestatoria deportatus, et canonicis ac monachis atque sanctimonialibus hac illacque dispersis, ultra Matronam in quadam villa [1] quæ Sparnacus [a] nominatur, vix fuga lapsus pervenit. Scara autem de Nortmannis [2] plenitudinem B illorum præveniens, usque ad portam Remis [3] pervenit, qui ea quæ extra civitatem invenerunt deprædati sunt, et villulas quasdam incenderunt; sed civitatem, quam nec murus nec humana manus defendit, Dei potentia et sanctorum merita, ne illam ingrederentur, defenderunt. Carolomannus autem Nortmannorum superventionem audiens, cum quibus potuit (Aimon. add. copiis) eos aggressus est, et magnam partem de his qui prædam ducebant occidit, et partim in Axona necati sunt; maxime autem ex illis qui Remum [4] adierunt, volentibus ad socios suos redire, prædam excussit. Major vero et C

fortior pars de Nortmannis in quadam villa quæ vocatur Avallis [b] se reclusit, ubi eos illi qui erant cum Carolomanno, sine periculo sui adire nequiverunt; unde circa vesperam pedetentim retro reversi, in vicinis villis se collocaverunt. Nortmanni vero, mox ut luna eis illuxit [5], ab ipsa villa egressi, itinere quo venerant redierunt.

[redierunt. Odelricus [c] episcopus, Rodulfus archidiaconus, et omnis Remensis ecclesiæ clerus, omnibus ecclesiæ Dei filiis. Quidam perversi et nefarii homines templum Dei cum scelerata mente introeuntes, dum clementiam Dei exorare, et precibus deberent insistere, furtis et sacrilegiis instinctu diabolico non metuunt inhiare : ex quibus quidam, quos adhuc ignoramus, ingredientes hanc beatæ Dei genitricis Mariæ basilicam, pallium desuper altari sanctæ crucis non timuerunt auferre : sed et alia quædam nuper ablata sunt inde, linteamina videlicet ex lecto Frederici custodis ecclesiæ; sed et de capella sancti Petri infra claustrum ablatum est vestimentum sacerdotale in præsenti, in præterito vero anno liber missalis. Quarum omnium rerum fraudatores et sacrilegos excommunicamus et anathematizamus per virtutem et auctoritatem Dei omnipotentis Patris et Filii et Spiritus sancti, in virtute sanctæ crucis, et virginitate beatæ Dei genitricis Mariæ, et auctoritate sancti Petri apostolorum principis omniumque sanctorum, ut sint excommunicati et separati a participatione corporis et sanguinis Christi, et ingressu ecclesiæ, omnique Christianorum societate, donec ad emendationem et satisfactionem veniant, vel prædicta quæ abstulerunt huic ecclesiæ reddant. *Ita codex Bertinianus.*]

VARIANTES LECTIONES.

[1] quandam villam *A.*　[2] nortmannorum plenum exercitum præveniens *A.*　[3] remi *Ch.* remensem *A.*　[4] remos adierant *A.*　[5] alluxit *A.*

NOTÆ.

[a] *Epernay.*
[b] Avallis non procul ab urbe Rhemis, hodieque nomen servat; vocatur enim *Avaux*, estque comitivæ titulo illustris. Valesius in Not. Gall., p. 549.
[c] Odelricus annis 962-969 præsulatu Rhemensi functus est.

INDEX RERUM ET VERBORUM

HINCMARI SCRIPTA MAJORIS MOMENTI.

(Revocatur Lector ad numeros crassiori charactere in textu expressos.)

A

Antichristus, 212, 215, 216, 220, 398, 401, 402. Homo erit, 217.

Antonini Pii lex de repudiis, 674.

Apostolicus, papa, 686.

Aqua die Dominico benedicenda, 711.

Aquæ calidæ vel frigidæ judicium, 603, 604, etc. Frigidæ, 609, 610, 611.

Aquense palatium, 568, 574. Aquisgrani conventus in causa Tetbergæ, 583. Aquensis ejusdem conventus libelli ab Hincmaro refutati, 568, 570, 573. Tomus, 575.

Arator trinam potestatem in Deo dicit, 415, 466. Quo sensu, 502. Trinam fidem, 499, 500.

Arausica synodus, cui beatus Cæsarius ex delegatione sedis apostolicæ præsedit, et capitula ab apostolica sede directa protulit, 48, 134. Pleraque capitula ex Prosperi sententiis desumpsit, 135, 142.

Archidiaconis in parochiarum visitatione quæ potissimum curanda et quæ cavenda, 738, 739, 740, 741.

Arnulfus Tullensis episcopus in coronatione Caroli Calvi in regno Lotharii, 744.

Aruspices, 655.

Athanasii symbolum, 309, 437, 452, 469, 540. Sermo de fide, cujus initium est : *Quicunque vult salvus esse*, presbyteris discendus, 710. Libri octo contra Arianos, 423. De propriis personis et de unito nomine Trinitatis, 418. Liber primus, de Trinitate, 424, 481, 492, 497, 502, 505. Liber secundus, 482, 492. Quartus, 477. Sextus, 480, 488. Septimus, 445. Octavus, 507. Decimus, 497, 507.

Attiniacum palatium, 594.

Atto Virdunensis episcopus in concilio Aquensi, 575. In coronatione Caroli in regno Lotharii, 744.

Auctor libri de tenenda veritate Scripturæ, 132, 212.

Augustinus Prædestinatianam hæresim non ignoravit, 11. Eam refellit in libro de Prædest. sanctorum et aliis, 233, 307. Priores suos libros posterioribus correxit, 99. Trinam deitatem non sensit, 453, 454. Prædestinatos ad interitum interdum dixit, 22, 35. Postea emendavit, 86. Vasa iræ et gloriæ quomodo exponat, 36, 37. Dissentit ab Hilario et Hieronymo, 23. Augustini postrema opera et obitus, 5. Liber falsatus a Gothescalco, 450, 451, 452. Obtrectatores a Cœlestino perstricti, 10, et a Prospero, 11, 12, 13, 14. Liber Hypognosticon, 9, 60, 86, 124, 362.

B

Baltfridus Baiocensis episcopus, 325. Baptismi gratia remittuntur peccata etiam sequentia, 306. Triplex mersio, unum baptisma, 492, 493, etc. Scrutinium et ordo, fons lapideus, aut vas, 711. Cum aqua diluvii comparatio, 237. Baptismi perceptio et fruct., 226, 227, etc., 238, 239, 308, 309, etc. Baptismo redemptos perire posse contra Gothescalcum, 315, 316. Baptismum ab iis qui prædestinati ad vitam non sunt, peccatum originale non auferre, prædestinatorum error, 314, 369.

Bartolomæus episcopus restitutionem a Sergio papa non impetrat, 323.

Batradus episcopus, 325.

Bavo abbas Orbacensis, 21, 325.

Bedæ Chronicum, 5, 23, 24, 215. Collectio de libris sancti Augustini super Apostolum, 10.

Bernardus abbas Floriaci, 323.

Benedictus quos hymnos probarit, 436. De monachis indisciplinatis quid sentiat, 443, 444, 554.

Boëtii et Symmachi consulatus, 24. Liber de Consolatione Philosophiæ, 211. Ad Joannem Disconum, postea papam, 460, 519. De Trinitate ad Symmachum, 460, 474, 479. Contra Nestorium et Eutychem, 521.

Bonoilus, 27. Synodalis conventus apud Bonoilum, 27.

Bonus episcopus, 325.

Bosonis uxor, 676, 680, 691, 692.

Bretdingus Matiscensium episcopus, 323.

Brionensis tumultus, 323.

C

Cæsarius, Arelatensis episcopus, Hilarii in ordine suo successor, 142. Synodo Arausicanæ ex delegatione sedis apostolicæ præsedit, 48, 134, 142.

Caminatæ per cœmeteria ne fiant, 731.

Capellam domi habere sine episcopi licentia fas non est, 740. Capellæ extra ecclesiam principalem seu matricem, 716, 740. Vacantes sine consultu episcopi obtineri non possint, 715. Ab Ecclesiis suis ad alias non transferendæ, 740. Capellas parochiæ suæ omnes descriptas episcopus habeat, 740.

Capitula quatuor veterum Prædestinatorum, 62, 63. Quatuor Gothescalci, 20, 25. Quatuor his opposita, ab Hincmaro edita in Synodo Carisiaca, quæ fuerint, 65. In Synodo Valentina explosa sunt, 65, et ab Hincmaro singillatim defensa. Primum cap. 16, 66, etc. Secundum cap. 21, 118,

etc. Tertium cap. 24, 149, etc. Quartum cap. 27, 217, etc.

Capitula Lingonensia eadem cum Valentinis, 1, 2. Horum compositor passim reprehenditur, 27, 28, 29, 47, 48, 50, 51, 56, 131, 132, 141, 211, 317, etc.

Capitula quatuor Prudentii, 118. Alia ejusdem septuaginta octo, 231, 232. Decem et novem Joannis Scoti, 231, 232. Capitula alia in synodo Tullensi prolata, 2

Capreolus Carthaginensis episcopus, 15.

Carisiacum palatium, 21, 747.

Carolus Magnus imp., 612.

Caroli Calvi coronatio in regno Lotharii, 745. Hincmari ad illum epistola, 1.

Cassiauus taxatur a Gothescalco, 118.

Catechumenorum exorcismi et orationes, 79.

Characteres magici, 656.

Chresimon, nota, 414.

Christianus episcopus, 325.

Christus, in quantum homo, prædestinatus, 55, 81. Ad infernos descendens quos liberarit, 216, 218. Per Christum salvati omnes justi tum Novi tum Veteris Testamenti, 234, 235, etc., 240, 241, 245, 392. Pro omnibus passus est, etiam pro impiis, 219, 220, etc., 299, 391, 392. Non pro omnibus passum dixerunt Prudentius et Gothescalcus, 248. Quibus argumentis Prædestinatiani id probare contendant, 392. Pro omnibus passum docent Dionysius, 248. Cyprianus, 249. Hilarius, 249. Athanasius, 251. Gregorius Naz., 251. Basilius, 252. Ambrosius, 253. Chrysostomus, 259. Hieronymus, 263. Augustinus, 264. Prosper., 269. Cyrillus, 273. Leo, 274. Gregorius, 280. Beda, 282. Cassiodorus, 283. Et si pro omnibus passus est, non omnes tamen ejus passione sunt redempti, 284, 285, 293, 296, 404, 405, etc. Ejus passio quibus non prosit.

Circumcisio contra originale peccatum, 239, 248.

Clodovei regis baptismus, 744.

Compendium palatium, 747.

Compotus presbytero necessarius, 712.

Cœlestinus prædestinatianos auctoritate apostolica redarguit atque compressit, 14, 234, 432. Synodum contra illos in Gallia convocari jussit, 15, 234. Ejus ad Gallos epistola cum capitulis, 133.

Concubina quomodo uxor fieri possit, 670, etc.

Confessio et absolutio peccatorum, 570, 571. Confessio non publicanda, 572, 573, 614, 676. Confessio libellaris, 326, 577. Sibi confessis an patrocinia debeant episcopi, 676, 677.

Confluentes, 691.

Confratriæ quomodo celebrandæ, 715.

Conjugia qualiter ineunda, 586. Qualiter separari valeant, 588, 589, etc. Confessionis secretæ libello separari nequeunt, 624, 625, 676. Conjugii dissolvendi difficilior est ratio, quam episcopatus abrogandi, 579, 580. Viri et feminæ lex eadem, 579, 669, 674. Ad continentiam transire conjuges, nisi ex mutuo consensu, non possunt, 681, 682. Maleficia in legitimo conjugio fieri cur Deus permittat, 662. Licitum in conjugio quo pacto fiat illicitum, et contra, 669, 670.

Crispio episcopus, 325.

Crucis Christi evacuatio, 500.

Cynici philosophi, 629. Cynica hæresis, 724.

Cyprianus doctor mirificus, martyr magnificus, 163. Dissensit a Stephano papa, 25. Ejus liber de Mortalitate, 63, 72. De Lapsis, 72. De Zelo et Livore, 72. Exhortatio martyrii, 73.

Cyrillus epistola synodica ad Nestorium, 273. Ad Eulogium presbyterum, 109. Ad monachos, 273.

D

Damnatis non examen judicii, sed solum sententiæ remedium præstandum, 18.

Decani presbyterorum, 714. Cibum benedicunt, 714. Quibus de rebus inquirere per singulas ecclesias, et ad episcopum referre debeant, 716. Decaniarum presbyteri Kalendis mensium conveniunt, 751. Decanus in locum defuncti vel inutilis quomodo eligendus, 741

Decima unde aluntur matricularii, 717, 734.

Defunctorum dies anniversaria, tricesima tertia, septima, 713.

Deus omnipotens, 67, 152, 153, 389, 390. Occulti judicii divina dispensatio, 84, 87, etc., 94, 111, 112, 115, 117. Dei bonitas nostra vult esse merita, quæ sunt ipsius dona, 139. Prescientia in Deo rectissime dicitur, 107, 108. Deus vult omnes salvos fieri, 149, 150, 152, 153, 379, etc., 390. Prava Gothescalci interpretatio, 150, 386. Male arguunt Prædestinatiani mutabilem Dei fore voluntatem, si damnet quos ante sæcula non prædestinarat ad mortem, 373, 374.

Deum salvos omnes velle docent Dionysius, 161. Cyprianus, 163. Hilarius, 154. Athanasius, 170. Ambrosius, 170.

Chrysostomus, 174. Theophilus, 182. Hieronymus, 182. Cyrillus, 185. Augustinus, 186. Prosper, 191. Cœlestinus, 197. Leo, 197. Felix papa, 198. Beda, 201. Cassiodorus, 203.

Deitas una est, 408, et seqq. 449, 450, 453. Refellitur Gothescalcus, qui trinam dicebat, 413. Cur trina dici non possit, 418, 419, 422, etc. In Deo lux una, non trina, 511, 513, 514. Pax una, 513.

Dionysius Areopagita, 163.

Disputandum non est de rebus definitis, 433, 434, 435.

Doctores interdum dissident atrimque catholici, 23.

Doctorum testimonia ad se rapiunt Prædestinatiani, 289, 290.

Dodo Andegavensis episcopus, 325.

Dodo abbas S. Sabini, 323.

Donatistæ apud se tantum Ecclesiam esse gloriati, 289.

Donatus grammaticus, 478.

Drogo archiepiscopus, 325.

Dusii dæmones Gallis dicti, 662.

E

Ebo Gratianopolitanus episcopus Flori sermonem falsavit, 28. Auctor Capitulorum Valentinæ synodi, 319. Taxatur ejus ordinatio, 318, 319. Et quod in synodo Valentina jactantius nominatur.

Ebo Rhemensis archiepiscopus, superioris avunculus, 323, 668, 740. Libellus confessionis ejus et depositio, 324, 325, 326, 579. Depositus restitutionem a Sergio papa non obtinuit, 326.

Ecclesia una Veteris et Novi Testamenti, fides ac spes eadem, 392, etc. Licet disparia sint sacramenta, 395, 396. Ecclesiæ lex una, tametsi per plures principes et episcopos regatur, 684. Ecclesiæ communio per Christi tunicam significata, 354, 385.

Ecclesiæ matrices seu principales, et capellæ his subditæ, 716, 740. Vacantes, in quibus vacantes incardinantur, 733. Pro Ecclesiis viduatis exenia patronis non danda, 737. Ecclesiæ debentur prædia de ecclesiasticis facultatibus empta, 717.

Edelulfus rex Anglorum, 730.

Egil abbas in conventu Aquensi, 574.

Electi qui, et unde dicantur, 46, 48, 54, 93, 100, 565, etc. Electorum paucitas, 99. Electorum certus numerus, 371. Electi ad tempus, 566, 368.

Electio salvandorum et salvatorum, 45. Prædestinatio ipsa est electio, 45.

Epilogus totius libri, 353 et seqq.

Episcopi quales ordinandi, 318, 319, etc. Quomodo erga reges gerere se debeant, 677, 678, etc. Vice beati Petr funguntur, 738. Eorum judicia per quos retractanda, 685, etc. Conjugum judicium ad laicos remittunt, 594.

Episcopus libellari confessione removendus, et in ejus loco alius ordinandus, 316.

Erardus episcopus, 325.

Erchanradus episcopus, 325.

Erloinus Constantiæ urbis episcopus, 323.

Ermbertus episcopus, 325.

Erpoinus Silvanectensium episcopus, 21, 322.

Eulogiæ diebus Dominicis et festis benedicendæ, 711, 712, 715. Eulogiæ ab archidiaconis non exigendæ pro chrismate, 539.

Excommunicatio hoc agit in Ecclesia, quod agebat in lege veteri, vel in republica legibus nunc agit interfectio, 642.

Exenium a publice peccantibus, 713, 739. Pro sepultura, 713, 731. Pro matriculæ loco, 735. Pro ecclesiis viduatis, 737.

Exorcismi catechumenorum, 711. Exorcismi et benedictiones salis et aquæ, 711.

F

Favo episcopus, 325.

Fausti epistola ad Lucidum presbyterum, 16. Male sensit de ultima pœnitentia, 307. Ejus opuscula apocrypha, 307.

Feminarum frequentatio clericis interdicta, 717, 718, 735.

Ferculum Salomonis, Hincmari opusculum, 755, 756.

Fides una, non numero, sed genere, 498. Quæ per di lectionem operatur, sola salvat credentes, 226, 227, 228, 229, 499. Fides terna Sedulio, 498. Plurali numero unde dictæ Hilario, 498. Fides in rebus etiam corporalibus magnum bonum, 654, 655.

Flori diaconi Lugdunensis sermo, 27. Falsatus ab Ebone, 27. Falsato usus compilator capitulorum synodi Valentinæ, 27, 28, 29, 45, 47, 49, 119.

Fodrum ad caballos, 758.

Folcoinus Morinensium episcopus, 21.

Formatici, 739.

Franca femina, 691.

Franco Tungrensis episcopus in conventu Aquensi, 573, 575. In coronatione Caroli regis in regno Lotharii, 745.

Freculfus episcopus, 325.

Friskingæ, 739.

Frontinianistæ hæretici, 633.

Frotarius episcopus, 325.

Fulco Ebonis Rhemensis successor designatus, 325.

Fulgentius perstringitur, 22, 29. Fautorem hunc suum aiebant Prædestinatiani, 60. Prædestinationem Dei non tantum in bono dici docuit, sed etiam in malo, 59. Prædestinatos ad inter tum reprobos dicebat, 22, 24, 51, 52.

Fundanius rhetor Carthaginensis, 267.

G

Ganzlenus cancellarius, 747.

Gelasius in catalogo seu canone de libris authenticis, 22, 23.

Geldoniæ seu confratriæ, 715.

Gennadius Massiliensis presbyter valde doctus, 6. Augustini librum de hæresibus supplevit, 6. Taxatur a Gothescalco, 118.

Gernobrius Turonensium provinciæ episcopus, 21.

Godelsadus Cabilonensis episcopus, 323.

Godolricus episcopus, 325.

Gothescalcus Orbacensis pseudomonachus, 414, 552. Arii filius, 418. Ario par., 468. Alter Simon Magus, 435. Novorum prædestinatorum primicerius, et scholæ discolæ caput, 21, 150. Signifer et prævius hujus pravæ doctrinæ resuscitator, 25, 101, 211. Modernus Prædestinatianus, 118. Testimonia doctorum detruncat, et ad suos sensus inflectit, 25. Augustini librum falsat, 96, 450, 451. Et edictum Constantini imperatoris in sexta synodo, 450. Chrysostomum reprehendit, 75. Gennadium taxat, et Cassianum, 118. Secum pugnat, 476. *Augustinus noster* dicere solitus, 550. Geminam dicit prædestinationem, 110, 359. Quod Christus non pro omnibus sit passus, 211, 248, 305. Negat perire quemquam qui Christi redemptus sit sanguine, 299, 300, 315. Trinam deitatem dicendam docet, 414, 458, 468, 470. Personæ cuique suam tribuit deitatem, 470. Gothescalci liber ad Rabanum, 25, 118, 149, 211, 224, 226. Chartula professionis suæ ad Rabanum, 26. Ad quemdam complicem suum, 226. Pitacium ad quemdam monachum, 301, 303. Schedula, quod trina sit deitas, 415. Versus ad Ratramnum, 553. Tria dolia sibi parari petit, 433. Gothescalcus damnatus in synodo Moguntina, 20. Iterum in synodo Carisiaca, ubi honore presbyterali abjectus, virgis cæsus, et ergastulo retrusus est in Altovillari monasterio, 21. Hincmari schedula ad Gothescalcum morti proximum, 552, 553.

Gothicum proverbium : *Capra lusca hortum videt, sepem nusquam*, 503.

Græci tres substantias dicunt pro tribus subsistentiis, id est personis, 465.

Gratia et liberum arbitrium, 120 et seqq. 156, 204, 285. Quid Ecclesia catholica teneat, 574, etc. Gratia non adimit liberum arbitrium, sed liberat, 127, 135. Gratia et prædestinatio quid differant, 356. Gratia prima et secunda, 46. Gratiæ primi Adam et secundi discrimen, 142, 143.

Gregorius primæ et sanctæ sedis Romanæ ornatus præcipuus, 106. Dissidet interdum ab Hieronymo et Augustino, 23. De vasis iræ et misericordiæ, 30. An geminam prædestinationem censuerit, 34, 35, 113. Quo sensu plurali numero prædestinationes posuit, 115.

Gregorius' junior ad Dennaldum, 600.

Guntharius Coloniensis archiepiscopus, summus capellanus Lotharii regis, 574. Tetbergæ secretam confessionem excipit, 569. In Consilio Aquisgranensi, 575.

Guntharius archidiaconus Hincmari, 21.

Guntbertus Ebrocensis episcopus, 325.

H

Hæresum utilitas ad scrutandas Scripturas et dogmata, 420. Hæresi semel damnata, contra eam non amplius disputandum, 329, 435. Damnati censentur qui eam renovant, 330, 334. De iis qui hæresi communicant, 332, 333.

Hæretici contra conscientiam suam agunt, 154, 155. Sunt antichristi, 216. Hæreticos non salvat baptismatis aqua, sed mergit, 237. Hæreticorum non omnia fugienda, 109, 110, 359. Quid de prave sentientibus leges decernant ecclesiasticæ, 340. Hæretici resipiscentes qualiter recipiantur, 341. Libellorum in recipiendis exempla, 342, 343. Qua conditione recipi debeant, 343. De his qui postea ad pravos sensus devolvuntur, 344. Quod resipiscentes etiam in pristinis gradibus suscipiantur, 345.

Halduinus abbas Altivillaris, 21.

Harioli, 625.

Heirardus Lexoviensis episcopus, 323.

Henricus abbas Corbeiensis, 323.

Heriboldus episcopus Antisiodorensis, 27.

Herimannus Nivernensis episcopus, 323.

Hetti archiepiscopus Trevirensis, 325.

Hieronymi laus eximia, 182. Dissentit ab Augustino, 23. Hieronymo ascriptus liber de induratione Pharaonis, 10.

Hierusalem, gloriosa olim civitas, privilegium perdidit, 450.

Hilarius episcopus Pictavorum, 23, 113. Antiquus et venerabilis pater, 498. Doctor catholicus, qui propter excellentiam Romanorum Lucifer appellatur, 164. Fides dixit plurali numero, 458.

Hilarius episcopus Arelatensis admirator sectatorque doctrinæ S. Augustini, 34.

Hilarius monachus Syracusanus, 9.

Hilarius Arel. in epistola ad Augustinum, 8, 22, 105.

Hildebrannus Sagensis episcopus, 322.

Hildegarius episcopus Meldensis, 450, 468, 583.

Hildemannus episcopus, 325.

Hildi episcopus, 323.

Hilduinus episcopus Avenionensis, 575.

Hilmeradus Ambianensis episcopus, 322.

Hincmarus monachus S. Dionysii, parœcia Parisiaca, ordinatus episcopus in synodo Belvacensi, 327. De ejusdem ordinatione, ex synodo Suessionensi, 322, 323 Carolum Calvum coronat in regno Lotharii, 741. Ludovicum Balbum regem, 747. Juditham regi..am Anglorum, 750. Hermintrudem Caroli uxorem, 752. Pro circuitione parochiæ nihil exigebat, 737. In Tetbergæ repudium negat se consensisse, 568, 583, 584, 585. Ternam deitatem in Ecclesia cantari vetuit, 4. De libero arbitrio quid sentiat, 115. Capitula quatuor Carisiaci edit contra Gothescalcum, 65, 353. Eadem defendit et confirmat contra obtrectatores, 65 et seqq.

Hincmarus tribus libris respondit synodo Valentinæ, 4, 492. Iterato respondit hoc opere, 4. Quod deitas trina dici non debeat, 413. De repudio Tetbergæ, 557. Synodica capitula, 740. Ferculi Salomonis expositio, 756. Schedula ad Gothescalcum morti proximum, 553. Epistolæ duæ ad Adventium episcopum, 584, 585. Prosperum et Hilarium episcopos vocat, 8. Hypomnesticon librum tribuit Augustino, 8. Errat de Prospero, et Chronici ejus termino, 21.

Hincmarus episcopus Laudunensis, 583, 584, 745.

Homo rectus, et sine peccato, et cum libero arbitrio conditus, 67. Voluit Deus ut in justitia permaneret, sed libero arbitrio cecidit, 67, 68. Homo lapsus factus est massa perditionis totius generis humani, 69. Ex hac massa elegit Deus quos per gratiam prædestinavit ad vitam, 69.

Honorius papa, 446.

Horoscopi, 655.

Hospitum cura et peregrinorum, 712.

Hubertus Meldensis episcopus, 322.

Hucbertus frater Tetbergæ, 575, 693.

Hucbertus, 680, 681.

Hydromantii, 655.

Hyginus in hæreseon catalogo Prædestinatianos posuit cum libello ab eis composito, 6. Prædestinatianorum libellus apud Hyginum, 30.

Hymnus *Te Deum laudamus* ab Ambrosio et Augustino in ejus baptismo conditus, 225.

Hymni *Sanctorum meritis*, in quo trina deitas, auctor incertus, 415, 416, 456. Quos hymnos probaret S. Benedictus, 456.

Hypomnesticon liber an Augustini, 9, 10. Tribuit illi Gothescalcus, 118. Et Hincmarus ipse passim, 8.

I

Idololatria mater hæreseos, 418.

Ignis gehennæ non succenditur, 76, 77.

Immo Noviomagensium episcopus, 21, 322.

Incantatores, 655.

Infernales pœnæ quid secundum Scotigenam, 232.

Isaac diaconus Parduli, post Lingonensis episcopus, 21.

Isidorus Hispalensis episcopus, vir doctus et legentibus in multis proficuus, 33. Ex reliquiis Gallorum, 33. Geminam dixit prædestinationem, 33. Regulas ex Ticonio excerpsit, 233.

J

Joannes episcopus, 325.

Joannes Chrysostomus Os aureum dignissime appellatus, 174. Cujus testimoniis sedes Apostolica et S. Augustinus multoties utuntur, 74, 174, 222. A Gothescalco reprehensus, 75.

Joannes diaconus Romanus, postea episcopus, persecutione Theodorici martyr, 460.

Joannes Scotigena capitulorum xix auctor, 231, 232.

Jonas episcopus, 325. Aurelianensis episcopus, in synodo Suessonica, 323. Apud Theodonis villam pro omnibus subscripsit, 524, 526.

Judæ exemplum, 95, 96, 158 etc., 365, 366. Judas an particeps cœnæ Dominicæ, 245, 246, 291. Judæ scelus qui non caveant, 561, 647, 734, 735.

Judicum partes quæ, 563. Judicare de abditis non licet, 575. Judicium quo pacto ordinandum, 620, 621, 622. Judicia episcoporum per quos retractentur, 686.

Judicium examinationis, 599. Per juramentum seu sacramentum, 600, 601, 602. Per aquam calidam aut frigidam, 603. In judicio fraus operatione diaboli, 617.

Juramenti purgatio, 600, 601, 602. Sacramenti purgatio, 619. Juramentum incautum negligere licet, ne in gravius crimen incurratur 651.

L

Landranus archiepiscopus, 325.

Launus Æquolesinæ civitatis episcopus, 323.

Leo papa vir religiosissimus atque doctissimus, et facundia honestissimæ eloquentiæ valde profusus, 196. Maximo rugitu de urbe Roma intonat, 722.

Leucorum civitas, 353.

Libellorum satisfactionis hæreticorum exempla, 342, 343. Libellus confessionis Tetbergæ ab Hincmaro examinatur, 575, 577.

Libellus conventus Aquensis, 568. Libellus alter ejusdem conventus, 573.

Liberatus archidiaconus Carthaginensis, ejusque Breviarium, 288.

Liberi arbitrii creatus homo, libero arbitrio cecidit, 67. Liberum arbitrium homo non in totum perdidit sed infirmavit, 119. Libertatem arbitrii in primo homine perdidimus, 119, 120. Per Christum recipimus, 119, 120. Liberum arbitrium habemus ad bonum, præventum et adjutum gratia, ad malum, desertum gratia, 120, 121. Liberi arbitrii, et vulnerati semivivi comparatio, 127, 123. Cum ove perdita, 137, 204. Liberum habemus arbitrium, quia gratia liberatum, et gratia de corrupto sanatum, 120, 122, etc. Liberi arbitrii in Adam et nostri discrimen, 143, 144. Liberi arbitrii nostri plena sanitas, in spe nunc, post in re futura, 144.

Liberum arbitrium in homine nihil esse dixerunt veteres Prædestinatiani, 118. Et tale in hominibus plasmari a Deo, quale est dæmonum, 63, 118.

Ligaturæ atque remedia, quæ medicorum quoque disciplina condemnat, 618. Ligaturæ exsecrabilium remediorum, 656.

Lotharius imperator, 5.

Lotharius rex Tetbergam uxorem accusat in conventu Aquensi, 568. Lotharii et uxoris discidium, 614, 666, etc., 683, 685. Lotharius Bosonis uxorem retinet, 691.

Lucidi presbyteri Prædestinatianam hæresim ejurantis epistola seu libellus ad synodum Arelatensem, 17, 343.

Ludovicus Pius imp. a Stephano papa Rhemis coronatus, a Clodoveo rege ortus per S. Arnulfum, 744. Northildis ad eum proclamatio de Agemberto marito, 596, 597.

Ludovici Balbi regis coronatio, 747.

Lugdunensis scriptoris, qui contra Hincmarum de tenenda veritate Scripturæ librum edidit, acerba reprehensio, 132.

Lupus Catalaunensium episcopus, 21, 322.

Lupus abbas Ferrariensis, 323.

M

Macarius Antiochenus in sexta synodo convictus falsasse testimonia catholicorum, 29, 413. Ob eam rem depositus, 418.

Magi qui vulgo malefici, 655.

Magicæ artes ab angelis malis, 655. Varia illarum genera, 655, 656.

Mala fama per jusjurandum purganda, 722, 723.

Malefici investigandi et puniendi, 663, 564, 665. Maleficiorum inter conjuges varia genera et exempla, 653, 654. Maleficio liberata puella per S. Basilium, 658, 659, 660, etc.

Malum in Scriptura non solum peccatum, sed et peccantis supplicium, 56, 57.

Mansus habens bunnaria duodecim, 716. Mansi ingenuiles et serviles, 716.

Mariæ Virginis conceptio et partus, 651.

Maria peccatrix, de qua septem ejecta dæmonia, 656, 657.

Massa perditionis, 69. In massa perditionis relicti, 70, etc., 86, 87, 93, 285, 362, 363, 370.
Matricula, 734. Matricularii, 741. Matricularii debiles et pauperes, 717, 734.
Mercurius inventor præstigiarum in denariis, 656.
Metis coronatur Carolus Calvus in regno Lotharii, 745.
Missarum solemnia, 711, 712. Missæ fiant in altari consecrato, vel in tabula consecrata, 731, 732. In domo ne fiant sine episcopi licentia, 740.
Modoinus episcopus, 325.
Moguntina synodus, 20.
Montis-Falconis monasterium, 732.
Morbertus episcopus, 325.

N

Natura et gratia, 130, 131.
Necestuosus, 717.
Necromantici, 655.
Nestorii hæresis, 5. Ephesi damnata, 14.
Nicænum concilium mysticum, 443, 718.
Niella villa, 3, 231, 317.
Northildis et Agemberti conjugum discidium et judicium, 194, 195.
Northo archiepiscopus, 325.
Nortmannorum infestatio, 3. Christiani non erant, 691, 692.
Numerus duplex, 503.
Nutriti presbyterorum, clerici, 737.

O

Obelus et chresimon notæ oppositæ, 414.
Oblatæ quæ a populo offeruntur, 711.
Oblationes in confratriis, 715.
Obstrigilli præstigiatores, 656, qui de denariis jocantur, 656.
Odelardus archidiaconus Hincmari, 738.
Odelindus abbas in conventu Aquensi, 574.
Odo abbas Corbeiæ, 323. Episcopus Bellovacensis, 745.
Omnes Deus vult salvos fieri, sine exceptione, 150, 151, 152.
Omnipotens, 152, 153.
Opera bona non negligenda, 103. Mala nostra solum nostra sunt, bona nostra et Dei sunt et nostra, 126.
Orbacis monasterium, 20, 414. Abbas Bavo, 21.
Orbis terræ regiones undecim, provinciæ centum tredecim, 287.
Ordo baptizandi, 711. Ungendi infirmos, 711. Ordo et preces in exequiis atque agendis defunctorum, 711.
Origenis vesania de redemptione dæmonum, 213, 214.
Originale peccatum negant Prædestinatiani iis remitti qui non sunt prædestinati ad vitam, 30.
Otgarius archiepiscopus, 325.

P

Paratæ, 738.
Pardulus Laudunensium episcopus, 21, 322.
Parochiæ rusticanæ, 732. Archidiaconis commissæ, 738.
Passio Christi pro omnibus, licet ea non omnes redempti, 284, 285. Quid generaliter omnibus contulerit, etiam impiis, 397, 398.
Pasti et comessationes confratriarum, 715.
Patrocinia ecclesiastica et protectiones quatenus fieri debeant, 676, 677, etc.
Patropassiani Sabelliani, 415, 416.
Pauli locus de vasis in honorem et in contumeliam, 29, 30, etc., 36, 163.
Paulinus Aquileiensis contra Felicem, 473. Venerandæ memoriæ.
Paulini ad Faustum epistola, 307.
Peccata non puniuntur quæ commissurus erat homo si viveret, 63, 64.
Pelagius papa quo sensu trinam unitatem dixerit, 454.
Perjurium cavendum, 595, 596.
Perseverantia non est in hominis potestate, sed Dei, 74.
Personæ in Trinitate quomodo intelligendæ contra Gothescalcum, 518, 519, et seqq.
Personarum acceptor non est Deus, 92.
Petro adhibita est Pauli societas, et ambo Ecclesiam Romanam consecraverunt, 151.
Petri itinerarium, 617.
Petrus episcopus Aretinus, 450.
Pharaonis induratio, 38, 39, 43, 44, 80.
Pœnitentiam omnis peccatoris Deus acceptat, 97, 153, 173, 178. Qui agere fugit, in perditionem se demergit, 97, 98.
Pœnitentia publicis peccatoribus agenda, et quæ de his curanda sint presbyteris, 730, 731. Quæ pœnitentia episcopali judicio decerni soleat gravissimis fornicationibus, 640,

641. Pœnitentibus feria quinta ante Pascha Romæ fit remissio, 666. Pœnitentes pro munere aliquo ad reconciliationem non adducendi, 740. Post pœnitentiam relapsi, ad episcopum deferendi, 740.
Pontificalia gesta, 326.
Prædestinatiana hæresis quando orta, 5. In hæresum catalogo posita a Gennadio et Hygino, 6. In Africa et in Gallia cœpit, 7. Augustino innotuit, etsi nomen illi quod postea accepit non indidit, 15. Ab episcopis Galliæ damnata in synodo, 13. Prædestinatianorum veterum quæ placita, et quid in his varient moderni, 62, 63, 64, 65, 103. Prædestinatiani novi, diversi ordinis et habitus, nec ad decimum numerum pervenerunt, 288. In tribus tantum provinciis, 289. Refelluntur circa salvandos et non salvandos, 205, 206, etc. De perceptione baptismi quid sentiant, 304. Ad interitum prædestinari reprobos docent, 357. Damnari aliquos secundum quod præsciti erant futuri, 307, 357. Patrum testimonia ad se trahunt, 289. Prædestinatiani novi in veteribus prædamnati, 18, 329. Prædestinatiani Africani, 99.
Prædestinatio sanctorum quid sit, 47, 99, 100, 361, et seqq. Una est, 77, 110, 111. Semper in bono est, 62, 117. Prædestinatio ad malum exploditur, 59. Prædestinatione Dei nemo perit, 73, 102. Prædestinatio aut ad donum pertinet gratiæ qua liberantur electi, aut ad retributionem justitiæ qua puniuntur injusti, 49, 62, 69, 70, 86. Non est sine præscientia, 69, 70, 71. Prædestinatio et præscientia, 69, 82, 107, 108, 109, 356, 357. Prædestinationis et gratiæ discrimen, 356. Prædestinationem omnia sive ad bonum sive ad malum, in hominibus operari dixerunt veteres Prædestinatiani, 118. Prædestinatio gemina Isidoro, 33. Indifferenter interdum dicta Augustino, 22, 33. Gemina Gothescalci prædestinatio refellitur, 106. Quo sensu dici queat, 110, 111, 113, 359, 360. Prædestinationes plurali numero apud Gregorium quomodo intelligendæ, 115.
Prædestinatorum numerus, 101, 102. An certus, 106, 107. Prædestinatos a non prædestinatis discernere non valemus, 101, 421. Nec de nobis præsumere, 105. Prædestinatus homo non est, nec ad peccati, nec ad mortis malum, 57, 58. Prædestinati non sunt homines ad pœnam, 76, 79. Prædestinatos a Deo reprobos ad interitum dici non debet, sed pœnam reprobis prædestinatam, 22, 54, 55, 56, 83, 86, 96, 366, 367.
Præscientia in Deo proprie non est, rectissime tamen dicitur, 106, 107. Præscientia Dei sine prædestinatione esse potest, 372. Præscientia Dei nemo perit, 357. Reprobi præsciti non prædestinati, qui salvantur præsciti et prædestinati, 372.
Præstigiatores, obstrigilli, 656.
Presbyteri in qua villa, aut cujus sancti sint honore prætitulati, 716. Presbyteri parochiarum, canonici in monasteriis simul esse non possunt, 732, 733. Feminarum illicitum accessum caveant, 718, 795. Quomodo inquirendus et puniendus sit, vel purgandus, 718, etc. De crimine confessi vel convicti deponendi, 724, et seqq. Alodes de facultatibus Ecclesiæ ne compareant, 717, 736. Sacra ministeria ne dent ad wadium, 713. Tabernas ne adeant, 718. Facultates Ecclesiæ ne dissipent, 717. Curam gerant hospitum et peregrinorum, 712, 737.
Presbyteri quæ præcipue discere debeant, 710, 712. Nullum in ecclesia sine episcopi consultu sepeliant, 313. Pro sepultura nihil exigant, sed congruam cuique provideant, 713, 731. A pœnitentibus vel publice peccantibus, quo eis faveant, munera ne accipiant, 713. Curent ut publici peccatores pœnitentiam agant, 730, 731. Quomodo in conviviis defunctorum gerere se debeant, 713, 714. Quid cavendum quando per kalendas inter se conveniunt, 714. Communionem per se et non per quemlibet tradat, nec cuiquam det laico ad deferendum infirmis, 716. Presbytero defuncto nemo illius ecclesiam obtineat sine consultu episcopi, 715. Presbyteri de ecclesiis ad ecclesias translati, 733. Vacantibus ecclesiis incardinati, 733.
Principes Deum super se, qui illos judicabit, cogitare debent, 638, 639. Ad episcopos referre, quæ ad fidem spectant, 1.
Priscianus, 466.
Prosper vir eruditissimus atque religiosissimus, 191. Legatus Romanæ Ecclesiæ, fidelis interpres Augustini, 22, 24. Ex delegatione sedis apostolicæ objectionibus respondit, 249, 432, 442. Trinam majestatem in Deo quomodo dixit, 465, 466, 502. Alias unam, 467. Prosper liber promissionum et prædictionum, 501. De Vocatione gentium, 55, 57, 58, 140, 191, 269. De Providentia, 381. Chronicum, 5, 24.
Proverbium antiquum, 415. Gothicum, 503.
Provinciæ Italiæ septemdecim, Galliarum septemdecim, Africæ sex, Hispaniæ septem, Illyrici novemdecim, Thraciæ sex, Asiæ duodecim, Orientis decem. Ponti octo, Ægypti sex, Britanniæ quinque, 288.

Prudentius episcopus Tricassinus in synodo Suessonica, 322. Prædestinari ad mortem dixit. 43. Quod Deus non velit omnes salvari, 149. Quod Christus non pro omnibus sit passus, 211, 248. Capitulis synodi Carisiacæ subscripsit, postea aliter scripsit, 119, 204.

Prudentii epistola ad Wenilonem de ordinatione Æneæ episcopi, 26, 118, 149, 211. Recapitulatio capitum LXXVII, 231. Libellus ad quosdam fratres, ante epistolam scriptus, 291. Refellitur, 292.

Prudentius poeta, 411. Trinam potestatem in Deo dixit, 466, 502. Nomen triplex, 466. Trinum specimen, 466.

Pythonissæ, ventriloquæ, 655.

R

Rabani Moguntini epistola ad Hincmarum de Gothescalco, 20. Gothescalci ad Rabanum liber, 25, 118, 149. Chartula professionis ad eumdem, 26.

Raganarius episcopus, 325.

Ragenarius Ambianensium episcopus, 21, 325.

Ragnoardus archiepiscopus, 325.

Ratbertus abbas Corbeiæ, 21.

Ratoldus episcopus, 325.

Ratramnus monachus Corbeiensis deitatem trinam dici oportere contendit, 413, 458. Hilarii et Augustini testimonia detruncat, 413. Ratramni libelli duo, quod reprobi prædestinentur ad mortem, 26. Liber ad Hildegarium Meldensem episcopum, quod trina sit deitas, 413, 450.

Regulæ septem a Lugdunensibus prolatæ exploduntur, 233.

Remigius archiepiscopus Lugdunensis, 1, 2, 320.

Reprobis pœna constituta, 71, 73, 75, 89. Pœna perituris prædestinata, 89. Non ad pœnam prædestinati, sed in massa vel in iniquitatibus suis justo judicio relicti, 79.

Rex peccans increpationi et judicio subjacet, 694, 695, 696. Episcoporum erga reges, et regum erga episcopos, 697, 698, etc. Regis promissio quando coronatur, 747. Coronæ impositio, 748. Sceptri traditio, 749.

Rhemensis et Trevirensis Ecclesia sorores, 743.

Rigboldus Rhemorum chorepiscopus, 21, 323.

Rodoaldus archidiaconus Rhemensis, 21.

Roma orbis caput, 287, 724. Romana Ecclesia prima in toto orbe omnium Ecclesiarum mater et magistra, 150, 154, 370. Principatum omnium civitatum meruit, non per homines, sed per Christum, 151. Glorificata est magni Petri principis apostolorum præsentia, 150. Apostolica sedes super exaltata Petri confessione, et Pauli ornata prædicatione, 511. Romana Ecclesia de rebus fidei consulenda, 562. Piis et catholicis debet sufficere quod Romana Ecclesia docet, 152. Romanæ Ecclesiæ auctoritas sequenda, 21, 561.

Rothaldus Suessonicæ civitatis episcopus, 21, 322, 325.

Rothomagense episcopium, 3, 131.

S

Sabelliana hæresis, 415, 417, 481, 510, 553.

Sabelliani Patropassiani, 415, 416, 504.

Sacramentum altaris non verum corpus et sanguinem Domini esse, sed tantum memoriam, qui docerent, 232.

Salvos Deus vult omnes fieri, 149, 150, 152, 153. Cur non omnes salventur, 153, 154, etc., 189.

Saponarias villa, 2.

Saul et Judas, 365, 368.

Scripturarum sensus quomodo quærendus, 302. Locorum, quibus abuti solent Gothescalcani, explanatio, 29, 42, 43, 565.

Sedulius poeta, 417, 498, 502, 505.

Sepulcra non violanda, 731. Sepulturæ causa nihil exigendum, 713, 731. Hæreditario jure non arroganda, sed arbitrio sacerdotis, 731.

Simoniacum est pœnitentem ad reconciliationem pro munere aliquo adducere, 740. Clericos pro munere aliquo ad ordinationem introducere, 740, 741.

Sisagutus episcopus, 325.

Sodomitica peccata, 627, 628, 629, 630, 631.

Sophronius Hierosolymitanus, de una deitate, 449, 504.

Sortilegi, qui per sanctorum sortes divinationis scientiam profitentur, 655.

Superventæ in lanificiis feminarum, 656.

Synodus Africana, 132, 133. Pseudosynodus Ariminensis, 428. Synodus Arausicana, 48, 134. Belvacensis, 327. In Carisiaco palatio 21. Gallicana, id est Arelatensis,

545. Moguntina, 20. Nicæna mystica, 415, 718. Palæstina, 141, 142. Rhemensis Hincmari, 732. Apud Saponarias, 2. Apud Leucorum civitatem, 355. Suessionensis quinque provinciarum, 323, 452. Apud Theodonis villam, 325. Valentina prior, 326, 622. Valentina posterior, 3, 65.

Synodi sex generales, 499. Quinta sub Justiniano, 428. Sexta sub juniore Constantino, 446.

T

Tabula de marmore, vel nigra petra, aut de litio, ad missam celebrandam, 732.

Tabula, mensa, 714.

Teotgaudus archiepiscopus Trevirensis, 574, 575.

Testes in judicio adhibendi, 640, 641, 721.

Tetberga uxor Lotharii regis, de stupro accusata, vicario ejus incocto exeunte, absolvitur, 5 8, 614, 615. Iterum a rege delata per secretam confessionem scelus agnoscit in conventu Aquensi, 568, 569. A regis consortio removenda judicatur, 574. Publicæ pœnitentiæ addicenda decernitur, 577, 578. Quod per secretam confessionem judicari non potuerit, 579, 580, 624, 625. Nec concipere tali modo potuisse, nec virginem post aborsum manere, 626 et seqq Accersendum esse qui vim intulit, 633, 634, etc.

Teudericus Camaracensium episcopus, 21, 322, 325.

Teutbertus episcopus, 325.

Teutboldus Lingonicæ civitatis episcopus, 21, 323.

Teutgaudus episcopus, 325.

Teutmondus episcopus, 325.

Theodoricus rex Arianus, 460.

Theodorus episcopus in quinta synodo depositus, ut falsator, 418.

Theodorus archiepiscopus ad Anglos missus.

Theodosiana lex, 323.

Theodolfus orthodoxus et insignis poeta, 602.

Theophilus Alexandrinus, 182, 213, 214.

Ticonii regulæ, 233.

Timotheana hæresis, 6.

Translationes ab Ecclesiis ad ecclesias, 733.

Trina deitas an pluralis numeri, 478. 479.

Trina vel trinitas numerum habet, 419.

Trinam unitatem, sicut et ternam deitatem dici non placuit, 455.

Trina majestas, potestas, pietas, in Deo qui dicant, 466, 500. Trinum specimen, 466. Trinum nomen, 500.

Trini et terni discrimen, 503, 504, 506.

Trinitas quasi trinnitas, 471. Trinitatis una essentia, et una substantia, tres personæ, 470, 471. Arius tres deitates in Trinitate dogmatizavit, 468. Una trium personarum divinitas, non sua cuique, 488, 489, etc. Una voluntas, una gloria, una operatio, una majestas, 500, 501, 502. Una Trinitati debetur adoratio, gloria, gratiarum actio, et non separata, 532, 535, etc.

Trinitatis unitas explicata, 453, 454, etc. Usque ad 465, 479, 480, etc., 505, 527 et seqq. usque 541, etc.

Tritheiæ, seu trinæ deitatis latratores, 505.

Tritheoriam male exponit Gothescalcus trinam deitatem, 474, 475.

Tullense territorium, 2.

U

Ursicinus Damasi hostis, 416.

V

Vasa iræ et misericordiæ, 18, 92, 585, 586.

Victorinus rhetor ad Candidum Arianum, 474.

Vita Cæsarum, liber, 695.

Vocationis divinæ dispensatio, 87, 88.

Voluntate sua cadit qui cadit, et voluntate Dei stat qui stat, 131.

Walocharius episcopus, 325.

Wenilo cum Ragenario patre suo in synodo Carisiaca, 21. Rothomagensis archiepiscopus, 568, 575, 583.

Wenilo Sennensium archiepiscopus, 21, 322.

Wiladus episcopus, 325.

Witaus Camaracensium chorepiscopus, 21.

Willinus episcopus, 325.

Wormatiense placitum Ludovici Pii, 590.

X

Xenium, 734, pro quo exenium supra.

Y

Yrminfridus Belvacensium episcopus, 21, 322.

ORDO RERUM

QUÆ IN HOC TOMO CONTINENTUR.

FINIS TOMI CENTESIMI VIGESIMI QUINTI.